TIMES

Ad
English~Chinese Pinyin Dictionary

时代 高级英汉 拼音词典

TIMES Advanced English-Chinese Pinyin Dictionary

时代高级英汉拼音词典

联邦出版社 • 新世界出版社

Original edition under the title
English-Chinese Pinyin Dictionary
first published 1998 by
New World Press
24 Baiwanzhuang Road, Beijing 100037, China

This edition is published jointly by
Times Media Private Limited
A member of the Times Publishing Group
Times Centre, 1 New Industrial Road, Singapore 536196
E-mail: fps@corp.tpl.com.sg
Online Book Store: http: //www.timesone.com.sg/fpl
and New World Press, Beijing, China.

First published 1998
Reprinted 1999, 2000

原版《最新实用英汉拼音词典》由
新世界出版社于 1998 年出版

本版由新加坡 Times Media Private Limited 暨
新世界出版社联合出版

1998 年初版
2000 年 2 月第 3 次印刷

ISBN 981 01 3923 3

Printed by Percetakan Warisan Sdn, Bhd. (161142-M)

Chief Compiler **主编**	:	Qian Suwen 钱肃文
Deputy Chief Compilers **副主编**	:	Wang Minruo 王敏若
		Guo Yuling 郭玉玲
Compilers **编者**	:	Liang Wenxuan 梁文宣
		Wang Fengying 王凤英
		Sun Xiaofen 孙小芬
		Liu Baofen 刘宝芬
		Dai Xuemei 戴雪梅
		Sha Jie 沙　杰
		Zhang Ruoying 张若莹
		Liu Manlan 刘曼兰

Contents

Preface

This dictionary has been especially prepared to accompany English speakers in their study of Chinese. It contains 23,000 entries commonly used in modern speech and communication. Each entry is based on everyday speech—concentrating on additional words that complement the respective entry, functional sentence usage, and a clear explanation of varying usages of a single word in English and Chinese. All Chinese characters are followed by Chinese *pinyin* phonetics so that the reader can pronounce the words and sentences correctly. Moreover, to help the reader grasp the usage of measure words and Chinese *pinyin*, the book has been especially arranged to include several appendices, such as "Scheme for the Chinese Phonetic Alphabet," "Chinese (Standard Modern Chinese Language) Speech Sounds," "A Comparative Chart of the International Phonetic Alphabet and the Chinese *Pinyin* Alphabet," "Table of Measure Words," etc.

Some compilers of the 1988 edition of *The English-Chinese Pinyin Pocket Dictionary* have taken part in compilation of this dictionary. The previously mentioned dictionary is widely accepted locally and internationally with several printings. This revised edition is the result of an expansion of *The English-Chinese Pinyin Pocket Dictionary*.

The compiling team of this dictionary wishes to express thanks to Mr. Lin Debin of *China Today* for his editing and approval.

Compilers

Guide to the Use of the Dictionary

1. Each entry consists of an English word, its part of speech, corresponding Chinese meaning(s), *pinyin*, explanations, related phrases, usage and/or examples.
2. Homonyms are listed as separate entries and numbers are given at the upper right hand corners:

   bank[1] 河岸 hé'àn

   bank[2] 银行 yínháng
3. When a word has several meanings, only basic meanings are given, marked with 1, 2 … to distinguish the different meanings and explanations:

   angle *n*. 1. 角 2. 角度;观点
4. Different parts of speech are included in the same entry:

   handle *n*. 柄;把手

   v. 1. 摸;拿 2. 处理
5. Derivations and compound words are listed in this dictionary. Those entries that are seldom used or carry varying definitions are listed separately.
6. General idioms and phrases are listed after the entries. A "//" is used to separate each idiom or phrase:

   now *ad*. 现在 // just ～ 刚才
7. The *pinyin* system is based on "The Basic Rules of the *Pinyin* System" adopted by the Chinese *Pinyin* and Defining Commission of China. Changes in the tones of the words 一,不 are indicated. For example: 不是 búshì, 不行 bùxíng. Unstressed syllables are not marked with tones.
8. The usages of symbols are as follows:

   (1) ～ represents the word of each entry.

(2): appears before an example.

(3); is used to separate different explanations of equal meanings.

(4)= expresses equal meanings.

(5) * precedes explanations.

(6) () quotes possible alternative choices.

(7) / separates different examples.

(8) … is an omission mark.

(9) - is a link symbol.

(10) // appears before an idiom, phrase or word group.

9. Abbreviations

(1) *n.* noun 名词 míngci

(2) *pron.* pronoun 代词 dàicí

(3) *v.* verb 动词 dòngcí

(4) *a.* adjective 形容词 xíngróngcí

(5) *ad.* adverb 副词 fùcí

(6) *conj.* conjunction 连词 liáncí

(7) *prep.* preposition 介词 jiècí

(8) *aux. v.* auxiliary verb 助动词 zhùdóngcí

(9) *num.* numeral 数词 shùcí

(10) sb. somebody 某人 mǒurén

(11) sth. something 某事 mǒushì

(12) & and 和 hé

A

a(an) 1. 一 yī；一个 yíge：～ bed 一张床 yìzhāng chuáng / ～ fish 一条鱼 yìtiáo yú / ～ hat 一顶帽子 yìdǐng màozi / ～ knife 一把刀子 yìbǎ dāozi / ～ magazine 一本杂志 yìběn zázhì / ～ poem 一首诗 yìshǒu shī / ～ poet 一位诗人 yíwèi shīrén **2.** 每一 měi yī：fifty kilometers an hour 每小时五十公里 měi xiǎoshí wǔshí gōnglǐ / once a week 每周一次 měi zhōu yícì **3.** a bit of money 一点钱 yìdiǎn qián / ～ cake of soap 一块肥皂 yíkuài féizào / ～ cluster of grapes 一串葡萄 yíchuàn pútáo / ～ cup of coffee 一杯咖啡 yìbēi kāfēi / ～ slice of bread 一片面包 yípiàn miànbāo / ～ grain of sand 一粒沙子 yílì shāzi / ～ pair of shoes 一双鞋 yìshuāng xié / ～ piece of furniture 一件家具 yíjiàn jiājù **4.** 再一 zàiyī：～ second time 再一次 zài yícì

aback *ad.* 向后 xiànghòu：be taken ～ 吃惊 chījīng；吓一跳 xià yítiào

abacus *n.* 算盘 suànpán：use (work) an ～ 打算盘 dǎ suànpán

abandon *v.* 放弃 fàngqì；抛弃 pāoqì：～ the idea 放弃想法 fàngqì xiǎngfǎ / ～ one's wife and child 遗弃妻子和孩子 yíqì qīzi hé háizi / ～ oneself to 恣意 zìyì；纵情 zòngqíng：～ oneself to pleasures 纵情享乐 zòngqíng xiǎnglè / ～ oneself to drinking 恣意酗酒 zìyì xùjiǔ *n.* 放肆 fàngsì：with ～ 尽情 jìnqíng

abandoned *a.* **1.** 被遗弃的 bèi yíqìde **2.** 放纵的 fàngzòngde：～ behavior 放肆的行为 fàngsìde xíngwéi

abandonment *n.* **1.** 放弃；fàngqì：the ～ of an action 放弃诉讼 fàngqì sùsòng **2.** 放任 fàngrèn；放纵 fàngzòng

abash *v.* 使不好意思 shǐ bù hǎo yìsi：I was ～ed at forgetting my mother's birthday. 我忘了母亲的生日，感到不好意思。Wǒ wàngle mǔqinde shēngrì，gǎndào bù hǎo yìsi.

abate *v.* 减弱 jiǎnruò；降低 jiàngdī：The wind has ～d. 风力减弱了。Fēnglì jiǎnruòle. / ～ one yuan from the price 降价一元 jiàngjià yì yuán

abatement *n.* 减少 jiǎnshǎo：noise ～ 减轻噪音 jiǎnqīng zàoyīn

abbe *n.* 神父 shénfù

abbess *n.* 女修道院院长 nǚ xiūdàoyuàn yuànzhǎng

abbey *n.* 修道院 xiūdàoyuàn

abbot *n.* 修道院院长 xiūdàoyuàn yuànzhǎng

abbreviate *v.* 缩写 suōxiě：A- October to Oct. 把 October 缩写为 Oct.。Bǎ October suōxiě wéi Oct.

abbreviation *n.* 缩写 suōxiě

ABC *n.* **1.** 字母 zìmǔ；字母表 zìmǔbiǎo **2.** 基础知识 jīchǔ zhīshi；入门 rùmén：the ～ of Chinese grammar 汉语语法入门 hànyǔ yǔfǎ rùmén

abdicate *v.* **1.** 退位 tuìwèi：～ from the throne 退位 tuìwèi **2.** 放弃 fàngqì：～ responsibility 放弃职责 fàngqì zhízé / ～ the office 辞职 cízhí

abdication *n.* 退位 tuìwèi；放弃 fàngqì

abdomen *n.* 腹部 fùbù：tap the ～ 抽腹水 chōu fùshuǐ / rest on the ～ 俯卧 fǔwò

abdominal *a.* 腹部的 fùbùde：an ～ belt 腹带 fùdài

abduct *v.* **1.** 诱拐 yòuguǎi：～ a child 拐小孩儿 guǎi xiǎoháir **2.** 劫持 jiéchí＝carry away by force

aberrant *a.* **1.** 错乱的 cuòluànde：～ behavior 异常行为 yìcháng xíngwéi **2.** 变态的 biàntàide：an ～ form 异常的类型 yìcháng de lèixíng

aberration *n.* **1.** 越轨 yuèguǐ **2.** 失常 shīcháng：He stole money in a moment of ～. 他一时糊涂偷了钱。Tā yìshí hútu tōule qián. **3.** 光行差 guānghángchā **4.** 像差 xiàngchā * in physics

abet *v.* 教唆 jiàosuō；煽动 shāndòng：～ a boy in a crime 教唆男孩儿犯罪 jiàosuō nánháir fànzuì

abeyance *n.* 中止 zhōngzhǐ：The law fell into ～. 这项法律停止生效。Zhè xiàng fǎlǜ tíngzhǐ shēngxiào.

abhor *v.* 厌恶 yànwù：She ～s ants. 她讨厌蚂蚁。Tā tǎoyàn mǎyǐ. // abhorrence *n.* 厌恶 yànwù：show ～ of snakes 厌恶蛇 yànwù shé

abhorrent *a.* 使人厌恶的 shǐ rén yànwùde；憎恶的 zèngwùde：an ～ act 使人厌恶的行为 shǐ rén yànwùde xíngwéi / I am ～ of it. 我嫌恶它。Wǒ xiánwù tā.

abide *v.* **1.** 遵守 zūnshǒu：～ by one's promise 遵守诺言 zūnshǒu nuòyán / ～ by one's friend 忠于朋友 zhōngyú péngyou **2.** 忍受 rěnshòu；容忍 róngrěn：cannot ～ noises 忍受不了噪音 rěnshòu bùliǎo zàoyīn / I can't ～ such people. 我不能容忍这些人。Wǒ bùnéng róngrěn zhèxiē rén.

abiding *a.* 永久的 yǒngjiǔde；不变的 búbiànde：an ～ friendship 历久不

渝的友谊 lìjiǔ-bùyúde yǒuyì

ability *n.* **1.** 能力 nénglì；才干 cáigàn：reading ～ 阅读能力 yuèdú nénglì / musical ～ 音乐才华 yīnyuè cáihuá **2.** 聪明 cōngming；才智 cáizhì：a man of great ～ 极有才智的人 jíyǒu cáizhìde rén // to the best of one's ～ 尽力地 jìnlìde

abject *a.* **1.** 卑劣的 bēiliède：～ behavior 卑鄙的行为 bēibǐde xíngwéi **2.** 悲惨的 bēicǎnde：～ poverty 赤贫 chìpín

abjure *v.* 发誓放弃 fāshì fàngqì：～ one's religion 发誓放弃其宗教信仰 fāshì fàngqì qí zōngjiào xìnyǎng // abjuration *n.*

ablaze *a.* & *ad.* **1.** 燃烧 ránshāo：The house was quickly ～. 这房子很快就烧起来了。Zhè fángzi hěn kuài jiù shāo qǐláile. **2.** 闪耀 shǎnyào：The shop was ～ with lights. 这家商店灯火辉煌。Zhè jiā shāngdiàn dēnghuǒ huīhuáng. **3.** 激昂 jīáng：He was ～ with anger. 他勃然大怒。Tā bórán dànù.

able *a.* **1.** 有能力的 yǒu nénglìde：an ～ man 能干的人 nénggànde rén **2.** 能够 nénggòu：I shan't be ～ to come tomorrow. 我明天不能来。Wǒ míngtiān bù néngláі.

able-bodied *a.* 强壮的 qiángzhuàngde

ablution *n.* 沐浴 mùyù

ably *ad.* 能干地 nénggànde

abnegation *n.* **1.** 克制 kèzhì：self-～ 克己 kèjǐ **2.** 拒绝 jùjué；抛弃 pāoqì

abnormal *a.* 反常的 fǎnchángde；变态的 biàntàide

aboard *ad.* **1.** 在船(车、飞机)上 zài chuán(chē、fēijī)shang **2.** 上船(车、飞机) shàng chuán (chē、fēijī)：All ～! 请大家上船(车、飞机)! Qǐng dàjiā shàng chuán (chē、fēijī)!

abode *n.* 住所 zhùsuǒ：permanent ～ 永久住所 yǒngjiǔ zhùsuǒ / take up one's ～ 居住 jūzhù

abolish *v.* 废除 fèichú：～ the death penalty 废除死刑 fèichú sǐxíng // abolition *n.*

abolitionism *n.* 废除主义 fèichú zhǔyì；废奴主义 fèinú zhǔyì

A-bomb *n.* 原子弹 yuánzǐdàn

abominable *a.* 可恶的 kěwùde：～ weather 恶劣的天气 èliède tiānqì

abomination *n.* 厌恶 yànwù：regard smoking with ～ 讨厌吸烟 tǎoyàn xīyān

aboriginal *a.* 土著的 tǔzhùde；原始的 yuánshǐde

aborigine *n.* 土著居民 tǔzhù jūmín

abort *v.* 流产 liúchǎn

abortion *n.* 流产 liúchǎn：have an ～ 流产 liúchǎn / habitual ～ 习惯性流产 xíguànxìng liúchǎn / induced ～ 人工流产 réngōng liúchǎn

abortive *a.* **1.** 流产的 liúchǎnde **2.** 失败的 shībàide：an ～ rebellion 未成功的叛乱 wèi chénggōngde pànluàn

abound *v.* **1.** 丰富 fēngfù：The Chinese language ～s in idioms. 汉语里成语丰富。Hànyǔlǐ chēngyǔ fēngfù. **2.** 多 duō；充满 chōngmǎn：This county ～s with fruit. 这个县盛产水果。Zhègè xiàn shèngchǎn shuǐguǒ.

about *prep.* & *ad.* **1.** 关于 guānyú；对于 duìyú：He knows nothing ～ chemistry. 他对化学一点儿都不懂。Tā duì huàxué yìdiǎnr dōu bù dǒng. / What are you talking ～？你们在谈论什么？Nǐmén zài tánlùn shénme？**2.** 周围 zhōuwéi；附近 fùjìn：There were few people ～. 周围没几个人。Zhōuwéi méi jǐge rén. **3.** 大约 dàyuē；差不多 chàbuduō：He is ～ forty. 他大约四十岁。Tā dàyuē sìshí suì. // be about 在干… zài gàn…：What are you ～？你在干什么？Nǐ zài gàn shénme？/ Be quick ～ it！赶快干！Gǎn kuài gàn！/ What (How)～…？…怎么样？：How ～ a cup of tea？喝杯茶怎么样？Hē bēi chá zěnmeyàng？/ be ～ to do sth. 正要… zhèng yào…：She was ～ to leave when he returned. 她正要走，他却回来了。Tā zhèng yào zǒu，tā què huí láile.

about-face *n.* 向后转 xiàng hòu zhuǎn：an ～ of one's stand 立场的180度转变 lìchǎng de yìbǎi bāshí dù zhuǎnbiàn

above *prep.* & *ad.* **1.** 在…上面 zài…shàngmian；在…上方 zài…shàngfāng：in a room ～ the shop 在商店上面的房间里 zài shāngdiàn shàngmiànde fángjiānli **2.** 在…之上 zài…zhīshàng；高于 gāoyú：The temperature is 5 degrees ～ zero. 气温为零上5度。Qìwēn wéi língshàng wǔ dù. / 100 meters ～ sea level 高出海平面一百米 gāo chū hǎipíngmiàn yībǎi mǐ **3.** 超过 chāoguò：He weighs ～ 60 kilograms. 他体重超过六十公斤。Tā tǐzhòng chāoguò liùshí gōngjīn. **4.** 上述的 shàngshùde：the examples ～ 上述的例子 shàngshùde lìzi / as was stated ～ 如上所述 rú shàng suǒ shù // ～ all 首先 shǒuxiān / ～ all things 比什么都重要的是 bǐ shénme dōu zhòngyào de shì / over and ～ 除…之

外 chú…zhīwài

aboveboard *a*. 光明正大的 guāngmíng zhèngdàde；公开的 gōngkāide

above-mentioned *a*. 上述的 shàngshùde；前述的 qiánshùde

abrade *v*. 擦伤 cāshāng

abrasion *n*. **1**. 擦伤 cāshāng：～ of the skin 皮肤擦伤 pífū cāshāng **2**. 磨耗 móhào；磨蚀 móshí

abrasive *a*. **1**. 磨蚀的 móshíde **2**. 粗鲁的 cūlǔde：She has an ～ way of treating people. 她待人粗暴。Tā dài rén cūbào.

abreast *ad*. 并肩 bìngjiān：walking four ～ 四人并肩走路 sì rén bìngjiān zǒu lù // keep ～ of 跟上 gēnshàng：keep ～ of times 跟上时代的步伐 gēnshàng shí dài de bùfá

abridge *v*. 缩短 suōduǎn；缩写 suōxiě；删节 shānjié：The book was ～d. 这本书经过删节。Zhè běn shū jīngguò shānjié. // abridg(e)ment *n*.

abroad *ad*. **1**. 在(到)国外 zài (dào) guówài：live ～ 住在国外 zhù zài guówài / go ～ 到国外去 dào guówài qù / letters for ～ 寄到国外的信 jìdào guówàide xìn / letters from ～ 国外来信 guówài lái xìn / at home and ～ 国内外 guónèi wài **2**. 遍布 biànbù；到处 dàochù：The news soon spread ～. 消息很快传开了。Xiāoxi hěn kuài chuánkāile.

abrogate *v*. 废除 fèichú：～ the treaty 废除条约 fèichú tiáoyuē // abrogation *n*.

abrupt *a*. **1**. 突然的 tūránde：～ attack 突然袭击 tūrán xíjī **2**. 粗鲁的 cūlǔde：an ～ manner 粗鲁的举止 cūlǔde jǔzhǐ **3**. 陡峭的 dǒuqiàode：～ rocks 陡峭的山岩 dǒuqiàode shānyán // abruptly *ad*.

abscess *n*. 脓肿 nóngzhǒng；溃疡 kuìyáng

abscissa *n*. 横坐标 héng zuòbiāo

abscond *vi*. 潜逃 qiántáo；逃跑 táopǎo

absence *n*. **1**. 缺席 quēxí；不在 bú zài：notice one's ～ 发现某人缺席 fāxiàn mǒurén quēxí / an unexcused ～ from a class 无故旷课 wú gù kuàngkè **2**. 没有 méiyǒu；缺乏 quēfá：There was a complete ～ of information. 没有一点儿消息。Méiyǒu yìdiǎnr xiāoxi. // in ～ of 当…不在时 dāng…bú zài shí / ～ of mind 心不在焉 xīnbúzàiyān

absent *a*. **1**. 缺席 quēxí：～ from school 缺课 quēkè / ～ from the meeting 没有开会 méiyǒu kāihuì **2**. 心不在焉 xīnbúzàiyān；茫然 mángrán：an ～ expression 心不在焉的表情 xīnbúzàiyānde biǎoqíng

absentee *n.* 缺席者 quēxízhě *a.* 缺席的 quēxíde；在外的 zàiwàide

absenteeism *n.* 旷工 kuànggōng * from work；旷课 kuàngkè * from classes

absently *ad.* 心不在焉地 xīnbúzàiyānde；茫然地 mángránde

absent-minded *a.* 心不在焉的 xīnbúzàiyānde；茫然的 mángránde

absolute *a.* **1.** 绝对的 juéduìde；完全的 wánquánde：～ trust 绝对的信任 juéduìde xìnrèn / ～ independence 完全的独立 wánquánde dúlì **2.** 肯定的 kěndìngde：an ～ fact 肯定的事实 kěndìngde shìshí **3.** 专制的 zhuānzhìde：an ～ ruler 专制的统治者 zhuānzhìde tǒngzhìzhě // absolutely *ad.*

absolution *n.* 赦免 shèmiǎn：give ～ 赦罪 shèzuì

absolve *v.* 解除 jiěchú；赦免 shèmiǎn：～ sb. from a contract 解除合同对某人的约束 jiěchú hétóng duì mǒurénde yuēshù / ～ sb. from sin 赦免某人的罪过 shèmiǎn mǒurénde zuìguo

absorb *v.* **1.** 吸收 xīshōu：～ water 吸收水分 xīshōu shuǐfèn / ～ energy 吸取能量 xīqǔ néngliàng / ～ one's point of view 接受某人的观点 jiēshòu mǒurénde guāndiǎn **2.** 吸引 xīyǐn：～ one's attention 引起注意 yǐnqǐ zhùyì // be ～ed in 专心 zhuānxīn：She is ～ed in study. 她专心学习。Tā zhuānxīn xuéxí.

absorbent *a.* 能吸收的 néng xīshōude：Sponge is ～. 海绵能吸水。Hǎimián néng xī shuǐ. *n.* 吸收剂 xīshōujì

absorbing *a.* **1.** 有趣的 yǒuqùde：an ～ story 一个很有趣的故事 yíge hěn yǒuqùde gùshi **2.** 吸收的 xīshōude

absorption *n.* 吸收 xīshōu：～ of heat 吸收热量 xīshōu rèliàng / ～ in one's work 埋头工作 máitóu gōngzuò

abstain *v.* **1.** 戒除 jièchú；避免 bìmiǎn：～ from wine 戒酒 jièjiǔ / ～ from quarreling 避免争吵 bìmiǎn zhēngchǎo **2.** 弃权 qìquán：～ from voting 弃权 qìquán

abstemious *a.* 有节制的 yǒu jiézhìde；节俭的 jiéjiǎnde：an ～ meal 节俭餐 jiéjiǎn cān / ～ habits 节制饮食的习惯 jiézhì yǐnshíde xíguàn

abstention *n.* **1.** 戒 jiè；节制 jiézhì：～ from eating rich food 不吃油腻食物 bù chī yóunì shíwù **2.** 弃权 qìquán：10 votes for，3 against，and 2 ～s. 十票赞成，三票反对，两票弃权。Shí piào zànchéng，sān piào fǎnduì，liǎng piào qìquán.

abstinence *n.* 节制 jiézhì；禁欲 jìnyù

abstract[1] *a.* 抽象的 chōuxiàngde：～ art 抽象艺术 chōuxiàng yìshù / an ～ noun 抽象名词 chōuxiàng míngcí *n.* 抽象 chōuxiàng；抽象物 chōuxiàngwù // in the abstract 抽象地说 chōuxiàngde shuō；理论上 lǐlùnshàng

abstract[2] *n.* 摘要 zhāiyào：make an ～ of the article 写一份文章的摘要 xiě yífèn wénzhāngde zhāiyào

abstract[3] *v.* **1.** 提取 tíqǔ：～ metal from ore 从矿石中提炼金属 cóng kuàngshí zhōng tíliàn jīnshǔ **2.** 摘录 zhāilù：Please ～ this book. 请摘录这本书。Qǐng zhāilù zhè běn shū.

abstracted *a.* **1.** 心不在焉的 xīnbúzàiyānde **2.** 分离出来的 fēnlí chūláide

abstraction *n.* **1.** 抽象 chōuxiàng：scientific ～ 科学的抽象 kēxuéde chōuxiàng **2.** 提取 tíqǔ：the ～ of the juice from an orange 从桔子里提取桔汁儿 cóng júzilǐ tíqǔ júzhīr **3.** 出神 chūshén：a look of ～ 出神的样子 chūshénde yàngzi

abstruse *a.* 深奥的 shēn'àode

absurd *a.* 荒唐的 huāngtángde：～ claim 荒唐的要求 huāngtángde yāoqiú // absurdly *ad.*

absurdity *n.* 荒唐 huāngtáng；荒谬 huāngmiù：amusing ～ 引人发笑的荒唐言论 yǐn rén fāxiàode huāngtáng yánlùn / the height of ～ 荒谬绝伦 huāngmiù juélún

abundance *n.* 丰富 fēngfù；大量 dàliàng：a year of ～ 丰年 fēngnián / an ～ of sunshine 阳光充足 yángguāng chōngzú / live in ～ 过丰衣足食的生活 guò fēngyīzúshíde shēnghuó

abundant *a.* 丰富的 fēngfùde；充分的 chōngfènde：an ～ year 丰年 fēngnián / an ～ harvest 丰收 fēngshōu / ～ proof 充分的证据 chōngfènde zhèngjù / ～ in petroleum deposits 石油蕴藏量丰富 shíyóu yùncángliàng fēngfù

abuse *n.* **1.** 滥用 lànyòng：the ～of one's authority 滥用职权 lànyòng zhíquán **2.** 辱骂 rǔmà：a term of ～ 骂人话 màrén huà / hurl ～ at sb. 对…破口大骂 duì…pòkǒu dà mà **3.** 弊端 bìduān：reform social ～s 改革社会弊端 gǎigé shèhuì bìduān *v.* **1.** 滥用 lànyòng：He ～s his power. 他滥用权力。Tā lànyòng quánlì. **2.** 辱骂 rǔmà

abusive *a.* **1.** 滥用的 lànyòngde：an ～ exercise of power 滥用权力

lànyòng quánlì 2. 骂人的 màrénde：Please don't use ～ language. 请不要骂人。Qǐng búyàomàrén.

abut *v.* 相邻 xiānglín：The school ～s on a park. 这学校和公园相邻。Zhè xuéxiào hé gōngyuán xiānglín.

abutment *n.* 1. 相邻 xiānglín；邻接 línjiē 2. 交接处 jiāojiēchù

abysmal *a.* 1. 无底的 wúdǐde 2. 极度的 jídùde：～ ignorance 极度的无知 jídùde wúzhī

abyss *n.* 深渊 shēnyuān：the ～ of despair 绝望的深渊 juéwàngde shēnyuān / in the ～ of one's mind 在心灵深处 zài xīnlíng shēnchù

A. C.，a. c. ＝ Alternating Current 交流电 jiāoliúdiàn；a/c＝account 账户 zhànghù：savings ～ 存款账户 cúnkuǎn zhànghù

academic *a.* 1. 学校的 xuéxiàode；学术的 xuéshùde：the ～ year 学年 xuénián / ～ discussion 学术讨论 xuéshù tǎolùn 2. 不切实际的 búqièshíjìde：an ～ question 不切实际的问题 búqièshíjìde wèntí

academician *n.* 院士 yuànshì；学会会员 xuéhuì huìyuán

academy *n.* 1. 专科院校 zhuānkē yuànxiào：a military ～ 军事学院 jūnshì xuéyuàn / an ～ of music 音乐学院 yīnyuè xuéyuàn 2. 研究院 yánjiūyuàn；学会 xuéhuì：the Chinese A- of Sciences 中国科学院 Zhōngguó kēxuéyuàn

accede *v.* 1. 同意 tóngyì：～ to the terms 同意这些条件 tóngyì zhèxiē tiáojiàn 2. 加入 jiārù：Our government ～d to the treaty. 我国政府加入了该条约。Wǒguó zhèngfǔ jiārùle gāi tiáoyuē. 3. 即位 jíwèi；就职 jiùzhí：The prince ～d to the throne. 王子继承了王位。Wángzǐ jìchéngle wángwèi.

accelerate *v.* 加速 jiāsù；促进 cùjìn // acceleration *n.*

accelerator *n.* 加速器 jiāsùqì

accent[1] *n.* 1. 重音 zhòngyīn：The ～ is on the first syllable. 重音在第一个音节。Zhòngyīn zài dì-yī gè yīnjié. 2. 口音 kǒuyīn：a strong American ～ 很重的美国口音 hěn zhòngde Měiguó kǒuyīn

accent[2] *v.* 重读 zhòngdú：～ emphatically 特别重读 tèbié zhòngdú

accentuate *v.* 1. 重读 zhòngdú 2. 在…上加重音符号 zài…shàng jiā zhòngyīn fúhào 3. 强调 qiángdiào * give more force to

accept *v.* 接受 jiēshòu：～ an invitation 接受邀请 jiēshòu yāoqǐng / Please

~ me as a friend. 请把我当作一个朋友。Qǐng bǎ wǒ dàngzuò yíge péngyou. / ~ the proposal 采纳这项提案 cǎinà zhè xiàng tí'àn

acceptable *a.* 可接受的 kě jiēshòude；合意的 héyìde；受到欢迎的 shòudào huānyíngde

acceptance *n.* 接受 jiēshòu；承认 chéngrèn：public ~ 公众的承认 gōngzhòngde chéngrèn

acceptation *n.* 词义 cíyì：by common ~ 根据一般的含义 gēnjù yìbānde hányì

access *n.* **1.** 能接近 néng jiējìn：He is easy of ~ . 他是容易接近的。Tā shì róngyì jiējìnde. / Professors have free ~ to the library. 教授们可以自由使用图书馆。Jiàoshòumen kěyǐ zìyóu shǐyòng túshūguǎn. **2.** 通路 tōnglù：the only ~ to the village 去该村的唯一通路 qù gāicūnde wéiyī tōnglù

accessible *a.* 容易接近的 róngyì jiējìnde；可以进去的 kěyǐ jìnqùde：an easily ~ person 一个容易接近的人 yígè róngyì jiējìnde rén / a place ~ to the public 对公众开放的地方 duì gōngzhòng kāifàngde dìfang

accession *n.* 就任 jiùrèn；到达 dàodá；增加 zēngjiā；加入 jiārù

accessory *n.* **1.** 附件 fùjiàn；附属品 fùshǔpǐn **2.** 从犯 cóngfàn；帮凶 bāngxiōng = accomplice

accidence *n.* 词形变化规则 cíxíng biànhuà guīzé

accident *n.* **1.** 事故 shìgù：a traffic ~ 交通事故 jiāotōng shìgù / an air ~ 飞机失事 fēijī shīshì **2.** 偶然的事 ǒuránde shì：His success is a mere ~. 他的成功只出于偶然。Tāde chénggōng zhǐ chūyú ǒurán. // by ~ 偶然 ǒurán / without ~ 平安无事 píng'ān wú shì

accidental *a.* 偶然的 ǒuránde：an ~ meeting with a friend 与朋友偶然相遇 yǔ péngyou ǒurán xiāngyù

acclaim *v.* 欢呼 huānhū：The audience ~ed the actors. 观众向演员们欢呼。Guānzhòng xiàng yǎnyuánmen huānhū. *n.* 称赞 chēngzàn：The opera received critical ~. 这歌剧获得很高评价。Zhè gējù huòdé hěn gāo píngjià.

acclamation *n.* 欢呼 huānhū；喝采 hècǎi；称赞 chēngzàn // by ~ 口头表决 kǒutóu biǎojué

acclimatize *v.* 服水土 fú shuǐtǔ；适应气候 shìyìng qìhòu：He soon got

~d. 他很快适应了。Tā hěn kuài shìyìngle.

accommodate *v.* **1.** 接纳 jiēnà：The hotel can ～ 1,000 guests. 这旅馆能接纳一千位客人。Zhè lǚguǎn néng jiēnà yì qiān wèi kèren. **2.** 使…适应 shǐ…shìyìng：～ oneself to changed conditions 使自己适应变化了的情况 shǐ zìjǐ shìyìng biànhuàlede qíngkuàng **3.** 供应 gōngyìng；提供 tígōng **4.** 调停 tiáotíng；调解 tiáojiě

accommodating *a.* 乐于帮助的 lèyú bāngzhùde

accommodation *n.* 膳宿供应 shànsù gōngyìng；设备 shèbèi：dormitory ～s 宿舍设备 sùshè shèbèi / office ～s 办公用具 bàngōng yòngjù / the ～ at the stadium 体育场的设施 tǐyùchǎngde shèshī / get ～ for the night 找过夜的地方 zhǎo guòyède dìfang / supply ～ for … 为……提供住宿 wèi … tígōng zhùsù

accompaniment *n.* **1.** 伴随物 bànsuíwù：Disease is an ～ of famine. 疾病随饥荒而来。Jíbìng suí jīhuāng érlái. / an ～ for beer 喝啤酒的下酒菜 hē píjiǔde xiàjiǔcài **2.** 伴奏 bànzòu：play ～ on the piano 弹钢琴伴奏 tán gāngqín bànzòu

accompany *v.* **1.** 伴随 bànsuí：She accompanied me on my walk. 她陪我散步。Tā péi wǒ sànbù. / ～ a guest to the door 送客人到门口 sòng kèren dào ménkǒu **2.** 伴奏 bànzòu：The violinist accompanied his singing. 小提琴手为他唱歌伴奏。Xiǎotíqínshǒu wèi tā chànggē bànzòu. **3.** 与……同时发生 yǔ … tóngshí fāshēng：Lightning is accompanied by thunder. 闪电带着雷声。Shǎndiàn dàizhe léishēng.

accomplice *n.* 同谋犯 tóngmóufàn

accomplish *v.* **1.** 完成 wánchéng：～ the task 完成任务 wánchéng rènwu **2.** 实现 shíxiàn：～ the goal 达到目标 dádào mùbiāo / The prediction was ～ed. 预言实现了。Yùyán shíxiànle.

accomplished *a.* 完成的 wánchéngde；有成就的 yǒu chéngjiùde；有才华的 yǒu cáihuáde：～ facts 既成事实 jìchéng shìshí / an ～ lady 才女 cáinǚ // be ～ in 擅长于 shànchángyú

accomplishment *n.* **1.** 完成 wánchéng：easy of ～ 容易完成的 róngyì wánchéngde **2.** 成就 chéngjiù；才能 cáinéng：creative ～ 创造性的才能 chuàngzàoxìngde cáinéng / The invention of space shuttles was a great ～. 航天飞机的发明是个巨大的成就。Hángtiān fēijīde fāmíng shìge jùdàde chéngjiù.

accord *v.* **1.** 一致 yízhì：Your opinion ～s with mine. 你的意见和我的一致。Nǐde yìjiàn hé wǒde yízhì. **2.** 给予 jǐyǔ：He was ～ed a warm welcome. 他受到热烈欢迎。Tā shòudào rèliè huānyíng. *n.* 一致 yízhì // in ～ with 一致 yízhì / of one's own ～ 自愿地 zìyuànde / with one ～ 一致地 yízhìde

accordance *n.* 一致 yízhì // in ～ with 根据 gēnjù

according *ad.* 按照 ànzhào // ～ to 根据 gēnjù；按照 ànzhào：～ to one's ability 根据能力 gēnjù nénglì / ～ to one's age 按照年龄 ànzhào niánlíng / Cut your coat ～ to your figure. 量体裁衣。Liángtǐ cáiyī.

accordingly *ad.* **1.** 照办 zhàobàn：You told me to lock the door, and I acted ～. 你叫我锁上门，我照办了。Nǐ jiào wǒ suǒshàng mén，wǒ zhàobànle. **2.** 因此 yīncǐ；从而 cóng'ér = therefore

accordion *n.* 手风琴 shǒufēngqín

accost *v.* 走上前来说话 zǒushàng qiánlái shuōhuà

account[1] *n.* **1.** 帐目 zhàngmù：examine ～s 查帐 cházhàng / keep ～ 记帐 jì zhàng **2.** 银行户头 yínháng hùtóu：open an ～ at a bank 在银行开一个户头 zài yínháng kāi yíge hùtóu / a current ～ 活期存款帐户 huóqī cúnkuǎn zhànghù **3.** 报道 bàodào；叙述 xùshù：press ～s 报纸报道 bàozhǐ bàodào / give an ～ of the game 叙述比赛情况 xùshù bǐsài qíngkuàng // on ～ of 由于 yóuyú / on no ～ 绝不要 jué búyào / take ～ of 考虑 kǎolǜ / turn to ～ 加以利用 jiāyǐ lìyòng **4.** 争吵 zhēngchǎo：have an ～ to settle with sb. 与某人有争执待解决 yǔ mǒurén yǒu zhēngzhí dài jiějué **5.** 理由 lǐyóu；原因 yuányīn = reason

account[2] *v.* 认为…是 rènwéi … shì：He is ～ed a promising scholar. 他被认为是一个有前途的学者。Tā bèi rènwéi shì yíge yǒu qiántúde xuézhě. // ～ for 说明原因 shuōmíng yuányīn：Please ～ for your absence from work. 请你说明没上班的原因。Qǐng nǐ shuōmíng méi shàngbānde yuányīn.

accountable *a.* **1.** 对…负责 duì … fùzé：Who is ～ for this？谁对这事负责？Shuí duì zhèshì fùzé？**2.** 可说明的 kě shuōmíngde = explanable

accountant *n.* 会计师 kuàijìshī

accoutre *v.* = accouter 提供装备 tígōng zhuāngbèi

accoutrement *n.* = accouterment 装备 zhuāngbèi

accredit *v.* **1.** 委任 wěirèn：He was ～ed to Paris. 他奉命出使巴黎。Tā fèngmìng chūshǐ Bālí. **2.** 确认 quèrèn: We ~ the invention of paper to China. 我们确认纸是中国发明的。Wǒmén quèrèn zhǐ shì Zhōngguó fāmíngde.

accrue *v.* 增长 zēngzhǎng: Knowledge will ~ to you from reading. 读书能增长知识。Dúshū néng zēngzhǎng zhīshi.

accumulate *v.* **1.** 积累 jīlěi: ~ data 积累资料 jīlěi zīliào / ~ wealth 积聚财富 jījù cáifù **2.** 堆积 duījī: Snow ~d to a depth of one meter. 积雪达一米。Jīxuě dá yìmǐ.

accumulator *n.* 蓄电池 xùdiànchí * storage battery

accuracy *n.* 准确 zhǔnquè; 精确 jīngquè; 准确度 zhǔnquèdù

accurate *a.* 准确的 zhǔnquède: The information is ~. 消息是准确的。Xiāoxi shì zhǔnquède.

accursed *a.* 被诅咒的 bèi zǔzhòude

accusation *n.* 控告 kònggào: bring an ~ against sb. 控告某人 kònggào mǒurén / deny an ~ 否认指控 fǒurèn zhǐkòng / under an ~ of 被控告 bèi kònggào

accuse *v.* 控告 kònggào; 指责 zhǐzé: He was ~d of corruption. 他被控告有贪污罪。Tā bèi kònggào yǒu tānwū zuì. / ~ sb. of carelessness 指责某人粗枝大叶 zhǐzé mǒurén cūzhī-dàyè // the ~d 被告 bèigào

accuser *n.* 原告 yuángào; 控告者 kònggàozhě

accustom *v.* 使习惯 shǐ xíguàn: ~ oneself to rise early 使自己习惯于早起 shǐ zìjǐ xíguànyú zǎoqǐ // be ~ed to 习惯于 xíguànyú: He is ~d to hard work. 他习惯艰苦的工作。Tā xíguàn jiānkǔde gōngzuò.

accustomed *a.* 习惯的 xíguànde; 通常的 tōngchángde: ~ attitude of optimism 通常的乐观态度 tōngchángde lèguān tàidù

ace *n.* **1.** "A"牌 "A"pái *in playing cards: an ~ of diamond 方块"A"牌 fāngkuài "A" pái **2.** 能手 néngshǒu; 佼佼者 jiǎojiǎozhě: flying ~ 王牌飞行员 wángpái fēixíngyuán // have an ~ up one's sleeve 手里有王牌 shǒulǐ yǒu wángpái / within an ~ of 差点儿 chàdiǎnr: within an ~ of death 差点儿死去 chàdiǎnr sǐqù

acerbity *n.* **1.** 涩味 sèwèi **2.** 尖酸刻薄 jiānsuān kèbó * of speech

acetylene *n.* 乙炔 yǐquē: ~ lamp 矿灯 kuàngdēng * miner's lamp

ache *n.* 疼痛 téngtòng: have ~s and pains all over 全身疼痛 quánshēn téngtòng / tooth ~ 牙疼 yá téng *v.* **1.** 疼 téng: My head ~s badly. 我

头疼得厉害。Wǒ tóuténgde lìhai. **2.** 渴望 kěwàng：～ for one's home 渴望回家 kěwàng huíjiā / ～ for sb. 想念某人 xiǎngniàn mǒurén

achieve *v.* 取得 qǔdé；实现 shíxiàn：～ success 取得成功 qǔdé chénggōng / ～ world peace 实现世界和平 shíxiàn shìjiè hépíng / He hopes to ～ all his aims. 他希望他的目的都能达到。Tā xīwàng tāde mùdì dōu néng dádào. / Work hard to ～ our goal. 为实现我们的目标而努力工作。Wèi shíxiàn wǒmende mùbiāo ér nǔlì gōngzuò.

achievement *n.* **1.** 成就 chéngjiù；成绩 chéngjī：artistic ～ 艺术成就 yìshù chéngjiù / great ～s 伟大的成就 wěidàde chéngjiù **2.** 实现 shíxiàn；达到 dádào：promote efficient ～ of the goal 促进目标的有效实现 cùjìn mùbiāode yǒuxiào shíxiàn

acid *n.* 酸 suān ＊ of chemistry *a.* 酸性的 suānxìngde；酸的 suānde // hydrochloric ～ 盐酸 yánsuān / nitric ～ 硝酸 xiāosuān / sulphuric ～ 硫酸 liúsuān

acidity *n.* **1.** 酸性 suānxìng **2.** 酸味 suānwèi

acknowledge *v.* **1.** 承认 chéngrèn：～ defeat 承认失败 chéngrèn shībài / ～ one's error 承认错误 chéngrèn cuòwù **2.** 感谢 gǎnxiè：We ～ his long service with the company. 我们感谢他对公司的长期服务。Wǒmen gǎnxiè tā duì gōngsīde chángqī fúwù. / ～ sb.'s help 对某人的帮助表示感谢 duì mǒurénde bāngzhù biǎoshì gǎnxiè **3.** 通知收到 tōngzhī shōudào：～ a letter 表示收到来信 biǎoshì shōudào láixìn

acknowledgment *n.* **1.** 承认 chéngrèn：The murderer made ～ of his guilt. 谋杀犯承认有罪。Móushāfàn chéngrèn yǒuzuì. **2.** 感谢 gǎnxiè：express ～ to 向……表示感谢 xiàng … biǎoshì gǎnxiè

acme *n.* 顶点 dǐngdiǎn；极点 jídiǎn：the ～ of one's desire 最大欲望 zuì dà yùwàng / the ～ of perfection 十全十美 shíquán shíměi / the ～ of science 科学尖端 kēxué jiānduān

acne *n.* 粉刺 fěncì

acorn *n.* 橡子 xiàngzǐ；橡果 xiàngguǒ

acoustic *a.* 听觉的 tīngjuéde；声学的 shēngxuéde：～ nerves 听觉神经 tīngjué shénjīng / ～ engineering 声学工程 shēngxué gōngchéng // acoustically *ad.*

acoustician *n.* 声学家 shēngxuéjiā

acousticon *n.* 助听器 zhùtīngqì ＊ hearing-aid

acoustics *n.* **1.** 声学 shēngxué **2.** 音响效果 yīnxiǎng xiàoguǒ: The ～ of the hall are excellent. 这座礼堂的音响效果很好。Zhè zuò lǐtángde yīnxiǎng xiàoguǒ hěnhǎo.

acquaint *v.* **1.** 熟悉 shúxī: He ～ed himself with his new duties. 他熟悉了他的新任务。Tā shúxīle tāde xīn rènwu. **2.** 认识 rènshi: We are ～ed. 我们认识。Wǒmen rènshi. // be ～ed with 熟悉 shúxī: I'm not personally ～ed with him. 我个人同他并不熟悉。Wǒ gèrén tóng tā bìngbù shúxī.

acquaintance *n.* 熟悉 shúxī; 相识 xiāngshí: He is not a friend, only an ～. 他不是朋友,只是相识。Tā búshì péngyou, zhǐshì xiāngshí. / I have some ～ with Chinese. 我略懂汉语。Wǒ lüè dǒng hànyǔ. // make the ～ of sb. 认识某人 rènshi mǒurén / ～ship *n.* 认识 rènshi: He has a wide ～ among all sorts of people. 他交际广。Tā jiāojì guǎng.

acquiesce *v.* 默许 mòxǔ: ～ in a proposal 默许一项建议 mòxǔ yíxiàng jiànyì.

acquire *v.* **1.** 得到 dédào; 学到 xuédào: ～ knowledge through experience 从经验中学到知识 cóng jīngyànzhōng xuédào zhīshi / I desire to ～ Chinese quickly. 我希望能快点儿学会汉语。Wǒ xīwàng néng kuàidiǎnr xuéhuì hànyǔ. / ～d a good reputation 得了好名声 déle hǎo míngshēng **2.** 养成(习惯) yǎngchéng (xíguàn): ～ a bad habit 养成坏习惯 yǎngchéng huài xíguàn

acquirement *n.* 获得 huòdé: the ～ of property 财产的获得 cáichǎnde huòdé

acquisition *n.* 获得 huòdé: This car is my latest ～. 这辆车是我最近添置的。Zhèliàng chē shì wǒ zuìjìn tiānzhìde.

acquisitive *a.* 可取得的 kě qǔdéde; 渴望得到的 kěwàng dédàode: an ～ mind 进取心 jìnqǔxīn

acquit *v.* **1.** 宣判无罪 xuānpàn wúzuì: He was ～ted of the charge. 他被宣判无罪。Tā bèi xuānpàn wúzuì. **2.** [～ oneself] 表现 biǎoxiàn; 履行 lǚxíng: He ～ted himself well. 他表现好。Tā biǎoxiàn hǎo. / ～ oneself of a promise 履行诺言 lǚxíng nuòyán

acquittal *n.* 宣判无罪 xuānpàn wúzuì

acre *n.* **1.** 英亩 yīngmǔ **2.** [～s]土地 tǔdì; 地产 dìchǎn: broad ～s 宽广的土地 kuānguǎngde tǔdì

acreage *n*. **1**. 英亩数 yīngmǔshù **2**. 土地的面积 tǔdìde miànjī
acrid *a*. **1**. 辛辣的 xīnlàde；刺鼻的 cìbíde：the ～ smell of burning wood 烧焦木头的难闻气味 shāojiāo mùtoude nánwén qìwèi **2**. 尖刻的 jiānkède：an ～ speech 尖刻的话 jiānkède huà
acrimonious *a*. 尖刻的 jiānkède；刻薄的 kèbóde；激烈的 jīliède ＊ as of manner or language：an ～ quarrel 激烈的争吵 jīliède zhēngchǎo // acrimony *n*.：to speak with ～ 说刻薄话 shuō kèbóhuà
acrobat *n*. 杂技演员 zájì yǎnyuán
acrobatic *a*. 杂技的 zájìde：an ～ flight 特技飞行 tèjì fēixíng
acrobatics *n*. 杂技 zájì
acronym *n*. 首字母缩略词 shǒu zìmǔ suōlüècí
across *prep*. & *ad*. **1**. 横过 héngguò：They built a bridge ～ the river. 他们在河上架了一座桥。Tāmen zài héshàng jiàle yízuò qiáo. **2**. 在…另一边 zài…lìng yìbiān：The post office is just ～ the street. 邮局就在马路对面。Yóujú jiù zài mǎlù duìmiàn. **3**. 交叉 jiāochā：The two lines cut ～ each other. 这两条线相交。Zhè liǎng tiáo xiàn xiāngjiāo. **4**. 过去 guòqù：Let's go ～ here. 咱们从这儿过去。Zánmen cóng zhèr guòqù. **5**. 宽 kuān：The river is 500 meters ～. 这条河宽五百米。Zhètiáo hé kuān wǔbǎimǐ. // ～ from 对面 duìmiàn：The school is just ～ from the bus stop. 学校就在车站对面。Xuéxiào jiù zài chēzhàn duìmiàn. / get sth. ～ 使人理解 shǐ rén lǐjiě / put sth. ～ 讲清楚 jiǎng qīngchu
act *v*. **1**. 行动 xíngdòng；做 zuò：We must ～ at once. 我们必须马上行动。Wǒmen bìxū mǎshàng xíngdòng. **2**. 演戏 yǎnxì；扮演 bànyǎn：Who is ～ing Hamlet? 谁扮演哈姆雷特？Shuí bànyǎn Hāmǔ-léitè? / Did he ever ～ on the stage? 他在舞台上演过戏吗？Tā zài wǔtáishàng yǎnguo xìma? **3**. 起作用 qǐzuòyòng：The brakes don't act. 刹车失灵。shāchē shīlíng. // ～ as 充当 chōngdāng：～ as an interpreter for tourists 为旅游者当译员 wèi lǚyóuzhě dāng yìyuán / ～ for 代理 dàilǐ：He will ～ for me during my absence. 我不在时由他代理我的职务。Wǒ búzài shí yóu tā dàilǐ wǒde zhíwù. / ～ out 表演 biǎoyǎn：Let's ～ out the story once again. 让我们把这故事再表演一次。Ràng wǒmen bǎ zhè gùshi zài biǎoyǎn yícì. / ～ up 出毛病 chū máobìng：The machine has ～ed up. 这机器出了毛病。Zhè jīqì chūle máobìng. / ～ upon (on) 对…起作用 duì…qǐ zuòyòng：The drug ～s upon the brain. 这药对脑子

有影响。Zhè yào duì nǎozi yǒu yǐngxiǎng. *n.* **1.** 行为 xíngwéi；行动 xíngdòng：a foolish ～ 愚蠢的行为 yúchǔnde xíngwéi / an unlawful ～ 非法活动 fēifǎ huódòng **2.** 法令 fǎlìng：The ～ was passed. 这条法令已通过。Zhè tiáo fǎlìng yǐ tōngguò. **3.** 幕 mù：a play in three ～s 三幕剧 sān mù jù

acting[1] *a.* 代理的 dàilǐde：the ～ minister 代理部长 dàilǐ bùzhǎng

acting[2] *n.* 表演 biǎoyǎn：His ～ is first-rate. 他的演技是第一流的。Tāde yǎnjì shì dì-yīliúde.

actinometer *n.* 光量计 guāngliàngjì

actinomycin *n.* 放线菌素 fàngxiàn jūnsù

action *n.* **1.** 行动 xíngdòng；行为 xíngwéi：A-s speak louder than words. 行动比语言更响亮。Xíngdòng bǐ yǔyán gèng xiǎngliàng.（百说不如一干。Bǎi shuō bùrú yígàn.）/ criminal ～ 犯罪行为 fànzuì xíngwéi **2.** 作用 zuòyòng；影响 yǐngxiǎng：chemical ～ 化学作用 huàxué zuòyòng / the ～ of the weather 天气的影响 tiānqìde yǐngxiǎng **3.** 诉讼 sùsòng：a civil ～ 民事诉讼 mínshì sùsòng / a criminal ～ 刑事诉讼 xíngshì sùsòng / an ～ for divorce 离婚诉讼 líhūn sùsòng // go into ～ 开始战斗 kāishǐ zhàndòu：The regiment went into ～. 这个团投入战斗。Zhègetuán tóurù zhàndòu. / put out of ～ 使失去作用 shǐ shīqù zuòyòng：The earthquake put the telephones out of ～. 地震使电话中断。Dìzhèn shǐ diànhuà zhōngduàn. / take ～ 采取行动 cǎiqǔ xíngdòng：We took ～ on a plan. 我们按计划采取行动。Wǒmen àn jìhuà cǎiqǔ xíngdòng.

activate *v.* **1.** 使活动 shǐ huódòng：～ public opinion 使舆论活跃起来 shǐ yúlùn huóyuè qǐlái **2.** 使活化 shǐhuóhuà：～d charcoal 活性炭 huóxìng tàn **3.** 创设 chuàngshè；成立 chénglì

activator *n.* 催化剂 cuīhuàjì

active *a.* **1.** 活跃的 huóyuède；积极的 jījíde：He is very ～ in sports. 他在体育活动中很活跃。Tā zài tǐyù huódòngzhōng hěn huóyuè. / The market is ～. 市场活跃。Shìchǎng huóyuè. / She is ～ in her work. 她工作积极。Tā gōngzuò jījí. / take an ～ part in 积极参加 jījí cānjiā / ～ defense 积极防御 jījí fángyù **2.** 活动中的 huódòngzhōngde：an ～ volcano 活火山 huóhuǒshān **3.** 主动的 zhǔdòngde：the ～ voice 主动语态

zhǔdòng yǔtài * in grammar // actively *ad*.

activist *n*. 积极分子 jījí fènzǐ

activity *n*. 活动 huódòng: cultural and social activities 文化和社会活动 wénhuà hé shèhuì huódòng / extracurricular activities 课外活动 kèwài huódòng / stamp out black market ~ 取缔黑市活动 qǔdì hēishì huódòng

actor *n*. 男演员 nányǎnyuán: an Oscar ~ 获奥斯卡金像奖的男演员 huò Àosīkǎ jīnxiàngjiǎngde nán yǎnyuán

actress *n*. 女演员 nǚ yǎnyuán

actual *a*. **1**. 实际的 shíjìde: the ~ conditions 实际情况 shíjì qíngkuàng **2**. 确实的 quèshíde: The ~ amount of money was not known. 确实的钱数不清楚。Quèshíde qiánshù bù qīngchu.

actually *ad*. **1**. 实际上 shíjìshang: A-, that's not true. 实际上那不是真的。Shíjìshang nà búshì zhēnde. **2**. 确实 quèshí; 当真 dàngzhēn: Believe it or not, the team ~ won. 信不信由你,这个队确实赢了。Xìnbuxìn yóu nǐ, zhègeduì quèshí yíngle.

actuate *v*. **1**. 开动 kāidòng: The pump is ~d by a belt driven by a motor. 这台抽水机由马达带动皮带传动。Zhètái chōushuǐjī yóu mǎdá dàidòng pídài chuándòng. **2**. 激励 jīlì; 驱使 qūshǐ: be ~d by high ideals 为高尚的理想所激励 wèi gāoshàngde lǐxiǎng suǒ jīlì / be ~d by envy. 受妒忌心所驱使 shòu dùjìxīn suǒ qūshǐ

acuity *n*. **1**. 尖锐 jiānruì **2**. 剧烈 jùliè; 急性 jíxìng **3**. 锐敏 ruìmǐn

acumen *n*. 敏锐 mǐnruì; 聪明才智 cōngming cáizhì: business ~ 业务才干 yèwù cáigàn / His business ~ made him very successful. 他的业务才干使他获得了很大成功。Tāde yèwù cáigàn shǐ tā huòdéle hěndà chénggōng.

acupuncture *n*. 针刺 zhēncì; 针刺疗法 zhēncì liáofǎ: ~ and moxibustion 针灸 zhēnjiǔ / ~ points 穴位 xuèwèi / ~ therapy *n*. 针疗法 zhēn liáofǎ / new ~ treatment 新针疗法 xīnzhēn liáofǎ / an ~needle 金针 jīnzhēn / ~ anaesthesia 针刺麻醉 zhēncì mázuì

acute *a*. **1**. 剧烈的 jùliède: an ~ headache 剧烈头痛 jùliè tóutòng **2**. 敏锐的 mǐnruìde; 灵敏的 língmǐnde: an ~ sense of smell 灵敏的嗅觉 língmǐnde xiùjué **3**. 急性的 jíxìngde: Pneumonia is an ~ disease. 肺炎

是一种急性病。Fèiyán shì yìzhǒng jíxìngbìng. / ～ appendicitis 急性阑尾炎 jíxìng lánwěiyán **4.** 锐的 ruìde：an ～ angle 锐角 ruìjiǎo // acuteness *n.*

A. D. ＝Anno Domini 公元 gōngyuán

adage *n.* 格言 géyán

adagio *n.* 柔板 róubǎn * in music / *a.* & *ad.* 缓慢的 huǎnmànde * in music

Adam *n.* **1.** 亚当 yǎdāng * in the Bible **2.** ～'s apple 喉结 hóujié

adamant *n.* 坚硬无比的东西 jiānyìng wúbǐde dōngxi *a.* 坚硬的 jiānyìngde；坚决的 jiānjuéde：He was ～ and would not change his mind. 他坚决不改变主意。Tā jiānjué bù gǎibiàn zhǔyi.

adamantine *a.* 花岗石般的 huāgāngshíbānde；坚硬无比的 jiānyìngwúbǐde

adapt *v.* **1.** 使…适应 shǐ … shìyìng；使适合 shǐ shìhé：～ oneself to new manners and customs 使自己适应新的风俗习惯 shǐ zìjǐ shìyìng xīnde fēngsú xíguàn / They ～ed themselves to the weather here. 他们适应了这儿的天气。Tāmen shìyìngle zhèrde tiānqì. / ～ sth. for a particular use 使某物适合某种特殊用途 shǐ mǒu wù shìhé mǒuzhǒng tèshū yòngtú / She is not ～ed for this kind of work. 她不适合这种工作。Tā bú shìhé zhè zhǒng gōngzuò. **2.** 改编 gǎibiān：a play ～ed from a novel 由小说改编的剧本 yóu xiǎoshuō gǎibiānde jùběn

adaptability *n.* 适应性 shìyìngxìng

adaptable *a.* **1.** 适应性强的 shìyìngxìng qiángde：He is an ～ man. 他是一个能适应环境的人。Tā shì yíge néng shìyìng huánjìngde rén. **2.** 可改编的 kě gǎibiānde

adaptation *n.* **1.** 适应 shìyìng：the ～ to the new environment 对新环境的适应能力 duì xīn huánjìngde shìyìng nénglì **2.** 改编（本）gǎibiān (běn)：an ～ for TV 为电视的改编本 wèi diànshìde gǎibiānběn

adapter *n.* **1.** 改编者 gǎibiānzhě **2.** 转接器 zhuǎnjiēqì * device to connect different parts of an apparatus

add *v.* **1.** 加 jiā；增加 zēngjiā：If you add 3 to 4，you get 7. 3加4得7。Sān jiā sì dé qī. / He ～ed some wood to the fire. / 他往火里加了些木柴。Tā wǎng huǒli jiālexiē mùchái. / That ～ed to the gaiety of the festival. 它增加了节日的欢乐气氛。Tā zēngjiāle jiérìde huānlè qìfēn. **2.** 接着说 jiēzhe shuō；还说 hái shuō：He ～ed that .... 他接着说…。Tā jiēzhe shuō... // ~ fuel to the flames 火上加油 huǒshàng jiā yóu / ~ in加进去 jiā jìnqù：A- me in. 把我也算上。Bǎ wǒ yě suànshang. / ~ to 增加 zēngjiā：That ~s to the difficulty of the work. 它增加了工作的难度。Tā zēngjiāle gōngzuòde nándù. / ~ up to **1**. 总共有 zǒnggòng yǒu：The costs ~ed up to 1 million pounds. 费用总共达一百万英镑。Fèiyòng zǒnggòng dá yībǎiwàn yīngbàng. **2**. 意味着 yìwèizhe；说明 shuōmíng：The evidence all ~s up to a case of robbery. 所有证据都说明是一起抢劫案。Suǒyǒu zhèngjù dōu shuōmíng shì yìqǐ qiǎngjié'àn.

addend *n*. 加数 jiāshù

addendum *n*. 补遗 bǔyí；附录 fùlù

adder *n*. 蝮蛇 fùshé

addict *v*. 使…沉迷 shǐ … chénmí；使成瘾 shǐ chéngyǐn：He is ~ed to reading novels. 他是个小说迷。Tā shìge xiǎoshuōmí. / He is ~ed to smoking. 他吸烟成瘾。Tā xīyān chéngyǐn. *n*. 有瘾的人 yǒuyǐnde rén：a drug ~ 吸毒上瘾的人 xīdú shàngyǐnde rén

addicted *a*. 有瘾的 yǒuyǐnde：be ~ to sth. 对…有瘾 duì … yǒuyǐn

addition *n*. **1**. 加法 jiāfǎ：The sign "+" stands for ~. "+"号表示加法。(+) Jiāhào biǎoshì jiāfǎ. **2**. 增加 zēngjiā：He has an ~ to his family. 他家又增加了一个小孩。Tājiā yòu zēngjiāle yíge xiǎohái. // in ~ 此外(还) cǐwài (hái) / in ~ to 除了……之外 chúle … zhīwài：In ~ to English, he speaks several languages. 除英语外，他还会说几种语言。Chú yīngyǔ wài, tā hái huì shuō jǐzhǒng yǔyán.

additional *a*. 附加的 fùjiāde；补充的 bǔchōngde：an ~ tax 附加税 fùjiā shuì / An ~ charge is made for over-weight luggage. 超重行李须另加费用。Chāozhòng xíngli xū lìngjiā fèiyong. / the ~ regulation 补充规定 bǔchōng guīdìng / an ~ two days 另加两天 lìng jiā liǎngtiān

addle *a*. 糊涂的 hútude；变质腐败的 biànzhì fǔbàide：~eggs 臭蛋 chòudàn / ~ head 糊涂虫 hútuchóng

addlebrained *a*. 昏头昏脑的 hūntóuhūnnǎode

address *v*. **1**. 向…讲话(演说) xiàng … jiǎnghuà (yǎnshuō)：He will ~ the meeting. 他将向大会演说。Tā jiāng xiàng dàhuì yǎnshuō. **2**. 称呼 chēnghu：How do I ~ him? 我怎样称呼他？Wǒ zěnyàng chēnghu tā? **3**. 写地址 xiě dìzhǐ：A- me as above. 按上面的地址给我写信。Àn shàngmiande dìzhǐ gěiwǒ xiěxìn. *n*. **1**. 讲话 jiǎnghuà；讲演 jiǎngyǎn：

deliver an ～ 发表演说 fābiǎo yǎnshuō / an opening (a closing) ～ 开(闭)幕词 kāi(bì)mùcí **2.** 地址 dìzhǐ: Please let me have your name and ～. 请把您的姓名和地址告诉我。Qǐng bǎ nínde xìngmíng hé dìzhǐ gàosu wǒ. // ～ oneself to 着手做 zhuóshǒu zuò / a return ～ 回信地址 huíxìn dìzhǐ / a cable ～ 电报挂号 diànbào guàhào

addressee *n.* 收信人 shōuxìn rén

adduce *v.* 引证 yǐnzhèng: ～ proof 举出证据 jǔchū zhèngjù / He ～d a lot of facts to support his argument. 他引用许多事实来证明自己的论点。Tā yǐnyòng xǔduō shìshí lái zhèngmíng zìjǐde lùndiǎn.

adept *a.* 擅长 shàncháng; 善于 shànyú: He is ～ in public speaking. 他擅长演说。Tā shàncháng yǎnshuō. *n.* 能手 néngshǒu: an ～ in swimming 游泳能手 yóuyǒng néngshǒu / an ～ in flattery 马屁精 mǎpìjīng / a musical ～ 音乐名手 yīnyuè míngshǒu / an ～ in philosophy 哲学大家 zhéxué dàjiā

adequacy *n.* **1.** 恰当 qiàdàng **2.** 充分 chōngfèn; 足够 zúgòu

adequate *a.* **1.** 足够的 zúgòude: There was ～ rain and snow last winter. 去冬有足够的雨雪。Qùdōng yǒu zúgòude yǔxuě. / The supply is not ～ to the demand. 供不应求。Gōng bú yìng qiú. / ～ to one's post 胜任 shèngrèn **2.** 恰当的 qiàdàngde: take ～ measures 采取恰当的措施 cǎiqǔ qiàdàngde cuòshī

adhere *v.* 粘着 zhānzhe: The glue ～s well. 这胶水的粘性很好。Zhè jiāoshuǐde niánxìng hěn hǎo. // ～ to 坚持 jiānchí; 遵守 zūnshǒu: You must ～ to the contract. 你们必须遵守合同。Nǐmen bìxū zūnshǒu hétóng. / ～ to ancient customs 坚持古老的习俗 jiānchí gǔlǎode xísú / ～ to neutrality 严守中立 yán shǒu zhōnglì / ～ to one's ideas 坚持自己的观点 jiānchí zìjǐde guāndiǎn

adherence *n.* 遵守 zūnshǒu: ～ to the rules 遵守规则 zūnshǒu guīzé

adherent *n.* 信徒 xìntú; 追随者 zhuīsuízhě; 支持者 zhīchízhě: a leader with many ～s 一个有许多追随者的领袖 yíge yǒu xǔduō zhuīsuízhěde lǐngxiù / a devoted ～ 忠实信徒 zhōngshí xìntú / an enthusiastic ～ of the theory 该学说的热情支持者 gāi xuéshuōde rèqíng zhīchízhě

adhesive *a.* 有粘性的 yǒu niánxìngde: ～ tape 胶带 jiāodài / ～ plaster 橡皮膏 xiàngpígāo *n.* 粘胶剂 niánjiāojì

adhesion *n.* **1.** 粘附 niánfù **2.** 同意 tóngyì: give one's ～ to … 对…表示同意 duì … biǎoshì tóngyì / give one's ～ to a plan 支持一项计划 zhīchí yíxiàng jìhuà

adiabatic *a.* 绝热的 juérède

adipose *a.* 脂肪的 zhīfángde *n.* 动物脂肪 dòngwù zhīfáng

adjacent *a.* **1.** 靠近的 kàojìnde: The building is ～ to the highway. 这幢建筑靠近公路。Zhèzhuàng jiànzhù kàojìn gōnglù. **2.** 附近的 fùjìnde: ～ town and villages 附近的城市和乡村 fùjìnde chéngshì hé xiāngcūn

adjectival *a.* 形容词的 xíngróngcíde

adjective *n.* 形容词 xíngróngcí

adjoin *v.* 连着 liánzhe: The garden ～s the house. 花园连着房屋。Huāyuán liánzhe fángwū. / The two houses ～. 这两座房子相连。Zhè liǎngzuò fángzi xiānglián. / Canada ～s the United States. 加拿大与美国接壤。Jiānádà yǔ Měiguó jiērǎng.

adjoining *a.* 毗连的 píliánde; 隔壁 gébì: an ～ room 邻室 línshì

adjourn *v.* 休会 xiūhuì; 推迟 tuīchí: The meeting was ～ed until next Monday. 会议暂停,下星期一再开。Huìyì zàntíng, xià Xīngqīyī zài kāi.

adjournment *n.* 休会 xiūhuì: The court met again after an ～ of two weeks. 法庭在休庭两周后重新开庭。Fǎtíng zài xiūtíng liǎngzhōu hòu chóngxīn kāitíng.

adjudge *v.* 判决 pànjué: ～ a criminal to death 判决罪犯死刑 pànjué zuìfàn sǐxíng / ～ sb. (to be) guilty 判决某人有罪 pànjué mǒurén yǒu zuì / be ～d wise to do sth. 去做某事被视为明智 qù zuò mǒushì bèi shìwéi míngzhì

adjudicate *v.* 判决 pànjué: ～ sb. to be bankrupt 裁定某人破产 cáidìng mǒurén pòchǎn / ～ upon a case 判决案子 pànjué ànzi

adjunct *n.* **1.** 附属物 fùshǔwù **2.** 修饰语 xiūshìyǔ * in grammar **3.** 助手 zhùshǒu; 副手 fùshǒu = assistant

adjuration *n.* 严令 yánlìng

adjure *v.* 严令 yánlìng: He ～d his son to tell the truth. 他要求他儿子一定说实话。Tā yāoqiú tā érzi yídìng shuō shíhuà.

adjust *v.* 调整 tiáozhěng; 适应 shìyìng; 调解 tiáojiě: He ～ed the seat to the boy's height. 他根据这孩子的身高调整了椅子高度。Tā gēnjù zhè háizide shēngāo tiáozhěngle yǐzi gāodù. / ～ differences 调解分歧 tiáojiě fēnqí / She has ～ed herself to the new conditions. 她已适应了新的环境。Tā yǐ shìyìngle xīnde huánjìng. // adjustment *n.*

adjustable *a.* 可调整的 kě tiáozhěngde：an ～ wrench 活动扳手 huódòng bānshǒu

adjutant *n.* **1.** 副官 fùguān **2.** 助手 zhùshǒu

adjuvant *n.* 助理员 zhùlǐyuán *a.* 辅助的 fǔzhùde

adlib *v. a.* 即兴演奏(演出) jíxìng yǎnzòu(yǎnchū)

admeasure *v.* 分配 fēnpèi；配给 pèijǐ

adminicle *n.* **1.** 补助物 bǔzhùwù **2.** 补充证据 bǔchōng zhèngjù

administer *v.* **1.** 管理 guǎnlǐ：He ～s a large company. 他管理一个大公司。Tā guǎnlǐ yíge dà gōngsī. **2.** 执行 zhíxíng：～ the law 执法 zhífǎ **3.** 给予 jǐyǔ：～ medicine to a patient 给病人吃药 gěi bìngrén chīyào

administration *n.* **1.** 管理 guǎnlǐ：～ of business 管理商务 guǎnlǐ shāngwù / school ～ 学校管理部门 xuéxiào guǎnlǐ bùmén **2.** 执行 zhíxíng：the ～ of justice 执法 zhífǎ **3.** 政府 zhèngfǔ：the Bush Administration's China policy 布什政府的对华政策 Bùshí zhèngfǔde duìhuá zhèngcè

administrative *a.* 行政的 xíngzhèngde：～ responsibilities 行政责任 xíngzhèng zérèn

administrator *n.* 管理人员 guǎnlǐ rényuán

admirable *a.* 令人钦佩的 lìngrén qīnpèide；极好的 jíhǎode：His behavior was ～. 他的行为令人钦佩。Tāde xíngwéi lìngrén qīnpèi. / an ～ proposal 极好的建议 jíhǎode jiànyì // admirably *ad.*

admiral *n.* 海军上将 hǎijūn shàngjiàng

admiralty *n.* [the A-] 英国海军部 Yīngguó hǎijūnbù

admiration *n.* 钦佩 qīnpèi；赞赏 zànshǎng：I feel ～ for his ability. 我钦佩他的才干。Wǒ qīnpèi tāde cáigàn.

admire *v.* 钦佩 qīnpèi；赞赏 zànshǎng：We all ～ her for her bravery. 我们都钦佩她的勇敢。Wǒmen dōu qīnpèi tāde yǒnggǎn. / I ～ your poems. 我赞赏你的诗。Wǒ zànshǎng nǐde shī.

admirer *n.* **1.** 赞美者 zànměizhě；崇拜者 chóngbàizhě：～s of China 赞美中国的人 zànměi Zhōngguóde rén / a flock of *Wushu* ～s 一群中国武术的崇拜者 yìqún Zhōngguó wǔshùde chóngbàizhě **2.** 爱慕者 àimùzhě：He is one of her many ～s. 他是她的许多爱慕者之一。Tā shì tāde xǔduō àimùzhě zhīyī.

admiringly *ad*. 赞美地 zànměide

admissible *a*. 可采纳的 kě cǎinàde；可接受的 kě jiēshòude；可容许的 kě róngxǔde

admission *n*. **1.** 接纳 jiēnà；进入 jìnrù；门票 ménpiào：～ by ticket only 凭票入场 píng piào rùchǎng / obtain ～ to a school 得到入学许可 dédào rùxué xǔkě / price of ～ 门票价 ménpiàojià **2.** 承认 chéngrèn：He made an ～ of his guilt. 他承认有罪。Tā chéngrèn yǒuzuì.

admit *v*. **1.** 接纳 jiēnà；允许进入 yǔnxǔ jìnrù：They have ～ted me into the club. 他们接纳我参加俱乐部。Tāmen jiēnà wǒ cānjiā jùlèbù. / The ticket will ～ two. 这张票允许两个人进去。Zhèzhāng piào yǔnxǔ liǎnggerén jìnqù. **2.** 承认 chéngrèn：He ～s having done it. 他承认做了那件事。Tā chéngrèn zuòle nàjiàn shì. // ～ of 容许 róngxǔ：～ of no exception 不容许破例 bù róngxǔ pòlì / ～ to 承认 chéngrèn：He ～ted to the murder. 他承认犯了谋杀罪。Tā chéngrèn fànle móushāzuì

admittance *n*. 允许进入 yǔnxǔ jìnrù：No ～ except on business. 非公莫入。Fēigōng mò rù. / 闲人免进。Xiánrén miǎn jìn. / As the theater was full, he could not get ～. 由于戏院已满，他无法入场。Yóuyú xìyuàn yǐ mǎn, tā wúfǎ rùchǎng.

admix *v*. 搀和 chānhuo；混合 hùnhé

admixture *n*. **1.** 搀和 chānhuo；混合 hùnhé **2.** 混合物 hùnhéwù

admonish *v*. **1.** 告诫 gàojiè：The teacher ～ed the students against smoking. 教师告诫学生不要吸烟。Jiàoshī gàojiè xuéshēng búyào xīyān. **2.** 劝告 quàngào：The doctor ～ed him not to drink too much. 大夫劝他不要喝得太多。Dàifū quàn tā búyào hēde tài duō.

admonition *n*. 告诫 gàojiè；谴责 qiǎnzé

admonitory *a*. 警告的 jǐnggàode；劝告的 quàngàode：～ remarks 警告的话 jǐnggàode huà

ado *n*. 忙乱 mángluàn；费力 fèilì：make much ～ 费尽力气 fèijìn lìqi / make much ～ about nothing 无事空忙 wúshì kōng máng

adobe *n*. 泥砖 nízhuān；土坯 tǔpī

adolescence *n*. 青春 qīngchūn * youth；青春期 qīngchūnqī * the period

adolescent *n*. 青少年 qīngshàonián *a*. 青春期的 qīngchūnqíde

adopt *v*. **1.** 采用 cǎiyòng：～ a new method 采用新方法 cǎiyòng xīn fāngfǎ / ～ a proposal 采纳建议 cǎinà jiànyì **2.** 通过 tōngguò：～ a resolution 通过一项决议 tōngguò yíxiàng juéyì

adopted *a.* **1.** 收养的 shōuyǎngde：an ～ daughter 养女 yǎngnǚ **2.** 借用 jièyòng；袭用 xíyòng：～ words 外来语 wàiláiyǔ

adoption *n.* **1.** 采用 cǎiyòng：the ～ of suggestion 采纳建议 cǎinà jiànyì **2.** 通过 tōngguò：the ～ of the report 通过报告 tōngguò bàogào **3.** 收养 shōuyǎng

adoptive *a.* **1.** 收养的 shōuyǎngde：an ～ father 养父 yǎngfù；义父 yìfù **2.** 假冒的 jiǎmàode：an ～ courage 冒充的勇敢 màochōngde yǒnggǎn

adorable *a.* **1.** 值得崇拜的 zhíde chóngbàide **2.** 可爱的 kě'àide＝lovely // adorably *ad.*

adore *v.* **1.** 崇拜 chóngbài；敬爱 jìng'ài：The children ～ their parents. 孩子们敬爱他们的父母。Háizimen jìng'ài tāmende fùmǔ. **2.** 很喜欢 hěn xǐhuan：He ～s chocolate. 他很喜欢吃巧克力。Tā hěn xǐhuan chī qiǎokèlì. // adoration *n.*

adorn *v.* 装饰 zhuāngshì：The room is ～ed with flowers. 房间里装点着鲜花。Fángjiānli zhuāngdiǎnzhe xiānhuā. / She ～ed herself with jewels. 她佩带珠宝。Tā pèidài zhūbǎo.

adornment *n.* 装饰 zhuāngshì；装饰品 zhuāngshìpǐn：tasteful ～ 雅致的装饰品 yǎzhìde zhuāngshìpǐn

adrenalin *n.* 肾上腺素 shènshàng xiànsù

adrift *a.* **1.** 漂浮 piāofú；漂流 piāoliú：The ship was ～ on the open sea. 船在公海上漂流。Chuán zài gōnghǎishang piāoliú. **2.** 辞退 cítuì：turn sb. ～ 辞退某人 cítuì mǒurén

adroit *a.* 灵巧的 língqiǎode；熟练的 shúliànde：be ～ in martial arts 精通武术 jīngtōng wǔshù // adroitly *ad.*

adscititious *a.* 补充的 bǔchōngde；外来的 wàiláide：an ～ habit 后天的习性 hòutiānde xíxìng / ～ remarks 补充发言 bǔchōng fāyán

adsorb *v.* 吸附 xīfù

adulate *v.* 谄媚 chǎnmèi；奉承 fèngcheng // adulator *n.*

adult *a.* **1.** 成人的 chéngrénde；成长的 chéngzhǎngde；**2.** 已成熟的 yǐ chéngshúde *n.* 成年人 chéngniánrén：～ education 成人教育 chéngrén jiàoyu // ～hood 成年 chéngnián / ～ tooth 固齿 gùchǐ

adulterate *v.* 搀假 chānjiǎ：～ milk with water 奶中搀水 nǎi zhōng chān shuǐ

adulteration *n*. **1**. 搀假 chānjiǎ **2**. 劣等货 lièděnghuò

adulterator *n*. 掺假的人 chānjiǎde rén：～ of coin 铸伪币的人 zhù wěibìde rén

adulterine *n*. **1**. 非法的 fēifǎde **2**. 通奸的 tōngjiānde；私生的 sīshēngde：an ～ child 私生子 sīshēngzǐ **3**. 伪造的 wěizàode：～ drugs 伪劣药品 wěiliè yàopǐn

adultery *n*. 通奸 tōngjiān

adumbral *a*. 阴暗的 yīn'ànde；蔽荫的 bìyīnde

adumbrate *v*. **1**. 暗示 ànshì **2**. 遮蔽 zhēbì **3**. 勾画 gōuhuà // adumbration *n*.

adumbrative *a*. 轻描淡写的 qīngmiáodànxiěde；预示的 yùshìde

advance *v*. **1**. 推进 tuījìn；前进 qiánjìn：The troops ～d two miles. 部队前进了两英里。Bùduì qiánjìnle liǎng yīnglǐ. / The work has ～d. 工作有进展。Gōngzuò yǒu jìnzhǎn. **2**. 提高 tígāo；提升 tíshēng：Prices continue to ～. 物价继续上涨。Wùjià jìxù shàngzhǎng. / He was ～d to a professorship. 他被提升为教授。Tā bèi tíshēng wéi jiàoshòu. **3**. 提前 tíqián：The date of the conference was ～d from Thursday to Monday. 会议日期由星期四提前到星期一。Huìyì rìqī yóu Xīngqīsì tíqián dào Xīngqīyī. **4**. 预支 yùzhī：He had 100 yuan ～d on his salary. 他从工资中预支了一百元。Tā cóng gōngzī zhōng yùzhīle yìbǎi yuán. *n*. **1**. 前进 qiánjìn **2**. 提高 tígāo：The workers asked for an ～ in their wages. 工人要求提高工资。Gōngrén yāoqiú tígāo gōngzī. **3**. 预支 yùzhī：the ～ of a month's pay 预付一个月工资 yùfù yíge yuè gōngzī // in ～ 提前 tíqián：Thank you in ～. 先谢谢你。Xiān xièxiè nǐ. / in ～ of 在…前面 zài … qiánmian：The plane arrived half an hour in ～ of its schedule time. 飞机比预定时间早到半小时。Fēijī bǐ yùdìng shíjiān zǎo dào bàn xiǎoshí.

advanced *a*. **1**. 先进的 xiānjìnde：an ～ worker 先进工人 xiānjìn gōngrén / ～ ideas 先进思想 xiānjìn sīxiǎng / the ～ 先进的人们 xiānjìnde rénmen / ～ experience 先进经验 xiānjìn jīngyàn / a culturally ～ country 高度文明的国家 gāodù wénmíngde guójiā **2**. 年老的 niánlǎode：He is ～ in years. 他年事已高。Tā niánshì yǐ gāo. / ～ age 高龄 gāolíng **3**. 高级的 gāojíde：～ algebra 高等代数 gāoděng dàishù

advancement *n*. **1**. 推进 tuījìn **2**. 升级 shēngjí **3**. 进步 jìnbù **4**. 增进 zēngjìn **5**. 预付 yùfù

advantage *n.* 优点 yōudiǎn；有利条件 yǒulì tiáojiàn：the ～s and disadvantages of the new project 新方案的优缺点 xīn fāng'ànde yōuquēdiǎn / Living in a big city has many ～s. 住在大城市有许多有利条件。Zhùzài dà chéngshì yǒu xǔduō yǒulì tiáojiàn. // have an ～ over 在…方面比较有利 zài… fāngmiàn bǐjiào yǒulì / take ～ of 趁机利用 chèn jī lìyòng / be to sb.'s ～ 对…有利 duì…yǒulì

advantageous *a.* 有利的 yǒulìde

advection *n.* **1.** 对流 duìliú * of heat **2.** 平流 píngliú * of air

advent *n.* **1.** 来临 láilín：with the ～ of the New Year 随着新年的来临 suízhe xīnniánde láilín **2.** [A-]耶稣降临 Yēsū jiànglín；降临节 jiànglín jié

adventitious *a.* 偶然的 ǒuránde；外来的 wàiláide；不定的 búdìngde：～ buds 不定芽 búdìngyá

adventure *n.* 冒险 màoxiǎn；惊险的事 jīngxiǎnde shì：Boys are fond of ～. 男孩儿喜欢冒险。Nánháir xǐhuan màoxiǎn. / an ～ story 惊险故事 jīngxiǎn gùshi *v.* 冒险尝试 màoxiǎn chángshì：～ one's life 冒生命之险 mào shēngmìng zhī xiǎn

adventurer *n.* 冒险家 màoxiǎnjiā；投机分子 tóujī fènzǐ

adventurism *n.* 冒险主义 màoxiǎn zhǔyì

adventurous *a.* 冒险的 màoxiǎnde；惊险的 jīngxiǎnde：He is an ～ man. 他是一个有冒险精神的人。Tā shì yíge yǒu màoxiǎn jīngshénde rén. / an ～ voyage 一次惊险的航行 yícì jīngxiǎnde hángxíng

adverb *n.* 副词 fùcí

adverbial *a.* 副词的 fùcíde；状语的 zhuàngyǔde *n.* 状语 zhuàngyǔ

adversary *n.* 对手 duìshǒu；仇敌 chóudí

adverse *a.* **1.** 逆的 nìde；不利的 búlìde：in ～ conditions 处于不利的情况 chǔyú búlìde qíngkuàng / ～ winds 逆风 nìfēng / Dirt and disease are ～ to the best growth of children. 肮脏和疾病对孩子的健康成长不利。Āngzāng hé jíbìng duì háizide jiànkāng chéngzhǎng búlì. **2.** 相反的 xiāngfǎnde：The result is ～ to his wishes. 结果同他的愿望相反。Jiéguǒ tóng tāde yuànwàng xiāngfǎn.

adversity *n.* 逆境 nìjìng；苦难 kǔnàn：He is always cheerful in ～. 他在逆境中总是情绪乐观。Tā zài nìjìngzhōng zǒngshì qíngxù lèguān. / to meet with adversities 遭遇各种不幸 zāoyù gèzhǒng búxìng

advert *v.* 提及 tíjí；谈到 tándào

advertent *a.* 注意的 zhùyìde；留心的 liúxīnde

advertise *v.* **1.** 登广告 dēng guǎnggào：～ for a job 登广告找工作 dēng guǎnggào zhǎo gōngzuò / They ～d the old house for sale. 他们登广告卖旧房子。Tāmen dēng guǎnggào mài jiù fángzi. **2.** 通知 tōngzhī

advertisement *n.* 广告 guǎnggào：classified ～ 分类广告 fēnlèi guǎnggào / a matrimonial ～ 结婚启事 jiéhūn qǐshì；征婚广告 zhēnghūn guǎnggào

advertiser *n.* 刊登广告的人 kāndēng guǎnggàode rén；广告客户 guǎnggào kèhù

advice *n.* **1.** 劝告 quàngào；意见 yìjian：Take my ～, please. 请接受我的劝告。Qǐng jiēshòu wǒde quàngào. / I want your ～. 我想听听你的意见。Wǒ xiǎng tīngting nǐde yìjian. **2.** 通知 tōngzhī：shipping ～s 发货通知单 fāhuò tōngzhīdān

advisable *a.* 适当的 shìdàngde；可取的 kěqǔde；合理的 hélǐde：It is ～ to leave now. 现在离开好。Xiànzài líkāi hǎo.

advise *v.* **1.** 劝告 quàngào；建议 jiànyì：I ～d him to give up smoking. 我劝他戒烟。Wǒ quàn tā jièyān. / He ～d my starting at once. 他建议我马上动身。Tā jiànyì wǒ mǎshàng dòngshēn. **2.** 通知 tōngzhī：I will ～ you of my whereabouts. 我会把我的行踪通知你。Wǒ huì bǎ wǒde xíngzōng tōngzhī nǐ. // ～ against 劝…不要 quàn…búyào / ～ on 对…出主意 duì…chū zhǔyi

advised *a.* 考虑过的 kǎolǜguòde；熟知的 shúzhīde

advisedly *ad.* 深思熟虑地 shēnsī-shúlǜde；故意地 gùyìde：He gave it up ～. 他经过深思熟虑后放弃这事。Tā jīngguò shēnsī-shúlǜ hòu fàngqì zhè shì.

adviser, advisor *n.* 顾问 gùwèn；导师 dǎoshī

advisory *a.* **1.** 劝告的 quàngàode **2.** 顾问的 gùwènde；咨询的 zīxúnde：an ～ committee 咨询委员会 zīxún wěiyuánhuì

advocacy *n.* **1.** 主张 zhǔzhāng **2.** 辩护 biànhù：speak in ～ of 为…辩护 wèi…biànhù

advocate *n.* **1.** 提倡者 tíchàngzhě；拥护者 yōnghùzhě：an ～ of reforms 提倡改革的人 tíchàng gǎigéde rén / an ～ of peace 和平的拥护者 hépíngde yōnghùzhě **2.** 辩护人 biànhùrén * in law *v.* 提倡 tíchàng；主张 zhǔzhāng：He ～s punishing corruption. 他主张惩治贪污。Tā zhǔzhāng chéngzhì tānwū.

adz, adze *n.* 手斧 shǒufǔ *v.* 用手斧劈 yòng shǒufǔ pī

aegis *n.* 保护 bǎohù; 庇护 bìhù: under the ～ of 在…保护下 zài…bǎohù xià

aeon, eon *n.* 永世 yǒngshì; 万古 wàngǔ; 极长的时期 jí chángde shíqī

aerate *v.* 充气 chōngqì; 通过呼吸供氧气 tōngguò hūxī gōng yǎngqì: Blood is ～d in the lungs. 血液在肺中与氧结合。Xuèyè zài fèi zhōng yǔ yǎng jiéhé.

aeration *n.* 充气 chōngqì: ～ cell 充气电池 chōngqì diànchí

aerator *n.* 充气器 chōngqìqì

aerial *a.* **1.** 空气的 kōngqìde: ～ current 气流 qìliú **2.** 航空的 hángkōngde: ～ liner 民航班机 mínháng bānjī / ～ route 空中航线 kōngzhōng hángxiàn / ～ wire 天线 tiānxiàn / an ～ attack 空袭 kōngxí / an ～ port 空运港 kōngyùngǎng / ～ defense 防空 fángkōng *n.* 天线 tiānxiàn＝antenna

aerie, aery *n.* **1.** 鹰巢 yīngcháo **2.** 雏群 chúqún **3.** 高山上的住所 gāoshānshangde zhùsuǒ

aero *a.* 飞机的 fēijīde: an ～ engine 飞机引擎 fēijī yǐnqíng

aerobatics *n.* 特技飞行 tèjì fēixíng; 航空表演 hángkōng biǎoyǎn

aerodrome *n.* 飞机场 fēijīchǎng

aerodynamics *n.* 空气动力学 kōngqì dònglì xué

aerolite *n.* 陨石 yǔnshí

aeromarine *a.* 水上飞行的 shuǐshang fēixíngde

aeromechanics *n.* 空气力学 kōngqì lìxué

aeronaut *n.* **1.** 飞艇驾驶员 fēitǐng jiàshǐyuán **2.** 飞艇的乘客 fēitǐngde chéngkè

aeronautic *a.* 航空的 hángkōngde

aeronautics *n.* 航空学 hángkōngxué; 航空术 hángkōngshù

aerophotography *n.* 空中摄影 kōngzhōng shèyǐng

aeroplane *n.* 飞机 fēijī: travel by aeroplane 坐飞机旅行 zuò fēijī lǚxíng

aerosol *n.* 按钮式喷雾器 ànniǔshì pēnwùqì

aerostat *n.* 浮空器 fúkōngqì; 高空气球 gāokōng qìqiú

aerostatics *n.* 气体静力学 qìtǐ jìnglìxué

aesthete *n.* 唯美主义者 wéiměizhǔyìzhě；审美家 shěnměijiā

aesthetic *a.* 美的 měide；美学的 měixuéde；审美的 shěnměide

aesthetics *n.* 美学 měixué；审美学 shěnměixué

aestival *a.* 夏天的 xiàtiānde：～ diseases 夏天的疾病 xiàtiānde jíbìng

aetiology *n.* 病因 bìngyīn；病原学 bìngyuánxué

afar *ad.* 在远处 zài yuǎnchù：stand afar off 远远站着 yuǎnyuǎn zhànzhe / come from afar 从远方来 cóng yuǎnfāng lái / A bosom friend ～ brings a distant land near. 海内存知己，天涯若比邻。Hǎinèi cún zhījǐ，tiānyá ruò bǐlín.

affable *a.* 和蔼可亲的 hé'ǎi kěqīnde：an ～ smile 笑容可掬 xiàoróng kějū // affability *n.*

affair *n.* **1.** 事情 shìqing：a public (private) ～ 公(私)事 gōng (sī) shì **2.** 事务 shìwù：the ～s of state 国务 guówù / the Ministry of Foreign A-s 外交部 Wàijiāobù / political ～s 政治事务 zhèngzhì shìwù **3.** 恋爱事件 liàn'ài shìjiàn = a love affair

affect[1] *v.* **1.** 影响 yǐngxiǎng：Smoking ～s his health. 吸烟影响他的健康。Xīyān yǐngxiǎng tāde jiànkāng. **2.** 感动 gǎndòng：He was ～ed by the news. 这消息使他感动。Zhè xiāoxi shǐ tā gǎndòng. **3.** 疾病侵袭 jíbìng qīnxí：be ～ed with high fever 发高烧 fāgāoshāo / His left lung is ～ed. 他的左肺受到感染。Tāde zuǒfèi shòudào gǎnrǎn.

affect[2] *v.* **1.** 假装 jiǎzhuāng：～ ignorance 假装不知 jiǎzhuāng bù zhī **2.** 爱好 àihào

affectation *n.* **1.** 做作 zuòzuo：without ～ 毫无做作地 háo wú zuòzuode **2.** 假装 jiǎzhuāng：an ～ of sincerity 假装诚实 jiǎzhuāng chéngshí / an ～ of kindness 假仁慈 jiǎ réncí

affected *a.* 做作的 zuòzuode：～ manners 装模作样 zhuāngmú-zuòyàng / well (ill) ～ (to) 对…怀(不怀)好意 duì…huái (bù huái) hǎoyì/ ～ laugh 假笑 jiǎxiào

affecting *a.* 令人感动的 lìng rén gǎndòngde：an ～ sight 动人的情景 dòngrénde qíngjǐng / an ～ scene 惨状 cǎnzhuàng

affection *n.* **1.** 慈爱 cí'ài：～ for (or towards) one's children 对子女的慈爱 duì zǐnǚde cí'ài / the object of one's ～s 爱的对象 àide duìxiàng；意中人 yì zhōng rén **2.** 病 bìng；感染 gǎnrǎn：bacterial ～ 细菌性感染 xìjūnxìng gǎnrǎn /～ of the skin 皮肤病 pífūbìng

affectional *a.* 爱情的 àiqíngde；感情的 gǎnqíngde

affectionate *a.* 情重的 qíngzhòngde；挚爱的 zhì'àide；亲切的 qīnqiède：He is ～ to (towards) her. 他对她充满深情。Tā duì tā chōngmǎn shēnqíng. / an ～ mother 慈母 címǔ/ be on ～ terms with 和…交情极好 hé…jiāoqíng jí hǎo

affectionately *ad.* 亲爱的 qīn'àide：Yours ～ 你的亲爱的 nǐde qīn'àide * when closing a letter

affiance *n.* **1.** 信赖 xìnlài **2.** 订婚 dìnghūn *v.* 使订婚 shǐ dìnghūn：He is ～d to her. 他和她订婚了。Tā hé tā dìnghūnle.

affidavit *n.* 宣誓书 xuānshìshū

affiliate *v.* **1.** 使……加入 shǐ … jiārù：～ oneself with (or to) a political party 加入政党 jiārù zhèngdǎng **2.** 使附属 shǐ fùshǔ：The hospital is ～d with (or to) the Beijing Medical College. 那个医院附属于北京医学院。Nàge yīyuàn fùshǔyú Běijīng yīxuéyuàn.

affiliation *n.* 联系 liánxì；联合 liánhé：business ～ 商业上的联系 shāngyèshangde liánxì / form an ～ with . . . 和… 联合起来 hé…liánhé qǐlái

affinity *n.* **1.** 亲合性 qīnhéxìng **2.** 亲戚关系 qīnqī guānxì；姻亲 yīnqīn **3.** 吸引力 xīyǐnlì：There is mutual ～ between the magnet and iron. 磁铁与铁之间有相互吸引力。Cítiě yǔ tiě zhījiān yǒu xiānghù xīyǐnlì.

affirm *v.* 断言 duànyán；肯定 kěndìng：He ～ed that he was telling the truth. 他断言他说的是实话。Tā duànyán tā shuōde shì shíhuà. / He ～ed his love for her. 他肯定对她的爱。Tā kěndìng duì tāde ài. // affirmation *n.*

affirmative *a.* 肯定的 kěndìngde：an ～ answer 肯定的答复 kěndìngde dáfù *n.* 肯定 kěndìng；肯定语 kěndìngyǔ；赞成 zànchéng：answer in the ～ 肯定回答 kěndìng huídá / vote in the ～ 投票赞成 tóupiào zànchéng

affix *v.* **1.** 附加 fùjiā；贴上 tiēshàng：～ a stamp to a letter 在信上贴邮票 zài xìnshang tiē yóupiào **2.** 签(字) qiān(zì)：He ～ed his name to the letter. 他在信上签了他的名字。Tā zài xìnshang qiānle tāde míngzi.

affixation *n.* 词缀法 cízhuìfǎ * in grammar

afflict *v.* 使(人)苦恼 shǐ (rén) kǔnǎo；使(人)痛苦 shǐ (rén) tòngkǔ：be ～ed with a disease 闹病 nàobìng

affliction *n.* 苦恼 kǔnǎo；痛苦 tòngkǔ；折磨 zhémo：Pains in the head were among the many ～s she suffered. 头疼是她所遭受的许多痛苦之一。Tóuténg shì tā suǒ zāoshòude xǔduō tòngkǔ zhī yī.

affluence *n.* 1. 富裕 fùyu；丰富 fēngfù：live in ～ 生活优裕 shēnghuó yōuyù 2. 流入 liúrù；涌入 yǒngrù ＊flowing

affluent *a.* 富裕的 fùyude；富饶的 fùráode；丰富的 fēngfùde：be ～ in minerals 矿产丰富 kuàngchǎn fēngfù *n.* 支流 zhīliú ＝ tributary

afford *v.* 1.（花、买、经受…）得起（huā、mǎi、jīngshòu…）de qǐ：I will buy it when I can ～ it. 我买得起就买。Wǒ mǎide qǐ jiùmǎi. / A busy man cannot ～ delay. 忙人可耽误不起。Mángrén kě dānwu bù qǐ. 2. 给与 jǐyǔ；供给 gōngjǐ：It ～s me pleasure. 这使我很高兴。Zhè shǐ wǒ hěn gāoxìng. 3. 出产 chūchǎn：The land ～s rice. 这地方产米。Zhè dìfang chǎnmǐ.

afforest *v.* 造林于 zàolínyú；植林于 zhílínyú；绿化 lǜhuà // afforestation *n.*

affray *n.* 吵架 chǎojià；打架 dǎjià；骚动 sāodòng

affricate *n.* 破擦音 pòcāyīn ＊ in phonetics

affright *v.* 恐吓 kǒnghè *n.* 恐怖 kǒngbù；惊吓 jīngxià

affront *v.* 侮辱 wūrǔ；冒犯 màofàn：be ～ed at his conduct 被他的行为冒犯 bèi tāde xíngwéi màofàn *n.* 当众侮辱 dāngzhòng wūrǔ：put an ～ upon a person 当众侮辱某人 dāngzhòng wūrǔ mǒurén

afield *ad.* 1. 在田野 zài tiányě 2. 远离 yuǎnlí；在远处 zài yuǎnchù：go too far ～ 离题太远 lítí tài yuǎn / Don't go too far ～. 不要走得太远。Búyào zǒude tài yuǎn.

afire *ad.* & *a.* 燃烧着 ránshāozhe；着火的 zháohuǒde：with heart ～ 热血沸腾 rèxuè fèiténg / He set the house ～. 他放火烧这房子。Tā fànghuǒ shāo zhè fángzi.

aflame *ad.* & *a.* 冒着火苗 màozhe huǒmiáo；燃烧着 ránshāozhe；发着火光 fāzhe huǒguāng：The city was all ～. 全城火光冲天。Quánchéng huǒguāng chōngtiān. / She is ～ with blushes. 她涨红了脸。Tā zhànghóngle liǎn。

afloat *ad.* 1. *a.* 漂浮的 piāofúde；传播甚广的 chuánbōshènguǎngde：A rumor is ～. 谣言在传播。Yáoyán zài chuánbō. 2. 在船上 zài chuánshang；在海上 zài hǎishang：How long did you spend ～? 你在海

上呆了多久？Nǐ zài hǎishang dāile duō jiǔ? **3.** 被水淹没(的) bèi shuǐ yānmò(de) **4.** 到处被谈论着(的) dàochù bèi tánlùnzhe(de)

afoot *ad*. & *a*. **1.** 徒步 túbù：go ～ 走路去 zǒulù qù **2.** 进行中 jìnxíng zhōng：set a project ～ 着手一项计划 zhuóshǒu yíxiàng jìhuà **3.** 在策划着(的) zài cèhuàzhe(de)：There is some strange business ～. 有人在搞古怪的把戏。Yǒurén zài gǎo gǔguàide bǎxì.

aforesaid *a*. 上述的 shàngshùde；前述的 qiánshùde：the ～ person 上述人员 shàngshù rényuán

afoul *ad*. 碰撞着 pèngzhuàngzhe：run ～ of . . . 与…冲突 yǔ…chōngtū

afraid *a*. **1.** 怕的 pàde；害怕 hàipà：We are not ～ of ghosts. 我们不怕鬼。Wǒmen bú pà guǐ. / He is ～ to jump. 他不敢跳。Tā bùgǎn tiào. **2.** 恐怕 kǒngpà：I am ～ (that) it will rain tonight. 恐怕今晚要下雨。Kǒngpà jīnwǎn yào xiàyǔ. **3.** 抱歉 bàoqiàn：I am ～ I've broken your pen. 真抱歉把你的笔弄坏了。Zhēn bàoqiàn bǎ nǐde bǐ nònghuàile.

afresh *ad*. 重新 chóngxīn；再 zài：start ～ 重新开始 chóngxīn kāishǐ / I have to draw it ～. 我得重新画一次。Wǒ děi chóngxīn huà yícì.

Africa *n*. 非洲 Fēizhōu

African *a*. 非洲的 Fēizhōude；非洲人的 Fēizhōurénde：*n*. 非洲人 Fēizhōurén

Afrikaans *n*. 南非荷兰语 Nánfēi hélányǔ

Afro-Asian *a*. 亚非的 Yà-Fēide：the ～ People's Solidarity Council 亚非人民团结委员会 Yà-Fēi Rénmín Tuánjié Wěiyuánhuì

aft *ad*. 在船尾 zài chuánwěi；到船尾 dào chuánwěi；向船尾 xiàng chuánwěi

after *prep*. **1.** 在…以后 zài … yǐhòu ＊ of time：～ dinner 饭后 fànhòu / the day ～ tomorrow 后天 hòutiān **2.** 在…后面 zài…hòumian ＊ of place or order：After you! 您先请！Nín xiān qǐng! / Shut the door ～ you. 请随手关门。Qǐng suíshǒu guānmén. / one ～ another 陆续 lùxù **3.** 尽管…仍 jǐnguǎn…réng；虽然 suīrán：A- all my help, he has learned nothing. 虽然经过我的帮助，他还是没学到什么。Suīrán jīngguò wǒde bāngzhù, tā háishì méi xuédào shénme. **4.** 追踪 zhuīzōng；探求 tànqiú：The policeman ran ～ the thief. 警察追捕窃贼。Jǐngchá zhuībǔ qièzéi. / What are you ～ ? 你干什么？Nǐ gàn shénme? **5.** 仿fǎng；照 zhào；依照 yīzhào：a painting ～ Rembrant 一幅仿伦勃朗的

画 yìfú fǎng Lúnbólǎngde huà **6.** 以…之名 yǐ…zhīmíng: The boy was named ～ his uncle. 这男孩儿以他的叔叔之名命名。Zhè nánháir yǐ tāde shūshu zhīmíng mìngmíng. *conj.* 在…以后 zài…yǐhòu *ad.* 后来 hòulái: soon ～ 不久以后 bùjiǔ yǐhòu

afterbirth *n.* 胞衣 bāoyī; 胎盘 tāipán

aftercare *n.* 病后调养 bìnghòu tiáoyǎng

aftereffect *n.* 后效 hòuxiào; 副作用 fù zuòyòng

afterglow *n.* 晚霞 wǎnxiá; 余辉 yúhuī; 夕照 xīzhào

afterlife *n.* **1.** 来世 láishì **2.** 晚年 wǎnnián; 后半生 hòu bànshēng

aftermath *n.* 后果 hòuguǒ; the ～ of war 战争的后果 zhànzhēngde hòuguǒ

afternoon *n.* 下午 xiàwǔ: Good ～! 午安 wǔān; 您好!(下午见面时说) Nín hǎo (xiàwǔ jiànmiàn shí shuō) / an ～ sleep 午睡 wǔshuì / at four o'clock in the ～ 下午四点 xiàwǔ sìdiǎn

afters *n.* 点心 diǎnxīn; 甜点 tiándiǎn

afterthought *n.* 回想 huíxiǎng

afterward(s) *ad.* 后来 hòulái; 以后 yǐhòu: long ～ 好久以后 hǎojiǔ yǐhòu

afterword *n.* 编后记 biānhòujì; 跋 bá

again *ad.* **1.** 再 zài; 再次 zàicì: Try ～! 再试一下! Zài shì yíxià! / ～ and ～ 再三的 zàisānde; 屡次的 lǚcìde: See you ～! 再见! zàijiàn! **2.** 重新 chóngxīn; 又 yòu: be home ～ 又回到家乡 yòu huídào jiāxiāng **3.** 倍 bèi: as many (or much) ～ as ... 比…多一倍 bǐ…duō yíbèi **4.** 还有 háiyǒu; 而且 érqiě: A-, there is another matter to consider. 还有件事要考虑。Háiyǒu jiànshì yào kǎolǜ. **5.** 另一方面 lìng yī fāngmiàn / He might go and ～ he might not. 他可能去也可能不去。Tā kěnéng qù yě kěnéng búqù.

against *prep.* **1.** 对(着) duì(zhe); 逆 nì: sail ～ the wind 逆风航行 nìfēng hángxíng **2.** 反对 fǎnduì: Are you for or ～ it? 你赞成还是反对? Nǐ zànchéng háishì fǎnduì? **3.** 对着…打击 duìzhe…dǎjī: The rain beat ～ the windows. 雨敲打着窗户。Yǔ qiāodǎzhe chuānghù. **4.** 接近 jiējìn; 靠近 kàojìn: lean ～ the wall 靠着墙 kàozhe qiáng **5.** 对比 duìbǐ: 3 ～ 5 三比五 sān bǐ wǔ **6.** 以…为背景 yǐ…wéi bèijǐng **7.** 以防 yǐfáng; 防备 fángbèi: ～ a rainy day 防雨天 fáng yǔtiān

agape *ad*. 张口结舌的 zhāngkǒu-jiéshéde；目瞪口呆的 mùdèng-kǒudāide
agar *n*. 洋菜 yángcài；冻粉 dòngfěn
agate *n*. 玛瑙 mǎnǎo
age *n*. **1**. 年龄 niánlíng；年纪 niánjì：What's his ～？他多大年纪？Tā duō dà niánjì? / He began school at the ～ of seven. 他七岁上学。Tā qīsuì shàngxué. **2**. 成年 chéngnián：come of ～ 已成年 yǐ chéngnián / be over ～ 过了成年 guòle chéngnián **3**. 老年 lǎonián：His back was bent with ～. 他的背因年老而弯曲。Tāde bèi yīn niánlǎo ér wānqū. **4**. 时代 shídài：the Stone A- 石器时代 shíqì shídài / the Middle A-s 中世纪 zhōng shìjì / from ～ to ～ 世世代代 shìshi-dàidài **5**. 长时期 cháng shíqī；长时间 cháng shíjiān：I haven't seen you for ～s. 很长时间没见到你了。Hěncháng shíjiān méi jiàndào nǐle.
aged *a*. 老年的 lǎoniánde；陈年的 chénniánde：an ～ man 老年人 lǎoniánrén / ～ wine 陈酒 chénjiǔ
agency *n*. **1**. 代理处 dàilǐchù；代办处 dàibànchù；代办所 dàibànsuǒ；代理商 dàilǐshāng：The company has agencies in all parts of Africa. 该公司在非洲各地均有代理商。Gāi gōngsī zài Fēizhōu gèdì jūn yǒu dàilǐshāng. **2**. 机构 jīgòu；社 shè：a news ～ 通讯社 tōngxùnshè **3**. 代理(行为)dàilǐ(xíngwéi)；媒介 méijiè：through the ～ of 经…的介绍 jīng…de jièshào
agenda *n*. 议事日程 yìshì rìchéng；议程 yìchéng
agent *n*. **1**. 代理人 dàilǐrén；代表 dàibiǎo；代理商 dàilǐshāng：a secret ～ 特务 tèwu **2**. 能因 néngyīn；动力 dònglì：Rain and sunshine are the ～s which help plants to grow. 雨和阳光是促进植物生长的动力。Yǔ hé yángguāng shì cùjìn zhíwù shēngzhǎngde dònglì. **3**. 剂 jì ＊ in chemistry：a drying ～ 干燥剂 gānzàojì
agglomerate *v*. 结块 jiékuài；成团 chéngtuán
agglutination *n*. 粘结 niánjié；胶合 jiāohé
aggrandize *v*. 增大 zēngdà；扩张 kuòzhāng；提高(地位) tígāo(dìwèi)
aggravate *v*. **1**. 加重 jiāzhòng；加剧 jiājù；恶化 èhuà：～ an illness 病情恶化 bìngqíng èhuà **2**. 使…恼火 shǐ…nǎohuǒ；激怒 jīnù：I don't like your aggravating talk. 我不喜欢你那种激怒人的言语。Wǒ bù xǐhuan nǐ nàzhǒng jīnù rénde yányǔ. // aggravation *n*.
aggregate *v*. **1**. 集结 jíjié；集合 jíhé **2**. 合计 héjì；共计 gòngjì：The sum

will ～ ￥ 1,000. 总额合计一千元。Zǒng'é héjì yìqiān yuán.

aggregation *n.* **1.** 集结 jíjié；集合 jíhé **2.** 集合体 jíhétǐ；集团 jítuán

aggression *n.* 侵略 qīnlüè；进犯 jìnfàn

aggressive *a.* **1.** 侵略的 qīnlüède：an ～ act 侵略行为 qīnlüè xíngwéi；好与人斗的 hào yǔ rén dòude：an ～ man 好斗的人 hàodòude rén **2.** 有闯劲儿的 yǒu chuǎngjìnrde；进取的 jìnqǔde：If you want to succeed，you have to be ～. 如果你要成功，你必须有闯劲儿。Rúguǒ nǐ yào chénggōng，nǐ bìxū yǒu chuǎngjìnr.

aggressor *n.* 侵略者 qīnlüèzhě；攻击者 gōngjīzhě

aggrieved *a.* 受欺侮的 shòu qīwǔde；受委屈的 shòu wěiqude：feel ～ at something 对某事愤愤不平 duì mǒushì fènfèn bùpíng

aghast *a.* 惊骇的 jīnghàide；发愣的 fālèngde；吓呆的 xiàdāide：be ～ at the news 给这一消息吓呆了 gěi zhèyī xiāoxi xiàdāile

agile *a.* 敏捷的 mǐnjiéde；轻快的 qīngkuàide；活泼的 huópode

agitate *v.* **1.** 搅动 jiǎodòng；摇动 yáodòng：The wind ～s the sea. 风扬起了海浪。Fēng yáng qǐle hǎilàng. **2.** 鼓动 gǔdòng：～ the public 鼓动群众 gǔdòng qúnzhòng / ～ for a strike 鼓动罢工 gǔdòng bàgōng **3.** 使不安定 shǐ bù āndìng；使焦虑 shǐ jiāolǜ **4.** 热烈讨论 rèliè tǎolùn；激烈辩论 jīliè biànlùn // agitation *n.*

agitator *n.* **1.** 搅拌器 jiǎobànqì **2.** 鼓动员 gǔdòngyuán；宣传员 xuānchuányuán

aglow *a.* 灼热 zhuórè 发红的 fāhóngde：The sky was ～ with the setting sun. 夕阳染红了整个天空。Xīyáng rǎnhóngle zhěngge tiānkōng.

agnosticism *n.* 不可知论 bùkězhīlùn

ago *ad.* 以前 yǐqián：long long ～ 很久以前 hěnjiǔ yǐqián / He left 10 minutes ～. 他十分钟前离开了。Tā shífēnzhōng qián líkāile.

agog *ad.* 兴奋着 xīngfènzhe；焦急着 jiāojízhe；渴望着 kěwàngzhe：be all ～ to hear the news 急着要听消息 jízhe yào tīng xiāoxi

agonize *v.* （使…）痛苦（shǐ…）tòngkǔ：an ～d look 愁眉苦脸 chóuméi kǔliǎn

agonizing *a.* 令人痛苦的 lìngrén tòngkǔde

agrarian *a.* **1.** 土地的 tǔdìde：～ reform 土地改革 tǔdì gǎigé / an A- Revolution 土地革命 tǔdì gémìng **2.** 农业的 nóngyède；农民的 nóngmínde：an ～ experiment 农业试验 nóngyè shìyàn

agree *v*. **1**. 同意 tóngyì；赞同 zàntóng：I quite ～ with you. 我很同意你的意见。Wǒ hěn tóngyì nǐde yìjian. **2**. 应允 yīngyǔn；答应 dāying：He ～d to help us. 他答应帮助我们。Tā dāyīng bāngzhù wǒmen. **3**. 一致 yízhì：They will never ～ among themselves. 他们永远不会一致。Tāmen yǒngyuǎn búhuì yízhì. **4**. 适合 shìhé：The climate here does not ～ with me. 这里的气候对我不适宜。Zhèlǐde qìhòu duì wǒ bú shìyí.

agreeable *a*. **1**. 惬意的 qièyìde；使人愉快的 shǐ rén yúkuàide：an ～ voice 悦耳的声音 yuè'ěrde shēngyīn **2**. 易相处的 yì xiāngchǔde；欣然赞同(同意)的 xīnrán zàntóng (tóngyì)de：an ～ person 易相处的人 yì xiāngchǔde rén / be ～ to a plan 欣然赞同这个计划 xīnrán zàntóng zhègè jìhuà **3**. 适宜的 shìyíde：～ to nature 合乎自然 héhū zìrán

agreement *n*. **1**. 同意 tóngyì；一致 yízhì：We are in ～ with the decision. 关于那项决定，我们意见一致。Guānyú nàxiàng juédìng，wǒmen yìjian yízhì. **2**. 协议 xiéyì；协定 xiédìng；契约 qìyuē：sign an ～ 签定协议 qiāndìng xiéyì / come to an ～ with sb. 与某人达成协议 yǔ mǒurén dáchéng xiéyì

agricultural *a*. 农业的 nóngyède：～ machinery 农业机械 nóngyè jīxiè

agriculture *n*. 农业 nóngyè

agriculturist *n*. **1**. 农学家 nóngxuéjiā；农业技师 nóngyè jìshī **2**. 农民 nóngmín；庄稼人 zhuāngjiarén

agrobiology *n*. 农业生物学 nóngyè shēngwùxué

agrology *n*. 农业土壤学 nóngyè tǔrǎngxué

agronomic *a*. 农艺学的 nóngyìxuéde；农业的 nóngyède

agronomist *n*. 农艺师 nóngyìshī；农学家 nóngxuéjiā

agronomy *n*. 农艺学 nóngyìxué；农学 nóngxué

agrotype *n*. **1**. 农业类型 nóngyè lèixíng；农业土壤类型 nóngyè tǔrǎng lèixíng **2**. 作物类型 zuòwù lèixíng

aground *ad*. 在地上 zài dìshang：在岸上 zài ànshang：be (or run) ～ 触礁 chùjiāo；搁浅 gēqiǎn

ague *n*. **1**. 疟(疾) nüè(ji) **2**. 寒颤 hánzhàn

ah *int*. 呀！Yā！啊 Ā！哎！Āi！

aha *int*. 啊哈！Āhā！嗳呀！Āiyā！

ahead *a*. & *ad*. **1**. 前头 qiántou；在前面 zài qiánmian；向前 xiàngqián：

go ～ 前进 qiánjìn；继续下去 jìxù xiàqù **2**. 提前 tíqián：fulfil a plan ～ of schedule 提前完成计划 tíqián wánchéng jìhuà

aid *v.* & *n.* 援助 yuánzhù；帮助 bāngzhù；扶助 fúzhù；补助 bǔzhù：first ～ 急救 jíjiù / mutual ～ 互助 hùzhù / a hearing ～ 助听器 zhùtīngqì

aide *n.* 助手 zhùshǒu；副官 fùguān

aide-de-camp *n.* 副官 fùguān；随从武官 suícóng wǔguān

aide-memoire *n.* 备忘录 bèiwànglù

AIDS，Aids *n.* 爱滋病 àizībìng

ail *v.* **1**. 使…苦恼 shǐ… kǔnǎo：What ～s him? 他怎么了？Tā zěnmele? **2**. 生病 shēngbìng：He has been ～ing for a week. 他已病了一个星期了。Tā yǐ bìngle yíge xīngqīle.

aim *v.* **1**. 瞄准 miáozhǔn；对准 duìzhǔn：～ at a target (with a rifle) 用枪瞄准靶 yòng qiāng miáozhǔn bǎ **2**. 目的在于 mùdì zàiyú；目标 mùbiāo；打算 dǎsuan：I ～ to be a writer. 我打算当个作家。Wǒ dǎsuan dāng gè zuòjiā. / ～ at success 志在成功 zhì zài chénggōng *n.* **1**. 瞄准 miáozhǔn **2**. 目的 mùdì；目标 mùbiāo：What's your ～ in life? 你的人生目标是什么？Nǐde rénshēng mùbiāo shì shénme?

aimless *a.* 无目标的 wú mùbiāode；无目的的 wú mùdìde

air *n.* **1**. 空气 kōngqì：fresh ～ 新鲜空气 xīnxiān kōngqì **2**. 神态 shéntài；姿态 zītài；架子 jiàzi * manner：put on ～s 摆架子 bǎi jiàzi **3**. 流传 liúchuán：on/off the ～ 开始（停止）广播 kāishǐ (tíngzhǐ) guǎngbō *a.* 空气的 kōngqìde；航空的 hángkōngde：the A- Age 航空时代 hángkōng shídài / ～ defense 防空 fángkōng / an ～ force 空军 kōngjūn / an ～ letter 航空信 hángkōngxìn *v.* **1**. 晾（衣服）liàng (yīfu)：～ clothes in the sun 晒衣服 shài yīfu **2**. 使… 通气 shǐ … tōngqì：We ～ed the room by opening the windows. 我们打开窗户通气。Wǒmen dǎkāi chuānghu tōngqì. **3**. 发表 fābiǎo：～ one's views 发表意见 fābiǎo yìjian

air base *n.* 空军基地 kōngjūn jīdì

air bed *n.* 空气床垫 kōngqì chuángdiàn

airborne *a.* **1**. 空降的 kōngjiàngde；空运的 kōngyùnde **2**. 空气传播的 kōngqì chuánbōde

air brake *n.* 气闸 qìzhá；风闸 fēngzhá

air brick *n.* 多孔砖 duōkǒngzhuān；空心砖 kōngxīnzhuān

air-condition *v.* **1**. 装以空气调节器 zhuāng yǐ kōngqì tiáojiéqì **2**. 调节的

空气 tiáojiéde kōngqì

air-conditioned *a.* 空气调节的 kōngqì tiáojiéde；装冷气的 zhuāng lěngqìde

air-conditioning *n.* 空调 kōngtiáo；空气调节设备 kōngqì tiáojié shèbèi；冷气设备 lěngqì shèbèi

aircraft *n.* 航空器 hángkōngqì；飞机 fēijī；飞行器 fēixíngqì：an ～ carrier 一艘航空母舰 yìsōu hángkōngmǔjiàn

aircrew *n.* 空勤人员 kōngqín rényuán

air cushion *n.* 气垫 qìdiàn

airdrome *n.* 飞机场 fēijīchǎng；航空站 hángkōngzhàn

airdrop *n.* 空投 kōngtóu：an ～ spy 空投特务 kōngtóu tèwu

airfield *n.* 飞机场 fēijīchǎng

airily *ad.* 轻松愉快地 qīngsōng yúkuàide

airing *n.* **1.** 晾干 liànggān；晒干 shàigān **2.** 通风 tōngfēng **3.** 散步 sànbù；兜风 dōufēng：take an ～ 出外散步 chūwài sànbù

airless *a.* 无空气 wú kōngqì；不通风的 bù tōngfēngde

airlift *n.* & *v.* 空运 kōngyùn：We ～ed food to them. 我们空运食物给他们。Wǒmen kōngyùn shíwù gěi tāmen.

airline *n.* **1.** 航线 hángxiàn **2.** [～s] 航空公司 hángkōng gōngsī

airliner *n.* 班机 bānjī；大客机 dà kèjī

airlock *n.* 气塞 qìsāi

airmail *n.* 航空邮件 hángkōng yóujiàn

airman *n.* 飞行员 fēixíngyuán；航空兵 hángkōngbīng

airplane *n.* 飞机 fēijī

airport *n.* 航空站 hángkōngzhàn；飞机场 fēijīchǎng；航空港 hángkōnggǎng

air-raid *n.* 空袭 kōngxí：an ～ shelter 防空洞 fángkōngdòng / an ～ alarm 空袭警报 kōngxí jǐngbào

airscrew *n.* （飞机）螺旋桨 (fēijī)luóxuánjiǎng

airshaft *n.* （通）风井 (tōng)fēngjǐng

airship *n.* 飞艇 fēitǐng；飞船 fēichuán

airstrip *n.* **1.** 飞机跑道 fēijī pǎodào **2.** 简易机场 jiǎnyì jīchǎng

air terminal *n.* 终点航站 zhōngdiǎn hángzhàn；机场 jīchǎng＝airport；机场大厦 jīchǎng dàshà

airtight *a.* 密封的 mìfēngde；不透气的 bú tòuqìde：～ containers 密封容器mìfēng róngqì

airway *n.* **1.** 航(空)线 háng (kōng)xiàn **2.** [～s]航空公司 hángkōng gōngsī **3.** 通风孔 tōngfēngkǒng

airy *a.* **1.** 空气的 kōngqìde **2.** 通风的 tōngfēngde **3.** 空想的 kōngxiǎngde：an ～ plan 空想的计划 kōngxiǎngde jìhuà

aisle *n.* 走道 zǒudào；通道 tōngdào；过道 guòdào；走廊 zǒuláng

ajar *ad.* & *a.* 半开地 bànkāide：Leave the door ～. 让门开着吧。Ràng mén kāizheba.

akimbo *ad.* & *a.* 两手叉腰 liǎngshǒu chāyāo：with arms ～ 两手叉腰 liǎngshǒu chāyāo

akin *a.* **1.** 同族的 tóngzúde；近亲的 jìnqīnde **2.** 同类的 tónglèide；类似的 lèisìde：Spanish is ～ to Latin. 西班牙语是同拉丁语近似的。Xībānyáyǔ (Spanish) shì tóng Lādīngyǔ (Latin) jìnsìde。

alabaster *n.* **1.** 雪花石膏 xuěhuā shígāo **2.** 雪白的 xuěbáide * in literature：her ～ skin 她的雪白光滑的皮肤 tāde xuěbái guānghuáde pífū

alacrity *n.* 敏捷 mǐnjié；活泼 huópo

alarm *n.* **1.** 警报 jǐngbào＝signal warning danger：give the ～ 发警报 fā jǐngbào **2.** 警报器 jǐngbàoqì ＝ warning device：an ～ clock 闹钟 nàozhōng / an ～ bell 警钟 jǐngzhōng **3.** 惊慌 jīnghuāng；恐慌 kǒnghuāng：He jumped in ～. 他惊慌地跳了起来。Tā jīnghuāngde tiàole qǐlái. *v.* **1.** 使…警觉 shǐ… jǐngjué＝to alert to danger **2.** 使…惊恐 shǐ … jīngkǒng：Everyone was ～ed at the news. 听到那个消息大家都感到惊恐。Tīngdào nàgè xiāoxi dàjiā dōu gǎndào jīngkǒng.

alarmist *n.* 杞忧者 qǐyōuzhě；小题大做者 xiǎotídàzuòzhě

alas *int.* 哎呀！Āiyā！

Albanian *a.* 阿尔巴尼亚的 Ā'ěrbāníyàde *n.* 阿尔巴尼亚人 Ā'ěrbāníyàrén

albeit *conj.* 纵使 zòngshǐ；虽然 suīrán

album *n.* 粘贴相片、邮票的空白簿 zhāntiē xiàngpiān、yóupiàode kòngbáibù：photograph ～ 相册 xiàngcè / stamp ～ 集邮册 jíyóucè / record ～ 唱片集 chàngpiānjí

albumen *n.* 蛋白 dànbái

alchemic *a*. 炼金术的 liànjīnshùde
alchemist *n*. 炼金术士 liànjīnshùshì
alchemy *n*. 炼金术 liànjīnshù
alcohol *n*. **1.** 酒精 jiǔjīng **2.** 乙醇 yǐchún ＊in chemistry
alcoholic *a*. 酒精的 jiǔjīngde；含酒精的 hánjiǔjīngde；醇的 chúnde *n*. 酗酒者 xùjiǔzhě
alcoholism *n*. 酒精中毒 jiǔjīng zhòngdú；醇中毒 chúnzhòngdú ＊in medicine
alcove *n*. **1.** 凹室 āoshì **2.** 园中小亭 yuánzhōng xiǎotíng；凉亭 liángtíng
aldehyde *n*. 醛 quán ＊ in chemistry
alder *n*. 桤木 qīmù；赤杨 chìyáng：white ～ 白桤木 báiqīmù
alderman *n*. **1.** 市参议员 shì cānyìyuán；市府参事 shìfǔ cānshì **2.** 总督 zǒngdū
ale *n*. 淡色啤酒 dànsè píjiǔ
alert *a*. **1.** 惊醒的 jīngxǐngde；警惕的 jǐngtìde；警觉的 jǐngjuéde **2.** 机敏的 jīmǐnde *n*. 警报 jǐngbào *v*. 警告 jǐnggào：The doctor ～ed me to the danger of smoking. 医生警告我吸烟的危害。Yīshēng jǐnggào wǒ xīyānde wēihài. // alertness *n*.
alfalfa *n*. 紫苜蓿 zǐmùxu
algae *n*. 藻类 zǎolèi；海藻 hǎizǎo
algebra *n*. 代数 dàishù // algebraic *a*.
Algerian *a*. 阿尔及利亚的 Ā'ěrjílìyàde
algology *n*. 藻类学 zǎolèixué
alias *n*. 化名 huàmíng；又名 yòumíng；假名 jiǎmíng // *ad*. 又叫 yòu jiào；别名 biémíng：Smith alias Simpson 史密斯，别名辛普森 Shǐmìsī (Smith)，biémíng Xīnpǔsēn(Simpson)
alibi *n*. **1.** 不在现场(的辩护) bú zài xiànchǎng (de biànhù) **2.** 托辞 tuōcí；借口 jièkǒu：I have no ～. 我没有什么托辞。Wǒ méiyǒu shénme tuōcí. *v*. 辩解 biànjiě
alien *a*. **1.** 外国的 wàiguóde；外来的 wàiláide **2.** 异样的 yìyàngde；不同的 bùtóngde：This style is ～ from that. 这种风格与那种不同。Zhèzhǒng fēnggé yǔ nàzhǒng bùtóng. **3.** 相反的 xiāngfǎnde；不相容的 bùxiāngróng de：Cruelty was quite ～ to his nature. 残忍并非他的天性。Cánrěn bìngfēi tāde tiānxìng. *n*. 外国人 wàiguórén

alienate *v.* **1.** 使…疏远 shǐ … shūyuǎn；离开 líkāi：be ～ed from one's friends 被朋友疏远 bèi péngyou shūyuǎn **2.** 转让 zhuǎnràng

alienation *n.* **1.** 疏远 shūyuǎn；离间 líjiàn **2.** 让渡 ràngdù；转让 zhuǎnràng

alienist *n.* 精神病医生 jīngshénbìng yīshēng

alight *v.* **1.** 下(马、车) xià (mǎ、chē) **2.** 飞下 fēixià；落 luò：A bird ～s on a tree. 一只鸟落在树上。Yìzhī niǎo luò zài shùshang.

alight *a.* **1.** 点着的 diǎnzháode；燃着的 ránzháode：set the wood ～ 把木柴点着 bǎ mùchái diǎnzháo **2.** 发亮的 fāliàngde：The room is ～ with lamps. 室内灯火辉煌。Shìnèi dēnghuǒ huīhuáng.

align *v.* **1.** 列成一行 liè chéng yìháng；排列 páiliè **2.** 结盟 jiéméng

alignment *n.* **1.** 整顿线 zhěngdùnxiàn；列线 lièxiàn **2.** 结盟 jiéméng；合作 hézuò

alike *a.* 相同的 xiāngtóngde；同样的 tóngyàngde；相像的 xiāngxiàngde：The two brothers are very much ～. 这两兄弟非常相像。Zhèliǎng xiōngdì fēicháng xiāngxiàng. *ad.* 同样 tóngyàng：treat all men ～ 一视同仁 yíshì tóngrén

aliment *n.* 食物 shíwù；滋养品 zīyǎngpǐn；补品 bǔpǐn

alimentary *a.* 食物的 shíwùde；营养的 yíngyǎngde；消化的 xiāohuàde：the ～ canal 消化管 xiāohuàguǎn

alimentation *n.* 供给食物 gōngjǐ shíwù；抚养 fǔyǎng

alive *a.* **1.** 活的 huóde：He is still ～. 他还活着。Tā hái huózhe. **2.** 活跃的 huóyuède：Although he is old, he is still very much ～. 尽管他年老了，他仍非常活跃。Jǐnguǎn tā niánlǎole, tā réng fēicháng huóyuè. **3.** 热闹 rènao：The road is ～ with people. 路上行人熙熙攘攘。Lùshang xíngrén xīxi-rǎngrǎng. **4.** 实行的 shíxíngde；有效的 yǒuxiàode

alkali *n.* 碱 jiǎn * in chemistry

alkaline *a.* 碱的 jiǎnde；强碱的 qiángjiǎnde

alkaloid *n.* 生物碱 shēngwùjiǎn * in chemistry

all *a.* **1.** 全 quán；总 zǒng；整 zhěng：～ the amount 总额 zǒng'é / ～ day (long) 整天 zhěngtiān / ～ one's life 一生 yìshēng **2.** 所有的 suǒyǒude；一切的 yíqiède：～ books 所有的书 suǒyǒude shū / ～ the books 所有这些书 suǒyǒu zhèxiē shū / beyond ～ doubt 毫无疑问 háowú yíwèn **3.** 尽所有的 jìnsuǒyǒude：be ～ smiles 满面笑容 mǎnmiàn xiàoróng / be ～

anxiety (attention) 十分忧虑(注意) shífēn yōulǜ (zhùyì) *pron.* & *n.* 全部 quánbù；全体 quántǐ；一切 yíqiè；遍 biàn：～ of us (you, them) 我们(你们,他们)全体 wǒmen (nǐmen, tāmen)quántǐ / travel ～ over the world 在世界各地旅游 zài shìjiè gèdì lǚyóu / A- goes well！一切顺利！Yíqiè shùnlì！/ Is that ～？完了吗？Wánlema？/ A- is not gold that glitters. 闪闪发光物,未必尽黄金。Shǎnshǎn fāguāngwù, wèibì jìn huángjīn. * proverb // above ～ 尤其是 yóuqí shì；最重要的 zuìzhòngyàode / after ～ 究竟 jiūjìng；到底 dàodǐ / for ～ 尽管 jǐnguǎn / in ～ 总计 zǒngjì / once (and) for ～ 最后一次 zuìhòu yícì / A- right. (O. K.) 好吧。Hǎoba. / at ～ 完全 wánquán：I don't understand at ～. 我一点儿也不明白。Wǒ yìdiǎnr yě bù míngbai. *ad.* **1.** 十分 shífēn：She was ～ excited. 她十分兴奋。Tā shífēn xīngfèn. **2.** 完全地 wánquánde：That is ～ wrong. 那完全错了。Nà wánquán cuòle. **3.** 更加 gèngjiā：If we get help, the work will get finished ～ the sooner. 如果能得到帮助,我们的工作会完成得更快。Rúguǒ néng dédào bāngzhù, wǒmende gōngzuò huì wánchéngde gèng kuài.

allay *v.* 减少(苦痛) jiǎnshǎo (kǔtòng)；解(渴、愁) jiě (kě、chóu)

all clear *n.* 解除警报 jiěchú jǐngbào

allegation *n.* 断言 duànyán；辩解 biànjiě；主张 zhǔzhāng

allege *v.* **1.** 声称 shēngchēng：It is ～d that … 据说… Jùshuō … **2.** 推说 tuīshuō：～ illness 借口有病 jièkǒu yǒubìng

alleged *a.* **1.** 提出而尚未经证实的 tíchū ér shàng wèijīng zhèngshíde；有嫌疑的 yǒu xiányíde：He is an ～ thief. 他是个嫌疑盗窃犯。Tā shì gè xiányí dàoqièfàn. **2.** 声称的 shēngchēngde **3.** 辩解的 biànjiěde

allegiance *n.* 忠诚 zhōngchéng * loyalty to a leader, country, idea, etc.：～ to the king 对国王的忠诚 duì guówángde zhōngchéng

allegorical *a.* 比喻的 bǐyùde；寓言的 yùyánde

allegory *n.* 比喻 bǐyù；寓言 yùyán

allegro *a.* & *ad.* 愉快的(地) yúkuàide(de)；迅速的(地) xùnsùde(de) *n.* 快板 kuàibǎn * of music

allergic *a.* **1.** 变态反应的 biàntài fǎnyìngde；有过敏性反应的 yǒu guòmǐnxìng fǎnyìngde：He is ～ to the fur of cats. 他对猫毛过敏。Tā duì māomáo guòmǐn. **2.** 反感的 fǎngǎnde；厌恶的 yànwùde：He is ～ to big dirty cities. 他厌恶大而脏的城市。Tā yànwù dà ér zāngde chéngshì.

allergy *n.* **1.** 变态反应 biàntài fǎnyìng；过敏症 guòmǐnzhèng **2.** 反感 fǎngǎn

alleviate *v.* 减轻(痛苦、愤怒等) jiǎnqīng (tòngkǔ、fènnù děng)；使缓和 shǐ huǎnhé

alley *n.* **1.** 小巷 xiǎoxiàng；胡同 hútong **2.** 小径 xiǎojìng * a path in a garden or park

all fours *n.* **1.** (兽的)四足 (shòude) sìzú；(人的)手脚 (rénde) shǒujiǎo：go on ～ 爬行 páxíng **2.** 一种纸牌游戏 yìzhǒng zhǐpái yóuxì：be on ～ (with) 与…相合或一致 yǔ … xiānghé huò yízhì

alliance *n.* 同盟 tóngméng；联盟 liánméng：a triple ～ 三国同盟 sānguó tóngméng / an offensive and defensive ～ 攻守同盟 gōngshǒu tóngméng / the worker-peasant ～ 工农联盟 gōngnóng liánméng

allied *a.* **1.** 联合的 liánhéde；同盟的 tóngméngde **2.** 同源的 tóngyuánde：The English language is ～ to the German language. 英语和德语同出一源。Yīngyǔ hé Déyǔ tóngchū yìyuán. **3.** 有关的 yǒuguānde：painting and other ～ arts 绘画和其他有关艺术 huìhuà hé qítā yǒuguān yìshù

alligator *n.* (短鼻)鳄鱼 (duǎnbí) èyú

all-in *a.* 包括一切的 bāokuò yíqiède；全部的 quánbùde：～ insurance 总保险 zǒng bǎoxiǎn

all-night *a.* **1.** 整夜的 zhěngyède：an ～ game of cards 通宵的牌戏 tōngxiāode páixì **2.** 整夜营业的 zhěngyè yíngyède：an ～ shop 通宵营业的商店 tōngxiāo yíngyède shāngdiàn

allocate *v.* **1.** 拨发 bōfā：～money for a new school 拨款开办学校 bōkuǎn kāibàn xuéxiào **2.** 分配 fēnpèi；配给 pèijǐ **3.** 留下 liúxià；拨出 bōchū：That space has already been ～d for building a new school. 那块地方已经拨出做为新建学校之用。Nàkuài dìfang yǐjing bōchū zuòwéi xīnjiàn xuéxiào zhīyòng. // allocation *n.*

allot *v.* **1.** 分配 fēnpèi：～ shares 分配股份 fēnpèi gǔfèn **2.** 拨给 bōgěi **3.** 规定 guīdìng；派定 pàidìng

all-out *a.* 全力以赴的 quánlìyǐfùde；竭力的 jiélìde；彻底的 chèdǐde：an ～ offensive (support) 全面进攻(支持) quánmiàn jìngōng (zhīchí) / We made an ～ attempt to climb the mountain. 我们尽了最大努力攀登那座山。Wǒmen jìnle zuìdà nǔlì pāndēng nàzuò shān.

allow *v.* **1.** 允许 yǔnxǔ: Smoking is not ～ed here. 此处禁止吸烟。Cǐchùjìnzhǐ xīyān. **2.** 承认 chéngrèn: I was wrong, I ～. 我承认我错了。Wǒ chéngrèn wǒ cuòle. **3.** 给予 jǐyǔ **4.** ～ for 考虑(到) kǎolǜ (dào) 体谅 tǐliàng: We must ～ for his inexperience. 我们必须考虑到他缺乏经验。Wǒmen bìxū kǎolǜ dào tā quēfá jīngyàn.

allowable *a.* 可以允许的 kěyǐ yǔnxǔde; 可承认的 kě chéngrènde

allowance *n.* **1.** 津贴 jīntiē: a travel ～ 车贴 chētiē; 交通费 jiāotōngfèi **2.** 配给量 pèijǐliàng * ration: the ～ of food 食品配给量 shípǐn pèijǐliàng **3.** 考虑 kǎolǜ: make ～(s) for 考虑到…(而谅解) kǎolǜdào…(ér liàngjiě) **4.** 折扣 zhékòu

alloy *n.* **1.** 合金 héjīn: an ～ of silver and copper 银和铜的合金 yín hé tóngde héjīn **2.** (金、银)成色 (jīn、yín)chéngsè **3.** (比喻)搀杂(物) (bǐyù)chānzá(wù): pleasure without ～ 无忧无虑的快乐 wúyōuwúlǜde kuàilè *v.* 使成合金 shǐ chéng héjīn; 减低(金属的)成色 jiǎndī (jīnshǔde) chéngsè

all right *ad.* & *a.* **1.** 安全 ānquán; 健康 jiànkāng: Is the driver ～ after the accident? 车祸发生后,司机没事吧? Chēhuò fāshēng hòu, sījī méishìba? **2.** (infm.) 令人满意的 lìng rén mǎnyìde: His work is ～ (but he could be faster). 他的工作可以(只是他可以做得更快一点)。Tāde gōngzuò kěyǐ (zhǐshì tā kěyǐ zuòde gèng kuài yìdiǎn). **3.** 同意 tóngyì; 好 hǎo; 是 shì: A- right! Let's go now. 好,我们现在就去! Hǎo, wǒmen xiànzài jiù qù!

all-round *a.* 全面的 quánmiànde; 全能的 quánnéngde: an ～ athelete 全能运动员 quánnéng yùndòngyuán / an ～ magazine 综合性杂志 zōnghéxìng zázhì

allspice *n.* 香椒 xiāngjiāo

all-time *a.* 空前的 kōngqiánde; 前所未闻的 qiánsuǒwèiwénde: The shop's sales have reached an ～ high in this very successful year. 今年该店的销售极为成功,纪录空前。Jīnnián gāidiànde xiāoshòu jíwéi chénggōng, jìlù kōngqián.

allude *v.* 暗指 ànzhǐ; 提起 tíqǐ: Whom do you ～ to? 你指谁说的? Nǐ zhǐ shuí shuōde?

allure *v.* 吸引 xīyǐn; 引诱 yǐnyòu; 诱惑 yòuhuò: ～ a person from fidelity 引人不守信义 yǐn rén bùshǒu xìnyì / ～ a person (in)to a snare 叫人落入圈套 jiào rén luòrù quāntào

allurement *n.* **1.** 诱惑(物) yòuhuò(wù); 魅力 mèilì: The big cities are full of ～s on which to spend money. 大城市充满了各式各样引人花钱的诱惑(物)。Dàchéngshì chōngmǎnle gèshìgèyàng yǐn rén huāqiánde yòuhuò(wù). **2.** 引诱 yǐnyòu * fascination

alluring *a.* 诱人的 yòurénde; 迷人的 mírénde; 令人神往的 lìngrénshénwǎngde: an ～ prospect 令人向往的前景 lìngrénxiàngwǎngde qiánjǐng

allusion *n.* **1.** 暗指 ànzhǐ; 影射 yǐngshè: Her ～ to my failure was unnecessary. 她对我的失败的影射是不必要的。Tā duì wǒde shībàide yǐngshè shì búbìyàode. **2.** 引喻 yǐnyù; 典故 diǎngù: a classical ～ 典故 diǎngù

alluvial *a.* 冲积的 chōngjīde; 淤积的 yūjīde: an ～ plain 冲积平原 chōngjīpíngyuán

ally *v.* 使结盟 shǐ jiéméng; 使联姻 shǐ liányīn: ～ oneself with a family 同某家结亲 tóng mǒujiā jiéqīn / The small country allied itself with (to) the stronger power. 小国与强国联盟。Xiǎoguó yǔ qiángguó liánméng. *n.* 盟国 méngguó; 支持者 zhīchízhě

almanac *n.* 历书 lìshū; 年鉴 niánjiàn

almighty *a.* **1.** 全能的 quánnéngde: (God) the Almighty (上帝)万能的神 (Shàngdì)wànnéngde shén **2.** 很大的 hěndàde; 很强的 hěnqiángde: an ～ crash 大碰击 dà pèngjī *ad.* 极 jí; 非常 fēicháng: ～ cold 极冷 jílěng

almond *n.* **1.** 杏树 xìngshù; **2.** 杏仁 xìngrén

almoner *n.* 救济金分发员 jiùjìjīn fēnfāyuán

almost *ad.* **1.** 几乎 jīhū: A- no one took any rest. 几乎没有一个人歇过一下。Jīhū méiyǒu yíge rén xiēguò yíxià. **2.** 简直(没有) jiǎnzhí (méiyǒu): A- nobody saw it. 简直没有人看见。Jiǎnzhí méiyǒu rén kànjiàn.

alms *n.* 施舍物 shīshěwù; 救济金 jiùjìjīn

almshouse *n.* 救济院 jiùjìyuàn; 贫民院 pínmínyuàn

aloe *n.* 芦荟 lúhuì

aloft *a.* & *ad.* **1.** 在上面 zài shàngmian; **2.** 高高地 gāogāode; 往高处

wǎng gāochù: The smoke rose ~. 烟升高了。Yān shēng gāole. **3.** 在高处 zài gāochù: The flag was flying ~. 旗子高高地飘扬着。Qízi gāogāode piāoyángzhe.

alone *ad.* & *a.* **1.** 单独地 dāndúde; 独自 dúzì: He lives ~. 他独自生活。Tā dúzì shēnghuó. **2.** 仅仅 jǐnjǐn; 只有 zhǐyǒu: Time ~ will show who was right. 时间本身就能证明谁是对的。Shíjiān běnshēn jiù néng zhèngmíng shuí shì duìde. // let ~ 不用说 búyòngshuō; 听其自然 tīng qí zìrán

along *prep.* 沿 yán: sail ~ the coast 沿岸航行 yán'àn hángxíng *ad.* **1.** 向前 xiàngqián: The dog is running ~ behind him. 狗跟在他后面向前跑。Gǒu gēn zài tā hòumiàn xiàngqián pǎo. **2.** 一道 yídào; 一起 yìqǐ: He took his sister ~ with him. 他带了妹妹一起去。Tā dàile mèimei yìqǐ qù.

alongside *prep.* & *ad.* 在…旁 zài … páng; 并肩地 bìngjiānde; 并排地 bìngpáide: We brought our boat ~. 我们把船靠边。Wǒmen bǎ chuán kào biān.

aloof *ad.* & *a.* 远离 yuǎnlí; 孤零零的 gūlínglíngde: He kept himself ~ from the others. 他总是不和别人在一起。Tā zǒngshì bùhé biérén zài yìqǐ.

aloud *ad.* **1.** 出声地 chūshēngde: read ~ 朗读 lǎngdú / speak ~ 说出声来 shuōchū shēng lái **2.** 大声地 dàshēngde: laugh ~ 大笑 dàxiào / shout ~ 大喊 dàhǎn

alp *n.* 高山 gāoshān; 高峰 gāofēng

alpaca *n.* **1.** 羊驼 yángtuó **2.** 羊驼毛 yángtuómáo **3.** 羊驼呢 yángtuóní

alpenhorn *n.* 阿尔卑斯管 Ā'ěrbēisīguǎn; 木制长号角 mùzhì cháng hàojiǎo

alpha *n.* **1.** 阿尔法 Ā'erfǎ: ~ particle α 粒子 Ā'erfǎ lìzǐ **2.** 最初 zuìchū; 开始 kāishǐ

alphabet *n.* 字母表 zìmǔbiǎo; 字母系统 zìmǔ xìtǒng: There are 26 letters in the English ~. 英语字母表有二十六个字母。Yīngyǔ zìmǔbiǎo yǒu èrshíliùge zìmǔ.

alphabetical *a.* 按字母顺序的 àn zìmǔ shùnxùde: in ~ order 按字母顺序 àn zìmǔ shùnxù

alphabetize *v*. **1**. 依字母顺序排列 yī zìmǔ shùnxù páiliè **2**. 用字母标示 yòngzìmǔ biāoshì

alpine *a*. **1**. 高山的 gāoshānde；很高的 hěngāode **2**. [A-]阿尔卑斯山的 Ā'ěrbēisīshānde

already *ad*. **1**. 已(经) yǐ(jīng)；比预期的早 bǐ yùqīde zǎo：He had ～ gone. 他已经走了。Tā yǐjīng zǒule. **2**. 以前 yǐqián：I have been there ～. 我曾到过那儿。Wǒ céng dàoguò nàr.

also *ad*. 亦 yì；也 yě：He ～ wants to go. 他也要去。Tā yě yào qù. / not only... but ～ ... 不但…而且… búdàn … érqiě …：He can speak not only English but also French. 他不但会说英语，而且会说法语。Tā búdàn huì shuō Yīngyǔ，érqiě huì shuō Fǎyǔ. *conj*. 还 hái：He gave me this book and also some candy. 他给了我这本书，还给我一些糖果。Tā gěile wǒ zhèběn shū，hái gěi wǒ yìxiē tángguǒ.

altar *n*. 祭坛 jìtán；供桌 gòngzhuō

alter *v*. 改变 gǎibiàn；改动 gǎidòng；变更 biàngēng：～ one's habits 改变习惯 gǎibiàn xíguàn / You have ～ed since I saw you. 自从我上次见到你之后，你变了。Zìcóng wǒ shàngcì jiàndào nǐ zhīhòu，nǐ biànle.

alterable *a*. 可变的 kěbiànde；可更改的 kě gēnggǎide

alteration *n*. 改变 gǎibiàn；变更 biàngēng：an ～ in one's plan 计划的改变 jìhuàde gǎibiàn

altercation *n*. 争吵 zhēngchǎo；吵架 chǎojià

alternate *a*. **1**. 交替的 jiāotìde；间隔的 jiàngéde：on ～ days 隔日 gérì **2**. 预备的 yùbèide；候补的 hòubǔde：an ～ member 候补成员 hòubǔ chéngyuán *v*. 交替 jiāotì；轮流 lúnliú：Wet days ～d with fine days. 雨天和晴天交替更换。Yǔtiān hé qíngtiān jiāotì gēnghuàn.

alternation *n*. **1**. 交替 jiāotì；轮流 lúnliú **2**. 间隔 jiàngé；交错 jiāocuò

alternative *a*. 随挑的 suítiāode；二中选一的 èr zhōng xuǎn yīde：～ courses 可选的两条路 kě xuǎnde liǎngtiáo lù *n*. 可供选择 kě gōng xuǎnzé：We have no ～ in this matter. 在这件事上我们没有选择的余地。Zài zhèjiàn shìshang wǒmen méiyǒu xuǎnzéde yúdì.

alternator *n*. 交流发电机 jiāoliú fādiànjī

although *conj*. 虽然 suīrán；尽管 jǐnguǎn：A- they are poor，they are generous. 尽管他们贫穷，却很慷慨。Jǐnguǎn tāmen pínqióng，què hěn kāngkǎi.

altimeter *n.* 高度计 gāodùjì * an instrument for recording height

altitude *n.* 高度 gāodù；高处(*pl.*) gāochù：It is difficult to breathe at these ～s. 在这些高的地方呼吸感到困难。Zài zhèxiē gāode dìfang hūxī gǎndào kùnnan.

alto *n.* 女声低音 nǚshēng dīyīn；男声最高音 nánshēng zuì gāoyīn

altogether *ad.* **1.** 完全 wánquán；全部 quánbù；总共 zǒnggòng：We are eight ～. 我们总共八人。Wǒmen zǒnggòng bā rén. **2.** 总的说来 zǒngde shuōlái：It was raining, but ～ it was a good trip. 天下了雨，但总的说来这是一次很好的郊游。Tiān xiàle yǔ，dàn zǒngde shuōlái zhèshì yícì hěn hǎode jiāoyóu.

altruism *n.* 利他主义 lìtāzhǔyì；无私 wúsī

altruistic *a.* 利他的 lìtāde；无私的 wúsīde

alum *n.* 矾 fán；明矾 míngfán

alumina *n.* 矾土 fántǔ；氧化铝 yǎnghuàlǚ

alumna *n.* 女校友 nǚ xiàoyǒu；女毕业生 nǚ bìyèshēng

alumnus *n.* 校友 xiàoyǒu；毕业生 bìyèshēng：an ～ association 校友会 xiàoyǒuhuì

alveolar *a.* & *n.* (consonant) 齿龈的 chǐyínde；齿龈音 chǐyínyīn

always *ad.* **1.** 总是 zǒngshì：He is ～ late. 他总是迟到。Tā zǒngshì chídào. **2.** 永远 yǒngyuǎn：He will ～ be remembered. 人们将永远怀念他。Rénmen jiāng yǒngyuǎn huáiniàn tā.

am *v.* **1.** 是 shì：I ～ a student. 我是学生。Wǒ shì xuésheng. **2.** 在 zài：I ～ here. 我在这里。Wǒ zài zhèlǐ.

a. m. 上午 shàngwǔ

amain *ad.* **1.** 猛力的 měnglìde **2.** 急速地 jísùde **3.** 极端地 jíduānde；非常的 fēichángde

amalgam *n.* **1.** 汞齐 gǒngqí；汞合金 gǒnghéjīn **2.** 混合物 hùnhéwù

amalgamate *v.* **1.** 汞齐化 gǒngqíhuà **2.** 联合 liánhé；合并 hébìng **3.** 混合 hùnhé

amanuensis *n.* 抄录者 chāolùzhě；文书 wénshū

amaranth *n.* (想像中的) 不凋花 (xiǎngxiàngzhōngde) bùdiāohuā

amaryllis *n.* 宫人草 gōngréncǎo；孤挺花 gūtǐnghuā

amass *v.* 堆积 duījī；储蓄 chǔxù；聚集 jùjí：The clouds ～ed above the hills. 群山上空聚集着云朵。Qúnshān shàngkōng jùjízhe yúnduǒ.

amateur *n*. **1.** 业余活动家 yèyú huódòngjiā **2.** 爱好者 àihàozhě：a radio ～无线电爱好者 wúxiàndiàn àihàozhě *a*. **1.** 业余的 yèyúde：an ～ painter 业余画家 yèyú huàjiā **2.** 不够熟练的 bú gòu shúliànde

amateurish *a*. 业余的 yèyúde；不熟练的 bù shúliànde

amatory *a*. 恋爱的 liàn'àide；色情的 sèqíngde

amaze *v*. 令(人)惊愕 lìng(rén)jīng'è；使…惊奇 shǐ … jīngqí：I was ～d at the news. 我听到这个消息感到惊奇。Wǒ tīngdào zhège xiāoxi gǎndào jīngqí.

amazement *n*. 惊愕 jīngè；惊叹 jīngtàn：ask in ～ 惊异地问 jīngyìde wèn

amazing *a*. 令人惊异的 lìngrén jīngyìde：The new car goes at an ～ speed. 新车快得令人惊异。Xīnchē kuàide lìngrén jīngyì. / Your wife is an ～ woman. 你的妻子真了不起。Nǐde qīzi zhēn liǎobuqǐ.

ambassador *n*. 大使 dàshǐ：an ～ extraordinary and plenipotentiary 特命全权大使 tèmìng quánquán dàshǐ / an ～-at-large 特使 tèshǐ；巡回大使 xúnhuí dàshǐ

ambassadorial *a*. 大使的 dàshǐde：the ～ talks between China and the U. S. A. 中美间的大使级会谈 Zhōng-Měi jiānde dàshǐjí huìtán

amber *n*. 琥珀 hǔpò；淡黄色 dànhuángsè. * color：The traffic lights changed to ～. 交通灯换了黄灯。Jiāotōngdēng huànle huángdēng.

ambergris *n*. 龙涎香 lóng xiánxiāng

ambidextrous *a*. **1**. 两手均可灵巧使用的 liǎngshǒu jūnkě língqiǎo shǐyòngde **2.** 熟练的 shúliànde **3.** 诡诈的 guǐzhàde；搞两面派的 gǎo liǎngmiànpàide

ambient *a*. 环绕四周的 huánràosìzhōude；周围的 zhōuwéide * of air

ambiguity *n*. 含糊 hánhu；模棱两可 móléng liǎngkě：His reply was full of ambiguities. 他的答复模棱两可。Tāde dáfù móléng liǎngkě.

ambiguous *a*. 意义不明确的 yìyì bù míngquède；模棱两可的 móléng liǎngkěde / an ～ reply 模棱两可的回答 móléng liǎngkěde huídá

ambition *n*. **1.** 大志 dàzhì；雄心 xióngxīn：He has great ～s. 他有很大的抱负。Tā yǒu hěn dàde bàofù. **2.** 野心 yěxīn：～ for fame and gain 图谋名利的野心 túmóu mínglìde yěxīn *v*. 渴望 kěwàng；切盼 qièpàn

ambitious *a*. **1.** 志向大的 zhìxiàng dàde；渴望的 kěwàngde **2.** 有野心的 yǒu yěxīnde：He is an ～ man. 他是个野心勃勃的人。Tā shìge yěxīnbóbóde rén.

amble *v.* 缓驰 huǎnchí *n.* 侧对步 cèduìbù；徐行 xúxíng；缓行 huǎnxíng

ambrosia *n.* 神仙的食品 shénxiānde shípǐn；美食 měishí

ambulance *n.* **1.** 救护车 jiùhùchē；救护船 jiùhùchuán；救护飞机 jiùhù fēijī **2.** 野战医院 yězhàn yīyuàn＝field hospital

ambush *n.* 埋伏 máifu；埋伏之处 máifu zhīchù；伏兵 fúbīng：lay（or make）an ～ 设伏兵 shè fúbīng / lie in ～ 打埋伏 dǎ máifu *v.* 埋伏 máifu；设伏 shèfú：～ oneself behind trees 在树后打埋伏 zài shùhòu dǎ máifu

ameliorate *v.* 改善 gǎishàn；改进 gǎijìn：～ workers' conditions 改善工人的状况 gǎishàn gōngrénde zhuàngkuàng // amelioration *n.*

amen *int.* 阿们！Āmen！* used at the end of a prayer

amenable *a.* **1.** 顺从的 shùncóngde；服理的 fúlǐde：She is ～ to reason. 她是讲道理的。Tā shì jiǎng dàolǐde. **2.** 有义务的 yǒuyìwùde；应负责的 yīngfùzéde：be ～ to（the）law 有服从法律的义务 yǒu fúcóng fǎlǜde yìwù

amend *v.* 修正 xiūzhèng；改正 gǎizhèng：～ a bill 修正议案 xiūzhèng yì'àn // amendment *n.*

amends *n.*（*pl.*）赔偿 péicháng：make ～ to sb. for a loss 赔偿某人的损失 péicháng mǒurénde sǔnshī

amenity *n.* **1.** 便利设施 biànlì shèshī；**2.** 舒适 shūshì；爽快 shuǎngkuài：the ～ of the climate 气候的适宜 qìhòude shìyí **3.** 乐趣 lèqù；令人生活愉快的事 lìngrén shēnghuó yúkuàide shì

America *n.* **1.** 美洲 Měizhōu：Central（North，South）～ 中（北，南）美 Zhōng(Běi，Nán)Měi **2.** 北美 Běiměi；南美 Nánměi：the ～s 南北美洲 Nán Běi Měizhōu **3.** 美国 Měiguó；the United States of ～ 美利坚合众国 Měilìjiān hézhòngguó

American *a.* **1.** 美洲的 Měizhōude **2.** 美国的 Měiguóde *n.* **1.** 美国人 Měiguórén **2.** 美国英语 Měiguó yīngyǔ

Americanism *n.* **1.** 对美国的忠诚 duì Měiguóde zhōngchéng **2.** 美国习俗 Měiguó xísú **3.** 美国词语 Měiguó cíyǔ：use an ～ 按着美语措辞 ànzhe Měiyǔ cuòcí

Americanize *v.* 美国化 Měiguóhuà * to（cause to）become American in character

amethyst *n.* 紫晶 zǐjīng；紫色 zǐsè * color

amiable *a.* 和蔼可亲的 hé'ǎi kěqīnde；温和的 wēnhéde；友好的 yǒuhǎode // amiably *ad.*

amicable *a.* 和睦的 hémùde；友好的 yǒuhǎode：in an ～ way 以友好的方式 yǐ yǒuhǎode fāngshì / an ～ agreement 友好协议 yǒuhǎo xiéyì

amid(st) *prep.* 在…中 zài … zhōng；在其中 zài qízhōng：walk ～ the snow 在雪中步行 zài xuězhōng bùxíng / The curtain fell ～ the cheers of the audience. 在观众的欢呼声中闭幕。Zài guānzhòngde huānhūshēngzhōng bìmù.

amino *a.* 氨基的 ānjīde：～ acid 氨基酸 ānjīsuān

amir *n.* ＝emir 酋长 qiúzhǎng * Muslim ruler

amiss *a.* **1.** 有差错 yǒuchācuò；有缺点 yǒuquēdiǎn：The doctor said there was nothing ～ with her. 医生说她没有什么毛病。Yīshēng shuō tā méiyǒu shénme máobìng. **2.** 不合适 bùhéshì；不当的 búdàngde：A few pleasant remarks may not be ～. 说几句动听的话并无不当。Shuō jǐjù dòngtīngde huà bìngwú búdàng. *adv.* 差错地 chācuòde；错误地 cuòwùde：You judge his character ～. 你对他的个性判断错误。Nǐ duì tāde gèxìng pànduàn cuòwù.

amity *n.* 友好 yǒuhǎo；和睦 hémù

ammeter *n.* 安培计 ānpéijì；电表 diànbiǎo

ammonia *n.* 氨 ān；阿摩尼亚 āmóníyà

ammonium *n.* 铵 ān：～ chloride 氯化铵 lǜhuà'ān，～ nitrate 硝(酸)铵 xiāo(suān) ān

ammunition *n.* 弹药 dànyào；军火 jūnhuǒ

amnesia *n.* 健忘症 jiànwàngzhèng

amnesty *n.* 大赦 dàshè；特赦 tèshè

amoeba *n.* 阿米巴 āmǐbā；变形虫 biànxíngchóng

amok *ad.* ＝amuck 疯狂地 fēngkuángde：run ～ 胡作非为 húzuòfēiwéi *a.* 发杀人狂 fā shārénkuáng

among *prep.* 在… 中间 zài… zhōngjiān：Divide it ～ yourselves. 这东西你们分了吧。Zhè dōngxi nǐmen fēnleba. / They quarrelled ～ themselves. 他们互相争吵。Tāmen hùxiāng zhēngchǎo.

amoral *a.* 非道德的 fēidàodéde；与道德无关的 yǔ dàodé wúguānde

amorous *a.* 多情的 duōqíngde；性爱的 xìng'àide：～ looks 脉脉含情的眼光 mòmòhánqíngde yǎnguāng / ～ songs 情歌 qínggē

amorphous *a.* 无定形的 wú dìngxíngde：an ～ plan 一个漫无章法的计划 yíge mànwú zhāngfǎde jìhuà

amount *v.* **1.** 合计 héjì；总共达 zǒnggòngdá：The investment ～s to over $1,000,000. 投资总数达一百万美元。Tóuzī zǒngshù dá yìbǎiwàn měiyuán. **2.** 相当于 xiāngdāngyú；等于 děngyú：Your words ～ to a refusal. 你的话等于拒绝。Nǐde huà děngyú jùjué. *n.* 总数 zǒngshù；数量 shùliàng：a large ～ of money 一大笔钱 yídàbǐqián

ampere *n.* 安培 ānpéi

amphibian *n.* **1.** 两栖动物 liǎngqī dòngwù **2.** 水陆两用飞机 shuǐlù liǎngyòng fēijī **3.** 水陆两用的交通工具 shuǐlùliǎngyòngde jiāotōng gōngjù

amphibious *a.* **1.** 两栖的 liǎngqīde；水陆两用的 shuǐlù liǎngyòngde：an ～ corps 两栖部队 liǎngqī bùduì **2.** 陆海(空军)联合作战的 lù hǎi (kōngjūn)liánhé zuòzhànde：～ operations 两栖作战 liǎngqī zuòzhàn

amphitheater *n.* 园形露天剧场 yuánxíng lùtiān jùchǎng；园形竞技场 yuánxíng jìngjìchǎng

ample *a.* **1.** 宽大的 kuāndàde；宽敞的 kuānchǎngde：an ～ garden 大花园 dàhuāyuán **2.** 充裕的 chōngyùde；足够的 zúgòude：We have ～ money for the trip. 这次旅游，我们有足够的钱。Zhècì lǚyóu，wǒmen yǒu zúgòude qián. // amply *ad.*

amplification *n.* **1.** 放大 fàngdà；扩大 kuòdà **2.** 引伸 yǐnshēn；详述 xiángshù

amplifier *n.* 放大器 fàngdàqì；扩音器 kuòyīnqì；放大镜 fàngdàjìng

amplify *v.* **1.** 放大 fàngdà；增强 zēngqiáng：～ a radio signal 增强无线电信号 zēngqiáng wúxiàndiàn xìnhào **2.** 做进一步阐述 zuò jìnyíbù chǎnshù：He amplified (on) his remarks with drawings and figures. 他用数字、图表对自己的话做进一步的阐述。Tā yòng shùzì、túbiǎo duì zìjǐde huà zuò jìnyíbùde chǎnshù.

amplitude *n.* **1.** 广阔 guǎngkuò = spaciousness **2.** 丰富 fēngfù；充足 chōngzú = fullness **3.** 振幅 zhènfú；波度 bōdù * in physics or radio：～ modulation 振幅调制 zhènfútiáozhì

amputate *v.* 截断 jiéduàn；切除 qiēchú：～ a finger 锯掉一个手指 jùdiào yíge shǒuzhǐ

amuck *ad.* 杀气腾腾地 shāqìténgténgde：run ～ 瞎冲乱干 xiāchōngluàngàn *n.* = amok 发（杀人）狂 fā(shārén)kuáng

amulet *n.* 护身符 hùshēnfú；驱邪符 qūxiéfú

Amur *n.* 阿穆尔河（即黑龙江）Āmù'ěrhé (jí Hēilóngjiāng)

amuse *v.* **1.** 逗…笑 dòu… xiào：The joke ～d the children. 这笑话逗得孩子们直笑。Zhè xiàohua dòude háizimen zhí xiào. **2.** 使…愉快 shǐ … yúkuài；娱乐 yúlè；消遣 xiāoqiǎn：I often ～ myself by reading novels. 我常常用看小说来消遣。Wǒ chángcháng yòng kàn xiǎoshuō lái xiāoqiǎn.

amusement *n.* **1.** 娱乐 yúlè：He does it for his own ～, not for money. 他这样做是为了自己消遣，而不是为了钱。Tā zhèyàng zuò shì wèile zìjǐ xiāoqiǎn, ér búshì wèile qián. **2.** 娱乐活动 yúlè huódòng：There are many ～s during the holidays. 假期中有许多娱乐活动。Jiàqīzhōng yǒu xǔduō yúlè huódòng.

amusing *a.* 有趣的 yǒuqùde；好笑的 hǎoxiàode

anachronism *n.* **1.** 弄错时代 nòngcuò shídài **2.** 与时代不合的人或事 yǔ shídài bùhéde rén huò shì

anaconda *n.* 蟒蛇 mǎngshé；水蟒 shuǐmǎng

anaemia *n.* 贫血 pínxuè // anaemic *a.*

anaesthetic *n.* 麻醉剂 mázuìjì

analgesic *n.* 镇痛药 zhèntòngyào；止痛药 zhǐtòngyào

analogy *n.* **1.** 类似 lèisì；相似 xiāngsì：the ～ of A with B 甲和乙的类似处 jiǎ hé yǐde lèisìchù / the ～ of sound and light 声同光的类似处 shēng tóng guāngde lèisìchù **2.** 类推 lèituī；比拟 bǐnǐ：It is explained by ～. 这是用类推法来说明的。Zhè shì yòng lèituīfǎ lái shuōmíngde.

analyse, analyze *v.* **1.** 分析 fēnxī：～ a sentence 分析句子 fēnxī jùzi / ～ the causes of failure 分析失败的原因 fēnxī shībàide yuányīn **2.** 分解 fēnjiě * in chemistry

analysis *n.* **1.** 分析 fēnxī；分解 fēnjiě **2.** 精神分析 jīngshén fēnxī；心理分析 xīnlǐ fēnxī

analytic(al) *a.* 分析的 fēnxīde：～ chemistry 分析化学 fēnxī huàxué / an ～ method 分析法 fēnxīfǎ / I enjoy music, but I don't listen to it ～ally. 我喜欢音乐，但并不以分析的态度去欣赏。Wǒ xǐhuan yīnyuè, dàn bìngbù yǐ fēnxīde tàidu qù xīnshǎng.

anarchical *a*. 无政府的 wúzhèngfǔde；无政府主义的 wúzhèngfǔzhǔyìde

anarchism *n*. 无政府主义 wúzhèngfǔzhǔyì

anarchist *n*. 无政府主义者 wúzhèngfǔzhǔyìzhě

anarchy *n*. **1**. 无政府（状态）wúzhèngfǔ(zhuàngtài) * absence of government or control **2**. 混乱 hùnluàn * absence of order

anathema *n*. **1**. 诅咒 zǔzhòu **2**. 被诅咒的人（物）bèi zǔzhòude rén(wù) **3**. 讨厌的人（物）tǎoyànde rén(wù)

anatomical *a*. 解剖的 jiěpōude：～ physiology 解剖生理学 jiěpōu shēnglǐxué

anatomist *n*. 解剖学家 jiěpōuxuéjiā

anatomize *v*. **1**. 解剖 jiěpōu **2**. 分析 fēnxī

anatomy *n*. **1**. 解剖 jiěpōu **2**. 解剖学 jiěpōuxué **3**. 身体结构 shēntǐjiégòu **4**. 分析 fēnxī **5**. 骨骼 gǔgé

ancestry *n*. 祖先 zǔxiān；世系 shìxì；血统 xuètǒng：He is an American of Chinese ～. 他是美籍华人。Tā shì Měijí huárén.

ancestral *a*. 祖宗传下的 zǔzōng chuánxiàde；祖先的 zǔxiānde

ancestor *n*. **1**. 祖宗 zǔzōng；祖先 zǔxiān **2**. 最初之物 zuì chū zhīwù；起源 qǐyuán

anchor *n*. 锚 máo *v*. **1**. 抛锚 pāomáo；泊船 bóchuán **2**. 使稳定 shǐ wěndìng

anchorage *n*. **1**. 抛锚 pāomáo；锚地 máodì **2**. 停泊税 tíngbóshuì **3**. 安全的寄托 ānquánde jìtuō

anchovy *n*. 鳀鱼 tíyú：long tailed ～ 凤尾鱼 fèngwěiyú

ancient *a*. 古代的 gǔdàide；古老的 gǔlǎode：an ～ city 古城 gǔchéng / ～ history 古代史 gǔdàishǐ *n*. 古时的人 gǔshíde rén；老年人 lǎoniánrén

and *conj*. **1**. 和 hé；与 yǔ；跟 gēn：boys ～ girls 男孩儿和女孩儿 nánháir hé nǚháir / husband ～ wife 夫妇 fūfù **2**. 又 yòu：He was cold ～ hungry. 他又冷又饿。Tā yòu lěng yòu è. / They talked ～ talked. 他们说了又说。Tāmen shuōle yòu shuō. / for days ～ days 一天又一天 yìtiān yòu yìtiān **3**. 加 jiā：Two ～ two make four. 二加二等于四。Èr jiā èr děngyú sì. // ～ then 于是 yúshì；然后 ránhòu / ～ so on 等等 děngděng

andante *n*. 行板 xíngbǎn *a*. & *ad*. 缓慢的（地）huǎnmàn(de) * a piece of music

anecdote *n.* 轶事 yìshì
anemia *n.* 贫血症 pínxuèzhèng；贫血 pínxuè
anemometer *n.* 风力表 fēnglìbiǎo
anemometry *n.* 测风速法 cèfēngsùfǎ
anew *ad.* 重新 chóngxīn：begin one's life ～ 重新作人 chóngxīn zuòrén
angel *n.* 天使 tiānshǐ：an ～ of a child 天使一样的小孩儿 tiānshǐ yíyàngde xiǎoháir
angelic *a.* **1.** 天使的 tiānshǐde **2.** 似天使的 sìtiānshǐde
anger *n.* 愤怒 fènnù；生气 shēngqì：He hit the child in ～. 他生气地打了那个孩子。Tā shēngqìde dǎle nàge háizi. *v.* 使…发怒 shǐ…fānù；发怒 fānù：What he said ～ed her. 他说的话使她生气。Tā shuōde huà shǐ tā shēngqì. / an old man who ～s easily 易生气的老人 yì shēngqìde lǎorén
angle[1] *n.* **1.** 角 jiǎo：a right ～ 直角 zhíjiǎo **2.** 角度 jiǎodù；观点；guāndiǎn：view it from another ～ 从另一角度来观察 cóng lìngyī jiǎodù lái guānchá
angle[2] *v.* 钓鱼 diàoyú：He likes (to go) angling on fine days. 他喜欢在晴天的时候去钓鱼。Tā xǐhuan zài qíngtiānde shíhou qù diàoyú.
angler *n.* 钓鱼的人 diàoyúde rén
angling *n.* 钓鱼 diàoyú；钓鱼术 diàoyúshù
angrily *ad.* 气忿忿地 qìfènfènde
angry *a.* **1.** 愤怒的 fènnùde；生气的 shēngqìde：I shall be ～ if you break that. 你把那件东西打破的话，我会生气的。Nǐ bǎ nàjiàn dōngxi dǎpòde huà, wǒ huì shēngqìde. / I am ～ with you. 我很生你的气。Wǒ hěn shēng nǐde qì. **2.** 凶猛的 xiōngměngde：～ winds 狂风 kuángfēng **3.** 刺目的 cìmùde：～ red 鲜红 xiānhóng **4.** 发炎的 fayánde：an ～ wound 发炎的伤口 fāyánde shāngkǒu
anguish *n.* 苦痛 kǔtòng：She is in ～ over her failure. 她为失败而十分痛苦。Tā wèi shībài ér shífēn tòngkǔ.
angular *a.* **1.** 有角的 yǒujiǎode **2.** 用角度量的 yòng jiǎo dùliángde：～ distance 角距离 jiǎo jùlí **3.** 瘦骨嶙峋的 shòugǔlínxúnde = bony and lean **4.** 不灵活的 bù línghuóde；生硬的 shēngyìngde：in an ～ manner 态度生硬 tàidu shēngyìng
anhydrous *a.* 无水的 wúshuǐde

animadversion *n.* 批评 pīpíng；谴责 qiǎnzé：make ～ on a person's conduct 谴责某人的行为 qiǎnzé mǒurénde xíngwéi

animadvert *v.* 批评 pīpíng；责备 zébèi：～ on sb's shortcomings 揭人之短 jiē rén zhīduǎn

animal *n.* **1.** 动物 dòngwù：plants and ～s 动植物 dòngzhíwù / wild ～ 野兽 yěshòu / Snakes, fish and birds are all ～s. 蛇、鱼和鸟都是动物。Shé、yú hé niǎo dōushì dòngwù. **2.** 牲畜 shēngchù *a.* 动物的 dòngwùde；野兽的 yěshòude；肉体上的 ròutǐshangde

animate *v.* **1.** 使…有生气 shǐ…yǒu shēngqì；使…活跃起来 shǐ…huóyuè qǐlái：The song ～d the dance. 歌曲使舞蹈生色。Gēqǔ shǐ wǔdǎo shēngsè. **2.** 鼓舞 gǔwǔ；激励 jīlì：He is ～d by love for his country. 他受到爱国心的鼓舞。Tā shòudào àiguóxīnde gǔwǔ.

animated *a.* **1.** 活跃的 huóyuède：an ～ cartoon 动画片 dònghuàpiān **2.** 栩栩如生的 xǔxǔ-rúshēngde：an ～ frame 栩栩如生的画面 xǔxǔ-rúshēngde huàmiàn **3.** 热闹的 rènaode；热烈的 rèliède：an ～ discussion 热烈的讨论 rèliède tǎolùn

animation *n.* **1.** 生动 shēngdòng；活泼 huópo；兴奋 xīngfèn：He was full of ～ when he met his old friends. 见到老朋友，他兴奋极了。Jiàndào lǎopéngyou, tā xīngfèn jíle. **2.** 动画片制作 dònghuàpiān zhìzuò；动画片 dǒnghuàpiān

animosity *n.* 仇恨 chóuhèn；憎恶 zēngwù：have ～ against (towards) 仇视 chóushì；敌视 díshì

animus *n.* **1.** 恶意 èyì；敌意 díyì：have an ～ against a person 对人怀恨在心 duìrén huáihèn-zàixīn **2.** 意向 yìxiàng **3.** 基本态度 jīběn tàidu

anion *n.* 阴离子 yīnlízǐ

anise *n.* 茴香 huíxiāng

ankle *n.* 脚踝 jiǎohuái：He sprained his ～. 他扭伤了脚脖子。Tā niǔshāngle jiǎobózi.

annalist *n.* 年表编者 niánbiǎo biānzhě

annals *n.* **1.** 编年史 biānniánshǐ **2.** 年鉴 niánjiàn；年刊 niánkān：the ～ of the Publisher's Association 出版家协会年刊 chūbǎnjiā xiéhuì niánkān **3.** 历史记载 lìshǐ jìzǎi = history

anneal *v.* **1.** 退火 tuìhuǒ；韧化 rènhuà **2.** 锻炼(意志) duànliàn (yìzhì)

= steel oneself

annex *v.* **1.** 吞并 tūnbìng；合并 hébìng **2.** 附加 fùjiā；附带 fùdài：～ a protocol to the treaty 在条约内附加一议定书 zài tiáoyuē nèi fùjiā yī yìdìngshū **3.** 签署 qiānshǔ；盖(印) gài(yìn)：He ～ed his seal to the document. 他在文件上盖了章。Tā zài wénjiànshang gàile zhāng. **4.** 擅自拿走 shànzì názǒu：He has ～ed my pen. 他擅自拿走了我的钢笔。Tā shànzì názǒule wǒde gāngbǐ. *n.* 附加物 fùjiāwù；附件 fùjiàn；附属建筑物 fùshǔ jiànzhùwù：a hospital ～ 医院的附属建筑物 yīyuànde fùshǔ jiànzhùwù

annexation *n.* **1.** 吞并 tūnbìng **2.** 附加 fùjiā **3.** 附加物 fùjiāwù；吞并物 tūnbìngwù

annexe *n.* = annex

annihilate *v.* **1.** 消灭 xiāomiè：～ the enemy 消灭敌人 xiāomiè dírén **2.** 彻底打败 chèdǐ dǎbài：The home football team ～d the visiting team. 本地足球队大败客队。Běndì zúqiúduì dàbài kèduì. **3.** 取消 qǔxiāo：His argument was ～d. 他的论据被全部推翻。Tāde lùnjù bèi quánbù tuīfān. // annihilation *n.*

anniversary *n.* 周年纪念日 zhōunián jìniànrì；周年纪念 zhōunián jìniàn：the 40th ～ of the founding of the People's Republic of China 中华人民共和国成立四十周年纪念日 Zhōnghuá Rénmín Gònghéguó chénglì sìshí zhōunián jìniànrì / a wedding ～ 结婚周年纪念 jiéhūn zhōunián jìniàn

annotate *v.* 注解 zhùjiě；注释 zhùshì：an ～d edition 注释版 zhùshìbǎn

annotation *n.* 注解 zhùjiě：There is a detailed ～ for every new word. 每一个生词都有详细的注解。Měi yíge shēngcí dōuyǒu xiángxìde zhùjiě.

announce *v.* **1.** 宣布 xuānbù；通知 tōngzhī：The results will be ～d in a few days. 成绩将在几天内宣布。Chéngjì jiāngzài jǐtiānnèi xuānbù. **2.** 告知 gàozhī；通告 tōnggào：～ a new edition 登新书广告 dēng xīnshū guǎnggào **3.** 预告 yùgào；显示 xiǎnshì：The dropped leaves and cold winds ～d that winter was here. 落叶和冷风告诉我们，冬天已经来临。Luòyè hé lěngfēng gàosu wǒmen，dōngtiān yǐjīng láilín. **4.** 当(节目)报幕员(或广播员) dāng(jiémù) bàomùyuán(huò guǎngbōyuán)：She ～s four programs a week. 她每星期播送四个节目。Tā měixīngqī bōsòng sìge jiémù.

announcement *n.* 布告 bùgào；宣告 xuāngào；通知 tōngzhī：a broadcast

～广播通知 guǎngbō tōngzhī

announcer *n.* 广播员 guǎngbōyuán；报幕员 bàomùyuán

annoy *v.* 使烦恼 shǐ fánnǎo；使…生气 shǐ … shēngqì：He is ～ed at her question. 他为她的责问而苦恼。Tā wèi tāde zéwèn ér kǔnǎo.

annoyance *n.* **1.** 烦恼 fánnǎo；为难 wéinán：put me to ～ 使我烦恼 shǐ wǒ fánnǎo **2.** 烦恼的事情 fánnǎode shìqing：Those noisy cats are a great ～ late at night. 深夜那些吵嚷的猫很讨厌。Shēnyè nàxiē chǎorǎngde māo hěn tǎoyàn.

annual *a.* **1.** 每年的 měiniánde：an ～ plan 年度计划 niándù jìhuà **2.** 一年(或一季)生的 yìnián (huò yíjì) shēngde ＊ growing for one year *n.* **1.** 年鉴 niánjiàn；年刊 niánkān **2.** 一年(或一季)生植物 yìnián (huò yíjì) shēng zhíwù ＝ plants that live for one year

annually *ad.* 每年 měinián：They have a family reunion at the Spring Festival ～. 他们每年春节全家团圆。Tāmen měinián chūnjié quánjiā tuányuán.

annuity *n.* 年金 niánjīn：a life ～ 终身年金 zhōngshēn niánjīn

annul *v.* 取消 qǔxiāo；废除 fèichú：The treaty was ～led. 条约废除了。Tiáoyuē fèichúle.

annular *a.* 环形的 huánxíngde：～ eclipse 环食 huánshí

annum *n.* 年 nián；岁 suì：per ～ 每年 měinián

annunciation *n.* **1.** 布告 bùgào；通告 tōnggào **2.** 天使报喜节〔3月25日〕tiānshǐ bàoxǐjié〔sānyuè èrshíwǔrì〕

anode *n.* 阳极 yángjí；正极 zhèngjí

anodyne *a.* 止痛的 zhǐtòngde；镇痛的 zhèntòngde *n.* 止痛药(剂) zhǐtòngyào(jì)：After taking some ～s, he felt much better. 吃了止痛药后，他感到好多了。Chīle zhǐtòngyào hòu, tā gǎndào hǎoduōle.

anoint *v.* 涂油于 túyóuyú；用油擦 yòngyóucā

anomalous *a.* 异常的 yìchángde；不规则的 bùguīzéde：an ～ verb 特殊动词 tèshū dòngcí

anomaly *n.* **1.** 异常 yìcháng；不规则 bùguīzé：the ～ of English spelling 英语拼法的不规则 yīngyǔ pīnfǎde bùguīzé **2.** 反常的事物 fǎnchángde shìwù

anon *ad.* **1.** 即刻 jíkè；立即 lìjí：ever and ～ 时时刻刻 shíshi-kèkè **2.** 不久 bùjiǔ：He would be back ～. 他不久就会回来。Tā bùjiǔ jiùhuì huílái.

anonymity *n.* 无名 wúmíng；匿名 nìmíng：men hiding behind ～ 隐姓埋名的人 yǐnxìng máimíngde rén

anonymous *a.* 无名的 wúmíngde；匿名的 nìmíngde：an ～ author 无名作者 wúmíng zuòzhě / an ～ letter 匿名信 nìmíngxìn

another *a.* 另一 lìngyī；别的 biéde：～ thing 另一回事 lìngyìhuíshì / I'll give you ～ example. 我再给你举另一个例子吧。Wǒ zài gěi nǐ jǔ lìngyíge lìziba. / Show me ～ shirt，please. 请给我看看别的衬衣。Qǐng gěi wǒ kànkan biéde chènyī. *pron.* 另一件东西 lìngyíjiàn dōngxi；另一个人 lìngyíge rén：show me ～ 另外拿一个给我看看 lìngwài ná yíge gěi wǒ kànkan / To know is one thing，but to teach is ～ . 知道是一回事，教人又是另一回事。Zhīdao shì yìhuíshì，jiāorén yòu shì lìngyìhuíshì.

anoxia *n.* 缺氧症 quēyǎngzhèng

answer *n.* **1**. 回答 huídá；答复 dáfù＝reply：Give me your ～ tomorrow. 明天请给我答复。Míngtiān qǐng gěi wǒ dáfù. **2**. 解答 jiědá；答案 dá'àn ＝ solution：The ～ to this question is wrong. 这个问题的答案是错误的。Zhège wèntíde dá'àn shì cuòwùde. *v.* **1**. 答复 dáfù；回答 huídá：She couldn't ～ the question. 她没法回答这个问题。Tā méifǎ huídá zhège wèntí. **2**. 解答 jiědá；答辩 dábiàn：～ a charge 对控告做出答辩 duì kònggào zuòchū dábiàn **3**. 适合 shìhé；符合 fúhé：～ sb.'s hopes 符合某人的希望 fúhé mǒurénde xīwàng

answerable *a.* **1**. 可回答的 kě huídáde；可答复的 kě dáfùde **2**. 应负责的 yīng fùzéde：I shall be ～ for what he does. 我会对他的行为负责。Wǒ huì duì tāde xíngwéi fùzé.

ant *n.* 蚂蚁 mǎyǐ

antagonism *n.* 对抗 duìkàng；敌对 díduì；对立 duìlì

antagonist *n.* 对抗者 duìkàngzhě；敌手 díshǒu；对手 duìshǒu：He met a strong ～ in that match. 在那次比赛中，他遇到了一个强有力的对手。Zài nàcì bǐsàizhōng，tā yùdàole yíge qiángyǒulìde duìshǒu.

antagonistic *a.* 对抗性的 duìkàngxìngde；敌对的 díduìde：Cats and mice are ～. 猫和老鼠是敌对的。Māo hé lǎoshǔ shì díduìde.

antarctic *a.* 南极的 nánjíde：the ～ circle 南极圈 nánjíquān

Antarctica *n.* 南极洲 Nánjízhōu
antecedent *n.* **1.** 先例 xiānlì **2.** 先行词 xiānxíngcí *a.* 在先的 zàixiānde；先行的 xiānxíngde
antecedents *n.* **1.** 祖先 zǔxiān **2.** 出身 chūshēn；经历 jīnglì：a person of unknown ～ 一个身世不详的人 yíge shēnshì bùxiángde rén / the ～ of this army 这支军队的光荣历史 zhèzhī jūnduìde guāngróng lìshǐ
antechamber *n.* 前厅 qiántīng；接待室 jiēdàishì
antelope *n.* 羚羊 língyáng
antenna *n.* **1.** 触角 chùjiǎo **2.** 天线 tiānxiàn ＝ wireless aerial
antepenultimate *a.* 倒数第三音节的 dàoshǔ dìsān yīnjiéde *n.* 倒数第三音节 dàoshǔ dìsān yīnjié
anterior *a.* **1.** 以先的 yǐxiānde；以前的 yǐqiánde：age ～ to the flood 洪水以前的时期 hóngshuǐ yǐqiánde shíqī **2.** 前面的 qiánmiande；前部的 qiánbùde ＊ in the front part
anteroom *n.* 候见室 hòujiànshì
anthem *n.* **1.** 圣歌 shènggē **2.** 颂歌 sònggē；赞歌 zàngē；**3.** 国歌 guógē：the national ～ 国歌 guógē
anther *n.* 花药 huāyào
anthill *n.* 蚁冢 yǐzhǒng；人口稠密的地方 rénkǒu chóumìde dìfang
anthology *n.* 选集 xuǎnjí；诗集 shījí；文选 wénxuǎn：That famous poet's ～ is on sale. 那位著名诗人的诗集正在出售。Nàwèi zhùmíng shīrénde shījí zhèngzài chūshòu.
anthracite *n.* 无烟煤 wúyānméi
anthrax *n.* 炭疽(病) tànjū(bìng)
anthropoid *a.* 似人类的 sì rénlèide *n.* 类人猿 lèirényuán
anthropologist *n.* 人类学家 rénlèixuéjiā
anthropology *n.* 人类学 rénlèixué
anthropometry *n.* 人体测定(学) réntǐ cèdìng(xué)
antiaircraft *a.* 防空的 fángkōngde *n.* 高射炮 gāoshèpào
antibiotic *a.* 抗菌的 kàngjūnde；抗生的 kàngshēngde *n.* 抗菌素 kàngjūnsù
antibody *n.* 抗体 kàngtǐ
antic *n.* 滑稽 huájī：the ～s of a clown 小丑的滑稽 xiǎochǒude huájī *a.* 滑稽的 huájīde；诙谐的 huīxiéde

anticipate *v*. **1**. 预料 yùliào；期待 qīdài：She ～s (that there will be) trouble. 她预料会有麻烦。Tā yùliào huì yǒu máfan. / I ～ a good vacation. 我期待着一个快乐的假期。Wǒ qīdàizhe yíge kuàilède jiàqī. **2**. 抢先于 qiǎngxiānyú：～ the enemy 先发制敌 xiānfāzhìdí **3**. 提早 tízǎc；促进 cùjìn：～ one's ruin 促其灭亡 cù qí mièwáng **4**. 预付 yùfù；预先挪用 yùxiān nuóyòng：～ one's wages 预支工资 yùzhī gōngzī

anticipation *n*. **1**. 预料 yùliào；预期 yùqī；期待 qīdài：in ～ of an early reply 期待早答复 qīdài zǎo dáfù / Thanks in ～. 预致谢意。Yùzhì xièyì. **2**. 预知 yùzhī；预觉 yùjué＝foreknowledge

anticipatory *a*. 预期的 yùqīde；先行的 xiānxíngde：～ purpose 预期的目的 yùqīde mùdì

anticlimax *n*. **1**. 反高潮 fǎngāocháo：To be back in the office after having a journey for a month was an ～. 旅行一个月后又回到办公室对他来说是一种反高潮。Lǚxíng yígeyuè hòu yòu huídào bàngōngshì duì tā lái shuō shì yìzhǒng fǎngāocháo. **2**. 渐降法 jiànjiàngfǎ ＊gradual decline **3**. 虎头蛇尾 hǔtóu-shéwěi ＝ fine start and poor finish

anticolonial *a*. 反殖民主义的 fǎnzhímínzhǔyìde

antidote *n*. 解毒药(剂) jiědúyào(jì)

anti-fascist *n*. 反法西斯主义者 fǎnfǎxīsīzhǔyìzhě *a*. 反法西斯主义的 fǎnfǎxīsīzhǔyìde

antifreeze *n*. 防冻剂 fángdòngjì

antigen *n*. 抗原 kàngyuán // antigenic *a*.

anti-illiteracy *n*. 扫除文盲 sǎochú wénmáng

anti-imperialist *a*. 反帝国主义的 fǎndìguózhǔyìde *n*. 反帝国主义者 fǎndìguózhǔyìzhě

antimissile *a*. 反导弹的 fǎndǎodànde

antimony *n*. 锑 tī

antimycin *n*. 抗霉素 kàngméisù

antipathy *n*. **1**. 憎恨 zēnghèn；憎恶 zēngwù：have an ～ to 对…有反感 duì…yǒu fǎngǎn **2**. 憎恶之物 zēngwù zhīwù

antipodes *n*. **1**. 对蹠地 duìzhídì(地球上相反的地区 dìqiúshang xiāngfǎnde dìqū)：The South Pole is the antipode of the North Pole. 南极是北极的对蹠地。Nánjí shì Běijíde duìzhídì. **2**. 恰恰相反的事物 qiàqià xiāngfǎnde shìwù

antiproton *n.* 反质子 fǎnzhìzǐ
antipyretic *a.* 退热的 tuìrède *n.* 退热药 tuìrèyào
antiquarian *a.* 研究文物的 yánjiū wénwùde *n.* **1.** 文物工作者 wénwù gōngzuòzhě：Being an ～，he has abundant knowledge. 作为一个文物工作者，他拥有丰富的知识。Zuòwéi yíge wénwù gōngzuòzhě，tā yōngyǒu fēngfùde zhīshi. **2.** 古董商 gǔdǒngshāng＝one who sells antiques
antiquary *n.* **1.** 文物工作者 wénwù gōngzuòzhě **2.** 古董商 gǔdǒngshāng
antiquate *v.* **1.** 废弃 fèiqì：The collapsed temple has been ～d. 倒塌的寺庙已遭废弃。Dǎotāde sìmiào yǐ zāo fèiqì. **2.** 使…复古 shǐ …fùgǔ
antiquated *a.* 过时的 guòshíde；陈旧的 chénjiùde：They decided to sell the set of furniture with ～ designs. 他们决定卖掉这套式样过时的家俱。Tāmen juédìng màidiào zhètào shìyàng gùoshíde jiājù.
antique *a.* **1.** 古代的 gǔdàide **2.** 旧式的 jiùshìde；老式的 lǎoshìde：～ furniture 老式家俱 lǎoshì jiājù / ～ manner 旧习俗 jiù xísú **3.** 古罗马或古希腊艺术风格的 gǔ Luómǎ huò gǔ Xīlà yìshù fēnggéde：I really like the ～ much better than modern art. 我喜欢古希腊、罗马的艺术远胜于现代艺术。Wǒ xǐhuan gǔ Xīlà、Luómǎde yìshù yuǎn shèngyú xiàndài yìshù. *n.* 古董 gǔdǒng
antiquity *n.* **1.** 古代 gǔdài：a city of great ～ 一座很古的城 yízuò hěngǔde chéng / The duke was proud of his family's ～. 公爵以自己家族历史悠久为荣。Gōngjué yǐ zìjǐ jiāzú lìshǐ yōujiǔ wéi róng. **2.** 古迹 gǔjī；古玩 gǔwán：Many tourists visit the antiquities with walls and a fortress. 大批旅游者前来观光这处建有城墙和堡垒的古迹。Dàpī lǚyóuzhě qiánlái guānguāng zhèchù jiànyǒu chéngqiáng hé bǎolěide gǔjī.
antiracism *n.* 反种族主义 fǎnzhǒngzúzhǔyì；反种族歧视 fǎnzhǒngzú qíshì
anti-seismic *a.* 抗地震的 kàngdìzhènde：an ～ structure 抗震建筑 kàngzhèn jiànzhù
antiseptic *a.* 防腐的 fángfǔde：～ gauze 防腐纱布 fángfǔ shābù；消毒纱布 xiāodú shābù *n.* 防腐剂 fángfǔjì＝an ～ agent
antislavery *n.* 反对奴隶制度 fǎnduì núlì zhìdù *a.* 反对奴隶制度的 fǎnduì núlì zhìdùde
antisocial *a.* **1.** 厌恶社交的 yànwù shèjiāode：She has never been to any

parties, because she is ～. 她厌恶社交，所以从来不参加任何晚会。Tā yànwù shèjiāo, suǒyǐ cónglái bù cānjiā rènhé wǎnhuì. **2.** 违害他人或社会安宁的 wéihài tārén huò shèhuì ānníngde: Playing music so loudly that it annoys everyone else in the street is ～. 音乐演奏得太响，骚扰到街上其他人，这就妨碍了社会安宁。Yīnyuè yǎnzòude tàixiǎng, sāorǎodào jiēshang qítārén, zhèjiù fáng'àile shèhuì ānníng.

antitank *a.* 防坦克的 fángtǎnkède: an ～ gun 防坦克炮 fángtǎnkèpào

antithesis *n.* **1.** 对照 duìzhào; 对立(面) duìlì(miàn): Joy is the ～ of sorrow. 欢乐是苦恼的对立面。Huānlè shì kǔnǎode duìlìmiàn. **2.** 对照句 duìzhàojù; 对比法 duìbǐfǎ: His speeches are full of antitheses like "we want deeds, not words!" 他的话尽是"我们需要的是行动，不是空话"之类的对照语句。Tādehuà jìn shì "wǒmen xūyàode shì xíngdòng, búshì kōnghuà" zhīlèide duìzhào yǔjù.

antithetic *a.* **1.** 对立的 duìlìde; 对照的 duìzhàode **2.** 正相反的 zhèngxiāngfǎnde: Those two opinions are strongly ～. 那两种意见极端对立。Nà liǎngzhǒng yìjian jíduān duìlì.

antitoxin *n.* 抗毒素 kàngdúsù

antler *n.* 鹿角 lùjiǎo

antonym *n.* 反义词 fǎnyìcí: "Bad" is the ～ of "good". "坏"是"好"的反义词。"Huài" shì "hǎo"de fǎnyìcí. / The ～ of "slow" is "fast". "慢"的反义词是"快"。"Màn"de fǎnyìcí shì "kuài".

anvil *n.* 铁砧 tiězhēn

anxiety *n.* **1.** 挂念 guàniàn; 焦虑 jiāolǜ: wait with ～ 焦急地等待 jiāojíde děngdài / We felt ～ for her health when we heard she had got a serious disease. 听到她得了重病，我们为她的健康担忧。Tīngdào tā déle zhòngbìng, wǒmen wèi tāde jiànkāng dānyōu. **2.** 渴望 kěwàng: ～ for knowledge 渴望得到知识 kěwàng dédào zhīshi / I expressed ～ that it should be done in no time. 我急切希望立即把这事做好。Wǒ jíqiè xīwàng lìjí bǎ zhèshì zuòhǎo. **3.** 忧虑的事 yōulǜde shì: be relieved of one's anxieties 消除忧虑 xiāochú yōulǜ

anxious *a.* **1.** 挂念的 guàniànde; 担心的 dānxīnde; 焦虑的 jiāolǜde: We are ～ about his health. 我们为他的健康担心。Wǒmen wèi tāde jiànkāng dānxīn. **2.** 渴望的 kěwàngde; 切盼的 qièpànde: I'm ～ for a bicycle. 我渴望有辆自行车。Wǒ kěwàng yǒu liàng zìxíngchē. / He is ～ to see you. 他渴望见到你。Tā kěwàng jiàndào nǐ. **3.** 使人忧虑的 shǐ rén yōulǜde；使人不安的 shǐ rén bù'ānde：His illness has been a very ～ business for us all. 他的病让我们大家都很忧虑。Tāde bìng ràng wǒmen dàjiā dōuhěn yōulǜ. // anxiously *ad*.

any *a*. **1.** 什么 shénme；一些 yìxiē；一点（儿）yìdiǎn(r)：Have you ～ books to read? 你有什么可看的书吗？Nǐ yǒu shénme kěkànde shūma? / I cannot find ～ difference. 我看不出有什么差别。Wǒ kàn bùchū yǒu shénme chābié. **2.** 任何 rènhé；随便哪一个 suíbiàn nǎyíge：A- child can do that. 任何一个孩子都会那样做的。Rènhé yíge háizi dōuhuì nàyàng zuòde. / You may call me ～ day you please. 你随便哪一天打电话都可以。Nǐ suíbiàn nǎyìtiān dǎdiànhuà dōu kěyǐ. **3.** 一般的 yìbānde；普通的 pǔtōngde：She is not just ～ girl. 她和一般的女孩子就是不一样。Tā hé yìbānde nǚháizi jiùshì bùyíyàng. *pron*. 哪个 nǎge；无论哪个 wúlùn nǎge；任何 rènhé：Do ～ of you know her name? 你们中间哪个知道她的名字？Nǐmen zhōngjiān nǎge zhīdào tāde míngzi? / I cannot find ～. 我一个也找不到。Wǒ yíge yě zhǎobudào. *ad*. 一点（儿）yìdiǎn(r)：I didn't hurt myself ～. 我一点儿也没受伤。Wǒ yìdiǎnr yě méi shòushāng. / I can't stay ～ longer. 我不能再停留了。Wǒ bùnéng zài tíngliúle.

anybody *pron*. 任何人 rènhérén；无论谁 wúlùn shuí：A- may come. 任何人都可以来。Rènhé rén dōu kěyǐ lái. / Is ～ ill? 有人病了吗？Yǒu rén bìngle ma? *n*. 重要人物 zhòngyào rénwù：I ain't ～. 我不是什么重要人物。Wǒ búshì shénme zhòngyào rénwù. / If you want to be ～ you must work hard. 你想成名，就得苦干。Nǐ xiǎng chéngmíng, jiù děi kǔgàn.

anyhow *ad*. **1.** 无论如何 wúlùn rúhé；不管怎样 bùguǎn zěnyàng：A-, let's hurry. 无论如何，我们快一点儿吧！Wúlùn rúhé, wǒmen kuài yìdiǎnrba! / The door won't open ～. 门无论如何都打不开。Mén wúlùn rúhé dōu dǎbùkāi. **2.** 随便 suíbiàn：His clothes were thrown down just ～. 他的衣服随便乱扔。Tāde yīfu suíbiàn luànrēng.

anyone *pron*. 任何人 rènhé rén；无论谁 wúlùn shuí

anything *pron*. 无论什么 wúlùn shénme：任何事物 rènhé shìwù：There isn't ～ in it . 里边什么也没有。Lǐbiān shénme yě méiyǒu. / He didn't say ～. 他什么也没说。Tā shénme yě méishuō. // ～ but 除了…都 chúle …dōu: I will do ～ but that. 除了那件事别的我都愿意干。Chúle nàjiànshì biéde wǒ dōu yuànyì gàn. / for ～ 无论如何 wúlùn rúhé / for ～ I know 据我所知 jù wǒ suǒzhī / if ～ 如果(稍)有区别的话 rúguǒ (shāo) yǒu qūbiédehuà

anyway *ad*. 无论如何 wúlùn rúhé: I'll go to this movie ～. 无论如何，我要看这个电影。Wúlùn rúhé, wǒ yào kàn zhège diànyǐng.

anywhere *ad*. 无论哪里 wúlùn nǎli; 任何地方 rènhé dìfang: I'll go ～ you suggest. 你建议我到哪儿去，我就到哪儿。Nǐ jiànyì wǒ dào nǎr qù, wǒ jiù dào nǎr. / Sit ～ you like. 喜欢坐哪儿就坐哪儿。Xǐhuan zuò nǎr jiù zuò nǎr.

anywise *ad*. 无论如何 wúlùn rúhé: It was not ～ necessary. 这是完全不必要的。Zhè shì wánquán bú bìyàode.

aorta *n*. 大动脉 dàdòngmài; 主动脉 zhǔdòngmài

aortic *a*. 大动脉的 dàdòngmàide; 主动脉的 zhǔdòngmàide

apace *ad*. 迅速地 xùnsùde: The good news spread ～. 这个好消息迅速传开。Zhège hǎo xiāoxi xùnsù chuánkāi.

apart *ad*. **1**. 分离 fēnlí **2**. 相距 xiāngjù: The two buildings are three miles ～. 这两座楼相距3英里。Zhè liǎngzuòlóu xiāngjù sānyīnglǐ. / The two accidents were only a few hours ～. 两次事故只相隔几小时。Liǎngcì shìgù zhǐ xiānggé jǐxiǎoshí. **3**. 除去 chúqù: Joking ～, we should have a meeting to discuss the problem. 说正经的，我们应该开个会讨论一下儿这个问题。Shuō zhèngjingde, wǒmen yīnggāi kāi gè huì tǎolùn yíxiàr zhège wèntí. **4**. 区别 qūbié; 区分 qūfēn: I can't tell these two things ～. 我不能区分这两件东西。Wǒ bùnéng qūfēn zhèliǎngjiàn dōngxi.

apartheid *n*. 种族隔离(法) zhǒngzú gélí(fǎ)

apartment *n*. **1**. 房间 fángjiān **2**. 公寓房间 gōngyù fángjiān: an ～ house 公寓 gōngyù

apathetic *a*. 冷淡的 lěngdànde; 无兴趣的 wúxìngqùde; 无感情的 wúgǎnqíngde

apathy *n*. 冷淡 lěngdàn; 无兴趣 wúxìngqù: listen with ～ 无动于衷地听着 wúdòng-yúzhōngde tīngzhe

ape *n*. 类人猿 lèirényuán

aperture *n*. 孔 kǒng; 缝隙 fèngxì

apex *n*. 顶 dǐng；顶点 dǐngdiǎn：the ～ of a triangle 三角形的顶点 sānjiǎoxíngde dǐngdiǎn

aphorism *n*. 格言 géyán；警句 jǐngjù

apiculture *n*. 养蜂(术) yǎngfēng(shù)

apiece *ad*. 每个 měige；各 gè：The girls told a story ～. 女孩子每人讲了一个故事。Nǚháizi měirén jiǎngle yíge gùshi. / They took four hours ～ to do the experiment. 他们每人花了四小时进行这次实验。Tāmen měirén huāle sìxiǎoshí jìnxíng zhècì shíyàn.

apologetic *a*. 道歉的 dàoqiànde；辩解的 biànjiěde // apologetically *ad*.

apologist *n*. 辩解者 biànjiězhě；辩护士 biànhùshì

apologize *v*. **1**. 道歉 dàoqiàn：～ to sb. for sth. 为某事向某人道歉 wèi mǒushì xiàng mǒurén dàoqiàn / I ～d to her for stepping on her foot. 我因为踩了她的脚而向她道歉。Wǒ yīnwèi cǎile tāde jiǎo ér xiàng tā dàoqiàn. **2**. 辩解 biànjiě＝explain or defend

apology *n*. **1**. 道歉 dàoqiàn：make an ～ to sb. for sth. 为某事向某人道歉 wèi mǒushì xiàng mǒurén dàoqiàn / I give you my apologies for the delay in replying to your letter. 没有及早给你回信，十分抱歉。Méiyǒu jízǎo gěi nǐ huíxìn，shífēn bàoqiàn. **2**. 辩解 biànjiě＝explanation or defense

apoplexy *n*. 中风 zhòngfēng

apostasy *n*. 背教 bèijiào；变节 biànjié

apostate *n*. 背教者；bèijiàozhě；变节者 biànjiézhě *a*. 背教的 bèijiàode；变节的 biànjiéde

a posteriori *a*. ［拉］［Lā］由结果追溯到原因的 yóu jiéguǒ zhuīsùdào yuányīnde；归纳的 guīnàde；经验的 jīngyànde

apostle *n*. 使徒 shǐtú；传道者 chuándàozhě；鼓吹者 gǔchuīzhě；改革家 gǎigéjiā＝leader of reform

apostrophe *n*. 撇号 piěhào；省字符号 shěngzì fúhào：John's hat 约翰的帽子 Yuēhànde màozi / children's toys 儿童玩具 értóng wánjù / the 1990's 二十世纪九十年代 èrshí shìjì jiǔshí niándài

apothecary *n*. 药剂师 yàojìshī；药房 yàofáng

appal *v*. 使惊骇 shǐ jīnghài；使丧胆 shǐ sàngdǎn：The child was ～ed at lightning. 孩子被闪电吓坏了。Háizi bèi shǎndiàn xiàhuàile.

apparatus *n*. **1**. 器械 qìxiè；仪器 yíqì；装置 zhuāngzhì：medical ～ 医疗

器械 yīliáo qìxiè / cooling ～ 冷却器 lěngquèqì / electric heating ～ 电热装置 diànrè zhuāngzhì **2.** 器官 qìguān：The breathing ～ includes the nose，throat and lungs. 呼吸器官包括鼻、喉和肺。Hūxī qìguān bāokuò bí、hóu hé fèi. **3.** 机构 jīgòu：the government ～ 政府机构 zhèngfǔjīgòu

apparel *n.* **1.** 衣服 yīfu；服装 fúzhuāng；服饰 fúshì **2.** 装饰物 zhuāngshìwù *v.* 给…穿衣 gěi…chuānyī；给…修饰 gěi…xiūshì

apparent *a.* **1.** 明显的 míngxiǎnde：It is ～ to us all. 这对我们是显而易见的。Zhèduì wǒmen shì xiǎn'ér yìjiànde. **2.** 表面上的 biǎomiànshangde：in spite of her ～ indifference 尽管她表面上冷淡 jǐnguǎn tā biǎomiànshang lěngdàn

apparently *ad.* **1.** 显然地 xiǎnránde：He is right ～. 显然他是对的。Xiǎnrán tā shì duìde. **2.** 外表地 wàibiǎode；似乎 sìhū：It was ～ one meter long. 看上去有一米长的样子。Kànshàngqu yǒu yìmǐ chángde yàngzi.

appeal *v.* **1.** 呼吁 hūyù；请求 qǐngqiú：～ for support 请求支援 qǐngqiú zhīyuán / The government is ～ing for everyone to save grain. 政府向大家呼吁节约粮食。Zhèngfǔ xiàng dàjiā hūyù jiéyuē liángshi. **2.** 上诉 shàngsù：～ against a decision 不服判决而上诉 bù fú pànjué ér shàngsù **3.** 引起兴趣 yǐnqǐ xìngqù：Do these paintings ～ to you? 你对这些画感兴趣吗？Nǐ duì zhèxiēhuà gǎn xìngqùma? *n.* **1.** 呼吁 hūyù：an ～ for investment 呼吁人们投资 hūyù rénmen tóuzī **2.** 上诉 shàngsù：the right of ～ 上诉权 shàngsùquán **3.** 吸引力 xīyǐnlì；感染力 gǎnrǎnlì：lose one's ～ 失去吸引力 shīqù xīyǐnlì

appear *v.* **1.** 出现 chūxiàn：A ship ～ed in the distance. 船在很远的地方出现了。Chuán zài hěn yuǎnde dìfang chūxiànle. **2.** 来到 láidào；露面 lòumiàn：He didn't ～ until six. 他六点才来。Tā liùdiǎn cái lái. **3.** 出版 chūbǎn：His new book will be ～ing very soon. 他的新书很快就要出版了。Tāde xīnshū hěnkuài jiùyào chūbǎnle. **4.** 似乎 sìhū；好象 hǎoxiàng：He ～s very young. 他好象很年轻。Tā hǎoxiàng hěn niánqīng. / You ～ well this morning. 你今天早上看上去(气色)挺好。Nǐ jīntiān zǎoshang kàn shàngqù (qìsè) tǐnghǎo.

appearance *n.* **1.** 出现 chūxiàn：make an ～ 露面 lòumiàn **2.** 外表 wàibiǎo；容貌 róngmào：We shouldn't judge by ～s. 我们不应根据外

貌来判断。Wǒmen bùyīng gēnjù wàimào lái pànduàn. / She had an unhealthy ～. 她看上去不太健康。Tā kànshàngqù bútài jiànkāng. // by all ～s 显然 xiǎnrán / enter an ～ 到场 dàochǎng / for ～ sake 为了装点门面 wèile zhuāngdiǎn ménmiàn / keep up ～s 装门面 zhuāngménmiàn / put in an ～ 露（一下）面 lòu（yíxià）miàn / put on the ～ of 装出…的样子 zhuāngchū … de yàngzi / save ～s 保全面子 bǎoquán miànzi

appease *v.* 平息 píngxī；绥靖 suíjìng；解（渴）jiě（kě）：Water ～s thirst. 水能解渴。Shuǐ néng jiěkě.

appeasement *n.* 平息 píngxī；绥靖 suíjìng：an ～ policy 绥靖政策 suíjìng zhèngcè

appellant *a.* 上诉的 shàngsùde *n.* 上诉人 shàngsùrén

appellate *a.* 受理上诉的 shòulǐ shàngsùde：an ～ court 受理上诉的法院 shòulǐ shàngsùde fǎyuàn

appellation *n.* 名称 míngchēng；称号 chēnghào

append *v.* 附加 fùjiā：～ notes to the ancient characters 在古文字后附加注解 zài gǔwénzì hòu fùjiā zhùjiě

appendage *n.* **1.** 附属物 fùshǔwù；附加物 fùjiāwù **2.** 附器 fùqì ＊ in physiology；附肢 fùzhī

appendicitis *n.* 阑尾炎 lánwěiyán

appendix *n.* **1.** 附录 fùlù ＊of a book **2.** 阑尾 lánwěi ＊appendage of the large intestine

appertain *v.* 属于 shǔyú；与…有关 yǔ…yǒuguān：the responsibilities ～ing to the leader 领导应负的责任 lǐngdǎo yīngfùde zérèn

appetence *n.* **1.** 强烈的欲望 qiángliède yùwàng；渴望 kěwàng **2.** 嗜好 shìhào；癖好 pǐhào

appetite *n.* **1.** 食欲 shíyù；胃口 wèikǒu：lose one's ～ 食欲不振 shíyù bú zhèn / have a good ～ 胃口好 wèikǒu hǎo **2.** 欲望 yùwàng＝desire；爱好 àihào＝interest

appetizer *n.* 开胃品 kāiwèipǐn

appetizing *a.* 开胃的 kāiwèide：～ dishes 鲜美的菜肴 xiānměide càiyáo

applaud *v.* 鼓掌欢迎 gǔzhǎng huānyíng；向… 喝采 xiàng … hècǎi：The audience warmly ～ed the performers. 观众向演员们热烈鼓掌。Guānzhòng xiàng yǎnyuánmen rèliè gǔzhǎng. // applause *n.*

apple *n.* 苹果 píngguǒ

applepie *n.* 苹果馅饼 píngguǒ xiànbǐng

appliance *n.* 用具 yòngjù；器械 qìxiè：a medical ～ 医疗器械 yīliáo qìxiè

applicable *a.* **1**. 适用的 shìyòngde：This rule is ～ to anyone. 这条规则对任何人适用。Zhètiáo guīzé duì rènhérén shìyòng. **2**. 合适的 héshìde

applicant *n.* 申请人 shēnqǐngrén

application *n.* **1**. 应用 yìngyòng：the ～ of new scientific discoveries to industry 把新的科学发现运用到工业 bǎ xīnde kēxué fāxiàn yùnyòngdào gōngyè **2**. 申请书 shēnqǐngshū：I wrote an ～ for the job. 我写了一份求职申请书。Wǒ xiěle yífèn qiúzhí shēnqǐngshū. **3**. 申请 shēnqǐng；请求 qǐngqiú：make an ～ to sb. for help 请求某人帮助 qǐngqiú mǒurén bāngzhù **4**. 涂敷 túfū：The medicine is for external ～ only. 此药仅供外敷。Cǐyào jǐn gōng wàifū.

applied *a.* 应用的 yìngyòngde：～ mathematics 应用数学 yìngyòng shùxué

apply *v.* **1**. 申请 shēnqǐng：～ for a visa 申请签证 shēnqǐng qiānzhèng **2**. 适合 shìhé：This book doesn't ～ to you. 这本书对你不适合。Zhèběnshū duì nǐ bú shìhé. **3**. 敷 fū；涂 tú：A- some medicine to his wound. 在他伤口上敷些药。Zài tā shāngkǒushang fū xiēyào. **4**. 运用；yùnyòng；应用 yìngyòng：～ a rule to a case 将规则应用于某一具体情况 jiāng guīzé yìngyòngyú mǒuyī jùtǐ qíngkuàng / ～ fertilizer to the paddy fields 给稻田施肥 gěi dàotián shīféi

appoint *v.* **1**. 任命 rènmìng；委派 wěipài：He was ～ed chairman of the department. 他被任命为系主任。Tā bèi rènmìng wéi xìzhǔrèn. **2**. 约定 yuēdìng；安排 ānpái：Let's ～ a day to have dinner together. 让我们约一天一起吃饭。Ràng wǒmen yuē yìtiān yìqǐ chīfàn.

appointee *n.* 被任命者 bèi rènmìngzhě

appointive *a.* 委任的 wěirènde：an ～ office 委任的职位 wěirènde zhíwèi

appointment *n.* **1**. 任命 rènmìng：the ～ of Mr. White as manager 任命怀特先生为经理 rènmìng Huáitè xiānsheng wéi jīnglǐ **2**. 职务 zhíwù：take up an ～ 就职 jiùzhí / get a teaching ～ 获得教书职位 huòdé jiāoshū zhíwèi **3**. 约会 yuēhuì：keep one's ～ 守约 shǒuyuē / make an ～ with sb. 与某人约会 yǔ mǒurén yuēhuì

apportion *v.* 分配 fēnpèi：The monitor ～ed his classmates the duties for these days. 班长把这几天的任务分配给了他的同学们。Bānzhǎng bǎ zhèjǐtiānde rènwu fēnpèi gěile tāde tóngxuémen.

apposite *a.* 适合的 shìhéde；恰当的 qiàdàngde：an ～ remark 恰当的话 qiàdàngde huà

apposition *n.* **1.** 并置 bìngzhì；并列 bìngliè **2.** 同位 tóngwèi：In the sentence "Xiǎo Wáng, our monitor, is good at playing basketball", "monitor" is in ～ to "Xiǎo Wáng". 在"我们的班长小王擅长打蓝球"这个句子中，"班长"和"小王"是同位语。Zài "Wǒmende bānzhǎng Xiǎo Wáng shàncháng dǎ lánqiú" zhège jùzizhōng, "bānzhǎng" hé "Xiǎo Wáng" shì tóngwèiyǔ.

appraisal *n.* 估价 gūjià；评价 píngjià：make an objective ～ of sb.'s work 对某人的工作做一个客观的评价 duì mǒurénde gōngzuò zuò yíge kèguānde píngjià

appraise *v.* 评定 píngdìng；评价 píngjià：They all ～d the house carefully before offering to buy it. 在出价购买之前，他们都对房子仔细评估了一番。Zài chūjià gòumǎi zhī qián, tāmen dōu duì fángzi zǐxì pínggūle yìfān.

appraiser *n.* 估价人 gūjiàrén；评价人 píngjiàrén

appreciable *a.* 可估计的 kěgūjìde；可觉得的 kějuédede；注意得到的 zhùyìdedàode：an ～ increase in the production cost 生产成本的明显增加 shēngchǎn chéngběnde míngxiǎn zēngjiā

appreciate *v.* **1.** 欣赏 xīnshǎng；鉴赏 jiànshǎng：～ works of art 欣赏艺术作品 xīnshǎng yìshù zuòpǐn **2.** 感激 gǎnjī：I ～ your kindness. 我感激你的厚意。Wǒ gǎnjī nǐde hòuyì.

appreciation *n.* **1.** 欣赏 xīnshǎng；鉴赏 jiànshǎng：Their ～ of the performance was expressed in loud cheers. 他们高声喝采表示欣赏这场演出。Tāmen gāoshēng hècǎi biǎoshì xīnshǎng zhèchǎng yǎnchū. **2.** 感激 gǎnjī：He showed an ～ of my help. 他感激我的帮忙。Tā gǎnjī wǒde bāngmáng.

appreciative *a.* **1.** 有眼力的 yǒu yǎnlìde；欣赏的 xīnshǎngde：an ～ audience 有欣赏能力的听众（或观众）yǒu xīnshǎng nénglìde tīngzhòng (huò guānzhòng) **2.** 感激的 gǎnjīde：He is ～ of my advice. 他感激我对他的劝告。Tā gǎnjī wǒ duì tāde quàngào.

apprehend *v.* **1.** 逮捕 dàibǔ；捉拿 zhuōná：～ a thief 捉拿小偷 zhuōná xiǎotōu **2.** 怕 pà；忧虑 yōulǜ：Do you ～ any difficulty? 你害怕困难吗？

Nǐ hàipà kùnnanma? **3.** 理解 lǐjiě；领会 lǐnghuì：At last，I ～ed his meaning. 最后，我领会了他的意思。Zuìhòu，wǒ lǐnghuìle tāde yìsi.

apprehension *n.* **1.** 逮捕 dàibǔ；捉拿 zhuōná：The thief escaped after his ～. 小偷被逮后逃跑了。Xiǎotōu bèi dǎihòu táopǎole. **2.** 怕 pà；忧虑 yōulǜ：～ of danger 忧虑危险 yōulǜ wēixiǎn **3.** 理解 lǐjiě：quick of ～ 理解问题快 lǐjiě wèntí kuài

apprehensive *a.* **1.** 忧虑的 yōulǜde：He was ～ for his son's safety. 他为儿子的安全担忧。Tā wèi érzide ānquán dānyōu. **2.** 聪明的 cōngmingde；敏捷的 mǐnjiéde

apprentice *n.* 徒弟 túdì；学徒 xuétú：be bound ～ to sb. 做某人的徒弟 zuò mǒuréndе túdì / ～ to an electrician 给电工当学徒 gěi diàngōng dāng xuétú *v.* 使当学徒 shǐ dāng xuétú：They ～d their son to a carpenter. 他们把儿子送到木匠那儿当学徒。Tāmen bǎ érzi sòngdào mùjiàng nàr dāng xuétú.

apprenticeship *n.* 学徒身分 xuétú shēnfèn；学徒年限 xuétú niánxiàn：Serve one's ～ with sb. 跟某人当学徒 gēn mǒurén dāng xuétú

apprise *v.* 通知 tōngzhī：I was ～d that they should arrive at midday. 我接到通知说他们将于中午抵达。Wǒ jiēdào tōngzhī shuō tāmen jiāng yú zhōngwǔ dǐdá.

approach *v.* **1.** 接近 jiējìn；临近 línjìn：He is easily ～ed. 他容易接近。Tā róngyì jiējìn. / The Spring Festival is ～ing. 春节即将来临。Chūnjié jíjiāng láilín. **2.** 与人商量 yǔ rén shāngliáng：We shall ～ him about putting on a play. 我们找他商量演一个剧。Wǒmen zhǎo tā shāngliáng yǎn yíge jù. *n.* 方法 fāngfǎ；途径 tújìng：a new ～ to the study of Chinese 新的汉语学习法 xīnde Hànyǔ xuéxífǎ

approbation *n.* 赞同 zàntóng；认可 rènkě：The play received the ～ of the masses. 这个剧本受到群众的欢迎。Zhège jùběn shòudào qúnzhòngde huānyíng.

appropriate *a.* 恰当 qiàdàng；适当的 shìdàngde：This is a speech ～ to the occasion. 这是一篇得体的讲话。Zhèshì yìpiān détǐde jiǎnghuà. / at an ～ time 在适当的时间 zài shìdàngde shíjiān *v.* **1.** 拨给 bōgěi：～ money for an enterprise 拨款给某一企业 bō kuǎn gěi mǒuyī qǐyè. **2.** 挪用 nuóyòng：The minister was found to have ～d a great deal of government money. 部长被查出私自挪用了一大笔公款。Bùzhǎng bèi cháchū sīzì nuóyòngle yídàbǐ gōngkuǎn.

appropriately *ad*. 适当地 shìdàngde

appropriation *n*. 拨款 bōkuǎn: make an ~ for the building program 拨出一笔款供建楼用 bōchū yìbǐkuǎn gōng jiànlóuyòng

approval *n*. **1**. 赞成 zànchéng; 同意 tóngyì: He gave his ~ to the plan. 他赞成那个计划。Tā zànchéng nàge jìhuà. / meet with general ~ 获得一致同意 huòdé yízhì tóngyì **2**. 批准 pīzhǔn: ~ of an application 批准申请 pīzhǔn shēnqǐng // on ~ of goods 包退包换 bāotuì bāohuàn

approve *v*. **1**. 赞成 zànchéng: I ~ of your choice. 我赞成你的选择。Wǒ zànchéng nǐde xuǎnzé. **2**. 批准 pīzhǔn; 通过 tōngguò: The minister ~d the building plans. 部长批准了这些建筑计划。Bùzhǎng pīzhǔnle zhèxiē jiànzhù jìhuà. // ~d school 少年犯教养院 shàoniánfàn jiàoyǎngyuàn

approximate *a*. 大约的 dàyuēde; 近似的 jìnsìde: an ~ value 近似值 jìnsìzhí *v*. 接近 jiējìn: The cost will ~ $5,000,000. 费用将接近五百万美元。Fèiyong jiāng jiējìn wǔbǎiwàn měiyuán. // approximately *ad*.

approximation *n*. **1**. 近似 jìnsì: That is a very close ~ to the truth. 那非常接近事实真相。Nà fēicháng jiējìn shìshí zhēnxiàng. **2**. 近似值 jìnsìzhí

apricot *n*. **1**. 杏 xìng * fruit **2**. 杏黄色 xìnghuángsè * color

April *n*. 四月 Sìyuè // ~ Fools' Day = All Fools' Day 愚人节 Yúrénjié

apriori *a*. 先验的 xiānyànde; 演绎的 yǎnyìde

apron *n*. **1**. 围裙 wéiqún **2**. 挡板 dǎngbǎn * of a vehicle **3**. 护床 hùchuáng * of a machine **4**. 停机坪 tíngjīpíng * in an airport *v*. 着围裙于 zhuó wéiqún yú

apropos *ad*. **1**. 恰当的 qiàdàngde; 中肯的 zhòngkěnde: You speak quite ~. 你说得非常中肯。Nǐ shuōde fēicháng zhòngkěn. **2**. 顺便说一说 shùnbiàn shuōyishuō = by the way: A-, do you find the new TV set satisfactory? 顺便问一声，你对那台新电视满意吗？Shùnbiàn wènyishēng, nǐ duì nàtái xīn diànshì mǎnyìma? *prep*. 关于 guānyú: ~ what you were saying 关于你刚才所说的话 guānyú nǐ gāngcái suǒ shuōde huà.

apt *a*. **1**. 恰当 qiàdàng; 适合 shìhé: an ~ example 恰当的例子 qiàdàngde lìzi / an ~ reply 适当的回答 shìdàngde huídá **2**. 聪明 cōngming; 伶俐

línglì：He is an ～ student. 他是个聪明的学生。Tā shìge cōngmingde xuésheng. / She is ～ at languages. 她善于学习语言。Tā shànyú xuéxí yǔyán. **3.** 易于 yìyú；有…的倾向 yǒu …de qīngxiàng：Iron is ～ to rust. 铁容易生锈。Tiě róngyì shēngxiù.

aptitude *n.* **1.** 倾向 qīngxiàng；**2.** 才能 cáinéng：He showed great ～ for painting. 他表现出很高的绘画能力。Tā biǎoxiànchū hěn gāode huìhuà nénglì. / develop students' ～s 发展学生的才能 fāzhǎn xuéshengde cáinéng

aqua *n.* 水 shuǐ；液体 yètǐ // ～ ammoniae 氨水 ānshuǐ / ～ fortis 硝酸 xiāosuān / ～ vitae 酒精 jiǔjīng；烈性酒 lièxìngjiǔ

aqualung *n.* 水中呼吸器 shuǐzhōng hūxīqì

aquamarine *n.* **1.** 海蓝宝石 hǎilán bǎoshí **2.** 蓝绿色 lánlǜsè * color

aquaplane *n.* 滑水板 huáshuǐbǎn

aquarium *n.* **1.** 水族馆 shuǐzúguǎn **2.** 水族箱 shuǐzúxiāng；养鱼缸 yǎngyúgāng * a glass container for fish and other water animals

aquatic **1.** 水产的 shuǐchǎnde；水生的 shuǐshēngde：an ～ plant 水生植物 shuǐshēng zhíwù **2.** 水上的 shuǐshangde；水中的 shuǐzhōngde：～ sports including swimming and rowing 游泳和划船等水上运动 yóuyǒng hé huáchuán děng shuǐshang yùndòng

aqueous *a.* 水的 shuǐde；含水的 hánshuǐde：～ vapor 水蒸气 shuǐzhēngqì

aquiline *a.* 弯曲的 wānqūde：an ～ nose 鹰钩鼻 yīnggōubí

Arab *n.* 阿拉伯人 Ālābórén *a.* 阿拉伯的 Ālābóde；阿拉伯人的 Ālābórénde

arabesque *a.* 阿拉伯风格的(图饰) Ālābó fēnggéde (túshì) * a fancy ornamental pattern of twisted shapes of flowers, leaves, fruits, etc.

Arabia *n.* 阿拉伯半岛 Ālābóbàndǎo

Arabian *a.* 阿拉伯的 Ālābóde：the ～ desert 阿拉伯沙漠 Ālābó shāmò / the ～ Sea 阿拉伯海 Ālābó hǎi

Arabic *n.* 阿拉伯语 Ālābó yǔ *a.* **1.** 阿拉伯的 Ālābóde：～ architecture 阿拉伯式建筑 Ālābóshì jiànzhù / ～ numerals 阿拉伯数码 Ālābó shùmǎ **2.** 阿拉伯人的 Ālābórénde **3.** 阿拉伯语的 Ālābóyǔde *n.* 阿拉伯语 Ālābóyǔ

arable *a.* 可耕的 kěgēngde * of land *n.* 可耕之地 kěgēng zhīdì * land for growing crops

arbiter *n.* 仲裁人 zhòngcáirén

arbitrament *n.* 仲裁 zhòngcái；调停 tiáotíng

arbitrary *a.* **1.** 随意的 suíyìde；任意的 rènyìde：～ decision 任意的决定 rènyìde juédìng **2.** 专制的 zhuānzhìde ＝ despotic

arbitrate *v.* 仲裁 zhòngcái；公断 gōngduàn：Someone must ～ between them. 必须有人在他们之间进行仲裁。Bìxū yǒurén zài tāmen zhījiān jìnxíng zhòngcái. / arbitration *n.*

arbitrator *n.* 仲裁人 zhòngcáirén；公断者 gōngduànzhě

arbor[1] *n.* **1.** 乔木 qiáomù **2.** 刀轴 dāozhóu；心轴 xīnzhóu ＊ axis on a lathe

arbor[2] *n.* 凉亭 liángtíng ＝ bower

arboreal *a.* **1.** 树木的 shùmùde；木本的 mùběnde ＊ of a tree **2.** 栖息树上的 qīxī shùshangde ＝ living on a tree

arboretum *n.* 植物园 zhíwùyuán；树木园 shùmùyuán

arbutus *n.* 野草梅树 yě cǎoméishù

arc *n.* **1.** 弧形 húxíng **2.** 弧光 húguāng：an ～ lamp 弧光灯 húguāngdēng *v.* 形成弧光 xíngchéng húguāng；成曲线飞行 chéng qūxiàn fēixíng

arch[1] *n.* **1.** 拱 gǒng：an ～ roof 拱顶 gǒngdǐng / the Triumphal Arch 凯旋门 kǎixuánmén **2.** 弓形 gōngxíng；弓状物 gōngzhuàngwù；牌楼 páilóu ＊ sth. or structure curved like an arch *v.* **1.** 弯曲 wānqū **2.** 用拱连接 yòng gǒng liánjiē；用拱覆盖 yòng gǒng fùgài **3.** 使成弓形 shǐchéng gōngxíng

arch[2] *a.* **1.** 主要的 zhǔyàode ＝ chief **2.** 狡猾的 jiǎohuáde；调皮的 tiáopíde：an ～ smile 调皮的微笑 tiáopíde wēixiào

archaeological *a.* 考古学的 kǎogǔxuéde

archaeologist *n.* 考古学家 kǎogǔxuéjiā

archaeology *n.* 考古学 kǎogǔxué

archaic *a.* **1.** 古风的 gǔfēngde；**2.** 古体的 gǔtǐde

archbishop *n.* 大主教 dàzhǔjiào

archdeacon *n.* 副主教 fùzhǔjiào

archer *n.* 射手 shèshǒu；弓箭手 gōngjiànshǒu

archery *n.* 箭术 jiànshù；

archipelago *n.* **1.** 群岛 qúndǎo **2.** 多岛海 duōdǎohǎi

architect *n.* 建筑师 jiànzhùshī

architectural *a.* 建筑上的 jiànzhùshangde；建筑学的 jiànzhùxuéde：～ engineering 建筑工程学 jiànzhù gōngchéngxué

architecture *n.* **1.** 建筑学 jiànzhùxué ＊ science **2.** 建筑式样 jiànzhù shìyàng：Chinese ～ 中国建筑 Zhōngguó jiànzhù

archives *n.* **1.** 档案室 dàng'ànshì ＊（*pl.*）the place for keeping public records **2.** 档案 dàng'àn ＊ the files

archway *n.* **1.** 拱道 gǒngdào **2.** 拱门 gǒngmén

arctic *a.* **1.** 北极的 běijíde：the A- Circle 北极圈 běijíquān **2.** 极寒冷的 jí hánlěngde：What ～ weather we are having！天气冷极了。Tiānqì lěngjíle. *n.* 北极 běijí；北极地区 běijí dìqū

ardent *a.* 热情的 rèqíngde；热心的 rèxīnde：He is an ～ supporter of our team. 他是我们队的热心支持者。Tā shì wǒmen duìde rèxīn zhīchízhě. / ～ lover of art 热爱艺术的人 rè'ài yìshùde rén

ardo(u)r *n.* 热情 rèqíng：～ for study 对学习的热情 duì xuéxíde rèqíng

arduous *a.* **1.** 艰巨的 jiānjùde：an ～ task 艰巨的工作 jiānjùde gōngzuò **2.** 陡峭的 dǒuqiàode：an ～ hill 陡峭的山 dǒuqiàode shān

are[1] *v.* 是 shì：You ～ a pupil. 你是个小学生。Nǐ shìge xiǎoxuéshēng.

are[2] *n.* 公亩 gōngmǔ ＊ metric unit of area equal to 100 square meters

area *n.* **1.** 面积 miànjī：What is the ～ of Beijing？北京的面积有多大？Běijīngde miànjī yǒu duōdà？**2.** 地区 dìqū：an industrial ～ 工业地区 gōngyè dìqū **3.** 范围 fànwéi；领域 lǐngyù：an ～ of scientific investigation 科学研究的领域 kēxué yánjiūde lǐngyù / a base ～ 根据地 gēnjùdì

areca *n.* 槟榔树 bīnglangshù；槟榔子(果实) bīnglangzi(guǒshí)

arena *n.* **1.** 竞技场 jìngjìchǎng **2.** 活动场所 huódòng chǎngsuǒ；竞争场所 jìngzhēng chǎngsuǒ：an ～ of warfare 战场 zhànchǎng / a political ～ 政治舞台 zhèngzhì wǔtái

Argentine *a.* 阿根廷的 Āgēntíngde：the ～ Republic 阿根廷共和国 Āgēntíng gònghéguó *n.* 阿根廷人 Āgēntíngrén

argil *n.* 陶土 táotǔ

argon *n.* 氩 yà ＊in chemistry

argosy *n.* 大商船 dàshāngchuán；船队 chuánduì

argot *n.* 隐语 yǐnyǔ：黑话 hēihuà＝slang：bandit ～ 土匪黑话 tǔfěi hēihuà

arguable *a*. **1**. 有疑问的 yǒu yíwènde: That their product was the best one is arguable. 说他们的产品是最好的值得商榷。Shuō tāmende chǎnpǐn shì zuìhǎode zhíde shāngquè. **2**. 可论证的 kě lùnzhèngde = discussible

argue *v*. **1**. 辩论 biànlùn; 争论 zhēnglùn: argue with sb. about sth. 与某人辩论某事 yǔ mǒurén biànlùn mǒushì **2**. 证明 zhèngmíng: They ～d that their discovery was of great significance. 他们说他们的发现具有重大的意义。Tāmen shuō tāmende fāxiàn jùyǒu zhòngdàde yìyì.

argument *n*. **1**. 争论 zhēnglùn: There is no need for ～ over it. 这件事不必争论了。Zhèjiànshì búbì zhēnglùnle. **2**. 论据 lùnjù; 理由 lǐyóu: What is his ～? 他的论据是什么? Tāde lùnjù shì shénme?

argumentation *n*. **1**. 论证 lùnzhèng **2**. 争论 zhēnglùn; 辩论 biànlùn **3**. 辩论文 biànlùnwén; 辩论性的演说 biànlùnxìngde yǎnshuō

argumentative *a*. **1**. 辩论的 biànlùnde; 争辩的 zhēngbiànde **2**. 好争辩的 hào zhēngbiànde; 好辩论的 hào biànlùnde = disputatious

aria *n*. 咏叹调 yǒngtàndiào * in operas

arid *a*. **1**. 干旱的 gānhànde: ～ land 干旱的土地 gānhànde tǔdì **2**. 枯燥无味的 kūzào wúwèide; 无生气的 wúshēngqìde * dull

aright *ad*. 正确地 zhèngquède: Have I understood you ～? 我是否正确地理解了你的意思呢? Wǒ shìfǒu zhèngquède lǐjiěle nǐde yìsine?

arise *v*. **1**. 起来 qǐlái; 升起 shēngqǐ **2**. 出现 chūxiàn; 发生 fāshēng: A new problem has ～n. 出现了一个新的问题。Chūxiànle yíge xīnde wèntí.

aristocracy *n*. **1**. 贵族 guìzú **2**. 上流社会 shàngliú shèhuì = upper classes **3**. 贵族统治 guìzú tǒngzhì; 寡头政治 guǎtóu zhèngzhì = government by people of highest social ranks

aristocrat *n*. 贵族 guìzú // aristocratic *a*.

arithmetic *n*. 算术 suànshù; 计算 jìsuàn *a*. 算术的 suànshùde

arithmetical *a*. 算术的 suànshùde; 算术上的 suànshùshangde: ～ progression 算术级数 suànshù jíshù; 等差级数 děngchā jíshù

arithmetically *ad*. 用算术的方法 yòng suànshùde fāngfǎ: We found the answer ～. 我们用算术的方法算出答案。Wǒmen yòng suànshùde fāngfǎ suànchū dá'àn.

arithmetician *n*. 算术家 suànshùjiā

ark *n.* 方舟 fāngzhōu * in the Bible

arm¹ *n.* **1.** 胳臂 gēbei：She carried a child in her ～s . 她抱着一个小孩儿。Tā bàozhe yíge xiǎoháir. / carry a book under one's ～ 挟着一本书 jiāzhe yìběn shū / walk ～ in ～ 挽着臂走路 wǎnzhe bì zǒulù **2.** 袖子 xiùzi：The ～s of this coat are too long. 这件外衣的袖子太长。Zhèjiàn wàiyīde xiùzi tàicháng. **3.** 大树枝 dà shùzhī＝branch of a tree

arm² *v.* 武装 wǔzhuāng；装备 zhuāngbèi：～ oneself 武装起来 wǔzhuāng qǐlái *n.* **1.** 武器 wǔqì * *pl.*：small ～s 轻型武器 qīngxíng wǔqì **2.** 兵种 bīngzhǒng；军种 jūnzhǒng：air ～ ＝ air force 空军 kōngjūn // bear ～s 服兵役 fú bīngyì / lay down ～s 放下武器 fàngxià wǔqì；投降 tóuxiáng / take up ～s 拿起武器 náqǐ wǔqì / To ～s! 准备战斗！Zhǔnbèi zhàndòu!

armada *n.* 舰队 jiànduì

armament *n.* **1.** 军备 jūnbèi：reduction of ～s 裁减军备 cáijiǎn jūnbèi **2.** 武器 wǔqì

armamentarium *n.* 一套设备 yítào shèbèi：a doctor's ～ 医用设备 yīyòng shèbèi

armature *n.* **1.** 盔甲 kuījiǎ **2.** 电枢 diànshū * of a dynamo

armband *n.* 臂章 bìzhāng；袖章 xiùzhāng

armchair *n.* 扶手椅 fúshǒuyǐ

armed *a.* 武装的 wǔzhuāngde；带有武器的 dàiyǒu wǔqìde：～ forces 武装力量 wǔzhuāng lìliang

armful *n.* 一抱 yíbào：an ～ of firewood 一抱柴火 yíbào cháihuo

armistice *n.* 休战 xiūzhàn；停战 tíngzhàn：～ agreement 停战协定 tíngzhàn xiédìng

armless *a.* **1.** 无臂的 wúbìde；无手的 wúshǒude **2.** 无武器的 wúwǔqìde；赤手空拳的 chìshǒu kōngquánde

armlet *n.* **1.** 臂章 bìzhāng **2.** 小海湾 xiǎo hǎiwān * an armlet of the sea

armo(u)r *n.* **1.** 钢甲 gāngjiǎ；铁甲 tiějiǎ * for warships，tanks，motor vehicles，etc. **2.** 盔甲 kuījiǎ ＝defensive covering

armo(u)red *a.* 装甲的 zhuāngjiǎde：an ～ vehicle 装甲车辆 zhuāngjiǎ chēliàng / ～ troops 装甲部队 zhuāngjiǎ bùduì

armo(u)rer *n.* 军械士 jūnxièshì

armo(u)ry *n.* 军械库 jūnxièkù；兵工厂 bīnggōngchǎng

armpit *n.* 腋下 yèxià；膈肢窝 gézhiwō

army *n.* **1.** 军队 jūnduì：to enter the ～ 入伍 rùwǔ **2.** 陆军 lùjūn **3.** 大群 dàqún：an ～ of ants 一大群蚂蚁 yídàqún mǎyǐ / a labor ～ 一支劳动大军 yìzhī láodòng dàjūn

aroma *n.* **1.** 芳香 fāngxiāng；香气 xiāngqì：the ～ of hot coffee 热咖啡的香味 rè kāfēide xiāngwèi **2.** 气派 qìpài；风格 fēnggé * quality

around *prep.* **1.** 环绕 huánrǎo；在…周围 zài… zhōuwéi：The earth moves ～ the sun. 地球围绕太阳旋转。Dìqiú wéirǎo tàiyáng xuánzhuàn. / They stood ～ him. 他们站在他的周围。Tāmen zhàn zài tāde zhōuwéi. **2.** 在各地 zài gèdì：We travelled ～ the country. 我们在全国各地旅行。Wǒmen zài quánguó gèdì lǚxíng. *ad.* **1.** 周围 zhōuwéi：He looked ～ but could see nobody. 他向周围看，但谁也没看见。Tā xiàng zhōuwéi kàn, dàn shuí yě méi kànjiàn. **2.** 附近 fùjìn：She is ～ somewhere. 她就在附近。Tā jiù zài fùjìn. **3.** 各处 gèchù；各地 gèdì **4.** 转 zhuǎn：He turned ～. 他转过身来。Tā zhuǎnguò shēn lái. **5.** 一圈儿 yìquānr：The track is 400 meters ～. 跑道一圈儿有四百米长。Pǎodào yìquānr yǒu sìbǎi mǐ cháng.

arouse *v.* **1.** 唤醒 huànxǐng：We ～d him from his deep sleep. 我们把他从沉睡中唤醒。Wǒmen bǎ tā cóng chénshuìzhōng huànxǐng. **2.** 唤起 huànqǐ：～ the masses to action. 发动群众 fādòng qúnzhòng

arrack *n.* 亚力酒 yàlìjiǔ * made in Asian countries

arraign *v.* **1.** 传审 chuánshěn；审讯 shěnxùn：～ed on a charge of theft. 因盗窃嫌疑被传讯 yīn dàoqiè xiányí bèi chuánxùn **2.** 责难 zénàn＝to accuse of wrong doing

arrange *v.* **1.** 整理 zhěnglǐ：～ tools in order 把工具整理好 bǎ gōngjù zhěnglǐ hǎo / I ～d the books on the shelves. 我整理书架上的书。Wǒ zhěnglǐ shūjiàshangde shū. **2.** 安排 ānpái：Everything is ～d now. 现在一切都安排好了。Xiànzài yíqiè dōu ānpái hǎole. / I ～d to meet them at 10 o'clock. 我安排好十点钟跟他们见面。Wǒ ānpái hǎo shídiǎnzhōng gēn tāmen jiànmiàn.

arrangement *n.* **1.** 布置 bùzhì：the art of flower ～ 陈设花卉的艺术 chénshè huāhuìde yìshù **2.** 安排 ānpái：make ～s for a journey 做好旅行的安排 zuòhǎo lǚxíngde ānpái **3.** 处理 chǔlǐ；调解 tiáojiě＝to bring about an understanding

arrant *a*. 彻底的 chèdǐde；臭名昭著的 chòumíng-zhāozhùde：an ～ knave 大坏蛋 dà huàidàn / ～ nonsense 荒谬绝伦的话 huāngmiù juélúnde huà

arras *n*. 花毯 huātǎn ＊hung on a wall

array *v*. **1**. 排列 páiliè；部署 bùshǔ：The soldiers were ～ed on the opposite hill. 战士们排列在对面的小山上。Zhànshìmen páiliè zài duìmiànde xiǎoshānshang. **2**. 装扮 zhuāngbàn；打扮 dǎban：～ oneself in all one's finery 穿上盛装 chuānshàng shèngzhuāng *n*. **1**. 列阵 lièzhèn：be ready in full battle ～ 严阵以待 yánzhènyǐdài **2**. 衣服 yīfu；盛装 shèngzhuāng：The whole city is in holiday ～. 整个城市披上了节日盛装。Zhěngge chéngshì pīshàngle jiérì shèngzhuāng. **3**. 展示 zhǎnshì；摆设 bǎishè：a beautiful ～ of dress materials 漂亮的衣料展览 piàoliangde yīliào zhǎnlǎn / an ～ of facts 一系列的事实 yíxìliède shìshí

arrear *n*. **1**. [～s]欠款 qiànkuǎn；剩留的部分 shèngliúde bùfen：～s of rent 欠租 qiànzū / ～s of work 剩下没做完的工作 shèngxià méi zuòwánde gōngzuò **2**. 落后 luòhòu；拖延 tuōyán：be in ～s 拖欠 tuōqiàn / be in ～s with one's payment 拖欠款项 tuōqiàn kuǎnxiàng / I am two or three letters in ～s. 我还有两三封信没复呢。Wǒ háiyǒu liǎng-sān fēngxìn méi fùne.

arrest *v*. **1**. 逮捕 dàibǔ；扣留 kòuliú：The policeman ～ed the thief. 警察逮捕了小偷。Jǐngchá dàibǔle xiǎotōu. **2**. 阻止 zǔzhǐ：～ the growth of the disease 阻止病菌的增长 zǔzhǐ bìngjūnde zēngzhǎng **3**. 吸引 xīyǐn：His speech ～ed my attention. 他的讲话吸引了我。Tāde jiǎnghuà xīyǐnle wǒ.

arrhythmia *n*. 心律不齐 xīnlǜ-bùqí

arrhythmic *a*. 没有节奏的 méiyǒu jiézòude

arrival *n*. **1**. 到来 dàolái；到达 dàodá：The ～ of the aircraft has been delayed. 飞机误点抵达。Fēijī wùdiǎn dǐdá. **2**. 到达的人或物 dàodáde rén huò wù：There were several new ～s in the school. 学校新来了好几个同学。Xuéxiào xīn láile hǎo jǐge tóngxué.

arrive *v*. **1**. 到达 dàodá；来到 láidào：～ at a station 到达车站 dàodá chēzhàn **2**. 达到 dádào：He has ～d at manhood. 他已经到了成年。Tā yǐjīng dàole chéngnián. **3**. 得出 déchū：I ～d at this conclusion. 我得出了结论。Wǒ déchūle jiélùn.

arrogance *n.* 傲慢 àomàn；骄傲自大 jiāo'àozìdà：guard against ～ 力戒骄傲 lìjiè jiāo'ào

arrogant *a.* 傲慢的 àomànde；趾高气扬的 zhǐgāo-qìyángde：He is ～ toward us. 他对我们很傲慢。Tā duì wǒmen hěn àomàn.

arrogate *v.* 假称 jiǎchēng；冒称 màochēng：He ～d to himself the dignity of a chair. 他冒称自己是大学教授。Tā màochēng zìjǐ shì dàxué jiàoshòu.

arrow *n.* **1.** 箭 jiàn：bow and ～ 弓箭 gōngjiàn / shoot an ～ 射箭 shèjiàn / Time flies like an ～. 光阴如箭。Guāngyīn-rújiàn. **2.** 指示箭头 zhǐshì jiàntóu：a traffic ～ 交通箭头标志 jiāotōng jiàntóu biāozhì

arrowhead *n.* 箭头 jiàntóu

arrowroot *n.* 葛粉 géfěn * starchy food made from the root of a plant

arsenal *n.* 兵工厂 bīnggōngchǎng；军火库 jūnhuǒkù

arsenic *n.* 砷 shēn；砒霜 pīshuāng

arsenic *n.* 砷 shēn *a.* 砷的 shēnde；含砷的 hánshēnde

arson *n.* 纵火 zònghuǒ；放火 fànghuǒ

art *n.* **1.** 艺术 yìshù；美术 měishù：～ gallery 美术馆 měishùguǎn / work of ～ 艺术品 yìshùpǐn / He came here to study ～. 他到这儿来学艺术。Tā dào zhèr lái xué yìshù. **2.** 技巧 jìqiǎo：the ～ of writing 写作技巧 xiězuò jìqiǎo // the useful ～s 手艺 shǒuyì / ～s and crafts 工艺品 gōngyìpǐn / industrial ～s 工艺美术 gōngyìměishù / liberal ～s 人文学科 rénwénxuékē；Bachelor of A-s 文学士 Wénxuéshì

arterial *a.* **1.** 动脉的 dòngmàide；**2.** 干线的 gànxiànde：an ～ road 主要道路 zhǔyào dàolù / ～ roads leading into Beijing 通往北京的几条公路干线 tōngwǎng Běijīngde jǐtiáo gōnglù gànxiàn

arteriosclerosis *n.* 动脉硬化症 dòngmài yìnghuà zhèng

artery *n.* **1.** 动脉 dòngmài **2.** 干线 gànxiàn：～ of traffic 交通干线 jiāotōng gànxiàn

artesian well 自流井 zìliújǐng

artful *a.* **1.** 狡猾的 jiǎohuáde；欺人的 qīrénde **2.** 精明的 jīngmíngde＝clever **3.** 人工的 réngōngde＝artificial

arthritis *n.* 关节炎 guānjiéyán

article *n.* **1.** 文章 wénzhāng；论文 lùnwén：a feature ～ 特写 tèxiě / a leading ～ 社论 shèlùn **2.** 物品 wùpǐn；商品 shāngpǐn * object：an ～

of furniture 一件家具 yíjiàn jiājù **3.** 项目 xiàngmù；条款 tiáokuǎn：～s of an agreement 协定的条款 xiédìngde tiáokuǎn **4.** 冠词 guàncí ＊ in grammar

articulate *a.* 口齿清楚的 kǒuchǐ qīngchude；表达清楚的 biǎodá qīngchude *v.* 说得清楚的 shuōde qīngchude

acticulation *n.* **1.** 清晰的发音 qīngxīde fāyīn **2.** 关节的结合 guānjiéde jiéhé：the ～ of the bones of our fingers 我们手指骨头关节的连接 wǒmen shǒuzhǐ gǔtóu guānjiéde liánjiē

artifice *n.* 技巧 jìqiǎo；

artificer *n.* 巧匠 qiǎojiàng；技工 jìgōng

artificial *a.* **1.** 人工的 réngōngde：an ～ earth satellite 人造地球卫星 rénzào dìqiú wèixīng / ～ silk 人造丝 rénzàosī / ～ insemination 人工授精 réngōng shòujīng / ～ respiration 人工呼吸 réngōng hūxī **2.** 不自然的 bú zìrande；做作的 zuòzuode＝unnatural：an ～ smile 假笑 jiǎxiào // artificially *ad.*

artillery *n.* **1.** 大炮 dàpào **2.** [the ～]炮兵部队 pàobīng bùduì ＊ army

artilleryman *n.* 炮兵 pàobīng；炮手 pàoshǒu

artisan *n.* 工人 gōngrén；工匠 gōngjiàng；技工 jìgōng

artist *n.* **1.** 艺术家 yìshùjiā **2.** 画家 huàjiā＝painter **3.** 擅长某种技术的人 shàncháng mǒuzhǒng jìshùde rén：He is an ～ in words. 他擅长写作。Tā shàncháng xiězuò.

artiste *n.* **1.** 艺人 yìrén **2.** 能手 néngshǒu；大师 dàshī ＝ master

artistic *a.* **1.** 艺术的 yìshùde；美术的 měishùde：～ creation 艺术创作 yìshù chuàngzuò **2.** 艺术家的 yìshùjiāde；美术家的 měishùjiāde＝of an artist

artistry *n.* **1.** 艺术才华 yìshù cáihuá；艺术技巧 yìshù jìqiǎo **2.** 艺术性 yìshùxìng

artless *a.* **1.** 天真的 tiānzhēnde；自然的 zìrande **2.** 粗笨的 cūbènde＝crude

Aryan *a.* 雅利安语的 Yǎlì'ānyǔde；雅利安人的 Yǎlì'ānrénde

as *ad.* 象…一样 xiàng … yíyàng：～ heavy ～ gold 象金子一样重 xiàng jīnzi yíyàng zhòng *conj.* **1.** 象…一样 xiàng … yíyàng **2.** 当…时候 dāng … shíhou：I saw him ～ he was getting off the bus. 当他下车的时候我看见了他。Dāng tā xiàchēde shíhou wǒ kànjiànle tā. **3.** 由于

yóuyú：She stayed at home ～ it was raining. 由于下雨她只好呆在家里。Yóuyú xiàyǔ tā zhǐhǎo dāi zài jiāli. **4.** 虽然 suīrán：Much ～ I like the book，I cannot take it away. 虽然我很喜欢这本书，但我不能把它拿走。Suīrán wǒ hěn xǐhuan zhèběn shū，dàn wǒ bùnéng bǎ tā názǒu.

asbestos *n.* 石棉 shímián

ascend *v.* **1.** 登 dēng；攀登 pāndēng：～ a hill 登山 dēngshān / ～ the throne 登上王位 dēngshàng wángwèi **2.** 上升 shàngshēng：We watched the airplane ～ higher and higher. 我们看着飞机渐渐升高。Wǒmen kànzhe fēijī jiànjiàn shēnggāo.

ascendancy *n.* 优势 yōushì；支配地位 zhīpèi dìwèi：gain ～ over 对…占优势 duì…zhàn yōushì / ensure the ～ of 保证…的支配地位 bǎozhèng …de zhīpèi dìwèi

ascendant *a.* **1.** 有支配力的 yǒu zhīpèilìde；占优势的 zhàn yōushìde **2.** 上升的 shàngshēngde *n.* **1.** 优势 yōushì **2.** 祖先 zǔxiān ＝forefather

ascension *n.* 上升 shàngshēng；升腾 shēngténg：A- Day 耶稣升天节 Yēsū shēngtiānjié

ascent *n.* **1.** 上升 shàngshēng；**2.** 攀登 pāndēng：The ～ of the mountain was not difficult. 攀登这座山并不难。Pāndēng zhèzuò shān bìngbù nán. **3.** 斜坡 xiépō：a rapid ～ 陡坡 dǒupō **4.** 擢升 zhuóshēng；提升 tíshēng：～ to power 得势 déshì；取得权位 qǔdé quánwèi

ascertain *v.* 查明 chámíng：～ the true situation 查明真实情况 chámíng zhēnshí qíngkuàng；弄清 nòngqīng：～ where the trouble lies 弄清毛病所在 nòngqīng máobìng suǒzài

ascetic *n.* 苦行者 kǔxíngzhě；禁欲者 jìnyùzhě *a.* 禁欲的 jìnyùde；苦行的 kǔxíngde

asceticism *n.* 禁欲主义 jìnyùzhǔyì

ascribe *v.* 把…归于 bǎ…guīyú：～ one's success to hard work 把某人的成功归功于努力工作 bǎ mǒurénde chénggōng guīgōngyú nǔlì gōngzuò

asepsis *n.* 无菌 wújūn，无毒 wúdú；无菌操作 wújūn cāozuò

aseptic *a.* **1.** 无菌的 wújūnde **2.** 没有生气的 méiyǒushēngqìde；冷漠的 lěngmòde *n.* 防腐剂 fángfǔjì ＝preservative antiseptic

asexual *a.* **1.** 无性的 wúxìngde，**2.** 无性欲的 wúxìngyùde

ash¹ *n.* 梣树 qínshù；桉树 ānshù；白杨 báiyáng

ash² *n.* **1.** 灰 huī：Don't drop your cigarette ～ on the carpet. 不要把烟灰

掉在地毯上。Búyào bǎ yānhuī diào zài dìtǎnshang. **2.** [~es]骨灰 gǔhuī =the burnt remains of a human body

ashamed *a.* 惭愧 cánkuì；害臊 hàisào：He is ~ of what he did. 他为自己做的事感到羞愧。Tā wèi zìjǐ zuòdeshì gǎndào xiūkuì.

ashen *a.* 灰的 huīde；似灰的 sìhuīde；灰色的 huīsède

ashore *ad.* 在岸上 zài ànshang；上岸 shàng'àn：go (come) ~ 上岸 shàng'àn

ashtray *n.* 烟灰缸 yānhuīgāng

ashy *a.* **1.** 灰的 huīde；覆盖着灰的 fùgàizhe huīde **2.** 灰色的 huīsède；苍白的 cāngbáide

Asia *n.* 亚洲 Yàzhōu

Asian *a.* 亚洲的 Yàzhōude *n.* 亚洲人 Yàzhōurén

aside *ad.* 在…旁边 zài…pángbiān；在…一边 zài…yìbiān：stand ~ 站在一边 zhàn zài yìbiān / He put his work ~. 他把工作放在一边。Tā bǎ gōngzuò fàng zài yìbiān.

asinine *a.* **1.** 驴子一样的 lǘzi yíyàngde = like an ass **2.** 愚蠢的 yúchǔnde =stupid：an ~ question 愚蠢的问题 yúchǔnde wèntí

ask *v.* **1.** 问 wèn：You'd better ~ him. 你最好问他。Nǐ zuì hǎo wèn tā. **2.** 请求 qǐngqiú；要求 yāoqiú：I must ~ the doctor to come. 我必须请医生来。Wǒ bìxū qǐng yīshēng lái. **3.** 邀请 yāoqǐng：A- a friend to dinner. 请朋友吃饭。Qǐng péngyou chīfàn. **4.** 需要 xūyào：The matter ~s immediate attention. 这事需要立即予以注意。Zhè shì xūyào lìjí yǔyǐ zhùyì.

askance *ad.* **1.** 歪斜地 wāixiéde；横眼(看) héngyǎn(kàn)；斜眼(看) xiéyǎn(kàn)：look ~ at sb. 斜眼看某人 xiéyǎn kàn mǒurén **2.** 怀疑地 huáiyíde；不赞成地 bú zànchéngde：look ~ at an offer 怀疑一项提议 huáiyí yíxiàng tíyì

aslant *ad.* 倾斜地 qīngxiéde：with head ~ 歪着头 wāizhe tóu *prep.* 斜过 xiéguò：lie ~ sth. 斜横在某物上 xiéhéng zài mǒuwùshang

asleep *a.* & *ad.* 睡着的 shuìzháode；睡熟 shuìshú：I can't fall ~. 我睡不着觉。Wǒ shuìbuzháo jiào. / fall ~ 睡着了 shuìzháole

asp *n.* 一种小毒蛇 yìzhǒng xiǎodúshé

asparagus *n.* 芦笋 lúsǔn

aspect *n.* **1.** 方面 fāngmiàn：from every ~ 从各方面看 cóng gè fāngmiàn kàn **2.** 样子 yàngzi；外表 wàibiǎo；面貌 miànmào：assume a new ～ 出现新面貌 chūxiàn xīn miànmào **3.** 方向 fāngxiàng：The house has a southern ～. 这所房子是向南的。Zhèsuǒ fángzi shì xiàng nánde.

aspen *n.* 白杨 báiyáng

asperity *n.* **1.** 粗糙 cūcāo **2.** 粗暴 cūbào；严厉 yánlì：speak with ～ 粗暴地说 cūbàode shuō **3.** 严酷的气候 yánkùde qìhòu：the ～ of northern winter 北方冬季的严寒 běifāng dōngjìde yánhán

asperse *v.* **1.** 诽谤 fěibàng ＝slander **2.** 洒水于 sǎshuǐyú ＝sprinkle

aspersion *n.* **1.** 诽谤 fěibàng：cast ～s upon sb. 对某人进行诽谤 duì mǒurén jìnxíng fěibàng **2.** 洒水 sǎshuǐ

asphalt *n.* 沥青 lìqīng

asphodel *n.* 日光兰 rìguānglán；水仙花 shuǐxiānhuā

asphyxiate *v.* 使(人)窒息 shǐ (rén) zhìxī

asphyxiation *n.* 窒息 zhìxī

aspic *n.* 肉冻 ròudòng

aspirant *n.* 热望者 rèwàngzhě；抱负不凡者 bàofù bùfánzhě

aspirate *n.* 送气音 sòngqìyīn *a.* 送气音的 sòngqìyīnde *v.* 把…发成送气音 bǎ … fāchéng sòngqìyīn：The "h" in "honor" is not ～d. "honor" 中的"h"不发音。"Honor" zhōngde "h" bù fāyīn.

aspiration *n.* **1.** 志气 zhìqì * ambition **2.** 渴望 kěwàng * longing

aspire *v.* **1.** 向往 xiàngwǎng；渴望 kěwàng：～ to become an author 渴望成为作家 kěwàng chéngwéi zuòjiā **2.** 立志 lìzhì：He ～d to fame. 他立志成名。Tā lìzhì chéngmíng.

aspirin *n.* 阿司匹林 āsīpīlín

aspiring *a.* 有大志的 yǒudàzhìde；抱大愿望的 bào dàyuànwàngde

ass *n.* **1.** 驴 lǘ * donkey **2.** 傻瓜 shǎguā：make an ～ of oneself 干蠢事 gàn chǔnshì；使…出丑 shǐ … chūchǒu

assail *v.* **1.** 攻击 gōngjī；袭击 xíjī：～ sb. with blows 殴打某人 ōudǎ mǒurén **2.** 毅然应付，着手解决 yìrán yìngfù，zhuóshǒu jiějué：～ a task 毅然着手去完成任务 yìrán zhuóshǒu qù wánchéng rènwu

assailable *a.* 可攻击的 kě gōngjīde；易受攻击的 yì shòu gōngjīde

assailant *n.* 攻击者 gōngjīzhě

assassin *n.* 暗杀者 ànshāzhě；刺客 cìkè

assassinate *v.* 暗杀 ànshā；行刺 xíngcì

assault *v.* & *n.* 突击 tūjī；攻击 gōngjī；袭击 xíjī

assay *v.* **1.** 试验 shìyàn：～ one's strength 试验一个人的力量 shìyàn yíge rénde lìliang **2.** 分析 fēnxī；This ore has not been ～ed. 这矿石尚未经分析。Zhè kuàngshí shàngwèi jīng fēnxī.

assemblage *n.* **1.** 人群 rénqún **2.** 集合 jíhé **3.** 装配 zhuāngpèi

assemble *v.* **1.** 聚集 jùjí；集会 jíhuì；集合 jíhé：The students ～d in the playground. 学生们在操场集合。Xuéshengmen zài cāochǎng jíhé. **2.** 装配 zhuāngpèi：～ cars 装配汽车 zhuāngpèi qìchē

assembly *n.* **1.** 集合 jíhé **2.** 集会 jíhuì：an ～ hall 会议厅 huìyìtīng **3.** 装配 zhuāngpèi：an ～ line 装配线 zhuāngpèixiàn **4.** 议会 yìhuì：the provincial ～ 省议会 shěng yìhuì

assent *v.* & *n.* 赞成 zànchéng；同意 tóngyì

assert *v.* **1.** 宣称 xuānchēng；断言 duànyán：I ～ that this is true. 我断言这是真实的。Wǒ duànyán zhèshì zhēnshíde. **2.** 维护 wéihù：～ one's rights 维护权利 wéihù quánlì

assertion *n.* **1.** 主张 zhǔzhāng；断言 duànyán **2.** 维护 wéihù；坚持 jiānchí

assertive *a.* **1.** 断言的 duànyánde；肯定的 kěndìngde：speak in an ～ tone 以肯定的语气说话 yǐ kěndìngde yǔqì shuōhuà **2.** 过分自信的 guòfèn zìxìnde；武断的 wǔduànde

assess *v.* **1.** 确定 quèdìng：～ damages at 把赔偿金额定为… bǎ péicháng jīn'é dìng wéi… **2.** 估价 gūjià：They are ～ing his house. 他们正在给他的房子估价。Tāmen zhèngzài gěi tāde fángzi gūjià.

assessment *n.* 估价 gūjià；评估 pínggū

assessor *n.* 财产估价人 cáichǎn gūjiàrén

asset *n.* **1.** [～s] 资产 zīchǎn **2.** 财富 cáifù **3.** 宝贝 bǎobèi

assiduity *n.* 勤奋 qínfèn：with ～ 兢兢业业的 jīngjing-yèyède

assiduous *a.* 勤奋的 qínfènde：专心的 zhuānxīnde

assign *v.* **1.** 分配 fēnpèi：He has been ～ed this position. 已分配他担任这个职务。Yǐ fēnpèi tā dānrèn zhège zhíwù. **2.** 确定 quèdìng：The date has been ～ed for the trial. 审讯日期已经确定。Shěnxùn rìqī yǐjīng quèdìng. **3.** 指派 zhǐpài；选派 xuǎnpài：He has been ～ed to do a difficult task. 他被派去完成一项艰巨任务。Tā bèi pàiqù wánchéng yíxiàng jiānjù rènwu. **4.** 把…归因于 (to) bǎ … guīyīn yú

assignment *n.* **1.** 分配 fēnpèi；委派 wěipài：the country of ～ 被派往的国

家 bèi pàiwǎngde guójiā **2.** (分派的)任务 (fēnpàide) rènwu；指定的(课外)作业 zhǐdìngde (kèwài) zuòyè：What are today's ～s？今天的作业(任务)是什么？Jīntiānde zuòyè (rènwu) shì shénme？

assimilate *v.* **1.** 吸收 xīshōu：Some kinds of food ～ easily. 有些食物容易吸收。Yǒuxiē shíwù róngyì xīshōu. **2.** 同化 tónghuà＝make similar

assimilation *n.* **1.** 吸收(作用) xīshōu (zuòyòng) **2.** 同化(作用) tónghuà (zuòyòng)

assist *v.* **1.** 协助 xiézhù；帮助 bāngzhù；援助 yuánzhù：Do you need anybody to ～ you in your work？你需要人帮你工作吗？Nǐ xūyào rén bāng nǐ gōngzuòma？**2.** 列席 lièxí；在场 zàichǎng；出席 (at) chūxí：～ at a ceremony 出席仪式 chūxí yíshì **3.** 参加 (in) cānjiā

assistance *n.* 协助 xiézhù；援助 yuánzhù；帮助 bāngzhù：give ～ to sb. 给某人以帮助 gěi mǒurén yǐ bāngzhù

assistant *a.* 助理的 zhùlǐde：an ～ engineer 助理工程师 zhùlǐ gōngchéngshī / an ～ manager 副经理 fùjīnglǐ；协理 xiélǐ；襄理 xiānglǐ *n.* **1.** 助手 zhùshǒu；助理 zhùlǐ：a shop ～ 店员 diànyuán；营业员 yíngyèyuán **2.** 助教 zhùjiào：be appointed as ～ in English 被指派为英语助教 bèi zhǐpài wéi yīngyǔ zhùjiào

associate *v.* **1.** 联合 liánhé：They ～ themselves with a large firm. 他们同一家大公司联合起来。Tāmen tóng yìjiā dà gōngsī liánhé qǐlái. **2.** 联系 liánxì；联想 liánxiǎng：We ～ Egypt with the Nile. 我们想起埃及就想起尼罗河。Wǒmen xiǎngqǐ Āijí (Egypt) jiù xiǎngqǐ Níluóhé (Nile). *n.* **1.** 同事 tóngshì；朋友 péngyou **2.** 非正式会员 fēi zhèngshì huìyuán *a.* **1.** 合伙的 héhuǒde；有关的 yǒuguānde **2.** 副的 fùde：an ～ professor 副教授 fùjiàoshòu

association *n.* **1.** 联想 liánxiǎng：an ～ of ideas 联想 liánxiǎng **2.** 联合 liánhé：in ～ with 与…联合 yǔ … liánhé **3.** 协会 xiéhuì * an organization

assort *v.* **1.** 分类 fēnlèi：to ～ one's papers 把文件分类 bǎ wénjiàn fēnlèi；分等 fēnděng：to ～ oranges for the market 把广柑分成几等以便应市 bǎ guǎnggān fēnchéng jǐděng yǐbiàn yìngshì **2.** 供给 gōngjǐ：to ～ a stock of goods 供给一批货物 gōngjǐ yìpī huòwù

assorted *a.* **1.** 各色俱备的 gèsè jùbèide；各种各样的 gèzhǒng-gèyàngde：～ chocolates 什锦巧克力 shíjǐn qiǎokèlì **2.** 相配的 xiāngpèide：a well

～ pair 很相配的一对儿 hěn xiāngpèide yíduìr

assortment *n.* **1.** 分类 fēnlèi **2.** 花色品种 huāsè pǐnzhǒng: a rich (large) ～ of goods 一批花色齐全的货物 yìpī huāsè qíquánde huòwù

assuage *v.* **1.** 缓和 huǎnhé；减轻(病痛等) jiǎnqīng (bìngtòng děng): ～ pain 止痛 zhǐtòng **2.** 使安静 shǐānjìng；平息(愤怒等) píngxī (fènnù děng)＝to calm

assume *v.* **1.** 担任 dānrèn: ～ a leading position 担任领导职务 dānrèn lǐngdǎo zhíwù；承担 chéngdān: I ～ responsibility. 我承担责任。Wǒ chéngdān zérèn. **2.** 假定 jiǎdìng；假设 jiǎshè: I ～ that it is so. 我假定它是这样。Wǒ jiǎdìng tāshì zhèyàng. **3.** 假装 jiǎzhuāng: He took an ～d name. 他用了假名。Tā yòngle jiǎmíng.

assuming *a.* 傲慢的 àomànde；过分自信的 guòfèn zìxìnde＝presumptuous

assumption *n.* **1.** 担任 dānrèn: ～ of office 就职 jiùzhí **2.** 设想 shèxiǎng: on the ～ that … 以…的设想为根据 yǐ … de shèxiǎng wéi gēnjù

assurance *n.* **1.** 确信 quèxìn；把握 bǎwò；自信 zìxìn: to have ～ of safety 确信安全 quèxìn ānquán / speak with ～ 很自信地讲话 hěn zìxìnde jiǎnghuà **2.** 保证 bǎozhèng: give an ～ that … 保证… bǎozhèng … **3.** 保险 bǎoxiǎn ＝ insurance

assure *v.* **1.** 使(人)确信 shǐ (rén) quèxìn；使(人)放心 shǐ (rén) fàngxīn: The news ～d me. 这个消息使我放心了。Zhège xiāoxi shǐ wǒ fàngxīnle. **2.** 保证 bǎozhèng: I ～ you there is no danger. 我向你保证没危险。Wǒ xiàng nǐ bǎozhèng méi wēixiǎn. **3.** 保证获得 bǎozhèng huòdé；保障 bǎozhàng: ～national security 保障国家安全 bǎozhàng guójiā ānquán **4.** 保险 bǎoxiǎn＝insure

assured *a.* **1.** 确信的 quèxìnde；一定的 yídìngde: You may rest ～. 你尽可放心。Nǐ jǐn kě fàngxīn. **2.** 大胆的 dàdǎnde；自信的 zìxìnde * with confidence. **3.** 保险的 bǎoxiǎnde＝insured

asterisk *n.* 星标 xīngbiāo；星状物 xīngzhuàngwù *v.* 加星号于 jiāxīnghào yú

astern *ad.* **1.** 在船尾 zài chuánwěi；向船尾 xiàng chuánwěi **2.** 在后 zàihòu；向后 xiànghòu: Full speed ～! 全速后退! Quánsù hòutuì! // ～ of 在…的后面 zài …de hòumian / fall ～ 落在(他船)后面 luòzài (tā chuán) hòumian

asteroid *n.* 小行星 xiǎoxíngxīng

asthma *n.* 气喘病 qìchuǎnbìng；哮喘 xiàochuǎn

astigmatism *n.* **1**. 散光 sǎnguāng；**2**. 散光患者 sǎnguāng huànzhě = one who suffers from ～

astir *a.* **1**. 扰动 rǎodòng；轰动起来 hōngdòng qǐlái：The whole school was ～ when the good news came. 喜讯传来，全校都轰动起来。Xǐxùn chuánlái，quánxiào dōu hōngdòng qǐlái. **2**. 起床 qǐchuáng：You're ～ early this morning. 今儿你起得早。Jīnr nǐ qǐde zǎo.

astonish *v.* 令（人）惊讶 lìng（rén）jīngyà；使…惊讶 shǐ…jīngyà：His words ～ed all. 他的话使大家感到惊讶。Tāde huà shǐ dàjiā gǎndào jīngyà. / be ～ed to see 见到…感到惊讶 jiàndào … gǎndào jīngyà / be ～ed at sth. 对某事感到惊讶 duì mǒushì gǎndào jīngyà

astonishing *a.* 可惊的 kějīngde；惊人的 jīngrénde

astonishment *n.* **1**. 惊讶 jīngyà **2**. 使人惊异的事物（人）shǐ rén jīngyìde shìwù（rén）

astound *v.* 令（人）震惊 lìng(rén)zhènjīng；使大吃一惊 shǐ dàchīyìjīng

astraddle *ad.* 两脚分开着 liǎngjiǎo fēnkāizhe：stand ～ 两脚分开站着 liǎngjiǎo fēnkāi zhànzhe *prep.* 跨着 kuàzhe：sit ～ a horse 骑在马上 qí zài mǎshang

astray *ad.* 迷路 mílù；入歧途 rùqítú；犯错误 fàn cuòwù：go ～ 走上歧途 zǒu shàng qítú *a.* 迷途的 mítúde

astride *a.* & *ad.* 骑跨 qíkuà；两脚分开着 liǎngjiǎo fēnkāizhe：sit ～ of a chair 两脚分开跨坐在椅上 liǎngjiǎo fēnkāi kuà zuò zài yǐshang *prep.* 跨着 kuàzhe：～ a river 横跨河流的两旁 héngkuà héliúde liǎngpáng

astringent *a.* **1**. 收敛的 shōuliǎnde；收缩的 shōusuōde **2**. 严厉的 yánlìde；严峻的 yánjùnde＝strict *n.* 收敛剂 shōuliǎnjì；止血药 zhǐxiěyào＝binding medicine

astrology *n.* 占星学 zhānxīngxué；占星术 zhānxīngshù

astronaut *n.* 宇航员 yǔhángyuán

astronautic *a.* 宇宙航行的 yǔzhòu hángxíngde；宇航员的 yǔhángyuánde

astronomer *n.* 天文学家 tiānwénxuéjiā

astronomical *a.* 天文学的 tiānwénxuéde；天体的 tiāntǐde：an ～ observatory 天文台 tiānwéntái / an ～ telescope 天文望远镜 tiānwénwàngyuǎnjìng

astronomy *n*. 天文学 tiānwénxué

astrophysics *n*. 天体物理学 tiāntǐ wùlǐxué

astute *a*. 机敏的 jīmǐnde＝clever；狡猾的 jiǎohuáde＝cunning

asunder *ad*. & *a*. 分散地(的) fēnsànde；分开地(的) fēnkāide

asylum *n*. **1**. 救济院 jiùjìyuàn；避难所 bìnànsuǒ；收容所 shōuróngsuǒ **2**. 避难 bìnàn：seek political ～ 寻求政治避难 xúnqiú zhèngzhì bìnàn

asymmetric *a*. 不对称的 bú duìchènde

asymptote *n*. 渐近线 jiànjìnxiàn ＊ in maths

at *prep*. **1**. 在 zài；朝 cháo ＊ indicating space：We met him ～ the station. 我们在车站接他。Wǒmen zài chēzhàn jiē tā. / enter a house ～ the front door 从前门进去 cóng qiánmén jìnqù **2**. 于 yú；在…时 zài… shí ＊ indicating a point of time ～ parting 在分别的时候 zài fēnbiéde shíhou / The party begins ～ five. 宴会五点开始。Yànhuì wǔdiǎn kāishǐ. **3**. 对 duì；向 xiàng ＊ in the direction of：He looked ～ me. 他看我了。Tā kàn wǒle. / She laughed ～ him. 她嘲笑他。Tā cháoxiào tā. / aim ～ a mark 瞄准目标 miáozhǔn mùbiāo **4**. 因为 yīnwèi ＊ cause：He got angry ～ her words. 他因为她的话生气了。Tā yīnwèi tāde huà shēngqìle. / be annoyed ～ failure 因失败而烦恼 yīn shībài ér fánnǎo / rejoice ～ others' achievements 为别人的成就感到高兴 wèi biérénde chéngjiù gǎndào gāoxìng **5**. 从事于 cóngshìyú；正在 zhèngzài：be ～ school 正在求学 zhèngzài qiúxué / be ～ work 正在工作 zhèngzài gōngzuò **6**. 以 yǐ ＊ indicating speed or rate：The train runs ～ 50 kilometers an hour. 火车以每小时50公里的速度行驶。Huǒchē yǐ měixiǎoshí wǔshí gōnglǐde sùdù xíngshǐ. / ～ a great cost 花很大的代价 huā hěn dàde dàijià // ～ last 终于 zhōngyú；～ first 起初 qǐchū；～ least 至少 zhìshǎo；～ once 马上 mǎshàng

atelier *n*. 工作室 gōngzuòshì；画室 huàshì；制作室 zhìzuòshì；摄影棚 shèyǐngpéng

atheism *n*. 无神论 wúshénlùn

atheist *n*. 无神论者 wúshénlùnzhě；不信神者 bú xìnshénzhě

atheistic *a*. 无神论的 wúshénlùnde

Athens *n*. 雅典 Yǎdiǎn

athirst *a*. 渴望的 kěwàngde：be ～ for sth. 渴望得到某物 kěwàng dédào mǒuwù

athlete *n.* 运动员 yùndòngyuán；体育家 tǐyùjiā // ～'s foot *n.* 脚癣 jiǎoxuǎn；脚气 jiǎoqì

athletic *a.* 运动的 yùndòngde；体育的 tǐyùde：an ～ meeting 运动会 yùndònghuì // ～ sports 体育运动 tǐyù yùndòng；竞技 jìngjì

athletics *n.* 体育运动 tǐyù yùndòng；竞技 jìngjì：A- was one of his major interests in college. 体育是他在大学时的主要兴趣之一。Tǐyù shì tā zài dàxuéshíde zhǔyào xìngqù zhīyī.

at-home *n.* 家庭招待会 jiātíng zhāodàihuì *a.* 家常用的 jiācháng yòngde * often used at home

athwart *ad.* **1.** 横跨 héngkuà：The ship sailed ～ our path. 那艘船横越过我们的航道。Nàsōuchuán héngyuèguo wǒmende hángdào. **2.** 反对 fǎnduì；不顺 búshùn：Everything goes ～. 事事不顺。Shìshì búshùn.

Atlantic *a.* 大西洋的 Dàxīyángde *n.* [the A-] 大西洋 Dàxīyáng

atlas *n.* 地图册 dìtúcè：The ～ contains forty maps. 这本地图册有四十幅地图。Zhèběn dìtúcè yǒu sìshí fú dìtú.

atmosphere *n.* **1.** 大气 dàqì；空气 kōngqì：a moist ～ 潮湿的空气 cháoshīde kōngqì **2.** 气氛 qìfēn：The ～ was tense. 气氛是紧张的。Qìfēn shì jǐnzhāngde. / a festival ～ 节日气氛 jiérì qìfēn

atmospheric *a.* 大气的 dàqìde；大气层的 dàqìcéngde：～ pressure 大气压 dàqìyā

atmospherics *n.* 天电 tiāndiàn；大气干扰 dàqì gānrǎo

atom *n.* **1.** 原子 yuánzǐ：～-bomb 原子弹 yuánzǐdàn **2.** 微粒 wēilì；极少量 jíshǎoliàng：There's not an ～ of truth in that statement. 那个声明没有丝毫的真实性。Nàge shēngmíng méiyǒu sīháode zhēnshíxìng.

atomic *a.* 原子的 yuánzǐde；原子能的 yuánzǐnéngde：the ～ age 原子时代 yuánzǐ shídài / the A- Energy Commission（联合国）原子能委员会（Liánhéguó）Yuánzǐnéng Wěiyuánhuì

atomics *n.* 原子学 yuánzǐxué；核工艺学 hé gōngyìxué

atomize *v.* **1.** 使…分裂成原子 shǐ … fēnlièchéng yuánzǐ **2.** 把…喷成雾状 bǎ…pēnchéng wùzhuàng；使雾化 shǐ wùhuà **3.** 用原子弹轰炸 yòng yuánzǐdàn hōngzhà：an ～d city 遭到原子弹炸毁的城市 zāodào yuánzǐdàn zhàhuǐde chéngshì

atomizer *n.* 喷雾器 pēnwùqì；香水喷壶 xiāngshuǐ pēnhú

atone *v.* 赔偿 péicháng；偿还 chánghuán：He tried to ～ for his rudeness by sending her some flowers. 他送给她一些花，为自己的粗鲁无礼赔罪。Tā sònggěi tā yìxiē huā, wèi zìjǐde cūlǔ wúlǐ péizuì.

atony *n.* **1.** 缺乏声调 quēfá shēngdiào **2.** 无重读音 wú zhòngdú yīn

atrium *n.* **1.** 天井 tiānjǐng；正厅 zhèngtīng；门廊 ménláng **2.** 心房 xīnfáng * of the heart

atrocious *a.* **1.** 凶恶的 xiōng'ède；残酷的 cánkùde：an ～ crime 罪大恶极 zuìdà èjí **2.** 坏透的 huàitòude；恶劣的 èliède：～ weather 恶劣的气候 èliède qìhòu / an ～ meal 极差的一顿饭 jíchàde yídùnfàn

atrocity *n.* **1.** 凶恶 xiōng'è；残暴 cánbào **2.** 暴行 bàoxíng

atrophy *n.* **1.** 萎缩 wěisuō；枯萎 kūwěi **2.** 衰退 shuāituì

atropine *n.* 阿托品 ātuōpǐn；颠茄碱 diānqiéjiǎn

attach *v.* **1.** 缚 fù；系 jì；贴 tiē：A- this label to your luggage. 把这个标签拴在你的行李上。Bǎ zhège biāoqiān shuānzài nǐde xínglishang. **2.** 使…隶属 shǐ … lìshǔ；附属 fùshǔ：The normal school has a primary school ～ed to it. 这所师范学校有一所附属小学。Zhèsuǒ shīfàn xuéxiào yǒu yìsuǒ fùshǔ xiǎoxué. **3.** 扣押财产 kòuyā cáichǎn * seized by legal authority.

attaché *n.* 大使馆随员 dàshǐguǎn suíyuán：a cultural ～ 文化专员 wénhuà zhuānyuán / a military ～ 武官 wǔguān / a commercial ～ 商务专员 shāngwù zhuānyuán / ～ case 公文包 gōngwénbāo

attachment *n.* **1.** 联结 liánjié **2.** 附件 fùjiàn **3.** 爱慕 àimù；友谊 yǒuyì：an ～ to a friend 对朋友的感情 duì péngyoude gǎnqíng **4.** 扣押 kòuyā

attack *v.* **1.** 进攻 jìngōng：The enemy ～ed us at night. 敌人在夜间向我们进攻。Dírén zài yèjiān xiàng wǒmen jìngōng. **2.** 攻击 gōngjī：His remarks were ～ed in the newspaper. 他的言论在报上遭到抨击。Tāde yánlùn zài bàoshang zāodào pēngjī. **3.** 伤害 shānghài；破坏 pòhuài：be ～ed with a disease 受到疾病的折磨 shòudào jíbìngde zhémo **4.** 着手 zhuóshǒu：～ one's task 着手工作 zhuóshǒu gōngzuò *n.* **1.** 攻击 gōngjī **2.** 发作 fāzuò：a heart ～ 心脏病发作 xīnzàngbìng fāzuò

attain *v.* **1.** 达到 dádào；获得 huòdé：He ～ed his aims by hard work. 他经过努力后达到了目的。Tā jīngguò nǔlìhòu dádàole mùdì. **2.** 到达 dàodá：～ the top of the hill 到达了山顶 dàodále shāndǐng

attainable *a.* 可达到的 kě dádàode；争取得到的 zhēngqǔ dédàode

attainder *n.* 公民权的剥夺 gōngmínquánde bōduó；财产的没收 cáichǎnde mòshōu

attainment *n.* **1**. 达到 dádào：the ～ of one's object 达到目的 dádào mùdì **2**. 造诣 zàoyì：a man of high ～ 有很高造诣的人 yǒu hěn gāo zàoyìde rén

attaint *v.* **1**. 剥夺 … 公民权 bōduó … gōngmínquán **2**. 玷污 diànwū *n.* 公民权利的剥夺 gōngmín quánlìde bōduó；玷污 diànwū

attempt *v.* **1**. 企图 qǐtú；尝试 chángshì：He ～ed the examination but failed. 他试图通过考试，但是没有成功。Tā shìtú tōngguò kǎoshì，dànshì méiyǒu chénggōng. / ～ to escape 企图逃跑 qǐtú táopǎo **2**. 试图 shìtú：They are ～ing to climb the mountain. 他们试图爬上这座山。Tāmen shìtú páshàng zhèzuò shān. *n.* **1**. 努力尝试 nǔlì chángshì：make an ～ 尝试一下 chángshì yíxià **2**. 谋害 móuhài：～ on someone's life 企图谋杀某人 qǐtú móushā mǒurén

attend *v.* **1**. 出席 chūxí：～ a meeting 出席会议 chūxí huìyì **2**. 照顾 zhàogù；护理 hùlǐ：Which doctor is ～ing you? 哪位医生护理你？Nǎwèi yīshēng hùlǐ nǐ? **3**. 注意 zhùyì；倾听 qīngtīng：～ to sb.'s advice 倾听别人的意见 qīngtīng biérénde yìjian **4**. 伴随 bànsuí：Danger ～s carelessness. 粗心大意将导致危险。Cūxīndàyì jiāng dǎozhì wēixiǎn.

attendance *n.* **1**. 出席 chūxí；出勤 chūqín：school ～ 学生出席情况 xuésheng chūxí qíngkuàng **2**. 出席人数 chūxí rénshù；出席者 chūxízhě：There was a large ～ at the meeting. 有很多人出席了会议。Yǒu hěn duōrén chūxíle huìyì. **3**. 照顾 zhàogù；护理 hùlǐ：a doctor in ～ 护理医生 hùlǐ yīshēng

attendant *n.* **1**. 服务员 fúwùyuán **2**. 出席者 chūxízhě **3**. 随从 suícóng；侍者 shìzhě *a.* 伴随的 bànsuíde

attention *n.* **1**. 注意 zhùyì：You must pay ～ to your studies. 你应当专心读书。Nǐ yīngdāng zhuānxīn dúshū. / Pay ～ to your work. 注意你的工作。Zhùyì nǐde gōngzuò. / Pay more ～ in future. 以后要多注意。Yǐhòu yào duō zhùyì. **2**. 关心 guānxīn：They showed the old lady a lot of ～. 他们对这位老妇人十分关心。Tāmen duì zhèwèi lǎofùrén shífēn guānxīn. / This letter is for the ～ of the employer. 这封信是要让老板看的。Zhèfēngxìn shì ràng lǎobǎn kànde. **3**. 殷勤 yīnqín；款待 kuǎndài **4**. 立正姿势 lìzhèng zīshì；立正 lìzhèng ＊ stand at ～

attentive *a.* **1**. 注意的 zhùyìde；留心的 liúxīnde：an ～ audience 聚精会

神的观众 jùjīng-huìshénde guānzhòng 2. 殷勤的 yīnqínde: Be ～ to strangers. 对生人要客气。Duì shēngrén yào kèqi. 3. 有礼貌的 yǒu lǐmàode = polite

attenuate *v.* 1.（使）变细（shǐ）biànxì;（使）变小（shǐ）biànxiǎo;（使）变薄（shǐ）biànbáo 2.（使）稀释（shǐ）xīshì / to ～ a medicine 稀释一种药物 xīshì yìzhǒng yàowù 3. 减少 jiǎnshǎo; 减弱 jiǎnruò = weaken *a.* 1. 细小的 xìxiǎode 2. 稀薄的 xībóde 3. 减少的 jiǎnshǎode

attest *v.* 1. 郑重声明 zhèngzhòng shēngmíng 2. 使宣誓 shǐ xuānshì 3. 证明 zhèngmíng: His success ～s his ability. 他的成功证明他有才能。Tāde chénggōng zhèngmíng tā yǒu cáinéng. / ～ to … 对 … 作证 duì … zuòzhèng // ～ed *a.* 经检验证明无病的 jīng jiǎnyàn zhèngmíng wúbìngde * domestic animal / ～or *n.* 证明者 zhèngmíngzhě; 证人 zhèngrén

Attic *a.* 1. 雅典的 Yǎdiǎnde 2. 文雅的 wényǎde *n.* 雅典人 Yǎdiǎnrén; 雅典城邦的希腊语 Yǎdiǎn chéngbāngde Xīlàyǔ

attic *n.* 屋顶室 wūdǐngshì，顶楼 dǐnglóu

attire *v.* 打扮 dǎban: ～ in red 穿红色服装 chuān hóngsè fúzhuāng *n.* 服装 fúzhuāng; 衣饰 yīshì: the ～ of spring 春装 chūnzhuāng / in formal ～ 穿礼服 chuān lǐfú

attitude *n.* 1. 姿势 zīshì 2. 态度 tàidu; 看法 kànfǎ: I dislike her ～. 我不喜欢她的态度。Wǒ bù xǐhuan tāde tàidu. / What's your ～ towards this question? 你对这个问题有什么看法? Nǐ duì zhège wèntí yǒu shénme kànfǎ? // strike an ～ 装腔作势 zhuāngqiāng-zuòshì

attitudinize *v.* 装模作样 zhuāngmú-zuòyàng

attorney *n.* 1. 律师 lǜshī = lawyer 2. 代理人 dàilǐrén: a letter of ～ 授权书 shòuquánshū // A- General 司法部长 sīfǎ bùzhǎng

attract *v.* 1. 吸引 xīyǐn: A magnet ～s iron. 磁石吸铁。Císhí xī tiě. / He was ～ed by her beauty. 他被她的美貌所吸引。Tā bèi tāde měimào suǒ xīyǐn. 2. 引起 yǐnqǐ: ～ one's attention 引起别人注意 yǐnqǐ biérén zhùyì / Flowers ～ bees. 花儿招引蜜蜂。Huār zhāoyǐn mìfēng. 3. 有吸引力 yǒu xīyǐnlì: The moon ～s the seas on the earth towards itself. 月球对地球上的海水有引力。Yuèqiú duì dìqiúshangde hǎishuǐ yǒu yǐnlì.

attraction *n.* 1. 吸引力 xīyǐnlì: The cinema has little ～ for me. 电影对于我没什么吸引力。Diànyǐng duìyú wǒ méishénme xīyǐnlì. 2. 吸引物

xīyǐnwù；诱惑力 yòuhuòlì：the ～s of a big city 大城市里诱惑人的事物 dà chéngshìli yòuhuòrénde shìwù

attractive *a.* **1.** 有吸引力的 yǒu xīyǐnlìde：an ～ idea 吸引人的主意 xīyǐnrénde zhǔyi / goods ～ in price and quality 物美价廉的货物 wùměi-jiàliánde huòwù **2.** 漂亮的 piàoliangde；有魅力的 yǒumèilìde；英俊的 yīngjùnde

attributable *a.* 可归因的 kě guīyīnde；可归于…的 kě guīyú … de

attribute *v.* **1.** 把…归给 bǎ … guīgěi：He ～s his success to hard work. 他认为他的成功是努力的结果。Tā rènwéi tāde chénggōng shì nǔlìde jiéguǒ. **2.** 认为…是某人发明 rènwéi … shì mǒurén fāmíng：～ an invention to sb. 认为是某人的发明 rènwéi shì mǒurénde fāmíng *n.* **1.** 属性 shǔxìng；本性 běnxìng **2.** 定语 dìngyǔ * in grammar

attribution *n.* 归属 guīshǔ；归因 guīyīn；属性 shǔxìng

attributive *a.* 属性的 shǔxìngde；定语的 dìngyǔde：an ～ adjective 定语形容词 dìngyǔ xíngróngcí

attrition *n.* **1.** 磨擦 mócā **2.** 磨损 mósǔn；消耗 xiāohào：a war of ～ 消耗战 xiāohàozhàn / an ～ rate 损耗率 sǔnhàolǜ

attune *v.* 使合调 shǐhédiào；适合 shìhé：～ a violin to a piano 用钢琴定小提琴的音 yòng gāngqín dìng xiǎotíqínde yīn / Are you ～d to the new ways of thinking. 你习惯新的思想方式吗？Nǐ xíguàn xīnde sīxiǎng fāngshìma？

auburn *a.* 栗色的 lìsède；深褐色的 shēnhèsède

auction *n.* **1.** 拍卖 pāimài：sell sth. by (at) ～ 拍卖东西 pāimài dōngxi **2.** 叫牌 jiàopái // ～ off 拍卖掉 pāimàidiào / put up at (to) ～ 把…交付拍卖 bǎ … jiāofù pāimài

auctioneer *n.* 拍卖人 pāimàirén；拍卖商 pāimàishāng *v.* 拍卖 pāimài

auctorial *a.* 作者的 zuòzhěde：an ～ comment 作者的说明 zuòzhěde shuōmíng

audacious *a.* **1.** 大胆的 dàdǎnde：an ～ explorer 大胆的探险家 dàdǎnde tànxiǎnjiā **2.** 无礼的 wúlǐde；鲁莽的 lǔmǎngde；厚颜无耻的 hòuyán-wúchǐde = rude

audacity *n.* **1.** 大胆 dàdǎn；勇气 yǒngqì **2.** 无礼 wúlǐ；蛮横无礼 mánhèng-wúlǐ

audible *a.* 听得见的 tīngdejiànde：an ～ signal 音响信号 yīnxiǎng xìnhào

audience *n.* **1.** 听众 tīngzhòng；观众 guānzhòng：an ～ of 20,000 两万名听众 liǎngwàn míng tīngzhòng / There was a large ～ in the theater. 剧院里的观众很多。Jùyuànlǐde guānzhòng hěn duō. **2.** 谒见 yèjiàn；会见 huìjiàn：The premier granted the ambassador an ～. 总理接见了大使。Zǒnglǐ jiējiànle dàshǐ. **3.** 倾听 qīngtīng：be given an ～ 得到发表意见的机会 dédào fābiǎo yìjiande jīhuì

audio *a.* **1.** 音频的 yīnpínde：～ frequence 音频 yīnpín **2.** 听觉的 tīngjuéde；声音的 shēngyīnde

audiometer *n.* 听力计 tīnglìjì

audio-visual *a.* 视听的 shìtīngde：～ aids 直观教具 zhíguān jiàojù

audiphone *n.* 助听器 zhùtīngqì

audit *n.* 审计 shěnjì；查帐 cházhàng *v.* **1.** 查帐 cházhàng **2.** 旁听（课程）pángtīng (kèchéng)

audition *n.* **1.** 试听 shìtīng；试唱 shìchàng；试演 shìyǎn：give an ～ to sb. 试听某人的发声 shìtīng mǒuréndе fāshēng **2.** 听觉 tīngjué *v.* 试演 shìyǎn；试听 shìtīng

auditor *n.* **1.** 审计员 shěnjìyuán；查帐员 cházhàngyuán **2.** 旁听生 pángtīngshēng

auditorium *n.* **1.** 观众席 guānzhòngxí；听众席 tīngzhòngxí ＊ the seats **2.** 大礼堂 dàlǐtáng ＊ the hall

auditory *a.* 听觉的 tīngjuéde：the ～ nerves 听神经 tīngshénjīng *n.* 听众 tīngzhòng；听众席 tīngzhòngxí

augment *v.* 增长 zēngzhǎng；增值 zēngzhí；改善 gǎishàn：He ～s his income by working in his free time. 他加班工作来增加收入。Tā jiābān gōngzuò lái zēngjiā shōurù.

augmentation *n.* **1.** 增长 zēngzhǎng；增加 zēngjiā **2.** 增加物 zēngjiāwù；增加量 zēngjiāliàng

augur *n.* 预言者 yùyánzhě *v.* 预兆 yùzhào；预言 yùyán：～ well 好兆头 hǎozhàotou

augury *n.* **1.** 预兆 yùzhào **2.** 占卜 zhānbǔ

August *n.* 八月 Bāyuè

august *a.* 尊严的 zūnyánde；庄严的 zhuāngyánde

auk *n.* 海雀 hǎiquè

auld lang syne 昔日 xīrì；美好的往日 měihǎode wǎngrì
aunt *n*. **1**. 伯母 bómǔ * father's elder brother's wife **2**. 婶母 shěnmǔ * father's younger brother's wife **3**. 姨（母）yí（mǔ）* mother's sister **4**. 姑（母）gū（mǔ）* father's sister **5**. 舅母 jiùmǔ * mother's brother's wife
aural *a*. 听觉的 tīngjuéde；听力的 tīnglìde：an ～ surgeon 耳科医生 ěrkē yīshēng
aureate *a*. **1**. 金色的 jīnsède；镀金的 dùjīnde **2**. 灿烂的 cànlànde；绚丽的 xuànlìde＝beautiful
aureomycin *n*. 金霉素 jīnméisù
auricle *n*. 心耳 xīn'ěr
auricular *a*. **1**. 耳的 ěrde；听觉的 tīngjuéde **2**. 心耳的 xīn'ěrde
auriferous *a*. 含金的 hánjīnde；产金的 chǎnjīnde：～ mine 金矿 jīnkuàng
aurist *n*. 耳科医生 ěrkēyīshēng；耳科学者 ěrkē xuézhě
aurora *n*. **1**. 曙光 shǔguāng；朝霞 zhāoxiá **2**. 曙光女神 shǔguāng nǚshén **3**. 极光 jíguāng：～ australis 南极光 nánjíguāng / ～ borealis 北极光 běijíguāng
auscultate *v*. 听诊 tīngzhěn // auscultation *n*.；auscultator 听诊器 tīngzhěnqì
auspice *n*. **1**. 吉兆 jízhào；预兆 yùzhào；前兆 qiánzhào **2**. ［～s］赞助 zànzhù：under the ～s of ...（由）…主办，（yóu）… zhǔbàn；（承）…赞助（chéng）… zànzhù
auspicious *a*. 吉利的 jílìde；吉祥的 jíxiángde；幸运的 xìngyùnde
austere *a*. **1**. 艰苦的 jiānkǔde：an ～ life 艰苦的生活 jiānkǔde shēnghuó **2**. 朴素的 pǔsùde：an ～ style of painting 朴实无华的画 pǔshí-wúhuáde huà **3**. 严厉的 yánlìde：an ～ person 严厉的人 yánlìde rén **4**. 简朴的 jiǎnpǔde；节约的 jiéyuēde * simple and plain
austerity *n*. **1**. 严厉 yánlì **2**. 朴素 pǔsù **3**. 清苦 qīngkǔ **4**. 紧缩 jǐnsuō；节制 jiézhì
Australia *n*. 澳洲 Àozhōu；澳大利亚 Àodàlìyà
Australian *a*. 澳洲的 Àozhōude；澳大利亚的 Àodàlìyàde；澳洲人的 Àozhōurénde *n*. 澳洲人 Àozhōurén；澳大利亚人 Àodàlìyàrén
Austrian *a*. 奥地利的 Àodìlìde；奥地利人的 Àodìlìrénde *n*. 奥地利人 Àodìlìrén

autarchy *n.* **1.** 专制 zhuānzhì；独裁 dúcái **2.** 专制国家 zhuānzhì guójiā

autarky *n.* 自给自足 zìjǐ-zìzú；闭关自守 bìguān zìshǒu

authentic *a.* **1.** 原作的 yuánzuòde；真迹的 zhēnjìde；真正的 zhēnzhèngde：an ～ manuscript 一部真正的原稿 yíbù zhēnzhèngde yuángǎo **2.** 真挚的 zhēnzhìde；诚意的 chéngyìde；可信的 kěxìnde

authenticate *v.* 证实 zhèngshí；认证 rènzhèng；鉴定 jiàndìng：～ a date by documentary proof 用文件证实日期 yòng wénjiàn zhèngshí rìqī

authenticity *n.* 真实性 zhēnshíxìng；可靠性 kěkàoxìng：The painting's ～ is not in doubt；it is a real work of Xú Bēihóng. 这幅原作不用怀疑，它确实是徐悲鸿的真迹。Zhèfú yuánzuò búyòng huáiyí，tā quèshí shì Xú Bēihóngde zhēnjì.

author *n.* **1.** 作者 zuòzhě；著作人 zhùzuòrén；作家 zuòjiā：Cáo Xuěqín is my favorite ～. 曹雪芹是我喜爱的作家。Cáo Xuěqín shì wǒ xǐ'àide zuòjiā. **2.** 创始者 chuàngshǐzhě；创造者 chuàngzàozhě

authoress *n.* 女作家 nǚzuòjiā

authoritative *a.* **1.** 权威性的 quánwēixìngde；有权威的 yǒuquánwēide：an ～ person 权威人士 quánwēi rénshì **2.** 命令式的 mìnglìngshìde：～ tones 命令口气 mìnglìng kǒuqì **3.** 官方的 guānfāngde；当局的 dāngjúde：～ information 官方消息 guānfāng xiāoxi

authority *n.* **1.** 权力 quánlì：have ～ over 对…有权力 duì … yǒu quánlì / use one's ～ 行使权力 xíngshǐ quánlì / Who gave you the ～ to do this? 谁授权给你做这事？Shuí shòuquán gěi nǐ zuò zhèshì? **2.** 权威 quánwēi；权威者 quánwēizhě：an academic ～ 学术权威 xuéshù quánwēi / The dictionary is the best ～ on English words. 这本字典是研究英语词汇的最高权威。Zhèběn zìdiǎn shì yánjiū Yīngyǔ cíhuìde zuìgāo quánwēi. **3.** 当局 dāngjú；官方 guānfāng：the ～ concerned 有关当局 yǒuguān dāngjú / The government is the highest ～ in the country. 政府是国家的最高当局。Zhèngfǔ shì guójiāde zuìgāo dāngjú. **4.** 根据 gēnjù；典据 diǎnjù：seek an ～ in the book 在书里找根据 zài shūli zhǎo gēnjù **5.** 职权 zhíquán：Here is my ～. 这是我的职权证明。Zhèshì wǒde zhíquánzhèngmíng. **6.** 代理权 dàilǐquán

authorize *v.* **1.** 授权 shòuquán：I ～d her to act for me while I was away.

我授权她在我离开时代理我的职务。Wǒ shòuquán tā zài wǒ líkāishí dàilǐ wǒde zhíwù. **2.** 批准 pīzhǔn；允许 yǔnxǔ：I ～d the payment of this bill. 我批准支付这张帐单。Wǒ pīzhǔn zhīfù zhèzhāng zhàngdān.

authorized *a.* 经审定的 jīng shěndìngde；委任的 wěirènde；核准的 hézhǔnde；公认的 gōngrènde：an ～ agent 指定代理人 zhǐdìng dàilǐrén / A- Version 钦定圣经英译本 qīndìng Shèngjīng yīngyìběn

authorship *n.* **1.** 写作生活 xiězuò shēnghuó；著述 zhùshù **2.** 原作者 yuánzuòzhě；原著者 yuánzhùzhě：The ～ is unknown. 作者不详。Zuòzhě bùxiáng.

auto *n.* 汽车 qìchē

autoalarm *n.* 自动警报器 zìdòng jǐngbàoqì

autobiographic *a.* 自传的 zìzhuànde；自传体的 zìzhuàntǐde

autobiography *n.* 自传 zìzhuàn；自传文学 zìzhuàn wénxué

auto-changer *n.* 自动换片唱机 zìdòng huànpiàn chàngjī

autoclave *n.* 热压消毒器 rèyā xiāodúqì；高压锅 gāoyāguō

autocoder *n.* 自动编码器 zìdòng biānmǎqì

autocracy *n.* **1.** 独裁政治 dúcái zhèngzhì；专制制度 zhuānzhì zhìdù **2.** 独裁政府 dúcái zhèngfǔ

autocrat *n.* 独裁者 dúcáizhě；横行霸道的人 héngxíng bàdàode rén

autocratic *a.* 独裁的 dúcáide；专制的 zhuānzhìde

autograph *n.* **1.** 亲笔 qīnbǐ；亲笔签名 qīnbǐ qiānmíng：May I have your ～, sir？先生，可以为我签名吗？Xiānsheng, kěyǐ wèi wǒ qiānmíngma? / ～ album 签名簿 qiānmíngbù **2.** 手稿 shǒugǎo *v.* 亲笔书写 qīnbǐ shūxiě

autographic *a.* 亲笔的 qīnbǐde；亲笔写成的 qīnbǐ xiěchéngde

automat *n.* **1.** 自动售货机 zìdòng shòuhuòjī **2.** 用自动卖饭机卖饭的饭馆 yòng zìdòng màifànjī màifànde fànguǎn

automate *v.* 使自动化 shǐzìdònghuà：～(the production of) a plant 使工厂(的生产)自动化 shǐ gōngchǎng(de shēngchǎn)zìdònghuà

automatic *a.* **1.** 自动的 zìdòngde // ～ control system 自动控制系统 zìdòng kòngzhì xìtǒng / ～ tuning 自动换挡 zìdòng huàndǎng / an ～ telephone 自动电话 zìdòng diànhuà / an ～ numbering machine 自动号码机 zìdòng hàomǎjī **2.** 无意识的 wú yìshíde；机械的 jīxiède / automatically *ad.*

automation *n*. **1**. 自动化 zìdònghuà **2**. 自动化操作 zìdònghuà cāozuò
automatize *v*. 使自动化 shǐzìdònghuà
automaton *n*. **1**. 自动操作装置 zìdòng cāozuò zhuāngzhì **2**. 机器人 jīqìrén
automobile *n*. 汽车 qìchē
automotive *a*. **1**. 汽车的 qìchēde：～ engineering 汽车工程 qìchē gōngchéng **2**. 自动的 zìdòngde：～ vehicles 机动车 jīdòngchē
autonomous *a*. 自治的 zìzhìde；自治权的 zìzhìquánde；自主的 zìzhǔde：an ～ region 自治区 zìzhìqū / an ～ county 自治县 zìzhìxiàn
autonomy *n*. **1**. 自治 zìzhì；自主权 zìzhǔquán **2**. 人身自由 rénshēn zìyóu = freedom of person
autopsy *n*. 验尸 yànshī；尸体解剖 shītǐ jiěpōu
autumn *n*. **1**. 秋(季)天 qiū(jì)tiān：in ～ 在秋天 zài qiūtiān / ～ crops 秋季作物 qiūjì zuòwù / the Mid-～ Festival 中秋节 Zhōngqiūjié **2**. 成熟期 chéngshúqī；渐衰期 jiànshuāiqī
autumnal *a*. **1**. 秋天的 qiūtiānde：the ～ equinox 秋分 qiūfēn / ～ tints 秋色 qiūsè **2**. 秋熟的 qiūshúde **3**. 已过壮年的 yǐguò zhuàngniánde；中年的 zhōngniánde ＊after maturity
auxiliary *a*. 辅助的 fǔzhùde；补助的 bǔzhùde：～ verb 助动词 zhùdòngcí *n*. 辅助者 fǔzhùzhě；助手 zhùshǒu；辅助物 fǔzhùwù；助动词 zhùdòngcí
avail *v*. **1**. 有用 yǒuyòng；有效 yǒuxiào：The medicine did not ～ against the disease. 这药对这种病无效。Zhèyào duì zhèzhǒng bìng wúxiào. **2**. 有利于 yǒulìyú；有益于 yǒuyìyú // ～ of 利用 lìyòng：～ of this opportunity 就此机会 jiù cǐ jīhuì *n*. 效用 xiàoyòng；利益 lìyì；用途 yòngtú // of no ～ 不中用的 bùzhōngyòngde / to little ～ 没有什么用处 méiyǒu shénme yòngchu / to no ～ 完全无用的 wánquán wúyòngde / without ～ 无益 wúyì；徒劳的 túláode
availability *n*. 可用性 kěyòngxìng；有效性 yǒuxiàoxìng
available *a*. **1**. 可用的 kěyòngde；合用的 héyòngde；可达到的 kědádàode；可取得的 kěqǔdéde：Is water ～ in the desert? 这沙漠中有水吗？Zhè shāmòzhōng yǒushuǐma? / ～ power 可用功率 kě yòng gōnglǜ **2**. 通用的 tōngyòngde；有效的 yǒuxiàode：The ticket is ～ on the day of issue only. 此票当日有效。Cǐpiào dāngrì yǒuxiào. **3**. 可见到的 kějiàndàode：Is the doctor ～ now？现在能见大夫吗？Xiànzài néng

jiàn dàifuma?

avalanche *n.* 1. 雪崩 xuěbēng 2. 似雪崩之事物 sì xuěbēng zhī shìwù: an ～ of letters 如雪片飞来的大量信件 rú xuěpiàn fēiláide dàliàng xìnjiàn

avant-garde *n.* 先锋派 xiānfēngpài; 先锋 xiānfēng; 先驱 xiānqū; 前卫 qiánwèi *a.* 前卫派的 qiánwèipàide; 先锋派的 xiānfēngpàide: ～ painters 前卫派的画家 qiánwèipàide huàjiā

avarice *n.* 贪婪 tānlán; 贪得无厌 tāndé-wúyàn // avaricious *a.*

avenge *v.* 报仇 bàochóu; 替…报仇 tì…bàochóu; 雪耻 xuěchǐ: ～ one's father 替父报仇 tì fù bàochóu / They ～d themselves on their enemy. 他们向敌人报仇。Tāmen xiàng dírén bàochoú. / be ～d 得以雪耻 déyǐ xuěchǐ

avenger *n.* 报仇者 bàochóuzhě

avenue *n.* 1. 林荫路 línyīnlù; 路 lù; 大街 dàjiē 2. 途径 tújìng: an ～ to success 成功之路 chénggōng zhī lù

aver *v.* 断言 duànyán; 主张 zhǔzhāng

average *n.* 1. 平均 píngjūn; 平均数 píngjūnshù; 一般水平 yìbān shuǐpíng: Tom's work at school is above the ～. 汤姆在学校的功课在一般水平之上。Tāngmǔ zài xuéxiàode gōngkè zài yìbān shuǐpíng zhīshàng. 2. 海损 hǎisǔn * of business *a.* 1. 平均的 píngjūnde: the ～age 平均年龄 píngjūn niánlíng 2. 平常的 píngchángde; 普通的 pǔtōngde: the ～ man 普通人 pǔtōngrén / an article of ～ quality 大路货 dàlùhuò *v.* 平均 píngjūn; 均分 jūnfēn: The rainfall ～s 800 mm a year. 每年平均降雨量八百毫米。Měinián píngjūn jiàngyǔliàng bābǎi háomǐ.

averse *a.* 厌恶的 yànwùde; 反对的 fǎnduìde; 不乐意的 búlèyìde: He is ～ to coming here. 他不喜欢到这儿来。Tā bù xǐhuan dào zhèr lái. / I'm not ～ to a good meal. 我不反对吃一顿好的。Wǒ bù fǎnduì chī yídùn hǎode.

aversion *n.* 1. 厌恶 yànwù; 反感 fǎngǎn: have an ～ to 对…反感 duì…fǎngǎn 2. 讨厌的人 tǎoyànde rén; 讨厌的东西 tǎoyànde dōngxi: one's pet ～ 某人最讨厌的东西 mǒurén zuì tǎoyànde dōngxi

avert *v.* 1. 躲避 duǒbì; 防止 fángzhǐ; 避免 bìmiǎn: Accidents can be ～ed by careful driving. 行车谨慎可以防止事故发生。Xíngchē jǐnshèn kěyǐ fángzhǐ shìgù fāshēng. 2. 转移 zhuǎnyí: ～ one's eyes 转移目光

zhuǎnyí mùguāng

aviary *n.* 大鸟笼 dàniǎolóng; 鸟舍 niǎoshè; 鸟类饲养场 niǎolèi sìyǎngchǎng

aviation *n.* **1.** 航空 hángkōng; 航空术 hángkōngshù; 航空学 hángkōngxué: civil ~ 民航 mínháng **2.** 军用飞机 jūnyòngfēijī **3.** 航空工业 hángkōng gōngyè

aviator *n.* 飞行员 fēixíngyuán; 飞机驾驶员 féijī jiàshǐyuán

avid *a.* 渴望的 kěwàngde; 热心的 rèxīnde: an ~ reader 好学不倦的读者 hàoxué-bújuànde dúzhě / He is ~ for success. 他渴望得到成功。Tā kěwàng dédào chénggōng.

avidity *n.* 渴望 kěwàng; 热情 rèqíng

avirulent *a.* 无毒害的 wúdúhàide

avitaminosis *n.* 维生素缺乏症 wéishēngsù quēfá zhèng

avocation *n.* 副业 fùyè; 业余爱好 yèyú àihào: Reading is my ~. 读书是我的业余爱好。Dúshū shì wǒde yèyú àihào.

avoid *v.* **1.** 逃避 táobì: ~ punishment 逃避惩罚 táobì chéngfá **2.** 避免 bìmiǎn; 避开 bìkāi; 回避 huíbì: I cannot ~ meeting him. 我免不了要碰见他。Wǒ miǎnbùliǎo yào pèngjiàn tā. **3.** 取消 qǔxiāo; 作废 zuòfèi = cancel

avoidable *a.* 可以避免的 kěyǐ bìmiǎnde; 可以回避的 kěyǐ huíbìde; 可以是无效的 kěyǐ shì wúxiàode

avoidance *n.* **1.** 避开 bìkāi; 逃避 táobì: ~ of danger 避开危险 bìkāi wēixiǎn **2.** 取消 qǔxiāo; 作废 zuòfèi

avoirdupois *n.* **1.** 常衡 chánghéng: 16 ounces ~ 常衡制16盎斯 chánghéngzhì shíliù àngsī **2.** 肥胖 féipàng; 体重 tǐzhòng = weight

avometer *n.* 安伏欧计 ānfú'ōujì; 万用电表 wànyòng diànbiǎo

avouch *v.* **1.** 断言 duànyán; 主张 zhǔzhāng **2.** [~ for]保证 bǎozhèng; 担保 dānbǎo: We can ~ for the quality. 我们担保质量合格。Wǒmen dānbǎo zhìliàng hégé.

avow *v.* 公开承认 gōngkāi chéngrèn; 公开声明 gōngkāi shēngmíng: ~ one's fault 公开认错 gōngkāi rèncuò / ~ oneself a poet 自称诗人 zìchēng shīrén

avowal *n.* 公开承认 gōngkāi chéngrèn; 公开声明 gōngkāi shēngmíng

avowed *a*. 公开承认的 gōngkāi chéngrènde；公开宣布的 gōngkāi xuānbùde：an ～ enemy 死敌 sǐdí

await *v*. 等候 děnghòu；等待 děngdài：I'm ～ing your answer. 我等待你的答复。Wǒ děngdài nǐde dáfù. / A warm welcome ～s you. 等待着你的是热烈的欢迎。Děngdàizhe nǐde shì rèliède huānyíng.

awake *v*. **1**. 唤醒 huànxǐng；使…醒 shǐ…xǐng：A great noise awoke the baby. 嘈杂的声音把孩子吵醒了。Cáozáde shēngyīn bǎ háizi chǎoxǐngle. **2**. 醒 xǐng：I usually ～ at six. 我经常六点(钟)醒来。Wǒ jīngcháng liùdiǎn(zhōng)xǐng lái. / ～ to find … 醒来发觉 xǐnglái fājué **3**. 觉醒 juéxǐng；觉悟 juéwù；意识到 yìshídào：Her letter awoke old memories. 她的信唤起了旧日的回忆。Tāde xìn huànqǐle jiùrìde huíyì. / ～ to the danger 认识到危险 rènshidào wēixiǎn *a*. 醒着的 xǐngzhede；醒来的 xǐngláide：Is he ～ or asleep? 他醒着还是睡着？Tā xǐngzhe háishì shuìzhe?

awaken *v*. 使觉醒 shǐjuéxǐng；唤醒 huànxǐng；醒悟 xǐngwù：～ to the importance of … 认识到…的重要性 rènshidào … de zhòngyàoxìng

awakening *n*. 醒 xǐng；觉醒 juéxǐng；觉悟 juéwù：the economic ～ of the district 这个地区经济的蓬勃发展 zhège dìqū jīngjìde péngbó fāzhǎn *a*. 唤醒的 huànxǐngde；惊醒的 jīngxǐngde

award *v*. **1**. 授予 shòuyǔ：He was ～ed the first prize. 他获得了一等奖。Tā huòdéle yīděng jiǎng. **2**. 判决 pànjué；裁决 cáijué：He was ～ed his damages by the court. 法院判给他损失赔偿费。Fǎyuàn pàngěi tā sǔnshī péichángfèi. *n*. 奖品 jiǎngpǐn；赠品 zèngpǐn：first ～ 一等奖 yīděng jiǎng

aware *a*. 知道的 zhīdaode；意识到的 yìshídàode：He is well ～ that there is danger. 他完全意识到这儿有危险。Tā wánquán yìshídào zhèr yǒu wēixiǎn.

awash *a*. **1**. 浸水的 jìnshuǐde：The streets were ～. 街道被淹。Jiēdào bèi yān. **2**. 被浪潮冲打的 bèi làngcháo chōngdǎde ＝ washed by waves

away *ad*. **1**. 离 lí；远离 yuǎnlí：He is ～ from home. 他不在家。Tā bú zài jiā. / He is ～ in the country. 他到乡下去了。Tā dào xiāngxia qùle. / The summer holidays are two weeks ～. 离暑假还有两个星期。Lí shǔjià háiyǒu liǎngge xīngqī. **2**. …去…qù；…掉…diào：Wash the dirt

~. 洗掉污垢。Xǐdiào wūgòu. / The snow melted ~. 雪化掉了。Xuě huàdiàole. **3.** 去掉 qùdiào；走开 zǒukāi：~ with all pests 消灭一切害虫 xiāomiè yíqiè hàichóng /A- with you！滚开，走你的吧！Gǔnkāi，zǒu nǐdeba！**4.** …下去…xiàqù：sing ~ 唱下去 chàngxiàqù / work ~ 做下去 zuòxiàqù **5.** 立刻 lìkè；立即 lìjí：I'll do it right ~. 我立即去办。Wǒ lìjí qù bàn.

awe *n.* 敬畏 jìngwèi；畏惧 wèijù：He always stood in ~ of his father. 他一向敬畏他的父亲。Tā yíxiàng jìngwèi tāde fùqin. *v.* 使敬畏 shǐ jìngwèi：They were ~d into silence by the great man. 那位伟人令人肃然起敬。Nàwèi wěirén lìngrén sùrán-qǐjìng. // ~-inspiring *a.* 令人敬畏的 lìngrén jìngwèide

A-weapon *n.* 原子武器 yuánzǐ wǔqì

awesome *a.* **1.** 可畏的 kěwèide **2.** 显得可畏的 xiǎnde kěwèide；令人敬畏的 lìngrén jìngwèide

awestruck *a.* 敬畏的 jìngwèide；畏惧的 wèijùde

awful *a.* **1.** 可怕的 kěpàde；惊人的 jīngrénde：The pain was ~. 疼得可怕。Téngde kěpà. **2.** 极坏的 jíhuàide：~ weather 恶劣的天气 èliède tiānqì / What an ~ nuisance！糟糕透顶了！Zāogāo tòudǐngle！

awfully *ad.* **1.** 非常 fēicháng；很 hěn；不得了 bùdéliǎo：Thanks ~ for your help. 十分感谢你的帮助。Shífēn gǎnxiè nǐde bāngzhù. / I am ~ sorry I'm late. 抱歉得很，我迟到了。Bàoqiànde hěn，wǒ chídàole. **2.** 威严的 wēiyánde；可畏的 kěwèide

awhile *ad.* 片刻 piànkè：Wait for me ~. 等我一会儿。Děng wǒ yíhuìr.

awkward *a.* **1.** 笨拙的 bènzhuōde；不熟练的 bù shúliànde：The children are still ~ with chopsticks. 这些孩子们还不会用筷子。Zhèxiē háizimen hái búhuì yòng kuàizi. **2.** 难用的 nányòngde；不便的 búbiànde：an ~ tool 使用不便的工具 shǐyòng búbiànde gōngjù **3.** 难用的 nányòngde；难应付的 nán yìngfùde；棘手的 jíshǒude：an ~ question 棘手的问题 jíshǒude wèntí / an ~ corner to turn 难拐弯的转角 nán guǎiwānde zhuǎnjiǎo **4.** 尴尬的 gāngàde：in an ~ situation 处境尴尬 chǔjìng gāngà // an ~ customer 难对付的家伙 nán duìfude jiāhuo

awl *n.* 钻子 zuànzi；鞋钻 xiézuàn

awning *n.* 凉篷 liángpéng；雨篷 yǔpéng；船篷 chuánpéng；帆布篷

fānbùpéng

A. W. O. L. *a.* 擅离职守 shànlí zhíshǒu；开小差 kāixiǎochāi

awry *ad.* & *a.* **1.** 歪曲（的）wāiqū(de)；斜 xié **2.** 差错 chācuò：go ~ 出差错 chū chācuò

axe *n.* **1.** 斧（子）fǔ(zi) **2.** 削减 xuējiǎn：apply the ~ to non-productive expenditures 削减非生产性开支 xuējiǎn fēi shēngchǎnxìng kāizhī *v.* **1.** 用斧砍 yòng fǔ kǎn **2.** 大量地削减 dàliàngde xuējiǎn // give sb. the ~ 解雇某人 jiěgù mǒurén / hang up one's ~ 停止无用的计划 tíngzhǐ wúyòngde jìhuà / have an ~ to grind 另有企图 lìng yǒu qǐtú / lay the ~ to the root of 着手根除 zhuóshǒu gēnchú / put the ~ in the helve 解决难题 jiějué nántí / set the ~ to 着手砍倒 zhuóshǒu kǎndǎo

axial *a.* 轴的 zhóude；中轴的 zhōngzhóude

axiom *n.* **1.** 公理 gōnglǐ；定理 dìnglǐ **2.** 格言 géyán＝motto

axiomatic *a.* 公理的 gōnglǐde；格言的 géyánde

axis *n.* **1.** 轴 zhóu；轴线 zhóuxiàn：the visual ~ 视轴 shìzhóu / the earth's ~ 地轴 dìzhóu **2.** 中心线 zhōngxīnxiàn：the canal ~ 运河中心线 yùnhé zhōngxīnxiàn **3.** 轴心 zhóuxīn：the A- 轴心国 Zhóuxīnguó

axle *n.* （轮）轴 (lún)zhóu：an ~ bearing 轴承 zhóuchéng / an ~ sleeve 轴套 zhóutào

ay(e) *n.* 赞成（票）zànchéng(piào)：The ayes have it. 赞成的占多数。Zànchéngde zhàn duōshù.

azalea *n.* 杜鹃（花）dùjuān(huā)

Azerbaijani *n.* 阿塞拜疆人 Āsàibàijiāngrén；阿塞拜疆语 Āsàibàijiāngyǔ

azimuth *n.* **1.** 方位角 fāngwèijiǎo **2.** 地平经度 dìpíng jīngdù；平经 píngjīng

azure *a.* 天蓝色的 tiānlánsède；蔚蓝的 wèilánde *n.* **1.** 天蓝色 tiānlánsè；蔚蓝色 wèilánsè **2.** 碧空 bìkōng

azurite *n.* 石青 shíqīng；蓝铜矿 lántóngkuàng * ore

B

B. A.，**BA** ＝ Bachelor of Arts 文学士 Wénxuéshì

baa *n.* 咩 miē

babbitt *n.* 巴比合金 bābǐhéjīn * metal

babble *v.* **1.** 牙牙学语 yáyáxuéyǔ * talk like a child **2.** 唠叨 láodao * chatter

babe *n.* **1.** 婴孩 yīnghái **2.** 缺乏经验的人 quēfá jīngyànde rén * inexperienced person

baby *n.* **1.** 婴儿 yīng'ér **2.** 小型物 xiǎoxíngwù * small thing: a ~ car 小型汽车 xiǎoxíng qìchē

baboon *n.* 狒狒 fèifèi * animal

babyhood *n.* 婴儿期 yīng'érqī

babyish *a.* 婴儿一般的 yīng'ér yìbānde；孩子气的 háiziqìde * childish

babysit *v.* 照看婴儿 zhàokàn yīng'ér；照管孩子 zhàoguǎn háizi

babysitter *n.* 临时保姆 línshí bǎomǔ

bachelor *n.* **1.** 单身汉 dānshēnhàn **2.** 学士 xuéshì: B- of Arts 文学士 Wénxuéshì / B- of Science 理学士 Lǐxuéshì

bacillus *n.* 杆菌 gǎnjūn: B- Calmetteguerin 卡介苗 kǎjièmiáo

back *n.* **1.** 背 bèi: lie on one's ~ 朝天躺着 cháo tiān tǎngzhe **2.** 背面 bèimiàn: the ~ of the hand 手背 shǒubèi **3.** 后面 hòumian: The clinic is at the ~ of the house. 医务所在房子的后面。Yīwùsuǒ zài fángzide hòumian. **4.** 后卫 hòuwèi * of football team *a.* **1.** 后面的 hòumiande: a ~ street 后街 hòujiē / ~ door 后门 hòumén **2.** 倒的 dàode: a ~ current 倒流 dàoliú **3.** 过期的 guòqīde: a ~ issue 过期期刊 guòqī qīkān *ad.* **1.** 向后 xiànghòu: Stand ~! 往后站! Wǎnghòuzhàn! **2.** 回原处 huíyuánchù: Put it ~ on the desk. 把它放回桌上去。Bǎ tā fànghuí zhuōshang qù. / hold ~ one's tears 忍住眼泪 rěnzhù yǎnlèi *v.* **1.** 倒(车) dào(chē): ~ a car out of the parking lot 把车倒开出停车场 bǎ chē dàokāichū tíngchēchǎng **2.** ~ sb. up 支持某人 zhīchí mǒurén

backbite *v.* 背地骂人 bèidì màrén // ~r 背地骂人的人 bèidì màrénde rén * a person

backbone *n.* **1.** 脊骨 jǐgǔ **2.** 骨干 gǔgàn: They are the ~ of the football team. 他们是这个足球队的骨干。Tāmen shì zhège zúqiúduìde gǔgàn.

backer *n.* 支持者 zhīchízhě

backfire *n.* 逆火 nìhuǒ

background *n.* **1.** 背景 bèijǐng: the historical (social) ~ 历史(社会)背景 lìshǐ(shèhuì) bèijǐng **2.** 幕后 mùhòu: stay in the ~ 在幕后 zài mùhòu

3. 经历 jīnglì * a person's experience

backing *n*. 支持 zhīchí * support: ～ light 背景灯光 bèijǐng dēngguāng

backlog *n*. **1**. 积压 jīyā: a ～ of work 积压的工作 jīyāde gōngzuò **2**. 存货 cúnhuò = reserve supply

backslide *v*. & *n*. **1**. 退步 tuìbù **2**. 腐化 fǔhuà * corruption

backstage *a*: 后台的 hòutáide; 幕后的 mùhòude

backstroke *n*. **1**. 仰泳 yǎngyǒng * of swimming **2**. 反击 fǎnjī * a backhanded stroke

backward *a*. **1**. 向后的 xiànghòude: a ～ glance 向后一看 xiànghòu yī kàn / a ～ movement of the bus 汽车向后倒驶 qìchē xiànghòu dàoshǐ **2**. 落后的 luòhòude: Because of his illness, Tom is ～ in his studies. 汤姆由于久病所以功课落后。Tāngmǔ yóuyú jiǔbìng suǒyǐ gōngkè luòhòu. *ad*. = backwards

backwardness *n*. 落后状态 luòhòu zhuàngtài

backwoods *n*. 原始森林 yuánshǐ sēnlín = virgin forest; 边远地区 biānyuǎn dìqū = outlying district

bacon *n*. **1**. 咸肉 xiánròu * salted meat **2**. 熏肉 xūnròu * smoked meat

bacteria *n*. 细菌 xìjūn: acid fast ～ 抗酸细菌 kàng suān xìjūn / ～ -free 无菌的 wújūnde

bacterial *a*. 细菌的 xìjūnde: ～ fertilizer 细菌肥料 xìjūn féiliào / a ～ agent 杀菌剂 shājūnjì

bactericide *n*. 杀菌剂 shājūnjì

bacteriology *n*. 细菌学 xìjūnxué

bad *a*. **1**. 坏的 huàide: a ～ boy 坏男孩 huài nánhái / ～ time 不景气 bù jǐngqì / go from ～ to worse 愈来愈坏 yùláiyùhuài / a ～ effect 坏影响 huài yǐngxiǎng / ～ behavior 不好的行为 bùhǎode xíngwéi **2**. 臭的 chòude: ～ smell 臭味儿 chòuwèir **3**. 有害的 yǒuhàide: Smoking is ～ for the health. 吸烟对健康有害。Xīyān duì jiànkāng yǒuhài. **4**. 不舒服的 bù shūfude: feel ～ 感觉不舒服 gǎnjué bù shūfu **5**. 严重的 yánzhòngde: a ～ cold 重感冒 zhòng gǎnmào **6**. 不善于 bú shànyú: be ～ at cooking 不善于做饭 bú shànyú zuòfàn

badtempered *a*. 脾气坏的 píqi huàide

badge *n*. 徽章 huīzhāng: a ～ for rank 军阶章 jūnjiēzhāng / a merit ～ 奖章 jiǎngzhāng / a school ～ 校徽 xiàohuī

badger *n.* 獾 huān * animal

badly *ad.* **1.** 坏 huài：treat a person ～待人坏 dài rén huài **2.** 非常 fēicháng：She missed her mother ～. 她非常想念她的母亲。Tā fēicháng xiǎngniàn tāde mǔqin.

badminton *n.* 羽毛球(运动) yǔmáoqiú(yùndòng)

baffle *v.* **1.** 挫败 cuòbài：～ the enemy 挫败了敌人 cuòbàile dírén / ～ his plans 挫败了他的计划 cuòbàile tāde jìhuà **2.** 使困惑 shǐ kùnhuò：This problem ～s me. 这个问题使我感到困惑。Zhège wèntí shǐ wǒ gǎndào kùnhuò.

bag *n.* 袋 dài；包 bāo：a tool ～ 工具袋 gōngjùdài / a traveling ～ 旅行袋 lǚxíngdài / school ～ 书包 shūbāo / a ～ of … 一袋… yídài… / ～ful 满满一袋 mǎnmǎn yídài *v.* 装进袋里 zhuāngjìn dàili：～ all the potatoes 把所有马铃薯装进袋里 bǎ sǔoyǒu mǎlíngshǔ zhuāngjìn dàili

baggage *n.* 行李 xíngli：a piece of ～ 一件行李 yíjiàn xíngli / ～ car 行李车厢 xíngli chēxiāng / ～ man 行李收发员 xíngli shōufāyuán / ～ master 行李负责人 xíngli fùzérén / ～ allowance 行李超重限度 xíngli chāozhòng xiàndù / ～ office 行李房 xínglifáng / excess ～ 超重行李 chāozhòng xíngli / ～ check 行李上的牌子 xínglishangde páizi

bagpipe *n.* 风笛 fēngdí // ～r 吹风笛的人 chuī fēngdíde rén

bail[1] *n.* **1.** 保释 bǎoshì：accept (refuse) ～ 准许(不准许)保释 zhǔnxǔ (bùzhǔnxǔ)bǎoshì / go ～ for sb. 为某人保释 wèi mǒurén bǎoshì / be out on ～ 保出来 bǎo chūlái；保释中 bǎoshìzhōng **2.** 保释金 bǎoshìjīn * the money *v.* 保释出来 bǎoshì chūlái：～ him out 保他出来 bǎo tā chūlái

bail[2] *n.* 杓 sháo *v.* **1.** 舀(水) yǎo(shuǐ)：～ water out (of) a bcat 舀出船舱里的水 yǎochū chuáncānglide shuǐ **2.** 跳伞 tiàosǎn * to bail out from an airplane

bait *n.* 饵 ěr：poison ～毒饵 dú'ěr / jump at the ～ 轻易上当 qīngyì shàngdàng / rise to a ～ 上钩 shànggōu * fish；上当 shàngdàng * people / swallow the ～ 入圈套 rùquāntào *v.* 装饵 zhuāng'ěr：～ a hook 把饵装在钩上 bǎ ěr zhuāngzài gōushang

baize *n.* 粗呢 cūní

bakelite *n.* 电木 diànmù；胶木 jiāomù

bake *v.* 烤 kǎo：～ bread 烤面包 kǎo miànbāo
baker *n.* 面包师傅 miànbāo shīfu
bakery *n.* 面包房 miànbāofáng
balance *n.* **1.** 天平 tiānpíng：weigh sth. in the ～ 在天平上称东西 zài tiānpíngshang chēng dōngxi **2.** 平衡 pínghéng：keep (lose) one's ～ 保持(失去)身体平衡 bǎochí (shīqù) shēntǐ pínghéng **3.** 差额 chā'é；余额 yú'é：a favorable (an unfavorable) ～ of trade 贸易顺(逆)差 màoyì shùn (nì) chā *v.* 平衡 pínghéng：～ a budget 平衡预算 pínghéng yùsuàn / The account ～s. 帐上收支平衡。Zhàngshang shōuzhī pínghéng.
balanced *a.* 平衡的 pínghéngde：～ diet 平衡的食谱 pínghéngde shípǔ
balancer *n.* 走钢丝演员 zǒu gāngsī yǎnyuán * wire-walker
balance sheet *n.* 资金平衡表 zījīn pínghéngbiǎo
balcony *n.* 阳台 yángtái *a.* balconied 有阳台的 yǒu yángtáide
bald *a.* **1.** 秃头的 tūtóude；秃的 tūde：a man with a ～ head 一个秃头的人 yíge tūtóude rén / a ～ mountain 光秃秃的山 guāngtūtūde shān **2.** 毫不掩饰的 háobù yǎnshìde：a ～ lie 睁眼说瞎话 zhēngyǎn shuō xiāhuà
baldheaded *a.* 秃顶的 tūdǐngde
bale *n.* 包 bāo；捆 kǔn：a ～ of 一包棉花 yìbāo miánhua / a ～ of hay 一捆干草 yìkǔn gāncǎo *v.* 打包 dǎbāo：a baling press 打包机 dǎbāojī
balk *n.* 阻碍 zǔ'ài；障碍 zhàng'ài：a ～ to one's plans 计划中的障碍 jìhuàzhōngde zhàng'ài *v.* 阻碍 zǔ'ài：be ～ed in one's purpose 达不到目的 dábudào mùdì(受到阻碍 shòudào zǔ'ài)
ball[1] *n.* **1.** 球 qiú：baseball 棒球 bàngqiú / basketball 篮球 lánqiú / football 足球 zúqiú / handball 手球 shǒuqiú / softball 垒球 lěiqiú / volleyball 排球 páiqiú / The ～ is with you. 你发球。Nǐ fā qiú. / shoot a ～ 掷球 zhìqiú **2.** 球状物 qiúzhuàngwù：the ～ of an eye 眼球 yǎnqiú
ball[2] *n.* 舞会 wǔhuì：a fancy ～ 化装舞会 huàzhuāng wǔhuì / give a ～ 开舞会 kāi wǔhuì / have a ～ 尽情欢乐 jìnqínghuānlè / ～room 舞厅 wǔtīng / ～room dancing 交际舞 jiāojìwǔ
ballad *n.* 民谣 mínyáo
ballerina *n.* 芭蕾舞女演员 bāléiwǔ nǚyǎnyuán
ballet *n.* 芭蕾舞 bāléiwǔ：～ skirt 芭蕾舞裙 bāléiwǔqún
ballistic *a.* 弹道学的 dàndàoxuéde：～ missile 弹道导弹 dàndào dǎodàn /

~ rocket 弹道火箭 dàndào huǒjiàn

ballistics *n.* 弹道学 dàndàoxué：rocket ~ 火箭弹道学 huǒjiàn dàndàoxué

balloon *n.* 气球 qìqiú：a sounding ~ 探测气球 tàncè qìqiú

ballot *n.* 选票 xuǎnpiào：vote by ~ 投票表决 tóupiào biǎojué / cast a ~ 投票 tóupiào / place sb. on the ~ 推某人为候选人 tuī mǒurén wéi hòuxuǎnrén / ~ box 投票箱 tóupiàoxiāng / ~ paper 投票用纸 tóupiào yòngzhǐ / take a secret ~ 无记名投票 wújìmíng tóupiào *v.* **1.** 投票 tóupiào：~ for (against) 投票赞成（反对）tóupiào zànchéng（fǎnduì） **2.** 抽签 chōuqiān

ballpoint pen *n.* 原珠笔 yuánzhūbǐ

ballyhoo *n.* & *v.* **1.** 招徕生意的广告 zhāolái shēngyide guǎnggào **2.** 喧闹 xuānnào * uproar

balm *n.* 油膏 yóugāo；止痛药膏 zhǐtòng yàogāo * with healing effect：essential ~ 清凉油 qīngliángyóu

balmy *a.* **1.** 芬芳的 fēnfāngde * fragrant **2.** 止痛的 zhǐtòngde * healing **3.** 温和的 wēnhéde：a ~ breeze 和风 héfēng * weather

baluster *n.* 栏杆柱 lángānzhù

balustrade *n.* 栏杆 lángān

bamboo *n.* 竹 zhú：~ shoots 竹笋 zhúsǔn / ~ ware 竹器 zhúqì / ~ chair 竹椅 zhúyǐ

bamboozle *v.* 欺骗 qīpiàn；迷惑 míhuo：~ a person out of sth. 骗取别人的东西 piànqǔ biérénde dōngxi

ban *n.* 禁止 jìnzhǐ：place (put) under a ~ 禁止 jìnzhǐ / under the ~ 被禁止 bèi jìnzhǐ / lay a ~ on export 禁止出口 jìnzhǐ chūkǒu / lift the ~ 解禁 jiějìn *v.* 禁止 jìnzhǐ：Ban atomic and nuclear weapons. 禁止原子武器和核武器。Jìnzhǐ yuánzǐ wǔqì hé héwǔqì. / Swimming is banned here. 这儿禁止游泳。Zhèr jìnzhǐ yóuyǒng.

banal *a.* 平庸的 píngyōngde：a ~ remark 老生长谈 lǎoshēng chángtán

banana *n.* 香蕉 xiāngjiāo：a hand of ~s 一串香蕉 yíchuàn xiāngjiāo

band *n.* **1.** 带 dài：rubber ~ 橡皮带（筋）xiàngpídài(jīn) **2.** 波段 bōduàn * radio wave ~ 波段 bōduàn **3.** 一帮 yìbāng：a ~ of gangsters 一帮匪徒 yìbāng fěitú **4.** 乐队 yuèduì：a military ~ 军乐队 jūnyuèduì // ~ master 乐队指挥 yuèduì zhǐhuī / ~sman 乐队队员 yuèduì duìyuán

bandage *n.* 绷带 bēngdài：first-aid ~ 急救绷带 jíjiù bēngdài *v.* 包扎

bāozhā

bandit *n.* 盗匪 dàofěi：a ～ gang 匪帮 fěibāng

bandoleer *n.* 子弹带 zǐdàndài

bandylegged *a.* 罗圈腿的 luóquāntuǐde

bane *n.* 祸根 huògēn ＊ cause of disaster

baneful *a.* 有害的 yǒuhàide：～ herbs 毒草 dúcǎo / ～ influence 不良影响 bùliáng yǐngxiǎng

bang *v.* **1.** 猛击 měngjī：He ～ed his fist on the table. 他在桌上猛击了一拳。Tā zài zhuōshang měngjīle yìquán. **2.** 砰地关上 pēngde guānshàng：The door ～ed shut. 门砰地关上了。Mén pēngde guānshàngle.

bangle *n.* 手镯 shǒuzhuó

bang-up *a.* 上等的 shàngděngde；极好的 jíhǎode：a ～ hotel 第一流饭店 dì-yīliú fàndiàn

banish *v.* **1.** 驱逐 qūzhú：～ sb. from the country 把某人流放国外 bǎ mǒurén liúfàng guówài **2.** 排除 páichú：～（sth.）from memory 完全忘记 wánquán wàngjì / ～ care 打消忧虑 dǎxiāo yōulǜ

bank¹ *n.* 岸 àn：river ～ 河岸 hé'àn / a sand ～ 沙洲 shāzhōu *v.* **1.** 在…旁筑堤 zài…páng zhùdī：～ up a river 筑河堤 zhùhédī

bank² *n.* **1.** 银行 yínháng：a savings ～ 储蓄银行 chǔxù yínháng / the B- of China 中国银行 Zhōngguó Yínháng / ～ book 银行存折 yínháng cúnzhé / ～ card 银行信用卡 yínháng xìnyòngkǎ / ～ cable transfer 银行电汇 yínháng diànhuì / ～ deposit 银行存款 yínháng cúnkuǎn / ～ draft 银行汇票 yínháng huìpiào / ～ note 纸币 zhǐbì / ～ rate 银行贴现率 yínháng tiēxiànlǜ **2.** 库 kù：blood ～ 血库 xuèkù

banker *n.* 银行家 yínhángjiā

banking *n.* 银行业 yínhángyè：～ hours 银行营业时间 yínháng yíngyè shíjiān

banknote *n.* 纸币 zhǐbì；钞票 chāopiào

bankrupt *n.* 破产者 pòchǎnzhě *a.* **1.** 破产的 pòchǎnde：go ～ 破产 pòchǎn **2.** 丧失了…的 sàngshīle…de：be ～ in reputation 名誉破产 míngyù pòchǎn *v.* 使…破产 shǐ…pòchǎn ＊ make ～

bankruptcy *n.* 破产 pòchǎn

banner *n.* **1.** 旗（帜）qí（zhì）**2.** ～ headline 报纸的头号标题 bàozhǐde tóuhào biāotí *a.* 杰出的 jiéchūde；第一流的 dì-yīliúde：a ～ year for crops 丰年 fēngnián

banquet *n.* 宴会 yànhuì：give a ～ 举行宴会 jǔxíng yànhuì / a state ～ 国宴 guóyàn *v.* 宴请 yànqǐng

bantamweight *n.* 最轻量级 zuìqīngliàngjí

banter *v.* 开玩笑 kāiwánxiào

banyan *n.* 榕树 róngshù * tree

baptism *n.* 洗礼 xǐlǐ

baptize *v.* 给…施洗礼 gěi…shī xǐlǐ

bar *n.* **1.** 棍 gùn；条 tiáo：an iron ～ 铁条 tiětiáo / a ～ of soap 一条肥皂 yìtiáo féizào / a ～ of light 一条光线 yìtiáo guāngxiàn **2.** 障碍 zhàng'ài：remove the ～s 扫除障碍 sǎochú zhàng'ài **3.** 酒吧 jiǔbā * counter at which drinks are served // a quick-lunch ～ 快餐柜台 kuàicān guìtái / a cold-drink ～ 冷饮柜台 lěngyǐn guìtái *v.* **1.** 不准 bùzhǔn：We ～ smoking here. 禁止吸烟。Jìnzhǐ xīyān. **2.** 闩上 shuānshàng：～ a door 闩门 shuānmén **3.** 封锁 fēngsuǒ：～ the way to the city 封锁进城的路 fēngsuǒ jìnchéngde lù **4.** 律师界 lǜshījiè：go to the ～ 当律师 dāng lǜshī

barb *n.* 倒钩 dàogōu

barbarian *n.* 野蛮人 yěmánrén *a.* 野蛮人的 yěmánrénde；不文明的 bù wénmíngde

barbaric *a.* 野蛮的 yěmánde：～ aggressive wars 野蛮的侵略战争 yěmánde qīnlüè zhànzhēng

barbarism *n.* 野蛮 yěmán

barbarous *a.* 野蛮 yěmán；粗野 cūyě

barbecue *n.* 烤肉 kǎoròu * outdoor *v.* 烤 kǎo

barbed *a.* 有刺的 yǒucìde：～ wire （有）刺铁丝 （yǒu）cì tiěsī / ～ words 带刺的话 dàicìde huà

barber *n.* 理发工人 lǐfà gōngrén；理发师 lǐfàshī // ～ shop 理发店 lǐfàdiàn

bard *n.* 吟唱诗人 yínchàng shīrén

bare *a.* **1.** 赤裸的 chìluǒde：～ foot 赤脚 chìjiǎo **2.** 空的 kōngde：a room ～ of furniture 几乎没有家俱的房间 jīhū méiyǒu jiājùde fángjiān / be ～ of credit 缺乏信用 quēfá xìnyòng **3.** 勉强的 miǎnqiǎngde：～ majority 勉强够多数 miǎnqiǎng gòu duōshù / He earns a ～ living. 他挣的钱勉强够糊口。Tā zhèngde qián miǎnqiǎng gòu húkǒu. *v.* 揭露 jiēlù * to reveal sth. or sb.

bareback *a*. 无鞍的 wú'ānde

barefaced *a*. 不要脸的 búyàoliǎnde：tell a ～ lie 无耻地说谎 wúchǐde shuōhuǎng

barefooted *a*. 光脚的 guāngjiǎode

bareheaded *a*. 光着头的 guāngzhetóude

barely *ad*. 仅仅 jǐnjǐn：～ enough 仅仅够 jǐnjǐngòu / She had ～ time to catch the train. 她几乎来不及赶上火车。Tā jīhū láibují gǎnshàng huǒchē.

bargain *n*. **1**. 交易 jiāoyì：make a ～ with sb. 与某人成交 yǔ mǒurén chéngjiāo **2**. 讨价还价 tǎojià huánjià：drive a hard ～ over sth. 为某事拼命讨价还价 wèi mǒushì pīnmìng tǎojià huánjià **3**. 廉价货 liánjiàhuò：It's a real good ～. 真便宜。Zhēn piányi. / buy at a ～ price 廉价买进 liánjià mǎijìn / a ～ sale 廉价出售 liánjià chūshòu *v*. 谈交易 tánjiāoyì；谈判 tánpàn = negotiate

barge *n*. 驳船 bóchuán * boat *v*. **1**. 用驳船运载 yòng bóchuán yùnzài * transport by barge **2**. 缓慢移动 huǎnmàn yídòng * move slowly

baritone *n*. 男中音 nánzhōngyīn

barium *n*. 钡 bèi

bark[1] *n*. 树皮 shùpí * outer covering of a tree *v*. 剥皮 bāopí；剥树皮 bāo shùpí

bark[2] *n*. 狗叫声 gǒujiàoshēng * the sound made by a dog *v*. 吠 fèi：The dog ～s at a stranger. 狗对着陌生人叫。Gǒu duìzhe mòshēngrén jiào.

barley *n*. 大麦 dàmài // ～ sugar 麦芽糖 màiyátáng

barm *n*. 酵母 jiàomǔ

barmaid *n*. 酒吧女招待员 jiǔbā nǚzhāodàiyuán

barn *n*. **1**. 谷仓 gǔcāng：～ dance 谷仓舞 gǔcāngwǔ **2**. 牛棚 niúpéng * cowshed；马房 mǎfáng * stable ～yard manure 厩肥 jiùféi

barn(-)yard *n*. 仓前场地 cāngqián chǎngdì

barometer *n*. 气压计 qìyājì

baron *n*. **1**. 男爵 nánjué **2**. 贵族 guìzú * noblemen **3**. 巨商 jùshāng * tycoon：a coal (an oil) ～ 煤炭(石油)大王 méitàn(shíyóu)dàwáng

baroness *n*. 男爵夫人 nánjué fūrén * baron's wife；女男爵 nǚnánjué * female baron

barque *n.* 三桅帆船 sānwéi fānchuán * ship

barrack *n.* 兵营 bīngyíng *v.* 驻兵 zhùbīng * station with soldiers

barrage *n.* **1.** 堤坝 dībà；拦河坝 lánhébà * dam **2.** 掩护炮火 yǎnhù pàohuǒ * of heavy gunfire **3.** 倾泻 qīngxiè * downpouring *v.* 以密集火力进攻 yǐ mìjí huǒlì jìngōng；向…倾泻 xiàng…qīngxiè * heavy firing or downpouring

barrel *n.* 琵琶桶 pípátǒng；桶 tǒng：a beer ～ 啤酒桶 píjiǔtǒng *v.* 把…装桶 bǎ…zhuāngtǒng * put into the barrel

barren *a.* **1.** 贫瘠的 pínjíde：～ land 贫瘠的土地 pínjíde tǔdì **2.** 不结果实的 bù jiē guǒshíde * of trees or plants **3.** 不会生育的 búhuì shēngyùde * unable to bear children **4.** 无效 wúxiào：a ～ effect 无效的努力 wúxiàode nǔlì *n.* barrenness

barricade *n.* 路障 lùzhàng *v.* **1.** 用栅栏围住 yòng zhàlan wéizhù：They ～d themselves. 他们设栅栏自卫。Tāmen shè zhàlan zìwèi. **2.** 阻碍 zǔ'ài * obstruct

barrier *n.* **1.** 栅栏 zhàlan **2.** 障碍 zhàng'ài：a ～ to progress 进步的障碍 jìnbùde zhàng'ài **3.** 界线 jièxiàn：the ～ physics 边缘物理学 biānyuán wùlǐxué **4.** 隔阂 géhé：the language ～ 语言的隔阂 yǔyánde géhé

barring *prep.* 除…外 chú…wài：B- accidents，I'll be there. 若无意外我一定去。Ruò wú yìwài wǒ yídìng qù.

barrister *n.* 律师 lǜshī

barrow *n.* 手推车 shǒutuīchē

barter *v.* 以货易货 yǐhuòyìhuò：～ furs for wheat 用毛皮换小麦 yòng máopí huàn xiǎomài / on a ～ basis 以货易货的方式 yǐhuòyìhuòde fāngshì / ～ away one's honor 出卖荣誉 chūmài róngyù

barytron *n.* 介子 jièzǐ

basal *a.* 基本的 jīběnde；基础的 jīchǔde：a ～ principle 基本原则 jīběn yuánzé / the ～ parts of a column 柱的底部 zhùde dǐbù / ～ metabolism 基础代谢 jīchǔ dàixiè / ～ area 底面积 dǐmiànjī

basalt *n.* 玄武岩 xuánwǔyán

base[1] *a.* **1.** 卑鄙的 bēibǐde：a ～ act 卑鄙的行为 bēibǐde xíngwéi **2.** 劣等的 lièděngde：～ metals 贱金属 jiànjīnshǔ / a ～ coin 假硬币 jiǎyìngbì // ～ born *a.* 出身低微的 chūshēn dīwēide

base[2] *n.* **1.** 底子 dǐzi；基础 jīchǔ：the economic ～ 经济基础 jīngjì jīchǔ

2. 基地 jīdì：a missile ～ 导弹基地 dǎodàn jīdì / an industrial ～ 工业基地 gōngyè jīdì / an air ～ 空军基地 kōngjūn jīdì *v.* 基于 jīyú；以…为根据 yǐ…wéigēnjù：be ～d on 根据 gēnjù

baseball *n.* 棒球(运动) bàngqiú(yùndòng)：play ～ 打棒球 dǎ bàngqiú / a ～ team 棒球队 bàngqiúduì

baseless *a.* 没有基础的 méiyǒu jīchǔde；没有根据的 méiyǒu gēnjùde

basement *n.* 地下室 dèxiàshì

bashful *a.* 害羞的 hàixiūde

basic *a.* 基础的 jīchǔde：～ data 基本数据 jīběnshùjù / ～ industry 基础工业 jīchǔ gōngyè / ～ English 基础英语 jīchǔ Yīngyǔ *ad.* basically

basin *n.* **1.** 盆 pén ：a ～ of water 一盆水 yipén shuǐ / a wash ～ 洗脸盆 xǐliǎnpén **2.** 流域 liúyù；盆地 péndì：the Yellow River ～ 黄河流域 Huánghé liúyù / an ocean ～ 海洋盆地 hǎiyáng péndì

basis *n.* 基础 jīchǔ：the agriculture ～ 农业基础 nóngyè jīchǔ / the ～ of argument 论据 lùnjù / on the ～ of 以…为基础 yǐ…wéijīchǔ

bask *v.* **1.** 取暖 qǔnuǎn：～ in the sun 晒太阳取暖 shàitàiyáng qǔnuǎn **2.** 受宠 shòuchǒng：～ in sb.'s smile (favor) 得某人欢心(恩宠) dé mǒurén huānxīn(ēnchǒng)

basket *n.* **1.** 篮子 lánzi：a shopping ～ 菜篮子 càilánzi **2.** 篓 lǒu：a wastepaper ～ 字纸篓 zìzhǐlǒu **3.** (一)篮 (yì)lán：a ～ of eggs 一篮鸡蛋 yìlán jīdàn **4.** 篮球 lánqiú = basketball：make a ～ 投中 tóuzhòng *v.* 把…装入篮内 bǎ…zhuāngrù lánnèi * put into a basket

basketball *n.* 篮球 lánqiú：I like to play ～. 我喜欢打篮球。Wǒ xǐhuan dǎ lánqiú.

bas-relief *n.* 浅浮雕 qiǎnfúdiāo

bass *n.* 男低音 nán dīyīn * singer *a.* 低音的 dīyīnde：He has a fine ～ voice. 他的声音低沉优美。Tāde shēngyīn dīchén yōuměi. / a ～ drum 低音鼓 dīyīngǔ

bassinet(te) *n.* **1.** 摇篮 yáolán = cradle **2.** 童车 tóngchē * baby's crib

bassoon *n.* 巴松管 bāsōngguǎn；低音管 dīyīnguǎn

bast *n.* 植物的韧皮 zhíwùde rènpí

bastard *n.* **1.** 私生子 sīshēngzǐ * of unmarried parents **2.** 混蛋 húndàn：I'm going to get you, you ～！我要教训你，你这个混蛋！Wǒ yào jiàoxun nǐ, nǐ zhège húndàn！**3.** 家伙 jiāhuo = fellow：a lucky ～ 幸运

的家伙 xìngyùnde jiāhuo

bastion *n.* 堡垒 bǎolěi：a ～ of iron 铜墙铁壁 tóngqiángtiěbì / a ～ of freedom during the war 战时的自由堡垒 zhànshíde zìyóu bǎolěi

bat[1] *n.* **1.** 球棒 qiúbàng * specially shaped wooden stick used for hitting balls **2.** 击球手 jīqiúshǒu：He is one of the best ～smen in the game today. 在今天这场比赛中他是最好的击球手。Zài jīntiān zhèchǎng bǐsàizhōng，tā shì zuìhǎode jīqiúshǒu. *v.* 用棒击 yòng bàng jī；击 jī：I ～ the balloon over to him with my hand. 我用手把气球打给他。Wǒ yòngshǒu bǎ qìqiú dǎgěi tā.

bat[2] *n.* 蝙蝠 biānfú * an animal

bat[3] *v.* 眨眼 zhǎyǎn：Don't ～ your eyes at me. 别老朝我眨眼。Bié lǎo cháo wǒ zhǎyǎn.

batch *n.* **1.** 一批 yìpī：several ～es of letters 几批信件 jǐpī xìnjiàn **2.** 一炉 yìlú：a ～ of bread 一炉面包 yìlú miànbāo **3.** 一群 yìqún：a ～ of students 一群学生 yìqún xuésheng

bath *n.* **1.** 洗澡 xǐzǎo；沐浴 mùyù：take a ～ 洗澡 xǐzǎo / steam ～ 蒸汽浴 zhēngqìyù / sun ～ 日光浴 rìguāngyù **2.** 浴室 yùshì；洗澡间 xǐzǎojiān = bathroom

bathe *v.* **1.** 给…洗澡 gěi…xǐzǎo：She is bathing the baby. 她正在给婴儿洗澡。Tā zhèngzài gěi yīng'ér xǐzǎo. **2.** 浸 jìn * soak in water：Tears ～d his cheeks. 他泪流满面。Tā lèiliú mǎnmiàn. **3.** 游泳 yóuyǒng * go swimming

bathing *n.* 沐浴 mùyù；游泳 yóuyǒng = swimming：Mixed ～ is allowed in this swimming pool. 这个游泳池准许男女一起游泳。Zhège yóuyǒngchí zhǔnxǔ nánnǚ yìqǐ yóuyǒng. / ～ cap 游泳帽 yóuyǒngmào / ～ costume，～ suit 游泳衣 yóuyǒngyī / ～ place 海滨浴场 hǎibīn yùchǎng

bathrobe *n.* 浴衣 yùyī

bathroom *n.* 浴室 yùshì

batik *n.* 蜡染 làrǎn

batiste *n.* 细棉布 xìmiánbù

baton *n.* **1.** 指挥棒 zhǐhuībàng：dance to sb.'s ～ 跟着某人的指挥棒转 gēnzhe mǒurénde zhǐhuībàng zhuàn **2.** 警棍 jǐnggùn：The police made a

~ charge on the demonstrating crowd. 警察用警棍驱散了示威人群。Jǐngchá yòng jǐnggùn qūsànle shìwēi rénqún. **3.** 接力棒 jiēlìbàng * passed by one member of a team of runners to the next runner

batsman *n.* 击球手 jīqiúshǒu

battalion *n.* **1.** 营 yíng **2.** 军队 jūnduì * army

batten *n.* 板条 bǎntiáo *v.* 用板条钉住 yòng bǎntiáo dīngzhù: ~ down the hatches 封舱 fēngcāng

batter *v.* **1.** 连击 liánjī: ~ sb. about 痛打某人 tòngdǎ mǒurén **2.** 用旧 yòngjiù; 用坏 yònghuài: a ~ed umbrella 一把破旧的雨伞 yìbǎ pòjiùde yǔsǎn

battle *n.* 战斗 zhàndòu; 战役 zhànyì: the B- of Waterloo 滑铁卢战役 huátiělú zhànyì / a ~ of annihilation 歼灭战 jiānmièzhàn

battery *n.* **1.** 电池 diànchí: dry ~ 干电池 gāndiànchí / ~ charger 电池充电器 diànchí chōngdiànqì **2.** 炮兵连 pàobīnglián * an army unit **3.** 一套 yítào: She had a ~ of cooking pots in her kitchen. 她厨房里有一套饭锅。Tā chúfángli yǒu yítào fànguō. **4.** 一连串 yìliánchuàn: a ~ of questions 一连串问题 yìliánchuàn wèntí

battlecry *n.* 呐喊 nàhǎn

battledore *n.* 板羽球拍 bǎnyǔqiúpāi

battlefield *n.* 战场 zhànchǎng

battleground *n.* 战场 zhànchǎng

battlement *n.* 雉堞墙 zhìdiéqiáng

battleship *n.* 战舰 zhànjiàn

bauxite *n.* 铝土矿 lǚtǔkuàng

bawdy *a.* 猥亵的 wěixiède: ~ jokes 猥亵的笑话 wěixiède xiàohua

bawl *v.* 大喊 dàhǎn; 大叫 dàjiào: The captain ~ed an order. 队长大声发令。Duìzhǎng dàshēng fālìng. / Don't ~ like that, I can hear you. 不要那样大叫,我听得见你的话。Búyào nàyàng dàjiào, wǒ tīngdejiàn nǐde huà.

bay[1] *n.* 海湾 hǎiwān

bay[2] *v.* 狂吠 kuángfèi: The hounds were ~ing. 猎狗在狂吠。Liègǒu zài kuángfèi.

bayonet *n.* 刺刀 cìdāo *v.* 用刺刀刺 yòng cìdāo cì: He ~ed the enemy in the back. 他用刺刀刺进敌人的背部。Tā yòng cìdāo cìjìn dírénde bèibù.

bazaar *n.* 集市 jíshì；市场 shìchǎng

bazooka *n.* 火箭筒 huǒjiàntǒng

beach *n.* **1.** 海滨 hǎibīn * sea shore **2.** 湖滨 húbīn * the shore of a lake *v.* 开到岸边 kāidào ànbiān：to ～ a boat 把船开到岸边 bǎ chuán kāidào ànbiān

beachhead *n.* 滩头堡 tāntóubǎo

beacon *n.* **1.** 灯塔 dēngtǎ；航标 hángbiāo：a ～ light 航标灯 hángbiāodēng **2.** 烽火 * a signal fire

bead *n.* **1.** 小珠 xiǎozhū：She was wearing a string of blue ～s. 她戴着一串蓝色的珠子。Tā dàizhe yíchuàn lánsède zhūzi. **2.** 水珠 shuǐzhū：～s of sweat 汗珠 hànzhū

beak *n.* 鸟嘴 niǎozuǐ * mouth of a bird

beaker *n.* **1.** 大酒杯 dà jiǔbēi * a drinking cup **2.** 烧杯 shāobēi * a small cup used in a chemical laboratory

beam *n.* **1.** 梁 liáng * a large piece of wood **2.** 一道 yídào；一线 yíxiàn：a ～ of light 一道光 yídàoguāng / a ～ of hope 一线希望 yíxiàn xīwàng *v.* **1.** 发光 fāguāng：The sun ～ed through the clouds. 太阳光穿过云层照射过来。Tàiyángguāng chuānguò yúncéng zhàoshè guòlái. **2.** 微笑 wēixiào * smile：～ with satisfaction 满意地微笑 mǎnyìde wēixiào / She ～ed on her friends. 她对着她的朋友们微笑。Tā duìzhe tāde péngyoumen wēixiào. **3.** 播送 bōsòng：This program is ～ed to New Zealand at 8 a. m. daily. 这个节目每天八点向新西兰播送。Zhège jiémù měitiān bādiǎn xiàng Xīnxīlán bōsòng.

bean *n.* 豆 dòu；豆角 dòujiǎo：coffee ～s 咖啡豆 kāfēidòu

beancake *n.* 豆饼 dòubǐng：～ fertilizer 饼肥 bǐngféi

beancurd *n.* 豆腐 dòufu

beanstalk *n.* 豆茎 dòujīng

bear¹ *n.* **1.** 熊 xióng * animal **2.** 粗鲁的男人 cūlǔde nánrén：She's nice but her husband is such a ～ that nobody likes him. 她人不错，可是他丈夫很粗鲁，没人喜欢他。Tā rén búcuò，kěshì tā zhàngfu hěn cūlǔ，méirén xǐhuan tā.

bear² *v.* **1.** 负担 fùdān：～ expenses 负担费用 fùdān fèiyong / The captain of a ship ～s a heavy load of duty and anxiety at all times. 船长随时都担负重任，永远要操心。Chuánzhǎng suíshí dōu dānfù zhòngrèn， yǒngyuǎn yào cāoxīn. **2.** 带 dài：～ a message 带信 dàixìn **3.** 忍受 rěnshòu：～ pain 忍受痛苦 rěnshòu tòngkǔ / I can't ～ that dull friend of yours！我忍受不了你那个笨朋友！Wǒ rěnshòu bùliǎo nǐ nàge bèn péngyou！**4.** 生(孩子) shēng(háizi)：She has borne three children. 她已经生了三个孩子。Tā yǐjīng shēngle sānge háizi. **5.** 怀有 huáiyǒu：I ～ hatred against no man. 我对任何人都不怀恨。Wǒ duì rènhérén dōu bù huáihèn.

bearable *a.* 忍得住的 rěndezhùde：The doctor said the pain would be just ～. 医生说那种疼勉强可以受得了。Yīshēng shuō nàzhǒng téng miǎnqiǎng kěyǐ shòudeliǎo.

beard *n.* 胡子 húzi：He no longer wears a ～. 他不再留胡子。Tā búzài liú húzi.

bearer *n.* **1.** 运载工具 yùnzài gōngjù：a ～ company 担架连 dānjiàlián **2.** 持票人 chípiàorén：The note says："payable to ～ on demand". 票上写着："持票人来取即付"。Piàoshang xiězhe："chípiàorén láiqǔ jífù". **3.** 结果实的植物 jiē guǒshíde zhíwù：a good ～ 结果多的高产植物 jiēguǒ duōde gāochǎn zhíwù

bearing *n.* **1.** 轴承 zhóuchéng：ball ～ 滚珠轴承 gǔnzhū zhóuchéng **2.** 忍受 rěnshòu：His rudeness is beyond all ～. 他的粗鲁无礼已无法忍受。Tāde cūlǔ wúlǐ yǐ wúfǎ rěnshòu. **3.** 关系 guānxì：What you have said has no ～ on the subject under consideration. 你所说的跟正在讨论的主题没有关系。Nǐ suǒshuōde gēn zhèngzài tǎolùnde zhǔtí méiyǒu guānxì.

beast *n.* **1.** 兽 shòu：wild ～s 野兽 yěshòu **2.** 牲畜 shēngchù：a ～ of burden 驮畜 tuóchù

beastly *a.* **1.** 野兽般的 yěshòubānde * like a beast **2.** 让人讨厌的 ràng rén tǎoyànde：a ～ habit 让人讨厌的习惯 ràng rén tǎoyànde xíguàn

beat *v.* **1.** 打 dǎ：～ a child 打孩子 dǎ háizi **2.** 敲 qiāo；击 jī；冲击 chōngjī：～ a drum 击鼓 jīgǔ / Waves ～ the shore. 波浪冲击岸边。Bōlàng chōngjī ànbiān. / The rain was ～ing against the windows. 雨打在窗户上。Yǔ dǎzài chuānghushang. **3.** 击败 jībài：～ the opponent 击败对手 jībài duìshǒu **4.** 跳动 tiàodòng：His heart ～s fast. 他的心跳得很快。Tāde xīn tiàode hěnkuài. *n.* **1.** 敲击声 qiāojīshēng：～ of a drum 击鼓声 jīgǔshēng **2.** 跳动 tiàodòng：normal heart ～s 正常的心脏

跳动 zhèngchángde xīnzàng tiàodòng **3.** 拍子 pāizi；节拍 jiépāi：Every member of the band must follow the ～ very closely. 乐队的每一个队员必须严格依照节拍。Yuèduìde měiyíge duìyuán bìxū yángé yīzhào jiépāi.

beaten *a.* **1.** 锤打成的 chuídǎchéngde：The doors of the palace were of ～ gold. 宫殿的门由金箔做成。Gōngdiànde mén yóu jīnbó zuòchéng. **2.** 久经践踏的 jiǔjīng jiàntàde：We followed a well ～ path through the forest. 我们沿着一条很多人走过的路穿过森林。Wǒmen yánzhe yìtiáo hěnduō rén zǒuguòde lù chuānguò sēnlín. / go off the ～ track 打破常规 dǎpò chángguī **3.** 被击败的 bèi jībàide：a ～ army 被击败的军队 bèi jībàide jūnduì

beater *n.* **1.** 打击者 dǎjīzhě ＊ person **2.** 拍打器 pāidǎqì；搅拌器 jiǎobànqì：an egg ～ 打蛋器 dǎdànqì

beau *n.* 花花公子 huāhuāgōngzǐ

beautician *n.* 美容师 měiróngshī

beautiful *a.* **1.** 美丽的 měilìde：～ flowers 美丽的花朵 měilìde huāduǒ **2.** 美好的 měihǎode：～ weather 好天气 hǎotiānqì

beautify *v.* **1.** 美化 měihuà **2.** 变美 biànměi ＊ become beautiful

beauty *n.* **1.** 美 měi；美丽 měilì：a woman of great ～ 美人儿 měirénr **2.** 美人 měirén：She is a ～. 她是个美人儿。Tā shìge měirénr. **3.** 极好的人或物 jíhǎode rén huò wù：That apple is a real ～. 那个苹果长得真好。Nàge píngguǒ zhǎngde zhēnhǎo.

beaver *n.* **1.** 海狸 hǎilí **2.** 海狸皮 hǎilípí：a ～ coat 海狸皮大衣 hǎilípí dàyī

because *conj.* 因为 yīnwèi：B- he is ill, he is absent today. 因为他病了，所以今天没来。Yīnwèi tā bìngle, suǒyǐ jīntiān méilái. *ad.* 因为 yīnwèi：The game was postponed ～ of rain. 这场比赛因下雨而延期。Zhèchǎng bǐsài yīn xiàyǔ ér yánqī.

beck *n.* 受人指挥 shòu rén zhǐhuī：He is at my ～ and call. 他听我指挥。Tā tīng wǒ zhǐhuī.

beckon *v.* 招呼 zhāohu：He ～ed me in. 他招手让我进去。Tā zhāoshǒu ràng wǒ jìnqù.

become *v.* **1.** 变成 biànchéng；成为 chéngwéi：The weather has ～ warmer. 天变暖了。Tiān biàn nuǎnle. / He became famous. 他成名

了。Tā chéngmíngle. **2.** 合适 héshì：This coat ～s him very well. 这件上衣他穿着很合适。Zhèjiàn shàngyī tā chuānzhe hěn héshì.

becoming *a.* 合适的 héshìde：a ～ cap 一顶合适的帽子 yìdǐng héshìde màozi

bed *n.* **1.** 床 chuáng：a single ～ 单人床 dānrénchuáng / a room with two ～s 一间有两张床的房间 yìjiān yǒu liǎngzhāng chuángde fángjiān **2.** 河床 héchuáng；海底 hǎidǐ：a river ～ 河床 héchuáng / a sea ～ 海底 hǎidǐ **3.** 苗圃 miáopǔ；花坛 huātán：a flower ～ 花坛 huātán

bedbug *n.* 臭虫 chòuchóng

bedclothes *n.* 床上用品 chuángshang yòngpǐn

bedding *n.* 寝具 qǐnjù：The dried grass will make good ～ for the animals. 这些干草可供动物睡卧之用。Zhèxiē gāncǎo kěgōng dòngwù shuìwò zhīyòng.

bedeck *v.* 装饰 zhuāngshì：The cars were all ～ed with flowers for the ceremony. 车子为了庆典都装饰上了花。Chēzi wèile qìngdiǎn dōu zhuāngshì shàngle huā. / The streets are ～ed with red banners. 街上红旗招展。Jiēshang hóngqí zhāozhǎn.

bedew *v.* 沾湿 zhānshī：a forehead ～ed with sweat 沾满汗水的前额 zhānmǎn hànshuǐde qián'é / Tears ～ed her cheeks. 泪水沾湿了她的双颊。Lèishuǐ zhānshīle tāde shuāngjiá.

bedfellow *n.* **1.** 同床人 tóngchuángrén **2.** 伙伴 huǒbàn * partner

bedim *v.* 使模糊 shǐ móhu：Her eyes were ～med with tears. 她泪眼模糊了。Tā lèiyǎn móhule.

bedlam *n.* 喧闹 xuānnào * confusion

bedraggled *a.* 拖脏 tuōzāng：a ～ appearance 一副脏的样子 yífù zāngde yàngzi

bedridden *a.* 卧床不起的 wòchuáng bùqǐde

bedrock *n.* **1.** 岩床 yánchuáng * of solid rock **2.** 信仰或论点的基础 xìnyǎng huò lùndiǎnde jīchǔ * fundamental：Let's get down to ～, and find out the truth. 让我们穷根究底，找出事实真相。Ràng wǒmen qiónggēnjiūdǐ, zhǎochū shìshí zhēnxiàng.

bedroom *n.* 卧室 wòshì

bedside *n.* 床边 chuángbiān：She has been called to the ～ of her sick mother. 她被叫到她病重的母亲的床边。Tā bèi jiàodào tā bìngzhòngde mǔqinde chuángbiān. / a ～ lamp 床头灯 chuángtóudēng

bedspread *n.* 床罩 chuángzhào

bedstead *n.* 床架 chuángjià

bedtime *n.* 就寝时间 jiùqǐn shíjiān: If you go to bed now, I'll read you a ～ story. 如果你现在上床睡觉，我就念个睡前故事给你听。Rúguǒ nǐ xiànzài shàngchuáng shuìjiào, wǒ jiù niànge shuìqián gùshi gěi nǐ tīng.

bee *n.* 蜜蜂 mìfēng

beef *n.* **1.** 牛肉 niúròu: ～ broth 牛肉汤 niúròutāng / ～ extract 牛肉汁儿 niúròuzhīr **2.** 肌肉 jīròu；体力 tǐlì: Put your ～ into it! 使劲儿干! Shǐ jìnr gàn! **3.** 牢骚 láosao: He's got a lot of ～s about his job. 他对工作满腹牢骚。Tā duì gōngzuò mǎnfù láosao. *v.* 发牢骚 fā láosao: Stop ～ing and do some work! 别发牢骚了，做点儿事吧! Bié fā láosaole, zuò diǎnr shìba!

beefeater *n.* **1.** 吃牛肉的人 chī niúròude rén **2.** 身强力壮的人 shēnqiáng lìzhuàngde rén ＊ (of a person) strong

beefsteak *n.* 牛排 niúpái

beefy *a.* 强壮的 qiángzhuàngde ＊ strong

beehive *n.* **1.** 蜂窝 fēngwō；蜂箱 fēngxiāng **2.** 熙熙攘攘的地方 xīxi-rǎngrǎngde dìfang ＊ a busy place

beeline *n.* 直奔 zhíbèn: The hungry boy made a ～ for his dinner. 那个饥饿的男孩直奔回家吃晚饭。Nàge jī'ède nánhái zhíbèn huíjiā chī wǎnfàn.

beer *n.* 啤酒 píjiǔ: dark ～ 黑啤酒 hēipíjiǔ / We had several cups of ～. 我们喝了好几杯啤酒。Wǒmen hēle hǎo jǐbēi píjiǔ.

beeswax *n.* 蜂蜡 fēnglà *v.* 给…上蜂蜡 gěi … shàng fēnglà

beet *n.* 甜菜 tiáncài: B- is his favorite vegetable. 甜菜是他最喜欢吃的蔬菜。Tiáncài shì tā zuì xǐhuan chīde shūcài.

beetle[1] *n.* 甲虫 jiǎchóng ＊ insect

beetle[2] *n.* 木夯 mùhāng ＊ wooden hammer *v.* 用大槌捶打 yòng dàchuí chuídǎ ＊ beat with a wooden hammer

beetroot *n.* 甜菜根 tiáncàigēn

befall *v.* **1.** 发生 fāshēng: What befell them? 他们出了什么事? Tāmen chūle shénme shì? **2.** 遭遇 zāoyù: Some misfortunes must have ～en them. 他们一定遭遇过不幸的事。Tāmen yídìng zāoyùguo búxìngde shì.

befit *v*. 适合 shìhé；适宜 shìyí：It doesn't ～ you to do so. 你这样做不合适。Nǐ zhèyàng zuò bùhéshì. / Your behavior doesn't ～ a person of your social position. 你的行为对于像你这种社会地位的人不适宜。Nǐde xíngwéi duìyú xiàng nǐ zhèzhǒng shèhuì dìwèide rén búshìyí.

before *prep*. **1**. 在…以前 zài…yǐqián：the day ～ yesterday 前天 qiántiān / ～ long 不久 bùjiǔ / He got there ～ me. 他比我早到那儿。Tā bǐ wǒ zǎodào nàr. **2**. 在…前面 zài…qiánmian：She stood ～ him. 她站在他前面。Tā zhàn zài tā qiánmian. *conj*. 在…以前 zài…yǐqián：Be a pupil ～ you become a teacher. 先做学生，再做先生。Xiān zuò xuésheng，zài zuò xiānsheng. *ad*. 以前 yǐqián：He fell silent，as ～. 他不吭声，象以前一样。Tā bù kēngshēng，xiàng yǐqián yíyàng. / We've seen that film long ～. 我们早就看过那部电影了。Wǒmen zǎojiù kànguo nàbù diànyǐngle.

beforehand *ad*. 预先 yùxiān；事先 shìxiān：Please let me know your plans ～. 请预先告诉我你的计划。Qǐng yùxiān gàosu wǒ nǐde jìhuà. / be prepared ～ 事先做好准备 shìxiān zuòhǎo zhǔnbèi

befoul *v*. **1**. 弄脏 nòngzāng * make dirty **2**. 污蔑 wūmiè * slander

befriend *v*. 以朋友的态度对待 yǐ péngyoude tàidu duìdài * act as a friend to：He ～ed the boy. 他象朋友一样照顾那个男孩。Tā xiàng péngyou yíyàng zhàogù nàge nánhái.

befuddle *v*. 使糊涂 shǐ hútu * puzzle：I was ～d by what had happened just a moment ago. 我被刚才发生的事情搞糊涂了。Wǒ bèi gāngcái fāshēngde shìqing gǎo hútule.

beg *v*. **1**. 乞讨 qǐtǎo：～ for food 讨饭 tǎofàn / He ～ged for money from people in the street. 他向路人讨钱。Tā xiàng lùrén tǎoqián. **2**. 恳求 kěnqiú：～ a favor of someone 恳求某人帮忙 kěnqiú mǒurén bāngmáng

beggar *n*. 乞丐 qǐgài

begin *v*. 开始 kāishǐ：The match will ～ at eight o'clock. 比赛将在八点钟开始。Bǐsài jiāngzài bādiǎnzhōng kāishǐ.

beginner *n*. 初学者 chūxuézhě

beginning *n*. 开始 kāishǐ：at the ～ of the term 学期初 xuéqī chū / from ～ to end 从头到尾 cóngtóudàowěi

begonia *n.* 秋海棠 qiūhǎitáng
begrime *v.* 弄脏 nòngzāng
begrudge *v.* **1.** 嫉妒 jídù * envy：～ the achievements of others 嫉妒别人的成就 jídù biérénde chéngjiù **2.** 吝惜 lìnxī * be stingy：They never ～d what we needed. 我们需要的东西，他们总是毫不吝惜地给我们。Wǒmen xūyàode dōngxi，tāmen zǒngshì háobù lìnxīde gěi wǒmen.
beguile *v.* **1.** 欺骗 qīpiàn；诱骗 yòupiàn：He ～d the child into stealing. 他诱骗那个孩子偷东西。Tā yòupiàn nàge háizi tōu dōngxi. **2.** 消磨(时间) xiāomó(shíjiān)：We ～d the time by watching TV. 我们看电视消磨时间。Wǒmen kàn diànshì xiāomó shíjiān. **3.** 使娱乐 shǐyúlè：We ～d the children with fairy tales. 我们讲童话故事以娱孩子们。Wǒmen jiǎng tónghuà gùshi yǐ yú háizimen.
behalf *n.* 利益 lìyì：on sb.'s ～ 代表某人 dàibiǎo mǒurén / My husband can't come here today，so I'm going to speak on his ～. 我丈夫今天不能来，所以我要代表他讲话。Wǒ zhàngfu jīntiān bùnéng lái，suǒyǐ wǒ yào dàibiǎo tā jiǎnghuà. // on ～ of 代表… dàibiǎo
behave *v.* **1.** 表现 biǎoxiàn：He ～d well (badly). 他表现好(坏)。Tā biǎoxiàn hǎo(huài). **2.** 举止适当或有礼 jǔzhǐ shìdàng huò yǒulǐ：Learn how to ～. 学习举止得体。Xuéxí jǔzhǐ détǐ. / B- yourself！规矩点儿！Guīju diǎnr！
behavior *n.* 行为 xíngwéi：be on one's best ～ 行为检点 xíngwéi jiǎndiǎn
behead *v.* 斩首 zhǎnshǒu；砍头 kǎntóu：He was ～ed for high treason. 他因犯叛国罪被斩首。Tā yīn fàn pànguózuì bèi zhǎnshǒu.
behest *n.* 命令 mìnglìng = command：at someone's ～ 受某人的命令 shòu mǒurénde mìnglìng
behind *prep* **1.** 在…的后面 zài …de hòumian：～ the door 在门后 zài mén hòu **2.** 迟于 chíyú = later than：～ time 迟到的 chídàode **3.** 不如 bùrú；次于 cìyú：He is ～ the others in English. 他的英语程度不如别人。Tāde Yīngyǔ chéngdù bùrú biérén. *ad.* **1.** 在后 zàihòu；向后 xiànghòu：stay ～ 留在后面 liú zài hòumian / look ～ 向后看 xiànghòukàn **2.** 迟到 chídào：He came ten minutes ～. 他迟到了十分钟。Tā chídàole shífēnzhōng. **3.** 落后 luòhòu：be ～ in (or with) one's work 工作拖拉 gōngzuò tuōlā / fall ～ 落在后面 luò zài hòumian *n.* 臀部 túnbù * buttocks

behindhand *a*. **1**. 迟到的 chídàode = late：We must hurry，we are already rather ～. 我们得赶快，因为我们已经迟到了。Wǒmen děi gǎnkuài，yīnwèi wǒmen yǐjīng chídàole. **2**. 落后的 luòhòude：People who live in the country all the year round are apt to get a bit ～ in their ideas. 长年住在乡间的人在思想上容易变得落后一些。Chángnián zhùzài xiāngjiānde rén zài sīxiǎngshang róngyì biànde luòhòu yìxiē.

beholden *a*. 感激的 gǎnjīde：to be much ～ to a person for his kind help 对某人的援助十分感激 duì mǒurénde yuánzhù shífēn gǎnjī

behoof *n*. 利益 lìyì：to (for，on) sb.'s ～ ；to (for，on) the ～ of = for the use，advantage or benefit of 为了某人的利益 wèile mǒurénde lìyì / The father toiled for his children's ～. 那位父亲为其儿女辛劳。Nàwèi fùqin wèi qí érnǚ xīnláo.

behoove *v*. 必须 bìxū：It ～s you to work harder if you want to succeed. 如果你想成功，必须更努力工作。Rúguǒ nǐ xiǎng chénggōng，bìxū gèng nǔlì gōngzuò.

being *n*. **1**. 存在 cúnzài：come into ～ 产生 chǎnshēng / We do not know when this world came into ～. 我们不知道这个世界是何时产生的。Wǒmen bù zhīdào zhège shìjiè shì héshí chǎnshēngde. / bring something into ～ 使产生 shǐ chǎnshēng **2**. 人 rén：human ～s 人类 rénlèi // for the time ～ 暂时 zànshí；眼下 yǎnxià

belabor *v*. 重打 zhòngdǎ：The robbers ～ed him soundly. 强盗们把他打了一顿。Qiángdàomen bǎ tā dǎle yídùn.

belated *a*. **1**. 来迟的 láichíde：～ letter 来迟的信 láichíde xìn **2**. 过期的 guòqīde：a ～ report 过期的报告 guòqīde bàogào

belay *v*. 拴(绳) shuān(shéng)：a ～ing pin 系索栓 jìsuǒshuān *n*. (爬山时的)系绳 (páshānshíde) jìshéng * rope used in mountain-climbing

belch *v*. **1**. 打嗝 dǎgé；打噎 dǎyē **2**. 喷出 pēnchū：A volcano ～es smoke and ashes. 火山喷出烟和灰。Huǒshān pēnchū yān hé huī. *n*. **1**. 打嗝 dǎgé **2**. 喷出 pēnchū；喷出物 pēnchūwù

beleaguer *v*. 围困 wéikùn = besiege；围攻 wéigōng

belfry *n*. 钟楼 zhōnglóu；钟塔 zhōngtǎ * part of a church tower in which bells hang

belief *n*. **1**. 信心 xìnxīn：I haven't much ～ in his honesty. 我对他的诚实没有多大信心。Wǒ duì tāde chéngshí méiyǒu duōdà xìnxīn. **2**. 信仰

xìnyǎng: religious ～s 宗教信仰 zōngjiào xìnyǎng

believe *v.* **1.** 相信 xiāngxìn: We ～ his reports. 我们相信他的报告。Wǒmen xiāngxìn tāde bàogào. / B- it or not. 信不信由你。Xìnbuxìn yóu nǐ. **2.** 认为 rènwéi: I ～ that he will come. 我认为他会来的。Wǒ rènwéi tā huì láide. **3.** 信任(某人) xìnrèn(mǒurén) * trust: I ～ in him. 我信任他。Wǒ xìnrèn tā. **4.** 相信(某种事物) xiāngxìn(mǒuzhǒng shìwù): I ～ in this method. 我相信这方法好。Wǒ xiāngxìn zhè fāngfǎ hǎo. / make ～ 假装 jiǎzhuāng

believer *n.* 信仰者 xìnyǎngzhě; 信徒 xìntú: He is a great ～ in small meals. 他竭力主张少吃。Tā jiélì zhǔzhāng shǎochī. / an ardent ～ 热忱的信徒 rèchénde xìntú / a ～ in Christianity 基督教徒 jīdūjiàotú

belittle *v.* 小看 xiǎokàn; 轻视 qīngshì; 低估 dīgū: Don't ～ yourself. 不要小看你自己。Búyào xiǎokàn nǐ zìjǐ. / We ～d the danger. 我们低估了危险。Wǒmen dīgūle wēixiǎn.

bell *n.* 钟 zhōng; 铃 líng: The ～ is ringing. 打钟了。Dǎ zhōngle. / ring the ～ 打钟 dǎzhōng

belladonna *n.* 颠茄 diānqié

belle *n.* 美女 měinǚ

bellicose *a.* 好战的 hàozhànde; 好斗的 hàodòude

belligerent *a.* 交战(中)的 jiāozhàn(zhōng)de: ～ powers(各)交战国 (gè) jiāozhànguó

bellow *v.* **1.** 吼叫 hǒujiào; **2.** 大叫 dàjiào: He ～ed before the dentist started. 牙医刚动手他就大叫起来。Yáyī gāng dòngshǒu tā jiù dàjiào qǐlái.

bellows *n.* **1.** 风箱 fēngxiāng: a pair of ～ 一副手提风箱 yífù shǒutí fēngxiāng / work the ～ 拉风箱 lā fēngxiāng **2.** 风琴的风箱 fēngqínde fēngxiāng * apparatus for forcing air through the pipes of an organ

bell(-)wether *n.* **1.** 系铃羊 jìlíngyáng * a male sheep, usually wearing a bell, that leads the flock **2.** (一群人的)首领 (yìqún rénde) shǒulǐng

belly *n.* **1.** 肚子 dùzi **2.** 胃 wèi; 胃口 wèikǒu; with an empty ～ 肚子饿了 dùzi'èle *v.* 胀满 zhàngmǎn: The wind bellied (out) the sails. 风使帆胀满。Fēng shǐ fān zhàngmǎn.

belly(-)ache *n.* **1.** 肚子痛 dùzi tòng **2.** 牢骚 láosao * complaint: He has got a lot of ~s about his job. 他对自己的工作牢骚满腹. Tā duì zìjǐde gōngzuò láosao mǎnfù. *v.* 发牢骚 fā láosao: Stop bellyaching and get on with the job. 别发牢骚了，继续干吧。Bié fā láosaole, jìxù gànba.

belong *v.* 属于 shǔyú: That book ~s to me. 那本书是我的。Nàběn shū shì wǒde.（= 那本书属于我。Nà běn shū shǔyú wǒ.）

belongings *n.* **1.** 财物 cáiwù * personal belongs **2.** 行李 xíngli: I hope you have left none of your ~ in the hotel. 我希望你没有把你的行李遗忘在旅馆里。Wǒ xīwàng nǐ méiyǒu bǎ nǐde xíngli yíwàng zài lǚguǎnli.

beloved *a.* **1.** 受爱戴的 shòu'àidàide: He is ~ by (or of) all. 他是众人所爱戴的。Tā shì zhòngrén suǒ àidàide. **2.** 热爱的 rè'àide; 敬爱的 jìng'àide (= much loved): our ~ motherland 我们敬爱的祖国 wǒmen jìng'àide zǔguó *n.* one's ~ 所爱的人 suǒ'àide rén

below *prep.* **1.** 在…下面 zài… xiàmian: ~ sea level 在海平面下面 zài hǎipíngmiàn xiàmian **2.** 低于… dīyú…: ~ the average income 低于平均收入 dīyú píngjūn shōurù / five degrees ~ zero 零下五度 língxià wǔdù *ad.* 在下面 zài xiàmian: He is down ~. 他在下面。Tā zài xiàmian.

belt *n.* **1.** 带 dài (= any belt) **2.** 腰带 yāodài * a band worn around the waist **3.** 地带 dìdài: an earthquake ~ 地震带 dìzhèndài *v.* 用带绑住 yòng dài bǎngzhù (= fasten … with a belt)

bemoan *v.* **1.** 悲叹 bēitàn: ~ one's sad fate 悲叹命苦 bēitàn mìng kǔ **2.** = mourn 哀悼 āidào

bench *n.* **1.** 长凳 chángdèng: park ~es 公园里的长凳 gōngyuánlide chángdèng **2.** = work table 工作台 gōngzuòtái **3.** (法庭)审判员席 (fǎtíng) shěnpànyuán xí: He is on the ~ this morning. 他今天上午主持开庭。Tā jīntiān shàngwǔ zhǔchí kāitíng. * in the lawcourt **4.** 议员席 yìyuánxí: back ~es 后排普通议员席 hòupái pǔtōng yìyuánxí * in Parliament

bend *v.* **1.** 弯曲 wānqū = to arch: Don't ~ the wire. 不要把电线弄弯曲了。Búyào bǎ diànxiàn nòng wānqūle. **2.** = to bow: ~ down 弯腰 wānyāo **3.** 专心 zhuānxīn: ~ one's mind to one's studies 专心学习 zhuānxīn xuéxí **4.** 屈从 qūcóng: ~ to his order 屈从他的命令 qūcóng tāde mìnglìng *n.* **1.** 拐弯的地方 guǎiwānde dìfang: a ~ in a road 道路

拐弯的地方 dǎolù guǎiwānde dìfang **2**. [the ～s] 肢腹痛 zhīfùtòng * decompression sickness

beneath *prep*. **1**. 在…下方 zài… xiàfāng: a village ～ the hill 山下的村庄 shānxiàde cūnzhuāng; 在下面 zài xiàmian (= directly under): put some paper ～ the carpet 放些纸在地毯下面 fàng xiē zhǐ zài dìtǎn xiàmian **2**. 低于 dīyú * about position: A captain is ～ a major. 上尉职位比少校低。Shàngwèi zhíwèi bǐ shàoxiào dī.

benediction *n*. 祝福 zhùfú; 祝祷 zhùdǎo

benefaction *n*. 善行 shànxíng (= good deeds); 捐助 juānzhù = charitable donation

benefactor *n*. 捐助者 juānzhùzhě = donor

beneficial *a*. 有益的 yǒuyìde: Fresh air is ～ to the health. 新鲜空气有益于健康。Xīnxiān kōngqì yǒuyìyú jiànkāng.

beneficiary *n*. 受益人 shòuyìrén

benefit *n*. **1**. 利益 lìyì: Rebuilding the canal has already brought many ～s to our national economy. 重开运河已经给我们的国民经济带来了许多好处。Chóngkāi yùnhé yǐjīng gěi wǒmende guómínjīngjì dàiláile xǔduō hǎochu. **2**. 津贴 jīntiē: = allowance of money: claim medical ～s 要求获得医疗津贴 yāoqiú huòdé yīliáo jīntiē **3**. 义演 yìyǎn: a ～ concert 义演音乐会 yìyǎn yīnyuèhuì *v*. 对…有利 duì… yǒulì; This medicine will ～ you. 这药对你有好处。Zhèyào duìnǐ yǒu hǎochu.

benevolence *n*. **1**. 仁慈 réncí: I did it out of pure ～. 我做这件事完全出于仁慈之心。Wǒ zuò zhèjiànshì wánquán chūyú réncí zhīxīn. **2**. 善行 shànxíng: His ～ made it possible for many poor children to attend school. 他的善行使许多贫苦的孩子们能够上学。Tāde shànxíng shǐ xǔduō pínkǔde háizimen nénggòu shàngxué.

benevolent *a*. 仁慈的 réncíde; 行善的 xíngshànde

benighted *a*. **1**. 天黑仍在赶路的 tiānhēi réngzài gǎnlùde: ～ travelers 天黑仍在赶路的旅客 tiānhēi réngzài gǎnlùde lǚkè **2**. 愚昧的 yúmèide = without knowledge

benign *a*. **1**. 慈祥的 cíxiángde * gentle and kind **2**. 有利的 yǒulìde **3**. 良性的 liángxìngde: a ～ tumor 良性肿瘤 liángxìng zhǒngliú

benignant *a*. **1**. 慈祥的 cíxiángde * (esp. to inferiors) kind and gracious **2**. 良性的 liángxìngde: a ～ tumor = benign tumor 良性肿瘤 liángxìng zhǒngliú

bent *a*. **1**. 弯曲的 wānqūde：a ～ stick 弯曲的棍 wānqūde gùn **2**. 决心 juéxīn：He is ～ on becoming an actor. 他决心要当演员。Tā juéxīn yào dāng yǎnyuán. *n*. 爱好 àihào：He has a ～ for mechanics. 他对机械有爱好。Tā duì jīxiè yǒu àihào.

benumb *v*. 使…麻木 shǐ…mámù：My hands were ～ed with cold. 我的手冻得麻木了。Wǒde shǒu dòngde mámùle.

benzene *n*. 苯 běn ＊ colorless liquid (C_6H_6) obtained from coal-tar

benzine *n*. 挥发油 huīfāyóu ＊ colorless liquid obtained from mineral oil

benzol *n*. 苯 běn ＝ benzene

bequeath *v*. **1**. 遗赠 yízèng (＝ leave by will)：He ～ed his house to me. 他将他的房子遗赠给我。Tā jiāng tāde fángzi yízèng gěi wǒ. **2**. 传给后代 chuángěi hòudài ＝ hand down to next generations

bequest *n*. 遗赠 yízèng ＝ bequeathing；遗产 yíchǎn ＝ something which is bequeathed

berate *v*. 责骂 zémà ＝ scold

bereave *v*. **1**. 丧失 sàngshī：He is ～d of his mother. 他丧失了母亲。Tā sàngshīle mǔqin. **2**. 使…丧失 shǐ sàngshī：a man bereft of reason 丧失了理性的人 sàngshīle lǐxìngde rén / His death has bereft her of all her hope. 他的去世已使她丧失了一切希望。Tāde qùshì yǐ shǐtā sàngshīle yíqiè xīwàng. **3**. 夺走 duózǒu ＝ rob off：Death bereft them of their child. 死神夺走了他们的孩子. Sǐshén duózǒule tāmende háizi.

bereaved *a*. 丧失亲人的 sàngshī qīnrénde：the ～ family 丧失亲人的家庭 sàngshī qīnrénde jiātíng

bereavement *n*. 居丧 jūsāng；丧失亲人 sàngshī qīnrén：Everyone sympathized with her in her ～. 大家都同情他的丧亲之痛。Dàjiā dōu tóngqíng tāde sàngqīn zhītòng.

beret *n*. 贝雷帽 bèiléimào；扁圆帽 biǎnyuánmào ＊ flat round cap

berg *n*. 冰山 bīngshān ＝ iceberg

bergamot *n*. 佛手(柑) fóshǒu(gān) ＊ a kind of fruit

beriberi *n*. 脚气病 jiǎoqìbìng

berry *n*. 浆果 jiāngguǒ：strawberry 草莓 cǎoméi

berth *n*. **1**. 卧铺 wòpù：book a ～ on the train 预定火车卧铺 yùdìng huǒchē wòpù **2**. 停泊处 tíngbóchù * place at a wharf for a ship to dock **3**. 职位 zhíwèi = job, position: He has got a good ~ at last. 他终于得到了一份好差事。Tā zhōngyú dédàole yífèn hǎochāishi. *v*. 停泊 tíngbó = to dock

beryl *n*. 绿宝石 lǜbǎoshí * a kind of precious stone (usu. green)

beryllium *n*. 铍 pí * a chemical element

beseech *v*. 恳求 kěnqiú: ~ sb.'s favor 向人求情 xiàng rén qiúqíng; 哀求 āiqiú: He besought the judge for mercy. 他向法官求情。Tā xiàng fǎguān qiúqíng.

beside *prep*. **1**. 在…的旁边 zài…de pángbiān: a house ~ the river 河边的房子 hébiānde fángzi **2**. 和…相比 hé…xiāngbǐ: * compared with…: You are quite tall ~ the others. 与其他人相比,你是相当高了。Yǔ qítārén xiāngbǐ, nǐ shì xiāngdāng gāole. **3**. 与…无关 yǔ…wúguān: ~ the question 与这问题无关 yǔ zhè wèntí wúguān **4**. be ~ oneself 发狂: He was ~ himself with joy. 他欣喜若狂。Tā xīnxǐruòkuáng.

besides *ad*. **1**. 而且 érqiě: I don't want to go, ~, I'm tired. 我不想去,而且我也累了。Wǒ bùxiǎng qù, érqiě wǒ yě lèile. **2**. 还有 háiyǒu: I met some friends and other people ~. 我遇见了几个朋友,还有别的人。Wǒ yùjiànle jǐge péngyou, háiyǒu biéde rén. *prep*. 除…外 chú…wài (= except): I have three other hats ~ this. 除此之外,我还有三顶别的帽子。Chúcǐzhīwài, wǒ háiyǒu sāndǐng biéde màozi. / I don't care anything ~ this. 除了这个外我不要别的。Chúle zhège wài, wǒ búyào biéde.

besiege *v*. **1**. 包围 bāowéi: The city was ~d by the enemy. 城市被敌人包围了。Chéngshì bèi dírén bāowéile. **2**. 不断提问 búduàn tíwèn: The crowd ~d the minister with questions about their taxes. 人们就纳税问题围着部长不断提问。Rénmen jiù nàshuì wèntí wéizhe bùzhǎng búduàn tíwèn.

besmear *v*. **1**. 把…弄脏 bǎ… nòngzāng: After repairing the car his hands were ~ed with dirt. 修完汽车后他把两手弄脏了。Xiūwán qìchēhòu tā bǎ liǎngshǒu nòngzāngle. **2**. 涂 tú: They ~ed him with tar. 他们把柏油涂在他身上。Tāmen bǎ bǎiyóu tú zài tā shēnshang.

besmirch *v*. **1**. 弄脏 nòngzāng = make dirty **2**. 损害名誉 sǔnhài míngyù = to soil sb.'s name

besom *n.* 长把帚 chángbàzhǒu = a long-handled broom

bespatter *v.* **1.** 溅 jiàn：The truck ～ed my new suit with mud. 卡车把我的新衣服溅了一身泥浆。Kǎchē bǎ wǒde xīnyīfu jiànle yìshēn níjiāng. **2.** 诋毁 dǐhuǐ：No man in public life has ever been so foully ～ed. 从来没有一个公职人员受到如此卑劣的诋毁。Cónglái méiyǒu yíge gōngzhí rényuán shòudào rúcǐ bēiliède dǐhuǐ.

bespeak *v.* **1.** 预定 yùdìng：Every room is already bespoken. 房间已预定一空. Fángjiān yǐ yùdìng yìkōng. **2.** 表示 biǎoshì：His action ～s his kind heart. 他的行动足以表示他的一片好心。Tāde xíngdòng zúyǐ biǎoshì tāde yípiàn hǎoxīn.

best *a.* 最好的 zuìhǎode：one's ～ friend 最好的朋友 zuìhǎode péngyou / the ～ seller 畅销书 chàngxiāoshū *n.* **1.** 最好的东西 zuìhǎode dōngxi * the best thing：in one's Sunday ～ 穿着节日的盛装 chuānzhe jiérìde shèngzhuāng **2.** 全力 quánlì：do one's ～ 竭尽全力 jiéjìn quánlì // make the ～ of … 尽量利用 jìnliàng lìyòng / to the ～ of one's power 不遗余力 bùyíyúlì

bestial *a.* **1.** 野兽的 yěshòude = like a beast **2.** 残忍的 cánrěnde = brutish

bestir *v.* …发奋 …fāfèn = be active

bestow *v.* 授予 shòuyǔ：～ an honor 授予荣誉 shòuyǔ róngyù

bestride *v.* 骑 qí：～ a horse 骑马 qímǎ；跨 kuà：= step over

bet *v.* 打赌 dǎdǔ：I ～ he will win. 我打赌他将获胜。Wǒ dǎdǔ tā jiāng huòshèng.

betatron *n.* 电子回旋加速器 diànzǐ huíxuán jiāsùqì

bethink *v.* 想起 xiǎngqǐ：I bethought myself of a good idea. 我想起了一个好办法。Wǒ xiǎngqǐle yíge hǎo bànfǎ.

betoken *v.* 预示 yùshì：Those black clouds ～ a storm. 那些乌云预示将有暴风雨。Nàxiē wūyún yùshì jiāng yǒu bàofēngyǔ.

betray *v.* **1.** 背叛 bèipàn；出卖 chūmài：～ one's friend 出卖朋友 chūmài péngyou **2.** 辜负 gūfù：～ one's trust 辜负别人的信任 gūfù biérénde xìnrèn **3.** 泄漏 xièlòu：～ a secret to a person 把秘密泄漏给某人 bǎ mìmì xièlòu gěi mǒurén

betrayal noun of the verb "betray"

betroth *v.* 同…订婚 tóng…dìnghūn * promise to marry：The daughter was ~ed to a soldier. 女儿与一军人订了婚。Nǚ'ér yǔ yī jūnrén dìngle hūn. *n*. betrothal

better *a*. **1**. 更好 gènghǎo: This is good but that is ~. 这是好的,那个更好。Zhèshì hǎode, nàge gènghǎo. / no ~ than 跟…一样 gēn…yīyàng **2**. (of health) 好些 hǎoxiē: He is ~, but not well yet. 他好些了,但还没有痊愈。Tā hǎoxiēle, dàn hái méiyǒu quányù. *ad*. **1**. 更好 gènghǎo: Try to do ~ next time. 下次做得更好。Xiàcì zuòde gènghǎo. **2**. 更加 gèngjiā: I like tea ~ than coffee. 比起咖啡,我更喜欢茶。Bǐ qǐ kāfēi, wǒ gèng xǐhuan chá. // be ~ off 更富有 gèngfùyǒu *v*. 改进 gǎijìn: ~ one's work 改进工作 gǎijìn gōngzuò

betterment *n*. 改进 gǎijìn: things that need ~ 需要改进的事情 xūyào gǎijìnde shìqing

between *prep*. 在之间 zài zhījiān: the distance ~ Beijing and Shanghai 北京和上海之间的距离 Běijīng hé Shànghǎi zhījiānde jùlí

bevatron *n*. 质子回旋加速器 zhìzǐ huíxuán jiāsùqì * a type of electro-nuclear machine

bevel *n*. 斜面 xiémiàn; 斜角规 xiéjiǎoguī

beverage *n*. 饮料 yǐnliào: Tea, coffee, wine, beer and milk are ~s. 茶、咖啡、酒、啤酒和牛奶都是饮料。Chá、kāfēi、jiǔ、píjiǔ hé niúnǎi dōushì yǐnliào.

bevy *n*. (一)群 (yì)qún: = a group

bewail *v*. 悲伤 bēishāng

beware *v*. 当心 dāngxīn: ~ of danger 当心危险 dāngxīn wēixiǎn; 谨防 jǐnfáng: B- of pickpockets. 谨防扒手。Jǐnfáng páshǒu.

bewilder *v*. 迷惑 míhuo: Big city traffic ~s me. 大城市的交通使我感到迷惑。Dà chéngshìde jiāotōng shǐ wǒ gǎndào míhuo.

bewilderment *n*. 迷惑 míhuo

bewitch *v*. 迷住 mízhù = fascinate: The audience was ~ed by her performance. 观众被她的表演迷住了。Guānzhòng bèi tāde biǎoyǎn mízhùle.

beyond *prep*. **1**. 在…的那边 zài…de nàbiān: ~ the mountains 在山那边 zài shān nàbiān **2**. 超过… chāoguò…: ~ nine o'clock 过了九点 guòle jiǔdiǎn **3**. 除…外 chú…wài: B- this I know nothing. 除此之外,我什么都不知道。Chúcǐzhīwài, wǒ shénme dōu bùzhīdào.

biannual *a*. 一年两次的 yìnián liǎngcìde

bias *n*. **1**. 偏见 piānjiàn：They have a ～ against her. 他们对她有偏见。Tāmen duì tā yǒu piānjiàn. **2**. 斜线 xiéxiàn：cut the cloth on the ～ 斜裁布料 xiécái bùliào *v*. 使有偏见 shǐ yǒu piānjiàn = to show prejudice

bib *n*. 围涎 wéixián * for children

bibcock *n*. 弯嘴龙头 wānzuǐ lóngtóu

Bible *n*. 圣经 Shèngjīng

Biblical *a*. 圣经的 Shèngjīngde

bibliofilm *n*. 缩微胶卷 suōwēi jiāojuǎn

bibliography *n*. **1**. 参考书目 cānkǎo shūmù **2**. 目录学 mùlùxué * study of the authorship, edition, etc. of books

bibliophile *n*. **1**. 书籍爱好者 shūjí àihàozhě **2**. 藏书家 cángshūjiā = book collector

bibulous 嗜酒的 shìjiǔde

bicarbonate *n*. 碳酸氢盐 tànsuānqīngyán：sodium ～ 小苏打 xiǎosūdá

bicentenary *n*. & *a*. 二百周年(的) èrbǎi zhōunián(de)；二百周年纪念 èrbǎi zhōunián jìniàn

biceps *n*. 二头肌 èrtóujī * the large muscle in the front part of the upper arm

bichromate *n*. 重铬酸盐 zhònggèsuānyán：～ cell 重铬酸盐电池 zhònggèsuānyán diànchí

bicker *v*. 吵嘴 chǎozuǐ = quarrel

bicycle *n*. & *v*. 自行车 zìxíngchē；骑自行车 qí zìxíngchē

bicyclist *n*. 骑自行车的人 qí zìxíngchēde rén

bid *v*. **1**. 投标 tóubiāo：bid on a subway 投标承建地铁 tóubiāo chéngjiàn dìtiě **2**. 嘱咐 zhǔfu：He bade me to take care. 他嘱咐我当心。Tā zhǔfu wǒ dāngxīn. **3**. 告别 gàobié：～ sb. farewell 向某人告别 xiàng mǒurén gàobié

bidder *n*. 投标者 tóubiāozhě：the highest ～ 中标者 zhòngbiāozhě

biennial *a*. 两年一次的 liǎngnián yícìde

bier *n*. 棺材架 guāncaijià

bifocal *a*. 双焦点的 shuāngjiāodiǎnde *n*. 双焦点透镜 shuāngjiāodiǎn tòujìng * of lenses

bifurcate *v*. & *a*. 分为两枝(的) fēnwéi liǎngzhī(de)；分叉儿(的) fēnchàr(de)

big *a.* **1.** 大的 dàde：～ business 大企业 dàqǐyè **2.** 重要的 zhòngyàode：重大的 zhòngdàde：a ～ event 重大(要)事件 zhòngdà(yào) shìjiàn

bigamy *n.* 重婚 chónghūn

bight *n.* **1.** 小海湾 xiǎo hǎiwān = bay **2.** 绳圈 shéngquān = a loop

bigot *n.* 固执的人 gùzhíde rén

bigoted *a.* 固执的 gùzhíde：He is ～ to (in) his opinion. 他固执己见。Tā gùzhí jǐjiàn.

bike *n.* & *v.* = bicycle 自行车 zìxíngchē；骑自行车 qí zìxíngchē

bilateral *a.* 双边的 shuāngbiānde：a ～ agreement 双边协定 shuāngbiān xiédìng

bile *n.* 胆汁 dǎnzhī

bilge *n.* 底舱 dǐcāng

bilingual *a.* **1.** 能说两种语言的 néng shuō liǎngzhǒng yǔyánde * speaking two languages **2.** 两种文字对照的 liǎngzhǒng wénzì duìzhàode：an English-Chinese dictionary 英汉(对照)双解词典 Yīng-Hàn (duìzhào) shuāngjiě cídiǎn / ～ education 双语教育 shuāngyǔ jiàoyù

bilious *a.* 患胆病的 huàn dǎnbìngde * suffering caused by too much bile

bill[1] *n.* 鸟嘴 niǎozuǐ * of a bird

bill[2] *n.* **1.** 帐单 zhàngdān：a hotel ～ 旅馆帐单 lǚguǎn zhàngdān / pay a ～ 付帐 fùzhàng / Please have my ～ ready in the evening. 请你今晚把帐算一下。Qǐng nǐ jīnwǎn bǎ zhàng suàn yíxià. **2.** 纸币 zhǐbì；钞票 chāopiào：a 5-dollar ～ 一张五元的钞票 yìzhāng wǔyuánde chāopiào **3.** 议案 yì'àn；法案 fǎ'àn：parliamentary ～s 国会议案 guóhuì yì'àn / pass a ～ 通过议案 tōngguò yì'àn **4.** 单子 dānzi：a concert ～ 音乐会节目单 yīnyuèhuì jiémùdān；广告 guǎnggào：Post no ～s! 禁止招贴！Jìnzhǐ zhāotiē! **5.** 票据 piàojù * in business：a ～ of exchange 汇票 huìpiào / a ～ of health 检疫证明书 jiǎnyì zhèngmíngshū　*v.* 开帐单 kāi zhàngdān：B- me! 给我开帐单！Gěi wǒ kāi zhàngdān!

billboard *n.* 广告牌 guǎnggàopái

billfold *n.* 钱夹 qiánjiā

billhead *n.* 空白单据 kòngbái dānjù

billiards *n.* 台球 táiqiú；弹子 dànzi：play (at) ～ 打台球 dǎ táiqiú；打弹子 dǎ dànzi / B- is a good indoor game. 台球是一种有益的室内运动。

Táiqiú shì yìzhǒng yǒuyìde shìnèi yùndòng. *a.* billiard

billion *num.* 兆 zhào * (in Britain or Germany) million millions; 十亿 shíyì * (in America or France) thousand millions

billow *n.* 巨浪 jùlàng; 波涛 bōtāo: angry ~s of the sea 大海怒涛 dàhǎi nùtāo. *v.* **1.** (波浪似的)翻腾 (bōlàng shìde) fānténg * like waves: ~ing smoke and flames 滚滚的烟火 gǔngǔnde yānhuǒ **2.** 扬起 yángqǐ * waving: ~ing sails / skirts 扬起风帆 / 裙子 yángqǐ fēngfān / qúnzi *a.* billowy

bimonthly *a.* & *ad.* 两月一次的(地) liǎngyuè yícìde: a ~ magazine 双月刊杂志 shuāngyuèkān zázhì *n.* 双月刊 shuāngyuèkān

bin *n.* 仓 cāng: a grain ~ 谷仓 gǔcāng / a coal ~ 煤库 méikù / an ash ~ 垃圾箱 lājīxiāng

binary *a.* **1.** 双重的 shuāngchóngde * composing of two parts **2.** 二元的 èryuánde * in chemistry: a ~ compound 二元化合物 èryuán huàhéwù

bind *v.* **1.** 捆 kǔn; 绑 bǎng: ~ with ropes 用绳子捆上 yòng shéngzi kǔnshàng / B- his arms behind the back. 把他的手臂反绑起来。Bǎ tāde shǒubì fǎnbǎng qǐlái. **2.** 装订 zhuāngdìng: ~ a book 装订一本书 zhuāngdìng yìběn shū **3.** 约束 yuēshù: ~ oneself to keep a promise (约束自己) 保证守约 (yuēshù zìjǐ) bǎozhèng shǒuyuē

binder *n.* **1.** 装订者 zhuāngdìngzhě: a book ~ 装订工人 zhuāngdìng gōngrén **2.** 割捆机 gēkǔnjī * a machine that binds grain **3.** 活页纸的封面 huóyèzhǐde fēngmiàn * removable cover, esp. for holding sheets of paper

binding *n.* **1.** 装订 zhuāngdìng: a book in elegant ~ 一本装订精美的书 yìběn zhuāngdìng jīngměide shū **2.** 捆绑 kǔnbǎng **3.** 粘合 niánhé *a.* 有拘束力的 yǒu jūshùlìde: This regulation is ~ on everybody. 本规则人人必须遵守。Běn guīzé rénrén bìxū zūnshǒu.

bingo *n.* 宾戈游戏 bīngē yóuxì

binnacle *n.* 罗盘座 luópánzuò; 罗盘箱 luópánxiāng * on a ship

binoculars *n.* 双筒望远镜 shuāngtǒng wàngyuǎnjìng

biochemistry *n.* 生物化学 shēngwù huàxué

biogenesis *n.* 生源说 shēngyuánshuō * in biology

biographer *n.* 传记作者 zhuànjì zuòzhě

biographical *a.* 传记的 zhuànjìde; 传记体的 zhuànjìtǐde: a ~ dictionary

人名辞典 rénmíng cídiǎn / ～ notes 传略 zhuànlüè

biography *n.* **1.** 传记 zhuànjì：the ～ of Byron 拜伦传 Bàilúnzhuàn / a critical ～ 评论性传记 pínglùnxìng zhuànjì **2.** 传记文学 zhuànjì wénxué：I like poetry better than ～. 我喜欢诗胜于传记文学。Wǒ xǐhuan shī shèngyú zhuànjì wénxué.

biological *a.* 生物学的 shēngwùxuéde：～ warfare 细菌战 xìjūnzhàn / ～ products 生物制剂 shēngwù zhìjì

biologist *n.* 生物学家 shēngwùxuéjiā

biology *n.* 生物学 shēngwùxué；生态学 shēngtàixué：the ～ of bacteria 细菌生物学 xìjūn shēngwùxué / plant ～ 植物生物学 zhíwù shēngwùxué / development ～ 发育生物学 fāyù shēngwùxué

bionics *n.* 仿生学 fǎngshēngxué

bionomics *n.* 生态学 shēngtàixué

biophysics *n.* 生物物理学 shēngwù wùlǐxué

biosphere *n.* 生物圈 shēngwùquān

bipartisan *a.* 两党的 liǎngdǎngde：a ～ committee 由两党组成之委员会 yóu liǎngdǎng zǔchéngzhī wěiyuánhuì

biped *n.* 两足动物 liǎngzú dòngwù

biplane *n.* 双翼飞机 shuāngyì fēijī

birch *n.* **1.** 桦树 huàshù：the white (or silver) ～ 白桦 báihuà ＊ the tree **2.** 桦木 huàmù ＊ the wood **3.** 桦条 huàtiáo ＊ bundle of ～ twigs used for punishing people *v.* 用桦条打 yòng huàtiáo dǎ

bird *n.* **1.** 鸟 niǎo：a baby ～ 雏鸟 chúniǎo / cage ～ 养在笼中的鸟 yǎng zài lóngzhōngde niǎo / a call ～ 媒鸟 méiniǎo / a game ～ 供猎食的鸟 gōng lièshíde niǎo / a mother ～ 母鸟 mǔniǎo / a mythical ～ 神鸟 shénniǎo / the national ～ 国鸟 guóniǎo / a pernicious ～ 害鸟 hàiniǎo / a predacious ～ 食肉鸟 shíròuniǎo / a pugnacious ～ 好斗的鸟 hàodòude niǎo / a song ～ 鸣禽 míngqín **2.** 人 rén；家伙 jiāhuo：an early ～ 早起者 zǎoqǐzhě；早来的人 zǎoláide rén / a gay ～ 爽快的人 shuǎngkuaide rén / yard ～s 新兵 xīnbīng ＊ American slang / a ～ of passage 候鸟 hòuniǎo / a ～ of prey 猛禽 měngqín / a ～ of peace 和平鸽 hépínggē // eat like a ～ 吃得很少 chīde hěnshǎo / sing like a ～ 唱得好 chàngde hǎo / work like a ～ 干得勤快 gànde qínkuài / Fine feathers don't make fine ～s. 衣着漂亮不见得人好。Yīzhuó piàoliang bújiànde rén hǎo. / a

～ in the hand (in the bush) 到手了(未到手)的东西 dàoshǒule (wèidàoshǒu) de dōngxi / kill two ～s with one stone 一箭双雕 yíjiànshuāngdiāo / B-s of a feather flock together. 物以类聚，人以群分。Wùyǐlèijù，rényǐqúnfēn. / The early ～ gets the worm. 捷足先登。Jiézú xiāndēng. / Clumsy ～s have to start flying early. 笨鸟先飞。Bènniǎo xiānfēi.

bird-brained *a.* 笨的 bènde；愚蠢的 yúchǔnde

bird's-eye *a.* 俯视的 fǔshìde；鸟瞰的 niǎokànde：a ～ view 鸟瞰图 niǎokàntú

birth *n.* **1.** 分娩 fēnmiǎn；生产 shēngchǎn：She gave ～ to a boy. 她生了一个男孩儿。Tā shēngle yíge nánháir. / ～ control 节育 jiéyù / a difficult ～ 难产 nánchǎn **2.** 出生 chūshēng；诞生 dànshēng：the date of ～ 出生年月日 chūshēng nián yuè rì **3.** 血统 xuètǒng；出身 chūshēn：He is American by ～. 他有美国血统。(他是美国人)。Tā yǒu Měiguó xuètǒng. (Tā shì Měiguó rén.) **4.** 起源 qǐyuán；创始 chuàngshǐ：the ～ of a new party 一个新党派的创建 yíge xīn dǎngpàide chuàngjiàn

birthday *n.* 生日 shēngrì；诞辰 dànchén：celebrate a person's ～ 祝寿 zhùshòu；庆祝生日 qìngzhùshēngrì / a ～ cake 生日蛋糕 shēngrì dàngāo / a ～ present 生日礼物 shēngrì lǐwù / a ～ card 生日卡 shēngrìkǎ / Happy ～ to you! 祝你生日快乐！Zhù nǐ shēngrì kuàilè!

birthmark *n.* 胎记 tāijì；胎痣 tāizhì

birthplace *n.* 出生地 chūshēngdì；故乡 gùxiāng；发源地 fāyuándì * of things

birthrate *n.* 出生率 chūshēnglǜ：a falling (rising) ～ 下降的(上升的)出生率 xiàjiàngde(shàngshēngde) chūshēnglǜ

birthright *n.* 生来就有的权利 shēnglái jiùyǒude quánlì

biscuit *n.* **1.** 饼干 bǐnggān：bake ～s 烘饼干 hōng bǐnggān / assorted ～s 什锦饼干 shíjǐn bǐnggān / crisp ～s 松脆的饼干 sōngcuìde bǐnggān **2.** 小面包 xiǎo miànbāo * in America

bisect *v.* 对(截)开 duì(jié)kāi；等分为二 děngfēn wéi'èr；平分 píngfēn *n.* bisection

bisector *n.* 二等分线 èr děngfēnxiàn；平分线 píngfēnxiàn

bishop *n.* 主教 zhǔjiào

bismuth *n.* 铋 bì * in chemistry

bison *n.* 北美野牛 Běiměi yěniú

bit[1] *n.* **1.** 一小片 yìxiǎopiàn；一点儿 yìdiǎnr：a ～ of land 一小块土地 yìxiǎokuài tǔdì / ～ by ～ 一点儿一点儿地 yìdiǎnr yìdiǎnrde / a ～ 有点儿 yǒudiǎnr：He is a ～ of a coward. 他有点儿胆小。Tā yǒudiǎnr dǎnxiǎo. / every ～ 完完全全 wánwan-quánquán / not a ～ 毫不 háobù / quite a ～ 相当多 xiāngdāng duō **2.** 一会儿 yíhuìr：Wait a ～. 等一会儿。Děng yíhuìr. / Stop a ～. 停一下。Tíng yíxià.

bit[2] *n.* 嚼子 jiáozi * for horse

bite *v.* **1.** 咬 yǎo：The dog bit me in the leg. 这狗咬了我的腿。Zhègǒu yǎole wǒde tuǐ. / be bitten by mosquitoes 被蚊子叮了 bèi wénzi dīngle **2.** 刺痛 cìtòng；辣（舌、鼻）là（shé、bí）；腐蚀 fǔshí：The mustard ～s the tongue. 芥末辣舌。Jièmo là shé. / Strong acids ～ (into) metals. 强酸腐蚀金属。Qiángsuān fǔshí jīnshǔ. *n.* 咬一口（食物）yǎo yìkǒu（shíwù）：I haven't had a ～ (of food) today. 今天我一点儿东西也没吃。Jīntiān wǒ yìdiǎnr dōngxi yě méi chī.

biting *a.* 辛辣的 xīnlàde；刺痛的 cìtòngde：～ wind 刺骨的风 cìgǔde fēng / ～ words 尖刻的话 jiānkède huà

bitter *a.* **1.** 苦的 kǔde * of taste：～ to taste 味道苦 wèidao kǔ / Beer is ～. 啤酒带苦味儿。Píjiǔ dài kǔwèir. **2.** 厉害的 lìhaide；痛苦的 tòngkǔde；辛酸的 xīnsuānde：a ～ attack 猛烈的攻击 měngliède gōngjī / ～ cold 严寒 yánhán / a ～ experience 惨痛的经验 cǎntòngde jīngyàn / ～ tears 辛酸泪 xīnsuānlèi / ～ hardships 含辛茹苦 hánxīn-rúkǔ **3.** 怨恨的 yuànhènde；～ words 怨言 yuànyán / a ～ enemy 冤家（死对头）yuānjia（sǐduìtou）

bittern[1] *n.* 盐卤 yánlǔ

bittern[2] *n.* 鹭鸶 lùsī * a kind of bird

bittersweet *a.* 又苦又甜的 yòukǔ yòutiánde：～ memory 苦乐参半的记忆 kǔlè cānbànde jìyì

bitumen *n.* 沥青 lìqīng

bituminous *a.* 沥青的 lìqīngde；烟煤的 yānméide：～ coal 烟煤 yānméi

bivalve *n.* 双壳贝 shuāngkébèi；牡蛎 mǔlì

bivouac *n.* & *v.* 露营 lùyíng

biweekly *a.* 两周一次的 liǎngzhōu yícìde：a ～ magazine 双周刊杂志 shuāngzhōukān zázhì *n.* 双周刊 shuāngzhōukān

bizarre *a.* 奇怪的 qíguàide；古怪的 gǔguàide

blab *v.* **1.** 喋喋不休 diédiébùxiū ＊chatter **2.** 胡说 húshuō ＊gossip **3.** 泄密 xièmì *n.* 瞎说的人 xiāshuōde rén ＊a blabber

black *a.* 黑色的 hēisède：～ beer 黑啤酒 / ～ coffee 浓咖啡 nóngkāfēi / B- Death 黑死病 hēisǐbìng / ～ market 黑市 hēishì / a ～ sheep 害群之马 hàiqún zhīmǎ / ～ tea 红茶 hóngchá / be beaten ～ and blue 被打得青一块，紫一块 bèi dǎde qīngyíkuài，zǐyíkuài

blackart *n.* 魔术 móshù

blackberry *n.* 黑莓 hēiméi

blackboard *n.* 黑板 hēibǎn

blacken *v.* **1.** 变黑 biànhēi；弄黑 nònghēi：The room is ～ed with smoke. 房间给烟熏黑了。Fángjiān gěi yān xūnhēile. **2.** 诽谤 fěibàng：～ one's name 毁坏某人的名声 huǐhuài mǒurénde míngshēng

blackguard *n.* 恶棍 ègùn；流氓 liúmáng

blacking *n.* 黑皮鞋油 hēi píxiéyóu

black(-)lead *n.* 石墨 shímò

black-list *n.* 黑名单 hēimíngdān：He is put on the ～. 他被列入了黑名单。Tā bèi lièrùle hēimíngdān.

blackmail *n.* & *v.* 敲诈 qiāozhà

blacksmith *n.* 铁匠 tiějiàng；锻工 duàngōng

blackthorn *n.* **1.** 刺李 cìlǐ **2.** 山楂 shānzhā ＊in America

bladder *n.* **1.** 膀胱 pángguāng ＊in anatomy **2.** 泡 pào ＊a bag that can be filled with air；球胆 qiúdǎn ＊a ball bladder

blade *n.* **1.** 刀刃 dāorèn ＊the cutting part of a knife **2.** 叶片 yèpiàn：a ～ of grass 草叶片 cǎoyèpiàn

blain *n.* 脓疱 nóngpào ＊in medicine

blame *v.* & *n.* **1.** 责备 zébèi：Don't ～ it on him. 别责备他。Bié zébèi tā. **2.** 归咎 guījiù：They ～d the failure on George. 他们把失败归咎于乔治。Tāmen bǎ shībài guījiùyú Qiáozhì.

blameless *a.* 无可责怪的 wúkě zéguàide；无过失的 wúguòshīde

blanch *v.* **1.** 漂白 piǎobái ＊bleach **2.** 变白 biànbái：～ with fear 吓得脸色变白 xiàde liǎnsè biànbái

bland *a.* **1.** 和蔼 hé'ǎi；温柔 wēnróu：～ manner 和蔼的态度 hé'ǎide tàidu **2.** 乏味的 fáwèide ＊tasteless；平淡的 píngdànde

blandishment *n.* 奉承 fèngcheng；恭维话 gōngweihuà

blank *a.* **1.** 空白的 kòngbáide：a ～ form 空白的表格 kòngbáide biǎogé **2.** 空虚的 kōngxūde：a ～ future 渺茫的前途 miǎomángde qiántú / His memory is ～. 他记不起了。Tā jìbuqǐle. **3.** 无表情的 wú biǎoqíngde：a ～ look 一副毫无表情的样子 yífù háowú biǎoqíngde yàngzi *n.* 空白 kòngbái：leave a ～ 留出空白 liúchū kòngbái

blanket *n.* 毯子 tǎnzi *a.* 全面的 quánmiànde；一揽子的 yìlǎnzide：a ～ approval 全面认可 quánmiàn rènkě / a ～ rule 适合各种情况的规则 shìhé gèzhǒng qíngkuàngde guīzé

blare *v.* & *n.*（发出）刺耳的响声（fāchū）cì'ěrde xiǎngshēng

blaspheme *v.* 亵渎 xièdú

blast *n.* **1.** 一阵（风）yízhèn（fēng）；一股（气）yìgǔ（qì）；疾风 jífēng：at one ～ 一口气 yìkǒuqì / a wintry ～ 一阵寒风 yízhèn hánfēng **2.** 鼓风 gǔfēng：The furnace is in ～. 炉子在输风。Lúzi zài shūfēng. **3.** 吹气声 chuīqìshēng：the ～ of a steam whistle 汽笛的鸣声 qìdíde míngshēng **4.** 爆炸 bàozhà：an H-bomb ～ 氢弹爆炸 qīngdàn bàozhà **5.** [at full ～] 旺盛 wàngshèng：He is working at full ～. 他正尽全力工作。Tā zhèng jìn quánlì gōngzuò. *v.* **1.** 爆炸 bàozhà：～ away 轰 hōng；炸开 zhàkāi **2.** 摧毁 cuīhuǐ：Frost ～ed the blossoms. 霜把花儿打掉了。Shuāng bǎ huār dǎdiàole.

blast furnace *n.* 鼓风炉 gǔfēnglú；高炉 gāolú

blatant *a.* **1.** 吵嚷的 chǎorǎngde * noisy **2.** 炫耀的 xuànyàode * glaring **3.** 无耻的 wúchǐde * shameless

blaze[1] *n.* **1.** 火焰 huǒyàn：a ～ of fire 火焰 huǒyàn / be in a ～（房屋）着火（fángwū）zháohuǒ **2.** 光辉 guānghuī：a ～ of lights 灯火辉煌 dēnghuǒ huīhuáng **3.** 突然发怒 tūrán fānù：a ～ rages 怒火上升 nùhuǒ shàngshēng *v.* **1.**（炉火）熊熊（lúhuǒ）xióngxióng：～ up 燃烧起来 ránshāo qǐlái **2.** 发光 fāguāng；（目光）炯炯（mùguāng）jiǒngjiǒng * of eyes **3.**（人）发火（rén）fāhuǒ

blaze[2] *v.* 刻路标指示 kè lùbiāo zhǐshì：～ a new trail through the wood 在树林中开出新路 zài shùlínzhōng kāichū xīnlù *n.* **1.** 白斑 báibān * white spot on an animal's face **2.** 树皮上的刻痕 shùpíshangde kèhén * mark cut on a tree

blaze[3] *v.* 传播 chuánbō：～ sth. about（or abroad）传播某事 chuánbō mǒushì ＊ publicize

blazon *n.* 纹章 wénzhāng *v.* **1.** 饰以纹章 shìyǐ wénzhāng ＊ decorate **2.** 宣扬 xuānyáng：～ the event abroad 把那件事大加宣扬 bǎ nàjiànshì dà jiā xuānyáng

bleach *v.* 漂白 piǎobái；变白 biànbái *n.* 漂白剂 piǎobáijì

bleaching *a.* 漂白的 piǎobáide：～ powder 漂白粉 piǎobáifěn

bleak *a.* **1.** 荒凉的 huāngliángde：a ～ hillside 荒凉的山坡 huāngliángde shānpō **2.** 阴冷的 yīnlěngde：～ weather 阴冷的天气 yīnlěngde tiānqì **3.** 暗淡的 àndànde：～ prospects 暗淡的前途 àndànde qiántú

blear *a.* 眼花的 yǎnhuāde；模糊的 móhude *v.* 使（眼、头脑）模糊 shǐ（yǎn、tóunǎo）móhu

bleat *n.* 咩咩叫声 miēmiē jiàoshēng：the ～ of the lost lamb 迷途羔羊的咩咩叫声 mítú gāoyángde miēmiē jiàoshēng *v.* **1.** 叫 jiào；咩咩叫 miēmiē jiào **2.** 轻声颤抖地说 qīngshēng chàndǒude shuō ＊ talk in a trembling voice

bleed *v.* **1.** 出血 chūxiě；流血 liúxiě：Your nose is ～ing. 你鼻子出血了。Nǐ bízi chūxiěle. **2.** 给…放血 gěi … fàngxiě：Doctors sometimes ～ sick people. 大夫有时给病人放血。Dàifu yǒushí gěi bìngrén fàngxiě. **3.** 悲痛 bēitòng：My heart ～s for him. 我为他伤心。Wǒ wèi tā shāngxīn.

blemish *n.* 瑕疵 xiácī；污点 wūdiǎn：without ～ 白璧无瑕的 báibì wúxiáde / a natural ～ 天生的缺点 tiānshēngde quēdiǎn *v.* 损坏 sǔnhuài；毁坏 huǐhuài

blench *v.* 畏缩 wèisuō：～ at the scene 临场退却 línchǎng tuìquè / He ～ed before his accuser. 他在控诉者面前畏缩了。Tā zài kòngsùzhě miànqián wèisuōle.

blend *v.* **1.** 混合 hùnhé；融合 rónghé：Oil and water do not ～. 油和水融合不起来。Yóu hé shuǐ rónghé bù qǐlái. **2.** 调合 tiáohé：These houses seem to ～ well with the trees. 这些房子与树木似乎融合一体。Zhèxiē fángzi yǔ shùmù sìhū rónghé yìtǐ.

blending *n.* 融合 rónghé；结合 jiéhé：The city is a happy ～ of town and country. 这个城市是城乡的巧妙结合。Zhège chéngshì shì chéngxiāngde qiǎomiào jiéhé.

bless *v.* **1.** 祝福 zhùfú **2.** 赞美（上帝）zànměi（Shàngdì）：God be ～ed. 感

谢主。Gǎnxiè zhǔ. **3.** 保佑 bǎoyòu: God ～ you! 上帝保佑你! Shàngdì bǎoyòunǐ!

blessed *a.* **1.** 神圣的 shénshèngde * holy **2.** 有福的 yǒufúde * fortunate: the ～ 有福的人 yǒufúde rén

blessing *n.* **1.** 祈福 qífú; 祝福 zhùfú: ask a ～ 祈祷 qídǎo **2.** 幸福 xìngfú: the ～ of health 健康的幸福 jiànkāngde xìngfú / It is a ～ for him. 这是他的幸福。Zhèshì tāde xìngfú. **3.** 批准 pīzhǔn * approval **4.** 幸事 xìngshì: a ～ in disguise 因祸得福 yīnhuò défú; 塞翁失马 sàiwēng shīmǎ

blight *n.* **1.** 枯萎病 kūwěibìng * plant disease **2.** 挫折 cuòzhé; 打击 dǎjī * destruction: The failure of his marriage cast a ～ on his life. 婚姻失败对他是毕生的打击。Hūnyīn shībài duì tā shì bìshēngde dǎjī. *v.* **1.** 使…枯萎 shǐ…kūwěi **2.** 毁灭 huǐmiè; 摧残 cuīcán * destroy: a life ～ed by illness 受疾病折磨的一生 shòu jíbìng zhémode yìshēng

blimp *n.* **1.** 软式飞艇 ruǎnshì fēitǐng * a kind of aircraft **2.** 胖子 pàngzi * American slang, fat person

blind *a.* **1.** 盲的 mángde; 瞎的 xiāde; 失明的 shīmíngde: a ～ man 盲人 mángrén; 瞎子 xiāzi **2.** 盲人的 mángrénde: a ～ school 盲人学校 mángrén xuéxiào **3.** 盲目的 mángmùde: be ～ to one's own faults 看不见自己的错误 kànbujiàn zìjǐde cuòwù / be ～ with love 被爱情迷惑了 bèi àiqíng míhuole **4.** 轻率的 qīngshuàide; 不加思考的 bùjiā sīkǎode * reckless: a ～ choice 瞎选 xiāxuǎn / ～ haste 匆匆忙忙 cōngcong-mángmáng **5.** 隐蔽的 yǐnbìde; 不通的 bùtōngde: a ～ alley 死胡同 sǐhútòng / ～ corner 隐蔽的角落 yǐnbìde jiǎoluò / a ～ ditch 暗沟 àngōu / a ～ letter 死信 *n.* 遮帘 zhēlián; 百叶窗 bǎiyèchuāng: draw up (pull down) the ～ 拉上(拉下)遮帘 lāshàng (lāxià) zhēlián *v.* 弄瞎 nòngxiā; 使…失明 shǐ…shīmíng * make unable to see: Money ～ed him. 钱财把他迷住了。Qiáncái bǎ tā mízhùle.

blindfold *a.* **1.** 蒙着眼睛的 méngzhe yǎnjingde; 看不清的 kànbuqīngde **2.** 盲目的 mángmùde; 轻率的 qīngshuàide *n.* 蒙眼布 méngyǎnbù; 眼罩 yǎnzhào

blindman's buff *n.* 捉迷藏 zhuōmícáng

blindness *n.* 盲目 mángmù; 失明 shīmíng: night ～ 夜盲 yèmáng / color

～色盲 sèmáng; snow ～ 雪盲 xuěmáng

blink *v.* **1.** 眨眼 zhǎyǎn：～ at a person 朝某人眨眼 cháo mǒurén zhǎyǎn **2.** 闪烁 shǎnshuò； * of lights **3.** 不顾 búgù：～ the fact 不顾事实 búgù shìshí *n.* 眨眼 zhǎyǎn；瞬间 shùnjiān；闪光 shǎnguāng：in (like) a ～ 立刻 lìkè；马上 mǎshàng

blinker *n.* **1.** 眨眼的人 zhǎyǎnde rén * person **2.** 闪光信号灯 shǎnguāng xìnhàodēng * of traffic lights **3.** [～s] 遮眼罩 zhēyǎnzhào * for covering the eyes

bliss *n.* **1.** 极乐 jílè；幸福 xìngfú：domestic ～ 家庭的幸福 jiātíngde xìngfú / wedded ～ 美满姻缘 měimǎn yīnyuán **2.** 天堂 tiāntáng * heaven

blissful *a.* 幸福的 xìngfúde；极快乐的 jí kuàilède

blister *n.* **1.** 水疱 shuǐpào * on the skin **2.** 泡 pào * something resembling a blister；气泡 qìpào * of tree or paint

blithe *a.* 欢乐的 huānlède；无忧无虑的 wúyōu-wúlǜde：～ and gay 轻松愉快 qīngsōng yúkuài

blitz *n.* **1.** 突然空袭 tūrán kōngxí；闪电战 shǎndiànzhàn：～ tactics 闪电战术 shǎndiàn zhànshù **2.** 强大攻势 qiángdà gōngshì * intense campaign *v.* 疯狂轰炸 fēngkuáng hōngzhà：a ～ed city 惨遭轰炸的城市 cǎnzāo hōngzhàde chéngshì

blitzkrieg *n.* **1.** 闪电战 shǎndiànzhàn：Hitler's ～ on Poland 希特勒对波兰的闪电战 Xītèlè duì Bōlánde shǎndiànzhàn **2.** 强大攻势 qiángdà gōngshì：start a ～ of propaganda 展开宣传攻势 zhǎnkāi xuānchuán gōngshì

blizzard *n.* 暴风雪 bàofēngxuě * storm：a freezing mountain ～ 凛冽刺骨的山间暴风雪 lǐnliè cìgǔde shānjiān bàofēngxuě / caught in a ～ of criticism 受到猛烈的批评 shòudào měngliède pīpíng

bloat *v.* **1.** 肿胀 zhǒngzhàng * swell **2.** 骄傲 jiāo'ào * be conceited

bloated *a.* **1.** 肿胀的 zhǒngzhàngde **2.** 骄傲的 jiāo'àode：be ～ with pride 骄傲自大 jiāo'ào zìdà

bloc *n.* 集团 jítuán：the sterling ～ 英镑集团 Yīngbàng jítuán

block *n.* **1.** 块 kuài；石块 shíkuài：building ～s 积木 jīmù * toy / a ～ of ice 一大块冰 yí dàkuài bīng / pave with ～s of stone 用石块铺砌 yòng shíkuài pūqì 2. 阻滞 zǔzhì；堵塞 dǔsè：a ～ in traffic 交通堵塞 jiāotōng dǔsè / a heart ～ 心脏阻塞 xīnzàng zǔsè 3. 街区 jiēqū * American English：The hotel is two ～s away. 那家旅馆同这儿隔两条街。Nàjiā lǚguǎn tóng zhèr gé liǎngtiáo jiē. 4. 滑轮 huálún；滑车 huáchē * = pulley 5. 木刻版 mùkèbǎn：a picture printed in colors from wooden ～s 套色木版画 tàosè mùbǎnhuà 6. 集团 jítuán * = bloc 7. * used as an attributive：～ letters 木版字母 mùbǎn zìmǔ；印刷体 yìnshuātǐ / a ～ print 刻版印刷 kèbǎn yìnshuā / the ～ system（铁道）区截制（tiědào）qū jiézhì *v.* 阻滞 zǔzhì；阻挡 zǔdǎng；堵塞 dǔsè：The roads were ～ed with crowds of people. 道路被人群挤得水泄不通。Dàolù bèi rénqún jǐde shuǐxièbùtōng.

blockade *n.* 封锁 fēngsuǒ：raise a ～ 解除封锁 jiěchú fēngsuǒ / run a ～ 冲破封锁 chōngpò fēngsuǒ *v.* 封锁 fēngsuǒ

blockbuster *n.* 1. 巨型炸弹 jùxíng zhàdàn 2. 轰动 hōngdòng * something very impressive

blockhead *n.* 木头人 mùtourén；傻瓜 shǎguā；笨蛋 bèndàn

blockhouse *n.* 碉堡 diāobǎo

blond(e) *a.* 金发碧眼的 jīnfà bìyǎnde；淡黄色的 dànhuángsède

blonde *n.* 金发女郎 jīnfà nǚláng

blood *n.* 1. 血 xuè；血液 xuèyè：～ group 血型 xuèxíng / ～ bank 血库 xuèkù / ～ pressure 血压 xuèyā / ～ test 验血 yànxuè / ～ vessel 血管 xuèguǎn / B- is thicker than water. 血比水浓，亲人要比外人亲。Xuè bǐ shuǐ nóng，qīnrén yào bǐ wàirén qīn. 2. 血统 xuètǒng；血亲 xuèqīn：They are of the same ～. 他们是同族。Tāmen shì tóngzú. / noble ～ 贵族血统 guìzú xuètǒng / a ～ brother 同胞兄弟 tóngbāo xiōngdì 3. 血气 xuèqì；气质 qìzhì；脾气 píqi：His ～ is up. 他大发脾气。Tā dà fā píqi.

bloodbath *n.* 大屠杀 dàtúshā

bloodhound *n.* 1. 警犬 jǐngquǎn 2. 追捕者 zhuībǔzhě = pursuer

bloodless *a.* 1. 贫血的 pínxuède；无血色的 wúxuèsède * = pale 2. 不流血的 bù liúxuède：a ～ victory 不流血的胜利 bù liúxuède shènglì

bloodletting *n.* 放血 fàngxuè

bloodmobile *n.* 献血车 xiànxuèchē

bloodpoisoning *n.* 血中毒 xuèzhòngdú

bloodshed *n.* 流血 liúxuè；屠杀 túshā：revenge for ～ 报血仇 bào xuèchóu

/ without ～ 没有发生流血事件 méiyǒu fāshēng liúxuè shìjiàn

bloodshot *a.* (眼睛)充血的 (yǎnjing) chōngxuède: His eyes are ～ after too much drinking. 他饮酒过量,眼睛有血丝。Tā yǐnjiǔ guòliàng, yǎnjing yǒu xuèsī.

bloodstain *n.* 血迹 xuèjī; 血污 xuèwū: ～ed 沾染着血的 zhānrǎnzhe xuède *v.* 血染 xuèrǎn

bloodsucker *n.* **1.** 吸血动物 xīxuè dòngwù; 水蛭 shuǐzhì **2.** 吸血鬼 xīxuèguǐ

bloodthirsty *a.* 嗜血的 shìxuède; 残忍好杀的 cánrěn hàoshāde

bloody *a.* **1.** 出血的 chūxuède * covered with blood **2.** 残忍的 cánrěnde * brutal

bloom *n.* **1.** 花 huā; 全部花朵 quánbù huāduǒ: lotus ～ 荷花 héhuā / in ～ 开花 kāihuā: The roses are in full ～. 玫瑰盛开。Méigui shèngkāi. **2.** 壮健 zhuàngjiàn: She is in the ～ of youth. 她正在青春时期。Tā zhèngzài qīngchūn shíqī. *v.* 开花 kāihuā: Roses are ～ing. 玫瑰正在盛开。Méigui zhèngzài shèngkāi. / Life ～ed with happiness and hope. 生活欣欣向荣,充满幸福和希望。Shēnghuó xīnxīnxiàngróng, chōngmǎn xìngfú hé xīwàng.

bloomers *n.* 灯笼裤 dēnglongkù

blossom *n.* 花 huā; 开花 kāihuā: cherry ～s 樱花 yīnghuā / Peach-trees are in full ～. 桃花盛开。Táohuā shèngkāi. *v.* **1.** 开花 kāihuā: ～ into an expert 成为专家 chéngwéi zhuānjiā **2.** 发育成长 fāyù chéngzhǎng: Jane is ～ing. 简已长大。Jiǎn yǐ zhǎngdà.

blot *n.* 墨(水)渍 mò(shuǐ)zì; 污点 wūdiǎn: a ～ on one's fame 名誉上的污点 míngyùshangde wūdiǎn *v.* **1.** 弄上污迹 nòngshàng wūjī: Her letter was ～ted with tears. 她的信上满是泪痕。Tāde xìnshang mǎnshì lèihén. **2.** (用吸墨水纸)吸干 (yòng xīmòshuǐzhǐ) xīgān: ～ up the ink 把墨水吸干 bǎ mòshuǐ xīgān // ～ out 涂去 túqù; 抹掉 mǒdiào

blotch *n.* 斑点 bāndiǎn; 污渍 wūzì *v.* 弄脏 nòngzāng; 涂污 túwū

blotter *n.* **1.** 吸墨纸 xīmòzhǐ **2.** 记事册 jìshìcè

blottingpaper *n.* 吸墨纸 xīmòzhǐ

blouse *n.* **1.** 女衬衫 nǚchènshān * for women **2.** 宽松上衣 kuānsōng shàngyī * shirt

blow[1] *n.* **1.** 一击 yījī ＝ a sudden hit；殴打 ōudǎ：come to ～s 殴打起来 ōudǎ qǐlái **2.** 打击 dǎjī ＊ shock：His wife's death was a great ～ to him. 妻子的去世对他是个大打击。Qīzide qùshì duìtā shìge dà dǎjī.

blow[2] *v.* **1.** 吹 chuī；刮 guā：The wind is ～ing hard. 风刮得很大。Fēng guāde hěndà. / I blew the dust off the book. 我把书上的灰吹掉。Wǒ bǎ shūshangde huī chuīdiào. **2.** 吹奏 chuīzòu：～ a horn 吹号角 chuī hàojiǎo

blower *n.* **1.** 吹制工 chuīzhìgōng ＊ such as a glass blower **2.** 风箱 fēngxiāng；鼓风机 gǔfēngjī ＊ a mechanical device for forcing air into sth.

blowfly *n.* 绿头苍蝇 lǜtóu cāngying；丽蝇 lìyíng

blowlamp *n.* 喷灯 pēndēng

blowpipe *n.* 吹风管 chuīfēngguǎn

blubber *n.* 鲸油 jīngyóu *v.* 大声号哭 dàshēng háokū ＊ cry *a.* 肿起的 zhǒngqǐde ＊ swollen

bludgeon *n.* 粗木棍 cūmùgùn *v.* **1.** 用粗木棍敲打 yòng cūmùgùn qiāodǎ **2.** 威胁 wēixié；强迫 qiǎngpò：～ sb. into doing sth. 强迫某人干某事 qiǎngpò mǒurén gàn mǒushì

blue[1] *a.* **1.** 青 qīng；蓝 lán：～ sky 青天；蓝天 qīngtiān；lántiān / a ～-collar worker 蓝领工人 lánlǐng gōngrén **2.** 沮丧的 jǔsàngde；忧郁的 yōuyùde：She looks ～. 她面有忧色。Tā miàn yǒu yōusè. **3.** 下流的 xiàliúde：～ movies 黄色电影 huángsè diànyǐng

blue[2] *n.* **1.** 蓝色 lánsè：light ～ 浅蓝色 qiǎnlánsè/ dark ～ 深蓝色 shēnlánsè / navy ～ 藏蓝色 zànglánsè **2.** 天空 tiānkōng；海洋 hǎiyáng：the ～ 苍天 cāngtiān；大海 dàhǎi // a bolt out of the ～ 晴天霹雳 qíngtiān pīlì / be dressed in ～ 穿着蓝色的衣服 chuānzhe lánsède yīfu / disappear into the ～ 消失得无影无踪 xiāoshīde wúyǐng-wúzōng

bluebird *n.* 蓝知更鸟 lánzhīgēngniǎo

bluebottle *n.* 矢车菊 shǐchējú

bluejacket *n.* 水兵 shuǐbīng

blueprint *n.* 蓝图 lántú；计划 jìhuà：a ～ for construction 建设(蓝图)计划 jiànshè(lántú)jìhuà *v.* 计划 jìhuà；为…制定蓝图 wèi…zhìdìng lántú

blues *n*. **1**. 忧郁 yōuyù：* being sad：give sb. the ～ 使沮丧 shǐ jǔsàng / suffer from the ～ 感觉忧郁 gǎnjué yōuyù **2**. 伤感的美国黑人歌曲 shānggǎnde Měiguó hēirén gēqǔ；布鲁斯舞（曲）bùlǔsīwǔ（qǔ）

bluestone *n*. 胆矾 dǎnfán

bluff *n*. **1**. 陡岸 dǒu'àn；悬崖 xuányá **2**. 吓唬 xiàhu：It is of no use to play a game of ～. 恐吓是无用的。Kǒnghè shì wúyòngde. *a*. **1**. 壁立的 bìlìde；陡峭的 dǒuqiàode **2**. 直率的 zhíshuàide；坦率的 tǎnshuàide *v*. 吓唬 xiàhu：～ a person off 吓退某人 xiàtuì mǒurén

bluish *a*. 淡蓝色的 dànlánsède

blunder *n*. 大错误 dà cuòwù：make a ～ 犯大错 fàn dàcuò *v*. **1**. 犯大错 fàn dàcuò：The best workman sometimes ～s. 智者千虑，必有一失。Zhìzhě qiānlǜ，bìyǒu yìshī. * proverb / ～ in spelling 拼错（字）pīncuò（zì）**2**. 盲目行动 mángmù xíngdòng：～ against people 冲撞人家 chōngzhuàng rénjia / ～ upon 无意中发现 wúyìzhōng fāxiàn // ～ away 错过（机会）cuòguo（jīhuì）/ ～ out a secret 信口泄露秘密 xìnkǒu xièlòu mìmì

blunt *a*. **1**. 钝的 dùnde；迟钝的 chídùnde：a ～ knife 钝刀 dùndāo / That will make your senses ～. 那会使你感官迟钝。Nà huì shǐ nǐ gǎnguān chídùn. **2**. 生硬 shēngyìng：be ～ in one's bearing 态度生硬 tàidu shēngyìng **3**. 直率的 zhíshuàide：a ～ refusal 直率的拒绝 zhíshuàide jùjué *v*. 使钝 shǐ dùn；挫折 cuòzhé

blur *v*. **1**. 弄模糊 nòng móhu：Tears ～red my eyes. 泪水使我眼睛模糊。Lèishuǐ shǐ wǒ yǎnjing móhu. **2**. 涂污 túwū * make dirty

blurt *v*. （～ out）冲口说出 chōngkǒu shuōchū；顺口说出 shùnkǒu shuōchū：～ out a secret 随口说出秘密 suíkǒu shuōchū mìmì

blush *v*. 脸红 liǎnhóng；羞愧 xiūkuì：He ～ed with shame. 他因羞愧而脸红。Tā yīn xiūkuì ér liǎnhóng.

bluster *v*. 怒号 nùháo；咆哮 páoxiāo：The wind is ～ing. 风在怒吼。Fēng zài nùhǒu.

boa *n*. **1**. 蟒蛇 mǎngshé * a kind of snake **2**. 女用毛皮围巾 nǚyòng máopí wéijīn * scarf

boar *n*. 公猪 gōngzhū * for breeding；野猪 yězhū

board *n*. **1**. 木板 mùbǎn；板 bǎn：a notice ～ 布告栏 bùgàolán / a chess ～ 棋盘 qípán **2**. 伙食 huǒshí：How much do you pay for ～? 你付多少

伙食费？Nǐ fù duōshao huǒshífèi？**3.** 委员会 wěiyuánhuì：a ～ of directors董事会 dǒngshìhuì // on ～ 在船上 zài chuánshang * on a ship；在火车上 zài huǒchēshang * on a train；在飞机上 zài fēijīshang * on an aircraft *v.* **1.** 用板铺上 yòng bǎn pūshàng；用板围上 yòng bǎn wéishàng：～ the floor 铺地板 pū dìbǎn / ～ up a window 用木板把窗堵住 yòng mùbǎn bǎ chuāng dǔzhù **2.** 上船（飞机、火车）shàngchuán（fēijī、huǒchē）：He ～ed the ship at 10：30. 他十点半上船。Tā shídiǎnbàn shàngchuán. **3.** 包伙 bāohuǒ；供膳（宿）gōng shàn（sù）：～ with a friend 在朋友家里搭伙 zài péngyou jiāli dāhuǒ

boarder *n.* 寄宿者 jìsùzhě

boarding *n.* 寄膳宿 jìshànsù

boardinghouse *n.* 客店 kèdiàn；公寓 gōngyù

boardingschool *n.* 寄宿学校 jìsù xuéxiào

boardroom *n.*（董事会）会议室（dǒngshìhuì）huìyìshì

boards *n.* **1.** 硬纸板 yìngzhǐbǎn * for book covers **2.** 舞台 wǔtái * stage：tread the ～s 上舞台，做演员 shàng wǔtái，zuò yǎnyuán

boardwalk *n.* 木板路 mùbǎnlù * for seashore

boast *v.* **1.** 夸耀 kuāyào；吹嘘 chuīxū：～ of one's learning 吹嘘自己的学问 chuīxū zìjǐde xuéwen **2.** 自夸 zìkuā：He ～ed himself（to be）an all-round man. 他自称是多面手。Tā zìchēng shì duōmiànshǒu. **3.** 拥有 yōngyǒu：The city ～s of a good museum. 那城市以拥有一所完备的博物馆而自豪。Nà chéngshì yǐ yōngyǒu yìsuǒ wánbèide bówùguǎn ér zìháo.

boaster *n.* 自夸的人 zìkuāde rén

boastful *a.* 自负的 zìfùde；自夸的 zìkuāde * of a person or his words

boat *n.* **1.**（小）船（xiǎo）chuán；艇 tǐng：～s for hire 出租的小船 chūzūde xiǎochuán / take ～ 乘船 chéngchuán / be in the same ～ 同舟共济 tóngzhōugòngjì / burn one's ～s 破釜沉舟 pòfǔchénzhōu **2.** 大轮船 dàlúnchuán：Are you going to America by ～ or by air？你到美国是坐船还是坐飞机？Nǐ dào Měiguó shì zuòchuán háishì zuò fēijī？ *v.* 划船 huáchuán：go ～ing 去划船 qù huáchuán // ferryboat 轮渡 lúndù / steamboat 汽船 qìchuán

boater *n.* 硬草帽 yìng cǎomào * straw hat；船工 chuángōng * boatman

boathook *n.* 有钩的撑篙 yǒugōude chēnggāo

boathouse *n*. 船库 chuánkù
boatman *n*. 船工 chuángōng
boatrace *n*. 赛船 sàichuán；划艇竞赛 huátǐng jìngsài
boatswain *n*. 水手长 shuǐshǒuzhǎng
bob *v*. **1**. 摇摆 yáobǎi：The small boat was ～bing in the rough water of the lake. 小船在汹涌的湖面上摇摆。Xiǎochuán zài xiōngyǒngde húmiànshang yáobǎi. **2**. 剪短(发)jiǎngduǎn(fà)：Most schoolgirls have ～bed hair. 女学生大都剪着短发。Nǚxuésheng dàdōu jiǎnzhe duǎnfà. **3**. 轻敲 qīngqiāo // ～ up 突然出现 tūrán chūxiàn *n*. **1**. 短发 duǎnfà **2**. 摆锤 bǎichuí
bobbin *n*. **1**. 筒管 tǒngguǎn **2**. 线轴 xiànzhóu * in a sewing machine
bobbinet *n*. 珠罗纱 zhūluóshā
bobby *n*. 警察 jǐngchá
bobby pin *n*. 发夹 fàjiā
bobbysocks *n*. 短袜 duǎnwà * for girls
bobcat *n*. 美国山猫 Měiguó shānmāo
bobolink *n*. 食米鸟 shímǐniǎo * North American singing bird
bobsled, bobsleigh *n*. 雪橇 xuěqiāo *v*. 乘雪橇 chéng xuěqiāo
bobtail *n*. **1**. 截短的尾巴 jiéduǎnde wěiba * a horse or dog with its tail cut short **2**. 截尾之动物 jiéwěi zhī dòngwù *a*. 截尾的 jiéwěide *v*. 剪短 jiǎnduǎn
bock *n*. 黑啤酒 hēipíjiǔ * German beer
bode *v*. 预兆 yùzhào；预示 yùshì
bodice *n*. 紧身胸衣 jǐnshēn xiōngyī * of a woman
bodily *a*. 身体的 shēntǐde：in ～ fear 怕身体受伤 pà shēntǐ shòushāng *ad*. **1**. 全体 quántǐ；全部 quánbù：The audience rose ～. 观众全体起立。Guānzhòng quántǐ qǐlì. **2**. 亲自地 qīnzìde * in person
bodkin *n*. 粗针 cūzhēn；锥子 zhuīzi
body *n*. **1**. 身体 shēntǐ **2**. 主体 zhǔtǐ：the ～ of a motorcar 汽车的车身 qìchēde chēshēn / the ～ of a ship 船身 chuánshēn **3**. 尸体 shītǐ：bury the ～ 埋尸体 mái shītǐ **4**. 团体 tuántǐ；机关 jīguān：The governing ～ of the college meet every Thursday. 学院的董事会每星期四开会。Xuéyuànde dǒngshìhuì měi Xīngqīsì kāihuì. **5**. 物体 wùtǐ：heavenly bodies 天体 tiāntǐ / a solid ～ 固体 gùtǐ **6**. (一)团 (yì)tuán；(一)片

(yí)piàn；(一)批 (yì)pī：A lake is a ～ of water：一个湖就是一潭水。Yíge hú jiùshì yìtán shuǐ.

bodyguard *n.* 保镖 bǎobiāo；警卫员 jǐngwèiyuán

bog *n.* 泥塘 nítáng；沼泽 zhǎozé *v.* 陷入泥沼 xiànrù nízhǎo：The car was ～ged down in the mud. 汽车陷入烂泥。Qìchē xiànrù lànní.

bogey，bogy *n.* 妖怪 yāoguài ＊ evil spirit

boggle *v.* 畏缩不前 wèisuō-bùqián；犹豫 yóuyù；不敢想象 bùgǎn xiǎngxiàng：What an impossible job! My mind ～s. 这件事太难了，我无法想象怎么动手做。Zhèjiànshì tàinánle，wǒ wúfǎ xiǎngxiàng zěnme dòngshǒu zuò.

boggy *a.* 软而湿的 ruǎn ér shīde；＊ of ground；多沼泽的 duō zhǎozéde

bogus *a.* 虚假的 xūjiǎde；伪造的 wěizàode：a ～ certificate 伪造的证件 wěizàode zhèngjiàn

boil *v.* **1.** 沸腾 fèiténg：The water is ～ing. 水开了。Shuǐ kāile. **2.** 煮 zhǔ：～ an egg 煮鸡蛋 zhǔ jīdàn **3.** 翻腾 fānténg；激动 jīdòng ＊ of e-motion：～ with fury 激怒 jīnù *n.* **1.** 煮沸 zhǔfèi；沸点 fèidiǎn；沸腾 fèiténg **2.** 疖子 jiēzi ＊ swelling under the skin // ～ away 煮干 zhǔgān：The water had all ～ed away. 水都煮干了。Shuǐ dōu zhǔgānle. / ～ down 煮浓 zhǔnóng；熬浓 áonóng / ～ down to 归结起来是 guījié qǐlái shì / ～ over **1.** 沸溢 fèiyì：The milk is ～ing over. 牛奶开得溢出来了。Niúnǎi kāide yìchūláile. **2.** 控制不了 kòngzhì bùliǎo ＊ out of control

boiled *a.* (煮)熟(的) (zhǔ)shú(de)

boiler *n.* 锅炉 guōlú；煮器 zhǔqì ＊ of kettle pot // ～ suit 连衫裤工作服 liánshānkù gōngzuòfú

boiling *a.* **1.** 沸腾的 fèiténgde：～ point 沸点 fèidiǎn **2.** 激昂的 jī'ángde；汹涌的 xiōngyǒngde：～ waves 汹涌的波涛 xiōngyǒngde bōtāo

boisterous *a.* **1.** 狂暴的 kuángbàode：a ～ wind 狂风 kuángfēng **2.** 吵闹的 chǎonàode ＊ noisy

bold *a.* **1.** 大胆的 dàdǎnde：a ～ action 大胆的行动 dàdǎnde xíngdòng **2.** 莽撞的 mǎngzhuàngde；冒失的 màoshide；无礼的 wúlǐde **3.** 醒目的 xǐngmùde；粗大的 cūdàde：a ～ hardwriting 粗体字 cūtǐzì **4.** 陡的 dǒude：a ～ cliff 绝壁 juébì // ～ face *n.* 黑体字 hēitǐzì ＊ in printing / ～ faced *a.* 厚颜无耻的 hòuyán-wúchǐde ＊ of a person or his behavior

bole *n.* 树干 shùgàn ＊ tree trunk

boll *n.* 荚壳 jiáké；铃 líng：a cotton ～ 棉桃 miántáo // ～ worm *n.* 棉铃虫 miánlíngchóng

bollard *n.* 短而粗的柱子 duǎn ér cūde zhùzi；系缆柱 jìlǎnzhù

bolometer *n.* 幅射热测定器 fúshèrè cèdìngqì

Bolshevik *n.* 布尔什维克 Bù'ěrshíwéikè *a.* 布尔什维克的 Bù'ěrshíwéikède

Bolshevism *n.* 布尔什维主义 Bù'ěrshíwéi zhǔyì

Bolshevist *n.* 布尔什维主义者 Bù'ěrshíwéizhǔyìzhě

bolster *n.* 长枕 chángzhěn；垫枕 diànzhěn *v.* 支撑 zhīchēng；垫 diàn

bolt *n.* **1.** (门窗的)插销(ménchuāngde)chāxiāo **2.** 螺栓 luóshuān * a metal pin **3.** 闪电 shǎndiàn * lightning **4.** 快跑 kuàipǎo；逃走 táozǒu：make a ～ for it 赶快逃走 gǎnkuài táozǒu *v.* **1.** (马)逃跑 (mǎ)táopǎo **2.** 匆匆吞咽 cōngcōng tūnyàn：～ one's food 把食物囫囵吞下 bǎ shíwù húlún tūnxià **3.** 关上 guānshàng；拴住 shuānzhù

bomb *n.* 炸弹 zhàdàn *v.* 轰炸 hōngzhà

bombard *v.* **1.** 炮击 pàojī **2.** 攻击 gōngjī；质问 zhìwèn

bombardier *n.* 轰炸员 hōngzhàyuán；投弹手 tóudànshǒu

bombardment *n.* **1.** 炮击 pàojī **2.** 轰击 hōngjī

bombast *n.* 大话 dàhuà

bombastic *a.* 夸夸其谈的 kuākuāqítánde

bomber *n.* **1.** 轰炸机 hōngzhàjī：a jet ～ 喷气式轰炸机 pēnqìshì hōngzhàjī **2.** 轰炸员 hōngzhàyuán

bombing *n.* 轰炸 hōngzhà：a ～ plane 轰炸机 hōngzhàjī

bombproof *a.* 防轰炸的 fáng hōngzhàde：a ～ shelter 防空避难室 fángkōng bìnànshì

bombshell *n.* **1.** 炸弹 zhàdàn **2.** 突如其来 tūrú-qílái；令人吃惊的人或事 lìngrén chījīngde rén huò shì * sth. surprising

bombsight *n.* 轰炸瞄准器 hōngzhà miáozhǔnqì

bonafide *a.* 真诚的 zhēnchéngde：a ～ offer 善意的建议 shànyìde jiànyì

bonanza *n.* **1.** 致富之源 zhìfù zhīyuán **2.** 富矿脉 fùkuàngmài * rich mine

bonbon *n.* 糖果 tángguǒ

bond *n.* **1.** 契约 qìyuē：enter into a ～ with sb. 与某人订契约 yǔ mǒurén dìng qìyuē **2.** 债券 zhàiquàn：a government ～ 公债 gōngzhài **3.** 保证书 bǎozhèngshū；保证人 bǎozhèngrén * guarantee **4.** 连接 liánjiē：the ～s of affection 感情上的联系 gǎnqíngshangde liánxì *v.* **1.** 结合 jiéhé **2.** 作

保 zuòbǎo * bail

bondage *n.* 奴役 núyì；束缚 shùfù * servitude

bond(s)man *n.* **1**. 农奴 nóngnú **2**. 奴隶 núlì：* serf or slave

bone *n.* 骨 gú；骨头 gútou *v.* 除去骨头 chúqù gútou

bonehead *n.* 笨蛋 bèndàn；傻瓜 shǎguā

bonesetting *n.* 正骨法 zhènggǔfǎ * of medicine

bonfire *n.* 篝火 gōuhuǒ；营火 yínghuǒ

bonnet *n.* **1**. 无边小软帽 wúbiān xiǎoruǎnmào * by women and children **2**. 汽车引擎盖子 qìchē yǐnqíng gàizi * of a car *v*. 戴上（软帽）dài shàng ruǎnmào * put on a ～

bonny *a.* 气色好 qìsèhǎo；健康 jiànkāng：It's good to see her looking so ～. 看到她这么健康美丽真高兴。Kàndào tā zhème jiànkāng měilì zhēn gāoxìng.

bonus *n.* 奖金 jiǎngjīn；额外津贴 éwài jīntiē

bon voyage *n.* 一路顺风 yílùshùnfēng

bony *a.* **1**. 多骨的 duōgǔde：a ～ fish 多骨刺的鱼 duōgǔcìde yú **2**. 骨头突出的 gútou tūchūde：～ fingers 皮包骨的手指 píbāogǔde shǒuzhǐ

booby *n.* **1**. 笨蛋 bèndàn **2** 鲣鸟 jiānniǎo * a seabird // ～ hatch **1**. 活盖小舱口 huógài xiǎo cāngkǒu **2**. 精神病院 jīngshénbìngyuàn * mental home // ～ prize 末名奖 mòmíngjiǎng

boobytrap *v.* 安设陷阱 ānshè xiànjǐng *n*. 陷阱 xiànjǐng；圈套 quāntào

book *n.* **1**. 书 shū；书籍 shūjí **2**. 卷 juàn **3**. 名册 míngcè：the visitors' ～ 来客登记本 láikèdēngjìběn *v.* 预订 yùdìng：～ a ticket 预订票 yùdìngpiào

bookcase *n.* 书柜 shūguì

bookclub *n.* 读书俱乐部 dúshū jùlèbù

booking clerk *n.* 售票员 shòupiàoyuán

booking office *n.* 售票处 shòupiàochù

bookish *a.* **1**. 书呆子气 shūdāiziqì：a ～ man 书呆子 shūdāizi **2**. 书本上的 shūběnshangde；咬文嚼字的 yǎowénjiáozìde * found in books

bookkeeper *n.* 簿记员 bùjìyuán

bookkeeping *n.* 簿记 bùjì；记帐 jìzhàng

booklet *n.* 小册子 xiǎocèzi

bookmark *n.* 书签 shūqiān

bookseller *n.* 书商 shūshāng
book(-)shelf *n.* 书架 shūjià
bookshop *n.* 书店 shūdiàn
bookstall *n.* 书摊 shūtān
bookstore *n.* 书店 shūdiàn
bookworm *n.* **1.** 书虫 shūchóng **2.** 书呆子 shūdāizi
boom[1] *n.* 隆隆声 lónglóngshēng：The guns ～ed. 大炮发出隆隆声。Dàpào fāchū lónglóngshēng. *v.* 发出轰鸣 fāchū hōngmíng * making the sound // ～ out 发出低沉的声音 fāchū dīchénde shēngyīn
boom[2] *n.* 繁荣 fánróng：an industrial ～ 工业繁荣 gōngyè fánróng *v.* 兴旺 xīngwàng；迅速发展 xùnsù fāzhǎn：Sales are ～ing. 销路正旺。Xiāolù zhèng wàng. / Business is ～ing. 生意兴隆。Shēngyi xīnglóng. // ～ town 新兴城镇 xīnxīng chéngzhèn
boomerang *n.* **1.** 回飞镖 huífēibiāo（投出后可飞回原处 tóuchūhòu kě fēihuí yuánchù）**2.** 自食其果的言行 zìshíqíguǒde yánxíng *v.* 使人自食其果 shǐ rén zìshíqíguǒ * backfire
boon *n.* 恩惠 ēnhuì * favor：to ask a ～ of sb. 请求某人帮忙 qǐngqiú mǒurén bāngmáng // a ～ companion 好友 hǎoyǒu；酒友 jiǔyǒu
boor *n.* 粗鲁的人 cūlǔde rén
boorish *a.* 粗鲁的 cūlǔde
boost *v.* **1.** 往上推 wǎng shàng tuī：～ the boy up 把这男孩儿举起来 bǎ zhè nánháir jǔqǐlái **2.** 增加 zēngjiā；促进 cùjìn：～ sales 增加销售额 zēngjiā xiāoshòu'é / ～ production 促进生产 cùjìn shēngchǎn
booster *n.* **1.** 助推器 zhùtuīqì * rocket **2.** 支援者 zhīyuánzhě * supporter
boot *n.* **1.** 靴子 xuēzi；长统靴 chángtǒngxuē：She was in a pair of white ～s. 她穿着白色的长统靴。Tā chuānzhe báisède chángtǒngxuē. **2.** 行李箱 xínglixiāng * of a car *v.* **1.** 穿靴 chuān xuē **2.** 踢人 tī rén * kick **3.** 解雇 jiěgù：He got the ～. 他被解雇。Tā bèi jiěgù.
bootblack *n.* 擦皮鞋工人 cā píxié gōngrén
booth *n.* **1.** 有篷的售货摊 yǒupéngde shòuhuòtān **2.** 饭馆中的小间隔 fànguǎn zhōngde xiǎo jiāngé **3.** 电话间 diànhuàjiān * telephone ～
bootleg *n.*（酿）贩私酒（niàng）fàn sījiǔ；私酒 sījiǔ *v.* 非法地酿（卖、运）（酒）fēifǎde niàng（mài、yùn）（jiǔ） *a.* 违法的 wéifǎde
booty *n.* 战利品 zhànlìpǐn // play ～ 勾结 gōujié

booze *n.* 酒 jiǔ *v.* 痛饮 tòngyǐn：He spends every night boozing with his friends. 他每晚都跟朋友们狂饮一顿。Tā měiwǎn dōu gēn péngyoumen kuángyǐn yídùn.

borax *n.* 硼砂 péngshā

border *n.* **1.** 边沿 biānyán；边缘 biānyuán：with a white ～ 带白边 dài báibiān **2.** 边界 biānjiè；国境 guójìng：～ incidents 边境事件 biānjìng shìjiàn *v.* 邻接 línjiē；交界 jiāojiè：The two villages ～ on each other. 这两个村互相接界。Zhè liǎngge cūn hùxiāng jiējiè.

borderland *n.* **1.** 边境地区 biānjìng dìqū **2.** 模糊的境界 móhude jìngjiè：the ～ between sleeping and waking 似睡非睡的状态 sìshuì fēishuìde zhuàngtài

borderline *n.* 边界线 biānjièxiàn

bore[1] *v.* 钻孔 zuānkǒng；挖洞 wādòng：They are boring a tunnel. 他们在开隧道。Tāmen zài kāi suìdào. *n.* **1.** 孔 kǒng **2.** 管腔 guǎnqiāng；内径 nèijìng；口径 kǒujìng

bore[2] *v.* 使…厌烦 shǐ…yànfán：He was ～d. 他感到很厌烦。Tā gǎndào hěn yànfán. *n.* 令人讨厌的人或事 lìngrén tǎoyànde rén huò shì ＊ someone or sth. that makes others feel tired *n.* boredom 厌烦 yànfán；讨厌 tǎoyàn

borer *n.* 镗床 tángchuáng

boric *a.* 硼的 péngde ＊ of chemistry：～ acid 硼酸 péngsuān

boron *n.* 硼 péng ＊ of chemistry

born *v.* 出生 chūshēng：He was ～ in China. 她出生在中国。Tā chūshēng zài Zhōngguó. *a.* **1.** 出身于…的 chūshēnyú…de：a Chinese-～ American scientist 美籍中国科学家 Měijí Zhōngguó kēxuéjiā **2.** 天生的 tiānshēngde：He was ～ a poet. 他是个天生的诗人。Tā shìge tiānshēngde shīrén.

borough *n.* 自治村镇 zìzhìcūnzhèn

borrow *v.* **1.** 借 jiè：I ～ed a book from him. 我向他借了一本书。Wǒ xiàng tā jièle yìběn shū. **2.** 借用 jièyòng：words ～ed from French 从法语中借用的词 cóng Fǎyǔzhōng jièyòngde cí // ～er *n.* 借东西的人 jiè dōngxide rén / ～ trouble 自找麻烦 zìzhǎo máfan

Borstal *n.* 青少年犯教养院 qīngshàoniánfàn jiàoyǎngyuàn：He was sent to

~ for stealing. 他因偷窃被送进少年教养院。Tā yīn tōuqiè bèi sòngjìn shàonián jiàoyǎngyuàn.

bort *n.* 园粒金刚石 yuánlì jīngāngshí

bosh *n.* 胡说 húshuō: talk ~ 胡说八道 húshuō-bādào

bosom *n.* **1.** 胸 xiōng; (衣服的)胸襟 (yīfude)xiōngjīn **2.** 内心 nèixīn; 胸怀 xiōnghuái: a ~ friend 知心朋友 zhīxīn péngyou

boss *n.* 工头 gōngtóu; 老板 lǎobǎn *v.* 指挥 zhǐhuī; 发号施令 fāhào shīlìng: He likes to ~ younger children. 他喜欢对年幼的孩子发号施令。Tā xǐhuan duì niányòude háizi fāhào shīlìng. *a.* **1.** 主要的 zhǔyàode; 首要的 shǒuyàode **2.** 第一流的 dì-yīliúde * first rate

botanist *n.* 植物学家 zhíwùxuéjiā

botany *n.* 植物学 zhíwùxué

botch *v.* 笨手笨脚地弄坏 bènshǒubènjiǎode nònghuài: The work was ~ed. 工作搞坏了。Gōngzuò gǎohuàile. *n.* 粗劣的工作 cūliède gōngzuò * messing up

both *a.* & *pron.* 两 liǎng; 双 shuāng: ~ hands 双手 shuāngshǒu / B- of them are well. 他们俩人都很好。Tāmen liǎngrén dōu hěnhǎo. / I see them ~. 我看见他们俩人。Wǒ kànjiàn tāmen liǎngrén. *ad.* 又…又 yòu…yòu; 不但…而且 búdàn…érqiě: She is ~ kind and gentle. 她又亲切又温柔。Tā yòu qīnqiè yòu wēnróu. / He can ~ sing and dance. 他能歌善舞。Tā nénggē-shànwǔ.

bother *v.* **1.** 打搅 dǎjiǎo: Don't ~ me! 别打搅我! Bié dǎjiǎo wǒ! **2.** 烦恼 fánnǎo: ~ over trifles 为琐事而烦恼 wèi suǒshì ér fánnǎo *n.* 烦恼 fánnǎo; 麻烦 máfan: It's a ~ to cook meals. 做饭是很麻烦的事。Zuòfàn shì hěn máfande shì.

bothersome *a.* 麻烦的 máfande; 讨厌的 tǎoyànde

bottle *n.* **1.** 瓶子 píngzi **2.** 瓶 píng: a ~ of beer 一瓶啤酒 yìpíng píjiǔ *v.* 装瓶 zhuāngpíng: ~d fruit 瓶装水果 píngzhuāng shuǐguǒ // ~ up 抑制 yìzhì/ ~ green *a.* 深绿色 shēnlǜsè

bottleneck *n.* **1.** 瓶颈 píngjǐng **2.** 狭路 xiálù

bottom *n.* **1.** 底 dǐ: the ~ of the cup 杯底 bēidǐ / the river ~ 河底 hédǐ **2.** 尽头 jìntóu: the ~ of the road 路的尽头 lùde jìntóu **3.** 原因 yuányīn: What's at the ~ of it? 到底是什么原因? Dàodǐ shì shénme yuányīn? // Bottoms up! 干杯! Gānbēi! / from the ~ of one's heart 衷心地

zhōngxīnde；真诚的 zhēnchéngde

bottomless *a.* 无底的 wúdǐde；深不可测的 shēnbùkěcède

boudoir *n.* 闺房 guīfáng

bough *n.* 粗大树枝 cūdà shùzhī

bouillon *n.* 肉汤 ròutāng

boulder *n.* 巨砾 jùlì；卵石 luǎnshí

boulevard *n.* 林荫大道 línyīn dàdào

bounce *v.* **1.** 反跳 fǎntiào；弹起 tánqǐ：The ball ～d over the wall. 球弹起越过了墙。Qiú tánqǐ yuèguòle qiáng. **2.** 蹦跳 bèngtiào；跳上跳下 tiàoshàng-tiàoxià；乱冲 luànchōng：～ on a bed 在床上蹦跳 zài chuángshang bèngtiào / He ～d into the room. 他冲进了房间。Tā chōngjìnle fángjiān.

bouncing *a.* **1.** 活泼的 huópode；健康的 jiànkāngde：two ～ baby boys 两个健康、活泼的男孩儿。Liǎngge jiànkāng、huópode nánháir. **2.** 巨大的 jùdàde：a ～ sum 巨款 jùkuǎn

bound[1] *v.* 跳 tiào *n.* 跳跃 tiàoyuè：by leaps and ～s 突飞猛进地 tūfēiměngjìnde

bound[2] *a.* 准备去…的 zhǔnbèi qù…de：The train is ～ for Shanghai. 这火车是开往上海的。Zhè huǒchē shì kāiwǎng Shànghǎide.

bound[3] *a.* **1.** 被捆的 bèikǔnde **2.** 一定的 yídìngde；必定的 bìdìngde：It's ～ to rain. 一定会下雨。Yídìng huì xiàyǔ. **3.** 下了决心的 xiàle juéxīnde：He is ～ to go. 他下决心要走。Tā xià juéxīn yào zǒu. **4.** 装订好的 zhuāngdìnghǎode ＊ such as books

bound[4] *n.* 界限 jièxiàn；范围 fànwéi：within the ～s of possibility 在可能范围之内 zài kěnéng fànwéi zhīnèi *v.* **1.** 限制 xiànzhì **2.** 形成…之边界 xíngchéng…zhī biānjiè：Jiangsu is ～ed on the south by Zhejiang. 江苏南面与浙江接壤。Jiāngsū nánmiàn yǔ Zhèjiāng jiērǎng.

boundary *n.* 分界线 fēnjièxiàn；边界 biānjiè：the ～ between the two countries 两国间的边界 liǎngguó jiānde biānjiè

boundless *a.* 无限的 wúxiànde；无边无际的 wúbiān-wújìde

bountiful *a.* **1.** 丰富的 fēngfùde：a ～ harvest 丰收 fēngshōu **2.** 慷慨的 kāngkǎide ＊ generous

bounty *n.* **1.** 慷慨 kāngkǎi **2.** 赠礼 zènglǐ **3.** 奖金 jiǎngjīn ＊ reward

bouquet *n.* 花束 huāshù ＊ of flowers

bourgeois *n.* 资产阶级分子 zīchǎnjiējífènzǐ *a.* 资产阶级的 zīchǎnjiējíde

bourgeoisie *n.* 资产阶级 zīchǎnjiējí；中产阶级 zhōngchǎnjiējí：the national ～ 民族资产阶级 mínzú zīchǎnjiējí / the petty ～ 小资产阶级 xiǎozīchǎnjiējí

bout *n.* **1.** 较量 jiàoliàng ＊ contest **2.** (一)次 (yí)cì；(一)回 (yì)huí；(一)场 (yì)chǎng：a ～ of illness 一场病 yìchǎngbìng

bovine *a.* **1.** 牛的 niúde ＊ like an ox **2.** 笨拙的 bènzhuōde；迟钝的 chídùnde ＊ dull

bow¹ *v.* **1.** 鞠躬 jūgōng：He ～ed his thanks. 他鞠躬致谢。Tā jūgōng zhìxiè. **2.** 弯曲 wānqū：The branches ～ed down with snow. 树枝被雪压弯。Shùzhī bèi xuě yāwān. **3.** 屈服 qūfú；服从 fúcóng：I ～ to your opinion. 我服从你的意见。Wǒ fúcóng nǐde yìjian.

bow² *n.* **1.** 弓 gōng：～ and arrows 弓和箭 gōng hé jiàn **2.** 弓形物 gōngxíngwù ＊ in the shape of a ～ **3.** 蝴蝶结 húdiéjié：tie in a ～ 打蝴蝶结 dǎ húdiéjié

bow³ *n.* 船头 chuántóu ＊ of a ship；飞机的前部 fēijīde qiánbù ＊ of an airplane

bowels *n.* **1.** 肠子 chángzi：have loose ～s 腹泻 fùxiè **2.** 内部 nèibù：the ～ of the earth 地球内部 dìqiú nèibù

bower *n.* 凉亭 liángtíng

bowery *a.* 有树荫的 yǒu shùyìnde；有亭的 yǒutíngde

bowl¹ *n.* 木球 mùqiú *v.* **1.** 滚球 gǔnqiú：He ～s the ball very fast. 他滚球滚得很快。Tā gǔnqiú gǔnde hěnkuài. **2.** 玩滚球游戏 wán gǔnqiú yóuxì：He ～s every Saturday. 他每周六打保龄球。Tā měizhōuliù dǎ bǎolíngqiú.

bowl² *n.* **1.** 碗 wǎn：a rice ～ 饭碗 fànwǎn **2.** 碗状物 wǎnzhuàngwù ＊ in the shape of a bowl

bow(-)legged *a.* 弓形腿的 gōngxíngtuǐde

bowler *n.* 园顶礼帽 yuándǐng lǐmào

bowman *n.* 弓箭手 gōngjiànshǒu

bowstring *n.* 弓弦 gōngxián

box¹ *n.* **1.** 箱子 xiāngzi；盒 hé：a wooden ～ 木箱 mùxiāng / a shoe ～ 鞋盒 xiéhé **2.** 包厢席 bāoxiāngxí ＊ of theater **3.** 专席 zhuānxí：jury ～ 法

庭上的陪审席 fǎtíngshangde péishěnxí / press ～ 记者席 jìzhěxí *v.* 装箱 zhuāngxiāng；装盒 zhuānghé：～ up goods 把货物装起箱来 bǎ huòwù zhuāngqǐ xiāng lái

box[2] *v.* **1.** 打耳光 dǎ ěrguāng **2.** 拳击 quánjī *n.* 一拳 yìquán；一掌 yìzhǎng

boxer *n.* 拳击运动员 quánjī yùndòngyuán // the Boxers（清朝）义和团（Qīngcháo）yìhétuán

boxing *n.* 拳击 quánjī：shadow ～ 太极拳 tàijíquán // ～ glove 拳击手套 quánjī shǒutào / ～ match 拳击比赛 quánjī bǐsài / ～ weights 拳击等级 quánjī děngjí

box office *n.* 票房 piàofáng；售票处 shòupiàochù

boxwood *n.* 黄杨木 huángyángmù

boy *n.* **1.** 少年 shàonián；男孩儿 nánháir **2.** 服务员 fúwùyuán * attendant in a restaurant or hotel

boycott *v.* & *n.* 抵制 dǐzhì

boyhood *n.* 少年时代 shàonián shídài

boyish *a.* 孩子气的 háiziqìde：～ laughter 孩子气的笑声 háiziqìde xiàoshēng

bra *n.* 乳罩 rǔzhào

brace *n.* **1.** 支撑的东西 zhīchēngde dōngxi **2.** （一）对（yí）duì；（一）双（yì）shuāng：two ～s of ducks 两对鸭子 liǎngduì yāzi **3.** 裤子背带 kùzi bēidài：a pair of ～s 一副背带 yífù bēidài **4.** 大括弧（[ ]）dà kuòhú **5.** 牙齿矫正器 yáchǐ jiǎozhèngqì * for teeth *v.* **1.** 支住 zhīzhù * support **2.** 奋起 fènqǐ；振作 zhènzuò * rouse oneself

bracelet *n.* 手镯 shǒuzhuó

bracing *a.* 令人振奋的 lìngrén zhènfènde；爽快的 shuǎngkuàide：～ air 凉爽的空气 liángshuǎngde kōngqì * stimulating

bracket *n.* **1.** 托架 tuōjià * a support **2.** 括号 kuòhào：enclose a word in ～s 用括号把一个字括起来 yòng kuòhào bǎ yíge zì kuò qǐlái **3.** 等级 děngjí；阶层 jiēcéng：the high income ～ 高收入阶层 gāo shōurù jiēcéng

brackish *a.* 微咸的 wēixiánde *（of water）with some salt

brag *v.* 夸口 kuākǒu；吹牛 chuīniú：Don't ～！别吹牛！Bié chuīniú！ *n.* 夸张 kuāzhāng；自夸的人 zìkuāde rén：He is full of ～. 他尽是吹牛。Tā jìnshì chuīniú. *a.* 第一流的 dì-yīliúde；极好的 jíhǎode * first-rate

braggart *n.* 吹牛大王 chuīniúdàwáng；自夸者 zìkuāzhě *a.* 吹牛的

chuīniúde；自夸的 zìkuāde

braid *n*. **1**. 辫子 biànzi：She wears her hair in ～s. 她梳着辫子。Tā shūzhe biànzi. **2**. 花边 huābiān * on clothes；穗带 suìdài：gold ～ for a military officer's uniform 军官制服上的黄色穗带 jūnguān zhìfúshangde huángsè suìdài *v*. 编织 biānzhī；梳辫子 shū biànzi

brain *n*. **1**. 脑（子）nǎo（zi）；脑髓 nǎosuǐ：The ～ is the center of higher nervous activity. 脑是高等神经系统的中枢。Nǎo shì gāoděng shénjīng xìtǒngde zhōngshū. **2**. 头脑 tóunǎo；智力 zhìlì：He has a good ～. 他很有头脑。Tā hěn yǒu tóunǎo. *v*. 打碎…的脑袋 dǎsuì…de nǎodai // ～ case 脑壳 nǎoké；头颅 tóulú / ～ child 计划 jìhuà；发明 fāmíng；作品 zuòpǐn * brain work / ～ drain 人才外流 réncái wàiliú / ～ trust 智囊团 zhìnángtuán / ～ work 脑力劳动 nǎolì láodòng / ～ worker 脑力劳动者 nǎolì láodòngzhě

brainwash *v*. 洗脑 xǐnǎo：～ sb. into believing 强迫某人相信 qiǎngpò mǒurén xiāngxìn

brainless *a*. 没有脑筋的 méiyǒu nǎojīnde；愚蠢的 yúchǔnde * stupid

brainy *a*. 有头脑的 yǒu tóunǎode；聪明的 cōngmingde * intelligent

braise *v*. 炖 dùn；蒸 zhēng

brake *n*. 刹车 shāchē；制动器 zhìdòngqì；闸 zhá *v*. 刹（车）shā（chē）；停车 tíngchē：He ～d suddenly. 他突然刹车。Tā tūrán shāchē.

brakeman *n*. 司闸员 sīzháyuán

bramble *n*. 荆棘 jīngjí *a*. 多荆棘的 duōjīngjíde；多刺的 duōcìde * thorny

bran *n*. 糠 kāng；麸皮 fūpí

branch *n*. **1**.（树）枝（shù）zhī；分枝 fēnzhī **2**. 支流 zhīliú；支脉 zhīmài；支线 zhīxiàn：a ～ of a river 河的支流 héde zhīliú **3**. 分科 fēnkē；部门 bùmén；分部 fēnbù；分行 fēnháng：a ～ office 分局 fēnjú；分店 fēndiàn：Our business has ～es in many cities. 我们在许多城市设有分店。Wǒmen zài xǔduō chéngshì shèyǒu fēndiàn. *v*. 分支 fēnzhī；分岔 fēnchà：The road ～es here. 这条路在这里岔开。Zhètiáo lù zài zhèlǐ chàkāi. // ～ off 分岔 fēnchà；岔开 chàkāi / ～ out 发枝 fāzhī

brand *n*. **1**. 商标 shāngbiāo；牌子 páizi：a good ～ of car 名牌儿汽车 míngpáir qìchē **2**. 烙印 làoyìn；火印 huǒyìn **3**. 燃烧着的木头 ránshāozhede mùtou **4**. 火炬 huǒjù；剑 jiàn * poem *v*. **1**. 打火印 dǎ huǒyìn；刺字 cìzì **2.** 铭刻 míngkè；铭记 míngjì：be ～ed on one's memory 铭刻在某人的记忆中 míngkè zài mǒurénde jìyìzhōng

brandish *v.* & *n.* 挥舞(剑) huīwǔ(jiàn)

brandnew *a.* 簇新的 cùxīnde；崭新的 zhǎnxīnde；新制的 xīnzhìde

brandy *n.* 白兰地(酒) báilándì(jiǔ)

brass *n.* **1.** 黄铜 huángtóng **2.** 黄铜器 huángtóngqì；铜管乐器 tóngguǎn yuèqì **3.** 钱 qián：plenty of ～ 许多钱 xǔduō qián // ～ band 铜管乐队 tóngguǎn yuèduì；军乐队 jūnyuèduì / ～ hat 高级军官 gāojí jūnguān / ～ plate 铜制名牌 tóngzhì míngpái / ～ tacks **1.** 铜钉 tóngdīng **2.** 实质问题 shízhì wèntí；事实真相 shìshí zhēnxiàng：get down to ～ tacks 讨论重要问题 tǎolùn zhòngyào wèntí / ～y **1.** 黄铜色的 huángtóngsède **2.** 声音如铜管乐器的 shēngyīn rú tóngguǎn yuèqìde **3.** 厚颜无耻的 hòuyán wúchǐde；庸俗的 yōngsúde

brassiere *n.* 奶罩 nǎizhào

brat *n.* 小鬼 xiǎoguǐ，小家伙 xiǎojiāhuo

bravado *n.* 虚张声势 xūzhāng-shēngshì

brave *a.* **1.** 勇敢的 yǒnggǎnde；无畏的 wúwèide：～ soldiers 英勇的战士 yīngyǒngde zhànshì / ～ actions 勇敢的行为 yǒnggǎnde xíngwéi **2.** 华丽的 huálìde；盛装的 shèngzhuāngde：a ～ new world 美丽的新世界 měilìde xīn shìjiè *v.* 冒着 màozhe；拼 pīn；勇敢地面对 yǒnggǎnde miànduì：～ the storm 冒着风雨 màozhe fēngyǔ // ～ it out 勇敢地面对 yǒnggǎnde miànduì；拼命干下去 pīnmìng gànxiàqù

bravery *n.* **1.** 勇敢 yǒnggǎn **2.** 华丽 huálì

bravo *n.* 喝采声 hècǎishēng；叫好声 jiàohǎoshēng *int.* 好啊！Hǎo'ā！妙啊 Miào'ā！ *v.* 向…喝采 xiàng … hècǎi

brawl *n.* 争吵 zhēngchǎo；打架 dǎjià *v.* 吵架 chǎojià

brawn *n.* **1.** 肌肉 jīròu **2.** 膂力 lǚlì ＊ muscle；体力 tǐlì **3.** 腌的野猪肉 yānde yězhūròu ＊ ham

brawny *a.* 肌肉结实的 jīròu jiēshide；强壮的 qiángzhuàngde ＊ strong

bray *n.* 驴叫声 **1.** lǘjiàoshēng ＊ cry of a donkey **2.** 嘟嘟声 dūdūshēng *v.* **1.** (驴)叫 (lǘ) jiào **2.** (喇叭)发嘟嘟声 (lǎba)fā dūdūshēng

brazen *a.* **1.** 黄铜制的 huángtóng zhìde ＊ made of brass；黄铜色 huángtóngsè **2.** 厚颜无耻的 hòuyán wúchǐde ＊ impudent / ～ly *ad.* 厚颜无耻地 hòuyán wúchǐde / ～ness *n.* 厚颜无耻 hòuyán wúchǐ ＊

shamelessness

brazier[1] *n.* 炭火盆 tànhuǒpén ∗ metal pan for holding burning coal

brazier[2] *n.* 铜匠 tóngjiàng ∗ of worker

breach *n.* **1.** 破坏 pòhuài；违犯 wéifàn：Your action is a ～ of our agreement. 你的行动违犯了我们的协议。Nǐde xíngdòng wéifànle wǒmende xiéyì. / a ～ of faith 失信 shīxìn **2.** 破口 pòkǒu；缺口 quēkǒu：open a ～ 打开缺口 dǎkāi quēkǒu *v.* 攻破 gōngpò；突破 tūpò // stand in the ～ 承受最厉害的攻击 chéngshòu zuì lìhaide gōngjī；首当其冲 shǒudāng-qíchōng / throw oneself into the ～ 挺身担当重任 tǐngshēn dāndāng zhòngrèn / ～ of confidence 泄密 xièmì

bread *n.* **1.** 面包 miànbāo：a loaf of ～ 一个面包 yíge miànbāo / steamed ～ 馒头 mántou **2.** 食物 shíwù；粮食 liángshi **3.** 生计 shēngjì：to beg one's ～ 以乞讨为生 yǐ qǐtǎo wéishēng / make one's ～ 谋生 móushēng **4.** 钱 qián // ～ and butter 涂黄油的面包 tú huángyóude miànbāo；生计 shēngjì / a ～ line 领救济面包的队伍 lǐng jiùjì miànbāode duìwu / eat the ～ of idleness 不劳而食 bùláo-érshí / be out of ～ 失业 shīyè / take the ～ out of a person's mouth 抢人饭碗 qiǎng rén fànwǎn

breadfruit *n.* 面包树 miànbāoshù；面包果 miànbāoguǒ

breadstuffs *n.* 面包原料 miànbāo yuánliào

breadth *n.* **1.** 宽度 kuāndù；幅 fú；广度 guǎngdù：The window is four feet in ～. 这扇窗户4尺宽。Zhèshàn chuānghu sìchǐ kuān. / 2 ～s of cloth 两幅布 liǎngfúbù **2.** 宽宏大度 kuānhóng dàdù **3.** 一大片 yídàpiàn ∗ of land, water, etc. // ～-ways *ad.* 横向地 héngxiàngde

break[1] *vt.* **1.** 打破 dǎpò；破裂 pòliè；折断 zhéduàn：～ a window 打破窗户 dǎopò chuānghu / He fell and broke his leg. 他跌下来，折断了腿。Tā diē xiàlái, zhéduànle tuǐ. **2.** 不遵守 bù zūnshǒu；违背 wéibèi；扰乱 rǎoluàn：～ a law (a rule) 违犯法律(规则) wéifàn fǎlǜ(guīzé) / ～ the peace 扰乱治安 rǎoluàn zhì'ān / ～ an agreement 不遵守协定 bù zūnshǒu xiédìng **3.** 超过 chāoguò；打破(记录) dǎpò(jìlù)：Who broke his record? 谁破了他的记录？Shuí pòle tāde jìlù? **4.** 打击 dǎjī；减弱 jiǎnruò：break a person's spirit 打击别人的情绪 dǎjī biérénde qíngxù / The shelter belt ～s the force of the wind. 防风林带减弱了风力。Fángfēng líndài jiǎnruòle fēnglì. **5.** 中断 zhōngduàn；打断 dǎduàn：～ an electric current 停电 tíngdiàn / ～ one's journey at Shanghai 中途在

上海下车 zhōngtú zài Shànghǎi xiàchē *vi.* **1.** 破裂 pòliè；破碎 pòsuì；爆裂 bàoliè；断裂 duànliè：The bicycle broke. 自行车坏了。Zìxíngchē huàile. /The rope has broken. 绳子断了。Shéngzi duànle. **2.** 破晓 pòxiǎo：He got up as soon as the day broke. 天一亮他就起床了。Tiān yíliàng tā jiù qǐchuángle. **3.** 变 biàn；突变 tūbiàn：The boy's voice began to ～. 这个男孩儿的嗓音开始变了。Zhège nánháirde sǎngyīn kāishǐ biànle. / The cold wave broke. 寒流突然过去了。Hánliú tūrán guòqùle. **4.** 减弱 jiǎnruò；衰弱 shuāiruò **5.** 破译 pòyì：He broke their code. 他破译了他们的密码。Tā pòyìle tāmende mìmǎ. *n.* **1.** 裂口 lièkǒu；破裂处 pòlièchù：a ～ in the drainpipe 排水管的裂口 páishuǐguǎnde lièkǒu **2.** 休息 xiūxi：Let's have a ～. 我们休息一下吧。Wǒmen xiūxi yíxiàba. **3.** 黎明 límíng；天亮 tiānliàng：at ～ of day 天亮时 tiānliàngshí **4.** 机会 jīhuì：Give me a ～. 给我一个改过的机会吧。Gěi wǒ yíge gǎiguòde jīhuìba. **5.** 运气 yùnqi：get a ～ 碰到好运气 pèngdào hǎo yùnqi **6.** 逃跑 táopǎo：a jail ～ 越狱 yuèyù

breakable *a.* 易破的 yìpòde；易碎的 yìsuìde

breakage *n.* **1.** 破损 pòsǔn；破损物 pòsǔnwù **2.** 破裂处 pòlièchù；裂口 lièkǒu **3.** 破损赔偿费 pòsǔn péichángfèi * allowance for ～

breakdown *n.* **1.** 损坏 sǔnhuài；故障 gùzhàng **2.** 身体垮下来 shēntǐ kuǎxiàlái * of health **3.** 统计分类 tǒngjì fēnlèi * in statistics

breaker *n.* **1.** 轧碎机 yàsuìjī * machine；碎石机 suìshíjī **2.** 碎浪 suìlàng；白浪 báilàng * waves **3.** 开关闸 kāiguānzhá * a switch

breakfast *n.* 早餐 zǎocān *v.* 吃早饭 chī zǎofàn

breakneck *a.* 非常危险的 fēicháng wēixiǎnde；非常快的 fēicháng kuàide：～ speed 惊险的速度 jīngxiǎnde sùdù

break(-)through *n.* **1.** 突破 tūpò **2.** 发现 fāxiàn

breakwater *n.* 防(波)堤 fáng(bō)dī

breast *n.* **1.** 胸(脯) xiōng(pú)；胸膛 xiōngtáng **2.** 乳房 rǔfáng：give the ～ to a child 给孩子喂奶 gěi háizi wèinǎi **3.** 心绪 xīnxù；胸怀 xiōnghuái：make a clean ～ of sth. 坦白 tǎnbái *v.* **1.** 挺胸 tǐngxiōng；挺进 tǐngjìn **2.** 对抗 duìkàng

breastbone *n.* 胸骨 xiōnggǔ

breast(-)pin *n.* 领带夹针 lǐngdài jiāzhēn；胸针 xiōngzhēn

breastwork *n.* 胸墙 xiōngqiáng

breath *n.* **1.** 气息 qìxī；呼吸 hūxī：draw a ～ 吸一口气 xī yìkǒuqì / out of ～ 上气不接下气 shàngqì bùjiē xiàqì **2.** 瞬间 shùnjiān **3.** 气味 qìwèi；香气 xiāngqì：a ～ of fresh air 一阵新鲜空气 yízhèn xīnxiān kōngqì **4.** 微风 wēifēng：There wasn't a ～ of air. 这儿一丝风也没有。Zhèr yìsīfēng yě méiyǒu. // above one's ～ 高声的 gāoshēngde / a ～ of life 必不可少的东西 bìbùkěshǎode dōngxi / below one's ～ 低语 dīyǔ / in the same ～ 同时 tóngshí / lose one's ～ 呼吸困难 hūxī kùnnan / take ～ 歇口气 xiēkǒuqì / take one's ～ away 使某人大吃一惊 shǐ mǒurén dàchī yìjīng / waste one's ～ 白费口舌 báifèi kǒushé

breathalyser *n.* 测醉器 cèzuìqì

breathe *v.* **1.** 呼吸 hūxī：～ in 吸入 xīrù / ～ out 呼出 hūchū / We can't ～ without air. 没有空气我们就不能呼吸。Méiyǒu kōngqì wǒmen jiù bùnéng hūxī. **2.** 低语 dīyǔ：He ～d a prayer. 他低声祷告。Tā dīshēng dǎogào.

breathing *n.* **1.** 呼吸 hūxī **2.** 微风 wēifēng * soft wind

breathing space *n.* 喘息的时间 chuǎnxīde shíjiān

breathless *a.* **1.** 气促 qìcù；气喘吁吁的 qìchuǎn-xūxūde **2.** 屏息的 bǐngxīde；不出声的 bù chūshēngde **3.** 死了的 sǐlede；气绝的 qìjuéde **4.** 无风的 wúfēngde；闷热的 mēnrède

breathtaking *a.* 惊心动魄的 jīngxīn-dòngpòde；惊险的 jīngxiǎnde：a ～ performance 惊险演出 jīngxiǎn yǎnchū

breeches *n.* 马裤 mǎkù

breed *v.* **1.** 生产 shēngchǎn；繁殖 fánzhí：Rabbits ～ quickly. 兔子繁殖得很快。Tùzi fánzhíde hěnkuài. **2.** 饲养 sìyǎng：He ～s cattle. 他饲养种牛。Tā sìyǎng zhǒngniú. **3.** 教养 jiàoyǎng：a well-bred man 一个有教养的人 yíge yǒu jiàoyǎngde rén **4.** 引起 yǐngqǐ；惹起 rěqǐ：Dirt ～s disease. 脏东西会引起疾病。Zāng dōngxi huì yǐngqǐ jíbìng. *n.* 品种 pǐnzhǒng；种类 zhǒnglèi：a new ～ of sheep 新品种的羊 xīn pǐnzhǒngde yáng

breeder *n.* 饲养员 sìyǎngyuán；养育员 yǎngyùyuán

breeding *n.* **1.** 繁殖 fánzhí；生育 shēngyù **2.** 饲养 sìyǎng：livestock ～ 畜牧业 xùmùyè **3.** 教养 jiàoyǎng：a man of fine ～ 有教养的人 yǒu jiàoyǎngde rén **4.** 育种 yùzhǒng: close ~ 近亲繁殖 jìnqīn fánzhí / cross ~ 杂交育种 zájiāo yùzhǒng

breeze *n.* **1.** 微风 wēifēng; 和风 héfēng: spring ~s 春风 chūnfēng **2.** 发脾气 fā píqi; 吵闹 chǎonào: kick up a ~ 引起风波 yǐnqǐ fēngbō *v.* 吹微风 chuī wēifēng // shoot the ~ 吹牛 chuīniú; 闲聊 xiánliáo

breezy *a.* **1.** 有微风的 yǒu wēifēngde; 通风的 tōngfēngde **2.** 开朗的 kāilǎngde; 活泼的 huópode * lively

brethren *n.* 教友 jiàoyǒu: ~ in Christ 基督教教友 Jīdūjiào jiàoyǒu

breve *n.* 短音符号(v) duǎnyīn fúhào

brevity *n.* **1.** 简短 jiǎnduǎn; 简洁 jiǎnjié **2.** 短暂 duǎnzàn; 短促 duǎncù: B- is the soul of wit. 言以简洁为贵。Yán yǐ jiǎnjié wéiguì.

brew *v.* **1.** 酿造 niàngzào; 调制 tiáozhì: ~ tea 沏(泡)茶 qī(pào)chá **2.** 图谋 túmóu; 策划 cèhuà **3.** 酝酿 yùnniàng; 孕育 yùnyù: Trouble was ~ing. 麻烦快来了。Máfan kuài láile. *n.* 酿造物 niàngzàowù; 酿造量 niàngzàoliàng: As you ~ so you must drink. 自作自受。Zìzuò-zìshòu.

brewer *n.* 啤酒酿造人 píjiǔ niàngzàorén; 酿酒工人 niàngjiǔ gōngrén

brewery *n.* 啤酒厂 píjiǔchǎng

briar, brier *n.* 荆棘 jīngjí; 野蔷薇 yěqiángwēi

bribe *n.* 贿赂 huìlù; 行贿物 xínghuìwù: give (take) ~ 行(受)贿 xíng (shòu)huì *v.* **1.** 贿赂 huìlù; 收买 shōumǎi: He ~d the policeman. 他贿赂警察。Tā huìlù jǐngchá.

briber *n.* 行贿人 xínghuìrén

bribery *n.* 贿赂行为 huìlù xíngwéi; 行贿 xínghuì; 受贿 shòuhuì

bricabrac *n.* 小摆设 xiǎobǎishè; 小古玩 xiǎogǔwán

brick *n.* **1.** 砖 zhuān; 砖块 zhuānkuài: a red ~ house 红砖房子 hóngzhuān fánzi / lay ~s 砌砖 qìzhuān **2.** 砖状物: zhuānzhuàngwù: a ~ of ice cream 一块冰砖 yíkuài bīngzhuān / ~ tea 茶砖 cházhuān; 砖茶 zhuānchá

brickbat *n.* **1.** 碎砖 suìzhuān **2.** 无情的批评 wúqíngde pīpíng; 抨击的话 pēngjīde huà * criticism

brick(-)kiln *n.* 砖窑 zhuānyáo

bricklayer *n.* 砌砖工人 qìzhuān gōngrén

brickwork *n.* **1.** 砖造的建筑 zhuānzàode jiànzhù **2.** 砌砖 qìzhuān

bridal *a*. 新娘的 xīnniángde；婚礼的 hūnlǐde：a ～ dress 结婚礼服 jiéhūn lǐfú / the ～ chamber 新房 xīnfáng；洞房 dòngfáng *n*. 婚礼 hūnlǐ

bride *n*. 新娘 xīnniáng；新媳妇 xīnxífu

bridegroom *n*. 新郎 xīnláng；新姑爷 xīngūye

bridesmaid *n*. 女傧相 nǚbīnxiàng

bridge[1] *n*. **1**. 桥 qiáo；桥梁 qiáoliáng：A ～ was built across the river. 那条河上有座桥。Nàtiáo héshang yǒu zuò qiáo. **2**. 桥楼 qiáolóu；驾驶台 jiàshǐtái * of a ship **3**. 鼻梁 bíliáng：the ～ of a nose 鼻梁 bíliáng *v*. 建桥 jiànqiáo；架桥 jiàqiáo：～ a canal 在运河上架桥 zài yùnhéshang jiàqiáo // ～ over a difficulty 渡过难关 dùguò nánguān / burn one's ～s 破釜沉舟 pòfǔ chénzhōu / Don't cross the ～ until you come to it. 不要杞人忧天。Búyào qǐrén yōutiān.

bridge[2] *n*. 桥牌 qiáopái：play a game of ～ 打桥牌 dǎ qiáopái

bridgehead *n*. 桥头堡 qiáotóubǎo

bridle *n*. **1**. 笼头 lóngtou **2**. 约束(物) yuēshù(wù) * control *v*. **1**. 套上笼头 tàoshàng lóngtou **2**. 抑制 yìzhì；控制 kòngzhì：～ one's temper 抑制脾气 yìzhì píqi

brief *a*. **1**. 简短的 jiǎnduǎnde；简洁的 jiǎnjiéde：a ～ letter 简短的信 jiǎnduǎnde xìn **2**. 短暂的 duǎnzànde：Life is ～. 人生短暂。Rénshēng duǎnzàn. *n*. **1**. 摘要 zhāiyào：in ～ 简要地说 jiǎnyàode shuō / news in ～ 简讯 jiǎnxùn **2**. [～s] 三角裤 sānjiǎokù；内裤 nèikù *v*. 作…的摘要 zuò … de zhāiyào；介绍情况 jièshào qíngkuàng

briefcase *n*. 公事皮包 gōngshì píbāo

briefing *n*. **1**. 简要的报告 jiǎnyàode bàogào **2**. 简令 jiǎnlìng

briefly *ad*. 简短地 jiǎnduǎnde；简单地 jiǎndānde

brig *n*. **1**. 两桅帆船 liǎngwéi fānchuán **2**. 禁闭室 jìnbìshì

brigade *n*. **1**. 旅 lǚ **2**. 队 duì：a fire ～ 消防队 xiāofángduì / a shock ～ 突击队 tūjīduì

brigadier *n*. 旅长 lǚzhǎng；准将 zhǔnjiàng

brigand *n*. 土匪 tǔfěi；强盗 qiángdào // ～age 土匪行为 tǔfěi xíngwéi

bright *a*. **1**. 明亮的 míngliàngde：～ sunshine 明亮的阳光 míngliàngde yángguāng **2**. 鲜艳的 xiānyànde；清晰的 qīngxīde：～ red 鲜红色 xiānhóngsè **3**. 闻名的 wénmíngde；辉煌的 huīhuángde **4**. 美好的 měihǎode；快活的 kuàihuode：be in a ～ humor 兴高采烈 xìnggāo-cǎiliè

/ a ～ smile 愉快的微笑 yúkuàide wēixiào **5**. 聪明的 cōngmingde；伶俐的 línglìde：a ～ girl 聪明的姑娘 cōngmingde gūniang

brighten *v*. **1**. 发光 fāguāng；发亮 fāliàng：These flowers ～ my room. 这些花儿使我的房间生辉。Zhèxiē huār shǐ wǒde fángjiān shēnghuī. **2**. 快活 kuàihuo；有希望 yǒu xīwàng：She has ～ed up my whole life. 她使我的生活有了光采。Tā shǐ wǒde shēnghuó yǒule guāngcǎi.

brightly *ad*. **1**. 发亮地 fāliàngde **2**. 鲜明地 xiānmíngde **3**. 聪明地 cōngmingde

brightness *n*. **1**. 光辉 guānghuī；光明 guāngmíng **2**. 鲜艳 xiānyàn；清晰 qīngxī **3**. 闻名 wénmíng **4**. 美好 měihǎo；快活 kuàihuo **5**. 聪明 cōngming；伶俐 línglì

brilliance *n*. **1**. 光彩 guāngcǎi；辉煌 huīhuáng **2**. 卓越 zhuōyuè ＊ of exceptional intelligence

brilliant *a*. **1**. 辉煌的 huīhuángde；灿烂的 cànlànde；耀眼的 yàoyǎnde：a ～ jewel 耀眼的钻石 yàoyǎnde zuànshí **2**. 杰出的 jiéchūde；卓越的 zhuōyuède：～ scholar 非常有才能的学者 fēicháng yǒu cáinéngde xuézhě *n*. 宝石 bǎoshí

brilliantine *n*. 美发油 měifàyóu

brim *n*. **1**. 边 biān；缘 yuán：He broke off the ～ of a glass. 他把玻璃杯的边弄坏了。Tā bǎ bōlibēide biān nònghuàile. **2**. 帽边 màobiān *v*. 满 mǎn；盈 yíng：～ a cup with tea 斟满一杯茶 zhēnmǎn yìbēi chá

brimful *a*. 洋溢的 yángyìde；满到边的 mǎndào biānde

brimstone *n*. 硫黄(石) liúhuáng(shí)

brine *n*. **1**. 盐水 yánshuǐ；**2**. 海水 hǎishuǐ；海 hǎi

bring *v*. **1**. 拿来 nálái；带来 dàilái：B- me the book. 把书拿来。Bǎ shū nálái. / B- your sister to the party. 带你妹妹来参加晚会。Dài nǐ mèimei lái cānjiā wǎnhuì. **2**. 引起 yǐnqǐ；使…到来 shǐ … dàolái；产生 chǎnshēng；引来 yǐnlái：Winter ～s snow. 冬天带来了雪。Dōngtiān dàiláile xuě. /Her cries brought a lot of people. 她的喊声招来了很多人。Tāde hǎnshēng zhāoláile hěnduō rén. / What has brought you here? 什么风把你吹到这儿来了？Shénme fēng bǎ nǐ chuīdào zhèr láile? **3**. 促使 cùshǐ；说服 shuōfú：She couldn't ～ herself to believe the news. 她不能使自己相信这个消息。Tā bùnéng shǐ zìjǐ xiāngxìn zhège xiāoxi. // ～ about 带来 dàilái；造成 zàochéng：What brought about the quarrel?

为什么争吵？Wèishénme zhēngchǎo? / ～ back **1.** 归还 guīhuán：～ back a book 归还一本书 guīhuán yìběn shū **2.** 使记起 shǐ jìqǐ；使回忆 shǐ huíyì **3.** 使恢复 shǐ huīfù：～ sb. back to health 使某人恢复健康 shǐ mǒurén huīfù jiànkāng / ～ down 降低 jiàngdī：～ down prices 降低物价 jiàngdī wùjià // ～ forward 提出 tíchū；提供 tígōng / ～ in 挣 zhèng；赚 zhuàn：He ～s in 100 yuan a week. 他一周挣一百元。Tā yìzhōu zhèng yìbǎi yuán. / ～ off **1.** 救出 jiùchū：～ off the shipwrecked sailors 救出遇难的船员 jiùchū yùnànde chuányuán **2.** 办成 bànchéng：～ off a big business deal 做成了一笔大生意 zuòchéngle yìbǐ dà shēngyi / ～ on **1.** 引起 yǐnqǐ；导致 dǎozhì **2.** 使(某事)发生 shǐ (mǒushì)fāshēng：Don't ～ trouble on yourself. 你别自找麻烦。Nǐ bié zìzhǎo máfan. / ～ out **1.** 生产 shēngchǎn；出版 chūbǎn：～ out a novel 出版一本小说 chūbǎn yìběn xiǎoshuō **2.** 使显出 shǐ xiǎnchū：～ out the meaning 显露出意义 xiǎnlòuchū yìyì / ～ over **1.** 传来 chuánlái **2.** 使转变 shǐ zhuǎnbiàn / ～ round 使苏醒 shǐ sūxǐng / ～ through 救活 jiùhuó / ～ under **1.** 制服 zhìfú；压服 yāfú **2.** 包括 bāokuò；归类 guīlèi / ～ up **1.** 培养 péiyǎng；教育 jiàoyù：They ～ him up. 他们把他抚养成人。Tāmen bǎ tā fǔyǎng chéngrén. **2.** 提出 tíchū；引出 yǐnchū：～ up the question for discussion 提出问题讨论 tíchū wèntí tǎolùn

brink *n.* 边 biān；边沿 biānyán；边缘 biānyuán：the ～ of war 战争边缘 zhànzhēng biānyuán / on the ～ of bankruptcy 濒临破产 bīnlín pòchǎn

briny *a.* **1.** 咸的 xiánde；盐水的 yánshuǐde **2.** 海水的 hǎishuǐde // the ～ 大海 dàhǎi ＊ colloquial

briquet(te) *n.* 煤球 méiqiú；煤砖 méizhuān

brisk *a.* **1.** 敏捷的 mǐnjiéde；轻快的 qīngkuàide；活泼的 huópode：at a ～ pace 轻快的步伐 qīngkuàide bùfá **2.** 清新的 qīngxīnde；凉爽的 liángshuǎngde：a ～wind 凉爽的风 liángshuǎngde fēng **3.** 兴旺的 xīngwàngde：Trade is ～. 生意兴隆。Shēngyi xīnglóng.

brisket *n.* 胸肉 xiōngròu；胸部 xiōngbù ＊ in animal

bristle *n.* 硬毛 yìngmáo：hog's ～s 猪鬃 zhūzōng *v.* 直立 zhílì；竖起 shùqǐ：His hair ～d up with anger. 他怒发冲冠。Tā nùfà-chōngguān.

bristly *a.* 有硬毛的 yǒu yìngmáode；刚硬的 gāngyìngde；硬毛丛生的 yìngmáo cóngshēngde；粗糙的 cūcāode

Britain *n.* 不列颠 Búlièdiān；英国 Yīngguó：the ～-China Friendship Association 英中友好协会 Yīng-Zhōng yǒuhǎo xiéhuì

British *a.* **1.** 不列颠的 Búlièdiānde；～ English 英国英语 Yīngguó Yīngyǔ；英国的 Yīngguóde；英属的 Yīngshǔde：**2.** 英国人的 Yīngguórénde

Briton *n.* 英国人 Yīngguórén

brittle *a.* 易碎 yìsuì；脆 cuì：He has a ～ temper. 他容易发脾气。Tā róngyì fā píqi.

broach *n.* **1.** 凿子 záozi **2.** 烤肉叉 kǎoròuchā *v.* **1.** 打眼 dǎyǎn **2.** 初次提起或建议 chūcì tíqǐ huò jiànyì

broad *a.* **1.** 宽的 kuānde；广的 guǎngde；阔的 kuòde：～ shoulders 宽阔的肩膀 kuānkuòde jiānbǎng / The river is 30 meters ～. 这条河三十米宽。Zhètiáohé sānshímǐ kuān. **2.** 宽宏的 kuānhóngde；豁达的 huòdáde：a ～ mind 宽宏大量 kuānhóng dàliàng **3.** 概括的 gàikuòde：He gave his views in ～ outline. 他概括地谈了一下自己的看法。Tā gàikuòde tánle yíxià zìjǐde kànfǎ. **4.** 卑下 bēixià；粗俗 cūsú：a ～ joke 下流的玩笑 xiàliúde wánxiào

broadcast *v.* **1.** 广播 guǎngbō **2.** 传播 chuánbō：～ the news 传播消息 chuánbō xiāoxi *n.* 广播 guǎngbō；播音 bōyīn：the ～ of world news 国际新闻的广播 guójì xīnwénde guǎngbō / ～ program 广播节目 guǎngbō jiémù

broadcaster *n.* 广播员 guǎngbōyuán；广播电台 guǎngbō diàntái

broadcloth *n.* 宽幅细呢料 kuānfú xì níliào

broaden *v.* 加宽 jiākuān；放宽 fàngkuān；加阔 jiākuò：Travel ～s the mind. 旅行可以开阔心胸。Lǚxíng kěyǐ kāikuò xīnxiōng.

broadly *ad.* **1.** 广阔地 guǎngkuòde **2.** 概括地 gàikuòde

broadminded *a.* 气度宽宏的 qìdù kuānhóngde；心胸开阔的 xīnxiōng kāikuòde；宽宏大量的 kuānhóng dàliàngde

broadside *n.* **1.** 船舷 chuánxián；舷侧 xiáncè **2.** 船炮的齐发 chuánpàode qífā **3.** 凶猛的攻击 xiōngměngde gōngjī *ad.* 侧向地 cèxiàngde *a.* 全面的（攻击）quánmiànde（gōngjī） *v.* 以侧面前进 yǐ cèmiàn qiánjìn；以舷侧炮轰击 yǐ xiáncèpào hōngjī

broadsword *n.* 大刀 dàdāo

Broadway *n.* 百老汇大街 Bǎilǎohuì dàjiē

brocade *n.* 锦缎 jǐnduàn；织锦 zhījǐn

broc(c)oli *n.* 花椰菜 huāyēcài；花茎甘蓝 huājīng gānlán

brochure *n.* 小册子 xiǎocèzi：an advertising ～ 广告小册子 guǎnggào xiǎocèzi

broil *v.* **1.** 烤 kǎo **2.** (使)炎热 (shǐ)yánrè：a ～ing hot day 火辣辣的热天 huǒlàlàde rètiān **3.** 争吵 zhēngchǎo *n.* **1.** 烤 kǎo；灼热 zhuórè **2.** 争吵 zhēngchǎo

broken *a.* **1.** 破碎的 pòsuìde；破裂的 pòliède：a ～ marriage 破裂的婚姻 pòliède hūnyīn；折断了的 zhéduànlede：a ～ leg 断了的腿 duànlede tuǐ **2.** 失约的 shīyuēde；违法的 wéifǎde **3.** 不连续的 bùliánxùde；中断的 zhōngduànde **4.** 衰弱的 shuāiruòde：～ health 虚弱的身体 xūruòde shēntǐ **5.** 乱七八糟的 luànqī-bāzāode：～ English 不标准的英文 bù biāozhǔnde Yīngwén

brokenhearted *a.* 痛心的 tòngxīnde；心碎的 xīnsuìde

broker *n.* 代理人 dàilǐrén；经纪人 jīngjìrén；掮客 qiánkè

brokerage *n.* 手续费 shǒuxùfèi；回扣 huíkòu

brolly *n.* 伞 sǎn

bromide *n.* **1.** 溴化物 xiùhuàwù **2.** 陈腔滥调 chénqiānglàndiào * trite remark

bromine *n.* 溴 xiù

bronchial *a.* 支气管的 zhīqìguǎnde

bronchitis *n.* 支气管炎 zhīqìguǎnyán

bronchus (*pl.* bronchi) *n.* 支气管 zhīqìguǎn

bronze *n.* **1.** 青铜 qīngtóng **2.** 古铜色 gǔtóngsè **3.** 青铜器 qīngtóngqì *v.* 镀铜 dùtóng；晒成古铜色 shàichéng gǔtóngsè

Bronze Age *n.* 青铜器时代 qīngtóngqì shídài

brooch *n.* 胸针 xiōngzhēn；饰针 shìzhēn

brood *n.* **1.** (一)窝 (yì)wō：a ～ of chickens 一窝小鸡 yìwō xiǎojī **2.** 同伙 tónghuǒ；同党 tóngdǎng *v.* **1.** 孵蛋 fūdàn **2.** 沉思 chénsī *a.* **1.** 繁殖用的 fánzhíyòngde **2.** 思虑的 sīlǜde

brook¹ *n.* 溪 xī；小河 xiǎohé

brook² *v.* 容忍 róngrěn；忍受 rěnshòu：He ～ed no interference. 他不能受人干涉。Tā bùnéng shòurén gānshè.

broom *n.* 扫帚 sàozhou：A new ～ sweeps clean. 新官上任三把火。Xīnguān shàngrèn sānbǎhuǒ. // ～ corn 高梁 gāoliang

broth *n.* 肉汁 ròuzhī；肉汤 ròutāng

brothel *n.* 妓院 jìyuàn

brother *n.* **1.** 兄弟 xiōngdì：elder ～ 哥哥 gēge / younger ～ 弟弟 dìdi **2.** 同事 tóngshì；教友 jiàoyǒu：～ officer 同僚军官 tóngliáo jūnguān

brotherhood *n.* **1.** 兄弟关系 xiōngdì guānxì；手足之情 shǒuzú-zhīqíng **2.** 同事 tóngshì；同僚 tóngliáo：the medical ～ 医学界 yīxuéjiè

brother-in-law *n.* **1.** 姐夫 jiěfu * the husband of one's elder sister；妹夫 mèifu * the husband of one's younger sister **2.** 内兄 nèixiōng；大舅子 dàjiùzi * elder brother of one's wife；内弟 nèidì；小舅子 xiǎojiùzi * younger brother of one's wife **3.** 大伯 dàbó * elder brother of one's husband；小叔 xiǎoshū * younger brother of one's husband

brotherly *a.* 兄弟般的 xiōngdìbānde：～ relations 兄弟般的关系 xiōngdìbānde guānxì

brow *n.* **1.** 眉 méi；眉毛 méimao **2.** 额 é：He wiped the sweat from his ～. 他擦了擦额上的汗。Tā cāleca éshangde hàn. **3.** 悬崖 xuányá；山顶 shāndǐng * in geography

browbeat *v.* 吓唬 xiàhu；欺侮 qīwǔ：～ sb. into doing sth. 威逼某人做某事 wēibī mǒurén zuò mǒushì

brown *a.* 褐色的 hèsède；棕色的 zōngsède；咖啡色的 kāfēisède：～ bread 黑面包 hēimiànbāo / dark ～ 深褐色的 shēn hèsède *n.* 褐色 hèsè；棕色 zōngsè；咖啡色 kāfēisè *v.* 成为褐色 chéngwéi hèsè；染成棕色 rǎnchéng zōngsè：～ed by the sun 被太阳晒成褐色 bèi tàiyáng shàichéng hèsè

brown rice *n.* 糙米 cāomǐ

browse *v.* **1.** 放牧 fàngmù；啃幼芽 kěn yòuyá：cows browsing in the fields 在田野里吃草的牛 zài tiányěli chīcǎode niú **2.** 浏览 liúlǎn；翻阅 fānyuè：～ among books in a library 在图书馆里浏览图书 zài túshūguǎnli liúlǎn túshū

bruise *v.* 使青肿 shǐ qīngzhǒng；碰伤 pèngshāng：get ～d on one's eye 眼睛打得青紫 yǎnjing dǎde qīngzǐ / Tomatoes ～ easily. 西红柿容易碰伤。Xīhóngshì róngyì pèngshāng. *n.* 青肿 qīngzhǒng；伤痕 shānghén

brunet *n.* 浅黑型男子 qiǎnhēixíng nánzǐ

brunette *n.* 浅黑型女人 qiǎnhēixíng nǚrén

brunt *n.* 锐气 ruìqì；正面的压力 zhèngmiànde yālì：bear the ～ of an attack 在进攻面前首当其冲 zài jìngōng miànqián shǒudāng-qíchōng

brush[1] *n.* **1.** 刷子 shuāzi；毛刷 máoshuā **2.** 画笔 huàbǐ **3.** 刷 shuā：I'll just give my coat a quick ～. 我要把大衣刷一刷。Wǒ yào bǎ dàyī shuāyishuā. **4.** 小冲突 xiǎochōngtū：a ～ with police 与警察发生小冲突 yǔ jǐngchá fāshēng xiǎo chōngtū *v.* **1.** 刷 shuā；擦 cā：～ one's teeth 刷牙 shuāyá / ～ paint onto a door 给门刷上油漆 gěi mén shuāshàng yóuqī **2.** 擦过 cāguò；掠过 lüèguò：He ～ed past me in the street. 他和我在街上擦肩而过。Tā hé wǒ zài jiēshang cājiān-érguò. // ～ up 重新学习 chóngxīn xuéxí；补习 bǔxí / ～ up English 温习英语 wēnxí Yīngyǔ

brush[2] *n.* 灌木丛 guànmùcóng；树枝 shùzhī

brushfire *n.* 灌木林火式战争 guànmùlínhuǒshì zhànzhēng；小规模的战争 xiǎoguīmóde zhànzhēng

brushwood *n.* 灌木丛 guànmùcóng；柴 chái

brusque *a.* 粗暴的 cūbàode；鲁莽的 lǔmǎngde；唐突的 tángtūde：a ～ person 鲁莽的人 lǔmǎngde rén

brussels sprouts *n.* 球芽甘蓝 qiúyá gānlán

brutal *a.* 兽性的 shòuxìngde；残忍的 cánrěnde；蛮横的 mánhèngde：the ～ facts 严酷的事实 yánkùde shìshí / with ～ force 用暴力 yòng bàolì

brutality *n.* **1.** 残忍 cánrěn；残酷 cánkù **2.** 野蛮的行为 yěmánde xíngwéi；暴行 bàoxíng

brute *n.* **1.** 禽兽 qínshòu；畜生 chùsheng **2.** 人面兽心的人 rénmiàn shòuxīnde rén；残忍的人 cánrěnde rén *a.* 畜生般的 chùshengbānde；残忍 cánrěn：～ strength 蛮力 mánlì

brutish *a.* **1.** 野蛮的 yěmánde **2.** 粗野的 cūyěde **3.** 畜牲般的 chùshengbānde

B. S. ，**BSc**＝Bachelor of Science 理学士 lǐxuéshì

bubble *n.* **1.** 泡 pào；水泡 shuǐpào；气泡 qìpào：blow ～s for fun 吹泡泡玩儿 chuī pàopao wánr **2.** 水泡(声) shuǐpào(shēng)；沸腾(声) fèiténg (shēng) **3.** 泡影 pàoyǐng；妄想 wàngxiǎng *v.* 起泡 qǐpào；发泡 fāpào

bubble gum *n.* 泡泡糖 pàopaotáng

bubonic plague *n.* 腺鼠疫 xiànshǔyì

buccaneer *n.* 海盗 hǎidào *v.* 做海盗 zuòhǎidào

buck[1] *n.* **1.** 雄鹿 xióngIù；公羊 gōngyáng；牡兔 mǔtù **2.** 纨袴子弟 wánkù zǐdì；花花公子 huāhuā gōngzǐ **3.** 美元 Měiyuán：ten ～s 十美元 shí Měiyuán // pass the ～ (to sb.)（向某人）推卸责任（xiàng mǒurén）tuīxiè zérèn

buck[2] *v.* **1.**（马）猛然跃起把（人）摔下来（mǎ）měngrán yuèqǐ bǎ rén shuāixiàlái **2.**（马）猛然弯背跃起（mǎ）měngrán wānbèi yuèqǐ **3.** ～ up 振作精神 zhènzuò jīngshen

bucket *n.* 吊桶 diàotǒng；水桶 shuǐtǒng：a ～ of water 一桶水 yìtǒngshuǐ / The rain comes down in ～s. 大雨倾盆而下。Dàyǔ qīngpén érxià. // ～ful 一桶之量 yìtǒng zhīliàng；满桶 mǎntǒng

Buckingham Palace *n.* 白金汉宫 Báijīnhàngōng

buckle *n.* 带扣 dàikòu；扣子 kòuzi *v.* **1.** 扣住 kòuzhù；扣紧 kòujǐn：～ a strap on 扣上皮带 kòushàng pídài **2.** 弯曲 wānqū；压弯 yāwān：The wheel ～d. 车轮歪了。Chēlún wāile. // ～ down 认真地干起来 rènzhēnde gànqǐlái

buckler *n.* **1.** 圆盾 yuándùn **2.** 防御物 fángyùwù；庇护者 bìhùzhě

buckram *n.* 硬麻布 yìngmábù

buckskin *n.* 鹿皮 lùpí

buckwheat *n.* **1.** 荞麦 qiáomài **2.** 荞麦面 qiáomàimiàn

bucolic *a.* 田野的 tiányěde；乡村的 xiāngcūnde

bud *n.* **1.** 芽 yá；萌芽 méngyá **2.** 蓓蕾 bèilěi：in ～ 发芽 fāyá *v.* 发芽 fāyá：The trees are ～ding in spring. 春天树木开始发芽了。Chūntiān shùmù kāishǐ fāyále.

Buddha *n.* 佛 fó；如来佛 Rúláifó；释迦牟尼 Shìjiāmóuní

Buddhism *n.* 佛教 fójiào

Buddhist *n.* 佛教徒 fójiàotú *a.* 佛教的 fójiàode；佛的 fóde：a ～ monk 僧人 sēngrén；和尚 héshang

budge *v.* 稍微移动 shāowēi yídòng；推动 tuīdòng：I can't ～ this rock. 我推不动这块石头。Wǒ tuībudòng zhèkuài shítou.

budget *n.* 预算 yùsuàn：a family ～ 家庭预算 jiātíng yùsuàn / a government ～ 政府预算 zhèngfǔ yùsuàn / a balanced ～ 平衡预算 pínghéng yùsuàn *v.* 编预算 biānyùsuàn：He ～ed for the coming year. 他为下一

年度做预算。Tā wèi xiàyī niándù zuò yùsuàn.

buff *n*. **1**. 浅黄色 qiǎnhuángsè；米色 mǐsè **2**.（水牛、牛的）软皮（shuǐniú、niúde）ruǎnpí **3**. 人的皮肤 rénde pífū：in ～ 裸着身子 lǔozhe shēnzi *v*.（用软东西）擦亮（yòng ruǎn dōngxi）cāliàng *a*. 牛皮制的 niúpí zhìde；浅黄色的 qiǎnhuángsède

buffalo *n*. **1**. 水牛 shuǐniú **2**. 北美野牛 Běiměi yěniú

buffer *n*. **1**. 缓冲器 huǎnchōngqì **2**. 缓冲人（物）huǎnchōngrén（wù）：a ～ state 缓冲国 huǎnchōngguó *v*. 缓冲 huǎnchōng

buffet[1] *n*. 打击 dǎjī；折磨 zhémo *v*. 打击 dǎjī；搏斗 bódòu

buffet[2] *n*. **1**. 食器柜 shíqìguì **2**. 餐室 cānshì；小卖部 xiǎomàibù；供应便餐的柜台 gōngyìng biàncānde guìtái：a ～ supper 自助晚餐 zìzhù wǎncān

buffoon *n*. 小丑 xiǎochǒu；滑稽表演者 huájī biǎoyǎnzhě

buffoonery *n*. 打诨 dǎhùn；滑稽 huájī

bug *n*. **1**. 臭虫 chòuchóng；虫子 chóngzi * in flying or creeping **2**. 病菌 bìngjūn；由病菌传染的病 yóu bìngjūn chuánrǎnde bìng **3**. 窃听器 qiètīngqì *v*. **1**. 装窃听器 zhuāng qiètīngqì **2**. 使烦恼 shǐ fánnǎo

bugbear *n*. **1**. 吓人的东西 xiàrénde dōngxi；鬼怪 guǐguài **2**. 令人讨厌的事 lìngrén tǎoyànde shì

buggy *n*. **1**.（小型）马车（xiǎoxíng）mǎchē **2**. 婴儿车 yīng'érchē

bugle *n*. 军号 jūnhào；喇叭 lǎba *v*. 吹号 chuīhào

bugler *n*. 号手 hàoshǒu；司号兵 sīhàobīng

build *v*. **1**. 造 zào；修建 xiūjiàn；建筑 jiànzhù：～ a railway 修建铁路 xiūjiàn tiělù / ～ a house 盖房子 gài fángzi **2**. 建立 jiànlì；建设 jiànshè *n*. **1**. 骨胳 gǔgé；体型 tǐxíng：a man of strong ～ 体格强壮的人 tǐgé qiángzhuàngde rén **2**. 构造 gòuzào；造型 zàoxíng // ～ on（upon）**1**. 指望 zhǐwang；信赖 xìnlài：～ hopes on 寄希望于 jì xīwàng yú **2**. 建立…于 jiànlì … yú / ～ up **1**. 增进 zēngjìn；加强 jiāqiáng：～ up one's strength 增强体力 zēngqiáng tǐlì **2**. 扩大 kuòdà；增长 zēngzhǎng / ～-up *n*. **1**. 增加 zēngjiā：the ～-up of traffic on the road 路上交通量增加 lùshang jiāotōngliàng zēngjiā **2**. 集结 jíjié：a military ～-up 军事集结 jūnshì jíjié

builder *n*. 建筑工人 jiànzhù gōngrén：a road ～ 修路工人 xiūlù gōngrén / ship ～s 造船者 zàochuánzhě / a master ～ 建筑家 jiànzhùjiā

building *n*. **1**. 建筑物 jiànzhùwù；楼房 lóufáng **2**. 建筑 jiànzhù；建筑术 jiànzhùshù：historical ～ 具有历史意义的建筑 jùyǒu lìshǐ yìyìde jiànzhù / an office ～ 办公大楼 bàngōng dàlóu

built-in *a*. **1**. 嵌入的 qiànrùde；内装的 nèizhuāngde：a ～ bathtub 固定浴盆 gùdìng yùpén **2**. 生就的 shēngjiùde；内在的 nèizàide：a ～ trait of human nature 人性的固有特征 rénxìngde gùyǒu tèzhēng

bulb *n*. **1**. 灯泡 dēngpào **2**. 球形物 qiúxíngwù *v*. 形成球状 xíngchéng qiúzhuàng

bulge *v*. 膨胀 péngzhàng；鼓起 gǔqǐ：His stomach ～d after the dinner. 他吃过饭后，肚子都鼓起来了。Tā chīguò fàn hòu，dùzi dōu gǔqǐláile. *n*. 膨胀 péngzhàng；肿胀 zhǒngzhàng；鼓出部分 gǔchūbùfen：a ～ in a wall 墙面的不平部分 qiángmiànde bùpíng bùfen

bulk *n*. **1**. 容积 róngjī；大块 dàkuài **2**. 大量 dàliàng；大批 dàpī：～ of the work 大量工作 dàliàng gōngzuò / in ～ 大量 dàliàng *v*. 显得庞大 xiǎnde pángdà；看上去很重要 kànshàngqu hěn zhòngyào：The problem ～s large in his mind. 这个问题在他心目中显得很重要。Zhège wèntí zài tā xīnmùzhōng xiǎnde hěn zhòngyào.

bulkhead *n*. 舱壁 cāngbì；挡土墙 dǎngtǔqiáng

bulky *a*. 庞大的 pángdàde；体积大的 tǐjī dàde：a ～ cargo 体积庞大的货物 tǐjī pángdàde huòwù

bull *n*. **1**. 公牛 gōngniú **2**. 粗壮的人 cūzhuàngde rén * strong man **3**. 瞎话 xiāhuà；大话 dàhuà * nonsense talk *a*. 雄的 xióngde；公的 gōngde *v*. **1**. 哄抬(股票价格) hōngtái (gǔpiào jiàgé) **2**. 强行实现 qiángxíng shíxiàn

bulldog *n*. 哈叭狗 hābāgǒu

bulldoze *v*. **1**. 恐吓 kǒnghè * threaten **2**. 用推土机推平 yòng tuītǔjī tuīpíng * push with a bulldozer

bulldozer *n*. **1**. 推土机 tuītǔjī * the kind of tractor **2**. 恐吓者 kǒnghèzhě

bullet *n*. 子弹 zǐdàn；枪弹 qiāngdàn；弹丸 dànwán

bulletin *n*. **1**. 公报 gōngbào **2**. 新闻简报 xīnwénjiǎnbào *v*. 告示 gàoshi；用公报发表 yòng gōngbào fābiǎo

bullfight *n*. 斗牛 dòuniú

bullfinch *n*. 红腹灰雀 hóngfù-huīquè * a kind of small bird；树篱 shùlí * hedge

bullfrog *n.* 牛蛙 niúwā * a large edible North American frog

bullion *n.* 金条 jīntiáo；粗金属锭 cū jīnshǔdìng：lead ～ 铅锭 qiāndìng / copper ～ 粗铜锭 cū tóngdìng

bullish *a.* **1.** 公牛一样的 gōngniú yíyàngde **2.** 乐观的 lèguānde **3.** 行情看涨的 hángqíng kàn zhǎngde * rising

bullock *n.* 小公牛 xiǎogōngniú：～ cart 牛车 niúchē *v.* 象小公牛一样乱闯 xiàng xiǎogōngniú yíyàng luànchuǎng：～ one's ways 乱闯乱撞 luànchuǎng luànzhuàng

bull's-eye *n.* 靶心 bǎxīn

bully *n.* 恶霸 èbà *v.* 威胁 wēixié：～ sb. into doing sth. 威胁某人干某事 wēixié mǒurén gàn mǒushì

bulrush *n.* 芦苇 lúwěi；香蒲 xiāngpú；灯心草 dēngxīncǎo

bulwark *n.* 堡垒 bǎolěi；屏障 píngzhàng；防波堤 fángbōdī

bum *n.* **1.** (无业)游民(wúyè)yóumín * tramp **2.** 屁股 pìgu *a.* **1.** 质量低劣的 zhìliàng dīliède * of poor quality **2.** 不中用的 bùzhōngyòngde **3.** 残废的 cánfèide **4.** 假的 jiǎde；谬误的 miùwùde *v.* 流浪 liúlàng * to loaf；乞讨 qǐtǎo：He always ～s cigarettes from me. 他经常向我讨烟抽。Tā jīngcháng xiàng wǒ tǎo yān chōu.

bumbershoot *n.* 伞 sǎn

bumble *v.* **1.** 嗡嗡叫 wēngwēngjiào **2.** 结巴地讲话 jiēbade jiǎnghuà **3.** 错乱地行动 cuòluànde xíngdòng：He somehow ～d through two years of college. 他胡乱地混过了两年大学生活。Tā húluànde hùnguòle liǎngnián dàxué shēnghuó.

bumblebee *n.* 野蜂 yěfēng；大黄蜂 dàhuángfēng

bump *v.* **1.** 撞 zhuàng：～ against a wall 撞到墙上 zhuàngdào qiángshang **2.** 颠簸 diānbǒ：The old car ～ed along the road. 那部破车在路上颠簸着行驶。Nàbù pòchē zài lùshang diānbǒzhe xíngshǐ. *n.* **1.** 碰撞 pèngzhuàng **2.** 肿块 zhǒngkuài **3.** 颠簸 diānbǒ

bumper[1] *n.* 汽车保险杠 qìchē bǎoxiǎngàng；缓冲器 huǎnchōngqì

bumper[2] *n.* 满杯 mǎnbēi *a.* 丰盛的 fēngshèngde：a ～ crop 丰收 fēngshōu / a ～ year 丰年 fēngnián *v.* 干杯 gānbēi

bumpkin *n.* 乡下佬 xiāngxialǎo

bumptious *a.* 自以为是的 zìyǐwéishìde；傲慢的 àomànde：be ～ over one's inferiors 对下级态度傲慢 duì xiàjí tàidu àomàn

bumpy *a.* **1.** 崎岖不平的 qíqūbùpíngde：a ～ sidewalk 崎岖不平的人行道 qíqūbùpíngde rénxíngdào **2.** 颠簸的 diānbōde：have a ～ ride（车子）颠簸行驶（chēzi）diānbǒ xíngshǐ

bun *n.* 小面包 xiǎomiànbāo

bunch *n.*（一）束（yí）shù：a ～ of flowers 一束花 yíshùhuā / a ～ of grapes 一串葡萄 yíchuàn pútáo *v.* 使成一束（串）shǐchéng yíshù（chuàn）

bunchy *a.* **1.** 成束的 chéngshùde **2.** 隆起的 lóngqǐde：round ～ face 胖圆脸 pàngyuánliǎn

buncombe *n.* 空话 kōnghuà；废话 fèihuà：speak for ～ 作讨好选民的演说 zuò tǎohǎo xuǎnmínde yǎnshuō

bund *n.* 河岸 hé'àn；江（海）边大道 jiāng（hǎi）biān dàdào；码头 mǎtou

bundle *n.* 包袱 bāofu：a ～ of clothes 一包衣服 yìbāo yīfu *v.* **1.** 包 bāo；捆 kǔn **2.** 乱塞 luànsāi：He ～d everything into the drawers. 他把什么东西都往抽屉里塞。Tā bǎ shénme dōngxi dōu wǎng chōutìli sāi. **3.** 撵走 niǎnzǒu；匆忙离开 cōngmáng líkāi：They indignantly ～d out of the meeting. 他们急匆匆地愤然离开会场。Tāmen jícōngcōngde fènrán líkāi huìchǎng.

bung *n.* 塞子 sāizi；桶口 tǒngkǒu *v.* **1.** 塞住 sāizhù **2.** 把…打肿 bǎ…dǎzhǒng：eyes ～ed up from fighting 在斗殴中眼睛被打肿了 zài dòu'ōuzhōng yǎnjing bèi dǎzhǒngle **3.** 打坏 dǎhuài；撞破 zhuàngpò：My car was ～ed up from the accident. 我的车子出事撞坏了。Wǒde chēzi chūshì zhuànghuàile.

bungalow *n.* 平房 píngfáng

bungle *v.* **1.** 拙劣地工作 zhuōliède gōngzuò **2.** 做坏（工作等）zuòhuài（gōngzuò děng）：～ the job 工作搞得一塌糊涂 gōngzuò gǎode yìtā-hútu

bunk *n.* **1.** 铺位 pùwèi **2.** 骗人的话 piànrénde huà * nonsense *v.* **1.** 睡在铺位上 shuìzài pùwèishang **2.** 睡眠（暂时的）shuìmián（zànshíde）：～ on the floor 在地板上打地铺 zài dìbǎnshang dǎ dìpù **3.** 逃走 táozǒu；避开 bìkāi：～ a class 逃课 táokè

bunker *n.* 煤箱 méixiāng *v.* 把（煤等）堆入仓内 bǎ（méiděng）duīrù cāngnèi：a vessel full ～ed 上满煤仓的船 shàngmǎn méicāngde chuán / ～ coal 船用煤 chuán yòng méi

bunkhouse *n.* 工棚 gōngpéng

bunny *n.* 小兔子 xiǎotùzi

bunt *n.* & *v.* **1.** 抵 dǐ；撞 zhuàng **2.** (棒球)短打 (bàngqiú) duǎndǎ：～ a curve 用短打打出一个曲线球 yòng duǎndǎ dǎchū yíge qūxiànqiú

bunting *n.* 旗布 qíbù；信号旗 xìnhàoqí；彩旗 cǎiqí

buoy *n.* **1.** 浮标 fúbiāo **2.** 救生圈 jiùshēngquān * life preserver *v.* **1.** 使浮起 shǐ fúqǐ：The life jacket ～ed her up until help arrived. 救生衣使她浮在水上直到获救。Jiùshēngyī shǐ tā fúzài shuǐshang zhídào huòjiù. **2.** 支持 zhīchí：Hopes ～ed her up. 希望在支撑着她。Xīwàng zài zhīchēngzhe tā.

buoyancy *n.* **1.** 浮力 fúlì **2.** 活泼 huópo；轻快 qīngkuài * liveliness **3.** (行情)上涨 (hángqíng) shàngzhǎng * in stock market

buoyant *a.* **1.** 能浮的 néngfúde：～ matters 浮体 fútǐ **2.** 开朗的 kāilǎngde：～ spirits 活泼开朗 huópo kāilǎng / ～ steps 轻快的步伐 qīngkuàide bùfá

burden *n.* **1.** 负荷 fùhè：a beast of ～ 驮兽 tuóshòu / carry a ～ on one's back 负重 fùzhòng **2.** 负担 fùdān：financial ～ 财政上的负担 cáizhèngshangde fùdān / Life has become a ～ to him. 生活对他来说已经成了负担。Shēnghuó duì tā láishuō yǐjīng chéngle fùdān.

burdensome *a.* 繁重的 fánzhòngde：a ～ task 一项艰巨的任务 yíxiàng jiānjùde rènwu

bureau *n.* 办公署 bàngōngshǔ；局 jú；处 chù；事务所 shìwùsuǒ：an employment ～ 职业介绍所 zhíyè jièshàosuǒ / an information ～ 问讯处 wènxùnchù

bureaucracy *n.* 官僚主义 guānliáozhǔyì；官僚政治 guānliáozhèngzhì；官僚 guānliáo

bureaucrat *n.* 官僚 guānliáo；官吏 guānlì

bureaucratese *n.* 官腔 guānqiāng；公文体 gōngwéntǐ

bureaucratic *a.* 官僚政治的 guānliáo zhèngzhìde

bureaucratism *n.* 官僚主义 guānliáozhǔyì

bureaucratize *v.* 使官僚化 shǐ guānliáohuà；变为官僚主义 biànwéi guānliáozhǔyì

buret(te) *n.* 滴定管 dīdìngguǎn；量管 liángguǎn

burg *n.* 城 chéng；镇 zhèn

burgee *n.* 燕尾旗 yànwěiqí

burgeon *n.* 嫩芽 nènyá；蓓蕾 bèilěi *v.* **1.** 发芽 fāyá：Willows have ~ed forth. 柳树已经发芽。Liǔshù yǐjīng fāyá. **2.**（突然）发展（tūrán）fāzhǎn：The town ~ed into a city. 这个集镇很快发展成一座城市。Zhège jízhèn hěnkuài fāzhǎn chéng yízuò chéngshì.

burger *n.* 汉堡包 hànbǎobāo

burglar *n.* 夜盗 yèdào：a cat ~ 飞贼 fēizéi / ~ alarm 防盗警报器 fángdào jǐngbàoqì

burglarious *a.* 夜盗的 yèdàode

burglarize *v.* 夜间盗窃 yèjiān dàoqiè：Thieves ~d the warehouse. 盗贼夜晚潜入仓库作案。Dàozéi yèwǎn qiánrù cāngkù zuò'àn.

burglary *n.* 盗窃（行为）dàoqiè（xíngwéi）：commit（a）~ 犯夜盗罪 fàn yèdàozuì

burial *n.* 安葬 ānzàng；墓地 mùdì：a ~ at sea（on shore）海葬 hǎizàng（陆葬 lùzàng）/ ~ ground 墓地 mùdì / ~ service 葬礼 zànglǐ

burl *n.*（线、布等的）疵点（xiàn、bù děngde）cīdiǎn *v.* 消除疵点 xiāochú cīdiǎn

burlap *n.* 粗麻布 cūmábù

burlesque *n.* 滑稽讽刺剧 huájī fěngcìjù *a.* 滑稽的 huájīde；讽刺的 fěngcìde *v.* 讥笑 jīxiào；使滑稽化 shǐ huájīhuà

burlesquer *n.* 滑稽戏演员 huájīxì yǎnyuán

burly *a.* **1.** 魁梧的 kuíwúde：a ~ oak 高大的橡树 gāodàde xiàngshù / a ~-set young man 一个体格魁伟的青年 yíge tǐgé kuíwěide qīngnián **2.** 直率的 zhíshuàide：a ~ way of speaking 直截了当的讲话方式 zhíjiéliǎodàngde jiǎnghuà fāngshì

burn[1] *v.* 烧 shāo；点（灯等）diǎn（dēngděng）：All the lights were ~ing in the house. 屋内所有的灯都点着。Wūnèi suǒyǒude dēng dōu diǎnzhe. ~ bricks 烧砖 shāozhuān // ~ away 烧完 shāowán / ~ down 烧光 shāoguāng：The barn was ~ed down. 谷仓被烧掉了。Gǔcāng bèi shāodiàole. / ~ out 烧尽 shāojìn / ~ up 激怒 jīnù *n.* **1.** 烧伤 shāoshāng；灼伤 zhuóshāng **2.** 烙印 lǎoyìn

burnable *a.* 可燃烧的 kě ránshāode *n.* 可燃物 kěránwù

burner *n.* **1.** 燃烧者 ránshāozhě：a brick ~ 烧砖工人 shāozhuān gōngrén **2.** 燃烧器 ránshāoqì：a gas ~ 煤气灯 méiqìdēng

burning *a.* **1**. 燃烧的 ránshāode：under a ～ sun 酷日之下 kùrì zhīxià **2**. 强烈的 qiángliède：a ～ love 热恋 rèliàn / a ～ taste 辣味 làwèi / in ～ need of 极需 jíxū / a ～ shame 奇耻大辱 qíchǐdàrǔ / a ～ question 热烈争论的问题 rèliè zhēnglùnde wèntí

burnish *v.* 擦亮 cāliàng：The metal ～es well. 这种金属容易擦亮。Zhèzhǒng jīnshǔ róngyì cāliàng. *n.* 光泽 guāngzé：a high ～ 很亮的光泽 hěnliàngde guāngzé

burnous *n.* 带帽斗篷 dàimào dǒupéng

burnt *a.* 烧过的 shāoguòde；烧焦的 shāojiāode：a ～ taste 焦臭味 jiāochòuwèi

burp *n.* & *v.* 打嗝 dǎgé

burr[1] *n.* 粗喉音 cū hóuyīn *v.* 发音粗浊 fāyīn cūzhuó

burr[2] *n.* （机）毛口（jī）máokǒu

burrow *n.* 窟 kū *v.* **1**. 打洞 dǎdòng：Worms ～ into fruit. 虫蛀水果。Chóng zhù shuǐguǒ. / a ～ing animal 穴居动物 xuéjū dòngwù **2**. 查阅 cháyuè：～ into archives 查阅档案 cháyuè dàng'àn

burst *v.* 破裂 pòliè：The tyre ～s. 轮胎破了。Lúntāi pòle. // ～ into 突然发生 tūrán fāshēng：～ into tears 突然哭起来 tūrán kū qǐlái / ～ into a room 扑进房内 pūjìn fángnèi / ～ into fame 忽然出名 hūrán chūmíng / ～ into bloom 开花 kāihuā / ～ out 突然发作 tūrán fāzuò：～ out laughing 突然大笑起来 tūrán dàxiào qǐlái *n.* **1**. 突然出现（景物）tūrán chūxiàn（jǐngwù）：a great ～ of light 突然出现一片亮光 tūrán chūxiàn yípiàn liàngguāng **2**. 爆裂 bàoliè：a ～ of tyre 轮胎爆裂 lúntāi bàoliè

burster *n.* 爆破工 bàopògōng * one who causes exploding；炸药 zhàyào * explosive

burweed *n.* 有刺壳果的植物 yǒu cìkéguǒde zhíwù

bury *v.* **1**. 葬 zàng：～ sb. with military honors 以军礼安葬某人 yǐ jūnlǐ ānzàng mǒurén / ～ wrongs 文过饰非 wénguòshìfēi **2**. 埋头于 máitóu yú：～ onself in one's work 埋头工作 máitóu gōngzuò **3**. 忘却 wàngquè：～ one's differences 忘却原有争端 wàngquè yuányǒu zhēngduān

bus *n.* 公共汽车 gōnggòng qìchē：get on a ～ 乘公共汽车 chéng gōnggòng qìchē // miss the ～ 失掉机会 shīdiào jīhuì *v.* 乘坐公共汽车 chéngzuò gōnggòng qìchē；在餐馆打杂 zài cānguǎn dǎzá

bush[1] *n.* **1.** 灌木 guànmù **2.** 未开垦之地 wèi kāikěn zhīdì *v.* **1.** 丛生 cóngshēng **2.** 以灌木覆盖或保护 yǐ guànmù fùgài huò bǎohù

bush[2] *n.* 衬套 chèntào *v.* 装以衬套 zhuāng yǐ chèntào

bushel *n.* 蒲式耳 púshì'ěr *v.* 修补或翻新(衣服) xiūbǔ huò fānxīn (yīfu)

bushing *n.* 衬套 chèntào；绝缘套 juéyuántào

bushwa *n.* 胡扯 húchě

bushy *a.* 灌木茂密的 guànmù màomìde；浓密的 nóngmìde：～ eyebrows 浓眉 nóngméi

busily *ad.* 忙碌地 mánglùde：wag one's tongue ～ 讲个不停 jiǎngge bùtíng

business *n.* **1.** 营业 yíngyè：～ hours 营业时间 yíngyè shíjiān **2.** 买卖 mǎimai：do good ～ 生意好 shēngyi hǎo / ～ center 商业中心 shāngyè zhōngxīn **3.** 要事 yàoshì：B- before pleasure. 正事要紧。Zhèngshì yàojǐn. / I have ～ with him. 我跟他有要事要谈。Wǒ gēn tā yǒu yàoshì yàotán. // Mind your own ～. 不要管闲事。Búyào guǎn xiánshì. / It's none of your ～. 别管闲事。Biéguǎn xiánshì. / out of ～ 破产 pòchǎn / Stick to one's ～ 专心做事。Zhuānxīn zuòshì. / on ～ 有事 yǒushì；因公 yīngōng

businesslike *a.* **1.** 事务性的 shìwùxìngde **2.** 有效的 yǒuxiàode：～ administration 有效的经营 yǒuxiàode jīngyíng **3.** 认真的 rènzhēnde

businessman *n.* 实业家 shíyèjiā；商人 shāngrén

busk *n.* 紧身衣 jǐnshēnyī

busker *n.* 街头艺人 jiētóu yìrén

bust[1] *n.* **1.** 半身像 bànshēnxiàng **2.** (妇女的)胸部、胸围 (fùnǚde) xiōngbù、xiōngwéi

bust[2] *n.* 闹饮 nàoyǐn；破产 pòchǎn；殴打 ōudǎ：make ～s 闹饮 nàoyǐn / The company went ～. 该公司破产了。Gāi gōngsī pòchǎnle. / give sb. ～s 殴打某人 ōudǎ mǒurén *v.* 破裂 pòliè；失败 shībài

bust[3] *v.* & *n.* 逮捕 dàibǔ；突然搜查 tūrán sōuchá

bustle[1] *v.* **1.** 忙碌 mánglù：～ about cooking breakfast 忙着做早饭 mángzhe zuò zǎofàn **2.** 催促 cuīcù：He ～d her upstairs. 他催着她上楼。Tā cuīzhe tā shànglóu. *n.* 忙碌 mánglù；喧闹 xuānnào：be in a ～ 忙

乱 mángluàn / without hurry or ～ 不慌不忙 bùhuāng-bùmáng

bustle² *n.* 腰垫 yāodiàn；裙撑 qúnchēng

busy *a.* 忙 máng：a ～ man 忙人 mángrén / be ～ doing（sth.）忙着干（某事）mángzhe gàn（mǒushì）/ be ～ at（about，over，with）sth. 忙于做某事 mángyú zuò mǒushì / a ～ bee 埋头工作者 máitóu gōngzuòzhě / a ～ tongue 话多的人 huàduōde rén

busybody *n.* 多事的人 duōshìde rén

busyness *n.* 忙碌 mánglù

but *conj.* **1.** 但是 dànshì：He is rich，～（he is）not happy. 他有钱但是不幸福。Tā yǒuqián dànshì bú xìngfú. **2.**（不是…）而是…（búshì…）érshì…：He is not a soldier ～ a sailor. 他不是陆军士兵而是海军水兵。Tā búshì lùjūn shìbīng érshì hǎijūn shuǐbīng. **3.** 只能 zhǐnéng：I can't help ～ feel sorry for him. 我只能为他感到难过。Wǒ zhǐnéng wèi tā gǎndào nánguò. *prep.* 除了 chúle：We go to school every day ～ Sunday. 除了星期日，我们天天上学。Chúle Xīngqīrì，wǒmen tiāntiān shàngxué. / last ～ one（two）倒数第二（第三）dàoshǔ dì-èr（dì-sān）

butch *n.* 壮汉 zhuànghàn；男人似的女子 nánrénshìde nǚzǐ *a.* 男人似的 nánrénshìde

butcher *n.* 屠夫 túfū *v.* **1.** 屠宰 túzǎi **2.** 屠杀 túshā

butchery *n.* **1.** 屠宰场 túzǎichǎng **2.** 屠宰 túzǎi **3.** 大屠杀 dàtúshā

butler *n.* 男管家 nánguǎnjiā

butt¹ **1.** 靶垛 bǎduò **2.**（批评等的）对象（pīpíng děngde）duìxiàng：the ～ of jokes 开玩笑的对象 kāiwánxiàode duìxiàng *v.* 邻接 línjiē：The house ～s to a park. 这所房子和公园相连。Zhèsuǒ fángzi hé gōngyuán xiānglián.

butt² *v.* 抵触 dǐchù；碰撞 pèngzhuàng：～ a wall 撞墙 zhuàngqiáng / ～ against a fence 撞到篱笆上 zhuàngdào líbashang *n.* 顶撞 dǐngzhuàng

butt³ *n.* **1.** 粗大之一端 cūdà zhī yìduān **2.** 残余部分 cányú bùfen：a cigar ～ 烟蒂 yāndì

butt⁴ *n.* 大酒桶 dàjiǔtǒng

butter *n.* 黄油 huángyóu *v.* 在…上涂黄油 zài…shang tú huángyóu // ～ one's bread on both sides 浪费 làngfèi / have one's bread ～ed for life 一辈子享福 yíbèizi xiǎngfú /Fine words ～ no parsnips. 花言巧语是不顶用的。Huāyánqiǎoyǔ shìbù dǐngyòngde.

buttercup *n.* 金凤花 jīnfènghuā

butterfly *n.* 蝴蝶 húdié

butterine *n.* 人造黄油 rénzào huángyóu

buttermilk *n.* 酪乳 làorǔ

buttery[1] *a.* **1.** 黄油状的 huángyóuzhuàngde **2.** 涂有黄油的 túyǒu huángyóude

buttery[2] *n.* 饮食品贮藏室 yǐnshípǐn zhùcángshì

buttock *n.* (半边)屁股 (bànbiān) pìgu；臀部 túnbù

button *n.* **1.** 扣子 kòuzi：fasten (unfasten) ～ 扣上(解开)钮扣 kòushàng (jiěkāi)niǔkòu **2.** 电钮 diànniǔ **3.** 扣状物 kòuzhuàngwù *v.* **1.** 扣上钮扣 kòushàng niǔkòu **2.** 扣紧 kòujǐn：These shoes ～ easily. 这种鞋子容易扣紧。Zhèzhǒng xiézi róngyì kòujǐn.

buttonhole *n.* 钮孔 niǔkǒng

buttress *n.* **1.** 撑墙 chēngqiáng；**2.** 支持物(人) zhīchíwù(rén)：the ～ of the home 一家的台柱 yìjiāde táizhù/ the ～ of public opinion 舆论的支持 yúlùnde zhīchí *v.* 支持 zhīchí：～ up an argument 拥护一论点 yōnghù yī lùndiǎn

butty *n.* 同事 tóngshì；工头 gōngtóu

butyraceous *a.* 黄油的 huángyóude

butyric *a.* 黄油的 huángyóude

buxom *a.* **1.** (妇女)胸部丰满的 (fùnǚ) xiōngbù fēngmǎnde **2.** 活泼的 huópode

buy *v.* 买 mǎi：～ sth. for sb. 为某人购某物 wèi mǒurén gòu mǒuwù // ～ in 买进(股票) mǎijìn (gǔpiào) / ～ on credit 赊买 shēmǎi / ～ up 整批收购 zhěngpī shōugòu

buyable *a.* 可购买的 kěgòumǎide

buyer *n.* **1.** 买主 mǎizhǔ **2.** 采购员 cǎigòuyuán

buzz *v.* **1.** 嗡嗡叫 wēngwēngjiào：flies ～ing about 嗡嗡乱飞的苍蝇 wēngwēng luànfēide cāngying **2.** 匆忙行走 cōngmáng xíngzǒu：～ about 跑来跑去 pǎolái pǎoqù **3.** 谣传 yáochuán：The town was ～ing with the news. 这个新闻传遍全城。Zhège xīnwén chuánbiàn quánchéng. *n.* **1.** 嗡嗡声 wēngwēngshēng **2.** 嘈杂声 cáozáshēng **3.** 谣言 yáoyán **4.** 电话 diànhuà：give me a ～ 给我打电话 gěi wǒ dǎ diànhuà

buzzer *n.* **1.** 蜂音器 fēngyīnqì **2.** 汽笛 qìdí

by *prep.* **1.** 在…旁 zài…páng：～ the seaside 海边 hǎibiān **2.** 坐 zuò；乘 chéng：～ bus 乘公共汽车 chéng gōnggòngqìchē **3.** 到…为止 dào…wéizhǐ：～ tomorrow 到明天 dào míngtiān **4.** 被 bèi：be bitten ～ a dog 被狗咬 bèi gǒu yǎo **5.** 靠 kào；通过 tōngguò：～ this means 通过这种方法 tōngguò zhèzhǒng fāngfǎ **6.** 由于 yóuyú：We meet ～ chance. 我们偶然相遇。Wǒmen oǔrán xiāngyù. **7.** 凭 píng：judge ～ appearance 凭外表判断 píng wàibiǎo pànduàn **8.** 逐一 zhúyī：one ～ one 一个一个地 yíge yígede **9.** 相差 xiāngchà：miss ～ a foot 偏了一英尺左右 piānle yìyīngchǐ zuǒyòu

bye-bye *int.* 再会 zàihuì *ad.* 睡觉 shuìjiào：go ～ 去睡觉 qù shuìjiào *n.*（儿）床（ér）chuáng：go to ～ 睡觉吧 shuìjiàoba

byelection *n.* 补缺选举 bǔquē xuǎnjǔ

bygone *a.* 已往的 yǐwǎngde；过时的 guòshíde *n.* 过去的事 guòqùde shì：Let ～s be ～s. 过去的事不必再提。Guòqùde shì búbì zàití.

bylaw *n.* **1.** 章程细则 zhāngchéng xìzé **2.** 地方法 dìfāngfǎ

bypass *n.* 小道 xiǎodào *v.* **1.** 绕路 ràolù **2.** 越过 yuèguò **3.** 回避 huíbì

bypath *n.* 小路 xiǎolù

byproduct *n.* 副产品 fùchǎnpǐn

bystander *n.* 旁观者 pángguānzhě

bystreet *n.* 小街 xiǎojiē；僻街 pìjiē

byway *n.* **1.** 间道 jiàndào；偏僻小路 piānpì xiǎolù **2.** 次要学科 cìyào xuékē

byword *n.* **1.** 笑柄 xiàobǐng **2.** 绰号 chuòhào **3.** 俗谚 súyàn

bywork *n.* 副业 fùyè；兼职工作 jiānzhí gōngzuò

C

cab *n.* **1.** 出租汽车 chūzū qìchē：Shall we walk or take a ～？我们走路还是坐出租汽车？Wǒmen zǒulù háishì zuò chūzū qìchē？ **2.** 出租马车 chūzū mǎche ＝ a horsedrawn carriage for hire *v.* 乘出租汽车（或马车）chéng chūzū qìchē（huò mǎchē）

cabal *n.* **1.** 阴谋集团 yīnmóu jítuán ＝ conspiratorial group **2.** 阴谋 yīnmóu ＝ secret plot *v.* 结党 jiédǎng ＝ gang up；密谋 mìmóu ＝ plot

cabaret *n.* 有歌舞表演的餐馆 yǒu gēwǔ biǎoyǎnde cānguǎn

cabbage *n.* 洋白菜 yángbáicài
cabdriver *n.* 出租车司机 chūzūchē sījī
cabin *n.* **1.** 小屋 xiǎowū：The great man was born in a little log ～. 这位伟人就出生在一个小木屋里。Zhèwèi wěirén jiù chūshēng zài yíge xiǎo mùwūli. **2.** 船舱 chuáncāng：a passenger ～ 客舱 kècāng / a captain's ～ 船长室 chuánzhǎngshì // ～ class 二等舱 èrděng cāng / ～ cruiser 汽艇 qìtǐng / ～ boy 船上服务员 chuánshang fúwùyuán
cabinet *n.* **1.** 橱柜 chúguì；柜子 guìzi：a filing ～ 公文柜 gōngwénguì **2.** 内阁 nèigé；内阁会议 nèigé huìyì：a ～ council 内阁会议 nèigéhuìyì / a C- Minister 内阁大臣 nèigé dàchén / a ～ member 阁员 géyuán / a shadow ～ 在野内阁 zàiyě nèigé；影子内阁 yǐngzi nèigé // ～ photograph 六吋照片 liùcùn zhàopiàn
cabinetmaker *n.* 制造精致家具的木工 zhìzào jīngzhì jiājùde mùgōng
cable *n.* **1.** 缆 lǎn ＝ strong wire rope **2.** 海底电缆 hǎidǐ diànlǎn；地下电缆 dìxià diànlǎn ＊ under the sea：Telegrams go to America by ～. 电报由海底电缆拍往美国。Diànbào yóu hǎidǐ diànlǎn pāiwǎng Měiguó. **3.** 缆索式 lǎnsuǒshì：My mother made me some woolen clothes using a ～ stitch pattern. 妈妈用缆索式的花样为我织了几件毛衣。Māma yòng lǎnsuǒshìde huāyàng wèi wǒ zhīle jǐjiàn máoyī. *v.* 拍电报 pāi diànbào：I ～d her to come. 我拍电报给她要她来。Wǒ pāi diànbào gěi tā yào tā lái. // ～ address 电报挂号 diànbào guàhào / ～ railway 缆车铁道 lǎnchē tiědào / ～ way 索道 suǒdào
cable car *n.* 缆车 lǎnchē
cablegram *n.* 海底电报 hǎidǐ diànbào
cabman *n.* 赶车人 gǎnchērén；驾驶人 jiàshǐrén
cacao *n.* **1.** 可可树 kěkěshù ＊ tree **2.** 可可豆 kěkědòu ＊ seed
cache *n.* **1.** 贮藏处 zhùcángchù；地窖 dìjiào **2.** 贮藏物 zhùcángwù：The ～ was worth a fortune. 这宝藏值一大笔财富。Zhè bǎozàng zhí yídàbǐ cáifù. *v.* 贮藏 zhùcáng；隐藏 yǐncáng ＝ hide：The thieves ～d the stolen money. 小偷把偷来的钱藏起来了。Xiǎotōu bǎ tōuláide qián cángqǐláile.
cackle *v.* **1.** （母鸡）咯咯叫（mǔjī）gēgē jiào **2.** 咯咯地笑 gēgēde xiào：Why do you always ～ instead of laughing properly？你怎么老是咯咯地笑，而不是好好地笑呢？Nǐ zěnme lǎoshì gēgēde xiào，ér búshì hǎohaode

xiàone? *n.* **1**. 咯咯的叫 gēgēde jiào **2**. 咯咯的笑 gēgēde xiào：~s of amusement 欢乐的笑声 huānlède xiàoshēng **3**. 废话 fèihuà = nonsense：cut the ~ 少说废话 shǎoshuō fèihuà

cacophony *n.* 刺耳的声音 cì'ěrde shēngyīn：What a ~！多刺耳的声音！Duō cì'ěrde shēngyīn！

cactus *n.* 仙人掌 xiānrénzhǎng；仙人球 xiānrénqiú

cad *n.* 下流人 xiàliúrén：That man is a ~；have nothing to do with him！那个人很卑鄙，别跟他打交道。Nàge rén hěn bēibǐ，bié gēn tā dǎjiāodào.

caddy *n.* 茶叶盒 cháyèhé

cadence *n.* **1**. 声音的抑扬顿挫 shēngyīnde yìyáng-dùncuò = the rise and fall of the human voice **2**. 节奏 jiézòu = a regular beat

cadet *n.* **1**. 军校学员 jūnxiào xuéyuán：a ~ corps 学生军训队 xuésheng jūnxùnduì **2**. 次子 cìzǐ = younger son **3**. 幼弟 yòudì = younger brother

cadmium *n.* 镉 gé

cadre *n.* **1**. 干部 gànbù：~s of all ranks 各级干部 gèjí gànbù / a ~ at the basic level 基层干部 jīcéng gànbù / a senior ~ 高级干部 gāojí gànbù **2**. 骨干 gǔgàn = cell：a member of a ~一个骨干 yíge gǔgàn

caesura *n.* **1**. 休止 xiūzhǐ * in a piece of music **2**. 停顿 tíngdùn * in the middle of a line of poetry

café *n.* 咖啡馆 kāfēiguǎn

cafeteria *n.* 自助食堂 zìzhù shítáng

caffeine *n.* 咖啡因 kāfēiyīn

cage *n.* **1**. 笼 lóng；鸟笼 niǎolóng：There are two birds in the ~. 笼子里有两只鸟。Lóngzili yǒu liǎngzhī niǎo. **2**. 监狱 jiānyù = prison *v.* 关进笼中 guānjìn lóngzhōng：~d birds 笼中鸟 lóngzhōngniǎo // ~ in 围住 wéizhù；限制…自由 xiànzhì…zìyóu：Mothers of young children often feel ~d in at home. 孩子尚小的母亲常觉得被困在家里。Háizi shàng xiǎodė mǔqin cháng juéde bèi kùnzài jiāli.

cagey *a.* 小心的 xiǎoxīnde；保密的 bǎomìde：She was very ~ about her past life. 她对她过去的生活守口如瓶。Tā duì tā guòqùde shēnghuó shǒukǒurúpíng.

cairn *n.* 圆锥形石堆 yuánzhuīxíng shíduī

caisson *n.* **1**. 潜水箱 qiánshuǐxiāng = a large box filled with air in which men work under water **2.** 弹药箱 dànyàoxiāng * a large box for carrying ammunition.

caitiff *a.* 卑鄙的 bēibǐde

cajole *v.* 哄骗 hǒngpiàn：～ sb. into (out of) doing sth. 哄骗某人做(不做)某事 hǒngpiàn mǒurén zuò (búzuò) mǒushì / ～ sth. out of sb. 从某人处骗得某物 cóng mǒurén chù piàndé mǒuwù // ～r *n.* 骗子 piànzi / ～ry *n.* 哄骗 hǒngpiàn

cake[1] *n.* **1.** 饼 bǐng；蛋糕 dàngāo：The cook has made you a splendid birthday ～. 厨师为你做了一个极好的生日蛋糕。Chúshī wèi nǐ zuòle yíge jíhǎode shēngrì dàngāo. **2.** 块 kuài：a ～ of soap 一块肥皂 yíkuài féizào // a piece of ～ 很容易 hěnróngyì / (sell) like hot ～s (卖得)很快 (màide) hěnkuài：Those books are going like hot ～s，there will be none left soon. 那些书销路很好，马上就会卖光。Nàxiē shū xiāolù hěnhǎo，mǎshàng jiùhuì màiguāng. / take the ～ 得奖 déjiǎng / You cannot eat your ～ and have it. 两者不可兼得。Liǎngzhě bùkě jiāndé.

cake[2] *v.* (使)厚厚地覆盖上 (shǐ) hòuhòude fùgàishàng：We ～d the wall with paint. 我们在墙上涂油漆。Wǒmen zài qiángshang tú yóuqī.

calabash *n.* 葫芦 húlu

calamine *n.* 炉甘石 lúgānshí

calamitous *a.* 遭灾难的 zāo zāinànde；不幸的 búxìngde

calamity *n.* 灾难 zāinàn；灾害 zāihài：A hundred people were killed in the ～. 在这次灾难中有一百人丧生。Zài zhècì zāinànzhōng yǒu yìbǎirén sàngshēng. / struggle against natural calamities 与自然灾害作斗争 yǔ zìrán zāihài zuò dòuzhēng // ～ howler 悲观论者 bēiguānlùnzhě

calcify *v.* (使)钙化 (shǐ) gàihuà

calcination *n.* 煅烧 duànshāo

calcine *v.* 煅烧 duànshāo *n.* 石灰粉 shíhuīfěn

calcite *n.* 方解石 fāngjiěshí

calcium *n.* 钙 gài：～ carbide 碳化钙 tànhuàgài / ～ chloride 氯化钙 lǜhuàgài

calculable *a.* **1.** 能计算的 néng jìsuànde；可推断的 kě tuīduànde = that can be estimated **2.** 可依赖的 kě yīlàide；可靠的 kěkàode = reliable

calculate *v.* **1.** 计算 jìsuàn：～ the cost of production 计算生产成本 jìsuàn shēngchǎn chéngběn / It's ～d that more than 100,000 people have visited the exhibition. 据计算,有十万多人参观了这个展览。Jù jìsuàn, yǒu shíwàn duōrén cānguānle zhège zhǎnlǎn. / I ～d that we would arrive at 5:00 p.m. 我预计我们在下午五点到达。Wǒ yùjì wǒmen zài xiàwǔ wǔdiǎn dàodá. **2.** 估计 gūjì; 预测 yùcè: ～ an eclipse 预测日(或月)食 yùcè rì (huò yuè) shí / I ～d that set of furniture would cost 2,000 yuan. 我估计那套家俱要花两千元。Wǒ gūjì nàtào jiājù yào huā liǎngqiān yuán. **3.** 计划 jìhuà; 打算 dǎsuan = plan // ～ on 指望 zhǐwang: Don't ～ on his lending money to you. 别指望他会借钱给你。Bié zhǐwang tā huì jièqián gěi nǐ.

calculating *a.* **1.** 计算的 jìsuànde: a ～ machine 计算机 jìsuànjī **2.** 深谋远虑的 shēnmóuyuǎnlǜde; 专为自己打算的 zhuān wèi zìjǐ dǎsuande: Whatever he does, he's always ～. So nobody wants to deal with him. 无论他做什么,总是专为自己打算。没有人愿意和他打交道。Wúlùn tā zuò shénme, zǒngshì zhuānwèi zìjǐ dǎsuan. Méiyǒu rén yuànyì hé tā dǎjiāodào.

calculator *n.* **1.** 计算者 jìsuànzhě = a person who calculates **2.** 计算机 jìsuànjī = a calculating machine

calculus *n.* **1.** 微积分(学) wēijīfēn(xué): differential ～ 微分(学) wēifēn (xué) / integral ～ 积分(学) jīfēn(xué) **2.** 结石 jiéshí: urinary ～ 尿石 niàoshí

caldron *n.* 大锅 dàguō; 大汽锅 dàqìguō = cauldron

calendar[1] *n.* **1.** 日历 rìlì; 月历 yuèlì **2.** 历法 lìfǎ: ～ month 历月 lìyuè / ～ year 历年 lìnián **3.** 日程表 rìchéngbiǎo = schedule: According to the university ～ your examination will be in January. 根据这所大学的日程表,你们的考试将在一月进行。Gēnjù zhèsuǒ dàxuéde rìchéngbiǎo, nǐmende kǎoshì jiāngzài Yíyuè jìnxíng.

calender[2] *n.* 研光机 yàguāngjī * machine

calf *n.* 小牛 xiǎoniú // a cow in ～ 怀孕的母牛 huáiyùnde mǔniú / kill the fatted ～ 设宴欢迎 shèyàn huānyíng / ～'s teeth 乳齿 rǔchǐ

calfskin *n.* 小牛皮 xiǎoniúpí

calibrate *v.* 校准 jiàozhǔn

calibre *n.* **1.** 口径 kǒujìng: a 32-～ bullet 32 口径的子弹 sānshí'èr kǒujìngde zǐdàn **2.** 能力 nénglì; 质量 zhìliàng: people of (a) very different ～ 具有不同才能的人 jùyǒu bùtóng cáinéngde rén / a man of large (small) ～ 能力大(小)的人 nénglì dà(xiǎo)de rén

calico *n.* 白棉布 báimiánbù // ～ printing 棉布印花 miánbù yìnhuā

call *v.* **1.** 叫 jiào；喊 hǎn；叫唤 jiàohuan；叫醒 jiàoxǐng：She ～ed for help. 她大声求救。Tā dàshēng qiújiù. / She ～ed me early today. 她今天很早就叫醒了我。Tā jīntiān hěnzǎo jiù jiàoxǐngle wǒ. **2.** 探访 tànfǎng；访问 fǎngwèn：He ～ed on you at your home yesterday afternoon. 昨天下午他到你家来看过你。Zuótiān xiàwǔ tādào nǐjiā lái kànguo nǐ. **3.** 打电话 dǎ diànhuà：I ～ed you this afternocn but you were out. 我今天下午给你打电话，可是你不在。Wǒ jīntiān xiàwǔ gěi nǐ dǎ diànhuà，kěshì nǐ bú zài. / I'll ～ you tomorrow. 我明天给你打电话。Wǒ míngtiān gěi nǐ dǎ diànhuà. **4.** 召开 zhàokāi；召集 zhàojí：A meeting was ～ed for May 4. 定于五月四日开会。Dìngyú Wǔyuè sìrì kāihuì. **5.** 认为 rènwéi：I ～ him a fool. 我认为他是个傻瓜。Wǒ rènwéi tā shìge shǎguā. **6.** 叫牌 jiàopái：It's his return to ～. 该他叫牌。Gāi tā jiàopái. **7.** 责备 zébèi：He deserved to be ～ed on his mistake. 他犯了错误，应受责备。Tā fànle cuòwù，yīngshòu zébèi. *n.* **1.** 叫声 jiàoshēng；喊声 hǎnshēng：They heard a ～ for help. 他们听到求救声。Tāmen tīngdào qiújiùshēng. **2.** 访问 fǎngwèn；拜访 bàifǎng：make a formal ～ 进行一次正式访问 jìnxíng yícì zhèngshì fǎngwèn **3.** 召集 zhàojí；召唤 zhàohuàn：accept a ～ (to a post) 应召(任某职) yìngzhào (rèn mǒuzhí) / The ～ was for 6 o'clock so the actors should be there by 5. 六点集合，所以演员五点就需到达。Liùdiǎn jíhé，suǒyǐ yǎnyuán wǔdiǎn jiùxū dàodá. **4.** 叫牌 jiàopái：It's your ～ now. 现在该你叫牌。Xiànzài gāi nǐ jiàopái. **5.** 电话 diànhuà：make sb. a ～ 打电话给某人 dǎ diànhuà gěi mǒurén / get a ～ from sb. 接到某人的电话 jiēdào mǒurénde diànhuà / I gave you a ～ but you were out. 我打电话给你，可是你不在。Wǒ dǎ diànhuà gěi nǐ，kěshì nǐ búzài. // a duty ～ 礼节上的访问 lǐjiéshangde fǎngwèn / ～ back **1.** 叫回来 jiào huílái：She was about to leave when her mother ～ed her back. 她正要出去时，她的妈妈叫她回来。Tā zhèngyào chūqùshí，tāde māma jiào tā huílái. **2.** 回电话 huí diànhuà：I'll ～ you back. 我会给你回电话。Wǒ huì gěi nǐ huí diànhuà. / ～ by 路过时访问 lùguoshí fǎngwèn：I'll ～ by at the shops on the way home. 回家途中，我会顺便到商店去。Huíjiā túzhōng，wǒ huì shùnbiàn dào shāngdiàn qù. / ～ for 要求 yāoqiú；需要 xūyào：

problems that ～ for immediate solution 迫切需要解决的问题 pòqiè xūyào jiějuéde wèntí / ～ in 1. 邀请 yāoqǐng；请来 qǐnglái：～ the doctor in 请医生来 qǐng yīshēn lái 2. 来访 láifǎng：C- in，or ring us up. 你可以亲自来访，也可以打电话来。Nǐ kěyǐ qīnzì láifǎng，yě kěyǐ dǎ diànhuà lái. / ～ off 取消 qǔxiāo：The football match was ～ed off on account of the weather. 因天气不好，足球赛被取消了。Yīn tiānqì bùhǎo，zúqiúsài bèi qǔxiāole. / ～ on 拜访 bàifǎng：We'll ～ on him tomorrow. 我们明天拜访他。Wǒmen míngtiān bàifǎng tā.

call box 公共电话亭 gōnggòng diànhuàtíng

caller *n.* 1. 访问者 fǎngwènzhě：He is a regular ～. 他经常来访。Tā jīngcháng láifǎng. 2. 打电话者 dǎdiànhuàzhě：I'm sorry，～，their telephone seems to be broken. 抱歉，对方的电话好象坏了。Bàoqiàn，duìfāngde diànhuà hǎoxiàng huàile.

call girl 应召女郎 yìngzhào nǚláng

calligraphy *n.* 书法 shūfǎ

calling *n.* 1. 职业 zhíyè；行业 hángyè ＝ occupation：What ～ does he follow？他是干什么的？Tā shì gànshénmede？2. 对某项工作的强烈爱好 duì mǒuxiàng gōngzuòde qiángliè àihào ＝ strong impulse：I had a ～ to become a scientist. 我强烈地希望做一个科学家。Wǒ qiángliède xīwàng zuò yíge kēxuéjiā.

cal(l)ipers *n.* 卡钳 kǎqián：inside (outside) ～ 内(外)卡钳 nèi (wài) kǎqián / telescope ～ 光学测微仪 guāngxué cèwēiyí

callisthenics *n.* 柔软体操 róuruǎn tǐcāo；健美体操(的) jiànměi tǐcāo(de)

callous *a.* 1. 硬结的 yìngjiéde ＝ (of the skin) hard and thick 2. 无情的 wúqíngde ＝ unfeeling *v.* 使硬结 shǐ yìngjié；使麻木不仁 shǐ mámùbùrén ＝ harden

callow *a.* 1. 羽毛未生的 yǔmáo wèishēngde ＝ young：These ～ birds cannot fly. 那些幼小的雏鸟还不能飞行。Nàxiē yòuxiǎode chúniǎo hái bùnéng fēixíng. 2. 没经验的 méi jīngyànde ＝ inexperienced

callus *n.* 皮肤硬化 pífū yìnghuà；茧 jiǎn：～es on his hands 他手上的茧子 tā shǒushangde jiǎnzi / ～ed hands 起茧的手 qǐjiǎnde shǒu

calm *a.* 1. 平静的 píngjìngde：The sea was ～. 海面上风平浪静。Hǎimiànshang fēngpíng-làngjìng. 2. 镇静的 zhènjìngde：She was ～

when she heard of that bad news. 当她听到那坏消息时，仍很镇静。Dāng tā tīngdào nà huàixiāoxishí，réng hěn zhènjìng. *n.* **1**. 平静píngjìng：a ～ before the storm 暴风雨前的平静 bàofēngyǔ qiánde píngjìng **2**. 镇定 zhèndìng *v.* 使安静 shǐ ānjìng：The mother ～ed her child. 母亲使她的孩子安静下来。Mǔqin shǐ tāde háizi ānjìng xiàlái. // ～ down 变平静 biàn píngjìng：The sea ～ed down. 海上风平浪静了。Hǎishang fēngpíng-làngjìngle. / The excited man gradually ～ed down. 这激动的人逐渐平静下来。Zhè jīdòngde rén zhújiàn píngjìng xiàlái.

calomel *n.* 甘汞 gāngǒng

calorie *n.* 卡路里 kǎlùlǐ

calorific *a.* 热量的 rèliàngde：～ value 发热值 fārèzhí

calorimeter *n.* 量热器 liángrèqì

calumniate *v.* 诬蔑 wūmiè

calumniator *n.* 诬蔑者 wūmièzhě

calumnious *a.* 诬蔑的 wūmiède

calumny *n.* 诬蔑 wūmiè；诽谤 fěibàng

calvities *n.* 脱发 tuōfà；秃头 tūtóu

calyx *n.* （花）萼（huā）è

cam *n.* 凸轮 tūlún：translation ～ 直动凸轮 zhídòng tūlún / ～ shaft 凸轮轴 tūlúnzhóu

cambium *n.* 形成层 xíngchéngcéng

cambric *n.* 细薄布 xìbáobù

camel *n.* 骆驼 luòtuo：an Arabian（a Bactrian）～ 单（双）峰驼 dān (shuāng) fēngtuó // ～('s) hair 驼绒 tuóróng

camellia *n.* **1**. 山茶 shānchá * the bush **2**. 山茶花 shāncháhuā * flower

cameo *n.* 浮雕宝石 fúdiāo bǎoshí

camera *n.* 摄影机 shèyǐngjī；照相机 zhàoxiàngjī：a pickup ～ 摄像机 shèxiàngjī / a cine ～ 电影摄影机 diànyǐng shèyǐngjī

cameraman *n.* 摄影师 shèyǐngshī

camiknickers *n.* （女用）连裤内衣（nǚyòng）liánkù nèiyī

camomile *n.* 甘菊 gānjú

camouflage *n.* 伪装 wěizhuāng：～ works 伪装工事 wěizhuāng gōngshì / Many animals have natural ～s such as the white fur of the polar bear.

许多动物有天然的伪装，如北极熊的白毛。Xǔduō dòngwù yǒu tiānránde wěizhuāng, rú běijíxióngde báimáo. *v*. 伪装 wěizhuāng

camp *n*. **1**. 营 yíng; 野营 yěyíng: pitch a ～ 扎营 zhāyíng / a summer ～ 夏令营 xiàlìngyíng / a concentration ～ 集中营 jízhōngyíng **2**. 阵营 zhènyíng = a group favorable to a common cause *v*. 扎营 zhāyíng; 宿营 sùyíng: go ～ing 去野营 qùyěyíng / The climbers ～ed near the top of the mountain. 登山者在山顶附近扎营。Dēngshānzhě zài shāndǐng fùjìn zhāyíng. // ～er *n*. 野营者 yěyíngzhě; 露营者 lùyíngzhě / ～ bed 行军床 xíngjūnchuáng / ～ chair 轻便折椅 qīngbiàn zhéyǐ

campaign *n*. **1**. 战役 zhànyì = military operations **2**. 运动 yùndòng: an advertising ～ 一系列广告活动 yíxìliè guǎnggào huódòng **3**. 竞选运动 jìngxuǎn yùndòng: The ～ succeeded and he won the election. 竞选活动成功，他在选举中获胜。Jìngxuǎn huódòng chénggōng, tā zài xuǎnjǔzhōng huòshèng. *v*. 参加运动 cānjiā yùndòng

campaigner *n*. 参加运动的人 cānjiā yùndòngde rén // an old ～ 老练的人 lǎoliànde rén

campanile *n*. 钟楼 zhōnglóu

campfire *n*. 营火 yínghuǒ

camphor *n*. 樟脑 zhāngnǎo: ～ ball 樟脑丸 zhāngnǎowán / ～ tree 樟树 zhāngshù

camphorate *v*. 使与樟脑化合 shǐ yǔ zhāngnǎo huàhé; 加樟脑在…中 jiā zhāngnǎo zài…zhōng

camphorated *a*. 含樟脑的 hán zhāngnǎode: ～ oil 樟脑油 zhāngnǎoyóu

camphoric *a*. 樟脑的 zhāngnǎode; 含樟脑的 hán zhāngnǎode

campstool *n*. 折凳 zhédèng

campus *n*. 校园 xiàoyuán; 大学 dàxué

can¹ *aux*. *v*. **1**. 能 néng; 会 huì: C- you move this box? 你能搬动这个箱子吗？Nǐ néng bāndòng zhège xiāngzima? **2**. 可以 kěyǐ; 能够 nénggòu: I ～ hear you easily from here. 我从这儿可以很容易地听到你说的话。Wǒ cóngzhèr kěyǐ hěn róngyìde tīngdào nǐ shuōde huà. / Money cannot buy everything. 钱不能买到一切。Qián bùnéng mǎidào yíqiè. **3**. (规则) 许可 (guīzé) xǔkě: You cannot pick the ball up in playing football. 踢足球时不可用手拿球。Tī zúqiúshí bùkě yòng shǒu ná qiú. **4**. 究竟 jiūjìng:

What ~ she mean? 她究竟是什么意思? Tā jiūjìng shì shénme yìsi? / What(ever) ~ it possible be? 那究竟是什么呢? Nà jiūjìng shì shénme ne? **5.** 有时会 yǒushí huì: The climate of that area ~ be pretty cold in winter. 那个地区冬天的气候有时会相当冷。Nàge dìqū dōngtiānde qìhòu yǒushí huì xiāngdāng lěng. // ~ but 只得 zhǐdé: I ~ but prepare my lessons for the exam. 我只得为考试准备功课。Wǒ zhǐdé wèi kǎoshì zhǔnbèi gōngkè. / ~not but **1.** 不得不 bùdébù: He ~not but do his duty. 他不得不尽责。Tā bùdébù jìnzé. **2.** 不能不 bùnéngbù: We ~not but be struck by her enthusiasm. 我们不能不为她的热情所感动。Wǒmen bùnéng búwèi tāde rèqíng suǒ gǎndòng.

can² *n.* **1.** 容器 róngqì; 筒 tǒng: an ash ~ 垃圾筒 lājītǒng **2.** 罐头 guàntou: a ~ of beer 一罐啤酒 yíguàn píjiǔ *v.* 装罐头 zhuāng guàntou: Workers ~ fruits to be sent abroad. 工人们把水果装进罐头, 送往国外。Gōngrénmen bǎ shuǐguǒ zhuāngjìn guàntou, sòngwǎng guówài.

canal *n.* **1.** 运河 yùnhé: the Panama C- 巴拿马运河 Bānámǎ yùnhé **2.** 沟渠 gōuqú; 水道 shuǐdào: They built ~s to take water to the desert. 他们建了水渠把水引入沙漠。Tāmen jiànle shuǐqú bǎ shuǐ yǐnrù shāmò. **3.** 体内的管道 tǐnèide guǎndào: the alimentary ~ 消化道 xiāohuàdào / auditory ~ 耳道 ěrdào

canard *n.* 谣言 yáoyán

canary *n.* 金丝雀 jīnsīquè

cancel *v.* **1.** 删去 shānqù; 划掉 huàdiào: If you ~ this paragraph, the article will be better. 如果你删去这段,文章会更好。Rúguǒ nǐ shānqù zhèduàn, wénzhāng huì gènghǎo. **2.** 取消 qǔxiāo: The meeting was ~led. 会议被取消了。Huìyì bèi qǔxiāole. **3.** 盖销 gàixiāo * for a postage stamp **4.** 抵消 dǐxiāo * equal // ~ out 抵消 dǐxiāo: The money I owe him and the money he owes me ~ (each other) out. 我欠他的钱和他欠我的钱相抵消。Wǒ qiàn tāde qián hé tā qiàn wǒde qián xiāng dǐxiāo.

cancellation *n.* **1.** 删去 shānqù; 划掉 huàdiào **2.** 取消 qǔxiāo: The ~ of the order for machines led to the closure of the factory. 机器订单的取消导致这家工厂倒闭。Jīqì dìngdānde qǔxiāo dǎozhì zhèjiā gōngchǎng dǎobì. **3.** 盖销 gàixiāo：Some rare ～s are very valuable. 一些罕见的邮戳很有价值。Yìxiē hǎnjiànde yóuchuō hěnyǒu jiàzhí.

cancer[1] *n.* **1.** 癌 ái；癌症 áizhèng：～ of the lung (stomach, liver) 肺(胃、肝)癌 fèi(wèi、gān) ái **2.** 弊端 bìduān：spreading evil

cancer[2] *n.* 巨蟹座 jùxièzuò：The Tropic of C- 北回归线 běi huíguīxiàn；夏至线 xiàzhìxiàn

cancerous *a.* **1.** 癌的 áide：He had a ～ growth on his throat. 他的喉咙长了癌。Tāde hóulóng zhǎngle ái. **2.** 患癌症的 huàn áizhèngde：a ～ person 患癌症的人 huàn áizhèngde rén

candelabrum *n.* 枝状烛台 zhīzhuàng zhútái

candid *a.* **1.** 正直的 zhèngzhíde；坦率的 tǎnshuàide：To be ～, I don't agree with him. 老实说，我不同意他的意见. Lǎoshi shuō, wǒ bù tóngyì tāde yìjian. **2.** 趁人不备时拍摄的 chènrén búbèishí pāishède：～ pictures 趁人不备时拍摄的照片 chènrén búbèishí pāishède zhàopiàn

candidate *n.* **1.** 侯选人 hòuxuǎnrén；应征人 yìngzhēngrén：He was the strongest ～ for the job. 他是这项工作最有希望的应征者。Tā shì zhèxiàng gōngzuò zuì yǒu xīwàngde yìngzhēngzhě. / a ～ for the position 某职位的候选人 mǒuzhíwèide hòuxuǎnrén **2.** 应试人 yìngshìrén * a person taking an examination

candied *a.* **1.** 蜜饯的 mìjiànde：～ fruits 果脯 guǒfǔ **2.** 甜蜜的 tiánmìde = sweet：～ words 甜言蜜语 tiányán-mìyǔ

candle *n.* 蜡烛 làzhú：burn a (the) ～ at both ends 用太多的时间工作或玩乐 yòng tàiduōde shíjiān gōngzuò huò wánlè；休息太少 xiūxi tàishǎo / can't (be not) fit to hold a ～ to 远不如(某人) yuǎn bùrú(mǒurén)：I can't hold a ～ to her when it comes to learning painting. 学习画画儿，我根本比不上她. Xuéxí huàhuàr, wǒ gēnběn bǐbushàng tā.

candlelight *n.* 烛光 zhúguāng

candlemas *n.* 圣烛节 shèngzhújié

candlestick *n.* 烛台 zhútái

cando(u)r *n.* 公正 gōngzhèng；坦率 tǎnshuài

candy *n.* **1.** 糖果 tángguǒ = sweets：a piece of ～ 一块糖 yíkuài táng **2.** 冰糖 bīngtáng * sugar candy, rock candy *v.* 煮成蜜饯以保存 zhǔchéng mìjiàn yǐ bǎocún

candytuft *n.* 白蜀葵 báishǔkuí

cane *n.* **1.** 竹等的茎 zhú děngde jīng：sugar ～ 甘蔗 gānzhe **2.** 藤料 téngliào：～ chairs 藤椅 téngyǐ *v.* **1.** 鞭打 biāndǎ = beat with a cane **2.** 用藤制作 yòng téng zhìzuò = use ratten in making or repairing furniture

canine *a.* 犬的 quǎnde；似犬的 sìquǎnde *n.* 犬 quǎn // ～ madness 狂犬病 kuángquǎnbìng / ～ tooth 犬牙 quǎnyá

canister *n.* 金属罐 jīnshǔguàn

canker *n.* **1.** 溃疡 kuìyáng = ulcerated sore **2.** 个人或社会的弊端 gèrén huò shèhuìde bìduān = spreading evil in a person or society

cankerous *a.* **1.** 溃疡的 kuìyángde **2.** 患溃疡的 huàn kuìyángde **3.** 有腐蚀性的 yǒu fǔshíxìngde = causing decay

cankerworm *n.* 伤害植物芽和叶的害虫 shānghài zhíwù yá hé yède hàichóng

cannabis *n.* 大麻 dàmá

canned *a.* 罐装的 guànzhuāngde：～ fruit and vegetables 罐头水果和蔬菜 guàntou shuǐguǒ hé shūcài

cannery *n.* 罐头食品厂 guàntou shípǐnchǎng

cannibal *n.* **1.** 食人者 shírénzhě * person **2.** 吃同类的肉的动物 chī tónglèide ròude dòngwù * animal

canning *n.* 罐头制造 guàntou zhìzào：a ～ factory 罐头食品制造厂 guàntou shípǐn zhìzàochǎng

cannon *n.* **1.** 大炮 dàpào；加农炮 jiānóngpào **2.** 飞机上的机关炮 fēijīshangde jīguānpào：These fighter planes are all armed with ～. 这些战斗机都装有机关炮。Zhèxiē zhàndòujī dōu zhuāngyǒu jīguānpào. // ～ fodder 炮灰 pàohuī

cannonade *n.* & *v.* 炮轰 pàohōng：A lot of factories were destroyed in the ～. 很多工厂在炮轰下被摧毁。Hěnduō gōngchǎng zài pàohōngxià bèi cuīhuǐ.

cannonball *n.* 炮弹 pàodàn

canny *a.* 精明的 jīngmíngde

canoe *n.* 独木舟 dúmùzhōu；轻舟 qīngzhōu *v.* 乘独木舟穿越 chéng dúmùzhōu chuānyuè = travel by ～

canon *n.* **1.** （天主教或基督教）教会法规（Tiānzhǔjiào huò Jīdūjiào）jiàohuì fǎguī = church decree **2.** 准则 zhǔnzé；标准 biāozhǔn；原则

yuánzé = standard：the ～s of good students 好学生的标准 hǎo xuéshengde biāozhǔn 3. 牧师 mùshī；神父 shénfù；教士 jiàoshì = priest

canonical *a.* 合乎教规的 héhū jiàoguīde；符合规定的 fúhé guīdìngde

canopy *n.* 1. 床、王座等的罩篷 chuáng、wángzuò děngde zhàopéng；华盖 huágài * covering 2. 飞机座舱罩 fēijī zuòcāngzhào * over the cockpit 3. 覆盖之物 fùgài zhīwù：the ～ of the heavens 天空 tiānkōng；苍穹 cāngqióng

cant[1] *n.* 1. 假话 jiǎhuà = hypocritical talk：What she said was ～. 她说的是假话。Tā shuōde shì jiǎhuà. 2. 隐语 yǐnyǔ；黑话 hēihuà = jargon：thieves' ～ 小偷的黑话 xiǎotōude hēihuà

cant[2] *n.* 1. 斜面 xiémiàn；斜坡 xiépō = a sloping surface 2. 造成倾斜的运动 zàochéng qīngxiéde yùndòng = a tilting movement：The bus gave a ～ and a lot of people fell down. 公共汽车突然倾斜，很多人都摔倒了。Gōnggòng qìchē tūrán qīngxié，hěnduōrén dōu shuāidǎole.

cantaloup(e) *n.* 甜瓜 tiánguā；香瓜 xiāngguā

cantankerous *a.* 脾气坏的 píqi huàide；爱争吵的 ài zhēngchǎode

cantata *n.* 大合唱 dàhéchàng

canteen *n.* 1. 小卖部 xiǎomàibù；食堂 shítáng = place where meals are sold and eaten 2. 水壶 shuǐhú = water container

canter *n.* 1.（马的）慢跑（mǎde）mànpǎo 2. 慢速骑马 mànsù qímǎ * horse riding

cantilever *n.* 悬臂 xuánbì // ～ bridge 悬臂桥 xuánbìqiáo

canto *n.* 长诗的一章 chángshīde yìzhāng

cantonment *n.* 军营 jūnyíng

canvas *n.* 1. 帆布 fānbù：～ shoe 帆布鞋 fānbùxié 2. 油画布 yóuhuàbù * used for oil painting

canvass *v.* 1. 详细检查 xiángxì jiǎnchá：～ the votes cast 检查选票 jiǎnchá xuǎnpiào 2. 向人游说 xiàng rén yóushuì：～ a district for votes 为争取选票在选举区进行游说 wèi zhēngqǔ xuǎnpiào zài xuǎnjǔqū jìnxíng yóushuì *n.* 拉选票 lā xuǎnpiào

canyon *n.* 峡谷 xiágǔ：the Grand C- 科罗拉多大峡谷 Kēluóláduō dàxiágǔ

caoutchoue *n.* 生橡胶 shēngxiàngjiāo

cap *n.* 1. 帽 mào；帽子 màozi；便帽 biànmào：a service ～ 军帽 jūnmào；

~ insignia 帽徽 màohuī 2. 盖 gài；套 tào：put the ~ back on the bottle 把盖子放回瓶上去 bǎ gàizi fànghuí píngshang qù / the ~ of a pen 笔套 bǐtào 3. 天生的覆盖物 tiānshēngde fùgàiwù * covering：a ~ of hard rock 由硬岩石形成的天生的覆盖物 yóu yìngyánshí xíngchéngde tiānshēngde fùgàiwù *v.* 1. 给…戴帽 gěi… dàimào；覆盖 fùgài：Sncw ~ped the mountains. 雪覆盖了群山。Xuě fùgàile qúnshān. 2. 向…脱帽致敬 xiàng… tuōmào zhìjìng * as a salute 3. 胜过 shèngguò：~ the climax 超过限度 chāoguò xiàndù // ~ in hand 恭敬地 gōngjìngde；谦恭地 qiāngōngde / put on one's thinking ~ 认真考虑 rènzhēn kǎolǜ / pull ~s 口角 kǒujiǎo；扭打 niǔdǎ / The ~ fits. 恰如其分。Qiàrúqífèn.

capability *n.* 1. 能力 nénglì；才能 cáinéng：the ~ of solving problems 解决问题的能力 jiějué wèntíde nénglì 2. 力量 lìliang：national defense capabilities 国防力量 guófáng lìliang

capable *a.* 1. 有能力的 yǒu nénglìde；有才能的 yǒu cáinéngde：a very ~ musician 一个极有才能的音乐家 yíge jíyǒu cáinéngde yīnyuèjiā / He is ~ of overcoming these difficulties. 他有能力克服这些困难。Tā yǒu nénglì kèfú zhèxiē kùnnan. 2. 会…的 huì…de，易于…的 yìyú…de：~ of misspelling longer words 易于拼错较长的词 yìyú pīncuò jiàochángde cí

capacious *a.* 宽敞的 kuānchǎngde；容量大的 róngliàngdàde：a ~ room 一个宽敞的房间 yíge kuānchǎngde fángjiān

capacitance *n.* 电容 diànróng；电容量 diànróngliàng

capacitor *n.* 电容器 diànróngqì

capacity *n.* 1. 容量 róngliàng；容积 róngjī：breathing ~ 肺活量 fèihuóliàng / ~ tonnage 载重量 zàizhòngliàng / This is a hall of very large ~ . 这个礼堂可容很多人。Zhège lǐtáng kěróng hěnduō rén. 2. 能力 nénglì：a ~ for learning languages 学语言的能力 xué yǔyánde nénglì 3. 地位 dìwèi；身份 shēnfen = position：in the ~ of a teacher 以教师的身份 yǐ jiàoshīde shēnfen // be filled to ~ 全满的 quánmǎnde

cape[1] *n.* 披肩 pījiān；斗篷 dǒupeng

cape[2] *n.* 岬 jiǎ；海角 hǎijiǎo：the C- of Good Hope 好望角 Hǎowàngjiǎo / C- Horn 合恩角 Hé'ēnjiǎo

caper *v.* & *n.* 雀跃 quèyuè；跳跃 tiàoyuè：The little birds were ~ing in the fields. 小鸟在田野里嬉戏。Xiǎoniǎo zài tiányěli xīxì.

capillary *n.* 毛细管 máoxìguǎn：～ action 毛细管作用 máoxìguǎn zuòyòng *a.* **1.** 毛状的 máozhuàngde **2.** 毛细作用的 máoxì zuòyòngde

capital[1] *n.* 柱头 zhùtóu * the top part of a pillar

capital[2] *n.* **1.** 首都 shǒudū：Beijing is the ～ of China. 北京是中国的首都。Běijīng shì zhōngguóde shǒudū. **2.** 大写字母 dàxiě zìmǔ：write in ～s 用大写字母写 yòng dàxiě zìmǔ xiě **3.** 资本 zīběn；资产 zīchǎn：the difference between fixed ～ and circulating ～ 固定资产和流动资产的区别 gùdìng zīchǎn hé liúdòng zīchǎnde qūbié / invest much ～ in the enterprise 在企业中投入许多资本 zài qǐyèzhōng tóurù xǔduō zīběn *a.* **1.** 首位的 shǒuwèide：a ～ city 首都 shǒudū/ a ～ letter 大写字母 dàxiě zìmǔ **2.** 可处死刑的 kě chǔ sǐxíngde：～ punishment 死刑 sǐxíng **3.** 极好的 jíhǎode：What a ～ idea！好主意！Hǎozhǔyi！

capitalism *n.* 资本主义 zīběnzhǔyì；资本主义制度 zīběnzhǔyì zhìdù：monopoly ～ 垄断资本主义 lǒngduàn zīběnzhǔyì

capitalist *n.* **1.** 资本家 zīběnjiā **2.** 资本主义者 zīběnzhǔyìzhě *a.* **1.** 有资金的 yǒu zījīnde **2.** 资本主义的 zīběnzhǔyìde：a ～ country 资本主义国家 zīběnzhǔyì guójiā

capitalize *v.* **1.** 用大写字母… yòng dàxiě zìmǔ… ＝ write with a capital letter **2.** 转成资本 zhuǎnchéng zīběn ＝ turn into capital **3.** 提供资本 tígōng zīběn：The bank has promised to ～ the enterprise. 银行答应给这个企业提供资本。Yínháng dāying gěi zhège qǐyè tígōng zīběn. **4.** 利用 lìyòng＝ exploit

capitation *n.* **1.** 人头税 réntóushuì ＝ poll-tax **2.** 按人计算 àn rén jìsuàn：～ grant 按人计算的补助费 àn rén jìsuànde bǔzhùfèi

capitulate *v.* （有条件）投降（yǒutiáojiàn）tóuxiáng // capitulation *n.*

capon *n.* 阉鸡 yānjī

capriccio *n.* 随想曲 suíxiǎngqǔ

caprice *n.* **1.** 反复无常 fǎnfù-wúcháng；任性 rènxìng：at the ～ of 由于…的任性 yóuyú…de rènxìng **2.** 不能解释的怪想（或行为）bùnéng jiěshìde guàixiǎng（huò xíngwéi）＝ queer thinking **3.** 突变 tūbiàn ＝ sudden change：the ～s of the weather 天气的突变 tiānqìde tūbiàn // capricious *a.*

capsicum *n.* 辣椒 làjiāo

capsize *v.* （船）翻（chuán）fān；使（船）翻 shǐ（chuán）fān

capstan *n.* 绞盘 jiǎopán；起锚机 qǐmáojī

capsule *n.* **1.** 荚 jiá * of the seeds of a plant **2.** 胶囊 jiāonáng = gelatin case of medicine **3.** 太空舱 tàikōngcāng：space ～ 宇宙密闭小舱 yǔzhòu mìbì xiǎocāng

captain *n.* **1.** 队长 duìzhǎng：the ～ of a fire brigade 消防队长 xiāofáng duìzhǎng **2.** 机长 jīzhǎng；船长 chuánzhǎng；舰长 jiànzhǎng * the person in command of a ship or aircraft **3.** 海军中级军官 hǎijūn zhōngjí jūnguān = naval officer **4.** 陆军上尉 lùjūn shàngwèi = an officer of lower rank in the army *v.* 做…的首领 zuò…de shǒulǐng；统率 tǒngshuài = be a ～

caption *n.* **1.** 标题 biāotí = a subtitle **2.** 说明 shuōmíng = explanation of a picture

captious *a.* 吹毛求疵的 chuīmáo-qiúcīde；好挑剔的 hào tiāotide

captivate *v.* 迷住 mízhù；吸引 xīyǐn；强烈感染 qiángliè gǎnrǎn：He was ～d by her beauty. 他被她的美貌迷住了。Tā bèi tāde měimào mízhùle.

captivation *n.* 魅力 mèilì；吸引力 xīyǐnlì

captive *n.* **1.** 俘虏 fúlǔ = one taken as prisoner **2.** 着迷的人 zháomíde rén：He was her ～. 他被她迷住了。Tā bèi tā mízhùle. *a.* 被俘虏的 bèi fúlǔde；被拘禁的 bèi jūjìnde；被拴住的 bèi shuānzhùde：a ～ balloon 被拴住的气球 bèi shuānzhùde qìqiú

captivity *n.* 被俘 bèifú；监禁 jiānjìn；束缚 shùfù：the prisoner in ～ 被监禁的犯人 bèi jiānjìnde fànrén

captor *n.* 捕捉者 bǔzhuōzhě；夺得者 duódézhě：The birds escaped from the ～s. 鸟从捕捉者的手中逃走了。Niǎo cóng bǔzhuōzhěde shǒuzhōng táozǒule.

capture *v.* **1.** 俘虏 fúlǔ；捕获 bǔhuò：The cat has ～d a mouse. 猫抓到了一只老鼠。Māo zhuādàole yìzhī lǎoshǔ. **2.** 占领 zhànlǐng；夺得 duódé：～ a fortress 占领堡垒 zhànlǐng bǎolěi **3.** 引起 yǐnqǐ；赢得 yíngdé：～ the attention of the listeners 引起听众的注意 yǐnqǐ tīngzhòngde zhùyì *n.* **1.** 虏获 lǔhuò；捕获 bǔhuò **2.** 虏获物或人 lǔhuò wù huò rén；战利品 zhànlìpǐn

car *n.* **1.** 车 chē；车辆 chēliàng：a mail ～ 邮车 yóuchē **2.** 汽车 qìchē；小汽车 xiǎoqìchē：by ～ 乘汽车 chéng qìchē **3.**（火车）车厢（huǒchē） chēxiāng: a sleeping ～ 卧车 wòchē / a freight ～ 货车 huòchē / a dining ～ 餐车 cānchē / ～ park 停车场 tíngchēchǎng

caramel *n.* **1.** 酱色 jiàngsè = brown **2.** 小块硬糖 xiǎokuài yìngtáng

carat *n.* **1.** 克拉 kèlā * unit of weight **2.** 开 kāi: The ring is made of 18-～ gold. 这枚金戒指是18开。Zhèméi jīnjièzhǐ shì shíbā kāi.

caravan *n.* **1.** 商队 shāngduì; 旅行队 lǚxíngduì * a group of people with vehicles traveling together for protection through esp. desert areas **2.** 有篷的马车 yǒupéngde mǎchē * a covered horse-drawn cart **3.** 拖车 tuōchē * a vehicle which can be pulled by car

caravansary, caravanserai *n.* 东方国家商队的客店 dōngfāng guójiā shāngduìde kèdiàn; 旅馆 lǚguǎn

carbide *n.* 碳化物 tànhuàwù

carbine *n.* 卡宾枪 kǎbīnqiāng

carbohydrate *n.* **1.** 碳水化合物 tànshuǐ huàhéwù **2.** 糖类 tánglèi: ～ metabolism 糖类代谢作用 tánglèi dàixiè zuòyòng

carbolic *a.* 碳的 tànde: ～ acid 石炭酸 shítànsuān

carbon *n.* **1.** 碳 tàn: ～ dioxide 二氧化碳 èryǎnghuàtàn **2.** 复写纸 fùxiězhǐ **3.** 复写的副本 fùxiěde fùběn; 副本 fùběn: I want one original and 2 ～s, please. 请给我一份正本,两份复写本。Qǐng gěi wǒ yífèn zhèngběn, liǎngfèn fùxiěběn.

carbonate *n.* 碳酸盐 tànsuānyán *v.* 使碳化 shǐ tànhuà

carbonic *a.* 碳的 tànde: ～ acid 碳酸 tànsuān

carboniferous *a.* 含碳的 hántànde

carbonize *v.* (使)碳化 (shǐ) tànhuà // carbonization *n.*

carborundum *n.* 金刚砂 jīngāngshā

carbuncle *n.* **1.** 痈 yōng = infection of skin **2.** 红宝石 hóngbǎoshí = bright-red jewel

carburet(t)er *n.* 汽化器 qìhuàqì

carcass, carcase *n.* **1.** 动物尸体 dòngwù shītǐ = dead body of animal **2.** 人的尸体 rénde shītǐ * of man **3.** 残骸 cánhái: the ～ of a plane 飞机的残骸 fēijīde cánhái

carcinogen *n.* 致癌物质 zhì'ái wùzhì

card[1] *n.* **1.** 卡片 kǎpiàn; 卡 kǎ: a Christmas ～ 圣诞卡 shèngdànkǎ / a visiting ～ 名片 míngpiàn **2.** 明信片 míngxìnpiàn = postcard **3.** 纸牌

zhǐpái= playing ～；办法 bànfǎ = means；计划 jìhuà = plan：a pack of ～s 一副纸牌 yífù zhǐpái / put one's ～s on the table 摊牌 tānpái / a sure ～ 有把握的办法 yǒu bǎwòde bànfǎ // a knowing ～ 精明鬼 jīngmíngguǐ / on the ～s 可能的 kěnéngde；有可能实现的 yǒu kěnéng shíxiànde / play one's best ～ 拿出绝招 náchū juézhāo / play one's ～s well 办事高明 bànshì gāomíng

card[2] *n.* **1.** 梳子 shūzi * used for combing **2.** 梳棉机 shūmiánjī * cotton machine *v.* 梳 shū；刷 shuā

cardboard *n.* 硬纸板 yìngzhǐbǎn

card-case *n.* 名片盒 míngpiànhé；卡片箱 kǎpiànxiāng；纸牌盒 zhǐpáihé

cardiac *a.* 心脏的 xīnzàngde；心脏病的 xīnzàngbìngde = of the heart：～ symptoms 心脏病的症候 xīnzàngbìngde zhènghou *n.* **1.** 患心脏病的人 huàn xīnzàngbìngde rén = patient having ～ disease **2.** 强心剂 qiángxīnjì = cardiotonic

cardigan *n.* 羊毛衫 yángmáoshān；羊毛背心 yángmáo bèixīn

cardinal *a.* **1.** 主要的 zhǔyàode；基本的 jīběnde：～ numbers 基数 jīshù **2.** 深红色的 shēnhóngsède * of a deep rich red color *n.* **1.** 深红色 shēnhóngsè **2.** 红衣主教 hóngyī zhǔjiào；枢机主教 shūjī zhǔjiào = member of the Pope's council

care[1] *n.* **1.** 小心 xiǎoxīn；谨慎 jǐnshèn；注意 zhùyì：Handle with ～！小心轻放！xiǎoxīn qīngfàng！/ take ～ of 照顾 zhàogu：Please take ～ of my children. 请为我照顾孩子。Qǐng wèi wǒ zhàogu háizi. **2.** 照顾 zhàogu；照管 zhàoguǎn；负责照管的事 fùzé zhàoguǎnde shì：The children are under the ～ of nurses. 孩子由保育员照管。Háizi yóu bǎoyùyuán zhàoguǎn. / That will be your ～. 那件事由你负责。Nàjiànshì yóu nǐ fùzé. **3.** 忧虑 yōulǜ；烦恼 fánnǎo = anxiety：free from ～ 无忧无虑 wúyōu wúlǜ

care[2] *v.* **1.** 关心 guānxīn；忧虑 yōulǜ；在乎 zàihu：Although he was critisized by others，he did not ～. 尽管他受到了别人的批评，但是他不在乎。Jǐnguǎn tā shòudàole biérénde pīpíng，dànshì tā búzàihu. / He doesn't ～ about his clothes. 他不讲究衣着。Tā bù jiǎngjiu yīzhuó. / not ～ a damn 毫不在乎 háobù zàihu **2.** 喜欢 xǐhuan；要 yào = like：I don't ～ to watch television；I'd rather listen to the radio. 我不喜欢看

电视，我愿意听广播。Wǒ bù xǐhuan kàn diànshì，wǒ yuànyì tīng guǎngbō.

career *n.* **1.** 生涯 shēngyá；经历 jīnglì = course through life **2.** 职业 zhíyè；事业 shìyè = profession **3.** 全速 quánsù：The horse went down the hill at full ～. 马狂奔下山。Mǎ kuángbēn xiàshān. *a.* 职业的 zhíyède：He's a ～ sportsman. 他是个职业运动员。Tā shìge zhíyè yùndòngyuán. / ～ woman 职业妇女 zhíyè fùnǚ *v.* 急驰 jíchí；猛冲 měngchōng = run：in full ～ 开足马力地 kāizúmǎlìde；全速地 quánsùde

carefree *a.* **1.** 无忧无虑的 wúyōu-wúlǜde；快乐的 kuàilède：I feel quite ～ when I am together with him. 我和他在一起的时候感到很快乐。Wǒ hé tā zàiyìqǐde shíhou gǎndào hěn kuàilè. **2.** 不负责的 búfùzéde = careless：He's ～ with his money. 他挥霍无度。Tā huīhuò-wúdù.

careful *a.* **1.** 小心的 xiǎoxīnde；谨慎的 jǐnshènde = cautious：Be ～！小心！Xiǎoxīn！**2.** 细心的 xìxīnde = with care：～ reading 细心阅读 xìxīn yuèdú

careless *a.* **1.** 粗心的 cūxīnde：A ～ driver is a danger to us all. 粗心大意的司机对我们大家都很危险。Cūxīn-dàyìde sījī duì wǒmen dàjiā dōu hěn wēixiǎn. **2.** 由于粗心而引起的 yóuyú cūxīn ér yǐnqǐde：a ～ mistake 由于粗心而引起的错误 yóuyú cūxīn ér yǐnqǐde cuòwù **3.** 不关心的 bù guānxīnde；不介意的 bú jièyìde = unconcerned：He is ～ about his health. 他不在意他的健康。Tā búzàiyì tāde jiànkāng.

caress *n.* 爱抚 àifǔ *v.* 抚爱 fǔ'ài；抚摸 fǔmō：She ～ed her child lovingly. 她满怀爱意地抚摸着孩子。Tā mǎnhuái àiyìde fǔmōzhe háizi.

caret *n.* 加字符号 jiāzì fúhào；脱字符 tuōzìfú（∧，∨）

caretaker *n.* 管理员 guǎnlǐyuán

careworn *a.* 饱经忧患的 bǎojīngyōuhuànde；历尽沧桑的 lìjìncāngsāngde：a ～ face 一张历尽沧桑的脸 yìzhāng lìjìncāngsāngde liǎn

cargo *n.* 货物 huòwù：a ～ hold 货舱 huòcāng / a ～ ship 货船 huòchuán / a ～-transport plane 货运飞机 huòyùn fēijī；运输机 yùnshūjī

caribou *n.*（北美）驯鹿（Běiměi）xúnlù

caricature *n.* **1.** 讽刺画 fěngcìhuà；漫画 mànhuà * painting **2.** 滑稽性模仿 huájīxìng mófǎng = mimicry：He amused his mother with ～s of his brother. 他滑稽地模仿弟弟的动作，逗他的母亲。Tā huájīde mófǎng dìdide dòngzuò，dòu tāde mǔqin. *v.* 作讽刺画或描述 zuò fěngcìhuà huò miáoshù；作滑稽性模仿 zuò huájīxìng mófǎng

caries *n.* 龋齿 qǔchǐ；虫牙 chóngyá

carious *a.* 腐烂的 fǔlànde；龋齿的 qǔchǐde：a ～ tooth 一颗虫牙 yìkē chóngyá

carmine *n.* & *a.* 深红色(的) shēnhóngsè(de)

carnage *n.* 大屠杀 dàtúshā；残杀 cánshā

carnal *a.* **1.** 肉体的 ròutǐde；性欲的 xìngyùde；色情的 sèqíngde = sensual：～ pleasures 声色之娱 shēngsè zhīyú；淫乐 yínlè **2.** 世俗的 shìsúde；现世的 xiànshìde = worldly：～ ambition 名利心 mínglìxīn

carnation *n.* 康乃馨 kāngnǎixīn

carnival *n.* 狂欢节 kuánghuānjié

carnivore *n.* 食肉动物 shíròu dòngwù：Tigers are ～s. 虎是食肉动物。Hǔ shì shíròu dòngwù. // carnivorous *a.*

carol *n.* 颂歌 sònggē；欢乐之歌 huānlè zhīgē：a Christmas ～ 圣诞颂歌 Shèngdàn sònggē *v.* 愉快地唱歌 yúkuàide chànggē；歌唱 gēchàng；歌颂 gēsòng

carousal *n.* 狂饮宴会 kuángyǐn yànhuì

carouse *vi.* 狂饮寻乐 kuángyǐn xúnlè

carp[1] *n.* 鲤鱼 lǐyú；鲤科的鱼 lǐkēde yú：silver ～ 白鲢 báilián

carp[2] *v.* 找岔子 zhǎocházi；挑剔 tiāoti = find fault with：～ at sb. 对某人挑剔 duì mǒurén tiāoti / ～ on sth. 对某事挑剔 duì mǒushì tiāoti / ～ing criticism 苛刻的批评 kēkède pīpíng / Please stop ～ing at the way I dress. 请不要再挑剔我的穿着。Qǐng búyào zài tiāoti wǒde chuānzhuó.

carpenter *n.* 木工 mùgōng

carpentry *n.* 木工业 mùgōngyè

carpet *n.* **1.** 地毯 dìtǎn * for covering floors or stairs **2.** 象地毯一样的覆盖物 xiàng dìtǎn yíyàngde fùgàiwù：a ～ of flowers 遍地花朵 biàndì huāduǒ / a ～ of grass 一片绿茵 yípiàn lǜyīn *v.* **1.** 铺上地毯 pūshàng dìtǎn **2.** 责备 zébèi = scold：He was ～ed for bad work. 他因工作差受责备。Tā yīn gōngzuò chà shòu zébèi. // on the ～ **1.** 受责备 shòu zébèi；挨骂 áimà：You'll be on the ～ if mother finds out you've broken that vase. 妈妈发现你打破那只花瓶，你一定会挨骂。Māma fāxiàn nǐ dǎpò nàzhī huāpíng，nǐ yídìng huì áimà. **2.** 考虑中 kǎolǜzhōng；讨论中

tǎolùnzhōng = under discussion: My plan will be on the ～ at today's meeting. 今天会议中会讨论我的计划。Jīntiān huìyìzhōng huì tǎolùn wǒde jìhuà. / sweep sth. under the ～ 隐藏(某事) yǐncáng (mǒushì): I know what you did; you can't sweep things under the ～ to keep them hidden from me. 我知道你作了什么,你不能把事情瞒着我。Wǒ zhīdao nǐ zuòle shénme, nǐ bùnéng bǎ shìqing mánzhe wǒ.

carriage *n*. **1.** (四轮)马车 (sìlún) mǎchē: a ～ and pair 双马车 shuāngmǎchē **2.** (火车)客车厢(huǒchē)kèchēxiāng: = of a train: the 8th ～ 第八节车厢 dìbā jié chēxiāng

carrier *n*. 搬运人 bānyùnrén; 邮递员 yóudìyuán: a mail ～ 邮递员 yóudìyuán / an aircraft ～ 航空母舰 hángkōngmǔjiàn / ～ pigeon 信鸽 xìngē / ～ rocket 运载火舰 yùnzài huǒjiàn

carrion *n*. 腐肉 fǔròu *a*. 腐烂的 fǔlànde

carrot *n*. 胡萝卜 húluóbo

carry *v*. **1.** 装载 zhuāngzài; 携带 xiédài; 背着 bēizhe: ～ a box 带着一只箱子 dàizhe yìzhī xiāngzi / She carried a baby on her back. 她背上背着一个婴儿。Tā bèishang bēizhe yíge yīng'ér. / A taxi carried me to the station. 出租车把我送到了车站。Chūzūchē bǎ wǒ sòngdàole chēzhàn. **2.** 传送 chuánsòng; 传播 chuánbō; 传染 chuánrǎn: ～ the news to sb. 把消息告诉某人 bǎ xiāoxi gàosu mǒurén / Air carries sounds. 空气能传播声音。Kōngqì néng chuánbō shēngyīn. / Many serious diseases are carried by insects. 很多重病是由昆虫传染来的。Hěnduō zhòngbìng shì yóu kūnchóng chuánrǎn láide. **3.** 支持 zhīchí; 援助 yuánzhù; 支撑 zhīchēng = support: These pillars are too thin to ～ the roof. 这些柱子太细,支撑不住屋顶。Zhèxiē zhùzi tàixì, zhīchēng búzhù wūdǐng. **4.** 保持一定的姿势 bǎochí yídìngde zīshì: He carries himself like a soldier. 他的举止行动象个军人。Tāde jǔzhǐ xíngdòng xiàngge jūnrén. **5.** 刊登 kāndēng: newspapers that ～ cultural reports 登有文化报道的报纸 dēngyǒu wénhuà bàodàode bàozhǐ **6.** 使获得赞同(或通过) shǐ huòdé zàntóng (huò tōngguò): ～ an election 选举获胜 xuǎnjǔ huòshèng / The speaker carried the audience with him. 演讲者赢得听众的赞同。Yǎnjiǎngzhě yíngdé tīngzhòngde zàntóng. // ～ all before one 完全成功 wánquán chénggōng; 全胜 quánshèng / ～ away **1.** 运走 yùnzǒu **2.** 使

失去自制力 shǐ shīqù zìzhìlì；冲昏…的头脑 chōnghūn…de tóunǎo：to be carried away by achievements 被成绩冲昏了头脑 bèi chéngjī chōnghūnle tóunǎo / ～ into effect 实行 shíxíng；实现 shíxiàn / ～ off 获得（奖品等）huòdé（jiǎngpǐn děng）/ ～ on **1.** 经营 jīngyíng：～ on a business 经营商业 jīngyíng shāngyè **2.** 坚持下去 jiānchí xiàqù：We carried on in spite of the extremely difficult conditions. 尽管条件极端困难，我们仍坚持下去。Jǐnguǎn tiáojiàn jíduān kùnnan，wǒmen réng jiānchí xiàqù. **3.** 大声说 dàshēngshuō；吵吵闹闹 chǎochao-nàonào **4.**（与…）调情（with）（yǔ…）tiáoqíng / ～ out 实现 shíxiàn；执行 zhíxíng；贯彻 guànchè：～ out a plan 执行计划 zhíxíng jìhuà / ～ through：**1.** 进行 jìnxíng；贯彻 guànchè **2.** 维持 wéichí；使渡过难关 shǐ dùguò nánguān：We are determined to ～ them through. 我们决心渡过难关。Wǒmen juéxīn dùguò nánguān.

cart *n.* **1.** 马车 mǎchē * drawn by horse **2.** 手拉车 shǒulāchē // be in the ～ 陷于困境 xiànyú kùnjìng / put the ～ before the horse 本末倒置 běnmò-dàozhì *v.* **1.** 用车运送 yòngchē yùnsòng = take away by ～ **2.** 押走 yāzǒu：The police ～ed the prisoners off to prison. 警察把囚犯押送监牢。Jǐngchá bǎ qiúfàn yāsòng jiānláo. **3.** 携带 xiédài = carry：～ the bag round all day 整天提着手提包 zhěngtiān tízhe shǒutíbāo

cartage *n.*（马车）运费（mǎchē）yùnfèi

cartel *n.* 卡特尔 kǎtè'ěr

cartilage *n.* 软骨 ruǎngǔ：fibrous ～ 纤维软骨 xiānwéi ruǎngǔ

cartographer *n.* 制图员 zhìtúyuán

cartography *n.* 制图 zhìtú；制图法 zhìtúfǎ

carton *n.* 纸板盒 zhǐbǎnhé

cartoon *n.* **1.** 漫画 mànhuà * drawing **2.** 卡通片 kǎtōngpiàn；动画片 dònghuàpiàn = animated film：children like to see ～s. 孩子们喜欢看动画片。Háizimen xǐhuan kàn dònghuàpiàn.

cartoonist *n.* 漫画家 mànhuàjiā

cartridge *n.* **1.** 弹药筒 dànyàotǒng；子弹 zǐdàn * of ammunition **2.** 唱机的唱头 chàngjīde chàngtóu = head of a pick-up **3.** 录音带盒 lùyīndàihé = cassette for tape recorder // ～ bag 弹药包 dànyàobāo / ～ belt 子弹袋 zǐdàndài

cartwheel *n.* & *v.* 侧翻筋斗 cèfān jīndou：Children learned how to turn ～s at school. 孩子们在学校学会翻筋斗。Háizimen zài xuéxiào xuéhuì fānjīndou.

carve *v.* **1.** 雕刻 diāokè；刻 kè = sculpture **2.** 切（肉）qiē（ròu）= slice（meat）

carver *n.* **1.** 雕刻师 diāokèshī = sculptor **2.** 切肉人 qiēròurén = one who cuts（meat）**3.** 切肉刀 qiēròudāo = carving knife

carving *n.* **1.** 雕刻 diāokè；**2.** 雕刻品 diāokèpǐn = sth. carved in stone, wood, etc.

cascade *n.* **1.** 小瀑布 xiǎopùbù；瀑布 pùbù = waterfall **2.** 成下垂状的东西 chéng xiàchuízhuàngde dōngxi = sth. that resembles a ～：Her hair fell over her shoulders in a ～ of curls. 她的头发成波状垂落在肩上。Tāde tóufa chéng bōzhuàng chuíluò zài jiānshang. *v.* 瀑布似的落下 pùbù shìde luòxià：When it rained, water would ～ down the window. 下雨时，大量雨水沿着窗户落下。Xiàyǔshí, dàliàng yǔshuǐ yánzhe chuānghu luòxià.

case¹ *n.* **1.** 情况 qíngkuàng；状况 zhuàngkuàng = situation：in good（evil）～ 状况良好（不好）的 zhuàngkuàng liánghǎo（bùhǎo）de **2.** 事实 shìshí；实情 shíqíng = truth：Is that the ～? No, that's not the ～. 事实是那样吗？不，事实并非如此。Shìshí shì nàyàngma? Bù, shìshí bìngfēi rúcǐ. **3.** 事例 shìlì；实例 shílì = example：It was a ～ of stupidity, not dishonesty. 那是件愚蠢行为，而非欺诈行为。Nàshì jiàn yúchǔn xíngwéi, érfēi qīzhà xíngwéi. / a typical ～ 典型 diǎnxíng **4.** 案件 ànjiàn = lawsuit // in any ～ 无论如何 wúlùn rúhé / in ～ **1.** 假使 jiǎshǐ：In ～ he comes, let me know. 假使他来的话，告诉我一声。Jiǎshǐ tā láide huà, gàosu wǒ yìshēng. **2.** 免得 miǎndé；以防（万一）yǐfáng（wànyī）：Take your raincoat in ～ it rains. 带着雨衣，以防下雨。Dàizhe yǔyī, yǐfáng xiàyǔ. / in ～ of 如果发生… rúguǒ fāshēng …；万一… wànyī …：In ～ of fire, ring the alarm bell. 万一失火的话，就按警铃。Wànyī shīhuǒde huà, jiù àn jǐnglíng. / in this ～（若是）这样的话（ruòshì）zhèyàngde huà：In this ～ we won't go. 若是这样的话，我们就不去了。Ruòshì zhèyàngde huà, wǒmen jiù búqùle. / make out one's ～ 证明自己有理由 zhèngmíng zìjǐ yǒu lǐyóu

case² *n.* **1.** 箱子 xiāngzi；盒子 hézi；套子 tàozi；袋子 dàizi：two ～s of apples 两箱苹果 liǎngxiāng píngguǒ / a cigarette ～ 一只香烟盒 yìzhī xiāngyānhé **2.** 框子 kuàngzi；架子 jiàzi：a window ～ 窗框 chuāngkuàng *v.* 把…装入箱（或套）内 bǎ…zhuāngrù xiāng（huò tào）nèi：The goods have been ～d up for transport. 货物已经装箱待运。Huòwù yǐjing zhuāngxiāng dàiyùn.

caseharden *v.* 使…表面硬化 shǐ…biǎomiàn yìnghuà

casein *n.* 酪蛋白 làodànbái

casement *n.* 门式窗 ménshìchuāng

cash *n.* 现金 xiànjīn；现款 xiànkuǎn：be short of ～ 缺少现款，支付不足 quēshǎo xiànkuǎn，zhīfù bùzú / ～ down 即期付款 jíqī fùkuǎn / I have no ～ on me，can I pay you tomorrow? 我身上没现金，明天付给你行吗？Wǒ shēnshang méi xiànjīn，míngtiān fùgěi nǐ xíngma? *v.* 兑现 duìxiàn：Where can I get this ～ed? 我到哪儿兑现这张支票呢？Wǒ dào nǎr duìxiàn zhèzhāng zhīpiàone?/ ～ on delivery 货到付款 huòdào fùkuǎn

cashew *n.* 腰果 yāoguǒ

cashier[1] *n.* 出纳员 chūnàyuán // ～'s cheque 银行本票 yínháng běnpiào

cashier[2] *v.* **1.** 撤职 chèzhí ＝ dismiss **2.** 废除 fèichú ＝ discard

cashmere *n.* 开士米 kāishìmǐ；山羊绒 shānyángróng

casing *n.* **1.** 套管 tàoguǎn；包装外罩 bāozhuāng wàizhào：This book has a plastic ～. 这本书包了一个塑料皮。Zhèběnshū bāole yíge sùliàopí. **2.** 门窗框 ménchuāngkuàng ＝ frame for a door or window

casino *n.* 娱乐场 yúlèchǎng；赌场 dǔchǎng

cask *n.* **1.** 木桶 mùtǒng **2.** 一桶的量 yìtǒngde liàng ＊ quantity

casket *n.* **1.** 精美的小盒子 jīngměide xiǎohézi；首饰盒 shǒushìhé ＝ small box for keeping jewels **2.** 棺材 guāncai ＝ coffin

cassava *n.* 木薯 mùshǔ

casserole *n.* **1.** 焙盘 bèipán；蒸锅 zhēngguō **2.** 用沙锅烧制的菜品 yòng shāguō shāozhìde càipǐn：Would you like some more ～? 你要再来些沙锅菜吗？Nǐ yào zàiláixiē shāguōcàima?

cassette *n.* 磁带盒 cídàihé；照相软片盒 zhàoxiàng ruǎnpiànhé // ～ tape recorder 暗盒式录音机 ànhéshì lùyīnjī

cassia *n.* 肉桂 ròuguì // ～ bark 桂皮 guìpí / ～ oil 桂油 guìyóu

cassock *n.* **1.** 教士穿的长袍 jiàoshì chuānde chángpáo **2.** 教士 jiàoshì ＝

priest

cassowary *n.* 食火鸡 shíhuǒjī

cast *v.* **1.** 投 tóu；掷 zhì；扔 rēng；撒 sǎ：～ a vote 投票 tóupiào / ～ anchor 抛锚 pāomáo / ～ one's eye over sth. 向…瞧了瞧 xiàng…qiáoleqiáo / The fishmen ～ their nets into the sea. 渔民把网撒到海中。Yúmín bǎ wǎng sǎ dào hǎizhōng. **2.** 脱落 tuōluò：The snake ～s its skin every year. 蛇每年蜕皮。Shé měinián tuìpí. **3.** 选派…扮演角色 xuǎnpài…bànyǎn juésè：The part was ～ to her. 这个角色分派给她演。Zhège juésè fēnpài gěi tāyǎn. **4.** 铸造 zhùzào：a figure ～ in bronze 铜像 tóngxiàng *n.* **1.** 投 tóu；掷 zhì；抛 pāo；撒 sǎ：the last ～ 最后一举 zuìhòu yìjǔ **2.** 演员 yǎnyuán：choose the ～ 选派演员 xuǎnpài yǎnyuán **3.** 铸型 zhùxíng；模子 múzi：His arm was in a plaster ～. 他的胳膊打上了石膏。Tāde gēbo dǎshàngle shígāo. **4.** 铸造 zhùzào // ～ about 搜索 sōusuǒ；寻找 xúnzhǎo：～ about for an opportunity 寻找机会 xúnzhǎo jīhuì / ～ aside 消除 xiāochú；抛弃 pāoqì：She has ～ aside all her bad habits. 她把坏习惯都改掉了。Tā bǎ huàixíguàn dōu gǎidiàole. / ～ away 丢掉 diūdiào；抛弃 pāoqì：～ away illusions 丢掉幻想 diūdiào huànxiǎng / ～ back 回想 huíxiǎng / ～ off **1.** 解缆放船 jiělǎn fàngchuán **2.** 抛弃 pāoqì / ～ out 驱逐 qūzhú // ～ iron 铸铁 zhùtiě / ～ steel 铸钢 zhùgāng

caste *n.* **1.** 印度的社会等级 Yìndùde shèhuì děngjí；种姓 zhǒngxìng：the ～ system 种姓等级制度 zhǒngxìng děngjí zhìdù **2.** 社会地位 shèhuì dìwèi ＝ social rank：lose ～ 失去社会地位 shīqù shèhuì dìwèi

castigate *v.* **1.** 鞭打 biāndǎ；惩罚 chéngfá ＝ punish **2.** 严厉批评 yánlì pīpíng ＝ criticize **3.** 修订 xiūdìng ＝ revise // castigation *n.*

casting *n.* 铸造物 zhùzàowù；铸件 zhùjiàn

cast-iron *a.* **1.** 生铁作的 shēngtiě zuòde * made of cast iron **2.** 强壮的 qiángzhuàngde；打不破的 dǎbupòde：She has a ～ stomach；she can eat anything. 她有个健壮的胃，什么东西都能吃。Tā yǒuge jiànzhuàngde wèi，shénme dōngxi dōu néng chī. **3.** 坚固的 jiāngùde ＝ firm

castle *n.* **1.** 城堡 chéngbǎo：The old ～ is still kept in that city. 在那座城市里，还保留着古老的城堡。Zài nàzuò chéngshìli，hái bǎoliúzhe gǔlǎode chéngbǎo. **2.** (国际象棋的)车(guójì xiàngqíde)jū // a ～ in the air 空中

楼阁 kōngzhōnglóugé；白日梦 báirìmèng / ～ builder 空想家 kōngxiǎngjiā

castor¹ *n.* 海狸 hǎilí

castor² *n.* **1.**（椅子等的）小脚轮（yǐziděngde）xiǎojiǎolún = small wheel attached to the underside of a piece of furniture **2.** 盛调味品的小瓶 chéng tiáowèipǐnde xiǎopíng = small bottle for condiment // ～ sugar 精制白糖 jīngzhì báitáng

castor³ *n.* 蓖麻 bìmá // ～ bean 蓖麻籽 bìmázǐ / ～ oil 蓖麻油 bìmáyóu

castrate *v.* 阉割 yāngē // castration *n.* 阉割 yāngē

casual *a.* **1.** 偶然的 ǒuránde；碰巧的 pèngqiǎode：a ～ meeting 偶然相会 ǒurán xiānghuì；巧遇 qiǎoyù **2.** 临时的 línshíde；不定期的 búdìngqīde = temporary：a ～ laborer 临时工 línshígōng **3.** 漫不经心的 mànbùjīngxīnde；随便的 suíbiànde = informal：～ clothes 便服 biànfú *n.* 临时工 línshígōng：He is a ～, he can't find a proper job anywhere. 他是个临时工，到处找不到正式工作。Tā shìge línshígōng，dàochù zhǎobudào zhèngshì gōngzuò.

casualty *n.* 受伤者 shòushāngzhě；伤亡人员 shāngwáng rényuán：There are five serious casualties in the accident. 在这次事故中有5人受重伤。Zài zhècì shìgùzhōng yǒu wǔrén shòuzhòngshāng.

casuist *n.* 诡辩家 guǐbiànjiā

casuistry *n.* 诡辩 guǐbiàn；曲解 qūjiě：Your ～ can't make me believe you. 你的诡辩使我无法相信你。Nǐde guǐbiàn shǐ wǒ wúfǎ xiāngxìn nǐ.

cat *n.* **1.** 猫 māo：C-s catch mice. 猫捉老鼠。Māo zhuō lǎoshǔ. **2.** 猫科动物 māokē dòngwù // ～ burglar 翻墙入室的窃贼 fānqiáng rùshìde qièzéi / a ～-and-dog life 纷争的生活 fēnzhēngde shēnghuó / enough to make a ～ laugh 很滑稽的 hěn huájīde / let the ～ out of the bag（无意地）泄漏秘密（wúyìde）xièlòu mìmì / like a ～ on hot bricks 非常紧张或焦虑 fēicháng jǐnzhāng huò jiāolǜ / rain ～s and dogs 下倾盆大雨 xià qīngpéndàyǔ / wait for the ～ to jump 观望形势 guānwàng xíngshì

catabolism *n.* 分解代谢 fēnjiě dàixiè

cataclysm *n.* **1.** 特大洪水 tèdà hóngshuǐ = flood **2.** 剧变 jùbiàn = political or social change

catacomb *n.* **1.** 地下墓穴 dìxià mùxué；陵寝 língqǐn = underground tomb

2. 一组复杂的事物 yìzǔ fùzáde shìwù = a set of complex things

catafalque *n.* 灵柩车 língjiùchē

catalog(ue) *n.* 目录 mùlù；价目表 jiàmùbiǎo：a card ～ 卡片目录 kǎpiàn mùlù *v.* 编目 biānmù；分类 fēnlèi：He ～ed all the books he had bought. 他把他买的书都编了目。Tā bǎ tā mǎide shū dōu biānle mù.

catalysis *n.* 催化作用 cuīhuà zuòyòng

catalyst *n.* 催化剂 cuīhuàjì

catamenia *n.* 月经 yuèjīng

catapult *n.* **1.** 弹弓 dàngōng * used by children to shoot small stone at objects **2.** （甲板上使飞机起飞的）起飞装置（jiǎbǎnshang shǐ fēijī qǐfēide）qǐfēi zhuāngzhì * for helping planes take off from a ship **3.** 石弩 shínǔ * used in former times，as a weapon *v.* **1.** 用弹弓射 yòng dàngōng shè：That boy ～ed the old man's window. 那个男孩儿用弹弓打破了老人的窗户。Nàge nánháir yòng dàngōng dǎpòle lǎorénde chuānghu. **2.** 用起飞装置使飞机从甲板上飞起来 yòng qǐfēi zhuāngzhì shǐ fēijī cóng jiǎbǎnshang fēiqǐlái

cataract *n.* **1.** 大瀑布 dàpùbù * a large waterfall **2.** 白内障 báinèizhàng * a kind of eye disease

catarrh *n.* 卡他 kǎtā；粘膜炎 niánmóyán // ～al *a.* 粘膜炎的 niánmóyánde

catastrophe *n.* 大灾祸 dàzāihuò；大祸 dàhuò

catatonia *n.* 紧张症 jǐnzhāngzhèng

catcall *n.* 嘘声 xūshēng；口哨声 kǒushàoshēng *v.* 发出嘘声 fāchū xūshēng；用嘘声反对 yòng xūshēng fǎnduì

catch¹ *v.* **1.** 抓住 zhuāzhù；逮住 dǎizhù；捕获 bǔhuò；接住 jiēzhù：～ a ball 接住球 jiēzhù qiú **2.** 赶上 gǎnshàng：We had to drive very quickly in order to ～ the train. 我们要快开车才能赶得上火车。Wǒmen yào kuài kāichē cáinéng gǎndeshàng huǒchē. **3.** 偶然发现 ǒurán fāxiàn = intercept sb. in **4.** 感染 gǎnrǎn = be contagious：～（a）cold 感冒 gǎnmào；伤风 shāngfēng **5.** 卡住 qiǎzhù；钩住 gōuzhù = be entangled：I caught my dress on a nail. 我的衣服被钉子钩住了。Wǒde yīfu bèi dīngzi gōuzhùle. **6.** 打中 dǎzhòng：I caught him on the face with a heavy blow. 我用力一拳打中他的脸。Wǒ yònglì yìquán dǎzhòng tāde liǎn. **7.**

听清楚 tīngqīngchu；领会 lǐnghuì：I didn't ～ the last two words. 最后两个字我没听清楚。Zuìhòu liǎnggezì wǒ méitīng qīngchu. / Did you ～ my idea? 你懂我的意思吗？Nǐ dǒng wǒde yìsima? **8.** 引起(注意等) yǐnqǐ (zhùyì děng)：The sound caught my attention. 那个声响引起了我的注意。Nàge shēngxiǎng yǐnqǐle wǒde zhùyì. // ～ at 想抓住 xiǎng zhuāzhù / ～ on **1.** 理解 lǐjiě：I don't ～ on to his meaning. 我不理解他的意思。Wǒ bù lǐjiě tāde yìsi. **2.** 变得流行 biànde liúxíng / ～ up 赶上 gǎnshàng：You walk on and I'll ～ up with you later. 你继续走，我会随后赶上。Nǐ jìxù zǒu，wǒ huì suíhòu gǎnshàng.

catch² *n.* **1.** 抓 zhuā；接球 jiēqiú **2.** 捕获物 bǔhuòwù；捕获量 bǔhuòliàng：a good ～ of lobsters 捕获很多龙虾 bǔhuò hěnduō lóngxiā **3.** 欺骗 qīpiàn；诡计 guǐjì：That house is for sale very cheaply，there must be a ～ in it somewhere! 这房子卖得太便宜了，其中必有文章！Zhè fángzi màide tài piányile，qízhōng bìyǒu wénzhāng! **4.** 挂钩 guàgōu；窗钩 chuānggōu：The ～ on this window seems to be broken. 这扇窗户上的挂钩好象坏了。Zhèshàn chuānghushangde guàgōu hǎoxiàng huàile.

catcher *n.* (棒球)接手 (bàngqiú) jiēshǒu

catching *a.* **1.** 传染性的 chuánrǎnxìngde = contagious **2.** 动人的 dòngrénde；有感染力的 yǒu gǎnrǎnlìde = attractive

catchword *n.* **1.** 标语 biāoyǔ；口号 kǒuhào；流行语 liúxíngyǔ = popular phrase **2.** 标字 biāozì **3.** 演员的提示 yǎnyuánde tíshì * in helping out an actor

catchy *a.* **1.** 动人的 dòngrénde；引人注意的 yǐnrén zhùyìde = attractive **2.** 时断时续的 shíduàn-shíxùde = intermittent **3.** 令人迷惑的 lìngrén-míhuode = tricky

catechism *n.* 问答教学法 wèndá jiàoxuéfǎ // put sb. through a ～ 严格盘问某人 yángé pánwèn mǒurén

catechize *v.* **1.** 用问答法教学 yòng wèndáfǎ jiàoxué **2.** 质问 zhìwèn；盘问 pánwèn = question

categorical *a.* 无条件的 wú tiáojiànde；绝对的 juéduìde；武断的 wǔduànde：One should never make a ～ statement without being sure of one's facts. 不确知事情的底细，不要作太武断的论述。Bú quèzhī shìqingde dǐxì，búyào zuò tài wǔduànde lùnshù.

categorize *v.* 分类 fēnlèi
category *n.* 种类 zhǒnglèi；类型 lèixíng
cater *v.* **1.** 办酒席 bàn jiǔxí；供应伙食 gōngyìng huǒshí：～ for a wedding 为婚礼备办酒席 wèi hūnlǐ bèibàn jiǔxí / a restaurant ～ing only to the Muslims 清真饭馆 qīngzhēn fànguǎn **2.** 提供娱乐节目 tígōng yúlè jiémù：The programs ～ for all tastes. 电视节目适应各种兴趣。Diànshì jiémù shìyìng gèzhǒng xìngqù.
cater-cornered *a.* 对角线的 duìjiǎoxiànde *ad.* 成对角线地 chéng duìjiǎoxiànde
cater-cousin *n.* 亲密的朋友 qīnmìde péngyou
caterer *n.* 包办伙食者 bāobàn huǒshízhě
caterpillar *n.* **1.** 毛虫 máochóng = larva **2.** 履带 lǚdài *a.* 有履带装置的 yǒu lǚdài zhuāngzhìde：～ tractor 履带牵引车 lǚdài qiānyǐnchē
catgut *n.* 肠线 chángxiàn；弦线 xiánxiàn
cathartic *n.* 泻药 xièyào *a.* 导泻的 dǎoxiède
cathedral *n.* 大教堂 dàjiàotáng；总教堂 zǒngjiàotáng *a.* **1.** 大教堂的 dàjiàotángde = of a ～ **2.** 权威的 quánwēide = authoritative
cathode *n.* 阴极 yīnjí；负极 fùjí：～ ray tube 阴极射线管 yīnjí shèxiànguǎn
Catholic *a.* 天主教的 Tiānzhǔjiàode *n.* 天主教徒 Tiānzhǔjiàotú
catholic *a.* **1.** 一般的 yìbānde；普遍的 pǔbiànde；广泛的 guǎngfànde = general；a man with ～ tastes 有广泛兴趣的人 yǒu guǎngfàn xìngqùde rén **2.** 宽容的 kuānróngde = liberal
Catholicism *n.* 天主教教义 Tiānzhǔjiào jiàoyì
catholicity *n.* **1.** 一般性 yìbānxìng；广泛性 guǎngfànxìng；**2.** 宽容大量 kuānróng-dàliàng **3.** [C-] 天主教教义 Tiānzhǔjiào jiàoyì
cation *n.* 阳离子 yánglízǐ；正离子 zhènglízǐ
catnap *n.* 小睡 xiǎoshuì；假寐 jiǎmèi：She is used to having a ～ at noon. 她中午习惯睡一会儿。Tā zhōngwǔ xíguàn shuì yíhuìr.
catsup *n.* 番茄酱 fānqiéjiàng
cattle *n.* 牛 niú；牲口 shēngkou：He has two head of ～. 他有两头牛。Tā yǒu liǎngtóu niú. // ～man 牧牛人 mùniúrén；养牛人 yǎngniúrén / ～pen 牛栏 niúlán；牛圈 niújuàn
catty[1] *n.* 斤 jīn

catty[2] *a.* 狠毒的 hěndúde；阴险的 yīnxiǎnde；狡猾的 jiǎohuáde
caucus *n.* 政党高层会议 zhèngdǎng gāocéng huìyì
caudle *n.* 热饮料 rèyǐnliào
cauliflower *n.* 菜花 càihuā；花菜 huācài
ca(u)lk *v.* 堵缝使不渗水 dǔfèng shǐ bú shènshuǐ
causal *a.* **1.** 原因的 yuányīnde = of cause：the ～ force that produced all these effects 导致这些结果的原动力 dǎozhì zhèxiē jiéguǒde yuándònglì **2.** 因果关系的 yīnguǒ guānxìde = of cause and effect：a ～ relation 因果关系 yīnguǒ guānxì // causality *n.* / causative *a.*
cause *n.* **1.** 原因 yuányīn；起因 qǐyīn：an internal (external) ～ 内(外)因 nèi(wài)yīn **2.** 理由 lǐyóu；缘故 yuángù：without reason or ～ 无缘无故 wúyuán-wúgù / You have no ～ to complain. 你没有理由埋怨。Nǐ méiyǒu lǐyóu mányuàn. **3.** 事业 shìyè；奋斗目标 fèndòu mùbiāo：a just ～ 正义的事业 zhèngyìde shìyè **4.** 案件 ànjiàn * lawsuit *v.* **1.** 使产生 shǐ chǎnshēng；使发生 shǐ fāshēng；引起 yǐnqǐ：What ～d his illness? 是什么引起他的病的？Shìshénme yǐnqǐ tāde bìngde? **2.** 使 shǐ；促使 cùshǐ：～ sb. to do sth. 使某人做某事 shǐ mǒurén zuò mǒushì // make common ～ with 与…联合起来 yǔ…liánhé qǐlái
causeless *a.* 无原因的 wú yuányīnde
causeway *n.* **1.** 堤道 dīdào = a raised way **2.** 公路 gōnglù = highway *v.* 筑堤道于 zhùdīdàoyú
caustic *a.* **1.** 苛性的 kēxìngde；腐蚀性的 fǔshíxìngde = corrosive **2.** 刻薄的 kèbóde；挖苦的 wākude = sarcastic：～ remarks 挖苦的话 wākude huà *n.* 苛性碱 kēxìngjiǎn
cauterize *v.* 烧灼 shāozhuó；腐蚀 fǔshí
caution *n.* **1.** 小心 xiǎoxīn；谨慎 jǐnshèn：When crossing a busy street, we must use ～. 穿越热闹街道时，我们必须谨慎。Chuānyuè rènao jiēdàoshí, wǒmen bìxū jǐnshèn. / with ～ 小心翼翼地 xiǎoxīn-yìyìde **2.** 告诫 gàojiè；警告 jǐnggào：His father gave him a ～ not to make the same mistake again. 他的父亲警告他以后不要再犯同样的错误。Tāde fùqin jǐnggào tā yǐhòu búyào zài fàn tóngyàngde cuòwù. *v.* 告诫 gàojiè；警告 jǐnggào：I ～ed him against being late. 我告诫他不要迟到。wǒ gàojiè tā búyào chídào. // cautious *a.*
cavalcade *n.* **1.** 骑马队伍 qímǎ duìwu；车队 chēduì **2.** 游行行列 yóuxíng

hángliè = a procession

cavalier *n.* **1.** 骑士 qíshì = knight **2.** 对女人献殷勤的男子 duì nǚrén xiàn yīnqínde nánzǐ = gallant gentleman *a.* **1.** 自由自在的 zìyóuzìzàide = carefree **2.** 献殷勤的 xiàn yīnqínde = gallant **3.** 傲慢的 àomànde = haughty

cavalry *n.* 骑兵 qíbīng

cavalryman *n.* 骑兵 qíbīng

cave *n.* 山洞 shāndòng；窑洞 yáodòng；地窖 dìjiào：～ dwelling 窑洞 yáodòng / ～-house 窑洞 yáodòng *v.* 使陷下 shǐ xiànxià；倒坍 dǎotān：～ in（使）下陷（shǐ）xiàxiàn；塌陷 tāxiàn

cavern *n.* 大山洞 dà shāndòng

cavernous *a.* **1.** 多洞穴的 duō dòngxuéde **2.** 深陷的 shēnxiànde = very large and deep **3.** 沉浊的 chénzhuóde * of a sound

caviar(e) *n.* 鱼子酱 yúzǐjiàng // ～ to the general 阳春白雪 yángchūnbáixuě

cavil *v.* 吹毛求疵 chuīmáo-qiúcī；挑剔 tiāoti

cavity *n.* **1.** 洞 dòng：a ～ in a tooth 牙齿的龋洞 yáchǐde qǔdòng **2.** 腔 qiāng：abdominal ～ 腹腔 fùqiāng

caw *v.*（乌鸦）呱呱的叫（wūyā）guāguāde jiào *n.* 鸦叫声 yājiàoshēng

cay *n.* 珊瑚礁 shānhújiāo

cayenne *n.* 辣椒 làjiāo；辣椒粉 làjiāofěn // ～ pepper 辣椒粉 làjiāofěn；辣椒 làjiāo

cayman *n.* 大鳄鱼 dà'èyú

cease *v.* 停止 tíngzhǐ：C- fire！停火 Tínghuǒ！/ ～ from quarreling 停止吵架 tíngzhǐ chǎojià // ～ and desist 终止 zhōngzhǐ；停止 tíngzhǐ * in law *n.* 停息 tíngxī：They worked on without ～. 他们不停地工作下去. Tāmen bùtíngde gōngzuò xiàqù.

ceasefire *n.* 停火（命令）tínghuǒ（mìnglìng）

ceaseless *a.* 不停的 bùtíngde：make ～ efforts 不断努力 búduàn nǔlì

ceasing *n.* 停止 tíngzhǐ；间断 jiānduàn

cedar *n.* 雪松 xuěsōng；杉木 shānmù // ～ wood *n.* 雪松属木料 xuěsōngshǔ mùliào；杉木 shānmù

cede *v.* 割让 gēràng：～ land 割让土地 gēràng tǔdì

ceiling *n.* **1.** 天花板 tiānhuābǎn = the under surface of the top of a room

2. 最高限度 zuìgāo xiàndù：price（wage）～ 物价（工资）最高限度 wùjià（gōngzī）zuìgāo xiàndù

celebrate *v.* **1.** 庆祝 qìngzhù：～ a birthday 庆祝生日 qìngzhù shēngrì **2.** 歌颂 gēsòng；赞美 zànměi = praise：～ a hero in songs 用歌赞美英雄 yòng gē zànměi yīngxióng

celebrated *a.* 著名的 zhùmíngde；有名的 yǒumíngde：He is a ～ novelist. 他是一位著名的小说家。Tā shì yíwèi zhùmíngde xiǎoshuōjiā.

celebration *n.* **1.** 庆祝 qìngzhù **2.** 庆祝会 qìngzhùhuì；典礼 diǎnlǐ

celebrity *n.* **1.** 著名 zhùmíng；名声 míngshēng **2.** 著名人士 zhùmíng rénshì * person

celery *n.* 芹菜 qíncài

celestial *a.* 天空的 tiānkōngde；天的 tiānde：The sun，the stars，and the moon are ～ bodies. 太阳、星、月亮都是天体。Tàiyáng、xīng、yuèliang dōushì tiāntǐ.

celibacy *n.* 独身生活 dúshēn shēnghuó；独身 dúshēn

celibate *a.* 独身的 dúshēnde *n.* 独身者 dúshēnzhě

cell *n.* **1.** 小房间 xiǎofángjiān；单人牢房 dānrén láofáng：The prisoner was put in a ～. 那个犯人被监禁在单间牢房。Nàge fànrén bèi jiānjìn zài dānjiān láofáng. / 密室 mìshì * in a monastery **2.** = battery 电池 diànchí **3.** 细胞 xìbāo * biology

cellar *n.* 地窖 dìjiào；地下室 dìxiàshì：a wine ～ 酒窖 jiǔjiào

cellist *n.* 大提琴手 dàtíqínshǒu

cello *n.* 大提琴 dàtíqín

cellophane *n.* 玻璃纸 bōlizhǐ

cellular *a.* **1.** 细胞的 xìbāode；由细胞组成的 yóu xìbāo zǔchéngde = consisting of cells **2.** 多孔的 duōkǒngde；多洞的 duōdòngde = with many holes

celluloid *n.* **1.** 赛璐珞 sàilùluò **2.** 电影胶片 diànyǐng jiāopiàn = film

cellulose *n.* 纤维素 xiānwéisù：～ acetate 醋酸纤维素 cùsuān xiānwéisù

celsius *n.* 摄氏 shèshì：10° ～ 十摄氏度 shí shèshìdù

Celt *n.* 觊尔特人 kǎi'ěrtèrén

Celtic *a.* 凯尔特族的 kǎi'ěrtèzúde；凯尔特语的 kǎi'ěrtèyǔde

cement *n.* **1.** 水泥 shuǐní * construction material **2.** 结合剂 jiéhéjì；粘固剂 niángùjì = anything used for sticking together *v.* 粘合 niánhé；凝

固 nínggù；结合 jiéhé = unite：～ our friendship 加深我们的友谊 jiāshēn wǒmende yǒuyì

cementation *n.* **1.** 硬化 yìnghuà；胶接作用 jiāojiē zuòyòng = sticking together **2.** 渗碳法 shèntànfǎ * metallurgical technology

cemetery *n.* 墓地 mùdì；公墓 gōngmù

cenotaph *n.* 纪念碑 jìniànbēi；纪念塔 jìniàntǎ；衣冠冢 yīguānzhǒng

censer *n.* 香炉 xiānglú

censor *n.* 审查员 shěncháyuán；检查员 jiǎncháyuán * for books, films, etc. *v.* 审查 shěnchá；检查 jiǎnchá：The books were ～ed. 那些书都经过检查了。Nàxiē shū dōu jīngguò jiǎnchále.

censorious *a.* 爱挑剔的 ài tiāotide；吹毛求疵的 chuīmáo-qiúcīde

censorship *n.* 审查 shěnchá；检查制度 jiǎnchá zhìdù

censure *v.* & *n.* 非难 fēinàn；指责 zhǐzé：She ～s me for being idle. 她责备我懒惰。Tā zébèi wǒ lǎnduò. / He received ～ from all quarters. 他受到各方面的指责。Tā shòudào gèfāngmiànde zhǐzé.

census *n.* 人口普查 rénkǒu pǔchá

cent *n.* 分 fēn

centenarian *n.* 百岁老人 bǎisuì lǎorén *a.* 百岁的 bǎisuìde；一百年的 yìbǎiniánde

centenary *a.* 百年的 bǎiniánde；百年纪念的 bǎinián jìniànde *n.* 一百年 yìbǎinián = 100 years；一百周年纪念 yìbǎi zhōunián jìniàn

centennial *n.* & *a.* = centenary 百年(的) bǎinián(de)；百年纪念(的) bǎinián jìniàn(de)

center, centre *n.* **1.** 中心 zhōngxīn；中央 zhōngyāng：the ～ of Beijing 北京的中心 Běijīngde zhōngxīn **2.** 中心区 zhōngxīnqū；核心 héxīn：a shopping ～ 商业中心 shāngyè zhōngxīn；商业区 shāngyèqū / the ～ of attraction 惹人注意的中心人物 rěrén zhùyìde zhōngxīn rénwù **3.** 中间派 zhōngjiānpài * in politics *v.* 使集中 shǐ jízhōng；使有中心 shǐ yǒu zhōngxīn：～ attention on 把注意力集中在…上 bǎ zhùyìlì jízhōng zài … shang / The discussion ～s on the most important question. 讨论集中在最重要的问题上。Tǎolùn jízhōngzài zuì zhòngyàode wèntíshang. // ～ of gravity 重心 zhòngxīn

centigrade *a.* 摄氏温度计的 shèshì wēndùjìde：～ thermometer 摄氏温度表 shèshì wēndùbiǎo

centigram *n.* 厘克 líkè = cg.
centimetre, centimeter *n.* 厘米 límǐ = cm.；公分 gōngfēn
centimillimetre, centimillimeter *n.* 忽米 hūmǐ = cmm.
centipede *n.* 蜈蚣 wúgōng
central *a.* **1.** 中央的 zhōngyāngde；中心的 zhōngxīnde：This is the ～ city of the whole area. 这座城市是整个地区的中心城市。Zhèzuò chéngshì shì zhěngge dìqūde zhōngxīn chéngshì. **2.** 主要的 zhǔyàode：极重要的 jí zhòngyàode：a ～ figure in a drama 剧中的主要人物 jùzhōngde zhǔyào rénwù / the ～ idea of an article 文章的中心思想 wénzhāngde zhōngxīn sīxiǎng // ～ heating 中央暖气系统 zhōngyāng nuǎnqì xìtǒng / ～ nervous system 中枢神经系统 zhōngshū shénjīng xìtǒng *n.* 电话总机 diànhuà zǒngjī；电话接线员 diànhuà jiēxiànyuán
centralism *n.* 中央集权制 zhōngyāng jíquánzhì；集中制 jízhōngzhì：practise democratic ～ 实行民主集中制 shíxíng mínzhǔ jízhōngzhì
centralization *n.* 集中 jízhōng
centralize *v.* **1.** 集中 jízhōng **2.** 把…集中起来 bǎ … jízhōng qǐlái；集中到中央 jízhōng dào zhōngyāng
centrifugal *a.* 离心的 líxīnde：～ force 离心力 líxīnlì
centrifuge *n.* 离心机 líxīnjī：ultra～ 超级离心机 chāojí líxīnjī
centripetal *a.* 向心的 xiàngxīnde：～ force 向心力 xiàngxīnlì
century *n.* **1.** 一百年 yìbǎinián **2.** 世纪 shìjì：in the twentieth ～ 在二十世纪 zài èrshí shìjì
ceramic *a.* 陶器的 táoqìde；陶瓷的 táocíde：the ～ industry 陶瓷工业 táocí gōngyè
ceramics *n.* **1.** 陶瓷制造法 táocí zhìzàofǎ = potter's art **2.** 陶瓷制品 táocí zhìpǐn = articles made of clay, porcelain, etc.：artistic ～ 美术陶瓷 měishù táocí
cereal *n.* 谷类粮食 gǔlèi liángshi；谷物 gǔwù
cerebellum *n.* 小脑 xiǎonǎo
cerebral *a.* 大脑的 dànǎode：～ cortex 大脑皮层 dànǎo pícéng
cerebrate *v.* 用脑 yòngnǎo；思考 sīkǎo
cerebritis *n.* 大脑炎 dànǎoyán
cerebrum *n.* 大脑 dànǎo
ceremonial *a.* 仪式的 yíshìde；礼仪的 lǐyíde：～ dress 礼服 lǐfú *n.* 礼仪

lǐyí；仪式 yíshì

ceremonious *n*. **1**. 彬彬有礼的 bīnbīn-yǒulǐde；讲究礼节的 jiǎngjiu lǐjiéde =courteous **2**. 仪式隆重的 yíshì lóngzhòngde = formal：a ～ welcome 盛大的欢迎 shèngdàde huānyíng

ceremony *n*. **1**. 典礼 diǎnlǐ；仪式 yíshì：the wedding ～ 婚礼 hūnlǐ / perform the opening ～ 举行开幕式 jǔxíng kāimùshì **2**. 礼节 lǐjié；礼仪 lǐyí：stand on ～ 讲究礼节 jiǎngjiu lǐjié / please don't stand on ～ 请不要客气 qǐng búyào kèqi

certain[1] *a*. **1**. 确实的 quèshíde；无疑的 wúyíde = without doubt：The evidence is ～. 证据确凿。Zhèngjù quèzuò. **2**. 可靠的 kěkàode = reliable：a ～ cure 可靠的治疗 kěkàode zhìliáo **3**. 确信的 quèxìnde；有把握的 yǒu bǎwòde =sure of sth.：She's ～ to do well in the examination. 这次考试她肯定考得好。Zhècì kǎoshì tā kěndìng kǎode hǎo. / Are you ～？你有把握吗？Nǐ yǒu bǎwòma？// make ～ **1**. 弄清楚 nòng qīngchu：Make ～ what time the train goes. 你要弄清楚火车什么时候开。Nǐ yào nòng qīngchu huǒchē shénme shíhou kāi. **2**. 确定 quèdìng = to be assured

certain[2] *a*. **1**. 某 mǒu；某种 mǒuzhǒng；某一 mǒuyī：on ～ conditions 在某种条件下 zài mǒuzhǒng tiáojiànxià **2**. 一些 yìxiē；一定 yídìng：There was a ～ coldness in her attitude. 她的态度有些冷淡。Tāde tàidu yǒuxiē lěngdàn. / to a ～ extent 到相当程度 dào xiāngdāng chéngdù

certainty *n*. **1**. 确实 quèshí；肯定 kěndìng；必然 bìrán **2**. 必然的事 bìránde shì；肯定的事情 kěndìngde shìqing

certificate *n*. 证明书 zhèngmíngshū；执照 zhízhào：a birth ～ 出生证书 chūshēng zhèngshū

certification *n*. 证明 zhèngmíng；证明书 zhèngmíngshū

certify *v*. 证明 zhèngmíng

certitude *n*. **1**. 确信 quèxìn **2**. 确实性 quèshíxìng；必然性 bìránxìng

cerulean *a*. 天蓝色的 tiānlánsède；蔚蓝色的 wèilánsède

cessation *n*. 停止 tíngzhǐ；休止 xiūzhǐ：a ～ of hostilities 停战 tíngzhàn / without ～ 无休止的 wú xiūzhǐde

cession *n*. 割让 gēràng * of territory；转让 zhuǎnràng * of property or rights

cesspool *n*. 污水坑 wūshuǐkēng；粪坑 fènkēng

cevitamic acid 维生素C wéishēngsù C
chafe *v.* **1.** 擦热 cārè；擦伤 cāshāng；擦痛 cātòng ＝ rub：She ～d her cold hands. 她搓热了两只冰冷的手。Tā cuōrèle liǎngzhī bīnglěngde shǒu. / Her shoes ～ the skin on her feet. 鞋擦破了她的脚。Xié cāpòle tāde jiǎo. **2.** 烦躁 fánzào；发怒 fānù ＝ irritate：The loud noise ～s him. 吵闹声使他烦躁。Chǎonàoshēng shǐ tā fánzào.
chafer *n.* 金龟子 jīnguīzǐ
chaff[1] *n.* **1.** 谷壳 gǔké(ké)；糠 kāng ＝ husks of corn **2.** 铡碎的草 zhásuìde cǎo；秣 mò ＝ straw cut up as food for cattle
chaff[2] *n.* 诙谐 huīxié ＝ joking *v.* 跟…开玩笑 gēn…kāiwánxiào ＝ make fun of // be caught with ～ 上当 shàngdàng
chaffer *n.* 讲价钱 jiǎngjiàqian *v.* **1.** 讨价还价 tǎojià huánjià **2.** 交换 jiāohuàn：～ words 交谈 jiāotán；闲谈 xiántán
chagrin *n.* 懊恼 àonǎo；悔恨 huǐhèn：Xiao Zhang felt ～ because he did not get a prize. 小张因没得到奖品感到懊恼。Xiǎo Zhāng yīn méi dédào jiǎngpǐn gǎndào àonǎo.
chain *n.* **1.** 链 liàn；链条 liàntiáo：Keep the dog on a ～. 把狗用链子锁住。Bǎ gǒu yòng liànzi suǒzhù. **2.** 一连串 yìliánchuàn；一系列 yíxìliè：～ of events 一连串事件 yìliánchuàn shìjiàn *v.* 用链条拴住 yòng liàntiáo shuānzhù：～ a boat to a tree 用链条把船拴在树上 yòng liàntiáo bǎ chuán shuān zài shùshang / be ～ed to one's work 工作忙得难以脱身 gōngzuò mángde nányǐ tuōshēn // ～ reaction 连锁反应 liánsuǒ fǎnyìng / ～ smoker 一支接一支抽烟的人 yìzhī jiē yìzhī chōuyānde rén / ～store 连号 liánhào
chair *n.* **1.** 椅子 yǐzi：a folding ～ 折椅 zhéyǐ **2.** 主席 zhǔxí；主席席位 zhǔxí xíwèi ＝ chairman of a meeting **3.** 教授职位 jiàoshòu zhíwèi ＝ position of professor：She holds the ～ of chemistry in that university. 她在那所大学任化学教授。Tā zài nàsuǒ dàxué rèn huàxué jiàoshòu. *v.* 任主席 rèn zhǔxí ＝ preside
chairman *n.* 主席 zhǔxí；委员长 wěiyuánzhǎng
chairmanship *n.* 主席职位、地位或任期 zhǔxí zhíwèi、dìwèi huò rènqī * the rank, position, or period in office of chairman
chairwoman *n.* 女主席 nǚ zhǔxí；女委员长 nǚ wěiyuánzhǎng
chaise *n.* 四轮马车 sìlún mǎchē

chalk *n.* **1**. 白垩 bái'è **2**. 粉笔 fěnbǐ: He is writing on the blackboard with a piece of ～. 他用粉笔在黑板上写字。Tā yòng fěnbǐ zài hēibǎnshang xiězì. / some colored ～s 几支彩色粉笔 jǐzhī cǎisè fěnbǐ

chalky *a.* 白垩的 bái'ède

challenge *n.* **1**. 挑战 tiǎozhàn; 邀请比赛 yāoqǐng bǐsài: He accepted the ～. 他接受了挑战。Tā jiēshòule tiǎozhàn. / a ～ tennis match 网球邀请赛 wǎngqiú yāoqǐng sài *v.* **1**. 向…挑战 xiàng…tiǎozhàn **2**. 抗议 kàngyì; 提出异议 tíchū yìyì: He ～d my statement. 他对我的说明提出异议。Tā duì wǒde shuōmíng tíchū yìyì.

challenger *n.* 挑战者 tiǎozhànzhě

chamber *n.* **1**. 房间 fángjiān = a room; **2**. 议院 yìyuàn = room of assembly **3**. 贸易团体 màoyì tuántǐ: a ～ of commerce 商会 shānghuì // ～ music 室内乐 shìnèiyuè

chamberlain *n.* 侍从 shìcóng

chambermaid *n.* 女服务员 nǚ fúwùyuán * in a hotel

chameleon *n.* **1**. 变色龙 biànsèlóng **2**. 反复无常的人 fǎnfù wúchángde rén = a changeable person

chamois *n.* **1**. 小羚羊 xiǎolíngyáng **2**. 羚羊皮 língyángpí * the fur

champ *v.* **1**. 大声咀嚼 dàshēng jǔjué = bite noisily **2**. 不耐烦 bú nàifán = impatient

champagne *n.* 香槟酒 xiāngbīnjiǔ

champaign *n.* 平原 píngyuán; 原野 yuányě

champion *n.* **1**. 冠军 guànjūn; 获胜者 huòshèngzhě: a tennis ～ 网球冠军 wǎngqiú guànjūn **2**. 战士 zhànshì = fighter; 拥护者 yōnghùzhě = defender : a ～ of peace 和平的拥护者 hépíngde yōnghùzhě *v.* 支持 zhīchí; 拥护 yōnghù: ～ a just cause 支持正义事业 zhīchí zhèngyì shìyè *a.* 优胜的 yōushèngde; 第一流的 dì-yīliúde = excellent

championship *n.* **1**. 锦标赛 jǐnbiāosài: the World Tennis ～s 世界网球锦标赛 shìjiè wǎngqiú jǐnbiāosài **2**. 冠军的地位 guànjūnde dìwèi = position of a champion **3**. 支持 zhīchí; 拥护 yōnghù = support

chance *n.* **1**. 机会 jīhuì: It's the ～ of a lifetime. 这是一生中难得的机会。Zhèshì yìshēngzhōng nándéde jīhuì. **2**. 运气 yùnqi = fortune: take one's ～ 碰碰运气 pèngpeng yùnqi **3**. 可能性 kěnéngxìng = possibility *a.* 意外的 yìwàide; 偶然的 ǒuránde =casual: a ～ meeting 巧遇 qiǎoyù *v.* 1. 碰巧 pèngqiǎo；偶然发生 ǒurán fāshēng = happen：She ～d to be in the park when I was there. 我在公园时，碰巧她也在那里。Wǒ zài gōngyuánshí，pèngqiǎo tā yě zài nàli. 2. 冒…的险 mào…de xiǎn = risk // an off ～ 万一 wànyī / by ～ 偶然地 ǒuránde / on the ～ 如果 rúguǒ；指望 zhǐwang / stand a ～ 有希望 yǒuxīwàng / take a ～ 冒险 màoxiǎn；投机 tóujī / take one's ～ 碰运气 pèngyùnqi

chancellery *n.* 1. 大臣职务 dàchén zhíwù 2. 大使馆办公处 dàshǐguǎn bàngōngchù；大使馆全体工作人员 dàshǐguǎn quántǐ gōngzuò rényuán * of an embassy or consulate

chancellor *n.* 1. 大臣 dàchén；司法官 sīfǎguān：～ of the Exchequer 财政大臣 cáizhèng dàchén 2. 大使馆(或领事馆)的一等秘书 dàshǐguǎn(huò lǐngshìguǎn)de yīděng mìshū 3. 名誉校长 míngyù xiàozhǎng = titular head of a university

chancery *n.* 大法官法庭 dàfǎguān fǎtíng

chandelier *n.* 枝形吊灯 zhīxíng diàodēng

chandler *n.* 杂货零售商 záhuò língshòushāng

chandlery *n.* 杂货 záhuò；杂货店 záhuòdiàn

change *v.* 1. 改变 gǎibiàn；变化 biànhuà：In autumn the leaves ～ from green to brown. 秋天树叶由绿变黄。Qiūtiān shùyè yóu lǜ biàn huáng. / ～ one's mind 改变主意 gǎibiàn zhǔyi 2. 替换 tìhuàn；更换 gēnghuàn：Where do we ～? 我们在哪儿换车？Wǒmen zài nǎr huànchē? 3. 兑换 duìhuàn；互换 hùhuàn；交换 jiāohuàn：～ a traveler's cheque 兑换旅行支票 duìhuàn lǚxíng zhīpiào / ～ money 兑换钱 duìhuàn qián *n.* 1. 改变 gǎibiàn；变更 biàngēng：～ of policy 政策的改变 zhèngcède gǎibiàn 2. 零钱 língqián：I want some ～. 我要些零钱。Wǒ yào xiē língqián. / Here is your ～. 这是找你的零钱。Zhèshì zhǎo nǐde língqián. // ～ color 脸变色 liǎn biànsè；～ hands 易手 yìshǒu；～ over 使改变 shǐ gǎibiàn；～ trains 换车 huànchē

changeable *a.* 易变的 yìbiànde；可变的 kěbiànde：～ weather 多变的天气 duōbiànde tiānqì

changeful *a.* 变化无常的 biànhuà wúchángde

changeless *a.* 不变的 búbiànde；无变化的 wúbiànhuàde

changeover *n.* 转变 zhuǎnbiàn；完全改变 wánquán gǎibiàn

changeroom *n.* 更衣室 gēngyīshì

channel *n.* **1**. 海峡 hǎixiá：the English C- 英吉利海峡 Yīngjílì（English） Hǎixiá **2**. 水道最深处 shuǐdào zuìshēnchù * river，harbor or sea passage **3**. 沟渠 gōuqú：drainage and irrigation ～s 排灌渠道 páiguàn qúdào **4**. 路线 lùxiàn；途径 tújìng：through the proper ～ 通过正当途径 tōngguò zhèngdàng tújìng **5**. 频道 píndào：Tune to the other ～，I don't like this show. 换另一个频道吧，我不想看这个节目。Huàn lìngyíge píndàoba，wǒ bùxiǎng kàn zhège jiémù. *v.* **1**. 形成水道 xíngchéng shuǐdào ＝ form a ～ **2**. 引导 yǐndǎo：～ water into fields 引水到田 yǐnshuǐ dào tián / ～ one's efforts into hard work 引导某人努力工作 yǐndǎo mǒurén nǔlì gōngzuò

chant *n.* **1**. 歌 gē；单调的歌 dāndiàode gē ＝ repeated tune **2**. 圣歌 shènggē；赞美诗 zànměishī ＝ hymn *v.* **1**. 唱 chàng；唱圣歌 chàng shènggē ＝ sing **2**. 重复地说 chóngfùde shuō ＝ repeat **3**. 歌颂 gēsòng：～ the praises of 绝口称赞 juékǒu chēngzàn

chanticleer *n.* 雄鸡 xióngjī；公鸡 gōngjī

chaos *n.* 混乱 hùnluàn；一团糟 yìtuánzāo：The typhoon left ～. 台风过后一片混乱。Táifēng guòhòu yípiàn hùnluàn.

chaotic *a.* 混乱的 hùnluànde；无秩序的 wú zhìxùde：The traffic in the city was ～. 这城市的交通糟透了。Zhè chéngshìde jiāotōng zāotòule.

chap[1] *n.* 家伙 jiāhuo * colloq.；小伙子 xiǎohuǒzi：a smart ～ 聪明的家伙 cōngmingde jiāhuo

chap[2] *n.* 龟裂 guīliè；皲裂 jūnliè *v.* 使皮肤粗糙 shǐ pífū cūcāo；使裂开 shǐ lièkāi：Cold weather ～s his skin. 冷天冻裂了他的皮肤。Lěngtiān dòngliède tāde pífū. / ～ped hands 粗糙的双手 cūcāode shuāngshǒu

chapel *n.* **1**. 小教堂 xiǎojiàotáng ＝ place for worship **2**. 礼拜仪式 lǐbài yíshì ＝ religious service：go to ～ 做礼拜 zuò lǐbài

chaplain *n.* 牧师 mùshī

chaplet *n.* **1**. 花圈 huāquān ＝ garland for the head **2**. 串珠 chuànzhū ＝ string of beads

chapter *n.* 章 zhāng；回 huí * of a book：The book consists of ten ～s. 这本书分为十章。Zhèběn shū fēnwéi shízhāng.

char[1] *n.* **1**. 家庭杂务 jiātíng záwù ＝ household chores **2**. 打杂女工 dǎzá nǚgōng = charwoman *v.* 打杂 dǎzá；做家庭杂务 zuò jiātíng záwù

char² *v.* 使烧焦 shǐshāojiāo；烧黑 shāohēi：The desk was badly ～red by an iron. 桌子被熨斗烧焦。Zhuōzi bèi yùndǒu shāojiāo.

char-à-banc *n.* 游览车 yóulǎnchē

character *n.* **1**. 性格 xìnggé：a woman of strong ～ 一个性格倔强的女人 yíge xìnggé juèjiàngde nǚrén **2**. 特征 tèzhēng；特性 tèxìng：When they pulled down the old houses in the center of the town，the whole ～ of the place was changed. 他们拆除了城中心的旧房子，那个地方的特征也随着改变了。Tāmen chāichúle chéngzhōngxīnde jiùfángzi，nàge dìfangde tèzhēng yě suízhe gǎibiànle. / the ～ of the desert 沙漠的特征 shāmòde tèzhēng **3**. 人格 réngé；品性 pǐnxìng：He is a man of great ～. 他是一个人格高尚的人。Tā shì yíge réngé gāoshàngde rén. **4**. 人物 rénwù；角色 juésè：the ～ in a novel 小说中的人物 xiǎoshuōzhōngde rénwù **5**. 文字 wénzì；字母 zìmǔ：Chinese ～s 汉字 Hànzì

characteristic *a.* 特有的 tèyǒude；独特的 dútède = unique：Bananas have their own ～ smell. 香蕉有(它)独特的香味儿。Xiāngjiāo yǒu(tā) dútède xiāngwèir. *n.* 特性 tèxìng；特点 tèdiǎn；特征 tèzhēng = special feature：the ～s of the present situation 目前形势的特点 mùqián xíngshìde tèdiǎn

characterize *v.* 表示…的特征 biǎoshì…de tèzhēng；描述…性格 miáoshù…xìnggé：This kind of behavior ～d the criminal mind. 这种举止是罪犯心理特征。Zhèzhǒng jǔzhǐ shì zuìfàn xīnlǐ tèzhēng. / She ～d him as lazy and selfish. 她把他的性格描绘成又懒又自私。Tā bǎ tāde xìnggé miáohuì chéng yòu lǎn yòu zìsī.

charade *n.* **1**. 字谜游戏 zìmí yóuxì = a game **2**. 虚伪行为 xūwěi xíngwéi =pretense

charcoal *n.* **1**. 炭 tàn；木炭 mùtàn **2**. 炭笔 tànbǐ * for drawing

charge *v.* **1**. 控告 kònggào；指控 zhǐkòng = accuse **2**. 冲锋 chōngfēng；向…冲去 xiàng…chōngqù = rush：The children ～ out of school. 孩子们冲出了校门。Háizimen chōngchūle xiàomén. **3**. 收费 shōufèi；要价 yàojià = ask a price：How much are you charging for the shoes? 这双鞋要多少钱？Zhèshuāng xié yào duōshao qián? **4**. 充电 chōngdiàn：～ a battery 给电池充电 gěi diànchí chōngdiàn **5**. 嘱托 zhǔtuō = give responsibility：She ～d me to look after her son. 她托我照看他的儿子。

Tā tuō wǒ zhàokàn tāde érzi. *n.* **1.** 指控 zhǐkòng；**2.** 冲锋 chōngfēng；猛攻 měnggōng * military manoeuver **3.** 费用 fèiyong：hotel ～s 旅馆费 lǚguǎnfèi / free of ～ 免费 miǎnfèi / at one's own ～ 自费 zìfèi **4.** 主管 zhǔguǎn；掌管 zhǎngguǎn = management：in ～ of 负责 fùzé

chargeable *a.* **1.** 可能被控的 kěnéng bèikòngde = that can be charged **2.** 可记在某项帐上的 kě jìzài mǒuxiàng zhàngshangde = that can be added to：～ to printing expense 可以记在印刷费用的帐上 kěyǐ jìzài yìnshuā fèiyongde zhàngshang

charge d'affaires *n.* 代办 dàibàn

charger *n.* **1.** 突击者 tūjīzhě **2.** 战马 zhànmǎ * an army officer's horse **3.** 充电器 chōngdiànqì * for recharging a battery

chariot *n.* **1.** 古代战车 gǔdài zhànchē **2.** 轻便四轮马车 qīngbiàn sìlún mǎchē

charioteer *n.* 驾驶战车(马车)者 jiàshǐ zhànchē(mǎchē)zhě

charitable *a.* **1.** 慈善的 císhànde：a ～ institution 慈善机关 císhàn jīguān **2.** 宽厚的 kuānhòude；宽恕的 kuānshùde = tolerant

charity *n.* **1.** 赈济 zhènjì；施舍 shīshě = alms **2.** 慈善团体 císhàn tuántǐ * organization：The Red Cross is an international ～. 红十字会是个国际性的慈善机构。Hóngshízìhuì shìge guójìxìngde císhàn jīgòu. **3.** 博爱 bó'ài = brotherly love // ～ school 贫民义务学校 pínmín yìwù xuéxiào ～ performance 义演 yìyǎn

charlatan *n.* **1.** 骗子 piànzi；冒充内行者 màochōng nèihángzhě **2.** 庸医 yōngyī = one who pretends to be a doctor *a.* 假充内行的 jiǎchōng nèihángde

charm *n.* **1.** 魅力 mèilì；吸引力 xīyǐnlì：Her eyes are full of ～. 她的眼睛很有魅力。Tāde yǎnjing hěn yǒu mèilì. **2.** 护身符 hùshēnfú：a lucky ～ 吉祥物 jíxiángwù *v.* **1.** 迷人 mírén；使陶醉 shǐ táozuì：He was ～ed with the beauty of scenery. 美丽的风景使他陶醉了。Měilìde fēngjǐng shǐ tā táozuìle. **2.** 对…行魔法 duì…xíng mófǎ = influence by magic

charmer *n.* **1.** 玩蛇的人 wán shéde rén = a person who charms snakes **2.** 魔术师 móshùshī = magician

charming *a.* 迷人的 mírénde；可爱的 kě'àide：What a ～ young man！多么讨人喜欢的小伙子！Duōme tǎo rén xǐhuande xiǎohuǒzi！/ ～ smiles

迷人的笑容 mírénde xiàoróng

chart *n.* **1.** 海图 hǎitú；航线图 hángxiàntú = map used by sailors **2.** 图表 túbiǎo：a weather ～ 气象图表 qìxiàng túbiǎo / statistical ～s 统计表 tǒngjìbiǎo *v.* 制图 zhìtú；制表 zhìbiǎo = make a map：The navigable channels have all been ～ed. 所有可以通航的水道都已记入海图中。Suǒyǒu kěyǐ tōnghángde shuǐdào dōuyǐ jìrù hǎitúzhōng.

charter *n.* **1.** 特许证 tèxǔzhèng；执照 zhízhào = a permit **2.** 包租 bāozū = hiring：a ～ flight 包机 bāojī **3.** 宪章 xiànzhāng = constitution：the C- of the United Nations 联合国宪章 Liánhéguó Xiànzhāng *v.* **1.** 特许 tèxǔ；发执照 fā zhízhào = issue a permit to **2.** 租 zū；包 bāo = hire

char woman *n.* 按日计资的打杂女工 ànrì jìzīde dǎzá nǚgōng

chary *a.* 谨慎的 jǐnshènde；小心的 xiǎoxinde：be ～ of catching cold 小心感冒 xiǎoxīn gǎnmào

chase *v.* **1.** 追赶 zhuīgǎn；追逐 zhuīzhú；追击 zhuījī：I ～d the cat out of the room. 我把猫赶出了房间。Wǒ bǎ māo gǎnchūle fángjiān. **2.** 驱除 qūchú；消除 xiāochú = drive away：She ～s my fears away. 她消除了我的不安。Tā xiāochúle wǒde bù'ān. *n.* 追逐 zhuīzhú；追捕 zhuībǔ；追求 zhuīqiú：the ～ after the murderer 追捕杀人犯 zhuībǔ shārénfàn / the ～ for honors 追求名誉 zhuīqiú míngyù

chaser *n.* **1.** 追逐者 zhuīzhúzhě **2.** 驱逐机 qūzhújī；驱逐舰 qūzhújiàn = pursuit plane；destroyer

chasm *n.* **1.** 断层 duàncéng；裂口 lièkǒu = deep crack on the ground **2.** 巨大分歧 jùdà fēnqí；巨大差别 jùdà chābié * of feeling or interest

chassis *n.* **1.** 汽车的底盘 qìchēde dǐpán * of a car **2.** 起落装置 qǐluò zhuāngzhì = landing gear of an aircraft

chaste *a.* **1.** 有道德的 yǒu dàodéde = virtuous **2.** 贞洁的 zhēnjiéde；纯洁的 chúnjiéde = pure **3.** 简洁朴实的 jiǎnjié pǔshíde * style of writing

chasten *v.* **1.** 惩戒 chéngjiè = punish **2.** 遏止 èzhǐ = restrain **3.** 磨练 móliàn = refine

chastise *v.* 严惩 yánchéng；惩办 chéngbàn // chastisement *n.*

chastity *n.* 贞洁 zhēnjié；纯洁 chúnjié；高雅 gāoyǎ

chat *v.* 闲谈 xiántán；聊天儿 liáotiānr *n.* 闲谈 xiántán：have a ～ with a friend 跟朋友闲谈 gēn péngyou xiántán / come for a ～ 来聊天 lái liáotiān

château *n.* 法国封建城堡 Fǎguó fēngjiàn chéngbǎo

chattel *n.* 动产 dòngchǎn

chatter *v.* **1.** 喋喋不休 diédié bùxiū；饶舌 ráoshé；唠叨 láodao：The teacher told the children to stop ～ing in class. 老师叫孩子们在课堂上不要叽叽喳喳讲话。Lǎoshī jiào háizimen zài kètángshang búyào jījizhāzhā jiǎnghuà. **2.** 牙齿打颤 yáchǐ dǎchàn：I was so cold，my teeth were ～ing. 我冷得牙齿直打颤。Wǒ lěngde yáchǐ zhí dǎchàn. *n.* **1.** 喋喋不休 diédié bùxiū **2.** 碰撞声 pèngzhuàngshēng；震颤声 zhènchànshēng = sound of clicking together：the ～ of the machine gun 机枪的哒哒声 jīqiāngde dādāshēng

chatterbox *n.* 唠唠叨叨的人 láolao-dāodāode rén

chatty *a.* 多嘴的 duōzuǐde；爱闲聊的 ài xiánliáode

chauffeur *n.* 汽车司机 qìchē sījī

chauvinism *n.* **1.** 沙文主义 shāwén zhǔyì；大国主义 dàguó zhǔyì **2.** 本性别第一主义 běnxìngbié dì-yī zhǔyì；本民族第一主义 běnmínzú dì-yī zhǔyì

chauvinist *n.* **1.** 沙文主义者 shāwénzhǔyìzhě；大国主义者 dàguózhǔyìzhě **2.** 本性别第一主义者 běnxìngbié dì-yī zhǔyìzhě：a male ～ 大男子主义者 dà nánzǐzhǔyìzhě

cheap *a.* **1.** 便宜的 piányide；廉价的 liánjiàde = low in price **2.** 低劣的 dīliède；劣质的 lièzhìde = of low quality **3.** 肤浅的 fūqiǎnde = shallow；虚伪的 xūwěide = insincere：～ emotion 虚伪的感情 xūwěide gǎnqíng

cheapen *v.* 减价 jiǎnjià；削价 xiāojià

cheat *v.* **1.** 欺骗 qīpiàn；骗取 piànqǔ：～ a person out of his money 骗取某人的钱 piànqǔ mǒurénde qián **2.** 欺诈 qīzhà；作弊 zuòbì：～ in an examination 考试作弊 kǎoshì zuòbì *n.* 骗子 piànzi；欺骗行为 qīpiàn xíngwéi；欺诈 qīzhà

check[1] *n.* **1.** 控制 kòngzhì；制止 zhìzhǐ = restraint **2.** 检查 jiǎnchá；核对 héduì = examination：a ～ on the quality of all goods leaving the factory 出厂产品的质量检验 chūchǎng chǎnpǐnde zhìliàng jiǎnyàn **3.** 收据 shōujù；取物凭证 qǔwù píngzhèng = slip for identification：I've lost the ～ for my coat. 我把寄存外套的牌子丢了。Wǒ bǎ jìcún wàitàode páizi diūle. **4.** 帐单 zhàngdān = a bill：C- please. 请结帐。Qǐng jiézhàng.

5. 支票 zhīpiào = order for money 6. 方格图案 fānggé tú'àn = pattern of squares 7. 将 jiāng * in chess game

check² *v.* 1. 检查 jiǎnchá；核对 héduì：to ～ a bill 核对票据 héduì piàojù / ～ a student's answer 检查学生的答案 jiǎnchá xuéshengde dá'àn 2. 控制 kòngzhì；制止 zhìzhǐ；妨碍 fáng'ài：He couldn't ～ his anger. 他怒不可遏。Tā nùbù-kě'è. 3. 寄存 jìcún；托运 tuōyùn：to ～ the baggage 托运行李 tuōyùn xíngli // ～ in 登记 dēngjì；检票 jiǎnpiào：You must ～ in at the airport an hour before your plane leaves. 你必须在飞机起飞前一小时到机场办理登记手续。Nǐ bìxū zài fēijī qǐfēi qián yìxiǎoshí dào jīchǎng bànlǐ dēngjì shǒuxù. / ～ out 结帐后离开旅馆 jiézhànghòu líkāi lǚguǎn：He ～ed out of the hotel at nine. 他九点钟离开旅馆。Tā jiǔdiǎnzhōng líkāi lǚguǎn. / ～ (up) on 核对 héduì：You should ～ (up) on the list. 你必须核对这名单。Nǐ bìxū héduì zhè míngdān.

checker *n.* 方格图案 fānggé tú'àn：a shirt with a pattern of ～s 格衬衫 gé chènshān

checklist *n.* 清单 qīngdān；名册 míngcè

checkmate *v.* 1. 将死 jiāngsǐ * in chess 2. 垮台 kuǎtái；彻底打败 chèdǐ dǎbài = failure

checkpoint *n.* 检查站 jiǎncházhàn

cheek *n.* 1. 面颊 miànjiá；脸蛋儿 liǎndànr 2. 厚脸皮 hòuliǎnpí；没礼貌 méilǐmào = impudence　*v.* 对…无礼 duì…wúlǐ

cheeky *a.* 不要脸的 búyàoliǎnde；厚颜无耻的 hòuyán-wúchǐde

cheer *n.* 1. 欢呼 huānhū；喝采 hècǎi：the ～s of the crowd 观众的喝采声 guānzhòngde hècǎishēng 2. 高兴 gāoxìng；振奋 zhènfèn：be of good ～ 兴致勃勃 xìngzhì-bóbó　*v.* 1. 对…喝采 duì…hècǎi；向…欢呼 xiàng…huānhū：The crowd ～ed as the teams arrived. 球队出场时群众欢呼起来。Qiúduì chūchǎngshí qúnzhòng huānhū qǐlái. 2. 鼓舞 gǔwǔ；使…高兴 shǐ…gāoxìng：Your visit ～s the sick man. 你的访问使病人高兴。Nǐde fǎngwèn shǐ bìngrén gāoxìng. / C- up！振作起来！Zhènzuò qǐlái！

cheerful *a.* 1. 快乐的 kuàilède；高兴的 gāoxìngde：a ～ person 快乐的人 kuàilède rén 2. 令人愉快的 lìngrényúkuàide：a ～ day 愉快的一天 yúkuàide yìtiān

cheerless *a.* 不高兴的 bù gāoxìngde；乏味的 fáwèide：a ～ rainy day 沉闷

阴郁的下雨天 chénmèn yīnyùde xiàyǔtiān

cheers *int*. **1**. 干杯！Gānbēi！ * in toasting **2**. 再见！Zàijiàn！＝ goodbye

cheery *a*. 喜气洋洋的 xǐqì-yángyángde；兴高采烈的 xìnggāo-cǎiliède：He came into the room with a ～ smile. 他喜笑颜开地跑进屋里来。Tā xǐxiào-yánkāide pǎojìn wūli lái. / a ～ greeting 高兴的问候 gāoxìngde wènhòu

cheese *n*. 干酪 gānlào；乳酪 rǔlào

cheetah *n*. 猎豹 lièbào

chef *n*. 男厨师长 nán chúshīzhǎng

chemical *a*. 化学的 huàxuéde：～ changes 化学变化 huàxué biànhuà / ～ experiment 化学实验 huàxué shíyàn / a ～ plant 化工厂 huàgōngchǎng *n*. 化学制品 huàxué zhìpǐn；化学药品 huàxué yàopǐn

chemise *n*. 女用衬衣 nǚyòng chènyī

chemist *n*. **1**. 化学家 huàxuéjiā **2**. 药剂师 yàojìshī；药商 yàoshāng：a ～'s shop 药房 yàofáng

chemistry *n*. 化学 huàxué

chemotherapy *n*. 化学疗法 huàxué liáofǎ

cheque *n*. ＝ check 支票 zhīpiào：a blank ～ 空白支票 kòngbái zhīpiào

cherish *v*. **1**. 珍爱 zhēn'ài；爱护 àihù；抚育 fǔyù ＝ treat with love **2**. 心怀 xīnhuái；抱有 bàoyǒu ＝ hold dear：to ～ the hope 抱有希望 bàoyǒu xīwàng / ～ the memory of 怀念 huáiniàn

cherry *n*. **1**. 樱桃 yīngtáo **2**. 樱桃树 yīngtáoshù * the tree *a*. 鲜红色 xiānhóngsè ＝ ruddy

cherub *n*. **1**. 美丽可爱的孩子 měilì kě'àide háizi ＝ lovely child **2**. 小天使 xiǎo tiānshǐ ＝ little angel

chess *n*. 国际象棋 guójì xiàngqí：play ～ 下棋 xiàqí / Chinese ～ 中国象棋 Zhōngguó xiàngqí

chest *n*. **1**. 箱子 xiāngzi；柜子 guìzi：a ～ of drawers 衣柜 yīguì **2**. 胸腔 xiōngqiāng ＝ breast

chestnut *n*. **1**. 栗子 lìzi；栗树 lìshù **2**. 栗色 lìsè * the color

chew *v*. 嚼 jiáo；咀嚼 jǔjué：You must ～ your food well before you swallow it. 你一定要细嚼慢咽。Nǐ yídìng yào xìjiáo mànyàn. / bite off more than one can ～ 贪多嚼不烂 tānduō jiáo búlàn；细想 xìxiǎng：～ upon 仔细考虑 zǐxì kǎolǜ ＝ think over

chewing gum *n.* 口香糖 kǒuxiāngtáng

chic *n.* & *a.* 漂亮(的) piàoliang(de); 时髦(的) shímáo(de); 潇洒(的) xiāosǎ(de): Your hat is rather ～. 你的帽子相当时髦。Nǐde màozi xiāngdāng shímáo.

chicane *n.* 诡计 guǐjì; 诈骗 zhàpiàn *v.* 诡辩 guǐbiàn; 诈骗 zhàpiàn

chick *n.* **1.** 鸡 jī; 小鸡 xiǎojī; 小鸟 xiǎoniǎo = young bird **2.** 婴孩 yīnghái = baby **3.** 少女 shàonǚ = young woman

chicken *n.* **1.** 小鸡 xiǎojī **2.** 鸡肉 jīròu: Do you like boiled ～? 你喜欢吃煮鸡肉吗? Nǐ xǐhuan chī zhǔ jīròuma? *a.* 胆怯的 dǎnqiède = timid *v.* 害怕 hàipà = fear

chicken-hearted *a.* 胆怯的 dǎnqiède; 无勇气的 wú yǒngqìde

chicken feed *n.* **1.** 鸡食 jīshí **2.** 小额钱 xiǎo'é qián = very little money

chicken pox *n.* 水痘 shuǐdòu

chicory *n.* 菊苣 jújù * vegetables

chide *v.* 责骂 zémà; 责备 zébèi

chief *n.* 领袖 lǐngxiù; 首长 shǒuzhǎng; 首脑 shǒunǎo: The president is ～ of the armed forces. 总统是武装部队的首脑。Zǒngtǒng shì wǔzhuāng bùduìde shǒunǎo. *a.* **1.** 主要的 zhǔyàode; 首要的 shǒuyàode: Tell me the ～ merits of the plan. 请告诉我这计划的主要内容。Qǐng gàosu wǒ zhè jìhuàde zhǔyào nèiróng. **2.** 首席的 shǒuxíde; 最高的 zuìgāode: a ～ engineer 总工程师 zǒng gōngchéngshī / a ～ justice 裁判长 cáipànzhǎng / the ～ executive 主管人 zhǔguǎnrén

chiefly *ad.* 大半 dàbàn; 多半 duōbàn; 主要地 zhǔyàode: Bread is ～ made of flour. 面包的主要成份是面粉。Miànbāode zhǔyào chéngfen shì miànfěn.

chieftain *n.* 首领 shǒulǐng; 酋长 qiúzhǎng

chiffon *n.* 薄绸 báochóu; 丝纱 sīshā

chilblain *n.* 冻疮 dòngchuāng

child *n.* **1.** 儿童 értóng; 小孩 xiǎohái: We've got two children. 我们有两个孩子。Wǒmen yǒu liǎngge háizi. **2.** 儿子 érzi; 女儿 nǚ'ér: He (She) is my only ～. 他(她)是我的独生子(女)。Tā shì wǒde dúshēngzǐ(nǚ).

childbearing *n.* 分娩 fēnmiǎn; 生孩子 shēng háizi: a woman of ～ age 一位育龄妇女 yíwèi yùlíng fùnǚ

childbirth *n.* 分娩 fēnmiǎn; 生小孩儿 shēngxiǎoháir

childhood *n.* 幼年 yòunián；童年时代 tóngnián shídài：He had a happy ～ in the country. 他在农村度过了快乐的童年。Tā zài nóngcūn dùguòle kuàilède tóngnián.

childish *a.* **1.** 孩子的 háizide；孩子气的 háiziqìde：～ games 儿童游戏 értóng yóuxì **2.** 幼稚的 yòuzhìde = immature：That's a ～ idea. 那是幼稚的想法。Nà shì yòuzhìde xiǎngfǎ.

childless *a.* 无子女的 wú zǐnǚde

childlike *a.* 孩子般天真的 háizibān tiānzhēnde：～ trust 天真的信赖 tiānzhēnde xìnlài

chill *n.* **1.** 寒冷 hánlěng；寒气 hánqì：There's quite a ～ in the air this morning. 今天早晨冷飕飕的。Jīntiān zǎochen lěngsōusōude **2.** 风寒 fēnghán；发冷 fālěng：catch a ～ 着凉 zháoliáng **3.** 寒心 hánxīn；扫兴 sǎoxìng：The bad news cast a ～ over the meeting. 这个坏消息使到会的人感到沮丧。Zhège huàixiāoxi shǐ dàohuìde rén gǎndào jǔsàng. *v.* 变冷 biànlěng；冷冻 lěngdòng：～ beer 冰镇啤酒 bīngzhèn píjiǔ / ～ meat 冻肉 dòngròu. *a.* **1.** 冷的 lěngde；寒冷的 hánlěngde：a ～ wind 一股寒气 yìgǔ hánqì **2.** 冷淡 lěngdàn：a ～ greeting 冷淡的招呼 lěngdànde zhāohu

chilli *n.* 干辣椒 gānlàjiāo

chilly *a.* **1.** 寒冷的 hánlěngde；感到寒冷的 gǎndào hánlěngde：I feel ～ without a coat. 不穿外套，我感到有些冷。Bù chuān wàitào，wǒ gǎndào yǒuxiē lěng. **2.** 冷淡 lěngdàn = cool：a ～ manner 冷淡的态度 lěngdànde tàidu

chime *n.* **1.** 编钟 biānzhōng **2.** 钟声 zhōngshēng：The ～ of the clock woke him up. 钟声吵醒了他。Zhōngshēng chǎoxǐngle tā. *v.* 鸣响 míngxiǎng：The clock ～d one o'clock. 钟敲了一点。Zhōng qiāole yìdiǎn. // ～ in 插话 chāhuà / ～ in with 跟…协调 gēn…xiétiáo；一致 yízhì

chimney *n.* **1.** 烟囱 yāncōng；烟筒 yāntong **2.** 灯罩 dēngzhào = glass tube of an oil lamp // ～-corner *n.* 壁炉边 bìlúbiān / ～ sweep *n.* 扫烟囱工人 sǎo yāncōng gōngrén

chimpanzee *n.* 黑猩猩 hēixīngxing

chin *n.* 下巴 xiàba；颏 kē

china *n.* 瓷器 cíqì

Chinese *n.* **1.** 中国人 Zhōngguórén **2.** 汉语 hànyǔ * the language *a.* **1.** 中国的 Zhōngguóde；中华的 Zhōnghuáde **2.** 中国产的 Zhōngguóchǎnde；中国式的 Zhōngguóshìde

chink[1] *n.* 裂缝 lièfèng；裂口 lièkǒu = crack *v.* **1.** 使成裂缝 shǐchéng lièfèng **2.** 塞住 sāizhù

chink[2] *n.* 丁当声 dīngdāngshēng * sound *v.* 作丁当声 zuò dīngdāngshēng

chip *n.* **1.** 碎屑 suìxiè；碎片 suìpiàn = small broken piece **2.** 薄片 báopiàn = slice of potato, etc.：fish and ～s 油炸鱼和土豆片 yóuzháyú hé tǔdòupiàn **3.** 缺口 quēkǒu；裂口 lièkǒu = mark left by the breaking of a ～ **4.** 集成电路块 jíchéng diànlùkuài * integrated circuit *v.* **1.** 削 xiāo；切 qiē：～ potatoes：切土豆片 qiē tǔdòupiàn / ～ ice 敲碎冰块 qiāosuì bīngkuài **2.** 使有破损 shǐ yǒupòsǔn：Someone has ～ped my best glass. 有人把我最好的杯子碰了一个缺口. Yǒurén bǎ wǒ zuìhǎode bēizi pèngle yíge quēkǒu. // ～ in **1.** 插话 chāhuà = interrupt **2.** 捐助 juānzhù = donate.

chirp *v.* & *n.* 鸟叫(声) niǎojiào(shēng)；虫鸣(声) chóngmíng(shēng) * of insects

chirpy *a.* 快活的 kuàihuode；活泼的 huópode：You seem very ～ today. 你今天好像很高兴。Nǐ jīntiān hǎoxiàng hěn gāoxìng.

chisel *n.* 凿子 záozi；錾子 zànzi *v.* 凿 záo；雕 diāo：He ～ed a hole in the door. 他在门上凿了一个洞。Tā zài ménshang záole yíge dòng.

chit *n.* 单据 dānjù；便条 biàntiáo

chitchat *n.* 闲谈 xiántán；聊天 liáotiān

chitin *n.* 甲壳质 jiǎkézhì

chivalry *n.* **1.** 骑士制度 qíshì zhìdù * in the Middle Ages **2.** 慈爱精神 cí'ài jīngshén * towards women and the weak

chive *n.* 细香葱 xìxiāngcōng

chloride *n.* 氯化物 lǜhuàwù：～ of lime 漂白粉 piǎobáifěn

chlorinate *v.* 氯化 lǜhuà：Water is usually ～d in public swimming pools to keep it pure. 公共游泳池的水通常用氯气消毒，以保持干净。Gōnggòng yóuyǒngchíde shuǐ tōngcháng yòng lǜqì xiāodú，yǐ bǎochí gānjìng.

chlorine *n*. **1**. 氯 lǜ **2**. 氯气 lǜqì

chloroform *n*. 氯仿 lǜfǎng *v*. 用氯仿进行麻醉 yòng lǜfǎng jìnxíng mázuì

chloromycetin *n*. 氯霉素 lǜméisù

chlorophyl *n*. 叶绿素 yèlǜsù

chock *n*. 楔子 xiēzi *v*. 用楔子垫阻 yòng xiēzi diànzǔ *ad*. 紧密地 jǐnmìde；满满地 mǎnmǎnde // ～ up 把房间塞满 bǎ fángjiān sāimǎn / ～-full 挤得满满的 jǐde mǎnmǎnde：The train was ～-full of travelers. 火车上挤满了旅客。Huǒchēshang jǐmǎnle lǚkè.

chocolate *n*. **1**. 巧克力 qiǎokèlì；朱古力 zhūgǔlì **2**. 巧克力饮料 qiǎokèlì yǐnliào ＊drink **3**. 赭色 zhěsè ＊color

choice *n*. **1**. 选择 xuǎnzé；抉择 juézé：Make a careful ～ of your friends. 谨慎选择你的朋友。Jǐnshèn xuǎnzé nǐde péngyou. **2**. 选择机会 xuǎnzé jīhuì；选择能力 xuǎnzé nénglì：You have your ～. 你有选择的自由。Nǐ yǒu xuǎnzéde zìyóu. / I have no ～, I must do as he tells me. 我没有选择的余地，只能照他说的去办。Wǒ méiyǒu xuǎnzéde yúdì, zhǐnéng zhào tāshuōde qù bàn. **3**. 选择的种类 xuǎnzéde zhǒnglèi：There was a big ～ of shops in the small city. 这座小城有好多商店可供挑选。Zhèzuò xiǎochéng yǒu hǎoduō shāngdiàn kěgōng tiāoxuǎn. **4**. 被选中的人和物 bèi xuǎnzhòngde rén hé wù ＝ person or thing which is chosen：This is my ～. 这是我选中的。Zhè shì wǒ xuǎnzhòngde. *a*. 精选的 jīngxuǎnde ＝ chosen with care；优等的 yōuděngde ＝ of fine quality：～ fruit 上等的水果 shàngděngde shuǐguǒ

choir *n*. 唱诗班 chàngshībān *v*. 合唱 héchàng

choke *v*. **1**. 窒息 zhìxī；哽住 gěngzhù：～ with anger 气得说不出话来 qìde shuōbuchū huà lái **2**. 闷塞 mēnsāi；呛 qiàng：The smoke ～d me. 烟呛得我喘不过气来。Yān qiàngde wǒ chuǎnbuguò qì lái. **3**. 阻塞 zǔsè；堵塞 dǔsè ＝ obstruct：The roads were ～d up with traffic. 道路被车辆堵塞。Dàolù bèi chēliàng dǔsè. / The pipe was ～d with dirt. 脏物阻塞了管道。Zāngwù zǔsèle guǎndào. **4**. 抑制 yìzhì：～ back one's tears 忍住眼泪 rěnzhù yǎnlèi // ～ down 硬咽（食物）yìngyàn（shíwù）/ ～ off 勒死 lēisǐ；闷死 mēnsǐ / ～ up 堵住 dǔzhù *n*. **1**. 窒息 zhìxī；噎 yē **2**. 阻气门 zǔqìmén

cholera *n.* 霍乱 huòluàn

choleric *a.* 易怒的 yìnùde；暴躁的 bàozàode

cholesterol *n.* 胆固醇 dǎngùchún

choose *v.* **1.** 选择 xuǎnzé；挑选 tiāoxuǎn：Will you ～ me a new coat？你帮我挑选一件新上衣好吗？Nǐ bāng wǒ tiāoxuǎn yíjiàn xīn shàngyī hǎo ma？**2.** 选定 xuǎndìng；决定 juédìng ＝ decide；甘愿 gānyuàn ＝ be willing：He ～s to become a doctor. 他决定当医生。Tā juédìng dāng yīshēng. / She chose to marry him. 她愿意同他结婚。Tā yuànyì tóng tā jiéhūn.

chop *v.* **1.** 砍 kǎn；劈 pī；斩 zhǎn：～ wood 劈柴 pīchái **2.** 切细 qiēxì；剁碎 duòsuì ＝ cut into small pieces **3.** 突变 tūbiàn ＝ change *n.* **1.** 砍 kǎn；劈 pī；剁 duò **2.** 一块排骨 yíkuài páigǔ ＝ thick piece of meat with bone

chopper *n.* **1.** 砍者 kǎnzhě ＝ one who chops **2.** 斧头 fǔtóu；屠刀 túdāo；砍刀 kǎndāo ＝ tool for chopping **3.** 直升飞机 zhíshēng fēijī

choppy *a.* **1.** 波涛滚滚的 bōtāogǔngǔnde：The sea is ～ today because of the wind. 今天有风，海上波涛汹涌。Jīntiān yǒufēng，hǎishang bōtāo xiōngyǒng. **2.** 方向常变的 fāngxiàng chángbiànde ＝ changing incessantly

chopsticks *n.* 筷子 kuàizi

choral *a.* 合唱队的 héchàngduìde；合唱的 héchàngde

chord *n.* **1.** 弦 xián ∗ of mathematics **2.** 和弦 héxián；和音 héyīn ∗ of music **3.** 心弦 xīnxián ∗ of emotion

chore *n.* 日常工作 rìcháng gōngzuò；家事杂务 jiāshì záwù：Every morning I do my ～s before I go out. 我每天早晨干些家务再外出。Wǒ měitiān zǎochen gànxiē jiāwù zài wàichū.

choreography *n.* 舞蹈表演艺术 wǔdǎo biǎoyǎn yìshù；舞蹈设计 wǔdǎo shèjì

chorus *n.* **1.** 合唱 héchàng ＝ singing together：a mixed ～ 混声合唱 hùnshēng héchàng / join in a ～ 参加合唱 cānjiā héchàng **2.** 合唱部分 héchàng bùfen ＝ the repeated part of a song **3.** 齐声 qíshēng ＝ saying in unison：a ～ of approval 齐声赞同 qíshēng zàntóng / read in a ～ 一齐念 yìqíniàn *v.* 合唱 héchàng；齐声地说 qíshēngde shuō

Christ *n.* 基督 Jīdū：before ～ 公元前 Gōngyuánqián

christen *v.* 为…施洗礼 wèi…shī xǐlǐ；洗礼时命名 xǐlǐshí mìngmíng：The baby was ～ed by the priest. 婴儿由牧师施洗礼。Yīng'ér yóu mùshī shī xǐlǐ.

Christendom *n.* 全体基督教徒 quántǐ Jīdūjiàotú；基督教世界 Jīdūjiào shìjiè

christening *n.* 洗礼仪式 xǐlǐ yíshì；取教名仪式 qǔ jiàomíng yíshì

Christian *n.* 基督教徒 Jīdūjiàotú *a.* **1.** 基督教的 Jīdūjiàode：～ ideas 基督思想 Jīdū sīxiǎng / the ～ name 教名 jiàomíng / the Young Men's ～ Association 基督教青年会 Jīdūjiào Qīngniánhuì

Christianity *n.* 基督教 Jīdūjiào：to believe in C- 信仰基督教 xìnyǎng Jīdūjiào

Christmas *n.* 圣诞节 Shèngdànjié：on ～ eve 在圣诞前夕 zài Shèngdàn qiánxī / A merry ～ to you！恭贺圣诞！Gōnghè Shèngdàn！// ～ tree 圣诞树 Shèngdànshù

chrome *n.* **1.** 铬 gè；铬合金 gèhéjīn **2.** 铬黄 gèhuáng * pigment

chromium *n.* 铬 gè：～ plating 镀铬 dùgè

chromosome *n.* 染色体 rǎnsètǐ

chronic *a.* 慢性的 mànxìngde：a ～ cough 慢性咳嗽 mànxìng késou / ～ disease 慢性病 mànxìngbìng

chronicle *n.* 年代史 niándàishǐ；编年史 biānniánshǐ *v.* 把…载入编年史 bǎ…zǎirù biānniánshǐ

chronicler *n.* 年代史编者 niándàishǐ biānzhě；编史家 biānshǐjiā

chronological *a.* 按时间顺序的 àn shíjiān shùnxùde：a ～ table 年表 niánbiǎo

chronology *n.* **1.** 年代学 niándàixué **2.** 年表 niánbiǎo：a ～ of events of last year 按发生先后排列的去年大事表 àn fāshēng xiānhòu páiliède qùnián dàshìbiǎo

chronometer *n.* 精密记时计 jīngmì jìshíjì

chrysalis *n.* 蛹 yǒng

chrysanthemum *n.* 菊花 júhuā

chubby *a.* 圆胖的 yuánpàngde；丰满的 fēngmǎnde：～ cheeks 圆胖的脸蛋儿 yuánpàngde liǎndànr

chuck[1] *v.* **1.** 扔 rēng；抛 pāo = throw：Let's ～ all these old papers away！我们把这些旧报纸都扔掉吧！Wǒmen bǎ zhèxiē jiùbàozhǐ dōu rēngdiàoba! 2. 丢弃 diūqì；放弃 fàngqì；停止 tíngzhǐ = give up：He's decided to ～ up his job. 他决定离职不干了。Tā juédìng lízhí búgànle. 3. 赶走 gǎnzǒu；驱逐 qūzhú = drive away

chuck[2] *n*. 车床的夹盘 chēchuángde jiāpán；夹头 jiātóu * part of a lathe

chuckle *n*. 暗自笑 ànzìxiào；轻声笑 qīngshēngxiào：He gave a ～ at what she said. 他对她所说的事轻声一笑。Tā duì tā suǒshuōde shì qīngshēng yíxiào. *v*. 轻声地笑 qīngshēngde xiào = laugh quietly

chug *n*. 机器运转的响声 jīqì yùnzhuǎnde xiǎngshēng

chum *n*. 同窗好友 tóngchuāng hǎoyǒu *v*. 同住 tóngzhù：～ with sb. 跟某人同住一室 gēn mǒurén tóngzhù yíshì

chummy *a*. 友好的 yǒuhǎode；亲密的 qīnmìde

chump *n*. 1. 木块 mùkuài = block of wood 2. 厚肉块 hòuròukuài = thick piece of meat：a ～ chop 羊肉块 yángròukuài 3. 笨蛋 bèndàn = foolish fellow：He's a real ～. 他是个十足的笨蛋。Tā shìge shízúde bèndàn.

chunk *n*. 厚块 hòukuài；大块 dàkuài；大部分 dàbùfen

chunky *a*. 结实的 jiēshide；矮胖的 ǎipàngde

church *n*. 1. 教堂 jiàotáng；礼拜堂 lǐbàitáng * building for worship：I'm going to ～ today. 今天我要去做礼拜。Jīntiān wǒ yào qù zuò lǐbài. 2. 牧师的职位 mùshide zhíwèi = clergy 3. 教会 jiàohuì；教派 jiàopài = sect：the C- of England 英国教会 Yīngguó jiàohuì // ～ yard 教堂的墓地 jiàotángde mùdì

churchman *n*. 1. 教士 jiàoshì = clergyman 2. 教会信徒 jiàohuì xìntú = member of a church

churl *n*. 1. 粗暴汉 cūbàohàn = rude person 2. 吝啬鬼 lìnsègui；守财奴 shǒucáinú = miser // churlish *a*.

churn *n*. 1. 搅乳器 jiǎorǔqì 2. 盛奶罐 chéngnǎiguàn *v*. 1. 搅拌 jiǎobàn 2. 制造（黄油）zhìzào（huángyóu）* make butter 3. 翻腾 fānténg = stir about // ～ out 粗制滥造 cūzhìlànzào

chute *n*. 1. 斜槽 xiécáo；滑道 huádào：a waste（rubbish）～ 废物（垃圾）斜槽 fèiwù（lājī）xiécáo 2. 瀑布 pùbù = waterfall 3. 降落伞 jiàngluòsǎn = parachute

chutney *n*. 酸辣酱 suānlàjiàng

C. I. A. = Central Intelligence Agency 美国中央情报局 Měiguó Zhōngyāng Qíngbàojú

cicatrice *n.* 瘢痕 bānhén；伤痕 shānghén

CID = Criminal Investigation Department 英国刑事调查局 Yīngguó Xíngshì Diàochájú

cider *n.* 苹果汁儿 píngguǒzhīr；苹果酒 píngguǒjiǔ

c. i. f = cost, insurance and freight 到岸价格 dào'àn jiàgé

cigar *n.* 雪茄烟 xuějiāyān

cigarette *n.* 香烟 xiāngyān；纸烟 zhǐyān；卷烟 juǎnyān

cinchona *n.* 金鸡纳树 jīnjīnàshù；金鸡纳皮 jīnjīnàpí

cinder *n.* 煤渣 méizhā；炉渣 lúzhā

cinecamera *n.* 电影摄影机 diànyǐng shèyǐngjī

cinefilm *n.* 电影胶片 diànyǐng jiāopiàn

cinema *n.* **1.** 电影院 diànyǐngyuàn = motion picture theater **2.** 电影 diànyǐng；影片 yǐngpiàn = motion picture **3.** 电影业 diànyǐngyè = motion picture industry

Cingalese = Sinhalese *n.* & *a.* **1.** 僧伽罗人 Sēngjiāluó rén **2.** 僧伽罗语 Sēngjiāluó yǔ

cinnamon *n.* **1.** 肉桂 ròuguì；桂皮 guìpí **2.** 肉桂色 ròuguìsè；黄褐色 huánghèsè * the color

cipher（=cypher）*n.* **1.** 密码 mìmǎ；暗号 ànhào：in ～ 用密码 yòng mìmǎ / a ～ telegram 密码电报 mìmǎ diànbào **2.** 零（即 0）líng（jí líng）= zero **3.** 不重要的人 bú zhòngyàode rén；不值钱的东西 bù zhíqiánde dōngxi = insignificant person or thing *v.* **1.** 运算 yùnsuàn = do arithmatic：～ out 算出 suànchū **2.** 用密码书写 yòng mìmǎ shūxiě = put into secret writing

circa *prep.* & *ad.* 大约 dàyuē：born ～ 150 B. C. 大约生于公元前150年 dàyuē shēngyú Gōngyuánqián yìbǎiwǔshí nián

circle *n.* **1.** 圆 yuán；圆周 yuánzhōu：draw a ～ 画一个圆 huà yíge yuán **2.** 圆形物 yuánxíngwù；圈 quān：a ～ of trees 一圈树木 yìquān shùmù **3.** 楼厅 lóutīng * an upper floor in a theater **4.** 圈子 quānzi；集团 jítuán；界 jiè：business ～s 实业界 shíyèjiè **5.** 周期 zhōuqī；循环 xúnhuán = cycle：the ～ of the seasons 四季的循环 sìjìde xúnhuán *v.* **1.** 环绕 huánrǎo；围 wéi：the students ～ the teacher 学生们围着老师 xuéshengmen wéizhe lǎoshī **2.** 盘旋 pánxuán：The aeroplane ～d above us. 飞机在我们头上盘旋。Fēijī zài wǒmen tóushang pánxuán.

circlet *n.* **1.** 圈环 quānhuán = small circle **2.** 手镯 shǒuzhuó；项圈 xiàngquān * ornament

circuit *n.* **1.** 环行 huánxíng；一圈 yìquān：The moon makes its ~ of the earth. 月亮绕地球转。Yuèliang rào dìqiú zhuàn. **2.** 巡回 xúnhuí：a tennis ~ 网球巡回赛 wǎngqiú xúnhuísài **3.** 电路 diànlù：a short ~ 短路 duǎnlù

circuitous *a.* 迂回的 yūhuíde；绕行的 ràoxíngde：take a ~ route 采迂回路线 cǎi yūhuí lùxiàn；绕着走 ràozhezǒu

circular *a.* **1.** 圆形的 yuánxíngde；环形的 huánxíngde：a ~ railway 环行铁道 huánxíng tiědào **2.** 循环的 xúnhuánde：a ~ motion 圆周运动 yuánzhōu yùndòng / make a ~ tour around the world 环游世界一周 huányóu shìjiè yìzhōu *n.* 通知 tōngzhī；通告 tōnggào

circularize *v.* 向…发传单 xiàng…fā chuándān；传阅 chuányuè = send circulars to

circulate *v.* **1.** 循环 xúnhuán；流通 liútōng = move around；传播 chuánbō = distribute：people who ~ false news 传播流言的人 chuánbō liúyánde rén

circulation *n.* **1.** 循环 xúnhuán；环流 huánliú：the ~ of the blood 血液循环 xuèyè xúnhuán **2.** 流通 liútōng；流传 liúchuán：put coins into ~ 发行硬币 fāxíng yìngbì **3.** 发行量 fāxíngliàng；销路 xiāolù：This newspaper has a ~ of 500,000 copies. 这份报纸销售量是五十万份。Zhèfèn bàozhǐ xiāoshòuliàng shì wǔshíwàn fèn.

circulatory *a.* 循环的 xúnhuánde * blood or air

circumcise *v.* 割除包皮 gēchú bāopí；对…进行切除术 duì…jìnxíng qiēchúshù

circumference *n.* 圆周 yuánzhōu；周围 zhōuwéi：the earth's ~ 地球的周围长度 dìqiúde zhōuwéi chángdù / The lake is 20 miles in ~. 这湖周围二十英里。Zhè hú zhōuwéi èrshí yīnglǐ.

circumflex *n.* 元音上的声调符号 yuányīnshangde shēngdiào fúhào

circumlocution *n.* 委婉 wěiwǎn

circumnavigate *v.* 环航 huánháng；环球航行 huánqiú hángxíng

circumscribe *v.* **1.** 在…周围画线 zài…zhōuwéi huàxiàn **2.** 限制 xiànzhì = limit **3.** 使…外接(切) shǐ…wàijiē(qiē)：a ~d circle 外接圆 wàijiēyuán

circumspect *a.* 小心谨慎的 xiǎoxīn jǐnshènde；周到的 zhōudàode

circumstance *n.* **1.** 情况 qíngkuàng；形势 xíngshì；环境 huánjìng：He described the ～ of the accident. 他说明了意外事故的情况。Tā shuōmíngle yìwài shìgùde qíngkuàng. **2.** 事件 shìjiàn；事实 shìshí；事项 shìxiàng＝fact：The missing of the letter was a grave ～ 这封信的丢失是严重的事件。Zhèfēngxìnde diūshī shì yánzhòngde shìjiàn. **3.** 境况 jìngkuàng；境遇 jìngyù ＝ condition：They are in good ～. 他们相当富有。Tāmen xiāngdāng fùyǒu. // in (under) the ～s 在此情况下 zài cǐ qíngkuàng xià / under no ～ 无论如何 wúlùn-rúhé

circumstantial *a.* **1.** 根据情况的 gēnjù qíngkuàngde＝relevant：～ evidence 情况证据 qíngkuàng zhèngjù **2.** 不重要的 bú zhòngyàode＝not important **3.** 详细的 xiángxìde；详尽的 xiángjìnde＝detailed：～ report 详细报告 xiángxì bàogào

circumvent *v.* **1.** 围绕 wéirǎo；包围 bāowéi＝circle **2.** 规避 guībì；回避 huíbì＝evade：The company has opened an office abroad in order to ～ our tax laws. 公司在国外设立一个办事处，以躲避我国的税法。Gōngsī zài guówài shèlì yíge bànshìchù，yǐ duǒbì wǒguóde shuìfǎ.

circus *n.* **1.** 马戏、杂技表演 mǎxì、zájì biǎoyǎn **2.** 马戏场 mǎxìchǎng＝place for circus shows **3.** 圆形广场 yuánxíng guǎngchǎng＝round open space

cirrhosis *n.* 肝硬化 gānyìnghuà

cistern *n.* 水塔 shuǐtǎ；水箱 shuǐxiāng＝water tank

citadel *n.* **1.** 城堡 chéngbǎo＝fortress **2.** 避难所 bìnànsuǒ＝place of safety

citation *n.* **1.** 引证 yǐnzhèng；引文 yǐnwén＝quotation **2.** 传讯 chuánxùn；传票 chuánpiào ＝ a summon from the court

cite *v.* **1.** 引用 yǐnyòng＝quote：～ a speech from the authorities 引用权威的言论 yǐnyòng quánwēide yánlùn / ～ an instance 举例 jǔlì **2.** 传讯 chuánxùn＝summon to appear in court **3.** 表彰 biǎozhāng＝mention for good performance

citizen *n.* **1.** 公民 gōngmín：a Chinese ～ 中国公民 Zhōngguó gōngmín **2.** 市民 shìmín ＊of a city：a ～ of Beijing 北京市民 Běijīng shìmín

citizenship *n.* 公民权 gōngmínquán；公民身份 gōngmín shēnfen

citric *a.* 柠檬的 níngméngde：～ acid 柠檬酸 níngméngsuān

citrus *n.* & *a.* 柑桔属 gānjúshǔ：I like eating ～ fruits，especially oranges.

我喜欢吃柑桔类水果，尤其是桔子。Wǒ xǐhuan chī gānjúlèi shuǐguǒ, yóuqíshì júzi.

city *n.* 城市 chéngshì：the ～ of Beijing 北京市 Běijīngshì // a ～ man 实业家 shíyèjiā

civet *n.* 麝猫 shèmāo

civic *a.* 城市的 chéngshìde；公民的 gōngmínde：～ rights 公民权 gōngmínquán

civics *n.* 市政学 shìzhèngxué；公民学 gōngmínxué

civil *a.* **1.** 市民的 shìmínde；公民的 gōngmínde＝of a citizen：We all have ～ rights and ～ duties. 我们都有公民的权利和义务。Wǒmen dōuyǒu gōngmínde quánlì hé yìwù. **2.** 国内的 guónèide ＝ internal：a ～ war 内战 nèizhàn **3.** 文职的 wénzhíde ＝ non-military ：a ～ servant 文官 wénguān **4.** 有礼貌的 yǒulǐmàode ＝ polite：～ to strangers 对陌生人有礼貌 duì mòshēngrén yǒulǐmào

civilian *n.* 平民 píngmín；老百姓 lǎobǎixìng＝common people *a.* 民间的 mínjiānde；民用的 mínyòngde：a ～ airman 民航飞行员 mínháng fēixíngyuán / ～ clothes 便服 biànfú

civility *n.* 和气 héqì；彬彬有礼 bīnbīn-yǒulǐ：show ～ to a guest 对客人有礼貌 duì kèren yǒulǐmào

civilization *n.* **1.** 文明 wénmíng **2.** 文化 wénhuà：The Chinese ～ is one of the oldest in the world. 中国文化是世界上最古老的文化之一。Zhōngguó wénhuà shì shìjièshang zuì gǔlǎode wénhuà zhīyī.

civilize *v.* 使…文明 shǐ…wénmíng

civilized *a.* 文明的 wénmíngde；开化的 kāihuàde

claim *v.* **1.** 要求 yāoqiú ＝ demand：a ～ for more pay 要求增加工资 yāoqiú zēnjiā gōngzī **2.** 认领 rènlǐng ＝ ask for one's due：Does anyone ～ this bag ? 有人认领这个包吗？Yǒu rén rènlǐng zhège bāoma? **3.** 声称 shēngchēng ＝ assert：He ～s that he is a scholar. 他以学者自称。Tā yǐ xuézhě zìchēng. **4.** 值得注意 zhíde zhùyì ＝ demand attention

claimant *n.* **1.** 要求者 yāoqiúzhě ＝ one who claims **2.** 原告 yuángào ＝ plaintiff

clairvoyance *n.* **1.** 千里眼 qiānlǐyǎn **2.** 洞察力 dòngchálì

clairvoyant *a.* & *n.* 有洞察力的（人） yǒu dòngchálìde（rén）；有超人的视

力的(人) yǒu chāoréndе shìlìde (rén)

clam *n.* 蛤 gé

clamber *vi.* 攀登 pāndēng；爬 pá：～ up a wall 爬墙 páqiáng

clammy *a.* **1.** 粘糊的 niánhude；滑腻的 huánìde = sticky **2.** 冷湿的 lěngshīde = cold and wet：～ weather 冷湿的气候 lěngshīde qìhòu

clamorous *a.* 喧闹的 xuānnàode；吵吵嚷嚷的 chǎochao-rǎngrǎngde

clamo(a)r *n.* 喧闹 xuānnào：a ～ of voices 喧哗的人声 xuānhuáde rénshēng *v.* 叫嚷 jiàorǎng：～ against 吵吵闹闹地反对 chǎochao-nàonàode fǎnduì

clamp *n.* 夹子 jiāzi；螺丝钳 luósīqián *v.* 夹住 jiāzhù；夹紧 jiājǐn // ～ down (on) 取缔 qǔdì；禁止 jìnzhǐ = stop：～ on drunken drivers 禁止酒后开车 jìnzhǐ jiǔhòu kāichē

clan *n.* 氏族 shìzú

clandestine *a.* 秘密的 mìmìde；私下的 sīxiàde：～ organizations 秘密组织 mìmìzǔzhī

clang *n.* 铿锵声 kēngqiāngshēng

clango(u)r *n.* 叮当声 dīngdāngshēng

clank *n.* 叮当声 dīngdāngshēng

clannish *a.* 氏族的 shìzúde；宗派的 zōngpàide

clansman *n.* 族人 zúrén

clap *v.* **1.** 拍手 pāishǒu；鼓掌 gǔzhǎng = applaud：The audience ～ped after this speech. 听众在他演讲后鼓掌。Tīngzhòng zài tā yǎnjiǎnghòu gǔzhǎng. **2.** 轻拍 qīngpāi = pat：～ a boy on the back 拍拍男孩儿的背 pāipāi nánháirde bèi *n.* **1.** 掌声 zhǎngshēng **2.** 霹雳声 pīlìshēng = loud, explosive sound：a ～ of thunder 打雷声 dǎléishēng

clapper *n.* **1.** 拍手者 pāishǒuzhě = one who claps **2.** 钟舌 zhōngshé；铃舌 língshé = tongue of a bell

claptrap *n.* 空话 kōnghuà

claret *n.* **1.** 红酒 hóngjiǔ * from the Bordeaux area of France **2.** 紫红色 zǐhóngsè * color of this wine

clarify *v.* **1.** 澄清 chéngqīng = make clear：～ matters 澄清真相 chéngqīng zhēnxiàng **2.** 使液体清洁 shǐ yètǐ qīngjié = make pure // clarification *n.*

clarinet *n.* 单簧管 dānhuángguǎn

clarion *n.* 号角 hàojiǎo；号角声 hàojiǎoshēng *a.* 嘹亮的 liáoliàngde = loud and clear：a ～ voice 嘹亮的声音 liáoliàngde shēngyīn

clarity *n.* 清澈 qīngchè；明晰 míngxī：～ of thinking 思考清楚 sīkǎo qīngchu

clash *v.* **1.** 金属碰撞作声 jīnshǔ pèngzhuàng zuòshēng **2.** 冲突 chōngtū：～ with his interests 同他的利益发生冲突 tóng tāde lìyì fāshēng chōngtū / The color of her dress ～es with the color of her hat. 她衣服的颜色与帽子的颜色很不协调。Tā yīfude yánsè yǔ màozide yánsè hěn bù xiétiáo. **3.** 时间冲突 shíjiān chōngtū：Her wedding ～ed with my examination, so I couldn't go. 她的婚礼跟我的考试时间冲突，所以我不能去。Tāde hūnlǐ gēn wǒde kǎoshì shíjiān chōngtū，suǒyǐ wǒ bùnéng qù.

clasp *v.* **1.** 扣住 kòuzhù **2.** 紧握 jǐnwò；紧抱 jǐnbào：He ～ed hands with his brother. 他与兄弟紧紧握手。Tā yǔ xiōngdi jǐnjǐn wòshǒu. *n.* **1.** 扣子 kòuzi；钩子 gōuzi：The ～ on his belt had broken. 他的皮带上的钩子已经坏了。Tāde pídàishangde gōuzi yǐjīng huàile. **2.** 拥抱 yōngbào = embrace

claspknife *n.* 折刀 zhédāo

class *n.* **1.** 阶级 jiējí：the working ～ 工人阶级 gōngrén jiējí **2.** 班级 bānjí：Are you in the first ～ or the second ～? 你现在在一班还是二班？Nǐ xiànzài zài yībān háishì èrbān? **3.** 课 kè：We have four ～es today. 我们今天有四节课。Wǒmen jīntiān yǒu sìjié kè. **4.** 等级 děngjí：travel third ～ 坐三等车旅行 zuò sānděng chē lǚxíng / a top ～ tennis player 最优网球选手 zuì yōu wǎngqiú xuǎnshǒu **5.** 优秀 yōuxiù；风度 fēngdù：She's got real ～. 她很有气质。Tā hěn yǒu qìzhì. *v.* **1.** 分类 fēnlèi；分级 fēnjí =classify **2.** 认为 rènwéi = regard

class-conscious *a.* 有阶级意识的 yǒu jiējí yìshíde；有阶级觉悟的 yǒu jiējí juéwùde

classic *a.* **1.** 第一流的 dì-yīliúde；最优秀的 zuì yōuxiùde：a ～ author 第一流作家 dì-yīliú zuòjiā **2.** 古典的 gǔdiǎnde：a ～ style 古典派的风格 gǔdiǎnpàide fēnggé *n.* **1.** 古典作家 gǔdiǎn zuòjiā **2.** 名著 míngzhù：The English ～s 英国文学名著 Yīngguó wénxué míngzhù / The Chinese ～s 中国的古典作品 Zhōngguóde gǔdiǎn zuòpǐn

classical *a.* **1.** 经典的 jīngdiǎnde **2.** 古典的 gǔdiǎnde：～ music 古典音乐

gǔdiǎn yīnyuè **3**. 文科的 wénkēde：a ～ college 文科大学 wénkē dàxué

classicism *n*. 古典主义 gǔdiǎnzhǔyì

classification *n*. 分类的方法 fēnlèide fāngfǎ

classified *a*. **1**. 分类的 fēnlèide **2**. 机密的 jīmìde；保密的 bǎomìde ＝ secret

classify *v*. 把…分类 bǎ…fēnlèi；把…分等级 bǎ…fēnděngjí：People who work in libraries spend a lot of time ～ing books. 在图书馆工作的人花很多时间把书归类。Zài túshūguǎn gōngzuòde rén huā hěnduō shíjiān bǎ shū guīlèi.

classless *a*. 没有阶级的 méiyǒu jiējíde

classmate *n*. 同班生 tóngbānshēng；同学 tóngxué

classroom *n*. 教室 jiàoshì

clatter *n*. 嘚嘚声 dēdēshēng；卡嗒声 kādāshēng

clause *n*. **1**. 分句 fēnjù；子句 zǐjù ＊ in grammar **2**. 条款 tiáokuǎn ＊ in law

claustrophobia *n*. 幽闭恐怖症 yōubì kǒngbùzhèng ＊ of medicine

clavichord *n*. 击弦古钢琴 jīxián gǔ gāngqín

claw *n*. **1**. 爪 zhǎo **2**. 爪形器具 zhǎoxíng qìjù ＝ that which has a ～ shape *v*. 抓 zhuā＝grasp // ～ hold of 抓住 zhuāzhù / cut the ～s 斩断魔爪 zhǎnduàn mózhǎo

clay *n*. 粘土 niántǔ；泥土 nítǔ

clayey *a*. 含粘土的 hán niántǔde

clean *a*. **1**. 清洁的 qīngjiéde；干净的 gānjìngde：keep the room ～ 保持房间清洁 bǎochí fángjiān qīngjié **2**. 纯洁的 chúnjiéde；清白的 qīngbáide：He has a ～ record. 他历史清白。Tā lìshǐ qīngbái. *ad*. **1**. 完全 wánquán；彻底 chèdǐ：I ～ forgot about it. 我把它忘得干干净净了。Wǒ bǎ tā wàngde gāngan-jìngjìngle. / ～ wrong 完全错误 wánquán cuòwù **2**. 干净 gānjìng：scrub the floor ～ 把地板擦干净 bǎ dìbǎn cā gānjìng *v*. 弄干净 nòng gānjìng：Please ～ the windows 请把窗户擦干净 qǐng bǎ chuānghu cā gānjìng // ～ up 扫除 sǎochú / ～ your teeth 刷牙 shuāyá / ～ cut 外表整齐清洁的 wàibiǎo zhěngqí qīngjiéde / ～ down 彻底刷洗 chèdǐ shuāxǐ

cleaner *n*. 清洁工人 qīngjié gōngrén // a vacuum ～ 吸尘器 xīchénqì

cleaning *n*. 清洁 qīngjié：扫除 sǎochú：dry ～ 干洗 gānxǐ

cleanly *a.* 爱清洁的 àì qīngjiéde *ad.* 干干净净地 gāngan-jìngjìngde；整整齐齐地 zhěngzheng-qíqíde：cut it ～ into two pieces 整整齐齐地切成两块 zhěngzheng-qíqíde qiēchéng liǎngkuài //cleanliness *n.*

cleanse *v.* 洗净 xǐjìng；清洗 qīngxǐ：～ the body 洗净身体 xǐjìng shēntǐ / ～ the heart from sin 洗心革面 xǐxīn gémiàn

cleanser *n.* 清洁剂 qīngjiéjì

clear *a.* **1.** 晴朗的 qínglǎngde：a ～ day 晴天 qíngtiān **2.** 透明的 tòumíngde ＝transparent：～ glass 透明的玻璃 tòumíngde bōlí **3.** 响亮的 xiǎngliàngde；清晰的 qīngxīde ＝ easily heard：the ～ voice of a young girl 姑娘清脆的声音 gūniang qīngcuìde shēngyīn **4.** 清楚、明白的 qīngchu、míngbaide ＝ free from confusion：I'm not quite ～ about it. 我对这事还不太清楚。Wǒ duì zhèshì hái bútài qīngchu. *v.* **1.** 清除 qīngchú；扫清 sǎoqīng ＝ make clean：～ a desk 清理桌子 qīnglǐ zhuōzi **2.** 变得晴朗 biàndé qínglǎng ＝ become ～：The sky soon ～ed. 天空立刻晴朗了。Tiānkōng lìkè qínglǎngle. **3.** 把…弄清楚 bǎ…nòng qīngchu；消释 xiāoshì；清除 qīngchú // ～ away；～ off 消除 xiāochú；偿清 chángqīng；走开 zǒukāi / ～ out 离开 líkāi；售清 shòuqīng；清除 qīngchú / ～ up 放晴 fàngqíng；整理 zhěnglǐ；解释 jiěshì

clearance *n.* **1.** 清除 qīngchú；清理 qīnglǐ：a ～ sale 清货大减价 qīnghuò dàjiǎnjià **2.** 净空 jìngkòng ＝ space：～ under a bridge 桥下的净空 qiáoxiàde jìngkòng；间隙 jiànxì **3.** 许可 xǔkě ＝ permission

clearcut *a.* **1.** 轮廓鲜明的 lúnkuò xiānmíngde ＝ clearly defined **2.** 确定的 quèdìngde；清晰的 qīngxīde ＝ evident

clearheaded *a.* 头脑清楚的 tóunǎo qīngchude；聪明的 cōngmingde

clearing *n.* **1.** 林中空地 línzhōng kòngdì ＊ in the woods **2.** 票据交换 piàojù jiāohuàn：a ～ house 票据交换所 piàojù jiāohuànsuǒ **3.** 消除 xiāochú；清除 qīngchú ＝ act of clearing

clearly *ad.* **1.** 清楚地 qīngchude；明白地 míngbaide：He spoke so ～ that I could hear every word. 他讲得很清楚，每个字我都听得到。Tā jiǎngde hěn qīngchu，měige zì wǒ dōu tīngde dào. **2.** 无疑地 wúyíde ＝ without a doubt；明显地 míngxiǎnde ＝ evidently：That's ～ a mistake. 这显然是个错误。Zhè xiǎnrán shìge cuòwù.

clearsighted *a.* 敏锐的 mǐnruìde

clearway *n.* 超速公路 chāosù gōnglù

cleat *n.* **1.** 楔子 xiēzi；栓 shuān **2.** 楔形加固角 xiēxíng jiāgùjiǎo *v.* 用楔子固牢 yòng xiēzi gùláo

cleavage *n.* 裂开 lièkāi：a line of ～ 一条裂痕 yìtiáo lièhén

cleave[1] *v.* **1.** 劈 pī；劈开 pīkāi：～ sth. in two 将某物劈成两半儿 jiāng mǒuwù pīchéng liǎngbànr **2.** 开(路) kāi(lù)；穿过 chuānguò：～ a path through the jungle 在密林中开路前进 zài mìlínzhōng kāilù qiánjìn / ～ the water 破浪前进 pòlàng qiánjìn

cleave[2] *v.* **1.** 粘着 zhānzhe = stick **2.** 依恋 yīliàn=loyal (to)

cleaver *n.* 切肉刀 qiēròudāo

clef *n.* 音乐谱号 yīnyuè pǔhào

clematis *n.* 铁线莲 tiěxiànlián * plant

clement *a.* **1.** 温和的 wēnhéde = mild **2.** 仁慈的 réncíde；宽大的 kuāndàde = merciful //clemency *n.*

clench *v.* 紧握 jǐnwò；抓紧 zhuājǐn；咬紧 yǎojǐn：a ～ed fist 攥紧的拳头 zuànjǐnde quántou / ～ one's teeth 咬紧牙关 yǎojǐn yáguān

clergy *n.* 牧师 mùshī；教士 jiàoshì；神职人员 shénzhí rényuán

clergyman *n.* 牧师 mùshī

cleric *n.* 宗教职业者 zōngjiào zhíyèzhě *a.* 牧师的 mùshīde

clerical *a.* **1.** 牧师的 mùshīde：～ dress 牧师服 mùshīfú **2.** 办事员的 bànshìyuánde；办公室的 bàngōngshìde：～ work 办公室工作 bàngōngshì gōngzuò

clerk *n.* 办事员 bànshìyuán；职员 zhíyuán：a bank ～ 银行职员 yínháng zhíyuán；店员 diànyuán * in a shop

clever *a.* **1.** 聪明的 cōngmingde；伶俐的 línglìde：a ～ boy 聪明的男孩儿 cōngmingde nánháir **2.** 机敏的 jīmǐnde；巧妙的 qiǎomiàode：a ～ answer 巧妙的回答 qiǎomiàode huídá

click *n.* 卡嗒声 kādāshēng *v.* 卡嗒地响 kādāde xiǎng

client *n.* **1.** 委托人 wěituōrén；当事人 dāngshìrén * of law **2.** 顾客 gùkè = customer

clientele *n.* 顾客 gùkè

cliff *n.* 悬崖 xuányá

climacteric *n.* **1.** 转折点 zhuǎnzhédiǎn = turning point **2.** 更年期 gēngniánqī * of medicine

climactic *a.* 顶点的 dǐngdiǎnde；极点的 jídiǎnde

climate *n.* **1.** 气候 qìhòu：continental ～ 大陆性气候 dàlùxìng qìhuò **2.** 风土 fēngtǔ；地带 dìdài = region：an arid ～ 干燥地带 gānzào dìdài **3.** 风气 fēngqì；社会趋势 shèhuì qūshì = atmosphere：the political ～ 政治气候 zhèngzhì qìhòu

climatic *a.* 气候的 qìhòude：～ variations 气候的变化 qìhòude biànhuà

climatology *n.* 气候学 qìhòuxué

climax *n.* 顶点 dǐngdiǎn；高潮 gāocháo * of plays，books，films，etc. *v.* 达到高潮 dádào gāocháo；达到顶点 dádào dǐngdiǎn

climb *v.* **1.** 攀登 pāndēng；爬 pá：～ up a mountain 登山 dēngshān **2.** 上升 shàngshēng：The plane was ～ing rapidly. 飞机急速地上升着。Fēijī jísùde shànshēngzhe. **3.** 向上爬 xiàngshàngpá；钻营 zuānyíng：～ to power 捞到大权 lāodào dàquán

climber *n.* **1.** 爬山的人 páshānde rén **2.** 攀缘植物 pānyuán zhíwù = climbing plant **3.** 向上爬的人 xiàngshàngpáde rén * to reach a higher social position；野心家 yěxīnjiā = careerist

clime *n.* 地带 dìdài；地区 dìqū：southern ～s 南国 nánguó

climograph *n.* 气象图 qìxiàngtú

clinch *v.* **1.** 敲弯 qiāowān；钉牢 dīngláo：The pieces of wood were fastened together with a ～ed nail. 这些木头用敲弯的钉子钉在一起。Zhèxiē mùtou yòng qiāowānde dīngzi dīng zài yìqǐ. **2.** 确定 quèdìng；决定 juédìng = decide：The two businessmen ～ed the deal quickly. 这两个商人快速地达成这笔交易。Zhè liǎngge shāngrén kuàisùde dáchéng zhèbǐ jiāoyì. **3.** 拥抱 yōngbào = embrace

cling *v.* **1.** 粘住 zhānzhù；紧握 jǐnwò = hold tight **2.** 依靠 yīkào：Little children always ～ to their mothers. 小孩子总是紧依着母亲。Xiǎo háizi zǒngshì jǐnyīzhe mǔqin. **3.** 坚守 jiānshǒu；坚信 jiānxìn：～ to the hope that … 始终抱着…的希望 shǐzhōng bàozhe … de xīwàng / ～ to one's own view 坚持已见 jiānchí jǐjiàn

clinic *n.* **1.** 诊所 zhěnsuǒ；门诊所 ménzhěnsuǒ；医务所 yīwùsuǒ：an eye ～ 眼科诊所 yǎnkē zhěnsuǒ **2.** 临床 línchuáng；临床学 línchuángxué = medical teaching at a patient's bedside

clinical *a.* **1.** 临床的 línchuángde：～ diagnosis 临床诊断 línchuáng zhěnduàn **2.** 冷静的 lěngjìngde；不偏不倚的 bùpiān-bùyǐde = objective：

a ～ statement of the facts 对有关事实的冷静的陈述 duì yǒuguān shìshíde lěngjìngde chénshù

clinical thermometer *n.* 体温计 tǐwēnjì

clink *v.* (使)叮当作响 shǐ dīngdāng zuòxiǎng：～ glasses（干杯时）碰杯（gānbēishí）pèngbēi *n.* 叮当声 dīngdāngshēng

clinker *n.* 渣块 zhākuài *v.* 使烧成渣块 shǐ shāochéng zhākuài

clip[1] *v.* 夹住 jiāzhù：～ papers together 把报纸夹住 bǎ bàozhǐ jiāzhù *n.* 回形针 huíxíngzhēn；曲别针 qūbiézhēn ＝ small metal device for ～ping papers together

clip[2] *v.* **1.** 剪 jiǎn；修剪 xiūjiǎn：～ a sheep 剪羊毛 jiǎn yángmáo/ newspaper ～ping 剪报 jiǎnbào **2.** 省略 shěnglüè ＝ omit：a ～ped word 省略词 shěnglüècí **3.** 在票上剪洞 zài piàoshang jiǎndòng ＝ punch a hole：The attendant on a train ～ped our tickets to show we'd used them. 乘务员在我们的车票上剪洞以表示使用过. Chéngwùyuán zài wǒmende chēpiàoshang jiǎndòng yǐ biǎoshì shǐyòngguo. **4.** 猛击 měngjī ＝ hit *n.* **1.** 用力一击 yònglì yìjī **2.** 快速行动 kuàisù xíngdòng：He moved at a good ～. 他迅速地移动。Tā xùnsùde yídòng.

clipper *n.* **1.** [～s]大剪刀 dàjiǎndāo：hair-～s 理发推子 lǐfà tuīzi **2.** 快速帆船 kuàisù fānchuán ＝ fast sailing ship

clique *n.* 派系 pàixì；小集团 xiǎojítuán

cloak *n.* **1.** 斗篷 dǒupeng；大氅 dàchǎng **2.** 遮盖物 zhēgàiwù ＝ covering：a ～ of secrecy 一层笼罩着的神秘气氛 yìcéng lǒngzhàozhede shénmì qìfēn **3.** 托辞 tuōcí；借口 jièkǒu ＝ pretext：What he said was merely a ～. 他所说的不过是托辞罢了。Tā suǒ shuōde búguò shì tuōcí bàle. *v.* **1.** 掩盖 yǎngài ＝ cover **2.** 用外衣遮蔽 yòng wàiyī zhēbì ＝ put on a ～

cloak-and-dagger *a.* 关于间谍的 guānyú jiàndiéde ＝ about spying and intrigue

cloak-and-sword *a.* 闹剧性的 nàojùxìngde ＊ esp. of plays，films，stories

cloakroom *n.* 衣帽间 yīmàojiān ＊ for keeping coats，ect.；行李寄存处 xíngli jìcúnchù ＊ for keeping lugguage

clock *n.* (时)钟 (shí)zhōng：set a ～ 对钟 duìzhōng / wind up a ～ 上钟 shàngzhōng // alarm ～ 闹钟 nàozhōng / a turret ～ 塔钟 tǎzhōng *v.* 计时 jìshí：He ～ed ten seconds for the race. 他跑了10秒。Tā pǎole shímiǎo. // ～ in 记上班时间 jì shàngbān shíjiān / ～ out 记下班时间 jì xiàbān shíjiān

clock tower *n.* 钟楼 zhōnglóu

clock watcher *n.* 混时间的人 hùn shíjiānde rén

clockwise *a.* & *ad.* 顺时针方向的（地）shùnshízhēn fāngxiàngde (de)

clockwork *n.* 时钟机构 shízhōng jīgòu：a ～ toy 有发条装置的玩具 yǒu fātiáo zhuāngzhìde wánjù // with ～ precision 极精确地 jí jīngquède / like ～ 有规律地 yǒuguīlǜde

clod *n.* **1.** 土块 tǔkuài；泥块 níkuài = lump of clay **2.** 呆子 dāizi = fool

clog *v.* 阻塞 zǔsè；填塞 tiánsè：The road was ～ged with automobiles. 道路被汽车阻塞了。Dàolù bèi qìchē zǔsèle. *n.* **1.** 障碍 zhàng'ài **2.** 木底鞋 mùdǐxié = wood-soled shoe // ～ dance 木屐舞 mùjīwǔ

cloisonné *n.* 景泰蓝 jǐngtàilán

cloister *n.* **1.** 修道院 xiūdàoyuàn = convent **2.** 回廊 huíláng；走廊 zǒuláng = corridor *v.* 隐居 yǐnjū = live in a ～

close *v.* **1.** 关闭 guānbì：～ the door 关门 guānmén / The shops ～ at 6. 商店六点关门。Shāngdiàn liùdiǎn guānmén. **2.** 不开放 bù kāifàng = not open：This road is ～d. 这条路不开放。Zhètiáolù bù kāifàng. **3.** 结束 jiéshù；停止 tíngzhǐ = end：～ a discussion 停止讨论 tíngzhǐ tǎolùn *a.* **1.** 接近的 jiējìnde = near：We're quite ～ to the station. 我们离车站相当近。Wǒmen lí chēzhàn xiāngdāng jìn. **2.** 严密的 yánmìde：Keep a ～ watch. 严密监视。Yánmì jiānshì. **3.** 亲密的 qīnmìde：a ～ friend 亲密的朋友 qīnmìde péngyou **4.** 势均力敌的 shìjūn-lìdíde：a ～ race 不相上下的竞赛 bùxiāng shàngxiàde jìngsài **5.** 紧密地 jǐnmìde：sit ～ against the wall 紧靠墙壁坐着 jǐnkào qiángbì zuòzhe *n.* **1.**（时间）终止 (shíjiān) zhōngzhǐ：at the ～ of the day 在黄昏 zài huánghūn **2.** 结束 jiéshù：at the ～ of the term 学期结束的时候 xuéqī jiéshùde shíhou // closely *ad.*

closet *n.* **1.** 壁橱 bìchú；小储藏室 xiǎo chǔcángshì * for storage **2.** 盥洗室 guànxǐshì；厕所 cèsuǒ = water ～

closeup *n.* 特写镜头 tèxiě jìngtóu

closure *n.* **1.** 关闭 guānbì：the ～ of a factory 工厂的关闭 gōngchǎngde guānbì **2.** 结束 jiéshù = the end

clot *n.* **1.** 凝块 níngkuài：a blood ～ 血块 xuèkuài **2.** 傻子 shǎzi *v.* 使凝块

shǐ níngkuài

cloth *n.* **1.** 衣料 yīliào；布料 bùliào：cotton ～ 棉布 miánbù / woolen ～ 呢绒 níróng **2.** 一块布 yíkuàibù ＝ piece of ～：table ～ 台布 táibù；桌布 zhuōbù

clothe *v.* **1.** 穿衣 chuānyī；给…衣穿 gěi…yīchuān ＝ put on ～s **2.** 覆盖 fùgài ＝ cover：Mountains are ～d with trees. 山上长满树木。Shānshang zhǎngmǎn shùmù.

clothes *n.* 衣服 yīfu；服装 fúzhuāng：a suit of ～ 一套衣服 yítào yīfu / put one's ～ on 穿衣 chuānyī / take one's ～ off 脱衣 tuōyī

clothesbasket *n.* 装待洗(或洗净)衣服的篮子 zhuāng dàixǐ (hùo xǐjìng) yīfude lánzi

clothesline *n.* 晒衣绳 shàiyīshéng

clothespeg *n.* 晒衣夹 shàiyījiā

clothing *n.* 服装 fúzhuāng：warm winter ～ 温暖的冬衣 wēnnuǎnde dōngyī / food，～ and shelter 衣食住 yī shí zhù

cloud *n.* **1.** 云 yún：a white ～ 一朵白云 yìduǒ báiyún **2.** 云状物 yúnzhuàngwù；一大群 yídàqún ＝ sth. like a cloud：a ～ of smoke 一团烟 yìtuán yān / a mushroom ～ 蘑菇云 móguyún / a ～ of flies 一群苍蝇 yìqún cāngying **3.** 阴影 yīnyǐng：The incident cast a ～ of doubt on her. 那事件在她的心里投下了阴影。Nàshìjiàn zài tāde xīnli tóuxiàle yīnyǐng. / the war ～s 战云 zhànyún *v.* 使不清楚 shǐ bùqīngchu：Her eyes were ～ed with tears. 她两眼蒙上了泪水。Tā liǎngyǎn méngshangle lèishuǐ. / Age ～ed his memory. 他年纪大，记忆不清。Tā niánji dà，jìyì bùqīng. // in the ～s 心不在焉 xīnbú-zàiyān / under a ～ 失宠 shīchǒng

cloud-burst *n.* 倾盆大雨 qīngpén-dàyǔ；大暴雨 dàbàoyǔ

cloudless *a.* 无云的 wúyúnde

cloudy *a.* **1.** 多云的 duōyúnde；阴的 yīnde：It was ～ yesterday. 昨天是阴天。Zuótiān shì yīntiān. **2.** 混浊的 hùnzhuóde；模糊的 móhude ＝ murky：a ～ liquid 浑水 húnshuǐ / ～ ideas 模糊的观念 móhude guānniàn

clough *n.* 峡谷 xiágǔ

clout *n.* **1.** 补钉 bǔding ＝ patch **2.** 小块布 xiǎokuàibù ＝ a piece of cloth：

dish ～ 擦碗布 cāwǎnbù **3.** 敲打 qiāodǎ ＝ heavy blow **4.** 靶心 bǎxīn ＝ bull's eye：In the ～！射中！Shèzhòng！ *v.* **1.** 打补钉 dǎ bǔding ＝ patch **2.** 叩门 kòumén **3.** 敲打 qiāodǎ ＝ blow

clove[1] *n.* 丁香 dīngxiāng

clove[2] *n.* 小鳞茎 xiǎolínjīng：a ～ of garlic 一瓣儿蒜 yíbànr suàn

clover *n.* 三叶草 sānyècǎo；苜蓿科植物 mùxukē zhíwù // pigs in ～ 暴发户 bàofāhù

clown *n.* 小丑 xiǎochǒu；丑角 chǒujué

clownish *a.* **1.** 滑稽的 huájīde **2.** 粗鲁的 cūlǔde

cloy *v.* 使…过饱 shǐ… guòbǎo：be ～ed with sweets 糖吃腻了 táng chī nìle / be ～ed with pleasure 欢乐过度 huānlè guòdù

club *n.* **1.** 棍棒 gùnbàng ＊ as weapon **2.** 高尔夫球棒 gāo'ěrfū qiúbàng ＊ of golf **3.** 梅花 méihuā ＊ playing cards **4.** 俱乐部 jùlèbù；俱乐部的会所 jùlèbùde huìsuǒ：a working-men's ～工人俱乐部 gōngrén jùlèbù *v.* **1.** 用棍棒打 yòng gùnbàngdǎ ＝ hit with a ～ **2.** 联合 liánhé ＝ join together

cluck *v.* 咯咯地叫 gēgēde jiào

clue *n.* 线索 xiànsuǒ：give a ～ to sth. 提供关于某事的线索 tígōng guānyú mǒushìde xiànsuǒ *v.* 为…提供线索 wèi…tígōng xiànsǔo；提示 tíshì

clump *n.* **1.** 丛 cóng：a ～ of bushes 灌木丛 guànmùcóng **2.** 巨块 jùkuài：a ～ of earth (wood) 土(木)块 tǔ(mù)kuài *v.* 用沉重的脚步行走 yòng chénzhòngde jiǎobù xíngzǒu

clumsy *a.* **1.** 笨拙的 bènzhuōde ＝ awkward **2.** 愚笨的 yúbènde；不灵活的 bùlínghuóde ＝ tackless：a ～ remark 愚笨的话 yúbènde huà / Her ～ speech annoyed everyone. 她演说拙劣，大家都很厌烦。Tā yǎnshuō zhuōliè，dàjiā dōu hěn yànfán.

cluster *n.* 一串 yíchuàn；一簇 yícù；一群 yìqún；一组 yìzǔ：a ～ of grapes 一串葡萄 yíchuàn pútáo / a ～ of bees 一群蜜蜂 yìqún mìfēng *v.* 群集 qúnjí：The men ～ed together round the fire and sang songs. 男人们围在火的四周唱着歌。Nánrénmen wéizài huǒde sìzhōu chàngzhegē.

clutch *v.* 抓住 zhuāzhù；抓紧 zhuājǐn：The mother ～ed her baby in her arms. 母亲把婴儿紧紧地抱在手臂里。Mǔqin bǎ yīng'ér jǐnjǐnde bàozài shǒubìli. *n*. **1**. 紧握 jǐnwò = tight grasp **2**. 控制 kòngzhì = control: He's in her ～es. 他被她控制。Tā bèi tā kòngzhì. **3**. 离合器 líhéqì * in car

clutter *n*. 杂乱 záluàn；零乱 língluàn: His room was in a ～. 他的房间乱七八糟。Tāde fángjiān luànqī-bāzāo. *v*. 弄乱 nòngluàn: Don't ～ up your desk. 别把书桌弄乱了。Bié bǎ shūzhuō nòngluànle.

coach *n*. **1**. 四轮大马车 sìlún dà mǎchē = a horse carriage **2**. 长途公共汽车 chángtú gōnggòng qìchē = motorbus: We went by ～. 我们乘旅游车去。Wǒmen chéng lǚyóuchē qù. **3**. 客车 kèchē * of the railway **4**. 教练 jiàoliàn = trainer: a football ～ 足球教练 zúqiú jiàoliàn **5**. 私人教师 sīrén jiàoshī = tutor *v*. 辅导 fǔdǎo；训练 xùnliàn = tutor: I ～ people for English examinations. 我辅导人准备英文考试。Wǒ fǔdǎo rén zhǔnbèi Yīngwén kǎoshì.

coachman *n*. 赶车人 gǎnchērén

coadjutor *n*. **1**. 助手 zhùshǒu = assistant **2**. 副主教 fùzhǔjiào = assistant to a bishop

coagulate *v*. 使…混凝 shǐ…hùnníng: Air can ～ blood. 空气能使血液凝结。Kōngqì néng shǐ xuèyè níngjié.

coal *n*. 煤 méi；煤炭 méitàn: cut ～ 采煤 cǎiméi *v*. 给…加煤 gěi…jiāméi // ～-bed 煤层 méicéng / ～ face 采煤工作面 cǎiméi gōngzuòmiàn / ～ field 煤田 méitián / ～-gas 煤气 méiqì / ～ mine 煤矿 méikuàng / ～ miner 煤矿工人 méikuàng gōngrén

coal-bed *n*. 煤层 méicéng

coalesce *v*. 接合 jiēhé；结合 jiéhé

coalition *n*. 结合 jiéhé；联盟 liánméng: a ～ government 联合政府 liánhé zhèngfǔ

coarse *a*. **1**. 粗的 cūde；粗糙的 cūcāode: ～ goods 粗制品 cūzhìpǐn **2**. 粗俗的 cūsúde；粗鲁的 cūlǔde = vulgar: ～ manners 粗暴的态度 cūbàode tàidu / a ～ joke 粗俗的笑话 cūsúde xiàohua

coarsen *v*. (使)变粗 (shǐ)biàncū: Soap of poor quality can ～ the skin. 劣质肥皂会使皮肤粗糙。Lièzhì féizào huì shǐ pífū cūcāo.

coast *n*. 海岸 hǎi'àn；海滨 hǎibīn *v*. **1**. 沿海岸航行 yán hǎi'àn hángxíng = sail along the ～ **2**. 顺坡滑行 shùn pō huáxíng = glide down // ～

guard 海岸警卫队 hǎi'àn jǐngwèiduì / ~ line 海岸线 hǎi'ànxiàn

coastal *a.* 沿海的 yánhǎide：~ defense 海防 hǎifáng / the ~ provinces 沿海各省 yánhǎi gèshěng

coaster *n.* **1.** 沿海航船 yánhǎi hángchuán；沿海贸易者 yánhǎi màoyìzhě **2.** 茶杯垫 chábēidiàn * for protecting the polished surface of a table

coastwise *a.* & *ad.* 靠海的(地) kàohǎide(de)：~ trade 沿海贸易 yánhǎi màoyì；sail ~ 沿岸航行 yán'àn hángxíng

coat *n.* **1.** 外套 wàitào；上衣 shàngyī：May I take your ~？我给你拿上衣好吗？Wǒ gěi nǐ ná shàngyī hǎoma？**2.** 动物皮毛 dòngwù pímáo = animal's hair；**3.** 表层 biǎocéng = layer：a ~ of paint 一层漆 yìcéng qī *v.* 涂上 túshàng；落上 làoshàng = cover：The table was ~ed with dust. 桌子上落了一层土。Zhuōzishang làole yìcéng tǔ.

coatee *n.* 短外衣 duǎnwàiyī

coating *n.* **1.** 涂层 túcéng **2.** 上衣衣料 shàngyī yīliào = material for making overcoat

coax *v.* 哄 hǒng：I ~ed her into going home. 我们哄她回家。Wǒmen hǒng tā huíjiā.

cob *n.* **1.** 小圆块 xiǎo yuánkuài = lump **2.** 玉米棒子 yùmǐ bàngzi = corncob **3.** 矮脚马 ǎijiǎomǎ = short-legged horse **4.** 雄鹄 xiónghú = male swan

cobalt *n.* 钴 gǔ

cobble¹ *n.* 鹅卵石 éluǎnshí；圆石块 yuánshíkuài *v.* 用鹅卵石铺路 yòng éluǎnshí pūlù

cobble² *v.* 修、补(鞋) xiū、bǔ(xié) = repair (shoes)

cobbler *n.* 皮匠 píjiàng；修鞋工人 xiūxié gōngrén

cobra *n.* 眼镜蛇 yǎnjìngshé

cobweb *n.* 蜘蛛网 zhīzhūwǎng

coca-cola *n.* 可口可乐 kěkǒu-kělè

cocaine *n.* 可卡因 kěkǎyīn

coccyx *n.* 尾骨 wěigǔ

cochineal *n.* 胭脂红 yānzhihóng * dye

cock¹ *n.* 公鸡 gōngjī；雄禽 xióngqín

cock² *n.* **1.** 开关 kāiguān；龙头 lóngtóu；旋塞 xuánsāi = tap：turn the ~ on 开龙头 kāi lóngtóu / a three way ~ 三通旋塞 sāntōng xuánsāi **2.** 扳

机 bānjī ＊ of a gun *v*. **1**. 使翘起 shǐqiàoqǐ ＝ turn upward：The horse ～ed its ears. 马竖起了耳朵。Mǎ shùqǐle ěrduo. **2**. 扣扳机 kòu bānjī ＊ release the trigger

cockade *n*. 帽章 màozhāng

cock-a-doodle-doo *n*. 喔喔啼声 wōwōtíshēng

cockatoo *n*. 大鹦鹉 dàyīngwǔ ＝ a kind of parrot

cockerel *n*. 小公鸡 xiǎogōngjī

cockle *n*. 鸟蛤 niǎogé；鸟蛤壳 niǎogéké

cockney *n*. **1**. 伦敦佬 Lúndūnlǎo **2**. 伦敦土话 Lúndūn tǔhuà *a*. 伦敦人的 Lúndūnrénde；伦敦话的 Lúndūnhuàde

cockpit *n*. **1**. 斗鸡场 dòujīchǎng ＝ place for cock fight **2**. 飞机的座舱 fēijīde zuòcāng ＊ of an airplane

cockroach *n*. 蟑螂 zhāngláng

cockscomb *n*. 鸡冠 jīguān

cocksure *a*. 确信的 quèxìnde ＝ quite sure；过于自信的 guòyú zìxìnde ＝ over-confident

cocktail *n*. **1**. 鸡尾酒 jīwěijiǔ：a ～ party 鸡尾酒会 jīwěi jiǔhuì **2**. 开胃品 kāiwèipǐn ＝ appetizer fruit ～ 开胃什锦水果 kāiwèi shíjǐn shuǐguǒ

cocky *a*. 神气活现的 shénqì-huóxiànde；傲慢的 àomànde ＝ conceited：I don't like him，he's far too ～. 我不喜欢他，他太自负。Wǒ bù xǐhuan tā，tā tài zìfù.

coco *n*. 椰子树 yēzishù；椰子 yēzi

cocoa *n*. 可可粉 kěkěfěn；可可茶 kěkěchá

coco(a)nut *n*. 椰子 yēzi // ～ oil 椰子油 yēziyóu / ～ milk；～ water 椰子汁儿 yēzizhīr / ～ palm 椰子树 yēzishù

cocoon *n*. 茧 jiǎn

C. O. D ＝ **1**. cash to be paid on delivery 货到付款 huò dào fùkuǎn **2**. (the) Concise Oxford Dictionary 简明牛津字典 Jiǎnmíng Niújīn Zìdiǎn

cod ＝ codfish *n*. 鳕 xuě // ～-liver oil 鱼肝油 yúgānyóu

coda *n*. **1**. 尾声 wěishēng **2**. 结尾 jiéwěi

coddle *v*. **1**. 特别照顾 tèbié zhàogu：溺爱 nì'ài；娇惯 jiāoguàn ＝ treat with tenderness **2**. 嫩煮 nènzhǔ ＝ simmer：～d eggs 半生不熟的蛋 bànshēng-bùshúde dàn

code *n*. **1**. 代号 dàihào；代码 dàimǎ；密码 mìmǎ；电码 diànmǎ：a telegraphic ～ 电码 diànmǎ / the International C- 国际电码 Guójì Diànmǎ 2. 礼法 lǐfǎ ＝ moral ～；规章 guīzhāng；规则 guīzé ＝ rules：a ～ of behavior 行为规范 xíngwéi guīfàn / the ～ of a school 校规 xiàoguī 3. 法典 fǎdiǎn；法规 fǎguī：a civil ～ 民法典 mínfǎdiǎn *v.* 译成密码 yìchéng mìmǎ ＝ translate into ～；编号 biānhào ＝ codify

codeine *n.* 可待因 kědàiyīn

codify *v.* **1.** 编成法典 biānchéng fǎdiǎn **2.** 编纂 biānzuǎn；整理 zhěnglǐ

codliver *n.* 鳕肝 xuěgān：～ oil 鱼肝油 yúgānyóu

coed, co-ed *n.* 女同学 nǚ tóngxué

coeducation *n.* 男女同校的教育 nánnǚ tóngxiàode jiàoyù

coefficient *n.* 系数 xìshù

coerce *v.* 强迫 qiǎngpò；迫使 pòshǐ；强制 qiǎngzhì：～ sb. into doing sth. 强迫某人做某事 qiǎngpò mǒurén zuò mǒushì // coercion *n.*

coercive *a.* 强制的 qiǎngzhìde；高压的 gāoyāde：～ measures 高压手段 gāoyā shǒuduàn

coeval *a.* & *n.* 同年代的（人）tóngniándàide（rén）；同年龄的（人）tóngniánlíngde（rén）

coexist *v.* **1.** 共存 gòngcún；共处 gòngchǔ **2.** 和平共处 hépíng gòngchǔ ＝ ～ peacefully

coexistence *n.* **1.** 共存 gòngcún；共处 gòngchǔ **2.** 和平共处 hépíng gòngchǔ

coffee *n.* **1.** 咖啡 kāfēi **2.**（一杯）咖啡（yìbēi）kāfēi ＝ a cup of ～ **3.** 咖啡色 kāfēisè ＝ the color of ～

coffeebean *n.* 咖啡豆 kāfēidòu

coffeehouse *n.* 咖啡馆 kāfēiguǎn

coffer *n.* **1.** 保险箱 bǎoxiǎnxiāng ＝ a safe **2.** [～s] 资产 zīchǎn；国库 guókù；金库 jīnkù：the ～s of a bank 银行的金库 yínhángde jīnkù **3.** 沉箱 chénxiāng

cofferdam *n.* **1.** 围堰 wéiyàn **2.** 沉箱 chénxiāng；浅水箱 qiǎnshuǐxiāng * for repairing work under water

coffin *n.* 棺材 guāncai；棺木 guānmù

cofounder *n.* 共同创立者 gòngtóng chuànglìzhě

cog *n.* 齿轮 chǐlún；轮牙 lúnyá

cogency *n.* 说服力 shuōfúlì；中肯 zhòngkěn

cogent *a.* 有说服力的 yǒu shuōfúlìde；使人信服的 shǐrén xìnfúde；无法反

驳的 wúfǎ fǎnbóde：～ reasons 充分的理由 chōngfènde lǐyóu

cogitate *v.* 慎重考虑 shènzhòng kǎolǜ；思索 sīsuǒ

cognac *n.* 法国白兰地 Fǎguó báilándì

cognate *a.* **1.** 同族的 tóngzúde；同源的 tóngyuánde；同系统的 tóngxìtǒngde = having the same sources **2.** 同性质的 tóngxìngzhìde；相关的 xiāngguānde = related *n.* **1.** 同源词 tóngyuáncí；同源物 tóngyuánwù = word，thing，ect. of the same source **2.** 亲属 qīnshǔ = relatives

cognition *n.* 认识 rènshi；认识力 rènshilì

cognizable *a.* 可认识的 kěrènshide

cognizance *n.* **1.** 认识 rènshi = knowledge；知觉 zhījué = awareness：take ～ of a crime 认定犯罪 rèndìng fànzuì **2.** 审理 shěnlǐ；审理权 shěnlǐquán = the right of dealing legally with

cognizant *a.* 认识的 rènshide；觉察的 juécháde；考虑的 kǎolǜde：be ～ of the truth 认识到真理 rènshidào zhēnlǐ

cogwheel *n.* 嵌齿轮 qiànchǐlún

cohabit *v.* 同居 tóngjū；姘居 pīnjū

cohere *v.* **1.** 粘着 zhānzhe * stick together；结合 jiéhé；凝结 níngjié **2.** 连贯 liánguàn；符合 fúhé；贯通 guàntōng // coherence *n.* / coherent *a.* = be consistent：a coherent thinker 思想很有条理的人 sīxiǎng hěnyǒu tiáolǐde rén

cohesion *n.* **1.** 凝结 níngjié = process of cohering **2.** 内聚力 nèijùlì；内聚性 nèijùxìng = the force of mutual attraction of elements in a body **3.** 粘着 zhānzhe；粘合 niánhé；结合 jiéhé = sticking together // cohesive *a.*

cohort *n.* **1.** 一群人 yìqún rén = group of people **2.** 一队士兵 yíduì shìbīng = group of soldiers

coiffure *n.* 发式 fàshì；妇女头饰 fùnǚ tóushì *v.* 做成某种发型 zuòchéng mǒuzhǒng fàxíng；戴以头饰 dàiyǐ tóushì

coign(e) *n.* 隅 yǔ；外角 wàijiǎo = of architecture // a ～ of vantage 有利的地位 yǒulìde dìwèi

coil *v.* 卷 juǎn；盘绕 pánrǎo；缠绕 chánrǎo：The snake ～ed around the tree. 蛇盘绕在树上。Shé pánrǎo zài shùshang. *n.* **1.** 一卷 yìjuǎn；一圈 yìquān；盘绕物 pánrǎowù **2.** 线圈 xiànquān = ～ of wire

coin *n.* **1.** 硬币 yìngbì；货币 huòbì **2.** 金钱 jīnqián：current ～ 通用钱币

tōngyòng qiánbì / pay a person in his own ～ 以其人之道还治其人之身 yǐ qírén zhīdào huánzhì qírén zhīshēn *v*. **1**. 铸造钱币 zhùzào qiánbì ＝ make ～s **2**. 造新字 zào xīnzì ＝ invent a new word: Who ～ed that word? 那个新词是谁造的? Nàge xīncí shì shuí zàode?

coinage *n*. **1**. 造币 zàobì; 货币 huòbì ＝ making into money **2**. 新造的词语 xīnzàode cíyǔ ＝ newly invented words **3**. 货币制度 huòbì zhìdù ＝ system of coins

coincide *v*. **1**. 恰好相合 qiàhǎo xiānghé **2**. 时间巧合 shíjiān qiǎohé ＊ of times **3**. 意见一致 yìjian yízhì ＝ agree: They do not ～ in opinion. 他们的意见不一致。Tāmende yìjian bùyízhì.

coincidence *n*. **1**. 符合 fúhé; 巧合 qiǎohé; 一致 yízhì; 迭合 diéhé: It was a mere ～ to meet him in the street. 在街上见到他纯属巧合。Zài jiēshang jiàndàotā chúnshǔ qiǎohé. **2**. 同时发生的事 tóngshí fāshēngde shì ＊ of events

coincident *a*. **1**. 符合的 fúhéde; 巧合的 qiǎohéde; 一致的 yízhìde; 迭合的 diéhéde **2**. 同时发生的 tóngshí fāshēngde

coiner *n*. **1**. 造币者 zàobìzhě; **2**. 创造新词者 chuàngzào xīncí zhě

coke *n*. 焦炭 jiāotàn; 焦煤 jiāoméi; 焦 jiāo: a ～ oven 炼焦炉 liànjiāolú

colander *n*. 滤器 lǜqì; 滤锅 lǜguō

cold *a*. **1**. 冷 lěng; 寒冷 hánlěng: I feel ～. 我觉得冷。 Wǒ juéde lěng. / a ～ current 寒流 hánliú / ～ war 冷战 lěngzhàn **2**. 冷淡的 lěngdànde; 不热情的 búrèqíngde: a ～ welcome 冰冷的欢迎 bīnglěngde huānyíng / She was ～ to me. 她对我很冷淡。Tā duì wǒ hěn lěngdàn. **3**. 失去知觉的 shīqù zhījuéde: pass out ～ 昏过去 hūnguòqu **4**. 使人寒心的 shǐrén hánxīnde; 使人扫兴的 shǐrén sǎoxìngde: ～ news 使人扫兴的消息 shǐ rén sǎoxìngde xiāoxi; 过时的消息 guòshíde xiāoxi *n*. **1**. 寒冷 hánlěng: He is afraid of ～. 他怕冷。Tā pà lěng. / be left out in the ～ 被人疏远 bèi rén shūyuǎn **2**. 感冒 gǎnmào: have a ～ 伤风 shāngfēng **3**. 零下气温 língxià qìwēn: two degrees of ～ 零下二度 língxià èrdù

coldblooded *a*. **1**. 冷血的 lěngxuède: Snakes are ～. 蛇是冷血的。Shé shì lěngxuède. **2**. 无情的 wúqíngde; 冷酷的 lěngkùde ＝ heartless

coldly *ad*. **1**. 冷淡地 lěngdànde ＝ indifferently **2**. 沉着地 chénzhuóde; 冷静地 lěngjìngde ＝ objectively

coldness *n*. **1**. 寒冷(性) hánlěng(xìng) **2**. 冷淡 lěngdàn

coldstorage *n.* 冷藏 lěngcáng

colic *n.* 肚腹绞痛 dùfù jiǎotòng；疝痛 shàntòng *a.* 绞痛的 jiǎotòngde

collaborate *v.* **1.** 协作 xiézuò；合作 hézuò：～ on a book 合著一部书 hézhù yíbù shū. **2.** 勾结 gōujié ＊ with the enemy // collaboration *n.*

collaborationist *n.* 通敌者 tōngdízhě

collaborator *n.* 合作者 hézuòzhě；合著者 hézhùzhě；合制者 hézhìzhě

collapse *v.* **1.** 倒塌 dǎotā：The house ～d. 房子倒塌了。Fángzi dǎotāle. **2.** 崩溃 bēngkuì；瓦解 wǎjiě；垮台 kuǎtái ＝ break down **3.**（身体、精神）垮了（shēntǐ、jīngshen）kuǎle；衰退 shuāituì ＊ physically，mentally **4.** 折迭 zhédié ＝ fold *n.* **1.** 塌陷 tāxiàn；崩溃 bēngkuì；瓦解 wǎjiě；破灭 pòmiè：the ～ of the Roman Empire 罗马帝国的崩溃 Luómǎ dìguóde bēngkuì **2.** 衰弱 shuāiruò

collapsible *a.* 可折迭的 kě zhédiéde；活动的 huódòngde：a ～ chair 折迭椅 zhédiéyǐ

collar *n.* **1.** 领子 lǐngzi；衣领 yīlǐng：He turned his ～ up to keep himself warm. 他翻起了衣领使身体暖和。Tā fānqǐle yīlǐng shǐ shēntǐ nuǎnhuo. **2.** 项圈 xiàngquān；狗的围脖 gǒude wéibó ＊ of dogs *v.* **1.** 扭住衣领 niǔzhù yīlǐng **2.** 不问自取 búwèn zìqǔ ＝ take without permission

collate *v.* **1.** 核对 héduì；校勘 jiàokān ＝ check and compare **2.** 整理 zhěnglǐ ＝ assemble in order

collateral *a.* **1.** 并行的 bìngxíngde **2.** 附属的 fùshǔde；次要的 cìyàode **3.** 旁系的 pángxìde：～ relatives 旁系亲属 pángxì qīnshǔ **4.** 抵押品的 dǐyāpǐnde *n.* **1.** 旁系亲属 pángxì qīnshǔ **2.** 附属担保品 fùshǔ dānbǎopǐn ＝ security for paying back of loans

colleague *n.* 同事 tóngshì；同仁 tóngrén；同僚 tóngliáo

collect *v.* **1.** 收集 shōují；搜集 sōují；采集 cǎijí：～ stamps 集邮 jíyóu **2.** 集合 jíhé；聚集 jùjí **3.** 集中思想 jízhōng sīxiǎng；镇静 zhènjìng ＊ of thoughts **4.** 接走 jiēzǒu；带走 dàizǒu ＝ fetch **5.** 收款 shōukuǎn ＊ ～ payments // collection *n.*

collective *a.* 集合的 jíhéde；共同的 gòngtóngde；集体的 jítǐde ＝ of a group：a ～ noun 集合名词 jíhé míngcí / ～ ownership 集体所有制 jítǐ suǒyǒuzhì *n.* **1.** 集体 jítǐ；全体人员 quántǐ rényuán **2.** 集合名词 jíhé míngcí ＊ of grammer

collectivism *n.* 集体主义 jítǐ zhǔyì
collectivize *v.* 使集体化 shǐ jítǐhuà
collector *n.* 收藏家 shōucángjiā；采集者 cǎijízhě；搜集者 sōujízhě：a stamp ～ 集邮家 jíyóujiā / tax ～ 征税员 zhēngshuìyuán
college *n.* **1**. 学院 xuéyuàn **2**. 专科大学 zhuānkē dàxué：the C- of Medicine 医学院 Yīxuéyuàn **3**. 学会 xuéhuì；社团 shètuán：an electoral ～ 选举团 xuǎnjǔtuán
collegiate *a.* 学院的 xuéyuànde；大学生的 dàxuéshēngde
collide *v.* **1**. 碰撞 pèngzhuàng；互撞 hùzhuàng：The bus ～d against a wall. 汽车撞在墙上了。Qìchē zhuàngzài qiángshangle. **2**. 冲突 chōngtū，抵触 dǐchù ＝ conflict：Their plans ～d with each other. 他们的计划互相冲突。Tāmende jìhuà hùxiāng chōngtū.
collie *n.* 柯利狗 kēlìgǒu；苏格兰牧羊犬 Sūgélán mùyángquǎn
collier *n.* **1**. 煤矿工人 méikuàng gōngrén **2**. 运煤船 yùnméichuán ＝ ship carrying coal
collery *n.* 煤矿 méikuàng
collimator *n.* 准直仪 zhǔnzhíyí；准直管 zhǔnzhíguǎn；平行光管 píngxíng guāngguǎn
collision *n.* 碰撞 pèngzhuàng；冲突 chōngtū：a ～ of interests 利害冲突 lìhài chōngtū / come into ～ with … 跟…冲突起来 gēn…chōngtū qǐlái；跟…相撞 gēn…xiāngzhuàng
collocation *n.* 搭配 dāpèi；关联 guānlián；排列 páiliè；连用 liányòng：a verb ～ 动词连用 dòngcí liányòng / the ～ of words in a sentence 句中词的排列 jùzhōng cíde páiliè
collodion *n.* 火棉胶 huǒmiánjiāo
colloid *n.* 胶体 jiāotǐ；胶质 jiāozhì；胶态 jiāotài // colloidal *a.*
colloquial *a.* 口语的 kǒuyǔde；通俗的 tōngsúde：a ～ expression 口头用语 kǒutóu yòngyǔ / a ～ style 口语体 kǒuyǔtǐ // colloquialism *n.*
colloquy *n.* 会谈 huìtán
collotype *n.* 珂罗版 kēluóbǎn；珂罗版印刷法 kēluóbǎn yìnshuā fǎ
collusion *n.* 共谋 gòngmóu；勾结 gōujié；串通 chuàntōng // in ～ with 与…勾结 yǔ…gōujié
cologne *n.* 科隆香水 kēlóng xiāngshuǐ
colon[1] *n.* 冒号 màohào * punctuation

colon² *n.* 结肠 jiécháng = large intestine
colonel *n.* (陆军)上校 (lùjūn)shàngxiào
colonial *a.* 殖民的 zhímínde；殖民地的 zhímíndìde；关于殖民地的 guānyú zhímíndìde：a ～ country 殖民地国家 zhímíndì guójiā *n.* 殖民地居民 zhímíndì jūmín
colonialism *n.* 殖民主义 zhímínzhǔyì；殖民政策 zhímín zhèngcè
colonialist *n.* 殖民主义者 zhímínzhǔyìzhě
colonist *n.* 殖民者 zhímínzhě；殖民地居民 zhímíndì jūmín
colonization *n.* 殖民地化 zhímíndìhuà；殖民 zhímín
colonize *v.* 拓殖 tuòzhí；殖民 zhímín
colonizer *n.* 殖民地开拓者 zhímíndì kāituòzhě
colony *n.* **1.** 殖民地 zhímíndì **2.** 侨民 qiáomín：Chinese ～ 华侨 huáqiáo **3.** 一群植物 yìqún zhíwù；一群动物 yìqún dòngwù：a ～ of ants 一群蚂蚁 yìqún mǎyǐ
colophony *n.* 松香 sōngxiāng
colorimeter *n.* 比色计 bǐsèjì；色度计 sèdùjì
colossal *a.* 庞大的 pángdàde；巨大的 jùdàde：a ～ military spending 庞大的军费开支 pángdàde jūnfèi kāizhī
colossus *n.* **1.** (名人)巨像 (míngrén)jùxiàng = big statue **2.** 巨人 jùrén；庞然大物 pángrán-dàwù = sth. very large
colostrum *n.* 初乳 chūrǔ
colo(u)r *n.* **1.** 颜色 yánsè；色彩 sècǎi：It is of red ～. 这是红色的。Zhèshì hóngsède. **2.** 颜料 yánliào；染料 rǎnliào = paint：oil ～s 油画颜料 yóuhuà yánliào **3.** 气色 qìsè；脸色 liǎnsè；血色 xuèsè = complexion：She has a good ～. 她气色不错。Tā qìsè búcuò. **4.** 特色 tèsè；气质 qìzhì；色彩 sècǎi：give ～ to 给…润色 gěi…rùnsè；加以渲染 jiāyǐ xuànrǎn **5.** 旗帜 qízhì；船旗 chuánqí = flag of a ship **6.** 有色人种 yǒusè rénzhǒng：a person of ～ 非白种人 fēi báizhǒngrén/～ bar 种族歧视 zhǒngzú qíshì；种族隔离 zhǒngzú gélí **7.** 彩色 cǎisè；肤色 fūsè：～ TV 彩色电视 cǎisè diànshì / ～ scheme 色彩设计 sècǎi shèjì；用色 yòngsè *v.* **1.** 为…着色 wèi …zhuósè；染色 rǎnsè：～ the picture 给画着色 gěi huà zhuósè **2.** 变色 biànsè ；变红 biànhóng：The leaves have already started to ～. 树叶已经开始变色。Shùyè yǐjīng kāishǐ biànsè. **3.** 歪曲 wāiqū；渲染 xuànrǎn = misrepresent：a highly ～ed version of facts 对

事实大肆渲染的叙述 duì shìshí dàsì xuànrǎnde xùshù

colo(u)ration *n.* 着色 zhuósè；用色 yòngsè；配色 pèisè；色泽 sèzé：protective ～ 保护色 bǎohùsè

colo(u)r-blind *a.* 色盲的 sèmángde

colo(u)red *a.* 着色的 zhuósède；有色的 yǒusède：a ～ man 黑人 hēirén / ～ races 有色人种 yǒusè rénzhǒng

colo(u)rful *a.* 丰富多采的 fēngfù-duōcǎide；精彩的 jīngcǎide

colo(u)ring *n.* **1.** 着色 zhuósè = applying color **2.** 脸色 liǎnsè = complexion；外貌 wàimào = appearance **3.** 颜料 yánliào；染料 rǎnliào = paint, dye

colo(u)rless *a.* **1.** 无色的 wúsède：Water is ～. 水是无色的。Shuǐ shì wúsède. **2.** 苍白的 cāngbáide；暗淡的 àndànde = pale **3.** 乏味的 fáwèide；不精彩的 bù jīngcǎide = dull

colo(u)rs *n.* **1.** 旗帜 qízhì = flags；军旗 jūnqí ＊of an army；国旗 guóqí ＊of a country **2.** 徽章 huīzhāng；标帜 biāozhì ＊symbol of an institution

colt *n.* **1.** 小公马 xiǎogōngmǎ **2.** 生手 shēngshǒu；初出茅庐者 chūchūmáolúzhě = inexperienced young man

columbine *n.* 耧斗菜 lóudǒucài

column *n.* **1.** (支)柱 (zhī)zhù；圆柱 yuánzhù **2.** 柱状物 zhùzhuàngwù = sth. like a ～ **3.** 专栏 zhuānlán ＊in a newspaper：literary ～s 文艺栏 wényìlán **4.** 纵队 zòngduì；纵列 zòngliè ＊army **5.** 一行数字 yìháng shùzì ＊arrangement of a series of numbers

columnist *n.* 专栏作家 zhuānlán zuòjiā

colza *n.* 菜子 càizǐ：～ oil 菜子油 càizǐyóu

coma *n.* 昏迷 hūnmí：She went into a ～. 她昏过去了。Tā hūnguòqule.

comb *n.* **1.** 梳子 shūzi **2.** 梳理 shūlǐ：Your hair needs a good ～. 你的头发得好好梳梳。Nǐde tóufa děi hǎohao shūshu. **3.** 鸡冠 jīguān ＊of a cock **4.** 蜂巢 fēngcháo = honey ～ *v.* **1.** 梳发 shūfà；刷毛 shuāmáo **2.** 搜寻 sōuxún；搜索 sōusuǒ = search

combat *n.* 战斗 zhàndòu；斗争 dòuzhēng *v.* 战斗 zhàndòu；斗争 dòuzhēng；格斗 gédòu：～ disease 跟疾病搏斗 gēn jíbìng bódòu

combatant *a.* 战斗的 zhàndòude *n.* 战士 zhànshì；战斗人员 zhàndòu rényuán

combative *a*. 好战的 hàozhànde；斗志旺盛的 dòuzhì wàngshèngde

comber *n*. **1**. 梳刷工人 shūshuā gōngrén；梳毛机 shūmáojī * machine **2**. 卷浪 juǎnlàng = beach comber

combine *v*. **1**. 使结合 shǐ jiéhé；使联合 shǐ liánhé；使连结 shǐ liánjié；使化合 shǐ huàhé：～ theory with practice 把理论和实践结合起来 bǎ lǐlùn hé shíjiàn jiéhé qǐlái **2**. 兼备 jiānbèi；兼有 jiānyǒu：a ～d bridge 铁路公路两用桥 tiělù gōnglù liǎngyòng qiáo *n*. **1**. 集团 jítuán；联合企业 liánhé qǐyè = group of companies **2**. 联合收割机 liánhé shōugējī = machine for harvesting // combination *n*.

combustible *a*. **1**. 可燃的 kěránde；易着火的 yìzháohuǒde：Gasoline is ～. 汽油是易燃的。Qìyóu shì yìránde. **2**. 易激动的 yìjīdòngde = excitable *n*. ～s 易燃物 yìránwù

combustion *n*. 燃烧 ránshāo；着火 zháohuǒ：an internal ～ engine 内燃机 nèiránjī / spontaneous ～ 自燃 zìrán

come *v*. **1**. 来 lái：C- here！到这里来！Dào zhèlǐ lái！/ C- in！进来！Jìnlái！**2**. 到 dào；来到 láidào：Christmas is coming. 圣诞节快到了。Shèngdànjié kuàidàole. / The train comes into station. 火车进站了。Huǒchē jìnzhànle. **3**. 出现 chūxiàn；发生 fāshēng：I'm ready for whatever ～s. 不论发生什么事我都做好了准备。Búlùn fāshēng shénmeshì wǒ dōu zuòhǎole zhǔnbèi. **4**. 开始 kāishǐ：In time I came to love her. 我开始爱上了她。Wǒ kāishǐ àishàngle tā. **5**. 成为 chéngwéi；变得 biànde：The buttons on my shirt came unfastened. 我衬衣上的扣子松了。Wǒ chènyīshangde kòuzi sōngle. / ～ true 证实 zhèngshí **6**. 日子过得… rìzi guòde：How are you coming these days? 你最近怎么样? Nǐ zuìjìn zěnmeyàng? **7**. 在 zài；位于 wèiyú：This word ～s on p. 10. 这个词在第十页上。Zhègecí zài dì-shíyèshang. // ～ about 发生 fāshēng / ～ across 碰见 pèngjiàn；偶然遇见 ǒurán yùjiàn / ～ along **1**. 进展 jìnzhǎn；进步 jìnbù **2**. 快点儿 kuàidiǎnr；赶快 gǎnkuài **3**. 出现 chūxiàn；发生 fāshēng / ～ around = ～ round / ～ apart 破裂 pòliè；松开 sōngkāi / ～ away 离开 líkāi；脱落 tuōluò；折断 zhéduàn / ～ back **1**. 回来 huílái **2**. 复原 fùyuán / ～ between 在…中间 zài… zhōngjiān；离间 líjiàn / ～ by 获得 huòdé；得到 dédào；弄到 nòngdào / ～ for 来取东西 láiqǔ dōngxi；来接亲友 láijiē qīnyǒu / ～ forward 前进 qiánjìn；挺身而出 tǐngshēn-érchū；自告奋勇 zìgào-fènyǒng / ～ from

来自 láizì；生于… shēngyú … / ～ of 1. 出身于 chūshēnyú 2. 起源于 qǐyuányú；从…引起 cóng…yǐnqǐ / ～ of age 成年 chéngnián / ～ off 1. 逃脱 táotuō 2. 脱落 tuōluò；松开 sōngkāi；掉落 diàoluò / ～ out 1. 出现 chūxiàn；显露出来 xiǎnlù chūlái 2. 传出 chuánchū；出版 chūbǎn / ～ out with 说出 shuōchū；出版 chūbǎn / ～ over 1. 从远方来 cóng yuǎnfāng lái；过来 guòlái 2. 突然来访 tūrán láifǎng / ～ round 1. 过访 guòfǎng 2. 绕道而行 ràodào'érxíng 3. 苏醒 sūxǐng；恢复知觉 huīfù zhījué 4. 改变主意 gǎibiàn zhǔyi；改变主张 gǎibiàn zhǔzhāng / ～ through 1. 经历 jīnglì；经过 jīngguò 2. 到达 dàodá / ～ to = come round / ～ together 集合 jíhé；聚集 jùjí / ～ under 1. 编入 biānrù；归入 guīrù 2. 受到(影响) shòudào(yǐngxiǎng) / ～ up to 与…相等 yǔ…xiāngděng；符合 fúhé / ～ up with 赶上 gǎnshàng；产生 chǎnshēng；找到 zhǎodào / ～ upon 突然袭击 tūrán xíjī；突然产生 tūrán chǎnshēng

comeback *n*. 恢复 huīfù；复原 fùyuán；复辟 fùbì

comedian *n*. 1. 喜剧演员 xǐjù yǎnyuán 2. 喜剧作家 xǐjù zuòjiā

comedown *n*. 1. 落魄 luòpò；下台 xiàtái；倒霉 dǎoméi 2. 失望 shīwàng = despair

comedy *n*. 1. 喜剧 xǐjù 2. 喜剧性 xǐjùxìng

comely *a*. 1. 标致的 biāozhìde；美丽的 měilìde 2. 合宜的 héyíde；适合的 shìhéde = proper // comeliness *n*.

comet *n*. 彗星 huìxīng

comfit *n*. 1. 果脯 guǒfǔ；蜜饯 mìjiàn = preserved fruit 2. 糖果 tángguǒ = candy

comfort *v*. 1. 慰问 wèiwèn；安慰 ānwèi 2. 使舒适 shǐ shūshì = make comfortable *n*. 1. 安慰 ānwèi；慰劳 wèiláo：take ～ in 以…自慰 yǐ…zìwèi 2. 给以安慰的人 gěiyǐ ānwèide rén；慰劳品 wèiláopǐn 3. 舒适 shūshì；安逸 ānyì：live in ～ 生活舒适 shēnghuó shūshì

comfortable *a*. 1. 舒适的 shūshìde：a ～ chair 舒适的椅子 shūshìde yǐzi 2. 小康 xiǎokāng；过得去的 guòdequde：a ～ income 相当丰富的收入 xiāngdāng fēngfùde shōurù 3. 令人安慰的 lìngrén ānwèide：～ words 安慰的话 ānwèide huà 4. 舒服 shūfu；自在 zìzài：feel ～ 觉得舒服 juéde shūfu

comforter *n*. 1. 慰问者 wèiwènzhě；安慰者 ānwèizhě 2. 羊毛围巾 yángmáo wéijīn = scarf

comic *a*. **1**. 滑稽的 huájīde；有趣的 yǒuqùde；逗人的 dòurénde；～ performance 滑稽的表演 huájīde biǎoyǎn **2**. 喜剧的 xǐjùde *n*. **1**. 喜剧演员 xǐjù yǎnyuán ＝ comedian **2**. [～s ＝ ～ strip] 连环漫画 liánhuán mànhuà

comical *a*. 滑稽的 huájīde；好笑的 hǎoxiàode

coming *a*. **1**. 就要来的 jiùyào láide：the ～ week 下星期 xiàxīngqī **2**. 将会成功的 jiānghuì chénggōngde；有前途的 yǒu qiántúde：a ～ man 后起之秀 hòuqǐ zhīxiù *n*. 来到 láidào；到来 dàolái

comity *n*. 礼让 lǐràng；礼貌 lǐmào

comma *n*. 逗号 dòuhào；逗点儿 dòudiǎnr

command *v*. **1**. 命令 mìnglìng；指挥 zhǐhuī：He ～ed us to fire at once. 他命令我们立刻射击。Tā mìnglìng wǒmen lìkè shèjī. **2**. 控制 kòngzhì **3**. 俯瞰 fǔkàn：～ a fine view 俯视美景 fǔshì měijǐng **4**. 掌握 zhǎngwò；支配 zhīpèi：～ great wealth 掌握巨大财富 zhǎngwò jùdà cáifù *n*. **1**. 命令 mìnglìng；口令 kǒulìng：give a ～ 下命令 xià mìnglìng **2**. 司令部 sīlìngbù；指挥部 zhǐhuībù；司令官 sīlìngguān **3**. 指挥权 zhǐhuīquán；统率 tǒngshuài：The army is under the ～ of a general. 陆军由一将军统率。Lùjūn yóu yī jiāngjūn tǒngshuài. **4**. 掌握 zhǎngwò；运用的能力 yùnyòngde nénglì：He has a good ～ of Spanish. 他精通西班牙语。Tā jīngtōng Xībānyáyǔ.

commandant *n*. 司令 sīlìng；指挥官 zhǐhuīguān

commander *n*. 司令员(官) sīlìngyuán(guān)；指挥官 zhǐhuīguān：～ in chief 总司令 zǒngsīlìng；大元帅 dà yuánshuài；统帅 tǒngshuài

commandism *n*. 命令主义 mìnglìngzhǔyì

commandment *n*. 戒律 jièlǜ

commando *n*. 突击队 tūjīduì；突击队员 tūjī duìyuán

commemorate *v*. 纪念 jìniàn：This monument ～s our victory. 这座碑是纪念我们的胜利的。Zhèzuòbēi shì jìniàn wǒmende shènglìde.

commemorative *a*. 纪念性的 jìniànxìngde：～ stamps 纪念邮票 jìniàn yóupiào

commence *v*. 开始 kāishǐ：The second term ～s in February. 第二学期自二月开始。Dì-èr xuéqī zì èryuè kāishǐ.

commencement *n*. **1**. 开始 kāishǐ；开端 kāiduān ＝ beginning **2**. 学位授与典礼 xuéwèi shòuyǔ diǎnlǐ；毕业典礼 bìyè diǎnlǐ ＝ ceremony for graduation

commend *v.* **1.** 表扬 biǎoyáng；称赞 chēngzàn：He ～s us for our diligence. 他称赞我们勤奋。Tā chēngzàn wǒmen qínfèn. **2.** 推荐 tuījiàn = recommend **3.** 委托 wěituō；托付 tuōfù：～ sth. to sb.'s care 把某物委托某人保管 bǎ mǒuwù wěituō mǒurén bǎoguǎn

commendable *a.* 值得表扬的 zhídé biǎoyángde；值得称赞的 zhídé chēngzànde

commendation *n.* **1.** 表扬 biǎoyáng；称赞 chēngzàn **2.** 推荐 tuījiàn **3.** 委托 wěituō

commensurable *a.* 有公度的 yǒu gōngdùde

commensurate *a.* 相称的 xiāngchènde；相当的 xiāngdāngde

comment *n.* **1.** 注释 zhùshì = explanation **2.** 评论 pínglùn；意见 yìjian：make ～s on sth. 评论某事 pínglùn mǒushì *v.* **1.** 注释 zhùshì；解说 jiěshuō **2.** 评论 pínglùn；提意见 tí yìjian：～ on sb. 批评某人 pīpíng mǒurén

commentary *n.* **1.** 注解 zhùjiě；评注 píngzhù：a ～ on a football match 对一场足球赛的评论 duì yìchǎng zúqiúsàide pínglùn **2.** 解说词 jiěshuōcí

commentator *n.* **1.** 注释者 zhùshìzhě；解说员 jiěshuōyuán **2.** 评论员 pínglùn yuán；新闻广播员 xīnwén guǎngbōyuán

commerce *n.* 商业 shāngyè；贸易 màoyì；商务 shāngwù：a chamber of ～ 商会 shānghuì

commercial *a.* **1.** 商业(上)的 shāngyè(shang)de；商务的 shāngwùde：～ college 商学院 shāngxuéyuàn **2.** 商品化的 shāngpǐnhuàde；以赢利为目的的 yǐ yínglì wéi mùdìde：～ grain 商品粮 shāngpǐnliáng *n.* 广告节目 guǎnggào jiémù = advertising program

commercialize *v.* (使)商业化 (shǐ) shāngyèhuà；(使)商品化 (shǐ) shāngpǐnhuà：～d society 商品化社会 shāngpǐnhuà shèhuì

commingle *v.* 混合 hùnhé；搀和 chānhuo

commiserate *v.* 怜悯 liánmǐn；同情 tóngqíng：I ～ with my friend on her accident. 我的朋友出了事故后我很同情他。Wǒde péngyou chūle shìgù hòu wǒ hěn tóngqíng tā.

commissar *n.* 委员 wěiyuán

commissariat *n.* 军粮库 jūnliángkù

commissary *n.* **1.** 军粮库 jūnliángkù；军需官 jūnxūguān；补给官

bǔjǐguān **2.** 代表 dàibiǎo；委员 wěiyuán ＝ deputy

commission *n.* **1.** 委任 wěirèn；委托 wěituō；代办 dàibàn；代理 dàilǐ；委托事项 wěituō shìxiàng：a ～ agent 代销者 dàixiāozhě **2.** 手续费 shǒuxùfèi；回扣 huíkòu；佣金 yòngjīn ＊ payment **3.** 委任状 wěirènzhuàng；军事任职令 jūnshì rènzhílìng ＊ an official paper **4.** 委员会 wěiyuánhuì：the ～ of inquiry 调查委员会 diàochá wěiyuánhuì *v.* 委任 wěirèn；委托 wěituō；任命 rènmìng ＝ entrust

commissioner *n.* **1.** 专员 zhuānyuán；委员 wěiyuán **2.** 职业球队的领队 zhíyè qiúduìde lǐngduì ＊ of a baseball or football team

commit *v.* **1.** 犯(错误) fàn(cuòwù)，干(坏事) gàn(huàishì)：～ a crime 犯罪 fànzuì / ～ suicide 自杀 zìshā **2.** 把…委托 bǎ … wěituō；把…提交 bǎ … tíjiāo：～ the matter to the committee 把此事提交委员会(讨论) bǎ cǐshì tíjiāo wěiyuánhuì (tǎolùn) **3.** 监禁 jiānjìn；入狱 rùyù：～ sb. to prison 把某人送入监狱 bǎ mǒurén sòngrù jiānyù **4.** 承诺 chéngnuò；承担义务 chéngdān yìwù：～ oneself to do sth. 保证去做某件事 bǎozhèng qùzuò mǒujiànshì / He would not ～ himself in any way. 他不愿作任何承诺。Tā búyuàn zuò rènhé chéngnuò. // ～ oneself (on) 表达个人意见 biǎodá gèrén yìjian / ～ sth. to memory 记住 jìzhù；牢记 láojì / ～ sth. to print (writing) 写上 xiěshàng；记录下来 jìlù xiàlái

commitment *n.* **1.** 交托 jiāotuō；提交 tíjiāo **2.** 监禁 jiānjìn；关押 guānyā **3.** 许诺 xǔnuò；保证 bǎozhèng；承担义务 chéngdān yìwù

committee *n.* 委员会 wěiyuánhuì：standing ～ 常务委员会 chángwù wěiyuánhuì

commode *n.* **1.** 五斗柜 wǔdǒuguì ＝ chest of drawers **2.** 便桶 biàntǒng ＝ chamber pot **3.** 洗脸架 xǐliǎnjià ＝ frame for holding basin

commodious *a.* 宽敞的 kuānchǎngde

commodity *n.* 商品 shāngpǐn：commodities fair 商品展览会 shāngpǐn zhǎnlǎnhuì

commodore *n.* **1.** 海军准将 hǎijūn zhǔnjiàng ＊ in the navy **2.** 商船队队长 shāngchuánduì duìzhǎng ＝ captain of a shipping line

common *a.* **1.** 公共的 gōnggòngde，共有的 gòngyǒude；共用的 gòngyòngde；共同的 gòngtóngde：～ property 公有财产 gōngyǒu cáichǎn **2.** 普通的 pǔtōngde；平常的 píngchángde；一般的 yìbānde：the ～ people 老百姓 lǎobǎixìng / a ～ saying 俗话 súhuà / ～ sense 常

识 chángshí **3**. 粗俗的 cūsúde；庸俗的 yōngsúde；低劣的 dīliède：～ manners 粗俗的态度 cūsúde tàidu ＝ vulgar *n*. **1**. 普通 pǔtōng；共同 gòngtóng：in ～ 共有的 gòngyǒude **2**. 公地 gōngdì；公用草地 gōngyòng cǎodì ＝ land of a community // out of the ～ 不寻常的 bù xúnchángde / ～ law 习惯法 xíguànfǎ / ～ room 公共休息室 gōnggòng xiūxishì

commoner *n*. 平民 píngmín

commonly *ad*. 通常地 tōngchángde；平常地 píngchángde；普遍地 pǔbiànde

commonplace *a*. 平常的 píngchángde；平凡的 píngfánde；平淡的 píngdànde

commons *n*. **1**. 平民 píngmín **2**. ＝ the House of C- 下议院 Xiàyìyuàn

commonwealth *n*. **1**. 全体国民 quántǐ guómín **2**. 共和国 gònghéguó ＝ republic **3**. 联邦 liánbāng：the British C- of Nations 英联邦 Yīngliánbāng

commotion *n*. 动乱 dòngluàn；暴动 bàodòng；混乱 hùnluàn；骚乱 sāoluàn；骚动 sāodòng

communal *a*. **1**. 自治政体的 zìzhì zhèngtǐde；公社的 gōngshède；团体的 tuántǐde；**2**. 公共的 gōnggòngde；公有的 gōngyǒude：a ～ forest 公有林 gōngyǒulín

commune[1] *n*. **1**. 公社 gōngshè：a people's ～ 人民公社 rénmín gōngshè / the Paris C- 巴黎公社 Bālígōngshè **2**. 最小行政区 zuìxiǎo xíngzhèngqū * in France，Belgium，Italy etc.

commune[2] *v*. 交谈 jiāotán；谈心 tánxīn

communicable *a*. **1**. 能表达的 néng biǎodáde；可以言传的 kěyǐ yánchuánde **2**. 传染性的 chuánrǎnxìngde：～ disease 传染病 chuánrǎnbìng

communicate *v*. **1**. 传达(意见等) chuándá (yìjian děng)；告知 gàozhī：～ the news to a friend 把那个消息通知朋友 bǎ nàge xiāoxi tōngzhī péngyou **2**. 传染(疾病) chuánrǎn (jíbìng)：～ disease to others 把疾病传染给别人 bǎ jíbìng chuánrǎn gěi biérén **3**. 通信 tōngxìn ＝ exchange news with **4**. 相通 xiāngtōng：The room ～s with another room. 这个房间跟别的房间相通。Zhège fángjiān gēn biéde fángjiān xiāngtōng.

communication *n.* **1.** 通信 tōngxìn；通讯 tōngxùn；传播 chuánbō；交流 jiāoliú **2.**（疾病的）传染（jíbìngde）chuánrǎn **3.** 传达的信息 chuándáde xìnxī；通知 tōngzhī **4.** 交通 jiāotōng；交通工具 jiāotōng gōngjù // ～ satellite 通讯卫星 tōngxùn wèixīng

communicative *a.* 好社交的 hào shèjiāode；爱说话的 ài shuōhuàde = like to talk

communion *n.* **1.** 共有 gòngyǒu；共享 gòngxiǎng = sharing **2.**（思想感情的）交流（sīxiǎng gǎnqíngde）jiāoliú **3.** 宗教教派 zōngjiào jiàopài * religious sect **4.** 圣餐 shèngcān（= Holy C-）

communique *n.* 公报 gōngbào

communism *n.* 共产主义 gòngchǎnzhǔyì

communist *n.* 共产主义者 gòngchǎnzhǔyìzhě；共产党员 gòngchǎndǎngyuán；共产党人 gòngchǎndǎngrén *a.* 共产主义的 gòngchǎnzhǔyìde；共产党的 gòngchǎndǎngde；共产主义者的 gòngchǎnzhǔyìzhěde

communistic *a.* 共产主义的 gòngchǎnzhǔyìde；共产主义者 gòngchǎnzhǔyìzhěde

community *n.* **1.** 团体 tuántǐ；集团 jítuán；共同体 gòngtóngtǐ：the European C- 欧洲共同体 Ōuzhōu Gòngtóngtǐ **2.** 社会 shèhuì；社区 shèqū：the welfare of the ～ 社会的福利 shèhuìde fúlì / the ～ 公众 gōngzhòng **3.** 共同性 gòngtóngxìng；共有 gòngyǒu；一致 yízhì：～ of interests 利益一致 lìyì yízhì // a ～ center 公共会堂 gōnggòng huìtáng

communize *v.* 使公有化 shǐ gōngyǒuhuà；使成为公有财产 shǐ chéngwéi gōngyǒu cáichǎn

commutation *n.* **1.** 交换 jiāohuàn；变换 biànhuàn = exchange **2.** 减刑 jiǎnxíng = reduced punishment **3.** 整流 zhěngliú * in electricity // a ～ ticket 月票 yuèpiào；季票 jìpiào；长期车票 chángqī chēpiào

commutator *n.* 换向器 huànxiàngqì；整流器 zhěngliúqì

commute *v.* **1.** 交换 jiāohuàn；变换 biànhuàn **2.** 减刑 jiǎnxíng **3.** 整流 zhěngliú * in electricity **4.** 使用月票（乘车）shǐyòng yuèpiào（chéngchē）

commuter *n.* 长期车票使用者 chángqī chēpiào shǐyòngzhě

compact[1] *n.* 契约 qìyuē；合同 hétong；协定 xiédìng；协议 xiéyì = agreement

compact[2] *n.* 连镜小粉盒 liánjìng xiǎofěnhé * for face-powder

compact³ *a.* **1.** 紧密的 jǐnmìde；坚实的 jiānshíde；结实的 jiēshíde = firm **2.** 简洁的 jiǎnjiéde；紧凑的 jǐncòude：The report was ~ and clear. 那份报告简洁明白。Nàfèn bàogào jiǎnjié míngbai. *v.* 使…紧密 shǐ … jǐnmì；使…结实 shǐ … jiēshi；使…简洁 shǐ … jiǎnjié

companion *n.* **1.** 同伴 tóngbàn；伴侣 bànlǚ；伴儿 bànr **2.** 手册 shǒucè；指南 zhǐnán = handbook

companionable *a.* 可做朋友的 kě zuò péngyoude；好交友的 hào jiāoyǒude；人缘好的 rényuán hǎode

companionship *n.* 友好 yǒuhǎo；伴侣关系 bànlǚ guānxì

company *n.* **1.** 交际 jiāojì；交往 jiāowǎng；陪伴 péibàn：Don't keep bad ~！不要与坏人交往！Búyào yǔ huàirén jiāowǎng! / in ~ with 和…在一起 hé … zài yìqǐ / keep sb. ~ 陪伴某人 péibàn mǒurén / part ~ 分手 fēnshǒu；绝交 juéjiāo **2.** 客人 kèren；同伴 tóngbàn；朋友 péngyou：have ~ 有客 yǒukè **3.** 一群人 yìqúnrén：a ~ of students 一队学生 yíduì xuésheng / a theatrical ~ 剧团 jùtuán **4.** 公司 gōngsī；商号 shānghào：an insurance ~ 保险公司 bǎoxiǎn gōngsī / a limited ~ 有限公司 yǒuxiàn gōngsī **5.** 连 lián；连队 liánduì：a ~ of infantry men 一连步兵 yìlián bùbīng

comparable *a.* 可比较的 kě bǐjiàode

comparative *a.* 比较的 bǐjiàode；比较上的 bǐjiàoshangde；相当的 xiāngdāngde：~ degree 比较级 bǐjiàojí / a ~ stranger 相当陌生的人 xiāngdāng mòshēngde rén *n.* 比较级 bǐjiàojí："Better" is the ~ of "good"."Better"是"good"的比较级。"Better" shì "good" de bǐjiàojí.

comparatively *ad.* 比较地 bǐjiàode；比较上 bǐjiàoshang：~ easy 比较容易 bǐjiào róngyì

compare *v.* **1.** 比较 bǐjiào；对照 duìzhào / ~ notes 交换意见 jiāohuàn yìjian /(as) ~d with … 与…比较 yǔ … bǐjiào **2.** 比作 bǐzuò；比喻 bǐyù：Poets ~d death to sleep. 诗人把死亡比作睡眠。Shīrén bǎ sǐwáng bǐzuò shuìmián. **3.** 相比 xiāngbǐ；比得上 bǐdeshàng；比较 bǐjiào：This student cannot be ~d with that student in studying English. 这个学生在学习英语方面比不上那个学生。Zhège xuésheng zài xuéxí Yīngyǔ fāngmiàn bǐbushàng nàge xuésheng.

comparison *n.* **1.** 比较 bǐjiào；对照 duìzhào：There is no ~ between the two. 两者根本不能相比。Liǎngzhě gēnběn bùnéng xiāngbǐ. **2.** 比喻 bǐyù // by ～ 比较起来 bǐjiào qǐlái / in ～ with 同… 比起来 tóng … bǐqǐlái

compartment *n.* 分隔间 fēngéjiān；车室 chēshì；房间 fángjiān

compass *n.* **1.** 罗盘 luópán；指南针 zhǐnánzhēn；指北针 zhǐběizhēn **2.** 范围 fànwéi；界线 jièxiàn = range：beyond the ～ of 超越…的范围 chāoyuè … de fànwéi **3.** 圆规 yuánguī：a pair of ～es 一副圆规 yífù yuánguī

compassion *n.* 怜悯 liánmǐn；同情 tóngqíng：He took ～ on the poor old man. 他怜悯这不幸的老人。Tā liánmǐn zhè búxìngde lǎorén.

compassionate *a.* 有同情心的 yǒu tóngqíngxīnde；好心肠的 hǎo xīnchángde *v.* 同情 tóngqíng；怜悯 liánmǐn

compatible *a.* 相容的 xiāngróngde；符合的 fúhéde；和谐的 héxiéde；能共存的 néng gòngcúnde

compatriot *n.* 同胞 tóngbāo；同国人 tóngguórén *a.* 同国的 tóngguóde；同胞的 tóngbāode

compeer *n.* 地位相同的人 dìwèi xiāngtóngde rén；同等的人 tóngděngde rén

compel *v.* 强迫 qiǎngpò；逼迫 bīpò：～ sb. to do sth. 强迫某人做某事 qiǎngpò mǒurén zuò mǒushì

compendious *a.* 扼要的 èyàode；简明的 jiǎnmíngde

compendium *n.* 概要 gàiyào；概略 gàilüè；纲要 gāngyào

compensate *v.* 赔偿 péicháng；补偿 bǔcháng：～ sb. for loss 向某人赔偿损失 xiàng mǒurén péicháng sǔnshī // compensation *n.*

compensator *n.* **1.** 赔偿者 péichángzhě；赔偿物 péichángwù **2.** 补偿器 bǔchángqì

compere *n.* 司仪 sīyí；节目主持人 jiémù zhǔchírén *v.* 主持节目 zhǔchí jiémù

compete *v.* **1.** 比赛 bǐsài：～ in a race 参加赛跑 cānjiā sàipǎo **2.** 竞争 jìngzhēng = contend with others

competence *n.* **1.** 能力 nénglì；胜任 shèngrèn：one's ～ for the task 对某项任务胜任 duì mǒuxiàng rènwu shèngrèn **2.** 权限 quánxiàn；权能 quánnéng = legal capacity **3.** 富裕的收入 fùyùde shōurù = income

competent *a*. **1**. 有能力的 yǒu nénglìde；能胜任的 néng shèngrènde = having ability **2**. 主管的 zhǔguǎnde；有权能的 yǒu quánnéngde = having power：the ～ authorities 主管当局 zhǔguǎn dāngjú

competition *n*. **1**. 竞争 jìngzhēng：keen trade ～ between two countries 在两国之间的剧烈的贸易竞争 zài liǎngguó zhījiānde jùliède màoyì jìngzhēng **2**. 比赛 bǐsài：chess ～s 棋类比赛 qílèi bǐsài

competitive *a*. 竞争的 jìngzhēngde；比赛的 bǐsàide

competitor *n*. 竞争者 jìngzhēngzhě；敌手 díshǒu；比赛者 bǐsàizhě

compile *v*. 编纂 biānzuǎn；编辑 biānjí；汇编 huìbiān // compilation *n*.

complacence，**complacency** *n*. 得意 déyì；自满 zìmǎn

complacent *a*. 得意的 déyìde；自满的 zìmǎnde

complain *v*. **1**. 抱怨 bàoyuàn；诉苦 sùkǔ；叫屈 jiàoqū：～ about the food 对食物不满意 duì shíwù bù mǎnyì **2**. 申诉 shēnsù；控告 kònggào：～ to sb. of sth. 向某人控告某事 xiàng mǒurén kònggào mǒushì

complainant *n*. **1**. 诉苦者 sùkǔzhě；抗议者 kàngyìzhě **2**. 起诉人 qǐsùrén；原告 yuángào

complaint *n*. **1**. 抱怨 bàoyuàn；诉苦 sùkǔ；委屈 wěiqu；怨言 yuànyán：do one's work without ～ 毫无怨言地工作着 háowú yuànyánde gōngzuòzhe **2**. 疾病 jíbìng：a heart ～ 心脏病 xīnzàngbìng

complaisance *n*. 讨好 tǎohǎo；奉承 fèngcheng；迁就 qiānjiù

complaisant *a*. 讨好的 tǎohǎode；奉承的 fèngchengde；迁就的 qiānjiùde

complement *n*. **1**. 补充物 bǔchōngwù；补足物 bǔzúwù **2**. 补语 bǔyǔ；补足语 bǔzúyǔ * in grammar **3**. 船上的定员 chuánshangde dìngyuán = officers and men of a ship *v*. 补充 bǔchōng；补足 bǔzú = complete

complementary *a*. 补足的 bǔzúde；补充的 bǔchōngde；互补的 hùbǔde：～ colors 互补色 hùbǔsè

complete *a*. **1**. 完全的 wánquánde；完整的 wánzhěngde；十足的 shízúde：a ～ stranger 素不相识的人 sùbù-xiāngshíde rén **2**. 完成的 wánchéngde；结束的 jiéshùde：When will the homework be ～？作业什么时候完成？Zuòyè shénme shíhou wánchéng? *v*. **1**. 完成 wánchéng；结束 jiéshù：I have ～d a paper. 我完成了一篇论文。Wǒ wánchéngle yìpiān lùnwén. // completely *ad*. / completion *n*.

complex *a*. 复杂的 fùzáde；合成的 héchéngde：a ～ sentence 复合句 fùhéjù *n*. **1**. 合成物 héchéngwù；复杂 fùzá **2**. 变态心理 biàntài xīnlǐ

* of psychology

complexion *n*. **1**. 面色 miànsè；气色 qìsè；肤色 fūsè：a dark ～ 肤色黑的 fūsè hēide **2**. 天色 tiānsè；形势 xíngshì；局面 júmiàn：the ～ of the war 战局 zhànjú

complexity *n*. 复杂性 fùzáxìng；复杂的事物 fùzáde shìwù

compliance *n*. 依从 yīcóng；顺从 shùncóng // in ～ with 按照… ànzhào …；依从… yīcóng …

compliant *a*. 依从的 yīcóngde；顺从的 shùncóngde

complicacy *n*. 复杂性 fùzáxìng；复杂的事物 fùzáde shìwù

complicate *v*. **1**. 使…复杂化 shǐ … fùzáhuà；使…麻烦 shǐ … máfan：That ～s the matter. 那使事情更麻烦了。Nà shǐ shìqing gèng máfanle. **2**. 变复杂 biàn fùzá ＝ become ～d

complicated *a*. **1**. 错综复杂的 cuòzōng fùzáde **2**. 费解的 fèijiěde；棘手的 jíshǒude

complication *n*. **1**. 复杂化 fùzáhuà；混乱 hùnluàn；纠纷 jiūfēn **2**. 并发病 bìngfābìng；并发症 bìngfāzhèng ＝ new developed illness

complicity *n*. 同谋关系 tóngmóu guānxì；共犯关系 gòngfàn guānxì

compliment *n*. **1**. 称赞的话 chēngzànde huà；称赞 chēngzàn；赞美 zànměi；敬意 jìngyì：They gave her ～s about her dress. 他们夸赞她的衣服。Tāmen kuāzàn tāde yīfu. **2**. 问候 wènhòu；敬礼 jìnglǐ；贺词 hècí：Please give my ～s to him. 请代我向他致意。Qǐng dài wǒ xiàng tā zhìyì. / With the ～s of the author. 作者敬赠。Zuòzhě jìngzèng. *v*. **1**. 称赞 chēngzàn；夸奖 kuājiǎng **2**. 祝贺 zhùhè，致意 zhìyì **3**. 馈赠 kuìzèng

complimentary *a*. **1**. 祝贺的 zhùhède；赞美的 zànměide **2**. 免费赠送的 miǎnfèi zèngsòngde：a ～ ticket 赠券 zèngquàn

comply *v*. 照作 zhàozuò；遵守 zūnshǒu：～ with the rules 遵守规则 zūnshǒu guīzé

component *a*. 组成的 zǔchéngde；合成的 héchéngde *n*. 组成部分 zǔchéng bùfen；成分 chéngfen

comport *v*. **1**. 举止 jǔzhǐ；表现 biǎoxiàn；行动 xíngdòng：～ oneself decently 举止大方 jǔzhǐ dàfang **2**. 相称 xiāngchèn；适合 shìhé ＝ accord

compose *v*. **1**. 写作 xiězuò；创作 chuàngzuò：～ a poem 写诗 xiěshī / ～ music 作曲 zuòqǔ **2**. 组成 zǔchéng；构成 gòuchéng：What is water ～d of? 水是由什么组成的? Shuǐ shì yóu shénme zǔchéngde? **3.** 排版 páibǎn;排字 páizì = set up types **4.** 使镇定 shǐ zhèndìng; 使平静 shǐ píngjìng; 调停 tiáotíng = calm: ~ a patient 使病人平静下来 shǐ bìngrén píngjìng xiàlái

composed *a.* 镇静的 zhènjìngde; 沉着的 chénzhuóde

composer *n.* 作曲家 zuòqǔjiā

composite *a.* 合成的 héchéngde; 复合的 fùhéde; 组成的 zǔchéngde; 混成的 hùnchéngde

compositor *n.* 排字工人 páizì gōngrén

compost *n.* 堆肥 duīféi; 混合肥料 hùnhé féiliào

composure *n.* 镇静 zhènjìng; 沉着 chénzhuó

composition *n.* **1.** 写作 xiězuò; 作曲 zuòqǔ; 习作 xízuò: learn ~ 学习写作 xuéxí xiězuò **2.** 作品 zuòpǐn; 作曲 zuòqǔ; 乐曲 yuèqǔ: symphonic ~ 交响乐 jiāoxiǎngyuè **3.** 作文 zuòwén = write a ~ **4.** 构成 gòuchéng; 成分 chéngfen; 构图 gòutú: the ~ of the soil 土壤的成分 tǔrǎngde chéngfen **5.** 天性 tiānxìng; 气质 qìzhì

compound[1] *v.* **1.** 使混合 shǐ hùnhé; 使化合 shǐ huàhé; 使合成 shǐ héchéng: ~ medicine 配方 pèifāng **2.** 使复杂 shǐ fùzá *a.* 复合的 fùhéde; 混合的 hùnhéde; 化合的 huàhéde: ~ eye 复眼 fùyǎn / a ~ word 复合词 fùhécí *n.* **1.** 混合物 hùnhéwù; 化合物 huàhéwù **2.** 复合词 fùhécí

compound[2] *n.* 院子 yuànzi; 围地 wéidì = enclosed area

comprador *n.* 买办 mǎibàn

comprehend *v.* **1.** 理解 lǐjiě; 领会 lǐnghuì = understand **2.** 包含 bāohán; 包括 bāokuò = include

comprehensible *a.* 能理解的 néng lǐjiěde

comprehension *n.* **1.** 理解 lǐjiě; 理解力 lǐjiělì: beyond ~ 难以理解的 nányǐ lǐjiěde **2.** 包含 bāohán; 包含力 bāohánlì

comprehensive *a.* **1.** 理解的 lǐjiěde; 有理解力的 yǒu lǐjiělìde **2.** 包含广泛的 bāohán guǎngfànde; 综合的 zōnghéde: a ~ school 综合学校 zōnghé xuéxiào

compress *v.* **1.** 压缩 yāsuō; 浓缩 nóngsuō = condense **2.** 使语言精炼 shǐ yǔyán jīngliàn = make a speech more concise *n.* 敷布 fūbù; 压布

yābù * to stop bleeding, reduce fever

compressibility *n.* 压缩性 yāsuōxìng；压缩系数 yāsuō xìshù

compressible *a.* 可压缩的 kě yāsuōde；压缩性的 yāsuōxìngde

compression *n.* 压缩 yāsuō；浓缩 nóngsuō；凝缩 níngsuō：～ of ideas：思想、意见的简括 sīxiǎng、yìjiande jiǎnkuò

compressor *n.* 压缩机 yāsuōjī

comprise *v.* **1.** 包含 bāohán；包括 bāokuò；由…组成 yóu … zǔchéng：The committee ～s five persons. 委员会由五人组成。Wěiyuánhuì yóu wǔrén zǔchéng. **2.** 构成 gòuchéng；组成 zǔchéng：Ten articles ～ Book One. 十篇文章组成第一卷。Shípiān wénzhāng zǔchéng dì-yī juàn.

compromise *n.* 妥协 tuǒxié；折衷 zhézhōng；让步 ràngbù：make a ～ 进行妥协 jìnxíng tuǒxié；和解 héjiě *v.* **1.** 妥协 tuǒxié；让步 ràngbù：～ with sb. on sth. 在某事上和某人妥协 zài mǒushìshang hé mǒurén tuǒxié **2.** 使遭受损害 shǐ zāoshòu sǔnhài；危害 wēihài = harm：～ one's reputation 有损名誉 yǒusǔn míngyù

comptroller *n.* 审计员 shěnjìyuán

compulsion *n.* 强迫 qiǎngpò；强制 qiǎngzhì：by ～ 强迫地 qiǎngpòde / He acted under ～. 他被迫采取行动。Tā bèipò cǎiqǔ xíngdòng.

compulsive *a.* **1.** 强制的 qiǎngzhìde；强迫的 qiǎngpòde **2.** 强烈愿望的 qiángliè yuànwàngde；禁不住的 jīnbuzhùde = urged by strong desire

compulsory *a.* 强迫的 qiǎngpòde；强制的 qiǎngzhìde；义务的 yìwùde：～ education 义务教育 yìwù jiàoyù / a ～ subject 必修课 bìxiūkè

compunction *n.* 后悔 hòuhuǐ；内疚 nèijiù；懊悔 àohuǐ：without ～ 满不在乎地 mǎnbú-zàihude

computation *n.* 计算 jìsuàn；估计 gūjì

compute *v.* 计算 jìsuàn；估计 gūjì：I ～d my losses at ￥1000. 我估计损失了一千元。Wǒ gūjì sǔnshīle yìqiān yuán. *n.* 计算 jìsuàn；估计 gūjì：beyond ～ 不可估量 bùkě gūliáng

computer *n.* 电子计算机 diànzǐ jìsuànjī；电脑 diànnǎo

comrade *n.* **1.** 同志 tóngzhì **2.** 可靠的伙伴 kěkàode huǒbàn；忠实的朋友 zhōngshíde péngyou = loyal companion or friend

comradely *a.* 同志式的 tóngzhìshìde；同志般的 tóngzhìbānde

comradeship *n.* 同志关系 tóngzhì guānxì；友谊 yǒuyì

con¹ *v.* 默记 mòjì；精读 jīngdú；研究 yánjiū = study

con² *ad.* 反对地 fǎnduìde = against *n.* 反对票 fǎnduìpiào；反对者 fǎnduìzhě

con³ *v.* 欺骗 qīpiàn；诈骗 zhàpiàn = cheat *a.* 骗取信任的 piànqǔ xìnrènde：a ~ man 骗子 piànzi / the ~ game 骗术 piànshù

concatenation *n.* 连锁 liánsuǒ；联系 liánxì；联结 liánjié

concave *a.* 凹的 āode：a ~ lens 凹透镜 āotòujìng *n.* 凹面 āomiàn；凹面物 āomiànwù

concavity *n.* 凹度 āodù；凹面 āomiàn；凹形 āoxíng

conceal *v.* 隐藏 yǐncáng；隐蔽 yǐnbì；隐瞒 yǐnmán：~ sth. from sb. 对某人隐瞒某事 duì mǒurén yǐnmán mǒushì / ~ oneself in a wood 隐蔽在树林里 yǐnbìzài shùlínli

concealment *n.* 隐藏 yǐncáng：remain in ~ 隐藏着 yǐncángzhe

concede *v.* **1.** 承认 chéngrèn = acknowledge：~ that the statement is true 勉强承认陈述是真实的 miǎnqiǎng chéngrèn chénshù shì zhēnshíde **2.** 让步 ràngbù = yield：~ to sb. 对某人让步 duì mǒurén ràngbù

conceit *n.* 自负 zìfù；自高自大 zìgāo-zìdà：be full of ~ 十分自负 shífēn zìfù

conceited *a.* **1.** 自负的 zìfùde = vain：be ~ about 自负 zìfù / He is ~ and short-sighted. 他自高自大，目光短浅。Tā zìgāo-zìdà, mùguāng-duǎnqiǎn. **2.** 奇想的 qíxiǎngde = imagined：a well ~ play 构想巧妙的戏剧 gòuxiǎng qiǎomiàode xìjù

conceivable *a.* 可以想像的 kěyǐ xiǎngxiàngde：by every ~ means 千方百计 qiānfāng-bǎijì；用一切手段 yòng yíqiè shǒuduàn / It is hardly ~ that … 简直难以想像… jiǎnzhí nányǐ xiǎngxiàng …

conceive *v.* **1.** 设想 shèxiǎng；想出 xiǎngchū：Who first ~d this idea? 谁最先想出的这个主意？Shéi zuìxiān xiǎngchūde zhège zhǔyi? / ~ hatred 怀恨 huáihèn / ~ prejudices 抱偏见 bào piānjiàn **2.** 怀(胎) huái(tāi)：~ a child 怀孕 huáiyùn

concentrate *v.* **1.** 集中 jízhōng：~ fire 集中火力 jízhōng huǒlì / ~ one's attention on (upon) 把注意力集中在 bǎ zhùyìlì jízhōng zài **2.** 浓缩 nóngsuō = reduce in strength

concentrated *a.* 集中起来的 jízhōngqǐláide；浓缩了的 nóngsuōlede：~ food 浓缩食品 nóngsuō shípǐn / ~ study 专心学习 zhuānxīn xuéxí

concentration *n.* 集中 jízhōng；浓缩 nóngsuō；专心 zhuānxīn：He reads with deep ～. 他专心读书。Tā zhuānxīn dúshū. // ～ camp 集中营 jízhōngyíng

concentre, concenter *v.* 使聚集于同一中心 shǐ jùjí yú tóngyī zhōngxīn; 使集中 shǐ jízhōng; 使会聚 shǐ huìjù

concentric *a.* 同中心的 tóng zhōngxīnde: be ～ with 与…同心 yǔ … tóngxīn

concept *n.* **1.** 概念 gàiniàn **2.** 思想 sīxiǎng: the ～ of operations 作战思想 zuòzhàn sīxiǎng

conception *n.* **1.** 概念作用 gàiniàn zuòyòng; 概念 gàiniàn: a clear (vague) ～ 清楚(模糊)的概念 qīngchu(móhu)de gàiniàn / the materialist ～ of history 唯物史观 wéiwù shǐguān / the idealist ～ of history 唯心史观 wéixīn shǐguān **2.** 构想 gòuxiǎng; 看法 kànfǎ: a clever ～ 聪明的想法 cōngmingde xiǎngfǎ / a poetic ～ 诗的构想 shīde gòuxiǎng / his ～ of himself 他对他自己的看法 tā duì tā zìjǐde kànfǎ **3.** 受孕 shòuyùn **4.** 开始 kāishǐ; 起源 qǐyuán: The ～ of the United Nations was in 1945. 联合国于1945年创立。Liánhéguó yú yījiǔsìwǔ nián chuànglì. // form a ～ of 对…抱有一种想法 duì … bàoyǒu yìzhǒng xiǎngfǎ / have no ～ of 完全不知 wánquán bùzhī

concern *v.* **1.** 和…有关系 hé … yǒu guānxì: as far as I am ～ed 就我个人来说 jiù wǒ gèrén láishuō / as ～s 关于 guānyú **2.** 关心 guānxīn; 担心 dānxīn: be ～ed about the future 为将来担心 wèi jiānglái dānxīn / I'm much ～ed to hear that … 我听见…后十分着急 wǒ tīngjiàn … hòu shífēn zháojí *n.* **1.** 关系 guānxì: It's no ～ of mine. 这事与我无关。Zhèshì yǔ wǒ wúguān. **2.** 担心 dānxīn; 忧虑 yōulǜ: a matter of deep ～ to us all 一件使我们都非常忧虑的事 yíjiàn shì wǒmen dōu fēicháng yōulǜde shì

concerned *a.* **1.** 有关的 yǒuguānde: the authorities ～ 有关当局 yǒuguān dāngjú / the parties ～ 当事人 dāngshìrén **2.** 担心的 dānxīnde; 关心的 guānxīnde: be much ～ about 十分挂念 shífēn guàniàn / with a ～ air 用关心的态度 yòng guānxīnde tàidu

concerning *prep.* 关于 guānyú; 论及 lùnjí: ～ the matter 提到那件事 tídào nàjiànshi

concert *n.* **1.** 音乐会 yīnyuèhuì **2.** 一致 yízhì = agreement: in ～ 异口同

音地 yìkǒu-tóngyīnde / in ～ with 和…相呼应 hé … xiāng hūyìng；与…协力 yǔ … xiélì

concerted *a.* 预定的 yùdìngde；协商好的 xiéshāng hǎode：a ～ plan of operations 协商好的作战计划 xiéshānghǎode zuòzhàn jìhuà / take ～ action 采取一致行动 cáiqǔ yízhì xíngdòng

concertina *n.* 六角手风琴 liùjiǎo shǒufēngqín

concertino *n.* 小协奏曲 xiǎo xiézòuqǔ

concertize *v.* 独唱(独奏)表演 dúchàng (dúzòu) biǎoyǎn

concerto *n.* 协奏曲 xiézòuqǔ

concession *n.* **1.** 让步 ràngbù：a ～ to the public outcry 对公众呼声的让步 duì gōngzhòng hūshēngde ràngbù / make a ～ to 对…让步 duì … ràngbù **2.** 租界地 zūjièdì；租界 zūjiè ＝ land granted by government **3.** 特许权 tèxǔquán ＝ privilege：an oil ～ 石油开采权 shíyóu kāicǎiquán

concessive *a.* 让步的 ràngbùde：～ clause 让步从句 ràngbù cóngjù

conch *n.* 海螺 hǎiluó；贝壳 bèiké

conchiferous *a.* 有贝壳的 yǒu bèikéde

conchoidal *a.* 贝壳状的 bèikézhuàngde

conchologist *n.* 贝壳学者 bèikéxuézhě；贝类学者 bèilèixuézhě

conchology *n.* 贝壳学 bèikéxué；贝类学 bèilèixué

conciliate *v.* **1.** 劝慰 quànwèi；安慰 ānwèi；安抚 ānfǔ ＝ comfort **2.** 赢得(支持、好感) yíngdé (zhīchí、hǎogǎn) ＝ win support **3.** 调解 tiáojiě ＝ mediate // conciliation *n.*

conciliator *n.* 抚慰者 fǔwèizhě；和解者 héjiězhě

conciliatory *a.* 抚慰的 fǔwèide；和解的 héjiěde

concinnity *n.* 和谐 héxié；优美 yōuměi * in writing

concise *a.* 简明的 jiǎnmíngde；概括的 gàikuòde

concision *n.* 简明 jiǎnmíng；简略 jiǎnlüè

conclave *n.* 秘密会议 mìmì huìyì // be in ～ with 和…密议中 hé … mìyì zhōng / sit in ～ 举行秘密会议 jǔxíng mìmì huìyì

conclude *v.* **1.** 结束 jiéshù：The conference ～d at 9 o'clock. 会议九点钟结束。Huìyì jiǔ diǎnzhōng jiéshù. **2.** 缔结 dìjié：～ a peace agreement 缔结和约 dìjié héyuē / ～ a treaty 订立条约 dìnglì tiáoyuē **3.** 断定 duàndìng ＝ come to the conclusion // to ～ 最后 zuìhòu：To ～, I wish you success. 最后，祝你成功。Zuìhòu，zhù nǐ chénggōng.

conclusion *n.* 结束 jiéshù；缔结 dìjié；断定 duàndìng // at the ～ of 当…完结时 dāng … wánjié shí / bring to a ～ 使结束 shǐ jiéshù / come to a ～ 得到一个结论 dédào yíge jiélùn / draw the ～ 推断 tuīduàn / in ～ 在结束时 zài jiéshù shí；最后 zuìhòu / leap (jump) to a ～ 冒然断定 màorán duàndìng / try ～s with 和…决最后胜负 hé … jué zuìhòu shèngfù

conclusive *a.* 最后的 zuìhòude；结论性的 jiélùnxìngde

concoct *v.* **1.** 调制 tiáozhì：～ a new dish 配制新菜 pèizhì xīncài **2.** 虚构 xūgòu：～ a story 虚构故事 xūgòu gùshi **3.** 图谋 túmóu：～ a plot 图谋不轨 túmóu bùguǐ

concoctive *a.* 调制的 tiáozhìde；捏造的 niēzàode；图谋的 túmóude

concolorous *a.* 同色的 tóngsède；单色的 dānsède

concomitance *n.* 相伴 xiāngbàn；共存 gòngcún

concomitant *a.* 相伴的 xiāngbànde；附随的 fùsuíde

concord *n.* 一致 yízhì；和谐 héxié；协定 xiédìng

concordance *n.* 一致 yízhì；调和 tiáohé：be in ～ 一致 yízhì / in ～ with 依照 yīzhào

concordant *a.* 一致的 yízhìde；和谐的 héxiéde

concordat *n.* 协定 xiédìng；契约 qìyuē

concourse *n.* **1.** 群集 qúnjí；集合 jíhé = coming together **2.** 车道 chēdào；马路 mǎlù = avenue **3.** (公园中的)中央广场 (gōngyuán zhōngde) zhōngyāng guǎngchǎng = central square

concrete *a.* 具体的 jùtǐde：a ～ fact 具体事实 jùtǐ shìshí / in the ～ 具体地 jùtǐde *n.* 混凝土 hùnníngtǔ *v.* 使凝固 shǐ nínggù

concretion *n.* 凝固 nínggù；具体化 jùtǐhuà

concretive *a.* 有凝固力的 yǒu nínggùlìde

concretize *v.* 使具体化 shǐ jùtǐhuà；使凝固 shǐ nínggù

concubinage *n.* 非法同居 fēifǎ tóngjū

concubine *n.* 妾 qiè

concupiscence *n.* 性欲 xìngyù

concupiscent *a.* 好色的 hàosède；多欲的 duōyùde

concur *v.* **1.** 同意 tóngyì；一致 yízhì = agree：They all ～red in giving him the prize. 他们一致同意给他奖赏。Tāmen yízhì tóngyì gěi tā jiǎngshǎng. **2.** 同时发生 tóngshí fāshēng = happen at the same time：

Everything ～red to make him happy. 每一件事都凑在一起使他快乐。Měi yíjiànshì dōu còuzài yìqǐ shǐ tā kuàilè.

concurrence *n.* 同时发生 tóngshí fāshēng; 同意 tóngyì

concurrent *a.* 同时发生的 tóngshí fāshēngde; 并存的 bìngcúnde; (意见)一致的 (yìjian) yízhìde: ～ insurance 共同保险 gòngtóng bǎoxiǎn / ～ policy 合同 hétong / ～ post 兼职 jiānzhí *n.* **1.** 并发事件 bìngfā shìjiàn; 并在原因 bìngzài yuányīn; **2.** 竞争者 jìngzhēngzhě = competitor

concuss *v.* 猛烈撞击 měngliè zhuàngjī; 使震伤 shǐ zhènshāng; 震动 zhèndòng

concussion *n.* **1.** 震动 zhèndòng; 冲击 chōngjī **2.** 脑震荡 nǎozhèndàng * of the brain

concussive *a.* 震荡的 zhèndàngde; 震动的 zhèndòngde

condemn *v.* 谴责 qiǎnzé = blame; 定罪 dìngzuì = sentence; 报废 bàofèi = officially declare unfit for use // condemnation *n.*: conditional ～缓刑 huǎnxíng

condemnable *a.* 该定罪的 gāi dìngzuìde; 该谴责的 gāi qiǎnzéde; 该废弃的 gāi fèiqìde

condensability *n.* 可凝结性 kě níngjiéxìng; 可压缩性 kě yāsuōxìng

condensable *a.* 可凝结的 kě níngjiéde; 可压缩的 kě yāsuōde

condensate *n.* 冷凝物 lěngníngwù; 浓缩物 nóngsuōwù

condense *v.* **1.** 凝结 níngjié: ～ vapor into rain 使水气凝结成雨 shǐ shuǐqì níngjié chéng yǔ **2.** 浓缩 nóngsuō; 聚集 jùjí: ～d milk 浓缩牛奶 nóngsuō niúnǎi / condensing lens 聚光透镜 jùguāng tòujìng **3.** 缩短 suōduǎn; 摘要 zhāiyào: ～ an essay 压缩一篇文章 yāsuō yìpiān wénzhāng / a ～d account of an event 对某事的简要叙述 duì mǒushìde jiǎnyào xùshù // condensation *n.*

condenser *n.* **1.** 凝汽器 níngqìqì; 冷凝器 lěngníngqì = apparatus for cooling steam **2.** 电容器 diànróngqì * electrical apparatus **3.** 聚光器 jùguāngqì * for focusing light

condescend *v.* **1.** 屈尊 qūzūn; 谦虚地做 qiānxūde zuò = deign **2.** 堕落 duòluò // condescension *n.*

condition *n.* **1.** 状况 zhuàngkuàng: the ～ of one's health 某人的身体状

况 mǒurénde shēntǐ zhuàngkuàng / the ～ of affairs 事态 shìtài **2.** 身份 shēnfen：a man of ～ 有身份的人 yǒu shēnfende rén **3.** 条件 tiáojiàn：in (under) favorable (difficult) ～s 在顺利(困难)条件下 zài shùnlì (kùnnan) tiáojiàn xià / make ～s 规定条件 guīdìng tiáojiàn / no ～ 绝不 juébù / on this ～ 在这条件下 zài zhè tiáojiàn xià

conditional *a.* 附条件的 fù tiáojiànde：be on ～ 在…条件下 zài … tiáojiàn xià / ～ contract 有条件契约 yǒu tiáojiàn qìyuē

conditioned *a.* (有)条件的 (yǒu) tiáojiànde；适合…的 shìhé … de；有…调节的 yǒu … tiáojiéde：the ～ air 有调节的空气 yǒu tiáojiéde kōngqì / become ～ to the rough weather 已适应恶劣气候 yǐ shìyìng èliè qìhòu

conditioner *n.* 调节器 tiáojiéqì：air ～ 空调器 kōngtiáoqì / soil ～ 土壤改良剂 tǔrǎng gǎiliángjì

condolatory *a.* 吊唁的 diàoyànde

condole *v.* 吊唁 diàoyàn

condolence *n.* 吊唁 diàoyàn；追悼 zhuīdào：express one's ～ to 向…表示吊唁 xiàng … biǎoshì diàoyàn / a letter of ～ 吊唁信 diàoyànxìn

condominium *n.* **1.** 共管(地) gòngguǎn (dì)；共同所有权 gòngtóng suǒyǒuquán * joint control **2.** 公寓 gōngyù = a kind of apartment house in which the apartments are owned individually

condone *v.* 赦免 shèmiǎn；赎罪 shúzuì；宽恕 kuānshù

condor *n.* 秃鹰 tūyīng

conduce *v.* 有助于 yǒuzhùyú：Rest ～s to health. 休息有助于健康。Xiūxi yǒuzhùyú jiànkāng. // conducive *a.*

conduct *n.* **1.** 行为 xíngwéi；操行 cāoxíng：a testimonial of good ～ 操行优良证明 cāoxíng yōuliáng zhèngmíng **2.** 处理 chǔlǐ；经营 jīngyíng：～ of the business 商业经营 shāngyè jīngyíng *v.* **1.** 指导 zhǐdǎo：He ～ed visitors round the museum. 他领着游客们在博物馆参观。Tā lǐngzhe yóukèmen zài bówùguǎn cānguān. **2.** 经营 jīngyíng；处理 chǔlǐ：～ a business 经营生意 jīngyíng shēngyi

conductance *n.* 电导 diàndǎo；传导 chuándǎo

conduction *n.* 传导 chuándǎo

conductive *a.* 传导的 chuándǎode

conductivity *n.* 传导性 chuándǎoxìng；传导率 chuándǎolǜ：electrical ～ 导电性 dǎodiànxìng

conductor *n.* **1.** 售票员 shòupiàoyuán * selling tickets **2.** 指导者 zhǐdǎozhě;管理人 guǎnlǐrén = one who conducts or manages **3.** 导体 dǎotǐ **4.** 指挥 zhǐhuī = * of an orchestra

conduit *n.* 水道 shuǐdào; 导管 dǎoguǎn

cone *n.* 锥面 zhuīmiàn; 锥形物 zhuīxíngwù

confabulate *v.* 谈论 tánlùn; 闲谈 xiántán

confect *n.* 糖果 tángguǒ = sweet meat *v.* 制造 zhìzào; 泡制 pàozhì; 调制 tiáozhì = prepare

confection *n.* **1.** 糖果 tángguǒ; 蜜饯 mìjiàn **2.** 精巧制品 jīngqiǎo zhìpǐn

confectioner *n.* 糖果制造人 tángguǒ zhìzào rén

confectionery *n.* **1.** 糖果点心 tángguǒ diǎnxīn: You eat too much ~, that's why you're fat. 你吃了太多甜食,所以你才发胖。Nǐ chīle tàiduō tiánshí, suǒyǐ nǐ cái fāpàng. **2.** 甜食制造业 tiánshí zhìzàoyè: He studied ~ for several years. 他研究甜食制造业多年。Tā yánjiū tiánshí zhìzàoyè duōnián. **3.** 甜食店 tiánshídiàn; 糖果店 tángguǒdiàn = the shop selling ~

confederacy *n.* **1.** 同盟 tóngméng; 联邦 liánbāng **2.** 同盟者 tóngméngzhě

confederate *a.* 同盟的 tóngméngde; 联邦的 liánbāngde *n.* **1.** 同盟者 tóngméngzhě; 同盟国 tóngméngguó **2.** 共犯 gòngfàn; 同伙 tónghuǒ = accomplice *v.* 使结盟 shǐ jiéméng; 联合 liánhé // confederation *n.*

confer *v.* **1.** 授予 shòuyǔ; 赠予 zèngyǔ: The queen ~red a noble title on her faithful minister. 王后授予对她忠心不贰的大臣以贵族的头衔。Wánghòu shòuyǔ duì tā zhōngxīn-bú'èrde dàchén yǐ guìzúde tóuxián. **2.** 商讨 shāngtǎo; 交换意见 jiāohuàn yìjian: The ministers are still ~ring on this matter. 部长们目前还在就这件事商谈。Bùzhǎngmen mùqián háizài jiù zhèjiànshì shāngtán.

conference *n.* 会议 huìyì; 谈判 tánpàn: a ~ of West European States 西欧各国会议 Xī'ōu gèguó huìyì / a press ~ 记者招待会 jìzhě zhāodàihuì / call a ~ 召集会议 zhàojí huìyì

confess *v.* **1.** 供认 gòngrèn; 承认 chéngrèn: ~ oneself to be in the wrong 承认错误 chéngrèn cuòwù / ~ a crime 坦白罪行 tǎnbái zuìxíng **2.** 忏悔 chànhuǐ: ~ before a priest 在神父面前忏悔 zài shénfù miànqián chànhuǐ

confessed *a.* 众所公认的 zhòng suǒ gōngrènde; 已认罪的 yǐ rènzuìde

confession *n*. 供认 gòngrèn；忏悔 chànhuǐ；口供 kǒugòng：make a ～ 交代 jiāodài // confessional *a*.

confessor *n*. 坦白者 tǎnbáizhě；忏悔者 chànhuǐzhě

confetti *n*. **1**. 糖果 tángguǒ = candy **2**. 五彩碎纸 wǔcǎi suìzhǐ = small bits of colored paper

confidant *n*. 心腹朋友 xīnfù péngyou；知己 zhījǐ

confide *v*. **1**. 委托 wěituō；信托 xìntuō：～ a task to sb. 对某人托付任务 duì mǒurén tuōfù rènwu **2**. 吐露秘密 tǔlù mìmì：～ a secret to sb. 对某人吐露秘密 duì mǒurén tǔlù mìmì

confidence *n*. **1**. 信任 xìnrèn：have ～ in sb. 信任某人 xìnrèn mǒurén / in the ～ of 受…信任 shòu … xìnrèn **2**. 自信 zìxìn：with ～ 有把握地 yǒu bǎwòde **3**. 心事 xīnshì；秘密 mìmì：exchange ～ 互谈心事 hùtán xīnshì / in ～ 秘密地 mìmìde

confident *a*. 确信的 quèxìnde；自信的 zìxìnde；大胆的 dàdǎnde：a ～ manner 充满信心的态度 chōngmǎn xìnxīnde tàidu / be ～ of success 对成功满怀信心 duì chénggōng mǎnhuái xìnxīn / I'm ～ that… 我深信… Wǒ shēnxìn …

confidential *a*. **1**. 机密的 jīmìde：strictly ～ 绝密 juémì / a ～ document 密件 mìjiàn / ～ papers 机密文件 jīmì wénjiàn **2**. 信任的 xìnrènde；心腹的 xīnfùde：a ～ clerk 极受信任的职员 jí shòu xìnrènde zhíyuán

confiding *a*. 深信不疑的 shēnxìnbùyíde：a ～ nature 不疑人的性格 bù yírénde xìnggé / a ～ wife 十分信任丈夫的妻子 shífēn xìnrèn zhàngfude qīzi

configuration *n*. 结构 jiégòu；外形 wàixíng；地形 dìxíng

confine *v*. **1**. 限制 xiànzhì：Please ～ your remarks to the subject. 请不要走题。Qǐng búyào zǒutí. **2**. 禁闭 jìnbì：He is ～d to the house by illness. 他因病不能出门。Tā yīn bìng bùnéng chū mén. *n*. **1**. 界限 jièxiàn；边界 biānjiè：the ～s of a town 城区 chéngqū / between the ～s of…之间的界线 … zhījiānde jièxiàn **2**. 限度 xiàndù；范围 fànwéi：within the ～s of 在…范围内 zài … fànwéinèi

confinement *n*. **1**. 限制 xiànzhì = limit **2**. 监禁 jiānjìn；产期 chǎnqī = child-bed：major (minor) ～ 重(轻)监禁 zhòng(qīng)jiānjìn / solitary ～ 单独监禁 dāndú jiānjìn / a difficult ～ 难产 nánchǎn

confirm *v*. **1**. 证实 zhèngshí；确认 quèrèn；使有效 shǐ yǒuxiào；批准

pīzhǔn：～ a treaty 批准条约 pīzhǔn tiáoyuē / It wants to be ～ed. 还待证实。Hái dài zhèngshí. / ～ an order 确证已收到订单 quèzhèng yǐ shōudào dìngdān / ～ a plane reservation 确认机票不作变动 quèrèn jīpiào búzuò biàndòng **2.** 使更坚定 shǐ gèng jiāndìng：～ sb. in his believe 使某人信仰更坚定 shǐ mǒurén xìnyǎng gèng jiāndìng // confirmation *n.*

confirmed *a.* 确认的 quèrènde；根深蒂固的 gēnshēndìgùde：a ～ disease 老毛病 lǎomáobìng / a ～ habit 积习 jīxí

confiscate *v.* 没收 mòshōu；征用 zhēngyòng

confiscatory *a.* 没收的 mòshōude；充公的 chōnggōngde

conflagration *n.* 大火 dàhuǒ

conflation *n.* 熔合 rónghé；合成 héchéng；合并 hébìng

conflict *n.* 冲突 chōngtū；矛盾 máodùn：a ～ of opinions 意见的冲突 yìjiande chōngtū / a ～ of laws 法律条文的相抵触 fǎlǜ tiáowénde xiāng dǐchù / undergo an inner ～ 思想上产生矛盾 sīxiǎngshang chǎnshēng máodùn *v.* 冲突 chōngtū；争斗 zhēngdòu

confluence *n.* **1.** 合流 héliú；汇流(处) huìliú(chù) **2.** 群集 qúnjí ＝ uniting

confluent *a.* 合流的 héliúde；汇合的 huìhéde *n.* 汇流 huìliú；支流 zhīliú

conform *v.* 使顺应 shǐ shùnyìng；遵照 zūnzhào：～ one's habits to those of the local inhabitants 使自己的习惯与当地居民一致 shǐ zìjǐde xíguàn yǔ dāngdì jūmín yízhì / ～ to customs 遵守习惯 zūnshǒu xíguàn / ～ oneself to 遵照 zūnzhào

conformable *a.* 顺从的 shùncóngde；一致的 yízhìde；适合的 shìhéde

conformation *n.* **1.** 构造 gòuzào；结构 jiégòu ＝ structure **2.** 相应 xiāngyìng；适应 shìyìng；一致 yízhì ＝ agreement

conformist *n.* 遵守者 zūnshǒuzhě

conformity *n.* **1.** 依从 yīcóng；顺从 shùncóng **2.** 相适应 xiāng shìyìng；一致 yízhì：in ～ to (with) 和…相适应 hé … xiāng shìyìng

confound *v.* 混淆 hùnxiáo；使惊慌失措 shǐ jīnghuāngshīcuò ＝ confuse：be ～ed with 和…混淆了 hé … hùnxiáole / ～ right and wrong 混淆是非 hùnxiáo shìfēi / ～ the means with the end 把手段与目的相混淆，颠倒本末 bǎ shǒuduàn yǔ mùdì xiāng hùnxiáo，diāndǎo běnmò / be ～ed at (by) the sight of 一看见…大惊失色 yí kànjiàn … dàjīng-shīsè

confounded *a.* **1.** 混乱的 hùnluànde ＝ confusing **2.** 讨厌的 tǎoyànde ＝

annoying

confraternity *n*. 团体 tuántǐ；协会 xiéhuì

confrère *n*. 同事 tóngshì；同行 tóngháng；会员 huìyuán

confront *v*. 使…面对 shǐ… miànduì；使面临 shǐ miànlín；使对质 shǐ duìzhì：be ～ed with difficulties 碰到困难 pèngdào kùnnan / ～ the accused with his accuser 使被告和原告对质 shǐ bèigào hé yuángào duìzhì // confrontation *n*.

Confucian *a*. 孔子的 Kǒngzǐde；儒家的 Rújiāde ＝ of Confucius *n*. 孔门弟子 Kǒngmén dìzǐ；儒家 Rújiā ＝ follower of Confucius

confucianism *n*. 孔子学说 Kǒngzǐ xuéshuō；儒教 Rújiào

Confucius *n*. 孔子 Kǒngzǐ

confuse *v*. **1**. 混乱 hùnluàn：～ accounts 搞乱帐目 gǎoluàn zhàngmù **2**. 使慌乱 shǐ huāngluàn：be ～d with one's blunder 因做错事而发慌 yīn zuò cuòshì ér fāhuāng

confusedly *ad*. 混乱地 hùnluànde；慌乱地 huāngluànde

confusion *n*. **1**. 混乱 hùnluàn：chaotic ～ 大混乱 dà hùnluàn / in the ～ of the moment 趁着混乱 chènzhe hùnluàn **2**. 慌乱 huāngluàn；狼狈 lángbèi：be thrown into ～ 陷入慌乱中 xiànrù huāngluànzhōng / in ～ 狼狈 lángbèi / covered with ～ 慌慌张张 huānghuang-zhāngzhāng

confute *v*. 驳斥 bóchì // confutation *n*.

congé *n*.（突然的）撤职（tūránde）chèzhí ＝ dismissal

congeal *v*. 冻结 dòngjié；凝结 níngjié：Fear ～ed my blood. 吓得我血液都凝结起来了。Xiàde wǒ xuèyè dōu níngjié qǐláile.

congenial *a*. 气味相投的 qìwèi xiāngtóude；合适的 héshìde：a ～ work 合意的工作 héyìde gōngzuò / be ～ to sb. 对某人意趣相投的 duì mǒurén yìqù xiāngtóude / in ～ society 与意气相投的人们在一起 yǔ yìqì xiāngtóude rénmen zài yìqǐ

congenital *a*. 先天的 xiāntiānde；生来的 shēngláide：～ deformity 先天的残废 xiāntiānde cánfèi

conger *n*. 海鳗 hǎimán

congest *v*. 充满 chōngmǎn：a ～ed district 人口稠密的地方 rénkǒu chóumìde dìfang

congestion *n*. 拥挤 yōngjǐ；充血 chōngxuè；（人口）稠密（rénkǒu）chóumì ＝ overcrowding：traffic ～ 交通拥挤 jiāotōng yōngjǐ / cerebral ～ 脑充

血 nǎo chōngxuè

conglomerate *v.* 积聚 jījù；使成团 shǐchéngtuán *n.* 集团 jítuán；联合大企业 liánhé dàqǐyè *a.* 结成团块的 jiēchéng tuánkuàide；混杂会聚在一处的 hùnzá huìjù zài yíchùde // conglomeration *n.*

congo(u) *n.* 工夫茶 gōngfuchá

congratulate *v.* 向…祝贺 xiàng…zhùhè：I ～ you on your success. 我祝贺你的成功。Wo zhùhè nǐde chénggōng. // congratulation *n.*

congratulatory *a.* 祝贺的 zhùhède：a ～ address 祝词 zhùcí / a ～ telegram 贺电 hèdiàn

congregate *v.* 聚集 jùjí；集合 jíhé *a.* 聚集的 jùjíde

congregation *n.* 聚集 jùjí；集合 jíhé；教区 jiàoqū；天主教集会 Tiānzhǔjiào jíhuì

congregational *a.* 聚集的 jùjíde；(教堂)会众的 (jiàotáng)huìzhòngde

Congregationalism *n.* 公理会教派 gōnglǐhuì jiàopài；地方教会自治主义 dìfāng jiàohuì zìzhìzhǔyì

congress *n.* (代表)大会 (dàibiǎo)dàhuì；国会 guóhuì；集会 jíhuì；协会 xiéhuì：the National People's C- 全国人民代表大会 Quánguó Rénmín Dàibiǎo Dàhuì / in C- 在国会开会期间 zài guóhuì kāihuì qījiān

congressional *a.* 会议的 huìyìde；委员会的 wěiyuánhuìde；美国国会的 Měiguó guóhuìde

congressman *n.* 国会议员 guóhuì yìyuán；众议院议员 zhòngyìyuàn yìyuán

congruent *a.* **1.** 适合的 shìhéde；一致的 yízhìde = suitable **2.** 全等的 quánděngde；叠合的 diéhéde * in mathematics

congruity *n.* **1.** 适合 shìhé；一致 yízhì **2.** 全等 quánděng

congruous *a.* **1.** 一致的 yízhìde；适合的 shìhéde **2.** 全等的 quánděngde

conic *a.* 圆锥的 yuánzhuīde *n.* 圆锥 yuánzhuī

conical *a.* 圆锥形的 yuánzhuīxíngde；圆锥的 yuánzhuīde

conifer *n.* 针叶树 zhēnyèshù

coniferous *a.* 结球果的 jiēqiúguǒde；松柏科的 sōngbǎikēde

conjecture *n.* & *v.* 推测 tuīcè；猜想 cāixiǎng // conjectural *a.*

conjoin *v.* 结合 jiéhé；连接 liánjiē；联合 liánhé

conjoint *a.* 结合的 jiéhéde；共同的 gòngtóngde：～ action 共同的行动 gòngtóngde xíngdòng *n.* [～s]夫妇 fūfù = husband and wife

conjugal *a.* 婚姻的 hūnyīngde = of marriage：～ laws 婚姻法 hūnyīnfǎ /

～ affection 夫妻之爱 fūqīzhī'ài

conjugate *v.* 排列动词的变化形式 páiliè dòngcíde biànhuà xíngshì * in grammar // conjugation *n.*

conjunction *n.* **1.** 连接词 liánjiēcí * in grammar **2.** 结合 jiéhé；联合 liánhé = joining together **3.** (事件)同时发生 (shìjiàn) tóngshí fāshēng * events occurring at the same time

conjunctive *a.* 连接的 liánjiēde；联合的 liánhéde *n.* 连词 liáncí

conjunctivitis *n.* 结膜炎 jiémóyán

conjuncture *n.* **1.** 场合 chǎnghé；紧要关头 jǐnyào guāntóu：at (in) this ～ 在这(危急)时候 zài zhè (wēijí) shíhou **2.** 结合 jiéhé

conjure *v.* **1.** 变戏法儿 biànxìfǎr = practice magic；**2.** 施魔术 shīmóshù；念咒 niànzhòu = invoke devils

conjurer，**conjuror** *n.* 变戏法儿的人 biànxìfǎrde rén；咒法家 zhòufǎjiā；魔术师 móshùshī = magician

conk *v.* **1.** (机械)突然发生故障 (jīxiè) tūrán fāshēng gùzhàng = (machine) break down **2.** 昏厥 hūnjué = faint **3.** 打…的脑袋 dǎ…de nǎodai *n.* 鼻子 bízi = nose；脑袋 nǎodai = head；头上的一击 tóushangde yìjī = a knock on the head

connect *v.* 连接 liánjiē；联系 liánxì：The two towns are ～ed by a railway. 这两个城由铁路相连。Zhèliǎngge chéng yóu tiělù xiānglián. / be ～ed with 与…有联系 yǔ…yǒu liánxì

connected *a.* 有联络的 yǒu liánluòde；连续的 liánxùde：～ ideas 有关联的思想 yǒu guānliánde sīxiǎng / a ～ plan 通盘计划 tōngpán jìhuà

connection，**connexion** *n.* **1.** 连结 liánjiē；联系 liánxì **2.** 关系 guānxì = relation：There is no ～ between them. 他们无关系。Tāmen wúguānxì. // in ～ with 与…有关 yǔ…yǒuguān

connective *a.* 连续的 liánxùde；连接的 liánjiēde *n.* 连词 liáncí

conning tower *n.* **1.** (潜艇)了望塔 (qiántǐng) liàowàngtǎ * of a submarine **2.** (军舰)司令塔 (jūnjiàn) sīlìngtǎ * of a warship

connive *v.* **1.** 纵容 zòngróng；默许 mòxǔ **2.** 共谋 gòngmóu；私通 sītōng = collaborate // connivance *n.*

connoisseur *n.* 鉴赏家 jiànshǎngjiā；内行 nèiháng：～ in wine 葡萄酒鉴定家 pútáojiǔ jiàndìngjiā / play the ～ 充内行 chōng nèiháng

connotation *n.* 涵义 hányì

connotative *a.* 含蓄的 hánxùde；有涵义的 yǒuhányìde

connote *v.* **1.** 包含 bāohán；含蓄 hánxù **2.** 暗示 ànshì = hint

connubial *a.* 婚姻的 hūnyīnde；夫妇的 fūfùde

conquer *v.* **1.** 征服 zhēngfú：～ the enemy 征服敌人 zhēngfú dírén **2.** 克服 kèfú；抑制 yìzhì = overcome：～ bad habits 克服不良习惯 kèfú bùliáng xíguàn **3.** 得胜 déshèng = win：stoop to ～ 忍辱取胜 rěnrǔ qǔshèng

conquerable *a.* 可征服的 kě zhēngfúde；能克服的 néng kèfúde

conqueror *n.* 征服者 zhēngfúzhě；胜利者 shènglìzhě

conquest *n.* 征服 zhēngfú；赢得 yíngdé；占领地 zhànlǐngdì：for the ～ of 为要征服… wèi yào zhēngfú…

consanguineous *a.* 近亲的 jìnqīnde；同宗的 tóngzōngde：a ～ marriage 近亲婚姻 jìnqīn hūnyīn

consanguinity *n.* 同族 tóngzú；同血缘 tóngxuèyuán：a collateral ～ 旁系亲族 pángxì qīnzú / a lineal ～ 直系亲族 zhíxì qīnzú

conscience *n.* 良心 liángxīn：a good ～ 问心无愧，安然自得 wènxīnwúkuì，ānránzìdé / for ～('s) sake 凭良心做事 píng liángxīn zuòshì / have sth. on one's ～ 因某事觉得内疚 yīn mǒushì juéde nèijiù

conscientious *a.* **1.** 凭有良心的 píngyǒu liángxīnde；**2.** 认真的 rènzhēnde；严正的 yánzhèngde；谨慎的 jǐnshènde = careful

conscious *a.* **1.** 有意识的 yǒu yìshíde；有知觉的 yǒu zhījuéde = able to respond to environment：Man is a ～ being. 人是有意识的生物。Rén shì yǒu yìshíde shēngwù. / He became ～. 他苏醒了。Tā sūxǐngle. **2.** 自觉的 zìjuéde；自己知道的 zìjǐzhīdaode = aware：be ～ of 意识到 yìshídào / be ～ of one's own blame 自知理亏 zìzhī lǐkuī

consciousness *n.* 意识 yìshí；觉悟 juéwù；自觉 zìjué：moral ～ 道德意识 dàodé yìshí / lose (recover) one's ～ 失去(恢复)知觉 shīqù (huīfù) zhījué

conscribe *v.* 征募 zhēngmù；征用 zhēngyòng

conscript *n.* 应征士兵 yìngzhēng shìbīng *a.* 被征入伍的 bèi zhēng rùwǔde *v.* 征募 zhēngmù；征(兵) zhēng(bīng)

conscription *n.* 征兵 zhēngbīng；征用 zhēngyòng；～ age 适役年龄 shìyì niánlíng / ～ system 征兵制度 zhēngbīng zhìdù

consecrate *v.* 奉献 fèngxiàn；尊崇 zūnchóng：a ～d ground 圣地 shèngdì / a life ～d to science 献身科学的一生 xiànshēn kēxuéde yìshēng *a.* 献祭

的 xiànjìde；奉献的 fèngxiànde // consecration *n*.

consecutive *a*. **1**. 顺序的 shùnxùde；连贯的 liánguànde：It rained four ～ days. 连续下了四天雨。Liánxù xiàle sìtiān yǔ. / ～ account of the accident 事件的顺序叙述 shìjiànde shùnxù xùshù **2**. 表示结果的 biǎoshì jiéguǒde：～ clause（表示结果的）连贯分句（biǎoshì jiéguǒde）liánguàn fēnjù

consensus *n*. 一致意见 yízhì yìjian

consent *v*. 同意 tóngyì；赞成 zànchéng：～ to a proposal 赞同提案 zàntóng tí'àn *n*. 同意 tóngyì；答应 dāying：Silence gives ～. 不说话就是答应。Bù shuōhuà jiùshì dāying. / give one's ～ 答应 dāying / with one ～ = by common ～ 异口同声，全体一致 yìkǒu-tóngshēng，quántǐ yízhì / with the ～ of 得…的同意 dé…de tóngyì

consequence *n*. **1**. 后果 hòuguǒ；结果 jiéguǒ / answer for the ～s 对后果负责 duì hòuguǒ fùzé / face the ～s of one's action 自食其果 zìshí-qíguǒ / in ～ 因此 yīncǐ；结果 jiéguǒ / in ～ of … 的结果 … de jiéguǒ **2**. 重要（性）zhòngyào(xìng)；重大意义 zhòngdà yìyì：a man of ～ 有势力的人物 yǒu shìlide rénwù / a matter of no ～ 没有什么（重要的事）méiyǒu shénme (zhòngyàode shì)

consequent *a*. 结局的 jiéjúde；当然的 dāngránde *n*. **1**. 结果 jiéguǒ = result **2**. 结果从句 jiéguǒ cóngjù * in grammar

consequential *a*. **1**. 相应而生的 xiāngyìng érshēngde；必然的 bìránde **2**. 有重要性的 yǒu zhòngyàoxìngde = important **3**. 傲慢的 àomànde = self-conceited

consequently *ad*. 从而 cóng'ér；所以 suǒyǐ

conservancy *n*. **1**. 保护 bǎohù；保存 bǎiocún；build water ～ projects 兴修水利 xīngxiū shuǐlì / a water ～ project 水利工程 shuǐlì gōngchéng **2**. 管理局 guǎnlǐjú = administration

conservation *n*. **1**. 保存 bǎocún；保护 bǎohù：～ of water and soil 水土保持 shuǐtǔ bǎochí / ～ of wildlife 野生动物保护 yěshēng dòngwù bǎohù **2**. 守恒 shǒuhéng：～ of energy 能量守恒 néngliàng shǒuhéng

conservationist *n*. 自然资源保护论者 zìrán zīyuán bǎohùlùnzhě

conservatism *n*. 保守主义 bǎoshǒu zhǔyì

conservative *a*. **1**. 保守的 bǎoshǒude **2**. [C-] 保守党 Bǎoshǒudǎng = the Conservative Party；保守党的政策 bǎoshǒudǎngde zhèngcè = policy of the party 3. 稳健的 wěnjiànde = careful 4. [C-] 保守党的 bǎoshǒudǎngde *n*. 1. 保守主义者 bǎoshǒuzhǔyìzhě = ~ person 2. 保守党党员 bǎoshǒudǎng dǎngyuán 3. 防腐剂 fángfǔjì = preservative

conservatoire *n*. 音乐(艺术)学校(学院) yīnyuè (yìshù) xuéxiào (xuéyuàn)

conservatory *n*. 1. 暖房 nuǎnfáng; 温室 wēnshì = greenhouse 2. 音乐(艺术)学院 yīnyuè (yìshù) xuéyuàn = school of music *a*. (有)保存(力)的(yǒu)bǎocún(lì)de

conserve *v*. 保存 bǎocún; 保护 bǎohù *n*. [~s] 蜜饯 mìjiàn = preserved fruit

consider *v*. 1. 考虑 kǎolǜ; 研究 yánjiū: C- a matter well before you make a decision. 慎重考虑后再决定。Shènzhòng kǎolǜ hòu zài juédìng. 2. 尊重 zūnzhòng 3. 认为 rènwéi: We all ~ reform is very important. 我们都认为改革是非常重要的。Wǒmen dōu rènwéi gǎigé shì fēicháng zhòngyàode.

considerable *a*. 1. 可重视的 kě zhòngshìde; 应考虑的 yīng kǎolǜde 2. 大量的 dàliàngde; 不少的 bùshǎode = large in quantity

considerably *ad*. 相当地 xiāngdāngde: ~ cold 相当冷 xiāngdāng lěng

considerate *a*. 能体谅的 néng tǐliàngde; 对…关心爱护的 duì…guānxīn àihùde: be ~ of others 能体谅别人 néng tǐliàng biérén

consideration *n*. 1. 考虑 kǎolǜ 2. 照顾 zhàogù; 关心 guānxīn = care // in ~ of 考虑到 kǎolǜdào / leave out of ~ 不顾 búgù / on (under) no ~ 决不 juébù / take into ~ 考虑到 kǎolǜdào; 顾及 gùjí

considered *a*. 考虑过的 kǎolǜ guòde; 被尊重的 bèi zūnzhòngde

considering *prep*. 就…来说 jiù…láishuō; 考虑到 kǎolǜdào: C- her age, she looks young. 照年龄说来她显得年轻。Zhào niánlíng shuōlái, tā xiǎnde niánqīng.

consign *n*. 1. 委托 wěituō; 托付 tuōfù = commit: ~ a task to sb. 把一项任务交付给某人 bǎ yíxiàng rènwu jiāofù gěi mǒurén 2. 寄存 jìcún; 寄售 jìshòu = entrust (for sale) 3. 托运(货物) tuōyùn(huòwù) = deliver (goods)

consignee *n*. 代销人 dàixiāorén; 受托人 shòutuōrén; 收货人 shōuhuòrén

consignment *n*. 寄销 jìxiāo; 委托 wěituō; 托卖品 tuōmàipǐn: ~ note 发货通知单 fāhuò tōngzhīdān // on ~ 寄售 jìshòu

consigner *n.* 寄销人 jìxiāorén；交付者 jiāofùzhě；发货人 fāhuòrén

consist *v.* **1.** 由…组成 yóu…zǔchéng：The book ～s of eight chapters. 那书共有八章。Nàshū gòngyǒu bāzhāng. **2.** 存在于 cúnzàiyú = be inherent：Happiness ～s in diligence. 幸福在于勤奋。Xìngfú zàiyú qínfèn.

consistency *n.* **1.** 始终一贯 shǐzhōng yíguàn；一致 yízhì = agreement **2.** 坚强 jiānqiáng；坚固 jiāngù = firmness **3.** 浓度 nóngdù；稠度 chóudù = density

consistent *a.* **1.** 一致的 yízhìde；协调的 xiétiáode **2.** 坚定的 jiāndìngde；言行一致的 yánxíng yízhìde：the firm and ～ policy 坚定不移的方针 jiāndìng bùyíde fāngzhēn

consistory *n.* 宗教法庭 zōngjiào fǎtíng

consolation *n.* **1.** 安慰 ānwèi；安抚 ānfǔ **2.** 安慰物 ānwèiwù = sth. that consoles

consolatory *a.* 安慰性的 ānwèixìngde：～ words 安慰话 ānwèihuà / a ～ letter 慰问信 wèiwènxìn

console *v.* 安慰 ānwèi；慰问 wèiwèn *n.* 角(撑)架 jiǎo(chēng) jià * for supporting shelf

consolidate *v.* **1.** 巩固 gǒnggù；加固 jiāgù = strengthen **2.** 合并 hébìng；统一 tǒngyī = combine into one // consolidation *n.*

consommé *n.* 清炖肉汤 qīngdùn ròutāng

consonance *n.* **1.** 调和 tiáohé；和谐 héxié = harmony；一致 yízhì = agreement / in ～ with 和…一致 hé…yízhì **2.** 谐和音 xiéhéyīn = terminal cosonant sound of a word that harmonizes with that of other words

consonant *n.* 辅音字母 fǔyīn zìmǔ；谐和音 xiéhéyīn *a.* 一致的 yízhìde；谐和(音)的 xiéhé(yīn)de；辅音的 fǔyīnde

consort *n.* **1.** 配偶 pèi'ǒu = spouse **2.** 同事 tóngshì；伙伴 huǒbàn = companion *v.* **1.** 陪伴 péibàn；结伴 jiébàn **2.** 调和 tiáohé；协调 xiétiáo = harmonize

consortium *n.* **1.** 国际间之财团 guójìjiān zhī cáituán；国际金融协议 guójì jīnróng xiéyì **2.** 配偶的义务和权力 pèi'ǒude yìwù hé quánlì **3.** 会社 huìshè；俱乐部 jùlèbù = club

conspectus *n.* 概观 gàiguān；纲要 gāngyào

conspicuous *a.* 显著的 xiǎnzhùde；令人注目的 lìngrén zhùmùde：～ error 显著的错误 xiǎnzhùde cuòwù / make oneself ～ 惹人注目 rěrén zhùmù

conspiracy *n.* 合谋 hémóu；共谋 gòngmóu；阴谋 yīnmóu；反叛 fǎnpàn：take part in ～ 参与阴谋 cānyǔ yīnmóu // in ～共谋 gòngmóu

conspirator *n.* 共谋者 gòngmóuzhě；阴谋家 yīnmóujiā；谋反者 móufǎnzhě

conspiratorial *a.* 阴谋的 yīnmóude；阴险的 yīnxiǎnde；共谋的 gòngmóude；搞阴谋的 gǎo yīnmóude

conspire *v.* **1.** 共谋 gòngmóu；密谋 mìmóu：～ against the state 图谋卖国 túmóu màiguó **2.** 巧合 qiǎohé；协力 xiélì = act together：All things ～d to make him happy. 事事巧合使他心满意足。Shìshì qiǎohé shǐ tā xīnmǎn-yìzú.

constable *n.* 警察 jǐngchá

constabulary *n.* **1.** 警区 jǐngqū = area under control of police **2.**（全体）警察（quántǐ）jǐngchá = a body of constables in a district **3.** 保安部队 bǎo'ān bùduì = armed police force *a.* 警察的 jǐngcháde；保安的 bǎo'ānde = of policeman

constancy *n.* **1.** 坚定 jiāndìng；坚贞 jiānzhēn；**2.** 恒定不变 héngdìng búbiàn；定型性 dìngxíngxìng = quality of being unchanging

constant *a.* **1.** 坚定的 jiāndìngde；不屈不挠的 bùqū-bùnáode；忠实的 zhōngshíde：be ～ in love 忠贞不渝的爱情 zhōngzhēn-bùyúde àiqíng / ～ to one's duty 忠于职守 zhōngyú zhíshǒu **2.** 恒定不变的 héngdìng búbiànde；继续不断的 jìxù búduànde：two days of ～ rain 两天接连下雨 liǎngtiān jiēlián xiàyǔ / ～ wind 恒风 héngfēng

constantly *ad.* 经常（地）jīngcháng(de)

constellation *n.* **1.** 星座 xīngzuò；星群 xīngqún **2.** 群 qún = group

consternation *n.* 惊恐 jīngkǒng：throw sb. into ～ 使某人大吃一惊 shǐ mǒurén dàchī-yìjīng / to one's ～ 极其可惊的是 jíqí kějīngde shì / with ～ 愕然 èrán

constipate *v.* **1.** 使便秘 shǐ biànmì **2.** 使闭塞 shǐ bìsè = obstruct

constipation *n.* 便秘 biànmì

constituency *n.*（选举区）全体选民(xuǎnjǔqū)quántǐ xuǎnmín；选举区 xuǎnjǔqū

constituent *a.* **1.** 有选举权的 yǒu xuǎnjǔquánde = having the power to elect；有宪法制定权的 yǒu xiànfǎ zhìdìngquánde = having the power to amend the constitution **2.** 构成的 gòuchéngde；成分的 chéngfende =

component: ~ parts of water 水的成分 shuǐde chéngfen *n.* **1.** 成分 chéngfen;要素 yàosù = element **2.** 选民 xuǎnmín = one having a vote

constitute *v.* **1.** 构成 gòuchéng; 为…的成份 wéi…de chéngfen: Seven days ~ a week. 七天为一星期。Qītiān wéi yìxīngqī. **2.** 制定 zhìdìng; 成立 chénglì = set up: ~ a committee 成立一个委员会 chénglì yíge wěiyuánhuì **3.** 委托…为(代表) wěituō…wéi(dàibiǎo); 任命 rènmìng = appoint: be ~d representative of 当选为…的代表 dāngxuǎn wéi…de dàibiǎo

constitution *n.* **1.** 宪法 xiànfǎ; 章程 zhāngchéng: the ~ of China 中国的宪法 Zhōngguóde xiànfǎ / a written ~ 成文宪法 chéngwén xiànfǎ **2.** 构造 gòuzào; 组织 zǔzhī = composition **3.** 体质 tǐzhì; 体格 tǐgé = physical condition: men with strong ~s 体格健壮的人 tǐgé jiànzhuàngde rén // constitutional *a.*

constitutionalism *n.* 立宪制度 lìxiàn zhìdù; 立宪主义 lìxiàn zhǔyì

constitutionally *ad.* 在本质上 zài běnzhìshang; 在体质上 zài tǐzhìshang; 宪法上 xiànfǎshang

constrain *v.* **1.** 强迫 qiǎngpò; 强制 qiǎngzhì = force: be ~ed to do sth. 被迫 bèipò **2.** 约束 yuēshù = restrain: ~ oneself 自制 zìzhì / ~ing force 抑制力 yìzhìlì / feel ~ed 觉得不舒服 juéde bù shūfu

constrained *a.* 被迫的 bèipòde; 受压制的 shòu yāzhìde; 不自然的 bú zìrande: a ~ manner 不自然的样子 bú zìrande yàngzi

constraint *n.* 强迫 qiǎngpò; 约束 yuēshù; 强制力 qiǎngzhìlì; 紧张感 jǐnzhānggǎn: under (in) ~ 被迫 bèipò / by ~ 勉强 miǎnqiǎng

constrict *v.* 压缩 yāsuō; 收缩 shōusuō = compress: a ~ed outlook 狭窄的眼界 xiázhǎide yǎnjiè // constriction *n.*

constrictor *n.* 压缩物 yāsuōwù; 收缩物 shōusuōwù

construct *v.* **1.** 建设 jiànshè: ~ a bridge 造桥 zàoqiáo **2.** 创立 chuànglì = create: ~ a theory 创立学说 chuànglì xuéshuō

construction *n.* **1.** 建设 jiànshè **2.** 结构 jiégòu = fitting together: capital ~ 基本建设 jīběn jiànshè / socialist ~ 社会主义建设 shèhuìzhǔyì jiànshè / a sandwich ~ 层状结构 céngzhuàng jiégòu

constructive *a.* **1.** 建设的 jiànshède; 构成的 gòuchéngde; **2.** 积极的 jījíde = positive: ~ criticism 建设性的批评 jiànshèxìngde pīpíng / a ~ faculty 建设力 jiànshèlì; 组织力 zǔzhīlì

constructor *n.* 建设者 jiànshèzhě

construe *v.* 解释 jiěshì；分析 fēnxī

consul *n.* 领事 lǐngshì：an acting ～ 代理领事 dàilǐ lǐngshì / an honorary ～ 名誉领事 míngyù lǐngshì

consular *a.* 领事(馆)的 lǐngshì(guǎn)de：a ～ agent 领事代理人 lǐngshì dàilǐrén / a ～ attaché 领事随员 lǐngshì suíyuán

consulship *n.* 领事职位 lǐngshì zhíwèi；领事任期 lǐngshì rènqī

consulate *n.* **1.** 领事馆 lǐngshìguǎn：～ general 总领事馆 zǒng lǐngshìguǎn **2.** 领事职位 lǐngshì zhíwèi；领事任期 lǐngshì rènqī

consult *v.* **1.** 商量 shāngliáng；商议 shāngyì：～ with a friend about a matter 和朋友商量一件事 hé péngyou shāngliáng yíjiànshì **2.** 查阅 cháyuè：～ a dictionary 查词典 chá cídiǎn **3.** 就诊 jiùzhěn：～ a doctor 找医生诊治 zhǎo yīshēng zhěnzhì **4.** 考虑 kǎolǜ = consider：～ one's own interests 考虑到自己的利益 kǎolǜ dào zìjǐde lìyì

consultant *n.* **1.** 顾问 gùwèn = adviser；医生 yīshēng = doctor **2.** 求教者 qiújiàozhě；查阅者 cháyuèzhě = one who consults

consultation *n.* **1.** 商议 shāngyì；协商 xiéshāng；**2.** 审议会 shěnyìhuì * meeting **3.** 会诊 huìzhěn **4.** 查阅 cháyuè

consultative *a.* 协商的 xiéshāngde；顾问的 gùwènde：a ～ ccmmittee 顾问委员会 gùwèn wěiyuánhuì / a ～ body 咨询机构 zīxún jīgòu / the Chinese People's Political C- Conference 中国人民政治协商会议 Zhōngguó Rénmín Zhèngzhì Xiéshāng Huìyì

consulting *a.* 咨询的 zīxúnde；顾问的 gùwènde：a ～ engineer 顾问工程师 gùwèn gōngchéngshī / a ～ physician 会诊医生 huìzhěn yīshēng

consume *v.* **1.** 消费 xiāofèi；用掉 yòngdiào = use up：a half ～d cigar 吸剩半根的雪茄烟 xīshèng bàngēnde xuějiāyān **2.** 吃光 chīguāng；喝光 hēguāng = eat or drink up **3.** 烧光 shāoguāng = wreck by fire **4.** 枯萎 kūwěi；憔悴 qiáocuì = waste away：The flowers ～d away. 花枯萎了。Huā kūwěile. // be ～d with 因…而憔悴 yīn… ér qiáocuì：be ～d with envy 因嫉妒而憔悴 yīn jídù ér qiáocuì

consumer *n.* 消费者 xiāofèizhě：～-city 消费城 xiāofèichéng / ～s' goods 消费品 xiāofèipǐn

consummate *a.* 完美的 wánměide；无比的 wúbǐde；圆满的 yuánmǎnde：～ happiness 无比的幸福 wúbǐde xìngfú *v.* 使圆满 shǐ yuánmǎn；完

成 wánchéng；使达到顶点 shǐ dádào dǐngdiǎn：～ a marriage 完婚 wánhūn/ His happiness was ～d when he heard the good news. 他听到喜讯后快乐到极点。Tā tīngdào xǐxùn hòu kuàilè dào jídiǎn.

consummation *n.* 完成 wánchéng；圆满 yuánmǎn；顶点 dǐngdiǎn；终结 zhōngjié；成婚 chénghūn：the ～ of a life's work 毕生事业的完成 bìshēng shìyède wánchéng

consumption *n.* **1**. 消费 xiāofèi；消耗 xiāohào：～ goods 消费品 xiāofèipǐn / ～ tax (duty) 消费税 xiāofèi shuì **2**. 结核病 jiéhébìng ＝ tuberculosis

consumptive *a.* 消费的 xiāofèide；消耗性的 xiāohàoxìngde；结核病的 jiéhébìngde *n.* (肺)结核病患者 (fèi) jiéhébìng huànzhě

contact *n.* 接触 jiēchù；联系 liánxì：a man of many ～s 交际广的人 jiāojì guǎngde rén / be in ～ with 和…接触着 hé…jiēchùzhe *v.* 接触 jiēchù；联系 liánxì

contagion *n.* 传染 chuánrǎn；传播 chuánbō

contagious *a.* 传染的 chuánrǎnde；有感染力的 yǒu gǎnrǎnlìde

contain *v.* **1**. 含有 hányǒu；能容纳 néng róngnà：This box ～s soap. 这只箱子装着肥皂。Zhèzhī xiāngzi zhuāngzhe féizào. **2**. 相当于 xiāngdāngyú ＝ equal to **3**. 克制 kèzhì ＝ control：～ oneself 克制自己 kèzhì zìjǐ / I can't ～ myself for joy. 抑制不住欢乐之情。yìzhì búzhù huānlè zhīqíng.

container *n.* 容器 róngqì；集装箱 jízhuāngxiāng：～ shipping 集装箱运输 jízhuāngxiāng yùnshū

containerize *v.* 使用集装箱运输 shǐyòng jízhuāngxiāng yùnshū

containment *n.* 牵制 qiānzhì；阻遏 zǔ'è

contaminate *v.* 污染 wūrǎn：～d area 污染地区 wūrǎn dìqū / Don't ～ the milk！不要把牛奶弄脏！Búyào bǎ niúnǎi nòng zāng！

contemn *v.* 轻蔑 qīngmiè；藐视 miǎoshì

contemplate *v.* **1**. 凝视 níngshì；注视 zhùshì ＝ stare **2**. 细想 xìxiǎng ＝ think over **3**. 期待 qīdài ＝ expect **4**. 打算 dǎsuan ＝ plan

contemplative *a.* 好沉思的 hào chénsīde：be ～ of 细想 xìxiǎng

contemporaneous *a.* 同时代的 tóngshídàide；同时期的 tóngshíqīde：～ events 同时代的事件 tóngshídàide shìjiàn

contemporary *a.* 现代的 xiàndàide；当代的 dāngdàide；同时代的

tóngshídàide：be ～ with 和…同时代 hé…tóng shídài / ～ literature 当代文学 dāngdài wénxué *n.* **1.** 同时代的人 tóng shídàide rén：our contemporaries 当代人物 dāngdài rénwù **2.** 同时代出版的杂志或报纸 tóngshídài chūbǎnde zázhì huò bàozhǐ * publication

contempt *n.* **1.** 轻蔑 qīngmiè；藐视 miǎoshì：～ of court 藐视法庭罪 miǎoshì fǎtíng zuì / show ～ for sth. 对某事表示轻视 duì mǒushì biǎoshì qīngshì / in ～ of 蔑视 mièshì；不顾 búgù **2.** 屈辱 qūrǔ：bring upon oneself the ～ of 自讨…屈辱 zìtǎo…qūrǔ / live in ～ 在屈辱中生活 zài qūrǔzhōng shēnghuó

contemptible *a.* 可轻视的 kě qīngshìde；可鄙的 kěbǐde

contemptuous *a.* 藐视的 miǎoshìde；傲慢的 àomànde：be ～ of 瞧不起 qiáobùqǐ / ～ air 傲慢态度 àomàn tàidu

contend *v.* **1.** 竞争 jìngzhēng；斗争 dòuzhēng：～ against one's fate 和自己的命运斗争 hé zìjǐde mìngyùn dòuzhēng / ～ with difficulties 和困难斗争 hé kùnnan dòuzhēng **2.** 争论 zhēnglùn；争辩 zhēngbiàn：～ with sb. about a matter 与某人争辩某事 yǔ mǒurén zhēngbiàn mǒushì **3.**（坚决）主张（jiānjué）zhǔzhāng = hold：It is ～ed that 人们坚持认为… rénmen jiānchí rènwéi…

content[1] *n.* **1.** 内容 nèiróng：the unity of ～ and form 内容和形式的统一 nèiróng hé xíngshìde tǒngyī **2.** 目录 mùlù：a table of ～s 目录 mùlù **2.** 容积 róngjī：solid (cubical) ～s 容积 róngjī；体积 tǐjī = amount contained in sth.

content[2] *n.* 满足 mǎnzú // to one's heart's ～ 尽情地 jìnqíngde *v.* 使满足 shǐ mǎnzú：～ oneself with 自满于 zìmǎnyú / Nothing can ～ her. 她永无厌足之时。Tā yǒngwú yànzú zhīshí. *a.* 满足的 mǎnzúde：be ～ with 以…为满足 yǐ…wéi mǎnzú

contented *a.* 满意的 mǎnyìde：He is ～ with his lot. 他感到满足 Tā gǎndào mǎnzú.

contention *n.* **1.** 争夺 zhēngduó；竞争 jìngzhēng = competition **2.** 论点 lùndiǎn；主张 zhǔzhāng = argument

contentious *a.* **1.** 好争论的 hào zhēnglùnde；爱议论的 ài yìlùnde：be of a ～ disposition 好争论的性格 hào zhēnglùnde xìnggé **2.** 有争论的 yǒu zhēnglùnde：a ～ clause in a treaty 条约中有争议的条款 tiáoyuēzhōng yǒu zhēngyìde tiáokuǎn

contentment *n.* 满足 mǎnzú；满意 mǎnyì

conterminous *a.* 邻接的 línjiēde；有共同边界的 yǒu gòngtóng biānjiède

contest *v.* & *n.* **1.** 争辩 zhēngbiàn：～ed passage 有争论的段落 yǒu zhēnglùnde duànluò **2.** 竞赛 jìngsài；竞争 jìngzhēng；a musical ～ 音乐比赛 yīnyuè bǐsài / the ～ of strength 力量的较量 lìliangde jiàoliàng

contestant *n.* 争论者 zhēnglùnzhě；竞争者 jìngzhēngzhě；选手 xuǎnshǒu

context *n.* **1.** 上下文 shàngxiàwén：tell the meaning of a word from its ～ 从一个字的上下文推知其字义 cóng yíge zìde shàngxiàwén tuīzhī qí zìyì **2.**（事情等的）范围（shìqing děngde）fànwéi；场合 chǎnghé；背景 bèijǐng = condition；background：in one ～ 在一定场合 zài yídìng chǎnghé / in the ～ of 在…情况下 zài…qíngkuàng xià

contextual *a.* 上下文的 shàngxiàwénde：a ～ quotation 原文引用 yuánwén yǐnyòng

contiguity *n.* **1.** 接触 jiēchù；接近 jiējìn = contact **2.** 相邻 xiānglín = neighboring

contiguous *a.* 接触的 jiēchùde；邻接的 línjiēde：The farm is ～ to the house. 农场与屋相邻。Nóngchǎng yǔ wū xiānglín. / a ～ angle 邻角 línjiǎo

continence *n.* 自制 zìzhì；禁欲 jìnyù；克制力 kèzhìlì

continent *a.* 节制的 jiézhìde；禁欲的 jìnyùde *n.* 大陆 dàlù；陆地 lùdì = main land：the C- 欧州大陆 Ōuzhōu Dàlù

continental *a.* 大陆的 dàlùde *n.* 欧洲大陆人 Ōuzhōu dàlùrén

contingency *n.* 偶然事故 ǒurán shìgù：in case of ～ 在万一的情况下 zài wànyīde qíngkuàngxià / provide against contingencies 以备万一 yǐbèi-wànyī // ～ fund 应急费用 yìngjí fèiyong

contingent *a.* 可能发生的 kěnéng fāshēngde：Such risks are ～ to the trade. 这种危险对于那种生意是可能有的。Zhèzhǒng wēixiǎn duìyú nàzhǒng shēngyi shì kěnéng yǒude.

continual *a.* 连续的 liánxùde；频繁的 pínfánde

continuance *n.* 持续(时间) chíxù(shíjiān)：a ～ of prosperity 长时期的繁荣 cháng shíqīde fánróng / of long ～ 长期不断的 chángqī búduànde

continuation *n.* 继续 jìxù；连续 liánxù；延续 yánxù

continue *v.* 继续 jìxù；依旧 yījiù：The rain ～d all day long. 雨终日不

停。Yǔ zhōngrì bùtíng. / To be ～d. 待续。Dàixù.

continuity *n.* **1.** 连续性 liánxùxìng = quality of being continued **2.** 电影分景剧本 diànyǐng fēnjǐng jùběn = scenario **3.** 广播节目间的说明词 guǎngbō jiémù jiānde shuōmíngcí = comment between broadcasting programs

continuous *a.* 连续(不断)的 liánxù(búduàn)de：～ progress 不断的进步 búduànde jìnbù / a ～ train of thoughts 一连串的思想 yìliánchuànde sīxiǎng

continuum *n.* 连续(统一体) liánxù(tǒngyītǐ)

contort *v.* **1.** 扭歪 niǔwāi = twist out of shape **2.** 曲解 qūjiě = twist the meaning of a word：～ one's features 扭歪着脸 niǔwāizhe liǎn // contortion *n.*

contortionist *n.* 柔软杂技演员 róuruǎn zájì yǎnyuán；曲解者 qūjiězhě

contour *n.* **1.** 轮廓 lúnkuò；外形 wàixíng = outline **2.** 等高线 děnggāoxiàn = ～ line *a.* 与轮廓相合的 yǔ lúnkuò xiānghéde *v.* 描画…的轮廓 miáohuà…de lúnkuò

contraband *n.* 走私 zǒusī；走私品 zǒusīpǐn *a.* 禁运的 jìnyùnde；非法的 fēifǎde = illegal

contraception *n.* 避孕(法) bìyùn(fǎ)

contraceptive *a.* 避孕(用)的 bìyùn(yòng)de *n.* 避孕用品 bìyùn yòngpǐn

contract[1] *n.* **1.** 契约 qìyuē；合同 hétong：a bare ～ 无条件契约 wú tiáojiàn qìyuē / an oral ～ 口头约定 kǒutóu yuēdìng / draw up a ～ 拟订合同 nǐdìng hétong **2.** 婚约 hūnyuē ∗ of marriage **3.** 承包 chéngbāo：be built by ～ 包工建造 bāogōng jiànzào / ～ system 承包制 chéngbāozhì *v.* 订约 dìngyuē；订婚 dìnghūn；承包 chéngbāo：～ for labor and material 包工包料 bāogōng bāoliào

contract[2] *v.* 收缩 shōusuō = tighten；使皱起 shǐ zhòuqǐ = shrink；使缩小 shǐ suōxiǎo = shorten // contraction *n.*

contractor *n.* **1.** 订约人 dìngyuērén = one who contracts **2.** 承包人 chéngbāorén = a person or firm that contracts to complete a project **3.** 收缩肌 shōusuōjī ∗ muscle

contractual *a.* 契约上的 qìyuēshangde；契约性的 qìyuēxìngde

contradict *v.* **1.** 反驳 fǎnbó；否认 fǒurèn：～ the rumor 辟谣 pìyáo **2.** 与

…矛盾 yǔ…máodùn：～ oneself 自相矛盾 zìxiāng-máodùn

contradiction *n.* 反驳 fǎnbó；否认 fǒurèn；矛盾 máodùn：the principal ～ 主要矛盾 zhǔyào máodùn / in ～ with 与…相矛盾 yǔ…xiāng máodùn

contradictory *a.* 反对的 fǎnduìde；反驳的 fǎnbóde；矛盾的 máodùnde

contradistinction *n.* 对照的区别 duìzhàode qūbié；对比 duìbǐ：in ～ to (from) 与…对比 yǔ…duìbǐ

contralto *n.* 女低音 nǚ dīyīn；女低音歌手 nǚ dīyīn gēshǒu *a.* 女低音的 nǚ dīyīnde

contraption *n.* 新奇的装置 xīnqíde zhuāngzhì；新发明 xīn fāmíng

contrariety *n.* **1.** 矛盾 máodùn；反对 fǎnduì；矛盾性 máodùnxìng **2.** (*pl.*)矛盾物 máodùnwù；对立面 duìlìmiàn

contrariwise *ad.* **1.** 相反地 xiāngfǎnde = contrarily **2.** 倔强地 juéjiàngde = obstinately

contrary *a.* 相反的 xiāngfǎnde；矛盾的 máodùnde：～ wind 逆风 nìfēng / ～ child 不听话的孩子 bù tīnghuàde háizi *ad.* 反对地 fǎnduìde；相反地 xiāngfǎnde *n.* 反对 fǎnduì；对立面 duìlìmiàn // on the ～ 正相反 zhèngxiāngfǎn

contrast *n.* 对照 duìzhào；对比 duìbǐ；对照物 duìzhàowù：What a ～ between the two brothers! 他们兄弟之间真是大不相同！Tāmen xiōngdì zhījiān zhēnshì dàbù xiāngtóng! / in ～ with 和…成对比 hé…chéng duìbǐ *v.* 使对照 shǐ duìzhào；形成对比 xíngchéng duìbǐ

contravene *v.* 违反 wéifǎn；违犯(法律、习惯) wéifàn(fǎlǜ、xíguàn)：Your behavior ～s established social customs. 你的行为违犯了已经确定的社会风俗习惯。Nǐde xíngwéi wéifànle yǐjīng quèdìngde shèhuì fēngsú xíguàn.

contribute *v.* **1.** 捐助 juānzhù；捐献 juānxiàn；贡献 gòngxiàn：They ～d food and clothing for the relief of the poor. 他们捐助粮食和衣服救济贫民。Tāmen juānzhù liángshi hé yīfu jiùjì pínmín. **2.** 有助于 yǒuzhùyú：Plenty of fresh air ～s to good health. 充足的新鲜空气有益于健康。Chōngzúde xīnxiān kōngqì yǒuyìyú jiànkāng. **3.** 投稿 tóugǎo：He ～d an article to a magazine. 他向某家杂志投了稿件。Tā xiàng mǒujiā zázhì tóule gǎojiàn.

contribution *n.* **1.** 捐款 juānkuǎn：offer ～s 提供捐款 tígōng juānkuǎn / receive a ～ 接受捐款 jiēshòu juānkuǎn **2.** 投稿 tóugǎo：The magazine received many interesting ～s. 该杂志收到许多饶有兴味的稿件。Gāi zázhì shōudào xǔduō ráoyǒu xìngwèide gǎojiàn. **3.** 贡献 gòngxiàn: The book is a brilliant ～. 这本书是个卓越的贡献。Zhèběnshū shìge zhuōyuède gòngxiàn.

contributor *n.* **1.** 捐助者 juānzhùzhě; 捐款者 juānkuǎnzhě: The ～s endowed a hospital. 捐款人给医院捐赠基金。Juānkuǎnrén gěi yīyuàn juānzèng jījīn. **2.** 投稿者 tóugǎozhě; 撰稿人 zhuàngǎorén: He is amongst the ～s. 他是撰稿人之一。Tā shì zhuàngǎorén zhīyī.

contributory *a.* 捐助的 juānzhùde; 有贡献的 yǒu gòngxiànde; 有助于…的 yǒuzhùyú…de: be economically ～ to the success 在经济上有助于取得成功 zài jīngjìshang yǒuzhùyú qǔdé chénggōng

contrite *a.* 悔悟的 huǐwùde; 懊悔的 àohuǐde

contrition *n.* 悔恨 huǐhèn; 悔悟 huǐwù: display ～ 表现出悔恨的样子 biǎoxiànchū huǐhènde yàngzi / express ～ for one's wrong doings 对错误行为表示悔恨 duì cuòwù xíngwéi biǎoshì huǐhèn

contrivance *n.* **1.** 设计 shèjì; 创造性 chuàngzàoxìng; 诡计 guǐjì; 设计、发明的才能 shèjì、fāmíngde cáinéng: Some things are beyond human ～. 有些东西是人发明不出来的。Yǒuxiē dōngxi shì rén fāmíng bù chūláide. **2.** 装置 zhuāngzhì; 发明物 fāmíngwù: The scientist invented a new ～ for milking cows. 这位科学家发明了一种挤牛奶的新装置。Zhèwèi kēxuéjiā fāmíngle yìzhǒng jǐniúnǎide xīn zhuāngzhì.

contrive *v.* **1.** 发明 fāmíng; 设计 shèjì: ～ a mask against poison gas 设计一种防毒面具 shèjì yìzhǒng fángdú miànjù **2.** 图谋 túmóu: 设法做到 shèfǎ zuòdào = try to do sth.

control *v.* **1.** 控制 kòngzhì; 掌握 zhǎngwò; 支配 zhīpèi; 管理 guǎnlǐ: 驾驭(马匹) jiàyù(mǎpǐ); 操纵 cāozòng: The machine is automatically ～led. 这机器是自动控制的。Zhè jīqì shì zìdòng kòngzhìde. **2.** 抑制(感情等) yìzhì(gǎnqíngděng): He ～s his temper admirably. 他能极好地控制自己的脾气。Tānéng jíhǎode kòngzhì zìjǐde píqi. *n.* **1.** 管理 guǎnlǐ **2.** 控制 kòngzhì: The plane was out of ～. 飞机失去了控制。Fēijī shīqùle kòngzhì. **3.** 抑制 yìzhì; 节制 jiézhì: ～ oneself 克制自己 kèzhì zìjǐ; birth ～ 节育 jiéyù; 计划生育 jìhuà shēngyù

controllable *a.* 可控制的 kě kòngzhìde; 可支配的 kě zhīpèide; 可抑制的 kě yìzhìde

controller *n.* **1.** 管理员 guǎnlǐyuán；检验员 jiǎnyànyuán = person who controls; comptroller **2.** 控制器 kòngzhìqì；调节器 tiáojiéqì * a machine

controversial *a.* 论争的 lùnzhēngde；引起争论的 yǐnqǐ zhēnglùnde：a ～ issue 引起争论的问题 yǐnqǐ zhēnglùnde wèntí

controversy *n.* 争论 zhēnglùn；辨论 biànlùn：It has evoked much ～. 这引起了很多争论。Zhè yǐnqǐle hěnduō zhēnglùn. / The new plan led to a heated ～. 这个新计划引起了激烈的辨论。Zhège xīnjìhuà yǐnqǐle jīliède biànlùn.

controvert *v.* 辩驳 biànbó；讨论 tǎolùn = dispute about；驳斥 bóchì；否定 fǒudìng = deny

contumacious *a.* 顽强对抗的 wánqiáng duìkàngde；抗命的 kàngmìngde

contumely *n.* 谩骂 mànmà；侮辱 wǔrǔ

contuse *v.* 挫伤 cuòshāng；打伤 dǎshāng；暗伤 ànshāng

conundrum *n.* 谜 mí = riddle；难题 nántí = difficult question

conurbation *n.* 大都市 dàdūshì

convalesce *v.* 恢复健康 huīfù jiànkāng：The patient is convalescing nicely. 那病人正在顺利康复。Nà bìngrén zhèngzài shùnlì kāngfù.

convene *v.* **1.** 召集 zhàojí = call for a meeting **2.** 集会 jíhuì；集合 jíhé = assemble

convenience *n.* **1.** 便利 biànlì；方便 fāngbiàn：Please reply at your ～. 请有便尽早回信。Qǐng yǒu biàn jìnzǎo huíxìn. / You may pay me at your ～. 你可以在有便时付款给我。Nǐ kěyǐ zài yǒubiànshí fùkuǎn gěi wǒ. **2.** 便利设备 biànlì shèbèi：The house is full of ～s of every sort. 这座房子设备齐全。Zhèzuò fángzi shèbèi qíquán. **3.** 厕所 cèsuǒ = toilet

convenient *a.* **1.** 便利的 biànlìde；方便的 fāngbiànde：When would it be ～ for you to go? 你什么时候去方便？Nǐ shénme shíhou qù fāngbiàn? **2.** 就近的 jiùjìnde：a house ～ to the markets 靠近市场的房子 kàojìn shìchǎngde fángzi

convent *n.* 女修道院 nǚ xiūdàoyuàn

convention *n.* **1.** 大会 dàhuì；会议 huìyì：The ～ will convene next day. 大会将于明天召开。Dàhuì jiāngyú míngtiān zhàokāi. **2.** 公约 gōngyuē；协定 xiédìng：He signed a ～ of peace with a neighboring country. 他与邻国签署了一项和平协定。Tā yǔ línguó qiānshǔle yíxiàng hépíng xiédìng. **3.** 习俗 xísú；惯例 guànlì：It is silly to be a slave to social ～s.

做社会习俗的奴隶是愚蠢的。Zuò shèhuì xísúde núlì shì yúchǔnde.

conventional *a.* **1.** 会议的 huìyìde；协定的 xiédìngde **2.** 约定俗成的 yuēdìng súchéngde；习用的 xíyòngde：～ greetings 习用的问候语 xíyòngde wènhòuyǔ **3.** 传统的 chuántǒngde；习俗的 xísúde：a ～ design for a carpet 地毯上用的老式花样 dìtǎnshang yòngde lǎoshì huāyàng

conventionality *n.* **1.** 传统性 chuántǒngxìng **2.** 惯例 guànlì；常规 chánggui：break throuth (observe) the conventionalities of official life 打破（遵守）官场生活的陈规 dǎpò (zūnshǒu) guānchǎng shēnghuóde chénguī

converge *v.* 会聚 huìjù；集中 jízhōng：Railway lines seem to ～ when one looks at them from a distance. 当你从远处看两条铁轨时他们似乎会聚在一起了。Dāng nǐ cóng yuǎnchù kàn liǎngtiáo tiěguǐshí，tāmen sìhū huìjùzài yìqǐle.

conversant *a.* 熟悉的 shúxīde；通晓的 tōngxiǎode：He is not ～ with the new rules. 他对于这套新规章还不熟悉。Tā duìyú zhètào xīnguīzhāng hái bù shúxī.

conversation *n.* 会话 huìhuà；谈话 tánhuà：English ～ 英语会话 Yīngyǔ huìhuà / I had a long ～ with him. 我跟他做了长谈。Wǒ gēn tā zuòle chángtán.

conversational *a.* **1.** 健谈的 jiàntánde = fond of conversation **2.** 口语的 kǒuyǔde；通俗的 tōngsúde = colloquial

converse[1] *v.* 交谈 jiāotán：After a year studying at university I feel able to ～ with anyone about anything. 一年的大学学习之后我觉得能与任何人谈任何事情了。Yìniánde dàxué xuéxí zhīhòu wǒ juéde néng yǔ rènhérén tán rènhé shìqingle.

converse[2] *a.* 逆 nì；颠倒的 diāndǎode；相反的 xiāngfǎnde：I hold the ～ opinion. 我持相反的观点。Wǒ chí xiāngfǎnde guāndiǎn. *n.* 反转句 fǎnzhuǎnjù * in grammar：'He is happy but not rich' is the ～ of 'He is rich but not happy.' '他乐而不富'是'他富而不乐'的反转句。'Tā lè ér bú fù' shì 'Tā fù ér bú lè'de fǎnzhuǎnjù.

conversion *n.* **1.** 转变 zhuǎnbiàn；变换 biànhuàn；转化 zhuǎnhuà：the ～ of forest land into arable land 林地之变为耕地 líndì zhībiànwéi gēngdì

2. 换算 huànsuàn；兑换 duìhuàn：suspension of the dollar's ～ into gold 停止用美元兑换黄金 tíngzhǐ yòng Měiyuán duìhuàn huángjīn

convert *v.* **1.** 转变 zhuǎnbiàn；转换 zhuǎnhuàn；转化 zhuǎnhuà：This seat ～s easily into a bed. 这椅子可以很容易地改装成一张床。Zhèyǐzi kěyǐ hěn róngyìde gǎizhuāngchéng yìzhāng chuáng. **2.** 兑换 duìhuàn；调换 diàohuàn：He ～ed his francs into dollars. 他将法郎兑换成美元。Tā jiāng Fǎláng duìhuànchéng Měiyuán. **3.** 使…改变信仰 shǐ…gǎibiàn xìnyǎng：He sincerely ～ed to Judaism. 他真诚地改信了犹太教。Tā zhēnchéngde gǎixìnle Yóutàijiào.

converter *n.* 转化器 zhuǎnhuàqì

convertible *a.* **1.** 可改变的 kě gǎibiànde；可变换的 kě biànhuànde：a ～ car 两用汽车 liǎngyòng qìchē **2.** 自由兑换的 zìyóu duìhuànde：Banknotes are not usually ～ into gold nowadays. 现今纸币通常不能兑换成黄金。Xiànjīn zhǐbì tōngcháng bùnéng duìhuànchéng huángjīn.

convex *a.* 凸 tū：a ～ lens 凸透镜 tūtòujìng *n.* 凸面 tūmiàn

convey *v.* **1.** 传达 chuándá；表达 biǎodá：This well ～s my meaning. 这很好地表达了我的意思。Zhè hěnhǎode biǎodále wǒde yìsi. **2.** 运送 yùnsòng：Pipes ～ hot water to every part of the building. 水管将热水送到大楼的每一部分。Shuǐguǎn jiāng rèshuǐ sòngdào dàlóude měiyī bùfen. **3.** 让与 ràngyǔ；转让 zhuǎnràng：The land has been ～ed to his son. 这块地已转让给他的儿子了。Zhèkuàidì yǐ zhuǎnràng gěi tāde érzile.

conveyance *n.* **1.** 传达 chuándá；传播 chuánbō；运送 yùnsòng：Books are for the ～ of ideas. 书籍是用来传达思想的。Shūjí shì yònglái chuándá sīxiǎngde. **2.** 交通工具 jiāotōng gōngjù：a land ～ 陆上交通工具 lùshang jiāotōng gōngjù / a public ～ 公共交通工具 gōngòng jiāotōng gōngjù **3.** 让与证书 ràngyǔ zhèngshū ＝ document certifying ～ of properties

conveyer *n.* **1.** 运送者 yùnsòngzhě **2.** 运送机 yùnsòngjī：a belt ～ 带式传送机 dàishì yùnsòngjī / a coal ～ 运煤机 yùnméijī

convict *v.* 证明…有罪 zhèngmíng…yǒuzuì；宣告…有罪 xuāngào…yǒuzuì：He was ～ed by the jury. 陪审团宣告他有罪。Péishěntuán xuāngào tā yǒuzuì. *n.* 罪犯 zuìfàn；囚犯 qiúfàn：The ～ confessed his crime. 罪犯供认了他的罪行。Zuìfàn gòngrènle tāde zuìxíng.

conviction *n.* **1.** 定罪 dìngzuì；判罪 pànzuì：There were five acquittals and six ～s. 有五人宣判无罪，六人宣判有罪。Yǒu wǔrén xuānpàn wúzuì，liùrén xuānpàn yǒuzuì. **2.** 说服 shuōfú；信服 xìnfú；信念 xìnniàn；坚信 jiānxìn：This argument does not have much ～. 这个论点没有多大说服力。Zhège lùndiǎn méiyǒu duōdà shuōfúlì. / It is my strong ～ that … 我坚信… Wǒ jiānxìn…

convince *v.* 使…信服 shǐ…xìnfú；使…确信 shǐ…quèxìn：I couldn't ～ him of his mistake. 我无法说服他认识错误。Wǒ wúfǎ shuōfú tā rènshi cuòwù.

convincing *a.* 有说服力的 yǒu shuōfúlìde；动听的 dòngtīngde：His argument was most ～. 他的辨论最有说服力。Tāde biànlùn zuìyǒu shuōfúlì.

convivial *a.* 欢宴的 huānyànde；欢乐的 huānlède：a ～ evening 饮宴作乐的一晚 yǐnyàn zuòlède yìwǎn

convocation *n.* **1.** 召集 zhàojí；召开会议 zhàokāi huìyì **2.** 评议会 píngyìhuì * legislative assembly of the church；of graduates of Oxford and Durham Universities.

convoke *v.* 召集 zhàojí

convolution *n.* 旋绕 xuánrǎo；盘绕 pánrǎo：the ～s of a snake 蛇所盘绕的圈圈 shé suǒ pánrǎode quānquan

convoy *v.* & *n.* 护航 hùháng；护运 hùyùn

convulse *v.* **1.** 震动 zhèndòng；震撼 zhènhàn = cause to shake violently：**2.** 使…抽风 shǐ…chōufēng = affect contraction of muscles：His face was ～d with rage. 他的脸因发怒而抽搐。Tāde liǎn yīn fānù ér chōuchù. / They were ～d with laughter. 他们捧腹大笑。Tāmen pěngfù dàxiào.

convulsion *n.* **1.** 震动 zhèndòng；动乱 dòngluàn：undergo a political ～ 遭受政治动乱 zāoshòu zhèngzhì dòngluàn **2.** 惊厥 jīngjué；痉挛 jìngluán / dreadful ～ 可怕的痉挛 kěpàde jìngluán / The child's nervous illness often threw her into ～s. 这孩子的神经性疾病常使她惊厥。Zhè háizide shénjīngxìng jíbìng cháng shǐtā jīngjué. **3.** 捧腹大笑 pěngfù dàxiào：The story was so funny that we were all in ～s. 那故事有趣极了，使我们大家都捧腹大笑。Nà gùshi yǒuqù jíle，shǐ wǒmen dàjiā dōu pěngfù dàxiào.

convulsive *a.* 震动的 zhèndòngde；抽搐的 chōuchùde：～ laughter 捧腹大笑 pěngfù dàxiào

cony *n.* **1.** 兔子 tùzi **2.** 兔子毛皮 tùzi máopí

coo *v.* 咕咕地叫 gūgūde jiào

cook *v.* **1.** 烹调 pēngtiáo；煮 zhǔ；烧 shāo：The dumplings ～ed too long. 这些团子煮得太久了。Zhèxiē tuánzi zhǔde tàijiǔle. **2.** 伪造 wěizào；窜改 cuàngǎi：～ up a plan for cheating a person 打鬼主意骗人 dǎ guǐzhǔyi piànrén / ～ up trouble 制造麻烦 zhìzào máfan *n.* 厨师 chúshī / the head ～ 总厨师 zǒngchúshī / a man ～ 男厨师 nán chúshī / a pastry ～ 糕点厨师 gāodiǎn chúshī

cooker *n.* **1.** (蒸)煮器 (zhēng)zhǔqì；炊具 chuījù：an electric ～ 电煲 diànbǎo / a double-burner gas ～ 双头煤气炉 shuāngtóu méiqìlú **2.** 菜果(适宜做菜用的果类) càiguǒ(shìyí zuòcài yòngde guǒlèi)：These apples are good ～s. 这些苹果是好菜果。Zhèxiē píngguǒ shì hǎo càiguǒ.

cookery *n.* 烹调法 pēngtiáofǎ；烹调 pēngtiáo：Boys as well as girls are taught ～ in school these days. 如今男孩子和女孩子一样在学校里要学烹调法。Rújīn nán háizi hé nǔ háizi yíyàng zài xuéxiàoli yào xué pēngtiáofǎ.

cookie, cooky *n.* **1.** 饼干 bǐnggān **2.** 小甜饼 xiǎotiánbǐng

cool *a.* **1.** 凉的 liángde；凉快的 liángkuaide：The evening is delightfully ～. 晚间凉爽宜人。Wǎnjiān liángshuǎng yírén. **2.** 冷静的 lěngjìngde；沉着的 chénzhuóde：He has a ～ head. 他头脑冷静。Tā tóunǎo lěngjìng. **3.** 冷淡的 lěngdànde；淡漠的 dànmòde：Charles seemed very ～ towards me today. 查理今天对我似乎非常冷淡。Chálǐ jīntiān duì wǒ sìhū fēicháng lěngdàn. *n.* **1.** 凉爽 liángshuǎng；阴凉 yīnliáng：enjoy the ～ of the evening 享受夜晚的凉爽 xiǎngshòu yèwǎnde liángshuǎng **2.** 凉快的地方 liángkuaide dìfang：the ～ of the forest 林中的阴凉处 línzhōngde yīnliángchù *v.* **1.** 变凉 biànliáng；凉起来 liángqǐlái：It ～ed off after the downfall last night. 昨夜一阵倾盆大雨之后，天气凉快起来了。Zuóyè yízhèn qīngpéndàyǔ zhīhòu, tiānqì liángkuai qǐláile. **2.** 变冷淡 biàn lěngdàn；变冷静 biànlěngjìng：Her passion for me has ～ed down. 她对我的热情已经冷了下来。Tā duì wǒde rèqíng yǐjīng lěngle xiàlái. / His words ~ed me down. 他的话使我冷静了下来。Tāde huà shǐ wǒ lěngjìngle xiàlái.

coolant *n.* 冷却剂 lěngquèjì

cooler *n.* **1.** 冷却器 lěngquèqì: an air ~ 空气冷却器 kōngqì lěngquèqì / a wine ~ 冰酒器 bīngjiǔqì **2.** 冰箱 bīngxiāng = refrigerator

coolie *n.* 壮工 zhuànggōng; 苦力 kǔlì: He fled disguised as a ~. 他化装成一个苦力逃走。Tā huàzhuāngchéng yíge kǔlì táozǒu.

cooling *n.* & *a.* 冷却(的) lěngquè(de)

coolly *ad.* **1.** 凉快 liángkuai **2.** 冷静地 lěngjìngde; 冷淡地 lěngdànde

coolness *n.* **1.** 凉 liáng; 清凉 qīngliáng: I could get some ~ there. 我在那儿可以凉快些。Wǒ zài nàr kěyǐ liángkuaixiē. **2.** 冷淡 lěngdàn; 镇静 zhènjìng: A ~ grew between them. 他们俩的关系变得冷淡起来。Támen liǎde guānxì biànde lěngdàn qǐlái.

coomb, coombe *n.* 狭谷 xiágǔ; 凹地 āodì

coon *n.* 浣熊 huànxióng

coop[1] *n.* 兔舍 tùshè; 笼 lóng: a chicken ~ 鸡笼 jīlóng *v.* 把(家禽等)关进笼子 bǎ (jiāqínděng) guānjìn lóngzi; 把…禁锢起来 bǎ…jìngù qǐlái: We were ~ed up in the house by the rain. 我们被雨困在屋子里。Wǒmen bèi yǔ kùnzài wūzili.

coop[2] *n.* 合作社 hézuòshè: an agricultural ~ 农业合作社 nóngyè hézuòshè / a supply and marketing ~ 供销合作社 gōngxiāo hézuòshè

cooper *n.* 箍桶工人 gūtǒng gōngrén; 修桶工人 xiūtǒng gōngrén = worker who makes barrels *v.* 制(桶) zhì(tǒng); 修(桶) xiū(tǒng)

cooperate *v.* **1.** 合作 hézuò; 协作 xiézuò: I should like you to ~ on the writing of my next book. 我希望你协助我写下一本书。Wǒ xīwàng nǐ xiézhù wǒ xiěxià yìběn shū. **2.** (事物)相配合 (shìwù) xiāngpèihé: All these things ~d to make this work a success. 所有这些事情配合起来，使这项工作得到成功。Suǒyǒu zhèxiē shìqing pèihé qǐlái, shǐ zhèxiàng gōngzuò dédào chénggōng. // cooperation *n.*

cooperative *a.* 合作的 hézuòde; 合作化的 hézuòhuàde: a ~ farm 合作农场 hézuò nóngchǎng / a ~ movement 合作化运动 hézuòhuà yùndòng *n.* 合作社 hézuòshè: establish a ~ 建立合作社 jiànlì hézuòshè / a credit ~ 信用合作社 xìnyòng hézuòshè

cooperator *n.* 合作者 hézuòzhě; 合作社社员 hézuòshè shèyuán

coopt *v*. 补选 bǔxuǎn；增选 zēngxuǎn

coordinate *a*. 同等的 tóngděngde；对等的 duìděngde；并列的 bìngliède = equal in status，degree *n*. 座标 zuòbiāo * of mathematics *v*. (使)协调 (shǐ) xiétiáo：～ with each other 互相策应(配合) hùxiāng cèyìng (pèihé) // coordination *n*.

cop *n*. 警察 jǐngchá：a plain ～ 便衣警察 biànyī jǐngchá / a traffic ～ 交通警察 jiāotōng jǐngchá *v*. 抓 zhuā；偷 tōu，获得 huòdé = catch

copartner *n*. 合伙人 héhuǒrén；合股者 hégǔzhě

cope *v*. 应付 yìngfù；处理 chǔlǐ；竞争 jìngzhēng：～ with difficulties (设法)克服困难 (shèfǎ) kèfú kùnnan / ～ with each other for a prize 互相竞争奖品 hùxiāng jìngzhēng jiǎngpǐn *v*. 覆盖 fùgài = cover

copilot *n*. 副驾驶员 fù jiàshǐyuán

coping *n*. 盖顶 gàidǐng；墙之顶部 qiáng zhī dǐngbù

copious *a*. 丰富 fēngfù；丰饶 fēngráo；丰盛 fēngshèng：a ～ writer 多产作家 duōchǎn zuòjiā

copper *n*. **1**. 铜 tóng **2**. 铜币 tóngbì；铜钱 tóngqián：ask for a few ～s 讨几个铜币 tǎo jǐge tóngbì **3**. 铜制品 tóngzhìpǐn：fine work on ～ 铜器上的精制做工 tóngqìshangde jīngzhì zuògōng *a*. 铜(的) tóng(de)；铜制(的) tóngzhì(de)：a ～ coin 铜币 tóngbì

copperas *n*. 绿矾 lǜfán；硫酸亚铁 liúsuān yàtiě

coppice *n*. 树丛 shùcóng；小树林 xiǎoshùlín

copra *n*. 干椰子核 gān yēzihé；干椰子肉 gān yēziròu

copula *n*. **1**. 连系动词 liánxì dòngcí；系词 xìcí；判断词 pànduàncí = in grammar **2**. 连接之物 liánjiē zhīwù = thing that joins

copy *n*. **1**. 拷贝 kǎobèi；抄件 chāojiàn；副本 fùběn：a clean ～ 清稿 qīnggǎo / a rough ～ 草稿 cǎogǎo / He is a ～ of his father. 他酷似他的父亲。Tā kùsì tāde fùqin. **2**. (书刊)本 (shūkān) běn；册 cè；部 bù；份 fèn：I made two copies of this poem. 这首诗我抄了两份。Zhèshǒushī wǒ chāole liǎngfèn. *v*. 抄写 chāoxiě；仿制 fǎngzhì；抄袭 chāoxí：Never ～ foreign things blindly and mechanically. 决不要盲目或机械地照搬外国的东西。Jué búyào mángmù huò jīxiède zhàobān wàiguóde dōngxi. / ～ after bad practices 模仿坏习惯 mófǎng huàixíguàn / ～ in full 全部抄写 quánbù chāoxiě

copy-book *n*. 习字帖 xízìtiè

copyright *n.* 版权 bǎnquán；著作权 zhùzuòquán：hold the ～ of 拥有…的版权 yōngyǒu…de bǎnquán / infringe the ～ 侵犯版权 qīnfàn bǎnquán *a.* 保留版权的 bǎoliú bǎnquánde *v.* 取得…的版权 qǔdé…de bǎnquán

coquet *v.* 妖娆 yāoráo；（女子）卖弄风情（nǚzǐ）màinong fēngqíng：laughingly ～ 嘻笑卖俏 xīxiào màiqiào *a.* 卖弄风情的 màinong fēngqíngde

coquetry *n.* 卖俏 màiqiào；娇媚 jiāomèi；媚态 mèitài

coquette *n.* 妖娆的女子 yāoráode nǚzǐ *v.* 卖俏 màiqiào；玩弄 wánnòng

coquettish *a.* 妖娆的 yāoráode；卖弄风情的 màinong fēngqíngde

coracle *n.* 柳条小渔船 liǔtiáo xiǎoyúchuán

coral *n.* **1**. 珊瑚 shānhú：a ～ island 珊瑚岛 shānhúdǎo **2**. 珊瑚虫 shānhúchóng * the small sea animal that forms ～

cord *n.* **1**.（细）绳（xì）shéng；（粗）线（cū）xiàn：cut through a ～ 剪断绳子 jiǎnduàn shéngzi **2**. 索状组织 suǒzhuàng zǔzhī：the spinal ～ 脊髓 jǐsuǐ / the umbilical ～ 脐带 qídài **3**. 束缚 shùfù；约束 yuēshù ＝ bind：relax the ～s of discipline 放松纪律的约束 fàngsōng jìlǜde yuēshù

cordage *n.* 绳索 shéngsuǒ；（帆船）索具（fānchuán）suǒjù * of a sailing boat

cordial *a.* **1**. 热诚的 rèchéngde；亲切的 qīnqiède：He was ～ in all his letters. 他的每封来信都很热情。Tāde měifēng láixìn dōuhěn rèqíng. **2**. 补气的 bǔqìde ＝ stimulating *n.* 兴奋剂 xīngfènjì；强心剂 qiángxīnjì ＝ stimulating medicine

cordiality *n.* 热诚 rèchéng；亲切 qīnqiè；诚恳 chéngkěn：display ～ 表现出热忱 biǎoxiànchū rèchén / lack ～ 缺乏热忱 quēfá rèchén / Their ～ comforted us. 他们的亲切态度使我们感到安慰。Tāmende qīnqiè tàidu shǐ wǒmen gǎndào ānwèi.

cordite *n.* 柯戴无烟火药 kēdài wúyān huǒyào；线状火药 xiànzhuàng huǒyào

cordon *n.* **1**. 警戒线 jǐngjièxiàn：draw a ～ of police about the house 在房屋四周布下一圈警察 zài fángwū sìzhōu bùxià yìquān jǐngchá / post (draw, place) a ～ 设警戒线 shè jǐngjièxiàn **2**. 绶章 shòuzhāng；饰带 shìdài ＝ ornamental cord

corduroy *n.* **1**. 灯芯绒 dēngxīnróng **2**. 灯芯绒裤子 dēngxīnróng kùzi ＝ trousers made of ～ *a.* 灯芯绒的 dēngxīnróngde *v.* 用木排筑路 yòng mùpái zhùlù * paving roads

core *n*. **1**. (果实的)心 (guǒshíde) xīn，果核 guǒhé：Cut out the ～ of the apple. 把苹果核切掉。Bǎ píngguǒhé qiēdiào. **2**. 核心 héxīn：the ～ of the question 问题的核心 wèntíde héxīn **3**. 岩心 yánxīn * of geology

cork *n*. **1**. 软木 ruǎnmù：C- can float on water. 软木能浮在水上。Ruǎnmù néng fúzài shuǐshang. **2**. 软木塞 ruǎnmùsāi：draw (pull out) the ～ of a bottle 拔出瓶塞 báchū píngsāi *v*. **1**. 塞住 sāizhù：Help me to ～ up the bottle. 请帮我把这瓶子塞住。Qǐng bāng wǒ bǎ zhè píngzi sāizhù. **2**. 抑制(感情) yìzhì (gǎnqíng)：He managed to ～ up his feelings. 他设法抑制住了他的感情。Tā shèfǎ yìzhì zhùle tāde gǎnqíng.

cork-screw *n*. 开塞钻 kāisāizuàn *a*. 螺丝状的 luósīzhuàngde

corn[1] *n*. 鸡眼 jīyǎn：The tight shoe caused a painful ～ on my toe. 鞋子太紧，使我脚趾上生了一个很疼的鸡眼。Xiézi tài jǐn，shǐ wǒ jiǎozhǐshang shēngle yíge hěn téngde jīyǎn. / tread (step, tramp) on sb.'s ～ 冒犯某人 màofàn mǒurén

corn[2] *n*. **1**. 谷物 gǔwù；玉米(美) yùmǐ (Měi)：pop ～ 炒爆玉米 chǎobào yùmǐ / grow (raise) ～ 种谷物 zhòng gǔwù **2**. 庄稼 zhuāngjia = crop：cut the ～ 收割庄稼 shōugē zhuāngjia *v*. **1**. 腌 yān = preserve in brine **2**. 种谷物 zhòng gǔwù = plant ～

corncob *n*. 玉米棒子 yùmǐ bàngzi

cornea *n*. 角膜 jiǎomó：～ transplantation 角膜移植(法) jiǎomó yízhí(fǎ)

corned *a*. 腌的 yānde：～ beef 腌牛肉 yānniúròu

corner *n*. **1**. 角 jiǎo；角落 jiǎoluò；拐角 guǎijiǎo：The car rounded the ～. 汽车拐过街角。Qìchē guǎiguò jiējiǎo. / in every ～ of the earth 在地球上的每个角落 zài dìqiúshangde měige jiǎoluò **2**. 困境 kùnjìng；窘境 jiǒngjìng = difficult state：drive (force, put) sb. into a ～ 使某人陷入困境 shǐ mǒurén xiànrù kùnjìng **3**. 垄断 lǒngduàn = monopoly：have a (the) ～ on sth. 垄断某物 lǒngduàn mǒuwù / establish a ～ in wheat 垄断(囤积)小麦 lǒngduàn (túnjī) xiǎomài *v*. **1**. 穷追 qióngzhuī；逼迫 bīpò；逼入困境 bīrù kùnjìng：The police finally ～ed the thief. 警察终于逼住了那个盗贼，使他无路可逃。Jǐngchá zhōngyú bīzhùle nàge dàozéi，shǐ tā wúlù kětáo. **2**. 囤积 túnjī：～ in wheat 囤积小麦 túnjī xiǎomài = hoard

corner-stone *n*. 墙角石 qiángjiǎoshí；柱石 zhùshí；基础 jīchǔ：lay the ～ 奠基 diànjī / ～ of the state 国家的柱石 guójiāde zhùshí / Hard work is the ～ of success. 努力工作是成功的基础。Nǔlì gōngzuò shì chénggōngde jīchǔ.

cornet *n.* **1.** 短号 duǎnhào * a musical instrument **2.** 锥形纸袋 zhuīxíng zhǐdài；锥形蛋卷 zhuīxíng dànjuǎn * cone-shaped paper container for holding pop-corn，ice-cream，etc.

corn(-)field *n.* 玉米田 yùmǐtián * (in America) of corn；麦田 màitián * (in Britain) of wheat

corn(-)flower *n.* 矢车菊 shǐchējú

cornice *n.* 上楣(柱) shàngméi(zhù)；飞檐 fēiyán

corolla *n.* 花冠 huāguān

corollary *n.* 必然的结果 bìránde jiéguǒ；推论 tuīlùn：an inevitable ～ 不可避免的结果 bùkě bìmiǎnde jiéguǒ / the natural ～ of … …的自然而然的结果 …de zìrán'érránde jiéguǒ / a reasonable ～ 合理的推论 hélǐde tuīlùn

corona *n.* 日冕 rìmiǎn

coronal *n.* 冠 guān；花冠 huāguān；花环 huāhuán *a.* **1.** 日冕的 rìmiǎnde **2.** 冠状的 guānzhuàngde

coronation *n.* 加冕典礼 jiāmiǎn diǎnlǐ

coroner *n.* 验尸官 yànshīguān

coronet *n.* **1.** 宝冠 bǎoguān = small crown **2.** 冠状头饰 guānzhuàng tóushì = ornamental headband

corporal[1] *a.* 肉体的 ròutǐde：～ punishment 体罚 tǐfá

corporal[2] *n.* 下士 xiàshì；班长 bānzhǎng：a domineering ～ 专横的下士 zhuānhèngde xiàshì / a ～ of the guard 警卫班长 jǐngwèi bānzhǎng

corporate *a.* **1.** 社团的 shètuánde；法人的 fǎrénde：a ～ body = a body ～ 法人团体 fǎrén tuántǐ **2.** 共同的 gòngtóngde；全体的 quántǐde：～ responsibility 共同责任 gòngtóng zérèn

corporation *n.* **1.** 社团 shètuán；法人 fǎrén：A ～ can buy and sell，own property，manufacture goods，as if its members were a single person. 法人可以进行买卖，拥有财产以及生产产品，好象它的全体成员是一个人一样。Fǎrén kěyǐ jìnxíng mǎimài，yōngyǒu cáichǎn yǐjí shēngchǎn chǎnpǐn，hǎoxiàng tāde quántǐ chéngyuán shì yíge rén yíyàng. **2** 自治机关 zìzhì jīguān = governing body **3.** 有限公司 yǒuxiàn gōngsī = limited company：China National Technical Import C- 中国技术进口总公司

Zhōngguó Jìshù Jìnkǒu Zǒnggōngsī **4**. 大肚子 dàdùzi = big belly: develop a ~ 肚子肥大凸出 dùzi féidà tūchū

corporeal *a*. 肉体的 ròutǐde；物质的 wùzhìde；有形的 yǒuxíngde

corps *n*. **1**. 军 jūn * military force made up of two or more divisions **2**. 特种兵 tèzhǒngbīng: a chemical ~ 化学兵部队 huàxuébīng bùduì / the medical ~ 医疗部队 yīliáo bùduì **3**. 使团 shǐtuán: a ~ of teachers 教师团 jiàoshītuán

corpse *n*. 死尸 sǐshī；尸首 shīshǒu

corpulence *n*. 肥胖 féipàng

corpulent *a*. 肥胖的 féipàngde = fat

corpus *n*. **1**. 身体 shēntǐ = body **2**. 全集 quánjí = large collection of writings **3**. 事物之主体 shìwù zhī zhǔtǐ = main part **4**. 本金 běnjīn = principal

corpuscle *n*. **1**. 血球 xuèqiú * in blood **2**. 微粒 wēilì；粒子 lìzǐ = minute particle

corpuscular *a*. 微粒的 wēilìde: the ~ theory of light 光的微粒说 guāngde wēilìshuō

corral *n*. 畜栏 chùlán *v*. 驱入畜栏 qūrù chùlán

correct *a*. 正确的 zhèngquède；恰当的 qiàdàngde: be absolutely ~ 绝对正确 juéduì zhèngquè / Your answer is not quite ~. 你的回答不很正确。Nǐde huídá bù hěn zhèngquè. / Is her dress ~ for the party? 她的衣服适合这个聚会吗？Tāde yīfu shìhé zhège jùhuìma? *v*. **1**. 改正 gǎizhèng；修改 xiūgǎi: ~ the sheets for the press 为报纸校清样 wèi bàozhǐ jiào qīngyàng / I ~ed my watch by the signal. 我按报时校正我的表。Wǒ àn bàoshí jiàozhèng wǒde biǎo. **2**. 惩罚 chéngfá；指责 zhǐzé: The father harshly ~ed his child. 那位父亲严厉地训斥孩子。Nàwèi fùqin yánlìde xùnchì háizi. // correction *n*.

corrective *a*. 改正的 gǎizhèngde；纠正的 jiūzhèngde；矫正的 jiǎozhèngde: ~ training 教养处分 jiàoyǎng chǔfèn *n*. 起矫正作用的东西 qǐ jiǎozhèng zuòyòngde dōngxi: Penalties are ~s of immoral conduct. 惩罚是矫正不道德行为的方法。Chéngfá shì jiǎozhèng bú dàodé xíngwéide fāngfǎ.

correctly *ad*. 正确地 zhèngquède: speak ~ 说得正确 shuōde zhèngquè / spell words ~ 拼字正确 pīnzì zhèngquè

correctness *n.* 正确性 zhèngquèxìng：check the ～ of 检验…的正确性 jiǎnyàn…de zhèngquèxìng / She had no doubt as to the ～ of her own estimate. 她对自己 估计的正确性深信不疑。Tā duì zìjǐ gūjìde zhèngquèxìng shēnxìnbùyí.

correlate *v.* 相关 xiāngguān；(使)互相关联 (shǐ) hùxiāng guānlián：His research results ～ with yours. 他的研究成果和你的研究成果有相互关系。Tāde yánjiū chéngguǒ hé nǐde yánjiū chéngguǒ yǒu xiānghù guānxì. *n.* 相互关联的事物 xiānghù guānliánde shìwù

correlation *n.* 关联(作用) guānlián (zuòyòng)；互相关系 hùxiāng guānxì：the ～ between climate and crops 气候和作物的关系 qìhòu hé zuòwùde guānxì / There is little ～ between them. 两者之间几乎没有关系。Liǎngzhě zhījiān jīhū méiyǒu guānxì.

correlative *a.* 相关的 xiāngguānde；关联的 guānliánde；呼应的 hūyìngde："Either" and "or" are ～ conjunctions. "Either" 和 "or" 是关联连词。"Either" hé "or" shì guānlián liáncí. *n.* 相关物 xiāngguānwù；相依者 xiāngyīzhě；关联语 guānliányǔ

correspond *v.* **1.** 相当 xiāngdāng：The American Congress ～s to the British Parliament. 美国的国会相当于英国的议会。Měiguóde Guóhuì xiāngdāngyú Yīngguóde Yìhuì. **2.** 相符 xiāngfú；符合 fúhé = equal to：Appearance and reality seldom ～. 外表和实际难得一致。Wàibiǎo hé shíjì nándé yízhì. **3.** 通信 tōngxìn = exchange letters：I ～ed with him all that time. 那段时间我一直和他通信. Nàduàn shíjiān wǒ yìzhí hé tā tōngxìn.

correspondence *n.* **1.** 相当 xiāngdāng；相应 xiāngyìng；符合 fúhé：We must bring our ideas into ～ with the laws of the objective external world. 我们必须使自己的思想符合客观世界的规律。Wǒmen bìxū shǐ zìjǐde sīxiǎng fúhé kèguān shìjiède guīlǜ. **2.** 通信 tōngxìn：This pair of lovers are carrying on an ardent ～. 这一对恋人正热烈地互通情书。Zhè yíduì liànrén zhèng rèliède hùtōng qíngshū. **3.** 信件 xìnjiàn：I have a great deal of ～ to answer. 我有许多回信要写。Wǒ yǒu xǔduō huíxìn yào xiě.

correspondent *n.* **1.** 通信者 tōngxìnzhě；通讯记者 tōngxùn jìzhě：He is a good ～. 他是个勤于写信的人。Tā shìge qínyú xiěxìnde rén. / special

～ 特约记者 tèyuē jìzhě / a war ～ 战地记者 zhàndì jìzhě **2.** 客户 kèhù = client *a.* 对应的 duìyìngde；相当的 xiāngdāngde；相符的 xiāngfúde：be ～ with 和…相符 hé…xiāngfú

corresponding *a.* **1.** 相应的 xiāngyìngde；对应的 duìyìngde；相当的 xiāngdāngde **2.** 通讯的 tōngxùnde：a ～ academician 通讯院士 tōngxùn yuànshì

correspondingly *ad.* 相应地 xiāngyìngde；相当(地) xiāngdāng(de)

corridor *n.* **1.** 走廊 zǒuláng；回廊 huíláng：The ～ opens into Mr Brown's office. 这走廊通到布朗先生的办公室。Zhèzǒuláng tōngdào Bùlǎng xiānshengde bàngōngshì. **2.** (政治地理)走廊(地带)(zhèngzhì dìlǐ) zǒuláng (dìdài)：air ～ 空中走廊 kōngzhōng zǒuláng / the Polish C- 波兰走廊 Bōlán Zǒuláng / try to cut a supply ～ 试图切断供应通道 shìtú qiēduàn gōngyìng tōngdào

corrigendum *n.* **1.** 应改正的错误 yīng gǎizhèngde cuòwù **2.** [corrigenda]勘误表 kānwùbiǎo

corrigible *a.* 可改正的 kě gǎizhèngde

corroborate *v.* 支持 zhīchí = support；证实 zhèngshí = prove：be ～d by 被…所证实 bèi … suǒ zhèngshí / Witnesses fully ～d the policeman's statement. 目击者充分证实了警察的话。Mùjīzhě chōngfèn zhèngshíle jǐngcháde huà.

corroborative *a.* 确证的 quèzhèngde；确定的 quèdìngde：All are ～ of such an opinion. 所有的人都证实了这一意见。Suǒyǒude rén dōu zhèngshíle zhèyī yìjian.

corrode *v.* **1.** 使…腐蚀 shǐ … fǔshí：Iron ～s easily. 铁易锈损。Tiě yì xiùsǔn. **2.** 损害 sǔnhài = harm：Jealousy ～d him morally. 妒忌损害了他的道德。Dùjì sǔnhàile tāde dàodé.

corrosion *n.* 腐蚀 fǔshí；侵蚀 qīnshí；溶蚀 róngshí

corrosive *a.* 腐蚀(性)的 fǔshí(xìng)de：Rust and acids are ～. 锈和酸都是腐蚀性的。Xiù hé suān dōushì fǔshíxìngde.

corrugate *v.* 弄皱 nòngzhòu；起皱 qǐzhòu；打折 dǎzhé：～d iron 波纹铁 bōwéntiě / ～d paper 瓦楞纸 wǎléngzhǐ

corrupt *a.* **1.** 腐化的 fǔhuàde；贪污的 tānwūde：～ practices 行贿受贿 xínghuì shòuhuì **2.** 混浊的 hùnzhuóde：～ air 混浊的空气 hùnzhuóde kōngqì **3.** 有毛病的（文章）yǒu máobìngde（wénzhāng）：～ English 不纯粹的英语 bù chúncuìde Yīngyǔ *v.* **1.** 败坏 bàihuài；收买 shōumǎi：try to ～ him with money 企图用金钱向他行贿 qǐtú yòng jīnqián xiàng tā xínghuì **2.** 使语言文字转讹 shǐ yǔyán wénzì zhuǎn'é：The text was ～ed by careless copyists. 这文本因抄写者粗心而有讹误。Zhèwénběn yīn chāoxiězhě cūxīn ér yǒu éwù.

corruptible *a.* **1.** 易腐败的 yì fǔbàide；易腐化的 yì fǔhuàde **2.** 可以收买的 kěyǐ shōumǎide

corruption *n.* **1.** 腐败 fǔbài，败坏 bàihuài；腐化 fǔhuà：the ～ of the body after death 死后人体的腐烂 sǐhòu réntǐde fǔlàn / ～ of social morals 社会道德的败坏 shèhuì dàodéde bàihuài **2.**（语言文字）讹用（yǔyán wénzì）é yòng：～ of (in) language 语言的讹误 yǔyánde éwù

corsage *n.*（女服）胸部（nǚfú）xiōngbù；胸衣 xiōngyī

corset *n.*（女用）硬围腰（nǚyòng）yìng wéiyāo；女用束腹带 nǚyòng shùfùdài

cortège *n.* 送葬行列 sòngzàng hángliè

cortex *n.* 外皮 wàipí；皮层 pícéng；皮质 pízhì：cerebral ～ 大脑皮质 dànǎo pízhì

cortical *a.* 皮层的 pícéngde；皮质的 pízhìde

cortisone *n.* 可的松 kědìsōng

corundum *n.* 刚玉 gāngyù；金刚砂 jīngāngshā

corvette *n.* 小型护航舰 xiǎoxíng hùhángjiàn

coscripter *n.* 剧本合编者 jùběn hébiānzhě

cosecant *n.* 余割 yúgē

co(-)signatory *a.* 连名签署的 liánmíng qiānshǔde：the ～ powers 连署国 liánshǔguó *n.* 连署国 liánshǔguó；连署人 liánshǔrén

cosine *n.* 余弦 yúxián：the law of ～ 余弦定律 yúxián dìnglǜ

cosmetic *a.* **1.** 化妆用的 huàzhuāngyòngde **2.** 装饰性的 zhuāngshìxìngde ＝ decorative *n.* 化妆品 huàzhuāngpǐn：eye ～ 眼部化妆品 yǎnbù huàzhuāngpǐn

cosmic *a.* 宇宙的 yǔzhòude：～ dust 宇宙尘 yǔzhòuchén / ～ radiation 宇宙辐射 yǔzhòu fúshè / ～ rays 宇宙线 yǔzhòuxiàn / the first ～ speed 第一宇宙速度 dì-yī yǔzhòu sùdù

cosmogony *n.* **1.** 宇宙的起源 yǔzhòude qǐyuán **2.** 天体演化学 tiāntǐ yǎnhuàxué * science

cosmology *n.* 宇宙论 yǔzhòulùn

cosmonaut *n.* 宇航员 yǔhángyuán；太空人 tàikōngrén

cosmopolitan *a.* 全世界的 quánshìjiède；世界主义的 shìjièzhǔyìde：Music is one of the most ～ of the arts. 音乐是最有世界性的艺术之一。Yīnyuè shì zuìyǒu shìjièxìngde yìshù zhīyī. *n.* 世界主义者 shìjièzhǔyìzhě

cosmopolitanism *n.* 世界主义 shìjièzhǔyì

cosmopolite *n.* **1.** 世界主义者 shìjièzhǔyìzhě **2.** 遍布世界的动、植物 biànbù shìjiède dòng、zhíwù *a.* 世界主义的 shìjièzhǔyìde

cosmos *n.* **1.** 宇宙 yǔzhòu **2.** 秩序 zhìxù = harmonious order **3.** 大波斯菊 dàbōsījú * a plant

cosmotron *n.* 质子同步加速器 zhìzǐ tóngbù jiāsùqì

cost *v.* **1.** 值（多少钱）zhí（duōshaoqián）；使付出 shǐ fùchū：It will ～ him dearly. 他将付出很大的代价。Tā jiāng fùchū hěndàde dàijià. / Does it ～ much? 花钱多吗？Huāqián duōma? **2.** 带来（不幸后果）dàilái（bú-xìng hòuguǒ）：The boy's foolish behavior ～s his mother many sleepless nights. 孩子的愚蠢行为给母亲带来许多晚上的失眠。Háizide yúchǔn xíngwéi gěi mǔqin dàilái xǔduō wǎnshangde shīmián. *n.* **1.** 成本 chéngběn；费用 fèiyong；absorb all research ～s 承担全部研究费用 chéngdān quánbù yánjiū fèiyong / ～ of production 生产成本 shēngchǎn chéngběn **2.** 代价 dàijià；损失 sǔnshī：No matter what ～ is involved, we will perform our international duty. 不论要付出多大代价，我们都将履行国际主义义务。Búlùn yào fùchū duōdà dàijià, wǒmen dōujiāng lǚxíng guójìzhǔyì yìwù.

costar *v.* 共同主演 gòngtóng zhǔyǎn；合演 héyǎn *n.* 合演者 héyǎnzhě

coster *n.* 卖水果（菜）的小贩 mài shuǐguǒ (cài)de xiǎofàn

costive *a.* **1.** 便秘的 biànmìde **2.** 迟缓的 chíhuǎnde = slow

costly *a.* **1.** 昂贵的 ángguìde；重价的 zhòngjiàde = costing much **2.** 豪华的 háohuáde = luxurious // costliness *n.*

costume *n.* **1.** 服装 fúzhuāng；Allow me one minute to change my hunting ～. 请允许我换一下猎装。Qǐng yǔnxǔ wǒ huàn yíxià lièzhuāng. **2.** 戏装 xìzhuāng；古装 gǔzhuāng：The actors wore Roman ～s. 演员们穿了罗马古装。Yǎnyuánmen chuānle Luómǎ gǔzhuāng. **3.** 外衣 wàiyī = a set of outer garments；女装 nǚzhuāng = a woman's coat and skirt

cosy *a*. 舒适(指人、地方) shūshì (zhǐrén、dìfang); 舒畅 shūchàng; 惬意 qièyì: a ~ little room 温暖而舒适的小房间 wēnnuǎn ér shūshìde xiǎo fángjiān

cot[1] *n*. 帆布床 fānbùchuáng; 吊铺 diàopù; 儿童床 értóngchuáng: a hospital with more than a thousand ~s 有1,000多张儿科病床的医院 yǒu yìqiān duōzhāng érkē bìngchuángde yīyuàn

cot[2] *n*. **1**. 栏 lán: a sheep~ 羊栏 yánglán **2**. 茅舍 máoshè = cottage

cotangent *n*. 余切 yúqiē

cote *n*. 栏 lán; 笼 lóng: a dove ~ 鸽笼 gēlóng

coterie *n*. 小圈子 xiǎoquānzi; 小集团 xiǎojítuán; 派系 pàixì; 同人 tóngrén: a literary ~ 文艺界同人 wényìjiè tóngrén

cottage *n*. **1**. 村舍 cūnshè; 小屋 xiǎowū: an old tumble-down thatched ~ 摇摇欲坠的旧茅屋 yáoyáo-yùzhuìde jiùmáowū **2**. 别墅 biéshù = villa: a summer ~ 避暑别墅 bìshǔ biéshù / cosy ~s 舒适的小别墅 shūshìde xiǎobiéshù

cottager *n*. 住小屋的人 zhù xiǎowūde rén; 农村居民 nóngcūn jūmín

cotter *n*. **1**. 制销 zhìxiāo; 楔 xiē; 栓 shuān; 键 jiàn **2**. 住茅屋者 zhù máowūzhě

cotton *n*. **1**. 棉花 miánhua; grow (cultivate, raise) ~ 种棉花 zhòng miánhua / pick ~ 摘棉花 zhāi miánhua **2**. 棉线 miánxiàn: a reel of white ~ 一卷白棉纱线 yìjuǎn bái miánshāxiàn *v*. **1**. 一致 yízhì; 适合 shìhé **2**. 联合 liánhé; 亲近 qīnjìn = get along: ~ up to a person 跟人做朋友 gēn rén zuò péngyou

cotton mill *n*. 棉纺厂 miánfǎngchǎng; 纱厂 shāchǎng

cottonseed *n*. 棉籽 miánzǐ

cotyledon *n*. **1**. 子叶 zǐyè; **2**. 绒毛叶 róngmáoyè

couch *n*. 睡椅 shuìyǐ; 榻 tà; 长沙发 chángshāfā: lie down on a ~ 在长沙发上躺下 zài chángshāfāshang tǎngxià *v*. **1**. [be ~ed] (诗)躺 (shī) tǎng **2**. 表达(思想等) biǎodá (sīxiǎng děng) = express: Poets ~ their feeling in beautiful language. 诗人用美丽的言语表达他们的感受。Shīrén yòng měilìde yányǔ biǎodá tāmende gǎnshòu.

cough *n*. 咳嗽 késou; 咳嗽声 késoushēng: His ~ was nearly cured. 他的咳嗽差不多治愈了。Tāde késou chàbuduō zhìyùle. / The hunter's ~ scared the deer. 猎人的咳嗽声吓跑了麋鹿。Lièrénde késoushēng xiàpǎole mílù. *v.* 咳嗽 késou；咳出 kéchū：He ～s badly. 他咳嗽得很厉害。Tā késoude hěn lìhai. / He ～ed up some drops of blood. 他咳出了几滴血。Tā kéchūle jǐdī xiě.

could *aux. v.* 能 néng；会 huì：He ～ not see her yesterday. 他昨天没能见到她。Tā zuótiān méinéng jiàndào tā. / C- you do this for me? 你能为我做这事吗？Nǐ néng wèi wǒ zuò zhèshìma?

coulomb *n.* 库伦 kùlún

coulter *n.* 犁刀 lídāo

council *n.* **1.** 政务会 zhèngwùhuì；理事会 lǐshìhuì；委员会 wěiyuánhuì：an advisory ～ 顾问委员会 gùwèn wěiyuánhuì / a family ～ 家庭会议 jiātíng huìyì **2.** 地方会议 dìfāng huìyì：a city ～ 市议会 shìyìhuì **3.** (特殊)会议 (tèshū) huìyì；宗教会议 zōngjiào huìyì：a ～ of war 军事会议 jūnshì huìyì

council(l)or *n.* 参议员 cānyìyuán；理事 lǐshì；顾问 gùwèn：an advisory ～ 顾问 gùwèn / a town ～ 市镇议会议员 shìzhèn yìhuì yìyuán

counsel *n.* **1.** 劝告 quàngào；忠告 zhōnggào：follow sb.'s ～ 听从某人的忠告 tīngcóng mǒurénde zhōnggào / I profited by his ～. 他的劝告使我得益。Tāde quàngào shǐ wǒ déyì. **2.** 商议 shāngyì；评议 píngyì；审议 shěnyì：meet for ～ 开会商议 kāihuì shāngyì / take sb. into one's ～ 和某人商议 hé mǒurén shāngyì **3.** 法律顾问 fǎlù gùwèn；律师 lùshī = lawyer **4.** 计划 jìhuà；企图 qǐtú = plan *v.* **1.** 劝告 quàngào；忠告 zhōnggào = advise：He ～ed me to go at once. 他劝我立刻去。Tā quàn wǒ lìkè qù. **2.** 商议 shāngyì = consult

counse(l)lor *n.* (私人)顾问 (sīrén) gùwèn；咨询人 zīxúnrén；律师 lùshī：a beauty ～ 美容顾问 měiróng gùwèn / a student ～ 学生顾问 xuésheng gùwèn

count *v.* **1.** 数 shǔ；计数 jìshù：～ from one to ten 从一数到十 cóng yī shǔdào shí **2.** 算数 suànshù；算得上 suàndeshàng：That does not ～. 那可不算数。Nà kě bú suànshù. **3.** 认为 rènwéi：～ a person as dead 认为某人死了 rènwéi mǒurén sǐle // ～ for little 无足轻重 wúzú-qīngzhòng / ～ for much 关系重大 guānxì zhòngdà / ～ for nothing 算不了什么 suànbuliǎo shénme / C- off! 报数！Bàoshù! / ～ in 算入 suànrù / ～ (up)on 依靠 yīkào；盼望 pànwàng；期待 qīdài / ～ out 点清 diǎnqīng；不算在内 bú suàn zài nèi *n.* **1.** 计算 jìsuàn；计数 jìshù：They have not completed the ～ of the ballots. 他们还没有把选票计算完毕。Tāmen hái méiyǒu bǎ xuǎnpiào jìsuàn wánbì. **2.** 起诉理由 qǐsù lǐyóu；（被告的）罪状（bèigàode）zuìzhuàng：His indictment contains two ～s. 对他的起诉包括两项指控。Duì tāde qǐsù bāokuò liǎngxiàng zhǐkòng.

countable *a.* 可数的 kěshǔde：a ～ noun 可数名词 kěshǔ míngcí

countenance *n.* **1.** 面容 miànróng 脸色 liǎnsè；面孔 miànkǒng **2.** 赞同 zàntóng；支持 zhīchí = support *v.* 支持 zhīchí；赞助 zànzhù；鼓励 gǔlì

counter[1] *n.* **1.** 柜台 guìtái ＊ table in a shop **2.** 计算器 jìsuànqì = device for counting

counter[2] *a.* **1.** 相反的 xiāngfǎnde；相对的 xiāngduìde：His behavior was ～ to my wishes. 他的行为与我的愿望相违背。Tāde xíngwéi yǔ wǒde yuànwàng xiāng wéibèi. **2.** 副 fù：a ～ list 副名单 fù míngdān *ad.*（与…）相反地（yǔ…）xiāngfǎnde；反方向地 fǎn fāngxiàngde：He acted ～ to his promise. 他违背了他的诺言。Tā wéibèile tāde nuòyán. *v.* 反对 fǎnduì；还击 huánjī：I hit him and he quickly ～ed. 我打了他，他立即反击。Wǒ dǎle tā，tā lìjí fǎnjī.

counteract *v.* **1.** 抵消 dǐxiāo；减少或消解（作用、力量）jiǎnshǎo huò xiāojiě（zuòyòng、lìliang）：～（the effect of）a poison 抵消毒物 dǐxiāo dúwù **2.** 打乱（敌人的计划等）dǎluàn（dírénde jìhuà děng）= make ineffective

counter(-)attack *n.* 反击 fǎnjī：launch a ～ 发起反击 fāqǐ fǎnjī *v.* 反击 fǎnjī；反攻 fǎngōng

counterbalance *n.* 平衡力 pínghénglì *v.* 使平衡 shǐ pínghéng；抵消 dǐxiāo；弥补 míbǔ

countercheck *n.* 对抗手段 duìkàng shǒuduàn *v.* 对抗 duìkàng

counterclaim *n.* 反诉 fǎnsù *v.* 提起反诉 tíqǐ fǎnsù

counterfeit *a.* 伪造的 wěizàode；假冒的 jiǎmàode；虚伪的 xūwěide：a ～ bank note 假钞票 jiǎchāopiào *n.* 伪造品 wěizàopǐn；赝品 yànpǐn：make a ～ of 伪造… wěizào… / a crude ～ 拙劣的赝品 zhuōliède yànpǐn *v.* 伪造 wěizào；假冒 jiǎmào；假装 jiǎzhuāng

counterfoil *n.* 存根 cúngēn；票根 piàogēn

counter-intelligence *n.* 反情报 fǎnqíngbào

countermand *v.* 取消（命令）qǔxiāo（mìnglìng）；收回（成命）shōuhuí

(chéngmìng)

counterpane *n.* 床单 chuángdān；床罩 chuángzhào；线毯 xiàntǎn

counterpart *n.* **1**. 极相似的东西(人) jí xiāngsìde dōngxi(rén)；副本 fùběn = copy：We have her ～ in real life. 在现实生活中有和她酷似的人。Zài xiànshí shēnghuózhōng yǒu hé tā kùsìde rén. **2**. 对方 duìfāng；配对物 pèiduìwù：Your right hand is the ～ of your left hand. 右手为左手的配对物。Yòushǒu wéi zuǒshǒude pèiduìwù.

counterplot *n.* 反计 fǎnjì；计中计 jìzhōngjì *v.* 用反计 yòngfǎnjì；将计就计 jiāngjì-jiùjì

counterpoint *n.* 对位 duìwèi；对位法 duìwèifǎ；旋律配合法 xuánlǜ pèihéfǎ

counterpoise *n.* 均衡 jūnhéng；抵消力 dǐxiāolì：the ～ of day and night 日与夜的均衡 rì yǔ yède jūnhéng / His robust strength was a ～ to the disease. 他身体强壮，抵住了这疾病。Tā shēntǐ qiángzhuàng, dǐzhùle zhèjíbìng. *v.* 均衡 jūnhéng；配重 pèizhòng

counter-revolution *n.* 反革命 fǎngémìng

counter-revolutionary *a.* 反革命的 fǎngémìngde *n.* 反革命分子 fǎngémìng fènzǐ：weed out counter-revolutionaries 肃清反革命分子 sùqīng fǎngémìng fènzǐ

countersign *n.* **1**. 口令问答 kǒulìng wèndá = password **2**. 副署 fùshǔ *v.* 副署 fùshǔ；会签 huìqiān

countersink *v.* 埋头 máitóu = sink the head of a screw, bolt, etc. *n.* **1**. 埋头孔 máitóukǒng；锥口孔 zhuīkǒukǒng **2**. 埋头钻 máitóuzuàn；锥头钻 zhuītóuzuàn

counterweight *n.* 平衡重量 pínghéng zhòngliàng；砝码 fǎmǎ

countess *n.* 伯爵夫人 bójué fūrén；女伯爵 nǚ bójué

countinghouse *n.* 会计室 kuàijìshì

countless *a.* 无数的 wúshùde；数不清的 shǔbuqīngde

countrified *a.* 乡下派头的 xiāngxia pàitóude；乡土气的 xiāngtǔqìde

country *n.* **1**. 国家 guójiā：throughout the ～ 全国 quánguó **2**. 地方 dìfang；地域 dìyù：a beautiful ～ 幽美的地方 yōuměide dìfang **3**. (one's ～)乡土 xiāngtǔ；故乡 gùxiāng：My ～ is Manchester. 我的故乡是曼彻斯特。Wǒde gùxiāng shì Mànchèsītè. **4**. [the ～] 乡间 xiāngjiān；乡下 xiāngxia：Which do you prefer：to live in a city or in the ～? 你喜欢

住在城里还是住在乡下？Nǐ xǐhuan zhùzài chéngli háishì zhùzài xiāngxia?

countryman *n.* **1.** 乡下人 xiāngxiarén = man of the countryside **2.** 同胞 tóngbāo；同国人 tóngguórén = compatriot

countryside *n.* **1.** 乡村 xiāngcūn；乡下 xiāngxia：The ～ looks its best in May and June. 乡村在五、六月时景色最美。Xiāngcūn zài wǔ、liùyuè shí jǐngsè zuì měi. **2.** 农村居民 nóngcūn jūmín：The whole ～ was in a state of great excitement. 全体乡民都非常兴奋。Quántǐ xiāngmín dōu fēicháng xīngfèn.

county *n.* **1.** 郡 jùn：London ～ 伦敦郡 Lúndūnjùn **2.** 县 xiàn：Zhongshan ～ 中山县 Zhōngshānxiàn / an autonomous ～ 自治县 zìzhìxiàn **3.** (the ～)郡民 jùnmín；县民 xiànmín

coup *n.* **1.** (一笔)好生意 (yìbǐ)hǎoshēngyi；大成功 dà chénggōng = success：make a great ～ 获得大成功 huòdé dà chénggōng **2.** 突然行动 tūrán xíngdòng：a coup d'etat 军事政变 jūnshì zhèngbiàn **3.** 策略 cèlüè；妙计 miàojì = plan

coupe *n.* **1.** 小轿车 xiǎo jiàochē **2.** 双座四轮轿式马车 shuāngzuò sìlún jiàoshì mǎchē * drawn by horse

couple *n.* **1.** (一)对 (yí)duì；(一)双 (yì)shuāng：a ～ of players；一对选手 yíduì xuǎnshǒu **2.** 夫妇 fūfù：married ～ 一对夫妇 yíduì fūfù；一对舞伴儿 yíduì wǔbànr = dancing ～ **3.** (口语)两三个 (kǒuyǔ)liǎngsānge / a ～ of days 两三天 liǎngsāntiān **4.** 力偶 lì'ǒu * in physics *v.* **1.** 联接(车辆等) liánjiē(chēliàng děng)；配合 pèihé = join **2.** 联想 liánxiǎng **3.** 结婚 jiéhūn = marry

coupler *n.* **1.** 联接器 liánjiēqì **2.** [car ～]车钩 chēgōu

couplet *n.* 二行诗 èrhángshī；对联 duìlián：a heroic ～ 叙事诗对句 xùshìshī duìjù

coupling *n.* **1.** 偶合 ǒuhé；联接 liánjiē **2.** 联接器 liánjiēqì

coupon *n.* 息票 xīpiào；赠券 zèngquàn；优待券 yōudàiquàn：a petrol ～ 购汽油券 gòu qìyóuquàn

courage *n.* 勇气 yǒngqì；胆量 dǎnliàng，英勇 yīngyǒng：call up one's ～ 鼓起勇气 gǔqǐ yǒngqì // take ～ 鼓起勇气 gǔqǐ yǒngqì / take ～ in both hands 敢作敢为 gǎnzuò-gǎnwéi

courageous *a.* 有胆量的 yǒu dǎnliàngde；英勇的 yīngyǒngde：It was ～ of him to enter the tigers lair. 他敢入虎穴，堪称勇敢。Tā gǎnrù hǔxué, kānchēng yǒnggǎn.

course *n.* **1.** 进行 jìnxíng；过程 guòchéng；经过 jīngguò：the ～ of the war 战争的过程 zhànzhēngde guòchéng **2.** 进路 jìnlù；水路 shuǐlù；航线 hángxiàn：the upper ～ of the river 河的上游 héde shàngyóu / leave a thing to take its ～ 让事物自然发展 ràng shìwù zìrán fāzhǎn **3.** 路线 lùxiàn；方针 fāngzhēn = policy：The wisest ～ will be … 最高明的方法是… zuì gāomíngde fāngfǎ shì… **4.** 一系列（活动）yíxìliè（huódòng）：a ～ of treatments 一个疗程 yíge liáochéng **5.** 学程 xuéchéng；科目 kēmù：a ～ of instruction 教程 jiàochéng / complete one's college ～s 读完大学（课程）dú wán dàxué（kèchéng）**6.** 一道菜 yídàocài：a dinner of six ～s 六道的西菜 liùdàode xīcài **7.** 跑道 pǎodào：race-horse ～ 跑马场 pǎomǎchǎng；golf ～ 高尔夫球场 gāo'ěrfū qiúchǎng // a matter of ～ 当然的事 dāngránde shì / as a matter of ～ 当然 dāngrán / in ～ of 正在…中 zhèng zài…zhōng / in the ～ of 在…的过程中 zài…de guòchéngzhōng *v.* **1.** 追逐 zhuīzhú = run **2.** 运行 yùnxíng；流动 liúdòng：The blood ～s through the veins. 血液在血管里流动。Xuèyè zài xuèguǎnlǐ liúdòng.

court *n.* **1.** 法院 fǎyuàn；法庭 fǎtíng；（全体）法官（quántǐ）fǎguān：a ～ of justice (or law) 法院 fǎyuàn / in ～ 在法庭上 zài fǎtíngshang / appear in ～ 出庭 chūtíng / hold a ～ 开庭 kāitíng **2.** 宫廷 gōngtíng；朝廷 cháotíng；（全体）朝臣（quántǐ）cháochén：at ～ 在宫中 zài gōngzhōng / go to ～ 进宫 jìngōng **3.** 庭院 tíngyuàn；院子 yuànzi = yard **4.** 球场 qiúchǎng：a grass ～ 草地网球场 cǎodì wǎngqiúchǎng **5.** 奉承 fèngcheng；讨好 tǎohǎo；求爱 qiú'ài：pay one's ～ to a woman 向女子求爱 xiàng nǚzǐ qiú'ài *v.* **1.** 奉承 fèngcheng；向…求婚 xiàng…qiúhūn = woo **2.** 企求 qǐqiú = seek **3.** 招致（失败、危险）zhāozhì（shībài、wēixiǎn）= attract

courteous *a.* 有礼貌的 yǒu lǐmàode；谦恭的 qiāngōngde；殷勤的 yīnqínde

courtesan *n.*（高级）妓女（gāojí）jìnǚ = a prostitute

courtesy *n.* **1.** 礼貌 lǐmào；谦恭 qiāngōng：They showed us great ～. 他们对我们很有礼貌。Tāmen duì wǒmen hěn yǒu lǐmào. **2.** 好意 hǎoyì；同意 tóngyì = general allowance：by ～ of the author 经作者同意 jīng zuòzhě tóngyì

courtier *n.* 朝臣 cháochén = person attending a royal court

courtliness *n.* 彬彬有礼 bīnbīn-yǒulǐ；谦恭 qiāngōng // courtly *a.*

courtmartial *n.* 军事法庭 jūnshì fǎtíng；军法审判 jūnfǎ shěnpàn *v.* 军法审判 jūnfǎ shěnpàn：～ a soldier on a charge of 以…的罪名对某士兵进行军法审判 yǐ…de zuìmíng duì mǒu shìbīng jìnxíng jūnfǎ shěnpàn

courtship *n.* 求爱 qiú'ài；求婚 qiúhūn；求爱期间 qiú'ài qījiān / after a year's ～ 经过一年的追求 jīngguò yìniánde zhuīqiú

courtyard *n.* 院子 yuànzi

cousin *n.* **1.** 堂(表)兄 táng(biǎo)xiōng；堂(表)弟 táng(biǎo)dì；堂(表)姐 táng(biǎo)jiě；堂(表)妹 táng(biǎo)mèi **2.** 远亲 yuǎnqīn：call ～(s) with 同…攀亲戚 tóng…pān qīnqī

cove[1] *n.* 小海湾 xiǎo hǎiwān

cove[2] *n.* 家伙 jiāhuo = fellow；小伙子 xiǎohuǒzi = young man

covenant *n.* 盟约 méngyuē；契约 qìyuē；协定 xiédìng：He has a ～ with me for the transfer of his house to me. 他和我有约，要将他的房子转让给我。Tā hé wǒ yǒu yuē，yào jiāng tāde fángzi zhuǎnràng gěi wǒ.

cover *v.* **1.** 盖 gài；覆 fù；遮 zhē；包 bāo：The field is ～ed with snow. 田野上一片积雪。Tiányěshang yípiàn jīxuě. / ～ a plant with straw 用草包植物 yòng cǎo bāo zhíwù **2.** 掩盖 yǎngài；掩饰 yǎnshì：～ a mistake 掩盖错误 yǎngài cuòwù **3.** 掩蔽 yǎnbì；掩护 yǎnhù：～ the retreat of an army 掩护军队退却 yǎnhù jūnduì tuìquè **4.** 包括 bāokuò；涉及 shèjí：His researches ～ed a wide field. 他的研究涉及范围很广。Tāde yánjiū shèjí fànwéi hěnguǎng. **5.** 走过 zǒuguò = go over：～ twenty miles a day 一天跑二十哩 yìtiān pǎo èrshílǐ **6.** 报道(新闻) bàodào(xīnwén) = report：～ a meeting 报道开会情况 bàodào kāihuì qíngkuàng *n.* **1.** 盖子 gàizi；套子 tàozi：a sofa ～ 沙发套 shāfātào / a ～ for a kettle 水壶盖 shuǐhúgài **2.** 封面 fēngmiàn；封皮 fēngpí：a book in paper ～ 平装书 píngzhuāngshū / read a book from ～ to ～ 全卷通读 quánjuàn tōngdú **3.** 掩护物 yǎnhùwù；掩蔽物 yǎnbìwù：take ～ 隐蔽 yǐnbì **4.** 掩蔽 yǎnbì；掩护 yǎnhù：under the ～ of religion 在宗教的掩护下 zài zōngjiàode yǎnhùxià **5.** (一副)餐具 (yífù)cānjù；餐席 cānxí：Covers were laid for six (people). 餐具准备了六副。Cānjù zhǔnbèile liùfù.

coveralls *n.* 工人装 gōngrénzhuāng；工作服 gōngzuòfú

covering *n.* 覆盖(物) fùgài(wù)；套 tào；罩 zhào：A blanket is a bed ～. 毯子是一种寝具。Tǎnzi shì yìzhǒng qǐnjù.

coverlet *n.* 被单 bèidān；床罩 chuángzhào ＝ a bedcover

covert *n.* 掩护物 yǎnhùwù；隐藏处 yǐncángchù；掩蔽处 yǎnbìchù：break ～ 由隐藏处跳出(飞出) yóu yǐncángchù tiàochū(fēichū) / draw a ～ for (放猎犬)把…从丛林中赶出来 (fàng lièquǎn) bǎ…cóng cónglínzhōng gǎn chūlái

covet *v.* 垂涎 chuíxián；渴望 kěwàng：It is eagerly ～ed by collectors. 收藏家都对它垂涎三尺。Shōucángjiā dōu duìtā chuíxiánsānchǐ. / ～ after sth. 渴望获得某物 kěwàng huòdé mǒuwù

covetous *a.* 垂涎的 chuíxiánde；贪心的 tānxīnde：be ～ of gain 贪利 tānlì

covey *n.* (一)窝 (yì)wō；(一)群 (yì)qún：a ～ of quails 一群鹑 yìqún chún

cow[1] *n.* **1.** 母牛 mǔniú；奶牛 nǎiniú：milk a ～ 挤牛奶 jǐ niúnǎi **2.** 母兽 mǔshòu：an elephant ～ 母象 mǔxiàng

cow[2] *v.* 吓唬 xiàhu；威吓 wēihè：～ sb. into obedience 恐吓某人使之服从 kǒnghè mǒurén shǐ zhī fúcóng

coward *n.* 懦夫 nuòfū；胆怯者 dǎnqièzhě *a.* 懦怯的 nuòqiède；胆怯 dǎnqiè：a ～ cry 胆怯的呼声 dǎnqiède hūshēng

cowardice *n.* 懦怯 nuòqiè；胆怯 dǎnqiè；胆小 dǎnxiǎo：show ～ 显得胆怯 xiǎnde dǎnqiè

cowboy *n.* (欧洲)牛郎 (Ōuzhōu)niúláng；牧童 mùtóng；(美国西部的)骑马牧童 (Měiguó xībùde) qímǎ mùtóng；牛仔 niúzǎi

cower *v.* 畏缩 wèisuō：～ at the sight of sth. 见到某物就畏缩 jiàndào mǒuwù jiù wèisuō

cowherd *n.* 牛郎 niúláng；放牛的 fàngniúde

cowhide *n.* **1.** 牛皮 niúpí；**2.** 牛皮鞭 niúpíbiān ＝ whip made of ～

cowl *n.* **1.** 兜头帽 dōutóumào **2.** 烟囱帽 yāncōngmào；通气帽 tōngqìmào ＝ hooding top of chimney or ventilating pipe **3.** 罩 zhào ＝ bonnet (for engine)

cowpea *n.* 豇豆 jiāngdòu

cowslip *n.* 黄花九轮草 huánghuā jiǔlúncǎo；药用樱草 yàoyòng yīngcǎo

coxswain *n.* 艇长 tǐngzhǎng；舵手 duòshǒu

coy *a.* 腼腆 miǎntiǎn；害羞的 hàixiūde；忸怩的 niǔníde：She is ～ of speech. 她羞于言谈。Tā xiūyú yántán.

cozen *v.* 欺骗 qīpiàn；哄 hǒng；欺诈 qīzhà

crab *n.* 螃蟹 pángxiè；蟹肉 xièròu：canned (tinned) ～ 罐头蟹肉 guàntou xièròu

crabapple *n.* 苹果属 píngguǒshǔ；（野生）酸苹果（树）(yěshēng) suān píngguǒ(shù)；山楂 shānzhā

crabbed *a.* **1.** 暴躁的 bàozàode；乖戾的 guāilìde = bad-tempered **2.** 难认的 nánrènde；难懂的 nándǒngde = difficult to recognize

crack *v.* **1.** 使…破裂 shǐ…pòliè；使…爆裂 shǐ…bàoliè；弄破 nòngpò：I can ～ it but I can't break it. 我能把它弄破却不能把它打碎。Wǒ néng bǎ tā nòngpò, què bùnéng bǎ tā dǎsuì. **2.** 打响 dǎxiǎng：～ a whip 抽鞭子 chōu biānzi **3.** 发出爆裂声 fāchū bàoliè shēng：The fireworks ～ed overhead. 鞭炮在头顶上空劈啪地爆响。Biānpào zài tóudǐng shàngkōng pīpāde bàoxiǎng. **4.** 撞毁 zhuànghuǐ：The airplane ～ed up. 那架飞机撞毁了。Nàjià fēijī zhuànghuǐle. **5.** 垮掉 kuǎdiào = break down (of health) *n.* **1.** 裂纹 lièwén；裂缝 lièfèng：The earthquake caused huge ～s in the earth. 地震造成了巨大的地裂。Dìzhèn zàochéngle jùdàde dìliè. **2.** 爆裂声 bàolièshēng：a ～ of thunder 雷声 léishēng **3.** 挖苦话 wākuhuà；俏皮话 qiàopíhuà = joke：He is always making ～s about my big feet. 他老是笑话我的一双大脚。Tā lǎoshì xiàohua wǒde yìshuāng dàjiǎo. *a.* (colloq.) 呱呱叫的 guāguājiàode；高明 gāomíng = excellent：a ～ hand 能手 néngshǒu

cracked *a.* **1.** 有裂缝的 yǒu lièfèngde：a ～ cup 有裂缝的茶杯 yǒu lièfèngde chábēi **2.** 嘶哑的 sīyǎde * of voice **3.** (colloq.) 狂热的 kuángrède = mad

cracker *n.* **1.** 爆竹 bàozhú = firecracker **2.** 饼干 bǐnggān = biscuit：munch an army ～ 用力咀嚼军用饼干 yònglì jǔjué jūnyòng bǐnggān **3.** 破碎机 pòsuìjī * a machine：a coal ～ 碎煤机 suìméijī

cracking *n.* **1.** 破裂 pòliè；裂缝 lièfèng **2.** 裂解 lièjiě；分馏 fēnliú *a.* & *ad.* 极大的（地）jídàde(de)；猛裂的（地）měngliède(de) = extremely

crackle *v.* 劈啪地响 pīpāde xiǎng *n.* 爆竹声 bàozhúshēng；劈啪声 pīpāshēng：spill forth ～s of electric flame 劈劈啪啪地爆出电火花 pīpipāpāde bàochū diànhuǒhuā

crackling *n.* **1.** 劈啪声 pīpāshēng；爆裂声 bàolièshēng **2.** 脆猪皮 cuì zhūpí

= crisp skin of roast pig

cradle *n.* **1.** 摇篮 yáolán；摇车 yáochē：rock the ～ 摇摇篮 yáo yáolán / lay a baby in a ～ 把婴儿放在摇篮里 bǎ yīng'ér fàngzài yáolánli **2.** 发源地 fāyuándì：the ～ of civilization 文明的发源地 wénmíngde fāyuándì **3.** 支架 zhījià：Remember to put the telephone back in the ～ when you've finished. 打完电话后，记住把听筒放回到听筒架上。Dǎwán diànhuà hòu，jìzhù bǎ tīngtǒng fànghuídào tīngtǒngjiàshang. *v.* **1.** 把…放在摇篮里 bǎ…fàngzài yáolánli **2.** 养育 yǎngyù = nurture **3.** 安放在支架上 ānfàngzài zhījiàshang：～ machinery for shipment 把机器安置在支架上以便运输 bǎ jīqì ānzhìzài zhījiàshang yǐbiàn yūnshū

craft *n.* **1.** 工艺 gōngyì；手艺 shǒuyì；行业 hángyè：carpenter's ～ 木工的技艺 mùgōngde jìyì / arts and ～s 工艺美术 gōngyì měishù **2.** 技巧 jìqiǎo；手段 shǒuduàn = skill：He is full of ～ and cunning. 他诡计多端。Tā guǐjì duōduān. **3.** 行会 hánghuì = guild **4.** 船 chuán；船舶 chuánbó：a small ～ 一只小船 yìzhī xiǎochuán **5.** 航空器 hángkōngqì = aircraft：all kinds of bombing ～ 各种轰炸机 gèzhǒng hōngzhàjī

craftiness *n.* 狡猾 jiǎohuá；诡诈 guǐzhà

craftsman *n.* 技工 jìgōng；工匠 gōngjiàng；手艺人 shǒuyìrén：a master ～ 能工巧匠 nénggōng-qiǎojiàng / a poetic ～ 写诗能手 xiěshī néngshǒu

crafty *a.* 狡猾的 jiǎohuáde：as ～ as a fox 狐狸般的狡猾 húli bānde jiǎohuá

crag *n.* 峭壁 qiàobì；悬崖 xuányá

cram *v.* **1.** 塞（入）sāi（rù）：～ food into one's mouth 把食物塞到嘴里 bǎ shíwù sāidào zuǐlǐ **2** . 塞满 sāimǎn；喂饱 wèibǎo：the room was ～med. 房间塞满了。Fángjiān sāimǎnle. / ～ oneself（with food）塞饱肚皮 sāibǎo dùpí **3.** 填鸭式地教 tiányāshìde jiāo；死记硬背 sǐjì-yìngbèi：～ up a subject for an examination 死记一门功课以应付考试（临急抱佛脚）sǐjì yìmén gōngkè yǐ yìngfù kǎoshì（línjí bàofójiǎo）

cramp *n.* **1.** 夹（钳）jiā（qián）；扣钉 kòudīng **2.** 痉挛（抽筋）jìngluán（chōujīn）：The swimmer was seized with ～. 游泳者抽筋儿了。Yóuyǒngzhě chōujīnrle. *v.* 限制 xiànzhì；束缚 shùfù = hinder：All these things ～ed his progress. 这一切阻碍了他的进步。Zhè yíqiè zǔ'àile tāde jìnbù.

cramped *a.* 狭窄的 xiázhǎide：a ～ little flat 狭窄的小公寓 xiázhǎide xiǎo gōngyù / ～ writing 挤在一起难认的字 jǐ zài yìqǐ nánrènde zì

crampon *n.* 靴铁 xuētiě

cranberry *n.* 酸果蔓 suānguǒmàn；红莓子 hóngméizǐ

crane *n.* **1.** 鹤 hè * a bird **2.** 起重机 qǐzhòngjī * a machine for lifting *v.* **1.** 伸(脖子) shēn(bózi)：～ one's neck out of a window 从窗内伸出脖子 cóng chuāngnèi shēnchū bózi **2.** 用起重机起吊(搬运) yòng qǐzhòngjī qǐdiào(bānyùn)：～ up building material 用起重机吊起建筑物 yòng qǐzhòngjī diàoqǐ jiànzhùwù

cranium *n.* 头颅 tóulú；头盖骨 tóugàigǔ

crank *n.* **1.** 曲柄 qūbǐng * of a machine **2.** 怪人 guàirén = an eccentric person *v.* 开动 kāidòng = start

crankshaft *n.* 曲轴 qūzhóu

cranky *a.* **1.** 歪歪倒倒的 wāiwai-dǎodǎode；摇晃的 yáohuàngde；不稳的 bùwěnde = shaky **2.** 古怪的 gǔguàide；怪癖的 guàipǐde = odd

cranny *n.* 裂缝 lièfèng；缝隙 fèngxì

crape *n.* **1.** 绉纱 zhòushā = light, silk fabric **2.** 黑纱 hēishā = ～ in black color

crash *v.* **1.** 摔下 shuāixià；坠落 zhuìluò：The plane ～ed on a hillside. 飞机在山腰坠毁。Fēijī zài shānyāo zhuìhuǐ. / The dishes ～ed to the floor. 碟子落在地上摔破了。Diézi luòzài dìshang shuāipòle. **2.** 粉碎 fěnsuì；失败 shībài：Their scheme ～ed. 他们的计划粉碎了。Tāmende jìhuà fěnsuìle. **3.** 隆隆作响 lónglóng-zuòxiǎng：The thunder ～ed overhead. 头顶上雷声隆隆。Tóudǐngshang léishēng lónglóng. **4.** 闯入 chuǎngrù：～ in 闯进(会场) chuǎngjìn(huìchǎng) // ～ about(around) 闯来闯去 chuǎnglái-chuǎngqù / ～ into 撞到…上 zhuàngdào…shang / ～ through 穿过… chuānguò… / ～ with teeth 用牙咬碎 yòng yá yǎosuì

crash barrier *n.* 防撞栏 fángzhuànglán

crash-dive *v.* **1.** 潜没 qiánmò * of a submarine **2.** 俯冲坠毁 fǔchōng zhuìhuǐ * of aircraft

crashhelmet *n.* 安全帽 ānquánmào；防护头盔 fánghù tóukuī

crash-land *v.* 紧急降落 jǐnjí jiàngluò；毁机着陆 huǐjī zhuólù

crass *a.* **1.** 十二分的 shí'èrfēnde；透顶的 tòudǐngde = complete：～ stupidity 愚笨透顶 yúbèn tòudǐng **2.** 粗鲁的 cūlǔde = coarse：～ behavior

粗鲁的行为 cūlǔde xíngwéi

crate *n.* (条板)箱 (tiáobǎn)xiāng; 柳条箱 liǔtiáoxiāng

crater *n.* **1.** 火山口 huǒshānkǒu = mouth of a volcano **2.** 弹坑 dànkēng = hole on the ground caused by explosion of a shell // lips of ～ 火山口的边缘 huǒshānkǒude biānyuán

cravat *n.* 领带 lǐngdài; 领巾 lǐngjīn

crave *v.* **1.** 恳求 kěnqiú; 要求 yāoqiú: ～ mercy (pardon) 恳求宽大(宽恕) kěnqiú kuāndà(kuānshù) **2.** 渴望 kěwàng: ～ (for) food 渴望食物 kěwàng shíwù / ～ after inspiration 渴望灵感 kěwàng línggǎn

craven *a.* 胆小的 dǎnxiǎode; 畏缩的 wèisuōde *n.* 胆小鬼 dǎnxiǎoguǐ; 懦夫 nuòfū

craving *n.* 渴望 kěwàng; 热望 rèwàng: have a ～ for knowledge 渴望科学知识 kěwàng kēxué zhīshi / have no intellectual ～ 没有求知欲 méiyǒu qiúzhīyù

crawl *v.* **1.** 爬 pá; 蠕动 rúdòng: The baby ～ed out of the room. 婴儿爬出了房间。Yīng'ér páchūle fángjiān. **2.** 爬满着 pámǎnzhe; 充斥着 chōngchìzhe: The sweets are ～ing with ants. 这些糖果上爬满了蚂蚁。Zhèxiē tángguǒshang pámǎnle mǎyǐ. **3.** 巴结 bājie = curry favor: Don't ～ to your boss. 别巴结老板。Bié bājie lǎobǎn. *n.* **1.** 爬行 páxíng; 徐行 xúxíng: go at a ～ 慢吞吞地走 màntūntūnde zǒu **2.** [the ～] 自由式游泳 zìyóushì yóuyǒng * swimming

crayfish *n.* **1.** 小龙虾 xiǎolóngxiā **2.** 小龙虾肉 xiǎolóngxiāròu = the meat of ～

crayon *n.* **1.** 粉笔画 fěnbǐhuà; 彩色铅笔画 cǎisè qiānbǐhuà = painting made with ～ **2.** 彩色铅笔 cǎisè qiānbǐ; 蜡笔 làbǐ = pencil of colored chalk

craze *v.* 使…发狂 shǐ … fākuáng; 使疯狂 shǐ fēngkuáng: He is ～d about that movie star. 他醉心于那位影星。Tā zuìxīn yú nàwèi yǐngxīng. / He was ～d by the famine. 他被饥荒逼疯了。Tā bèi jīhuāng bīfēngle. / be ～d with care 忧虑得发疯 yōulǜde fāfēng / be ～d with fright 吓疯了 xiàfēngle

crazy *a.* **1.** 疯狂的 fēngkuángde: Are you ～? 你疯了吗? Nǐ fēnglema? / be ～ with excitement 兴奋得发疯 xīngfènde fāfēng **2.** 狂热的 kuángrède; 热衷的 rèzhōngde; 着迷的 zháomíde: He is ～ about dancing. 他跳舞着了迷。Tā tiàowǔ zháole mí. / John is ～ about that girl. 约翰对那姑娘十分痴情。Yuēhàn duì nà gūniang shífēn chīqíng. / be ～ for sth. 渴望得到某物 kěwàng dédào mǒuwù / go ～ with drink 因酗酒而发狂 yīn xùjiǔ ér fākuáng

creak *v.* 叽叽嘎嘎地响 jīji-gāgāde xiǎng；吱吱作响 zhīzhī zuòxiǎng：The chair is ～ing with age. 这把椅子因年久而吱吱作响。Zhèbǎ yǐzi yīn niánjiǔ ér zhīzhī zuòxiǎng.

cream[1] *n.* **1.** 奶油 nǎiyóu；乳脂 rǔzhī：chocolate ～ 巧克力奶油 qiǎokèlì nǎiyóu / ice ～ 冰淇淋 bīngqílín **2.** 香脂 xiāngzhī；雪花膏 xuěhuāgāo * cosmetic：cold (face) ～ 冷霜(面霜) lěngshuāng(miànshuāng) **3.** 精华 jīnghuá：～ of the crop 精华 jīnghuá / the ～ of a joke 笑话的妙处 xiàohuade miàochù / the ～ of a story 故事最精彩的部分 gùshi zuì jīngcǎide bùfen / the ～ of society 社会上的优秀分子 shèhuìshangde yōuxiù fènzǐ

cream[2] *n.* & *a.* 淡黄色(的) dànhuángsè(de)；奶油色(的) nǎiyóusè(de)；米色(的) mǐsè(de) = color of the cream

creamery *n.* 乳品制造厂 rǔpǐn zhìzàochǎng = butter factory；乳品商店 rǔpǐn shāngdiàn = shop selling butter, cream, etc.

creamy *a.* 含奶油的 hán nǎiyóude；似奶油的 sì nǎiyóude；奶油色的 nǎiyóusède

crease *n.* 折缝 zhéfèng；折子 zhézi：a sharp ～ in the trousers 裤子上笔挺的折缝 kùzishang bǐtǐngde zhéfèng / the ～s on one's face 某人脸上的皱纹 mǒurén liǎnshangde zhòuwén *v.* **1.** 变皱 biànzhòu **2.** 使…大笑 shǐ … dàxiào：That joke really ～d me. 那个笑话真把我笑死了。Nàge xiàohua zhēn bǎ wǒ xiàosǐle.

create *v.* **1.** 创造 chuàngzào；创建 chuàngjiàn；创立 chuànglì；创作 chuàngzuò：～ a beautiful house 建一幢美丽的房子 jiàn yízhuàng měilìde fángzi / ～ a drama (an epic) 创作戏剧(史诗) chuàngzuò xìjù (shǐshī) **2.** 册封 cèfēng；封(爵) fēng(jué)：He was ～d baron by the king. 国王封他为男爵。Guówáng fēng tā wéi nánjué. **3.** 引起 yǐnqǐ；产生 chǎnshēng：～ a bad impression 产生不良印象 chǎnshēng bùliáng yìnxiàng

creation *n.* **1.** 创造 chuàngzào；创作 chuàngzuò；产物 chǎnwù；作品 zuòpǐn：the ～ of works of art 艺术品的创作 yìshùpǐnde chuàngzuò **2.**

[the C-]万物 wànwù；宇宙 yǔzhòu；世界 shìjiè：Man is sometimes called the lord of ～. 人有时被称为万物之灵。Rén yǒushí bèi chēngwéi wànwù zhīlíng. **3.** 册封 cèfēng；封爵 fēngjué **4.** 时装 shízhuāng：the latest ～s 最新时装 zuìxīn shízhuāng

creative *a.* 有创造力的 yǒu chuàngzàolìde；创作的 chuàngzuòde；独创的 dúchuàngde：～ thinking 创造性的思考 chuàngzàoxìngde sīkǎo / ～ talent 创作的才能 chuàngzuòde cáinéng

creativeness *n.* 创造性 chuàngzàoxìng；创造力 chuàngzàolì；独创力 dúchuànglì

creator *n.* 创造者 chuàngzàozhě；创作者 chuàngzuòzhě：front rank ～s of clothes 一流服装设计师 yīliú fúzhuāng shèjìshī

creature *n.* **1.** 生物 shēngwù；动物 dòngwù；人 rén：dumb ～s 牲畜 shēngchù / earthly ～s 凡夫俗子 fánfūsúzǐ / fellow ～s 同类动物 tónglèi dòngwù / a good ～ 好人 hǎorén / a lower ～ 下等动物 xiàděng dòngwù / a poor ～ 可怜的人(动物) kěliánde rén(dòngwù) / a wild ～ 野生动物 yěshēng dòngwù / ～s from outer space 天外来客 tiānwài láikè；外星人 wàixīngrén **2.** 奴才 núcai；傀儡 kuǐlěi：a governor's ～ 总督的傀儡 zǒngdūde kuǐlěi // ～ comforts 物质享受 wùzhì xiǎngshòu

crèche *n.* 托儿所 tuō'érsuǒ

credence *n.* **1.** 信任 xìnrèn；相信 xiāngxìn：give ～ to the story 相信这番话 xiāngxìn zhèfān huà / refuse ～ to the story 怀疑这番话 huáiyí zhèfān huà / the word of ～ 可信赖的话 kě xìnlàide huà **2.** 凭证 píngzhèng；证件 zhèngjiàn：a letter of ～ 推荐信 tuījiànxìn；介绍信 jièshàoxìn

credentials *n.* 国书 guóshū；信任状 xìnrènzhuàng；证明书 zhèngmíngshū present the ～ 呈递国书 chéngdì guóshū

credibility *n.* 可靠性 kěkàoxìng；确实性 quèshíxìng

credible *a.* 可信的 kěxìnde；可靠的 kěkàode：It's hardly ～. 这是难以置信的。Zhèshì nányǐ zhìxìnde. / a ～ news report 可信的新闻报道 kěxìnde xīnwén bàodào

credit *n.* **1.** 信任 xìnrèn；相信 xiāngxìn：It deserves no ～. 这不足信。Zhè bù zú xìn. / I place full ～ in the government. 我充分相信政府。Wǒ chōngfèn xiāngxìn zhèngfǔ. **2.** 信用 xìnyòng；信用往来 xìnyòng wǎnglái；赊欠 shēqiàn：letter of ～ 信用状 xìnyòngzhuàng / a ～ card 信用卡 xìnyòngkǎ / buy goods on ～ 赊买货物 shēmǎi huòwù / No ～ is extended to a new customer. 新客户恕不赊欠。Xīn kèhù shùbù shēqiàn. / give sb. ～ for 为某人提供信用贷款 wèi mǒurén tígōng xìnyòng dàikuǎn / open a ～ with 和…开始做信用交易 hé … kāishǐ zuò xìnyòng jiāoyì **3.** 声望 shēngwàng；荣誉 róngyù；赞扬 zànyáng；增光的人（事）zēngguāngde rén（shì）：add to one's ～ 提高某人的声誉 tígāo mǒurénde shēngyù / bring ～ to one's family 使某人家庭增光 shǐ mǒurén jiātíng zēngguāng / for the ～ of China 为了中国的声誉 wèile Zhōngguóde shēngyù / Greatly to his ～, he came out first. 他非常光荣，得了第一名。Tā fēicháng guāngróng，déle dì-yī míng. / He lived with ～ in the village. 他在村里颇有名望。Tā zài cūnli pōyǒu míngwàng. **4.** 银行存款 yínháng cúnkuǎn；债权 zhàiquán：have 100 yuan standing to one's ～ 有存款一百元 yǒu cúnkuǎn yìbǎi yuán / have a large ～ with a bank 在银行有大笔存款 zài yínháng yǒu dàbǐ cúnkuǎn **5.** 学分 xuéfēn：a course for four ～s 一门4个学分的课程 yìmén sìge xuéfēnde kèchéng / You can get 3 ～s for this course. 学习这门课的学生可以得到三个学分。Xuéxí zhèménkède xuésheng kěyǐ dédào sānge xuéfēn. *v.* **1.** 信任 xìnrèn **2.** 把…归功于 bǎ … guīgōngyú：They ～ the defeat to the poor planning. 他们把失败归（咎）于计划不周。Tāmen bǎ shībài guī(jiù)yú jìhuà bùzhōu. **3.** 把…记入贷方 bǎ … jìrù dàifāng：Please ～ ＄10 to my account. 请把这10美元记在我的帐上。Qǐng bǎ zhè shí Měiyuán jìzài wǒde zhàngshang.

creditable *a.* **1.** 值得赞扬的 zhídé zànyángde；可嘉的 kějiāde：a ～ attempt 值得赞扬的尝试 zhídé zànyángde chángshì / His efforts are most ～. 他的努力十分可嘉。Tāde nǔlì shífēn kějiā. **2.** 可归（功）于…的 kě guī(gōng)yú … de：Victory is ～ to his efforts. 胜利归（功）于他的努力。Shènglì guī(gōng)yú tāde nǔlì.

creditor *n.* 债权人 zhàiquánrén；债主 zhàizhǔ：pay one's ～s in full 全面还清债务 quánmiàn huánqīng zhàiwù / an extortionate ～ 高利贷者 gāolìdàizhě / an importunate ～ 不断催债的债主 búduàn cuīzhàide zhàizhǔ / a judgement ～ 判定债权人 pàndìng zhàiquánrén / a trade ～ 销货客户 xiāohuò kèhù

credo *n*. 信条 xìntiáo

credulity *n*. 轻信 qīngxìn: live on the ~ of the people 以行骗为生 yǐ xíngpiàn wéishēng

credulous *a*. 轻信的 qīngxìnde: He was ~ enough to believe it. 他居然轻信那事。Tā jūrán qīngxìn nàshì.

creed *n*. 教义 jiàoyì; 信条 xìntiáo: follow one's ~ 信奉自己的信条 xìnfèng zìjǐde xìntiáo / business ~ 经商信条 jīngshāng xìntiáo / the ethico-political ~ of the Confucianists 儒家的伦理和政治信仰 rújiāde lúnlǐ hé zhèngzhì xìnyǎng

creel *n*. 鱼篓 yúlǒu

creek *n*. 小湾 xiǎowān; 小溪 xiǎoxī; 小河 xiǎohé

creep *v*. **1**. 爬 pá; 爬行 páxíng; 蠕动 rúdòng; 蔓延 mànyán: ~ forward 匍匐前进 púfú qiánjìn / ~ out 爬出去 páchūqù / ~ up 爬上去 páshàngqù; 悄悄逼近 qiāoqiāo bījìn **2**. 溜 liū; 潜动 qiándòng; 蹑手蹑脚 nièshǒu-nièjiǎo: ~ about on tiptoe 踮着脚尖走动 diǎnzhe jiǎojiān zǒudòng / ~ away 偷偷离开 tōutōu líkāi / The hours crept by. 时间悄悄地过去了。Shíjiān qiāoqiāode guòqùle. / ~ out 溜出去 liūchūqù / A drowsy feeling crept over me. 我昏昏欲睡。Wǒ hūnhūn yù shuì. **3**. 奉承 fèngcheng; 谄媚 chǎnmèi: ~ into a person's favor 暗暗奉承 àn'àn fèngcheng; 讨人的好 tǎorénde hǎo **4**. 发痒 fāyǎng: make sb.'s flesh ~ 令人不寒而栗 lìngrén bùhán'érlì; 使人起鸡皮疙瘩 shǐ rén qǐ jīpígēda *n*. **1**. 爬行 páxíng **2**. 战栗 zhànlì: give sb. the ~s 使某人惊恐、战栗 shǐ mǒurén jīngkǒng、zhànlì

creeper *n*. **1**. 爬行物 páxíngwù; 爬虫 páchóng **2**. 蔓草 màncǎo; 匍匐植物 púfú zhíwù: the Virginia ~ 爬山虎 páshānhǔ * plant

creepy *a*. **1**. (毛发)悚然的 (máofà)sǒngránde: feel ~ 感到毛发悚然 gǎndào máofà sǒngrán **2**. 爬行的 páxíngde; 匍匐的 púfúde

cremate *v*. 火葬 huǒzàng; 焚化 fénhuà

crematorium *n*. 火葬场 huǒzàngchǎng

crematory *a*. 火葬的 huǒzàngde; 焚化的 fénhuàde *n*. 火葬场 huǒzàngchǎng

creosote *n*. 杂酚油 záfēnyóu

crêpe *n*. 绉纱 zhòushā; 鸡皮绉 jīpízhòu: ~ de chine 双绉 shuāngzhòu

crescendo *ad.*, *a.* & *n.* 渐强 jiànqiáng * music

crescent *n.* **1.** 月牙儿 yuèyár；新月 xīnyuè = new moon；上弦月 shàngxiányuè；下弦月 xiàxiányuè **2.** 伊斯兰教的象征 Yīsīlánjiàode xiàngzhēng：the Cross and the C- 基督教与伊斯兰教 Jīdūjiào yǔ Yīsīlánjiào

cress *n.* 水芹 shuǐqín

cresset *n.* 篝灯 gōudēng；号灯 hàodēng；标灯 biāodēng

crest *n.* **1.** 鸡冠 jīguān * of a cock **2.** (山)顶 (shān)dǐng * of a mountain：a cloudy ～ 云雾缭绕的山峰 yúnwù liáoràode shānfēng **3.** (浪)峰 (làng)fēng：the big ～ of a wave 巨大的浪峰 jùdàde làngfēng **4.** 饰章 shìzhāng：the ～ of the family 家族纹章 jiāzú wénzhāng

crestfallen *a.* 垂头丧气的 chuítóu-sàngqìde；沮丧的 jǔsàngde

cretonne *n.* 印花装饰布 yìnhuā zhuāngshì bù

crevasse *n.* (冰河、堤坝的)裂缝 (bīnghé、dībàde) lièfèng

crevice *n.* (墙壁、岩石的)裂缝 (qiángbì、yánshíde) lièfèng

crew *n.* **1.** (全体)船员 (quántǐ) chuányuán * of a ship **2.** (全体)乘务员 (quántǐ) chéngwùyuán * in a train：a train ～ 列车乘务员 lièchē chéngwùyuán **3.** 共同工作的人 gòngtóng gōngzuòde rén：a flight (ground) ～ 空(地)勤员 kōng(dì)qínyuán / a maintenace ～ 维修人员 wéixiū rényuán / a salvage ～ 打捞作业组 dǎlāo zuòyèzǔ **4.** 一伙人 yìhuǒrén：a dissolute ～ 一批浪子 yìpī làngzǐ / a motley ～ 乌合之众 wūhé-zhīzhòng

crew-cut *n.* 平头 píngtóu

crib *n.* **1.** 儿童床 értóngchuáng = baby's bed with railings **2.** 饲料糟 sìliàocáo = manger **3.** 牛栏 niúlán = cow-house **4.** 逐字对照译本 zhúzì duìzhào yìběn * translation **5.** 抄袭 chāoxí；剽窃 piāoqiè：Some of his answers were ～s from others. 他的答案有些是从别人那儿抄来的。Tāde dá'àn yǒuxiē shì cóng biérén nàr chāoláide. *v.* **1.** 抄袭 chāoxí；剽窃 piāoqiè = plagiarize **2.** 关进(小屋) guānjìn(xiǎowū)；幽闭 yōubì = shut up

crick *n.* 肌肉痉挛 jīròu jìngluán = spasm；扭伤 niǔshāng = cramp *v.* 引起痉挛 yǐnqǐ jìngluán

cricket[1] *n.* 蟋蟀 xīshuài；蛐蛐儿 qūqur * an insect

cricket[2] *n.* **1.** 板球 bǎnqiú * a ball game：play ～ 打板球 dǎ bǎnqiú **2.** 公

正 gōngzhèng = fair: play ～ 光明正大 guāngmíng-zhèngdà / It's not ～. 这不公平。Zhè bù gōngpíng.

crier *n.* **1.** 传呼员 chuánhūyuán; 传唤者 chuánhuànzhě * in court **2.** 大声喊叫者 dàshēng hǎnjiào zhě; 好哭的娃娃 hàokūde wáwa = baby who cries

crime *n.* 罪 zuì; 犯罪 fànzuì: leniency towards those who acknowledge their crimes 坦白从宽 tǎnbái-cóngkuān / commit a ～ 犯罪 fànzuì / a minor (serious) ～ 轻(重)罪 qīng(zhòng)zuì / a shocking ～ 骇人听闻的罪行 hàirén-tīngwénde zuìxíng / towering ～s 滔天罪行 tāotiān-zuìxíng // a ～ against the state 政治罪 zhèngzhìzuì / a ～ of blood 流血案 liúxuè'àn

criminal *n.* **1.** 罪犯 zuìfàn; 罪人 zuìrén: a state ～ 政治犯 zhèngzhìfàn / a suspected ～ 嫌疑犯 xiányífàn / A-class war ～ 甲级战犯 jiǎjí zhànfàn **2.** 罪恶 zuì'è = wicked act *a.* **1.** 犯罪的 fànzuìde; 有罪的 yǒuzuìde **2.** 刑法的 xíngfǎde; 刑事的 xíngshìde: ～ action 公诉 gōngsù / ～ law 刑法 xíngfǎ

crimp *v.* **1.** 使卷曲 shǐ juǎnqū: ～ the hair 卷发 juǎnfà; 烫发 tàngfà *n.* **1.** 卷发 juǎnfà **2.** 束缚 shùfù; 限制 xiànzhì = limit **3.** 妨碍 fáng'ài = hinder: put a ～ in(to) 妨碍 fáng'ài; 干涉 gānshè

crimson *n.* & *a.* 深红色(的) shēnhóngsè(de); 紫红色(的) zǐhóngsè(de) *v.* (使)变深红色 (shǐ)biàn shēnhóngsè: The fire ～ed the sky. 大火使天空变成深红色。Dàhuǒ shǐ tiānkōng biànchéng shēnhóngsè.

cringe *v.* **1.** 畏缩 wèisuō = cower **2.** 卑躬屈节 bēigōng qūjié; 奉承 fèngcheng = servile: ～ to (before) one's boss 对上司奴颜媚骨 duì shàngsī núyán-mèigǔ

crinkle *v.* 揉绉 róuzhòu; 变绉 biànzhòu; 起绉 qǐzhòu *n.* 绉 zhòu

cripple *n.* 跛子 bǒzi; 瘸子 quézi; 残疾人 cánjírén *v.* 使跛 shǐbǒ; 使残废 shǐ cánfèi; 使受损 shǐ shòusǔn: He was ～d in the war. 他在战争中残废了。Tā zài zhànzhēngzhōng cánfèile. / be financially ～d 财政拮据 cáizhèng jiéjū / The traffic was entirely ～d yesterday. 昨天交通完全瘫痪了。Zuótiān jiāotōng wánquán tānhuànle.

crisis *n.* **1.** 危机 wēijī; 恐慌 kǒnghuāng: a financial ～ 财政恐慌(危机) cáizhèng kǒnghuāng(wēijī) / a political ～ 政治危机 zhèngzhì wēijī /

face a ～ 面临危机 miànlín wēijī **2.** 危险期 wēixiǎnqī；紧急关头 jǐnjí guāntóu：at a ～ 在危急关头 zài wēijí guāntóu **3.** 转折点 zhuǎnzhédiǎn = turning point：at a ～ of one's life 在人生的关键时刻（转折点）zài rénshēngde guānjiàn shíkè（zhuǎnzhédiǎn）

crisp *a.* **1.** 脆的 cuìde；酥脆的 sūcuìde：a ～ biscuit 酥脆的饼干 sūcuìde bǐnggān **2.** 新鲜的 xīnxiānde；鲜嫩的 xiānnènde = fresh：～ vegetables 新鲜的蔬菜 xīnxiānde shūcài **3.** 清新 qīngxīn：～ air 清新的空气 qīngxīnde kōngqì **4.** 干脆的 gāncuìde；明快的 míngkuàide：～ manners 干脆的态度 gāncuìde tàidu **5.** 干冷的 gānlěngde * of the weather：a ～ winter day 干冷的冬天 gānlěngde dōngtiān

criterion *n.* 准则 zhǔnzé；标准 biāozhǔn；准绳 zhǔnshéng：design ～ 设计标准 shèjì biāozhǔn / a reliable ～ 可靠的标准 kěkàode biāozhǔn / a safe ～ 可靠尺度 kěkào chǐdù / the ～ of truth 真理的标准 zhēnlǐde biāozhǔn

critic *n.* **1.** 批评家 pīpíngjiā；评论家 pínglùnjiā：a dramatic（literary，musical）～ 戏剧（文艺、音乐）评论家 xìjù（wényì、yīnyuè）pínglùnjiā **2.** 吹毛求疵的人 chuīmáo-qiúcīde rén；爱挑剔的人 ài tiāotide rén = fault-finder

critical *a.* **1.** 批评的 pīpíngde；苛求的 kēqiúde：～ writings on art 艺术评论 yìshù pínglùn / ～ opinions 批评意见 pīpíng yìjian **2.** 有判断力的 yǒu pànduànlìde：a ～ thinker 有判断力的思想家 yǒu pànduànlìde sīxiǎngjiā **3.** 转折关头的 zhuǎnzhé guāntóude：～ moment 重要关头 zhòngyào guāntóu **4.** 严重的 yánzhòngde；危险的 wēixiǎnde：a ～ illness 严重的病 yánzhòngde bìng **5.** 好议论的 hào yìlùnde；吹毛求疵的 chuīmáo-qiúcīde **6.** 临界的 línjiède：～ pressure 临界压力 línjiè yālì * in physics

critically *ad.* **1.** 批评上 pīpíngshang；批评地 pīpíngde **2.** 危急地 wēijíde：be ～ ill 病危 bìngwēi

criticism *n.* 批评 pīpíng；评论 pínglùn；非难 fēinàn；吹毛吹疵 chuīmáo-qiúcī；责备 zébèi：constructive ～ 建设性的批评 jiànshèxìngde pīpíng / a frank ～ 坦白的批评 tǎnbáide pīpíng / beyond ～ 无可指责 wúkězhǐzé / be open to ～ 可以批评 kěyǐ pīpíng / offer helpful ～ 提出有益的批评 tíchū yǒuyìde pīpíng / practise ～ and self ～ 开展批评与自我批

评 kāizhǎn pīpíng yǔ zìwǒ pīpíng / tolerate adverse ～ 容忍反面意见 róngrěn fǎnmiàn yìjian

criticize *v.* 批评 pīpíng；批判 pīpàn；评论 pínglùn；非难 fēinàn：～ sb. adversely 非难某人 fēinàn mǒurén

critique *n.* 批评 pīpíng；评论 pínglùn

croak *v.* **1.** 呱呱叫 guāguājiào * made by frog **2.** 带着沙哑声说话 dàizhe shāyǎshēng shuōhuà = speak in a ～ing voice

crochet *n.* 钩针编织品 gōuzhēn biānzhīpǐn：a ～ hook (needle) 钩针 gōuzhēn *v.* 用钩针编织 yòng gōuzhēn biānzhī

crock *n.* **1.** 坛子 tánzi；瓦罐 wǎguàn **2.** 旧汽车 jiù qìchē = old used car **3.** 无用的人 wúyòngde rén = old, weak person who can no longer work：an old ～ 老朽的人 lǎoxiǔde rén

crockery *n.* 陶器 táoqì；瓦器 wǎqì

crocodile *n.* 鳄鱼 èyú // ～ tears 鳄鱼的眼泪 èyúde yǎnlèi；假哭 jiǎkū；假慈悲 jiǎcíbēi

crocus *n.* 蕃红花 fānhónghuā；藏红花 zànghónghuā

croft *n.* **1.** 小块田地 xiǎokuài tiándì = small plot of land **2.** 小农场 xiǎo nóngchǎng = small farm

crofter *n.* 自耕农 zìgēngnóng

crony *n.* 老朋友 lǎopéngyou；挚友 zhìyǒu；知己 zhījǐ

crook *n.* **1.** 弯曲 wānqū：a ～ in a stream 河流弯曲处 héliú wānqū chù / ～ back 驼背 tuóbèi **2.** 钩 gōu；歪柄杖 wāi bǐngzhàng = stick with a hook at one end **3.** 骗子 piànzi = a cheat // on the ～ 狡诈地 jiǎozhàde / by hook or by ～ 千方百计地 qiānfāng-bǎijìde；不择手段地 bùzé shǒuduànde

crooked *a.* **1.** 弯曲的 wānqūde = bent **2.** 欺诈的 qīzhàde；不正派的 bú zhèngpàide = dishonest **3.** 柄弯的 bǐngwānde：a ～ stick 弯柄手杖 wānbǐng shǒuzhàng

croon *v.* 低声唱 dīshēngchàng；哼唱 hēngchàng：～ a song 哼曲子 hēng qǔzi

crop *n.* **1.** 收获 shōuhuò；收成 shōucheng：a ～ of wheat 小麦的收获 xiǎomàide shōuhuò / an abundant ～ 丰收 fēngshōu / a bad ～ 歉收 qiànshōu / The banana bears two ～s every year. 香蕉一年收获两次。

Xiāngjiāo yìnián shōuhuò liǎngcì. / have a big ～ 获得丰收 huòdé fēngshōu/ The peach trees promise a rich ～ this year. 今年桃子丰收在望。Jīnnián táozi fēngshōu zàiwàng. **2.** 庄稼 zhuāngjia；作物 zuòwù：garner a ～ 把作物储入谷仓 bǎ zuòwù chǔrù gǔcāng / gather ～s 收庄稼 shōu zhuāngjia / get the ～ in 收割庄稼 shōugē zhuāngjia / a main ～ 主要农作物 zhǔyào nóngzuòwù / be in (or under) ～ 种着庄稼 zhòngzhe zhuāngjia / be out of ～ 没有种着庄稼 méiyǒu zhòngzhe zhuāngjia / raise ～s 栽培作物 zāipéi zuòwù **3.** 短发 duǎnfà；平(顶)头 píng(dǐng)tóu * of hair-style：have a close ～ 剪着平头 jiǎnzhe píngtóu **4.** 嗉囊 sùnáng * of a bird **5.** 一批 yìpī；大量 dàliàng = quantity：a ～ of letters 源源而来的信件 yuányuán érláide xìnjiàn / a ～ of lies 一大堆谎言 yídàduī huǎngyán / a ～ of pimples on the face 脸上一大片粉刺 liǎnshang yídàpiàn fěncì *v.* **1.** 收获 shōuhuò：～ well 收成好 shōucheng hǎo **2.** 露出 lùchū；出现 chūxiàn：～ up 忽然出现 hūrán chūxiàn / ～ up into prominence 一举成名 yìjǔ chéngmíng

cropper *n.* **1.** 收割者 shōugēzhě **2.** 农作物 nóngzuòwù：a good ～ 高产作物 gāochǎn zuòwù **3.** 栽跟头 zāi gēntou：come a ～ 栽了一个大跟头 zāile yíge dà gēntou；倒霉 dǎoméi；一败涂地 yíbài-túdì **4.** 剪毛机 jiǎnmáojī；剪毛人 jiǎnmáorén

croquet *n.* 槌球(运动) chuíqiú(yùndòng)

cross¹ *n.* **1.** [C-] 十字架 Shízìjià；基督教 Jīdūjiào = Christianity：Christ on the C- 十字架上的基督 Shízìjiàshangde jīdū / follow the C- 相信(耶稣)基督教 xiāngxìn(Yēsū)Jīdūjiào **2.** 十字(形) shízì(xíng)；交叉 jiāochā；十字勋章 shízì xūnzhāng：a boundary ～ 十字形界标 shízìxíng jièbiāo / a Geneva C- 红十字 Hóngshízì / the Grand C- 大十字勋章 Dàshízì Xūnzhāng / an Iron C- 铁十字勋章 Tiěshízì Xūnzhāng / make one's ～ on 在…画押 zài … huàyā **3.** 磨难 mónàn；苦难 kǔnàn = suffering：bear one's ～ 忍受苦难 rěnshòu kǔnàn **4.** 混血儿 hùnxuè'ér；杂种 zázhǒng：A mule is a ～. 骡是杂交种。Luó shì zájiāozhǒng. *a.* **1.** 横穿的 héngchuānde；斜的 xiéde；交叉的 jiāochāde：a ～ stroke 横画(一画) hénghuà(yíhuà) **2.** 逆的 nìde；相反的 xiāngfǎnde：a ～ wind 逆风 nìfēng / run ～ to 与…相反 yǔ … xiāngfǎn **3.** 暴躁的 bàozàode；生气的 shēngqìde：be ～ at sth. 为某事生气 wèi mǒushì shēngqì / be

～ with sb. 跟某人生气 gēn mǒurén shēngqì / a ～ word 怪话 guàihuà; 暴躁的话 bàozàode huà / be as ～ as two sticks 大发脾气 dà fā píqi **4.** 交叉的 jiāochāde: a ～ reference 交叉引证 jiāochā yǐnzhèng; 相互对照 xiānghù duìzhào // crossly *ad*.

cross² *v*. **1**. 交叉 jiāochā: ～ one's legs 盘腿 pántuǐ / ～ swords (with) 交锋 jiāofēng; 论战 lùnzhàn **2**. 横渡 héngdù; 横过 héngguò; 渡过 dùguò; 穿过 chuānguò: ～ a street 横穿马路 héngchuān mǎlù / ～ a river 渡河 dùhé **3**. 错过 cuòguò: Your letter has ～ed mine in the post. 你的信与我的信在路上错过去了。Nǐdexìn yǔ wǒdexìn zài lùshang cuòguòqùle. **4**. 画线 huàxiàn; 划去 huàqù; 划十字 huàshízì: ～ a cheque 在支票上画上横线 zài zhīpiàoshang huàshàng héngxiàn / ～ off an account 勾销帐目 gōuxiāo zhàngmù / ～ out a word 去掉一个字 qùdiào yíge zì **5**. 阻挠 zǔnáo = obstruct: ～ one's will 阻挠某人的志愿 zǔnáo mǒurénde zhìyuàn / He ～ed me in everything. 他事事与我作对。Tā shìshì yǔ wǒ zuòduì. / be ～ed in love 失恋 shīliàn **6**. 杂交 zájiāo; 配种 pèizhǒng: ～ the apple with pear 把苹果与梨杂交 bǎ píngguǒ yǔ lí zájiāo

crossbar *n*. 横杆 hénggān; 足球球门横木 zúqiú qiúmén héngmù * in football

crossbeam *n*. 大梁 dàliáng

crossbones *n*. 交叉的大腿骨 jiāochāde dàtuǐgǔ

crossbow *n*. 石弓 shígōng; 弩 nǔ

crossbred *a*. 杂交的 zájiāode; 杂种的 zázhǒngde: ～ sheep 杂种羊 zázhǒngyáng *n*. 杂交种动物 zájiāozhǒng dòngwù

crossbreed *n*. 杂种 zázhǒng *v*. **1**. 使杂交 shǐ zájiāo **2**. 异种交配 yìzhǒng jiāopèi

cross-country *a*. 越野的 yuèyěde: a ～ race 越野赛跑 yuèyě sàipǎo *n*. 越野赛跑 yuèyě sàipǎo

crosscut *a*. 横切的 héngqiēde *n*. 捷径 jiéjìng; 直路 zhílù

cross-examination *n*. 交叉讯问 jiāochā xùnwèn; 盘问 pánwèn

cross-eyed *a*. 斜视眼的 xiéshìyǎnde; 斗鸡眼的 dòujīyǎnde; 斜视的 xiéshìde

cross fire *n*. 交叉火力 jiāochā huǒlì; 交叉射击 jiāochā shèjī

crossing *n*. **1**. 横渡 héngdù; 渡海 dùhǎi = crossing the sea **2**. 交叉路口 jiāochā lùkǒu = place where two roads cross; 道口 dàokǒu = where a road and railway cross；渡口 dùkǒu = ferry **3.** 人行横道 rénxíng-héngdào = street-crossing **4.** 杂交 zájiāo = cross-breeding **5.** 反对 fǎnduì；阻碍 zǔ'ài = obstruction

cross-legged *a.* & *ad.* 盘腿而坐的(地) pántuǐ ér zuòde(de)；两腿交叉的(地) liǎngtuǐ jiāochāde(de)

crosspiece *n.* 横档 héngdàng

cross-pollinate *v.* 异花授粉 yìhuā shòufěn

cross-purpose *n.* 相反的目的 xiāngfǎnde mùdì；反对的计划 fǎnduìde jìhuà：be at ～s 互相误解的 hùxiāng wùjiěde；有成见的 yǒu chéngjiànde

cross(-)road(s) *n.* 十字路口 shízì lùkǒu；交叉路 jiāochālù：stand at the ～ 站在十字路口 zhànzài shízì lùkǒu；面临抉择 miànlín juézé

cross-refer *v.* 参照 cānzhào；对照 duìzhào；互见 hùjiàn // cross-reference *n.*

cross section *n.* 剖面 pōumiàn；横断面 héngduànmiàn；剖面图 pōumiàntú // crosssection *v.*

cross-sectional *a.* **1.** 剖面的 pōumiànde **2.** 代表性的 dàibiǎoxìngde = representative

cross talk *n.* **1.** 串话 chuànhuà * on telephone；串音 chuànyīn **2.** 相声 xiàngsheng = comic dialogue **3.** 交谈 jiāotán = chat

crosswalk *n.* 人行横道 rénxíng-héngdào = street crossing for pedestrians；斑马线 bānmǎxiàn = street crossing marked with black and white stripes

crosswise *ad.* **1.** 十字状 shízìzhuàng；交叉地 jiāochāde = in the form of a cross **2.** 反向地 fǎnxiàngde = against；横向地 héngxiàngde = across：a wind blows ～ 风反向吹 fēng fǎnxiàng chuī

crossword *n.* 纵横字谜 zònghéng zìmí

crotchet *n.* **1.** 四分音符 sì fēn yīnfú * music **2.** 奇怪念头 qíguài niàntou = strange thinking

crouch *v.* **1.** 蹲伏 dūnfú；蜷缩 quánsuō：～ down 蹲下 dūnxià **2.** 屈膝 qūxī = bow servilely：～ to sb. 向某人低头弯腰 xiàng mǒurén dītóu wānyāo；拜倒在某人脚下 bàidǎo zài mǒurén jiǎoxià / They didn't ～ under oppression. 他们在压迫下没有屈服。Tāmen zài yāpòxià méiyǒu qūfú.

croup *n.* **1.** 格鲁布喉头炎 gélǔbù hóutóuyán **2.** 臀部 túnbù = hindquarters of a horse

crow[1] *v*. **1**. 喔喔啼 wōwōtí ＊ of a cock；鸣 míng **2**. 欢叫 huānjiào ＊ of a child **3**. 得意洋洋 déyì-yángyáng；欢呼 huānhū：～ over one's victory 因胜利得意洋洋 yīn shènglì déyì-yángyáng / ～ over one's failure 对某人的失败幸灾乐祸 duì mǒurénde shībài xìngzāi-lèhuò

crow[2] *n*. 乌鸦 wūyā：black as a ～ 乌鸦一般地黑 wūyā yìbānde hēi

crowbar *n*. 橇棍 qiàogùn

crowd *n*. **1**. 人群 rénqún；一群人 yìqún rén：a large ～ 一大群人 yídàqún rén / ～s of people 一群群人 yìqúnqún rén / an angry ～ 愤怒人群 fènnù rénqún / in the ～ 在人群中 zài rénqúnzhōng **2**. 群众 qúnzhòng；大众 dàzhòng = the masses：follow the ～ 跟群众走 gēn qúnzhòng zǒu / I do what I want to do；I don't follow the ～. 我按我的心愿办事，不随波逐流。Wǒ àn wǒde xīnyuàn bànshì，bù suíbō zhúliú. **3**. 一帮人 yìbāng rén：a jolly ～ 一帮快乐的人 yìbāng kuàilède rén **4**. 一堆 yìduī；大量 dàliàng：a ～ of papers and books 一堆文件书籍 yìduī wénjiàn shūjí　*v*. **1**. 群集 qúnjí：～ round sb. 团团围住某人 tuántuán wéizhù mǒurén **2**. 拥挤 yōngjǐ；挤满 jǐmǎn；装满 zhuāngmǎn：The streets are ～ed with people. 街上挤满了人。Jiēshang jǐmǎnle rén. / ～ a room with furniture 把房间塞满了家具 bǎ fángjiān sāimǎnle jiājù **3**. 涌上前 yǒngshàng qián：Memories ～ed (up) in my mind. 多少往事涌上心头。Duōshǎo wǎngshì yǒngshàng xīntóu.

crowded *a*. 充满(了)的 chōngmǎn(le)de；挤满(了)的 jǐmǎn(le)de：a ～ train　拥挤的火车 yōngjǐde huǒchē

crown *n*. **1**. 王冠 wángguān；皇冠 huángguān；国王 guówáng；王位 wángwèi；王权 wángquán：forfeit the ～ 废黜王位 fèichù wángwèi / succeed to the ～ 继承王位 jìchéng wángwèi / wear the ～ 戴上王冠 dàishàng wángguān；登基 dēngjī **2**. 荣誉 róngyù；冠军称号 guànjūn chēnghào：He received a ～ in the race. 他赛跑获得了冠军(称号)。Tā sàipǎo huòdéle guànjūn(chēnghào). **3**. 花冠 huāguān：a laurel ～ 桂冠 guìguān **4**. 头 tóu；顶 dǐng：a bald ～ 秃头 tūtóu / the ～ of a hat 帽顶 màodǐng　*v*. **1**. 为…加冕 wèi … jiāmiǎn；立…为王 lì … wéiwáng：They ～ed him as king. 他们立他为王。Tāmen lì tā wéiwáng. **2**. 加顶 jiā dǐng；终于完成 zhōngyú wánchéng：The mountain is ～ed with snow. 山顶积雪。Shāndǐng jīxuě. / His efforts have been ～ed with success. 他的努力最终获得成功。Tāde nǔlì zuìzhōng huòdé chénggōng. **3.** 表彰 biǎozhāng: be ～ed with honors 受到了表彰 shòudàole biǎozhāng **4.** 镶牙 xiāngyá: I have two ～ed teeth. 我镶了两颗牙。Wǒ xiāngle liǎngkē yá. // to ～ all 更糟的 gèngzāode; 更妙的 gèngmiàode

crown prince *n.* 皇太子 huángtàizǐ; 皇储 huángchǔ

crown princess *n.* 皇太子之妃 huángtàizǐ zhīfēi; 将继承王位的公主 jiāng jìchéng wángwèide gōngzhǔ

crow's-foot *n.* 鱼尾纹 yúwěiwén

crow's-nest *n.* 守望楼 shǒuwànglóu; 了望台 liàowàngtái; 桅楼 wéilóu * on a ship

crucial *a.* 决定性的 juédìngxìngde; 极重要的 jí zhòngyàode; 紧要关头的 jǐnyào-guāntóude: at the ～ moment 在紧要关头 zài jǐnyào-guāntóu / a ～ point 重要的一点 zhòngyàode yìdiǎn

crucible *n.* **1.** 坩埚 gānguō * chemistry; 炉缸 lúgāng **2.** 严酷的考验 yánkùde kǎoyàn = severe test

crucifix *n.* **1.** 耶稣受难像 Yēsū shòunàn xiàng **2.** 十字架 Shízìjià = the Cross

crucify *v.* 把…钉在十字架上 bǎ … dīngzài Shízìjiàshang

crude *a.* **1.** 天然的 tiānránde; 未提炼的 wèi tíliànde: ～ oil 原油 yuányóu / ～ rubber 生胶 shēngjiāo / ～ sugar 粗糖 cūtáng **2.** 未成(熟)的 wèi chéng(shú)de; 未完成的 wèi wánchéngde: ～ fruits 生水果 shēng shuǐguǒ / ～ ideas 未成熟的意见 wèi chéngshúde yìjian **3.** 粗糙的 cūcāode; 粗制的 cūzhìde; 不完善的 bùwánshànde = coarsely worked out **4.** 粗鲁的 cūlǔde: ～ manners 粗鲁的举止 cūlǔde jǔzhǐ

cruel *a.* **1.** 残忍的 cánrěnde; 残酷的 cánkùde **2.** 痛苦的 tòngkǔde = hurting: a ～ remark 尖刻的话语 jiānkède huàyǔ / a ～ wind 无情的风 wúqíngde fēng

cruelty *n.* 残酷 cánkù; 残忍 cánrěn; 虐待 nüèdài: a blood-smeared ～ 血腥的暴行 xuèxīngde bàoxíng / heartless ～ 冷酷 lěngkù / physical or mental ～ 肉体虐待或精神虐待 ròutǐ nüèdài huò jīngshén nüèdài

cruet *n.* 调味瓶 tiáowèipíng; 佐料瓶 zuǒliàopíng

cruet-stand *n.* 五味瓶架 wǔwèipíng jià; 调味瓶架 tiáowèipíng jià

cruise *v.* & *n.* 巡航 xúnháng; 航行 hángxíng; 巡洋 xúnyáng: a round-the-world ～ 环球航行 huánqiú hángxíng

cruiser *n*. 巡洋舰 xúnyángjiàn；巡逻汽车 xúnluó qìchē：an armored ～ 装甲巡洋舰 zhuāngjiǎ xúnyángjiàn / an auxiliary ～ 补助巡洋舰 bǔzhù xúnyángjiàn / a missile-carrying ～ 导弹巡洋舰 dǎodàn xúnyángjiàn

crumb *n*. **1**. 碎片 suìpiàn；面包屑 miànbāoxiè；糕点屑 gāodiǎnxiè **2**. 一些 yìxiē；点滴 diǎndī = a bit：a ～ of comfort 一些安慰 yìxiē ānwèi / ～s of knowledge 点滴知识 diǎndī zhīshi

crumble *v*. **1**. 弄碎 nòngsuì = break **2**. 崩溃 bēngkuì；倒塌 dǎotā = collapse：a crumbling church 倒塌的教堂 dǎotāde jiàotáng / All her hopes ～d to nothing. 她的希望全落空了。Tāde xīwàng quán luòkōngle.

crummy *a*. & *ad*. 无价值的 wú jiàzhíde；劣质的 lièzhìde = of low quality；bad

crumpet *n*. 烤饼 kǎobǐng

crumple *v*. **1**. 弄绉 nòngzhòu；揉皱 róuzhòu = crush out of shape：～ up paper into a ball 把纸揉成球 bǎ zhǐ róuchéng qiú **2**. 崩溃 bēngkuì；倒塌 dǎotā = collapse

crunch *v*. 咬嚼 yǎojiáo；发出嘎吱声 fāchū gāzhīshēng *n*. 咬嚼声 yǎojiáoshēng；嘎吱声 gāzhīshēng

Crusade *n*. **1**. 十字军（讨伐）Shízìjūn（tǎofá）**2**. 改革运动 gǎigé yùndòng；肃清运动 sùqīng yùndòng = reform；campaign：a ～ against crime 肃清犯罪运动 sùqīng fànzuì yùndòng

crusader *n*. 十字军战士 shízìjūn zhànshì

crush *v*. **1**. 压榨 yāzhà；压碎 yāsuì；挤 jǐ：～ out the juice 榨出果汁 zhàchū guǒzhī / Eggs ～ easily. 鸡蛋易碎。Jīdàn yìsuì. **2**. 击溃 jīkuì：～ the enemy 击溃敌人 jīkuì dírén

crush barrier *n*. 栅栏 zhàlan

crusher *n*. **1**. 轧碎机 yàsuìjī：a stone ～ 碎石机 suìshíjī **2**. 管理轧碎机的工人 guǎnlǐ yàsuìjīde gōngrén * the worker **3**. 沉重的打击 chénzhòngde dǎjī = heavy blow

crush-room *n*. 休息室 xiūxishì * in a theater

crust *n*. **1**. 面包壳 miànbāoké **2**. 硬皮 yìngpí；外壳 wàiké：the earth's ～ 地壳 dìqiào / a thin ～ of ice 一层薄冰 yìcéng báobīng

crustacean *n*. 甲壳类动物 jiǎkélèi dòngwù *a*. 甲壳类的 jiǎkélèide

crusty *a*. **1**. 壳一样的 ké.yíyàngde；有硬皮的 yǒu yìngpíde：a ～ loaf 有

硬壳的面包 yǒu yìngkéde miànbāo **2.** 粗暴的 cūbàode；易怒的 yìnùde =irritable：～ old general 脾气粗暴的老将军 píqi cūbàode lǎojiāngjūn

crutch *n.* **1.** 拐杖 guǎizhàng：go on ～es 拄着拐杖走 zhǔzhe guǎizhàng zǒu **2.** 支架 zhījià；支持物 zhīchíwù；支持 zhīchí = support：Religion is her ～ in times of sorrow. 宗教是她忧伤时依赖的支柱。Zōngjiào shì tā yōushāngshí yīlàide zhīzhù.

crux *n.* 难事 nánshì；难关 nánguān；难题 nántí；关键 guānjiàn：the ～ of difficulties 困难的症结 kùnnande zhèngjié

cry *v.* **1.** 叫(喊) jiào(hǎn)：～ aloud 大声叫喊 dàshēng jiàohǎn / ～ out 大声呼喊 dàshēng hūhǎn **2.** 哭 kū；哭泣 kūqì：～ one's eyes out 哭肿眼泡儿 kūzhǒng yǎnpāor **3.** 叫卖 jiàomài；～ out one's wares 叫卖货物 jiàomài huòwù：/ C- up wine and sell vinegar. 挂羊头，卖狗肉。Guà yángtóu，mài gǒuròu. *n.* **1.** 叫声 jiàoshēng；呼声 hūshēng：cries of joy 欢呼声 huānhūshēng / the ～ of a bird 鸟叫 niǎojiào **2.** 哭声 kūshēng **3.** 叫卖声 jiàomàishēng * when selling things **4.** 口号 kǒuhào；标语 biāoyǔ = slogan：an election ～ 选举标语 xuǎnjǔ biāoyǔ

cryogen *n.* 冷却剂 lěngquèjì

cryolite *n.* 冰晶石 bīngjīngshí * mineral

crypt *n.* 地窖 dìjiào；地穴 dìxué

cryptic *a.* 秘密的 mìmìde；隐藏的 yǐncángde；神秘的 shénmìde

cryptogram *n.* 暗号 ànhào；密码 mìmǎ

cryptographer *n.* 密码员 mìmǎyuán

cryptology *n.* 密码术 mìmǎshù

crystal *n.* **1.** 水晶 shuǐjīng：a necklace of ～s 水晶项链 shuǐjīng xiàngliàn / as clear as ～ 象水晶一样透明 xiàng shuǐjīng yíyàng tòumíng **2.** 水晶玻璃 shuǐjīng bōlí * glass **3.** 结晶 jiéjīng；结晶体 jiéjīngtǐ * in science *a.* 水晶的 shuǐjīngde；透明的 tòumíngde；水晶般的 shuǐjīngbānde

crystalline *a.* **1.** 水晶的 shuǐjīngde；水晶般的 shuǐjīngbānde；水晶状的 shuǐjīngzhuàngde **2.** 透明的 tòumíngde；清澈的 qīngchède = transparent // ～ lens (眼球中的)水晶体 (yǎnqiúzhōngde)shuǐjīngtǐ

crystallization *n.* 结晶 jiéjīng

crystallize *v.* **1.** 使结晶 shǐjiéjīng = cause to form crystal **2.** 使具体化 shǐjùtǐhuà = become definite **3.** 裹上糖屑 guǒshàng tángxiè：～d fruits 裹糖蜜饯 guǒtáng mìjiàn

crystallography *n.* 结晶学 jiéjīngxué
crystalloid *n.* & *a.* 晶体(的) jīngtǐ(de)
cub *n.* **1.** 幼畜 yòuchù；崽子 zǎizi **2.** 小伙子 xiǎohuǒzi = young fellow
cube *n.* **1.** 立方形 lìfāngxíng；立方体 lìfāngtǐ **2.** 立方 lìfāng：a ～ root 立方根 lìfānggēn
cubic *a.* **1.** 立方体的 lìfāngtǐde **2.** 三次的 sāncìde * maths；立方的 lìfāngde：a ～ equation 三次方程式 sāncì fāngchéngshì：a ～ foot 一立方尺 yí lìfāngchǐ
cubism *n.* 立体画派 lìtǐhuàpài；立体艺术 lìtǐ yìshù
cuckoo *n.* **1.** 布谷鸟 bùgǔniǎo；杜鹃 dùjuān **2.** 布谷鸟的叫声 bùgǔniǎode jiàoshēng = the cry of ～ *v.* 杜鹃叫 dùjuānjiào；学布谷鸟叫 xué bùgǔniǎo jiào
cucumber *n.* 黄瓜 huángguɑ：as cool as a ～ 泰然自若 tàirán-zìruò；极为冷静 jíwéi lěngjìng
cud *n.* **1.** 反刍动物 fǎnchú dòngwù * as a cow **2.** [chew the ～] 三思而行 sānsī-érxíng；深思 shēnsī；反刍 fǎnchú
cuddle *v.* **1.** 搂抱 lǒubào；拥抱 yōngbào **2.** [～ up] 蜷着腿睡 quánzhe tuǐ shuì
cudgel *n.* 短棍 duǎngùn // take up the ～s for 捍卫 hànwèi；坚决支持 jiānjué zhīchí
cue[1] *n.* **1.** 提示 tíshì；提词 tící：take one's ～ from sb. 看人的暗示行事 kàn rénde ànshì xíngshì **2.** 尾白 wěibái * in a play
cue[2] *n.* **1.** (台球)弹子棒 (táiqiú)dànzǐbàng * in billiards **2.** 发辫 fàbiàn = braid **3.** 长队 chángduì = queue；长蛇阵 chángshézhèn = a line of people
cuff *n.* **1.** 袖口 xiùkǒu：～ links 袖扣 xiùkòu **2.** 西装裤翻边 xīzhuāngkù fānbiān * of man's trousers **3.** 掌击 zhǎngjī；一巴掌 yìbāzhang = light blow *v.* **1.** 给…装袖口 gěi … zhuāng xiùkǒu **2.** 用巴掌打 yòng bāzhang dǎ
cuirass *n.* 胸甲 xiōngjiǎ
cuisine *n.* **1.** 烹饪法 pēngrènfǎ；烹调 pēngtiáo = cooking **2.** 菜肴 càiyáo = cooked food **3.** 厨房 chúfáng = kitchen
culinary *a.* 厨房的 chúfángde；烹饪的 pēngrènde：the ～ art 烹饪术

pēngrènshù

cull *v*. **1**. 采(花) cǎi(huā); 挑选 tiāoxuǎn = select: extracts ～ed from the best authors 名家著作精选 míngjiā zhùzuò jīngxuǎn **2**. 剔除 tīchú = pick out and throw away the bad ones

culminate *v*. 达到顶点 dádào dǐngdiǎn; 达到高峰 dádào gāofēng; 告终 gàozhōng: ～ in bankruptcy 以破产告终 yǐ pòchǎn gàozhōng / ～ in success 以胜利告终 yǐ shènglì gàozhōng

culmination *n*. **1**. 顶点 dǐngdiǎn; 极点 jídiǎn: the ～ of one's career 一生的全盛时代 yìshēngde quánshèng shídài **2**. 中天 zhōngtiān * astronomy

culottes *n*. 开叉裙 kāichàqún; 裙裤 qúnkù

culpable *a*. 有罪的 yǒuzuìde; 有过失的 yǒu guòshīde; 该责备的 gāi zébèide: hold sb. ～ 认为某人罪有应得 rènwéi mǒurén zuìyǒu-yīngdé

culprit *n*. 犯人 fànrén; 罪犯 zuìfàn

cult *n*. **1**. 礼拜 lǐbài; 崇拜 chóngbài; 膜拜 móbài; 迷信 míxìn; 礼赞 lǐzàn: the leadership ～ 领袖崇拜 lǐngxiù chóngbài / the ～ of nature 自然的礼赞 zìránde lǐzàn **2**. 教派 jiàopài = religious sect **3**. 时尚 shíshàng; 风行 fēngxíng = fashion

cultivate *v*. **1**. 耕作土地 gēngzuò tǔdì; 耕种 gēngzhòng = plough **2**. 栽培(草木) zāipéi(cǎomù); 养殖(鱼) yǎngzhí(yú): ～ plants 培植植物 péizhí zhíwù = plant; raise **3**. 培养 péiyǎng; 教养 jiàoyǎng = nurture: ～ young men and women in citizenship 对青年男女进行公民权利和义务的教育 duì qīngnián nán-nǚ jìnxíng gōngmín quánlì hé yìwùde jiàoyù

cultivated *a*. **1**. 耕作的 gēngzuòde; 栽培的 zāipéide **2**. 有教养的 yǒu jiàoyǎngde; 优雅的 yōuyǎde

cultivation *n*. **1**. 耕作 gēngzuò **2**. 栽培 zāipéi **3**. 修养 xiūyǎng; 教养 jiàoyǎng

cultivator *n*. **1**. 耕者 gēngzhě **2**. 栽培者 zāipéizhě **3**. 中耕机 zhōnggēngjī * agricultural machine

cultural *a*. **1**. 文化的 wénhuàde = of culture **2**. 修养上的 xiūyǎngshangde = refined **3**. 栽培的 zāipéide = cultivated

culture *n*. **1**. 文化 wénhuà; 文明 wénmíng: ancient Greek ～ 古希腊文化 gǔ Xīlà wénhuà **2**. 教养 jiàoyǎng; 修养 xiūyǎng; 陶冶 táoyě: a man of

～ 有教养的人 yǒu jiàoyǎngde rén / personal ～ 个人文化修养 gèrén wénhuà xiūyǎng / the ～ of the mind 心灵的陶冶 xīnlíngde táoyě **3.** 栽培 zāipéi：fruit ～ 果树栽培 guǒshù zāipéi

cultured *a*. **1.** 有修养的 yǒu xiūyǎngde；有教养的 yǒu jiàoyǎngde ＝ refined **2.** 养殖的 yǎngzhíde：a ～ pearl 人工养殖的珍珠 réngōng yǎngzhíde zhēnzhū

culvert *n*. 涵洞 hándòng

cumber *v*. 麻烦 máfan；拖累 tuōlèi：be ～ed with care 心里烦恼，心事重重 xīnli fánnǎo，xīnshì chóngchóng *n*. 烦累 fánlèi；阻碍 zǔ'ài

cumbersome *a*. 麻烦的 máfande；笨重的 bènzhòngde

cummin *n*. 小茴香 xiǎohuíxiāng

cumquat *n*. 金桔 jīnjú

cumulative *a*. 累积的 lěijīde：～ knowledge 累积的知识 lěijīde zhīshi

cumulus *n*. **1.** 积云 jīyún **2.** 堆积 duījī

cunning *a*. 狡猾的 jiǎohuáde；阴险的 yīnxiǎnde *n*. 狡猾 jiǎohuá

cup *n*. **1.** 杯子 bēizi：a tea ～ 茶杯 chábēi / a coffee ～ 咖啡杯 kāfēibēi / a ～ and saucer 一副杯碟 yífù bēidié **2.** 一杯 yìbēi：a ～ of tea 一杯茶 yìbēi chá **3.** 优胜杯 yōushèngbēi；奖杯 jiǎngbēi：win the ～ 取得优胜杯 qǔdé yōushèngbēi；获胜 huòshèng **4.** ［～s］饮酒 yǐnjiǔ ＝ wine：be in one's ～s 喝醉了酒 hēzuìle jiǔ **5.** 经历 jīnglì；遭遇 zāoyù ＝ experience：drink a bitter ～ 饱尝艰辛 bǎocháng jiānxīn；含辛茹苦 hánxīn-rúkǔ

cupboard *n*. 碗柜 wǎnguì；食橱 shíchú；小橱 xiǎochú

cupellation *n*. 灰吹法 huīchuīfǎ ＊ metallurgy

cupful *n*. 满杯 mǎnbēi

Cupid *n*. 丘比特爱神 Qiūbǐtè'àishén

cupidity *n*. 贪婪 tānlán；贪财 tāncái

cupola *n*. **1.** 小圆屋顶 xiǎo yuánwūdǐng ＝ small dome **2.** 小熔铁炉 xiǎo róngtiělú ＝ small smelting furnace

cur *n*. **1.** 杂种狗 zázhǒnggǒu；恶狗 ègǒu ＝ mongrel dog **2.** 卑鄙小人 bēibǐ xiǎorén ＝ base person

curate *n*. 副牧师 fù mùshī；助理牧师 zhùlǐ mùshī

curative *a*. 治病的 zhìbìngde；有疗效的 yǒu liáoxiàode *n*. 药物 yàowù

curator *n*. 馆长 guǎnzhǎng

curb *n*. **1.** 兜颏 dōukē；马勒 mǎlēi；马衔 mǎxián ＊ of a horse **2.** 拘束

jūshù；控制 kòngzhì = control 3. 路边 lùbiān；路边镶边石 lùbiān xiāngbiānshí= stone edging a road *v*. 1. 抑制 yìzhì 2. 勒（马）lēi（mǎ）

curd *n*. 凝乳 níngrǔ；凝乳状物 níngrǔzhuàngwù：bean ～ 豆腐 dòufu *v*. 使凝结 shǐ níngjié

curdle *v*. 凝结 níngjié；变稠 biànchóu

cure *n*. 1. 治疗 zhìliáo；疗法 liáofǎ；医治 yīzhì = medical treatment 2. 良药 liángyào = medicine：a new ～ for tuberculosis 治疗结核病的新药 zhìliáo jiéhébìngde xīnyào / effective ～ 有效的药物（疗法）yǒuxiàode yàowù（liáofǎ）/ a radical ～ 根治 gēnzhì 3. 治愈 zhìyù = restoration of health：guarantee a ～ 保证治愈 bǎozhèng zhìyù；保医 bǎoyī / work a ～ 发挥疗效 fāhuī liáoxiào / a permanent ～ 彻底治愈 chèdǐ zhìyù / a spontaneous ～ 不治而愈 búzhì éryù / past ～ 无法治愈 wúfǎ zhìyù 4. 对策 duìcè；解决办法 jiějué bànfǎ = solution：a ～ for poverty 解决贫困的对策 jiějué pínkùnde duìcè *v*. 1. 治愈 zhìyù：The doctor ～d a patient of cold. 医生治愈病人的感冒。Yīshēng zhìyù bìngrénde gǎnmào. 2. 纠正 jiūzhèng；消除 xiāochú = get rid of：～ a child of a bad habit 纠正小孩儿的不良习惯 jiūzhèng xiǎoháirde bùliáng xíguàn 3. 腌制 yānzhì；晒干 shàigān = preserve：～ meat 腌肉 yānròu

cure-all *n*. 万灵药 wànlíngyào

curfew *n*. 宵禁 xiāojìn；戒严的时间 jièyánde shíjiān

curie *n*. 居里 jūlǐ * physics

curio *n*. 古董 gǔdǒng；古玩 gǔwán；珍品 zhēnpǐn：a ～ dealer 古董商 gǔdǒngshāng

curiosity *n*. 1. 好奇心 hàoqíxīn：arouse ～ 引起好奇心 yǐnqǐ hàoqíxīn / excite the ～ of sb. 激起某人的好奇心 jīqǐ mǒuréndé hàoqíxīn / childish ～ 孩子气的好奇心 háiziqìde hàoqíxīn / be prompted by ～ 受好奇心的驱使 shòu hàoqíxīnde qūshǐ / out of ～ 出于好奇心 chūyú hàoqíxīn // ～ killed a cat 好奇伤身 hàoqí shāngshēn 2. 珍品 zhēnpǐn；古董 gǔdǒng；古玩 gǔwán：historical curiosities 历史珍品 lìshǐ zhēnpǐn / a medical ～ 罕见病例 hǎnjiàn bìnglì

curious *a*. 好奇的 hàoqíde；好事的 hàoshìde；爱打听的 àidǎtingde：Children are ～. 孩子们好奇。Háizimen hàoqí. / be ～ to know 极想知道

jíxiǎng zhīdao / be ~ about other's business 爱打听别人的事 ài dǎting biérénde shì / ~ to say 说来稀奇 shuōlái xīqí

curiously *ad*. **1**. 好奇地 hàoqíde **2**. 奇妙地 qímiàode **3**. 怪 guài = strangely: a ~ bad accent 怪重的土腔 guàizhòngde tǔqiāng

curium *n*. 锔 jú * chemistry

curl *v*. **1**. 鬈曲 quánqū; 鬈发 quánfà; 卷 juǎn: She has ~ed her hair. 她鬈了头发。Tā quánle tóufa. / ~ up 翘起 qiàoqǐ; 蜷缩一团 quánsuō yìtuán **2**. 缭绕 liáorǎo * smoke: smoke ~ed above the fire 烟从火上冉冉升起 yān cóng huǒshang ránrán shēngqǐ

curlew *n*. 麻鹬 máyù

curling *n*. **1**. 冰上溜石游戏 bīngshang liūshí yóuxì * a game **2**. 卷曲 juǎnqū = twisting into curls

curly *a*. 鬈曲的 quánqūde; 波浪式的 bōlàngshìde

currant *n*. **1**. 无核葡萄干 wúhú pútáogān **2**. 红醋栗 hóngcùlì

currency *n*. **1**. 通货 tōnghuò; 货币 huòbì: (a) gold (paper) ~ (一种)金(纸)币 (yìzhǒng) jīn (zhǐ) bì / people's ~ 人民币 Rénmínbì / foreign ~ 外汇(币) Wàihuì (bì) **2**. 通用 tōngyòng; 流通 liútōng; 传播 chuánbō = circulation: The rumor soon gained ~. 谣言很快传开了。Yáoyán hěnkuài chuánkāile. / be in ~ (out of ~) 通用(不在通用) tōngyòng (búzài tōngyòng)

current *a*. **1**. 通用的 tōngyòngde; 通行的 tōngxíngde; 流行的 liúxíngde: ~ account 往来帐户 wǎnglái zhànghù / ~ opinions 一般意见 yìbān yìjian / pass ~ 流通 liútōng; 流行 liúxíng **2**. 当今的 dāngjīnde; 时下的 shíxiàde; 现今的 xiànjīnde: ~ fashions 时装 shízhuāng / ~ events 时事 shíshì / ~ issue 本期 běnqī / the ~ month's account 本月帐目 běnyuè zhàngmù / ~ price 时价 shíjià / ~ thoughts 时代思潮 shídài sīcháo / ~ topics 当前谈论的中心 dāngqián tánlùnde zhōngxīn *n*. **1**. 流 liú; 水流 shuǐliú; 潮流 cháoliú: the adverse ~ 逆流 nìliú / air ~ 气流 qìliú / a swift ~ 急流 jíliú / an up-and-down ~ 升降气流 shēngjiàng qìliú / the warm ~s 暖流 nuǎnliú **2**. 电流 diànliú: an alternating ~ 交流(电) jiāoliú(diàn) / a direct ~ 直流(电) zhíliú(diàn) / a ~ balance 电流秤 diànliúchèng / ~ density 电流密度 diànliú mìdù **3**. 时势 shíshì; 趋势 qūshì; 倾向 qīngxiàng; 大势 dàshì = tendency: main ~ in history 历史主流 lìshǐ zhǔliú / the ~ of thought 思潮 sīcháo

/ the great ～ of events 世界局势 shìjiè júshì / go with (against) the ～ of times 顺应(违背)时代潮流 shùnyìng (wéibèi) shídài cháoliú

currently *ad.* 普遍地 pǔbiànde；广泛地 guǎngfànde；通常地 tōngchángde：It is ～ believed that 一般相信… Yìbān xiāngxìn …

curriculum *n.* 课程表 kèchéngbiǎo；全部课程 quánbù kèchéng：The ～ is overloaded. 课程过多。Kèchéng guòduō. / be in the ～ 在课程表内 zài kèchéngbiǎo nèi：place in the ～ 把…列入课程之内 bǎ … lièrù kèchéng zhīnèi / simplify the ～ 精简课程 jīngjiǎn kèchéng

currier *n.* 鞣皮匠 róupíjiàng；制革工人 zhìgé gōngrén

curry[1] *n.* 咖喱 gālí：～ and rice 咖哩饭 gālífàn / ～ powder 咖哩粉 gālífěn *v.* 用咖喱调味 yòng gālí tiáowèi：curried chicken 咖喱鸡 gālíjī

curry[2] *v.* **1.** 梳刷 shūshuā **2.** 讨好 tǎohǎo；拍马屁 pāimǎpì：to ～ sb.'s favor 拍某人的马屁(讨某人的好) pāi mǒurénde mǎpì (tǎo mǒurénde hǎo)

currycomb *n.* 马梳 mǎshū *v.* 用马梳梳刷 yòng mǎshū shūshuā

curse *n.* **1.** 诅咒 zǔzhòu；咒语 zhòuyǔ：utter ～s 发出诅咒 fāchū zǔzhòu / be under a ～ 受诅咒 shòu zǔzhòu；遭天罚 zāo tiānfá **2.** 祸根 huògēn；祸水 huòshuǐ = cause of misfortune：His wealth proved a ～ to him. 他的财富成了祸根。Tāde cáifù chéngle huògēn. *v.* **1.** 诅咒 zǔzhòu；咒骂 zhòumà：She ～d loudly. 她大声咒骂。Tā dàshēng zhòumà. **2.** 降祸 jiànghuò；使苦恼 shǐ kǔnǎo：be ～d with 因…而遭殃 yīn … ér zāoyāng / be ～ with a bad temper 因脾气不好而吃亏 yīn píqi bùhǎo ér chīkuī / be ～ with bad health 因身体不好而苦恼 yīn shēntǐ bùhǎo ér kǔnǎo // Curse upon it! 该死 Gāisǐ! 混帐! Hùnzhàng!

cursed *a.* **1.** 可诅咒的 kě zǔzhòude **2.** 坏透的 huàitòude；可憎的 kězēngde：a ～ fool 可恶的笨蛋 kěwùde bèndàn

cursive *a.* 草写的 cǎoxiěde：a ～ hand 草书 cǎoshū；行书 xíngshū

cursory *a.* 草率的 cǎoshuàide；粗率的 cūshuàide；粗略的 cūluède

curt *a.* 三言两语的 sānyán-liǎngyǔde；简略的 jiǎnlüède；粗鲁的 cūlǔde：a ～ answer 草率的回答 cǎoshuàide huídá / a ～ way of speaking 说话简慢 shuōhuà jiǎnmàn

curtail *v.* **1.** 截短 jiéduǎn；缩短 suōduǎn；削减 xuējiǎn：～ed words 简体字 jiǎntǐzì / We are ～ed of our expenses. 我们的经费被削减了。

Wǒmende jīngfèi bèi xuējiǎnle. **2.** 剥夺 bōduó = deprive：~ sb. of his citizenship 剥夺某人的公民权 bōduó mǒurénde gōngmínquán / ~ him of his title 取消他的头衔 qǔxiāo tāde tóuxián

curtain *n.* **1.** 窗帘 chuānglián；帐子 zhàngzi：blackout ~ 防空灯火管制窗帘 fángkōng dēnghuǒ guǎnzhì chuānglián / a mosquito ~ 蚊帐 wénzhàng / draw a ~ 拉上窗帘 lāshàng chuānglián / draw the ~s together (apart) 拉拢(拉开)帘子 lālǒng(lākāi)liánzi **2.** 幕 mù * on the stage：drop the ~ 落幕 luòmù / raise the ~ 启幕 qǐmù / ring down the ~ 响铃落幕 xiǎnglíng luòmù / The ~ falls. 幕落(故事结束)。Mùluò (Gùshi jiéshù). / behind the ~ 在幕后 zài mùhòu；秘密地 mìmìde // a ~ call 要求谢幕的掌声 yāoqiú xièmùde zhǎngshēng / take a ~ call 谢幕 xièmù / a ~ lecture 床头训话 chuángtóu xùnhuà / ~ raiser 开场戏 kāichǎngxì

curtsey *n.* 屈膝礼 qūxīlǐ：drop a ~ 行屈膝礼 xíng qūxīlǐ *v.* 行屈膝礼 xíng qūxīlǐ

curvature *n.* **1.** 弯曲 wānqū **2.** 曲率 qūlǜ * mathematics

curve *n.* **1.** 弯曲 wānqū **2.** 曲线 qūxiàn **3.** 曲线规 qūxiànguī **4.** 曲线图表 qūxiàn túbiǎo：ballistic ~ 射体轨迹 shètǐ guǐjī；导弹曲线 dǎodàn qūxiàn / a body with beautiful ~s 具有曲线美的身材 jùyǒu qūxiàn měide shēncái / broken ~ 虚线 xūxiàn / error ~ 误差曲线 wùchā qūxiàn /French ~ 曲线规 qūxiànguī / Gaussian (normal) ~ 高斯曲线 gāosīqūxiàn / hyperbolic ~ 双曲线 shuāng qūxiàn / a sharp ~ 急转弯 jízhuǎnwān / ~s in the road 道路的转弯处 dàolùde zhuǎnwānchù / take ~s at high speed 高速转弯 gāosù zhuǎnwān *v.* 弯曲 wānqū；弄弯 nòngwān：The river ~s round the town. 这条河环绕着那座城镇。Zhètiáohé huánrǎozhe nàzuò chéngzhèn.

curved *a.* 弯曲的 wānqūde：a ~ line 曲线 qūxiàn

curvet *n.* & *v.* 奔跃 bēnyuè；腾跃 téngyuè

cushion *n.* 垫子 diànzi；坐垫 zuòdiàn；靠垫 kàodiàn：die ~ 模垫缓冲器 módiàn huǎnchōngqì / padded ~ 用软物填充的垫子 yòng ruǎnwù tiánchōngde diànzi / a protective ~ 保护性垫层 bǎohùxìng diàncéng / steam ~ 汽垫 qìdiàn / a ~ of air 气垫 qìdiàn

cuspidor *n.* 痰盂 tányú

custard *n.* 牛奶糕 niúnǎigāo

custodian *n.* 管理员 guǎnlǐyuán；保管员 bǎoguǎnyuán；监护人 jiānhùrén；看守人 kānshǒurén：a legal ～ 法定监护人 fǎdìng jiānhùrén / a school ～ 学校看门人 xuéxiào kānménrén

custody *n.* **1.** 保管 bǎoguǎn；保护 bǎohù：be (placed, put) in the ～ of sb. 托某人保管 tuō mǒurén bǎoguǎn；受某人保护 shòu mǒurén bǎohù；受某人监管 shòu mǒurén jiānguǎn **2.** 拘留 jūliú；监禁 jiānjìn：be in ～ 被拘留 bèi jūliú；被监禁 bèi jiānjìn / take a person into ～ 逮捕某人 dàibǔ mǒurén；拘留某人 jūliú mǒurén

custom *n.* **1.** 风俗 fēngsú；习惯 xíguàn；惯例 guànlì：antique ～ 古风 gǔfēng / civilized ～ 文明的习惯 wénmíngde xíguàn / family ～ 家风 jiāfēng / folk ～ 民间习俗 mínjiān xísú / immemorial ～ 极其古老的风俗 jíqí gǔlǎode xísú / long-established ～ 早已形成的习俗 zǎoyǐ xíngchéngde xísú / native ～s 当地风俗 dāngdì fēngsú / primitive ～ 原始风俗 yuánshǐ fēngsú / social ～s 社会风俗 shèhuì fēngsú / time-honored ～ 由来已久的风俗 yóulái yǐjiǔde fēngsú / universal ～ 共有的习俗 gòngyǒude xísú / world-wide ～ 世界性的习俗 shìjièxìngde xísú / adhere to traditional ～ 固守传统的风俗 gùshǒu chuántǒngde fēngsú / break an old ～ 破除旧风俗 pòchú jiù fēngsú **2.** 关税 guānshuì；海关 hǎiguān：the ～s 海关 hǎiguān / ～s duties 关税 guānshuì / a ～s tariff 关税税则 guānshuì shuìzé / ～-house 海关 hǎiguān / the ～s union 关税同盟 guānshuì tóngméng

customary *a.* 通常的 tōngchángde；惯例的 guànlìde；习惯的 xíguànde；合乎风俗习惯的 héhū fēngsú xíguànde：a ～ law 习惯法 xíguànfǎ

custom-built *a.* 定做的 dìngzuòde；定制的 dìngzhìde

customer *n.* **1.** 顾客 gùkè；主顾 zhǔgù：casual ～ 偶然光临的顾客 ǒurán guānglínde gùkè / a credit ～ 赊购客户 shēgòu kèhù / a hard ～ 挑剔的顾客 tiāotìde gùkè / a mail order ～ 邮购客户 yóugòu kèhù / a potential ～ 潜在的主顾 qiánzàide zhǔgù / a prospective ～ 未来的买主 wèiláide mǎizhǔ / a regular ～ 老主顾 lǎozhǔgù / a slow-pay ～ 不如期付款的顾客 bù rúqī fùkuǎnde gùkè / This shop pleased ～s. 这家商店使顾客满意。Zhèjiā shāngdiàn shǐ gùkè mǎnyì. / They try to win ～s. 他们力争赢得顾客。Tāmen lìzhēng yíngdé gùkè. **2.** 家伙 jiāhuo：an awkward ～ 难对付的顾客 nán duìfude gùkè / a queer ～ 怪人 guàirén

cut *v.* **1.** 割 gē；切 qiē；砍 kǎn：～ away 砍去 kǎnqù；切去 qiēqù；乱砍 luànkǎn/ ～ grass 割草 gēcǎo / ～ wood 砍柴 kǎnchái / ～ … into pieces 把…切成片 bǎ … qiēchéng piàn / ～ the meat off a bone 从骨上剔肉 cóng gǔshang tīròu / This knife ～s well. 这小刀好使。Zhè xiǎodāo hǎoshǐ. **2.** 剪 jiǎn；裁 cái；截 jié：～ cloth 剪布 jiǎnbù / ～ branches 剪枝 jiǎnzhī / ～ out a dress 裁衣服 cáiyīfu / ～ one's coat according to one's cloth 量入为出 liàngrù-wéichū / I had my hair ～. 我剪了头发。Wǒ jiǎnle tóufa. **3.** 割破 gēpò；切伤 qiēshāng；刺痛 cìtòng：～ one's face 割破脸 gēpòliǎn / the wind ～s keenly 风如刀割 fēng rú dāogē **4.** 开挖 kāiwā；开凿 kāizáo；开辟 kāipì；开掘 kāijué：～ steps in a rock 在岩石上开凿步阶 zài yánshíshang kāizáo bùjiē / ～ a tunnel through a hill 在山中开通隧道 zài shānzhōng kāitōng suìdào / The ship ～s her way through the waves. 那只船破浪前进。Nàzhī chuán pòlàng qiánjìn. **5.** 雕(刻) diāo(kè)：～ one's name on a tree 在树上刻名字 zài shùshang kè míngzi / ～ a figure in stone 雕刻石象 diāokè shíxiàng **6.** 删去 shānqù * news；删节 shānjié * a play or an article；剪辑 jiǎnjí * a film；削减 xuējiǎn * expenses；缩短 suōduǎn：to ～ the matter short 简括说来 jiǎnkuò shuōlái / ～ the price by half 减半价 jiǎn bànjià / ～ a speech 缩短发言 suōduǎn fāyán **7.** 穿过 chuānguò：～ across a field 穿过旷野 chuānguò kuàngyě / The lines ～ each other. 两线相交。Liǎngxiàn xiāngjiāo. **8.** 割断 gēduàn；打断 dǎduàn：～ one's fingers 割断手指 gēduàn shǒuzhǐ / ～ sb. short 打断某人的话 dǎduàn mǒurénde huà **9.** 逃(避) táo(bì)：～ classes 逃课 táokè / ～ a meeting 逃会 táohuì / C- it quick! 快逃! Kuàitáo! **10.** 分解 fēnjiě；冲淡 chōngdàn：Gasoline ～s grease and tar. 汽油溶解油腻和焦油。Qìyóu róngjiě yóunì hé jiāoyóu. **11.** 阉割 yāngē；骟 shàn：～ a horse 骟马 shànmǎ **12.** 使人伤心 shǐrén shāngxīn // ～ a ball 削球 xiāoqiú / ～ a dash 出风头 chū fēngtou / ～ a figure 露头角 lòu tóujiǎo；放异彩 fàng yìcǎi / ～ a poor figure 出洋相 chū yángxiàng / ～ a joke 说笑话 shuō xiàohua / ～ both ways 两边倒 liǎngbiān dǎo / ～ in fine 扣得很紧 kòude hěnjǐn；精打细算 jīngdǎ-xìsuàn / ～ the cards 上牌 shàngpái / ～ the knot 快刀斩乱麻 kuàidāo zhǎn luànmá / ～ the records 打破记录 dǎpò jìlù *n.* **1.** (一)割 (yì)gē；(一)切 (yì)qiē；(一)剪 (yì)jiǎn：a ～ of beef (一)片牛肉 yípiàn niúròu / make ～s in a film 删剪影片 shānjiǎn yǐngpiàn **2.** 修

剪 xiūjiǎn；裁剪 cáijiǎn；式样 shìyàng：the ～ of one's garment 衣服的式样 yīfude shìyàng **3.** 刀伤 dāoshāng；伤口 shāngkǒu：～s on one's face 脸上的伤痕 liǎnshangde shānghén **4.** 近路 jìnlù；捷径 jiéjìng：a short ～ 捷径 jiéjìng /a ～ through a hill 山间的堑道 shānjiānde qiàndào **5.** 插图 chātú：illustrate with ～s 附图说明 fùtú shuōmíng **6.** 削减 xuējiǎn：a price ～ 减价 jiǎnjià **7.** 削球 xiāoqiú：exchange ～s 对削 duìxiāo *a.* **1.** 切断的 qiēduànde；剪下的 jiǎnxiàde **2.** 刻好的 kèhǎode；雕过的 diāoguòde

cute *a.* **1.** 聪明 cōngming；伶俐 línglì = intelligent **2.** 漂亮可爱 piàoliang kě'ài = charming

cuticle *n.* 表皮 biǎopí；外皮 wàipí；解质层 jiězhìcéng ＊ anatomy

cutlas *n.* 砍刀 kǎndāo；弯刀 wāndāo

cutler *n.* 刃具工人 rènjù gōngrén；刀剪制造者 dāojiǎn zhìzàozhě = manufacturer of cutlery；刀剪商 dāojiǎnshāng = one who sells cutlery

cutlery *n.* **1.** 刃具 rènjù = cutting tools **2.** 餐具 cānjù ＊ fcr the kitchen or used in eating food

cutlet *n.* 羊肉片 yángròupiàn；牛肉片 niúròupiàn

cut-off *n.* **1.** 近路 jìnlù = short cut **2.** 切断 qiēduàn；割断 gēduàn = act of cutting sth. off

cut-out *n.* **1.** 剪裁 jiǎncái；图案 tú'àn；花样 huāyàng ＊ making garments **2.** 断流器 duànliúqì；保险装置 bǎoxiǎn zhuāngzhì ＊ electricity

cutter *n.* **1.** 切削工人 qiēxiāo gōngrén ＊ worker；裁剪师 cáijiǎnshī ＊ of clothes-making；剪接员 jiǎnjiēyuán = film-cutter **2.** 刀具 dāojù = cutting tools：a bar ～ 截条机 jiétiáojī / a glass ～ 划玻璃刀 huá bōlídāo / a high speed ～ 高速刀具 gāosù dāojù / a meat ～ 切肉机 qiēròujī / oxygen ～ 氧气切割机 yǎngqì qiēgējī / paper ～ 裁纸刀 cáizhǐdāo；切纸器 qiēzhǐqì / a wheel ～ 齿轮刀具 chǐlún dāojù **3.** 快艇 kuàitǐng：a coast-guard ～ 海岸警卫艇 hǎi'àn jǐngwèitǐng / a life ～ 救生艇 jiùshēngtǐng / a revenue ～ 缉私船 jīsīchuán

cutter-loader *n.* 采矿截装机 cǎikuàng jiézhuāngjī

cutthroat *n.* 凶手 xiōngshǒu *a.* 你死我活的 nǐsǐ-wǒhuóde；凶恶的 xiōng'ède；残酷的 cánkùde：a ～ competition 激烈的竞争 jīliède jìngzhēng

cutting *n.* **1.** 裁剪 cáijiǎn；切断 qiēduàn **2.** 插枝 chāzhī：Can this kind of plant be grown from ～？这种植物可插枝栽种吗？Zhèzhǒng zhíwù kě chāzhī zāizhòngma？**3**. 剪报 jiǎnbào：newspaper ～ 剪报 jiǎnbào **4**. 剪接 jiǎnjiē * of a film *a*. 锐利的 ruìlìde；尖锐的 jiānruìde；尖刻的 jiānkède = sharp：a ～ irony 尖锐的讽刺 jiānruìde fěngcì / a ～ wind 刺骨的风 cìgǔde fēng

cuttlefish *n*. 墨鱼 mòyú；乌贼 wūzéi

cyanamide *n*. **1**. 氰氨 qíng'ān * chemistry **2**. 氨(基)腈 ān(jī)jīng

cyanic *a*. **1**. 氰的 qíngde；含氰的 hánqíngde：～ acid 氰酸 qíngsuān **2**. 青蓝色的 qīnglánsède = of blue color

cyanide *n*. 氰化物 qínghuàwù

cyanogen *n*. 氰 qíng

cyanotype *n*. 氰印照相 qíngyìn zhàoxiàng；晒蓝图 shàilántú

cybernetics *n*. 控制论 kòngzhìlùn：engineering ～ 工程控制论 gōngchéng kòngzhìlùn

cycle *n*. **1**. 周期 zhōuqī；循环 xúnhuán：～ of changes 变化的周期 biànhuàde zhōuqī / the ～ of the seasons 季节的循环 jìjiéde xúnhuán / ～ of operation 运行周期 yùnxíng zhōuqī / one Chinese ～ 一甲子(60年) yì jiǎzǐ(liùshínián) * 60 years / clock ～ 同步脉冲周期 tóngbù màichōng zhōuqī / lunar (solar) ～ 太阴(太阳)周 tàiyīn(tàiyáng)zhōu / the sunspot ～ 太阳黑子周期 tàiyáng hēizǐ zhōuqī / on a three year ～ 三年一轮转 sānnián yì lúnzhuàn / a vicious ～ 恶性循环 èxìng xúnhuán / on the ～ of recovery 恢复周期 huīfù zhōuqī **2**. 组诗 zǔshī；故事的始末 gùshide shǐmò：a romance ～ of seven volumes 七卷本的传奇故事集 qījuàn běnde chuánqí gùshijí / a song ～ 组歌 zǔgē **3**. 自行车 zìxíngchē；三轮脚踏车 sānlún jiǎotàchē = bicycle or tricycle **4**. 周波 zhōubō * electricity；环 huán * maths *v*. 循环 xúnhuán；骑自行车 qí zìxíngchē

cycle-car *n*. 三轮或四轮轻便汽车 sānlún huò sìlún qīngbiàn qìchē

cyclic *a*. 循环的 xúnhuánde；周期的 zhōuqīde

cycling *n*. 骑自行车 qí zìxíngchē：motor ～ 骑摩托车 qí mótuōchē

cyclist *n*. 骑自行车的(人) qí zìxíngchēde(rén)

cycloid *n*. 旋轮线 xuánlúnxiàn；摆线 bǎixiàn * maths

cyclone *n*. 旋风 xuànfēng；龙卷风 lóngjuǎnfēng

cyclonic *a*. 旋风的 xuànfēngde

cyclopaedia *n.* 百科全书 bǎikē-quánshū：He is a walking ～. 他是一部活百科全书。Tāshì yíbù huó bǎikē-quánshū.

cyclotron *n.* 回旋加速器 huíxuán jiāsùqì

cygnet *n.* 小天鹅 xiǎotiān'é

cylinder *n.* **1.** 圆筒 yuántǒng；滚筒 gǔntǒng **2.** 汽缸 qìgāng * of motor-car：high (low) pressure ～ 高压(低压)汽缸 gāoyā(dīyā)qìgāng / hydraulic ～ 液(水)压缸 yè(shuǐ)yāgāng / oxygen ～ 氧气瓶 yǎngqìpíng / steam ～ 汽缸 qìgāng // work on all ～s 尽全力 jìnquánlì

cylindrical *a.* 圆筒状的 yuántǒngzhuàngde；圆柱体的 yuánzhùtǐde

cymbals *n.* 钹 bó；铙 náo

cynic *n.* **1.** 犬儒学派的人 quǎnrú xuépàide rén **2.** 愤世嫉俗的人 fènshì-jísúde rén；好挖苦的人 hàowākude rén

cynical *a.* 愤世嫉俗的 fènshì-jísúde；冷言冷语的 lěngyán-lěngyǔde；挖苦的 wākude

cynicism *n.* 犬儒主义 quǎnrúzhǔyì；犬儒哲学 quǎnrúzhéxué

cynosure *n.* **1.** 引人注意的人(物) yǐnrén zhùyìde rén(wù) = center of attraction：the ～ of all eyes 万众向往的目标 wànzhòng xiàngwǎngde mùbiāo **2.** 小熊座 xiǎoxióngzuò；北极星 běijíxīng * astronomy

cypress *n.* 柏 bǎi；柏树 bǎishù；扁柏 biǎnbǎi

cyst *n.* 胞(囊) bāo(náng)

cytology *n.* 细胞学 xìbāoxué

Czar *n.* 沙皇 Shāhuáng

Czarism *n.* 沙皇制度 Shāhuáng zhìdù

Czech *n.* 捷克人 Jiékèrén；捷克语 Jiékèyǔ * the language

D

dab *v.* 轻拍 qīngpāi：～ one's forehead with a handkerchief 用手帕轻拍脑门儿 yòng shǒupà qīngpāi nǎoménr *n.* **1.** 轻拍 qīngpāi **2.** 小块 xiǎokuài：a ～ of butter 一小块奶油 yì xiǎokuài nǎiyóu **3.** 比目鱼 bǐmùyú = flatfish **4.** 能手 néngshǒu：a ～ at tennis 网球能手 wǎngqiú néngshǒu

dabber *n.* **1.** 轻拍的人(物) qīngpāide rén(wù) = person (or thing) that dabs **2.** 涂墨擦 túmò cā * of a machine for printing **3.** (打纸型的)硬毛

刷（dǎ zhǐxíngde）yìngmáoshuā = brush

dabble *v.* **1.** 沾湿 zhānshī；溅湿 jiànshī：be ～d with mud 溅满泥浆 jiànmǎn níjiāng **2.** 浅尝 qiǎncháng；涉猎 shèliè：= engage in：～ in literature 涉猎文学 shèliè wénxué

dabbler *n.* **1.** 玩水者 wánshuǐzhě **2.** 涉猎者 shèlièzhě

dace *n.* 鲦鱼 tiáoyú

dachshund *n.* 达克斯狗 dákèsī gǒu；小猎狗 xiǎoliègǒu

dacoit *n.*（印度、缅甸的）土匪［Yìndù（Indian）、Miǎndiàn（Myanmar）de］tǔfěi

Dacron *n.* 涤纶 dílún；的确良 díquèliáng

dactyl *n.* 诗歌的扬抑抑格 shīgēde yángyìyìgé

dactylic *a.* & *n.* 扬抑抑格的（句子）yángyìyìgéde（jùzǐ）

dactylogram *n.* 指纹 zhǐwén

dactylography *n.* 指纹学 zhǐwénxué

dactylology *n.*（聋哑人的）指语术（lóngyǎrénde）zhǐyǔshù

dactyloscopy *n.* 指纹鉴定法 zhǐwén jiàndìngfǎ

dad *n.* 爸爸 bàba

daddy *n.* = dad // ～ longlegs **1.** 大蚊子 dàwénzi = big mosquito **2.** 长脚蜘蛛 chángjiǎo zhīzhū = long-legged spider

daedal *a.* **1.** 巧妙的 qiǎomiàode = deft **2.** 千变万化的 qiānbiàn-wànhuàde = changeful

daffodil *n.* 黄水仙 huángshuǐxiān

daffy *a.* **1.** 疯狂的 fēngkuángde = mad **2.** 愚笨的 yúbènde = foolish

daft *a.* 傻的 shǎde；疯狂的 fēngkuángde：go ～ 发狂 fākuáng；发痴 fāchī

dagga *n.* 大麻 dàmá

dagger *n.* 匕首 bìshǒu；短剑 duǎnjiàn // at ～s drawn 势不两立 shìbùliǎnglì / look ～s at 怒视 nùshì / speak ～s to sb. 恶言伤人 èyán shāngrén

daggle *v.* 拖脏（衣服等）tuōzāng（yīfu děng）

dagoba *n.* 舍利塔 shělìtǎ

dah *n.* **1.** 无线电或电报电码中的一长划 wúxiàndiàn huò diànbào diànmǎ zhōngde yì chánghuà * of morse code **2.** 大刀 dàdāo = broad sword of the Myanmar（Burmese）

dahlia *n.* 大丽花 dàlìhuā

daily *a.* & *ad.* 每天的 měitiānde：go there twice ～ 每日去那儿两次 měirì qù nàr liǎngcì / ～ capacity 每日产量 měirì chǎnliàng *n.* 日报 rìbào = newspaper published ～

dainty *a.* **1.** 秀丽的 xiùlìde；娇小的 jiāoxiǎode：a ～ child 美丽的孩子 měilìde háizi **2.** 讲究的 jiǎngjiude：a ～ eater 讲究饮食的人 jiǎngjiu yǐnshíde rén **3.** 高雅的 gāoyǎde = of refined taste *n.* 精美的食品 jīngměide shípǐn * food // daintily *ad.* / daintiness *n.*

daiquiri *n.* 台克利酒 táikèlì jiǔ；一种鸡尾酒 yìzhǒng jīwěijiǔ

dairy *n.* **1.** 牛奶场 niúnǎichǎng = ～ farm **2.** 乳品店 rǔpǐndiàn = shop that sells ～ products // ～ cattle 奶牛 nǎiniú / ～ products 奶制品 nǎizhìpǐn

dairying *n.* 乳制品业 rǔzhìpǐnyè

dairymaid *n.* 挤奶女工 jǐnǎi nǚgōng

dairyman *n.* **1.** 挤奶工人 jǐnǎi gōngrén * worker **2.** 奶品商 nǎipǐnshāng = merchant that sells dairy products

dais *n.* **1.** 讲坛 jiǎngtán = low platform **2.** (露天)平台 (lùtiān)píngtái * in the open air

daisy *n.* 雏菊 chújú // as fresh as a ～ 精力充沛 jīnglì-chōngpèi / push up daisies 葬在地下 zàngzài dìxià *a.* 极好的 jíhǎode = excellent

dale *n.* 谷 gǔ；山谷 shāngǔ：over hill and ～ 翻山越岭 fānshān-yuèlǐng

dalesman *n.* (英格兰北部的)山谷居民 [Yīnggélán (England) běibùde] shāngǔ jūmín

dalliance *n.* **1.** 混日子 hùnrìzi；浪费时间 làngfèi shíjiān = wasting time **2.** 调戏 tiáoxì = flirting

dally *v.* **1.** 调戏 tiáoxì；戏弄 xìnòng；不慎重考虑 bú shènzhòng kǎolǜ = trifle **2.** 浪费时间 làngfèi shíjiān：～ away 混日子 hùnrìzi / Don't ～ over your work. 不要浪费你工作的时间。Búyào làngfèi nǐ gōngzuòde shíjiān.

dam *n.* **1.** 水坝 shuǐbà：a regulating ～ 拦洪坝 lánhóngbà / a storage ～ 蓄水坝 xùshuǐbà **2.** 母兽 mǔshòu = mother of four-footed animal *v.* **1.** 筑坝 zhùbà = build a ～ **2.** 阻塞 zǔsè；抑制 yìzhì = check：～ up inflation 抑制通货膨胀 yìzhì tōnghuò péngzhàng / ～ back one's tears 忍住眼泪 rěnzhù yǎnlèi

damage *n.* **1.** 损害 sǔnhài；损失 sǔnshī：The storm caused great ～. 暴风

雨造成巨大的损失。Bàofēngyǔ zàochéng jùdàde sǔnshī. **2.** 损失赔偿 sǔnshī péicháng；赔偿金 péichángjīn：a claim for ～s 赔偿损失的要求 péicháng sǔnshīde yāoqiú *v.* 损害 sǔnhài；毁坏 huǐhuài：～ one's reputation 毁坏名誉 huǐhuài míngyù

damask *n.* **1.** 锦缎 jǐnduàn；缎子 duànzi = silk (linen) material **2.** 淡红色 dànhóngsè = pink color *a.* **1.** 缎子的 duànzide **2.** 淡红色的 dànhóngsède：～ rose 淡红色玫瑰 dànhóngsè méigui *v.* **1.** 使织出花纹 shǐ zhīchū huāwén = decorate **2.** 使呈淡红色 shǐ chéng dànhóngsè = cause to become pink

damn *v.* 诅咒 zǔzhòu；该死 gāisǐ = curse：D- you！混帐！Hùnzhàng！ *n.* **1.** 该死 gāisǐ：His speech is full of "～s" and worse curses. 他的话满是"该死的"和更难听的骂人话。Tāde huà mǎnshì "gāisǐde" hé gèng nántīngde màrénhuà. **2.** 些微 xiēwēi：not care a ～ 毫不在乎 háobùzàihu / not worth a ～ 毫无价值 háowú-jiàzhí *a.* 极 jí；非常 fēicháng：～ foolish 真傻 zhēnshǎ

damnable *a.* 活该 huógāi；该死的 gāisǐde；讨厌的 tǎoyànde：～ weather 讨厌的天气 tǎoyànde tiānqì

damnation *n.* 天罚 tiānfá；该死 gāisǐ；诅咒 zǔzhòu：fear ～ 怕遭天罚 pà zāo tiānfá // D- take you！该死！Gāisǐ！

damnatory *a.* 指责的 zhǐzéde：～ evidence 罪证 zuìzhèng

damned *a.* 混帐的 hùnzhàngde；该死的 gāisǐde；讨厌的 tǎoyànde；非常的 fēichángde = extreme：a ～ lie 弥天大谎 mítiān-dàhuǎng / You ～！该死！Gāisǐ！ *ad.* 非常的 fēichángde；极 jí：It was so ～ hot. 热死了。Rè sǐle.

damnification *n.* 损伤 sǔnshāng；损害 sǔnhài

damning *n.* 诅咒 zǔzhòu *a.* 该死的 gāisǐde；逃避不了的 táobì bùliǎode：～ evidence 逃避不了的罪证 táobì bùliǎode zuìzhèng

damp *a.* **1.** 潮湿的 cháoshīde：～ air 湿气 shīqì / ～ room 潮湿的房间 cháoshīde fángjiān **2.** 消沉的 xiāochénde；沮丧的 jǔsàngde = depressing *v.* **1.** 弄湿 nòngshī = make ～；使沮丧 shǐ jǔsàng = discourage **2.** 抑止 yìzhǐ = stifle // ～ness *n.* 潮湿 cháoshī；湿度 shīdù / ～-proof *a.* 防潮的 fángcháode

dampen *v.* **1.** 弄湿 nòngshī：The rain hardly ～ed the ground. 这场雨根本

没有把地弄湿。Zhèchǎng yǔ gēnběn méiyǒu bǎ dì nòngshī. **2.** 使沮丧 shǐ jǔsàng: ~ sb.'s spirits 打击某人的情绪 dǎjī mǒurénde qíngxù

damper *n.* **1.** 令人扫兴的人 lìngrén sǎoxìngde rén = person that makes others feel depressed **2.** 气闸 qìzhá: an air ~ 气压制动器 qìyā zhìdòngqì / an acoustical ~ 消声器 xiāoshēngqì

dampish *a.* 潮湿的 cháoshīde

damsel *n.* 闺女 guīnü; 少女 shàonǚ

damson *n.* 李子 lǐzi: ~ cheese 蜜李 mìlǐ

dan *n.* **1.** 担 dān = 0.05 ton: three ~s of rice 三担米 sāndàn mǐ **2.** (D-) 段 duàn = grading of judo athletes

dance *v.* **1.** 跳舞 tiàowǔ: She loves to ~. 她爱跳舞。Tā ài tiàowǔ. **2.** 跳跃 tiàoyuè: The waves ~d in the sunlight. 波浪在阳光下起伏。Bōlàng zài yángguāngxià qǐfú. *n.* 跳舞 tiàowǔ; 舞蹈 wǔdǎo: The waltz is a beautiful ~. 华尔兹是美妙的舞蹈。Huá'ěrzī shì měimiàode wǔdǎo.

dancer *n.* 舞蹈演员 wǔdǎo yǎnyuán; 舞女 wǔnǚ

dancery *n.* 跳舞厅 tiàowǔtīng

dancing *n.* 跳舞 tiàowǔ: ~ girl 舞女 wǔnǚ / ~ hall 舞厅 wǔtīng / ~ party 舞会 wǔhuì

dandelion *n.* 蒲公英 púgōngyīng

dander *n.* 怒气 nùqì = anger

dandiacal *a.* 纨袴子弟似的 wánkù-zǐdì shìde; 打扮漂亮的 dǎban piàoliangde

dandify *v.* 使象花花公子 shǐxiàng huāhuā-gōngzǐ; 使打扮得时髦 shǐ dǎbande shímáo: dandified ways 纨袴子弟的行为 wánkù-zǐdìde xíngwéi

dandle *v.* 上下摆动（小孩）shàngxià-bǎidòng (xiǎohái)

dandruff *n.* 头屑 tóuxiè

dandy *n.* **1.** 花花公子 huāhuā-gōngzǐ **2.** 最好的东西 zuìhǎode dōngxi *a.* 好的 hǎode = good: fine and ~ 好的 hǎode // dandyish *a.* 花花公子似的 huāhuā-gōngzǐ shìde; 时髦的 shímáode / dandyism *n.* 1. 华丽 huálì; 时髦 shímáo **2.** 花花公子的派头 huāhuā-gōngzǐde pàitóu

Dane *n.* 丹麦人 Dānmàirén: the ~ 丹麦民族 Dānmài mínzú / a Great ~ 丹麦种大狗 Dānmàizhǒng dàgǒu

danger *n.* **1.** 危险 wēixiǎn: a ~ signal 危险信号 wēixiǎn xìnhào / The patient was now out of ~. 病人现在已脱离危险了。Bìngrén xiànzài yǐ tuōlí wēixiǎnle. **2.** 危害 wēihài；危险物 wēixiǎnwù：the ～ of smoking 吸烟的危害 xīyānde wēihài // be in ～ of 有…危险 yǒu…wēixiǎn / in ～ 在危险中 zài wēixiǎnzhōng / out of ～ 脱离危险 tuōlí wēixiǎn / run the ～ of 冒…的危险 mào…de wēixiǎn

dangerous *a.* 危险的 wēixiǎnde：a ～ person (place, drug, illness) 危险的人（地方、药、病）wēixiǎnde rén (dìfang、yào、bìng) / It's ～ to smoke. 抽烟是危险的。Chōuyān shì wēixiǎnde. / look ～ 表现凶狠 biǎoxiàn xiōnghěn；看起来有危险 kànqǐlái yǒu wēixiǎn

dangle *v.* **1.** 悬摆 xuánbǎi：He ～d the keys on his chain. 他摆动着钥匙串上的钥匙。Tā bǎidòngzhe yàoshichuànshangde yàoshi. **2.** 招引 zhāoyǐn：He ～d a trip to Paris in front of her to get her to work for him. 他以巴黎之游吸引她为他工作。Tā yǐ Bālí zhīyóu xīyǐn tā wèi tā gōngzuò.

dangler *n.* **1.** 吊着晃来晃去的东西 diàozhe huànglái-huàngqùde dōngxi = sth. that hangs and sways **2.** 追逐女人的男人 zhuīzhú nǚrénde nánrén = man courting a woman

Danish *a.* 丹麦的 Dānmàide = of Denmark；丹麦人的 Dānmàirénde = of the Danes；丹麦语的 Dānmàiyǔde = of the language of Denmark *n.* 丹麦语 Dānmàiyǔ = language of Denmark

dank *a.* 湿的 shīde

danseur *n.* 芭蕾舞男演员 bālěiwǔ nányǎnyuán

danseuse *n.* 芭蕾舞女演员 bālěiwǔ nǚyǎnyuán

Dantean *n.* 但丁学者 Dàndīng xuézhě = one that studies Dante *a.* 但丁的 Dàndīngde = of Dante

Danube *n.* 多瑙河 Duōnǎohé

Danubian *a.* 多瑙河的 Duōnǎohéde

dap *v.* **1.** 垂钓 chuídiào = fish by dropping bait into water **2.** 飞掠水面 fēilüè shuǐmiàn = dip quickly *n.*（球的）弹跳（qiúde）tántiào = bounce (of ball)

dapper *a.* **1.** 衣冠楚楚的 yīguān-chǔchǔde：be ～ in dress 衣冠楚楚 yīguān-chǔchǔ **2.** 活泼敏捷的 huópo mǐnjiéde = smart in movement

dapple *v.* 有斑点 yǒu bāndiǎn：a ～d deer 梅花鹿 méihuālù *n.* 斑纹 bānwén = colored spot；花斑马 huābānmǎ = horse with ～s

dare *v.* **1.** 敢 gǎn：I ～ not go there. 我不敢去那儿。Wǒ bùgǎn qù nàr. **2.** 挑激 tiǎojī；冒险 màoxiǎn：I ～d him to jump. 我用激将法要他跳下

去。Wǒ yòng jījiàngfǎ yào tā tiàoxiàqù. / ～ all dangers 冒种种危险 mào zhǒngzhǒng wēixiǎn

daredevil *n*. 鲁莽胆大的人 lǔmǎng dǎndàde rén　*a*. 鲁莽胆大的 lǔmǎng dǎndàde；蛮干的 mángànde

daring *a*. & *n*. 胆大的 dǎndàde；勇敢的 yǒnggǎnde：a ～ action 勇敢的行动 yǒnggǎnde xíngdòng

dark *a*. **1**. 暗 àn：too ～ to read 太暗无法看书 tài'àn wúfǎ kànshū **2**. 黑色的 hēisède：～ hair 黑发 hēifà **3**. 秘密的 mìmìde：He kept his plans ～. 他对计划秘而不宣。Tā duì jìhuà mì'ér-bùxuān. *n*. 黑暗 hēi'àn：Some children are afraid of the ～. 有些小孩怕黑。Yǒuxiē xiǎohái pà hēi. / at ～ 黄昏 huánghūn

darken *v*. 弄黑 nònghēi；变暗 biàn'àn：The sky quickly ～ed after sunset. 日落后天色迅速变暗。Rìluòhòu tiānsè xùnsù biàn'àn. / His face ～ed with anger. 他的脸色因愤怒而变阴沉。Tāde liǎnsè yīn fènnù ér biàn yīnchén.

darkish *a*. 浅黑的 qiǎnhēide；阴暗的 yīn'ànde

darkling *ad*. 在黑暗中 zài hēi'ànzhōng

darksome *a*. 微暗的 wēi'ànde；阴暗的 yīn'ànde

darling *n*. **1**. 爱人 àiren：D-，will you please hurry up? 亲爱的，快一点好吗？Qīn'àide，kuài yìdiǎn hǎoma? **2**. 亲爱的人 qīn'àide rén：My grand daughter is a little ～. 我的孙女是个很可爱的小宝贝。Wǒde sūnnǚ shìge hěnkě'àide xiǎobǎobèi. *a*. **1**. 亲爱的 qīn'àide：my ～ husband (wife，child) 我亲爱的丈夫（太太、小孩）wǒ qīn'àide zhàngfu（tàitai、xiǎohái）**2**. 可爱的 kě'àide；漂亮的 piàoliangde = charming

darn *v*. 织补 zhībǔ：Please ～ my sock. 请你修补我的袜子。Qǐng nǐ xiūbǔ wǒde wàzi.　*n*. 补丁 bǔdīng = a place repaired by ～ing

darnel *n*. 毒麦 dúmài

darning *n*. 缝补 féngbǔ；缝补物 féngbǔwù

dart *n*. **1**. 标枪 biāoqiāng：a poisoned ～ 毒标 dúbiāo **2**. 猛冲 měngchōng = rush　*v*. **1**. 猛冲 měngchōng：He ～ed towards the door. 他冲向门。Tā chōngxiàng mén. **2**. 投射 tóushè = emit suddenly：The snake ～ed out its tongue. 蛇吐出舌头。Shé tǔchū shétou.

dartle *v*. 连续发射 liánxù fāshè；不断突进 búduàn tūjìn

Darwinian *a*. 达尔文的 Dá'ěrwénde：～ Theory 达尔文的进化论

Dá'ěrwénde jìnhuàlùn

Darwinism *n.* 达尔文主义 Dá'ěrwénzhǔyì；进化论 jìnhuàlùn

dash *v.* **1.** 冲 chōng：I must ～ off to catch a train. 我必须快去赶火车。Wǒ bìxū kuàiqù gǎn huǒchē. **2.** 冲击 chōngjī：The waves ～ed against the rocks. 海浪冲击着岩石。Hǎilàng chōngjīzhe yánshí. *n.* **1.** 冲 chōng：make a ～ for 冲向 chōngxiàng **2.** 碰撞(声) pèngzhuàng(shēng) ＊ sound：the ～ of the waves against the side of the ship 海浪拍打船侧(的声音) hǎilàng pāidǎ chuáncè(de shēngyīn) **3.** 少量 shǎoliàng ＝ small quantity **4.** 破折号 pòzhéhào ＊ mark

dashboard *n.* **1.** 仪表板 yíbiǎobǎn ＝ panel in an automobile **2.** 挡泥板 dǎngníbǎn ＝ board for keeping off mud (in vehicles) **3.** 遮水板 zhēshuǐbǎn ＊ for keeping off water (in a ship)

dasher *n.* **1.** 猛冲者 měngchōngzhě ＝ one who dashes **2.**（奶油）搅拌器(nǎiyóu) jiǎobànqì ＝ cream-beater **3.** 挡泥板 dǎngníbǎn；遮水板 zhēshuǐbǎn ＝ dashboard

dashing *a.* **1.** 精神抖擞的 jīngshén-dǒusǒude：a ～ young officer 富有朝气的年轻军官 fùyǒu zhāoqìde niánqīng jūnguān **2.** 浮华的 fúhuáde ＝ showy

dastard *n.* 卑怯的人 bēiqiède rén；懦夫 nuòfū *a.* 怯懦的 qiènuòde

data *n.* 资料 zīliào：～ bank 数据库 shùjùkù

datable *a.* 可推定日期的 kě tuīdìng rìqīde

date[1] *n.* 海枣 hǎizǎo：～ palm 枣椰树 zǎoyēshù

date[2] *n.* **1.** 日期 rìqī：This book has no ～ on it. 本书没印出版日期。Běnshū méiyìn chūbǎn rìqī. **2.** 约会 yuēhuì ＊ appointment // out of ～ 过时的 guòshíde / to ～ 至今 zhìjīn / up to ～ 最新的 zuìxīnde *v.* **1.** 注明…的日期 zhùmíng … de rìqī：Don't forget to ～ your letter. 不要忘了在信上写明日期。Búyào wàngle zài xìnshang xiěmíng rìqī. **2.** 定时期 dìngshíqī：～ the old coins 断定古币的年代 duàndìng gǔbìde niándài **3.** 幽会 yōuhuì ＝ court

dater *n.* 日期戳子 rìqī chuōzi

datum *n.* 数据 shùjù；资料 zīliào

daub *v.* **1.** 涂 tú ＝ smear：～ the wall with paint 用油漆涂墙壁 yòng yóuqī tú qiángbì **2.** 乱画 luànhuà ＝ paint roughly *n.* 涂抹之材料 túmǒ zhī cáiliào ＝ soft, adhesive coating：a ～ of paint 一点油漆 yìdiǎn yóuqī

/ a ～ of butter 一点黄油 yìdiǎn huángyóu // dauber *n.*

daubster *n.* 拙劣的画家 zhuōliède huàjiā

dauby *a.* **1.** 粘性的 niánxìngde = adhesive **2.** 乱画的 luànhuàde = painted roughly

daughter *n.* 女儿 nǚ'ér

daughter-in-law *n.* 儿媳妇 érxífu

daughterly *a.* 女儿的 nǚ'érde；似女儿的 sì nǚ'érde

daunt *v.* **1.** 威吓 wēihè；吓倒 xiàdǎo：No difficulties in the world can ～ us. 世界上任何困难都吓不倒我们。Shìjièshang rènhé kùnnan dōu xià bùdǎo wǒmen. **2.** 挫折 cuòzhé = discourage：nothing ～ed 毫无气馁 háowú qìněi

dauntless *a.* 不屈不挠的 bùqū-bùnáode；无畏的 wúwèide：～ soldiers 无畏的士兵 wúwèide shìbīng

davenport *n.* **1.** 小书桌 xiǎoshūzhuō = small desk **2.** 长沙发 chāngshāfā * kind of sofa

dawdle *v.* 闲混 xiánhùn：～ away one's time 混日子 hùnrìzi

dawn *n.* **1.** 黎明 límíng：at ～ 天一亮 tiānyíliàng / from ～ till dark 从早到晚 cóngzǎo-dàowǎn **2.** 开端 kāiduān；萌芽 méngyá = beginning *v.* **1.** 破晓 pòxiǎo = begin to grow light **2.** 开始出现 kāishǐ chūxiàn = appear **3.** 渐渐明白 jiànjiàn míngbai = begin to understand：～ing consciousness 开始醒悟 kāishǐ xǐngwù

day *n.* **1.** 白天 báitiān：～ and night 日日夜夜 rìri-yèyè **2.** [D-]节日 jiérì = festival：the National D- 国庆节 Guóqìngjié / May 1st International Labor D- 五一国际劳动节 Wǔyī Guójì Láodòngjié **3.** 日 rì；一日 yírì：in a ～ or two 过一二日 guò yī èr rì / every other ～ 每隔一天 měi gé yìtiān **4.** (*pl.*)时代 shídài：in ～s to come 将来 jiānglái **5.** 寿命 shòumìng；生平 shēngpíng：a creature of a ～ 短命的生物 duǎnmìngde shēngwù **6.** 胜利 shènglì = victory：The ～ is ours. 胜利是我们的。Shènglì shì wǒmende.

day-boy *n.* 走读生 zǒudúshēng

daybreak *n.* 黎明 límíng

daydream *n.* 白日梦 báirìmèng

daylight *n.* 日光 rìguāng；白天 báitiān：at ～ 黎明 límíng / burn ～ 白费精力 báifèi jīnglì / ～ saving 日光节约 rìguāng jiéyuē / ～-saving time

夏令时间 xiàlìng shíjiān

day-nursery *n.* 日间托儿所 rìjiān tuō'érsuǒ

day-school *n.* 走读学校 zǒudú xuéxiào

daytime *n.* 日间 rìjiān

daze *v.* 使头晕 shǐ tóuyūn；使迷乱 shǐ míluàn；使茫然 shǐ mángrán = bewilder *n.* 迷乱 míluàn；茫然 mángrán = bewildered state

dazzle *n.* 炫耀 xuànyào；使人眼花缭乱的事物 shǐ rén yǎnhuā liáoluànde shìwù *v.* 使眼花缭乱 shǐ yǎnhuā liáoluàn；使茫然 shǐ mángrán

dazzling *a.* 晃眼睛的 huǎng yǎnjingde；灿烂的 cànlànde：a ～ advertisement 五光十色的广告 wǔguāng-shísède guǎnggào

dead *a.* **1.** 死的 sǐde：She is ～. 她死了。Tā sǐle. / be shot ～ 被枪打死 bèi qiāng dǎsǐ / more than half ～ 快死的 kuàisǐde **2.** 无感觉的 wúgǎnjuéde = unconscious：be ～ to 对…无感觉 duì…wúgǎnjué / ～ to shame 不知耻 bù zhīchǐ **3.** 已废的 yǐfèide= no longer in use：～ law 已废的法律 yǐfèide fǎlǜ **4.** 完全 wánquán = absolute：a ～ failure 完全失败 wánquán shībài / a ～ certainty 绝对确实 juéduì quèshí *n.* **1.** 死者 sǐzhě = ～ person **2.** 寂静 jìjìng = silence **3.** 最冷的时候 zuìlěngde shíhou = the coldest moment

deaden *v.* 缓和 huǎnhé；使失去 shǐ shīqù：～ the pain 除去痛苦 chúqù tòngkǔ

deadening *n.* **1.** 隔音材料 géyīn cáiliào = soundproof material **2.** 去光泽的涂料 qù guāngzéde túliào = kind of paint that makes brightness vanish

deadline *n.* 截止时间 jiézhǐ shíjiān：I hope we can finish this before the ～. 我希望我们能在截止日期以前完成。Wǒ xīwàng wǒmen néngzài jiézhǐ rìqī yǐqián wánchéng.

deadly *a.* **1.** 致死的 zhìsǐde：a ～ disease 致命的疾病 zhìmìngde jíbìng **2.** 势不两立的 shìbù-liǎnglìde：a ～ enemy 死敌 sǐdí **3.** 强有力的 qiángyǒulìde：a ～ argument against his plan 反对他的计划的有力论证 fǎnduì tāde jìhuàde yǒulì lùnzhèng **4.** 如死人的 rúsǐrénde = deathlike *ad.* **1.** 死一般的 sǐyìbānde：～ pale 苍白如死人 cāngbái rú sǐrén **2.** 非常 fēicháng = very：～ serious 非常认真 fēicháng rènzhēn / ～ dull 极为沉闷 jíwéi chénmèn

deadpan *n.* 死板的面孔 sǐbǎnde miànkǒng

deaerate *v.* 使除去空气 shǐ chúqù kōngqì；使除去氧气 shǐ chúqù yǎngqì

deaf *a.* **1.** 聋的 lóngde：～ people 聋人 lóngrén **2.** 不听 bùtīng ＝ unwilling to hear：turn a ～ ear to 置之不理 zhìzhī-bùlǐ / be ～ to advice 不听劝告 bùtīng quàngào // ～ aid 助听器 zhùtīngqì

deafen *v.* 震聋 zhènlóng

deafening *a.* 震耳欲聋的 zhèn'ěr-yùlóngde

deal[1] *n.* **1.** 数量 shùliàng：a great ～ of 大量的 dàliàngde **2.** 交易 jiāoyì ＝ bargain **3.** 待遇 dàiyù ＝ treatment **4.** 协议 xiéyì ＝ agreement **5.** 松木 sōngmù ＝ fir or pine wood

deal[2] *v.* **1.** 分给 fēngěi；分配 fēnpèi：I ～t out three pieces to each guest. 我给每位客人三块。Wǒ gěi měiwèi kèren sānkuài. **2.** 处理 chǔlǐ；对付 duìfu ＝ associate with：He is hard to ～ with. 他很难对付。Tā hěnnán duìfu.

dealer *n.* 商人 shāngrén：a ～ in grocery 杂货商 záhuòshāng / a wholesale ～ 批发商 pīfāshāng

dealership *n.* 商品经销特许权 shāngpǐn jīngxiāo tèxǔquán

dealing *n.* **1.** 对待 duìdài ＝ treatment **2.** 交易 jiāoyì ＝ trading **3.** 交往 jiāowǎng ＝ association：have ～s with 和…有交往 hé…yǒu jiāowǎng

dean *n.* **1.** 教长 jiàozhǎng ＝ head of cathedral **2.**（大学）系主任（dàxué）xìzhǔrèn ＝ department head in a university

dear *a.* **1.** 亲爱的 qīn'àide：He's my ～est friend. 他是我最要好的朋友。Tā shì wǒ zuì yàohǎode péngyou. **2.** 珍贵的 zhēnguìde：Life is very ～ to him. 生命对他来说十分珍贵。Shēngmìng duì tā láishuō shífēn zhēnguì. **3.** 昂贵的 ángguìde ＝ expensive：It's too ～；I can't afford it. 那太贵了，我买不起。Nà tài guìle，wǒ mǎibuqǐ. *ad.* 高价地 gāojiàde ＝ high-priced *n.* 亲爱的人 qīn'àide rén：Come here，I love you，my ～. 亲爱的，到这里来。Qīn'àide，dàozhèlǐlái. *int.* 哎呀 āiyā：Oh ～！I've lost my pen！哎呀！我的笔掉了。Āiyā！Wǒde bǐ diàole. // dearness *n.* **dearly** *ad.* **1.** 深情地 shēnqíngde：He loves his wife ～. 他深深爱着他的妻子。Tā shēnshēn àizhe tāde qīzi. **2.** 昂贵地 ángguìde ＝ costly

dearth *n.* 缺乏 quēfá ＝ scarcity：in time of ～ 饥荒时候 jīhuāng shíhou

deasil *ad.* 顺时针方向地 shùnshízhēn fāngxiàngde

death *n.* **1.** 死 sǐ；死亡 sǐwáng：Car accidents have caused many ～s. 车祸造成很多人死亡。Chēhuò zàochéng hěnduō rén sǐwáng. / put to ～ 处死 chǔsǐ / as sure as ～ 必定 bìdìng **2.** 毁灭 huǐmiè ＝ destruction：That defeat meant the ～ of all my hopes. 那次失败毁灭了我所有的希望。Nàcì shībài huǐmièle wǒ suǒyǒude xīwàng. **3.** [D-] 死神 sǐshén // a natural ～ 自然死亡 zìrán sǐwáng

deathbed *n.* **1.** 临终床 línzhōngchuáng **2.** 临死之时 línsǐ zhīshí = last hours *a.* 临终时做的 línzhōngshí zuòde：a ～ will 临终时立的遗嘱 línzhōngshí lìde yízhǔ

deathful *a.* 死一样的 sǐyíyàngde = deathlike；致命的 zhìmìngde = fatal

deathless *a.* 不死的 bùsǐde；不朽的 bùxiǔde；永恒的 yǒnghéngde = immortal

deathlike *a.* 死了似的 sǐleshìde：a ～ stillness 死寂 sǐjì

deathly *a.* **1.** 死一样的 sǐ yíyàngde：a ～ cold body 身体如死人样的冰冷 shēntǐ rú sǐrén yàngde bīnglěng **2.** 致命的 zhìmìngde = fatal *ad.* 非常 fēicháng；十分 shífēn = extremely

debar *v.* 拦阻 lánzǔ；禁止 jìnzhǐ

debarkation *n.* 上岸 shàng'àn；登陆 dēnglù

debarrass *v.* 解除疑难 jiěchú yínàn；使摆脱 shǐ bǎituō

debase *v.* 降低 jiàngdī；贬低 biǎndī；贬值 biǎnzhí：Such unkind action ～s you. 这种不友善的行为贬低了你自己。Zhèzhǒng bù yǒushànde xíngwéi biǎndīle nǐ zìjǐ. / ～ the value of the paper money 使纸币贬值 shǐ zhǐbì biǎnzhí / ～ oneself for money 为金钱而卑躬屈膝 wèi jīnqián ér bēigōngqūxī // debasement *n.*

debatable *a.* 可争辩的 kě zhēngbiànde：a ～ statement 值得争论的声明 zhídé zhēnglùnde shēngmíng / a ～ ground 有争议的边境（或问题）yǒu zhēngyìde biānjìng (huò wèntí) = ～ borderland (or question)

debate *v.* **1.** 辩论 biànlùn = argue **2.** 思考 sīkǎo = consider：I ～d the idea in my mind until I fell asleep. 我入睡前心中一再思考这个问题。Wǒ rùshuìqián xīnzhōng yízài sīkǎo zhège wèntí. *n.* 辩论 biànlùn：There will be a long ～ in Parliament. 议会将进行一次长时间的辩论。Yìhuì jiāng jìnxíng yícì chángshíjiānde biànlùn.

debauch *v.* 使放荡 shǐ fàngdàng *n.* 荒淫 huāngyín；放荡 fàngdàng

debauchee *n.* 放荡的人 fàngdàngde rén

debauchery *n.* 放荡 fàngdàng；放荡行为 fàngdàng xíngwéi

debenture *n.* **1.** 债券 zhàiquàn：～ stock 公司债券 gōngsī zhàiquàn **2.** 海关

退税凭单 hǎiguān tuìshuì píngdān = voucher given by Customs House for repayment of tax

debilitate *v.* 使…虚弱 shǐ…xūruò：Heat ～s many people. 酷热使很多人体力衰弱。Kùrè shǐ hěnduō rén tǐlì shuāiruò.

debility *n.* 虚弱 xūruò

debit *n.* 借方 jièfāng *v.* 记入借方 jìrù jièfāng

debonair *a.* **1.** 殷勤的 yīnqínde；温文有礼的 wēnwén-yǒulǐde = genial：a ～ manner 温文有礼的态度 wēnwén-yǒulǐde tàidu **2.** 高兴的 gāoxìngde；快活的 kuàihuode = pleasant

deboost *v.* (导弹、宇宙飞船等)减速 (dǎodàn、yǔzhòu fēichuán děng)jiǎnsù

debouch *v.* 流出 liúchū；走出 zǒuchū = move out

debrief *v.* 听取飞行员、使者报告执行任务情况 tīngqǔ fēixíngyuán、shǐzhě bàogào zhíxíng rènwu qíngkuàng

debris *n.* 瓦砾 wǎlì

debt *n.* 债 zhài；债务 zhàiwù：a ～ of £10 十镑的债 shíbàngde zhài / I owed him a ～ of gratitude for all his help. 我很感激他对我的帮助之恩。Wǒ hěn gǎnjī tā duì wǒde bāngzhù zhī'ēn. / be deep in ～ 一身是债 yìshēn shì zhài // get (run) into ～ 负债 fùzhài / get out of ～ 还债 huánzhài / keep out of ～ 不借债 bú jièzhài

debtor *n.* **1.** 债务人 zhàiwùrén **2.** 借方 jièfāng * in book-keeping

debunk *v.* 揭露 jiēlù；暴露 bàolù

debut *n.* 首次演出 shǒucì yǎnchū；首次参加社交活动 shǒucì cānjiā shèjiāo huódòng：make one's ～ 初次登台 chūcì dēngtái

debutante *n.* 首次演出的演员 shǒucì yǎnchūde yǎnyuán

decadal *a.* 十的 shíde；十年间的 shínián jiānde = of a decade

decade *n.* 十年 shínián = 10 years；十个一组 shíge yìzǔ = a set of ten

decadence *n.* 堕落 duòluò；颓废 tuífèi

decadent *a.* 颓废的 tuífèide *n.* 颓废者 tuífèizhě * person：颓废派艺术家 tuífèipài yìshùjiā = the kind of artist

decaffeinate *v.* 除去 … 中的咖啡因 chúqù…zhōngde kāfēiyīn

decagon *n.* 十角形 shíjiǎoxíng；十边形 shíbiānxíng

decagram *n.* 十克 shíkè

decahedron *n.* 十面体 shímiàntǐ

decal *n.* 移画印花法 yíhuà yìnhuāfǎ

decalcify *v.* 脱钙 tuōgài
decalitre, decaliter *n.* 十升 shíshēng
decametre, decameter *n.* 十米 shímǐ
decamp *v.* **1.** 逃走 táozǒu；逃亡 táowáng = escape **2.** 撤营 chèyíng = break up camp
decant *v.* **1.** 倾注 qīngzhù = pour off；滗 bì = pour off liquid without disturbing the sediment **2.** 卸(货) xiè(huò) = unload **3.** 让乘客下车 ràng chéngkè xiàchē = let passengers alight from a car：to ~ the passengers at the hotel for lunch 让乘客在饭店下车用餐 ràng chéngkè zài fàndiàn xiàchē yòngcān
decanter *n.* **1.** 有玻璃塞的细颈酒瓶 yǒu bōlisāide xìjǐng jiǔpíng **2.** 滗析器 bìxīqì * used in chemical analysis
decapitate *v.* **1.** 把…斩首 bǎ … zhǎnshǒu = behead **2.** (因政治原因而)解雇 (yīn zhèngzhì yuányīn ér) jiěgù = dismiss (because of political reason)
decapitator *n.* **1.** 刽子手 guìzishǒu = executioner **2.** 解雇者 jiěgùzhě = one who dismisses others
decapod *a.* 有十足的 yǒu shízúde；有十臂的 yǒu shíbìde = with 10 feet or arms *n.* 十足类动物 shízúlèi dòngwù = animal with 10 feet
decarbonate *v.* 除去碳素 chúqù tànsù
decastere *n.* 十立方米 shí lìfāngmǐ
decasyllabic *n.* & *a.* 十音节(的) shí yīnjié(de)
decasyllable *n.* 十个音节的一行诗 shíge yīnjiéde yìháng shī
Decauville railway *n.* 轻便铁路 qīngbiàn tiělù
decay *v.* **1.** 腐烂 fǔlàn = rot **2.** 衰败 shuāibài；衰落 shuāiluò = deteriorate *n.* 腐败 fǔbài；衰退 shuāituì：be far gone in ~ 衰弱过甚 shuāiruò guòshèn / fall into ~ 腐败 fǔbài
decease *n.* & *v.* 死亡 sǐwáng
deceased *a.* 已死的 yǐsǐde；已故的 yǐgùde：my ~ father 先父 xiānfù / a ~ friend 亡友 wángyǒu *n.* the ~ 死者 sǐzhě
deceit *n.* 欺诈 qīzhà；欺骗 qīpiàn：a man of ~ 奸诈的人 jiānzhàde rén
deceitful *a.* 欺诈的 qīzhàde；虚假的 xūjiǎde
deceivable *a.* 容易受骗的 róngyì shòupiànde；可欺的 kěqīde
deceive *v.* 蒙蔽 méngbì；欺骗 qīpiàn：I trust him because I know he would

never ～ me. 我信任他，因为我知道他绝不会欺骗我。Wǒ xìnrèn tā, yīnwèi wǒ zhīdao tā jué búhuì qīpiàn wǒ. / ～ oneself 骗自己 piàn zìjǐ

deceiver *n.* 骗子 piànzi

decelerate *v.* 减速 jiǎnsù

December *n.* 十二月 Shí'èr yuè

decency *n.* 正派 zhèngpài = respectability；合乎礼仪 héhū lǐyí = propriety of conduct；得体 détǐ = adequateness

decennary *n.* & *a.* 十年间(的) shínián jiān(de)

decenniad (=decennium) *n.* 十年间 shínián jiān

decennial *a.* 十年间的 shínián jiānde；每十年发生一次的 měi shínián fāshēng yícìde *n.* 十周年 shízhōunián

decent *a.* 正派的 zhèngpàide = respectable；合乎礼仪的 héhū lǐyíde = indicating propriety of conduct；得体 détǐ = adequate

decentralization *n.* 分权制 fēnquánzhì

decentralize *v.* 分散 fēnsàn：a ～d state 实施地方分权的国家 shíshī dìfāng fēnquánde guójiā

deception *n.* 欺骗 qīpiàn

deceptive *a.* 骗人的 piànrénde

decibel *n.* 分贝 fēnbèi

decidable *a.* 可决定的 kě juédìngde

decide *v.* **1.** 决定 juédìng：They ～d in favor of him and against me. 他们决定支持他，反对我。Tāmen juédìng zhīchí tā, fǎnduì wǒ. **2.** 解决 jiějué：～ the question 解决问题 jiějué wèntí

decided *a.* 决定的 juédìngde = settled；明确的 míngquède = unquestionable：a ～ success 明显的成功 míngxiǎnde chénggōng

decider *n.* **1.** 决定者 juédìngzhě = one who decides **2.** 决赛 juésài = final

deciduous *a.* **1.** 脱落的 tuōluòde = shedding normally：～ teeth 乳齿 rǔchǐ **2.** 每年落叶的 měinián luòyède = shedding annually：～ trees 落叶树 luòyèshù

decigram *n.* 分克 fēnkè

decilitre, **deciliter** *n.* 分升 fēnshēng

decimal *a.* 小数的 xiǎoshùde；十进的 shíjìnde：～ coinage 十进币制 shíjìn bìzhì / the ～ system 十进制 shíjìnzhì *n.* 小数 xiǎoshù

decimalize *v.* 使成为十进制 shǐ chéngwéi shíjìnzhì；使变为小数 shǐ

biànwéi xiǎoshù

decimally *ad*. 用十进法 yòng shíjìnfǎ；用小数形式 yòng xiǎoshù xíngshì

decimate *v*. **1**. 毁灭…的大部分 huǐmiè…de dàbùfen：Famine ～d the population. 饥饿使大批人死亡。Jī'è shǐ dàpīrén sǐwáng. **2**. 从十个…中抽一 cóng shíge … zhōng chōu yī

decimetre, decimeter *n*. 分米 fēnmǐ

decimillimetre, decimillimeter *n*. 丝米 sīmǐ

decipher *v*. 译解(密码等) yìjiě (mìmǎ děng) = translate from code；辨认 biànrèn = make out the meaning of *n*. 密电的译文 mìdiànde yìwén

decision *n*. **1**. 决定 juédìng = act of deciding **2**. 判决 pànjué = judgment；果断 guǒduàn = firmness of character：a man of ～ 果断的人 guǒduànde rén

decisive *a*. **1**. 决定性的 juédìngxìngde = conclusive：a ～ battle 决战 juézhàn **2**. 果断的 guǒduànde = resolute：～ measures 断然的措施 duànránde cuòshī **3**. 明确的 míngquède = unquestionable：～ evidence 确证 quèzhèng

decivilize, decivilise *v*. 使陷入野蛮状态 shǐ xiànrù yěmán zhuàngtài；使丧失文明 shǐ sàngshī wénmíng

deck *n*. **1**. 甲板 jiǎbǎn；舱面 cāngmiàn：on ～ 在甲板上 zài jiǎbǎnshang / sweep the ～s 浪把甲板上的一切卷去 làng bǎ jiǎbǎnshangde yíqiè juǎnqù；获全胜 huò quánshèng * in card game **2**. 层面 céngmiàn = platform *v*. 装饰 zhuāngshì；打扮 dǎban = decorate

decker *n*. **1**. 装饰者 zhuāngshìzhě = decorator **2**. 有…层甲板的船 yǒu … céng jiǎbǎnde chuán = ship with deck(s)：a double-～ bus 双层公共汽车 shuāngcéng gōnggòngqìchē

deckle *n*. **1**. 造纸用的定纸框 zàozhǐ yòngde dìngzhǐkuāng **2**. 毛边 máobiān：～ edge 纸的毛边 zhǐde máobiān

declaim *v*. **1**. 朗读 lǎngdú = read aloud **2**. 雄辩 xióngbiàn = speak rhetorically **3**. 攻击 gōngjī = attack verbally // declamation *n*.

declarable *a*. 可申报(交税)的 kě shēnbào (jiāoshuì)de；须报关纳税的 xū bàoguān nàshuìde * customs

declaration *n*. 宣告 xuāngào；公告 gōnggào：the D- of Independence 独立宣言 Dúlì Xuānyán

declarative, declaratory *a*. 宣言的 xuānyánde；布告的 bùgàode；陈述的

chénshùde

declare *v.* **1.** 宣告 xuāngào；宣布 xuānbù：～ a state of emergency 宣布紧急状态 xuānbù jǐnjí zhuàngtài / ～ against 声明反对 shēngmíng fǎnduì **2.** 申报 shēnbào * customs：Anything to ～？有东西要报税吗？Yǒu dōngxi yào bàoshuìma？

declared *a.* 公开宣称的 gōngkāi xuānchēngde = stated formally // a ～ value（进口货在海关纳税的）申报价格（jìnkǒuhuò zài hǎiguān nàshuìde）shēnbào jiàgé

declass *v.* 使某人失去社会地位 shǐ mǒurén shīqù shèhuì dìwèi

declassify *v.*（文件、报告等）不再作机密论（wénjiàn、bàogào děng）búzài zuò jīmì lùn

declension *n.* **1.** 变格 biàngé；词尾变化 cíwěi biànhuà * grammar **2.** 倾斜 qīngxié = sloping **3.** 堕落 duòluò = decline：the ～ of virture 道德败坏 dàodé bàihuài

declinable *a.* 可变格的 kě biàngéde；词尾可变化的 cíwěi kě biànhuàde * grammar

declination *n.* **1.** 倾斜 qīngxié = sloping downward **2.** 衰退 shuāituì = deterioration **3.** 谢绝 xièjué = polite refusal **4.** 偏角 piānjiǎo = angle (in astronomy)

decline *v.* **1.** 下倾 xiàqīng；跌落 diēluò；下降 xiàjiàng = fall：Prices begin to ～. 物价开始下降。Wùjià kāishǐ xiàjiàng. / The birth rate in our country has been declining for several years. 我国人口出生率几年来一直下降。Wǒguó rénkǒu chūshēnglǜ jǐniánlái yìzhí xiàjiàng. **2.** 衰老 shuāilǎo；堕落 duòluò = deteriorate **3.** 谢绝 xièjué = refuse：politely ～ an invitation 谢绝邀请 xièjué yāoqǐng *n.* 倾斜 qīngxié；衰退 shuāituì；衰弱 shuāiruò

declinometer *n.* 偏角计 piānjiǎojì；测斜仪 cèxiéyí

declivitous *a.* 向下倾斜的 xiàngxià qīngxiéde；下坡的 xiàpōde

declivity *n.* 倾斜 qīngxié；斜坡 xiépō

decoct *v.* 熬 áo；煎 jiān；煮 zhǔ // decoction *n.* = **1.** act of ～ing **2.** 煎剂 jiānjì = liquor resulted from ～ing

decode *v.* 译码 yìmǎ；解码 jiěmǎ

decoder *n.* 译电员 yìdiànyuán * person；译码机 yìmǎjī * machine

decollate *v.* 将…斩首 jiāng…zhǎnshǒu；杀…的头 shā…de tóu

décolleté *a.* 袒胸的 tǎnxiōngde = low-necked
decolonize *v.* 使非殖民化 shǐ fēizhímínhuà // decolonization *n.*
decolorant *a.* 脱色的 tuōsède；漂白的 piǎobáide *n.* 漂白剂 piǎobáijì；脱色剂 tuōsèjì
decolorize *v.* 使…脱色 shǐ…tuōsè；将…漂白 jiāng … piǎobái // decoloration *n.*
decompose *v.* **1.** 分解 fēnjiě = separate elements **2.** 分析 fēnxī = analyse **3.** 衰变 shuāibiàn **4.** 使腐烂 shǐ fǔlàn = rot // decomposition *n.*
decompound *v.* **1.** 使分解 shǐ fēnjiě；使腐败 shǐ fǔbài = decompose **2.** 再混合 zài hùnhé = mix again
decompress *v.* 使减压 shǐ jiǎnyā；降压 jiàngyā
deconcentrate *v.* 分散 fēnsàn
decontaminate *v.* 净化 jìnghuà；消除污染 xiāochú wūrǎn
decontrol *v.* & *n.* 解除管制 jiěchú guǎnzhì
décor *n.* 室内装饰 shìnèi zhuāngshì = room decorating；舞台布景 wǔtái bùjǐng = scenery on stage
decorate *v.* **1.** 装饰 zhuāngshì：～ a house 装饰房子 zhuāngshì fángzi **2.** 授以勋章 shòuyǐ xūnzhāng：～ sb. with a medal 授某人勋章 shòu mǒurén xūnzhāng // decoration *n.* / decorative *a.*：～art 装饰美术 zhuāngshì měishù
decorator *n.* 装饰家 zhuāngshìjiā；装璜工人 zhuānghuáng gōngrén
decorous *a.* 有礼貌的 yǒu lǐmàode；正派的 zhèngpàide
decorticate *v.* 使脱皮(脱壳等) shǐ tuōpí (tuōké děng)：～d rice 脱壳大米 tuōké dàmǐ
decorum *n.* 正派 zhèngpài = decency；礼仪 lǐyí = etiquette：behave with ～ 行为得体 xíngwéi détǐ / lose one's ～ 失礼 shīlǐ
decoupage *n.* 剪贴工艺 jiǎntiē gōngyì；剪画 jiǎnhuà
decoy *n.* 引诱物 yǐnyòuwù = sth. for luring game；诱骗者 yòupiànzhě = tempter *v.* 引诱 yǐnyòu = allure：～ enemy troops to a certain place 把敌军引诱到某地 bǎ díjūn yǐnyòu dào mǒudì
decrease *v.* 减少 jiǎnshǎo：～ the number to 把数目减少到… bǎ shùmù jiǎnshǎo dào … / ～ in size 尺寸减少 chǐcùn jiǎnshǎo *n.* 减少 jiǎnshǎo；减少量 jiǎnshǎoliàng：a ～ in production 生产减少 shēngchǎn jiǎnshǎo / on the ～ 正在减少 zhèngzài jiǎnshǎo

decree *n.* **1.** 法令 fǎlìng **2.** 判决 pànjué = judgment *v.* 颁布(法令) bānbù(fǎlìng); 判决 pànjué

decrement *n.* **1.** 减少 jiǎnshǎo = decreasing **2.** 消耗 xiāohào = waste **3.** 减少量 jiǎnshǎoliàng

decrepit *a.* **1**: 衰老的 shuāilǎode; 老朽的 lǎoxiǔde = feeble and aged **2.** 用旧的 yòngjiùde = worn out // decrepitude *n.*

decrepitate *v.* 烧爆 shāobào; 爆裂 bàoliè

decrescent *a.* **1.** 渐小的 jiànxiǎode = decreasing; 渐少的 jiànshǎode **2.** 下弦的(月亮) xiàxiánde (yuèliang) = of the moon

decretal *a.* 法令的 fǎlìngde *n.* 法令 fǎlìng; 教令 jiàolìng

decretive *a.* 法令的 fǎlìngde

decry *v.* **1.** 谴责 qiǎnzé; 大声反对 dàshēng fǎnduì = cry down **2.** 诋毁 dǐhuǐ = slander **3.** 贬值 biǎnzhí = depreciate // decrial *n.*

decumbence *n.* 匍匐 púfú

decuple *a.* 十倍的 shíbèide; 以十计的 yǐshíjìde *n.* 十倍 shíbèi *v.* 使成十倍 shǐ chéng shíbèi

decussate *v.* 交叉成 X 形 jiāochā chéng X xíng; 交错 jiāocuò *a.* 交叉着的 jiāochāzhede

dedicate *v.* 奉献 fèngxiàn; 献给 xiàngěi: to ~ 献身于… xiànshēnyú …

dedication *n.* **1.** 奉献 fèngxiàn = devotion **2.** 献身 xiànshēn = committing oneself to a cause **3.** 题献辞 tíxiàncí; 献辞 xiàncí = inscription for literary work

deduce *v.* **1.** 推断 tuīduàn; 演绎 yǎnyì = conclude by reasoning **2.** 追溯根源 zhuīsù gēnyuán = trace origin of

deduct *v.* 扣除 kòuchú: ~ 10% from the cost 从费用中扣去一成 cóng fèiyongzhōng kòuqù yìchéng

deductive *a.* 推论的 tuīlùnde; 演绎的 yǎnyìde: ~ method 演绎法 yǎnyìfǎ

deed *n.* **1.** 行为 xíngwéi; 事实 shìshí: good ~s 善行 shànxíng / in ~ as well as in name 有名有实 yǒumíng yǒushí **2.** 契约 qìyuē: a title ~ 地契 dìqì

deem *v.* 认为 rènwéi; 相信 xiāngxìn

deep *a.* **1.** 深 shēn: a ~ well 深井 shēnjǐng / the ~ sea 深海 shēnhǎi / a ~ wound 很深的伤口 hěnshēnde shāngkǒu **2.** 深奥的 shēn'àode = profound: ~ scientific principles 深奥的科学原理 shēn'àode kēxué yuánlǐ

// in ～ water 陷入困境 xiànrù kùnjìng
deepen *v.* 加深 jiāshēn
deepfreeze *n.* 冷藏箱 lěngcángxiāng
deer *n.* 鹿 lù
deescalate *v.* 逐步降级 zhúbù jiàngjí；缩小 suōxiǎo
deface *v.* 损伤…外观 sǔnshāng … wàiguān
defalcate *v.* 挪用公款 nuóyòng gōngkuǎn
defalcator *n.* 盗用公款者 dàoyòng gōngkuǎnzhě
defamation *n.* 诽谤 fěibàng：～ of character 诽谤人格 fěibàngréngé
defame *v.* 诽谤 fěibàng；破坏…的名誉 pòhuài…de míngyù
defat *v.* 使脱去脂肪 shǐ tuōqù zhīfáng
default *n.* **1.** 不负责任 búfùzérèn；不履行 bùlǚxíng：be in ～ 不履行(契约) bùlǚxíng (qìyuē) **2.** 欠缺 qiànquē；缺乏 quēfá = lack // judgment by ～ 缺席裁判 quēxí cáipàn / make ～ 缺席 quēxí
defaulter *n.* 不履行者 bù lǚxíngzhě；缺席者 quēxízhě
defeasance *n.* **1.** (契约的)作废 (qìyuēde) zuòfèi；废除 fèichú **2.** 废除契约的条款 fèichú qìyuēde tiáokuǎn
defeasible *a.* 可作废的 kězuòfèide
defeat *v.* & *n.* 打败 dǎbài；战胜 zhànshèng // bring ～ upon oneself 招致失败 zhāozhì shībài / suffer a ～ 失败 shībài
defeatism *n.* 失败主义 shībàizhǔyì
defeatist *n.* 失败主义者 shībàizhǔyìzhě
defeature *v.* 损坏外貌 sǔnhuài wàimào
defecate *v.* 澄清 chéngqīng；净化 jìnghuà
defect *n.* 缺点 quēdiǎn = shortcoming；缺陷 quēxiàn = imperfection *v.* 叛逃 pàntáo = abandon one's country, party, etc. to join others：He ～ed to the enemy. 他叛逃到敌方。Tā pàntáo dào dífāng.
defection *n.* **1.** 叛变 pànbiàn = abandonment of a cause // ～ from a party 脱党 tuōdǎng **2.** 丧失 sàngshī；缺乏 quēfá = lack
defective *a.* 有缺点的 yǒuquēdiǎnde = faulty：～ machinery 有缺陷的机器 yǒuquēxiànde jīqì / ～ hearing 听觉不良 tīngjué bùliáng
defense *n.* **1.** 防御 fángyù；保卫 bǎowèi：the ～ of one's country 保卫自己的国家 bǎowèi zìjǐde guójiā / in ～ of justice 维护正义 wéihù zhèngyì **2.** 辩词 biàncí = pleading：the prisoner's ～ 犯人的辩词 fànrénde

biàncí

defenseless *a.* 无防御的 wúfángyùde

defend *v.* **1.** 防守 fángshǒu；保卫 bǎowèi：The fort can't be ～ed against an air attack. 这个要塞无法防御来自空中的袭击。Zhège yàosài wúfǎ fángyù láizì kōngzhōngde xíjī. **2.** 辩护 biànhù：You need a lawyer to ～ you. 你需请一位律师为你辩护。Nǐ xū qǐng yíwèi lǜshī wèi nǐ biànhù.

defendant *n.* 被告 bèigào

defender *n.* 防御者 fángyùzhě；辩护人 biànhùrén

defensible *a.* **1.** 能防御的 néngfángyùde：a ～ position 可防御的据点 kěfángyùde jùdiǎn **2.** 可辩护的 kěbiànhùde = justifiable

defensive *a.* & *n.* **1.** 防御的 fángyùde；守势的 shǒushìde = for defense：a ～ warfare 防御战 fángyùzhàn / assume the ～ 采取守势 cǎiqǔ shǒushì / be on the ～ 进行防御 jìnxíng fángyù **2.** 辩护的 biànhùde * in argument

defer¹ *v.* 推迟 tuīchí = put off // deferment *n.*

defer² *v.* 依从 yīcóng；服从 fúcóng = yield (in opinion)

deference *n.* **1.** 依从 yīcóng；服从 fúcóng：blind ～ 盲从 mángcóng **2.** 尊敬 zūnjìng = respect：pay (show) ～ to 对…表示敬意 duì … biǎoshì jìngyì

deferent *a.* 传送的 chuánsòngde；输送的 shūsòngde

deferential *a.* 谦让的 qiānràngde；恭敬的 gōngjìngde

defiance *n.* 反抗 fǎnkàng：be at open ～ with 公然反抗 gōngrán fǎnkàng / in ～ of 无视 wúshì；不顾 búgù // defiant *a.*

deficiency *n.* **1.** 缺乏 quēfá；不足 bùzú = lack：～ diseases 营养缺乏症 yíngyǎng quēfázhèng **2.** 缺点 quēdiǎn = shortcoming // deficient *a.*

deficit *n.* 亏损 kuīsǔn；赤字 chìzì = excess of expenditure over income；亏空(额) kuīkong (é)：cover the ～ 弥补亏欠 míbǔ kuīqiàn / ～ financing 赤字财政 chìzì cáizhèng

defier *n.* 挑战者 tiǎozhànzhě；反抗者 fǎnkàngzhě；违抗者 wéikàngzhě

defile¹ *n.* 小路 xiǎolù = narrow way；纵列行进 zòngliè xíngjìn = marching in file *v.* 纵列前进 zòngliè qiánjìn

defile² *v.* 沾污 zhānwū；弄脏 nòngzāng：They that touch pitch will be ～d. 近墨者黑。Jìnmò-zhěhēi. / rivers ～d by wastes from factories 被

工厂废物污染的河流 bèi gōngchǎng fèiwù wūrǎnde héliú

definable *a.* 可限定的 kěxiàndìngde；可下定义的 kěxià-dìngyìde

define *v.* **1.** 解释 jiěshì；下定义 xià dìngyì：a well-～d word 意义明确的文字 yìyì míngquède wénzì **2.** 明确 míngquè：～ one's meaning 明确心意 míngquè xīnyì / Please listen while I ～ your duties. 请听我详细说明你的职务。Qǐng tīng wǒ xiángxì shuōmíng nǐde zhíwù.

definite *a.* 明确的 míngquède；确定的 quèdìngde；一定的 yídìngde：a ～ answer 明确的答复 míngquède dáfù / a ～ article 定冠词 dìngguàncí

definition *n.* **1.** 定义 dìngyì：to give a ～ of a word 给一个字下定义 gěi yíge zì xià dìngyì **2.** 清晰度 qīngxīdù ＝ distinctness in shape

definitive *a.* **1.** 决定性的 juédìngxìngde ＝ decisive；最后的 zuìhòude ＝ final：～ sentence 最后判决 zuìhòu pànjué **2.** 明确的 míngquède：a ～ answer 明确的回答 míngquède huídá

definitude *n.* 明确 míngquè；精确 jīngquè

deflate *v.* **1.** 给…放气 gěi … fàngqì ＝ release air from **2.** 收缩 shōusuō；紧缩(通货) jǐnsuō (tōnghuò) ＝restrict currency // deflation *n.*

deflect *v.* 偏转 piānzhuǎn；(使)偏斜 (shǐ) piānxié；(使)转向 (shǐ) zhuǎnxiàng: The bullet struck a wall and was ～ed from its course. 枪弹碰到墙壁，因而改变了弹道。Qiāngdàn pèngdào qiángbì, yīn'ér gǎibiànle dàndào.

deflection, **deflexion** *n.* 偏向 piānxiàng；偏离 piānlí

deflower *v.* **1.** 摘花 zhāihuā；采花 cǎihuā ＝ deprive of flower **2.** 抽取…的精华 chōuqǔ…de jīnghuá ＝ rob of the beauty **3.** 奸污 jiānwū ＝ rape // defloration *n.*

defog *v.* 除雾 chúwù

deforest *v.* 砍伐森林 kǎnfá sēnlín

deform *v.* 丑化 chǒuhuà；变形 biànxíng

deformity *n.* **1.** 畸形 jīxíng ＝ being deformed **2.** 残废 cánfèi；缺陷 quēxiàn ＝ part of body deformed **3.** 畸形的人(或物) jīxíngde rén (huò wù) ＝ one that is deformed

defraud *v.* 诈取 zhàqǔ；骗取 piànqǔ；欺骗 qīpiàn：He was ～ed of his estate. 他被骗去财产。Tā bèi piànqù cáichǎn.

defray *v.* 支付 zhīfù：The expenses are ～ed by the company. 费用由公司支付。Fèiyong yóu gōngsī zhīfù.

defrost *v.* **1.** 使溶解 shǐ róngjiě = cause to thaw **2.** 除霜 chúshuāng = remove frost

defroster *n.* (飞机等)熔冰机 (fēijī děng) róngbīngjī；除霜器 chúshuāngqì

deft *a.* 灵巧的 língqiǎode；熟练的 shúliànde

defunct *a.* **1.** 死了的 sǐlede = dead **2.** 不存在的 bùcúnzàide；已绝种的 yǐjuézhǒngde = no longer existing

defy *v.* **1.** 对抗 duìkàng；不服从 bùfúcóng；违抗 wéikàng：to ～ one's superiors 违抗上司 wéikàng shàngsī **2.** 激起某人做某事 jīqǐ mǒurén zuò mǒushì：I ～ you to do that. 我看你敢不敢那么干。Wǒ kàn nǐ gǎnbugǎn nǎmegàn.

degas *v.* 排气 páiqì

degauss *v.* 使消磁 shǐ xiāocí：～ing cable 消磁电缆 xiāocí diànlǎn

degenerate *v.* 退化 tuìhuà = decline；堕落 duòluò = deteriorate *n.* & *a.* 退化(的) tuìhuà(de)；堕落(的) duòluò(de)

degenerative *a.* 变坏的 biànhuàide；退化的 tuìhuàde；堕落的 duòluòde

deglutinate *v.* 从…中提取麦麸 cóng … zhōng tíqǔ màifū

degrade *v.* **1.** 降级 jiàngjí = demote **2.** 使堕落 shǐ duòluò = reduce in quality：to ～ oneself by cheating and telling lies 因欺骗说谎而自甘堕落 yīn qīpiàn shuōhuǎng ér zìgān duòluò // degradation *n.*

degrading *a.* 品质低劣的 pǐnzhì dīliède；可耻的 kěchǐde；堕落的 duòluòde

degrease *v.* 去除…的油污 qùchú … de yóuwū

degree *n.* **1.** 度 dù；度数 dùshu：an angle of ninety ～s 90度的角(直角) jiǔshídùde jiǎo (zhíjiǎo) / 10 ～s below 0 零下10度 língxià shídù **2.** 程度 chéngdù；阶段 jiēduàn = stage：He was tired to such a ～ that he fainted. 他疲乏得昏了过去。Tā pífáde hūnle guòqù. // by ～s 逐渐地 zhújiànde / by slow ～s 慢慢地 mànmànde / in a slightest ～ 毫不 háobù / in some ～ 多少 duōshǎo / to a certain ～ 相当 xiāngdāng / to a high ～ 非常 fēicháng **3.** 社会地位 shèhuì dìwèi = social rank：a man of high ～ 地位高的人 dìwèi gāode rén / people of every ～ 各阶层的人们 gè jiēcéngde rénmen **4.** 学位 xuéwèi = academic rank：give (take) a ～ 授予(取得)学位 shòuyǔ (qǔdé) xuéwèi / studying for a ～ 读学位 dú xuéwèi / the ～ of Master of Arts 文学硕士 Wénxué Shuòshì

degression *n.* 下降 xiàjiàng；(税率的)递减 (shuìlǜde) dìjiǎn

dehumanize *v.* 使失去人性 shǐ shīqù rénxìng；使（艺术品）失去个性 shǐ （yìshùpǐn） shīqù gèxìng

dehumidify *v.* 使除去湿气 shǐ chúqù shīqì

dehydrate *v.* 去水 qùshuǐ；使脱水 shǐ tuōshuǐ：～d vegetables 脱水蔬菜 tuōshuǐ shūcài / ～d eggs 蛋粉 dànfěn

dehydrocanned *a.* 脱水装罐头的 tuōshuǐ zhuāng guàntoude

dehypnotize *v.* 使解除催眠状态 shǐ jiěchú cuīmián zhuàngtài

deice *v.* 除去…上的冰 chúqù … shangde bīng；防止…结冰 fángzhǐ … jiébīng

deify *v.* 神化 shénhuà；把…奉为神 bǎ … fèngwéi shén // deification *n.*

deign *v.* **1.** 屈尊 qūzūn；俯就 fǔjiù：He doesn't ～ to acknowledge his old friends. 他连老朋友也不理了。Tā lián lǎopéngyou yě bùlǐle. **2.** 赐予 cìyǔ：He ～ed no reply. 他不予答复。Tā bù yǔ dáfù.

deist *n.* 自然神论者 zìránshénlùnzhě // deism 自然神论 zìránshénlùn

deity *n.* 神 shén；神性 shénxìng：Roman deities 罗马诸神 Luómǎ zhūshén

deject *v.* 使沮丧 shǐ jǔsàng；使寒心 shǐ hánxīn：be ～ed 垂头丧气 chuítóu-sàngqì // ～ed *a.* 沮丧的 jǔsàngde；垂头丧气的 chuítóu-sàngqìde

dejecta *n.* 排泄物 páixièwù；粪便 fènbiàn

dejection *n.* **1.** 沮丧 jǔsàng；灰心 huīxīn = low spirits **2.** 粪便 fènbiàn = human or animal's excrement

dekko *n.* 看一眼 kànyiyǎn；看一看 kànyikàn：Let's have a ～. 给我们看一看。Gěi wǒmen kànyikàn.

delate *v.* 控告 kònggào；告发 gàofā

delay *v.* & *n.* 推迟 tuīchí；延迟 yánchí；耽搁 dāngē // without ～ 马上 mǎshàng

delectable *a.* **1.** 使人愉快的 shǐ rén yúkuàide = pleasant **2.** 美味的 měiwèide = delicious

delegacy *n.* **1.** 代表的委派 dàibiǎode wěipài = delegation **2.** 代表权 dàibiǎoquán = right of delegation **3.** 代表团 dàibiǎotuán = group of delegates

delegate *n.* 代表 dàibiǎo：～s without power to vote 列席代表 lièxí dàibiǎo *v.* 派…做代表 pài … zuò dàibiǎo；委任 wěirèn：～ authority to sb. 授权某人 shòuquán mǒurén

delegation *n.* **1.** 代表团 dàibiǎotuán：a ～ bringing gifts and thanks 慰问团 wèiwèntuán **2.** （代表的）委派（dàibiǎode）wěipài；派遣代表 pàiqiǎn dàibiǎo

delete *v.* 删去 shānqù：～d from the list 从名单上删去了 cóng míngdānshang shānqùle

deleterious *a.* （对身心）有害的（duì shēnxīn）yǒuhàide；有毒的 yǒudúde

deletion *n.* **1.** 删除 shānchú = act of deleting **2.** 被删除部分 bèi shānchú bùfen = deleted part

deliberate *a.* **1.** 深思熟虑的 shēnsīshúlǜde；慎重的 shènzhòngde：a ～ decision 慎重的决定 shènzhòngde juédìng **2.** 故意的 gùyìde；蓄意的 xùyìde：a ～ murder 蓄意谋杀 xùyì móushā *v.* **1.** 考虑 kǎolǜ = consider：～ on (over) a question 思考问题 sīkǎo wèntí **2.** 商议 shāngyì = consult with：I ～d with him on his future plans of study. 我和他商讨关于他将来学习的计划。Wǒ hé tā shāngtǎo guānyú tā jiānglái xuéxíde jìhuà.

deliberation *n.* **1.** 深思熟虑 shēnsīshúlǜ；协商 xiéshāng；辨论 biànlùn = debate：after long ～ 经过深思熟虑后 jīngguò shēnsī-shúlǜ hòu / under ～ 在考虑中 zài kǎolǜzhōng **2.** 从容不迫 cōngróng-búpò = slowness of movement：to speak with great ～ 极为从容地说话 jíwéi cōngróngde shuōhuà

deliberative *a.* **1.** 考虑过的 kǎolǜguode；慎重的 shènzhòngde **2.** 协商的 xiéshāngde：a ～ body 协商机关 xiéshāng jīguān

delicacy *n.* **1.** 优美 yōuměi；精巧 jīngqiǎo = fineness **2.** 纤弱 xiānruò = weakliness：a ～ of constitution 虚弱的体质 xūruòde tǐzhì **3.** 美味 měiwèi = tasty food

delicate *a.* **1.** 优美的 yōuměide；精致的 jīngzhìde：jewellery of ～ workmanship 精工镶嵌的珠宝饰物 jīnggōng xiāngqiànde zhūbǎo shìwù **2.** 柔软的 róuruǎnde = soft：as ～ as silk 柔滑如绸 róuhuá rú chóu / the ～ skin 柔嫩的皮肤 róunènde pífū **3.** 易损的 yìsǔnde = easily broken；身体娇弱的 shēntǐ jiāoruòde = weak：～ china 精美易损的瓷器 jīngměi yìsǔnde cíqì / a ～ looking child 看起来瘦弱的孩子 kànqǐlái shòuruòde háizi. **4.** 淡的 dànde = toned down：a ～ shade of pink 淡粉红色 dànfěn hóngsè **5.** 灵敏的 língmǐnde；精密的 jīngmìde = sensitive：a ～ sense of smell 灵敏的嗅觉 língmǐnde xiùjué / ～ instruments 精密仪器

jīngmì yíqì 6. 美味的 měiwèide = delicious: Chicken is more ~ than beef. 鸡肉比牛肉味美。Jīròu bǐ niúròu wèiměi.

delicatessen *n.* 1. 熟食店 shúshídiàn = shop selling ~ 2. 熟食 shúshí = delicacies

delicious *a.* 1. 美味的 měiwèide; 好吃的 hǎochīde = pleasing to taste 2. 极有趣的 jíyǒuqùde = interesting: What a ~ joke! 多么有趣的笑话! Duōme yǒuqùde xiàohua!

delict *n.* 不法行为 bùfǎ xíngwéi: in flagrant ~ 在作案时 zài zuò'ànshí; 在作案现场 zài zuò'àn xiànchǎng

delight[1] *n.* 1. 快乐 kuàilè; 欢喜 huānxǐ: The dance was a ~ to see. 这个舞蹈看着愉快。Zhège wǔdǎo kànzhe yúkuài. / to one's ~ 使某人高兴 shǐ mǒurén gāoxìng / take ~ in 以…为乐 yǐ … wéilè 2. 乐事 lèshì: He often thinks of the ~s of life in the country. 他时常怀念乡村生活的乐趣。Tā shícháng huáiniàn xiāngcūn shēnghuóde lèqù.

delight[2] *v.* 1. 使喜悦 shǐ xǐyuè: Her singing ~ed everyone. 她的歌人人喜欢。Tāde gē rénrén xǐhuan. / I was ~ed to hear the news of your success. 我听到你成功的消息极为高兴。Wǒ tīngdào nǐ chénggōngde xiāoxi jíwéi gāoxìng. 2. 喜欢 xǐhuan: They ~ in travels. 他们喜欢旅行。Tāmen xǐhuan lǚxíng.

delighted *a.* 高兴的 gāoxìngde; 快乐的 kuàilède: a ~ look 喜气洋洋 xǐqì-yángyáng

delightful *a.* 令人高兴的 lìngrén gāoxìngde; 可爱的 kě'àide; 愉快的 yúkuàide

delimit *v.* 划界 huàjiè; 限定 xiàndìng

delineate *v.* 1. 勾划 gōuhuà; 画出轮廓 huàchū lúnkuò 2. 描写 miáoxiě; 叙述 xùshù = describe // delineation *n.*

delineator *n.* 1. 描写者 miáoxiězhě; 制图者 zhìtúzhě 2. 图型 túxíng = pattern

delinquency *n.* 1. 失职 shīzhí = failing to do one's duty 2. 过失 guòshī; 错误 cuòwù = fault 3. 违法 wéifǎ; 犯罪 fànzuì = violation of law

delinquent *a.* 失职的 shīzhíde; 有过失的 yǒuguòshīde; 有罪的 yǒuzuìde *n.* 违法者 wéifǎzhě; 罪犯 zuìfàn = offender

deliquesce *v.* 融解 róngjiě; 溶化 rónghuà // deliquescence *n.*

delirious *a.* 1. 神志失常的 shénzhì-shīchángde = raving 2. 发狂的

fākuángde = mad：～ with joy 狂喜 kuángxǐ // delirium *n.*

delitescence *n.* (传染病的)潜伏期 (chuánrǎnbìngde)qiánfúqī

deliver *v.* **1.** 交付 jiāofù；移交 yíjiāo = hand over **2.** 投递 tóudì；传送 chuánsòng：to ～ letters and parcels 投递信件及包裹 tóudì xìnjiàn jí bāoguǒ **3.** 解救 jiějiù = save：～ sb. from danger 从危险中救出某人 cóng wēixiǎnzhōng jiùchū mǒurén **4.** 陈述 chénshù；发表(意见) fābiǎo (yìjian) = utter：to ～ oneself of an opinion 发表意见 fābiǎo yìjian **5.** 接生 jiēshēng = disburden (woman) of child

deliverance *n.* **1.** 释放 shìfàng；救援 jiùyuán **2.** 陈述 chénshù **3.** 投递 tóudì；传送 chuánsòng

delivery *n.* **1.** 交货 jiāohuò；递送 dìsòng：an express ～ 快件 kuàijiàn / aerial ～ 空投 kōngtóu / We guarantee prompt ～ of goods. 我们担保送货迅速。Wǒmen dānbǎo sònghuò xùnsù. **2.** 讲演技术 jiǎngyǎn jìshù：a good ～ 能说会道 néngshuō-huìdào / His speech was good but his ～ was poor. 他的演讲内容很好,可是讲的技术很差。Tāde yǎnjiǎng nèiróng hěnhǎo，kěshì jiǎngde jìshù hěnchà. **3.** 分娩 fēnmiǎn = childbirth

delta *n.* 三角洲 sānjiǎozhōu：the Yangtze D- 长江三角州 Chángjiāng Sānjiǎozhōu = the ～ of the Yangtze River in China

deltaic *a.* **1.** (有)三角洲的 (yǒu) sānjiǎozhōude **2.** 三角形的 sānjiǎoxíngde = triangular

delude *v.* 欺骗 qīpiàn：to ～ sb. with promises one does not intend to keep 以不打算实现的诺言欺骗某人 yǐ bù dǎsuàn shíxiànde nuòyán qīpiàn mǒurén

deluge *n.* 洪水 hóngshuǐ = flood；泛滥 fànlàn = inundation；倾盆大雨 qīngpén-dàyǔ = heavy rain：a ～ of rain 大雨 dàyǔ / a ～ of tears 泉涌似的泪 quányǒng shìde lèi / a ～ of fire 火海 huǒhǎi / a ～ of words 一连串的话 yìliánchuànde huà *v.* 泛滥 fànlàn；淹没 yānmò

delusion *n.* **1.** 欺骗 qīpiàn **2.** 错觉 cuòjué = false impression

delusive *a.* **1.** 不可靠的 bù kěkàode；欺骗的 qīpiànde = deceptive **2.** 妄想的 wàngxiǎngde = illusive

deluxe *a.* 豪华的 háohuáde；高级的 gāojíde；奢侈的 shēchǐde：a ～ edition 精装本 jīngzhuāngběn

delve *v.* 挖 wā = dig；钻研 zuānyán = research：～ into books 钻研书本 zuānyán shūběn / ～ into the past 调查过去的情况 diàochá guòqùde qíngkuàng *n.* 穴 xué；坑 kēng = hole

demagnetize，demagnetise *v.* 退磁 tuìcí；除去…的磁性 chúqù…de cíxìng

demagog *n.* 恶意煽动者 èyì shāndòngzhě；蛊惑民心的政客 gǔhuò mínxīnde zhèngkè

demagogy *n.* 恶意宣传 èyì xuānchuán；煽动 shāndòng

demand *v.* **1.** 要求 yāoqiú：～ an interview 要求会面 yāoqiú huìmiàn / ～ an apology from sb. 要求某人道歉 yāoqiú mǒurén dàoqiàn **2.** 需求 xūqiú：The work ～s care. 那项工作需要细心。Nàxiàng gōngzuò xūyào xìxīn. *n.* 要求 yāoqiú：It's impossible to satisfy all ～s. 有求必应是不可能的。Yǒuqiúbìyìng shì bùkěnéngde. / supply and ～ 供给和需求 gōngjǐ hé xūqiú / present one's ～s 提出要求 tíchū yāoqiú

demandable *a.* 可要求的 kěyāoqiúde；可请求的 kěqǐngqiúde

demandant *n.* **1.** 要求者 yāoqiúzhě；请求者 qǐngqiúzhě = one who demands **2.** 原告 yuángào = plaintiff

demarcate *v.* **1.** 区别 qūbié；分开 fēnkāi = separate **2.** 划分边界 huàfēn biānjiè // demarcation *n.*

demean[1] *v.* **1.** 降低身分 jiàngdī shēnfen = humble **2.** 损坏人品 sǔnhuài rénpǐn = debase

demean[2] *v.* 表现 biǎoxiàn = behave：～ oneself well 行为好 xíngwéi hǎo

demeanor *n.* 举止 jǔzhǐ；态度 tàidu：a haughty ～ 高傲的态度 gāo'àode tàidu

demented *a.* 疯狂的 fēngkuángde

demerit *n.* **1.** 缺点 quēdiǎn；短处 duǎnchù；过失 guòshī：merits and ～s 优点缺点 yōudiǎn quēdiǎn **2.** (学校)记过 (xuéxiào)jìguò = record against one's bad conduct (as in school)

demilitarize *v.* 解除武装 jiěchú wǔzhuāng；使非军事化 shǐ fēijūnshìhuà：a ～d zone 非军事区 fēijūnshìqū

demilune *n.* **1.** 半月 bànyuè；新月 xīnyuè = halfmoon **2.** 半月形堡垒 bànyuèxíng bǎolěi = fortress in the shape of a ～

demimini *a.* 超超短的 chāo chāoduǎnde *n.* 超超短裙 chāo chāoduǎnqún

demirelief *n.* 半浮雕 bàn fúdiāo

demirep *n.* 不正派的妇女 búzhèngpàide fùnǚ

demobilization *n.* 复员 fùyuán = discharge from military service；遣散 qiǎnsàn= disband // demobilize *v.*

democracy *n.* **1.** 民主 mínzhǔ；民主主义 mínzhǔzhǔyì；民主政治 mínzhǔ zhèngzhì **2.** 民主国家 mínzhǔ guójiā = state practising ～ **3.** [D-] 美国民主党 Měiguó Mínzhǔdǎng = Democratic Party of U. S. A.

democrat *n.* **1.** 民主人士 mínzhǔ rénshì；民主主义者 mínzhǔzhǔyìzhě **2.** [D-] 美国民主党党员 Měiguó Mínzhǔdǎng Dǎngyuán = member of U. S. Democratic Party

democratic *a.* 民主的 mínzhǔde：～ centralism 民主集中制 mínzhǔ jízhōngzhì

democratism *n.* 民主制 mínzhǔzhì；民主主义 mínzhǔzhǔyì

democratize *v.* (使)民主化 (shǐ) mínzhǔhuà

demoded *a.* 过时的 guòshíde；老式的 lǎoshìde

demographic *a.* 人口统计(学)的 rénkǒu tǒngjì(xué)de

demography *n.* 人口统计学 rénkǒu tǒngjìxué

demolish *v.* **1.** 爆破 bàopò；拆毁 chāihuǐ = pull down **2.** 吃光 chīguāng = eat up // demolition *n.*

demon *n.* **1.** 恶魔 èmó = devil **2.** 恶棍 ègùn = bad，cruel person **3.** 精力过人的人 jīnglì guòrénde rén = one with much energy：He is a ～ for work. 他做起事来精力过人。Tā zuòqǐ shìlái jīnglì guòrén.

demoniac *a.* 着魔的 zháomóde；疯狂的 fēngkuángde

demonic *a.* 有魔力的 yǒumólìde；超人的 chāorénde

demonism *n.* **1.** 对魔鬼的信仰 duì móguǐde xìnyǎng **2.** 魔鬼信仰者 móguǐ xìnyǎngzhě * person

demonize *v.* 使成鬼 shǐ chéngguǐ；使着魔 shǐ zháomó

demonolatry *n.* 崇拜魔鬼 chóngbài móguǐ

demonology *n.* 魔鬼学 móguǐxué

demonopolize *v.* 解除专卖权 jiěchú zhuānmàiquán

demonstrable *a.* 可论证的 kělùnzhèngde；可表明的 kěbiǎomíngde

demonstrate *v.* **1.** 论证 lùnzhèng；演示 yǎnshì：～ a philosophical principle 论证一条哲学原理 lùnzhèng yìtiáo zhéxué yuánlǐ / ～ how to cook with a pressure cooker 演示如何使用高压锅 yǎnshì rúhé shǐyòng gāoyāguō **2.** 表示出(情绪) biǎoshìchū(qíngxù) = show：～ one's anger by slamming a door 把门砰地关上表示愤怒 bǎ mén pēngde guānshàng biǎoshì fènnù

3. 示威 shìwēi = take part in a demonstration // demonstration *n.*

demonstrative *a.* 论证的 lùnzhèngde；感情外露的 gǎnqíng wàilùde：a ～ person 易动感情的人 yì dòng gǎnqíngde rén / ～ behavior 将情绪表露出来的行为 jiāng qíngxù biǎolù chūláide xíngwéi

demonstrator *n.* 证明者 zhèngmíngzhě；示范者 shìfànzhě；示威者 shìwēizhě

demoralize *v.* **1.** 使道德败坏 shǐ dàodé-bàihuài = corrupt the moral of **2.** 使士气低落 shǐ shìqì dīluò = deprive of discipline // demoralization *n.*

demos *n.* 民众 mínzhòng

demote *v.* 将…降级 jiāng…jiàngjí // demotion *n.*

demotic *a.* 民众的 mínzhòngde；通俗的 tōngsúde

demount *v.* 卸除 xièchú：to ～ a motor 卸除马达 xièchú mǎdá

demur *v.* & *n.* 反对 fǎnduì = object；提出异议 tíchūyìyì = raise objection：No ～. 没有异议。Méiyǒu yìyì. / without ～ 无异议 wúyìyì

demure *a.* **1.** 娴静的 xiánjìngde；庄重的 zhuāngzhòngde = modest **2.** 装作害羞的 zhuāngzuò hàixiūde = affectedly shy

demurrage *n.* **1.** 滞留期 zhìliúqī **2.** 逾期费 yúqīfèi * the charge

demurrer *n.* 异议 yìyì；反对意见 fǎnduì yìjian

den *n.* 窝 wō；穴 xué；窟 kū *v.* 穴居 xuéjū；入洞 rùdòng

denary *a.* 十进的 shíjìnde；十倍的 shíbèide：～ scale 十进制 shíjìnzhì

denationalize *v.* **1.** 开除国籍 kāichú guójí * as of person **2.** 使非国有化 shǐ fēi guóyǒuhuà * as of national property

denaturalize *v.* **1.** 改变…的本性 gǎibiàn…de běnxìng = change nature of **2.** 剥夺…的国籍 bōduó…de guójí = deprive citizenship of

denaturant *n.* 变性剂 biànxìngjì

denature *v.* 使…变性 shǐ…biànxìng：～d protein 变性蛋白质 biànxìng dànbáizhì

deniable *a.* 可否认的 kě fǒurènde

denigrate *v.* **1.** 涂黑 túhēi = blacken **2.** 诽谤 fěibàng = slander

denizen *n.* **1.** 居民 jūmín = resident **2.** 定居某处的动物 dìngjū mǒuchùde dòngwù * animal

denominate *v.* 命名 mìngmíng = give name to；称呼 chēnghu = call

denomination *n.* **1.** 命名 mìngmíng；名称 míngchēng **2.** 票面金值 piàomiàn jīnzhí：money of small ～s 零钱 língqián

denominational *a.* 宗派的 zōngpàide
denominationalism *n.* 宗派主义 zōngpàizhǔyì
denominator *n.* **1.** 分母 fēnmǔ = divisor **2.** 共性 gòngxìng = common characteristic
denotable *a.* 可表示的 kě biǎoshìde
denotation *n.* 表示 biǎoshì
denotative *a.* 表示的 biǎoshìde
denote *v.* 表示 biǎoshì
denounce *v.* 谴责 qiǎnzé
dense *a.* **1.** 密集的 mìjíde: a ~ forest 密林 mìlín **2.** 愚钝的 yúdùnde = foolish
densify *v.* 使增加密度 shǐ zēngjiā mìdù
densimeter *n.* 密度计 mìdùjì
density *n.* 密集 mìjí; 稠密 chóumì: the ~ of population 人口密度 rénkǒu mìdù
dent *n.* 凹痕 āohén
dental *a.* 牙的 yáde; 牙科的 yákēde: ~ paste 牙膏 yágāo / a ~ surgeon 牙科医生 yákē yīshēng / ~ surgery 口腔外科 kǒuqiāng wàikē
dentifrice *n.* 牙粉 yáfěn * powder; 牙膏 yágāo * paste
dentist *n.* 牙科医师 yákē yīshī
dentistry *n.* 牙科学 yákēxué
dentition *n.* **1.** 出牙 chūyá = teething **2.** 牙列 yáliè = arrangement of teeth in animal
denture *n.* 一副假牙齿 yífù jiǎyáchǐ
denude *v.* **1.** 剥光 bāoguāng: Most trees are ~d of their leaves in winter. 许多树木冬季都要落叶。Xǔduō shùmù dōngjì dōuyào luòyè. **2.** 剥夺 bōduó = strip of possession
denunciation *n.* **1.** 谴责 qiǎnzé = accusation **2.** 揭发 jiēfā = informing against
deny *v.* **1.** 否认 fǒurèn; 不承认 bùchéngrèn: There is no ~ing the fact. 这一事实无可否认。Zhèyī shìshí wúkě fǒurèn. **2.** 拒绝 jùjué = refuse // denial *n.*
deodorant *a.* 除臭的 chúchòude *n.* 防臭剂 fángchòujì
deodorize, deodorse *v.* 除去…的臭味 chúqù…de chòuwèi

deoxidize *v.* 去氧 qùyǎng

depart *v.* **1.** 出发 chūfā = set out **2.** 不遵守 bùzūnshǒu：to ~ from old customs 不遵守旧风俗行事 bùzūnshǒu jiù fēngsú xíngshì **3.** 死 sǐ；逝世 shìshì；去世 qùshì = leave by death // departure *n.*

department *n.* 部门 bùmén；(大学的)系 (dàxuéde) xì * in a university：the Education D- 教育部(系) jiàoyùbù(xì) / ~ store 百货商店 bǎihuò shāngdiàn

departmental *a.* 部门的 bùménde；系的 xìde

departmentalism *n.* 本位主义 běnwèizhǔyì

depasture *v.* (使)吃草 (shǐ)chīcǎo = graze；放牧 fàngmù = put to graze

depauperate *v.* **1.** 使贫穷 shǐ pínqióng = impoverish **2.** 使衰落 shǐ shuāiluò = make deteriorate

depend *v.* **1.** 依靠 yīkào = rely **2.** 信任 xìnrèn = trust：You can ~ on him. 你可以信任他。Nǐ kěyǐ xìnrèn tā. / a man to be ~ed on 可靠的人 kěkàode rén **3.** 取决于 qǔjuéyú：Success ~s on your own exertions. 成功取决于自己的努力。Chénggōng qǔjuéyú zìjǐde nǔlì. / That ~s. 那要看情况而定。Nà yào kàn qíngkuàng ér dìng.

dependable *a.* 可靠的 kěkàode

dependant *n.* 家属 jiāshǔ：family ~s 直系亲属 zhíxì qīnshǔ

dependency *n.* **1.** 从属 cóngshǔ = being subordinate **2.** 从属物 cóngshǔwù = sth. subordinate **3.** 属地 shǔdì = place controlled by another

dependent *a.* 依靠的 yīkàode：The man was out of work and ~ upon his son's earnings. 那人失业靠其子的收入为生。Nàrén shīyè kào qízǐde shōurù wéishēng. *n.* 受赡养者 shòushànyǎngzhě = dependant

depict *v.* 描绘 miáohuì；描写 miáoxiě；刻画 kèhuà

deplane *v.* 下飞机 xià fēijī

deplenish *v.* 弄空 nòngkōng；倒空 dàokōng

deplete *v.* **1.** 耗尽 hàojìn = exhaust：~ one's strength 竭尽全力 jiéjìn-quánlì **2.** 减少 jiǎnshǎo；排除 páichú = empty

deplorable *a.* 可叹的 kětànde；可悲的 kěbēide：~ conduct 可悲的行为 kěbēide xíngwéi

deplore *v.* **1.** 痛惜 tòngxī；哀悼 āidào：~ the death of one's friend 哀悼朋友的逝世 āidào péngyoude shìshì **2.** 悔恨 huǐhèn = regret

deploy *v.* 展开 zhǎnkāi；散开 sànkāi：~ a battalion 使队伍散开 shǐ duìwu sànkāi

deplume *v.* 1. 拔去…的羽毛 báqù…de yǔmáo = pluck feather 2. 剥夺…的荣誉(财产) bōduó…de róngyù(cáichǎn) = deprive of (honor, property)

depolarization *n.* 退极化 tuìjíhuà；去磁 qùcí

depoliticize *v.* 使非政治化 shǐ fēi zhèngzhìhuà

depopulate *v.* 减少人口 jiǎnshǎo rénkǒu

deport *v.* 1. 驱逐出境 qūzhú chūjìng: The spy was ～ed. 这个间谍被驱逐出境。Zhège jiàndié bèi qūzhú chūjìng. 2. [～ oneself] 举止 jǔzhǐ: ～ oneself with dignity 举止庄重 jǔzhǐ zhuāngzhòng

deportment *n.* 举止 jǔzhǐ

deposal *n.* 免职 miǎnzhí；罢免 bàmiǎn

depose *v.* 1. 免职 miǎnzhí = ～ sb. from office 免去某人职务 miǎnqù mǒurén zhíwù 2. 宣誓作证 xuānshì zuòzhèng = testify

deposit *v.* 1. 存储 cúnchǔ: ～ money in the bank 把钱存入银行 bǎ qián cúnrù yínháng 2. 放下 fàngxià: Some insects ～ their eggs in the ground. 有些昆虫产卵于土中。Yǒuxiē kūnchóng chǎnluǎn yú tǔzhōng. 3. 沉淀 chéndiàn = (matters) settle down (in liquid) *n.* 1. 沉积物 chénjīwù = sediment 2. 矿床 kuàngchuáng = oil ～s 石油埋藏量 shíyóu máicángliàng 3. 储蓄 chǔxù: current (fixed) ～ 活期(定期)存款 huóqī(dìngqī) cúnkuǎn / ～ at call 活期存款 huóqī cúnkuǎn / ～ account 存款帐户 cúnkuǎn zhànghù

deposition *n.* 1. 罢免 bàmiǎn = removal from office 2. 沉积物 chénjīwù = sediment 3. 寄存 jìcún = entrusting for safe keeping

depositor *n.* 1. 存款人 cúnkuǎnrén = one who deposits money 2. 沉淀器 chéndiànqì * device

depository *n.* 1. 仓库 cāngkù；储藏所 chǔcángsuǒ = place for safekeeping sth.: a ～ of learning 知识的宝库 zhīshide bǎokù 2. 受托人 shòutuōrén；保管人 bǎoguǎnrén = trustee

depot *n.* 1. 仓库 cāngkù = warehouse；军需库 jūnxūkù = storehouse of military materials 2. 火车站 huǒchēzhàn = railroad station

deprave *v.* 使…败坏 shǐ…bàihuài；使堕落 shǐ duòluò

depravity *n.* 堕落 duòluò；腐败 fǔbài: sunk in ～ 堕落 duòluò

deprecate *v.* 反对 fǎnduì: He ～s changing the rules at present. 他不赞成

在目前改变规章。Tā búzànchéng zài mùqián gǎibiàn guīzhāng.

depreciate *v.* **1.** 贬值 biǎnzhí = lower the value **2.** 轻视 qīngshì = belittle：Don't ~ my efforts to help. 不要轻视我的帮助。Búyào qīngshì wǒde bāngzhù. // depreciation *n.*：depreciation funds 折旧费 zhéjiùfèi / depreciation of currency 通货贬值 tōnghuò biǎnzhí

depreciatory *a.* 贬值的 biǎnzhíde；轻视的 qīngshìde

depredation *n.* **1.** 掠夺 lüèduó = plundering **2.** 毁坏 huǐhuài = destruction

depress *v.* **1.** 压抑 yāyì；使沮丧 shǐ jǔsàng：The newspapers are full of ~ing news nowadays. 如今报上充满了令人忧愁的消息。Rújīn bàoshang chōngmǎnle lìngrén yōuchóude xiāoxi. **2.** 使萧条 shǐ xiāotiáo：The market is ~ed. 市况萧条。Shìkuàng xiāotiáo. **3.** 压下 yāxià；降低 jiàngdī = lower

depressed *a.* **1.** 压抑的 yāyìde；精神不振的 jīngshén búzhènde **2.** 萧条的 xiāotiáode；不景气的 bùjǐngqìde **3.** 压下的 yāxiàde；降低的 jiàngdīde

depressive *v.* **1.** 压下的 yāxiàde = pushed down **2.** 消沉的 xiāochénde；沮丧的 jǔsàngde = in low spirit

deprivable *a.* 可剥夺的 kěbōduóde

deprive *v.* 剥夺 bōduó = strip of；使丧失 shǐ sàngshī = cause to lose

depth *n.* **1.** 深 shēn = deepness：The snow is three feet in ~. 雪积三尺深。Xuě jī sānchǐ shēn. **2.** 深奥 shēn'ào = profundity：a book that shows scholarship and ~ of thought 显示出学问和思想深度的书 xiǎnshìchū xuéwen hé sīxiǎng shēndùde shū **3.** 深处 shēnchù = deep place：in the ~ of one's heart 内心深处 nèixīn shēnchù

depurate *v.* 除去…的杂质 chúqù…de zázhì；净化 jìnghuà

depute *v.* 使…做代理 shǐ…zuò dàilǐ；委托…为代理 wěituō…wéi dàilǐ // deputation *n.* 代表团 dàibiǎotuán = delegation

deputize, deputise *v.* 委…为代表 wěi…wéi dàibiǎo；任…为代理 rèn…wéi dàilǐ

deputy *n.* **1.** 代理人 dàilǐrén；代表 dàibiǎo = delegate **2.** 副手 fùshǒu = assistant *a.* 代理的 dàilǐde；副的 fùde：a ~ mayor 副市长 fùshìzhǎng

derail *v.* 使出轨 shǐ chūguǐ

derange *v.* 捣乱 dǎoluàn；使混乱 shǐ hùnluàn：He is mentally ~d. 他精神错乱了。Tā jīngshén cuòluànle.

derate *v.* 减税 jiǎnshuì；免税 miǎnshuì

derelict *a.* **1.** 废弃的 fèiqìde；无主的 wúzhǔde = abandoned **2.** 不负责任的búfù zérènde；玩忽职守的 wánhū-zhíshǒude = neglectful of duty
derequisition *v.* 取消对…的征用 qǔxiāo duì…de zhēngyòng
derestrict *v.* 取消对…的限制 qǔxiāo duì…de xiànzhì
deride *v.* 嘲笑 cháoxiào：～ a person's ignorance 嘲笑某人无知 cháoxiào mǒurén wúzhī
derisive *a.* 嘲笑的 cháoxiàode；可笑的 kěxiàode：～ laughter 嘲弄的笑声 cháonòngde xiàoshēng
derivable *a.* 可推论出来的 kě tuīlùn chūláide
derivation *n.* **1.** 引出 yǐnchū = extraction **2.** 起源 qǐyuán = origin：a word of Latin ～ 源出于拉丁文的字 yuán chūyú Lādīngwénde zì
derivative *a.* 被引出的 bèiyǐnchūde；派生的 pàishēngde *n.* **1.** 派生物 pàishēngwù **2.** 派生词 pàishēngcí * word
derive *v.* **1.** 得到 dédào；引出 yǐnchū：to ～ great pleasure from one's studies 从读书研究获得极大的乐趣 cóng dúshū yánjiū huòdé jídàde lèqù **2.** 起源 qǐyuán = originate：Thousands of English words are ～d from Latin. 英文有成千上万的字起源于拉丁文。Yīngwén yǒu chéngqiānshàngwànde zì qǐyuán yú Lādīngwén.
derma *n.* **1.** 真皮 zhēnpí = true skin **2.** 皮肤 pífū = skin
dermal *a.* 真皮的 zhēnpíde
dermatitis *n.* 皮炎 píyán
dermatologist *n.* 皮肤病学者 pífūbìng xuézhě
dermatology *n.* 皮肤病学 pífūbìngxué
dermatosis *n.* 皮肤病 pífūbìng
derogate *v.* **1.** 毁损 huǐsǔn = detract **2.** 贬低 biǎndī = belittle
derogatory *a.* 毁损的 huǐsǔnde
derrick *n.* **1.** 起重机 qǐzhòngjī = machine for lifting loads **2.** 钻塔 zuàntǎ；油井井架 yǒujǐng jǐngjià = framework over an oil well
derriere *n.* 臀部 túnbù
derringer *n.* 大口径短筒手枪 dàkǒujìng duǎntǒng shǒuqiāng
desalt *v.* 除去…的盐分 chúqù…de yánfèn
descale *v.* 除去…的锅垢 chúqù…de guōgòu
descant *v.* 详谈 xiángtán；评论 pínglùn
descend *v.* **1.** 走下 zǒuxià；下降 xiàjiàng：He ～ed the stairs. 他下楼。Tā

xiàlóu. **2**. 遗传 yíchuán；传下来 chuán xiàlái = pass to an heir **3**. 突袭 tūxí：The bandits ～ed upon the village. 匪徒突袭村庄。Fěitú tūxí cūnzhuāng. **4**. 降身份去做 jiàng shēnfen qùzuò = condescend / He never ～s to such meanness. 他决不干那种卑鄙事。Tā juébúgàn nàzhǒng bēibǐ shì.

descendant *n*. 子孙 zǐsūn；后代 hòudài

descendent *a*. **1**. 祖传的 zǔchuánde = coming from ancestors **2**. 下降的 xiàjiàngde = moving downward

descent *n*. **1**. 降下 jiàngxià；下坡 xiàpō：The ～ of the mountain took two hours. 下山花了两个小时. Xiàshān huāle liǎngge xiǎoshí. **2**. 祖籍 zǔjí；血统 xuètǒng；后裔 hòuyì：be of France ～ 祖籍是法国 zǔjí shì Fǎguó / be of good ～ 出身好 chūshēn hǎo

describable *a*. 可以描述的 kěyǐ miáoshùde

desecrate *v*. 亵渎 xièdú

describe *v*. **1**. 描写 miáoxiě；叙述 xùshù：Words can't ～ the beauty of the scene. 景色之美无法用笔墨形容。Jǐngsè zhīměi wúfǎ yòng bǐmò xíngróng. **2**. 把某人评为 bǎ mǒurén píngwéi：I hesitate to ～ him as really clever. 我不愿说他是真正的聪明。Wǒ búyuàn shuō tā shì zhēnzhèngde cōngming. **3**. 作图 zuòtú = draw

describer *n*. 描写者 miáoxiězhě；制图人 zhìtúrén

description *n*. **1**. 描写 miáoxiě；叙述 xùshù：He's not very good at ～. 他不太会描写。Tā bú tài huì miáoxiě. / beyond ～ 难以形容 nányǐ xíngróng **2**. 种类 zhǒnglèi；式样 shìyàng：pencils of every ～ 各种铅笔 gèzhǒng qiānbǐ **3**. 绘制 huìzhì = drawing

descriptive *a*. 描写的 miáoxiěde；叙述的 xùshùde；说明的 shuōmíngde：a ～ catalogue 带说明的目录 dài shuōmíngde mùlù

descry *v*. **1**. 看出 kànchū = catch sight of **2**. 发现 fāxiàn = discover

desegregate *v*. 废除种族隔离 fèichú zhǒngzú gélí

deselect *v*. 中途淘汰 zhōngtú táotài

desert¹ *n*. 沙漠 shāmò = barren land *a*. 不毛的 bùmáode；荒芜的 huāngwúde = uncultivated；沙漠的 shāmòde = of ～

desert² *n*. 功过 gōngguò；应得的赏罚 yīngdéde shǎngfá = merit

desert³ *v*. **1**. 遗弃 yíqì；抛弃 pāoqì = abandon **2**. 开小差 kāixiǎochāi =

run away: He ～ed to the enemy. 他投敌去了。Tā tóudí qùle.

deserted *a.* 荒废了的 huāngfèilede；无人居住的 wúrén jūzhùde: a ～ village 荒村 huāngcūn

deserter *n.* **1.** 抛弃他人者 pāoqì tārénzhě = one who abandons others **2.** 逃兵 táobīng = one who runs away from military service

deserve *v.* 应得 yīngdé: Good work ～s good pay. 好的工作应得好的报酬。Hǎode gōngzuò yīngdé hǎode bàochou.

deserved *a.* 应得的 yīngdéde

desiccate *v.* 使干燥 shǐ gānzào；使脱水 shǐ tuōshuǐ: desiccating agent 干燥剂 gānzàojì

design *v.* **1.** 设计 shèjì: to ～ a garden 设计花园图样 shèjì huāyuán túyàng **2.** 意图 yìtú；图谋 túmóu: to ～ an attack upon sb. 图谋攻击某人 túmóu gōngjī mǒurén **3.** 指定 zhǐdìng；预定 yùdìng: The parents ～ed him for the army, but he preferred the navy. 父母打算要他进陆军,他却喜欢海军。Fùmǔ dǎsuan yào tā jìn lùjūn, tā què xǐhuan hǎijūn. *n.* **1.** 设计图样 shèjìtúyàng；设计 shèjì: ～ paper 制图纸 zhìtúzhǐ/ a vase with a ～ of flowers 有花形图案的花瓶 yǒu huāxíng tú'ànde huāpíng **2.** 意图 yìtú；目的 mùdì: by ～ and not by accident 是故意不是偶然 shì gùyì búshì ǒurán

designate *v.* **1.** 标明 biāomíng: ～ boundaries 标明界线 biāomíng jièxiàn **2.** 任命 rènmìng；指派 zhǐpài = appoint *a.* 指定而未上任的 zhǐdìng ér wèi shàngrènde = appointed but not yet taking office

designation *n.* **1.** 标明 biāomíng；指明 zhǐmíng = act of designating **2.** 任命 rènmìng = appointing **3.** 名称 míngchēng；称呼 chēnghu = name

designee *n.* 被指名者 bèi zhǐmíngzhě；被选派者 bèi xuǎnpàizhě

designer *n.* **1.** 设计员 shèjìyuán；制图员 zhìtúyuán = one who designs **2.** 阴谋者 yīnmóuzhě = one who plots

desirable *a.* 理想的 lǐxiǎngde；希望到手的 xīwàng dàoshǒude；称心的 chènxīnde: It is most ～ that he could attend the conference. 他能参加这个会议,再好不过了。Tā néng cānjiā zhège huìyì, zàihǎo búguòle. // desirability *n.*

desire *n.* **1.** 愿望 yuànwàng；欲望 yùwàng: It's impossible to satisfy all their ～s. 使他们所有的欲望都得到满足是不可能的。Shǐ tāmen suǒyǒude yùwàng dōu dédào mǎnzú shì bùkěnéngde. **2.** 要求 yāoqiú =

request **3.** 想望之物 xiǎngwàng zhīwù = thing desired *v.* **1.** 愿望 yuànwàng；想要 xiǎngyào：He ～s to see you. 他想要见你。Tā xiǎngyào jiàn nǐ. **2.** 请求 qǐngqiú = ask for

desirous *a.* 想望的 xiǎngwàngde：Everyone is ～ of success. 每人都想获得成功。Měirén dōuxiǎng huòdé chénggōng.

desist *v.* 停止 tíngzhǐ；断念 duànniàn：You'd better ～. 你最好打消念头吧。Nǐ zuìhǎo dǎxiāo niàntouba.

desk *n.* 书桌 shūzhuō；办公桌 bàngōngzhuō

desolate *a.* 荒凉的 huāngliángde；凄凉的 qīliángde *v.* 使荒芜 shǐ huāngwú；使凄凉 shǐ qīliáng

despair *v.* & *n.* **1.** 绝望 juéwàng = lose hope **2.** 令人失望的人或物 lìngrén shīwàngde rén huò wù = person or thing that causes loss of hope：This boy is the ～ of all his teachers. 这孩子使所有老师感到失望。Zhè háizi shǐ suǒyǒu lǎoshī gǎndào shīwàng.

despairing *a.* 感到绝望的 gǎndào juéwàngde：a ～ look 绝望的样子 juéwàngde yàngzi

desperado *n.* 暴徒 bàotú；亡命之徒 wángmìngzhītú

desperate *a.* **1.** 危急的 wēijíde；严重的 yánzhòngde：The country is in a ～ state. 该国情况极为严重。Gāiguó qíngkuàng jíwéi yánzhòng. **2.** 不顾死活的 búgù sǐhuóde；拼命的 pīnmìngde = reckless **3.** 极坏的 jíhuàide = extremely bad：～ weather 恶劣天气 èliè tiānqì

desperation *n.* 绝望 juéwàng；拼命 pīnmìng：be driven to ～ 不得不拼命 bùdébù pīnmìng / You'll drive me to ～. 你将使我绝望而走险。Nǐ jiāng shǐ wǒ juéwàng ér zǒuxiǎn. / in ～ 拼命 pīnmìng

despicable *a.* 可鄙的 kěbǐde

despise *v.* 轻视 qīngshì；藐视 miǎoshì；看不起 kànbuqǐ：Strategically we should ～ all our enemies. 在战略上我们要藐视一切敌人。Zài zhànlüèshang wǒmen yào miǎoshì yíqiè dírén.

despite *n.* 恶意 èyì = malice *prep.* 不管 bùguǎn // (in) ～ of 不管 bùguǎn；尽管 jǐnguǎn

despoil *v.* 夺取 duóqǔ；掠夺 lüèduó；剥夺 bōduó：～ sb. of his right 剥夺某人权利 bōduó mǒurén quánlì

despoliation *n.* 掠夺 lüèduó；强夺 qiángduó；抢劫 qiǎngjié

despond *v.* 沮丧 jǔsàng；灰心 huīxīn；失望 shīwàng // despondent *a.*

despot *n.* 专制君主 zhuānzhìjūnzhǔ；暴君 bàojūn

despotic *a.* 专制的 zhuānzhìde；专横的 zhuānhèngde；暴虐的 bàonüède

despotism *n.* 专制 zhuānzhì；暴政 bàozhèng；专制国家 zhuānzhì guójiā

dessert *n.* 餐后甜点心(或水果) cānhòu tiándiǎnxīn(huò shuǐguǒ)

destination *n.* 终点 zhōngdiǎn；目的地 mùdìdì；目标 mùbiāo

destine *v.* 命定 mìngdìng；预定 yùdìng：They were ～d never to meet again. 他们命中注定将永不能再见面。Tāmen mìngzhōng zhùdìng jiāng yǒng bùnéng zài jiànmiàn.

destiny *n.* 命运 mìngyùn：a master of one's own ～ 掌握自己命运的人 zhǎngwò zìjǐ mìngyùnde rén

destitute *a.* 贫困的 pínkùnde；缺乏…的 quéfá…de：The people are ～. 民不聊生。Mínbù-liáoshēng. / ～ and homeless 流离失所 liúlí-shīsuǒ

destroy *v.* 破坏 pòhuài；毁灭 huǐmiè：The forest was ～ed by fire. 森林被大火所毁。Sēnlín bèi dàhuǒ suǒhuǐ.

destroyer *n.* **1.** 破坏者 pòhuàizhě * person **2.** 驱逐舰 qūzhújiàn * warship

destructible *a.* 可破坏的 kě pòhuàide；易破坏的 yì pòhuàide

destruction *n.* **1.** 破坏 pòhuài；灭亡 mièwáng；消灭 xiāomiè **2.** 毁灭的原因 huǐmiède yuányīn = reason of ～：the ～ of a town by an earthquake 被地震所毁的城镇 bèi dìzhèn suǒhuǐde chéngzhèn

destructive *a.* 破坏的 pòhuàide；毁灭性的 huǐmièxìngde：a ～ storm 造成损害的暴风雨 zàochéng sǔnhàide bàofēngyǔ

desuetude *n.* 废止 fèizhǐ；废除 fèichú：fall (pass) into ～ 不时兴 bùshíxīng / customs that have fallen into ～ 已废的习俗 yǐfèide xísú

desultory *a.* 散漫的 sǎnmànde；杂乱的 záluànde；无条理的 wútiáolǐde：a ～ conversation 漫谈 màntán

detach *v.* **1.** 分开 fēnkāi：to ～ a watch from a chain 将表从表带上取下 jiāng biǎo cóng biǎodàishang qǔxià **2.** 派遣 pàiqiǎn：A number of men were ～ed to guard the right flank. 若干士兵被派遣保卫右翼。Ruògān shìbīng bèi pàiqiǎn bǎowèi yòuyì.

detachable *a.* 可拆卸的 kěchāixiède；可分开的 kěfēnkāide

detached *a.* **1.** 分离的 fēnlíde：a ～ house 独立式住宅 dúlìshì zhùzhái **2.** 派遣的 pàiqiǎnde：a ～ force 分遣队 fēnqiǎnduì；别动队 biédòngduì

detachment *n.* **1.** 分离 fēnlí；分开 fēnkāi **2.** 支队 zhīduì；分遣队 fēnqiǎnduì：an advanced ～ 先遣队 xiānqiǎnduì **3.** 独立 dúlì；不偏不倚 bùpiān-bùyǐ ＝ independence

detail *n.* 细节 xìjié；详情 xiángqíng：Please give me all the ～s. 请让我知道所有的细节。Qǐng ràng wǒ zhīdào suǒyǒude xìjié.

detailed *a.* 详细的 xiángxide：a ～ account 详细的叙述 xiángxide xùshù

detain *v.* **1.** 留住 liúzhù：He was ～ed by business. 他因有事留下了。Tā yīn yǒushì liúxiàle. **2.** 拘留 jūliú：～ sb. as a suspect 把某人当嫌疑犯加以拘留 bǎ mǒurén dàng xiányífàn jiāyǐ jūliú

detainee *n.* 被拘留者 bèi jūliúzhě

detect *v.* 察觉 chájué；侦查 zhēnché // detection *n.*

detectaphone *n.* 窃听器 qiètīngqì

detective *n.* 侦探 zhēntàn *a.* 侦探的 zhēntànde：a ～ story 侦探小说 zhēntàn xiǎoshuō

detector *n.* **1.** 发觉者 fājuézhě * person **2.** 探测器 tàncèqì * device for detection

detention *n.* 滞留 zhìliú；扣留 kòuliú：～ home 青少年犯拘留所 qīngshàoniánfàn jūliúsuǒ / ～ hospital 隔离医院 gélí yīyuàn / under ～ 在扣留中 zàikòuliúzhōng

deter *v.* 吓住 xiàzhù；使不敢 shǐ bùgǎn；制止 zhìzhǐ；阻碍 zǔ'ài

detergent *n.* 洗涤剂 xǐdíjì

deteriorate *v.* 恶化 èhuà；变坏 biànhuài；堕落 duòluò * morally

determinacy *n.* 确定性 quèdìngxìng；坚定性 jiāndìngxìng

determinable *a.* 可决定的 kějuédìngde

determent *a.* 制止 zhìzhǐ；阻碍 zǔ'ài；制止物 zhìzhǐwù；障碍 zhàng'ài

determine *v.* **1.** 决心 juéxīn；决定 juédìng：They ～d to do this at any cost. 他们决定不惜任何代价来做此事。Tāmen juédìng bùxī rènhé dàijià láizuò cǐshì. **2.** 确定 quèdìng；测定 cèdìng ＝ ascertain：to ～ what metals are present in the ore 测定矿石中有什么金属存在 cèdìng kuàngshízhōng yǒu shénme jīnshǔ cúnzài **3.** 终止 zhōngzhǐ ＝ bring to an end **4.** 限制 xiànzhì：A hill ～d my view. 一座山挡住我的视线。Yízuò shān dǎngzhù wǒde shìxiàn.

determinate *a.* 确定的 quèdìngde；明确的 míngquède ＝ definite

determined *a.* **1.** 已经决定的 yǐjīng juédìngde ＝ already decided **2.** 坚决

的 jiānjuéde = resolute：in a ～ manner 决然 juérán

determiner *n.* **1.** 决定因素 juédìng yīnsù = decisive factor **2.** 限定词 xiàndìngcí ∗ grammar

deterrence *n.* **1.** 制止 zhìzhǐ；威慑 wēishè **2.** 制止物 zhìzhǐwù；威慑力量 wēishè lìliang

deterrent *a.* 威慑的 wēishède：～ policy 威慑政策 wēishè zhèngcè / ～ power 威慑力量 wēishè lìliang *n.* 威慑物 wēishèwù

detersive *a.* 有清洁效力的 yǒu qīngjié xiàolìde；使干净的 shǐ gānjìngde *n.* 洗涤剂 xǐdíjì；清洁剂 qīngjiéjì = detergent

detest *v.* 厌恶 yànwù；憎恶 zēngwù；讨厌 tǎoyàn：to ～ evil 疾恶如仇 jí'è-rúchóu

detestable *a.* 可恶的 kěwùde；令人讨厌的 lìngrén tǎoyànde

detestation *n.* **1.** 讨厌 tǎoyàn；厌恶 yànwù：hold（have）in ～ 讨厌 tǎoyàn / regard with great ～ 非常讨厌 fēicháng tǎoyàn **2.** 令人厌恶的人（物）lìngrén yànwùde rén（wù）= detestable person or thing

dethrone *v.* 废黜 fèichù；推翻权威地位 tuīfān quánwēi dìwèi

detonate *v.* 爆炸 bàozhà；起爆 qǐbào：detonating agent 起爆剂 qǐbàojì / detonating cap 雷管 léiguǎn / detonating powder 起爆药 qǐbàoyào

detonator *n.* 发爆剂 fābàojì；雷管 léiguǎn

détour，detour *n.* **1.** 迂回路 yūhuílù **2.** 迂回 yūhuí：make a ～ 迂回 yūhuí；绕道 ràodào / avoid ～s 避免走弯路 bìmiǎn zǒu wānlù *v.* 迂回 yūhuí；绕道 ràodào；绕过 ràoguò

detoxify *v.* 除去…的毒物 chúqù…de dúwù；使解毒 shǐ jiědú

detract *v.* **1.** 减损 jiǎnsǔn = take away a part from **2.** 贬低 biǎndī = belittle

detriment *n.* 伤害 shānghài；损害 sǔnhài；有害物 yǒuhàiwù：to the ～ of his health 有损于他的健康 yǒusǔnyú tāde jiànkāng

detrimental *a.* 有害的 yǒuhàide；不利的 búlìde

detrition *n.* 耗损 hàosǔn；磨损 mósǔn

detritus *n.* 碎石 suìshí；瓦砾 wǎlì

detrude *v.* 推出 tuīchū；扔掉 rēngdiào

detruncate *v.* 削去部分 xiāoqù bùfen；截短 jiéduǎn

deuce[1] *n.* **1.**（纸牌的）两点（zhǐpáide）liǎngdiǎn ∗ in card game **2.**（网球）平手（wǎngqiú）píngshǒu ∗ tennis

deuce[2] *n.* 倒霉 dǎoméi；魔鬼 móguǐ = devil：The ～！见鬼！Jiànguǐ！

deuced *a.* & *ad.* 非常 fēicháng；极 jí：in a ～ hurry 急急忙忙 jíjimángmáng

devaluate *v.* 使降低价值 shǐ jiàngdī jiàzhí；使贬值 shǐ biǎnzhí

devastate *v.* 使荒芜 shǐ huāngwú = lay waste；蹂躏 róulìn；破坏 pòhuài = ravage

develop *v.* **1.** (使)成长(shǐ) chéngzhǎng；(使)发育 (shǐ) fāyù；发展 fāzhǎn；开发 kāifā：Plants ～ from seeds. 植物由种子发育而成。Zhíwù yóu zhǒngzi fāyù ér chéng. **2.** 出现 chūxiàn；发生 fāshēng：He ～ed a cough. 他咳嗽起来了。Tā késou qǐláile.

developmental *a.* **1.** 发展的 fāzhǎnde；开发的 kāifāde：a long-range ～ program 长期发展规划 chángqī fāzhǎn guīhuà **2.** 发育的 fāyùde：～ disease 发育病 fāyùbìng

deviant *a.* 不正常的 bú zhèngchángde *n.* 不正常的人(或物) bú zhèngchángde rén (huò wù)

deviate *v.* 背离 bèilí；偏差 piānchā

device *n.* **1.** 方法 fāngfǎ = method；手段 shǒuduàn = means；计划 jìhuà = plan；策略 cèlüè = scheme：leave sb. to his own ～ 让某人自行设法 ràng mǒurén zìxíng shèfǎ **2.** 器具 qìjù；装置 zhuāngzhì；设备 shèbèi：a safety ～ 安全设备 ānquán shèbèi / a pressure ～ 压力计 yālìjì **3.** 图案 tú'àn = ornamental design

devil *n.* **1.** 魔鬼 móguǐ = evil spirit **2.** 恶棍 ègùn = wicked man // give the ～ his due 公平对待；一视同仁 gōngpíng duìdài；yíshì tóngrén / between the ～ and the deep blue sea 进退两难 jìntuì-liǎngnán / go to the ～ 完蛋 wándàn；滚蛋 gǔndàn

devilish *a.* 魔鬼般的 móguǐbānde = like the devil；恶毒的 èdúde = wicked：a ～ plot 恶毒的阴谋 èdúde yīnmóu *ad.* 非常 fēicháng；极 jí：～ hot 极热的 jírède

devilment *n.* 捣鬼 dǎoguǐ；恶作剧 èzuòjù = mischief：She's up to some ～. 她在捣鬼。Tā zài dǎoguǐ.

devilry *n.* 恶劣行为 èliè xíngwéi；恶作剧 èzuòjù

devious *a.* **1.** 曲折的 qūzhéde；弯曲的 wānqūde：take a ～ route 绕道而行 ràodào érxíng **2.** 偏僻的 piānpìde = remote **3.** 不正当的 bú zhèngdàngde：get rich by ～ ways 不以正道致富 bùyǐ zhèngdào zhìfù

devisable *a.* 能设想的 néngshèxiǎngde

devise *v.* **1.** 设计 shèjì；发明 fāmíng：～ a scheme for making money 想办法赚钱 xiǎng bànfǎ zhuànqián / ～ how to do sth. 计划如何干某事 jìhuà rúhé gàn mǒushì **2.** 策划 cèhuà：They ～d a plan to escape from prison. 他们策划越狱。Tāmen cèhuà yuèyù.

deviser *n.* 设计者 shèjìzhě；发明者 fāmíngzhě

devoid *a.* 全无的 quánwúde：be ～ of common sense 缺乏常识 quēfá chángshí / ～ of vegetation 草木不生的 cǎomù bùshēngde

devoir *n.* **1.** 本分 běnfèn；义务 yìwù：do one's ～ 尽本分 jìn běnfèn **2.** 敬意 jìngyì；问候 wènhòu：pay (tender) one's ～s to 问候… wènhòu…

devolve *v.* 移交 yíjiāo；移归 yíguī；转移 zhuǎnyí

devote *v.* 奉献 fèngxiàn；专用于 zhuānyòngyú / ～ one's energy to 用全力 yòng quánlì / ～ oneself to 专心从事 zhuānxīn cóngshì

devoted *a.* **1.** 献身的 xiànshēnde；专心于…的 zhuānxīnyú…de：She is ～ to her studies. 她专心于她的学业。Tā zhuānxīnyú tāde xuéyè. **2.** 忠实的 zhōngshíde；热心的 rèxīnde：a ～ friend 忠实的朋友 zhōngshíde péngyou

devotee *n.* 信徒 xìntú；热心者 rèxīnzhě；爱好者 àihàozhě：a ～ of sports 热心运动者 rèxīn yùndòngzhě / a ～ of the ballet 芭蕾舞爱好者 bāléiwǔ àihàozhě

devour *v.* **1.** 吞吃 tūnchī：The hungry boy ～ed his dinner. 那饥饿的孩子狼吞虎咽地吃饭。Nà jī'ède háizi lángtūn-hǔyànde chīfàn. **2.** 贪看 tānkàn；贪读 tāndú：She ～ed the new detective story. 她一口气看完那本新的侦探小说。Tā yìkǒuqì kànwán nàběn xīnde zhēntàn xiǎoshuō. **3.** 吸引 xīyǐn = absorb attention

devout *a.* **1.** 虔诚的 qiánchéngde = pious **2.** 衷心的 zhōngxīnde；热诚的 rèchéngde = earnest：a ～ supporter 热诚的支持者 rèchéngde zhīchízhě / ～ wishes for your success 衷心祝愿你成功 zhōngxīn zhùyuàn nǐ chénggōng

dew *n.* 露 lù；露水 lùshui：The grass was wet with ～. 草被露水沾湿. Cǎo bèi lùshui zhānshī. // ～ drop *n.* 露珠 lùzhū

dewater *v.* **1.** 使脱水 shǐ tuōshuǐ = cause to get rid of water **2.** 使浓缩 shǐ nóngsuō = cause to concentrate

dewy *a.* **1.** 带露水的 dài lùshuide = with dewdrops **2.** 纯洁的 chúnjiéde

= pure：a ～ maiden 纯洁的姑娘 chúnjiéde gūniang

dexter *a.* **1.** 右边的 yòubiānde；右手的 yòushǒude = right：the ～ hand 右手 yòushǒu **2.** 吉祥的 jíxiángde = lucky

dexterity *n.* **1.** 灵巧 língqiǎo；熟练 shúliàn；敏捷 mǐnjié = skill **2.** 聪明 cōngming；伶俐 línglì = cleverness

dexterous *a.* **1.** 灵巧的 língqiǎode；手巧的 shǒuqiǎode；敏捷的 mǐnjiéde **2.** 聪明的 cōngmingde

dextral *a.* 在右(边)的 zài yòu(biān)de；右卷的 yòujuǎnde

dextrose *n.* 葡萄糖 pútáotáng

diabetes *n.* 糖尿病 tángniàobìng

diabetic *a.* 糖尿病的 tángniàobìngde *n.* 糖尿病病人 tàngniàobìng bìngrén * patient

diablerie *n.* 魔法 mófǎ

diabolic *a.* 魔鬼的 móguǐde = like the devil；凶暴的 xiōngbàode = cruel：～ arts 魔术 móshù

diabolism *n.* **1.** 魔术 móshù；妖术 yāoshù = sorcery **2.** 魔鬼行径 móguǐ xíngjìng = devilish act

diabolo *n.* 空竹 kōngzhú

diacritical *a.* 区分的 qūfēnde；区别的 qūbiéde：～ mark 发音符号 fāyīnfúhào

diadem *n.* 王冠 wángguān *v.* 加冕 jiāmiǎn

diagnose *v.* 诊断 zhěnduàn

diagnosis *n.* 诊断 zhěnduàn：mistake in ～ 误诊 wùzhěn

diagonal *a.* 对顶的 duìdǐngde；对角线的 duìjiǎoxiànde；斜的 xiéde

diagram *n.* 图解 tújiě；图表 túbiǎo：a ～ of an engine 发动机设计图 fādòngjī shèjìtú *v.* 用图表示 yòng tú biǎoshì

diagrammatic *a.* 图解的 tújiěde；图表的 túbiǎode

diagrammatize *v.* 把…作成表 bǎ … zuòchéng biǎo；用图表示 yòng tú biǎoshì

diagraph *n.* **1.** 绘图器 huìtúqì；分度尺 fēndùchǐ **2.** 放大绘图器 fàngdà huìtúqì * for enlarging maps, etc.

dial *n.* **1.** 日晷 rìguǐ = instrument showing hour by sun's shadow **2.** 表面 biǎomiàn = face of clock, watch **3.** 标度盘 biāodùpán * in gas meter, etc.；拨号盘 bōhàopán * of a telephone *v.* **1.** 用日晷测量 yòng rìguǐ cèliáng **2.** 拨电话 bō diànhuà：～(l)ing tone 拨号音 bōhàoyīn

dialect *n.* 方言 fāngyán：He speaks several ～s. 他会说好几种方言。Tā huìshuō hǎojǐzhǒng fāngyán.

dialectal *a.* 方言的 fāngyánde：～ differences between two counties 两县之间方言的差异 liǎngxiàn zhījiān fāngyánde chāyì

dialectic *a.* 辩证的 biànzhèngde *n.* 辩证法 biànzhèngfǎ

dialectical *a.* 辩证(法)的 biànzhèng(fǎ)de：～ materialism 辩证唯物论 biànzhèngwéiwùlùn

dialectician *n.* **1.** 辩证学家 biànzhèngxuéjiā **2.** 逻辑学家 luójíxuéjiā ＝ logician **3.** 方言学家 fāngyánxuéjiā ＊ of language

dialectics *n.* 辩证法 biànzhèngfǎ：materialist ～ 唯物辩证法 wéiwùbiànzhèngfǎ

dialectology *n.* 方言学 fāngyánxué

dialogue *n.* 对话 duìhuà；对白 duìbái ＊ in plays

dialyser *n.* 渗析器 shènxīqì；透析器 tòuxīqì

dialysis *n.* 渗析 shènxī；透析 tòuxī

diamagnetic *a.* 抗磁的 kàngcíde *n.* 抗磁性体 kàngcíxìngtǐ

diameter *n.* **1.** 直径 zhíjìng ＊ of a circle **2.** 放大的倍数 fàngdàde bèishù ＊ measurement of magnifying power

diametric(al) *a.* **1.** 直径的 zhíjìngde＝of a diameter **2.** 正好相反的 zhènghǎo xiāngfǎnde ＝ exactly opposite：They are in ～ opposition to each other. 他们彼此针锋相对。Tāmen bǐcǐ zhēnfēng-xiāngduì.

diamond *n.* **1.** 金钢钻 jīngāngzuàn；钻石 zuànshí **2.** 菱形 língxíng ＊ shape：a ～ ring 钻石戒指 zuànshí jièzhi / ～ wedding 结婚六十年纪念 jiéhūn liùshínián jìniàn

diamondiferous *a.* 产钻石的 chǎn zuànshíde

diapason *n.* 和谐 héxié ＝ harmony；旋律 xuánlǜ ＝ melody；全音域 quányīnyù ＝ range

diaper *n.* **1.** 尿布 niàobù ＊ for baby **2.** 菱形花样 língxíng huāyàng；菱形花纹织物 língxíng huāwén zhīwù ＝ fabric with diamond pattern

diaphanous *a.* 透明的 tòumíngde；半透明的 bàn tòumíngde

diaphoresis *n.* (大量)发汗 (dàliàng) fāhàn；出汗 chūhàn

diaphoretic *a.* 发汗的 fāhànde *n.* 发汗剂 fāhànjì；发汗药 fāhànyào

diaphragm *n.* **1.** 膈膜 gémó ＊ dividing the two cavities of the body **2.** 隔

板 gébǎn＝partition **3.** 电话机振动板 diànhuàjī zhèndòngbǎn * in a telephone *v.* 装以隔板 zhuāngyǐ gébǎn ＝ fix with a ～

diapositive *n.* 透明的照相正片（如幻灯片）tòumíngde zhàoxiàng zhèngpiàn（rú huàndēngpiàn）

diarchy *n.* 两头政治 liǎngtóu zhèngzhì；两头政权 liǎngtóu zhèngquán // diarchial *a.*

diarize *v.* 记日记 jìrìjì；把…记入日记 bǎ … jìrù rìjì

diarrhea, diarrhoea *n.* 腹泻 fùxiè

diary *n.* 日记 rìjì：keep a ～ 记日记 jì rìjì

diastase *n.* 淀粉酶 diànfěnméi

diastrophism *n.* 地壳运动 dìqiào yùndòng

diathermize *v.* 用透热疗法治疗 yòng tòurèliáofǎ zhìliáo

diathermy *n.* 透热疗法 tòurèliáofǎ

diatomaceous *a.*（含）硅藻的（hán）guīzǎode；硅藻土的 guīzǎotǔde：～ earth 硅藻土 guīzǎotǔ

diatomite *n.* 硅藻土 guīzǎotǔ

diatribe *n.* 抨击 pēngjī

dibasic *a.* 二元的 èryuánde：～ acid 二盐基酸 èryán jīsuān

dibble *v.* 点播 diǎnbō *n.* 点播器 diǎnbōqì

dice *n.* **1.** 骰子 tóuzi：play ～ 掷骰子 zhì tóuzi **2.** 小方块 xiǎo fāngkuài：cut potatoes into ～s 把马铃薯切成丁 bǎ mǎlíngshǔ qiēchéng dīng // no ～ 不行 bùxíng / The ～ is cast. 已做决定，不能改。Yǐzuò juédìng, bùnénggǎi. *v.* **1.** 掷骰子 zhìtóuzi **2.** 切成小方块 qiēchéng xiǎofāngkuài

dicer *n.* **1.** 赌徒 dǔtú ＝ gambler **2.** 切丁机 qiēdīngjī * machine for cutting sth. into small squares **3.** 帽子 màozi ＝ cap

dichotomize *v.* 对分 duìfēn；分成两叉 fēnchéng liǎngchà

dichotomous *a.* 两分的 liǎngfēnde；二叉的 èrchàde：～ branching 叉状分枝 chàzhuàng fēnzhī

dichotomy *n.* **1.** 二等分 èrděngfēn；一分为二 yìfēn-wéi'èr：a ～ into the good and the evil 善与恶的一分为二 shàn yǔ ède yìfēn-wéi'èr **2.** 弦月 xiányuè

dick *n.* 誓言 shìyán ＝ oath：take one's ～ 发誓 fāshì

dicker *n.* 小交易 xiǎojiāoyì *v.* 讨价还价 tǎojià-huánjià ＝ haggle

dicky *a.* **1.** 站不稳的 zhànbuwěnde = shaky **2.** 靠不住的 kàobuzhùde = liable to fail

dictaphone *n.* 录音电话机 lùyīn diànhuàjī

dictate *v.* **1.** 口授 kǒushòu: to ～ a letter to a secretary 向秘书口授信稿 xiàng mìshū kǒushòu xìngǎo **2.** 命令 mìnglìng = give orders: I'll not be ～d to. 我不接受你的命令。Wǒ bù jiēshòu nǐde mìnglìng. *n.* 命令 mìnglìng: the ～s of conscience 良心的驱使 liángxīnde qūshǐ

dictation *n.* 口授 kǒushòu; 听写 tīngxiě; 命令 mìnglìng

dictator *n.* 独裁者 dúcáizhě; 口授者 kǒushòuzhě

dictatorial *a.* 专政的 zhuānzhèngde; 独裁的 dúcáide: ～ government 独裁政府 dúcái zhèngfǔ

dictatorship *n.* 独裁 dúcái; 专政 zhuānzhèng

diction *n.* 措辞 cuòcí; 用字 yòngzì

dictionary *n.* 词典 cídiǎn; 字典 zìdiǎn: consult a ～ 查阅词典 cháyuè cídiǎn

dictum *n.* **1.** 宣言 xuānyán = pronouncement **2.** 格言 géyán = maxim

didactic *a.* 教导的 jiàodǎode

didactics *n.* 教授法 jiàoshòufǎ; 教学法 jiàoxuéfǎ

diddle *v.* 欺骗 qīpiàn: ～ a person out of his money 骗某人之钱 piàn mǒurén zhīqián

dido *n.* 胡闹 húnào; 开玩笑 kāiwánxiào: cut (up) ～s 乱开玩笑 luànkāi wánxiào

die¹ *v.* **1.** 死 sǐ; 死亡 sǐwáng: ～ of an illness 死于疾病 sǐyú jíbìng / ～ by violence 惨死 cǎnsǐ **2.** 减弱 jiǎnruò: the noise ～d away 闹声逐渐消失 nàoshēng zhújiàn xiāoshī **3.** 渴望 kěwàng = long for: We're all dying for a drink. 我们都渴得要死。Wǒmen dōu kěde yàosǐ.

die² *n.* **1.** 骰子 tóuzi ∗ for gambling **2.** 钢型 gāngxíng; 硬模 yìngmó: ～ casting 模铸 mózhù

die-away *a.* 无精打采的 wújīng-dǎcǎide: a ～ look 无精打采的样子 wújīng-dǎcǎide yàngzi

die-hard *n.* 顽固分子 wángù fènzǐ; 死硬派 sǐyìngpài *a.* 顽固的 wángùde; 死不屈从的 sǐbù qūcóngde

dielectric *a.* 绝缘的 juéyuánde; 不导电的 bù dǎodiànde

diesel, Diesel *n.* 内燃机 nèiránjī; 柴油机 cháiyóujī

diesinker *n.* 制模工 zhìmógōng

diet[1] *n.* 议会 yìhuì；国会 guóhuì = congress

diet[2] *n.* 饮食 yǐnshí；规定的饮食 guīdìngde yǐnshí：a vegetable ～ 素食 sùshí / The doctor put her on a ～. 医生限制她的饮食。Yīshēng xiànzhì tāde yǐnshí. *v.* 实行节食 shíxíng jiéshí；指定饮食 zhǐdìng yǐnshí：～ oneself on vegetables 吃素 chīsù

dietary *a.* 饮食的 yǐnshíde；规定食物的 guīdìng shíwùde：a ～ cure 食物疗法 shíwù liáofǎ *n.* 食谱 shípǔ

dietetic *a.* 饮食的 yǐnshíde // dietetics *n.* 饮食学 yǐnshíxué = study of diets

dietotherapy *n.* 饮食疗法 yǐnshí liáofǎ；营养疗法 yíngyǎng liáofǎ

differ *v.* 相异 xiāngyì；有差别 yǒu chābié；不同 bùtóng：～ in opinion 意见不同 yìjian bùtóng / French ～s from English in having gender for all nouns. 法文与英文不同，法文所有的名词都有性别。Fǎwén yǔ Yīngwén bùtóng，Fǎwén suǒyǒude míngcí dōuyǒu xìngbié.

difference *n.* 差异 chāyì；差别 chābié：不同 bùtóng：There is no ～ between them. 两者毫无差别。Liǎngzhě háowú chābié. / What ～ can it make? 不是一样吗？Bú shì yíyàngma?

different *a.* 差异的 chāyìde；有差别的 yǒu chābiéde；不同的 bùtóngde；各种的 gèzhǒngde：The two boys are ～ in their tastes. 这两个孩子的兴趣不同。Zhè liǎngge háizide xìngqù bùtóng. / Your method is ～ from mine. 你的方法与我的不同。Nǐde fāngfǎ yǔ wǒde bùtóng.

differential *a.* 差别的 chābiéde：工资级差 gōngzī jíchā

differentiate *v.* **1.** 区别 qūbié；区分 qūfēn：to ～ varieties of plants 区分各种植物 qūfēn gèzhǒng zhíwù **2.** 使变异 shǐ biànyì = develop into unlikeness

difficult *a.* 困难的 kùnnande；顽固的 wángùde：a ～ disposition 顽固的性情 wángùde xìngqíng / ～ of access 难接近 nán jiējìn

difficulty *n.* **1.** 困难 kùnnan；难事 nánshì；逆境 nìjìng：Do you have any ～ in speaking English? 你说英语有困难吗？Nǐ shuō Yīngyǔ yǒu kùnnanma? / be working under difficulties 在不利的环境中工作 zài búlìde huánjìngzhōng gōngzuò / without ～ 容易 róngyì / tide over difficulties 渡过难关 dùguò nánguān **2.** 异议 yìyì = objection：make a ～ 异议 yìyì；反对 fǎnduì

diffidence *n.* **1.** 缺乏自信 quēfá zìxìn = lack of confidence **2.** 羞怯 xiūqiè = shyness // with nervous ～ 提心吊胆的 tíxīn-diàodǎnde / with seeming ～ 假装着害羞 jiǎzhuāngzhe hàixiū

diffident *a.* 胆怯的 dǎnqiède；缺乏自信的 quēfá zìxìnde：He is ～ of his success. 他对成功缺乏信心。Tā duì chénggōng quēfá xìnxīn.

diffract *v.* (光等)折射 (guāngděng)zhéshè：～ed ray 衍射线 yǎnshèxiàn / ～ed wave 衍射波 yǎnshèbō

diffuse *v.* **1.** 扩散 kuòsàn = spread out **2.** 传播 chuánbō = disseminate：to ～ learning 传播知识 chuánbō zhīshi / ～d lighting 漫射灯光 mànshè dēngguāng *a.* 漫射的 mànshède：～ light 漫射光 mànshèguāng // diffusion *n.*

dig *v.* **1.** 掘 jué；挖 wā：～ sth. out 挖出 wāchū **2.** 探索 tànsuǒ；搜集 sōují；钻研 zuānyán：～ facts from books 从书中搜集资料 cóng shūzhōng sōují zīliào / ～ for information 探听消息 tàntīng xiāoxi **3.** 戳进 chuōjìn；刺入 cìrù = poke *n.* 一挖 yìwā；一戳 yìchuō；挖掘 wājué

digamist *n.* 再婚者 zàihūnzhě

digamy *n.* 再婚 zàihūn

digest *v.* **1.** 消化 xiāohuà：This food ～s well. 这食物易消化。Zhè shíwù yì xiāohuà. **2.** 领会 lǐnghuì = think over **3.** 摘要 zhāiyào = sum up **4.** 忍受 rěnshòu = endure：This conduct is more than I can ～. 这种行为我忍受不了。Zhèzhǒng xíngwéi wǒ rěnshòu bùliǎo. *n.* 摘要 zhāiyào：a ～ of the week's news 一周新闻摘要 yìzhōu xīnwén zhāiyào

digestible *a.* 易消化的 yì xiāohuàde；可摘要的 kě zhāiyàode

digestion *n.* **1.** 消化 xiāohuà；消化作用 xiāohuà zuòyòng：be easy (hard) of ～ 易(难)消化 yì(nán)xiāohuà **2.** 消化力 xiāohuàlì = power of ～：I have a weak (good) ～. 我的消化力弱(强)。Wǒde xiāohuàlì ruò (qiáng).

digestive *a.* **1.** 消化的 xiāohuàde：the ～ system 消化系统 xiāohuà xìtǒng / ～ organs 消化器官 xiāohuà qìguān **2.** 助消化的 zhù xiāohuàde：～ juice (fluid) 消化液 xiāohuàyè

digit *n.* **1.** 数字 shùzì；位数 wèishù：binary ～ 二进制数字 èrjìnzhì shùzì **2.** 手指 shǒuzhǐ = finger；足趾 zúzhǐ = toe **3.** 一指之宽 yìzhǐ zhīkuān = breadth of a finger

digital *a.* **1.** 数字的 shùzìde：a ～ computer 数字型电子计算机 shùzìxíng diànzǐ jìsuànjī **2.** 手指的 shǒuzhǐde = of finger

digitalis *n.* 毛地黄 máodìhuáng；洋地黄 yángdìhuáng * plant

digitate *a.* 有指的 yǒuzhǐde；掌状的 zhǎngzhuàngde：～ leaves 掌状叶 zhǎngzhuàngyè

dignified *a.* 尊严的 zūnyánde = marked by dignity

dignify *v.* 使有威严 shǐ yǒu wēiyán = give dignity to

dignity *n.* **1.** 尊严 zūnyán；体面 tǐmiàn：stand on one's ～ 保持尊严 bǎochí zūnyán / beneath one's ～ 有失体面 yǒushi tǐmiàn **2.** 真正价值 zhēnzhèng jiàzhí = true worth **3.** 高位 gāowèi = high office or rank

digress *v.* 扯开 chěkāi；离题 lítí：～ from the point 离开要点 líkāi yàodiǎn // digression *n.* return from the ～ 言归正传 yánguī-zhèngzhuàn

dike, dyke *n.* **1.** 堤坝 dībà = dam **2.** 沟 gōu = ditch **3.** 障碍物 zhàng'àiwù = obstacle

dilapidate *v.* 使(局部)毁坏 shǐ(júbù)huǐhuài；使荒废 shǐ huāngfèi：The house ～s rapidly. 这墙很快变得破烂不堪。Zhèqiáng hěnkuài biànde pòlànbùkān.

dilapidated *a.* 坍塌的 tāntāde；破烂的 pòlànde；衰败的 shuāibàide：a ～ old house 残破的古屋 cánpòde gǔwū

dilate *v.* **1.** 扩张 kuòzhāng = become larger：～d eyes 瞪着眼睛 dèngzhe yǎnjing **2.** 膨胀 péngzhàng = expand **3.** 详述 xiángshù = talk at large：～ on (upon) a subject 对问题详加叙述 duì wèntí xiángjiā xùshù

dilatory *a.* 慢吞吞的 màntūntūnde = slow；拖拉的 tuōlāde = delaying：a ～ measure 拖延办法 tuōyán bànfǎ

dilemma *n.* 进退两难 jìntuì-liǎngnán

dilemmatic *a.* 进退两难的 jìntuì-liǎngnánde；左右为难的 zuǒyòu-wéinánde

dilettante *n.* 文艺爱好者 wényì àihàozhě = fine arts lover *a.* 外行的 wàihángde；浅薄的 qiǎnbóde = amateurish

diligence *n.* 勤劳 qínláo；勤勉 qínmiǎn：study with ～ 勤奋学习 qínfèn xuéxí

diligent *a.* 勤勤恳恳的 qínqin-kěnkěnde；刻苦的 kèkǔde；勤奋的 qínfènde：He is ～ in his studies. 他学习勤奋。Tā xuéxí qínfèn.

dilly *n.* 突出人物 tūchū rénwù；突出事物 tūchū shìwù

dillydally *v.* 闲混 xiánhùn

dilute *v.* **1.** 冲淡 chōngdàn；稀释 xīshì：～ wine with water 用水把酒冲淡 yòng shuǐ bǎ jiǔ chōngdàn **2.** (由于混合而)减弱力量 (yóuyú hùnhé ér)jiǎnruò lìliang = weaken

dim *a.* 暗淡的 àndànde = not bright；朦胧的 ménglóngde = not clear；模糊的 móhude = obscure：a ～ light 微亮 wēiliàng / a ～ memory 模糊的记忆 móhude jìyì / ～ prospects 暗淡的前景 àndànde qiánjǐng / the ～ outline of buildings 建筑物朦胧的轮廓 jiànzhùwù ménglóngde lúnkuò *v.* (使)暗淡(shǐ)àndàn；(使)朦胧 (shǐ)ménglóng；(使)模糊 (shǐ)móhu：Her eyes became ～ed with tears. 她泪眼朦胧。Tā lèiyǎn ménglóng.

dime *n.* 一角银币 yìjiǎo yínbì ＊ in America，Canada // a ～ a dozen 多得不稀罕 duōde bù xīhan / on a ～ 极小地方 jíxiǎo dìfang

dimension *n.* **1.** 尺寸 chǐcùn：What are the ～s of the room? 这房子的长宽各多少？Zhè fángzide chángkuān gè duōshǎo? **2.** 大小 dàxiǎo；体积 tǐjī；广度 guǎngdù：a building of great ～s 庞大的建筑物 pángdàde jiànzhùwù / of one ～ 线(长度)的 xiàn (chángdù)de / of two ～s 平面的 píngmiànde / of three ～s 立体的 lìtǐde

dimensional *a.* 尺寸的 chǐcùnde：a two ～ object 平面 píngmiàn / a three-～ picture 立体影片 lìtǐ yǐngpiàn

dimerous *a.* 分成两部分的 fēnchéng liǎng bùfende；由两部分组成的 yóu liǎngbùfen zǔchéngde

dimidiate *a.* 对开的 duìkāide；折半的 zhébànde *v.* 将…对分 jiāng…duìfēn；将…折半 jiāng…zhébàn

diminish *v.* 缩小 suōxiǎo；减少 jiǎnshǎo // diminution *n.*

diminutive *a.* 小的 xiǎode

dimity *n.* 提花布 tíhuābù

dimmer *n.* **1.** 使变暗淡的人(物) shǐ biàn àndànde rén(wù) **2.** 减光器 jiǎnguāngqì ＊ device that dims lights

dimple *n.* 酒窝 jiǔwō *v.* (使)现酒窝 (shǐ)xiàn jiǔwō

din *n.* 嘈杂 cáozá：The noise ～ned in his ears. 他听到嘈杂声。Tā tīngdào cáozá shēng.

dine *v.* **1.** 用饭 yòngfàn；进餐 jìncān = take dinner **2.** 宴请 yànqǐng =

give dinner to // ～ out 在外面吃饭 zài wàimian chīfàn

diner *n*. **1**. 用膳者 yòngshànzhě = one who dines **2**. 餐车 cānchē = railroad restaurant-car (in America)

dinero *n*. 钱 qián

dinette *n*. (厨房旁边的)小吃饭间 (chúfáng pángbiānde) xiǎo chīfànjiān

ding *v*. 叮当地响 dīngdāngde xiǎng = ring

dingdong *n*. 叮当 dīngdāng；叮冬 dīngdōng *a*. 叮当作响的 dīngdāng zuòxiǎngde *v*. **1**. 发叮当声 fā dīngdāngshēng **2**. 唠叨 láodao

dining *n*. 进餐 jìncān；吃饭 chīfàn // ～ car 餐车 cānchē / ～ hall 餐厅 cāntīng / ～ room 饭厅 fàntīng / ～ table 餐桌 cānzhuō

dinner *n*. 正餐 zhèngcān；晚(午)餐 wǎn(wǔ)cān

dinosaur *n*. 恐龙 kǒnglóng

dint *n*. **1**. 打痕 dǎhén；凹痕 āohén * mark **2**. 力量 lìliang = force：by ～ of 凭借 píngjiè：He succeeded by ～ of hard work. 他由于努力工作而获得成功。Tā yóuyú nǔlì gōngzuò ér huòdé chénggōng.

diorama *n*. 洋片 yángpiàn；西洋景 xīyángjǐng

dioxide *n*. 二氧化物 èryǎnghuàwù：carbon ～ 二氧化碳 èryǎnghuàtàn

dip *v*. **1**. 浸 jìn；弄湿 nòngshī；汲取 jīqǔ：～ one's pen into the ink 将钢笔伸入墨水中(蘸墨水) jiāng gāngbǐ shēnrù mòshuǐzhōng (zhàn mòshuǐ) / ～ out soup with a ladle 用勺子舀汤 yòng sháozi yǎotāng **2**. 沉陷 chénxiàn；向下倾斜 xiàngxià qīngxié：The sun ～ped below the horizon. 太阳沉入地平线以下。Tàiyáng chénrù dìpíngxiàn yǐxià. / The land ～s gently to the south. 地面向南方微微倾斜。Dìmiàn xiàng nánfāng wēiwēi qīngxié **3**. 探究 tànjiū：～ deep into the future 细想将来 xìxiǎng jiānglái *n*. 浸 jìn；倾斜 qīngxié；急降 jíjiàng

diphtheria *n*. 白喉 báihóu

diphtheroid *a*. 白喉状的 báihóuzhuàngde *n*. 假白喉 jiǎbáihóu

diphthong *n*. 双元音 shuāngyuányīn

diploma *n*. **1**. 文凭 wénpíng；毕业证书 bìyèzhèngshū：a ～ in architecture 建筑系毕业的文凭 jiànzhùxì bìyède wénpíng **2**. 公文 gōngwén = official document

diplomacy *n*. **1**. 外交 wàijiāo = foreign relations **2**. 交际手段 jiāojì shǒuduàn = tact in dealing with people / shuttle ～ 穿梭外交 chuānsuō wàijiāo

diplomat *n.* 外交官 wàijiāoguān；外交家 wàijiāojiā

diplomatic *a.* 外交的 wàijiāode：the ～ body（corps）外交使团 wàijiāo shǐtuán / resume（sever）～ relations 恢复（断绝）外交关系 huīfù (duànjué)wàijiāo guānxì

diplomatist *n.* 外交家 wàijiāojiā

diplomatize *v.* **1.** 用外交方法处理 yòng wàijiāo fāngfǎ chǔlǐ **2.** 作外交工作 zuò wàijiāo gōngzuò

dippy *a.* 疯狂的 fēngkuángde；愚蠢的 yúchǔnde

dipsomania *n.* 嗜酒狂 shìjiǔkuáng

dipstick *n.* 测容器内液体深度的量杆 cè róngqìnèi yètǐ shēndùde liánggǎn；水位指示器 shuǐwèi zhǐshìqì

dipteros *n.* 四周有两排柱子的建筑物 sìzhōu yǒu liǎngpái zhùzide jiànzhùwù

Diptera *n.* 双翅目 shuāngchìmù * fly，mosquito，etc.

dipteral *a.* **1.** 双翅目的 shuāngchìmùde；双翼的 shuāngyìde **2.** 双排柱式的 shuāngpáizhùshìde * architecture

dipterous *a.* 双翅目的 shuāngchìmùde；双翅的 shuāngchìde；双翼的 shuāngyìde

dire *a.* **1.** 可怕的 kěpàde = terrible：～ news 可怕的消息 kěpàde xiāoxi **2.** 极度的 jídùde = extreme：be in ～ need of help 极需要帮助 jí xūyào bāngzhù

direct[1] *a.* **1.** 径直的 jìngzhíde；笔直的 bǐzhíde：in a ～ line 成一直线 chéng yī zhíxiàn / the ～ rays of the sun 太阳的直射光 tàiyángde zhíshèguāng / a ～ road 直路 zhílù **2.** 直系的 zhíxìde；直接的 zhíjiēde：～ relatives 直系亲属 zhíxì qīnshǔ **3.** 直率的 zhíshuàide = frank：He has a ～ way of speaking. 他说话直率。Tā shuōhuà zhíshuài.

direct[2] *v.* **1.** 指引 zhǐyǐn：Will you ～ me to the station? 请问车站往哪里走？Qǐngwèn chēzhàn wǎng nǎli zǒu? **2.** 指挥 zhǐhuī；指导 zhǐdǎo：Who is ～ing the work? 谁在指导这工作？Shuí zài zhǐdǎo zhè gōngzuò? / Who ～ed at yesterday's concert? 昨天的音乐会由谁指挥？Zuótiānde yīnyuèhuì yóu shuí zhǐhuī?

direction *n.* **1.** 方向 fāngxiàng；方位 fāngwèi：Reforms are needed in numerous ～s. 许多方面需要改革。Xǔduō fāngmiàn xūyào gǎigé. / The plane was flying in a northerly ～. 飞机在向北飞行中。Fēijī zài xiàngběi fēixíngzhōng. **2.** 说明 shuōmíng；指引 zhǐyǐn：～ for use 用法说明 yòngfǎ shuōmíng / He gave me full ～s to enable me to find his house. 他对我详细说明如何去他家。Tā duì wǒ xiángxì shuōmíng rúhé qù tājiā.

directional *a.* 方向的 fāngxiàngde；定向的 dìngxiàngde：～ antenna 定向天线 dìngxiàng tiānxiàn

directive *a.* 定向的 dìngxiàngde；指导的 zhǐdǎode：～ rules of our actions 支配我们行动的法则 zhīpèi wǒmen xíngdòngde fǎzé

directness *n.* **1.** 径直 jìngzhí；直接 zhíjiē **2.** 率直 shuàizhí；坦白 tǎnbái ＝ frankness：the ～ of manner 态度坦率 tàidu tǎnshuài

director *n.* 指导者 zhǐdǎozhě ＝ one who directs；董事 dǒngshì ＝ member of board of ～s；厂长 chǎngzhǎng * of a factory plant, etc.；导演 dǎoyǎn * directing the staging of a play

directorate *n.* **1.** 指挥者的职位 zhǐhuīzhěde zhíwèi ＝ office of director；理事会 lǐshìhuì ＝council **2.** 董事会 dǒngshìhuì ＝ board of directors

directorial *a.* **1.** 指挥的 zhǐhuīde；管理的 guǎnlǐde **2.** 指挥者的 zhǐhuīzhěde；管理者的 guǎnlǐzhěde

directorship *n.* 董事(理事、主任、社长等)的职务(或任期) dǒngshì(lǐshì、zhǔrèn、shèzhǎng děng)de zhíwù(huò rènqī)

directory *n.* **1.** 人名地址录 rénmíng dìzhǐlù * book listing inhabitants with addresses；工商行名录 gōngshāngháng mínglù * listing enterprises, firms, companies, etc. with addresses **2.** (规则、指令等的)指南(guīzé、zhǐlìng děngde)zhǐnán ＝ guidebook：a telephone ～ 电话号码簿 diànhuà hàomǎbù **3.** 董事会 dǒngshìhuì；理事会 lǐshìhuì

directress *n.* 女指导者 nǚ zhǐdǎozhě；女董事 nǚ dǒngshì；女导演 nǚ dǎoyǎn

direful *a.* 可怕的 kěpàde ＝ terrible；悲惨的 bēicǎnde ＝ miserable

dirge *n.* 挽歌 wǎngē

dirigible *a.* 可驾驶的 kě jiàshǐde：～ balloon 飞船 fēichuán *n.* 可驾驶的轻气球 kě jiàshǐde qīngqìqiú ＝ ～ balloon；飞船 fēichuán ＝ airship

dirk *n.* 短剑 duǎnjiàn；匕首 bìshǒu *v.* 用短剑刺 yòng duǎnjiàn cì

dirt *n.* **1.** 污物 wūwù；脏的东西 zāngde dōngxi：His clothes were covered with ～. 他的衣服满是脏东西。Tāde yīfu mǎnshì zāng dōngxi. **2.** 泥

土 nítǔ = soil 3. 无价值的东西 wújiàzhíde dōngxi = valueless things: as cheap as ～ 贱如粪土的 jiànrúfèntǔde / treat sb. like ～ 轻待某人 qīngdài mǒurén

dirty *a.* 1. 肮脏的 āngzangde: ～ hands 脏手 zāngshǒu / ～ work 不法行为 bùfǎ xíngwéi 2. 卑鄙的(手段) bēibǐde(shǒuduàn) = mean: play a ～ trick on sb. 用卑鄙的手段对付某人 yòngbēibǐde shǒuduàn duìfu mǒurén *v.* 弄脏 nòngzāng; 变脏 biànzāng: Don't ～ your new dress. 不要弄脏你的新衣服。Búyào nòngzāng nǐde xīn yīfu. // dirtiness *n.*

disable *v.* 使…无能力 shǐ…wúnénglì; 使残废 shǐ cánfèi: Old age ～d him from hard labor. 年迈使他不能胜任繁重的工作了。Niánmài shǐ tā bùnéng shèngrèn fánzhòngde gōngzuòle. // disability *n.*

disabled *a.* 残废的 cánfèide: a ～ soldier 残废军人 cánfèi jūnrén

disabuse *v.* 除去…的错误想法 chúqù…de cuòwù xiǎngfǎ = free from misconception: ～ sb. of superstition 破除某人迷信 pòchú mǒurén míxìn

disaccord *n.* 不符 bùfú; 不一致 bùyízhì; 不合 bùhé: Your theory ～s with my experience. 你的理论和我的经验不一致。Nǐde lǐlùn hé wǒde jīngyàn bùyízhì. / ～s among nations 国家间的不和 guójiājiānde bùhé

disaccredit *v.* 对…不再信任 duì…búzài xìnrèn

disadvantage *n.* 1. 不利 búlì; 不便 búbiàn: His inability to speak English puts him at a ～ when he attends international conferences. 他不能说英语,使他在参加国际会议时处于不利情况。Tā bùnéng shuō Yīngyǔ, shǐ tā zài cānjiā guójì huìyìshí chǔyú búlì qíngkuàng. 2. 损失 sǔnshī: sell goods to ～ 吃亏卖出货物 chīkuī màichū huòwù

disadvantageous *a.* 不利的 búlìde; 吃亏的 chīkuīde; 有害的 yǒuhàide

disaffect *v.* 1. 使不满 shǐ bùmǎn = cause to lose affection 2. 使不忠 shǐ bùzhōng = make disloyal // disaffection *n.*

disaffiliate *v.* 分离 fēnlí; 使脱离关系 shǐ tuōlí guānxì

disaffirm *v.* 1. 否认 fǒurèn = deny 2. 撤消 chèxiāo = repudiate

disafforest *v.* 砍伐…的森林 kǎnfá…de sēnlín

disagree *v.* 1. 不同意 bùtóngyì; 不一致 bùyízhì = differ: Even friends sometimes ～. 即使是朋友,有时意见也不一致。Jíshǐ shì péngyou, yǒushí yìjian yě bùyízhì. 2. (指食物、气候)对…有不良影响(zhǐ shíwù、qìhòu)duì…yǒu bùliáng yǐngxiǎng = have bad effect; 不适宜

búshìyí = be unfavorable: The climate ～s with me. 这气候对我不适宜。Zhè qìhòu duì wǒ búshìyí.

disagreeable *a.* 不适宜的 búshìyíde; 令人不愉快的 lìngrén bùyúkuàide: ～ weather 讨厌的天气 tǎoyànde tiānqì / a ～ fellow 坏脾气的人 huài píqide rén

disagreement *n.* **1.** 不和 bùhé; 不一致 bùyízhì = discord **2.** 争执 zhēngzhí = quarrel: be in ～ with sb. 与某人意见不合 yǔ mǒurén yìjian bùhé

disallow *v.* **1.** 不许 bùxǔ = prohibit **2.** 不承认 bùchéngrèn = refuse to admit: The judge ～ed the claim. 法官驳回该要求。Fǎguān bóhuí gāi yāoqiú.

disannul *v.* 取消 qǔxiāo; 除 chú

disappear *v.* 不见 bújiàn; 消失 xiāoshī: The snow soon ～ed. 雪很快就融化了。Xuě hěnkuài jiù rónghuàle.

disappoint *v.* **1.** 使失望 shǐ shīwàng: The book ～ed me. 这本书使我失望。Zhèběn shū shǐ wǒ shīwàng. **2.** 阻碍…实现 zǔ'ài…shíxiàn: I'm sorry to ～ your plans. 我很抱歉阻碍了你的计划。Wǒ hěn bàoqiàn zǔ'àile nǐde jìhuà.

disappointed *a.* 失望的 shīwàngde: I was ～ at not finding her at home. 我访她而她不在家,令我失望。Wǒ fǎng tā ér tā bú zàijiā, lìngwǒ shīwàng.

disappointing *a.* 令人失望的 lìngrén shīwàngde: The weather this summer has been ～. 今年夏天的气候一直是令人失望的。Jīnnián xiàtiānde qìhòu yìzhí shì lìngrén shīwàngde.

disappointment *n.* 失望 shīwàng; 令人失望的人或物 lìngrén shīwàngde rén huò wù = person or event that disappoints: To her great ～, it rained on the day of the picnic. 野餐的那一天下雨,使她大为失望。Yěcānde nàyìtiān xiàyǔ, shǐ tā dàwéi shīwàng. / He had suffered many ～s in love. 他在恋爱方面,曾经遭受多次失意。Tā zài liàn'ài fāngmiàn, céngjīng zāoshòu duōcì shīyì.

disapprobation *n.* 不赞同 búzàntóng; 不认可 búrènkě

disapprobative *a.* 不赞成的 búzànchéngde; 表示不满的 biǎoshì bùmǎnde: cast a ～ glance at the boy 对小孩投以不赞成的眼光 duì xiǎohái tóuyǐ búzànchéngde yǎnguāng

disapprove *v.* 不许可 bùxǔkě；不赞成 búzànchéng：I'm sorry I ～（of）your action. 我很抱歉不能赞成你的行动。Wǒ hěnbàoqiàn bùnéng zànchéng nǐde xíngdòng. // disapproval *n.*

disarm *v.* **1.** 解除武装 jiěchú wǔzhuāng；缴械 jiǎoxiè：Five hundred rebels were captured and ～ed. 五百名叛军被俘并被缴械。Wǔbǎimíng pànjūn bèifú bìng bèi jiǎoxiè. **2.** 裁军 cáijūn ＝ cut down armaments **3.** 减消某人的愤怒 jiǎnxiāo mǒurénde fènnù ＝ pacify：I felt angry，but her smiles ～ed me. 我很生气，但她的微笑使我怒气消失了。Wǒ hěn shēngqì，dàn tāde wēixiào shǐ wǒ nùqì xiāoshīle.

disarmament *n.* 裁军 cáijūn：～ conferences 裁军会议 cáijūn huìyì

disarrange *v.* 扰乱 rǎoluàn；搅乱 jiǎoluàn；弄乱 nòngluàn

disarray *v.* & *n.* 弄乱 nòngluàn；（使）混乱（shǐ）hùnluàn：The troops were in ～. 军队混乱。Jūnduì hùnluàn.

disarticulate *v.* 使关节脱离 shǐ guānjié tuōlí；截断关节 jiéduàn guānjié

disassemble *v.* 拆卸 chāixiè；拆散 chāisàn

disassimilation *n.* 分解代谢 fēnjiě dàixiè；异化作用 yìhuà zuòyòng

disaster *n.* 灾难 zāinàn

disastrous *a.* 灾难的 zāinànde：～ flood 损失重大的水灾 sǔnshī zhòngdàde shuǐzāi

disavow *v.* 不承认 bùchéngrèn；否认 fǒurèn：He ～ed any share in the plot. 他否认参与这项阴谋。Tā fǒurèn cānyǔ zhèxiàng yīnmóu.

disband *v.* 解散 jiěsàn：The army was ～ed when the war ended. 战争结束时，军队即被解散。Zhànzhēng jiéshùshí，jūnduì jíbèi jiěsàn.

disbelief *n.* 不信 búxìn

disbelieve *v.* 不相信 bùxiāngxìn

disbranch *v.* 从…剪掉树枝 cóng…jiǎndiào shùzhī

disbud *v.* 摘去…的嫩芽 zhāiqù…de nènyá

disburden *v.* 消除 xiāochú ＝ get rid of；卸除…的重负 xièchú…de zhòngfù ＝ relieve of burden：～ a person of grief 解除某人的忧虑 jiěchú mǒurénde yōulǜ

disburse *v.* **1.** 支出 zhīchū；支付 zhīfù ＝ pay out：～ 50,000 yuan for building roads 支付五万元筑路 zhīfù wǔwànyuán zhùlù **2.** 分配 fēnpèi；分散 fēnsàn ＝ distribute：She ～d the flowers to the children. 她把花分给孩子们。Tā bǎ huā fēngěi háizimen.

disbursement *n.* 支出 zhīchū；付出之款 fùchū zhīkuǎn = money paid out

disc *n.* **1.** 薄平的圆盘状物 báopíngde yuánpánzhuàngwù；圆盘 yuánpán = thin, circular plate **2.** 唱片 chàngpiàn = gramaphone record

discal *a.* 盘状的 pánzhuàngde

discard *v.* 扔 rēng；抛弃 pāoqì；放弃 fàngqì

discern *v.* 看出 kànchū；辨明 biànmíng：We ～ed the figure of a man in the room. 我们看到一个人在屋里。Wǒmen kàndào yíge rén zài wūli. / It is often difficult to ～ the truth of what we are told. 辨别别人告诉我们的话的真实性常是困难的。Biànbié biérén gàosu wǒmende huàde zhēnshíxìng chángshì kùnnande. / ～ good and evil 辨别善恶 biànbié shàn'è

discernible *a.* 可辨别的 kěbiànbiéde；看得清的 kànde qīngde

discerning *a.* 明智的 míngzhìde；眼光敏锐的 yǎnguāng mǐnruìde

discernment *n.* 辨别力 biànbiélì；眼力 yǎnlì

discharge *v.* & *n.* **1.** 卸 xiè = relieve of load **2.** 放出 fàngchū；流出 liúchū = emit **3.** 放射 fàngshè；发射 fāshè = shoot **4.** 让(某人)离去 ràng (mǒurén) líqù = let go；解雇 jiěgù = dismiss from employment：～ a patient from hospital as cured 让一痊愈的病人出院 ràng yī quányùde bìngrén chūyuàn **5.** 偿还 chánghuán = pay back debt；执行 zhíxíng = fulfil duty

discharger *n.* **1.** 发射者 fāshèzhě；发射装置 fāshè zhuāngzhì **2.** 卸货人 xièhuòrén；履行者 lǚxíngzhě **3.** 放电器 fàngdiànqì = appliance producing electric charge

disciform *a.* 圆形的 yuánxíngde；椭圆形的 tuǒyuánxíngde

disciple *n.* 弟子 dìzǐ；信徒 xìntú；门徒 méntú：the (twelve) ～s 耶稣十二门徒 Yēsū(Jesus)shí'èr méntú

discipline *n.* **1.** 训练 xùnliàn；锻炼 duànliàn = training：strict ～ 严格的训练 yángéde xùnliàn **2.** 纪律 jìlǜ = rules for conduct：enforce ～ 坚持纪律 jiānchí jìlǜ **3.** 惩戒 chéngjiè；惩罚 chéngfá = punishment *v.* **1.** 训练 xùnliàn；锻炼 duànliàn **2.** 训导 xùndǎo；强使守纪律 qiángshǐ shǒu jìlǜ **3.** 惩戒 chéngjiè；惩罚 chéngfá

disciplinal *a.* 训练上的 xùnliànshangde；纪律上的 jìlǜshangde；惩戒的 chéngjiède

disciplinant *n.* 严于律已者 yányú-lǜjǐzhě

disciplinarian *a.* 训练上的 xùnliànshangde；有关纪律的 yǒuguān jìlǜde；惩戒性的 chéngjièxìngde *n.* 训练者 xùnliànzhě；严格执行纪律的人 yángé zhíxíng jìlǜde rén：The teacher is a formidable ～. 这位老师对纪律抓得很紧。Zhèwèi lǎoshī duì jìlǜ zhuāde hěnjǐn.

disciplinary *a.* 纪律的 jìlǜde；惩戒的 chéngjiède：～ punishment 纪律处分 jìlǜ chǔfèn / take ～ action 采取纪律措施 cǎiqǔ jìlǜ cuòshī

discipular *a.* 门徒的 méntúde；信徒的 xìntúde；追随者的 zhuīsuízhěde = of follower

disclaim *v.* **1.** 放弃 fàngqì = give up **2.** 否认 fǒurèn = deny：～ all participation 否认参与其事 fǒurèn cānyǔ qíshì

disclaimer *n.* 弃权 qìquán；否认 fǒurèn；弃权者 qìquánzhě；否认者 fǒurènzhě

disclose *v.* **1.** 揭开 jiēkāi；泄露 xièlòu = expose：～ a secret 泄露秘密 xièlòu mìmì **2.** 表明 biǎomíng = make known：～ one's intentions 表明心意 biǎomíng xīnyì // disclosure *n.*

disco *n.* 迪斯科 dísīkē

discography *n.* 唱片分类目录 chàngpiàn fēnlèi mùlù

discoid *a.* 圆饼状的 yuánbǐngzhuàngde；盘状的 pánzhuàngde *n.* 圆饼状物 yuánbǐngzhuàngwù

discolor *v.* (使)变色 (shǐ)biànsè；(使)褪色 (shǐ)tuìsè

discomfit *v.* **1.** 挫败 cuòbài = defeat：～ an opponent's plans 挫败对方的计划 cuòbài duìfāngde jìhuà **2.** 使狼狈 shǐ lángbèi = baffle：be ～ed by a question 被质问得很狼狈 bèi zhìwènde hěnlángbèi // discomfiture *n.*

discomfort *n.* 不安 bù'ān；不愉快 bùyúkuài；不舒服 bùshūfu；不方便 bùfāngbiàn *v.* 使不安 shǐ bù'ān；使不苦恼 shǐ bùkǔnǎo；使不舒适 shǐ bùshūshì；使不便 shǐ búbiàn

discommode *v.* 使不方便 shǐ bùfāngbiàn；使为难 shǐ wéinán；使烦恼 shǐ fánnǎo

discompose *v.* **1.** 使…不安 shǐ…bù'ān；使烦恼 shǐ fánnǎo = disturb composure：be ～d by bad news 听到坏消息深感不安 tīngdào huài xiāoxi shēngǎn bù'ān **2.** 扰乱 rǎoluàn = disturb order

disconcert *v.* **1.** 挫败 cuòbài；打乱(计划等) dǎluàn(jìhuàděng) = defeat **2.** 使为难 shǐ wéinán；使困惑 shǐ kùnhuò = baffle

disconnect *v.* **1.** 拆开 chāikāi；分离 fēnlí：～ the fuse from a bomb 从炸

药上卸下导火线 cóng zhàyàoshang xièxià dǎohuǒxiàn **2.** 割断 gēduàn；挂断 guàduàn：~ the telephone 挂断电话 guàduàn diànhuà // disconnection，disconnexion *n.*

disconsolate *a.* 忧郁的 yōuyùde；愁闷的 chóumènde；暗淡的 àndànde：~ prospects 暗淡的前景 àndànde qiánjǐng

discontent *n.* 不满 bùmǎn：~ among unemployed workers 失业工人的不满 shīyè gōngrénde bùmǎn / breed ~ 引起不满 yǐnqǐ bùmǎn *a.* 不满的 bùmǎnde：~ with one's work 对自己的工作不满意 duì zìjǐde gōngzuò bùmǎnyì *v.* 使不满 shǐ bùmǎn：be ~ed with sb. 对某人不满 duì mǒurén bùmǎn

discontented *a.* 不满的 bùmǎnde：For all their wealth，they were ~. 他们尽管有钱，还是感到不满。Tāmen jǐnguǎn yǒuqián，háishì gǎndào bùmǎn.

discontinue *v.* 中断 zhōngduàn；停止 tíngzhǐ：~ correspondence 停止通信 tíngzhǐ tōngxìn // discontinuance *n.*

discontinuous *a.* 间断的 jiānduànde；不连续的 bùliánxùde；中断的 zhōngduànde

discophile *n.* 唱片收藏(鉴别)家 chàngpiàn shōucáng(jiànbié) jiā

discord *n.* **1.** 不和 bùhé；不调和 bùtiáohé：marital ~ 夫妇不和 fūfù bùhé / sow ~ 挑拨 tiǎobō **2.** 不谐和 bùxiéhé * music

discordance *n.* 不一致 bùyízhì；不和 bùhé

discordant *a.* **1.** 不一致的 bùyízhìde；不和的 bùhéde：~ opinions 众说纷纭 zhòngshuō fēnyún **2.** 不谐和的 bùxiéhéde * music

discothèque *n.* 迪斯科舞厅 dísīkē wǔtīng *v.* 在迪斯科舞厅跳舞 zài dísīkē wǔtīng tiàowǔ

discount *n.* **1.** 折扣 zhékòu：give a ~ 打折扣 dǎ zhékòu **2.** 贴现 tiēxiàn：a bank ~ 银行贴现 yínháng tiēxiàn **3.** 不重视 búzhòngshì；不全信 bùquánxìn：accept his story with some ~ 打折扣听他的故事 dǎ zhékòu tīng tāde gùshi

discountable *a.* **1.** 可打折扣的 kě dǎzhékòude **2.** 可贴现的 kě tiēxiànde **3.** 不可全信的 bùkě quánxìnde

discountenance *v.* & *n.* **1.** 不赞成 búzànchéng = disapprove；不支持 bùzhīchí = disfavor **2.** 使羞愧 shǐxiūkuì = make uneasy

discourage *v.* **1.** 不鼓励 bùgǔlì；劝阻 quànzǔ：~ sb. from smoking 劝阻

某人吸烟 quànzǔ mǒurén xīyān 2. 使泄气 shǐ xièqì；使沮丧 shǐ jǔsàng：He is easily ～d by difficulties and obstacles. 他遇到困难和阻碍就容易泄气。Tā yùdào kùnnan hé zǔ'ài jiù róngyì xièqì.

discouragement *n.* **1.** 气馁 qìněi；灰心 huīxīn：give up sth. in complete ～ 完全气馁而放弃干某事 wánquán qìněi ér fàngqì gàn mǒushì **2.** 令人气馁(灰心)的事 lìngrén qìněi(huīxīn)de shì ＝ event which is discouraging

discouraging *a.* **1.** 使人沮丧的 shǐ rén jǔsàngde ＝ disheartening **2.** 阻止的 zǔzhǐde ＝ obstructive

discourse *n.* **1.** 讲话 jiǎnghuà；讲演 jiǎngyǎn ＝ talk **2.** 论文 lùnwén ＝ dissertation：make a stirring ～作一次激动人心的讲演 zuò yícì jīdòng rénxīnde jiǎngyǎn *v.* 讲演 jiǎngyǎn

discourteous *a.* 失礼的 shīlǐde；无礼的 wúlǐde

discourtesy *n.* 失礼 shīlǐ；无礼貌 wúlǐmào

discover *v.* 发现 fāxiàn ＝ find out；显示 xiǎnshì ＝ show：Columbus ～ed America. 哥伦布发现美洲。Gēlúnbù(Columbus) fāxiàn Měizhōu. / His poems ～ed vast realms of the spirit. 他的诗显示出广阔的精神天地。Tāde shī xiǎnshìchū guǎngkuòde jīngshén tiāndì.

discoverer *n.* 发现者 fāxiànzhě

discovery *n.* 发现 fāxiàn；发现物 fāxiànwù：many wonderful discoveries in science 科学上的很多惊人发现 kēxuéshangde hěnduō jīngrén fāxiàn

discredit *n.* **1.** 丧失信誉 sàngshī xìnyù ＝ loss of credit：bring ～ on oneself 使自己失信 shǐ zìjǐ shīxìn **2.** 疑惑 yíhuò；不信 búxìn ＝ doubt：throw ～ on a statement 对声明表示怀疑 duì shēngmíng biǎoshì huáiyí *v.* **1.** 损害…信誉 sǔnhài…xìnyù：His behavior ～s him. 他的行为使他名誉扫地。Tāde xíngwéi shǐ tā míngyù sǎodì. **2.** 不信 búxìn；怀疑 huáiyí：There was good reason to ～ the witness. 有充分理由怀疑证人。Yǒu chōngfèn lǐyóu huáiyí zhèngren.

discreditable *a.* 有损信誉的 yǒusǔn xìnyùde

discreet *a.* 谨慎 jǐnshèn；慎重 shènzhòng：He is very ～ in giving his opinions. 他发表意见时十分慎重。Tā fābiǎo yìjianshí shífēn shènzhòng.

discrepancy *n.* 差异 chāyì；不符合 bùfúhé；不一致 bùyízhì：a ～ between two versions of a story 一个故事两种讲法之间的差别 yíge gùshi liǎngzhǒng jiǎngfǎ zhījiānde chābié

discrete *a.* 分离的 fēnlíde；不连续的 bùliánxùde

discretion *n.* **1.** 谨慎 jǐnshèn；考虑周到 kǎolǜ zhōudào：D- is the better part of valor. 考虑周到胜过勇敢。Kǎolǜ zhōudào shèngguò yǒnggǎn. **2.** 判断(力) pànduàn(lì)：act at (on) one's own ～自行决断 zìxíng juéduàn

discriminate *v.* 分清 fēnqīng；辩别 biànbié；区别 qūbié：He can ～ minute variation in tone. 他能辨别出音调的细微变化。Tā néng biànbiéchū yīndiàode xìwēi biànhuà. / They ～ against the colored races. 他们歧视有色人种。Tāmen qíshì yǒusè rénzhǒng.

discriminative *a.* 区别对待的 qūbié duìdàide：～ tariff 差别关税 chābié guānshuì

discrown *v.* 使退位 shǐ tuìwèi；废黜…的王位 fèichù…de wángwèi

disculpate *v.* 开脱…的罪责 kāituō…de zuìzé

discursive *a.* 不着边际的 bùzháobiānjìde；离题的 lítíde：a ～ talk 漫无边际的谈话 mànwúbiānjìde tánhuà

discus *n.* 铁饼 tiěbǐng：the ～ throw 掷铁饼 zhì tiěbǐng

discuss *v.* 讨论 tǎolùn；商讨 shāngtǎo

discussant *n.* 参加讨论的人 cānjiā tǎolùnde rén

discussion *n.* 讨论 tǎolùn；议论 yìlùn；商讨 shāngtǎo：The question is still under ～. 这问题仍在讨论中。Zhè wèntí réngzài tǎolùnzhōng.

disdain *v.* & *n.* **1.** 轻视 qīngshì = look down upon；藐视 miǎoshì = contempt **2.** 不屑 búxiè = think beneath oneself to do：～ to reply 不屑答复 búxiè dáfù

disdainful *a.* 轻视的 qīngshìde；藐视的 miǎoshìde：be ～ of sb. 藐视某人 miǎoshì mǒurén

disease *n.* 疾病 jíbìng

diseased *a.* 患病的 huànbìngde

disembark *v.* 上岸 shàng'àn；登陆 dēnglù

disembarrass *v.* 使…脱离窘况 shǐ…tuōlí jiǒngkuàng；使解脱 shǐ jiětuō：～ oneself of a burden 使自己摆脱负担 shǐ zìjǐ bǎituō fùdān

disembody *v.* **1.** 使(灵魂等)脱离肉体 shǐ (línghún děng) tuōlí ròutǐ **2.** 脱离实际 tuōlí shíjì = separate from practice

disembogue *v.* (河水)流出 (héshuǐ) liúchū；(内容等)倾吐出 (nèiróngděng) qīngtǔchū：a river that ～s into the ocean 一条流入大洋

的河 yìtiáo liúrù dàyángde hé

disembosom *v.* 说出 shuōchū；透露 tòulù = dispose：～ a secret 透露秘密 tòulù mìmì

disembowel *v.* 切腹取出…之肠 qiēfù qǔchū…zhī cháng：～ oneself 切腹自杀 qiēfù zìshā

disembroil *v.* 使…免除纠纷或混乱 shǐ… miǎnchú jiūfēn huò hùnluàn

disemployed *a.* 失业的 shīyède

disenchant *v.* 使…清醒 shǐ…qīngxǐng

disencumber *v.* 使…摆脱 shǐ…bǎituō

disengage *v.* 解脱 jiětuō；解除 jiěchú：～ a person from a promise 同某人解约 tóng mǒurén jiěyuē

disengaged *a.* **1.** 被解开的 bèi jiěkāide；已脱离的 yǐtuōlíde = separated **2.** 闲着的 xiánzhede = at leisure；空着的 kòngzhede = vacant：I'll be ～ on Sunday. 我星期日就有空了。Wǒ Xīngqīrì jiù yǒukòngle. / Is this room ～？这房子空不空？Zhè fángzi kòngbukòng？

disentangle *v.* 解开 jiěkāi：～ a complicated knot 解开复杂的结 jiěkāi fùzáde jié

disestablish *v.* **1.** 废除 fèichú = abolish **2.** 解除…的官职 jiěchú…de guānzhí = remove from official post

disesteem *v.* & *n.* 轻视 qīngshì = scorn；厌恶 yànwù = detest

disfavor *n.* 不喜欢 bùxǐhuan = dislike；不赞成 búzànchéng = disapproval

disfeature *v.* 毁掉…的容貌 huǐdiào…de róngmào

disfigure *v.* 毁（容）huǐ（róng）；损坏（形相）sǔnhuài（xíngxiàng）：His face was ～d in a boxing match. 他的脸在一次拳击赛中被毁坏了。Tāde liǎn zài yícì quánjīsàizhōng bèi huǐhuàile.

disfranchise *v.* 剥夺…的公民权 bōduó…de gōngmínquán

disgorge *v.* 吐出 tǔchū = vomit；（河川）流注（héchuān）liúzhù =（river）flow into

disgrace *n.* 耻辱；chǐrǔ；丢脸 diūliǎn：bring ～ on oneself 自取耻辱 zìqǔ chǐrǔ *v.* 玷辱 diànrǔ；使丢脸 shǐ diūliǎn：Don't ～ the family name. 勿玷辱家里名声。Wù diànrǔ jiāli míngshēng.

disgraceful *a.* 可耻的 kěchǐde；丢脸的 diūliǎnde

disgruntled *a.* 不满意的 bùmǎnyìde = discontented；不高兴的

bùgāoxìngde = upset

disguise *v.* **1.** 假装 jiǎzhuāng；伪装 wěizhuāng；假扮 jiǎbàn：~ oneself as a pedlar 假扮小贩 jiǎbàn xiǎofàn **2.** 隐瞒 yǐnmán；掩饰 yǎnshì：~ one's feelings 掩饰感情 yǎnshì gǎnqíng *n.* **1.** 假装 jiǎzhuāng；伪装 wěizhuāng：try all sorts of ~s 进行各种伪装 jìnxíng gèzhǒng wěizhuāng / a clever ~ 巧妙的伪装 qiǎomiàode wěizhuāng / She made no ~ of her feelings. 她不掩饰她的感情。Tā bù yǎnshì tāde gǎnqíng. **2.** 伪装或掩饰的状态 wěizhuāng huò yǎnshìde zhuàngtài：He went to the ball in the ~ of a clown. 他扮成小丑去参加舞会。Tā bànchéng xiǎochǒu qù cānjiā wǔhuì.

disgust *n.* 厌恶 yànwù = aversion *v.* 使人厌恶 shǐ rén yànwù；讨厌 tǎoyàn：I am much ~ed with the man. 我非常讨厌那个人。Wǒ fēicháng tǎoyàn nàge rén.

disgusting *a.* 令人作呕的 lìngrén zuò'ǒude；讨厌的 tǎoyànde

dish *n.* **1.** 盘 pán；碟 dié：a meat-~ 盛肉盘 chéngròu pán / wash up the ~es 将盘碟等洗好 jiāng pándié děng xǐhǎo **2.** 菜肴 càiyáo：a cold ~ 冷盘 lěngpán / His favorite ~ is steak. 他最喜欢的菜是牛排。Tā zuì xǐhuande cài shì niúpái. *v.* **1.** 盛于盘中 chéngyú pánzhōng = put food in a ~ **2.** 准备并提出(事实、论据等) zhǔnbèi bìng tíchū(shìshí、lùnjù děng)：~ up the arguments in a new form 以新方式提出论据 yǐ xīnfāngshì tíchū lùnjù **3.** 破坏 pòhuài；挫败 cuòbài = defeat：~ one's opponents 挫败对手 cuòbài duìshǒu

dish-cloth *n.* 擦碗布 cāwǎnbù

dishabilitate *v.* 取消…的资格 qǔxiāo…de zīgé

dishabille *n.* (妇女)着便装 (fùnǚ) zhuó biànzhuāng；衣着随便 yīzhuó suíbiàn：in ~ 衣着随便地 yīzhuó suíbiànde

dishabituate *v.* 使丢弃习惯 shǐ diūqì xíguàn

dishearten *v.* 使气馁 shǐ qìněi；使泄气 shǐ xièqì；使沮丧 shǐ jǔsàng：Don't be ~ed by a single failure. 别因一次失败而气馁。Bié yīn yícì shībài ér qìněi.

dishevel(l)ed *a.* (头发)蓬乱的 (tóufa)péngluànde；(衣服)不整齐的 (yīfu) bùzhěngqíde；散乱的 sǎnluànde

dishonest *a.* 不老实的 bùlǎoshide // dishonesty *n.*

dishonor *n.* **1.** 不名誉 bùmíngyù；耻辱 chǐrǔ：live in ～ 过着屈辱的生活 guòzhe qūrǔde shēnghuó / bring ～ on one's family 玷辱家声 diànrǔ jiāshēng **2.** 不名誉的人或物 bù míngyùde rén huò wù：He was a ～ to his regiment. 他是他团里的耻辱。Tā shì tātuánlide chǐrǔ. *v.* **1.** 玷辱 diànrǔ = disgrace **2.**（银行）拒绝支付支票（yínháng）jùjué zhīfù zhīpiào = refuse：to accept check：a ～ed cheque 空头支票 kōngtóu zhīpiào

dishonorable *a.* 不名誉的 bù míngyùde；可耻的 kěchǐde

disillusion *v.*（使）醒悟（shǐ）xǐngwù；（使幻想）破灭（shǐ huànxiǎng）pòmiè

disincline *v.*（使人）不愿意（shǐ rén）búyuànyì：feel ～d for going out 感到不愿出去 gǎndào búyuàn chūqù / He was ～d to help me. 他不愿帮助我。Tā búyuàn bāngzhù wǒ.

disincorporate *v.* 解散（团体、公司等）jiěsàn（tuántǐ、gōngsī děng）

disinfect *v.* 消毒 xiāodú：The room is ～ed. 这个房间消过毒。Zhège fángjiān xiāoguòdú.

disinfectant *a.* 消毒的 xiāodúde *n.* 消毒剂 xiāodújì：wash one's hands with a disinfectant 用消毒剂洗手 yòng xiāodújì xǐshǒu

disinfest *v.* 除去（庄稼）的害虫 chúqù（zhuāngjia）de hàichóng

disinflation *n.* 通货紧缩 tōnghuò jǐnsuō

disingenuous *a.* 不真诚的 bùzhēnchéngde；不坦率的 bùtǎnshuàide

disinherit *v.* 剥夺（某人的）继承权 bōduó（mǒurénde）jìchéngquán

disintegrate *v.* 瓦解 wǎjiě；分裂 fēnliè；碎裂 suìliè：rocks ～d by frost and rain 被霜和雨蚀裂成碎石的岩石 bèi shuāng hé yǔ shíliècéng suìshíde yánshí

disintegrator *n.* **1.** 造成分裂者 zàochéng fēnlièzhě；分裂因素 fēnliè yīnsù **2.** 粉碎机 fěnsuìji * machine

disinter *v.* 掘出 juéchū；发掘出 fājué chū

disinterest *n.* 无兴趣 wúxìngqù；冷淡 lěngdàn *v.* 使无兴趣 shǐ wúxìngqù

disinterested *a.* 不感兴趣的 bùgǎnxìngqùde

disjoin *v.* 拆散 chāisàn；分开 fēnkāi

disjoint *v.*（使）脱节（shǐ）tuōjié：～ a chicken 把鸡切成块 bǎ jī qiēchéng kuài

disjunct *a.* 断离的 duànlíde；不接连的 bùjiēliánde

disjunctive *a.* 分离性的 fēnlíxìngde

disk *n* = disc

dislike *v.* 不喜欢 bùxǐhuan = not like；厌恶 yànwù = abhor：～ getting up early 不喜欢早起 bù xǐhuan zǎoqǐ *n.* 不喜欢 bùxǐhuan；厌恶 yànwù：have a ～ of (for) cats 不喜欢猫 bùxǐhuan māo

dislocate *v.* **1.** 使…脱臼 shǐ…tuōjiù：He fell from his horse and ～d his collar-bone. 他从马上跌下而使锁骨脱臼了。Tā cóng mǎshang diēxià ér shǐ suǒgǔ tuōjiùle. **2.** 使混乱 shǐ hùnluàn = cause chaos：The traffic is ～d. 交通混乱。Jiāotōng hùnluàn.

disloyal *a.* 不忠诚的 bùzhōngchéngde：a ～ friend 不忠诚的朋友 bùzhōngchéngde péngyou / ～ to one's country 叛国 pànguó

dismal *a.* **1.** 灰暗 huī'àn：What ～ weather！好阴沉的天气！Hǎo yīnchénde tiānqì！**2.** 阴郁 yīnyù；忧郁 yōuyù：feel ～ 觉得忧郁 juéde yōuyù

dismantle *v.* 拆除（房屋）chāichú（fángwū）* houses；拆卸（机器）chāixiè(jīqì) * machine

dismast *v.* 打断…的桅杆 dǎduàn…de wéigān；卸下…的桅杆 xièxià…de wéigān

dismay *n.* **1.** 灰心 huīxīn；沮丧 jǔsàng：To my ～, this university was closed. 使我沮丧的是这所大学停办了。Shǐ wǒ jǔsàngde shì zhèsuǒ dàxué tíngbànle. **2.** 惊慌 jīnghuāng；惊愕 jīng'è：exclaim in ～ 惊愕得叫起来 jīng'ède jiàoqǐlái *v.* 使沮丧 shǐ jǔsàng；使惊愕 shǐ jīng'è

dismember *v.* **1.** 肢解 zhījiě = cut limb from limb **2.** 瓜分（国家）guāfēn (guójiā)：The revolts ～ed the country. 叛乱使国家四分五裂。Pànluàn shǐ guójiā sìfēn-wǔliè.

dismiss *v.* **1.** 解散 jiěsàn：The class is ～ed. 现在下课。Xiànzài xiàkè. **2.** 解雇 jiěgù；将…免职 jiāng…miǎnzhí；开除 kāichú = to fire：～ an employee 解雇雇员 jiěgù gùyuán **3.** 消除（顾虑）xiāochú (gùlǜ) = put away from mind：～ one's fear 消除恐惧 xiāochú kǒngjù // dismissal *n.*

dismissible *a.* 可免职的 kěmiǎnzhíde；可解雇的 kějiěgùde **2.** 可不予考虑的 kě bù yǔ kǎolǜde = may not be considered

dismount *v.* **1.** 下（马）xià(mǎ)；下（车）xià(chē)：～ from a horse (car) 下马（车）xiàmǎ (chē) **2.** 取下 qǔxià；卸下 xièxià：～ a picture 从画框里取下画 cóng huàkuàngli qǔxià huà

disnature *v.* 使失去自然属性 shǐ shīqù zìrán shǔxìng；使不自然 shǐ búzìran

Disneyland *n.* 迪斯尼乐园 Dísīní（Disney）Lèyuán

disobedience *n.* 不服从 bùfúcóng；不顺从 búshùncóng；违抗 wéikàng：～ to the law 违抗法律 wéikàng fǎlǜ

disobedient *a.* 不顺从的 búshùncóngde；违法 wéifǎ

disobey *v.* 不服从 bùfúcóng；违抗 wéikàng：不听命令 bù tīng mìnglìng

disoblige *v.* **1.** 不通融 bùtōngróng：不满足…的愿望 bùmǎnzú…de yuànwàng：We are sorry to ～ you. 很抱歉不能满足你的愿望。Hěn bàoqiàn bùnéng mǎnzú nǐde yuànwàng. **2.** 使生气 shǐ shēngqì = offend；使不便 shǐ búbiàn = inconvenience：be ～d by a tactless remark 因一句不得体的话而生气 yīn yíjù bù détǐde huà ér shēngqì

disorder *n.* **1.** 紊乱 wěnluàn；凌乱 língluàn：in ～ 乱糟糟的 luànzāozāode / be in wild ～ 乱七八糟 luànqī-bāzāo **2.** 骚乱 sāoluàn = riot：end ～ 制止骚动 zhìzhǐ sāodòng **3.** 病 bìng：a ～ of the stomach 胃病 wèibìng *v.* **1.** 使(心理)错乱 shǐ(xīnlǐ)cuòluàn = cause confusion **2.** 使(健康)失调 shǐ(jiànkāng)shītiáo = upset

disorderly *a.* 无秩序的 wúzhìxùde；混乱的 hùnluànde：a ～ pile of clothes 乱七八糟的一堆衣服 luànqī-bāzāode yìduī yīfu

disorganization *n.* 分裂 fēnliè；瓦解 wǎjiě；混乱 hùnluàn；紊乱 wěnluàn

disorganize *v.* 瓦解 wǎjiě；打乱 dǎluàn；使混乱 shǐ hùnluàn：～ a political party 使一个政党瓦解 shǐ yíge zhèngdǎng wǎjiě / ～ a plan 打乱一项计划 dǎluàn yíxiàng jìhuà

disorient *v.* **1.** 使迷失方向 shǐ míshī fāngxiàng = cause to lose bearings：The strange streets ～ed him. 生疏的街道使他迷路了。Shēngshūde jiēdào shǐ tā mílùle. **2.** 使精神混乱 shǐ jīngshén hùnluàn = confuse // disorientation *n.*

disown *v.* 否认 fǒurèn = deny；不承认与(某人)有关系 bùchéngrèn yǔ (mǒurén) yǒu guānxì = refuse to acknowledge relationship with：～ one's heirs 宣布和自己的继承人断绝关系 xuānbù hé zìjǐde jìchéngrén duànjué guānxì

disparage *v.* **1.** 轻蔑 qīngmiè；轻视 qīngshì = belittle **2.** 贬损 biǎnsǔn = depreciate：Your behavior will ～ the whole family. 你的行为将使全家丢脸。Nǐde xíngwéi jiāngshǐ quánjiā diūliǎn. / Don't ～ good manners.

不要把礼貌不放在心上。Búyào bǎ lǐmào bú fàngzài xīnshang.

disparaging *a.* **1.** 轻视的 qīngshìde = belittling **2.** 毁谤的 huǐbàngde = slandering

disparate *a.* 根本不相同的 gēnběn bùxiāngtóngde = entirely different: ~ ideas 根本不相同的看法 gēnběn bùxiāngtóngde kànfǎ *n.* 无法比较的东西 wúfǎ bǐjiàode dōngxi

disparity *n.* **1.** 不同 bùtóng; 差别 chābié = difference **2.** 不等 bùděng = inequality **3.** 不一致 bùyízhì = incongruity: disparities between men and women 男女差别 nánnǚ chābié

dispassionate *a.* 不动感情的 bú dòng gǎnqíngde = unemotional; 冷静的 lěngjìngde = cool; 公平的 gōngpíngde = impartial: a ~ critic 不偏不倚的批评家 bùpiān-bùyǐde pīpíngjiā

dispatch *n.* **1.** 派遣 pàiqiǎn; 送发 sòngfā; 快递 kuàidì; 快件 kuàijiàn: send the papers by ~ 作快件投寄报纸 zuò kuàijiàn tóujì bàozhǐ / ~es from all parts of the world 世界各地拍来的专电 shìjiè gèdì pāiláide zhuāndiàn **2.** 迅速(处理) xùnsù(chǔlǐ); 调度 diàodù: do something with ~ 从速处理 cóngsù chǔlǐ / quick ~ of business 快速处理业务 kuàisù chǔlǐ yèwù *v.* **1.** 派遣 pàiqiǎn; 发送 fāsòng: ~ troops to the border 火速向边界派出部队 huǒsù xiàng biānjiè pàichū bùduì **2.** 调度 diàodù; 速办 sùbàn = settle promptly

dispatcher *n.* 调度员 diàodùyuán

dispel *v.* 驱散 qūsàn = disperse; 消除 xiāochú = drive away: ~ vapors 驱散雾气 qūsàn wùqì / ~ fears 打消疑惧 dǎxiāo yíjù

dispensable *a.* 不重要的 búzhòngyàode = not necessary; 可省的 kěshěngde = that can be done without

dispensary *n.* **1.** 医务室 yīwùshì; 诊疗所 zhěnliáosuǒ = place where medical aid is dispensed **2.** 药房 yàofáng = shop selling medicines

dispensation *n.* 分配 fēnpèi = distribution; 制度 zhìdù = administrative system: under the new ~ 按照新制度 ànzhào xīn zhìdù

dispense *v.* **1.** 分配 fēnpèi; 分发 fēnfā = distribute **2.** 执行 zhíxíng = administer **3.** 配(药) pèi(yào); 发(药) fā(yào) = prepare and give out medicine

dispenser *n.* **1.** 药剂师 yàojìshī = one who professionally prepares and gives out medicines **2.** 自动售货机 zìdòng shòuhuòjī = machine selling goods automatically

disperse *v.* **1.** 驱散 qūsàn = drive away: ~ the crowd 驱散人群 qūsàn rénqún **2.** 分散 fēnsàn: The smoke ~d into the sky. 黑烟在天空中消散。Hēiyān zài tiānkōngzhōng xiāosàn. **3.** 传播 chuánbō = disseminate: ~ knowledge 传播知识 chuánbō zhīshi *a.* 分散的 fēnsànde // dispensal *n.*

dispersive *a.* 散的 sǎnde; 分散的 fēnsànde

dispirit *v.* 使泄气 shǐ xièqì; 使沮丧 shǐ jǔsàng: ~ a person from future exertions 使人意气消沉,不再作努力 shǐ rén yìqì xiāochén, búzài zuò nǔlì

displace *v.* **1.** 移动 yídòng; 转动 zhuàndòng = shift from place **2.** 取代 qǔdài = take the place of **3.** 迫使离开 pòshǐ líkāi: be ~d by the invaders 被侵略者赶出家门 bèi qīnlüèzhě gǎnchū jiāmén **4.** (船)排水 (chuán) páishuǐ: The ship ~s 500 tons. 这条船排水量为500吨。Zhètiáo chuán páishuǐliàng wéi wǔbǎi dūn.

displacement *n.* **1.** 移动 yídòng; 变位 biànwèi = shifting from place **2.** 排水量 páishuǐliàng = quantity of water displaced

display *v.* **1.** 陈列 chénliè; 展出 zhǎnchū: ~ a new automobile 展出新汽车 zhǎnchū xīn qìchē **2.** 表现出 biǎoxiàn chū: ~ bravery 表现出勇气 biǎoxiàn chū yǒngqì *n.* 陈列品 chénlièpǐn; 展览 zhǎnlǎn: foreign cars on ~ 展出的外国汽车 zhǎnchūde wàiguó qìchē

displease *v.* 使(人)不快 shǐ(rén)búkuài: be ~d with his work 嫌工作不合心意 xián gōngzuò bùhé xīnyì

displeasure *n.* 不愉快 bùyúkuài; 生气 shēngqì: take a ~ in 对…觉得不高兴 duì…juéde bùgāoxìng

disport *v.* 娱乐 yúlè

disposable *a.* 可处理的 kěchǔlǐde; 可自由使用的 kě zìyóu shǐyòngde

disposal *n.* **1.** 处理 chǔlǐ = getting rid of: the ~ of property 财产的处理 cáichǎnde chǔlǐ **2.** 处理权 chǔlǐquán; 使用权 shǐyòngquán = right of disposing: at a person's ~ 由某人作主 yóu mǒurén zuòzhǔ

dispose *v.* **1.** 安排 ānpái; 配备 pèibèi; 布置 bùzhì = arrange: ~ troops 部署兵力 bùshǔ bīnglì **2.** 说服 shuōfú; 影响 yǐngxiǎng = make inclined: ~ a person for something 说服某人去做某事 shuōfú mǒurén qù zuò mǒushì **3.** 处置 chǔzhì; 解决 jiějué = get rid of: ~ of property 处

置财产 chǔzhì cáichǎn

disposed *a.* 有…倾向的 yǒu…qīngxiàngde；有意的 yǒuyìde：I am ～ to think so. 我倾向于这样想。Wǒ qīngxiàngyú zhèyàng xiǎng. // be well (ill) ～ towards 对…友善(不友善) duì…yǒushàn (bùyǒushàn)

disposition *n.* **1.** 安排 ānpái；布局 bùjú；配备 pèibèi ＝ arrangement **2.** 本性 běnxìng；性情 xìngqíng ＝ temperament：a man of a gentle ～ 性情温和的人 xìngqíng wēnhéde rén **3.** 倾向 qīngxiàng；意向 yìxiàng ＝ inclination：He has no ～ to do so. 他无意这样做。Tā wúyì zhèyàng zuò. **4.** 处理权 chǔlǐquán ＝ right of disposing：funds at one's ～ 可自行支配的资金 kě zìxíng zhīpèide zījīn

dispossess *v.* **1.** 剥夺 bōduó；霸占 bàzhàn ＝ deprive of：～ sb. of sth. 夺去某人某物 duóqù mǒurén mǒuwù **2.** 撵走 niǎnzǒu ＝ drive away：～ a person from his home 撵出家门 niǎnchū jiāmén

dispraise *n.* & *v.* **1.** 贬低 biǎndī ＝ disparage **2.** 谴责 qiǎnzé；指责 zhǐzé ＝ censure：speak in ～ of 指责 zhǐzé

disproof *n.* 反证 fǎnzhèng；反驳 fǎnbó；反证物 fǎnzhèngwù

disproportion *n.* 不相称 bùxiāngchèng；失调 shītiáo；不均衡 bùjūnhéng：architectual ～ 建筑上的不均衡 jiànzhùshangde bùjūnhéng

disproportionate *a.* 不均衡的 bùjūnhéngde；不匀称的 bùyúnchènde；不相称的 bùxiāngchènde

disprove *v.* 反驳 fǎnbó

disputable *a.* 可争论的 kězhēnglùnde：～ statements 可争论的说法 kězhēnglùnde shuōfǎ

disputant *n.* 争论者 zhēnglùnzhě

disputation *n.* 争论 zhēnglùn；(大学中的)辩论 (dàxuézhōngde) biànlùn

disputatious *a.* 爱争论的 àizhēnglùnde

disputative *a.* 爱争论的 àizhēnglùnde；爱争辩的 àizhēngbiànde

dispute *v.* **1.** 辩论 biànlùn；争论 zhēnglùn ＝ debate：～ a proposal 辩论一项建议 biànlùn yíxiàng jiànyì / ～ with (against) sb. over (on, about) sth. 与某人争论某事 yǔ mǒurén zhēnglùn mǒushì **2.** 怀疑 huáiyí ＝ call in question：～ a statement 对某篇声明表示怀疑 duì mǒupiān shēngmíng biǎoshì huáiyí **3.** 争夺(土地胜利) zhēngduó(tǔdì shènglì) ＝ contend for：～ every inch of ground 寸土必争 cùntǔ-bìzhēng *n.* 争论 zhēnglùn；辩驳 biànbó；争吵 zhēngchǎo：a bitter (hot) ～ 激烈的争论

jīliède zhēnglùn / boundary ～ 边界纠纷 biānjiè jiūfēn

disqualify *v*. 取消…的资格 qǔxiāo…de zīgé：～ sb. from participation in an organization 取消某人参加一个组织的资格 qǔxiāo mǒurén cānjiā yíge zǔzhīde zīgé

disquiet *v*. 打搅 dǎjiǎo；使不安 shǐ bù'ān；使忧虑 shǐ yōulǜ = deprive of peace：～ing rumors 扰乱人心的谣言 rǎoluàn rénxīnde yáoyán / My heart is ～ed. 我心中不安。Wǒ xīnzhōng bù'ān. *n*. 不安 bù'ān；忧虑 yōulǜ = worry：fill with ～ 满心不安 mǎnxīn bù'ān

disquisition *n*. **1**. 专题论文 zhuāntí lùnwén = treatise **2**. 学术讲演 xuéshù jiǎngyǎn = talk

disrate *v*. 使降级 shǐ jiàngjí：～ an officer 把一军官降职 bǎ yī jūnguān jiàngzhí

disregard *v*. 不理 bùlǐ；不顾 búgù；漠视 mòshì；无视 wúshì：D-ing all difficulties, we fought it out to the end. 我们不顾一切困难，斗争到底。Wǒmen búgù yíqiè kùnnan, dòuzhēng dàodǐ. / ～ an invitation 不把邀请放在心上 bù bǎ yāoqǐng fàngzài xīnshang

disrelation *n*. 没有相应的联系 méiyǒu xiāngyìngde liánxì；不统一 bùtǒngyī

disrelish *v*. & *n*. 不喜欢 bùxǐhuan；厌恶 yànwù

disrepair *n*. 失修 shīxiū；破损 pòsǔn：be in (a state of) ～ 年久失修 niánjiǔ shīxiū

disreputable *a*. 名声不好的 míngshēng bùhǎode；声名狼藉的 shēngmíng-lángjíde；不体面的 bùtǐmiànde

disrepute *n*. 坏名声 huài míngshēng；不体面 bùtǐmiàn：be in ～ 名声不好 míngshēng bùhǎo

disrespect *v*. 不尊敬 bùzūnjìng；失礼 shīlǐ：show ～ for one's seniors 对长辈(上级)不尊敬 duì zhǎngbèi(shàngjí) bùzūnjìng / ～ the law 不尊重法律 bùzūnzhòng fǎlǜ

disrespectful *a*. 不恭敬的 bùgōngjìngde；失礼的 shīlǐde

disrupt *v*. **1**. 使混乱 shǐ hùnluàn = throw into disorder：The war ～ed the society. 战争使社会陷入混乱。Zhànzhēng shǐ shèhuì xiànrù hùnluàn. **2**. 使中断 shǐ zhōngduàn = cause to break down：Telephone service was ～ed for hours. 电话中断了好几个小时。Diànhuà zhōngduànle hǎojǐge xiǎoshí.

dissatisfaction *n.* 不满 bùmǎn：～ with the result of his work 对他的工作成绩不满 duì tāde gōngzuò chéngjī bùmǎn

dissatisfy *v.* 使不满 shǐ bùmǎn：a ～ing book 一部不能令人满意的书 yíbù bùnéng lìngrén mǎnyìde shū / be dissatisfied with (at) 对…不满 duì…bùmǎn

dissect *v.* **1.** 解剖 jiěpōu ＝ anatomize **2.** 仔细分析 zǐxì fēnxī ＝ analyse

dissemble *v.* **1.** 掩饰(感情、动机等) yǎnshì(gǎnqíng、dòngjī děng) ＝ conceal：～ one's incompetence 掩饰自己的无能 yǎnshì zìjǐde wúnéng / ～ one's emotions 掩饰感情 yǎnshì gǎnqíng **2.** 假装 jiǎzhuāng ＝ pretend：～ innocence 装出清白无辜的样子 zhuāngchū qīngbái wúgūde yàngzi **3.** 假装不见 jiǎzhuāng bújiàn ＝ pretend not to see

disseminate *v.* 传播 chuánbō；散布 sànbù：His idea was ～d by the newspaper. 报纸传播了他的观点。Bàozhǐ chuánbōle tāde guāndiǎn. // dissemination *n.*

dissension *n.* 分歧 fēnqí；冲突 chōngtū；纠纷 jiūfēn：sow ～s among 在…当中挑拨离间 zài…dāngzhōng tiǎobō líjiàn / ～ between the two nations 两国之间的纷争 liǎngguó zhījiānde fēnzhēng

dissent *v.* 持异议 chíyìyì；有不同意见 yǒu bùtóng yìjian：～ from sb.'s views 不同意某人观点 bùtóngyì mǒurén guāndiǎn *n.* 意见不同 yìjian bùtóng：express strong ～ 表示极不赞同 biǎoshì jíbùzàntóng

dissenter *n.* 持不同政见者 chí bùtóng zhèngjiànzhě；反对者 fǎnduìzhě

dissertation *n.* 长篇论文或演说 chángpiān lùnwén huò yǎnshuō：a doctoral ～ 博士学位论文 bóshì xuéwèi lùnwén

disservice *n.* 损害 sǔnhài；伤害 shānghài；危害 wēihài：do sb. a ～ 损害某人 sǔnhài mǒurén / They do a great ～ to our society. 他们给我们的社会带来很大危害。Tāmen gěi wǒmende shèhuì dàilái hěndà wēihài.

dissever *v.* 分裂 fēnliè；分开 fēnkāi：～ a chicken 把鸡割成小块 bǎ jī gēchéng xiǎokuài / A quarrel ～ed the two friends. 一场争吵使两个朋友绝交了。Yìchǎng zhēngchǎo shǐ liǎngge péngyou juéjiāole.

dissimilar *a.* 不相同的 bùxiāngtóngde；不相似的 bùxiāngsìde：people with ～ tastes 嗜好不同的人们 shìhào bùtóngde rénmen

dissimulate *v.* 假装(镇静) jiǎzhuāng(zhènjìng)；掩饰(感情) yǎnshì(gǎnqíng)：～ fear 掩饰恐惧 yǎnshì kǒngjù

dissipate *v.* **1.** 驱散 qūsàn；消散 xiāosàn = dispel：～ the mist 驱散雾气 qūsàn wùqì / ～ sorrows 消除忧愁 xiāochú yōuchóu **2.** 浪费 làngfèi = waste：～ one's energy 浪费精力 làngfèi jīnglì / He soon ～d his fortune. 他很快挥霍了他的财产。Tā hěnkuài huīhuòle tāde cáichǎn.

dissipated *a.* **1.** 被驱散的 bèi qūsànde = dispersed **2.** 浪费掉的 làngfèidiàode = wasted **3.** 放荡的 fàngdàngde = dissolute：lead a ～ life 过放荡的生活 guò fàngdàngde shēnghuó

dissociate *v.* 分离 fēnlí；与…无关系 yǔ…wúguānxì：～ oneself from the evil in one's past 改邪归正 gǎixié-guīzhèng

dissoluble *a.* **1.** 可溶解的 kěróngjiěde = that can be absorbed by water **2.** 可作废的 kězuòfèide；可取消的 kěqǔxiāode = that can be annulled

dissolute *a.* 放荡的 fàngdàngde；荒淫的 huāngyínde：lead a ～ life 过荒淫的生活 guò huāngyínde shēnghuó

dissolve *v.* **1.** 溶解 róngjiě：Sugar ～s in water. 糖溶解在水里。Táng róngjiězài shuǐli. **2.** 解除 jiěchú；解散 jiěsàn：The assembly ～d. 集会解散了。Jíhuì jiěsànle. / ～ a marriage 解除婚约 jiěchú hūnyuē **3.** 消失 xiāoshī；消散 xiāosàn：The view ～d in mist. 那景色在雾中消失。Nà jǐngsè zài wùzhōng xiāoshī. // dissolution *n.*

dissonance *n.* 不调和 bùtiáohé；不一致 bùyízhì；不协和音 bùxiéhé yīn = discord

dissonant *a.* **1.** 不调和的 bùtiáohéde；不一致的 bùyízhìde = discordant **2.** 刺耳的 cì'ěrde = jarring：～ and loud voices 又响又刺耳的声音 yòu xiǎng yòu cì'ěrde shēngyīn

dissuade *v.* 劝阻 quànzǔ：She was ～d from leaving home. 她受到劝阻，没有离家出走。Tā shòudào quànzǔ，méiyǒu líjiā chūzǒu.

dissyllable *n.* 双音节词 shuāngyīnjié cí；双音节式 shuāngyīnjié shì

distance *n.* 距离 jùlí；远 yuǎn：The ～ between the two houses was exactly one mile. 两座房屋正好相隔一英里。Liǎngzuò fángwū zhènghǎo xiānggé yìyīnglǐ. / What's the ～ from here to the station? 从这里到车站有多远？Cóng zhèlǐ dào chēzhàn yǒu duōyuǎn? / It's quite a ～ from here. 离这里远得很。Lí zhèlǐ yuǎndehěn. // a great ～ off 很远 hěnyuǎn / keep one's ～ 不亲近 bùqīnjìn / keep sb. at a ～ 对人保持相当距离 duì rén bǎochí xiāngdāng jùlí；对人疏远 duì rén shūyuǎn / a long ～ call 长途电话 chángtú diànhuà

distant *a*. **1**. 远的 yuǎnde；远隔的 yuǎnggéde：a ～ relative 远亲 yuǎnqīn / a ～ view 远景 yuǎnjǐng **2**. 疏远的 shūyuǎnde = not intimate；冷淡的 lěngdànde = cool：She passed by with only a ～ nod. 她只冷淡的点一下头就走过去了。Tā zhǐ lěngdànde diǎnyíxià tóu jiù zǒuguòqùle.

distaste *n*. 厌恶 yànwù：He turned away in ～. 他厌恶地走开了。Tā yànwùde zǒukāile. / have a ～ for 不喜欢… bùxǐhuan…

distasteful *a*. **1**. 讨厌的 tǎoyànde；令人不愉快的 lìngrén bùyúkuàide = unpleasant **2**. 味道不佳的 wèidao bùjiāde = offensive to one's taste

distemper *n*. **1**. 犬瘟热 quǎnwēnrè = disease of dogs **2**. 色胶 sèjiāo * paint *v*. 色胶粉刷 sèjiāo fěnshuā * paint on plaster

distend *v*. （使）扩张（shǐ）kuòzhāng：a ～ed stomach 扩张的胃 kuòzhāngde wèi

distil *v*. **1**. 蒸馏 zhēngliú：～ gasoline from crude oil 从原油中蒸馏汽油 cóng yuányóuzhōng zhēngliú qìyóu / ～led water 蒸馏水 zhēngliúshuǐ **2**. 滴下 dīxià；使滴下 shǐ dīxià = trickle down：flowers that ～ nectar 滴出花蜜的花 dīchū huāmìde huā

distillate *n*. **1**. 蒸馏液 zhēngliúyè = product of distillation **2**. 精华 jīnghuá：= extract：the ～ of their wisdom 他们智慧的精华 tāmen zhìhuìde jīnghuá // distillation *n*.

distiller *n*. **1**. 蒸馏者 zhēngliúzhě = one who distils **2**. 制酒者 zhìjiǔzhě = one who distils wine **3**. 蒸馏器 zhēngliúqì = apparatus for distilling

distillery *n*. 蒸馏室 zhēngliúshì；酒厂 jiǔchǎng * place for distillation

distinct *a*. **1**. 独特的 dútède；不同的 bùtóngde：Gold is ～ from iron. 金子和铁不同。Jīnzi hé tiě bùtóng. / He is a man of ～ character. 他是一个性情独特的人。Tā shì yíge xìngqíng dútède rén. **2**. 清楚 qīngchu；显著 xiǎnzhù：a ～ pronunciation 发音清晰 fāyīn qīngxī / a ～ improvement of living conditions 生活条件的显著改善 shēnghuó tiáojiànde xiǎnzhù gǎishàn

distinction *n*. **1**. 差别 chābié；区别 qūbié = differentiation：His ～ of sounds is excellent. 他辨别声音的能力很强。Tā biànbié shēngyīnde nénglì hěnqiáng. / draw a clear ～ between right and wrong 辨别是非 biànbié shìfēi **2**. 特征 tèzhēng；个性 gèxìng = distinguished character **3**.

荣誉 róngyù = honor：gain ～ 出名 chūmíng / graduate from college with ～ 以优异成绩毕业 yǐ yōuyì chéngjī bìyè

distinctive *a*. 1. 区别的 qūbiéde = making difference 2. 独持的 dútède；有特色的 yǒutèsède = characteristic：the ～ stripes of the zebra 斑马身上独特的条纹 bānmǎ shēnshang dútède tiáowén

distinctly *ad*. 1. 清楚地 qīngchude；清晰地 qīngxide = clearly：speak ～ 说话清楚 shuōhuà qīngchu 2. 不同地 bùtóngde = differently

distinguish *v*. 1. 辨别 biànbié；区别 qūbié：～ good from evil 分别善恶 fēnbié shàn'è 2. 使有特性 shǐ yǒu tèxìng = characterize 3. 使显著 shǐ xiǎnzhù：to ～ oneself in battle 战功卓著 zhàngōng zhuōzhù / to ～ oneself by scholarship 学问超群 xuéwen chāoqún

distinguishable *a*. 可辨别的 kěbiànbiéde；可区别的 kěqūbiéde

distinguished *a*. 著名的 zhùmíngde；卓越的 zhuōyuède：He is ～ for his knowledge of economics. 他在经济方面的知识是卓越的。Tā zài jīngjì fāngmiànde zhīshi shì zhuōyuède. / a ～ scholar 知名学者 zhīmíng xuézhě

distort *v*. 1. 使变形 shǐ biànxíng；扭曲 niǔqū：a mirror which ～s the features 哈哈镜 hāhājìng 2. 曲解 qūjiě；歪曲 wāiqū = misunderstand：～ the facts 歪曲事实 wāiqū shìshí / You have ～ed my motives. 你曲解了我的动机。Nǐ qūjiěle wǒde dòngjī. // distortion *n*.

distract *v*. 1. 转移 zhuǎnyí；使分心 shǐ fēnxīn：The music ～ed him from his work. 音乐声使他不能专心工作。Yīnyuèshēng shǐ tā bùnéng zhuānxīn gōngzuò. 2. 使发狂 shǐ fākuáng = drive mad：I'm ～ed with anxiety. 我焦急得发狂。Wǒ jiāojíde fākuáng.

distracted *a*. 分散注意力的 fēnsàn zhùyìlìde；发狂的 fākuángde

distraction *n*. 1. 分心 fēnxīn = diversion：He listened with ～. 他心不在焉地听着。Tā xīnbúzàiyānde tīngzhe. 2. 发狂 fākuáng = madness：be driven to ～ by love 爱得发狂 àide fākuáng 3. 娱乐 yúlè = amusement：Fishing is his major ～. 钓鱼是他的主要娱乐。Diàoyú shì tāde zhǔyào yúlè.

distraught *a*. 1. 心情纷乱的 xīnqíng fēnluànde = agitated 2. 发狂的 fākuángde = mad：～ with terror 恐怖得发狂 kǒngbùde fākuáng

distress *n*. 1. 痛苦 tòngkǔ = suffering 2. 穷困 qióngkùn；贫苦 pínkǔ = poverty：relieve ～ among the poor 减轻穷人的痛苦 jiǎnqīng qióngrénde tòngkǔ **3.** 危险 wēixiǎn；灾难 zāinàn ＝ state of danger：a ship in ～ 失事的船只 shīshìde chuánzhī / a signal of ～ 遇难信号 yùnàn xìnhào *v.* 使痛苦 shǐ tòngkǔ；使苦恼 shǐ kǔnǎo ＝ cause to suffer：～ oneself 悲痛 bēitòng

distressful *a.* 苦难的 kǔnànde；不幸的 búxìngde；悲惨的 bēicǎnde；使人苦恼的 shǐ rén kǔnǎode：a ～ cry 惨叫 cǎnjiào / the ～ circumstances of poverty and sickness 贫病交加的不幸境遇 pínbìng jiāojiāde búxìng jìngyù

distribute *v.* **1.** 分配 fēnpèi；分给 fēngěi ＝ deal out：The teacher ～d the books to the class. 老师把书分给全班学生。Lǎoshī bǎ shū fēngěi quánbān xuésheng. / ～ money to the poor 向贫民发放救济金 xiàng pínmín fāfàng jiùjìjīn **2.** 分布 fēnbù；散布 sànbù ＝ scatter：to ～ manure over a field 施肥于田地 shīféi yú tiándì / The guests ～d themselves in the garden. 客人们在花园中散开。Kèrenmen zài huāyuánzhōng sànkāi. **3.** 分类 fēnlèi；类别 lèibié ＝ classify：These plants were ～d into 22 classes. 这些植物分为二十二类。Zhèxiē zhíwù fēnwéi èrshí'èr lèi. **4.** 发行 fāxíng ＝ deliver：～ magazines 发行杂志 fāxíng zázhì

distribution *n.* **1.** 分配 fēnpèi **2.** 分布 fēnbù：the ～ of wealth 财富的分配 cáifùde fēnpèi / The pine tree has a very wide ～. 松树分布很广。Sōngshù fēnbù hěnguǎng. **3.** 销售 xiāoshòu；发行 fāxíng ＝ sale

distributive *a.* 分配的 fēnpèide；分布的 fēnbùde：a ～ agency for food stuffs 食品分配处 shípǐn fēnpèichù

distributor *n.* **1.** 分发者 fēnfāzhě；分配者 fēnpèizhě **2.** 批发商 pīfāshāng ＝ wholesaler

district *n.* 地区 dìqū；区域 qūyù：a mountainous ～ 山区 shānqū

distrust *n.* 怀疑 huáiyí；不信任 búxìnrèn：He ～s everyone. 他不相信任何人。Tā bùxiāngxìn rènhé rén. *v.* 不信任 búxìnrèn；猜疑 cāiyí：He ～ed his own eyes. 他不信他自己的眼睛。Tā búxìn tā zìjǐde yǎnjing.

distrustful *a.* 不信任的 búxìnrènde；猜疑的 cāiyíde：I was ～ of his motives. 我怀疑他的动机。Wǒ huáiyí tāde dòngjī.

disturb *v.* 扰乱 rǎoluàn；搅乱 jiǎoluàn：Please don't ～ me while I am sleeping. 我睡觉时请不要打搅我。Wǒ shuìjiàoshí qǐng búyào dǎjiǎo wǒ.

disturbance *n.* **1.** 扰乱 rǎoluàn = disturbing **2.** 动乱 dòngluàn；骚动 sāodòng = riot：make ～ 闹乱子 nàoluànzi

disunion *n.* 分裂 fēnliè；不统一 bùtǒngyī

disunite *v.* （使）分开（shǐ）fēnkāi；（使）分裂（shǐ）fēnliè

disuse *n.* 不用 búyòng；废弃 fèiqì：rusty from ～ 因不用而生锈 yīn búyòng ér shēngxiù *v.* 不用 búyòng；废弃 fèiqì：a ～d car 废车 fèichē

ditch *n.* 沟 gōu；壕沟 háogōu：fall into a ～ 跌进沟里 diējìn gōuli / be driven to the last ～ 陷入绝境 xiànrù juéjìng *v.* **1.** 挖沟 wāgōu = dig a ～ **2.** 使坠入沟 shǐ zhuìrù gōu = fall into a ～

ditty *n.* 小曲 xiǎoqǔ；小调 xiǎodiào：a plaintive ～ 一首伤感的小曲 yìshǒu shānggǎnde xiǎoqǔ

diurnal *a.* **1.** 每日的 měirìde = daily：～ task 每日任务 měirì rènwu；日常工作 rìcháng gōngzuò **2.** 白天的 báitiānde = of the day：～ flowers 昼开夜闭的花 zhòukāi yèbìde huā

dive *n.* **1.** 跳水 tiàoshuǐ；潜水 qiánshuǐ：a fancy ～ 花式跳水 huāshì tiàoshuǐ **2.**（地下室中的）小饭馆（dìxiàshì zhōngde）xiǎo fànguǎn = small restaurant (in the basement)；低级酒馆 dījí jiǔguǎn = a low bar *v.* 跳水 tiàoshuǐ；潜水 qiánshuǐ：～ for pearls 潜水取珍珠 qiánshuǐ qǔ zhēnzhū

diver *n.* 跳水者 tiàoshuǐzhě；潜水员 qiánshuǐyuán

diverge *v.* **1.** 分歧 fēnqí = differ (in opinion) **2.** 分岔 fēnchà = extend in different directions **3.** 离题 lítí：We are diverging to another topic. 我们谈到另外一个问题上去了。Wǒmen tándào lìngwài yíge wèntíshang qùle. // divergence *n.* / divergent *a.*

diverse *a.* 不同的 bùtóngde；多种多样的 duōzhǒng-duōyàngde：～ interpretations of these items 对这些条款所作的多种多样的解释 duì zhèxiē tiáokuǎn suǒzuòde duōzhǒng-duōyàngde jiěshì

diversify *v.* **1.** 使多样化 shǐ duōyànghuà；使不同 shǐ bùtóng：～ a course of study 使课程多样化 shǐ kèchéng duōyànghuà **2.** 分散经营的 fēnsàn jīngyíngde：～ investments 把资金分散投放 bǎ zījīn fēnsàn tóufàng

diversion *n.* **1.** 转移 zhuǎnyí；转向 zhuǎnxiàng；（河流）改道（héliú）gǎidào = changing course：a flood ～ area 分洪区 fēnhóngqū **2.** 娱乐 yúlè = amusement：Movies can be a worthwhile ～. 电影可以成为一种

有益的娱乐。Diànyǐng kěyǐ chéngwéi yìzhǒng yǒuyìde yúlè.

diversity *n.* **1.** 不同 bùtóng；异样 yìyàng = difference **2.** 多种 duōzhǒng；多样 duōyàng = variety：a ～ of methods 方法的多种多样 fàngfǎde duōzhǒng-duōyàng / a ～ of interests 多种多样的兴趣 duōzhǒng-duōyàngde xìngqù

divert *v.* **1.** 使转向 shǐ zhuǎnxiàng；使转移 shǐ zhuǎnyí：～ the course of a river 使河道转向 shǐ hédào zhuǎnxiàng / ～ one's attention 转移注意力 zhuǎnyí zhùyìlì **2.** 使娱乐 shǐ yúlè：～ children by telling stories 讲故事把孩子们逗乐了 jiǎng gùshi bǎ háizimen dòulèle

divest *v.* **1.** 剥去…衣服 bōqù…yīfu = undress **2.** 剥夺 bōduó = deprive **3.** 摆脱 bǎituō = get rid of

divide *v.* **1.** 分开 fēnkāi；分割 fēngē；划分 huàfēn：We ～d the money equally. 我们将钱平分。Wǒmen jiāng qián píngfēn. **2.** 除 chú：D- 6 by 3 and you get 2. 以3除6得2。Yǐ sān chú liù dé èr. **3.** 使意见不合 shǐ yìjian bùhé：Opinions are ～d on the question. 对这问题意见不一致。Duì zhè wèntí yìjian bùyízhì. *n.* **1.** 分配 fēnpèi = distribute **2.** 分裂 fēnliè = break up **3.** 分界 fēnjiè = watershed

dividend *n.* **1.** 被除数 bèichúshù = number to be divided by another **2.** 股息 gǔxī；红利 hónglì = share of profits paid to shareholder

dividers *n.* 两脚规 liǎngjiǎoguī

divination *n.* 占卜 zhānbǔ = telling by magic；预测 yùcè = predicting

divine *a.* **1.** 神的 shénde = of god：～ judgements 神意 shényì / a ～ call 天命 tiānmìng / the ～ kingdom 天国 tiānguó **2.** 极好的 jíhǎode；很美的 hěnměide = excellent：～ weather 极好的天气 jíhǎode tiānqì *n.* 神学者 shénxuézhě = theologian *v.* 预测 yùcè；占卜 zhānbǔ = predict：～ what the future has in store 预卜未来 yùbǔ wèilái

diving *a.* 跳水的 tiàoshuǐde；潜水的 qiánshuǐde *n.* 潜水 qiánshuǐ；跳水 tiàoshuǐ

divinity *n.* **1.** 神性 shénxìng；神威 shénwēi：the ～ of Christ 基督的神性 Jīdūde shénxìng **2.** 神 shén = god **3.** 神学 shénxué = theology

divisible *a.* 可分的 kěfēnde；可除尽的 kěchújìnde：Eight is ～ by two. 8可被2除尽。Bā kě bèi èr chújìn.

division *n.* **1.** 分开 fēnkāi；划分 huàfēn；除 chú：the ～ of time into months，weeks and days 时间划分为月、周和日 shíjiān huàfēn wéi yuè、 zhōu hé rì / the ～ of labor 分工 fēngōng **2.** 区域 qūyù；部门 bùmén：the sales ～ of the Ford Motor Co. 福特汽车公司的销售部 Fútè(Ford) Qìchē Gōngsīde xiāoshòubù / ～ of business 营业部 yíngyèbù **3.** 分裂 fēnliè ＝ breaking up；不一致 bùyízhì ＝ disagreement：cell ～ 细胞分裂 xìbāo fēnliè **4.** 分界 fēnjiè ＝ boundary

divisor *n.* 除数 chúshù；约数 yuēshù：common ～ 公约数 gōngyuēshù

divorce *n.* 离婚 líhūn：sue for a ～ 请求离婚 qǐngqiú líhūn / the ～ rate 离婚率 líhūnlǜ *v.* **1.** 使…离婚 shǐ…líhūn；使分离 shǐ fēnlí：She ～d her husband. 她与丈夫离了婚。Tā yǔ zhàngfu líle hūn. **2.** 脱离 tuōlí ＝ sever：He is ～d from society. 他脱离了社会。Tā tuōlíle shèhuì.

divorcee *n.* 离了婚的女子 líle hūnde nǚzǐ；离了婚的人 líle hūnde rén

divulge *v.* 泄漏 xièlòu；揭发 jiēfā；暴露 bàolù ＝ reveal：～ the source of one's information 泄漏情报来源 xièlòu qíngbào láiyuán

dizzy *a.* 眩晕的 xuànyùnde：a ～ speed 使人头晕的速度 shǐ rén tóuyūnde sùdù *v.* 使眩晕 shǐ xuànyùn

do¹ *aux. v.* **1.** 用于疑问句、否定句 yòngyú yíwènjù、fǒudìngjù * used in questions and negative sentences：Did you go？你去了吗？Nǐ qùlema？/ I didn't go. 我没有去。Wǒ méiyǒu qù. **2.** 加强语气 jiāqiáng yǔqì * to show emphasis：I ～ think so. 我的确是这样想的。Wǒ díquè shì zhèyàng xiǎngde. / He did come. 他的确来过了。Tā díquè lái guòle. **3.** 命令与劝告 mìnglìng yǔ quàngào * in command and advice：Don't tell a lie. 别撒谎。Bié sāhuǎng. / D- come. 请一定来。Qǐng yídìng lái. *v.* (substitute)：(代动词)(dàidòngcí)：You smoke sometimes，so ～ I. 你有时吸烟，我也如此。Nǐ yǒushí xīyān，wǒ yě rúcǐ. / He lives in London，doesn't he？他住在伦敦，不是吗？Tā zhùzài Lúndūn，búshìma？

do² *v.* **1.** 做 zuò；干 gàn：～ one's work 干工作 gàn gōngzuò / ～ business 做买卖 zuò mǎimai / What can I ～ for you？有什么事，我能帮你干吗？Yǒu shénme shì，wǒ néng bāng nǐ gànma？/ Well done！做得好！Zuòde hǎo！// Will you ～ me a favor？你可以帮帮我忙吗？Nǐ kěyǐ bāngbāng wǒ mángma？/ ～ a person good 对人有好处 duì rén yǒu hǎochù / ～ a person harm 害人 hàirén / The car ～es 60 miles an hour. 这辆车每小时行60里。Zhèliàng chē měi xiǎoshí xíng liùshí lǐ. **2.** 适合 shìhé ＝ suit：This room will ～ me quite well. 这间房间对我十分合适。Zhèjiān fángjiān duìwǒ shífēn héshì. **3.** 扮演 bànyǎn ＝ act the part of：He did

Hamlet. 他扮演哈姆雷特。Tā bànyǎn Hāmǔléitè (Hamlet). **4.** 整理 zhěnglǐ;收拾 shōushi = put into order: ~ the beds 整理床铺 zhěnglǐ chuángpù / ~ the room 收拾房间 shōushi fángjiān **5.** 旅行 lǚxíng; 走完 zǒuwán: We did 300 miles today. 今天我们旅行了三百里。Jīntiān wǒmen lǚxíngle sānbǎi lǐ. **6.** 逛 guàng: Have you done Paris yet? 你逛过巴黎吗? Nǐ guàngguo Bālíma? **7.** 煮熟 zhǔshóu: I like it half done. 我喜欢半生不熟的。Wǒ xǐhuan bànshēng-bùshóude. **8.** 进展 jìnzhǎn: He is ~ing pretty well. 他很好。Tā hěnhǎo. **9.** (与副词或介词连用)(yǔ fùcí huò jiècí liányòng) * with *ad.* and *prep.*: ~ away with 废除 fèichú; 除去 chúqù: That department was done away with two years ago. 那部门两年前就被废除了。Nà bùmén liǎngniánqián jiùbèi fèichúle. / ~ by 对待 duìdài; 对付 duìfu: He ~es well by a friend. 他对朋友好。Tā duì péngyou hǎo. / ~ for 配做 pèizuò…: He won't ~ for a teacher. 他不配做老师。Tā búpèi zuò lǎoshī. / ~ sth. out 扫除 sǎochú; 整理 zhěnglǐ: This room needs to be done out. 这房间需要清扫。Zhè fángjiān xūyào qīngsǎo. / ~ sth. up 修复 xiūfù; 刷新 shuāxīn: The house needs ~ing up. 这房子需要重新粉刷。Zhè fángzi xūyào chóngxīn fěnshuā. / ~ with 处置 chǔzhì; 忍受 rěnshòu: What shall I ~ with it? 怎样处置它好呢? Zěnyàng chǔzhì tā hǎone? / ~ without 不需要 bùxūyào; 不用 búyòng: We can't ~ without knowledge, can we? 我们少不了知识,对吧? Wǒmen shǎobuliǎo zhīshi, duìba?

docile *a.* 温顺的 wēnshùnde: a ~ child 温顺的小孩 wēnshùnde xiǎohái

dock[1] *n* 船坞 chuánwù: go into ~ 入船坞 rù chuánwù / dry ~ 干船坞 gānchuánwù / wet ~ 湿船坞 shīchuánwù *v.* (指船)入船坞(zhǐ chuán) rù chuánwù

dock[2] *n.* **1.** 被告席 bèigàoxí * in a court: in the ~ 在受审 zài shòushěn **2.** 酸模 suānmó * plant **3.** 剪短的尾 jiǎnduǎnde wěi = tail cut short *v.* **1.** 剪短 jiǎnduǎn = cut short **2.** 减少 jiǎnshǎo = cut down: ~ a worker's wages 减少一个工人的工资 jiǎnshǎo yíge gōngrénde gōngzī

docker *n.* **1.** 船坞工人 chuánwù gōngrén = worker of dock **2.** 剪尾工 jiǎnwěigōng = worker who cuts tails; 剪尾器 jiǎnwěiqì = apparatus for cutting tails

docket *n.* **1.** 摘要 zhāiyào = summary **2.** 议事日程 yìshì rìchéng = agenda *v.* 记载要领 jìzǎi yàolǐng = summarize

dockyard *n.* 造船所 zàochuánsuǒ；修船厂 xiūchuánchǎng

doctor *n.* **1.** 博士 bóshì：D- of Law 法学博士 Fǎxué Bóshì **2.** 医生 yīshēng * medical *v.* **1.** 医治 yīzhì：～ a child 医治一个小孩 yīzhì yíge xiǎohái **2.** 搀混 chānhùn = adulterate；窜改 cuàngǎi = falsify

doctrinaire *n.* 空论家 kōnglùnjiā；教条主义者 jiàotiáozhǔyìzhě

doctrinairism *n.* 教条主义 jiàotiáozhǔyì

doctrinal *n.* 教条的 jiàotiáode；学说上的 xuéshuōshangde：a ～ dispute 学说上的争论 xuéshuōshangde zhēnglùn

doctrine *n.* **1.** 教条 jiàotiáo；原则 yuánzé；主义 zhǔyì = principles **2.** 学说 xuéshuō = teaching of a school

document *n.* **1.** 文件 wénjiàn；公文 gōngwén = official paper **2.** 证件 zhèngjiàn = certificate：～ of title 契据 qìjù *v.* 用文件证明 yòng wénjiàn zhèngmíng = certify with ～s：be well ～ed 有许多文件证明 yǒu xǔduō wénjiàn zhèngmíng

documentary *a.* 有文件的 yǒu wénjiànde；有证件的 yǒu zhèngjiànde：～ proof 证明文件 zhèngmíng wénjiàn / ～ film 记录影片 jìlù yǐngpiàn

dodder *v.* 蹒跚 pánshān：～ along 蹒跚而行 pánshān érxíng

dodge *v.* **1.** 躲闪 duǒshǎn = avoid：～ a blow 躲开打击 duǒkāi dǎjī / I ～d behind a tree so that he should not see me. 我躲在树后使他看不见我。Wǒ duǒzài shùhòu shǐ tā kànbujiàn wǒ. **2.** 逃避 táobì = evade：～ military service 逃避兵役 táobì bīngyì *n.* **1.** 躲闪 duǒshǎn **2.** 诡计 guǐjì；蒙骗 mēngpiàn = trick

doe *n.* 母鹿 mǔlù = female deer；雌兔 cítù = female rabbit

doer *n.* 实行者 shíxíngzhě；做事者 zuòshìzhě：He is a ～, not a talker. 他是实行者，不是空谈者。Tā shì shíxíngzhě, búshì kōngtánzhě.

doeskin *n.* 母鹿皮 mǔlùpí

doff *v.* 脱(衣帽等) tuō(yī mào děng)：A man ～ed his hat when he entered a room. 男人进屋时必须脱帽。Nánrén jìnwūshí bìxū tuōmào.

dog[1] *n.* **1.** 犬 quǎn；狗 gǒu；雄狗(狼、狐) xiónggǒu(láng、hú)：a hunting ～ 猎犬 lièquǎn **2.** 无赖 wúlài = rascal；废物 fèiwù = worthless thing：a dead ～ 废料 fèiliào / a dirty ～ 下流坯 xiàliúpī // give (throw) sth. to the ～s 丢弃 diūqì；牺牲某物以自保 xīshēng mǒuwù yǐ zìbǎo / go to the ～s 毁灭 huǐmiè / lead a ～'s life 过困苦的生活 guò kùnkǔde shēnghuó /

help a lame ～ over a stile 助人于危难 zhùrén yú wēinàn / let sleeping ～s lie 勿惹事生非 wù rěshì-shēngfēi / love me，love my ～ 爱屋及乌 àiwū-jíwū

dog² *v.* 追随 zhuīsuí；尾随 wěisuí：～ a suspected thief 尾随一有嫌疑的小偷 wěisuí yī yǒuxiányíde xiǎotōu

dog-days *n.* 三伏天 sānfútiān；大热天 dàrètiān

dog-ear *n.* （书页的）折角（shūyède）zhéjiǎo *v.* 把书页折角 bǎ shūyè zhéjiǎo

dog-eared *a.* （书页）折角的（shūyè）zhéjiǎode；（书）翻旧了的（shū）fān jiùlede

dogged *a.* 顽强的 wánqiángde；固执的 gùzhíde

doggerel *n.* 歪诗 wāishī；打油诗 dǎyóushī

doggie *n.* 小狗 xiǎogǒu

dogma *n.* **1.** 教义 jiàoyì；信条 xìntiáo = principle **2.** 武断之见 wǔduàn zhījiàn = arrogant opinion

dogmatic *a.* **1.** 教条的 jiàotiáode；教义的 jiàoyìde **2.** 武断的 wǔduànde

dogmatism *n.* 武断 wǔduàn；独断 dúduàn：His ～ aroused their opposition. 他的武断引起了他们的反对。Tāde wǔduàn yǐnqǐle tāmende fǎnduì.

dogmatist *n.* 教条主义者 jiàotiáozhǔyìzhě；独断论者 dúduànlùnzhě

dog-tired *a.* 极疲倦的 jípíjuànde

doily *n.* 小垫布 xiǎodiànbù

doldrums *n.* 忧郁 yōuyù；消沉 xiāochén：be in the ～ 意气消沉 yìqìxiāochén

dole *v.* 施舍 shīshě；少量分发 shǎoliàng fēnfā = deal out *n.* **1.** 施舍物 shīshěwù = charitable gift **2.** 失业救济金 shīyè jiùjìjīn = gift of money for the unemployed

doleful(ly) *a.* & *ad.* 悲哀的（地）bēi'āide(de)；忧愁的（地）yōuchóude (de)

doll *n.* **1.** 洋娃娃 yángwáwa **2.** 美女 měinǚ = pretty girl *v.* 漂亮地打扮自己 piàoliangde dǎban zìjǐ：She was all ～ed up for the party. 她打扮得漂漂亮亮去参加那宴会。Tā dǎbande piàopiao-liàngliàng qù cānjiā nà yànhuì.

dollar *n.* 元 yuán；美元 Měiyuán

dolly *n.* **1**. 洋娃娃 yángwáwa = doll **2**. 小轮手推车 xiǎolún shǒutuīchē = small-wheeled car for moving loads

dolphin *n.* 海豚 hǎitún

dolt *n.* 愚蠢的人 yúchǔnde rén；傻瓜 shǎguā

domain *n.* 领土 lǐngtǔ；领域 lǐngyù；(思想、知识、活动的)范围 (sīxiǎng、zhīshi、huódòngde)fànwéi：the ～ of science (literature，philosophy)科学(文学、哲学)领域 kēxué(wénxué、zhéxué)lǐngyù

dome *n.* **1**. 圆顶 yuándǐng；圆顶之物 yuándǐng zhīwù：the rounded ～ of a hill 圆形山顶 yuánxíng shāndǐng **2**. 堂皇的建筑物 tánghuángde jiànzhùwù * (in poetry) stately building

domestic *a.* **1**. 家庭的 jiātíngde；家务的 jiāwùde：～ affairs 家事 jiāshì；内政 nèizhèng / ～ animals 家畜 jiāchù **2**. 国内的 guónèide；本国的 běnguóde = of one's country：～ loan 内债 nèizhài / ～ mail 国内邮件 guónèi yóujiàn *n.* 仆人 púrén；保姆 bǎomǔ = household servant

domesticate *v.* 驯养(动物等) xúnyǎng(dòngwù děng) * of animals；驯化(野生植物)xúnhuà(yěshēng zhíwù) * of plants // domestication *n.*

domesticity *n.* 家庭生活 jiātíng shēnghuó = home life；家务 jiāwù = household affairs

domicile *n.* 住处 zhùchù = residence；永久居住地 yǒngjiǔ jūzhùdì = permanent residence *v.* 定居 dìngjū = settle in a place；居住 jūzhù = live

dominance *n.* 权势 quánshì = power；统治 tǒngzhì = ruling；支配 zhīpèi = control

dominant *a.* **1**. 有统治权的 yǒu tǒngzhìquánde = ruling；有支配力的 yǒu zhīpèilìde = prevailing；最有势力的 zuìyǒu shìlide = most influential：be in the ～ position 居于支配地位 jūyú zhīpèi dìwèi **2**. 高于其它的 gāoyú qítāde = higher than others；主要的 zhǔyàode = main：a ～ mountain peak 主峰 zhǔfēng / Writing has become his ～ interest. 写作已成为他的主要兴趣。Xiězuò yǐ chéngwéi tāde zhǔyào xìngqù.

dominate *v.* **1**. 统治 tǒngzhì；支配 zhīpèi；控制 kòngzhì：～ a country commercially 控制一国的商业 kòngzhì yìguóde shāngyè / The strong usually ～ (over) the weak. 强者通常统治弱者。Qiángzhě tōngcháng tǒngzhì ruòzhě. **2**. 俯临 fǔlín；俯视 fǔshì = overlook：The city is ～d by the castle. 古堡俯视着城市。Gǔbǎo fǔshìzhe chéngshì.

domination *n.* 统治 tǒngzhì；支配 zhīpèi；控制 kòngzhì：world ～ 世界霸

权 shìjiè bàquán

domineer *v.* 专横 zhuānhèng；跋扈 báhù：～ over one's inferiors 对下级盛气凌人 duì xiàjí shèngqì-língrén

dominion *n.* **1.** 统治权 tǒngzhìquán = ruling power；主权 zhǔquán = sovereignty；支配 zhīpèi = control **2.** 领土 lǐngtǔ；版图 bǎntú = territory **3.** (D-)英国的自治领 Yīngguóde zìzhìlǐng：D- of Canada 加拿大自治领 Jiānádà(Canada)zìzhìlǐng

domino *n.* **1.** 骨牌 gǔpái * used in game **2.** 带有假面具的化装舞衣 dàiyǒu jiǎmiànjùde huàzhuāng wǔyī = loose dress for masquerade

donate *v.* 捐赠 juānzèng；赠送 zèngsòng

donation *n.* 捐赠 juānzèng；捐赠之物 juānzèng zhīwù = sth. donated

donkey *n.* 驴 lǘ = ass；傻瓜 shǎguā = fool // ～ engine 辅助发动机 fǔzhù fādòngjī

donor *n.* 捐赠者 juānzèngzhě：blood ～ 献血的人 xiànxiěde rén

doodle *v.* 胡写 húxiě；乱画 luànhuà = sketch aimlessly

doom *n.* 毁灭 huǐmiè = ruin；死亡 sǐwáng = death；恶运 èyùn = bad fortune：send a man to his ～ 将一人处死 jiāng yìrén chǔsǐ *v.* 判定 pàndìng；注定 zhùdìng = condemn：be ～ed to disappointment 注定失望的 zhùdìng shīwàngde / be ～ed to death 判定死罪的 pàndìng sǐzuìde

doomsday *n.* 世界末日 shìjiè mòrì；最后审判日 zuìhòu shěnpànrì / from now till D- 永远 yǒngyuǎn

door *n.* **1.** 门 mén；户 hù：open the ～ 开门 kāimén / front ～ 前门 qiánmén / back ～ 后门 hòumén / next ～ 隔壁 gébì / from ～ to ～ 挨家挨户 āijiā-āihù / out of ～s 在户外 zài hùwài **2.** 门路 ménlu；途径 tújìng = access：a ～ to success 成功之道 chénggōng zhīdào

door-keeper *n.* 门房 ménfáng；守门人 shǒuménrén

doorstep *n.* 门阶 ménjiē

doorway *n.* 门口 ménkǒu

dooryard *n.* 门前庭院 ménqián tíngyuàn

dope *n.* **1.** 涂料 túliào = thick paint **2.** 麻醉药 mázuìyào = drug **3.** 情报 qíngbào = information *v.* 用药物刺激 yòng yàowù cìjī；施以麻醉药 shīyǐ mázuìyào = administer ～ to

dormant *a.* 潜伏的 qiánfúde；蛰伏的 zhéfúde = inactive：a ～ volcano 休火山 xiūhuǒshān

dormer *n.* 屋顶窗 wūdǐngchuāng；老虎窗 lǎohǔchuāng

dormitory *n.* 宿舍 sùshè

dormouse *n.* 睡鼠 shuìshǔ

dosage *n.* **1.** 下药 xiàyào = giving dose **2.** 剂量 jìliàng；服用之药量 fúyòng zhī yàoliàng = amount of dose

dose *n.* **1.** 剂量 jìliàng；一剂 yíjì = amount of medicine taken at one time：The bottle contains six ～s. 这瓶内装有六次的药量。Zhèpíngnèi zhuāngyǒu liùcìde yàoliàng **2.** 给予或接受的东西 jǐyǔ huò jiēshòude dōngxi = sth. given or taken：a ～ of flattery 一番奉承 yìfān fèngcheng / a ～ of hard work 一项苦差事 yíxiàng kǔchāishi *v.* 使服药 shǐ fúyào = give ～ to

dot *n.* **1.** 小点 xiǎodiǎn：～s and dashes 电报符号 diànbào fúhào / on the ～ 准时 zhǔnshí **2.** 似小点之物 sì xiǎodiǎn zhīwù = sth. like a ～：There are ～s of soot on the window sill. 窗台上有一点儿烟灰。Chuāngtáishang yǒu yìdiǎnr yānhuī. / a mere ～ of a child 小小的孩子 xiǎoxiǎode háizi；小不点 xiǎobudiǎn

dotage *n.* **1.** 老年胡涂 lǎonián hútu = senility：in one's ～ 年老昏聩 niánlǎo hūnkuì **2.** 溺爱 nì'ài = spoiling (a child)

dotard *n.* 年老昏聩的人 niánlǎo hūnkuìde rén = old person

dote *v.* **1.** 衰老 shuāilǎo；年老昏聩 niánlǎo hūnkuì = become old **2.** 溺爱 nì'ài = spoil：She ～s on her youngest son. 她溺爱最小的儿子。Tā nì'ài zuìxiǎode érzi.

double¹ *a.* **1.** 加倍的 jiābèide：～ pay 双薪 shuāngxīn **2.** 成双的 chéngshuāngde；成对的 chéngduìde = of a pair：a ～ bed 双人床 shuāngrénchuáng **3.** 双重的 shuāngchóngde：serve a ～ purpose 一举两得 yìjǔ-liǎngdé **4.** 两面派的 liǎngmiànpàide = insincere：He wore a ～ face. 他是个两面派。Tā shìge liǎngmiànpài. *ad.* **1.** 加倍地 jiābèide **2.** 成双地 chéngshuāngde；成对地 chéngduìde

double² *n.* **1.** 加倍 jiābèi；两倍 liǎngbèi = twice as many (much)：Ten is the ～ of five. 十为五的两倍。Shí wéi wǔde liǎngbèi. **2.** 相似的人或物 xiāngsìde rén huò wù = sth. (person) look alike **3.** 跑步 pǎobù = running：advance at the ～ 跑步前进 pǎobù qiánjìn **4.** 双打 shuāngdǎ * tennis：mixed ～s 男女混合双打 nánnǚ hùnhé shuāngdǎ *v.* **1.** 使加倍 shǐ jiābèi；= increase twofold：～ one's income 使收入加倍 shǐ shōurù jiābèi **2.** 对折 duìzhé = fold：Let me ～ the shawl and put it round you. 让我把这披巾折叠起来围在你身上。Ràng wǒ bǎ zhè pījīn zhédié qǐlái wéizài nǐ shēnshang. **3.** 急忙转身而逃 jímáng zhuǎnshēn ér táo = turn round and escape：The fox ～d (back) on its tracks. 这狐狸突然转身急逃。Zhè húli tūrán zhuǎnshēn jítáo. **4.** 跑步 pǎobù = run

double-barrelled *n.* 双管的(枪) shuāngguǎnde(qiāng)

double-bass *n.* 低音提琴 dīyīn tíqín

double-breasted *a.* 双排扣的 shuāngpáikòude

double-dealer *n.* 口是心非的人 kǒushì-xīnfēide rén；两面派人物 liǎngmiànpài rénwù

double-dealing *n.* & *a.* 口是心非(的) kǒushì-xīnfēi(de)；欺骗 qīpiàn

double-quick *ad.* 极迅速地 jíxùnsùde

doubly *ad.* 加倍地 jiābèide：be ～ careful 加倍小心 jiābèi xiǎoxīn

doubt *n.* 怀疑 huáiyí：a shadow of ～ 有一点儿怀疑 yǒu yìdiǎnr huáiyí / beyond (all) ～ 毫无疑问 háowú-yíwèn / without ～ 无疑 wúyí *v.* 怀疑 huáiyí；不信 búxìn；拿不准 nábuzhǔn：I ～ if he was there. 我拿不准他是否在那里。Wǒ nábuzhǔn tā shìfǒu zài nàli. / ～ the truth of the story 对那番话的真实性有怀疑 duì nàfān huàde zhēnshíxìng yǒu huáiyí

doubtful *a.* **1.** 怀疑的 huáiyíde；可疑的 kěyíde：Are you ～ of success? 你怀疑是否能成功吗？Nǐ huáiyí shìfǒu néng chénggōngma? / a ～ character 可疑的人物 kěyíde rénwù **2.** 含糊的 hánhude = ambiguous：a ～ reply 含糊的回答 hánhude huídá / a ～ future 难以预料的未来 nányǐyùliàode wèilái

doubtless *ad.* 无疑地 wúyíde = without doubt；必定 bìdìng = certainly：D- he was the strongest. 他无疑是最强有力的。Tā wúyí shì zuì qiángyǒulìde.

douche *n.* **1.** 灌洗 guànxǐ；冲洗 chōngxǐ **2.** 灌洗器 guànxǐqì * the apparatus for this purpose

dough *n.* **1.** 生面团 shēngmiàntuán = flour kneaded with water **2.** 金钱 jīnqián = money

dough-boy *n.* **1.** 汤团 tāngtuán = boiled dumpling **2.** (美国)步兵 (Měiguó)bùbīng = foot soldier

doughnut *n.* **1.** 油炸饼圈 yóuzhá bǐngquān **2.** 环状物 huánzhuàngwù =

sth. looked like ～

dour *a.* **1.** 严厉的 yánlìde ＝ severe：a ～ warning 严厉的警告 yánlìde jǐnggào **2.** 倔强的 juéjiàngde ＝ obstinate **3.** 阴郁的 yīnyùde ＝ morose

douse *v.* **1.** 浸入水 jìnrùshuǐ ＝ put into water：～ the clothes in soapy water 把衣服浸入肥皂水 bǎ yīfu jìnrù féizàoshuǐ **2.** 泼上水 pōshàngshuǐ ＝ throw water on **3.** 熄灭 xīmiè ＝ extinguish：～ the light 熄灯 xīdēng

dove *n.* **1.** 鸽 gē ＝ pigeon **2.** 和平使者 hépíng shǐzhě ＝ messenger of peace

dove-cot *n.* 鸽房 gēfáng；鸽棚 gēpéng

dovetail *n.* 楔形榫 xiēxíngsǔn ＝ wedge *v.* 吻合 wěnhé ＝ fit together：My plans ～ed with his. 我的计划和他的计划吻合。Wǒde jìhuà hé tāde jìhuà wěnhé.

dowager *n.* **1.** 王公的未亡人 wánggōngde wèiwángrén：a queen ～ 皇太后 huángtàihòu **2.** 老年贵妇人 lǎonián guìfùrén ＝ old lady：a wealthy ～ 一个有钱的年老贵妇人 yíge yǒuqiánde niánlǎo guìfùrén

dowdy *a.* **1.** 服装不整洁的 fúzhuāng bùzhěngjiéde ＝ shabby **2.**（服装）式样过时的（fúzhuāng）shìyàng guòshíde ＝ unfashionable *n.* 服装不整洁的妇女 fúzhuāng bùzhěngjiéde fùnǚ；衣着过时的女性 yīzhuó guòshíde nǚxìng ＊ woman badly dressed

dowel *n.* 木钉 mùdīng；榫钉 sǔndīng

dower *n.* **1.** 寡妇得到亡夫的财产 guǎfu dédào wángfūde cáichǎn ＝ property inherited by widow from deceased husband **2.** 嫁妆 jiàzhuang ＝ dowry **3.** 天赋 tiānfù ＝ talent *v.* 给（寡妇）财产 gěi（guǎfu）cáichǎn；给嫁妆 gěi jiàzhuang；赋予天赋 fùyǔ tiānfù

down¹ *n.* **1.** 绒毛 róngmáo；柔毛 róumáo：duck ～ 鸭绒 yāróng **2.** 茸毛 róngmáo ＝ soft covering like ～ **3.** 丘陵 qiūlíng ＝ hill

down² *ad.* **1.** 向下 xiàngxià：come ～ 下来 xiàlái / get ～ 下车 xiàchē / lie ～ 躺下 tǎngxià / The sun is ～. 太阳下山了。Tàiyáng xiàshānle. // go ～ to the country 下乡 xiàxiāng / go ～ to the south 南下 nánxià / look ～ through the pages 一页页看下去 yíyèyè kànxiàqù / come ～ to modern times 降至近代 jiàngzhì jìndài / My shoes have worn ～. 我的鞋破了。Wǒde xié pòle. / The wind has died ～. 风停下来了。Fēng tíngxiàláile. / The fire is burning ～. 火快烧完了。Huǒ kuài shāowánle. / take ~ his name 记下他的名字 jìxià tāde míngzi 2. 付现 fùxiàn: $5 ~ and $10 on account 五元钱付现，十元钱记帐 wǔyuánqián fùxiàn, shíyuánqián jìzhàng 3. (with prep.): be ~ on one's luck 倒霉 dǎoméi / be ~ with fever 发烧病倒了 fāshāo bìngdǎole / come ~ to work 认真工作 rènzhēn gōngzuò / come ~ from the university 从大学毕业出来 cóng dàxué bìyè chūlái *a.* 向下的 xiàngxiàde; 下行的 xiàxíngde: the ~ country 沿海地方 yánhǎi dìfang / the ~ train 下行列车 xiàxíng lièchē *prep.* 1. 下 xià: go ~ the stairs 走下楼梯 zǒuxià lóutī / walk ~ a hill 下山 xiàshān 2. 以来 yǐlái: ~ the ages 太古以来 tàigǔ yǐlái *v.* 1. 打倒 dǎdǎo; 打落 dǎluò = knock ~ 2. 放下 fàngxià = put ~; 喝下 hēxià = gulp ~: ~ a glass of beer 喝下一杯啤酒 hēxià yìbēi píjiǔ / ~ tools 扔下工具 rēngxià gōngjù; 罢工 bàgōng *n.* 1. 嫌恶 xiánwù = dislike 2. 倒霉 dǎoméi = misfortune

downcast *a.* 1. 沮丧的 jǔsàngde; 悲哀的 bēi'āide = dejected 2. 向下的 xiàngxiàde; 垂视的 chuíshìde = looking down

downfall *n.* 1. 雨等大量下降 yǔ děng dàliàng xiàjiàng = falling down 2. 毁灭 huǐmiè; 败落 bàiluò = destruction: His ~ was caused by gambling and drink. 他的身败名裂是由赌博和酗酒造成的。Tāde shēnbàimíngliè shìyóu dǔbó hé xùjiǔ zàochéngde.

downgrade *v.* 1. 使降级 shǐ jiàngjí = lower the status 2. 减低 jiǎndī; 降低 jiàngdī = lower *n.* 下坡 xiàpō = descending slope: on the ~ 每况愈下 měikuàngyùxià *a.* & *ad.* 下坡的(地) xiàpōde(de) = sloping

downhearted *a.* 沮丧的 jǔsàngde; 郁闷的 yùmènde

downhill *a.* & *ad.* 向下的(地) xiàngxiàde(de): go ~ 每况愈下 měikuàngyùxià *n.* 衰退阶段 shuāituì jiēduàn = decline: the ~ of life 下半生 xiàbànshēng

downpour *n.* 倾盆大雨 qīngpéndàyǔ: be caught in a ~ 赶上倾盆大雨 gǎnshàng qīngpéndàyǔ

downright *a.* 1. 直爽的 zhíshuǎngde = straightforward; 坦率的 tǎnshuàide: He has a ~ manner. 他态度坦率。Tā tàidu tǎnshuài. / He is a ~ sort of a person. 他是个直爽的人。Tā shìge zhíshuǎngde rén. 2. 完全的 wánquánde; 彻底的 chèdǐde = thorough: It's a ~ lie. 这完全是谎言。Zhè wánquán shì huǎngyán.

downstair(s) *ad.* 在楼下 zài lóuxià；往楼下 wǎng lóuxià：He went ～ to breakfast. 他下楼吃早餐。Tā xiàlóu chī zǎocān. / Your brother is waiting ～. / 你兄弟在楼下等着。Nǐ xiōngdi zài lóuxià děngzhe. *a.* 楼下的 lóuxiàde：the ～ rooms 楼下的房间 lóuxiàde fángjiān

downstream *a.* & *ad.* 顺流的（地）；shùnliúde（de）；（向）下流的（地）（xiàng）xià liúde（de）

downtown *ad.* 往（在）市商业区 wǎng（zài）shì shāngyèqū *n.* 商业区 shāngyèqū = business center of a city or town

downtrodden *a.* 受压迫的 shòu yāpòde；被蹂躏的 bèi róulìnde

downward(s) *a.* & *ad.* 向下的 xiàngxiàde；下降的 xiàjiàngde：a ～ slope 下坡 xiàpō

downy *a.* 软毛的 ruǎnmáode；似软毛的 sì ruǎnmáode

dowry *n.* **1.** 嫁妆 jiàzhuang；陪嫁物 péijiàwù = property brought by a bride to her husband **2.** 秉赋 bǐngfù；天才 tiāncái = natural gift

doze *v.* 瞌睡 kēshuì：He ～d off during the meeting. 他在开会时打瞌睡。Tā zài kāihuìshí dǎ kēshuì.

dozen *n.* 十二个 shí'èrge；一打 yìdá

drab *a.* **1.** 土褐色的 tǔhèsède = of a dull brown color **2.** 乏味的 fáwèide；单调的 dāndiàode = dull

draff *n.* **1.** 渣滓 zhāzǐ = dregs **2.** 猪食 zhūshí = wash fed to pigs

draft *n.* **1.** 草稿 cǎogǎo：a ～ for a speech 一篇演说的草稿 yìpiān yǎnshuōde cǎogǎo **2.** 汇票 huìpiào = money order；提款 tíkuǎn = drawing money **3.** 特遣部队 tèqiǎn bùduì = detachment of troops *v.* **1.** 起草 qǐcǎo = make rough copy：～ a speech 草拟一演说稿 cǎonǐ yī yǎnshuōgǎo **2.** 选拔做为特遣队 xuǎnbá zuòwéi tèqiǎnduì；选派 xuǎnpài = conscript for military service

draftee *n.* 被征士兵 bèi zhēng shìbīng

draftsman *n.* **1.** 作草图者 zuòcǎotúzhě；绘图员 huìtúyuán = one who makes drawings **2.** 法案或议案的起草人 fǎ'àn huò yì'ànde qǐcǎorén = one who drafts documents

drag *v.* **1.** 拖 tuō：～ a heavy box 拖个重箱子 tuōge zhòng xiāngzi **2.** 缓慢而费力地行动 huǎnmàn ér fèilìde xíngdòng：walk with ～ging feet 踌躇而行 chóuchú érxíng **3.** 拖延 tuōyán：Time seemed to ～. 时间好象在拖延。Shíjiān hǎoxiàng zài tuōyán. *n.* **1.** 被拖拉的东西 bèi tuōlāde dōngxi = sth. being pulled along **2.** 四轮马车 sìlún mǎchē = four-wheeled coach **3.** 阻碍物 zǔ'àiwù = check on progress

draggle *v.* 拖湿 tuōshī；拖脏 tuōzāng：～ the dress 衣服拖在地上 yīfu tuōzài dìshang

drag-net *n.* **1.** 拖网 tuōwǎng = trawl **2.** 搜捕之罗网 sōubǔ zhī luówǎng = system for capturing criminal suspects

dragon *n.* 龙 lóng

dragon-fly *n.* 蜻蜓 qīngtíng

dragoon *n.* **1.** 骑兵 qíbīng = cavalryman **2.** 暴徒 bàotú = thug *v.* 逼迫 bīpò = harass

drain *n.* **1.** 下水道 xiàshuǐdào = sewage；排水系统 páishuǐ xìtǒng = system of ～ing **2.** 不断消耗（力量、时间、财富等物）búduàn xiāohào（lìliang、shíjiān、cáifù děngwù） = using up（energy，time，money，etc.）：All this extra work was a ～ on his strength. 所有这些额外的工作是耗损他体力的原因。Suǒyǒu zhèxiē éwàide gōngzuò shì hàosǔn tā tǐlìde yuányīn. *v.* **1.** 排水 páishuǐ：You should dig trenches to ～ the water away. 你应当挖沟排水。Nǐ yīngdāng wāgōu páishuǐ. **2.** 因水流出而变干 yīn shuǐ liúchū ér biàngān；晾干 liànggān = empty：Put the dishes on the board to ～. 将盘子放在水槽旁边的板上晾干。Jiāng pánzi fàngzài shuǐcáo pángbiānde bǎnshang liànggān. **3.** 使逐渐消耗 shǐ zhújiàn xiāohào = exhaust：His life was slowly ～ing away. 他的生命逐渐枯竭了。Tāde shēngmìng zhújiàn kūjiéle. **4.** 饮 yǐn

drainage *n.* **1.** 排水 páishuǐ；疏水 shūshuǐ **2.** 排水系统 páishuǐ xìtǒng **3.** 排出之物 páichū zhīwù = sth. drained out

drake *n.* 公鸭 gōngyā

dram *n.* **1.** 特拉姆 Tèlāmǔ * measurement **2.** 少量酒 shǎoliàng jiǔ = small quantity of wine：He is fond of a ～. 他喜欢喝一点酒。Tā xǐhuan hē yìdiǎn jiǔ.

drama *n.* **1.** 戏剧 xìjù = stage-play；剧本 jùběn = composition of a play **2.** 一连串戏剧性的事件 yìliánchuàn xìjùxìngde shìjiàn = set of dramatic events

dramatic *a.* **1.** 剧本的 jùběnde；戏剧的 xìjùde：～ performance 戏剧的演出 xìjùde yǎnchū / ～ criticism 戏剧批评 xìjù pīpíng **2.** 戏剧性的 xìjùxìngde：～ changes 戏剧性的变化 xìjùxìngde biànhuà

dramatics *n.* 戏剧演出 xìjù yǎnchū = performance of play
dramatis personae *n.* 剧中人 jùzhōngrén；登场人物 dēngchǎng rénwù = characters of a play
dramatist *n.* 剧作家 jùzuòjiā；戏剧作者 xìjù zuòzhě
dramatize *v.* 改编为戏剧 gǎibiān wéi xìjù
drape *v.* **1.** 披上（斗篷）pīshàng(dǒupeng) = hang limply **2.** 盖上（布块）gàishàng(bùkuài) = cover with cloth **3.** 悬挂 xuánguà = hang *n.* **1.** 窗帘 chuānglián = curtain **2.** 服装式样 fúzhuāng shìyàng = arrangement of clothing
draper *n.* 布商 bùshāng
drapery *n.* **1.** 布业 bùyè = draper's trade **2.** 布料 bùliào；衣料 yīliào = cloth
drastic *a.* 激烈的 jīliède；有力的 yǒulìde：~ measures to cure inflation 制止通货膨胀的有力的措施 zhìzhǐ tōnghuò péngzhàngde yǒulìde cuòshī.
draught *n.* **1.** 通风 tōngfēng；气流 qìliú = current of air：Don't sit in a ~. 别在风口里坐着。Biézài fēngkǒuli zuòzhe. **2.** 拉网 lāwǎng；一网 yìwǎng = drawing net：a ~ of fish 一网鱼 yìwǎng yú **3.** 船的吃水 chuánde chīshuǐ = depth of water a ship needs to keep it afloat **4.** 自容器中汲取 zì róngqìzhōng jīqǔ：beer on ~ 桶装啤酒 tǒngzhuāng píjiǔ **5.** 一饮（之量）yìyǐn(zhīliàng) = drinking amount at one time **6.** 拉 lā；拖 tuō = drawing *v.* = draft
draughts *n.* 西洋象棋 xīyáng xiàngqí
draughtsman *n.* **1.** 起草人 qǐcǎorén；制图员 zhìtúyuán = draftsman **2.** 棋子 qízǐ * chess
draughty *a.* 通风的 tōngfēngde
draw *v.* **1.** 拉 lā；拖 tuō：~ a cart 拉车 lāchē / ~ a bow 张弓 zhānggōng **2.** 拔出 báchū；抽出 chōuchū：~ a sword 拔剑 bájiàn / ~ a cork from a bottle 拔出瓶塞 báchū píngsāi **3.** 汲取 jīqǔ；提取 tíqǔ；领取 lǐngqǔ：~ water from a well 从井里打水 cóng jǐngli dǎshuǐ / ~ one's salary 领工资 lǐng gōngzī **4.** 引起 yǐnqǐ；招来 zhāolái：The film drew large audiences. 这部电影吸引了许多观众。Zhèbù diànyǐng xīyǐnle xǔduō guānzhòng. **5.** 吸（入）xī(rù)：She drew a deep breath. 她深深吸了一口气。Tā shēnshēn xīle yìkǒu qì **6.** 移动 yídòng；靠近 kàojìn：The train drew near. 火车驶近了。Huǒchē shǐjìnle. / The day drew to its close.

天快黑了。Tiān kuài hēile. **7.** 打成平局 dǎchéng píngjú: The teams drew. 两队不分胜负。Liǎngduì bùfēn shèngfù. **8.** 划 huà; 画 huà; 绘制 huìzhì: ～ a picture 画画儿 huàhuàr // ～ away **1.** 把…拉开 bǎ…lākāi **2.** 超过对手 chāoguò duìshǒu / ～ back 退后 tuìhòu / ～ in 白昼渐短 báizhòu jiànduǎn / ～ out **1.** 白昼渐长 báizhòu jiàncháng **2.** 拉长 lācháng / ～ up **1.** 草拟 cǎonǐ **2.** 靠近 kàojìn **3.** 停下 tíngxià *n.* **1.** 拉 lā; 吸 xī; 抽签 chōuqiān: When will the ～ take place? 什么时候抽签? Shénme shíhou chōuqiān? **2.** 平局 píngjú **3.** 有吸引力的人或物 yǒu xīyǐnlìde rén huò wù

drawback *n.* **1.** 不利 búlì = disadvantage; 障碍 zhàng'ài = obstruction: Complacency is a ～ to progress. 自满是进步的障碍。Zìmǎn shì jìnbùde zhàng'ài. **2.** 退税 tuìshuì = refund of import duty on exported goods; 退款 tuìkuǎn = refund

drawbridge *n.* 吊桥 diàoqiáo

drawee *n.* 受票人 shòupiàorén; 支付汇票人 zhīfù huìpiào rén

drawer *n.* **1.** 绘图员 huìtúyuán = one who draws pictures **2.** 开发票人 kāi fāpiào rén = one who writes out a draft on banker **3.** 抽屉 chōuti: Put it away in a desk ～. 把它放到书桌抽屉里去。Bǎ tā fàngdào shūzhuō chōutiliqù. **4.** 裤衩 kùchǎ = underpants

drawing *n.* **1.** 绘图 huìtú; 画法 huàfǎ; 图画 túhuà; 图样 túyàng: A famous artist did the ～. 这幅画是一位著名画家画的。Zhèfúhuà shì yíwèi zhùmíng huàjiā huàde. **2.** 抽签 chōuqiān = ～ lots

drawing-board *n.* 绘图板 huìtúbǎn; 制图板 zhìtúbǎn

drawing-pin *n.* 图钉 túdīng

drawing-room *n.* 客厅 kètīng = living room

drawl *v.* 慢吞吞地说 màntūntūnde shuō *n.* 拖长的语调 tuōchángde yǔdiào

drawn-work *n.* 抽绣 chōuxiù

dray *n.* (四轮)大车 (sìlún)dàchē

dread *v.* 害怕 hàipà: I ～ his anger. 我害怕他发怒。Wǒ hàipà tā fānù. / A burnt child ～s the fire. 一遭被蛇咬,三年怕麻绳。Yìzāo bèi shé yǎo, sānnián pà máshéng. *n.* 恐怖 kǒngbù; 畏惧 wèijù *a.* 可畏的 kěwèide

dreadful *a.* **1.** 可怕的 kěpàde = terrible **2.** 不爽快的 bùshuǎngkuaide; 讨

厌的 tǎoyànde = disagreeable

dreadnought *n*. **1**. 厚呢外衣 hòu níwàiyī = thick overcoat **2**. 无畏战舰 wúwèi zhànjiàn

dream *n*. **1**. 梦 mèng: I had a ～ about you last night. 昨晚我曾梦见你。Zuówǎn wǒ céng mèngjiàn nǐ. / have a bad ～ 做恶梦 zuò èmèng **2**. 梦想 mèngxiǎng; 理想 lǐxiǎng = ideal: The boy had ～s of being a hero. 这男孩曾经梦想成为英雄。Zhènánhái céngjīng mèngxiǎng chéngwéi yīngxióng. *v*. **1**. 做梦 zuòmèng = have dream in sleep: ～ about a friend 梦见友人 mèngjiàn yǒurén. **2**. 梦见 mèng jiàn = see in ～: He often ～s that he is in Beijing. 他经常梦见他在北京。Tā jīngcháng mèngjiàn tā zài Běijīng. **3**. 想到 xiǎngdào = think of as possible: I never ～ed that he was a liar. 我连做梦也不曾想到他会说谎。Wǒ lián zuòmèng yě bùcéng xiǎngdào tā huì shuōhuǎng.

dreamer *n*. 梦想家 mèngxiǎngjiā

dreamland *n*. 梦境 mèngjìng; 梦乡 mèngxiāng

dreamy *a*. **1**. 梦一般的 mèngyìbānde = dream-like **2**. 朦胧 ménglóng = misty: a ～ recollection of what happened 对往事的模糊回忆 duì wǎngshìde móhu huíyì **2**. 梦想的 mèngxiǎngde = fanciful

dreary *a*. **1**. 凄凉 qīliáng; 沉闷 chénmèn = gloomy **2**. 枯燥 kūzào = dull: ～ work

dredge *v*. 挖掘(泥土) wājué(nítǔ); 清淤 qīng yū: ～ up mud 挖泥 wāní / ～ (for) oysters 捞取牡蛎 lāoqǔ mǔlì

dredger *n*. 挖泥工 wānígōng * person; 挖泥船 wāníchuán * ship; 挖泥机 wāníjī * machine

dregs *n*. 渣子 zhāzi; 渣滓 zhāzǐ: He left no ～ in the glass. 他把一杯喝得一滴不剩。Tā bǎ yìbēi hēde yìdī búshèng.

drench *v*. **1**. 浸透 jìntòu: He was ～ed through with rain. 他被雨淋得浑身湿透。Tā bèi yǔ línde húnshēn shītòu. **2**. 充满 chōngmǎn: a letter ～ed with great longing for home 一封充满乡思的信 yìfēng chōngmǎn xiāngsīde xìn

dress *v*. **1**. 穿衣 chuānyī; 给…穿衣 gěi…chuānyī = put on ～: Wake up the children and ～ them. 唤醒孩子们,给他们穿上衣服。Huànxǐng háizimen, gěi tāmen chuānshàng yīfu. **2**. 装饰 zhuāngshì: The ship was

~ed with flags. 船上悬挂着彩旗。Chuánshang xuánguàzhe cǎiqí. **3.** 加作料 jiā zuóliào：~ a salad 拌色拉 bàn sèlā **4.** 包扎伤口 bāozhā shāngkǒu = ~ a wound *n.* 女服 nǚfú ∗ for women；服装 fúzhuāng = clothing；礼服 lǐfú：evening ~ 夜礼服 yèlǐfú

dresscircle *n.* 戏院楼座的前排 xìyuàn lóuzuòde qiánpái

dresser *n.* **1.** 服装员 fúzhuāngyuán = one who looks after costumes **2.** 服装讲究的人 fúzhuāng jiǎngjiude rén = one who dresses fashionably / a smart ~ 服装漂亮的人 fúzhuāng piàoliangde rén **3.** 梳妆台 shūzhuāngtái = bureau with a mirror **4.** 食具柜 shíjùguì = kitchen sideboard

dressing *n.* **1.** 装束 zhuāngshù = putting on clothes；装饰 zhuāngshì = decoration：window ~ 橱窗布置 chúchuāng bùzhì **2.** 绷带 bēngdài = bandage：sterile ~ 消毒绷带 xiāodú bēngdài **3.** 调味品 tiáowèipǐn = sauce：salad ~ 生菜的调味品 shēngcàide tiáowèipǐn **4.** 肥料 féiliào = manure：give a thin ~ of 施一薄层 … 肥料 shīyī bócéng … féiliào

dressing-gown *n.* 睡衣 shuìyī；晨衣 chényī

dressing-room *n.* 化妆室 huàzhuāngshì

dressmaker *n.* 女服裁缝 nǚfú cáifeng

dribble *v.* & *n.* **1.** 滴下 dīxià = drop **2.** 流涎 liúxián；流口水 liúkǒushuǐ：Babies often ~ at the mouth. 婴儿常会流口水。Yīng'ér chánghuì liúkǒushuǐ. **3.** 运球 yùnqiú = move ball forward

driblet *n.* **1.** 少量 shǎoliàng = small quantity **2.** 小滴 xiǎodī = drop：He paid his debt in ~s. 他一点一点地偿还债务。Tā yidiǎn yidiǎnde chánghuán zhàiwù. / He felt a ~ of fear. 他有点儿害怕。Tā yǒudiǎnr hàipà. // ~ by ~ 零零星星 língling-xīngxīng

dried *a.* 干的 gānde：~ beef 牛肉干 niúròugān

drift *n.* **1.** 漂流 piāoliú；飘 piāo：aerial ~ of pollen 花粉的随风飘飞 huāfěnde suífēng piāofēi **2.** 放任自流 fàngrèn-zìliú：a policy of ~ 放任自流的政策 fàngrèn-zìliúde zhèngcè **3.** 漂流物 piāoliúwù；吹积物 chuījīwù：D-s of snow blocked the way. 积雪阻塞了道路。Jīxuě zǔsèle dàolù. **4.** 动向 dòngxiàng；趋向 qūxiàng = tendency *v.* **1.** 漂流 piāoliú；漂泊 piāobó：The logs are ~ed down the river. 木材顺流漂下。Mùcái shùnliú piāoxià. **2.** 吹积 chuījī：The wind ~ed the snow in front of the door. 风把雪吹积在门前。Fēng bǎ xuě chuījīzài ménqián.

driftwood *n.* 漂流木 piāoliúmù；浮木 fúmù

drill[1] *n.* 斜纹布 xiéwénbù ＝ coarse linen

drill[2] *n.* **1**. 钻 zuàn ＊ a tool **2**. 操练 cāoliàn；演习 yǎnxí；练习 liànxí：Students of English should have a lot of oral ～s. 学英语的学生应该多做口头练习。Xué Yīngyǔde xuésheng yīnggāi duōzuò kǒutóu liànxí. *v.* **1**. 钻(孔) zuān(kǒng)：～ through a metal plate 钻通金属板 zuāntōng jīnshǔbǎn **2**. 操练 cāoliàn；训练 xùnliàn；练习 liànxí：～ soldiers in the use of bayonets 训练士兵使用刺刀 xùnliàn shìbīng shǐyòng cìdāo

drily *ad.* 干巴巴地 gānbābāde；枯燥(无味)地 kūzào(wúwèi)de

drink *v.* **1**. 饮 yǐn；喝 hē；干杯 gānbēi：He drank the hours away. 他将时间在喝酒中浪费掉。Tā jiāng shíjiān zài hējiǔzhōng làngfèidiào. / I will ～ to you. 我要为你干杯。Wǒ yào wèi nǐ gānbēi. **2**. (土壤、植物)吸收 (tǔrǎng、zhíwù) xīshōu ＝ absorb：The thirsty plants drank (up) the water I gave them. 干渴的植物将我浇的水都吸收了。Gānkěde zhíwù jiāng wǒ jiāodeshuǐ dōu xīshōule. *n.* **1**. 饮料 yǐnliào：I'm afraid they only sell soft ～s. 恐怕他们只出售软饮料。Kǒngpà tāmen zhǐ chūshòu ruǎnyǐnliào. **2**. 一饮 yìyǐn；一杯 yìbēi：Give me a ～ of water. 给我一杯水。Gěi wǒ yìbēi shuǐ. / have a ～ 喝一杯 hē yìbēi **3**. 酒 jiǔ；喝酒 hējiǔ：He is too fond of ～. 他太喜欢喝酒。Tā tài xǐhuan hējiǔ.

drinker *n.* 酒徒 jiǔtú

drip *v.* **1**. 滴下 dīxià；滴落 dīluò：The tap is ～ping. 龙头漏水了。Lóngtóu lòushuǐle. / The rain ～s from the eaves. 雨从檐口滴下来。Yǔ cóng yánkǒu dī xiàlái. **2**. 湿淋淋 shīlínlín：He ～s with rain. 他给雨淋得透湿。Tā gěi yǔ línde tòushī. *n.* **1**. 滴 dī；水滴 shuǐdī：The ～ of the faucet kept me awake. 水龙头的滴水声使我无法入睡。Shuǐlóngtóude dīshuǐshēng shǐ wǒ wúfǎ rùshuì. **2**. 滴注法 dīzhùfǎ：intravenous ～ 静脉滴注 jìngmài dīzhù

drive *v.* **1**. 驱赶 qūgǎn ＝ chase；驾驶 jiàshǐ ＝ steer a vehicle：They drove away in a car. 他们驾车走了。Tāmen jiàchē zǒule. **2**. 推动 tuīdòng；把(钉、桩等)打进 bǎ (dīng、zhuāng děng) dǎjìn：～ a nail into wood 把钉子敲进木头 bǎ dīngzi qiāojìn mùtou **3**. 推迟 tuīchí ＝ postpone **4**. 用力击球 yònglì jīqiú ＝ hit a ball *n.* **1**. 驱逐 qūzhú；驱赶 qūgǎn **2**. 开车 kāichē；驱车 qūchē：We have enjoyed the ～ very much.

我们驾车旅行玩得很痛快。Wǒmen jiàchē lǚxíng wánde hěntòngkuai. **3.** 车道 chēdào = carriage road：A narrow ～ rings the reservoir. 一条狭窄的车道环绕着水库。Yìtiáo xiázhǎide chēdào huánrǎozhe shuǐkù. **4.** 推进力 tuījìnlì；魄力 pòlì：The new headmaster is lacking in ～. 新校长缺乏魄力。Xīn xiàozhǎng quēfá pòlì. **5.** 运动 yùndòng：make（start）a ～ for funds 开展征募资金的运动 kāizhǎn zhēngmù zījīnde yùndòng

drive-in *n.* 免下车电影院（银行、餐馆）miǎn xiàchē diànyǐngyuàn（yínháng、cānguǎn）= cinema（bank，restaurant，etc.）where customers get service while remaining in cars

drivel *v.* **1.** 胡说 húshuō = talk nonsensically **2.** 淌口水 tǎng kǒushuǐ = dribble *n.* 胡说 húshuō；胡言乱语 húyán-luànyǔ

driven *a.* 从动的 cóngdòngde：a ～ gear 从动齿轮 cóngdòng chǐlún

driver *n.* **1.** 赶车人 gǎnchērén；司机 sījī：a taxi ～ 出租汽车司机 chūzū qìchē sījī **2.** 传动装置 chuándòng zhuāngzhì = driving-gear；锤 chuí = hammer；打桩机 dǎzhuāngjī = hamming machine：building workers operating a pile ～ 操作打桩机的建筑工人 cāozuò dǎzhuāngjīde jiànzhù gōngrén

driveway *n.* 车道 chēdào

drizzle *v.* & *n.*（下）细雨（xià）xìyǔ

drizzly *a.* 细雨蒙蒙的 xìyǔ-méngméngde

droll *a.* 好笑的 hǎoxiàode；滑稽的 huájīde

drollery *n.* 笑话 xiàohua；滑稽举动 huájī jǔdòng；诙谐 huīxié

dromedary *n.* 单峰骆驼 dānfēng luòtuo

drone *n.* **1.** 雄蜂 xióngfēng = male honey-bee **2.** 懒汉 lǎnhàn = lazy fellow **3.** 无人驾驶飞机 wúrén jiàshǐ fēijī = pilotless remote-controlled airplane

droop *v.*（树枝、头等）下垂（shùzhī、tóuděng）xiàchuí；（草木）枯萎（cǎomù）kūwěi：The flowers were ～ing for want of water. 这些花因缺水而垂萎。Zhèxiē huā yīn quēshuǐ ér chuíwěi. *n.* 下垂 xiàchuí

drop *n.* **1.** 滴 dī；点滴 diǎndī：There were a few ～s of rain. 下了几滴雨。Xiàle jǐdī yǔ. / It is but a ～ in the ocean. 这不过是沧海一粟。Zhè búguò shì cānghǎi-yísù. **2.** 落下 luòxià；滴下 dīxià；降落 jiàngluò：The falls have a ～ of 300 feet. 那瀑布一泻三百呎。Nà pùbù yíxiè sānbǎi chǐ. *v.* **1.** 滴 dī；滴下 dīxià：～ medicine 滴药水 dīyàoshuǐ **2.** 漏掉 lòudiào：The typesetter has ～ped a letter here. 排字工人在这里漏掉一个字母。Páizì gōngrén zài zhèlǐ lòudiào yíge zìmǔ. **3.** 丢下 diūxià；放下 fàngxià：He ～ped a letter in the mailbox. 他将信投入信箱。Tā jiāng xìn tóurù xìnxiāng. **4.** 射落 shèluò；打下 dǎxià：He ～ped a bird. 他打落一只鸟。Tā dǎluò yìzhī niǎo. **5.** 透露 tòulù；写寄 xiějì：Please ～ me a line. 请有便给我写信。Qǐng yǒubiàn gěi wǒ xiěxìn. // ～ across a person 碰见 pèngjiàn / ～ asleep 睡着 shuìzháo / ～ away 走掉 zǒudiào / ～ behind 落后 luòhuò / ～ down（人）倒下（rén）dǎoxià；（风等）停止（fēng děng）tíngzhǐ / ～ in 偶然过访 ǒurán guòfǎng / ～ off 散去 sānqù；睡着 shuìzháo / ～ out 退出 tuìchū

droplet *n.* 小滴 xiǎodī

dropsy *n.* 水肿 shuǐzhǒng；浮肿 fúzhǒng

dross *n.* **1.** 浮渣 fúzhā * in metallurgy **2.** 渣滓 zhāzǐ；废物 fèiwù = rubbish；杂质 zázhì = impurities

drought *n.* 旱灾 hànzāi；干旱 gānhàn = dryness；（长期的）缺乏（chángqīde）quēfá = lack：combat ～ 抗旱 kànghàn

drove *n.* 畜群 chùqún = flock：a ～ of cattle 一群牛 yìqún niú；人群 rénqún = crowd：～s of sightseers 一群群游览者 yìqúnqún yóulǎnzhě

drover *n.* 赶牲口的人 gǎn shēngkoude rén = driver of droves；牛贩子 niúfànzi = cattle dealer

drown *v.* **1.** 淹死 yānsǐ；淹没 yānmò：Do cats ～ easily? 猫容易淹死吗？Māo róngyì yānsǐma? / The crops were ～ed by the heavy rainfall. 庄稼被大雨淹没了。Zhuāngjia bèi dàyǔ yānmòle. **2.** 使沉溺于 shǐ chénnì yú：He is ～ed in love. 他沉溺于爱情之中。Tā chénnì yú àiqíng zhīzhōng.

drowning *n.* 淹死 yānsǐ；溺水 nìshuǐ：He narrowly escaped ～. 他险些儿淹死。Tā xiǎnxiēr yānsǐ.

drowse *v.* **1.** 打瞌睡 dǎ kēshuì；昏昏欲睡 hūnhūn-yùshuì：～ away a hot afternoon 一个炎热的下午都在打瞌睡 yíge yánrède xiàwǔ dōuzài dǎkēshuì **2.** ～ away one's time 混日子 hùn rìzi

drowsy *a.* **1.** 困 kùn；瞌睡的 kēshuìde = sleepy **2.** 催眠的 cuīmiánde = lulling

drub *v.* **1.** 棒打 bàngdǎ = beat **2.** 跺 duò：～ the feet 跺脚 duòjiǎo

drudge *v.* 做苦工 zuò kǔgōng = work hard at a distasteful task *n.* 做苦工的人 zuò kǔgōngde rén = one who ~s

drudgery *n.* 苦工 kǔgōng；单调辛苦的工作 dāndiào xīnkǔde gōngzuò

drug *n.* **1.** 药物 yàowù；药 yào：The ~ allayed his fever. 这药使他退烧。Zhèyào shǐ tā tuìshāo. **2.** 麻醉药 mázuìyào；毒品 dúpǐn：The ~ is banned. 取缔了这种毒品。Qǔdìle zhèzhǒng dúpǐn. *v.* (使)服麻醉药 (shǐ) fú mázuìyào：be ~ged against pain 服麻醉药止痛 fú mázuìyào zhǐtòng

druggist *n.* **1.** 药商 yàoshāng = one who sells drugs **2.** 药剂师 yàojìshī = pharmaceutist

drugstore *n.* 药品商店 yàopǐn shāngdiàn

drum *n.* **1.** 鼓 gǔ：beating a ~ 敲鼓 qiāogǔ **2.** 鼓声 gǔshēng = sound of ~；击鼓般的声音 jīgǔbānde shēngyīn = ~-like sound：the roll of ~s 隆隆的鼓声 lónglóngde gǔshēng / the ~ of fingers on a table 手指在桌子上敲击的咚咚声 shǒuzhǐ zài zhuōzishang qiāojīde dōngdōngshēng **3.** 圆桶 yuántǒng = barrel：Mineral oil is shipped in large ~s. 矿物油是用大圆桶装运的。Kuàngwùyóu shì yòng dà yuántǒng zhuāngyùnde. *v.* 击鼓 jīgǔ；咚咚地敲 dōngdōngde qiāo：~ with one's fingers on the table 用手指咚咚地敲击桌子 yòng shǒuzhǐ dōngdōngde qiāojī zhuōzi

drummer *n.* 鼓手 gǔshǒu

drumstick *n.* 鼓槌 gǔchuí

drunk *a.* **1.** 醉 zuì；喝醉的 hēzuìde：He was dead ~ yesterday. 他昨天喝得酩酊大醉。Tā zuótiān hēde mǐngdǐng dàzuì. **2.** 陶醉于 táozuìyú：The general was ~ with success. 那位将军为成功而陶醉。Nàwèi jiāngjūn wèi chénggōng ér táozuì. *n.* 醉汉 zuìhàn = drunken man；酒醉 jiǔzuì = drunkenness

drunkard *n.* 酒鬼 jiǔguǐ；醉汉 zuìhàn：play the ~ 发酒疯 fājiǔfēng

drunken *a.* 醉的 zuìde

dry *a.* **1.** 干燥 gānzào；干的 gānde：the ~ season 干旱期 gānhànqī **2.** 口渴的 kǒukěde = thirsty **3.** 枯燥无味的 kūzào wúwèide = dull：The book was as ~ as dust. 这本书枯燥无味。Zhèběn shū kūzào wúwèi. *v.* 使干 shǐgān；变干 biàngān；干涸 gānhé：The ink dries quickly. 这种墨水干得快。Zhèzhǒng mòshuǐ gānde kuài.

dry-clean *v.* 干洗 gānxǐ

dryer *n.* **1**. 干燥剂 gānzàojì；催干剂 cuīgānjì = agent that keeps … dry **2**. 干燥器 gānzàoqì = appliance that removes moisture

dryly *ad*. 干巴巴地 gānbābāde = dully；冷淡地 lěngdànde = coldly (in manner)

dry-nurse *n*. 保姆 bǎomǔ

dual *a*. 双的 shuāngde；双重 shuāngchóng；对偶的 duì'ǒude：~ nature 双重性 shuāngchóngxìng *n*. 双数 shuāngshù

dub[1] *v*. **1**. 用剑拍肩封(某人为爵士) yòng jiàn pāi jiān fēng (mǒurén wéi juéshì) = confer knighthood **2**. 给…起外号 gěi … qǐ wàihào = give name (title) to

dub[2] *v*. (电影)配音 (diànyǐng) pèiyīn：~ an English film in Chinese 将英语电影用汉语配音 jiāng Yīngyǔ diànyǐng yòng Hànyǔ pèiyīn *n*. (电影)配音 (diànyǐng) pèiyīn

dubious *a*. **1**. 疑惑的 yíhuòde；可疑的 kěyíde **2**. 含糊 hánhu = not clear

duchess *n*. 公爵夫人 gōngjué fūrén = duke's wife or widow；女公爵 nǚ gōngjué * female

duchy *n*. 公爵领地 gōngjué lǐngdì；公国 gōngguó

duck[1] *v*. **1**. 潜一潜水 qiányiqián shuǐ；入水即出 rùshuǐ jíchū：He ~ed his head in the stream to get cool. 他把头浸在溪水中凉一凉。Tā bǎ tóu jìnzài xīshuǐzhōng liángyiliáng. **2**. 急忙低一低(头) jímáng dīyidī (tóu)；闪避 shǎnbì：He ~ed so well that we couldn't hit him. 他闪避得很好，我们不能击中他。Tā shǎnbìde hěnhǎo，wǒmen bùnéng jīzhòng tā. *n*. **1**. 一潜 yìqián；一浸 yíjìn **2**. 闪避 shǎnbì **3**. 水陆两用车辆 shuǐlù liǎngyòng chēliàng = amphibious car

duck[2] *n*. 鸭(子) yā(zi)；家鸭 jiāyā = swimming bird：The ~ quacks. 鸭子嘎嘎叫。Yāzi gāgā jiào.

duckbill *n*. 鸭嘴兽 yāzuǐshòu

duckling *n*. 小鸭 xiǎoyā

duct *n*. **1**. 输送管 shūsòngguǎn = channel **2**. 导管 dǎoguǎn = tube

ductile *a*. **1**. 可伸展的 kěshēnzhǎnde；可锻的 kěduànde = capable of being drawn into wire **2**. 顺从的 shùncóngde = docile // ductility *n*.

ductless *a*. 无管的 wúguǎnde：~ gland 内分泌腺 nèifēnmìxiàn

dudgeon *n*. 愤怒 fènnù；愤恨 fènhèn：We left in high ~. 我们极其愤怒地离开了。Wǒmen jíqí fènnùde líkāile.

due *a*. **1**. 应支付的 yīng zhīfùde；到期的 dàoqīde：The rent falls ～ tomorrow. 明天应付房租了。Míngtiān yīngfù fángzūle. **2**. 预定应到的 yùdìng yīngdàode；预定的 yùdìngde：When is the steamer ～？轮船什么时候到？Lúnchuán shénme shíhou dào？**3**. 应有的 yīngyǒude；适当的 shìdàngde：Respect is ～ to older people. 年长者应受到尊敬。Niánzhǎngzhě yīng shòudào zūnjìng. **4**. be ～ to 由于 yóuyú：His death is ～ to heart disease. 他由于心脏病而死。Tā yóuyú xīnzàngbìng ér sǐ. *ad*. 正（南、北等）zhèng（nán、běi děng）：sail ～ east 向正东航行 xiàng zhèngdōng hángxíng *n*. **1**. 应得物 yīngdéwù；应得权力 yīngdé quánlì：Even though he had once cheated me，I gave him his ～. 虽然他一度欺骗过我，我仍公平待他。Suīrán tā yídù qīpiànguo wǒ，wǒ réng gōngpíng dài tā. **2**. 应付款 yīngfùkuǎn；税 shuì；费用 fèiyong：I have paid my club ～s. 我已交了俱乐部会费。Wǒ yǐ jiāole jùlèbù huìfèi.

duel *n*. 决斗 juédòu：fight a ～ with a person 与某人决斗 yǔ mǒurén juédòu / an artillery ～ 炮战 pàozhàn *v*. 决斗 juédòu

duelist *n*. 决斗者 juédòuzhě

duet *n*. 二重奏（唱）曲 èrchóngzòu（chàng）qǔ = musical composition for two instruments（voices）

duffer *n*. **1**. 笨蛋 bèndàn = stupid person **2**. 假货 jiǎhuò = sth. fake

dug-out *n*. **1**. 防空洞 fángkōngdòng = underground shelter **2**. 独木舟 dúmùzhōu = canoe

duke *n*. 公爵 gōngjué

dukedom *n*. **1**. 公爵领地 gōngjué lǐngdì = territory of a duke **2**. 公爵爵位 gōngjué juéwèi = dignity of duke

dulcet *a*. 悦耳的 yuè'ěrde；美妙的 měimiàode；悠扬的 yōuyángde

dulcimer *n*. 洋琴 yángqín

dull *a*. **1**. 呆笨的 dāibènde；迟钝的 chídùnde：be ～ in appearance 模样迟钝 múyàng chídùn / be ～ of comprehension 理解迟钝 lǐjiě chídùn **2**. 不景气的 bùjǐngqìde：Business is deplorably ～. 生意极为清淡。Shēngyi jíwéi qīngdàn. **3**. 单调的 dāndiàode = monotonous **4**. 模糊 móhu；隐约 yǐnyuē：I feel a ～ pain. 我感到隐痛。Wǒ gǎndào yǐntòng. **5**. 阴沉 yīnchén：The weather is ～. 天气阴沉。Tiānqì yīnchén. **6**. 钝的 dùnde = blunt *v*. **1**. 变钝 biàndùn；弄钝 nòngdùn：What a dull knife！Somebody must have ～ed it. 好钝的刀！一定有人把它弄钝了。

Hǎo dùnde dāo! Yīdìng yǒu rén bǎ tā nòngdùnle. **2.** 减轻(苦痛等) jiǎnqīng(kǔtòng děng): Some drugs ~ pain. 有些药能止痛。Yǒuxiē yào néng zhǐtòng.

dullard *n.* 笨蛋 bèndàn

duly *ad.* **1.** 正好 zhènghǎo; 及时地 jíshíde: Your letter ~ reached us. 来信及时收到了。Láixìn jíshí shōudàole. **2.** 相当地 xiāngdāngde; 恰当地 qiàdàngde: Old people have reasons to be ~ respected. 年长者理应受到相当的尊敬。Niánzhǎngzhě lǐyīng shòudào xiāngdāngde zūnjìng.

dumb *a.* **1.** 哑的 yǎde: He has been ~ from birth. 他生来就哑。Tā shēnglái jiù yǎ. **2.** 沉默的 chénmòde = remain silent: He is ~ on this subject. 他对这个问题保持沉默。Tā duì zhège wèntí bǎochí chénmò. **3.** 愚笨的 yúbènde = stupid

dumb-bell *n.* 哑铃 yǎlíng

dum(b)-found *v.* 使(人)目瞪口呆 shǐ (rén) mùdèng-kǒudāi; 使(人)发愣 shǐ (rén) fālèng

dumb-waiter *n.* 自动回转式食品架 zìdòng huízhuǎnshì shípǐnjià

dummy *n.* **1.** 哑子 yǎzi = dumb person **2.** 模造物 mózàowù = a copy of sth.: a baby's ~ 橡皮奶头 xiàngpí nǎitóu / a tailor's ~ 时装模特儿 shízhuāng mótèr; 人体架子 réntǐ jiàzi **3.** 傀儡 kuǐlěi = puppet

dump *v.* **1.** 倾倒(垃圾等) qīngdào (lājī děng); 倾卸 qīngxiè: Where can I ~ this rubbish? 我将垃圾倒在什么地方? Wǒ jiāng lājī dàozài shénme dìfang? **2.** 倾销 qīngxiāo = sell at very low price *n.* **1.** 垃圾堆 lājīduī; 垃圾场 lājīchǎng = heap of garbage **2.** 补给品堆积所 bǔjǐpǐn duījīsuǒ * depot

dumpling *n.* 汤团 tāngtuán; 包子 bāozi

dumps *n.* 忧郁 yōuyù; 郁闷 yùmèn

dun *v.* 催讨 cuītǎo: The debt-collector kept ~ning me for the rent. 收帐人一直催逼我缴租费。Shōuzhàngrén yìzhí cuībī wǒ jiǎo zūfèi. *n.* **1.** 讨债人 tǎozhàirén = one who ~s **2.** 催讨 cuītǎo; 催债 cuīzhài = act of dunning

dunce *n.* **1.** 笨人 bènrén = dullard **2.** 低能儿 dīnéng'ér = one who is slow at learning

dune *n.* (海边)沙丘 (hǎibiān) shāqiū

dung *n.* **1.** 兽粪 shòufèn = excrement of animals; 牛粪 niúfèn * of cattle

2. 粪肥 fènféi = manure：cart ～ 用车装运粪肥 yòng chē zhuāngyùn fènféi

dungeon *n.* 地牢 dìláo

dunghill *n.* 粪堆 fènduī：Every cock crows on its own ～. 山中无老虎，猴子也称王。Shānzhōng wú lǎohǔ，hóuzi yě chēngwáng.

dupe *n.* 容易受骗的人 róngyì shòupiànde rén *v.* 欺骗 qīpiàn；哄骗 hǒngpiàn

duple *a.* 1. 二倍的 èrbèide = double 2. 二拍子的 èrpāizide * music

duplex *a.* 双 shuāng；加倍的 jiābèide：a ～ lamp 双芯灯 shuāngxīndēng

duplicate *a.* 1. 二重的 èrchóngde；成对的 chéngduìde 2. 副的 fùde：a ～ letter 信件副本 xìnjiàn fùběn *n.* 1. 副本 fùběn；完全一样的东西 wánquán yíyàngde dōngxi：We mailed the letter but kept a ～. 我们寄出了信，但留有副本。Wǒmen jìchūle xìn，dàn liúyǒu fùběn. 2. 一式二份 yíshì èrfèn：Type the letter in ～. 将这封信打成一式两份。Jiāng zhèfēngxìn dǎchéng yíshì liǎngfèn. *v.* 复印 fùyìn；复制 fùzhì：Can you ～ the key for me? 你能帮我复制这把钥匙吗？Nǐ néng bāng wǒ fùzhì zhèbǎ yàoshima?

duplicity *n.* 不诚实 bùchéngshí = deceitfulness；言行不一 yánxíngbùyī = deed does not match speech

durable *a.* 耐久的 nàijiǔde = lasting；耐用的 nàiyòngde = that can be used for a long time：～ cloth 经穿的布 jīngchuānde bù / a ～ friendship 永恒的友谊 yǒnghéngde yǒuyì *n.* 耐用品 nàiyòngpǐn：Automobiles, refrigerators and washing machines are "consumer ～s". 汽车、电冰箱和洗衣机是"耐用消费品"。Qìchē、diànbīngxiāng hé xǐyījī shì "nàiyòng xiāofèipǐn".

durance *n.* 监禁 jiānjìn：in ～ 监禁中 jiānjìnzhōng

duration *n.* 1. 耐久 nàijiǔ；持久 chíjiǔ：Thus ended a journey of fifty days' ～. 为期五十天的旅行就这样结束了。Wéiqī wǔshí tiānde lǚxíng jiù zhèyàng jiéshùle. 2. 持续时间 chíxù shíjiān；期间 qījiān：No vacations for the ～ of the war. 在非常时期内概无假期。Zài fēicháng shíqīnèi gàiwú jiàqī.

duress(e) *n.* 1. 监禁 jiānjìn = imprisonment 2. 强迫 qiǎngpò；协迫 xiépò = coercion：under ～ 在强迫之下 zài qiǎngpò zhīxià

during *prep.* 在…期间 zài … qījiān；在…的时候 zài … de shíhou：He called ～ my absence. 我不在时他来看过我。Wǒ bú zàishí tā lái kànguo wǒ.

dusk *n*. **1**. 黄昏 huánghūn；暮色 mùsè：The ～ was coming early. 黄昏来得很早。Huánghūn láide hěnzǎo. **2**. 昏暗 hūn'àn：She was invisible in the ～ of the room. 她在昏暗的房间里，别人看不见她。Tā zài hūn'ànde fángjiānli，biérén kànbujiàn tā.

dusky *a*. **1**. 灰黑的 huīhēide = dark **2**. 阴暗的 yīn'ànde = dim **3**. 忧郁的 yōuyùde = gloomy

dust *n*. **1**. 灰尘 huīchén；微尘 wēichén：The ～ was blown about by the wind. 风吹得尘土到处飞扬。Fēng chuīde chéntǔ dàochù fēiyáng. **2**. 粉末 fěnmò = powder：gold ～ 金粉 jīnfěn / ～coal 煤末 méimò **3**. 钱 qián；现金 xiànjīn = cash：Down with your ～. 拿出钱来！Náchū qián lái！ *v*. **1**. 去掉…的灰尘 qùdiào …de huīchén；打扫（灰尘）dǎosǎo（huīchén）：She ～ed down the furniture. 她掸掉家具上的尘土。Tā dǎndiào jiājùshangde chéntǔ. **2**. 把…弄成粉末 bǎ … nòngchéng fěnmò = make into powder **3**. 撒（粉末）sǎ（fěnmò）= spread：～ sugar on a cake 把糖撒在饼上 bǎ táng sǎ zài bǐngshang

dust-bin *n*. 垃圾箱 lājīxiāng

duster *n*. **1**. 掸子 dǎnzi：She held her feather ～ by the handle. 她握住鸡毛掸子的柄。Tā wòzhù jīmáo dǎnzide bǐng. **2**.（防尘）风衣（fángchén）fēngyī：a light spring ～ of women's wear 妇女穿的春季轻便风衣 fùnǚ chuānde chūnjì qīngbiàn fēngyī

dust-pan *n*. 簸箕 bòji

dusty *a*. **1**. 满是灰尘的 mǎnshì huīchénde = full of dust **2**. 浅灰色的 qiǎnhuīsède

Dutch *a*. 荷兰的 Hélánde；荷兰式的 Hélánshìde：～ courage 酒后勇士 jiǔhòu yǒngshì / a ～ treat 聚餐 jùcān *n*. 荷兰人 Hélánrén = Dutchman；荷兰语 Hélányǔ * language // double ～ 莫名其妙的话 mòmíng-qímiàode huà

Dutchman *n*. **1**. 荷兰人 Hélánrén = Hollander **2**. 荷兰船 Hélán chuán = Dutch ship

duteous *a*. 尽职的 jìnzhíde = dutiful；顺从的 shùncóngde = obedient

dutiable *a*. 完税的 wánshuìde：a ～ price 完税价格 wánshuì jiàgé

dutiful *a*. 尽本分的 jìn běnfènde = willing to serve；恭敬的 gōngjìngde

= respectful

duty *n.* **1**. 本分 běnfèn；义务 yìwù；责任 zérèn：Never forget our ～ to our motherland. 切勿忘了我们对祖国的义务。Qièwù wàngle wǒmen duì zǔguóde yìwù. / The committee carried out the duties entrusted to it. 委员会履行了赋予它的职责。Wěiyuánhuì lǚxíngle fùyǔ tāde zhízé. **2**. 孝顺 xiàoshùn；敬意 jìngyì = respect：play one's ～ to 向…表示敬意 xiàng … biǎoshì jìngyì **3**. 税 shuì；关税 guānshuì * customs：New duties will be imposed on wine and spirits. 酒类将加征新税。Jiǔlèi jiāng jiāzhēng xīnshuì.

duty-free *a.* 免税的 miǎnshuìde

dwarf *n.* 矮子 ǎizi；侏儒 zhūrú：The ～ sees farther than the giant, when he has the giant's shoulders to mount on. 有巨人肩膀可攀缘，侏儒看得比巨人还要远。Yǒu jùrén jiānbǎng kě pānyuán, zhūrú kànde bǐ jùrén háiyào yuǎn. *a.* 矮小的 ǎixiǎode；短小的 duǎnxiǎode = short *v.* 使显得矮小（不重要、逊色）shǐ xiǎnde ǎixiǎo (búzhòngyào、xùnsè)：buildings ～ed by the surrounding hills 因四周的山丘而显得低矮的建筑物 yīn sìzhōude shānqiū ér xiǎnde dī'ǎide jiànzhùwù

dwarfish *a.* 矮小的 ǎixiǎode

dwell *v.* **1**. 居住 jūzhù：They ～ in the city but work in the country. 他们住在城里，但在乡下工作。Tāmen zhùzài chéngli, dàn zài xiāngxia gōngzuò. **2**. 详述 xiángshù；细想 xìxiǎng：The speaker dwelt especially on the great need for teachers. 演讲者特别谈到了教师奇缺问题。Yǎnjiǎngzhě tèbié tándàole jiàoshī qíquē wèntí.

dweller *n.* 居住者 jūzhùzhě；居民 jūmín：Few city ～s are priviledged to enjoy it. 没有多少城市居民有权享受它。Méiyǒu duōshao chéngshì jūmín yǒuquán xiǎngshòu tā.

dwelling *n.* 住所 zhùsuǒ；住宅 zhùzhái

dwindle *v.* 缩小 suōxiǎo = shrink；减少 jiǎnshǎo = decrease；衰落 shuāiluò = decline

dye *v.* 染 rǎn；染上颜色 rǎnshàng yánsè：This cloth ～s easily. 这种布好染。Zhèzhǒng bù hǎo rǎn. *n.* 染料 rǎnliào；染色 rǎnsè：The stuff takes ～ well. 这种织物很好染。Zhèzhǒng zhīwù hěnhǎo rǎn.

dyeing *n.* **1**. 染色 rǎnsè **2**. 染业 rǎnyè * industry *a.* 染色的 rǎnsède

dyer *n.* 染工 rǎngōng

dyestuff *n.* 染料 rǎnliào

dying *a.* 快死的 kuàisǐde；垂死的 chuísǐde；临终的 línzhōngde：a ～ man 快死的人 kuàisǐde rén / ～ words 临终遗言 línzhōng yíyán

dynamic *a.* 动力的 dònglìde；动力学的 dònglìxuéde；动态的 dòngtàide：～ economics 动态经济学 dòngtài jīngjìxué / ～ engineering 机械学 jīxièxué *n.* 动力 dònglì；原动力 yuándònglì

dynamics *n.* **1.** 力学 lìxué；动力学 dònglìxué ＊ branch of physics **2.** 动力 dònglì；原动力 yuándònglì ＝ physical force

dynamite *n.* 炸药 zhàyào

dynamo *n.* （发）电机（fā）diànjī：The ～ is generating electricity. 发电机在发电。Fādiànjī zài fādiàn.

dynamometer *n.* **1.** 测力计 cèlìjì **2.** 功率计 gōnglǜjì

dynamotor *n.* 电动发电机 diàndòng fādiànjī

dynastic *a.* 王朝的 wángcháode；朝代的 cháodàide

dynasty *n.* 王朝 wángcháo；朝代 cháodài

dyne *n.* 达因（力的单位）dáyīn（lìde dānwèi）

dysentery *n.* 痢疾 lìji

dyspepsia *n.* 消化不良 xiāohuà bùliáng

dyspeptic *a.* 消化不良的 xiāohuà bùliángde *n.* 患消化不良症的人 huàn xiāohuà bùliáng zhèngde rén ＊ the patient

dystrophy *n.* 营养不良 yíngyǎng bùliáng

E

each *a.* 每一 měiyī；各 gè；各自 gèzì：E- student has a dictionary. 每个学生有一本词典。Měige xuésheng yǒu yìběn cídiǎn. / There is a line of trees on ～ side of the river. 河两边各有一行树。Hé liǎngbiān gè yǒu yìháng shù. *pron.* 每个 měige；各 gè；各自 gèzì：He gave two apples to ～. 他给每人两个苹果。Tā gěi měirén liǎngge píngguǒ. / E- has his merits. 各有所长。Gèyǒu-suǒcháng. // ～ other 互相 hùxiāng；彼此 bǐcǐ：They love ～ other. 他们相亲相爱。Tāmen xiāngqīn-xiāng'ài.

eager *a.* 渴望的 kěwàngde；热切的 rèqiède：be ～ for knowledge 渴求知识 kěqiú zhīshi / He is ～ for success. 他渴望成功。Tā kěwàng chénggōng. / be ～ about one's studies 热心学习 rèxīn xuéxí // ～ly

ad. 热心地 rèxīnde；热切地 rèqiède
eagle *n*. 鹰 yīng
eaglet *n*. 小雕 xiǎodiāo
ear[1] *n*. **1**. 耳朵 ěrduo **2**. 听觉 tīngjué；听力 tīnglì：have an ～ for music 有欣赏音乐的能力 yǒu xīnshǎng yīnyuède nénglì **3**. 倾听 qīngtīng：be all ～s 专心倾听 zhuānxīn qīngtīng
ear[2] *n*. 穗 suì：～s of wheat 麦穗 màisuì
eardrum *n*. 耳鼓 ěrgǔ；鼓膜 gǔmó
earl *n*. 伯爵 bójué
earldom *n*. 伯爵爵位 bójué juéwèi
earlobe *n*. 耳垂 ěrchuí
early *a*. & *ad*. **1**. 早的 zǎode：～ morning 清晨 qīngchén / He gets up ～. 他起床起得早。Tā qǐchuáng qǐdezǎo. **2**. 初期 chūqī：the ～ part of this century 本世纪初期 běn shìjì chūqī / in the ～ summer 初夏 chūxià
earmark *n*. **1**. 耳戳 ěrchuō **2**. 记号 jìhào；特征 tèzhēng *v*. 指定款项专用 zhǐdìng kuǎnxiàng zhuānyòng
earn *v*. **1**. 挣得 zhèngdé；赚得 zhuàndé：～ a salary 挣工资 zhèng gōngzī / ～ one's living 谋生 móushēng **2**. 赢得 yíngdé；博得 bódé：～ our praise 赢得我们的赞扬 yíngdé wǒmende zànyáng
earnest[1] *a*. 认真的 rènzhēnde；热切的 rèqiède：an ～ student 刻苦用功的学生 kèkǔ yònggōngde xuésheng *n*. 认真 rènzhēn；诚挚 chéngzhì // in ～ 认真地 rènzhēnde；热切地 rèqiède：speak in ～ 认真地说 rènzhēnde shuō
earnest[2] *n*. 保证金 bǎozhèngjīn
earnings *n*. 收入 shōurù
earphone *n*. 耳机 ěrjī
earpiece *n*. 耳机 ěrjī；听筒 tīngtǒng
earring *n*. 耳环 ěrhuán
earshot *n*. 听力范围 tīnglì fànwéi：They are within ～ of the siren. 他们那儿听得见汽笛声。Tāmen nàr tīngdejiàn qìdíshēng.
earth *n*. **1**. 地球 dìqiú：They returned from the moon to the ～. 他们从月球返回地球。Tāmen cóng yuèqiú fǎnhuí dìqiú. **2**. 大地 dàdì；地面 dìmiàn ＝ ground **3**. 土壤 tǔrǎng；泥土 nítǔ ＝ soil
earthen *a*. 土制的 tǔzhìde；陶制的 táozhìde

earthenware *n.* 陶器 táoqì
earthling *n.* 凡人 fánrén；俗人 súrén
earthliness *n.* 世俗 shìsú；尘世 chénshì
earthly *a.* **1.** 世俗的 shìsúde；现世的 xiànshìde：～ possessions 世俗的财物 shìsúde cáiwù / ～ joys 人世间的快乐 rēnshìjiānde kuàilè **2.** 可能的 kěnéngde：He hasn't an ～ chance of winning. 他根本不可能赢。Tā gēnběn bùkěnéng yíng.
earthquake *n.* 地震 dìzhèn
earthwork *n.* 土方工程 tǔfāng gōngchéng
earthworm *n.* 蚯蚓 qiūyǐn
earthy *a.* 土的 tǔde；土壤的 tǔrǎngde
ear-trumpet *n.* 助听筒 zhùtīngtǒng
ease *n.* **1.** 舒适 shūshì；悠闲 yōuxián；自在 zìzai：to lead a life of ～ 过悠闲的生活 guò yōuxiánde shēnghuó **2.** 容易 róngyì；不费劲 búfèijìn：He jumped the wall with ～. 他很容易地跳过了那堵墙。Tā hěn róngyìde tiàoguole nàdǔqiáng. *v.* **1.** 减轻 jiǎnqīng；缓解 huǎnjiě：The pain has ～d. 痛苦已减轻。Tòngkǔ yǐ jiǎnqīng. **2.** 放松 fàngsōng；减低速度 jiǎndī sùdù：～ the speed of a boat 放慢船的速度 fàngmàn chuánde sùdù **3.** 小心移动 xiǎoxīn yídòng：They ～d the piano into place. 他们小心地把钢琴放好。Tāmen xiǎoxīnde bǎ gāngqín fànghǎo.
easel *n.* 画架 huàjià；黑板架 hēibǎnjià
easily *ad.* **1.** 容易地 róngyìde；不费力地 búfèilìde：I can ～ finish it today. 今天我能不费力地完成它。Jīntiān wǒnéng búfèilìde wánchéng tā. **2.** 毫无疑问地 háowú-yíwènde；无疑地 wúyíde：She is ～ the cleverest girl in the class. 她无疑是班里最聪明的女生。Tā wúyí shì bānli zuì cōngmingde nǚshēng.
east *n.* **1.** 东方 dōngfāng；东 dōng：The sun rises in the ～. 太阳在东方升起。Tàiyáng zài dōngfāng shēngqǐ. **2.** 东部 dōngbù；东部地区 dōngbù dìqū：the Far (Middle, Near) E- 远(中、近)东 Yuǎn (Zhōng、Jìn) Dōng *ad.* 向东 xiàngdōng；朝东 cháodōng：The room faces ～. 这房间朝东。Zhè fángjiān cháodōng. / go ～ 向东走 xiàng dōng zǒu *a.* 东方的 dōngfāngde；从东方来的 cóng dōngfāng láide：an ～ wind 东风 dōngfēng

Easter *n.* 复活节 Fùhuójié

easterly *a.* **1.** 向东方的 xiàng dōngfāngde **2.** 从东方来的 cóng dōngfāng láide

eastern *a.* 东方的 dōngfāngde：the E- Hemisphere 东半球 Dōngbànqiú

eastward *a.* 朝东的 cháodōngde；向东的 xiàngdōngde：an ～ journey 去东方的旅行 qù dōngfāngde lǚxíng

easy *a.* **1.** 容易的 róngyìde：The work is ～. 这项工作容易。Zhèxiàng gōngzuò róngyì. **2.** 舒适的 shūshìde：an ～ life 舒适的生活 shūshìde shēnghuó **3.** 安心 ānxīn：with an ～ mind 放心 fàngxīn **4.** 从容的 cōngróngde：～ manners 从容的态度 cōngróngde tàidu *ad.* 容易 róngyì；悠然 yōurán：go ～ 从容不迫 cōngróng-búpò / Take it ～！别紧张！Bié jǐnzhāng!

easychair *n.* 安乐椅 ānlèyǐ

easy-going *a.* 悠闲的 yōuxiánde；随和的 suíhede：He's an ～ person. 他是个随和的人。Tā shìge suíhede rén.

eat *v.* **1.** 吃 chī；喝 hē：～ bread 吃面包 chī miànbāo / ～ soup 喝汤 hētāng **2.** 腐蚀 fǔshí：Acids ～ metals. 酸腐蚀金属。Suān fǔshí jīnshǔ. // ～ one's words 食言 shíyán

eatable *a.* 可吃的 kěchīde *n.* 食物 shíwù；食品 shípǐn

eater *n.* 吃…的人 chī…de rén：He's a big ～. 他是个食量很大的人。Tā shìge shíliàng hěndàde rén.

eating-house *n.* 饮食店 yǐnshídiàn；餐馆 cānguǎn

eaves *n.* 屋檐 wūyán

eavesdrop *v.* 偷听 tōutīng；窃听 qiètīng

eavesdropper *n.* 偷听的人 tōutīngde rén

ebb *v.* & *n.* **1.** 退潮 tuìcháo；落潮 luòcháo：The tide is on the ～. 潮水在退落。Cháoshuǐ zài tuìluò. **2.** 衰落 shuāiluò；衰退 shuāituì：Business is at a low ～. 商业很不景气。Shāngyè hěn bùjǐngqì. / His strength was ～ing. 他的体力正在衰退。Tāde tǐlì zhèngzài shuāituì.

ebonite *n.* 硬橡胶 yìngxiàngjiāo

ebony *n.* 乌木 wūmù *a.* 乌木制的 wūmùzhìde；乌木色的 wūmùsède * of color；漆黑的 qīhēide * black color

ebullition *n.* 沸腾 fèiténg

eccentric *a.* **1.** 古怪的 gŭguàide；不正常的 búzhèngchángde：～ behavior 古怪的行为 gŭguàide xíngwéi **2.** 离心的 líxīnde；不同心的 bùtóngxīnde ∗ or mathematics

eccentricity *n.* 古怪 gŭguài；怪癖 guàipĭ

ecclesiastic *n.* 牧师 mùshī；传教士 chuánjiàoshì

ecclesiastical *a.* 基督教会的 jīdūjiàohuìde：～ music 教堂音乐 jiàotáng yīnyuè

echelon *n.* 梯队 tīduì

echo *n.* 回声 huíshēng；反响 fănxiăng *v.* **1.** 发出回声 fāchū huíshēng：His voice ～ed round the empty room. 他的声音在这空屋里发出回声。Tāde shēngyīn zài zhè kòngwūli fāchū huíshēng. **2.** 重复 chóngfù：She ～es everything I say. 她重复我说的每句话。Tā chóngfù wŏ shuōde měijù huà.

echo-sounder *n.* 回声测深仪 huíshēng cèshēnyí

echoic *a.* 回声的 huíshēngde；象声的 xiàngshēngde

eclectic *a.* 折中的 zhézhōngde *n.* 折中主义者 zhézhōngzhŭyìzhě

eclecticism *n.* 折中主义 zhézhōngzhŭyì

eclipse *n.* 食 shí；蚀 shí：lunar ～ 月食 yuèshí / total ～ 全食 quánshí *v.* 掩蔽 yănbì

ecology *n.* 生态学 shēngtàixué

econometrics *n.* 计量经济学 jìliàng jīngjìxué

economic *a.* **1.** 经济学的 jīngjìxuéde **2.** 经济的 jīngjìde：The country is in a bad ～ state. 这个国家的经济情况很差。Zhège guójiāde jīngjì qíngkuàng hěnchà. / an ～ policy 经济政策 jīngjì zhèngcè

economical *a.* 节约的 jiéyuēde；经济的 jīngjìde：an ～ person 节俭的人 jiéjiănde rén / an ～ stove 经济炉 jīngjìlú

economics *n.* 经济学 jīngjìxué

economist *n.* 经济学家 jīngjìxuéjiā

economize *v.* 节约 jiéyuē；节省 jiéshěng：～ in food 节约粮食 jiéyuē liángshi

economy *n.* **1.** 经济 jīngjì：national ～ 国民经济 guómín jīngjì **2.** 节约 jiéyuē；节省 jiéshěng：～ of time 节约时间 jiéyuē shíjiān *a.* 便宜的 piányide；经济的 jīngjìde：An ～ class air ticket costs much less. 经济舱飞机票价格要便宜得多。Jīngjìcāng fēijīpiào jiàgé yào piányide duō.

ecstasy *n.* 狂喜 kuángxǐ
ecstatic *a.* 狂喜的 kuángxǐde；入迷的 rùmíde
Ecuadorian *a.* 厄瓜多尔的 Èguāduō'ěrde
eczema *n.* 湿疹 shīzhěn
eddy *n.* 旋涡 xuánwō
edema *n.* 浮肿 fúzhǒng；水肿 shuǐzhǒng
Eden *n.* 伊甸园 Yīdiànyuán；乐园 lèyuán
edge *n.* **1.** 边 biān；边缘 biānyuán：the ～ of a lake 湖边 húbiān **2.** 刀口 dāokǒu；刃 rèn；锋 fēng：a knife with a sharp ～ 锋利的小刀 fēnglìde xiǎodāo *v.* **1.** 镶边 xiāngbiān；加边 jiābiān：～ a handkerchief with lace 给手绢镶上花边 gěi shǒujuàn xiāngshàng huābiān **2.** 慢慢移动 mànmàn yídòng；侧身移动 cèshēn yídòng：to ～ along a cliff 慢慢沿着悬崖的边缘走 mànmàn yánzhe xuányáde biānyuán zǒu / to ～ oneself through a crowd 侧身穿过人群 cèshēn chuānguò rénqún
edge-tool *n.* 利器 lìqì；有刃之物 yǒu rèn zhīwù
edgeways *ad.* 刀刃朝外地 dāorèn cháowàide；从旁边 cóng pángbiān
edging *n.* 边缘修饰 biānyuán xiūshì；镶边 xiāngbiān
edgy *a.* **1.** 紧张 jǐnzhāng：She's been a bit ～ lately. 近来她一直有点儿紧张。Jìnlái tā yìzhí yǒudiǎnr jǐnzhāng. **2.** 锋利的 fēnglìde ＝ sharp
edible *a.* 可以食用的 kěyǐ shíyòngde / ～ oil 食用油 shíyòngyóu
edict *n.* 敕令 chìlìng；布告 bùgào
edification *n.* 教导 jiàodǎo；启发 qǐfā
edifice *n.* 雄伟的建筑物 xióngwěide jiànzhùwù；大厦 dàshà
edify *v.* 开导 kāidǎo
edit *v.* **1.** 编辑 biānjí：～ a newspaper 编辑报纸 biānjí bàozhǐ **2.** 剪辑 jiǎnjí
edition *n.* **1.** 版本 bǎnběn：a paper-back ～ 平装本 píngzhuāngběn / a hard-back ～ 精装本 jīngzhuāngběn **2.** 版次 bǎncì：first ～ 初版 chūbǎn
editor *n.* 编辑 biānjí；编者 biānzhě：a chief ～ 主编 zhǔbiān
editorial *a.* 编辑的 biānjíde；编者的 biānzhěde：the ～ office 编辑部 biānjíbù *n.* 社论 shèlùn；编辑部文章 biānjíbù wénzhāng
editorialist *n.* 社论作家 shèlùn zuòjiā
editorship *n.* 编辑职位 biānjí zhíwèi；编辑工作 biānjí gōngzuò
educate *v.* **1.** 教育 jiàoyù：be ～d at school 在学校受教育 zài xuéxiào shòu

jiàoyù 2. 培养 péiyǎng；训练 xùnliàn = to train

education *n.* 1. 教育 jiàoyù：He has had a good ～. 他受过良好的教育。Tā shòuguo liánghǎode jiàoyù. / higher ～ 高等教育 gāoděng jiàoyù 2. 修养 xiūyǎng；教养 jiàoyǎng

educational *a.* 教育的 jiàoyùde：an ～ film 教育影片 jiàoyù yǐngpiàn

educationalist *n.* 教育家 jiàoyùjiā；教育工作者 jiàoyù gōngzuòzhě

educator *n.* 教育工作者 jiàoyù gōngzuòzhě

educe *v.* 引出 yǐnchū；发挥 fāhuī

eel *n.* 鳗 mán；鳝 shàn

eerie *n.* 可怕的 kěpàde；怪诞的 guàidànde：walking through the ～ woods 穿过可怕的树林 chuānguò kěpàde shùlín.

efface *v.* 抹去 mǒqù；消除 xiāochú

effect *n.* 1. 结果 jiéguǒ：cause and ～ 原因和结果 yuányīn hé jiéguǒ 2. 效果 xiàoguǒ；作用 zuòyòng：The medicine has no ～. 这药没有作用。Zhèyào méiyǒu zuòyòng. // come into ～ 生效 shēngxiào：The new law has come into ～. 新法律已经生效。Xīnfǎlǜ yǐjīng shēngxiào. / take ～ 见效 jiànxiào / in ～ 实际上 shíjìshang 3. 印象 yìnxiàng：sound ～s 音响效果 yīnxiǎng xiàoguǒ 4. [～s]财产 cáichǎn；家产 jiāchǎn *v.* 产生 chǎnshēng；引起 yǐnqǐ；促成 cùchéng：She ～ed several changes in the company. 她在公司里促成了好几项改革。Tā zài gōngsīli cùchéngle hǎojǐxiàng gǎigé.

effective *a.* 1. 有效的 yǒuxiàode：to take ～ measures 采取有效措施 cǎiqǔ yǒuxiào cuòshī 2. 实际的 shíjìde；实在的 shízàide：our ～ profit 我们的实际利润 wǒmende shíji lìrùn

effectual *a.* 有效地 yǒuxiàode：an ～ remedy 有效的治疗 yǒuxiàode zhìliáo

effeminacy *n.* 柔弱 róuruò；娇气 jiāoqì

effeminate *a.* 女人气的 nǚrénqìde；柔弱的 róuruòde

effervesce *v.* 1. 冒气泡 mào qìpào；起泡沫 qǐ pàomò 2. 兴高彩烈 xìnggāocǎiliè = to be lively

effete *a.* 衰老的 shuāilǎode；枯竭的 kūjiéde

efficacious *a.* 见效 jiànxiào；灵验的 língyànde：an ～ drug 灵药 língyào

efficacy *n.* 效能 xiàonéng；功效 gōngxiào

efficiency *n.* 效率 xiàolǜ：raise the ～ of labor 提高劳动效率 tígāo láodòng xiàolǜ

efficient *a*. **1**. 效率高的 xiàolǜgāode；有效的 yǒuxiàode：This new machine is more ～ than the old one. 这台新机器比那台旧的效率高。Zhètái xīn jīqì bǐ nàtái jiùde xiàolǜ gāo. **2**. 有能力的 yǒunénglìde；能胜任的 néng shèngrènde：an ～ lawyer 有本领的律师 yǒu běnlǐngde lǜshī

efficiently *ad*. 有效地 yǒuxiàode；有效率的 yǒuxiàolǜde

effigy *n*. 模拟像 mónǐxiàng：burn somebody in ～ 把某人的模拟像烧掉 bǎ mǒurénde mónǐxiàng shāodiào

effloresce *v*. 风化 fēnghuà

effluent *n*. 废水 fèishuǐ；污水 wūshuǐ

effort *n*. **1**. 努力 nǔlì；尽力 jìnlì：His ～s were successful. 他的努力获得了成功。Tāde nǔlì huòdéle chénggōng. / Thank you for your ～s to help me. 谢谢你尽力帮助我。Xièxiè nǐ jìnlì bāngzhù wǒ. **2**. 努力尝试 nǔlì chángshì；企图 qǐtú：make an ～ to escape 企图逃跑 qǐtú táopǎo **3**. 成就 chéngjiù；成果 chéngguǒ：a fine literary ～ 文学上的杰作 wénxuéshangde jiézuò

effortless *a*. 不费力的 bùfèilìde；容易的 róngyìde

effrontery *n*. 厚颜无耻 hòuyán-wúchǐ；厚脸皮 hòu liǎnpí：have the ～ to do sth. 厚着脸皮去做某事 hòuzhe liǎnpí qùzuò mǒushì

effulgence *n*. 光辉 guānghuī；灿烂 cànlàn

effulgent *a*. 光辉的 guānghuīde；灿烂的 cànlànde

effuse *v*. 流出 liúchū；发出 fāchū

effusive *a*. 热情洋溢的 rèqíng-yángyìde；感情奔放的 gǎnqíng bēnfàngde：be ～ in one's gratitude 感激不尽 gǎnjī bújìn

egalitarian *a*. 平均主义的 píngjūnzhǔyìde

egg[1] *n*. **1**. 蛋 dàn：lay an ～ 下蛋 xiàdàn **2**. 卵 luǎn：an insect's ～ 虫卵 chóngluǎn

egg[2] *v*. 煽动 shāndòng；怂恿 sǒngyǒng：～ sb. on to do sth. 怂勇某人去干某事 sǒngyǒng mǒurén qùgàn mǒushì

egg-plant *n*. 茄子 qiézi

egg-shell *n*. 蛋壳 dànké；易碎的东西 yìsuìde dōngxi：～ china 薄瓷器 báo cíqì

ego *n*. 自我 zìwǒ；自己 zìjǐ：Success is good for one's ～. 成功是一种自我

满足。Chénggōng shì yìzhǒng zìwǒ mǎnzú.

egocentric *a.* 利己的 lìjǐde；自我中心的 zìwǒ zhōngxīnde

egoism *n.* 利己主义 lìjǐzhǔyì；自私自利 zìsīzìlì

egoist *n.* 利己主义者 lìjǐzhǔyìzhě；自私自利者 zìsīzìlìzhě

egotism *n.* 自我主义 zìwǒzhǔyì；自我吹嘘 zìwǒ chuīxū

egotist *n.* 自负者 zìfùzhě；利己主义者 lìjǐzhǔyìzhě

egotistic *a.* 自负的 zìfùde；自私自利的 zìsīzìlìde

egregious *a.* 异乎寻常的 yìhūxúnchángde；惊人的 jīngrénde：an ～ folly 极蠢的举动 jíchǔnde jǔdòng

egress *n.* **1.** 外出 wàichū **2.** 出口 chūkǒu ＝ exit

egret *n.* 白鹭 báilù；鹭鸶 lùsī

Egyptian *a.* 埃及的 Āijíde；埃及人的 Āijírénde

eiderdown *n.* 鸭绒 yāróng；羽绒被 yǔróngbèi

eight *n.* 八 bā；八个 bāge

eighteen *n.* & *a.* 十八 shíbā

eighteenth *a.* & *n.* 第十八 dì-shíbā

eighth *a.* & *n.* 第八 dì-bā

eightieth *a.* & *n.* 第八十 dì-bāshí

eighty *n.* & *a.* 八十 bāshí

either *a.* & *pron.* **1.** 任一的 rènyīde；二者之一 èrzhě zhīyī：Take ～ one. 这两个拿哪个都可以。Zhè liǎngge ná nǎge dōu kěyǐ. **2.** 任一方的 rèn yīfāngde：a chair at ～ end of the table 桌子两头的椅子 zhuōzi liǎngtóude yǐzi *ad.* & *conj.* **1.** 也 yě：It is not his, and it is not mine ～. 这不是他的，也不是我的。Zhè búshì tāde, yě búshì wǒde. **2.** 或者 huòzhě；要么 yàome：E- my father or my mother is coming. 或是我父亲来，或是我母亲来。Huòshì wǒ fùqin lái, huòshì wǒ mǔqin lái.

ejaculate *v.* **1.** 突然喊出 tūrán hǎnchū **2.** 射出 shèchū

eject *v.* **1.** 驱逐 qūzhú；逐出 zhúchū：～ a person from a house 把某人从房子里赶出去 bǎ mǒurén cóng fángzili gǎnchūqù **2.** 弹出 tánchū **3.** 射出 shèchū

ejector-seat *n.* 弹射座椅 tánshè zuòyǐ

eke *v.* 增加 zēngjiā；放长 fàngcháng：let out and ～ the sleeves 把衣袖放长 bǎ yīxiù fàngcháng // ～ out **1.** 补充 bǔchōng；弥补…的不足 míbǔ …de bùzú：She ～d out her income by cleaning other people's houses. 她

给别家清扫房间以弥补收入的不足。Tā gěi biéjiā qīngsǎo fángjiān yǐ míbǔ shōurùde bùzú. **2.** 竭力维持 jiélì wéichí：～ out a living 勉强糊口 miǎnqiǎng húkǒu

elaborate *a.* 详尽的 xiángjìnde；精心的 jīngxīnde；复杂的 fùzáde：an ～ plan 详尽的计划 xiángjìnde jìhuà / an ～ design 精心的设计 jīngxīnde shèjì *v.* 作详细说明 zuò xiángxì shuōmíng；详细叙述 xiángxì xùshù：～ on a plan 对计划作详细说明 duì jìhuà zuò xiángxì shuōmíng

elaboration *n.* **1.** 详尽的叙述 xiángjìnde xùshù **2.** 精心制作 jīngxīn zhìzuò

elapse *v.* (时间)过去 (shíjiān) guòqù；流逝 liúshì：Three months have ～d since he left home. 他离开家已经三个月了。Tā líkāi jiā yǐjing sānge yuèle.

elastic *a.* **1.** 弹性的 tánxìngde；有弹力的 yǒutánlìde：an ～ band 松紧带 sōngjǐndài **2.** 灵活的 línghuóde：～ rules 灵活的规则 línghuóde guīzé *n.* 橡皮筋 xiàngpíjīn；松紧带 sōngjǐndài

elasticity *n.* 弹性 tánxìng；伸缩性 shēnsuōxìng

elate *v.* 使…得意 shǐ…déyì：be not ～d by success nor disturbed by failure 胜不骄败不馁 shèng bùjiāo bài bùněi

elated *a.* 欢欣鼓舞的 huānxīngǔ-wǔde；兴高彩烈的 xìnggāo-cǎiliède：We were ～ when the news came. 当消息传来，我们欢欣鼓舞。Dāng xiāoxi chuánlái, wǒmen huānxīn-gǔwǔ.

elation *n.* 欢欣鼓舞的心情 huānxīn-gǔwǔde xīnqíng；得意 déyì；激动 jīdòng

Elbe *n.* 易北河 Yìběihé * river in Germany

elbow *n.* 肘 zhǒu；胳臂肘 gēbeizhǒu *v.* 用肘推 yòng zhǒu tuī；挤进 jǐjìn：He ～ed his way through the crowd. 他从人群中挤过去。Tā cóng rénqúnzhōng jǐguòqù. // ～ grease 重活 zhònghuó；苦干 kǔgàn：～ room 自由活动余地 zìyóu huódòng yúdì

elder[1] *a.* 年长的 niánzhǎngde：my ～ brother 我的哥哥 wǒde gēge *n.* **1.** 长者 zhǎngzhě；前辈 qiánbèi **2.** 两人中年龄较大者 liǎngrénzhōng niánlíng jiàodà zhě：Which is the ～ of the two sisters? 两姐妹中谁年龄大？Liǎng jiěmèizhōng shéi niánlíng dà? **3.** (教会)长老 (jiàohuì) zhǎnglǎo * a governing officer of the church // an ～ statesman 政界元老 zhèngjiè yuánlǎo

elder² *n.* 接骨木 jiēgǔmù
elderly *a.* 上了年纪的 shàngle niánjìde
eldest *a.* 最年长的 zuì niánzhǎngde: Her ~ child has just started school. 她最大的孩子刚开始上学。Tā zuìdàde háizi gāng kāishǐ shàngxué.
elect *v.* **1.** 选举 xuǎnjǔ: ~ a president 选举总统 xuǎnjǔ zǒngtǒng **2.** 选择 xuǎnzé; 决定 juédìng: She ~ed to become an engineer. 她决定当工程师。Tā juédìng dāng gōngchéngshī.
election *n.* 选举 xuǎnjǔ: to call for a general ~ 举行大选 jǔxíng dàxuǎn
electioneer *v.* 搞竞选活动 gǎo jìngxuǎn huódòng *n.* 搞竞选活动的人 gǎo jìngxuǎn huódòngde rén
elective *a.* **1.** 选任的 xuǎnrènde **2.** 有选举权的 yǒu xuǎnjǔquánde **3.** 选修的 xuǎnxiūde: an ~ course 选修课 xuǎnxiūkè
elector *n.* 有选举权的人 yǒu xuǎnjǔquánde rén
electoral *a.* 选举的 xuǎnjǔde; 选举人的 xuǎnjǔrénde
electorate *n.* 全体选民 quántǐ xuǎnmín
electric *a.* 电的 diànde; 发电的 fādiànde; 带电的 dàidiànde: an ~ clock 电钟 diànzhōng
electrical *a.* 电的 diànde; 用电的 yòngdiànde; 电气的 diànqìde: an ~ engineer 电气工程师 diànqì gōngchéngshī
electrician *n.* **1.** 电学家 diànxuéjiā **2.** 电工 diàngōng
electricity *n.* **1.** 电流 diànliú **2.** 电 diàn **3.** 电学 diànxué
electrify *v.* **1.** 使带电 shǐ dàidiàn; 使充电 shǐ chōngdiàn: an electrified fence 通了电的栅栏 tōngle diànde zhàlan **2.** 使电气化 shǐ diànqìhuà: The railway system has been electrified. 铁路电气化了。Tiělù diànqìhuàle. **3.** 使激动 shǐ jīdòng; 使震惊 shǐ zhènjīng: ~ the audience with his performance 他的表演使观众大为惊异 tāde biǎoyǎn shǐ guānzhòng dàwéi jīngyì
electrization *n.* 电气化 diànqìhuà
electrize *v.* 使起电 shǐ qǐdiàn; 使…带电 shǐ…dàidiàn
electrocardiogram *n.* 心动电流图 xīndòng diànliútú; 心电图 xīndiàntú
electrocute *v.* **1.** 用电刑处死 yòng diànxíng chǔsǐ **2.** 使触电死亡 shǐ chùdiàn sǐwáng
electrode *n.* 电极 diànjí
electroencephalogram *n.* 脑电图 nǎodiàntú

electroencephalograph *n.* 脑电图记录器 nǎodiàntú jìlùqì
electrolysis *n.* 电解 diànjiě
electrolyte *n.* 电解溶液 diànjiě róngyè
electrolytic *a.* 电解的 diànjiěde
electromagnet *n.* 电磁铁 diàncítiě
electromagnetic *a.* 电磁的 diàncíde
electromechanical *a.* 电机的 diànjīde
electromotive *a.* 电动的 diàndòngde
electron *n.* 电子 diànzǐ
electronegative *a.* 负电性的 fùdiànxìngde
electronic *a.* 电子的 diànzǐde：an ～ computer 电子计算机 diànzǐ jìsuànjī
electronics *n.* 电子学 diànzǐxué
electron volt *n.* 电子伏特 diànzǐ fútè
electrophonic *a.* 电响的 diànxiǎngde：～ music 电子音乐 diànzǐ yīnyuè
electroplate *v.* 电镀 diàndù
electropositive *a.* 正电性的 zhèngdiànxìngde
electrostatic *a.* 静电的 jìngdiànde
electrostatics *n.* 静电学 jìngdiànxué
electrotechnics *n.* 电工学 diàngōngxué
electrotherapy *n.* 电疗法 diànliáofǎ
electrotype *n.* 电铸板 diànzhùbǎn
elegance *n.* 优雅 yōuyǎ；文雅 wényǎ；优美 yōuměi；雅致 yǎzhì
elegant *a.* 优美的 yōuměide；高雅的 gāoyǎde：an ～ dress 优美的衣服 yōuměide yīfu / ～ manners 高雅的举止 gāoyǎde jǔzhǐ
elegy *n.* 哀歌 āigē；挽歌 wǎngē
element *n.* **1**. 元素 yuánsù：Both hydrogen and oxygen are ～s. 氢和氧都是元素。Qīng hé yǎng dōushì yuánsù. **2**. 要素 yàosù；成分 chéngfen：There is an ～ of truth in what you say. 你的话有一定道理。Nǐde huà yǒu yídìng dàolǐ. // in one's ～ 处于适宜的环境 chǔyú shìyíde huánjìng / out of one's ～ 处于不适宜的环境 chǔyú bú shìyíde huánjìng
elemental *a.* **1**. 自然力的 zìránlìde；强大的 qiángdàde：the ～ violence of the storm 暴风雨的自然威力 bàofēngyǔde zìrán wēilì **2**. 基本的 jīběnde
elementary *a.* 基本的 jīběnde；初步的 chūbùde：an ～ school 小学 xiǎoxué / ～ mathematics 初等数学 chūděng shùxué

elephant *n.* 象 xiàng；大象 dàxiàng
elevate *v.* 提高 tígāo；抬起 táiqǐ
elevated *a.* **1.** 高架的 gāojiàde：an ～ railroad 高架铁道 gāojià tiědào **2.** 高尚的 gāoshàngde：～ thoughts 崇高的思想 chónggāode sīxiǎng
elevation *n.* **1.** 提高 tígāo；提升 tíshēng **2.** 高度 gāodù；海拔 hǎibá：an ～ of 5,000 feet 五千尺的高度 wǔqiānchǐde gāodù **3.** 立视图 lìshìtú：the front ～ of a house 房子正面的立视图 fángzi zhèngmiànde lìshìtú
elevator *n.* 电梯 diàntī；起卸机 qǐxièjī
eleven *n.* & *a.* 十一 shíyī
eleventh *n.* & *a.* **1.** 第十一 dì-shíyī **2.** 十一分之一 shíyī fēn zhīyī
elf *n.* 小精灵 xiǎojīnglíng
elfin *a.* 小精灵似的 xiǎojīnglíng shìde
elfish *a.* 淘气的 táoqìde；调皮的 tiáopíde
elicit *v.* 引出 yǐnchū；诱出 yòuchū：After questioning the suspect，he ～ed the truth. 经审问嫌疑犯，他才问出了真相。Jīng shěnwèn xiányífàn，tā cái wènchūle zhēnxiàng.
eligibility *n.* 被选资格 bèi xuǎn zīgé；合格 hégé
eligible *a.* **1.** 有被选资格的 yǒu bèi xuǎn zīgéde；合格的 hégéde：to be ～ for the school teams 有资格加入学校代表队 yǒu zīgé jiārù xuéxiào dàibiǎoduì **2.** 合适的 héshìde：an ～ young man 适合做对象的年轻人 shìhé zuò duìxiàngde niánqīngrén
eliminate *v.* 消除 xiāochú；消灭 xiāomiè：～ mistake 消灭错误 xiāomiè cuòwù
elimination *n.* 消除 xiāochú；淘汰 táotài；删除 shānchú：an ～ series 淘汰赛 táotàisài
elite *n.* **1.** 重要人物 zhòngyào rénwù：the ～ of society 社会名流 shèhuì míngliú **2.** 特权阶层 tèquán jiēcéng * a small but powerful group
elitism *n.* 杰出人物的统治 jiéchū rénwùde tǒngzhì
elixir *n.* 炼金药 liànjīnyào；长生不老药 chángshēng bùlǎoyào
elk *n.* 麋 mí
ellipse *n.* 椭圆 tuǒyuán
ellipsis *n.* 省略法 shěnglüèfǎ * grammar
elliptical *a.* **1.** 椭圆的 tuǒyuánde：The earth's path round the sun is ～. 地球绕太阳的轨道是椭圆形的。Dìqiú rào tàiyángde guǐdào shì

tuǒyuánxíngde. **2.** 省略的 shěnglüède：an ~ construction 省略结构 shěnglüè jiégòu

elm *n.* 榆 yú；榆木 yúmù

elocution *n.* 演说法 yǎnshuōfǎ；雄辩术 xióngbiànshù

elocutionist *n.* 演说家 yǎnshuōjiā；雄辩家 xióngbiànjiā

elongate *v.* 伸长 shēncháng；拉长 lācháng

elope *v.* **1.** 私奔 sībēn：They ~d last week. 上星期他们私奔了。Shàngxīngqī tāmen sībēnle. **2.** 逃走 táozǒu

eloquence *n.* 雄辩 xióngbiàn；口才 kǒucái

eloquent *a.* 雄辩的 xióngbiànde；有口才的 yǒu kǒucáide：an ~ speaker 能言善辩的演说家 néngyán-shànbiànde yǎnshuōjiā

else *ad.* **1.** 另外 lìngwài；别的 biéde：When ~ can we meet，if you are busy on Monday？如果星期一你没有空儿，另外什么时侯我们再碰头呢？Rúguǒ Xīngqīyī nǐ méiyǒu kòngr，lìngwài shénme shíhou wǒmen zài pèngtóune？**2.** 否则 fǒuzé；要不然 yàobùrán：Run or ~ you'll be late. 快跑，否则你就晚了。Kuàipǎo，fǒuzé nǐ jiù wǎnle.

elsewhere *ad.* 在别处 zài biéchù；向别处 xiàng biéchù：Look ~. 找找别的地方。Zhǎozhao biéde dìfang.

elucidate *v.* 阐明 chǎnmíng；解释 jiěshì：Please ~ the reasons for your decision. 请把你的决定理由阐明。Qǐng bǎ nǐde juédìng lǐyóu chǎnmíng.

elude *v.* **1.** 逃避 táobì；躲避 duǒbì：~ observation 避人耳目 bì rén ěrmù **2.** 使困惑 shǐ kùnhuò：The meaning ~s me. 那个意义我摸不透。Nàge yìyì wǒ mōbutòu.

elusive *a.* 难以捉摸的 nányǐ zhuōmōde；不易记住的 bùyì jìzhùde：an ~ subject 一个难捉摸的问题 yíge nán zhuōmōde wèntí

emaciate *v.* 使消瘦 shǐ xiāoshòu：Children ~d by illness. 孩子们被病折磨得消瘦了。Háizimen bèi bìng zhémode xiāoshòule.

emaciated *a.* 瘦弱的 shòuruòde；憔悴的 qiáocuìde

emanate *v.* 发散 fāsàn；发射 fāshè：Fragrance ~s from flowers. 香气从花中发散出来。Xiāngqì cóng huāzhōng fāsàn chūlái.

emanation *n.* 发散 fāsàn；发散物 fāsànwù

emancipate *v.* 解放 jiěfàng

emancipation *n.* 解放 jiěfàng：the ~ of women 妇女解放 fùnǚ jiěfàng

emancipator *n.* 解放者 jiěfàngzhě

emasculate *v.* 阉割 yāngē

embalm *v.* 使不腐朽 shǐ bù fǔxiǔ

embank *v.* 筑堤防护 zhùdī fánghù：～ a river 筑河堤 zhùhédī

embankment *n.* 堤岸 dī'àn；路堤 lùdī

embargo *v.* 禁止贸易 jìnzhǐ màoyì；禁运 jìnyùn

embark *v.* 上船 shàngchuán；乘船 chéngchuán：～ at Shanghai 在上海上船 zài Shànghǎi shàngchuán // ～ on 从事 cóngshì；开始 kāishǐ：～ on a new business 从事一种新的商业 cóngshì yìzhǒng xīnde shāngyè / to ～ on a new way of life 开始新的生活方式 kāishǐ xīnde shēnghuó fāngshì

embarkation *n.* **1**. 上船 shàngchuán **2**. 从事 cóngshì = involving in

embarrass *v.* 使为难 shǐ wéinán；使尴尬 shǐ gāngà：She was ～ed when they asked her how old she was. 当他们问她年龄时，她感到很为难。Dāng tāmen wèn tā niánlíngshí，tā gǎndào hěn wéinán.

embarrassing *a.* 令人为难的 lìngrén wéinánde

embarrassment *n.* **1**. 难堪 nánkān；苦恼事 kǔnǎoshì **2**. 困难 kùnnan：financial ～ 财政困难 cáizhèng kùnnan

embassy *n.* 大使馆 dàshǐguǎn

embed *v.* 埋放 máifàng，嵌进 qiànjìn：facts ～ded in one's memory 深留在记忆中的事 shēnliúzài jìyìzhōngde shì

embellish *v.* 装饰 zhuāngshì；修饰 xiūshì；润色 rùnsè

embellishment *n.* 装饰 zhuāngshì；装饰品 zhuāngshìpǐn

ember *n.* 余烬 yújìn；余火 yúhuǒ

embezzle *v.* 盗用 dàoyòng；挪用 nuóyòng：～ public money 盗用公款 dàoyòng gōngkuǎn

embitter *v.* 使难受 shǐnánshòu；使痛苦 shǐtòngkǔ：Repeated failures had ～ed him. 接二连三的失败使他难受极了。Jiē'èr-liánsānde shībài shǐ tā nánshòu jíle.

emblazon *v.* **1**. 装饰 zhuāngshì = decorate **2**. 颂扬 sòngyáng = praise

emblem *n.* **1**. 象征 xiàngzhēng；标志 biāozhì：The dove is an ～ of peace. 鸽子是和平的象征。Gēzi shì hépíngde xiàngzhēng. **2**. 徽章 huīzhāng：the national ～ of China 中国国徽 Zhōngguó guóhuī

emblematic *a.* 象征的 xiàngzhēngde

embodiment *n.* 体现 tǐxiàn；具体化 jùtǐhuà

embody *v.* **1.** 表达 biǎodá；体现 tǐxiàn：The letter embodied all his ideas. 这封信表达了他的所有想法。Zhè fēngxìn biǎodále tāde suǒyǒu xiǎngfǎ. **2.** 包含 bāohán；包括 bāokuò：The new car embodies many improvements. 这辆新汽车有许多改进之处。Zhèliàng xīn qìchē yǒu xǔduō gǎijìn zhīchù.

embolden *v.* 给…壮胆 gěi…zhuàngdǎn；鼓励 gǔlì：～ sb. to do sth. 鼓励某人去做某事 gǔlì mǒurén qù zuò mǒushì

embosom *v.* 环绕 huánrǎo；包围 bāowéi：a village ～ed in hills 一个四面环山的村庄 yíge sìmiàn huánshānde cūnzhuāng

emboss *v.* 在(金属)上拷花 zài(jīnshǔ)shang kǎo huā；浮雕 fúdiāo：～ed work 浮雕细工 fúdiāo xìgōng

embower *v.* 用树叶遮蔽 yòng shùyè zhēbì；隐于树荫中 yǐnyú shùyīnzhōng：a house ～ed in trees 一座隐蔽在树丛中的房子 yízuò yǐnbìzài shùcóngzhōngde fángzi

embrace *v.* **1.** 抱 bào；拥抱 yōngbào：～ one's child 拥抱孩子 yōngbào háizi **2.** 包围 bāowéi；环绕 huánrǎo：The hills ～ the city. 群山环绕那座城市。Qúnshān huánrǎo nàzuò chéngshì. **3.** 包含 bāohán；包括 bāokuò：Natural science ～s many subjects. 自然科学包括许多学科。Zìránkēxué bāokuò xǔduō xuékē. **4.** 信奉(宗教) xìnfèng(zōngjiào)；接受 jiēshòu：～ an offer 接受提议 jiēshòu tíyì *n.* 拥抱 yōngbào

embrasure *n.* (碉堡等)炮眼 (diāobǎo děng)pàoyǎn；枪眼 qiāngyǎn ＝ an opening in the wall for a gun

embroider *v.* **1.** 刺绣 cìxiù；绣 xiù：a design ～ed in gold thread 用金线绣成的图样 yòng jīnxiàn xiùchéngde túyàng **2.** 渲染 xuànrǎn：～ a story 对一则传闻进行渲染 duì yìzé chuánwén jìnxíng xuànrǎn

embroidery *n.* **1.** 刺绣 cìxiù；刺绣活儿 cìxiùhuór：do some ～ 做一些刺绣活儿 zuò yìxiē cìxiùhuór **2.** 夸张(之词) kuāzhāng(zhīcí) ＝ exaggeration of a story

embroil *v.* 使卷入…纠纷 shǐ juǎnrù…jiūfēn：become ～ed in dispute 卷入纷争 juǎnrù fēnzhēng

embryo *n.* **1.** 胚 pēi；胚胎 pēitāi **2.** 萌芽时期 méngyá shíqī：a project in ～ 正在酝酿中的计划 zhèngzài yùnniàngzhōngde jìhuà

embryology *n.* 胚胎学 pēitāixué

embryonic *a.* **1.** 胚胎的 pēitāide **2.** 萌芽的 méngyáde

emend *v.* 校勘 jiàokān；校订 jiàodìng
emendation *n.* 校勘 jiàokān；校订 jiàodìng
emerald *n.* 祖母绿 zǔmǔlǜ；纯绿宝石 chúnlǜbǎoshí
emerge *v.* **1.** 浮现 fúxiàn；显露 xiǎnlù；出现 chūxiàn：The submarine at last ～d. 潜水艇终于露出水面。Qiánshuǐtǐng zhōngyú lùchū shuǐmiàn. **2.** 暴露 bàolù ＝ become known
emergence *n.* 浮现 fúxiàn；显露 xiǎnlù；出现 chūxiàn
emergency *n.* 紧急情况 jǐnjí qíngkuàng；事变 shìbiàn：a state of ～ 紧急状态 jǐnjí zhuàngtài / What should we do when an ～ arises? 事变发生时我们怎么办？Shìbiàn fāshēngshí wǒmen zěnme bàn? / an ～ act 紧急法令 jǐnjí fǎlìng / ～ measures 紧急措施 jǐnjí cuòshī
emeritus *a.* 光荣退休的 guāngróng tuìxiūde：a professor ～ 荣誉教授 róngyù jiàoshòu
emersion *n.* 浮出 fúchū；出现 chūxiàn
emery *n.* 刚砂 gāngshā；刚玉粉 gāngyùfěn：～ paper 砂纸 shāzhǐ
emetic *n.* 催吐药 cuītùyào
emigrant *a.* 出境移民的 chūjìng yímínde *n.* 出境移民 chūjìng yímín：～s from Italy 意大利移民 Yìdàlì yímín *v.* 移往外国 yíwǎng wàiguó
emigration *n.* 移民出境 yímín chūjìng
eminence *n.* **1.** 高位 gāowèi；显职 xiǎnzhí：a man of social ～ 社会地位高的人 shèhuì dìwèi gāode rén **2.** 高处 gāochù：on an ～ overlooking the park 在俯视着公园的高地上 zài fǔshìzhe gōngyuánde gāodìshang
eminent *a.* **1.** 地位高的 dìwèi gāode：闻名的 wénmíngde；杰出的 jiéchūde：He was ～ during his life time. 他在生前很显要。Tā zài shēngqián hěn xiǎnyào. **2.** 卓越的 zhuōyuède；突出的 tūchūde ＊(of quality) remarkable
emissary *n.* 使者 shǐzhě
emission *n.* **1.** 发射 fāshè；放射 fàngshè：the ～ of light (heat) 光(热)的放射 guāng(rè)de fàngshè **2.** 发射物 fāshèwù；放射物 fàngshèwù ＝ that which is given off **3.** 发行 fāxíng：～ of banknotes 纸币的发行 zhǐbìde fāxíng
emit *v.* **1.** 发射 fāshè；放射(光、热、水、声音等) fàngshè (guāng、rè、shuǐ、shēngyīn děng)：Heat and smoke ～ted by fire. 从火中发出热和烟。Cóng huǒzhōng fāchū rè hé yān. **2.** 发行(纸币) fāxíng(zhǐbì) ＝ put in-

to circulation **3.** 吐露 tǔlù = to express

emolument *n.* 薪俸 xīnfèng；酬金 chóujīn = salary or fee

emotion *n.* **1.** 情绪 qíngxù；情感 qínggǎn：Love，hate，joy，fear and grief are ～s. 爱、恨、欢乐、恐惧和忧虑都属于情感。Ài、hèn、huānlè、kǒngjù hé yōulǜ dōu shǔyú qínggǎn. / a man of strong ～s 情感强烈的人 qínggǎn qiángliède rén **2.** 感动 gǎndòng；激动 jīdòng：without ～ 无动于衷地 wúdòngyúzhōngde

emotional *a.* **1.** 情绪的 qíngxùde；情感性的 qínggǎnxìngde **2.** 易激动的 yìjīdòngde；感情脆弱的 gǎnqíng cuìruòde：an ～ woman 一个感情脆弱的女子 yíge gǎnqíng cuìruòde nǚzǐ **3.** 激起情感的 jīqǐ qínggǎnde：an ～ speech 打动人心的讲演 dǎdòng rénxīnde jiǎngyǎn

emperor *n.* 皇帝 huángdì

emphasis *n.* **1.** 强语气 qiángyǔqì **2.** 强调 qiángdiào；重点 zhòngdiǎn：speak with ～ 强调说 qiángdiào shuō / lay（put or place）～ on construction 着重建设 zhuózhòng jiànshè

emphasize *v.* 强调 qiángdiào：I must ～ the point. 我必须强调这一点。Wǒ bìxū qiángdiào zhèyìdiǎn.

emphatic *a.* 强调的 qiángdiàode：He was ～ in his assertion. 他强调自己的主张。Tā qiángdiào zìjǐde zhǔzhāng.

empire *n.* 帝国 dìguó

empiric *n.* **1.** 经验主义者 jīngyànzhǔyìzhě **2.** 庸医 yōngyī = ～ physician *a.* 经验主义的 jīngyànzhǔyìde = relying on experience

empirical *a.* 经验（上）的 jīngyàn（shang）de：an ～ formula 实验式 shíyànshì

empricism *n.* 经验论 jīngyànlùn；经验主义 jīngyànzhǔyì

emplacement *n.* **1.** 安置 ānzhì **2.** 炮兵阵地 pàobīng zhèndì = prepared position for guns

employ *n.* 雇用 gùyòng：be in a person's ～ 受某人雇用 shòu mǒurén gùyòng *v.* **1.** 雇用 gùyòng：be ～ed in a bank 在银行服务 zài yínháng fúwù / ～ men according to their abilities 量才录用 liàngcái lùyòng **2.** 利用 lìyòng：How do you ～ your time? 你怎样利用你的时间？Nǐ zěnyàng lìyòng nǐde shíjiān? / ～ oneself in writing 从事写作 cóngshì xiězuò

employee *n.* 被雇用者 bèi gùyòngzhě；雇员 gùyuán；雇工 gùgōng：The firm has 200 ～s. 那家公司有二百名雇员。Nàjiā gōngsī yǒu èrbǎi míng gùyuán. /a part-time ～ 兼职雇员 jiānzhí gùyuán / a postal ～ 邮局职员 yóujú zhíyuán

employer *n.* 雇用者 gùyòngzhě；雇主 gùzhǔ：threaten the ～ with strike 以罢工威胁雇主 yǐ bàgōng wēixié gùzhǔ

employment *n.* **1.** 雇用 gùyòng：take a person into ～ 雇用某人 gùyòng mǒurén / be in the ～ of a bank 被银行雇用 bèi yínháng gùyòng **2.** 就业 jiùyè；职业 zhíyè：get (lose) ～ 就(失)业 jiù(shī)yè / be out of ～ 失业 shīyè / seek for ～ 找职业 zhǎo zhíyè / an ～ agency 职业介绍所 zhíyè jièshàosuǒ

emporium *n.* **1.** 商场 shāngchǎng **2.** 大商店 dàshāngdiàn：a mammoth ～ 庞大的商业中心 pángdàde shāngyè zhōngxīn

empower *v.* 授权 shòuquán ＝ authorize

empress *n.* 女皇 nǚhuáng；皇后 huánghòu

emptiness *n.* 空 kōng；空虚 kōngxū

empty *a.* 空 kōng：an ～ bottle 空瓶 kōngpíng / The streets were ～of traffic at night. 夜里街上没有车辆行人。Yèli jiēshang méiyǒu chēliàng xíngrén. *n.* 空箱 kōngxiāng；空瓶 kōngpíng；空车 kōngchē *v.* **1.** 使成为空的 shǐ chéngwéi kōngde：The room emptied very quickly. 房间很快就腾空了。Fángjiān hěnkuài jiù téngkōngle. **2.** 使流入 shǐ liúrù：The Yangtze River empties into the Pacific Ocean. 长江流入太平洋。Chángjiāng liúrù Tàipíngyáng.

emulate *v.* 竞赛 jìngsài

emulation *n.* 竞赛 jìngsài：a spirit of ～ 竞赛精神 jìngsài jīngshén / an ～ drive 竞赛运动 jìngsài yùndòng

emulous *a.* 竞争的 jìngzhēngde；好胜的 hàoshèngde

emulsion *n.* 乳胶 rǔjiāo；乳浊液 rǔzhuóyè

emulsoid *n.* 乳胶 rǔjiāo

enable *v.* 使(人)能够 shǐ(rén)nénggòu ＝ make able：Endurance ～d him to win victory. 坚持到底使他取得了胜利。Jiānchí dàodǐ shǐ tā qǔdéle shènglì.

enact *v.* **1.** 制定(法律) zhìdìng(fǎlǜ)：～a new law 制定新的法律 zhìdìng xīnde fǎlǜ **2.** 扮演 bànyǎn；演出 yǎnchū：a play ～ed by the … troupe 由…剧团演出的戏 yóu…jùtuán yǎnchūde xì

enactment *n*. **1**. 制定 zhìdìng；法令 fǎlìng；条例 tiáolì：These ～s have been passed. 这些条令已经通过。Zhèxiē tiáolìng yǐjīng tōngguò. **2**. 上演 shàngyǎn = acting out on a stage

enamel *n*. **1**. 搪瓷 tángcí；珐琅 fàláng：～ ware 搪瓷器具 tángcí qìjù **2**. 珐琅质 fàlángzhì ＊ of a tooth

enamo(u)r *v*. 令人倾心 lìng rén qīngxīn：be ～ed of a girl 倾心于一个姑娘 qīngxīnyú yíge gūniang / be ～ed with scientific researches 醉心于科学研究 zuìxīnyú kēxué yánjiū

encamp *v*. 扎营 zhāyíng；宿营 sùyíng；露营 lùyíng：The soldiers ～ed at the foot of the hill. 士兵们在山脚下扎营。Shìbīngmen zài shānjiǎoxià zhāyíng.

encampment *n*. 扎营 zhāyíng；野营 yěyíng

encase *v*. 包装 bāozhuāng；包裹 bāoguǒ：a knight ～d in armour 披着甲胄的武士 pīzhe jiǎzhòude wǔshì / The witness box was ～d in strong glass. 证人席四周围着坚固的玻璃。Zhèngrenxí sìzhōu wéizhe jiāngùde bōlí.

enchain *v*. **1**. 锁住 suǒzhù；束缚 shùfù **2**. 抓住（思想、感情等）zhuāzhù（sīxiǎng、gǎnqíng děng）= hold fast

enchant *v*. **1**. 用魔法迷惑 yòng mófǎ míhuo：～ed land 魔境 mójìng **2**. 使人陶醉 shǐrén táozuì：be ～ed with (or by) music 被音乐陶醉了 bèi yīnyuè táozuìle

enchanter *n*. 巫师 wūshī；魔术师 móshùshī

enchanting *a*. 迷人的 mírénde

enchantment *n*. 迷惑 míhuo；着迷 zháomí；魅力 mèilì；妖术 yāoshù：She set her ～s at work. 她施展妖术。Tā shīzhǎn yāoshù. / It is distance that leads ～ to the view. 是距离增添了景色的魅力。Shì jùlí zēngtiānle jǐngsède mèilì.

enchantress *n*. 女巫 nǚwū；妖妇 yāofù

encircle *v*. 围绕 wéirǎo；环绕 huánrǎo；包围 bāowéi：The country is ～d by the sea. 这个国家四面临海。Zhège guójiā sìmiàn línhǎi.

enclose *v*. **1**. 围住 wéizhù：The house is ～d with a high brick wall. 这座房子四周围着一道高高的砖墙。Zhèzuò fángzi sìzhōu wéizhe yídào gāogāode zhuānqiáng. **2**. 封进 fēngjìn；封入 fēngrù：～ a letter in an envelope 将信放入信封 jiāng xìn fàngrù xìnfēng

enclosure *n*. **1**. 围住 wéizhù **2**. 围场 wéichǎng；围栏 wéilán = fence **3**. 附件 fùjiàn = sth. enclosed with a letter

encomium *n*. 赞扬 zànyáng；推崇 tuīchóng：a written ～ 颂文 sòngwén

encompass *v*. 围困 wéikùn；环绕 huánrǎo：be ～ed with perils 被危险包围着 bèi wēixiǎn bāowéizhe

encore *n*. **1**. 重演的要求 chóngyǎnde yāoqiú：The violinist got an ～. 这位小提琴家被要求再演奏一次。Zhèwèi xiǎotíqínjiā bèi yāoqiú zài yǎnzòu yícì. **2**. 重演 chóngyǎn；重唱 chóngchàng；重奏 chóngzòu：The singer give three ～s. 这位歌唱家重唱了三次。Zhèwèi gēchàngjiā chóngchàngle sāncì. *v*. 要求…再来一个 yāoqiú … zàilái yíge：The audience ～d the pianist. 听众要求那位钢琴家再演奏一次。Tīngzhòng yāoqiú nàwèi gāngqínjiā zài yǎnzòu yícì.

encounter *n*. **1**. 遭遇 zāoyù；短暂的见面 duǎnzànde jiànmiàn：The first ～ was brief. 第一次见面是短暂的。Dì-yīcì jiànmiàn shì duǎnzànde. / an ～ with a bear in the woods 在森林中遇见一只熊 zài sēnlínzhōng yùjiàn yìzhī xióng **2**. 冲突 chōngtū = confrontation *v*. **1**. 偶然相遇 ǒurán xiāngyù；遇到 yùdào：We may never again ～. 我们可能永远不会再相见。Wǒmen kěnéng yǒngyuǎn búhuì zài xiāngjiàn. / ～ (with) difficulties 遇到困难 yùdào kùnnan **2**. 冲突 chōngtū = confront in battle

encourage *v*. **1**. 鼓励 gǔlì；鼓舞 gǔwǔ：He always ～s me to do the same. 他总是鼓励我做同样的事。Tā zǒngshì gǔlì wǒ zuò tóngyàngde shì. **2**. 助长 zhùzhǎng；怂恿 sǒngyǒng：Don't ～ her laziness by doing things for her. 不要替她做事，助长她的懒惰。Búyào tì tā zuòshì，zhùzhǎng tāde lǎnduò.

encouragement *n*. **1**. 鼓励 gǔlì；赞助 zànzhù：It deserves greater ～. 它应得到更大鼓励。Tā yīng dédào gèngdà gǔlì. / grants for the ～ of scientific research 科学研究补助金 kēxué yánjiū bǔzhùjīn **2**. 鼓舞 gǔwǔ；鼓励 gǔlì：Praise acts as an ～ to the young. 表扬对青年可以起鼓舞作用。Biǎoyáng duì qīngnián kěyǐ qǐ gǔwǔ zuòyòng.

encouraging *a*. 振奋人心的 zhènfèn rénxīnde；令人欢欣鼓舞的 lìngrén huānxīn-gǔwǔde

encroach *v*. **1**. 侵占 qīnzhàn；侵入 qīnrù：A good salesman does not ～ his customer's time. 好的售货员不会占用顾客的时间。Hǎode shòuhuòyuán búhuì zhànyòng gùkède shíjiān. / The army must never ～

upon the people's interest. 军队绝不能损害人民的利益。Jūnduì jué bùnéng sǔnhài rénmínde lìyì. 2. 侵蚀 qīnshí: The sea is ～ing upon the land. 海水侵蚀着陆地。Hǎishuǐ qīnshízhe lùdì.

encrust *v.* **1.** 镶饰 xiāngshì; **2.** 长壳 zhǎngké = to cover with a crust

encumber *v.* **1.** 妨碍 fáng'ài; 阻碍 zǔ'ài: His movements were ～ed by his mantle. 他的披风使他行动不便。Tāde pīfēng shǐ tā xíngdòng búbiàn. **2.** 塞满 sāimǎn: The room was ～ed with heavy furniture. 房间里堆满了笨重的家具。Fángjiānli duīmǎnle bènzhòngde jiājù. **3.** 拖累 tuōlèi: He is ～ed with a large family. 他受大家庭拖累。Tā shòu dàjiātíng tuōlèi.

encumbrance *n.* **1.** 妨碍 fáng'ài; 阻碍 zǔ'ài; 障碍 zhàng'ài: She refused to think of her handicap as an ～. 她不认为自己的不利条件是一种障碍。Tā bú rènwéi zìjǐde búlì tiáojiàn shì yìzhǒng zhàng'ài. **2.** 累赘 léizhui: become an ～ to one's parents 成为父母的累赘 chéngwéi fùmǔde léizhui.

encyclop(a)edia *n.* 百科全书 bǎikēquánshū

encyclop(a)edic *a.* 百科全书的 bǎikēquánshūde; 广博的 guǎngbóde

end *n.* **1.** 端 duān; 尖 jiān; 尾 wěi; 终 zhōng; 末梢 mòshāo: the ～ of a stick 手杖的末端 shǒuzhàngde mòduān / the east ～ of the town 市镇的东头 shìzhènde dōngtóu / That's the ～ of the story. 这是故事的结尾。Zhè shì gùshide jiéwěi. // at a loose ～ 闲着无事 xiánzhe wúshì / at loose ～s 凌乱 língluàn / go (in) off the deep ～ 发脾气 fāpíqi / on ～ 竖起 shùqǐ; 不停的 bùtíngde / make both ～s meet 量力为出 liànglì wéichū **2.** 限度 xiàndù; 尽头 jìntóu: be at the ～ of one's patience 忍无可忍 rěnwú-kěrěn **3.** (时间)最后 (shíjiān)zuìhòu; 完毕 wánbì: the ～ of the year 年终 niánzhōng / at the ～ (= at last) 终于 zhōngyú / in the ～ (= finally) 最后 zuìhòu: In the ～ we won the battle. 最后我们打了胜仗。Zuìhòu wǒmen dǎle shèngzhàng. **4.** 死亡 sǐwáng (= death): He was nearing the ～. 他快死了。Tā kuài sǐle. **5.** 目的 mùdì; 目标 mùbiāo: To that ～ he went abroad. 他抱着那个目的出的国。Tā bàozhe nàge mùdì chūde guó. *v.* 终止 zhōngzhǐ; 完结 wánjié: The road ～s there. 道路在那儿终结。Dàolù zài nàr zhōngjié. / ～ in smoke 无结果 wú jiéguǒ / ～ off (or up) 结果 jiéguǒ

endanger *v.* 危害 wēihài; 危及 wēijí: His health is ～ed by overwork. 他

劳累过度，危及健康。Tā láolèi guòdù, wēijí jiànkāng. / He ~ed our lives by setting fire to the house. 他放火烧房子，危及我们的生命。Tā fànghuǒ shāo fángzi, wēijí wǒmende shēngmìng.

endear *v.* 使受喜爱 shǐ shòu xǐ'ài: He ~ed himself to all his friends. 他受到所有朋友的喜爱。Tā shòudào suǒyǒu péngyoude xǐ'ài.

endearment *n.* 亲爱 qīn'ài; 表示亲爱的行动 biǎoshì qīn'àide xíngdòng: She showered him with ~s. 她对他柔情蜜意。Tā duì tā róuqíng mìyì. / a term of ~ 亲密的称呼 qīnmìde chēnghu

endeavo(u)r *n.* 努力 nǔlì; 试图 shìtú: Every ~ has been made to save his life. 为了挽救他的生命，已经尽了一切努力。Wèile wǎnjiù tāde shēngmìng, yǐjīng jìnle yíqiè nǔlì. / Please make every ~ to come early. 请尽量早一点来。Qǐng jìnliàng zǎo yìdiǎn lái. *v.* 努力 nǔlì; 尽力 jìnlì; 力图 lìtú: ~ to do something 努力去干 nǔlì qù gàn / ~ to succeed 争取成功 zhēngqǔ chénggōng

ending *n.* **1.** 结束 jiéshù; 结局 jiéjú: A good ~ is better than a good beginning. 好的结尾胜过好的开头。Hǎode jiéwěi shèngguò hǎode kāitóu. **2.** 最后 zuìhòu; 末期 mòqī **3.** 词尾 cíwěi: The common plural ~ in English is "s" or "es". 英语的复数词尾通常是"s"或"es"。Yīngyǔde fùshù cíwěi tōngcháng shì "s" huò "es".

endless *a.* **1.** 无尽的 wújìnde; 无穷的 wúqióngde; 无限的 wúxiànde; 不断的 búduànde: a woman with ~ patience 有无限耐心的女子 yǒu wúxiàn nàixīnde nǚzǐ **2.** 环状的 huánzhuàngde; 循环的 xúnhuánde: an ~ chain 循环链 xúnhuánliàn

endocrine *n.* 内分泌物 nèifēnmìwù; 内分泌腺 nèifēnmìxiàn

endocrinology *n.* 内分泌学 nèifēnmìxué

endogenous *a.* **1.** 内生的 nèishēngde; 内发的 nèifāde * in biology **2.** 内成的 nèichéngde * in geology

endorse *v.* **1.** 背书 bèishū: ~ over a bill to another person 背书票据把所有权转让给别人 bèishū piàojù bǎ suǒyǒuquán zhuǎnràng gěi biérén **2.** 保证 bǎozhèng: ~ what a person says or does 保证某人的所言所为 bǎozhèng mǒurénde suǒyán suǒwéi

endow *v.* **1.** 资助 zīzhù; 捐赠 juānzèng: ~ a school 给学校捐款 gěi xuéxiào juānkuǎn **2.** 赋予 fùyǔ; 天赋 tiānfù: She is ~ed by nature with great abilities. 她天生能干。Tā tiānshēng nénggàn.

endowment *n*. **1**. 捐赠 juānzèng；捐款 juānkuǎn：He spent his money on the ～ of schools. 他把钱捐给了学校。Tā bǎ qián juāngěile xuéxiào. **2**. 才能 cáinéng；天资 tiānzī：men of great ～s 很有才能的人 hěnyǒu cáinéngde rén / A good sense of rhythm is a natural ～. 良好的韵律感是一种天资。Liánghǎode yùnlǜgǎn shì yìzhǒng tiānzī.

endue *v*. 赋予 fùyǔ：be ～d with special talents 具有特殊的才能 jùyǒu tèshūde cáinéng

endurable *a*. 可忍受的 kě rěnshòude；能持久的 néng chíjiǔde

endurance *n*. **1**. 忍耐 rěnnài；忍耐力 rěnnàilì；耐劳 nàiláo：He came to the end of his ～. 他再也不能忍受了。Tā zàiyě bùnéng rěnshòule. / A long-distance runner must have ～. 一个长跑运动员必须有耐力。Yíge chángpǎo yùndòngyuán bìxū yǒu nàilì. **2**. 持久力 chíjiǔlì；耐久性 nàijiǔxìng：cold ～ 耐寒性 nàihánxìng

endure *v*. **1**. 忍受 rěnshòu；忍耐 rěnnài：～ patiently 耐心忍受 nàixīn rěnshòu / quietly ～ the pain of a loveless marriage 默默地忍受没有爱情的婚姻的痛苦 mòmòde rěnshòu méiyǒu àiqíngde hūnyīnde tòngkǔ **2**. 坚持 jiānchí：They could not ～ much longer. 他们坚持不了多久了。Tāmen jiānchíbùliǎo duōjiǔle.

enduring *a*. 持久的 chíjiǔde；不朽的 bùxiǔde：an ～ peace 持久和平 chíjiǔ hépíng

endways, endwise *ad*. 末端向前 mòduān xiàngqián；末端朝上 mòduān cháoshàng

enemy *n*. **1**. 敌人 dírén；敌军 díjūn：They harassed the ～. 他们骚扰敌人。Tāmen sāorǎo dírén. / The ～ fled in disorder. 敌人狼狈逃窜。Dírén lángbèi-táocuàn. **2**. 危害物 wēihàiwù：Laziness is his chief ～. 懒惰是他的大敌。Lǎnduò shì tāde dàdí.

energetic *a*. 有力的 yǒulìde；精力充沛的 jīnglì-chōngpèide；精神饱满的 jīngshén-bǎomǎnde：The more he worked, the more ～ he became. 他越干越有劲。Tā yuègàn yuè yǒujìn.

energetics *n*. 力能学 lìnéngxué；唯能论 wéinénglùn

energize *v*. 给与能量 jǐyǔ néngliàng；给与活力 jǐyǔ huólì

energy *n*. **1**. 精力 jīnglì；气力 qìlì；活力 huólì；劲头 jìntóu；元气 yuánqì：Running the factory absorbed all his energies. 办工厂花去了他的全部

精力。Bàn gōngchǎng huāqùle tāde quánbù jīnglì. / It took a lot of ～ to move the furniture. 搬这些家具费了很大劲。Bān zhèxiē jiājù fèile hěndà jìn. **2.** 能 néng；能量 néngliàng：The new power plant supplies ～ for the entire city. 新建的发电厂向全市供电。Xīnjiànde fādiànchǎng xiàng quánshì gōngdiàn.

enervate *v.* 削弱 xuēruò；使衰弱 shǐ shuāiruò：He was ～d with (from) dissipation. 他由于生活放荡而气虚体亏。Tā yóuyú shēnghuó fàngdàng ér qìxū tǐkuī.

enfeeble *v.* 使(人)衰弱 shǐ(rén)shuāiruò

enfold *v.* **1.** 包 bāo；包进 bāojìn **2.** 拥抱 yōngbào

enforce *v.* **1.** 实施 shíshī；执行 zhíxíng：～ a law 实施法律 shíshī fǎlǜ：Discipline was rigidly ～d. 严格执行纪律。Yángé zhíxíng jìlǜ. **2.** 强迫 qiǎngpò；硬要 yìngyào：～ obedience to an order 强迫服从命令 qiǎngpò fúcóng mìnglìng

enforceable *a.* 可实施的 kěshíshīde

enforcement *n.* 实施 shíshī：a rigid ～ of the law 法律的严格执行 fǎlǜde yángé zhíxíng

enfranchise *v.* 授给公民权 shòugěi gōngmínquán；授给选举权 shòugěi xuǎnjǔquán

engage *v.* **1.** 约束 yuēshù；约定 yuēdìng；保证 bǎozhèng：I ～ myself to nothing. 我不许任何诺言。Wǒ bù xǔ rènhé nuòyán. / That is more than I can ～ for. 那我可保证不了。Nà wǒ kě bǎozhèng bùliǎo. **2.** 从事 cóngshì；使(人)从事 shǐ(rén)cóngshì：She ～d in dramatics. 她从事戏剧活动。Tā cóngshì xìjù huódòng. **3.** 使…交战 shǐ…jiāozhàn：Our ships have ～d with the enemy. 我方战舰已与敌人交火。Wǒ fāng zhànjiàn yǐ yǔ dírén jiāohuǒ. **4.** 雇用 gùyòng；聘用 pìnyòng：～ sb. as a guide 雇用某人当向导 gùyòng mǒurén dāng xiàngdǎo **5.** 占用(时间) zhànyòng (shíjiān)：My time is fully ～d. 我的时间全被占用了。Wǒde shíjiān quán bèi zhànyòngle. **6.** 使…订婚 shǐ…dìnghūn：He is ～d to a pretty girl. 他与一位漂亮的姑娘订了婚。Tā yǔ yíwèi piàoliangde gūniang dìngle hūn.

engaged *a.* **1.** 有约的 yǒuyuēde；订了婚的 dìngle hūnde：an ～ couple 未婚夫妻 wèihūn fūqī **2.** 忙 máng：Are you ～? 您忙不忙？Nín mángbumáng? **3.** 在使用中 zàishǐyòngzhōng：The room is ～. 房间已经定出。Fángjiān yǐjīng dìngchū.

engagement *n.* **1.** 约定 yuēdìng；约束 yuēshù；约会 yuēhuì：I have an ～ for tomorrow. 我明天有个约会。Wǒ míngtiān yǒuge yuēhuì. / make an ～ with a person 同某个人立一个约 tóng mǒugerén lì yíge yuē. **2.** 婚约 hūnyuē：He broke off the ～ to her. 他同她解除了婚约。Tā tóng tā jiěchúle hūnyuē. **3.** 交战 jiāozhàn：a naval ～ 海战 hǎizhàn / bring about an ～ 激起一场战争 jīqǐ yìchǎng zhànzhēng

engaging *a.* 动人的 dòngrénde

engender *v.* 产生 chǎnshēng；引起 yǐnqǐ；造成 zàochéng：Sympathy often ～s love. 同情往往引起爱情。Tóngqíng wǎngwǎng yǐnqǐ àiqíng.

engine *n.* **1.** 发动机 fādòngjī：a gasoline ～ 汽油(发动)机 qìyóu(fādòng)jī / This missile is powered by two jet ～s. 这支导弹由两个喷气发动机发动。Zhèzhī dǎodàn yóu liǎngge pēnqì fādòngjī fādòng. **2.** 机车 jīchē；火车头 huǒchētóu：an empty ～ 空车头 kōngchētóu **3.** 机械 jīxiè：a winding ～ 卷扬机 juǎnyángjī

engine-driver *n.* 火车司机 huǒchē sījī ＝ locomotive engineer

engineer *n.* **1.** 工程师 gōngchéngshī：an assistant ～ 助理工程师 zhùlǐ gōngchéngshī / a chief ～ 总工程师 zǒnggōngchéngshī / The general was the chief ～ of the victory. 那位将军是这次胜利的主要设计者。Nàwèi jiāngjūn shì zhècì shènglìde zhǔyào shèjìzhě. **2.** 火车司机 huǒchē sījī；轮机员 lúnjīyuán：the chief ～ of a ship 船上的轮机长 chuánshangde lúnjīzhǎng / a locomotive ～ 火车司机 huǒchē sījī **3.** 工兵 gōngbīng：the Corps of E-s 工兵部队 gōngbīng bùduì *v.* **1.** 设计 shèjì；监督 jiāndū；监工 jiāngōng：～ a canal 设计一条运河 shèjì yìtiáo yùnhé **2.** 操纵 cāozòng；指导 zhǐdǎo：～ a campaign 指导运动 zhǐdǎo yùndòng

engineering *n.* 工程 gōngchéng；工程学 gōngchéngxué：My brother is studying ～. 我弟弟在攻读工程学。Wǒdìdi zài gōngdú gōngchéngxué. / an ～ college 工学院 gōngxuéyuàn

Englander *n.* 英格兰人 Yīnggélánrén

English *a.* 英国的 Yīngguóde *n.* 英语 Yīngyǔ ＝ the English language

Englishman *n.* 英国人 Yīngguórén

Englishwoman *n.* 英国女人 Yīngguó nǚrén

engraft *v.* 嫁接 jiàjiē；移植 yízhí

engrain *v.* 深染 shēnrǎn：an ～ed habit 根深蒂固的习惯 gēnshēndìgùde xíguàn

engrave *v.* **1.** 雕刻 diāokè；雕上 diāoshàng：It is difficult to ～ in marble. 大理石很难雕刻。Dàlǐshí hěnnán diāokè. **2.** 铭记 míngjì：It is indelibly ～d on the memory. 这件事已永远铭刻在记忆中。Zhèjiànshì yǐ yǒngyuǎn míngkèzài jìyìzhōng.

engraver *n.* 雕刻师 diāokèshī；雕刻工 diāokègōng

engraving *n.* **1.** 雕刻 diāokè；雕刻术 diāokèshù **2.** 雕版 diāobǎn；版画 bǎnhuà

engross *v.* 占用(时间) zhànyòng(shíjiān)；吸引 xīyǐn；使全神贯注 shǐ quánshénguànzhù：She is thoroughly ～ed in her studies. 她一心埋头于学习。Tā yìxīn máitóu yú xuéxí. / My whole time is ～ed in the day-to-day routine of my business. 日常事务占去了我的全部时间。Rìcháng shìwù zhànqùle wǒde quánbù shíjiān.

engulf *v.* 吞没 tūnmò：The whole village was ～ed in the flood. 整个村子都被洪水吞没了。Zhěngge cūnzi dōubèi hóngshuǐ tūnmòle.

enhance *v.* 提高 tígāo；增进 zēngjìn：～ one's reputation 抬高声望 táigāo shēngwàng

enigma *n.* 谜 mí：It is an ～ to me. 这对我来说，是一个谜。Zhè duì wǒ láishuō，shì yíge mí.

enigmatic(al) *a.* 谜一般的 míyìbānde；不可思议的 bùkě-sīyìde

enjoin *v.* 命令 mìnglìng；吩咐 fēnfù：The teacher ～ed silence on the class. 老师命令全班学生肃静。Lǎoshī mìnglìng quánbān xuésheng sùjìng.

enjoy *v.* **1.** 欣赏 xīnshǎng；喜爱 xǐ'ài：We heartily ～ the game. 我们非常爱玩这种游戏。Wǒmen fēicháng àiwán zhèzhǒng yóuxì. / How did you ～ your holidays? 你怎样过假日。Nǐ zěnyàng guò jiàrì. **2.** 享受 xiǎngshòu；享有 xiǎngyǒu：～ good health 身体十分健康 shēntǐ shífēn jiànkāng

enjoyable *a.* 愉快的 yúkuàide；快乐的 kuàilède；有趣的 yǒuqùde：It is a very ～ concert. 这是一次非常令人愉快的音乐会。Zhè shì yícì fēicháng lìngrén yúkuàide yīnyuèhuì. / We had an ～ time. 我们过得愉快。Wǒmen guòde yúkuài.

enjoyment *n.* **1.** 欢乐 huānlè；愉快 yúkuài：I can't find much ～ in fishing. 我找不出钓鱼有什么乐趣。Wǒ zhǎobuchū diàoyú yǒu shénme lèqù. **2.** 享受 xiǎngshòu；享有 xiǎngyǒu：be in the ～ of good health 享受到健康的乐趣 xiǎngshòudào jiànkāngde lèqù **3.** 乐趣 lèqù；乐事 lèshì：Music is a great ～ to her. 音乐给她很大的乐趣。Yīnyuè gěi tā hěndàde lèqù.

enkindle *v.* 燃起 ránqǐ；激起 jīqǐ

enlarge *v.* **1.** 扩大 kuòdà：～ one's views by reading 以读书来增长见识 yǐ dúshū lái zēngzhǎng jiànshi **2.** 放大 fàngdà：an ～d photograph 放大的照片 fàngdàde zhàopiàn **3.** 详述 xiángshù：I need not ～ upon it. 我无需详细说明。Wǒ wúxū xiángxì shuōmíng.

enlargement *n.* **1.** 扩大 kuòdà；放大 fàngdà **2.** 增补 zēngbǔ；扩建 kuòjiàn

enlighten *v.* 启发 qǐfā；启蒙 qǐméng；教导 jiàodǎo：Can you ～ me on this subject？对这个问题你能启发启发我吗？Duì zhège wèntí nǐ néng qǐfā qǐfā wǒma？

enlightenment *n.* 启发 qǐfā；启蒙 qǐméng：I gained a good deal of ～ from him. 我从他那里获得许多启发。Wǒ cóng tā nàli huòdé xǔduō qǐfā.

enlist *v.* **1.** 征募 zhēngmù；招(兵) zhāo(bīng)：～ men for the navy 招募海军 zhāomù hǎijūn **2.** 入伍 rùwǔ；应征 yìngzhēng：～ as a volunteer 当志愿兵 dāng zhìyuànbīng **3.** 罗致 luózhì；获得…赞助 huòde…zànzhù：～ a person in an enterprise 事业上得到某人赞助 shìyèshang dédào mǒurén zànzhù

enlistment *n.* 征募 zhēngmù；募兵 mùbīng；应募 yìngmù；入伍 rùwǔ

enliven *v.* 使…活跃 shǐ…huóyuè；使有生气 shǐ yǒu shēngqì：The conversation was ～ed with jokes. 笑话使谈话变得更活泼。Xiàohua shǐ tánhuà biànde gèng huópo.

enmity *n.* 敌意 díyì；仇恨 chóuhèn；不和 bùhé：have no ～ against a person 对某人无怨无仇 duì mǒurén wúyuàn-wúchóu / be at ～ with one's neighbors 跟邻居不和 gēn línjū bùhé

ennoble *v.* 使(人)崇高 shǐ(rén)chónggāo；抬高 táigāo

ennui *n.* 厌倦 yànjuàn；无聊 wúliáo：I was relieved from ～ by reading. 读书使我不再感到无聊。Dúshū shǐ wǒ búzài gǎndào wúliáo.

enormity *n.* **1.** 穷凶极恶 qióngxiōng-jí'è **2.** 大罪 dàzuì

enormous *a.* 庞大的 pángdàde；巨大的 jùdàde = very large：a man of ～ strength 力气很大的人 lìqi hěndàde rén

enormously *ad*. 非常 fēicháng；大大地 dàdàde：The town has changed ～ during the last few years. 最近几年来，这座市镇变化非常大。Zuìjìn jǐniánlái，zhèzuò shìzhèn biànhuà fēicháng dà. / That boy eats ～. 那个孩子食量好大！Nàge háizi shíliàng hǎodà.

enough *a*. 充足的 chōngzúde；足够的 zúgòude：His salary is just ～ for food. 他的薪水仅够吃饭。Tāde xīnshui jǐngòu chīfàn. / Five men will be quite ～. 五个人就足够了。Wǔge rén jiù zúgòule. *n*. 充足 chōngzú；足够 zúgòu：I have had ～，thank you. 我吃饱了，谢谢你。Wǒ chī bǎole，xièxie nǐ. *ad*. 够 gòu：Is this large ～？这个够大吗？Zhège gòu dàma？/ It's not good ～. 这不够好。Zhè búgòu hǎo. // sure ～ 确实 quèshí；果然 guǒrán / well ～ 还好 háihǎo；足够 zúgòu：I don't know him well ～ to ask him for help. 我了解他还不够，不便请他帮助。Wǒ liǎojiě tā hái búgòu，búbiàn qǐng tā bāngzhù.

enquire *v*. ＝ inquire 询问 xúnwèn；打听 dǎting

enquiry *n*. ＝ inquiry 询问 xúnwèn；打听 dǎting

enrage *v*. 使(人)发怒 shǐ(rén)fānù：She was ～d at his insult. 她被他的侮辱激怒了。Tā bèi tāde wǔrǔ jīnùle.

enrapture *v*. 使(人)狂喜 shǐ(rén)kuángxǐ：He is ～d with this stroke of good fortune. 他因突然走运而欣喜若狂。Tā yīn tūrán zǒuyùn ér xīnxǐruòkuáng.

enrich *v*. **1**. 致富 zhìfù，使富裕 shǐ fùyù；丰富 fēngfù：American culture has been ～ed by European immigrants. 欧洲移民丰富了美国文化。Ōuzhōu yímín fēngfùle Měiguó wénhuà. / ～ a country by industry 发展工业使国家富裕 fāzhǎn gōngyè shǐ guójiā fùyù **2**. 浓缩 nóngsuō；加料 jiāliào：～ food with butter 在食物中加奶油 zài shíwùzhōng jiā nǎiyóu **3**. 使(土壤)肥沃 shǐ(tǔrǎng)féiwò ＝ to make the soil more productive

enriched *a*. 浓化的 nónghuàde；浓缩的 nóngsuōde；加料的 jiāliàode：～ flour 加料面粉 jiāliào miànfěn / ～ bread 营养面包 yíngyǎng miànbāo

enrichment *n*. **1**. 致富 zhìfù；丰富 fēngfù：增添装饰 zēngtiān zhuāngshì **2**. 浓缩 nóngsuō；加浓 jiānóng

enrol (1) *v*. **1**. 登记 dēngjì；编入 biānrù：～ a person as a member of a club 吸收某人为俱乐部的成员 xīshōu mǒurén wéi jùlèbùde chéngyuán **2**. 参加 cānjiā；注册 zhùcè：How many students have ～ed for the course？多少学生注册上这门课？Duōshao xuésheng zhùcè shàng zhèmén kè？

enrol(l)ment *n.* **1.** 注册 zhùcè；入伍 rùwǔ；入学 rùxué；入会 rùhuì **2.** 注册人数 zhùcè rénshù：The school has an ～ of 400 students. 这所学校的入学人数为四百。Zhèsuǒ xuéxiàode rùxué rénshù wéi sìbǎi.

ensconce *v.* **1.** 隐藏 yǐncáng：He ～d himself in the closet in order to eavesdrop. 他藏在壁橱里，以便偷听。Tā cángzài bìchúli，yǐbiàn tōutīng. **2.** 安置 ānzhì：They were soon ～d in a hotel. 他们很快就被安置在一家旅馆里。Tāmen hěnkuài jiùbèi ānzhìzài yìjiā lǚguǎnli.

ensemble *n.* **1.** 总效果 zǒngxiàoguǒ：make a splendid and harmonious ～ 取得精采和谐的总效果 qǔdé jīngcǎi héxiéde zǒngxiàoguǒ **2.** 合唱 héchàng；合奏 hézòu：pleasing ～ 令人愉快的合奏（合唱）lìngrén yúkuàide hézòu(héchàng) **3.** 文工团 wéngōngtuán；剧团 jùtuán：an amateur art ～ 业余文工团 yèyú wéngōngtuán

enshrine *v.* 铭记 míngjì：memories ～d in one's heart 铭记在心里的回忆 míngjìzài xīnlide huíyì

enshroud *v.* 掩盖 yǎngài；遮蔽 zhēbì；笼罩 lǒngzhào：be ～ed in mist 遮蔽在大雾之中 zhēbìzài dàwù zhīzhōng

ensign *n.* **1.** 旗 qí；国旗 guóqí；军舰旗 jūnjiànqí：the ～ dropped half-mast high 降半旗 jiàngbànqí / haul down the ～ 降下舰旗 jiàngxià jiànqí / hoist the ～ 升旗 shēngqí **2.** 徽章 huīzhāng；标志 biāozhì：The ～ of the queen was her crown and scepter. 女王权力的标志是她的王冠和节杖。Nǚwáng quánlìde biāozhì shì tāde wángguān hé jiézhàng.

ensilage *n.* 青贮饲料 qīngzhù sìliào

enslave *v.* **1.** 奴役 núyì；逼（人）做奴隶 bī(rén)zuò núlì；使（人）盲从 shǐ(rén)mángcóng：Someone was ～d to her. 有人做了她的奴隶。Yǒu rén zuòle tāde núlì. **2.** 制服 zhìfú：He was ～d to drinking. 他沉溺于酒。Tā chénnì yú jiǔ.

enslavement *n.* 奴役 núyì；被束缚 bèi shùfù

ensnare *v.* 使（人）落圈套 shǐ(rén)luòquāntào；诱惑 yòuhuò

ensue *v.* **1.** 接着发生 jiēzhe fāshēng：Silence ～d. 接着是一片沉默。Jiēzhe shì yípiàn chénmò. **2.** 结果产生 jiéguǒ chǎnshēng：What will ～ from (on) this? 这会产生什么结果呢？Zhè huì chǎnshēng shénme jiéguǒne?

ensuing *a.* 随后的 suíhòude：the ～ year 第二年 dì-èr nián / during the ～ months 在以后几个月里 zài yǐhòu jǐge yuèli

ensure *v.* **1.** 确保 quèbǎo；保证 bǎozhèng：His ability will ～ success to (for) him. 他的能力会保证他成功。Tāde nénglì huì bǎozhèng tā chénggōng. 2. 保护 bǎohù；使安全 shǐ ānquán：～ sb. against danger 保护某人免受危险 bǎohù mǒurén miǎnshòu wēixiǎn / The engineers have used special methods to ～ the bridge against danger from high winds. 工程师们采取特殊的方法保证桥梁免遭强风的威胁。Gōngchéngshīmen cǎiqǔ tèshūde fāngfǎ bǎozhèng qiáoliáng miǎnzāo qiángfēngde wēixié.

entail *v.* **1.** 需要 xūyào：Your plans will ～ great expenses. 你的计划需要大宗经费。Nǐde jìhuà xūyào dàzōng jīngfèi. **2.** 遗传给 yíchuán gěi：～ diseases on children 将疾病遗传给孩子 jiāng jíbìng yíchuán gěi háizi

entangle *v.* **1.** 缠上 chánshàng；使纠缠 shǐ jiūchán：The rope got ～d. 绳子缠在一起了。Shéngzi chánzài yìqǐle. **2.** 卷入 juǎnrù；连累 liánlěi：He is inextricably ～d with the affair. 他卷入了那件事，无法解脱。Tā juǎnrùle nàjiàn shì，wúfǎ jiětuō.

entanglement *n.* **1.** 纠缠 jiūchán：emotional ～感情的纠缠 gǎngqíngde jiūchán **2.** 纠纷 jiūfēn；牵连 qiānlián：It is independent of political ～s. 这件事与政治纠纷无关。Zhèjiàn shì yǔ zhèngzhì jiūfēn wúguān.

entente *n.* 协约 xiéyuē；协定 xiédìng：form a military ～ 缔结军事协定 dìjié jūnshì xiédìng

enter *v.* **1.** 走进 zǒujìn；进入 jìnrù：The sword ～ed deep. 这一剑刺得很深。Zhè yíjiàn cìde hěnshēn. / The country ～ed into a state of war. 国家进入战争状态。Guójiā jìnrù zhànzhēng zhuàngtài. **2.** 参加 cānjiā；加入 jiārù：We ～ed into the aquatic sports with zest. 我们劲头十足地参加水上运动。Wǒmen jìntóu shízúde cānjiā shuǐshang yùndòng. **3.** 记入 jìrù；登记 dēngjì：We will ～ your name in the list. 我们要把你的名字列入名单。Wǒmen yàobǎ nǐde míngzi lièrù míngdān. // ～ into 加入 jiārù / ～ on 开始 kāishǐ；着手 zhuóshǒu

enteritis *n.* 肠炎 chángyán

enterprise *n.* **1.** 事业 shìyè；企业 qǐyè：The ～ was attended with difficulty. 这一事业遇到了困难。Zhèyī shìyè yùdàole kùnnan. / Some people believe in private ～, while others believe in government ownership of industry. 有人相信私营企业；有人相信企业国家所有制。Yǒurén xiāngxìn sīyíng qǐyè；yǒurén xiāngxìn qǐyè guójiā suǒyǒuzhì. **2.** 事业心 shìyèxīn；进取心 jìnqǔxīn：He has no ～. 他没有进取心。Tā méiyǒu jìnqǔxīn.

enterprising *a.* 有事业心的 yǒu shìyèxīnde；有进取心的 yǒu jìnqǔxīnde；大胆的 dàdǎnde：an ～ man 有进取心的人 yǒu jìnqǔxīnde rén

entertain *v.* **1.** 招待 zhāodài；款待 kuǎndài：The Smiths ～ a great deal. 史密斯家常招待客人。Shǐmìsī (Smith) jiā cháng zhāodài kèren. / She ～ed her guests handsomely. 她慷慨地款待客人。Tā kāngkǎide kuǎndài kèren. **2.** 使欢乐 shǐ huānlè；使娱乐 shǐ yúlè：He ～ed us by singing songs. 他唱歌给我们助兴。Tā chànggē gěi wǒmen zhùxìng. **3.** 怀有 huáiyǒu；持有 chíyǒu：Even after failing twice, we still ～ a hope of success. 即使在失败了两次以后，我们仍抱有成功的希望。Jíshǐ zài shībàile liǎngcì yǐhòu, wǒmen réng bàoyǒu chénggōngde xīwàng.

entertainer *n.* 款待者 kuǎndàizhě；表演者 biǎoyǎnzhě

entertaining *a.* 有趣的 yǒuqùde

entertainment *n.* **1.** 招待 zhāodài；接待 jiēdài；招待会 zhāodàihuì：give an ～ to one's friends 招待朋友 zhāodài péngyou **2.** 娱乐 yúlè：find ～ in working 以工作为乐 yǐ gōngzuò wéilè **3.** 游艺 yóuyì；文艺活动 wényì huódòng：A concert, a play and a show are ～s. 音乐会、演戏、表演会都是文娱活动。Yīnyuèhuì、yǎnxì、biǎoyǎnhuì dōushì wényú huódòng.

enthral(l) *v.* 迷惑 míhuo；吸引住 xīyǐnzhù：be ～ed by a novel 看小说看出了神 kàn xiǎoshuō kàn chūle shén

enthrone *v.* **1.** 立…为王 lì … wéi wáng **2.** 推崇 tuīchóng

enthuse *v.* 热心 rèxīn；使(人)热心 shǐ(rén)rèxīn

enthusiasm *n.* 热心 rèxīn；热情 rèqíng；积极性 jījíxìng：Art is his great ～. 艺术是她热爱的东西。Yìshù shì tā rè'àide dōngxi. / He was greeted with great ～. 他受到热烈的欢呼。Tā shòudào rèliède huānhū.

enthusiast *n.* 热心的人 rèxīnde rén；热中者 rèzhōngzhě：an ～ about public affairs 热心公共事务者 rèxīn gōnggòng shìwùzhě

enthusiastic *a.* 热情的 rèqíngde；热心的 rèxīnde：The young people were not ～ about the war. 青年人对这场战争不热心。Qīngniánrén duì zhèchǎng zhànzhēng bú rèxīn. / He is ～ in his manner of speech. 他讲话的态度很热情。Tā jiǎnghuàde tàidu hěn rèqíng.

entice *v.* 怂恿 sǒngyǒng；诱使 yòushǐ：The children ～d the kitten from the tree. 孩子们把小猫从树上逗引下来。Háizimen bǎ xiǎomāo cóng shùshang dòuyǐn xiàlái.

enticement *n.* **1.** 怂恿 sǒngyǒng；引诱 yǐnyòu **2.** 香饵 xiāng'ěr

entire *a.* 全体的 quántǐde；完全的 wánquánde；完整的（= whole）wánzhěngde：He has my ～ confidence. 他得到我们完全信任。Tā dédào wǒmen wánquán xìnrèn. / The ～ surface of the lake is frozen. 整个湖面都结了冰。Zhěngge húmiàn dōu jiélebīng. *n.* 全体 quántǐ；整体 zhěngtǐ：The ～ is flawed by poor workmanship. 拙劣的手工破坏了整体。Zhuōliède shǒugōng pòhuàile zhěngtǐ.

entirely *ad.* 完全地 wánquánde；全然 quánrán：～ new 全新 quánxīn；崭新 zhǎnxīn

entirety *n.* 完全 wánquán；全部 quánbù；总体 zǒngtǐ：We must examine the question in its ～. 我们必须全面研究这个问题。Wǒmen bìxū quánmiàn yánjiū zhège wèntí.

entitle *v.* **1.** 使…有资格(权力) shǐ … yǒu zīgé(quánlì)：The ticket ～s you to a free lunch. 凭此券你可以免费吃一顿午餐。Píng cǐquàn nǐ kěyǐ miǎnfèi chī yídùn wǔcān. **2.** 给…定名 gěi … dìngmíng：The new book is ～d *American Short Stories*. 这本新书的书名叫《美国短篇小说》。Zhèběn xīnshūde shūmíng jiào "Měiguó Duǎnpiān Xiǎoshuō".

entity *n.* **1.** 存在 cúnzài：In his unhappiness he had come even to question his ～. 他在不幸时甚至对自己的存在表示怀疑。Tā zài búxìngshí shènzhì duì zìjǐde cúnzài biǎoshì huáiyí. **2.** 实体 shítǐ；实物 shíwù：Persons，mountains，languages and beliefs are distinct entities. 人、山、语言及信仰都是明显的实存物。Rén、shān、yǔyán jí xìnyǎng dōushì míngxiǎnde shícúnwù.

entomb *v.* 埋葬 máizàng：Some girls were ～ed in the ruins of the school house. 几位女学生被埋在倒塌的校舍里。Jǐwèi nǚxuésheng bèi máizài dǎotāde xiàoshèli.

entomologist *n.* 昆虫学家 kūnchóngxuéjiā

entomology *n.* 昆虫学 kūnchóngxué

entrails *n.* 内脏 nèizàng

entrain *v.* 坐火车 zuò huǒchē；使(某人)坐火车 shǐ(mǒurén)zuò huǒchē

entrance[1] *n.* **1.** 入口 rùkǒu；门口 ménkǒu：Men without ties and jackets will be refused ～. 不穿西装不打领带的人不许进入。Bù chuān xīzhuāng bùdǎ lǐngdàide rén bùxǔ jìnrù. **2.** 入 rù；进入 jìnrù；登场 dēngchǎng：No ～. 闲人免进。Xiánrén miǎnjìn. **3.** 就职 jiùzhí：～ into (or upon) one's office 就任 jiùrèn **4.** 入场权 rùchǎngquán：E- to the college is by examination. 进大学要经过考试。Jìn dàxué yào jīngguò kǎoshì.

entrance² *v.* 使(人)出神 shǐ(rén)chūshén；使入迷 shǐ rùmí；使狂喜 shǐ kuángxǐ：She stood ～d at the sight. 她站在那里望着那景色出神。Tā zhànzài nàli wàngzhe nà jǐngsè chūshén. / Robert was ～d with joy. 罗伯特欣喜若狂。Luóbótè (Robert) xīnxǐ-ruòkuáng.

entrant *n.* **1.** 进入者 jìnrùzhě **2.** 新到者 xīndàozhě；新会员 xīnhuìyuán；新学生 xīnxuésheng

entrap *v.* 使陷入圈套(罗网、困难) shǐ xiànrù quāntào (luówǎng、kùnnan)：He was ～ped to destruction. 他中计而陷于死地。Tā zhòngjì ér xiànyú sǐdì. / ～ a person into a difficult situation 诱使某人陷入困境 yòushǐ mǒurén xiànrù kùnjìng

entreat *v.* 恳求 kěnqiú；请求 qǐngqiú：～ a person for mercy 恳求某人怜悯 kěnqiú mǒurén liánmǐn / May I ～ a favor of you? 我可以请你帮忙吗？Wǒ kěyǐ qǐng nǐ bāngmángma?

entreaty *n.* 恳求 kěnqiú；请求 qǐngqiú：grant a person's ～ 答应某人的请求 dāying mǒurénde qǐngqiú / make an ～ 提出请求 tíchū qǐngqiú

entrench *v.* 挖壕 wāháo；防守 fángshǒu

entrust *v.* 委托 wěituō；托管 tuōguǎn：He ～ed his child to a faithful friend. 他把他的孩子托给一位忠实的朋友照顾。Tā bǎ tāde háizi tuōgěi yíwèi zhōngshíde péngyou zhàogù.

entry *n.* **1.** 进入 jìnrù；入场 rùchǎng；入口 rùkǒu：Only persons with tickets will be allowed ～. 只有持票的人才允许入场。Zhǐyǒu chí piàode rén cái yǔnxǔ rùchǎng. / A crowd blocked the ～. 一群人堵塞在入口处。Yìqún rén dǔsèzài rùkǒuchù. **2.** 登记 dēngjì；记载 jìzǎi；项目 xiàngmù：He made an ～ of the memorial events in his diary. 他将可纪念的大事记入日记中。Tā jiāng kě jìniànde dàshì jìrù rìjìzhōng.

entwine *v.* 缠绕 chánrǎo；使…纠缠 shǐ … jiūchán

enumerate *v.* **1.** 列举 lièjǔ **2.** 点 diǎn；数 shǔ

enumeration *n.* **1.** 列举 lièjǔ；计点 jìdiǎn **2.** 细目 xìmù；表 biǎo

enunciate *v.* **1.** 发言 fāyán；发音 fāyīn；吐字 tǔzì：～ (one's words) clearly 发音清晰 fāyīn qīngxī **2.** 发表 fābiǎo；宣布 xuānbù：～ a new theory 宣布一项新理论 xuānbù yíxiàng xīn lǐlùn

enunciation *n.* **1.** 发音 fāyīn **2.** 表明 biǎomíng；宣布 xuānbù；宣言 xuānyán

envelop *v.* **1.** 包封 bāofēng；封蔽 fēngbì：The baby is ～ed in a blanket.

这个婴儿被裹在毯子里。Zhège yīng'ér bèi guǒzài tǎnzili. / The mountain was ～ed in mist. 那座山被雾笼罩着。Nàzuò shān bèi wù lǒngzhàozhe. **2.** 包围 bāowéi = surround

envelope *n.* **1.** 信封 xìnfēng; 信皮 xìnpí: Please enclose a self-addressed ～. 请附上写明地址的回信信封。Qǐng fùshàng xiěmíng dìzhǐde huíxìn xìnfēng. **2.** 气囊 qìnáng: an airship hull ～ 气艇气囊 qìtǐng qìnáng **3.** 大气层 dàqìcéng: the ～ of the air around the earth 地球周围的大气层 dìqiú zhōuwéide dàqìcéng **4.** 包被 bāobèi: an ～ of leaves 叶的包被 yède bāobèi

envelopment *n.* **1.** 包封 bāofēng; 封皮 fēngpí **2.** 包皮 bāopí * in botany

envenom *v.* 下毒于 xiàdúyú; 毒害 dúhài; 使…有毒 shǐ…yǒudú; 使…有恶意 shǐ … yǒu èyì: an ～ed arrow 毒箭 dújiàn

enviable *a.* 值得羡慕的 zhíde xiànmùde; 引起妒忌的 yǐnqǐ dùjìde

envious *a.* 妒忌的 dùjìde; 羡慕的 xiànmùde: She is ～ of my good fortune. 她羡慕我的幸运。Tā xiànmù wǒde xìngyùn. / The weak are often ～ of the strong. 弱者常常羡慕强者。Ruòzhě chángcháng xiànmù qiángzhě.

environ *v.* 围绕 wéirǎo; 包围 bāowéi: a little cottage ～ed by (with) trees 树木环绕的小村舍 shùmù huánrǎode xiǎocūnshè

environment *n.* 围绕 wéirǎo; 包围 bāowéi; 环境 huánjìng: beautify the ～ 美化环境 měihuà huánjìng / Children need a happy home ～. 孩子们需要幸福的家庭环境。Háizimen xūyào xìngfúde jiātíng huánjìng.

environs *n.* 附近 fùjìn; 城郊 chéngjiāo; 郊区 jiāoqū: The ～ of Vienna are very beautiful. 维也纳的近郊非常美。Wéiyěnà (Vienna) de jìnjiāo fēicháng měi.

envisage *v.* **1.** 正视 zhèngshì: ～ facts 正视事实 zhèngshì shìshí **2.** 展望 zhǎnwàng: ～ economic conditions 展望经济形势 zhǎnwàng jīngjì xíngshì

envoy *n.* 使节 shǐjié; 使者 shǐzhě; 代表 dàibiǎo: The President sent a special ～ to the peace talks. 总统派了一名特使参加和平谈判。Zǒngtǒng pàile yìmíng tèshǐ cānjiā hépíng tánpàn.

envy *n.* **1.** 妒忌 dùjì; 羡慕 xiànmù: My success excited his ～. 我的成功引起了他的羡慕(妒忌)。Wǒde chénggōng yǐnqǐle tāde xiànmù(dùjì).

2. 妒忌对象 dùjì duìxiàng；羡慕目标 xiànmù mùbiāo：His splendid new car was the ～ of all his friends. 他那辆豪华的新汽车是他所有的朋友羡慕的东西。Tā nàliàng háohuáde xīn qìchē shì tā suǒyǒu péngyou xiànmùde dōngxi. *v.* 妒忌 dùjì；羡慕 xiànmù：How I ～ you！我真羡慕你！Wǒ zhēn xiànmù nǐ！/ Better be envied than pitied. 宁可让人妒忌，不可让人怜悯。Nìngkě ràng rén dùjì，bùkě ràng rén liánmǐn.

enwrap *v.* **1.** 包围 bāowéi；围绕 wéirǎo **2.** 使…心神贯注 shǐ … xīnshén-guànzhù；吸引住 xīyǐnzhù = be deeply interested in

enzyme *n.* 酶 méi

epaulet(te) *n.* 肩章 jiānzhāng

ephemeral *a.* 短暂的 duǎnzànde；朝生暮死的 zhāoshēng-mùsǐde

epic *n.* 史诗 shǐshī；叙事诗 xùshìshī *a.* 史诗的 shǐshīde；叙事诗的 xùshìshīde：an ～ poem 叙事诗 xùshìshī

epicure *n.* 讲究饮食的人 jiǎngjiu yǐnshíde rén

epicurean *a.* 贪口福的 tān kǒufúde；好美食的 hào měishíde *n.* 享乐主义者 xiǎnglèzhǔyìzhě

epidemic *a.* 流行病的 liúxíngbìngde；流行性的 liúxíngxìngde *n.* **1.** 流行病 liúxíngbìng；时疫 shíyì：An ～ has broken out. 爆发一种流行病。Bàofā yìzhǒng liúxíngbìng. **2.** [an ～] 流行 liúxíng；传播 chuánbō：All the schools in the city were closed during the ～ of scarlet fever. 在猩红热流行的时候，城内所有学校都关闭了。Zài xīnghóngrè liúxíngde shíhou，chéngnèi suǒyǒude xuéxiào dōu guānbìle.

epidermis *n.* 表皮 biǎopí

epidiascope *n.* 幻灯放映两用机 huàndēng fàngyìng liǎngyòngjī

epigram *n.* **1.** 警句 jǐngjù：Who invented this ～？这警句始于何人？Zhè jǐngjù shǐyú hérén？**2.** 讽刺短诗 fěngcì duǎnshī = a short satirical poem

epigrammatic *a.* **1.** 警句的 jǐngjùde **2.** 简练的 jiǎnliànde = short and witty

epilepsy *n.* 癫痫 diānxián；羊痫疯 yángxiánfēng

epileptic *a.* 癫痫的 diānxiánde

epilogue *n.* **1.** 尾声 wěishēng；收场白 shōuchǎngbái **2.** 跋 bá

episcopal *a.* 主教的 zhǔjiàode；主教制的 zhǔjiàozhìde

episode *n.* **1.** 事件 shìjiàn：an unpleasant ～ 一件不愉快的事 yíjiàn bù yúkuàide shì **2.** 插曲 chāqǔ；一段戏 yíduàn xì；一段情节 yíduàn qíngjié：The novel deals with the romantic ～s of her early life. 小说叙述了她早

期生活的浪漫插曲。Xiǎoshuō xùshùle tā zǎoqī shēnghuóde làngmàn chāqǔ.

epistle *n.* 书信 shūxìn

epistolary *a.* 书信的 shūxìnde；书信体的 shūxìntǐde

epitaph *n.* 墓志铭 mùzhìmíng：He read the ～ on the tombstone. 他读了墓碑上的铭文。Tā dúle mùbēishangde míngwén.

epithet *n.* 1. 表述词语 biǎoshù cíyǔ；形容词 xíngróngcí：What ～ can you apply to that fellow? 你用什么词来形容那个家伙？Nǐ yòng shénme cí lái xíngróng nàge jiāhuo? 2. 称号 chēnghào；绰号 chuòhào = nickname

epitome *n.* 1. 梗概 gěnggài；摘要 zhāiyào：This handbook is a neat ～ of everyday hygiene. 这本手册概括了日常卫生的要点。Zhèběn shǒucè gàikuòle rìcháng wèishēngde yàodiǎn. 2. 缩影 suōyǐng：Man is the world's ～. 人是世界的缩影。Rén shì shìjiède suōyǐng.

epoch *n.* 1. (新)时代 (xīn)shídài；纪元 jìyuán：The invention of dynamite marks an ～ in the history of civilization. 炸药的发明标志着文明史上的一个新纪元。Zhàyàode fāmíng biāozhìzhe wénmíngshǐshangde yíge xīn jìyuán. 2. 重要时期 zhòngyào shíqī = important period of time

epochmaking *a.* 划时代的 huàshídàide

equable *a.* 1. 稳定的 wěndìngde 2. 平静的 píngjìngde

equal *n.* 相等的事物 xiāngděngde shìwù；(地位)相同的人 (dìwèi) xiāngtóngde rén：He has no ～ in eloquence. 谁的口才也比不上他。Shuíde kǒucái yě bǐbushàng tā. / The French Minister of Foreign Affairs is the ～ of American Secretary of State. 法国的外交部长相当于美国的国务卿。Fǎguóde Wàijiāobùzhǎng xiāngdāngyú Měiguóde Guówùqīng. *a.* 1. 同等的 tóngděngde；相等的 xiāngděngde：～ pay for ～ work 同工同酬 tónggōng tóngchóu 2. 平等 píngděng：Men and women have ～ rights in People's Republic of China. 在中国男女有平等的权力。Zài Zhōngguó nánnǚ yǒu píngděngde quánlì. 3. 胜任的 shèngrènde：His ability was not ～ to performing this duty. 他的能力不足以履行这个职责。Tāde nénglì bùzúyǐ lǚxíng zhège zhízé. *v.* 等于 děngyú；比得上 bǐdeshàng：My car ～s yours in speed. 我汽车的速度和你的一样快。Wǒ qìchēde sùdù hé nǐde yíyàng kuài.

equalitarian *a.* 平均主义的 píngjūnzhǔyìde *n.* 平均主义者 píngjūnzhǔyìzhě

equality *n.* 同等 tóngděng；相等 xiāngděng；平等 píngděng：claim ～ in employment 要求就业平等 yāoqiú jiùyè píngděng / Now I am on an ～ with them. 现在我与他们平等。Xiànzài wǒ yǔ tāmen píngděng.

equalization *n.* 均等 jūnděng：～ of income 收入平等化 shōurù píngděng huà / ～ of landownership 平均地权 píngjūn dìquán

equalize *v.* **1.** 使…均等 shǐ … jūnděng；平衡 pínghéng **2.** 补偿 bǔcháng

equalizer *n.* **1.** 平衡器 pínghéngqì **2.** 补整器 bǔzhěngqì

equally *ad.* 同等地 tóngděngde；相等地 xiāngděngde；平等地 píngděngde：Divide it ～. 把它平分一下。Bǎ tā píngfēn yíxià.

equanimity *n.* 平静 píngjìng；沉着 chénzhuó；镇静 zhènjìng：with ～ 泰然 tàirán

equate *v.* 使相等 shǐ xiāngděng；同等相待 tóngděng xiāngdài：You cannot ～ life in the city to life in the country. 你不能把城市生活和农村生活等量齐观。Nǐ bùnéng bǎ chéngshì shēnghuó hé nóngcūn shēnghuó děngliàng qíguān.

equation *n.* **1.** 方程 fāngchéng；相等 xiāngděng：reduce the ～ to 把方程式简化成…bǎ fāngchéngshì jiǎnhuà chéng … **2.** 误差 wùchā * in astronomy：～ of light 光行时差 guāngxíng shíchā / ～ of time 时差 shíchā

equator *n.* 赤道 chìdào：the celestial ～ 天球赤道 tiānqiú chìdào / the earth's ～ 地球赤道 dìqiú chìdào / heat ～ 温度赤道 wēndù chìdào

equatorial *a.* 赤道的 chìdàode；赤道附近的 chìdào fùjìnde

equestrian *a.* 骑马的 qímǎde：～ skill 马术 mǎshù *n.* 骑手 qíshǒu；马术家 mǎshùjiā

equidistant *a.* 等距离的 děngjùlíde：All points of the circumference of a circle are ～ from the center. 圆周上所有各点与圆心距离相等。Yuánzhōushang suǒyǒu gèdiǎn yǔ yuánxīn jùlí xiāngděng.

equilateral *n.* 等边的 děngbiānde：an ～ triangle 等边三角形 děngbiān sānjiǎoxíng

equilibrate *v.* 平衡 pínghéng；均衡 jūnhéng

equilibrium *n.* **1.** 平衡(性) pínghéng(xìng)；均势 jūnshì：establish the ～ in East Asia 确立东亚的均势 quèlì Dōngyàde jūnshì **2.** 平静 píngjìng：disturb the psychic ～ 扰乱心理平衡 rǎoluàn xīnlǐ pínghéng

equinoctial *a.* 昼夜平分的 zhòuyè píngfēnde；二分的 èrfēnde

equinox *n*. 分点 fēndiǎn * in astronomy；春(秋)分 chūn(qiū)fēn：the autumnal ～ 秋分 qiūfēn；秋分点 qiūfēndiǎn / the spring (vernal) ～ 春分 chūnfēn；春分点 chūnfēndiǎn

equip *v*. 装备 zhuāngbèi；配备 pèibèi；准备 zhǔnbèi；使具备条件 shǐ jùbèi tiáojiàn：He is well ～ped for the work before him. 他已充分准备好当前的工作。Tā yǐ chōngfèn zhǔnbèihǎo dāngqiánde gōngzuò. / We should ～ our children with good education. 我们应该使孩子得到良好的教育。Wǒmen yīnggāi shǐ háizi dédào liánghǎode jiàoyù. / E- your bicycle with a head light. 在你自行车上装上前灯。Zài nǐ zìxíngchēshang zhuāngshàng qiándēng.

equipage *n*. **1**. 一套车马 yítào chēmǎ **2**. 设备 shèbèi；装具 zhuāngjù **3**. 成套家庭用具 chéngtào jiātíng yòngjù

equipment *n*. **1**. 装备 zhuāngbèi；设备 shèbèi；装置 zhuāngzhì：These completed their ～. 这些东西使他们装备齐全了。Zhèxiē dōngxi shǐ tāmen zhuāngbèi qíquánle. **2**. 知识 zhīshi；技能 jìnéng：He has the necessary ～ for law. 他具备当律师的必要知识和才能。Tā jùbèi dāng lǜshīde bìyào zhīshi hé cáinéng.

equipoise *n*. 平衡 pínghéng；均衡 jūnhéng：The scales should be in ～. 天平秤必须保持平衡。Tiānpíngchèng bìxū bǎochí pínghéng.

equitable *a*. 公正的 gōngzhèngde；公平的 gōngpíngde

equity *n*. 公正 gōngzhèng；公平 gōngpíng：This is not what ～ requires. 这并不公正。Zhè bìngbù gōngzhèng. / They shared the work of the house with perfect ～. 他们非常公平地分担家务。Tāmen fēicháng gōngpíngde fēndān jiāwù.

equivalence *n*. 相等 xiāngděng；相当 xiāngdāng；等价 děngjià；等量 děngliàng

equivalent *a*. **1**. 相等的 xiāngděngde 相同的 xiāngtóngde；相当的 xiāngdāngde：Two negatives are ～ to an affirmative. 两个否定相当于一个肯定。Liǎngge fǒudìng xiāngdāngyú yíge kěndìng. **2**. 等效的 děngxiàode；当量的 dāngliàngde；等价的 děngjiàde *n*. **1**. 相等物 xiāngděngwù；同义词 tóngyìcí：We cannot find a Chinese ～ for that word. 那个词在汉语中找不到相当的字眼儿。Nàge cí zài Hànyǔzhōng zhǎobudào xiāngdāngde zìyǎnr. **2**. 等量 děngliàng；等价 děngjià：That dress cost the ～ of a month's salary. 那件衣服的价钱相当于一个月的工资。Nàjiàn yīfude jiàqian xiāngdāngyú yíge yuède gōngzī.

equivocal *a.* **1.** 含糊其词的 hánhu-qícíde；模棱两可的 móléng-liǎngkěde：an ～ sentence 模棱两可的句子 móléng-liǎngkěde jùzi **2.** 暧昧 àimèi = doubtful

equivocate *v.* 支吾 zhīwu；含糊其词 hánhu-qící

equivocation *n.* 支吾 zhīwu；模棱两可的话 móléng-liǎngkěde huà；语义双关的话 yǔyì-shuāngguānde huà：The minister never answers a question plainly，he's a master of ～. 这位部长从来不直截了当地回答问题，他是含糊语言大师。Zhèwèi bùzhǎng cónglái bù zhíjié-liǎodàngde huídá wèntí，tā shì hánhu yǔyán dàshī.

era *n.* **1.** 时代 shídài；年代 niándài；纪元 jìyuán：We are entering a new ～ of prosperity. 我们正进入一个新的繁荣的时代。Wǒmen zhèng jìnrù yíge xīnde fánróngde shídài. **2.** 代 dài * in geology

eradiate *v.* 发射(光线等) fāshè (guāngxiàn děng)

eradicate *v.* 根除 gēnchú；扑灭 pūmiè：～ weeds from a garden 除去花园里的杂草 chúqù huāyuánlide zácǎo

erase *v.* 拭去 shìqù；消除 xiāochú；擦掉 cādiào；忘掉 wàngdiào：Make light pencil lines so that they can be ～d easily. 铅笔线划得浅一些，这样易擦掉。Qiānbǐxiàn huàde qiǎn yìxiē，zhèyàng yì cādiào. / The blow on his head ～d from his memory the details of the accident. 他头受到一击，使他完全忘记了事故的细节。Tā tóu shòudào yìjī，shǐ tā wánquán wàngjìle shìgùde xìjié.

eraser *n.* 擦除器 cāchúqì：a blackboard ～ 黑板擦 hēibǎncā / an ink ～ 擦墨水橡皮(药水) cā mòshuǐ xiàngpí(yàoshuǐ) / a pencil ～ 橡皮 xiàngpí

erasure *n.* **1.** 消除 xiāochú；抹去 mǒqù：make an ～ of typing errors 将打错的地方抹掉 jiāng dǎcuòde dìfang mǒdiào **2.** 删去部分 shānqù bùfen；涂擦的痕迹 túcāde hénjī：He questioned her about the ～. 他问她擦掉的字句。Tā wèn tā cādiàode zìjù. / His exercise was full of ～s. 他的练习到处都是擦试的痕迹。Tāde liànxí dàochù dōu shì cāshìde hénjī.

erbium *n.* 铒 ěr * in chemistry

erect *a.* 直立的 zhílìde；竖直的 shùzhíde：stand ～ 直立 zhílì / with every hair ～ 毛发耸然 máofà-sǒngrán *v.* **1.** 竖立 shùlì；竖起 shùqǐ：～ a flag-staff 竖旗竿 shù qígān **2.** 建立 jiànlì：～ a monument 建立纪念碑 jiànlì jìniànbēi / ～ a new government 建立一个新政府 jiànlì yíge xīn zhèngfǔ **3.** 安装 ānzhuāng：～ an engine 安装发动机 ānzhuāng fādòngjī

erection *n.* **1.** 建造 jiànzào；安装 ānzhuāng：The ～ of the tent took only a few minutes. 搭帐篷只花了几分钟。Dā zhàngpeng zhǐ huāle jǐ fēnzhōng. **2.** 建筑物 jiànzhùwù：There are many ancient ～s of unknown use. 有很多用途不明的古建筑物。Yǒu hěnduō yòngtú bùmíngde gǔ jiànzhùwù.

ermine *n.* **1.** 貂 diāo **2.** 貂皮 diāopí

erode *v.* 侵蚀 qīnshí；腐蚀 fǔshí：The sea ～s the land. 海洋侵蚀陆地 Hǎiyáng qīnshí lùdì. / The coast is slowly eroding away. 海岸正在慢慢地遭到侵蚀。Hǎi'àn zhèngzài mànmànde zāodào qīnshí.

erotic *a.* 色情的 sèqíngde

err *v.* 犯错误 fàn cuòwù；出错 chūcuò：Everyone ～s at some time or other. 每个人总有犯错误的时候。Měige rén zǒngyǒu fàn cuòwùde shíhou. / He ～ed in supposing that the house was empty. 他误认为房子里没人。Tā wù rènwéi fángzili méi rén.

errand *n.* 差事 chāishi；使命 shǐmìng：I have done the ～ quickly. 我很快完成了差事。Wǒ hěnkuài wánchéngle chāishi.

errant *a.* **1.** 漫游的 mànyóude **2.** 迷路的 mílùde **3.** 错误的 cuòwùde

erratic *a.* **1.** 乖僻的 guāipìde **2.** 不稳定的 bù wěndìngde

erratum *n.* 笔误 bǐwù；写错 xiěcuò；排错 páicuò；错字 cuòzì

erroneous *a.* 错误的 cuòwùde：This is completely ～. 这完全错了。Zhè wánquán cuòle. / glaringly ～ 大错特错 dàcuò-tècuò

error *n.* **1.** 错误 cuòwù：spelling ～ 拼法错误 pīnfǎ cuòwò / an ～ in translation 翻译上的错误 fānyìshangde cuòwù **2.** 过错 guòcuò；罪过 zuìguo：an irreparable ～ 无法弥补的过错 wúfǎ míbǔde guòcuò **3.** 谬见 miùjiàn：be in ～ 弄错了 nòngcuòle **4.** 误差 wùchā

ersatz *a.* 代用的 dàiyòngde：～ coffee 代用咖啡 dàiyòng kāfēi *n.* 代用品 dàiyòngpǐn：It can serve as an ～ for coffee. 它可做咖啡的代用品。Tā kězuò kāfēide dàiyòngpǐn.

erudite *a.* 博学的 bóxuéde

erudition *n.* 博学 bóxué

erupt *v.* **1.** （火山等）喷发（huǒshān děng）pēnfā；爆发 bàofā：The geyser

~s periodically. 间歇泉周期性地喷发。Jiànxiēquán zhōuqīxìngde pēnfā. **2.** 发疹 fāzhěn: Hives ~ed on his face. 他的脸上突然发出了荨麻疹。Tāde liǎnshang tūrán fāchūle qiánmázhěn.

eruption *n.* **1.** 喷发 pēnfā; 爆发 bàofā: A careless smoker may cause the ~ of a forest fire. 粗心大意的抽烟者会使森林起火。Cūxīndàyìde chōuyānzhě huì shǐ sēnlín qǐhuǒ. **2.** 出疹 chūzhěn; 喷出物 pēnchūwù: Scarlet fever causes an ~ on the body. 猩红热会使身上出疹子。Xīnghóngrè huìshǐ shēnshang chū zhěnzi.

eruptive *a.* 喷发的 pēnfāde; 发疹性的 fāzhěnxìngde

erysipelas *n.* 丹毒 dāndú

erythromycin *n.* 红霉素 hóngméisù

escalator *n.* 自动(楼)梯 zìdòng(lóu)tī

escapade *n.* **1.** 恶作剧 èzuòjù: Putting a stone on the rail is a dangerous ~ of boys. 在铁轨上放石头块是孩子们危险的恶作剧。Zài tiěguǐshang fàng shítoukuài shì háizimen wēixiǎnde èzuòjù. **2.** 越轨行为 yuèguǐ xíngwéi

escape *v.* **1.** 逃脱 táotuō; 逃跑 táopǎo: He barely ~d with his life. 他死里逃生。Tā sǐlǐ-táoshēng. **2.** 漏出 lòuchū: The gas is escaping somewhere. 什么地方在漏气。Shénme dìfang zài lòuqì. **3.** 逃避 táobì; 避免 bìmiǎn: ~ one's notice 避免注意 bìmiǎn zhùyì **4.** 摆脱 bǎituō: His name ~s me for the moment. 他的名字我一时记不起来了。Tāde míngzi wǒ yìshí jìbuqǐláile. *n.* **1.** 逃走 táozǒu; 逃亡 táowáng: His ~ from death was by chance. 他能死里逃生完全是偶然的。Tā néng sǐli-táoshēng wánquán shì ǒuránde. **2.** 放出管 fàngchūguǎn: an air ~ 放气管 fàngqìguǎn **3.** 避难设备 bìnàn shèbèi: a fire ~ 太平梯 tàipíngtī **4.** 逃避现实 táobì xiànshí

escapement *n.* 擒纵机构 qínzòng jīgòu

escapism *n.* 逃避现实 táobì xiànshí

escapist *n.* 逃避现实的人 táobì xiànshíde rén

eschew *v.* 避免 bìmiǎn; 避开 bìkāi

escort *n.* **1.** 警卫(队) jǐngwèi(duì); 护航队 hùhángduì: The king's ~ totaled 50 men. 国王的警卫队总数达五十人。Guówángde jǐngwèiduì zǒngshù dá wǔshí rén. **2.** 押送 yāsòng; 陪同者 péitóngzhě: The mutineers were taken under ～ to the local jail. 判乱者被押送到当地监狱。Pànluànzhě bèi yāsòng dào dāngdì jiānyù. *v.* 护送 hùsòng；掩护 yǎnhù；护航 hùháng：Who will ～ her home? 谁护送她回家？Shéi hùsòng tā húijiā?

Eskimo *n.* **1.** 爱斯基摩人 Àisījīmórén **2.** 爱斯基摩语 Àisījīmóyǔ

esoteric *a.* 奥秘的 àomìde；难懂的 nándǒngde

especial *a.* 特别的 tèbiéde：an ～ favorite 一个特别受宠的人 yíge tèbié shòuchǒngde rén

especially *ad.* 尤其 yóuqí：I like Beijing, ～ in autumn. 我爱北京，特别是在秋天。Wǒ ài Běijīng, tèbié shì zài qiūtiān. / The weather has been ～ cold. 最近天气特别冷。Zuìjìn tiānqì tèbié lěng.

Esperanto *n.* 世界语 Shìjièyǔ

espionage *n.* **1.** 谍报 diébào **2.** 间谍活动 jiàndié huódòng：Industrial ～ is the stealing of knowledge about another firm's business. 工业间谍活动就是窃取另一家公司的商业情报。Gōngyè jiàndié huódòng jiùshì qièqǔ lìng yìjiā gōngsīde shāngyè qíngbào.

espousal *n.* **1.** 结婚 jiéhūn：Is not the day fixed for your ～s? 你们结婚的日期还没订下来吗？Nǐmen jiéhūnde rìqī háiméi dìngxiàláima? **2.** 拥护 yōnghù：John's ～ of violent political beliefs annoyed his father very much. 约翰拥护极端的政治观点，使他父亲十分恼火。Yuēhàn (John) yōnghù jíduānde zhèngzhì guāndiǎn, shǐ tā fùqin shífēn nǎochuǒ.

espouse *v.* **1.** 娶(妻) qǔ(qī)；嫁(女) jià(nǚ) **2.** 拥护 yōnghù

esprit *n.* 精神 jīngshén；机智 jīzhì：～ de corps 团结精神 tuánjié jīngshén

espy *v.* 窥见 kuījiàn；望见 wàngjiàn

esquire *n.* **1.** 先生 xiānsheng **2.** 绅士 shēnshì

essay *n.* **1.** 散文 sǎnwén；小品文 xiǎopǐnwén；短论 duǎnlùn：exchange ～s for criticism 交换文章互相提意见 jiāohuàn wénzhāng hùxiāng tí yìjian **2.** 尝试 chángshì；试验 shìyàn：She made her first ～s at cooking. 她第一次试着烧菜做饭。Tā dì-yīcì shìzhe shāocài zuòfàn. *v.* 尝试 chángshì；企图 qǐtú：～ to do something 试图做某事 shìtú zuò mǒushì

essayist *n.* 散文家 sǎnwénjiā；随笔(小品文)的作者 suíbǐ(xiǎopǐnwén)de zuòzhě：an economic ～ 经济短评作者 jīngjì duǎnpíng zuòzhě / a literary ～ 文学随笔作者 wénxué suíbǐ zuòzhě

essence *n.* **1.** 本质 běnzhì；实质 shízhì：The two things are the same in ～．这两件事在本质上是相同的。Zhèliǎngjiàn shì zài běnzhìshang shì xiāngtóngde. **2.** …精 …jīng：～ of mint 薄荷精 bòhejīng / ～ of beef 牛肉精 niúròujīng **3.** 香精 xiāngjīng = a perfume

essential *a.* **1.** 本质的 běnzhìde；实质的 shízhìde：There are ～ differences between the two. 两者之间有本质的区别。Liǎngzhě zhījiān yǒu běnzhìde qūbié. **2.** 必不可少的 bìbù-kěshǎode；必要的 bìyàode：Air, exercise and food are ～ to good health. 空气、运动和食物对于健康是必不可少的。Kōngqì、yùndòng hé shíwù duìyú jiànkāng shì bìbù-kěshǎode. **3.** 精华的 jīnghuáde：～ oils 精油 jīngyóu *n.* 本质 běnzhì；要素 yàosù；要点 yàodiǎn：In considering a problem, one must grasp its ～s. 考虑问题要抓住本质。Kǎolǜ wèntí yào zhuāzhù běnzhì.

essentially *ad.* 本质上 běnzhìshang；本来 běnlái：The Chinese are ～ a peace-loving people. 中国人根本上是爱好和平的人民。Zhōngguórén gēnběnshang shì àihào hépíngde rénmín.

establish *v.* **1.** 建立 jiànlì；设立 shèlì；创办 chuàngbàn：This government is too well ～ed to be overthrown. 这个政府建立得很稳固，不会被推翻。Zhège zhèngfǔ jiànlìde hěn wěngù, búhuì bèi tuīfān. **2.** 确立 quèlì；证实 zhèngshí：Newton ～ed the law of gravity. 牛顿证实了重力定律。Niúdùn（Newton）zhèngshíle zhònglì dìnglǜ. **3.** 安置 ānzhì：We are now comfortably ～ed in our new house. 我们现在已舒舒服服地在新居里安顿下来。Wǒmen xiànzài yǐ shūshu-fūfūde zài xīnjūli āndùn xiàlái. **4.** 制定 zhìdìng：be ～ed by law 为法律所规定 wéi fǎlǜ suǒ guīdìng

established *a.* 确立的 quèlìde；确定的 quèdìngde；既定的 jìdìngde：an ～ fact 既成事实 jìchéng shìshí

establishment *n.* **1.** 建立 jiànlì；设立 shèlì；确立 quèlì：The custom has already achieved ～．这种风俗已经形成。Zhèzhǒng fēngsú yǐjīng xíngchéng. **2.** 建立物 jiànlìwù；建设物 jiànshèwù：These two hotels are both excellent ～s. 这两家都是极好的旅馆。Zhè liǎngjiā dōushì jí hǎode lǚguǎn.

estate *n.* **1.** 地产 dìchǎn：An ～ in land was devised to him. 一块地产已遗赠给他。Yíkuài dìchǎn yǐ yízènggěi tā. **2.** 财产 cáichǎn：On his father's death he inherited a large ～．在他父亲死后他继承了一大笔

财产。Zài tā fùqin sǐhòu tā jìchéngle yídàbǐ cáichǎn. **3.** 地位 dìwèi: people of every ～ 各种社会地位的人 gèzhǒng shèhuì dìwèide rén

esteem *v.* **1.** 尊重 zūnzhòng; 尊敬 zūnjìng: I ～ your advice highly. 我非常尊重你的劝告。Wǒ fēicháng zūnzhòng nǐde quàngào. **2.** 认为 rènwéi; 感到 gǎndào: Men have often ～ed happiness the greatest good. 人们常把幸福看得最宝贵。Rénmen chángbǎ xìngfú kànde zuì bǎoguì. *n.* 尊重 zūnzhòng; 尊敬 zūnjìng: He enjoyed the ～ of his friends. 他受到朋友们的尊重。Tā shòudào péngyoumende zūnzhòng.

estimable *a.* **1.** 值得尊重的 zhíde zūnzhòngde **2.** 可估量的 kě gūliángde

estimate *v.* 估计 gūjì; 评价 píngjià: I ～ her age at 35. 我估计她有三十五岁。Wǒ gūjì tā yǒu sānshíwǔ suì. / He is highly ～d among his colleagues. 同事们对他的评价很高。Tóngshìmen duì tāde píngjià hěngāo. *n.* **1.** 估计 gūjì; 评价 píngjià: It is a very conservative ～. 这是一个非常保守的估计。Zhèshì yíge fēicháng bǎoshǒude gūjì. **2.** 概算 gàisuàn: the Finance Ministry's draft budget ～s 财政部的概算草案 cáizhèngbùde gàisuàn cǎo'àn

estimation *n.* **1.** 估计 gūjì; 估价 gūjià; 评价 píngjià: His talent was held in the highest ～. 他的才能受到极高的评价。Tāde cáinéng shòudào jí gāode píngjià. **2.** 判断 pànduàn; 意见 yìjian: in my ～ 依我估计 yī wǒ gūjì **3.** 尊重 zūnzhòng; 尊敬 zūnjìng: The doctor earned the ～ of his colleagues. 这位医生赢得了同事们的尊敬。Zhèwèi yīshēng yíngdéle tóngshìmende zūnjìng.

estrange *v.* 疏远 shūyuǎn; 隔离 gélí; 离间 líjiàn: What has ～d the two friends from each other? 是什么原因使这两个朋友互相疏远的? Shì shénme yuányīn shǐ zhè liǎngge péngyou hùxiāng shūyuǎnde?

estrangement *n.* 疏远 shūyuǎn; 隔离 gélí; 离间 líjiàn: A misunderstanding had caused the ～ of the two friends. 误解使两位朋友疏远了。Wùjiě shǐ liǎngwèi péngyou shūyuǎnle.

estuary *n.* 河口湾 hékǒuwān; 三角湾 sānjiǎowān

et cetera 等等 děngděng = and other things; and so on (usu. shortened to etc.)

etch *v.* 蚀刻 shíkè

etcher *n.* 蚀刻家 shíkèjiā

etching *n.* **1.** 蚀刻术 shíkèshù **2.** 蚀刻画 shíkèhuà

eternal *a.* 永久的 yǒngjiǔde；无穷的 wúqióngde：～ life 永生 yǒngshēng

eternity *n.* **1.** 永远 yǒngyuǎn；无穷 wúqióng：through all ～ 永远地 yǒngyuǎnde **2.** [an ～] 无尽期 wújìnqī：an ～ of regret 无限的后悔 wúxiànde hòuhuǐ

ethanol *n.* 乙醇 yǐchún

ethanolamine *n.* 乙醇胺 yǐchún'ān

ether *n.* **1.** 以太 yǐtài **2.** 乙醚 yǐmí **3.** 太空 tàikōng

ethereal *a.* **1.** 轻飘的 qīngpiāode；稀薄的 xībóde **2.** 天上的 tiānshangde；太空的 tàikōngde

ethical *a.* 伦理的 lúnlǐde；道德的 dàodéde

ethics *n.* 伦理学 lúnlǐxué；伦理 lúnlǐ；道德 dàodé：E- deals with moral conduct. 伦理学是研究道德标准的。Lúnlǐxué shì yánjiū dàodé biāozhǔnde. / professional ～ 职业道德 zhíyè dàodé / social ～ 社会道德 shèhuì dàodé / against medical ～ 违反医德 wéifǎn yīdé

Ethiopian *a.* 埃塞俄比亚的 Āisài'ébǐyàde；埃塞俄比亚人的 Āisài'ébǐyàrénde

ethnology *n.* 人种学 rénzhǒngxué

ethyl *n.* 乙(烷)基 yǐ(wán)jī：～ acetate 醋酸乙酯 cùsuānyǐzhǐ

ethylene *n.* 乙烯 yǐxī：～ dichloride 二氯化乙烯 èrlǜhuàyǐxī

etiquette *n.* 礼仪 lǐyí；礼节 lǐjié；规矩 guīju：It is against ～ to do so. 这样做是违反礼仪的。Zhèyàng zuò shì wéifǎn lǐyíde. / He made a breach of ～. 他失礼了。Tā shī lǐle.

etude *n.* 练习曲 liànxíqǔ

etymology *n.* **1.** 词源学 cíyuánxué **2.** 语源 yǔyuán；词源 cíyuán：words of obscure or disputed ～ 词源不明或者有争论的字 cíyuán bùmíng huòzhě yǒu zhēnglùnde zì

eucalyptus *n.* 桉树 ānshù

eugenics *n.* 优生学 yōushēngxué

eulogize *v.* 颂扬 sòngyáng；赞颂 zànsòng

eulogy *n.* **1.** 颂扬 sòngyáng：bestow a ～ on a person 颂扬某人 sòngyáng mǒurén **2.** 颂词 sòngcí：He pronounced a ～ upon the hero. 他向英雄致颂词。Tā xiàng yīngxióng zhì sòngcí.

eunuch *n.* 太监 tàijiàn

euphemism *n.* 委婉语 wěiwǎnyǔ；委婉说法 wěiwǎn shuōfǎ：employ a ～

使用委婉语 shǐyòng wěiwǎnyǔ / He expressed his thought by a ～. 他用一种委婉的说法表达自己的想法。Tā yòng yìzhǒng wěiwǎnde shuōfǎ biǎodá zìjǐde xiǎngfǎ.

euphemistic *a.* 委婉的 wěiwǎnde

euphony *n.* 谐音 xiéyīn

euphuism *n.* 绮丽的文体 qǐlìde wéntǐ；浮华的词句 fúhuáde cíjù

Eurafrica *n.* 欧非大陆 Ōufēidàlù

Eurasia *n.* 欧亚大陆 Ōuyàdàlù

Euratom *n.* 欧洲原子能共同体 Ōuzhōu Yuánzǐnéng Gòngtóngtǐ

Euromart *n.* 欧洲市场 Ōuzhōu Shìchǎng

Europe *n.* 欧洲 Ōuzhōu

European *a.* 欧洲的 Ōuzhōude；欧洲人的 Ōuzhōurénde *n.* 欧洲人 Ōuzhōurén

europium *n.* 铕 yǒu

eutectic *a.* 易熔的 yìróngde: the ～ point 低共熔点 dīgòngróngdiǎn *n.* = ～ mixture 低共熔混合物 dīgòngróng hùnhéwù

euthenics *n.* 优境学 yōujìngxué

evacuate *v.* 搬空 bānkōng；撤离 chèlí；疏散(居民) shūsàn (jūmín): The women and children were ～d to the country. 妇女、儿童被疏散到乡下。Fùnǚ、értóng bèi shūsàndào xiāngxia. / The soldiers ～d the fort. 士兵们从要塞撤离。Shìbīngmen cóng yàosài chèlí.

evacuee *n.* 被疏散者 bèi shūsànzhě

evade *v.* 逃避 táobì；回避 huíbì: He cunningly ～d any definite answer. 他狡猾地避而不作任何明确答复。Tā jiǎohuáde bì'ér búzuò rènhé míngquè dáfù.

evaluate *v.* 估价 gūjià；评价 píngjià: She ～s people by their clothes. 她根据衣着来评价人。Tā gēnjù yīzhuó lái píngjià rén.

evaluation *n.* 估价 gūjià: The detective began his ～ of the evidence. 侦探开始估量证据的价值。Zhēntàn kāishǐ gūliáng zhèngjùde jiàzhí.

evanesce *v.* 消失 xiāoshī；消散 xiāosàn

evanescent *a.* 逐渐消失的 zhújiàn xiāoshīde；短暂的 duǎnzànde

evangelic(al) *a.* 福音的 fúyīnde

evangelist *n.* 福音传教士 fúyīn chuánjiàoshì

evaporate *v.* **1.** 蒸发 zhēngfā；使蒸发 shǐ zhēngfā: Heat ～s water. 热使

水蒸发。Rè shǐ shuǐ zhēngfā. / The spot of water ～d in the sun. 那一小滩水在阳光下蒸发掉了。Nàyī xiǎotānshuǐ zài yángguāngxià zhēngfādiàole. **2.** 使脱水 shǐ tuōshuǐ：～d apple 苹果干 píngguǒgān

evaporation *n.* **1.** 蒸发(作用) zhēngfā (zuòyòng) **2.** 脱水法 tuōshuǐfǎ

evaporator *n.* 蒸发器 zhēngfāqì

evasion *n.* **1.** 逃避 táobì；偷漏 tōulòu：George is in prison for tax ～. 乔治因偷税漏税而坐牢。Qiáozhì(George) yīn tōushuì-lòushuì ér zuòláo. **2.** 借口 jièkǒu；遁辞 dùncí：His answers were only ～s. 他的答复不过是遁辞罢了。Tāde dáfù búguò shì dùncí bàle.

evasive *a.* **1.** 逃避的 táobìde **2.** 推诿的 tuīwěide

Eve *n.* 夏娃 Xiàwá

eve *n.* 前夜 qiányè；前夕 qiánxī：We shall have a feast on New Year's E-. 我们将在除夕举行宴会。Wǒmen jiāngzài chúxī jǔxíng yànhuì. / He died on the ～ of victory. 他死于胜利前夕。Tā sǐyú shènglì qiánxī.

even *a.* **1.** 平坦的 píngtǎnde；平滑 pínghuá：The country is ～, with no high hills. 这块地方是平坦的，没有高山。Zhèkuài dìfang shì píngtǎnde, méiyǒu gāoshān. **2.** 均匀 jūnyún；齐 qí：The snow was ～ with the window. 雪同窗子一般齐。Xuě tóng chuāngzi yìbān qí. **3.** 平衡 pínghéng；平静 píngjìng：He has an ～ temper. 他性情温和。Tā xìngqíng wēnhé. **4.** 公平 gōngpíng：an ～ bargain 公平交易 gōngpíng jiāoyì **5.** 均等 jūnděng；平等 píngděng：The chances are ～. 机会均等。Jīhuì jūnděng. **6.** 偶(数的) ǒu (shùde)：an ～ number 偶数 ǒushù *ad.* **1.** 齐 qí = evenly：The two horses ran ～. 两匹马并驾齐驱。Liǎngpǐ mǎ bìngjià-qíqū. **2.** 恰恰 qiàqià；刚刚 gānggāng：Yes, it is ～ so. 是的，它正是如此。Shìde, tā zhèngshì rúcǐ. **3.** 甚至 shènzhì：E- now he doesn't believe it. 甚至到现在他还不相信。Shènzhì dào xiànzài tā háibù xiāngxìn. // ～ if = ～ though 纵使 zòngshǐ；即使…也… jíshǐ … yě … *v.* **1.** 使相等 shǐ xiāngděng；使平均 shǐ píngjūn：We must ～ out the differences between them. 我们应该消除他们之间的差别。Wǒmen yīnggāi xiāochú tāmen zhījiānde chābié. **2.** 使变平 shǐ biànpíng：She ～ed the edges by trimming them. 他将边缘修平。Tā jiāng biānyuán xiūpíng. / ～ out the soil with a spade 把土铲平 bǎ tǔ chǎnpíng

evening *n.* **1.** 傍晚 bàngwǎn；晚上 wǎnshang：I enjoyed the ～ very much. 这个晚上我过得很愉快。Zhège wǎnshang wǒ guòde hěn yúkuài. / I spent my ～ there till dark. 黄昏时我呆在那儿直到天黑。Huánghūnshí wǒ dāizài nàr zhídào tiānhēi. **2.** 晚年 wǎnnián；衰退期 shuāituìqī：the ～ of an empire 一个帝国的没落期 yíge dìguóde mòluòqī / in the ～ of life 在晚年 zài wǎnnián

evenly *ad.* **1.** 平 píng；平坦地 píngtǎnde **2.** 齐 qí；均匀地 jūnyúnde **3.** 平静地 píngjìngde **4.** 公平地 gōngpíngde **5.** 平等地 píngděngde

event *n.* **1.** 事件 shìjiàn；事变 shìbiàn；大事 dàshì：They discussed the mysterious ～s that followed it. 他们讨论了随后发生的那些神秘事件。Tāmen tǎolùnle suíhòu fāshēngde nàxiē shénmì shìjiàn. **2.**（运动）项目（yùndòng）xiàngmù；比赛 bǐsài：Which ～s have you entered for? 你报名参加了哪几项比赛？Nǐ bàomíng cānjiāle nǎ jǐxiàng bǐsài? **3.** 结果 jiéguǒ：Those who play with fire will get burned in the ～. 玩火者到头来必自焚。Wánhuǒzhě dàotóulái bì zìfén. **4.** 场合 chǎnghé：in that ～ 在那种场合 zài nàzhǒng chǎnghé

eventful *a.* 多事的 duōshìde：The past year has been an ～ one. 去年一年是多事之秋。Qùnián yìnián shì duōshì zhīqiū.

eventual *a.* 最后的 zuìhòude

ever *ad.* 在任何时候 zài rènhé shíhou；曾经 céngjīng：I hardly ～ see him nowadays. 近来我很少见到他。Jìnlái wǒ hěnshǎo jiàndào tā. / He is for ～ asking whys. 他老是问这问那没个完。Tā lǎoshì wènzhè-wènnà méige wán. / He is seldom, if ～, absent from school. 他几乎从不缺课。Tā jīhū cóngbù quēkè.

everglade *n.* 沼泽地 zhǎozédì

evergreen *a.* 常绿 chánglǜ；常青 chángqīng *n.* 常青树 chángqīngshù；冬青 dōngqīng

everlasting *a.* 永久的 yǒngjiǔde；永远 yǒngyuǎn；无穷 wúqióng *n.* 永远 yǒngyuǎn：for ～ 永远地 yǒngyuǎnde / from ～ 自古以来 zìgǔ-yǐlái / from ～ to ～ 从过去到未来 cóng guòqù dào wèilái

evermore *ad.* 永远 yǒngyuǎn

every *a.* **1.** 每个 měige：I tried ～ one of them. 我每个都试过了。Wǒ měige dōu shìguole. **2.** 一切可能的 yíqiè kěnéngde：There is ～ reason to believe that he is a good man. 有充分理由可以相信他是一个好人。Yǒu chōngfèn lǐyóu kěyǐ xiāngxìn tā shì yíge hǎorén. **3.** 每… měi…: The liberary is open ~ day except Monday. 图书馆除星期一外天天开门。Túshūguǎn chú Xīngqīyī wài tiāntiān kāimén.

everybody *pron.* 每人 měirén: E- is here. 大家都在这儿。Dàjiā dōu zài zhèr. / E- bought their own lunch. 各人自己买饭吃。Gè rén zìjǐ mǎifàn chī.

everyday *a.* 每日的 měirìde; 日常的 rìchángde: ~ life 日常生活 rìcháng shēnghuó / ~ clothes 日常衣服 rìcháng yīfu

everyone *pron.* 每人 měirén (= everybody)

everything *pron.* 每件事 měijiànshì; 一切东西 yíqiè dōngxi: He thinks that he knows ~. 他以为他什么都知道。Tā yǐwéi tā shénme dōu zhīdao. / Money is not ~. 金钱并不万能。Jīnqián bìngbúwànnéng.

everywhere *ad.* 处处 chùchù; 到处 dàochù: ~ about here 附近各地 fùjìn gèdì / ~ in the city 市内各处 shìnèi gèchù / ~ through the country 全国各地 quánguó gèdì

evict *v.* 驱逐 qūzhú; 赶出 gǎnchū

eviction *n.* 驱逐 qūzhú

evidence *n.* **1.** 证据 zhèngjù; 物证 wùzhèng: Is there any ~ for (of) his guilt? 有什么证据证明他犯罪? Yǒu shénme zhèngjù zhèngmíng tā fànzuì? **2.** 迹象 jīxiàng; 形迹 xíngjī: The building shows ~ of neglect. 这座房子有无人管理的迹象。Zhèzuò fángzi yǒu wúrén guǎnlǐde jīxiàng. **3.** 显著 xiǎnzhù; 明显 míngxiǎn: Tom was nowhere in ~. 到处都看不到汤姆。Dàochù dōu kànbudào Tāngmǔ (Tom).

evident *a.* 明显的 míngxiǎnde; 明白的 míngbaide: It is abundantly (quite) ~ that 十分明显… shífēn míngxiǎn …

evidently *ad.* 明显地 míngxiǎnde; 显然 xiǎnrán: He is ~ wrong. 他显然错了。Tā xiǎnrán cuòle.

evil *n.* **1.** 邪恶 xié'è: The good overbalances the ~. 善良压倒邪恶。Shànliáng yādǎo xié'è. **2.** 不幸 búxìng; 不吉 bùjí: It portends ~. 它是不祥之兆。Tā shì bùxiáng zhīzhào. **3.** 恶事 èshì; 祸害 huòhai: Colonialism is an ~. 殖民主义是罪恶。Zhímínzhǔyì shì zuì'è. *a.* **1.** 邪恶的 xié'ède: ~ thought 邪念 xiéniàn / an ~ man 坏人 huàirén **2.** 不幸的 búxìngde: ~ news 噩耗 èhào / ~ days 失意的日子 shīyìde rìzi *ad.* 恶毒地 èdúde：speak ~ of others 诽谤别人 fěibàng biérén

evildoer *n.* 作恶的人 zuò'ède rén

evilminded *a.* 狠心的 hěnxīnde

evince *v.* 表示 biǎoshì；表明 biǎomíng

evoke *v.* 引起 yǐnqǐ；唤起 huànqǐ：Her singing ~d admiration from the public. 她的演唱博得了公众的赞美。Tāde yǎnchàng bódéle gōngzhòngde zànměi.

evolution *n.* **1.** 发展 fāzhǎn；展开 zhǎnkāi：The ~ of a plant from a tiny seed is a miracle. 植物从微小的种子发展出来是个奇迹。Zhíwù cóng wēixiǎode zhǒngzi fāzhǎn chūlái shìge qíjī. **2.** 进化 jìnhuà；演化 yǎnhuà：the theory of ~ 进化论 jìnhuàlùn **3.** 开方 kāifāng * in maths.

evolutionary *a.* 进化的 jìnhuàde；进化论的 jìnhuàlùnde

evolutionism *n.* 进化论 jìnhuàlùn；进化主义 jìnhuàzhǔyì

evolve *v.* **1.** 开展 kāizhǎn；发展 fāzhǎn：The simple plan ~d into a complicated scheme. 这个简单的计划逐渐发展成了一项复杂的规划。Zhège jiǎndānde jìhuà zhújiàn fāzhǎn chéngle yíxiàng fùzáde guīhuà. **2.** 进化 jìnhuà：Man has ~d from the ape. 人是从类人猿进化来的。Rén shì cóng lèirényuán jìnhuà láide.

ewe *n.* 母羊 mǔyáng

ewer *n.* 水罐 shuǐguàn

exact *a.* **1.** 精确 jīngquè；确切 quèqiè：He is ~ in his choice of words. 他用词确切。Tā yòngcí quèqiè. **2.** 精密 jīngmì；严密 yánmì：~ instruments 精密仪器 jīngmì yíqì **3.** 严格 yángé；谨严 jǐnyán：the ~ discipline 严格的纪律 yángéde jìlǜ *v.* **1.** 勒索 lèsuǒ；强要 qiángyào：~ payment of a debt 逼债 bīzhài / ~ obedience from one's children 硬要子女服从 yìngyào zǐnǚ fúcóng **2.** 要求 yāoqiú：That work ~s the closest attention. 那项工作需要严密的注意。Nàxiàng gōngzuò xūyào yánmìde zhùyì.

exacting *a.* **1.** 严厉的 yánlìde；强逼的 qiǎngbīde；苛求的 kēqiúde：Don't be so ~, and let him go. 不要如此苛求，让他走吧。Bú yào rúcǐ kēqiú, ràng tā zǒuba. **2.** 费力的 fèilìde：a very ~ piece of work 一件很费力的工作 yíjiàn hěn fèilìde gōngzuò

exaction *n.* **1.** 勒索 lèsuǒ；强征 qiángzhēng：The ruler's repeated ~ of money left the people very poor. 统治者的不断强行征款使得人民十分

贫穷。Tǒngzhìzhěde búduàn qiángxíng zhēngkuǎn shìde rénmín shífēn pínqióng. **2.** 苛捐杂税 kējuānzáshuì = unreasonably high tax

exactitude *n.* 正确性 zhèngquèxìng；精密度 jīngmìdù

exactly *ad.* **1.** 正好 zhènghǎo；恰好 qiàhǎo：It is now ~ ten o'clock. 此刻恰好是十点钟。Cǐkè qiàhǎo shì shídiǎnzhōng. **2.** 完全地 wánquánde：Those two colors are not ~ the same. 这两种颜色并不完全一样。Zhè liǎngzhǒng yánsè bìngbù wánquán yíyàng.

exactness *n.* 正确（性）zhèngquè（xìng）；精密度 jīngmìdù = exactitude

exaggerate *v.* 夸张 kuāzhāng；夸大 kuādà；浮夸 fúkuā：Don't ~ the difficulties of your work. 别夸大你工作中的困难。Bié kuādà nǐ gōngzuòzhōngde kùnnan.

exaggeration 夸大 kuādà；夸张的话 kuāzhāngde huà：Without ~ I can say that I hardly slept a wink. 可以毫不夸大地说我几乎没有合过眼。Kěyǐ háobù kuāzhāngde shuō wǒ jīhū méiyǒu héguo yǎn.

exalt *v.* **1.** 提升 tíshēng；抬举 táiju：He was ~ed to the position of chief manager. 他被提升为总经理。Tā bèi tíshēng wéi zǒngjīnglǐ. **2.** 使情绪高昂 shǐ qíngxù gāo'áng：He was ~ed by success. 他因成功而欢欣鼓舞。Tā yīn chénggōng ér huānxīn-gǔwǔ. **3.** 赞扬 zànyáng；吹捧 chuīpěng：He was ~ed to the skies. 他被捧上了天。Tā bèi pěngshàngle tiān.

exaltation *n.* **1.** 提升 tíshēng；晋升 jìnshēng；升高 shēnggāo **2.** 兴奋 xīngfèn；得意 déyì：with great ~ 狂喜地 kuángxǐde / spiritual ~ 精神奋发 jīngshén fènfā

exalted *a.* **1.** 高贵的 gāoguìde：a person of ~ rank 级位高的人 jíwèi gāode rén **2.** 兴奋的 xīngfènde：feel ~ 扬扬得意 yángyáng-déyì

exam *n.* 检查 jiǎnchá

examination *n.* **1.** 考试 kǎoshì：We had an ~ in English yesterday. 我们昨天考英文。Wǒmen zuótiān kǎo Yīngwén. **2.** 检验 jiǎnyàn；审查 shěnchá：a health ~ 健康检查 jiànkāng jiǎnchá / The argument will not bear a moment's ~. 稍加检验这个论点就站不住脚了。Shāojiā jiǎnyàn zhège lùndiǎn jiù zhànbuzhù jiǎole. **3.** 审问 shěnwèn：scathing ~ of a criminal 对犯人的严厉审问 duì fànrénde yánlì shěnwèn

examine *v.* **1.** 考试 kǎoshì：Students may be ~d on any period of English literature. 可能会考学生任何一个时期的英国文学。Kěnéng huìkǎo xuésheng rènhé yíge shíqīde Yīngguó wénxué. **2.** 检验 jiǎnyàn；审查 shěnchá；诊察 zhěnchá：The doctor ～d his wound periodically. 医生定期检查他的伤口。Yīshēng dìngqī jiǎnchá tāde shāngkǒu. **3.** 调查 diàochá：～ into a matter 调查一件事情 diàochá yíjiàn shìqing

examinee *n.* 受试者 shòushìzhě；考生 kǎoshēng

examiner *n.* 主考人 zhǔkǎorén；检查员 jiǎncháyuán

example *n.* **1.** 例子 lìzi；例题 lìtí；例证 lìzhèng：Give me some ～s. 给我举些例子。Gěi wǒ jǔxiē lìzi. **2.** 榜样 bǎngyàng；范例 fànlì：He is a shining ～ of "plain living and high thinking". 他是"生活俭朴，思想高尚"的光辉榜样。Tā shì "shēnghuó-jiǎnpǔ，sīxiǎng-gāoshàng" de guānghuī bǎngyàng. **3.** 警告 jǐnggào：Let this be an ～ to you. 把这件事当做对你的警告吧。Bǎ zhèjiàn shì dāngzuò duì nǐde jǐnggàoba.

exasperate *v.* **1.** 触怒 chùnù；使气恼 shǐ qìnǎo：I was ～d at his conduct. 我对他的行为非常气恼。Wǒ duì tāde xíngwéi fēicháng qìnǎo. **2.** 使(疾病、痛苦)加剧 shǐ (jíbìng、tòngkǔ) jiājù

exasperation *n.* **1.** 恼怒 nǎonù：His ～ was understandable. 他的恼怒是可以理解的。Tāde nǎonù shì kěyǐ lǐjiěde. **2.** 恶化 èhuà = getting worse

excavate *v.* 开凿 kāizáo；挖掘 wājué：They ～d the mountainside for a tunnel. 他们在山坡上挖隧道。Tāmen zài shānpōshang wā suìdào.

excavation *n.* **1.** 开凿 kāizáo；挖掘 wājué：The ～ of the buried city took a long time. 发掘那座被埋在地下的城市花了很长时间。Fājué nàzuò bèi máizài dìxiàde chéngshì huāle hěncháng shíjiān. **2.** 洞 dòng；穴 xué：a small ～ in the river bank 在河堤上挖出的小洞 zài hédīshang wāchūde xiǎodòng

excavator *n.* 发掘者 fājuézhě；挖掘机 wājuéjī

exceed *v.* **1.** 超过 chāoguò；胜过 shèngguò：The work ～s his ability. 这件工作非他的能力所能担负。Zhèjiàn gōngzuò fēi tāde nénglì suǒnéng dānfù. **2.** 过度 guòdù：～ in eating 饮食过度 yǐnshí guòdù **3.** 杰出 jiéchū：～ in strength 力气过人 lìqi guòrén

exceeding *a.* 过度的 guòdùde；非常的 fēichángde

exceedingly *ad.* 非常 fēicháng = very：an ～ difficult book 一本很难的书 yìběn hěn nánde shū

excel *v.* **1.** 胜过 shèngguò；优于 yōuyú；超过 chāoguò：He ～s others in knowledge. 他学识过人。Tā xuéshí guòrén. **2.** 擅长 shàncháng：She ～s as a dancer. 她擅长跳舞。Tā shàncháng tiàowǔ.

excellence *n.* **1.** 优秀 yōuxiù；卓越 zhuōyuè：His composition can claim first ～. 他的作文称得上是最优秀的。Tāde zuòwén chēngdeshàng shì zuì yōuxiùde. **2.** 优点 yōudiǎn；美德 měidé：They do not recognize her many ～s. 他们没有发现她的许多美德。Tāmen méiyǒu fāxiàn tāde xǔduō měidé.

Excellency *n.* 阁下 géxià

excellent *a.* 优秀的 yōuxiùde；极好的 jíhǎode：Pickles are ～ for the promotion of appetite. 泡菜是增进食欲的佳品。Pàocài shì zēngjìn shíyùde jiāpǐn. / He is ～ in English. 他英语极好。Tā Yīngyǔ jíhǎo.

excelsior *n.* 木丝 mùsī * used for packing breakable things like glass *a.* 更向上 gèng xiàngshàng = higher

except *prep.* 除…之外 chú … zhīwài：We all succeeded ～ him. 除了他，我们都成功了。Chúle tā，wǒmen dōu chénggōngle. / I looked everywhere ～ in the bedroom. 除寝室外，我到处都找遍了。Chú qǐnshì wài，wǒ dàochù dōu zhǎobiànle. *v.* 除去 chúqù；除掉 chúdiào；反对 fǎnduì：The minors are ～ed from the regulation. 未成年者不在此限。Wèi chéngniánzhě búzài cǐxiàn. / ～ against (to) a statement 反对一项声明 fǎnduì yíxiàng shēngmíng

excepting *prep.* 除…外 chú … wài：E- his son，they are all right. 除了他的儿子外，他们都好。Chúle tāde érzi wài，tāmen dōu hǎo.

exception *n.* **1.** 例外 lìwài：They passed with the ～ of three. 除了三个人外，都及格了。Chúle sānge rén wài，dōu jígéle. **2.** 反对 fǎnduì；异议 yìyì：take ～ to (against) a witness 对证人表示反对 duì zhèngren biǎoshì fǎnduì

exceptional *a.* 例外的 lìwàide；特殊的 tèshūde；异常的 yìchángde：This warm weather is ～ for January. 这样暖和的天气在一月里是不常见的。Zhèyàng nuǎnhuode tiānqì zài Yīyuèli shìbù chángjiànde.

exceptionally *ad.* 例外地 lìwàide；格外 géwài：～ cheap 特别便宜 tèbié piányi

excerpt *n.* 摘录 zhāilù；选段 xuǎnduàn：～s from a diary 日记摘抄 rìjì zhāichāo / ～s from literature 文学作品选段 wénxué zuòpǐn xuǎnduàn *v.* 选录 xuǎnlù；节录 jiélù；删节 shānjié

excess *n.* **1.** 过分 guòfèn；过量 guòliàng：an ～ of rain 雨量过多 yǔliàng guòduō **2.** 超过 chāoguò：an ～ of income over expenditure 收入超过支出 shōurù chāoguò zhīchū **3.** 过度 guòdù：smoke to ～ 吸烟过度 xīyān guòdù / go to ～ 走极端 zǒu jíduān **4.** 暴行 bàoxíng：The soldiers burned and robbed houses and committed other ～es. 士兵们烧掠民宅并犯下了其它暴行。Shìbīngmen shāolüè mínzhái bìng fànxiàle qítā bàoxíng.

excessive *a.* 过度的 guòdùde；过分的 guòfènde：an ～ demand 过分的要求 guòfènde yāoqiú

excessively *ad.* 过分地 guòfènde；非常 fēicháng：be ～ fond of mutton 非常喜欢羊肉 fēicháng xǐhuan yángròu

exchange *v.* **1.** 交换 jiāohuàn：～ an apple for a pear 拿苹果换梨 ná píngguǒ huàn lí **2.** 调换 diàohuàn：May I ～ seats with you? 我能和你调换一下座位吗？Wǒ néng hé nǐ diàohuàn yíxià zuòwèima? **3.** 兑换 duìhuàn：～ foreign money for Renminbi 把外币兑成人民币 bǎ wàibì duìchéng Rénmínbì *n.* **1.** 交换 jiāohuàn；交换物 jiāohuànwù：an ～ of prisoners 交换俘虏 jiāohuàn fúlǔ **2.** 兑换 duìhuàn；汇兑 huìduì：foreign ～ 外汇 wàihuì / What is the rate of ～ today? 今天的外汇率是多少？Jīntiānde wàihuìlǜ shì duōshǎo? **3.** 交换机构 jiāohuànjīgòu：a telephone ～ 电话局 diànhuàjú / a labor ～ 职业介绍所 zhíyè jièshàosuǒ

exchangeable *a.* 可交换的 kě jiāohuànde；可兑换的 kě duìhuànde

exchequer *n.* 国库 guókù；资金 zījīn；(个人)财力 (gèrén) cáilì；[E-] (英)财政部 (Yīng) cáizhèngbù：His ～ is low. 他的经济状况不好。Tāde jīngjì zhuàngkuàng bùhǎo. / the Chancellor of the E- (英)财政大臣 (Yīng) Cáizhèng Dàchén

excise *n.* 国内货物税 guónèi huòwùshuì *v.* **1.** 征收货物税 zhēngshōu huòwùshuì **2.** 删去 shānqù；切去 qiēqù = cut away

excitability *n.* 兴奋性 xīngfènxìng；激动性 jīdòngxìng

excitable *a.* 易兴奋的 yì xīngfènde；易激动的 yì jīdòngde

excitant *a.* 刺激性的 cìjīxìngde；兴奋的 xīngfènde *n.* 刺激物 cìjīwù；兴奋剂 xīngfènjì

excitation *n.* **1.** 兴奋 xīngfèn；激动 jīdòng **2.** 激发 jīfā；激励 jīlì

excite *v.* **1.** 刺激 cìjī；激动 jīdòng：The news of the victory ～d everybody. 胜利的消息使人人振奋。Shènglìde xiāoxi shǐ rénrén zhènfèn. / Don't be ～d! 别激动！Bié jīdòng! **2.** 激发 jīfā；唤起 huànqǐ；煽起 shānqǐ：It especially ～d their inquisitiveness. 这尤其引起了他们的好奇心。Zhè yóuqí yǐnqǐle tāmende hàoqíxīn.

excited(ly) *a.* (*ad.*) 兴奋的(地) xīngfènde(de)

excitement *n.* **1.** 兴奋 xīngfèn；激动 jīdòng：He has a weak heart, and should avoid all ～. 他心脏虚弱，应避免兴奋。Tā xīnzàng xūruò, yīng bìmiǎn xīngfèn. **2.** 刺激物 cìjīwù：The circus was an ～ to every child in town. 马戏表演是使全城儿童感到兴奋的事。Mǎxì biǎoyǎn shì shǐ quánchéng értóng gǎndào xīngfènde shì.

exciting *a.* 令人兴奋的 lìngrén xīngfènde；使人激动的 shǐrén jīdòngde

exclaim *v.* 大喊 dàhǎn；大叫 dàjiào：breathlessly ～ 上气不接下气地呼喊 shàngqì bùjiē xiàqìde hūhǎn / loudly ～ against him 大声指责他 dàshēng zhǐzé tā

exclamation *n.* 叫喊 jiàohǎn；惊叫 jīngjiào：With an ～ of surprise, she recognized her long-lost friend. 她一声惊叫，认出了她失散多年的朋友。Tā yìshēng jīngjiào, rènchūle tā shīsàn duōniánde péngyou.

exclamatory *a.* 感叹的 gǎntànde：an ～ sentence 感叹句 gǎntànjù

exclude *v.* 拒绝 jùjué；排除 páichú：～ immigrants from a country 不许移民入境 bùxǔ yímín rùjìng / ～ a person from a position 撤销某人的职务 chèxiāo mǒurénde zhíwù

exclusion *n.* 拒绝 jùjué；排斥 páichì；排除 páichú：He studied history at the university to the ～ of all other subjects. 他在大学里专攻历史，不学其他科目。Tā zài dàxuéli zhuāngōng lìshǐ, bù xué qítā kēmù.

exclusive *a.* **1.** 排他的 páitāde；除外的 chúwàide；独有的 dúyǒude：～ of hotel expenses 旅馆费用不计在内 lǚguǎn fèiyong bújìzài nèi / ～ to members of the club 仅限于会员的 jǐnxiànyú huìyuánde **2.** 孤傲的 gū'àode：be ～ in manner 态度孤傲 tàidu gū'ào **3.** 高级的 gāojíde：an ～ hotel 高级旅馆 gāojí lǚguǎn

exclusively *ad.* 排他地 páitāde；独占地 dúzhànde

excommunicate *v.* 开除教籍 kāichú jiàojí ＊of Christianity

excommunication *n.* 开除教籍 kāichú jiàojí；逐出教会 zhúchū jiàohuì

excoriate *v.* **1.** 剥(皮) bāo (pí)；擦伤(皮肤) cāshāng (pífū) **2.** 严厉地批

评 yánlìde pīpíng

excrement *n.* 粪便 fènbiàn

excrescence *n.* 赘生物 zhuìshēngwù

excrete *v.* 排泄 páixiè: The skin ～s sweat. 皮肤出汗。Pífū chūhàn.

excretion *n.* **1.** 排泄 páixiè * of urine **2.** 排泄物 páixièwù: Sweat is an ～. 汗是一种排泄物。Hàn shì yìzhǒng páixièwù.

excretory *a.* 排泄的 páixiède

exculpate *v.* 开脱 kāituō; 替(人)辩护 tì (rén) biànhù: ～ a person from a charge 证明某人无罪 zhèngmíng mǒurén wúzuì

excursion *n.* **1.** 短途旅行 duǎntú lǚxíng; 游逛 yóuguàng; 远足 yuǎnzú: Did you enjoy your ～? 你旅行快乐吗? Nǐ lǚxíng kuàilèma? / The whole ～ took ten hours. 整个短途旅行花了十小时。Zhěngge duǎntú lǚxíng huāle shí xiǎoshí. **2.** 离题 lítí; 偏移 piānyí: ～s from the main theme 离开主题 líkāi zhǔtí

excursive *a.* 离题的 lítíde; 散漫的 sǎnmànde: ～ reading 浏览阅读 liúlǎn yuèdú

excusable *a.* 情有可原的 qíngyǒu-kěyuánde; 可以饶恕的 kěyǐ ráoshùde: an ～ error 情有可原的错误 qíngyǒu-kěyuánde cuòwù

excuse *v.* **1.** 原谅 yuánliàng: E- me for coming late. 来迟了,对不起。Láichíle, duìbuqǐ. / Please ～ his fault. 请原谅他的错误吧。Qǐng yuánliàng tāde cuòwùba. **2.** 免除 miǎnchú: The teacher cannot ～ me from attending his class. 老师不允许我不上课。Lǎoshī bù yǔnxǔ wǒ bú shàngkè. **3.** 辩解 biànjiě; 解释 jiěshì: He ～d himself with humble words. 他言词谦恭地为自己辩解。Tā yáncí qiāngōngde wèi zìjǐ biànjiě. *n.* **1.** 原谅 yuánliàng; 借口 jièkǒu; 辩解 biànjiě: He is always late, and always has an ～. 他总是迟到,而且总有借口。Tā zǒngshì chídào, érqiě zǒngyǒu jièkǒu. **2.** 理由 lǐyóu: I think that would be a rather nice ～. 我觉得那会是一个相当好的理由。Wǒ juéde nà huìshì yíge xiāngdāng hǎode lǐyóu. **3.** 请假条 qǐngjiàtiáo: He has sent in an ～. 他已递交了请假条。Tā yǐ dìjiāole qǐngjiàtiáo.

execrable *a.* 讨厌的 tǎoyànde; 坏透的 huàitòude: ～ weather 讨厌的天气 tǎoyànde tiānqì

execrate *v.* 憎恨 zēnghèn; 咒骂 zhòumà

executant *n.* 实行者 shíxíngzhě; 执行者 zhíxíngzhě; 演奏者 yǎnzòuzhě =

performer (esp. of music)

execute *v*. **1**. 实行 shíxíng；执行 zhíxíng；实施 shíshī；履行 lǚxíng：All orders were promptly ～d. 所有的命令都立即执行了。Suǒyǒude mìnglìng dōu lìjí zhíxíngle. **2**. 处决 chǔjué：He was ～d for murder. 他因杀人被处死刑。Tā yīn shārén bèichǔ sǐxíng. **3**. 制成 zhìchéng；演奏 yǎnzòu；演出 yǎnchū：The pianist ～d the sonata perfectly. 这位钢琴家把奏鸣曲演奏得完美极了。Zhèwèi gāngqínjiā bǎ zòumíngqǔ yǎnzòude wánměi jíle.

execution *n*. **1**. 实行 shíxíng；执行 zhíxíng；履行 lǚxíng：The ～ leaves much to be desired, though the idea is good. 设想虽好，执行起来很难如意。Shèxiǎng suīhǎo, zhíxíng qǐlái hěnnán rúyì. **2**. 处决 chǔjué；处死刑 chǔ sǐxíng：The ～ of the bandits took place today. 那些土匪今天被处决了。Nàxiē tǔfěi jīntiān bèi chǔjuéle. **3**. 制作 zhìzuò；演奏 yǎnzòu；手法 shǒufǎ：That pianist has marvelous ～. 那位钢琴家手法惊人。Nàwèi gāngqínjiā shǒufǎ jīngrén. **4**. 破坏作用 pòhuài zuòyòng：Every shot did ～. 百发百中。Bǎifā-bǎizhòng.

executioner *n*. 刽子手 guìzishǒu；死刑执行人 sǐxíng zhíxíngrén

executive *a*. 执行的 zhíxíngde；实施的 shíshīde：an ～ committee 执行委员会 zhíxíng wěiyuánhuì *n*. **1**. 行政部门 xíngzhèng bùmén；执行机关 zhíxíng jīguān：plural ～ 行政领导小组 xíngzhèng lǐngdǎo xiǎozǔ **2**. 执行者 zhíxíngzhě；高级官员 gāojíguānyuán：a high ～ of a company 公司的高级管理人员 gōngsīde gāojí guǎnlǐ rényuán

executor *n*. 指定遗嘱执行人 zhǐdìng yízhǔ zhíxíng rén；执行者 zhíxíngzhě

exemplar *n*. 模范 mófàn；典型 diǎnxíng：He is the ～ of patriotic virtue. 他是爱国美德的典范。Tā shì àiguó měidéde diǎnfàn.

exemplary *a*. **1**. 示范性的 shìfànxìngde；典型的 diǎnxíngde **2**. 惩戒性的 chéngjièxìngde

exemplification *n*. 例证 lìzhèng；示范 shìfàn：He is the very ～ of piety. 他是虔诚的标准范例。Tā shì qiánchéngde biāozhǔn fànlì. *v*. exemplify

exempt *v*. 免除 miǎnchú：Poor eyesight will ～ you from military service. 视力不佳可以使你免除兵役。Shìlì bùjiā kěyǐ shǐ nǐ miǎnchú bīngyì. *a*. 被免除的 bèi miǎnchúde：He is ～ from the examination. 他被免试。Tā bèi miǎnshì.

exemption *n.* 免除 miǎnchú；免税 miǎnshuì：E- from taxation is given to schools and churches. 学校和教会被允许免税。Xuéxiào hé jiàohuì bèi yǔnxǔ miǎnshuì.

exercise *n.* **1.** 行使 xíngshǐ；运用 yùnyòng：Voting is the ～ of a civil right. 投票是行使一项公民权力。Tóupiào shì xíngshǐ yíxiàng gōngmín quánlì. **2.** 练习 liànxí；习题 xítí；练习曲 liànxíqǔ：Skill comes by ～. 技巧来自练习。Jìqiǎo láizì liànxí. **3.** 运动 yùndòng；锻炼 duànliàn：The doctor advised her to take more ～. 医生嘱咐他多运动。Yīshēng zhǔfu tā duō yùndòng. **4.** 仪式 yíshì；典礼 diǎnlǐ：graduation ～ 毕业典礼 bìyè diǎnlǐ *v.* **1.** 行使 xíngshǐ；运用 yùnyòng：Democracy is ～d within the ranks of the people. 在人民内部实行民主。Zài rénmín nèibù shíxíng mínzhǔ. **2.** 运动 yùndòng；锻炼 duànliàn：You don't ～ enough. 你锻炼不够。Nǐ duànliàn búgòu. **3.** 使担忧 shǐ dānyōu：He is much ～d about his health. 他很为他的健康担忧。Tā hěn wèi tāde jiànkāng dānyōu.

exert *v.* 尽力 jìnlì；发挥 fāhuī：The doctors ～ed themselves to save the wounded soldiers. 医生们尽力抢救伤员。Yīshēngmen jìnlì qiǎngjiù shāngyuán.

exertion *n.* **1.** 发挥 fāhuī；行使 xíngshǐ：the ～ of power 权力的行使 quánlìde xíngshǐ **2.** 尽力 jìnlì；努力 nǔlì：He made his best ～s. 他尽了最大的努力。Tā jìnle zuìdàde nǔlì.

exhalation *n.* **1.** 呼出 hūchū；呼气 hūqì **2.** 散发 sànfā；蒸发 zhēngfā

exhale *v.* **1.** 呼出 hūchū：～ air from the lungs 从肺里呼气 cóng fèili hūqì **2.** 蒸发 zhēngfā ＝ to emit

exhaust *v.* **1.** 用尽 yòngjìn；耗尽 hàojìn；使力竭 shǐ lìjié：I am completely ～ed. 我已筋疲力尽。Wǒ yǐ jīnpí-lìjìn. **2.** 排出(空气等) páichū(kōngqì děng)；打干(井水) dǎgān(jǐngshuǐ)；抽空 chōukōng：Gases from an automobile ～ from a pipe. 汽车中的各种废气经管子排出。Qìchē zhōngde gèzhǒng fèiqì jīng guǎnzi páichū. **3.** 彻底研究 chèdǐ yánjiū：～ a subject 彻底研究一个问题 chèdǐ yánjiū yíge wèntí *n.* 排出 páichū；排气 páiqì：an ～ pipe 排气管 páiqìguǎn

exhausted *a.* **1.** 耗尽的 hàojìnde；枯竭的 kūjiéde **2.** 筋疲力尽的 jīnpí-lìjìnde

exhaustible *a.* 用得尽的 yòngde jìnde；会枯竭的 huì kūjiéde

exhaustion *n.* **1.** 消耗 xiāohào；枯竭 kūjié：the ～ of our food supplies 我们粮食的耗尽 wǒmen liángshide hàojìn **2.** 疲惫 píbèi；筋疲力尽 jīnpí-lìjìn：He fell down with ～. 他因筋疲力尽而倒下。Tā yīn jīnpí-lìjìn ér dǎoxià.

exhaustive *a.* **1.** 消耗性的 xiāohàoxìngde；摧毁性的 cuīhuǐxìngde **2.** 彻底的 chèdǐde；详尽无遗的 xiángjìn wúyíde：I don't claim to be ～ on this subject. 我并不认为自己把这个问题讲透了。Wǒ bìngbú rènwéi zìjǐ bǎ zhège wèntí jiǎngtòule.

exhibit *v.* **1.** 展览 zhǎnlǎn；陈列 chénliè：It was ～ed at a World Fair. 它曾在世界博览会上展出。Tā céngzài shìjiè bólǎnhuìshang zhǎnchū. **2.** 显示 xiǎnshì；表现 biǎoxiàn：They ～ed great bravery in the battle. 他们在战争中显示出极大的勇敢。Tāmen zài zhànzhēngzhōng xiǎnshìchū jídàde yǒnggǎn. *n.* **1.** 展出 zhǎnchū；显示 xiǎnshì：On ～ are new products of industry. 展出的是工业新产品。Zhǎnchūde shì gōngyè xīnchǎnpǐn. **2.** 展览会 zhǎnlǎnhuì：organize an ～ 组织展览会 zǔzhī zhǎnlǎnhuì **3.** 展品 zhǎnpǐn：Please don't touch the ～s. 请勿触摸展品。Qǐngwù chùmō zhǎnpǐn.

exhibition *n.* **1.** 展览 zhǎnlǎn；表演 biǎoyǎn；显示 xiǎnshì：She will have (hold) an ～ of her pictures. 她将为自己的作品举办画展。Tā jiāng wèi zìjǐde zuòpǐn jǔbàn huàzhǎn. **2.** 展览会 zhǎnlǎnhuì：hold an art ～ 举行美术展览会 jǔxíng měishù zhǎnlǎnhuì **3.** 奖学金 jiǎngxuéjīn ＝ scholarship

exhibitionism *n.* 表现癖 biǎoxiànpǐ；裸露癖 luǒlùpǐ

exhibitionist *n.* **1.** 好表现者 hào biǎoxiànzhě **2.** 有裸露癖者 yǒu luǒlùpǐzhě

exhibitor *n.* 展出者 zhǎnchūzhě

exhilarate *v.* 使…高兴 shǐ…gāoxìng；使…振奋 shǐ…zhènfèn

exhort *v.* 规劝 guīquàn；告诫 gàojiè；勉励 miǎnlì：～ a person to do something 劝告某人做某事 quàngào mǒurén zuò mǒushì

exhortation *n.* 规劝 guīquàn：～ to young men to continue their education 规劝年轻人继续求学 guīquàn niánqīngrén jìxù qiúxué

exhume *v.* 掘出 juéchū；发掘 fājué

exigence, exigency *n.* 紧急（状态）jǐnjí (zhuàngtài)；急务 jíwù；事变 shìbiàn：meet the ～s (exigencies) of the moment 应付燃眉之急 yìngfù ránméi zhījí

exigent *a*. 紧急的 jǐnjíde；危急的 wēijíde

exile *n*. **1**. 流亡 liúwáng；充军 chōngjūn：Napoleon was sent in ～ on an island. 拿破仑曾被流放到一个岛上。Nápòlún（Napoleon）céngbèi liúfàngdào yíge dǎoshang. **2**. 流犯 liúfàn；充军者 chōngjūnzhě *v*. 放逐 fàngzhú；充军 chōngjūn

exist *v*. **1**. 存在 cúnzài；有 yǒu：Problems also ～ in agriculture. 农业也存在问题。Nóngyè yě cúnzài wèntí. / Salt ～s in many things. 很多东西里都有盐。Hěnduō dōngxili dōuyǒu yán. **2**. 生活 shēnghuó；生存 shēngcún：You can't ～ by hope alone. 你不能光靠希望生活。Nǐ bùnéng guāngkào xīwàng shēnghuó.

existence *n*. **1**. 存在 cúnzài；生存 shēngcún：E- determines consciousness. 存在决定意识。Cúnzài juédìng yìshí. **2**. 生活 shēnghuó：Drivers of racing cars lead a dangerous ～. 赛车驾驶员过着一种危险的生活。Sàichē jiàshǐyuán guòzhe yìzhǒng wēixiǎnde shēnghuó.

existent *a*. **1**. 现存的 xiàncúnde ＝ existing **2**. 现行的 xiànxíngde

existential *a*. 存在的 cúnzàide

existing *a*. 现存的 xiàncúnde；目前的 mùqiánde：the ～ government 现政府 xiàn zhèngfǔ

exit *n*. **1**. 出口 chūkǒu：an ～ from the railway station 火车站出口 huǒchēzhàn chūkǒu **2**. 退场 tuìchǎng；退出 tuìchū；离去 líqù；死亡 sǐwáng：The actor made a graceful ～. 该演员的退场做得十分优美。Gāi yǎnyuánde tuìchǎng zuòde shífēn yōuměi. / He made his ～ by falling under a truck. 他被一辆卡车轧死了。Tā bèi yíliàng kǎchē yàsǐle. *v*. 退场 tuìchǎng；离去 líqù：Please ～ by（from）the rear door. 请从后门退场。Qǐng cóng hòumén tuìchǎng.

exodus *n*. 退去 tuìqù；退出 tuìchū；离开 líkāi：Every June there is an ～ of students from the college. 每年六月份有大批学生离开大学。Měinián Liùyuèfèn yǒu dàpī xuésheng líkāi dàxué.

exogenous *a*. **1**. 外生的 wàishēngde；外源的 wàiyuánde **2**. 外地的 wàidìde **3**. 外因的 wàiyīnde

exonerate *v*. 开释 kāishì；免除 miǎnchú：He is ～d from blame. 他被免除罪责。Tā bèi miǎnchú zuìzé.

exorbitant *a.* 过度的 guòdùde；过分的 guòfènde；过高的 guògāode
exorcize *v.* 驱除 qūchú：～ an evil spirit 打鬼 dǎguǐ
exotic *a.* **1.** 外(国)来的 wài(guó)láide：～ words 外来语 wàiláiyǔ **2.** 异国情调的 yìguó qíngdiàode
expand *v.* **1.** 扩张 kuòzhāng；膨胀 péngzhàng：Metals ～ when they are heated. 金属加热则膨胀。Jīnshǔ jiārè zé péngzhàng. **2.** 扩大 kuòdà；发展 fāzhǎn：This factory ～s to the riverside. 这个工厂的地界扩展到河边。Zhège gōngchǎngde dìjiè kuòzhǎndào hébiān.
expanse *n.* 广阔 guǎngkuò；一大片(地区、水域等) yídàpiàn(dìqū、shuǐyù děng)：the blue ～ of the sky 广阔的蓝天 guǎngkuòde lántiān / large ～ of pastureland 大片的牧场 dàpiànde mùchǎng
expansible *a.* 可扩张的 kě kuòzhāngde
expansion *n.* **1.** 扩张 kuòzhāng；膨胀 péngzhàng：Heat causes the ～ of gas. 热使气体膨胀。Rè shǐ qìtǐ péngzhàng. **2.** 扩大 kuòdà；发展 fāzhǎn：a rapid ～ of trade 贸易的迅速发展 màoyìde xùnsù fāzhǎn
expansionism *n.* 扩张主义 kuòzhāngzhǔyì
expansionist *n.* 扩张主义者 kuòzhāngzhǔyìzhě *a.* 扩张主义的 kuòzhāngzhǔyìde
expansive *a.* **1.** 扩张性的 kuòzhāngxìngde；开展性的 kāizhǎnxìngde **2.** 开朗 kāilǎng；豁达 huòdá；豪爽 háoshuǎng = outgoing
expatiate *v.* 详述 xiángshù；细述 xìshù：I need not ～ on the question any further. 我不需要进一步详述这个问题了。Wǒ bù xūyào jìnyíbù xiángshù zhège wèntíle.
expatriate *v.* 放逐(出国) fàngzhú (chūguó)；脱离国籍 tuōlí guójí
expatriation *n.* 放逐 fàngzhú；脱离国籍 tuōlí guójí
expect *v.* **1.** 期待 qīdài；盼望 pànwàng；预期 yùqī：I ～ him every moment. 我时时刻刻盼望他。Wǒ shíshi-kèkè pànwàngtā. / I ～ that I shall be back on Sunday. 我预期星期天回来。Wǒ yùqī Xīngqītiān huílái. **2.** 指望 zhǐwang；要求 yāoqiú：Do not ～ too much from him. 不要对他指望太多。Búyào duìtā zhǐwang tàiduō. **3.** 料想 liàoxiǎng；以为 yǐwéi：I ～ he will come. 我想他会来。Wǒ xiǎng tā huìlái.
expectancy *n.* 期待 qīdài；盼望 pànwàng；预期 yùqī：E- darkened into anxiety. 期待变成了焦虑。Qīdài biànchéngle jiāolǜ.
expectant *a.* 期待的 qīdàide；盼望的 pànwàngde；预期的 yùqīde：She

spoke as one ～ of unquestioning obedience. 她说话的口气有如一个期望别人绝对服从的人。Tā shuōhuàde kǒuqì yǒurú yíge qīwàng biérén juéduì fúcóngde rén.

expectation *n*. 期待 qīdài；期望 qīwàng；预计 yùjì：He did not answer the ～ of his friends. 他辜负了朋友们的期望。Tā gūfùle péngyoumende qīwàng. / My ～s were fully realized. 我的希望完全实现了。Wǒde xīwàng wánquán shíxiànle.

expectorate *v*. 咳出 kéchū；吐痰 tùtán：Don't ～ on the sidewalks. 人行道上禁止吐痰。Rénxíngdàoshang jìnzhǐ tùtán.

expedience, expediency *n*. **1**. 方便 fāngbiàn；便利 biànlì；有利 yǒulì：They found a number of simple expediencies to dissolve the contract. 他们找到了许多解除合同的简便方法。Tāmen zhǎodàole xǔduō jiěchú hétóngde jiǎnbiàn fāngfǎ. **2**. 权宜之计 quányí-zhījì ＝ device

expedient *a*. **1**. 有利的 yǒulide；合适的 héshìde：It is ～ that he should go. 他最好还是走。Tā zuìhǎo háishì zǒu. **2**. 权宜之计的 quányí-zhījìde *n*. 应急办法 yìngjí bànfǎ；权宜手段 quányí shǒuduàn：try various ～s 试用各种应急办法 shìyòng gèzhǒng yìngjí bànfǎ / resort to the old-fashioned ～ 采用过时的权宜手段 cǎiyòng guòshíde quányí shǒuduàn

expedite *v*. 促进 cùjìn；加快 jiākuài：～ negotiation between the two countries 促进两国间的谈判 cùjìn liǎngguó jiānde tánpàn

expedition *n*. **1**. 探险(队) tànxiǎn(duì)；远征(队) yuǎnzhēng(duì)；考察(队) kǎochá(duì)：He commanded the ～ to the South Pole. 他率领去南极的考察队。Tā shuàilǐng qù Nánjíde kǎocháduì. **2**. 迅速 xùnsù：The work was done with ～. 这项工作很快就做完了。Zhèxiàng gōngzuò hěnkuài jiùzuòwánle.

expeditionary *a*. 远征的 yuǎnzhēngde；出征的 chūzhēngde：an ～ force 远征军 yuǎnzhēngjūn

expeditious *a*. 迅速的 xùnsùde；敏捷的 mǐnjiéde

expel *v*. **1**. 驱逐 qūzhú；开除 kāichú：He was ～led from (the) school. 他被学校开除了。Tā bèi xuéxiào kāichúle. **2**. 排出 páichū；射出 shèchū：When the gunpowder exploded the bullet was ～led from the gun. 火药一爆炸，子弹就从枪中射出。Huǒyào yī bàozhà, zǐdàn jiùcóng qiāngzhōng shèchū.

expend *v*. 花费 huāfèi；耗尽 hàojìn：He lived high and ～ed largely. 他生

活奢侈，花费很大。Tā shēnghuó shēchǐ，huāfèi hěndà.

expendable *a.* 可消费的 kě xiāofèide；值得牺牲的 zhíde xīshēngde *n.* 消耗品 xiāohàopǐn；牺牲品 xīshēngpǐn

expenditure *n.* 消费 xiāofèi；支出 zhīchū；费用 fèiyong；开支 kāizhī：It costs a large ～ of money. 它耗费大笔金钱。Tā hàofèi dàbǐ jīnqián. / He will push for enlarged ～ for defense. 他将力争增加防务费用。Tā jiāng lìzhēng zēngjiā fángwù fèiyong.

expense *n.* 费用 fèiyong；经费 jīngfèi；开支 kāizhī：How much do you need for school ～s？你需要多少钱做学费？Nǐ xūyào duōshao qián zuò xuéfèi？

expensive *a.* 花钱多的 huāqiánduōde；昂贵的 ángguìde；奢侈的 shēchǐde：Living in the country is less ～ than in the city. 住在乡间比住在城里花钱少。Zhùzài xiāngjiān bǐ zhùzài chéngli huāqiánshǎo.

experience *n.* 经验 jīngyàn；体验 tǐyàn；经历 jīnglì：She had no ～ of life at all. 她一点生活经验都没有。Tā yìdiǎn shēnghuó jīngyàn dōu méiyǒu. / an unforgettable ～ 一次难忘的经历 yícì nánwàngde jīnglì *v.* 经历 jīnglì；体验 tǐyàn

experienced *a.* 有经验的 yǒu jīngyànde；经验丰富的 jīngyàn fēngfùde：She is not yet ～ in teaching. 她还没有教学经验。Tā hái méiyǒu jiàoxué jīngyàn.

experiment *n.* 实验 shíyàn；试验 shìyàn：I made an ～ on him. 我以他做试验。Wǒ yǐ tā zuò shìyàn. / Scientists test out theories by ～. 科学家们用实验检验理论。Kēxuéjiāmen yòng shíyàn jiǎnyàn lǐlùn. *v.* 进行实验 jìnxíng shíyàn；做实验 zuò shíyàn：He ～ed in painting at home. 他在家中试着作画。Tā zài jiāzhōng shìzhe zuòhuà.

experimental *a.* **1.** 实验的 shíyànde；实验性的 shíyànxìngde：～ evolution 实验进化 shíyàn jìnhuà **2.** 经验的 jīngyànde：～ knowledge 感性知识 gǎnxìng zhīshi；经验知识 jīngyàn zhīshi

experimentation *n.* 实验（工作）shíyàn（gōngzuò）；试验 shìyàn；实验法 shíyànfǎ

expert *n.* 专家 zhuānjiā；能手 néngshǒu：Jane has become a chess ～. 简成了象棋高手。Jiǎn（Jane）chéngle xiàngqí gāoshǒu. / Alice is an ～ at figure skating. 艾丽斯是花样滑冰能手。Àilìsī（Alice）shì huāyàng huábīng néngshǒu. *a.* **1.** 熟练的 shúliànde：He is ～ in driving a motorcar. 他开汽车开得熟练。Tā kāi qìchē kāide shúliàn. **2.** 内行的 nèihángde；专门的 zhuānménde：She is ～ in (at) teaching small children. 他教幼儿很有专长。Tā jiāo yòu'ér hěnyǒu zhuāncháng.

expiate *v.* 偿 cháng，抵 dǐ；赎 shú：～ sin 赎罪 shúzuì

expiration *n.* **1.** 满期 mǎnqī：He retired at the ～ of his term (cf office). 他在任职期满时退休。Tā zài rènzhí qīmǎnshí tuìxiū. **2.** 呼气 hūqì：the ～ of used air from the lungs 从肺中呼出浊气 cóng fèizhōng hūchū zhuóqì **3.** 终止 zhōngzhǐ；死亡 sǐwáng：At his ～ he said.... 他临终时说…。Tā línzhōng shí shuō….

expiratory *a.* 呼气的 hūqìde

expire *v.* **1.** 满期 mǎnqī：The lease ～s in a month. 租约再过一个月就到期了。Zūyuē zàiguò yígeyuè jiù dàoqīle. **2.** 死亡 sǐwáng；熄灭 xīmiè：He ～d at midnight. 他午夜死去。Tā wǔyè sǐqù. **3.** 呼气 hūqì ＝ to breathe out

explain *v.* 说明 shuōmíng；解释 jiěshì；辩解 biànjiě：I have to ～ about last night. 我得说明一下昨晚的事。Wǒ děi shuōmíng yíxià zuówǎnde shì. / Please ～ yourself. 请你把意思说清楚。Qǐng nǐ bǎ yìsi shuōqīngchu.

explanation *n.* 说明 shuōmíng；解释 jiěshì；辩解 biànjiě：The figures call for careful ～. 这些数字需要仔细说明。Zhèxiē shùzì xūyào zǐxì shuōmíng. / His ～ was very far-fetched. 他的解释非常牵强。Tāde jiěshì fēicháng qiānqiáng.

explanatory *a.* 说明的 shuōmíngde；解释的 jiěshìde：～ notes 注释 zhùshì / an ～ title 字幕说明 zìmù shuōmíng

expletive *n.* **1.** 语助词 yǔzhùcí；虚字 xūzì **2.** 感叹语 gǎntànyǔ

explicit *a.* 明晰的 míngxīde；明确的 míngquède；直率的 zhíshuàide：He would not be more ～ about the matter. 他对那件事不愿说得更清楚。Tā duì nàjiàn shì búyuàn shuōde gèngqīngchu.

explode *v.* 使…爆发 shǐ…bàofā；爆炸 bàozhà：The bomb fell in the field and ～d. 炸弹落在田野上爆炸了。Zhàdàn luòzài tiányěshang bàozhàle.

exploit *n.* 功勋 gōngxūn；功绩 gōngjì：He performed many daring ～s. 他有过许多英勇的事迹。Tā yǒuguò xǔduō yīngyǒngde shìjì.

exploit *v.* **1.** 开拓 kāituò；开发 kāifā：A mine is ～ed for its minerals. 开发矿山是为了采矿。Kāifā kuàngshān shì wèile cǎikuàng. **2.** 剥削

bōxuē: ～ the colonies 剥削殖民地 bōxuē zhímíndì 3. 利用 lìyòng = utilize

exploitation *n.* 1. 开拓 kāituò; 开发 kāifā; 利用 lìyòng: the ～ of the ocean as a source of food 将海洋开发为食物来源 jiāng hǎiyáng kāifā wéi shíwù láiyuán 2. 剥削 bōxuē: ruthless ～ 残酷剥削 cánkù bōxuē

exploiter *n.* 剥削者 bōxuēzhě

exploration *n.* 1. 勘探 kāntàn; 勘查 kānchá; 探险 tànxiǎn: mineral ～ 矿藏勘探 kuàngcáng kāntàn 2. 探索 tànsuǒ; 试探 shìtàn = to investigate

explore *v.* 1. 勘探 kāntàn; 探险 tànxiǎn: ～ for oil 勘探石油 kāntàn shíyóu / The expedition set out to ～ the Arctic regions. 探险队出发去北极地区探险。Tànxiǎnduì chūfā qù Běijí dìqū tànxiǎn. 2. 探索 tànsuǒ; 试探 shìtàn: ～ a problem 探索一个问题 tànsuǒ yíge wèntí

explorer *n.* 1. 勘探员 kāntànyuán; 探险家 tànxiǎnjiā 2. 勘探器具 kāntàn qìjù

explosion *n.* 爆炸 bàozhà; 爆发 bàofā; 扩张 kuòzhāng; 激增 jīzēng: population ～ 人口激增 rénkǒu jīzēng / The ～s at the munition depot shook the entire town. 军火库的爆炸震撼了全城。Jūnhuǒkùde bàozhà zhènhànle quánchéng.

explosive *a.* 1. 爆炸(性)的 bàozhà(xìng)de 2. 暴躁的 bàozàode: have an ～ temper 有一股暴躁脾气 yǒu yìgǔ bàozào píqi *n.* 1. 爆炸物 bàozhàwù; 炸药 zhàyào: E-s must be handled with care. 炸药必须小心轻放。Zhàyào bìxū xiǎoxīn qīngfàng. 2. 爆破音 bàopòyīn * in phonetics

exponent *n.* 1. 说明者 shuōmíngzhě; 解说员 jiěshuōyuán: an able ～ of Darwin's theory 达尔文学说的有力的解说者 Dá'ěrwén (Darwin) xuéshuōde yǒulìde jiěshuōzhě 2. 倡导者 chàngdǎozhě; 支持者 zhīchízhě: a popular ～ of science 一位受欢迎的科学倡导者 yíwèi shòu huānyíngde kēxué chàngdǎozhě 3. 典型 diǎnxíng: Lincoln is a famous ～ of self-education. 林肯是自我教育的著名典型。Línkěn (Lincoln) shì zìwǒ jiàoyùde zhùmíng diǎnxíng.

export *v.* 输出 shūchū; 出口 chūkǒu; 排出 páichū: China ～s to many foreign countries. 中国向许多国家出口货物。Zhōngguó xiàng xǔduō guójiā chūkǒu huòwù. *n.* 1. 输出 shūchū; 出口 chūkǒu: the volume of American ～s and imports 美国进出口的商品量 Měiguó jìnchūkǒude shāngpǐnliàng 2. 出口商品 chūkǒu shāngpǐn：E-s go down. 出口商品减少。Chūkǒu shāngpǐn jiǎnshǎo.

exportation *n*. 1. 输出 shūchū；出口 chūkǒu：an embargo on the ～ of food stuffs 禁止食品输出 jìnzhǐ shípǐn shūchū 2. 出口商品 chūkǒu shāngpǐn：Machinery and vehicles are among the major ～s of the United States. 机械和车辆属于美国的主要出口货物。Jīxiè hé chēliàng shǔyú Měiguóde zhǔyào chūkǒu huòwù.

exporter *n*. 出口商 chūkǒushāng

expose *v*. 1. 暴露 bàolù；曝露 pùlù：Don't ～ it to the sun. 别把它曝露在阳光下。Bié bǎtā pùlù zài yángguāng xià. 2. 揭露 jiēlù；揭发 jiēfā：The magazine ～d the politician as a crook. 该杂志揭露这个政客是个骗子。Gāi zázhì jiēlù zhège zhèngkè shìge piànzi. 3. 陈列 chénliè：～ goods for sale 将商品陈列出来出售 jiāng shāngpǐn chénliè chūlái chūshòu

exposition *n*. 1. 解说 jiěshuō；解释 jiěshì：He has the gift of simple ～. 他有做简明解说的才能。Tā yǒu zuò jiǎnmíng jiěshuōde cáinéng. 2. 展览会 zhǎnlǎnhuì：an agricultural ～ 农业展览会 nóngyè zhǎnlǎnhuì

expositor *n*. 解说员 jiěshuōyuán

expository *a*. 解说的 jiěshuōde

expostulate *v*. 忠告 zhōnggào；规劝 guīquàn；表示异议 biǎoshì yìyì：She ～d with her husband on his habit of smoking in bed. 她规劝丈夫改掉在床上吸烟的习惯。Tā guīquàn zhàngfu gǎidiào zài chuángshang xīyānde xíguàn.

exposure *n*. 1. 曝露 pùlù；暴露 bàolù：～ to the rain 受风吹雨打 shòu fēngchuī yǔdǎ / literature of ～ 暴露文学 bàolù wénxué 2. 揭露 jiēlù；揭发 jiēfā：I threatened him with public ～. 我威吓要当众揭露他。Wǒ wēihè yào dāngzhòng jiēlù tā. 3. 曝光(时间) pùguāng(shíjiān) = time of exposing a photographic film 4. 已拍过的软片 yǐ pāiguòde ruǎnpiàn = an exposed film

expound *v*. 阐述 chǎnshù；说明 shuōmíng；发表见解 fābiǎo jiànjiě：They ～ed on the subject. 他们就那个问题发表见解。Tāmen jiù nàge wèntí fābiǎo jiànjiě.

express *v*. 1. 表示 biǎoshì；表达 biǎodá：I cannot adequately ～ my sentiment. 我无法充分表达自己的感情。Wǒ wúfǎ chōngfèn biǎodá zìjǐde gǎnqíng. 2. 快运 kuàiyùn；快递 kuàidì：～ merchandise to a person 把货

物快运给某人 bǎ huòwù kuàiyùn gěi mǒurén **3.** 榨出 zhàchū；压出 yāchū：～ poison from a wound 从伤口里把毒液挤出 cóng shāngkǒuli bǎ dúyè jǐchū *n*. **1.** 快运 kuàiyùn；急送 jísòng **2.** 快车 kuàichē：travel by ～ 搭快车旅行 dā kuàichē lǚxíng **3.** 转运公司 zhuǎnyùn gōngsī *a*. **1.** 明白的 míngbaide：an ～ command 明确的命令 míngquède mìnglìng **2.** 特殊的 tèshūde：She came for the ～ purpose of seeing you. 她是专诚来看你的。Tā shì zhuānchéng láikàn nǐde. **3.** 特快的 tèkuàide：an ～ train 特快车 tèkuàichē

expressible *a*. 可表示的 kěbiǎoshìde：They are ～ by signs. 它们可以用符号表示出来。Tāmen kěyǐ yòng fúhào biǎoshì chūlái.

expression *n*. **1.** 表示 biǎoshì；表达 biǎodá；表现 biǎoxiàn：emotional ～ 表情 biǎoqíng / beautiful beyond ～ 形容不出的美丽 xíngróng bùchūde měilì **2.** 表达法 biǎodáfǎ；措辞 cuòcí：a common ～ in English 英语中的通常说法 Yīngyǔzhōngde tōngcháng shuōfǎ **3.** 脸色 liǎnsè；表情 biǎoqíng：a sad ～ 一副愁容 yífù chóuróng / a face that lacks ～ 一张缺乏表情的脸 yìzhāng quēfá biǎoqíngde liǎn

expressionism *n*. 表现派 biǎoxiànpài；表现主义 biǎoxiànzhǔyì

expressionless *a*. 没有表情的 méiyǒu biǎoqíngde；呆板的 áibǎnde

expressive *a*. 表现的 biǎoxiànde；富于表情的 fùyú biǎoqíngde：a look ～ of hope（表示）希望的神色（biǎoshì）xīwàngde shénsè / A baby's cry may be ～ of hunger or pain. 婴儿的哭啼可能表示饥饿或痛苦。Yīng'érde kūtí kěnéng biǎoshì jī'è huò tòngkǔ.

expressly *ad*. **1.** 明显地 míngxiǎnde **2.** 特地 tèdì；专程地 zhuānchéngde

expropriate *v*. 征用（土地等）zhēngyòng（tǔdì děng）；没收（财产等）mòshōu（cáichǎn děng）：Much of the land for the airport was ～d from local farmers. 机场的土地大部分是向当地农民征用的。Jīchǎngde tǔdì dàbùfen shì xiàng dāngdì nóngmín zhēngyòngde.

expropriation *n*. 征用 zhēngyòng

expulsion *n*. **1.** 驱逐 qūzhú：demand his ～ from the country 要求将他驱逐出境 yāoqiú jiāng tā qūzhú chūjìng **2.** 开除 kāichú：the ～ of a person from school 某人的被开除出校 mǒurénde bèi kāichú chūxiào

expunge *v*. 除去 chúqù；删去 shānqù：～ a passage from a book 删去书中的一段 shānqù shūzhōngde yíduàn

expurgate *v*. 删去不妥处 shānqù bùtuǒ chù：Rude language should be ～d from classroom books. 粗鲁的语言必须从教科书中删去。Cūlǔde yǔyán bìxū cóng jiàokēshūzhōng shānqù.

exquisite *a*. **1**. 美妙 měimiào；精巧 jīngqiǎo；高雅 gāoyǎ：～ music 优美的音乐 yōuměide yīnyuè / ～ designs 精巧的图样 jīngqiǎode túyàng **2**. 强烈的 qiángliède：～ pain 剧痛 jùtòng **3**. 敏锐 mǐnruì：have an ～ ear for music 对音乐有敏锐的欣赏能力 duì yīnyuè yǒu mǐnruìde xīnshǎng nénglì

exquisitely *ad*. 美妙地 měimiàode；精巧地 jīngqiǎode

ex-service *a*. 退役的 tuìyìde：an ～ man 退役军人 tuìyì jūnrén

extant *a*. 现存的(书、文件等) xiàncúnde(shū、wénjiàn děng)

extemporaneous *a*. 无准备的 wú zhǔnbèide；即席的 jíxíde；临时的 línshíde

extempore *ad*. 无准备地 wú zhǔnbèide；即席的 jíxíde：speak ～ 即席讲话 jíxí jiǎnghuà　*a*. 无准备的 wú zhǔnbèide；即席的 jíxíde：an ～ speech 即席讲话 jíxí jiǎnghuà

extend *v*. **1**. 伸 shēn；伸长 shēncháng：～ one's hand to a person 伸手与某人握手 shēnshǒu yǔ mǒurén wòshǒu **2**. 延长 yáncháng；延期 yánqī：～ a railway 延长铁路线 yáncháng tiělùxiàn / ～ a leave of absence 续假 xùjià **3**. 扩大 kuòdà；扩充 kuòchōng：～ one's business 扩大营业 kuòdà yíngyè / ～ a school building 扩充校舍 kuòchōng xiàoshè

extension *n*. **1**. 伸长 shēncháng；延长 yáncháng；延期 yánqī：The students disliked the ～ of the term. 学生们讨厌延长学期。Xuéshengmen tǎoyàn yáncháng xuéqī. / A further ～ is required. 需要再延期。Xūyào zài yánqī. **2**. 扩建 kuòjiàn；扩建的部分 kuòjiànde bùfen：They have built an ～ to the hospital. 他们已将该医院扩建。Tāmen yǐjiāng gāi yīyuàn kuòjiàn.

extensive *a*. 广大 guǎngdà；广博 guǎngbó：～ preparation 多方面的准备 duō fāngmiànde zhǔnbèi / ～ reading 泛读 fàndú

extensometer *n*. 伸长计 shēnchángjì

extent *n*. **1**. 广度 guǎngdù；长度 chángdù；宽度 kuāndù；范围 fànwéi：a vast ～ of land 广大的土地 guǎngdàde tǔdì / the ～ of one's research 研究范围 yánjiū fànwéi / The sky is of boundless ～. 天空无限辽阔。Tiānkōng wúxiàn liáokuò. **2**. 程度 chéngdù；限度 xiàndù：to a certain ～ 在某种程度上 zài mǒuzhǒng chéngdùshang / To some ～ you are right. 你在有些地方是对的。Nǐ zài yǒuxiē dìfang shì duìde.

extenuate *v*. 减轻 jiǎnqīng: Nothing can ~ his guilt. 他的罪无法减轻。Tāde zuì wúfǎ jiǎnqīng.

extenuation *n*. 减轻 jiǎnqīng: He pleaded circumstances in ~ of his guilt. 他恳求对他酌情减轻罪行。Tā kěnqiú duìtā zhuóqíng jiǎnqīng zuìxíng.

exterior *a*. **1**. 外部的 wàibùde; 外面的 wàimiànde; 外表的 wàibiǎode: the ~ features of a building 一座建筑物的外形 yízuò jiànzhùwùde wàixíng **2**. 外界的 wàijiède; 对外的 duìwàide *n*. 外部 wàibù; 外面 wàimiàn; 外观 wàiguān; 外景 wàijǐng: The ~ of the house is of brick. 房子的外部是砖头砌的。Fángzide wàibù shì zhuāntou qìde.

exterminate *v*. 灭绝 mièjué; 根除 gēnchú; 扑灭 pūmiè: This poison will ~ rats. 这种毒药会消灭老鼠。Zhèzhǒng dúyào huì xiāomiè lǎoshǔ.

external *a*. **1**. 外部的 wàibùde; 外面的 wàimiànde; 表面的 biǎomiànde **2**. 外用的 wàiyòngde: ~ remedies 外用药 wàiyòngyào **3**. 对外的 duìwàide; 外国的 wàiguóde: ~ trade 对外贸易 duìwài màoyì *n*. 外形 wàixíng; 外观 wàiguān: Don't judge people by ~. 不要从外貌上来判断人。Búyào cóng wàimàoshang lái pànduàn rén.

externally *ad*. 外部 wàibù; 外面 wàimiàn; 外表上 wàibiǎoshang

exterritorial *a*. 治外法权的 zhìwàifǎquánde = extraterritorial

exterritoriality *n*. 治外法权 zhìwàifǎquán

extinct *a*. 熄灭的 xīmiède; 消失了的 xiāoshīlede; 绝种的 juézhǒngde: The belief in magic is almost ~ today. 今天几乎没有人相信巫术了。Jīntiān jīhū méiyǒu rén xiāngxìn wūshùle. / The woolly mammoth has been ~ for a long time. 猛犸象已经绝种很久了。Měngmǎxiàng yǐjīng juézhǒng hěnjiǔle.

extinction *n*. 熄灭 xīmiè; 消退 xiāotuì; 灭绝 mièjué: The war caused the ~ of many pacifist organizations. 战争使许多和平组织遭到灭亡。Zhànzhēng shǐ xǔduō hépíng zǔzhī zāodào mièwáng.

extinguish *v*. **1**. 扑灭 pūmiè; 熄灭 xīmiè: Firemen ~ed the blaze quickly. 消防队员很快把火扑灭了。Xiāofángduìyuán hěnkuài bǎ huǒ pūmièle. / Even the last gleam of his hope was sadly ~ed. 甚至他的最后一线希望也可悲地破灭了。Shènzhì tāde zuìhòu yíxiàn xīwàng yě kěbēide pòmièle. **2**. 压制 yāzhì: ~ opposition 压制反对 yāzhì fǎnduì

extinguisher *n*. 灭火器 mièhuǒqì; 熄灯器 xīdēngqì: a chemical ~ 化学灭

火器 huàxué mièhuǒqì / a fire ～ 灭火器 mièhuǒqì

extirpate *v.* 铲除 chǎnchú；根除 gēnchú；切除 qiēchú

extol *v.* 赞美 zànměi；赞扬 zànyáng：～ a person to the skies 把某人捧上天 bǎ mǒurén pěngshàng tiān / flatteringly ～ 谄媚的吹捧 chǎnmèide chuīpěng

extort *v.* **1.** 勒索 lèsuǒ；强求 qiǎngqiú：～ money from a person 向某人敲诈金钱 xiàng mǒurén qiāozhà jīnqián **2.** 曲解 qūjiě：～ a meaning from a word 曲解一个词的词义 qūjiě yíge cíde cíyì

extortion *n.* 勒索 lèsuǒ；敲诈 qiāozhà；威逼 wēibī：practise ～ 进行敲诈勒索 jìnxíng qiāozhà lèsuǒ / a promise obtained by ～ 通过威逼得到的许诺 tōngguò wēibī dédàode xǔnuò

extortioner *n.* 勒索者 lèsuǒzhě；强求者 qiǎngqiúzhě

extra *a.* **1.** 额外的 éwàide；临时的 línshíde：an ～ allowance 特别津贴 tèbié jīntiē / an ～ edition 临时增刊 línshí zēngkān / ～ work 加班 jiābān **2.** 非常的 fēichángde；特优的 tèyōude：It is nothing ～. 这没什么特别。Zhè méi shénme tèbié. *n.* 额外的东西 éwàide dōngxi；附加物 fùjiāwù：Her bill for ～ was $30. 她的额外费用有30美元。Tāde éwài fèiyong yǒu sānshí měiyuán. *ad.* **1.** 额外 éwài；分外 fènwài：work ～ 加班工作 jiābān gōngzuò **2.** 格外 géwài；非常 fēicháng：work ～ hard 工作特别努力 gōngzuò tèbié nǔlì

extract *v.* **1.** 拔出 báchū；抽出 chōuchū：A dentist ～s teeth. 牙医拔牙。Yáyī báyá. / have a tooth ～ed 拔掉一颗牙 bádiào yìkē yá **2.** 榨出 zhàchū；取出 qǔchū：The bees ～ honey from flowers. 蜜蜂从花中取蜜。Mìfēng cóng huāzhōng qǔmì. **3.** 选录 xuǎnlù；摘录 zhāilù：Language teachers often ～ examples from grammar books. 语言教师常从语法书里摘录例子。Yǔyán jiàoshī chángcóng yǔfǎshūli zhāilù lìzi. *n.* **1.** 抽出物 chōuchūwù；汁 zhī：～ of roses 玫瑰精 méiguijīng / ～ of beef 牛肉精 niúròujīng **2.** 摘录 zhāilù；节录 jiélù：～s from Shakespeare 莎士比亚选萃 Shāshìbǐyà(Shakespeare)xuǎncuì

extraction *n.* **1.** 拔出 báchū；抽出 chōuchū：the ～ of a tooth 一颗牙的拔出 yìkē yáde báchū **2.** 摘录 zhāilù：～ from a book 一本书的摘录 yìběn shūde zhāilù **3.** 出身 chūshēn；血统 xuètǒng：She is of Spanish ～. 她有西班牙血统。Tā yǒu Xībānyá xuètǒng.

extractive *a.* 可抽取的 kě chōuqǔde；可提取的 kě tíqǔde：～ industries 采

掘工业 cǎijué gōngyè

extractor *n.* 提取者 tíqǔzhě；提取器 tíqǔqì：an air ～ 抽气机 chōuqìjī / an oil ～ 抽油机 chōuyóujī

extracurricular *a.* 课外的 kèwàide

extradite *v.* 引渡 yǐndù；送还(罪犯) sònghuán(zuìfàn)：～ the jewel thief from the island state 把珠宝盗窃犯从那个岛国引渡回来 bǎ zhūbǎo dàoqièfàn cóng nàge dǎoguó yǐndù huílái

extraneous *a.* **1.** 外来的 wàiláide；新异的 xīnyìde **2.** 无关的 wúguānde：～ to the subject 与本题无关 yǔ běntí wúguān

extraordinarily *ad.* 非常 fēicháng；格外 géwài

extraordinary *a.* **1.** 非常的 fēichángde；特别的 tèbiéde：a man of ～ strength 特别有力气的人 tèbié yǒu lìqide rén / He said ～ things. 他说了些荒诞不经的事。Tā shuōlexiē huāngdàn-bùjīngde shì. **2.** 特命的 tèmìngde；临时的 línshíde：an ～ ambassador 特命大使 tèmìng dàshǐ

extrapolate *v.* 推断 tuīduàn；推知 tuīzhī：Events can be traced in the past and ～d into the future. 事情可以追溯其过去并可推断其未来。Shìqing kěyǐ zhuīsù qí guòqù bìngkě tuīduàn qí wèilái.

extrasensory *a.* 超感官的 chāogǎnguānde

extraterrestrial *a.* 地球外的 dìqiú wàide

extraterritoriality *n.* 治外法权 zhìwàifǎquán

extravagance *n.* **1.** 奢侈 shēchǐ；浪费 làngfèi：You should spend your money carefully and avoid ～. 你应节约用钱，避免挥霍浪费。Nǐ yīng jiéyuē yòngqián，bìmiǎn huīhuò làngfèi. **2.** 放肆 fàngsì = being unrestrained

extravagant *a.* **1.** 奢侈的 shēchǐde；浪费的 làngfèide：be ～ in one's way of living 生活奢侈 shēnghuó shēchǐ **2.** 放肆的 fàngsìde；过度的 guòdùde：He is ～ in behavior. 他行为放肆。Tā xíngwéi fàngsì.

extreme *a.* **1.** 末端的 mòduānde；尽头的 jìntóude：the two ～ ends of a rope 绳子的两端 shéngzide liǎngduān **2.** 最早的 zuìzǎode；最终的 zuìzhōngde：in ～ youth 在最年轻的时候 zài zuì niánqīngde shíhou / at the ～ hour of life 在临终的时候 zài línzhōngde shíhou **3.** 极端的 jíduānde；极度的 jídùde：～ patience 极度的忍耐 jídùde rěnnài *n.* **1.** 极端 jíduān；极度 jídù：push it to a dangerous ～ 将它推向危险的极端 jiāng tā tuī xiàng wēixiǎnde jíduān **2.** 极端措施 jíduān cuòshī；激烈手段

jīliè shǒuduàn: I will not go to ～s. 我不想采取极端手段。Wǒ bùxiǎng cǎiqǔ jíduān shǒuduàn.

extremely *ad*. 非常 fēicháng: It is ～ cold. 天气非常冷。Tiānqì fēicháng lěng.

extremist *n*. 极端派 jíduānpài; 过激分子 guòjī fènzǐ: a leftist ～ 极左分子 jízuǒ fènzǐ

extremity *n*. **1**. 末端 mòduān; 极端 jíduān: The spaceship reached the ～ of its orbit. 宇宙飞船到达了轨道的最远点。Yǔzhòu fēichuán dàodále guǐdàode zuì yuǎn diǎn. **2**. 极度 jídù; 穷迫 qióngpò: He is in a dire ～. 他陷入悲惨的绝境。Tā xiànrù bēicǎnde juéjìng. **3**. 非常手段 fēicháng shǒuduàn: be obliged to proceed to extremities 被迫采用极端手段 bèipò cǎiyòng jíduān shǒuduàn

extricable *a*. 摆脱得了的 bǎituōde liǎode; 能脱险的 néng tuōxiǎnde

extricate *v*. 使…摆脱 shǐ…bǎituō; 使…脱险 shǐ…tuōxiǎn: ～ oneself from a crisis 摆脱危机 bǎituō wēijī

extrinsic *a*. 非固有的 fēigùyǒude; 在外的 zàiwàide

extrorse *a*. 向外的 xiàngwàide; 外倾的 wàiqīngde

extrovert *n*. 性格外向者 xìnggé wàixiàngzhě

extrude *v*. 挤出 jǐchū; 喷出 pēnchū; 冲出 chōngchū: a material that does not ～ well 不易挤压成形的材料 búyì jǐyā chéngxíngde cáiliào / ～ toothpaste from the tube 从牙膏管里挤出牙膏 cóng yágāoguǎnli jǐchū yágāo

exuberance *n*. 繁茂 fánmào; 充溢 chōngyì; 丰富 fēngfù: There is an ～ of fancy in him. 他想象力丰富。Tā xiǎngxiànglì fēngfù. / an ～ of foliage 枝叶繁茂 zhīyè fánmào

exuberant *a*. 繁茂的 fánmàode; 充溢的 chōngyìde: be ～ in the growth of vegetables 蔬菜长势茂盛 shūcài zhǎngshì màoshèng

exude *v*. 渗出 shènchū: Sap ～s from the pine bark. 树液从松树皮里渗出来。Shùyè cóng sōngshù píli shènchūlái.

exult *v*. 欢欣(鼓舞) huānxīn(gǔwǔ); 狂喜 kuángxǐ: Inwardly she ～ed. 她内心非常高兴。Tā nèixīn fēicháng gāoxìng.

exultant *a*. 欢欣鼓舞的 huānxīn-gǔwǔde; 兴高采烈的 xìnggāo-cǎiliède: be childishly ～ 孩子般地兴高采烈 háizibānde xìnggāo-cǎiliè

exultation *n*. 欢欣 huānxīn = great joy; 得意 déyì: ～ at one's success 对

成功感到欣喜若狂 duì chénggōng gǎndào xīnxǐ-ruòkuáng

eye *n.* **1.** 眼睛 yǎnjing: Nobody in the house ever batted an ~ last night. 昨夜屋里没有一个人合过眼。Zuóyè wūli méiyǒu yíge rén héguo yǎn. **2.** 眼力 yǎnlì; 眼光 yǎnguāng: All ~s were focused on the speaker. 所有人的眼光都集中在讲演人的身上。Suǒyǒurénde yǎnguāng dōu jízhōngzài jiǎngyǎnrénde shēnshang. **3.** 见解 jiànjiě; 观点 guāndiǎn: We are children in his ~s. 在他眼里我们都是孩子。Zàitā yǎnli wǒmen dōushì háizi. **4.** 注意 zhùyì; 注目 zhùmù: Please keep an ~ on the baby. 请照看一下这个孩子。Qǐng zhàokàn yíxià zhège háizi. **5.** 眼状物 yǎnzhuàngwù; 芽眼 yáyǎn: the ~ of a potato 马铃薯的芽眼 mǎlíngshǔde yáyǎn *v.* 看 kàn; 注视 zhùshì: He ~d me carefully. 他仔细打量我。Tā zǐxì dǎliang wǒ.

eyeball *n.* 眼球 yǎnqiú

eyebrow *n.* 眉毛 méimao: knit the ~s 皱眉头 zhòu méitóu / pencil the ~s 画眉毛 huàméimao; 描眉 miáoméi / her finely arched ~s 她那弯弯的眉毛 tā nà wānwānde méimao

eyeglasses *n.* (*pl.*)眼镜 yǎnjìng

eyelash *n.* 睫毛 jiémáo: without turning an ~ 泰然自若 táirán-zìruò / blue eyes with long ~es 睫毛很长的蓝眼睛 jiémáo hěn chángde lán yǎnjing

eyelet *n.* 眼孔 yǎnkǒng; 针眼 zhēnyǎn

eyelid *n.* 眼睑 yǎnjiǎn; 眼皮 yǎnpí: not stir an ~ 不眨眼 bù zhǎyǎn; 不为所动 bùwéisuǒdòng / the lower (upper) ~ 下(上)眼皮 xià(shàng) yǎnpí

eyepiece *n.* 目镜 mùjìng

eyeshot *n.* 眼界 yǎnjiè; 视野 shìyě: beyond (out of) ~ 在视野之外 zài shìyě zhīwài / in (within) ~ 在视野之内 zài shìyě zhīnèi

eyesight *n.* 视力 shìlì: injure one's ~ 损害视力 sǔnhài shìlì / He has lost his ~ through disease. 他因病失明。Tā yīn bìng shīmíng.

eyesore *n.* 刺眼的东西 cìyǎnde dōngxi: The broken window was an ~ to the neighbors. 邻居们觉得那扇破窗是十分刺眼的东西。Línjūmen juéde nàshàn pòchuāng shì shífēn cìyǎnde dōngxi.

eyestrain *n.* 眼疲劳 yǎn píláo: relieve ~ 消除眼睛疲劳 xiāochú yǎnjing píláo

eyewater *n.* 眼药水 yǎnyàoshuǐ

eyewitness *n.* 见证人 jiànzhèngrén；目击者 mùjīzhě：Were there any ～es to the crime? 这个罪行有没有见证人？Zhège zuìxíng yǒuméiyǒu jiànzhèngrén?

F

Fabian *a.* 费边式的 Fèibiānshìde（ * of the Roman general, Quintus Fabius Maximus）；稳扎稳打的 wěnzhāwěndǎde；谨慎的 jǐnshènde：a ～ policy 缓兵之计 huǎnbīng-zhījì / the ～ society 费边社 Fèibiānshè *n.* 费边社社员 Fèibiānshè shèyuán

fable *n.* **1.** 寓言 yùyán：Tell them the ～ about the fox and the grapes. 给他们讲一讲狐狸和葡萄的寓言。Gěi tāmen jiǎngyijiǎng húli hé pútáode yùyán. **2.** 神话 shénhuà；传说 chuánshuō：sort out fact from ～ 从传说中选取事实 cóng chuánshuōzhōng xuǎnqǔ shìshí

fabric *n.* **1.** 织物 zhīwù：woollen (silk) ～s 毛(丝)织物 máo(sī) zhīwù **2.** 结构 jiégòu；组织 zǔzhī：the ～ of society 社会的结构 shèhuìde jiégòu

fabricate *v.* **1.** 制配 zhìpèi * to make or build **2.** 捏造 niēzào；虚构 xūgòu；伪造 wěizào：～ a document 伪造文件 wěizào wénjiàn

fabrication *n.* **1.** 制造 zhìzào：～ of a bridge 一座桥的建造 yízuò qiáode jiànzào **2.** 捏造 niēzào；虚构 xūgòu：His alibi was a complete ～. 他的托辞全属谎言。Tāde tuōcí quánshǔ huǎngyán.

fabulous *a.* **1.** 寓言中的 yùyánzhōngde；传说上的 chuánshuōshangde：**2.** 惊人的 jīngrénde；难信的 nánxìnde：～ wealth 惊人的财富 jīngrénde cáifù

facade *n.* **1.** 正门 zhèngmén；正面 zhèngmiàn * front **2.** 表面 biǎomiàn；外观 wàiguān * appearance

face *n.* **1.** 脸 liǎn；面孔 miànkǒng；面容 miànróng：avert one's ～ 把脸转过去 bǎ liǎn zhuǎnguòqu / a sad ～ 愁容 chóuróng / keep a straight ～ 脸色不变 liǎnsè búbiàn / look a person in the ～ 瞧着某人的脸 qiáozhe mǒurénde liǎn / lose (one's) ～ 丢脸 diūliǎn / make a ～ 做鬼脸 zuò guǐliǎn / pull a long ～ 板着脸 bǎnzhe liǎn / save one's ～ 保全面子 bǎoquán miànzi **2.** 不顾 búgù：fly in the ～ of 公开反抗… gōngkāi fǎnkàng / to a person's ～ 当(某人的)面 dāng (mǒurénde) miàn / I couldn't dare to say it to his ～. 我不敢当面对他说。Wǒ bùgǎn dāngmiàn duìtā shuō. **3.** 厚颜 hòuyán；厚脸皮 hòuliǎnpí：How can you have the ～ to do a thing like that? 你怎么会老着脸皮去干那种事呢？Nǐ zěnmehuì lǎozhe liǎnpí qùgàn nàzhǒng shìne? **4.** 表面 biǎomiàn；正面 zhèngmiàn：the ～ of the building 建筑物的正面 jiànzhùwùde zhèngmiàn / on the ～ of 从…的外表判断 cóng … de wàibiǎo pànduàn / put a new ～ on 使…面貌一新 shǐ…miànmào yìxīn *v.* **1.** 面对 miànduì；向 xiàng；朝 cháo：Our house ～s (to the) south. 我们的房子朝南。Wǒmende fángzi cháonán. **2.** 正视(事实等) zhèngshì (shìshí děng)；对抗 duìkàng：～ danger 冒危险 mào wēixiǎn / ～ the difficulty 应付困难 yìngfù kùnnan

face-lifting *n.* 整容术 zhěngróngshù

facet *n.* (宝石等)小平面 (bǎoshí děng)xiǎopíngmiàn；刻面 kèmiàn

facetious *a.* 戏谑的 xìxuède；好开玩笑的 hào kāiwánxiàode；挖苦的 wākude

facial *a.* 面部的 miànbùde：a ～ massage 面部按摩 miànbù ànmó *n.* 美容 měiróng

facile *a.* **1.** 轻易的 qīngyìde；不花力气的 bùhuā lìqide：a ～ victory 垂手可得的胜利 chuíshǒu-kědéde shènglì **2.** 敏捷 mǐnjié；轻快的 qīngkuàide：have a ～ tongue 能说会道 néngshuō-huìdào

facilitate *v.* **1.** 使(事情)易办 shǐ (shìqing) yìbàn：～ the work by suitable appliances 用合适的工具使工作更方便 yòng héshìde gōngjù shǐ gōngzuò gèng fāngbiàn **2.** 促进 cùjìn；推进 tuījìn

facility *n.* **1.** 便利 biànlì；设备 shèbèi；设施 shèshī：There are ample facilities for recreation in our little town. 我们小镇上有许多娱乐设施。Wǒmen xiǎozhènshang yǒu xǔduō yúlè shèshī. **2.** 敏捷 mǐnjié；熟巧 shúqiǎo：write with ～ 书写自如 shūxiě-zìrú / show ～ in performing a task 在工作中表现得很纯熟 zài gōngzuòzhōng biǎoxiànde hěn chúnshú

facing *n.* **1.** 饰面 shìmiàn **2.** 镶边 xiāngbiān * of a garment

facsimile *n.* **1.** 摹写 móxiě；影印本 yǐngyìnběn；复制画 fùzhìhuà：The inscription is produced in ～. 这题词是和原件一模一样的复制品。Zhè tící shì hé yuánjiàn yìmú-yíyàngde fùzhìpǐn. **2.** 传真 chuánzhēn：～

transmission 传真传输 chuánzhēn chuánshū

fact *n.* **1.** 事实 shìshí：It is a ～. 这是事实。Zhè shì shìshí. **2.** 实情 shíqíng；实际 shíjì：His statement is not based on ～. 他的发言不是根据事实。Tāde fāyán búshì gēnjù shìshí. / as a matter of ～ 实际上 shíjìshang / in point of ～ 事实上 shìshíshang

fact-finding *a.* 实情调查的 shíqíng diàocháde：a ～ commission 调查委员会 diàochá wěiyuánhuì

faction *n.* **1.** 宗派 zōngpài；集团 jítuán；小圈子 xiǎoquānzi：extinguish party ～s 肃清党内宗派 sùqīng dǎngnèi zōngpài **2.** 派系斗争 pàixì dòuzhēng；内讧 nèihòng：F- almost broke up the club. 内讧几乎使俱乐部解体。Nèihòng jīhū shǐ jùlèbù jiětǐ.

factious *a.* 闹宗派的 nào zōngpàide

factitious *a.* **1.** 做作的 zuòzuode；不自然的 búzìrande；虚假的 xūjiǎde：～ enthusiasm 假热心 jiǎrèxīn **2.** 人工的 réngōngde ＝ artificially made

factor *n.* **1.** 因素 yīnsù；要素 yàosù：He analyzed the various ～s. 他分析了各种因素。Tā fēnxīle gèzhǒng yīnsù. **2.** 因子 yīnzǐ；因数 yīnshù：resolution into ～s 因数分解 yīnshù fēnjiě / Three and five are ～s of fifteen. 三和五是十五的因子。Sān hé wǔ shì shíwǔde yīnzǐ.

factory *n.* 工厂 gōngchǎng：The ～ specializes in glass-making. 这家工厂专门制造玻璃。Zhèjiā gōngchǎng zhuānmén zhìzào bōlí.

factotum *n.* 勤杂工 qínzágōng

factual *a.* 事实的 shìshíde；确实的 quèshíde

faculty *n.* **1.** 才能 cáinéng；本领 běnlǐng：acquire a ～ 获得一种能力 huòdé yìzhǒng nénglì / She has a ～ of house-keeping. 她善于理家。Tā shànyú lǐjiā. **2.** 官能 guānnéng：the ～ of hearing 听觉 tīngjué **3.** 学部 xuébù；学院 xuéyuàn：the ～ of law 法学院 fǎxuéyuàn **4.** 教职员 jiàozhíyuán：members of the university ～ 大学的教员 dàxuéde jiàoyuán

fad *n.* **1.** 风尚 fēngshàng：the latest college ～ 大学中最流行的风尚 dàxuézhōng zuì liúxíngde fēngshàng **2.** 怪念头 guàiniàntou：be full of ～s and fancies 充满怪念和奇思 chōngmǎn guàiniàn hé qísī

fade *v.* **1.** 枯萎 kūwěi；凋谢 diāoxiè **2.** 褪色 tuìsè：The color ～s fast. 这颜色褪得很快。Zhè yánsè tuìde hěnkuài **3.** 衰弱 shuāiruò：She became ill and slowly ～d away. 她生了病，身体便慢慢衰弱下去。Tā shēnglebìng，shēntǐ biàn mànmàn shuāiruòxiàqù. **4.** 渐渐消失 jiànjiàn xiāoshī: The airplane ～d away in the mist. 飞机在雾中消失。Fēijī zài wùzhōng xiāoshī.

fading *n*. **1**. 凋谢 diāoxiè **2**. 褪色 tuìsè **3**. 消失 xiāoshī

faerie, faery *n*. 仙境 xiānjìng *a*. 小妖精的 xiǎoyāojingde

fag *v*. **1**. 辛勤劳苦 xīnqín-láokǔ: ～ (away) at writing a book 辛辛苦苦地写书 xīnxin-kǔkǔde xiěshū **2**. 使疲劳 shǐ píláo: This sort of work ～s me out. 这种工作干得我疲惫不堪。Zhèzhǒng gōngzuò gànde wǒ píbèi-bùkān.

fagend *n*. 末尾 mòwěi

fag(g)ot *n*. 束枝条 shù zhītiáo; 柴把 cháibǎ

Fahrenheit *a*. 华氏温度计的 huáshì wēndùjìde *n*. 华氏温度计 huáshì wēndùjì

fail *v*. **1**. 失败 shībài; 不成功 bùchénggōng: Their plans ～ed. 他们的计划都不成功。Tāmende jìhuà dōubù chénggōng. **2**. 不及格 bùjígé: He ～ed in an examination. 他考试不及格。Tā kǎoshì bùjígé. **3**. 歉收 qiànshōu: The crops ～ed. 收成不好。Shōucheng bùhǎo. **4**. 不足 bùzú; 缺乏 quēfá: The water supply has ～ed. 水的供应不足。Shuǐde gōngyìng bùzú. **5**. (健康)衰弱 (jiànkāng)shuāiruò: He is ～ing in health. 他的身体日益衰弱。Tāde shēntǐ rìyì shuāiruò. **6**. 无助于 wúzhùyú: Words ～ me. 我说也说不出。Wǒ shuō yě shuōbuchū.

failing *n*. **1**. 失败 shībài **2**. 缺点 quēdiǎn; 弱点 ruòdiǎn: His chief ～ is lack of interest. 他的主要缺点是缺乏兴趣。Tāde zhǔyào quēdiǎn shì quēfá xìngqù. / We all have our little ～s. 我们大家都有小缺点。Wǒmen dàjiā dōuyǒu xiǎo quēdiǎn.

failure *n*. **1**. 失败 shībài: F- is the mother of success. 失败是成功之母。Shībài shì chénggōng zhīmǔ. **2**. 失败者 shībàizhě; 失败经验 shībài jīngyàn: He would not resign himself to being a social ～. 他不甘心当个社会上的失败者。Tā bùgānxīn dāngge shèhuìshangde shībàizhě. **3**. 疏忽 shūhū: (a) ～ to keep a promise 违约 wéiyuē **4**. 不足 bùzú; 缺乏 quēfá: (a) ～ of crops 歉收 qiànshōu **5**. 衰退 shuāituì: the ～ of memory 记忆力的衰退 jìyìlìde shuāituì **6**. 破产 pòchǎn

faint *a*. **1**. (行动)软弱 (xíngdòng)ruǎnruò; 无力的 wúlìde: a ～ resistance 无力的抵抗 wúlìde dǐkàng **2**. (体力)微弱 (tǐlì)wēiruò; 昏晕的 hūnyùnde: feel ～ 觉得发晕 juéde fāyūn / His breathing became ～. 他

的呼吸渐渐微弱。Tāde hūxī jiànjiàn wēiruò. **3.** 模糊 móhu；暗淡 àndàn：a ~ color 淡色 dànsè / I haven't the ~est idea. 我一点儿也不知道。Wǒ yìdiǎnr yěbùzhīdào. **4.** 发昏 fāhūn；发晕 fāyūn：~ from hunger 饿得发昏 ède fāhūn *n.* 昏晕 hūnyùn；眼花 yǎnhuā：in a dead ~ 不省人事 bùxǐng-rénshì

faint-hearted *a.* 懦弱 nuòruò；胆小 dǎnxiǎo

faintly *ad.* **1.** 软弱地 ruǎnruòde；无力地 wúlìde **2.** 微弱地 wēiruòde **3.** 模糊地 móhude

fair[1] *n.* 集市 jíshì；庙会 miàohuì；义卖市场 yìmài shìchǎng：The village has a ~ once a month. 那村庄每月有一次集市。Nà cūnzhuāng měiyuè yǒu yícì jíshì. / go to the ~ 赶庙会 gǎn miàohuì；赶集 gǎnjí

fair[2] *a.* **1.** 公平 gōngpíng；公正 gōngzhèng：She is not very ~ to us. 她对我们不很公平。Tā duì wǒmen bùhěn gōngpíng. **2.** 相当好 xiāngdānghǎo；顺利 shùnlì：a ~ wind 顺风 shùnfēng / have a ~ chance of success 还算有成功的机会 háisuàn yǒu chénggōngde jīhuì **3.** 美丽的 měilìde：Her eyes were very ~. 她的眼睛很美。Tāde yǎnjing hěnměi. **4.** 晴朗 qínglǎng：~ weather 晴天 qíngtiān *ad.* **1.** 公平地 gōngpíngde；公正地 gōngzhèngde：fight ~ 堂堂正正地作战 tángtang-zhèngzhèngde zuòzhàn **2.** 正面地 zhèngmiànde：strike him ~ on the chin 正对着下巴打他 zhèngduìzhe xiàba dǎ tā **3.** 清楚地 qīngchude

fairly *ad.* **1.** 公平地 gōngpíngde **2.** 相当 xiāngdāng：~ good 相当好 xiāngdāng hǎo

fairness *n.* **1.** 公平 gōngpíng；公正 gōngzhèng：No one will question the ~ of.... 没人会怀疑…是否公正。Méirén huì huáiyí … shìfǒu gōngzhèng. **2.** 顺利 shùnlì **3.** 晴朗 qínglǎng

fairy *n.* 精灵 jīnglíng；仙人 xiānrén：a good ~ 善良的仙女 shànliángde xiānnǚ

fairyland *n.* 仙境 xiānjìng；奇境 qíjìng：This is a veritable ~. 这简直是个仙境。Zhè jiǎnzhí shìge xiānjìng.

fairy tale *n.* 童话 tónghuà；神话 shénhuà

faith *n.* **1.** 信任 xìnrèn：put (have) one's ~ in a person 信任某人 xìnrèn mǒurén / lose ~ in a person 对某人失去信任 duì mǒurén shīqù xìnrèn / pin one's ~ to 绝对相信 juéduì xiāngxìn **2.** 信念 xìnniàn；信仰

xìnyǎng：have (no) ～ in drugs (不)相信药物 (bù)xiāngxìn yàowù **3.** 信义 xìnyì；忠诚 zhōngchéng：in good (bad) ～ 善(恶)意 shàn(è) yì

faithful *a.* 忠诚的 zhōngchéngde；忠实的 zhōngshíde：He is a ～ friend. 他是一个忠实的朋友。Tā shì yíge zhōngshíde péngyou.

faithfully *ad.* 忠诚地 zhōngchéngde；忠实地 zhōngshíde

faithfulness *n.* 忠诚 zhōngchéng；忠实 zhōngshí

faithless *a.* 不忠诚的 bùzhōngchéngde；不忠实的 bùzhōngshíde

fake *v.* 伪造 wěizào；捏造 niēzào：～ up a report 伪造一份报告 wěizào yífèn bàogào / The whole story was ～d up. 整个故事都是编造的。Zhěngge gùshi dōushì biānzàode. *n.* 假货 jiǎhuò；作伪 zuòwěi；欺诈 qīzhà；欺诈者 qīzhàzhě *a.* 伪造的 wěizàode；假 jiǎ

falchion *n.* 偃月刀 yǎnyuèdāo

falconer *n.* 放鹰猎人 fàngyīng lièrén

falconry *n.* 鹰猎 yīngliè；猎鹰训练术 lièyīng xùnliànshù

Falkland Islands *n.* 福克兰群岛 Fúkèlán (Falkland) Qúndǎo

fall *v.* **1.** 落下 lùoxià；跌落 diēluò；降落 jiàngluò：The rain ～s. 下雨了。Xiàyǔle. / The temperature has ～en. 气温降低了。Qìwēn jiàngdīle. **2.** 降临 jiànglín；落到 luòdào：Night ～s. 天黑了 Tiānhēile. **3.** 下垂 xiàchuí；向下 xiàngxià：His hair ～s over her shoulders. 她的头发垂在肩上。Tāde tóufa chuízài jiānshang. **4.** 消沉 xiāochén；低落 dīluò：The river ～s in the dry season. 在旱季时河水低落。Zài hànjìshí héshuǐ dīluò. **5.** 跌倒 diēdǎo；堕落 duòluò：He was tempted but did not ～. 他受了诱惑总算没有堕落。Tā shòule yòuhuò zǒngsuàn méiyǒu duòluò. **6.** 变成 biànchéng；陷于 xiànyú：～ ill 生起病来 shēngqǐ bìnglái / ～ asleep 睡着 shuìzháo / ～ in love with a girl 爱上一个姑娘 àishàng yíge gūniang // ～ across 碰见 pèngjiàn / ～ away 疏远 shūyuǎn；削弱 xuēruò；消瘦 xiāoshòu / ～ back 退却 tuìquè / ～ for 受骗 shòupiàn / ～ in 下陷 xiàxiàn / ～ into 陷入 xiànrù；开始 kāishǐ / ～ in with 碰见 pèngjiàn；跟…一致 gēn…yízhì / ～ off 落 luò；减少 jiǎnshǎo；疏远 shūyuǎn / ～ on 攻击 gōngjī / ～ out 争吵 zhēngchǎo / ～ over 从…落下 cóng…luòxià / ～ through 归于失败 guīyú shībài / ～ to 开始 kāishǐ // ～ under 受到 shòudào *n.* **1.** 跌落 diēluò；降落 jiàngluò：a ～ in prices 物价的下降 wùjiàde xiàjiàng **2.** 灭亡 mièwáng:

the ～ of the Roman Empire 罗马帝国的灭亡 Luómǎ Dìguóde mièwáng 3. 瀑布 pùbù 4. 秋季（＝autumn）qiūjì

fallacious *a.* 谬误的 miùwùde

fallacy *n.* 1. 谬论 miùlùn 2. 谬误 miùwù

fallible *a.* 易犯错误的 yìfàn cuòwùde：All men are ～. 人人会犯错误。Rénrén huìfàn cuòwù.

fall-out *n.*（原子物理）散落（yuánzǐ wùlǐ）sǎnluò；放射性微粒 fàngshèxìng wēilì：radioactive ～ 放射性尘埃 fàngshèxìng chén'āi

fallow *a.* 1. 休闲的 xiūxiánde：～ crops 休闲作物 xiūxián zuòwù / lie ～ 休闲 xiūxián 2. 淡黄色的 dànhuángsède *n.* 休闲地 xiūxiándì

false *a.* 1. 假的 jiǎde；不真实 bùzhēnshí；错误的 cuòwùde：The report is utterly ～. 这一报告毫无真实之处。Zhèyī bàogào háowú zhēnshí zhīchù. / a ～ image 假象 jiǎxiàng 2. 虚伪 xūwěi；不老实 bùlǎoshi：a ～ charge 诬告 wūgào / a ～ friend 无信义的朋友 wú xìnyìde péngyou 3. 假造的 jiǎzàode：～ teeth 假牙 jiǎyá / ～ hair 假发 jiǎfà

falsehood *n.* 1. 谎言 huǎngyán：tell a ～ 说谎 shuōhuǎng / utter ～ 谎话连篇 huǎnghuà-liánpiān 2. 虚假 xūjiǎ

falseness *n.* 1. 虚伪(性) xūwěi(xìng) 2. 欺诈 qīzhà

falsetto *n.* 假声 jiǎshēng *a.* 用假声的 yòng jiǎshēngde

falsification *n.* 伪造 wěizào；窜改 cuàngǎi；弄虚作假 nòngxū-zuòjiǎ：The ～ of the will was not detected until three months later. 三个月以后才发现这份遗嘱遭到窜改。Sāngeyuè yǐhòu cái fāxiàn zhèfèn yízhǔ zāodào cuàngǎi.

falsify *v.* 1. 伪造 wěizào；假造 jiǎzào；窜改 cuàngǎi：～ records 伪造记录 wěizàojìlù / ～ the receipts 窜改收据 cuàngǎi shōujù 2. 曲解 qūjiě

falsity *n.* 1. 虚伪 xūwěi 2. 欺骗行为 qīpiàn xíngwéi

falter *v.* 1. 蹒跚 pánshān：The old man ～ed up the path. 老人沿着小径蹒跚而行。Lǎorén yánzhe xiǎojìng pánshān érxíng. 2. 支吾 zhīwu；结巴 jiēba：At last the prisoner ～ed out his story. 那囚犯终于支支吾吾地讲出事情的原委。Nà qiúfàn zhōngyú zhīzhi-wūwūde jiǎngchū shìqingde yuánwěi.

fame *n.* 名声 míngshēng；名望 míngwàng：He has achieved worldwide ～. 他已世界闻名。Tā yǐ shìjiè wénmíng.

famed *a.* 有名的 yǒumíngde；出名的 chūmíngde：be ～ for 以…出名 yǐ

… chūmíng

familiar *a.* **1.** 熟悉的 shúxīde；常见的 chángjiànde；惯用的 guànyòngde：～ face 熟悉的脸 shúxīde liǎn / His name is ～ in the country. 他的名字是全国周知的。Tāde míngzi shì quánguó zhōuzhīde. **2.** 了解的 liǎojiěde：I am ～ with his character. 我很了解他的性格。Wǒ hěn liǎojiě tāde xìnggé.

familiarity *n.* **1.** 熟悉 shúxī；通晓 tōngxiǎo **2.** 亲近 qīnjìn：attempt ～ with sb. 设法和某人亲近 shèfǎ hé mǒurén qīnjìn / He received us with ～. 他亲热地接待了我们。Tā qīnrède jiēdàile wǒmen. **3.** 放肆的行为 fàngsìde xíngwéi；不拘礼节的举动 bùjū lǐjiéde jǔdòng：resent the familiarities of a stranger 对陌生人不拘礼节感到恼火 duì mòshēngrén bùjū lǐjié gǎndào nǎohuǒ

familiarize *v.* 使…熟悉 shǐ…shúxī：be sufficiently ～d with 对…有足够的理解 duì…yǒu zúgòude lǐjiě / ～ oneself with a foreign language 熟悉外国语 shúxī wàiguóyǔ

family *n.* **1.** 家庭 jiātíng；家族 jiāzú：His ～ is going to move. 他的家就要迁居了。Tāde jiā jiùyào qiānjūle. **2.** 儿女 érnǚ：Have you any ～？你有儿女吗？Nǐ yǒu érnǚma？**3.** 一族 yìzú **4.** 门第 méndì；名门 míngmén：a man of (good) ～ 世家子弟 shìjiā zǐdì **5.** 系 xì；属 shǔ；科 kē：languages of the Mongolian ～ 蒙古语族的语言 Měnggǔyǔzúde yǔyán

famine *n.* **1.** 饥荒 jīhuāng：A ～ broke forth. 发生了饥荒。Fāshēngle jīhuāng. / He died of ～. 他死于饥荒。Tā sǐyú jīhuāng. **2.** 极度缺乏 jídù quēfá：a ～ of petrol 汽油奇缺 qìyóu qíquē

famish *v.* 饥饿 jī'è；使…饥饿 shǐ…jī'è：I'm ～ing. 我饿得很。Wǒède hěn. / The child looked half ～ed. 那孩子看来很饿。Nà háizi kànlái hěn'è.

famous *a.* **1.** 著名的 zhùmíngde；有名的 yǒumíngde：He is rather ～ as a speech-maker. 他做为一个演说家是相当有名的。Tā zuòwéi yíge yǎnshuōjiā shì xiāngdāng yǒumíngde. **2.** 挺好 tǐnghǎo：have a ～ appetite 胃口挺好 wèikǒu tǐnghǎo

famously *ad.* 挺好 tǐnghǎo：get on ～ with one's work 工作搞得挺出色 gōngzuò gǎode tǐng chūsè

fan *n.* **1.** 扇子 shànzi；扇状物 shànzhuàngwù：a blast ～ 鼓风机 gǔfēngjī / a ceiling ～ 吊扇 diàoshàn / an electric ～ 电风扇 diàofēngshàn / The peacock unfurled his magnificent ～. 孔雀开屏。Kǒngquè kāipíng. **2.** 狂热爱好者 kuángrè àihàozhě：My husband is a hot sports ～. 我的丈夫是一个狂热的运动迷。Wǒde zhàngfu shì yíge kuángrède yùndòngmí. *v.* **1.** 扇 shān；扇动 shāndòng：～ away flies 扇走苍蝇 shānzǒu cāngying **2.** 激起 jīqǐ；煽动 shāndòng：He ～ned the Lower House into a blaze of resentment. 他激起了下院的愤怒。Tā jīqǐle Xiàyuànde fènnù.

fanatic *n.* 狂热者 kuángrèzhě；盲信者 mángxìnzhě；入迷者 rùmízhě：food ～s 偏食者 piānshízhě / fresh-air ～s 盲信新鲜空气者 mángxìn xīnxiān kōngqìzhě / Mr. Beal is a ～ on chess. 比尔先生是一个国际象棋狂。Bǐ'ěr (Beal) xiānsheng shì yíge guójì xiàngqíkuáng.

fanatic(al) *a.* 盲信的 mángxìnde；狂热的 kuángrède；入迷的 rùmíde

fanaticism *n.* 盲目狂热 mángmù kuángrè；盲信 mángxìn：religious ～ 宗教狂热 zōngjiào kuángrè / an act of revolutionary ～ 狂热的革命举动 kuángrède gémìng jǔdòng

fancier *n.* 玩赏家 wánshǎngjiā；饲养者 sìyǎngzhě：an art ～ 艺术迷 yìshùmí / a bird ～ 养鸟迷 yǎngniǎomí

fanciful *a.* **1.** 爱空想的 ài kōngxiǎngde **2.** 幻想的 huànxiǎngde

fancy *n.* **1.** 想象力 xiǎngxiànglì：want (lack) ～ 缺乏想象力 quēfá xiǎngxiànglì / The poet allows his ～ to roam at large. 那位诗人听凭自己的想象自由遨翔。Nàwèi shīrén tīngpíng zìjǐde xiǎngxiàng zìyóu áoxiáng. **2.** 幻想 huànxiǎng：Dragons are creatures of Chinese ～. 龙是中国人幻想出来的动物。Lóng shì Zhōngguórén huànxiǎng chūláide dòngwù. **3.** 爱好 àihào；嗜好 shìhào：a thing after one's ～ 如意的东西 rúyìde dōngxi / catch the ～ of 迎合…的爱好 yínghé…de àihào *a.* **1.** 幻想的 huànxiǎngde；空想的 kōngxiǎngde：a ～ picture 想象画 xiǎngxiànghuà **2.** 装饰的 zhuāngshìde；花样的 huāyàngde：a ～(-dress) ball 化装舞会 huàzhuāng wǔhuì / ～ goods 杂货 záhuò **3.** 异常 yìcháng：a ～ price 高价 gāojià *v.* **1.** 想象 xiǎngxiàng；设想 shèxiǎng：F- his doing a thing like that! 试想他竟干出那样的事情来! Shìxiǎng tā jìng gànchū nàyàngde shìqing lái. **2.** 以为 yǐwéi：I rather ～

that he won't come. 我总以为他不会来。Wǒ zǒng yǐwéi tā búhuì lái. **3.** 喜欢 xǐhuan；爱好 àihào：What do you ～ for your dinner? 晚餐你喜欢吃什么？Wǎncān nǐ xǐhuan chī shénme?

fanfare *n.* **1.** 吹奏 chuīzòu **2.** 炫耀 xuànyào

fang *n.* **1.** （犬、狼）尖牙（quǎn、láng）jiānyá；（蛇）毒牙（shé）dúyá **2.** 牙根 yágēn（= root of tooth）

fantastic(al) *a.* **1.** 幻想的 huànxiǎngde；异想天开的 yìxiǎng-tiānkāide **2.** 奇异的 qíyìde：～ shapes 奇形怪状 qíxíng-guàizhuàng **3.** 荒唐的 huāngtángde

fantasy *n.* **1.** 幻想 huànxiǎng **2.** 幻想的产物 huànxiǎngde chǎnwù

far *a.* **1.** （时间上、空间上）远（shíjiānshang、kōngjiānshang）yuǎn；遥远 yáoyuǎn：a ～ country 遥远的国家 yáoyuǎnde guójiā **2.** （二者之中）远方的（èrzhě zhīzhōng）yuǎnfāngde；那一边的 nàyìbiānde：the ～ side of the hill 山的那一边 shānde nàyìbiān *ad.* **1.** （时间上，空间上）远（shíjiānshang，kōngjiānshang）yuǎn：～ beyond the sea 远在海外 yuǎnzài hǎiwài **2.** 向远方 xiàng yuǎnfāng：How ～ did you go? 你走得多远？Nǐ zǒude duōyuǎn? **3.** …得多 …deduō：～ larger 大得多 dàde duō // as ～ as 至远 zhìyuǎn；尽 jìn：as ～ as I know 就我所知 jiù wǒ suǒzhī / ～ and away 远远 yuǎnyuǎn / ～ and near 远近 yuǎnjìn / ～ and wide 广远 guǎngyuǎn / ～ away 在遥远的地方 zài yáoyuǎnde dìfang / ～ from 远离 yuǎnlí / so ～ 到目前为止 dào mùqián wéizhǐ / (in) so ～ as 在…的范围内 zài … de fànwéinèi / so ～ … as 只要…就 … zhǐyào…jiù… / so ～ … as to 非常…以致… fēicháng…yǐzhì…

faraway *a.* **1.** 远方的 yuǎnfāngde；久远的 jiǔyuǎnde **2.** 朦胧的 ménglóngde；恍惚的 huǎnghūde：a ～ look 恍恍惚惚的神气 huǎnghuang-hūhūde shénqì

farce *n.* **1.** 闹剧 nàojù **2.** 荒唐事 huāngtángshì

fare *n.* **1.** 车费 chēfèi；船费 chuánfèi：a tram ～ 电车费 diànchēfèi / All ～s please! 请买票！Qǐng mǎipiào! **2.** 乘客 chéngkè：The taxi driver carried his ～ to a wrong address. 出租汽车司机把乘客送错了地方。Chūzū qìchē sījī bǎ chéngkè sòngcuòle dìfang. **3.** 伙食 huǒshí = food and drink：good ～ 好菜 hǎocài / a bill of ～ 菜单 càidān *v.* **1.** 吃 chī：We ～d badly at the hotel. 我们在那家旅馆吃得很差。Wǒmen zài nàjiā lǚguǎn chīde hěnchà. **2.** 生活 shēnghuó；过日子 guòrìzi：How are you faring in Beijing？你在北京生活过得如何？Nǐ zài Běijīng shēnghuó guòde rúhé？**3.** 进展 jìnzhǎn：He ～d well in his business. 他生意做得不坏。Tā shēngyi zuòde búhuài.

farewell *int.* 再见 zàijiàn ＝ good-bye *n.* 告别 gàobié：bid a person ～ 向某人辞行 xiàng mǒurén cíxíng / make one's ～ 告别 gàobié / a ～ meeting 欢送会 huānsòng huì

far-fetched *a.* 牵强的 qiānqiǎngde：a ～ analogy 牵强附会 qiānqiǎng fùhuì

farm *n.* **1.** 农场 nóngchǎng；农庄 nóngzhuāng：This state ～ was established in 1953. 这个国营农场是一九五三年建立的。Zhège guóyíng nóngchǎng shì yījiǔwǔsān nián jiànlìde. **2.** 寄养场所 jìyǎng chǎngsuǒ：a baby ～ 育婴院 yùyīngyuàn / a chicken ～ 养鸡场 yǎngjīchǎng *v.* **1.** 耕作 gēngzuò：～ for the whole life 种一辈子田 zhòng yíbèizi tián **2.** 寄养 jìyǎng：～ out a baby with sb. 把婴儿托给别人 bǎ yīng'ér tuōgěi biérén

farmer *n.* **1.** 农夫 nóngfū；农庄主 nóngzhuāngzhǔ **2.** 栽培者 zāipéizhě；饲养者 sìyǎngzhě：His father is a tobacco ～. 他父亲是种植烟草的农民。Tā fùqin shì zhòngzhí yāncǎode nóngmín.

farm-hand *n.* 雇农 gùnóng；长工 chánggōng

farmhouse *n.* 农舍 nóngshè

farming *n.* 农业 nóngyè；耕作 gēngzuò：This is not a good region for ～. 这并不是一个适宜耕作的地区。Zhè bìngbúshì yíge shìyí gēngzuòde dìqū.

farmyard *n.* 农场空地 nóngchǎng kòngdì；场院 chángyuàn

far-off *a.* 遥远的 yáoyuǎnde；远方的 yuǎnfāngde

far-reaching *a.* 影响深远的 yǐngxiǎng shēnyuǎnde：～ designs 远大计划 yuǎndà jìhuà

far-seeing *a.* 目光远大的 mùguāng yuǎndàde；有先见之明的 yǒu xiānjiàn-zhīmíngde

far-sighted *a.* **1.** 远视的 yuǎnshìde **2.** 有远见的 yǒuyuǎnjiànde

farther *ad.* **1.** 较远 jiàoyuǎn；更远 gèngyuǎn：I can't go ～. 我再也走不动了。Wǒ zàiyě zǒubudòngle. / He lives ～ on. 他住在前面。Tā zhùzài qiánmian. **2.** 更进一步 gèng jìnyíbù ＝ further *a.* **1** 较远的

jiàoyuǎnde：the ～ side of the hill 山的那一边 shānde nàyìbiān 2. 更后一些的 gèng hòuyìxiēde ＝ further

farthermost *a.* 最远的 zuìyuǎnde

farthest *a.* 最远的 zuìyuǎnde：at the ～ 最迟 zuìchí；至多 zhìduō *ad.* 最远 zuìyuǎn

fascinate *v.* 使…迷惑 shǐ…míhuo；强烈地吸引住 qiángliède xīyǐnzhù：He was ～d with her beauty. 他被她的美貌迷住了。Tā bèi tāde měimào mízhùle.

fascinating *a.* 迷人的 mírénde

fascination *n.* 1. 迷惑 míhuo；感染性 gǎnrǎnxìng 2. 魅力 mèilì：Brian has a ～ for girls. 布莱恩使女孩子们着迷。Bùlái'ēn（Brian）shǐ nǚháizimen zháomí.

Fascism，fascism *n.* 法西斯主义 Fǎxīsīzhǔyì

fashion *n.* 1. 风气 fēngqì；时式 shíshì；时髦 shímáo：The latest ～ shoes 最时新的鞋子 zuì shíxīnde xiézi / He is the ～. 他是红人。Tā shì hóngrén. 2. 上层社会 shàngcéng shèhuì：people of ～ 时髦人物 shímáo rénwù 3. 派头 pàitóu；方式 fāngshì；方法 fāngfǎ：the ～ of one's speech 讲话方式 jiǎnghuà fāngshì *v.* 制做 zhìzuò；形成 xíngchéng：～ a vase from clay ＝ ～ clay into a vase 用泥土来造花瓶 yòng nítǔ lái zào huāpíng

fashionable *a.* 流行的 liúxíngde；时髦的 shímáode：～ clothes 流行时装 liúxíng shízhuāng / a ～ style 流行型 liúxíngxíng

fashionably *ad.* 时髦地 shímáode；流行地 liúxíngde：～ dressed 装扮入时地 zhuāngbàn rùshíde

fast¹ *v.* & *n.* 绝食 juéshí；斋戒 zhāijiè；禁食 jìnshí：a ～ of three days 斋戒三日 zhāijiè sānrì / break one's ～ 开斋 kāizhāi / ～ day 斋日（斋期）zhāirì（zhāiqī）

fast² *a.* 1. 紧 jǐn；牢 láo；牢固的 láogùde：make the boat ～ 将船拴牢 jiāng chuán shuānláo / The door is ～. 门紧闭。Mén jǐnbì. / take (a) ～ hold of 紧紧握住 jǐnjǐn wòzhù 2. 快的 kuàide；迅速的 xùnsùde：a ～ train 快车 kuàichē / My watch is ten minutes ～. 我的表快十分钟。Wǒde biǎo kuài shífēnzhōng. 3. 忠实 zhōngshí；可靠 kěkào：a ～ friend 忠实的朋友 zhōngshíde péngyou 4. 耐久的 nàijiǔde；不褪色的

bútuìsède：a ～ color 不褪的颜色 bútuìde yánsè **5**. 放荡 fàngdàng：lead a ～ life 过放荡生活 guò fàngdàng shēnghuó *ad*. **1**. 牢固地 láogùde：stand ～ 立稳 lìwěn / F- bind，～ find. 锁得牢，丢不了。Suǒde láo，diūbuliǎo. **2**. 快地 kuàide：run ～ 跑得快 pǎode kuài **3**. 放荡地 fàngdàngde // play (at) ～ and loose 出尔反尔 chū'ěr-fǎn'ěr；反复无常 fǎnfù-wúcháng

fasten *v*. **1**. 扣紧 kòujǐn；结牢 jiéláo；关牢 guānláo；钉牢 dīngláo：～ a horse to a tree 把马拴在树上 bǎ mǎ shuānzài shùshang / ～ a picture on the wall 把画钉在墙上 bǎ huà dīngzài qiángshang / The door won't ～. 这门关不牢。Zhèmén guānbuláo. **2**. 扣 kòu：～ buttons 扣扣子 kòu kòuzi **3**. 加(罪) jiā (zuì)：～ a crime on a person 加罪于某人 jiāzuì yú mǒurén

fastener *n*. 扣件 kòujiàn；钩扣 gōukòu；铜钉 tóngdīng：a paper ～ 书钉 shūdīng / a slide (zip) ～ 拉链 lāliàn

fastening *n*. **1**. 扣紧 kòujǐn；紧固 jǐngù **2**. 扣拴物 kòushuānwù

fastidious *a*. 爱挑剔的 àitiāotide；苛求的 kēqiúde；讲究的 jiǎngjiude：be ～ about one's food 挑食 tiāoshí

fastness *n*. **1**. 紧固 jǐngù；不褪色 bú tuìsè；坚固 jiāngù **2**. 城堡 chéngbǎo；要塞 yàosài

fat *a*. **1**. 肥的 féide；肥胖的 féipàngde；多脂肪的 duō zhīfángde：a ～ man 胖子 pàngzi / ～ meat 肥肉 féiròu / get ～ 长胖 zhǎngpàng；发福 fāfú **2**. 厚的 hòude；丰满的 fēngmǎnde；好处多的 hǎochu duōde：a ～ book 一本厚书 yìběn hòushū / a ～ job 肥缺 féiquē **3**. 肥沃的 féiwòde：～ lands 肥沃的土地 féiwòde tǔdì *n*. 脂肪 zhīfáng；肥肉 féiròu；(食用的)动物油 (shíyòngde) dòngwùyóu / live on the ～ of the land 过着奢侈的生活 guòzhe shēchǐde shēnghuó / The ～ is in the fire. 闯祸了。Chuǎnghuòle.

fatal *a*. **1**. 致命的 zhìmìngde；不幸的 búxìngde：a ～ accident 惨祸 cǎnhuò / a ～ wound 致命伤 zhìmìngshāng / a ～ disease 不治之症 búzhì zhīzhèng **2**. 宿命的 sùmìngde；命中注定的 mìngzhōng-zhùdìngde：the ～ day 决定性的一日 juédìngxìngde yírì

fatalist *n*. 宿命论者 sùmìnglùnzhě

fatality *n*. **1**. 宿命 sùmìng；命运 mìngyùn **2**. 灾难 zāinàn；灾祸 zāihuò

3. 死亡(事故) sǐwáng(shìgù): fatalities number more than ten 死亡者达十人以上 sǐwángzhě dá shírén yǐshàng 4. 致命性 zhìmìngxìng: the ～ of this disease 这种疾病的致命性 zhèzhǒng jíbìngde zhìmìngxìng

fatally *ad.* 致命地 zhìmìngde; 悲惨地 bēicǎnde; 注定地 zhùdìngde: ～ injured 受致命伤的 shòu zhìmìngshāngde

fate *n.* 1. 命运 mìngyùn; 宿命 sùmìng: I don't believe in ～. 我不相信命运。Wǒ bùxiāngxìn mìngyùn. / as sure as ～ 必定 bìdìng 2. 厄运 èyùn; 毁灭 huǐmiè: to meet one's ～ 死 sǐ / go to one's ～ 送死 sòngsǐ / decide a person's ～ 决定某人的命运 juédìng mǒurénde mìngyùn 3. the (three) Fates (希腊神话) 命运三女神 (Xīlà shénhuà) mìngyùn sān nǚshén

fated *a.* 命运已定的 mìngyùn yǐdìngde: You and I are ～ to meet. 你我命中注定要见面。Nǐ wǒ mìngzhōng zhùdìng yào jiànmiàn.

fateful *a.* 1. 命运攸关的 mìngyùn yōuguānde; 关系重大的 guānxì zhòngdàde; 决定性的 juédìngxìngde: a ～ decision 关系重大的决定 guānxì zhòngdàde juédìng / these ～ events 这些重大的事件 zhèxiē zhòngdàde shìjiàn 2. 预言的 yùyánde

father *n.* 1. 父亲 fùqin: be like a ～ to sb. 象一位父亲一样对待某人 xiàng yíwèi fùqin yíyàng duìdài mǒurén / The wish is ～ to the thought. 愿望为思想之父。Yuànwàng wéi sīxiǎng zhīfù. 2. 祖先 zǔxiān 3. 神父 shénfù * in Catholic church: the Holy F- 罗马教皇 Luómǎ Jiàohuáng 4. F- Christmas 圣诞老人 Shèngdàn lǎorén; F- Time 时间老人 shíjiān lǎorén 5. 奠基人 diànjīrén; 倡导者 chàngdǎozhě: the pilgrim F-s 美国的开国先驱 Měiguóde kāiguó xiānqū / Chaucer, the F- of English poetry 乔塞 (英诗之鼻祖) Qiáosài (Yīngshī zhī bízǔ)

fatherhood *n.* 父亲身份 fùqin shēnfen; 父道 fùdào; 父权 fùquán

father-in-law *n.* 岳父 yuèfù; 丈人 zhàngren

fatherland *n.* 祖国 zǔguó

fatherless *a.* 无父的 wúfùde; 丧父的 sàngfùde

fatherly *a.* 父亲的 fùqinde; 似父亲的 sì fùqinde; 慈爱的 cí'àide: a ～ old doctor 慈爱的老医生 cí'àide lǎo yīshēng

fathom *n.* 㖊 xún: The ship sank in six ～s. 该船沉没六㖊深处。Gāi chuán chénmò liùxún shēnchù. *v.* 1. 测出…之深度 cèchū … zhī shēndù 2. 推测 tuīcè; 领悟 lǐngwù: I cannot ～ his meaning. 我不能领

会他的意思。Wǒ bùnéng lǐnghuì tāde yìsi.

fathometer *n.* 水深计 shuǐshēnjì

fathomless *a.* 深不可测的 shēnbù kěcède；无法了解的 wúfǎ liǎojiěde：～ depths 万丈深渊 wànzhàng-shēnyuān / ～ mystery 无法理解的奥秘 wúfǎ lǐjiěde àomì

fatigue *n.* **1.** 疲劳 píláo；劳累 láolèi；疲乏 pífá：Several men dropped with ～. 有几个人因疲劳而倒下。Yǒu jǐge rén yīn píláo ér dǎoxià. **2.** 杂役 záyì；辛苦工作 xīnkǔ gōngzuò：to be on ～ duty 担任勤务 dānrèn qínwù *v.* 使…疲劳 shǐ…píláo：feel ～d 感到疲劳 gǎndào píláo / be ～d with work 做工作做得疲劳 zuò gōngzuò zuòde píláo

fatness *n.* 肥胖 féipàng；肥沃 féiwò

fatten *v.* **1.** 养肥 yǎngféi：You need ～ing up. 你需要长胖一点。Nǐ xūyào zhǎngpàng yìdiǎn. **2.** 使肥沃 shǐ féiwò

fatty *a.* 脂肪的 zhīfángde：～ acid 脂肪酸 zhīfángsuān / ～ bacon 油腻的腌肉 yóunìde yānròu *n.* 胖子 pàngzi

fatuous *a.* **1.** 愚昧的 yúmèide；昏庸的 hūnyōngde：a ～ remark 愚蠢的话 yúchǔnde huà **2.** 虚幻的 xūhuànde

faucet *n.* 水龙头 shuǐlóngtóu

fault *n.* **1.** 缺点 quēdiǎn；毛病 máobìng；缺陷 quēxiàn：merits and ～s 优点和缺点 yōudiǎn hé quēdiǎn / a grave ～ 严重的缺点 yánzhòngde quēdiǎn / find ～ with 抱怨 bàoyuàn；对某人吹毛求疵 duì mǒurén chuīmáo-qiúcī / My memory was at ～. 我记错了。Wǒ jì cuòle. **2.** 错误 cuòwù：a ～ of grammar 语法错误 yǔfǎ cuòwù/ commit a ～ 犯错误 fàncuòwù **3.** 过失 guòshī；过错 guòcuò；咎 jiù：Whose ～ is it? 谁的过错？Shéide guòcuò? / be in ～ 该负责任 gāi fù zérèn **4.** 断层 duàncéng * geology *v.* 找人缺点 zhǎo rén quēdiǎn；挑剔 tiāoti

faultfinder *n.* 吹毛求疵者 chuīmáo-qiúcīzhě

faultfinding *n.* & *a.* 吹毛求疵(的) chuīmáo-qiúcī(de)；挑剔(的) tiāoti (de)

faultless *a.* 无过失的 wúguòshīde；完善的 wánshànde

faulty *a.* 有过失的 yǒuguòshīde；多缺点的 duō quēdiǎnde：a ～ wire 有毛病的电线 yǒu máobìngde diànxiàn / ～ reasoning 错误的推论 cuòwùde tuīlùn

fauna *n.* 动物群 dòngwùqún：the ～ of north China 华北的动物

Huábĕide dòngwù

favo(u)r *n.* **1.** 好意 hǎoyì；欢心 huānxīn：win a person's ～ 得人欢心 dérén huānxīn / be in ～ with a person 受某人宠爱 shǒu mǒurén chǒng'ài / be out of a person's ～ 失宠于某人 shīchǒng yú mǒurén **2.** 赞成 zànchéng：in ～ of one's plan 赞成某人的计划 zànchéng mǒurénde jìhuà **3.** 帮助 bāngzhù；支持 zhīchí：Will you do me a ～？您愿意给我帮帮忙吗？Nín yuànyì gěi wǒ bāngbāngmángma？/ by ～ of 烦请…转交 fánqǐng…zhuǎnjiāo **4.** 偏爱 piān'ài：treat a person with ～ 待人偏爱 dài rén piān'ài / without fear or ～ 大公无私 dàgōng-wúsī **5.** 装饰物 zhuāngshìwù；纪念品 jìniànpǐn *v.* **1.** 赞成 zànchéng；支持 zhīchí：～ the new policy 赞成新政策 zànchéng xīn zhèngcè **2.** 优惠 yōuhuì：most ～ed nation clause 最惠国条款 zuìhuìguó tiáokuǎn **3.** 赐给 cìgěi；给予 jǐyǔ：Please ～ me with an interview. 请您接见我。Qǐng nín jiējiàn wǒ. **4.** 便于 biànyú；有利于 yǒulìyú：The weather ～ed our voyage. 天气使我们航行顺利。Tiānqì shǐ wǒmen hángxíng shùnlì. **5.** 像 xiàng：The child ～s its father. 这孩子长得象父亲。Zhè háizi zhǎngde xiàng fùqin.

favo(u)rable *a.* **1.** 好意的 hǎoyìde；赞成的 zànchéngde；嘉许的 jiāxǔde：a ～ comment 好评 hǎopíng / be ～ to a scheme 赞成某项计划 zànchéng mǒuxiàng jìhuà **2.** 顺利的 shùnlìde；有利的 yǒulìde：～ wind 顺风 shùnfēng *ad.* favo(u)rably 好意地 hǎoyìde

favo(u)ring *a.* 顺利的 shùnlìde

favo(u)rite *n.* **1.** 最喜爱的东西 zuì xǐ'àide dōngxi；最喜爱(中意)的人 zuì xǐ'ài(zhòngyì)de rén：He is a ～ with his uncle. 他是他伯父最喜爱的人。Tā shì tā bófù zuì xǐ'àide rén. **2.** 宠儿 chǒng'ér；得宠者 déchǒngzhě *a.* 喜爱的 xǐ'àide；最中意的 zuì zhòngyìde：one's ～ author 最喜爱的作家 zuì xǐ'àide zuòjiā

favo(u)ritism *n.* 偏袒 piāntǎn；偏爱 piān'ài

fawn[1] *n.* 小鹿 xiǎolù *a.* 淡黄色 dànhuángsè

fawn[2] *v.* **1.** 摇尾乞怜 yáowěi qǐlián ＊ exhibit affection **2.** 奉承 fèngcheng；巴结 bājie：～ upon a rich or powerful person 奉承有钱或有势的人 fèngcheng yǒuqián huò yǒushìde rén

fay *n.* 小妖灵 xiǎoyāolíng；小仙女 xiǎoxiānnǚ

fear *n.* **1.** 恐惧 kǒngjù；害怕 hàipà；惊恐 jīngkǒng：He was overcome with ～. 他吓坏了。Tā xiàhuàile. / have a ～ of failing 担心失败 dānxīn shībài / No ～! 不怕! Búpà! / The boy dare not enter for ～ of the dog. 孩子因怕狗不敢进去。Háizi yīn pà gǒu bùgǎn jìnqù. **2.** 担忧 dānyōu; 忧虑 yōulǜ: He is in ～ of his life. 他为他的生命担忧。Tā wèi tāde shēngmìng dānyōu. **3.** 敬畏 jìngwèi: the ～ of God 对上帝的敬畏 duì Shàngdìde jìngwèi *v.* 恐怕 kǒngpà; 害怕 hàipà; 担忧 dānyōu: I ～ I am late. 我怕晚到。Wǒ pà wǎndào. / He doesn't ～ to die. 他不怕死。Tā búpà sǐ. / "Is he going to die?" "I ～ so." "他会死吗?" "恐怕会的。" "Tā huì sǐma?" "Kǒngpà huìde." / Never ～! 千万别怕! Qiānwàn biépà!

fearful *a.* 吓人的 xiàrénde; 可怕的 kěpàde; 可怖的 kěbùde: a ～ accident 可怕的事故 kěpàde shìgù / What a ～ mess! 简直是一塌糊涂! Jiǎnzhí shì yìtā-hútu!

fearless *a.* 不怕的 búpàde: be ～ of danger 不怕危险 búpà wēixiǎn / ～ of the consequences 不计后果 bújì hòuguǒ

fearsome *a.* **1.** 可怕的 kěpàde; 面目可憎的 miànmù kězēngde: a ～ apparition 狰狞的幽灵 zhēngníngde yōulíng **2.** 胆小的 dǎnxiǎode

feasibility *n.* 可行性 kěxíngxìng; 可行 kěxíng

feasible *a.* **1.** 可行的 kěxíngde; 可做到的 kězuòdàode; 可能的 kěnéngde **2.** 合理的 hélǐde: His story sounds ～. 他的故事可能是真的。Tāde gùshi kěnéng shi zhēnde.

feast *n.* **1.** (大)宴会 (dà)yànhuì; 大吃大喝 dàchī-dàhē **2.** 节日 jiérì; 节期 jiéqī * of religion: the F- of Lanterns 元宵节 Yuánxiāojié * in China **3.** 欢乐 huānlè; 享乐 xiǎnglè *v.* **1.** 设宴 shèyàn; 款宴 kuǎnyàn: ～ one's friends 款宴朋友 kuǎiyàn péngyou / ～ away the night 通宵宴饮 tōngxiāo yànyǐn **2.** 使…欢乐 shǐ…huānlè; 取乐 qǔlè: ～ one's eyes on beautiful scenes 饱赏美景 bǎoshǎng měijǐng

feat *n.* 功绩 gōngjī; 武艺 wǔyì; 技艺 jìyì; 伟绩 wěijī: brilliant ～s of engineering 工程上的伟绩 gōngchéngshangde wěijī

feather *n.* 羽毛 yǔmáo: as light as a ～ 轻如鸿毛 qīngrú-hóngmáo; 很轻 hěnqīng / a ～ bed 安乐的境遇 ānlède jìngyù / birds of a ～ 同类的人 tónglèide rén; 一丘之貉 yìqiū-zhīhé / show the white ～ 示弱 shìruò; 胆怯 dǎnqiè / be in high ～ 精神饱满 jīngshén-bǎomǎn *v.* 用羽毛装饰 yòng yǔmáo zhuāngshì: ～ one's nest 肥(饱)私囊 féi(bǎo) sīnáng

feathery *a*. **1**. 长着羽毛的 zhǎngzhe yǔmáode **2**. 如羽毛的 rúyǔmáode；轻薄的 qīngbóde：～ snow 鹅毛般的雪片 émáobānde xuěpiàn

feature *n*. **1**. 面貌的一部分 miànmàode yí bùfen：Her eyes are her best ～. 她容貌最好的部分是眼睛。Tā róngmào zuìhǎode bùfen shì yǎnjing. **2**. 容貌 róngmào；面貌 miànmào；相貌 xiàngmào：a man of handsome ～s 美貌的男子 měimàode nánzǐ **3**. 特色 tèsè；特征 tèzhēng：the geographical ～s of a district 这个地区的地理特征 zhège dìqūde dìlǐ tèzhēng **4**. 特写 tèxiě；特辑 tèjí；特制品 tèzhìpǐn：a ～ film 故事影片 gùshi yǐngpiàn；艺术片 yìshùpiàn *v*. 使…有特色 shǐ…yǒu tèsè；由…主演 yóu…zhǔyǎn：a film featuring Charlie Chaplin 由卓别林主演的电影 yóu Zhuóbiélín (Charlie Chaplin) zhǔyǎnde diànyǐng

February *n*. 二月 Èryuè：a ～ morning 二月清晨 Èryuè qīngchén

fecund *a*. 多产的 duōchǎnde；肥沃的 féiwòde：a ～ fruit tree 多产的果树 duōchǎnde guǒshù

federal *a*. **1**. 联邦的 liánbāngde；联邦制的 liánbāngzhìde：Switzerland is a ～ republic. 瑞士是联邦共和国。Ruìshì shì liánbāng gònghéguó. **2**. 美国联邦政府的 Měiguó liánbāng zhèngfǔde：the F- Government (of the U. S.) / F- officers 美国中央机关公务人员 Měiguó zhōngyāng jīguān gōngwù rényuán

federalist *n*. 联邦主义者 liánbāngzhǔyìzhě；拥护联邦主义者 yōnghù liánbāngzhǔyìzhě

federate *v*. 联合 liánhé；使…联合 shǐ…liánhé；结成联盟 jiéchéng liánméng

federation *n*. **1**. 联邦 liánbāng；联合 liánhé **2**. 联盟 liánméng；同盟 tóngméng；联合会 liánhéhuì：the World F- of Democratic Youth 世界民主青年联盟 Shìjiè Mínzhǔ Qīngnián Liánméng **3**. 联邦政府 liánbāng zhèngfǔ

fee *n*. **1**. 酬金 chóujīn；公费 gōngfèi；手续费 shǒuxùfèi；学费 xuéfèi；会费 huìfèi：a doctor's ～ 医生诊费 yīshēng zhěnfèi / school ～s 学费 xuéfèi **2**. to hold in ～ 永远继承 yǒngyuǎn jìchéng；世袭 shìxí

feeble *a*. **1**. 软弱的 ruǎnruòde；虚弱的 xūruòde；无力的 wúlìde：a ～ man 虚弱的老人 xūruòde lǎorén / a ～ cry (argument) 低弱的呼喊（无力的议论）dīruòde hūhǎn (wúlìde yìlùn) / a ～ mind 薄弱的意志

bóruòde yìzhì **2.** 愚蠢的 yúchǔnde；傻的 shǎde；糊涂的 hútude：a ～ suggestion 糊涂的建议 hútude jiànyì

feeble-minded *a.* 意志薄弱的 yìzhì bóruòde；低能的 dīnéngde

feebly *ad.* 软弱地 ruǎnruòde；微弱的 wēiruòde

feed *v.* **1.** 喂(养) wèi(yǎng)；饲(养) sì (yǎng)：～ a child with milk 用牛奶喂孩子 yòng niúnǎi wèi háizi / ～ chicken 喂鸡 wèijī / ～ oneself 自己吃东西 zìjǐ chī dōngxi **2.** 食 shí；吃 chī：The cows are ～ing in meadows. 牛在草地上吃草。Niú zài cǎodìshang chīcǎo. *n.* **1.** (一)餐 (yì) cān；(一)顿 (yí) dùn：How many ～s a day does the camel get? 骆驼一天吃几顿？Luòtuo yìtiān chī jǐdùn？**2.** 饲料 sìliào

feeder *n.* **1.** 饲养员 sìyǎngyuán **2.** 进料器 jìnliàoqì ＊ the machine **3.** 支线 zhīxiàn ＊ of railway

feel *v.* **1.** 触 chù；摸 mō；试探 shìtàn：～ the pulse 按(摸)脉 àn (mō) mài / ～ one's way 摸索前进 mōsuǒ qiánjìn / ～ about in the dark 黑暗中摸索 hēi'ànzhōng mōsuǒ **2.** 觉得 juéde；感到 gǎndào；意识到 yìshídào：～ pain (delight) 觉得痛苦(高兴) juéde tòngkǔ (gāoxìng) / ～ cold 觉得冷 juéde lěng / ～ better 觉得好些 juéde hǎoxiē / ～ like (doing) 想要(做) xiǎngyào (zuò) **3.** 认为 rènwéi；以为 yǐwéi：I ～ it is my duty to do so. 我认为我这样做是我的责任。Wǒ rènwéi wǒ zhèyàng zuò shì wǒde zérèn. **4.** 摸起来 mōqǐlái：Velvet ～s soft. 天鹅绒摸起来柔软。Tiān'é róng mōqǐlái róuruǎn.

feeler *n.* **1.** 触角 chùjiǎo；触须 chùxū **2.** 试探 shìtàn；试探者 shìtànzhě：a peace ～ 和平试探者 hépíng shìtànzhě / throw out a ～ 作试探性的建议 zuò shìtànxìngde jiànyì

feeling *n.* **1.** 感觉 gǎnjué；知觉 zhījué：He had lost all ～ in his legs. 他的双腿失去了知觉。Tāde shuāngtuǐ shīqùle zhījué. **2.** 情感 qínggǎn；情绪 qíngxù；心情 xīnqíng：a ～ of hunger (well-being, discomfort, gratitude, joy) 饥饿(幸福、不舒服、感激、快乐)的感觉，jī'è (xìngfú、bùshūfu、gǎnjī、kuàilè)de gǎnjué / I have a ～ that he is still alive. 我总觉得他还活着。Wǒ zǒng juéde tā hái huózhe. **3.** 感情 gǎnqíng：You've hurt her ～s. 你伤了她的感情。Nǐ shāngle tāde gǎnqíng. **4.** 同情 tóngqíng；了解 liǎojiě：He doesn't show much ～ for the sufferings of others. 他对别人的痛苦不表同情。Tā duì biérénde tòngkǔ bùbiǎo tóngqíng. / a woman of ～ 富有同情心的女子 fùyǒu tóngqíngxīnde nǚzǐ

/ good ～ 好感 hǎogǎn / ill ～ 恶感 ègǎn **5.** 兴奋 xīngfèn；愤慨 fènkǎi：His speech aroused strong ～s on all sides. 他的演说激起各方面强烈的愤慨。Tāde yǎnshuō jīqǐ gèfāngmiàn qiángliède fènkǎi. **6.** 鉴赏力 jiànshǎnglì；感受力 gǎnshòulì：He hasn't much ～ for natural beauty. 他对自然界的美缺少鉴赏力。Tā duì zìránjiède měi quēshǎo jiànshǎnglì. *a.* 有同情心的 yǒu tóngqíngxīnde：a ～ remark 动人的话 dòngrénde huà

feign *v.* **1.** 假装 jiǎzhuāng：～ illness (indifference, death) 装病(佯装不关心、诈死) zhuāngbìng (yángzhuāng bùguānxīn、zhàsǐ) / ～ oneself mad 装疯 zhuāngfēng **2.** 虚构 xūgòu：～ an excuse 捏造一藉口 niēzào yī jièkǒu

feint *n.* **1.** 假托 jiǎtuō；假装 jiǎzhuāng：make a ～ of reading 装作读书 zhuāngzuò dúshū **2.** 声东击西 shēngdōng-jīxī *v.* 佯攻 yánggōng：He ～ed (at me) with his left. 他用左拳佯击我。Tā yòng zuǒquán yángjī wǒ.

felicitate *v.* 庆贺 qìnghè；祝贺 zhùhè；道贺 dàohè：Allow me to ～ you upon the birth of your daughter. 让我祝贺你女儿的诞生。Ràng wǒ zhùhè nǐ nǚ'érde dànshēng.

felicitous *a.* 中肯的 zhòngkěnde；恰当的 qiàdàngde = appropriate

felicity *n.* **1.** 幸福 xìngfú；福气 fúqì **2.** 巧妙 qiǎomiào：express oneself with ～ 巧妙地表达自己的意思 qiǎomiàode biǎodá zìjǐde yìsi **3.** 精选的措辞 jīngxuǎnde cuòcí：felicities of one's style 文体的精选的措辞 wéntǐde jīngxuǎnde cuòcí

feline *a.* 猫的 māode；似猫的 sìmāode：walk with ～ grace 轻巧地行走 qīngqiǎode xíngzǒu

fell[1] *n.* 皮 pí；毛皮 máopí = animal's hide

fell[2] *a.* 凶猛的 xiōngměngde；残忍的 cánrěnde；可怕的 kěpàde：a ～ disease 可怕的疾病 kěpàde jíbìng / with one ～ blow 以猛烈的一击 yǐ měngliède yījī

fell[3] *v.* **1.** 打倒 dǎdǎo：He ～ed his enemy with a single blow. 他一拳将他的敌人打倒了。Tā yìquán jiāng tāde dírén dǎdǎole. **2.** 砍倒 kǎndǎo：～ trees 伐木 fámù；砍树 kǎnshù

fellow *n.* **1.** 小伙子 xiǎohuǒzi；人 rén；家伙 jiāhuo；朋友 péngyou：a very pleasant ～ 怪有趣的人 guài yǒuqùde rén / poor ～ 可怜的家伙 kěliánde jiāhuo / my dear ～ 老兄 lǎoxiōng；老朋友 lǎopéngyou **2.** 同伴 tóngbàn；同事 tóngshì；同辈 tóngbèi：～s in good fortune（misery）幸运（患难）时的同伴 xìngyùn（huànnàn）shíde tóngbàn / We were ～s at school. 我们以前是同学。Wǒmen yǐqián shì tóngxué. / ～ in trade 同行 tóngháng **3.** 学会特别会员 xuéhuì tèbié huìyuán：research ～ 研究员 yánjiūyuán *a.* 同类的 tónglèide：a ～ creature 同类 tónglèi / a ～ soldier 战友 zhànyǒu / a ～ traveler 旅伴 lǚbàn；同路人 tónglùrén

fellow-countryman *n.* 同胞 tóngbāo；同国人 tóngguórén

fellowship *n.* **1.** 交情 jiāoqing；友谊 yǒuyì；友爱 yǒu'ài：～ in misfortune 患难之交 huànnàn-zhījiāo **2.** 联谊会 liányìhuì * association **3.** 奖学金 jiǎngxuéjīn = financial grant for student

felon *n.* 重犯 zhòngfàn

felonious *a.* 重罪的 zhòngzuìde

felony *n.* 重罪 zhòngzuì * law：Murder is a ～. 杀人是一种重罪。Shārén shì yìzhǒng zhòngzuì.

felspar *n.* 长石 chángshí * mineral

felt *n.* 毡 zhān：a ～ hat 毡帽 zhānmào

female *a.* **1.** 女（性）的 nǚ（xìng）de：the ～ sex 女性 nǚxìng / ～ education 女子教育 nǚzǐ jiàoyù **2.** 妇女的 fùnǚde：～ suffrage 妇女参政权 fùnǚ cānzhèngquán

feminine *a.* **1.** 女性的 nǚxìngde；女人气的 nǚrénqìde：～ beauty 女性美 nǚxìngměi / ～ pursuits and hobbies 妇女的事业和嗜好 fùnǚde shìyè hé shìhào **2.** 阴性的 yīnxìngde：～ nouns and pronouns 阴性的名词和代名词 yīnxìngde míngcí hé dàimíngcí

femininity *n.* 女性气质 nǚxìng qìzhì

feminism *n.* 男女平等主义 nánnǚ píngděngzhǔyì；女权运动 nǚquán yùndòng

feminist *n.* 女权运动者 nǚquán yùndòngzhě；男女平等主义者 nánnǚ píngděngzhǔyìzhě

femur *n.* 股骨 gǔgǔ * antomy

fen *n.* 沼泽 zhǎozé

fence *n.* 围栏 wéilán；篱笆 líba：sit on the ～ 骑墙 qíqiáng；保持中立 bǎochí zhōnglì / come down on one side ～ 支持一方 zhīchí yìfāng *v.*

1. 围以栅栏(篱笆) wéiyǐ zhàlan(líba): The land is ～d in. 这块土地是用栅栏围着的。Zhèkuài tǔdì shì yòng zhàlan wéizhede. **2.** 击剑 jījiàn * sport **3.** 避免 bìmiǎn: ～ with a question 避答一问题 bìdá yī wèntí * avoid

fencer *n.* 击剑运动员 jījiàn yùndòngyuán

fencing *n.* 击剑(术) jījiàn(shù); 击剑 jījiàn

fend *v.* **1.** 躲开 duǒkāi; 闪避 shǎnbì: ～ off a blow 挡开一击 dǎngkāi yījī **2.** 供给 gōngjǐ; 抚养 fǔyǎng; 照顾 zhàogù: Tom had to ～ for himself when his father died. 汤姆的父亲死后,他必须自己谋生。Tāngmǔ (Tom)de fùqin sǐhòu, tā bìxū zìjǐ móushēng.

fender *n.* **1.** 保护板 bǎohùbǎn; 挡板 dǎngbǎn * of a vehicle **2.** 护冲器 hùchōngqì **3.** 火炉栏杆 huǒlú lángān = screen in front of a fireplace

fennel *n.* 茴香 huíxiāng * plant

fermata *n.* 延长号 yánchánghào * of music

ferment *v.* **1.** 使发酵 shǐ fājiào: Fruit juices ～ if they are kept for a long time. 果汁放置时间长了会发酵。Guǒzhī fàngzhì shíjiān chángle huì fājiào. **2.** 激动 jīdòng; 骚扰 sāorǎo: His speech ～ed troubles. 他的演讲引起骚乱。Tāde yǎnjiǎng yǐnqǐ sāoluàn. *n.* **1.** 酵素 jiàosù; 发酵酶 fājiàoméi **2.** 激动 jīdòng: be in a ～ 在动荡中 zài dòngdàngzhōng

fermentation *n.* **1.** 发酵 fājiào **2.** 激动 jīdòng; 动荡 dòngdàng

fermium *n.* 镄 fèi * in chemistry

fern *n.* 蕨类植物 juélèi zhíwù; 羊齿 yángchǐ

ferocious *a.* **1.** 凶猛 xiōngměng; 残酷 cánkù **2.** 猛烈 měngliè: ～ heat 酷暑 kùshǔ

ferocity *n.* **1.** 凶猛 xiōngměng; 残酷 cánkù **2.** 暴行 bàoxíng

ferret *n.* 白鼬 báiyòu; 雪貂 xuědiāo * animal: hunt with ～s 用雪貂行猎 yòng xuědiāo xíngliè *v.* 搜索 sōusuǒ; 侦察 zhēnchá: ～ out a secret 侦察一秘密 zhēnchá yí mìmì

ferro-concrete *n.* 钢筋混凝土 gāngjīn hùnníngtǔ

ferrous *a.* 铁的 tiěde: ～ chloride ($FeCl_2$) 氯化亚铁 lǜhuàyàtiě

ferrule *n.* 箍(套圈) gū (tàoquān)

ferry *n.* 渡船 dùchuán = ～ boat; 渡口 dùkǒu *v.* 摆渡 bǎidù: ～ people (a boat) across a river 渡人(小船)过河 dùrén(xiǎochuán) guòhé

ferryman *n.* 渡船夫 dùchuánfū; 摆渡工人 bǎidù gōngrén

fertile *a.* **1.** 肥沃的 féiwòde；多产的 duōchǎnde；有才智的 yǒu cáizhìde ＊referring to people：～ fields (soil) 肥沃的田地(土壤) féiwòde tiándì (tǔrǎng) / a ～ imagination 丰富的想象力 fēngfùde xiǎngxiànglì **2.** 能生育的 néng shēngyùde；能孵的 néngfūde：The young of a horse and a donkey is not ～. 马和驴配种的后代不能生育。Mǎ hé lǘ pèizhǒngde hòudài bùnéng shēngyù.

fertility *n.* 肥力 féilì；肥沃 féiwò；多产 duōchǎn；丰富 fēngfù

fertilization *n.* 施肥 shīféi = applying fertilizer；受精 shòujīng ＊ of reproduction

fertilize *v.* 使…肥沃 shǐ…féiwò；使丰富 shǐ … fēngfù：～ flowers 使花受粉 shǐ huā shòufěn

fertilizer *n.* 肥料 féiliào：Bone meal and nitrates are common ～s. 骨粉和硝酸盐是普通的肥料。Gǔfěn hé xiāosuānyán shì pǔtōngde féiliào.

fervent *a.* **1.** 热的 rède；白热的 báirède **2.** 热烈的 rèliède；热情的 rèqíngde：～ love (hatred) 热烈的爱(恨) rèliède ài (hèn) / a ～ desire to win 强烈获胜的欲望 qiángliè huòshèngde yùwàng

fervid *a.* 热烈的 rèliède；热情奔放的 rèqíng-bēnfàngde；热心的 rèxīnde：a ～ orator 激昂的演说者 jī'ángde yǎnshuōzhě / ～ loyalty 赤胆忠心 chìdǎn-zhōngxīn

fervo(u)r *n.* 热情 rèqíng；热烈 rèliè；热心 rèxīn：religious ～ 宗教的热情 zōngjiàode rèqíng

festal *a.* 节日的 jiérìde；欢乐的 huānlède：a ～ occasion 欢乐的场合 huānlède chǎnghé / ～ music 欢乐的音乐 huānlède yīnyuè

fester *v.* **1.** 使…化脓 shǐ… huànóng；使…溃烂 shǐ … kuìlàn：If the cut gets dirty, it will probably ～. 如果伤口弄脏了,可能会化脓。Rúguǒ shāngkǒu nòngzāngle, kěnéng huì huànóng. **2.** 使痛苦 shǐ tòngkǔ ＊ (fig)：The insult ～ed in his mind. 这侮辱使他心中痛苦。Zhè wǔrǔ shǐ tā xīnzhōng tòngkǔ.

festival *n.* 节日 jiérì；喜庆日 xǐqìngrì；庆祝 qìngzhù：the Spring F- 春节 chūnjié / Christmas and Easter are church ～s. 圣诞节和复活节是教会的节日。Shèngdànjié hé Fùhuójié shì jiàohuìde jiérì. / a pop ～ 流行歌曲演唱节 liúxíng gēqǔ yǎnchàngjié

festive *a.* 欢乐的 huānlède：a ～ season 欢乐的季节 huānlède jìjié / the ～ board 宴席 yànxí

festivity *n.* **1.** 喜庆 xǐqìng；欢乐 huānlè **2.** 庆典 qìngdiǎn：wedding festivities 结婚庆典 jiéhūn qìngdiǎn

festoon *n.* 花彩 huācǎi；垂花饰 chuíhuāshì *v.* 结成花彩 jiéchéng huācǎi：a room ～ed with Christmas decorations 饰有圣诞花彩的房间 shìyǒu shèngdàn huācǎide fángjiān

fetch *v.* **1.** 拿来 nálái；取来 qǔlái；请来 qǐnglái；带来 dàilái：～ a doctor 请医生来 qǐng yīshēng lái / F- me the book. 把那本书给我拿来。Bǎ nàběn shū gěi wǒ nálái. / I'll come over and ～ you. 我将过去接你。Wǒ jiāng guòqù jiē nǐ. **2.** 卖得 màidé；售得 shòudé：～ a good price 卖得好价钱 màidé hǎo jiàqian **3.** 使…发出 shǐ … fāchū；使(泪、水)流出 shǐ(lèi、shuǐ)liúchū：～ a sigh 叹一口气 tàn yìkǒu qì / ～ tears from the eyes 使眼泪流出 shǐ yǎnlèi liúchū；催人泪下 cuīrén lèixià

fetching *a.* 动人的 dòngrénde；迷人的 mírénde：What a ～ little hat! 多么漂亮的一顶小帽子！Duōme piàoliangde yìdǐng xiǎo màozi! / What a ～ smile! 多么迷人的一笑！Duōme mírénde yíxiào!

fête, fete *n.* 节日 jiérì；庆祝日 qìngzhùrì：the village ～ 村民游乐会 cūnmín yóulèhuì / ～ day 命名日 mìngmíngrì *v.* 欢宴 huānyàn；款待 kuǎndài；热烈欢迎 rèliè huānyíng：The hero was ～d. 那英雄受到热烈欢迎。Nà yīngxióng shòudào rèliè huānyíng.

fetid *a.* 臭的 chòude；发恶臭的 fā èchòude：～ breath 恶臭气息 èchòu qìxī

fetish *n.* 偶像 ǒuxiàng；盲目崇拜物 mángmù chóngbàiwù：Some women make a ～ of clothes. 有些妇女过分注意衣服。Yǒuxiē fùnǚ guòfèn zhùyì yīfu.

fetishism *n.* **1.** 拜物教 bàiwùjiào **2.** 物恋 wùliàn * in psychology

fetishist *n.* & *a.* 拜物教徒 bàiwù jiàotú：a tribe of ～s 拜物部落 bàiwù bùluò / a ～ religion 拜物教 bàiwùjiào

fetlock *n.* 距毛 jùmáo * of a horse

fetten *n.* **1.** 脚镣 jiǎoliào **2.** 束缚 shùfù；羁绊 jībàn：to escape from the ～s of marriage 逃避婚姻的束缚 táobì hūnyīnde shùfù *v.* 拘束 jūshù：～ed by responsibility 受到责任的束缚 shòudào zérènde shùfù

fettle *n.* (生理、心理)状态 (shēnglǐ、xīnlǐ) zhuàngtài：in fine (good) ～ 身体健壮 shēntǐ jiànzhuàng；精神奕奕 jīngshén-yìyì

feud *n.* 不和 bùhé；世仇 shìchóu：at ～ with 与…有仇或不和 yǔ …

yǒuchóu huò bùhé

feudal *a.* 封建的 fēngjiànde：the ～ age 封建时代 fēngjiàn shídài / the ～ law 封建法 fēngjiànfǎ

feudalism *n.* 封建制度 fēngjiànzhìdù

feuilleton *n.* (报纸)文艺栏 (bàozhǐ)wényìlán

fever *n.* **1.** 发热 fārè；发烧 fāshāo；热度 rèdù：Has he any ～？他发烧没有？Tā fāshāo méiyǒu？/ He has a high ～. 他发高烧。Tā fā gāoshāo. / be in a ～ 在发烧 zài fāshāo / He hasn't much ～. 他不怎么烧。Tā bù zěnme shāo. **2.** 热病 rèbìng：yellow (typhoid，rheumatic) ～ 黄热病(伤寒病、风湿病) huángrèbìng (shānghánbìng、fēngshībìng) **3.** 兴奋 xīngfèn；激昂 jī'áng：in a ～ of impatience 极度暴躁 jídù bàozào

fevered *a.* 发烧的 fāshāode；激动的 jīdòngde：～ imagination 狂热的想象 kuángrède xiǎngxiàng

feverish *a.* 发烧的 fāshāode；害热病的 hài rèbìngde：in a ～ condition 在发热状态中 zài fārè zhuàngtàizhōng / ～ dreams 发烧引起的梦 fāshāo yǐnqǐde mèng

few *a.* & *n.* **1.** 不多 bùduō；很少 hěnshǎo：F- people live to be 100 and ～er still live to be 110. 很少人活到一百岁，活到一百一十岁的人则更少了。Hěnshǎorén huódào yìbǎi suì，huódào yìbǎiyīshí suìde rén zé gèngshǎole. / a man of ～ words 沉默寡言的人 chénmò-guǎyánde rén **2.** 几个 jǐge；两三个的 liǎngsāngede：I have a ～ friends. 我有几个朋友。Wǒyǒu jǐge péngyou. / no ～er than 不下于 búxiàyú：There were no ～er than fifty people present. 出席者不下五十人。Chūxízhě búxià wǔshí rén. / quite a ～ = a good ～ 好几个 hǎojǐge / a very ～ 极少数 jíshǎoshù / the ～ 少数 shǎoshù；少数人 shǎoshùrén

fez *n.* 土耳其帽 Tǔ'ěrqímào；红毡帽 hóngzhānmào

fiance *n.* 未婚夫 wèihūnfū

fiancee *n.* 未婚妻 wèihūnqī

fiasco *n.* 垮台 kuǎtái；惨败 cǎnbài

fiat *n.* 命令 mìnglìng；法令 fǎlìng

fib *n.* 谎话 huǎnghuà；小谎 xiǎohuǎng：to tell ～s 撒小谎 sāxiǎohuǎng *v.* 撒小谎 sāxiǎohuǎng

fiber *n.* **1.** 纤维 xiānwéi；纤维质 xiānwéizhì：hemp ～ 大麻纤维 dàmá xiānwéi / cotton ～ 棉花纤维 miánhua xiānwéi **2.** 结构 jiégòu；品性

pǐnxìng: material of coarse ～ 粗劣的料子 cūliède liàozi / a person of strong moral ～ 品格坚强的人 pǐngé jiānqiángde rén

fiberglass *n.* 纤维玻璃 xiānwéibōlí

fibrin *n.* 纤维蛋白 xiānwéidànbái * biochemistry

fibrous *a.* 纤维的 xiānwéide; 纤维质的 xiānwéizhìde

fickle *a.* 易变的 yìbiànde; 多变的 duōbiànde: ～ fortune 变化无常的命运 biànhuà wúchángde mìngyùn / a ～ lover 情意不专的爱人 qíngyì bùzhuānde àirén

fiction *n.* **1.** 小说 xiǎoshuō: works of ～ 小说作品 xiǎoshuō zuòpǐn **2.** 虚构的事物 xūgòude shìwù * fabricated thing: His account of the crime was a complete ～. 他所讲的那件罪行完全是虚构的。Tā suǒjiǎngde nàjiàn zuìxíng wánquán shì xūgòude.

fictitious *a.* **1.** 虚构的 xūgòude; 编造的 biānzàode: 杜撰的 dùzhuànde: ～ characters 虚构的人物 xūgòude rénwù / under a ～ name 用假名 yòng jiǎmíng **2.** 空头的 kōngtóude * in business: ～ transactions 买空卖空 mǎikōngmàikōng

fiddle *n.* 提琴 tíqín: Can you play the ～? 你会拉小提琴吗? Nǐ huìlā xiǎotíqínma? / play first ～ 奏第一小提琴 zòu dì-yī xiǎotíqín; 坐第一把交椅 zuò dì-yī bǎ jiāoyǐ / as fit as a ～ 身体健壮 shēntǐ jiànzhuàng *v.* **1.** 拉提琴 lātíqín **2.** 玩弄 wánnòng **3.** 虚度时光 xūdù shíguāng; 耽误 dānwu: Stop fiddling! 别再耽误了! Bié zài dānwule! **4.** 虚报 xūbào: to ～ one's income tax 虚报所得税 xūbào suǒdéshuì

fiddler *n.* 提琴师 tíqínshī

fiddlestick *n.* **1.** 琴弓 qíngōng **2.** 无聊事 wúliáoshì: F-s! 废话! Fèihuà! 胡说! Húshuō! * nonsense

fidelity *n.* **1.** 忠诚 zhōngchéng; 忠贞 zhōngzhēn: ～ to the Party 对党的忠诚 duì dǎngde zhōngchéng / ～ to one's wife 对妻子忠贞 duì qīzi zhōngzhēn **2.** 正确 zhèngquè; 精确 jīngquè: high ～ 高保真度 gāobǎo zhēndù

fidget *n.* **1.** 不安 bù'ān; 烦燥 fánzào: have the ～s 心神不安 xīnshén bù'ān; 局促不安 júcù bù'ān **2.** 坐立不安的人 zuòlì-bù'ānde rén: What a ～ you are! 你真是个坐立不安的人! Nǐ zhēnshìge zuòlì-bù'ānde rén! *v.* 坐立不安 zuòlì-bù'ān: Hurry up, your father's beginning to ～. 赶快,你父亲开始不耐烦了。Gǎnkuài, nǐfùqin kāishǐ búnàifánle. / Stop

~ing！不要坐立不安！Búyào zuòlì-bù'ān！

fidgety *a.* 心神不安的 xīnshén-bù'ānde；烦燥的 fánzàode：feeling more and more ~ 愈来愈感到烦燥 yùláiyù gǎndào fánzào

fiduciary *a.* **1.** 信托的 xìntuōde；信用的 xìnyòngde：a ~ loan 信用贷款 xìnyòng dàikuǎn **2.** 信用发行的 xìnyòng fāxíngde

fie *int.* 咄！Duō！；呸！Pēi！：F- upon you，you ought to be ashamed！呸！真不要脸！Pēi！Zhēn búyàoliǎn！

field[1] *n.* **1.** 原野 yuányě：flowers in the ~ 野花 yěhuā / play in the ~ 郊游 jiāoyóu **2.** 田地 tiándì；田野 tiányě：a wheat ~ 麦田 màitián / work in the ~s 下地干活 xiàdì gànhuó / ~ care 田间管理 tiánjiān guǎnlǐ **3.** 工场 gōngchǎng；现场 xiànchǎng；…场 … chǎng：a flying ~ 飞机场 fēijīchǎng / a baseball ~ 棒球场 bàngqiúchǎng **4.** 矿田 kuàngtián；产地 chǎndì：gold ~s 金矿产地 jīnkuàng chǎndì / an oil ~ 油田 yóutián / a coal ~ 煤田 méitián **5.** 范围 fànwéi；界 jiè：the ~ of science 科学领域 kēxué lǐngyù / the ~ of vision 视野 shìyě；眼界 yǎnjiè **6.** 战场 zhànchǎng：on the battle ~ 在战场上 zài zhànchǎngshang / be in the ~ 在参战 zàicānzhàn

field[2] *v.* 接 jiē；截 jié；守 shǒu * in cricket and baseball：He ~ed the ball smartly. 他很巧妙地把球接住了。Tā hěn qiǎomiàode bǎ qiú jiēzhùle. / He ~s well. 他截球技术很好。Tā jiéqiú jìshù hěnhǎo.

fieldday *n.* 野外演习日 yěwài yǎnxírì；重大日期 zhòngdà rìqī

fielder *n.* 外野 wàiyě；外场员 wàichǎngyuán * in baseball game

field-event *n.* 田赛项目 tiánsài xiàngmù

field-glass *n.* (双筒)望远镜 (shuāngtǒng)wàngyuǎnjìng

field-gun *n.* 野战炮 yězhànpào

field-hand *n.* 耕作者 gēngzuòzhě；农业工人 nóngyè gōngrén

field-hospital *n.* 野战医院 yězhàn yīyuàn

field marshal，Field Marshal *n.* 陆军元帅 lùjūn yuánshuài

field-mouse *n.* 田鼠 tiánshǔ；野鼠 yěshǔ

fiend *n.* **1.** 恶魔 èmó；穷凶极恶的人 qióngxiōng-jí'ède rén **2.** …狂 … kuáng；…迷 …mí：a fresh-air ~喜欢户外活动的人 xǐhuan hùwài huódòngde rén / a film ~ 电影迷 diànyǐngmí

fiendish *a.* 魔鬼似的 móguǐshìde；极凶的 jíxiōngde；残酷地 cánkùde：

treat sb. with ～ cruelty 凶残地对待某人 xiōngcánde duìdài mǒurén / to have a ～ temper 很凶的脾气 hěnxiōngde píqi

fierce *a.* **1.** 凶猛的 xiōngměngde；残忍的 cánrěnde；愤怒的 fènnùde：～ dogs 凶犬 xiōngquǎn **2.** 激烈的 jīliède：a ～ speech 激昂的演说 jī'ángde yǎnshuō **3.** 强烈的 qiángliède：a ～ wind 强风 qiángfēng

fiery *a.* **1.** 火的 huǒde；燃烧的 ránshāode；似火的 sìhuǒde：a ～ sky 火红的天空 huǒhóngde tiānkōng / ～ eyes 喷着怒火的眼睛 pēnzhe nùhuǒde yǎnjing **2.** 暴躁的 bàozàode；激昂的 jī'ángde：the ～ spirits of the young soldiers 年轻战士激昂的精神 niánqīng zhànshì jī'ángde jīngshén

fife *n.* 横笛 héngdí；短笛 duǎndí

FIFO, fifo *n.* ＝ First in, first out 先进先出 xiānjìn xiānchū ＊ in accounting

fifteen *num.* 十五 shíwǔ；橄榄球队 gǎnlǎnqiúduì ＊ of American football

fifteenth *num.* **1.** 第十五 dì-shíwǔ；15日 shíwǔ rì **2.** 十五分之一(的) shíwǔ fēn zhīyī(de)

fifth *num.* **1.** 第五 dì-wǔ；第5日 dì-wǔ rì：～ column 第五纵队 dì-wǔ zòngduì **2.** 五分之一(的) wǔfēn zhīyīde：three ～s 五分之三 wǔfēn zhīsān

fiftieth *num.* **1.** 第五十 dì-wǔshí **2.** 五十分之一(的) wǔshí fēn zhīyī(de)

fifty *num.* 五十 wǔshí：～-one 五十一 wǔshíyī / in the fifties 在五十年代 zài wǔshí niándài / go ～-～ with, on a ～-～ basis 与…平分 yǔ… píngfēn；平摊 píngtān

fig *n.* **1.** 无花果 wúhuāguǒ；无花果树 wúhuāguǒshù **2.** a ～ 少许 shǎoxǔ；一些 yìxiē：not care a ～ 毫不介意 háobù-jièyì / A ～ for this! 这算什么! Zhè suàn shénme!

fight *v.* **1.** 打仗 dǎzhàng；作战 zuòzhàn；战斗 zhàndòu；斗争 dòuzhēng：～ against difficulties 同困难作斗争 tóng kùnnan zuò dòuzhēng / ～ for one's country 为祖国而战斗 wèi zǔguó ér zhàndòu **2.** 打架 dǎjià；打斗 dǎdòu；争论 zhēnglùn：Paul and Charles are ～ing over Mary. 保罗和查理为玛丽在打架。Bǎoluó hé Chálǐ wèi Mǎlì zài dǎjià. **3.** 打 dǎ；与…作战 yǔ…zuòzhàn：～ the fire 救火 jiùhuǒ / ～ disease 与疾病作斗争 yǔ jíbìng zuò dòuzhēng / ～ it out 打个明白 dǎge míngbai / ～ shy of 躲避 duǒbì *n.* **1.** 战斗 zhàndòu；斗争 dòuzhēng **2.** 打架 dǎjià **3.** 斗志

dòuzhì: show ～ 斗志昂扬 dòuzhì-ángyáng

fighter *n.* **1.** 战士 zhànshì **2.** 战斗机 zhàndòujī = a combat airplane

fighting *n.* 战斗 zhàndòu; 斗争 dòuzhēng: a street ～ 街头战 jiētóuzhàn *a.* 战斗的 zhàndòude; 好战的 hàozhànde: a ～ plane 战斗机 zhàndòujī

figment *n.* 虚构 xūgòu; 想象物 xiǎngxiàngwù

figurative *a.* **1.** 比喻的 bǐyùde; 借喻的 jièyùde **2.** 象征的 xiàngzhēngde

figure[1] *n.* **1.** 形状 xíngzhuàng; 形态 xíngtài: be round in ～ 呈圆形 chéng yuánxíng **2.** 图形 túxíng; 图像 túxiàng; 插图 chātú: geometrical ～s 几何图形 jǐhé túxíng / ～s of flowers and birds 花鸟图案 huāniǎo tú'àn **3.** 身段 shēnduàn; 姿态 zītài: She has a good ～. 她的身段很好。Tāde shēnduàn hěnhǎo. / cut a ～ 放异彩 fàng yìcǎi **4.** 人物 rénwù: the ～s of the age 当代杰出人物 dāngdài jiéchū rénwù **5.** 人像 rénxiàng: a ～ in marble 大理石雕像 dàlǐshí diāoxiàng **6.** 数字 shùzì; 数值 shùzhí; 价格 jiàgé: two (three, four) ～s 十位(百位、千位)数 shíwèi (bǎiwèi、qiānwèi) shù / be good at ～s 算术好 suànshù hǎo / buy … at a low (high) ～ 低(高)价购买 dī (gāo) jià gòumǎi **7.** ～ of speech 修辞格 xiūcígé; 比喻 bǐyù

figure[2] *v.* **1.** 计算 jìsuàn: ～ in 算入 suànrù / ～ out 算出 suànchū **2.** 出现 chūxiàn; 扮演 bànyǎn; 露头角 lù tóujiǎo: men who ～ in history 名留千史的人物 míngliú qiānshǐde rénwù **3.** 理解 lǐjiě **4.** ～ on sth. 料想 liàoxiǎng; 指望 zhǐwang: They ～d on your arrival early. 他们预料你会早到。Tāmen yùliào nǐ huì zǎodào.

figured *a.* **1.** 有花纹的 yǒu huāwénde; 带图案的 dài tú'ànde: ～ satin 花缎 huāduàn **2.** 形象的 xíngxiàngde **3.** 图示的 túshìde; 图解的 tújiěde

figurehead *n.* **1.** 船头人像 chuántóu rénxiàng * of a ship **2.** 傀儡 kuǐlěi; 挂名领导 guàmíng lǐngdǎo

filament *n.* **1.** 细丝 xìsī; 丝状体 sīzhuàngtǐ **2.** 灯丝 dēngsī: a ～ lamp 电灯 diàndēng = electric lamp

filature *n.* **1.** 缫丝 sāosī **2.** 缫丝机 sāosījī = the machine that reels silk off the cocoon **3.** 缫丝厂 sāosīchǎng * the workshop

filbert *n.* 榛子 zhēnzi; 榛树 zhēnshù

filch *v.* 偷 tōu; 窃取 qièqǔ = steal

file[1] *n.* **1.** 文件夹 wénjiànjiā; 卷宗 juànzōng **2.** 合订本 hédìngběn: a ～ of the *People's Daily* 人民日报合订本 Rénmín Rìbào hédìngběn **3.** 档案

dàng'àn：We have placed the correspondence on our ～s. 我们已将信件归档了。Wǒmen yǐjiāng xìnjiàn guīdàngle. *v.* 合订 hédìng；归档 guīdàng；保存 bǎocún

file² *n.* 列 liè；纵列 zòngliè：march in ～ 排成二列纵队行进 páichéng èrliè zòngduì xíngjìn / a single ～ 单行 dānháng *v.* 成直线行进 chéng zhíxiàn xíngjìn：The men ～d in. 士兵排成单行进入。Shìbīng páichéng dānháng jìnrù.

file³ *n.* 锉(刀) cuò(dāo) * a tool *v.* 锉 cuò：～ one's finger nails 用锉修指甲 yòng cuò xiū zhījia / ～ sth. smooth 锉光某物 zuòguāng mǒuwù/ ～ an iron rod in two 将一铁棒挫为二 jiāng yìtiěbàng zuòwéi èr

filial *a.* 孝顺的 xiàoshùnde；子女的 zǐnǚde：～ duty (piety) 孝道 (孝心) xiàodào (xiàoxīn)

filibuster *n.* **1.** 阻挠议事 zǔnáo yìshì **2.** 阻挠议事的议员 zǔnáo yìshìde yìyuán **3.** 海盗 hǎidào *v.* **1.** 阻挠议事进行 zǔnáo yìshì jìnxíng **2.** 掠夺 lüèduó

filigree *n.* 金银丝细工 jīnyínsī xìgōng：a ～ brooch 金(银)丝胸针 jīnyínsī xiōngzhēn / ～ ear-rings 金(银)丝耳环 jīnyínsī ěrhuán

filings *n.* 锉屑 cuòxiè

Filipino *n.* 菲律宾人 Fēilǜbīnrén

fill *v.* **1.** 充满 chōngmǎn；填满 tiánmǎn；注满 zhùmǎn：～ a hole with sand 用沙填满一洞 yòngshā tiánmǎn yídòng / The smoke ～ed the room. 烟弥漫了那一房间。Yān mímànle nàyī fángjiān. / The wind ～ed the sails. 风张满了帆。Fēng zhāngmǎnle fān. / ～ in the blank 填空 tiánkòng / ～ out 使膨胀 shǐ péngzhàng / ～ up a tank 装满油箱 zhuāngmǎn yóuxiāng **2.** 任职 rènzhí：The vacancy has already been ～ed. 空缺已补上。Kòngquē yǐ bǔshàng. / He ～s the office satisfactorily. 他很尽职。Tā hěn jìn zhí. **3.** 配(药)方 pèi (yào) fāng；供应 gōngyìng：～ a doctor's prescription 配方 pèifāng *n.* 充足 chōngzú；饱满 bǎomǎn：eat one's ～ 吃饱 chībǎo / a ～ of tobacco 一袋烟 yídàiyān

filler *n.* **1.** 填充物 tiánchōngwù；填料 tiánliào **2.** 补白 bǔbái * of a newspaper or magazine

fillet *n.* **1.** 头带 tóudài；束发带 shùfàdài **2.** 肉片 ròupiàn；里脊 lǐji * of meat

filling *n.* 填料 tiánliào：a ～ station 加油站 jiāyóuzhàn / a ～ in a tooth 补牙之物 bǔyá zhīwù

fillip *n.* **1.** 弹指 tánzhǐ = a snap **2.** 刺激 cìjī；刺激品 cìjīpǐn = stimulus

filly *n.* **1.** 小雌马 xiǎocímǎ = young female horse **2.** 活泼的姑娘 huópode gūniang

film *n.* **1.** 薄膜 bómó：a ～ of dust 一层灰尘 yìcéng huīchén / a ～ of oil on water 浮于水面的一层油 fúyú shuǐmiànde yìcéngyóu **2.** 胶卷 jiāojuǎn * for a camera：a roll of ～ 一卷软片 yìjuǎn ruǎnpiàn **3.** 电影 diànyǐng；影片 yǐngpiàn：a ～ star 电影明星 diànyǐng míngxīng / go to the ～s 看电影 kàn diànyǐng / a ～ test 试镜头 shì jìngtóu *v.* **1.** 拍摄 pāishè：～ a play 将一剧本拍成电影 jiāng yíjùběn pāichéng diànyǐng **2.** 适于拍电影 shìyú pāi diànyǐng：She ～s well. 她很上镜头。Tā hěn shàng jìngtóu.

filmstrip *n.* 教学的幻灯片 jiàoxuéde huàndēngpiàn

filmy *a.* 薄膜似的 bómóshìde

filter *n.* 滤器 lǜqì；滤波器 lǜbōqì：～ tip 香烟的过滤咀 xiāngyānde guòlǜzuǐ *v.* 过滤 guòlǜ；滤清 lǜqīng：new ideas ～ing into people's mind 渗入人心的新思想 shènrù rénxīnde xīn sīxiǎng / The news of the defeat ～ed through. 战败的消息透露出来了。Zhànbàide xiāoxi tòulù chūláile.

filth *n.* **1.** 污秽 wūhuì；污物 wūwù；肮脏 āngzang **2.** 猥亵 wěixiè = obscenity

filthiness *n.* **1.** 污秽 wūhuì；肮脏 āngzang **2.** 猥亵 wěixiè

filthy *a.* 污秽的 wūhuìde；肮脏的 āngzangde

filtrate *v.* 过滤 guòlǜ；滤清 lǜqīng = filter *n.* 滤(出)液 lǜ(chū)yè

filtration *n.* 过滤(作用) guòlǜ(zuòyòng)

fin *n.* **1.** 鳍 qí；鱼翅 yúchì **2.** 鳍状物 qízhuàngwù

final *a.* **1.** 最后的 zuìhòude；最终的 zuìzhōngde：a ～ decision 最后的决定 zuìhòude juédìng **2.** 决定性的 juédìngxìngde：a ～ game 决赛 juésài / a ～ judgment 最后判决 zuìhòu pànjué *n.* **1.** 学期考试 xuéqī kǎoshì；决赛 juésài：the law ～(s) 律师业的最后考试 lǜshīyède zuìhòu kǎoshì / take one's ～s 参加最后考试 cānjiā zuìhòu kǎoshì / the Cup F- 足球杯决赛 zúqiúbēi juésài **2.** 最晚一版 zuìwǎn yìbǎn：late night ～ 夜晚最晚版 yèwǎn zuìwǎnbǎn * of a newspaper

finale *n.* 终曲 zhōngqǔ * of music；结尾 jiéwěi；尾声 wěishēng * of a play

finalist *n.* 决赛选手 juésài xuǎnshǒu

finality *n.* **1.** 结局 jiéjú；结尾 jiéwěi **2.** 最后行动 zuìhòu xíngdòng；最后的话 zuìhòude huà：speak with an air of ～ 断言 duànyán

finalize *v.* 结束 jiéshù；定案 dìng'àn

finally *ad.* 最后 zuìhòu；末了 mòliǎo：settle a matter ～ 终于把事情解决 zhōngyú bǎ shìqing jiějué

finance *n.* **1.** 财政 cáizhèng；财政学 cáizhèngxué：an expert in ～ 财政专家 cáizhèng zhuānjiā / the Minister of F- 财政部长 Cáizhèng Bùzhǎng **2.** 收入 shōurù；财力 cáilì：Are the country's ～s sound？这国家的财源殷实吗？Zhè guójiāde cáiyuán yīnshímɑ？ *v.* 提供经费 tígōng jīngfèi；出钱给 chūqián gěi：Who ～s this organization？谁给这组织提供经费？Shuí gěi zhè zǔzhī tígōng jīngfèi？

financial *a.* 财政(上)的 cáizhèng(shang)de；金融的 jīnróngde：in ～ difficulties 财政困难 cáizhèng kùnnan / ～ affairs 财务 cáiwù / the ～ year 会计年度 kuàijì niándù / a ～ center 金融中心 jīnróng zhōngxīn

financially *ad.* 财政上 cáizhèngshang；金融上 jīnróngshang

financier *n.* 财政家 cáizhèngjiā；金融家 jīnróngjiā

finch *n.* 雀科鸣鸟 quèkē míngniǎo

find *v.* **1.** 寻找 xúnzhǎo；找到 zhǎodào：Please help Mary to ～ her hat. 请帮助玛丽找到她的帽子。Qǐng bāngzhù Mǎlì zhǎodào tāde màozi. / I found this knife in the street. 我在街上找到这把小刀。Wǒ zài jiēshang zhǎodào zhèbǎ xiǎodāo. / Can you ～ your way home alone？你能自己找到回家的路吗？Nǐ néng zìjǐ zhǎodào huíjiāde lùmɑ？**2.** 发现 fāxiàn；碰见 pèngjiàn；遇见 yùjiàn：I found him in bed (up，in，out) when I called. 我去看他时，发现他未起床（起床、在家、外出）。Wǒ qù kàn tā shí，fāxiàn tā wèi qǐchuáng (qǐchuáng、zàijiā、wàichū). / He was found dead. 人们发现他死了。Rénmen fāxiàn tā sǐle. **3.** 觉得 juéde；感觉 gǎnjué：We found the beds quite comfortable. 我们觉得这些床很舒服。Wǒmen juéde zhèxiē chuáng hěn shūfu. **4.** 获知 huòzhī；查明 chámíng：Please ～ out when the train starts. 请查看一下火车何时开车。Qǐng chákàn yíxià huǒchē héshí kāichē. **5.** 得到 dédào；获得 huòdé：Do you ～ much pleasure in gardening？你在园艺方面得到很大乐趣吗？Nǐ zài yuányì fāngmiàn dédào hěndà lèqùma? / I can't ～ time to read. 我没时间读书。Wǒ méi shíjiān dúshū. **6.** 判定 pàndìng: The jury found the prisoner guilty. 陪审团认定该犯有罪。Péishěntuán rèndìng gāifàn yǒuzuì.

finder *n*. **1.** 发现者 fāxiànzhě: Lost, a diamond ring; ～ will be rewarded. 兹遗失钻戒一枚;拾者将予重酬。Zī yíshī zuànjiè yìméi; shízhě jiāngyǔ zhòngchóu. **2.** 检像器 jiǎnxiàngqì; 定向器 dìngxiàngqì * of a camera

finding *n*. **1.** 发现 fāxiàn; 发现物 fāxiànwù; 调查的结果 diàocháde jiéguǒ: the ～s of the commission 该调查团的调查结果 gāi diàochátuánde diàochá jiéguǒ **2.** 判决 pànjué; 判定 pàndìng * judgment

fine[1] *n*. 罚金 fájīn; 罚款 fákuǎn *v*. 罚(款) fá(kuǎn): ～ sb. ten dollars 罚某人十元 fá mǒurén shíyuán

fine[2] *a*. **1.** 美好 měihǎo; 优良 yōuliáng; 优秀 yōuxiù; 优美 yōuměi: a ～ view 美丽的景色 měilìde jǐngsè / ～ clothes 漂亮的衣服 piàoliangde yīfu / have a ～ time 过得快活 guòde kuàihuo / That's a ～ excuse! 那是个好理由! Nà shìge hǎo lǐyóu! / a ～ taste 高尚的嗜好 gāoshàngde shìhào **2.** 晴朗的 qínglǎngde; 明朗的 mínglǎngde: ～ weather 好天气 hǎo tiānqì / a ～ day 晴天 qíngtiān **3.** 细 xì; 纤细 xiānxì; 精致 jīngzhì: a ～ thread 细线 xìxiàn / ～ rain 毛毛雨 máomáoyǔ / ～ workmanship 精巧的手工艺品 jīngqiǎode shǒugōngyìpǐn **4.** 纯洁 chúnjié; 纯的 chúnde: ～ gold 纯金 chúnjīn *ad*. 好 hǎo, 妙 miào: cut it ～ 精打细算 jīngdǎ-xìsuàn / talk ～ 说得好听 shuōde hǎotīng / That will suit me ～. 那很适合于我。Nà hěn shìhé yú wǒ.

finely *ad*. **1.** 美好地 měihǎode **2.** 精细地 jīngxìde; 细致地 xìzhìde

fineness *n*. **1.** 美好 měihǎo; 优良 yōuliáng **2.** 细度 xìdù; 纯度 chúndù

finery *n*. 盛装 shèngzhuāng; 华丽的服装 huálìde fúzhuāng: young ladies in their Sunday ～ 衣着华丽的少女们 yīzhuó huálìde shàonǚmen

finesse *n*. 技巧 jìqiǎo; 手腕 shǒuwàn; 手段 shǒuduàn: show ～ in dealing with people 表现对付人的手腕 biǎoxiàn duìfu rénde shǒuwàn

finger *n*. 手指 shǒuzhǐ; 指头 zhítou: the fore ～ 食指 shízhǐ / the middle ～ 中指 zhōngzhǐ / have sth. at one's ～ tips 熟悉某事物 shúxī mǒu shìwù / His ～s are all thumbs. 他笨手笨脚的。Tā bènshǒu-bènjiǎode.

/ turn sb. round one's ～ 笼络某人 lǒngluò mǒurén / ～ alphabet 哑语 yǎyǔ/ ～ bowl 洗指盆 xǐzhǐpén / ～ mark 指痕 zhǐhén / ～ nail 指甲 zhījia / ～ post 路标 lùbiāo / ～print 指纹 zhǐwén / ～stall(橡)皮指套 (xiàng) pí zhǐtào

finical *a.* 苛求的 kēqiúde；过分讲究的 guòfèn jiǎngjiude：Eat up your potatoes and don't be so ～. 把你的土豆吃完，别太挑食。Bǎ nǐde tǔdòu chīwán，bié tài tiāoshí.

finis *n.* 终结 zhōngjié；完 wán；结束 jiéshù

finish *v.* **1.** 完毕 wánbì；结束 jiéshù；完成 wánchéng：～ one's work 做完工作 zuòwán gōngzuò / ～ reading a book 读完一本书 dúwán yìběn shū / ～ a dress 做好一件衣服 zuòhǎo yíjiàn yīfu / The war ～ed. 战争结束了。Zhànzhēng jiéshùle. **2.** 杀 shā * colloq.：That fever ～ed him off. 那次发烧使他送了命。Nàcì fāshāo shǐ tā sònglemìng. / ～ with 与…断绝关系 yǔ… duànjué guānxì **3.** 修整 xiūzhěng；使完美 shǐ wánměi：The woodwork is beautifully ～ed. 那件木器漆得很精美。Nàjiàn mùqì qīde hěn jīngměi. / He gave the picture a few ～ing touches. 他将那幅画润饰了一番。Tā jiāng nàfúhuà rùnshìle yìfān.

finish *n.* **1.** 终结 zhōngjié；收场 shōuchǎng：fight to a ～ 战斗到底 zhàndòu dàodǐ **2.** 完美 wánměi；完成 wánchéng：His manners lack ～. 他的仪表欠优雅。Tāde yíbiǎo qiàn yōuyǎ.

finished *a.* 完成的 wánchéngde；完善的 wánshànde；完美的 wánměide：the ～ product 成品 chéngpǐn / a ～ performance 完美的表演 wánměide biǎoyǎn

finite *a.* **1.** 有限的 yǒuxiànde：a ～ number of possibilities 有限的可能性 yǒuxiànde kěnéngxìng / Light moves at a ～ speed. 光以一定的速度运行。Guāng yǐ yídìngde sùdù yùnxíng. **2.** 有限式 yǒuxiànshì * in grammar：a ～ verb 限定动词 xiàndìngdòngcí

Finn *n.* 芬兰人 Fēnlánrén

Finnic *a.* 芬兰族的 Fénlánzúde；芬兰语的 Fēnlányǔde

Finnish *a.* 芬兰的 Fēnlánde；芬兰人的 Fēnlánrénde；芬兰语的 Fēnlányǔde *n.* 芬兰语 Fēnlányǔ

finny *a.* **1.** 有鳍的 yǒuqíde **2.** 鱼的 yúde；多鱼的 duōyúde：the ～ tribe 鱼族 yúzú

fiord, fjord *n.* 峡湾 xiáwān；海湾 hǎiwān

fir *n.* 冷杉 lěngshān；冷杉木 lěngshānmù

fire *n.* **1.** 火 huǒ：F- burns. 火着了。Huǒ zháole. / There is no smoke without ～. 无火不起烟（无风不起浪）。Wúhuǒ-bùqǐyān（Wúfēng-bùqǐlàng）. / The house was on ～. 这房屋失火了。Zhè fángwū shīhuǒle. / set sth. on ～ 放火烧 fànghuǒ shāo… / catch ～ 着火 zháohuǒ **2.** 火灾 huǒzāi；燃烧 ránshāo：A ～ broke out. 发生了火灾。Fāshēngle huǒzāi. / fight the ～ 救火 jiùhuǒ / forest ～s 森林火灾 sēnlín huǒzāi **3.** 炉火 lúhuǒ：sit by the ～ 坐在炉火旁 zuòzài lúhuǒ páng / make a ～ 生火 shēnghuǒ / light a ～ 点火 diǎnhuǒ **4.** 射击 shèjī：open（cease）～ 开（停）火 kāi（tíng）huǒ / under ～ 在炮火下 zài pàohuǒxià **5.** 热情 rèqíng；兴奋 xīngfèn：His speech lacks ～. 他的发言缺乏热情。Tāde fāyán quēfá rèqíng. / eyes full of ～ 充满热情（愤恨）的眼睛 chōngmǎn rèqíng（fènhèn）de yǎnjing *v.* **1.** 烧 shāo：～ bricks 烧砖 shāozhuān **2.** 生火 shēnghuǒ **3.** 开火 kāihuǒ；开枪 kāiqiāng；开炮 kāipào；射击 shèjī：～ a gun 开炮 kāipào / ～ at a target 对目标射击 duì mùbiāo shèjī：They ～d a salute. 他们鸣放礼炮。Tāmen míngfàng lǐpào. **4.** 兴奋 xīngfèn：～ up 发火 fāhuǒ **5.** 辞退 cítuì；解职 jiězhí：～ the cook 辞退厨子 cítuì chúzi / be ～d out 被轰走了 bèi hōngzǒule

fire alarm *n.* 火警 huǒjǐng；自动火警机 zìdòng huǒjǐngjī

fire(-)arm *n.* 火器 huǒqì

fire-bomb *n.* 烧夷弹 shāoyídàn

firebrand *n.* 火把 huǒbǎ；煽动者 shāndòngzhě * agitator

fire-brick *n.* 耐火砖 nàihuǒzhuān

fire-brigade *n.* 消防队 xiāofángduì

fire-damp *n.* 沼气 zhǎoqì；甲烷 jiǎwán

fire-engine *n.* 救火车 jiùhuǒchē

fire-escape *n.* 安全出口 ānquán chūkǒu；太平梯 tàipíngtī

fire-extinguisher *n.* 灭火器 mièhuǒqì

fire-fighter *n.* 消防队员 xiāofángduìyuán

firefly *n.* 萤火虫 yínghuǒchóng

fire-guard *n.* 火灾警戒员 huǒzāi jǐngjièyuán

firelight *n.* 炉火之光 lúhuǒ zhīguāng：sitting in the ～ 围炉而坐 wéilú ér zuò

firelock *n*. 火枪 huǒqiāng
fireman *n*. **1**. 消防员 xiāofángyuán **2**. 司炉工 sīlúgōng
fireplace *n*. 壁炉 bìlú
fire-proof *a*. 耐火的 nàihuǒde：a ～ building 耐火房屋 nàihuǒ fángwū
fireside *n*. **1**. 炉边 lúbiān：sit at the ～ 坐在炉边 zuòzài lúbiān **2**. a ～ chat 炉边谈话 lúbiān tánhuà
fire-watcher *n*. 火灾警戒员 huǒzāi jǐngjièyuán
firewater *n*. 烈酒 lièjiǔ
firewood *n*. 木柴 mùchái
fireworks *n*. 烟火 yānhuǒ
firm[1] *n*. 商号 shānghào；公司 gōngsī；商行 shāngháng
firm[2] *a*. **1**. 坚固的 jiāngùde；坚硬的 jiānyìngde；结实的 jiēshide：～ muscles 结实的肌肉 jiēshide jīròu / ～ ground 陆地 lùdì / be on ～ ground 脚踏实地 jiǎotà-shídì / as ～ as a rock 安若磐石 ānruò-pánshí **2**. 坚定的 jiāndìngde；坚决的 jiānjuéde：a ～ faith 坚定的信仰 jiāndìngde xìnyǎng / be ～ in one's purpose 意志坚定 yìzhì jiāndìng / be ～ with children 严格对待孩子 yángé duìdài háizi **3**. 稳固的 wěngùde；稳定的 wěndìngde；沉着的 chénzhuóde：a ～ foundation 稳固的基础 wěngùde jīchǔ / walk with ～ steps 以坚定的步伐行走 yǐ jiāndìngde bùfá xíngzǒu / He spoke in a ～ voice. 他以沉着的声音说话。Tā yǐ chénzhuóde shēngyīn shuōhuà. *ad*. 坚定地 jiāndìngde；稳稳地 wěnwěnde：stand ～ 站得稳 zhàndewěn
firmament *n*. 天空 tiānkōng；苍天 cāngtiān
firmly *ad*. 坚固地 jiāngùde；稳定地 wěndìngde；坚定地 jiāndìngde
firmness *n*. 坚固 jiāngù；坚定 jiāndìng
first *num*. **1**. 第一 dì-yī：～ aid 急救 jíjiù / ～ thing 第一件事 dì-yī jiànshì / for the ～ time 初次 chūcì / in the ～ place 首先 shǒuxiān **2**. 一日 yīrì：Oct. 1(first) 十月一日 shíyuè yīrì *a*. 第一流的 dì-yī liúde；头等的 tóuděngde：of the ～ importance 头等重要 tóuděng zhòngyào / the ～ men in the country 一国之首要人物 yìguó zhī shǒuyào rénwù *n*. 最初 zuìchū；首位 shǒuwèi：from ～ to last 从始至终 cóngshǐ-zhìzhōng *ad*. 最初 zuìchū；首先 shǒuxiān：～ and last 始终 shǐzhōng / ～ of all 首先 shǒuxiān / F- come ～ served. 先到先招待。Xiāndào xiān zhāodài.

firstborn *a*. 初生的 chūshēngde *n*. 长子、长女 zhǎngzǐ、zhǎngnǚ

first-class *a*. 第一流的 dì-yī liúde；头等的 tóuděngde：a ~ hotel 头等旅馆 tóuděng lǚguǎn *ad*. 按照头等 ànzhào tóuděng：travel ~ 乘头等交通工具旅行 chéng tóuděng jiāotōng gōngjù lǚxíng

first-degree *n*. 一级的 yìjíde：~ burns 一级灼伤 yìjí zhuóshāng/~ murder 一级谋杀 yìjí móushā

first-fruits *n*. 第一批果实 dì-yī pī guǒshí；初次的收获 chūcìde shōuhuò

first-hand *a*. 第一手的 dì-yī shǒude；直接的 zhíjiēde：~ information 直接得到的信息 zhíjiē dédàode xìnxī *ad*. 直接 zhíjiē：learn sth. ~ 直接获知某事 zhíjiē huòzhī mǒushì

first lady *n*. 第一夫人 dì-yī fūrén：总统夫人 zǒngtǒng fūrén；州长夫人 zhōuzhǎng fūrén

firstling *n*. **1**. 初生物 chūshēngwù；初次成果 chūcì chéngguǒ * first product **2**. 初产家畜 chūchǎn jiāchù * of animal

firstly *ad*. 第一(点) dì-yī(diǎn)

first name *n*. 名 míng：Smith's ~ is Peter. 史密斯的首名叫彼德。Shǐmìsīde shǒumíng jiào Bǐdé.

first night *n*. 首映(演)之夜 shǒu yìng(yǎn) zhīyè

first offender *n*. 初犯 chūfàn

first-rate *a*. **1**. 头等的 tóuděngde；上等的 shàngděngde；第一流的 dì-yī liúde：~ materials 第一流的材料 dì-yī liúde cáiliào **2**. 非常好 fēichánghǎo：How does the cake taste? — It's ~！蛋糕味道如何？—好极了！Dàngāo wèidao rúhé? — Hǎojíle!

fiscal *a*. 国库的 guókùde；财政的 cáizhèngde：the ~ year 财政年度 cáizhèng niándù

fish *n*. **1**. 鱼 yú：F-es swim. 鱼会游。Yú huì yóu. / feel like a ~ out of water 如鱼离水 rúyú-líshuǐ；感到生疏不适 gǎndào shēngshū búshì **2**. 鱼肉 yúròu：a ~ dinner 鱼餐 yúcān / make ~ of one and flesh of another 厚此薄彼 hòucǐ-bóbǐ / be neither ~, flesh, nor fowl 非驴非马 fēilǘ-fēimǎ；不伦不类 bùlún-búlèi / have other ~ to fry 另有他图 lìngyǒu-tātú **3**. 家伙 jiāhuo：a queer ~ 怪人 guàirén *v*. **1**. 钓鱼 diàoyú；捕鱼 bǔyú：go ~ing 出外钓鱼 chūwài diàoyú / ~ in sea 在海上捕鱼 zài hǎishang bǔyú **2**. 探听 tàntīng：~ for information 打听消息 dǎting xiāoxi / ~ in troubled waters 混水摸鱼 hùnshuǐ-mōyú / ~ up

捞起 lāoqǐ

fisher *n.* **1.** 渔夫 yúfū；渔翁 yúwōng **2.** 食鱼貂 shíyúdiāo * a fish-eating animal

fisherman *n.* 渔民 yúmín

fishery *n.* **1.** 渔业 yúyè；水产业 shuǐchǎnyè **2.** 渔场 yúchǎng：in-shore fisheries 近岸渔场 jìn'àn yúchǎng / deep-sea fisheries 远洋渔场 yuǎnyáng yúchǎng

fish-farming *n.* 养鱼 yǎngyú

fish-hook *n.* 鱼钩 yúgōu

fishing *n.* 钓鱼 diàoyú；捕鱼 bǔyú

fish monger *n.* 鱼贩 yúfàn；鱼商 yúshāng

fishwife *n.* **1.** 卖鱼妇 màiyúfù **2.** 泼妇 pōfù：scolding like a ～ 泼妇骂街 pōfù màjiē

fishy *a.* **1.** 鱼腥的 yúxīngde * smell **2.** 可疑的 kěyíde：the fishiest story I've ever heard 我听过的故事中最难以置信的 wǒ tīngguode gùshizhōng zuì nányǐ zhìxìnde

fissile *a.* 裂变的 lièbiànde；易分裂的 yìfēnliède：～ wood 易裂开的木头 yì lièkāide mùtou

fission *n.* 裂变 lièbiàn；分裂 fēnliè：atomic ～ 原子分裂 yuánzǐ fēnliè / a ～ bomb 原子弹 yuánzǐdàn

fisionable *a.* 可分裂的 kě fēnliède；可裂变的 kě lièbiànde：～ materials 可分裂的物质 kě fēnliède wùzhì

fissure *n.* 裂缝 lièfèng

fist *n.* 拳(头) quán(tou)：She shook her ～ angrily. 她愤怒地挥拳。Tā fènnùde huīquán.

fisticuffs *n.* 拳斗 quándòu；互殴 hù'ōu = fistfight

fit[1] *v.* **1.** 适合 shìhé；适应 shìyìng；合身 héshēn：This coat does not ～ me. 这件大衣我穿不合身。Zhèjiàn dàyī wǒ chuān bù héshēn. / ～ one's living 适应生活 shìyìng shēnghuó / The door ～s badly. 这门很难关。Zhèmén hěn nánguān. **2.** 装备 zhuāngbèi：～ a ship with a steam-engine 给轮船安装蒸汽机 gěi lúnchuán ānzhuāng zhēngqìjī **3.** 适合于 shìhéyú：His behavior does not ～ his post. 他的行为不符合他的职位。Tāde xíngwéi bù fúhé tāde zhíwèi. **4.** 放好 fànghǎo：Can you ～ the lid on? 你能把盖子安装好吗？Nǐ néng bǎ gàizi ānzhuāng hǎoma?

fit² *a*. **1**. 适当的 shìdàngde；合适的 héshìde：a ～ time 适当的时间 shìdàngde shíjiān / be ～ for the purpose 合乎目的 héhū mùdì / The food was not ～ to eat. 这食物不适宜吃。Zhè shíwù bú shìyí chī. **2**. 恰当 qiàdàng；妥当 tuǒdang：It is not ～ that he should say so. 他这样说是不恰当的. Tā zhèyàng shuō shì bú qiàdàngde. **3**. 壮健 zhuàngjiàn：feel ～ 精神极好 jīngshén jíhǎo / keep ～ 保持健康 bǎochí jiànkāng

fit³ *n*. **1**. 发作 fāzuò；一阵 yízhèn：a ～ of coughing 一阵咳嗽 yízhèn késou / a fainting ～ 一阵昏厥 yízhèn hūnjué **2**. 中风 zhòngfēng；突发 tūfā：fall down in a ～ (因中风等)突然昏倒(yīn zhòngfēng děng) tūrán hūndǎo / a ～ of anger 一股怒气 yìgǔ nùqì / by ～s 间或 jiànhuò

fitful *a*. 发作的 fāzuòde；间歇的 jiànxiēde；一时高兴的 yìshí gāoxìngde

fitly *ad*. 适当地 shìdàngde；合适地 héshìde

fitment *n*. 家具 jiājù；设备 shèbèi：kitchen ～s 厨房设备 chúfáng shèbèi

fitness *n*. **1**. 适当 shìdàng；适宜 shìyí **2**. 健康 jiànkāng

fitter *n*. **1**. 装配工 zhuāngpèigōng；钳工 qiángōng **2**. 裁缝 cáifeng * dress maker

fitting *a*. 适当的 shìdàngde；合适的 héshìde *n*. **1**. 装备品 zhuāngbèipǐn；用具 yòngjù；器材 qìcái：electric light ～s 电灯设备 diàndēng shèbèi **2**. 零件 língjiàn；配件 pèijiàn = spare parts

five *num*. 五 wǔ；五个 wǔge：a ～-day week 有五个工作日的一周 yǒu wǔge gōngzuòrìde yìzhōu/ a ～-year plan 五年计划 wǔnián jìhuà

fivefold *a*. & *ad*. 五重(的) wǔchóng(de)；五倍(的)wǔbèide

fix¹ *v*. **1**. 固定 gùdìng；安置 ānzhì；钉牢 dīngláo：～ a shelf to a wall 将一架子钉在墙上 jiāng yíjiàzi dīngzài qiángshang / ～ a bayonet 上刺刀 shàng cìdāo **2**. 专注 zhuānzhù；注视 zhùshì；吸引注意力 xīyǐn zhùyìlì：～ one's eyes on sth. 注视某物 zhùshì mǒuwù / ～ one's attention on sth. 专心于从事某事 zhuānxīn yú cóngshì mǒushì **3**. 确定 quèdìng；决定 juédìng：～ a date for a meeting 决定开会日期 juédìng kāihuì rìqī / ～ prices 固定价格 gùdìng jiàgé **4**. 安排 ānpái；解决 jiějué：～ sb. up with a job 为某人安排工作 wèi mǒurén ānpái gōngzuò / ～ up a quarrel 解决争端 jiějué zhēngduān **5**. 整理 zhěnglǐ；修理 xiūlǐ：～ one's hair 梳理头发 shūlǐ tóufa / ～ a watch 修理表 xiūlǐ biǎo

fix² *n*. **1**. 困境 kùnjìng；进退两难之境 jìntuì liǎngnán zhījìng：be in a ～

处于困境 chǔyú kùnjìng / get oneself into a bad ～ 使自己陷于困境 shǐ zìjǐ xiànyú kùnjìng **2.** 定方向 dìng fāngxiàng = finding of position

fixation *n.* **1.** 固定 gùdìng = fixing；决定 juédìng；定影 dìngyǐng：～ of a photographic film 照像软片之定影 zhàoxiàng ruǎnpiàn zhī dìngyǐng **2.** 癖好 pǐhào * emotional attachment：He has a mother ～. 他有慈母症。Tā yǒu címǔzhèng.

fixed *a.* 固定的 gùdìngde；确定的 quèdìngde：a ～ idea 固定观念 gùdìng guānniàn；固执看法 gùzhí kànfǎ / ～ ratio 固定的比率 gùdìngde bǐlǜ / a ～ star 恒星 héngxīng

fixedly *ad.* 固定地 gùdìngde；不变地 búbiànde：look ～ at sb. 注视某人 zhùshì mǒurén

fixing *n.* **1.** 固定 gùdìng；装配 zhuāngpèi **2.** 整理 zhěnglǐ **3.** 设备 shèbèi；装备 zhuāngbèi；装饰 zhuāngshì

fixture *n.* **1.** 装置物 zhuāngzhìwù：the electric ～ of a room 室内电气装置 shìnèi diànqì zhuāngzhì / bathroom ～ 浴室设备 yùshì shèbèi **2.** 运动项目 yùndòng xiàngmù：football and racing ～s 足球与赛跑项目 zúqiú yǔ sàipǎo xiàngmù

fizz *v.* **1.** 发嘶嘶声 fā sīsīshēng = make hissing sounds **2.** 起泡沫 qǐ pàomò * bubble *n.* 嘶嘶声 sīsīshēng * the hissing sound

fizzle *v.* 发嘶嘶声 fā sīsīshēng = make hissing sounds：～ out 失败 shībài

flabby *a.* **1.** 不结实 bùjiēshi；松软 sōngruǎn：～ muscles 松软(不结实)的肌肉 sōngruǎn(bùjiēshi)de jīròu **2.** 软弱的 ruǎnruòde：a ～ will 薄弱的意志 bóruòde yìzhì

flaccid *a.* 松软的 sōngruǎnde；软弱的 ruǎnruòde

flag[1] *n.* 旗 qí；旗帜 qízhì：the national ～ 国旗 guóqí / F- Day 美国国旗制定日 Měiguó guóqí zhìdìngrì *v.* **1.** 悬挂旗子 xuánguà qízi **2.** 打信号表示 dǎ xìnhào biǎoshì：～ down a taxi 挥手叫出租车停下 huīshǒu jiào chūzūchē tíngxià

flag[2] *n.* 石板 shíbǎn = flat piece of stone

flag[3] *v.* **1.** 衰弱 shuāiruò：His strength was flagging. 他的力气减弱了。Tāde lìqi jiǎnruòle. **2.** 枯萎 kūwěi：The roses were beginning to ～. 玫瑰花开始枯萎了。Méiguihuā kāishǐ kūwěile.

flag-day *n.* 街头募捐日 jiētóu mùjuānrì * a day for collecting contributions to a charitable cause

flagman *n.* 旗工 qígōng * of a railway

flagon *n.* 大肚酒壶 dàdù jiǔhú * wine bottle：Can you drink a whole ～？你能喝完一大壶酒吗？Nǐ néng hēwán yī dàhú jiǔma？

flagrant *a.* 罪恶昭彰的 zuì'è-zhāozhāngde；穷凶极恶的 qióngxiōng-jí'ède：～ cheating 明目张胆的欺诈 míngmù-zhāngdǎnde qīzhà / a ～ coward 可耻的儒夫 kěchǐde nuòfū

flagship *n.* 旗舰 qíjiàn

flagstaff *n.* 旗杆 qígān

flagstone *n.* 板石 bǎnshí；铺路石板 pūlù shíbǎn

flail *n.* 链枷 liànjiā

flair *n.* **1**. 天才 tiāncái；本领 běnlǐng：have a ～ for language 有语言天才 yǒu yǔyán tiāncái **2**. 鉴别力 jiànbiélì：have a ～ for bargains 有做买卖的眼光 yǒu zuò mǎimaide yǎnguāng

flak *n.* 高射炮火 gāoshèpàohuǒ = antiaircraft fire：to avoid the ～ 避开高射炮 bìkāi gāoshèpào

flake *n.* 片 piàn；薄片 bópiàn：～s of fish 鱼片 yúpiàn / soap ～ 肥皂片 féizàopiàn / ～s of snow 雪片 xuěpiàn / fall in ～ 纷纷落下 fēnfēnluòxià *v.* 一片片撒落 yípiànpiàn sǎluò：The paint's beginning to ～. 油漆开始成片剥落。Yóuqī kāishǐ chéngpiàn bōluò.

flaky *a.* 一片一片的 yípiàn yípiànde：～ pastry 酥饼 sūbǐng

flam *n.* 谎话 huǎnghuà * colloq. = lie

flamboyant *a.* **1**. 华丽的 huálìde；鲜艳的 xiānyànde：a ～ orange shirt 艳丽的橙色衬衫 yànlìde chéngsè chènshān **2**. 浮夸的 fúkuāde：a ～ speech 浮夸的演说 fúkuāde yǎnshuō

flame *n.* **1**. 火焰 huǒyàn：The house was in ～s. 这房子着火了。Zhè fángzi zháohuǒle. / burst into ～ 烧起来 shāoqǐlái / commit it to the ～s 付之一炬 fùzhī-yíjù **2**. 火红色 huǒhóngsè：the ～s of sunset 晚霞 wǎnxiá **3**. 热情 rèqíng：a ～ of anger 怒火 nùhuǒ **4**. 情人 qíngrén * lover // a ～ projector 喷火器 pēnhuǒqì * used in war *v.* **1**. 发火焰 fā huǒyàn；烧红 shāohóng：hillside flaming with the colors of autumn 红如火焰的秋天的山坡 hóngrú huǒyànde qiūtiānde shānpō / His anger ～d out. 他勃然大怒。Tā bórán-dànù. / The boy's face ～d still redder. 这孩子脸烧得更红了。Zhè háizi liǎn shāode gèng hóngle.

flaming *a.* **1**. 燃烧的 ránshāode：a ～ sun 灼热的太阳 zhuórède tàiyáng

2. 炎热的 yánrède = hot：～ July 炎热的七月 yánrède Qīyuè

flamingo *n.* 红鹤 hónghè

flange *n.* 法兰 fǎlán * in mechanics；轮缘 lúnyuán * of a train

flank *n.* **1.** 侧腹 cèfù；腰窝 yāowō **2.** 翼侧 yìcè = side：make a ～ attack 侧击 cèjī *v.* **1.** 位于…的侧腹 wèiyú…de cèfù **2.** 侧翼攻击 cèyì gōngjī

flannel *n.* **1.** 法兰绒 fǎlánróng：～ trousers 法兰绒裤 fǎlánróngkù **2.** [～s] 法兰绒(内)衣服 fǎlánróng(nèi)yīfu **3.** 抹擦用的布 mǒcā yòngde bù = flannel cloth

flannelette *n.* 绒布 róngbù

flap *v.* **1.** 拍动 pāidòng；拍击 pāijī：The large bird ～ped its wings. 大鸟拍动双翼。Dàniǎo pāidòng shuāngyì. / She ～ped a newspaper at the insect. 他用报纸拍打小虫。Tā yòng bàozhǐ pāidǎ xiǎochóng. / She ～ped the fly away. 她把苍蝇拍走了。Tā bǎ cāngying pāizǒule. **2.** 飘动 piāodòng；吹动 chuīdòng：The sails ～ped in the gentle wind. 帆在微风中飘动。Fān zài wēifēngzhōng piāodòng. *n.* **1.** 轻拍 qīngpāi；轻拍声 qīngpāishēng：the slow ～ of the sails 帆缓缓的拍击声 fān huǎnhuǎnde pāijīshēng / He gave her a ～ on the ear. 他轻拍了一下她的耳朵。Tā qīng pāile yíxià tāde ěrduo. **2.** 盖口 gàikǒu：the ～ of the envelope. 信封的口盖 xìnfēngde kǒugài / the ～ of a pocket 衣袋的口盖 yīdàide kǒugài // be in a ～ 惴惴不安 zhuìzhuì-bù'ān

flap jack *n.* 烙饼 làobǐng；小薄煎饼 xiǎobáojiānbing

flapper *n.* 拍击者 pāijīzhě；苍蝇拍 cāngyingpāi * for flapping flies

flare *v.* **1.** 闪耀 shǎnyào；闪烁 shǎnshuò：The candle is flaring in the wind. 烛光在风中摇曳。Zhúguāng zài fēngzhōng yáoyè. **2.** 发火 fāhuǒ：She ～s up at the least thing. 她为了小事突然发怒。Tā wèile xiǎoshì tūrán fānù. *n.* **1.** 闪耀 shǎnyào：the ～ of torches 火把的摇曳的火焰 huǒbǎde yáoyède huǒyàn / the sudden ～ of a match 突然闪耀的火柴 tūrán shǎnyàode huǒchái **2.** 闪光装置 shǎnguāng zhuāngzhì * a device that produces flares；照明弹 zhàomíngdàn = a bomb that bursts into flares in mid-air to light up the ground

flared *ad.* 向外展开的 xiàngwài zhǎnkāide：～ skirt 一条向外展开的裙子 yìtiáo xiàngwài zhǎnkāide qúnzi

flaring *a.* 闪烁的 shǎnshuòde；鲜艳夺目的 xiānyànduómùde

flares *n.* 喇叭裤 lǎbakù = bell-bottom trousers

flash *v.* **1.** 闪光 shǎnguāng；闪烁 shǎnshuò：The lightning ～ed across the sky. 闪电自天空闪过。Shǎndiàn zì tiānkōng shǎnguò. / A lighthouse was ～ing in the distance. 一座灯塔在远方闪出信号。Yízuò dēngtǎ zài yuǎnfāng shǎnchū xìnhào. **2.** 闪现 shǎnxiàn；掠过 lüèguò：The idea ～ed into his mind. 这念头掠过他的心头。Zhè niàntou lüèguò tāde xīntóu. **3.** 闪亮 shǎnliàng；兴奋 xīngfèn：Her eyes ～ed fire (defiance). 她的眼睛闪现出热情(反抗)。Tāde yǎnjing shǎnxiànchū rèqíng (fǎnkàng). *n.* **1.** 闪光 shǎnguāng：a ～ of lightning 闪电 shǎndiàn / ～es of light from a mirror 镜中的闪光 jìngzhōngde shǎnguāng / a ～ of hope 一线希望 yíxiàn xīwàng / a ～ in the pan 昙花一现 tánhuā-yíxiàn **2.** 闪光灯 shǎnguāngdēng：Did you use ～? 你用闪光灯了吗？Nǐ yòng shǎnguāngdēnglema? **3.** 肩章 jiānzhāng = emblem on a uniform **4.** 瞬间 shùnjiān：in a ～ 一刹那 yíshànà

flash-back *n.* 倒叙 dàoxù * of a film or novel

flash cube *n.* 立体闪光灯 lìtǐ shǎnguāngdēng

flasher *n.* 信号灯 xìnhàodēng；交通信号灯 jiāotōng xìnhàodēng

flashlight *n.* **1.** 闪光灯 shǎnguāngdēng * in lighthouses **2.** 手电筒 shǒudiàntǒng = small electric torch

flashy *a.* 炫耀的 xuànyàode；华而不实的 huá'ér-bùshíde：～ clothes 花得耀眼的衣服 huāde yàoyǎnde yīfu / ～ men 浮华的人 fúhuáde rén

flask *n.* **1.** 烧瓶 shāopíng；细颈瓶 xìjǐngpíng **2.** 保温瓶 bǎowēnpíng；冷(热)水瓶 lěng (rè) shuǐpíng = thermos

flat[1] *n.* 一套房间 yítào fángjiān；公寓 gōngyù：a new block of ～s 新建的一排公寓 xīnjiànde yìpái gōngyù

flat[2] *a.* **1.** 平的 píngde；平坦的 píngtǎnde：～ land 平地 píngdì / The top of a table is ～. 桌面是平的。Zhuōmiàn shì píngde. / ～ bottomed 平底的 píngdǐde / ～-footed 脚掌扁平的 jiǎozhǎng biǎnpíngde / ～ iron 熨斗 yùndǒu **2.** 平卧的 píngwòde：lie down ～ 平躺下来 píngtǎng xiàlái / He knocked his opponent ～. 他把对手击倒了。Tā bǎ duìshǒu jīdǎole. **3.** 浅的 qiǎnde：～ plates 浅盘 qiǎnpán **4.** 单调的 dāndiàode；平淡无味的 píngdàn wúwèide：Life seemed ～ to him. 他似乎觉得生活无味。Tā sìhū juéde shēnghuó wúwèi. / The market is ～. 市场萧条。Shìchǎng xiāotiáo. **5.** 直率的 zhíshuàide；直截了当的 zhíjié-liǎodàngde：give sb. a ～ denial 对某人断然加以拒绝 duì mǒurén duànrán jiāyǐ jùjué **6.** 降半

音的 jiàngbànyīnde * in music

flat[3] *ad*. **1**. 平平地 píngpíngde：fall ～ 跌倒 diēdǎo；完全失败 wánquán shībài **2**. 断然 duànrán：tell a person ～ that 直截了当地告诉某人 zhíjié-liǎodàngde gàosu mǒurén

flat-car *n*. 平台型货车 píngtáixíng huòchē

flatfish *n*. 比目鱼 bǐmùyú

flatten *v*. 弄平 nòngpíng；变平 biànpíng：a rabbit ～ed by a passing car 一只被路过的车压扁了的兔子 yìzhī bèi lùguòde chē yābiǎnlede tùzi / I ～ed myself against the wall. 我使自己平贴在墙上。Wǒ shǐ zìjǐ píngtiē zài qiángshang. / The hills ～ (out) here. 小山丘在此变得平坦。Xiǎo shānqiū zàicǐ biànde píngtǎn.

flatter *v*. **1**. 奉承 fèngcheng；恭维 gōngwei；谄媚 chǎnmèi：He ～ed her on her cooking. 他恭维她做饭技术好。Tā gōngwei tā zuòfàn jìshù hǎo. **2**. 使人得意 shǐrén déyì：She was ～ed by the invitation. 她接到邀请，十分高兴。Tā jiēdào yāoqǐng，shífēn gāoxìng. / I feel ～ed by your visit. 承你来访，我感到很荣幸。Chéng nǐ láifǎng，wǒ gǎndào hěn róngxìng. **3**. ～ oneself that 自以为 zìyǐwéi；自吹 zìchuī：He ～ed himself that he spoke French with a perfect accent. 他自以为他说法文音腔是完美的。Tā zìyǐwéi tā shuō Fǎwén yīnqiāng shì wánměide. **4**.（图画、相片）比其人漂亮（túhuà、xiàngpiàn）bǐ qí rén piàoliang：The picture ～s you. 这画比你本人漂亮。Zhèhuà bǐ nǐ běnrén piàoliang.

flattery *n*. **1**. 奉承 fèngcheng；谄媚 chǎnmèi；恭维 gōngwei **2**. 奉承的话 fèngchengde huà

flaunt *v*. 夸耀 kuāyào；张扬 zhāngyáng：to ～ one's new fur coat 炫耀（自己）的新皮大衣 xuànyào(zìjǐ)de xīn pídàyī / to ～ one's charms 炫耀自己的魅力 xuànyào (zìjǐ)de mèilì

flautist *n*. 吹笛人 chuīdírén

flavo(u)r *n*. **1**. 味 wèi：a strong ～ of cheese 强烈的奶酪味道 qiángliède nǎilào wèidao / a ～ of garlic 大蒜味 dàsuànwèi **2**. 美味 měiwèi；滋味 zīwèi：The bread hasn't much ～. 这面包味道不够。Zhè miànbāo wèidao búgòu. *v*. 给…调味 gěi…tiáowèi：She ～ed the soup with onions. 她在汤里加葱来调味。Tā zài tāngli jiā cōng lái tiáowèi.

flavo(u)ring *n*. 调料 tiáoliào；调味粉 tiáowèifěn

flaw *n*. **1**. 瑕疵 xiácī；裂缝 lièfèng：a ～ in a plate 碟上的裂痕

diéshangde lièhén 2. 缺点 quēdiǎn；漏洞 lòudòng：a ～ in his argument 他论点上的漏洞 tā lùndiǎnshangde lòudòng

flawless *a.* 无缺点的 wú quēdiǎnde；无瑕疵的 wú xiácīde：a ～ argument 无懈可击的论点 wúxiè-kějīde lùndiǎn

flax *n.* 1. 亚麻 yàmá 2. 亚麻线 yàmáxiàn

flaxen *a.* 1. 亚麻的 yàmáde 2. 浅黄色的 qiǎnhuángsède = of yellow color：～ curls 浅黄色的发卷 qiǎnhuángsède fàjuǎn

flay *v.* 1. 剥…皮 bāo…pí：～ a dead rabbit 剥死兔子的皮 bāo sǐ tùzide pí 2. 严厉批评 yánlì pīpíng：～ an author 严厉批评一位作家 yánlì pīpíng yíwèi zuòjiā

flea *n.* 跳蚤 tiàozǎo // a ～ in the ear 刺耳的话 cì'ěrde huà

flea-bite *n.* 1. 蚤咬 zǎoyǎo 2. 小麻烦 xiǎomáfan；不愉快的小事 bù yúkuàide xiǎoshì：I lost ＄5 at the races, but that's only a ～. 我赛马输了五美元，但那只不过是件小事而已。Wǒ sàimǎ shūle wǔměiyuán, dàn nà zhǐbúguò shìjiàn xiǎoshì éryǐ.

flea-market *n.* 旧货市场 jiùhuò shìchǎng；地摊 dìtān

fleck *v.* 饰以斑点 shìyǐ bāndiǎn：The grass under the trees was ～ed with sunlight. 树下草地上点缀着斑驳的阳光。Shùxià cǎodìshang diǎnzhuìzhe bānbóde yángguāng. *n.* 1. 斑点 bāndiǎn；小点 xiǎodiǎn：brown cloth with ～s of red 带有红点的棕色布料 dàiyǒu hóngdiǎnde zōngsè bùliào 2. 小粒 xiǎolì；滴 dī：～ of dust in the sky 空气中的点点尘埃 kōngqìzhōngde diǎndiǎn chén'āi

fledge *v.* 长羽毛 zhǎngyǔmáo

fledged *a.* 会飞的 huìfēide = able to fly：un～ chicken 羽毛未丰的小鸡 yǔmáo wèifēngde xiǎojī

fledg(e)ling *n.* 1. 刚会飞的鸟 gānghuìfēide niǎo 2. 年轻而无经验的人 niánqīng ér wú jīngyànde rén（羽毛未丰的人 yǔmáo wèifēngde rén）= greenhorn

flee *v.* 逃走 táozǒu；逃跑 táopǎo：The enemy fled in disorder. 敌人溃逃。Dírén kuìtáo.（敌人乱哄哄地逃跑了。Dírén luànhōnghōngde táopǎole.）/ ～ the country 出国避难 chūguó bìnàn

fleece *n.* 羊毛 yángmáo：the Golden F- 金羊毛 Jīnyángmáo * in Greek mythology *v.* 1. 剪…毛 jiǎn…máo 2. 欺诈 qīzhà；骗取(金钱) piànqǔ (jīnqián)：They were ～d of their money. 他们的钱被人骗走了。

Tāmende qián bèi rén piànzǒule.

fleecy *a.* 羊毛似的 yángmáoshìde：～ clouds (hair, snow) 白云(蓬松的卷发、纷纷的落雪) báiyún(péngsōngde juǎnfà、fēnfēnde luòxuě)

fleet[1] *n.* **1.** 舰队 jiànduì ＊ of warships **2.** 船队 chuánduì ＊ of ships；机队 jīduì ＊ of airplanes；车队 chēduì ＊ of cars

fleet[2] *v.* 疾飞 jífēi

fleet admiral *n.* 海军五星上将 hǎijūn wǔxīng shàngjiàng

fleeting *a.* 飞逝的 fēishìde；疾驰的 jíchíde：a ～ look 迅速消失的表情 xùnsù xiāoshīde biǎoqíng / the ～ hours 短暂的时光 duǎnzànde shíguāng / Youth is so ～. 青春转瞬即逝。Qīngchūn zhuǎnshùn jíshì.

Fleet Street *n.* **1.** 佛立德街（舰队街）Fólìdéjiē (Jiànduìjiē) **2.** 伦敦新闻界 Lúndūn xīnwénjiè：F- Street can make or break a politician. 新闻界能塑造也能毁灭政界人士。Xīnwénjiè néng sùzào yě néng huǐmiè zhèngjiè rénshì.

Fleming *n.* 佛兰芒人 Fólánmángrén

Flemish *a.* 佛兰德斯的 Fólándésīde *n.* 佛兰芒人 Fólánmángrén；佛兰芒语 Fólánmángyǔ

flesh *n.* **1.** 肉 ròu；肌肉 jīròu：Tigers are ～-eating animals. 虎是食肉动物。Hǔ shì shíròu dòngwù. / be in ～ 肥胖 féipàng / one's own ～ and blood 亲骨肉 qīngǔròu **2.** 肉体 ròutǐ：The spirit is willing but the ～ is weak. 心有余而力不足。Xīn yǒuyú ér lì bùzú. **3.** 肉欲 ròuyù；色欲 sèyù；情欲 qíngyù：the sins of the ～ 肉欲之罪恶 ròuyù zhī zuì'è **4.** 果肉 guǒròu ＊ of fruit // go the way of all ～ 死 sǐ / in the ～ 本人 běnrén；活生生的 huóshēngshēngde：He is nicer in the ～. 他本人更好看。Tā běnrén gèng hǎokàn.

fleshly *a.* **1.** 肉体的 ròutǐde ＊ of the body **2.** 肉欲的 ròuyùde ＝ sensual

fleshy *a.* 多肉的 duōròude；肥胖的 féipàngde：～ cheeks 肥胖的双颊 féipàngde shuāngjiá

flex *n.* (电)皮线 (diàn) píxiàn；花线 huāxiàn *v.* 弯曲 wānqū：The gardeners ～ed their muscles and began to dig. 园丁弯弯手臂，开始挖土。Yuándīng wānwān shǒubì, kāishǐ wātǔ.

flexibility *n.* **1.** 柔性 róuxìng；柔度 róudù **2.** 灵活性 línghuóxìng；机动性 jīdòngxìng：He lacks the ～ of a politician. 他缺乏政治家的灵活性。Tā quēfá zhèngzhìjiāde línghuóxìng.

flexible *a*. **1**. 柔韧的 róurènde；易弯曲的 yìwānqūde：as ～ as a reed 象芦苇一样容易随风倒 xiàng lúwěi yíyàng róngyì suí fēng dǎo **2**. 柔顺 róushùn；灵活 línghuó：We need a more ～ foreign policy. 我们需要更为灵活的外交政策。Wǒmen xūyào gèngwéi línghuóde wàijiāo zhèngcè.

flibbertigibbet *n*. 多话的人 duōhuàde rén；轻浮的人 qīngfúde rén

flick *v*. **1**. 轻打 qīngdǎ；轻弹 qīngtán：She ～ed him a blow on the face. 她轻轻地打了他的脸。Tā qīngqīngde dǎle tāde liǎn. / He ～ed the dust from the desk. 他轻轻地拂去桌上的灰尘。Tā qīngqīngde fúqù zhuōshangde huīchén. **2**. 轻轻地移动 qīngqīngde yídòng：to ～ the switch 轻轻地按开关 qīngqīngde àn kāiguān **3**. 拍打 pāidǎ：The cow ～ed the flies away with its tail. 牛用尾巴拍打(赶走)苍蝇。Niú yòng wěiba pāidǎ (gǎnzǒu) cāngying. // ～ through 匆匆浏览 cōngcōng liúlǎn：I've just ～ed through your article. 我刚浏览完你的文章。Wǒ gāng liúlǎnwán nǐde wénzhāng. *n*. 轻打 qīngdǎ；轻击 qīngjī：The horse ran faster with every ～ of the whip. 随着鞭子的抽打，马越跑越快。Suízhe biānzide chōudǎ, mǎ yuèpǎo yuèkuài.

flicker *v*. **1**. 闪烁 shǎnshuò；闪动 shǎndòng：The candle ～ed. 那蜡烛闪烁不定。Nà làzhú shǎnshuò búdìng. / A faint hope still ～ed in her breast. 她心中仍闪动着一丝微弱的希望。Tā xīnzhōng réng shǎndòngzhe yìsī wēiruòde xīwàng. **2**. 来回移动 láihuí yídòng；摇曳 yáoyè：leaves ～ing in the wind 迎风摇曳的叶子 yíngfēng yáoyède yèzi / ～ing shadows 摇晃的影子 yáohuangde yǐngzi *n*. 闪烁 shǎnshuò；摇晃 yáohuang；颤动 chàndòng：a ～ of hope 微弱的希望 wēiruòde xīwàng / the ～ of an eyelash 睫毛的眨动 jiémáode zhǎdòng

flicks *n*. 电影 diànyǐng：Would you like to go to the ～ tonight? 今晚你愿去看电影吗？Jīnwǎn nǐ yuàn qùkàn diànyǐngma?

flier *n*. **1**. 飞鸟 fēiniǎo = a bird：That eagle is a high ～. 那只鹰飞得很高。Nàzhī yīng fēide hěngāo. **2**. 飞行员 fēixíngyuán = airman：an army ～ 陆军航空兵 lùjūn hángkōngbīng **3**. 跃起 yuèqǐ = jump：take a ～ 从跳板上飞跃 cóng tiàobǎnshang fēiyuè

flight[1] *n*. **1**. 飞翔 fēixiáng；飞行 fēixíng：a bird in ～ 飞翔中的鸟 fēixiángzhōngde niǎo / a long distance (round-the-world) ～ 长距离(环球)旅行 chángjùlí (huánqiú) lǚxíng / the ～ of time 时间的飞逝

shíjiānde fēishì / the ～ by man to the moon 人向月球的飞行 rén xiàng yuèqiúde fēixíng **2.** 航程 hángchéng: a non-stop ～ from Paris to New York 从巴黎到纽约的不着陆飞行 cóng Bālí dào Niǔyuēde bù zhuólù fēixíng **3.** 班机 bānjī: Flight No. 447 is ready to leave. 447班机准备起飞。Sìsìqī bānjī zhǔnbèi qǐfēi. **4.** 一群 yìqún: a ～ of swallows 一群飞燕 yìqún fēiyàn **5.** 一段楼梯 yíduàn lóutī: My bedroom is two ～s up. 我的房间要上两段楼梯。Wǒde fángjiān yàoshàng liǎngduàn lóutī. **6** 奔放 bēnfàng; 焕发 huànfā: a ～ of genius 天才的奔放 tiāncáide bēnfàng

flight² *n.* 逃走 táozǒu; 溃逃 kuìtáo: seek safety in ～ 逃走 táozǒu / put the enemy to ～ 击溃敌人 jīkuì dírén / a ～ of capital 资金的外流 zījīnde wàiliú

flight deck *n.* **1.** 飞行甲板 fēixíng jiǎbǎn **2.** 驾驶舱 jiàshǐcāng * of an airplane

flightless *a.* 不会飞的 búhuìfēide: ～ birds 不会飞的鸟 búhuìfēide niǎo

flight lieutenant *n.* 英国皇家空军上尉 Yīngguó Huángjiā Kōngjūn shàngwèi

flight sergeant *n.* 英国皇家空军上士 Yīngguó Huángjiā Kōngjūn shàngshì

flighty *a.* 轻浮的 qīngfúde; 善变的 shànbiànde; 捉摸不定的 zhuōmōbúdìngde

flimsy *a.* 脆弱 cuìruò; 薄弱 bóruò; 易损坏的 yìsǔnhuàide: ～ cloth 轻而薄的布 qīng ér báode bù / a ～ argument 无力的论点 wúlìde lùndiǎn

flinch *v.* 畏缩 wèisuō; 退缩 tuìsuō: John didn't ～ once when the doctor was cleaning his wound. 医生替约翰洗伤口时,他丝毫不畏缩。Yīshēng tì Yuēhàn xǐ shāngkǒushí, tā sīháo búwèisuō. / I ～ed from telling her the news. 我不敢告诉她这个消息。Wǒ bùgǎn gàosu tā zhège xiāoxi.

fling *v.* **1.** 投 tóu; 抛 pāo; 扔 rēng: ～ a stone at a cat 拿石子掷猫 ná shízǐ zhì māo / Don't ～ your clothes on the floor. 衣服不要扔在地板上。Yīfu búyào rēngzài dìbǎnshang. **2.** 摇动 yáodòng: She flung back her head proudly. 她骄傲地把头一昂。Tā jiāo'àode bǎ tóu yì'áng. **3.** 猛冲 měngchōng: She flung out of a room. 她冲出室外。Tā chōngchū shìwài. **4.** 投入 tóurù: He was flung into prison. 他被关进监狱。Tā bèi guānjìn jiānyù. / ～ oneself into the work 投入工作 tóurù gōngzuò //

～ away 放弃 fàngqì / ～ off 丢掉 diūdiào / ～ out hard words 出恶言 chū èyán *n*. **1**. 投 tóu；掷 zhì；抛 pāo **2**. 讥笑 jīxiào；嘲笑 cháoxiào：have a ～ at a defeated rival 讥笑一战败的对手 jīxiào yī zhànbàide duìshǒu **3**. 愤怒 fènnù；放肆 fàngsì：have one's ～ 放荡不羁 fàngdàngbùjī

flint *n*. 火石 huǒshí；打火石 dǎhuǒshí // skin a ～ 非常吝啬 fēicháng lìnsè / a heart of ～ 铁石心肠 tiěshí xīncháng

flinty *a*. 燧石质的 suìshízhìde；硬质的 yìngzhìde：a ～ heart 铁石心肠 tiěshí xīncháng

flip *v*. **1**. 轻打 qīngdǎ；轻拍 qīngpāi；轻弹 qīngtán：～ a speck of dust off 掸去一点灰尘 dǎnqù yìdiǎn huīchén **2**. 翻 fān：～ an egg over in the pan 在锅里翻蛋 zài guōli fāndàn **3**. 兴奋不已 xīngfèn-bùyǐ：I knew you'd ～ when you saw my new car. 我知道你看到我的新车时，一定会兴奋不已。Wǒ zhīdao nǐ kàndào wǒde xīnchēshí，yídìng huì xīngfèn-bùyǐ. *n*. 轻打 qīngdǎ；轻拍 qīngpāi

flip-flops *n*. 拖鞋 tuōxié

flippancy *n*. 轻薄 qīngbó；轻率 qīngshuài；浮躁 fúzào；言语尖刻 yányǔ jiānkè

flippant *a*. 轻薄的 qīngbóde；轻率的 qīngshuàide；无礼的 wúlǐde：a ～ answer 不客气的回答 búkèqide huídá

flipper *n*. 鳍形肢 qíxíngzhī：Seals，turtles and penguins have ～s. 海豹、海龟和企鹅都有鳍形肢。Hǎibào、hǎiguī hé qǐ'é dōuyǒu qíxíngzhī.

flipping *a*. & *ad*. 非常的 fēichángde：Don't be so ～ rude！别太无礼！Bié tài wúlǐ！

flirt *v*. **1**. 玩弄 wánnòng；挑逗 tiǎodòu；调戏 tiáoxì；打情骂俏 dǎqíngmàqiào：She ～s with every handsome man she meets. 她与她遇到的每个美男子都调情。Tā yǔ tā yùdàode měige měinánzǐ dōu tiáoqíng. **2**. 不认真地考虑 búrènzhēnde kǎolǜ：He's been ～ing with the idea of going to Moscow. 他一直有去莫斯科的遐想。Tā yìzhí yǒu qù Mòsīkēde xiáxiǎng. *n*. 轻佻的人 qīngtiāode rén ＊ a person that flirts

flirtation *n*. 调情 tiáoqíng；调戏 tiáoxì

flirtatious *a*. 轻佻的 qīngtiāode；卖俏的 màiqiàode；爱调情的 àitiáoqíngde

flit *v*. 掠过 lüèguò；迅速飞过 xùnsù fēiguò：The bird ～ted from branch to branch. 鸟儿从一树枝轻快地飞到另一树枝。Niǎor cóng yī shùzhī qīngkuàide fēidào lìngyī shùzhī.

flitch *n.* 腌(猪)肋肉 yān(zhū)lèiròu

float *v.* **1.** 浮 fú；漂浮 piāofú；漂流 piāoliú：Clouds ~ in the sky. 云浮在空中。Yún fúzài kōngzhōng. / A boat ~ed down the river. 一只船飘流而下。Yìzhī chuán piāoliú érxià. / There wasn't enough water to ~ the ship. 没有足够深的水使船飘浮起来。Méiyǒu zúgòu shēnde shuǐ shǐ chuán piāofú qǐlái. **2.** 创办 chuàngbàn：~ a new business company 创办一公司 chuàngbàn yī gōngsī *n.* **1.** 浮游物 fúyóuwù；浮体 fútǐ **2.** 浮球 fúqiú；浮筒 fútǒng：~ plane 水上飞机 shuǐshang fēijī **3.** 浮标 fúbiāo；浮漂 fúpiāo

floatation *n.* **1.** 漂浮 piāofú；浮动 fúdòng **2.** 发行 fāxíng；发售 fāshòu = sale **3.** 创办 chuàngbàn **4.** 浮选 fúxuǎn：the ~ process 浮选法 fúxuǎnfǎ * in metallurgy

floating *a.* 浮动的 fúdòngde；流动的 liúdòngde：a ~ bridge 浮桥 fúqiáo / ~ population 流动人口 liúdòng rénkǒu / ~ voters 浮动投票人 fúdòng tóupiàorén

floating debt *n.* 短期债务 duǎnqī zhàiwù；流动负债 liúdòng fùzhài

flock[1] *n.* **1.** 群 qún：a ~ of birds 一群鸟 yìqún niǎo / a ~ of sheep 一群羊 yìqún yáng / ~s and herds 牛羊 niúyáng **2.** 人群 rénqún；群众 qúnzhòng：a ~ of young girls 一群年轻的姑娘 yìqún niánqīngde gūniang / come in ~s 成群而来 chéngqún érlái *v.* 群集 qúnjí；聚集 jùjí：The child ~ed round their teacher. 孩子们聚集在老师的周围。Háizimen jùjízài lǎoshīde zhōuwéi. / Birds of a feather ~ together. 物以类聚。Wùyǐ-lèijù.

flock[2] *n.* **1.** 羊毛丛 yángmáocóng；发丛 fàcóng **2.** 柔细材料 róuxì cáiliào：~ curtain 毛面窗帘 máomiàn chuānglián / ~ed wallpaper 毛面壁纸 máomiàn bìzhǐ

floe *n.* 浮冰块 fúbīngkuài

flog *v.* **1.** 鞭打 biāndǎ；鞭笞 biānchī：~ a donkey 鞭打驴子 biāndǎ lǘzi / ~ a dead horse 徒劳 túláo；浪费精力 làngfèi jīnglì **2.** 迫使 pòshǐ：He was ~ged into accepting. 他被迫接受。Tā bèipò jiēshòu.

flogging *n.* 鞭打 biāndǎ；鞭笞 biānchī；体罚 tǐfá：give a boy a ~ 把孩子打一顿 bǎ háizi dǎ yídùn

flood *n.* 1. 洪水 hóngshuǐ；水灾 shuǐzāi：The river is in ～．河水泛滥。Héshuǐ fànlàn. 2. 一大阵 yídàzhèn；一大批 yídàpī：a ～ of rain 一阵大雨 yízhèn dàyǔ / a ～ of callers 一大批来访者 yídàpī láifǎngzhě / burst into a ～ of tears 泪如泉涌 lèirú-quányǒng 3. 涨潮 zhǎngcháo：The tide is at the ～．潮水正在涨。Cháoshuǐ zhèngzài zhǎng. / ～ gate 水闸 shuǐzhá；水门 shuǐmén *v.* 1. 淹没 yānmò；泛滥 fànlàn：The village was ～ed. 村庄被淹没。Cūnzhuāng bèi yānmò. 2. 涌到 yǒngdào：be ～ed with letters 信件潮涌而来 xìnjiàn cháoyǒng érlái / Applicants ～ed in. 申请者蜂拥而来。Shēnqǐngzhě fēngyōng érlái. 3. 溢满 yìmǎn：Toys ～ed the floor. 玩具满地。Wánjù mǎndì.

floodlight *n.* 泛光灯 fànguāngdēng

floor *n.* 1. 楼面 lóumiàn；地板 dìbǎn：a brick ～ 砖地 zhuāndì/ a cement ～ 水泥地面 shuǐní dìmiàn / a wood ～ (木)地板 (mù)dìbǎn / ～ lamp 落地灯 luòdìdēng /～ show 歌舞表演 gēwǔ biǎoyǎn / dance ～ 舞池 wǔchí 2. 层 céng；楼层 lóucéng：on the first ～ 二楼 èrlóu ＊ Brit. E.；一楼 yīlóu ＊ Am. E. 3. 海底 hǎidǐ ＝ seabed；洞底 dòngdǐ ＊ of a cave；桥面 qiáomiàn ＊ surface of a bridge 4. 议员席 yìyuánxí；发言权 fāyánquán：have the ～ 有发言权 yǒu fāyánquán / take the ～ (起立)发言 (qǐlì)fāyán 5. 最低限价 zuìdī xiànjià ＊ lowest price *n.* 1. 铺上地板 pūshàng dìbǎn：be ～ed with boards 用木板铺地 yòng mùbǎn pūdì 2. 打倒 dǎdǎo：～ one's attacker 击倒攻击者 jīdǎo gōngjīzhě 3. 难倒 nándǎo：be ～ed by a problem 被问题难倒了 bèi wèntí nándǎole

flooring *n.* 地板 dìbǎn：wooden ～ 做地板的木料 zuò dìbǎnde mùliào

floor-walker *n.* (百货公司)巡视员 (bǎihuògōngsī) xúnshìyuán

flop *v.* 1. 鼓翼 gǔyì；乱动 luàndòng；拍动 pāidòng：The fish is ～ping about. 鱼在乱跳着。Yú zài luàntiàozhe. 2. 失败 shībài；惨败 cǎnbài：The new play ～ped. 新剧演出失败了。Xīnjù yǎnchū shībàile. 3. 跌扑 diēpū：He ～ped down on his knees and begged for mercy. 他扑通一声跪下来求饶。Tā pūtōng yìshēng guìxiàlái qiúráo. *n.* 1. 扑通声 pūtōngshēng；啪啪声 pāpāshēng：He fell with a ～ into the water. 他扑通一声落下水。Tā pūtōng yìshēng luòxiàshuǐ. 2. 失败 shībài：The party was a ～. 这次宴会失败了。Zhècì yànhuì shībàile.

floppy *a.* 1. 下垂的 xiàchuíde：a ～ hat 下垂的帽子 xiàchuíde màozi 2. 松软的 sōngruǎnde ＊ soft

flora *n.* 1. 植物群 zhíwùqún：the ～ of New Zealand 新西兰的植物 Xīnxīlánde zhíwù / the ～ of chalk areas 百垩地区的植物 bǎi'è dìqūde zhíwù / Stone Age ～ 石器时代的植物 Shíqì Shídàide zhíwù 2. 植物志 zhíwùzhì * chronicles of plants

floral *a.* 花的 huāde；花似的 huāshìde：～ designs 花纹图案 huāwén tú'àn；花样 huāyàng

Florentine *a.* 佛罗伦萨的 Fóluólúnsàde *n.* 佛罗伦萨人 Fóluólúnsàrén

floret *n.* 小花 xiǎohuā

floriculture *n.* 花艺 huāyì；花卉栽培 huāhuì zāipéi

florid *a.* 1. 绚烂的 xuànlànde 2. 华丽的 huálìde：a ～ style 华丽的文体 huálìde wéntǐ / ～ language 浮夸的语言 fúkuāde yǔyán 3. 红润的 hóngrùnde * of face：a ～ complexion 红润的面色 hóngrùnde miànsè

florist *n.* 花商 huāshāng；种花者 zhònghuāzhě

floss *n.* 1. 丝棉 sīmián = floss silk 2. 绣花线 xiùhuāxiàn

flotilla *n.* 海军纵队 hǎijūn zòngduì；小舰队 xiǎojiànduì

flotsam *n.* 1. 漂浮的货物 piāofúde huòwù；废物 fèiwù 2. 流浪汉 liúlànghàn；游民 yóumín = the homeless

flounce[1] *v.* 激动 jīdòng：～ out of the room 激动地离开了屋子 jīdòngde líkāile wūzi *n.* 急行 jíxíng；急转身 jízhuǎnshēn

flounce[2] *n.* 荷叶边装饰 héyèbiān zhuāngshì * decorations on a dress *v.* 饰以荷叶边 shìyǐ héyèbiān

flounder[1] *v.* 1. 挣扎 zhēngzhá：The fish ～ed on the river bank，struggling to breathe. 鱼在河岸挣扎，使劲呼吸。Yú zài hé'àn zhēngzhá，shǐjìn hūxī. 2. 艰难地进行 jiānnánde jìnxíng：The horse and its rider ～ed through the deep snow. 马和骑马者在深雪中艰难地行进。Mǎ hé qímǎzhě zài shēnxuězhōng jiānnánde xíngjìn. / ～ through a speech 艰难地做完一次演说 jiānnánde zuòwán yícì yǎnshuō

flounder[2] *n.* 平鱼 píngyú

flour *n.* 面粉 miànfěn；面 miàn；粉 fěn *v.* 撒上面粉 sǎshàng miànfěn；裹上面 guǒshàngmiàn

flourish *v.* 1. 繁荣 fánróng；茂盛 màoshèng；兴旺 xīngwàng：Very few plants will ～ without water. 没有水，很少植物能长得茂盛。Méiyǒu shuǐ，hěnshǎo zhíwù néng zhǎngde màoshèng. / His business is ～ing. 他的生意兴隆。Tāde shēngyi xīnglóng. 2. 挥舞 huīwǔ；挥动 huīdòng：

~ sword 舞剑 wǔjiàn *n.* **1.** 炫耀 xuànyào；夸示 kuāshì：His speech is full of ~es. 他的讲话充满华丽词藻。Tāde jiǎnghuà chōngmǎn huálì cízǎo. **2.** 挥舞 huīwǔ **3.** 花体字 huātǐzì * in handwriting **4.** 吹奏 chuīzòu：a ~ of trumpets 喇叭的响亮的吹奏 lǎbade xiǎngliàngde chuīzòu

floury *a.* **1.** 粉的 fěnde；盖有面粉的 gàiyǒu miànfěnde：His hands were ~. 她的手上满是面粉。Tāde shǒushang mǎnshì miànfěn. **2.** 粉质的 fěnzhìde：~ potatoes 粉质马铃薯 fěnzhì mǎlíngshǔ

flout *v.* 嘲弄 cháonòng；藐视 miǎoshì：She ~ed all my offers of help and friendship. 她藐视我所提供的协助与友情。Tā miǎoshì wǒ suǒ tígōngde xiézhù yǔ yǒuqíng. / You've ~ed my orders. 你藐视我的命令。Nǐ miǎoshì wǒde mìnglìng.

flow *v.* **1.** 流动 liúdòng；流 liú：This river ~s into the sea. 这条河流入大海。Zhètiáo hé liúrù dàhǎi. / The river ~ed over its bank. 河水泛滥了。Héshuǐ fànlànle. / The tears ~ed from her eyes. 泪水从她眼中流出。Lèishuǐ cóngtā yǎnzhōng liúchū. / Gold ~ed out of the country. 黄金外流。Huángjīn wàiliú. **2.** 涨潮 zhǎngcháo：The tide began to ~. 开始涨潮了。Kāishǐ zhǎngcháole. **3.** 飘垂 piāochuí：hair ~ing down her back 飘垂在她背部的头发 piāochuí zài tā bèibùde tóufa **4.** 来自 láizì：Wealth ~s from industry and economy. 财富由勤俭而来。Cáifù yóu qínjiǎn érlái. *n.* 流动 liúdòng；飘垂 piāochuí；涨潮 zhǎngcháo；流量 liúliàng：a good ~ of water 大量流水 dàliàng liúshuǐ / a ~ of angry words 滔滔的怒言 tāotāode nùyán / the ebb and ~ of the sea 海潮的涨落 hǎicháode zhǎngluò

flower *n.* **1.** 花 huā；花草 huācǎo：in ~ 开着花 kāizhehuā / ~ bed 花坛 huātán / ~ girl 卖花女 màihuānǚ / ~ pot 花盆 huāpén / ~ show 花展 huāzhǎn / the national ~ 国花 guóhuā **2.** 精华 jīnghuá；最佳部分 zuìjiā bùfen：in the ~ of one's strength 年青力壮之时 niánqīng lìzhuàng zhīshí / the ~ of nation's manhood 国家精英 guójiā jīngyīng **3.** 华丽的词藻 huálìde cízǎo * in language *v.* 开花 kāihuā：~ing bushes 开花的灌木 kāihuāde guànmù / late ~ing chrysanthemums 迟开的菊花 chíkāide júhuā

floweret *n.* 小花 xiǎohuā

flowering *a.* 开花的 kāihuāde：a ~ plant 显花植物 xiǎnhuā zhíwù

flowerless *a.* 无花的 wúhuāde；隐花的 yǐnhuāde：a ～ plant 隐花植物 yǐnhuā zhíwù

flowery *a.* **1.** 多花的 duōhuāde；百花灿烂的 bǎihuā cànlànde：～ fields 多花的田野 duōhuāde tiányě **2.** 华丽 huálì；华美 huáměi：* beautifully decorated with flowers

flu *n.* 流行性感冒 liúxíngxìng gǎnmào；流感 liúgǎn

fluctuate *v.* **1.** 波动 bōdòng；起伏 qǐfú；涨落 zhǎngluò：fluctuating prices 波动的物价 bōdòngde wùjià **2.** 动摇 dòngyáo：～ between hopes and fears 忽喜忽忧 hūxǐ-hūyōu

fluctuation *n.* 波动 bōdòng；变动 biàndòng：～s of temperature 温度的变动 wēndùde biàndòng / ～s in the exchange rates 兑换率的波动 duìhuànlǜde bōdòng

flue *n.* 烟道 yāndào；锅炉通气管 guōlú tōngqìguǎn：clean the ～s of soot 清除烟道中的煤烟 qīngchú yāndào zhōngde méiyān

fluency *n.* 流利 liúlì；流畅 liúchàng：speak with ～ 流利地说 liúlìde shuō；滔滔不绝地说 tāotāo-bùjuéde shuō

fluent *a.* 流利的 liúlìde：speake ～ English 讲一口流利的英语 jiǎng yìkǒu liúlìde Yīngyǔ

fluently *ad.* 流利地 liúlìde；滔滔不绝地 tāotāo-bùjuéde

fluff *n.* **1.** 绒毛 róngmáo；羽毛 yǔmáo **2.** 失误 shīwù = fault *v.* **1.** 起毛 qǐmáo；撒开(羽毛) sǎkāi(yǔmáo)：The bird ～ed out its feathers. 鸟抖抖身上的羽毛。Niǎo dǒudou shēnshangde yǔmáo. **2.** 犯错 fàncuò；失误 shīwù = miss：The actress ～ed her lines. 女演员忘记台词。Nǚyǎnyuán wàngjì táicí. / The cricketer ～ed the catch. 板球员接漏了球。Bǎnqiúyuán jiēlòule qiú.

fluffy *a.* 绒的 róngde；毛茸茸的 máoróngróngde：Newly hatched chickens are like ～ balls. 刚孵出的小鸡象绒毛球。Gāng fūchūde xiǎojī xiàng róngmáoqiú.

fluid *n.* 液体 yètǐ；流质 liúzhì *a.* **1.** 流动的 liúdòngde；流体的 liútǐde **2.** 不固定的 búgùdìngde；易变的 yìbiànde：～ opinions (plans) 不固定的意见(计划) búgùdìngde yìjian(jìhuà)

fluidity *n.* **1.** 流动性 liúdòngxìng；液性 yèxìng **2.** 流度 liúdù

fluke[1] *n.* 碰中 pèngzhōng * of billiard ball；侥幸 jiǎoxìng：win . . . by a ～ 侥幸取胜 jiǎoxìng qǔshèng

fluke[2] *n.* 锚钩 máogōu

fluke[3] *n.* **1.** 蛭 zhì；肝蛭 gānzhì **2.** 比目鱼 bǐmùyú ＊ a kind of fish

flume *n.* **1.** 水槽 shuǐcáo ＊ in America **2.** 涧 jiàn；峡沟 xiágōu ＝ a gorge with a stream

flunk *v.* 不及格 bùjígé；给不及格分数 gěi bùjígé fēnshù：～ in an exam 一门考试不及格 yìmén kǎoshì bùjígé / He ～ed out. 他因考试不及格而退学。Tā yīn kǎoshì bùjígé ér tuìxué. *n.* 不及格 bùjígé

flunk(e)y *n.* **1.** 侍者 shìzhě ＝ waiter **2.** 奉承者 fèngchengzhě；马屁精 mǎpìjīng ＝ flatterer

fluorescence *n.* 荧光 yíngguāng

fluorescent *a.* 荧光(性)的 yíngguāng(xìng)de：a ～ lamp 荧光灯 yíngguāngdēng；日光灯 rìguāngdēng

fluorine *n.* 氟 fú ＊ chemistry

fluorite *n.* 荧石 yíngshí ＊ mineral

flurry *n.* **1.** 风雪 fēngxuě；骤雨 zhòuyǔ：Some flurries are expected this evening. 今晚将有小雪。Jīnwǎn jiāngyǒu xiǎoxuě. **2.** 慌张 huāngzhāng；仓惶 cānghuáng：in a ～ 慌慌张张 huānghuangzhāngzhāng *v.* 使(人)慌张 shǐ(rén)huāngzhāng：Keep calm! Don't get flurried! 保持镇静！别慌张！Bǎochí zhènjìng! Biéhuāngzhāng!

flush *v.* **1.** (脸)发红(liǎn) fāhóng：She was ～ed with exercise. 她因运动而脸红。Tā yīn yùndòng ér liǎnhóng. **2.** 冲洗 chōngxǐ：The toilet ～ed. 抽水马桶冲洗了。Chōushuǐ mǎtǒng chōngxǐle. *n.* **1.** 奔流 bēnliú；冲洗 chōngxǐ **2.** 晕红 yùnhóng；红光 hóngguāng：the ～ of dawn 朝霞 zhāoxiá **3.** 萌芽 méngyá：the first ～ of spring 大地回春 dàdì huíchūn **4.** 兴奋 xīngfèn：in the first ～ of victory 初闻胜利之兴奋 chūwén shènglì zhī xīngfèn *a.* 很多的 hěnduōde；富裕的 fùyùde：be ～ of money 金钱充裕 jīnqián chōngyù

fluster *v.* 使…慌张 shǐ…huāngzhāng；使…忙乱 shǐ…mángluàn：The shouts of the crowd ～ed the speaker. 群众的呼叫使演讲者紧张不安。Qúnzhòngde hūjiào shǐ yǎnjiǎngzhě jǐnzhāng bù'ān. *n.* 慌张 huāngzhāng；狼狈 lángbèi：be all in a ～ 狼狈不堪 lángbèi bùkān

flute *n.* 长笛 chángdí *v.* **1.** 吹笛子 chuīdízi **2.** 刻凹槽 kè āocáo：～d pillars 有凹槽的柱子 yǒu āocáode zhùzi

fluted *a.* 笛声悠扬的 díshēng yōuyángde

flutist *n.* 笛子吹奏者 dízi chuīzòuzhě

flutter *v.* **1.** (鸟)振翼 (niǎo)zhènyì; 拍翅膀 pāi chìbǎng: The bird in the nest ~ed her wings. 巢里的鸟拍着翅膀。Cháolide niǎo pāizhe chìbǎng. / The butterfly ~ed from flower to flower. 蝴蝶在花间飞舞。Húdié zài huājiān fēiwǔ. **2.** 飘扬 piāoyáng: The flag ~ed in the wind. 旗帜在风中飘扬。Qízhì zài fēngzhōng piāoyáng. **3.** 不安 bù'ān: She ~ed about the room nervously. 她紧张地在房内走来走去。Tā jǐnzhāngde zài fángnèi zǒulái-zǒuqù. *n.* **1.** 鼓翼 gǔyì; 飘动 piāodòng **2.** 不安 bù'ān; 焦急 jiāojí: be in a ~ 忐忑不安 tǎntè-bù'ān

flux *n.* **1.** 流出 liúchū; 流动 liúdòng **2.** 不断地改变 búduànde gǎibiàn: Everything has been in the state of ~. 事事都变化不定。Shìshì dōu biànhuà búdìng. **3.** 助熔剂 zhùróngjì; 焊接剂 hànjiējì * in melting

fly[1] *n.* 苍蝇 cāngying: Flies buzz. 苍蝇嗡嗡叫。Cāngying wēngwēngjiào. / kill flies 打苍蝇 dǎ cāngying

fly[2] *v.* **1.** 飞 fēi; 飞行 fēixíng: Birds ~ in the air. 鸟在空中飞行。Niǎo zài kōngzhōng fēixíng. / We flew from Beijing to Shanghai. 我们从北京飞到了上海。Wǒmen cóng Běijīng fēidàole Shànghǎi. **2.** 奔 bēn; 疾行 jíxíng: He flew down the road. 他沿路飞奔。Tā yánlù fēibēn. / Time flies. 光阴似箭。Guāngyīn sìjiàn. / The children flew to meet their mother. 孩子们飞跑前去迎接母亲。Háizimen fēipǎo qiánqù yíngjiē mǔqin. **3.** 放(风筝) fàng(fēngzheng) * to fly kites **4.** 飞越 fēiyuè: ~ the Atlantic 飞越大西洋 fēiyuè Dàxīyáng **5.** 逃离 táolí: ~ the country 逃出国境 táochū guójìng

flyable *a.* 宜于飞行的 yìyú fēixíngde; 适航的 shìhángde

flycatcher *n.* 捕蝇器 bǔyíngqì = a device for catching flies; 京燕 jīngyàn * a kind of bird; 捕蝇草 bǔyíngcǎo * a kind of grass that catches flies and insects

flyer *n.* **1.** 飞鸟 fēiniǎo **2.** 飞机 fēijī; 快车 kuàichē; 快艇 kuàitǐng **3.** 飞行员 fēixíngyuán = pilot

flying *a.* 飞的 fēide; 飞行的 fēixíngde; 飞速的 fēisùde: a ~ boat 飞船 fēichuán / a ~ bomb 飞弹 fēidàn / a ~ column 挺进队 tǐngjìnduì; 别动队 biédòngduì / a ~ fish 飞鱼 fēiyú / a ~ man 飞行员 fēixíngyuán /

a ～ visit 走马看花 zǒumǎ-kànhuā *n.* 飞行 fēixíng：～ time 飞行时间 fēixíng shíjiān

fly(-)leaf *n.* （书）衬页 (shū)chènyè

fly(-)paper *n.* 捕蝇纸 bǔyíngzhǐ

fly-sheet *n.* 传单 chuándān

fly(-)trap *n.* 捕蝇器 bǔyíngqì

fly(-)wheel *n.* 飞轮 fēilún * machine

foal *n.* **1.** 驹 jū；小驴 xiǎolǘ **2.** in (with) ～ 怀驹 huáijū * pregnant *v.* 产小马 chǎn xiǎomǎ ＝ give birth to a foal

foam *n.* **1.** 泡沫 pàomò：～ rubber 海绵橡胶 hǎimián xiàngjiāo / The breaking waves had edges of ～. 波浪边上带着泡沫。Bōlàng biānshang dàizhe pàomò. **2.** 泡沫塑料 pàomò sùliào；泡沫橡胶 pàomò xiàngjiāo *v.* **1.** 起泡沫 qǐ pàomò：～ beer 起泡沫的啤酒 qǐ pàomòde píjiǔ **2.** 生气的 shēngqìde：～ing with rage 生气 shēngqì

foamy *a.* 泡沫的 pàomòde；泡沫似的 pàomòshìde

fob *v.* **1.** 欺骗 qīpiàn：He ～bed me off with a sad story. 他用一个悲惨故事欺骗我。Tā yòng yíge bēicǎn gùshi qīpiàn wǒ. **2.** 不理会 bùlǐhuì：He ～bed our suggestions off. 他不理会我们的建议。Tā bùlǐhuì wǒmende jiànyì.

focal *a.* 焦点的 jiāodiǎnde：the ～ distance 焦距 jiāojù / the ～ point 焦点 jiāodiǎn

focalize *v.* 使…集中 shǐ … jízhōng；集中 jízhōng

focus *n.* **1.** 焦点 jiāodiǎn；焦距 jiāojù：The image is out of ～. 这影像在焦点外(模糊不清)。Zhè yǐngxiàng zài jiāodiǎn wài(móhu-bùqīng). **2.** 中心 zhōngxīn；集中点 jízhōngdiǎn：the ～ of attention 注意的焦点 zhùyìde jiāodiǎn / the ～ of an earthquake 震源 zhènyuán *v.* **1.** 定焦点 dìng jiāodiǎn：～ the sun's rays on sth. 使太阳光线集中某物上 shǐ tàiyáng guāngxiàn jízhōng mǒuwùshang **2.** 集中 jízhōng：～ one's attention on a matter 集中注意力于某事 jízhōng zhùyìlì yú mǒushì / All eyes were ～ed on him. 大家都注视着他。Dàjiā dōu zhùshìzhe tā.

fodder *n.* 饲料 sìliào；草料 cǎoliào

foe *n.* **1.** 仇敌 chóudí；敌人 dírén：the common ～ of man 人类的公敌 rénlèide gōngdí / distinguish friend from ～ 分辨敌友 fēnbiàn díyǒu **2.** 反对者 fǎnduìzhě ＝ opponent

f(o)etus *n.* **1.** 胎儿 tāi'ér **2.** 胚胎 pēitāi

fog *n.* **1.** 雾 wù: a dense ～ 大雾 dàwù; 浓雾 nóngwù / London has bad ～ in winter. 伦敦冬日雾重。Lúndūn dōngrì wùzhòng. / ～ bound 因雾而无法行进的 yīnwù ér wúfǎ xíngjìnde / ～-signal 雾中信号 wùzhōng xìnhào **2.** 迷惑 míhuo: The boy is in a ～ about his science lessons. 这个男孩对科学课茫无头绪。Zhège nánhái duì kēxuékè mángwú-tóuxù. *v.* 笼罩着雾 lǒngzhàozhe wù; 使迷惑 shǐ míhuo: I'm a bit ～ged (puzzled). 我有点糊涂了。Wǒ yǒudiǎn hútule.

foggy *a.* **1.** 有雾的 yǒuwùde; 多雾的 duōwùde: a ～ day 大雾天 dàwùtiān **2.** 模糊的 móhude: a ～ idea 模糊的概念 móhude gàiniàn

foghorn *n.* 雾角(浓雾信号) wùjiǎo(nóngwù xìnhào)

fog lamp *n.* 雾灯 wùdēng

fogy, fogey *n.* 老顽固 lǎowángù; 古板人 gǔbǎnrén

foible *n.* 弱点 ruòdiǎn; 瑕疵 xiácī; 小毛病 xiǎomáobìng

foil[1] *n.* **1.** 箔 bó; 金属薄片 jīnshǔ báopiàn: tin ～ 锡箔 xībó **2.** 陪衬物 péichènwù; 配角 pèijué: serve as ～ to 做…的陪衬 zuò …de péichèn

foil[2] *n.* 花剑 huājiàn

foil[3] *v.* 击败 jībài; 打乱(对方计策) dǎluàn(duìfāng jìcè): We ～ed his plans. 我们(阻挠)挫败了他。Wǒmen (zǔnáo) cuòbàile tā. / We ～ed his attempt to escape. 我们使它逃不成。Wǒmen shǐ tā táobuchéng.

foist *v.* **1.** 用欺骗手段出售 yòng qīpiàn shǒuduàn chūshòu: ～ worthless goods on a customer 将一钱不值的货物卖给顾客 jiāng yìqián-bùzhíde huòwù màigěi gùkè **2.** 强人所难 qiǎngrén-suǒnán: He ～ed his company on them. 他硬要和他们作伴。Tā yìngyào hé tāmen zuòbàn.

fold[1] *n.* **1.** 羊栏 yánglán * of sheep **2.** 教徒 jiàotú = members of a church

fold[2] *v.* **1.** 折叠 zhédié; 折合 zhéhé: ～ a letter 折信 zhéxìn / The paper must be ～ed in half. 这张纸必须对折。Zhèzhāngzhǐ bìxū duìzhé. **2.** 合拢 hélǒng: ～ one's hands 合掌 hézhǎng / ～ one's arms 交臂 jiāobì / ～ a child in one's arms 把孩子抱在怀里 bǎ háizi bàozài huáili **3.** 包 bāo; 抱 bào: ～ it in paper 用纸包起来 yòng zhǐ bāoqǐlái *n.* 折 zhé; 折叠 zhédié; 折痕 zhéhén

folder *n.* **1.** 文件夹 wénjiànjiā; 硬纸夹 yìngzhǐjiā **2.** 折叠式印刷品 zhédiéshì yìnshuāpǐn * a booklet made of folded sheet(s) of paper

folding *a.* 折叠式的 zhédiéshìde：a ～ chair 折叠椅 zhédiéyǐ / a ～ bed 折叠床 zhédiéchuáng / a ～ ruler (or scale) 折尺 zhéchǐ

foliage *n.* 树叶 shùyè

folio *n.* **1.** 对开纸 duìkāizhǐ；对折纸 duìzhézhǐ * of paper **2.** 对折本 duìzhébĕn；对开本 duìkāibĕn：The book has been brought out in ～. 这本书以对开本出版。Zhèbĕnshū yǐ duìkāibĕn chūbǎn.

folk *n.* **1.** 人们 rénmen；人民 rénmín；世人 shìrén：Some ～ are never satisfied. 有些人从不满足。Yǒuxiē rén cóngbù mǎnzú. / All young ～s delight in stories. 青少年都喜欢听故事。Qīngshàonián dōu xǐhuan tīng gùshi. **2.** 民间 mínjiān：～-dance 民间舞 mínjiānwǔ / a ～-song 民歌 míngē；民谣 mínyáo / ～-tale 民间故事 mínjiān gùshi / ～lore 民俗 mínsú；民间传说 mínjiān chuánshuō；民俗学 mínsúxué **3.** 亲属 qīnshǔ；家人 jiārén：the old ～s at home 家里的老人 jiālide lǎorén / How are all the ～s? 府上都好吗？Fǔshang dōu hǎoma？(家里人都好吗？Jiālirén dōu hǎoma？)

folketymology *n.* 俗词源学 súcíyuánxué；民俗词源 mínsúcíyuán

folklorist *n.* 民俗学者 mínsúxuézhĕ

folksy *a.* 民俗的 mínsúde；乡土艺术的 xiāngtǔ yìshùde：She bought herself a ～ little teapot. 她买了一把有乡土味的小茶壶。Tā mǎile yībǎ yǒu xiāngtǔwèide xiǎocháhú.

follow *v.* **1.** 跟(随) gēn(suí)；追随 zhuīsuí：You go first, I'll ～ you. 你先走，我就跟来。Nǐ xiānzǒu，wǒ jiù gēnlái. **2.** 沿…而行 yán … érxíng；循(路) xún(lù)：F- this road to the airport. 沿着这条路一直到机场。Yánzhe zhètiáolù yìzhí dào jīchǎng. **3.** 听得懂 tīngdedǒng；理解 lǐjiě；领会 lǐnghuì：Do you ～ me? 你听清楚(听懂)我的话吗？Nǐ tīngqīngchu (tīngdǒng) wǒde huàma？**4.** 从事 cóngshì；经营 jīngyíng：～ the trade of a florist 做卖花生意 zuò màihuā shēngyi / ～ the law 从事法律工作 cóngshì fǎlǜ gōngzuò；做律师 zuò lǜshī **5.** 遵循 zūnxún；信奉 xìnfèng：～ someone's advice 听从人家的忠告 tīngcóng rénjiade zhōnggào / ～ the principle 遵守原则 zūnshǒu yuánzé / ～ the fashion 追随时尚 zhuīsuí shíshàng；讲究时髦 jiǎngjiu shímáo **6.** 追求 zhuīqiú；追逐 zhuīzhú：～ up an advantage 乘机 chéngjī / ～ up a victory 乘胜追击 chéngshèng-zhuījī / ～ knowledge 追求知识 zhuīqiú zhīshi **7.** 归结

guījié: Because he is good, it doesn't ～ that he is wise. 因为他好,并不能断定他是聪明的。Yīnwèi tā hǎo, bìng bùnéng duàndìng tā shì cōngmingde. / It ～s that… 那么(可以说)… Nàme (kěyǐshuō)…

follower *n.* 随员 suíyuán; 部下 bùxià; 信徒 xìntú; 门生 ménshēng; 继承者 jìchéngzhě: the leader and his ～s 领袖及其追随者 lǐngxiù jíqí zhuīsuízhě

following *a.* 下列的 xiàliède; 其次的 qícìde: on the ～ day 在第二天 zài dì-èr tiān / Please send me the ～ books. 请给我送下列的书。Qǐng gěi wǒ sòng xiàliède shū. *n.* **1.** 下面 xiàmian: The ～ is noteworthy. 下面一点(几点)是值得注意的。Xiàmian yidiǎn(jǐdiǎn) shì zhíde zhùyìde. **2.** (一批)随从人员 (yìpī)suícóng rényuán; 党羽 dǎngyǔ: a political leader with a large ～ 拥有大批党羽(追随者)的政治领袖 yōngyǒu dàpī dǎngyǔ(zhuīsuízhě)de zhèngzhì lǐngxiù *prep.* 在…以后 zài … yǐhòu: F- the speech, the audience shouted slogans. 讲话结束后,听众高呼口号。Jiǎnghuà jiéshùhòu, tīngzhòng gāohū kǒuhào.

folly *n.* **1.** 笨 bèn; 愚蠢 yúchǔn: It is ～ to do so. 这样干是愚蠢的。Zhèyàng gàn shì yúchǔnde. **2.** 蠢事 chǔnshì; 傻想法 shǎxiǎngfǎ; 傻话 shǎhuà: That reminds him of the follies of his youth. 那使他回想起他年轻时的荒唐事。Nà shǐ tā huíxiǎngqǐ tā niánqīngshíde huāngtángshì.

foment *v.* **1.** 热敷 rèfū = treat with heat **2.** 酝酿 yùnniàng; 煽动 shāndòng; 教唆 jiàosuō = stir up

fond *a.* **1.** 喜爱…的 xǐ'ài …de; 爱好…的 àihào …de: be ～ of music 喜爱音乐 xǐ'ài yīnyuè / be ～ of reading 喜欢看书 xǐhuan kànshū **2.** 慈爱的 cí'àide; 多情的 duōqíngde: a ～ mother 慈爱的母亲 cí'àide mǔqin **3.** 深情的 shēnqíngde: a young wife with a ～ husband 年轻妻子和温情的丈夫 niánqīng qīzi hé wēnqíngde zhàngfu

fondle *v.* 爱抚 àifǔ; 抚弄 fǔnòng: ～ a baby 抚弄一婴儿 fǔnòng yī yīng'ér

fondly *ad.* **1.** 喜爱地 xǐ'àide; 爱怜地 àiliánde: She look ～ at her children. 她爱怜地望着自己的儿女。Tā àiliánde wàngzhe zìjǐde érnǚ. **2.** 天真地 tiānzhēnde: He ～ hoped that he could learn swimming quickly. 他天真地希望他能很快学会游泳。Tā tiānzhēnde xīwàng tā néng hěnkuài xuéhuì yóuyǒng.

fondness *n.* 喜爱 xǐ'ài；爱好 àihào；嗜好 shìhào：He has a ～ for reading. 他很爱读书。Tā hěn'ài dúshū. / He has developed a ～ for playing hooky. 他变得喜欢逃学。Tā biànde xǐhuan táoxué.

food *n.* 食物 shíwù；粮食 liángshi；养料 yǎngliào：～ and drink 饮食 yǐnshí / staple ～ 主食品 zhǔshípǐn / spiritual ～ 精神食粮 jīngshén shíliáng / ～ rationing 食物配给 shíwù pèijǐ / become ～ for fishes 葬身鱼腹 zàngshēn yúfù / nutritious ～ 滋补食物 zībǔ shíwù / plant ～ 植物养料 zhíwù yǎngliào / sea ～ 海味 hǎiwèi / soft ～ 易消化食物 yì xiāohuà shíwù

foodstuff *n.* 食品 shípǐn：substitute ～ 代用食物 dàiyòng shíwù

fool *n.* **1.** 蠢材 chǔncái；笨人 bènrén；傻瓜 shǎguā；愚人 yúren：What a ～！好一个傻瓜！Hǎoyíge shǎguā！/ It's ～ enough to do so. 这样干笨透了。Zhèyàng gàn bèntòule. / He is no ～. 他可不傻。Tā kě bù shǎ. / Don't make a ～ of me. 别愚弄我。Bié yúnòng wǒ. **2.** 小丑 xiǎochǒu：play the ～ 演滑稽戏 yǎn huájīxì；打诨 dǎhùn；装傻 zhuāngshǎ / April F-s' Day 愚人节 Yúrénjié *v.* 愚弄 yúnòng；欺骗 qīpiàn：～ a person out of his money 骗取某人金钱 piànqǔ mǒurén jīnqián / ～ a person into doing… 骗人做… piànrén zuò … / ～ away money (time) 浪费金钱（时间）làngfèi jīnqián (shíjiān)

foolery *n.* 蠢事 chǔnshì

foolhardy *a.* 勇而无谋的 yǒng ér wúmóude

foolish *a.* 笨 bèn；愚蠢 yúchǔn：a ～ fellow 笨蛋 bèndàn / How ～ of you to do that！你真傻，竟然做那种事！Nǐ zhēn shǎ，jìngrán zuò nàzhǒng shì！/ Don't be so ～. 不要这样傻乎乎的。Búyào zhèyàng shǎhūhūde.

foolproof *a.* 简单透顶的 jiǎndān tòudǐngde

foot *n.* **1.** 脚 jiǎo；足 zú：A dog's feet are called paws. 狗足叫作爪。Gǒuzú jiàozuò zhuǎ. / go on ～ 走着去 zǒuzhe qù / be on ～ 在着手中 zài zhuóshǒuzhōng / be on one's feet 站起 zhànqǐ；恢复健康 huīfù jiànkāng；(经济上)独立 (jīngjìshang)dúlì / fall on one's feet 幸免于难 xìngmiǎn yúnàn / rise to one's feet 站起来 zhànqǐlái / put one's ～ in (into) it 引起麻烦 yǐnqǐ máfan **2.** 足部 zúbù；最下部 zuì xiàbù：at the ～ of a mountain 在山脚下 zài shānjiǎoxià **3.** 呎 chǐ；英尺 yīngchǐ：five ～ six 五尺六寸 wǔchǐ liùcùn / a man five ～ two 一个身高五尺二寸的人 yíge shēngāo wǔchǐ-'èrcùnde rén **4.** 步兵 bùbīng：a regiment of ～ 一

团步兵 yìtuán bùbīng **5.** 音步 yīnbù；顿 dùn * in a poem *v.* **1.** 走 zǒu；踏 tà：~ it 走着去 zǒuzhe qù **2.** 结算(帐目) jiésuàn(zhàngmù)：The various items ~ up to ＄15. 这些项目加起来是15美元。Zhèxiē xiàngmù jiāqǐlái shì shíwǔ Měiyuán. **3.** ~ the bill 付帐 fùzhàng

foot-and-mouth disease *n.* 口蹄病 kǒutíbìng

football *n.* 足球 zúqiú：play ~ 踢足球 tī zúqiú / American ~ 美式足球 Měishì zúqiú；橄榄球 gǎnlǎnqiú

foot-bath *n.* 洗脚盆 xǐjiǎopén

foot(-)board *n.* 踏板 tàbǎn

foot-bridge *n.* 人行桥 rénxíngqiáo

foot-candle *n.* 呎烛光 chǐzhúguāng

footfall *n.* 脚步声 jiǎobùshēng

foot(-)gear *n.* 鞋袜 xiéwà

foothill *n.* 山麓 shānlù；小丘 xiǎoqiū

foothold *n.* 立足点 lìzúdiǎn：It isn't easy to get a ~ as a film actor. 一个电影演员要站住脚不容易。Yíge diànyǐng yǎnyuán yào zhànzhùjiǎo bùróngyì.

footing *n.* **1.** 立脚处 lìjiǎochù；立足点 lìzúdiǎn：He lost his ~ and fell. 他失足跌倒了。Tā shīzú diēdǎole. **2.** 地位 dìwèi；(社交)关系 (shèjiāo)guānxì：get a ~ in society 在社会上建立地位 zài shèhuìshang jiànlì dìwèi / be on a friendly ~ with people 与人相处甚好 yǔ rén xiāngchǔ shènhǎo **3.** 情况 qíngkuàng；状况 zhuàngkuàng：on a peace ~ 在平静(和平)状态中 zài píngjìng (hépíng) zhuàngtàizhōng

footlights *n.* 舞台上的脚光 wǔtáishangde jiǎoguāng；appear before the ~ 登台 dēngtái

footman *n.* 男仆 nánpú；侍者 shìzhě

footmark *n.* 脚印 jiǎoyìn；足迹 zújī

footnote *n.* 脚注 jiǎozhù

foot(-)path *n.* 人行道 rénxíngdào；小路 xiǎolù

foot-pound *n.* 呎磅 chǐbàng

footprint *n.* 脚印 jiǎoyìn；足迹 zújī：The hunter recognized the ~s of a deer. 猎人认出了鹿的脚印。Lièrén rènchūle lùde jiǎoyìn.

foot-race *n.* 竞走 jìngzǒu

footrule *n.* 一英尺长的尺 yìyīngchǐ chángde chǐ

footsore *n.* 脚痛的 jiǎotòngde * because of walking

footstep *n.* 脚步 jiǎobù；脚步声 jiǎobùshēng：tottering ～s 踉跄的脚步声 liàngqiàngde jiǎobùshēng / light（heavy）～s 轻（重）的脚步声 qīng (zhòng)de jiǎobùshēng

foot-stool *n.* 脚凳 jiǎodèng

footsure *ad.* 脚步稳的 jiǎobù wěnde

footwork *n.* 步法 bùfǎ；脚的动作 jiǎode dòngzuò

fop *n.* 纨袴子弟 wánkùzǐdì；花花公子 huāhuā-gōngzǐ

foppery *n.* 浮华 fúhuá

foppish *a.* 浮华的 fúhuáde：a ～ man 花花公子 huāhuā-gōngzǐ

for *prep.* **1.** 代 dài；替 tì；为了… wèile...：a substitute ～ butter 奶油代用品 nǎiyóu dàiyòngpǐn / speak ～ another 替别人发言 tì biérén fāyán / This box will serve us ～ a table. 这只箱子可给我们当作桌子用。Zhèzhī xiāngzi kěgěi wǒmen dāngzuò zhuōzi yòng. / What ～？为什么？Wèi shénme？**2.** 到…去 dào … qù；向 xiàng；往 wǎng：the train ～ New York 开往纽约的火车 kāiwǎng Niǔyuēde huǒchē / sail ～ Japan 驶往日本 shǐwǎng Rìběn **3.** 因为 yīnwèi；由于 yóuyú：～ many reasons 由于许多理由 yóuyú xǔduō lǐyóu / The place is famous ～ its hot springs. 这个地方以温泉著名。Zhège dìfang yǐ wēnquán zhùmíng. / I cannot see anything ～ the fog. 我因雾看不见东西。Wǒ yīnwù kànbujiàn dōngxi. // ～ all 尽管 jǐnguǎn：F- all you say, I still like him. 尽管你这样说，我还是喜欢他。Jǐnguǎn nǐ zhèyàng shuō, wǒ háishì xǐhuan tā. **4.** 对于… duìyú …：The book is not fit ～ children. 这本书儿童不宜读。Zhèběn shū értóng bùyí dú. / not ～ food 不宜食用 bùyí shíyòng / not ～ sale 非卖品 fēimàipǐn / go ～ a walk 去散步 qù sànbù / come here ～ a meeting 来开会 lái kāihuì / fight ～ independence 为独立而战 wèi dúlì érzhàn / too beautiful ～ words 美不胜言 měibù-shèngyán **5.** 至于 zhìyú；关于 guānyú：～ my part 至于我 zhìyúwǒ / He has no equal ～ running. 讲到赛跑，他是无敌的。Jiǎng dào sàipǎo, tā shì wúdíde. / He is tall ～ his age. 就年龄来说，他是个子高的。Jiù niánlíng láishuō, tā shì gèzi gāode. **6.** 在…间 zài … jiān：～ three months 三星期 sān xīngqī / I haven't been there ～ five years. 我不在那已经五年了。Wǒ búzài nà yǐjīng wǔniánle. / ～ life 终身 zhōngshēn **7.** 作为 zuòwéi：I take him ～ my model. 我把他作为(奉

为）模范。Wǒ bǎ tā zuòwéi（fèngwéi）mófàn. **8.** 支持 zhīchí；赞成 zànchéng；拥护 yōnghù：I'm all ~ it. 我完全赞成。Wǒ wánquán zànchéng. / be ~ Marxism 拥护马克思主义 yōnghù Mǎkèsīzhǔyì **9.** 表用途 biǎo yòngtú：books ~ children 儿童读物 értóng dúwù / cups ~ milk 牛奶杯 niúnǎibēi / a machine ~ drilling rails 钢轨钻机 gāngguǐ zuànjī *conj.* 因为 yīnwèi：He felt no fear，~ he was very brave. 他没有害怕，因为他很勇敢。Tā méiyǒu hàipà，yīnwèi tā hěn yǒnggǎn.

forage *n.* 饲料 sìliào；牛马草料 niúmǎ cǎoliào：~ crops 饲料作物 sìliào zuòwù *v.* 搜寻食物 sōuxún shíwù * look for food

foray *v.* & *n.* 掠夺 lüèduó；突袭 tūxí：make a ~ 进行袭击 jìnxíng xíjī

forbearance *n.* 容忍 róngrěn；忍耐 rěnnài；克制 kèzhì：show ~ in dealing with people 为人宽容 wéirén kuānróng / mutual ~ 相互容忍 xiānghù róngrěn / beyond ~ 令人无法容忍 lìngrén wúfǎ róngrěn / at the end of one's ~ 忍无可忍 rěnwú-kěrěn

forbear *v.* 容忍 róngrěn；克制 kèzhì；不提及 bùtíjí；忍耐 rěnnài：~ from complaining 克制住，不发牢骚 kèzhìzhù，bùfā láosāo

forbid *v.* **1.** 禁止 jìnzhǐ；不许 bùxǔ：~ a girl to marry 不许一女孩结婚 bùxǔ yìnǚhái jiéhūn / ~ his departure 不许他离去 bùxǔ tā líqù / Parking forbidden！（此处）禁止停车！（cǐchù）Jìnzhǐ tíngchē！**2.** 阻止 zǔzhǐ；妨碍 fáng'ài：The rain ~s us to go out. 雨阻止我们出去。Yǔ zǔzhǐ wǒmen chūqù.

forbidden *a.* 被禁止的 bèi jìnzhǐde；严禁的 yánjìnde：~ fruit 禁果 jìnguǒ / the F- City（旧北京）紫禁城（jiù Běijīng）Zǐjìnchéng

forbidding *a.* 可憎的 kězēngde；可怕的 kěpàde；险恶的 xiǎn'ède：Because she was in a ~ manner，she's slow in making friends. 因为她态度冷峻，所以不易交朋友。Yīnwèi tā tàidu lěngjùn，suǒyǐ búyì jiāo péngyou.

force *n.* **1.** 力量 lìliang；气力 qìlì；体力 tǐlì：the ~ of a blow 一击之力 yìjī zhīlì / the ~ of nature 自然力量 zìrán lìliang / ~ of will 意志力 yìzhìlì / the ~ of public opinion 舆论的力量 yúlùnde lìliang **2.** 武力 wǔlì；暴力 bàolì：use ~ on a person 对人使用武力 duìrén shǐyòng wǔlì / The enemy attacked in（great）~. 敌人猛烈攻击。Dírén měngliè gōngjī. / by ~ 用暴力 yòngbàolì；强迫 qiǎngpò **3.** 军队 jūnduì；部队

bùduì: the Army, Navy, Air ～ 陆、海、空三军 Lù、Hǎi、Kōng sānjūn /the police ～ 警察队 jǐngcháduì / a small ～ of infantry 一小队步兵 yī xiǎoduì bùbīng / the Allied F-s 盟军 Méngjūn **4.** 效力 xiàolì; 拘束力 jūshùlì: come into ～ 生效 shēngxiào; 实施 shíshī / put a law in ～ 实施法律 shíshī fǎlǜ *v.* **1.** 强迫 qiǎngpò; 迫使 pòshǐ; 强制 qiángzhì: ～ a confession from sb. 强迫某人招供 qiǎngpò mǒurén zhāogòng / ～ sb. to work hard 强迫某人努力工作 qiǎngpò mǒurén nǔlì gōngzuò / ～ a way in (out, through) 冲入（出、过）chōngrù (chū、guò) / ～ open a door 破门而入 pòmén-'érrù **2.** 强作 qiǎngzuò; 强加 qiǎngjiā: ～ a smile 强作欢笑 qiǎngzuò huānxiào / ～ one's opinion upon another 把意见强加给别人 bǎ yìjian qiǎngjiā gěi biérén **3.** 压入 yārù; 挤入 jǐrù: It's foolish to ～ your foot into a small shoe. 你要把脚挤进那个小鞋，真是太笨了。Nǐ yào bǎ jiǎo jǐjìn nàge xiǎoxié, zhēnshì tàibènle. **4.** 促…早熟 cù … zǎoshú: These plants have been ～d. 这些植物以加温促其早熟。Zhèxiē zhíwù yǐ jiāwēn cùqí zǎoshú.

forced *a.* 压力的 yālìde; 强迫的 qiǎngpòde; 强制的 qiángzhìde; 勉强的 miǎnqiǎngde: ～ labor 强迫劳动 qiǎngpò láodòng / a ～ landing 强行登陆 qiángxíng dēnglù; 迫降 pòjiàng / ～ march 强行军 qiángxíngjūn / a ～ smile 勉强的笑 miǎnqiǎngde xiào; 苦笑 kǔxiào

forceful *a.* 有力的 yǒulìde; 个性强的 gèxìngqiángde: a ～ speech 强而有力的演说 qiáng ér yǒulìde yǎnshuō / He isn't ～ enough to make a good leader. 他不够坚强，不能成为好的领袖。Tā búgòu jiānqiáng, bùnéng chéngwéi hǎode lǐngxiù.

forceps *n.* 镊子 nièzi; 钳子 qiánzi

forcible *a.* **1.** 强制的 qiángzhìde; 强行的 qiángxíngde: a ～ entry into a building 强行进入一建筑物 qiángxíng jìnrù yī jiànzhùwù **2.** 有说服力的 yǒu shuōfúlìde; 动听的 dòngtīngde: a ～ style of writing 生动有力的文体 shēngdòng yǒulìde wéntǐ

ford *n.* 浅滩 qiǎntān; 可涉水而过的地方 kě shèshuǐ ér guòde dìfang; 涉水 shèshuǐ

fore *ad.* 在船头 zài chuántóu: ～ and aft 从船头到船尾 cóng chuántóu dào chuánwěi *a.* 前面的 qiánmiande: the ～ part of the train 火车的前部 huǒchēde qiánbù / the ～ hatch 前舱口 qiáncāngkǒu *n.* 前部 qiánbù; 前桅 qiánwéi: They hoisted the red flag at the ～. 他们在前桅上升起红

旗。Tāmen zài qiánwéishang shēngqǐ hóngqí. / charge to the ～ 猛冲上前 měngchōng shàngqián

forearm *n*. 前臂 qiánbì *v*. 预先武装 yùxiān wǔzhuāng: To be forewarned is to be ～ed. 如能预先得到警告，就能有备而战。Rú néng yùxiān dédào jǐnggào, jiùnéng yǒubèi'érzhàn.

forebode *v*. **1**. 预示 yùshì; 预兆 yùzhào: These black clouds ～ a storm. 这些乌云预示有暴风雨。Zhèxiē wūyún yùshì yǒu bàofēngyǔ. **2**. 预感 yùgǎn: She always ～s that the worse will happen. 她总是预感会发生不吉祥的事。Tā zǒngshì yùgǎn huì fāshēng bùjíxiángde shì.

forecast *v*. 预测 yùcè; 预报 yùbào: ～ tomorrow's weather 预报明日的天气 yùbào míngrìde tiānqì / ～ the future 预测未来 yùcè wèilái *n*. 预测 yùcè; 预报 yùbào: the weather ～ on radio 收音机广播的天气预报 shōuyīnjī guǎngbōde tiānqì yùbào / business ～s 商情预测 shāngqíng yùcè

forecastle *n*. **1**. 前甲板 qiánjiǎbǎn **2**. 水手舱 shuǐshǒucāng * in a ship

foreclose *v*. 阻止 zǔzhǐ; 取消 qǔxiāo: The bank ～d the mortgage. 银行取消了赎取抵押品的权利。Yínháng qǔxiāole shúqǔ dǐyāpǐnde quánlì.

foredoom *v*. 注定 zhùdìng: an attempt that was ～ed to failure 注定失败的一个尝试 zhùdìng shībàide yíge chángshì

forefather *n*. 祖先 zǔxiān; 祖宗 zǔzōng

forefinger *n*. 食指 shízhǐ

forefoot *n*. 前足 qiánzú

forefront *n*. 最前线 zuì qiánxiàn; 前方 qiánfāng: in the ～ of the battle 在战斗的最前线 zài zhàndòude zuì qiánxiàn / He has been in the ～ of the movement. 他一向站在运动的最前列。Tā yíxiàng zhànzài yùndòngde zuì qiánliè.

forego *v*. 先行 xiānxíng

foregoing *a*. 先行的 xiānxíngde; 在前的 zàiqiánde; 上述的 shàngshùde: The ～ are only a few of the instances. 上面所述不过是少数的例子。Shàngmian suǒshù búguò shì shǎoshùde lìzi.

foregone *a*. 既定的 jìdìngde: a ～ conclusion 必然的结果 bìránde jiéguǒ

foreground *n*. **1**. 前景 qiánjǐng: The ～ of the picture shows a cottage. 这幅画的前景是一间小屋。Zhèfú huàde qiánjǐng shì yìjiān xiǎowū. **2**. 最显著地位 zuì xiǎnzhù dìwèi: keep oneself in the ～ 使自己处于最引人注

目的地方 shǐ zìjǐ chǔyú zuì yǐnrén zhùmùde dìfang

forehand *a.* 正手的 zhèngshǒude * in tennis：a ～ drive 正手抽杀 zhèngshǒu chōushā；正击 zhèngjī *n.* 正手击球 zhèngshǒu jīqiú * in tennis

forehead *n.* 额 é；前额 qián'é：knit one's ～ 皱起前额 zhòuqǐ qián'é / a prominent ～ 凸出的前额 tūchūde qián'é

foreign *a.* **1.** 外国的 wàiguóde；对外的 duìwàide：a ～ country 外国 wàiguó / ～ language 外(国)语 wài(guó)yǔ / ～ policy 外交政策 wàijiāo zhèngcè / ～ trade 对外贸易 duìwài màoyì / ～ affairs 外事 wàishì；外交 wàijiāo / the ～ minister 外交部长 wàijiāo bùzhǎng **2.** 无关的 wúguānde；无缘的 wúyuánde；不合宜的 bùhéyíde：Your arguments are ～ to this question. 你的论证与这个问题无关。Nǐde lùnzhèng yǔ zhège wèntí wúguān.

foreigner *n.* 外国人 wàiguórén

foreknow *v.* 预知 yùzhī

foreknowledge *n.* 预知 yùzhī；先见 xiānjiàn：Do you have any ～ of the wedding？你事先知道这婚事吗？Nǐ shìxiān zhīdao zhè hūnshìma？

foreland *n.* 岬 jiǎ；海角 hǎijiǎo；前沿地 qiányándì

foreleg *n.* 前足 qiánzú；前腿 qiántuǐ

forelock *n.* 额发 éfà；前发 qiánfà：take time by the ～ 抓住时机 zhuāzhù shíjī；把握机会 bǎwò jīhuì

foreman *n.* **1.** 工长 gōngzhǎng；工头 gōngtóu；领班 lǐngbān：a printer's ～ 印刷工人的工头 yìnshuā gōngrénde gōngtóu **2.** 陪审团团长 péishěntuán tuánzhǎng：a deputy ～ of a jury 副陪审团团长 fù péishěntuán tuánzhǎng

foremast *n.* 前桅 qiánwéi

foremost *a.* 最初的 zuìchūde；最前的 zuìqiánde；最重要的 zuì zhòngyàode：the ～ writer in the English language 最重要的英语作家 zuì zhòngyàode Yīngyǔ zuòjiā *ad.* 在最前面 zài zuìqiánmian：first and ～ 首先 shǒuxiān；第一 dì-yī

forenoon *n.* 午前 wǔqián；上午 shàngwǔ

forensic *a.* **1.** 法庭的 fǎtíngde：～ medicine 法医学 fǎyīxué **2.** 具有雄辩才能的 jùyǒu xióngbiàn cáinéngde：～ eloquence 辩才 biàncái

forerunner *n.* **1.** 先驱（者）xiānqū（zhě）；先锋 xiānfēng：the ～ of the present abstractionism 当今抽象派的先驱 dāngjīn chōuxiàngpàide xiānqū **2.** 前兆 qiánzhào；预兆 yùzhào：Moral corruption is the ～ of national decline. 道德败坏是民族衰败的先兆。Dàodé bàihuài shì mínzú shuāibàide xiānzhào.

foresail *n.* 前桅帆 qiánwéifān

foresee *v.* 预见 yùjiàn；预知 yùzhī：～ trouble 预见困难 yùjiàn kùnnan / ～ what will happen 预知将发生的事 yùzhī jiāng fāshēngde shì

foreshadow *v.* 预示 yùshì；预兆 yùzhào

foreshore *n.* 前岸 qián'àn；前滩 qiántān

foresight *n.* **1.** 预见 yùjiàn；先见 xiānjiàn；深谋远虑 shēnmóu-yuǎnlǜ：lack ～ 缺乏远见 quēfá yuǎnjiàn / a man of ～ 有远见的人 yǒu yuǎnjiànde rén **2.** 准星 zhǔnxīng * on the barrel of a gun for aiming

forest *n.* **1.** 森林 sēnlín：an expanse of ～ 一片森林 yípiàn sēnlín / a ～ fire 森林火灾 sēnlín huǒzāi / ～ animals 森林动物 sēnlín dòngwù / denude ～s 滥伐森林 lànfá sēnlín **2.** 林立 línlì：a ～ of chimneys（masts）烟囱（桅墙）林立 yāncōng（wéiqiáng）línlì

forestall *v.* **1.** 占先 zhànxiān；先下手 xiānxiàshǒu；先发制人 xiānfāzhìrén：She ～ed their attempt. 她先发制人阻止了他们的企图。Tā xiānfāzhìrén zǔzhǐle tāmende qǐtú. **2.** 垄断市场 lǒngduàn shìchǎng；屯积 túnjī

forester *n.* 林务员 línwùyuán；山林居民 shānlín jūmín

forestry *n.* 林学 línxué；林业 línyè

foretaste *n.* 先尝 xiāncháng；试食 shìshí；预测 yùcè：the ～ of suffering 预先尝到的痛苦 yùxiān chángdàode tòngkǔ / The air held a ～ of rain. 空气中有下雨的迹象。Kōngqìzhōng yǒu xiàyǔde jìxiàng. *v.* 先尝 xiāncháng；试吃 shìchī

foretell *v.* 预言 yùyán；预示 yùshì：Snow ～s a bumper harvest. 瑞雪兆丰年。Ruìxuě zhào fēngnián. / ～ one's future 预卜某人的未来 yùbǔ mǒuréndе wèilái

forethought *n.* 深谋 shēnmóu；远虑 yuǎnlǜ；预谋 yùmóu：exercise ～ 事先进行考虑 shìxiān jìnxíng kǎolǜ / with wise ～ 深谋远虑地 shēnmóu-yuǎnlǜde

foretoken *n.* 预兆 yùzhào *v.* 预示 yùshì

forever *ad*. 永远 yǒngyuǎn；常常 chángcháng：The little boy is ～ asking questions. 小男孩总是问问题。Xiǎonánhái zǒngshì wèn wèntí.

forewarn *v*. 预先警告 yùxiān jǐnggào

fore-woman *n*. 女工头 nǚgōngtóu；女工监督 nǚgōng jiāndū

foreword *n*. 前言 qiányán；序 xù；引言 yǐnyán

forfeit *n*. 罚款 fákuǎn；没收物 mòshōuwù；丧失 sàngshī：impose ～ on sb. 对某人课以罚款 duì mǒurén kèyǐ fákuǎn / take ～ of sb. 收取某人的罚金 shōuqǔ mǒurénde fájīn / He who murders pays the ～ of his life. 杀人者必须偿命。Shārénzhě bìxū chángmìng. *v*. 被没收 bèi mòshōu；丧失 sàngshī：He ～ed his property by his crime. 他因犯罪而被没收财产。Tā yīn fànzuì ér bèi mòshōu cáichǎn. / He ～ed his life by careless driving. 他因驾车不慎而丧命。Tā yīn jiàchē búshèn ér sàngmìng.

forfeiture *n*. **1**. 丧失 sàngshī；没收 mòshōu：the ～ of one's good name 丧失好名声 sàngshī hǎo míngshēng **2**. 罚款 fákuǎn；没收物 mòshōuwù

forgather *v*. **1**. 聚会 jùhuì；会晤 huìwù **2**. 偶遇 ǒuyù：～ with friends 偶遇朋友 ǒuyù péngyou

forge[1] *n*. **1**. 锻铁炉 duàntiělú：a portable ～ 轻便锻炉 qīngbiàn duànlú **2**. 锻工车间 duàngōng chējiān * the workshop *v*. **1**. 锻造 duànzào；打（铁）dǎ（tiě）：～ an anchor 炼锚 liànmáo **2**. 伪造 wěizào；假造 jiǎzào：～ a cheque 伪造支票 wěizào zhīpiào

forge[2] *v*. 突然冲向前 tūrán chōngxiàngqián：He ～d into the lead. 他突然冲到前面，居领先地位。Tā tūrán chōngdào qiánmian，jū lǐngxiān dìwèi. / ～ ahead 迎头赶上 yíngtóu gǎnshàng：～ ahead with our work 把我们的工作推向前进 bǎ wǒmende gōngzuò tuīxiàng qiánjìn

forger *n*. **1**. 锻工 duàngōng **2**. 伪造者 wěizàozhě；伪造犯 wěizàofàn ＝ one who counterfeits

forgery *n*. 伪造 wěizào；伪造罪 wěizàozuì；伪造品 wěizàopǐn：commit ～ 犯伪造罪 fàn wěizàozuì / a modern ～ 现代赝品 xiàndài yànpǐn

forget *v*. **1**. 忘记 wàngjì；遗忘 yíwàng；忘却 wàngquè：I always ～ dates. 我总是忘记日子。Wǒ zǒngshì wàngjì rìzi. / I ～ his name. 我记不起他的名字。Wǒ jìbuqǐ tāde míngzi. / Don't ～ to post the letter. 别忘了寄信。Bié wàngle jìxìn. **2**. 忽略 hūlüè：Don't ～ your duties. 别玩忽你的职责。Bié wánhū nǐde zhízé. // ～ oneself 忘我 wàngwǒ；忘乎所以 wànghūsuǒyǐ

forgetful *a.* **1.** 易忘的 yìwàngde；健忘的 jiànwàngde；记性坏的 jìxìng huàide：Old people are sometimes ～. 老年人有时健忘。Lǎoniánrén yǒushí jiànwàng. **2.** 疏忽的 shūhude：～ of the law 忽视法律 hūshì fǎlǜ

forgetfulness *n.* 健忘 jiànwàng

forget-me-not *n.* 勿忘我草 wùwàngwǒ cǎo

forgivable *a.* 可饶恕的 kě ráoshùde

forgive *v.* **1.** 饶恕 ráoshù；宽恕 kuānshù：～ his sin 饶恕他的罪 ráoshù tāde zuì / Pray ～ me！请饶恕我吧！Qǐng ráoshù wǒba！/ F- me for coming late. 请原谅我来迟了。Qǐng yuánliàng wǒ láichíle. **2.** 宽免 kuānmiǎn：～ a person his debt 免除某人的债务 miǎnchú mǒurénde zhàiwù

forgiveness *n.* 饶恕 ráoshù；宽大 kuāndà：beg ～ 乞求宽恕 qǐqiú kuānshù / be full of ～ 十分宽大 shífēn kuāndà

forgo *v.* 弃绝 qìjué；放弃 fàngqì：～ pleasure 放弃娱乐 fàngqì yúlè

fork *n.* **1.** 叉 chā：a knife and ～ 一副刀叉 yífù dāochā **2.** 树叉 shùchà；岔口 chàkǒu：the ～ of a road 岔路口 chàlùkǒu *v.* **1.** 分叉 fēnchà **2.** 叉起 chāqǐ：～ hay 用叉叉草 yòng chā chācǎo

forked *a.* 分岔的 fēnchàde：a ～ road 岔路 chàlù / a bird with a ～ tail 尾部分叉的鸟 wěibù fēnchàde niǎo

forlorn *a.* 悲惨 bēicǎn；可怜 kělián；绝望的 juéwàngde

form *n.* **1.** 形式 xíngshì；形状 xíngzhuàng；式样 shìyàng：literary ～ 文体 wéntǐ / in book ～ 用书本形式 yòng shūběn xíngshì / take the ～ of 采取…形式 cǎiqǔ … xíngshì / the passive ～ 被动式 bèidòngshì **2.** 形象 xíngxiàng；外貌 wàimào；姿态 zītài；外形 wàixíng：She has a tall graceful ～. 她有着高大优雅的外形。Tā yǒuzhe gāodà yōuyǎde wàixíng. / Churches are often built in the ～ of a cross. 教堂常按十字形状建造。Jiàotáng cháng'àn shízì xíngzhuàng jiànzào. **3.** 方式 fāngshì；形态 xíngtài；种类 zhǒnglèi；型 xíng：the ～ of government 政体 zhèngtǐ / Ice, snow and steam are different ～s of water. 冰、雪、蒸汽是水的形态。Bīng、xuě、zhēngqì shì shuǐde xíngtài. **4.** 礼貌 lǐmào；体统 tǐtǒng；行为 xíngwéi：It is bad ～ to do so. 这样做是失体统的。Zhèyàng zuò shì shī tǐtǒngde. **5.** 状况 zhuàngkuàng；心情 xīnqíng：He's in bad ～. 他的状况不好。Tāde zhuàngkuàng bùhǎo. / Tom was in fine ～ at the party. 汤姆在宴会上心情很好。Tāngmǔ zài yànhuìshang xīnqíng hěnhǎo.

6. 表格 biǎogé；格式纸 géshìzhǐ：a telegraph ～ 电报用纸 diànbào yòngzhǐ / an order ～ 定单 dìngdān / fill out a ～ 填表 tiánbiǎo *v.* **1.** 形成 xíngchéng；构成 gòuchéng：～ sentences 造句 zàojù / Steam ～s when water boils. 水沸了就形成蒸汽。Shuǐ fèile jiù xíngchéng zhēngqì. **2.** 组织 zǔzhī；建立 jiànlì：～ a cabinet 组织内阁 zǔzhī nèigé / ～ a company 创办公司 chuàngbàn gōngsī **3.** 作出 zuòchū；想出 xiǎngchū：～ an idea 想出一个主意 xiǎngchū yíge zhǔyi **4.** 养成 yǎngchéng；培养 péiyǎng：～ good habits 养成好习惯 yǎngchéng hǎo xíguàn

formal *a.* **1.** 形式（上）的 xíngshì (shang) de；外形上的 wàixíngshangde；形态上的 xíngtàishangde：a ～ resemblance 外形上的相似 wàixíngshangde xiāngsì / ～ beauty 形态美 xíngtàiměi **2.** 正式的 zhèngshìde；礼仪上的 lǐyíshangde：a ～ call 礼节上的访问 lǐjiéshangde fǎngwèn / a ～ agreement 正式协定 zhèngshì xiédìng / ～ dress 礼服 lǐfú

formaldehyde *n.* 甲醛 jiǎquán

formalin *n.* 福尔马林 fú'ěrmǎlín；甲醛水 jiǎquánshuǐ

formalism *n.* 形式主义 xíngshìzhǔyì

formality *n.* 形式 xíngshì；礼仪 lǐyí；手续 shǒuxù：There are many formalities at official dinners. 正式宴会上有很多礼节。Zhèngshì yànhuìshang yǒu hěnduō lǐjié. / without ～ 不拘形式 bùjū xíngshì / customs formalities 海关手续 hǎiguān shǒuxù / legal formalities 法律上的正式手续 fǎlǜshangde zhèngshì shǒuxù

fomally *ad.* 形式上 xíngshìshang；正式(地) zhèngshì(de)

format *n.* 版式 bǎnshì；开本 kāiběn：attractive ～ 新颖的版本 xīnyǐngde bǎnběn / reissue a book in a new ～ 以新的版式重新出版一书 yǐ xīnde bǎnshì chóngxīn chūbǎn yìshū

formation *n.* 形成 xíngchéng；构成 gòuchéng；组织 zǔzhī：the ～ of character 性格的形成 xìnggéde xíngchéng / There are several kinds of cloud ～s. 云层的构成方式有好几种。Yúncéngde gòuchéng fāngshì yǒu hǎo jǐzhǒng.

formative *a.* 形成的 xíngchéngde；构成的 gòuchéngde；造型的 zàoxíngde：～ arts 造型艺术 zàoxíng yìshù / the ～ years of a child's life 儿童性格的形成时期 értóng xìnggéde xíngchéng shíqī

former *a.* **1.** 以前的 yǐqiánde；以往的 yǐwǎngde；从前的 cóngqiánde：in ～ times 从前 cóngqián / my ～ students 我从前的学生 wǒ cóngqiánde xuésheng / customs of ～ days 昔时的风俗 xīshíde fēngsú / ～ chairman 前任主席 qiánrèn zhǔxí **2.** 前者 qiánzhě：I prefer the ～ alternative to the latter. 我愿选择前者。Wǒ yuàn xuǎnzé qiánzhě.

formerly *ad.* 从前 cóngqián；以前 yǐqián：I used to meet her ～. 我从前常遇见她。Wǒ cóngqián cháng yùjiàn tā.

formic acid *n.* 甲酸 jiǎsuān

formidable *a.* **1.** 可怕的 kěpàde；令人畏惧的 lìng rén wèijùde：a ～ appearance 可怕的样子 kěpàde yàngzi / a man with a ～ appearance 面目可怕的人 miànmù kěpàde rén **2.** 难对付的 nán duìfude；难克服的 nán kèfúde：～ obstacles 难以克服的障碍 nányǐ kèfúde zhàng'ài

formless *a.* **1.** 不成形的 bùchéngxíngde；无定形的 wúdìngxíngde：a strange ～ creature 一种奇异的无定形生物 yìzhǒng qíyìde wúdìngxíng shēngwù **2.** 无秩序的 wúzhìxùde；杂乱的 záluànde：The music was rather ～. 这音乐相当杂乱无章。Zhè yīnyuè xiāngdāng záluànwúzhāng.

Formosa *n.* "福摩萨""Fúmósà" * Taiwan, island province of China, was called Formosa (the "beautiful one") by the Portuguese colonialists in the 16th century.

formula *n.* **1.** 公式 gōngshì；定式 dìngshì：chemical ～ 化学公式 huàxué gōngshì **2.** 客套话 kètàohuà；惯用语 guànyòngyǔ："Good morning" is a ～ of daily conversation. "早上好"是日常会话的惯用语(客套话)。"Zǎoshanghǎo" shì rìcháng huìhuàde guànyòngyǔ (kètàohuà). **3.** 药方 yàofāng；配方 pèifāng：a ～ for a cough mixture 治咳嗽药方 zhì késou yàofāng

formulate *v.* **1.** 公式化 gōngshìhuà；将…列出公式 jiāng … lièchū gōngshì = to prepare according to a formula **2.** 阐述 chǎnshù：～ one's thoughts (a doctrine) 阐述某人思想(学说) chǎnshù mǒurén sīxiǎng (xuéshuō) = to express in systematic terms

formulism *n.* 公式主义 gōngshìzhǔyì

formyl *n.* 甲酰 jiǎxiān

forsake *v.* 遗弃 yíqì；放弃 fàngqì：～ one's wife and children 遗弃妻儿 yíqì qì'ér / ~ bad habits 革除恶习 géchú èxí / His friends forsook him when he became poor. 当他穷困时，他的朋友背弃了他。Dāng tā qióngkùnshí，tāde péngyou bèiqìle tā.

forsmear *v.* **1.** 誓绝 shìjué；弃绝 qìjué：~ bad habits 戒除恶习 jièchú èxí / ~ smoking 发誓戒烟 fāshì jièyān **2.** 发假誓 fā jiǎshì；作伪证 zuò wěizhèng = commit perjury

fort *n.* **1.** 堡垒 bǎolěi；碉堡 diāobǎo **2.** 要塞 yàosài

forte *n.* 专长 zhuāncháng；长处 chángchù：Singing is not my ~. 唱歌不是我的专长。Chànggē búshì wǒde zhuāncháng.

forte *a.* & *ad.* 强的 qiángde；有力的 yǒulìde * in music

forth *ad.* 向前 xiàngqián；向外 xiàngwài：back and ~ 前后 qiánhòu；来回 láihuí / put ~ leaves 长出叶子 zhǎngchū yèzi / stretch ~ one's arm 伸出胳膊 shēnchū gēbo / from this day ~ 自今日起 zì jīnrìqǐ / and so ~ 等等 děngděng

forthcoming *a.* **1.** 即将来到的 jíjiāng láidàode；将出现的 jiāng chūxiànde：~ books 即将出版的新书 jíjiāng chūbǎnde xīnshū **2.** 随时可供给的 suíshí kě gōngjǐde：The money was not ~. 那笔钱未到。Nàbǐ qián wèidào. **3.** 热心帮助的 rèxīn bāngzhùde：The girl was very ~. 那位小姐热心服务。Nàwèi xiǎojiě rèxīn fúwù.

forthright *a.* 直率的 zhíshuàide = frank

forthwith *ad.* 立即地 lìjíde；立刻 lìkè：decide ~ 立刻决定 lìkè juédìng

fortieth *num.* 第四十 dì-sìshí；四十分之一 sìshí fēn zhīyī

fortification *n.* **1.** 筑城 zhùchéng；筑城学 zhùchéngxué **2.** 防御工事 fángyù gōngshì

fortify *v.* **1.** 设防于 shèfángyú；加强防卫 jiāqiáng fángwèi：~ a town against the enemy 加强防卫一城以对付敌人 jiāqiáng fángwèi yìchéng yǐ duìfu dírén / a fortified port 军港 jūngǎng / a fortified zone 筑垒地带 zhùlěi dìdài **2.** 加强 jiāqiáng：a fortified spirit 鼓足了的勇气 gǔzúlede yǒngqì

fortissimo *a.* & *ad.* 更强 gèngqiáng；高声 gāoshēng

fortitude *n.* 坚忍不拔 jiānrěn-bùbá；刚毅 gāngyì

fortnight *n.* 两个星期 liǎngge xīngqī；双周 shuāngzhōu；两个礼拜 liǎngge lǐbài：a ~'s holiday 双周假期 shuāngzhōu jiàqī / go away for a ~ 离开俩星期 líkāi liǎ xīngqī

fortnightly *a.* & *ad.* 每两周的 měi liǎngzhōude；两个星期一次的 liǎngge xīngqī yícìde：a ～ review 双周评论 shuāngzhōu pínglùn / go ～ 隔周去一次 gézhōu qù yícì *n.* 双周刊 shuāngzhōukān；半月刊 bànyuèkān ＝ magazine or newspaper which is published fortnightly

fortress *n.* 要塞 yàosài；堡垒 bǎolěi

fortuitous *a.* 偶然的 ǒuránde：a ～ meeting 偶遇 ǒuyù

fortunate *a.* 幸运的 xìngyùnde；吉利的 jílìde；运气好的 yùnqi hǎode；带来好运的 dàilái hǎoyùnde：be ～ in life 一生幸运 yìshēng xìngyùn / That was ～ for you. 你的运气真。Nǐde yùnqi zhēnhǎo. / He is ～ in having a good wife. 他真福气，有一位贤妻。Tā zhēn fúqi，yǒu yíwèi xiánqī.

fortunately *ad.* 幸运地 xìngyùnde；好运地 hǎoyùnde；幸好 xìnghǎo：F- he found the money he had lost. 他幸运地找到了遗失的钱。Tā xìngyùnde zhǎodàole yíshīde qián. / F- I remembered the address. 幸亏，我还记得那地址。Xìngkuī，wǒ hái jìde nà dìzhǐ.

fortune *n.* **1.** 运气 yùnqi：have ～ on one's side 走运 zǒuyùn / try one's ～ 碰运气 pèng yùnqi / by good ～ 由于运气 yóuyú yùnqi **2.** 命运 mìngyùn：tell a person his ～ 给某人算命 gěi mǒurén suànmìng；为某人看相 wèi mǒurén kànxiàng **3.** 财富 cáifù；财产 cáichǎn：a man of ～ 富翁 fùwēng / make a ～ 发财 fācái；致富 zhìfù

fortune-teller *n.* 算命的 suànmìngde；看相者 kànxiàngzhě；占卜者 zhānbǔzhě

forty *num.* 四十 sìshí：a man of ～ 四十岁的人 sìshísuìde rén / under ～ 四十以下 sìshí yǐxià

forty winks *n.* 白天小睡 báitiān xiǎoshuì

forum *n.* 论坛 lùntán；讨论会 tǎolùnhuì：This page is a ～ for public argument. 这页是大众论坛。Zhèyè shì dàzhòng lùntán. / A group of schoolmasters are holding a ～ on new ways of teaching history. 校长们正在开会讨论历史课的新教学法。Xiàozhǎngmen zhèngzài kāihuì tǎolùn lìshǐkède xīn jiàoxuéfǎ.

forward *a.* **1.** 前方的 qiánfāngde；前部的 qiánbùde **2.** 向前的 xiàngqiánde；前进的 qiánjìnde：a ～ march 前进 qiánjìn / the ～ ranks of a column of troops 一纵队的先头士兵 yī zòngduìde xiāntóu shìbīng / ～ planning 预先的谋划 yùxiānde móuhuà **3.** 早熟的 zǎoshúde：a ～ spring 早临的春

天 zǎolínde chūntiān；早春 zǎochūn **4**. 热心的 rèxīnde：～ to help others 热心帮助他人 rèxīn bāngzhù tārén **5**. 进步的 jìnbùde；激进的 jījìnde：～ opinions 激进的意见 jījìnde yìjian / very ～ views 十分进步的见解 shífēn jìnbùde jiànjiě **6**. 预约的 yùyuēde：～ prices 预约价目 yùyuē jiàmù / a ～ contract 期货契约 qīhuò qìyuē *n*. 前锋 qiánfēng * in sports *v*. **1**. 促进 cùjìn；助长 zhùzhǎng：～ sb.'s plans 协助某人计划 xiézhù mǒurén jìhuà **2**. 转交 zhuǎnjiāo；递送 dìsòng：～ goods to sb. 送货给某人 sònghuò gěi mǒurén / Please ～！请转递！Qǐng zhuǎndì！/ Please ～ my letter to this address. 请将我的信转到这个地址。Qǐng jiāng wǒde xìn zhuǎndào zhège dìzhǐ.

forward(s) *ad*. **1**. 向前 xiàngqián：go ～ 前进 qiánjìn / backward and ～ 前前后后 qiánqián-hòuhòu / rush ～ 冲向前 chōngxiàngqián / put ～ some facts 提出事实 tíchū shìshí **2**. 前头 qiántou；将来 jiānglái：from this time ～ 从此以后 cóngcǐ yǐhòu / look ～ 往前看 wǎngqiánkàn；考虑将来 kǎolǜ jiānglái

fosse *n*. 壕沟 háogōu；护城河 hùchénghé

fossil *n*. **1**. 化石 huàshí：hunt for ～s 寻觅化石 xúnmì huàshí **2**. 守旧的人 shǒujiùde rén；老顽固 lǎowángù：Isn't he an old ～！他真是老顽固！Tā zhēnshì lǎowángù！

foster *v*. **1**. 养育 yǎngyù；抚养 fǔyǎng；培养 péiyǎng：～ a child 养育小孩儿 yǎngyù xiǎoháir / ～ the sick 照顾病人 zhàogù bìngrén / ～ musical ability 培养音乐才能 péiyǎng yīnyuè cáinéng **2**. 心怀 xīnhuái：～ hopes for success 抱着成功的希望 bàozhe chénggōngde xīwàng / ～ evil thoughts 心怀恶念 xīnhuái èniàn

foster-brother *n*. 养兄弟 yǎngxiōngdì

foster-child *n*. 养子 yǎngzǐ；义子 yìzǐ

foster-father *n*. 养父 yǎngfù；义父 yìfù

foster-mother *n*. 养母 yǎngmǔ；义母 yìmǔ

foster-sister *n*. 义姐妹 yìjiěmèi

foul *a*. **1**. 恶臭的 èchòude；肮脏的 āngzangde；污浊的 wūzhuóde：a ～ smell 恶臭 èchòu / The air in the room is ～. 这房内空气污浊。Zhèfángnèi kōngqì wūzhuó. **2**. 邪恶 xié'è；丑恶 chǒu'è；卑鄙 bēibǐ；下流 xiàliú：a ～ language 下流话 xiàliúhuà / the ～ murderer 残酷的凶手 cánkùde xiōngshǒu **3**. 险恶的 xiǎn'ède；逆(风) nì (fēng)：It is a ～

night tonight. 今晚天气恶劣。Jīnwǎn tiānqì èliè. **4.** 阻塞的 zǔsède；塞住的 sāizhùde：The fire won't burn，perhaps the chimney is ～. 火生不着，或许是烟囱塞住了。Huǒ shēngbuzháo，huòxǔ shì yāncōng sāizhùle. **5.** 与…相撞 yǔ … xiāngzhuàng；与…纠缠在一起 yǔ … jiūchán zài yìqǐ：The ship fell ～ of the fishing boat. 这艘船与那只渔船相撞。Zhèsōu chuán yǔ nàzhī yúchuán xiāngzhuàng. *ad.* **1.** 不正当地 bú zhèngdàngde；犯规地 fànguīde：hit ～ 犯规打出 fànguī dǎchū **2.** 邪恶地 xié'ède：He was ～ly murdered. 他遭人谋杀了。Tā zāo rén móushāle. *v.* **1.** 弄脏 nòngzāng；使…阻塞 shǐ … zǔsè：The dog ～ed the path. 狗弄脏了小路。Gǒu nòngzāngle xiǎolù. / One pipe has ～ed. 一根水管堵住了。Yìgēn shuǐguǎn dǔzhùle. / ～ a person's reputation 毁坏某人的名誉 huǐhuài mǒurénde míngyù **2.** 碰撞 pèngzhuàng；冲突 chōngtū：One of the boat ～ed the other. 一只船撞了另一只船。Yìzhī chuán zhuàngle lìngyìzhī chuán. **3.** 犯规 fànguī：The footballer was sent off the field for he ～ed another person. 因那足球队员犯规，被罚下场。Yīn nà zúqiú duìyuán fànguī，bèi fáxiàchǎng. *n.* **1.** 犯规 fànguī * in sport **2.** through fair and ～ 不论何种情况 búlùn hézhǒng qíngkuàng

foul-mouthed *a.* 口出恶言的 kǒuchū èyánde

foulard *n.* 软缎 ruǎnduàn

foulness *n.* **1.** 肮脏 āngzang；污秽 wūhuì **2.** 邪恶 xié'è；丑恶 chǒu'è

found[1] *v.* **1.** 建立 jiànlì；成立 chénglì；创办 chuàngbàn：～ a new city 建一新城市 jiàn yī xīn chéngshì / The company was ～ed in 1772. 这个公司创立于1772年。Zhège gōngsī chuànglì yú yīqīqī'èr nián. / ～ a new school 兴办一所新学校 xīngbàn yìsuǒ xīn xuéxiào **2.** 组成 zǔchéng；构成 gòuchéng：a novel ～ed on fact 根据事实写成的一部小说 gēnjù shìshí xiěchéngde yíbù xiǎoshuō

found[2] *v.* 铸造 zhùzào = to melt (metal)

foundation *n.* **1.** 建立 jiànlì；成立 chénglì；创办 chuàngbàn：The ～ of the university took place over 600 years ago. 大学于六百年前创办。Dàxué yú liùbǎi niánqián chuàngbàn. **2.** 地基 dìjī；屋基 wūjī：the ～ of a house 房基 fángjī / ～-stone 基石 jīshí **3.** 基础 jīchǔ；根据 gēnjù；出发点 chūfādiǎn：the ～s of religious beliefs 宗教信仰的基础 zōngjiào xìnyǎngde jīchǔ / lay the ～s of one's success 打下成功的基础 dǎxià chénggōngde jīchǔ / The rumor has no ～. 这个谣言没有根据。Zhège yáoyán méiyǒu gēnjù. **4.** 基金会 jījīnhuì：the Carnegie F- 卡内基基金 Kǎnèijī jījīn

foundation cream *n.* 粉底霜 fěndǐshuāng

foundation garment *n.* 女用紧身内衣 nǚyòng jǐnshēn nèiyī

founder[1] *n.* 创立者 chuànglìzhě；创立人 chuànglìrén；缔造者 dìzàozhě；奠基人 diànjīrén

founder[2] *n.* 铸工 zhùgōng；翻砂工 fānshāgōng：an iron ～ 铸铁工人 zhùtiě gōngrén

founder[3] *v.* **1.** 沉没 chénmò：The ship ～ed in the heavy sea. 船在大海中沉没。Chuán zài dàhǎizhōng chénmò. **2.** 失败 shībài；化为乌有 huàwéi wūyǒu：The plan was a good one，but it ～ed for lack of support. 这个计划很好，可因缺乏支持而失败。Zhège jìhuà hěnhǎo，kě yīn quēfá zhīchí ér shībài. **3.** 跌倒 diēdǎo = fall down

foundling *n.* 弃儿 qì'ér：～ hospital 育婴堂 yùyīngtáng；弃儿养育院 qì'ér yǎngyùyuàn

foundress *n.* 女创立人 nǚchuànglìrén；女建立者 nǚjiànlìzhě

foundry *n.* 铸造车间 zhùzào chējiān；铸造厂 zhùzàochǎng；翻砂车间 fānshā chējiān：a type ～ 铸字工厂 zhùzì gōngchǎng

fount *n.* **1.** 泉 quán；喷泉 pēnquán * in poem **2.** 源泉 yuánquán；来源 láiyuán：The old man is a ～ of wisdom. 那个老人是智慧之泉。Nàge lǎorén shì zhìhuì zhīquán.

fountain *n.* **1.** 泉水 quánshuǐ；喷泉 pēnquán：drinking ～ 饮用喷泉 yǐnyòng pēnquán / ～ pen 自来水笔 zìláishuǐbǐ / A ～ of water shot up from the burst pipe. 一股水从破裂的水管中喷出来。Yīgǔ shuǐ cóng pòliède shuǐguǎnzhōng pēnchūlái. **2.** 源泉 yuánquán：the ～ of honor 荣誉的源泉 róngyùde yuánquán

fountainhead *n.* 水源 shuǐyuán；源头 yuántóu；根源 gēnyuán：trace an error to its ～ 挖掘错误的根源 wājué cuòwùde gēnyuán

four *num.* 四 sì：a child of ～ 四岁的小孩 sìsuìde xiǎohái / an income of ～ figures 四位数字的收入 sìwèi shùzìde shōurù / the ～ corners of the earth 天涯海角 tiānyá-hǎijiǎo / ～-letter words 四个字母的词 sìge zìmǔde cí / go on all ～s 匍匐前进 púfú qiánjìn；爬行 páxíng / ～ scores 八十 bāshí；八十岁 bāshí suì

fourfold *a.* & *ad.* 四倍的 sìbèide；重复四次的 chóngfù sìcìde

four-footed *a.* 四足的 sìzúde；四条腿的 sìtiáo tuǐde

foursome *n.* 四人一组 sìrén yìzǔ / a mixed ～ 男女混合双打 nánnǚ hùnhé shuāngdǎ

fourteen *num.* 十四 shísì

fourteenth *num.* **1.** 第十四 dì-shísì；14日 shísì rì；14号 shísì hào * in a month **2.** 十四分之一（的）shísì fēn zhīyī（de）

fourth *num.* **1.** 第四 dì-sì；4日（4号）sìrì（sìhào）：the F- of May 5月4日，中国青年节 Wǔyuè Sìrì，Zhōngguó Qīngniánjié **2.** 四分之一（的）sìfēn zhīyī(de)：three ～s 四分之三 sìfēn zhīsān

fowl *n.* **1.** 家禽 jiāqín；鸡 jī：keep ～ 养鸡 yǎngjī **2.** 鸡肉 jīròu；鸟肉 niǎoròu：have a roast ～ for dinner 晚餐吃鸡肉 wǎncān chī jīròu **3.** wild ～ 猎鸟 lièniǎo；water ～ 水鸟 shuǐniǎo *v.* 捕鸟 bǔniǎo：go ～ing 去捕鸟 qù bǔniǎo

fowler *n.* 捕鸟者 bǔniǎozhě

fowling *n.* 捕鸟 bǔniǎo；打鸟 dǎniǎo：a ～ piece 鸟枪 niǎoqiāng；猎枪 lièqiāng

fox *n.* **1.** 狐狸 húli；狐 hú **2.** 狡猾的人 jiǎohuáde rén：an old ～ 老狐狸 lǎohúli **3.** crazy like a ～ 聪明的 cōngmingde；不易受骗的 búyì shòupiànde

foxglove *n.* 洋地黄 yángdìhuáng

fox(-)hole *n.* 散兵坑 sǎnbīngkēng * military

foxhound *n.* 猎狐犬 lièhúquǎn

fox-hunt *n.* 猎狐 lièhú

foxtrot *n.* 狐步舞 húbùwǔ

foxy *a.* **1.** 狡猾的 jiǎohuáde；狐狸似的 húli shìde：The thief has a small ～ face. 那小偷有副狡猾的小脸。Nà xiǎotōu yǒufù jiǎohuáde xiǎoliǎn. **2.** 红狐色的 hónghúsède * color

foyer *n.* 剧场休息室 jùchǎng xiūxishì

fracas *n.* 喧哗 xuānhuá；吵闹 chǎonào

fraction *n.* **1.** 小部分 xiǎobùfen；碎片 suìpiàn：She spent only a ～ of her earnings. 她只花了所赚钱的小部分。Tā zhǐ huāle suǒzhuàn qiánde xiǎobùfen. 2. 一点儿 yìdiǎnr；一些 yìxiē 3. 分数 fēnshù ＊ in maths

fractional *a*. 1. 分数的 fēnshùde；小数的 xiǎoshùde ＊ in maths 2. 分馏的 fēnliúde ＊ in chemistry；分级的 fēnjíde

fractionate *v*. 分馏 fēnliú ＊ in chemistry

fracture *n*. 1. 骨折 gǔzhé；挫伤 cuòshāng：compound ～s 带支伤的骨折 dài píshāngde gǔzhé 2. 破裂 pòliè；裂缝 lièfèng：a ～ in a gas pipe 煤气管的裂缝 méiqìguǎnde lièfèng *v*. 折断 zhéduàn；破碎 pòsuì：～ one's leg 折断腿 zhéduàn tuǐ / bones that ～ easily 易断的骨 yì duànde gǔ

fragile *a*. 1. 脆 cuì；易碎 yìsuì：This vase is ～. 这个花瓶易碎。Zhège huāpíng yìsuì. 2. 脆弱的 cuìruòde；虚弱的 xūruòde：The girl looks ～. 那女孩看上去很虚弱。Nà nǚhái kànshàngqù hěn xūruò. 3. 不持久 bùchíjiǔ；易破坏的 yì pòhuàide：Their happiness was very ～. 他们的幸福不持久。Tāmende xìngfú bùchíjiǔ.

fragment *n*. 1. 碎片 suìpiàn：Try to put the ～s of a broken vase together. 试将一破花瓶的碎片拼起来。Shìjiāng yī pòhuāpíngde suìpiàn pīnqǐlái. 2. 片断 piànduàn：overhear ～s of a conversation 无意中听到谈话的片断 wúyìzhōng tīngdào tánhuàde piànduàn 3. 未完稿 wèiwángǎo：This play contains the ～ of a play by a famous writer. 这个剧本包含一个作家的未完稿。Zhège jùběn bāohán yíge zuòjiāde wèiwángǎo.

fragmentary *a*. 碎片的 suìpiànde；零碎的 língsuìde：a ～ report of an event 关于一事件的不完整的报道 guānyú yíshìjiànde bùwánzhěngde bàodào

fragmentation *n*. 1. 分裂 fēnliè；破碎 pòsuì 2. a ～ bomb 杀伤炸弹 shāshāng zhàdàn

fragrance *n*. 芬芳 fēnfāng；香 xiāng；香味 xiāngwèi：the ～ of the air 空气的芳香 kōngqìde fāngxiāng

fragrant *a*. 1. 芬芳(的) fēnfāng(de)；香的 xiāngde：～ flowers 香花 xiānghuā 2. 令人快乐的 lìngrén kuàilède：～ memories 甜蜜的记忆 tiánmìde jìyì

frail *a*. 脆弱的 cuìruòde；薄弱的 bóruòde；虚弱的 xūruòde：a ～ child 体质虚弱的孩子 tǐzhì xūruòde háizi / a ～ support 不坚实的支柱 bùjiānshíde zhīzhù / ～ happiness 不稳固的幸福 bùwěngùde xìngfú

frailty *n.* **1.** 脆弱 cuìruò；(意志)薄弱 (yìzhì) bóruò：the ~ of human life 人的生命之脆弱 rénde shēngmìng zhī cuìruò **2.** 过失 guòshī：He loved her in spite of her little frailties. 虽然她在品德上有点小缺点，他仍爱她。Suīrán tā zài pǐndéshang yǒudiǎn xiǎo quēdiǎn，tā réng ài tā.

frame *n.* **1.** 构架 gòujià；骨架 gǔjià：the ~ of a plane 飞机的构架 fēijīde gòujià **2.** 框架 kuàngjià；架 jià：a window ~ 窗框 chuāngkuàng / a bike ~ 自行车骨架 zìxíngchē gǔjià **3.** 体格 tǐgé；骨胳 gǔgé：a man of strong ~ 体格强壮的人 tǐgé qiángzhuàngde rén / a girl of slender ~ 身体细长的女孩子 shēntǐ xìchángde nǚháizi **4.** 组织 zǔzhī；机构 jīgòu：the ~ of government 政府机构 zhèngfǔ jīgòu / the ~ of society 社会组织 shèhuì zǔzhī **5.** 状态 zhuàngtài；心情 xīnqíng：in a cheerful ~ of mind 心情愉快 xīnqíng yúkuài **6.** 镜头 jìngtóu；画面 huàmiàn * of a film *v.* **1.** 构造 gòuzào；制订 zhìdìng；建立(学说) jiànlì (xuéshuō)：~ a plan 制定计划 zhìdìng jìhuà / ~ a theory 拟一学说 nǐ yī xuéshuō **2.** 给…装框 gěi … zhuāng kuàng：~ a photograph 给一照片装框 gěi yī zhàopiàn zhuāng kuàng **3.** 使…适合 shǐ … shìhé：be not ~d for hardships 经不起艰苦困难 jīngbuqǐ jiānkǔ kùnnan **4.** 发展 fāzhǎn：plans that ~ well 发展顺利的计划 fāzhǎn shùnlìde jìhuà / The child is framing well. 这孩子很有造就。Zhè háizi hěnyǒu zàojiù. **5.** 陷害 xiànhài；诬告 wūgào：The accused man said he had been ~d. 被告说他是被人陷害了。Bèigào shuō tā shì bèirén xiànhàile.

frame aerial *n.* 框形天线 kuàngxíng tiānxiàn

frame house *n.* 构架房屋 gòujià fángwū

frame of reference *n.* 参考依据 cānkǎo yījù

frames *n.* 眼镜框 yǎnjìngkuàng * holding a pair of spectacles

framework *n.* **1.** 构架 gòujià；构架工程 gòujià gōngchéng：a metal ~ 金属骨架 jīnshǔ gǔjià **2.** 结构 jiégòu；机构 jīgòu；体制 tǐzhì：the ~ of modern government 现代政府的体制 xiàndài zhèngfǔde tǐzhì **3.** 观点 guāndiǎn；标准 biāozhǔn：We usually judge others within the ~ of our own experience. 我们常以自己的经验判断别人。Wǒmen chángyǐ zìjǐde jīngyàn pànduàn biérén.

franc *n.* 法郎 fǎláng

franchise *n.* **1.** 选举权 xuǎnjǔquán；公民权 gōngmínquán **2.** 特许经销权 tèxǔ jīngxiāoquán：a ~ for a bus service 设公共汽车的特许经销权 shè gōnggòng qìchēde tèxǔ jīngxiāoquán

francium *n.* 钫 fāng * chemistry

frank *a.* 坦白 tǎnbái；率直 shuàizhí；老实的 lǎoshide：to be ~ with you 坦率对你说 tǎnshuài duìnǐ shuō / make a ~ confession of one's guilt 坦白认罪 tǎnbái rènzuì / He had a ~ friendly face. 他有张老实友善的面孔。Tā yǒuzhāng lǎoshi yǒushànde miànkǒng.

frankincense *n.* 乳香 rǔxiāng

frankly *ad.* **1.** 坦率地 tǎnshuàide：F-（speaking），I don't like the plan. 坦率地说，我不喜欢这个计划。Tǎnshuàide shuō，wǒ bùxǐhuan zhège jìhuà. **2.** 真诚地 zhēnchéngde

frankness *n.* **1.** 坦率 tǎnshuài **2.** 真诚 zhēnchéng

frantic *a.* **1.** 狂妄的 kuángwàngde；狂乱的 kuángluànde：be ~ with pain 痛得发疯似的 tòngde fāfēng shìde / The noise is driving me ~. 那躁音使我发狂。Nà zàoyīn shǐ wǒ fākuáng. **2.** 急忙地 jímángde：I've had a ~ rush to get the work done. 我急急忙忙地把工作做完了。Wǒ jíjimángmángde bǎ gōngzuò zuò wánle.

fraternal *a.* 兄弟的 xiōngdìde；兄弟般的 xiōngdì bānde：~ love 手足之情 shǒuzú zhīqíng

fraternity *n.* **1.** 兄弟关系 xiōngdì guānxì；手足之情 shǒuzú zhīqíng；友爱 yǒu'ài；博爱 bó'ài：liberty，equality，and ~ 自由、平等、博爱 zìyóu、píngděng、bó'ài **2.** 兄弟会 xiōngdìhuì；联谊会 liányìhuì：the ~ of the press 报界同仁 bàojiè tóngrén

fraternize *v.* **1.** 称兄道弟 chēngxiōng-dàodì；友善 yǒushàn：Men from the two armies stopped fighting and ~d on Christmas Day. 两军的士兵于圣诞节停止交战并友善地交往。Liǎngjūnde shìbīng yú Shèngdànjié tíngzhǐ jiāozhàn bìng yǒushànde jiāowǎng. **2.** 与敌人的交往 yǔ dírénde jiāowǎng：The opposing soldiers were forbidden to ~. 对立的士兵禁止交往。Duìlìde shìbīng jìnzhǐ jiāowǎng.

fraud *n.* **1.** 欺骗 qīpiàn：The judge found the man guilty of ~. 法官判这个人犯了诈骗罪。Fǎguān pàn zhège rén fànle zhàpiànzuì. **2.** 骗子 piànzi = a cheat

fraudulent *a.* 欺骗的 qīpiànde；欺诈的 qīzhàde：She got the post by ~ means. 她以欺骗的手段获得那个职位。Tā yǐ qīpiànde shǒuduàn huòdé nàge zhíwèi.

fraught *a.* 充满…的 chōngmǎn … de：a voyage ～ with risks 风险重重的航程 fēngxiǎn chóngchóngde hángchéng

fray[1] *n.* 吵架 chǎojià ＝ brawl

fray[2] *v.* **1.** 磨损 mósǔn：～ed cuffs 磨破了的袖口 mópòlede xiùkǒu / The electric wire is ～ing. 电线快磨坏了。Diànxiàn kuài móhuàile. **2.** 烦燥 fánzào：His temper began to ～ in hot weather. 在大热天，他的脾气烦燥。Zài dàrètiān，tāde píqi fánzào.

freak *a.* & *n.* **1.** 奇想 qíxiǎng；奇事 qíshì；反常的 fǎnchángde：a ～ storm 极其反常的风暴 jíqí fǎnchángde fēngbào **2.** 畸形 jīxíng；怪物 guàiwù：a ～ of nature（天生的）畸形（tiānshēngde）jīxíng **3.** 迷 mí：a film ～ 影迷 yǐngmí

freakish *a.* 异想天开的 yìxiǎng-tiānkāide；古怪的 gǔguàide；反复无常的 fǎnfù-wúchángde：～ behavior 怪异的行为 guàiyìde xíngwéi

freckle *n.* 雀斑 quèbān；斑点 bāndiǎn：a ～d nose 有雀斑的鼻子 yǒu quèbānde bízi

free *a.* **1.** 自由的 zìyóude；有自由的 yǒu zìyóude；独立自主的 dúlì-zìzhǔde：a ～ country（people）自由的国家（人民）zìyóude guójiā（rénmín）/ ～ speech 言论自由 yánlùn zìyóu / ～ thought 自由思想 zìyóu sīxiǎng / set a person ～ 释放犯人 shìfàng fànrén / get ～ 恢复自由 huīfù zìyóu / give him a ～ hand 让他自由行动 ràngtā zìyóu xíngdòng **2.** 自由自在的 zìyóu-zìzàide；随意的 suíyìde；不受拘束的 búshòu jūshùde：～ and easy 自由散漫 zìyóu sǎnmàn / be ～ in one's behavior 行为随便 xíngwéi suíbiàn **3.** 空闲的 kòngxiánde；空的 kòngde：I have very little ～ time. 没有什么空闲的时间。Méiyǒu shénme kòngxiánde shíjiān. / I'll be ～ this evening. 我今晚有空。Wǒ jīnwǎn yǒu kòng. / Have you any ～ room? 你们有空房间吗？Nǐmen yǒu kòngfángjiānma? **4.** 无阻碍的 wú zǔ'àide；松的 sōngde：a ～ port 自由（贸易）港 zìyóu（màoyì）gǎng / leave one end of the rope ～ 放松绳子的一端 fàngsōng shéngzide yìduān / ～ hydrogen 游离氢 yóulíqīng **5.** 免费的 miǎnfèide；免税的 miǎnshuìde；免除的 miǎnchúde：～ tickets for the theater 免费戏票 miǎnfèi xìpiào / a ～ school 公费学校 gōngfèi xuéxiào / admission ～ 免费入场 miǎnfèi rùchǎng / postage ～

邮资免收 yóuzī miǎnshōu / ～ of charge 免费 miǎnfèi **6.** 大方 dàfang: be ～ with one's money 花（用）钱大方 huā (yòng) qián dàfang / be ～ with other's money 慷他人之慨 kāng tārén zhīkǎi / make ～ with other's possessions 擅用他人财物 shànyòng tārén cáiwù *ad*. **1.** 自由地 zìyóude；随意地 suíyìde **2.** 免费地 miǎnfèide: Children are admitted ～. 儿童免费入场。Értóng miǎnfèi rùchǎng. *v*. **1.** 放走 fàngzǒu；释放 shìfàng；解放 jiěfàng: She ～d the bird from the cage. 她把鸟从笼里放走了。Tā bǎ niǎo cóng lóngli fàngzǒule. / The prisoners were ～d. 囚犯被释放了。Qiúfàn bèi shìfàngle. / Slaves should be ～d. 应该解放奴隶。Yīnggāi jiěfàng núlì. **2.** 解除 jiěchú；使…摆脱 shǐ … bǎituō: ～ oneself from difficulties 摆脱困难 bǎituō kùnnan

free-association *n*. 自由联想 zìyóu liánxiǎng * in psychology

freebooter *n*. 海盗 hǎidào；掠夺者 lüèduózhě

freedom *n*. **1.** 自由 zìyóu: ～ of speech 言论自由 yánlùn zìyóu / give slaves their ～ 还给奴隶以自由 huángěi núlì yǐ zìyóu **2.** 自由使用权 zìyóu shǐyòngquán: have the ～ of a friend's house 能自由出入朋友家 néng zìyóu chūrù péngyou jiā **3.** 免除 miǎnchú；免费 miǎnfèi: ～ from taxation 免税 miǎnshuì / ～ from fear 免于恐惧 miǎnyú kǒngjù **4.** 放肆 fàngsì；没有规矩 méiyǒu guīju: take ～ with sb. 对某人没有规矩 duì mǒurén méiyǒu guīju

freehand *a*. 随手画的 suíshǒu huàde: ～ drawings 写意画 xiěyìhuà

freehanded *a*. 慷慨 kāngkǎi；大方 dàfang = generous

freelance *n*. 自由作家 zìyóu zuòjiā；自由演员 zìyóu yǎnyuán *v*. 当自由作家、演员 dāng zìyóu zuòjiā、yǎnyuán

freely *ad*. **1.** 自由地 zìyóude；随意地 suíyìde: speak ～ 畅所欲言 chàngsuǒ-yùyán **2.** 慷慨地 kāngkǎide: He donates ～ to many organizations. 他慷慨地给许多机构捐钱。Tā kāngkǎide gěi xǔduō jīgòu juānqián. **3.** 大量地 dàliàngde: The wound was bleeding ～. 伤口大量出血。Shāngkǒu dàliàng chūxiě.

freeman *n*. **1.** 自由民 zìyóumín **2.** 公民 gōngmín；市民 shìmín

freemason *n*. 互助会会员 hùzhùhuì huìyuán

free pardon *n*. 特赦 tèshè；赦免 shèmiǎn

free pass *n*. 免费通行证 miǎnfèi tōngxíngzhèng

free stone *n*. 软石 ruǎnshí

free style *n.* 自由式 zìyóushì：100 meters ～ 一百米自由泳 yìbǎi mǐ zìyóuyǒng / ～ wrestling 自由式摔跤 zìyóushì shuāijiāo

freethinker *n.* 自由思想家 zìyóu sīxiǎngjiā

freewill *a.* 自由意志的 zìyóu yìzhìde；自愿的 zìyuànde

freeze *v.* **1.** 冻 dòng；结冰 jiébīng；使…结冰 shǐ … jiébīng：The lake froze over. 这湖全结冰了。Zhèhú quán jiébīngle. / It was freezing last night. 昨夜天气酷寒。Zuóyè tiānqì kùhán. / frozen food 冰冻的食物 bīngdòngde shíwù **2.** 冷 lěng；打冷颤 dǎ lěngzhàn；冻死 dòngsǐ：I'm simply freezing! 我简直冷得发抖。Wǒ jiǎnzhí lěngde fādǒu. / What freezing weather! 天气真冷！Tiānqì zhēnlěng. / Two men froze to death. 两个人冻死了。Liǎngge rén dòngsǐle. **3.** 冻结 dòngjié：～ prices (wages) 冻结价格（工资）dòngjié jiàgé (gōngzī) *n.* **1.** 冰冻期 bīngdòngqī；严寒期 yánhánqī **2.** 冻结 dòngjié：a price ～ 物价冻结 wùjià dòngjié

freezer *n.* 冰箱 bīngxiāng；冷冻库 lěngdòngkù

freezing *a.* 冻结的 dòngjiéde；冷却的 lěngquède；凝固的 nínggùde：a ～ machine 致冷器 zhìlěngqì / a ～ mixture 冷却剂 lěngquèjì / the ～ point 冷冻点 lěngdòngdiǎn；冰点 bīngdiǎn；凝固点 nínggùdiǎn

freight *n.* **1.** 运输 yùnshū；货运 huòyùn；水运 shuǐyùn：This aircraft company deals with ～ only. 这家航空公司只经营货运业务。Zhèjiā hángkōng gōngsī zhǐ jīngyíng huòyùn yèwù. **2.** 货物 huòwù：a ～ car 货车 huòchē / This ～ must be carefully handled while loading. 装这些货物时，必须小心搬运。Zhuāng zhèxiē huòwù shí, bìxū xiǎoxīn bānyùn. *v.* 装货于(船) zhuānghuò yú (chuán)；运输（货物）yùnshū (huòwù)：a ship ～ed with wheat 装小麦的船 zhuāng xiǎomàide chuán / ～ a boat with fruit 把水果装在船上 bǎ shuǐguǒ zhuāngzài chuánshang

freighter *n.* **1.** 货船 huòchuán；运输机 yùnshūjī；货轮 huòlún **2.** 租船人 zūchuánrén；承运人 chéngyùnrén

French *a.* **1.** 法国的 Fǎguóde：the ～ Revolution 法国大革命 Fǎguó Dàgémìng / ～ window 法式窗 fǎshìchuāng / ～ wine 法国酒 Fǎguójiǔ **2.** 法国人的 Fǎguórénde **3.** 法语的 Fǎyǔde ＊ of the language *n.* **1.** 法国人 Fǎguórén ＊ the people of France **2.** 法语 Fǎyǔ ＊ the ～ language

French bean *n.* 扁豆 biǎndòu；菜豆 càidòu

French bread *n.* 法式面包 Fǎshì miànbāo

French chalk *n.* 滑石 huáshí；滑石粉 huáshífěn

French horn *n.* 法国号 Fǎguóhào

Frenchman *n.* 法国人 Fǎguórén

Frenchwoman *n.* 法国女人 Fǎnguó nǚrén

frenzied *a.* 疯疯癫癫的 fēngfeng-diāndiānde；激动的 jīdòngde；发狂的 fākuángde：The people greeted their leader with ～ shouts of joy. 人民狂呼欢迎他们的领袖。Rénmín kuánghū huānyíng tāmende lǐngxiù.

frenzy *n.* 疯疯癫癫 fēngfeng-diāndiān；狂乱 kuángluàn：in a ～ of despair 绝望得发狂 juéwàngde fākuáng / She worked herself up into a ～. 她焦躁至极。Tā jiāozào zhìjí. *v.* 使…暴怒 shǐ … bàonù

freon *n.* 氟利昂 fúlì'áng

frequency *n.* **1.** 频繁 pínfán；时常发生 shícháng fāshēng：Accidents are happening there with increasing ～. 在那里发生的事故愈来愈频繁。Zài nàli fāshēngde shìgù yùláiyù pínfán. **2.** 频率 pínlǜ；次数 cìshù；频数 pínshù：a high/low ～ 高/低频 gāo/dīpín / a ～ of 25 per second 每秒25频率 měimiǎo èrshíwǔ pínlǜ / a ～ divider 分频器 fēnpínqì / ～ modulation 频率调制 pínlǜ tiáozhì **3.** 周率 zhōulǜ：This radio station broadcasts on three different frequencies. 这个电台用三种不同的周率广播。Zhège diàntái yòng sānzhǒng bùtóngde zhōulǜ guǎngbō.

frequent *a.* **1.** 频繁的 pínfánde：Typhoons are ～ here. 这里台风频繁。Zhèlǐ táifēng pínfán. **2.** 常来的 chángláide；习以为常的 xíyǐwéichángde：a ～ visitor 常客 chángkè *v.* 常去 chángqù；常到 chángdào：Tourists ～ Hangzhou. 游客常到杭州去玩。Yóukè chángdào Hángzhōu qùwán.

frequently *a.* & *ad.* 时常 shícháng；往往 wǎngwǎng；屡次 lǚcì；频繁地 pínfánde：Business ～ brings him to London. 他时常因公出差到伦敦去。Tā shícháng yīngōng chūchāi dào Lúndūn qù.

fresco *n.* **1.** 湿绘壁画 shīhuìbìhuà **2.** 湿绘壁画法 shīhuìbìhuàfǎ：a painting in ～ 湿绘壁画 shīhuìbìhuà

fresh *a.* **1.** 新鲜的 xīnxiānde；新做的 xīnzuòde：～ flowers 鲜花 xiānhuā / ～ milk 鲜奶 xiānnǎi / ～ paint 刚刷上的漆 gāng shuāshàngde qī **2.** 崭新 zhǎnxīn；新颖 xīnyǐng；新到的 xīndàode：～ news 新消息 xīnxiāoxi / a ～ hand 新手 xīnshǒu / a ～man 大学一年级学生 dàxué yìniánjí xuésheng / a youth ～ from school 刚从学校毕业的年轻人 gāngcóng xuéxiào bìyède niánqīngrén / be ～ in memory 记忆犹新 jìyì-yóuxīn **3.** 淡的 dànde：～ butter 淡牛油 dàn niúyóu / ～-water 淡水的 dànshuǐde **4.** 清新的 qīngxīnde；凉爽的 liángshuǎngde：～ air 清新的空气 qīngxīnde kōngqì / a ～ wind 清风 qīngfēng / feel ～ 感到爽快 gǎndào shuǎngkuài **5.** 鲜艳的 xiānyànde：～ colors 鲜艳的色彩 xiānyànde sècǎi / a ～ complexion 气色好的面容 qìsè hǎode miànróng **6.** 有生气的 yǒu shēngqìde；壮健的 zhuàngjiànde：The plants look ～. 这植物看上去生气盎然。Zhè zhíwù kànshàngqù shēngqì-àngrán. / a ～ horse 壮马 zhuàngmǎ

freshen *v.* **1.** 使…新鲜 shǐ … xīnxiān **2.** 使…振作精神 shǐ … zhènzuò jīngshen；活泼起来 huópo qǐlái：The cold bath has ～ed me up. 这冷水浴使我精神一振。Zhè lěngshuǐyù shǐ wǒ jīngshén yízhèn. **3.** （风）变强（fēng）biànqiáng：The wind is ～ing up. 风力正在加强。Fēnglì zhèngzài jiāqiáng.

freshet *n.* （河流）暴涨（héliú）bàozhǎng

freshly *ad.* **1.** 新鲜地 xīnxiānde；清新地 qīngxīnde **2.** 新 xīn；新近 xīnjìn：His shirts have been ～ washed and ironed. 他的衬衫刚洗烫过。Tāde chènshān gāng xǐtàngguo.

fret *v.* **1.** 使…着急 shǐ … zháojí；使…烦恼 shǐ … fánnǎo：What are you ～ting about? 你烦恼什么？Nǐ fánnǎo shénme? / ～ and fume 恼火 nǎohuǒ **2.** 磨损 mósǔn：～ted rope 磨损了的绳子 mósǔnlede shéngzi *n.* 焦急 jiāojí；烦躁 fánzào：in a ～ 焦急地 jiāojíde / She gets in a ～ whenever we're late. 我们每次迟到，她都着急。Wǒmen měicì chídào，tā dōu zháojí.

fretful *a.* 焦急的 jiāojíde；烦躁的 fánzàode：a ～ baby 焦躁的婴儿 jiāozàode yīng'ér

fretwork *n.* 浮雕细工 fúdiāo xìgōng：～ saw 钢丝锯 gāngsījù

Freudian *a.* 弗洛伊德（学派）的 Fúluòyīdé（xuépài）de

friar *n.* 托钵僧 tuōbōsēng；修道士 xiūdàoshì

fricative *a.* 摩擦（而生）的 mócā（érshēng）de：～ consonants 摩擦音 mócāyīn *n.* 摩擦音（[f][ʃ][θ][ð]等）mócāyīn

friction *n.* **1.** 摩擦 mócā；摩擦力 mócālì：F- against the rock，caused his rope to break. 绳子摩擦岩石，结果断了。Shéngzi mócā yánshí，jiéguǒ duànle. **2.** 冲突 chōngtū；不合 bùhé：political ~ between two countries 两国间政治上的不和 liǎngguójiān zhèngzhìshangde bùhé / ~s between parents and their children 父母与孩子们之间的冲突 fùmǔ yǔ háizimen zhījiānde chōngtū

Friday *n.* 星期五 Xīngqīwǔ：Good ~ 耶稣受难日 Yēsū shòunànrì

fried *a.* 油煎的 yóujiānde；油炸的 yóuzháde

friend[1] *n.* **1.** 朋友 péngyou：a boy (girl) ~ 男(女)朋友 nán(nǚ)péngyou / ~ and foe 友和敌 yǒu hé dí / This is a ~ of mine. 这位是我的朋友。Zhèwèi shì wǒde péngyou. / a ~ at court 有势力的朋友 yǒu shìlide péngyou / be ~s with 跟…友好 gēn … yǒuhǎo / make ~s with 与某人交朋友 yǔ mǒurén jiāo péngyou / make ~s again 和好 héhǎo；言归于好 yánguī yúhǎo **2.** 赞助者 zànzhùzhě；助手 zhùshǒu：That rich lady is a ~ of the arts. 那位阔太太是艺术的支持者。Nàwèi kuò tàitai shì yìshùde zhīchízhě. **3.** 同伴 tóngbàn：The dog is a faithful ~ of man. 狗是人类忠实的伙伴。Gǒu shì rénlèi zhōngshíde huǒbàn.

Friend[2] *n.* 基督教教友会教徒 Jīdūjiào jiàoyǒuhuì jiàotú

friendly *a.* **1.** 友谊的 yǒuyìde；友好的 yǒuhǎode；和气的 héqìde：be ~ with sb. 对某人友善 duì mǒurén yǒushàn / a ~ smile 友好的微笑 yǒuhǎode wēixiào **2.** 拥护的 yōnghùde：be ~ to a cause 赞助一主义 zànzhù yìzhǔyì / be ~ to revolution 拥护革命 yōnghù gémìng **3.** 顺利的 shùnlìde：a ~ wind 顺风 shùnfēng **4.** F- Society 互助会 Hùzhùhuì

friendship *n.* 友好 yǒuhǎo；友谊 yǒuyì；友情 yǒuqíng；交情 jiāoqing：live together in ~ 友善地生活在一起 yǒushànde shēnghuó zài yìqǐ / out of ~ 出于友好 chūyú yǒuhǎo / a ~ of twenty years 二十年的友谊 èrshí niánde yǒuyì / promote ~ between China and Korea 增进中朝友好 zēngjìn Zhōng-Cháo yǒuhǎo

frieze[1] *n.* 中楣 zhōngméi * in architecture

frieze[2] *n.* 粗呢 cūní；粗绒 cūróng

frigate *n.* **1.** 快速带帆战舰 kuàisù dàifān zhànjiàn **2.** 护卫舰 hùwèijiàn

fright *n.* **1.** 惊吓 jīngxià：shaking with ~ 吓得发抖 xiàde fādǒu / die of ~ 因惊吓而死 yīn jīngxià ér sǐ / take ~ (at sth.) 因某事而吃惊 yīn mǒushì ér chījīng / have a ~ 吃惊 chījīng / give sb. a ~ 吓某人一跳 xià mǒurén yítiào **2.** 丑家伙 chǒujiāhuo；怪物 guàiwù：She looks a ~

in that black dress. 她穿上那件黑色衣服，看上去象怪物。Tā chuānshàng nàjiàn hēisè yīfu，kànshàngqù xiàng guàiwù.

frighten *v.* **1.** 吓唬 xiàhu；使吃惊 shǐ chījīng；惊吓 jīngxià：Did the noise ～ you? 那声音使你吃惊吗？Nà shēngyīn shǐ nǐ chījīngma？/ The barking of the dog ～ed the burglar away. 狗叫声把那贼吓跑了。Gǒu jiàoshēng bǎ nà zéi xiàpǎole. / She was nearly ～ed out of her life. 她几乎吓死。Tā jīhū xiàsǐ. **2.** 害怕 hàipà：be ～ed of sb.（sth.）害怕某人（某物）hàipà mǒurén（mǒuwù）

frightful *a.* **1.** 可怕的 kěpàde；令人恐怖的 lìngrén kǒngbùde：a ～ accident 可怕的事故 kěpàde shìgù / a ～ sight 可怕的景象 kěpàde jǐngxiàng **2.** 讨厌的 tǎoyànde；困难的 kùnnande：We are having ～ weather this week. 这星期的天气真讨厌。Zhè xīngqīde tiānqì zhēn tǎoyàn. / The examination questions were ～. 考试题目很难。Kǎoshì tímù hěnnán.

frigid *a.* **1.** 寒冷的 hánlěngde：～ weather 寒冷的天气 hánlěngde tiānqì / the ～ zones 寒带 hándài **2.** 冷淡的 lěngdànde；缺乏热情的 quēfá rèqíngde：a ～ welcome 冷淡的欢迎 lěngdànde huānyíng / a ～ manner 冷淡的态度 lěngdànde tàidu / ～ conversation 冷淡的谈话 lěngdànde tánhuà

frigidity *n.* **1.** 寒冷 hánlěng **2.** 冷淡 lěngdàn；性冷感 xìnglěnggǎn

frill *n.* **1.** 绉边 zhòubiān；绉纹 zhòuwén：a ～ed skirt 有绉边的裙子 yǒu zhòubiānde qúnzi **2.** 雕琢 diāozhuó；矫饰 jiǎoshì；装腔作势 zhuāngqiāng-zuòshì：put on ～s 装腔作势 zhuāngqiāng-zuòshì

fringe *n.* **1.** 穗子 suìzi；花边 huābiān **2.** 边缘 biānyuán：～ areas 边缘地区 biānyuán dìqū **3.** 额前垂发 éqián chuífà；刘海 liúhǎi：The girl wore her hair in a ～. 那个女孩留着刘海。Nàge nǚhái liúzhe liúhǎi. *v.* 饰…以边 shì … yǐbiān：a roadside ～d with trees 植树的路边 zhíshùde lùbiān

frippery *n.* **1.** 装饰品 zhuāngshìpǐn **2.** 便宜货 piányihuò ＊ cheap things like ornaments on dresses

frisk *n.* & *v.* 跳跃 tiàoyuè；雀跃 quèyuè：The new lambs are ～ing in the field. 新生小绵羊在草地上蹦蹦跳跳。Xīnshēng xiǎo miányáng zài cǎodìshang bèngbeng-tiàotiào.

frisky *a.* 跳跃的 tiàoyuède；活泼的 huópode：a ～ kitten 蹦蹦跳跳的小猫 bèngbeng-tiàotiàode xiǎomāo

fritten[1] *v.* 消磨 xiāomó：～ away time (energy) 消磨时间（精力）xiāomó shíjiān (jīnglì)

fritten[2] *n.* 果馅油炸饼 guǒxiàn yóuzhábǐng：apple ～s 苹果馅的油炸饼 píngguǒxiànde yóuzhábǐng

frivolity *n.* 轻薄 qīngbó；轻浮 qīngfú：Her ～ of mind makes her unsuited to a position of trust. 她心意轻浮，不宜担当重任。Tā xīnyì qīngfú, bùyí dāndāng zhòngrèn.

frivolous *a.* **1.** 轻薄的 qīngbóde；不庄重的 bùzhuāngzhòngde：～ remarks (behavior) 不庄重的言语（举动）bùzhuāngzhòngde yányǔ (jǔdòng) **2.** 轻佻的 qīngtiāode；喜享乐的 xǐ xiǎnglède：a ～ girl 轻佻的女孩 qīngtiāode nǚhái / He has a ～ nature, he cares for nothing, but amusement. 他天性爱享乐，除了玩乐，什么都不在乎。Tā tiānxìng ài xiǎnglè, chúle wánlè, shénme dōu búzàihu.

frizz *n.* 卷发 juǎnfà：The boy had a ～ of black hair. 这男孩有一头卷曲的黑发。Zhè nánhái yǒu yìtóu juǎnqūde hēifà.

frizzle *v.* 吱吱发响 zhīzhī fāxiǎng：The sausages were frizzling in the pan. 香肠在锅中煎得吱吱发响。Xiāngcháng zài guōzhōng jiānde zhīzhī fāxiǎng.

frizzly *a.* 卷缩的 juǎnsuōde；卷毛的 juǎnmáode

fro *ad.* to and ～ 往返地 wǎngfǎnde；来回地 láihuíde：walking to and ～ 来回地走 láihuíde zǒu / journeys to and ～ between London and Paris 往返于伦敦与巴黎的旅行 wǎngfǎn yú Lúndūn yǔ Bālíde lǚxíng

frock *n.* **1.** 上衣 shàngyī ＊ women's dress **2.** ～ coat 长大衣 chángdàyī

frog *n.* **1.** 蛙 wā **2.** 花扣 huākòu ＊ for supporting stems of flowers in a container

frogman *n.* 蛙人 wārén；潜水员 qiánshuǐyuán

frolic *n.* 嬉戏 xīxì；欢乐 huānlè：The children are having a ～ before bedtime. 孩子们睡觉前嬉戏一会儿。Háizimen shuìjiào qián xīxì yíhuìr. *v.* 嬉戏 xīxì；玩儿 wánr

frolicsome *a.* 嬉戏的 xīxìde；快活的 kuàihuode；爱闹的 àinàode：Young creatures are naturally ～. 年轻人天性快活。Niánqīngrén tiānxìng kuàihuo. / ～ children 爱闹的孩子 àinàode háizi

from *prep.* **1.** 从 cóng：jump ~ a wall 从墙上跳下 cóng qiángshang tiàoxià/ set out ~ London 从伦敦出发 cóng Lúndūn chūfā / ~ the first of May 从五月一日起 cóng wǔyuè yīrì qǐ / awake ~ a dream 从梦中惊醒 cóng mèngzhōng jīngxǐng / recover ~ illness 疾病痊愈 jíbìng quányù / ~ beginnig to end 自始至终 zìshǐ-zhìzhōng / ~ time to time 时时 shíshí / ~ now on 从今以后 cóngjīn yǐhòu **2.** 距 jù；离 lí：ten miles ~ the coast 距岸十哩 jù'àn shílǐ / be away ~ home 离家 líjiā / stay away ~ school 缺课 quēkè / How far is it ~ here? 离这多远？Lí zhè duōyuǎn? **3.** 由 yóu：quotations ~ Shakespeare 引用莎士比亚的语句 yǐnyòng Shāshìbǐyàde yǔjù / a letter ~ a friend 朋友的来信 péngyoude láixìn / paint ~ nature 写生 xiěshēng / ~ what I have heard 根据我所听到的 gēnjù wǒsuǒ tīngdàode / expect much ~ a person 对某人期望很大 duì mǒurén qīwàng hěndà // take 5 ~ 8 八减五 bā jiǎn wǔ / be expelled ~ school 被学校开除 bèi xuéxiào kāichú / die ~ cholera 患霍乱而死 huàn huòluàn érsǐ / make wine ~ grapes 用葡萄酿酒 yòng pútáo niàngjiǔ / ~ above (below) 自上（下）zì shàng (xià) / ~ within (without) 从内（外）cóng nèi（wài）/ ~ far and near 从远近 cóng yuǎnjìn / ~ long ago 从很久以前 cóng hěnjiǔ yǐqián / ~ over the sea 从海外 cóng hǎiwài / ~ under the table 从桌下 cóng zhuōxià

front *n.* & *a.* **1.** 前方 qiánfāng；前部 qiánbù；前面 qiánmian；正面 zhèngmiàn：the ~ of a building 建筑物的正面 jiànzhùwùde zhèngmiàn / sit in (the) ~ 坐在前面 zuò zài qiánmian / in ~ of the house 在房子的前面 zài fángzide qiánmian / a ~ seat 前排座 qiánpáizuò / the ~ door 正门 zhèngmén / the ~ garden 前花园 qián huāyuán / ~ page news 登在第一版的重要新闻 dēngzài dì-yī bǎnde zhòngyào xīnwén **2.** 前线 qiánxiàn；战线 zhànxiàn；阵线 zhènxiàn：go to the ~ 上前线 shàng qiánxiàn / the popular ~ 人民战线 rénmín zhànxiàn / the united ~ 统一战线 tǒngyī zhànxiàn **3.** 脸面 liǎnmiàn：show a bold ~ on 对…表示抗拒态度 duì … biǎoshì kàngjù tàidu / have the ~ to deny a fact 厚着脸皮 否认事实 hòuzhe liǎnpí fǒurèn shìshí *v.* **1.** 面向 miànxiàng；面对 miànduì：windows ~ing the street 朝街的窗子 cháojiēde chuāngzi / The hospital ~s the lake. 这个医院正面临湖。Zhège yīyuàn zhèngmiàn lín hú. **2.** 对抗 duìkàng；面对 miànduì：~

danger 不怕危险 búpà wēixiǎn

frontage *n.*（建筑物）正面（jiànzhùwù）zhèngmiàn；屋前空地 wūqián kòngdì；临街面 línjiēmiàn：a buildling with ～s on two streets 面临两街的楼房 miànlín liǎngjiēde lóufáng

frontal *a.* **1.** 正面的 zhèngmiànde；前面的 qiánmiande：a ～ attack 正面攻击 zhèngmiàn gōngjī **2.** 额的 éde：the ～ bone 前额骨 qián'égǔ

frontier *n.* **1.** 边界 biānjiè；边疆 biānjiāng；国境 guójìng：the German ～ of France 法国靠德国的边界 Fǎguó kào Déguóde biānjiè / Sweden has ～s with Norway and Finland. 瑞典与挪威和芬兰接壤。Ruìdiǎn yǔ Nuówēi hé Fēnlán jiērǎng. / a ～ station 边境车站 biānjìng chēzhàn / ～ spirit 拓荒精神 tuòhuāng jīngshén **2.** 知识的新领域 zhīshide xīn lǐngyù：the ～ of medicine 医学研究的新领域 yīxué yánjiūde xīn lǐngyù / the ～s of knowledge 知识的未开拓领域 zhīshide wèi kāituò lǐngyù

frontiersman *n.* 边疆居民 biānjiāng jūmín；拓荒者 tuòhuāngzhě

frontispiece *n.* 卷头插画 juàntóu chāhuà

frost *n.* **1.** 霜 shuāng：The grass was covered with ～ in the early morning. 清早草地上盖满了霜。Qīngzǎo cǎodìshang gàimǎnle shuāng. / a heavy ～ 厚霜 hòushuāng **2.** 严寒 yánhán；冰冻 bīngdòng：five degrees of ～ 冰点以下五度 bīngdiǎn yǐxià wǔdù / There is still ～ on the ground. 地面上还冰冻着。Dìmiànshang hái bīngdòngzhe. / early ～ 早寒 zǎohán *v.* **1.** 起霜 qǐshuāng；盖满了霜 gàimǎnle shuāng：The ground is ～ed. 满地是霜。Mǎndì shì shuāng. **2.** 冻死 dòngsǐ；霜害 shuānghài **3.** 不透明的 bútòumíngde：～ed glass 毛玻璃 máobōlí

frostbite *n.* **1.** 霜害 shuānghài **2.** 冻伤 dòngshāng：suffer from ～ 患冻疮 huàn dòngchuāng

frostbitten *a.* 冻伤的 dòngshāngde：～ toes 长冻疮的脚趾 zhǎng dòngchuāngde jiǎozhǐ

frosting *n.*（糕点）酥皮（gāodiǎn）sūpí

frosty *a.* **1.** 结霜的 jiéshuāngde；严寒的 yánhánde；下霜的 xiàshuāngde：～ weather 下霜的天气 xiàshuāngde tiānqì / a ～ morning 寒冷的早晨 hánlěngde zǎochen **2.** 冷淡的 lěngdànde；不友善的 bùyǒushànde：a ～ welcome 冷淡的欢迎 lěngdànde huānyíng / ～ smiles（looks）冷淡的笑（表情）lěngdànde xiào（biǎoqíng）

froth *n*. **1**. 泡沫 pàomò：a glass of beer with a lot of ～ on it 有许多泡沫的啤酒 yǒu xǔduō pàomòde píjiǔ **2**. 空想 kōngxiǎng；废话 fèihuà *v*. 起沫 qǐmò；发泡 fāpào：The dog is ～ing at the mouth. 这只狗口吐白沫。Zhèzhī gǒu kǒutǔ báimò. / Before washing the clothes，～ up the soap mixture. 洗衣服前，先使肥皂粉产生泡沫。Xǐ yīfuqián，xiān shǐ féizàofěn chǎnshēng pàomò.

frothy *a*. **1**. 起沫的 qǐmòde；起泡的 qǐpàode：～ beer 起泡沫的啤酒 qǐ pàomòde píjiǔ **2**. 轻浮的 qīngfúde；浅薄的 qiǎnbóde：a ～ piece of amusement 浅薄的娱乐 qiǎnbóde yúlè

frown *v*. 皱眉头 zhòu méitóu；表示不悦 biǎoshì búyuè：～ at sb. 对某人皱眉头 duì mǒurén zhòu méitóu / ～ on gambling 对赌博皱眉头 duì dǔbó zhòu méitóu；反对赌博 fǎnduì dǔbó *n*. **1**. 皱眉 zhòuméi；不悦 búyuè：He looked at her with a ～ of disapproval. 他皱着眉头，表示不赞同地看着她。Tā zhòuzhe méitóu，biǎoshì búzàntóngde kànzhe tā. **2**. 皱纹 zhòuwén：You'll develop a deep ～，if you don't wear your glasses for reading. 你阅读时不戴眼睛，额上会长出很深的皱纹。Nǐ yuèdú shí búdài yǎnjìng，éshang huì zhǎngchū hěnshēnde zhòuwén.

frowzy *a*. **1**. 霉臭的 méichòude；闷气的 mènqìde **2**. 凌乱的 língluànde；不整洁的 bùzhěngjiéde

frugal *a*. **1**. 节俭的 jiéjiǎnde；节约的 jiéyuēde：a ～ housewife 节俭的家庭主妇 jiéjiǎnde jiātíng zhǔfù / be ～ of one's time and money 节约时间与金钱 jiéyuē shíjiān yǔ jīnqián **2**. 少量的 shǎoliàngde：He had a ～ supper of bread and cheese. 他晚餐只吃了少量的面包和奶酪。Tā wǎncān zhǐ chīle shǎoliàngde miànbāo hé nǎilào.

fruit *n*. **1**. 水果 shuǐguǒ：Apples and bananas are ～. 苹果、香蕉是水果。Píngguǒ、xiāngjiāo shì shuǐguǒ. / a ～ shop 水果店 shuǐguǒdiàn / a ～ tree 果树 guǒshù / ～-bearing bushes 结果实的灌木 jiē guǒshíde guànmù **2**. 果实 guǒshí；实 shí：the ～s of the earth 大地的果实 dàdìde guǒshí **3**. 成果 chéngguǒ；收获 shōuhuò：the ～s of one's labor 劳动的成果 láodòngde chéngguǒ / Their plans haven't born ～. 他们的计划毫无结果。Tāmende jìhuà háowú jiéguǒ. *v*. 结果实 jiē guǒshí：These trees ～ well. 这些树结的果实很多。Zhèxiē shù jiēde guǒshí hěnduō.

fruitage *n*. **1**. 效果 xiàoguǒ **2**. 果实 guǒshí

fruiter *n*. 果农 guǒnóng；水果商 shuǐguǒshāng

fruitful *a.* 1. 果实累累的 guǒshí lěilěide 2. 多产的 duōchǎnde：～ soil 肥沃的土壤 féiwòde tǔrǎng 3. 有效果的 yǒuxiàoguǒde：a ～ career 成功的事业 chénggōngde shìyè

fruition *n.* 1. 结果实 jiēguǒshí 2. 成就 chéngjiù；实现 shíxiàn：aims brought to ～ 实现了的目的 shíxiànlede mùdì / plans that come to ～ 完成的计划 wánchéngde jìhuà

fruitless *a.* 不结果实的 bùjiē guǒshíde；没有效果的 méiyǒu xiàoguǒde；不成功的 bùchénggōngde：～ efforts 徒劳 túláo / an enterprise ～ of profits 毫无利润的企业 háowú lìrùnde qǐyè / So far the search for the missing boy has been ～. 至目前为止，寻找失踪的小孩还没有结果。Zhì mùqián wéizhǐ, xúnzhǎo shīzōngde xiǎohái hái méiyǒu jiéguǒ.

fruity *a.* 1. 果实的 guǒshíde；有水果味的 yǒu shuǐguǒ wèide：The medicine has a ～ taste. 这种药有水果味。Zhèzhǒng yào yǒu shuǐguǒwèi. 2. 粗俗的 cūsúde：a rather ～ story 非常粗俗的故事 fēicháng cūsúde gùshi 3. 洪亮的 hóngliàngde：a ～ voice 圆润的声音 yuánrùnde shēngyīn

frustrate *v.* 挫折 cuòzhé；破坏 pòhuài：The bad weather ～d our plan of going out. 恶劣的天气破坏了我们出去的计划。Èliède tiānqì pòhuàile wǒmen chūqùde jìhuà. / ～ one's enemies in their plans 打乱敌人的计划 dǎluàn dírénde jìhuà / be ～d in the attempt to escape 企图逃脱失败了 qǐtú táotuō shībàile

frustration *n.* 挫折 cuòzhé；破坏 pòhuài；阻止 zǔzhǐ：Life is full of ～s for many people. 对许多人来说，人生充满挫折。Duì xǔduō rén lái shuō, rénshēng chōngmǎn cuòzhé.

fry[1] *n.* 1. 鱼秧 yúyāng；鱼苗 yúmiáo 2. 小蜜蜂 xiǎomìfēng；小青蛙 xiǎoqīngwā：small ～ 小东西 xiǎodōngxi

fry[2] *v.* 油煎 yóujiān：Shall I ～ the fish? 要不要我炸鱼？Yàobuyào wǒ zháyú? / ～ing pan 煎锅 jiānguō / fried rice 炒饭 chǎofàn / out of the ～ing pan into the fire 每况愈下 měikuàngyùxià *n.* 油炸食品 yóuzhá shípǐn

fuchsia *n.* 倒挂金钟属植物 dàoguà-jīnzhōng shǔ zhíwù ＊ a kind of shrub

fuddle *v.* 使（人）喝醉 shǐ (rén) hēzuì；使（人）迷糊 shǐ (rén) míhu：～ oneself with gin 喝杜松子酒喝得烂醉 hē dùsōngzi jiǔ hēde lànzuì / Too much strong drink will ～ your brain. 喝太多烈酒会使你头脑迷糊。Hē tàiduō lièjiǔ huì shǐ nǐ tóunǎo míhu.

fuddy-duddy *n.* 保守的人 bǎoshǒude rén

fudge[1] *n.* 软糖 ruǎntáng: Have a piece of ～! 吃一块软糖! Chī yíkuài ruǎntáng!

fudge[2] *v.* 抄袭 chāoxí; 捏造 niēzào = to falsify

fuel *n.* 燃料 ránliào: The farmer cut up the old tree for his winter ～. 农民砍下老树作冬天的燃料。Nóngmín kǎnxià lǎoshù zuò dōngtiānde ránliào. / solid ～ 固体燃料 gùtǐ ránliào / add ～ to the fire 火上加油 huǒshang jiāyóu *v.* 加燃料 jiā ránliào; 添柴(炭) tiān chái (tàn): ～ing station 加油站 jiāyóuzhàn / Aircrafts sometimes ～ in midair. 飞机有时在空中加油。Fēijī yǒushí zài kōngzhōng jiāyóu.

fug *n.* 恶浊的空气 èzhuóde kōngqì: What a ～! 空气多么恶浊! Kōngqì duōme èzhuó!

fugitive *n.* & *a.* **1.** 逃跑的 táopǎode; 逃亡的 táowángde; 逃亡者 táowángzhě; 亡命徒 wángmìngtú: ～s from an invaded country 自受侵国家逃出的难民 zì shòuqīn guójiā táochūde nànmín / ～s from justice 逃犯 táofàn / a ～ slave 逃跑的奴隶 táopǎode núlì **2.** 短暂的 duǎnzànde; 即兴的 jíxìngde: ～ verse 即兴的诗 jíxìngde shī

fulcrum *n.* 杠杆支点 gànggǎn zhīdiǎn: the ～ of a pair of scales 天平的支点 tiānpíngde zhīdiǎn

fulfil *v.* **1.** 完成 wánchéng: ～ one's plan 完成计划 wánchéng jìhuà **2.** 履行 lǚxíng: ～ one's duties 尽职 jìnzhí / ～ one's obligations 尽义务 jìnyìwù / ～ one's promise 履行诺言 lǚxíng nuòyán **3.** 实践 shíjiàn; 服从 fúcóng: ～ a command 服从命令 fúcóng mìnglìng **4.** 满足 mǎnzú: ～ one's demand (purpose, hope) 满足某人要求(目的、希望) mǎnzú mǒurén yāoqiú (mùdì、xīwàng)

fulfilment *n.* 完成 wánchéng; 履行 lǚxíng: the ～ of the Five-Year Plan 五年计划的完成 wǔnián jìhuàde wánchéng

full[1] *a.* **1.** 满 mǎn; 充满的 chōngmǎnde; 装满的 zhuāngmǎnde: The glass is ～. 杯子满了。Bēizi mǎnle. / The room is ～ of people. 房间里充满了人。Fángjiānli chōngmǎnle rén. / I'm ～. 我吃饱了。Wǒ chībǎole. / ～ house 客满 kèmǎn **2.** 多的 duōde: a lake ～ of fish 有很多鱼的湖 yǒu hěnduō yúde hú / a man ～ of new ideas 满脑子新思想的人 mǎn nǎozi xīn sīxiǎngde rén / ～ of vitality 活力充沛 huólì chōngpèi

3. 充分的 chōngfènde；充足的 chōngzúde；完全的 wánquánde：a ～ supply 充分的供应 chōngfènde gōngyìng / a ～ mile 整整一哩 zhěngzhěng yìlǐ / ～ age 成年 chéngnián / ～ dress 盛装 shèngzhuāng / ～ mark 满分 mǎnfēn / one's ～ name 全名 quánmíng / ～ stop 句号 jùhào / ～ speed 全速 quánsù / in ～ bloom 盛开 shèngkāi 4. 宽松的 kuānsōngde：make the coat ～er 把大衣做得宽一些 bǎ dàyī zuòde kuānyìxiē *n*. 全部 quánbù；完全 wánquán：at the ～ 满满 mǎnmǎn / in ～ 全部地 quánbùde

full² *v*. 漂洗 piǎoxǐ

fuller *n*. 漂布工人 piǎobù gōngrén：～'s earth 漂布泥 piǎobùní；漂布土 piǎobùtǔ

full-grown *a*. 发育完全的 fàyù wánquánde；成熟的 chéngshúde

fullness *n*. 充满 chōngmǎn；充实 chōngshí；完全 wánquán：have a feeling of ～ after meals 饭后有饱胀感 fànhòu yǒu bǎozhànggǎn / in the ～ of time 在预定的时候 zài yùdìngde shíhou

full-time *a*. 1. 全部时间的 quánbù shíjiānde；专职的 zhuānzhíde：a ～ teacher 专职教员 zhuānzhí jiàoyuán 2. 忙碌的（工作）mánglùde (gōngzuò)：It is a ～ job looking after three young children. 照顾三个小孩是件忙碌的工作。Zhàogù sānge xiǎohái shìjiàn mánglùde gōngzuò.

fully *ad*. 十分 shífēn；完全 wánquán：～ satisfied 完全满意地 wánquán mǎnyìde

fulminate *v*. 怒喝 nùhè；申斥 shēnchì：～ against the idleness of the younger generation 严词谴责年轻一代的懒散 yáncí qiǎnzé niánqīng yídàide lǎnsǎn *n*. 雷酸盐 léisuānyán * chemistry

fulsome *a*. 可厌恶的 kě yànwùde；言不由衷的 yánbù-yóuzhōngde：～ flattery 令人恶心的拍马 lìngrén ěxinde pāimǎ

fumble *v*. 1. 摸索 mōsuǒ：～ in one's pocket for a key 在口袋里摸索钥匙 zài kǒudàili mōsuǒ yàoshi / ～ in the dark 在黑暗中摸索 zài hēi'ànzhōng mōsuǒ 2. ～ a ball 失球 shīqiú；接漏球 jiēlòuqiú

fume *n*. 1. 烟雾 yānwù；气味 qìwèi：the ～s of cigars 雪茄烟的烟雾 xuějiāyānde yānwù / ～s of wine 酒味 jiǔwèi / petrol ～s 强烈的汽油味 qiángliède qìyóuwèi 2. 火气 huǒqì；怒气 nùqì：be in a ～ 怒气冲冲 nùqì-chōngchōng 3. 激动的心情 jīdòngde xīnqíng：in a ～ of anxiety 一阵焦虑 yízhèn jiāolǜ *v*. 1. 冒烟 màoyān：The wood is fuming. 木头在

冒烟。Mùtou zài màoyān. **2.** 发火 fāhuǒ；发怒 fānù：~ because one is kept waiting 因久等而生气 yīn jiǔděng ér shēngqì / ~ over trifles 因琐事而发怒 yīn suǒshì ér fānù

fumigate *v.* 烟熏 yānxūn：~ a room 烟熏一房间 yānxūn yìfángjiān

fun *n.* **1.** 玩笑 wánxiào；嬉戏 xīxì；娱乐 yúlè：have ~ 玩乐 wánlè / be full of ~ 好玩得很 hǎowánde hěn / What ~！多么好玩！Duōme hǎowán！/ make ~ of sb. 开某人的玩笑 kāi mǒurénde wánxiào **2.** 有趣的人 yǒuqùde rén；乐事 lèshì：Your friend is great ~. 你的朋友很有趣。Nǐde péngyou hěn yǒuqù.

function *n.* **1.** 职责 zhízé；作用 zuòyòng；功能 gōngnéng；机能 jīnéng：the ~s of a judge 法官的职责 fǎguānde zhízé / the ~ of the heart 心脏的功能 xīnzàngde gōngnéng / the ~ of education 教育的功能 jiàoyùde gōngnéng **2.** 集会 jíhuì；庆典 qìngdiǎn：speak at a ~ 在会上讲话 zài huìshang jiǎnghuà **3.** 函数 hánshù * in maths *v.* 活动 huódòng；运行 yùnxíng：The telephone is not ~ing. 电话坏了。Diànhuà huàile. / Some English adverbs ~ as adjectives. 英语有些副词有形容词作用。Yīngyǔ yǒuxiē fùcí yǒu xíngróngcí zuòyòng.

functional *a.* 机能的 jīnéngde；官能的 guānnéngde：a ~ disorder 官能病 guānnéngbìng / ~ architecture 实用的建筑 shíyòngde jiànzhù

functionalism *n.* 实用建筑主义 shíyòng jiànzhùzhǔyì

functionalist *n.* 实用建筑主义者 shíyòng jiànzhùzhǔyìzhě

functionary *n.* 公务员 gōngwùyuán；官员 guānyuán；工作人员 gōngzuò rényuán

fund *n.* **1.** 资金 zījīn；基金 jījīn；专款 zhuānkuǎn：a relief ~ 救济基金 jiùjì jījīn / a reserve ~ 公积金 gōngjījīn **2.** 财源 cáiyuán / the public ~s 公债 gōngzhài / no ~s 无存款 wú cúnkuǎn **3.** 贮藏物 zhùcángwù：a ~ of common sense (humor, amusing stories) 大量的常识（幽默、有趣的故事）dàliàngde chángshí (yōumòu、yǒuqùde gùshi)

fundamental *a.* **1.** 基本的 jīběnde；基础的 jīchǔde：the ~ rules of arithmetic 算术的基本规则 suànshùde jīběn guīzé **2.** 十分重要的 shífēn zhòngyàode；必要的 bìyàode：the ~ cause of one's success 某人成功的主要原因 mǒurén chénggōngde zhǔyào yuányīn / Fresh air is ~ to good health. 要身体健康，新鲜的空气是必需的。Yào shēntǐ jiànkāng, xīnxiānde kōngqì shì bìxūde. *n.* 基本规则 jīběn guīzé；基本原理 jīběn yuánlǐ: A ～ of good behavior is consideration for other people. 良好行为的原则之一是体谅别人。Liánghǎo xíngwéide yuánzé zhīyī shì tǐliàng biérén.

funeral *n.* **1.** 葬礼 zànglǐ: a ～ ceremony (service) 葬礼 zànglǐ **2.** 送葬的 sòngzàngde; 送殡的 sòngbìnde: a ～ procession 送葬的行列 sòngzàngde hángliè / a ～ march 送葬曲 sòngzàngqǔ / a ～ parlor 殡仪馆 bìnyíguǎn * U. S. A.

funereal *a.* **1.** 丧葬的 sāngzàngde **2.** 阴沉沉的 yīnchénchénde: a ～ expression 忧郁的表情 yōuyùde biǎoqíng

funfair *n.* 游乐场 yóulèchǎng * amusement park (in England)

fungicide *n.* 杀(微)菌剂 shā(wēi)jūnjì

fungous *a.* 真菌的 zhēnjūnde: ～ plant diseases 真菌引起的植物病 zhēnjūn yǐnqǐde zhíwùbìng

fungus *n.* 菌类 jūnlèi; 真菌类 zhēnjūnlèi: Mushrooms, toadstools, and mildew are fungi. 蘑菇、蕈与霉是真菌类。Mógu、xùn yǔ méi shì zhēnjūnlèi.

funicular *a.* 缆绳的 lǎnshéngde: ～ railway 缆索铁路 lǎnsuǒ tiělù

funk *n.* 害怕 hàipà: be in a ～ 大为惊恐 dàwéi jīngkǒng *v.* 害怕 hàipà; 怕 pà: We all ～ed telling her the truth. 我们都不敢告诉她实情。Wǒmen dōu bùgǎn gàosu tā shíqíng.

funnel *n.* **1.** 漏斗 lòudǒu **2.** 烟囱 yāncōng * steamer train

funny *a.* **1.** 好玩的 hǎowánde; 好笑的 hǎoxiàode; 滑稽的 huájīde: a ～ story 好笑的故事 hǎoxiàode gùshi / He's a very ～ man. 他是很有趣的人。Tā shì hěn yǒuqùde rén. **2.** 奇怪的 qíguàide; 古怪的 gǔguàide: What can that ～ noise be? 那个怪声音是什么? Nàge guài shēngyīn shì shénme? / That's ～. 那真希奇。Nā zhēn xīqí.

fur *n.* 软毛,毛皮 ruǎnmáo,máopí: a fine fox ～ 一块好狐狸皮 yíkuài hǎo húlipí; 上等狐皮 shàngděng húpí / wearing expensive ～s 穿着昂贵的皮衣 chuānzhe ángguìde píyī / a ～ coat 皮大衣 pídàyī // make the ～ fly 起骚动 qǐ sāodòng / ～ and feather 鸟兽 niǎoshòu

furbish *v.* **1.** 擦亮 cāliàng: ～ a knife 把刀擦亮 bǎ dāo cāliàng **2.** 恢复 huīfù: ～ up the Latin learned years ago 重温数年前所学的拉丁文 chóngwēn shùniánqián suǒxuéde Lādīngwén

furious *a.* **1.** 狂怒的 kuángnùde: be ～ with sb. 生某人的气 shēng mǒurénde qì / The general was ~ to hear of the defeat. 听到失败的消息将军大为愤怒。Tīngdào shībàide xiāoxi, jiāngjūn dàwéi fènnù. **2.** 猛烈的 měngliède；狂暴的 kuángbàode：a ~ struggle 猛烈的斗争 měngliède dòuzhēng / running at a ~ pace 急奔 jíbēn

furl *v.* 卷起 juǎnqǐ；收拢 shōulǒng：~ the sails of a yacht 卷起一轻舟的帆 juǎnqǐ yī qīngzhōude fān / The fan doesn't ~ neatly. 这扇子不能整齐地收叠起来。Zhè shànzi bùnéng zhěngqíde shōudié qǐlái.

furlough *n.* 士兵假期 shìbīng jiàqī；休假 xiūjià：go home on ~ 回家休假 huíjiā xiūjià / have a ~ every three years 每三年休假一次 měi sānnián xiūjià yícì

furnace *n.* **1.** 炉子 lúzi；火炉 huǒlú **2.** 熔炉 rónglú * in metallurgy

furnish *v* **1.** 供给 gōngjǐ：The sun ~es heat. 太阳供热。Tàiyáng gōng rè. / ~ a library with books 供给一图书馆书籍 gōngjǐ yī túshūguǎn shūjí **2.** 陈设 chénshè：a ~ed room 备有家具的房间 bèiyǒu jiājùde fángjiān

furnishing *n.* **1.** 装璜 zhuānghuáng **2.** 陈设品 chénshèpǐn；设备 shèbèi

furniture *n.* 家具 jiājù：a piece of ~ 一件家具 yíjiàn jiājù / There isn't much ~ in the room. 房间里家具不多。Fángjiānli jiājù bùduō.

furore *n.* **1.** 狂怒 kuángnù = rage **2.** 狂热 kuángrè：make a ~ 轰动一时 hōngdòng yìshí * of plays

furrier *n.* 皮货商 píhuòshāng

furrow *n.* **1.** 犁沟 lígōu；垅沟 lǒnggōu：newly turned ~s 新犁的垅沟 xīn líde lǒnggōu **2.** 皱纹 zhòuwén * on one's face

fur seal *n.* 海狗 hǎigǒu

further *ad.* & *a.* **1.** 更远 gèngyuǎn；较远地 jiàoyuǎnde：Don't go any ~. 别再往远走了。Biézài wàngyuǎn zǒule. / It's a mile ~. 还有一哩路程。Háiyǒu yìlǐ lùchéng **2.** 另外的 lìngwàide；更多的 gèngduōde；更进一步的 gèng jìnyíbùde：We must get ~ help. 我们必须得到进一步的帮助。Wǒmen bìxū dédào jìnyíbùde bāngzhù. / till ~ notice 等以后通知 děng yǐhòu tōngzhī **3.** 而且 érqiě：And ~, we must remember.... 而且，我们必须牢记…。Érqiě, wǒmen bìxū láojì...

furtherance *n.* 促进 cùjìn；增进 zēngjìn：He's gone to the university for the ~ of his studies. 他为了继续学业上了大学。Tā wèile jìxù xuéyè shàngle dàxué.

further education *n.* 成人教育 chéngrén jiàoyù；进修 jìnxiū

furthermore *ad.* 而且 érqiě；此外 cǐwài

furthermost *a.* 最远的 zuìyuǎnde：in the ～ corner of the room 在房间最远的角落 zàifángjiān zuìyuǎnde jiǎoluò

furthest *a.* & *ad.* 最远的 zuìyuǎnde

furtive *a.* 偷偷摸摸的 tōutou-mōmōde；鬼鬼祟祟的 guǐgui-suìsuìde：a ～ glance 偷看 tōukàn / ～ behavior 偷偷摸摸的行为 tōutou-mōmōde xíngwéi / be ～ in one's movements 行动鬼祟 xíngdòng guǐsuì

fury *n.* **1.** 狂怒 kuángnù；暴怒 bàonù：filled with ～ 气愤填胸 qìfèn tiánxiōng / fly into a ～ 勃然大怒 bórán-dànù；暴跳如雷 bàotiào-rúléi **2.** 猛烈 měngliè：rain like ～ 下一阵暴雨 xià yízhèn bàoyǔ **3.** 泼妇 pōfù：What a little ～ she is! 她真是个小泼妇！Tā zhēn shìge xiǎo pōfù!

furze *n.* 金雀花 jīnquèhuā

fuse[1] *n.* **1.** 引信 yǐnxìn；信管 xìnguǎn；导火线 dǎohuǒxiàn：time ～ 定时信管 dìngshí xìnguǎn **2.** 保险丝 bǎoxiǎnsī：A ～ was blown. 保险丝断了。Bǎoxiǎnsī duànle.

fuse[2] *v.* 熔化 rónghuà：～ two pieces of wire together 将两条金属线熔合起来 jiāng liǎngtiáo jīnshǔxiàn rónghé qǐlái

fused *a.* 熔凝的 róngníngde * in chemistry

fuselage *n.* 飞机机身 fēijī jīshēn

fuseloil *n.* 杂醇油 záchúnyóu * in chemistry

fusible *a.* 易熔的 yìróngde；可熔化的 kě rónghuàde

fusillade *n.* 一齐射击 yìqí shèjī

fusion *n.* **1.** 融合 rónghé：the ～ of copper and tin 铜与锡的融合 tóng yǔ xīde rónghé **2.** 联合 liánhé：a ～ of political parties 政党的合并 zhèngdǎngde hébìng **3.** a ～ bomb 氢弹 qīngdàn

fuss *n.* **1.** 小题大做 xiǎotí-dàzuò；大惊小怪 dàjīng-xiǎoguài；兴奋 xīngfèn：Don't make so much ～ about trifles. 不要因细节纷扰。Búyào yīn xìjié fēnrǎo. **2.** 夸张的动作 kuāzhāngde dòngzuò：You're making a great ～ of me. 你过于注意我了。Nǐ guòyú zhùyì wǒle. *v.* 小题大做 xiǎotí-dàzuò；急躁 jízào：Stop ～ing. 不要大惊小怪。Búyào dàjīng-xiǎoguài. / Don't ～ over the children so much. 不要为孩子们过于担

心。Búyào wèi háizimen guòyú dānxīn.

fussy *a.* **1.** 易于激动的 yìyú jīdòngde；唠唠叨叨的 láolao-dāodāode：a ～ person 神经质的人 shénjīngzhìde rén **2.** 小题大作的 xiǎotí-dàzuòde；挑剔的 tiāotide：He's ～ about his clothes. 他挑剔衣服。Tā tiāoti yīfu.

fustian *n.* **1.** 粗斜纹布 cū xiéwénbù **2.** 夸张话 kuāzhānghuà；大话 dàhuà ＝ pompous language

fusty *a.* 发霉的 fāméide；陈腐的 chénfǔde：a ～ old professor 思想陈腐的老教授 sīxiǎng chénfǔde lǎo jiàoshòu

futile *a.* **1.** 无用的 wúyòngde；无效果的 wúxiàoguǒde：a ～ attempt 无效果的尝试 wúxiàoguǒde chángshì **2.** 无成就的 wúchéngjiùde；不足取的 bùzúqǔde：The ～ young man does nothing. 那个无用的年轻人什么也没做。Nàge wúyòngde niánqīngrén shénme yě méizuò.

future *n.* & *a.* **1.** 将来 jiānglái；未来 wèilái；将来的 jiāngláide；未来的 wèiláide：Have you provided for the ～？你为将来作准备没有？Nǐ wèi jiānglái zuò zhǔnbèi méiyǒu？/ in the near ～ 在最近的将来 zài zuìjìnde jiānglái / in the ～ 将来 jiānglái；今后 jīnhòu / ～ life 来世 láishì / the ～ tense 将来时（态）jiāngláishí（tài）**2.** 前途 qiántú：have a bright ～ 有光明的前途 yǒu guāngmíngde qiántú **3.** ［～s］期货 qīhuò * in business

futurism *n.* 未来主义 wèiláizhǔyì；未来派 wèiláipài

futurity *n.* 将来 jiānglái；未来 wèilái；未来事物 wèilái shìwù

fuzz *n.* 细毛 xìmáo；绒毛 róngmáo

fuzzy *a.* **1.** 有细毛的 yǒu xìmáode；有绒毛的 yǒu róngmáode **2.** 模糊的 móhude：The television picture is rather ～ today. 今天电视图象很模糊。Jīntiān diànshì túxiàng hěn móhu.

G

gab *n.* 空谈 kōngtán；废话 fèihuà；喋喋不休 diédié-bùxiū：Stop your ～！住嘴！Zhùzuǐ！（别废话 Biéfèihuà！）/ He has the gift of the ～. 他有口才。Tā yǒu kǒucái.

gabardine *n.* 斜纹呢 xiéwénní

gabble *v.* 急促不清地说话 jícù-bùqīngde shuōhuà：Don't ～ — speak more slowly！别说得那么急 — 慢慢说！Bié shuōde nàme jí — mànmàn shuō! / Listen to those foreigners gabbling away. 听那些外国人不停地急促地说话。Tīng nàxiē wàiguórén bùtíngde jícùde shuōhuà. *n.* 急促不清的话 jícù-bùqīngde huà

gad *v.* 游荡 yóudàng; 闲逛 xiánguàng

gadabout *n.* 游荡的人 yóudàngde rén; 闲游者 xiányóuzhě

gadfly *n.* **1.** 虻 méng; 牛虻 niúméng **2.** 讨厌的人 tǎoyànde rén = a person who annoys others

gadget *n.* 小机械 xiǎojīxiè; 小器具 xiǎoqìjù: a new ~ for opening tin cans 开罐头用的新器具 kāi guàntou yòngde xīn qìjù

gadolinium *n.* 钆 gá * in chemistry

gaff *n.* **1.** 鱼叉 yúchā; 鱼钩 yúgōu **2.** blow the ~ 泄露秘密 xièlòu mìmì = leak of secret

gaffe *n.* 失言 shīyán; 失态 shītài

gag *n.* **1.** 塞口物 sāikǒuwù; 张口器 zhāngkǒuqì * in surgery **2.** 笑话 xiàohua = joke *v.* 塞口 sāikǒu; 使闭口 shǐbìkǒu: The newspapers have been ~ged. 报纸被禁止发表消息。Bàozhǐ bèi jìnzhǐ fābiǎo xiāoxi.

gaga *a.* 笨 bèn; 愚蠢 yúchǔn = foolish

gage *n.* 抵押物 dǐyāwù; 担保品 dānbǎopǐn = something given as security

gaggle *n.* **1.** 鹅群 équn * of goose **2.** 一群吵闹的人 yìqún chǎonàode rén: a ~ of girls 一群喧闹的女孩子 yìqún xuānnàode nǚháizi

gaiety *n.* **1.** 欢乐 huānlè; 愉快 yúkuài; 欢乐的气象 huānlède qìxiàng: flags and buntings that added to the ~ of the scene 为那场面增加欢乐气氛的旗帜 wèi nà chǎngmiàn zēngjiā huānlè qìfēnde qízhì **2.** 狂欢 kuánghuān: the gaieties of the Spring Festival 春节的欢乐(场合) Chūnjiéde huānlè (chǎnghé)

gaily *ad.* 欢乐地 huānlède; 快活地 kuàihuode

gain *v.* **1.** (获)得 (huò)dé; 赢得 yíngdé: ~ a victory 获得胜利 huòdé shènglì / ~ experience 获得经验 huòdé jīngyàn / ~ one's living 谋生 móushēng / ~ an advantage over a competitor 胜过对手 shèngguò duìshǒu; 占上风 zhàn shàngfēng / ~ strength 恢复体力 huīfù tǐlì / ~ ground 进步 jìnbù / ~ time 拖延时间 tuōyán shíjiān / ~ the upper hand 占上风 zhàn shàngfēng / ~ the first prize 赢得一等奖 yíngdé yīděngjiǎng 2. 增进 zēngjìn；渐增 jiànzēng：～ speed 渐渐增加速度 jiànjiàn zēngjiā sùdù / She is ～ing in weight. 她的体重在增加。Tāde tǐzhòng zài zēngjiā. / My watch ～s five minutes a day. 我的表每天快5分钟。Wǒde biǎo měitiān kuài wǔ fēnzhōng. 3. 到达 dàodá：～ the top of a mountain 到达山顶 dàodá shāndǐng *n.* 1. 财物的增加 cáiwùde zēngjiā；发财 fācái：the love of ～ 爱财 àicái / be interested only in ～ 只想发财 zhǐ xiǎng fācái 2. 利益 lìyì；～ or loss 益或损 yì huò sǔn；得失 déshī 3. 增加 zēngjiā；增进 zēngjìn：a ～ in weight 体重的增加 tǐzhòngde zēngjiā / a ～ to knowledge 知识的增进 zhīshide zēngjìn

gainful *a.* 有利益的 yǒu lìyìde；有报酬的 yǒu bàochoude：～ occupation 有报酬的职业 yǒu bàochoude zhíyè

gainsay *v.* 否认 fǒurèn；反驳 fǎnbó；否定 fǒudìng：There is no ～ing his honesty. 他的忠实是不能否认的。Tāde zhōngshí shì bùnéng fǒurènde.

gait *n.* 走路的样子 zǒulùde yàngzi：an awkward ～ 难看的走路样子 nánkànde zǒulù yàngzi

gaiter *n.* 绑腿 bǎngtuǐ；护腿 hùtuǐ：a pair of ～s 一副绑腿 yífù bǎngtuǐ

gala *n.* 节日 jiérì；庆祝 qìngzhù：a ～ day 庆祝日 qìngzhùrì / a ～ night 节日的晚上 jiéride wǎnshang / in ～ dress 着盛装 zhuó shèngzhuāng

galactic *a.* 银河系的 Yínhéxìde；天河的 tiānhéde：extra ～ systems 银河外面的星系 yínhé wàimiànde xīngxì

galaxy *n.* 1. 星系 xīngxì：the G- 银河系 Yínhéxì 2. (一)群 (yì)qún：a ～ of talent 一群才子 yìqún cáizǐ

gale *n.* 1. 强风 qiángfēng；大风 dàfēng：It was blowing a ～. 刮着大风。Guāzhe dàfēng. 2. (一)阵 (yí)zhèn：a ～ of wind 一阵大风 yízhèn dàfēng / ～s of laughter 阵阵笑声 zhènzhèn xiàoshēng

galena *n.* 方铅矿 fāngqiānkuàng * metallurgy

gall[1] *n.* 1. (苦)胆 (kǔ)dǎn；胆汁 dǎnzhī：～ and wormwood 苦胆和茵陈 kǔdǎn hé yīnchén；深恶痛绝 shēnwù-tòngjué / ～-bladder 胆囊 dǎnnáng / ～-stone 胆结石 dǎnjiéshí 2. 毒恨 dúhèn；痛苦 tòngkǔ：with a pen dipped in ～ 以恶毒的笔调 yǐ èdúde bǐdiào

gall[2] *n.* 擦伤 cāshāng *v.* 1. 磨伤 móshāng；擦破 cāpò 2. 激怒 jīnù；惹…生气 rě… shēngqì：～ sb. with sharp words 用严辞惹怒某人 yòng yáncí rěnù mǒurén

gallant *a.* **1.** 勇猛的 yǒngměngde；英勇的 yīngyǒngde：a ～ knight 勇敢的骑士 yǒnggǎnde qíshì / ～ deeds 英勇的事迹 yīngyǒngde shìjì **2.** 华丽的 huálìde；美丽的 měilìde：a ～ ship 华丽的轮船 huálìde lúnchuán / a ～ display 壮丽的展览 zhuànglìde zhǎnlǎn **3.** 献殷勤的 xiàn yīnqínde：He was very ～ at the ball. 他在舞会中对妇女大献殷勤。Tā zài wǔhuìzhōng duì fùnǚ dàxiàn yīnqín. *n.* **1.** 对妇女殷勤的男人 duì fùnǚ yīnqínde nánrén **2.** 漂亮人物 piàoliang rénwù **3.** 情郎 qíngláng

gallantry *n.* **1.** 勇猛 yǒngměng；豪侠 háoxiá **2.** 殷勤 yīnqín ＊ to a woman **3.** 英勇行为 yīngyǒng xíngwéi

gallery *n.* **1.** 长廊 chángláng；狭长的房间 xiáchángde fángjiān：a shooting ～ 室内靶场 shìnèi bǎchǎng **2.** 画廊 huàláng；美术陈列室 měishù chénlièshì；美术馆 měishùguǎn **3.** 顶楼楼座 dǐnglóu lóuzuò：the ～ 楼座观众 lóuzuò guānzhòng / play to the ～ 迎合大众口味 yínghé dàzhòng kǒuwèi **4.** 专席 zhuānxí：the press ～ 记者席 jìzhěxí

galley *n.* **1.** 平底船 píngdǐchuán：～-slave 船役囚犯 chuányì qiúfàn **2.** 船上厨房 chuánshang chúfáng ＊ kitchen on ship or airplane **3.** 长方形活字盘 chángfāngxíng huózìpán：～-proof 长条校样 chángtiáo jiàoyàng

gall-fly *n.* 瘿蚊 yǐngwén

Gallicism *n.* 法国词语 Fǎguó cíyǔ

gallium *n.* 镓 jiā ＊ in chemistry

gall-nut *n.* 五倍子 wǔbèizǐ

gallon *n.* 加仑 jiālún：five ～s of wine 五加仑葡萄酒 wǔ jiālún pútáojiǔ

gallop *n.* 奔驰 bēnchí；疾驰 jíchí：go at a ～ 飞跑 fēipǎo / Shall we go for a ～? 我们去骑一阵快马如何？Wǒmen qù qí yízhèn kuàimǎ rúhé? *v.* **1.** 奔驰 bēnchí；急驰 jíchí：He ～ed across the field. 他骑马驰过田野。Tā qímǎ chíguo tiányě. **2.** 匆匆地做 cōngcōngde zuò：～ through one's work 匆匆赶完工作 cōngcōng gǎnwán gōngzuò

gallows *n.* 绞架 jiǎojià：send a man to the ～ 处某人以绞刑 chǔ mǒurén yǐ jiǎoxíng / ～-bird 应受绞刑的人 yīng shòu jiǎoxíngde rén

Gallup poll *n.*（盖洛普）民意测验（Gàiluòpǔ）mínyì cèyàn

galore *ad.* 丰富地 fēngfùde：a meal with beef and beer ～ 有牛肉啤酒的丰盛菜肴 yǒu niúròu píjiǔde fēngshèng càiyáo / flowers and fruit ～ 花卉水果琳琅满目 huāhuì shuǐguǒ línláng-mǎnmù

galosh *n.* [～es] 胶套鞋 jiāotàoxié

galvanic *a*. **1**. 电流的 diànliúde：a ～ battery 蓄电池组 xùdiànchízǔ **2**. 惊人的 jīngrénde：a ～ effect 惊人的效果 jīngrénde xiàoguǒ

galvanism *n*. 流电 liúdiàn；流电学 liúdiànxué * science of galvanic electricity；电疗 diànliáo * the therapy

galvanize *v*. **1**. 通电流于 tōng diànliú yú **2**. 电镀 diàndù：～d iron 白铁 báitiě

galvanometer *n*. 电流计 diànliújì：a tangent ～ 正切电流计 zhèngqiē diànliújì

Gambia *n*. **1**. 冈比亚共和国 Gāngbǐyà Gònghéguó * the Republic of Gambia **2**. 冈比亚河 Gāngbǐyàhé * the Gambia River

gambit *n*. 开局让棋法 kāijú ràngqífǎ

gamble *v*. **1**. 赌博 dǔbó；投机 tóujī：～ at cards 赌扑克 dǔ pūkè / ～ in stocks 做股票投机 zuò gǔpiào tóujī / ～ on horse races 赌跑马 dǔ pǎomǎ **2**. 赌输 dǔshū：He has ～d away half his fortune. 他赌博输掉了一半的财产。Tā dǔbó shūdiàole yíbànde cáichǎn. *n*. 赌博 dǔpó；投机 tóujī；冒险的事业 màoxiǎnde shìyè

gambler *n*. 赌徒 dǔtú；赌博者 dǔbózhě

gambling *n*. 赌博 dǔbó：be fond of ～ 嗜赌 shìdǔ / a ～ house 赌场 dǔchǎng；赌窟 dǔkū

gamboge *n*. 藤黄 ténghuáng；橙黄色 chénghuángsè

gambol *n*. 跳跃 tiàoyuè；嬉戏 xīxì *v*. 蹦蹦跳跳 bèngbeng-tiàotiào

game[1] *n*. **1**. 游戏 yóuxì；玩耍 wánshuǎ：a ～ of ball 球戏 qiúxì / play ～s 做游戏 zuò yóuxì / What a ～！多么好玩！Duōme hǎowán！/ ～s-master，～s-mistress 男、女体育老师 nán、nǚ tǐyù lǎoshī **2**. 比赛 bǐsài：a ～ of tennis 网球比赛 wǎngqiú bǐsài / a ～ of chess 棋赛 qísài / play a good ～ at cards 打一手好牌 dǎ yìshǒu hǎopái / play the ～ 照规则比赛 zhào guīzé bǐsài；行动光明正大 xíngdòng guāngmíng-zhèngdà **3**. (大)运动会 (dà) yùndònghuì；竞技会 jìngjìhuì：the Highland G-s 苏格兰高地竞技会 Sūgélán Gāodì Jìngjìhuì / the Olympic G-s 奥林匹克运动会 Àolínpǐkè Yùndònghuì **4**. 一盘 yìpán；一局 yìjú；一场 yìchǎng；得分 défēn：win four ～s in the first set 在第一盘中赢四局 zài dì-yīpánzhōng yíng sìjú / ～ and ～ 一比一 yī bǐ yī / The ～ is four all. 双方各得四分。Shuāngfāng gèdé sìfēn. **5**. 计划 jìhuà；策略 cèlüè：the ～ of politics 政略 zhènglüè / the same old ～ 老一套手法 lǎoyítào shǒufǎ / play a double ～ 耍两面派手法 shuǎ liǎngmiànpài shǒufǎ / You are having a ～ with me. 你在欺骗我。Nǐ zài qīpiàn wǒ. / make ～ of sb. 嘲弄某人 cháonòng mǒurén **6.** 猎物 lièwù：big ～ 大猎物 dà lièwù / eat ～ 吃野味 chī yěwèi / fair ～ 非禁区猎物 fēi jìnqū lièwù / ～-laws 狩猎法 shǒulièfǎ / ～-licence 狩猎执照 shǒuliè zhízhào

game² *a.* 跛 bǒ；残废的 cánfèide：a ～ leg 跛腿 bǒtuǐ

gamecock *n.* 斗鸡 dòujī

gamekeeper *n.* 猎场看守员 lièchǎng kānshǒuyuán

gamesome *a.* 爱玩耍的 ài wánshuǎde

gamester *n.* 赌徒 dǔtú

gamin *n.* 流浪儿 liúlàng'ér

gaming *n.* 赌博 dǔbó

gammer *n.* 老太婆 lǎotàipó；老大娘 lǎodàniáng；老婆婆 lǎopópo

gammexane *n.* 六六六杀虫剂 liùliùliù shāchóngjì

gammon *n.* 腊腿 làtuǐ；熏腿 xūntuǐ：～ed meat 腊肉 làròu

gamut *n.* **1.** 音阶 yīnjiē；音域 yīnyù ＝(music) scale **2.** 全部 quánbù；全范围 quánfànwéi＝entire extent：the whole ～ of feeling 全部感情过程 quánbù gǎnqíng guòchéng

gamy *a.* **1.** 有猎物气味的 yǒu lièwù qìwèide ＊ having the odor of game **2.** 勇敢的 yǒnggǎnde；有胆量的 yǒu dǎnliàngde ＝ brave

gander *n.* 雄鹅 xióng'é

gang *n.* **1.** 一组 yìzǔ；一群 yìqún：a ～ of laborers 一组劳工 yìzǔ láogōng **2.** 一伙 yìhuǒ；一帮 yìbāng：a ～ of thieves 一伙小偷 yìhuǒ xiǎotōu **3.** 一帮 yìbāng：Don't get mixed up with that ～. 别同那一帮人混在一起。Bié tóng nàyìbāng rén hùnzài yìqǐ.

Ganges *n.* [the ～] 恒河 Hénghé

ganglion *n.* 神经节 shénjīngjié；神经中枢 shénjīngzhōngshū

gang-plank *n.* 跳板 tiàobǎn

gangrene *n.* 坏疽 huàijū：G- set in and his leg had to be amputated. 他的腿生了疽，必须切掉。Tāde tuǐ shēngle jū，bìxū qiēdiào.

gangster *n.* 歹徒 dǎitú；匪徒 fěitú；强盗 qiángdào：a ～ film 强盗片 qiángdàopiàn

gangsterism *n.* 强盗行为 qiángdào xíngwéi

gangway *n.* **1.** 工作走道 gōngzuò zǒudào；过道 guòdào **2.** 座间通道 zuòjiān tōngdào **3.** 舷梯 xiántī

gannet *n.* 塘鹅 táng'é

gaol *n.* **1.** 监牢 jiānláo；监狱 jiānyù；牢狱 láoyù = jail：be sent to ～ 被下狱 bèi xiàyù；入狱 rùyù **2.** 监禁 jiānjìn：three years in ～ 坐牢三年 zuòláo sānnián / ～ bird 囚犯 qiúfàn

gaoler *n.* 监狱看守 jiānyù kānshǒu；狱吏 yùlì = jailer

gap *n.* **1.** 裂缝 lièfèng；缺口 quēkǒu：go in through a ～ in the fence 从篱笆缝里钻进去 cóng líbafèngli zuān jìnqù / We must see that there is no ～ in our defences. 我们必须注意不要使我们的防线有漏洞。Wǒmen bìxū zhùyì búyào shǐ wǒmende fángxiàn yǒu lòudòng. **2.** 空白点 kòngbáidiǎn；隔阂 géhé：a wide ～ between the views 意见的巨大分歧 yìjiande jùdà fēnqí / a ～ in a conversation 谈话的间隙 tánhuàde jiànxì / fill a ～ 弥补缺陷 míbǔ quēxiàn **3.** 差距 chājù：dollar ～ 美元短缺 měiyuán duǎnquē **4.** 山凹 shān'āo；峡（谷）xiá（gǔ）= valley

gape *v.* **1.** 张开口 zhāngkāikǒu；打哈欠 dǎ hāqian；目瞪口呆 mùdèng-kǒudāi：country bumpkins gaping at the neon lights 张口惊视霓红灯的乡下人 zhāngkǒu jīngshì níhóngdēngde xiāngxiarén **2.** 开裂 kāiliè；裂开 lièkāi：His shirt ～d open. 他的衬衫敞开了。Tāde chènshān chǎngkāile. *n.* 打哈欠 dǎ hāqian；目瞪口呆 mùdèng-kǒudāi：the ～s 张口病 zhāngkǒubìng * disease of poultry

garage *n.* 汽车库 qìchēkù；汽车修理厂 qìchē xiūlǐchǎng；汽车行 qìchēháng

garb *n.* 服装 fúzhuāng；装束 zhuāngshù：a man in clerical ～ 穿着牧师服装的人 chuānzhe mùshī fúzhuāngde rén *v.* 装扮 zhuāngbàn：～ oneself as a sailor 打扮成水手模样 dǎbanchéng shuǐshǒu múyàng / be ～ed in motley 着花色衣服 zhuó huāsè yīfu

garbage *n.* 垃圾 lājī

garble *v.* 断章取义 duànzhāng-qǔyì：a ～d report of a speech 曲解一演说的报道 qūjiě yī yǎnshuōde bàodào

garden *n.* **1.** 花园 huāyuán；庭园 tíngyuán；菜园 càiyuán：a back ～ 后园 hòuyuán / a kitchen ～ 菜园 càiyuán / ～ flowers 园中的花木（园艺植物）yuánzhōngde huāmù（yuányì zhíwù）/ ～-party 游园会 yóuyuánhuì / ～-city 花园城市 huāyuán chéngshì **2.** 公园 gōngyuán：botanical ～s 植物园 zhíwùyuán

gardener *n.* 园丁 yuándīng；园林工人 yuánlín gōngrén；花匠 huājiàng

gardening *n.* 园艺(学) yuányì (xué)：be fond of ～ 爱好园艺 àihào yuányì / ～ tools 园艺工具 yuányì gōngjù

gardenia *n.* 栀子花 zhīzihuā

gargantuan *a.* 庞大的 pángdàde；巨大的 jùdàde

gargle *v.* 漱喉 shùhóu *n.* 漱口剂 shùkǒujì

gargoyle *n.* 滴水嘴 dīshuǐzuǐ；笕嘴 jiǎnzuǐ * in architecture

garish *a.* 鲜艳夺目的 xiānyàn-duómùde；炫耀的 xuànyàode：～ clothes 过于艳丽的衣服 guòyú yànlìde yīfu / ～ lights 耀眼的灯光 yàoyǎnde dēngguāng

garland *n.* **1.** 花环 huāhuán；花冠 huāguān **2.** 荣誉 róngyù；奖品 jiǎngpǐn：carry away the ～ 比赛中获得胜利 bǐsàizhōng huòdé shènglì

garlic *n.* 大蒜 dàsuàn；蒜头 suàntóu：a clove of ～ 一瓣蒜 yíbàn suàn / smelling of ～ 有大蒜气味 yǒu dàsuàn qìwèi

garment *n.* 衣服 yīfu

garner *n.* 谷仓 gǔcāng *v.* 储藏 chǔcáng；收藏 shōucáng = amass

garnet *n.* 石榴石 shíliúshí

garnish *v.* 装饰 zhuāngshì；修饰 xiūshì：～ a fish with slices of lemon 鱼上加配柠檬片 yúshang jiāpèi níngméngpiàn

garniture *n.* 装饰 zhuāngshì；陈设 chénshè；摆设 bǎishè

garret *n.* 阁楼 gélóu；屋顶室 wūdǐngshì：a poor poet living in a ～ 住在阁楼里的穷诗人 zhùzài gélóulide qióng shīrén / from cellar to ～ 满房子 mǎn fángzi

garrison *n.* 卫戍部队 wèishù bùduì；驻军 zhùjūn *v.* 驻守 zhùshǒu；驻防 zhùfáng：～ a town 驻防市镇 zhùfáng shìzhèn

garrulous *a.* **1.** 爱说话的 àishuōhuàde **2.** 冗长的 rǒngchángde：a ～ talk 冗长的讲话 rǒngchángde jiǎnghuà

garter *n.* **1.** 袜带 wàdài **2.** [the G-] 嘉德勋位 Jiādé xūnwèi；嘉德勋章 Jiādé xūnzhāng

gas *n.* **1.** 气体 qìtǐ；瓦斯 wǎsī：Hydrogen and oxygen are ～es. 氢和氧是气体。Qīng hé yǎng shì qìtǐ. **2.** 煤气 méiqì：Put the kettle on the ～. 将壶放在煤气炉上。Jiāng hú fàngzài méiqìlúshang. / ～-bag 蓄气囊 xùqìnáng / ～-bracket 煤气管 méiqìguǎn / ～-fire 煤气暖炉 méiqìnuǎnlú / ～-meter 煤气表 méiqìbiǎo / ～-oven 煤气炉 méiqìlú /

～-ring 轻便煤气炉 qīngbiàn méiqìlú **3.** 笑气 xiàoqì ＊ ＝ laughing-～ **4.** 毒气 dúqì：～ chamber 毒气室 dúqìshì / a ～-helmet 防毒盔 fángdúkuī / a ～-mask 防毒面具 fángdú miànjù **4.** 汽油 qìyóu：step on the ～ 踩加速器 cǎi jiāsùqì / 加速 jiāsù / a ～ station 加油站 jiāyóuzhàn

gas-burner *n.* **1.** 煤气喷嘴 méiqì pēnzuǐ **2.** 煤气炉 méiqìlú

gas-engine *n.* 煤气(内燃)机 méiqì (nèirán) jī

gas-fittings *n.* 煤气设备 méiqì shèbèi

gaseous *a.* 气体的 qìtǐde：a ～ mixture 气体混和物 qìtǐ hùnhéwù

gash *n.* 深刀伤 shēn dāoshāng；深痕 shēnhén *v.* 刀砍 dāokǎn；砍伤 kǎnshāng

gasify *v.* 气化 qìhuà

gasket *n.* **1.** 垫圈 diànquān **2.** 束帆索 shùfānsuǒ ＊ of a boat

gas-light *n.* 煤气灯 méiqìdēng；煤气灯光 méiqì dēngguāng

gasman *n.* 煤气抄表员 méiqì chāobiǎoyuán

gasolene *n.* 汽油 qìyóu

gasometer *n.* **1.** 气量计 qìliángjì **2.** (贮)煤气柜 (zhù) méiqìguì

gasp *v.* **1.** 喘气 chuǎnqì；喘息 chuǎnxī：～ for breath 喘息 chuǎnxī / ～ with rage 气得喘气 qìde chuǎnqì **2.** 喘着气说 chuǎnzhe qì shuō：He ～ed out the message. 他喘着气说出了那个消息。Tā chuǎnzhe qì shuōchūle nàge xiāoxi. *n.* 喘气 chuǎnqì；屏息 bǐngxī：at one's last ～ 奄奄一息 yǎnyǎn-yīxī；即将断气 jíjiāng duànqì

gassy *a.* 气体的 qìtǐde；象气体的 xiàng qìtǐde

gastric *a.* 胃的 wèide；胃部的 wèibùde：～ ulcer 胃溃疡 wèikuìyáng / ～ juices 胃液 wèiyè

gastritis *n.* 胃炎 wèiyán

gastroenteritis *n.* 肠胃炎 chángwèiyán

gastronomy *n.* 美食学 měishíxué

gas-works *n.* 煤气厂 méiqìchǎng

gate *n.* **1.** 大门 dàmén；城门 chéngmén；篱笆门 líbamén；围墙门 wéiqiángmén：He opened the garden ～ and went in. 他打开花园门走了进去。Tā dǎkāi huāyuánmén zǒule jìnqù. / enter at a ～ 从大门进去 cóng dàmén jìnqù / ～-house 门房 ménfáng **2.** 门扇 ménshàn；闸门 zhámén：～-post 门柱 ménzhù / ～-legged table 可折叠的桌子 kě zhédiéde zhuōzi **3.** 门票费 ménpiàofèi；观众数 guānzhòngshù：There was a ～ of thousands. 观众有数千人。Guānzhòng yǒu shùqiān rén.

gate-crash *v.* 无券入场 wúquàn rùchǎng；擅行入场 shànxíng rùchǎng；不请自来 bùqǐng zìlái：So many people ～ed that there wasn't enough food and the party was a failune. 这么多人不请自来，食物不够吃，宴会也因此失败。Zhèmeduō rén bùqǐng zìlái，shíwù búgòu chī，yànhuì yě yīncǐ shībài.

gate-crasher *n.* 混入场者 hùnrùchǎng zhě；不速之客 búsù-zhīkè

gateway *n.* 门口 ménkǒu；通道 tōngdào；门道 méndào：a ～ to success 成功之道 chénggōng zhīdào / a ～ to knowledge 求知之路 qiúzhī zhīlù

gather *n.* **1.** 集合 jíhé；聚集 jùjí：A crowd soon ～ed round him. 一群人不久便聚集在他的周围。Yìqún rén bùjiǔ biàn jùjízài tāde zhōuwéi. / The clouds are ～ing. 云在集结. Yún zài jíjié. **2.** 增长 zēngzhǎng；渐增 jiànzēng：The enemy is ～ing strength. 敌人在增加力量。Dírén zài zēngjiā lìliang. / The storm ～s. 风暴大起来了。Fēngbào dà qǐláile. / ～ speed 加速 jiāsù **3.** 采集 cǎijí；收集 shōují；收割 shōugē；收获 shōuhuò：G- up your toys. 把你的玩具收拾起来。Bǎ nǐde wánjù shōushi qǐlái. / The farmers are ～ing in the corn. 农民在收割谷物。Nóngmín zài shōugē gǔwù. / ～ information 搜集情报 sōují qíngbào / ～ flowers 采花 cǎihuā **4.** 推测 tuīcè；了解 liǎojiě：I ～ from his words that he is angry. 我根据他的话来推测，他生气了。Wǒ gēnjù tāde huà lái tuīcè，tā shēngqìle. **5.** 打褶 dǎzhě：a skirt ～ed at the waist 腰部打褶的裙子 yāobù dǎzhěde qúnzi **6.** 化脓 huànóng ＊ (of an abscess) to form pus // ～ together 集会 jíhuì；聚集 jùjí / ～ up 收集 shōují / ～ oneself up 打起精神 dǎqǐ jīngshen；振作精神 zhènzuò jīngshen

gathering *n.* **1.** 聚集 jùjí；集合 jíhé；集会 jíhuì **2.** 积累 jīlěi

gaud *n.* 华丽的装饰品 huálìde zhuāngshìpǐn

gaudy *a.* 华丽的 huálìde；俗丽的 súlìde：～ decorations 俗丽的装饰品 súlìde zhuāngshìpǐn / cheap and ～ jewels 贱而炫丽的珠宝 jiàn ér xuànlìde zhūbǎo

ga(u)ge *n.* **1.** 规 guī；(量)计 (liáng) jì；(量)器 (liáng) qì；表 biǎo：a rain ～ 雨量器 yǔliángqì / a screw ～ 螺旋规 luóxuánguī **2.** 轨距 guǐjù；轨幅 guǐfú：broad (narrow) ～ 宽(窄)轨距 kuān(zhǎi) guǐjù / standard ～ 标准轨距 biāozhǔn guǐjù **3.** 规格 guīgé；标准 biāozhǔn：take the ～ of

估计… gūjì …；衡量 héngliáng **4.**（金属的）直径（jīnshǔde）zhíjìng；厚度 hòudù *v.* **1.** 测量 cèliáng：～ the rainfall 测量雨量 cèliáng yǔliàng **2.** 估计 gūjì；判断 pànduàn：～ a person's character 估量一人的品格 gūliáng yìrénde pǐngé

gaunt *a.* **1.** 憔悴的 qiáocuìde；骨瘦如柴的 gǔshòu-rúcháide **2.** 贫瘠的 pínjíde；荒凉的 huāngliángde：a ～ hillside 荒凉的山坡 huāngliángde shānpō

gauntlet *n.* **1.** 铁手套 tiě shǒutào：throw down the ～ 挑战 tiǎozhàn / pick up the ～ 应战 yīngzhàn **2.** 长手套 cháng shǒutào

gauze *n.* **1.** 纱 shā；薄纱 bóshā；纱布 shābù **2.** 铁纱 tiěshā；网 wǎng：wire ～ 细金属线网 xì jīnshǔxiàn wǎng

gauzy *a.* 罗纱似的 luóshā shìde；薄而轻 bó ér qīng

gavel *n.* 小槌 xiǎochuí * used by a chairman or an auctioneer

gavotte *n.* 嘉禾舞 jiāhéwǔ

gawk *n.* 笨人 bènrén *v.* 呆视 dāishì：Don't ～ at it, do something! 别傻瞪眼，快点儿做事！Bié shǎ dèngyǎn，kuàidiǎnr zuòshì！

gawky *a.* 笨拙的 bènzhuōde；愚蠢的 yúchǔnde

gay *a.* **1.** 快乐的 kuàilède；愉快的 yúkuàide；欢乐的 huānlède：a ～ dance 快乐的舞蹈 kuàilède wǔdǎo / ～ laughter 欢笑 huānxiào / the ～ voices of children 小孩儿们欢乐的声音 xiǎoháirmen huānlède shēngyīn **2.** 华丽 huálì；艳丽 yànlì：～ colors 缤纷的色彩 bīnfēnde sècǎi；鲜艳的颜色 xiānyànde yánsè / ～ flowers 艳丽的花朵 yànlìde huāduǒ **3.** 放荡的 fàngdàngde；浪漫的 làngmànde：lead a ～ life 过放荡的生活 guò fàngdàngde shēnghuó *n.* 同性恋爱者 tóngxìng liàn'àizhě

gaze *v.* 注视 zhùshì；凝视 níngshì；盯 dīng：What are you gazing at? 你在凝视什么？Nǐ zài níngshì shénme? / ～ into the sky 凝视天空 níngshì tiānkōng / Stop gazing around. 不要左顾右盼。Búyào zuǒgù yòupàn. *n.* 注视 zhùshì；凝视 níngshì：with a bewildered ～ 茫然凝视 mángrán níngshì

gazelle *n.* 小羚羊 xiǎolíngyáng；瞪羚 dènglíng

gazette *n.* **1.** 公报 gōngbào **2.** 报纸 bàozhǐ

gazetteer *n.* 地名辞典 dìmíng cídiǎn

gear *n.* **1.** 齿轮组 chǐlúnzǔ；档 dǎng：a car with four ～s, first, second, third, and reverse 一辆有四档的汽车,即头档、二档、三档和倒档 yíliàngyǒu sìdǎngde qìchē, jí tóudǎng、èrdǎng、sāndǎng hé dàodǎng / high (low) ~ 高(低)速齿轮: gāo(dī)sù chǐlún / in (out of) ~ 搭上(脱下)齿轮 dāshàng (tuōxià) chǐlún **2.** 装置 zhuāngzhì: the steering-~ of a ship 船只的操舵机 chuánzhīde cāoduòjī / the landing-~ of an aircraft 飞机的起落架 fēijīde qǐluò jià / hunting ~ 狩猎用具 shǒuliè yòngjù *v.* 开动 kāidòng: ~ down (up) a car 开慢(快)车 kāimàn (kuài) chē / ~ up production 增加生产 zēngjiā shēngchǎn

gear-box *n.* 齿轮箱 chǐlún xiāng; 变速箱 biànsù xiāng

gearing *n.* 传动装置 chuándòng zhuāngzhì; 齿轮装置 chǐlún zhuāngzhì

geisha *n.* 艺妓 yìjì

gel *n.* 凝胶体 níngjiāotǐ

gelatine *n.* 胶 jiāo; 明胶 míngjiāo

gelatinous *a.* 明胶的 míngjiāode; 胶状的 jiāozhuàngde; 胶质的 jiāozhìde

geld *v.* 阉割 yāngē

gem *n.* **1.** 宝石 bǎoshí **2.** 珍品 zhēnpǐn; 珍贵物品 zhēnguì wùpǐn; 佳作 jiāzuò *v.* 饰以宝石 shìyǐ bǎoshí

gen *n.* 情报 qíngbào

gendarme *n.* 宪兵 xiànbīng

gender *n.* 性 xìng: the common ~ 通性 tōngxìng / the feminine (masculine) ~ 阴(阳)性 yīn(yáng)xìng / the neuter ~ 中性 zhōngxìng

gene *n.* 基因 jīyīn * biology; 遗传因子 yíchuán yīnzǐ

genealogical *a.* 系谱的 xìpǔde; 家系的 jiāxìde; 宗谱的 zōngpǔde: a ~ tree 家谱 jiāpǔ; 系谱图 xìpǔtú

genealogy *n.* **1.** 系谱学 xìpǔxué; 系图学 xìtúxué **2.** 家系 jiāxì; 血统 xuètǒng; 家谱 jiāpǔ

general *a.* **1.** 一般的 yìbānde; 普遍的 pǔbiànde: a ~ election 普选 pǔxuǎn / ~ information 一般知识 yìbān zhīshi / the ~ public 公众 gōngzhòng; 大众 dàzhòng / a matter of ~ interest 一般有兴趣的事 yìbān yǒu xìngqùde shì **2.** 普通的 pǔtōngde: ~ education 普通教育 pǔtōng jiàoyù / a ~ reader 普通读者 pǔtōng dúzhě / ~ knowledge 普通知识 pǔtōng zhīshi **3.** 综合的 zōnghéde; 总的 zǒngde: a ~ catalogue 总目录 zǒng mùlù / the ~ line 总路线 zǒnglùxiàn / ~ affairs 总务

zǒngwù / a ～ dealer 杂货商 zàhuòshāng. / a ～ hospital 综合医院 zōnghé yīyuàn / a ～ strike 总罢工 zǒngbàgōng **4.** 概括的 gàikuòde：a ～ idea 一般概念 yìbān gàiniàn；大意 dàyì / a ～ outline 概要 gàiyào；大纲 dàgāng **5.** 总… zǒng…：a ～ secretary 总书记 zǒngshūjì / a secretary-～ 秘书长 mìshūzhǎng // as a ～ rule 原则上 yuánzéshang；一般地说 yìbānde shuō / in a ～ way 一般 yìbān；大体上 dàtǐshang *n.* **1.** 一般 yìbān；全体 quántǐ：in ～ 概言之 gàiyánzhī；通常 tōngcháng **2.** 将军 jiāngjūn；陆军上将 lùjūn shàngjiàng

generalissimo *n.* 大元帅 dàyuánshuài；最高统帅 zuìgāo tǒngshuài；委员长 wěiyuánzhǎng

generality *n.* **1.** 通则 tōngzé；概论 gàilùn；概说 gàishuō：I wish you would come down from generalities to particularities. 我希望你不要谈概论，而谈细节。Wǒ xīwàng nǐ búyào tán gàilùn，ér tán xìjié. **2.** 大部分 dàbùfen，大多数 dàduōshù：the ～ of people 大多数人民 dàduōshù rénmín；大众 dàzhòng

generalization *n.* **1.** 一般化 yìbānhuà；普遍化 pǔbiànhuà **2.** 概括 gàikuò

generalize *v.* **1.** 一般化 yìbānhuà；普遍化 pǔbiànhuà **2.** 总结 zǒngjié；归纳 guīnà：～ a conclusion 总结出结论 zǒngjié chū jiélùn **3.** 普及 pǔjí；推广 tuīguǎng：～ the use of computers 推广（普及）计算机的使用 tuīguǎng（pǔjí）jìsuànjīde shǐyòng

generally *ad.* **1.** 广泛地 guǎngfànde；普遍地 pǔbiànde：The new plan was ～ welcomed. 新计划普遍地受到欢迎。Xīn jìhuà pǔbiànde shòudào huānyíng. **2.** 通常 tōngcháng：He is ～ on time. 他通常不迟到。Tā tōngcháng bù chídào. **3.** 一般地 yìbānde：～ speaking 一般而论 yìbān ér lùn；一般说来 yìbān shuōlái

generalship *n.* **1.** 将才 jiàngcái **2.** 将军职位 jiāngjūn zhíwèi

general staff *n.* 参谋部 cānmóubù

generate *v.* **1.** 产生 chǎnshēng；发生 fāshēng：～ heat（electricity）发热（电）fārè（diàn）/ a generating plant 发电站 fādiànzhàn **2.** 引起 yǐnqǐ；导致 dǎozhì：hatred ～d by racial differences 因种族差异而产生的仇恨 yīn zhǒngzú chāyì ér chǎnshēngde chóuhèn

generation *n.* **1.** 发生 fāshēng；产生 chǎnshēng：the ～ of electricity by steam or water-power 用蒸汽或水力发电 yòng zhēngqì huò shuǐlì fādiàn

/ the ～ of heat by friction 摩擦生热 mócā-shēngrè 2. 世代 shìdài；一代 yídài：three ～s 三代人 sāndài rén / the coming ～ 下一代 xiàyídài / the last ～ 上一代 shàngyídài / future ～ 后代 hòudài / ～ after ～ 一代一代 yídài-yídài / from ～ to ～ 世世代代 shìshi-dàidài 3. 时代 shídài：a ～ ago 约三十年前 yuē sānshí nián qián 4. 同时代的人 tóng shídàide rén：the present ～ 现在的一代人 xiànzàide yídài rén

generative *a.* 生殖的 shēngzhíde；有生产力的 yǒu shēngchǎnlìde：the ～ organs 生殖器 shēngzhíqì

generator *n.* 1. 发电机 fādiànjī 2. 蒸汽发生器 zhēngqì fāshēngqì

generosity *n.* 1. 宽大 kuāndà；慷慨 kāngkǎi；大方 dàfang：show ～ in dealing with a defeated enemy 对一战败敌人表示宽大 duì yī zhànbài dírén biǎoshì kuāndà 2. 宽大行为 kuāndà xíngwéi

generous *a.* 1. 宽大的 kuāndàde；慷慨的 kāngkǎide；大方的 dàfangde：a man with a ～ nature 宽大为怀的人 kuāndà-wéihuáide rén / He is ～ with his money. 他用钱大方。Tā yòng qián dàfang. 2. 丰盛的 fēngshèngde；丰富的 fēngfùde：a ～ harvest 丰收 fēngshōu

generously *ad.* 宽大地 kuāndàde；慷慨地 kāngkǎide

genesis *n.* 1. 开始 kāishǐ；起源 qǐyuán：the ～ of civilization 文明的起源 wénmíngde qǐyuán 2. [the G-] 创世纪 Chuàngshìjì ＊ in the Bible.

genetic(al) *a.* 1. 遗传学的 yíchuánxuéde 2. 发生的 fāshēngde；发展的 fāzhǎnde

genetics *n.* 遗传学 yíchuánxué

Geneva *n.* 日内瓦 Rìnèiwǎ：the ～ Conference 日内瓦会议 Rìnèiwǎ Huìyì / the ～ Convention 日内瓦公约（1864 年）Rìnèiwǎ Gōngyuē（1864 nián）

genial *a.* 1. 和蔼的 hé'ǎide；亲切的 qīnqiède；友善的 yǒushànde：a ～ old man 一位和蔼的老人 yíwèi hé'ǎide lǎorén / ～ smiles 亲切的微笑 qīnqiède wēixiào 2. 温和 wēnhé；温暖 wēnnuǎn：a ～ climate 温和的气候 wēnhéde qìhòu

geniality *n.* 和蔼 hé'ǎi；亲切 qīnqiè

genially *ad.* 和蔼地 hé'ǎide；可亲地 kěqīnde

genie *n.* 守护神 shǒuhùshén；妖怪 yāoguài ＊ in Arabic stories

genital *a.* 生殖的 shēngzhíde；生殖器的 shēngzhíqìde *n.* 外阴部 wàiyīnbù；生殖器 shēngzhíqì

genius *n.* **1.** 天才 tiāncái；才华 cáihuá：a man of ～ 有才华的人 yǒu cáihuáde rén / have a ～ for music 有音乐的天才 yǒu yīnyuède tiāncái **2.** 才子 cáizǐ；英才 yīngcái：Shakespeare was a ～ in literature. 莎士比亚是个文学天才。Shāshìbǐyà shìge wénxué tiāncái. **3.** 特征 tèzhēng：the French ～ 法国人的特征 Fǎguórénde tèzhēng

genocide *n.* 种族灭绝 zhǒngzú mièjué；集体大屠杀 jítǐ dà túshā

genteel *a.* **1.** 有教养的 yǒu jiàoyǎngde；文雅的 wényǎde **2.** 摆架子的 bǎijiàzide：living in ～ poverty 过着穷而摆架子的生活 guòzhe qióng ér bǎijiàzide shēnghuó

genteelism *n.* 雅语 yǎyǔ

gentian *n.* 龙胆 lóngdǎn ＊ a kind of plant

gentile *n.* & *a.* 非犹太人(的) fēi Yóutàirén(de)；异教徒(的) yìjiàotú(de)

gentility *n.* **1.** 高贵的出身 gāoguìde chūshēn **2.** 斯文 sīwén；有礼貌 yǒu lǐmào；有教养 yǒu jiàoyǎng **3.** 臭架子 chòujiàzi：living in shabby ～ 硬充上流 yìngchōng shàngliú

gentle *n.* **1.** 和善的 héshànde；温柔的 wēnróude；温和的 wēnhéde：a ～ nature (heart, look, voice, call, touch) 温和的性情(仁慈的心肠,和善的面容,柔和的声音,低声的呼唤,轻轻的触摸) wēnhéde xìngqíng (réncíde xīncháng, héshànde miànróng, róuhéde shēngyīn, dīshēngde hūhuàn, qīngqīngde chùmō) / ～ manners 温和的态度 wēnhéde tàidu / a ～ breeze 和风 héfēng / a ～ rain 细雨 xìyǔ / a ～ slope 不太陡的斜坡 bú tài dǒude xiépō **2.** 出身好的 chūshēn hǎode：a person of ～ birth 出身名门的人 chūshēn míngménde rén

gentlefolk(s) *n.* 上层人士 shàngcéng rénshì；有身份的人 yǒu shēnfende rén

gentleman *n.* **1.** 绅士 shēnshì；君子 jūnzǐ：a fine old ～ 高尚的老绅士 gāoshàngde lǎo shēnshì / a true ～ 真君子 zhēn jūnzǐ / a ～'s agreement 君子协定 jūnzǐ xiédìng **2.** 男人 nánrén：A ～ has called to see you. 有个男人来看过你。Yǒuge nánrén lái kànguo nǐ. **3.** 先生(们) xiānsheng (men)：Ladies and Gentlemen! 诸位女士和先生! Zhūwèi nǚshì hé xiānsheng! / the Gentlemen 男厕所 Náncèsuǒ

gentlemanlike (=gentlemanly) *a.* 绅士的 shēnshìde；绅士派头的 shēnshì pàitóude：a ～ appearance 绅士的外表 shēnshìde wàibiǎo

gentlewoman *n.* 淑女 shūnǚ；女士 nǚshì；贵妇 guìfù

gently *ad*. **1**. 温柔地 wēnróude；温和地 wēnhéde：Speak ～. 和和气气地说。Héhe-qìqìde shuō. **2**. 轻轻地 qīngqīngde；小心地 xiǎoxīnde：Hold it ～ . 小心地拿着它。Xiǎoxīnde názhe tā. **3**. 渐渐地 jiànjiànde：The road slopes ～ to the sea. 那条路逐渐向海边倾斜下去。Nàtiáo lù zhújiàn xiàng hǎibiān qīngxié xiàqù.

gentry *n*. **1**. 绅士们 shēnshìmen：the enlightened ～ 开明绅士 kāimíng shēnshì **2**. 同一类人 tóngyīlèi rén：the sporting ～ 体育界人士 tǐyùjiè rénshì

genuine *a*. 真正的 zhēnzhèngde；道地的 dàodìde；真诚的 zhēnchéngde：a ～ pearl 真珍珠 zhēn zhēnzhū / ～ sorrow 真实的伤感 zhēnshíde shānggǎn

genus (*pl*. genera) *n*. **1**. 类 lèi；种类 zhǒnglèi **2**. 属 shǔ：the ～ Homo 人类 rénlèi

geocentric *a*. 地心的 dìxīnde；以地球为中心的 yǐ dìqiú wéi zhōngxīnde

geochemistry *n*. 地球化学 dìqiú huàxué；地质化学 dìzhì huàxué

geodesy *n*. 大地测量学 dàdì cèliángxué

geodynamics *n*. 地球动力学 dìqiú dònglìxué

geographer *n*. 地理学家 dìlǐxuéjiā；地理学者 dìlǐxuézhě

geographic(al) *a*. 地理学(上)的 dìlǐxué(shang)de；地理的 dìlǐde

geography *n*. **1**. 地理学 dìlǐxué：physical ～ 自然地理 zìrán dìlǐ **2**. 地理 dìlǐ：the ～ of Asia 亚洲地理 Yàzhōu dìlǐ **3**. 地理书 dìlǐshū；地志 dìzhì：a ～ of Africa 非洲地志 Fēizhōu dìzhì

geologic(al) *a*. 地质(学)的 dìzhì(xué)de：a ～ survey 地质调查 dìzhì diàochá

geologist *n*. 地质学家 dìzhìxuéjiā；地质学者 dìzhìxuézhě

geology *n*. **1**. 地质学 dìzhìxué **2**. 地质 dìzhì

geometric(al) *a*. 几何学(上)的 jǐhéxué(shang)de：～ progression 几何级数 jǐhé jíshù；等比级数 děngbǐ jíshù / ～ patterns 几何图案 jǐhé tú'àn

geometry *n*. 几何(学) jǐhé(xué)：analytic ～ 解析几何(学) jiěxī jǐhé(xué) / plane (solid) ～ 平面(立体)几何(学) píngmiàn (lìtǐ) jǐhé(xué)

geomorphology *n*. 地貌学 dìmàoxué

geophysical *a*. 地球物理的 dìqiúwùlǐde：the International G- Year 国际地球物理年 Guójì Dìqiúwùlǐ Nián

geophysics *n*. 地球物理学 dìqiúwùlǐxué

geopolitics *n.* 地理政治学 dìlǐzhèngzhìxué

George *n.* **1.** St. ～ 圣乔治 Shèngqiáozhì（英国的守护神）（Yīngguóde shǒuhùshén）；St. ～'s day 守护神日 shǒuhùshénrì **2.** By ～！的确！Díquè！

georgette *n.* 乔其纱 qiáoqíshā ＊ thin silk dress material

geranium *n.* 天竺葵 tiānzhúkuí

geriatric *a.* 老人病的 lǎorénbìngde；老人病科的 lǎorénbìngkēde：～ medicine 老人病医学 lǎorénbìng yīxué / a ～ hospital 老人病医院 lǎorénbìng yīyuàn *n.* 老年人 lǎoniánrén

geriatrician *n.* 老人病科医生 lǎorénbìngkē yīshēng

geriatrics *n.* 老人病学 lǎorénbìngxué；老年卫生学 lǎonián wèishēngxué

germ *n.* **1.** 细菌 xìjūn；病菌 bìngjūn：～ warfare 细菌战 xìjūnzhàn **2.** 胚芽 pēiyá；幼芽 yòuyá：in ～ 在萌芽中 zài méngyázhōng **3.** 起源 qǐyuán：the ～ of life 生命的起源 shēngmìngde qǐyuán

German *a.* **1.** 德国的 Déguóde；德国人的 Déguórénde；日尔曼(人)的 Rì'ěrmàn(rén)de **2.** 德语的 Déyǔde；日耳曼语的 Rì'ěrmànyǔde *n.* **1.** 德国人 Déguórén **2.** 德语 Déyǔ

germanium *n.* 锗 zhě

germicide *n.* 杀菌剂 shājūnjì

germinate *v.* 发芽 fāyá；使…发芽 shǐ…fāyá

germination *n.* 发芽 fāyá：～ percentage 发芽率 fāyálǜ

gerontology *n.* 衰老学 shuāilǎoxué；老人医学 lǎorén yīxué

gerund *n.* 动名词 dòngmíngcí

Gestapo *n.* 盖世太保 Gàishìtàibǎo

gestation *n.* 怀孕 huáiyùn；怀孕期 huáiyùnqī

gesticulate *v.* 打手势 dǎ shǒushì

gesticulation *n.* 手势 shǒushì

gesture *n.* **1.** 手势 shǒushì：a ～ of refusal 拒绝的手势 jùjuéde shǒushì / the ～ languge 手势语 shǒushìyǔ **2.** 表情动作 biǎoqíng dòngzuò：an actor who is a master of the art of ～ 精于表情的演员 jīngyú biǎoqíngde yǎnyuán **3.** 表达 biǎodá；表示 biǎoshì：make a friendly ～ to sb. 向某人做友善的表示 xiàng mǒurén zuò yǒushànde biǎoshì

get *v.* **1.** 得到 dédào；获得 huòdé；收到 shōudào；买到 mǎidào：～ a letter 收到一封信 shōudào yìfēng xìn / ～ a new coat 买一件新大衣 mǎi yíjiàn xīn dàyī / The room ～s very little sunshine. 这房间获阳光甚少。Zhè fángjiān huò yángguāng shènshǎo. **2.** 弄来 nònglái；找 zhǎo：G- me a cup of water. 给我弄杯水来。Gěi wǒ nòng bēi shuǐ lái. / Please ～ a good teacher for us. 请给我们找个好老师。Qǐng gěi wǒmen zhǎoge hǎo lǎoshī. **3.** 生(病) shēng(bìng)；得(病) dé(bìng)；患(病) huàn(bìng)：～ a cold 伤风 shāngfēng **4.** 受到 shòudào；感染 gǎnrǎn：～ a blow 受打击 shòu dǎjī / ～ dismissed 被解雇 bèi jiěgù / ～ hurt 受伤 shòushāng / ～ a scolding 挨骂 áimà / A bad habit has got him. 坏习惯感染了他。Huài xíguàn gǎnrǎnle tā. **5.** 到达 dàodá：When shall we ～ there? 我们何时到那儿？Wǒmen héshí dào nàr? **6.** 明白 míngbai；懂得 dǒngde：I don't ～ you (your ideas). 我不明白你的意思. Wǒ bù míngbai nǐde yìsi. / G- it? 懂不懂？Dǒng bù dǒng? **7.** 变得 biànde；…起来 …qǐlái：～ better 好起来 hǎo qǐlái / ～ drunk 喝醉 hēzuì / ～ ready 准备好 zhǔnbèi hǎo / The weather is ～ting warmer and warmer. 天气热起来了。Tiānqì rè qǐláile. **8.** 请 qǐng；说服 shuōfú；劝导 quàndǎo：～ a person to do 请某人做… qǐng mǒurén zuò … / I cannot ～ him to confess. 我不能说服他坦白出来。Wǒ bùnéng shuōfú tā tǎnbái chūlái. **9.** 使得 shǐde；弄得 nòngde：～ a new coat made 定制一件大衣 dìngzhì yíjiàn dàyī / ～ one's coat mended 送大衣去修改 sòng dàyī qù xiūgǎi / I must ～ my hair cut. 我必须剪头发了。Wǒ bìxū jiǎn tóufale. **10.** 有 yǒu；拥有 yōngyǒu：Have you got a newspaper? 你有报纸吗？Nǐ yǒu bàozhǐma? **11.** 必须 bìxū：I've got to write a letter. 我必须写一封信。Wǒ bìxū xiě yìfēng xìn. // ～ about 走动 zǒudòng / ～ across a river 渡河 dùhé / ～ … across 把…讲清楚 bǎ…jiǎng qīngchu / ～ ahead 进步 jìnbù / ～ along **1.** 前进 qiánjìn；进展 jìnzhǎn：How are you ～ting along? 你近来好吗？Nǐ jìnlái hǎoma? **2.** 融洽 róngqià：They ～ along quite well. 他们相处很融洽。Tāmen xiāngchǔ hěn róngqià. / ～ away 离开 líkāi / ～ back 回来 huílái / ～ behind 落后 luòhòu / ～ down 下来 xiàlái / ～ in crops 收庄稼 shōu zhuāngjia / ～ into 进入… jìnrù… / ～ off 下(车) xià(chē)；下(马) xià(mǎ) / ～ on **1.** 上(车) shàng (chē) **2.** 进展 jìnzhǎn：How are you ～ting on? 你过得怎样？Nǐ guòde zěnyàng? **3.** ～ … on 穿上 chuānshàng / ～ out **1.** 走出 zǒuchū **2.** 出版 chūbǎn / ～ over 越过… yuèguò … / ～ round the law 逃避法律 táobì fǎlǜ / ～ through 完成任务 wánchéng rènwu / ～ to work 开始工作

kāishǐ gōngzuò / ～ up 起床 qǐchuáng

getatable *a.* 可到达的 kě dàodáde；可获得的 kě huòdéde；易接近的 yì jiējìnde

getaway *n.* 逃跑 táopǎo：make a ～ 逃之夭夭 táozhī-yāoyāo

get-rich-quick *a.* 投机致富的 tóujī zhìfùde

get-together *n.* 聚会 jùhuì；联欢会 liánhuānhuì：an old school ～ 旧校友联欢会 jiù xiàoyǒu liánhuānhuì

getup *n.* **1.** 装束 zhuāngshù；打扮 dǎban；**2.** (书籍)版式 (shūjí)bǎnshì

gewgaw *n.* 小玩艺儿 xiǎowányìr

geyser *n.* **1.** 间歇(喷)泉 jiànxiē (pēn)quán **2.** 热水锅炉 rèshuǐguōlú

Ghanaian *a.* 加纳的 Jiānàde；加纳人的 Jiānàrénde *n.* 加纳人 Jiānàrén

ghastly *a.* & *ad.* **1.** 可怕的 kěpàde；可怖的 kěbùde：a ～ accident 可怕的意外 kěpàde yìwài；可怕的事故 kěpàde shìgù **2.** 死一般的 sǐ yìbānde；惨白的 cǎnbáde：～ pale 惨白 cǎnbá **3.** 十分令人不快的 shífēn lìngrén búkuìde：a ～ dinner 糟透了的一顿晚饭 zāotòulede yídùn wǎnfàn

gherkin *n.* 小黄瓜 xiǎo huánggua

ghetto *n.* **1.** 贫民区 pínmínqū **2.** 犹太人区 Yóutàirénqū

ghost *n.* **1.** 鬼 guǐ；幽灵 yōulíng：a ～ story 鬼故事 guǐgùshi / be not afraid of ～s 不怕鬼 búpà guǐ **2.** 一点点 yìdiǎndiǎn；一丝 yìsī：have not the ～ of a chance 一点点机会都没有 yìdiǎndiǎn jīhuì dōu méiyǒu

ghostly *a.* 鬼的 guǐde；似鬼的 sìguǐde：a ～ light 鬼魂似的光 guǐhúnshìde guāng

ghost town *n.* 被废弃的城镇 bèi fèiqìde chéngzhèn

ghostwrite *v.* 代写(作品) dàixiě(zuòpǐn)；代笔 dàibǐ

ghostwriter *n.* 代笔人 dàibǐrén

GI *n.* 美国兵 Měiguóbīng

giant *n.* **1.** 巨人 jùrén；大汉 dàhàn **2.** 天才 tiāncái；伟人 wěirén：Shakespeare is a ～ among writers. 莎士比亚是作家中的巨匠。Shāshìbǐyà shì zuòjiāzhōngde jùjiàng.

gibber *v.* 结结巴巴地说 jiējie-bābāde shuō

gibberish *n.* 胡扯 húchě；无意义的话 wúyìyìde huà

gibbet *n.* 绞架 jiǎojià

gibbon *n.* 长臂猿 chángbìyuán

gibbous *a.* **1.** 凸圆的 tūyuánde **2.** 隆起的 lóngqǐde；驼背的 tuóbèide

gibe *v.* 嘲弄 cháonòng：～ at a boy's mistake 嘲笑一个孩子的错误 cháoxiào yíge háizide cuòwù *n.* 嘲弄 cháonòng；嘲笑 cháoxiào

giblets *n.* (*pl.*) 鸡杂 jīzá

Gibraltar *n.* 直布罗陀 Zhíbùluótuó：the Strait of ～ 直布罗陀海峡 Zhíbùluótuó Hǎixiá

giddiness *n.* **1.** 眩晕 xuànyùn **2.** 轻率 qīngshuài；轻佻 qīngtiāo

giddy *a.* **1.** 眩晕的 xuànyùnde；头晕的 tóuyūnde：look down from a ～ height 从一令人眩晕的高处往下看 cóng yī lìngrén xuànyùnde gāochù wàngxià kàn / You may feel ～, if you turn round quickly. 如果你转得快，你会感到头晕。Rúguǒ nǐ zhuǎnde kuài，nǐ huì gǎndào tóuyūn. **2.** 轻佻的 qīngtiāode；轻浮的 qīngfúde：a ～ young girl 一位轻佻的少女 yíwèi qīngtiāode shàonǚ / a ～ life of pleasure 放荡的生活 fàngdàngde shēnghuó

gift *n.* **1.** 礼物 lǐwù；礼品 lǐpǐn；赠品 zèngpǐn：birthday ～s 生日礼物 shēngrì lǐwù；寿礼 shòulǐ **2.** 天赋 tiānfù；天资 tiānzī：have a ～ of poetry 有诗才 yǒushīcái / a woman of many ～s 多才多艺的女子 duōcái-duōyìde nǚzǐ / He has the ～ of speakig well. 他天生能言善道。Tā tiānshēng néngyán-shàndào. **3.** 赋予 fùyǔ；赠与权 zèngyǔquán：The house is within his ～. 他有权把这房子送给任何人。Tā yǒuquán bǎ zhè fángzi sònggěi rènhé rén. *v.* 赠送 zèngsòng；赋予 fùyǔ：We are all ～ed with conscience. 我们都有天赋的良心。Wǒmen dōuyǒu tiānfùde liángxīn.

gifted *a.* 有才华的 yǒu cáihuáde；有天才的 yǒu tiāncáide：a ～ child 天才儿童 tiāncái értóng / a ～ pianist 天才钢琴家 tiāncái gāngqínjiā

gift horse *n.* 馈赠的马 kuìzèngde mǎ；价值成问题的礼品 jiàzhí chéng wèntíde lǐpǐn：Don't look a ～ in the mouth. 受人礼物别嫌礼薄。Shòu rén lǐwù biéxián lǐbáo.

gig *n.* **1.** 马车 mǎchē * two-wheeled carriage **2.** 小艇 xiǎotǐng * a small boat

gigantic *a.* 巨大的 jùdàde；庞大的 pángdàde：He has a ～ appetite，and eats ～ meals. 他的食量很大，能吃很多。Tāde shíliàng hěndà，néngchī hěnduō.

giggle *n.* 格格地笑 gēgēde xiào；傻笑 shǎxiào：the ～s of schoolgirls 女学生们吃吃(格格)的笑 nǚ xuéshengmen chīchī (gēgē)de xiào *v.* 格格地笑 gēgēde xiào：She ～d her amusement. 她很开心，吃吃地(格格)笑。Tā hěn kāixīn, chīchī (gēgē)de xiào.

gigolo *n.* **1.** 舞男 wǔnán **2.** 职业性的男舞伴 zhíyèxìngde nán wǔbàn

gild *v.* 镀金 dùjīn；粉饰 fěnshì：～ a picture frame 给画框镀金 gěi huàkuàng dùjīn / ～ the pill 虚饰外观 xūshì wàiguān / the ～ed youth 阔少爷们 kuòshàoyemen；公子哥儿 gōngzǐgēr

gilding *n.* **1.** 镀金 dùjīn **2.** 虚假的外表 xūjiǎde wàibiǎo

gill[1] *n.* 鱼腮 yúsāi

gillyflower *n.* 紫罗兰花 zǐluólánhuā

gilt-edged *a.* **1.** 金边的 jīnbiānde **2.** 上等的 shàngděngde；优良的 yōuliángde：～ stocks 优良债券 yōuliáng zhàiquàn；金边债券 jīnbiān zhàiquàn

gimbal *n.* 平衡环 pínghénghuán；水平环 shuǐpínghuán

gimcrack *a.* 华而不实的 huá'ér-bùshíde：～ ornaments 华而不实的装饰品 huá'ér-bùshíde zhuāngshìpǐn

gimlet *n.* **1.** 手锥 shǒuzhuī；手钻 shǒuzuàn **2.** eyes like ～s 眼光锐利 yǎnguāng ruìlì

gimmick *a.* **1.** 骗人的玩意儿 piànrénde wányìr：The new style buttons are just a ～; you can't even fasten them. 新型钮扣只是一种骗人的花样儿，连扣都扣不上。Xīnxíng niǔkòu zhǐshì yìzhǒng piànrénde huāyàngr, lián kòu dōu kòubushàng. **2.** 妙句 miàojù：It is a well-known advertising ～. 是尽人皆知的广告妙句。Shì jìnrén-jiēzhīde guǎnggào miàojù.

gin[1] *n.* 杜松子酒 dùsōngzijiǔ

gin[2] *n.* **1.** 轧棉机 yàmiánjī * a machine **2.** 陷阱 xiànjǐng * a trap

ginger *n.* **1.** 生姜 shēngjiāng；姜 jiāng：～ ale 姜汁啤酒 jiāngzhī píjiǔ / ～ bread 姜汁饼干 jiāngzhī bǐnggān **2.** 劲头 jìntóu：a ～ group 积极的骨干小组 jījíde gǔgàn xiǎozǔ

gingerly *a.* & *ad.* 小心翼翼(地) xiǎoxīn-yìyì (de)；谨慎地 jǐnshènde：He ～ picked up the delicate flower. 他小心翼翼地摘下娇嫩的花朵。Tā xiǎoxīn-yìyìde zhāixià jiāonènde huāduǒ. / in a ～ fashion 小心翼翼

xiǎoxīn-yìyì

gingham *n.* 方格子棉布 fānggézi miánbù

gingivitis *n.* 齿根炎 chǐgēnyán；龈炎 yínyán

gingko *n.* 银杏 yínxìng；白果树 báiguǒshù

ginseng *n.* 人参 rénshēn

gipsy, gypsy *n.* **1.** 吉普赛人 Jípǔsàirén：a ～ girl 吉普赛女郎 Jípǔsài nǚláng / a ～ caravan 吉普赛式马车 Jípǔsàishì mǎchē **2.** 流浪汉 liúlànghàn；四海为家的人 sìhǎi-wéijiāde rén

giraffe *n.* 长颈鹿 chángjǐnglù

gird *v.* **1.** 束 shù；佩带 pèidài：～ on a sword 佩带剑 pèidàijiàn / ～ up one's robe 束紧长袍 shùjǐn chángpáo / ～ up one's loins 准备行动 zhǔnbèi xíngdòng **2.** 围绕 wéirào：a sea-～ed isle 四面环海的小岛 sìmiàn huánhǎide xiǎodǎo

girder *n.* 大梁 dàliáng

girdle *n.* **1.** 带 dài；腰带 yāodài **2.** 环绕 huánrào：a ～ of green fields round a town 围绕在城市四周的一片绿野 wéiràozài chéngshì sìzhōude yípiàn lǜyě *v.* 围绕 wéirào：a lake ～d with trees 四周植树的湖 sìzhōu zhíshùde hú

girl *n.* **1.** 女孩子 nǚháizi；少女 shàonǚ；姑娘 gūniang **2.** 女仆 nǚpú；女佣人 nǚyōngren：a new ～ to do the housework 新来的做家务事的女仆 xīnláide zuò jiāwùshìde nǚpú **3.** 女职员 nǚzhíyuán；女店员 nǚdiànyuán：a shop ～ 女店员 nǚdiànyuán / factory ～s 女工 nǚgōng / office ～s 女职员 nǚzhíyuán **4.** 女… nǚ…：～ friend 女朋友 nǚpéngyou / the G- Guides 女童子军 nǚtóngzǐjūn / a ～ guide 一个女童子军 yíge nǚtóngzǐjūn / the G- Scouts 美国女童子军 Měiguó nǚtóngzǐjūn

girlhood *n.* 少女期 shàonǚqī；少女时代 shàonǚ shídài

girlish *a.* **1.** 少女的 shàonǚde；少女似的 shàonǚ shìde：the sound of ～ laughter 似女孩的笑声 sì nǚháide xiàoshēng **2.** 娇气的 jiāoqìde * refer to boys

girth *n.* **1.** 肚带 dùdài * of a horse **2.** 腰围 yāowéi：the ～ of a man 人的腰围 rénde yāowéi / a tree 30 feet in ～ 周长三十尺的树 zhōucháng sānshíchǐde shù

gist *n.* 要点 yàodiǎn；要旨 yàozhǐ：the ～ of a question 问题的要点 wèntíde yàodiǎn / Tell me the ～ of what he said. 告诉我他所说的主要

意思。Gàosu wǒ tā suǒ shuōde zhǔyào yìsi.

give *v.* **1.** 给 gěi；给予 jǐyǔ：I gave him a book. 我给他一本书。Wǒ gěi tā yìběn shū. **2.** 赠送 zèngsòng；捐助 juānzhù；施舍 shīshě：～ generously to charity 慷慨捐助 kāngkǎi juānzhù **3.** 付给 fùgěi；报偿 bàocháng：I gave a good price for this coat. 我花了很多钱买这件大衣。Wǒ huāle hěnduō qián mǎi zhèjiàn dàyī. **4.** 传给 chuángěi：You've given me your cold. 你把伤风传染给我了。Nǐ bǎ shāngfēng chuánrǎn gěi wǒle. **5.** 供给 gōngjǐ；供应 gōngyìng：The sun ～s us warmth and light. 太阳供给我们温暖和光。Tàiyáng gōngjǐ wǒmen wēnnuǎn hé guāng. **6.** 致力 zhìlì；献身 xiànshēn：He gave his life to the cause of peace. 他终生献身于和平。Tā zhōngshēng xiànshēn yú hépíng. **7.** 传授 chuánshòu；发出 fāchū；发表 fābiǎo：～ news 报道消息 bàodào xiāoxi / ～ lessons in music 教授音乐 jiāoshòu yīnyuè / ～ one's opinions 发表意见 fābiǎo yìjian **8.** 举出 jǔchū；指出 zhǐchū：～ examples 举例子 jǔlìzi **9.** 假定 jiǎdìng；容许 róngxǔ：Given health, it can be done. 只要有健康条件，这事能做到。Zhǐyào yǒu jiànkāng tiáojiàn, zhèshì néng zuòdào. // ～ away **1.** 暴露 bàolù；泄露 xièlòu：Don't ～ away my secret. 别泄露我的秘密。Bié xièlòu wǒde mìmì. **2.** 牺牲 xīshēng：You've given away a good chance. 你失去了一次好机会。Nǐ shīqùle yícì hǎo jīhuì. / ～ in 投降 tóuxiáng；屈服 qūfú：The rebels were forced to ～ in. 叛军被迫投降。Pànjūn bèipò tóuxiáng. / ～ off 发出 fāchū：This cheap coal ～s off a lot of smoke. 这种便宜的煤发出的烟大。Zhèzhǒng piányide méi fāchūde yān dà. / ～ out **1.** 用尽 yòngjìn：His strength gave out. 他力气用尽了。Tā lìqi yòngjìnle. **2.** 分配 fēnpèi；分发 fēnfā：～ out books 分发书籍 fēnfā shūjí / ～ over 让渡 ràngdù；交与 jiāoyǔ / ～ up **1.** 放弃 fàngqì：～ up one's seat to sb. 把座位让给别人 bǎ zuòwèi rànggěi biérén / ～ up a fortress 放弃一要塞 fàngqì yī yàosài **2.** 使（自己）向某人屈服 shǐ (zìjǐ) xiàng mǒurén qūfú：The escaped prisoner gave himself up. 那逃犯投案了。Nà táofàn tóu'ànle. **3.** 对某人或某物无指望 duì mǒurén huò mǒuwù wú zhǐwang：They gave him up for lost. 他们对他已不抱希望了。Tāmen duìtā yǐ búbào xīwàngle. **4.** 中止 zhōngzhǐ；断绝 duànjué：～ up smoking 戒烟 jièyān

giveaway *n.* **1.** 放弃 fàngqì；泄露 xièlòu：The tears in her eyes were a ～, though she tried to hide her feelings. 虽然她试图隐藏她的感情，但是眼

中的泪水泄露了她的真情。Suīrán tā shìtú yǐncáng tāde gǎnqíng, dànshì yǎnzhōngde lèishuǐ xièlòule tāde zhēnqíng. **2.** 免费样品 miǎnfèi yàngpǐn；赠品 zèngpǐn // at ～ prices 大减价 dà jiǎnjià

given *a.* **1.** 一定的 yídìngde；既定的 jìdìngde；约定的 yuēdìngde：within a ～ period 在一定的时间内 zài yídìngde shíjiānnèi / meet at a ～ time and place 在约定的时间、地点见面 zài yuēdìngde shíjiān、dìdiǎn jiànmiàn **2.** 假定 jiǎdìng；倘若 tǎngruò：under ～ conditions 在假定的情况下 zài jiǎdìngde qíngkuàngxià / G- X, it follows that … 已知 X，可以推出… Yǐzhī X, kěyǐ tuīchū … // ～ to 深爱 shēn'ài；沉溺于 chénnìyú：be ～ to reading 喜爱读书 xǐ'ài dúshū / be ～ to boasting 喜欢自夸的人 xǐhuan zìkuāde rén

gizzard *n.* 砂囊 shānáng * of a bird // stick on one's ～ 厌恶 yànwù；不合胃口 bùhé wèikǒu；不满意 bùmǎnyì

glacial *a.* **1.** 冰的 bīngde；冰河的 bīnghéde **2.** 冰川的 bīngchuānde *n.* the ～ 冰川期 bīngchuānqī

glacier *n.* 冰川 bīngchuān

glad *a.* **1.** 高兴 gāoxìng；欢喜（的）huānxǐ（de）：be ～ about the result 对结果感到满意 duì jiéguǒ gǎndào mǎnyì / ～ to see sb. 看见某人而高兴 kànjiàn mǒurén ér gāoxìng / I'm ～ of your success. 你的成功使我高兴。Nǐde chénggōng shǐ wǒ gāoxìng. **2.** 令人愉快的 lìngrén yúkuàide；使人快乐的 shǐrén kuàilède：～ news 好消息 hǎo xiāoxi **3.** 乐意 lèyì：I'm ～ to help you. 我很乐意帮助你。Wǒ hěn lèyì bāngzhù nǐ.

gladden *v.* 使…高兴 shǐ … gāoxìng：The sight of the children running about ～ed the father. 父亲看到孩子们跑来跑去很高兴。Fùqin kàndào háizimen pǎolái-pǎoqù hěn gāoxìng.

glade *n.* 林间空地 línjiān kòngdì

gladiator *n.* 斗士 dòushì；斗剑者 dòujiànzhě * in ancient times in Rome

gladiolus *n.* 唐菖蒲（属）tángchāngpú（shǔ）；剑兰 jiànlán

gladly *ad.* 高兴地 gāoxìngde；乐意地 lèyìde：He ～ consented. 他欣然答应了。Tā xīnrán dāyingle. / I'll ～ do so. 我乐意这样做。Wǒ lèyì zhèyàng zuò.

gladness *n.* 高兴 gāoxìng；喜悦 xǐyuè

gladsome *a.* **1.** 可喜的 kěxǐde **2.** 欣喜的 xīnxǐde

glamorous *a.* 有魅力的 yǒumèilìde；迷人的 mírénde：a ～ job 吸引人的

工作 xīyǐnrénde gōngzuò / a ～ girl 迷人的女孩儿 mírénde nǚháir

glamo(u)r *n.* 魅力 mèilì: the ～ of foreign countries 异国的魅力 yìguóde mèilì / a woman with ～ 具有魅力的女人 jùyǒu mèilìde nǚrén

glance *v.* **1.** 看一眼 kàn yìyǎn; 看一看 kànyikàn: ～ at the clock 看一下钟 kàn yíxià zhōng / ～ over a letter 匆匆阅读一封信 cōngcōng yuèdú yìfēng xìn / ～ one's eye down a newspaper 浏览报纸 liúlǎn bàozhǐ **2.** 闪光 shǎnguāng; 闪耀 shǎnyào: Their helmets ～d in the sunlight. 他们的钢盔在阳光下闪耀着。Tāmende gāngkuī zài yángguāngxià shǎnyàozhe. **3.** 掠过 lüèguò; 擦过 cāguò: The arrow ～d off his armor. 箭头擦过他的盔甲。Jiàntóu cāguò tāde kuījiǎ. *n.* **1.** 一眼 yìyǎn; 一瞥 yìpiē: take a ～ 看一眼 kàn yìyǎn … / see sth. at a ～ 一眼就看见了 yìyǎn jiù kànjiànle **2.** 一闪 yìshǎn

gland *n.* 腺 xiàn: a snake's poison ～s 蛇的毒腺 shéde dúxiàn / sweat ～s 汗腺 hànxiàn

glandular *a.* 腺的 xiànde; 腺状的 xiànzhuàngde; 有腺的 yǒuxiànde

glare *v.* **1.** 炫耀 xuànyào: The tropic sun ～d down on us all the day. 热带的太阳整日灼照着我们。Rèdàide tàiyáng zhěngrì zhuózhàozhe wǒmen. **2.** 怒目而视 nùmù-érshì; 瞪眼 dèngyǎn: ～ at a person 向人瞪眼 xiàng rén dèngyǎn / They stood glaring at each other. 他们站着互相怒目而视。Tāmen zhànzhe hùxiāng nùmù-érshì. *n.* **1.** 闪光 shǎnguāng **2.** 瞪眼 dèngyǎn

glaring *a.* **1.** 耀眼的 yàoyǎnde: a car with ～ headlights 有刺目灯光的汽车 yǒu cìmù dēngguāngde qìchē / ～ neon signs 耀眼的霓虹灯招牌 yàoyǎnde níhóngdēng zhāopai **2.** 愤怒的 fènnùde: ～ eyes 怒视的目光 nùshìde mùguāng **3.** 易见的 yìjiànde; 显著的 xiǎnzhùde: a ～ error 明显的错误 míngxiǎnde cuòwù **4.** 鲜艳的 xiānyànde * refer to colors

glass *n.* **1.** 玻璃 bōlí: made of ～ 玻璃制的 bōlízhìde **2.** 玻璃器皿 bōlí qìmǐn: ～ and china 料器和瓷器 liàoqì hé cíqì / ～-blower 吹制玻璃器者 chuīzhì bōlíqìzhě **3.** 玻璃杯 bōlibēi; 酒杯 jiǔbēi: drink a ～ of milk 喝一杯牛奶 hē yìbēi niúnǎi **4.** 镜子 jìngzi; 望远镜 wàngyuǎnjìng; 显微镜 xiǎnwēijìng; 晴雨表 qíngyǔbiǎo: wear ～es 戴眼镜 dài yǎnjìng / look in the ～ 照镜子 zhào jìngzi / Look at it through your ～. 用望远镜看一下吧。Yòng wàngyuǎnjìng kàn yíxiàba. / The ～ is falling. 晴雨表在下降。Qíngyǔbiǎo zài xiàjiàng.

glass-cutter *n.* 截玻璃工人 jié bōlí gōngrén；玻璃雕切匠 bōlí diāoqiējiàng；玻璃(割)刀 bōlí(gē)dāo

glassful *n.* 一杯 yìbēi：a ～ of water 一杯水 yìbēi shuǐ

glasshouse *n.* **1.** 玻璃厂 bōlichǎng **2.** 温室 wēnshì；暖房 nuǎnfáng = greenhouse

glassware *n.* 玻璃器皿 bōlí qìmǐn；料器 liàoqì

glassy *a.* **1.** 玻璃般的 bōlíbānde **2.** 镜子般的 jìngzibānde：a ～ calm 平静如镜 píngjìng-rújìng **3.** 无神的 wúshénde：a ～ look 无神的目光 wúshénde mùguāng

glaucoma *n.* 青光眼 qīngguāngyǎn；绿内障 lǜnèizhàng

glaze *v.* **1.** 配玻璃 pèi bōlí：～ a window 给窗子装玻璃 gěi chuāngzi zhuāng bōlí / The house is being double-～d. 这栋房子正在装双层玻璃。Zhèdòng fángzi zhèngzài zhuāng shuāngcéng bōlí. **2.** 上釉 shàngyòu：～ pottery 给陶器加釉 gěi táoqì jiā yòu **3.** 迟钝的 chídùnde：His eyes ～d over. 他的目光迟钝。Tāde mùguāng chídùn. *n.* 釉 yòu；光滑剂 guānghuájì

glazier *n.* **1.** 装玻璃工人 zhuāng bōlí gōngrén **2.** 釉工 yòugōng

gleam *n.* **1.** 微光 wēiguāng；闪光 shǎnguāng：the ～ of a distant lighthouse 远处灯塔的闪光 yuǎnchù dēngtǎde shǎnguāng / the first ～ of the morning sun 曙光 shǔguāng **2.** 闪现 shǎnxiàn：an essay with an occasional ～ of humor 偶尔闪现着幽默的一篇文章 ǒu'ěr shǎnxiànzhe yōumòde yìpiān wénzhāng / the man with a dangerous ～ in his eye 眼中闪现凶光的人 yǎnzhōng shǎnxiàn xiōngguāngde rén *v.* 发光 fāguāng；闪光 shǎnguāng：a cat's eyes ～ing in the darkness 猫眼在黑暗中闪烁 māoyǎn zài hēi'ànzhōng shǎnshuò

glean *v.* **1.** 拾 shí：～ a field 在田中拾落穗 zài tiánzhōng shí luòsuì **2.** 搜集 sōují：～ news 搜集消息 sōují xiāoxi

gleaner *n.* **1.** 拾落穗的人 shí luòsuìde rén **2.** 搜集信息者 sōují xìnxīzhě

gleanings *n.* **1.** 所拾得的落穗 suǒ shídéde luòsuì **2.** 搜集到的资料 sōují dàode zīliào

glee *n.* **1.** 欢喜 huānxǐ；高兴 gāoxìng：She was in high ～ when she learned the news. 她得知此消息高兴极了。Tā dézhī cǐ xiāoxi gāoxìng jíle. **2.** 三部或三部以上的合唱曲 sānbù huò sānbù yǐshàngde héchàngqǔ / ～ club 合唱团 héchàngtuán

gleeful *a*. 兴高采烈的 xìnggāo-cǎilìede；欣喜的 xīnxǐde
glen *n*. 峡谷 xiágǔ；幽谷 yōugǔ
glib *a*. 伶牙俐齿的 língyá-lìchǐde；善辩的 shànbiànde：a ～ talker 口齿伶俐的谈话者 kǒuchǐ línglìde tánhuàzhě / (have) a ～ tongue (有)伶俐的口齿 yǒu línglìde kǒuchǐ；三寸不烂之舌 sāncùn búlàn zhīshé
glide *v*. **1**. 滑 huá；滑动 huádòng；滑翔 huáxiáng：A boat ～d past. 一只小船划过。Yìzhī xiǎochuán huáguò **2**. 飞逝 fēishì ＊ time：Time ～d on. 时光飞逝。Shíguāng fēishì. *n*. 滑动 huádòng；滑行 huáxíng
glide-bomb *v*. 下滑轰炸 xiàhuá hōngzhà
glider *n*. 滑翔机 huáxiángjī
glimmer *n*. 微光 wēiguāng；闪光 shǎnguāng：a ～ of light 一线微弱的闪光 yíxiàn wēiruòde shǎnguāng / a ～ of hope 一线希望 yíxiàn xīwàng / not the least ～ of intelligence 毫无智力(情报) háowú zhìlì (qíngbào) *v*. 发微光 fā wēiguāng：light ～ing in the distance 远处忽隐忽现的灯光 yuǎnchù hūyǐn-hūxiànde dēngguāng
glimpse *n*. 一瞥 yìpiē；瞥见 piējiàn：a ～ at Shanghai 上海一瞥 Shànghǎi yìpiē / get a ～ of sth. from the window 自窗中瞥见某物 zì chuāngzhōng piējiàn mǒuwù *v*. 瞥见 piējiàn
glint *v*. 发光 fāguāng；闪烁 shǎnshuò：His eyes ～ed when he saw the money. 他看见钱时，眼睛发光。Tā kànjiàn qiánshí, yǎnjing fā guāng. *n*. 闪光 shǎnguāng：～s of gold in her hair 她的头发闪烁着金黄色 tāde tóufa shǎnshuòzhe jīnhuángsè
glisten *v*. 反光 fǎnguāng；闪耀 shǎnyào：～ing dew-drops 闪烁的露珠 shǎnshuòde lùzhū / eyes ～ing with tears 闪耀着眼泪的眼睛 shǎnyàozhe yǎnlèide yǎnjing
glitter *v*. 闪闪发亮 shǎnshǎn-fāliàng；闪耀 shǎnyào：All that ～s is not gold. 闪闪发光的东西，未必都是黄金。Shǎnshǎn fāguāngde dōngxi, wèibì dōushì huángjīn. / ～ing with jewels 珠光灿烂 zhūguāng-cànlàn *n*. 光辉 guānghuī；灿烂 cànlàn
gloaming *n*. 黄昏 huánghūn；薄暮 bómù
gloat *v*. 得意地看 déyìde kàn；盯视 dīngshì：～ over another's misfortune 幸灾乐祸 xìngzāi-lèhuò / ～ over one's wealth 心满意足地看自己的财富 xīnmǎn-yìzúde kàn zìjǐde cáifù
global *a*. **1**. 世界上 shìjièshang；全世界(的) quánshìjiè(de)；全球性

(的) quánqiúxìng(de): ～ travel 环球旅行 huánqiú lǚxíng / ～ changes 世界性的改变 shìjièxìngde gǎibiàn **2.** 总的 zǒngde: a ～ view 全面的看法 quánmiànde kànfǎ / the ～ sum 总计 zǒngjì

globe *n.* **1.** 球 qiú; 球体 qiútǐ **2.** [the ～] 地球 dìqiú **3.** 地球仪 dìqiúyí; 天球仪 tiānqiúyí **4.** ～ fish 海豚 hǎitún // ～ trotter 世界观光旅行家 shìjiè guānguāng lǚxíngjiā

globular *a.* 球状的 qiúzhuàngde; 球形的 qiúxíngde

globule *n.* 小球体 xiǎoqiútǐ; 水珠 shuǐzhū

globulin *n.* 球蛋白 qiúdànbái

gloom *n.* **1.** 阴沉 yīnchén; 黑暗 hēi'àn **2.** 郁闷 yùmèn; 忧郁 yōuyù: cast a ～ over a person 使人忧伤 shǐ rén yōushāng / chase one's ～ away 解闷 jiěmèn; 消愁 xiāochóu

gloomily *ad.* **1.** 阴沉地 yīnchénde **2.** 郁闷地 yùmènde

gloomy *a.* **1.** 阴沉的 yīnchénde; 黑暗的 hēi'ànde: a ～ day 阴暗的日子 yīn'ànde rìzi **2.** 没有希望的 méiyǒu xīwàngde; 令人沮丧的 lìngrén jǔsàngde: feeling ～ about the future 感到前途暗淡 gǎndào qiántú àndàn / Our future seems ～. 我们的前途(未来)不乐观。Wǒmende qiántú (wèilái) búlèguān.

glorification *n.* 赞美 zànměi; 颂扬 sòngyáng: the ～ of hard-working people 对勤劳人民的颂扬 duì qínláo rénmínde sòngyáng

glorify *v.* 赞美 zànměi: ～ God 赞美上帝 zànměi Shàngdì / ～ labor 歌颂劳动 gēsòng láodòng *n.* 歌颂 gēsòng

glorious *a.* **1.** 光荣的 guāngróngde; 显赫的 xiǎnhède: a ～ victory 光荣的胜利 guāngróngde shènglì **2.** 壮丽的 zhuànglìde; 辉煌的 huīhuángde: a ～ sunset 光辉灿烂的落日 guānghuī cànlànde luòrì / ～ colors 灿烂的颜色 cànlànde yánsè **3.** 愉快的 yúkuàide: have a ～ time 过一段愉快的时间 guò yíduàn yúkuàide shíjiān

glory *n.* **1.** 光荣 guāngróng: bring ～ 带来光荣 dàilái guāngróng **2.** 壮丽 zhuànglì; 壮观 zhuàngguān: the ～ of a sunset 落日的壮观 luòrìde zhuàngguān **3.** 赞颂 zànsòng; 赞美 zànměi: G- be to God. 荣誉归于上帝。Róngyù guīyú Shàngdì. **4.** 得意 déyì: be in one's ～ 得意之极 déyì zhījí *v.* 夸耀 kuāyào; 得意 déyì: ～ in one's victory 夸耀胜利 kuāyào shènglì; 因胜利而自豪 yīn shènglì ér zìháo

gloss *n.* **1.** 光泽 guāngzé; 光泽面 guāngzémiàn: the ～ of silk and satin 绸

缎光滑的表面 chóuduàn guānghuáde biǎomiàn / material with a good ～表面光滑的料子 biǎomiàn guānghuáde liàozi **2.** 虚饰 xūshì: under a ～ surface of good manners 以彬彬有礼的举止 yǐ bīnbīn-yǒulǐde jǔzhǐ *v.* 使…有光泽 shǐ…yǒuguāngzé; 掩饰 yǎnshì: ～ over sb.'s faults 掩饰某人的过失 yǎnshì mǒurénde guòshī

glossary *n.* 词汇表 cíhuìbiǎo; 名词汇编 míngcí huìbiān; 小词典 xiǎocídiǎn: a Shakespeare ～ 莎士比亚用语汇编 Shāshìbǐyà yòngyǔ huìbiān

glossy *a.* 光润的 guāngrùnde; 光亮的 guāngliàngde: a ～ photographic print 光面的照片 guāngmiànde zhàopiàn / The cat has ～ black fur. 那只猫生有光滑的黑毛。Nàzhī māo shēngyǒu guānghuáde hēimáo.

glottish *n.* 声门 shēngmén; 喉门 hóumén

glove *n.* 手套 shǒutào: a pair of ～s 一副手套 yífù shǒutào / get off (on) one's ～s 脱掉(带上)手套 tuōdiào (dàishàng) shǒutào / be hand and ～ with each other 亲密无间 qīnmì-wújiàn / handle a person without ～s 狠狠地斗某人 hěnhěnde dòu mǒurén / throw down (take up) the ～ 挑(应)战 tiǎo (yìng) zhàn

glover *n.* 手套制造人 shǒutào zhìzàorén; 手套商 shǒutàoshāng

glow *v.* **1.** 发光 fāguāng; 燃烧 ránshāo: charcoal ～s 木炭在燃烧 mùtàn zài ránshāo **2.** 发热 fārè; 发红 fāhóng: ～ with health 红光满面 hóngguāng-mǎnmiàn / ～ with enthusiasm 热情洋溢 rèqíng-yángyì **3.** 显示色彩鲜艳 xiǎnshì sècǎi xiānyàn *n.* 赤热 chìrè; 热情 rèqíng: in a ～ of enthusiasm 热情洋溢地 rèqíng-yángyìde / the ～ of the sky at sunset 落日时天空的晚霞 luòrìshí tiānkōngde wǎnxiá

glower *v.* 怒目而视 nùmù-érshì: ～ at a person 对人怒目而视 duì rén nùmù-érshì

glowworm *n.* 萤火虫 yínghuǒchóng

gloze *v.* ～ over 掩饰 yǎnshì; 解释清楚 jiěshì qīngchu

glucinum *n.* 铍 pí * in chemistry

glucose *n.* 葡萄糖 pútáotáng

glucoside *n.* **1.** 葡糖苷 pútánggān **2.** 糖苷 tánggān

glue *n.* 胶 jiāo; 胶水 jiāoshuǐ: stick like ～ to a person 同某人形影不离 tóng mǒurén xíngyǐng-bùlí; 如胶似漆 rújiāo-sìqī *v.* **1.** 胶合 jiāohé; 粘贴 zhāntiē: ～ up 封起来 fēng qǐlái / ～ a piece of wood on sth. 将一木

头粘在一物体上 jiāng yī mùtou zhānzài yī wùtǐshang 2. 专注于 zhuānzhùyú；集中于 jízhōngyú：His eyes were ～d to the television. 他目不转睛地看着电视。Tā mùbù-zhuǎnjīngde kànzhe diànshì.

glum *n.* 忧郁 yōuyù；闷闷不乐 mènmèn-búlè

glut *v.* **1.** 过度供给 guòdù gōngjǐ；充斥 chōngchì：～ the market with fruit from abroad 外国进口的水果充斥市场 wàiguó jìnkǒude shuǐguǒ chōngchì shìchǎng **2.** 塞饱 sāibǎo：～ oneself with food 饱餐美食 bǎocān měishí / ～ted with pleasure 纵情享乐 zòngqíng xiǎnglè *n.* 过量供应 guòliàng gōngyìng；充斥 chōngchì

gluten *n.* 面筋 miànjīn

glutinous *a.* 胶质的 jiāozhìde；粘性的 niánxìngde：～ rice 糯米 nuòmǐ

glutton *n.* **1.** 贪食者 tānshízhě：You've eaten the whole pie, you ～！你把整个果馅饼都吃了，你这好吃鬼！Nǐ bǎ zhěngge guǒxiànbǐng dōu chīle, nǐ zhè hàochīguǐ！**2.** 酷爱…的人 kù'ài … de rén：a ～ of work 酷爱劳动的人 kù'ài láodòngde rén / a ～ of books 手不释卷的人 shǒubú-shìjuànde rén

gluttonous *a.* 贪吃的 tānchīde；贪婪的 tānlánde

gluttony *n.* 贪食 tānshí；暴食 bàoshí

glyceride *n.* 甘油脂 gānyóuzhī

glycerin *n.* 甘油 gānyóu；丙三醇 bǐngsānchún

glycogen *n.* 糖原 tángyuán；牲粉 shēngfěn * a white powder, occurring as the chief animal carbohydrate

glycol *n.* 乙二醇 yǐ'èrchún；甘醇 gānchún

glycosuria *n.* 糖尿 tángniào

gnarl *n.* 木瘤 mùliú；木节 mùjié

gnarled *a.* **1.** 多瘤的 duōliúde；粗糙的 cūcāode：a ～ old tree 多瘤的老树 duōliúde lǎoshù **2.** 饱经风霜的 bǎojīng-fēngshuāngde；性情乖僻的 xìngqíng guāipìde：a ～ old man 饱经风霜的老人 bǎojīng-fēngshuāngde lǎorén

gnash *v.* 咬 yǎo：～ one's teeth 咬牙 yǎoyá

gnat *n.* 蚋 ruì；蚊 wén // strain at a ～ (and swallow a camel) 谨小慎微 jǐnxiǎo-shènwēi

gnaw *v.* **1.** 咬 yǎo；啮 niè；啃 kěn：to ～ a bone 啃骨头 kěn gútou / to ～ sth. off 咬去某物 yǎoqu mǒuwù **2.** 消耗 xiāohào；侵蚀 qīnshí：The acid ～s at the metal. 酸会腐蚀金属。Suān huì fǔshí jīnshǔ. **3**. 使苦恼 shǐ kǔnǎo；使痛苦 shǐ tòngkǔ；折磨 zhémó：Grief ～s my heart. 悲伤折磨着我。Bēishāng zhémozhe wǒ.

gneiss *n*. 片麻岩 piànmáyán

gnome *n*. 土地神 tǔdìshén

G. N. P = gross national product 国民生产总值 guómín shēngchǎn zǒngzhí

go *v*. **1**. 去 qù；离去 líqù；走 zǒu：～ to the station 到车站去 dào chēzhàn qù / ～ for a walk 去散步 qù sànbù / All the guests are gone. 客人都走了。Kèren dōu zǒule. / When does the train ～? 火车几点开？Huǒchē jǐ diǎn kāi? **2**. 通向 tōngxiàng；延伸 yánshēn：This road ～es to Shanghai. 这条路通向上海。Zhètiáo lù tōngxiàng Shànghǎi. / The river ～es from west to east. 这条河从西向东延伸。Zhètiáo hé cóngxīxiàngdōng yánshēn. **3**. 开始 kāishǐ；开始行动 kāishǐ xíngdòng：Here ～es! 开始！Kāishǐ! / One, two, three, go! 一，二，三，开始！Yī, èr, sān, kāishǐ! **4**. 放置 fàngzhì；装进 zhuāngjìn：Where does the book ～? 这本书放在哪儿？Zhèběn shū fàngzài nǎr? / This letter won't ～ into this small envelope. 这小信封装不下这封信。Zhè xiǎo xìnfēng zhuāngbuxià zhèfēng xìn. **5**. 行动 xíngdòng；运转 yùnzhuǎn：It ～es by electricity. 它靠电力运转。Tā kào diànlì yùnzhuǎn. / I've been ～ing hard all day. 我整天忙忙碌碌。Wǒ zhěngtiān mángmáng-lùlù. **6**. 进行 jìnxíng：How are things ～ing? 情况如何？Qíngkuàng rúhé? / The play went well. 演出进行得很顺利。Yǎnchū jìnxíngde hěn shùnlì. **7**. 变成 biànchéng；使变成 shǐ biànchéng：The milk went sour. 牛奶变酸了。Niúnǎi biànsuānle. **8**. 花费 huāfèi；用在 yòngzài：My time ～es in watching TV. 我的时间用在看电视上。Wǒde shíjiān yòngzài kàn diànshìshang. **9**. 消失 xiāoshī；衰退 shuāituì：The pain has gone. 疼痛消失了。Téngtòng xiāoshīle. / His eyesight is ～ing. 他的视力正在衰退。Tāde shìlì zhèngzài shuāituì. **10**. 垮 kuǎ；完结 wánjié；死 sǐ：The company may ～ any day. 这个公司随时会垮掉。Zhège gōngsī suíshí huì kuǎdiào. / The poor dog is gone. 可怜的狗死了。Kěliánde gǒu sǐle. **11**. 处于某种状态 chǔyú mǒuzhǒng zhuàngtài：～ hungry 挨饿 ái'è / as things ～ 从一般情况看来 cóng yìbān qíngkuàng kànlái **12**. 就要 jiùyào；将要 jiāngyào；打算 dǎsuan：It's ～ing to rain. 快要下雨了。

Kuàiyào xiàyǔle. / We're ～ing to buy some books. 我们打算去买书。Wǒmen dǎsuan qù mǎishū. **13.** 卖 mài；售出 shòuchū：～ing cheap 卖得便宜 màide piányi **14.** 忍受 rěnshòu：I can't ～ such behavior. 我不能忍受这种行为。Wǒ bùnéng rěnshòu zhèzhǒng xíngwéi. // ～ about **1.** 走动 zǒudòng；流传 liúchuán **2.** 从事 cóngshì；着手 zhuóshǒu：～ about one's business 着手做自己的事 zhuóshǒu zuò zìjǐde shì / ～ after 追求 zhuīqiú；追逐 zhuīzhú：to ～ after a job 求职 qiúzhí / ～ against **1.** 违反 wéifǎn；反对 fǎnduì：He went against my wishes. 他违背了我的意愿。Tā wéibèile wǒde yìyuàn. **2.** 不利于 búlìyú：Opinion is ～ing against us. 舆论对我们不利。Yúlùn duì wǒmen búlì. / ～ ahead 前进 qiánjìn：G- ahead！干吧！Gànba！（说吧！Shuōba！走吧！Zǒuba！）/ ～ along 前进 qiánjìn；进行 jìnxíng / ～ along with **1.** 陪伴 péibàn **2.** 赞成 zànchéng；同意 tóngyì：I ～ along with your idea. 我同意你的意见。Wǒ tóngyì nǐde yìjian. / ～ at **1.** 扑向 pūxiàng；进攻 jìngōng **2.** 精力充沛 jīnglì chōngpèi / ～ away 离去 líqù / ～ back 回去 huíqù；追溯 zhuīsù：His family ～es back to the 18th century. 他的家族可追溯到十八世纪。Tāde jiāzú kě zhuīsùdào shíbā shìjì. / ～ back on 违背 wéibèi；违约 wéiyuē：to ～ back on a promise 违背诺言 wéibèi nuòyán / ～ by **1.** 过去 guòqù：Two weeks went by. 两个星期的时间过去了。Liǎngge xīngqīde shíjiān guòqùle. **2.** 依照 yīzhào；遵照 zūnzhào：Don't ～ by what she says. 别听她的。Bié tīng tāde. / ～ down **1.** （船）下沉（chuán）xiàchén **2.** （日、月）下落（rì、yuè）xiàluò **3.** 吞下 tūnxià；咽下 yànxià **4.** （风、风浪）平静下来（fēng、fēnglàng）píngjìng xiàlái **5.** （物价）下跌（wùjià）xiàdiē **6.** 倒下 dǎoxià；垮台 kuǎtái；病倒 bìngdǎo：～ down on one's knees 跪下 guìxià / ～ for **1.** 为…去 wèi … qù **2.** 袭击 xíjī；抨击 pēngjī / ～ in for **1.** 爱好 àihào；嗜好 shìhào **2.** 参加 cānjiā：～ in for an examination 参加考试 cānjiā kǎoshì / ～ into **1.** 走进 zǒujìn；进入 jìnrù **2.** 研究 yánjiū；讨论 tǎolùn **3.** 从事 cóngshì：～ into business 从商 cóngshāng / ～ off **1.** 发射 fāshè；爆炸 bàozhà **2.** 变坏 biànhuài **3.** 进行 jìnxíng：The party went off well. 宴会进行得很顺利。Yànhuì jìnxíngde hěnshùnlì. **4.** 逃走 táozǒu：He's gone off with my wife. 他把我妻子拐走了。Tā bǎ wǒqīzi guǎizǒule. / ～ on **1.** 继续 jìxù：G- on！继续下去！Jìxù xiàqù！/ ～ on with work 继续工作 jìxù gōngzuò / G- on speaking！说下去！Shuōxiàqù！**2.** 发生 fāshēng：

What's ～ing on there? 那里发生了什么事？Nàli fāshēngle shénme shì? **3.** 接着 jiēzhe：You went on to say. 你接着说。Nǐ jiēzhe shuō. **4.**（时间）过去（shíjiān）guòqù **5.** 不停地责怪、抱怨 bùtíngde zéguài、bàoyuàn：She's always ～ing on at her husband. 她总是报怨他丈夫。Tā zǒngshì bàoyuàn tā zhàngfu. / ～ out **1.** 出去 chūqu；外出 wàichū **2.** 消失 xiāoshī；熄灭 xīmiè：The fire has gone out. 火已经熄灭了。Huǒ yǐjīng xīmièle. **3.** 辞职 cízhí；下台 xiàtái **4.** 过时 guòshí；不流行 bù liúxíng **5.** 参加社交活动 cānjiā shèjiāo huódòng；交际 jiāojì **6.** 罢工 bàgōng / ～ out of fashion 过时 guòshí / ～ out of office 失去政权 shīqù zhèngquán / ～ out of print 绝版 juébǎn / ～ over 仔细查看 zǐxì chákàn；复习 fùxí：～ over a lesson 复习功课 fùxí gōngkè / ～ round **1.** 足够分配 zúgòu fēnpèi：There aren't enough apples to ～ round. 苹果不够分配。Píngguǒ búgòu fēnpèi. **2.** 绕道 ràodào；走弯路 zǒu wānlù **3.** 顺访 shùnfǎng / ～ through **1.** 审查 shěnchá；查阅 cháyuè **2.** 经历 jīnglì；受苦 shòukǔ **3.** 举行仪式 jǔxíng yíshì：to ～ through a ceremony 参加典礼 cānjiā diǎnlǐ **4.** 通过 tōngguò；经过 jīngguò **5.** 搜查 sōuchá **6.** 花光 huāguāng；用光 yòngguāng / ～ through with 完成 wánchéng / ～ together **1.** 一起去 yìqǐ qù **2.** 调和 tiáohé；相配 xiāngpèi / ～ under **1.** 沉没 chénmò；淹没 yānmò **2.** 失败 shībài；破产 pòchǎn / ～ up **1.** 上涨 shàngzhǎng；增长 zēngzhǎng：Prices went up. 物价上涨了。Wùjià shàngzhǎngle. **2.** 爆炸 bàozhà **3.** 兴建 xīngjiàn / ～ with **1.** 配合 pèihé；调合 tiáohé **2.** 陪伴 péibàn；同行 tóngxíng **3.** 同意 tóngyì：I can't ～ with you in that. 在那点上我不同意你的看法。Zài nàdiǎnshang wǒ bù tóngyì nǐde kànfǎ. **4.** 属于 shǔyú / ～ without 没有 méiyǒu；没有…勉强地过 méiyǒu … miǎnqiǎngde guò：He went without food for a week. 他一个星期没吃饭也过来了。Tā yíge xīngqī méi chīfàn yě guòlaile. / ～ without saying 不用说 búyòng shuō；不言而喻 bùyán-éryù *n.* **1.** 精力 jīnglì：full of ～ 精力充沛 jīnglì-chōngpèi **2.** 企图 qǐtú；尝试 chángshì：He had two ～es at the examination before he passed. 他经过两次尝试，才通过考试。Tā jīngguò liǎngcì chángshì，cái tōngguò kǎoshì. **3.** 难事 nánshì：Here's a ～. 事情棘手。Shìqing jíshǒu.

goad *n.* **1.** 刺棒 cìbàng **2.** 刺激物 cìjīwù *v.* 刺激 cìjī；煽动 shāndòng

go-ahead *a.* **1.** 有进取心的 yǒu jìnqǔxīnde **2.** 表示许可的 biǎoshì xǔkěde
goal *n.* **1.** (赛跑)终点 (sàipǎo) zhōngdiǎn **2.** 球门 qiúmén **3.** 中一球 zhòng yìqiú；得一分 dé yìfēn：get a ～ 踢进一个球 tījìn yíge qiú **4.** 目标 mùbiāo：one's ～ in life 生活的目标 shēnghuóde mùbiāo
goal-keeper *n.* (足球)守门员 (zúqiú) shǒuményuán
goat *n.* **1.** 山羊 shānyáng **2.** 色鬼 sèguǐ **3.** 代人受过的人 dàirén shòuguòde rén；替罪羊 tìzuìyáng / get sb.'s ～ 惹人发火 rěrén fāhuč / sheep and ～s 好人和坏人 hǎorén hé huàirén
goatherd *n.* 牧羊人 mùyángrén；看山羊的 kān shānyángde
goatskin *n.* 山羊皮 shānyángpí；羊皮革 yángpígé
gobble *v.* 狼吞虎咽 lángtūn-hǔyàn
go-between *n.* 中间人 zhōngjiānrén；媒人 méiren；中人 zhōngrén
Gobi *n.* 戈壁沙漠 gēbì shāmò
goblet *n.* 高脚杯 gāojiǎobēi
goblin *n.* 妖怪 yāoguài；小妖精 xiǎoyāojing
go(-)cart *n.* 小儿学步车 xiǎo'ér xuébùchē；童车 tóngchē
god *n.* **1.** 神 shén **2.** 上帝 shàngdì：G- bless you. 愿上帝保佑你。Yuàn Shàngdì bǎoyòu nǐ. **3.** 偶像 ǒuxiàng；神像 shénxiàng **4.** 神化了的人 shénhuàlede rén
godchild *n.* 教子 jiàozǐ
goddess *n.* 女神 nǚshén
godfather *n.* 教父 jiàofù
godless *a.* 不信神的 bú xìnshénde
godlike *a.* 如神的 rúshénde；上帝般的 Shàngdìbānde；神圣的 shénshèngde
godly *a.* 信奉上帝的 xìnfèng Shàngdìde；敬神的 jìngshénde；虔诚的 qiánchéngde
godmother *n.* 教母 jiàomǔ
godown *n.* 仓库 cāngkù；货栈 huòzhàn
goggle *v.* **1.** 瞪着眼睛看 dèngzhe yǎnjing kàn；**2.** 转动眼珠 zhuàndòng yǎnzhū *a.* 眼球突出的 yǎnqiú tūchūde
goggles *n.* 护目镜 hùmùjìng；风镜 fēngjìng；墨镜 mòjìng
going *a.* **1.** 进行中的 jìnxíngzhōngde；运转中的 yùnzhuǎnzhōngde；活动中

的 huódòngzhōngde：a ～ concern 营业中的商行 yíngyèzhōngde shāngháng；兴隆的商行 xīnglóngde shāngh… 2. 现有的 xiànyǒude；目前的 mùqiánde：That is the best car ～. 那是目前最好的车。Nàshì mùqián zuìhǎode chē. *n.* 1. 去 qù；动身 dòngshēn；旅行 lǚxíng 2. 行走(工作)时的速度 xíngzǒu(gōngzuò)shíde sùdù

goings-on *n.* 1. 举动 jǔdòng；行为 xíngwéi：strange ～ 奇怪的行为 qíguàide xíngwéi 2. 发生的事情 fāshēngde shìqing

goitre, goiter *n.* 甲状腺肿 jiǎzhuàngxiànzhǒng

gold *n.* 1. 金 jīn；黄金 huángjīn 2. 钱 qián；财富 cáifù 3. 金币 jīnbì；金制品 jīnzhìpǐn 4. 高贵 gāoguì；贵重品 guìzhòngpǐn：a heart of ～ 美好的心灵 měihǎode xīnlíng 5. 金黄色 jīnhuángsè；黄色 huángsè：hair of ～ 金发 jīnfà *a.* 1. 金制的 jīnzhìde：a ～ ring 金戒指 jīnjièzhi 2. 金色的 jīnsède；黄金般的 huángjīnbānde

gold-digger *n.* 1. 淘金者 táojīnzhě 2. 淘金的女人 táojīnde nǚrén；以女色骗取男人钱财的女人 yǐ nǚsè piànqǔ nánrén qiáncáide nǚrén

golden *a.* 1. 金黄色的 jīnhuángsède：～ hair 金黄色的头发 jīnhuángsède tóufa 2. 金制的 jīnzhìde 3. 黄金般的 huángjīnbānde：the ～ age 黄金时代 huángjīn shídài 4. 极好的 jíhǎode；幸运的 xìngyùnde：a ～ opportunity 极好机会 jíhǎo jīhuì / ～ wedding 金婚 jīnhūn

goldfinch *n.* 金翅雀 jīnchìquè；黄雀 huángquè

goldfish *n.* 金鱼 jīnyú

gold-mine *n.* 1. 金矿 jīnkuàng 2. 大财源 dà cáiyuán 3. 宝库 bǎokù；源泉 yuánquán

gold-rush *n.* 淘金热 táojīnrè

goldsmith *n.* 金饰工人 jīnshì gōngrén；金匠 jīnjiàng

golf *n.* 高尔夫球 gāo'ěrfūqiú

golf-club *n.* 高尔夫球棍 gāo'ěrfūqiú gùn；高尔夫俱乐部 gāo'ěrfū jùlèbù

golfer *n.* 打高尔夫球的人 dǎ gāo'ěrfūqiúde rén；高尔夫球运动员 gāo'ěrfūqiú yùndòngyuán

golf-links *n.* 高尔夫球场 gāo'ěrfū qiúchǎng

golosh(e) *n.* 套鞋 tàoxié；长统套鞋 chángtǒng tàoxié：wear ～s 穿套鞋 chuān tàoxié

gondola *n.* 威尼斯市中用的平底船 Wēinísīshìzhōng yòngde píngdǐchuán

gone *a.* 1. 已离去的 yǐlíqùde 2. 失去的 shīqùde；无望的 wúwàngde：a ～

case 无可救药的事 wúkě-jiùyàode shì **3.** 衰弱的 shuāiruòde

gong *n.* 铜锣 tóngluó

good *a.* **1.** 好的 hǎode：a ～ friend 好朋友 hǎo péngyou **2.** 有益的 yǒuyìde；有效的 yǒuxiàode：Exercise is ～ for the health. 运动对健康有益。Yùndòng duì jiànkāng yǒuyì. / The ticket is ～ for one year. 这票一年内有效。Zhèpiào yìniánnèi yǒuxiào. **3.** 愉快的 yúkuàide；有趣的 yǒuqùde：a ～ time 过得很愉快 guòde hěn yúkuài **4.** 好心的 hǎoxīnde；慈善的 císhànde：She has always been ～ to me. 她一向对我很好。Tā yíxiàng duìwǒ hěnhǎo. / How ～ of you！您真好！Nín zhēnhǎo！**5.** 十足的 shízúde：a ～ year 丰年 fēngnián / a ～ rest 好好休息 hǎohao xiūxi / It is a ～ six miles from the station. 离车站足有六里路。Lí chēzhàn zúyǒu liùlǐ lù. **6.** 强健的 qiángjiànde；有力的 yǒulìde：We are ～ for another five miles. 我们还有力气再走五里路。Wǒmen háiyǒu lìqi zàizǒu wǔlǐ lù. **7.** 可靠的 kěkàode；有把握的 yǒubǎwòde：a ～ investment 安全的投资 ānquánde tóuzī **8.** 精通的 jīngtōngde；老练的 lǎoliànde：He is very ～ at Chinese. 他精通汉语。Tā jīngtōng Hànyǔ. **9.** 有教养的 yǒu jiàoyǎngde；忠实的 zhōngshíde：a ～ husband 忠实的丈夫 zhōngshíde zhàngfu **10.** 新鲜的 xīnxiānde：This meat is very ～. 这肉十分新鲜。Zhèròu shífēn xīnxiān. **11.** 好的 hǎode；平安的 píng'ānde：G- morning！早上好！Zǎoshang hǎo！/ A ～ journey！一路平安！Yílù píng'ān！ *n.* **1.** 好 hǎo；好事 hǎoshì：He does a lot of ～ for the town. 他为镇上做了许多好事。Tā wèi zhènshang zuòle xǔduō hǎoshì. **2.** 好处 hǎochu；利益 lìyì：I'm saying this for your own ～. 我说这个是为你好。Wǒ shuō zhège shì wèi nǐhǎo. / It's no ～. 这没有用处。Zhè méiyǒu yòngchu. **3.** ［the ～］好人 hǎorén；善人 shànrén // as ～ as 跟…一样 gēn…yíyàng；实际上等于 shíjìshang děngyú：He was as ～ as refused. 他实际上等于被人拒绝了。Tā shíjìshang děngyú bèi rén jùjuéle. / Be ～！好好干！Hǎohǎogàn！/ be ～ for 有益于 yǒuyìyú：He is ～ for nothing. 他是个无赖。Tā shìge wúlài. / for ～（and all）永久的 yǒngjiǔde；一劳永逸的 yìláo-yǒngyìde：He left here for ～. 他离开这儿永远不回来了。Tā líkāi zhèr yǒngyuǎn bù huílaile. / hold ～（for）对…适用 duì…shìyòng / make ～ **1.** 成功 chénggōng；发达 fādá **2.** 赔偿 péicháng；补偿 bǔcháng：His loss was made ～. 他的损失得到赔偿。Tāde sǔnshī dédào péicháng. **3.** 实行 shíxíng：make ～ a promise 履行

诺言 lǚxíng nuòyán **4.** 证实 zhèngshí / to the ～ **1.** 有好处 yǒu hǎochu **2.** 净赚 jìngzhuàn；赢得 yíngdé / up to no ～ 不怀好意 bùhuái hǎoyì；做坏事 zuò huàishì

goodby(e) *int.* 再见！Zàijiàn！再会！Zàihuì！ *n.* 告别 gàobié；告辞 gàocí

good-for-nothing *a.* 不中用的 bùzhōngyòngde *n.* 不中用的人 bùzhōngyòngde rén

good-humo(u)red *a.* 心情舒畅的 xīnqíng-shūchàngde；兴致勃勃的 xìngzhì-bóbóde；愉快的 yúkuàide

good-looking *a.* 好看的 hǎokànde；漂亮的 piàoliangde

goodly *a.* **1.** 漂亮的 piàoliangde；美观的 měiguānde **2.** 相当大的 xiāngdāngdàde：a ～ sum of money 相当多的一笔钱 xiāngdāngduōde yībǐqián

good-natured *a.* 性情温和的 xìngqíng wēnhéde；和善的 héshànde

goodness *n.* **1.** 善良 shànliáng；仁慈 réncí；美德 měidé：～ of heart 心地善良 xīndì shànliáng **2.** 精华 jīnghuá；长处 chángchù // For ～ sake！请看在老天爷面上！Qǐng kànzài lǎotiānyé miànshang！/ Thank ～！谢天谢地！Xiètiān-xièdì！

goods *n.* **1.** 货物 huòwù；商品 shāngpǐn：leather ～ 革制品 gézhìpǐn / He is sending his ～ by sea. 他把他的货物海运。Tā bǎ tāde huòwù hǎiyùn. **2.** 财产 cáichǎn **3.** 货运 huòyùn：a ～ train 货运火车 huòyùn huǒchē

good-tempered *a.* 脾气好的 píqi hǎode；温和的 wēnhéde

goodwill *n.* **1.** 友好 yǒuhǎo；亲善 qīnshàn：a ～mission 友好代表团 yǒuhǎo dàibiǎotuán **2.** 信誉 xìnyù：the ～ of a business 商业信誉 shāngyè xìnyù

goody *n.* **1.** 好吃的东西 hǎochīde dōngxi；糖果 tángguǒ；吸引人的东西 xīyǐnrénde dōngxi **2.** 伪善者 wěishànzhě // ～-～ *a.* & *n.* 伪善的(人) wěishànde(rén)

goose *n.* **1.** 鹅 é；母鹅 mǔ'é **2.** 鹅肉 éròu **3.** 傻瓜 shǎguā // All his geese are swans. 自吹自夸。Zìchuī-zìkuā. / kill the ～ that lays the golden eggs 杀鸡取卵 shājī qǔluǎn

gooseberry *n.* 醋栗 cùlì；醋栗果实 cùlì guǒshí：Chinese ～ 猕猴桃 míhóutáo

goose-step *n*. 正步走 zhèngbùzǒu

goos(e)y *a*. **1**. 像鹅的 xiàng'éde **2**. 愚蠢的 yúchǔnde

gopher *n*. 地鼠 dìshǔ * in North and Central America

gore¹ *n*. 凝血 níngxuě；淤血 yūxuě

gore² *v*. 用角抵伤 yòngjiǎo dǐshāng

gorge *n*. **1**. 峡谷 xiágǔ * a valley：Sanmen G- 三门峡 Sānménxiá **2**. 咽喉 yānhóu // make one's ～ rise 令人作呕 lìngrén zuò'ǒu；令人厌烦 lìngrén yànfán *v*. 塞饱 sāibǎo；狼吞虎咽 lángtūn-hǔyàn：I ～d myself with food. 我胡乱地吃饱了。Wǒ húluànde chībǎole.

gorgeous *a*. **1**. 灿烂的 cànlànde；华丽的 huálìde；极好的 jíhǎode：The peacock spread his ～ tail. 孔雀展开了它那漂亮的尾巴。Kǒngquè zhǎnkāile tānà piàoliangde wěiba. **2**. 宜人的 yíréndе；令人满意的 lìngrén mǎnyìde：～ weather 宜人的天气 yíréndе tiānqì

gorilla *n*. 大猩猩 dà xīngxing

gormless *a*. 傻气的 shǎqìde；笨拙的 bènzhuōde

gorse *n*. 荆豆 jīngdòu

gory *a*. **1**. 血淋淋的 xiělínlínde **2**. 残酷的 cánkùde：a ～ film 充满残酷暴行的影片 chōngmǎn cánkù bàoxíngde yǐngpiàn

gosh *int*. 天哪！哎呀！Tiānna！Āiyā！

goshawk *n*. 苍鹰 cāngyīng

gosling *n*. **1**. 小鹅 xiǎo'é；幼鹅 yòu'é **2**. 愚蠢而无经验的人 yúchǔn ér wújīngyànde rén

gospel *n*. **1**. 福音 fúyīn **2**. 福音书 fúyīnshū **3**. 准则 zhǔnzé；信条 xìntiáo：I believe in the ～ of early to bed and early to rise. 我相信早睡早起的信条。Wǒ xiāngxìn zǎoshuì-zǎoqǐde xìntiáo.

gossamer *n*. **1**. 蛛丝 zhūsī **2**. 薄纱 báoshā * anything light or flimsy

gossip *n*. **1**. 流言 liúyán：She is fond of ～. 她喜欢说别人的闲话。Tā xǐhuan shuō biérénde xiánhuà. **2**. 闲话 xiánhuà；聊天 liáotiān：I had a ～ with her over the garden fence. 我隔着花园的篱笆跟她聊天儿。Wǒ gézhe huāyuánde líba gēntā liáotiānr. **3**. 爱讲闲话的人 ài jiǎng xiánhuàde rén **4**. 报刊上的漫谈栏 bàokānshangde màntánlán；随笔 suíbǐ：～ column 杂谈栏 zátánlán *v*. 闲聊 xiánliáo；说闲话 shuō xiánhuà；传播流言蜚语 chuánbō liúyán-fēiyǔ

Goth *n*. **1**. 哥特人 Gētèrén **2**. 粗野的人 cūyěde rén

Gothic *a.* **1.** 哥特式的 Gētèshìde **2.** 哥特人的 Gētèrénde；哥特语的 Gētèyǔde**3.** 哥特体的 Gētètǐde ＊ in printing *n.* **1.** 哥特式建筑 Gētèshì jiànzhù **2.** 哥特语 Gētèyǔ **3.** 黑体字 hēitǐzì ＊ in printing

gouge *n.* **1.** 半园凿 bànyuánzáo；弧口凿 húkǒuzáo **2.** 凿槽 záocáo；凿孔 záokǒng ＊ a grove or hole made with a ～ **3.** 骗子 piànzi ＝ cheater *v.* 凿孔 záokǒng；挖出 wāchū：～ out his eyes 挖出他的眼睛 wāchū tāde yǎnjing

goulash *n.* 菜燉牛肉 càidùn niúròu

gourd *n.* **1.** 葫芦 húlu；葫芦属植物 húlushǔ zhíwù **2.** 葫芦瓢 húlupiáo

gourmand *n.* 美食家 měishíjiā；喜欢吃喝的人 xǐhuan chīhēde rén

gourmet *n.* 美食家 měishíjiā

gouty *a.* **1.** 痛风性的 tòngfēngxìngde **2.** 易患痛风的 yìhuàn tòngfēngde

govern *v.* **1.** 统治 tǒngzhì；管理 guǎnlǐ：～ the country 管理国家 guǎnlǐ guójiā **2.** 指导 zhǐdǎo；支配 zhīpèi；影响 yǐngxiǎng；决定 juédìng：a ～ing principle 指导原则 zhǐdǎo yuánzé **3.** 抑制 yìzhì；控制 kòngzhì：～ one's temper 捺住性子 nàzhù xìngzi / ～ oneself 克制 kèzhì

governable *a.* 可统治的 kě tǒngzhìde；可控制的 kě kòngzhìde

governance *n.* 统治 tǒngzhì；管理 guǎnlǐ

governess *n.* 家庭女教师 jiātíng nǚjiàoshī

government *n.* **1.** 政体 zhèngtǐ；政治 zhèngzhì：democratic ～ 民主政治 mínzhǔ zhèngzhì / a system of ～ 政体 zhèngtǐ **2.** 政府 zhèngfǔ；内阁 nèigé：the People's G- 人民政府 rénmín zhèngfǔ / form a ～ 组阁 zǔgé / a ～ office 机关 jīguān / ～ officials 官吏 guānlì；官员 guānyuán

governmental *a.* 政治的 zhèngzhìde；政府的 zhèngfǔde

governor *n.* **1.** 地方长官 dìfāng zhǎngguān；（英殖民地）总督（Yīng zhímíndì）zǒngdū；（美国）州长（Měiguó）zhōuzhǎng **2.**（组织、机关的）主管人员（zǔzhī、jīguānde）zhǔguǎn rényuán；管理者 guǎnlǐzhě；理事 lǐshì **3.** 调节器 tiáojiéqì；调速器 tiáosùqì ＊ in machinery

gown *n.* **1.** 长外衣 chángwàiyī；睡衣 shuìyī **2.** 教士、法官、教授等的礼服 jiàoshì、fǎguān、jiàoshòu děngde lǐfú

GP ＝ General Practitioner 普通医生 pǔtōng yīshēng

GPO ＝ General Post Office 邮政总局 Yóuzhèng Zǒngjú

grab *v.* **1.** 抓取 zhuāqǔ；攫取 juéqǔ **2.** 强夺 qiángduó；霸占 bàzhàn：～ at an opportunity 抓机会 zhuājīhuì *n.* **1.** 抓取 zhuāqǔ；强夺 qiángduó **2.**

挖掘机 wājuéjī ＊ a machine

grace *n*. **1**. 优美 yōuměi；文雅 wényǎ；雅致 yǎzhì：She danced with ～. 她的舞姿优美。Tāde wǔzī yōuměi. **2**. 恩惠 ēnhuì；宽厚 kuānhòu；赦免 shèmiǎn：an act of ～ 恩赐 ēncì **3**. 风度 fēngdù；魅力 mèilì **4**. 乐意 lèyì：with a good ～ 欣然地 xīnránde / with a bad ～ 勉强的 miǎnqiángde **5**. 宽限 kuānxiàn：days of ～ 宽限日期 kuānxiàn rìqī **6**. 饭前饭后的感恩祷告 fànqián-fànhòude gǎn'ēn dǎogào：say (a) ～ 做祈祷 zuò qídǎo *v*. 使优美 shǐ yōuměi；使增光 shǐ zēngguāng：Will you ～ the occasion by your presence? 如能光临，不胜荣幸。Rú néng guānglín，búshèng róngxìng.

graceful *a*. 优美的 yōuměide；雅致的 yǎzhìde；优雅的 yōuyǎde

graceless *a*. **1**. 不优美的 bù yōuměide **2**. 不懂礼貌的 bùdǒng lǐmàode

gracious *a*. 亲切的 qīnqiède；和善的 héshànde；仁慈的 réncíde // Good ～！＝ G- me！天啊！Tiān'a！

grackle *n*. 八哥 bāge

gradation *n*. **1**. 分等 fēnděng；分级 fēnjí **2**. 等级 děngjí；阶段 jiēduàn：There are many ～s between poverty and wealth. 在贫富之间有许多等级。Zài pínfù zhījiān yǒu xǔduō děngjí. **3**. 渐变 jiànbiàn；层次 céngcì：The rainbow shows ～s of colors. 虹呈示出颜色的层次。Hóng chéngshìchū yánsède céngcì.

grade *n*. **1**. 等级 děngjí；级别 jíbié：～ A milk 甲级牛奶 jiǎjí niúnǎi / a high ～ of workmanship 高级技巧 gāojí jìqiǎo **2**. 年级 niánjí；班 bān：a student in the fifth ～ 五年级学生 wǔ niánjí xuésheng **3**. 分数 fēnshù；评语 píngyǔ：She always got good ～s. 她总是得到好成绩。Tā zǒngshì dédào hǎo chéngjì. *v*. **1**. 给…分等 gěi…fēnděng；给…分类 gěi…fēnlèi：～ the eggs by size 按个儿的大小给蛋分等 àn gèrde dàxiǎo gěi dàn fēnděng **2**. 给…评分 gěi…píngfēn // make the ～ 克服困难 kèfú kùnnan / a ～ school 小学 xiǎoxué

grader *n*. **1**. …年级学生 …niánjí xuésheng：a fifth ～ 五年级学生 wǔ niánjí xuésheng **2**. 分类器 fēnlèiqì **3**. 平路机 pínglùjī ＊ a tractor that levels the road

gradient *n*. **1**. 坡度 pōdù；斜度 xiédù **2**. 坡 pō

gradual *a*. **1**. 逐渐的 zhújiànde；逐步的 zhúbùde **2**. 坡度不大的 pōdù búdàde：a ～ slope 缓坡 huǎnpō

graduate *n*. **1**. (英)大学毕业生 (Yīng)dàxué bìyèshēng: a ～ in medicine 医科毕业生 yīkē bìyèshēng / a ～ school (大学)研究院 (dàxué) yánjiūyuàn **2**. 毕业生 bìyèshēng: high school ～s 中学毕业生 zhōngxué bìyèshēng **3**. 量筒 liángtǒng; 量杯 liángbēi = a container for measuring *v*. **1**. 毕业 bìyè; 大学毕业 dàxué bìyè; 获得学位 huòdé xuéwèi: He ～d from Harvard. 他在哈佛大学毕业。Tā zài Hāfó dàxué bìyè. **2**. 授予学位 shòuyǔ xuéwèi; 准予毕业 zhǔnyǔ bìyè: He was ～d BA. 他获得了文学学士学位。Tā huòdéle Wénxué Xuéshì Xuéwèi. **3**. 刻度 kèdù * measurement

graduated *a*. **1**. 分度的 fēndùde; 刻度的 kèdùde: a ～ glass 刻度杯 kèdùbēi; 量杯 liángbēi **2**. 分等的 fēnděngde **3**. 毕业了的 bìyèlede

graduation *n*. **1**. 大学毕业 dàxué bìyè; 毕业 bìyè **2**. 毕业典礼 bìyè diǎnlǐ; 授学位典礼 shòu xuéwèi diǎnlǐ **3**. 分度 fēndù; 刻度 kèdù: ～s on a thermometer 温度计上的刻度 wēndùjìshangde kèdù **4**. 分级 fēnjí

grafito *n*. 在墙壁等处的乱涂乱写 zài qiángbì děngchùde luàntú-luànxiě

graft[1] *n*. **1**. 嫁接 jiàjiē **2**. 移植物 yízhíwù; 移植片 yízhípiàn *v*. **1**. 嫁接 jiàjiē **2**. 移植(皮肤等) yízhí(pífū děng)

graft[2] *n*. **1**. 贪污 tānwū; 贿赂 huìlù *v*. 贪污 tānwū; 受贿 shòuhuì

grafter *n*. **1**. 受贿者 shòuhuìzhě; 贪污者 tānwūzhě

grain *n*. **1**. 谷物 gǔwù; 谷类 gǔlèi: ～ exports 谷物输出 gǔwù shūchū **2**. 谷粒 gǔlì; 颗粒 kēlì: a ～ of sand 一粒沙 yílìshā / a boy without a ～ of wit 没一点儿头脑的孩子 méi yìdiǎnr tóunǎode háizi **3**. 木纹 mùwén; 石纹 shíwén; 纹 wén: woods of fine ～ 纹理细的木头 wénlǐ xìde mùtou // against the ～ (性格)格格不入 (xìnggé)gégé-búrù

gram *n*. = gramme 克 kè

gramatom *n*. 克原子 kèyuánzǐ

grammar *n*. **1**. 语法 yǔfǎ; 文法 wénfǎ: to study English ～ 研究英文文法 yánjiū Yīngwén wénfǎ / a ～ school 文法学校 wénfǎ xuéxiào (= public school 普通中等学校 pǔtōng zhōngděng xuéxiào) **2**. 文法书 wénfǎshū **3**. 措辞 cuòcí; 说法 shuōfǎ; 文理 wénlǐ: bad ～ 文理不通 wénlǐ bùtōng

grammarian *n*. 语法学者 yǔfǎ xuézhě; 语法家 yǔfǎjiā

grammatical *a*. **1**. 语法上的 yǔfǎshangde; 文法的 wénfǎde: ～ errors 文法上的错误 wénfǎshangde cuòwù **2**. 合乎文法的 héhū wénfǎde: The construction is not ～. 这种结构不合文法。Zhèzhǒng jiégòu bùhé wénfǎ.

grammatically *ad.* 文法上 wénfǎshang；语法上 yǔfǎshang：～ speaking 从文法上说 cóng wénfǎshang shuō

gramophone *n.* 留声机 liúshēngjī

granary *n.* 谷仓 gǔcāng；谷产丰富地区 gǔchǎn fēngfù dìqū

grand *a.* **1.** 雄伟的 xióngwěide；壮丽的 zhuànglìde；堂皇的 tánghuángde：a ～ mountain 雄伟的高山 xióngwěide gāoshān / a ～ house 一所富丽堂皇的房子 yìsuǒ fùlì-tánghuángde fángzi **2.** 豪华的 háohuáde：live in ～ style 过豪华的生活 guò háohuáde shēnghuó **3.** 傲慢的 àomànde；自大的 zìdàde：a ～ manner 傲慢的态度 àomànde tàidu **4.** 重要的 zhòngyàode；主要的 zhǔyàode；重大的 zhòngdàde：～ personages 要人 yàorén **5.** 总计的 zǒngjìde：～ total 总计 zǒngjì **6.** 美好 měihǎo；快乐 kuàilè：What ～ weather！多么好的天气！Duōme hǎode tiānqì！**7.** 大的 dàde：the G- Canal 大运河 Dàyùnhé

grandchild *n.* **1.** 孙子（女）sūnzi（nǚ）＊ son's son（daughter）**2.** 外孙（女）wàisūn（nǚ）＊ daughter's son（daughter）

granddad *n.* 爷爷 yéye；外公 wàigōng

grand-daughter *n.* **1.** 孙女 sūnnǚ **2.** 外孙女 wàisūnnǚ ＊ daughter's daughter

grandeur *n.* **1.** 伟大 wěidà；宏伟 hóngwěi；**2.** 壮观 zhuàngguān；**3.** 崇高 chónggāo

grandfather *n.* **1.** 祖父 zǔfù；爷爷 yéye ＊ father's father **2.** 外祖父 wàizǔfù；外公 wàigōng ＊ mother's father

grandiloquent *a.* **1.** 豪言壮语的 háoyán-zhuàngyǔde **2.** 夸大的 kuādàde

grandiose *a.* **1.** 宏伟的 hóngwěide；壮观的 zhuàngguānde **2.** 夸大的 kuādàde

grandma，grandmama *n.* **1.** 奶奶 nǎinai ＊ father's mother **2.** 姥姥 lǎolac；外婆 wàipó ＊ mother's mother

grandmother *n.* **1.** 祖母 zǔmǔ；奶奶 nǎinai ＊ father's mother **2.** 外祖母 wài zǔmǔ；外婆 wàipó ＊ mother's mother

grandpa，grandpapa *n.* **1.** 爷爷 yéye ＊ father's father **2.** 姥爷 lǎoye；外公 wàigōng ＊ mother's father

grandson *n.* **1.** 孙子 sūnzi ＊ son's son **2.** 外孙 wàisūn ＊ daughter's son

grand-stand *n.* 大看台 dàkàntái ·

grange *n*. 农场 nóngchǎng；庄园 zhuāngyuán

granite *n*. 花岗岩 huāgāngyán；花岗石 huāgāngshí

granny *n*. **1**. 奶奶 nǎinai；姥姥 lǎolao **2**. 老大娘 lǎodàniáng；老婆婆 lǎopópo

grant *v*. **1**. 允许 yǔnxǔ；答应 dāying；同意 tóngyì：I ～ed him his request. 我同意他的请求。Wǒ tóngyì tāde qǐngqiú. **2**. 给予 jǐyǔ；授予 shòuyǔ **3**. 承认 chéngrèn：I ～ his honesty. 我承认他是诚实的。Wǒ chéngrèn tā shì chéngshíde. // ～ed（～ing）that 假定…jiǎdìng… / take（sth.）for ～ed 认为当然 rènwéi dāngrán：I took it for ～ed that he would fulfil his promise. 我认为他一定会履行诺言的。Wǒ rènwéi tā yídìng huì lǚxíng nuòyánde. *n*. **1**. 拨款 bōkuǎn * appropriation **2**. 助学金 zhùxuéjīn；补助金 bǔzhùjīn * ～ for students

grant-in-aid *n*. **1**. 资助款 zīzhùkuǎn * aid from the government **2**. 助学金 zhùxuéjīn；补助金 bǔzhùjīn * for students

granular *a*. 粒状的 lìzhuàngde

granulate *v*. 使…成粒状 shǐ…chéng lìzhuàng；粒化 lìhuà；成粒 chénglì

granule *n*. 粒 lì；颗粒 kēlì

grape *n*. 葡萄 pútáo：a cluster of ～s 一串葡萄 yíchuàn pútáo

grapefruit *n*. 葡萄柚 pútáoyòu

grape(-)sugar *n*. 葡萄糖 pútáotáng

grapevine *n*. **1**. 葡萄藤 pútáoténg **2**. 流言蜚语的途径 liúyán-fēiyǔde tújìng

graph *n*. 图解 tújiě；曲线图 qǔxiàntú；图表 túbiǎo：～ paper 方格纸 fānggézhǐ；座标纸 zuòbiāozhǐ

graphic *a*. **1**. 书写的 shūxiěde；文字的 wéizìde **2**. 图表的 túbiǎode **3**. 生动的 shēngdòngde：a ～ description 生动的描述 shēngdòngde miáoshù

graphite *n*. 石墨 shímò

grapnel *n*. 四爪锚 sìzhuǎmáo；小锚 xiǎomáo

grapple *v*. **1**. 抓紧 zhuājǐn **2**. 格斗 gédòu；扭打 niǔdǎ：～ together 扭成一团 niǔchéng yìtuán **3**. 埋头苦干 máitóu kǔgàn *n*. 扭打 niǔdǎ；格斗 gédòu

grasp *v*. **1**. 抓紧 zhuājǐn；抓住 zhuāzhù **2**. 领悟 lǐngwù；了解 liǎojiě；明白 míngbai：～ the meaning of sb.'s words 领会某人的意思 lǐnghuì mǒurénde yìsi *n*. **1**. 抓 zhuā **2**. 理解力 lǐjiělì：have a thorough ～ of a problem 透彻地理解问题 tòuchède lǐjiě wèntí // ～ at 抓住 zhuāzhù；

攫取 juéqǔ

grasping *a.* **1.** 抓住的 zhuāzhùde **2.** 贪心的 tānxīnde；贪婪的 tānlánde

grass *n.* **1.** 草 cǎo；青草 qīngcǎo **2.** 草地 cǎodì：Keep off the ～. 请勿践踏草地。Qǐngwù jiàntà cǎodì. **3.** 大麻 dàmá ＝ marijuana

grasshopper *n.* 蚱蜢 zhàměng；蚂蚱 màzha

grassland *n.* 牧场 mùchǎng；草原 cǎoyuán；草地 cǎodì

grass-roots *n.* **1.** 农业区 nóngyèqū **2.** 基层 jīcéng；基层群众 jīcéng qúnzhòng：go to the ～深入群众 shēnrù qúnzhòng / a ～ unit 基层单位 jīcéng dānwèi **3.** 基础 jīchǔ；根本 gēnběn

grassy *a.* **1.** 多草的 duōcǎode；草木茂盛的 cǎomù màoshèngde **2.** 如草的 rúcǎode；草绿色的 cǎolǜsède

grate[1] *v.* **1.** 磨擦 mócā；磨碎 mósuì；轧 yà：～d cheese 磨碎干酪 mósuì gānlào **2.** 擦响 cāxiǎng：～ the teeth 磨牙 móyá；咬牙 yǎoyá / His whistling ～d on her nevers. 他吹的口哨令她烦躁。Tā chuīde kǒushào lìngtā fánzào.

grate[2] *n.* **1.** 炉箅 lúbì；炉栅 lúzhà **2.** （门、窗的）格栅（mén、chuāngde）gézhà

grateful *a.* **1.** 感激的 gǎnjīde；感恩的 gǎn'ēnde：I am ～ to you for your kindness. 我感谢您的厚意。Wǒ gǎnxiè nínde hòuyì. **2.** 致谢的 zhìxiède：a ～ letter 感谢信 gǎnxièxìn **3.** 可喜的 kěxǐde；令人愉快的 lìngrén yúkuàide：a ～ rain 一场好雨 yìchǎng hǎoyǔ

grater *n.* 粗齿木锉 cūchǐ mùcuò；擦子 cāzi；磨光机 móguāngjī

gratification *n.* **1.** 满足 mǎnzú；喜悦 xǐyuè：He thinks only of the ～ of his senses. 他只想到感官的满足。Tā zhǐ xiǎngdào gǎnguānde mǎnzú. **2.** 高兴事 gāoxìngshì

gratify *v.* 满足 mǎnzú；使高兴 shǐ gāoxìng：He was gratified with the results. 他对结果感到满意。Tā duì jiéguǒ gǎndào mǎnyì.

grating *n.* 护栅 hùzhà；窗格 chuānggé

gratis *ad.* & *a.* 免费地 miǎnfèide；免费的 miǎnfèide

gratitude *n.* 感谢 gǎnxiè；感恩 gǎn'ēn；谢意 xièyì：out of ～出于感激 chūyú gǎnjī

gratuitous *a.* **1.** 免费的 miǎnfèide；无偿的 wúchángde：～ service 免费服务 miǎnfèi fúwù **2.** 无故的 wúgùde；无理由的 wúlǐyóude ＝ unreasonable

gratuity *n.* **1.** 小费 xiǎofèi；赏钱 shǎngqián：No ～ accepted. 不收小费。Bùshōu xiǎofèi. **2.** 退伍金 tuìwǔjīn；抚恤金 fǔxùjīn；退职金 tuìzhíjīn * pension

grave[1] *a.* **1.** 严肃的 yánsùde；庄重的 zhuāngzhòngde：His face was ～. 他的表情严肃。Tāde biǎoqíng yánsù. **2.** 严重的 yánzhòngde；重大的 zhòngdàde：a ～ consequence 严重的后果 yánzhòngde hòuguǒ

grave[2] *n.* 坟墓 fénmù；冢 zhǒng // dig one's own ～ 自掘坟墓 zìjué-fénmù / have one foot in the ～ 临近死亡 línjìn sǐwáng / make a person turn in his ～ 死不瞑目 sǐbù-míngmù

grave-digger *n.* 掘墓人 juémùrén

gravel *n.* 砾石 lìshí；砂砾 shālì；石子 shízǐ

gravestone *n.* 墓碑 mùbēi；墓石 mùshí

graveyard *n.* 墓地 mùdì

gravitate *v.* **1.** 被吸引 bèi xīyǐn；受吸引 shòu xīyǐn：The earth ～s toward the sun. 地球受太阳吸引。Dìqiú shòu tàiyáng xīyǐn. **2.** 沉下 chénxià；下降 xiàjiàng = sink

gravitation *n.* 万有引力 wànyǒu-yǐnlì；地心吸力 dìxīn xīlì：the law of ～ 引力定律 yǐnlì dìnglǜ

gravity *n.* **1.** 严肃 yánsù；庄重 zhuāngzhòng：Even children must behave with ～ at a funeral. 在丧礼中即使小孩也要表现严肃。Zài sānglǐzhōng jíshǐ xiǎohái yěyào biǎoxiàn yánsù. **2.** 严重性 yánzhòngxìng；重要性 zhòngyàoxìng：the ～ of the situation 事态严重 shìtài yánzhòng **3.** 重力 zhònglì：specific ～ 比重 bǐzhòng **4.** 地心吸力 dìxīn xīlì

gravy *n.* 肉汁 ròuzhī

grayling *n.* 茴鱼 huíyú

graze[1] *v.* & *n.* **1.** 低掠 dīlüè；擦过 cāguò **2.** 擦破(处) cāpò(chù)

graze[2] *v.* **1.** (牲畜)吃草 (shēngchù)chīcǎo **2.** 放牧 fàngmù

grazier *n.* 畜牧业者 xùmùyèzhě

grease *n.* **1.** 动物脂肪 dòngwù zhīfáng；油脂 yóuzhī **2.** 脂膏 zhīgāo *v.* 涂上油 túshàng yóu：～ the wheels of a cart 给车轮上油 gěi chēlún shàng yóu

grease-box *n.* 滑脂盒 huázhīhé

grease-paint *n.* 油彩 yóucǎi

greasy *a.* **1.** 多油脂的 duō yóuzhīde：～ food 多油食品 duōyóu shípǐn **2.** 滑

溜的 huáliude：The roads are ～ after the rain. 雨后道路泥泞。Yǔhòu dàolù nínìng.

great *a*. **1**. 大的 dàde；巨大的 jùdàde：a ～ city 大都市 dàdūshì / the G- Wall 万里长城 Wànlǐ-Chángchéng **2**. 伟大的 wěidàde；杰出的 jiéchūde：a ～ man 伟人 wěirén **3**. 重要的 zhòngyàode；非常的 fēichángde：a ～ occasion 重要的场合 zhòngyàode chǎnghé / take ～ care 非常小心 fēicháng xiǎoxīn **4**. 了不起 liǎobuqǐ；好极了 hǎojíle；真棒 zhēnbàng：That's ～！太好了！Tàihǎole！**5**. 多的 duōde：a ～ deal of milk 大量的牛奶 dàliàngde niúnǎi / a ～ while ago 很久以前 hěnjiǔ yǐqián

greatcoat *n*. 厚大衣 hòudàyī；大氅 dàchǎng

great-grandfather *n*. 曾祖父 zēngzǔfù

great-grandmother *n*. 曾祖母 zēngzǔmǔ

great-hearted *a*. 气量大的 qìliàngdàde；豪迈 háomài

greatness *n*. **1**. 大 dà；巨大 jùdà **2**. 伟大 wěidà；重大 zhòngdà

greed *n*. 贪心 tānxīn；贪婪 tānlán：～ for gold 贪求黄金 tānqiú huángjīn

greedily *ad*. **1**. 嘴馋地 zuǐchánde：eat ～ 穷吃 qióngchī **2**. 贪婪地 tānlánde

greedy *a*. **1**. 贪吃的 tānchīde；馋嘴的 chánzuǐde **2**. 贪心的 tānxīnde；贪婪的 tānlánde：be ～ of gain 贪得无厌 tāndé-wúyàn **3**. 渴望的 kěwàngde；极需的 jíxūde：The roots of the plant are ～ for water. 植物的根极需水分。Zhíwùde gēn jíxū shuǐfèn.

Greek *a*. **1**. 希腊的 Xīlàde；希腊人的 Xīlàrénde；**2**. 希腊语的 Xīlàyǔde *n*. **1**. 希腊人 Xīlàrén **2**. 希腊语 Xīlàyǔ // It's all ～ to me. 我一窍不通。Wǒ yíqiào-bùtōng.（我完全不懂。Wǒ wánquán bùdǒng.）

green *a*. **1**. 绿的 lǜde；青的 qīngde：～ plants 绿叶植物 lǜyè zhíwù / make ～ 绿化 lǜhuà **2**. 未熟的 wèishúde；生的 shēngde；未干燥的 wèigānzàode：G- apples are sour. 生苹果是酸的。Shēng píngguǒ shì suānde. **3**. 无经验的 wú jīngyànde；未成熟的 wèi chéngshúde：a ～ hand 生手 shēngshǒu **4**. 青葱的 qīngcōngde；长满绿草的 zhǎngmǎn lǜcǎode：The country is very ～ in the spring. 春天，乡下一片青葱翠绿。Chūntiān，xiāngxia yípiàn qīngcōng cuìlǜ. / ～ belt 绿化地带 lǜhuà dìdài **5**. 脸色发青的 liǎnsè fāqīngde；苍白的 cāngbáide：be ～ with fear 吓得脸色变青 xiàde liǎnsè biànqīng **6**. 新的 xīnde：a ～ wound 新伤 xīnshāng *n*. **1**. 绿色 lǜsè；绿色颜料 lǜsè yánliào **2**. 草地 cǎodì；草场 cǎochǎng **3**. 绿叶 lǜyè；蔬菜 shūcài

greenback *n.* 美钞 Měichāo

greengrocer *n.* 蔬菜水果商 shūcài shuǐguǒshāng

greenhorn *n.* **1.** 生手 shēngshǒu；初学者 chūxuézhě **2.** 年少无经验的人 niánshào wú jīngyànde rén **3.** 新到的移民 xīndàode yímín

greenhouse *n.* 温室 wēnshì；花房 huāfáng；暖房 nuǎnfáng

greenish *a.* 浅绿色的 qiǎnlǜsède

greenroom *n.* 演员休息室 yǎnyuán xiūxishì

greensward *n.* 草地 cǎodì

Greenwich *n.* 格林威治 Gélínwēizhì；格林尼治 Gélínnízhì：the Royal G- Observatory 格林威治皇家天文台 Gélínwēizhì Huángjiā Tiānwéntái / G- Time 格林尼治时间 Gélínnízhì Shíjiān

greenwood *n.* 绿林 lùlín；森林 sēnlín：go to the ～ 去做绿林好汉 qùzuò lùlín hǎohàn

greet *v.* **1.** 向…致敬 xiàng…zhìjìng；向…致意 xiàng…zhìyì **2.** 迎接 yíngjiē：～ the New Year 迎接新年 yíngjiē Xīnnián / ～ a friend with a kiss 用吻来欢迎朋友 yòng wěn lái huānyíng péngyou **3.** 映入眼帘 yìngrù yǎnlián；传入耳中 chuánrù ěrzhōng：A fragrant smell ～s the nose. 香气扑鼻。Xiāngqì pūbí.

greeting *n.* 敬礼 jìnglǐ；问候 wènhòu；祝贺 zhùhè；贺词 hècí：We sent a card with Christmas ～s. 我们寄了一张有圣诞节贺词的卡片。Wǒmen jìle yìzhāng yǒu Shèngdànjié hècíde kǎpiàn.

gregarious *a.* 群居的 qúnjūde；爱社交的 ài shèjiāode；好群居的 hào qúnjūde

grenade *n.* 手榴弹 shǒuliúdàn

grenadier *n.* 掷弹兵 zhìdànbīng

grey, gray *a.* **1.** 灰色的 huīsède；灰白的 huībáide：a ～ coat 灰色外套 huīsè wàitào **2.** 头发灰白的 tóufa huībáide **3.** 脸色苍白的 liǎnsè cāngbáide **4.** 阴沉的 yīnchénde；阴暗的 yīn'ànde：a ～ day 阴天 yīntiān *n.* **1.** 灰色 huīsè；灰衣服 huīyīfu **2.** 灰暗的光线 huī'ànde guāngxiàn

greybeard *n.* 老人 lǎorén；白胡须老人 bái húxū lǎorén

grey-headed *a.* 白发的 báifàde；白发苍苍的 báifà-cāngcāngde

greyhound *n.* **1.** 一种身体细长而善跑的狗 yìzhǒng shēntǐ xìcháng ér shànpǎode gǒu **2.** 快速邮船 kuàisù yóuchuán

greyish *a.* 浅灰色的 qiǎn huīsède

grid *n.* **1.** 高压输电网 gāoyā shūdiànwǎng **2.** 地图上的坐标方格 dìtúshangde zuòbiāo fānggé **3.** 格栅 gézhà；车顶上的行李架 chēdǐngshangde xínglijià

griddle *n.* 平底锅 píngdǐguō

gridiron *n.* **1.** 烤架 kǎojià；铁篦子 tiěbìzi **2.** 橄榄球场 gǎnlǎnqiúchǎng = American football field

grief *n.* **1.** 悲痛 bēitòng；悲伤 bēishāng **2.** 伤心事 shāngxīnshì；焦虑的原因 jiāolǜde yuányīn：His failure was a ～ to him. 失败使他痛心。Shībài shǐ tā tòngxīn. **3.** 不幸 búxìng；失败 shībài：come to ～ 遭受不幸 zāoshòu búxìng

grievance *n.* 冤情 yuānqíng；牢骚 láosāo；委屈 wěiqu；不满 bùmǎn：nurse a ～ against a person 对某人心怀不满 duì mǒurén xīnhuái-bùmǎn

grieve *v.* **1.** 使人悲痛 shǐ rén bēitòng；使人不悦 shǐ rén búyuè：I'm ～d for you. 我替你难过。Wǒ tì nǐ nánguò. **2.** 伤心 shāngxīn；难过 nánguò：She is still grieving for her dead son. 她仍旧为儿子的死伤心。Tā réngjiù wèi érzide sǐ shāngxīn.

grievous *a.* **1.** 悲痛的 bēitòngde；伤心的 shāngxīnde：a ～ cry 痛哭 tòngkū **2.** 严重的 yánzhòngde；严重伤害的 yánzhòng shānghàide：～ pain 剧痛 jùtòng / He received a ～ wound in battle. 他在战场上受了重伤。Tā zài zhànchǎngshang shòule zhòngshāng.

grill *n.* **1.** 铁篦子 tiěbìzi；烤架 kǎojià **2.** 烤肉 kǎoròu；烤鱼 kǎoyú **3.** 烧烤店 shāokǎodiàn *v.* 烤 kǎo；烧 shāo

grille *n.* 铁栅栏 tiězhàlan

grillroom *n.* 烤菜餐馆 kǎocài cānguǎn

grim *a.* **1.** 严酷 yánkù；冷酷 lěngkù；可怕的 kěpàde：a ～ struggle 严酷的斗争 yánkùde dòuzhēng / hold on like ～ death 死不放手 sǐbú fàngshǒu；坚持到底 jiānchí dàodǐ **2.** 倔强的 juéjiàngde；不屈的 bùqūde **3.** 不愉快的 bù yúkuàide：a ～ day 不愉快的一天 bù yúkuàide yìtiān

grimace *n.* 鬼脸 guǐliǎn；怪相 guàixiàng *v.* 做怪相 zuò guàixiàng

grime *n.* 煤尘 méichén；污垢 wūgòu

grimy *a.* 肮脏的 āngzangde；污秽的 wūhuìde

grin *v.* 咧嘴笑 liězuǐxiào；露齿而笑 lòuchǐ érxiào：～ with delight 高兴得咧着嘴笑 gāoxìngde liězhe zuǐ xiào / ～ and bear it 逆来顺受 nìláishùnshòu；咬牙忍受 yǎoyá rěnshòu / He ～ned his delight. 他咧着嘴笑表示高兴。Tā liězhe zuǐ xiào biǎoshì gāoxìng. *n.* 露齿而笑 lòuchǐ érxiào；咧嘴笑 liězuǐ xiào // Wipe that ～ off your face! 别笑话我！Bié xiàohua wǒ!

grind *v.* **1.** 碾碎 niǎnsuì；磨碎 mósuì：～ corn into flour 把谷物碾成粉 bǎ gǔwù niǎnchéng fěn **2.** 磨快 mókuài；磨光 móguāng：～ a knife 磨刀 módāo **3.** 折磨 zhémo：be ground by poverty 受贫困折磨 shòu pínkùn zhémo **4.** 咬牙 yǎoyá：Some people ～ their teeth during their sleep. 有人睡觉时磨牙。Yǒurén shuìjiàoshí móyá. **5.** 苦读 kǔdú；用功 yònggōng *n.* **1.** 磨 mó **2.** 苦差使 kǔchāishi；辛苦工作 xīnkǔ gōngzuò **3.** 刻苦用功的学生 kèkǔ yònggōngde xuésheng

grinder *n.* **1.** 磨工 mógōng；研磨者 yánmózhě；磨床 móchuáng **2.** 臼齿 jiùchǐ

grinding *n.* 研磨 yánmó *a.* 难堪的 nánkānde；难熬的 nán'áode

grindstone *n.* 轮形磨石 lúnxíng móshí // hold a person's nose to the ～ 强制某人不停地劳动 qiángzhì mǒurén bùtíngde láodòng

grip *n.* **1.** 紧握 jǐnwò；抓牢 zhuāláo：take a ～ on a rope 紧紧抓住一条绳子 jǐnjǐn zhuāzhù yìtiáo shéngzi **2.** 掌握 zhǎngwò；理解 lǐjiě：have a good ～ of several languages 掌握几种语言 zhǎngwò jǐzhǒng yǔyán **3.** 把手 bǎshǒu；柄 bǐng；夹子 jiāzi **4.** 手提包 shǒutíbāo；旅行包 lǚxíngbāo *v.* **1.** 紧握 jǐnwò；抓紧 zhuājǐn **2.** 吸引 xīyǐn；打动 dǎdòng：～ an audience 打动听众 dǎdòng tīngzhòng

gripe *v.* **1.** 使腹部绞痛 shǐ fùbù jiǎotòng：a griping pain 绞痛 jiǎotòng **2.** 抓住 zhuāzhù；捏住 niēzhù *n.* **1.** 紧握 jǐnwò **2.** [the ～s] 肚子痛 dùzi tòng：have the ～s 闹肚子痛 nào dùzi tòng **3.** 抱怨 bàoyuàn；怨言 yuànyán ＝ grievance

grippe *n.* 流行性感冒 liúxíngxìng gǎnmào

grisly *a.* 可怕的 kěpàde；吓死人的 xiàsǐ rénde

grist *n.* **1.** 制粉用的谷物 zhìfěn yòngde gǔwù **2.** 获利 huòlì；有利 yǒulì：bring ～ to the mill 有利可图 yǒulì kětú

gristle *n.* 软骨 ruǎngǔ

groan *v.* **1.** 呻吟 shēnyín：～ under injustice 因受委屈而叹气 yīn shòu wěiqu ér tànqì / The shelf ～s with books. 书架被书压得发响。Shūjià bèi shū yāde fāxiǎng. **2.** 受苦 shòukǔ；受折磨 shòu zhémo *n.* 呻吟

shēnyín；呻吟声 shēnyínshēng；吱吱声 zhīzhīshēng

grocer *n.* 食品商 shípǐnshāng；杂货商 záhuòshāng

grocery *n.* **1.** 食品杂货 shípǐn záhuò **2.** 食品杂货店 shípǐn záhuòdiàn **3.** a ～ business 食品杂货业 shípǐn záhuòyè

grog *n.* 搀水的烈性酒 chānshuǐde lièxìngjiǔ

groggy *a.* 踉踉跄跄的 liàngliàng-qiàngqiàngde；不稳的 bùwěnde；摇摇欲坠的 yáoyáo yùzhuìde

groin *n.* **1.** 腹股沟 fùgǔgōu **2.** 交叉拱 jiāochāgǒng * in architecture

groom *n.* **1.** 马夫 mǎfū **2.** 新郎 xīnláng *v.* **1.** 修饰 xiūshì；打扮 dǎban **2.** 训练 xùnliàn；培植 péizhí：～ing her for stardom 捧她当明星 pěng tā dāng míngxīng

groove *n.* **1.** 槽 cáo；沟 gōu **2.** 常规 chángguī；习惯 xíguàn：get into a ～ 成习惯 chéng xíguàn *v.* 挖槽 wācáo

grope *v.* **1.** 摸索 mōsuǒ；搜寻 sōuxún：～ one's way 摸索前进 mōsuǒ qiánjìn **2.** 探索 tànsuǒ：We are groping after the truth. 我们在探索真理。Wǒmen zài tànsuǒ zhēnlǐ. *n.* 摸索 mōsuǒ

gropingly *ad.* 摸索着 mōsuǒzhe；暗中摸索地 ànzhōng mōsuǒde

grosbeak *n.* 蜡嘴雀 làzuǐquè

gross *a.* **1.** 总的 zǒngde；毛的 máode：the ～ area 总面积 zǒngmiànjī / ～ weight 毛重 máozhòng **2.** 严重的 yánzhòngde；恶劣的 èliède；显著的 xiǎnzhùde：a ～ error 严重错误 yánzhòng cuòwù **3.** 粗俗的 cūsúde；粗野的 cūyěde；粗的 cūde：～ language 粗俗的话 cūsúde huà **4.** 茂密的 màomìde；繁茂的 fánmàode：～ vegetation 茂盛的草木 màoshèngde cǎomù **5.** 粗大 cūdà；肥胖的 féipàngde

grotesque *a.* **1.** 怪诞的 guàidànde；怪状的 guàizhuàngde；奇异的 qíyìde **2.** 风格奇异的 fēnggé qíyìde *n.* 奇形怪状的人、物、图形等 qíxíng guàizhuàngde rén、wù、túxíng děng；风格奇异的作品 fēnggé qíyìde zuòpǐn

grotto *n.* 洞穴 dòngxué；岩洞 yándòng

grouch *v.* 发牢骚 fāláosāo；闹脾气 nàopíqi *n.* 常发牢骚的人 cháng fāláosāode rén；脾气坏的人 píqi huàide rén

ground[1] *a.* 磨碎的 mósuìde；磨细的 móxìde；磨过的 móguode：～ glass 毛玻璃 máobōli

ground[2] *n.* **1.** 地面 dìmiàn；地 dì：lie on the ～ 躺在地上 tǎngzài dìshang

2. 土地 tǔdì；地产 dìchǎn；田产 tiánchǎn：a piece of ～ 一块地 yíkuài dì/till the ～ 种地 zhòngdì 3. 场所 chǎngsuǒ；运动场 yùndòngchǎng；…场 … chǎng：grazing ～s 牧场 mùchǎng / a football ～ 足球场 zúqiúchǎng 4. 场地 chǎngdì；庭院 tíngyuàn：the palace ～s 皇宫庭院 huánggōng tíngyuàn 5. 根据 gēnjù；理由 lǐyóu；原因 yuányīn：～s for divorce 离婚的理由 líhūnde lǐyóu 6. 背景 bèijǐng；底子 dǐzi：The curtains have white flowers on a blue ～. 窗帘是蓝底白花的。Chuānglián shì lándǐ báihuāde. 7. 话题 huàtí；题目 tímù；意见 yìjian；立场 lìchǎng：old ～ 旧说法 jiù shuōfǎ 8. 底 dǐ；海底 hǎidǐ 9. 地面 dìmiàn：～ staff 地勤人员 dìqín rényuán *v*. 1. 船只搁浅 chuánzhī gēqiǎn；触礁 chùjiāo：His ship ～ed. 他的船搁浅了。Tāde chuán gēqiǎnle. 2. 不许…飞行 bùxǔ…fēixíng：The fog ～ed the airliners. 雾使班机停飞。Wù shǐ bānjī tíngfēi. 3. 给…打基础 gěi…dǎ jīchǔ：be well ～ed in Chinese 在汉语方面打下了良好的基础 zài Hànyǔ fāngmiàn dǎxiàle liánghǎode jīchǔ // below ～ 死了 sǐle；埋葬了 máizàngle / common ～s 一致 yízhì；共同点 gòngtóngdiǎn：seek common ～s on major questions and preserve differences on minor ones 求大同，存小异 qiú dàtóng，cún xiǎoyì / cover (the) ～ 1. 旅行 lǚxíng 2. 谈及 tánjí；涉及 shèjí / gain ～ on (upon) 逼近 bījìn；接近 jiējìn / get off the ～ 1. 飞机起飞 fēiji qǐfēi 2. 开始 kāishǐ / give (lose) ～ 1. 退却 tuìquè；让步 ràngbù 2. 失利 shīlì；衰落 shuāiluò / hold (keep, maintain, stand) one's ～ 坚持立场 jiānchí lìchǎng；坚守阵地 jiānshǒu zhèndì / on the ～ 1. 在地上 zài dìshang 2. 当场 dāngchǎng；在手边 zài shǒubiān / on the ～ of 以…为理由 yǐ…wéi lǐyóu；以…为借口 yǐ…wéi jièkǒu/ on the ～ that 由于… yóuyú…

grounder *n*. 地面球 dìmiànqiú

groundless *a*. 没有根据的 méiyǒu gēnjùde；没有理由的 méiyǒu lǐyóude

groundnut *n*. 花生 huāshēng

groundwork *n*. 基础 jīchǔ

group *n*. 群 qún；组 zǔ；集团 jítuán：a study ～ 学习小组 xuéxí xiǎozǔ / a ～ of children 一群孩子 yìqún háizi *v*. 分组 fēnzǔ；归类 guīlèi；聚集 jùjí：The data can be ～ed under several heads. 这些资料可以分为几大类。Zhèxiē zīliào kěyǐ fēnwéi jǐ dàlèi. // ～ by ～ 分批地 fēnpīde / ～ captain 空军上校 kōngjūn shàngxiào / ～ leader 小组长 xiǎozǔzhǎng

grouse[1] *n*. 松鸡 sōngjī；松鸡肉 sōngjīròu

grouse² *v.* 鸣不平 míng bùpíng；发牢骚 fā láosāo *n.* 牢骚 láosāo；好发牢骚的人 hào fā láosāode rén

grove *n.* 小树林 xiǎo shùlín；树丛 shùcóng

grovel *v.* **1.** 匍匐 púfú；趴 pā；趴在地上 pā zài dìshang；卑躬屈节 bēigōng-qūjié **2.** 爬行 páxíng

grow *v.* **1.** 生长 shēngzhǎng；成长 chéngzhǎng；发育 fāyù：How tall the boy has ～n! 这男孩儿长得好高啊！Zhè nánháir zhǎngde hǎogāo'a! **2.** 增长 zēngzhǎng；发展 fāzhǎn：He grew in experience. 他增长了经验。Tā zēngzhǎngle jīngyàn. **3.** 渐渐变得 jiànjiàn biànde：He's ～n old. 他变老了。Tā biànlǎole. / The weather is ～ing cold. 天气渐渐地变冷。Tiānqì jiànjiànde biànlěng. **4.** 种植 zhòngzhí；栽培 zāipéi；养 yǎng：He ～s vegetables. 他种蔬菜。Tā zhòng shūcài. / ～ a beard 留胡子 liú húzi // ～ on 逐渐喜欢 zhújiàn xǐhuan：The modern music ～s on me. 我逐渐喜欢上了现代音乐。Wǒ zhújiàn xǐhuanshàngle xiàndài yīnyuè. / ～ out of **1.** 产生于… chǎnshēngyú…；来自… láizì…：The plan ～s out of a casual talk. 这个计划产生于一次随便的谈话。Zhège jìhuà chǎnshēngyú yícì suíbiànde tánhuà. **2.** 长得与…不相称 zhǎngde yǔ … bù xiāngchèn；变得不适合于 biànde bú shìhéyú：～ out of one's clothes 长得穿不下原来的衣服了 zhǎngde chuānbuxià yuánláide yīfule / ～ up **1.** 成年 chéngnián；成熟 chéngshú；成人 chéngrén **2.** 发展 fāzhǎn

grower *n.* **1.** 种植者 zhòngzhízhě；栽培者 zāipéizhě **2.** 植物 zhíwù：a fast ～ 早熟植物 zǎoshú zhíwù

growing *n.* 生长 shēngzhǎng；成长 chéngzhǎng；发育 fāyù *a.* 生长的 shēngzhǎngde；成长中的 chéngzhǎngzhōngde；增长中的 zēngzhǎngzhōngde

growl *v.* **1.** 嗥叫 háojiào ＊ of animals **2.** 咆哮 páoxiāo ＊ of people **3.** 轰鸣 hōngmíng ＊ of thunder

grown-up *a.* 成长的 chéngzhǎngde；成熟的 chéngshúde；成年人的 chéngniánrénde：～ clothes 成年人穿的衣服 chéngniánrén chuānde yīfu *n.* 成年人 chéngniánrén；大人 dàrén：Children as well as ～s are welcome. 儿童和成年人一律受欢迎。Értóng hé chéngniánrén yílǜ shòu huānyíng.

growth *n.* **1.** 生长 shēngzhǎng；成长 chéngzhǎng；发育 fāyù：reach full ～

成熟 chéngshú；发育完成 fāyù wánchéng **2.** 增长 zēngzhǎng；发展 fāzhǎn：the ～ of population 人口的增长 rénkǒude zēngzhǎng **3.** 种植 zhòngzhí；栽培 zāipéi：oranges of his own ～ 他自己种植的桔子 tā zìjǐ zhòngzhíde júzi **4.** 生长物 shēngzhǎngwù：a thick ～ of bushes 繁茂的灌木 fánmàode guànmù **5.** 肿瘤 zhǒngliú ＊ tumour

grub[1] *n.* **1.** 蛆 qū **2.** 食物 shíwù ＝ food

grub[2] *v.* **1.** 掘 jué **2.** 搜寻 sōuxún ＊ to look for **3.** 钻研 zuānyán ＝ to study hard **4.** 苦干 kǔgàn

grudge *n.* 怨恨 yuànhèn；妒忌 dùjì：bear sb. a ～ 对某人怀恨在心 duì mǒurén huáihèn zàixīn / have a ～ against 对…怀恨 duì…huáihèn *v.* **1.** 吝惜 lìnxī；舍不得 shěbude：She ～s him everything. 她什么东西也舍不得给他。Tā shénme dōngxi yě shěbude gěi tā. **2.** 不愿意 bú yuànyì：I ～ going. 我不愿意去。Wǒ bú yuànyì qù. **3.** 妒忌 dùjì：I do not ～ him his success. 我对他的成功并不妒忌。Wǒ duì tāde chénggōng bìngbú dùjì.

grudgingly *ad.* **1.** 吝惜地 lìnxīde；舍不得地 shěbudede **2.** 勉强地 miǎnqiǎngde ＝ reluctantly

gruel *n.* 稀粥 xīzhōu；麦片粥 màipiànzhōu

gruesome *a.* 可怕的 kěpàde；吓人的 xiàrénde；令人厌恶的 lìngrén yànwùde

gruff *a.* 声音粗哑的 shēngyīn cūyǎde；态度粗暴的 tàidu cūbàode：He has a ～ manner but a good heart. 他的行为粗暴，但是心地善良。Tāde xíngwéi cūbào，dànshì xīndì shànliáng.

grumble *v.* **1.** 埋怨 mányuàn；发牢骚 fā láosāo：～ at (about or over)：He ～s about food. 他抱怨食物不好。Tā bàoyuàn shíwù bùhǎo. **2.** 嘟囔着说 dūnangzhe shuō：～ an answer 嘟嘟囔囔地回答 dūdu-nāngnāngde huídá *n.* 抱怨 bàoyuàn；牢骚 láosāo

grumbler *n.* 爱抱怨的人 ài bàoyuànde rén；爱发牢骚的人 ài fā láosāode rén

grumpy *a.* 脾气坏的 píqihuàide；暴躁的 bàozàode

grunt *v.* **1.** 哼哼 hēngheng；呼噜声 hūlushēng ＊ of a pig **2.** 嘀咕声 dígushēng ＊ of a person *n.* 哼哼声 hēnghengshēng；咕哝声 gūnongshēng

Guadeloupe *n.* 瓜德罗普岛 Guādéluópǔdǎo

Guam *n.* 关岛 Guāndǎo

guano *n.* 海鸟粪 hǎiniǎofèn

Guarani *n.* **1.** 瓜拉尼人 Guālānírén **2.** 瓜拉尼语 Guālāníyǔ * the language **3.** 瓜拉尼 Guālāní * the currency of Paraguay

guarantee *n.* **1.** 保证 bǎozhèng；保证书 bǎozhèngshū **2.** 保证人 bǎozhèngrén = guarantor：be ～ for sb. 给某人当担保人 gěi mǒurén dāng dānbǎorén **3.** 担保物 dānbǎowù；抵押品 dǐyāpǐn：He offered his house as a ～. 他提供房屋做抵押。Tā tígōng fángwū zuò dǐyā. *v.* **1.** 担保 dānbǎo；保证 bǎozhèng：My watch is ～d for one year. 我的表保用一年。Wǒde biǎo bǎoyòng yìnián. **2.** 保证 bǎozhèng = promise：I ～ that he will be pleased. 我保证他欢喜。Wǒ bǎozhèng tā huānxǐ.

guarantor *n.* 保证人 bǎozhèngrén

guaranty *n.* **1.** 保证 bǎozhèng；保证书 bǎozhèngshū **2.** 担保品 dānbǎopǐn；抵押品 dǐyāpǐn

guard *n.* **1.** 警戒 jǐngjiè；守卫 shǒuwèi；看守 kānshǒu：keep ～ 守卫 shǒuwèi；放哨 fàngshào **2.** 哨兵 shàobīng；卫兵 wèibīng；警卫员 jǐngwèiyuán：～ of honor 仪仗队 yízhàngduì **3.** 列车员 lièchēyuán = conductor **4.** 防护装置 fánghù zhuāngzhì：a mud-～ 自行车挡泥板 zìxíngchē dǎngníbǎn *v.* **1.** 保卫 bǎowèi；守卫 shǒuwèi；保护 bǎohù：The dog ～ed the house. 狗守卫着房子。Gǒu shǒuwèizhe fángzi. **2.** 监视 jiānshì；看守 kānshǒu：～ a prisoner 看守犯人 kānshǒu fànrén **3.** 防止 fángzhǐ；警惕 jǐngtì；防范 fángfàn：～ against diseases 预防疾病 yùfáng jíbìng // mount ～ 上岗 shànggǎng / off ～ 不提防 bùdīfang；不警惕 bùjǐngtì / on one's ～ 警戒着 jǐngjièzhe；提防着 dīfangzhe / on ～ 值班 zhíbān；当班 dāngbān / stand (keep) ～ 站岗 zhàngǎng

guarded *a.* **1.** 谨慎的 jǐnshènde：a ～ speech 小心谨慎的讲话 xiǎoxīn jǐnshènde jiǎnghuà **2.** 有戒备的 yǒujièbèide

guardian *n.* **1.** 管理人 guǎnlǐrén；保护人 bǎohùrén **2.** 监护人 jiānhùrén

guardianship *n.* 监护人的职位 jiānhùrénde zhíwèi

guardroom *n.* 卫兵室 wèibīngshì；警卫室 jǐngwèishì；禁闭室 jìnbìshì

guardsman *n.* 卫兵 wèibīng；警卫 jǐngwèi

gudgeon *n.* 耳轴 ěrzhóu

gue(r)rilla *n.* 游击队员 yóujīduìyuán // a ～ area 游击区 yóujīqū / ～ forces 游击队 yóujīduì

guess *v.* **1.** 推测 tuīcè；猜测 cāicè：You have ～ed right. 你猜对了。Nǐ cāi duìle. / Can you ～ the price? 你能猜出价钱吗？Nǐ néng cāichū jiàqianma? **2.** 猜中 cāizhòng；猜着 cāizháo：I ～ed a riddle. 我猜对了一个谜语。Wǒ cāi duìle yíge míyǔ. *n.* 推测 tuīcè；猜测 cāicè：make a ～ at sth. 猜测某事 cāicè mǒushì // by ～ 凭猜测 píngcāicè / keep sb. ～ing 让某人捉摸不定 ràng mǒurén zhuōmō-búdìng

guesswork *n.* 猜想 cāixiǎng；推测 tuīcè

guest *n.* **1.** 客人 kèren；宾客 bīnkè：a state ～ 国宾 guóbīn / a distinguished ～ 贵宾 guìbīn / the ～ of honor 主宾 zhǔbīn **2.** 旅客 lǚkè * in a hotel

guffaw *n.* 大笑 dàxiào；哄笑 hōngxiào *v.* 大笑 dàxiào

guidance *n.* 指导 zhǐdǎo；指引 zhǐyǐn；领导 lǐngdǎo：I need some ～ with my studies. 我的功课需要指导。Wǒde gōngkè xūyào zhǐdǎo.

guide *n.* **1.** 向导 xiàngdǎo；领路人 lǐnglùrén：a tourist ～ 导游 dǎoyóu **2.** 指南 zhǐnán；指引 zhǐyǐn；指导原则 zhǐdǎo yuánzé：Don't take his experience as a ～. 不要把他的经验作为指导原则。Búyào bǎ tāde jīngyàn zuòwéi zhǐdǎo yuánzé. **3.** 入门书 rùménshū；手册 shǒucè：a ～ to a museum 博物馆参观指南 bówùguǎn cānguān zhǐnán / a ～ to grammar 语法入门 yǔfǎ rùmén *v.* **1.** 为…领路 wèi…lǐnglù；带领 dàilǐng：They ～d us to the office. 他们带我们到办公室去。Tāmen dài wǒmen dào bàngōngshì qù. **2.** 指导 zhǐdǎo；领导 lǐngdǎo：The government will ～ the country through the difficulties. 政府将领导国家渡过难关。Zhèngfǔ jiāng lǐngdǎo guójiā dùguò nánguān.

guide(-)book *n.* 旅行指南 lǚxíng zhǐnán；手册 shǒucè = handbook

guidepost *n.* 路标 lùbiāo

guild *n.* 行会 hánghuì；同业公会 tóngyè gōnghuì

guilder *n.* 盾 dùn = Dutch currency

guildhall *n.* 同业会所 tóngyè huìsuǒ；会馆 huìguǎn

guile *n.* 狡猾 jiǎohuá；诡计 guǐjì：a man full of ～ 诡计多端的人 guǐjìduōduānde rén

guileless *a.* 不狡猾的 bù jiǎohuáde；正直的 zhèngzhíde

guillotine *n.* **1.** 断头台 duàntóutái **2.** 切纸机 qiēzhǐjī *v.* **1.** 用断头台斩首

yòng duàntóutái zhǎnshǒu 2. 剪断 jiǎnduàn

guilt *n.* 1. 罪 zuì；罪行 zuìxíng 2. 内疚 nèijiù = remorse

guiltless *a.* 无罪的 wúzuìde；无辜的 wúgūde

guilty *a.* 1. 有罪的 yǒuzuìde；犯罪的 fànzuìde：～ of murder 犯了杀人罪 fànle shārénzuì 2. 内疚的 nèijiùde；愧疚的 kuìjiùde：have a ～ conscience 问心有愧 wènxīn-yǒukuì / ～ looks 内疚的神色 nèijiùde shénsè

guinea pig *n.* 1. 豚鼠 túnshǔ 2. 试验品 shìyànpǐn

guise *n.* 1. 外表 wàibiǎo；姿态 zītài 2. 假装 jiǎzhuāng；借口 jièkǒu：in (under) the ～ of 假借 jiǎjiè；在…的幌子下 zài…de huǎngzixià

guitar *n.* 吉他 jítā；六弦琴 liùxiánqín

gulf *n.* 1. 海湾 hǎiwān：the Persian G- 波斯湾 Bōsīwān 2. 深渊 shēnyuān；深坑 shēnkēng = abyss 3. 鸿沟 hónggōu；隔阂 géhé = gap：the ～ between the rich and the poor 贫富的悬殊 pínfùde xuánshū

gull[1] *n.* 海鸥 hǎi'ōu

gull[2] *n.* 易受欺骗的人 yìshòu qīpiànde rén *v.* 欺骗 qīpiàn；使上当 shì shàngdàng：～ed us out of all our money 骗走了我们所有的钱 piào zǒule wǒmen suǒyǒude qián

gullet *n.* 食道 shídào；咽喉 yānhóu

gullible *a.* 易受骗的 yì shòupiànde

gully *n.* 沟壑 gōuhè；溪谷 xīgǔ

gulp *v.* 1. 吞咽 tūnyàn：～ down a drink 一饮而尽 yìyǐn-érjìn 2. 忍住 rěnzhù；抑制 yìzhì：～ down sobs 饮泣吞声 yǐnqì-tūnshēng *n.* 吞咽 tūnyàn；一大口 yídàkǒu：empty a glass of milk at one ～ 一口气喝完一杯牛奶 yìkǒuqì hēwán yìbēi niúnǎi

gum[1] *n.* 齿龈 chǐyín；牙床 yáchuáng

gum[2] *n.* 树胶 shùjiāo // chewing ～ 口香糖 kǒuxiāngtáng / ～ drop 橡支糖 xiàngpítáng *v.* 上胶 shàngjiāo；涂树胶 tú shùjiāo：～ down 用胶粘住 yòng jiāo zhānzhù

gummy *a.* 1. 树胶的 shùjiāode；粘性的 niánxìngde 2. 肿的 zhǒngde = swollen

gumption *n.* 1. 精明 jīngmíng；机灵 jīling * intelligence 2. 进取精神 jìnqǔ jīngshén = initiative

gun *n.* 1. 枪 qiāng：an air ～ 气枪 qìqiāng 2. 炮 pào；火炮 huǒpào *v.* 射击

shèjī；向…开炮 xiàng… kāipào // blow great ～s 刮大风 guā dàfēng / jump the ～ 抢跑 qiǎngpǎo / spike someone's ～s 挫败某人 cuòbài mǒurén / stick to one's ～s 坚持立场 jiānchí lìchǎng；固执己见 gùzhí-jǐjiàn

gun-barrel *n.* 枪筒 qiāngtǒng；炮筒 pàotǒng

gunboat *n.* 炮舰 pàojiàn

gun-cotton *n.* 火棉 huǒmián

gunman *n.* 带枪歹徒 dàiqiāng dǎitú

gun-metal *n.* 炮铜 pàotóng

gunner *n.* 炮手 pàoshǒu

gunnery *n.* 射击学 shèjīxué；枪炮操作 qiāngpào cāozuò

gunny *n.* 粗麻布 cūmábù；黄麻袋 huángmádài = ～ bag (sack)

gunpowder *n.* **1**. 黑色火药 hēisè huǒyào **2**. 中国珠茶 Zhōngguó zhūchá = ～ tea

gunshot *n.* **1**. 枪炮射击 qiāngpào shèjī **2**. 枪炮声 qiāngpàoshēng = sound of firing **3**. 射程 shèchéng: be out of ～ 在射程之外 zài shèchéng zhīwài

gunstock *n.* 枪托 qiāngtuō

gunwale *n.* 船缘 chuányuán

gurgle *v.* 发咯咯声 fā gēgēshēng ＊ of human beings；作潺潺声 zuò chánchánshēng ＊ of running water *n.* 咯咯声 gēgēshēng: ～s of delight 咯咯的笑声 gēgēde xiàoshēng

Gurkha *n.* 廓尔喀人 Kuò'ěrkārén ＊ of Nepal

gush *v.* **1**. 涌出 yǒngchū；喷出 pēnchū ＊ of liquids: The wound ～ed blood. 伤口出血。Shāngkǒu chūxiě. **2**. 滔滔不绝地说 tāotāo-bùjuéde shuō ＊ talk enthusiastically *n.* **1**. 涌出 yǒngchū；喷出 pēnchū = overflow **2**. 迸发 bèngfā；感情冲动 gǎnqíng chōngdòng: a ～ of enthusiasm 热情迸发 rèqíng bèngfā

gusher *n.* **1**. 喷油井 pēnyóujǐng；自喷井 zìpēnjǐng = a gas or oil well **2**. 易动感情的人 yìdòng gǎnqíngde rén；滔滔不绝的说话人 tāotāo-bùjuéde shuōhuàrén = one who gushes

gusset *n.* 三角(菱形)衬布 sānjiǎo(língxíng)chènbù

gust *n.* **1**. 阵风 zhènfēng；阵雨 zhènyǔ: A ～ of wind blew the door open. 一阵风把门吹开了。Yízhèn fēng bǎ mén chuīkāile. **2**. 一阵怒气 yízhèn nùqì；感情的迸发 gǎnqíngde bèngfā: a ～ of rage 勃然大怒 bórán-dànù

gustation *n.* 味觉 wèijué；品尝 pǐncháng ＊ taste
gustatory *a.* 味觉的 wèijuéde
gusto *n.* **1.** 兴致勃勃 xìngzhì-bóbó：eat with ～ 吃得津津有味 chīde jīnjīn-yǒuwèi **2.** 爱好 àihào；嗜好 shìhào ＊ enjoyment
gusty *a.* 阵风性的 zhènfēngxìngde；多风的 duōfēngde
gut *n.* **1.** 肠胃 chángwèi；内脏 nèizàng：the blind ～ 盲肠 mángcháng **2.** 内容 nèiróng：The book has no ～s in it. 这本书内容空洞。Zhèběn shū nèiróng kōngdòng. **3.** 勇气 yǒngqì；毅力 yìlì：a man with plenty of ～s 勇气十足的人 yǒngqì shízúde rén **4.** 肠线 chángxiàn：The fishing line is made of ～. 钓丝是用肠线做的。Diàosī shì yòng chángxiàn zuòde. // hate sb.'s ～s 对某人恨之入骨 duì mǒurén hènzhī-rùgǔ
gutter *n.* **1.** 檐槽 yáncáo **2.** 街沟 jiēgōu **3.** [the ～] 贫民区 pínmínqū；贫民窟 pínmínkū
gutter-snipe *n.* 街头流浪儿 jiētóu liúlàng'ér
guttural *a.* 咽喉的 yānhóude；喉音的 hóuyīnde *n.* 喉音 hóuyīn；喉音字 hóuyīnzì
guy[1] *n.* **1.** 家伙 jiāhuo；小伙子 xiǎohuǒzi ＝ fellow **2.** 服装奇异的人 fúzhuāng qíyìde rén
guy[2] *n.* 牵索 qiānsuǒ；天线拉线 tiānxiàn lāxiàn
guzzle *v.* 大吃大喝 dàchī-dàhē
gym *n.* 体育馆 tǐyùguǎn ＝ gymnasium；体操 tǐcāo ＝ gymnastic
gymkhana *n.* 运动会 yùndònghuì
gymnasium *n.* 体育馆 tǐyùguǎn；健身房 jiànshēnfáng
gymnastic *a.* 体操的 tǐcāode：～ apparatus 体操用具 tǐcāo yòngjù *n.* 训练科目 xùnliàn kēmù；体操课 tǐcāokè
gymnastics *n.* 体操 tǐcāo
gynecology *n.* 妇科学 fùkēxué
gyps(um) *n.* 石膏 shígāo
gypsy *n.* ＝ gipsy 吉普赛人 Jípǔsàirén
gyrate *v.* 回转 huízhuǎn；旋转 xuánzhuǎn *a.* 旋转的 xuánzhuǎnde
gyro-compass *n.* 回转(式)罗盘 huízhuǎn(shì) luópán
gyropilot *n.* 自动驾驶仪 zìdòng jiàshǐyí
gyroscope *n.* 陀螺仪 tuóluóyí；回转器 huízhuǎnqì

H

haberdasher *n.* **1.** 缝纫用品商店经营者 féngrèn yòngpǐn shāngdiàn jīngyíngzhě **2.** 男人衣帽用品店经营者 nánrén yīmào yòngpǐndiàn jīngyíngzhě

haberdashery *n.* **1.** 服装用品 fúzhuāng yòngpǐn **2.** 服装用品商店 fúzhuāng yòngpǐn shāngdiàn

habiliments *n.* 服装 fúzhuāng；衣服 yīfu

habit *n.* **1.** 习惯 xíguàn：H- is second nature. 习惯成自然。Xíguàn chéng zìrán. **2.** 习性 xíxìng：the ～s of animals 动物的习性 dòngwùde xíxìng **3.** 法衣 fǎyī；衣服 yīfu **4.** 毒瘾 dúyǐn：a ～-forming drug 会使人上瘾的麻醉毒品 huìshǐ rén shàngyǐnde mázuì dúpǐn *v.* 装扮 zhuāngbàn；穿着 chuānzhuó // be in the ～ of 有…的习惯 yǒu…de xíguàn / break sb. of a ～ 使某人去掉某一习惯 shǐ mǒurén qùdiào mǒuyī xíguàn / fall into bad ～ 养成坏习惯 yǎngchéng huài xíguàn / get out of a ～ 戒除一种习惯 jièchú yìzhǒng xíguàn / out of ～ 出于习惯 chūyú xíguàn

habitable *a.* 可居住的 kějūzhùde；适于居住的 shìyú jūzhùde

habitat *n.* 栖息地 qīxīdì * of an animal；产地 chǎndì * of a plant

habitation *n.* **1.** 居住 jūzhù：a house too old for human ～ 房子太旧不适合人居住 fángzi tàijiù bú shìhé rén jūzhù **2.** 住所 zhùsuǒ；住宅 zhùzhái

habitual *a.* 习惯的 xíguànde；通常的 tōngchángde：～ greeting 通常的问候 tōngchángde wènhòu / a ～ thief 一个惯偷 yíge guàntōu

habituate *v.* 使…惯于 shǐ…guànyú：～ oneself to hardship 习惯于艰苦生活 xíguànyú jiānkǔ shēnghuó

hacienda *n.* 种植园 zhòngzhíyuán；庄园 zhuāngyuán * in South America

hack[1] *v.* 砍 kǎn；乱砍 luànkǎn：He ～ed the tree down. 他砍倒了这棵树。Tā kǎndǎole zhèkē shù. *n.* 劈 pī；砍 kǎn

hack[2] *n.* 出租马 chūzūmǎ；出租马车 chūzū mǎchē；雇佣文人 gùyōng wénrén // ～work 卖文工作 màiwén gōngzuò / a ～ writer 雇佣文人 gùyōng wénrén

hackney *n.* **1.** 乘用马 chéngyòngmǎ **2.** 出租马车 chūzū mǎchē

hackneyed *a.* 陈腐的 chénfǔde：a ～ phrase 陈词滥调 chéncí-làndiào / a

～ statesman 老练的政治家 lǎoliànde zhèngzhìjiā

haddock *n.* 黑线鳕 hēixiànxuě

haematite *n.* 赤铁矿 chìtiěkuàng

haemorrhage *n.* 出血 chūxiě

hafnium *n.* 铪[H_f] hā

haft *n.* 柄 bǐng；斧柄 fǔbǐng；剑柄 jiànbǐng

hag *n.* 巫婆 wūpó；母夜叉 mǔyèchā

haggard *a.* 憔悴 qiáocuì；枯槁的 kūgǎode

haggle *v.* 争论 zhēnglùn：We ～ about the price. 我们讨价还价。Wǒmen tǎojià-huánjià.

hail[1] *n.* **1.** 雹子 báozi；冰雹 bīngbáo **2.** 一阵 yízhèn：a ～ of bullets 一阵弹雨 yízhèn dànyǔ / a ～ of blows 一阵乱打 yízhèn luàndǎ *v.* **1.** 下雹子 xià báozi：It ～s. 下雹子了。Xià báozile. **2.** (冰雹般地)落下(bīngbáobānde) luòxià

hail[2] *v.* **1.** 欢呼 huānhū；致敬 zhìjìng：Cheerful voices ～ed us as we entered the hall. 当我们走进礼堂时，人们向我们欢呼起来。Dāng wǒmen zǒujìn lǐtángshí，rénmen xiàng wǒmen huānhū qǐlái. **2.** 招呼 zhāohu：Let's ～ a taxi，shall we？我们叫一辆出租车，好吗？Wǒmen jiào yíliàng chūzūchē，hǎoma？ *n.* **1.** 高呼 gāohū；致敬 zhìjìng **2.** 招呼 zhāohu；呼喊 hūhǎn // ～ from 来自 láizì：Where does the ship ～ from？这只船从哪儿开来的？Zhèzhī chuán cóng nǎr kāiláide？/ within ～ 在可以听到的距离之内 zài kěyǐ tīngdàode jùlí zhīnèi

hailer *n.* 欢呼者 huānhūzhě

hailstone *n.* 雹子 báozi；冰雹 bīngbáo

hair *n.* **1.** 毛 máo；兽毛 shòumáo * of animals **2.** 头发 tóufa：My ～ has grown very long. 我的头发长得很长。Wǒde tóufa zhǎngde hěncháng. **3.** 一根头发 yìgēn tóufa；一根毛 yìgēn máo：I found a strand of ～ in my soup. 我在汤里发现了一根头发。Wǒ zài tāngli fāxiànle yìgēn tóufa. // do one's ～ (妇女)做头发 (fùnǚ) zuò tóufa / do up one's ～ 梳头 shūtóu / hang by a ～ 千钧一发 qiānjūn-yífà / let down one's ～ 把头发解开 bǎ tóufa jiěkāi / let one's ～ down 轻松随便下来 qīngsōng suíbiàn xiàlái / make one's ～ stand on end 使人毛骨悚然 shǐrén máogǔ-sǒngrán / put (turn) up one's ～ 束发 shùfà / split ～s 作极细微的分析 zuò jí xìwēide fēnxī；作过分的挑剔 zuò guòfènde tiāoti

hairbreadth *n.* 毫厘之差 háolí-zhīchā：have a ～ escape 死里逃生 sǐlitáoshēng

haircloth *n.* 毛布 máobù

haircut *n.* 理发 lǐfà：I need a ～. 我要理次发。Wǒ yào lǐ cì fà.

hair-do *n.* 女发式 nǚfàshì

hairdresser *n.* 理发师 lǐfàshī；美发厅 měifàtīng

hairless *a.* 无毛(发)的 wúmáo(fà)de；秃头的 tūtóude

hairpin *n.* 发夹 fàjiā；发卡 fàqiǎ　*a.* 马蹄形的 mǎtíxíngde：a ～ bend 道路急转弯 dàolù jízhuǎnwān

hairsplitting *n.* & *a.* 钻牛角尖(的) zuān niújiǎojiān(de)

hairspring *n.* 游丝 yóusī；细弹簧 xìtánhuáng

hairy *a.* 多毛的 duōmáode；有茸毛的 yǒu róngmáode：～ legs 多毛的腿 duōmáode tuǐ

Haitian *a.* 海地的 Hǎidìde　*n.* **1.** 海地人 Hǎidìrén **2.** 海地语 Hǎidìyǔ

halberd，**halbert** *n.* 戟 jǐ

halcyon *n.* 翠鸟 cuìniǎo；翡翠 fěicuì　*a.* 安静的 ānjìngde；平稳的 píngwěnde；太平的 tàipíngde

hale *a.* 硬朗 yìnglǎng；矫健 jiǎojiàn：～ and hearty 健壮 jiànzhuàng；矍铄 juéshuò

half *n.* **1.** 半 bàn；一半 yíbàn：It's ～ past ten。现在十点半。Xiànzài shídiǎnbàn. / H- of our work is done. 我们的工作已经完成了一半。Wǒmende gōngzuò yǐjīng wánchéngle yíbàn. / cut sth. in ～ 把某物切成两半 bǎ mǒuwù qiēchéng liǎngbàn **2.** 学期 xuéqī **3.** 半场 bànchǎng　*a.* **1.** 半 bàn；一半的 yíbànde：～ an hour 半小时 bàn xiǎoshí **2.** 不完全的 bù wánquánde；部分的 bùfende：～ knowledge 一知半解 yìzhī-bànjiě　*ad.* 一半地 yíbànde：I was ～ in doubt. 我半信半疑。Wǒ bànxìn-bànyí. // better ～ 妻子 qīzi / by ～ 非常地 fēichángde：too clever by ～ 真是聪明过度 zhēnshì cōngming guòdù / by halves 不完全 bùwánquán；不彻底 búchèdǐ / ～ as much (many) again as 多一半 duōyíbàn

half-baked *a.* **1.** 没有烘透的 méiyǒu hōngtòude；半生半熟的 bànshēng-bànshúde **2.** 不成熟的 bùchéngshúde；缺乏经验的 quēfá jīngyànde

half-breed *n.* 混血儿 hùnxuè'ér；杂种 zázhǒng

half-brother *n.* 异父兄弟 yìfù xiōngdì；异母兄弟 yìmǔ xiōngdì

half-caste *n.* 混血儿 hùnxuè'ér

half-hearted *a.* 半心半意的 bànxīn-bànyìde；不热心的 búrèxīnde

half-mast *n.* 旗杆中段 qígān zhōngduàn：a flag at ～ 下半旗 xià bànqí

half-note *n.* 二分音符 èrfēn yīnfú

halfpenny *n.* 半便士 bàn biànshì * in Great Britain

half-seas-over *a.* 半途中的 bàntúzhōngde；半醒半醉 bànxǐng-bànzuì

half-sister *n.* 异父姊妹 yìfù zǐmèi；异母姊妹 yìmǔ zǐmèi

half-time *n.* **1.** 半工半薪 bàngōng bànxīn：be on ～ 做半工支半薪 zuò bàngōng zhī bànxīn **2.** 半场休息 bànchǎng xiūxi：the score at ～ 上半场的比分 shàngbànchǎngde bǐfēn *a.* 半日制的 bànrìzhìde

half-timer *n.* 半日劳动者 bànrì láodòngzhě；半工半读者 bàngōng-bàndúzhě

half-track *n.* 半履带式车辆 bàn lǚdàishì chēliàng

halfway *a.* **1.** 中途的 zhōngtúde；半路的 bànlùde：a ～ house 两镇中间的旅店 liǎngzhèn zhōngjiānde lǚdiàn **2.** 不完全的 bùwánquánde *ad.* 中途 zhōngtú；半路上 bànlùshang

half-witted *a.* 弱智的 ruòzhìde；笨的 bènde；迟纯的 chídùnde

halibut *n.* 大比目鱼 dàbǐmùyú

halitosis *n.* 口臭 kǒuchòu

hall *n.* **1.** 大厅 dàtīng；大殿 dàdiàn；会堂 huìtáng；礼堂 lǐtáng：a city ～ 市政厅 shì zhèngtīng / the Great H- of the People in Beijing 北京人民大会堂 Běijīng Rénmín Dàhuìtáng **2.** 门厅 méntīng；走廊 zǒuláng；穿堂 chuāntáng：Leave your hat and coat in the hall. 把帽子和大衣放在门厅吧。Bǎ màozi hé dàyī fàngzài méntīngba.

halleluiah *n.* & *int.* **1.** 哈利路亚（犹太教、基督教欢呼语）Hālìlùyà（Yóutàijiào、Jīdūjiào huānhūyǔ）**2.** 赞美诗 zànměishī

hallmark *n.* 纯度检验证明印记 chúndù jiǎnyàn zhèngmíng yìnjì；品质证明 pǐnzhì zhèngmíng *v.* 加盖纯度检验印记 jiāgài chúndù jiǎnyàn yìnjì

hallo(a) *int.* 喂！Wèi！哈罗！Hāluo！你好！Nǐhǎo！

halloo *int.* & *n.* 喂！Wèi！嗨！Hài！ *v.* 高呼 gāohū；呼喊某人 hūhǎn mǒurén；喊叫猎犬 hǎnjiào lièquǎn

hallow *v.* 奉为神圣 fèngwéi shénshèng；崇敬 chóngjìng：the ～ed memories of great men 对伟人的追思 duì wěirénde zhuīsī

Halloween *n.* 十月三十一日万圣节前夕 shíyuè sānshíyīrì Wànshèngjié qiánxī

halucination *n.* 幻觉 huànjué；幻觉中的事物 huànjuézhōngde shìwù

halo *n.* **1.** 晕轮 yùnlún；光圈 guāngquān **2.** 光环 guānghuán

halogen *n.* 卤(素) lǔ(sù)

halt[1] *n.* **1.** 停止 tíngzhǐ；止住 zhǐzhù：The bus came to a sudden ～. 汽车突然停住了。Qìchē tūrán tíngzhùle. **2.** 休息 xiūxi；止步 zhǐbù **3.** 小火车站 xiǎo huǒchēzhàn：a country ～ 一个乡下火车站 yíge xiāngxia huǒchēzhàn *v.* **1.** 使…停止 shǐ…tíngzhǐ；使…终止 shǐ…zhōngzhǐ：The officer ～ed the troops for a rest. 军官命令部队停下来休息。Jūnguān mìnglìng bùduì tíngxiàlái xiūxi. **2.** 立定 lìdìng；站住 zhànzhù

halt[2] *v.* 踌躇 chóuchú；犹豫 yóuyù：～ between two opinions 拿不定主意 nábudìng zhǔyi

halter *n.* **1.** 缰绳 jiāngshéng **2.** 绞索 jiǎosuǒ

halve *v.* **1.** 对分 duìfēn；平分 píngfēn：Let's ～ the work between the two of us. 让我们俩平分工作吧。Ràng wǒmenliǎ píngfēn gōngzuòba. **2.** 减半 jiǎnbàn：The new method has ～d the production cost. 新的方法使生产成本减少一半。Xīnde fāngfǎ shǐ shēngchǎn chéngběn jiǎnshǎo yíbàn.

halyard *n.* 升降索 shēngjiàngsuǒ

ham *n.* **1.** 火腿 huǒtuǐ：a slice of ～ 一片火腿 yípiàn huǒtuǐ **2.** ［～s］臀部 túnbù **3.** 表演生硬的演员 biǎoyǎn shēngyìngde yǎnyuán：a ～ actor 表演拙劣的演员 biǎoyǎn zhuōliède yǎnyuán **4.** 业余无线电报员 yèyú wúxiàn diànbàoyuán // to squat on one's ～s 蹲下 dūnxià / to ～ it up 表演过火 biǎoyǎn guòhuǒ

hamburger *n.* **1.** 汉堡包 hànbǎobāo；面包夹牛肉饼 miànbāo jiā niúròubǐng **2.** 碎牛肉 suì niúròu

hamlet *n.* 小村(庄) xiǎocūn(zhuāng)

hammer *n.* **1.** 锤 chuí；木槌 mùchuí；铁锤 tiěchuí：throwing the ～ 掷链球 zhì liànqiú **2.** 琴锤 qínchuí *v.* **1.** 锤击 chuíjī；敲打 qiāodǎ：～ the nails in 把钉子锤进去 bǎ dīngzi chuíjìnqù **2.** 埋头工作 máitóu gōngzuò：I ～ed away all afternoon. 整个下午我都是埋头苦干。Zhěngge xiàwǔ wǒ dōushì máitóu kǔgàn. **3.** 强迫 qiǎngpò：～ an idea into his head 硬把某种思想灌输给他 yìng bǎ mǒuzhǒng sīxiǎng guànshū gěi tā **4.** 使惨败 shǐ cǎnbài：We ～ed the other team. 我们打败了另一队。Wǒmen dǎbàile lìng yíduì. // be under the ～ 被拍卖 bèi pāimài / bring sth. under the ～ 把某物拿去拍卖 bǎ mǒuwù náqu pāimài / ～ and tongs 全力以赴地 quánlì-yǐfùde / ～ at **1.** 接连地敲打 jiēliánde qiāodǎ **2.** 致力于 zhìlìyú；埋头于 máitóuyú / ～ out 锤炼出 chuíliànchū；设计出 shèjìchū：～ out a scheme 想出一个方案 xiǎngchū yíge fāng'àn

hammer-head *n.* 锤头 chuítou；榔头 lángtou

hammock *n.* 吊床 diàochuáng

hamper[1] *v.* 妨碍 fáng'ài；阻碍 zǔ'ài：The snow ～ed my movements. 雪阻碍了我的行动。Xuě zǔ'àile wǒde xíngdòng. / be ～ed by a heavy load 被重担所拖累 bèi zhòngdàn suǒ tuōlèi

hamper[2] *n.* 有盖大篮 yǒugài dàlán：a picnic ～ 野餐篮 yěcānlán

hamster *n.* 仓鼠 cāngshǔ

hamstring *n.* 腘旁腱 guópángjiàn；腿筋 tuǐjīn *v.* 使(人)残废 shǐ(rén) cánfèi；割断…的腿筋 gēduàn…de tuǐjīn

Han *n.* **1.** 汉 hàn：the ～ Dynasty 汉朝 Hàncháo **2.** 汉族 Hànzú；汉人 Hànrén

hand *n.* **1.** 手 shǒu **2.** 指针 zhǐzhēn：the hour ～ 时针 shízhēn / the minute ～ 分针 fēnzhēn / the second ～ 秒针 miǎozhēn **3.** 书法 shūfǎ；笔迹 bǐjī：a legible ～ 清楚的字迹 qīngchude zìjì **4.** 一手牌 yìshǒupái **5.** 一手宽 yìshǒukuān **6.** 人手 rénshǒu；雇员 gùyuán：short of ～s 缺少人手 quēshǎo rénshǒu **7.** 方面 fāngmiàn：on the one ～ … on the other ～ 一方面…另一方面 … yìfāngmiàn…lìngyìfāngmiàn … // a light ～ 熟练 shúliàn：play the piano with a light ～ 熟练地弹钢琴 shúliànde tán gāngqín / at ～ **1.** 在手边 zài shǒubiān：I haven't my pen at ～. 我的钢笔没在手边。Wǒde gāngbǐ méizài shǒubiān. **2.** 在附近 zài fùjìn：He lives close at ～. 他住在附近。Tā zhùzài fùjìn. / at first ～ 直接 zhíjiē：I heard the news at first ～ from my brother. 我是从我哥哥那儿直接听到那个消息的。Wǒ shì cóng wǒ gēge nàr zhíjiē tīngdào nàge xiāoxide. / by ～ **1.** 用手 yòngshǒu：made by ～ 手工制作 shǒugōng zhìzuò **2.** 由专人递送 yóu zhuānrén dìsòng：deliver a letter by ～ 由专人递送一封信 yóu zhuānrén dìsòng yìfēng xìn / change ～s 转手 zhuǎnshǒu；易手 yìshǒu / give sb. a ～ 给某人以帮助 gěi mǒurén yǐ bāngzhù / ～ in 交进 jiāojìn；交上 jiāoshàng / ～ in ～ **1.** 手拉手 shǒulāshǒu **2.** 联合 liánhé：act ～ in ～ 联合行动 liánhé xíngdòng / ～ on 把…传下去 bǎ…

chuánxiàqù / ～ over 移出 yíchū；交出 jiāochū / H-s off！请勿动手！Qǐng wù dòngshǒu！不许碰！Bùxǔpèng！/ H-s off…！不许干涉…！Bùxǔgānshè…！/ H-s up！举起手来！Jǔqǐ shǒu lái！/ ～ to ～ 短兵相接 duǎnbīng-xiāngjiē / have (take) a ～ in 插手某事 chāshǒu mǒushì / have one's ～s free **1.** 没事干 méishìgàn **2.** 可以自由地干 kěyǐ zìyóude gàn / have one's ～s full 忙得很 mángdehěn / in ～ **1.** 在手头 zàishǒutóu：have enough data in ～ 手头有足够的资料 shǒutóu yǒu zúgòude zīliào **2.** 掌握 zhǎngwò；控制 kòngzhì：have the situation well in ～ 完全控制着局势 wánquán kòngzhìzhe júshì / in the ～s of 由…照管 yóu…zhàoguǎn/ off sb.'s ～s 已不由某人负责 yǐ bùyóu mǒurén fùzé / on ～ 手头现有 shǒutóu xiànyǒu：have a large stock on ～ 手头有大批存货 shǒutóu yǒu dàpī cúnhuò / on sb.'s ～s 由某人负责 yóu mǒurén fùzé / out of ～ **1.** 失去控制 shīqù kòngzhì；不受约束 búshòu yuēshù：The boys have got quite out of ～. 这些孩子管不住了。Zhèxiē háizi guǎnbuzhùle. **2.** 立刻 lìkè：I refused it out of ～. 我立刻拒绝了。Wǒ lìkè jùjuéle. / play into the ～s of sb. 为某人的利益而做 wèi mǒurénde lìyì ér zuò / take in ～承担 chéngdān；处理 chǔlǐ / the upper ～ 优势 yōushì：get the upper ～ 占优势 zhàn yōushì / to ～ 在手头 zài shǒutóu / wash one's ～s of 洗手不干某事 xǐshǒu búgàn mǒushì *v.* **1.** 交出 jiāochū；传递 chuándì；给 gěi：H- me the glass. 请把杯子递给我。Qǐng bǎ bēizi dìgěi wǒ. **2.** 搀扶 chānfú：～ sb. into (out of) the car 搀扶某人上(下)车 chānfú mǒurén shàng(xià)chē

handbag *n.* 手提包 shǒutíbāo；小旅行包 xiǎolǚxíngbāo

handball *n.* **1.** 手球 shǒuqiú **2.** 手球运动 shǒuqiú yùndòng

handbill *n.* 传单 chuándān

handbook *n.* 手册 shǒucè：a ～ to tourists 旅行指南 lǚxíng zhǐnán / a ～ of chemistry 化学手册 huàxué shǒucè

handcuff *n.* 手铐 shǒukào

handful *n.* **1.** 一把 yìbǎ：a ～ of rice 一把米 yìbǎ mǐ **2.** 一小撮 yìxiǎocuō；少数 shǎoshù：We invited twelve but only a ～ of them came. 我们邀请了十二个人,但只有少数人来了。Wǒmen yāoqǐngle shí'èrge rén，dàn zhǐyǒu shǎoshù rén láile.

handicap *n.* **1.** 障碍 zhàng'ài；不利条件 búlì tiáojiàn：Blindness is a great

～. 失明是个很大的障碍。Shīmíng shìge hěndàde zhàng'ài. **2.** 让步赛 ràngbùsài；给优者不利条件使得胜机会均等 gěi yōuzhě búlì tiáojiàn shí déshèng jīhuì jūnděng: He has a ～ of 50 meters. 他要多跑 50米。Tā yào duōpǎo wǔshímǐ. *v.* 妨碍 fáng'ài；使不利 shǐ búlì：a ～ped child 残疾儿童 cánjí értóng / be ～ped by ill health 吃身体不好的亏 chī shēntǐ bùhǎode kuī

handicraft *n.* 手工业 shǒugōngyè；手艺 shǒuyì

handicraftsman *n.* 手工业者 shǒugōngyèzhě；手工艺人 shǒugōng yìrén

handie-talkie *n.* 步谈机 bùtánjī

handily *ad.* 灵巧地 língqiǎode；便利地 biànlìde

handiness *n.* 灵巧 língqiǎo；便利 biànlì

handiwork *n.* 手工 shǒugōng；手工艺 shǒugōngyì；手工艺品 shǒugōngyìpǐn

handkerchief *n.* 手帕 shǒupà；手绢儿 shǒujuànr

handle *n.* **1.** 柄 bǐng；把手 bǎshǒu；拉手 lāshǒu **2.** 把柄 bǎbǐng：give a ～ to someone 给人以把柄 gěi rén yǐ bǎbǐng *v.* **1.** 触动 chùdòng；弄 nòng；摸 mō：You shouldn't ～ books with dirty hands. 你别用脏手拿书。Nǐ biéyòng zāngshǒu ná shū. **2.** 管理 guǎnlǐ；处理 chǔlǐ：～ a machine 管理机器 guǎnlǐ jīqì **3.** 对付 duìfu；应付 yìngfù：～ a person roughly 待人粗暴 dàirén cūbào **4.** 经营 jīngyíng；买卖 mǎimài：This shop ～s paper and stationery. 这家商店经营文具纸张。Zhèjiā shāngdiàn jīngyíng wénjù zhǐzhāng. **5.** 搬运 bānyùn：H- with care！小心轻放！Xiǎoxīn qīngfàng！

handling *n.* **1.** 掌握 zhǎngwò **2.** 处理 chǔlǐ **3.** 装卸 zhuāngxiè

hand-made *a.* 手(工)制的 shǒu(gōng) zhìde

handmaid(en) *n.* 丫头 yātou；侍女 shìnǚ

handout *n.* **1.** 施舍物 shīshěwù；救济品 jiùjìpǐn **2.** 传单 chuándān；讲义 jiǎngyì：Please read the ～ carefully. 请仔细阅读这张传单 Qǐng zǐxì yuèdú zhèzhāng chuándān.

handnail *n.* 楼梯扶手 lóutī fúshǒu；栏杆 lángān

handshake *n.* 握手 wòshǒu

handsome *a.* **1.** 漂亮的 piàoliangde；英俊的 yīngjùnde：a ～ boy 英俊的少年 yīngjùnde shàonián **2.** 慷慨的 kāngkǎide；大方的 dàfangde **3.** 堂

皇的 tánghuángde；壮丽的 zhuànglìde：a ～ building 堂皇的建筑 tánghuángde jiànzhù **4.** 熟练的 shúliànde；机敏的 jīmǐnde // H- is that ～ does. 行为美才是真正的美。Xíngwéi měi cáishì zhēnzhèngde měi.

handsomely *ad.* **1.** 漂亮地 piàoliangde；美观的 měiguānde：This book is ～ bound. 这本书装帧精美。Zhèběn shū zhuāngzhēn jīngměi. **2.** 慷慨地 kāngkǎide；优厚地 yōuhòude：He came down ～. 他慷慨大方。Tā kāngkǎi dàfang.

handspring *n.* 双手、双脚轮流地向前翻跳 shuāngshǒu、shuāngjiǎo lúnliúde xiàngqián fāntiào

handwork *n.* 手工 shǒugōng

handwriting *n.* **1.** 笔迹 bǐjì **2.** 手迹 shǒujì；手写物 shǒuxiěwù

handy *a.* **1.** 方便的 fāngbiànde；便利的 biànlìde：This is a ～ little box. 这是一个使用方便的小盒子。Zhè shì yíge shǐyòng fāngbiànde xiǎo hézi. **2.** 手边的 shǒubiānde；近便的 jìnbiànde：The shops are quite ～. 商店在附近。Shāngdiàn zài fùjìn. **3.** 手巧的 shǒuqiǎode：She is ～ with the needle. 她巧于针线。Tā qiǎoyú zhēnxiàn. // come in ～ 迟早有用 chízǎo yǒuyòng

hang¹ *v.* **1.** 挂 guà；悬挂 xuánguà：H- your coat on the hook. 把你的外衣挂在钩子上。Bǎ nǐde wàiyī guàzài gōuzishang. / The curtains ～ well. 窗帘挂得很好。Chuānglián guàde hěnhǎo. **2.** 糊 hú；贴 tiē：～ wallpaper 糊墙纸 hú qiángzhǐ **3.** 垂 chuí；垂下 chuíxià：He hung his head in shame. 他羞愧地垂着头。Tā xiūkuìde chuízhe tóu. **4.** 把(肉等)吊干、风干 bǎ (ròuděng) diàogān、fēnggān // ～ about **1.** 闲荡 xiándàng；**2.** 靠近 kàojìn；纠缠 jiūchán / ～ back 犹豫 yóuyù；畏缩 wèisuō / ～ by a hair 千钧一发 qiānjūn-yífà / ～ on **1.** 别放下 bié fàngxià；坚持 jiānchí **2.** 等待 děngdài / ～ out **1.** 探出身子 tànchū shēnzi **2.** 挂出 guàchū / ～ over **1.** 笼罩 lǒngzhào；威胁 wēixié **2.** 接近 jiējìn；保持临近 bǎochí línjìn：～ over the fire 挂在火上烘烤 guàzài huǒshang hōngkǎo / ～ up **1.** 挂断电话 guàduàn diànhuà **2.** 挂起 guàqǐ；悬而不决 xuán'ér-bùjué / ～ together 团结一致 tuánjié-yízhì；连贯 liánguàn

hang² *v.* **1.** 上吊 shàngdiào：He ～ed himself. 他上吊了。Tā shàngdiàole. **2.** 绞死 jiǎosǐ：The criminal was ～ed . 罪犯被绞死了。

Zuìfàn bèi jiǎosǐle.

hangar *n.* 飞机库 fēijīkù

hangdog *n.* 贱人 jiànrén *a.* 卑鄙的 bēibǐde；无耻的 wúchǐde

hanger *n.* **1.** 吊架 diàojià；挂钩 guàgōu：a dress-～ 衣架 yījià **2.** 挂东西的人 guà dōngxide rén：a paper ～ 裱糊墙壁的人 biǎohú qiángbìde rén

hanger-on *n.* 食客 shíkè；奉承者 fèngchengzhě

hanging *n.* **1.** 悬挂 xuánguà；吊挂 diàoguà **2.** 绞杀 jiǎoshā；绞刑 jiǎoxíng：death by ～ 受绞刑死 shòu jiǎoxíng sǐ **3.** 悬挂物 xuánguàwù

hangman *n.* 绞刑吏 jiǎoxínglì；刽子手 guìzishǒu

hangover *n.* **1.** 遗留物 yíliúwù；后遗症 hòuyízhèng：a ～ from earlier day 早年留下的旧习俗 zǎonián liúxiàde jiù xísú **2.** 宿醉 sùzuì

hank *n.* 一束 yíshù；一绞 yìjiǎo：a ～ of wool 一束绒线 yíshù róngxiàn

hanker *v.* 渴望 kěwàng；追求 zhuīqiú：～ for knowledge 渴望获得知识 kěwàng huòdé zhīshi

hansom *n.* 汉孙式马车 Hàn sūnshì mǎchē

hap *n.* 运气 yùnqi；机会 jīhuì

haphazard *n.* 偶然性 ǒuránxìng；任意性 rènyìxìng：a thing done at ～ 偶然做出的事 ǒurán zuòchūde shì *a.* 偶然的 ǒuránde；随便的 suíbiànde *ad.* 偶然地 ǒuránde；随便地 suíbiànde

hapless *a.* 不幸的 búxìngde；倒霉的 dǎoméide

happen *v.* **1.** 发生 fāshēng：What has ～ed？发生了什么事？Fāshēngle shénme shì？**2.** 碰巧 pèngqiǎo；偶然 ǒurán：I ～ed to meet her. 我偶然遇到了她。Wǒ ǒurán yùdàole tā. // ～ on (upon) 巧遇 qiǎoyù；偶然发现 ǒurán fāxiàn

happening *n.* **1.** 事件 shìjiàn；意外事件 yìwài shìjiàn **2.** 引人注意的事件 yǐnrén zhùyìde shìjiàn

happily *ad.* **1.** 幸福地 xìngfúde **2.** 快乐地 kuàilède；高兴地 gāoxìngde

happiness *n.* 幸福 xìngfú；幸运 xìngyùn；快乐 kuàilè

happy *a.* **1.** 幸福 xìngfú；快乐 kuàilè：a ～ life 幸福的生活 xìngfúde shēnghuó / H- New Year！祝新年快乐！ Zhù Xīnnián kuàilè！ **2.** 乐意的 lèyìde；愉快的 yúkuàide：I shall be very ～ to meet him. 我很乐意跟他见面。Wǒ hěn lèyì gēn tā jiànmiàn. **3.** 恰当的 qiàdàngde；巧妙的 qiǎomiàode：He makes a few ～ remarks at a send-off party. 他在送别会上说了些很得体的话。Tā zài sòngbiéhuìshang shuōlexiē hěn détǐde huà.

happy-go-lucky *a.* 轻松愉快的 qīngsōng yúkuàide；随遇而安的 suíyù-ér'ānde

harangue *n.* 长篇演说 chángpiān yǎnshuō；训斥性的讲话 xùnchìxìngde jiǎnghuà *v.* 向…发表长篇的大声的训斥性的演说 xiàng…fābiǎo chángpiānde dàshēngde xùnchìxìngde yǎnshuō

harass *v.* **1.** 使…烦恼 shǐ…fánnǎo；折磨 zhémo：I was ～ed by the work. 我因工作而烦恼。Wǒ yīn gōngzuò ér fánnǎo. **2.** 袭击 xíjī；骚扰 sāorǎo：They ～ed the enemy. 他们不断地骚扰敌人。Tāmen búduànde sāorǎo dírén.

harbo(u)r *n.* **1.** 港 gǎng；港口 gǎngkǒu **2.** 避难所 bìnànsuǒ *v.* **1.** 隐匿 yǐnnì；庇护 bìhù：H-ing criminals is an offence in law. 窝藏罪犯是犯法的。Wōcáng zuìfàn shì fànfǎde. **2.** 怀有 huáiyǒu；怀着 huáizhe // make ～ 进港停泊 jìngǎng tíngbó

harbo(u)rage *n.* 停泊处 tíngbóchù；港湾 gǎngwān；躲藏处 duǒcángchù

hard *a.* **1.** 硬 yìng；坚硬的 jiānyìngde；坚固的 jiāngùde：～ rock 坚硬的岩石 jiānyìngde yánshí / ～ knot 结实的绳子 jiēshide shéngzi **2.** 困难的 kùnnande；艰难的 jiānnánde：～ to believe 很难相信 hěn nán xiāngxìn / a ～ language 一种难学的语言 yìzhǒng nánxuéde yǔyán **3.** 猛烈的 měngliède；强烈的 qiángliède：a ～ blow 沉重的打击 chénzhòngde dǎjī / a ～ storm 猛烈的暴风雨 měngliède bàofēngyǔ **4.** 艰苦的 jiānkǔde；艰难的 jiānnánde；辛苦的 xīnkǔde：～ work 艰苦的工作 jiānkǔde gōngzuò **5.** 严厉的 yánlìde；无情的 wúqíngde：Father was very ～ on me. 父亲对我十分严厉。Fùqin duìwǒ shífēn yánlì. **6.** 结实的 jiēshide：be in ～ condition 身体很结实 shēntǐ hěn jiēshi **7.** 不悦的 búyuède；难堪的 nánkānde：～ voice 难听的大嗓门 nántīngde dà sǎngmén / a ～ face 不悦的面孔 búyuède miànkǒng *ad.* **1.** 努力地 nǔlìde；用力地 yònglìde；猛烈的 měngliède：work ～ 努力工作 nǔlì gōngzuò / drink ～ 狂饮 kuángyǐn / raining ～ 下大雨 xià dàyǔ **2.** 困难地 kùnnande；艰难地 jiānnánde：breathe ～ 呼吸困难 hūxī kùnnan **3.** 紧接地 jǐnjiēde；紧随的 jǐnsuíde：I follow ～ after him. 我紧跟在他后边。Wǒ jǐngēn zài tā hòubiān. // as ～ as the nether millstone 铁石心肠 tiěshí-xīncháng / be ～ of hearing 耳聋 ěrlóng / be ～ on (upon) sb. 对某人过分严厉 duì mǒurén guòfèn yánlì；待人苛刻 dàirén kēkè/ be ～ up 短缺 duǎnquē；急需 jíxū：be ～ up for money 手头拮据 shǒutóu jiéjū / ～ and fast 严格的 yángéde/ learn sth. the ～ way 经过艰难困苦而学到某事 jīngguò jiānnán kùnkǔ ér xuédào mǒushì / take sth. ～ 心里因某事而不快 xīnli yīn mǒushì ér búkuài

harden *v*. **1**. 变硬 biànyìng；硬化 yìnghuà：The earth ～ed. 土地硬了。Tǔdì yìngle. **2**. 变坚强 biàn jiānqiáng；变强壮 biàn qiángzhuàng：His mind has ～ed. 他更坚定了。Tā gèng jiāndìngle.

hardening *n*. **1**. 硬化 yìnghuà：the ～ of arteries 动脉硬化 dòngmài yìnghuà **2**. 锻炼 duànliàn

hard-headed *a*. 头脑冷静的 tóunǎo lěngjìngde；固执的 gùzhide

hard-hearted *a*. 无同情心的 wú tóngqíngxīnde；冷酷的 lěngkùde

hardihood *n*. **1**. 大胆 dàdǎn；刚毅 gāngyì **2**. 强壮 qiángzhuàng；结实 jiēshi

hardily *ad*. 大胆地 dàdǎnde

hardiness *n*. **1**. 强壮 qiángzhuàng；耐寒 nàihán；耐劳 nàiláo **2**. 勇气 yǒngqì

hardly *ad*. **1**. 简直不 jiǎnzhíbù；几乎不 jīhūbù：You can ～ imagine what he said. 你简直不能想象他说了些什么。Nǐ jiǎnzhí bùnéng xiǎngxiàng tā shuōle xiē shénme. **2**. 绝不 juébù；一点儿也不 yìdiǎnr yěbù：I can ～ blame you. 我绝不怪你。Wǒ juébù guài nǐ. **3**. 不太 bútài；不十分 bù shífēn：We ～ know the people we work with. 我们并不太认识跟我们一起工作的人。Wǒmen bìng bútài rènshi gēn wǒmen yìqǐ gōngzuòde rén. **4**. 严厉地 yánlìde；粗鲁的 cūlǔde // ～ anybody 简直没什么人 jiǎnzhí méi shénme rén / ～ ever 几乎从不 jīhū cóngbù；很少 hěnshǎo / ～ … when 刚…就…gāng…jiù…：We had ～ arrived when it began to rain. 我们刚到就下起雨来了。Wǒmen gāngdào jiù xiàqǐ yǔ láile.

hardness *n*. 坚硬 jiānyìng；难度 nándù；严厉 yánlì

hardship *n*. **1**. 艰难 jiānnán；困苦 kùnkǔ：bear ～s 忍受艰难困苦 rěnshòu jiānnán kùnkǔ **2**. 受苦 shòukǔ；吃苦 chīkǔ

hardtack *n*. 硬饼干 yìngbǐnggān；压缩饼干 yāsuō bǐnggān

hardware *n*. **1**. 五金器具 wǔjīn qìjù **2**. 电脑硬件 diànnǎo yìngjiàn **3**. 军火 jūnhuǒ；武器 wǔqì

hardwood *n*. & *a*. 硬木(的) yìngmù(de)

hardworking *a.* 辛勤劳动的 xīnqín láodòngde；勤劳的 qínláode

hardy *a.* **1.** 强壮的 qiángzhuàngde；耐劳的 nàiláode；能吃苦的 néng chīkǔde **2.** 耐寒的 nàihánde **3.** 勇敢的 yǒnggǎnde；粗鲁的 cūlǔde：a ～ man 勇敢的人 yǒnggǎnde rén

hare *n.* 野兔 yětù；山兔 shāntù *v.* 快跑 kuàipǎo // as mad as a March ～ 象三月的野兔一样疯狂 xiàng Sānyuède yětù yíyàng fēngkuáng / run with the ～ and hunt with the hounds 两面讨好 liǎngmiàn tǎohǎo

harebell *n.* 钓钟柳 diàozhōngliǔ；风信子 fēngxìnzǐ

harebrained *a.* 轻率的 qīngshuàide；浮躁的 fúzàode

harelip *n.* 兔唇 tùchún；唇裂 chúnliè

harem *n.* **1.** 闺阁 guīgé；后宫 hòugōng **2.** 妻妾 qīqiè；女眷 nǚjuàn

hark *v.* 听！Tīng！：H- ！I can hear their voices. 听！我听得到他们的声音。Tīng！Wǒ tīngdedào tāmende shēngyīn. // ～ back 回到原题 huídào yuántí

harlequin *n.* 丑角 chǒujué；滑稽角色 huájī juésè

harlot *n.* 娼妓 chāngjì；妓女 jìnǚ

harm *n.* 损害 sǔnhài；伤害 shānghài：I meant no ～. 我并没有恶意。Wǒ bìng méiyǒu èyì. *v.* 损害 sǔnhài；伤害 shānghài；危害 wēihài：Get up early won't ～ you！早起对你并没有害处！Zǎoqǐ duì nǐ bìng méiyǒu hàichu！// come to ～ 受到伤害 shòudào shānghài / do sb. ～ 损害某人 sǔnhài mǒurén / out of ～'s way 脱离危险 tuōlí wēixiǎn

harmful *a.* 有害的 yǒuhàide

harmless *a.* 无害的 wúhàide；无恶意的 wú èyìde

harmonic *a.* 谐和的 xiéhéde；和声的 héshēngde *n.* 泛音 fànyīn；和声 héshēng

harmonica *n.* 口琴 kǒuqín

harmonics *n.* 和声学 héshēngxué

harmonize *v.* **1.** 使调和 shǐ tiáohé；使协调 shǐ xiétiáo；使一致 shǐ yízhì：～ relations between the father and son 搞好父子关系 gǎohǎo fùzǐ guānxì **2.** 配上和声 pèishàng héshēng

harmony *n.* **1.** 调和 tiáohé；协调 xiétiáo；和谐 héxié **2.** 和声 héshēng * of music **3.** 和睦 hémù；融洽 róngqià：We live in ～. 我们相处很好。Wǒmen xiāngchǔ hěnhǎo. // out of ～ with 同…不协调一致 tóng … bù xiétiáo yízhì

harness *n.* **1.** 挽具 wǎnjù；马具 mǎjù **2.** 绳带 shéngdài；背带 bēidài *v.* **1.** 套上 tàoshàng；上挽具 shàng wǎnjù：～ a horse 套马 tàomǎ **2.** 治理 zhìlǐ；利用 lìyòng：～ a river 治理河流 zhìlǐ héliú / ～ the power of the sun 利用太阳能 lìyòng tàiyángnéng // die in ～ 工作时死去 gōngzuòshí sǐqù / run（work）in double ～（夫妻）共同工作（fūqī）gòngtóng gōngzuò

harp *n.* 竖琴 shùqín *v.* 弹竖琴 tán shùqín // ～ on（upon）**1.** 唠叨 láodao **2.** 反复地诉说 fǎnfùde sùshuō

harper *n.* 弹竖琴的人 tán shùqínde rén；竖琴师 shùqínshī

harpist *n.* 竖琴师 shùqínshī

harpoon *n.* 鱼叉 yúchā；标枪 biāoqiāng * for hunting whales

harpsichord *n.* 羽管键琴 yǔguǎn jiànqín；拨弦古钢琴 bōxián gǔ gāngqín

harpy *n.* **1.** 鸟身女面怪物 niǎoshēn nǚmiàn guàiwù **2.** 残酷贪婪的人 cánkù tānlánde rén

harquebus *n.* 火绳枪 huǒshéngqiāng

harrier *n.* 猎兔狗 liètùgǒu

harrow *n.* 耙 pá *v.* **1.** 耙地 pádì：～ a field 耙地松土 pádì sōngtǔ **2.** 弄伤 nòngshāng；使人痛苦 shǐ rén tòngkǔ

harrowing *a.* 折磨人的 zhémorénde；痛苦的 tòngkǔde：a ～ experience 痛苦的经验 tòngkǔde jīngyàn

harry *v.* **1.** 掠夺 lüèduó；蹂躏 róulìn **2.** 折磨 zhémó；骚扰 sāorǎo：be harried by phone calls 被接二连三的电话骚扰 bèi jiē'èr-liánsānde diànhuà sāorǎo

harsh *a.* **1.** 粗糙的 cūcāode：～ to the ear 刺耳 cì'ěr **2.** 涩的 sède：～ to the taste 味道涩 wèidaosè **3.** 残酷的 cánkùde；苛刻的 kēkède：～ terms 苛刻的条件 kēkède tiáojiàn

hart *n.* 獐鹿 zhānglù；公鹿 gōnglù = male of deer

hartshorn *n.* 鹿角精 lùjiǎojīng；鹿茸 lùróng

harum-scarum *a.* 冒冒失失的 màomao-shīshīde；轻率的 qīngshuàide *n.* 冒失鬼 màoshiguǐ；轻举妄动 qīngjǔ-wàngdòng

harvest *n.* **1.** 收获 shōuhuò；收割 shōugē：a good ～ 丰收 fēngshōu **2.** 收获期 shōuhuòqī；收获季节 shōuhuò jìjié：at the wheat ～ 在麦收季节 zài màishōu jìjié **3.** 收成 shōucheng；产量 chǎnliàng **4.** 成果 chéngguǒ；结果 jiéguǒ：reap the ～ of one's work 获得劳动成果 huòdé láodòng chéngguǒ *v.* 收获 shōuhuò；收割 shōugē：～ rice 割稻 gēdào

harvester *n.* 收获者 shōuhuòzhě；收割机 shōugējī

hash *n.* **1.** 肉丁炒菜 ròudīng chǎocài **2.** 乱七八糟 luànqī-bāzāo；混杂 hùnzá // make a ～ of 把…弄糟 bǎ … nòngzāo / settle sb.'s ～ 征服某人 zhēngfú mǒurén；收拾某人 shōushi mǒurén *v.* **1.** 把…切细 bǎ … qiēxì **2.** 搞糟 gǎozāo

hashish *n.* 大麻 dàmá ＝ marijuana

hasp *n.* 搭扣 dākòu * fastening for a door，window，etc.

hassock *n.* **1.** 草丛 cǎocóng **2.** 草垫 cǎodiàn；跪垫 guìdiàn

haste *n.* **1.** 急速 jísù；仓促 cāngcù：Why all this ～？为什么这样匆忙？Wèishénme zhèyàng cōngmáng？ **2.** 草率 cǎoshuài // in ～ 匆忙地 cōngmángde；急切地 jíqiède：He leaves in ～. 他急于离开。Tā jíyú líkāi. / Make ～！赶快！Gǎnkuài！/ More ～，less speed. 欲速则不达. Yùsù zé bùdá.

hasten *v.* **1.** 催促 cuīcù：I ～ed him in his work. 我催他快点儿工作。Wǒ cuī tā kuàidiǎnr gōngzuò. **2.** 急忙 jímáng：He ～ed home. 他急忙回家了。Tā jímáng huíjiāle. **3.** 促进 cùjìn；加速 jiāsù：It ～s the growth of the plants. 这促进了作物的生长。Zhè cùjìnle zuòwùde shēngzhǎng. **4.** 抢着说 qiǎngzheshuō：I ～ to tell my father the good news. 我急忙把这个好消息告诉父亲。Wǒ jímáng bǎ zhège hǎo xiāoxi gàosu fùqin.

hastily *ad.* 急迫地 jípòde；慌忙地 huāngmángde

hasty *a.* **1.** 急迫的 jípòde；急速的 jísùde：a ～ meal 匆忙的一顿饭 cōngmángde yídùn fàn **2.** 性急的 xìngjíde：a ～ temper 急脾气 jípíqi **3.** 草率的 cǎoshuàide；轻率的 qīngshuàide：a ～ conclusion 草率的结论 cǎoshuàide jiélùn

hat *n.* 帽子 màozi：a bowler ～ 礼帽 lǐmào // a bad ～ 歹徒 dǎitú；坏蛋 huàidàn / ～ in hand 恭敬 gōngjìng / pass round the ～ 募捐 mùjuān / take one's ～ off to someone 对某人表示敬意 duì mǒurén biǎoshì jìngyì

hatch[1] *v.* **1.** 孵 fū；孵出 fūchū：～ eggs 孵蛋 fūdàn **2.** 图谋 túmóu；策划 cèhuà：～ a plot 阴谋策划 yīnmóu cèhuà **3.** 安排 ānpái；计划 jìhuà：What is he ～ing up？他在计划什么？Tā zài jìhuà shénme？ *n.* **1.** 孵化 fūhuà **2.** 一窝 yìwō；一孵 yìfū

hatch[2] *n.* **1.** 舱口 cāngkǒu；舱口盖 cāngkǒugài **2.** 闸门 zhámén **3.** 半截门 bànjiémén

hatchet *n.* 短柄斧 duǎnbǐngfǔ；小斧子 xiǎofǔzi // bury the ～ 休战 xiūzhàn；和解 héjiě / take up the ～ 开战 kāizhàn；宣战 xuānzhàn

hatchway *n.* 舱口 cāngkǒu；天窗 tiānchuāng

hate *v.* **1.** 恨 hèn；憎恶 zēngwù：She ～s that man. 她恨那个人。Tā hèn nàge rén. **2.** 讨厌 tǎoyàn；不喜欢 bùxǐhuan：I ～ troubling him. 我不愿去麻烦他。Wǒ búyuàn qù máfan tā. *n.* 憎恨 zēnghèn；憎恶 zēngwù

hateful *a.* 可恨的 kěhènde；可憎的 kězēngde

hatred *n.* 仇恨 chóuhèn；憎恨 zēnghèn；憎恶 zēngwù：He is full of ～ in his heart. 他心中充满了仇恨。Tā xīnzhōng chōngmǎnle chóuhèn.

hatter *n.* 做帽子的人 zuò màozide rén；帽商 màoshāng // as mad as a ～ 发狂的 fākuángde；发疯的 fāfēngde

haughtiness *n.* 骄傲 jiāo'ào；傲慢 àomàn；傲气 àoqì

haughty *a.* 骄傲自大的 jiāo'ào-zìdàde；骄傲的 jiāo'àode

haul *v.* 拉 lā；拖 tuō；扯 chě：～ logs from a forest 从树林里拖运木材 cóng shùlínli tuōyùn mùcái / ～ at a rope 拉绳子 lā shéngzi *n.* **1.** 拖 tuō；拉 lā **2.** 捕获物 bǔhuòwù；获得量 huòdéliàng：a bumper ～ of fish 一大网鱼 yídàwǎng yú **3.** 拖拉的距离 tuōlāde jùlí：long ～s by truck 长距离的公路运输 cháng jùlíde gōnglù yùnshū

haulage *n.* 拖运 tuōyùn；牵引 qiānyǐn；运费 yùnfèi

haunch *n.* **1.** 腿臀部 tuǐtúnbù **2.** 后腿 hòutuǐ * of animal：roast a ～ of venison 烤一块鹿后腿肉 kǎo yíkuài lù hòutuǐròu

haunt *v.* **1.** 常去 chángqù；常到 chángdào：～ about a place 常去某地 chángqù mǒudì **2.** （鬼魂）出没（guǐhún）chūmò：a ～ed house 鬼宅 guǐzhái **3.** 萦绕 yíngrǎo；缠住 chánzhù：I was ～ed by his last words to me. 他对我说的最后一句话萦绕在我心头。Tā duì wǒ shuōde zuìhòu yíjù huà yíngrǎo zài wǒ xīntóu. *n.* **1.** 常到之地 chángdào zhīdì：The swimming pool was the favorite ～ of the boys in the summer. 游泳池是孩子们夏天常去的地方。Yóuyǒngchí shì háizimen xiàtiān chángqùde dìfang. **2.** 巢穴 cháoxué

huanted *a.* 闹鬼的 nàoguǐde；常出现鬼的 cháng chūxiàn guǐde

hauteur *n.* 傲慢 àomàn

have *v.* **1.** 有 yǒu：He has a new car. 他有一辆新车。Tā yǒu yíliàng xīnchē. / This coat has no pockets. 这件外衣没有口袋。Zhèjiàn wàiyī méiyǒu kǒudài. / H- you any children? 你有孩子吗? Nǐ yǒu háizi ma? **2.** 怀有 huáiyǒu; 持有 chíyǒu: H- you any hope of success? 有成功的希望吗? Yǒu chénggōngde xīwàngma? / H- you any idea where he lives? 你知道他住哪儿吗? Nǐ zhīdao tā zhù nǎrma? **3.** 拿 ná; 得到 dédào: She has two letters since lask week. 她上个星期收到两封信。Tā shàngge xīngqī shōudào liǎngfēng xìn. / May I ~ one? 我可以拿一个吗? Wǒ kěyǐ ná yígema? **4.** 吃 chī; 喝 hē: When do you ~ breakfast? 你什么时候吃早饭? Nǐ shénme shíhou chī zǎofàn? / I do not ~ tea in the evening. 我晚上不喝茶。Wǒ wǎnshang bù hēchá. / Would you ~ a cup of coffee? 您要喝杯咖啡吗? Nín yào hē bēi kāfēima? **5.** 进行 jìnxíng; 从事 cóngshì: ~ a talk 谈一谈 tányitán / ~ a meeting 开个会 kāigehuì / ~ an English lesson 上英语课 shàng Yīngyǔ kè / ~ a swim 游泳 yóuyǒng **6.** 使 shǐ; 让 ràng: I ~ my haircut. 我去理发。Wǒ qù lǐfà. / We had the machine repaired. 我们请人把机器修好了。Wǒmen qǐngrén bǎ jīqì xiū hǎole. **7.** 经历 jīnglì; 遭受 zāoshòu; 享受 xiǎngshòu: I had my money stolen yesterday. 昨天我的钱被偷了。Zuótiān wǒde qián bèi tōule. **8.** 允许 yǔnxǔ; 容忍 róngrěn: Doctor won't ~ you eating a lot. 医生不允许你吃很多。Yīshēng bùyǔnxǔ nǐ chī hěnduō. / We won't ~ such conduct. 我们不允许这种行为。Wǒmen bùyǔnxǔ zhèzhǒng xíngwéi. **9.** 说 shuō; 表明 biǎomíng: Legend has it that … 据传说 … Jù chuánshuō … **10.** 生育 shēngyù; 生产 shēngchǎn: His wife has just had a baby. 他妻子刚生了孩子。Tā qīzi gāng shēngle háizi. **11.** 必须 bìxū; 不得不 bùdébù: I ~ to go. 我不得不走了。Wǒ bùdébù zǒule. // had better 最好 zuìhǎo: You had better to behave yourself. 你最好规矩点儿。Nǐ zuìhǎo guījudiǎnr. / had best 最好 zuìhǎo: You had best to go at once. 你最好立刻就走。Nǐ zuìhǎo lìkè jiùzǒu. / H- it your own way! 随你的便吧! Suí nǐde biànba! / ~ had it 受够了 shòugòule / ~ sb. in 把某人请进来 bǎ mǒurén qǐng jìnlái / ~ sb. up 对某人起诉 duì mǒurén qǐsù / ~ sth. back 把某物要回去 bǎ mǒuwù yào huíqù / ~ sth. out 把某物弄出来 bǎ mǒuwù nòng chūlái: ~ a tooth out 拔掉一颗牙 bádiào yìkē yá / let sb. ~ it 让某人吃苦头 ràng mǒurén chī kǔtóu *n.* [the ~s] 有钱人 yǒuqiánrén; 富人 fùrén // the ~-nots 穷人 qióngrén

haven *n.* 港口 gǎngkǒu；避难所 bìnànsuǒ

haver *v.* 胡说八道 húshuō-bādào；结结巴巴地说 jiējie-bābāde shuō *n.* 胡说 húshuō；废话 fèihuà

haversack *n.* 帆布背包 fānbù bēibāo；干粮袋 gānliángdài

havoc *n.* 大破坏 dà pòhuài；浩劫 hàojié；大混乱 dà hùnluàn

haw[1] *n.* 山楂 shānzhā；山楂果 shānzhāguǒ

haw[2] *n.* 吆喝声 yāohesheng；支支吾吾 zhīzhi-wūwū *v.* 吆喝 yāohe；支吾 zhīwu // hem and ～ 嗯嗯呃呃 ēn'en-è'è

Hawaiian *a.* 夏威夷的 Xiàwēiyíde；夏威夷人的 Xiàwēiyí rénde *n.* 夏威夷人 Xiàwēiyírén；夏威夷语 Xiàwēiyíyǔ

hawk[1] *n.* **1.** 隼 sǔn；鹰 yīng **2.** 鹰派人物 yīngpài rénwù；主战分子 zhǔzhàn fènzǐ

hawk[2] *n.* 咳嗽 késou；咳出 kéchū：～ up phlegm 把痰咳出 bǎ tán kéchū

hawk[3] *v.* **1.** 叫卖 jiàomài；吆喝 yāohe **2.** 散播 sànbō

hawker *n.* 沿街叫卖的小贩 yánjiē jiàomàide xiǎofàn

hawser *n.* 粗绳 cūshéng；大钢索 dàgāngsuǒ

hawthorn *n.* 山楂树 shānzhāshù

hay *n.* 干草 gāncǎo：dry grass for ～ 把草晒成干草 bǎ cǎo shàichéng gāncǎo // make ～ of 搞乱 gǎoluàn / make ～ out of 使对自己有利 shǐ duì zìjǐ yǒulì / make ～ while the sun shines 晒草要趁太阳好 shài cǎo yào chèn tàiyáng hǎo；抓住时机 zhuāzhù shíjī

haycock *n.* 干草垛 gāncǎoduò

hayfever *n.* 枯草热 kūcǎorè；花粉热 huāfěnrè

hazy *a.* **1.** 阴霾的 yīnmáide：The mountains were ～ in the distance. 远处群山雾气弥漫。Yuǎnchù qúnshān wùqì mímàn. **2.** 模糊的 móhude；困惑的 kùnhuòde：I'm still ～ about it. 对此，我仍旧不明白。Duìcǐ，wǒ réngjiù bùmíngbai.

H-bomb *n.* 氢弹 qīngdàn

hayloft *n.* 储藏干草的棚 chǔcáng gāncǎode péng

haymaking *n.* 翻晒干草 fānshài gāncǎo

hayrick *n.* ＝ haystack 干草堆 gāncǎoduī

haystack *n.* 大干草堆 dà gāncǎoduī // search for a needle in a ～ 大海捞针 dàhǎi-lāozhēn

hazard *n.* 危险 wēixiǎn；危害 wēihài：a health ～ 对健康有危害 duì

jiànkāng yǒu wēihài *v.* 冒险 màoxiǎn；冒险作出 màoxiǎn zuòchū：～ one's life 冒着生命的危险 màozhe shēngmìngde wēixiǎn // at all ～s 冒着一切危险 màozhe yíqiè wēixiǎn / at ～ 在危急之中 zài wēijí zhīzhōng

hazardous *a.* 危险的 wēixiǎnde；冒险的 màoxiǎnde

haze *n.* **1.** 霾 mái；薄雾 bówù **2.** 模糊 móhu；困惑 kùnhuò *v.* 使糊涂 shǐ hútu；使困惑 shǐ kùnhuò

hazel *n.* **1.** 榛 zhēn；榛子 zhēnzi；榛木 zhēnmù **2.** 淡褐色 dànhèsè *a.* 淡褐色的 dànhèsède；榛木的 zhēnmùde

H. C. ＝ House of Commons 下议院 Xiàyìyuàn

he *pron.* **1.** 他 tā：Where is ～？他在哪儿？Tā zài nǎr？**2.** 某人 mǒurén；任何人 rènhérén：Everyone should do what ～ considers best. 每个人都应该做他认为最好的事。Měige rén dōu yīnggāi zuò tā rènwéi zuìhǎode shì. *n.* **1.** 男的 nánde：Is it a ～ or a she？男的还是女的？Nánde háishì nǚde？**2.** 雄的 xióngde；公的 gōngde * for animal：a ～-goat 一只公山羊 yìzhī gōng shānyáng

H. E. ＝ His Excellency 阁下 géxià

head *n.* **1.** 头 tóu；头部 tóubù：bow one's ～ 低头 dītóu **2.** 头脑 tóunǎo；才智 cáizhì：He has a good ～ for mathematics. 他有很好的数学头脑。Tā yǒu hěn hǎode shùxué tóunǎo. **3.** 首脑 shǒunǎo；领导 lǐngdǎo：～ of state 国家元首 guójiā yuánshǒu / the ～ of a department 系主任 xìzhǔrèn **4.** 个人 gèrén；个 gè：It costs ￥10 a ～ to eat there. 在那儿吃每人要付十元。Zài nàr chī měirén yào fù shíyuán. **5.** 头 tóu；头数 tóushù：13 ～ of pigs 十三头猪 shísān tóu zhū **6.** 正面 zhèngmiàn * coin：H-s or tails？正面还是反面？Zhèngmiàn háishì fǎnmiàn？/ H-s I win，tails you lose. 正面我赢，反面你输。Zhèngmiàn wǒ yíng，fǎnmiàn nǐ shū. **7.** 头状物 tóuzhuàngwù：the ～ of an arrow 箭头 jiàntóu / the ～ of a hammer 锤子头 chuízitóu **8.** 上方 shàngfāng；上端 shàngduān：at the ～ of a page 一页的上端 yíyède shàngduān **9.** 顶部 dǐngbù：the ～ of a mountain 山顶 shāndǐng **10.** 源头 yuántóu；水头 shuǐtóu：the ～ of a river 河的源头 héde yuántóu **11.** 首席 shǒuxí；重要的位置 zhòngyàode wèizhi **12.** 酒沫 jiǔmò：the ～ on a glass of beer 一杯啤酒上的泡沫 yìbēi píjiǔshangde pàomò **13.** 压力 yālì；动力 dònglì *v.* **1.** 在…的前头 zài … de qiántou；率领 shuàilǐng：～ a delegation 率领一个代表团 shuàilǐng yíge dàibiǎotuán **2.** 朝某个方向前进 cháo mǒuge fāngxiàng qiánjìn：～ straight for home 径直向家里走去 jìngzhí xiàng jiāli zǒuqù 3. 顶 dǐng：～ the ball 顶球 dǐng qiú *a*. 1. 头的 tóude；头部的 tóubùde 2. 主要的 zhǔyàode；首席的 shǒuxíde // an old ～ on young shoulders 少年老成 shàonián lǎochéng / beat sb.'s ～ off 彻底胜过某人 chèdǐ shèngguò mǒurén / be off (out off) one's ～ 疯了 fēngle；神志不清 shénzhì bùqīng / come to a ～ 1. 出脓 chūnóng 2. 达到危急关头 dádào wēijí guāntóu / go to sb.'s ～ 酒醉 jiǔzuì；使某人兴奋 shǐ mǒurén xīngfèn / have a long ～ 有远见 yǒu yuǎnjiàn / ～ and ears 全身 quánshēn；完全 wánquán / ～ first 头向前地 tóu xiàngqiánde；冒失地 màoshide / ～ over heels 1. 头朝下 tóu cháoxià 2. 深深地 shēnshēnde：～ over heels in love 坠入情网 zhuìrù qíngwǎng / keep one's ～ 保持镇静 bǎochí zhènjìng / keep one's ～ above water 免遭灭顶之灾 miǎnzāo miědǐng-zhizāi / laugh one's ～ off 狂笑不止 kuángxiào bùzhǐ / scream one's ～ off 大叫不止 dàjiào bùzhǐ / lay (put) our ～s together 聚在一起商量 jùzài yìqǐ shāngliáng / lose one's ～ 1. 丧命 sàngmìng 2. 不知所措 bùzhī-suǒcuò / make neither ～ nor tail of sth. 对某事摸不着头脑 duì mǒushì mōbuzháo tóunǎo / over sb.'s ～ 不能理解的 bùnéng lǐjiěde / talk sb.'s ～ off 对某人不停地说 duì mǒurén bùtíngde shuō / Two ～s are better than one. 三个臭皮匠顶个诸葛亮。Sānge chòupíjiàng dǐngge Zhūgěliàng.

headache *n*. 1. 头痛 tóutòng：I have a ～. 我头痛。Wǒ tóutòng. 2. 头痛的事 tóutòngde shì：This is a real ～. 这真是头痛的事。Zhè zhēnshì tóutòngde shì.

headdress *n*. 头巾 tóujīn；头饰 tóushì

header *n*. 1. 倒栽(入水) dàozāi (rùshuǐ) 2. 露头砖 lòutóuzhuān；露头石 lòutóushí 3. 顶球 dǐngqiú * in football

headgear *n*. 1. 头饰 tóushì；帽子 màozi；安全帽 ānquánmào 2. 笼头 lóngtou

heading *n*. 1. 航向 hángxiàng；方向 fāngxiàng 2. 标题 biāotí；题目 tímù 3. 顶球 dǐngqiú

headland *n*. 海(角) hǎijiǎo

headless *a*. 1. 无头的 wútóude；无首领的 wúshǒulǐngde 2. 没有头脑的 méiyǒu tóunǎode

headlight *n*. 头灯 tóudēng；前灯 qiándēng；桅灯 wéidēng

headline *n*. 报纸的标题 bàozhǐde biāotí

headlong *ad*. & *a*. **1**. 头向前的 tóu xiàngqiánde **2**. 轻率的 qīngshuàide；莽撞地 mǎngzhuàngde

headman *n*. **1**. 工头 gōngtóu；工长 gōngzhǎng **2**. 酋长 qiúzhǎng；头目 tóumù

headmaster *n*. 校长 xiàozhǎng

headmistress *n*. 女校长 nǚ xiàozhǎng

head-on *a*. & *ad*. 迎面的 yíngmiànde；正面的 zhèngmiànde：a ～ car crash 车辆迎头相撞 chēliàng yíngtóu xiāngzhuàng

headphones *n*. 耳机 ěrjī

headpiece *n*. **1**. 盔 kuī；帽子 màozi；头巾 tóujīn **2**. 头脑 tóunǎo；才智 cáizhì：a good ～ 头脑清楚 tóunǎo qīngchu **3**. 扉页 fēiyè；花饰 huāshì ＊ in printing **4**. 头戴受话器 tóu dài shòuhuàqì ＝ headphone

headquarters *n*. 司令部 sīlìngbù；总部 zǒngbù；本部 běnbù

headset *n*. （一副）耳机 （yífù）ěrjī

headsman *n*. 刽子手 guìzishǒu

headstone *n*. **1**. 墓碑 mùbēi **2**. 墙基石 qiángjīshí

headstrong *a*. 倔强的 juéjiàngde；任性的 rènxìngde；刚愎自用的 gāngbìzìyòngde

headwaters *n*. 源流 yuánliú；上游 shàngyóu

headway *n*. 前进 qiánjìn；进展 jìnzhǎn：make ～ 取得进步 qǔdé jìnbù

headword *n*. **1**. 标题字 biāotízì **2**. 主导词 zhǔdǎocí；中心词 zhōngxīncí

head(-)work *n*. **1**. 脑力劳动 nǎolì láodòng **2**. 拱顶石饰 gǒngdǐng shíshì

heady *n*. **1**. 任性的 rènxìngde；鲁莽的 lǔmǎngde：a ～ action 鲁莽的行为 lǔmǎngde xíngwéi **2**. 使人易醉的 shǐ rén yìzuìde **3**. 令人兴奋的 lìng rén xīngfènde：～ with success 成功令人兴奋 chénggōng lìng rén xīngfèn

heal *v*. **1**. 治愈 zhìyù；愈合 yùhé：His wounds are ～ing. 他的伤口正在愈合。Tāde shāngkǒu zhèngzài yùhé. **2**. 和解 héjiě；平息 píngxī：～ a quarrel 平息一场争吵 píngxī yìchǎng zhēngchǎo

health *n*. **1**. 健康 jiànkāng；健康状况 jiànkāng zhuàngkuàng：be in good ～ 很健康 hěn jiànkāng / the Ministry of H- 卫生部 Wèishēngbù **2**. 卫生 wèishēng：public ～ 公共卫生 gōnggòng wèishēng

healthful *a.* 有益健康的 yǒuyì jiànkāngde；合乎卫生的 héhū wèishēngde：the ～ air 有益于健康的空气 yǒuyìyú jiànkāngde kōngqì

healthiness *n.* **1.** 健康 jiànkāng **2.** 健全 jiànquán

healthy *a.* **1.** 健康的 jiànkāngde；健壮的 jiànzhuàngde **2.** 有益于健康的 yǒuyìyú jiànkāngde；合乎卫生的 héhū wèishēngde **3.** 显示健康的 xiǎnshì jiànkāngde：a ～ skin 健康的皮肤 jiànkāngde pífū

heap *n.* **1.** 堆 duī：a ～ of books 一堆书 yìduī shū / in a ～ 成堆 chéngduī **2.** 大量 dàliàng；许多 xǔduō：We have ～s of time to use. 我们有很多时间用。Wǒmen yǒu hěnduō shíjiān yòng. *v.* **1.** 堆 duī：堆积 duījī：He ～ed books on the floor. 他在地板上堆满了书。Tā zài dìbǎnshang duīmǎnle shū.

heaps *ad.* 非常 fēicháng；极其 jíqí

hear *v.* **1.** 听见 tīngjiàn；听 tīng：I can ～ someone knocking. 我听见有人敲门。Wǒ tīngjiàn yǒu rén qiāomén. **2.** 听说 tīngshuō；得知 dézhī：I ～d that she was ill. 我听说她病了。Wǒ tīngshuō tā bìngle. **3.** 倾听 qīngtīng；听取 tīngqǔ：The judge ～d the case. 法官审讯案子。Fǎguān shěnxùn ànzi. // ～ from 接到某人的信件 jiēdào mǒurénde xìnjiàn；受到某人的批评 shòudào mǒurénde pīpíng / ～ of（about）知道 zhīdao；听说过 tīngshuōguo / H-！H-！听啊！Tīng'ā！说得对！Shuōdeduì！/ ～ sb. out 听某人把话讲完 tīng mǒurén bǎ huà jiǎngwán / make sb. ～d 说给人听 shuō gěi rén tīng / not（never）～ of 不允许 bùyǔnxǔ；不同意 bùtóngyì

hearer *n.* 旁听人 pángtīngrén

hearing *n.* **1.** 听力 tīnglì；听觉 tīngjué：His ～ is very sharp. 他的听觉灵敏。Tāde tīngjué língmǐn. **2.** 听距 tīngjù：within ～ 在能听见的地方 zài néng tīngjiànde dìfang / His voice is beyond ～. 听不到他的声音。Tīngbudào tāde shēngyīn. **3.** 审讯 shěnxùn；听证会 tīngzhènghuì

hearken *v.* 倾听 qīngtīng

hearsay *n.* 传闻 chuánwén；风闻 fēngwén；谣传 yáochuán

hearse *n.* 灵车 língchē；柩车 jiùchē

heart *n.* **1.** 心脏 xīnzàng；心 xīn：My ～ beats fast. 我的心跳得很快。Wǒde xīn tiàode hěnkuài. **2.** 内心 nèixīn；心地 xīndì；心肠 xīncháng：Thank you from the bottom of my ～. 衷心地感谢你。Zhōngxīnde gǎnxiè nǐ. **3.** 中心 zhōngxīn；核心 héxīn：in the ～ of town 在市中心

zài shì zhōngxīn **4**. 心状物 xīnzhuàngwù；红桃 hóngtáo：the Queen of H-s 红心皇后 hóngxīn huánghòu // after one's ～ 称心如意 chènxīn-rúyì / break sb.'s ～ 使某人很伤心 shǐ mǒurén hěn shāngxīn / ～ and soul 全心全意地 quánxīn-quányìde / in one's ～ (of ～s) 在内心深处 zài nèixīn shēnchù / lay sth. to ～ 认真考虑某事 rènzhēn kǎolǜ mǒushì / learn by ～ 记住 jìzhù；背下来 bèixiàlái / lose ～ 失去勇气 shīqù yǒngqì；灰心 huīxīn / lose one's ～ to 倾心于 qīngxīnyú / set one's ～ on sth. 使自己下决心做某事 shǐ zìjǐ xià juéxīn zuò mǒushì / take ～ 鼓起勇气 gǔqǐ yǒngqì / take sth. to ～ 关注某事 guānzhù mǒushì / with all one's ～ 全心全意地 quánxīn-quányìde；十分情愿的 shífēn qíngyuànde / with half a ～ 半心半意地 bànxīn-bànyìde

heartache *n*. 痛心 tòngxīn；伤心 shāngxīn

heartbeat *n*. 心搏 xīnbó；心跳声 xīntiào shēng

heartbroken *a*. 伤心的 shāngxīnde；令人心碎的 lìng rén xīnsuìde

heartburn *n*. **1**. 胃灼热 wèi zhuórè；心口灼热 xīnkǒu zhuórè **2**. 妒忌 dùjì

hearten *v*. 鼓励 gǔlì；激励 jīlì；使人振奋 shǐ rén zhènfèn：～ing news 令人振奋的消息 lìng rén zhènfènde xiāoxi

heartfelt *a*. 衷心的 zhōngxīnde；真诚的 zhēnchéngde

hearth *n*. **1**. 壁炉 bìlú；壁炉地面 bìlú dìmiàn **2**. 炉边 lúbiān；家庭 jiātíng **3**. 炉缸 lúgāng；炉膛 lútáng

hearthstone *n*. 炉石 lúshí；炉边 lúbiān

heartily *ad*. **1**. 衷心地 zhōngxīnde；亲切地 qīnqiède：thank you ～ 衷心地感谢你 zhōngxīnde gǎnxiè nǐ **2**. 精神饱满地 jīngshén-bǎomǎnde **3**. 大量 dàliàng：eat ～ 吃得很多 chīde hěnduō **4**. 非常地 fēichángde：I'm ～ glad of your success. 你的成功让我非常高兴。Nǐde chénggōng ràng wǒ fēicháng gāoxìng.

heartiness *n*. 诚心 chéngxīn；亲切 qīnqiè；热心 rèxīn

heartless *a*. 无情的 wúqíngde；残忍的 cánrěnde；不近人情的 bújìn rénqíngde

heartrending *a*. 令人心碎的 lìng rén xīnsuìde；使人伤心的 shǐ rén shāngxīnde

heart-sick *a*. 心情不好的 xīnqíng bùhǎode；忧伤的 yōushāngde

heartstrings *n*. 心弦 xīnxián；深情 shēnqíng：touch the ～ of the audience 打动观众的心弦 dǎodòng guānzhòngde xīnxián

hearty *a.* 衷心的 zhōngxīnde；热心的 rèxīnde；诚恳的 chéngkěnde * sincere：a ～ welcome 由衷的欢迎 yóuzhōngde huānyíng **2**. 精神饱满的 jīngshén-bǎomǎnde；健壮的 jiànzhuàngde **3**. 丰盛的 fēngshèngde；肥沃的 féiwòde **4**. 胃口好的 wèikǒu hǎode：a ～ eater 能吃的人 néng chīde rén

heat *n.* **1**. 热 rè；热度 rèdù：This will relieve the ～ of the fever. 这会退烧。Zhè huì tuìshāo **2**. 热烈 rèliè；激烈 jīliè：in the ～ of the debate 在激烈的辩论中 zài jīliède biànlùnzhōng **3**. 竞赛 jìngsài；预赛 yùsài：一次努力 yícì nǔlì **4**. 熔炼 róngliàn **5**. 欲火 yùhuǒ * of animals：in ～ 在交尾期中 zài jiāowěiqīzhōng *v.* **1**. 变热 biànrè；加热 jiārè：～ some milk 把牛奶加热 bǎ niúnǎi jiārè **2**. 激动 jīdòng；发怒 fānù

heater *n.* 加热器 jiārèqì；发热器 fārèqì；火炉 huǒlú

heath *n.* 石南丛生的荒地 shínán cóngshēngde huāngdì；石南 shínán；欧石南属植物 ōushínánshǔ zhíwù

heathen *n.* **1**. 异教徒 yìjiàotú **2**. 不信教的人 bú xìnjiàode rén；野蛮的人 yěmánde rén

heathenish *a.* 异教的 yìjiàode；野蛮的 yěmánde；未开化的 wèi kāihuàde

heather *n.* 石南属植物 shínánshǔ zhíwù *a.* 似石南的 sì shínánde：～ mixture 混色毛纱 hùnsè máoshā

heating *a.* 加热的 jiārède；供暖的 gōngnuǎnde：a ～ system 供暖系统 gōngnuǎn xìtǒng *n.* 加热 jiārè；供热 gōngrè

heat-resisting *a.* 耐热的 nàirède

heatstroke *n.* 中暑 zhòngshǔ

heat-treat *v.* 热疗 rèliáo

heave *v.* **1**. 举起 jǔqǐ：We ～d him to his feet. 我们把他举起来。Wǒmen bǎ tā jǔ qǐlái. **2**. 发出 fāchū：～ a sigh 发出一声叹息 fāchū yìshēng tànxī **3**. 起伏 qǐfú：the heaving waves 起伏的波涛 qǐfúde bōtāo **4**. 扔 rēng；掷 zhì：Don't ～ your things around. 不要把你的东西乱扔。Búyào bǎ nǐde dōngxi luànrēng. *n.* **1**. 举 jǔ；拉 lā；扔 rēng **2**. 胀起 zhàngqǐ；鼓起 gǔqǐ

heaven *n.* **1**. 天 tiān；天空 tiānkōng：blue ～s 蓝天 lántiān **2**. ［H-］天堂 tiāntáng；上帝 Shàngdì * God：the will of H- 天意 tiānyì **3**. 极乐 jílè；极乐之地 jílè zhīdì // Good ～s！天哪！Tiānna！/ H- forbid！上天不

容！Shàngtiān bùróng!

heavenly *a.* **1.** 天的 tiānde；天上的 tiānshangde：a ～ body 天体 tiāntǐ **2.** 天国的 tiānguóde；超凡的 chāofánde：～ beauty 天生丽质 tiānshēng lìzhì **3.** 逗人喜爱的 dòurén xǐ'àide

heavenward(s) *ad.* & *a.* 向天(的) xiàngtiān(de)

heavily *ad.* **1.** 重重地 zhòngzhòngde；沉重地 chénzhòngde：a ～ loaded truck 一辆重载卡车 yíliàng zhòngzài kǎchē **2.** 沉痛地 chéntòngde **3.** 缓慢地 huǎnmànde **4.** 大量地 dàliàngde

heaviness *n.* **1.** 重 zhòng；沉重 chénzhòng **2.** 忧伤 yōushāng：～ of heart 情绪低落 qíngxù dīluò

heavy *a.* **1.** 重的 zhòngde；沉的 chénde：The bag is too ～ for me. 这书包太沉了，我拿不动。Zhè shūbāo tàichénle，wǒ nábudòng. **2.** 大量的 dàliàngde；大的 dàde：～ rain 大雨 dàyǔ / ～ traffic 交通拥挤 jiāotōng yōngjǐ **3.** 繁重的 fánzhòngde：～ work 繁重的工作 fánzhòngde gōngzuò **4.** 沉重的 chénzhòngde；令人忧郁的 lìngrén yōuyùde：a ～ heart 沉重的心情 chénzhòngde xīnqíng **5.** 迟钝 chídùn；呆板 áibǎn：be ～ with sleep 因困倦表情呆板 yīn kùnjuàn biǎoqíng áibǎn // ～ with child 怀孕 huáiyùn；大肚子 dàdùzi

heavyweight *n.* **1.** 重量级拳击家 zhòngliàngjí quánjījiā * boxer **2.** 特别重的人 tèbié zhòngde rén * one of above average weight

hebetude *n.* 迟钝 chídùn；无精打采 wújīng dǎcǎi

Hebrew *n.* **1.** 希伯来人 Xībóláirén；犹太人 Yóutàirén **2.** 希伯来语 Xībóláiyǔ *a.* **1.** 希伯来人的 Xībóláirénde；犹太人的 Yóutàirénde **2.** 希伯来语的 Xībóláiyǔde

hecatomb *n.* 大屠杀 dà túshā

heckle *v.* 诘问 jiéwèn

hectare *n.* 公顷 gōngqǐng

hectic *a.* **1.** 兴奋的 xīngfènde；忙乱的 mángluànde：have a ～ time 忙乱了一阵子 mángluànle yízhènzi **2.** 肺病的 fèibìngde；发热的 fārède；脸发红的 liǎn fāhóngde

hecto- *pref.* 百 bǎi；许多 xǔduō

hectogram(me) *n.* 百克 bǎikè

hectograph *n.* 胶版誊写版 jiāobǎn téngxiěbǎn *v.* 用胶版誊写版印刷 yòng jiāobǎn téngxiěbǎn yìnshuā

hectoliter *n.* 百升 bǎishēng
hectometer *n.* 百米 bǎimǐ
hector *v.* **1.** 吓唬 xiàhu **2.** 折磨 zhémo；愚弄 yúnòng *n.* 吓唬人的人 xiàhurénde rén
hedge *n.* **1.** 树篱 shùlí；篱笆 líba：a dead ～ 用树枝编成的篱笆 yòng shùzhī biānchéngde líba **2.** 障碍 zhàng'ài；保护 bǎohù *v.* **1.** 用篱笆围住 yòng líba wéizhù；包围 bāowéi **2.** 躲闪 duǒshǎn；规避 guībì；推诿 tuīwěi
hedgehog *n.* 刺猬 cìwei；豪猪 háozhū
hedgehop *v.* 低空飞行 dīkōng fēixíng
hedgerow *n.* 灌木树篱 guànmù shùlí
hedonism *n.* 享乐主义 xiǎnglèzhǔyì；追求享乐 zhuīqiú xiǎnglè
heed *v.* 注意 zhùyì；留心 liúxīn：She didn't ～ my warning. 她毫不注意我的警告。Tā háobù zhùyì wǒde jǐnggào. *n.* 注意 zhùyì；留意 liúyì
heedful *a.* 注意的 zhùyìde；留心的 liúxīnde
heedless *a.* 不注意的 búzhùyìde；掉以轻心的 diàoyǐ-qīngxīnde：He is ～ of tradition. 他不顾传统。Tā búgù chuántǒng.
heel[1] *n.* **1.** 踵 zhǒng；脚后跟 jiǎohòugēn **2.** 鞋后跟 xiéhòugēn * of shoes；袜后跟 wàhòugēn * of socks **3.** 节瘤 jiéliú * of plant **4.** 卑鄙的人 bēibǐde rén；小偷 xiǎotōu *v.* **1.** 给…钉后掌 gěi … dīng hòuzhǎng **2.** 紧跟 jǐngēn；追赶 zhuīgǎn **3.** 用脚后跟传球 yòng jiǎohòugēn chuánqiú // at ～ 跟在后面 gēnzài hòumian / at sb.'s ～s 紧跟在某人后面 jǐngēnzài mǒurén hòumian / come to ～（狗）紧跟在主人后面（gǒu）jǐngēnzài zhǔrén hòumian；顺从 shùncóng / cop a ～ 越狱 yuèyù；逃跑 táopǎo / down at the ～ 鞋穿得磨掉了后跟 xié chuānde módiàole hòugēn；衣衫褴褛的 yīshān lánlǚde / kick one's ～s 久等 jiǔděng；空等 kōngděng / out at the ～s 鞋跟有洞的 xiégēn yǒudòngde；褴褛的 lánlǚde / take to one's ～ 逃走 táozǒu；逃之夭夭 táozhī-yāoyāo / turn on one's ～ 急向后转 jí xiànghòu zhuǎn / under the ～ of 被…践踏 bèi … jiàntà；被蹂躏 bèi róulìn
heel[2] *v.* 倾侧 qīngcè；倾斜 qīngxié：The ship ～ed over in the storm. 这艘船在暴风雨中倾侧了。Zhèsōu chuán zài bàofēngyǔzhōng qīngcèle.
hegemony *n.* 霸权主义 bàquánzhǔyì：aim at world ～ 寻求世界霸权 xúnqiú shìjiè bàquán

hefty *a.* 大的 dàde；重的 zhòngde
heifer *n.* 小牝牛 xiǎopìnniú；小母牛 xiǎomǔniú
heigh-ho *int.* 嗨嗬 Hāihē！
height *n.* **1.** 高 gāo；高度 gāodù；海拔 hǎibá：My brother is six feet in ～. 我兄弟身高六呎。Wǒ xiōngdi shēngāo liù chǐ. **2.** 高处 gāochù；高地 gāodì **3.** 极点 jídiǎn；顶点 dǐngdiǎn：in the ～ of summer 在盛夏的时候 zài shèngxiàde shíhou
heighten *v.* **1.** 加高 jiāgāo；提高 tígāo **2.** 加强 jiāqiáng；增强 zēngqiáng：～ one's confidence 增强信心 zēngqiáng xìnxīn
heinous *a.* 极可恨的 jí kěhènde；极凶残的 jí xiōngcánde：a ～ crime 重罪 zhòngzuì
heir *n.* 继承人 jìchéngrén；嗣子 sìzǐ：an ～ to property 遗产继承人 yíchǎn jìchéngrén
heiress *n.* 女继承人 nǚ jìchéngrén；嗣女 sìnǚ
heirloom *n.* 传家宝 chuánjiābǎo；祖传物 zǔchuánwù
helical *a.* 螺旋形的 luóxuánxíngde；螺旋的 luóxuánde
helicon *n.* 圈形大号 quānxíng dàhào
helicopter *n.* 直升飞机 zhíshēng fēijī *v.* 用直升飞机运送 yòng zhíshēng fēijī yùnsòng
helidrome *n.* 直升飞机场 zhíshēng fēijīchǎng
heliograph *n.* 回光仪 huíguāngyí；日光反射信号器 rìguāng fǎnshè xìnhàoqì
heliotrope *n.* **1.** 天芥菜 tiānjiècài **2.** 淡紫色 dànzǐsè **3.** 鸡血石 jīxuèshí
helium *n.* 氦 hài
helix *n.* 螺旋形 luóxuánxíng；螺旋线 luóxuánxiàn
hell *n.* **1.** 地狱 dìyù；阴间 yīnjiān **2.** 苦境 kǔjìng；极大的痛苦 jídàde tòngkǔ：a ～ on earth 人间地狱 rénjiān dìyù **3.** 训斥 xùnchì；大骂 dàmà：get ～ from sb. 被某人大骂 bèi mǒurén dàmà **4.** 赌窟 dǔkū // a ～ of 地狱般的 dìyùbānde / catch ～ 挨训斥 ái xùnchì；受惩罚 shòu chéngfá / Go to ～！滚开！Gǔnkāi！该死！Gāisǐ！/ H- breaks loose. 喧闹起来。Xuānnào qǐlái. / in ～ 到底 dàodǐ：What in ～ are you doing？你到底在干什么？Nǐ dàodǐ zài gàn shénme？/ just for the ～ of it 只是为了好玩 zhǐshì wèile hǎowán / like ～ 拼命地 pīnmìngde：eat like ～ 拼命地吃 pīnmìngde chī

hellebore *n.* 菟葵 tùkuí

Hellene *n.* 古希腊人 gǔ Xīlàrén；希腊人 Xīlàrén

hellish *a.* **1.** 地狱似的 dìyùshìde；恶魔似的 èmóshìde **2.** 可憎的 kězēngde

hello *int.* & *n.* 喂 wèi；你好 nǐhǎo

helm *n.* 舵 duò；舵柄 duòbǐng；舵轮 duòlún：take the ～ 掌舵 zhǎngduò / at the ～ of state 掌握着政权 zhǎngwòzhe zhèngquán *v.* 掌舵 zhǎngduò；指挥 zhǐhuī

helmet *n.* 盔 kuī；钢盔 gāngkuī；安全帽 ānquánmào

helmsman *n.* 舵手 duòshǒu

helot *n.* 古代斯巴达农奴 gǔdài Sībādá nóngnú

help *v.* **1.** 帮助 bāngzhù；援助 yuánzhù：Please ～ me！请帮助我！Qǐng bāngzhù wǒ！/ This book ～s a lot. 这本书很有用。Zhèběn shū hěn yǒuyòng. / Could you ～ me up？你能扶我上去吗？Nǐ néng fú wǒ shàngqùma？**2.** 治疗 zhìliáo；补救 bǔjiù：This medicinal herb ～s a headache. 这种草药可以治头疼。Zhèzhǒng cǎoyào kěyǐ zhì tóuténg. **3.** 使进食 shǐ jìnshí；款待 kuǎndài：Please ～ yourself. 请随便用。Qǐng suíbiàn yòng. **4.** 避免 bìmiǎn；阻止 zǔzhǐ：I cannot ～ it. 我也没办法。Wǒ yě méi bànfǎ. / I couldn't ～ laughing. 我忍不住笑起来。Wǒ rěnbuzhù xiào qǐlái. **5.** 助长 zhùzhǎng；促进 cùjìn：～ digestion 帮助消化 bāngzhù xiāohuà *n.* **1.** 帮助 bāngzhù：Thank you for your kind ～. 谢谢你帮助。Xièxie nǐ bāngzhù. **2.** 帮手 bāngshǒu；助手 zhùshǒu：a good ～ 得力助手 délì zhùshǒu **3.** 救助的方法 jiùzhùde fāngfǎ；治疗 zhìliáo **4.** 佣人 yōngrén；家仆 jiāpú

helper *n.* 助手 zhùshǒu；帮手 bāngshǒu；佣工 yōnggōng

helpful *a.* 有帮助的 yǒu bāngzhùde；有用的 yǒuyòngde

helping *a.* 帮助的 bāngzhùde；辅助的 fǔzhùde：a ～ verb 助动词 zhùdòngcí *n.* 食物的一份 shíwùde yífèn：Give me another ～, please. 请再给我一份。Qǐng zài gěi wǒ yífèn.

helpless *a.* **1.** 未受到帮助的 wèi shòudào bāngzhùde **2.** 不能自助的 bùnéng zìzhùde

helpmate *n.* 配偶 pèi'ǒu；伴侣 bànlǚ：a model ～ 贤妻 xiánqī

helter-skelter *ad.* 慌慌张张地 huānghuang-zhāngzhāngde；手脚忙乱地 shǒujiǎo mángluànde；狼狈地 lángbèide

helve *n.* 斧柄 fǔbǐng

hem[1] *n.* 折边 zhébiān；卷边 juǎnbiān *v.* **1.** 缝…的边 féng … de biān **2.** 包围 bāowéi；禁闭 jìnbì：～ in the enemy 包围敌人 bāowéi dírén

hem[2] *int.* 哼 hēng *v.* 哼一声 hēng yìshēng

hemisphere *n.* 半球 bànqiú；地球的半球 dìqiúde bànqiú：the Northern H- 北半球 běi Bànqiú

hemlock *n.* 铁杉 tiěshān

hemoglobin *n.* 血红蛋白 xuèhóngdànbái

hemophilia *n.* 血友病 xuèyǒubìng

hemophiliac *ad.* 血友病的 xuèyǒubìngde *n.* 血友病患者 xuèyǒubìng huànzhě

hemorrhage *n.* 出血 chūxiě：internal ～ 内出血 nèi chūxiě

hemp *n.* **1.** 大麻 dàmá；大麻纤维 dàmá xiānwéi **2.** [the ～] 由大麻制成的麻醉药 yóu dàmá zhìchéngde mázuìyào

hemstitch *n.* 抽丝刺绣针法 chōusī cìxiù zhēnfǎ

hen *n.* **1.** 母鸡 mǔjī **2.** 雌禽 cíqín **3.** 雌性 cíxìng：a ～ bird 雌性鸟 cíxìngniǎo

hence *ad.* **1.** 因此 yīncǐ；由于 yóuyú：It is very late，～ you go to bed. 已经很晚了，你得去睡了。Yǐjīng hěnwǎnle，nǐděi qùshuìle. **2.** 从此时 cóng cǐshí；从此地 cóng cǐdì：ten years ～ 今后十年 jīnhòu shínián // ～ with 拿开 nákāi；拿走 názǒu

henceforth，henceforward *ad.* 从今以后 cóngjīn yǐhòu；今后 jīnhòu

hencemen *n.* **1.** 亲信 qīnxìn；心腹 xīnfù **2.** 支持者 zhīchízhě；仆从 púcóng

hen coop *n.* 鸡笼 jīlóng

henna *n.* 散沫花 sànmòhuā

henpecked *a.* 怕老婆的 pà lǎopode；惧内的 jùnèide

her *pron.* 她 tā：I know ～. 我认识她。Wǒ rènshi tā. *a.* 她的 tāde：It's ～ pen，not yours. 那是她的笔，不是你的。Nàshì tāde bǐ，búshì nǐde.

herald *n.* **1.** 报信者 bàoxìnzhě；通报者 tōngbàozhě；通报 tōngbào **2.** 使者 shǐzhě **3.** 先驱 xiānqū *v.* 预示…的到来 yùshì … de dàolái

heraldry *n.* **1.** 纹章 wénzhāng **2.** 纹章学 wénzhāngxué

herb *n.* 草 cǎo；香草 xiāngcǎo：medicinal ～s 草药 cǎoyào

herbage *n.* 草本植物 cǎoběn zhíwù；牧草 mùcǎo

herbarium *n.* 植物标本集 zhíwù biāoběnjí；植物标本室 zhíwù biāoběnshì；植物标本盒 zhíwù biāoběnhé

herculean *a.* **1.** 力大无比的 lìdà-wúbǐde **2.** 费力的 fèilìde；艰巨的 jiānjùde：a ～ labor 吃力的工作 chīlìde gōngzuò

herd *n.* 群 qún；牲口群 shēngkouqún；兽群 shòuqún：a ～ of elephants 一群象 yìqún xiàng *v.* **1.** 放牧 fàngmù；把…赶到一起 bǎ … gǎndào yìqǐ **2.** 成群 chéngqún；结队 jiéduì

herder *n.* 牧人 mùrén；牧工 mùgōng

here *ad.* **1.** 这里 zhèlǐ；在这里 zài zhèlǐ；向这里 xiàng zhèlǐ；到这里 dào zhèlǐ：I live ～. 我住在这里。Wǒ zhùzài zhèlǐ. / Come ～！到这里来！Dào zhèlǐ lái！/ H- it is. 在这里。Zài zhèlǐ. 给你。Gěinǐ. / H- I am. 我来了。Wǒ láile. **2.** 在这点上 zài zhèdiǎnshang；这时 zhèshí：H- the speaker paused. 讲演人讲到这一点时停了一下。Jiǎngyǎnrén jiǎngdào zhèyìdiǎnshí tíngle yíxià. **3.** 在这个世界上 zài zhège shìjièshang；在尘世间 zài chénshì jiān // Here！到！Dào！有！Yǒu！/ ～ and now 此时此地 cǐshí cǐdì / ～ and there 各处 gèchù / H-'s to your health！祝您健康。Zhù nín jiànkāng！/ neither ～ nor there 与题目不相干 yǔ tímù bùxiānggān

hereabout(s) *ad.* 在这里附近 zài zhèlǐ fùjìn

hereafter *ad.* 今后 jīnhòu *n.* 未来 wèilái；来世 láishì

hereby *ad.* 以此 yǐcǐ；特此 tècǐ：Notice is ～ given. 特此布告。Tècǐ bùgào.

hereditary *a.* **1.** 世袭的 shìxíde **2.** 遗传的 yíchuánde：a ～ disease 遗传病 yíchuánbìng

heredity *n.* **1.** 遗传 yíchuán **2.** 遗传特征 yíchuán tèzhēng

herein *ad.* 此中 cǐzhōng；于此 yúcǐ：H- lies the answer. 这里就包含着答案。Zhèlǐ jiù bāohánzhe dá'àn.

hereof *ad.* **1.** 在文件中 zài wénjiàn zhōng **2.** 关于这个 guānyú zhège

heresy *n.* **1.** 异教 yìjiào；异端 yìduān；信奉异教 xìnfèng yìjiào **2.** 邪说 xiéshuō；信奉邪说 xìnfèng xiéshuō

heretic *n.* **1.** 异教徒 yìjiàotú；持异端论者 chí yìduānlùnzhě **2.** 信奉邪说的人 xìnfèng xiéshuōde rén

heretical *a.* 异教的 yìjiàode；异端的 yìduānde

heretofore *ad.* 迄今为止 qìjīnwéizhǐ；在此以前 zàicǐ yǐqián

hereupon *ad*. 于是 yúshì；关于这个 guānyú zhège

herewith *ad*. 与此一道 yǔcǐ yídào；并此 bìngcǐ：A cheque is enclosed ～. 随信附上一张支票。Suíxìn fùshàng yìzhāng zhīpiào.

heritable *a*. **1**. 可继承的 kě jìchéngde；被继承的 bèi jìchéngde **2**. 可遗传的 kě yíchuánde；被遗传的 bèi yíchuánde

heritage *n*. **1**. 世袭财产 shìxí cáichǎn **2**. 遗产 yíchǎn；传统 chuántǒng；继承物 jìchéngwù：China's cultural ～ 中国的文化传统 Zhōngguóde wénhuà chuántǒng

hermetic(al) *a*. **1**. 密封的 mìfēngde；不透气的 bú tòuqìde **2**. 炼金术的 liànjīnshùde；奥妙的 àomiàode

hermit *n*. 隐士 yǐnshì；修道士 xiūdàoshì

hermitage *n*. 隐居处 yǐnjūchù；修道院 xiūdàoyuàn

hero *n*. **1**. 英雄 yīngxióng；豪杰 háojié；勇士 yǒngshì **2**. 男主角 nán zhǔjué；男主人公 nán zhǔréngōng * in a novel, play, etc.

heroic *a*. **1**. 英雄的 yīngxióngde；英勇的 yīngyǒngde；崇高的 chónggāode：～ conduct 英勇的行为 yīngyǒngde xíngwéi / ～ deeds 英雄的事迹 yīngxióngde shìjì **2**. 壮大的 zhuàngdàde；夸大的 kuādàde；特大的 tèdàde：a statue of ～ size 比真人大的塑像 bǐ zhēnrén dàde sùxiàng **3**. 猛烈的 měngliède；大的 dàde：a ～ drug 烈性麻醉品 lièxìng mázuìpǐn

heroin *n*. 海洛因 hǎiluòyīn

heroine *n*. **1**. 女英雄 nǚ yīngxióng；女豪杰 nǚ háojié **2**. 女主角 nǚ zhǔjué；女主人公 nǚ zhǔréngōng * in a novel, play, etc.

heroism *n*. 英雄气概 yīngxióng qìgài；英雄品质 yīngxióng pǐnzhì；英雄主义 yīngxióngzhǔyì：individualist ～ 个人英雄主义 gèrén yīngxióngzhǔyì

heron *n*. 鹭 lù

herpetology *n*. 爬虫学 páchóngxué

herring *n*. 鲱鱼 fēiyú：～ oil 鲱鱼油 fēiyúyóu // red ～ 熏鲱鱼 xūn fēiyú / be packed as close as ～s 挤得像罐头里的鲱鱼 jǐde xiàng guàntoulide fēiyú / draw a red ～ across the path 把话题扯到别处 bǎ huàtí chědào biéchù

herringbone *n*. **1**. 鲱骨 fēigǔ **2**. 人字形 rénzìxíng *a*. 人字形的 rénzìxíngde；鲱骨状的 fēigǔzhuàngde

hers *pron*. 她的 tāde：I've borrowed a book of ～. 我借了她的一本书。Wǒ jièle tāde yìběn shū.

herself *pron.* **1.** 她自己 tāzìjǐ：She hurt ～. 她伤了自己。Tā shāngle zìjǐ. **2.** 她亲自 tāqīnzì：She told me the news ～. 她亲自告诉我这个消息的。Tā qīnzì gàosu wǒ zhège xiāoxide. / I want to see Miss Li ～. 我要见李小姐本人。Wǒ yào jiàn Lǐxiǎojiě běnrén. **3.** 她的正常状况 tāde zhèngcháng zhuàngkuàng：She's not ～ today. 她今天不舒服。Tā jīntiān bù shūfu. // (all) by ～ 她独自地 tā dúzìde；她独立地 tā dúlìde

hesitance，hesitancy *n.* 踌躇 chóuchú；犹豫 yóuyù

hesitant *a.* 踌躇的 chóuchúde；犹豫的 yóuyùde

hesitate *v.* **1.** 踌躇 chóuchú；犹豫 yóuyù：She ～s about joining the expedition. 她对参加探险队犹豫不决。Tā duì cānjiā tànxiǎnduì yóuyù-bùjué. **2.** 语言支吾 yǔyán zhīwu：～ in speaking 说话吞吞吐吐 shuōhuà tūntun-tǔtǔ **3.** 口吃 kǒuchī

hesitation *n.* 踌躇 chóuchú；犹豫 yóuyù：without ～ 毫不踌躇地 háobù chóuchúde

Hesperus *n.* 金星 Jīnxīng（长庚星 Chánggēngxīng）

heterodox *a.* **1.** 不合于公认标准的 bù héyú gōngrèn biāozhǔnde **2.** 异教的 yìjiàode；异端的 yìduānde；非正统的 fēi zhèngtǒngde

heterodoxy *n.* 异端 yìduān；异教 yìjiào；邪说 xiéshuō

heterodyne *n.* 外差法 wàichāfǎ

heterogen *n.* 异基因 yìjīyīn

heterogeneous *a.* **1.** 异类的 yìlèide；不同的 bùtóngde **2.** 由不同成分组成的 yóu bùtóng chéngfen zǔchéngde；不纯的 bù chúnde

heterosexual *a.* 异性爱的 yìxìng'àide；异性的 yìxìngde

heuristic *a.* 启发式的 qǐfāshide；启发的 qǐfāde：the ～ method of teaching 启发式教学方法 qǐfāshì jiàoxué fāngfǎ

hew *v.* **1.** 砍 kǎn；劈 pī：～ down a branch 砍掉一根树枝 kǎndiào yìgēn shùzhī **2.** 开辟 kāipì；劈成 pīchéng：～ one's way 开出一条路 kāichū yìtiáo lù **3.** 坚持 jiānchí；遵守 zūnshǒu

hewer *n.* 砍伐者 kǎnfázhě；采煤工人 cǎiméi gōngrén

hexagon *n.* 六边形 liùbiānxíng；六角形 liùjiǎoxíng

hexameter *n.* 六韵步的诗 liùyùnbùde shī

hexamine *n.* 六胺 liù'ān；乌洛托品 wūluòtuōpǐn

hey *int.* 嘿！Hēi！

heyday *n.* 全盛时期 quánshèng shíqī：in the ～ of youth 在年轻力壮的时

候 zài niánqīng-lìzhuàngde shíhou

hiatus *n.* **1.** 裂缝 lièfèng；空隙 kòngxì **2.** 脱字 tuōzì；漏句 lòujù

hibernate *v.* **1.** 冬眠 dōngmián；蛰伏 zhéfú * of animals **2.** 越冬 yuèdōng * of plant **3.** 避寒 bìhán：* of person

hibiscus *n.* 木槿 mùjǐn

hiccup, hiccough *n.* 打嗝儿 dǎgér；打呃 dǎ'è；打呃声 dǎ'èshēng *v.* 打呃 dǎ'è

hickory *n.* 山核桃属植物 shānhétáoshǔ zhíwù；山核桃木 shānhétáomù

hidden *a.* 隐藏的 yǐncángde；秘密的 mìmìde；神秘的 shénmìde：a ~ danger 隐患 yǐnhuàn

hide[1] *n.* **1.** 兽皮 shòupí；皮革 pígé * of animals **2.** 皮肤 pífū；厚脸皮 hòuliǎnpí

hide[2] *v.* **1.** 藏 cáng；把…隐藏起来 bǎ … yǐncáng qǐlái：~ behind the door 藏在门后 cángzài ménhòu **2.** 掩盖 yǎngài；遮住 zhēzhù：~ some important facts 掩盖了某些重要事实 yǎngàile mǒuxiē zhòngyào shìshí / The sun was hidden by the clouds. 乌云遮住了太阳。Wūyún zhēzhùle tàiyáng. *n.* 躲藏处 duǒcángchù

hide-and-seek *n.* 捉迷藏 zhuōmícáng：play (at) ~ with 与…捉迷藏 yǔ … zhuōmícáng

hidebound *a.* **1.** 墨守成规的 mòshǒu-chéngguīde；死板的 sǐbǎnde **2.** 气量小的 qìliàng xiǎode；心胸狭窄的 xīnxiōng-xiázhǎide **3.** 皮包骨的 píbāogǔde * of animal

hideous *a.* 丑陋的 chǒulòude；可怕的 kěpàde；骇人听闻的 hàirén-tīngwénde：a ~ face 丑陋的面孔 chǒulòude miànkǒng / a ~ noise 可怕的声音 kěpàde shēngyīn

hideout *n.* 隐藏处 yǐncángchù

hiding[1] *n.* 痛打 tòngdǎ；鞭打 biāndǎ：a good ~ 痛打 tòngdǎ

hiding[2] *n.* 躲藏 duǒcáng；躲藏处 duǒcángchù // be in ~ 躲藏起来 duǒcáng qǐlái / come out of ~ 从躲藏处出来 cóng duǒcángchù chūlái；出现 chūxiàn

hierarchy *n.* 等级制度 děngjí zhìdù；阶层 jiēcéng：a sense of ~ 等级观念 děngjí guānniàn

hieroglyphics *n.* 象形文字 xiàngxíng wénzì

hi-fi *n.* & *a.* 高保真度（的）音响设备 gāo bǎozhēndù（de）yīnxiǎng shèbèi

higgle *v.* 讨价还价 tǎojià huánjià；讲条件 jiǎng tiáojiàn

higgledypiggledy *a.* & *ad.* 乱七八糟 luànqī-bāzāo；杂乱无章地 záluàn wúzhāngde

high *a.* **1.** 高的 gāode：a ～ mountain 高山 gāoshān **2.** 高级的 gānjíde；高等的 gāoděngde；高贵的 gāoguìde：a ～ official 高级官员 gāojí guānyuán / ～er education 高等教育 gāoděng jiàoyù **3.** 尖的 jiānde；声调高的 shēngdiào gāode ＊ of sounds：She speaks in a ～ voice. 她说话声音很尖。Tā shuōhuà shēngyīn hěnjiān. **4.** 正盛的 zhèngshèngde；成熟的 chéngshúde：～ summer 盛夏 shèngxià / It is ～ time we started. 现在是我们该出发的时刻了。Xiànzài shì wǒmen gāi chūfāde shíkèle. **5.** 高尚的 gāoshàngde；高傲的 gāo'àode：～ aims 崇高的目的 chónggāode mùdì / a ～ manner 高傲的态度 gāo'àode tàidu **6.** 高度的 gāodùde；超常的 chāochángde；很大的 hěndàde：a ～ speed 高速 gāosù / a ～ price 高价 gāojià / in ～ spirits 兴高采烈 xìnggāo-cǎiliè **7.** 不新鲜的 bù xīnxiānde；变质的 biànzhìde **8.** 醉了的 zuìlede；被麻醉品麻醉了的 bèi mázuìpǐn mázuìlede *n.* **1.** 天堂 tiāntáng；上天 shàngtiān：from（on）～ 从天上 cóng tiānshang；从高处 cóng gāochù **2.** 高水准 gāo shuǐzhǔn；高峰 gāofēng **3.** 高气压 gāoqìyā *ad.* **1.** 高 gāo：We climbed ～. 我们爬得很高。Wǒmen páde hěngāo. **2.** 高价的 gāojiàde；高额的 gāo'éde：play ～ 大赌 dàdǔ；出大牌 chū dàpái **3.** 奢侈的 shēchǐde

highborn *a.* 出身高贵的 chūshēn gāoguìde

highbrow *n.* 自以为有文化修养的人 zìyǐwéi yǒu wénhuà xiūyǎngde rén *a.* 高级趣味的 gāojí qùwèide

higher *a.* 较高的 jiàogāode；高等的 gāoděngde；高级的 gāojíde

highest *a.* 最高的 zuìgāode

high-flown *a.* 高超的 gāochāode；浮夸的 fúkuāde；好高骛远的 hàogāo-wùyuǎnde

high-frequency *a.* 高频(率)的 gāo pínlǜde；高周率的 gāo zhōulǜde

high-grade *a.* 高级的 gāojíde；优等的 yōuděngde；优质的 yōuzhìde

high-handed *a.* 高压的 gāoyāde；专横的 zhuānhèngde：～ measures 高压手段 gāoyā shǒuduàn

highland *n.* 山地 shāndì；高地 gāodì；高原 gāoyuán：the H-s 苏格兰高地 Sūgélán gāodì

highlander *n.* **1.** 山地人 shāndìrén **2.** ［H-］苏格兰高地人 Sūgélán gāodì rén

highlight *n.* **1.** 光线最强处 guāngxiàn zuìqiáng chù * on a picture or photograph，etc. **2.** 最精彩部分 zuì jīngcǎi bùfen；最突出部分 zuì tūchū bùfen *v.* **1.** 使显著 shǐ xiǎnzhù；使突出 shǐ tūchū **2.** 照亮 zhàoliàng

highly *ad.* 高度地 gāodùde；非常 fēicháng：～ interesting 极其有趣地 jíqí yǒuqùde

high-minded *a.* 崇高的 chónggāode；品格高尚的 pǐngé gāoshàngde

highness *n.* **1.** 高 gāo；高度 gāodù **2.** 高尚 gāoshàng；高贵 gāoguì：the ～ of character 品行高尚 pǐnxíng gāoshàng **3.** 殿下 diànxià ＝ Your H-

high-pitched *a.* **1.** 声调高的 shēngdiào gāode * of sounds or voices **2.** 坡度大的 pōdùdàde * of a roof

high-pressure *a.* **1.** 高压的 gāoyāde；高气压的 gāoqìyāde **2.** 强行推销的 qiángxíng tuīxiāode *v.* 用高压手段强行推销商品 yòng gāoyā shǒuduàn qiángxíng tuīxiāo shāngpǐn

high-ranking *a.* 高级的 gāojíde：～ officials 高级官员 gāojí guānyuán

highroad *n.* **1.** 大道 dàdào；公路 gōnglù **2.** 途径 tújìng：the ～ to health 通往健康的路 tōngwǎng jiànkāngde lù

high-speed *a.* 高速度的 gāo sùdùde

high-strung *a.* 十分敏感的 shífēn mǐngǎnde；易激动的 yì jīdòngde；紧张的 jǐnzhāngde

hightide *n.* 高潮 gāocháo；顶点 dǐngdiǎn

high-water mark *n.* **1.** 高水位 gāo shuǐwèi；高潮线 gāocháoxiàn **2.** 顶点 dǐngdiǎn

highway *n.* **1.** 公路 gōnglù **2.** 水路 shuǐlù **3.** 捷径 jiéjìng：a ～ to success 成功的道路 chénggōngde dàolù

highwayman *n.* 拦路抢劫的强盗 lánlù qiǎngjiéde qiángdào

hijack *v.* **1.** 劫持飞机 jiéchí fēijī **2.** 拦路抢劫 lánlù qiǎngjié

hike *v.* & *n.* **1.** 远足 yuǎnzú；长途徒步旅行 chángtú túbù lǚxíng **2.** 升高 shēnggāo；举高 jǔgāo：～d the child up 把孩子高举 bǎ háizi gāojǔ **3.** 提高 tígāo；增加 zēngjiā：～ rents 提高租金 tígāo zūjīn

hilarious *a.* 欢闹的 huānnàode；狂欢的 kuánghuānde

hill *n.* **1.** 小山 xiǎoshān；丘陵 qiūlíng；山坡 shānpō **2.** 土堆 tǔduī *v.* 把…堆成土堆 bǎ … duīchéng tǔduī

hillock *n.* 小丘 xiǎoqiū

hillside *n.* 山坡 shānpō；山腰 shānyāo

hilltop *n.* 小山山顶 xiǎoshān shāndǐng

hilly *a.* **1.** 多小山的 duō xiǎoshānde；丘陵的 qiūlíngde **2.** 多坡的 duōpōde；陡的 dǒude

hilt *n.* 刀把儿 dāobàr；剑柄 jiànbǐng // up to the ～ 充分的 chōngfènde；彻底的 chèdǐde

him *pron.* 他 tā：I know ～. 我认识他。Wǒ rènshi tā.

Himalaya *n.* the Himalaya Mountains ＝ the Himalayas 喜马拉雅山脉 Xǐmǎlāyǎ shānmài

himself *pron.* **1.** 他自己 tāzìjǐ：He did it for ～. 他是为他自己作的。Tā shì wèi tāzìjǐ zuòde. **2.** 亲自 qīnzì；他本人 tāběnrén：Did you see the teacher ～？你见到老师本人了吗？Nǐ jiàndào lǎoshī běnrénlema?/ He ～ says so. 他亲口说的。Tā qīnkǒu shuōde. **3.** 他的健康情绪情况 tāde jiànkāng qíngxù qíngkuàng：He is not quite ～ today. 他今天不大舒服。Tā jīntiān búdà shūfu. //（all）by ～ **1.** 独自地 dúzìde **2.** 独立地 dúlìde

hind[1] *a.* 后部的 hòubùde；后面的 hòumiande；在后的 zài hòude：a ～ wheel 后轮 hòulún

hind[2] *n.* 红色雌鹿 hóngsè cílù

hinder[1] *v.* 妨碍 fáng'ài；阻止 zǔzhǐ：Don't ～ him in his work. 不要妨碍他的工作。Búyào fáng'ài tāde gōngzuò.

hinder[2] *a.* 后面的 hòumiande；后部的 hòubùde；在后的 zài hòude

hindermost *a.* 最后的 zuìhòude；最后面的 zuì hòumiande

Hindi *a.* 北印度的 běi Yìndùde；印地语的 Yìndìyǔde *n.* 印地语 Yìndìyǔ；印地人 Yìngdìrén

hindmost *a.* 最后的 zuìhòude；最后面的 zuì hòumiande

hindrance *n.* **1.** 妨碍 fáng'ài；障碍 zhàng'ài **2.** 妨碍的人 fáng'àide rén；障碍物 zhàng'àiwù

Hindu *n.* 印度人 Yìndùrén；印度教信徒 Yìndùjiào xìntú *a.* 印度人的 Yìndùrénde；印度教的 Yìndùjiàode

Hinduism *n.* 印度教 Yìndùjiào

Hindustani *a.* **1.** 印度斯坦的 Yìndùsītǎnde **2.** 印度斯坦人的 Yìndùsītǎnrénde **3.** 印度斯坦语的 Yìndùsītǎnyǔde *n.* **1.** 印度斯坦语 Yìndùsītǎnyǔ **2.** 印度斯坦人 Yìndùsītǎnrén

hinge *n.* **1.** 绞链 jiǎoliàn；折叶 zhéyè **2.** 关键 guānjiàn；转折点 zhuǎnzhédiǎn *v.* 给…安上绞链 gěi … ānshàng jiǎoliàn // off the ～s 脱开绞链 tuōkāi jiǎoliàn；精神失常的 jīngshén shīchángde

hint *n.* **1.** 暗示 ànshì：give（drop）a person a ～ 给人暗示 gěi rén ànshì / take a ～ 领会 lǐnghuì；接受别人的暗示 jiēshòu biérénde ànshì **2.** 少量 shǎoliàng；微量 wēiliàng：a ～ of garlic 少量的大蒜 shǎoliàngde dàsuàn *v.* 暗示 ànshì；示意 shìyì：I ～ed at my anxiety. 我暗示自己很着急。Wǒ ànshì zìjǐ hěn zháojí.

hinterland *n.* **1.** 内地 nèidì **2.** 穷乡僻壤 qióngxiāng-pìrǎng；远离城市的地方 yuǎnlí chéngshìde dìfang

hip[1] *n.* **1.** 臀部 túnbù **2.** 屋脊 wūjǐ *v.* 给…造屋脊 gěi … zào wūjǐ * of a roof // smite ～ and thigh 痛打 tòngdǎ

hip[2] *int.* 欢呼声 huānhūshēng * a cry and cheer：Hip，hip，hurrah！嘻！嘻！乌拉！Xī！Xī！Wūlā！

hip[3] *n.* 蔷薇果 qiángwēiguǒ

hippodrome *n.* **1.** 竞技场 jìngjìchǎng **2.** 马戏场 mǎxìchǎng

hippopotamus *n.* 河马 hémǎ

hire *n.* **1.** 租用 zūyòng；雇用 gùyòng：bicycles on ～ 供出租的自行车 gōng chūzūde zìxíngchē **2.** 租金 zūjīn；工钱 gōngqian *v.* 租 zū；雇 gù：～ a hall 租用礼堂 zūyòng lǐtáng / ～ a man 雇人 gùrén

hireling *n.* 佣人 yōngrén；雇工 gùgōng *a.* 雇佣的 gùyōngde

his *pron.* & *a.* 他的 tāde：a friend of ～ 他的一个朋友 tāde yíge péngyou / ～ pen 他的钢笔 tāde gāngbǐ

hiss *v.* **1.** 发嘶嘶声 fā sīsīshēng：snakes ～ 蛇发出嘶嘶声 shé fāchū sīsīshēng **2.** 发出嘘声 fāchū xūshēng：～ an actor 对演员喝倒采 duì yǎnyuán hè dàocǎi *n.* 嘶嘶声 sīsīshēng

histology *n.* 组织学 zǔzhīxué

historian *n.* 历史学家 lìshǐxuéjiā；年代史编者 niándàishǐ biānzhě

historic *a.* **1.** 历史性的 lìshǐxìngde；有历史意义的 yǒu lìshǐ yìyìde：a ～ city 历史名城 lìshǐ míngchéng **2.** 历史的 lìshǐde：a ～ time 有历史记载的时期 yǒu lìshǐ jìzǎide shíqī

historical *a.* 历史的 lìshǐde；历史上的 lìshǐshangde：～ evidence 史料 shǐliào/ ～ studies 历史研究 lìshǐ yánjiū / ～ play 历史剧 lìshǐjù

history *n.* **1.** 历史 lìshǐ；历史学 lìshǐxué：Chinese ～ 中国史 Zhōngguóshǐ **2.** 记载 jìzǎi；沿革 yángé；来历 láilì：a ～ of the last war 上次战争的记载 shàngcì zhànzhēngde jìzǎi / one's personal ～ 个人履历 gèrén lǚlì **3.** 过去的事 guòqùde shì；过时了的事 guòshílede shì

hit *v.* **1.** 打 dǎ；打击 dǎjī；击中 jīzhòng：～ the target 击中目标：jīzhòng mùbiāo / ～ hard at the enemy 狠狠打击敌人 hěnhěn dǎjī dírén **2.** 碰撞 pèngzhuàng；使碰撞 shǐ pèngzhuàng：The car ～ the wall. 汽车撞墙了。Qìchē zhuàngqiángle. **3.** 达到 dádào；抵达 dǐdá：We ～ the main road. 我们到了大路。Wǒmen dàole dàlù. **4.** 偶然碰上 ǒurán pèngshàng；找到 zhǎodào：～ water 找到了水 zhǎodàole shuǐ / ～ on an idea 想出一个主意 xiǎngchū yíge zhǔyi **5.** 得分 défēn ＊ in cricket：He ～ 3 runs. 他得了三分。Tā déle sānfēn. *n.* **1.** 一击 yìjī；击中 jīzhòng：five ～s and two misses 五次击中，两次未中 wǔcì jīzhòng，liǎngcì wèizhòng **2.** 碰撞 pèngzhuàng **3.** 讽刺 fěngcì；俏皮话 qiàopíhuà：That was a ～ at you. 那番讽刺是针对着你的。Nàfān fěngcì shì zhēnduìzhe nǐde. **4.** 十分成功 shífēn chénggōng：The play was a ～. 这出戏十分成功。Zhèchū xì shífēn chénggōng. // ～ it off 相处得好 xiāngchǔde hǎo；合得来 hédelái / ～ off 模仿 mófǎng / ～ the nail on the head 说中 shuōzhòng；一语道破 yìyǔ-dàopò / ～ up 请求 qǐngqiú

hitch *v.* **1.** 急拉 jílā；拽 zhuài：～ up one's trousers 提起裤子 tíqǐ kùzi **2.** 拴 shuān；钩住 gōuzhù；挂住 guàzhù：My dress ～ed on a nail. 我的衣服钩在钉子上了。Wǒde yīfu gōuzài dīngzishangle. **3.** 搭便车 dā biànchē：Let's ～ a ride. 让我们搭一次便车。Ràng wǒmen dā yícì biànchē. *n.* **1.** 急拉 jílā；急推 jítuī **2.** 蹒跚 pánshān **3.** 故障 gùzhàng；障碍 zhàng'ài：a slight ～ 轻微的障碍 qīngwēide zhàng'ài **4** 绳结 shéngjié；接头 jiētóu

hitchhike *v.* 搭便车旅行 dā biànchē lǚxíng

hither *ad.* 到这里 dào zhèlǐ：Come ～！到这里来！Dào zhèlǐ lái！

hitherto *ad.* 迄今 qìjīn；到目前为止 dào mùqián wéizhǐ

hitter *n.* 击手 jīshǒu；打手 dǎshǒu

hive *n.* **1.** 蜂箱 fēngxiāng；蜂房 fēngfáng **2.** 蜂群 fēngqún **3.** 喧闹繁忙的场所 xuānnào fánmángde chǎngsuǒ *v.* 群居 qúnjū // ～ off 分封

fēnfēng * of bees；从团体中分出 cóng tuántǐzhōng fēnchū

hives *n.* 荨麻疹 qiánmázhěn

HL =(the) House of Lords 上议院 Shàngyìyuàn；上院 Shàngyuàn

ho *int.* 嗬 hè

hoar *a.* **1.** 灰白的 huībáide **2.** 灰白头发的 huībái tóufade **3.** 铺满白霜的 pūmǎn báishuāngde *n.* 灰白的 huībáide

hoard *n.* 秘藏的钱财 mìcángde qiáncái；贮藏物 zhùcángwù *v.* 窖藏 jiàocáng；积聚 jījù：～ the vegetables for the winter 窖存冬天用的蔬菜 jiàocún dōngtiān yòngde shūcài

hoarding *n.* **1.** 贮藏 zhùcáng **2.** 板围 bǎnwéi；招贴板 zhāotiēbǎn；广告牌 guǎnggàopái

hoarfrost *n.* 白霜 báishuāng

hoarse *a.* **1.** 嘶哑的 sīyǎde * of a voice：shout oneself ～ 把嗓子喊哑 bǎ sǎngzi hǎnyǎ

hoary *a.* **1.** 灰白色的 huībáisède **2.** 灰白头发的 huībái tóufade：a woman ～ with age 年老头发灰白的妇人 niánlǎo tóufa huībáide fùrén

hoax *n.* 欺骗 qīpiàn；戏弄 xìnòng；骗局 piànjú *v.* 欺骗 qīpiàn；戏弄 xìnòng：They ～ed him out of his money. 他们骗去了他的钱财。Tāmen piànqùle tāde qiáncái.

hob *n.* **1.** 炉旁的架子 lúpángde jiàzi **2.** 滚铣刀 gǔnxǐdāo

hobble *v.* & *n.* **1.** 跛行 pǒxíng **2.** 拴住马腿 shuānzhù mǎtuǐ

hobby *n.* 业余爱好 yèyú àihào；嗜好 shìhào；癖好 pǐhào：ride a ～ 沉溺于嗜好之中 chénnì yú shìhào zhīzhōng

hobby-horse *n.* **1.** 木马 mùmǎ；竹马 zhúmǎ * a child's toy **2.** 反复爱讲的话题 fǎnfù àijiǎngde huàtí

hobgoblin *n.* 妖魔 yāomó；怪物 guàiwù

hobnail *n.* 平头钉 píngtóudīng

hobnob *v.* **1.** 亲近 qīnjìn；亲密 qīnmì **2.** 共饮 gòngyǐn；亲切交谈 qīnqiè jiāotán

hobo *n.* 流浪汉 liúlànghàn；流动工人 liúdòng gōngrén *v.* 过流浪生活 guò liúlàng shēnghuó

Hobson's choice 没有选择 méiyǒu xuǎnzé；不容选择 bùróng xuǎnzé

hock[1] *n.* **1.** 跗关节 fūguānjié * of animals **2.** 腿肉 tuǐròu

hock² *n.* 白葡萄酒 báipútáojiǔ

hock³ *n.* **1.** 典当 diǎndàng；抵押 dǐyā **2.** 囚禁 qiújìn；监禁 jiānjìn；监牢 jiānláo // in ～ 在典当中 zài diǎndàngzhōng；在监牢里 zài jiānláoli

hockey *n.* 曲棍球 qūgùnqiú

hocuspocus *n.* **1.** 欺骗 qīpiàn **2.** 变戏法的咒语 biàn xìfǎde zhòuyǔ；转移注意力的言行 zhuǎnyí zhùyìlìde yánxíng *v.* 哄骗 hǒngpiàn；戏弄 xìnòng

hod *n.* 灰浆桶 huījiāngtǒng；煤斗 méidǒu

hodgepodge *n.* 大杂烩 dàzáhuì

hoe *n.* 锄头 chútou *v.* 锄 chú；锄地 chúdì：～ up weeds 锄草 chúcǎo

hog *n.* **1.** 肥猪 féizhū；阉过的公猪 yānguòde gōngzhū：raise ～s 养猪 yǎngzhū **2.** 自私的人 zìsīde rén；贪婪的人 tānlánde rén *v.* **1.** 过多地拿取 guòduōde náqǔ **2.** 象猪一样拱起 xiàng zhū yíyàng gǒngqǐ // go the whole ～ 彻底地干 chèdǐde gàn；完全接受 wánquán jiēshòu / live high off the ～ 生活奢侈 shēnghuó shēchǐ / make a ～ of oneself 贪食 tānshí

hoggish *a.* 象猪似的 xiàng zhūshìde；自私的 zìsīde；贪婪的 tānlánde；肮脏的 āngzangde

hogshead *n.* 大啤酒桶 dà píjiǔtǒng

hoist *v.* 扯起 chěqǐ；绞起 jiǎoqǐ；升起 shēngqǐ：～ a flag 升旗 shēngqí / ～ sail 扬帆 yángfān *n.* 起重机 qǐzhòngjī；卷扬机 juǎnyángjī

hold *v.* **1.** 拿 ná；握 wò；抱 bào：I held his hand. 我握住他的手。Wǒ wòzhù tāde shǒu. / She is ～ing the baby. 她抱着孩子。Tā bàozhe háizi. **2.** 保持 bǎochí；持续 chíxù：H- yourself still. 不要动。Búyào dòng. / How long can the good weather ～? 好天气能持续多久？Hǎotiānqì néng chíxù duōjiǔ? **3.** 容纳 róngnà；装得下 zhuāngdexià：How much water does this cup ～? 这只杯子装多少水？Zhèzhī bēizi zhuāng duōshao shuǐ? / This bag will ～ all my things. 这个袋子能装得下我所有的东西。Zhège dàizi néng zhuāngdexià wǒ suǒyǒude dōngxi. **4.** 拥有 yōngyǒu；占有 zhànyǒu：She ～s the office of chairman. 她担任主席的职务。Tā dānrèn zhǔxíde zhíwù. / He ～s a half share. 他拥有一半的股票。Tā yōngyǒu yíbànde gǔpiào. **5.** 以为 yǐwéi；认为 rènwéi：I ～ it to be impossible. 我认为不可能。Wǒ rènwéi bù kěnéng. **6.** 举行 jǔxíng：～ a meeting 举行会议 jǔxíng huìyì / ～ an examination 举行考试 jǔxíng kǎoshì **7.** 支持 zhīchí；经得住 jīngdezhù：That rope won't ～ you. 那条绳子经不住你。Nàtiáo shéngzi jīngbuzhù nǐ. **8.** 有效 yǒuxiào；适用 shìyòng：The contract still ～s. 契约继续有效。Qìyuē jìxù yǒuxiào. **9.** 占据 zhànjù；守住 shǒuzhù；吸住 xīzhù：～ a position 守住阵地 shǒuzhù zhèndì / ～ an audience 吸引观众 xīyǐn guānzhòng **10.** 抑制 yìzhì；止住 zhǐzhù；约束 yuēshù：～ one's breath 屏息 bǐngxī；屏住气 bǐngzhuqì / H- your tongue. 住嘴。Zhùzuǐ. / There is no ～ing him. 他这人是管不住的。Tā zhèrén shì guǎnbuzhùde. // ～ back **1.** 踌躇 chóuchú；退缩不前 tuìsuō bùqián **2.** 阻止 zǔzhǐ **3.** 克制 kèzhì；抑制 yìzhì **4.** 隐瞒 yǐnmán / ～ down 压制 yāzhì；抑制 yìzhì；压低 yādī：～ down prices 压低物价 yādī wùjià / ～ down a job 保持住职位 bǎochízhù zhíwèi / ～ in 约束 yuēshù；抑制 yìzhì / ～ off 不接近 bù jiējìn；拖延 tuōyán / ～ on **1.** 继续 jìxù **2.** 抓住 zhuāzhù；抓牢 zhuāláo **3.** 不挂上(电话) bú guàshàng (diànhuà)/ ～ one's ground 坚持立场 jiānchí lìchǎng / ～ out **1.** 坚持 jiānchí；不退让 bú tuìràng **2.** 支持 zhīchí；维持 wéichí **3.** 伸出 shēnchū；提供 tígōng / ～ over **1.** 将…延迟 jiāng … yánchí **2.** 期满后继任 qīmǎnhòu jìrèn；续雇 xùgù / ～ together 团结一致 tuánjié-yízhì / ～ up **1.** 举起 jǔqǐ；抬起 táiqǐ **2.** 支撑 zhīchēng：The roof was held up by pillars. 屋顶用柱子支撑着。Wūdǐng yòng zhùzi zhīchēngzhe. **3.** 阻挡 zǔdǎng；使停顿 shǐ tíngdùn：～ up the traffic 使交通停顿 shǐ jiāotōng tíngdùn **4.** 抢劫 qiǎngjié *n.* **1.** 抓 zhuā；掌握 zhǎngwò **2.** 把手 bǎshǒu；支撑点 zhīchēngdiǎn **3.** 货舱 huòcāng；底层舱 dǐcéngcāng

holdback *n.* **1.** 障碍物 zhàng'àiwù **2.** 被暂时扣下的东西 bèi zànshí kòuxiàde dōngxi

holder *n.* **1.** 持有人 chíyǒurén；占有者 zhànyǒuzhě；持票人 chípiàorén：a record ～ 记录保持者 jìlù bǎochízhě **2.** 托 duō；支架 zhījià；座 zuò：a lamp ～ 灯座 dēngzuò **3.** 柄 bǐng；把 bà

holdfast *n.* **1.** 夹子 jiāzi；夹钳 jiāqián **2.** 支架 zhījià

holding *n.* **1.** 所有物 suǒyǒuwù；占有的土地 zhànyǒude tǔdì：a ～ company 控股公司 kònggǔ gōngsī **2.** 支持物 zhīchíwù；托住物 tuōzhùwù **3.** 持球 chíqiú

holdover *n.* **1.** 留任的官员 liúrènde guānyuán；遗留下来的事物 yíliú xiàláide shìwù **2.** 留级生 liújíshēng

holdup *n.* **1.** 拦劫 lánjié；抢劫 qiǎngjié **2.** 停顿 tíngdùn；阻碍 zǔ'ài

hole *n.* **1.** 孔 kǒng；洞 dòng：dig a ～ 挖洞 wādòng / a bullet ～ 弹孔 dànkǒng **2.** 洞穴 dòngxué；窝 wō：the ～ of a fox 狐狸窝 húliwō **3.** 困境 kùnjìng；窘境 jiǒngjìng *v.* 穿孔 chuānkǒng；打洞 dǎdòng // be in a ～ 处于困境 chǔyú kùnjìng / every ～ and corner 每个角落 měige jiǎoluò / make a ～ in 在…凿洞 zài … záodòng / pick a ～ in 对…找毛病 duì … zhǎo máobìng；指责 zhǐzé

holiday *n.* **1.** 假日 jiàrì；节日 jiérì **2.** 假期 jiàqī；休假 xiūjià：summer ～s 暑假 shǔjià // on a ～ 在度假 zài dùjià / take a ～ 休假 xiūjià

holiness *n.* **1.** 神圣 shénshèng **2.** His H- 陛下 bìxià

hollow *a.* **1.** 空的 kōngde；中空的 zhōngkōngde：a ～ brick 空心砖 kōngxīnzhuān **2.** 凹陷的 āoxiànde；凹的 āode：～ cheeks 凹陷的双颊 āoxiànde shuāngjiá **3.** 空虚的 kōngxūde；虚假的 xūjiǎde：～ words 空话 kōnghuà **4.** 空腹的 kōngfùde；饿的 ède **5.** 空洞的 kōngdòngde * of sounds *n.* **1.** 洞 dòng；坑 kēng；洼地 wādì：a ～ in the road 路上的一个坑 lùshangde yíge kēng **2.** 山谷 shāngǔ *v.* 挖空 wākōng；凿空 záokōng；变空 biànkōng：～ out a log 挖空木头 wākōng mùtou

holly *n.* 冬青植物属 dōngqīng zhíwùshǔ

hollyhock *n.* 蜀葵 shǔkuí

Hollywood *n.* 好莱坞 Hǎoláiwū *a.* 好莱坞式的 Hǎoláiwūshìde

holmium *n.* 钬〔符号 Ho〕huǒ

holster *n.* 手枪皮套 shǒuqiāng pítào

holy *a.* **1.** 神圣的 shénshèngde：the H- Bible 圣经 Shèngjīng **2.** 圣洁的 shèngjiéde；至善的 zhìshànde **3.** 献身于宗教的 xiànshēnyú zōngjiàode *n.* 圣地 shèngdì：H- of Holies 至圣之地 zhìshèng zhīdì

homage *n.* **1.** 尊敬 zūnjìng；敬意 jìngyì **2.** 效忠 xiàozhōng // pay ～ to 向…表示敬意 xiàng … biǎoshì jìngyì

home *n.* **1.** 家 jiā；家庭 jiātíng：My ～ is in Beijing. 我的家在北京。Wǒde jiā zài Běijīng. **2.** 故乡 gùxiāng；家乡 jiāxiāng：leave ～ 离开家乡 líkāi jiāxiāng **3.** 本国 běnguó **4.** 疗养所 liáoyǎngsuǒ；养育院 yǎngyùyuàn；收容所 shōuróngsuǒ：nursing ～ 疗养院 liáoyǎngyuàn **5.** 产地 chǎndì；生长地 shēngzhǎngdì：the ～ of tigers 老虎的产地 lǎohǔde chǎndì *a.* **1.** 家 jiā；家庭的 jiātíngde **2.** 本国的 běnguóde；国内的 guónèide **3.** 本地的 běndìde *ad.* **1.** 在家 zàijiā；回家 huíjiā **2.** 在家乡 zài jiāxiāng **3.** 在本国

zài běnguó **4**. 打中要害 dǎzhòng yàohài；透彻地 tòuchède：hit a person ～ 打中某人的要害 dǎzhòng mǒurénde yàohài // at ～ **1**. 在家 zàijiā **2**. 像在家里一样舒适 xiàng zàijiāli yíyàng shūshì **3**. 熟悉的 shúxīde；到家的 dàojiāde：He is at ～ with Chinese. 他的汉语学到家了。Tāde Hànyǔ xué dàojiāle.

homeland *n*. 祖国 zǔguó；故乡 gùxiāng

homeless *a*. 无家可归的 wújiākěguīde

homelike *a*. 家庭似的 jiātíngshìde；舒适的 shūshìde

homely *a*. **1**. 家庭的 jiātíngde；家常的 jiāchángde：a ～ meal 家常便饭 jiācháng-biànfàn **2**. 朴实的 pǔshíde；亲切的 qīnqiède：a ～ atmosphere 像家庭的亲切气氛 xiàng jiātíngde qīnqiè qìfēn **3**. 不好看的 bù hǎokànde

homemade *a*. 家里做的 jiāli zuòde；国产的 guóchǎnde

homemaker *n*. 主妇 zhǔfù；持家的妇女 chíjiāde fùnǚ

homesick *a*. 想家的 xiǎngjiāde；思乡病的 sīxiāngbìngde

homesickness *n*. 思乡病 sīxiāngbìng；怀乡病 huáixiāngbìng

homespun *a*. **1**. 家里织的 jiāli zhīde；家里做的 jiāli zuòde **2**. 简朴的 jiǎnpǔde；粗陋的 cūlòude **3**. 朴实的 pǔshíde *n*. 土布 tǔbù；手工纺织品 shǒugōng fǎngzhīpǐn

homestead *n*. **1**. 家宅 jiāzhái；家园 jiāyuán **2**. 农庄 nóngzhuāng

homeward(s) *a*. & *ad*. 回家的 huíjiāde；回国的 huíguóde：a ～ voyage 归航 guīháng

homework *n*. 家庭作业 jiātíng zuòyè；课外作业 kèwài zuòyè

homicide *n*. 杀人 shārén；杀人者 shārénzhě

homily *n*. 说教 shuōjiào；布道 bùdào

homing *n*. & *a*. **1**. 归来(的) guīlái(de)；回家的 huíjiāde：a ～ pigeon 信鸽 xìngē **2**. 归航(的) guīháng(de)；导航的 dǎoháng(de)

hominy *n*. 玉米粥 yùmǐzhōu；玉米粒 yùmǐlì

homogeneous *a*. **1**. 同类的 tónglèide；同族的 tóngzúde；相似的 xiāngsìde **2**. 均匀的 jūnyúnde；同质的 tóngzhìde；均一的 jūnyīde

homograph *n*. 同形异义词 tóngxíng yìyìcí

homologous *a*. **1**. 相应的 xiāngyìngde；类似的 lèisìde **2**. 同系的 tóngxìde

homologue *n*. 同系物 tóngxìwù

homonym *n*. 同音异义词 tóngyīn yìyìcí；同形异义词 tóngxíng yìyìcí

homophone *n.* 同音异义词 tóngyīn yìyìcí："Piece" and "peace" are two ～s. "Piece"和"peace"是两个同音异义词。"Piece" hé "peace" shì liǎngge tóngyīn yìyìcì.

homosexual *n.* 同性恋者 tóngxìngliànzhě *a.* 同性恋的 tóngxìngliànde

hone *n.* 磨刀石 módāoshí；(细)磨石 (xì)móshí *v.* 磨 mó：～ a razor 磨剃刀 mó tìdāo

honest *a.* **1.** 诚实的 chéngshíde；正直的 zhèngzhíde：an ～ man 正直的人 zhèngzhíde rén **2.** 直率的 zhíshuàide；坦诚的 tǎnchéngde **3.** 纯正的 chúnzhèngde；真正的 zhēnzhèngde：～ milk 纯牛奶 chún niúnǎi

honesty *n.* 诚实 chéngshí；老实 lǎoshi；正直 zhèngzhí；善良 shànliáng：H- is the best policy. 诚实才是上策。Chéngshí cáishì shàngcè.

honey *n.* **1.** 蜂蜜 fēngmì；蜜 mì **2.** 甜 tián；甜蜜 tiánmì **3.** 宝贝儿 bǎobèir **4.** 极出色的事物 jí chūsède shìwù

honeybee *n.* 蜜蜂 mìfēng

honeycomb *n.* **1.** 蜂窝 fēngwō；蜂巢 fēngcháo **2.** 似蜂巢状的东西 sì fēngcháo zhuàngde dōngxi

honeydew *n.* **1.** 甘汁 gānzhī；蜜露 mìlù **2.** 加甜味的烟草 jiā tiánwèide yāncǎo

honeymoon *n.* 蜜月 mìyuè *v.* 度蜜月 dù mìyuè

honeysuckle *n.* 忍冬属 rěndōngshǔ

honk *n.* **1.** 雁叫声 yànjiàoshēng **2.** 汽车喇叭声 qìchē lǎbashēng *v.* **1.** 按汽车喇叭 àn qìchē lǎba；发出雁叫声 fāchū yànjiàoshēng：He ～ed his horn as he went past. 他经过时按喇叭。Tā jīngguòshí àn lǎba.

honorary *a.* 名誉的 míngyùde；荣誉的 róngyùde：He's an ～ member. 他是名誉会员。Tā shì míngyù huìyuán.

hono(u)r *n.* **1.** 荣誉 róngyù；光荣 guāngróng：win ～ 赢得荣誉 yíngdé róngyù **2.** 尊敬 zūnjìng；敬意 jìngyì：show ～ to sb. 向某人表示敬意 xiàng mǒurén biǎoshì jìngyì **3.** 人格 réngé；名誉 míngyù：on one's ～ 用名誉担保 yòng míngyù dānbǎo **4.** 引以为荣 yǐnyǐ-wéiróng：You are an ～ to our country. 你是我们国家的光荣。Nǐ shì wǒmen guójiāde guāngróng. **5.** Your ～, His ～ 阁下 géxià；大人 dàren **6.** 仪式 yíshì；荣典 róngdiǎn：the funeral ～s 葬礼 zànglǐ **7.** 优等成绩 yōuděng chéngjī：graduate with ～s 以优异的成绩毕业 yǐ yōuyìde chéngjī bìyè *v*. **1.** 给…以光荣 gěi…yǐ guāngróng；使荣耀 shǐ róngyào：I feel ～ed to meet you. 见到您很荣幸。Jiàndào nín hěn róngxìng. **2.** 承兑 chéngduì；如期支付 rúqī zhīfù：～ a cheque 承兑支票 chéngduì zhīpiào **3.** 尊敬 zūnjìng；敬重 jìngzhòng // be bound in ～ to do sth. 道义上必须做某事 dàoyìshang bìxū zuò mǒushì / in ～ of 向…表示敬意 xiàng…biǎoshì jìngyì；为了招待… wèile zhāodài…；为了纪念… wèile jìniàn… / pay ～ to 向…致敬 xiàng…zhìjìng

hono(u)rable *a*. **1.** 荣誉的 róngyùde；光荣的 guāngróngde **2.** 可敬的 kějìngde；尊敬的 zūnjìngde **3.** [H-] 尊敬的 zūnjìngde：my ～ friend 我尊敬的朋友 wǒ zūnjìngde péngyou

hood *n*. **1.** 头巾 tóujīn；兜帽 dōumào **2.** 罩子 zhàozi；覆盖物 fùgàiwù **3.** 车篷 chēpéng **4.** 引擎罩 yǐnqíngzhào；车头盖 chētóugài ＊ of a car

hoodlum *n*. 暴徒 bàotú；恶棍 ègùn；阿飞 āfēi

hoodwink *v*. 蒙混 ménghùn；欺骗 qīpiàn

hoof *n*. **1.** 蹄 tí **2.** 足 zú *v*. **1.** 走 zǒu **2.** 踢 tī；踏 tà // on the ～ 活着的 huózhede；待宰的 dàizǎide / show the ～ 现原形 xiàn yuánxíng；露马脚 lòu mǎjiǎo

hook *n*. **1.** 钩 gōu；挂钩 guàgōu：a fish ～ 鱼钩 yúgōu **2.** 镰刀 liándāo；弯钩 wāngōu **3.** 钩拳 gōuquán ＊ in boxing *v*. **1.** 钩住 gōuzhù；用钩连接 yòng gōu liánjiē：～ my dress up. 把我的衣服挂在钩上。Bǎ wǒde yīfu guàzài gōushang. **2.** 使成钩状 shǐchéng gōuzhuàng **3.** 用肘弯击 yòng zhǒuwānjī ＊ in boxing // by ～ or by crook 不择手段 bùzé shǒuduàn；用种种方法 yòng zhǒngzhǒng fāngfǎ

hookup *n*. **1.** 联播 liánbō；转播 zhuǎnbō **2.** 线路图 xiànlùtú；接线图 jiēxiàntú **3.** 联盟 liánméng

hookworm *n*. 钩虫 gōuchóng

hooligan *n*. 小流氓 xiǎoliúmáng；歹徒 dǎitú

hoop *n*. **1.** 环箍 huángū **2.** 铁环 tiěhuán；木环 mùhuán；裙环 qúnhuán *v*. 加箍于 jiāgūyú

hoot *n*. **1.** 猫头鹰叫声 māotóuyīng jiàoshēng **2.** 汽车喇叭声 qìchē lǎbashēng；汽笛声 qìdíshēng **3.** 不满的叫声 bùmǎnde jiàoshēng；狂笑声 kuángxiàoshēng *v*. **1.** 发出枭叫声 fāchū xiāojiàoshēng **2.** 起哄 qǐhòng；轰赶 hōnggǎn：～ a man down 把某人轰下来 bǎ mǒurén hōngxiàlái // not care a ～ 毫不在乎 háobù zàihu / not worth a ～ 毫无价值 háowú jiàzhí

hooter *n.* 汽笛 qìdí

hop[1] *n.* **1.** [～s] 啤酒花 píjiǔhuā **2.** 蛇麻子 shémázǐ

hop[2] *v.* **1.** 单脚跳 dānjiǎotiào **2.** 跳跃 tiàoyuè **3.** 越过 yuèguo: He ～ped the stream. 他跃过小溪。Tā yuèguo xiǎoxī. *n.* **1.** 单脚跳 dānjiǎo tiào: ～, step, and jump 三级跳远 sānjí tiàoyuǎn **2.** 跳跃 tiàoyuè **3.** 一段航程 yíduàn hángchéng: It's a short ～ from Beijing to Shanghai. 从北京到上海是一段短程飞行。Cóng Běijīng dào Shànghǎi shì yíduàn duǎnchéng fēixíng. // ～ it 走开 zǒukāi / ～ off 起飞 qǐfēi / ～ to 作短途旅行 zuò duǎntú lǚxíng

hope *n.* **1.** 希望 xīwàng; 愿望 yuànwàng: There is a ～ of success. 有成功的希望。Yǒu chénggōngde xīwàng. / full of ～ 充满了希望 chōngmǎnle xīwàng **2.** 希望的对象 xīwàngde duìxiàng: You are my only ～. 你是我唯一的希望。Nǐ shì wǒ wéiyīde xīwàng. *v.* 希望 xīwàng; 盼望 pànwàng: I ～ to see you again. 我希望再见到你。Wǒ xīwàng zài jiàndào nǐ. / I ～ so. 我希望是这样。Wǒ xīwàng shì zhèyàng. (但愿如此。Dànyuàn rúcǐ.) // beyond ～ 没有希望 méiyǒu xīwàng / ～ against ～ 抱一线希望 bào yíxiàn xīwàng / ～ for the best 抱乐观的希望 bào lèguānde xīwàng / in ～s of 怀着…希望 huáizhe…xīwàng

hopeful *a.* **1.** 怀着希望的 huáizhe xīwàngde: be ～ about the future 对未来怀着希望 duì wèilái huáizhe xīwàng **2.** 有希望的 yǒu xīwàngde: a ～ outlook 有希望的前途 yǒu xīwàngde qiántú *n.* 有希望成功的人 yǒu xīwàng chénggōngde rén

hopeless *a.* **1.** 没有希望的 méiyǒu xīwàngde; 绝望的 juéwàngde **2.** 无可救药的 wúkě jiùyàode

hopper *n.* **1.** 单足跳者 dānzútiàozhě **2.** 跳虫 tiàochóng; 跳蚤 tiàozao **3.** 送料漏斗 sòngliào lòudǒu

horde *n.* **1.** 人群 rénqún **2.** 大群 dàqún: a ～ of locusts 一群蝗虫 yìqún huángchóng **3.** 游牧部落 yóumù bùluò; 游牧民族 yóumù mínzú

horizon *n.* **1.** 地平 dìpíng; 地平线 dìpíngxiàn **2.** 眼界 yǎnjiè; 见识 jiànshi: widen one's ～s 开阔眼界 kāikuò yǎnjiè

horizontal *a*. **1**. 地平的 dìpíngde；地平线的 dìpíngxiànde **2**. 水平的 shuǐpíngde；卧式的 wòshìde：a ～ bar 单杠 dāngàng / a ～ engine 卧式发动机 wòshì fādòngjī *n*. 水平线 shuǐpíngxiàn；水平物 shuǐpíngwù

hormone *n*. 激素 jīsù；荷尔蒙 hé'ěrméng

Horn, Cape *n*. 合恩角 Hé'ēnjiǎo

horn *n*. **1**. 角 jiǎo ＊ of animal；触角 chùjiǎo ＊ of insects **2**. 角制品 jiǎozhìpǐn：a drinking ～ 角制杯 jiǎozhìbēi **3**. 号角 hàojiǎo ＊ musical instrument；喇叭 lǎba：a French ～ 法国号 Fǎguó hào **4**. 报警器 bàojǐngqì；汽车喇叭 qìchē lǎba：motor ～ 汽车喇叭 qìchē lǎba // a ～ of plenty 丰饶角 fēngráojiǎo；丰饶的象征 fēngráode xiàngzhēng / blow one's own ～ 自吹自擂 zìchuī-zìlèi / draw in one's ～s **1**. 退缩 tuìsuō；撤退 chètuì **2**. 克制自己 kèzhì zìjǐ / ～ in 闯入 chuǎngrù；侵入 qīnrù；干涉 gānshè

hornblende *n*. 角闪石 jiǎoshǎnshí

horned *a*. **1**. 有角的 yǒujiǎode：～ animal 有角的动物 yǒujiǎode dòngwù **2**. 角状的 jiǎozhuàngde

hornet *n*. 大黄蜂 dàhuángfēng

horny *a*. **1**. 角的 jiǎode；角制的 jiǎozhìde **2**. 角状的 jiǎozhuàngde **3**. 坚硬的 jiānyìngde

horrible *a*. **1**. 可怕的 kěpàde；恐怖的 kǒngbùde：a ～ accident 可怕的事故 kěpàde shìgù **2**. 令人讨厌的 lìngrén tǎoyànde：What ～ weather! 多讨厌的天气！Duō tǎoyànde tiānqì！

horrid *a*. **1**. 恐怖的 kǒngbùde **2**. 令人厌恶的 lìngrén yànwùde

horrify *v*. 使恐怖 shǐkǒngbù；恐吓 kǒnghè：I was horrified by the news. 这消息把我吓坏了。Zhè xiāoxi bǎ wǒ xiàhuàile.

horror *n*. **1**. 恐怖 kǒngbù；战栗 zhànlì：cry out in ～ 吓得叫出声来 xiàde jiàochū shēnglái / the ～ of war 战争的恐怖 zhànzhēngde kǒngbù **2**. 极端讨厌 jíduān tǎoyàn：I have a ～ of snakes. 我极讨厌蛇。Wǒ jí tǎoyàn shé.

hors-d'oeuvre *n*. 凉拼盘 liángpīnpán

horse *n*. **1**. 马 mǎ：ride a ～ 骑马 qímǎ **2**. 骑兵 qíbīng：a regiment of ～s 一团骑兵 yìtuán qíbīng **3**. 木架 mùjià：a clothes ～ 衣架 yījià // be on one's high ～ 趾高气扬 zhǐgāo-qìyáng / change ～s 换马 huànmǎ；换班子 huàn bānzi / Hold your ～！不要冲动！Búyào chōngdòng！/ put the cart before the ～ 本末倒置 běnmò-dàozhì / talk ～ 吹牛 chuīniú；说大话 shuō dàhuà

horseback *n.* 马背 mǎbèi：go on ～ 骑着马去 qízhe mǎ qù

horsefly *n.* 虻 méng；马蝇 mǎyíng

horsehair *n.* 马鬃 mǎzōng；马毛 mǎmáo

horseman *n.* **1.** 骑手 qíshǒu；骑师 qíshī **2.** 养马人 yǎngmǎrén

horsemanship *n.* 马术 mǎshù；骑术 qíshù

horseplay *n.* 喧闹的游戏 xuānnàode yóuxì；胡闹 húnào

horsepower *n.* 马力 mǎlì

horserace *n.* 赛马 sàimǎ；跑马 pǎomǎ

horseradish *n.* 辣根 làgēn

horseshoe *n.* **1.** 马蹄铁 mǎtítiě；马掌 mǎzhǎng **2.** 马蹄形的东西 mǎtíxíngde dōngxi

horsy *a.* **1.** 马的 mǎde；马似的 mǎshìde **2.** 爱骑马的 àiqímǎde；好马的 hàomǎde；爱赛马的 àisàimǎde

horticultural *a.* 园艺的 yuányìde

horticulture *n.* 园艺(学) yuányì(xué)

horticulturist *n.* 园艺家 yuányìjiā

hose *n.* **1.** 长统袜 chángtǒngwà；短统袜 duǎntǒngwà **2.** 软管 ruǎnguǎn：a fire ～ 救火水管 jiùhuǒ shuǐguǎn *v.* 用水管浇洗 yòng shuǐguǎn jiāoxǐ：～ the car 用水管冲洗汽车 yòng shuǐguǎn chōngxǐ qìchē

hosier *n.* 针织品经销商 zhēnzhīpǐn jīngxiāoshāng

hosiery *n.* **1.** 针织品 zhēnzhīpǐn **2.** 袜 wà

hospitable *a.* 好客的 hàokède；殷勤的 yīnqínde；招待周到的 zhāodài zhōudàode：a ～ reception 热情的接待 rèqíngde jiēdài

hospital *n.* 医院 yīyuàn：in the ～ 住院 zhùyuàn / out of ～ 出院 chūyuàn / an infectious ～ 传染病院 chuánrǎn bìngyuàn

hospitality *n.* 好客 hàokè；殷勤 yīnqín；款待 kuǎndài

hospitalize *v.* 把…送进医院 bǎ…sòngjìn yīyuàn

host[1] *n.* **1.** 主人 zhǔrén；东道主 dōngdàozhǔ：a ～ country 东道国 dōngdàoguó **2.** 旅店老板 lǚdiàn lǎobǎn **3.** 节目主持人 jiémù zhǔchírén

host[2] *n.* 一大群 yídàqún；许多 xǔduō：～ of things 许多事情 xǔduō shìqing

hostage *n.* 人质 rénzhì；抵押品 dǐyāpǐn：He was held as a ～. 他被扣作

人质。Tā bèi kòuzuò rénzhì.

hostel *n*. **1**. 旅店 lǚdiàn **2**. 招待所 zhāodàisuǒ；校外宿舍 xiàowài sùshè：a youth ～ 青年招待所 qīngnián zhāodàisuǒ

hostess *n*. **1**. 女主人 nǚ zhǔrén **2**. 女服务员 nǚ fúwùyuán **3**. 女老板 nǚ lǎobǎn **4**. 舞女 wǔnǚ

hostile *a*. **1**. 敌方的 dífāngde **2**. 敌意的 díyìde；敌对的 díduìde：a ～ country 敌国 díguó **3**. 不友善的 bù yǒushànde

hostility *n*. **1**. 敌对状态 díduì zhuàngtài；敌对行动 díduì xíngdòng：suspend ～ 休战 xiūzhàn **2**. 敌意 díyì；敌对 díduì

hot *a*. **1**. 热的 rède：～ day 热天 rètiān / a ～ bath 热水浴 rèshuǐyù **2**. 辣的 làde：This curry is too ～. 这咖喱太辣了。Zhè gālí tàilàle. **3**. 热烈的 rèliède；激烈的 jīliède：a ～ debate 激烈的辩论 jīliède biànlùn **4**. 急燥的 jízàode；发火的 fāhuǒde：a ～ temper 急躁的脾气 jízàode píqi **5**. 最新的 zuìxīnde；热门的 rèménde：a ～ subject 热门话题 rèmén huàtí / ～ news 最新消息 zuìxīn xiāoxi **6**. 紧随的 jǐnsuíde；紧迫的 jǐnpòde **7**. 放射性的 fàngshèxìngde：a ～ laboratory 放射性物质研究实验室 fàngshèxìng wùzhì yánjiū shíyànshì *v*. **1**. 变热 biànrè；使变热 shǐ biànrè **2**. 变得激动 biànde jīdòng // get ～ **1**. 变热 biànrè **2**. 变得激动 biànde jīdòng / go ～ and cold 发烧 fāshāo；害臊 hàisào / ～ on trail 追捕 zhuībǔ / ～ on the heels 接踵而来 jiēzhǒng-érlái

hotbed *n*. 温床 wēnchuáng；滋长地 zīzhǎngdì：The city is a ～ of crime. 这个城市是犯罪的温床。Zhège chéngshì shì fànzuìde wēnchuáng.

hotchpotch *n*. 杂烩 záhuì；什锦浓汤 shíjǐn nóngtāng

hotel *n*. 旅馆 lǚguǎn

hotheaded *a*. 急性子的 jíxìngzide；鲁莽的 lǔmǎngde

hothouse *n*. 温室 wēnshì；暖房 nuǎnfáng：～ production 温室生产 wēnshì shēngchǎn

hotly *ad*. **1**. 热烈的 rèliède；热心的 rèxīnde **2**. 发怒地 fānùde；激烈的 jīliède

Hottentot *n*. 霍屯督人 Huòtúndūrén；霍屯督语 Huòtúndūyǔ

hound *n*. **1**. 猎狗 liègǒu；猎狐狗 lièhúgǒu **2**. 卑鄙的人 bēibǐde rén *v*. **1**. 用猎狗追猎 yòng liègǒu zhuīliè；追逐 zhuīzhú；追逼 zhuībī **2**. 不断骚扰 búduàn sāorǎo；纠缠不清 jiūchán bùqīng

hour *n*. **1**. 小时 xiǎoshí；钟头 zhōngtóu：in an ～ 一小时之内 yī xiǎoshí zhīnèi **2.** 钟点 zhōngdiǎn；时刻 shíkè：At what ～ do you go to bed? 你什么时候睡觉？Nǐ shénme shíhou shuìjiào? **3.** 规定的时间 guīdìngde shíjiān：school ～s 上课时间 shàngkè shíjiān / keep good ～s 按时作息 ànshí zuòxī **4.** 特定的时刻 tèdìngde shíkè：in the ～ of danger 在危险的时刻 zài wēixiǎnde shíkè **5.** 一段时间 yíduàn shíjiān：the happiest ～s of my life 我一生中最快乐的时期 wǒ yìshēngzhōng zuì kuàilède shíqī // at all ～s 在任何时间 zài rènhé shíjiān / by the ～ 按钟点 àn zhōngdiǎn / in a lucky ～ 在幸运的时刻 zài xìngyùnde shíkè / in an evil ～ 在不幸的时刻 zài búxìngde shíkè / off ～s 业余时间 yèyú shíjiān / one's ～ has come 某人的末日到了 mǒurénde mòrì dàole / the rush ～s 交通高峰时间 jiāotōng gāofēng shíjiān

hourglass *n.* 沙漏 shālòu；水漏 shuǐlòu

hourly *ad.* & *a.* **1.** 每小时(的) měi xiǎoshí(de)；每小时一次(的) měi xiǎoshí yícì(de)：The medicine should be taken ～. 每小时服一次药。Měi xiǎoshí fú yícì yào. **2.** 时时刻刻 shíshi-kèkè：in ～ expectation of sb.'s arrival 时刻盼着某人的到来 shíkè pànzhe mǒurénde dàolái

house *n.* **1.** 房子 fángzi；住宅 zhùzhái：I have bought a ～. 我买了一幢房子。Wǒ mǎile yízhuàng fángzi. **2.** 家庭 jiātíng；家务 jiāwù：manage the ～ 当家 dāngjiā **3.** 棚舍 péngshè：a hen ～ 鸡舍 jīshè **4.** 家族 jiāzú；王朝 wángcháo：an ancient ～ 家族 jiāzú；望族 wàngzú **5.** 议院 yìyuàn；议院大楼 yìyuàn dàlóu；会议厅 huìyìtīng：the H- of Representatives 众议院 Zhòngyìyuàn / the H- of Commons 下议院 Xiàyìyuàn **6.** 剧场 jùchǎng；观众 guānzhòng；听众 tīngzhòng：a full ～ 客满 kèmǎn；满座 mǎnzuò / The whole ～ laughed. 所有的观众都笑了。Suǒyǒude guānzhòng dōu xiàole. **7.** 商行 shānghāng；机构 jīgòu；社 shè：printing ～ 印刷所 yìnshuāsuǒ *v.* **1.** 给…房子用 gěi … fángzi yòng：I ～d him for the night. 我留他住了一夜。Wǒ liú tā zhùle yíyè. **2.** 收藏 shōucáng // bring down the ～ 博得满堂喝采 bódé mǎntáng hècǎi / eat sb. out of ～ and home 把某人吃穷 bǎ mǒurén chī qióng / keep ～ 管理家务 guǎnlǐ jiāwù；当家 dāngjiā / on the ～ 由店家出钱 yóu diànjiā chūqián；免费 miǎnfèi

housebreaker *n.* **1.** 盗贼 dàozéi **2.** 拆房屋者 chāi fángwūzhě

household *n.* 家庭 jiātíng；一家人 yìjiārén *a.* **1.** 家庭的 jiātíngde；家务的 jiāwùde **2.** 普通的 pǔtōngde；平常的 píngchángde

householder *n*. **1**. 住户 zhùhù **2**. 家长 jiāzhǎng；户主 hùzhǔ
housekeeper *n*. 主妇 zhǔfù；女管家 nǔ guǎnjiā
housekeeping *n*. 持家 chíjiā；家政 jiāzhèng；料理家务 liàolǐ jiāwù
housemaid *n*. 保姆 bǎomǔ；女仆 nǔpú
housewarming *n*. 庆祝迁居的宴会 qìngzhù qiānjūde yànhuì
housewife *n*. **1**. 家庭主妇 jiātíng zhǔfù **2**. [housewives] 针线盒 zhēnxiànhé
housework *n*. 家务劳动 jiāwù láodòng
housing *n*. **1**. 住房供给 zhùfáng gōngjǐ；住房建筑 zhùfáng jiànzhù **2**. 房屋 fángwū；住房 zhùfáng：They are living in bad ～. 他们住在条件很差的地方。Tāmen zhùzài tiáojiàn hěnchàde dìfang. **3**. 套 tào；壳 ké；罩 zhào：fan ～ 风扇壳 fēngshànké
hovel *n*. **1**. 茅舍 máoshè；陋屋 lòuwū **2**. 棚 péng
hover *n*. **1**. 翱翔 áoxiáng；盘旋 pánxuán * of birds **2**. 徘徊 páihuái **3**. 徬徨 pánghuáng；犹豫 yóuyù：He ～ed between life and death. 他命在旦夕。Tā mìng zài dànxī.
hoverplane *n*. 直升飞机(＝ helicopter) zhíshēng fēijī
how *ad*. **1**. 怎样 zěnyàng；怎么 zěnme：H- is it done? 这是怎么做的？Zhèshì zěnme zuòde? **2**. 怎样 zěnyàng：H- is your father? 你父亲身体好吗？Nǐ fùqin shēntǐ hǎoma? **3**. 多少 duōshao：H- many books do you have? 你有多少本书？Nǐ yǒu duōshaoběn shū? / H- old are you? 你多大？Nǐ duōdà? **4**. 多么 duōme：H- well she sings! 她唱得多么好！Tā chàngde duōme hǎo! / H- kind of you! 您太客气了。Nín tài kèqile. *n*. 方法 fāngfǎ；方式 fāngshì // H- come …? 怎么会…的？Zěnme huì … de? / H- goes it? …的情况怎么样？…de qíngkuàng zěnmeyàng?：H-goes it in your school? 你们学校的情况怎么样？Nǐmen xuéxiàode qíngkuàng zěnmeyàng? / H- then? **1**. 这是什么意思？Zhè shì shénme yìsi? **2**. 后来怎么样？Hòulái zěnmeyàng?
however *ad*. 无论如何 wúlùn rúhé；不管怎么样 bùguǎn zěnmeyàng：H-hard it may be, we must do our best. 不管多难，我们都要尽我们最大的努力去做。Bùguǎn duōnán, wǒmen dōuyào jìn wǒmen zuìdàde nǔlì qùzuò. *conj*. 可是 kěshì；仍然 réngrán：The teacher was ill, ～ he decided to go. 老师病了，可是，他还是决定去。Lǎoshī bìngle, kěshì, tā háishì juédìng qù.

howitzer *n.* 榴弹炮 liúdànpào

howl *v.* **1.** 吠 fèi；嚎叫 háojiào：Wolves are ～ing in the distance. 狼群在远处嚎叫着。Lángqún zài yuǎnchù háojiàozhe. **2.** 嚷 rǎng；嚎哭 háokū **3.** 怒吼 nùhǒu：The wind ～ed in the trees. 风在林中怒吼。Fēng zài línzhōng nùhǒu. *n.* **1.** 嚎叫声 háojiàoshēng **2.** 怒嚎 nùháo **3.** 号叫 háojiào；嚎哭 háokū

Huai River *n.* 淮河 Huáihé

hub *n.* **1.** 轮轴 lúnzhóu；轮毂 lúngǔ **2.** 活动中心 huódòng zhōngxīn：a ～ of commerce 商业中心 shāngyè zhōngxīn

hubbub *n.* 吵闹声 chǎonàoshēng；喧哗 xuānhuá；骚动 sāodòng

huckleberry *n.* 黑果木 hēiguǒmù；卵叶越桔 luǎnyè yuèjú

huddle *v.* **1.** 乱挤 luànjǐ；乱堆 luànduī：I was ～d into the bus. 我被挤进了公共汽车。Wǒ bèi jǐjinle gōnggòng qìchē. **2.** 把…缩成一团 bǎ … suōchéng yìtuán：～ oneself up 把身体缩成一团 bǎ shēntǐ suōchéng yìtuán *n.* **1.** 一堆 yìduī；一团 yìtuán **2.** 秘密会议 mìmì huìyì；密谈 mìtán：go into a ～ with sb. 与某人秘密商议 yǔ mǒurén mìmì shāngyì

hue[1] *n.* **1.** 色 sè；色彩 sècǎi：a dark ～ 黝黑的颜色 yōuhēide yánsè **2.** 色度 sèdù

hue[2] *n.* 喊声 hǎnshēng：a ～ and cry 追捕犯人时的叫喊声 zhuībǔ fànrén shíde jiàohǎnshēng；表示反对的叫喊声 biǎoshì fǎnduìde jiàohǎnshēng

huff *n.* 愤怒 fènnù：get into a ～ 大动肝火 dàdòng gānhuǒ；发脾气 fā píqi *v.* 喘气 chuǎnqì；发怒 fānù

hug *v.* **1.** 紧抱 jǐnbào；搂 lǒu **2.** 坚持意见 jiānchí（yìjian）**3.** 紧靠 jǐnkào：The boat ～ged the coast. 船靠着海边走。Chuán kàozhe hǎibiān zǒu. *n.* 紧抱 jǐnbào；拥抱 yōngbào // ～ oneself on sth. 沾沾自喜 zhānzhān-zìxǐ

huge *a.* 巨大的 jùdàde；庞大的 pángdàde：a ～ house 巨大的屋子 jùdàde wūzi

Hui *n.* 回族 huízú；回人 huírén；回民 huímín：the Ningxia ～ Autonomous Region 宁夏回族自治区 Níngxià Huízú Zìzhìqū

Hula *n.* 呼拉圈舞 hūlāquānwǔ；草裙舞 cǎoqúnwǔ

hulk *n.* **1.** 笨重的船 bènzhòngde chuán；废船 fèichuán **2.** 大汉 dàhàn；庞然大物 pángrán-dàwù

hulking *a.* 巨大而笨重的 jùdà ér bènzhòngde ＝ hulky

hull *n.* **1.** 壳 ké = outer covering of certain fruits, seeds, or nuts; 豆荚 dòujiá **2.** 船身 chuánshēn; 机身 jīshēn * of a ship or a plane *v.* 去壳 qùké; 去皮 qùpí

hullaba(l)loo *n.* 喧闹 xuānnào; 吵闹 chǎonào: make a ~ 大吵大嚷 dàchǎo-dàrǎng

hullo *int.* 喂! Wèi!

hum *v.* **1.** 发嗡嗡声 fā wēngwēngshēng * like bees, etc. **2.** 发哼哼声 fā hēnghēngshēng; 哼唱 hēngchàng: ~ a song 哼曲子 hēng qǔzi **3.** 忙碌 mánglù; 活跃起来 huóyuè-qǐlái: Things are starting to ~. 事情开始有生气了。Shìqing kāishǐ yǒu shēngqìle. *n.* 嗡嗡声 wēngwēngshēng; 哼哼声 hēnghēngshēng; 嘈杂声 cáozáshēng *int.* 哼! Hēng!

human *a.* **1.** 人的 rénde; 人类的 rénlèide: a ~ being 人 rén / ~ interest 人情味 rénqíngwèi / ~ nature 人性 rénxìng **2.** 有人性的 yǒu rénxìngde; 通人情的 tōng rénqíngde *n.* 人 rén

humane *a.* **1.** 仁慈的 réncíde; 人道的 réndàode **2.** 人文的 rénwénde: ~ studies 人文科学 rénwén kēxué

humanism *n.* **1.** 人道主义 réndào zhǔyì **2.** 人文主义 rénwén zhǔyì

humanist *n.* **1.** 人道主义者 réndào zhǔyìzhě **2.** 人文主义者 rénwén zhǔyìzhě

humanitarian *n.* **1.** 人道主义者 réndào zhǔyìzhě **2.** 博爱主义者 bó'ài zhǔyìzhě; 慈善家 císhànjiā *a.* **1.** 人道主义的 réndào zhǔyìde **2.** 博爱的 bó'àide; 慈善的 císhànde

humanitarianism *n.* 人道主义 réndào zhǔyì; 博爱主义 bó'ài zhǔyì

humanity *n.* **1.** 人类 rénlèi: a great contribution to ~ 对人类的一大贡献 duì rénlèide yídà gòngxiàn **2.** 人性 rénxìng; 人的属性 rénde shǔxìng **3.** 仁慈 réncí // the humanities 希腊、拉丁文学 Xīlà、Lādīng wénxué; 人文学科 rénwén xuékē

humanize *v.* **1.** 使有人性 shǐ yǒu rénxìng; 教化 jiàohuà **2.** 使变得仁慈 shǐ biànde réncí

humankind *n.* 人类 rénlèi

humanly *ad.* **1.** 在人力的范围之内 zài rénlìde fànwéi zhīnèi **2.** 像常人一样地 xiàng chángrén yíyàngde **3.** 从人类角度 cóng rénlèi jiǎodù

humble *a.* **1.** 谦虚的 qiānxūde; 谦恭的 qiāngōngde **2.** 地位低下的 dìwèi dīxiàde; 卑贱的 bēijiànde **3.** 简陋的 jiǎnlòude *v.* **1.** 使谦卑 shǐ qiānbēi **2.** 使卑下 shǐ bēixià；贬抑 biǎnyì：～ oneself 自卑 zìbēi；低声下气 dīshēng xiàqì

humbleness *n.* **1.** 谦逊 qiānxùn **2.** 卑贱 bēijiàn

humbug *n.* **1.** 欺骗 qīpiàn；欺瞒 qīmán：It was all ～. 这完全是欺骗。Zhè wánquán shì qīpiàn. **2.** 骗子 piànzi；吹牛的人 chuīniúde rén **3.** 熬成的薄荷糖 áochéngde bòhe táng **4.** 骗人的言行 piànrénde yánxíng *v.* 欺骗 qīpiàn；行骗 xíngpiàn

humdrum *a.* 单调的 dāndiàode；平凡的 píngfánde；无聊的 wúliáode：a ～ life 平凡的生活 píngfánde shēnghuó *n.* **1.** 单调 dāndiào；无聊 wúliáo **2.** 无聊话 wúliáohuà **3.** 无聊的人 wúliáode rén

humid *a.* 湿的 shīde；湿气重的 shīqì zhòngde：～ air 潮湿的空气 cháoshīde kōngqì

humidify *v.* 使湿润 shǐ shīrùn

humidity *n.* 湿度 shīdù；湿气 shīqì

humiliate *v.* 羞辱 xiūrǔ；使丢脸 shǐ diūliǎn：～ oneself 丢人 diūrén；丢面子 diūmiànzi

humiliation *n.* 羞辱 xiūrǔ；屈辱 qūrǔ

humility *n.* 谦卑 qiānbēi；谦恭 qiāngōng

hummingbird *n.* 蜂鸟 fēngniǎo

hummock *n.* **1.** 小圆丘 xiǎoyuánqiū；圆岗 yuángǎng **2.** 冰丘 bīngqiū

humorist *n.* 幽默家 yōumòjiā；逗人笑的人 dòurén xiàode rén

humorous *a.* 幽默的 yōumòde；风趣的 fēngqùde；有幽默感的 yǒu yōumògǎnde

humo(u)r *n.* **1.** 幽默 yōumò；诙谐 huīxié：sense of ～ 幽默感 yōumògǎn **2.** 情绪 qíngxù；心情 xīnqíng：out of ～ 情绪不好 qíngxù bùhǎo *v.* **1.** 使满足 shǐmǎnzú；迁就 qiānjiù：～ a child 哄孩子 hǒng háizi **2.** 使自己适应于 shǐ zìjǐ shìyìngyú

hump *n.* **1.** 驼峰 tuófēng * on a camel；隆肉 lóngròu **2.** 忧郁 yōuyù；情绪低落 qíngxù dīluò：It gives me the ～. 这使我难过。Zhè shǐ wǒ nánguò. *v.* **1.** 隆起 lóngqǐ **2.** 把…放在背上 bǎ…fàngzài bèishang；搬运 bānyùn

humpback *n.* 驼背 tuóbèi；弓背 gōngbèi

humph *int.* 哼！Hēng!

humus *n.* 腐殖质 fǔzhízhì；腐殖土壤 fǔzhí tǔrǎng

Hun *n.* 匈奴人 Xiōngnúrén

hunch *n.* **1.** 隆肉 lóngròu；肉峰 ròufēng **2.** 厚片 hòupiàn；大片 dàpiàn；大块 dàkuài *v.* 使隆起 shǐlóngqǐ；弯背 wānbèi：～ up one's shoulders 耸起双肩 sǒngqǐ shuāngjiān

hunchback *n.* 驼背 tuóbèi

hundred *num.* 百 bǎi；一百 yìbǎi：～s of people 几百人 jǐbǎi rén / a ～ books 一百本书 yìbǎi běn shū

hundredth *a.* 第一百 dì-yībǎi *n.* 百分之一 bǎifēnzhīyī

hundredweight *n.* 英担 yīngdàn

Hungarian *a.* 匈牙利的 Xiōngyálìde；匈牙利人的 Xiōngyálì rénde *n.* 匈牙利人 Xiōngyálìrén；匈牙利语 Xiōngyálìyǔ

hunger *n.* **1.** 饥饿 jī'è：die of ～ 饿死 èsǐ **2.** 欲望 yùwàng；渴望 kěwàng：～ for excitement 渴求刺激 kěqiú cìjī **3.** 饥荒 jīhuang * lack of food *v.* **1.** 挨饿 ái'è **2.** 渴望 kěwàng

hungry *a.* **1.** 饥饿的 jī'ède：I'm ～. 我饿了。Wǒ èle. / go ～ 挨饿 ái'è **2.** 渴望的 kěwàngde：be ～ for knowledge 渴求知识 kěqiú zhīshi **3.** 贫瘠的 pínjíde * of land

hunk *n.* 大块 dàkuài；大片 dàpiàn：a ～ of meat 一大块肉 yídàkuài ròu

hunt *v.* **1.** 打猎 dǎliè **2.** 追赶 zhuīgǎn；搜索 sōusuǒ：～ down a criminal 追捕犯人 zhuībǔ fànrén **3.** 在…狩猎 zài…shǒuliè *n.* **1.** 狩猎 shǒuliè：an elephant ～ 猎象 lièxiàng **2.** 追寻 zhuīxún；寻找 xúnzhǎo：～ for a house to let 找房子 zhǎo fángzi

hunter *n.* 猎人 lièrén * man；猎狗 liègǒu * dog

hunting *n.* **1.** 狩猎 shǒuliè **2.** 搜寻 sōuxún；寻找 xúnzhǎo

huntress *n.* 女猎人 nǚ lièrén

huntsman *n.* **1.** 猎人 lièrén **2.** 管猎狗的人 guǎn liègǒude rén

hurdle *n.* **1.** 栏架 lánjià：the high（low）～s 高（低）栏赛跑 gāo（dī）lán sàipǎo **2.** 障碍 zhàng'ài；困难 kùnnan *v.* **1.** 跨栏 kuàlán **2.** 克服困难 kèfú kùnnan

hurdle race *n.* 跨栏赛跑 kuàlán sàipǎo

hurdygurdy *n.* 手摇风琴 shǒuyáo fēngqín

hurl *v.* **1.** 用力投掷 yònglì tóuzhì：He ～ed a brick at a wild animal. 他用砖头朝野兽猛打过去。Tā yòng zhuāntóu cháo yěshòu měngdǎ guòqu. **2.** 大叫 dàjiào：He ～ed curses at a man. 他对一个人大骂。Tā duì yíge rén dàmà. *n.* 投掷 tóuzhì

hurly-burly *n.* 骚乱 sāoluàn；喧闹 xuānnào

hurrah, hurray *int.* 好哇 hǎowā *n.* 欢呼声 huānhūshēng *v.* 欢呼 huānhū

hurricane *n.* 飓风 jùfēng

hurried *a.* 仓促的 cāngcùde；慌忙的 huāngmángde

hurry *n.* **1.** 仓促 cāngcù；慌忙 huāngmáng；急迫 jípò：Why all this ～？为什么这样急？Wèishénme zhèyàng jí？**2.** 匆忙的理由 cōngmángde lǐyóu：There is no ～ about it. 没有必要这么匆匆忙忙。Méiyǒu bìyào zhème cōngcong-mángmáng. *v.* **1.** 使赶紧 shǐ gǎnjǐn；匆忙 cōngmáng：Don't ～！别着急！Bié zháojí！**2.** 催促 cuīcù：H- him, he'll be late. 催一下他，他要迟到了。Cuī yíxià tā，tāyào chídàole. // ～ away 匆匆离去 cōngcōng líqù / ～ up 赶紧 gǎnjǐn；赶快 gǎnkuài / in a ～ **1.** 急忙地 jímángde；匆忙的 cōngmángde **2.** 很快地 hěnkuàide；很容易的 hěnróngyìde **3.** 情愿地 qíngyuànde

hurt *v.* **1.** 损伤 sǔnshāng；伤害 shānghài：I stumbled and ～ my foot. 我跌倒了，伤了脚。Wǒ diēdǎole，shāngle jiǎo. **2.** 使…伤心 shǐ… shāngxīn. 使痛苦 shǐ tòngkǔ：That'll ～ her feelings. 那会伤了她的感情。Nà huì shāngle tāde gǎnqíng. **3.** 疼痛 téngtòng：My leg ～s. 我腿疼。Wǒ tuǐténg. **4.** 危害 wēihài；损害 sǔnhài. *n.* **1.** 伤害 shānghài；伤痛 shāngtòng **2.** 损害 sǔnhài；创伤 chuāngshāng

hurtful *a.* 伤害的 shānghàide；有害的 yǒuhàide；使人痛苦的 shǐ rén tòngkǔde

hurtle *n.* **1.** 猛烈碰撞 měngliè pèngzhuàng；猛烈落下 měngliè luòxià **2.** 猛飞 měngfēi；猛投 měngtóu

husband *n.* 丈夫 zhàngfu *v.* 节约 jiéyuē；节俭 jiéjiǎn

husbandry *n.* 饲养业 sìyǎngyè；务农 wùnóng：animal ～ 畜牧业 xùmùyè

hush *n.* 沉默 chénmò；静寂 jìngjì：～ money 堵嘴钱 dǔzuǐqián *v.* **1.** 安静下来 ānjìng xiàlái **2.** 使沉默 shǐ chénmò；使静下来 shǐ jìngxiàlái：～ up 别作声 biézuòshēng / ～ sth. up 保守秘密 bǎoshǒu mìmì *int.* 嘘，别响！Xū，biéxiǎng！

husk *n.* 壳 ké；荚 jiá；外皮 wàipí *v.* 去皮 qùpí；去壳 qùké：～ rice 碾米 niǎnmǐ

husky *a.* **1.** 壳的 kéde；多壳的 duōkéde **2.** 声音沙哑的 shēngyīn shāyǎde

* of voice

hussar *n*. 轻骑兵 qīngqíbīng

hussy *n*. 粗野女子 cūyě nǚzǐ；轻佻的女子 qīngtiāode nǚzǐ；荡妇 dàngfù

hustle *v*. **1**. 乱推 luàntuī；硬挤 yìngjǐ **2**. 匆忙 cōngmáng：He ～d the work. 他匆匆忙忙赶完了工作。Tā cōngcong-mángmáng gǎnwánle gōngzuò.　*n*. 拥挤 yōngjǐ；努力 nǔlì

hut *n*. 茅舍 máoshè；小屋 xiǎowū

hutch *n*. 兔笼 tùlóng；棚屋 péngwū

hyacinth *n*. 风信子 fēnxìnzǐ * a plant

hybrid *n*. **1**. 杂交种 zájiāozhǒng；混血儿 hùnxuè'ér **2**. 混合词 hùnhécí *a*. 混合的 hùnhéde；杂种的 zázhǒngde

hybridization *n*. 杂交 zájiāo

hybridize *v*. 使杂交 shǐ zájiāo；使杂混 shǐ záhùn

Hyde Park *n*. 海德公园 Hǎidé gōngyuán

hydrant *n*. 消防龙头 xiāofáng lóngtou；给水栓 gěishuǐshuān

hydrate *n*. 水合物 shuǐhéwù

hydraulic *a* **1**. 水力的 shuǐlìde；液力的 yèlìde **2**. 水压的 shuǐyāde；液压的 yèyāde **3**. 水硬的 shuǐyìngde

hydraulics *n*. 水力学 shuǐlìxué

hydrocarbon *n*. 烃 tīng；碳氢化合物 tànqīng huàhéwù

hydrochloric acid *n*. 盐酸 yánsuān；氢氯酸 qīnglǜsuān

hydroclimate *n*. 水文气候 shuǐwén qìhòu；水面气候 shuǐmiàn qìhòu

hydroelectric *a*. 水力发电的 shuǐlì fādiànde；水电的 shuǐdiànde：a ～ station 水电站 shuǐdiànzhàn

hydrofoil *n*. 水翼 shuǐyì；水翼艇 shuǐyìtǐng

hydrogen *n*. 氢 qīng：～ bomb 氢弹 qīngdàn

hydrology *n*. 水文学 shuǐwénxué；水理学 shuǐlǐxué

hydrometer *n*. 液体比重计 yètǐ bǐzhòngjì

hydrophobia *n*. **1**. 狂犬病 kuángquǎnbìng；恐水症 kǒngshuǐzhèng **2**. 恐水 kǒngshuǐ

hydroplane *n*. **1**. 水上飞机 shuǐshang fēijī **2**. 水面快艇 shuǐmiàn kuàitǐng **3**. 水平舵 shuǐpíngduò

hydrostatic(al) *a*. 流体静力学的 liútǐ jìnglìxuéde：～ balance 比重称 bǐzhòngchèng

hydrostatics *n.* 流体静力学 liútǐ jìnglìxué
hyena *n.* 鬣狗 liègǒu；袋狼 dàiláng
hygiene *n.* 卫生学 wèishēngxué；卫生 wèishēng：public and private ～ 公共卫生和个人卫生 gōnggòng wèishēng hé gèrén wèishēng
hygienic *a.* **1.** 卫生学的 wèishēngxuéde **2.** 卫生的 wèishēngde
hymn *n.* **1.** 赞美歌 zànměigē **2.** 圣歌 shènggē；赞美诗 zànměishī *v.* 唱赞美诗 chàng zànměishī
hyperbola *n.* 双曲线 shuāngqūxiàn
hyperbole *n.* 夸张法 kuāzhāngfǎ * in rhetoric
hypermetropia *n.* 远视(眼) yuǎnshì(yǎn)
hypersonic *a.* 超音速的 chāoyīnsùde
hypertension *n.* **1.** 高血压 gāoxuèyā **2.** 过度紧张 guòdù jǐnzhāng
hyphen *n.* 连字号 liánzìhào *v.* 用连字号连接 yòng liánzìhào liánjiē
hyphenate *v.* 用连字符号连接 yòng liánzì fúhào liánjiē：～d words 复合词 fùhécí
hypnotic *a.* 催眠的 cuīmiánde *n.* 安眠剂 ānmiánjì；安眠药 ānmiányào = sleeping pill
hypnotism *n.* **1.** 催眠 cuīmián；催眠术 cuīmiánshù **2.** 受催眠状态 shòu cuīmián zhuàngtài
hypo *n.* 海波 hǎibō；合硫代硫酸钠 hé liú dài liúsuānnà = hyposulphite
hypocrisy *n.* 伪善 wěishàn；虚伪 xūwěi
hypocrite *n.* 伪君子 wěijūnzǐ；虚伪的人 xūwěide rén
hypocritic(al) *a.* 伪善的 wěishànde；虚伪的 xūwěide
hypodermic *a.* 皮下的 píxiàde；皮下组织的 píxià zǔzhīde 皮下注射的 píxià zhùshède：～ injection 皮下注射 píxià zhùshè *n.* 皮下注射 píxià zhùshè；皮下注射器 píxià zhùshèqì
hypothesis *n.* **1.** 假设 jiǎshè **2.** 前提 qiántí
hypothetical *a.* 假设的 jiǎshède；前提的 qiántíde
hyson *n.* 熙春茶 xīchūnchá * a kind of Chinese green tea
hysteresis *n.* 滞后(现象) zhìhòu(xiànxiàng)；滞后作用 zhìhòu zuòyòng
hysteria *n.* **1.** 歇斯底里 xiēsī-dǐlǐ；癔病 yìbìng **2.** 过度兴奋 guòdù xīngfèn
hysteric(al) *a.* 歇斯底里的 xiēsī-dǐlǐde；癔病的 yìbìngde
hysterics *n.* 歇斯底里的发作 xiēsī-dǐlǐde fāzuò

I

I *pron.* 我 wǒ: I went to the movies yesterday evening. 我昨天晚上看电影去了。Wǒ zuótiān wǎnshang kàn diànyǐng qùle. / I am tired. 我累了。Wǒ lèile. *n.* 自我 zìwǒ

IAEA = International Atomic Energy Agency 国际原子能机构 Guójì Yuánzǐnéng Jīgòu

ibidem *ad.* 出处同上 chūchù tóngshàng; 在同一书(或章节)中 zài tóng yī shū(huò zhāngjié)zhōng

ibis *n.* 朱鹭 zhūlù // the Sacred I- 古埃及人的灵鸟 gǔ Āijírénde língniǎo

IBRD =(the) International Bank for Reconstruction and Development 国际复兴开发银行 Guójì Fùxīng Kāifā Yínháng

ICBM = intercontinental ballistic missile 洲际弹道导弹 zhōujì dàndào dǎodàn

ice *n.* **1.** 冰 bīng: ~ water 冰水 bīngshuǐ **2.** 冰制食品 bīngzhì shípǐn; 冰淇淋 bīngqílín: water ~ 冰糕 bīnggāo / ~ cream 冰淇淋 bīngqílín *v.* **1.** 冻冰 dòngbīng: ~d drinks 冷饮 lěngyǐn **2.** 用冰覆盖 yòng bīng fùgài: The river was ~d over. 河被冰封了。Hé bèi bīng fēngle.

ice-age, ice age *n.* 冰河时代 bīnghé shídài

iceberg *n.* 冰山 bīngshān

ice-boat, iceboat *n.* **1.** 冰上滑行船 bīngshang huáxíngchuán **2.** 破冰船 pòbīngchuán * icebreaker

icebox *n.* 冰箱 bīngxiāng

ice-breaker, icebreaker *n.* 破冰船 pòbīngchuán

ice-cream, ice cream *n.* 冰淇淋 bīngqílín

ice-field, ice field *n.* [两极地区] 冰原 [liǎngjí dìqū]bīngyuán

ice-free *a.* 不冻的 bú dòngde: an ~ harbor 不冻港 búdònggǎng

ice-hockey *n.* 冰上曲棍球 bīngshang qūgùnqiú; 冰球 bīngqiú

Icelander *n.* 冰岛人 Bīngdǎorén

Icelandic *a.* 冰岛的 Bīngdǎode; 冰岛人的 Bīngdǎorénde; 冰岛语的 Bīngdǎoyǔde; 冰岛文化的 Bīngdǎo wénhuàde *n.* 冰岛语 Bīngdǎoyǔ

ichthyoid *a.* 像鱼的 xiàngyúde *n.* 像鱼的脊椎动物 xiàngyúde jǐzhuī dòngwù

ichthyology *n.* 鱼类学 yúlèixué
icicle *n.* 冰柱 bīngzhù
icing *n.* 糖霜 tángshuāng * frosting (on cakes)
icon *n.* 圣像 shèngxiàng; 偶像 ǒuxiàng
iconoclast *n.* 反对崇拜偶像者 fǎnduì chóngbài ǒuxiàng zhě
icy *a.* **1.** 冰的 bīngde; 多冰的 duōbīngde; 冰覆盖着的 bīng fùgàizhede: ~ waters 结冰的河水 jiébīngde héshuǐ / ~ roads 覆盖着冰的路 fùgàizhe bīngde lù **2.** 冰冷的 bīnglěngde: My hands are ~. 我两手冰冷。Wǒ liǎngshǒu bīnglěng. / an ~ wind 寒风 hánfēng **3.** 冷冰冰的 lěngbīngbīngde; 冷淡的 lěngdànde: She gave me an ~ look. 她朝我冷冷地看了一眼。Tā cháo wǒ lěnglěngde kànle yìyǎn.
id. = *idem* 同上 tóngshàng; 同前 tóngqián
idea *n.* **1.** 主意 zhǔyi; 思想 sīxiǎng; 概念 gàiniàn: the general ~ of an article 文章大意 wénzhāng dàyì / I've got a good ~ of what he wants. 他要什么我很清楚。Tā yào shénme wǒ hěn qīngchu. **2.** 计划 jìhuà: I have an ~ for a long journey. 我有一个长途旅行的计划。Wǒ yǒu yíge chángtú lǚxíngde jìhuà. **3.** 意见 yìjian: What's your ~? 你的意见怎样? Nǐde yìjian zěnyàng? **4.** 猜想 cāixiǎng: I have an ~ that she will come back tomorrow. 我猜想她明天会回来。Wǒ cāixiǎng tā míngtiān huì huílái. // get ~s into one's head 抱不切实际的想法 bào búqiè shíjìde xiǎngfǎ / put ~s in someone's head 使人存奢望 shǐ rén cún shēwàng
ideal *a.* **1.** 理想的 lǐxiǎngde: an ~ marriage 理想的婚姻 lǐxiǎngde hūnyīn / an ~ place for camping 野营的理想场所 yěyíngde lǐxiǎng chǎngsuǒ **2.** 空想的 kōngxiǎngde; 虚构的 xūgòude *n.* **1.** 理想 lǐxiǎng: to realize one's ~s 实现理想 shíxiàn lǐxiǎng / That's my ~ of what life should be like. 我理想中的生活就是那样。Wǒ lǐxiǎng zhōngde shēnghuó jiùshì nàyàng. **2.** 思想 sīxiǎng; 观念 guānniàn
idealism *n.* **1.** 唯心主义 wéixīnzhǔyì; 唯心论 wéixīnlùn: subjective ~ 主观唯心主义 zhǔguān wéixīnzhǔyì / objective ~ 客观唯心主义 kèguān wéixīnzhǔyì **2.** 理想主义 lǐxiǎngzhǔyì
idealist *n.* **1.** 唯心主义者 wéixīnzhǔyìzhě; 唯心论者 wéixīnlùnzhě **2.** 理想主义者 lǐxiǎngzhǔyìzhě; 空想家 kōngxiǎngjiā *a.* **1.** 唯心主义的 wéixīnzhǔyìde; 唯心论的 wéixīnlùnde: the ~ conception of history 唯

心史观 wéixīnshǐguān 2. 理想主义的 lǐxiǎngzhǔyìde；空想家的 kōngxiǎngjiāde

idealize *v.* 使理想化 shǐ lǐxiǎnghuà

idealization *n.* 使理想化 shǐ lǐxiǎnghuà

ideally *ad.* 1. 理想地 lǐxiǎngde；完美地 wánměide：～ beautiful 美得合乎理想 měide héhū lǐxiǎng 2. 按理想的状态 àn lǐxiǎngde zhuàngtài：I-，we should have a bigger room than this one. 理想地说，我们应该有一间比这间更大的屋子。Lǐxiǎngdeshuō，wǒmen yīnggāi yǒu yìjiān bǐ zhèjiān gèngdàde wūzi.

idem *pron.* & *a.* 同著者(的) tóngzhùzhě(de)；同上(的) tóngshàng(de)

identical *a.* 1. 同一的 tóngyīde：the same ～ person 就是同一个人 jiùshì tóng yíge rén / It's the ～ car which was stolen from me. 那就是我被偷的汽车。Nà jiùshì wǒ bèi tōude qìchē. 2. 完全相似 wánquán xiāngsì：Your voice is ～ to hers. 你的声音跟她的声音完全一样。Nǐde shēngyīn gēn tāde shēngyīn wánquán yíyàng. / His opinion is ～ with us. 他的意见和我们的相同。Tāde yìjian hé wǒmende xiāngtóng. 3. 同卵的 tóngluǎnde：～ twins 同卵双生 tóngluǎn shuāngshēng

identification *n.* 1. 认明 rènmíng；确认 quèrèn：the ～ of low quality products 劣质产品的鉴别 lièzhì chǎnpǐnde jiànbié 2. 身分的证明 shēnfende zhèngmíng：She used a letter of introduction as ～. 她用一封介绍信作为身分的证明。Tā yòng yìfēng jièshàoxìn zuòwéi shēnfende zhèngmíng.

identify *v.* 1. 认明 rènmíng；认出 rènchū：I identified him among those people immediately. 我很快在那群人中认出了他。Wǒ hěnkuài zài nàqún rénzhōng rènchūle tā. / ～ the payee of a cheque 验明支票的受款人 yànmíng zhīpiàode shòukuǎnrén 2. 认为同一的 rènwéi tóngyīde：I'd ～ the two tastes. 我要辨认这两种味道是否相同。Wǒ yào biànrèn zhè liǎngzhǒng wèidào shìfǒu xiāngtóng. // ～ with 1. 使(某人)与(某事物)有关系 shǐ(mǒurén) yǔ(mǒu shìwù) yǒu guānxì：He is identified with the accident. 他与这起事故有关。Tā yǔ zhèqǐ shìgù yǒuguān. 2. 认为(某事物)与(某事物)相等 rènwéi(mǒu shìwù)yǔ (mǒu shìwù) xiāngděng：Don't ～ this question with that one. 不要把这个问题和那个问题混为一谈。Búyào bǎ zhège wèntí hé nàge wèntí hùnwéi-yìtán.

identity *n.* 1. 同一(性) tóngyī(xìng)；一致 yízhì：reach an ～ of views 取

得一致的看法 qǔdé yízhìde kànfǎ **2.** 身份 shēnfen: an ～ card 身份证 shēnfenzhèng/ prove sb.'s ～ 证明某人的身份 zhèngmíng mǒurénde shēnfen **3.** 相同 xiāngtóng; 相似 xiāngsì

ideogram, ideograph *n.* 表意文字 biǎoyì wénzì: a Chinese ～ 汉字 Hànzì

ideographic(al) *a.* 表意文字的 biǎoyìwénzìde; 表意符号的 biǎoyìfúhàode

ideological *a.* 思想上的 sīxiǎngshangde; 意识形态的 yìshí-xíngtàide

ideologically *ad.* 意识形态上 yìshí-xíngtàishang; 思想上 sīxiǎngshang: I-, they have many differences. 在意识形态上,他们有许多差异。Zài yìshí-xíngtàishang, tāmen yǒu xǔduō chāyì.

ideologist *n.* 思想家 sīxiǎngjiā

ideology *n.* 意识 yìshí; 意识形态 yìshí-xíngtài: Marxist ～ 马克思主义的意识形态 Mǎkèsīzhǔyìde yìshí-xíngtài

idiocy *n.* **1.** 愚蠢 yúchǔn * the state of being very foolish **2.** 白痴 báichī * the state of being an idiot

idiograph *n.* **1.** 个人签名 gèrén qiānmíng * signature **2.** 商标 shāngbiāo * trade mark

idiom *n.* **1.** 成语 chéngyǔ; 惯用语 guànyòngyǔ: To be "hard up" is an English ～ meaning to lack money. "Hard up"是英文惯用语,意思是缺钱。"Hard up" shì Yīngwén guànyòngyǔ, yìsi shì quēqián. **2.** 语言 yǔyán; 方言 fāngyán: the ～ of the south of China 中国南部的方言 Zhōngguó nánbùde fāngyán **3.** 风格 fēnggé; 特色 tèsè: Shakespeare's ～ 莎士比亚的语言风格 Shāshìbǐyàde yǔyán fēnggé

idiomatic *a.* 成语的 chéngyǔde; 合乎惯用法的 héhū guànyòngfǎde: He can speak ～ Chinese. 他能说一口流利的汉语。Tā néng shuō yìkǒu liúlìde Hànyǔ. / "To pull a face" is an ～ expression. "To pull a face"(做鬼脸)是一句惯用语。"To pull a face" (zuò guǐliǎn) shì yījù guànyòngyǔ.

idiomatically *ad.* 按照习惯用法 ànzhào xíguàn yòngfǎ

idiosyncrasy *n.* **1.** 特殊癖性 tèshū pǐxìng: Sitting alone in his room is his personal ～. 独自一人坐在自己的屋里是他的癖好。Dúzì yìrén zuòzài zìjǐde wūli shì tāde pǐhào. **2.** 特殊的行径 tèshūde xíngjìng: One of their idiosycrasies was camping out in the garden. 他们的怪事之一就是在院子里野营。Tāmende guàishì zhīyī jiùshì zài yuànzili yěyíng.

idiot *n.* **1.** 白痴 báichī: born an ～ 天生白痴 tiānshēng báichī **2.** 愚蠢的人

yúchǔnde rén：I-！You lost my key！蠢才！你把我的钥匙弄丢了！Chǔncái！Nǐ bǎ wǒde yàoshi nòngdiūle！

idiotic *a.* 白痴的 báichīde；愚蠢的 yúchǔnde

idle *n.* **1.** 空闲的 kòngxiánde；闲散的 xiánsǎnde：Men are left ～ when machines break down. 机器坏了，工人没事可做。Jīqì huàile，gōngrén méishì kězuò. / stand ～ 袖手旁观 xiùshǒu-pángguān **2.** 懒散的 lǎnsǎnde：an ～ fellow 游手好闲的家伙 yóushǒu-hàoxiánde jiāhuo **3.** 无用的 wúyòngde；无益的 wúyìde：It was ～ to tell her not to take a risk. 告诉她不要去冒险是无济于事的。Gàosu tā búyào qù màoxiǎn shì wújì-yúshìde. *v.* 浪费光阴 làngfèi guāngyīn：Don't ～ away your precious time. 不要把大好光阴浪费掉。Búyào bǎ dàhǎo guāngyīn làngfèidiào.

idleness *n.* 闲散 xiánsǎn，懒惰 lǎnduò

idler *n.* 懒汉 lǎnhàn

idly *ad.* 闲散地 xiánsǎnde

idol *n.* **1.** 偶像 ǒuxiàng ＊ someone or something admired or loved too much **2.** 崇拜的对象 chóngbàide duìxiàng：make an ～ of sb. 崇拜某人 chóngbài mǒurén

idolater *n.* 偶像崇拜者 ǒuxiàng chóngbàizhě；盲目崇拜者 mángmù chóngbàizhě

idolatrous *a.* **1.** 崇拜偶像的 chóngbài ǒuxiàngde **2.** 盲目崇拜的 mángmù chóngbàide：～ love of money 盲目拜金 mángmù bàijīn

idolatry *n.* 偶像崇拜 ǒuxiàng chóngbài；盲目崇拜 mángmù chóngbài

idolize，idolise *v.* 奉为偶像 fèngwéi ǒuxiàng；偶像化 ǒuxiànghuà：She ～s her teacher. 她把她的老师奉为偶像。Tā bǎ tāde lǎoshī fèngwéi ǒuxiàng.

idyl (l) *n.* **1.** 田园生活 tiányuán shēnghuó；简朴而快乐的生活 jiǎnpǔ ér kuàilède shēnghuó：an ～ of two young lovers 两个年轻的情侣美妙的日子 liǎngge niánqīngde qínglǚ měimiàode rìzi **2.** 田园诗 tiányuánshī ＊ a poem about country life

i.e. ＝ *id est* 即 jí，就是 jiùshì：males，～ boys and men 男性，即男孩和男人 nánxìng，jí nánhái hé nánrén

if *conj.* **1.** 如果 rúguǒ；假如 jiǎrú：We won't go ～ it rains. 如果下雨，我

们就不去了。Rúguǒ xiàyǔ，wǒmen jiù búqùle. / Don't smoke. I- not, I'll tell father. 不要抽烟。不然，我就告诉父亲。Búyào chōuyān. Bùrán，wǒ jiù gàosu fùqin. / I- I were you，I would go. 假如我是你，我就去。Jiǎrú wǒ shì nǐ，wǒ jiù qù. **2.** 纵然 zòngrán；即使 jíshǐ：We won't change our plan even ～ we meet some difficulties. 即使我们遇到困难，也不会改变计划。Jíshǐ wǒmen yùdào kùnnan，yě búhuì gǎibiàn jìhuà. / Even ～ he is poor，at least he is honest. 纵然他穷，至少他是老实的。Zòngrán tā qióng，zhìshǎo tā shì lǎoshide. **3.** 是否 shì-fǒu：He wonders ～ we can finish the task. 他想知道我们是否能完成这个任务。Tā xiǎng zhīdao wǒmen shì-fǒu néng wánchéng zhège rènwu. **4.** 要是…多好 yàoshi… duōhǎo：I- I had been there！要是我去过那儿多好。Yàoshì wǒ qùguo nàr duōhǎo. **5.** 用于表示惊讶、忧伤、愉快的字眼后 yòngyú biǎoshì jīngyà、yōushāng、yúkuàide zìyǎn hòu * used after words expressing surprise，sorrow，pleasure：I- I haven't repeated the mistake！我真不该重犯这样的错误。Wǒ zhēn bùgāi chóngfàn zhèyàngde cuòwù. / I'm sorry ～ she is annoyed. 她要是生气，我很抱歉。Tā yàoshì shēngqì，wǒ hěn bàoqiàn. *n.* 条件 tiáojiàn；设想 shèxiǎng：Your argument seems to have too many ～s. 你的论据似乎假设太多了一些。Nǐde lùnjù sìhū jiǎshè tàiduōle yìxiē. // as ～ 好象 hǎoxiàng；仿佛 fǎngfú：He studies with such enthusiasm as ～ he never knew fatigue. 他学习热情这么高，好象从不知疲倦。Tā xuéxí rèqíng zhème gāo，hǎoxiàng cóng bùzhī píjuàn. / ～ only **1.** 只要 zhǐyào：I- only I have time，I'll go. 只要我有时间，我就去。Zhǐyào wǒ yǒu shíjiān，wǒ jiùqù. **2.** 要是…就好了 yàoshì…jiùhǎole：I- only I had been there！要是我去过那儿就好了。Yàoshì wǒ qùguo nàr jiùhǎole. / ～ so 要是这样 yàoshi zhèyàng

iffy *a.* 未确定的 wèi quèdìngde：an ～ question 未经确定的问题 wèi jīng quèdìngde wèntí

IFJ = International Federation of Journalists 国际新闻工作者联合会 Guójì Xīnwén Gōngzuòzhě Liánhéhuì

igloo, iglu *n.* （爱斯基摩人用雪块砌成的）冰屋（Àisījīmórén yòng xuěkuài qìchéngde）bīngwū

igneous *a.* **1.** 火的 huǒde；火热的 huǒrède * related to fire **2.** 火成的

huǒchéngde：～ rock 火成岩 huǒchéngyán / ～ magma 岩浆 yánjiāng

ignis fatuus *n*. 磷火 línhuǒ；鬼火 guǐhuǒ

ignite *v*. **1**.（使）发火（shǐ）fāhuǒ；燃烧 ránshāo * to start to burn **2**. 使兴奋 shǐ xīngfèn；使激动 shǐ jīdòng：His speech ～d the audience. 他的讲话激动了听众。Tāde jiǎnghuà jīdòngle tīngzhòng.

igniter *n*. 点火器 diǎnhuǒqì

ignition *n*. **1**. 点火 diǎnhuǒ；着火 zháohuǒ：an ～ charge 点火药 diǎnhuǒyào / an ～ point 燃点 rándiǎn **2**. 发火装置 fāhuǒ zhuāngzhì * the means，or apparatus，for starting an engine by electrically firing the gases from the petrol

ignoble *a*. 不体面的 bù tǐmiànde；卑鄙的 bēibǐde：an ～ purpose 卑鄙的目的 bēibǐde mùdì / an ～ man 卑鄙无耻的人 bēibǐ-wúchǐde rén

ignominious *a*. 可耻的 kěchǐde；屈辱的 qūrǔde：～ behavior 可耻的行为 kěchǐde xíngwéi / an ～ traitor 可耻的叛徒 kěchǐde pàntú / an ～ treaty 屈辱的条约 qūrǔde tiáoyuē

ignominy *n*. **1**. 羞耻 xiūchǐ；屈辱 qūrǔ * a state of shame or dishonor **2**. 丑行 chǒuxíng * an act of shameful behavior

ignoramus *n*. 无知者 wúzhīzhě

ignorance *n*. 无知 wúzhī：sheer ～ of sth. 对某事全然无知 duì mǒushì quánrán wúzhī / I- of the law is no excuse. 不懂法律不是借口。Bùdǒng fǎlǜ búshì jièkǒu.

ignorant *a*. **1**. 无知的 wúzhīde：He is ～ of even the simplest facts. 他连最简单的事实都一无所知。Tā lián zuì jiǎndānde shìshí dōu yìwú-suǒzhī. **2**. 由无知（或无经验）引起的 yóu wúzhī（huò wú jīngyàn）yǐnqǐde：an ～ error 出于无知的错误 chūyú wúzhīde cuòwù

ignore *v*. 不理 bùlǐ；不顾 búgù；忽视 hūshì：She saw him coming but she ～d him. 她看见他走过来，但装着没看见。Tā kànjiàn tā zǒu guòlái，dàn zhuāngzhe méi kànjiàn. / ～ personal danger 不顾个人安危 búgù gèrén ānwēi

ill *a*. **1**. 生病 shēngbìng：fall ～ 得病 débìng / be mentally ～ 有精神病 yǒu jīngshénbìng / She is ～，so she can't go to work. 她病了，不能来上班。Tā bìngle，bùnéng lái shàngbān. **2**. 不好的 bùhǎode；恶劣的 èliède；有害的 yǒuhàide：～ luck 恶运 èyùn / ～ health 不健康 bú jiànkāng **3**. 不完美的 bù wánměide；不恰当的 bú qiàdàngde：～ management 管理

不善 guǎnlǐ búshàn / ～ breeding 教养不好 jiàoyǎng bùhǎo *ad*. **1**. 恶劣地 èliède；残酷地 cánkùde：The old man has been ～ treated. 老人受到虐待。Lǎorén shòudào nüèdài. **2**. 几乎不能地 jīhū bùnéngde；不足地 bùzúde：I can ～ afford the time. 我抽不出时间。Wǒ chōubuchū shíjiān. **3**. 不利地 búlìde：be ～ clad 穿得破破烂烂 chuānde pòpolànlàn / think ～ of someone 瞧不起某人 qiáobuqǐ mǒurén / speak ～ of someone 说某人的坏话 shuō mǒuréndě huàihuà *n*. **1**. 坏 huài；恶 è：Now no one knows whether the outcome will be for good or for ～. 现在没有人知道结果是好是坏。Xiànzài méiyǒu rén zhīdao jiéguǒ shìhǎo shìhuài. **2**. 不幸 búxìng；灾祸 zāihuò：the ～s of life 人生的种种不幸 rénshēngde zhǒngzhǒng búxìng // be ～ off 贫困 pínkùn；不幸 búxìng / ～ at ease 不安 bù'ān；不自在 búzìzài

ill-advised *a*. 不明智的 bù míngzhìde

ill-assorted *a*. 不相配的 bù xiāngpèide；杂凑的 zácòude：an ～ pair 不相配的一对 bù xiāngpèide yíduì

ill-bred *a*. 缺乏教养的 quēfá jiàoyǎngde；粗鲁的 cūlǔde：an ～ remark 粗鲁的话 cūlǔde huà / That boy looks very ～. 那个男孩儿看起来很没教养。Nàge nánháir kàn qǐlái hěn méi jiàoyǎng.

ill-conditioned *a*. 品质坏的 pǐnzhì huàide

illegal *a*. 不合法的 bù héfǎde；非法的 fēifǎde：an ～ act 非法行为 fēifǎ xíngwéi

illegality *n*. 不法 bùfǎ

illegalize *v*. 使非法 shǐ fēifǎ；宣布…为非法 xuānbù…wéi fēifǎ

illegible *a*. 字迹模糊的 zìjì móhude；难以辨认的 nányǐ biànrènde

illegitimate *a*. **1**. 违法的 wéifǎde * not allowed by the rules；不合法的 bù héfǎde **2**. 私生的 sīshēngde * born to a mother who is not married

ill-fated *a*. 不幸的 búxìngde；不吉祥的 bù jíxiángde

ill-favo(u)red *a*. **1**. 其貌不扬的 qímào-bùyángde **2**. 讨厌的 tǎoyànde

ill-gotten *a*. 非法获取的 fēifǎ huòqǔde：～ gains 不义之财 búyì-zhīcái

ill-humo(u)red *a*. 心情恶劣的 xīnqíng èliède

illiberal *a*. **1**. 气量狭窄的 qìliàng xiázhǎide；不开明的 bù kāimíngde：～ opinions 不开明的意见 bù kāimíngde yìjian **2**. 吝啬的 lìnsède * ungenerous

illicit *a*. 违法的 wéifǎde；违禁的 wéijìnde：～ sale 私卖 sīmài / an ～ act

违法行为 wéifǎ xíngwéi

illimitable *a.* 无限的 wúxiànde；无穷的 wúqióngde：～ spaces 无限的空间 wúxiànde kōngjiān

Illinois n. 伊利诺斯 yīlìnuòsī ～an，～ian *a.* 伊利诺斯州的 Yīlìnuòsīzhōude；伊利诺斯州人的 Yīlìnuòsīzhōurénde *n.* 伊利诺斯州人 Yīlìnuòsīzhōurén

illiteracy *n.* 文盲 wénmáng；无知 wúzhī：wipe out ～ 扫除文盲 sǎochú wénmáng

illiterate *a.* **1.** 文盲的 wénmángde；无知的 wúzhīde；目不识丁的 mùbù-shídīngde：～ tribes 目不识丁的部落 mùbù-shídīngde bùluò **2.** 缺乏语言（或文学等)方面知识的 quēfá yǔyán（huó wénxué děng）fāngmiàn zhīshide：She is musically ～. 她缺乏音乐方面的知识。Tā quēfá yīnyuè fāngmiànde zhīshi. *n.* 文盲 wénmáng；无知的人 wúzhīde rén

ill-mannered *a.* 态度不好的 tàidu bùhǎode

ill-natured *a.* 性情暴躁的 xìngqíng bàozàode；恶毒的 èdúde：an ～ remark 恶毒的话 èdúde huà

illness *n.* 病 bìng；疾病 jíbìng：suffer from a serious ～ 患重病 huàn zhòngbìng / I- makes one weak. 生病使人身体衰弱。Shēngbìng shǐ rén shēntǐ shuāiruò.

illogical *a.* 不合逻辑的 bùhé luójíde；无条理的 wú tiáolǐde

ill-omened *a.* 不吉祥的 bù jíxiángde；恶兆的 èzhàode

ill-tempered *a.* 暴躁的 bàozàode

ill-timed *a.* 不合时宜的 bùhé shíyíde：That was an ～ remark that made her feel embarrassed. 那句话说得不是时候，使她感到很窘迫。Nàjùhuà shuōde búshì shíhou，shǐ tā gǎndào hěn jiǒngpò.

ill-treat *v.* 虐待 nüèdài：He ～s his cat. 他虐待他的猫。Tā nüèdài tāde māo.

illuminant *a.* 照明的 zhàomíngde；发光的 fāguāngde *n.* 发光物 fāguāngwù

illuminate *v.* **1.** 照亮 zhàoliàng；照明 zhàomíng：～ the sky with searchlights 用探照灯照射天空 yòng tànzhàodēng zhàoshè tiānkōng **2.** 阐明 chǎnmíng；启发 qǐfā：～ a statement with many examples 用许多实例阐明一个论点 yòng xǔduō shílì chǎnmíng yíge lùndiǎn / an ～d article

一篇有启发性的文章 yìpiān yǒu qǐfāxìngde wénzhāng 3. 用灯装饰(街道、房屋等) yòng dēng zhuāngshì (jiēdào、fángwū děng): Every street was ~d in celebration of the Spring Festival. 每条街道都灯火辉煌,欢庆春节。Měitiáo jiēdào dōu dēnghuǒ-huīhuáng, huānqìng Chūnjié. 4. 用鲜明的色彩装饰 yòng xiānmíngde sècǎi zhuāngshì: an ~d manuscript 有图案装饰的手稿 yǒu tú'àn zhuāngshìde shǒugǎo

illuminating *a*. 启示的 qǐshìde; 启发的 qǐfāde: an ~ remark 富有启示性的话 fùyǒu qǐshìxìngde huà

illumination *n*. **1**. 照明 zhàomíng; 照亮 zhàoliàng: stage ~ 舞台照明 wǔtái zhàomíng **2**. 阐明 chǎnmíng; 启发 qǐfā: I found great ~ in his remark. 我从他的话中得到了很大启发。Wǒ cóng tāde huàzhōng dédàole hěndà qǐfā. **3**. 古书上所绘的图画 gǔshūshang suǒ huìde túhuà; 图案 tú'àn * a picture painted on a page of an classic book

illuminator *n*. 发光器 fāguāngqì

illumine *v*. 照亮 zhàoliàng; 启发 qǐfā

illusion *n*. **1**. 幻觉 huànjué: an optical ~ 视错觉 shìcuòjué **2**. 幻影 huànyǐng: It was an ~ caused by the weak lights that made me think I saw a man in the shadows. 微弱的灯光使我看花了眼,以为有人在阴暗处。Wēiruòde dēngguāng shǐ wǒ kànhuāle yǎn, yǐwéi yǒu rén zài yīn'ànchù. **3**. 幻想 huànxiǎng: cast away ~s 丢掉幻想 diūdiào huànxiǎng // be under an ~ 产生错觉 chǎnshēng cuòjué / cherish the ~ that 误以为 wùyǐwéi / have no ~s about 对…不存幻想 duì… bùcún huànxiǎng // ~ism *n*. 物质世界幻觉说 wùzhì shìjiè huànjuéshuō

illusionism *n*. **1**. 物质世界幻觉说 wùzhì shìjiè huànjuéshuō **2**. 引起错觉的艺术手法 yǐnqǐ cuòjuéde yìshù shǒufǎ

illusionist *n*. 物质世界幻觉论者 wùzhì shìjiè huànjuélùnzhě; 幻想家 huànxiǎngjiā; 魔术师 móshùshī

illusive *a*. 虚幻的 xūhuànde

illusory *a*. 虚幻的 xūhuànde: an ~ belief 幻觉 huànjué

illustrate *v*. **1**. 加插图 jiā chātú: an ~d magazine 有插图的杂志 yǒu chātúde zázhì **2**. 举例说明 jǔlì shuōmíng: ~ the question with charts and diagrams 用图表说明这个问题 yòng túbiǎo shuōmíng zhège wèntí

illustration *n*. **1**. 举例说明 jǔlì shuōmíng: I- by example is better than explanations in words. 举实例说明胜过用文字讲解。Jǔ shílì shuōmíng shèngguò yòng wénzì jiǎngjiě. **2.** 插图 chātú；图解 tújiě **3.** 例证 lìzhèng

illustrative *a.* 说明性的 shuōmíngxìngde：plenty of ～ material 大量的解说性材料 dàliàngde jiěshuōxìng cáiliào

illustrator *n.* 插图画家 chātú huàjiā

illustrious *a.* 著名的 zhùmíngde；显赫的 xiǎnhède；杰出的 jiéchūde：～ heroes of our era 当代杰出的英雄人物 dāngdài jiéchūde yīngxióng rénwù / the ～ name of Shakespeare 莎士比亚显赫的大名 Shāshìbǐyà xiǎnhède dàmíng

ilmenite *n.* 钛铁矿 tàitiěkuàng

ILO **1.** ＝International Labor Organization 国际劳工组织 Guójì Láogōng Zǔzhī **2.** ＝ International Labor Office 国际劳工局 Guójì Láogōngjú

image *n.* **1.** 像 xiàng；肖像 xiàoxiàng **2.** 影像 yǐngxiàng；图像 túxiàng：television ～s 电视图像 diànshì túxiàng / An ～ of my hometown came into my mind. 我心中浮起了家乡的影像。Wǒ xīnzhōng fúqǐle jiāxiāngde yǐngxiàng. **3.** 相像的人（或物）xiāngxiàngde rén（huò wù）；翻版 fānbǎn：He's the very ～ of his father. 他酷似他的父亲。Tā kùsì tāde fùqin. **4.** 形象 xíngxiàng；典型 diǎnxíng：thinking in terms of ～s 形象思维 xíngxiàng sīwéi **5.** 形象化的比喻 xíngxiànghuàde bǐyù：describe in ～s 描写形象化 miáoxiě xíngxiànghuà **6.** 表象 biǎoxiàng；印象 yìnxiàng：He has a very bad ～ because he often speaks ill of others. 他常常说别人的坏话，给人一个很坏的印象。Tā chángcháng shuō biérénde huàihuà，gěi rén yíge hěn huàide yìnxiàng.

imagery *n.* 意象 yìxiàng ＊used in literature

imaginable *a.* 可想像的 kě xiǎngxiàngde：This is the only solution ～. 这是唯一想得出的解决办法。Zhèshì wéiyī xiǎngdechūde jiějué bànfǎ.

imaginary *a.* **1.** 幻想的 huànxiǎngde；虚构的 xūgòude：All the characters in this book are ～. 这本书中的人物都是虚构的。Zhèběn shūzhōngde rénwù dōushi xūgòude. **2.** 虚数的 xūshùde：～ number 虚数 xūshù

imagination *n.* **1.** 想像 xiǎngxiàng；想像力 xiǎngxiànglì：He is a writer of rich ～. 他是个想像力丰富的作家。Tā shìge xiǎngxiànglì fēngfùde zuòjiā. **2.** 想像 xiǎngxiàng；想像出来的事物 xiǎngxiàng chūláide shìwù：Her pains are mostly ～. 她那些疼痛大多是想像出来的。Tā nàxiē téngtòng dàduō shì xiǎngxiàng chūláide.

imaginative *a.* 想像的 xiǎngxiàngde；富于想像力的 fùyú xiǎngxiànglìde：

an ～ painter 富于想像力的画家 fùyú xiǎngxiànglìde huàjiā / ～ writing 富有想像力的作品 fùyǒu xiǎngxiànglìde zuòpǐn

imagine *v*. **1**. 想像 xiǎngxiàng: We cannot ～ how we can live without water. 我们不能想像没有水我们怎能生存下去。Wǒmen bùnéng xiǎngxiàng méiyǒu shuǐ wǒmen zěnnéng shēngcún xiàqù. / He likes to ～ himself a scientist. 他喜欢想像自己是个科学家。Tā xǐhuan xiǎngxiàng zìjǐ shìge kēxuéjiā. **2**. 以为 yǐwéi; 假想 jiǎxiǎng: He ～s that no one knows what he has done. 他以为没人知道他做的事。Tā yǐwéi méirén zhīdao tā zuòde shì.

imam *n*. [伊斯兰教] 阿訇 [Yīsīlánjiào] āhōng

imamate *n*. 伊斯兰教长国 Yīsīlánjiàozhǎngguó

imbalance *n*. 不均衡 bù jūnhéng; 不平衡 bù pínghéng: population ～, in which more males are born than females 人口不均衡，男多于女 rénkǒu bù jūnhéng, nán duōyú nǚ

imbecile *a*. 愚笨的 yúbènde; 低能的 dīnéngde: an ～ act 愚蠢的行为 yúchǔnde xíngwéi *n*. 低能儿 dīnéng'ér; 笨人 bènrén

imbecility *n*. 愚笨 yúbèn; 低能 dīnéng

imbed *v*. = embed 埋置 máizhì; 嵌于 qiànyú: a gold crown ～ded with jewels 嵌有珠宝的金王冠 qiànyǒu zhūbǎode jīn wángguān / lie ～ded in sb.'s memory 牢牢印在某人记忆中 láoláo yìnzài mǒurén jìyìzhōng

imbibe *v*. 吸 xī; 吸收 xīshōu: Plants ～ nourishment usually through their leaves and roots. 植物通常经过叶和根吸收养分。Zhíwù tōngcháng jīngguò yè hé gēn xīshōu yǎngfèn.

imbroglio *n*. **1**. 纠纷 jiūfēn; 纠葛 jiūgé * an occasion filled with confused action **2**.（戏剧中）错综复杂的情节（xìjùzhōng）cuòzōng-fùzáde qíngjié; 困难的情况 kùnnande qíngkuàng * difficult and confusing state of affairs

imbue *v*. 使充满 shǐ chōngmǎn: be ～d with the creative spirit 富于创造精神 fùyú chuàngzào jīngshén

IMF =International Monetary Fund 国际货币基金组织 Guójì Huòbì Jījīn Zǔzhī

imitate *v*. **1**. 模仿 mófǎng; 效法 xiàofǎ: ～ sb.'s action 模仿某人的行为 mófǎng mǒurénde xíngwéi / You should ～ his way of doing things. 你应效法他作事的方法。Nǐ yīng xiàofǎ tā zuòshìde fāngfǎ. **2**. 仿制

fǎngzhì: fabrics made to ～ silk 仿丝绸织物 fǎng sīchóu zhīwù

imitation *n.* **1.** 模仿 mófǎng; 效法 xiàofǎ: Her ～ of that actress is perfect. 她模仿那位女演员惟妙惟肖。Tā mófǎng nàwèi nǚ yǎnyuán wéimiào-wéixiào. **2.** 仿制品 fǎngzhìpǐn: ～ leather 人造革 rénzàogé / ～ jewellery 假珠宝 jiǎ zhūbǎo

imitative *a.* 模仿性的 mófǎngxìngde: be ～ of sb. 仿效某人 fǎngxiào mǒurén

imitator *n.* 模仿者 mófǎngzhě

immaculate *a.* **1.** 洁净的 jiéjìngde; 无瑕的 wúxiáde: ～ white cloth 洁净的白布 jiéjìngde báibù **2.** 纯洁的 chúnjiéde; 无瑕疵的 wú xiácīde: ～ behavior 纯洁无瑕的行为 chúnjié wúxiáde xíngwéi // Immaculate Conception 圣母纯洁受胎(说) Shèngmǔ chúnjié shòutāi(shuō)

immanence, immanency *n.* 普遍存在 pǔbiàn cúnzài

immanent *a.* **1.** 普遍存在的 pǔbiàn cúnzàide; 内在的 nèizàide: an ～ factor 内在的因素 nèizàide yīnsù **2.** 存在于宇宙之中 cúnzài yú yǔzhòu zhīzhōng * of God

immaterial *a.* **1.** 非物质的 fēi wùzhìde; 非实体的 fēi shítǐde: The body is material but the soul is ～. 身体是实体的而心灵是非实体的。Shēntǐ shì shítǐde ér xīnlíng shì fēi shítǐde. **2.** 不重要的 bú zhòngyàode: This matter is ～ to me. 这件事对我不重要。Zhèjiànshì duìwǒ bú zhòngyào.

immaterialism *n.* 非物质论 fēiwùzhìlùn

immaterialist *n.* 非物质论者 fēiwùzhìlùnzhě

immateriality *n.* 非物质(性) fēiwùzhì(xìng); 无形物 wúxíngwù

immaterialize *v.* 使无实体 shǐ wúshítǐ; 使无形 shǐ wúxíng

immature *a.* **1.** 未成熟的 wèi chéngshúde; 发育未完全的 fāyù wèi wánquánde **2.** 不够成熟的 búgòu chéngshúde; 幼稚的 yòuzhìde

immeasurable *a.* 无法衡量的 wúfǎ héngliángde

immediacy *n.* 立即 lìjí; 直接 zhíjiē; 刻不容缓 kèbù-rónghuǎn: the ～ of the danger 眼前的危险 yǎnqiánde wēixiǎn

immediate *a.* **1.** 立即的 lìjíde; 直接的 zhíjiēde: an ～ reply 立即答复 lìjí dáfù / the ～ cause 直接原因 zhíjiē yuányīn **2.** 最接近的 zuì jiējìnde; 邻近的 línjìnde: in the ～ future 在最近的将来 zài zuìjìnde jiānglái / sb.'s ～ neighbors 某人的紧邻 mǒurénde jǐnlín

immediately *ad.* 立即 lìjí; 马上 mǎshàng: I got in touch with him ～ after

I received the letter. 我接信后立即和他联系。Wǒ jiēxìnhòu lìjí hé tā liánxì. *conj*. 一经…(立即) yìjīng …(lìjí): I came ~ after I'd eaten. 我吃完后马上就来。Wǒ chīwán hòu mǎshàng jiùlái.

immemorial *a*. 古老的 gǔlǎode; 太古的 tàigǔde: from time ~ 远古以来 yuǎngǔ yǐlái / ~ customs 古代风俗 gǔdài fēngsú

immense *a*. 极大的 jídàde: an ~ palace 宏伟的宫殿 hóngwěide gōngdiàn / an ~ ocean 无边的海洋 wúbiānde hǎiyáng

immensely *ad*. 极大的 jídàde; 无限的 wúxiànde: I enjoyed the movie ~. 我非常喜爱这部电影。Wǒ fēicháng xǐ'ài zhèbù diànyǐng.

immensity *n*. 巨物 jùwù; 无限 wúxiàn: the ~ of space 无限的太空 wúxiànde tàikōng

immerse *v*. **1**. 浸入 jìnrù: ~ sth. in the water 把某物浸在水里 bǎ mǒuwù jìnzài shuǐli **2**. 沉浸于 chénjìnyú; 使陷入 shǐ xiànrù: I ~d myself in work so as to stop being homesick. 我专心于自己的工作,才不致想家。Wǒ zhuānxīnyú zìjǐde gōngzuò, cái bú zhì xiǎngjiā. / be ~d in difficulties 陷入困难 xiànrù kùnnan

immersion *n*. **1**. 沉入 chénrù; 浸入 jìnrù **2**. 洗礼 xǐlǐ; 浸礼 jìnlǐ * baptism **2**. 陷入 xiànrù: ~ in thought 沉思 chénsī // ~ heater 浸入式电热水器 jìnrùshì diàn rèshuǐqì

immigrant *n*. 移民 yímín

immigrate *v*. 移居入境 yíjū rùjìng: ~ into a country 迁入某一国家(作移民) qiānrù mǒu yī guójiā (zuò yímín)

imminence *n*. 即将发生 jíjiāng fāshēng; 逼近 bījìn

imminency *n*. 急迫性 jípòxìng

imminent *a*. 即将发生的 jíjiāng fāshēngde; 逼近的 bījìnde: A storm is ~. 暴风雨即将来临。Bàofēngyǔ jíjiāng láilín.

immiscible *a*. 不能混合的 bùnéng hùnhéde

immiscibility *n*. 不容混性 bùrónghùnxìng

immitigable *a*. 不能缓和的 bùnéng huǎnhéde; 不能减轻的 bùnéng jiǎnqīngde

immixture *n*. 混合 hùnhé

immobile *a*. 不能移动的 bùnéng yídòngde: to keep a broken arm ~ 使断了的胳膊保持不动 shǐ duànlede gēbo bǎochí búdòng

immobilize *v*. **1**. 使不动 shǐ búdòng; 使固定 shǐ gùdìng: When its engine broke down, the car was ～d for days. 汽车的引擎坏了,好几天动弹不得。Qìchēde yǐnqíng huàile,hǎojǐtiān dòngtan bùdé. **2.** 收回(货币)使不流通 shōuhuí (huòbì) shǐ bù liútōng; 冻结 dòngjié: Capital flow was ～d. 资金被冻结了。Zījīn bèi dòngjiéle.

immoderate *a.* 无节制的 wú jiézhìde; 过多的 guòduōde: ～ eating and drinking 饮食过度 yǐnshí guòdù

immodest *a.* **1.** 不谦虚的 bù qiānxūde; 自负 zìfù **2.** 不庄重的 bù zhuāngzhòngde

immolate *v.* 牺牲 xīshēng; 焚祭 fénjì * to kill as a sacrifice

immoral *a.* **1.** 不道德的 bú dàodéde; 邪恶的 xié'ède: Using other people for one's own profit is ～. 利用他人求私利是不道德的。Lìyòng tārén qiú sīlì shì bú dàodéde. **2.** 淫荡的 yíndàngde; 荒淫的 huāngyínde: an ～ woman 荡妇 dàngfù **3.** 淫秽的 yínhuìde; 猥亵的 wěixiède: an ～ book 淫书 yínshū

immorality *n.* 不道德的行为 bú dàodéde xíngwéi; 淫荡 yíndàng

immoralist *n.* 不道德的人 bú dàodéde rén

immortal *a.* 不朽的 bùxiǔde; 流芳百世的 liúfāng-bǎishìde: ～ deeds 不朽的功勋 bùxiǔde gōngxūn *n.* 不朽者 bùxiǔzhě; 流芳百世的人 liúfāng-bǎishìde rén: the eight ～s 八仙 bā xiān

immortality *n.* 不朽 bùxiǔ; 永存 yǒngcún; 不灭的声望 búmiède shēngwàng

immortalize *v.* 不朽的 bùxiǔde; 使不灭 shǐ búmiè

immovable *a.* **1.** 不能移动的 bùnéng yídòngde; 固定的 gùdìngde **2.** 坚定不移的 jiāndìngbùyíde **3.** 不动的 búdòngde: ～ property 不动产 búdòngchǎn

immune *a.* **1.** 免疫的 miǎnyìde; 有免疫力的 yǒu miǎnyìlìde: ～ to disease 不生病 bù shēngbìng / be ～ to diphtheria 对白喉有免疫力 duì báihóu yǒu miǎnyìlì **2.** 免除的 miǎnchúde; 被豁免的 bèi huòmiǎnde: be ～ from taxation 免税 miǎnshuì / The criminal was told he would be ～ from punishment if he said what he knew about the murder. 他们告诉犯人说,假使他说出凶杀案的真相,可以免受刑罚。Tāmen gàosu fànrén shuō,jiǎshǐ tā shuōchū xiōngshā'ànde zhēnxiàng, kěyǐ miǎn shòu xíngfá. *n.* 免疫者 miǎnyìzhě

immunity *n.* **1.** 免除 miǎnchú; 豁免 huòmiǎn: enjoy diplomatic immunities

享有外交豁免权 xiǎngyǒu wàijiāo huòmiǎnquán **2.** 免疫性 miǎnyìxìng：acquired～ 后天免疫性 hòutiān miǎnyìxìng

immunize *v.* 使免疫 shǐmiǎnyì：Vaccination ～s people against smallpox. 种牛痘能使人免患天花。Zhòng niúdòu néng shǐ rén miǎnhuàn tiānhuā.

immunology *n.* 免疫学 miǎnyìxué

immure *v.* **1.** 监禁 jiānjìn ＊ to imprison **2.** 使闭居 shǐ bìjū：～ oneself in books 埋头读书 máitóu dúshū

immutable *a.* 不可改变的 bùkě gǎibiànde：～ laws of nature 不变的自然法则 búbiànde zìrán fǎzé

immutability *n.* 不变性 búbiànxìng

imp *n.* **1.** 小鬼 xiǎoguǐ ＊ a little devil **2.** 顽童 wántóng ＊ mischievous child

impact *n.* **1.** 冲击 chōngjī；碰撞 pèngzhuàng：the ～ of the swift current against the shore 激流对海岸的冲击 jīliú duì hǎi'ànde chōngjī **2.** 效果 xiàoguǒ；影响 yǐngxiǎng：make a notable ～ on literature and art 对文学艺术产生显著的影响 duì wénxué yìshù chǎnshēng xiǎnzhùde yǐngxiǎng

impair *v.* 损害 sǔnhài；使弱 shǐ ruò：～ one's health 损害健康 sǔnhài jiànkāng

impala *n.* 非洲羚羊 Fēizhōu língyáng

impale *v.* **1.** 刺穿 cìchuān ＊ to run a sharp stick or weapon through (someone's body) **2.** 使绝望 shǐ juéwàng；使尴尬 shǐ gāngà：～ someone on a dilemma 使某人陷于进退两难的境地 shǐ mǒurén xiànyú jìntuì-liǎngnánde jìngdì

impalpable *a.* **1.** 无法触及的 wúfǎ chùjíde；摸不着的 mōbuzháode：an ～ pulse 不易摸到的脉搏 búyì mōdàode màibó **2.** 难以理解的 nányǐ lǐjiěde：an ～ concept 难以理解的概念 nányǐ lǐjiěde gàiniàn

impanel *v.* ＝ empanel **1.** 把某人姓名记入陪审团名单 bǎ mǒurén xìngmíng jìrù péishěntuán míngdān **2.** 从陪审团名单挑选(陪审员) cóng péishěntuán míngdān tiāoxuǎn (péishěnyuán)：The judge said that they would have to ～ a new jury. 法官说他们必须重新挑选陪审团。Fǎguān shuō tāmen bìxū chóngxīn tiāoxuǎn péishěntuán.

impart *v.* **1.** 传授 chuánshòu；给予 jǐyǔ：The good teacher ～s wisdom to his pupils. 好的老师把智慧传授给学生。Hǎode lǎoshī bǎ zhìhuì chuánshòugěi xuésheng. **2.** 告诉 gàosu；透露 tòulù：I have nothing important to ～ to you. 我没有什么重要的事可告诉你。Wǒ méiyǒu shénme zhòngyàode shì kě gàosu nǐ.

impartial *a.* 公平的 gōngpíngde；无私的 wúsīde：be ～ to 对…公正无私 duì…gōngzhèng wúsī

impassable *a.* 不能通行的 bùnéng tōngxíngde：an ～ swamp 不能通行的沼泽地 bùnéng tōngxíngde zhǎozédì

impasse *n.* **1.** 死路 sǐlù；死胡同 sǐhútòng：He went into an ～. 他走进了一条死胡同。Tā zǒujìnle yìtiáo sǐhútòng. **2.** 绝境 juéjìng；僵局 jiāngjú：land the enemies in an ～ 使敌人陷于绝境 shǐ dírén xiànyú juéjìng

impassioned *a.* 慷慨激昂的 kāngkǎi-jī'ángde：～ language 慷慨激昂的语言 kāngkǎi-jī'ángde yǔyán

impassive *a.* 缺乏热情的 quēfá rèqíngde；冷淡的 lěngdànde；无动于衷的 wúdòng-yúzhōngde：an ～ man 缺乏热情的人 quēfá rèqíngde rén / an ～ face 无表情的面孔 wú biǎoqíngde miànkǒng

impatience *n.* **1.** 不耐烦 bú nàifán；急躁 jízào：restrain one's ～ 抑制急躁情绪 yìzhì jízào qíngxù **2.** 渴望 kěwàng ＊ eagerness

impatient *a.* **1.** 不耐烦的 bú nàifánde；急躁的 jízàode：He was ～ of all this waiting. 他等得不耐烦了。Tā děngde bú nàifánle. **2.** 急切的 jíqiède：He is ～ for his dinner. 他急着要吃晚饭。Tā jízhe yàochī wǎnfàn.

impeach *v.* **1.** 控告 kònggào；弹劾 tánhé：～ sb. with a crime 控告某人犯罪 kònggào mǒurén fànzuì **2.** 对…表示怀疑 duì…biǎoshì huáiyí；指责 zhǐzé：～ the testimony of a witness 对见证人证词的可靠性提出异议 duì jiànzhèngrén zhèngcíde kěkàoxìng tíchū yìyì

impeachable *a.* 可控告的 kě kònggàode；可弹劾的 kě tánhéde；可怀疑的 kě huáiyíde

impeccable *a.* 无瑕疵的 wú xiácīde

impeccant *a.* 无罪过的 wú zuìguode；无缺点错误的 wú quēdiǎn cuòwùde

impecunious *a.* 没钱的 méiqiánde；不名一文的 bùmíng-yìwénde

impedance *n.* 阻抗 zǔkàng：acoustic ～ 声阻抗 shēng zǔkàng

impede *v.* 妨碍 fáng'ài；阻止 zǔzhǐ：～ sb.'s success 妨碍某人的成功 fáng'ài mǒurénde chénggōng / Her departure was ～d by the heavy rain.

大雨使他不能离去。Dàyǔ shǐ tā bùnéng líqù.

impediment *n.* 1. 妨碍 fáng'ài；障碍物 zhàng'àiwù：an ～ to success 成功的障碍 chénggōngde zhàng'ài 2. 口吃 kǒuchī：He had an ～ in speech. 他讲话口吃。Tā jiǎnghuà kǒuchī.

impedimental *a.* 妨碍的 fáng'àide：causes ～ to success 妨碍成功的原因 fáng'ài chénggōngde yuányīn

impedimenta *n.* 随身携带物 suíshēn xiédàiwù；行李 xíngli

impel *v.* 推动 tuīdòng；驱使 qūshǐ：～ sb. to do sth. 推动某人做某事 tuīdòng mǒurén zuò mǒushì / be ～led by necessity 迫不得已 pòbù-déyǐ

impellent *a.* 推动的 tuīdòngde；促使的 cùshǐde *n.* 推动物 tuīdòngwù

impending *a.* 逼近的 bījìnde；即将发生的 jíjiāng fāshēngde：the danger ～ over sb. 迫在某人眼前的危险 pòzài mǒurén yǎnqiánde wēixiǎn / an ～ storm 即将来临的风暴 jíjiāng láilínde fēngbào

impenetrable *a.* 1. 穿不透的 chuānbutòude；穿不过的 chuānbuguòde：the ～ forest 无法通过的森林 wúfǎ tōngguòde sēnlín / ～ darkness 漆黑 qīhēi 2. 不可理解的 bùkě lǐjiěde；难以相助的 nányǐ xiāngzhùde：an ～ difficulty 无法解决的困难 wúfǎ jiějuéde kùnnan / an ～ mystery 难解的秘密 nánjiěde mìmì 3. 不接受的 bù jiēshòude；顽固的 wángùde：～ to all requests 对所有的请求置若罔闻 duì suǒyǒude qǐngqiú zhìruò-wǎngwén

impenetrate *v.* 贯穿 guànchuān；刺穿 cìchuān；渗透 shèntòu

impenitence, impenitency *n.* 不悔悟 bù huǐwù

impenitent *a.* 不悔悟的 bù huǐwùde：an ～ criminal 无悔意的罪犯 wú huǐyìde zuìfàn

imperative *a.* 1. 紧急的 jǐnjíde；必要的 bìyàode：an ～ duty 紧急任务 jǐnjí rènwu / ～ necessity 迫切需要 pòqiè xūyào / It's ～ that you should not be seen here. 切记不要让人看到你在这儿。Qièjì búyào ràng rén kàndào nǐ zàizhèr. 2. 命令的 mìnglìngde；专横的 zhuānhèngde：an ～ tone of voice 命令口气 mìnglìng kǒuqì/ an ～ manner 专横的态度 zhuānhèngde tàidu 3. 祈使的 qíshǐde：the ～ mood 祈使语气 qíshǐ yǔqì *n.* 命令 mìnglìng；祈使语气 qíshǐ yǔqì

imperceptible *a.* 觉察不到的 juéchá búdàode

impercipient *a.* 没有知觉的 méiyǒu zhījiéde

imperfect *a.* 1. 不完美的 bù wánměide；有缺陷的 yǒu quēxiànde：an ～

knowledge of Chinese 对汉语所知不深 duì Hànyǔ suǒzhī bùshēn **2.** 未完成时的 wèi wánchéngshíde：the ~ tense 未完成时 wèi wánchéngshí *n.* 未完成时 wèi wánchéngshí

imperial *a.* **1.** 帝国的 dìguóde * concerning an empire or its ruler **2.** 皇帝的 huángdìde；最高权力的 zuìgāo quánlìde：an ~ household 皇室 huángshì / the ~ examinations 科举 kējǔ **3.** 英制的（度量衡）yīngzhìde（dù-liáng-héng）：The imperial gallon is not the same size as the US one. 英制的加仑与美制的容量不同。Yīngzhìde jiālún yǔ Měizhìde róngliàng bùtóng.

imperialism *n.* 帝国主义 dìguózhǔyì

imperialist *n.* **1.** 帝国主义者 dìguózhǔyìzhě **2.** 大英帝国的官员 dà Yīngdìguóde guānyuán：an old former ~ 年老的大英帝国官员 niánlǎode dà Yīngdìguó guānyuán *a.* 帝国主义的 dìguózhǔyìde：an ~ power 帝国主义国家 dìguózhǔyì guójiā

imperialistic *a.* **1.** 帝国主义的 dìguózhǔyìde **2.** 拥护帝国主义的 yōnghù dìguózhǔyìde

imperil *v.* 使陷于危险中 shǐ xiànyú wēixiǎnzhōng；危及 wēijí

imperious *a.* **1.** 专横的 zhuānhèngde；傲慢的 àomànde：an ~ gesture 专横的样子 zhuānhèngde yàngzi **2.** 紧急的 jǐnjíde：an ~ command 紧急命令 jǐnjí mìnglìng

imperishable *a.* 不灭的 búmiède；不朽的 bùxiǔde：~ contributions 不朽的功勋 bùxiǔde gōngxūn

impermanence，impermanency *n.* 非永久（性）fēi yǒngjiǔ（xìng）；暂时性 zànshí（xìng）

impermanent *a.* 暂时的 zànshíde；非永久的 fēi yǒngjiǔde：an ~ arrangement 暂时的安排 zànshíde ānpái

impermeable *a.* 不可渗透的 bùkě shèntòude；透不过的 tòubuguòde：~ to water 不透水的 bú tòushuǐde

impermissible *a.* 不允许的 bù yǔnxǔde，不许可的 bù xǔkěde

impersonal *a.* **1.** 非个人的 fēi gèrénde；不受个人情感影响的 búshòu gèrén qínggǎn yǐngxiǎngde：an ~ criticism 不针对某一个人的批评 bù zhēnduì mǒuyíge rénde pīpíng **2.** 与人力无关的 yǔ rénlì wúguānde：~ forces 非人力 fēirénlì **3.** 非人称的 fēi rénchēngde：an ~ verb 非人称动

词 fēi rénchēng dòngcí

impersonate *v.* 模仿 mófǎng；扮演 bànyǎn：He ～s all the well-known politicians exactly right. 他把所有著名的政治家模仿的惟妙惟肖。Tā bǎ suǒyǒu zhùmíngde zhèngzhìjiā mófǎngde wéimiào-wéixiào.

impersonator *n.* 模仿者 mófǎngzhě；扮演者 bànyǎnzhě

impertinent *a.* 无礼的 wúlǐde；粗鲁的 cūlǔde：ask an ～ question 提一个不礼貌的问题 tí yíge bù lǐmàode wèntí

imperturbable *a.* 冷静的 lěngjìngde；沉着的 chénzhuóde

imperturbation *n.* 沉着 chénzhuó；冷静 lěngjìng

impervious *a.* **1.** 不能渗透的 bùnéng shèntòude：～ to gases and liquids 气体和液体都不能透过的 qìtǐ hé yètǐ dōu bùnéng tòuguòde **2.** 不为所动的 bùwéi suǒdòngde：～ to reason 不可理喻 bùkě lǐyù

impetigo *n.* 脓疱病 nóngpàobìng

impetuous *a.* **1.** 激烈的 jīliède；猛烈的 měngliède：an ～ wind 狂风 kuángfēng **2.** 鲁莽的 lǔmǎngde；冲动的 chōngdòngde * showing swift action but lack of thought

impetus *n.* **1.** 冲力 chōnglì：The car ran down the hill under its own ～. 车子借着本身的冲力滑下山。Chēzi jièzhe běnshēnde chōnglì huáxià shān. **2.** 促进 cùjìn；推动 tuīdòng：give an ～ to trade 促进贸易 cùjìn màoyì

impiety *n.* **1.** 不敬 bújìng * lack of reverence **2.** 不敬的行为 bújìngde xíngwéi * an act showing no respect

impinge *v.* **1.** 撞击 zhuàngjī；冲击 chōngjī：A strong light ～d on his eyes. 强光刺着他的眼睛。Qiángguāng cìzhe tāde yǎnjing. **2.** 侵犯 qīnfàn；侵害 qīnhài：The sovereignty of our country should by no means be ～d upon. 我们国家的主权绝不容许侵犯。Wǒmen guójiāde zhǔquán juébù róngxǔ qīnfàn.

impious *a.* 不虔敬的 bù qiánjìngde；不恭的 bùgōngde

impish *a.* 顽皮的 wánpíde；像小鬼的 xiàng xiǎoguǐde：the child's ～ face 小孩顽皮的脸 xiǎohái wánpíde liǎn / an ～ smile 顽皮的微笑 wánpíde wēixiào

implacable *a.* 不饶恕的 bù ráoshùde；难平息的 nán píngxīde：an ～ enemy 死敌 sǐdí / an ～ resentment 极大的忿懑 jídàde fènmèn

implant *v.* 灌输 guànshū；注入 zhùrù：～ good habits in children 使孩子

们养成良好的习惯 shǐ háizimen yǎngchéng liánghǎode xíguàn

implausible *a.* 难以置信的 nányǐ-zhìxìnde：an ～ explanation 难以置信的解释 nányǐ-zhìxìnde jiěshì

implead *v.* 控告 kònggào；起诉 qǐsù

implement *n.* 工具 gōngjù；器具 qìjù：farm ～s 农具 nóngjù / household ～s 日用器具 rìyòng qìjù *v.* 贯彻 guànchè；实现 shíxiàn：～ one's ideal 实现某人的理想 shíxiàn mǒurénde lǐxiǎng

implemental *a.* 器具的 qìjùde；作为工具用的 zuòwéi gōngjù yòngde

implicate *v.* 使(某人)牵连(于罪行等之中)shǐ (mǒurén) qiānlián (yú zuìxíng děng zhīzhōng)：be ～d in a plot 卷入阴谋 juǎnrù yīnmóu

implication *n.* **1.** 牵连 qiānlián **2.** 暗示 ànshì；含意 hányì：He smiled, with the ～ that he didn't believe me. 他笑着，表示他不相信我(的话)。Tā xiàozhe, biǎoshì tā bù xiāngxìn wǒ(de huà).

implicative *a.* **1.** 牵连的 qiānliánde：be ～ of each other 互相牵连 hùxiāng qiānlián **2.** 含蓄的 hánxùde = suggestive

implicit *a.* **1.** 暗含的 ànhánde；含蓄的 hánxùde：an ～ answer 含蓄的答复 hánxùde dáfù / an ～ threat 不言而喻的威胁 bùyán-éryùde wēixié **2.** 无疑的 wúyíde；绝对的 juéduìde：oppose ～ obedience 反对盲从 fǎnduì mángcóng / ～ trust 绝对的信任 juéduìde xìnrèn

implied *a.* 暗指的 ànzhǐde；含蓄的 hánxùde：～ consent 默许 mòxǔ

implore *v.* 恳求 kěnqiú；哀求 āiqiú：～ sb. to do sth. 恳求某人做某事 kěnqiú mǒurén zuò mǒushì / an imploring look 哀求的眼色 āiqiúde yǎnsè

implosion *n.* 内向爆炸 nèixiàng bàozhà

imply *v.* **1.** 暗示 ànshì；暗指 ànzhǐ：I do not ～ that you are wrong. 我的意思不是说你错了。Wǒde yìsi búshì shuō nǐ cuòle. / His manner implies that he would like to come with us. 他的态度暗示他想跟我们去。Tāde tàidu ànshì tā xiǎnggēn wǒmen qù. **2.** 含有…之意 hányǒu…zhīyì：Do you realize what his words ～? 你领会他的话的含意吗？Nǐ lǐnghuì tāde huàde hányìma? **3.** 包含 bāohán：Rights ～ duties. 权利一定包含义务。Quánlì yídìng bāohán yìwù.

impolite *a.* 不礼貌的 bù lǐmàode

impolitic *a.* 不高明的 bù gāomíngde；失策的 shīcède

imponderable *a.* 不可称量的 bùkě chēngliángde；无法正确估计的 wúfǎ

zhèngquè gūjìde: The result is ～. 这结果是无法正确估计的。Zhè jiéguǒshì wúfǎ zhèngquè gūjìde. *n.* 不可称量之物 bùkě chēngliáng zhīwù: Many ～s influence the result of the experiment. 许多无法估量的因素影响到试验的结果。Xǔduō wúfǎ gūliángde yīnsù yǐngxiǎngdào shìyànde jiéguǒ.

import *n.* **1.** 进口 jìnkǒu; 输入 shūrù; 进口商品 jìnkǒu shāngpǐn: ～s of cotton 进口棉花 jìnkǒu miánhua / an ～ duty 进口税 jìnkǒushuì **2.** 意义 yìyì: the ～ of the speech 这个演说的意义 zhège yǎnshuōde yìyì / grasp the ～ of sb.'s remarks 领会某人说话的含义 lǐnghuì mǒurén shuōhuàde hányì *v.* 输入 shūrù; 进口 jìnkǒu: ～ed goods 进口货 jìnkǒuhuò / ～ silk into a country 把丝绸输入某国 bǎ sīchóu shūrù mǒuguó

importance *n.* **1.** 重要 zhòngyào; 重大 zhòngdà: The matter is of no ～. 这件事无关紧要。Zhè jiàn shì wúguān jǐnyào. **2.** 重要性 zhòngyàoxìng: The ～ of washing one's hands is that it prevents infection. 洗手之所以重要是因为可预防疾病传染。Xǐshǒu zhī suǒyǐ zhòngyào shì yīnwèi kě yùfáng jíbìng chuánrǎn.

important *a.* **1.** 重要的 zhòngyàode; 重大的 zhòngdàde: It's ～ to learn to read. 学习阅读是重要的。Xuéxí yuèdú shì zhòngyàode. /～ events in history 历史上的重大事件 lìshǐshangde zhòngdà shìjiàn **2.** 有地位的 yǒu dìwèide; 显要的 xiǎnyàode: an ～ figure 要人 yàorén

importation *n.* **1.** 进口 jìnkǒu; 输入 shūrù **2.** 输入的东西 shūrùde dōngxi

importunate *a.* **1.** 不断要求的 búduàn yāoqiúde; 缠扰不休的 chánrǎobùxiūde: an ～ petitioner 一个缠扰不休的请求者 yíge chánrǎobùxiūde qǐngqiúzhě **2.** 急切的 jíqiède: an ～ request 急切的要求 jíqiède yāoqiú

importune *v.* 强求 qiǎngqiú; 不断请求 búduàn qǐngqiú: The child ～s his mother with demands for new toys. 那个孩子不断要他的母亲给他买新玩具。Nàge háizi búduàn yào tāde mǔqin gěi tā mǎi xīn wánjù.

impose *v.* **1.** 征(税等) zhēng (shuì děng): ～ duties on tobacco and wines 征收烟酒税 zhēngshōu yān-jiǔshuì **2.** 强加 qiǎngjiā; 强迫 qiǎngpò: ～ a war on a country 把战争强加于一个国家 bǎ zhànzhēng qiǎngjiāyú yíge guójiā / He ～d himself as their leader. 他硬充作他们的领导。Tā yìng chōngzuò tāmende lǐngdǎo. **3.** 利用 lìyòng：～ on sb. 's kindness 利用某人的善意 lìyòng mǒuréndе shànyì **4.** 欺骗 qīpiàn：I am not to be ～d upon. 我是不会上当的。Wǒ shì búhuì shàngdàngde.

imposing *a.* 壮丽的 zhuànglìde；堂皇的 tánghuángde；雄伟的 xióngwěide：an ～ building 宏伟的建筑 hóngwěide jiànzhù

imposition **1.** 强行 qiángxíng；强迫接受 qiǎngpò jiēshòu：oppose any ～ of one's view upon others 反对把自己的观点强加于人 fǎnduì bǎ zìjǐde guāndiǎn qiǎngjiāyú rén **2.** 税 shuì = tax **3.** 欺诈 qīzhà；利用 lìyòng * trick

impossible *a.* **1.** 不可能的 bù kěnéngde：It is ～ for me to accomplish this task without your help. 没有你的帮助，我不可能完成这项任务。Méiyǒu nǐde bāngzhù，wǒ bù kěnéng wánchéng zhèxiàng rènwu. **2.** 难以忍受的 nányǐ rěnshòude；非常讨厌的 fēicháng tǎoyànde：an ～ person 十分讨厌的人 shífēn tǎoyànde rén / His bad temper makes life ～ for all the family. 他的坏脾气使全家人生活难以忍受。Tāde huài píqi shǐ quánjiārén shēnghuó nányǐ rěnshòu.

impostor *n.* 冒充者 màochōngzhě；骗子 piànzi

imposture *n.* 冒名顶替 màomíng-dǐngtì；欺骗行为 qīpiàn xíngwéi

impotent *a.* **1.** 无能的 wúnéngde：He wanted to do something for the people in the accident，but he was quite ～ to help. 他想为意外事件中受害的人尽些力，但无能为力。Tā xiǎng wèi yìwài shìjiànzhōng shòuhàide rén jìnxiē lì，dàn wúnéng-wéilì. **2.** 阳萎的 yángwěide *（of a man）lacking in sexual power

impound *v.* 扣押 kòuyā；保管（失物）bǎoguǎn（shīwù）

impoverish *v.* **1.** 使穷困 shǐ qióngkùn * make poor **2.** 使（力量、资源等）枯竭 shǐ（lìliang、zīyuán děng）kūjié：～ed soil 贫瘠的土壤 pínjíde tǔrǎng

impracticable *a.* 不切实际的 búqiè shíjìde；不能通行的 bùnéng tōngxíngde：The building plans are ～. 这个建筑蓝图不切实际。Zhège jiànzhù lántú búqiè shíjì. / an ～ road 无法通行的路 wúfǎ tōngxíngde lù

impractical *a.* 不切实际的 búqiè shíjìde；不能实行的 bùnéng shíxíngde

imprecation *n.* **1.** 咒语 zhòuyǔ * a curse **2.** 诅咒 zǔzhòu * the act of cursing

imprecise *a.* 不精确的 bù jīngquède；不明确的 bù míngquède

impress *v.* **1.** 印 yìn；盖（印）gài（yìn）：an ～ed stamp 盖了戳的邮票 gàile chuōde yóupiào **2.** 铭刻 míngkè；使印象深刻 shǐ yìnxiàng shēnkè：She ～ed me favorably. 她给我的印象不错。Tā gěi wǒde yìnxiàng búcuò. / My father ～ed on me the value of hard work. 我父亲使我铭记勤勉的重要。Wǒ fùqin shǐ wǒ míngjì qínmiǎnde zhòngyào. *n.* 铭刻 míngkè；印记 yìnjì：Time has left its ～ upon him. 时间在他身上留下了痕迹。Shíjiān zài tā shēnshang liúxiàle hénjì. / the ～ of a tractor's tread on the mud 拖拉机履带在泥土上留下的印痕 tuōlājī lǚdài zài nítǔshang liúxiàde yìnhén

impressible *a.* 可印的 kě yìnde；可铭刻的 kě míngkède

imprint *v.* **1.** 印 yìn；盖(印) gài（yìn）：～ a postmark on a letter 在信上盖邮戳 zài xìnshang gài yóuchuō **2.** 铭刻 míngkè：Every new word is ～ed on my mind. 每一个生词我都记牢了。Měi yíge shēngcí wǒ dōu jìláole. *n.* **1.** 印 yìn；印记 yìnjì：leave an ～ with every footstep 一步一个脚印 yíbù-yíge jiǎoyìn **2.** 特征 tèzhēng；深刻的印象 shēnkède yìnxiàng：bear the ～ of the time 具有时代的特征 jùyǒu shídàide tèzhēng / The trip to Tibet made a deep ～ on my mind. 西藏之行给我留下了深刻印象。Xīzàng zhīxíng gěi wǒ liúxiàle shēnkè yìnxiàng. **3.** 版本说明 bǎnběn shuōmíng = publisher's ～

imprison *v.* **1.** 监禁 jiānjìn；关押 guānyā **2.** 限制 xiànzhì；束缚 shùfù：be not ～ed by feudal ideology 不被封建思想束缚 búbèi fēngjiàn sīxiǎng shùfù

imprisonment *n.* 监禁 jiānjìn；关押 guānyā：be sentenced to ten years' ～ 被判处十年徒刑 bèi pànchǔ shínián túxíng

improbable *a.* 不太可能(发生)的 bútài kěnéng (fāshēng)de；未必会的 wèibì huìde：an ～ event 不大可能(会发生)的事 búdà kěnéng (huì fāshēng)de shì / It is ～ that it will rain today. 今天不见得会下雨。Jīntiān bújiànde huì xiàyǔ.

improbability *n.* 不大可能 búdà kěnéng；不大可能的事 búdà kěnéngde shì

improbity *n.* 邪恶 xié'è

impromptu *ad*. 无准备地 wú zhǔnbèide；临时地 línshíde：She spoke ～ for 15 minutes. 她即席讲了一刻钟。Tā jíxí jiǎngle yíkèzhōng. *a*. 无准备的 wú zhǔnbèide *n*. 即兴演奏 jíxìng yǎnzòu

improper *a*. **1**. 不适当的 bú shìdàngde：a remark ～ to the occasion 不合场合的话 bùhé chǎnghéde huà **2**. 不正确的 bú zhèngquède：～ inference 错误的推论 cuòwùde tuīlùn **3**. 不合礼仪的 bùhé lǐyíde；不正派的 bú zhèngpàide：～ language 无礼的话 wúlǐde huà // ～ fraction 假分数 jiǎfēnshù

impropriety *n*. **1**. 不适当 bú shìdàng **2**. 不适当的举止 bú shìdàngde jǔzhǐ **3**. 用词错误 yòng cí cuòwù

improve *v*. 改进 gǎijìn；改善 gǎishàn；更好地利用 gènghǎode lìyòng：～ the living conditions of the people 改善人民生活 gǎishàn rénmín shēnghuó / He's improving in health. 他的身体在好起来。Tāde shēntǐ zài hǎo qǐlái. / ～ oneself in Chinese 提高自己的汉语水平 tígāo zìjǐde Hànyǔ shuǐpíng / ～ one's leisure by studying 以学习来更好地利用闲暇时间 yǐ xuéxí lái gènghǎode lìyòng xiánxiá shíjiān // ～ away 通过改良祛除 tōngguò gǎiliáng qūchú / ～ upon 对…作过改进 duì…zuòguo gǎijìn：No one can ～ on his suggestion. 没人能提出比他更好的意见了。Méirén néng tíchū bǐ tā gènghǎode yìjianle.

improvement *n*. 改进 gǎijìn；改善 gǎishàn：The new work procedure is a great ～ on the old one. 新工序比起老工序来是一个巨大的改进。Xīn gōngxù bǐqǐ lǎo gōngxùlái shì yíge jùdàde gǎijìn. / Today's weather is an ～ on yesterday's. 今天的天气比昨天好。Jīntiānde tiānqì bǐ zuótiān hǎo.

improvisation *n*. 即席创作 jíxí chuàngzuò；即席演奏 jíxí yǎnzòu

improvise *v*. **1**. 即席创作 jíxí chuàngzuò；即席演奏 jíxí yǎnzòu **2**. 临时准备 línshí zhǔnbèi；临时做成 línshí zuòchéng：～ an excuse 临时编成一个借口 línshí biānchéng yíge jièkǒu / an ～d makeshift 临时凑合的办法 línshí còuhede bànfǎ // ～r, improvisor *n*. 即兴诗人 jíxìng shīrén；即席演奏者 jíxí yǎnzòuzhě

imprudence *n*. 轻率 qīngshuài；鲁莽 lǔmǎng

imprudent *a*. 轻率的 qīngshuàide；鲁莽的 lǔmǎngde

impudence *n*. **1**. 厚颜无耻 hòuyán-wúchǐ；无礼 wúlǐ：have the ～ to do sth. 厚颜无耻地做某事 hòuyán-wúchǐde zuò mǒushì **2**. 厚颜无耻的行

为 hòuyán-wúchǐde xíngwéi：None of your ～！别那么不要脸！Bié nàme búyào liǎn！

impudent *a*. 厚颜无耻的 hòuyán-wúchǐde；无礼的 wúlǐde

impudicity *n*. 无耻 wúchǐ；放肆 fàngsì

impugn *v*. 指责 zhǐzé；非难 fēinàn

impuissance *n*. 无力 wúlì；无能 wúnéng；虚弱 xūruò

impuissant *a*. 无力的 wúlìde；无能的 wúnéngde；虚弱的 xūruòde

impulse *n*. **1**. 推动 tuīdòng；冲力 chōnglì：the ～ of a wave 波浪的推动力 bōlàngde tuīdònglì / give an ～ to the development of the friendly relations between the two countries 促进两国友好关系的发展 cùjìn liǎngguó yǒuhǎo guānxìde fāzhǎn **2**. 冲动 chōngdòng：a man of ～ 易冲动的人 yì chōngdòngde rén *v*. 推动 tuīdòng

impulsion *n*. **1**. 推动 tuīdòng；推动力 tuīdònglì **2**. 冲动 chōngdòng

impulsive *a*. **1**. 冲动的 chōngdòngde：an ～ person 易冲动的人 yì chōngdòngde rén **2**. 冲击 chōngjī：an ～ force 冲力 chōnglì

impunity *n*. 免罚 miǎnfá：with ～ 不受惩罚地 búshòu chéngfáde

impure *a*. **1**. 不纯的 bùchúnde；掺假的 chānjiǎde：～ motives 不纯的动机 bùchúnde dòngjī / ～ medicine 不纯的药品 bùchúnde yàopǐn **2**. 不纯洁的 bùchúnjiéde；脏的 zāngde；下流的 xiàliúde：～ beverage 不干净的饮料 bùgānjìngde yǐnliào / ～ actions 下流行为 xiàliú xíngwéi

impurity *n*. **1**. 不纯 bùchún；不洁 bùjié **2**. 杂质 zázhì：remove impurities in the metal 除去金属中的杂质 chúqù jīnshǔ zhōngde zázhì

imputable *a*. 可归罪于…的 kě guīzuì yú…de：The oversight is not ～ to her. 这个疏忽不能怪她。Zhège shūhū bùnéng guài tā.

imputation *n*. 归罪 guīzuì；非难 fēinàn

impute *v*. 把…归咎于 bǎ…guījiù yú：～ the guilt to sb. 把罪过推到某人身上 bǎ zuìguo tuīdào mǒurén shēnshang / The police ～ the rise in crime to the greater freedom enjoyed by young people. 警察局把犯罪率升高归咎于年轻人现在享有太多的自由。Jǐngchájú bǎ fànzuìlǜ shēnggāo guījiù yú niánqīng rén xiànzài xiǎngyǒu tàiduōde zìyóu.

in *prep*. **1**. 在…里 zài…lǐ；在…中 zài…zhōng；向…里 xiàng…lǐ：He works ～ a factory. 他在一家工厂工作。Tā zài yìjiā gōngchǎng gōngzuò. / ～ the universe 在宇宙中 zài yǔzhòuzhōng / ～ the world 在

世界上 zài shìjièshang / He was ~ prison for stealing. 他因偷窃而坐牢。Tā yīn tōuqiè ér zuòláo. **2.** 在…期间 zài…qījiān；在…以后 zài…yǐhòu：at eight o'clock ~ the morning 上午九点 shàngwǔ jiǔdiǎn / ~ the twentieth century 在二十世纪 zài èrshí shìjì / He is ~ his forties. 他四十几岁。Tā sìshí jǐsuì. / The work was done ~ three days. 这项工作三天就做完了。Zhèxiàng gōngzuò sāntiān jiù zuòwánle. / I'll come to see you ~ a few days. 几天后我来看你。Jǐtiān hòu wǒ lái kàn nǐ. **3.** 从事 cóngshì：She's ~ business. 她从事商业工作。Tā cóngshì shāngyè gōngzuò. / He is ~ an amateur play. 他参加那个业余剧目的演出。Tā cānjiā nàge yèyú jùmùde yǎnchū. **4.** 用 yòng：talk ~ Chinese 用汉语谈话 yòng Hànyǔ tánhuà **5.** 按照 ànzhào；以 yǐ：~ the order of the number of strokes of the surnames 按姓氏笔划为序 àn xìngshì bǐhuà wéixù / arrange ~ alphabetic order 按字母顺序排列 àn zìmǔ shùnxù páiliè / I- my opinion, he is a good teacher. 在我看来，他是个好老师。Zài wǒ kàn lái, tā shìge hǎo lǎoshī. **6.** 穿着 chuānzhe；戴着 dàizhe：a girl ~ yellow 穿着黄衣服的女孩儿 chuānzhe huáng yīfude nǚháir / a waiter ~ uniform 穿制服的侍者 chuān zhìfúde shìzhě **7.** 在…方面 zài…fāngmiàn；处于…中 chǔyú…zhōng：~ every respect 在每一方面 zài měiyī fāngmiàn / be ~ liquor 喝醉了 hēzuìle / He's ~ good health. 他身体健康。Tā shēntǐ jiànkāng. / She's ~ danger. 她处在危险中。Tā chǔzài wēixiǎnzhōng. *ad.* **1.** 在里面 zài lǐmiàn；向里面 xiàng lǐmiàn：You may count me ~. 把我也算在里面。Bǎ wǒ yě suànzài lǐmiàn. / She is ~. 她在家。Tā zài jiā. / Lock the dog ~. 把狗锁在里面。Bǎ gǒu suǒzài lǐmiàn. **2.** 到达 dàodá；到来 dàolái：Spring is ~. 春天来了。Chūntiān láile. / The train isn't ~ yet. 火车还没有到达。Huǒchē hái méiyǒu dàodá. *a.* **1.** 在里面的 zài lǐmiànde；朝里面的 cháo lǐmiànde：an ~ door 往里面开的门 wàng lǐmiàn kāide mén **2.** 执政的 zhízhèngde：the ~ Party 执政党 zhízhèngdǎng **3.** 时髦的 shímáode；流行的 liúxíngde：the ~ thing to do 流行的事情 liúxíngde shìqing；时髦的做法 shímáode zuòfǎ *n.* 在朝派 zàicháopài；执政者 zhízhèngzhě：a matter of ~s versus outs 执政党与在野党争执的事情 zhízhèngdǎng yǔ zàiyědǎng zhēngzhíde shìqing // be ~ for 必定会遭到 bìdìng huì zāodào：It looks as if we are ~ for a big storm. 看来我们一定会碰上一

场暴风雨的。Kànlái wǒmen yídìng huì pèngshàng yìchǎng bàofēngyǔde. / be ~ on 参预 cānyù: He was ~ on the scheme. 他参预了这起阴谋。Tā cānyùle zhèqǐ yīnmóu. / be ~ with sb. 与某人友好相处 yǔ mǒurén yǒuhǎo xiāngchǔ / have it ~ for sb. 伺机伤害某人 sìjī shānghài mǒurén / ~ all 总共 zǒnggòng / ~ that 因为 yīnwèi / the ~s and outs 各种详情 gèzhǒng xiángqíng

inability *n.* 无能 wúnéng; 无力 wúlì: one's ~ to do sth. 不会做某事 búhuìzuò mǒushì

inaccessible *a.* 达不到的 dábudàode; 难接近的 nán jiējìnde: The Summer Palace was ~ to the common people in the Qing Dynasty. 在清朝,老百姓是不能进颐和园的。Zài Qīngcháo, lǎobǎixìng shì bùnéng jìn Yíhéyuánde.

inaccurate *a.* 不准确的 bù zhǔnquède; 不精确的 bù jīngquède

inaccuracy *n.* 不准确 bù zhǔnquè; 错误 cuòwù: There is a slight ~ in this watch. 这只表不太准。Zhèzhī biǎo bútài zhǔn.

inaction *n.* 无行动 wú xíngdòng; 不活跃 bú huóyuè

inactivate *v.* 使不活动 shǐ bù huódòng

inactive *a.* **1.** 不活动的 bù huódòngde; 不活跃的 bù huóyuède **2.** 暂停不用的 zàntíng búyòngde: an ~ car 一辆停用的汽车 yíliàng tíngyòngde qìchē

inadaptable *a.* 不能适应的 bùnéng shìyìngde; 无法适应的 wúfǎ shìyìngde

inadequacy *n.* 不充足 bù chōngzú; 不适当 bú shìdàng

inadequate *a.* 不适当的 bú shìdàngde; 不充足的 bù chōngzúde: He felt ~ to the occasion. 他感到自己不能应付那种场合。Tā gǎndào zìjǐ bùnéng yìngfù nàzhǒng chǎnghé. / The supply is ~ to meet the demand. 供不应求。Gōngbù-yìngqiú.

inadmissible *a.* 不能接纳的 bùnéng jiēnàde; 不能承认的 bùnéng chéngrènde

inadvertence *n.* 漫不经心 mànbù-jīngxīn; 疏漏 shūlòu

inadvertent *a.* 不经心的 bù jīngxīnde; 疏忽的 shūhude

inadvisable *a.* 不可取的 bù kěqǔde; 不妥当的 bù tuǒdangde

inaffable *a.* 不和蔼的 bù hé'ǎide

inalienable *a.* 不可分割的 bùkě fēngēde; 不能让与的 bùnéng ràngyǔde: Tibet is an ~ part of the territory of the People's Republic of China. 西

藏是中华人民共和国领土的不可分割的一部分。Xīzàng shì Zhōnghuá Rénmín gònghéguó lǐngtǔde bùkě fēngēde yíbùfen.

inalterable *a.* 不可变更的 bùkě biàngēngde；不变的 búbiànde

inamorata *n.* 女情人 nǚ qíngrén；情妇 qíngfù

inamorato *n.* 男情人 nán qíngrén

inane *a.* 愚蠢的 yúchǔnde；无意义的 wú yìyìde；空的 kōngde：make an ～ remark 言之无物 yánzhī wúwù *n.* 空洞无物 kōngdòng wúwù

inanimate *a.* **1.** 无生命的 wú shēngmìngde：an ～ object 无生物 wú shēngwù **2.** 无生气的 wú shēngqìde：an ～meeting 沉闷的会议 chénmènde huìyì

inanition *n.* 空虚 kōngxū；空洞 kōngdòng

inappeasable *a.* 难平息的 nán píngxīde；难劝解的 nán quànjiěde

inappetence *n.* 食欲不振 shíyù búzhèn

inapplicable *a.* 不适用的 bú shìyòngde

inapposite *a.* 不适合的 bú shìhéde；不恰当的 bú qiàdàngde

inappreciable *a.* 微不足道的 wēibù-zúdàode

inappreciation *n.* 不欣赏 bù xīnshǎng

inapprehension *n.* 不了解 bù liǎojiě；不理解 bù lǐjiě

inapprehensive *a.* 缺乏了解的 quēfá liǎojiěde；未意识到危险的 wèi yìshídào wēixiǎnde：be ～ of one's danger 没意识到自己在危险中 méi yìshídào zìjǐ zài wēixiǎnzhōng

inappropriate *a.* 不恰当的 bú qiàdàngde；不相宜的 bù xiāngyíde：～ to the season 不合时宜的 bùhé shíyíde

inapt *a.* 不适当的 bú shìdàngde：an ～ analogy 不适当的比喻 búshìdàngde bǐyù

inaptitude *n.* 不适当 bú shìdàng；不熟练 bù shúliàn

inarticulate *a.* 口齿不清的 kǒuchǐ bù qīngde；说不出的 shuōbuchūde：He was ～ with rage. 他气得说不出话来。Tā qìde shuōbuchū huà lái.

inartificial *a.* 天然的 tiānránde；天真的 tiānzhēnde

inasmuch *ad.* 因为 yīnwèi；由于 yóuyú：I- as it was raining, they came late. 由于下雨，他们来晚了。Yóuyú xiàyǔ, tāmen lái wǎnle.

inattention *n.* 不注意 bú zhùyì；疏忽 shūhu

inattentive *a.* 不注意的 bú zhùyìde；疏忽的 shūhude

inaudible *a.* 听不见的 tīngbujiànde

inaugural *a.* 就职的 jiùzhíde；开始的 kāishǐde；开幕的 kāimùde：an ～ address 就职演说 jiùzhí yǎnshuō *n.* 就职演说 jiùzhí yǎnshuō

inaugurate *v.* **1.** 为…举行就职典礼 wèi…jǔxíng jiùzhí diǎnlǐ：A president of the United States is ～d every four years. 美国总统每隔四年举行就职典礼。Měiguó zǒngtǒng měigé sìnián jǔxíng jiù zhí diǎnlǐ. **2.** 为…举行开幕式 wèi…jǔxíng kāimùshì：The Export Commodities Fair will be ～d next Monday. 出口商品交易会将于下周一开幕。Chūkǒu Shāngpǐn Jiāoyìhuì jiāng yú xiàzhōu yī kāimù. **3.** 开始 kāishǐ；开创 kāichuàng：～ a new policy 开始新政策 kāishǐ xīn zhèngcè

inauguration *n.* 就职典礼 jiùzhí diǎnlǐ：I- Day 总统就职日 zǒngtǒng jiùzhírì

inaugurator *n.* 主持就职仪式者 zhǔchíjiùzhí yíshì zhě；开创者 kāichuàngzhě；创始人 chuàngshǐ rén

inauspicious *a.* 不祥的 bù xiángde；不吉利的 bù jílìde：an ～ day for sb. 对某人不吉利的日子 duì mǒurén bù jílìde rìzi

inborn *a.* 天生的 tiānshēngde；先天的 xiāntiānde：an ～ ability to do sums 天生的运算能力 tiānshēngde yùnsuàn nénglì

inbound *a.* 归航的 guīhángde；入境的 rùjìngde：an ～ plane 归航的飞机 guīhángde fēijī

inbreak *n.* 入侵 rùqīn

inbred *a.* **1.** 生来的 shēngláide；天生的 tiānshēngde ＊ inborn **2.** 近亲繁殖的 jìnqīn fánzhíde；近交的 jìnjiāode：～ line 近交系 jìnjiāoxì

inbreed *v.* 使近亲繁殖 shǐ jìnqīn fánzhí

Inca *n.* **1.** 印加人 Yìnjiārén **2.** 印加语 Yìnjiāyǔ

incalculable *a.* **1.** 数不清的 shǔbuqīngde：the ～ grains of sand on the seashore 海滩上数不尽的沙子 hǎitānshang shǔbujìnde shāzi **2.** 难预测的 nán yùcède ＊ that can't be reckoned beforehand

incandesce *v.*（使）白热化（shǐ）báirèhuà；（使）白炽化（shǐ）báichìhuà

incandescent *a.* 白热的 báirède；白炽的 báichìde；炽热的 chìrède：an ～ lamp 白炽灯 báichìdēng

incantation *n.* 咒语 zhòuyǔ

incapable *a.* 无能力的 wúnénglìde；不能的 bùnéngde；不会的 búhuìde：He is ～ of finishing the work. 他没有完成这项工作的能力。Tā méiyǒu wánchéng zhèxiàng gōngzuòde nénglì. / Gold is ～ of rusting. 金

不会生锈。Jīn búhuì shēngxiù.

incapacitate *v.* 使无能力 shǐ wúnénglì；使残废 shǐ cánfèi；使无资格 shǐ wúzīgé：His injury ～d him for working. 他因受伤不能工作了。Tā yīn shòushāng bùnéng gōngzuòle. / be ～d from voting 被剥夺选举权 bèi bōduó xuǎnjǔquán

incapacity *n.* 无能力 wúnénglì；无资格 wúzīgé：～ to work 不能工作 bùnéng gōngzuò / ～ for kindness 待人不友善 dàirén bù yǒushàn

incarcerate *v.* 监禁 jiānjìn

incarnadine *a.* 肉色的 ròusède；血色的 xuèsède *n.* 肉色 ròusè；血红色 xuèhóngsè

incarnate *a.* 化身的 huàshēnde：a fiend ～ 魔鬼的化身 móguǐde huàshēn *v.* 体现 tǐxiàn：The Foolish Old Man ～s the courage and industry of the Chinese people. 愚公体现了中国人民勤劳勇敢的精神。Yúgōng tǐxiànle Zhōngguó rénmín qínláo yǒnggǎnde jīngshén.

incarnation *n.* 化身 huàshēn；体现 tǐxiàn：The miser was an ～ of greed. 那守财奴是贪婪的化身。Nà shǒucáinú shì tānlánde huàshēn.

incautious *a.* 不谨慎的 bù jǐnshènde；鲁莽的 lǔmǎngde

incendiary *a.* **1.** 放火的 fànghuǒde；纵火的 zònghuǒde；燃烧的 ránshāode：an ～ bomb 燃烧弹 ránshāodàn **2.** 煽动性的 shāndòngxìngde：～ remarks 煽动性的言论 shāndòngxìngde yánlùn *n.* **1.** 纵火者 zònghuǒzhě；燃烧弹 ránshāodàn **2.** 煽动者 shāndòngzhě

incense *n.* 香 xiāng：mosquito coil ～ 蚊香 wénxiāng *v.* 激怒 jīnù：She was ～d by his conduct. 她被他的行为所激怒。Tā bèi tāde xíngwéi suǒ jīnù.

incensory *n.* 香炉 xiānglú

incentive *n.* 刺激 cìjī；鼓励 gǔlì：His words gave me ～ and I worked twice as hard. 他的话激励了我，使我加倍努力。Tāde huà jīlìle wǒ，shǐ wǒ jiābèi nǔlì. / material ～s 物质刺激 wùzhì cìjī *a.* 刺激的 cìjīde；鼓励的 gǔlìde

inception *n.* 开始 kāishǐ；开端 kāiduān

incertitude *n.* 疑惑 yíhuò；不确定 bú quèdìng

incessant *a.* 无间断的 wú jiānduànde；连续不停的 liánxù bùtíngde：～ rains 连绵不断的雨 liánmián búduànde yǔ

incest *n.* 乱伦 luànlún

incestuous 乱伦的 luànlúnde

inch[1] *n.* **1.** 英寸 yīngcùn；吋 cùn：every ～ of one's motherland 祖国的每一寸土地 zǔguóde měi yícùn tǔdì **2.** 身高 shēngāo；身材 shēncái：She is about my ～es. 她的身材和我相仿。Tāde shēncái hé wǒ xiāngfǎng. // by ～es 缓慢地 huǎnmànde；一点一点地 yìdiǎn-yìyiǎnde：kill sb. by ～es 把某人慢慢地折磨死 bǎ mǒurén mànmànde zhémo sǐ / every ～ 完全地 wánquánde：every ～ a man 十足的男人 shízúde nánrén / Give him an ～ and he'll take a yard / a mile. 他得寸进尺。Tā décùn-jìnchǐ. / ～ by ～ 一点一点地 yìdiǎn-yìdiǎnde；渐渐地 jiànjiànde / within an ～ of 十分接近 shífēn jiējìn；几乎 jīhū：He came within an ～ of death. 他几乎送了命。Tā jīhū sòngle mìng. / not give (budge) an ～ 不改变自己的意见 bù gǎibiàn zìjǐde yìjian

inch[2] *v.* 缓慢地移动 huǎnmànde yídòng：Prices are ～ing up. 物价正逐步上涨。Wùjià zhèng zhúbù shàngzhǎng. / I ～ed (my way) through the narrow space between the cars. 我在车和车之间的狭窄空间里慢慢移动。Wǒ zài chēhéchē zhījiānde xiázhǎi kōngjiānli mànmàn yídòng.

inchmeal *ad.* 一点一点地 yìdiǎn-yìdiǎnde；渐渐地 jiànjiànde

inchoate *a.* 刚开始的 gāng kāishǐde；未发展的 wèi fāzhǎnde

incidence *n.* **1.** 发生 fāshēng；影响 yǐngxiǎng：What is the ～ of the tax? 这税会落在谁的身上？Zhè shuì huì luòzài shuíde shēnshang? **2.** 发生率 fāshēnglǜ：There's a high ～ of disease there. 那里患病的比率很高。Nàli huànbìngde bǐlǜ hěngāo.

incident *n.* **1.** 小事件 xiǎo shìjiàn；事情 shìqing：an ordinary ～ 一件普通的小事 yíjiàn pǔtōngde xiǎoshì / That was one of the most interesting ～s that I had met. 那是我遇到的最有趣的事情之一。Nà shì wǒ yùdàode zuì yǒuqùde shìqing zhīyī. **2.** 事变 shìbiàn：In a recent ～ 10 people were wounded. 在最近发生的事变中，十人受伤。Zài zuìjìn fāshēngde shìbiànzhōng, shírén shòushāng. *a.* 易发生的 yì fāshēngde；附带的 fùdàide：the difficulties ～ to the mountaineering 登山过程中要遇到的种种困难 dēngshān guòchéngzhōng yào yùdàode zhǒngzhǒng kùnnan / These duties are ～ upon me as a teacher. 这些职责是我身为教师的责任之一。Zhèxiē zhízé shì wǒ shēnwéi jiàoshīde zérèn zhīyī.

incidental *a.* **1.** 临时的 línshíde；附带的 fùdàide：～ expenses 杂费 záfèi

2. 偶然碰到的 ǒurán pèngdàode：an ～ acquaintance 偶然相识的人 ǒurán xiāngshíde rén

incidentally *ad.* 附带地 fùdàide；顺便一提 shùnbiàn yìtí：I-, if you want that book, I'll bring it tomorrow. 顺便提一句，如果你要那本书，我明天带给你。Shùnbiàn tíyijù, rúguǒ nǐ yào nàběn shū, wǒ míngtiān dàigěi nǐ.

incinerate *v.* 焚化 fénhuà；火葬 huǒzàng

incinerator *n.* 焚化炉 fénhuàlú

incipience *n.* 初期 chūqī；刚发生 gāng fāshēng

incipient *a.* 初期的 chūqīde；开始的 kāishǐde：～ disease 初期的病 chūqīde bìng / ～ light of day 曙光 shǔguāng

incise *v.* 切 qiē；切割 qiēgē

incised *a.* 切开的 qiēkāide：～ wound 刀伤 dāoshāng

incision *n.* 切口 qiēkǒu；切割 qiēgē：abdominal ～ 剖腹术 pōufùshù

incisive *a.* 尖锐的 jiānruìde；透彻的 tòuchède：an ～ criticism 尖锐的批评 jiānruìde pīpíng

incisor *n.* 门牙 ményá ＊ ～ tooth

incitant *n.* 兴奋剂 xīngfènjì *a.* 刺激的 cìjīde；兴奋的 xīngfènde

incitation *n.* 激励 jīlì；刺激 cìjī；煽动 shāndòng

incite *v.* 激励 jīlì；刺激 cìjī；煽动 shāndòng；引起 yǐnqǐ：His words ～d anger in/among the soldiers. 他的话激怒了士兵。Tāde huà jīnùle shìbīng. / ～ sb.'s curiosity 引起某人的好奇心 yǐnqǐ mǒuréndе hàoqíxīn / ～ war 煽动战争 shāndòng zhànzhēng

incitement *n.* 刺激 cìjī；煽动 shāndòng：I- to violence is a crime. 煽动别人作出暴力行为是违法的。Shāndòng biérén zuòchū bàolì xíngwéi shì wéifǎde.

incivility *n.* 无礼 wúlǐ；粗暴 cūbào

inclement *a.* 险恶的 xiǎn'ède ＊ of weather；严酷的 yánkùde ＊ of a person

inclination *n.* 1. 倾向 qīngxiàng；爱好 àihào：I have no ～ to be an editor. 我不想当编辑。Wǒ bùxiǎng dāng biānjí. / follow one's own ～s 随心所欲 suíxīn-suǒyù 2. 斜坡 xiépō ＊ a slope 3. 倾斜 qīngxié；点头 diǎntóu：I expressed my consent with an ～ (of the head). 我点头表示同意。Wǒ diǎntóu biǎoshì tóngyì.

incline *v.* **1.** 倾向(于) qīngxiàng(yú)；喜好 xǐhào：I ～ to tiredness in the afternoon. 我下午容易疲倦。Wǒ xiàwǔ róngyì píjuàn. / be ～d to go by air 倾向于坐飞机去 qīngxiàng yú zuò fēijī qù / Do you feel ～d for a cup of tea? 你想喝杯茶吗？Nǐ xiǎng hē bēi chámɑ? **2.** (使)成斜坡(shǐ) chéng xiépō * to (cause to) slope **3.** 使倾斜 shǐ qīngxié；低头 dītóu：an ～d plane 斜面 xiémiàn / to ～ one's head (in greeting) (打招呼时)点头示意 (dǎ zhāohu shí) diǎntóu shìyì *n.* 斜坡 xiépō：a steep ～ 陡峭的斜坡 dǒuqiàode xiépō

include *v.* 包括 bāokuò；包含 bāohán：The freight is ～d in the account. 运费包括在帐内。Yùnfèi bāokuò zài zhàngnèi.

includable, includible *a.* 可包括在内的 kě bāokuò zài nèide

inclusion *n.* **1.** 包括 bāokuò；包含 bāohán * the act of including or state of being included **2.** 内含物 nèihánwù * something that is included

inclusive *a.* **1.** 包括一切的 bāokuò yíqiède：an ～ charge 包括一切的费用 bāokuò yíqiède fèiyong **2.** 包括在内的 bāokuò zài nèide；包含的 bāohánde：The monthly rent is 300 dollars, ～ of light and water. 每月租金300元,包括水电费在内。Měiyuè zūjīn sānbǎi yuán, bāokuò shuǐdiànfèi zàinèi.

incognito *a.* 隐姓埋名的 yǐnxìng-máimíngde；化名的 huàmíngde *n.* 隐姓埋名 yǐnxìng-máimíng；化名 huàmíng

incognizable *a.* 不可认识的 bùkě rènshide；不可知的 bù kězhīde

incoherent *a.* 不连贯的 bù liánguànde；语无伦次的 yǔwú-lúncìde：He became quite ～ as the disease got worse. 病情越严重,他越变得语无伦次。Bìngqíng yuè yánzhòng, tā yuè biànde yǔwú-lúncì.

incombustible *a.* 不能燃烧的 bùnéng ránshāode *n.* 不燃物 bùránwù

incombustibility *n.* 不燃性 bùránxìng

income *n.* 收入 shōurù；所得 suǒdé：net ～ 纯收入 chún shōurù / very small / low ～ 低微的收入 dīwēide shōurù / ～ tax 所得税 suǒdéshuì

incomer *n.* 移民 yímín；新来者 xīnláizhě

incoming *a.* **1.** 进来的 jìnlaide；即将来临的 jíjiāng láilínde：an ～ vessel 进港船舶 jìn gǎng chuánbó / the ～ storm 即将来临的暴风雪 jíjiāng láilínde bàofēngxuě / the ～ tide 涨潮 zhǎngcháo **2.** 即将取得的 jíjiāng qǔdéde：～ profits 即将取得的利润 jíjiāng qǔdéde lìrùn

incommensurable *a.* 不能比较的 bùnéng bǐjiàode

incommensurate *a.* 不相称的 bù xiāngchènde；不相应的 bù xiāngyìngde

incommode *v.* 打扰 dǎrǎo；妨碍 fáng'ài：If I have ～d you, forgive me. 如果我打扰了你，请你原谅。Rúguǒ wǒ dǎrǎole nǐ, qǐng nǐ yuánliàng.

incommodious *a.* 不方便的 bù fāngbiànde * not convenient；打扰的 dǎrǎode * disturbing

incommunicable *a.* 不能用言语表达的 bùnéng yòng yányǔ biǎodáde；无法表达的 wúfǎ biǎodáde

incommunicado *ad.* & *a.* 被禁止与外界接触的 bèi jìnzhǐ yǔ wàijiè jiēchùde；被监禁的 bèi jiānjìnde：be held ～ 被单独监禁 bèi dāndú jiānjìn

incommunicative *a.* 不爱交际的 bú'ài jiāojìde；沉默寡言的 chénmò-guǎyánde

incompact *a.* 松散的 sōngsǎnde；不结实的 bù jiēshide

incomparable *a.* 不能比较的 bùnéng bǐjiàode；无比的 wúbǐde：～ wealth 无比的财富 wúbǐde cáifù / ～ skill 无与伦比的高超技能 wúyǔ-lúnbǐde gāochāo jìnéng

incompatible *a.* 不一致的 bù yízhìde；不相容的 bù xiāngróngde：His own plan is ～ with my own intentions. 他的计划与我的不一致。Tāde jìhuà yǔ wǒde bù yízhì. / Water is ～ with fire. 水火不相容。Shuǐhuǒ bù xiāngróng.

incompetence *n.* 无能力 wú nénglì；不胜任 bú shèngrèn

incompetent *a.* 无能力的 wú nénglìde；不能胜任的 bùnéng shèngrènde：be ～ to do sth. 不适合于做某事 bú shìhé yú zuò mǒushì / an ～ teacher 不称职的教师 bú chènzhíde jiàoshī

incomplete *a.* 不完全的 bù wánquánde；不完善的 bù wánshànde

incomprehensible *a.* 无法理解的 wúfǎ lǐjiěde；不能接受的 bùnéng jiēshòude

incomprehensibly *ad.* 无法理解地 wúfǎ lǐjiěde；不可思议地 bùkě-sīyìde：I-, my best student came last in the examination! 真不可思议，我最好的学生考了最后一名。Zhēn bùkě-sīyì, wǒ zuìhǎode xuésheng kǎole zuìhòu yìmíng.

incomprehension *n.* 不了解 bù liǎojiě；缺乏理解力 quēfá lǐjiělì

incomputable *a.* 不能计算的 bùnéng jìsuànde

inconceivable *a.* 1. 难以想象的 nányǐ xiǎngxiàngde：It once seemed ～

that men should travel to the moon. 人类竟能到达月球，这件事在以前是（大家）无法想象的。Rénlèi jìngnéng dàodá yuèqiú，zhèjiàn shì zài yǐqián shì（dàjiā）wúfǎ xiǎngxiàngde. **2.** 不可能的 bù kěnéngde：It is ～ to remember 1,000 new words in one day. 一天记住一千个生词是不可能的。Yìtiān jìzhù yìqiānge shēngcí shì bù kěnéngde.

inconclusive *a.* 非决定性的 fēi juédìngxìngde；无定论的 wú dìnglùnde：a ～ victory 非决定性的胜利 fēi juédìngxìngde shènglì / an ～ judgement 无定论的评判 wú dìnglùnde píngpàn

inconformity *n.* 不一致 bù yízhì；不符合 bù fúhé

incongruity *n.* 不相称 bù xiāngchèn；不协调 bù xiétiáo

incongruous *a.* 不调和的 bù tiáohéde；不相称的 bù xiāngchènde：～ colors 不调和的色彩 bù tiáohéde sècǎi / That modern building looks ～ in the old-fashioned village. 那座现代化的建筑物在旧式乡村里显得很不协调。Nàzuò xiàndàihuàde jiànzhùwù zài jiùshì xiāngcūnli xiǎnde hěnbù xiétiáo.

inconsequent *a.* 不连贯的 bù liánguànde；前后不符的 qiánhòu bùfúde：～ reasoning 自相矛盾的推论 zìxiāng-máodùnde tuīlùn

inconsequential *a.* 不重要的 bú zhòngyàode；微不足道的 wēibù-zúdàode：an ～ meeting 不重要的会议 bú zhòngyàode huìyì

inconsiderable *a.* 不值得考虑的 bù zhíde kǎolǜde；微不足道的 wēibù-zúdàode：£10 is an ～ amount of money to a rich man. 对富翁来说，十镑是微不足道的小钱。Duì fùwēng láishuō，shíbàng shì wēibù-zúdàode xiǎoqián.

inconsiderate *a.* 不体谅别人的 bù tǐliàng biérénde；轻率的 qīngshuàide：It is ～ of him not to help his wife in doing housework. 他不帮妻子做家务，太不体谅她了。Tā bù bāng qīzi zuò jiāwù，tài bù tǐliàng tāle. / a hasty and ～ conclusion 匆忙轻率的结论 cōngmáng qīngshuàide jiélùn

inconsistent *a.* 不一致的 bù yízhìde；前后矛盾的 qiánhòu máodùnde：His actions are ～ with his words. 他言行不一致。Tā yánxíng bù yízhì.

inconsolable *a.* 无法安慰的 wúfǎ ānwèide：She is ～ for failing the examination. 她因没通过考试而伤心不已。Tā yīn méi tōngguò kǎoshì ér shāngxīn bùyǐ.

inconspicuous *a.* 不显眼的 bù xiǎnyǎnde；不引人注意的 bù yǐn rén zhùyìde：～ colors 不显眼的颜色 bù xiǎnyǎnde yánsè

inconstant *a.* 多变的 duōbiànde；无常的 wúchángde；不专一的 bù zhuānyīde：He is an ～ man, don't listen to him. 他是个多变的人，别听他的话。Tā shìge duōbiànde rén，bié tīng tāde huà. / an ～ lover 爱情不专一的人 àiqíng bù zhuānyīde rén

incontestable *a.* 不可争辩的 bùkě zhēngbiànde * cannot be changed by argument；不可否认的 bùkě fǒurènde：～ evidence 不可否认的证据 bùkě fǒurènde zhèngjù；铁证 tiězhèng

incontinence *n.* 无节制 wú jiézhì；失禁 shījìn：～ of speech 饶舌 ráoshé / the ～ of urine 小便失禁 xiǎobiàn shījìn

incontinent *a.* 无节制的 wú jiézhìde；失禁的 shījìnde

incontrovertible *a.* 不容置疑的 bùróng-zhìyíde；无可辩驳的 wúkě biànbóde

inconvenience *n.* **1.** 不方便 bù fāngbiàn：I hope I haven't put you to ～. 我希望没有使你感到不便。Wǒ xīwàng méiyǒu shǐ nǐ gǎndào búbiàn. **2.** 不便之处 búbiàn zhīchù *v.* 使感不便 shǐ gǎn búbiàn

inconvenient *a.* 不便的 búbiànde：It's an ～ time to come visiting. 此时来访有所不便。Cǐshí láifǎng yǒusuǒ búbiàn. / Bring that dictionary tomorrow if it is not ～ to you. 如果你方便的话，明天把那本字典带来。Rúguǒ nǐ fāngbiànde huà，míngtiān bǎ nàběn zìdiǎn dàilái.

incorporate *v.* **1.** 合并 hébìng；并入 bìngrù：We will ～ your new ideas into our plan. 我们要把你的新构想并入我们的计划中。Wǒmen yào bǎ nǐde xīn gòuxiǎng bìngrù wǒmende jìhuà zhōng. **2.** 使组成公司 shǐ zǔchéng gōngsī；成为社团 chéngwéi shètuán：an ～d company 股份有限公司 gǔfèn yǒuxiàn gōngsī *a.* 合并的 hébìngde；并入的 bìngrùde

incorporation *n.* 结合 jiéhé；合并 hébìng；公司 gōngsī

incorporator *n.* 合并者 hébìngzhě；社团成员 shètuán chéngyuán

incorporeal *a.* 无形体的 wú xíngtǐde；非物质的 fēi wùzhìde

incorrect *a.* 不正确的 bú zhèngquède；错误的 cuòwùde：an ～ sentence 不正确的句子 bú zhèngquède jùzi

incorrigible *a.* 不可救药的 bùkějiùyàode；积习难改的 jīxínángǎide

incorruptible *a.* **1.** 不易腐蚀的 búyì fǔshíde；不易变坏的 búyì biàn huàide * cannot decay or be destroyed **2.** 廉洁的 liánjiéde：an ～ judge 廉洁的法官 liánjiéde fǎguān

increase *v.* 增加 zēngjiā；增多 zēngduō：～ wages 增加工资 zēngjiā gōngzī

/ ～ with years 与年俱增 yǔnián jùzēng / The population of this city has ～d. 这个城市的人口增多了。Zhège chéngshìde rénkǒu zēngduōle. *n.* 增加 zēngjiā；增多 zēngduō：an ～ in population 人口的增多 rénkǒude zēngduō // on the ～ 不断增长 búduàn zēngzhǎng：The technical cooperation and cultural exchanges between the two countries are daily on the ～. 两国之间的技术合作和文化交流正在与日俱增。Liǎngguó zhījiānde jìshù hézuò hé wénhuà jiāoliú zhèngzài yǔrì-jùzēng.

increasingly *ad.* 逐渐地 zhújiànde；日益 rìyì：She is ～ impatient to him. 她对他越来越不耐烦。Tā duì tā yuèláiyuè bú nàifán.

incredible *a.* **1.** 难以相信的 nányǐ xiāngxìnde：an ～ story 令人难以相信的故事 lìng rén nányǐ xiāngxìnde gùshi **2.** 惊人的 jīngrénde；不可思议的 bùkě sīyìde：～ energy 惊人的能量 jīngrénde néngliàng / He has an ～ car. 他的汽车好得不得了。Tāde qìchē hǎode bùdéliǎo.

incredulity *n.* 不信 búxìn；怀疑 huáiyí

incredulous *a.* 不相信的 bù xiāngxìnde；不轻信的 bù qīngxìnde；怀疑的 huáiyíde：be ～ of hearsay 不相信道听途说 bù xiāngxìn dàotīng-túshuō / an ～ look 怀疑的表情 huáiyíde biǎoqíng

increment *n.* 增加 zēngjiā；增值 zēngzhí：unearned ～ 自然增值 zìrán zēngzhí

incretion *n.* 内分泌 nèifēnmì

incriminate *v.* 牵连 qiānlián；连累 liánlèi：He ～d himself in this case. 他把自己牵连进这起刑事案件。Tā bǎ zìjǐ qiānlián jìn zhèqǐ xíngshì ànjiàn.

incrust *v.* 在…表面上形成一层硬壳 zài…biǎomiànshang xíngchéng yìcéng yìngké：a path ～ed in ice 覆盖着冰的小路 fùgàizhe bīngde xiǎolù

incrustation *n.* **1.** 污垢 wūgòu ＊ dirt or material laid on top of something else **2.** 镶嵌 xiāngqiàn ＊ a way of putting jewels, precious metals, etc., together

incubate *v.* 孵卵 fūluǎn

incubation *n.* **1.** 孵卵 fūluǎn：artificial incubation 人工孵卵 réngōng fūluǎn **2.** 潜伏 qiánfú：～ period 潜伏期 qiánfúqī

incubator *n.* **1.** 孵卵器 fūluǎnqì ＊ for keeping eggs warm until they hatch **2.** 早产婴儿保育箱 zǎochǎn yīng'ér bǎoyùxiāng ＊ for keeping babies

incubus *n.* **1.** 恶梦 èmèng ＊ nightmare **2.** 负担 fùdān：the ～ of debt, like a weight on one's mind 债的重担，压在心头 zhàide zhòngdàn，yāzài xīntóu

inculcate *v.* 灌输 guànshū；谆谆教诲 zhūnzhūn-jiàohuì：He ～d his idea in his students. 他把他的思想灌输给他的学生。Tā bǎ tāde sīxiǎng guànshū gěi tāde xuésheng.

inculcation，inculcator *n.* 灌输（者）guànshū（zhě）；谆谆教诲（者）zhūnzhūn-jiàohuì（zhě）

inculpate *v.* 归罪 guīzuì；指控 zhǐkòng

incult *a.* 没礼貌的 méi lǐmàode；粗鲁的 cūlǔde

incumbency *n.* 职责 zhízé；义务 yìwù

incumbent *a.* **1.** 负有责任的 fùyǒu zérènde：It's ～ on me to give him my advice because he is my friend. 因为他是我的朋友，我有责任给他忠告。Yīnwèi tā shì wǒde péngyou，wǒ yǒu zérèn gěi tā zhōnggào. **2.** 现任的 xiànrènde；在职的 zàizhíde：the ～ president 现任总统 xiànrèn zǒngtǒng. *n.* **1.** 教区牧师 jiàoqū mùshī **2.** 在职者 zàizhízhě；现任者 xiànrènzhě

incur *v.* 招致 zhāozhì；招惹 zhāorě；遭受 zāoshòu：The conflagration ～red a heavy loss. 这场大火招致了重大损失。Zhèchǎng dàhuǒ zhāozhìle zhòngdà sǔnshī. / I ～red his dislike from that day on. 从那天起，我便惹他讨厌。Cóng nàtiān qǐ，wǒ biàn rě tā tǎoyàn. / ～ danger 遭受危险 zāoshòu wēixiǎn

incurable *a.* 不能治疗的 bùnéng zhìliáode：an ～ disease 不治之症 búzhì-zhīzhèng *n.* 医不好的病人 yībuhǎode bìngrén

incurious *a.* **1.** 无好奇心的 wú hàoqíxīnde；不加注意的 bù jiā zhùyìde：～ about the outside world 对外界冷漠 duì wàijiè lěngmò **2.** 没兴趣的 méixìngqùde：a not ～ myth 有趣的神话 yǒuqùde shénhuà

incurrence *n.* 招致 zhāozhì；遭受 zāoshòu

incursion *n.* 侵犯 qīnfàn；入侵 rùqīn：make an ～ into 对…进行入侵 duì …jìnxíng rùqīn

incurved *a.* 弯曲的 wānqūde

indebted *a.* 感激的 gǎnjīde；感恩的 gǎn'ēnde：I am greatly ～ to you for your kindness. 我很感激你的好意。Wǒ hěn gǎnjī nǐde hǎoyì.

indecent *a.* **1.** 下流的 xiàliúde；粗鄙的 cūbǐde：an ～ remark 下流话 xiàliúhuà **2.** 不适当的 bú shìdàngde；不合适的 bù héshìde：He did a lot, but get a little, it's ～. 他做得很多,而得到的很少,这是不适当的。Tā zuòde hěnduō, ér dédàode hěnshǎo, zhèshì bú shìdàngde.

indeciduous *a.* 常绿的 chánglǜde

indecipherable *a.* 不能破译的 bùnéng pòyìde; 难以辨认的 nányǐ biànrènde

indecision *n.* 犹豫不决 yóuyù-bùjué: He halts before a door in ～. 他犹豫不决地在门前停下来。Tā yóuyù-bùjuéde zài ménqián tíng xiàlái.

indecisive *a.* **1.** 非决定性的 fēi juédìngxìngde; 非结论性的 fēi jiélùnxìngde: an ～ victory 非决定性的胜利 fēi juédìngxìngde shènglì / He just gave me an ～ answer. 他没有给我肯定的回答。Tā méiyǒu gěi wǒ kěndìngde huídá. **2.** 犹豫不决的 yóuyù-bùjuéde; 优柔寡断的 yōuróu-guǎduànde: an ～ sort of person 优柔寡断的人 yōuróu-guǎduànde rén

indecorous *a.* 不雅的 bùyǎde; 不合礼节的 bùhé lǐjiéde

indecorum *n.* 不雅 bùyǎ; 不合礼节 bùhé lǐjié

indeed *ad.* **1.** 的确 díquè; 实在 shízài; 真正 zhēnzhèng: Yes, the book is ～ interesting. 对,这本书的确有意思。Duì, zhèběn shū díquè yǒu yìsi. / Thank you very much ～. 实在多谢你了。Shízài duōxiè nǐle. / If you can join us, I shall be very glad ～. 如果你能加入我们的行列,那我真太高兴了。Rúguǒ nǐnéng jiārù wǒmende hángliè, nà wǒ zhēn tài gāoxìngle. **2.** 当然 dāngrán; 固然 gùrán: We are facing a lot of difficulties ～, but we are sure they can be overcome. 固然我们面临着很多困难,但我们相信它们是能够克服的。Gùrán wǒmen miànlínzhe hěnduō kùnnan, dàn wǒmen xiāngxìn tāmen shì nénggòu kèfúde. **3.** 真的 zhēnde; 真是 zhēnshì: "He comes late every day." "I-?" "他每天迟到。" "真的吗?" "Tā měitiān chídào." "Zhēndema?"

indefatigable *a.* 不倦的 bújuànde; 坚持不懈的 jiānchí-búxiède

indefatigably *ad.* 不倦地 bújuànde; 坚持不懈地 jiānchí-búxiède: He has been learning foreign language ～. 他一直坚持不懈地学习外语。Tā yìzhí jiānchí-búxiède xuéxí wàiyǔ.

indefeasible *a.* 不能取消的 bùnéng qǔxiāode: an ～ right 不能取消的权利 bùnéng qǔxiāode quánlì

indefectible *a.* 不败的 bùbàide; 永恒的 yǒnghéngde: an ～ friendship 永恒的友谊 yǒnghéngde yǒuyì

indefensible *a*. **1**. 无法防守的 wúfǎ fángshǒude：an ～ position 无法防守的阵地 wúfǎ fángshǒude zhèndì **2**. 无法辩解的 wúfǎ biànjiěde：～ behavior 无法辩解的行为 wúfǎ biànjiěde xíngwéi

indefinable *a*. 难下定义的 nán xià dìngyìde；难以描述的 nányǐ miáoshùde：an ～ concept 一个难下定义的概念 yíge nán xià dìngyìde gàiniàn

indefinite *a*. **1**. 无限期的 wúxiànqīde：a strike of ～ duration 无限期罢工 wú xiànqī bàgōng **2**. 模糊的 móhude；不确定的 bú quèdìngde：～ opinions 模糊的意见 móhude yìjian / ～ responsibilities 不明确的责任 bù míngquède zérèn

indelible *a*. 去不掉的 qùbudiàode；擦不掉的 cābudiàode：～ ink 擦不掉的墨渍 cābudiàode mòzì / He has an ～ stain on his character. 他品格上有去不掉的污点。Tā pǐngéshang yǒu qùbudiàode wūdiǎn. / an ～ pencil 笔迹难擦掉的铅笔 bǐjì nán cādiàode qiānbǐ

indelibly *ad*. 去不掉地 qùbudiàode；擦不掉地 cābudiàode：Those wonderful days were the ones ～ printed on my memory. 那些美好的日子在我的记忆中无法磨灭。Nàxiē měihǎode rìzi zài wǒde jìyìzhōng wúfǎ mómiè.

indelicate *a*. 粗俗的 cūsúde；粗鲁的 cūlǔde：an ～ remark 粗话 cūhuà

indemnification *n*. 赔偿 péicháng；赔偿金 péichángjīn；赔偿物 péichángwù

indemnify *v*. 赔偿 péicháng；偿还 chánghuán：～ sb. for his loss 赔偿某人损失 péicháng mǒurén sǔnshī

indemnity *n*. **1**. 赔偿 péicháng；赔款 péikuǎn：a war ～ 战争赔款 zhànzhēng péikuǎn / When a country has been defeated in war, it sometimes has to pay an ～ to the winners. 战败国有时必须向战胜国赔款。Zhànbàiguó yǒushí bìxū xiàng zhànshèngguó péikuǎn. **2**. 保障 bǎozhàng；保护 bǎohù：a measure that offers ～ against further loss 使免受更多损失的措施 shǐ miǎnshòu gèngduō sǔnshīde cuòshī

indent *v*. **1**. 使成锯齿状 shǐ chéng jùchǐzhuàng：an ～ed coastline 锯齿状的海岸线 jùchǐzhuàngde hǎi'ànxiàn **2**. 缩进排印 suōjìn páiyìn；缩进书写 suōjìn shūxiě：～ the first line of each paragraph 把每段第一行缩进几格排印 bǎ měiduàn dì-yī háng suōjìn jǐgé páiyìn **3**. 订货 dìnghuò：If you want those new machines, you'll have to ～ on the company for them. 如果你想要那些新机器，就必须以公司名义订货。Rúguǒ nì xiǎngyào nàxiē xīn jīqì, jiù bìxū yǐ gōngsī míngyì dìnghuò. *n.* **1.** 锯齿状 jùchǐzhuàng **2.** 订货单 dìnghuòdān

indenture *n.* 契约 qìyuē；合同 hétong：take up one's ～s 学徒期满 xuétúqī mǎn；服务期满 fúwùqī mǎn *v.* 订立雇用合约 dìnglì gùyòng héyuē：an ～d chef 受雇用合约限制的厨师 shòu gùyòng héyuē xiànzhìde chúshī

independence *n.* 独立 dúlì；自主 zìzhǔ：I- Day 美国独立纪念日 Měiguó Dúlì Jìniànrì / This money gives me ～ from my family. 这笔钱使我不必依赖家庭。Zhèbǐ qián shǐ wǒ búbì yīlài jiātíng.

independent *a.* **1.** 独立的 dúlìde；自主的 zìzhǔde：an ～ country 独立的国家 dúlìde guójiā / ～ research work 独立的研究工作 dúlìde yánjiū gōngzuò **2.** 有足够的钱生活 yǒu zúgòude qián shēnghuó；不需任何工作的 bùxū rènhé gōngzuòde *（of money）belonging to one privately, so that one can live without working **3.** 单独的 dāndúde；不接受外援的 bù jiēshòu wàiyuánde：an ～ grocer 独立经营的杂货商 dúlì jīngyíngde záhuòshāng *n.* **1.** 独立自主的人 dúlì-zìzhǔde rén **2.** 无党派者 wúdǎngpàizhě * a person who does not always favor the same political party // ～ of **1.** 独立于…之外的 dúlì yú…zhīwàide：be ～ of outside control 不受外界控制 búshòu wàijiè kòngzhì **2.** 与…无关的 yǔ…wúguānde；不依赖…的 bù yīlài…de：This matter is ～ of you. 这件事与你无关。Zhèjiàn shì yǔ nǐ wúguān. / He is ～ of his parents now. 他现在不依赖父母而自立。Tā xiànzài bù yīlài fù-mǔ ér zìlì.

independently *ad.* 独立地 dúlìde；自立地 zìlìde：I began to do everything ～ when I was eighteen years old. 当我十八岁的时侯，开始独立做一切事情。Dāng wǒ shíbā suìde shíhou, kāishǐ dúlì zuò yíqiè shìqing.

indescribable *a.* 难以形容的 nányǐ xíngróngde：～ joy 难以形容的喜悦 nányǐ xíngróngde xǐyuè

indestructible *a.* 破坏不了的 pòhuàibuliǎode；不能毁坏的 bùnéng huǐhuàide

indestructibly *ad.* 无法摧毁 wúfǎ cuīhuǐ：～ strong 坚强得无法摧毁 jiānqiángde wúfǎ cuīhuǐ

indeterminable *a.* 不能解决的 bùnéng jiějuéde；难以决定的 nányǐ

juédìngde：an ～ question 不能解决的问题 bùnéng jiějuéde wèntí

indeterminate *a*. 模糊的 móhude；不确定的 bú quèdìngde；不明确的 bù míngquède：an ～ result 不明确的结果 bù míngquède jiéguǒ / Our holiday plans are still at an ～ stage. 我们的假日计划还未确定。Wǒmende jiàrì jìhuà hái wèi quèdìng.

index *n*. **1**. 索引 suǒyǐn：card ～es in a library 图书馆的卡片索引 túshūguǎnde kǎpiàn suǒyǐn **2**. 指标 zhǐmiāo；标志 biāozhì：the quality ～ 质量指标 zhìliàng zhǐbiāo / These new ideas in education are an ～ of change to come. 这些教育上的新观念意味着将有改进。Zhèxiē jiàoyùshangde xīn guānniàn yìwèizhe jiāng yǒu gǎijìn. **3**. 指数 zhǐshù：price indices 物价指数 wùjià zhǐshù **4**. 食指 shízhǐ ＝ forefinger *v*. **1**. 为…编索引 wèi…biān suǒyǐn：The book is well ～ed. 这本书编有很好的索引。Zhèběn shū biānyǒu hěn hǎode suǒyǐn. **2**. 把…编入索引 bǎ…biānrù suǒyǐn：All reference books mentioned in the thesis are ～ed. 论文中提到的所有参考书均编入索引。Lùnwénzhōng tídàode suǒyǒu cānkǎoshū jūn biānrù suǒyǐn.

indexical *a*. 无索引的 wú suǒyǐnde

Indian *a*. & *n*. **1**. 印度人 Yìndùrén；印度的 Yìndùde **2**. 印第安人 Yìndì'ānrén ＊ American Indian // ～ corn 玉米 yùmǐ / ～ file 一路纵队 yílù zòngduì / ～ hemp 大麻烟 dàmáyān / ～ ink 墨汁 mòzhī / ～ meal 玉米粉 yùmǐfěn / I- Ocean 印度洋 Yìndùyáng / ～ rubber 橡皮 xiàngpí：an ～-rubber ball 橡皮球 xiàngpíqiú

indicate *v*. **1**. 指出 zhǐchū；指示 zhǐshì：I asked him where the place is, he ～d it on the map. 我问他这个地方在哪儿，他就在地图上指了出来。Wǒ wèn tā zhège dìfang zàinǎr，tā jiù zài dìtúshang zhǐle chūlái. **2**. 暗示 ànshì；表明 biǎomíng：He ～d that I could leave. 他暗示我可以离开。Tā ànshì wǒ kěyǐ líkāi. / The low temperature ～s that the weather will become colder. 低温表明天气将要变冷。Dīwēn biǎomíng tiānqì jiāngyào biànlěng. **3**. 需要 xūyào：In this hot weather, an air conditioner is ～d. 在这样热的天气里，需要空调。Zài zhèyàng rède tiānqìli，xūyào kōngtiáo.

indication *n*. **1**. 指出 zhǐchū；指示 zhǐshì **2**. 暗示 ànshì；预兆 yùzhào；迹象 jìxiàng：There is every ～ of a change in the weather. 各种迹象都显

示天气要变了。Gèzhǒng jīxiàng dōu xiǎnshì tiānqì yào biànle.

indicative *a*. **1**. 表明的 biǎomíngde；表示的 biǎoshìde；预示的 yùshìde：He is ～ of his wish to help me. 他表示他想帮助我。Tā biǎoshì tā xiǎng bāngzhù wǒ. **2**. 陈述的 chénshùde：the ～ mood 陈述语气 chénshù yǔqì *n*. 陈述语气 chénshù yǔqì

indicator *n*. **1**. 指示器 zhǐshìqì ＊ on a machine：revolution ～ 转速计 zhuànsùjì **2**. 指示剂 zhǐshìjì ＊ a substance which shows what is happening in a chemical mixture

indict *v*. 控告 kònggào；起诉 qǐsù：He is ～ed on a charge of slander. 他因犯诽谤罪而被起诉。Tā yīn fàn fěibàngzuì ér bèi qǐsù.

indictment *n*. 起诉 qǐsù：a bill of ～ 起诉书 qǐsùshū

indictable *a*. 可告发的 kě gàofāde；可起诉的 kě qǐsùde：an ～ offence 可告发的侵害 kě gàofāde qīnhài

indictee *n*. 被告 bèigào

indicter，**indictor** *n*. 原告 yuángào

indifference *n*. **1**. 不关心 bù guānxīn：She decided to leave him，because he treated her with ～. 她决定离开他，因为他对她漠不关心。Tā juédìng líkāi tā，yīnwèi tā duì tā mòbù-guānxīn. **2**. 无关紧要 wúguān jǐnyào：a matter of ～ 无关紧要的事 wúguān jǐnyàode shì

indifferent *a*. **1**. 不关心的 bù guānxīnde；冷淡的 lěngdànde；不在意的 bú zàiyìde：I was so excited to see snow that I was ～ to the cold. 我看到雪好兴奋，所以冷也不在意了。Wǒ kàndào xuě hǎo xīngfèn，suǒyǐ lěng yě bú zàiyìle. **2**. 一般的 yìbānde；质量不高的 zhìliàng bù gāode：an ～ performance 水平不高的演出 shuǐpíng bù gāode yǎnchū

indigence *n*. 贫困 pínkùn；贫穷 pínqióng

indigenous *a*. 本土的 běntǔde；土产的 tǔchǎnde：Giant pandas are ～ to China. 熊猫产于中国。Xióngmāo chǎnyú Zhōngguó.

indigenously *ad*. 本土地 běntǔde：Tomatoes were not found in China ～，but introduced from abroad. 西红柿非中国土产，而是从国外引进的。Xīhóngshì fēi Zhōngguó tǔchǎn，érshì cóng guówài yǐnjìnde.

indigent *a*. 贫困的 pínkùnde；贫穷的 pínqióngde

indigestible *a*. **1**. 难消化的 nán xiāohuàde ＊ of food **2**. 难理解的 nán lǐjiěde ＊ of facts

indigestion *n*. 消化不良 xiāohuà bù liáng

indignant *a.* 愤慨的 fènkǎide；义愤的 yìfènde：be ～ at sth. 对某事感到愤慨 duì mǒushì gǎndào fènkǎi

indignation *n.* 愤慨 fènkǎi；义愤 yìfèn：The worker expressed their ～ at reducing wages. 工人们对减少工资表示愤慨。Gōngrénmen duì jiǎnshǎo gōngzī biǎoshì fènkǎi.

indignity *n.* 侮辱 wǔrǔ；伤自尊的事 shāng zìzūnde shì：He treated her with ～ in front of many people, so she decided to bring in an indictment against him. 他当众侮辱了她，所以她决定控告他。Tā dāngzhòng wǔrǔle tā，suǒyǐ tā juédìng kònggào tā.

indigo *n.* 靛蓝 diànlán：～-blue 靛蓝色 diànlánsè

indirect *a.* **1.** 间接的 jiànjiēde；曲折的 qūzhéde：an ～ evidence 间接证据 jiànjiē zhèngjù **2.** 不直截了当的 bù zhíjié-liǎodàngde；不诚实的 bù chéngshíde：an ～ reply 侧面回答 cèmiàn huídá

indirection *n.* **1.** 间接 jiànjiē；迂回 yūhuí：She asked me about him by ～. 她拐弯抹角地问我关于他的情况。Tā guǎiwān-mòjiǎode wèn wǒ guānyú tāde qíngkuàng. **2.** 不老实 bù lǎoshi ＊ dishonesty

indiscernible *a.* 难辩别的 nán biànbiéde；看不见的 kànbujiànde：a path almost ～ in the mist 雾中几乎看不见的小径 wùzhōng jīhū kànbujiànde xiǎojìng

indiscipline *n.* 无纪律 wújìlǜ；无秩序 wúzhìxù

indiscreet *a.* 不慎重的 bú shènzhòngde；轻率的 qīngshuàide

indiscretion *n.* 不慎重 bú shènzhòng；轻率 qīngshuài；言行失检 yánxíng shījiǎn：have the ～ to do sth. 居然轻率地做某事 jūrán qīngshuàide zuò mǒushì

indiscriminate *a.* 不加选择的 bù jiā xuǎnzéde；不加区别的 bù jiā qūbiéde

indiscriminately *ad.* 不加选择地 bù jiā xuǎnzéde：He often makes friends ～. 他常常不加选择地交友。Tā chángcháng bùjiā xuǎnzéde jiāoyǒu.

indiscrimination *n.* 不加选择 bùjiā xuǎnzé；不加区别 bùjiā qūbié

indispensable *a.* **1.** 不可缺少的 bùkě quēshǎode；必需的 bìxūde：Air is ～ to life. 空气是生命所必需的东西。Kōngqì shì shēngmìng suǒ bìxūde dōngxi. **2.** 不可推卸的 bùkě tuīxiède：an ～ obligation 不可推卸的责任 bùkě tuīxiède zérèn

indisposed *a.* **1.** 不舒服的 bù shūfude：He is ～ with a fever today. 他今天

发烧了，感到不舒服。Tā jīntiān fāshāole，gǎndào bù shūfu. 2. 不愿的 búyuànde：He told me that he couldn't go，in fact he was ～ to go. 他告诉我他不能去，其实是他不想去。Tā gàosu wǒ tā bùnéng qù，qíshí shì tā bùxiǎng qù.

indispose *v.* 1. 使不能 shǐ bùnéng；使不舒服 shǐ bù shūfu：Headache ～s me for class today. 我头疼，今天不能上课。Wǒ tóuténg，jīntiān bùnéng shàngkè. 2. 使不愿 shǐ búyuàn：Cold weather ～s him to go outside. 寒冷的天气使他不愿外出。Hánlěngde tiānqì shǐ tā búyuàn wàichū.

indisposition *n.* 1. 小病 xiǎobìng；不舒服 bù shūfu：He has recovered from his ～. 他的小病已经好了。Tāde xiǎobìng yǐjīng hǎole. 2. 不愿 búyuàn；厌恶 yànwù：have an ～ towards hubbub 厌恶吵闹 yànwù chǎonào

indisputable *a.* 不可争辩的 bùkě zhēngbiànde；无疑的 wúyíde：an ～ fact 不可争辩的事实 bùkě zhēngbiànde shìshí

indissoluble *a.* 1. 不可溶解的 bùkě róngjiěde：～ materials 不可溶解的物质 bùkě róngjiěde wùzhì 2. 稳定的 wěndìngde；持久的 chíjiǔde：an ～ friendship 牢不可破的友谊 láobù-kěpòde yǒuyì

indistinct *a.* 模糊的 móhude；不清楚的 bù qīngchude：an ～ memory 模糊的回忆 móhude huíyì

indistinguishable *a.* 难区分的 nán qūfēnde；不能辨别的 bùnéng biànbiéde：The two twins are ～. 这对双胞胎分不出谁是谁。Zhèduì shuāngbāotāi fēnbuchū shuí shì shuí.

individual *a.* 1. 个人的 gèrénde；个体的 gètǐde；单独的 dāndúde：～ economy 个体经济 gètǐ jīngjì 2. 独特的 dútède；特殊的 tèshūde：an ～ style 独特风格 dútè fēnggé / Each ～ leaf on the tree is different. 树上每片叶子都不一样。Shùshang měipiàn yèzi dōu bù yíyàng. *n.* 1. 个人 gèrén；个体 gètǐ：the rights of the ～ 个人的权利 gèrénde quánlì 2. 人 rén：What a bad tempered ～ you are！你这人脾气真坏！Nǐ zhèrén píqi zhēn huài！

individualism *n.* 1. 个人主义 gèrénzhǔyì 2. 自私 zìsī ＝ selfishness

individualist *n.* 个人主义者 gèrénzhǔyìzhě

individuality *n.* 个性 gèxìng：a man who lacks ～ 一个缺乏个性的男人 yíge quēfá gèxìngde nánrén

individualize *v.* 赋予个性 fùyǔ gèxìng；使有特色 shǐ yǒu tèsè；使符合特

殊需要 shì fúhé tèshū xūyào：I sent some ～d gifts for my friend. 我送给我的朋友所需的礼物。Wǒ sònggěi wǒde péngyou suǒxūde lǐwù.

indivisible *a*. 不可分割的 bùkě fēngēde；不可分裂的 bùkě fēnliède

Indo-Chinese *n*. 印度支那人 Yìndùzhīnàrén；印度支那语 Yìndùzhīnàyǔ *a*. 印度支那的 Yìndùzhīnàde；印度支那人的 Yìndùzhīnàrénde

indocile *a*. 不听话的 bù tīnghuàde；难驯服的 nán xúnfúde：an ～ horse 一匹难驯服的马 yìpǐ nán xúnfúde mǎ

indoctrinate *v*. 灌输(思想) guànshū (sīxiǎng)：～ sb. with ideas (beliefs) 把想法(信仰)灌输给某人 bǎ xiǎngfǎ (xìnyǎng) guànshū gěi mǒurén

Indo-European *a*. 印欧语系的 Yìn'ōuyǔxìde；印欧人的 Yìn'ōurénde *n*. 印欧语系 Yìn'ōuyǔxì；说印欧语系语言的人 shuō Yìn'ōuyǔxì yǔyánde rén

indolent *a*. 懒惰的 lǎnduòde：an ～ worker 一个懒惰的工人 yíge lǎnduòde gōngrén

indomitable *a*. 坚强不屈的 jiānqiáng-bùqūde：an ～ spirit 一往无前的精神 yìwǎng-wúqiánde jīngshén

Indonesian *a*. 印度尼西亚的 Yìndùníxīyàde；印度尼西亚人的 Yìndùníxīyàrénde；印度尼西亚语的 Yìndùníxīyàyǔde *n*. 印度尼西亚人 Yìndùníxīyà rén；印度尼西亚语 Yìndùníxīyàyǔ

indoor *a*. 室内的 shìnèide：～ gymnastics 室内运动 shìnèi yùndòng / ～ dress 室内衣着 shìnèi yīzhuó / ～ antenna 室内天线 shìnèi tiānxiàn

indoors *ad*. 在屋里 zài wūli；进入屋里 jìnrù wūli：go ～ 进屋里 jìn wūli / We kept ～ for a whole day last Sunday. 上星期天我们在家呆了一整天。Shàng xīngqītiān wǒmen zàijiā dāile yìzhěngtiān.

indrawn *a*. 吸入体内的 xīrù tǐnèide

indubitable *a*. 不容置疑的 bùróng zhìyíde；无疑的 wúyíde：The fact is ～. 这个事实是不容置疑的。Zhège shìshí shì bùróng zhìyíde.

induce *v*. **1**. 引诱 yǐnyòu；诱导 yòudǎo：Don't ～ children to drink. 别引诱孩子喝酒。Bié yǐnyòu háizi hē jiǔ. **2**. 引起 yǐnqǐ；招致 zhāozhì：Too much food ～d sleepness. 吃得太饱引起了睡意。Chīde tài bǎo yǐnqǐle shuìyì. / ～d abortion 人工流产 réngōng liúchǎn

inducement *n*. 引诱 yǐnyòu；诱因 yòuyīn；动机 dòngjī：I have much ～ to go to the seaside for a holiday. 我很想去海滨度假。Wǒ hěn xiǎngqù hǎibīn dùjià.

induct *v*. **1**. 使正式就任 shǐ zhèngshì jiùrèn * to place sb. formally in office **2**. 引导 yǐndǎo：～ sb. into a seat 引导某人就座 yǐndǎo mǒurén jiùzuò

induction *n*. **1**. 就职 jiùzhí **2**. 归纳 guīnà：～ principle 归纳法原则 guīnàfǎ yuánzé **3**. 感应 gǎnyìng：～ field 感应场 gǎnyìngchǎng / ～ coil 感应线圈 gǎnyìng xiànquān

inductive *a*. **1**. 归纳的 guīnàde：～ method 归纳法 guīnàfǎ **2**. 感应的 gǎnyìngde：～ apparatus 电感应器 diàngǎnyìngqì

indulge **1**. 放纵 fàngzòng；沉溺 chénnì：He no longer ～d himself in drinking. 他不再酗酒了。Tā búzài xùjiǔle. **2**. 使满足 shǐ mǎnzú；纵容 zòngróng：I ～d my interest in flowers for several years by planting a large flower garden. 我在花园里种了很多年花，满足了我对花的爱好。Wǒ zài huāyuánli zhòngle hěnduō nián huā，mǎnzúle wǒ duì huāde àihào. / ～ a child 纵容孩子 zòngróng háizi

indulgence *n*. **1**. 沉溺 chénnì **2**. 沉溺的事物 chénnìde shìwù；嗜好 shìhào：Stamp collecting is my only ～. 集邮是我唯一的嗜好。Jíyóu shì wǒ wéiyīde shìhào.

indulgent *a*. 溺爱的 nì'àide；纵容的 zòngróngde；宽容的 kuānróngde：They're very ～ parents——they give their children what they ask for. 他们非常溺爱孩子，孩子要什么就给什么。Tāmen fēicháng nì'ài háizi——háizi yào shénme jiù gěi shénme.

industrial *a*. **1**. 工业的 gōngyède；产业的 chǎnyède：the gross value of ～ output 工业总产值 gōngyè zǒngchǎnzhí / the ～ revolution 工业革命 gōngyè gémìng **2**. 工业高度发展的 gōngyè gāodù fāzhǎnde：an ～ nation 工业国家 gōngyè guójiā / ～ estate 工业区 gōngyèqū

industrialism *n*. 工业主义 gōngyèzhǔyì

industrialist *n*. 工业家 gōngyèjiā；实业家 shíyèjiā

industrialize *v*. 工业化 gōngyèhuà；使工业化 shǐ gōngyèhuà：highly ～d countries 高度工业化的国家 gāodù gōngyèhuàde guójiā

industrious *a*. 勤劳的 qínláode；勤奋的 qínfènde：run the schools in an ～ and economical way 勤俭办学 qínjiǎn bànxué

industry *n*. **1**. 勤劳 qínláo；勤奋 qínfèn：His success was due to ～. 他的成功来自他的勤奋。Tāde chénggōng láizì tāde qínfèn. **2**. 工业 gōngyè；产业 chǎnyè：heavy and light industries 重工业和轻工业 zhònggōngyè hé qīnggōngyè / the cotton and woolen industries 棉毛工业 mián máo gōngyè / The country is supported by ～. 这个国家以工业立国。Zhège guójiā yǐ gōngyè lì guó.

indwelling *a.* 在心中的 zài xīnzhōngde；永在心中的 yǒng zài xīnzhōngde

inebriate *v.* 使醉 shǐ zuì：Drinking too much ～d him. 饮酒过多，使他醉了。Yǐn jiǔ guòduō, shǐ tā zuìle. *n.* 酒鬼 jiǔguǐ；酒徒 jiǔtú

inedible *a.* 不能吃的 bùnéng chīde；不适合食用的 bú shìhé shíyòngde

ineducable *a.* 不可教育的 bùkě jiàoyùde

ineffable *a.* 难以用语言表达的 nányǐ yòng yǔyán biǎodáde：～ joy / beauty 说不出的高兴 / 美丽 shuōbuchūde gāoxìng/měilì

ineffaceable *a.* 不能消除的 bùnéng xiāochúde；抹不掉的 mǒbudiàode

ineffective *a.* 无效的 wúxiàode；无能的 wúnéngde：An ～ person should not be a manager. 无能的人不该当经理。Wúnéngde rén bùgāi dāng jīnglǐ.

ineffectual *a.* 无效的 wúxiàode；无能的 wúnéngde：～ medicine 无效的药 wúxiàode yào / an ～ fellow 无能的家伙 wúnéngde jiāhuo

inefficient *a.* 无效的 wúxiàode；效率低的 xiàolǜ dīde；无能的 wúnéngde

inelastic *a.* 无弹性的 wú tánxìngde；无适应性的 wú shìyìngxìngde

inelegant *a.* 不雅的 bùyǎde；粗俗的 cūsúde

ineligible *a.* 不合格的 bù hégéde；无资格的 wú zīgéde：He is ～ for the position. 他无资格任此职。Tā wú zīgé rèn cǐzhí.

ineluctable *a.* 难免的 nánmiǎnde；必然发生的 bìrán fāshēngde

inept *a.* **1.** 愚蠢的 yúchǔnde；不适当的 bú shìdàngde：～ remarks 不适当的言语 bú shìdàngde yányǔ **2.** 无能的 wúnéngde：He's quite ～ to maths. 他对数学一窍不通。Tā duì shùxué yíqiào-bùtōng.

ineptitude *n.* 不适当 bú shìdàng；愚蠢 yúchǔn；无能 wúnéng

inequality *n.* 不平等 bù píngděng；不平均 bù píngjūn；差别 chābié：Great inequalities in wealth can cause social unrest. 贫富过于悬殊会引起社会的不安。Pín-fù guòyú xuánshū huì yǐnqǐ shèhuìde bù'ān.

inequitable *a.* 不公正的 bù gōngzhèngde；不公平的 bù gōngpíngde

inequity *n.* 不公正 bù gōngzhèng；不公平 bù gōngpíng

ineradicable *a.* 不能根除的 bùnéng gēnchúde；根深蒂固的 gēnshēndìgùde：an ～ fault 无法根除的错误 wúfǎ gēnchúde cuòwù

inert *a*. **1**. 无活动力的 wú huódònglìde：～ matter 无生命的物质 wú shēngmìngde wùzhì **2**. 惰性的 duòxìngde；不活泼的 bù huópode：～ gases 惰性气体 duòxìng qìtǐ **3**. 迟钝的 chídùnde；懒惰的 lǎnduòde * of people

inertia *n*. **1**. 惰性 duòxìng；惯性 guànxìng：～ governor 惯性调速器 guànxìng tiáosùqì **2**. 无活动力 wú huódònglì；懒惰 lǎnduò：a feeling of ～ 懒洋洋的感觉 lǎnyāngyāngde gǎnjué

inescapable *a*. 逃避不了的 táobì bùliǎode；不可避免的 bùkě bìmiǎnde；an ～ duty 推卸不了的责任 tuīxiè bùliǎode zérèn

inessential *a*. 无关紧要的 wúguānjǐnyàode；可有可无的 kěyǒu-kěwúde *n*. 无关紧要的东西 wúguān-jǐnyàode dōngxi

inestimable *a*. 无法估计的 wúfǎ gūjìde；非常重要的 fēicháng zhòngyàode：cause ～damage 造成无法估量的损失 zàochéng wúfǎ gūliángde sǔnshī / perform an ～ service for one's country 为国家作了极其重大的贡献 wèi guójiā zuòle jíqí zhòngdàde gòngxiàn / of ～ value 价值无法估计的 jiàzhí wúfǎ gūjìde

inevitable *a*. **1**. 不可避免的 bùkě-bìmiǎnde；必然发生的 bìrán fāshēngde：an ～ result 不可避免的结果 bùkě bìmiǎnde jiéguǒ **2**. 照例的 zhàolìde；惯常的 guànchángde：She was wearing her ～ large hat. 她戴着那顶她经常戴的大帽子。Tā dàizhe nàdǐng tā jīngcháng dàide dà màozi.

inexact *a*. 不准确的 bù zhǔnquède；不精确的 bù jīngquède

inexactitude *n*. 不准确 bù zhǔnquè；不精确 bù jīngquè：a terminological～ 谎言 huǎngyán

inexcusable *a*. 不可原谅的 bùkě yuánliàngde：～ behavior 不可原谅的行为 bùkě yuánliàngde xíngwéi

inexhaustible *a*. 用不完的 yòngbuwánde；无穷无尽的 wúqióng-wújìnde

inexorable *a*. **1**. 坚定不移的 jiāndìng-bùyíde：不可改变的 bùkě gǎibiànde * not capable of being changed **2**. 无情的 wúqíngde：毫不宽容的 háobù kuānróngde：History is ～. 历史是无情的。Lìshǐ shì wúqíngde.

inexpedience，inexpediency *n*. 不适当 bú shìdàng；不明智 bù míngzhì

inexpedient *a*. 不适当的 bú shìdàngde；不明智的 bù míngzhìde：It would be ～ to set out in the rain. 在雨中出发是不明智的。Zài yǔzhōng chūfā shì bù míngzhìde.

inexpensive *a.* 不贵的 bú guìde；便宜的 piányide：This book is ～. 这本书不贵。Zhèběn shū búguì.

inexperience *n.* 缺乏经验 quēfá jīngyàn

inexperienced *a.* 缺乏经验的 quēfá jīngyànde

inexpert *a.* 不熟练的 bù shúliànde；笨拙的 bènzhuōde；外行的 wàihángde：He is ～ in cooking. 他做饭笨手笨脚。Tā zuò fàn bènshǒu-bènjiǎo

inexpiable *a.* 不能抵偿的 bùnéng dǐchángde

inexplicable *a.* 无法解释的 wúfǎ jiěshìde；不可思议的 bùkě-sīyìde：～ phenomena 不可思议的现象 bùkě-sīyìde xiànxiàng

inexpressible *a.* 无法形容的 wúfǎ xíngróngde；说不出的 shuōbuchūde

inextinguishable *a.* 不能扑灭的 bùnéng pūmiède；不能遏制的 bùnéng èzhìde：～ hopes 不会破灭的希望 búhuì pòmiède xīwàng

inextricable *a.* **1.** 无法摆脱的 wúfǎ bǎituōde * that cannot be escaped from **2.** 分不开的 fēnbukāide：My success is ～ with his help. 我的成功是同他的帮助分不开的。Wǒde chénggōng shì tóng tāde bāngzhù fēnbukāide.

inextricably *ad.* 解不开的 jiěbukāide：Our fates are ～ united. 我们的命运紧紧地结合在一起。Wǒmende mìngyùn jǐnjǐnde jiéhé zàiyìqǐ.

infallible *a.* **1.** 不会犯错误的 búhuì fàn cuòwùde；没有错误的 méiyǒu cuòwùde：an ～ memory 不会错的记忆 búhuì cuòde jìyì **2.** 确实可靠的 quèshí kěkàode；绝对有效的 juéduì yǒuxiàode：an ～ cure 万无一失的治疗方法 wànwú-yìshīde zhìliáo fāngfǎ

infamous *a.* **1.** 臭名昭著的 chòumíng-zhāozhùde：an ～ political swindler 臭名昭著的政治骗子 chòumíng-zhāozhùde zhèngzhì piànzi **2.** 丑恶的 chǒu'ède；可耻的 kěchǐde：～ conduct 丑行 chǒuxíng

infamy *n.* **1.** 臭名昭著 chòumíng-zhāozhù **2.** 丑行 chǒuxíng；出丑 chūchǒu：hold sb. up to ～ 使某人出丑 shǐ mǒurén chūchǒu

infancy *n.* **1.** 幼年期 yòuniánqī：a happy ～ 快乐的幼年时期 kuàilède yòunián shíqī **2.** 开始 kāishǐ；初期 chūqī：The university was then in its ～. 当时这所大学处于初建阶段。Dāngshí zhèsuǒ dàxué chǔyú chūjiàn jiēduàn.

infant *n.* 婴儿 yīng'ér；幼儿 yòu'ér *a.* **1.** 婴儿的 yīng'érde；为婴儿设置

的 wèi yīng'ér shèzhìde：～ food 婴儿食品 yīng'ér shípǐn / an ～ class 幼儿班 yòu'érbān **2.** 初期的 chūqīde：an ～ industry 新建的工业 xīnjiànde gōngyè / ～ fruit 未熟的水果 wèishúde shuǐguǒ

infanticide *n.* 杀害婴儿 shāhài yīng'ér；杀婴犯 shāyīngfàn

infantile *a.* **1.** 婴儿的 yīng'érde；幼儿的 yòu'érde：～ paralysis 小儿麻痹症 xiǎo'ér mábìzhèng **2.** 幼稚的 yòuzhìde；初期的 chūqīde

infantry *n.* 步兵 bùbīng

infatuated *a.* 迷恋着…的 míliànzhe…de：be ～ with sb. 迷恋某人 míliàn mǒurén

infatuation *n.* 迷恋 míliàn

infect *v.* **1.** 传染 chuánrǎn；侵染 qīnrǎn：Anyone with a bad cold may ～ the people around him. 患重感冒的人会传染周围的人。Huàn zhòng gǎnmàode rén huì chuánrǎn zhōuwéide rén. **2.** 影响 yǐngxiǎng；感染 gǎnrǎn：～ sb. with a theory 用一种理论影响某人 yòng yìzhǒng lǐlùn yǐngxiǎng mǒurén / She ～ed the whole class with her laughter. 她的笑感染了全班。Tāde xiào gǎnrǎnle quán bān.

infection *n.* **1.** 传染 chuánrǎn；感染 gǎnrǎn：contagious ～ 接触性传染 jiēchùxìng chuánrǎn / general ～全身感染 quánshēn gǎnrǎn **2.** 传染病 chuánrǎnbìng：suffering from a lung ～ 肺部受到感染 fèibù shòudào gǎnrǎn

infectious *a.* **1.** 传染的 chuánrǎnde；有传染性的 yǒu chuánrǎnxìngde：an ～ disease 传染病 chuánrǎn-bìng **2.** 有感染性的 yǒu gǎnrǎnxìngde：～ laughter 有感染力的笑声 yǒu gǎnrǎnlìde xiàoshēng

infelicitous *a.* 不恰当 bú qiàdàng；不妥的 bù tuǒde：an ～ remark 不恰当的评语 bú qiàdàngde píngyǔ

infelicity *n.* 不恰当 bú qiàdàng：～ of style in a writer 作家的文体不恰当 zuòjiāde wéntǐ búqiàdàng

infer *v.* 推论 tuīlùn；推断 tuīduàn：I ～ from your letter that you do not wish to see us. 从你的信中我推断你并不想见我们。Cóng nǐde xìnzhōng wǒ tuīduàn nǐ bìngbù xiǎngjiàn wǒmen.

inference *n.* **1.** 推断 tuīduàn；推理 tuīlǐ：inductive ～ 归纳推理 guīnà tuīlǐ / deductive ～ 演绎推理 yǎnyì tuīlǐ **2.** 推论的结果 tuīlùnde jiéguǒ；结论 jiélùn：My ～ is that... 我的结论是…。Wǒde jiélùn shì….

inferential *a.* 推断的 tuīduànde；推理得出的 tuīlǐ déchūde：～ proof 论证 lùnzhèng / ～ procedure 推论上的程序 tuīlùnshangde chéngxù

inferior *a.* **1.** 下级的 xiàjíde；下等的 xiàděngde：an ～ officer 下级军官 xiàjí jūnguān / an ～ court of law 初等法院 chūděng fǎyuàn **2.** 劣等的 lièděngde；差的 chàde；次的 cìde：The cloth is ～ to real silk. 这衣料比真丝差。Zhè yīliào bǐ zhēnsī chà. / He's so clever, he makes me feel ～. 他太聪明，相形之下我自觉不如。Tā tài cōngming，xiāngxíng zhīxià wǒ zìjué bùrú. *n.* 低下的人 dīxiàde rén；下属 xiàshǔ // ～ity complex 自卑感 zìbēigǎn

infernal *a.* **1.** 地狱的 dìyùde ∗ of hell **2.** 非常坏的 fēicháng huàide；可恶的 kěwùde：That ～ noise！吵闹声真可恶！Chǎonàoshēng zhēn kěwù！

inferno *n.* **1.** 地狱 dìyù ∗ hell **2.** 地狱般的地方 dìyùbānde dìfang；可怖的景象 kěbùde jǐngxiàng：the ～ of war 战争的可怖的景象 zhànzhēngde kěbùde jǐngxiàng **3.** 火海 huǒhǎi：The burning garage became an ～. 燃烧的车库成了一片火海。Ránshāode chēkù chéngle yípiàn huǒhǎi.

infertile *a.* **1.** 不能生育的 bùnéng shēngyùde ∗ not able to produce **2.** 贫瘠的 pínjíde：～ soil 贫瘠的土地 pínjíde tǔdì

infest *v.* **1.** 大批出没于 dàpī chūmòyú；侵扰 qīnrǎo：Mice ～ed the old house. 那所老房子里老鼠猖獗。Nàsuǒ lǎo fángzili lǎoshǔ chāngjué. **2.** 寄生于 jìshēng yú：fleas ～ing cats 寄生于猫身上的跳蚤 jìshēngyú māo shēnshangde tiàozao

infidel *n.* 异教徒 yìjiàotú；不信教者 búxìnjiàozhě

infidelity *n.* **1.** 不忠实 bù zhōngshí ∗ disloyalty **2.** 通奸 tōngjiān；不贞 bùzhēn：conjugal ～ 私通 sītōng

infiltrate *v.* 渗透 shèntòu；渗入 shènrù；使渗透 shǐshèntòu：The intelligence staff had been ～d by spies. 情报部门已被间谍渗入。Qíngbào bùmén yǐ bèi jiàndié shènrù. /～ water into the sponge 使水渗入海绵中 shǐ shuǐ shènrù hǎimiánzhōng // infiltrator *n.* 渗入者 shènrùzhě

infiltration *n.* 渗入 shènrù；渗透 shèntòu：political and military ～s 政治上和军事上的渗透活动 zhèngzhìshang hé jūnshìshangde shèntòu huódòng

infinite *a.* 无限的 wúxiànde；无穷的 wúqióngde；广大无边的 guǎngdà

wúbiānde：～ space 无边无际的空间 wúbiān-wújìde kōngjiān

infinitely *ad.* 无限地 wúxiànde：～ large 极大 jídà

infinitesimal *a.* 无限小的 wúxiàn xiǎode；无穷小的 wúqióng xiǎode：～ calculus 微积分 wēijīfēn

infinitive *n.* & *a.* 动词不定式 dòngcí búdìngshì：an ～ form of the verb 动词的不定式形式 dòngcíde búdìngshì xíngshì

infinitude *n.* 极大 jídà；无限 wúxiàn：the ～ of outer space 无限的外层空间 wúxiànde wàicéng kōngjiān

infinity *n.* **1.** 无限的空间或时间 wúxiànde kōngjiān huò shíjiān：the ～ of the universe 宇宙之无穷 yǔzhòu zhī wúqióng **2.** 无穷大 wúqióng-dà ＊ of maths.

infirm *a.* **1.** 虚弱的 xūruòde：walk with ～ steps 以虚弱的步子行走 yǐ xūruòde bùzi xíngzǒu **2.** 懦弱的 nuòruòde：意志薄弱的 yìzhì bóruòde：～ of purpose 意志薄弱 yìzhì bóruò

infirmary *n.* 医务室 yīwùshì；医务所 yīwùsuǒ

infirmity *n.* 体弱 tǐruò；虚弱 xūruò：I- often comes with old age. 虚弱常与老年俱来。Xūruò chángyǔ lǎonián jùlái. / Deafness and failing eyesight are among the infirmities of old age. 耳聋眼花是年老体弱的现象。Ěrlóng yǎnhuā shì niánlǎo tǐruòde xiànxiàng.

inflame *v.* 使燃烧 shǐ ránshāo；使红 shǐ hóng；使愤怒 shǐ fènnù：～d eyes 红肿的眼睛 hóngzhǒngde yǎnjing / ～d with passion 怒火中烧 nùhuǒzhōngshāo

inflammable *a.* **1.** 易燃的 yìránde：an ～ gas 易燃的气体 yìránde qìtǐ **2.** 易激动的 yìjīdòngde；易激怒的 yìjīnùde ＊ easily excited or made angry

inflammation *n.* 发炎 fāyán：～ of the lungs 肺部发炎 fèibù fāyán

inflammatory *a.* **1.** 使激怒的 shǐ jīnùde；煽动性的 shāndòngxìngde：～ speeches 煽动性的演说 shāndòngxìngde yǎnshuō **2.** 发炎的 fāyánde：～ disease 炎症 yánzhèng

inflatable *a.* 可充气的 kě chōngqìde

inflate *v.* **1.** 使充气 shǐ chōngqì；使膨胀 shǐ péngzhàng：～d with pride 傲气十足 àoqì shízú / ～d language 浮夸的言词 fúkuāde yáncí **2.** 使(通货)膨胀 shǐ(tōnghuò)péngzhàng：～ the paper currency 滥发纸币 lànfā zhǐbì

inflated *a.* **1.** 充气的 chōngqìde：an ～ tyre 充气轮胎 chōngqì lúntāi **2.** 夸

张的 kuāzhāngde：an ~ opinion of himself 自夸 zìkuā **3.**（物价）上涨的（wùjià）shàngzhǎngde；通货膨胀的 tōnghuò péngzhàngde ＊of price

inflation *n.* **1.** 膨胀 péngzhàng；夸大 kuādà **2.** 通货膨胀 tōnghuò péngzhàng；物价上涨 wùjià shàngzhǎng ＊ the rise in prices

inflationary *a.* 通货膨胀的 tōnghuò péngzhàngde；物价上涨的 wùjià shàngzhǎngde：~ spiral 通货膨胀螺旋式上升 tōnghuò péngzhàng luóxuánshì shàngshēng

inflect *v.* **1.**（字的）屈折变化（zìde）qūzhé biànhuà；字尾变化 zìwěi biànhuà：an ~ed verb 字尾变化过的动词 zìwěi biànhuàguode dòngcí **2.** 变（音）biàn（yīn）；转（调）zhuǎn（diào）＝to vary the tone of the voice

inflection，inflexion *n.* **1.** 屈折变化 qūzhé biànhuà **2.** 变音 biànyīn；转调 zhuǎndiào：A question usually ends on a rising ~. 疑问句通常以升调结尾。Yíwènjù tōngcháng yǐ shēngdiào jiéwěi.

inflexible *a.* **1.** 不可弯曲的 bùkě wānqūde ＊ unbending **2.** 不屈服的 bù qūfúde；意志坚强的 yìzhì jiānqiángde：an ~ will 坚定的意志 jiāndìngde yìzhì **3.** 不可改变的 bùkě gǎibiànde；固定的 gùdìngde：an ~ rule 硬性的规定 yìngxìngde guīdìng

inflict *v.* **1.** 予以（打击）yǔyǐ（dǎjī）；使遭受（损失、痛苦、刑罚等）shǐ zāoshòu（sǔnshī、tòngkǔ、xíngfá děng）；强加 qiǎngjiā：Don't ~ your ideas on me . 别把你的想法强加于我。Bié bǎ nǐde xiǎngfǎ qiǎngjiā yú wǒ. **2.** 处（罚）chǔ（fá）：~ the death penalty upon the murderer 处杀人犯以死刑 chǔ shārénfàn yǐ sǐxíng

inflow *n.* 流入 liúrù；流入物 liúrùwù：an ~ of bank deposits 银行存款的增加 yínháng cúnkuǎnde zēngjiā

influence *n.* **1.** 影响力 yǐngxiǎnglì；影响 yǐngxiǎng：He has a strange ~ over the girl. 他对那女孩儿有着奇怪的影响力。Tā duì nà nǚháir yǒuzhe qíguàide yǐngxiǎnglì. / under the ~ of 在… 的影响下 zài…de yǐngxiǎngxià **2.** 有影响的人（或事物）yǒu yǐngxiǎngde rén（huò shìwù）：an ~ in politics 在政界有影响的人 zài zhèngjiè yǒu yǐngxiǎngde rén / a good ~ 起好作用的人（或事物）qǐ hǎo zuòyòngde rén（huò shìwù）**3.** 权力 quánlì；势力 shìli：to use one's ~ to get a job 运用个人的势力取得职位 yùnyòng gèrénde shìli qǔdé zhíwèi / use one's ~ in sb. 's favor 为某人尽力 wèi mǒurén jìnlì　*v.* 影响 yǐngxiǎng：be ~d by the weather 受到气候的影响 shòudào qìhòude yǐngxiǎng / What ~d you to change your idea? 是什么影响你改变了主意? Shì shénme yǐngxiǎng nǐ gǎibiànle zhǔyi?

influential *a*. 有影响的 yǒu yǐngxiǎngde; 有势力的 yǒu shìlide: considerations which are ～ in reaching a decision 对于作决定有影响的意见 duìyú zuò juédìng yǒu yǐngxiǎngde yìjian / ～ politicians 有势力的政客们 yǒu shìlide zhèngkèmen

influenza *n*. 流行性感冒 liúxíngxìng gǎnmào

influx *n*. 涌进 yǒngjìn; 汇集 huìjí: There was a sudden ～ of goods onto the market. 大量货物突然涌入市场。Dàliàng huòwù tūrán yǒngrù shìchǎng. / repeated ～es of visitors 游客的川流不息 yóukède chuānliúbùxī

inform *v*. 告诉 gàosu; 通知 tōngzhī; 向…报告 xiàng… bàogào : Can you ～ me where you live? 你能告诉我你的住处吗? Nǐ néng gàosu wǒ nǐde zhùchùma? / Have you ～ed them of your intended departure ?你通知了他们你想离去吗? Nǐ tōngzhīle tāmen nǐ xiǎng líqùma? / We'll keep you ～ed. 我们将随时向你报告情况。Wǒmen jiāng suíshí xiàng nǐ bàogào qíngkuàng. / He's a well-～ed man. 他是个消息灵通的人。Tā shìge xiāoxi língtōngde rén. // ～ against 告发 gàofā

informal *a*. **1**. 非正式的 fēi zhèngshìde; 非正规的 fēi zhèngguīde: an ～ visit 非正式的访问 fēi zhèngshìde fǎngwèn / an ～ meeting 非正式的会议 fēi zhèngshìde huìyì **2**. 不拘礼节的 bùjū lǐjiéde; 日常使用的 rìcháng shǐyòngde: ～ dress 日常服装 rìcháng fúzhuāng

informant *n*. 提供消息(或情报)的人 tígōng xiāoxi (huò qíngbào)de rén

information *n*. **1**. 消息 xiāoxi; 情报 qíngbào; 资料 zīliào: official ～ 官方消息 guānfāng xiāoxi / an ～ bureau 情报局 qíngbàojú / accumulate a great amount of ～ 积累大量资料 jīlěi dàliàng zīliào **2**. 信息 xìnxī: ～ theory 信息论 xìnxīlùn / ～ science 信息学 xìnxīxué

informational *a*. 消息(或情报)的 xiāoxi(huò qíngbào)de; 提供消息(或情报)的 tígōng xiāoxi(huò qíngbào)de

informative *a*. 提供资料的 tígōng zīliàode; 增进知识的 zēngjìn zhīshide: an ～ speech 资料丰富的演讲 zīliào fēngfùde yǎnjiǎng / an ～ book 资料丰富的书 zīliào fēngfùde shū

informed *a*. **1**. 有知识的 yǒu zhīshide; 见闻广的 jiànwén guǎngde: well-

～ 消息灵通的 xiāoxi língtōngde / I read the newspapers to keep myself ～ as to what is happening everywhere. 我看报纸让自己知道世界上发生了什么事。Wǒ kàn bàozhǐ ràng zìjǐ zhīdao shìjièshang fāshēngle shénme shì. **2.** 有见识的 yǒu jiànshide：an ～ guess 有见识的猜测 yǒu jiànshide cāicè

informer *n.* 告密者 gàomìzhě；告发者 gàofāzhě

infraction *n.* 违背 wéibèi；违犯 wéifàn

infrared *a.* 红外线的 hóngwàixiànde：～ photography 红外照相术 hóngwài zhàoxiàngshù

infrastructure *n.* 基本设施 jīběn shèshī

infrequent *a.* 很少发生的 hěnshǎo fāshēngde；罕见的 hǎnjiànde：not ～ 常常发生的 chángcháng fāshēngde / ～ visits 不经常的探访 bù jīngchángde tànfǎng

infringe *n.* 违反 wéifǎn；侵犯 qīnfàn：～ a rule 犯规 fànguī / ～ upon sb.'s rights 侵犯某人的权利 qīnfàn mǒuréndc quánlì

infringement *n.* 违反 wéifǎn：an ～ of the law 违法 wéifǎ

infuriate *v.* 使发怒 shǐ fānù；激怒 jīnù

infuse *v.* **1.** 注入 zhùrù；灌输 guànshū：He ～d eagerness into everyone. 他使大家充满了热望。Tā shǐ dàjiā chōngmǎnle rèwàng. **2.** 泡(茶) pào (chá)；泡制 pàozhì：～ tea 泡茶 pàochá

infusion *n.* **1.** 灌输 guànshū：an ～ of new ideas into all of us 向我们全体灌输新观念 xiàng wǒmen quántǐ guànshū xīn guānniàn **2.** 浸泡 jìnpào；浸液 jìnyè：fresh ～s 新鲜浸剂 xīnxiān jìnjì

ingathering *n.* 收集 shōují；聚集 jùjí

ingenious *a.* 心灵手巧的 xīnlíng-shǒuqiǎode；精巧的 jīngqiǎode：an ～ person 心灵手巧的人 xīnlíng-shǒuqiǎode rén / an ～ toy 精巧的玩具 jīngqiǎode wánjù

ingenuity *n.* 灵巧 língqiǎo；聪敏 cōngmǐn；富有创造才能 fùyǒu chuàngzào cáinéng

ingenuous *a.* 单纯的 dānchúnde；天真的 tiānzhēnde；率直的 shuàizhíde：She was so ～ that she was cheated. 她太单纯，以至于上当受骗。Tā tài dānchún，yǐzhìyú shàngdàng-shòupiàn.

ingest *v.* 摄取(食物) shèqǔ(shíwù)；咽下 yànxià

inglorious *a.* 不光彩的 bù guāngcǎide；不体面的 bù tǐmiànde；可耻的

kěchǐde: an ～ defeat 不体面的挫败 bù tǐmiànde cuòbài

ingoing *a.* 进入的 jìnrùde: an ～ tide 涨潮 zhǎngcháo *n.* 进入 jìnrù

ingot *n.* 锭 dìng; 铸模 zhùmú

ingrained *a.* 根深蒂固的 gēnshēn-dìgùde: ～ habits 根深蒂固的习惯 gēnshēn-dìgùde xíguàn / an ～ prejudice 根深蒂固的偏见 gēnshēn-dìgùde piānjiàn

ingratiate *v.* 巴结 bājie; 讨好 tǎohǎo: ～ himself with his boss 巴结他的老板 bājie tāde lǎobǎn

ingratiating *a.* 巴结的 bājiede; 讨好的 tǎohǎode; 奉承的 fèngchengde: with an ～ smile 带着奉承的笑容 dàizhe fèngchengde xiàoróng

ingratitude *n.* 忘恩负义 wàng'ēn-fùyì

ingredient *n.* 成分 chéngfen; 配料 pèiliào: the ～s of ice cream 冰淇淋的各种配料 bīngqílínde gèzhǒng pèiliào / Imagination and hard work are the ～s of success. 想像力和努力是成功的因素。Xiǎngxiànglì hé nǔlì shì chénggōngde yīnsù.

ingress *n.* 进入 jìnrù; 进入权 jìnrùquán = right of entry

ingrown *a.* 向内长的 xiàng nèi zhǎngde: an ～ toenail 向内长的脚趾甲 xiàng nèi zhǎngde jiǎozhǐjiǎ

ingurgitate *v.* 狼吞虎咽 lángtūn-hǔyàn

inhabit *v.* 居住于 jūzhù yú: They ～ the tropical forests. 他们居住在热带森林中。Tāmen jūzhù zài rèdài sēnlínzhōng.

inhabitable *a.* 可居住的 kě jūzhùde: an ～ area 可居住的地区 kě jūzhùde dìqū

inhabitant *n.* 居民 jūmín: ～s of large cities 大城市的居民 dà chéngshìde jūmín

inhale *v.* 吸入 xīrù; 吸气 xīqì: ～ fresh air 吸入新鲜空气 xīrù xīnxiān kōngqì / I ～d deeply. 我深深地吸了口气。Wǒ shēnshēnde xīle kǒu qì.

inhaler *n.* 吸入器 xīrùqì

inharmonious *a.* 不协调的 bù xiétiáode; 不和谐的 bù héxiéde: ～ sounds 不和谐的声音 bù héxiéde shēngyīn

inherence *n.* 内在(性) nèizài(xìng); 固有(性) gùyǒu(xìng)

inherent *a.* 内在的 nèizàide; 固有的 gùyǒude: Weight is an ～ quality of matter. 重量是物质固有的特性。Zhòngliàng shì wùzhì gùyǒude tèxìng. /the ～ laws of things 事物的内部规律 shìwùde nèibù guīlǜ / She has an ～ love of beauty. 她天生爱美。Tā tiānshēng ài měi.

inherit *v.* **1.** 继承(财产、爵位等) jìchéng(cáichǎn、juéwèi děng): The eldest son will ～ the title. 长子将继承爵位。Zhǎngzǐ jiāng jìchéng juéwèi. **2.** 经遗传而得(性格、特征等) jīng yíchuán ér dé (xìnggé、tèzhēng děng): She ～s her mother's good looks and her father's wittiness. 她继承了母亲的美貌和父亲的聪慧。Tā jìchéngle mǔqinde měimào hé fùqinde cōnghuì.

inheritance *n.* **1.** 继承 jìchéng: receive sth. by ～ 继承得到某物 jìchéng dédào mǒuwù **2.** 继承物 jìchéngwù; 遗产 yíchǎn; 遗传 yíchuán: an ～ of ill-feeling 遗留下来的恶感 yíliú xiàláide ègǎn / crisscross ～ 交叉遗传 jiāochā yíchuán

inhibit *v.* **1.** 抑制 yìzhì: Thirst ～ed the desire to eat. 口渴影响食欲。Kǒukě yǐngxiǎng shíyù. / ～ wrong desires 抑制邪念 yìzhì xiéniàn **2.** 使拘谨 shǐ jūjǐn: His presence ～s me. 他在场,我感到拘谨。Tā zàichǎng, wǒ gǎndào jūjǐn.

inhibition *n.* 抑制 yìzhì: Wine weakens a person's ～. 酒减弱人的抑制力。Jiǔ jiǎnruò rénde yìzhìlì.

inhospitable *a.* **1.** 不好客的 bú hàokède; 冷淡的 lěngdànde * not hospitable **2.** 荒凉的 huāngliángde; 不适于居住的 bú shìyú jūzhùde / an ～ coast 荒凉的海岸 huāngliángde hǎi'àn

inhuman *a.* 残忍的 cánrěnde; 无人性的 wú rénxìngde: ～ treatment 虐待 nüèdài

inhumane *a.* 不近人情的 bújìn rénqíngde; 无人道的 wú réndàode

inhumanity *n.* 残暴 cánbào; 残暴的行为 cánbàode xíngwéi

inimical *a.* 为敌的 wéidíde; 不友好的 bù yǒuhǎode; 不利的 búlìde: mutually ～ blocs 敌对的集团 díduìde jítuán / conditions ～ to development 有碍于发展的情况 yǒu'àiyú fāzhǎnde qíngkuàng

inimitable *a.* 无法仿效的 wúfǎ fǎngxiàode; 不可比拟的 bùkě bǐnǐde

iniquitous *a.* 极不公正的 jíbù gōngzhèngde; 邪恶的 xié'ède

iniquity *n.* 不公正 bù gōngzhèng; 邪恶 xié'è

initial *a.* **1.** 最初的 zuìchūde; 开始的 kāishǐde: ～ prosperity 初步繁荣 chūbù fánróng **2.** 词首的 císhǒude: the ～ letter of a word 一个词的首字母 yíge cíde shǒu zìmù *n.* 首字母 shǒu zìmǔ: The ～s U.S. stand for United States. 首字母缩写 U.S. 代表 United States. Shǒu zìmǔ suōxiě U.S. dàibiǎo United States. *v.* 用姓名首字母签署 yòng xìngmíng shǒu zìmǔ qiānshǔ；草签 cǎoqiān：～ a note 用姓名缩写签署便条 yòng xìngmíng suōxiě qiānshǔ biàntiáo / The agreement between the two countries has been ～ed. 两国的协定已经草签。Liǎngguóde xiédìng yǐjīng cǎoqiān.

initially *ad.* 起初 qǐchū；首先 shǒuxiān：I-, I planned to be a doctor, but later I changed my mind. 起初我打算做个大夫，可是后来改变了想法。Qǐchū wǒ dǎsuan zuòge dàifu, kěshì hòulái gǎibiànle xiǎngfǎ.

initiate *v.* **1.** 开始 kāishǐ；创始 chuàngshǐ；发动 fādòng：～ a new plan 开始实行一个新计划 kāishǐshíxíng yíge xīn jìhuà **2.** 正式介绍 zhèngshì jièshào；引进 yǐnjìn：He ～d me into the club. 他介绍我加入了这个俱乐部。Tā jièshào wǒ jiārùle zhège jùlèbù. *n.* 有专门知识的人 yǒu zhuānmén zhīshide rén

initiation *n.* **1.** 开始 kāishǐ；创始 chuàngshǐ **2.** 加入 jiārù；入会式 rùhuìshì：～ into a secret organization 加入一秘密组织 jiārù yī mìmì zǔzhī

initiative *n.* 发端 fāduān；创始 chuàngshǐ；主动 zhǔdòng：take the ～ 带头 dàitóu；采取主动 cǎiqǔ zhǔdòng / on one's own ～ 主动地 zhǔdòngde

inject *v.* 注射 zhùshè：～ a drug into the body 把药物注射进身体 bǎ yàowù zhùshè jìn shēntǐ / They ～ed every possible drug into him. 各种可能对症的药他们都为他注射了。Gèzhǒng kěnéng duìzhèngde yào tāmen dōu wèi tā zhùshèle.

injection *n.* **1.** 注射 zhùshè；打针 dǎzhēn：hypodermic ～ 皮下注射 píxià zhùshè / It's time for another ～. 该再打一针了。Gāi zàidǎ yìzhēnle. **2.** 注射剂 zhùshèjì；针剂 zhēnjì：a large/small ～ 一大筒/小筒注射剂 yí dàtǒng/xiǎotǒng zhùshèjì **3.** 注入 zhùrù：an ～ of new money into the business 给这家商行增加资金 gěi zhèjiā shānghángzēngjiā zījīn

injudicious *a.* 不明智的 bù míngzhìde；判断力差的 pànduànlì chàde

injunction *n.* 命令 mìnglìng；指令 zhǐlìng；禁令 jìnlìng：He laid ～s on them to stop talking. 他命令他们不要说话。Tā mìnglìng tāmen búyào shuōhuà.

injure *v.* 损害 sǔnhài；伤害 shānghài：He was ～d badly in the car accident. 他在这起车祸中受了重伤。Tā zài zhèqǐ chēhuòzhōng shòule zhòngshāng. / ～ sb.'s pride 伤某人的自尊心 shāng mǒurénde zìzūnxīn

injured *a*. 受伤的 shòushāngde；受损害的 shòu sǔnhàide：the ～ party 受害者 shòuhàizhě

injurious *a*. 有害的 yǒuhàide：Smoking is ～ to health. 吸烟有害健康。Xīyān yǒuhài jiànkāng.

injury *n*. **1**. 伤害 shānghài；损害 sǔnhài：insurance against ～ at work 因公受伤的保险 yīngōng shòushāngde bǎoxiǎn / add insult to ～ 伤害之外又加侮辱 shānghài zhīwài yòujiā wǔrǔ **2**. 伤害的行为 shānghàide xíngwéi：do sb. an ～ 伤害某人 shānghài mǒurén **3**. 受伤处 shòushāngchù：Several serious injuries to the body 身上多处受重伤 shēnshang duōchù shòu zhòngshāng

injustice *n*. 不公正 bù gōngzhèng；非正义 fēizhèngyì：do sb. an ～ 冤屈某人 yuānqū mǒurén

ink *n*. 墨水 mòshuǐ *v*. 涂墨水于 tú mòshuǐ yú：～ in a drawing 在铅笔底线上用墨水笔加描 zài qiānbǐ dǐxiànshang yòng mòshuǐbǐ jiāmiáo

inkbottle *n*. 墨水瓶 mòshuǐpíng

inkling *n*. 暗示 ànshì；略知 luèzhī：give sb. an ～ of the matter 给某人一些关于此事的暗示 gěi mǒurén yìxiē guānyú cǐshìde ànshì / His explanation gave me an ～ of the difficulties. 他解释后，我对困难略有了解。Tā jiěshì hòu, wǒ duì kùnnan lüè yǒu liǎojiě.

inkpad *n*. 印泥 yìnní

inkstand *n*. 墨水笔台 mòshuǐbǐtái

inkwell *n*. （桌上）墨水池 （zhuōshang）mòshuǐchí

inky *a*. **1**. 墨似的 mòshìde；漆黑的 qīhēide：～ darkness 漆黑 qīhēi **2**. 染有墨水的 rǎnyǒu mòshuǐde：an ～ notebook 染有墨水的笔记本 rǎnyǒu mòshuǐde bǐjìběn

inlaid *a*. **1**. 嵌入的 qiànrùde；镶嵌的 xiāngqiànde：～ gold 嵌金 qiàn jīn / ～ work 镶嵌细工 xiāngqiàn xìgōng **2**. 有嵌饰的 yǒu qiànshìde：wood ～ with gold 嵌金的木板 qiànjīnde mùbǎn

inland *a*. **1**. 内地的 nèidìde；内陆的 nèilùde：an ～ town 内地城市 nèidì chéngshì / the ～ forests 内陆森林 nèilù sēnlín **2**. 国内的 guónèide：～ trade 国内贸易 guónèi màoyì *ad*. 向内地地 xiàng nèidìde；在内地地 zàinèidìde：go ～ 到内地去 dào nèidì qù / There are mountains ～. 内

陆有许多山。Nèilù yǒu xǔduō shān.

in-laws *n.* 姻亲 yīnqīn；亲家 qìngjia

inlay *v.* 镶嵌 xiāngqiàn；嵌入 qiànrù：ivory inlaid with gold 镶金象牙 xiāngjīn xiàngyá *n.* 镶嵌图案 xiāngqiàn tú'àn；镶嵌物 xiāngqiànwù

inlet *n.* **1.** 水湾 shuǐwān **2.** 注水口 zhùshuǐkǒu；入口 rùkǒu：～ and outlet channels （水库的）进出渠道(shuǐkùde)jìn chū qúdào

inmate *n.* 同住者 tóngzhùzhě

inmost *a.* 最里面的 zuì lǐmiànde；最深处的 zuì shēnchùde：the ～ depths of the mine 矿井最深处 kuàngjǐng zuì shēnchù / one's ～ feelings 内心深处的感情 nèixīn shēnchùde gǎnqíng

inn *n.* 小旅馆 xiǎo lǚguǎn；客栈 kèzhàn；小饭店 xiǎo fàndiàn：Holiday I-假日饭店 jiàrì fàndiàn

innards *n.* 内脏 nèizàng

innate *a.* 天生的 tiānshēngde；生来的 shēngláide：an ～ talent for drawing 绘画天才 huìhuà tiāncái / ～ kindness 天生的善良 tiānshēngde shànliáng

inner *a.* **1.** 里面的 lǐmiànde：the ～ ear 内耳 nèi'ěr / an ～ tube （车轮的）内胎(chēlúnde)nèitāi **2.** 接近中心的 jiējìn zhōngxīnde：an ～ circle 核心小圈子 héxīn xiǎoquānzi **3.** 内心的 nèixīnde；精神的 jīngshénde：the ～ life of man 人的内心活动 rénde nèixīn huódòng；人的精神活动 rénde jīngshén huódòng

innings *n.* **1.** 局 jú；盘 pán ＊ of a game of cricket **2.** 当权时期 dāngquán shíqī；显身手机会 xiǎn shēnshǒu jīhuì：The election gave him his ～. 选举使他得以大显身手。Xuǎnjǔ shǐ tā déyǐ dàxiǎn-shēnshǒu. // get one's ～ 得好机会 dé hǎo jīhuì；走运 zǒuyùn

innkeeper *n.* 旅店主人 lǚdiàn zhǔrén；客栈老板 kèzhàn lǎobǎn

innocent *a.* **1.** 无罪的 wúzuìde：He was ～ of the crime. 他是无罪的。Tā shì wúzuìde. **2.** 无害的 wúhàide：～ amusements 无害的娱乐 wúhàide yúlè **3.** 单纯的 dānchúnde；天真的 tiānzhēnde：an ～ child 天真的孩子 tiānzhēnde háizi *n.* 天真无邪的人 tiānzhēn-wúxiéde rén

innocuous *a.* 无害的 wúhàide；无毒的 wúdúde：an ～ drug 无毒的药品 wúdúde yàopǐn

innovate *v.* 改革 gǎigé；革新 géxīn：～ in techniques 在工艺上革新 zài gōngyìshang géxīn

innovation *n.* 革新 géxīn；创新 chuàngxīn：～ in industry 工业上的革新 gōngyèshangde géxīn

innovator *n.* 改革者 gǎigézhě；革新者 géxinzhě

innuendo *n.* **1.** 影射 yǐngshè；暗讽 ànfěng：attack by ～ 旁敲侧击 pángqiāo-cèjī；含沙射影 hánshā-shèyǐng **2.** 含沙射影之词 hánshā-shèyǐng zhīcí：His words made ～s about her coming home at 4 o'clock in the morning. 他的话暗指她清晨四点才回家。Tāde huà ànzhǐ tā qīngchén sìdiǎn cái huíjiā.

innumerable *a.* 无数的 wúshùde；数不清的 shǔbuqīngde

inoculate *v.* 给…作预防注射 gěi…zuò yùfáng zhùshè：～ sb. against typhoid fever 给某人注射伤寒预防针 gěi mǒurén zhùshè shānghán yùfángzhēn

inoffensive *a.* 无害的 wúhàide；不令人讨厌的 bú lìngrén tǎoyànde：an ～ manner 不惹人厌的态度 bùrě rén yànde tàidu

inoperable *a.* **1.** 不宜动手术的 bùyí dòng shǒushùde：an ～ patient 不宜动手术的病人 bùyí dòng shǒushùde bìngrén **2.** 不能实行的 bùnéng shíxíngde：an ～ plan 无法实行的计划 wúfǎ shíxíngde jìhuà

inoperative *a.* **1.** 不生效的 bù shēngxiàode * not able to work as usual **2.** 不起作用的 bù qǐ zuòyòngde * without effect

inopportune *a.* 不合时宜的 bù héshíyíde；不合适的 bù héshìde：call on sb. at a most ～ hour 在极不合适的时候访问某人 zài jíbù héshìde shíhou fǎngwèn mǒurén / He called at an ～ moment, when we were busy. 他在不适当的时候打电话，我们正忙着。Tā zài bú shìdàngde shíhou dǎ diànhuà, wǒmen zhèng mángzhe.

inordinate *a.* 无节制的 wú jiézhìde；过分的 guòfènde：keep ～ hours 过无规律的生活 guò wú guīlǜde shēnghuó / ～ demands for higher wages 提高工资的过分要求 tígāo gōngzīde guòfèn yāoqiú

inorganic *a.* **1.** 无机的 wújīde：～ chemistry 无机化学 wújī huàxué **2.** 无生长组织的 wúshēngzhǎng zǔzhīde * not having living organisms

风 **inpatient** *n.* 住院病人 zhùyuàn bìngrén

input *n.* 输入 shūrù；投入 tóurù

inquest *n.* 侦查 zhēnchá；调查 diàochá：a five-year ～ into the case 对该案进行的历时五年的调查 duì gāi'àn jìnxíngde lìshí wǔniánde diàochá

inquietude *n.* 焦虑 jiāolǜ；不安 bù'ān

inquire *v.* 问 wèn；询问 xúnwèn；打听 dǎting：I ～d the way of an old woman. 我向一个老年妇女问路。Wǒ xiàng yíge lǎonián fùnǚ wènlù. / I ～d his reason for coming. 我询问他来的原因。Wǒ xúnwèn tā láide yuányīn. / I'll ～ about the matter. 我去打听这件事。Wǒ qù dǎting zhèjiàn shì. // ～ after 问候 wènhòu：She ～d after my mother's health. 她问候我母亲(的健康)。Tā wènhòu wǒ mǔqin(de jiànkāng). / ～ for 求见 qiújiàn：～ for the man in charge 求见负责人 qiújiàn fùzérén / ～ into 查究 chájiū；调查 diàochá

inquiring *a.* **1.** 好问的 hàowènde；爱打听的 ài dǎtingde：She has an ～ mind about others' secret. 她爱打听别人的秘密。Tā ài dǎting biérénde mìmì. **2.** 显得好奇的 xiǎnde hàoqíde：The little girl rolled her ～ eyes towards the toy. 小女孩儿转动着好奇的眼睛盯着这个玩具。Xiǎo nǚháir zhuàndòngzhe hàoqíde yǎnjing dīngzhe zhège wánjù.

inquiry *n.* **1.** 询问 xúnwèn；打听 dǎting：I made inquiries of him about the matter. 我向他询问这件事。Wǒ xiàng tā xúnwèn zhèjiàn shì. **2.** 调查 diàochá；探究 tànjiū：an ～ into the diseases caused by smoking 对吸烟引起的疾病的调查研究 duì xīyān yǐnqǐde jíbìngde diàochá yánjiū

inquisition *n.* **1.** 调查 diàochá；审讯 shěnxùn **2.** [the I-]罗马天主教的宗教法庭 Luómǎ tiānzhǔjiàode zōngjiào fǎtíng * for the punishment of heresy

inquisitive *a.* 爱打听别人事情的 ài dǎting biérén shìqingde；好奇的 hàoqíde；好问的 hàowènde：an ～ person 爱打破砂锅问到底的人 ài dǎpò shāguō wèn dàodǐde rén

inquisitor *n.* **1.** 调查者 diàocházhě；审讯者 shěnxùnzhě **2.** [I-]宗教法庭审问官 zōngjiào fǎtíng shěnwènguān * an officer of the Inquisition

inquisitorial *a.* 调查者的 diàocházhěde；似审讯者的 sì shěnxùnzhěde

inroad *n.* **1.** 攻击 gōngjī；袭击 xíjī：They made ～s into an enemy country. 他们攻入敌国。Tāmen gōngrù díguó. **2.** 侵蚀 qīnshí；损害 sǔnhài：The expenses of her illness made ～s upon her savings. 她生病的费用侵用了她的积蓄。Tā shēngbìngde fèiyong qīnyòngle tāde jīxù. / Smoking made ～s on his health. 抽烟使他的健康受到损害。Chōuyān shǐ tāde jiànkāng shòudào sǔnhài.

inrush *n.* 流入 liúrù；涌入 yǒngrù：an ～ of spectators 观众的涌入

guānzhòngde yǒngrù

insalubrious *a.* 不利于健康的 búlìyú jiànkāngde；有害的 yǒuhàide：～ living environment 不利于健康的生活环境 búlìyú jiànkāngde shēnghuó huánjìng

insane *a.* 精神错乱的 jīngshén cuòluànde；疯狂的 fēngkuángde：an ～ person 疯子 fēngzi / an ～ asylum 精神病院 jīngshénbìngyuàn；疯人院 fēngrényuàn

insanely *ad.* 疯狂地 fēngkuángde：behave ～ 疯狂地行动 fēngkuángde xíngdòng / ～ jealous 嫉妒得发疯 jídùde fāfēng

insanitary *a.* 不卫生的 bú wèishēngde；有害健康的 yǒuhài jiànkāngde：～ conditions 不卫生的环境 bú wèishēngde huánjìng

insanity *n.* **1.** 精神错乱 jīngshén cuòluàn；疯狂 fēngkuáng ＊ madness **2.** 愚昧 yúmèi ＊ foolishness

insatiable *a.* 无法满足的 wúfǎ mǎnzúde；贪得无厌的 tāndé-wúyànde：an ～ love for music 对音乐爱得入迷 duì yīnyuè àide rùmí / be ～ in learning 学而不厌 xué'ér-búyàn / an ～ desire for wealth 对财富的贪得无厌 duì cáifùde tāndé-wúyàn

insatiably *ad.* 不知足地 bù zhīzúde：～ hungry 饿极了 èjíle

insatiate *a.* 无法满足的 wúfǎ mǎnzúde

inscribe **1.** 刻(写) kè(xiě)；铭刻 míngkè：The ring was ～d with my initials. 戒指上刻有我的姓名缩写。Jièzhishang kèyǒu wǒde xìngmíng suōxiě. / They have ～d their names upon the pages of history. 他们已留名青史。Tāmen yǐ liúmíng-qīngshǐ. / I'll ～ his words on my memory forever. 我将把他的话永远铭记在心。Wǒ jiāng bǎ tāde huà yǒngyuǎn míngjì zàixīn. **2.** 题献 tíxiàn；题赠 tízèng：an ～d book 经题字的书 jīng tízìde shū / ～ one's book to a friend 把自己写的一本书签名赠给一个朋友 bǎ zìjǐ xiěde yìběn shū qiānmíng zènggěi yíge péngyou

inscription *n.* **1.** 铭刻 míngkè；铭文 míngwén；碑文 bēiwén ＊ something inscribed **2.** 标题 biāotí；题词 tící：an ～ on a photograph 照片上的题词 zhàopiànshangde tící

inscrutable *a.* 高深莫测的 gāoshēn-mòcède；神秘的 shénmìde；不可理解的 bùkě lǐjiěde：an ～ smile 神秘的微笑 shénmìde wēixiào / an ～ expression 令人费解的表情 lìngrén fèijiěde biǎoqíng

insect *n.* **1.** 昆虫 kūnchóng: a destructive ～ 害虫 hàichóng **2.** 渺小或低贱的人 miǎoxiǎo huò dījiànde rén * a mean person

insecticide *n.* 杀虫剂 shāchóngjì: farm ～ 农用杀虫剂 nóngyòng shāchóngjì; 农药 nóngyào

insectivore *n.* 食虫动物 shíchóngdòngwù; 食虫植物 shíchóngzhíwù

insectivorous *a.* 食虫的 shíchóngde; 以虫为食的 yǐ chóng wéi shíde: Many birds are ～. 许多鸟都以虫为生。xǔduō niǎo dōu yǐ chóng wéi shēng.

insecure *a.* **1.** 不安全的 bù ānquánde; 不牢固的 bù láogùde: an ～ lock 不太保险的锁 bú tài bǎoxiǎnde suǒ / I'm ～ in the job. 我这饭碗不牢靠。Wǒ zhè fànwǎn bù láokào. **2.** 害怕的 hàipàde; 无安全感的 wú ānquángǎnde: He's a very ～ person — that's why he seems always upset. 他是个非常没有安全感的人——这就是他总焦虑不安的原因。Tā shìge fēicháng méiyǒu ānquángǎnde rén—— zhè jiùshì tā zǒng jiāolǜ bù'ānde yuányīn.

inseminate *v.* 授精于 shòujīng yú

insemination *n.* 授精 shòujīng

insensate *a.* **1.** 没有感觉的 méiyǒu gǎnjuéde * without the power to feel **2.** 无情的 wúqíngde; 无理的 wúlǐde: ～ punishment 无情的处罚 wúqíngde chǔfá

insensibility *n.* 无知觉 wú zhījué

insensible *a.* **1.** 无知觉的 wú zhījuéde: hands ～ from cold 冻麻木了的手 dòng mámùlede shǒu **2.** 没察觉到的 méi chájuédàode; 不知道的 bù zhīdàode: ～ changes 没察觉到的变化 méi chájuédàode biànhuà

insensitive *a.* 麻木的 mámùde; 感觉迟钝的 gǎnjué chídùnde: ～ to pain 对痛苦没有感觉 duì tòngkǔ méiyǒu gǎnjué / an ～ remark 伤感情的言词 shāng gǎnqíngde yáncí

inseparable *a.* 不能分离的 bùnéng fēnlíde; 分不开的 fēnbukāide: ～ friends 离不开的朋友 líbukāide péngyou / The little girl is ～ from her mother. 这个小女孩儿离不开她的妈妈。zhège xiǎo nǚháir líbukāi tāde māma.

insert *v.* 插入 chārù: to ～ a key in a lock 把钥匙插入锁中 bǎ yàoshi chārù suǒ zhōng / I'd like to ～ a few words. 我想插几句话。Wǒ xiǎng chā jǐjù huà. *n.* 插入物 chārùwù: The book contained an ～ of several pages of pictures. 那书里有好几页插画。Nà shūli yǒu hǎojǐyè chāhuà.

insertion *n.* **1.** 插入 chārù **2.** 插入物 chārùwù

inset *n.* 嵌入物 qiànrùwù; 插页 chāyè *v.* 插入 chārù; 嵌入 qiànrù

inshore *ad.* 近海岸地 jìn hǎi'ànde *a.* 近海岸的 jìn hǎi'ànde

inside *n.* **1.** 内部 nèibù; 里面 lǐmiàn: the ～ of a drawer 抽屉里面 chōuti lǐmiàn / This coat is fur on the ～ and cloth on the outside. 这件外套里面是毛皮,外面是布的。Zhèjiàn wàitào lǐmiàn shì máopí, wàimiàn shì bùde. **2.** 内侧 nèicè: Walk on the ～. 走路靠边。Zǒulù kàobiān. **3.** 肚子 dùzi; 肠胃 chángwèi: feel a pain in one's ～ 感觉肚子痛 gǎnjué dùzi tòng *a.* **1.** 里面的 lǐmiànde; 内部的 nèibùde: ～ clothing 内衣 nèiyī **2.** 内幕的 nèimùde: ～ information 内部消息 nèibù xiāoxi *ad.* 在里面 zài lǐmiàn; 向里面 xiàng lǐmiàn: Please step ～. 请进。Qǐng jìn. / The children are playing ～ because it's raining. 因为下雨,孩子们在室内玩。Yīnwèi xiàyǔ, háizimen zài shìnèi wán. *prep.* 在里面 zài lǐmiàn; 在内 zàinèi; 向里面 xiàng lǐmiàn: ～ a week 一星期内 yī xīngqīnèi / There is no one ～ the room. 屋子里没人。Wūzili méirén. // ～ of 不超过…时间 bù chāoguò… shíjiān: I'll be back ～ of a week. 我一个星期内就会回来。Wǒ yíge xīngqīnèi jiùhuì huílái. / ～ out 内外翻转地 nèiwài fānzhuǎnde; 里朝外地 lǐ cháo wàide: He puts his sweater ～ out. 他把球衫穿反了。Tā bǎ qiúshān chuān fǎnle.

insider *n.* 局内人 júnèirén; 圈内人 quānnèirén

insidious *a.* **1.** 阴险的 yīnxiǎnde; 狡诈的 jiǎozhàde: an ～ enemy 阴险的敌人 yīnxiǎnde dírén **2.** 祸害隐伏的 huòhai yǐnfúde: the ～ growth of decay 溃烂不知不觉地蔓延 kuìlàn bùzhī-bùjuéde mànyán

insight *n.* 洞察(力) dòngchá(lì); 见识 jiànshi: a man of deep ～ 有深远见识的人 yǒu shēnyuǎn jiànshide rén / Take the machine apart and get an ～ into how it works. 把机器拆开,了解它如何运转。Bǎ jīqì chāikāi, liǎojiě tā rúhé yùnzhuàn.

insignia *n.* 徽章 huīzhāng; 识别标志 shíbié biāozhì: a cap ～ 帽徽 màohuī / a university ～ 大学校徽 dàxué xiàohuī

insignificant *a.* 无意义的 wú yìyìde; 无关紧要的 wúguān jǐnyàode: ～ talk 废话 fèihuà / Don't worry about the ～ matter. 别为这件无关紧要的事发愁。Bié wèi zhèjiàn wúguān jǐnyàode shì fāchóu.

insincere *a.* 不诚恳的 bù chéngkěnde；虚假的 xūjiǎde
insinuate *v.* 暗指 ànzhǐ；暗示 ànshì；暗讽 ànfěng：He ～d his doubt of the result. 他暗示对这结果有怀疑。Tā ànshì duì zhè jiéguǒ yǒu huáiyí. / Are you insinuating that I have no abilities to finish the task? 你的意思是不是指我不能完成这项任务？Nǐde yìsi shìbushì zhǐ wǒ bùnéng wánchéng zhèxiàng rènwu? / an insinuating remark 含沙射影的话 hánshā-shèyǐngde huà
insinuation *n.* 暗示 ànshì；暗讽 ànfěng：make ～s 含沙射影 hánshā-shèyǐng / ～s that she might not be quite honest 暗示她这个人不够诚实 ànshì tā zhège rén búgòu chéngshí
insipid *a.* 乏味的 fáwèide；淡而无味的 dàn'ér-wúwèide；枯燥的 kūzàode：～ food 淡而无味的食物 dàn'ér-wúwèide shíwù / an ～ book 枯燥无味的书 kūzào-wúwèide shū
insist *v.* 坚持 jiānchí；坚持主张 jiānchí zhǔzhāng；坚决要求 jiānjué yāoqiú：I ～ed on my opinions. 我坚持自己的意见。Wǒ jiānchí zìjǐde yìjian. / I ～ed upon it that he must go. 我坚决要他走。Wǒ jiānjué yào tā zǒu. / He ～s that I should be present. 他定要我出席。Tā dìng yào wǒ chūxí
insistence, insistency *n.* 坚持 jiānchí；坚持主张 jiānchí zhǔzhāng；坚决要求 jiānjué yāoqiú：I didn't quit the match at my coach's ～. 我没有退出比赛，全是因为教练坚持的缘故。Wǒ méiyǒu tuìchū bǐsài，quánshì yīnwèi jiàoliàn jiānchíde yuángù.
insistent *a.* **1.** 坚持的 jiānchíde；坚决的 jiānjuéde：In spite of the difficulties，he was ～ on finishing the work alone. 尽管有困难，他还是要一个人完成这项工作。Jǐnguǎn yǒu kùnnan，tā háishì yào yíge rén wánchéng zhèxiàng gōngzuò. **2.** 紧迫的 jǐnpòde；紧急的 jǐnjíde：an ～ message 一则紧急的消息 yìzé jǐnjíde xiāoxi / There is an ～ knocking on the door. 有人在急促地敲门。Yǒu rén zài jícùde qiāomén.
insole *n.* 鞋垫 xiédiàn
insolent *a.* 粗野的 cūyěde；蛮横的 mánhèngde；无理的 wúlǐde
insoluble *a.* **1.** 不能溶解的 bùnéng róngjiěde：～ matter 不能溶解的物质 bùnéng róngjiěde wùzhì **2.** 不能解决的 bùnéng jiějuéde：～ difficulties 无法解决的困难 wúfǎ jiějuéde kùnnan
insolvent *a.* 无力偿债的 wúlì chángzhàide；破产的 pòchǎnde：an ～

debtor 无偿付能力的债务人 wú chángfù nénglìde zhàiwùrén / ~ laws 破产法 pòchǎnfǎ

insomnia *n.* 失眠 shīmián

insomniac *n.* & *a.* 患失眠症的人 huàn shīmiánzhèngde rén

insomuch,(**in so much**)*ad.* 到这样的程度 dào zhèyàngde chéngdù: He studied very hard, ~ that he got the first place in the examination. 他学习非常努力,以致在那次考试中得了第一名。Tā xuéxí fēicháng nǔlì, yǐzhì zài nàcì kǎoshìzhōng déle dì-yī míng.

insouciance *n.* 漫不经心 mànbù-jīngxīn

inspect *v.* **1.** 检查 jiǎnchá;审查 shěnchá: ~ goods 检查货物 jiǎnchá huòwù **2.** 检阅 jiǎnyuè;视察 shìchá: ~ troops 检阅军队 jiǎnyuè jūnduì

inspection *n.* **1.** 检查 jiǎnchá;检验 jiǎnyàn: An ~ of the roof showed leaks. 检查屋顶后发现房子漏了。Jiǎnchá wūdǐnghòu fāxiàn fángzi lòule. **2.** 检阅 jiǎnyuè;视察 shìchá: a tour of ~ 巡回视察 xúnhuí shìchá / I- declined! 谢绝参观! Xièjué cānguān!

inspector *n.* **1.** 检查员 jiǎncháyuán;视察员 shìcháyuán: a ticket ~ 查票员 chápiàoyuán **2.** 巡官 xúnguān * a police officer of middle rank

inspectorate *n.* 检查员 jiǎncháyuán;视察员 shìcháyuán;视察团 shìchátuán

inspiration *n.* **1.** 鼓舞 gǔwǔ;激励 jīlì: His success is an ~ to us. 他的成功对我们是个鼓舞。Tāde chénggōng duì wǒmen shìge gǔwǔ. **2.** 灵感 línggǎn: My experience in China was the ~ for my book. 我在中国的经历给了我写作这本书的灵感。Wǒ zài Zhōngguóde jīnglì gěile wǒ xiězuò zhèběn shūde línggǎn. **3.** 好主意 hǎo zhǔyi: I've had an ~ — let's go to the country. 我有个好主意——我们到乡下去。Wǒ yǒuge hǎo zhǔyi—— wǒmen dào xiāngxiaqù.

inspire *v.* **1.** 鼓励 gǔlì;激励 jīlì: The teacher ~d him to study harder. 老师鼓励他更努力地学习。Lǎoshī gǔlì tā gèng nǔlìde xuéxí. **2.** 激起 jīqǐ;引起 yǐnqǐ;使产生 shǐ chǎnshēng: He ~s hate/dislike in me. 他激起了我的憎恨/厌恶。Tā jīqǐle wǒde zēnghèn/yànwù. / You ~ me with admiration. 你使我倾慕。Nǐ shǐ wǒ qīngmù. **3.** 使生灵感 shǐ shēng línggǎn: a so-called ~d poet 一个所谓富有灵感的诗人 yíge suǒwèi fùyǒu línggǎnde shīrén

inst. = instant 本月的 běnyuède: on the 8th ~ 本月8日 běnyuè bārì

instability *n.* **1.** 不稳定 bù wěndìng * unsteadiness **2.** 三心二意 sānxīn-èryì: He does everything with ～. 他做什么都三心二意。Tā zuò shénme dōu sānxīn-èryì.

install *n.* **1.** 使就职 shǐ jiùzhí: be ～ed in one's office 就任 jiùrèn **2.** 设置 shèzhì; 安装 ānzhuāng: We had gas heating ～ed. 我们请人安装了燃气热水器。Wǒmen qǐng rén ānzhuāngle ránqì rèshuǐqì. **3.** 安置 ānzhì: I ～ed myself in a back-row seat. 我在后排的一个座位上坐下来。Wǒ zài hòu páide yíge zuòwèishang zuò xiàlái.

installation *n.* **1.** 就职 jiùzhí **2.** 安装 ānzhuāng; 安置 ānzhì: an ～ diagram 安装图 ānzhuāngtú **3.** 装置 zhuāngzhì; 设备 shèbèi: a heating ～ 暖气设备 nuǎnqì shèbèi

instal(l)ment *n.* **1.** 每一期的款项 měi yī qīde kuǎnxiàng: pay by ～s 分期付款 fēnqī fùkuǎn **2.** 每一部分 měi yī bùfen: The novel will appear in ～s. 这部小说将分期连载。Zhèbù xiǎoshuō jiāng fēnqī liánzǎi. // ～ plan 分期付款的购货法 fēnqī fùkuǎnde gòuhuòfǎ

instance *n.* 例子 lìzi; 实例 shílì; 例证 lìzhèng: an ～ of bad behavior 坏行为的一个例子 huài xíngwéide yíge lìzi / furnish abundant ～s 提供丰富的例证 tígōng fēngfùde lìzhèng *v.* 举例 jǔlì // at (someone's) ～ 应(某人)之请求 yìng (mǒurén)zhī qǐngqiú / for ～ 例如 lìrú / in the first ～ 首先 shǒuxiān; 起初 qǐchū

instant *n.* **1.** 即刻 jíkè: I couldn't answer for an ～. 我一时答不上来。Wǒ yìshí dábushànglái. / Never for an ～ did I believe he had lied. 我从未相信他说过谎。Wǒ cóngwèi xiāngxìn tā shuōguo huǎng. **2.** 某一时刻 mǒuyī shíkè: Stop talking this ～! 此刻就停止讲话! Cǐkè jiù tíngzhǐ jiǎnghuà! *a.* **1.** 立刻的 lìkède; 立即的 lìjíde: The medicine gave ～ relief. 服药后立即感到舒服。Fúyào hòu lìjí gǎndào shūfu. **2.** 紧急的 jǐnjíde; 迫切的 pòqiède: in ～ need 迫切的需要 pòqiède xūyào **3.** 速食的 sùshíde: ～ coffee 速溶咖啡 sùróng kāfēi **4.** 本月的 běnyuède: I have received your letter of the 8th ～. 我已收到了您本月8日的来信。Wǒ yǐ shōudàole nín běnyuè bārìde láixìn. // the ～ 一…就 yī … jiù: The ～ I saw him I recognized him. 我一看见他,就认出他来了。Wǒ yī kànjiàn tā, jiù rènchū tā láile.

instantaneous *a.* 立即的 lìjíde; 瞬间的 shùnjiānde: ～ exposure 自动快速曝光 zìdòng kuàisù pùguāng

instantly *ad*. 立即地 lìjíde: run downstairs ～ 立即跑下楼 lìjí pǎoxià lóu

instead *ad*. 代替 dàitì;更换 gēnghuàn: feel like crying but laugh ～ 本想哭却又笑了 běn xiǎngkū quèyòu xiàole / She never studies. I-, she plays tennis all day. 她从不念书,反而整天打网球。Tā cóngbù niànshū, fǎn'ér zhěngtiān dǎ wǎngqiú. // ～ of 代替 dàitì: Will you go to the party ～ of me? 你代替我去参加宴会好吗? Nǐ dàitì wǒ qù cānjiā yànhuì hǎoma? / We went there by bike ～ of by bus. 我们没坐汽车,而是骑车到那里去的。Wǒmen méi zuò qìchē, érshì qíchē dào nàliqùde.

instep *n*. **1**. 脚背 jiǎobèi * the upper surface of the foot **2**. 鞋面 xiémiàn * the part of a shoe which covers this part of the foot

instigate *v*. 挑起 tiǎoqǐ; 唆使 suōshǐ;煽动 shāndòng: She ～d a quarrel between Jane and her boyfriend. 她挑起了珍妮和她的男朋友之间的争吵。Tā tiǎoqǐle Zhēnní hé tāde nán péngyou zhījiānde zhēngchǎo. / She ～d the man to disobey orders. 她唆使那人不听从命令。Tā suōshǐ nà rén bù tīngcóng mìnglìng. / ～ a rebellion 煽动叛乱 shāndòng pànluàn

instigator *n*. 唆使者 suōshǐzhě; 煽动者 shāndòngzhě

instigation *n*. 挑起 tiǎoqǐ; 唆使 suōshǐ; 煽动 shāndòng

instil (l) *v*. 逐渐灌输 zhújiàn guànshū: ～ an idea into sb.'s mind 把一种思想逐渐灌输到某人脑中去 bǎ yìzhǒng sīxiǎng zhújiàn guànshūdào mǒurén nǎozhōngqù

instinct[1] *n*. **1**. 本能 běnnéng; 本性 běnxìng: Most animals have an ～ to protect their young. 大多数动物都有保护自己幼兽的本能。Dàduōshù dòngwù dōuyǒu bǎohù zìjǐ yòushòude běnnéng. **2**. 直觉 zhíjué: act on ～ 凭直觉行动 píng zhíjué xíngdòng

instinct[2] *a*. 充满的 chōngmǎnde: a look ～ with pity 充满怜悯的目光 chōngmǎn liánmǐnde mùguāng / be ～ with confidence 充满信心 chōngmǎn xìnxīn

instinctive *a*. 本能的 běnnéngde; 天性的 tiānxìngde; 直觉的 zhíjuéde: ～ fear of snakes 对蛇的本能的害怕 duì shéde běnnéngde hàipà / ～ behavior 本能行为 běnnéng xíngwéi

institute *v*. 创立 chuànglì; 设立 shèlì;制定 zhìdìng: ～ rules 制定规则 zhìdìng guīzé *n*. 协会 xiéhuì; 学会 xuéhuì; 学院 xuéyuàn: a scientific ～ 科学学会 kēxué xuéhuì / a designing ～ 设计院 shèjìyuàn

institution *a.* **1.** 创立 chuànglì；设立 shèlì；制定 zhìdìng：the ～ of new rules 新规则的制定 xīn guīzéde zhìdìng **2.** 惯例 guànlì；风俗 fēngsú；制度 zhìdù：Giving presents on Christmas is an ～. 圣诞节赠送礼物是长期以来的风俗。Shèngdànjié zèngsòng lǐwù shì chángqī yǐláide fēngsú. **3.** 机构 jīgòu；协会 xiéhuì；学校 xuéxiào：a scientific ～ 科学协会 kēxué xiéhuì / ～s of higher learning 高等学校 gāoděng xuéxiào

instruct *v.* **1.** 教导 jiàodǎo；告知 gàozhī：His father ～ed him (in) how to do it . 他的父亲教他如何做。Tāde fùqin jiāo tā rúhé zuò. / He ～ed me that I should be present at the meeting. 他告诉我应该出席那个会议。Tā gàosu wǒ yīnggāi chūxí nàge huìyì. **2.** 下命令 xià mìnglìng: I ～ed him to come on time. 我命令他准时来。Wǒ mìnglìng tā zhǔnshí lái.

instruction *n.* **1.** 教导 jiàodǎo；命令 mìnglìng；通知 tōngzhī：give ～ in Chinese 讲授汉语 jiǎngshòu hànyǔ **2.** 指示 zhǐshì；说明 shuōmíng: an ～ book 说明书 shuōmíngshū

instructive *a.* 教导的 jiàodǎode；有教益的 yǒu jiàoyìde：～ experiences 有益的经验 yǒuyìde jīngyàn

instructor *n.* **1.** 指导者 zhǐdǎozhě；教练 jiàoliàn：a driving ～ 驾驶教练 jiàshǐ jiàoliàn **2.** 讲师 jiǎngshī：a physics ～ 物理讲师 wùlǐ jiǎngshī

instrument *n.* **1.** 仪器 yíqì；器械 qìxiè;工具 gōngjù：optical ～s 光学仪器 guāngxué yíqì / medical ～s 医疗器械 yīliáo qìxiè / ～s of production 生产工具 shēngchǎn gōngjù **2.** 乐器 yuèqì：wind ～s 管乐器 guǎn yuèqì / stringed ～s 弦乐器 xián yuèqì **3.** 傀儡 kuǐlěi：an ～ of fate 受命运摆布(的人、物) shòu mìngyùn bǎibu (de rén、wù)

instrumental *a.* **1.** 有帮助的 yǒu bāngzhùde；起作用的 qǐ zuòyòngde：He was ～ in finishing the task. 他曾协助完成这项任务。Tā céng xiézhù wánchéng zhèxiàng rènwu. **2.** 乐器的 yuèqìde：～ music 器乐 qìyuè / an ～ work 一首器乐作品 yìshǒu qìyuè zuòpǐn

instrumentalist *n.* 器乐演奏者 qìyuè yǎnzòuzhě

instrumentality *n.* 工具 gōngjù；媒介 méijiè；手段 shǒuduàn：by the ～ of 靠… kào …；借助于… jièzhùyú…

instrumentation *n.* 编器乐乐曲 biān qìyuè yuèqǔ

insubordinate *a.* 不服从的 bù fúcóngde；反抗的 fǎnkàngde

insubstantial *a.* **1.** 不实在的 bù shízàide ∗ not solid or real **2.** 薄弱的

bóruòde；不足的 bùzúde：an ～ meal 吃不饱的一顿饭 chībubǎode yídùn fàn

insufferable *a.* 难以忍受的 nányǐ rěnshòude；过于傲慢的 guòyú àomànde：an ～ attitude 令人难以忍受的态度 lìngrén nányǐ rěnshòude tàidu

insufficiency *n.* **1.** 缺乏 quēfá；不足 bùzú；不胜任 bú shèngrèn：～ of money 缺乏金钱 quēfá jīnqián / the ～ of the man for public office 此人不胜任公职 cǐ rén bú shèngrèn gōngzhí **2.** 不足之处 bùzú zhī chù：Conscious of his insufficiencies, he began to study hard. 意识到自己的不足，他开始努力学习。Yìshí dào zìjǐde bùzú, tā kāishǐ nǔlì xuéxí.

insufficient *a.* 不足的 bùzúde；不够的 búgòude：～ light 光线不足 guāngxiàn bùzú

insular *a.* **1.** 岛屿的 dǎoyǔde；象岛屿的 xiàng dǎoyǔde：an ～ climate 岛屿性气候 dǎoyǔxìng qìhòu **2.** 心胸狭窄的 xīnxiōng-xiázhǎide；偏狭的 piānxiáde * narrow-minded

insularity, insularism *n.* 心胸狭窄 xīnxiōng-xiázhǎi；偏狭 piānxiá

insulate *v.* **1.** 使绝缘 shǐ juéyuán；使绝热 shǐ juérè：～d body 被绝缘体 bèi juéyuántǐ / Many houses could be warmer if they were ～d so that the heat is not lost. 许多房子要是能隔热，使热气不外散，就能暖和。Xǔduō fángzi yàoshì néng gérè, shǐ rèqì bú wàisàn, jiùnéng nuǎnhuo. **2.** 隔离 gélí；使孤立 shǐ gūlì：Don't ～ your life from society. 别把你的生活和社会隔离开。Bié bǎ nǐde shēnghuó hé shèhuì gélíkāi.

insulation *n.* **1.** 绝缘 juéyuán；绝热 juérè：～ material 绝缘材料 juéyuán cáiliào **2.** 隔离 gélí；孤立 gūlì

insulator *n.* 绝缘体 juéyuántǐ；绝缘物 juéyuánwù：heat ～ 热绝缘体 rè juéyuántǐ

insulin *n.* 胰岛素 yídǎosù

insult *v.* 侮辱 wǔrǔ；凌辱 língrǔ：～ed him by saying that 说那事来侮辱他 shuō nàshì lái wǔrǔ tā　*n.* 侮辱 wǔrǔ // add ～ to injury 伤害之外又加侮辱 shānghài zhīwài yòujiā wǔrǔ；落井下石 luòjǐng-xiàshí

insuperable *a.* 难以克服的 nányǐ kèfúde；难以超越的 nányǐ chāoyuède：～ difficulties 难以克服的困难 nányǐ kèfúde kùnnan

insupportable *a.* 不能忍受的 bùnéng rěnshòude：～ pain 不能忍受的痛苦 bùnéng rěnshòude tòngkǔ

insurance *n.* **1.** 保险 bǎoxiǎn：property ～ 财产保险 cáichǎn bǎoxiǎn **2.** 保险业 bǎoxiǎnyè：work in ～ 从事保险业 cóngshì bǎoxiǎnyè / an ～ company 保险公司 bǎoxiǎn gōngsī **3.** 保险费 bǎoxiǎnfèi ＊ money paid to an insurance company；保险赔偿金额 bǎoxiǎn péicháng jīn'é ＊ money paid by an insurance company **4.** 保障 bǎozhàng：provide ～ against thieves 为防盗提供安全保障 wèi fángdào tígōng ānquán bǎozhàng // ～ policy 保险单 bǎoxiǎndān

insure *v.* **1.** 给…保险 gěi … bǎoxiǎn：～ one's life 保人寿险 bǎo rénshòu xiǎn / My house is ～d against fire. 我的房子保了火险。Wǒde fángzi bǎole huǒxiǎn. **2.** 为…提供保证 wèi … tígōng bǎozhèng：Carefulness ～s you against errors. 小心仔细可使你避免发生差错。Xiǎoxīn zǐxì kě shǐ nǐ bìmiǎn fāshēng chācuò.

insured *a.* 已保险的 yǐ bǎoxiǎnde：Are you ～ against fire？你保了火险吗？Nǐ bǎole huǒxiǎnma？

insurer *n.* 承保人 chéngbǎorén；保险公司 bǎoxiǎn gōngsī：You are insured against fire，so if your house is on fire the ～ will pay you a sum of money. 你保了火险，所以如果你的房子着了火，保险公司就要付一笔钱。Nǐ bǎole huǒxiǎn，suǒyǐ rúguǒ nǐde fángzi zháole huǒ，bǎoxiǎn gōngsī jiùyào fù yìbǐ qián.

insurgent *a.* 起义的 qǐyìde；暴动的 bàodòngde *n.* 起义者 qǐyìzhě；暴动者 bàodòngzhě

insurmountable *a.* 难以克服的 nányǐ kèfúde

insurrection *n.* 起义 qǐyì；暴动 bàodòng；造反 zàofǎn：armed ～ 武装起义 wǔzhuāng qǐyì

intact *a.* 完整的 wánzhěngde；未受损的 wèi shòusǔnde：The delicate parcel arrived ～. 内放精致物品的包裹完整无损地到达。Nèi fàng jīngzhì wùpǐnde bāoguǒ wánzhěng wúsǔnde dàodá. / The lost money was returned ～. 丢失的钱被原封不动地送还了。Diūshīde qián bèi yuánfēngbúdòngde sònghuánle.

intaglio *n.* 凹雕 āodiāo；有凹雕的宝石 yǒu āodiāode bǎoshí：～ printing 凹版印刷 āobǎn yìnshuā

intake *n.* **1.** 吸收量 xīshōuliàng：～ of food 食物摄取 shíwù shèqǔ / the yearly ～ of students 每年收的学生 měinián shōude xuésheng **2.**（水、管的）入口（shuǐ、guǎnde）rùkǒu

intangible *a.* **1.** 不可感知的 bùkě gǎnzhīde；不可捉摸的 bùkě zhuōmōde：an ～ quality 不可捉摸的特性 bùkě zhuōmōde tèxìng **2.** 难了解的 nán liǎojiěde：～ problems 难了解的问题 nán liǎojiěde wèntí **3.** 隐藏的 yǐncángde；无形的 wúxíngde：～ assets 无形资产 wúxíng zīchǎn

integer *n.* 整数 zhěngshù：1 is an ～，but 1.2 is not. 1是整数，可是1.2不是。Yī shì zhěngshù，kěshì yīdiǎn'èr búshì.

integral *a.* **1.** 构成整体所必需的 gòuchéng zhěngtǐ suǒ bìxūde；组成的 zǔchéngde：an ～ part of the argument 论据的不可缺少的组成部分 lùnjùde bùkě quēshǎode zǔchéng bùfen **2.** 整数的 zhěngshùde；积分的 jīfēnde：～ calculus 积分学 jīfēnxué

integrate *v.* （使）结合（shǐ）jiéhé；（使）成一整体（shǐ）chéng yī zhěngtǐ：an ～d iron and steel works 钢铁联合企业 gāngtiě liánhé qǐyè / an ～d circuit 集成电路 jíchéng diànlù / an ～d school 兼收黑人与白人的学校 jiānshōu hēirén yǔ báirénde xuéxiào / I ～d your plan with mine. 我把你的计划和我的结合起来了。Wǒ bǎ nǐde jìhuà hé wǒde jiéhé qǐláile.

integrated *a.* 结合谐调的 jiéhé xiétiáode：(well-)～ characters 完整的人格 wánzhěngde réngé

integrity *n.* **1.** 正直 zhèngzhí；诚实 chéngshí：He is a man of ～. 他是个正直的人。Tā shìge zhèngzhíde rén. **2.** 完整 wánzhěng：The ancient pagoda is still there，but not in its ～. 那座古塔还在，但是不完整了。Nàzuò gǔtǎ háizài，dànshì bù wánzhěngle.

integument *n.* （水果等的）外壳（shuǐguǒ děngde）wàiké

intellect *n.* **1.** 智力 zhìlì；才智 cáizhì：a man of ～ 有才智的人 yǒu cáizhìde rén **2.** 有才智的人 yǒu cáizhìde rén

intellectual *a.* **1.** 智力的 zhìlìde：the ～ faculties 智能 zhìnéng **2.** 有智力的 yǒu zhìlìde；聪明的 cōngmingde：an ～ argument 聪明的论证 cōngmingde lùnzhèng *n.* 知识分子 zhīshifènzǐ

intelligence *n.* **1.** 智力 zhìlì；才智 cáizhì：～ quotient 智商 zhìshāng / Use your ～，you will overcome these difficulties. 运用你的聪明才智，你一定会克服这些困难的。Yùnyòng nǐde cōngming cáizhì，nǐ yídìng huì kèfú zhèxiē kùnnande. **2.** 情报 qíngbào；情报员 qíngbàoyuán：an ～ bureau 情报局 qíngbàojú

intelligent *a.* 有智力的 yǒu zhìlìde；聪明的 cōngmingde：an ～ child 聪明的孩子 cōngmingde háizi / All human beings are much more ～ than animals. 人类比动物聪明得多。Rénlèi bǐ dòngwù cōngmingde duō.

intelligentsia *n.* [the ～] 知识分子 zhīshifènzǐ；知识界 zhīshijiè

intelligible *a.* 可了解的 kě liǎojiěde；明白易懂的 míngbai yìdǒngde：an ～ article 明白易懂的文章 míngbai yìdǒngde wénzhāng

intemperate *a.* 无节制的 wú jiézhìde；过度的 guòdùde：～ wind 狂风 kuángfēng / ～ habits 无节制的习惯 wú jiézhìde xíguàn

intend *v.* **1.** 计划 jìhuà；打算 dǎsuan；想要 xiǎngyào：I ～ to spend my holiday in my hometown. 我打算在家乡度假。Wǒ dǎsuan zài jiāxiāng dùjià. / He ～s that his son should be a doctor. 他打算让儿子当大夫。Tā dǎsuan ràng érzi dāng dàifu. **2.** 意指 yìzhǐ；意思是 yìsi shì：The book was ～ed for you, but she took it away. 那本书原是要给你的，可是她拿走了。Nàběn shū yuán shì yào gěi nǐde, kěshì tā ná zǒule. / What do you ～ by that remark? 你说这话是什么意思？Nǐ shuō zhèhuà shì shénme yìsi?

intended *a.* 打算的 dǎsuande；预期的 yùqīde；故意的 gùyìde；有意的 yǒuyìde：The medicine had the ～ effect. 药产生了预期的效力。Yào chǎnshēngle yùqīde xiàolì. *n.* 未婚妻 wèihūnqī；未婚夫 wèihūnfū

intense *a.* 强烈的 qiángliède；剧烈的 jùliède：～ feelings 强烈的感情 qiángliède gǎnqíng / ～ light 强光 qiángguāng / ～ pain 剧痛 jùtòng / an ～ longing 热望 rèwàng；渴望 kěwàng

intensifier *n.* 强调成分 qiángdiào chéngfen

intensify *v.* 加强 jiāqiáng；强化 qiánghuà：～ learning 加强学习 jiāqiáng xuéxí

intensity *n.* **1.** 强烈 qiángliè；强度 qiángdù：current ～ 电流强度 diànliú qiángdù **2.** 激动的外表 jīdòngde wàibiǎo：the ～ of one's face 脸上激动的表情 liǎnshang jīdòngde biǎoqíng

intensive *a.* 加强的 jiāqiángde；密集的 mìjíde；深入细致的 shēnrù xìzhìde：～ care 精心护理 jīngxīn hùlǐ / We have made an ～ study of the phenomenon. 我们已对这一现象做了深入细致的研究。Wǒmen yǐ duì zhèyī xiànxiàng zuòle shēnrù xìzhìde yánjiū.

intent *n.* 意图 yìtú；目的 mùdì：with murderous ～ behind one's smiles 笑里藏刀 xiàoli-cángdāo / He walked into the shop with ～ to steal. 他怀着偷窃的目的走进了商店。Tā huáizhe tōuqiède mùdì zǒujìnle shāngdiàn. *a.* 专心的 zhuānxīnde；专注的 zhuānzhùde：He's ～ on his studies. 他专心学习。Tā zhuānxīn xuéxí. // to all ～s and purposes 实际上 shíjìshang; 实质上 shízhìshang

intention *n.* 意图 yìtú; 打算 dǎsuan; 目的 mùdì: I touched her without ～. 我无意地碰了她一下儿。Wǒ wúyìde pèngle tā yíxiàr. / with good ～s 好心好意地 hǎoxīn-hǎoyìde

intentional *a.* 有意的 yǒuyìde; 故意的 gùyìde

inter *v.* 埋葬 máizàng

inter- *pref.* 在 … 之间 zài … zhījiān: ～city travel 来往于城市之间 láiwǎng yú chéngshì zhījiān

interact *v.* 互相作用 hùxiāng zuòyòng; 互相影响 hūxiāng yǐngxiǎng: The two things are interrelated and ～ on each other. 这两件事物互相联系并互相作用。Zhè liǎngjiàn shìwù hùxiāng liánxì bìng hùxiāng zuòyòng.

interaction *n.* 互相作用 hùxiāng zuòyòng; 互相影响 hùxiāng yǐngxiǎng

inter alia *ad.* 除了其他事外 chúle qítā shì wài: His success depends, ～, on his industriousness. 除了其他因素外,他要成功还要靠勤奋。Chúle qítā yīnsù wài, tā yào chénggōng háiyào kào qínfèn.

interbreed *v.* 杂交繁殖 zájiāo fánzhí

intercalary *a.* **1.** 插入的 chārùde * put in between **2.** 闰的 rùnde: an ～ month 闰月 rùnyuè

intercalate *v.* **1.** 插入 chārù * to put in between **2.** 加于日历中 jiāyú rìlìzhōng; 闰的 rùn * to add a (day or month) to a calender, as in a leap year

intercede *v.* 代为请求 dài wéi qǐngqiú; 说好话 shuō hǎohuà; 说情 shuōqíng: I ～d with the boss for him. 我替他向老板说情。Wǒ tì tā xiàng lǎobǎn shuōqíng.

intercept *v.* 拦截 lánjié; 截取 jiéqǔ

interceptor *n.* **1.** 拦截者 lánjiézhě * someone who intercepts **2.** 截击机 jiéjījī * a fighter plane for intercepting enemy planes

intercession *n.* 说情 shuōqíng

interchange *v.* **1.** 交替 jiāotì: ～ work with play 劳逸交替 láo-yì jiāotì **2.** 交换 jiāohuàn: ～ gifts 相互赠送礼物 xiānghù zèngsòng lǐwù *n.* **1.** 交替 jiāotì; 交换 jiāohuàn: a useful ～ of views 有益的意见交流 yǒuyìde yìjian jiāoliú **2.** 转车站 zhuǎnchēzhàn * interchange station **3.** 立体交叉道 lìtǐ jiāochādào * the intersection of a highway where the traffic can enter or leave without obstructing others

interchangeable *a.* 可交换的 kě jiāohuànde；可互换的 kě hùhuànde

intercollegiate *a.*（大学）校际的（dàxué）xiàojìde；院际的 yuànjìde：～ exchange 校际交流 xiàojì jiāoliú

intercom *n.* 内部通话系统 nèibù tōnghuà xìtǒng；对讲机 duìjiǎngjī

intercommunicate *v.* 互相联络 hùxiāng liánluò；互通 hùtōng：an intercommunicating（telephone）set 内部互通电话机 nèibù hùtōng diànhuàjī / All three rooms ～． 3个房间彼此互通。Sānge fángjiān bǐcǐ hùtōng.

intercommunion *n.* 基督教会间共同举行的圣餐 jīdū jiàohuìjiān gòngtóng jǔxíngde shèngcān

intercontinental *a.* 洲际的 zhōujìde：an ～ ballistic rocket 洲际弹道火箭 zhōujì-dàndào huǒjiàn / ～ trade 洲际贸易 zhōujì màoyì

intercourse *n.* **1.** 交流 jiāoliú；交际 jiāojì；往来 wǎnglái：commercial ～ 商业往来 shāngyè wǎnglái **2.** 性交 xìngjiāo：sexual ～ 性交 xìngjiāo

interdenominational *a.* 教派间的 jiàopài jiānde

interdependent *a.* 互相依赖的 hùxiāng yīlàide；互相依存的 hùxiāng yīcúnde

interdict *n.* 禁令 jìnlìng *v.* **1.** 禁止 jìnzhǐ：His father ～ed him from smoking. 他的父亲禁止他抽烟。Tāde fùqin jìnzhǐ tā chōuyān. **2.** 切断 qiēduàn；摧毁 cuīhuǐ * to destroy，cut or damage（esp. an enemy line of supply）

interest *n.* **1.** 兴趣 xìngqù：He has no ～ in collecting stamps. 他对集邮不感兴趣。Tā duì jíyóu bù gǎn xìngqù. **2.** 爱好 àihào；嗜好 shìhào：Reading seems to be his only ～ in life. 读书好象是他生活中的唯一爱好。Dúshū hǎoxiàng shì tā shēnghuózhōngde wéiyī àihào **3.** 利益 lìyì：It is to your ～ to give up smoking. 戒烟对你有好处。Jièyān duì nǐ yǒu hǎochu. **4.** 利息 lìxī：annual ～ 年利 niánlì/ pay 6.3 per cent ～ on a loan 借款付息6厘3 jièkuǎn fùxī liùlísān *v.* **1.** 使感兴趣 shǐ gǎn xìngqù；引起兴趣 yǐnqǐ-xìngqù：The new movie will certainly ～ you. 这部新电影一定会引起你的兴趣。Zhèbù xīn diànyǐng yídìng huì yǐnqǐ nǐde xìngqù. **2.** 使参与 shǐ cānyù：He ～ed me in the activity. 他劝我参与这项活动。Tā quàn wǒ cānyù zhèxiàng huódòng. // in the ～(s) of 为了 … 的利益 wèile … de lìyì / make ～ with sb. 施加影响于某人 shījiā yǐngxiǎngyú mǒurén / take（an）～ in 对 … 感兴趣 duì … gǎn xìngqù

interested *a.* **1.** 感兴趣的 gǎnxìngqùde；关注的 guānzhùde：I was ～ in collecting stamps. 我对集邮感兴趣。Wǒ duì jíyóu gǎnxìngqù. / I shall be ～ to hear from you soon. 我希望早日接到你的来信。Wǒ xīwàng zǎorì jiēdào nǐde láixìn. **2.** 有利害关系的 yǒu lìhài guānxide：the ～ party 当事人 dāngshìrén

interesting *a.* 有趣的 yǒuqùde；令人感兴趣的 lìngrén gǎnxìngqùde：an ～ movie 一部有趣的电影 yíbù yǒuqùde diànyǐng // in an ～ condition 怀孕 huáiyùn

interface *n.* 分界面 fēnjièmiàn；边缘区 biānyuánqū

interfere *v.* **1.** 干涉 gānshè；干预 gānyù：I never ～ in his affairs. 我从不干涉他的事。Wǒ cóngbù gānshè tāde shì. **2.** 妨碍 fáng'ài；打扰 dǎrǎo：Don't ～ with him. 别打扰他。Bié dǎrǎo tā.

interference *n.* 干涉 gānshè；妨碍 fáng'ài；干扰 gānrǎo：When we learn foreign languages, we often meet with the linguistic ～. 我们学习外语时，常常遇到本族语对外语的干扰。Wǒmen xuéxí wàiyǔshí, chángcháng yùdào běnzúyǔ duì wàiyǔde gānrǎo.

interim *n.* 间歇 jiànxiē；过渡时期 guòdù shíqī：in the ～ 在间歇的时候 zài jiànxiēde shíhou；在过渡时期 zài guòdù shíqī *a.* 暂时的 zànshíde；过渡的 guòdùde：an ～ measure 暂时措施 zànshí cuòshī / an ～ government 过渡政府 guòdù zhèngfǔ

interior *a.* **1.** 内部的 nèibùde；室内的 shìnèide：～ furnishings 内部装璜 nèibù zhuānghuáng **2.** 内地的 nèidìde：He lives in an ～ city. 他住在内地城市。Tā zhùzài nèidì chéngshì. **3.** 国内的 guónèide：～ economics 国内经济 guónèi jīngjì *n.* **1.** 内部 nèibù **2.** 内地 nèidì **3.** 内务 nèiwù；内政 nèizhèng：Secretary of the I- 内政部长 nèizhèng bùzhǎng

interject *v.* 突然插话 tūrán chāhuà：While we were discussing the problem, he ～ed："I've found a way to solve it." 当我们讨论这个问题时，他突然插话道："我找到了解决它的办法。" Dāng wǒmen tǎolùn zhège wèntí shí, tā tūrán chāhuà dào："Wǒ zhǎodàole jiějué tāde bànfǎ."

interjection *n.* **1.** 感叹词 gǎntàncí：～s such as "Oh" or "Ah" 感叹词如"噢"或"啊" gǎntàncí rú "ō" huò "à" **2.** 插入话语 chārù huàyǔ * the act of interjecting

interlace *v.* 编织 biānzhī；交织 jiāozhī：～ reeds to make a basket 用芦杆

编篮子 yòng lúgān biān lánzi / interlacing arch 交叉拱门 jiāochā gǒngmén

interleave *v.* 将空白页插入(书内) jiāng kòngbáiyè chārù (shūnèi) * in bookbinding

interleaf *n.* 夹入书中的纸页 jiārù shūzhōngde zhǐyè

interlinear *a.* 印于行间的 yìnyú hángjiānde: an ～ translation 印于行间的译文 yìnyú hángjiānde yìwén

interlink *v.* 连结 liánjié: My fate is ～ed with his. 我的命运和他的命运连结在一起。Wǒde mìngyùn hé tāde mìngyùn liánjié zài yìqǐ.

interlock *v.* (使)连锁 (shǐ) liánsuǒ: ～ing questions 连锁性问题 liánsuǒxìng wèntí / ～ing signals 连锁信号 liánsuǒ xìnhào *n.* 连锁 liánsuǒ

interlocutor *n.* 对话者 duìhuàzhě; 谈话者 tánhuàzhě

interloper *n.* 干涉别人的人 gānshè biérénde rén = intruder; 无营业执照者 wú yíngyè zhízhàozhě * one doing business without a license

interlude *n.* **1.** 间歇 jiànxiē: Holidays are such short ～s in a life of work! 假日在忙碌的生活中是多么短暂的间歇啊! Jiàrì zài mánglùde shēnghuózhōng shì duōme duǎnzànde jiànxiē'a! **2.** 幕间 mùjiān = intermission

intermarriage *n.* **1.** 异族通婚 yìzú tōnghūn * between members of different groups, families, etc. **2.** 近亲通婚 jìnqīn tōnghūn * within a related group or family

intermarry *v.* **1.** 由于通婚而结合 yóuyú tōnghūn ér jiéhé: The two nationalities have been ～ing for more than 100 years. 这两个民族之间已经通婚100多年了。Zhè liǎngge mínzú zhījiān yǐjīng tōnghūn yìbǎi duō niánle. **2.** 近亲结婚 jìnqīn jiéhūn * within the same group, family, etc.

intermediary *a.* 中间的 zhōngjiānde; 媒介的 méijiède *n.* 中间人 zhōngjiānrén = go-between; 媒介(物) méijiè(wù); 媒人 méiren

intermediate *a.* 中间的 zhōngjiānde; 居间的 jūjiānde: ～ forces 中间力量 zhōngjiān lìliang

interment *n.* 埋葬 máizàng

intermezzo *n.* 幕间插曲 mùjiān chāqǔ; 间奏曲 jiānzòuqǔ

interminable *a.* 无止境的 wú zhǐjìngde；没完没了的 méiwán-méiliǎode：～ talk 没完没了的谈话 méiwán-méiliǎode tánhuà

intermingle *v.* (使)混合 (shǐ) hùnhé；(使)搀杂 (shǐ) chānzá：～ flour with water 把水和面混合在一起 bǎ shuǐ hé miàn hùnhé zài yìqǐ

intermission *n.* 间歇 jiànxiē；中止 zhōngzhǐ；幕间休息 mùjiān xiūxi：He has been working for a whole day without ～. 他已经不间断地工作了一整天。Tā yǐjīng bú jiànduànde gōngzuòle yī zhěngtiān.

intermittent *a.* 间歇的 jiànxiēde；断断续续的 duànduan-xùxùde：～ noises 断断续续的吵闹声 duànduan-xùxùde chǎonàoshēng

intern[1] *v.* 拘留 jūliú

intern[2] *n.* 实习医生 shíxí yīshēng

internal *a.* **1.** 内部的 nèibùde；在内的 zàinèide：～ damage 内伤 nèishāng / the ～ relations of the two matters 这两件事情的内在联系 zhè liǎngjiàn shìqingde nèizài liánxì **2.** 国内的 guónèide；本国的 běnguóde：an ～ war 内战 nèizhàn / ～ affairs 国内事务 guónèi shìwù // ～-combustion engine 内燃机 nèiránjī

international *a.* 国际的 guójìde：～ conventions 国际惯例 guójì guànlì / the I- Phonetic Alphabet 国际音标 guójì yīnbiāo *n.* **1.** [I-] 国际性组织 guójìxìng zǔzhī：the First I- 第一国际 Dì-yī Guójì **2.** 国际比赛 guójì bǐsài ＊ a match；参加国际比赛的人 cānjiā guójì bǐsàide rén

internationale *n.* [the ～] 国际歌 guójìgē

internationalism *n.* 国际主义 guójì zhǔyì

internationalist *n.* 国际主义者 guójì zhǔyìzhě

internationalize, internationalise *v.* 使国际化 shǐ guójìhuà

internecine *a.* 内讧的 nèihòngde；自相残杀的 zìxiāng-cánshāde；两败俱伤的 liǎngbài-jùshāngde

internee *n.* 被拘留者 bèi jūliúzhě

internist *n.* 内科医生 nèikē yīshēng

internment *n.* 拘留 jūliú：an ～ camp 拘留营 jūliúyíng

interpenetrate *v.* (互相)渗透 (hùxiāng) shèntòu

interpenetration *n.* 渗透 shèntòu：the ～ of opposite things 对立事物的互相渗透 duìlì shìwùde hùxiāng shèntòu

interpersonal *a.* 人与人之间的 rén yǔ rén zhījiānde；人际关系的 rénjì guānxìde：good ～ relations 好的人际关系 hǎode rénjì guānxì

interplanetary *a.* 星际间的 xīngjì jiānde：～ navigation 星际导航 xīngjì dǎoháng/ ～ space 太空 tàikōng

interplay *n.* 相互作用 xiānghù zuòyòng；相互影响 xiānghù yǐngxiǎng

interpol *n.* 国际刑警组织 guójì xíngjǐng zǔzhī

interpolate *v.* 插入(字句等) chārù (zìjù děng)：He ～d a phrase about the safety devices of the factory. 他就工厂的安全设备问题插了一句。Tā jiù gōngchǎngde ānquán shèbèi wèntí chāle yíjù.

interpolation *n.* 插入(字句) chārù (zìjù)；(字句的)插入 (zìjùde) chārù

interpose *v.* 插入 chārù；使介于 shǐ jièyú；提出 tíchū：～ a barrier between 在…中间设置障碍物 zài…zhōngjiān shèzhì zhàng'àiwù / I ～d the opposite opinion of him. 我提出了和他相反的意见。Wǒ tíchūle hé tā xiāngfǎnde yìjian.

interposition *n.* 插入 chārù；介入 jièrù；提出 tíchū

interpret *v.* **1.** 解释 jiěshì；把…理解(为) bǎ…lǐjiě (wéi)：I can't ～ his behavior. 我不能解释他的行为。Wǒ bùnéng jiěshì tāde xíngwéi. / I ～ed the silence as consent. 我把这沉默理解为同意。Wǒ bǎ zhè chénmò lǐjiě wéi tóngyì. **2.** 翻译 fānyì：He is going to ～ for the foreign visitors. 他要为外宾当翻译。Tā yào wèi wàibīn dāng fānyì.

interpretation *n.* **1.** 解释 jiěshì；解说 jiěshuō **2.** 翻译 fānyì：signal ～ 信号译释 xìnhào yìshì

interpretative, interpretive *a.* 解释的 jiěshìde

interpreter *n.* 口译者 kǒuyìzhě；解说者 jiěshuōzhě：He will be an ～ for the delegation. 他为这个代表团当口译。Tā wèi zhège dàibiǎotuán dāng kǒuyì.

interracial *a.* 种族之间的 zhǒngzú zhījiānde

interregnum *n.* 过渡期 guòdùqī

interrelate *v.* 互相关联 hùxiāng guānlián；互相联系 hùxiāng liánxì：The price is ～d with the common people's life. 物价和老百姓的生活息息相关。Wùjià hé lǎobǎixìngde shēnghuó xīxī-xiāngguān.

interrelation, interrelationship *n.* 相互关系 xiānghù guānxì；相互联系 xiānghù liánxì

interrogate *v.* 讯问 xùnwèn；审问 shěnwèn：～ a criminal 审问犯人 shěnwèn fànrén

interrogator *n.* 讯问者 xùnwènzhě；审问者 shěnwènzhě

interrogative *a.* 疑问的 yíwènde：an ～ sentence 疑问句 yíwènjù / in an ～ tone 用疑问的口气 yòng yíwènde kǒuqì *n.* **1.** 疑问句 yíwènjù **2.** 疑问词 yíwèncí * a word used in asking a question

interrogatory *a.* 疑问的 yíwènde；怀疑的 huáiyíde：He asked her again in an ～ voice. 他以怀疑的口气又问了一遍。Tā yǐ huáiyíde kǒuqì yòu wènle yíbiàn.

interrupt *v.* **1.** 中断 zhōngduàn；阻断 zǔduàn：Traffic was ～ed by a snowstorm. 交通被暴风雪所阻断。Jiāotōng bèi bàofēngxuě suǒ zǔduàn. **2.** 打断 dǎduàn；插话 chāhuà：When I was talking with her，he constantly ～ed me. 我和她谈话时，她不时打断我。Wǒ hé tā tánhuà shí，tā bùshí dǎduàn wǒ.

intersect *v.* 横断 héngduàn；相交 xiāngjiāo；交叉 jiāochā：The line AB ～s the line CD at E. 直线 AB 与直线 CD 相交于 E 点上。Zhíxiàn AB yǔ zhíxiàn CD xiāngjiāo yú E diǎnshang.

intersection *n.* **1.** 横断 héngduàn；相交 xiāngjiāo **2.** 交叉点 jiāochādiǎn；十字路口 shízì lùkǒu：Go ahead，you will see an ～. 一直向前走，你就会看到一个十字路口。Yìzhí xiàng qián zǒu，nǐ jiùhuì kàndào yíge shízì lùkǒu.

intersperse *v.* 散布 sànbù；散置 sànzhì；点缀 diǎnzhuì：Bushes were ～d among the trees. 灌木丛散布在林间。Guànmùcóng sànbù zài lín jiān. / The square is ～d with all shapes of flower-beds. 广场上点缀着各种形状的花坛。Guǎngchǎngshang diǎnzhuìzhe gèzhǒng xíngzhuàngde huātán.

interstate *a.* 州际的 zhōujìde：～ commerce 州际贸易 zhōujì màoyì

interstellar *a.* 星际的 xīngjìde：～ space 太空 tàikōng

interstice *n.* 空隙 kòngxì；裂缝 lièfèng

intertribal *a.* 部落间的 bùluò jiānde

intertwine *v.*（使）纠缠（shǐ）jiūchán；缠绕 chánrǎo

interurban *a.* 城市与城市之间的 chéngshì yǔ chéngshì zhījiānde：～ road systems 连接城市的道路系统 liánjiē chéngshìde dàolù xìtǒng

interval *n.* 间隔 jiàngé；间歇 jiànxiē；幕间休息 mùjiān xiūxi：He will graduate from the university after a year's ～. 隔一年后他才从大学毕业。Gé yìnián hòu tā cái cóng dàxué bìyè. / There was a long ～ before he replied. 他隔了许久才回答。Tā géle xǔjiǔ cái huídá. / eat ice cream in the ～ 在幕间休息时吃冰淇淋 zài mùjiān xiūxishí chī bīngqílín // at ～s (of) 每隔…时间(或距离) měigé…shíjiān(huò jùlí): There is a bus at 5-minute ～s. 每隔5分钟有一辆公共汽车。Měigé wǔ fēnzhōng yǒu yíliàng gōnggòng-qìchē. / Trees are standing at ～s along the street. 沿街相隔不远都有树木。Yán jiē xiānggé bùyuǎn dōuyǒu shùmù.

intervene *v.* **1.** 介入 jièrù; 介于 jièyú; 插入 chārù: I'll go on a journey if nothing ～s. 如果没有特殊情况,我要去旅游。Rúguǒ méiyǒu tèshū qíngkuàng, wǒ yào qù lǚyóu. / A week ～s between Christmas and New Year's Day. 圣诞节和元旦之间有一个星期。Shèngdànjié hé Yuándàn zhījiān yǒu yíge xīngqī. **2.** 干涉 gānshè; 调停 tiáotíng: They were about to fight when their father ～d. 他们要打架的时候,父亲来干涉了。Tāmen yào dǎjiàde shíhou, fùqin lái gānshèle. / ～ in a dispute 调停争论 tiáotíng zhēnglùn

intervention *n.* 介入 jièrù; 干涉 gānshè; 调停 tiáotíng: armed ～ 武装干涉 wǔzhuāng gānshè

interview *n.* **1.** 接见 jiējiàn; 面谈 miàntán; 口试 kǒushì: give an ～ to sb. 接见某人 jiējiàn mǒurén **2.** 采访 cǎifǎng *v.* 接见 jiējiàn; 采访 cǎifǎng: I ～ed that famous writer yesterday. 昨天我采访了那位著名作家。Zuótiān wǒ cǎifǎngle nàwèi zhùmíng zuòjiā.

interweave *v.* 交织 jiāozhī; 编织 biānzhī: They ～ a piece of red thread with a piece of gold one. 他们用一股金线和一股红线相间地编织。Tāmen yòng yìgǔ jīnxiàn hé yìgǔ hóngxiàn xiāngjiànde biānzhī. / Our feelings interwove. 我们的感情交织在一起。Wǒmende gǎnqíng jiāozhī zài yìqǐ.

intestate *a.* 未留遗嘱的 wèi liú yízhǔde

intestinal *a.* 肠的 chángde: ～ disorders 肠内失调 chángnèi shītiáo

intestine *n.* 肠 cháng

intimacy *n.* **1.** 亲密(关系) qīnmì (guānxì); 亲密言行 qīnmì yánxíng: exchanging intimacies with one's close friends 与自己的好友互相表示亲密 yǔ zìjǐde hǎoyǒu hùxiāng biǎoshì qīnmì **2.** 性行为 xìngxíngwéi ＊ of sex

intimate¹ *v.* 暗示 ànshì: He ～s to me that I should not smoke. 他暗示我别抽烟。Tā ànshì wǒ bié chōuyān.

intimate² *a.* **1.** 亲密的 qīnmìde; 亲近的 qīnjìnde: an ～ friend 亲密的朋友 qīnmìde péngyou **2.** 私人的 sīrénde; 个人的 gèrénde: ～ letters 私人

信件 sīrén xìnjiàn **3.** 与某人有性关系的 yǔ mǒurén yǒu xìng guānxìde: tobe ~ with sb. 与某人有性关系 yǔ mǒurén yǒu xìng guānxì **4.** 熟悉的 shúxīde: an ~ knowledge of life 熟悉的生活 shúxīde shēnghuó *n.* 密友 mìyǒu: an ~ of his 他的一位密友 tāde yíwèi mìyǒu // on ~ terms 关系密切的 guānxì mìqiède

intimidate *v.* 恫吓 dònghè; 胁迫 xiépò: ~ sb. into doing sth. 胁迫某人做某事 xiépò mǒurén zuò mǒushì

intimidation *n.* 恫吓 dònghè; 胁迫 xiépò

into *prep.* **1.** 到…里 dào…lǐ; 进 jìn; 入 rù: They came ~ the building. 他们走进那座楼里去了。Tāmen zǒujìn nàzuò lóuli qùle. / get ~ a temper 发脾气 fā píqi / inquire ~ a problem 深入研究一个问题 shēnrù yánjiū yíge wèntí **2.** 成 chéng; 为 wéi; 进入到 jìnrù dào: Translate the following sentence ~ Chinese. 把下列句子翻译成汉语。Bǎ xiàliè jùzi fānyì chéng Hànyǔ. / Divide the apple ~ two parts. 把这个苹果分成两半。Bǎ zhège píngguǒ fēnchéng liǎngbàn. / transform wasteland ~ fertile fields 变荒地为良田 biàn huāngdì wéi liángtián / He works far ~ the night every day. 他每天都工作到深夜。Tā měitiān dōu gōngzuò dào shēnyè. **3.** 除 chú: 2 ~ 10 is 5. 10除以2等于5。Shí chúyǐ èr děngyú wǔ.

intolerable *a.* 无法忍受的 wùfǎ rěnshòude: ~ pain 无法忍受的痛苦 wúfǎ rěnshòude tòngkǔ

intolerant *a.* 不容忍的 bù róngrěnde: be ~ of any opposition 不容任何反对意见 bùróng rènhé fǎnduì yìjian

intonation *n.* 语调 yǔdiào; 声调 shēngdiào

intone *v.* 吟诵(赞美诗、祈祷文) yínsòng (zànměishī、qídǎowén)

intoxicant *a.* 醉人的 zuìrénde *n.* 酒类饮料 jiǔlèi yǐnliào

intoxicate *v.* **1.** 使醉 shǐ zuì: He became ~d from wine. 他喝醉了酒。Tā hē zuìle jiǔ. **2.** 使陶醉 shǐ táozuì: The beautiful classical music ~s me. 优美的古典音乐使我陶醉。Yōuměide gǔdiǎn yīnyuè shǐ wǒ táozuì.

intra- *pref.* 在内 zàinèi

intractable *a.* 倔强的 juéjiàngde; 难管的 nánguǎnde: an ~ temper 倔强的脾气 juéjiàngde píqi / an ~ child 难管的孩子 nánguǎnde háizi

intramural *a.* 内部的 nèibùde: ~ courses at college 大学校内的课程 dàxué xiàonèide kèchéng

intransigent *a.* 不妥协的 bù tuǒxiéde

intransitive *a.* 不及物的 bù jíwùde：an ～ verb 不及物动词 bù jíwù dòngcí *n.* 不及物动词 bù jíwù dòngcí

intrauterine *a.* 子宫内的 zǐgōng nèide：an ～ device 子宫内避孕环 zǐgōng nèi bìyùnhuán

intravenous *a.* 静脉内的 jìngmài nèide：an ～ injection 静脉注射 jìngmài zhùshè

intrepid *a.* 无畏的 wúwèide；勇猛的 yǒngměngde：～ soldiers 勇猛的战士 yǒngměngde zhànshì

intricacy *n.* **1.** 错综复杂 cuòzōngfùzá * the quality or state of being intricate **2.** 错综复杂的事物 cùzōngfùzáde shìwù：the intricacies of the situation 错综复杂的形势 cuòzōngfùzáde xíngshì

intricate *a.* 错综复杂的 cuòzōngfùzáde：an ～ plot 复杂的情节 fùzáde qíngjié

intrigue *v.* **1.** 策划阴谋 cèhuà yīnmóu * to make a secret plan **2.** 引起…的兴趣 yǐnqǐ…de xìngqù：The technical reformation ～d workers. 这一技术革新引起了工人们的兴趣。Zhè yī jìshù géxīn yǐnqǐle gōngrénmende xìngqù. *n.* 阴谋 yīnmóu

intrinsic *a.* 固有的 gùyǒude；内在的 nèizàide；本质的 běnzhìde：～ value 内在的价值 nèizàide jiàzhí

introduce *v.* **1.** 介绍 jièshào：Allow me to ～ myself. 请允许我作一下自我介绍。Qǐng yǔnxǔ wǒ zuò yíxià zìwǒ jièshào. **2.** 引进 yǐnjìn；采用 cǎiyòng：When was tobacco ～d into China? 烟草何时传入中国的？Yāncǎo héshí chuánrù Zhōngguóde? / ～ new methods to solve the problems 采用新方法解决问题 cǎiyòng xīn fāngfǎ jiějué wèntí **3.** 提出 tíchū：He ～d a topic to the meeting. 他向会议提出了一个议题。Tā xiàng huìyì tíchūle yíge yìtí.

introduction *n.* **1.** 介绍 jièshào：a letter of ～ 介绍信 jièshàoxìn **2.** 引进 yǐnjìn；采用 cǎiyòng：～ of the new techniques 新技术的采用 xīn jìshùde cǎiyòng **3.** 引言 yǐnyán；导言 dǎoyán：There is a short ～ at the beginning of the book. 在此书的开始，有一短小的引言。Zài cǐ shūde kāishǐ yǒu yī duǎnxiǎode yǐnyán. **4.** 入门书 rùménshū：An I- to Classical Music《古典音乐入门》《Gǔdiǎn Yīnyuè Rùmén》

introductory *a.* 介绍的 jièshàode；引导的 yǐndàode：～ remarks 绪言

xùyán；开场白 kāichǎngbái

introspection *n.* 自省 zìxǐng；反省 fǎnxǐng

introspective *a.* 自省的 zìxǐngde；反省的 fǎnxǐngde

introvert *n.* 内向的人 nèixiàngde rén：He is an ～. He doesn't like to express his feelings to others. 他是个内向的人，他不喜欢向别人表达自己的情感。Tā shìge nèixiàngde rén，Tā bù xǐhuan xiàng biérén biǎodá zìjǐde qínggǎn.

introverted *a.* 内向的 nèixiàngde

intrude *v.* **1.** 强行引入 qiángxíng yǐnrù；强加 qiǎngjiā：He often ～s his views upon others. 他常常把自己的意见强加于人。Tā chángcháng bǎ zìjǐde yìjian qiǎngjiāyú rén. **2.** 闯入 chuǎngrù；打扰 dǎrǎo：～ upon sb.'s time 占用某人的时间 zhànyòng mǒurénde shíjiān / His coming ～d on the couple of young lovers. 他的到来打扰了这对年轻情侣。Tāde dàolái dǎrǎole zhèduì niánqīng qínglǚ.

intruder *n.* 入侵者 rùqīnzhě；闯入者 chuǎngrùzhě

intrusion *n.* 侵入 qīnrù；闯入 chuǎngrù；干扰 gānrǎo：His coming at 8 o'clock was an ～ on my work. 他八点来干扰了我的工作。Tā bādiǎn lái gānrǎole wǒde gōngzuò.

intrusive *a.* 侵入的 qīnrùde；闯入的 chuǎngrùde

intuit *v.* 直觉地感到 zhíjuéde gǎndào

intuition *n.* 直觉 zhíjué；直觉到的事情 zhíjué dàode shìqing：an ～ that he won't come 一种感到他不会来的直觉 yìzhǒng gǎndào tā búhuì láide zhíjué

intuitive *a.* 直觉的 zhíjuéde

intumescence *n.* 肿大 zhǒngdà；肿胀 zhǒngzhàng

inundate *v.* 淹没 yānmò；泛滥 fànlàn：I was ～d with requests for money. 大家都向我要钱。Dàjiā dōu xiàng wǒ yào qián. / My home was ～d with letters. 信件潮水般地涌向我的家。Xìnjiàn cháoshuǐ bānde yǒngxiàng wǒde jiā.

inundation *n.* **1.** 淹没 yānmò；泛滥 fànlàn **2.** 洪水 hóngshuǐ * flood

inure *v.* 使习惯于 shǐ xíguàn yú：He has been ～d to hard life. 他已经习惯了艰苦的生活。Tā yǐjīng xíguànle jiānkǔde shēnghuó.

invade *v.* **1.** 侵略 qīnlüè；侵入 qīnrù：～ other countries 侵略别国 qīnlüè biéguó **2.** 侵犯 qīnfàn：～ sb.'s rights 侵犯某人的权利 qīnfàn mǒurénde quánlì **3.** 涌入 yǒngrù：Holiday makers ～d the seaside in the summer months. 在夏季，度假的人们涌向海边。Zài xiàjì，dùjiàde rénmen yǒngxiàng hǎibiān.

invader *n.* 侵略者 qīnlüèzhě；入侵者 rùqīnzhě；侵犯者 qīnfànzhě

invalid[1] *a.* 无效的 wúxiàode：an ～ cheque 无效的支票 wúxiàode zhīpiào

invalid[2] *n.* 病人 bìngrén；病弱者 bìngruòzhě

invalidate *v.* 使无效 shǐ wúxiào

invalidism *n.* 病弱 bìngruò；伤残 shāngcán

invaluable *a.* 无价的 wújiàde；非常宝贵的 fēicháng bǎoguìde：an ～ treasure 无价之宝 wújià-zhībǎo / Thank you for your ～ help. 感谢你极宝贵的帮助。Gǎnxiè nǐ jí bǎoguìde bāngzhù.

invariable *a.* 不变的 búbiànde

invariably *ad.* 不变地 búbiànde；总是 zǒngshì：He goes to work invariably at 8 o'clock every day. 他每天总是八点上班。Tā měitiān zǒngshì bādiǎn shàngbān.

invasion *n.* **1.** 入侵 rùqīn；侵略 qīnlüè：cultural ～ 文化侵略 wénhuà qīnlüè **2.** 侵害 qīnhài：His action was an ～ of others' rights. 他的行为侵害了别人的权利。Tāde xíngwéi qīnhàile biérénde quánlì.

invective *n.* 抨击 pēngjī；痛骂 tòngmà：an article filled with ～ 充满抨击的文章 chōngmǎn pēngjīde wénzhāng

inveigh *v.* 猛烈抨击 měngliè pēngjī；痛骂 tòngmà

inveigle *v.* 诱骗 yòupiàn

invent *v.* **1.** 发明 fāmíng；创造 chuàngzào：The telephone was ～ed in 1876. 电话是在1876年发明的。Diànhuà shìzài yībāqīliùnián fāmíngde. **2.** 捏造 niēzào；虚构 xūgòu：～ a story 捏造事实 niēzào shìshí

invention *n.* **1.** 发明 fāmíng；创造 chuàngzào：the ～ of gunpower 火药的发明 huǒyàode fāmíng **2.** 发明物 fāmíngwù：The telephone was an ～ in 1876. 电话是在1876年发明的。Diànhuà shì zài yībāqīliùnián fāmíngde.

inventive *a.* 发明创造的 fāmíng chuàngzàode；有发明才能的 yǒu fāmíng cáinéngde：～ powers 发明创造的能力 fāmíng chuàngzàode nénglì

inventor *n.* 发明家 fāmíngjiā；发明人 fāmíngrén

inventory *n.* 详细目录 xiángxì mùlù；存货清单 cúnhuò qīngdān；存货 cúnhuò：a detailed ～ of all the jobs to be done 一张待办事项的详表 yìzhāng dàibàn shìxiàngde xiángbiǎo / ～ liquidating 减少存货 jiǎnshǎo cúnhuò *v.* 编详细目录 biān xiángxì mùlù；列存货清单 liè cúnhuò qīngdān

inverse *a.* & *n.* 相反(的) xiāngfǎn(de)；倒转(的) dàozhuǎn(de)：The ～ of 10 is $\frac{1}{10}$. 10 的倒数是$\frac{1}{10}$。Shíde dàoshù shì shífēnzhīyī. // in ～ relation 成反比 chéng fǎnbǐ

inversion *n.* 倒转 dàozhuǎn；倒置 dàozhì

invert *v.* 使颠倒 shǐ diāndǎo；倒置 dàozhì：～ a bowl 把碗倒放 bǎ wǎn dàofàng / ～ed commas 引号 yǐnhào

invertebrate *a.* 无脊椎的 wú jízhuīde *v.* 无脊椎动物 wú jízhuī dòngwù

invest *v.* **1.** 投资 tóuzī；投资于 tóuzīyú：He ～ed 100,000 dollars in a factory. 他在一家工厂投资了10万美元。Tā zài yìjiā gōngchǎng tóuzīle shíwàn Měiyuán. / He ～ed his savings in stocks. 他把积蓄投资于股票。Tā bǎ jīxù tóuzī yú gǔpiào. **2.** 买 mǎi：She ～ed in a new car. 她买了一辆新车。Tā mǎile yíliàng xīnchē.

investigate *v.* 调查 diàochá；研究 yánjiū：The policemen ～d the case. 警察调查了这一案件。Jǐngchá diàochále zhèyī ànjiàn.

investigator *n.* 调查者 diàocházhě

investiture *n.* 任职仪式 rènzhí yíshì；授权仪式 shòuquán yíshì

investment *n.* 投资 tóuzī；投资额 tóuzī'é；投资的对象 tóuzīde duìxiàng：an ～ trust 投资信托公司 tóuzī xìntuō gōngsī / He made an ～ of 100,000 dollars in a growing business. 他在一项发展得很好的事业上投资10万美元。Tā zài yíxiàng fāzhǎnde hěnhǎode shìyèshang tóuzī shíwàn Měiyuán.

inveterate *a.* 根深蒂固的 gēnshēn-dìgùde；积习很深的 jīxí hěnshēnde：an ～ liar 说谎成性的人 shuōhuǎngchéngxìngde rén / an ～ smoker 烟瘾很深的人 yānyǐn hěnshēnde rén

invidious *a.* 使人厌恶的 shǐ rén yànwùde；招嫉妒的 zhāo jídùde

invigilate *v.* 监考 jiānkǎo

invigilator *n.* 监考人 jiānkǎorén

invigorate *v.* 使精力充沛 shǐ jīnglì-chōngpèi；鼓舞 gǔwǔ

invincible *a.* 不可征服的 bùkě zhēngfúde；难以战胜的 nányǐ zhànshèngde：an ～ general 常胜将军 chángshèng jiāngjūn

inviolable *a.* 不可侵犯的 bùkě qīnfànde；不能违反的 bùnéng wéifǎnde：

～ rights 不可侵犯的权利 bùkě qīnfànde quánlì / an ～ promise 不容违背的诺言 bùróng wéibèide nuòyán

inviolate *a*. 不受侵犯的 búshòu qīnfànde

invisible *a*. **1**. 隐蔽的 yǐnbìde；看不见的 kànbujiànde：～ spectrum 不可见光谱 bùkějiàn guāngpǔ / Germs are ～ to the naked eye. 细菌肉眼看不见。Xìjūn ròuyǎn kànbujiàn. **2**. 无形的 wúxíngde；不列入帐目的 bú lièrù zhàngmùde：～ assets 帐外资产 zhàngwài zīchǎn

invitation *n*. **1**. 邀请 yāoqǐng：at the ～ of sb. 应某人邀请 yìng mǒurén yāoqǐng **2**. 请柬 qǐngjiǎn；请帖 qǐngtiě：Entrance by written ～ only. 凭请柬进入。Píng qǐngjiǎn jìnrù. **3**. 吸引 xīyǐn ＊ enticing

invite *v*. **1**. 邀请 yāoqǐng；请 qǐng：They ～d me to the cocktail party. 他们邀请我参加鸡尾酒会。Tāmen yāoqǐng wǒ cānjiā jīwěi jiǔhuì. / I ～d her to go to the movies. 我请她去看电影。Wǒ qǐng tā qùkàn diànyǐng. **2**. 请求 qǐngqiú；征求 zhēngqiú：I ～d their opinion of my paper. 我向他们征求对我的论文的意见。Wǒ xiàng tāmen zhēngqiú duì wǒde lùnwénde yìjian. **3**. 鼓励 gǔlì；吸引 xīyǐn：The seaside resort ～s people in the summer months. 夏季海滨胜地吸引着人们。Xiàjì hǎibīn shèngdì xīyǐnzhe rénmen.

inviting *a*. 吸引人的 xīyǐn rénde；诱人的 yòurénde：～ food 诱人的食品 yòurénde shípǐn

invocation *n*. **1**. 祈祷 qídǎo；祈求 qíqiú ＊ the act of invoking **2**. 祷文 dǎowén ＊ prayer

invoice *n*. 发票 fāpiào *v*. 给…开发票 gěi…kāi fāpiào

invoke *v*. **1**. 祈求（上帝）保祐 qíqiú Shàngdì bǎoyòu ＊ to God **2**. 恳求 kěnqiú：I ～d their help. 我请求他们帮助。Wǒ qǐngqiú tāmen bāngzhù. **3**. 引起 yǐnqǐ：～ new problems 引起新的问题 yǐnqǐ xīnde wèntí

involuntary *a*. 非自愿的 fēi zìyuànde；非故意的 fēi gùyìde：an ～ manslaughter 过失杀人 guòshī shārén

involve *v*. **1**. 使卷入 shǐ juǎnrù；拖累 tuōlèi：We were ～d in an argument. 我们卷入了一场争论。Wǒmen juǎnrùle yìchǎng zhēnglùn. / Don't ～ other people in your mistakes. 你犯了错误不要拖累别人。Nǐ fànle cuòwù búyào tuōlèi biérén. **2**. 包括 bāokuò；包含 bāohán：Building this road will ～ the construction of 5 bridges. 建这条路包括建5座桥。Jiàn zhètiáo lù bāokuò jiàn wǔzuò qiáo.

involved *a*. 1. 复杂的 fùzáde：～ problems 复杂的问题 fùzáde wèntí 2. 关系密切的 guānxì mìqiède：He's deeply ～ with her. 他和她关系十分密切。Tā hé tā guānxì shífēn mìqiè.

invulnerable *a*. 无法伤害的 wùfǎ shānghàide；无懈可击的 wúxiè-kějīde：～ arguments 无懈可击的论点 wúxiè-kějīde lùndiǎn

inward *a*. 1. 内部的 nèibùde；里面的 lǐmiànde：the ～ parts of the body 身体内部的器官 shēntǐ nèibùde qìguān 2. 向内的 xiàngnèide；进来的 jìnláide：～ correspondence 来信 láixìn 3. 内心的 nèixīnde：～ sadness 内心的悲伤 nèixīnde bēishāng

inwardness *n*. 灵性 língxìng * of the mind

inwards *ad*. 向内地 xiàngnèide：slope ～ 向内倾斜 xiàngnèi qīngxié

inwrought *a*. 织入的 zhīrùde；嵌有…的 qiànyǒu…de：shirts ～ with patterns 织有图案的衬衣 zhī yǒu tú'ànde chènyī

iodine，iodin *n*. 碘 diǎn

iodize，iodise *v*. 用碘处理 yòng diǎn chǔlǐ；使碘化 shǐ diǎnhuà

ion *n*. 离子 lízǐ：positive（negative）～ 正（负）离子 zhèng（fù）lízǐ

Ionic *a*. 爱奥尼亚人的 Ài'àoníyàrénde；爱奥尼亚式的 Ài'àoníyà shìde：the ～ dialect 爱奥尼亚方言 Ài'àoníyà fāngyán / an ～ pillar 爱奥尼亚式的柱子 Ài'àoníyà shìde zhùzi

ionize，ionise *v*. 使电离 shǐ diànlí

ionosphere *n*. 电离层 diànlícéng

iota *n*. 1. 希腊语的第九个字母（I，ι）Xīlàyǔde dì-jiǔge zìmǔ 2. 极少量 jí shǎoliàng：There is not an ～ of truth in that. 那里面没有一点儿真实性。Nà lǐmiàn méiyǒu yìdiǎnr zhēnshíxìng.

IOU *n*. 借据 jièjù：Write me your ～ for 100 dollars. 写一张你欠我100元的借据。Xiě yìzhāng nǐ qiàn wǒ yìbǎi yuánde jièjù.

IPA ＝ 1. International Phonetic Alphabet 国际音标 Guójì Yīnbiāo 2. International Phonetic Association 国际语音学协会 Guójì Yǔyīnxué Xiéhuì

ipso facto *ad*. 根据事实本身 gēnjù shìshí běnshēn

IQ ＝intelligence quotient 智商 zhìshāng：a high ～ 高智商 gāo zhìshāng

IRA ＝Irish Republican Army 爱尔兰共和军 Ài'ěrlán Gònghéjūn

Iranian *a*. 伊朗的 Yīlǎngde；伊朗人的 Yīlǎngrénde；波斯语的 Bōsīyǔde

irascible *a*. 易发怒的 yì fānùde：an ～ person 易发怒的人 yì fānùde rén

irate *a.* 发怒的 fānùde

IRC ＝International Red Cross 国际红十字会 Guójì Hóngshízìhuì

ire *n.* 怒火 nùhuǒ

iridescent *a.* 彩虹色的 cǎihóngsède；闪光的 shǎnguāngde：～ fabric 闪光织物 shǎnguāng zhīwù

iridium *n.* 铱 yī

iris *n.* **1.** 鸢尾花 yuānwěihuā ＊ a kind of flower **2.** 虹膜 hóngmó ＊ of eye

Irish *a.* 爱尔兰的 Ài'ěrlánde；爱尔兰人的 Ài'ěrlánrénde；爱尔兰语的 Ài'ěrlányǔde // ～ potato 白马铃薯 bái mǎlíngshǔ / ～ setter 爱尔兰赛特狗 Ài'ěrlán sàitègǒu / ～ stew 洋葱土豆炖肉 yángcōng tǔdòu dùn ròu

Irishman *n.* 爱尔兰人 Ài'ěrlánrén

irk *v.* 使恼火 shǐ nǎohuǒ；使厌烦 shǐ yànfán：It ～s me to wait for people who are late. 等候那些迟到的人使我恼火。Děnghòu nàxiē chídàode rén shǐwǒ nǎohuǒ. / It ～s me to stay at home. 呆在家里使我感到厌烦。Dāi zài jiāli shǐ wǒ gǎndào yànfán.

irksome *a.* 使人厌烦的 shǐ rén yànfánde；使人恼火的 shǐ rén nǎohuǒde

iron *n.* **1.** 铁 tiě：pig（wrought）～ 生（熟）铁 shēng（shú）tiě **2.** 熨斗 yùndǒu；烙铁 làotie：an electric ～ 电熨斗 diànyùndǒu / an electric soldering 电烙铁 diàn làotie **3.** 坚强 jiānqiáng：an ～ will 坚强的意志 jiānqiángde yìzhì *v.* 熨平 yùnpíng；烫平 tàngpíng：Your shirt is already ～ed. 你的衬衫已经烫好了。Nǐde chènshān yǐjīng tànghǎole. / I've been ～ing all day. 我已经烫了一整天衣服了。Wǒ yǐjīng tàngle yìzhěngtiān yīfule. // Strike while the ～ is hot. 趁热打铁。Chènrè-dǎtiě. / the I- Age 铁器时代 tiěqì shídài / The ～ enters（into）his soul. 他心如刀割。Tā xīnrú-dāogē. / ～ foundry 铸铁厂 zhùtiěchǎng / ～ out **1.** 解决 jiějué：to ～ out the difficulties 解决困难 jiějué kùnnan **2.** 熨平 yùnpíng：She ～ed out the wrinkles in her dress. 她熨平了衣服上的褶皱。Tā yùnpíngle yīfushangde zhězhòu.

ironfisted *a.* 铁拳的 tiěquánde；吝啬的 lìnsède ＝ stingy

irongrey *a.* 铁灰色的 tiěhuīsède：an ～ shirt 铁灰色的衬衫 tiěhuīsède chènshān

ironic *a.* 冷嘲的 lěngcháode；讽刺的 fěngcìde：～ remarks 讽刺的话 fěngcìdehuà / smiled ～ally 讽刺地一笑 fěngcìde yíxiào

ironing *n.* 熨平的衣物 yùnpíngde yīwù；要烫的衣物 yào tàngde yīwù ＊

to be made smooth // ～ board 烫衣板 tàngyībǎn

ironmonger *n.* 铁器商 tiěqìshāng；五金商 wǔjīnshāng

ironmongery *n.* 五金制品 wǔjīn zhìpǐn

irons *n.* 镣铐 liàokào

ironstone *n.* 含铁矿石 hántiě kuàngshí；矿石 kuàngshí

ironware *n.* 铁器 tiěqì；五金制品 wǔjīn zhìpǐn

ironwork *n.* 铁制品 tiězhìpǐn

ironworks *n.* 钢铁厂 gāngtiěchǎng

irony *n.* 讽刺 fěngcì；反话 fǎnhuà；嘲弄 cháonòng：an ～ of fate 命运的嘲弄 mìngyùnde cháonòng

irradiate *v.* **1.** 照射 zhàoshè；使发光 shǐ fāguāng：Their faces were ～d by happiness. 他们的脸因快乐而发光。Tāmende liǎn yīn kuàilè ér fāguāng. **2.** 用放射线照射 yòng fàngshèxiàn zhàoshè * with X-rays

irrational *a.* **1.** 无推理能力的 wú tuīlǐ nénglìde * incapable of reasoning **2.** 不合理的 bù hélǐde：change ～ rules and regulations 改革不合理的规章制度 gǎigé bù hélǐde guīzhāng zhìdù

irreconcilable *a.* 不能和解的 bùnéng héjiěde；不能相容的 bùnéng xiāngróngde

irrecoverable *a.* 不能挽回的 bùnéng wǎnhuíde；不能恢复的 bùnéng huīfùde

irredeemable *a.* **1.** 不能兑换成现款的 bùnéng duìhuàn chéng xiànkuǎnde * that cannot be exchanged for money **2.** 无法挽回的 wúfǎ wǎnhuíde；无法恢复的 wúfǎ huīfùde：an ～ loss 无法挽回的损失 wúfǎ wǎnhuíde sǔnshī

irreducible *a.* 不能缩小的 bùnéng suōxiǎode；不能简化的 bùnéng jiǎnhuàde

irrefutable *a.* 无可辨驳的 wúkě biànbóde：an ～ fact 无可辩驳的事实 wúkě biànbóde shìshí

irregular *a.* **1.** 不规则的 bù guīzéde；无规律的 wú guīlǜde：an ～ verb 不规则动词 bù guīzé dòngcí **2.** 不整齐的 bù zhěngqíde：Her teeth are ～. 她的牙齿不整齐。Tāde yáchǐ bù zhěngqí. **3.** 不合常规的 bùhé chángguīde；不正当的 bú zhèngdàngde：～ conduct 不正当行为 bú zhèngdàng xíngwéi *n.* 非正规兵 fēi zhèngguībīng

irregularity *n.* **1.** 不规则 bù guīzé；不整齐 bù zhěngqí **2.** 违反规定的事

wéifǎn guīdìngde shì；不正当的行为 bú zhèngdàngde xíngwéi：Certain irregularities were found in the report，making it seem that someone had taken money for himself. 报告透露了某些违反规定的事，让人觉得有人从中牟利。Bàogào tòulòule mǒuxiē wéifǎn guīdìngde shì，ràng rén juéde yǒu rén cóngzhōng móulì.

irrelevance，irrelevancy *n.* 不相干 bùxiānggān；无关联 wúguānlián

irrelevant *a.* 不相关的 bùxiāngguānde；离题的 lítíde：an ～ remark 不相关的话 bù xiāngguānde huà

irreligious *a.* 反对宗教的 fǎnduì zōngjiàode；不信宗教的 búxìn zōngjiàode

irremediable *a.* 不能医治的 bùnéng yīzhìde；不能改正的 bùnéng gǎizhèngde：get an ～ disease 得了不治之症 déle búzhì-zhīzhèng

irremovable *a.* 不能移动的 bùnéng yídòngde；不能撤免的 bùnéng chèmiǎnde * from an official position

irreparable *a.* 不能弥补的 bùnéng míbǔde；不能修复的 bùnéng xiūfùde：an ～ loss 不能弥补的损失 bùnéng míbǔde sǔnshī

irreplaceable *a.* 不能代替的 bùnéng dàitìde

irrepressible *a.* 不能压抑的 bùnéng yāyìde：～ feelings 不能压抑的感情 bùnéng yāyìde gǎnqíng

irreproachable *a.* 无可指责的 wúkě zhǐzéde；无过失的 wú guòshīde：an ～ manner 无可指责的举动 wúkě zhǐzéde jǔdòng

irresistible *a.* 无法抗拒的 wúfǎ kàngjùde；不可抵抗的 bùkě dǐkàngde：an ～ force 无法抗拒的力量 wúfǎ kàngjùde lìliang / an ～ historical trend 不可阻挡的历史潮流 bùkě zǔdǎngde lìshǐ cháoliú

irresolute *a.* 无决断力的 wú juéduànlìde；优柔寡断的 yōuróu-guǎduànde：an ～ person 优柔寡断的人 yōuróu-guǎduànde rén

irrespective *a.* 不考虑的 bù kǎolǜde；不顾的 búgùde：He has been keeping these newspapers，～ of whether it's useful or not. 不管有用没用，他一直保留着这些报纸。Bùguǎn yǒuyòng méiyòng，tā yìzhí bǎoliúzhe zhèxiē bàozhǐ. / ～ of consequences 不顾后果 búgù hòuguǒ

irresponsible *a.* 不负责任的 bú fùzérènde：He is ～ for what he has said. 他对自己说过的话不负责任。Tā duì zìjǐ shuōguode huà bú fùzérèn.

irretrievable *a.* 不能恢复的 bùnéng huīfùde；无法挽回的 wúfǎ wǎnhuíde

irreverent *a.* 不尊敬的 bù zūnjìngde；不虔诚的 bù qiánchéngde

irreversible *a.* 不可逆的 bù kěnìde；不可改变的 bùkě gǎibiànde：～ reaction 不可逆反应 bùkěnì fǎnyìng

irrevocable *a.* 不能改变的 bùnéng gǎibiànde：an ～ decision 不能改变的决定 bùnéng gǎibiànde juédìng

irrigate *v.* **1.** 灌溉 guàngài：～ farmland 灌溉农田 guàngài nóngtián **2.** 冲洗（伤口）chōngxǐ（shāngkǒu）：The doctor ～d his wound. 医生为他冲洗伤口。Yīshēng wèi tā chōngxǐ shāngkǒu. // irrigation *n.*

irritable *a.* **1.** 易怒的 yìnùde * tending to get angry **2.** 易激动的 yì jīdòngde；过敏性的 guòmǐnxìngde：～ weakness 过敏性虚弱 guòmǐnxìng xūruò

irritant *n.* 刺激物 cìjīwù *a.* 刺激(性)的 cìjī(xìng)de

irritate *v.* **1.** 激怒 jīnù：He was ～d at her inhospitality. 他因受到她的冷遇而被激怒。Tā yīn shòudào tāde lěngyù ér bèi jīnù. **2.** 刺激 cìjī：What he saw just a moment ago deeply ～d him. 他刚才看到的一切深深地刺激了他。Tā gāngcái kàndàode yíqiè shēnshēnde cìjīle tā. **3.** 使疼痛 shǐ téngtòng：Rough material ～s the skin. 粗糙的衣料擦痛皮肤。Cūcāode yīliào cātòng pífū.

irritation *n.* **1.** 激怒 jīnù **2.** 刺激 cìjī **3.** 疼痛 téngtòng：a skin ～ 皮肤疼痛 pífū téngtòng

irruption *n.* 突然冲入 tūrán chōngrù；闯进 chuǎngjìn：a violent ～ of criminals into the bank 罪犯们突然闯进银行 zuìfànmen tūrán chuǎngjìn yínháng；爆发 bàofā

is 是 shì：I am a teacher，he ～ a student. 我是老师，他是学生。Wǒ shì lǎoshī，tā shì xuésheng.

Islam *n.* **1.** 伊斯兰教 Yīsīlánjiào * the Muslim religion **2.** 伊斯兰教徒 Yīsīlán jiàotú；穆斯林 Mùsīlín * those with the Muslim faith // ～ic *a.*

island *n.* 岛 dǎo；岛屿 dǎoyǔ：a coral ～ 珊瑚岛 shānhúdǎo / a safety ～ 安全岛 ānquándǎo // the I-s of the Blessed 西方极乐世界 Xīfāng Jílè Shìjiè

islander *n.* 岛民 dǎomín

isle *n.* 岛 dǎo：the British I-s 不列颠群岛 Búlièdiānqúndǎo

islet *n.* 小岛 xiǎodǎo

ism *n.* 主义 zhǔyì；学说 xuéshuō / [-ism] 表示"主义" biǎoshì "zhǔyì"：capital～ 资本主义 zīběnzhǔyì

isobar *n.* 等压线 děngyāxiàn

isolate *v.* **1.** 使孤立 shǐ gūlì：an ～d farmhouse 孤立的农舍 gūlìde nóngshè **2.** 隔离 gélí：People with contagious diseases should be ～d. 传染病人应该隔离。Chuánrǎnbìngrén yīnggāi gélí. **3.** 分离 fēnlí：They have ～d the bacterium in its pure form. 他们已将细菌的纯净体分离出来。Tāmen yǐjiāng xìjūnde chúnjìngtǐ fēnlí chūlái.

isolation *n.* 孤立 gūlì；隔离 gélí：an ～ ward 隔离病房 gélí bìngfáng

isolationism *n.* 孤立主义 gūlìzhǔyì

isosceles *a.* 等腰的 děngyāode；等边的 děngbiānde：～ triangle 等腰三角形 děngyāo sānjiǎoxíng

isotherm *n.* 等温线 děngwēnxiàn；恒温线 héngwēnxiàn

isotope *n.* 同位素 tóngwèisù

Israeli *a.* 以色列的 Yǐsèliède *n.* 以色列人 Yǐsèlièrén

issue *n.* **1.** 流出 liúchū；冒出 màochū：an ～ of blood from the nose 鼻子流血 bízi liúxiě **2.** 流出物 liúchūwù：a daily ～ of milk to children 每日供给孩子的牛奶 měirì gōngjǐ háizide niúnǎi **3.** 发行 fāxíng；出版 chūbǎn：monetary ～ 货币发行 huòbì fāxíng **4.** 发行物 fāxíngwù：a new ～ of stamps 新发行的一套邮票 xīn fāxíngde yítào yóupiào / today's ～ of newspaper 今天发行的报纸 jīntiān fāxíngde bàozhǐ **5.** 问题 wèntí；争端 zhēngduān：women's ～s 妇女问题 fùnǚ wèntí **6.** 子女 zǐnǚ；后嗣 hòusì：die without ～ 死后无子女 sǐhòu wú zǐnǚ **7.** 结果 jiéguǒ：to hope for a good ～ 期望好结果 qīwàng hǎo jiéguǒ *v.* **1.** 流出 liúchū；出(来) chū(lái)：Blood ～d from the cut. 血从伤口流出。Xiě cóng shāngkǒu liúchū. **2.** 发行 fāxíng；发布 fābù：This magazine is ～d every month. 这种杂志每月出一期。Zhèzhǒng zázhì měiyuè chū yìqī. **3.** 发给 fāgěi：～d soldiers with guns 把枪支发给士兵 bǎ qiāngzhī fāgěi shìbīng **4.** 由…产生 yóu … chǎnshēng；造成 zàochéng：His difficulties ～ from his lack of knowledge. 由于知识不足，他感到困难。Yóuyú zhīshi bùzú, tā gǎndào kùnnan. / The oversight ～d in heavy losses. 疏忽造成了重大损失。Shūhu zàochéngle zhòngdà sǔnshī. // at ～ 在争论中 zài zhēnglùnzhōng：the point at ～ 争论点 zhēnglùndiǎn / take ～ with 与…争论 yǔ … zhēnglùn

isthmus *n.* 地峡 dìxiá

it *pron.* **1.** 它 tā；这 zhè；那 nà："Whose pen is this?" "It's mine." "这是谁的钢笔?" "那是我的。" "Zhèshì shuíde gāngbǐ?" "Nàshì wǒde." /

"Who is ～?" "It's me." "谁啊?" "是我。" "Shuí'a?" "Shì wǒ." / Beauty is everywhere and ～ makes us happy. 美到处都在，它使我们快乐。Měi dàochù dōuzài, tā shǐ wǒmen kuàilè. **2.** 〔表示时间、天气、距离等〕〔biǎoshì shíjiān、tiānqì、jùlí děng〕* about time, weather, distance, etc.: It's eight o'clock. 八点了。Bā diǎnle. / It's very hot. 天很热。Tiān hěnrè. / It's not far from my college to the suburb. 从我的大学到郊区不远。Cóng wǒde dàxué dào jiāoqū bùyuǎn. **3.** 〔作先行代词，引导后面的短语或从句〕〔zuò xiānxíng dàicí, yǐndǎo hòumiande duǎnyǔ huò cóngjù〕: It's very important to practise more. 多练习很重要。Duō liànxí hěn zhòngyào. / I- cost 100 dollars to get the watch. 买这块表花了100元。Mǎi zhèkuài biǎo huāle yìbǎi yuán. / I- seems (that) she lost her way. 似乎她迷路了。Sìhū tā mílùle. **4.** 〔作先行词，表示强调〕〔zuò xiānxíngcí, biǎoshì qiángdiào〕: I- was the wallet that I lost yesterday. 这就是我昨天丢的那个钱包。Zhè jiùshì wǒ zuótiān diūde nàge qiánbāo. / I- was here that I first met her. 我初次与她见面就在这儿。Wǒ chūcì yǔ tā jiànmiàn jiù zài zhèr. *n.* **1.** 重要人物 zhòngyào rénwù: He thinks he is ～. 他以为他很重要。Tā yǐwéi tā hěn zhòngyào. **2.** 关键 guānjiàn; 要点 yàodiǎn: I know this is ～——we have to solve this problem first. 我知道关键就在这儿——我们必须首先解决这个问题。Wǒ zhīdao guānjiàn jiù zài zhèr——wǒmen bìxū shǒuxiān jiějué zhège wèntí. **3.** 性感 xìnggǎn: the ～ girl 这个性感女郎 zhège xìnggǎn nǚláng // Go ～! 加油! Jiāyóu! / have had ～ 没希望了 méi xīwàngle: I'm afraid we've had ～: the train left 10 minutes ago. 恐怕我们没希望了，火车10分钟前就开走了。Kǒngpà wǒmen méi xīwàngle, huǒchē shífēnzhōng qián jiù kāizǒule. / have what ～ takes 具备成功的必要条件 jùbèi chénggōngde bìyào tiáojiàn / That's ～. **1.** 完了 wánle * That's complete. **2.** 对啦 duìla * That's right.

Italian *a.* 意大利的 Yìdàlìde; 意大利人的 Yìdàlìrénde; 意大利语的 Yìdàlìyǔde *n.* 意大利人 Yìdàlìrén; 意大利语 Yìdàlìyǔ

italic *a.* 斜体的 xiétǐde *n.* 斜体字 xiétǐzì: This sentence is printed in ～s. 这个句子是用斜体字印刷的。Zhège jùzi shì yòng xiétǐzì yìnshuāde.

italicize, italicise *v.* 用斜体字印刷 yòng xiétǐzì yìnshuā

Italo- *comb. form* **1.** 意大利的 Yìdàlìde **2.** 意大利与…的 Yìdàlì yǔ … de: ～Chinese joint ventures 意中合资企业 Yì-Zhōng hézī qǐyè

itch *v.* **1.** 发痒 fāyǎng；痒 yǎng：I ～ all over. 我浑身发痒。Wǒ húnshēn fāyǎng. / My mosquito bites are still ～ing. 蚊子咬我的地方还痒。Wénzi yǎo wǒde dìfang hái yǎng. **2.** 渴望 kěwàng：I am ～ing for that book. 我渴望得到那本书。Wǒ kěwàng dédào nàběn shū. *n.* **1.** 痒 yǎng：have the ～ 发痒 fāyǎng；长疥疮 zhǎng jièchuāng **2.** 渴望 kěwàng：I have an ～ for being a journalist. 我很想做个记者。Wǒ hěn xiǎng zuòge jìzhě.

itchy *a.* 痒的 yǎngde；感到痒的 gǎndào yǎngde：rough ～ woollen socks 使皮肤发痒的粗羊毛袜 shǐ pífū fāyǎngde cū yángmáowà

item *n.* **1.** 项目 xiàngmù；条款 tiáokuǎn：an export ～ 出口项目 chūkǒu xiàngmù **2.** 一则新闻 yìzé xīnwén：local ～s 当地新闻 dāngdì xīnwén *ad.* 另外 lìngwài；又 yòu

itemize, itemise *v.* 详细列举 xiángxì lièjǔ

itinerant *a.* 巡回的 xúnhuíde；流动的 liúdòngde：an ～ theatrical troupe 巡回剧团 xúnhuí jùtuán

itinerary *n.* 旅行路线 lǚxíng lùxiàn：We haven't decided our ～. 我们还没决定旅行路线。Wǒmen hái méi juédìng lǚxíng lùxiàn.

ITO ＝International Trade Organization 国际贸易组织 Guójì Màoyì Zǔzhī

its *a.* 它的 tāde：The monkey scratched ～ ears. 那只猴子抓了抓它的耳朵。Nàzhī hóuzi zhuālezhuā tāde ěrduo.

itself *pron.* **1.** 它自己 tā zìjǐ：The baby was soon ～ again. 婴孩儿很快就痊愈了。Yīngháir hěnkuài jiù quányùle. **2.** 自身 zìshēn；本身 běnshēn：The land ～ is worth the money, without the house. 不包括那所房子，光是那土地本身就值这么些钱。Bù bāokuò nàsuǒ fángzi，guāngshì nà tǔdì běnshēn jiù zhí zhèmexiē qián. // by ～ 单独地 dāndúde：Put the book by ～. 把这本书单独放开。Bǎ zhèběn shū dāndú fàngkāi. / in ～ 本身 běnshēn；实质上 shízhìshang

itsybitsy *a.* 微小的 wēixiǎode

ivied *a.* 爬满常春藤的 pámǎn chángchūnténgde：an ～ wall 爬满常春藤的墙 pámǎn chángchūnténgde qiáng

ivory *n.* **1.** 象牙 xiàngyá：artificial ～ 人造象牙 rénzào xiàngyá **2.** 象牙色 xiàngyásè；乳白色 rǔbáisè ＊ the color // ～ tower 象牙塔 xiàngyátǎ // tickle the ivories 弹钢琴 tán gāngqín

ivy *n.* 常春藤 chángchūnténg

J

jab *v*. **1**. 刺 cì；戳 chuō ∗ with pointed object (needle, finger, knife) **2**. 捅 tǒng ∗ with stick, knife or gun *n*. 猛刺 měngcì；猛戳 měngchuō；猛击 měngjī：receive a ～ in the arm 在臂上打针 zài bìshang dǎzhēn ∗ slang

jabber *v*. 急而不清楚地说 jí ér bù qīngchude shuō：He ～ed the words in what seemed a foreign language. 他叽哩咕噜地好像在说外国话。Tā jīli-gūlūde hǎoxiàng zài shuō wàiguóhuà. *n*. 喋喋不休 diédié-bùxiū

jack *n*. 起重器 qǐzhòngqì；千斤顶 qiānjīndǐng *v*. 顶起 dǐngqǐ：～ up a car 把汽车顶起 bǎ qìchē dǐngqǐ

jackal *n*. **1**. 豺 chái **2**. 走狗 zǒugǒu；爪牙 zhǎoyá：～s of the same lair 一丘之貉 yìqiū-zhīhé / play the ～ to the tiger 为虎作伥 wèihǔ-zuòchāng

jackass *n*. **1**. 公驴 gōnglǘ **2**. 傻瓜 shǎguā

jackboot *n*. 过膝长统靴 guòxī chángtǒngxuē

jackdaw *n*. 寒鸦 hányā；穴鸟 xuéniǎo

jacket *n*. **1**. 短上衣 duǎnshàngyī；夹克 jiākè **2**. 套 tào ∗ machines：cylinder ～ 气缸套 qìgāngtào **3**. 皮 pí = skin (of a potato) **4**. 书皮 shūpí = loose paper serving as a cover to protect a book

jack-knife *n*. 大折刀 dàzhédāo

jack-o'-lantern *n*. **1**. 鬼火 guǐhuǒ **2**. 南瓜灯笼 nánguā dēnglong

jade[1] *n*. **1**. 玉 yù；翡翠 fěicuì **2**. 翡翠色 fěicuìsè ∗ color

jade[2] *n*. **1**. 老马 lǎomǎ **2**. 女人 nǚrén ∗ playful

jaded *a*. 精疲力竭的 jīngpí-lìjiéde

jagged *a*. 参差不齐的 cēncī-bùqíde；锯齿状的 jùchǐzhuàngde

jaguar *n*. 美洲虎 Měizhōuhǔ

jail *n*. 监狱 jiānyù *v*. 使…坐牢 shǐ…zuòláo

jam[1] *v*. **1**. 压紧 yājǐn；夹住 jiāzhù：a ship ～med in the ice 夹在冰中的船 jiāzài bīngzhōngde chuán / ～ med one's finger in a door 手指夹在门缝里 shǒuzhǐ jiāzài ménfèngli **2**. 塞进 sāijìn；挤进 jǐjìn：He ～med his clothes into a small suitcase. 他把衣服塞进一只小箱子里 Tā bǎ yīfu sāijìn yìzhī xiǎoxiāngzili. **3**. 挤满 jǐmǎn：The bus was ～med full. 公共汽车挤得满满的。Gōnggòng qìchē jǐde mǎnmǎnde. **4**. 轧住 yàzhù；刹住

shāzhù: He ~med the brakes on. 他刹住了车。Tā shā zhùle chē. **5.** 发生故障 fāshēng gùzhàng * part of a machine that doesn't work *n.* **1.** 堵塞 dǔsè: a traffic ~ 交通堵塞 jiāotōng dǔsè **2.** 窘境 jiǒngjìng: be in a ~ 陷入困境 xiànrù kùnjìng

jam² *n.* 果酱 guǒjiàng: strawberry ~ 草莓酱 cǎoméijiàng

jamb *n.* 门窗边框 ménchuāng biānkuàng

jamboree *n.* 喧闹的聚会 xuānnàode jùhuì; 大喝大闹 dàhē dànào

jammy *a.* **1.** 涂着果酱的 túzhe guǒjiàngde **2.** 好运的 hǎoyùnde: You ~ fellow! Why can't I ever win as much money as that? 你真走运! 我怎么老赢不了那么多钱? Nǐ zhēn zǒuyùn! Wǒ zěnme lǎo yíngbuliǎo nàmeduō qián?

jangle *v.* **1.** 发出刺耳的声音 fāchū cì'ěrde shēngyīn: He ~s the bell. 他乱敲钟。Tā luàn qiāo zhōng. **2.** 大声吵架 dàshēng chǎojià

janitor *n.* 房屋管理员 fángwū guǎnlǐyuán; 看门人 kānménrén

January *n.* 一月 Yīyuè

japan *n.* 亮漆 liàngqī; 日本漆 rìběnqī

Japanese *n.* 日本人 Rìběnrén * the people of Japan; 日语 Rìyǔ * the language *a.* 日语的 rìyǔde * of the language; 日本的 Rìběnde * of the country.

jar¹ *n.* **1.** 罐子 guànzi; 坛子 tánzi; 广口瓶 guǎngkǒupíng **2.** 一瓶之量 yìpíng zhīliàng: two ~s of fish paste 两瓶鱼酱 liǎngpíng yújiàng

jar² *v.* **1.** 发出刺耳声 fāchū cì'ěrshēng **2.** 使人产生不愉快的感觉 shǐ rén chǎnshēng bù yúkuàide gǎnjué: His singing really ~s my nerves. 他的歌声确实使我的神经受到刺激。Tāde gēshēng quèshí shǐ wǒde shénjīng shòudào cìjī. **3.** 冲突 chōngtū; 不和谐 bùhéxié: His opinions ~ with mine. 他的意见和我的不一致。Tāde yìjian hé wǒde bù yízhì. / ~ring colors 不和谐的颜色 bù héxiéde yánsè *n.* **1.** 刺耳声 cì'ěrshēng **2.** 震惊 zhènjīng: The bad news gave me a ~. 噩耗使我震惊。Èhào shǐ wǒ zhènjīng. **3.** 不和 bùhé

jargon *n.* 隐语 yǐnyǔ; 行话 hánghuà; 切口 qièkǒu: medical ~ 医学用语 yīxué yòngyǔ

jasmin *n.* 茉莉 mòlì; 素馨 sùxīn: ~ tea 茉莉花茶 mòlì-huāchá

jasper *n.* 碧玉 bìyù

jato *n.* 助飞器 zhùfēiqì；起飞加速器 qǐfēi jiāsùqì

jaundice *n.* 黄疸病 huángdǎnbìng *v.* **1.** 使患黄疸病 shǐ huàn huángdǎnbìng **2.** 使妒忌 shǐ dùjì；使有偏见 shǐ yǒu piānjiàn：a ～d opinion 偏见 piānjiàn

jaunt *n.* 短途游览 duǎntú yóulǎn *v.* 作短途旅游 zuò duǎntú lǚyóu

jaunty *a.* 扬扬得意的 yángyáng déyìde；愉快的 yúkuàide；满足的 mǎnzúde：a ～ person 愉快的人 yúkuàide rén

Javanese *n.* 爪哇人 Zhǎowārén；爪哇语 Zhǎowāyǔ

javelin *n.* 标枪 biāoqiāng：a ～ thrower 标枪运动员 biāoqiāng yùndòngyuán

jaw *n.* **1.** 颌 hé；颚 è：the upper / lower ～ 上/下颚 shàng/xià'è **2.** 下巴 xiàba；嘴巴 zuǐba **3.** [～s]危险的境遇 wēixiǎnde jìngyù * fig：the ～s of death 鬼门关 guǐménguān *v.* 唠叨 láodao

jawbone *n.* 颌骨 hégǔ；颚骨 ègǔ

jay *n.* 樫鸟 jiānniǎo

jazz *n.* 爵士音乐 juéshì yīnyuè *v.* 演奏或安排爵士乐 yǎnzòu huò ānpái juéshìyuè

jazz up *v.* **1.** 使活泼或有趣 shǐ huópo huò yǒuqù **2.** 以鲜艳颜色装饰 yǐ xiānyàn yánsè zhuāngshì

jazzy *a.* **1.** 爵士音乐的 juéshì yīnyuède **2.** 鲜明的 xiānmíngde：a very ～ dress 非常花哨的衣服 fēicháng huāshaode yīfu

jealous *a.* **1.** 妒忌的 dùjìde：He was a ～ husband. 他是个爱吃醋的丈夫。Tā shìge ài chīcùde zhàngfu. **2.** 注意的 zhùyìde；小心翼翼的 xiǎoxīnyìyìde：be ～ of one's rights 珍惜自己的权利 zhēnxī zìjǐde quánlì

jealousy *n.* **1.** 妒忌 dùjì：rouse his ～ 引起他的妒忌 yǐnqǐ tāde dùjì **2.** 警惕 jǐngtì

jeans *n.* 牛仔裤 niúzǎikù；斜纹布的工装裤 xiéwénbùde gōngzhuāngkù

jeep *n.* 吉普车 jípǔchē

jeer *v.* 嘲笑 cháoxiào；嘲弄 cháonòng：～ at a person 嘲笑某人 cháoxiào mǒurén *n.* 讥笑的言语 jīxiàode yányǔ

jejune *a.* **1.** 贫乏的 pínfáde：a ～ diet 缺乏营养的食物 quēfá yíngyǎngde shíwù **2.** 枯燥无味的 kūzào wúwèide；空洞的 kōngdòngde：a ～ story 枯燥无味的故事 kūzào wúwèide gùshi **3.** 不成熟的 bù chéngshúde；幼稚的 yòuzhìde

jelly *n.* 冻 dòng；果冻 guǒdòng：apple ～ 苹果冻 píngguǒdòng *v.* 结冻 jiédòng；凝结 níngjié

jelly-fish *n.* 水母 shuǐmǔ；海蜇 hǎizhé

jemmy *n.* 撬门窗用的铁棒 qiào ménchuāng yòngde tiěbàng *v.* 用铁棒撬开 yòngtiěbàng qiàokāi：The thief jemmied open the window. 那小偷撬开窗子。Nà xiǎotōu qiàokāi chuāngzi.

jenny *n.* **1.** 纺纱机 fǎngshājī **2.** 起重机 qǐzhòngjī

jeopardize *v.* 危害 wēihài；使陷险境 shǐ xiàn xiǎnjìng：～ one's life 冒生命危险 mào shēngmìng wēixiǎn

jeopardy *n.* 危险 wēixiǎn：The success of our plan is in ～. 我们的计划面临失败的危险。Wǒmende jìhuà miànlín shībàide wēixiǎn. / be in ～ 处于危险中 chǔyú wēixiǎn zhōng

jerk *v.* **1.** 猛拉(推、扭、扔) měnglā (tuī、niǔ、rēng)：～ a rope 把绳子猛地一拉 bǎ shéngzi měngde yìlā **2.** 急促 jícù；断续地说 duànxùde shuō：Don't ～ out your words. 别这么断断续续地说话。Bié zhème duànduan-xùxùde shuōhuà. **3.** 颠簸地行进 diānbǒde xíngjìn：The bus ～ed along. 汽车在颠簸中行进。Qìchē zài diānbǒ zhōng xíngjìn. *n.* 急动 jídòng；急停 jítíng

jerky *a.* **1.** 急动的 jídòngde；急拉的 jílāde **2.** 结结巴巴的 jiējie-bābāde * in speaking **3.** 愚蠢的 yúchǔnde * foolish

jerry-built *v.* 偷工减料地建筑 dōugōng jiǎnliàode jiànzhù

jersey *n.* 毛织紧身上衣 máozhī jǐnshēn shàngyī；运动衫 yùndòngshān

jest *n.* **1.** 笑话 xiàohua；玩笑 wánxiào：say in ～ 说着玩儿 shuōzhe wánr **2.** 笑柄 xiàobǐng；笑料 xiàoliào * the object of a joke *v.* 嘲笑 cháoxiào；开玩笑 kāiwánxiào * to make a joke

jester *n.* 爱开玩笑的人 ài kāi wánxiàode rén；弄臣 nòngchén * in the Middle Ages

jesting *a.* 滑稽的 huájīde；好笑的 hǎoxiàode：a ～ remark 逗趣的话 dòuqùde huà

Jesus *n.* 耶稣 Yēsū

jet[1] *n.* **1.** 喷射 pēnshè * stream of water, gas etc.：～ engine 喷气式发动机 pēnqìshì fādòngjī **2.** 喷射口 pēnshèkǒu：put a match to the gas ～ to light the gas 把火柴放在煤气炉嘴上来点燃煤气 bǎ huǒchái fàngzài méiqìlú zuǐshang lái diǎnrán méiqì *v.* **1.** 喷出 pēnchū；喷射 pēnshè：

The water ~ted out. 水喷了出来。Shuǐ pēnle chūlái. **2.** 乘喷气式飞机飞行 chéng pēnqìshì fēijī fēixíng // ~ liner 喷气式客机 pēnqìshì kèjī / ~ plane (aircraft) 喷气式飞机 pēnqìshì fēijī / ~ set 常乘喷气式飞机的阶层 cháng chéng pēnqìshì fēijīde jiēcéng

jet² *n.* 黑色大理石 hēisè dàlǐshí

jettison *v.* **1.** 把货物抛出船外 bǎ huòwù pāochū chuán wài **2.** 抛弃 pāoqì；丢弃 diūqì

jetty *n.* **1.** 防波堤 fángbōdī **2.** 栈桥 zhànqiáo；码头 mǎtóu

Jew *n.* 犹太人 Yóutàirén

jewel *n.* **1.** 宝石 bǎoshí ＝ precious stone **2.** 宝石饰品 bǎoshí shìpǐn ＝ jewelled adornments

jeweler *n.* 宝石商 bǎoshíshāng

jewellery *n.* 珠宝 zhūbǎo；珠宝饰物 zhūbǎo shìwù

Jewry *a.* 犹太民族 Yóutài mínzú

jib¹ *n.* 船首三角帆 chuánshǒu sānjiǎofān

jib² *n.* 吊车臂 diàochēbì

jib³ *v.* 突然停下来 tūrán tíng xiàlái ＊ of a horse

jibe *v.* **1.** 相一致 xiāng yízhì **2.** 嘲笑 cháoxiào ＝ jeer

jiffy *n.* 一会儿 yíhuìr；瞬间 shùnjiān: I'll be ready in a ~. 我马上就好了。Wǒ mǎshàng jiù hǎole. / wait half a ~ 稍等一会儿 shāo děng yíhuìr

jig *n.* 快步舞 kuàibùwǔ；快步舞曲 kuàibù wǔqǔ *v.* **1.** 跳快步舞 tiào kuàibùwǔ **2.** 活泼地急跳 huópode jítiào；蹦跳 bèngtiào

jigger *n.* 辘轳 lùlú

jigsaw *n.* 拼图玩具 pīntú wánjù ＝ ~ puzzle

jilt *v.* 抛弃(情人) pāoqì (qíngrén) *n.* 遗弃男人的女人 yíqì nánrénde nǚrén

Jim Crow *n.* **1.** 种族歧视 zhǒngzú qíshì **2.** 黑人 hēirén ＊ in America *a.* 黑人专用的 hēirén zhuānyòngde: ~ schools 黑人学校 hēirén xuéxiào / ~ buses 黑人专用公共汽车 hēirén zhuānyòng gōnggòng-qìchē

jingle *n.* **1.** 叮当声 dīngdāngshēng **2.** 具有韵律的诗句 jùyǒu yùnlǜde shījù *v.* 叮当响 dīngdāngxiǎng

jingoism *n.* 侵略主义者 qīnlüèzhǔyìzhě；大国沙文主义 dàguó shāwénzhǔyì

jinricksha *n.* 人力车 rénlìchē

jinx *n.* 不吉祥的人或物 bù jíxiángde rén huò wù

jitterbug *n.* 吉特巴舞 jítèbāwǔ

job *n.* **1.** 一件工作 yíjiàn gōngzuò：make a good ~ of it 把工作做好 bǎ gōngzuò zuòhǎo **2.** 职业 zhíyè；职务 zhíwù：He has a good ~ in a bank. 他在银行有份好工作。Tā zài yínháng yǒu fèn hǎo gōngzuò. / old ~s 零活 línghuó；打杂 dǎzá / He has a ~ as a teacher. 他的职务是教师。Tāde zhíwù shì jiàoshī. // on the ~ 正忙碌 zhèng mánglù / out of a ~ 失业 shīyè / a good (bad) ~ 一件好(坏)事 yíjiàn hǎo (huài)shì

jobber *n.* **1.** 股票经纪商 gǔpiào jīngjìshāng **2.** 临时工 línshígōng

jobless *a.* 失业的 shīyède；无业的 wúyède

jockey *n.* 赛马的骑师 sàimǎde qíshī *v.* 欺骗 qīpiàn = cheat

jocose *a.* 开玩笑的 kāi wánxiàode

jocular *a.* 滑稽的 huájīde；诙谐的 huīxiéde：a ~ reply 诙谐的回答 huīxiéde huídá

jocund *a.* 快活的 kuàihuode；欢乐的 huānlède

jog *v.* **1.** 轻推 qīngtuī；轻撞 qīngzhuàng：~ sb. with one's elbow 用肘轻撞某人 yòng zhǒu qīngzhuàng mǒurén **2.** 唤起 huànqǐ；提醒 tíxǐng：~ sb.'s memory 唤起某人注意 huànqǐ mǒurén zhùyì **3.** 颠簸地行进 diānbǒde xíngjìn：The old bus ~ged up and down. 那辆旧汽车上下颠簸着行驶。Nàliàng jiùqìchē shàngxià diānbǒzhe xíngshǐ. **4.** 慢跑 mànpǎo：~ along the road 沿着马路慢跑 yánzhe mǎlù mànpǎo *n.* **1.** 轻推 qīngtuī；轻撞 qīngzhuàng **2.** 慢跑 mànpǎo = trot

johnny *n.* 家伙 jiāhuo

join *v.* **1.** 结合 jiéhé；连接 liánjiē：~ two points 把两点连起来 bǎ liǎngdiǎn liánqǐlái / To ~ their two hands together. 他们两只手握在一起。Tāmen liǎngzhī shǒu wòzài yìqǐ **2.** 联合 liánhé **3.** 加入 jiārù；参加 cānjiā：~ a club 加入俱乐部 jiārù jùlèbù / ~ the army 参军 cānjūn **4.** 与…在一起 yǔ…zài yìqǐ：Please ~ us for a drink. 请和我们一起喝点儿酒。Qǐng hé wǒmen yìqǐ hē diǎnr jiǔ. *n.* 交叉点 jiāochādiǎn；连接处 liánjiēchù：a ~ in a coat 外衣的接缝 wàiyīde jiēfèng // ~ forces (with) 合作 hézuò：~ hands (with) 携手 xiéshǒu / ~ battle 开战 kāizhàn

joiner *n.* 细木工人 xìmù gōngrén

joint[1] *n.* **1.** 接合点 jiēhédiǎn；连接处 liánjiēchù：~s on a pipe 管道的连接

处 guǎndàode liánjiēchù 2. 关节 guānjié：finger ～s 手指关节 shǒuzhǐ guānjié 3. 带骨的腿肉 dàigǔde tuǐròu // out of ～ 脱节 tuōjié；脱臼 tuōjiù

joint² *a*. 共同的 gòngtóngde；共有的 gòngyǒude：our ～ opinion 我们共同的意见 wǒmen gòngtóngde yìjian / to take ～ action 采取共同行动 cǎiqǔ gòngtóng xíngdòng / a ～ statement 联合声明 liánhé shēngmíng / ～ stock 合股 hégǔ

joist *n*. 托梁 tuōliáng * building

joke *n*. 1. 笑话 xiàohua；玩笑 wánxiào：It is no ～. 这可不是开玩笑的事。Zhè kě búshì kāi wánxiàode shì. 2. 笑柄 xiàobǐng；笑料 xiàoliào：He became the ～ of the town. 他成了全镇的笑柄。Tā chéngle quánzhènde xiàobǐng. *v*. 开玩笑 kāiwánxiào：I thought you were joking. 我以为你在开玩笑。Wǒ yǐwéi nǐ zài kāiwánxiào.

joker *n*. 1. 爱开玩笑的人 ài kāi wánxiàode rén；诙谐的人 huīxiéde rén 2. 百搭 bǎidā * in cards

joking *a*. 开玩笑的 kāi wánxiàode：This is no ～ matter. 这不是开玩笑的事。Zhè búshì kāiwánxiàode shì.

jollity *n*. 欢乐 huānlè；快乐 kuàilè

jolly *a*. 1. 快活的 kuàihuode：a ～ young man 快活的年轻人 kuàihuode niánqīngrén 2. 愉快的 yúkuàide；好的 hǎode：～ weather 好天气 hǎo tiānqì *ad*. 很 hěn；非常 fēicháng：I'll be ～ glad to help you. 我很高兴帮助你。Wǒ hěn gāoxìng bāngzhù nǐ.

jolt *v*. 1. 震摇 zhènyáo；颠簸 diānbǒ：the cart ～ed along over the rough road 车子在崎岖不平的路上摇晃着行进 chēzi zài qíqū bùpíngde lùshang yáohuàngzhe xíngjìn 2. 震惊 zhènjīng：The unexpected news gave them a ～. 这个意外的消息使他们震惊。Zhège yìwàide xiāoxi shǐ tāmen zhènjīng. *n*. 猛摇 měngyáo；震惊 zhènjīng

Jonah *n*. 灾星 zāixīng

jonquil *n*. 长寿花 chángshòuhuā；黄水仙 huángshuǐxiān // ～ color 淡黄色 dànhuángsè

jostle *v*. 推 tuī；碰撞 pèngzhuàng；挤 jǐ：Don't ～ me. 别挤我。Biéjǐwǒ. / ～d in a crowded train 挤在一列拥挤的火车里 jǐzài yíliè yōngjǐde huǒchēli

jot *v*. 草草记下 cǎocǎo jìxià：He ～ted down my address. 他草草地记下

了我的地址。Tā cǎocǎode jìxiàle wǒde dìzhǐ. *n.* 一点儿 yìdiǎnr；少量 shǎoliàng：not a ～ of truth in it 没有一点儿真的 méiyǒu yìdiǎnr zhēnde

jotter *n.* 小笔记本 xiǎo bǐjìběn

journal *n.* **1.** 日报 rìbào ＊ daily newspaper；定期刊物 dìngqī kānwù **2.** 日志 rìzhì；日记 rìjì：keep a ～ 记日记 jì rìjì

journalese *n.* 新闻文体 xīnwén wéntǐ

journalism *n.* **1.** 新闻工作 xīnwén gōngzuò **2.** 报刊 bàokān；报刊文章 bàokān wénzhāng

journalist *n.* 新闻记者 xīnwén jìzhě；新闻工作者 xīnwén gōngzuòzhě

journey *n.* **1.** 旅行 lǚxíng；旅程 lǚchéng：He's going on a long ～. 他要去长途旅行。Tā yàoqù chángtú lǚxíng. / a three day's ～ 三天的旅行 sāntiānde lǚxíng // break one's ～ (at) 中途(在…)下车 zhōngtú (zài …) xiàchē；中断旅行 zhōngduàn lǚxíng / I wish you a good ～. 祝你一路顺风。Zhù nǐ yílù shùnfēng. / one's ～'s end 旅程的终点 lǚchéngde zhōngdiǎn **2.** 历程 lìchéng：life's ～ 人生的历程 rénshēngde lìchéng *v.* 旅游 lǚyóu：She's ～ed all over the world. 她已旅游过世界各地。Tā yǐ lǚyóuguo shìjiè gèdì.

journeyman *n.* 熟练工人 shúliàn gōngrén；计日工 jìrìgōng

journeywork *n.* 短工 duǎngōng

joust *n.* 马上长枪比武 mǎshang chángqiāng bǐwǔ

jovial *a.* 快活的 kuàihuode；愉快的 yúkuàide

jowl *n.* 颚 è；下颚 xià'è

joy *n.* **1.** 高兴 gāoxìng；欢乐 huānlè；喜悦 xǐyuè：He was filled with ～. 他非常高兴。Tā fēicháng gāoxìng. **2.** 乐事 lèshì；乐趣 lèqù：Reading is my greatest ～. 读书是我最大的乐趣。Dúshū shì wǒ zuìdàde lèqù. / the ～s and sorrows of life 人生的悲欢 rénshēngde bēihuān

joyful *a.* **1.** 十分喜悦的 shífēn xǐyuède：a ～ person 喜气洋洋的人 xǐqì yángyángde rén **2.** 使人喜悦的 shǐ rén xǐyuède：～ news 喜讯 xǐxùn / celebrate a ～ occasion 庆祝欢乐的节日 qìngzhù huānlède jiérì

joyless *a.* 不快乐的 bú kuàilède；不高兴的 bù gāoxìngde

joyous *a.* 快乐的 kuàilède：～ children 快乐的孩子们 kuàilède háizimen

joy-ride *n.* 驾车兜风 jiàchē dōufēng

jubilant *a.* 兴高采烈的 xìnggāo-cǎiliède；喜气洋洋的 xǐqì-yángyángde：The whole nation is ～. 举国一片欢腾。Jǔguó yípiàn huānténg.

jubilee *n.* 纪念 jìniàn：diamond ～ 六十周年纪念 liùshí zhōunián jìniàn / golden ～ 五十周年纪念 wǔshí zhōunián jìniàn / silver ～ 二十五周年纪念 èrshíwǔ zhōunián jìniàn

Judaism *n.* 犹太教 Yóutàijiào；犹太人的文化 Yóutàirénde wénhuà

Judas *n.* 出卖朋友的人 chūmài péngyoude rén；叛徒 pàntú

judge *n.* **1.** 法官 fǎguān；审判员 shěnpànyuán：as grave as a ～ 象法官一样庄重 xiàng fǎguān yíyàng zhuāngzhòng **2.** 评判员 píngpànyuán；裁判员 cáipànyuán：the ～s at a sports meet 运动会的裁判员 yùndònghuìde cáipànyuán **3.** 鉴赏家 jiànshǎngjiā；鉴定人 jiàndìngrén：I'm no ～ of music, but I know what I like. 我不是音乐评论家,但我知道我喜欢什么。Wǒ búshì yīnyuè pínglùnjiā, dàn wǒ zhīdao wǒ xǐhuan shénme. / a good ～ of horses 善于识马的人 shànyú shímǎde rén *v.* **1.** 裁判 cáipàn；审判 shěnpàn：Who will ～ the next case? 下个案件由谁审判？Xiàge ànjiàn yóu shuí shěnpàn? **2.** 判断 pànduàn；评判 píngpàn：～ whether he's right or wrong 判别他是对是错 pànbié tā shì duì shì cuò / I ～ that it's bigger. 我认为它比较大。Wǒ rènwéi tā bǐjiào dà.

judgement *n.* **1.** 审判 shěnpàn；审理 shěnlǐ：sit in ～ on a case 审判一个案件 shěnpàn yíge ànjiàn **2.** 判决 pànjué：a ～ against the accused 不利于被告的判决 búlìyú bèigàode pànjué **3.** 判断 pànduàn；评价 píngjià：form a ～ upon facts 根据事实作出判断 gēnjù shìshí zuòchū pànduàn **4.** 判断力 pànduànlì；识别力 shíbiélì：a man of good ～ 判断力强的人 pànduànlì qiángde rén **5.** 意见 yìjian：in my ～ 照我看来 zhào wǒ kànlái

judicature *n.* 审判权 shěnpànquán * in a court of law

judicial *a.* 法庭的 fǎtíngde；法官的 fǎguānde；审判的 shěnpànde：a ～ decision 法官的裁决 fǎguānde cáijué / the J- Department 司法部 sīfǎbù / ～ power 司法权 sīfǎquán / ～ process 审判程序 shěnpàn chéngxù

judiciary *n.* **1.** 司法部 sīfǎbù；**2.** 审判员 shěnpànyuán = judges (collectively)

judicious *a.* 有见识的 yǒu jiànshide；明智的 míngzhìde

judo *n.* 柔道 róudào * of Japan

jug *n.* **1.** 壶 hú；罐 guàn：drink a ～ of milk 喝一壶牛奶 hē yìhú niúnǎi **2.** 壶中物 húzhōng wù；罐中物 guànzhōngwù **3.** 监牢 jiānláo * slang *v.* **1.** 在壶或罐中燉 zài hú huò guànzhōng dùn **2.** 关押 guānyā * slang

Juggernaut *n.* **1.** 摧毁一切的力量或物体 cuīhuǐ yíqiède lìliang huò wùtǐ **2.** 长途运货车 chángtú yùnhuòchē

juggle *v.* **1.** 变戏法 biàn xìfǎ **2.** 耍花招 shuǎ huāzhāo；欺骗 qīpiàn：～ with a person 欺骗人 qīpiàn rén / ～ the accounts 在帐目上耍花招 zài zhàngmùshang shuǎ huāzhāo

juggler *n.* 杂技演员 zájì yǎnyuán；骗子 piànzi：tricks played by a ～ 骗子耍的花招 piànzi shuǎde huāzhāo

juice *n.* **1.** 果汁 guǒzhī：orange ～ 桔子汁 júzizhī；菜汁 càizhī ＊ of vegetables；肉汁 ròuzhī ＊ of meat **2.** 体液 tǐyè：gastric ～s 胃液 wèiyè *v.* 榨汁 zhàzhī

juicy *a.* **1.** 多汁的 duōzhīde：a ～ orange 多汁的桔子 duōzhīde júzi **2.** 津津有味的 jīnjīn-yǒuwèide；刺激性的 cìjīxìngde **3.** 有力的 yǒulìde：a ～ kick 猛踢 měngtī

jujitsu *n.* 柔道 róudào；柔术 róushù

jukebox *n.* 自动点唱机 zìdòng diǎnchàngjī

julep *n.* 饮料 yǐnliào ＊ an American drink

July *n.* 七月 Qīyuè

jumble *v.* 混杂 hùnzá：Her books were all ～d up. 她的书都乱成了一堆。Tāde shū dōu luànchéngle yīduī. *n.* 杂乱 záluàn；混乱 hùnluàn // ～ sale 旧杂货拍卖 jiù záhuò pāimài

jumbo *a.* 特大的 tèdàde：～ jets 大型喷气式客机 dàxíng pēnqìshì kèjī

jump *v.* **1.** 跳 tiào；跳跃 tiàoyuè：～ up in the air 向上跳起来 xiàngshàng tiào qǐlái / ～ for joy 欢跃 huānyuè **2.** 跃过 yuèguò；跳过 tiàoguò：He ～ed the stream. 他跃过了小溪。Tā yuèguòle xiǎoxī. **3.** 跳动 tiàodòng；剧跳 jùtiào：His heart ～ed with excitement. 他的心因兴奋而剧烈跳动。Tāde xīn yīn xīngfèn ér jùliè tiàodòng. / you made me ～ 吓了我一跳 xiàle wǒ yítiào **4.** 猛增 měngzēng；暴涨 bàozhǎng：prices ～ed 物价暴涨 wùjià bàozhǎng / oil output is ～ing 石油产量正在猛增 shíyóu chǎnliàng zhèngzài měngzēng **5.** 攻击 gōngjī ＊ slang // ～ at 欣然接受 xīnrán jiēshòu：to ～ at an offer 欣然接受建议 xīnrán jiēshòu jiànyì / ～ to it 赶快 gǎnkuài：You'll have to ～ to it if you want to catch the train. 如果你要赶火车，就得快一点儿了。Rúguǒ nǐ yào gǎn huǒchē, jiùděi kuài yìdiǎnrle. / ～ to conclusions 匆匆作出结论 cōngcōng zuòchū jiélùn / ～ the gun 过早开始 guòzǎo kāishǐ；抢跑 qiǎngpǎo ＊ like a race / ～ the queue 插队 chāduì *n.* 跳 tiào；跳跃 tiàoyuè：the long ～ 跳远 tiàoyuǎn / the high ～ 跳高 tiàogāo / the pole ～ 撑竿跳 chēnggāntiào / ～ rope 跳绳 tiàoshéng

jumper[1] *n.* **1.** 跳跃者 tiàoyuèzhě：a high ～ 跳高运动员 tiàogāo yùndòngyuán **2.** 跳蚤 tiàozao * insect **3.** 能跳跃的马 néng tiàoyuède mǎ * horse

jumper[2] *n.* **1.** 套头毛衣 tàotóu máoyī **2.** 无袖连衣裙 wúxiù liányīqún

jumpy *a.* **1.** 跳跃的 tiàoyuède **2.** 神经质的 shénjīngzhìde；神经过敏的 shénjīng guòmǐnde

junction *n.* **1.** 连接 liánjiē；接合 jiēhé * joining **2.** 交叉点 jiāochādiǎn；会合处 huìhéchù：This railway station is a busy ～ for lines from all over the country. 这个火车站是全国各线铁路会合处，非常忙碌。Zhège huǒchēzhàn shì quánguó gè xiàn tiělù huìhéchù，fēicháng mánglù.

juncture *n.* **1.** 接合点 jiēhédiǎn **2.** 时机 shíjī：at this ～ 在这个时候 zài zhège shíhou / at an important historical ～ 在重大的历史关头 zài zhòngdàde lìshǐ guāntóu

June *n.* 六月 Liùyuè

jungle *n.* 丛林 cónglín；密林 mìlín：～ birds 丛林鸟类 cónglín niǎolèi

junior *a.* **1.** 较年轻的 jiào niánqīngde：my ～ brother 我的弟弟 wǒde dìdi / He is three years ～ to me. 他比我小三岁。Tā bǐ wǒ xiǎo sānsuì. **2.** 地位较低的 dìwèi jiàodīde * in position：a ～ officer 下级军官 xiàjí jūnguān **3.** 初级的 chūjíde：a ～ high school 初级中学 chūjí zhōngxué *n.* 较年轻者 jiào niánqīngzhě

juniper *n.* 杜松 dùsōng

junk[1] *n.* 废品 fèipǐn；破烂儿 pòlànr：a ～ market 废旧货市场 fèijiùhuò shìchǎng

junk[2] *n.* 帆船 fānchuán * Chinese boat

junket *n.* **1.** 干酪 gānlào；冻奶食品 dòngnǎi shípǐn **2.** 旅行 lǚxíng；旅游 lǚyóu

junkie *n.* 吸毒的人 xīdúde rén * slang

Jupiter *n.* **1.** 朱庇特 zhūbìtè * king of gods **2.** 木星 mùxīng

jurisdiction *n.* **1.** 司法权 sīfǎquán；司法 sīfǎ；裁判权 cáipànquán：The prisoner refused to accept the ～ of the court. 这犯人拒绝接受法庭的

裁判权。Zhè fànrén jùjué jiēshòu fǎtíngde cáipànquán. **2.** 管辖权 guǎnxiáquán；权限 quánxiàn：be under the ～ of 在…管辖之下 zài… guǎnxiá zhīxià

jurisprudence *n.* 法律学 fǎlǜxué；法学 fǎxué

jurist *n.* 法学家 fǎxuéjiā

juror *n.* 陪审员 péishěnyuán；评奖人 píngjiǎngrén

jury *n.* **1.** 陪审委员会 péishěn wěiyuánhuì；陪审团 péishěntuán：The ～ were divided in opinion. 陪审团意见分歧。Péishěntuán yìjian fēnqí. **2.** 评审团 píngshěntuán：a ～ of the Miss World Competition 世界小姐选美会的评审团 shìjiè xiǎojiě xuǎnměihuìde píngshěntuán

just[1] *a.* **1.** 公正的 gōngzhèngde；公平的 gōngpíngde；正直的 zhèngzhíde：a ～ decision 公正的决定 gōngzhèngde juédìng / a very ～ man 一个很正直的人 yíge hěn zhèngzhíde rén **2.** 应得的 yīngdéde：You have received a ～ reward. 你得到了应得的报酬。Nǐ dédàole yīngdéde bàochou. **3.** 合理的 hélǐde：a ～ opinion 合理的意见 hélǐde yìjian **4.** 精确的 jīngquède：A ～ balance between the two of them. 他们两者之间一丝不差。Tāmen liǎngzhě zhījiān yìsī búchà.

just[2] *ad.* **1.** 正好 zhènghǎo；恰好 qiàhǎo：It's ～ two o'clock. 现在正好两点钟。Xiànzài zhènghǎo liǎngdiǎn zhōng. / ～ so 正是这样 zhèngshì zhèyàng **2.** 刚才 gāngcái；刚 gāng；方才 fāngcái：I've ～ had dinner. 我刚吃过饭。Wǒ gāng chīguo fàn. / He was ～ here. 他刚才还在这儿。Tā gāngcái háizài zhèr. **3.** 仅仅 jǐnjǐn；只是 zhǐshì：He is ～ a child. 他仅仅是个孩子。Tā jǐnjǐn shìge háizi. **4.** 刚好 gānghǎo；好不容易 hǎo bù róngyì：We (only) ～ caught the train. 我们刚好赶上火车。Wǒmen gānghǎo gǎnshàng huǒchē. // ～ as 正如 zhèngrú；正当…的时候 zhèngdāng … de shíhou：Leave it ～ as you find it. 让它保持原样。Ràng tā bǎochí yuányàng. / He arrived ～ as I did. 我到达时他也到了。Wǒ dàodáshí tā yě dàole. / J- a moment please! 请稍等一等！Qǐng shāo děngyiděng! / J- one! 一个就行。Yíge jiù xíng! / ～ now 这时 zhèshí；此刻 cǐkè / ～ on 差不多 chàbuduō；大约 dàyuē：～ 90 years ago 大约九十年前 dàyuē jiǔshí niánqián / ～ the thing 正是想要的 zhèngshì xiǎngyàode；正是这个意思 zhèngshì zhège yìsi/ ～ yet 还 hái：I can't come ～ yet. 我还不能来。Wǒ hái bùnéng lái.

justice *n.* **1.** 公平 gōngpíng；正义 zhèngyì；公正 gōngzhèng：social ～ 社会正义 shèhuì zhèngyì / a sense of ～ 正义感 zhèngyìgǎn **2.** 司法 sīfǎ；审判 shěnpàn：a court of ～ 法院 fǎyuàn **3.** 高等法院法官 gāoděng fǎyuàn fǎguān * in Britain；最高法院法官 zuìgāo fǎyuàn fǎguān * in U. S. A. // bring sb. to ～ 把某人缉拿归案 bǎ mǒurén jīná guī'àn / do ～（to）公平对待 gōngpíng duìdài

justifiable *a.* 言之成理的 yánzhī chénglǐde

justification *n.* 认为有理 rènwéi yǒulǐ；合法化 héfǎhuà：There is no ～ for a willful murder. 预谋杀人不能使其合法化。Yùmóu shārén bùnéng shǐqí héfǎhuà.

justify *v.* 证明…是正确的 zhèngmíng…shì zhèngquède；为…辩护 wèi…biànhù：He is fully justified in doing so. 他这样做是完全有道理的。Tā zhèyàng zuò shì wánquán yǒu dàolide. / The event justifies my views. 事实证明我的意见是正确的。Shìshí zhèngmíng wǒde yìjian shì zhèngquède. / ～ one's conduct 为自己的行为辩护 wèi zìjǐde xíngwéi biànhù

jut *v.* 突出 tūchū；伸出 shēnchū

jute *n.* 黄麻 huángmá * plant；黄麻的纤维 huángmáde xiānwéi

juvenile *a.* 青少年的 qīng-shàoniánde；适于青少年的 shìyú qīng-shàoniánde：～ books 少年读物 shàonián dúwù / ～ court 少年法庭 shàonián fǎtíng / ～ delinquency 少年犯罪 shàonián fànzuì *n.* 青少年 qīng-shàonián

juxtapose *v.* 并列 bìngliè；并排放着 bìngpái fàngzhe

K

kale *n.* 甘蓝菜 gānláncài

kaleidoscope *n.* **1.** 万花筒 wànhuātǒng **2.** 千变万化的情景 qiānbiàn-wànhuàde qíngjǐng：At sunset the sky became a ～ of colors. 夕阳西下时，天上的颜色千变万化。Xīyáng xīxiàshí，tiānshangde yánsè qiānbiàn-wànhuà.

kangaroo *n.* 袋鼠 dàishǔ

Kantism *n.* 康德哲学 Kāngdé zhéxué；康德主义 Kāngdézhǔyì

kaolin *n.* 陶土 táotǔ；高岭土 gāolǐngtǔ

Kaoshan *n.* 高山族 Gāoshānzú

kapok *n.* 木棉 mùmián

karate *n.* 空手道 kōngshǒudào

kayak *n.* 独木舟 dúmùzhōu

kebab *n.* 烤肉串 kǎoròuchuàn

keel *n.* 龙骨 lónggǔ * of ship or boat // on an even ～ 平稳的 píngwěnde / ～ over 倾覆 qīngfù：The ship ～ed over in the storm. 船在暴风雨中翻了。Chuán zài bàofēngyǔzhōng fānle.

keen *a.* **1.** 锋利的 fēnglìde；锐利的 ruìlìde：This knife has a ～ edge. 这把小刀很快。Zhèbǎ xiǎodāo hěnkuài. **2.** 尖锐的 jiānruìde：a ～ wind 刺骨的风 cìgǔde fēng **3.** 强烈的 qiángliède；激烈的 jīliède：a ～ sense of responsibility 责任感 zérèngǎn / a ～ competition 激烈的竞争 jīliède jìngzhēng **4.** 敏锐的 mǐnruìde：a ～ sense of smell 敏锐的嗅觉 mǐnruìde xiùjué / a ～ mind 敏锐的思路 mǐnruìde sīlù **5.** 热心的 rèxīnde；渴望的 kěwàngde：a ～ student of politics 热心政治的学生 rèxīn zhèngzhìde xuésheng // ～ on 喜爱 xǐ'ài；渴望 kěwàng

keep[1] *v.* **1.** 保存 bǎocún；保留 bǎoliú：Please ～ this for me. 请替我保存这个。Qǐng tì wǒ bǎocún zhège. / K- this seat for me. 给我保留这个座位。Gěi wǒ bǎoliú zhège zuòwèi. **2.** 保持 bǎochí；一直 yìzhí：Please ～ quiet！请保持安静！Qǐng bǎochí ānjìng！/ I kept standing in the trolley bus all the way. 我在电车里一直站着。Wǒ zài diànchēli yìzhí zhànzhe. **3.** 保守 bǎoshǒu；遵守 zūnshǒu：～ a secret 保守秘密 bǎoshǒu mìmì / ～ a promise 履行诺言 lǚxíng nuòyán **4.** 留住 liúzhù：I won't ～ you long. 我不会久留你的。Wǒ búhuì jiǔliú nǐde. **5.** 防守 fángshǒu；保护 bǎohù：goal ～er 守门员 shǒuményuán **6.** 赡养 shànyǎng；饲养 sìyǎng：～ a family 养家 yǎngjiā / ～ hens 养鸡 yǎngjī **7.** 经营 jīngyíng：She ～s a bookstore. 她经营着一家书店。Tā jīngyíngzhe yìjiā shūdiàn. **8.** 整理 zhěnglǐ；料理 liàolǐ：～ house 料理家务 liàolǐ jiāwù **9.** 记载 jìzǎi：He ～s a diary. 他记日记。Tā jì rìjì. / ～ accounts 记帐 jìzhàng **10.** 保存（食物）bǎocún（shíwù）：The fish won't ～ long. 这条鱼不能放很久。Zhètiáo yú bùnéng fàng hěnjiǔ. // ～ at 继续做 jìxù zuò；坚持 jiānchí：The work is tiring，but he'll ～ at it until he's finished. 这工作很累但他会坚持到底。Zhè gōngzuò hěnlèi，dàn tā huì jiānchí dàodǐ. / ～ away **1.** 远离 yuǎnlí：K- the medicine away from the children. 把药放在孩子

够不到的地方。Bǎ yào fàngzài háizi gòubudàode dìfang. 2. 不接近 bù jiējìn；戒 jiè：He ～s away from drinking. 他戒酒。Tā jièjiǔ. / ～ back 保留 bǎoliú：I kept a few books back and gave him the rest. 我留了几本书，剩下的都给了他。Wǒ liúle jǐběn shū，shèngxiàde dōu gěile tā. / ～ down 控制 kòngzhì；压制 yāzhì / ～ from 1. 避免 bìmiǎn：K- from doing anything rash. 避免做任何鲁莽事。Bìmiǎn zuò rènhé lǔmǎng shì. 2. 克制自己 kèzhì zìjǐ：I could hardly ～ from laughing. 我忍不住笑了出来。Wǒ rěnbuzhù xiàole chūlái. / ～ in 留住 liúzhù；关住 guānzhù；闭门不出 bìmén bùchū：I was kept in all day by the rain. 因下雨我一整天不能出去。Yīn xiàyǔ wǒ yìzhěngtiān bùnéng chūqù. / ～ in with 与…保持友谊 yǔ…bǎochí yǒuyì / ～ off 远离 yuǎnlí；不接近 bùjiējìn：K- off the grass！勿踏草地！Wù tà cǎodì！/ ～ on 1. 继续 jìxù；不断 búduàn：Prices ～ on increasing. 物价不断上涨。Wùjià búduàn shàngzhǎng. 2. 继续穿着 jìxù chuānzhe：K- your overcoat on please. 请不必脱大衣。Qǐng búbì tuō dàyī. 3. 继续占有 jìxù zhànyǒu：I'll ～ the flat on through the summer. 整个夏天我要继续租用这套房间。Zhěngge xiàtiān wǒ yào jìxù zūyòng zhètào fángjiān. 4. 不断地说 búduànde shuō：He ～s on about his operation. 他不停地说他手术的情况。Tā bùtíngde shuō tā shǒushùde qíngkuàng. 5. 不让停止 búràng tíngzhǐ：K- the fire on. 别让火熄了。Bié ràng huǒ xīle. / ～ on at 不停地讲话或反复地要求 bùtíngde jiǎnghuà huò fǎnfùde yāoqiú；纠缠 jiūchán / ～ out 使在外 shǐ zài wài：Danger！K- out！危险！千万别进去！Wēixiǎn！Qiānwàn bié jìnqù. / Warm clothing will ～ out the cold. 暖和的衣服可以御寒。Nuǎnhuode yīfu kěyǐ yùhán. / ～ out of 使远离 shǐ yuǎnlí：You'll ～ (him) out of trouble while I'm away. 我不在的时候你不要(让他)惹麻烦。Wǒ búzàide shíhou nǐ búyào(ràng tā) rě máfan. / ～ to 1. 移动 yídòng；停留 tíngliú：Traffic in Britain ～s to the left. 在英国，车辆靠左行驶。Zài Yīngguó，chēliàng kào zuǒ xíngshǐ. / He kept to his room. 他一直留在房间里。Tā yìzhí liúzài fángjiānli. 2. 限制在…xiànzhìzài…：～s to the subject 把握讨论的主题 bǎwò tǎolùnde zhǔtí 3. 保守秘密 bǎoshǒu mìmì；不与人来往 bù yǔ rén láiwǎng：He kept the news to himself. 他不把这消息告诉任何人。Tā bù bǎ zhè xiāoxi gàosu rènhé rén. / She doesn't go out much，she likes to ～ herself to herself. 她不常外出，喜欢独处。Tā bùcháng wàichū，xǐhuan dúchǔ. / ～ under

1. 控制 kòngzhì: Xiao Wang ～s his feelings under. 小王控制住他的感情。Xiǎo Wáng kòngzhìzhu tāde gǎnqíng. / We tried to ～ the fire under. 我们想办法把火势控制住。Wǒmen xiǎng bànfǎ bǎ huǒshì kòngzhìzhu. 2. 控制 kòngzhì; 限制自由 xiànzhì zìyóu / ～ up 1. 使不低落 shǐ bù dīluò: ～ prices up 使价格不下跌 shǐ jiàgé bú xiàdiē/ She kept up her spirits by singing. 她唱歌以振作精神。Tā chànggē yǐ zhènzuò jīngshen. 2. 维持 wéichí; 维护 wéihù: ～ up a large house 维护好一所大房子 wéihù hǎo yìsuǒ dà fángzi 3. 继续 jìxù: Will the fine weather ～ up. 晴朗的天气会持续下去吗? Qínglǎngde tiānqì huì chíxù xiàqùma? 4. 使熬夜 shǐ áoyè: I hope I'm not ～ing you up. 但愿我没耽误你睡觉。Dànyuàn wǒ méi dānwù nǐ shuìjiào. 5. 跟上 gēnshàng: He has kept up with the class. 他跟上班了。Tā gēnshàng bānle. / I had to run to ～ up. 我跑步才能跟上。Wǒ pǎobù cáinéng gēnshàng.

keep² *n.* 生计 shēngjì; 生活必需品 shēnghuó bìxūpǐn: He doesn't do enough to earn his ～. 他工作做得不多,难以维持生计。Tā gōngzuò zuòde bùduō, nányǐ wéichí shēngjì.

keeper *n.* 看守人 kānshǒurén; 保管员 bǎoguǎnyuán: The ～ is feeding the animals. 管理员在喂动物。Guǎnlǐyuán zài wèi dòngwù. // shop ～ 店东 diàndōng / door ～ 门卫 ménwèi / inn ～ 客栈老板 kèzhàn lǎobǎn

keeping *n.* 1. 保管 bǎoguǎn: in one's ～ 由某人保管 yóu mǒurén bǎoguǎn / in safe ～ 细心地保管 xìxīnde bǎoguǎn 2. 饲养 sìyǎng: the ～ of bees 养蜂 yǎngfēng 3. 一致 yízhì: His words are out of keeping with his actions. 他的言行不一致。Tāde yánxíng bù yízhì.

keepsake *n.* 纪念品 jìniànpǐn

keg *n.* 小桶 xiǎotǒng

kelp *n.* 海藻 hǎizǎo

ken *n.* 知识范围 zhīshi fànwéi; 眼界 yǎnjiè; 视野 shìyě: beyond one's ～ 在视野之外 zài shìyě zhīwài

kennel *n.* 1. 狗窝 gǒuwō 2. 小动物寄养处 xiǎo dòngwù jìyǎngchù　*v.* 放进狗窝 fàngjìn gǒuwō

kerb *n.* 路边的砌边石 lùbiānde qìbiānshí

kerchief *n.* 头巾 tóujīn; 围巾 wéijīn

kernel *n.* 1. 果核 guǒhé; 果仁 guǒrén: the ～ of a peach stone 桃核的仁 táohéde rén 2. 谷粒 gǔlì; 麦粒 màilì 3. 核心 héxīn; 中心 zhōngxīn: the

～ of dialectics 辩证法的核心 biànzhèngfǎde héxīn

kerosene *n.* 煤油 méiyóu ＝ paraffin

kestrel *n.* 茶隼 chásǔn

ketch *n.* 双桅船 shuāngwéi chuán

ketchup *n.* 蕃茄沙司 fānqié shāsī；蕃茄酱 fānqiéjiàng

kettle *n.* 水壶 shuǐhú

kettledrum *n.* 铜鼓 tónggǔ；定音鼓 dìngyīngǔ

key[1] *n.* **1.** 钥匙 yàoshi：the ～ to the classroom 教室钥匙 jiàoshì yàoshi **2.** 题解 tíjiě；答案 dá'àn：a ～ to the grammar exercises 语法练习题解 yǔfǎ liànxí tíjiě **3.** 关键 guānjiàn：He is a ～ man. 他是关键人物。Tā shì guānjiàn rénwù. **4.** 键 jiàn：the ～s of a piano 钢琴键 gāngqínjiàn / the ～s of a typewriter 打字机键 dǎzìjī jiàn **5.** 音乐的调 yīnyuède diào：played in the ～ of C 以 C 调演奏 yǐ C diào yǎnzòu

key[2] *v.* **1.** 使适合 shǐ shìhé：The rate of production must be ～ed to the level of buying. 生产率必须和购买水平相配合。Shēngchǎnlǜ bìxū hé gòumǎi shuǐpíng xiāng pèihé. **2.** 调音 tiáoyīn；调弦 tiáoxián

key[3] *a.* 主要的 zhǔyàode；关键的 guānjiànde：She has a ～ position in the firm. 她在公司里担任重要职位。Tā zài gōngsīli dānrèn zhòngyào zhíwèi.

keyboard *n.* 键盘 jiànpán：the ～ of a piano or a typewriter 钢琴或打字机的键盘 gāngqín huò dǎzìjīde jiànpán *v.* 操作键盘 cāozuò jiànpán ＊ such as a calculating machine or a computer

keyed-up *a.* 激动的 jīdòngde；紧张的 jǐnzhāngde：We're all very ～ about the examination. 为了考试我们都非常紧张。Wèilè kǎoshì wǒmen dōu fēicháng jǐnzhāng.

keyhole *n.* 钥匙孔 yàoshikǒng；锁眼 suǒyǎn

keynote *n.* **1.** 主音 zhǔyīn **2.** 基调 jīdiào；要旨 yàozhǐ：the ～ of one's speech 演讲的基调 yǎnjiǎngde jīdiào / The ～ of her speech was that we need higher wages. 她发言的重点是我们需要加薪。Tā fāyánde zhòngdiǎn shì wǒmen xūyào jiā xīn.

keyring *n.* 钥匙圈 yàoshiquān

keystone *n.* **1.** 拱顶石 gǒngdǐngshí **2.** 要旨 yàozhǐ；根本 gēnběn

khaki *a.* **1.** 黄褐色的 huánghèsède **2.** 卡其布 kǎqíbù ＊ as worn by soldiers

kibitzer *n.* 爱管闲事者 àiguǎn xiánshìzhě

kick[1] *v.* **1.** 踢 tī：He ～ed the ball. 他踢那个球。Tā tī nàge qiú. **2.** 踢成 tīchéng；踢得分 tīdéfēn：He ～ed a hole in the door. 他把门踢了个洞。Tā bǎ mén tīlege dòng. / He ～ed a goal. 他踢进一球。Tā tījìn yìqiú. **3.** 踢脚 tījiǎo：He ～s to exercise his legs. 他用踢脚的动作来锻炼双腿。Tā yòng tījiǎode dòngzuò lái duànliàn shuāngtuǐ. **4.** 反冲 fǎnchōng；反弹 fǎntán * of a gun // ～ against 反对 fǎnduì / ～ off 开球 kāiqiú / ～ out 开除 kāichú；撵出 niǎnchū

kick[2] *n.* **1.** 踢 tī：give the door a ～ to open it 一脚把门踢开 yì jiǎo bǎ mén tīkāi **2.** 极度兴奋 jídù xīngfèn：She drives fast (just) for ～s. 她把汽车开得很快，(只是)为了追求刺激。Tā bǎ qìchē kāide hěnkuài，(zhǐshì) wèile zhuīqiú cìjī. **3.** 劲头 jìntóu：This wine has a lot of ～ in it. 这酒很有劲儿。Zhèjiǔ hěn yǒujìnr.

kickback *n.* 回扣 huíkòu；佣金 yòngjīn：a ～ of ＄10000 一万元回扣 yíwànyuán huíkòu

kickoff *n.* 足球开球 zúqiú kāiqiú：The ～ is at two o'clock today. 今天两点钟开始赛足球。Jīntiān liǎngdiǎnzhōng kāishǐ sài zúqiú.

kid[1] *n.* **1.** 小山羊 xiǎoshānyáng **2.** 小山羊皮 xiǎoshānyáng pí **3.** 小孩儿 xiǎoháir：There were three ～s playing in the street. 街上有三个小孩儿正在玩儿。Jiēshang yǒu sānge xiǎoháir zhèngzài wánr. **4.** 较年轻的 jiào niánqīngde：his ～ sister 他的妹妹 tāde mèimei

kid[2] *v.* 哄骗 hǒngpiàn；欺骗 qīpiàn：Don't ～ me，I know you're not telling the truth. 别骗我，我知道你没说实话。Bié piàn wǒ，wǒ zhīdao nǐ méi shuō shíhuà.

kid-glove *a.* 温和的 wēnhéde：～ methods 软手段 ruǎn shǒuduàn

kidnap *v.* 绑架 bǎngjià；诱拐(小孩) yòuguǎi(xiǎohái)

kidney *n.* **1.** 肾 shèn **2.** 动物腰子 dòngwù yāozi

kill *v.* **1.** 杀死 shāsǐ；弄死 nòngsǐ：to ～ insects 杀死昆虫 shāsǐ kūnchóng / My feet are ～ing me. 我的脚疼得要命。Wǒde jiǎo téngde yàomìng. **2.** 摧毁 cuīhuǐ；毁掉 huǐdiào：～ our hopes of winning 使我们获胜的希望破灭 shǐ wǒmen huòshèngde xīwàng pòmiè **3.** 压倒 yādǎo：～ her with kindness 爱她反倒害她 ài tā fǎndào hài tā **4.** 消磨 xiāomó：～ time 消磨时间 xiāomó shíjiān / While waiting for the train he ～ed time by playing cards. 等火车时，他打扑克牌来消磨时间。Děng huǒchēshí，Tā dǎ pūkèpái lái xiāomó shíjiān. // ～ two birds with one stone 一石二

鸟 yìshí-èrniǎo；一箭双雕 yíjiàn-shuāngdiāo；一举两得 yìjǔ-liǎngdé *n*. **1**. 猎获物 lièhuòwù **2**. 宰杀 zǎishā * esp. hunted birds or animals / ~ off 灭绝 mièjué；杀光 shāguāng：The trees were ~ed off by the severe winter. 这些树一棵一棵地冻死了。Zhèxiē shù yìkē yìkēde dòngsǐle.

killer *n*. **1**. 杀人者 shārénzhě；凶手 xiōngshǒu **2**. 致命的事 zhìmìngde shì：These animals are ~s. 这些野兽是会吃人的。Zhèxiē yěshòu shìhuì chīrénde. / This disease is a ~. 这种病是会致命的。Zhèzhǒng bìng shì huì zhìmìngde.

killing[1] *n*. 暴利 bàolì；突然收获 tūrán shōuhuò：make a ~ 很快赚了一大笔钱 hěnkuài zhuànle yídàbǐ qián

killing[2] *a*. **1**. 致命的 zhìmìngde；非常累人的 fēicháng lèi rénde：This work is really ~. 这工作实在累人。Zhè gōngzuò shízài lèi rén. **2**. 好笑的 hǎoxiàode：a ~ joke 很好笑的笑话 hěn hǎoxiàode xiàohua / You are really ~. 你真太逗了。Nǐ zhēn tài dòule.

killjoy *n*. 令人扫兴的人 lìngrén sǎoxìngde rén

kiln *n*. 窑 yáo：a brick ~ 砖窑 zhuānyáo

kilocycle *n*. 千周 qiānzhōu；千赫 qiānhè

kilogram *n*. 公斤 gōngjīn；千克 qiānkè

kilometer *n*. 公里 gōnglǐ；千米 qiānmǐ

kiloton *n*. 千吨 qiāndūn

kilowatt *n*. 千瓦 qiānwǎ

kilowatt-hour *n*. 千瓦时 qiānwǎshí

kilt *n*. 打褶短裙 dǎzhě duǎnqún * worn by Scotchmen

kimono *n*. 和服 héfú

kin *n*. 家属 jiāshǔ；亲属 qīnshǔ // next of ~ 最近的亲属 zuìjìnde qīnshǔ

kind[1] *a*. **1**. 仁慈的 réncíde；友好的 yǒuhǎode；和蔼的 hé'ǎide；好意的 hǎoyìde：~ words 温存的话 wēncúnde huà / She's very ~ to animals. 她非常爱护动物。Tā fēicháng àihù dòngwù. / It's very ~ of you to help me. 多谢你帮忙。Duōxiè nǐ bāngmáng.

kind[2] *n*. **1**. 类 lèi；属 shǔ：man~ 人类 rénlèi **2**. 种类 zhǒnglèi；类型 lèixíng：We sell all ~s of hats. 我们出售各种各样的帽子。Wǒmen chūshòu gèzhǒng-gèyàngde màozi. **3**. 性质 xìngzhì：They are different in size but not in ~. 它们大小不同，可是性质一样。Tāmen dàxiǎo bùtóng，kěshì xìngzhì yíyàng. // a ~ of 有点儿 yǒudiǎnr：I had a ~ of suspicion that he was cheating. 我有点儿怀疑他在欺骗。Wǒ yǒudiǎnr huáiyítā zài qīpiàn. / He had a ～ of feeling that he would get a letter from his daughter today. 他似乎有种感觉,今天会收到他女儿的来信。Tā sìhū yǒu zhǒng gǎnjué,jīntiān huì shōudào tā nǚ'érde láixìn. / in ～ 以货代款 yǐ huò dàikuǎn; * of payment; 以同样方式(回报) yǐ tóngyàng fāngshì(huíbào): I paid him back in ～ for hitting me. 他打了我,我以同样方式回敬了他。Tā dǎle wǒ, wǒ yǐ tóngyàng fāngshì huíjìngle tā. / ～ of 有几分 yǒu jǐfēn; 有点儿 yǒudiǎnr: I'm feeling ～ of tired. 我感到有点儿累了。Wǒ gǎndào yǒudiǎnr lèile. / of a ～ 同类的 tónglèide; 徒有其名的 túyǒu-qímíngde: They are all of a ～. 他们是属于同类的。Tāmen shì shǔyú tónglèide. / He gave us tea of a ～, but we couldn't drink it. 他给我们劣等茶,我们喝不下去。Tā gěi wǒmen lièděng chá, wǒmen hēbuxiàqù.

kindergarten *n.* 幼儿园 yòu'éryuán

kindergartener *n.* **1.** 幼儿生 yòu'érshēng **2.** 幼儿园教师 yòu'éryuán jiàoshī; 教养员 jiàoyǎngyuán

kind-hearted *a.* 好心肠的 hǎoxīnchángde; 仁慈的 réncíde: That's very ～ of you. 你心肠真好。Nǐ xīncháng zhēnhǎo. / a ～ action 仁慈的行动 réncíde xíngdòng

kindle *v.* **1.** 点燃 diǎnrán; 着火 zháohuǒ: The wood was wet and wouldn't ～ easily. 木头是湿的,不容易点着。Mùtou shì shīde, bù róngyì diǎnzháo. **2.** 引起 yǐnqǐ; 激发 jīfā: ～ the interest of an audience 引起听众的兴趣 yǐnqǐ tīngzhòngde xìngqù

kindling *n.* 引火物 yǐnhuǒwù; 引火柴 yǐnhuǒchái: The campers gathered ～ in the woods. 野营的人在林中收集引火柴。Yěyíngde rén zài línzhōng shōují yǐnhuǒchái.

kindly *a.* 和蔼的 hé'ǎide; 亲切的 qīnqiède; 友善的 yǒushànde: a ～ smile 和蔼的微笑 hé'ǎide wēixiào / a ～ heart 慈悲心肠 cíbēi xīncháng *ad.* **1.** 和和气气的 héhe-qìqìde; 亲切地 qīnqiède: She spoke ～ to him. 她亲切地跟他说话。Tā qīnqiède gēn tā shuōhuà. **2.** 请 qǐng = please: Will you ～ put that book back? 请把那本书放回去好吗?Qǐng bǎ nàběn shū fànghuíqù hǎoma? **3.** 自然地 zìránde; 欣然 xīnrán: He didn't take ～ to his new responsibilities. 他很不愿意地承担新的责任。Tā hěn bú yuànyìde chéngdān xīnde zérèn.

kindness *n.* **1.** 仁慈 réncí；和气 héqì；好意 hǎoyì：out of ～ 出于好意 chūyú hǎoyì **2.** 友好的行为 yǒuhǎode xíngwéi；好事 hǎoshì：Will you do me a ～？你能帮我一下吗？Nǐ néng bāng wǒ yíxiàmɑ？

kindred *n.* **1.** 亲属关系 qīnshǔ guānxì；血缘关系 xuèyuán guānxì **2.** 亲属 qīnshǔ；家庭成员 jiātíng chéngyuán *a.* **1.** 同种的 tóngzhǒngde；同系的 tóngxìde；类似的 lèisìde：～ natures 相似的性质 xiāngsìde xìngzhì **2.** 亲属的 qīnshǔde；亲戚的 qīnqīde

kinematics *n.* 运动学 yùndòngxué

kinetic *a.* 动的 dòngde；运动的 yùndòngde：～ energy 动能 dòngnéng

kinetics *n.* 动力学 dònglìxué

king *n.* **1.** 国王 guówáng **2.** 最有势力者 zuìyǒu shìli zhě：an oil ～ 石油大王 shíyóu dàwáng / a steel ～ 钢铁大王 gāngtiě dàwáng / the ～ of beasts 百兽之王 bǎishòu zhīwáng

kingdom *n.* **1.** 王国 wángguó **2.** 领域 lǐngyù；界 jiè：the animal ～ 动物界 dòngwùjiè / the vegetable ～ 植物界 zhíwùjiè / the mineral ～ 矿物界 kuàngwùjiè **3.** 天国 tiānguó；神政 shénzhèng * of religion // come into one's ～ 飞黄腾达 fēihuáng-téngdá / ～ come 天国 tiānguó：go to ～ come 上西天 shàng xītiān；死 sǐ

kingfish *n.* 大海鱼 dàhǎiyú

kingfisher *n.* 翠鸟 cuìniǎo；鱼狗(食鱼鸟) yúgǒu(shí yú niǎo)

kingpin *n.* 中心人物 zhōngxīn rénwù；关键人物 guānjiàn rénwù

kink *n.* **1.** 纽结 niǔjié **2.** 奇想 qíxiǎng；怪念头 guàiniàntou *v.* 打结 dǎjié

kinsfolk *n.* 家属 jiāshǔ；亲属 qīnshǔ：He has no ～ in America. 在美国他没有亲属。Zài Měiguó tā méiyǒu qīnshǔ.

kinship *n.* **1.** 亲属关系 qīnshǔ guānxì **2.** 类似 lèisì

kinsman *n.* 男亲戚 nán qīnqī

kinswoman *n.* 女亲戚 nǚ qīnqī

kiosk *n.* **1.** 凉亭 liángtíng；卖报亭 màibàotíng **2.** 公用电话亭 gōngyòng diànhuàtíng

kipper *n.* 腌(熏)鲑鱼 yān(xūn)guīyú；鲱鱼 fēiyú

kiss *v.* 接吻 jiēwěn *n.* 吻 wěn // ～ of life 口对口人工呼吸 kǒu duì kǒu réngōng hūxī

kit[1] *n.* **1.** 成套工具、用具 chéngtào gōngjù、yòngjù：a carpenter's ～ 一套木工工具 yítào mùgōng gōngjù/ a travel ～ 一套旅行装备 yítào lǚxíng zhuāngbèi / a model-airplane ～ 飞机模型的全套元件 fēijī móxíngde quántào yuánjiàn **2.** 工具箱 gōngjùxiāng；用具箱 yòngjùxiāng：a tool ～ 工具箱 gōngjùxiāng / a first-aid ～ 急救药箱 jíjiù yàoxiāng **3.** 木桶 mùtǒng// ～ bag 长形用具袋 chángxíng yòngjùdài / ～ out (with sth.), ～ up (with sth.)发给装备 fāgěi zhuāngbèi

kit[2] *n.* 小猫 xiǎomāo

kitchen *n.* 厨房 chúfáng；灶间 zàojiān // ～ cabinet 碗柜 wǎnguì / ～ garden 菜园 càiyuán

kitchenette *n.* 小厨房 xiǎochúfáng

kite *n.* **1.** 鸢 yuān **2.** 风筝 fēngzheng：fly a ～ 放风筝 fàng fēngzheng

kitten *n.* 小猫 xiǎomāo

kittenish *a.* 小猫似的 xiǎomāoshìde；顽皮的 wánpíde

kitty[1] *n.* 猫 māo；小猫 xiǎomāo

kitty[2] *n.* **1.** 全部赌注 quánbù dǔzhù；头钱 tóuqián **2.** 一笔钱 yìbǐqián

kiwi *n.* 鹬鸵 yùtuó

KKK＝ku klux klan 三 K 党 Sānkèidǎng

klaxon *n.* 电喇叭 diànlǎba；电警笛 diànjǐngdí

kleptomania *n.* 偷窃癖 tōuqièpǐ // ～c *n.* 有偷窃癖的人 yǒu tōuqièpǐde rén

klieg light *n.* 弧光灯 húguāngdēng

klystron *n.* 速调管 sùtiáoguǎn

knack *n.* 技巧 jìqiǎo；窍门 qiàomén；本事 běnshi：He has a ～ of making friends wherever he goes. 他有一种到处结交朋友的本事。Tā yǒu yìzhǒng dàochù jiéjiāo péngyoude běnshi. / It's quite easy when you have the ～ of it. 只要你找到窍门就很容易了。Zhǐyào nǐ zhǎodào qiàomén jiù hěn róngyìle.

knapsack *n.* 背包 bēibāo

knave *n.* 流氓 liúmáng

knavery *n.* 流氓行为 liúmáng xíngwéi

knavish *a.* 无赖的 wúlàide；恶毒的 èdúde

knead *v.* **1.** 捏 niē；揉搓 róucuo：～ dough 揣面 chuāimiàn **2.** 按摩 ànmó

knee *n.* **1.** 膝 xī；膝盖 xīgài：bend the ～ 屈膝 qūxī **2.** 裤子的膝部 kùzide xībù：big holes in the ～ of his old trousers 他那条旧裤子膝盖上有个大

洞 tā nàtiáo jiùkùzi xīgàishang yǒuge dàdòng// bring sb. to his ～s 使人屈服 shǐ rén qūfú / be on one's ～s 跪着 guìzhe

knee breeches *n.* 短裤 duǎnkù

kneecap *n.* 膝盖骨 xīgàigǔ

knee-deep *a.* 没膝的 mòxīde；齐膝深的 qíxīshēnde：Snow lay ～. 积雪没膝。Jīxuě mòxī. /（fig）～ in debt 债台高筑 zhàitái-gāozhù

kneel *v.* 跪下 guìxià；跪倒 guìdǎo：She ～s（down）to pray. 她跪下祈祷。Tā guìxià qídǎo.

knell *n.* 丧钟 sàngzhōng

knickerbockers *n.* 灯笼裤 dēnglongkù

knickers *n.* 女用衬裤 nǚyòng chènkù

knickknack *n.* 小装饰品 xiǎo zhuāngshìpǐn；小摆设 xiǎo bǎishe

knife *n.* 小刀 xiǎodāo：a table ～ 餐刀 cāndāo / a ～ and fork 一副刀叉 yífù dāochā *v.* 用刀切、刺 yòng dāo qiē、cì：He was ～d in the stomach. 他的腹部被刀刺中。Tāde fùbù bèi dāo cìzhòng. // before you can say ～ 说时迟那时快 shuōshí chí nàshí kuài；突然 tūrán / get one's ～ into sb. 伤害某人 shānghài mǒurén / the ～ 外科手术 wàikē shǒushù

knife-grinder *n.* 磨刀工人 módāo gōngrén；磨刀石 módāoshí

knight *n.* **1.** 骑士 qíshì ＊ in the Middle Ages **2.** 爵士 juéshì ＊ a man with a title of honor **3.** 马 mǎ ＊ in chess *v.* 封…为爵士 fēng…wéi juéshì；授予爵士 shòuyǔ juéshì

knight-errant *n.* 侠客 xiákè

knighthood *n.* 爵士（骑士）的地位、身份 juéshì（qíshì）de dìwèi、shēnfèn

knit *v.* **1.** 编织 biānzhī：I'm ～ting a pair of socks. 我正在织一双袜子。Wǒ zhèngzài zhī yìshuāng wàzi. **2.** 紧密结合 jǐnmì jiéhé：～ broken bones 接骨 jiēgǔ / a closely ～ group of men 紧密团结 jǐnmì tuánjié **3.** 皱紧 zhòujǐn：～ the brows 皱眉头 zhòu méitóu // knitter 编织工 biānzhīgōng / ～ up **1.** 织好 zhīhǎo；织完 zhīwán：～ this collar 把这领子织好 bǎ zhè lǐngzi zhīhǎo **2.** 适合编织的 shìhé biānzhīde：This wool ～s up well. 这毛线很好织。Zhè máoxiàn hěnhǎo zhī.

knitting *n.* 编织物 biānzhīwù：She keeps her ～ in a bag. 她把织的东西放在袋子里。Tā bǎ zhīde dōngxi fàngzài dàizili. // ～ machine 针织机 zhēnzhījī / ～ needle 编织用针 piānzhī yòng zhēn

knitwear *n.* 针织品 zhēnzhīpǐn：This shop sells ～. 这商店出售针织品。

Zhè shāngdiàn chūshòu zhēnzhīpǐn. / woollen ～ 羊毛织物 yángmáo zhīwù

knob *n*. **1**. 圆形把手 yuánxíng bǎshǒu: He turned the door ～. 他转动了门的把手。Tā zhuàndòngle ménde bǎshǒu. **2**. 圆形突出物 yuánxíng tūchūwù; 球块 qiúkuài: a stick with a ～ on the end 顶端有圆头的手杖 dǐngduān yǒu yuántóude shǒuzhàng / a ～ of butter 一块球形黄油 yíkuài qiúxíng huángyóu **3**. 疖 jié; 瘤 liú

knobbly *a*. 有圆形突出物的 yǒu yuánxíng tūchūwùde; 有节的 yǒujiéde: He has very thin legs and ～ knees. 他的腿很瘦而且膝盖骨隆起。Tāde tuǐ hěnshòu érqiě xīgàigǔ lóngqǐ.

knock *v*. **1**. 敲 qiāo; 击 jī: Please ～ (on the door) before entering. 进来前请先敲门。Jìnláiqián qǐng xiān qiāomén. / ～ a ball with a bat 用球棒击球 yòng qiúbàng jīqiú **2**. 撞击 zhuàngjī; 碰撞 pèngzhuàng: She ～ed the cup off the table. 她把桌上的杯子撞落在地。Tā bǎ zhuōshangde bēizi zhuàngluò zài dì. / He ～ed the fish on the head to kill it quickly. 他猛击鱼头使它快点儿死去。Tā měngjī yútóu shǐ tā kuàidiǎnr sǐqù. **3**. 找岔子 zhǎocházi; 说坏话 shuō huàihuà: Stop ～ing him. 别说他坏话。Bié shuō tā huàihuà. **4**. 发出砰砰声 fāchū pēngpēngshēng * of an engine *n*. **1**. 敲打 qiāodǎ: There is a ～ at the door. 有敲门声。Yǒu qiāomén shēng. (有人敲门。Yǒu rén qiāomén.) **2**. 不幸 búxìng; 麻烦 máfan: He's taken quite a few ～s lately. 他近来遇到好几件倒霉事。Tā jìnlái yùdào hǎojǐjiàn dǎoméishì. // ～ about **1**. 放在(某处)无人注意 fàng zài (mǒuchù) wú rén zhùyì: That old thing has been ～ing about the house for years. 多年来那件旧东西一直放在屋里无人注意。Duōniánlái nàjiàn jiùdōngxi yìzhí fàngzài wūli wúrén zhùyì. **2**. 流浪 liúlàng: He's ～ed about in Africa for years. 他在非洲已流浪好几年了。Tā zài Fēizhōu yǐ liúlàng hǎojǐ niánle. **3**. 粗暴对待 cūbào duìdài: They say he ～s his wife about. 人们说他虐待妻子。Rénmen shuō tā nüèdài qīzi. / ～ back 大口喝 dàkǒuhē: He ～ed back ten glasses of beer. 他一口气喝了十杯啤酒。Tā yìkǒuqì hēle shíbēi píjiǔ. / ～ down **1**. 拆除 chāichú: Our house is being ～ed down. 我们的房子正被拆掉。Wǒmende fángzi zhèng bèi chāidiào. **2**. 击倒 jīdǎo **3**. 减价 jiǎnjià; 降价 jiàngjià / ～ off **1**. 停工 tínggōng; 收工 shōugōng: Let's ～ off work early today. 我们今天早些收工。Wǒmen jīntiān zǎoxiē shōugōng. **2**. 减去 jiǎnqù; 扣除

kòuchú：～ £ 2 off the price 减价两英磅 jiǎnjià liǎng Yīngbàng **3.** 偷窃 tōuqiè / ～ out **1.** 打昏(某人) dǎhūn (mǒurén) **2.** 使(人)震惊 shǐ (rén) zhènjīng / ～ up **1.** 匆匆做成 cōngcōng zuòchéng：～ up a meal 匆匆做好一顿饭 cōngcōng zuòhǎo yídùn fàn **2.** (Bri. E.)敲门唤醒 qiāomén huànxǐng：～ me up at 7∶30 七点半敲门叫醒我 qīdiǎnbàn qiāomén jiàoxing wǒ

knocker *n.* **1.** 敲者 qiāozhě **2.** 门环 ménhuán

knock-kneed *a.* 膝内翻的 xīnèifānde

knockout *a.* 猛烈 měngliè：a ～ blow 猛烈的打击 měngliède dǎjī *n.* 击倒 jīdǎo

knoll *n.* 圆丘 yuánqiū；土墩 tǔdūn

knot *n.* **1.** 结 jié：She tied her belt with a ～. 她把带子打了个结。Tā bǎ dàizı dǎlege jié. **2.** 节 jié；节疤 jiébā ＊ of a tree **3.** 一小群人 yìxiǎoqún rén：a ～ of people whispering 低声谈话的一小群人 dīshēng tánhuàde yìxiǎoqún rén **4.** 海浬 hǎilǐ；浬 lǐ *v.* **1.** 打结 dǎjié：～ a rope 打绳结 dǎ shéngjié **2.** 连结 liánjié：～ two things together 把两件东西系在一起 bǎ liǎngjiàn dōngxi jìzài yìqǐ

knotty *a.* **1.** 多节的 duōjiéde；多结的 duōjiéde **2.** 难解的 nánjiěde：a ～ problem 难题 nántí

know *v.* **1.** 知道 zhīdao；了解 liǎojiě；懂 dǒng：I ～ him by name. 我只知道他的名字。Wǒ zhǐ zhīdao tāde míngzi. / I don't ～ Chinese. 我不懂中文。Wǒ bùdǒng Zhōngwén. / I ～ (that) it is true. 我知道那是事实。Wǒ zhīdao nàshi shìshí. **2.** 认识 rènshi；熟悉 shúxi：I've ～n Wang Hong for years. 我认识王红有好几年了。Wǒ rènshi Wáng Hóng yǒu hǎojǐniánle. **3.** 识别 shíbié；认出 rènchū：I'll ～ him when I see him. 看到他时我就会认出他。Kàndào tāshí wǒ jiùhuì rènchū tā. / How did you ～ him to be the leader? 你怎样识别他是领导？Nǐ zěnyàng shíbié tā shì lǐngdǎo? **4.** 经历 jīnglì；体验 tǐyàn：He has ～n much unhappiness 他经历过许多不愉快的事。Tā jīnglìguo xǔduō bù yúkuàide shì. / They ～ poverty. 他们经历了贫困。Tāmen jīnglìle pínkùn. / ～ of sb. (sth.) 听说过某人(事) tīngshuōguo mǒurén(shì) / ～ the ropes 知道事情的内情 zhīdao shìqingde nèiqíng / ～-how 实际知识 shíjì zhīshi；技能 jìnéng

knowable *a.* 可知的 kězhīde；可了解的 kě liǎojiěde

knowing *a.* **1.** 机警的 jījǐngde；聪明的 cōngmingde：a ～ dog 一只机警的狗 yìzhī jījǐngde gǒu **2.** 有见识的 yǒu jiànshide；有知识的 yǒu zhīshide：a ～ person 有识之士 yǒushí-zhīshì **3.** 会意的 huìyìde：a ～ look 会意的眼色 huìyìde yǎnsè / a ～ smile 会意的笑容 huìyìde xiàoróng *n.* 知道 zhīdao：There is no ～ when he will come again. 不知道他什么时候会再来。Bù zhīdao tā shénme shíhou huì zàilái. / There's no ～ what the weather will do. 天气会怎样变化无法预料。Tiānqì huì zěnyàng biànhuà wúfǎ yùliào.

knowingly *ad.* 故意地 gùyìde；有意的 yǒuyìde：She would never ～ hurt anyone. 她决不会故意伤害任何人。Tā jué búhuì gùyì shānghài rènhé rén. / Don't violate it ～. 不要明知故犯。Búyào míngzhī-gùfàn.

knowledge *n.* **1.** 了解 liǎojiě；理解 lǐjiě：a ～ of the truth 了解事实真相 liǎojiě shìshí zhēnxiàng **2.** 认识 rènshi：perceptual (rational) ～ 感性(理性)认识 gǎnxìng (lǐxìng) rènshi / K- originates in practice. 认识来源于实践。Rènshi láiyuányú shíjiàn. **3.** 知识 zhīshi；学识 xuéshí；学问 xuéwen：human ～ 人类知识 rénlèi zhīshi / K- is power. 知识就是力量。Zhīshi jiùshì lìliang. **4.** 熟悉 shúxī：He has a good ～ of Beijing. 他对北京很熟悉。Tā duì Běijīng hěn shúxi. // come to sb.'s ～ 被某人知道 bèi mǒurén zhīdao / to sb.'s ～ 据某人所知 jù mǒurén suǒzhī

knowledgeable *a.* 有知识的 yǒu zhīshide 有见识的 yǒu jiànshide；知识渊博的 zhīshi yuānbóde：He's very ～ about music. 他的音乐知识很丰富。Tāde yīnyuè zhīshi hěn fēngfù. / He made some ～ remarks at the meeting. 他在会上的发言相当有见地。Tā zài huìshangde fāyán xiāngdāng yǒu jiàndì.

knuckle *n.* 指关节 zhǐguānjié // ～ down 开始努力工作 kāishǐ nǔlì gōngzuò：You'll really have to ～ down if you want to pass the examination. 如果你希望考试及格，那你真得认真学习了。Rúguǒ nǐ xīwàng kǎoshì jígé, nà nǐ zhēnděi rènzhēn xuéxíle. / ～ down to work 安下心来工作 ānxià xīnlái gōngzuò / ～ down to a person 对某人屈服 duì mǒurén qūfú

kopek *n.* 戈比 gēbǐ ＝ copeck

Koran *n.* 可兰经 Kělánjīng

Korean *a.* **1.** 朝鲜的 Cháoxiǎnde **2.** 朝鲜人的 Cháoxiǎnrénde *n.* **1.** 朝鲜人

Cháoxiǎnrén 2. 朝鲜话 Cháoxiǎnhuà

kotow *n*. 叩头 kòutóu；磕头 kētóu = kowtow

krypton *n*. 氪 kè

kudos *n*. 荣誉 róngyù；赞扬 zànyáng：He got a great deal of ～ for his work at the university. 他在大学里工作出色，得到许多荣誉。Tā zài dàxuéli gōngzuò chūsè，dédào xǔduō róngyù.

kungfu *n*. 功夫 gōngfu；中国武术 Zhōngguó wǔshù

Kunlun *n*. 昆仑山脉 Kūnlún Shānmài

L

laager *n*. 用车辆围成的营地 yòng chēliàng wéichéngde yíngdì

lab *n*. 实验室 shíyànshì：She works in the ～. 她在实验室工作。Tā zài shíyànshì gōngzuò.

label *n*. 1. 标签 biāoqiān：put ～s on the bottles 在瓶子上贴上标签 zài píngzishang tiēshàng biāoqiān 2. 称号 chēnghào：acquire the ～ of 得了…的称号 déle…de chēnghào *v*. 1. 贴标签于 tiē biāoqiān yú；在…上标明 zài…shang biāomíng：The doctor ～led the bottle poisonous. 医生在瓶子上贴了"有毒"的标签。Yīshēng zài píngzishang tiēle "yǒudú" de biāoqiān. 2. 把…称为 bǎ…chēngwéi；把…归类为 bǎ…guīlèi wéi：The man is ～led as a drunkard. 那人被别人称作酒鬼。Nàrén bèi biérén chēngzuò jiǔguǐ.

labial *n*. 唇音 chúnyīn：〔b〕is a ～.〔b〕是个唇音。〔b〕shìge chúnyīn.

laboratory *n*. 实验室 shíyànshì

laborious *a*. 1. 费力的 fèilìde；吃力的 chīlìde：Climbing a mountain is very ～. 爬山很吃力。Páshān hěn chīlì. 2. 勤劳的 qínláode：Bees are ～ insects. 蜜蜂是勤劳的昆虫。Mìfēng shì qínláode kūnchóng.

labor *n*. 1. 劳动 láodòng：physical (mental) ～ 体力(脑力)劳动 tǐlì(nǎolì) láodòng 2. 工人 gōngrén；劳动阶级 láodòng jiējí：skilled ～ 熟练工人 shúliàn gōngrén 3. 工作 gōngzuò：completed ～s 完成的工作 wánchéngde gōngzuò 4. 分娩 fēnmiǎn；阵痛 zhèntòng：His wife was in difficult ～. 他的妻子难产。Tāde qīzi nánchǎn. *v*. 1. 劳动 láodòng；苦苦地干 kǔkǔde gàn：He ～ed at the linguistic courses for seven years, now he is a linguist. 他苦学了七年语言学课程，现在他是个语言学家。

Tā kǔxuéle qīnián yǔyánxué kèchéng, xiànzài tā shìge yǔyánxuéjiā. **2.** 费力地前进 fèilìde qiánjìn: She ～ed up the hill with her luggage. 她背着行李费力地爬上山。Tā bēizhe xínli fèilìde páshàng shān. **3.** 过于详尽地说明 guòyú xiángjìnde shuōmíng: I'll not ～ the point. 这点我就不详细地谈了。Zhèdiǎn wǒ jiù bù xiángxìde tánle. // L- Day **1.** 五一国际劳动节 Wǔ-Yī Guójì Láodòngjié **2.** 劳动节 Láodòngjié * in North America / ～ exchange 职业介绍所 zhíyè jièshàosuǒ / ～ market 劳动力市场 láodònglì shìchǎng / ～ of love 心甘情愿做的事 xīngān-qíngyuàn zuòde shì / L- Party 工党 Gōngdǎng / ～ under 为…而苦恼 wèi… ér kǔnǎo: He ～ed under a misunderstanding. 他因被人误解而苦恼。Tā yīn bèi rén wùjiě ér kǔnǎo. / ～ union 工会 gōnghuì

laborer *n.* 劳工 láogōng; 工人 gōngrén

Labrador *n.* 拉布拉多猎犬 Lābùlāduō lièquǎn

laburnum *n.* 金链花 jīnliànhuā

labyrinth *n.* **1.** 迷宫 mígōng: Walking in the ～, the boy can't find a way to go out. 孩子在迷宫中行走,找不到出去的路。Háizi zài mígōngzhōng xíngzǒu, zhǎobudào chūqùde lù. **2.** 错综复杂的事物 cuòzōng-fùzáde shìwù: ～ of problems 错综复杂的问题 cuòzōng-fùzáde wèntí

lace *n.* **1.** 鞋带 xiédài; 系带 jìdài: I need to buy a pair of new shoe ～s. 我要买一副新鞋带。Wǒ yào mǎi yífù xīn xiédài. **2.** 花边 huābiān: ～ curtains 花边窗帘 huābiān chuānglián **3.** 饰带 shìdài * used esp. on the uniforms of military officers *v.* **1.** 用带子系紧 yòng dàizi jìjǐn; 用(系带)穿过小孔 yòng(jìdài) chuānguò xiǎokǒng: L- up your shoes. 系紧你的鞋子。Jìjǐn nǐde xiézi. **2.** 用花边装饰 yòng huābiān zhuāngshì // ～ into 打 dǎ; 斥骂 chìmà

lacerate *v.* **1.** 撕裂 sīliè; 划破 huápò: The knife ～d his finger. 小刀划破了他的手指。Xiǎodāo huápòle tāde shǒuzhǐ **2.** 伤害 shānghài: ～d feelings 受到伤害的感情 shòudào shānghàide gǎnqíng

laceration *n.* **1.** 撕裂 sīliè; 划破 huápò **2.** 伤口 shāngkǒu

lachrymal *a.* 眼泪的 yǎnlèide; 泪腺的 lèixiànde: ～ gland 泪腺 lèixiàn

lachrymose *a.* **1.** 爱哭的 àikūde; 流泪的 liúlèide: a ～ girl 爱哭的女孩儿 àikūde nǚháir **2.** 引人落泪的 yǐnrén luòlèide: a ～ movie 引人落泪的影片 yǐnrén luòlèide yǐngpiàn

lack *v.* 缺乏 quēfá; 缺少 quēshǎo; 不足 bùzú; 没有 méiyǒu: He ～ed courage. 他缺乏勇气。Tā quēfá yǒngqì. / His composition ～s literary grace. 他的作文缺乏文采。Tāde zhòwén quēfá wéncǎi. *n*. 缺乏 quēfá；缺少 quēshǎo；不足 bùzú：Logic is a conspicuous ～ in his writings. 他写的文章显然缺乏逻辑性。Tā xiěde wénzhāng xiǎnrán quēfá luójíxìng.

lackadaisical *a*. 懒洋洋的 lǎnyāngyāngde；无精打采的 wújīng-dǎcǎide：He looks ～ today. 他今天看起来无精打采的。Tā jīntiān kàn qǐlái wújīng-dǎcǎide.

lackey *n*. 走狗 zǒugǒu；奴才 núcai

lacking *a*. 缺乏的 quēfáde；没有的 méiyǒude：Food was ～ here because traffic was held up for a month. 由于交通中断了一个月，这里食品缺乏。Yóuyú jiāotōng zhōngduànle yígeyuè，zhèlǐ shípǐn quēfá. // ～ in 缺少 quēshǎo；缺乏 quēfá：They are ～ in food. 他们缺乏食品。Tāmen quēfá shípǐn.

lacklustre，lackluster *a*. 无光泽的 wú guāngzéde；呆滞的 dāizhìde：a pair of ～ eyes 一双呆滞的眼睛 yìshuāng dāizhìde yǎnjing

laconic *a*. 简洁的 jiǎnjiéde；精练的 jīngliànde

lacquer *n*. 漆 qī *v*. 上漆 shàngqī；涂漆 túqī

lacrosse *n*. 长柄曲棍球 chángbǐng qūgùnqiú

lactation *n*. **1**. 乳汁的分泌 rǔzhīde fēnmì * the secretion of milk **2**. 乳汁分泌期 rǔzhī fēnmìqī * the period during which ～ occurs

lactic *a*. 乳的 rǔde；乳汁的 rǔzhīde：～ acid 乳酸 rǔsuān

lactose *n*. 乳糖 rǔtáng

lacuna *n*. 空隙 kòngxì；空白 kòngbái

lacy *a*. 有花边的 yǒu huābiānde；有带子的 yǒu dàizide：a ～ skirt 有花边的裙子 yǒu huābiānde qúnzi

lad *n*. **1**. 男孩儿 nánháir；少年 shàonián；小伙子 xiǎohuǒzi：a ～ not yet twenty 未满二十岁的小伙子 wèimǎn èrshísuìde xiǎohuǒzi **2**. 家伙 jiāhuo * fellow **3**. 粗野的人 cūyěde rén：a bit of a ～ 一个有点儿粗野的人 yíge yǒudiǎnr cūyěde rén

ladder *n*. **1**. 梯子 tīzi：He climbed up the ～ to the roof. 他顺着梯子爬到了屋顶。Tā shùnzhe tīzi pádàole wūdǐng. **2**. 梯状物 tīzhuàngwù；阶梯 jiētī：the bottom rung of the social ～ 社会的最底层 shèhuìde zuìdǐcéng **3**. （长统袜上的）抽丝（chángtǒngwàshangde）chōusī *v*.（使）（长统袜等）抽丝（shǐ）（chángtǒngwà děng）chōusī：She has ～ed her stockings.

她的长统袜被她穿得抽丝了。Tāde chángtǒngwà bèi tā chuānde chōusīle.

laddie *n.* 男孩儿 nánháir；少年 shàonián

laden *a.* **1.** 满载的 mǎnzàide：the heavily ～ ship 满载的船 mǎnzàide chuán / a tree ～ with fruit 结满果子的树 jiēmǎn guǒzide shù **2.** 苦恼的 kǔnǎode：a ～ heart 沉重的心情 chénzhòngde xīnqíng

la-di-da，lah-di-dah *a.* 做作的 zuòzuode；装模作样的 zhuāngmúzuòyàngde

Ladies，ladies' room *n.* 女公共厕所 nǚ gōnggòng-cèsuǒ

lading *n.* 装载 zhuāngzài；装载的货物 zhuāngzàide huòwù // a bill of ～ 提(货)单 tí(huò)dān

ladle *n.* 长柄勺 chángbǐngsháo *v.* (用勺)舀 (yòngsháo)yǎo；盛 chéng：～ the soup into the bowls 把汤舀到碗里 bǎ tāng yǎo dào wǎnli // ～ out 舀出 yǎochū；提供 tígōng：Don't ～ out too much information to the small children. 别给小孩子们灌输太多知识。Bié gěi xiǎo háizimen guànshū tàiduō zhīshi.

lady *n.* **1.** 女士 nǚshì；夫人 fūrén；小姐 xiǎojiě：Good morning，ladies！女士们，早上好！Nǚshìmen，zǎoshang hǎo！/ You dropped your wallet，～！你的钱包掉了，小姐！Nǐde qiánbāo diàole，xiǎojiě！**2.** 女主人 nǚzhǔrén：～ of the house 女主人 nǚzhǔrén **3.** 情人 qíngrén；情妇 qíngfù * ladylove

ladylike *a.* 气质高雅的 qìzhì gāoyǎde

Ladyship *n.* 夫人 fūrén；小姐 xiǎojiě

ladybird，ladybug *n.* 瓢虫 piáochóng

lady-killer *n.* 使女人倾倒的男人 shǐ nǚrén qīngdǎode nánrén：专门勾引女人的男人 zhuānmén gōuyǐn nǚrénde nánrén

lag¹ *v.* 落后 luòhòu；走得慢 zǒudemàn：He ～ged because he was tired. 他累了，所以慢慢地走在后面。Tā lèile，suǒyǐ mànmànde zǒuzài hòumian. *n.* **1.** 落后 luòhòu；延迟 yánchí：This work must go forward without ～. 这项工作必须毫不延迟地进行。Zhèxiàng gōngzuò bìxū háobù yánchíde jìnxíng. **2.** 相隔时间 xiānggé shíjiān：the ～ between composition and publication 排字和出版之间的相隔时间 páizì hé chūbǎn zhījiānde xiānggé shíjiān

lag² *v.* 给…加上防护套 gěi… jiāshàng fánghùtào

lag³ *n.* 囚犯 qiúfàn：an old ～ 曾多次坐牢的囚犯 céng duōcì zuòláode qiúfàn

lager *n.* 淡啤酒 dànpíjiǔ

laggard *a.* 缓慢的 huǎnmànde；落后的 luòhòude *n.* 迟钝者 chídùnzhě；落后者 luòhòuzhě

lagging *n.* 防护套 fánghùtào * used to lag a water pipe or container

lagoon *n.* 咸水湖 xiánshuǐhú

lair *n.* 兽穴 shòuxué；兽窝 shòuwō：the bandits' ～ 匪巢 fěicháo / The police tracked the thieves to their ～. 警察跟踪小偷找到了他们的巢穴。Jǐngchá gēnzōng xiǎotōu zhǎodàole tāmende cháoxué.

laissez-faire, laisser-faire *n.* 放任主义 fàngrènzhǔyì；自由放任 zìyóu fàngrèn

lake¹ *n.* 湖 hú // Lake Baikal 贝加尔湖 Bèijiā'ěrhú / Lake Erie 伊利湖 Yīlìhú / Lake (of) Geneva 日内瓦湖 Rìnèiwǎhú / Lake Huron 休伦湖 Xiūlúnhú / Lake Michigan 密执安湖 Mìzhí'ānhú / Lake Ontario 安大略湖 Āndàlüèhú / Lake Superior 苏必利尔湖 Sūbìlì'ěrhú

lake² *n.* 深红带蓝的颜料 shēnhóng dài lánde yánliào

lama *n.* 喇嘛 lǎma

Lamaism *n.* 喇嘛教 Lǎmajiào

lamasery *n.* 喇嘛庙 lǎmamiào

lamb **1.** 羔羊 gāoyáng；小羊 xiǎoyáng：The wolf was closing in on the lamb. 狼正向小羊逼近。Láng zhèng xiàng xiǎoyáng bījìn. **2.** 羔羊肉 gāoyángròu * the meat **3.** 性情温和的年轻人 xìngqíng wēnhéde niánqīngrén：He is a ～, he never loses his temper. 他是个性情温和的年轻人，从不发脾气。Tā shìge xìngqíng wēnhéde niánqīngrén，cóngbù fā píqi. *v.* 生小羊 shēng xiǎoyáng

lambaste *v.* 鞭打 biāndǎ；痛骂 tòngmà

lambent *a.* 轻轻摇曳的 qīngqīng yáoyède：～ flames 轻轻摇曳的火焰 qīngqīng yáoyède huǒyàn

lamblike *a.* 温良的 wēnliángde；温顺的 wēnshùnde

lambskin *n.* 小羊皮 xiǎoyángpí；羔皮革 gāopígé

lame *a.* **1.** 跛的 bǒde；瘸的 quéde **2.** 站不住脚的 zhànbuzhù jiǎode；理由不充分的 lǐyóu bù chōngfènde：He gave a ～ excuse for being late. 他解

释迟到的理由不充分。Tā jiěshì chídàode lǐyǒu bù chōngfèn. *v.* 使跛 shǐbǒ: The accident ～d him for life. 那起事故使他终身成为跛子。Nàqǐ shìgù shǐ tā zhōngshēn chéngwéi bǒzi.

lamé *n.* 金银线织物 jīnyínxiàn zhīwù

lament *v.* 哀悼 āidào; 悲伤 bēishāng; 痛惜 tòngxī: ～ the dead 哀悼死者 āidào sǐzhě / ～ this great loss 痛惜这一巨大损失 tòngxī zhèyī jùdàsǔnshī *n.* **1.** 哀悼 āidào; 恸哭 tòngkū **2.** 挽歌 wǎngē * a piece of music expressing sorrow

lamentable *a.* **1.** 令人惋惜的 lìngrén wǎnxīde: a ～ failure 令人惋惜的失败 lìngrén wǎnxīde shībài **2.** 质量低的 zhìliàngdīde; 拙劣的 zhuōliède: ～ imitations 质量低劣的仿制品 zhìliàng dīliède fǎngzhìpǐn / a ～ piece of acting 拙劣的表演 zhuōliède biǎoyǎn

lamentation *n.* 哀悼 āidào; 悲哀 bēi'āi

laminate *v.* 切成薄片 qiēchéng báopiàn * to break something into thin flat sheets *n.* 薄片制品 báopiàn zhìpǐn

lamp *n.* 灯 dēng: table ～ 台灯 táidēng / street ～ 路灯 lùdēng / an ultra violet ～ 紫外线灯 zǐwàixiàndēng

lampoon *n.* 攻击 gōngjī; 讽刺文章 fěngcì wénzhāng: He is good at writing ～s. 他善于写讽刺文章。Tā shànyú xiě fěngcì wénzhāng. *v.* 讽刺 fěngcì

lampoonist *n.* 讽刺作家 fěngcì zuòjiā

lamppost *n.* 路灯柱 lùdēngzhù

lampshade *n.* 灯罩 dēngzhào

lance *n.* **1.** 长矛 chángmáo * a long spearlike weapon **2.** 鱼叉 yúchā * a spear used for catching fish *v.* **1.** 用矛刺 yòng máo cì **2.** 用柳叶刀切开 yòng liǔyèdāo qiēkāi: The doctor ～d the boil on his hand. 医生用柳叶刀切开了他手上的疖子。Yīshēng yòng liǔyèdāo qiēkāile tā shǒushangde jiēzi.

lancer *n.* 使用矛的骑兵 shǐyòng máode qíbīng

lancet *n.* 刺血针 cìxuèzhēn; 柳叶刀 liǔyèdāo

land *n.* **1.** 陆地 lùdì: go by ～ 从陆路去 cóng lùlù qù / The storm blew fiercely over ～ and sea. 暴风雨猛烈地吹过陆地及海面。Bàofēngyǔ měngliède chuīguò lùdì jí hǎimiàn. **2.** 土地 tǔdì; 田地 tiándì: till the ～ 种田 zhòngtián / the ～ sown to maize 种玉米的地 zhòng yùmǐde dì **3.** 国土 guótǔ; 国家 guójiā: the ～ where I was born 我出生的国家 wǒ chūshēngde guójiā 4. 地产 dìchǎn；田产 tiánchǎn：Land prices have risen quickly. 地价涨得很快。Dìjià zhǎngde hěnkuài. 5. [the ～] 农村生活 nóngcūn shēnghuó：go back to the ～ 回去过农村生活 huíqù guò nóngcūn shēnghuó *v*. 1. 登陆 dēnglù；着陆 zhuólù；降落 jiàngluò：We ～ed safely. 我们安全着陆了。Wǒmen ānquán zhuólùle. 2. 到达 dàodá；使陷入 shǐ xiànrù：That will ～ him in prison. 那会使他入狱。Nà huì shǐ tā rùyù. 3. 得到 dédào；弄到 nòngdào：～ a prize 得奖 déjiǎng 4. 打 dǎ：I ～ed a blow on his face. 我一拳打在他的脸上。Wǒ yìquán dǎzài tāde liǎnshang. // how the ～ lies 情况如何 qíngkuàng rúhé / make ～ 到岸 dào'àn / ～ agent 地产商 dìchǎnshāng；地产经理人 dìchǎn jīnglǐrén / ～ law 土地法 tǔdìfǎ / ～ rover 越野车 yuèyěchē

landed *a*. 1. 拥有大量土地的 yōngyǒu dàliàng tǔdìde：a ～ family 地主家庭 dìzhǔ jiātíng 2. 地皮的 dìpíde：～ property 地产 dìchǎn

landing *n*. 1. 登陆 dēnglù；着陆 zhuólù：an emergency ～ 紧急着陆 jǐnjí zhuólù 2. 码头 mǎtou：～ stage 浮码头 fúmǎtou 3. 楼梯平台 lóutī píngtái * a level space between 2 sets of stairs // ～ craft 登陆艇 dēnglùtǐng / ～ field 飞机跑道 fēijī pǎodào / ～ gear 起落架 qǐluòjià

landlady *n*. 1. 女店主 nǚdiànzhǔ：a seaside ～ 海滨旅店的女主人 hǎibīn lǚdiànde nǚ zhǔrén 2. 女房东 nǚ fángdōng；女地主 nǚ dìzhǔ

landlocked *a*. 被陆地包围的 bèi lùdì bāowéide：～ countries 内陆国家 nèilù guójiā

landlord *n*. 1. 房东 fángdōng；地主 dìzhǔ 2. 店主 diànzhǔ

landmark *n*. 1. 地标 dìbiāo：The tall tree is a ～ to the village. 那棵大树是这个村子的地标。Nàkē dàshù shì zhège cūnzide dìbiāo. 2. 里程碑 lǐchéngbēi：The printing press, telegraph, telephone, radio, and television are ～s of communication. 印刷机、电报、电话、无线电和电视是通讯史上的里程碑。Yìnshuājī、diànbào、diànhuà、wúxiàndiàn hé diànshì shì tōngxùnshǐshangde lǐchéngbēi. 3. 界标 jièbiāo：the ～ between two countries 两国间的界标 liǎngguójiānde jièbiāo

landmine *n*. 地雷 dìléi：lay ～s 埋地雷 mái dìléi

landscape *n*. 1. 风景 fēngjǐng；景色 jǐngsè：a beautiful seaside ～ 美丽的海滨景色 měilìde hǎibīn jǐngsè 2. 风景画 fēngjǐnghuà：～ paintings 风景画 fēngjǐnghuà *v*. 使自然美化 shǐ zìrán měihuà：a ～d park 经过自然美

化的公园 jīngguò zìrán měihuàde gōngyuán // ～ gardener 园艺美化专家 yuányì měihuà zhuānjiā / ～ gardening 庭园设计 tíngyuán shèjì

landslide *n.* 山崩 shānbēng；塌方 tāfāng

landslip *n.* 山崩 shānbēng

landward *a.* 向陆地的 xiànglùdìde

landwards *ad.* 向陆地 xiànglùdì

lane *n.* **1.** 小巷 xiǎoxiàng：streets and ～s 大街小巷 dàjiē-xiǎoxiàng **2.** 航道 hángdào；车道 chēdào：the inside (outside) ～ 内(外)车道 nèi(wài) chēdào // It is a long ～ that has no turning. 路必有弯。Lù bì yǒu wān.

language *n.* **1.** 语言 yǔyán：the Chinese ～ 汉语 Hànyǔ / learn foreign ～s 学习外语 xuéxí wàiyǔ / spoken ～ 口语 kǒuyǔ / written ～ 书面语 shūmiànyǔ **2.** 风格 fēnggé；文体 wéntǐ：Shakespeare's ～ 莎士比亚的文体 Shāshìbǐyàde wéntǐ **3.** 特殊的表达方式 tèshūde biǎodá fāngshì：the ～ of flowers 花的语言 huāde yǔyán / gesture ～ 手势语 shǒushìyǔ **4.** 术语 shùyǔ：the ～ of linguistics 语言学术语 yǔyánxué shùyǔ **5.** 骂人的话 màrénde huà：bad ～ 骂人话 màrénhuà // ～ laboratory 语言实验室 yǔyán shíyànshì

languid *a.* 无精打采的 wújīng-dǎcǎide；倦怠的 juàndàide：The muggy weather makes a person feel ～. 闷热的天气使人无精打采。Mēnrède tiānqì shǐ rén wújīng-dǎcǎi.

languish *v.* **1.** 变得衰弱 biànde shuāiruò * in strength or will **2.** 受苦 shòukǔ；受折磨 shòu zhémo：～ in prison 在狱中受折磨 zài yùzhōng shòu zhémo **3.** 憔悴 qiáocuì：She ～ed for home. 她因想家而憔悴。Tā yīn xiǎngjiā ér qiáocuì.

languor *n.* **1.** 衰弱无力 shuāiruò wúlì * of body or mind **2.** 沉闷 chénmèn；倦怠 juàndài：the ～ of a summer day 夏日令人昏昏欲睡的感觉 xiàrì lìngrén hūnhūn-yùshuìde gǎnjué **3.** 柔情 yóuqíng * tender feelings

lank *a.* **1.** 瘦的 shòude；细长的 xìchángde：a ～ boy 瘦长的男孩儿 shòuchángde nánháir **2.** (头发)平直的 (tóufa)píngzhíde：She has ～ hair. 她留着直发。Tā liúzhe zhífà.

lanky *a.* 过分瘦长的 guòfèn shòuchángde；瘦长得难看 shòuchángde nánkàn

lanolin *n.* 羊毛脂 yángmáozhī

lantern *n.* 灯笼 dēnglong：a signal ～ 信号灯 xìnhàodēng // ～ jaw 突出的下巴 tūchūde xiàba；瘦长的下巴 shòuchángde xiàba

lantern slide *n.* 幻灯片 huàndēngpiàn

lap[1] *n.* **1.** 膝部 xībù：hold a child on one's ～ 把孩子抱在膝上 bǎ háizi bàozài xīshang **2.**（衣服的）下摆（yīfude）xiàbǎi；裙兜 qúndōu * of clothes // in the ～ of luxury 在奢侈的环境中 zài shēchǐde huánjìngzhōng：He grew up in the ～ of luxury. 他在奢侈的环境中长大。Tā zài shēchǐde huánjìngzhōng zhǎngdà. / in the ～ of the gods 听天由命 tīngtiān-yóumìng

lap[2] *v.* **1.** 包 bāo；包围 bāowéi：～ a bandage round a wrist 用纱布包扎手腕 yòng shābù bāozhā shǒuwàn **2.** 比…领先一圈 bǐ… lǐngxiān yìquān：He ～ped the slowest runner. 他比跑得最慢的领先一圈。Tā bǐ pǎode zuì mànde lǐngxiān yìquān. **3.** 跑完一圈 pǎowán yìquān：He ～ped in under two minutes. 他在两分之内跑完了一圈。Tā zài liǎngfēn zhīnèi pǎowánle yìquān. *n.* **1.** 包 bāo；折叠 zhédié **2.** 一圈 yìquān：the fifth ～ of the race 赛跑的第五圈 sàipǎode dì-wǔ quān

lap[3] *v.* **1.** 舔 tiǎn：The little dog ～ped up the milk. 小狗把牛奶舔光了。Xiǎogǒu bǎ niúnǎi tiǎnguāngle. **2.** 拍打 pāidǎ：The sea ～s the shore. 波浪拍打海岸。Bōlàng pāidǎ hǎi'àn. *n.* **1.** 舔 tiǎn **2.** 轻拍声 qīngpāishēng；拍打声 pāidǎshēng：the ～ of the waves against the ship 波浪拍打船舷声 bōlàng pāidǎ chuánxián shēng

lapdog *n.* 叭儿狗 bārgǒu

lapel *n.* 西服或夹克的翻领 xīfú huò jiākède fānlǐng

lapidary *n.* 宝石匠 bǎoshíjiàng *a.* 刻在石头上的 kè zài shítoushangde

lapse *n.* **1.** 失误 shīwù；小错 xiǎocuò：a ～ of memory 记忆错误 jìyì cuòwù **2.** 失检 shījiǎn：a ～ from respectability 有失体面 yǒushī tǐmiàn **3.**（时间的）流逝（shíjiānde）liúshì：I saw him again after a ～ of five years. 事隔五年之后，我又见到了他。Shìgé wǔnián zhīhòu，wǒ yòu jiàndàole tā. **4.** 权利终止 quánlì zhōngzhǐ * the ending of rights *v.* **1.** 失检 shījiǎn：He sometimes ～s from good behavior. 他有时行为失检。Tā yǒushí xíngwéi shījiǎn. **2.** 陷入 xiànrù：Hearing of the news，they ～d into silence. 听到这个消息，他们陷入了沉默。Tīngdào zhège xiāoxi，tāmen xiànrùle chénmò. **3.**（时间）流逝（shíjiān）liúshì **4.** 终止 zhōngzhǐ：His claim ～d after one year. 一年后他的要求失效了。

Yìniánhòu tāde yāoqiú shīxiàole. // ～ rate 气温递减率 qìwēn dìjiǎnlǜ

larceny *n*. 盗窃 dàoqiè

larch *n*. **1**. 落叶松 luòyèsōng **2**. 落叶松木 luòyèsōngmù ＊ the strong hard wood of this tree

lard *n*. 猪油 zhūyóu *v*. **1**. 涂猪油于 tú zhūyóu yú ＊ spread lard over **2**. (烹调前)放腌肉片(或猪肉片)于 (pēngtiáo qián) fàng yānròupiàn(huò zhūròupiàn) yú ＊ put small pieces of preserved pork into or on before cooking **3**. 润色 rùnsè：～ a performance with beautiful clothing 以漂亮的服装使演出增色 yǐ piàoliangde fúzhuāng shǐ yǎnchū zēngsè

larder *n*. 食品贮藏室 shípǐn zhùcángshì；食品柜 shípǐnguì

large *a*. **1**. 大的 dàde；大量的 dàliàngde：a ～ family 大家庭 dà jiātíng / a ～ crowd 一大群人 yídàqún rén **2**. 广博的 guǎngbóde；广阔的 guǎngkuòde：take a ～ view 持有广博的见解 chíyǒu guǎngbóde jiànjiě // as ～ as life 亲自 qīnzì；千真万确 qiānzhēn-wànquè：You have looked for her for a long time. Look, she is here as ～ as life. 你找了她很长时间，瞧，她不就在这儿吗？Nǐ zhǎole tā hěncháng shíjiān, qiáo, tā bújiùzài zhèrma? / at ～ **1**. 未被捕的 wèi bèibǔde；自由的 zìyóude：The criminal is not at ～. 那个罪犯已被捕了。Nàge zuìfàn yǐ bèibǔle. **2**. 一般的 yìbānde；普遍的 pǔbiànde：The country at ～ is hoping for great changes. 这个国家普遍来说都希望有巨变。Zhège guójiā pǔbiàn láishuō dōu xīwàng yǒu jùbiàn.

large-hearted *a*. 慷慨的 kāngkǎide；仁慈的 réncíde

largely *ad*. **1**. 大量地 dàliàngde：build ～ 大兴土木 dàxīngtǔmù **2**. 大半地 dàbànde；主要地 zhǔyàode：The students of this university are ～ boy students. 这所大学的学生主要是男学生。Zhèsuǒ dàxuéde xuésheng zhǔyào shì nán xuésheng.

large-minded *a*. 度量大的 dùliàngdàde；思想开通的 sīxiǎng kāitōngde

lariat *n*. 套索 tàosuǒ ＊ for catching horses and cattle

lark[1] *n*. 百灵鸟 bǎilíngniǎo；云雀 yúnquè

lark[2] *n*. 玩笑 wánxiào；嬉耍 xīshuǎ：The children were on a ～. 孩子们在闹着玩。Háizimen zài nàozhe wán.

larrup *v*. 打 dǎ；殴打 ōudǎ

larva *n*. 幼虫 yòuchóng；幼体 yòutǐ：The tadpole is the ～ of the frog. 蝌蚪是青蛙的幼体。Kēdǒu shì qīngwāde yòutǐ.

laryngeal *a.* 喉的 hóude
laryngitis *n.* 喉炎 hóuyán
laryngoscope *n.* 喉镜 hóujìng
larynx *n.* 喉 hóu
lascivious *a.* 好色的 hàosède；淫荡的 yíndàngde
laser *n.* 激光 jīguāng：～ missile tracking system 激光导弹跟踪系统 jīguāng dǎodàn gēnzōng xìtǒng / ～ beam 激光束 jīguāngshù
lash[1] *v.* **1.** 鞭打 biāndǎ；打 dǎ：The rider ～ed his horse. 车夫鞭打他的马。Chēfū biāndǎ tāde mǎ. **2.** 冲击 chōngjī；甩动 shuǎidòng：The waves ～ed the cliffs. 波浪冲击着峭壁。Bōlàng chōngjīzhe qiàobì. / The tiger's tail ～ed about angrily. 老虎的尾巴愤怒地甩动着。Lǎohǔde wěiba fènnùde shuǎidòngzhe. **3.** 痛斥 tòngchì：～ out into strong language 破口大骂起来 pòkǒu dàmà qǐlái **4.** 激使 jīshǐ；煽动 shāndòng：His words ～ed his father into a fury. 他的话激得他父亲大怒。Tāde huà jīde tā fùqin dànù. *n.* **1.** 皮鞭 píbiān **2.** 鞭打 biāndǎ **3.** 冲击 chōngjī：the ～ of the waves on the rocks 海浪冲击着岩石 hǎilàng chōngjīzhe yánshí **4.** 睫毛 jiémáo ＝ eyelash
lash[2] *v.* 用绳捆绑 yòng shéng kǔnbǎng：The hunters ～ed the wolves they had caught. 猎人们把捕捉到的狼用绳捆了起来。Lièrénmen bǎ bǔzhuōdàode láng yòng shéng kǔnle qǐlái.
lashing *n.* **1.** 捆绑 kǔnbǎng；**2.** 捆绑用的绳子 kǔnbǎng yòngde shéngzi
lass *n.* **1.** 小姑娘 xiǎogūniang；少女 shàonǚ：a lovely ～ 可爱的小姑娘 kě'àide xiǎogūniang **2.** 女朋友 nǚ péngyou ＝ girlfriend
lasso *n.* 套索 tàosuǒ *v.* 用套索捕捉 yòng tàosuǒ bǔzhuō
last[1] *a.* **1.** 最后的 zuìhòude：the ～ month of the year 一年的最后一个月 yìniánde zuìhòu yígeyuè **2.** 最后剩下的 zuìhòu shèngxiàde：My ～ money in the pocket is 1 dollar. 我口袋里最后剩下的钱是1元。Wǒ kǒudàili zuìhòu shèngxiàde qián shì yìyuán. **3.** 紧接前面的 jǐnjiē qiánmiande：～ evening 昨晚 zuówǎn / ～ week (month) 上星期(月) shàng xīngqī(yuè) / ～ year 去年 qùnián / in the ～ few days 在最近几天里 zài zuìjìn jǐtiānli / the ～ time 上次 shàngcì **4.** 最不合适的 zuìbù héshìde；最不可能的 zuìbù kěnéngde：He's the ～ person I thought would come! 我以为他最不可能来！Wǒ yǐwéi tā zuìbù kěnéng lái! *ad.* **1.** 最后 zuìhòu：He left ～. 他最后走的。Tā zuìhòu zǒude. **2.** 最近一次 zuìjìn yícì；上一次

shàng yícì：It was two years ago that I saw him ～. 我上一次见到他是在两年前。Wǒ shàng yícì jiàndào tā shì zài liǎngnián qián. *n*. **1**. 最后的人 zuìhòude rén；最后的事 zuìhòude shì：He was the ～ of the speakers at the meeting. 他是会上最后发言的人。Tā shì huìshang zuìhòu fāyánde rén. **2**. 最后 zuìhòu；末尾 mòwěi：I haven't read the ～ of the novel. 我还没读完这本小说的结尾部分。Wǒ háiméi dúwán zhèběn xiǎoshuōde jiéwěi bùfen. // at ～ 终于 zhōngyú / breathe one's ～ 断气 duànqì；死 sǐ / ～ but not least 最后但并不是最不重要的（一点）zuìhòu dàn bìng búshì zuìbú zhòngyàode（yìdiǎn）/ to the ～ 直到最后 zhídào zuìhòu；到底 dàodǐ

last[2] *v*. **1**. 持续 chíxù：The meeting ～ed three hours. 会议持续了三小时。Huìyì chíxùle sān xiǎoshí. **2**. 足够 zúgòu：This food will ～ them for one week. 这食物足够他们吃一星期的。Zhè shíwù zúgòu tāmen chī yìxīngqīde.

last[3] *n*. 鞋楦子 xiéxuànzi

lasting *a*. 持续的 chíxùde；永恒的 yǒnghéngde：a ～ peace 持久的和平 chíjiǔde hépíng / a ～ friendship 永恒的友谊 yǒnghéngde yǒuyì

lastly *ad*. 最后 zuìhòu：L-, I'd like to discuss the question of creative writing. 最后，我想谈谈文学创作问题。Zuìhòu, wǒ xiǎng tántan wénxué chuàngzuò wèntí.

latch *n*. **1**. 门闩 ménshuān；窗闩 chuāngshuān **2**. 弹簧锁 tánhuángsuǒ；碰锁 pèngsuǒ * a spring lock *v*. 闩上 shuānshàng；用碰锁锁上 yòng pèngsuǒ suǒshàng：She ～ed the door when she left home. 她离开家时锁上了门。Tā líkāi jiāshí suǒshàngle mén. // ～ on 理解 lǐjiě / ～ onto 理解 lǐjiě：We didn't ～ onto his idea. 我们不理解他的意见。Wǒmen bù lǐjiě tāde yìjian.

late *a*. **1**. 迟的 chíde；晚的 wǎnde：You are half an hour ～. 你迟到了半小时。Nǐ chídàole bàn xiǎoshí. / in the ～ afternoon 傍晚 bàngwǎn / the ～ rice 晚稻 wǎndào **2**. 不久前的 bùjiǔ qiánde；新近的 xīnjìnde：the ～ election 不久前的选举 bùjiǔ qiánde xuǎnjǔ / The ～ storm did much harm. 最近的风暴造成了很大损失。Zuìjìnde fēngbào zàochéngle hěndà sǔnshī. **3**. 前任的 qiánrènde：the ～ government 前政府 qián zhèngfǔ **4**. 已故的 yǐgùde：his ～ wife 他已故的妻子 tā yǐgùde qīzi *ad*. 1. 迟 chí；晚 wǎn：He came ten minutes ～. 他晚来了十分钟。Tā wǎnláile shí fēnzhōng. / He works ～ into the night every day. 他每天都工作到深夜。Tā měitiān dōu gōngzuò dào shēnyè. 2. 最近 zuìjìn；不久前 bùjiǔqián // of ～ 最近 zuìjìn：He came back from abroad of ～. 他最近刚从国外回来。Tā zuìjìn gāngcóng guówài huílái.

latecomer *n*. 晚到的人 wǎndàode rén；迟到者 chídàozhě

lately *ad*. 最近 zuìjìn；近来 jìnlái：Have you seen her ～? 你最近见到过她吗？Nǐ zuìjìn jiàndàoguo tāma?

latent *a*. 潜伏的 qiánfúde；潜在的 qiánzàide：a ～ crisis 潜伏的危机 qiánfúde wēijī / ～ force 潜力 qiánlì / ～ period 潜伏期 qiánfúqī

lateral *a*. 侧面的 cèmiànde；旁边的 pángbiānde：a ～ branch of a family 一个家族的旁系 yíge jiāzúde pángxì *n*. 位于侧面的东西 wèiyú cèmiànde dōngxi

latest *n*. 最新消息 zuìxīn xiāoxi；最新式样 zuìxīn shìyàng：the ～ about the war 最新的战事消息 zuìxīnde zhànshì xiāoxi / She is wearing the ～ in hats. 她戴的帽子是最近流行的。Tā dàide màozi shì zuìjìn liúxíngde. // at the ～ 最迟 zuìchí：We'll discuss the question tomorrow at the ～. 我们最迟明天讨论这个问题。Wǒmen zuìchí míngtiān tǎolùn zhège wèntí.

latex *n*. 树胶 shùjiāo；胶乳 jiāorǔ

lath *n*. 板条 bǎntiáo // as thin as a ～ 骨瘦如柴 gǔshòurúchái

lathe *n*. 车床 chēchuáng：a tool-maker ～ 工具车床 gōngjù chēchuáng

lather *n*. 1. 肥皂泡沫 féizào pàomò * of soap 2. 汗沫 hànmò * of a horse *v*. 1. 在…上涂肥皂沫 zài…shang tú féizàomò：He ～s his face before shaving. 刮脸前他在脸上涂肥皂沫。Guāliǎn qián tā zài liǎnshang tú féizàomò. 2.（肥皂）起泡沫（féizào）qǐpàomò * produce a lather // in a ～ 焦虑 jiāolǜ

Latin *n*. 1. 拉丁语 Lādīngyǔ：classical ～ 古拉丁语 gǔ Lādīngyǔ 2. 拉丁人 Lādīngrén // ～ America 拉丁美洲 Lādīng Měizhōu

Latinize, Latinise *v*. 1. 把…译成拉丁语 bǎ…yìchéng Lādīngyǔ：He ～d the English thesis. 他把这篇英语论文译成了拉丁语。Tā bǎ zhèpiān Yīngyǔ lùnwén yìchéngle Lādīngyǔ. 2. 使用拉丁语语言现象 shǐyòng Lādīngyǔ yǔyán xiànxiàng：a ～d style 有拉丁语风格 yǒu Lādīngyǔ fēnggé

latitude *n*. **1**. 纬度 wěidù: forty-five degrees north ～: 北纬四十五度 běiwěisìshíwǔ dù **2**. 纬度地区 wěidù dìqū: high (low) ～ 高(低)纬度地区 gāo(dī) wěidù dìqū **3**. 自由 zìyóu * freedom in action, opinion, expression, etc.: You are allowed much ～ in the matter. 你在处理这件事时有很大自由。Nǐ zài chǔlǐ zhèjiànshì shí yǒu hěndà zìyóu.

latitudinal *a*. 纬度的 wěidùde

latitudinarian *n*. & *a*. 自由主义(者) zìyóu-zhǔyì (zhě)

latitudinarism *n*. 自由主义 zìyóu-zhǔyì * in religion

latrine *n*. 茅坑 máokēng; 厕所 cèsuǒ

latter *a*. **1**. 后者的 hòuzhěde: Of the two the ～ is far better than the former. 两者中后者比前者好得多。Liǎngzhězhōng hòuzhě bǐ qiánzhě hǎodeduō. **2**. 近来的 jìnláide; 末尾的 mòwěide: the ～ half of the year 下半年 xià bànnián

lattice *n*. 格子 gézi: a ～ window 格子窗 gézichuāng

laud *v*. 赞美 zànměi; 称赞 chēngzàn

laudable *a*. 值得称赞的 zhíde chēngzànde: ～ behavior 值得称赞的行为 zhíde chēngzànde xíngwéi

laugh *v*. **1**. 笑 xiào; 发笑 fāxiào: The joke made everyone ～. 那个笑话使每个人都笑了。Nàge xiàohua shǐ měige rén dōu xiàole. / He who ～s last ～s best. 别高兴得过早。Bié gāoxìngde guòzǎo. **2**. 笑得使… xiàode shǐ…: ～ oneself hoarse 把嗓子笑哑 bǎ sǎngzi xiào yǎ **3**. 用笑表示 yòng xiào biǎoshì: I ～ed my thanks to him. 我用笑向他表示感谢。Wǒ yòng xiào xiàng tā biǎoshì gǎnxiè. *n*. 笑 xiào; 笑声 xiàoshēng: break into a ～ 突然笑起来 tūrán xiào qǐlái // have the last ～ 笑在最后,获得最后胜利 xiàozài zuìhòu, huòdé zuìhòu shènglì / have the ～ of sb. 反笑某人 fǎn xiào mǒurén / ～ and grow fat 心宽体胖 xīnkuān-tǐpàng / ～ at **1**. 嘲笑 cháoxiào: Don't ～ at her. 别嘲笑她。Bié cháoxiào tā. **2**. 不顾 búgù; 漠视 mòshì: ～ at the difficulties 对困难付诸一笑 duì kùnnan fùzhū yíxiào

laughable *a*. 有趣的 yǒuqùde; 可笑的 kěxiàode

laughter *n*. 笑 xiào; 笑声 xiàoshēng: roar with ～ 哄然大笑 hōngrán dàxiào

launch¹ *v*. **1**. 发射 fāshè: ～ a man-made satellite 发射人造卫星 fāshè rénzào wèixīng **2**. 使(船)下水 shǐ(chuán)xiàshuǐ: ～ a new ship 使新船

下水 shǐ xīnchuán xiàshuǐ **3.** 开始从事 kāishǐ cóngshì；开办 kāibàn：～ a new enterprise 开办新企业 kāibàn xīn qǐyè

launch² *n.* 汽艇 qìtǐng：a motor ～ 摩托艇 mótuōtǐng

launder *v.* 洗熨 xǐyùn：We sent these shirts to be ～ed. 我们把这些衬衫送去洗熨。Wǒmen bǎ zhèxiē chènshān sòngqù xǐyùn.

launderette *n.* 自助洗衣店 zìzhù xǐyīdiàn

laundress *n.* 女洗衣工 nǚ xǐyīgōng

laundry *n.* **1.** 洗衣店 xǐyīdiàn：send these sheets to the ～. 把这些被单送到洗衣店去。Bǎ zhèxiē bèidān sòngdào xǐyīdiàn qù. **2.** 已洗的衣服 yǐxǐde yīfu；要洗的衣服 yàoxǐde yīfu：She is helping her mother with the ～. 她正在帮助母亲洗衣服。Tā zhèngzài bāngzhù mǔqin xǐ yīfu.

laundryman *n.* 男洗衣工 nán xǐyīgōng

laurel *n.* 月桂树 yuèguìshù // win ～s 赢得荣誉 yíngdé róngyù / look to one's ～s 爱惜名誉 àixī míngyù

lavatory *n.* 盥洗室 guànxǐshì；厕所 cèsuǒ

lavender *n.* **1.** 熏衣草 xūnyīcǎo ＊ plant **2.** 淡紫色 dànzǐsè ＊ color

lavish *a.* **1.** 过分大方的 guòfèn dàfangde；慷慨的 kāngkǎide；不吝啬的 bú lìnsède：be ～ with money 花钱大手大脚 huāqián dàshǒu-dàjiǎo **2.** 丰富的 fēngfùde；过度的 guòdùde：～ expenditure 过度的开销 guòdùde kāixiāo / ～ praise 过分的夸奖 guòfènde kuājiǎng *v.* 滥花 lànhuā：He often ～es money on luxuries. 他常常为买奢侈品滥花钱。Tā chángcháng wèi mǎi shēchǐpǐn làn huāqián.

law *n.* **1.** 法律 fǎlǜ；法令 fǎlìng：abide by the ～ 守法 shǒufǎ / The ～ doesn't allow you to do this. 法律不允许你这样做。Fǎlǜ bù yǔnxǔ nǐ zhèyàng zuò. **2.** 法治 fǎzhì：maintain ～ 维持法治 wéichí fǎzhì **3.** 法学 fǎxué：be learned in the ～ 精通法学 jīngtōng fǎxué **4.** 法则 fǎzé；定律 dìnglǜ：Newton's ～ 牛顿定律 Niúdùn dìnglǜ / the ～ of supply and demand 供求律 gōngqiúlǜ // be a ～ unto oneself 独断专行 dúduàn-zhuānxíng / go to ～ 打官司 dǎguānsi / lay down the ～ 发号施令 fāhào-shīlìng

law-abiding *a.* 守法的 shǒufǎde

law-court *n.* 法院 fǎyuàn；法庭 fǎtíng

lawful *a.* 法定的 fǎdìngde；合法的 héfǎde；守法的 shǒufǎde：the ～ heir

合法继承人 héfǎ jìchéngrén

lawless *a*. 1. 没有法律的 méiyǒu fǎlǜde 2. 违法的 wéifǎde：～ acts 违法行为 wéifǎ xíngwéi

lawn *n*. 草地 cǎodì；草坪 cǎopíng // ～ mower 割草机 gēcǎojī / ～ tennis 草地网球 cǎodì wǎngqiú；网球 wǎngqiú

lawyer *n*. 律师 lǜshī

lax *a*. 1. 宽松的 kuānsōngde；腹泻的 fùxiède * of the bowels 2. 不严格的 bù yángéde；不严肃的 bù yánsùde：～ standards 不严格的标准 bù yángéde biāozhǔn / ～ in morals 行为放荡 xíngwéi fàngdàng

lay *v*. 1. 放 fàng；搁 gē：He laid the dictionary on the bookshelf. 他把词典放在书架上了。Tā bǎ cídiǎn fàngzài shūjiàshangle. 2. 把…压平 bǎ…yāpíng；使倒下 shǐ dǎoxià：The typhoon laid the crops. 台风把庄稼吹倒了。Táifēng bǎ zhuāngjia chuīdǎole. 3. 下(蛋) xià(dàn)：～ eggs 下蛋 xiàdàn 4. 砌 qì；铺 pū：～ bricks 砌砖 qìzhuān / ～ a railroad track 铺铁轨 pū tiěguǐ 5. 使处于某种状态 shǐ chǔyú mǒuzhǒng zhuàngtài：They ～ the land waste, and destroyed everything. 他们将此地夷为平地。Tāmen jiāng cǐdì yíwéi píngdì. // ～ aside 1. 把…放在一边 bǎ…fàngzài yìbiān；搁置 gēzhì：～ the book aside 把书放在一边 bǎ shū fàngzài yìbiān / The old machine was laid aside. 这台旧机器被搁置起来了。Zhètái jiù jīqì bèi gēzhì qǐláile. 2. 积蓄 jīxù；保留 bǎoliú：～ aside 100 dollars a month 每月积蓄一百元 měiyuè jīxù yìbǎi yuán / ～ down 1. 放下 fàngxià；使躺下 shǐ tǎngxià：L- the baby down gently. 把婴儿轻轻放下。Bǎ yīng'ér qīngqīng fàngxià. 2. 投降 tóuxiáng；放弃 fàngqì：The enemy laid down their arms. 敌人放下武器投降了。Dírén fàngxià wǔqì tóuxiángle. 3. 牺牲 xīshēng：～ down one's life 牺牲生命 xīshēng shēngmìng / ～ low 1. 击倒 jīdǎo：Many trees were laid low by the typhoon. 许多树被台风吹倒了。Xǔduō shù bèi táifēng chuīdǎole. 2. 使生病 shǐ shēngbìng：Many children were laid low by the flu. 许多孩子患了流行性感冒。Xǔduō háizi huànle liúxíngxìng gǎnmào. / ～ off 1. 临时解雇 línshí jiěgù：Fifty workers were laid off in the factory yesterday. 昨天那个工厂的五十名工人被解雇了。Zuótiān nàge gōngchǎngde wǔshí míng gōngrén bèi jiěgùle. 2. 停止 tíngzhǐ：The doctor told me to ～ off for several days. 医生告诉我要休息几天。Yīshēng gàosu wǒ yào xiūxi jǐtiān. / ～ open 揭露 jiēlù：We'll ～ open all their secret plans. 我们将揭露他们的一切秘密计划。Wǒmen jiāng jiēlù tāmende yíqiè mìmì jìhuà.

layer *n.* **1.** 层 céng：a ～ of dust 一层尘土 yìcéng chéntǔ **2.** 生蛋的鸡 shēngdànde jī：a good ～ 生蛋多的鸡 shēngdàn duōde jī

lazy *a.* 懒惰的 lǎnduòde；懒散的 lǎnsǎnde：a ～ man 懒人 lǎnrén / a ～ muggy day 令人懒散的闷热的日子 lìngrén lǎnsǎnde mēnrède rìzi

lead[1] *v.* **1.** 带领 dàilǐng；领导 lǐngdǎo；牵 qiān：～ the way 带路 dàilù / ～ the fashion 领导时尚 lǐngdǎo shíshàng / He led the horse to the river. 他把马牵到河边。Tā bǎ mǎ qiāndào hébiān. **2.** 领先 lǐngxiān；居…的第一 jū…de dì-yī：Who is ～ing in the cross-country race? 在越野赛跑中谁领先？Zài yuèyě sàipǎozhōng shuí lǐngxiān? **3.** 通向 tōngxiàng；导致 dǎozhì：The path led to the cave. 这条小路通向山洞。Zhètiáo xiǎolù tōngxiàng shāndòng. / What led you to do this? 什么使你这样做？Shénme shǐ nǐ zhèyàng zuò? **4.** 过(某种生活) guò(mǒuzhǒng shēnghuó)：She ～s a happy life. 她过着幸福的生活。Tā guòzhe xìngfúde shēnghuó. **5.** 先出(牌) xiān chū(pái)：It's my turn to ～ this time. 这次该我先出牌了。Zhècì gāi wǒ xiān chūpáile. *n.* **1.** 领导 lǐngdǎo；榜样 bǎngyàng：take the ～ 领先 lǐngxiān；做榜样 zuò bǎngyàng **2.** 提示 tíshì；暗示 ànshì：We could not get the correct answer until the teacher gave us a ～. 直到老师给了我们提示，才想出正确答案来。Zhídào lǎoshī gěile wǒmen tíshì, cái xiǎngchū zhèngquè dá'àn lái. **3.** 主角 zhǔjué：play the ～ in a film 在一部电影中担任主角 zài yíbù diànyǐngzhōng dānrèn zhǔjué **4.** 出牌权 chūpáiquán：It's my ～ this time. 这次我先出牌。Zhècì wǒ xiān chūpái. // follow the ～ of sb. 效法某人 xiàofǎ mǒurén；以某人为榜样 yǐ mǒurén wéi bǎngyàng / ～ off 领头 lǐngtóu；开始 kāishǐ：～ off a dance 领头起舞 lǐngtóu qǐwǔ / ～ on **1.** 带领 dàilǐng；引导 yǐndǎo **2.** 诱使 yòushǐ；引诱 yǐnyòu：～ sb. on to do sth. 诱使某人干某事 yòu shǐ mǒurén gàn mǒushì

lead[2] *n.* **1.** 铅 qiān：a ～ pipe 铅管 qiānguǎn / ～ poisoning 铅中毒 qiān zhòngdú **2.** 石墨 shímò；铅笔芯 qiānbǐxīn：sharpen the ～ 削铅笔芯 xiāo qiānbǐxīn

leaden *a.* **1.** 铅制的 qiānzhìde：a ～ box 铅盒 qiānhé **2.** 铅灰色的 qiānhuīsède：a ～ sky 铅灰色的天空 qiānhuīsède tiānkōng **3.** 沉闷的

chénmènde；沉重的 chénzhòngde：a ～ heart 沉重的心情 chénzhòngde xīnqíng

leader *n*. **1**. 领袖 lǐngxiù；领导 lǐngdǎo；首领 shǒulǐng：a ～ of a football team 足球队的领队 zúqiúduìde lǐngduì **2**. 首席演奏者 shǒuxí yǎnzòuzhě：the ～ of the violin section 首席小提琴手 shǒuxí xiǎotíqínshǒu **3**. 首席律师 shǒuxí lùshi；主要辨护人 zhǔyào biànhùrén：the ～ for the defense 被告的主要辩护人 bèigàode zhǔyào biànhùrén

leadership *n*. **1**. 领导 lǐngdǎo：Under his ～，the football team won the game. 在他的领导下，足球队获得了胜利。Zài tāde lǐngdǎo xià，zúqiúduì huòdéle shènglì. **2**. 领导能力 lǐngdǎo nénglì ＊ the qualities of a leader

leading *a*. 领导的 lǐngdǎode；最重要的 zuì zhòngyàode；主要的 zhǔyàode：the ～ men 领导人物 lǐngdǎo rénwù / a ～ article 社论 shèlùn；重要文章 zhòngyào wénzhāng / a ～ actor 男主角 nánzhǔjué

leaf *n*. **1**. 叶 yè；叶子 yèzi：The trees come into ～ in spring. 树木在春天长叶。Shùmù zài chūntiān zhǎngyè. / tobacco ～ 烟叶 yānyè **2**. 花瓣 huābàn：a rose ～ 玫瑰花瓣 méiguihuābàn **3**. （书的）一页 （shūde）yíyè；两页 liǎngyè：I just read a ～ of the book. 我刚读了这本书的两页。Wǒ gāng dúle zhèběn shūde liǎngyè. **4**. 箔 bó：gold ～ 金箔 jīnbó // ～less *a*. 无叶的 wúyède // ～ bud 叶芽 yèyá

leaflet *n*. **1**. 传单 chuándān；活页 huóyè：a ～ on holidays in China 关于去中国度假的印刷广告 guānyú qù Zhōngguó dùjiàde yìnshuā guǎnggào **2**. 嫩叶 nènyè；小叶 xiǎoyè ＊ young leaf

league *n*. **1**. 同盟 tóngméng；联盟 liánméng：the League of Nations 国际联盟 Guójì Liánméng **2**. 联赛协会 liánsài xiéhuì：～ football matches 足球联赛 zúqiú liánsài *v*. （使）联盟 （shǐ）liánméng // in ～ with 和…联合着 hé…liánhézhe

leak *n*. **1**. 漏洞 lòudòng：a ～ in the pocket 口袋的漏洞 kǒudàide lòudòng **2**. 泄漏 xièlòu：a ～ of government secrets 政府机密的泄漏 zhèngfǔ jīmìde xièlòu *v*. **1**. 漏 lòu；渗 shèn：The water has ～ed in the room. 水漏进屋里来了。Shuǐ lòujìn wūli láile. / The gas ～ed out. 煤气漏出来了。Méiqì lòu chūláile. **2**. 泄漏 xièlòu：The secret has been ～ed out. 那秘密已泄漏出去了。Nà mìmì yǐ xièlòu chūqùle. // ～age *n*. **1**. 泄漏 xièlòu；漏 lòu **2**. 漏出物 lòuchūwù：～age of the pipe 管子里的漏出物

guǎnzilide lòuchūwù

leaky *a.* 漏的 lòude：a ～ pot 漏的壶 lòude hú

lean[1] *v.* **1.** (使)倾斜 (shǐ) qīngxié：the Leaning Tower of Pisa 比萨斜塔 Bǐsà Xiétǎ / The tree ～s a little bit. 这棵树有点儿倾斜。Zhèkē shù yǒu diǎnr qīngxié. / I ～ed forward to hear what she said. 我倾身去听她说话。Wǒ qīngshēn qù tīng tā shuōhuà. **2.** 靠 kào；倚 yǐ：The child ～ed his head on my arm. 孩子把头靠在我的胳膊上。Háizi bǎ tóu kàozài wǒde gēboshang. / ～ against the wall 靠墙 kào qiáng

lean[2] *a.* **1.** 瘦的 shòude：a very ～ boy 很瘦的男孩儿 hěn shòude nánháir **2.** 贫乏的 pínfáde；收益差的 shōuyì chàde：a ～ year 歉收年 qiànshōu nián

leap *v.* **1.** 跳 tiào；跃 yuè：The children ～ed for joy. 孩子们高兴得跳了起来。Háizimen gāoxìngde tiàole qǐlái. / ～ on a horse 跃上马 yuèshàng mǎ **2.** 跳过 tiàoguò；跃过 yuèguò；跃入 yuèrù：～ a fence 跳过栅栏 tiàoguo zhàlan / A good idea ～ed into my mind. 一个好主意突然跃入我的脑中。Yíge hǎo zhǔyi tūrán yuèrù wǒde nǎozhōng. *n.* 跳 tiào；跃 yuè；跃进 yuèjìn：the Great Leap Forward 大跃进 Dàyuèjìn // a ～ in the dark 轻举妄动 qīngjǔ-wàngdòng / by ～s and bounds 飞跃地 fēiyuède；极迅速地 jíxùnsùde // ～ day 闰日 rùnrì / ～ year 闰年 rùnnián

learn *v.* **1.** 学 xué；学习 xuéxí；学会 xuéhuì：～ Chinese 学汉语 xué Hànyǔ / He is ～ing how to run the machine. 他在学习怎样操作这台机器。Tā zài xuéxí zěnyàng cāozuò zhètái jīqì. / Have you learnt to sing the song? 你学会唱这首歌了吗？Nǐ xuéhuì chàng zhèshǒu gēlema? **2.** 听到 tīngdào；获悉 huòxī：I learnt the news yesterday evening. 我昨天晚上听到了这个消息。Wǒ zuótiān wǎnshang tīngdàole zhège xiāoxi. / I have learnt that he arrived safely. 我已得知他安全到达了。Wǒ yǐ dézhī tā ānquán dàodále.

learned *a.* 博学的 bóxuéde：a ～ man 博学的人 bóxuéde rén

learning *n.* **1.** 学习 xuéxí **2.** 博学 bóxué：a man of ～ 博学的人 bóxuéde rén

learner *n.* 初学者 chūxuézhě

lease *v.* 出租 chūzū；租借 zūjiè：We have ～d an apartment for two years. 我们租借了为期两年的一套公寓。Wǒmen zūjièle wéiqī liǎngniánde yítào gōngyù. *n.* 租约 zūyuē：When does the ～ expire? 租约何时期满? Zūyuē héshí qīmǎn? // a new ～ of life 重生 chóngshēng；富于希望的新生 fùyú xīwàngde xīnshēng / put out to ～ 出租 chūzū // ～hold 租借 zūjiè；租赁权 zūlìnquán

least *a.* 最小的 zuìxiǎode；最少的 zuìshǎode：the ～ distance 最小的距离 zuìxiǎode jùlí / There isn't the ～ wind today. 今天一点儿风也没有。Jīntiān yìdiǎnr fēng yě méiyǒu. *n.* 最小 zuìxiǎo；最少 zuìshǎo：That's the ～ of our worries. 那是我们最不担心的。Nàshì wǒmen zuìbù dānxīnde. *ad.* 最小 zuìxiǎo；最少 zuìshǎo：He ate the ～. 他吃得最少。Tā chīde zuìshǎo. // at (the) least 至少 zhìshǎo；起码 qǐmǎ：The watch will cost at ～ 100 dollars. 这块表至少值100元。Zhèkuài biǎo zhìshǎo zhí yìbǎi yuán. / in the ～ 一点儿 yìdiǎnr；丝毫 sīháo：I don't like the film in the ～. 我一点儿也不喜欢这个电影。Wǒ yìdiǎnr yěbù xǐhuan zhège diànyǐng. / ～ of all 最不 zuìbù：something I like to eat ～ of all 我最不喜欢吃的东西 wǒ zuìbù xǐhuan chīde dōngxi / to say the ～ (of it) 至少可以这样说 zhìshǎo kěyǐ zhèyàng shuō：He has made some progress, to say the ～ of it. 至少可以这样说，他已经进步了。Zhìshǎo kěyǐ zhèyàng shuō, tā yǐjīng jìnbùle.

leather *n.* 皮革 pígé：～ upholstery 皮椅套 píyǐtào *a.* 皮革的 pígéde

leave[1] *v.* **1.** 离开 líkāi：He left his hometown. 他离开了家乡。Tā líkāile jiāxiāng. / ～ for China 前往中国 qiánwǎng Zhōngguó **2.** 留下 liúxià；剩下 shèngxià：L- the books in the reading-room. 把书留在阅览室。Bǎ shū liúzài yuèlǎnshì. **3.** 忘记 wàngjì；遗忘 yíwàng：I left my key in the room. 我把钥匙忘在屋子里了。Wǒ bǎ yàoshi wàngzài wūzilǐle. **4.** 使…处于(某种状态) shǐ…chǔyú (mǒuzhǒng zhuàngtài)：L- the door and windows firmly fastened. 把门窗关牢。Bǎ ménchuāng guānláo. **5.** 把…交给某人去做 bǎ…jiāogěi mǒurén qùzuò：I'll ～ the matter in your hands. 我把这事交给你做。Wǒ bǎ zhèshì jiāogěi nǐ zuò. // ～ … alone 不管 bùguǎn；不烦扰 bùfánrǎo：L- him alone. 别管他。Bié guǎn tā. / L- me alone. 别烦！Biéfán! / ～ it at that 到此为止 dàocǐwéizhǐ / ～ sth. off **1.** (使)停止 (shǐ) tíngzhǐ：～ off talking 停止谈话 tíngzhǐ tánhuà **2.** 不再穿 bú zàichuān：They left off their woolen underwear when the weather got warm. 天气暖和的时候，他们不再穿羊毛衫了。Tiānqì nuǎnhuode shíhou, tāmen búzài chuān yángmáoshānle. / ～ out

遗漏 yílòu：～ out a word when writing 写时漏掉一个字 xiěshí lòudiào yíge zì

leave² *n.* **1.** 许可 xǔkě；同意 tóngyì：You have my ～ to stay away from the office tomorrow. 我准许你明天不办公。Wǒ zhǔnxǔ nǐ míngtiān bú bàngōng. **2.** 准假 zhǔnjià；假期 jiàqī：ask for ～ 请假 qǐngjià / sick ～ 病假 bìngjià / a two months' ～ 两个月的假 liǎngge yuède jià

Lebanese *a.* 黎巴嫩的 Líbānènde *n.* 黎巴嫩人 Líbānènrén

leaven *n.* 醇母 jiàomǔ *v.* 使发酵 shǐ fājiào

lecherous *a.* 好色的 hàosède

lecture *n.* **1.** 演讲 yǎnjiǎng；讲课 jiǎngkè：attend a ～ 听演讲 tīng yǎnjiǎng **2.** 训斥 xùnchì：give sb. a ～ 训斥某人 xùnchì mǒurén *v.* **1.** 向…演讲 xiàng…yǎnjiǎng；向…讲课 xiàng…jiǎngkè：～ on classical music 讲古典音乐 jiǎng gǔdiǎn yīnyuè **2.** 训斥 xùnchì；责骂 zémà：His mother ～d him for being too mischievous. 母亲责骂他太淘气。Mǔqin zémà tā tài táoqì.

lecturer *n.* 讲师 jiǎngshī * of a university

lee *n.* 背风处 bèifēngchù：the ～ of the house 房子的背风处 fángzide bèifēngchù *a.* 背风的 bèifēngde：the ～ side of a ship 船的下风舷 chuánde xiàfēngxián

leer *n.* 斜视 xiéshì *v.* 斜眼看 xiéyǎnkàn；不怀好意地看 bù huái hǎoyìde kàn：～ at the pretty girl 不怀好意地看漂亮的姑娘 bù huái hǎoyìde kàn piàoliangde gūniang

lees *n.* 酒渣 jiǔzhā；渣滓 zhāzi

left *n.* **1.** 左边 zuǒbiān；左 zuǒ：The child sat at his mother's ～. 孩子坐在母亲的左边。Háizi zuòzài mǔqinde zuǒbiān. **2.** 左手 zuǒshǒu：He is used to writing with his ～ hand. 他习惯用左手写字。Tā xíguàn yòng zuǒshǒu xiězì. *a.* **1.** 左边的 zuǒbiānde；左的 zuǒde：one's ～ eye 左眼 zuǒyǎn **2.** 左派的 zuǒpàide：～ forces 左派势力 zuǒpài shìlì *ad.* 在左边 zài zuǒbiān；向左 xiàng zuǒ：L- turn！向左转！xiàng zuǒ zhuǎn！

leg *n.* **1.** 腿 tuǐ：He lost his two ～s in the war. 他在战争中失去了双腿。Tā zài zhànzhēngzhōng shīqùle shuāngtuǐ. / a ～ of mutton 一条羊腿 yìtiáo yángtuǐ / the ～s of a pair of trousers 裤腿 kùtuǐ / the ～s of a bed 床腿 chuángtuǐ **2.** 一段旅程 yíduàn lǚchéng；一段赛程 yíduàn sàichéng：the first ～ of a round-the-world flight 环球飞行的第一段旅程huánqiú fēixíngde dì-yī duàn lǚchéng // be (up) on one's ～s 站着 zhànzhe / get sb. back on his ～s 使某人恢复健康 shǐ mǒurén huīfù jiànkāng：The doctor got him back on his ～s. 医生使他恢复了健康。Yīshēng shǐtā huīfùle jiànkāng. / have not a ～ to stand on 站不住脚 zhànbuzhù jiǎo：His opinion has not a ～ to stand on. 他的看法站不住脚。Tāde kànfǎ zhànbuzhù jiǎo. / have the ～s of sb. 比某人跑得快 bǐ mǒurén pǎode kuài / pull sb.'s ～ 取笑某人 qǔxiào mǒurén / stand on one's own ～s 自立 zìlì

legacy *n.* 遗产 yíchǎn：He was left a ～ by his grandfather. 他的祖父留给他一笔遗产. Tāde zǔfù liúgěi tā yìbǐ yíchǎn.

legal *a.* **1.** 法律的 fǎlǜde：a ～ question 法律问题 fǎlǜ wèntí / a ～ adviser 法律顾问 fǎlǜ gùwèn **2.** 合法的 héfǎde；法定的 fǎdìngde：a ～ claim 合法要求 héfǎ yāoqiú / a ～ holiday 法定假日 fǎdìng jiàrì

legality *n.* 合法 héfǎ：the ～ of an act 行动的合法 xíngdòngde héfǎ

legalize *v.* 使合法化 shǐ héfǎhuà

legend *n.* **1.** 传奇 chuánqí；传说 chuánshuō：the ancient ～s 古代传奇 gǔdài chuánqí **2.** 传奇文学 chuánqí wénxué：heroes who are famous in ～ 传奇文学中的著名英雄 chuánqí wénxué zhōngde zhùmíng yīngxióng **3.** 传奇式人物 chuánqíshì rénwù：He was a ～ in his own lifetime. 他生前就是位传奇式人物. Tā shēngqián jiùshì wèi chuánqíshì rénwù.

legendary *a.* **1.** 传说的 chuánshuōde；传奇的 chuánqíde **2.** 著名的 zhùmíngde；传奇式的 chuánqíshìde

legerdemain *n.* 戏法 xìfǎ；手法 shǒufǎ

leggings *n.* 护腿 hùtuǐ；绑腿 bǎngtuǐ：a pair of ～ 一副护腿 yífù hùtuǐ

legible *a.* 易读的 yìdúde；(字迹)清楚的 (zìjì)qīngchude：His handwriting is not ～. 他书写得不清楚。Tā shūxiěde bù qīngchu.

legislate *v.* 立法 lìfǎ：～ against trafficking in narcotics 立法以禁止贩毒 lìfǎ yǐ jìnzhǐ fàndú

legislation *n.* 立法 lìfǎ；法律 fǎlǜ

legislative *a.* 立法的 lìfǎde：the ～ power 立法权 lìfǎquán / a ～ body 立法机构 lìfǎ jīgòu

legislator *n.* 立法者 lìfǎzhě

legislature *n.* 立法机构 lìfǎ jīgòu

legitimate *a.* **1.** 合法的 héfǎde；合理的 hélǐde：a ～ claim 合法的要求 héfǎde yāoqiú **2.** 婚生的 hūnshēngde；嫡出的 díchūde：a ～ child 婚生子 hūnshēngzǐ

legitimatize *v.* 使合法 shǐ héfǎ

legume *n.* 豆类 dòulèi

leisure *n.* 空闲 kòngxián；闲暇 xiánxiá：I scarcely have ～ to see films this evening. 今天晚上我没空儿看电影。Jīntiān wǎnshang wǒ méikòngr kàn diànyǐng. *a.* 空闲的 kòngxiánde：in one's ～ time 在空闲的时间里 zài kòngxiánde shíjiānli //at ～ 空闲的 kòngxiánde：I am seldom at ～. 我很少有空闲。Wǒ hěnshǎo yǒu kòngxián.

leisurely *a.* & *ad.* 从容的（地）cōngróngde(de)；悠闲的（地）yōuxiánde (de)：deal with problems ～ 从容地处理问题 cōngróngde chǔlǐ wèntí

lemon *n.* 柠檬 níngméng；柠檬树 níngméngshù // ～ drop 柠檬糖 níngméngtáng / ～ squash 柠檬苏打水 níngméng sūdáshuǐ

lemonade *n.* 柠檬水 níngméngshuǐ

lend *v.* **1.** 把…借给 bǎ…jiègěi；借给 jiègěi：He lent me his dictionary. 他把他的字典借给了我。Tā bǎ tāde zìdiǎn jiègěile wǒ. **2.** 提供 tígōng；给予 jǐyǔ：～ support to 向…提供支持 xiàng…tígōng zhīchí / The dress lent charm to the girl. 那件衣服给那个姑娘增添了妩媚。Nàjiàn yīfu gěi nàge gūniang zēngtiānle wǔmèi. // ～ itself to 适合于 shìhé yú：This peaceful garden ～s itself to meditation. 这个恬静的花园适合于沉思 Zhège tiánjìngde huāyuán shìhé yú chénsī.

length *n.* **1.** 长 cháng；长度 chángdù：the ～ of a road 道路的长度 dàolùde chángdù **2.** 长短 chángduǎn ＊ of time：make a stay in China of some ～ 在中国逗留一些时间 zài Zhōngguó dòuliú yìxiē shíjiān **3.** 一段（布料）yíduàn(bùliào)：a ～ of silk 一段丝绸 yíduàn sīchóu //at ～ **1.** 最后 zuìhòu；终于 zhōngyú：He got the first place at ～. 他终于得了第一名。Tā zhōngyú déle dì-yī míng. **2.** 详细地 xiángxìde：speak at ～ 详细地讲了很久 xiángxìde jiǎngle hěnjiǔ

lengthen *v.* 使长 shǐ cháng：～ a pair of trousers 放长裤子 fàngcháng kùzi

lengthways, lengthwise *a.* & *ad.* 纵长的 zòngchángde

lengthy *a.* 冗长的 rǒngchángde：a ～ speech 冗长的演说 rǒngchángde yǎnshuō

lenience *n.* 宽大 kuāndà；宽厚 kuānhòu

lenient *a.* 宽大的 kuāndàde：His father is never ～ to him when he tells lies. 他撒谎时，父亲从来不宽恕他。Tā sāhuǎngshí，fùqin cónglái bù kuānshù tā.

Leninism *n.* 列宁主义 Lièníng zhǔyì

lens *n.* 透镜 tòujìng；镜头 jìngtóu：a concave (convex) ～ 凹(凸)透镜 āo (tū)tòujìng

Lent *n.* 大斋节 Dàzhāijié；四旬斋 Sìxúnzhāi

lentil *n.* 扁豆 biǎndòu：～ soup 扁豆汤 biǎndòutāng

leonine *a.* 狮子的 shīzide；狮子般的 shīzibānde

leopard *n.* 豹 bào

leper *n.* 麻疯病人 máfēng bìngrén

leprosy *n.* 麻疯病 máfēngbìng

leprous *a.* 麻疯病的 máfēngbìngde

less *a.* 较小的 jiàoxiǎode；较少的 jiàoshǎode：～ and better 少而精 shǎo ér jīng / He has ～ books than me. 他的书比我的少。Tāde shū bǐ wǒde shǎo. *ad.* 较小地 jiàoxiǎode；较少地 jiàoshǎode；不那么 bú nàme：speak ～ quickly 讲得慢一点儿 jiǎngde màn yìdiǎnr / drink ～ 少喝酒 shǎo hējiǔ / I was the ～ surprised as I had been informed beforehand. 因为我事先已得到消息，所以并不感到那么惊奇。Yīnwèi wǒ shìxiān yǐ dédào xiāoxi，suǒyǐ bìngbù gǎndào nàme jīngqí. *n.* 较小 jiàoxiǎo；较少 jiàoshǎo：I expect to see ～ of her. 我希望今后少同她见面。Wǒ xīwàng jīnhòu shǎo tóng tā jiànmiàn. *prep.* 减去 jiǎnqù：ten ～ three 十减三 shí jiǎn sān // in ～ than no time 一眨眼的工夫 yìzhǎyǎnde gōngfu / ～ and ～ 越来越少 yuèláiyuè shǎo / none the ～ 仍然 réngrán / still ～ 何况 hékuàng；更不用说 gèng bú yòng shuō

lessen *v.* **1.** 减少 jiǎnshǎo；减轻 jiǎnqīng：～ production costs 减少生产成本 jiǎnshǎo shēngchǎn chéngběn **2.** 缩小 suōxiǎo；贬低 biǎndī；抹煞 mǒshā：～ sb.'s services 抹煞某人的功劳 mǒshā mǒurénde gōngláo

lesser *a.* 较小的 jiàoxiǎode；较少的 jiàoshǎode；次要的 cìyàode：a ～ nation 小国 xiǎoguó

lesson *n.* **1.** 课 kè；功课 gōngkè；课程 kèchéng：a ～ in history 历史课 lìshǐ kè / I should review my ～s every day. 我应该每天复习功课。Wǒ yīnggāi měitiān fùxí gōngkè. / many different ～s 许多不同的课程

xǔduō bùtóngde kèchéng **2.** 教训 jiàoxùn；经验 jīngyàn：Let the accident be a ～ to all of us. 让这起事故给我们一个教训。Ràng zhèqǐ shìgù gěi wǒmen yíge jiàoxùn.

lest *conj.* 唯恐 wéikǒng；以免 yǐmiǎn；恐怕 kǒngpà：Be careful ～ you drop into the ditch. 要小心，以免掉进沟里。Yào xiǎoxīn，yǐmiǎn diàojìn gōuli. / I was afraid ～ the meeting might have began. 恐怕会议已经开始了。Kǒngpà huìyì yǐjīng kāishǐle.

let *v.* **1.** 让 ràng；允许 yǔnxǔ：L- me try. 让我试一下。Ràng wǒ shì yíxià. / Let's go. 我们走吧。Wǒmen zǒuba. / She does't ～ her children play outside the room. 她不允许孩子们在屋外玩。Tā bù yǔnxǔ háizimen zài wūwài wán. **2.** 假设 jiǎshè：L- AB be equal to CD. 假设 AB 等于 CD。Jiǎshè AB děngyú CD. **3.** 使流出 shǐ liúchū：～ blood 放血 fàngxiě **4.** 出租 chūzū；租给 zūgěi：The house is to be ～. 此屋出租。Cǐ wū chūzū. / She ～s rooms to students. 她把房间租给学生。Tā bǎ fángjiān zūgěi xuésheng. // ～ alone **1.** 不管 bùguǎn：L- him alone！别管他！Bié guǎn tā！**2.** 更不用说 gèng búyòng shuō：He doesn't like to go out，～ alone to dance. 他不愿意外出，更不用说去跳舞了。Tā bú yuànyì wàichū，gèng búyòng shuō qù tiàowǔle. / ～ be 听任 tīngrèn；不打扰 bùdǎrǎo：L- him be. 别打扰他。Bié dǎrǎo tā. / ～ down **1.** 放下 fàngxià：～ down a curtain 放下幕布 fàngxià mùbù **2.** 辜负 gūfù：I won't ～ my parents down. 我不会辜负父母的期望。Wǒ búhuì gūfù fùmǔde qīwàng. / ～ go 放开 fàngkāi；释放 shìfàng / ～ it go at that 到此为止 dào cǐ wéi zhǐ；停止讨论 tíngzhǐ tǎolùn / ～ off **1.** 放 fàng：The children were ～ting off fireworks. 孩子们在放烟火。Háizimen zài fàng yānhuǒ. **2.** 饶恕 ráoshù：～ sb. off with a warning 予以警告后饶恕其人 yǔyǐ jǐnggào hòu ráoshù mǒurén / ～ on 泄露 xièlòu：Don't ～ on the secret. 别泄露这个秘密。Bié xièlòu zhège mìmì.

lethal *a.* 致命的 zhìmìngde；致死的 zhìsǐde：～ gas 致死性毒气 zhìsǐxìng dúqì / a ～ dose of poison 一剂致命的毒药 yíjì zhìmìngde dúyào

lethargy *n.* 昏睡 hūnshuì；倦怠 juàndài；懒散 lǎnsǎn

letter *n.* **1.** 信 xìn：I have received your ～. 我已经收到了你的信。Wǒ yǐjīng shōudàole nǐde xìn. **2.** 字母 zìmǔ：capital ～s 大写字母 dàxiě zìmǔ **3.** 文学 wénxué：a man of ～s 文学家 wénxuéjiā；文人 wénrén // ～ box *n.* 信箱 xìnxiāng

lettuce *n.* 莴苣 wōju；莴苣叶 wōjuyè
leucocyte *n.* 白血球 báixuèqiú
leuk(a)emia *n.* 白血病 báixuèbìng
levee *n.* 防洪堤 fánghóngdī；堤坝 dībà：the ～s along the Mississippi 密西西比河沿岸的防洪堤 Mìxīxībǐhé yán'ànde fánghóngdī
level *n.* **1.** 水平面 shuǐpíngmiàn；水平线 shuǐpíngxiàn：6，000 meters above sea ～ 海拔六千米 hǎibá liùqiān mǐ **2.** 水平 shuǐpíng；标准 biāozhǔn：increase the ～ of one's production 提高生产水平 tígāo shēngchǎn shuǐpíng **3.** 高度 gāodù：at my shoulder ～ 齐我的肩膀那么高 qí wǒde jiānbǎng nàme gāo **4.** 级 jí：top ～ talks 最高级会晤 zuìgāojí huìwù *a.* **1.** 水平的 shuǐpíngde；平的 píngde：make a surface ～ 使一表面变平 shǐ yī biǎomiàn biànpíng **2.** 同高度的 tóng gāodùde；同水平的 tóng shuǐpíngde：The tall tree is ～ with the building. 这棵大树和楼一样高。Zhèkē dàshù hé lóu yíyàng gāo. *v.* **1.** 使平 shǐpíng；变平 biànpíng；平整 píngzhěng：～ the fields 平整土地 píngzhěng tǔdì **2.** 夷平 yípíng；拆除 chāichú：～ a building with the ground 拆除一座建筑物 chāichú yízuò jiànzhùwù // do one's ～ best 全力以赴 quánlìyǐfù / on the ～ 坦率 tǎnshuài；诚实 chéngshí：Is he on the ～？他诚实吗？Tā chéngshíma？
lever *n.* **1.** 杠杆 gànggǎn：control ～ 控制杆 kòngzhìgǎn **2.** 手段 shǒuduàn：a political ～ 政治手段 zhèngzhì shǒuduàn *v.* 用杠杆撬动 yòng gànggǎn qiàodòng：They ～ed up the heavy iron plate. 他们撬起了沉重的铁板。Tāmen qiàoqǐle chénzhòngde tiěbǎn.
leverage *n.* 杠杆作用 gànggǎn zuòyòng
levity *n.* 轻率 qīngshuài；轻浮 qīngfú
levy *v.* **1.** 征收 zhēngshōu：～ a tax on sb. 向某人征税 xiàng mǒurén zhēngshuì **2.** 征集 zhēngjí：～ soldiers 征集兵员 zhēngjí bīngyuán *n.* 征收 zhēngshōu；征集 zhēngjí；征税 zhēngshuì
lewd *a.* 淫荡的 yíndàngde；猥亵的 wěixiède
lexical *a.* 词汇的 cíhuìde
lexicographer *n.* 词典编纂者 cídiǎn biānzuǎnzhě
lexicography *n.* 词典编纂 cídiǎn biānzuǎn
lexicology *n.* 词汇学 cíhuìxué

liability *n.* 1. 责任 zérèn；义务 yìwù：hold no ～ for damages 不负赔偿责任 búfù péicháng zérèn 2. 有某种倾向 yǒu mǒuzhǒng qīngxiàng：～ to disease 易患疾病 yìhuàn jíbìng 3. 债务 zhàiwù；负债 fùzhài：meet one's liabilities 偿还债务 chánghuán zhàiwù

liable *a.* 1. 有责任的 yǒu zérènde；有义务的 yǒu yìwùde：be ～ for damage 有赔偿损失的责任 yǒu péicháng sǔnshīde zérèn 2. 易于…的 yìyú…de：He is ～ to seasickness. 他易晕船。Tā yì yùnchuán.

liaison *n.* 1. 联络 liánluò：a ～ officer 联络官 liánluòguān 2. 私通 sītōng * between man and woman

liar *n.* 说谎者 shuōhuǎngzhě

libel *n.* 诽谤 fěibàng：utter a ～ against sb. 诽谤某人 fěibàng mǒurén *v.* 诽谤 fěibàng

liberal *a.* 1. 慷慨的 kāngkǎide；大方的 dàfangde：a ～ donation 慷慨的捐赠 kāngkǎide juānzèng 2. 丰富的 fēngfùde；丰盛的 fēngshèngde：a ～ supply of food 充裕的食品供应 chōngyùde shípǐn gōngyìng 3. 大度的 dàdùde；无偏见的 wúpiānjiànde：a ～ mind 开明的思想 kāimíngde sīxiǎng 4. 自由的 zìyóude；随意的 suíyìde：have a ～ tongue 说话随便 shuōhuà suíbiàn *n.* 自由主义者 zìyóu-zhǔyìzhě // ～ arts 文科 wénkē

liberality *n.* 1. 慷慨 kāngkǎi；大方 dàfang 2. 无偏见 wúpiānjiàn

liberate *v.* 解放 jiěfàng：～ slaves 解放奴隶 jiěfàng núlì / ～ the productive forces 解放生产力 jiěfàng shēngchǎnlì

libertine *n.* 浪子 làngzǐ；放荡的人 fàngdàngde rén

liberty *n.* 1. 自由 zìyóu；自由权 zìyóuquán：We fought to defend our ～. 我们为保卫自由而战。Wǒmen wèi bǎowèi zìyóu ér zhàn. 2. 冒昧 màomèi；失礼 shīlǐ：Excuse my liberties. 请原谅我的冒昧。Qǐng yuánliàng wǒde màomèi // at ～ 1. 自由 zìyóu：You are at ～ to leave at any time. 你可以随时离开。Nǐ kěyǐ suíshí líkāi. 2. 有空儿 yǒukòngr：I shall be at ～ this evening. 我今天晚上有空儿。Wǒ jīntiān wǎnshang yǒu kòngr. / take the ～ to do sth. 冒昧做某事 màomèi zuò mǒushì：I took the ～ of using your tape recorder while you were away. 你不在时，我用过你的录音机，很是冒昧。Nǐ búzài shí，wǒ yòngguo nǐde lùyīnjī，hěnshì màomèi.

librarian *n.* 图书馆管理员 túshūguǎn guǎnlǐyuán

library *n.* 1. 图书馆 túshūguǎn：a ～ book 图书馆的书 túshūguǎnde shū /

a public ～ 公共图书馆 gōnggòng túshūguǎn 2. 丛书 cóngshū ＊ series of books

license, licence *n.* 1. 许可证 xǔkězhèng；执照 zhízhào：a marriage ～ 结婚证书 jiéhūn zhèngshū / a ～ to drive a car 驾驶执照 jiàshǐ zhízhào 2. 许可 xǔkě；特许 tèxǔ：goods imported under special ～ 特许进口商品 tèxǔ jìnkǒu shāngpǐn *v.* 许可 xǔkě；批准 pīzhǔn：～ a doctor to practise medicine 许可医生行医 xǔkě yīshēng xíngyī

licentious *a.* 淫荡的 yíndàngde；放纵的 fàngzòngde

lick *v.* 1. 舔 tiǎn：The boy ～ed the jam off the plate. 那个男孩儿舔掉了碟子上的果酱。Nàge nánháir tiǎndiàole diézishangde guǒjiàng. 2. 卷过 juǎnguò；吞没 tūnmò：The house was ～ed up by flames. 房子被火焰吞没了。Fángzi bèi huǒyàn tūnmòle. 3. 战胜 zhànshèng；超越 chāoyuè：He can ～ any man in the room. 他能打败房间里的任何人。Tā néng dǎbài fāngjiānlide rènhé rén. / That ～s everything! 那是胜过一切的！Nàshì shèngguò yíqiède! *n.* 1. 舔 tiǎn：He had a ～ of ice-cream. 他舔了一口冰淇淋。Tā tiǎnle yìkǒu bīngqílín. 2. 少量 shǎoliàng：There was not a ～ of snow last winter. 去年冬天一点儿雪也没下过。Qùnián dōngtiān yìdiǎnr xuě yěméi xiàguo. // at a great ～ 迅速地 xùnsùde；急忙 jímáng

lid *n.* 1. 盖 gài：a teapot ～ 茶壶盖 cháhúgài / a cup ～ 杯子盖 bēizigài 2. 眼睑 yǎnjiǎn ＊ eyelid

lie¹ *v.* 说谎 shuōhuǎng；撒谎 sāhuǎng：He is lying. 他在撒谎。Tā zài sāhuāng. *n.* 谎言 huǎngyán：tell a ～ 说谎 shuōhuǎng / What a pack of ～s! 真是一派谎言！Zhēnshì yípài huǎngyán! // give the ～ to 指责某人说谎 zhǐzé mǒurén shuōhuǎng

lie² *v.* 1. 躺 tǎng；卧 wò：～ on a bed 躺在床上 tǎngzài chuángshang / ～ on one's back (side) 仰卧（侧卧）yǎngwò（cèwò）/ ～ face downwards 俯卧（fǔwò）2. 平放 píngfàng：The dictionary was lying on the bookshelf. 那本书放在书架上。Nàběn shū fàngzài shūjiàshang. 3. 处于某种状态 chǔyú mǒuzhǒng zhuàngtài：towns lying in ruins 成为废墟的城市 chéngwéi fèixūde chéngshì 4. 位于 wèiyú：Japan ～s to the east of China. 日本位于中国东面。Rìběn wèiyú Zhōngguó dōngmiàn. 5. 存在 cúnzài；在于 zàiyú：It ～s with you to accept my proposal or not. 是否接受我的提议全在于你。Shì-fǒu jiēshòu wǒde tíyì quán zàiyú nǐ. 6. 展

现 zhǎnxiàn：An expanse of golden wheat lay before us. 我们眼前展现出一片金黄色的麦子。Wǒmen yǎnqián zhǎnxiànchū yípiàn jīnhuángsède màizi. *n.* 位置 wèizhi；状态 zhuàngtài // take … lying down 甘受(侮辱等) gānshòu(wǔrǔ děng)

lien *n.* 扣押权 kòuyāquán；留置权 liúzhìquán：have a ～ upon cargo 对运货有留置权 duì yùnhuò yǒu liúzhìquán

lieutenant *n.* **1.** 陆军中尉 lùjūn zhōngwèi * army officer below a captain；海军上尉 hǎijūn shàngwèi * junior officer in the Navy **2.** 副职官员 fùzhí guānyuán * deputy；代理官员 dàilǐ guānyuán * substitute：a ～ governor 副总督 fù zǒngdū；代替总督 dàitì zǒngdū；副州长 fù zhōuzhǎng * in America

life *n.* **1.** 生命 shēngmìng：the origin of ～ 生命的起源 shēngmìngde qǐyuán **2.** 生物 shēngwù：Is there any ～ on the planet Mars？火星上有生物吗？Huǒxīngshang yǒu shēngwùma？**3.** 人生 rénshēng；生存 shēngcún：Life isn't all fun. 人生并非只有欢乐。Rénshēng bìngfēi zhǐyǒu huānlè. **4.** 性命 xìngmìng；人命 rénmìng：Seven lives were lost in the accident. 七人死于那起事故。Qīrén sǐyú nàqǐ shìgù. **5.** 一生 yìshēng；终身 zhōngshēn：He lived all his ～ abroad. 他一生都住在国外。Tā yìshēng dōu zhùzài guówài. / ～ annuity 终身年金 zhōngshēn niánjīn **6.** 生活 shēnghuó：live a happy ～ 过幸福的生活 guò xìngfúde shēnghuó / a country ～ 田园生活 tiányuán shēnghuó // come to ～ 苏醒 sūxǐng / have the time of one's ～ 享受从未有过的快乐 xiǎngshòu cóngwèi yǒuguode kuàilè / take one's ～ in one's (own) hands 冒生命危险 mào shēngmìng wēixiǎn / take one's (own) ～ 自杀 zìshā / take sb.'s ～ 杀死某人 shāsǐ mǒurén / ～ belt 救生带 jiùshēngdài / ～ boat 救生艇 jiùshēngtǐng / ～ buoy 救生圈 jiùshēngquān / ～ jacket 救生衣 jiùshēngyī / ～ work 毕生的事业 bìshēngde shìyè

lifeless *a.* **1.** 无生命的 wúshēngmìngde：～ inorganic compounds 无生命的无机化合物 wú shēngmìngde wújī huàhéwù **2.** 没有生气的 méiyǒu shēngqìde；沉闷的 chénmènde：a ～ voice 沉闷的声音 chénmènde shēngyīn

lifelike *a.* 逼真的 bīzhēnde；栩栩如生的 xǔxǔ-rúshēngde：a ～ painting 栩栩如生的画 xǔxǔ-rúshēngde huà

lift *v.* **1.** 举起 jǔqǐ；抬起 táiqǐ；提起 tíqǐ：～（up）the iron plate 举起那块铁板 jǔqǐ nàkuài tiěbǎn /～（up）a table 抬起一张桌子 táiqǐ yìzhāng zhuōzi /～ a pail of water 提起一桶水 tíqǐ yìtǒng shuǐ /～ up one's eyes 向上看 xiàng shàng kàn **2.** 被提起 bèi tíqǐ；升起 shēngqǐ：The box is too heavy to ～. 这个箱子太重，提不起来。Zhège xiāngzi tàizhòng, tíbuqǐlái. / The airplane ～ed off from the airport. 飞机从机场起飞。Fēijī cóng jīchǎng qǐfēi. **3.** 消散 xiāosàn：The fog ～ed and the sun came out. 雾散日出。Wùsàn rìchū. **4.** 偷窃 tōuqiè；剽窃 piáoqiè：Our video recorder got ～ed. 我家的录像机被窃。Wǒjiāde lùxiàngjī bèiqiè. *n.* **1.** 举起 jǔqǐ；抬起 táiqǐ **2.** 电梯 diàntī：take the ～ to the eighteenth floor 乘电梯到第十八层 chéng diàntī dào dì-shíbā céng

ligament *n.* 韧带 rèndài

ligature *n.* **1.** 绷带 bēngdài * used in tying **2.** 连字 liánzì * of printing

light¹ *n.* **1.** 光 guāng；光线 guāngxiàn：the ～ of the sun 阳光 yángguāng / poor ～ 暗淡的光线 àndànde guāngxiàn **2.** 日光 rìguāng；白昼 báizhòu：L- is breaking. 天破晓了。Tiān pòxiǎole. / He gets up before ～. 他黎明前起床。Tā límíngqián qǐchuáng. **3.** 灯 dēng；发光物 fāguāngwù：Turn on the ～. 把灯打开。Bǎ dēng dǎkāi. / traffic ～s 交通灯 jiāotōngdēng **4.** 眼光 yǎnguāng；见解 jiànjiě：We should see him in a new ～. 我们应该用新眼光看待他。Wǒmen yīnggāi yòng xīn yǎnguāng kàndài tā. *a.* **1.** 明亮的 míngliàngde：a ～ reading-room 明亮的阅览室 míngliàngde yuèlǎnshì **2.** 淡色的 dànsède：～ blue 淡蓝色 dànlánsè / a ～ green-colored skirt 淡绿色的裙子 dànlǜsède qúnzi *v.* **1.** 点着 diǎnzháo；点燃 diǎnrán：～ a cigarette 点烟 diǎnyān /～ a fire 点火 diǎnhuǒ **2.** 照亮 zhàoliàng；发亮 fāliàng：The streets were brightly lit up. 街上灯光明亮。Jiēshang dēngguāng míngliàng. // between the ～s 在傍晚 zài bàngwǎn / between two ～s 在黑夜 zài hēiyè / bring sth. to ～ 使某事显露出来 shǐ mǒushì xiǎnlù chūlái：His crime was brought to ～ finally. 罪行最终被揭发出来。Zuìxíng zuìzhōng bèi jiēfā chūlái. / come to ～ 显露出来 xiǎnlù chūlái；暴露 bàolù / in a good ～ 在光线好的地方 zài guāngxiàn hǎode dìfang / in the ～ of 根据 gēnjù；按照 ànzhào：He accepted our proposal in the ～ of the objective situation. 他根据客观情况接受了我们的提议。Tā gēnjù kèguān qíngkuàng jiēshòule wǒmende tíyì. / stand in sb.'s ～ 挡住某人的光线 dǎngzhù mǒurénde guāngxiàn

light[2] *a.* **1.** 轻的 qīngde：～ industry 轻工业 qīnggōngyè / a pair of ～ shoes 一双轻便的鞋 yìshuāng qīngbiànde xié / The parcel is very ～. 这个包裹很轻。Zhège bāoguǒ hěn qīng. **2.** 轻微的 qīngwēide；微弱的 wēiruòde：a ～ loss 轻微的损失 qīngwēide sǔnshī / ～ applause 微弱的掌声 wēiruòde zhǎngshēng **3.** 少量的 shǎoliàngde；分量不足的 fènliàng bùzúde：a ～ snow 小雪 xiǎoxuě / give ～ weight 没给足分量 méi gěizú fènliang **4.** 不重要的 bú zhòngyàode；不严重的 bù yánzhòngde：a ～ conversation 随便的闲谈 suíbiànde xiántán / a ～ attack of illness 不严重的疾病 bù yánzhòngde jíbìng **5.** 轻率的 qīngshuàide；轻浮的 qīngfúde：～ opinions 轻率的意见 qīngshuàide yìjian / ～ conduct 轻浮的行为 qīngfúde xíngwéi **6.** 愉快的 yúkuàide：She went to the movie with a ～ heart. 她心情愉快地去看电影。Tā xīnqíng yúkuàide qù kàn diànyǐng. *ad.* 轻地 qīngde；轻装的 qīngzhuāngde：tread ～ 轻轻走 qīngqīngzǒu / travel ～ 轻装旅行 qīngzhuāng lǚxíng // L- come，～ go. 来得容易，去得快。Láide róngyì，qùde kuài. / make ～ of 轻视 qīngshì // ～-fingered *a.* **1.** 手指灵巧的 shǒuzhǐ língqiǎode * skillful in using the fingers **2.** 善于扒窃的 shànyú páqiède：a ～-fingered gentleman 扒手 páshǒu / ～-headed *a.* **1.** 轻率的 qīngshuàide * thoughtless **2.** 头晕目眩的 tóuyūn-mùxuànde * dizzy / ～-hearted *a.* 愉快的 yúkuàide // ～ heavyweight *a.* 轻重量级的 qīngzhòngliàngjíde；*n.* 轻重量级的拳击运动员 qīngzhòngliàngjíde quánjī yùndòngyuán / ～-minded *a.* 轻率的 qīngshuàide；轻浮的 qīngfúde

light[3] *v.* **1.** 停落 tíngluò：The bird lit on a branch. 鸟停落在树枝上。Niǎo tíngluò zài shùzhīshang. **2.** 偶然遇到 ǒurán yùdào；偶然得到 ǒurán dédào：I lit upon a rare book in a second-hand bookseller's. 我在一个旧书店里偶然发现了一部珍本书。Wǒ zài yíge jiùshūdiànli ǒurán fāxiànle yíbù zhēnběnshū.

lighten[1] *v.* **1.** 照亮 zhàoliàng；发亮 fāliàng；变亮 biànliàng：The eastern sky ～ed. 东方亮了。Dōngfāng liàngle. **2.** 打闪 dǎshǎn：It's ～ing outside. 外面在打闪。Wàimian zài dǎshǎn.

lighten[2] *v.* **1.** 减轻 jiǎnqīng：～ the life load 减轻生活负担 jiǎnqīng shēnghuó fùdān **2.** 使轻松 shǐ qīngsōng；变得轻松 biànde qīngsōng：Her heart ～ed after finishing the work. 完成这项工作后，她的心情变得轻松了。Wánchéng zhèxiàng gōngzuò hòu，tāde xīnqíng biànde qīngsōngle.

lighter[1] *n.* **1.** 点火者 diǎnhuǒzhě ＊ person that lights **2.** 打火机 dǎhuǒjī：a cigarette-～ 打火机 dǎhuǒjī

lighter[2] *n.* 驳船 bóchuán

lighthouse *n.* 灯塔 dēngtǎ

lighting *n.* 照明 zhàomíng；照明设备 zhàomíng shèbèi

lightning *n.* 闪电 shǎndiàn *a.* 闪电似的 shǎndiànshìde：a ～ attack 突然袭击 tūrán xíjī // ～ conductor 避雷装置 bìléi zhuāngzhì / ～ rod 避雷针 bìléizhēn

lights *n.* (供食用的)牛羊肺脏 (gōng shíyòngde) niúyáng fèizàng

likable *a.* 可爱的 kě'àide：a ～ child 可爱的孩子 kě'àide háizi

like[1] *v.* **1.** 喜欢 xǐhuan：I ～ tea. 我喜欢喝茶。Wǒ xǐhuan hē chá. / He ～s to take a walk after supper. 他喜欢晚饭后散步。Tā xǐhuan wǎnfànhòu sànbù. **2.** 愿意 yuànyì：You may come whenever you ～. 你愿意什么时候来就什么时候来。Nǐ yuànyì shénme shíhou lái jiù shénme shíhou lái. **3.** 希望 xīwàng；想 xiǎng：He would ～ time to discuss the question with me. 他希望有时间和我讨论这个问题。Tā xīwàng yǒu shíjiān hé wǒ tǎolùn zhège wèntí. / I'd ～ to see the film. 我想去看那个电影。Wǒ xiǎng qù kàn nàge diànyǐng. *n.* 爱好 àihào：～s and dislikes 好恶 hào-wù // if you ～ 如果你愿意 rúguǒ nǐ yuànyì：Join us if you ～. 如果你愿意，就参加我们的活动吧。Rúguǒ nǐ yuànyì，jiù cānjiā wǒmende huódòngba.

like[2] *a.* 相象的 xiāngxiàngde；相同的 xiāngtóngde；同类的 tónglèide：The two children are very ～. 这两个孩子长得很象。Zhè liǎngge háizi zhǎngde hěnxiàng. / ～ ideas 相同的想法 xiāngtóngde xiǎngfǎ / video recorders of ～ quality 质量相同的录像机 zhìliàng xiāngtóngde lùxiàngjī *prep.* 象 xiàng；和…一样 hé…yíyàng：He looks ～ an intellectual. 他看上去象个知识分子。Tā kànshàngqù xiàngge zhīshi fènzǐ. / My brother studies hard ～ me. 我的弟弟象我一样学习努力。Wǒde dìdi xiàng wǒ yíyàng xuéxí nǔlì. *n.* 相似的人或物 xiāngsìde rén huò wù：Have you heard the ～ (of it)? 你听到过这样的事情吗？Nǐ tīngdàoguo zhèyàngde shìqingma? *conj.* 如同 rútóng；好象 hǎoxiàng：Do it ～ I tell you. 照我告诉你的做。Zhào wǒ gàosu nǐde zuò. / and the ～ 等等 děngděng: physics, chemistry, and the ～ 物理、化学等等 wùlǐ、huàxué děngděng / as ～ as not 可能 kěnéng: As ～ as not, he has been there. 他可能已经去过那儿了。Tā kěnéng yǐjīng qùguo nàrle. / as ～ as two pears 一模一样 yìmúyíyàng / look ～ 好象(要) hǎoxiàng(yào): It looks ～ rain. 好象要下雨了。Hǎoxiàng yào xiàyǔle.

likely *a.* 1. 很可能的 hěn kěnéngde: It's ～ to be hot in August. 八月份天气会很热。Bāyuèfèn tiānqì huì hěnrè. / It isn't ～ that she will succeed. 她的成功没有多少可能性。Tāde chénggōng méiyǒu duōshǎo kěnéngxìng. 2. 合适的 héshìde; 有希望的 yǒu xīwàngde: This looks a ～ book for children. 这本书适合于孩子看。Zhèběn shū shìhé yú háizi kàn. / a ～ candidate 有希望的候选人 yǒu xīwàngde hòuxuǎnrén *ad.* 很可能 hěn kěnéng; 大概 dàgài: He will very ～ come to China next year. 他大概明年到中国来。Tā dàgài míngnián dào Zhōngguó lái. // as ～ as not 很可能 hěn kěnéng

liken *v.* 把…比作 bǎ…bǐzuò: ～ girls to flowers 把姑娘比作花儿 bǎ gūniang bǐzuò huār

likeness *n.* 1. 相象 xiāngxiàng; 类似 lèisì: She bears a striking ～ to her mother. 她极象她的母亲。Tā jíxiàng tāde mǔqin. 2. 画像 huàxiàng; 照片 zhàopiàn: take sb.'s ～ 给某人画像(或照相) gěi mǒurén huàxiàng (huò zhàoxiàng)

likewise *ad.* 同样地 tóngyàngde; 照样 zhàoyàng; 也 yě: He will go and I do ～. 他要走了,我也要走了。Tā yào zǒule, wǒ yě yào zǒule.

liking *n.* 爱好 àihào; 喜欢 xǐhuan: have a ～ for coffee 喜欢喝咖啡 xǐhuan hē kāfēi / to sb.'s ～ 合某人的意 hé mǒurénde yì

lilac *n.* 1. 紫丁香 zǐdīngxiāng: a bunch of ～ 一束紫丁香花 yíshù zǐdīngxiānghuā 2. 淡紫色 dànzǐsè: a ～ skirt 淡紫色的裙子 dànzǐsè de qúnzi

lily *n.* 百合花 bǎihéhuā: water lilies 睡莲 shuìlián

limb *n.* 1. 肢 zhī; 翼 yì: He lay down and stretched his tired ～s. 他躺下来,伸展开疲倦的四肢。Tā tǎng xiàlái, shēnzhǎnkāi píjuànde sìzhī. 2. 大树枝 dà shùzhī = branch of a tree

limber¹ *n.* 前车 qiánchē

limber[2] *v.* 使柔软 shǐ róuruǎn；变得柔软 biànde róuruǎn：～（up）one's fingers使手指变得柔软起来 shǐ shǒuzhǐ biànde róuruǎn qǐlái

lime[1] *n.* 石灰 shíhuī：quick（slaked）～ 生（熟）石灰 shēng（shú）shíhuī // ～ stone *n.* 石灰石 shíhuīshí

lime[2] *n.* 椴树 duànshù；菩提树 pútíshù

limit *n.* 界线 jièxiàn；界限 jièxiàn；限度 xiàndù；限制 xiànzhì：There is a ～ to my patience. 我的耐心是有限度的。Wǒde nàixīn shì yǒu xiàndùde. / set a ～ to the number of passengers 限制乘客人数 xiànzhì chéngkè rénshù / beyond the danger ～ 超过危险线 chāoguò wēixiǎnxiàn *v.* 限制 xiànzhì；限定 xiàndìng：We have to ～ the expense of the trip to ＄300. 我们必须把旅行费用限制在三百美元内。Wǒmen bìxū bǎ lǚxíng fèiyong xiànzhì zài sānbǎi měiyuán nèi. // off ～s 禁止入内 jìnzhǐ rùnèi / That's the ～. 再也无法忍耐了。Zài yě wúfǎ rěnnàile.

limitation *n.* **1.** 限制 xiànzhì **2.** 限制的条件 xiànzhìde tiáojiàn；局限 júxiàn；能力上的缺陷 nénglìshangde quēxiàn：We'll discuss the question next time owing to the ～ of time. 限于时间，我们下次再讨论这个问题。Xiànyú shíjiān，wǒmen xiàcì zài tǎolùn zhège wèntí. / I know my ～s. 我知道自己能力有限。Wǒ zhīdao zìjǐ nénglì yǒuxiàn.

limited *a.* 有限的 yǒuxiànde：～ liability company 股份有限公司 gǔfèn yǒuxiàn gōngsī

limousine *n.* 轿车 jiàochē

limp[1] *v.* 跛行 bǒxíng；蹒跚 pánshān *n.* 跛行 bǒxíng：walk with a ～一瘸一拐地走 yìqué-yìguǎide zǒu

limp[2] *a.* 柔软的 róuruǎnde；无力的 wúlìde：a book in a ～ binding 软面书 ruǎnmiàn shū / He looked ～ in the heat. 他在热天显得无精打采。Tā zài rètiān xiǎnde wújīng-dǎcǎi.

limpid *a.* 清澈的 qīngchède：a pair of ～ eyes 一双清澈的眼睛 yìshuāng qīngchède yǎnjing

linden *n.* 椴树 duànshù；菩提树 pútíshù

line[1] *n.* **1.** 线 xiàn；绳 shéng：a hemp ～ 麻绳 máshéng / telephone ～s 电话线 diànhuàxiàn **2.** 电线 diànxiàn；线路 xiànlù：The ～ is bad. 电话线路不清楚。Diànhuà xiànlù bù qīngchu. **3.** 直线 zhíxiàn：Draw a ～ from here to there. 从这儿到那儿画一条线。Cóng zhèr dào nàr huà yìtiáo xiàn. **4.** 界线 jièxiàn；界限 jièxiàn：The ball crossed the ～. 球出界了。Qiú chūjièle. **5.** 路线 lùxiàn；航线 hángxiàn：a railroad ～ 铁路线 tiělùxiàn **6.** 条纹 tiáowén；皱纹 zhòuwén：There were deep ～s on her face. 她的脸上布满了很深的皱纹。Tāde liǎnshang bùmǎnle hěnshēnde zhòuwén. **7.** 排 pái；列 liè：a ～ of desks 一排桌子 yìpái zhuōzi **8.** 方针 fāngzhēn；方向 fāngxiàng；方法 fāngfǎ：choose the ～ of least resistance 采取最简便的方法 cǎiqǔ zuì jiǎnbiànde fāngfǎ / a ～ of argument 辩论的方式 biànlùnde fāngshì *v.* **1.** 用线标示 yòng xiàn biāoshì；画线于 huàxiànyú：～ the important words out 用线条标出重要的词 yòng xiàntiáo biāochū zhòngyàode cí **2.** 使布满皱纹 shǐ bùmǎn zhòuwén：Tiredness had ～d her face. 劳累使她的脸上布满了皱纹。Láolèi shǐ tāde liǎnshang bùmǎnle zhòuwén. **3.**（使）排列（shǐ）páiliè：a road ～d with lilac shrubs 两旁种满紫丁香的路 liǎngpáng zhòngmǎn zǐdīngxiāngde lù // bring into ～（with）使（与…）一致 shǐ（yǔ…）yízhì / come into ～（with）（与…）一致（yǔ…）yízhì；同意 tóngyì：I didn't come into ～ with her opinion. 我不同意她的意见。Wǒ bù tóngyì tāde yìjian. / in ～ with 跟…一致 gēn…yízhì；符合 fúhé：read between the ～s 体会言外之意 tǐhuì yánwài zhīyì

line² *v.*（给…）加衬里（gěi…）jiā chènlǐ：I bought a coat ～d with silk. 我买了一件有绸衬里的外衣。Wǒ mǎile yíjiàn yǒu chóuchènlǐde wàiyī.

lineage *n.* 血统 xuètǒng；世系 shìxì；家系 jiāxì：a young man of good ～ 家世好的年轻人 jiāshì hǎode niánqīngrén

linear *a.* **1.** 线的 xiànde；线状的 xiànzhuàngde：a ～ leaf 线形叶 xiànxíngyè **2.** 长度的 chángdùde：～ measure 长度 chángdù

lineman *n.* 线务员 xiànwùyuán

linen *n.* 亚麻布 yàmábù；亚麻织物 yàmá zhīwù：～ tablecloth 亚麻台布 yàmá táibù // wash one's dirty ～ in public 家丑外扬 jiāchǒu wàiyáng

liner *n.* 班轮 bānlún；班机 bānjī：air ～ from Beijing to Tokyo 往返于北京到东京的班机 wǎngfǎn yú Běijīng dào Dōngjīngde bānjī / a trans-Atlantic ～ 航行于大西洋的班轮 hángxíng yú Dàxīyángde bānlún

linesman *n.* 巡边员 xúnbiānyuán

lineup *n.* **1.** 阵容 zhènróng：a new ～ of the football team 这个足球队的新阵容 zhège zúqiúduìde xīn zhènróng **2.** 一排人 yìpáirén

linger *v.* **1.** 徘徊 páihuái；逗留 dòuliú：He ～ed around the park. 他在公

园的周围徘徊。Tā zài gōngyuánde zhōuwéi páihuái. **2.** 拖延 tuōyán；苟延 gǒuyán：Winter ～ed. 冬天迟迟不去。Dōngtiān chíchí búqù. / ～ out one's life 苟延残生 gǒuyán-cánshēng

lingual *a.* 语言的 yǔyánde：～ studies 语言研究 yǔyán yánjiū

linguist *n.* **1.** 语言学家 yǔyánxuéjiā：My supervisor is a famous ～. 我的导师是个著名的语言学家。Wǒde dǎoshī shìge zhùmíngde yǔyánxuéjiā. **2.** 通晓数国语言的人 tōngxiǎo shùguó yǔyánde rén：He is no ～. 他不懂外语。Tā bùdǒng wàiyǔ.

linguistic *a.* 语言的 yǔyánde；语言学的 yǔyánxuéde

linguistics *n.* 语言学 yǔyánxué

linguistician *n.* 语言学家 yǔyánxuéjiā

liniment *n.* 涂抹剂 túmǒjì

lining *n.* 衬里 chènlǐ；里子 lǐzi：a coat with a silk ～ 有绸衬里的外衣 yǒu chóuchènlǐde wàiyī

link *n.* **1.** 链环 liànhuán * one ring or loop of a chain **2.** 链扣 liànkòu：cuff-～s 衬衫袖口的链扣 chènshān xiùkǒude liànkòu **3.** 环节 huánjié；联系 liánxì：the ～s in a chain of development 发展过程中的各个环节 fāzhǎn guòchéngzhōngde gège huánjié / Is there a ～ between smoking and cancer? 吸烟和癌症有联系吗？Xīyān hé áizhèng yǒu liánxìma? *v.* 连接 liánjiē；联系 liánxì：～ those ropes together 把那些绳子连接起来 bǎ nàxiē shéngzi liánjiē qǐlái / ～ smoking to lung diseases 把吸烟和肺病联系起来 bǎ xīyān hé fèibìng liánxì qǐlái

links *u.* **1.** 高尔夫球场 gāo'ěrfū qiúchǎng * golf-course **2.** 海边长草的沙地 hǎibiān zhǎngcǎode shādì * near the sea

linoleum *n.* 油地毡 yóudìzhān

linseed *n.* 亚麻子 yàmázǐ：～ oil 亚麻子油 yàmázǐ yóu

linsey-woolsey *n.* 棉毛织品 mián-máo zhīpǐn

lintel *n.* 楣 méi；过梁 guòliáng

lion *n.* **1.** 狮子 shīzi * animal **2.** 社交场合的明星 shèjiāo chǎnghéde míngxīng；名人 míngrén：The musician was a ～. 那个音乐家是社交场合的明星。Nàge yīnyuèjiā shì shèjiāo chǎnghéde míngxīng.

lioness *n.* 母狮 mǔshī

lip *n.* **1.** 唇 chún；嘴唇 zuǐchún：the upper (lower) lip 上(下)唇 shàng (xià)chún **2.** (器皿等的)边 (qìmǐn děngde)biān；(茶壶等的)嘴 (cháhú děngde)zuǐ：the ～ of a cup 杯子边 bēizibiān / the ～ of a teapot 茶壶嘴 cháhúzuǐ // curl one's ～ 撇嘴 piězuǐ / hang on sb.'s ～ 专心地听某人说话 zhuānxīnde tīng mǒurén shuōhuà / open one's ～s 开口 kāikǒu；说话 shuōhuà / ～-read *v.* 唇读 chún dú / ～ service 口头上说得好听的话 kǒutóushang shuōde hǎotīngde huà

lipstick *n.* 唇膏 chúngāo；口红 kǒuhóng：use too much ～ 擦太多的口红 cā tàiduōde kǒuhóng

liquefaction *n.* 液化 yèhuà

liquefy *v.*（使）液化（shǐ）yèhuà

liqueur *n.* 甜酒 tiánjiǔ：～ brandy 餐后饮用的白兰地甜酒 cānhòu yǐnyòngde báilándì tiánjiǔ

liquid *n.* 液体 yètǐ：Water is a ～. 水是液体。Shuǐ shì yètǐ. *a.* **1**. 液体的 yètǐde：～ state 液态 yètài / ～ soap 液体肥皂 yètǐ féizào **2**. 清澈的 qīngchède；明亮的 míngliàngde：～ eyes 明亮的眼睛 míngliàngde yǎnjing **3**. 清脆的 qīngcuìde：the ～ voice 清脆的嗓音 qīngcuìde sǎngyīn **4**. 不固定的 bú gùdìngde；易变的 yìbiànde：～ opinions 易变的意见 yìbiànde yìjian

liquidate *v.* **1**. 清偿（债务）qīngcháng（zhàiwù）* pay or settle（a debt） **2**. 清理 qīnglǐ * of a company **3**. 清除 qīngchú；肃清 sùqīng：～ the remnants of the enemy 肃清敌军残部 sùqīng díjūn cánbù

liquor *n.* **1**. 酒 jiǔ：malt ～ 啤酒 píjiǔ / spirituous ～s 烈酒 lièjiǔ / in ～ 喝醉 hēzuì **2**. 汁 zhī：meat ～ 肉汁 ròuzhī

liquorice *n.* 甘草 gāncǎo

lisp *v.* 咬着舌头说 yǎozhe shétou shuō；口齿不清地说 kǒuchǐ bùqīngde shuō：She ～ed（out）her words. 她口齿不清地说话。Tā kǒuchǐ bùqīngde shuōhuà. *n.* 咬舌头 yǎo shétou：She speaks with a ～. 她说话时咬舌头。Tā shuōhuàshí yǎo shétou.

lissom(e) *a.* 柔软的 róuruǎnde；优美的 yōuměide

list[1] *n.* 表 biǎo；一览表 yìlǎnbiǎo；目录 mùlù；名单 míngdān：a price ～ 价目表 jiàmùbiǎo / an import ～ 进口商品目录 jìnkǒu shāngpǐn mùlù / a shopping ～ 购物单 gòuwùdān *v.* 把…列成表 bǎ…lièchéng biǎo；把…编成目录 bǎ…biānchéng mùlù；列举 lièjǔ：～ all lingustic works 将所有的语言学著作编成目录 jiāng suǒyǒude yǔyánxué zhùzuò biānchéng mùlù / ～ a few conditions 列举一些条件 lièjǔ yìxiē tiáojiàn

list² *v.* （船）倾侧（chuán） qīngcè：The ship ～s to starboard. 船向右舷倾侧。Chuán xiàng yòuxián qīngcè.

listen *v.* 听 tīng；留神听 liúshéntīng；倾听 qīngtīng：L- to me please. 请听我说。Qǐngtīng wǒshuō. / I ～ed but heard nothing. 我留神听，可是什么也没听见。Wǒ liúshén tīng，kěshì shénme yěméi tīngjiàn. *n.* 听 tīng：Please have a ～ to the song. 请听这首歌。Qǐngtīng zhèshǒu gē. // ～ in 收听 shōutīng：I like to ～ in to the news programme. 我喜欢听新闻节目。Wǒ xǐhuan tīng xīnwén jiémù.

listener *n.* 听者 tīngzhě；听众 tīngzhòng

listless *a.* 倦怠的 juàndàide；没精打采的 méijīng-dǎcǎide

literacy *n.* 识字 shízì；阅读和写作的能力 yuèdú hé xiězuòde nénglì

literal *a.* 1. 字母的 zìmǔde；用字母代表的 yòng zìmǔ dàibiǎode：Codes may be either numerical or ～. 电码可用数字代表，也可用字母代表。Diànmǎ kě yòng shùzì dàibiǎo，yěkě yòng zìmǔ dàibiǎo. 2. 逐字的 zhúzìde；字面的 zìmiànde：a ～ translation 直译 zhíyì 3. 确确实实的 quèque-shíshíde；不夸张的 bù kuāzhāngde；平凡的 píngfánde：He looks like a rather ～ man. 他看起来是个相当平凡的人。Tā kàn qǐlái shìge xiāngdāng píngfánde rén.

literally *ad.* 1. 逐字地 zhúzìde：translate ～ 直译 zhíyì 2. 不夸张的 bù kuāzhāngde：He ～ flew across the wall. 他简直飞一样的越过了那堵墙。Tā jiǎnzhí fēi yíyàngde yuèguòle nàdǔ qiáng.

literary *a.* 1. 文学的 wénxuéde：～ works 文学作品 wénxué zuòpǐn 2. 精通文学的 jīngtōng wénxuéde；作家的 zuòjiāde：a ～ man 作家 zuòjiā；文人 wénrén

literate *a.* 识字的 shízìde；有文化的 yǒu wénhuàde：a ～ young man 有文化的年轻人 yǒu wénhuàde niánqīngrén *n.* 识字者 shízìzhě；有文化的人 yǒu wénhuàde rén

literature *n.* 1. 文学 wénxué：～ and art 文学艺术 wénxué yìshù 2. 文献 wénxiàn；资料 zīliào：the ～ of history 历史文献 lìshǐ wénxiàn

lithe *a.* 易弯曲的 yì wānqūde；柔软的 róuruǎnde：～ movements 柔软的动作 róuruǎnde dòngzuò

lithograph *n.* 石版印刷 shíbǎn yìnshuā；石版画 shíbǎnhuà

litigate *v.* 提出诉讼 tíchū sùsòng

litigation *n.* 诉讼 sùsòng；打官司 dǎ guānsi

litre *n.* 升 shēng：a ～ of beer 一升啤酒 yìshēng píjiǔ

litter[1] *n.* **1.** 轿 jiào ＊ couch in which a person may be carried about **2.** 担架 dānjià＝stretcher

litter[2] *n.* **1.** 废物 fèiwù；废纸 fèizhǐ：Pick up your ～ after a game. 游戏结束后把废纸检起来。Yóuxì jiéshùhòu bǎ fèizhǐ jiǎnqǐlái. **2.** 稻草 dàocǎo＝straw used as bedding for animals **3.** 一胎生下的小动物 yìtāi shēngxiàde xiǎo dòngwù：a ～ of pigs 一窝小猪 yìwō xiǎozhū *v.* **1.** 铺稻草 pū dàocǎo：～ down a stable with straw 在马棚里铺稻草 zài mǎpéngli pū dàocǎo **2.** 乱扔 luànrēng；乱丢 luàndiū：～ scraps of paper 乱扔纸屑 luànrēng zhǐxiè // ～-bin *n.* 废物箱 fèiwùxiāng；垃圾桶 lājītǒng

little *a.* **1.** 小的 xiǎode；幼小的 yòuxiǎode；渺小的 miǎoxiǎode：a ～ window 小窗户 xiǎo chuānghu / a pretty ～ girl 漂亮的小女孩儿 piàoliangde xiǎo nǚháir / a ～ fellow 小人物 xiǎorénwù / the ～ things of life 生活琐事 shēnghuó suǒshì **2.** 短的 duǎnde：Would you like to come a ～ way with me? 你陪我走一小段路好吗？Nǐ péi wǒ zǒu yìxiǎoduàn lù hǎoma? / a ～ while 一会儿 yíhuìr **3.** 很少的 hěn shǎode；少量的 shǎoliàngde；一点儿 yìdiǎnr：He knows a ～ Chinese. 他懂一点儿汉语。Tā dǒng yìdiǎnr Hànyǔ. / The patient ate ～ food. 那个病人几乎不吃东西。Nàge bìngrén jīhū bùchī dōngxi. *ad.* **1.** 很少 hěnshǎo；一点儿 yìdiǎnr：He sleeps very ～ every day. 他每天睡得很少。Tā měitiān shuìde hěn shǎo. / I feel a ～ cold. 我觉得有点儿冷。Wǒ juéde yǒudiǎnr lěng. **2.** 毫不 háobù：He ～ cares. 他毫不在乎。Tā háobù zàihu. *n.* **1.** 一点儿 yìdiǎnr；少量 shǎoliàng：Please give me a ～ brandy. 请给我一点儿白兰地。Qǐng gěi wǒ yìdiǎnr báilándì. / He knows ～ German. 他几乎不懂德语。Tā jīhū bùdǒng Déyǔ. **2.** 短时间 duǎn shíjiān；短距离 duǎn jùlí：He will come in a ～ while. 他一会儿就来。Tā yíhuìr jiù lái. // after a ～ while 过了一会儿 guòle yíhuìr / in ～ 小规模地 xiǎo guīmóde / ～ by ～ 逐渐地 zhújiànde / not a ～ 很多 hěnduō / ～ brother 弟弟 dìdi / ～ sister 妹妹 mèimei / Little Rock 小石城 Xiǎoshíchéng

livable *a.* **1.** 适于居住的 shìyú jūzhùde：a ～ house 适于住人的房子

shìyú zhùrénde fángzi 2. 容易相处的 róngyì xiāngchǔde：a ～ person 容易相处的人 róngyì xiāngchǔde rén

live[1] *v*. 1. 活 huó；活着 huózhe：He ～d to the age of one hundred. 他活了100岁。Tā huóle yìbǎi suì. 2. 活 huó；过活 guòhuó：～ a happy life 过幸福的生活 guò xìngfúde shēnghuó / ～ in a small way 过简朴的生活 guò jiǎnpǔde shēnghuó 3. 住 zhù；居住 jūzhù：～ in the countryside 住在农村 zhùzài nóngcūn / How long have you ～d in the city？你在这个城市住了多久了？Nǐ zài zhège chéngshì zhùle duōjiǔle？// ～ and learn 活到老学到老 huó dào lǎo xué dào lǎo / ～ by 靠…为生 kào…wéishēng：～ by one's own hands 靠自己的双手劳动为生 kào zìjǐde shuāngshǒu láodòng wéishēng / ～ in 住在工作的地方 zhùzài gōngzuòde dìfang / ～ on 1. 继续活着 jìxù huózhe ＊ continue to live 2. 靠…生活 kào…shēnghuó：～ on one's wages 靠工资生活 kào gōngzī shēnghuó / ～ up to 实践 shíjiàn；合乎…的标准 héhū…de biāozhǔn：～ up to one's promise 实践自己的诺言 shíjiàn zìjǐde nuòyán

live[2] *a*. 1. 活的 huóde；有生命的 yǒu shēngmìngde：a ～ chicken 活鸡 huójī 2. 燃烧的 ránshāode；未爆炸的 wèi bàozhàde：～ coals 燃烧的煤块 ránshāode méikuài / a ～ shell 未爆炸的炮弹 wèi bàozhàde pàodàn 3. 实况转播的 shíkuàng zhuǎnbōde：a ～ programme 实况转播节目 shíkuàng zhuǎnbō jiémù 4. 精力充沛的 jīnglì-chōngpèide：a ～ scientist 精力充沛的科学家 jīnglì-chōngpèide kēxuéjiā

livelihood *n*. 生计 shēngjì：earn (gain) one's ～ by selling flowers 靠卖花为生 kào màihuā wéishēng

lively *a*. 1. 活泼的 huópode；快活的 kuàihuode：a ～ child 活泼的孩子 huópode háizi 2. 热烈的 rèliède：a ～ argument 热烈的争论 rèliède zhēnglùn 3. 生动的 shēngdòngde；真实的 zhēnshíde：a ～ description of a dragon-boat race 对一场龙舟赛的生动描述 duì yìchǎng lóngzhōusàide shēngdòng miáoshù *ad*. 活泼地 huópode // as ～ as a grig 非常快活 fēicháng kuàihuo

liven *v*. (使)活泼 (shǐ) huópo；(使)有生气 (shǐ) yǒushēngqì；(使)活跃 (shǐ) huóyuè：The discussion is beginning to ～ up. 讨论开始变得活跃起来。Tǎolùn kāishǐ biànde huóyuè qǐlái.

liver *n*. 肝脏 gānzàng；肝 gān

livery *n.* **1.** 制服 zhìfú：in ～ 穿着制服 chuānzhe zhìfú **2.** 衣服 yīfu；覆盖物 fùgàiwù：trees in the ～ of spring 春天长出新叶的树木 chūntiān zhǎngchū xīnyède shùmù

livestock *n.* 家畜 jiāchù

livid *a.* 青灰色的 qīnghuīsède；铅色的 qiānsède：a face ～ with rage 气得发青的脸 qìde fāqīngde liǎn / ～ bruise on the body 身上发青的伤痕 shēnshang fāqīngde shānghén

living *a.* **1.** 活的 huóde；现存的 xiàncúnde：a ～ language 活的语言 huóde yǔyán / ～ water 活水 huóshuǐ **2.** 逼真的 bīzhēnde：She is the ～ image of her mother. 她活象她的母亲。Tā huóxiàng tāde mǔqin. **3.** 强烈的 qiángliède：a ～ desire 强烈的愿望 qiángliède yuànwàng **4.** 生活的 shēnghuóde：～ standard 生活水平 shēnghuó shuǐpíng *n.* **1.** 生活 shēnghuó；生计 shēngjì：the cost of ～ 生活费用 shēnghuó fèiyong **2.** 生活方式 shēnghuó fāngshì：good (plain) ～ 优裕(简朴)的生活 yōuyù (jiǎnpǔ)de shēnghuó // ～ room *n.* 起居室 qǐjūshì；客厅 kètīng / the ～ theatre 舞台剧院 wǔtái jùyuàn

lizard *n.* 蜥蜴 xīyì；四脚蛇 sìjiǎoshé：a house ～ 壁虎 bìhǔ

load *n.* **1.** 担子 dànzi；重担 zhòngdàn：bear a heavy ～ on one's shoulders 肩负重担 jiānfù zhòngdàn **2.** 装载量 zhuāngzàiliàng；一车(船等)货物 yìchē(chuán děng)huòwù：a lorry-～ of grain 一卡车粮食 yì kǎchē liángshi **3.** 负载 fùzài；负荷 fùhè：peak ～ 高峰负荷 gāofēng fùhè *v.* **1.** 装 zhuāng；装载 zhuāngzài：～ a truck with vegetables 把蔬菜装上卡车 bǎ shūcài zhuāngshàng kǎchē **2.** 把弹药装入(枪、炮) bǎ dànyào zhuāngrù (qiāng、pào)；把胶卷装入(照相机) bǎ jiāojuǎn zhuāngrù (zhàoxiàngjī)：He has had his gun ～ed. 他已在枪里装上子弹了。Tā yǐzài qiāngli zhuāngshàng zǐdànle. / Have you ～ed your camera with film? 你在相机里装胶卷了吗？Nǐ zài xiàngjīli zhuāng jiāojuǎnlema? // a ～ off sb.'s mind 如释重负 rúshì-zhòngfù / ～s of 许多 xǔduō；大量 dàliàng

loaf[1] *n.* **1.** 一个面包 yíge miànbāo；一条面包 yìtiáo miànbāo：three loaves of bread 三个(条)面包 sānge(tiáo)miànbāo **2.** 圆锥形糖块 yuánzhuīxíng tángkuài＝sugar-loaf **3.** 头脑 tóunǎo：Use your ～! 用你的头脑想一想！Yòng nǐde tóunǎo xiǎngyixiǎng! // Half a ～ is better than no bread. 有比没有好。Yǒu bǐ méiyǒu hǎo.

loaf[2] *v.* 浪费时间 làngfèi shíjiān；闲荡 xiándàng：～ away one's time 浪费时光 làngfèi shíguāng

loam *n.* 肥土 féitǔ；沃土 wòtǔ

loan *n.* **1.** 借款 jièkuǎn；贷款 dàikuǎn：government ～s 公债 gōngzhài / raise a ～ 筹措贷款 chóucuò dàikuǎn **2.** 借出 jièchū；借出物 jièchūwù：May I have the ～ of your car? 我可以借你的车用一下吗？Wǒ kěyǐ jiè nǐde chē yòng yíxiàma? *v.* 借出 jièchū；借 jiè // ～ office 贷款处 dàikuǎnchù / ～ word 外来语 wàiláiyǔ

loath *a.* 不愿意的 bú yuànyìde：I was ～ to go with him. 我不愿意和他一起去。Wǒ bú yuànyì hé tā yìqǐ qù. // nothing ～ 很愿意 hěn yuànyì.

loathe *v.* 厌恶 yànwù；不喜欢 bù xǐhuan：I ～ sitting at home. 我不喜欢坐在家里。Wǒ bù xǐhuan zuòzài jiāli.

loathing *n.* 厌恶 yànwù

loathsome *a.* 讨厌的 tǎoyànde：a ～ disease 讨厌的疾病 tǎoyànde jíbìng

lob *v.* 吊高球 diàogāoqiú *n.* **1.** 下手球 xiàshǒuqiú * of cricket **2.** 高球 gāoqiú * of tennis

lobby *n.* 门廊 ménláng；大厅 dàtīng：He is waiting for you in the ～ of the hotel. 他在饭店大厅等你。Tā zài fàndiàn dàtīng děngnǐ. *v.* 游说议员 yóushuì yìyuán

lobe *n.* **1.** 耳垂 ěrchuí **2.** 叶 yè * of brain, lung, etc.

lobster *n.* **1.** 龙虾 lóngxiā **2.** 龙虾肉 lóngxiāròu * its flesh

local *a.* **1.** 当地的 dāngdìde；本地的 běndìde：～ time 当地时间 dāngdì shíjiān / ～ news 本地新闻 běndì xīnwén **2.** 局部的 júbùde：partial and ～ interests 局部利益 júbù lìyì *n.* 本地人 běndìrén；当地人 dāngdìrén：The ～s speak their native language. 当地人都讲土语。Dāngdìrén dōujiǎng tǔyǔ.

localism *n.* **1.** 地方主义 dìfāng-zhǔyì **2.** 方言 fāngyán；土语 tǔyǔ * local idiom

locality *n.* 地方 dìfāng；地区 dìqū：There are a lot of tourists in this ～. 本地有很多旅游者。Běndì yǒu hěnduō lǚyóuzhě.

localize, localise *v.* **1.** 使局限 shǐjúxiàn：Hot applications ～ the infection. 热敷使感染不会扩散。Rèfū shǐ gǎnrǎn búhuì kuòsàn. **2.** 使有地方色彩 shǐ yǒu dìfāng sècǎi * invest with local characteristics

locate *v.* **1.** 把…设置在 bǎ … shèzhì zài；使…坐落于 shǐ … zuòluò yú：～ a new library in the town 在镇上建一个新图书馆 zài zhènshang jiàn yíge xīn túshūguǎn / The pagoda is ～d near the mountain. 那座宝塔坐落在山的附近。Nàzuò bǎotǎ zuòluòzài shānde fùjìn. **2.** 指出位置 zhǐchū wèizhi；找出位置 zhǎochū wèizhi：～ a leak in a pipe 找出管子的漏缝 zhǎochū guǎnzide lòufèng

location *n.* **1.** 位置 wèizhi；地点 dìdiǎn：Where can we find a good ～ for the factory? 我们在哪儿能找到一个办工厂的好地点？Wǒmen zàinǎr néng zhǎodào yíge bàn gōngchǎngde hǎo dìdiǎn? **2.** 定位置 dìng wèizhi ＊ locating or being located **3.** 外景拍摄地 wàijǐng pāishèdì：be on ～ 在拍外景 zài pāi wàijǐng

lock[1] *n.* **1.** 锁 suǒ：open a ～ 开锁 kāisuǒ **2.** 枪栓 qiāngshuān ＊ mechanism by which a gun is fired **3.** 水闸 shuǐzhá ＊ of a canal *v.* **1.** 锁 suǒ；锁上 suǒshàng：～ a drawer 锁上抽屉 suǒshàng chōuti **2.** 锁藏 suǒcáng；秘藏 mìcáng：～ money in a safe 把钱锁在保险柜里 bǎ qián suǒzài bǎoxiǎnguìli / He has the secret safely ～ed in his breast. 他将那个秘密深藏在心中。Tā jiāng nàge mìmì shēncángzài xīnzhōng. **3.**（使）固定（shǐ）gùdìng；紧抱 jǐnbào；卡住 qiǎzhù：When they met again, they were ～ed in each other's arms. 当他们再一次见面的时候，便紧紧地拥抱在一起。Dāng tāmen zài yícì jiànmiànde shíhou, biàn jǐnjǐnde yōngbào zài yìqǐ. // ～ out 把…关在外面 bǎ…guān zài wàimian：Be back before eleven, or you'll be ～ed out. 你必须在十一点以前回来，否则要被关在外面。Nǐ bìxū zài shíyī diǎn yǐqián huílái, fǒuzé yào bèi guān zài wàimian. / ～ up **1.** 锁好 suǒhǎo：L- up your door when you leave. 你走时锁好门。Nǐ zǒushí suǒ hǎo mén. **2.** 固定（资金）gùdìng（zījīn）：He ～ed up his capital in real estate. 他把资金投资到房地产上了。Tā bǎ zījīn tóuzī dào fángdìchǎnshangle. / ～, stock and barrel 统统 tǒngtǒng；完全地 wánquánde

lock[2] *n.* 卷发 juǎnfà；头发 tóufa：a curly ～ 一绺卷发 yìliǔ juǎnfà

locker *n.* 小柜橱 xiǎoguìchú ＊ in a public place

locomotion *n.* 运动 yùndòng；移动 yídòng；运动力 yùndònglì；移动力 yídònglì

locomotive *a.* 运动的 yùndòngde；移动的 yídòngde：the ～ faculty of animal life 动物的运动能力 dòngwùde yùndòng nénglì *n.* 火车头 huǒchētóu；火车机车 huǒchē jīchē

locus *n.* 地点 dìdiǎn；场所 chǎngsuǒ

locust *n.* **1.** 蝗虫 huángchóng * insect **2.** 刺槐 cìhuái * tree

lodestar *n.* 北极星 běijíxīng

lodge *n.* **1.** 门房 ménfáng；传达室 chuándáshì * of a college, factory, etc. **2.** 山林小屋 shānlín xiǎowū *v.* **1.** 留宿 liúsù；提供住宿 tígōng zhùsù：The college will board and ～ students. 学院将为学生提供膳宿。Xuéyuàn jiāngwèi xuésheng tígōng shànsù. **2.** 把…射入 bǎ … shèrù；打进 dǎjìn：A bullet was ～d in his arm. 一颗子弹打进了他的胳膊。Yìkē zǐdàn dǎjìnle tāde gēbo. **3.** 存放 cúnfàng：～ money in the bank 把钱存放在银行里 bǎ qián cúnfàngzài yínhángli **4.** 提出 tíchū：～ a complaint 控告 kònggào

lodger *n.* 房客 fángkè

lodging *n.* 寄宿处 jìsùchù；出租的房间 chūzūde fángjiān：We can find a ～ in the town for the night. 我们今晚能在镇上找到一个寄宿处。Wǒmen jīnwǎn néngzài zhènshang zhǎodào yíge jìsùchù. // ～ house (分间出租的)出租房子 (fēnjiān chūzūde) chūzū fángzi

loess *n.* 黄土 huángtǔ

loft *n.* **1.** 阁楼 gélóu * used for storing things **2.** 楼厢 lóuxiāng * in a church

lofty *a.* **1.** 高耸的 gāosǒngde；极高的 jígāode：a ～ mountain 高山 gāoshān **2.** 高尚的 gāoshàngde；崇高的 chónggāode：～ sentiments 高尚的情操 gāoshàngde qíngcāo **3.** 高傲的 gāo'àode；傲慢的 àomànde：a ～ smile 傲慢的微笑 àomànde wēixiào

log¹ *n.* 原木 yuánmù；木材 mùcái *v.* 采伐木材 cǎifá mùcái：They ～ged a part of the trees in the forest. 他们在森林中采伐了一大片树木。Tāmen zài sēnlínzhōng cǎifále yídàpiàn shùmù.

log² *n.* **1.** 测程仪 cèchéngyí：sail by the ～ 用测程仪测量船的位置 yòng cèchéngyí cèliáng chuánde wèizhi **2.** 航海日志 hánghǎi rìzhì；记录 jìlù：They found a ～ in a worn-out ship. 他们在一艘破船里发现了一本航海日志。Tāmen zài yìsōu pòchuánli fāxiànle yìběn hánghǎi rìzhì. / an experiment ～ 实验记录 shíyàn jìlù *v.* 在航海日志中记录 zài hánghǎi rìzhìzhōng jìlù

logarithm *n.* 对数 duìshù // table of ～s 对数表 duìshùbiǎo
logger *n.* 伐木工 fámùgōng
loggerhead *n.* 傻瓜 shǎguā // at ～s (with) (与)…不和 (yǔ)…bùhé；相争 xiāngzhēng
logic *n.* **1.** 逻辑 luójí：What sort of ～ is that？这是什么逻辑？Zhèshì shénme luójí？**2.** 逻辑性 luójíxìng：She is not governed by ～. 她这个人没有逻辑性。Tā zhège rén méiyǒu luójíxìng.
logical *a.* 合乎逻辑的 héhū luójíde；逻辑上的 luójíshangde：a ～ argument 合乎逻辑的论点 héhū luójíde lùndiǎn
logician *n.* 逻辑学家 luójíxuéjiā
logistics *n.* 后勤学 hòuqínxué；后勤 hòuqín
loin *n.* **1.** 腰部 yāobù * the lower part of the back **2.** 腰肉 yāoròu：～ of beef 牛腰肉 niúyāoròu // gird up one's ～s 准备旅行 zhǔnbèi lǚxíng；准备行动 zhǔnbèi xíngdòng
loiter *v.* **1.** 闲逛 xiánguàng；徘徊 páihuái：She ～ed in the park. 她在公园里闲逛。Tā zài gōngyuánli xiánguàng. **2.** 虚度 xūdù；消磨 xiāomó：Don't ～ your time away. 不要虚度光阴。Búyào xūdù guāngyīn. / He ～ed out the whole evening by watching TV. 他看电视消磨掉了整个晚上。Tā kàn diànshì xiāomó diàole zhěngge wǎnshang.
loiterer *n.* 闲逛的人 xiánguàngde rén；虚度光阴的人 xūdù-guāngyīnde rén
loll *v.* **1.** 懒洋洋地躺(或靠) lǎnyāngyāngde tǎng (huò kào)：～ on a bed 懒洋洋地躺在床上 lǎnyāngyāngde tǎngzài chuángshang **2.** 垂下 chuíxià
lollipop *n.* 棒糖 bàngtáng
lolly *n.* **1.** 糖果 tángguǒ：creamed lollies 奶油糖球 nǎiyóu tángqiú **2.** 钱 qián = money
lone *a.* 孤独的 gūdúde；寂寞的 jìmòde：a ～ wolf 喜欢独处的人 xǐhuan dúchǔde rén
lonely *a.* **1.** 孤独的 gūdúde；寂寞的 jìmòde：a ～ old man 孤独的老人 gūdúde lǎorén / feel ～ 感到寂寞 gǎndào jìmò **2.** 偏僻的 piānpìde；人迹稀少的 rénjī xīshǎode：a ～ lane 偏僻的小巷 piānpìde xiǎoxiàng
loner *n.* 孤独的人 gūdúde rén
lonesome *a.* 孤独的 gūdúde；寂寞的 jìmòde
long[1] *a.* **1.** 长的 chángde；远的 yuǎnde；悠久的 yōujiǔde：a ～ time 长时

间 cháng shíjiān / a ～ trip 远程旅行 yuǎnchéng lǚxíng / a ～ history 悠久的历史 yōujiǔde lìshǐ / It will not be ～ that we'll meet again. 不要多久，我们就会再次见面。Bú yào duōjiǔ，wǒmen jiùhuì zàicì jiànmiàn. **2.** … 长 … cháng；… 久 … jiǔ：The bridge is 100 meters ～. 那座桥有一百米长。Nàzuò qiáo yǒu yìbǎimǐ cháng. / I haven't seen him for ten years ～. 我有十年之久没见到他了。Wǒ yǒu shínián zhījiǔ méi jiàndào tāle. **3.** 过长的 guòchángde；冗长的 rǒngchángde；缓慢的 huǎnmànde：wait five ～ hours 足足等了五个小时 zúzú děngle wǔge xiǎoshí / She is ～ in dealing with the problem. 她迟迟才处理这个问题。Tā chíchí cái chǔlǐ zhège wèntí. *n.* 长时间 cháng shíjiān *ad.* **1.** 长久 chángjiǔ：I can't stand here ～. 我不能在这儿站很久。Wǒ bùnéng zàizhèr zhàn hěnjiǔ. / I saw the film ～ ago. 我很久以前看过这个电影。Wǒ hěnjiǔ yǐqián kànguo zhège diànyǐng. **2.** 始终 shǐzhōng：all day ～ 整天 zhěngtiān // any ～er 再 zài：I don't smoke any ～er. 我不再抽烟了。Wǒ búzài chōuyānle. / as ～ as **1.** 达…之久 dá … zhījiǔ：as ～ as one century 一个世纪之久 yíge shìjì zhījiǔ **2.** 只要 zhǐyào：You can overcome the difficulties as ～ as you are confident. 只要你有信心，就能克服困难。Zhǐyào nǐ yǒu xìnxīn，jiùnéng kèfú kùnnan. / before ～ 不久 bùjiǔ：They will get married before ～. 他们不久就要结婚。Tāmen bùjiǔ jiùyào jiéhūn. / no ～er 不再 búzài / so ～ 再见 zàijiàn / so ～ as 只要 zhǐyào / ～-distance call 长途电话 chángtú diànhuà / ～ face 闷闷不乐 mènmèn-búlè / ～ jump 跳远 tiàoyuǎn / ～-playing record 慢转密纹唱片 mànzhuàn mìwén chàngpiàn / ～ wave 长波 chángbō

long[2] *v.* 渴望 kěwàng；非常想念 fēicháng xiǎngniàn：I am ～ing to see him earlier. 我渴望早日见到她。Wǒ kěwàng zǎorì jiàndào tā. / He is ～ing for his motherland. 他非常想念祖国。Tā fēicháng xiǎngniàn zǔguó.

longevity *n.* 长寿 chángshòu；长命 chángmìng

longhair *n.* **1.** 留长发的人 liú chángfàde rén **2.** 嬉皮士 xīpíshì

longitude *n.* 经度 jīngdù：the east (west) ～ 东(西)经 dōng (xī) jīng

longitudinal *a.* **1.** 经度的 jīngdùde **2.** 纵的 zòngde：～ stripes 纵条纹 zòng tiáowén

long-range *a.* 远程的 yuǎnchéngde；远期的 yuǎnqīde：a ～ gun 远射程大

炮 yuǎn shèchéng dàpào

longsighted *a.* 远视的 yuǎnshìde；有远见的 yǒu yuǎnjiànde：～ eyes 远视眼 yuǎnshìyǎn / ～ views 有远见的见解 yǒu yuǎnjiànde jiànjiě

longstanding *a.* 长期存在的 chángqī cúnzàide：a ～ problem 长期存在的问题 chángqī cúnzàide wèntí

long-term *a.* 长期的 chángqīde：a ～ plan 长期规划 chángqī guīhuà

longwinded *a.* 冗长的 rǒngchángde：a ～ conversation 冗长的谈话 rǒngchángde tánhuà

look *v.* **1.** 看 kàn；瞧 qiáo；望 wàng：L- at these beautiful flowers. 看这些漂亮的花儿。Kàn zhèxiē piàoliangde huār. / L-, he is coming. 瞧，他来了。Qiáo，tā láile. / ～ over the window 向窗外望 xiàng chuāngwài wàng **2.** 朝着 cháozhe；面向 miànxiàng：The cottage ～s to the sea. 这座小屋面向大海。Zhèzuò xiǎowū miànxiàng dàhǎi. **3.** 似乎 sìhū；好象 hǎoxiàng：It ～s like snow. 天好象要下雪。Tiān hǎoxiàng yào xiàxuě. / She ～s tired. 她似乎累了。Tā sìhū lèile. / You ～ as if you slept badly. 你好象睡眠不足。Nǐ hǎoxiàng shuìmián bùzú. **4.** 留心 liúxīn；注意 zhùyì：Please ～ when the meeting begins. 请注意会议开始的时间。Qǐng zhùyì huìyì kāishìde shíjiān. **5.** 用眼色表示出 yòng yǎnsè biǎoshìchū：She said nothing but ～ed all interest. 她什么也没说，但眼色却表现出很感兴趣。Tā shénme yěméi shuō，dàn yǎnsè què biǎoxiànchū hěn gǎnxìngqù. *n.* **1.** 看 kàn：May I have a ～ at the book? 我可以看一下这本书吗？Wǒ kěyǐ kàn yíxià zhèběn shūma? **2.** 外表 wàibiǎo；外观 wàiguān；脸色 liǎnsè：The old city has taken on a new ～. 这座古城换上了新貌。Zhèzuò gǔchéng huànshàngle xīnmào. / I knew she liked the skirt very much by the ～ on her face. 从她的脸色我知道她非常喜欢这条裙子。Cóng tāde liǎnsè wǒ zhīdao tā fēicháng xǐhuan zhètiáo qúnzi. **3.** 容貌 róngmào；美貌 měimào：good ～s 漂亮的容貌 piàoliangde róngmào // ～ after 照顾 zhàogù；照料 zhàoliào：～ after the patients 照料病人 zhàoliào bìngrén / ～ back **1.** 回顾 huígù：～ back to the history 回顾历史 huígù lìshǐ **2.** 倒退 dàotuì：He has never ～ed back since last year. 从去年起，他就一直进步。Cóng qùniánqǐ，tā jiù yìzhí jìnbù. / ～ down **1.** 向下看 xiàngxià kàn；俯视 fǔshì：The building ～s down on the sea. 这座建筑俯瞰大海。Zhèzuò jiànzhù fǔkàn dàhǎi. **2.** 看不起 kànbuqǐ；轻视 qīngshì：She ～d down upon him. 她看不起他。Tā kànbuqǐ tā. / ～ for 寻找 xúnzhǎo；找 zhǎo：What are you ～ing for？你在找什么？Nǐ zài zhǎo shénme？/ ～ forward to 盼望 pànwàng：I am ～ing forward to seeing you soon. 我盼望早日见到你。Wǒ pànwàng zǎorì jiàndào nǐ. / ～ oneself 不改常态 bùgǎi chángtài；气色复原 qìsè fùyuán / ～ round **1**. 环顾 huángù；观光 guānguāng：They found time to ～ round the city. 他们抽时间在城里观光了一番。Tāmen chōu shíjiān zài chéngli guānguāngle yìfān. **2**. 察看 chákàn；慎重考虑 shènzhòng kǎolǜ：Don't make a hurried decision；～ round well first. 别急于做决定，先好好考虑一下儿。Bié jíyú zuò juédìng，xiān hǎohao kǎolǜ yíxiàr. / ～ up to 尊敬 zūnjìng：be ～ed up to by everybody 受众人尊敬 shòu zhòngrén zūnjìng / ～ing-glass 镜子 jìngzi

look-in *n*. **1**. 顺便拜访 shùnbiàn bàifǎng：I gave a friend of mine a ～ yesterday. 我昨天顺便拜访了一个朋友。Wǒ zuótiān shùnbiàn bàifǎngle yíge péngyou. **2**. 成功的可能性 chénggōngde kěnéngxìng：You have a ～. 你有成功的可能性。Nǐ yǒu chénggōngde kěnéngxìng.

looker-on *n*. 旁观者 pángguānzhě

lookout *n*. **1**. 注意 zhùyì；小心 xiǎoxīn：keep a good ～ 严密注意 yánmì zhùyì **2**. 了望台 liàowàngtái；监视哨 jiānshìshào：The army sent ～s in advance. 部队已预先派出了监视哨。Bùduì yǐ yùxiān pàichūle jiānshìshào. **3**. 前途 qiántú；前景 qiánjǐng：It seems a good ～ for the joint venture. 这个合资企业看来前景光明。Zhège hézī qǐyè kànlái qiánjǐng guāngmíng.

loom[1] *n*. 织布机 zhībùjī

loom[2] *v*. **1**. 隐约出现 yǐnyuē chūxiàn：A warship ～ed through the fog. 一艘军舰在大雾中隐约出现。Yìsōu jūnjiàn zài dàwùzhōng yǐnyuē chūxiàn. **2**. 突然逼近 tūrán bījìn：The danger ～ed ahead of them. 危险突然降临在他们面前。Wēixiǎn tūrán jiànglínzài tāmen miànqián. // ～ large 赫然耸现 hèrán sǒngxiàn；显得突出 xiǎnde tūchū

loony *n*. 疯子 fēngzi *a*. 疯狂的 fēngkuángde // ～-bin *n*. 疯人院 fēngrényuàn

loop *n*. 环 huán；环道 huándào *v*. **1**. 打成环 dǎchéng huán；使成圈 shǐ chéngquān：～ the rope 把绳子打成环 bǎ shéngzi dǎchéng huán / ～

the curtains up 卷起窗帘 juǎnqǐ chuānglián 2. 翻(跟头) fān(gēntou): The airman ~ed the ~ three times. 飞行员驾驶飞机连翻了三个跟头。Fēixíngyuán jiàshǐ fēijī liánfānle sānge gēntou. // ~ aerial, ~ antenna 环形天线 huánxíng tiānxiàn

loophole *n.* 1. 枪眼 qiāngyǎn; 窗孔 chuāngkǒng; 透气孔 tòuqìkǒng * in a fort, wall, etc. 2. 漏洞 lòudòng: close a ~ 堵塞漏洞 dǔsè lòudòng / a ~ in the law 法律上的漏洞 fǎlǜshangde lòudòng

loose *a.* 1. 松的 sōngde; 宽松的 kuānsōngde: ~ clothing 宽松的衣服 kuānsōngde yīfu / The soil here is very ~. 这里的土质很松。Zhèlǐde tǔzhì hěnsōng. 2. 没有束缚的 méiyǒu shùfùde; 松开的 sōngkāide; 自由的 zìyóude: the ~ end of a string 绳子松着的一端 shéngzi sōngzhede yìduān / leave the dog ~ at night 晚上把狗放开 wǎnshang bǎ gǒu fàngkāi 3. 散装的 sǎnzhuāngde; 未装订的 wèi zhuāngdìngde: ~ orange juice 散装橙汁 sǎnzhuāng chéngzhī 4. 放荡的 fàngdàngde; 荒淫的 huāngyínde: a ~ woman 放荡的女人 fàngdàngde nǚrén / a ~ life 荒淫的生活 huāngyínde shēnghuó 5. 不严格的 bùyángéde; 不明确的 bùmíngquède; 不严密的 bùyánmìde: a ~ translation 不精确的翻译 bùjīngquède fānyì / a ~ argument 不严密的论据 bùyánmìde lùnjù *ad.* 松地 sōngde; 松散地 sōngsǎnde; 不严格地 bùyángéde *v.* 释放 shìfàng; 把…放开 bǎ…fàngkāi; 使松驰 shǐ sōngchí: Wine ~d his tongue. 他酒后话多。Tā jiǔhòu huà duō. // break ~ 挣脱出来 zhèngtuō chūlái / have a ~ tongue 爱多嘴 ài duōzuǐ / let ~ 释放 shìfàng; 放出 fàngchū / set ~ 释放 shìfàng; 放出 fàngchū

loose-leaf *a.* 活页的 huóyède: a ~ notebook 活页笔记本 huóyè bǐjìběn

loosen *v.* 解开 jiěkāi; 松开 sōngkāi; 使放松 shǐ fàngsōng: ~ one's coat 解开外衣 jiěkāi wàiyī / ~ a screw 松开螺丝 sōngkāi luósī

loot *n.* 掠夺物 lüèduówù; 战利品 zhànlìpǐn; 赃物 zāngwù *v.* 抢劫 qiǎngjié; 掠夺 lüèduó

lop[1] *v.* 修剪 xiūjiǎn; 砍掉 kǎndiào: ~ off branches from a tree 砍掉树枝 kǎndiào shùzhī

lop[2] *v.* 垂下 chuíxià: a ~-eared dog 一只垂着耳朵的狗 yìzhī chuízhe ěrduode gǒu

lope *v.* 大步轻快地跑(走) dàbù qīngkuàide pǎo(zǒu) *n.* 大步轻快的跑

（走）dàbù qīngkuàide pǎo(zǒu)：The young man went off at a ～. 那年轻人迈着大步轻快地走了。Nà niánqīngrén màizhe dàbù qīngkuàide zǒule.

lopsided *a.* 不平衡的 bù pínghéngde：～ development 不平衡的发展 bù pínghéngde fāzhǎn

loquacious *a.* 话多的 huàduōde；健谈的 jiàntánde：He began to be ～ after drinking. 喝酒以后，他变得话多起来了。Hējiǔ yǐhòu，tā biànde huàduō qǐláile.

loquat *n.* 枇杷 pípa；枇杷树 pípashù

lord *n.* **1.** 君主 jūnzhǔ：our sovereign ～ the King 国王陛下 guówáng bìxià **2.** [L-]上帝 Shàngdì；基督 Jīdū：L-'s Day 主日 Zhǔrì；星期日 Xīngqīrì **3.** 贵族 guìzú：the House of L-s 上议院 shàngyìyuàn **4.** 勋爵 xūnjué：L- Derby 德贝勋爵 Débèi xūnjué **5.** 巨头 jùtóu：the business ～s 商业界巨头 shāngyèjiè jùtóu *v.* 称王称霸 chēngwáng chēngbà // as drunk as a ～ 酩酊大醉 mǐngdǐng dàzuì / live like a ～ 过奢华的生活 guò shēhuáde shēnghuó / L-！老天爷！Lǎotiānyé！

lordly *a.* **1.** 贵族似的 guìzúshìde ＊ like a lord **2.** 傲慢的 àomànde ＊ haughty；无礼的 wúlǐde ＊ insolent

lordship *n.* **1.** 贵族的权力 guìzúde quánlì ＊ authority **2.** 阁下 géxià：Your ～ 阁下 géxià

lore *n.* 知识 zhīshi；学问 xuéwen：Gypsy ～ 吉普赛人的学问 Jípǔsàirénde xuéwen / folk ～ 民俗学 mínsúxué

lorgnette *n.* 长柄眼镜 chángbǐng yǎnjìng

lorry *n.* 卡车 kǎchē：a ～-load of hay 一卡车干草 yì kǎchē gāncǎo

lose *v.* **1.** 失去 shīqù；丢失 diūshī；丧失 sàngshī；迷失 míshī：～ patience 失去耐心 shīqù nàixīn / I lost my dictionary. 我把字典弄丢了。Wǒ bǎ zìdiǎn nòng diūle. / He lost an arm in the accident. 他在那次事故中失去了一条胳膊。Tā zài nàcì shìgùzhōng shīqùle yìtiáo gēbo. / She lost her way in the fog. 她在大雾中迷了路。Tā zài dàwùzhōng míle lù. **2.** 没赶上 méi gǎnshàng；未听见 wèi tīngjiàn；未看到 wèi kàndào：I lost my last bus yesterday evening. 我昨天晚上没赶上末班车。Wǒ zuótiān wǎnshang méi gǎnshàng mòbānchē. / I lost a few words of what was said. 有几句我没听清。Yǒu jǐjù wǒ méi tīngqīng. **3.** 输 shū；失败 shībài：～ a game 输一局 shū yìjú **4.** 受损失 shòu sǔnshī：You will ～

nothing by waiting. 等待不会使你受损失。Děngdài búhuì shǐ nǐ shòu sǔnshī. **5.** 浪费 làngfèi: There is not a moment to ~. 一分钟也不能浪费。Yì fēnzhōng yě bùnéng làngfèi. **6.** (钟、表等)走慢(zhōng、biǎo děng) zǒumàn: My watch ~s one minute a day. 我的表一天慢一分。Wǒde biǎo yìtiān màn yìfēn. // be lost upon 未能引起注意 wèinéng yǐnqǐ zhùyì: My opinion was lost upon them. 我的意见未能引起他们的注意。Wǒde yìjian wèinéng yǐnqǐ tāmende zhùyì. / ~ out 输掉 shūdiào; 失败 shībài

loser *n.* 输者 shūzhě; 失败者 shībàizhě: a good ~ 经得起失败的人 jīngdeqǐ shībàide rén

loss *n.* **1.** 失去 shīqù; 丧失 sàngshī: the ~ of health 丧失健康 sàngshī jiànkāng / ~ of sight 失明 shīmíng **2.** 输 shū; 失败 shībài: a ~ of a contest 比赛失败 bǐsài shībài **3.** 损失 sǔnshī; 亏损 kuīsǔn: suffer heavy ~es 受到重大损失 shòudào zhòngdà sǔnshī / They made a ~ on the transaction. 他们在这项交易上亏了本。Tāmen zài zhèxiàng jiāoyìshang kuīleběn. **4.** 浪费 làngfèi; 错过 cuòguò: without ~ of time 没浪费时间 méi làngfèi shíjiān // at a ~ 困惑 kùnhuò; 不知所措 bùzhī-suǒcuò: I was at a ~ how to answer his questions. 我不知怎样回答他的问题才好。Wǒ bùzhī zěnyàng huídá tāde wèntí cáihǎo. / for a ~ 处于苦恼中 chǔyú kǔnǎozhōng

lost *a.* **1.** 失去的 shīqùde; 丢失的 diūshīde: a ~ dictionary 丢失的词典 diūshīde cídiǎn **2.** 输掉的 shūdiàode; 失败的 shībàide: a ~ game 输掉的一局 shūdiàode yìjú / a ~ battle 败仗 bàizhàng **3.** 浪费掉的 làngfèi diàode; 错过的 cuòguòde: ~ time 浪费掉的时间 làngfèi diàode shíjiān **4.** 遭难的 zāonànde; 死了的 sǐlede: Three persons were ~ in the accident. 三个人在那起事故中丧生。Sānge rén zài nàqǐ shìgùzhōng sàngshēng.

lot¹ *n.* **1.** 许多 xǔduō: I have a ~ of questions to ask. 我有许多问题要问。Wǒ yǒu xǔduō wèntí yào wèn. **2.** 全部 quánbù; 全体 quántǐ: They took the whole ~ of the books away. 他们把所有的书都拿走了。Tāmen bǎ suǒyǒude shū dōu názǒule. / That's the ~. 全部都在这儿。Quánbù dōu zài zhèr. **3.** 一批 yìpī; 一摊 yìtān: This ~ of apples is not as good as the last. 这批苹果不如上批好。Zhèpī píngguǒ bùrú shàngpī hǎo. / sell by ～s 分成摊出售 fēnchéng tān chūshòu // a great (good) ～大量 dàliàng: A great ～ of tourists came to the seaside. 大量旅游者来到了海滨。Dàliàng lǚyóuzhě láidàole hǎibīn. / What a ～! 多多啊! Duō duō'a!

lot² *n.* **1.** 签 qiān; 抽签 chōuqiān: draw (cast) ～s 抽签 chōuqiān / We drew ～s for turns. 我们抽签决定次序。Wǒmen chōuqiān juédìng cìxù. **2.** 命运 mìngyùn; 运气 yùnqi: envy sb.'s ～ 羡慕某人的命运 xiànmù mǒurénde mìngyùn / Her ～ has been a good one. 她的命很好。Tāde mìng hěnhǎo. **3.** 一块地 yíkuài dì; 地方 dìfang: an empty ～ 空地 kòngdì / a parking ～ 停车场 tíngchēchǎng **4.** 人 rén: a bad ～ 坏人 huàirén

lotion *n.* 洗液 xǐyè; 洗剂 xǐjì: a bottle of cleansing ～ for the skin 一瓶溶液 yìpíng róngyè

lottery *n.* 发行奖券或彩票的办法 fāxíng jiǎngquàn huò cǎipiàode bànfǎ: ～ tickets 奖券 jiǎngquàn; 彩票 cǎipiào

lotus *n.* 荷花 héhuā; 莲 lián // ～-eater *n.* 贪图安逸的人 tāntú-ānyìde rén

loud *a.* **1.** 响亮的 xiǎngliàngde; 大声的 dàshēngde; 吵闹的 chǎonàode: ～ laughs 高声大笑 gāoshēng dàxiào / ～ music 很响的音乐 hěnxiǎngde yīnyuè **2.** 引人注意的 yǐnrén-zhùyìde; 花哨的 huāshaode: a ～ pattern 花哨的图案 huāshaode tú'àn *ad.* 大声地 dàshēngde; 响亮地 xiǎngliàngde: Speak ～er. 大点儿声说。Dà diǎnr shēng shuō.

loudhailer *n.* 手提式扩音器 shǒutíshì kuòyīnqì

loudspeaker *n.* 扩音器 kuòyīnqì; 喇叭 lǎba

lounge *v.* **1.** (懒洋洋地)靠 (lǎnyāngyāngde) kào; 躺 tǎng; 站 zhàn; 坐 zuò: lounging over a table 懒洋洋地靠着桌子 lǎnyāngyāngde kàozhe zhuōzi **2.** 闲荡 xiándàng; 闲逛 xiánguàng: a vagrant lounging in the streets 在街上闲荡的无业游民 zài jiēshang xiándàngde wúyè yóumín *n.* **1.** (懒洋洋的)靠 (lǎnyāngyāngde) kào; 躺 tǎng; 站 zhàn; 坐 zuò **2.** 休息室 xiūxishì: the hotel ～ 饭店休息室 fàndiàn xiūxishì **3.** 闲荡 xiándàng

louse *n.* **1.** 虱子 shīzi **2.** 寄生虫 jìshēngchóng * similar insect living on plants // ～ up 把…弄糟 bǎ…nòngzāo; 把…弄坏 bǎ…nònghuài

lousy *a.* **1.** 多虱的 duōshīde * infested with lice **2.** 糟糕的 zāogāode：a ～ meeting 一次糟糕的会议 yícì zāogāode huìyì **3.** 充满的 chōngmǎnde；有很多的 yǒu hěnduōde：She is ～ with books. 她有很多书。Tā yǒu hěnduō shū.

lout *n.* 蠢人 chǔnrén；粗鲁的人 cūlǔde rén

Louvre *n.* 罗浮宫 Luófúgōng

lovable *a.* 可爱的 kě'àide；讨人喜欢的 tǎo rén xǐhuande：a ～ child 可爱的孩子 kě'àide háizi

love *n.* **1.** 爱 ài；喜爱 xǐ'ài；热爱 rè'ài：～ for one's parents 对父母的爱 duì fù-mǔde ài / a ～ of collecting stamps 对集邮的喜爱 duì jíyóude xǐ'ài / ～ of one's country 对祖国的热爱 duì zǔguóde rè'ài **2.** 爱情 àiqíng；恋爱 liàn'ài：They were falling in ～. 他们堕入情网。Tāmen duòrù qíngwǎng. / John was in ～ with Jane. 约翰和珍妮在恋爱。Yuēhàn hé Zhēnní zài liàn'ài. **3.** 情人 qíngrén **4.** 可爱的人(或物) kě'àide rén (huòwù)：What a ～ of a little cat! 多么可爱的一只小猫啊！Duōme kě'àide yìzhī xiǎomāo'a! **5.** 亲爱的 qīn'àide：Come here, my ～! 过来，我亲爱的！Guòlái, wǒ qīn'àide! **6.** 零分 língfēn：The score is 10-～. 比分是十比零。Bǐfēn shì shí bǐ líng. *v.* **1.** 爱 ài：I ～ my hometown. 我爱家乡。Wǒ ài jiāxiāng. **2.** 爱好 àihào；喜好 xǐhào：I ～ stamp collecting. 我爱好集邮。Wǒ àihào jíyóu. / He ～s playing football. 他喜欢踢足球。Tā xǐhuan tī zúqiú. // for the ～ of 为了 wèile / give sb. one's ～ 向某人问好 xiàng mǒurén wènhǎo / make ～ (to)(向…)表示爱情 (xiàng…) biǎoshì àiqíng；(与…)发生性行为 (yǔ…)fāshēng xìngxíngwéi / no ～ lost between … 间毫无感情 … jiān háowú gǎnqíng / ～ affair 恋爱 liàn'ài；风流韵事 fēngliú yùnshì / ～ bird 情鸟 qíngniǎo / ～ child 私生子 sīshēngzǐ / ～ letter 情书 qíngshū / ～ song 情歌 qínggē

loveless *a.* 没有爱情的 méiyǒu àiqíngde：a ～ marriage 没有爱情的婚姻 méiyǒu àiqíngde hūnyīn

lovely *a.* **1.** 美丽的 měilìde；可爱的 kě'àide：a ～ girl 美丽的姑娘 měilìde gūniang / a ～ landscape 美丽的景色 měilìde jǐngsè **2.** 令人愉快的 lìng rén yúkuàide；美好的 měihǎode：We had a ～ weekend. 我们过了一个愉快的周末。Wǒmen guòle yíge yúkuàide zhōumò. *n.* 美女 měinǚ

lover *n.* **1.** 爱好者 àihàozhě：a ～ of stamp-collecting 集邮爱好者 jíyóu àihàozhě **2.** 情侣 qínglǚ：the happy ～s 快乐的情侣 kuàilède qínglǚ **3.** 情人 qíngrén

loving *a.* 爱的 àide；表示爱的 biǎoshì àide：a ～ friend 亲爱的朋友 qīn'àide péngyou / a ～ glance 深情的一瞥 shēnqíngde yìpiē

low *a.* **1.** 低的 dīde；矮的 ǎide；浅的 qiǎnde：a ～ voice 低声 dīshēng / a ～ wall 矮墙 ǎiqiáng **2.** 低下的 dīxiàde；便宜的 piányide：He bought a car at a ～ price. 他以低价买了一辆汽车。Tā yǐ dījià mǎile yíliàng qìchē. **3.** 粗俗的 cūsúde；卑鄙的 bēibǐde：～ talk 粗俗话 cūsúhuà / a ～ trick 卑鄙的手段 bēibǐde shǒuduàn **4.** 不足的 bùzúde；缺钱的 quēqiánde：Their food is very ～. 他们的食品不足。Tāmende shípǐn bùzú. / He is very ～ in his pocket. 他缺钱用。Tā quēqián yòng. **5.** 虚弱的 xūruòde；微弱的 wēiruòde：The lights were ～. 灯光微弱。Dēngguāng wēiruò. / He is in a ～ state of health. 他的健康状况不佳。Tāde jiànkāng zhuàngkuàng bùjiā. **6.** 没精神的 méi jīngshende；情绪低落的 qíngxù-dīluòde：be in ～ spirits 情绪低落 qíngxù dīluò *ad.* **1.** 低 dī；向下地 xiàng xiàde：bow ～ 深深地鞠躬 shēnshēnde jūgōng / speak ～ 低声说 dīshēngshuō **2.** 卑鄙地 bēibǐde；低贱地 dījiànde // at the ～est 最低 zuìdī；至少 zhìshǎo / bring ～ 使恶化 shǐ èhuà / lay ～ 打倒 dǎdǎo；杀死 shāsǐ / lie ～ **1.** 平躺 píngtǎng * be lying flat **2.** 隐匿 yǐnnì：The criminal has lain ～ for several months. 那个罪犯已经隐匿好几个月了。Nàge zuìfàn yǐjīng yǐnnì hǎo jǐge yuèle.

lowbred *a.* 没教养的 méi jiàoyǎngde；粗野的 cūyěde

lower[1] *a.* 较低的 jiàodīde；较低级的 jiàodījíde；下游的 xiàyóude：a ～ school 低年级学校 dīniánjí xuéxiào / the ～ animals 低级动物 dījí dòngwù // Lower House，Lower Chamber 下议院 Xiàyìyuàn

lower[2] *v.* **1.** 降下 jiàngxià；放下 fàngxià：～ a flag 降下旗子 jiàngxià qízi / ～ a bucket 放下吊桶 fàngxià diàotǒng **2.** 降低 jiàngdī；减弱 jiǎnruò：～ the price of a house 降低房子的价格 jiàngdī fángzide jiàgé / He ～ed his voice to a whisper. 他把声音降到耳语那么低。Tā bǎ shēngyīn jiàngdào ěryǔ nàme dī. **3.** 降低身分 jiàngdī shēnfen：He ～ed himself by doing such things. 他做这样的事降低了他的身分。Tā zuò zhèyàngde shì jiàngdīle tāde shēnfen.

lowland *n.* 低地 dīdì *a.* 低地的 dīdìde

lowly *a.* **1.** 谦卑的 qiānbēide；谦逊的 qiānxùnde * modest **2.** 卑贱的

bēijiànde；低级的 dījíde：of ～ rank 低级的 dījíde；地位低的 dìwèi dīde *ad*. **1**. 谦卑地 qiānbēide；谦逊地 qiānxùnde：bow ～ 谦逊地鞠躬 qiānxùnde jūgōng **2**. 低下地 dīxiàde：He did a lot，but was paid ～. 他做得很多，但是得到的钱很少。Tā zuòde hěnduō，dànshì dédàode qián hěnshǎo.

loyal *a*. 忠诚的 zhōngchéngde；忠实的 zhōngshíde：be ～ to friends 对朋友忠诚 duì péngyou zhōngchéng

loyalty *n*. 忠诚 zhōngchéng；忠实 zhōngshí

lozenge *n*. **1**. 菱形 língxíng：a ～ pattern 菱形图案 língxíng tú'àn **2**. 小糖块 xiǎo tángkuài：cough ～s 咳嗽药片 késou yàopiàn

LRCS = League of Red Cross Societies 红十字会协会 Hóngshízìhuì Xiéhuì

£. s. d = librae，solidi，denarii 镑，先令和便士 bàng，xiānlìng hé biànshì；金钱 jīnqián

lubricant *n*. 润滑剂 rùnhuájì

lubricate *v*. 给…上油 gěi…shàngyóu；加油润滑 jiāyóu rùnhuá：He is lubricating the machine. 他在给机器上油。Tā zài gěi jīqì shàngyóu.

lubrication *n*. 润滑器 rùnhuáqì；加润滑剂的人 jiā rùnhuájìde rén

lucid *a*. **1**. 清楚的 qīngchude；易懂的 yìdǒngde：a ～ mind 清晰的头脑 qīngxīde tóunǎo **2**. 神志清醒的 shénzhì qīngxǐngde：The mental patient isn't ～ now. 那个精神病人现在神志不清醒。Nàge jīngshénbìngrén xiànzài shénzhì bù qīngxǐng. **3**. 清澈的 qīngchède；透明的 tòumíngde：～ spring water 清澈的泉水 qīngchède quánshuǐ

Lucifer *n*. **1**. 魔鬼 móguǐ；撒旦 sādàn：as proud as ～ 非常傲慢 fēicháng àomàn **2**. 金星 jīnxīng

luck *n*. **1**. 运气 yùnqi：try one's ～ 碰运气 pèng yùnqi / Good ～！祝你顺利！Zhùnǐ shùnlì！/ have bad ～ 倒霉 dǎoméi **2**. 好运 hǎoyùn；侥幸 jiǎoxìng：He had the ～ to pass the examination. 他侥幸通过了考试。Tā jiǎoxìng tōngguòle kǎoshì. // be down on one's ～ 倒霉 dǎoméi / by (good) ～ 幸亏 xìngkuī；侥幸 jiǎoxìng / for ～ 为了吉利 wèile jílì / in (out of) ～ 运气好（不好）yùnqi hǎo（bùhǎo）/ worse ～ 不幸地 búxìngde

luckless *a*. 不幸的 búxìngde

lucky *a*. 幸运的 xìngyùnde；吉祥的 jíxiángde：You are ～ to get the good job. 你真幸运，找到了这份好工作。Nǐ zhēn xìngyùn, zhǎodàole zhèfèn hǎo gōngzuò. / touch ~ 交好运 jiāo hǎoyùn / a ~ day 吉祥的日子 jíxiángde rìzi

lucrative *a.* 可获利的 kě huòlìde; 赚钱的 zhuànqiánde: make a ~ deal 做成一笔赚钱的买卖 zuòchéng yìbǐ zhuànqiánde mǎimai

ludicrous *a.* 荒谬可笑的 huāngmiù kěxiàode: ~ behavior 荒谬可笑的行为 huāngmiù kěxiàode xíngwéi

lug *v.* 用力拖(拉) yònglì tuō(lā): The child ~ged the table into the room. 孩子用力把桌子拖进了屋里。Háizi yònglì bǎ zhuōzi tuōjìnle wūli. *n.* 用力拖(拉) yònglì tuō(lā)

luggage *n.* 行李 xíngli: five pieces of ~ 五件行李 wǔjiàn xíngli / You have to pay for your excess ~. 超重的行李你要付钱。Chāozhòngde xíngli nǐ yào fùqián. // ~ rack 行李架 xínglijià

lugubrious *a.* 阴郁的 yīnyùde; 悲哀的 bēi'āide

lukewarm *a.* **1.** (液体等)微温的 (yètǐ děng)wēiwēnde: ~ water 温水 wēnshuǐ **2.** 半心半意的 bànxīn-bànyìde; 不热情的 búrèqíngde: ~ support 不热心的支持 búrèxīnde zhīchí

lull *v.* **1.** 使安静 shǐ ānjìng; 使入睡 shǐ rùshuì: ~ a baby to sleep 哄婴儿入睡 hǒng yīng'ér rùshuì **2.** 使平静 shǐ píngjìng; 平息 píngxī: The wind and the waves were ~ed. 风平浪静。Fēngpíng-làngjìng. *n.* 间歇 jiànxiē; 暂停 zàntíng: a ~ in the meeting 会议的间歇 huìyìde jiànxiē

lullaby *n.* 催眠曲 cuīmiánqǔ; 摇篮曲 yáolánqǔ

lumbago *n.* 腰痛 yāotòng; 腰风湿病 yāo fēngshībìng

lumber[1] *v.* 笨重地行进 bènzhòngde xíngjìn: He ~ed up the stairs. 他吃力地走上了楼。Tā chīlìde zǒushàngle lóu. / The tanks ~ed along. 坦克隆隆地驶过。Tǎnkè lónglóngde shǐguò.

lumber[2] *n.* **1.** 木材 mùcái; 木料 mùliào * wood **2.** 废旧杂物 fèijiù záwù: Throw the ~ in the dustbin. 把废品扔到垃圾箱里去吧。Bǎ fèipǐn rēngdào lājīxiāngli qùba. *v.* **1.** 堆满废旧杂物 duīmǎn fèijiù záwù: a warehouse ~ed up with useless articles 堆满废旧杂物的仓库 duīmǎn fèijiù záwùde cāngkù **2.** 采伐木材 cǎifá mùcái

lumberman *n.* 伐木者 fámùzhě

lumber-room *n.* 废旧物品的储藏室 fèijiù wùpǐnde chǔcángshì

luminary *n.* **1.** 发光体 fāguāngtǐ * any light-giving body in the sky **2.** 杰

出人物 jiéchū rénwù ＝ notable person

luminous *a.* **1.** 发光的 fāguāngde；发亮的 fāliàngde：Stars，the moon and the sun are all ～ bodies. 星星、月亮和太阳都是发光体。Xīngxing、yuèliang hé tàiyáng dōushì fāguāngtǐ **2.** 明白易懂的 míngbai-yìdǒngde：His poem is simple and ～. 他的诗明白易懂。Tāde shī míngbai yìdǒng.

lump[1] *n.* **1.** 团 tuán；块 kuài：a ～ of sugar 一块方糖 yíkuài fāngtáng / a ～ of dough 一块面团 yíkuài miàntuán **2.** 隆起 lóngqǐ；肿块 zhǒngkuài：have a bad ～ on the head 头上肿起一大块 tóushang zhǒngqǐ yídàkuài **3.** 粗笨的人 cūbènde rén *v.* **1.** 结块儿 jiékuàir：The sugar has ～ed. 糖已结块儿了。Táng yǐ jiékuàirle. **2.** 合在一起 hé zài yìqǐ：We ～ed the expenses of our journey. 我们把旅行费用合在一起。Wǒmen bǎ lǚxíng fèiyong hézài yìqǐ. // a ～ sum 总数 zǒngshù / a ～ in the throat（因激动、悲伤等而）喉咙哽住（yīn jīdòng、bēishāng děng ér）hóulóng gěngzhù / in the ～ 总共 zǒnggòng；总的说来 zǒngde shuōlái

lump[2] *v.* 勉强容忍 miǎnqiǎng róngrěn：If you don't like it，you may ～ it. 如果你不喜欢，你也得容忍。Rúguǒ nǐ bù xǐhuan，nǐ yě děi róngrěn.

lumpy *a.* **1.** 多块的 duōkuàide：～ porridge 多块的麦片粥 duō kuàide màipiànzhōu **2.** 波浪起伏的 bōlàng-qǐfúde：～ waters 波浪起伏的水面 bōlàng-qǐfúde shuǐmiàn **3.** 愚笨的 yúbènde ＊ stupid

lunacy *n.* **1.** 疯狂 fēngkuáng ＊ madness **2.** 疯狂的行为 fēngkuángde xíngwéi；愚蠢的行为 yúchǔnde xíngwéi：No one can stop his lunacies. 没人能阻止他的疯狂行为。Méirén néng zǔzhǐ tāde fēngkuáng xíngwéi.

lunar *a.* 月的 yuède；按月球的运转而测定的 àn yuèqiúde yùnzhuǎn ér cèdìngde：the L- New Year 阴历新年 Yīnlì Xīnnián / a ～ module 登月舱 dēngyuècāng

lunatic *n.* 疯子 fēngzi ＊ madman *a.* 疯狂的 fēngkuángde；极其愚蠢的 jíqí yúchǔnde：a ～ opinion 极其愚蠢的意见 jíqí yúchǔnde yìjian // ～ asylum 疯人院 fēngrényuàn

lunch *n.* 午餐 wǔcān；午饭 wǔfàn：～ time 午餐时间 wǔcān shíjiān / I'm having ～ with my friends today. 我今天和朋友们一起吃午饭。Wǒ jīntiān hé péngyoumen yìqǐ chī wǔfàn. *v.* 吃午餐 chī wǔcān；请…吃午饭 qǐng…chī wǔfàn：What time do you ～？你几点吃午饭？Nǐ jǐdiǎn chī wǔfàn？/ A friend of mine ～ed me in a hotel. 有位朋友请我在饭店

吃午饭。Yǒuwèi péngyou qǐng wǒ zài fàndiàn chī wǔfàn.

luncheon *n.* 午餐 wǔcān；午宴 wǔyàn

lung *n.* 肺 fèi：a disease of the ～s 肺部疾病 fèibù jíbìng // have good ～s 声音洪亮 shēngyīn hóngliàng / ～ power 发声力 fāshēnglì

lunge *v.* 刺 cì；猛冲 měngchōng：He ～d at his opponent. 他向对手刺去。Tā xiàng duìshǒu cìqù. *n.* 刺 cì；猛冲 měngchōng：He made a ～ at the door. 他向门口冲去。Tā xiàng ménkǒu chōngqù.

lurch[1] *n.* 突然倾倒 tūrán qīngdǎo；摇晃 yáohuang：The truck gave a ～. 卡车摇晃了一下。Kǎchē yáohuangle yíxià. *v.* 突然倾倒 tūrán qīngdǎo；蹒跚而行 pánshān ér xíng：The old man ～ed across the street. 老人蹒跚地穿过了马路。Lǎorén pánshānde chuānguòle mǎlù.

lurch[2] *n.* 挫折 cuòzhé // leave sb. in the ～ 在某人危难时离弃不顾 zài mǒurén wēinànshí líqì búgù

lure *n.* 诱惑(物) yòuhuò(wù)；魅力 mèilì；吸引力 xīyǐnlì：the ～ of a pretty woman 一个漂亮女人的魅力 yíge piàoliang nǚrénde mèilì / be attracted by the ～ of large profits 为巨额利润的诱惑所吸引 wèi jù'é lìrùnde yòuhuò suǒ xīyǐn *v.* 诱惑 yòuhuò；引诱 yǐnyòu；吸引 xīyǐn：～ sb. away from his duty 引诱人离开职守 yǐnyòu rén líkāi zhíshǒu

lurid *a.* **1.** 火红的 huǒhóngde：a ～ sky 火红的天空 huǒhóngde tiānkōng **2.** 可怕的 kěpàde；骇人的 hàiréndе：a ～ accident 可怕的事故 kěpàde shìgù

lurk *v.* 潜伏 qiánfú；潜藏 qiáncáng：a thief ～ing in the shadows 潜伏在暗处的小偷 qiánfú zài ànchùde xiǎotōu

luscious *a.* **1.** 甜美的 tiánměide：～ orange 美味的橙子 měiwèide chéngzi **2.** 华丽的 huálìde * (of style) very rich in ornament

lush *a.* 茂盛的 màoshèngde：a ～ pasture 青草茂盛的牧场 qīngcǎo màoshèngde mùchǎng

lust *n.* 欲望 yùwàng；色欲 sèyù：a ～ for gold 对金钱的欲望 duì jīnqiánde yùwàng / the ～s of the flesh 肉体的欲望 ròutǐde yùwàng *v.* 贪求 tānqiú；渴望 kěwàng：～ for fame and gain 追名逐利 zhuīmíng zhúlì // ～er *n.* 好色的人 hàosède rén / ～ful *a.* 贪欲的 tānyùde；好色的 hàosède

lustre *n.* **1.** 光泽 guāngzé；光彩 guāngcǎi：the ～ of pearls 珍珠的光泽 zhēnzhūde guāngzé **2.** 光荣 guāngróng；显赫 xiǎnhè：His success added

～ to his family. 他的成功给他的家族增了光。Tāde chénggōng gěi tāde jiāzú zēngle guāng.

lustreless *a.* 无光彩的 wú guāngcǎide

lustrous *a.* 有光泽的 yǒu guāngzéde；有光彩的 yǒu guāngcǎide：He has a pair of ～ eyes. 他有一双炯炯有神的眼睛。Tā yǒu yìshuāng jiǒngjiǒngyǒushénde yǎnjing.

lusty *a.* **1.** 强壮的 qiángzhuàngde；精力充沛的 jīnglì chōngpèide：a ～ sportsman 健壮的运动员 jiànzhuàngde yùndòngyuán **2.** 有力的 yǒulìde；强烈的 qiángliède：～ cheers 高声的欢呼 gāoshēngde huānhū

lute *n.* 诗琴 shīqín；琵琶 pípa

lutanist *n.* 诗琴弹奏者 shīqín tánzòuzhě

luxuriant *a.* **1.** 繁茂的 fánmàode；丰富的 fēngfùde：～ grass 繁茂的青草 fánmàode qīngcǎo / a ～ imagination 丰富的想象力 fēngfùde xiǎngxiànglì **2.** （文体等）华丽的（wéntǐ děng）huálìde：a piece of ～ poem 一首词藻华丽的诗歌 yìshǒu cízǎo huálìde shīgē // luxuriance *n.*

luxuriate *v.* 尽情享受 jìnqíng xiǎngshòu：She sits there luxuriating in the spring sunshine, while her husband does all the work. 她丈夫忙着做事，她却坐在那儿享受春天的阳光。Tā zhàngfu mángzhe zuòshì, tā què zuòzài nàr xiǎngshòu chūntiānde yángguāng.

luxurious *a.* **1.** 豪华的 háohuáde：a ～ hotel 豪华的饭店 háohuáde fàndiàn **2.** 精美的 jīngměide：a ～ dinner 美餐 měicān **3.** 爱好奢侈的 àihào shēchǐde：She had ～ habits. 她奢侈惯了。Tā shēchǐ guànle.

luxury *n.* **1.** 奢侈 shēchǐ；豪华 háohuá：She lived in ～. 她过着奢侈的生活。Tā guòzhe shēchǐde shēnghuó. / a ～ flat 豪华公寓 háohuá gōngyù **2.** 奢侈品 shēchǐpǐn：I have no money to get luxuries. 我没钱买奢侈品。Wǒ méiqián mǎi shēchǐpǐn.

lyceum *n.* 文学会 wénxuéhuì；文苑 wényuàn

lychee *n.* 荔枝 lìzhī ＊ fruit；荔枝树 lìzhīshù ＊ tree

lymph *n.* 淋巴 línbā；淋巴液 línbāyè

lymphatic *a.* 淋巴的 línbāde；输送淋巴的 shūsòng línbāde：the ～ vessels 淋巴管 línbāguǎn

lynch *v.* 私刑处死 sīxíng chǔsǐ // ～ law 私刑 sīxíng

lynx *n.* 山猫 shānmāo // ～-eyed *a.* 目光敏锐的 mùguāng mǐnruìde

lyre *n.* 竖琴 shùqín

lyrebird *n.* 琴鸟 qínniǎo

lyric *a.* **1.** 吟唱的 yínchàngde：～ drama 歌剧 gējù **2.** 抒情的 shūqíngde：～ poetry 抒情诗 shūqíngshī *n.* 抒情诗 shūqíngshī；抒情作品 shūqíng zuòpǐn

lyricist *n.* 抒情诗人 shūqíng shīrén

lyrical *a.* **1.** ＝lyric **2.** 充满感情的 chōngmǎn gǎnqíngde；非常愉快的 fēicháng yúkuàide：She became quite ～ over her new fashionable dress. 她非常喜欢她的新时装。Tā fēicháng xǐhuan tāde xīn shízhuāng.

M

MA ＝ Master of Arts 文学硕士 Wénxué Shuòshì

macadam *n.* 碎石 suìshí

macaroni *n.* 通心粉 tōngxīnfěn

macaroom *n.* 蛋白杏仁饼干 dànbái xìngrén bǐnggān

macaw *n.* 金刚鹦鹉 jīngāng yīngwǔ

mace *n.* **1.** 权杖 quánzhàng **2.** 锤矛 chuímáo * a large heavy club used as a weapon in the Middle Ages **3.** 豆蔻香料 dòukòu xiāngliào * a kind of spice

Macedonian *a.* 马其顿的 Mǎqídùnde *n.* 马其顿人 Mǎqídùnrén；马其顿语 Mǎqidùnyǔ

Mach *n.* 马赫 Mǎhè：a ～meter 马赫表 mǎhè biǎo / a ～ number 马赫数 Mǎhè shù / ～ One 音速 yīnsù

machination *n.* **1.** 诡计 guǐjì；奸计 jiānjì **2.** 阴谋 yīnmóu

machine *n.* **1.** 机器 jīqì；机械 jīxiè：The ～ is automatically controlled. 这机器是自动控制的。Zhè jīqì shì zìdòng kòngzhìde. **2.** 汽车 qìchē；自行车 zìxíngchē；飞机 fēijī：He mounted his ～ and dashed off. 他跨上自行车，飞快地骑走了。Tā kuàshàng zìxíngchē，fēikuàide qízǒule. / a flying ～ 飞机 fēijī；飞船 fēichuán **3.** 核心组织 héxīn zǔzhī：a political ～ 当权的政治集团 dāngquánde zhèngzhì jítuán **4.** 机械人 jīxièrén：Routine work had turned her into a ～. 例行的工作已使她变成了一个机器人。Lìxíngde gōngzuò yǐ shǐ tā biànchéngle yíge jīqìrén. *v.* 用机器制造 yòng jīqì zhìzào (esp. of sewing and printing)

machine-building *a.* 制造机器的 zhìzào jīqìde：the ～ industry 机器制造

业 jīqì zhìzàoyè / (a) ～ works 机器制造厂 jīqì zhìzàochǎng

machine-gun *n*. 机关枪 jīguānqiāng *v*. (机枪)扫射 (jīqiāng) sǎoshè

machinery *n*. **1**. 机械 jīxiè; 机器(类) jīqì(lèi): equip a factory with new ～ 以新式机器装备工厂 yǐ xīnshì jīqì zhuāngbèi gōngchǎng / The factory contains much ～. 这家工厂拥有许多机器。Zhèjiā gōngchǎng yōngyǒu xǔduō jīqì. **2**. 机构 jīgòu * of government: create ～ 创设机构 chuàngshè jīgòu / information-gathering ～ 情报机构 qíngbào jīgòu

machinist *n*. **1**. 机械师 jīxièshī; 机工 jīgōng **2**. 缝纫工人 féngrèn gōngrén

mackerel *n*. 鲭鱼 qīngyú

mackintosh *n*. 雨衣 yǔyī

macrocosm *n*. 宏观世界 hóngguān-shìjiè

mad *a*. **1**. 发疯的 fāfēngde: He was nearly driven ～ by grief. 他悲伤得几乎要发疯。Tā bēishāngde jīhū yào fāfēng. **2**. 狂热的 kuángrède: She was ～ about the stage. 她狂热地迷恋舞台生活。Tā kuángrède míliàn wǔtái shēnghuó. **3**. 生气的 shēngqìde: Don't get ～ at me! 不要对我发脾气! Búyào duì wǒ fā píqi! / He was rather ～ at missing his train. 他没赶上火车,气极了。Tā méi gǎnshàng huǒchē, qìjíle.

madam *n*. **1**. 女士 nǚshì; 夫人 fūrén; 太太 tàitai; 小姐 xiǎojiě **2**. M-Chairman 女主席 nǚ zhǔxí

madame *n*. [M-] 夫人 fūrén: M- Curie 居里夫人 Jūlǐ fūrén

madcap *n*. 狂热的人 kuángrède rén *a*. 狂妄 kuángwàng; 轻率 qīngshuài: a ～ plan 一个轻率的计划 yíge qīngshuàide jìhuà

madden *v*. 使…狂怒 shǐ…kuángnù: Your insolent attitude ～ed him. 你那蛮横的态度使他愤怒。Nǐ nà mánhèngde tàidu shǐ tā fènnù.

made *a*. **1**. 特制的 tèzhìde; 人工造的 réngōngzàode: ready-～ clothes 现成衣服 xiànchéng yīfu **2**. 成功的 chénggōngde: a ～ man 成功者 chénggōngzhě

Madeira *n*. **1**. the ～ Islands 马德拉群岛 Mǎdélā Qúndǎo **2**. [the ～] 马代腊河 Mǎdàilàhé * the river in Brazil

made-up *a*. **1**. 化妆的 huàzhuāngde * with cosmetics **2**. 编造的 biānzàode: a ～ story 编造的故事 biānzàode gùshi

mademoiselle *n*. 小姐 xiǎojiě

madhouse *n*. 疯人院 fēngrényuàn

madly *ad*. 疯狂地 fēngkuángde; 狂热地 kuángrède: He rushed ～ out of the house. 他疯狂地跑出了房子。Tā fēngkuángde pǎochūle fángzi.

madman *n.* 疯子 fēngzi；狂人 kuángrén

madness *n.* **1.** 疯狂 fēngkuáng：He was driven to ～ by it. 他被这件事逼疯了。Tā bèi zhèjiànshì bī fēngle. **2.** 狂热 kuángrè：a ～ for flowers 对花的迷恋 duì huāde míliàn **3.** 愤怒 fènnù：He was stung to ～. 他被激怒了。Tā bèi jīnùle.

madrigal *n.* **1.** 短的情诗 duǎnde qíngshī；短的情歌 duǎnde qínggē

maelstrom *n.* **1.** 大漩涡 dà xuánwō **2.** 大乱 dàluàn

magazine *n.* **1.** 杂志 zázhì：I have ceased taking the ～. 我已不再订这份杂志了。Wǒ yǐ búzài dìng zhèfèn zázhìle. **2.** 仓库 cāngkù = storehouse **3.** 弹药库 dànyàokù：A lot of damage was caused when the ～ exploded. 弹药库爆炸造成了巨大损失。Dànyàokù bàozhà zàochéngle jùdà sǔnshī. **4.** 胶卷盒 jiāojuǎnhé = a compartment in a camera for holding film：a double ～ 双卷暗盒 shuāngjuǎn ànhé

magdalene *n.* 从良的妓女 cóngliángde jìnǚ

maggot *n.* **1.** 蛆 qū ＊ of an insect **2.** 狂想 kuángxiǎng：have a ～ in one's head 异想天开 yìxiǎng-tiānkāi

magic *n.* 魔术 móshù；巫术 wūshù；魅力 mèilì：Some Haitians still practise ～. 有些海地人仍在搞巫术。Yǒuxiē Hǎidìrén réngzài gǎo wūshù. / The fairy's ～ changed the two brothers into swans. 仙人的魔法使两位兄弟变成了天鹅。Xiānrénde mófǎ shǐ liǎngwèi xiōngdì biànchéngle tiān'é. *a.* **1.** 魔术的 móshùde；妖术的 yāoshùde：a ～ mirror 妖镜 yāojìng / a ～ wand 魔杖 mózhàng / a ～ lantern 幻灯 huàndēng **2.** 有魔力的 yǒu mólìde；有魅力的 yǒu mèilìde

magical *a.* 魔术的 móshùde；不可思议的 bùkě-sīyìde：The effect of the treatment upon the patient was ～. 这种治疗对于病人的效果是意想不到的。Zhèzhǒng zhìliáo duìyú bìngrénde xiàoguǒ shì yìxiǎngbúdàode.

magician *n.* 魔术师 móshùshī；法师 fǎshī：The wicked ～ cast a spell over the princess. 那个邪恶的魔法师用符咒迷惑了公主。Nàge xié'ède mófǎshī yòng fúzhòu míhuole gōngzhǔ.

magisterial *a.* **1.** 长官的 zhǎngguānde；**2.** 有权威的 yǒuquánwēide = authoritative **3.** 专横的 zhuānhèngde = dictatorial

magistrate *n.* 行政长官 xíngzhèng zhǎngguān；地方法官 dìfāng fǎguān：The president is the chief ～ of a country. 总统是一国的最高行政长

官。Zǒngtǒng shì yìguóde zuìgāo xíngzhèng zhǎngguān. / a trial ～ 审判官 shěnpànguān

Magna Charta *n.* 大宪章 dàxiànzhāng * the great charter on which the personal and political freedom of the English is based, obtained from King John in 1215

magnalium *n.* 镁铝合金 měi-lǚ héjīn

magnamycin *n.* 碳霉素 tànméisù

magnanimity *n.* **1.** 宽宏 kuānhóng；高尚 gāoshàng **2.** 宽大行为 kuāndà xíngwéi

magnanimous *a.* 宽大为怀的 kuāndà-wéihuáide；高尚的 gāoshàngde

magnate *n.* **1.** 富豪 fùháo；权贵 quánguì：～ of a town 镇上有钱有势的人 zhènshang yǒuqián yǒushìde rén **2.** 巨头 jùtóu；大王 dàwáng：commercial ～s 商业巨头 shāngyè jùtóu / a literary ～ 大文豪 dàwénháo

magnesia *n.* 氧化镁 yǎnghuàměi；镁氧 měiyǎng

magnesium *n.* 镁 měi

magnet *n.* **1.** 磁铁 cítiě；磁石 císhí：A ～ attracts nails. 磁铁吸钉。Cítiě xī dīng. **2.** 吸引物 xīyǐnwù；有吸引力者 yǒu xīyǐnlì zhě：Hawaii is a ～ for tourists. 夏威夷是一个吸引游客的地方。Xiàwēiyí shì yíge xīyǐn yóukède dìfang.

magnetic *a.* **1.** 磁(性)的 cí(xìng)de：the ～ dip 磁倾角 cíqīngjiǎo / ～ elements 地磁要素 dìcíyàosù **2.** 有吸引力的 yǒuxīyǐnlìde；有魅力的 yǒumèilìde：a ～ smile 吸引人的微笑 xīyǐnrénde wēixiào

magnetism *n.* **1.** 磁性 cíxìng；磁学 cíxué：If a magnet loses its ～, it will no longer attract things. 如果磁铁失去了磁性，就不再吸引东西了。Rúguǒ cítiě shīqùle cíxìng, jiù búzài xīyǐn dōngxile. **2.** 魅力 mèilì：You could feel the ～ of the singer's personality. 你可以感受到这位歌手的个性的魅力。Nǐ kěyǐ gǎnshòudào zhèwèi gēshǒude gèxìngde mèilì.

magnetite *n.* 磁铁矿 cítiěkuàng = magnetic iron

magnetization *n.* **1.** 磁化 cíhuà；起磁 qǐcí **2.** 磁化强度 cíhuà qiángdù

magnetize *v.* **1.** 磁化 cíhuà；起磁 qǐcí **2.** 吸引 xīyǐn

magneto *n.* 磁电机 cídiànjī

magnetometer *n.* **1.** 磁力计 cílìjì **2.** 地磁仪 dìcíyí

magnetron *n.* 磁控电子管 cíkòng diànzǐguǎn；磁控管 cíkòngguǎn

magnificence *n.* 壮丽 zhuànglì；豪华 háohuá；宏伟 hóngwěi：We had to admire the ～ of the court. 我们不由得对宫庭的宏伟壮丽表示赞叹。Wǒmen bùyóude duì gōngtíngde hóngwěi zhuànglì biǎoshì zàntàn.

magnificent *a.* 壮丽 zhuànglì；豪华 háohuá；宏伟 hóngwěi：a ～ hall 富丽堂皇的会堂 fùlì-tánghuángde huìtáng

magnifier *n.* 放大镜 fàngdàjìng；扩大镜 kuòdàjìng

magnify *v.* **1.** 放大 fàngdà；扩大 kuòdà：We ～ objects with a microscope. 我们用显微镜放大物体。Wǒmen yòng xiǎnwēijìng fàngdà wùtǐ. **2.** 夸大 kuādà：She tends to ～ all her problems. 她往往夸大问题. Tā wǎngwang kuādà wèntí.

magniloquent *a.* 夸大的 kuādàde；夸张的 kuāzhāngde

magnitude *n.* **1.** 巨大 jùdà；重大 zhòngdà；宏大 hóngdà；重要性 zhòngyàoxìng：It's difficult to comprehend the ～ of his crime. 人们很难理解他所犯罪行的严重性。Rénmen hěnnán lǐjiě tā suǒfàn zuìxíngde yánzhòngxìng. / a matter of immense ～ 极其重大的事 jíqí zhòngdàde shì **2.** 大小 dàxiǎo；宽狭 kuānxiá：The book was a work of such ～ that it took 10 years to write. 这本书篇幅庞大，用了十年时间才写完。Zhèběnshū piānfú pángdà，yòngle shínián shíjiān cái xiěwán. **3.** 光度 guāngdù：star of the first ～ 一等星 yīděngxīng

magpie *n.* 喜鹊 xǐquè：M-s chatter. 喜鹊叫。Xǐquè jiào.

Magyar *n.* & *a.* 马札儿人(的) Mǎzhár rén(de)；马札儿语(的) Mǎzhár yǔ(de)；匈牙利语 Xiōngyálìyǔ ＝ the Hungarian language

mahogany *n.* 硬红木 yìnghóngmù

Mahomet *n.* ＝ Mohammed 穆罕默德 Mùhǎnmòdé

maid *n.* **1.** 少女 shàonǚ；处女 chǔnǚ：a kitchen ～ 女帮厨 nǚ bāngchú / an old ～ 老处女 lǎo chǔnǚ **2.** 侍女 shìnǚ：a ～ of all work 什么活都干的女仆 shénme huó dōugànde nǚpú

maidenhair *n.* 铁线蕨 tiěxiànjué：a ～ tree 银杏树 yínxìngshù

maidenhood *n.* 处女性 chǔnǚxìng；处女时代 chǔnǚ shídài

maiden *n.* 少女 shàonǚ；闺女 guīnü *a.* **1.** 未婚的 wèihūnde：her ～ name 娘家原姓 niángjia yuánxìng **2.** 初次 chūcì；处女… chǔnǚ…：a ～ flight 处女飞行 chǔnǚ fēixíng / a ～ work 处女作 chǔnǚzuò

maidenly *a.* **1.** 处女的 chǔnǚde；少女的 shàonǚde **2.** 温柔的 wēnróude；处女似的 chǔnǚshìde

maid-servant *n.* 女仆 nǚpú；女佣 nǚyōng；保姆 bǎomǔ

mail¹ *n*. **1**. 邮件 yóujiàn：I had a lot of ~ last week. 上星期我收到很多邮件。Shàngxīngqī wǒ shōudào hěnduō yóujiàn. **2**. 邮政 yóuzhèng：air ~ 航空邮递 hángkōng yóudì / send a letter by ~ 邮寄信件 yóujì xìnjiàn *v*. 邮寄 yóujì(= post)：~ a letter 寄信 jìxìn / Please ~ these letters for me. 请替我把这些信邮了。Qǐng tì wǒ bǎ zhèxiē xìn yóule.

mail² *n*. 锁子甲 suǒzijiǎ；铠甲 kǎijiǎ = body armour

mailplane *n*. 邮政飞机 yóuzhèng fēijī

maim *v*. 使…残废 shǐ…cánfèi：be ~ed in an accident 在事故中成残废 zài shìgùzhōng chéng cánfèi

main *n*. **1**. 总管子 zǒngguǎnzi；干线 gànxiàn：My new house is not yet connected to the ~s. 我的新房子还没有接上水电。Wǒde xīn fángzi hái méiyǒu jiēshàng shuǐdiàn. **2**. 大体 dàtǐ；主要部分 zhǔyào bùfen：The statement is, in the ~, true. 这个说法大体上是正确的。Zhège shuōfǎ dàtǐshang shì zhèngquède. **3**. 力 lì；势 shì；全力 quánlì：with might and ~ 全力以赴地 quánlì-yǐfùde *a*. 主要的 zhǔyàode；总… zǒng…

mainland *n*. 大陆 dàlù；本土 běntǔ

mainly *ad*. **1**. 主要地 zhǔyàode：You are ~ to blame. 你应该负主要责任。Nǐ yīnggāi fù zhǔyào zérèn. **2**. 大部分 dàbùfen：The audience consisted ~ of women. 听众大部分是妇女。Tīngzhòng dàbùfen shì fùnǚ.

mainmast *n*. 大桅 dàwéi；主桅 zhǔwéi

mainspring *n*. **1**. 大发条 dàfātiáo；主弹簧 zhǔtánhuáng **2**. 主要动力 zhǔyào dònglì = driving force

mainstay *n*. **1**. 大桅牵条 dàwéi qiāntiáo；主要支柱 zhǔyào zhīzhù：Fishing is the ~ of their economy. 捕鱼是他们经济的主要支柱。Bǔyú shì tāmen jīngjìde zhǔyào zhīzhù. **2**. 主要依靠 zhǔyào yīkào：The son is her ~. 儿子是她的主要支持者。Érzi shì tāde zhǔyào zhīchízhě.

mainstream *n*. 主流 zhǔliú

maintain *v*. **1**. 维持 wéichí；保持 bǎochí；继续 jìxù：The price has been consistently ~ed. 这价格始终保持不变。Zhè jiàgé shǐzhōng bǎochí búbiàn. **2**. 扶养 fúyǎng；供养 gōngyǎng：He has to ~ a wife and five children. 他得供养妻子和五个孩子。Tā děi gōngyǎng qīzi hé wǔge háizi. **3**. 保养 bǎoyǎng；维护 wéihù：~ a road 养路 yǎnglù **4**. 支持 zhīchí；坚持 jiānchí；主张 zhǔzhāng：He ~s his innocence. 他坚持无

罪。Tā jiānchí wúzuì.

maintenance *n.* **1.** 维持 wéichí；保持 bǎochí：It is hard to get a ～ from the barren little farm. 靠那个贫瘠的小农场很难维持生机。Kào nàge pínjíde xiǎo nóngchǎng hěnnán wéichí shēngjī. **2.** 扶养 fúyǎng；保养 bǎoyǎng；养护 yǎnghù；生活(费) shēnghuó(fèi)：separate ～ 给分居妻子的生活费 gěi fēnjū qīzide shēnghuófèi **3.** 支持 zhīchí；主张 zhǔzhāng

maize *n.* 玉米 yùmǐ

Maj. = Major 少校 shàoxiào

majestic *a.* 威严的 wēiyánde；雄伟的 xióngwěide；高贵的 gāoguìde：In the distance, we saw the ～ Rocky Mountains. 在远处，我们看到了雄伟的落基山脉。Zài yuǎnchù, wǒmen kàndàole xióngwěide Luòjī Shānmài.

majesty *n.* **1.** 威严 wēiyán；高贵 gāoguì；庄严 zhuāngyán：Policemen and judges uphold the ～ of the law. 警察和法官维护法律的尊严。Jǐngchá hé fǎguān wéihù fǎlǜde zūnyán. **2.** 统治权 tǒngzhìquán；王权 wángquán = royal power **3.** [M-]陛下 bìxià：Your M- 陛下 bìxià / Their Majesties 国王和王后 Guówáng hé wánghòu

major[1] *a.* **1.** (两者之间)较大的 (liǎngzhě zhījiān) jiàodàde：the ～ part 较大部分 jiàodà bùfen **2.** 主要的 zhǔyàode；重点的 zhòngdiǎnde：the ～ industries 主要工业 zhǔyào gōngyè / the ～ poets 一流诗人 yīliú shīrén **3.** 多数的 duōshùde：the ～ vote 多数票 duōshùpiào *n.* **1.** 主修课程 zhǔxiū kèchéng：History is his ～. 他主修历史。Tā zhǔxiū lìshǐ. **2.** 主修…的学生 zhǔxiū…de xuésheng：He is a history ～. 他是主修历史的学生。Tā shì zhǔxiū lìshǐde xuésheng. *v.* 主修 zhǔxiū；专攻 zhuāngōng：I ～ in English and minor in French. 我主修英语，兼修法语。Wǒ zhǔxiū Yīngyǔ, jiānxiū Fǎyǔ.

major[2] *n.* 少校 shàoxiào

major-general *n.* 少将 shàojiàng

make *v.* **1.** 做 zuò；制造 zhìzào：Furniture is made mainly of wood. 家具主要是用木头做的。Jiājù zhǔyào shì yòng mùtou zuòde. / ～ bread 制做面包 zhìzuò miànbāo / ～ tea 沏茶 qīchá **2.** 获得 huòdé；赚得 zhuàndé；得到 dédào：He is making three hundred a year. 他一年赚三百。Tā yìnián zhuàn sānbǎi. / ～ good marks at school 在学校获得好成绩 zài xuéxiào huòdé hǎo chéngjī **3.** 使 shǐ；使成为 shǐ chéngwéi：The news made us happy. 这消息使我们高兴。Zhè xiāoxi shǐ wǒmen gāoxìng. / He made her his wife. 他娶她为妻。Tā qǔ tā wéi qī. **4.** 估计 gūjì：I ～ it one o'clock. 我估计现在一点钟。Wǒ gūjì xiànzài yìdiǎnzhōng. **5.** 合计 héjì；等于 děngyú；构成 gòuchéng：Two and two ～ four. 二加二等于四。Èr jiā èr děngyúsì. // ～ away 匆忙跑掉 cōngmáng pǎodiào：He made away as fast as he could. 他赶忙离开了。Tā gǎnmáng líkāile. / ～ away with … 携…而逃 xié…értáo；除去 chúqù；杀死 shāsǐ；浪费掉 làngfèidiào；吃掉 chīdiào：The boys made away with the contents of the refrigerator. 男孩们将冰箱中的食物吃得精光。Nánháimen jiāng bīngxiāngzhōngde shíwù chīde jīngguāng. / ～ in 走进 zǒujìn；干预 gānyù / ～ off 迅速（偷偷）跑掉 xùnsù（tōutōu）pǎodiào / ～ out 书写 shūxiě；开列 kāiliè；证明 zhèngmíng；理解 lǐjiě；辨认出 biànrènchū；假装 jiǎzhuāng：M- out a list of the books you need. 把你所需要的书开个单子。Bǎ nǐ suǒ xūyàode shū kāige dānzi. / ～ over 把（财产）转让 bǎ（cáichǎn）zhuǎnràng；移交 yíjiāo；改造 gǎizào：He has been made over into a new man. 他已被改造成新人。Tā yǐ bèi gǎizàochéng xīnrén. / ～ through with 完成 wánchéng / ～ up 构成 gòuchéng；配制 pèizhì；包装 bāozhuāng；弥补 míbǔ；虚构 xūgòu；化装 huàzhuāng；和解 héjiě；接近 jiējìn；铺路面 pū lùmiàn：The whole story is made up. 整个故事是虚构的。Zhěngge gùshi shì xūgòude. / ～ after 追逐… zhuīzhú …：He made after the boy. 他追赶那个男孩。Tā zhuīgǎn nàge nánhái. / ～ against 不利于… búlìyú…；有害于… yǒuhàiyú… / ～ at 冲向… chōngxiàng…；攻击… gōngjī…：The prisoner made at the guard with a knife. 那犯人持刀向看守扑去。Nà fànrén chídāo xiàng kānshǒu pūqù. / ～ for 走向… zǒuxiàng…；有助于… yǒuzhùyú …：Cultural exchanges ～ for mutual understanding. 文化交流有助于互相了解。Wénhuà jiāoliú yǒuzhùyú hùxiāng liǎojiě. / ～ like 模仿 … mófǎng…：The boy was holding up his arms, making like a tree. 这男孩正举着双臂，模仿一棵树。Zhè nánhái zhèng jǔzhe shuāngbì，mófǎng yìkē shù. / ～ of 用…做成 yòng…zuòchéng；把…培养成 bǎ…péiyǎngchéng；明白 míngbai：This cloth is made of cotton. 这布是用棉花织的。Zhèbù shì yòng miánhua zhīde. / ～ on 在…上获利 zài…shang huòlì：How much did you ～ on the house when you sold it? 你卖掉那所房子赚了多少钱？Nǐ màidiào nàsuǒ fángzi zhuànle duōshao qián?/ ～ out of 用…制成 yòng…zhìchéng；靠…获利 kào…huòlì；理解 lǐjiě：The box is made out of cedar wood. 这盒子是用杉木做成的。Zhè hézi shì yòng shānmù zuòchéngde. /～ with 用…做 yòng…zuò；提供 tígōng：What do we ～ with flour？我们用面粉做什么？Wǒmen yòng miànfěn zuò shénme？ *n.* **1.** 制造 zhìzào：Is this your own ～？这是你们自己制造的吗？Zhèshì nǐmen zìjǐ zhìzàodema？**2.** 样式 yàngshì：I like the ～ of that dress. 我喜欢那件衣服的样式。Wǒ xǐhuan nàjiàn yīfude yàngshì. **3.** 体格 tǐgé：He has the ～ of an athlete. 他有运动员的体格。Tā yǒu yùndòngyuánde tǐgé. **4.** 性情 xìngqíng：He is of a smooth ～. 他性情平和。Tā xìngqíng pínghé.

majority *n.* **1.** 多数 duōshù；过半数 guò bànshù：The ～ decides it. 这由大多数人决定。Zhè yóu dàduōshù rén juédìng. / The ～ of them have no opinion at all. 他们大部分完全没有意见。Tāmen dàbùfen wánquán méiyǒu yìjian. **2.** 多得的票数 duōdéde piàoshu：This measure received a ～. 这一议案获得多数票通过。Zhèyī yì'àn huòdé duōshùpiào tōngguò. **3.** 成年 chéngnián：He has reached his ～. 他已达到法定年龄。Tā yǐ dádào fǎdìng niánlíng.

maker *n.* **1.** 制造者 zhìzàozhě；工人 gōngrén：a cosmetics ～ 化妆品制造商 huàzhuāngpǐn zhìzàoshāng / a dress ～ 做女服(童装)的裁缝 zuò nǚfú(tóngzhuāng)de cáifeng **2.** 造物主 zàowùzhǔ：meet one's ～ 见上帝 jiàn Shàngdì

makeshift *n.* 代用品 dàiyòngpǐn；权宜之计 quányízhījì：When the electric lights went out，we used candles as a ～. 电灯熄灭时，我们用蜡烛代替。Diàndēng xīmièshí，wǒmen yòng làzhú dàitì.

make-up *n.* **1.** 化妆 huàzhuāng：the art of theatre ～ 戏剧化装术 xìjù huàzhuāngshù **2.** 版面安排 bǎnmiàn ānpái：The book has good ～. 那本书版面编排得很好. Nàběnshū bǎnmiàn biānpáide hěnhǎo. **3.** 组成 zǔchéng；组织 zǔzhī：society ～ 社会构成 shèhuì gòuchéng **4.** 气质 qìzhì：a man of nervous ～ 神经质的人 shénjīngzhìde rén

making *n.* **1.** 制造 zhìzào：in the ～ 在制作过程中 zàizhìzuò guòchéngzhōng/ It was spoilt in the ～. 它在制造过程中就损坏了。Tā zài zhìzào guòchéngzhōng jiù sǔnhuàile. **2.** 成功的基础 chénggōngde jīchǔ：This failure was the ～ of him. 这次失败是他成功的基础。Zhècì shībài shìtā chénggōngde jīchǔ. **3.** (*pl.*) 要素 yàosù；素质 sùzhì：He has in him the ～(s) of a great man. 他有成为伟大人物的素质。Tā yǒu chéngwéi wěidà rénwùde sùzhì.

malacca *n.* 马六甲手杖 Mǎliùjiǎ shǒuzhàng

malachite *n.* 孔雀石 kǒngquèshí；石绿 shílǜ

malacology *n.* 软体动物学 ruǎntǐ dòngwùxué

maladjusted *a.* 不适应的 búshìyìngde；失调的 shītiáode

maladroit *a.* 不熟练的 bùshúliànde；拙笨的 zhuōbènde

malady *n.* **1.** 疾病 jíbìng；毛病 máobìng：This set up the ～ from which he died. 这是那场使他丧命的疾病的起因。Zhèshì nàchǎng shǐ tā sàngmìngde jíbìngde qǐyīn. **2.** 弊病 bìbìng：social maladies 社会弊病 shèhuì bìbìng

Malagasy *a.* 马尔加什(人)的 Mǎ'ěrjiāshí(rén)de *n.* **1.** 马尔加什人 Mǎ'ěrjiāshírén **2.** 马尔加什语 Mǎ'ěrjiāshíyǔ

malaise *n.* 身体不舒服 shēntǐ bùshūfu；小病 xiǎobìng

malapropism *n.* 用词错误 yòngcí cuòwù

malapropos *ad.*, *a.* & *n.* 不适当的(地) bú shìdàngde；不合时宜的(地) bùhé shíyíde；不适合的东西 bú shìhéde dōngxi

malaria *n.* **1.** 疟疾 nüèji **2.** 瘴气 zhàngqì

Malay *n.* **1.** 马来人 Mǎláirén **2.** 马来语 Mǎláiyǔ *a.* 马来的 Mǎláide；马来人的 Mǎláirénde

Malayan *a.* 马来亚的 Mǎláiyàde *n.* 马来亚人 Mǎláiyàrén

malcontent *a.* 不满的 bùmǎnde；不平的 bùpíngde；反抗的 fǎnkàngde *n.* 不满分子 bùmǎnfènzǐ；反抗者 fǎnkàngzhě

mal de mer *n.* (法)晕船 (Fà) yùnchuán；航海病 hánghǎibìng

male *a.* 男(性)的 nán(xìng)de；阳(性)的 yáng(xìng)de；雄的 xióngde

malediction *n.* 诅咒 zǔzhòu；诽谤 fěibàng：One's reputation may be blackened by the ～s of irresponsible people. 不负责任的人的诽谤可以玷污一个人的名誉。Búfù zérènde rénde fěibàng kěyǐ diànwū yígerénde míngyù.

malefactor *n.* 作恶者 zuò'èzhě；犯罪分子 fànzuì fènzǐ；坏分子 huàifènzǐ

maleficent *a.* 作恶的 zuò'ède；害人的 hàirénde；缺德的 quēdéde

malevolence *n.* 恶意 èyì；怨恨 yuànhèn

malevolent *a.* 心怀恶意的 xīnhuái' èyìde；幸灾乐祸的 xìngzāi-lèhuòde

malfeasance *n.* **1.** 违法行为 wéifǎ xíngwéi；**2.** 渎职 dúzhí = dereliction of duty

malformation *n.* 畸形 jīxíng

malicacid *n.* 苹果酸 píngguǒsuān

malice *n.* 恶意 èyì；怨恨 yuànhèn：I bear you no ～. 我对你毫无恶意。Wǒ duì nǐ háowú èyì.

malicious *a.* 恶意的 èyìde；刻薄的 kèbóde：make ～ remarks 肆意攻击 sìyì gōngjī

malign *a.* 有害的 yǒuhàide；恶意的 èyìde：exercise a ～ influence 产生不良的影响 chǎnshēng bùliángde yǐngxiǎng *v.* 诽谤 fěibàng；诬蔑 wūmiè：～ an innocent person 诋毁一个无辜的人 dǐhuǐ yíge wúgūde rén

malignant *a.* **1.** 狠心的 hěnxīnde；恶意的 èyìde：～ fairies 恶毒的妖怪 èdúde yāoguài / ～ glances 凶恶的眼光 xiōng'ède yǎnguāng **2.** (疾病)致命的 (jíbìng)zhìmìngde；恶性的 èxìngde：～ cancer 恶性的癌 èxìngde ái

malignity *n.* **1.** 狠毒 hěndú；极端怨恨 jíduān yuànhèn **2.** (疾病)恶性 (jíbìng)èxìng

malinger *v.* 装病以逃避责任 zhuāngbìng yǐ táobì zérèn

mallard *n.* 绿头鸭 lǜtóuyā

malleability *n.* 可锻性 kěduànxìng；韧性 rènxìng

malleable *a.* **1.** 可锻的 kěduànde * of metals；韧性的 rènxìngde **2.** 可训练的 kě xùnliànde * of people

mallet *n.* 木槌 mùchuí；短槌 duǎnchuí；锤 chuí

mallow *n.* 锦葵 jǐnkuí；锦葵属植物 jǐnkuí shǔ zhíwù

malnutrition *n.* 营养不良 yíngyǎng bùliáng：Improper food can cause ～. 不适当的食物能引起营养不良。Bú shìdàngde shíwù néng yǐnqǐ yíngyǎng bùliáng.

malodorous *a.* 恶臭的 èchòude

malpractice *n.* **1.** 假公济私 jiǎgōng-jìsī；违法行为 wéifǎ xíngwéi **2.** 治疗失当 zhìliáo-shīdàng；滥治 lànzhì

malt *n.* 麦芽 màiyá：Beer is a ～ liquor. 啤酒是一种麦酒。Píjiǔ shì yìzhǒng màijiǔ. *v.* 制麦芽 zhì màiyá；变成麦芽 biànchéng màiyá

Maltese *a.* 马耳他人的 Mǎ'ěrtā rénde；马耳他岛的 Mǎ'ěrtā dǎode *n.* **1.** 马耳他人 Mǎ'ěrtārén **2.** 马耳他语 Mǎ'ěrtāyǔ

maltose *n.* 麦芽糖 màiyátáng
maltreat *v.* 虐待 nüèdài
malversation *n.* 腐败 fǔbài；贪污 tānwū
mamba *n.* 非洲毒蛇 Fēizhōu dúshé
mama＝mamma *n.* 妈妈 māma
mamma *n.* **1.** 妈妈 māma；**2.** 乳房 rǔfáng
mammal *n.* 哺乳动物 bǔrǔ dòngwù
mammalian *n.* 哺乳类 bǔrǔlèi；哺乳动物 bǔrǔ dòngwù *a.* 哺乳动物的 bǔrǔ dòngwùde
mammalogy *n.* 哺乳动物学 bǔrǔ dòngwùxué
mammoth *n.* 猛犸象 měngmǎ xiàng *a.* 庞大 pángdà；巨大 jùdà：a ～ enterprise 巨大的事业 jùdàde shìyè
mammy *n.* **1.** 妈妈 māma **2.** 黑人保姆 hēirén bǎomǔ
man *n.* **1.** 人 rén；人类 rénlèi：M- is a tool-making animal. 人是制造工具的动物。Rén shì zhìzào gōngjùde dòngwù. / M- enters space. 人进入了宇宙空间。Rén jìnrùle yǔzhòu kōngjiān. **2.** 人 rén（＝ person）；个人 gèrén：Any ～ could do that. 谁都能做。Shuí dōu néng zuò. **3.** 男子 nánzi：～ and woman 男女 nánnǚ **4.** 丈夫 zhàngfu（＝ husband）：～ and wife 夫妇 fūfù **5.** 男佣人 nán yōngrén；雇员 gùyuán；士兵 shìbīng：masters and men 主人和仆人 zhǔrén hé púrén / officers and men 官长和士兵 guānzhǎng hé shìbīng **6.** 老兄 lǎoxiōng：Hurry up, ～！老兄，赶快！Lǎoxiōng，gǎnkuài！ *v.* 给…配备 gěi…pèibèi：～ a ship with sailors 给一只船配备水手 gěi yìzhī chuán pèibèi shuǐshǒu
manacle *n.*（*pl.*）**1.** 手铐 shǒukào **2.** 束缚 shùfù *v.* **1.** 上手铐 shàng shǒukào **2.** 束缚 shùfù；拘束 jūshù
manage *v.* **1.** 管理 guǎnlǐ；处理 chǔlǐ；办理 bànlǐ；经营 jīngyíng：He ～d it all right. 他把它管理得很好。Tā bǎ tā guǎnlǐde hěnhǎo. **2.** 运用 yùnyòng；驾驶 jiàshǐ；操纵 cāozòng：～ a horse 驾驭一匹马 jiàyù yìpǐ mǎ / ～ a sailing-boat 驾驶一艘帆船 jiàshǐ yìsōu fānchuán **3.** 设法 shèfǎ；设法对付 shèfǎ duìfu：We finally ～d to get there in time. 最后我们及时赶到了。Zuìhòu wǒmen jíshí gǎndàole. / I shall be able to ～ without help. 我一个人能行。Wǒ yíge rén néngxíng.
manageable *a.* 易管理的 yìguǎnlǐde；易办的 yìbànde；易操纵的 yìcāozòngde

management *n.* **1.** 管理 guǎnlǐ；办理 bànlǐ；经营 jīngyíng：The library is under expert ～. 这图书馆是由专家管理的。Zhè túshūguǎn shì yóu zhuānjiā guǎnlǐde. **2.** 经营部门 jīngyíng bùmén：What this department store needs is a strong ～. 这个百货公司需要的是一个更强有力的经理部。Zhège bǎihuò-gōngsī xūyàode shì yíge gèng qiángyǒulìde jīnglǐbù. **3.** 手段 shǒuduàn ＊ skill

manager *n.* 经理 jīnglǐ；管理人 guǎnlǐrén；当家人 dāngjiārén：My wife is an excellent ～. 我妻子很会当家。Wǒ qīzi hěnhuì dāngjiā. / a works ～ 工厂经理 gōngchǎng jīnglǐ / a technical ～ 技术经理 jìshù jīnglǐ

Manchu *n.* **1.** 满族人 Mǎnzúrén：the ～ 满族 Mǎnzú **2.** 满语 Mǎnyǔ *a.* 满洲的 Mǎnzhōude；满人的 Mǎnrénde：the ～ nationality 满(洲)族 Mǎn(zhōu)zú

Manchuria *n.* 满洲 Mǎnzhōu ＊ an old name for the northeastern part of China

mandarin *n.* **1.** 清朝大官 Qīngcháo dàguān **2.** [M-] 官话 guānhuà

mandate *n.* **1.** 命令 mìnglìng；训令 xùnlìng：disobey his ～s 违背他的命令 wéibèi tāde mìnglìng **2.** 委托统治权 wěituō tǒngzhìquán；托管 tuōguǎn；授权 shòuquán：maintain her ～ for the island 保持它对该岛的委任统治权 bǎochí tā duì gāidǎode wěirèn tǒngzhìquán

mandatory *a.* **1.** 命令的 mìnglìngde；强制性的 qiángzhìxìngde **2.** 委任统治的 wěirèn tǒngzhìde

mandible *n.* **1.** 下颌骨 xiàhégǔ ＊ of an animal or fish **2.** 下喙 xiàhuì ＊ of birds **3.** 上颚 shàng'è ＊ of insects

mandoline *n.* 曼陀林 màntuólín

mandrel *n.* 心轴 xīnzhóu

mandrill *n.* 山魈 shānxiāo

mane *n.* 鬃毛 zōngmáo：The lion tossed his ～. 那头雄狮抖动鬃毛。Nàtóu xióngshī dǒudòng zōngmáo.

manful *a.* 大丈夫气概的 dàzhàngfu qìgàide；勇敢 yǒnggǎn；果断 guǒduàn；

manganese *n.* 锰 měng：～ dioxide 二氧化锰 èryǎnghuàměng

mange *n.* 兽疥癣 shòujièxuǎn

manger *n.* 马槽 mǎcáo；槽头 cáotóu

mangle[1] *v.* **1.** 乱切 luànqiē；割碎 gēsuì **2.** 破坏 pòhuài；毁损 huǐsǔn；糟

蹋 zāota

mangle² *n.* 砑光机 yàguāngjī；光泽机 guāngzéjī；轧板机 yàbǎnjī；洗衣用挤干机 xǐyī yòng jǐgānjī

mango *n.* 芒果 mángguǒ；芒果树 mángguǒshù

mangrove *n.* **1.** 红树 hóngshù；栲树 kǎoshù **2.** 红树类 hóngshùlèi；红树林 hóngshùlín

mangy *a.* **1.** 患兽疥癣的 huàn shòu jièxuǎnde：a ～ dog 生疥癣的狗 shēng jièxuǎnde gǒu **2.** 肮脏 āngzang ＝ dirty

manhandle *v.* **1.** 人工推动 réngōng tuīdòng **2.** 粗暴地对待 cūbàode duìdài ＝ handle roughly

manhole *n.* **1.** 进入孔 jìnrùkǒng：a seaman descending a ～ 下进入孔的水手 xià jìnrùkǒngde shuǐshǒu **2.** 深井 shēnjǐng；检查井 jiǎnchájǐng

manhood *n.* **1.** 成年 chéngnián；成年期 chéngniánqī：They are still in early ～. 他们刚刚进入成年期。Tāmen gānggāng jìnrù chéngnián qī. **2.** 男子气概 nánzǐ qìgài：show（prove）one's ～ 表现出男子气概 biǎoxiànchū nánzǐ qìgài **3.** 全体男子 quántǐ nánzǐ：the whole ～ of the country 全国的男性公民 quánguóde nánxìng gōngmín

mania *n.* **1.** 躁狂 zàokuáng ＝ violent madness；疯狂 fēngkuáng **2.** 狂热 kuángrè；癖好 pǐhào：He has a ～ for gambling. 他狂热地爱好赌博。Tā kuángrède àihào dǔbó.

maniac *a.* 躁狂性的 zàokuángxìngde *n.* 躁狂者 zàokuángzhě

manic *a.* 躁狂的 zàokuángde

manicure *n.* 修指甲 xiūzhījia

manifest *n.* 仓单 cāngdān；货单 huòdān *a.* 明显的 míngxiǎnde：a ～ truth 明显的真理 míngxiǎnde zhēnlǐ *v.* **1.** 明白 míngbai；表示 biǎoshì；清楚表示 qīngchu biǎoshì：～ the truth of a statement 明白显示一项陈述的真理 míngbai xiǎnshì yíxiàng chénshùde zhēnlǐ **2.** 显露 xiǎnlù：She doesn't ～ much desire to marry him. 她没有显露很想嫁给他的样子。Tā méiyou xiǎnlù hěnxiǎng jiàgěi tāde yàngzi. **3.** 出现 chūxiàn：Has the ghost ～ed itself recently? 最近那个鬼魂有没有出现？Zuìjìn nàge guǐhún yǒuméiyǒu chūxiàn?

manifestation *n.* 表现（形式）biǎoxiàn（xíngshì）；现象 xiànxiàng：The political rally was a huge ～ of support for the candidate. 这次政治集会充分表现了对这位候选人的支持。Zhècì zhèngzhì jíhuì chōngfèn biǎoxiànle duì zhèwèi hòuxuǎnrénde zhīchí.

manifesto *n.* 宣言 xuānyán；声明书 shēngmíngshū：the Communist M- 《共产党宣言》《Gòngchǎndǎng Xuānyán》/ a Labour Party ~ 工党宣言 Gōngdǎng Xuānyán / a political ~ 政治宣言 zhèngzhì xuānyán

manifold *a.* 多样的 duōyàngde；各种各样的 gèzhǒng-gèyàngde：~ paper 复印纸 fùyìnzhǐ *n.* 复写本 fùxiěběn *v.* 复印 fùyìn；复写 fùxiě

manikin *n.* **1.** 侏儒 zhūrú；矮子 ǎizi = dwarf **2.** 人体模型 réntǐ móxíng

manipulate *v.* **1.** 操纵 cāozòng；拨弄 bōnong：~ the gears and levers of a machine 操纵机器 cāozòng jīqì **2.** 笼络 lǒngluò：A clever polititian knows how to ~ his supporters. 一个聪明的政治家知道如何利用他的拥护者。Yíge cōngmingde zhèngzhìjiā zhīdao rúhé lìyòng tāde yōnghùzhě. **3.** 应付 yìngfù = to deal with **4.** 窜改（账目等）cuàngǎi (zhàngmùděng) = obliterate accounts

mankind *n.* **1.** 人类 rénlèi：M- are intelligent animals. 人类是理智的动物。Rénlèi shì lǐzhìde dòngwù. **2.** 男性 nánxìng；男子 nánzǐ = men：~ and womankind at large 一般男女 yìbān nánnǚ

manlike *a.* **1.** 像人的 xiàngrénde **2.** 男子似的 nánzǐshìde；雄纠纠 xióngjiūjiū

manliness *n.* 男子气概 nánzǐ qìgài

manly *a.* 大丈夫的 dàzhàngfude；男子气概的 nánzǐ qìgàide

man-made *a.* 人造的 rénzàode

mannequin *n.* **1.** 时装模特儿 shízhuāng mótèr **2.**（木制或蜡制）模特（mùzhì huò làzhì）mótèr

manner *n.* **1.** 方法 fāngfǎ；方式 fāngshì；样式 yàngshì：Do it in this ~. 照这样的方法做吧。Zhào zhèyàngde fāngfǎ zuòba. **2.** 手法 shǒufǎ；风格 fēnggé：develop a ~ of one's own 自成一家 zìchéng yìjiā **3.** 态度 tàidu；风度 fēngdù；举止 jǔzhǐ：I don't like your ~. 我不喜欢你的态度。Wǒ bù xǐhuan nǐde tàidu. **4.**（*pl.*）礼貌 lǐmào；规矩 guīju：It is bad ~s to stare at people. 瞪着眼睛瞧人是不礼貌的。Dèngzhe yǎnjing qiáorén shì bù lǐmàode. **5.**（*pl.*）风俗 fēngsú；生活方式 shēnghuó fāngshì：~s and customs 风俗习惯 fēngsú xíguàn **6.** 种类 zhǒnglèi：all ~ of things 各色各样的东西 gèsè-gèyàngde dōngxi

mannerism *n.* **1.** 特殊风格 tèshū fēnggé；个人惯用的格调 gèrén guànyòngde gédiào：have the ~ of Chaplin 有卓别林表演的独特风格

yǒu Zhuóbiélín biǎoyǎnde dútè fēnggé **2.** 癖性 pǐxìng：Uncle Ned has an annoying ～ of scratching his head while he talks. 内德叔叔说话时有搔头这个令人讨厌的习惯性动作。Nèidé shūshu shuōhuà shí yǒu sāotóu zhège lìngrén tǎoyànde xíguànxìng dòngzuò.

mannerly *a.* & *ad.* 有礼貌的（地）yǒulǐmàode(de)；文雅的（地）wényǎde (de)

mannish *a.*（贬义；指妇女）男子气的（biǎnyì；zhǐ fùnǚ）nánzǐqìde

manoeuvre＝maneuvre *n.* **1.** 演习 yǎnxí * of an army **2.** 策略 cèlüè：the ～s of politicians 政客的策略 zhèngkède cèlüè *v.* **1.**（部队、舰艇）演习（bùduì、jiàntǐng）yǎnxí **2.** 施巧计 shī qiǎojì **3.** 操纵 cāozòng；运用 yùnyòng：～ the enemy into a position 诱敌人进入阵地 yòu dírén jìnrù zhèndì

manometer *n.* 压力计 yālìjì；流体压力计 liútǐ yālìjì

manor *n.* **1.** 采邑 cǎiyì * under the feudal system **2.** 庄园 zhuāngyuán：the lord of the ～ 庄园主 zhuāngyuánzhǔ

manse *n.* 牧师住宅 mùshī zhùzhái

manservant *n.*（*pl.* menservants）男仆 nánpú

mansion *n.* **1.** 公馆 gōngguǎn；大厦 dàshà：an imposing white granite ～ 雄伟的白色花岗岩大厦 xióngwěide báisè huāgǎngyán dàshà **2.**（pl.）公寓大厦 gōngyù dàshà：Victoria M-s 维多利亚公寓 Wéiduōlìyà gōngyù **3.**（天）宿（tiān）xiù：lunar ～s 二十八宿 èrshíbāxiù * in astronomy

manslaughter *n.* 过失杀人 guòshī shārén

mantel *n.* 壁炉架 bìlújià；壁炉台 bìlútái

mantelpiece *n.* 壁炉台 bìlútái

mantle *n.* **1.** 披风 pīfēng；罩衣 zhàoyī **2.** 覆盖 fùgài：Harbin under the first ～ of snow 初雪覆盖的哈尔滨 chūxuě fùgàide Hā'ěrbīn **3.** 衣钵 yībō：take over the ～ of sb. 继承某人的衣钵 jìchéng mǒurénde yībō *v.* **1.** 罩上 zhàoshàng；覆盖 fùgài：The mountains are ～d in silver. 群山披上了银装。Qúnshān pīshàngle yínzhuāng. **2.**（脸）变红（liǎn）biàn hóng：The child's face ～d with blushes. 孩子的脸上泛起了红晕。Háizide liǎnshang fànqǐle hóngyùn.

manual *a.* 用手的 yòng shǒude；手工的 shǒugōngde：love ～ labour 爱体力劳动 ài tǐlìláodòng / ～ workers 体力劳动者 tǐlì láodòngzhě *n.* **1.** 手

册 shǒucè：a teacher's ～ 教师手册 jiàoshī shǒucè / a ～ of students 学生用参考手册 xuésheng yòng cānkǎo shǒucè **2.** 键盘 jiànpán = keyboard of an organ // manually *ad.*

manufactory *n.* 制造工厂 zhìzào gōngchǎng；工厂 gōngchǎng：set up a ～ 建立工厂 jiànlì gōngchǎng / The whole civilized world is a co-operative ～ of knowledge. 整个文明世界是一个知识的联合工厂。Zhěngge wénmíng shìjiè shì yíge zhīshide liánhé gōngchǎng.

manufacture *v.* **1.** 大量制造 dàliàng zhìzào；生产 shēngchǎn：It is ～d at Osaka. 这是大阪造的。Zhè shì Dàbǎn zàode. **2.** 滥写（文学作品等）lànxiě(wénxué zuòpǐn děng) *n.* **1.** （工业）制造 (gōngyè)zhìzào；制造业 zhìzàoyè：Men and equipment are the two essentials of successful ～. 人员和设备是生产成功的两个要素。Rényuán hé shèbèi shì shēngchǎn chénggōngde liǎngge yàosù. **2.** 制品 zhìpǐn：The city has ～s of many kinds of commodities. 该市生产多种商品。Gāishì shēngchǎn duōzhǒng shāngpǐn.

manufacturer *n.* 制造者 zhìzàozhě；制造商 zhìzàoshāng；制造厂 zhìzàochǎng：It has ruined the ～. 它毁了这家制造厂。Tā huǐle zhèjiā zhìzàochǎng. / a munitions ～ 军火制造厂（商）jūnhuǒ zhìzào chǎng (shāng)

manure *n.* 粪肥 fènféi；肥料 féiliào：Dung is used as ～. 粪被用做肥料。Fèn bèi yòngzuò féiliào. /apply ～ 施肥 shīféi

manuscript *n.* 手稿 shǒugǎo；原稿 yuángǎo：The work is still in ～. 那本著作仍未复印。Nàběn zhùzuò réngwèi fùyìn. / I must return this ～ to the author. 我必须把这份手稿还给作者。Wǒ bìxū bǎ zhèfèn shǒugǎo huángěi zuòzhě.

many *a.* 许多的 xǔduōde：He knows a great (good) ～ people in this city. 他在这城里认识人非常多。Tā zài zhè chéngli rènshi rén fēicháng duō. / How ～ sisters do you have? 你有几个姐妹？Nǐ yǒu jǐge jiěmèi? / I waited ～ a day. 我可等了不少天了。Wǒ kě děngle bùshǎotiānle. / I wish he'd go away；he's one too ～. 我巴不得他走，他在这里是多余的。Wǒ bābudé tā zǒu，tā zài zhèlǐ shì duōyúde. *pron.* 多数 duōshù：I have a few，but not ～. 我有几个，可是不多。Wǒ yǒu jǐge，kěshì bùduō. *n.* 多数 duōshù；许多 xǔduō：There are a good ～ of them.

他们为数不少呢。Tāmen wéishù bù shǎone.

maori *n.* **1.** 毛利人 Máolìren **2.** 毛利语 Máolìyǔ

map *n.* **1.** 地图 dìtú：You can see it in the ～. 你可在地图上看到它。Nǐ kě zài dìtúshang kàndào tā. **2.** 天体图 tiāntǐtú：＊ of the sky showing the position of the stars *v.* **1.** 绘制 huìzhì：Some of the mountains in South America have not yet been ～ped out. 南美洲有些山脉还没有在地图上标出来。Nánměizhōu yǒuxiē shānmài hái méiyǒu zài dìtúshang biāochūlái. **2.** 计划 jìhuà：We must ～ out our program step by step. 我们必须逐步制定我们的规划。Wǒmen bìxū zhúbù zhìdìng wǒmende guīhuà.

maple *n.* 枫树 fēngshù：a flaming ～ 火红的枫树 huǒhóngde fēngshù / reddening ～s 树叶正在变红的枫树 shùyè zhèngzài biànhóngde fēngshù

mar *v.* 伤害 shānghài；毁坏 huǐhuài；搞糟 gǎozāo

Mar.（**March**）*n.* 三月 Sānyuè

maraud *v.* 掳掠 lǔlüè；侵掠 qīnlüè：The Roman Empire was attacked by ～ing Goths and Huns. 罗马帝国被遭受侵掠的哥德人和匈奴所攻击。Luómǎ Dìguó bèi zāoshòu qīnlüède Gēdérén hé Xiōngnú suǒ gōngjī. *n.* 掳掠 lǔlüè

marauder *n.* 掳掠者 lǔlüèzhě

marble *n.* **1.** 大理石 dàlǐshí：The monument is carved in ～. 这个纪念碑是用大理石雕刻成的。Zhège jìniànbēi shì yòng dàlǐshí diāokè chéngde. **2.** 石弹子 shídànzi：Let's play ～s. 让我们来玩打弹子吧。Ràng wǒmen lái wán dǎ dànziba. **3.** 普通理智 pǔtōng lǐzhì；常识 chángshí：lose one's ～s 失去理智 shīqù lǐzhì ＝ common sense / have all one's ～s 很有头脑 hěnyǒu tóunǎo

marcel *n.* 头发的波浪形 tóufade bōlàngxíng *v.* 把头发烫成波浪形 bǎ tóufa tàngchéng bōlàngxíng

March¹ *n.* 三月 Sānyuè：～ comes in like a lion and goes out like a lamb. 三月来势猛如狮，临去温和如羔羊。Sānyuè láishì měngrú shī，línqù wēnhé rú gāoyáng. ＊ proverb

march² *n.* **1.** 行进 xíngjìn；行军 xíngjūn：Scouts were sent out to discover the enemy's line of ～. 已派出侦察员去侦察敌人的行军路线。Yǐ pàichū zhēncháyuán qù zhēnchá dírénde xíngjūn lùxiàn. **2.** 进展 jìnzhǎn；发展 fāzhǎn：the ～ of the glass industry 玻璃工业的发展 bōlí gōngyède fāzhǎn **3.** 进行曲 jìnxíngqǔ：The drums struck up a ～. 鼓乐队奏起了进行曲。Gǔyuèduì zòuqǐle jìnxíngqǔ. *v.* （使）行进（shǐ）xíngjìn；（使）进军（shǐ）jìnjūn：They ～ed the prisoner away. 他们把犯人押走。Tāmen bǎ fànrén yāzǒu. / The troops ～ed by. 部队列队走过。Bùduì lièduì zǒuguò.

marchioness *n.* 女侯爵 nǚ hóujué；侯爵夫人 hóujué fūrén

mare *n.* 母马 mǔmǎ；牝马 pìnmǎ：win the ～ or lose the halter 孤注一掷 gūzhù-yízhì

mare's-nest *n.* **1.** 原以为重要但结果落空的发现 yuán yǐwéi zhòngyào dàn jiéguǒ luòkōngde fāxiàn = a discovery which turns out to be false or worthless；一场空欢喜 yìchǎng kōnghuānxǐ **2.** 混乱 hùnluàn = mess

margarine *n.* 人造黄油 rénzàohuángyóu

margin *n.* **1.** （湖、池）边缘（hú、chí）biānyuán；边际 biānjì：the ～ of a lake 湖边 húbiān **2.** 页边空白 yèbiān kòngbái：make notes cn the ～ of the page 在页边做注释 zài yèbiān zuò zhùshì **3.** 富裕 fùyù；余地 yúdì：We allow a ～ of 15 minutes in catching a train. 赶火车时，我们常留出十五分钟的宽裕时间。Gǎn huǒchēshí，wǒmen cháng liúchū shíwǔ fēnzhōngde kuānyù shíjiān. **4.** 界限 jièxiàn；差别 chābié：the bank's note-issuing ～ 银行发行纸币的限度 yínháng fāxíng zhǐbìde xiàndù **5.** 赚头 zhuàntou：allow a good ～ of profit 可获厚利 kěhuò hòulì

marginal *a.* **1.** 边缘的 biānyuánde；边际的 biānjìde：～ land 边际土地 biānjì tǔdì / ～ tribes 边境种族 biānjìng zhǒngzú **2.** 页边的 yèbiānde；栏外的 lánwàide：～ notes 旁注 pángzhù

marguerite *n.* 雏菊 chújú

marigold *n.* 万寿菊 wànshòujú；金盏花 jīnzhǎnhuā

marine *a.* **1.** 海的 hǎide；海产的 hǎichǎnde：～ products 海产物 hǎichǎnwù **2.** 海上的 hǎishangde；海事的 hǎishìde；船上的 chuánshangde：～ insurance 海上保险 hǎishangbǎoxiǎn *n.* **1.** （全国的）船舶（quánguóde）chuánbó = vessels；海运业 hǎiyùnyè：develop a mercantile ～ 发展商船 fāzhǎn shāngchuán **2.** 海军陆战队士兵（军官）hǎijūn lùzhànduì shìbīng（jūnguān）：the U. S. M-s 美国海军陆战队 Měiguó hǎijūn lùzhànduì / Tell that（it）to the ～s！谁信你那一套！Shuí xìn nǐ nàyítào！

mariner *n.* 海员 hǎiyuán；船员 chuányuán：a master ～ 船长 chuánzhǎng

marionette *n.* （提线）木偶（tíxiàn）mù'ǒu

marital *a.* 婚姻的 hūnyīnde

maritime *a.* **1.** 海（上）的 hǎi（shang）de；海事的 hǎishìde：the M- Customs Administration 海关总署 Hǎiguān Zǒngshǔ **2.** 沿海的 yánhǎide；海岸的 hǎi'ànde：the ～ cities 沿海城市 yánhǎi chéngshì

mark[1] *n.* 马克 mǎkè

mark[2] *n.* **1.** 污点 wūdiǎn；痕迹 hénjì：pencil ～s 铅笔迹 qiānbǐ jì / the ～ of a wound 伤痕 shānghén **2.** 标记 biāojì；标志 biāozhì；符号 fúhào：punctuation ～s 标点符号 biāodiǎn fúhào / A、B、C、D and E denote ～s of excellent，good，fair or weak，poor and unsatisfactory. A、B、C、D、E 是表示优、良、及格、不及格、劣等的符号。A、B、C、D、E shì biǎoshì yōu、liáng、jígé、bùjígé、lièděng de fúhào. **3.** 分数 fēnshù：a good ～ 分数多 fēnshùduō / get 80 ～s in English 英语得八十分 Yīngyǔ dé bāshí fēn **4.** 目标 mùbiāo；标的 biāodì：behind the ～ 没打中目标 méi dǎzhòng mùbiāo / hit the ～ 打中目标 dǎzhòng mùbiāo **5.** 特性 tèxìng；名声 míngshēng：a man of ～ 名人 míngrén / make one's ～ 出名 chūmíng **6.** 出发点 chūfādiǎn：On your ～s！各就各位！Gèjiùgèwèi！ *v.* **1.** 标号于 biāohàoyú；留痕迹于 liúhénjìyú：～ the word with an asterisk 在字上加星号 zài zìshang jiā xīnghào **2.** 记录 jìlù；批阅 pīyuè：His English is ～ed high. 他的英语分数评得高。Tāde Yīngyǔ fēnshù píngde gāo. **3.** 标明 biāomíng；注明 zhùmíng；表明 biǎomíng：Three of the pupils were ～ed absent. 三名学生被注明缺席。Sānmíng xuésheng bèizhùmíng quēxí. **4.** 注意 zhùyì：M- him！注意他！Zhùyì tā！// ～ time **1.** 踏步 tàbù **2.** 停留不前 tíngliú bùqián / ～ down 记下 jìxià；记录 jìlù；标低（价目）biāodī（jiàmù）/ ～ off 区分 qūfēn；划分 huàfēn / ～ out **1.** 区划 qūhuà **2.** 订立 dìnglì / ～ up 标高 biāogāo：～ up goods 抬高物价 táigāo wùjià

marked *a.* **1.** 有记号的 yǒu jìhàode **2.** 显著的 xiǎnzhùde：a ～ difference 显著的差异 xiǎnzhùde chāyì **3.** 受人注意的 shòu rén zhùyìde：a ～ man 受注意的人物 shòu zhùyìde rénwù

markedly *ad.* 显著地 xiǎnzhùde

marker *n.* **1.** 记分员 jìfēnyuán；记分器 jìfēnqì：a time ～ 记时器 jìshíqì / a lenient ～ 评分宽的人 píngfēnkuānde rén **2.** 书签 shūqiān：Put a ～

in that book. 在那本书里夹一张书签。Zài nàběn shūli jiā yìzhāng shūqiān. 3. 指示物 zhǐshìwù: a street ～ 路标 lùbiāo 4. 语法符号 yǔfǎ fúhào: the plural ～ "-s" 复数标记 "-s" fùshù biāoji "-s"

market *n.* **1.** 市场 shìchǎng; 菜市(场) càishì(chǎng): acquire and exploit new ～s 获得并开拓新市场 huòdé bìng kāituò xīnshìchǎng / come into the ～ 流入市场 liúrù shìchǎng **2.** (交易)市场 (jiāoyì)shìchǎng; 销路 xiāolù: The product will find a good ～ in Australia. 这种产品将在澳大利亚有好的销路。Zhèzhǒng chǎnpǐn jiāngzài Àodàlìyà yǒu hǎode xiāolù. **3.** 市面 shìmiàn; 行情 hángqíng: The ～ is lively. 市面兴旺。Shìmiàn xīngwàng. / The ～ rose. 行情上涨。Hángqíng shàngzhǎng. *v.* **1.** 买卖 mǎimài: go ～ing 赶市 gǎnshì **2.** 销售 xiāoshòu: ～ one's own products 自产自销 zìchǎn zìxiāo

marketable *a.* 适合市场销售的 shìhé shìchǎng xiāoshòude

market-place *n.* 市场 shìchǎng

marketing *n.* **1.** 销售 xiāoshòu; **2.** 销售学 xiāoshòuxué = the science of ～

marking *n.* **1.** 做标志 zuò biāozhì: the ～ of the selling price upon each article 在每一件商品上标出售价 zài měiyíjiàn shāngpǐnshang biāochū shòujià **2.** 记分 jìfēn: receive a zero ～ 得到零分 dédào língfēn **3.** 识别标志 shíbié biāozhì: a ground ～ 地面标志 dìmiàn biāozhì **4.** (鸟羽等的)斑纹 (niǎoyǔ děngde)bānwén: birds with colourful ～s 有艳丽斑纹的鸟 yǒu yànlì bānwénde niǎo

marksman *n.* 射手 shèshǒu; 神枪手 shénqiāngshǒu: Some marksmen shoot badly. 有些射手射技很差。Yǒuxiē shèshǒu shèjì hěnchà. / He is noted as a ～. 他以神枪手著称。Tā yǐ shénqiāngshǒu zhùchēng.

marksmanship *n.* 射击术 shèjīshù; 枪法 qiāngfǎ

marl *n.* 泥灰 níhuī; 泥灰岩 níhuīyán

marmalade *n.* 桔子酱 júzijiàng; 柠檬酱 níngméngjiàng

marmot *n.* 土拨鼠 tǔbōshǔ

maroon¹ *n.* **1.** 栗色 lìsè **2.** 爆仗 bàozhang = fire-cracker *a.* 栗色的 lìsède

maroon² *v.* **1.** 把…放逐到孤岛 bǎ…fàngzhúdào gūdǎo: ～ sb. on a desert island 把某人放逐到荒岛上 bǎ mǒurén fàngzhúdào huāngdǎoshang **2.** 使处于孤立无援的境地 shǐ chǔyú gūlì-wúyuánde jìngdì: be ~ed by the flood 被洪水围困 bèi hóngshuǐ wéikùn

marquee *n.* **1.** 大帐幕 dà zhàngmù = large tent **2.** 大门罩 dà ménzhào = awning at the entrance of a building

marquis, marquess *n.* 侯爵 hóujué

marriage *n.* **1.** 结婚 jiéhūn; 婚姻 hūnyīn: give a girl in ~ 嫁女儿 jià nǚ'ér **2.** 结婚仪式 jiéhūn yíshì; 婚礼 hūnlǐ: The ~ was fixed for June 7th. 婚礼定于六月七日。Hūnlǐ dìngyú Liùyuè qīrì. **3.** 密切配合 mìqiè pèihé = close union

marriageable *a.* 可以结婚的 kěyǐ jiéhūnde: a girl of ~ age 已届结婚年龄的姑娘 yǐjiè jiéhūn niánlíngde gūniang

married *a.* 结了婚的 jiéle hūnde; 夫妇的 fūfùde: ~ life 婚后生活 hūnhòu shēnghuó / a newly ~ couple 一对新婚夫妇 yíduì xīnhūn fūfù

marrow *n.* **1.** 髓 suǐ; 骨髓 gǔsuǐ: He was frozen to the ~. 他冻得彻骨。Tā dòngde chègǔ. **2.** 精华 jīnghuá: the pitch and ~ of a book 一本书的精华 yìběn shūde jīnghuá **3.** 葫芦科蔬菜 húlukē shūcài: vegetable ~ 西葫芦 xīhúlu

marry *v.* **1.** 同…结婚 tóng…jiéhūn: He married my sister. 他同我妹妹结了婚。Tā tóng wǒ mèimei jiéle hūn. **2.** 过结婚生活 guò jiéhūn shēnghuó: He was married to my sister. 他同我妹妹结了婚。Tā tóng wǒ mèimei jiéle hūn. **3.** (父母)为…主婚 (fùmǔ) wèi…zhǔhūn; 给…娶媳妇 gěi…qǔ xífu; 嫁女 jiànǚ: He married his daughter above him. 他把女儿嫁给比他地位高的人。Tā bǎ nǚ'ér jiàgěi bǐ tā dìwèi gāode rén. **4.** (牧师等)为…证婚 (mùshī děng) wèi…zhènghūn: The clergyman married Mary Jones to John Smith. 牧师为玛丽·琼斯和约翰·史密斯证婚。Mùshī wèi Mǎlì· Qióngsī hé Yuēhàn·Shǐmìsī zhènghūn.

Mars *n.* 火星 huǒxīng

Marseillaise *n.* 马赛曲 Mǎsàiqǔ

marsh *n.* 沼泽 zhǎozé; 湿地 shīdì: drain a ~ 排干沼泽 páigān zhǎozé / a reedy ~ 多苇的沼泽 duōwěide zhǎozé

marshal *n.* **1.** 元帅 yuánshuài; 最高级指挥官 zuìgāojí zhǐhuīguān: an air ~ (英)空军中将 (Yīng) kōngjūn zhōngjiàng / an undaunted ~ 无畏的元帅 wúwèide yuánshuài **2.** 司仪 sīyí; 典礼官 diǎnlǐguān: The dean of the school acts as ~ of graduation exercises. 校教务长当毕业典礼的司仪。Xiào jiàowùzhǎng dāng biyè diǎnlǐde sīyí. **3.** 警官 jǐngguān; 消防队

长 xiāofáng duìzhǎng: U. S. ～s arrested the two hijackers. 美国联邦警务官员逮捕了那两个劫机犯。Měiguó liánbāng jǐngwù guānyuán dàibǔle nà liǎngge jiéjīfàn. *v.* **1.** 排列 páiliè；集合 jíhé: All the soldiers were ～ed together in the yard, ready to march away. 全体士兵被集合在院子里，准备出发。Quántǐ shìbīng bèi jíhé zài yuànzili, zhǔnbèi chūfā. **2.** 整理 zhěnglǐ: M- your arguments before debating. 辨论前要把你的论点整理一下。Biànlùnqián yàobǎ nǐde lùndiǎn zhěnglǐ yíxià. **3.** 引导 yǐndǎo；带领 dàilǐng: We were ～ed before the king. 我们被带到国王面前。Wǒmen bèi dàidào guówáng miànqián.

Marshall Islands 马绍尔群岛 Mǎshào'ěr qúndǎo

marshy *a.* 沼泽的 zhǎozéde；湿地的 shīdìde；湿润 shīrùn

mart *n.* **1.** 商业中心 shāngyè zhōngxīn: New York and London are two great ～s of the world. 纽约和伦敦是世界两大商业中心。Niǔyuē hé Lúndūn shì shìjiè liǎngdà shāngyè zhōngxīn. **2.** 市场 shìchǎng: Nagasaki was once the sole ～ of foreign trade of Japan. 长崎一度是日本唯一的外贸市场。Chángqí yídù shì Rìběn wéiyīde wàimào shìchǎng.

marten *n.* 貂 diāo；貂皮 diāopí

martial *a.* **1.** 军事的 jūnshìde；战时的 zhànshíde: ～ law 戒严令 jièyánlìng / ～ music 军乐 jūnyuè **2.** 尚武的 shàngwǔde: ～ spirit 士气 shìqì

Martian *a.* 火星的 huǒxīngde *n.* 火星人 huǒxīngrén

martin *n.* 岩燕 yányàn * a kind of swallow

martinet *n.* 严厉的军官 yánlìde jūnguān；严守纪律者 yánshǒu jìlǜ zhě

martyr *n.* **1.** 烈士 lièshì；殉难者 xùnnànzhě；殉道者 xùndàozhě: He was a ～ for his faith. 他为自己的信仰而殉难。Tā wèi zìjǐde xìnyǎng ér xùnnàn. **2.** 长期受折磨者 chángqī shòu zhémozhě: He was a lifelong ～ to asthma. 他终身受气喘病的折磨。Tā zhōngshēn shòu qìchuǎnbìngde zhémo. *v.* 杀害 shāhài；迫害 pòhài

martyrdom *n.* **1.** 殉难 xùnnàn；牺牲 xīshēng: ～ for the cause 为事业的牺牲 wèi shìyède xīshēng **2.** 折磨 zhémo；受苦 shòukǔ: He caused his whole family to suffer ～. 他使全家遭受苦难。Tā shǐ quánjiā zāoshòu kǔnàn.

marvel *n.* 奇迹 qíjì；奇观 qíguān；令人惊奇的事(人) lìngrén jīngqíde shì (rén): The operation was a ～ of medical skill. 那次手术是医疗技术的

奇迹。Nàcì shǒushù shì yīliáo jìshùde qíjī. / He is a perfect ～. 他真是个奇人。Tā zhēn shìge qírén. *v.* 感到惊奇 gǎndào jīngqí

marvellous = marvelous *a.* 奇异的 qíyìde；了不起的 liǎobuqǐde：The performance is simply ～！演出简直好极了。Yǎnchū jiǎnzhí hǎojíle.

Marxism *n.* 马克思主义 Mǎkèsīzhǔyì

Marxism-Leninism *n.* 马克思列宁主义 Mǎkèsī-Lièníngzhǔyì

Marxist *n.* 马克思主义者 Mǎkèsīzhǔyìzhě：a full-fledged ～ 成熟的马克思主义者 chéngshúde Mǎkèsīzhǔyìzhě

Marxist-Leninist *n.* 马克思列宁主义者 Mǎkèsī-Lièníngzhǔyìzhě *a.* 马克思列宁主义的 Mǎkèsī-Lièníngzhǔyìde

mascot *n.* 吉祥物 jíxiángwù

masculine *a.* **1.** 男性的 nánxìngde；雄纠纠的 xióngjiūjiūde **2.** 阳性的 yángxìngde

mash *n.* **1.** 谷糠(麦麸等)煮成的饲料 gǔkāng(màifū děng)zhǔchéngde sìliào：chicken ～ for my chicks 我养小鸡用的鸡饲料 wǒ yǎng xiǎojī yòngde jīsìliào **2.** 捣成糊状的东西 dǎochéng húzhuàngde dōngxi：He beat the potato into a ～ before eating it. 他把马铃薯捣烂后再吃。Tā bǎ mǎlíngshǔ dǎolànhòu zàichī. **3.** 乱糟糟的一团 luànzāozāode yìtuán：A ～ of snow covered the walk. 烂糟糟的雪覆盖着人行道。Lànzāozāode xuě fùgàizhe rénxíngdào.

mask *n.* **1.** 面具(罩) miànjù(zhào)；假面具 jiǎmiànjù：cast aside the ～ of hypocrisy 撤下虚伪的假面具 chèxià xūwěide jiǎmiànjù **2.** 口罩 kǒuzhào：a flu ～ 卫生口罩 wèishēng kǒuzhào *v.* **1.** 戴面具 dài miànjù；假装 jiǎzhuāng：hideously ～ 可怕地戴着假面具 kěpàde dàizhe jiǎmiànjù **2.** 掩饰 yǎnshì；遮盖 zhēgài：She ～ed her suffering with a cheerful smile, and no one doubted her pretended happiness. 她用愉快的微笑掩饰自己的痛苦，竟无人怀疑她那假装的愉快。Tā yòng yúkuàide wēixiào yǎnshì zìjǐde tòngkǔ, jìng wúrén huáiyí tānà jiǎzhuāngde yúkuài.

mason *n.* 石匠 shíjiàng；泥瓦工 níwǎgōng

masonry *n.* 石工 shígōng；砖瓦工 zhuānwǎgōng

masque *n.* 假面剧 jiǎmiànjù；化装跳舞会 huàzhuāng tiàowǔhuì

masquerade *n.* 化装跳舞会 huàzhuāng tiàowǔhuì *v.* 冒充 màochōng；假冒 jiǎmào：～ as a scholar 冒充学者 màochōng xuézhě / ～ under some name 假借名义 jiǎjiè míngyì

Mass, mass[1] *n.* (天主教)弥撒 (tiānzhǔjiào) mísà: attend ～ in a cathedral 在大教堂参加弥撒 zài dàjiàotáng cānjiā mísà

mass[2] *n.* **1.** 块 kuài; 堆 duī; 团 tuán: a confused ～ of things 一大堆乱七八糟的东西 yídàduī luànqī-bāzāode dōngxi / a frigid air ～ 冷气团 lěngqìtuán **2.** 大量 dàliàng: He spent a huge ～ of treasure. 他花费了大量的财富。Tā huāfèile dàliàngde cáifù. **3.** 群众 qúnzhòng: The ～es have boundless creative power. 人民群众有无限的创造力。Rénmín qúnzhòng yǒu wúxiànde chuàngzàolì. **4.** 质量 zhìliàng: The ～ of a piece of lead is not changed by melting it. 铅被熔化后它的质量不变。Qiān bèi rónghuàhòu tāde zhìliàng búbiàn.

massacre *n.* 大屠杀 dàtúshā; 集体屠杀 jítǐ túshā *v.* 大屠杀 dàtúshā; 集体屠杀 jítǐ túshā

massage *n.* 按摩 ànmó: A brisk ～ restores the body's vigor. 轻快的按摩能恢复体力。Qīngkuàide ànmó néng huīfù tǐlì. *v.* 按摩 ànmó: Let me ～ your back for you. 让我来为你按摩后背。Ràng wǒ lái wèi nǐ ànmó hòubèi.

massive *a.* **1.** 巨大的 jùdàde: Several strong men were needed to open and close the ～ gates to the castle. 要开关城堡巨大的门得几个强壮的汉子。Yào kāiguān chéngbǎo jùdàde mén děi jǐge qiángzhuàngde hànzi. **2.** 极大的 jídàde; 大规模的 dàguīmóde: We must make ～ efforts to improve things. 情况的改进需要我们付出极大的努力。Qíngkuàngde gǎijìn xūyào wǒmen fùchū jídàde nǔlì.

mass-produce *v.* 大量生产 dàliàng shēngchǎn

massy *a.* 厚重 hòuzhòng; 大而重的 dà ér zhòngde; 结实 jiēshi

mast *n.* **1.** 桅杆 wéigān * of a ship **2.** 杆 gān; 柱 zhù: an aerial ～ 天线杆 tiānxiàngān / radio ～s 无线电铁塔 wúxiàndiàn tiětǎ

master *n.* **1.** 雇主 gùzhǔ; 支配人 zhīpèirén; 主人 zhǔrén; 东家 dōngjia: No man can serve two ～s. 一仆不能侍奉二主。Yìpú bùnéng shìfèng èrzhǔ. / the ～ of the house 户主 hùzhǔ / a ～ of several languages 精通数种语言的人 jīngtōng shùzhǒng yǔyánde rén **2.** 男教师 nán jiàoshī: She studies music under ～s. 她在几位教师的指导下学习音乐。Tā zài jǐwèi jiàoshīde zhǐdǎoxià xuéxí yīnyuè. **3.** 大师 dàshī; 名画家

mínghuàjiā；名画 mínghuà：a ～ in literature 文学大家 wénxué dàjiā / This picture is an old ～. 这幅画是古代名作。Zhèfúhuà shì gǔdài míngzuò. **4.** [M-]硕士 Shuòshì：M- of Arts 文学硕士 Wénxué Shuòshì *a.* **1.** 善于掌握的 shànyú zhǎngwòde；高明 gāomíng：a ～ hand 能手 néngshǒu；名匠 míngjiàng **2.**（指机械）主…（zhǐ jīxiè）zhǔ…；总… zǒng…：a ～ switch 总开关 zǒng kāiguān *v.* **1.** 控制 kòngzhì；制服 zhìfú；征服 zhēngfú；掌握 zhǎngwò：～ one's temper 控制脾气 kòngzhì píqi **2.** 精通 jīngtōng：～ a foreign language 精通一种外语 jīngtōng yìzhǒng wàiyǔ

masterful *a.* 专横的 zhuānhèngde；爱控制别人的 àikòngzhì biérénde：speak in a ～ manner 以专横的口气说话 yǐ zhuānhèngde kǒuqì shuōhuà

master-key *n.* **1.** 万能钥匙 wànnéng yàoshi **2.** 关键 guānjiàn = key

masterly *a.* 巧妙的 qiǎomiàode；精巧的 jīngqiǎode：with a few ～ strokes of the brush 用巧妙的几笔 yòng qiǎomiàode jǐbǐ

masterpiece *n.* 杰作 jiézuò；绝妙之作 juémiào zhīzuò；名著 míngzhù：create a ～ in painting 创作一幅绘画精品 chuàngzuò yìfú huìhuà jīngpǐn / a world ～ 世界名作 shìjiè míngzuò

mastership *n.* **1.** 权威 quánwēi；控制 kòngzhì **2.**（校长、教师的）职位（xiàozhǎng、jiàoshīde）zhíwèi：He was offered an assistant-～ in Bolton. 他被邀请任波尔顿学校的助教。Tā bèi yāoqǐng rèn Bō'ěrdùn (Bolton) xuéxiàode zhùjiào.

mastery *n.* **1.** 控制 kòngzhì；权力 quánlì：Everyone should exercise ～ over his own fortune. 每个人都应该掌握自己的命运。Měige rén dōu yīnggāi zhǎngwò zìjǐde mìngyùn. **2.** 优胜 yōushèng；优势 yōushì：He has got the ～. 他已取得优势。Tā yǐ qǔdé yōushì. **3.** 精通 jīngtōng；技巧 jìqiǎo：His ～ of chess is really wonderful. 他对象棋的精通的确惊人。Tā duì xiàngqíde jīngtōng díquè jīngrén.

masticate *v.* 咀嚼 jǔjué

mastiff *n.* 猛犬 měngquǎn

mastodon *n.* 乳齿象 rǔchǐxiàng

mat[1] *n.* **1.** 垫子 diànzi；垫席 diànxí：welcome ～ 门口的擦鞋垫 ménkǒude cāxiédiàn **2.** 席子 xízi；地席 dìxí；**3.** 丛 cóng；簇 cù：a ～ of weeds 一丛野草 yìcóng yěcǎo // on the ～ 受责备 shòu zébèi / leave sb. on the ～

拒绝接待某人 jùjué jiēdài mǒurén / go to the ～ 参加一场争吵 cānjiā yìchǎng zhēngchǎo *v.* **1.** 铺以席 pū yǐxí **2.** 编织 biānzhī

mat² *a.* 粗糙的 cūcāode = dull；无光泽的 wúguāngzéde = unpolished

matador *n.* 斗牛士 dòuniúshì

match¹ *n.* **1.** 火柴 huǒchái：This ～ won't catch fire. 这火柴擦不着火。Zhè huǒchái cābuzháo huǒ. / a box of ～es 一盒火柴 yìhé huǒchái **2.** 导火线 dǎohuǒxiàn；火绳 huǒshéng = fuse

match² *n.* **1.** 比赛 bǐsài：The football ～ has been cancelled. 足球赛取消了。Zúqiúsài qǔxiāole. **2.** 对手 duìshǒu；敌手 díshǒu：He has found his ～. 他找到了对手。Tā zhǎodàole duìshǒu. **3.** 相配者 xiāngpèizhě；匹配 pǐbèi；配对物 pèiduìwù：The hat is a ～ for the coat. 这顶帽子正好配这件上衣。Zhèdǐng màozi zhènghǎo pèi zhèjiàn shàngyī. **4.** 婚事 hūnshì；婚姻 hūnyīn：a pure love ～ 出自纯洁爱情的婚姻 chūzì chúnjié àiqíngde hūnyīn. *v.* **1.** 使较量 shǐjiàoliàng；比赛 bǐsài：I will ～ my strength against (or with) yours. 我要跟你比力气。Wǒ yào gēn nǐ bǐ lìqi. **2.** 敌得过 dídeguò：No one can ～ him in singing. 唱歌谁也敌不过他。Chànggē shuí yě díbuguò tā. **3.** 搭配 dāpèi；配得上 pèideshàng：The carpets should ～ the wallpaper. 地毯应跟壁纸相调和。Dìtǎn yīng gēn bìzhǐ xiāng tiáohé. **4.** 使结婚 shǐ jiéhūn：The duke ～ed his daughter with the king's son. 公爵把女儿嫁给了国王的儿子。Gōngjué bǎ nǚ'ér jiàgěile guówángde érzi. **5.** 相配 xiāngpèi：These colours do not ～. 这些颜色不相配。Zhèxiē yánsè bù xiāngpèi.

matchless *a.* 无敌的 wúdíde；无比的 wúbǐde

match-maker *n.* **1.** 媒人 méiren；撮合者 cuōhézhě **2.** 比赛安排者 bǐsài ānpáizhě

mate¹ *n.* **1.** 伙伴 huǒbàn：Where are you going, ～? 老兄，上哪儿去？Lǎoxiōng, shàngnǎrqù? **2.** 配偶 pèi'ǒu；配对物 pèiduìwù：She has been a faithful ～ to him. 她是他忠实的妻子。Tā shì tā zhōngshíde qīzi. **3.** 助手 zhùshǒu；(商船的)大副 (shāngchuánde) dàfù：a boatswain's ～ 水手长的助手 shuǐshǒuzhǎngde zhùshǒu / the chief (first) ～ 大副 dàfù *v.* **1.** (使)成伙伴 (shǐ)chéng huǒbàn：I will not ～ with him. 我不愿与他为友。Wǒ búyuàn yǔ tā wéi yǒu. **2.** (使)成配偶 (shǐ)chéng pèi'ǒu：～ a man with a woman 使一男一女结成夫妻 shǐ yìnán yìnǚ jiéchéng fūqī **3.** (使)交配 (shǐ)jiāopèi: Dogs do not ～ with cats. 狗和猫不能交配。Gǒu hé māo bùnéng jiāopèi. **4.** (使)紧密配合 (shǐ)jǐnmì pèihé: The gears ～ well. 齿轮啮合紧密。Chǐlún nièhé jǐnmì.

mate² *n.* & *v.* (象棋)将 (xiàngqí)jiāng; 逼将 bījiāng

material *n.* **1.** 材料 cáiliào; 原料 yuánliào; 物资 wùzī; 料子 liàozi: ～ for clothing 衣料 yīliào / ～s for the manufacture of paper 造纸原料 zàozhǐ yuánliào / critical ～s 战略物资 zhànlüè wùzī **2.** 素材 sùcái; 题材 tícái; 资料 zīliào: ～ on Chinese history 有关中国历史的资料 yǒuguān Zhōngguó lìshǐde zīliào / gather ～ for a novel 搜集小说素材 sōují xiǎoshuō sùcái **3.** (*pl.*)用具 yòngjù: writing ～s 文具 wénjù *a.* **1.** 物质的 wùzhìde; 具体的 jùtǐde; 物资的 wùzīde: ～ civilization 物质文明 wùzhì wénmíng **2.** 身体的 shēntǐde; 肉体的 ròutǐde: ～ pleasures 肉体上的享受 ròutǐshangde xiǎngshòu **3.** 实质的 shízhìde; 实体的 shítǐde **4.** 重要的 zhòngyàode: Is the point ～ to your argument? 这点对你的辩论重要不重要? Zhèdiǎn duì nǐde biànlùn zhòngyào bú zhòngyào?

materialism *n.* 唯物主义 wéiwù-zhǔyì; 唯物论 wéiwùlùn: dialectic(al) ～ 辩证唯物主义 biànzhèng wéiwù-zhǔyì / historical ～ 历史唯物主义 lìshǐ wéiwù-zhǔyì / machanical ～ 机械唯物论 jīxiè wéiwùlùn

materialist *n.* 唯物主义者 wéiwù-zhǔyìzhě; 唯物论者 wéiwùlùnzhě *a.* 唯物主义的 wéiwù-zhǔyìde: the ～ conception of history 唯物史观 wéiwù-shǐguān

materialistic *a.* 唯物主义的 wéiwù-zhǔyìde: the ～ interpretation of history 唯物史观 wéiwù-shǐguān

materialize *v.* **1.** 使物质化 shǐ wùzhìhuà; 使具体化 shǐ jùtǐhuà: ～ abstract ideas with metaphors 用比喻使抽象观念具体化 yòng bǐyù shǐ chōuxiàng guānniàn jùtǐhuà / ～ an idea in words 把一个思想形诸文字 bǎ yíge sīxiǎng xíngzhū wénzì **2.** (鬼魂等)显形 (guǐhún děng)xiǎnxíng; 突然出现 tūrán chūxiàn: A spirit ～d from the smoke of the magician's fire. 一个精灵从魔法师的火烟中出现了。Yíge jīnglíng cóng mófǎshīde huǒyānzhōng chūxiànle. / A truck suddenly ～d out of the fog. 一辆卡车突然从雾中出现。Yíliàng kǎchē tūrán cóng wùzhōng chūxiàn.

materially *ad.* **1.** 物质上 wùzhìshang **2.** 实质上 shízhìshang **3.** 重大地 zhòngdàde: It ～ concerns me. 这对我关系重大。Zhè duì wǒ guānxì zhòngdà.

materia medica *n.* 药物 yàowù = medicine; 药物学 yàowùxué = science of medicine

materiel *n.* **1.** 装备 zhuāngbèi **2.** 作战物资 zuòzhàn wùzī; 物力 wùlì

maternal *a.* **1.** 母亲的 mǔqinde = of or like mother **2.** 母方的 mǔfāngde; 母系的 mǔxìde

maternity *n.* **1.** 母性 mǔxìng; 母道 mǔdào **2.** 产妇的 chǎnfùde: a ~ hospital 产科医院 chǎnkē yīyuàn / ~ leave 产假 chǎnjià / a ~ nurse 助产士 zhùchǎnshì

mathematical *a.* **1.** 数学(上)的 shùxué(shang)de **2.** 极正确的 jízhèngquède = exact

mathematician *n.* 数学家 shùxuéjiā

mathematics *n.* **1.** 数学 shùxué: applied ~ 应用数学 yìngyòng shùxué / M- is his strong point. 数学是他的专长。Shùxué shì tāde zhuānchǎng. **2.** (*pl.* or *sing.*) 计算(能力) jìsuàn nénglì: His ~ is wrong. 他的计算有错误。Tāde jìsuàn yǒu cuòwù. / His ~ are not good. 他不会计算。Tā búhuì jìsuàn.

matinee *n.* 日场戏 rìchǎngxì

matins *n.* (*pl.*) 晨祷 chéndǎo = Morning Prayer

matriculate *v.* 录取(入大学) lùqǔ (rù dàxué); 注册入学 zhùcè rùxué: ~ at an institution of higher learning 在某高等学校注册入学 zài mǒu gāoděngxuéxiào zhùcè rùxué / He was ~d at the college. 他入了该学院。Tā rùle gāi xuéyuàn.

matrimonial *a.* 结婚的 jiéhūnde; 婚姻的 hūnyīnde

matrimony *n.* 结婚 jiéhūn; 婚姻 hūnyīn

matrix *n.* **1.** 模型 móxíng; 字模 zìmú = mould **2.** 矿脉 kuàngmài = mineral vein

matron *n.* **1.** 已婚妇女 yǐhūn fùnǚ: a vertuous ~ 贤妻良母 xiánqīliángmǔ / a society ~ 社交界中的中年已婚女士 shèjiāojièzhōngde zhōngnián yǐhūn nǚshì **2.** 女看守 nǚ kānshǒu: a police ~ 女看守 nǚ kānshǒu

matronly *a.* **1.** 主妇似的 zhǔfùshìde **2.** 稳重 wěnzhòng * of a woman **3.** 庄重 zhuāngzhòng = dignified

matte *n.* 锍 liú；冰铜 bīngtóng *a.* 无光泽的 wúguāngzéde = unpolished

matter *n.* **1.** 物质 wùzhì；某种物质 mǒuzhǒng wùzhì：M- occupies space. 物质占据空间。Wùzhì zhànjù kōngjiān. / M- is primary and mind secondary. 物质第一性，精神第二性。Wùzhì dì-yī xìng，jīngshén dì-èr xìng. **2.**（书籍、演说等）实质（shūjí、yǎnshuō děng）shízhì；内容 nèiróng：Perfection of form cannot excuse poverty of ～. 不能用形式的完整来辩解内容的贫乏。Bùnéng yòng xíngshìde wánzhěng lái biànjiě nèiróngde pínfá. **3.** 文件 wénjiàn = things printed or written：printed ～ 印刷品 yìnshuāpǐn / posted ～ 邮件 yóujiàn **4.** a ～ 事情 shìqing；讨论题 tiǎolùntí；（*pl.*）情况 qíngkuàng；事态 shìtài：It's（a）～ for congratulation. 这是件可喜的事。Zhèshì jiàn kěxǐde shì. / It's a ～ of fact，not a ～ of opinion. 这是事实问题，不是理论问题。Zhèshì shìshí wèntí，búshì lǐlùn wèntí. / make ～s worse 使情况恶化 shǐ qíngkuàng èhuà **5.** 大事 dàshì；要事 yàoshì：What's the ～? 什么要事？Shénme yàoshì? / no ～ 无关紧要 wúguān jǐnyào；不管 bùguǎn：It's no ～ whether you get there early or late. 无论你早到迟到，都不要紧。Wúlùn nǐ zǎodào chídào，dōu búyàojǐn. / It is not true，no ～ who may say so. 不管谁说这样的话，这全不是真的. Bùguǎn shuí shuō zhèyàngde huà，zhè quán búshì zhēnde. **6.**［the ～］麻烦事，máfan（shì）；毛病 máobìng = trouble：What's the ～? 怎么了？Zěnmele? **7.**［a ～ of］… 左右… zuǒyòu；…上下… shàngxià：a ～ of ten miles 十哩左右 shílǐ zuǒyòu *v.* 要紧 yàojǐn：It doesn't ～. 这不碍事。Zhè bú àishì. / What does it ～？（这）有什么关系呢？（Zhè）yǒu shénme guānxìne? / It ～s little to me. 这对我无所谓。Zhè duì wǒ wúsuǒwèi.

matter-of-fact *a.* **1.** 理所当然的 lǐsuǒ-dāngránde；实际的 shíjìde = keeping to the fact **2.** 干巴巴的 gānbābāde = dull

matting *n.* 席子 xízi

mattock *n.* 鹤嘴锄 hèzuǐchú

mattress *n.* 褥垫 rùdiàn：a spring ～ 弹簧褥垫 tánhuáng rùdiàn

mature *a.* **1.** 熟 shú；成熟的 chéngshúde；（指人）全面发展的（zhǐrén）quánmiàn fāzhǎnde：a physically ～ person 身体发育成熟的人 shēntǐ fāyù chéngshúde rén / ～ grain 成熟的谷物 chéngshúde gǔwù **2.** 考虑成熟的 kǎolǜ chéngshúde；审慎的 shěnshènde：a ～ plan 考虑周到的计划

kǎolǜ zhōudàode jìhuà *v.* **1.** （使）成熟（shǐ）chéngshú；成长 chéngzhǎng：His character was ～d by age. 他的性格因年龄而成熟。Tāde xìnggé yīn niánlíng ér chéngshú. **2.** 使趋于完善 shǐ qūyú wánshàn：He ～d his novel by constant revision. 他不断修改自己的小说，使之臻于完善。Tā búduàn xiūgǎi zìjǐde xiǎoshuō，shǐzhī zhēnyú-wánshàn.

maturity *n.* **1.** 成熟 chéngshú；完备 wánbèi：He reached ～ at twenty years. 他在20岁时达到成年。Tā zài èrshísuìshí dádào chéngnián. **2.** 到期 dàoqī：pay at ～ 到期付款 dàoqī fùkuǎn / meet a payment promptly at ～ 到期立即支付 dàoqī lìjí zhīfù

maudlin *a.* 易伤感的 yì shānggǎnde；说酒话的 shuōjiǔhuàde

maul *v.* **1.** 毁伤 huǐshāng；乱弄 luànnòng **2.** 严厉批评 yánlì pīpíng：His new book has been ～ed by the critics. 他的新书受到评论家严厉的批评。Tāde xīnshū shòudào pínglùnjiā yánlìde pīpíng.

maunder *v.* **1.** 胡扯 húchě **2.** 徘徊 páihuái：～ along 徘徊 páihuái

mausoleum *n.* 陵墓 língmù：Dr. Sun Yat-sen's M- 中山陵 Zhōngshānlíng

mauve *n.* 淡紫色 dànzǐsè

maverick *n.* **1.** 未打烙印的牲畜 wèidǎ làoyìnde shēngchù **2.** 无党派人士 wúdǎngpài rénshì = nonparty personage

mavis *n.* 画眉鸟 huàméiniǎo

maw *n.* 胃 wèi = stomach，of an animal；嗉囊 sùnáng * of a bird

mawkish *a.* **1.** 令人作呕的 lìngrén zuò'ǒude **2.** 感情脆弱的 gǎnqíng cuìruòde = very sentimental

maxim *n.* 格言 géyán；箴言 zhēnyán；准则 zhǔnzé：a copy-book ～ 老一套的格言 lǎoyítàode géyán / lay the ～ to our heart 把此格言记在我们心里 bǎ cǐ géyán jìzài wǒmen xīnli

maximum *n.* 最大量 zuìdàliàng；最大限度 zuìdà xiàndù；顶点 dǐngdiǎn：establish a ～ 确立最高限度 quèlì zuìgāo xiàndù / realize the ～ of success 取得最大限度的成功 qǔdé zuìdà xiàndùde chénggōng / He smokes a ～ of ten cigarettes a day. 他一天最多抽10支烟。Tā yìtiān zuìduō chōu shízhī yān. *a.* 最大的 zuìdàde；最多的 zuìduōde；最高的 zuìgāode：the ～ temperature 最高温度 zuìgāo wēndù

May *n.* 五月 Wǔyuè：the ～ 4th Movement 五四运动 Wǔsìyùndòng / attend ～ Day celebration 参加"五一"节的庆祝 cānjiā "Wǔ Yī" jiéde qìngzhù

may *aux. v.* **1.** 或许 huòxǔ；也许 yěxǔ：It ～ be true. 这或许是真的。Zhè huòxǔ shì zhēnde. / He ～ have said so. 他也许说了那样的话。Tā yěxǔ shuōle nàyàngde huà. **2.** 可以 kěyǐ：M- I come in? 我可以进来吗？Wǒ kěyǐ jìnláima? **3.** 不妨 bùfáng：You ～ call him a scholar，but you cannot call him a genius. 你可以说他是学者，但不能说他是天才。Nǐ kěyǐ shuō tā shì xuézhě，dàn bùnéng shuō tā shì tiāncái. **4.** 祝 zhù；愿 yuàn：M- you succeed！祝你成功！Zhù nǐ chénggōng！**5.** 不管 bùguǎn；无论 wúlùn：Come what ～，I will try it. 无论发生什么，我要试它一试。Wúlùn fāshēng shénme，wǒ yào shì tā yíshì.

maybe *ad.* 或许 huòxǔ；大概 dàgài = perhaps

mayflower *n.* 五月花 wǔyuèhuā

mayonnaise *n.* 蛋黄酱 dànhuángjiàng

mayor *n.* 市长 shìzhǎng

mayoralty *n.* 市长职位 shìzhǎng zhíwèi

mayoress *n.* **1.** 女市长 nǚ shìzhǎng **2.** 市长夫人 shìzhǎng fūrén

Maypole *n.* 五月柱 wǔyuèzhù * a high pole，decorated with ribbons，flowers，etc.，set up in the open for dancing round on May Day

maze *n.* **1.** 迷津 míjīn；迷宫 mígōng：extricate from a ～ 从迷津中脱身 cóng míjīnzhōng tuōshēn / She was lost in the ～ for several hours. 她在迷宫中迷失了好几个小时。Tā zài mígōngzhōng míshīle hǎo jǐge xiǎoshí. **2.** 困惑 kùnhuò；混乱 hùnluàn：His mind was all in a ～. 他的头脑里一片糊涂。Tāde tóunǎoli yípiàn hútu.

mazy *a.* **1.** 迷津似的 míjīnshìde；弯弯曲曲 wānwan-qūqū **2.** 混乱的 hùnluànde；迷惑的 míhuode = confusing

MB = Bachelor of Medicine 医学士 yīxuéshì

mc = Member of Congress（美）国会议员（Měi）Guóhuì Yìyuán

McCarthyism *n.* 麦卡锡主义 Màikǎxīzhǔyì

MD = Doctor of Medicine 医学博士 Yīxué Bóshì

M-day *n.* **1.** 动员日 dòngyuánrì **2.** the ～ plan 动员计划 dòngyuán jìhuà

mead *n.* 蜂蜜酒 fēngmìjiǔ

meadow *n.* 草地 cǎodì；牧场 mùchǎng：a flowery ～ 一块开着野花的草地 yíkuài kāizhe yěhuāde cǎodì / The plant grows in ～s. 这种植物生长在牧场上。Zhèzhǒng zhíwù shēngzhǎngzài mùchǎngshang.

meagre *a.* **1.** 瘦的 shòude：a ～ face 瘦脸 shòuliǎn **2.** 贫乏的 pínfáde；不够的 búgòude：a ～ income 收入不够支出 shōurù búgòu zhīchū

meal *n.* 膳食 shànshí；一餐 yìcān；一顿(饭) yídùn(fàn)：We cooked our own ～s. 我们自己做饭吃。Wǒmen zìjǐ zuòfàn chī. / We can get a fair ～ for $4. 我们花四元钱吃上一顿不错的饭。Wǒmen huā sìyuán qián chīshàng yídùn búcuòde fàn.

mealy *a.* 粗粉的 cūfěnde；粉状的 fěnzhuàngde

mealy-mouthed *a.* 说话转弯抹角的 shuōhuà zhuǎnwān-mòjiǎode

mean[1] *v.* **1.** 意指 yìzhǐ；意味着 yìwèizhe：I really don't know what he meant by that. 我真不知道他那是什么意思。Wǒ zhēn bùzhīdào tā nàshì shénme yìsi. / I ～ what I say. 我说的话不是玩的 Wǒ shuōde huà búshì wánde. **2.** 意欲 yìyù；打算 dǎsuan；怀着 huáizhe：He ～s you no harm. 他对你没有恶意 Tā duì nǐ méiyǒu èyì. / What do you ～ to do? 你打算干什么？Nǐ dǎsuan gànshénme? **3.** 预定 yùdìng：I ～ you to go. 我有意让你去。Wǒ yǒuyì ràng nǐ qù. **4.** 具有意义 jùyǒu yìyì：His mother ～s the world to him. 他的母亲就是他的一切。Tāde mǔqin jiùshì tāde yíqiè.

mean[2] *a.* **1.** 中间的 zhōngjiānde：the ～ time 其间 qíjiān **2.** 平均的 píngjūnde：the ～ temperature 平均温度 píngjūn wēndù *n.* **1.** 中间 zhōngjiān；中庸 zhōngyōng：take the golden ～ 采取中庸之道 cǎiqǔ zhōngyōng-zhīdào **2.** 平均(数) píngjūn(shù)；平均(值) píngjūn(zhí)；中数 zhōngshù = average

mean[3] *a.* **1.** 卑鄙 bēibǐde：a ～ motive 卑鄙的 bēibǐde / a ～ motive 卑鄙的动机 bēibǐde dòngjī **2.** 吝啬的 lìnsède：He is ～ about money. 他吝啬钱。Tā lìnsè qián. **3.** 平庸的 píngyōngde：He is no ～ scholar. 他是一个了不起的学者。Tā shì yíge liǎobuqǐde xuézhě. **4.** 不舒服的 bùshūfude：He felt ～ with a cold. 他因伤风而感不适。Tā yīn shāngfēng ér gǎn búshì.

meander *n.* 曲流 qūliú；蜿曲 wānqū *v.* **1.** 蜿蜒而流 wānyán ér liú：A brook ～s through the meadow. 一条小溪蜿蜒流过草地。Yìtiáo xiǎoxī wānyán liúguo cǎodì. **2.** 漫步 mànbù：We ～ed through the park. 我们在公园中漫步。Wǒmen zài gōngyuánzhōng mànbù.

meaning *n.* **1.** 意思 yìsi；意义 yìyì；含意 hányì：Do you catch my ～？你

懂我的意思吗？Nǐ dǒng wǒde yìsima?/ The teacher helped to draw out the ～ of the poem. 老师帮助揭示这首诗的含意。Lǎoshī bāngzhù jiēshì zhèshǒu shīde hányì. **2.** 意图 yìtú：I don't understand your ～. 我不了解你的意图。Wǒ bùliǎojiě nǐde yìtú. *a.* 有意义的 yǒuyìyìde；意味深长的 yìwèi shēnchángde：a ～ look 含意深长的眼色 hányì shēnchángde yǎnsè

meaningless *a.* 无意义的 wúyìyìde；没意思的 méiyìside

meanly *ad.* 卑鄙地 bēibǐde；下贱地 xiàjiànde；下流地 xiàliúde

meanness *n.* 卑鄙 bēibǐ；下贱 xiàjiàn；下流 xiàliú：He cannot brook ～. 他不能容忍卑鄙行为。Tā bùnéng róngrěn bēibǐ xíngwéi.

means *n.* **1.** 手段 shǒuduàn；工具 gōngjù：There are (or is) no ～ of learning what is happening. 发生着什么事情，无法知道。Fāshēngzhe shénme shìqing, wúfǎ zhīdao. / improved ～ of travel 改良的旅行工具 gǎiliángde lǚxíng gōngjù // by all ～ 一定 yídìng；务必 wùbì / by any ～ 无论如何 wúlùn-rúhé / by no ～ 决不 juébù；并没有 bìngméiyǒu **2.** (*pl.*)资产 zīchǎn；财力 cáilì；收入 shōurù：My ～ are equal to the demand upon them. 我的收入足以应付实际的需要。Wǒde shōurù zúyǐ yìngfù shíjìde xūyào.

meantime = meanwhile *ad.* 同时 tóngshí

measles *n.* **1.** 麻疹 mázhěn：The child has (the) ～. 孩子出麻疹了。Háizi chū mázhěnle. **2.** 疹子 zhěnzi

measurable *a.* **1.** 可计量的 kějìliángde **2.** 重大的 zhòngdàde = important

measure *n.* **1.** 量度 liángdù；分量 fènliàng；尺寸 chǐcùn：His waist ～ is 30 inches. 他腰围三十英寸。Tā yāowéi sānshí yīngcùn. / give full (or good) ～ 给足分量 gěizú fènliang **2.** 计量方法 jìliáng fāngfǎ；度量法 dùliángfǎ：the dry (liquid) ～ 干(液)量 gān(yè)liàng / square ～ 面积 miànjī **3.** 计量单位 jìliáng dānwèi；量具 liángjù；量器 liángqì：A meter is a ～ of length. 米是长度单位。Mǐ shì chángdù dānwèi. / What ～ do you use for cloth? 你们用什么量布？Nǐmen yòng shénme liángbù? **4.** 尺度 chǐdù；标准 biāozhǔn：The amount of coal and oil of a country proves a ～ of its industry. 一个国家煤和油的产量可以作为它的工业的尺度。Yíge guójiā méi hé yóude chǎnliàng kěyǐ zuòwéi tāde gōngyède chǐdù. **5.** 程度 chéngdù；限度 xiàndù：beyond ～ 过度 guòdù；极度 jídù / set ～

to 限制… xiànzhì… / in a (or some) ~ 部分地 bùfende 6. 措施 cuòshī；方策 fāngcè：take ~s 采取措施 cǎiqǔ cuòshī 7. 格律 gélǜ；拍子 pāizi *v.* 1. 量 liáng；(按尺寸)划分 (àn chǐcùn) huàfēn：Can he ~ accurately? 他能量得准确吗？Tā néng liángde zhǔnquèma? / ~ a thing by a ruler 用尺量东西 yòng chǐ liáng dōngxi 2. 衡量 héngliáng：He must not ~ his neighbour's corn by his own bushel. 他不应拿自己的标准去衡量邻居。Tā bùyīng ná zìjǐde biāozhǔn qù héngliáng línjū. 3. 有…长 yǒu…cháng；有…宽 yǒu…kuān；有…高 yǒu…gāo：The road ~s 30 feet across. 这条路宽三十尺。Zhètiáo lù kuān sānshí chǐ. // ~ up to 1. 够得上 gòude shàng；达到 dádào；符合 fúhé 2. 胜任 shèngrèn

measured *a.* 1. 量过的 liángguode 2. 几经推敲的 jǐjīng tuīqiāode：speak in ~ term 发言审慎 fāyán shěnshèn

measurement *n.* 1. 测量 cèliáng；take an accurate ~ of 准确地测量… zhǔnquède cèliáng … 2. 量得的尺寸 liángdéde chǐcùn：Give me your ~, please. 请把你的尺寸给我。Qǐng bǎ nǐde chǐcùn gěiwǒ. 3. 测量法 cèliángfǎ：clocks give a ~ of time. 钟给我们一个计时的方法。Zhōng gěi wǒmen yíge jìshíde fāngfǎ.

meat *n.* 1. 肉 ròu：The dog bit ~ off the bone. 狗从骨头上把肉啃下来。Gǒu cóng gútoushang bǎ ròu kěn xiàlái. 2. 食品 shípǐn = food：green ~ 青菜 qīngcài；蔬菜 shūcài 3. 内容 nèiróng；要点 yàodiǎn：The book is full of ~. 这本书内容丰富。Zhèběn shū nèiróng fēngfù.

meaty *a.* 1. 肉(似)的 ròu(shì)de；多肉的 duōròude 2. 内容充实的 nèiróng chōngshíde

mechanic *n.* 机械工 jīxiègōng；技工 jìgōng：an air ~ 空勤机械师 kōngqín jīxièshī / a garage ~ 汽车修理厂机修工 qìchē xiūlǐchǎng jīxiūgōng *a.* = mechanical

mechanical *a.* 1. 机械的 jīxiède；机械制的 jīxièzhìde：~ brain 人工头脑 réngōng tóunǎo / ~ engineering 机械工程 jīxiè gōngchéng 2. 力学的 lìxuéde 3. 机动的 jīdòngde：a ~ toy 自动玩具 zìdòng wánjù

mechanism *n.* 1. 机械装置 jīxiè zhuāngzhì；机构 jīgòu：invent a ~ 发明一种装置 fāmíng yìzhǒng zhuāngzhì / a highly complex ~ of the United Nations 联合国的一个十分复杂的机构 Liánhéguóde yíge shífēn fùzáde jīgòu 2. (自然现象的)作用过程 (zìrán xiànxiàngde) zuòyòng guòchéng：

flame ～ 燃烧进程 ránshāo jìnchéng **3.** 手法 shǒufǎ：the ～ of playing the violin 拉小提琴的技巧 lā xiǎotíqínde jìqiǎo

mechanist *n.* **1.** 机械师 jīxièshī；机工 jīgōng **2.** 机械论者 jīxiè lùnzhě

mechanization *n.* 机械化 jīxièhuà

mechanize *v.* 机械化 jīxièhuà；用机械装备 yòngjīxiè zhuāngbèi：a ～d unit 机械化部队 jīxièhuà bùduì

medal *n.* 奖章 jiǎngzhāng；勋章 xūnzhāng；纪念章 jìniànzhāng：He was honored with a ～. 他荣获一枚奖章。Tā rónghuò yìméi jiǎngzhāng. / a war ～ 从军纪念章 cóngjūn jìniànzhāng

medallion *n.* **1.** 大奖章 dà jiǎngzhāng；大纪念章 dà jìniànzhāng **2.** 圆形浮雕 yuánxíng fúdiāo ＝ decorative tablet

meddle *v.* **1.** 干涉 gānshè；干预 gānyù **2.** 管闲事 guǎnxiánshì：She is always meddling. 她老是管闲事。Tā lǎoshì guǎn xiánshì. **3.** 摸弄 mōnòng：Don't ～ with my tools. 别弄我的工具。Biénòng wǒde gōngjù.

meddler *n.* 好管闲事者 hàoguǎn xiánshìzhě

meddlesome *a.* 好管闲事的 hàoguǎn xiánshìde

mediaeval ＝ medieval *a.* 中世纪的 zhōngshìjìde

medial *a.* 居中的 jūzhōngde；中间的 zhōngjiānde

median *a.* 中央的 zhōngyāngde；中间的 zhōngjiānde *n.* 中线 zhōngxiàn；中位线 zhōngwèixiàn

mediate *v.* 调解 tiáojiě；调停 tiáotíng：～ between two quarrelling persons 在两个争吵人中间进行调解 zài liǎngge zhēngchǎorén zhōngjiān jìnxíng tiáojiě *a.* 中间的 zhōngjiānde；间接的 jiànjiēde ＝ indirect

mediation *n.* 调解 tiáojiě；调停 tiáotíng：The dispute was settled by ～. 这场争端通过调停得到了解决。Zhèchǎng zhēngduān tōngguò tiáotíng dédàole jiějué.

mediator *n.* 调解人 tiáojiěrén；调停人 tiáotíngrén：Mother acts as a ～ when John and Jim quarrel. 当约翰和吉姆争吵时，母亲充当调解人。Dāng Yuēhàn hé Jímǔ zhēngchǎoshí，mǔqin chōngdāng tiáojiěrén.

medical *a.* **1.** 医学上的 yīxuéshangde；医务的 yīwùde；卫生的 wèishēngde：a ～ college 医学院 yīxuéyuàn / a ～ examination 体格检查 tǐgé jiǎnchá / ～ science 医学 yīxué **2.** 内科的 nèikēde：a ～ ward 内科室 nèikēshì

medically *ad.* 医学上 yīxuéshang；卫生上 wèishēngshang；医药上

yīyàoshang

medicament *n.* 药物 yàowù；药剂 yàojì

medicated *a.* 含药的 hányàode：～ soap 药皂 yàozào

medicinal *a.* 药的 yàode；药用的 yàoyòngde；治病的 zhìbìngde：a ～ herb 药草 yàocǎo

medicine *n.* **1.** 医药 yīyào：He drinks brandy as a ～. 他把白兰地酒当药喝。Tā bǎ báilándì jiǔ dāng yào hē. **2.** 医学 yīxué；医术 yīshù：You know I dropped ～ and took up physics. 你知道我已不学医而改学物理了。Nǐ zhīdao wǒ yǐ bùxué yī ér gǎixué wùlǐle. **3.** 内科学 nèikēxué：study ～ and surgery 学内科和外科 xué nèikē hé wàikē

medicine-man *n.* 巫医 wūyī

medieval *a.* 中世纪的 zhōngshìjìde；中古(时代)的 zhōnggǔ (shídài)de = of the Middle Ages：～ history 中世纪史 zhōngshìjì shǐ

mediocre *a.* 平庸的 píngyōngde；平凡的 píngfánde；次等的 cìděngde

mediocrity *n.* 平庸 píngyōng；平凡 píngfán：His talent is above ～. 他的才能在普通水准之上。Tāde cáinéng zài pǔtōng shuǐzhǔn zhīshàng.

meditate *v.* **1.** 沉思 chénsī：反省 fǎnxǐng：He ～s on his past life. 他反思过去的生活。Tā fǎnsī guòqùde shēnghuó. **2.** 考虑 kǎolǜ；策划 cèhuà：～ a fresh attempt 企图作一番新的尝试 qǐtú zuò yìfān xīnde chángshì

meditation *n.* **1.** 沉思 chénsī；默想 mòxiǎng：I'm sorry to interrupt your ～s. 很抱歉我打断了你的沉思。Hěn bàoqiàn wǒ dǎduànle nǐde chénsī. **2.** 沉思录 chénsīlù：a ～ on the causes of aggression in man 一篇探讨人类侵略原因的文章 yìpiān tàntǎo rénlèi qīnlüè yuányīnde wénzhāng

meditative *a.* 好沉思的 hàochénsīde

Mediterranean *a.* 地中海的 Dìzhōnghǎide：the ～ (Sea) 地中海 Dìzhōnghǎi

medium *n.* **1.** 中间 zhōngjiān；中庸 zhōngyōng：hit (strike) the (a) happy ～ 采取中庸之道 cǎiqǔ zhōngyōng zhīdào **2.** 工具 gōngjù；媒介 méijiè：Through the ～ of the Syrians, Greek culture penetrated Persia. 通过叙利亚人做媒介，希腊文化渗透到波斯。Tōngguò Xùlìyà rén zuò méijiè, Xīlà wénhuà shèntòudào Bōsī. **3.** 赖以生存之物 làiyǐ shēngcún zhīwù：Water is the only ～ in which fish can live. 水是鱼唯一赖以生存之物。Shuǐ shì yú wéiyī làiyǐ shēngcún zhīwù. *a.* 适中的 shìzhōngde；中型的 zhōngxíngde；中级的 zhōngjíde：a man of ～ size 中等身材的人

zhōngděng shēncáide rén

medley *n.* **1.** 杂乱的一团 záluànde yìtuán；混杂的人群 hùnzáde rénqún：a ～ of contradictions 矛盾重重 máodùn chóngchóng / a ～ of thoughts 杂乱的思想 záluànde sīxiǎng **2.**（诗文）杂集（shīwén）zájí：an interesting ～ on Oriental subjects 一本有关东方题材的有趣的集子 yìběn yǒuguān dōngfāng tícáide yǒuqùde jízi *a.* 混杂的 hùnzáde；混合的 hùnhéde：a ～ film 集锦影片 jíjǐn yǐngpiàn

meek *a.* 温顺的 wēnshùnde

meerschaum *n.* 海泡石 hǎipāoshí

meet[1] *a.* 适当的 shìdàngde ＝ appropriate

meet[2] *v.* **1.** 遇到 yùdào；碰见 pèngjiàn：I met him in the street. 我在街上碰见他。Wǒ zài jiēshang pèngjiàn tā. **2.** 认识 rènshi；会见 huìjiàn：Glad to ～ you. 很高兴和您认识。Hěn gāoxìng hé nín rènshi. **3.** 迎接 yíngjiē：He met his uncle at the station. 他在车站迎接他叔叔。Tā zài chēzhàn yíngjiē tā-shūshu. **4.** 对付 duìfu；应付 yìngfù：～ force with force 以武力对付武力 yǐ wǔlì duìfu wǔlì **5.** 满足 mǎnzú；迎合 yínghé：～ a person's wishes 满足某人的希望 mǎnzú mǒurénde xīwàng

meeting *n.* **1.** 会议 huìyì；集会 jíhuì：Were you at the ～？你到会了吗？Nǐ dào huìlema？/ call an ordinary ～ 召开例会 zhàokāi lìhuì **2.** 会见 huìjiàn；会合 huìhé：The ～ has been arranged for Thursday evening. 会见安排在星期四晚上。Huìjiàn ānpái zài Xīngqīsì wǎnshang. **3.** 汇合点 huìhédiǎn：the ～ of two rivers 两条河流的汇合（处）liǎngtiáo héliúde huìhé(chù)

meeting-house *n.* 礼拜堂 lǐbàitáng

megacycle *n.* 兆周 zhàozhōu ＝ one million cycles

megaphone *n.* 扩音器 kuòyīnqì；传声筒 chuánshēngtǒng：The ～ has gone electronic. 传声器已经电子化了。Chuánshēngqì yǐjīng diànzǐhuàle.

megaton *n.* 一百万吨 yìbǎiwàn dūn ＝ one million tons

megohm *n.* 兆欧（姆）zhào'ōu (mǔ) ＝ one million ohms

Mekong *n.* [the ～] 湄公河 Méigōnghé

melancholy *n.* & *a.* 忧郁（的）yōuyù(de)；愁思 chóusī：A ～ seized me on reading this poem. 读这首诗时，一阵忧郁侵袭着我。Dú zhèshǒu shī shí，yízhèn yōuyù qīnxízhe wǒ.

meld *v.* 吞没 tūnmò；合并 hébìng ＝ merge
melee *n.* 混战 hùnzhàn；格斗 gédòu
mellifluous *a.* 甜蜜的 tiánmìde；流畅的 liúchàngde：a ～ speech 一篇流畅的讲演 yìpiān liúchàngde jiǎngyǎn
mellow *a.* **1.** 甘美的 gānměide；熟透的（水果）shútòude（shuǐguǒ）；（声音）圆润的（shēngyīn）yuánrùnde：a ～ wine 醇酒 chúnjiǔ / the ～ colors of the roofs 房顶的美丽色彩 fángdǐngde měilì sècǎi **2.** 老练的 lǎoliànde ＝ maturely dignified **3.** 高兴的 gāoxìngde ＝ pleasant *v.* 使醇香 shǐ chúnxiāng；使柔美 shǐ róuměi；使成熟 shǐ chéngshú
melodious *a.* 悦耳的 yuè'ěrde；声调优美的 shēngdiào yōuměide：the ～ notes of a thrush 画眉鸟的美妙歌声 huàméiniǎode měimiào gēshēng
melodrama *n.* 闹剧 nàojù；情节剧 qíngjiéjù；音乐话剧 yīnyuè huàjù ＝ musical drama
melody *n.* 旋律 xuánlǜ；曲调 qǔdiào；美妙的音乐 měimiàode yīnyuè：a master of ～ 音律家 yīnlǜjiā / The ～ is next taken up by the flutes. 这主调接着由横笛合奏。Zhè zhǔdiào jiēzhe yóu héngdí hézòu.
melon *n.* 瓜 guā；甜瓜 tiánguā
melt *v.* **1.** 熔化 rónghuà；融化 rónghuà；融解 róngjiě：The ice has all ～ed. 冰都化了。Bīng dōu huàle. **2.** 消散 xiāosàn；消失 xiāoshī：The fog ～ed away. 雾消散了。Wù xiāosànle. **3.** 软化 ruǎnhuà：Her heart ～ed with pity. 她起了怜悯之心。Tā qǐle liánmǐn zhīxīn.
member *n.* **1.** 成员 chéngyuán；会员 huìyuán：The society claims 2,000 ～s. 该协会声称有2,000名会员。Gāi xiéhuì shēngchēng yǒu liǎngqiānmíng huìyuǎn. **2.**（一个）器官（yíge）qìguān；肢体 zhītǐ：Her lower ～s were numb with cold. 她的下肢冻僵了。Tāde xiàzhī dòngjiāngle. **3.** 构件 gòujiàn
membership *n.* **1.** 会员资格 huìyuán zīgé；党籍 dǎngjí；团籍 tuánjí：He was dismissed from ～ in the organization. 他被取消该组织的成员资格。Tā bèi qǔxiāo gāizǔzhīde chéngyuán zīgé. **2.** [the ～] 全体成员 quántǐ chéngyuán；成员人数 chéngyuán rénshù：The ～ amounted altogether to nearly 400 persons. 会员总数接近400人。Huìyuán zǒngshù jiējìn sìbǎi rén.
membrane *n.* **1.** 膜 mó；薄膜 bómó **2.** 隔膜 gémó
membran(e)ous *a.* 膜状的 mózhuàngde；膜质的 mózhìde

memento *n*. **1**. 纪念品 jìniànpǐn: These postcards are ～es of our trip abroad. 这些明信片是我们游历外国的纪念品。Zhèxiē míngxìnpiàn shì wǒmen yóulì wàiguóde jìniànpǐn. **2**. 提醒物 tíxǐngwù = reminder

memo = memorandum *n*.

memoir *n*. **1**. 回忆录 huíyìlù: The retired general wrote his ～ of army life. 这位退休的将军写了他的戎马生涯的回忆录。Zhèwèi tuìxiūde jiāngjūn xiěle tāde róngmǎ-shēngyáde huíyìlù. **2**. 研究报告 yánjiū bàogào; (*pl*.)(学术)论文集 (xuéshù) lùnwénjí: He has published a ～ on the subject of his investigation. 他已将他对该问题的调查报告发表出来。Tā yǐ jiāng tā duì gāi wèntíde diàochá bàogào fābiǎo chūlái.

memorable *a*. 值得纪念的 zhíde jìniànde; 难忘的 nánwàngde

memorandum *n*. 备忘录 bèiwànglù: A ～ on the subject has been submitted to the Minister of Education. 有关该问题的备忘录已呈交教育部长。Yǒuguān gāi wèntíde bèiwànglù yǐ chéngjiāo jiàoyù bùzhǎng.

memorial *a*. **1**. 记忆的 jìyìde; **2**. 纪念的 jìniànde; 追悼的 zhuīdàode: a ～ service 纪念会 jìniànhuì; 追悼会 zhuīdàohuì / a ～ stamp 纪念邮票 jìniàn yóupiào *n*. 纪念物 jìniànwù; 纪念碑 jìniànbēi; 纪念馆 jìniànguǎn: a war ～ 战争纪念碑 zhànzhēng jìniànbēi / a ～ to the martyrs 烈士纪念碑 lièshì jìniànbēi / a lasting ～ 永久性纪念物 yǒngjiǔxìng jìniànwù

memorize *v*. 记住 jìzhù; 背 bèi; 默记 mòjì: He finally ～d the poem. 他终于记住了那首诗。Tā zhōngyú jìzhùle nàshǒu shī.

memory *n*. **1**. 记忆力 jìyìlì; 记性 jìxìng: Age has clouded his ～. 他因年老而记忆模糊。Tā yīn niánlǎo ér jìyì móhu. **2**. 回忆 huíyì: The photograph evoked happy memories. 这张照片勾起了幸福的回忆。Zhèzhāng zhàopiàn gōuqǐle xìngfúde huíyì. **3**. 纪念 jìniàn: In M- of Norman Bethune《纪念白求恩》《Jìniàn Báiqiú'ēn》

menace *n*. 威胁 wēixié; 恐吓 kǒnghè: They were forced, under ～, to this act. 他们是在威胁之下被迫这样做的。Tāmen shìzài wēixié zhīxià bèipò zhèyàng zuòde. *v*. 威胁 wēixié; 恐吓 kǒnghè: The robber ～d him with a revolver. 盗贼用手枪威胁他。Dàozéi yòng shǒuqiāng wēixié tā.

menacingly *ad*. 威胁地 wēixiéde

menagerie *n*. 巡回动物园 xúnhuí dòngwùyuán; 动物展览 dòngwù zhǎnlǎn

mend *v*. **1**. 修补 xiūbǔ; 修理 xiūlǐ: cleverly ～ 灵巧地修理 língqiǎode xiūlǐ / ～ socks 补袜子 bǔ wàzi 2. 改正 gǎizhèng：Least said，soonest ～ed. 少说为佳。Shǎoshuō wéijiā.（话少易改。Huàshǎo yìgǎi.）3. 康复 kāngfù：The patient is ～ing nicely. 病人在顺利康复。Bìngrén zài shùnlì kāngfù. *n.* 1. 修补 xiūbǔ：The ～ in your dress scarcely shows. 你衣服上补过的地方几乎看不出来。Nǐ yīfushang bǔguode dìfang jīhū kànbuchūlái. 2. 好转 hǎozhuǎn：The breach between father and son is on the ～. 父子间的关系正在弥合。Fùzǐ jiānde guānxì zhèngzài míhé.

mendacious *a.* 虚假的 xūjiǎde；捏造的 niēzàode：a ～ report 虚报 xūbào

mendelevium *n.* 钔 mén（符号 Mv）（Fúhào Mv）

mendicant *a.* 行乞的 xíngqǐde *n.* 乞丐 qǐgài

mendicity *n.* 行乞 xíngqǐ

menial *a.* 奴仆的 núpúde；下贱的 xiàjiànde *n.* 奴仆 núpú

meningitis *n.* 脑膜炎 nǎomóyán

meniscus *n.* 1. 弯月面 wānyuèmiàn；2. 凹凸透镜 āotū tòujìng

Menshevik *n.* 孟什维克 Mèngshíwéikè

menstruation *n.* 月经 yuèjīng：Her ～ ceased. 她的月经停了。Tāde yuèjīng tíngle.

mensuration *n.* 测量法 cèliángfǎ

mental *a.* 1. 心理的 xīnlǐde；精神的 jīngshénde * of the mind：～ arithmetic 心算 xīnsuàn / a ～ conflict 内心冲突 nèixīn chōngtū 2. 心智的 xīnzhìde：～ age 智力年龄 zhìlì niánlíng / ～ faculties 心理能力 xīnlǐ nénglì 3. 精神病的 jīngshénbìngde：a ～ patient 精神病患者 jīngshénbìng huànzhě

mentality *n.* 1. 智力 zhìlì；心性 xīnxìng：develop the child's ～ 启发儿童的智力 qǐfā értóngde zhìlì 2. 心理状态 xīnlǐ zhuàngtài：change the ～ 改变心理状态 gǎibiàn xīnlǐ zhuàngtài

mentally *ad.* 心理上 xīnlǐshang；精神上 jīngshénshang

menthol *n.* 薄荷醇 bòhechún

mention *v.* 1. 提及 tíjí；说起 shuōqǐ：He produced from his pocket the letter already ～ed. 他从口袋里掏出提到的那封信。Tā cóng kǒudàili tāochū tídàode nàfēng xìn. 2. 提名表扬 tímíng biǎoyáng：He was ～ed in the dispatches. 他在战报中得到表扬。Tā zài zhànbàozhōng dédào biǎoyáng. *n.* 1. 提及 tíjí；说起 shuōqǐ：A mere ～ of his name angered her. 一提起他的名字她就发怒。Yì tíqǐ tāde míngzi tā jiù fānù. **2.** 提名表扬 tímíng biǎoyáng：She received an honorable ～. 她得到了表扬。Tā dédàole biǎoyáng.

mentor *n.* 师傅 shīfu；顾问 gùwèn

menu *n.* **1.** 菜单 càidān：Let us see what is on the ～ today. 让我们看看今天菜单上有些什么菜。Ràng wǒmen kànkan jīntiān càidānshang yǒuxiē shénme cài. **2.** 饭菜 fàncài：We had an admirable ～. 我们吃了一顿美餐。Wǒmen chīle yídùn měicān.

mercantile *a.* 商业的 shāngyède；贸易的 màoyìde；商人的 shāngrénde：the ～ law 商法 shāngfǎ

mercenary *a.* 唯利是图的 wéilì-shìtúde；雇佣的 gùyōngde *n.*（外国）雇佣兵（wàiguó）gùyōngbīng

mercer *n.* 绸缎商人 chóuduàn shāngrén

mercerize *v.* 丝光处理 sīguāng chǔlǐ：～d cotton 丝光棉 sīguāngmián

merchandise *n.* 商品 shāngpǐn：express ～ to 把商品作快递邮件寄往… bǎ shāngpǐn zuò kuàidì yóujiàn jìwǎng… / general ～ 一般商品 yìbān shāngpǐn

merchant *n.* 商人 shāngrén：a broken ～ 破产的商人 pòchǎnde shāngrén / a curb ～ 街头小贩 jiētóu xiǎofàn

merchantman *n.* 商船 shāngchuán

merciful *a.* 宽大 kuāndà；慈悲 cíbēi；仁慈 réncí

merciless *a.* 冷酷无情的 lěngkù-wúqíngde；残忍的 cánrěnde

mercurial *a.* **1.** 汞的 gǒngde = of mercury **2.** 灵活的 línghuóde；机智的 jīzhìde；易变的 yìbiànde = changeable *n.* 汞制剂 gǒngzhìjì

mercuric *a.* 水银的 shuǐyínde；汞的 gǒngde：～ chloride 氯化汞 lǜhuàgǒng

mercurous *a.* 亚汞的 yàgǒngde：一价汞的 yījiàgǒngde：～ chloride 氯化亚汞 lǜhuà yàgǒng

mercury *n.* **1.** 水银 shuǐyín；汞 gǒng：The ～ is rising. 温度上升起来了。Wēndù shàngshēng qǐláile. **2.** [M-] 水星 Shuǐxīng

mercy *n.* **1.** 宽大 kuāndà；慈悲 cíbēi；宽恕 kuānshù：They showed little ～ on their enemies. 他们对敌人不留情。Tāmen duì dírén bùliúqíng. / allow no ～. 不能宽恕 bùnéng kuānshù **2.** 幸运 xìngyùn：That's a ～! 那真是幸运。Nà zhēnshì xìngyùn.

mere *a*. 仅仅的 jǐnjǐnde；起码的 qǐmǎde：It's ～ trifle. 这只是一件小事。Zhè zhǐshì yíjiàn xiǎoshì.

merely *ad*. 仅仅 jǐnjǐn；只 zhǐ = only：It is ～ a matter of form. 这仅仅是形式问题。Zhè jǐnjǐn shì xíngshì wèntí.

meretricious *a*. 俗艳的 súyànde；浮华的 fúhuáde；耀眼的 yàoyǎnde

merge *v*. **1**. 消失 xiāoshī；吞没 tūnmò；沉没 chénmò：All fear was ～d in curiosity. 所有的恐惧都渐渐消失而变成了好奇心。Suǒyǒude kǒngjù dōu jiànjiàn xiāoshī ér biànchéngle hàoqíxīn. **2**. 合并 hébìng；归并 guībìng：The small banks were ～d into one large organization. 那些小银行合并成一个大的机构。Nàxiē xiǎo yínháng hébìngchéng yíge dàde jīgòu.

merger *n*. 合并 hébìng；归并 guībìng

meridian *n*. **1**. 子午圈 zǐwǔquān；子午线 zǐwǔxiàn：the prime ～ 本初子午线 běnchū zǐwǔxiàn / the magnetic ～ 磁子午线 cízǐwǔxiàn **2**. 全盛期 quánshèngqī：He is now at the ～ of his intellectual power. 他现在正值智力的最盛时期。Tā xiànzài zhèngzhí zhìlìde zuìshèng shíqī.

meringue *n*. **1**. 蛋糖霜 dàntángshuāng **2**. 糖霜蛋糕 tángshuāng dàngāo

merino *n*. **1**. 美利奴羊 měilìnú yáng **2**. 美利奴羊毛 měilìnú yángmáo

merit *n*. **1**. 价值 jiàzhí；功劳 gōngláo；优点 yōudiǎn：Everybody has ～s and demerits. 人人都有优缺点。Rénrén dōuyǒu yōu-quēdiǎn. **2**.（*pl*.）功过 gōngguò：recognition of the ～s 论功行赏 lùngōng xíngshǎng **3**.（*pl*.）是非 shìfēi；曲直 qūzhí：judge the case on its ～s 凭是非曲直来判案 píng shìfēi qūzhí lái pàn'àn. *v*. 值得 zhíde；应得到 yīngdédào：He certainly ～s such a reward. 他的确应获此报酬。Tā díquè yīnghuò cǐ bàochou.

meritorious *a*. **1**. 有功的 yǒugōngde；可称赞的 kěchēngzànde：for ～ services 因功勋 yīn gōngxūn **2**. 相当好的 xiāngdāng hǎode

mermaid *n*. **1**. 美人鱼 měirényú **2**. 女子游泳选手 nǚzǐ yóuyǒng xuǎnshǒu

merman *n*. **1**. 人鱼 rényú **2**. 男子游泳选手 nánzǐ yóuyǒng xuǎnshǒu

merrily *ad*. 欢乐地 huānlède；兴高采烈地 xìnggāocǎiliède

merry *a*. 愉快的 yúkuàide；欢乐的 huānlède：Let's make ～！让我们尽情欢乐吧！Ràng wǒmen jìnqíng huānlèba！/ inherently ～ 生性快活的 shēngxìng-kuàihuode

merry-go-round *n*. **1**. 回转木马 huízhuǎn mùmǎ；走马台 zǒumǎtái **2**. 连串

liánchuàn：a ～ of parties 一连串的社交会 yìliánchuànde shèjiāohuì

merrymaking *n.* 联欢 liánhuān；狂欢 kuánghuān；欢宴 huānyàn *a.* 欢乐的 huānlède

mesh *n.* **1.** 网眼 wǎngyǎn；筛眼 shāiyǎn **2.** 网 wǎng；（*pl.*）网丝 wǎngsī：the ～es of a spider's web 蜘蛛网的丝 zhīzhūwǎngde sī

mesmerism *n.* 催眠术 cuīmiánshù

meson *n.* 介子 jièzǐ = particle with mass between that of proton and electron

mesotron *n.* 介子 jièzǐ = meson

mess *n.* **1.** 混乱 hùnluàn；肮脏 āngzang：The workers cleaned up the ～ before they left. 工人在离开之前把肮脏的东西清理干净了。Gōngrén zài líkāi zhīqián bǎ āngzangde dōngxi qīnglǐ gānjìngle. **2.** 困境 kùnjìng：He got into a ～. 他陷入困境。Tā xiànrù kùnjìng. **3.** 集体用膳 jítǐ yòngshàn *v.* **1.** 搞乱 gǎoluàn；弄脏 nòngzāng；弄糟 nòngzāo：Tell the boy to stop ～ing about upstairs. 告诉那孩子别在楼上胡闹。Gàosu nà háizi biézài lóushang húnào. **2.** 集体用膳 jítǐ yòngshàn **3.** 粗暴对待 cūbào duìdài：～ed him up 打了他一顿 dǎle tā yídùn

message *n.* **1.** 音信 yīnxìn；电文 diànwén；通报 tōngbào；祝词 zhùcí：I have a ～ to diliver to you. 我有个口信要传给你。Wǒ yǒuge kǒuxìn yào chuán gěi nǐ. **2.** 咨文 zīwén：the President's ～ to Congress 总统致国会的咨文 Zǒngtǒng zhì Guóhuìde zīwén **3.** 差使 chāishi：run ～ for sb. 为某人跑差使 wèi mǒurén pǎo chāishi **4.** 寓意 yùyì：The new play is short on humor and long with a ～. 这个新剧幽默不够，但寓意深长。Zhège xīnjù yōumò búgòu，dàn yùyì shēncháng. *v.* 同…通讯联系 tóng… tōngxùn liánxì

messenger *n.* 送信人 sòngxìnrén；使者 shǐzhě：The ～ brought your note today. 信使今天带来了你的信。Xìnshǐ jīntiān dàiláile nǐde xìn. / God's ～ 上帝的使者 Shàngdìde shǐzhě

Messiah *n.* **1.** [the ～] 救世主 Jiùshìzhǔ；基督 Jīdū = Christ **2.** 救星 jiùxīng = savior

messmate *n.* 集体用膳伙伴 jítǐ yòngshàn huǒbàn

messy *a.* 凌乱的 língluànde；肮脏的 āngzangde：a ～ job 肮脏的工作 āngzangde gōngzuò

metabolism *n.* 新陈代谢 xīnchén-dàixiè

metachemistry *n.* 原子结构(化)学 yuánzǐ jiégòu (huà)xué

metal *n.* **1.** 金属 jīnshǔ: Plastics don't rust like ～. 塑料不会象金属那样会生锈。Sùliào búhuì xiàng jīnshǔ nàyàng huì shēngxiù. **2.** (*pl.*) 铁轨 tiěguǐ: The train jumped the ～s. 火车出轨了。Huǒchē chūguǐle. **3.** (铺路的)碎石料 (pūlùde) suìshíliào: * road ～ **4.** 勇气 yǒngqì; 气质 qìzhì: He is of true ～. 他是一个真正有勇气的人。Tā shì yíge zhēnzhèng yǒu yǒngqìde rén.

metallic *a.* 金属的 jīnshǔde: ～ currency 金属货币 jīnshǔ huòbì; 硬币 yìngbì

metalloid *n.* 非金属 fēijīnshǔ; 准金属 zhǔnjīnshǔ

metallurgic(al) *a.* 冶金的 yějīnde: the ～ industry 冶金工业 yějīn gōngyè

metallurgy *n.* 冶金学 yějīnxué

metamerism *n.* 位变异构(现象) wèibiàn yìgòu (xiànxiàng)

metamorphose *v.* 变化 biànhuà; (使…)变形 (shǐ…)biànxíng: A tadpole ～s into a frog. 蝌蚪会变成青蛙。Kēdǒu huì biànchéng qīngwā.

metamorphosis *n.* **1.** 变形 biànxíng: Such a ～ cannot take place in a day. 这样的形态变化不可能在一天内完成。Zhèyàngde xíngtài biànhuà bùkěnéng zài yìtiānnèi wánchéng. **2.** 变质 biànzhì; 大变化 dàbiànhuà: social ～ 社会变化 shèhuì biànhuà

metaphor *n.* 隐喻 yǐnyù; 比喻 bǐyù: In poetry the rose is often a ～ for love. 诗歌中常用玫瑰花来比喻爱情。Shīgēzhōng chángyòng méigui huā lái bǐyù àiqíng.

metaphysical *a.* **1.** 形而上学的 xíng'ér-shàngxuéde **2.** 抽象的 chōuxiàngde

metaphysics *n.* 形而上学 xíng'ér-shàngxué; 玄学 xuánxué: M- deals with abstractions. 玄学讨论抽象的概念。Xuánxué tǎolùn chōuxiàngde gàiniàn. / In its essence, dialectics is the direct opposite of ～. 辨证法在实质上是与形而上学根本对立的。Biànzhèngfǎ zài shízhìshang shìyǔ xíng'ér-shàngxué gēnběn duìlìde.

metathesis *n.* **1.** 换位作用 huànwèi zuòyòng = the changing of places by two sounds in a word **2.** 复分解 fùfēnjiě; 置换 zhìhuàn * in chemistry

mete *v.* **1.** 量 liáng; 测量 cèliáng **2.** 给予 jǐyǔ; 派给 pàigěi: ～ out severe punishment to sb. 严惩某人 yánchéng mǒurén / ～ out rewards 给予报酬 jǐyǔ bàochou

meteor *n.* 流星 liúxīng (= shooting star): A ～ is seen darting through the sky. 看见一颗流星划过天空。Kànjiàn yìkē liúxīng huáguo tiānkōng.

meteoric *a.* **1.** 流星的 liúxīngde; **2.** 大气的 dàqìde **3.** 流星似的 liúxīngshìde

meteorite *n.* 陨星 yǔnxīng; 陨石 yǔnshí = a fallen meteor

meteorological *a.* 气象的 qìxiàngde; 气象学的 qìxiàngxuéde: a ～ report 天气预报 tiānqì yùbào / a ～ station 气象站 qìxiàngzhàn

meteorologist *n.* 气象学者 qìxiàngxuézhě; 气象学家 qìxiàngxuéjiā

meteorology *n.* **1.** 气象学 qìxiàngxué; **2.** 气象状态 qìxiàng zhuàngtài = weather

meter *n.* 计 jì; 表 biǎo; 仪 yí; 量器 liángqì: a gas ～ 气量计 qìliángjì; 煤气计 méiqìjì; 火表 huǒbiǎo / a flow ～ 流量表 liúliàngbiǎo / a current ～ 电流计 diànliújì

methane *n.* 甲烷 jiǎwán; 沼气 zhǎoqì

methanol *n.* 甲醇 jiǎchún

method *n.* **1.** 方式 fāngshì; 方法 fāngfǎ; 教学法 jiàoxuéfǎ: I hope this ～ will spread. 我希望这种方法会推广开来。Wǒ xīwàng zhèzhǒng fāngfǎ huì tuīguǎng kāilái. **2.** 条理 tiáolǐ: His talk has no ～. 他说话没有条理。Tā shuōhuà méiyǒu tiáolǐ.

methodical *a.* 有条理的 yǒu tiáolǐde; 有系统的 yǒu xìtǒngde

Methodism *n.* (基督教)卫理公会 (Jīdūjiào) Wèilǐ Gōnghuì

Methodist *n.* 卫理公会教徒 Wèilǐ Gōnghuì jiàotú

methyl *n.* 甲基 jiǎjī

methylene *n.* 甲叉 jiǎchā; 亚甲 yàjiǎ: ～ blue 亚甲兰 yàjiǎlán

meticulous *a.* 小心翼翼 xiǎoxīn-yìyì; 谨小慎微的 jǐnxiǎo-shènwēide

metonymy *n.* 换喻 huànyù; 转喻 zhuǎnyù

metre[1], **meter**[1] *n.* **1.** 格律 gélǜ; 韵律 yùnlǜ **2.** 拍子 pāizi

metre[2], **meter**[2] *n.* 米 mǐ

metric *a.* 公制的 gōngzhìde; 米制的 mǐzhìde: the ～ system 公制 gōngzhì / a ～ ton 公吨 gōngdūn

metrical *a.* **1.** 格律的 gélǜde; 韵律的 yùnlǜde **2.** 度量的 dùliángde; 测量的 cèliángde

metrics *n.* 格律学 gélǜxué; 诗韵学 shīyùnxué

metro *n.* 地下铁路 dìxià tiělù
metrology *n.* 计量学 jìliángxué
metronome *n.* 节拍器 jiépāiqì
metropolis *n.* **1.** 首都 shǒudū；大都市 dàdūshì：Chicago is a busy ～. 芝加哥是个繁华的大都市。Zhījiāgē (Chicago) shìge fánhuáde dàdūshì. **2.** 中心地 zhōngxīndì：a ～ of commerce 商业中心 shāngyè zhōngxīn
metropolitan *a.* 首都的 shǒudūde；首府的 shǒufǔde
mettle *n.* 气质 qìzhì；勇气 yǒngqì；气概 qìgài：The runner fell and hurt his knee, but he showed his ～ by continuing in the race. 那位选手跌伤了膝盖，但他仍继续跑下去，显示了他的勇气。Nàwèi xuǎnshǒu diēshāngle xīgài，dàn tā réng jìxù pǎoxiàqu，xiǎnshìle tāde yǒngqì. / a man of ～ 有勇气的人 yǒu yǒngqìde rén
mettlesome *a.* 豪迈的 háomàide；有生气的 yǒu shēngqìde
Mev, m. e. v. = million electron volts 兆电子伏(特) zhào diànzǐ fú(tè)
mew[1] *n.* 咪咪 mīmī *v.* (猫)咪咪叫 (māo) mīmījiào
mew[2] *n.* = sea-mew 海鸥 hǎi'ōu
Mexican *a.* 墨西哥的 Mòxīgēde；墨西哥人的 Mòxīgērénde *n.* 墨西哥人 Mòxīgērén
mezzo-soprano *n.* 女中音 nǚ zhōngyīn
MF, mf = medium frequency 中频 zhōngpín
mfg. = manufacturing 制造 zhìzào
Mg, mg. = milligrame(s) 毫克 háokè
mho *n.* 姆欧 mǔ'ōu
mi. = mile(s) 英里 yīnglǐ
Miao *n.* 苗人 miáorén：the ～ = the ～ nationality 苗族 miáozú
miaow *n.* & *v.* 喵喵叫 miāomiāojiào
miasma *n.* **1.** 瘴气 zhàngqì：～ rising from a swamp 沼泽地里升起了瘴气 zhǎozédìli shēngqǐle zhàngqì **2.** 有害的气氛 yǒuhàide qìfēn：the ～ of hopelessness 绝望的气氛 juéwàngde qìfēn
mica *n.* 云母 yúnmǔ
Michigan *n.* **1.** 密执安 Mìzhí'ān **2.** Lake ～ 密执安湖 Mìzhí'ānhú
mickle *n.* 大量 dàliàng：Many a little makes a ～. 积少成多。Jīshǎochéngduō.
micro- *pref.* **1.** 微 wēi；微量(的) wēiliàng(de) = very small **2.** 百万分之

一 bǎiwànfēnzhīyī = one-millionth

microbalance *n.* 微量天平 wēiliàng tiānpíng

microbe *n.* 微生物 wēishēngwù；细菌 xìjūn：～ bombs 细菌弹 xìjūndàn

microbiology *n.* 微生物学 wēishēngwùxué

microcard *n.* 缩印卡 suōyìnkǎ

microchemistry *n.* 微量化学 wēiliàng huàxué

microclimate *n.* 小气候 xiǎoqìhòu

microcopy *n.* 缩微复制品 suōwēi fùzhìpǐn

microfarad *n.* 微法(拉) wēifǎ(lā)（= one-millionth of a farad）

microfilm *n.* 缩微胶卷 suōwēi jiāojuǎn *v.* 用缩微胶卷拍摄 yòng suōwēi jiāojuǎn pāishè

micrometer *n.* 测微计 cèwēijì；千分尺 qiānfēnchǐ

micron *n.* 微米 wēimǐ = 1/1,000,000 metre

microorganism *n.* 微生物 wēishēngwù

microcosm *n.* 微观宇宙 wēiguān yǔzhòu；缩影 suōyǐng：Each day is a ～ of all life. 一天是一生的缩影。Yìtiān shì yìshēngde suōyǐng. / the ～ of the atom 原子内的小宇宙 yuánzǐ nèide xiǎo yǔzhòu

microphone *n.* 麦克风 màikèfēng；扩音器 kuòyīnqì；话筒 huàtǒng；传声器 chuánshēngqì：a floor ～ 落地式话筒 luòdìshì huàtǒng / hand ～ 手持式传声器 shǒuchíshì chuánshēngqì

microscope *n.* 显微镜 xiǎnwēijìng：a binocular ～ 双筒显微镜 shuāngtǒng xiǎnwēijìng / a powerful ～ 高倍显微镜 gāobèi xiǎnwēijìng

microscopic *a.* **1.** 显微镜的 xiǎnwēijìngde **2.** 极微的 jíwēide；微细的 wēixìde

microtome *n.* 超薄切片机 chāobáo qiēpiànjī

microwave *n.* 微波 wēibō

mid *a.* **1.** 中央的 zhōngyāngde；中间的 zhōngjiānde：from ～ June to ～ August 从六月中旬到八月中旬 cóng Liùyuè zhōngxún dào Bāyuè zhōngxún / in ～ air 在半空 zài bànkōng **2.** 中 zhōng：～way 中途 zhōngtú

midair *n.* **1.** 半空中 bànkōngzhōng：collide in ～ 在半空中相撞 zài bànkōngzhōng xiāngzhuàng **2.** 不确定 bú quèdìng：The argument was left hanging in ～. 那项辩论尚未成定论。Nàxiàng biànlùn shàng wèichéng dìnglùn.

midday *n.* 正午 zhèngwǔ: at ～ 在正午 zài zhèngwǔ / the ～ meal 午餐 wǔcān (= either lunch or dinner) / It is now past ～. 现在已过正午。Xiànzài yǐguò zhèngwǔ.

middle *n.* **1.** 中央 zhōngyāng; 中间 zhōngjiān: He walked down the ～ of the street. 他走到街道的中间。Tā zǒudào jiēdàode zhōngjiān. **2.** 腰部 yāobù: As a man grows older, he often becomes fatter round the ～. 男人随着年龄的增长，腰部常会肥胖起来。Nánrén suízhe niánlíngde zēngzhǎng, yāobù chánghuì féipàng qǐlái. **3.** 中间派 zhōngjiānpài: win over the ～ 争取中间派 zhēngqǔ zhōngjiānpài

middle-aged *a.* 中年的 zhōngniánde

middleman *n.* 中介人 zhōngjièrén; 中人 zhōngrén: direct trade eliminating the ～ 无需经纪人的直接贸易 wúxū jīngjìrénde zhíjiē màoyì

middling *a.* 中号的 zhōnghàode; 中级的 zhōngjíde; 中等的 zhōngděngde = of medium quality *n.* (*pl.*) 中级品 zhōngjípǐn = goods of medium quality; 粗面粉 cūmiànfěn = coarse ground wheat flour

middy = midshipman *n.*

midge *n.* 摇蚊 yáowén

midget *n.* **1.** 侏儒 zhūrú **2.** 小型物 xiǎoxíngwù: a ～ submarine 极小型潜水艇 jí xiǎoxíng qiánshuǐtǐng

midland *a.* **1.** 内地的 nèidìde; 中部地区的 zhōngbù dìqūde **2.** [M-] 英国中部地方的 Yīngguó zhōngbù dìfangde *n.* the M-s 英国中部诸郡 Yīngguó zhōngbù zhūjùn

midmost *a.* & *ad.* 正中(的) zhèngzhōng(de)

midnight *n.* 半夜 bànyè; 午夜 wǔyè: It's getting on for ～. 快到午夜了。Kuàidào wǔyèle. / about ～ 约在午夜时分 yuēzài wǔyè shífēn

midship *n.* & *a.* 船的中央部(的) chuánde zhōngyāngbù(de)

midshipman *n.* 海军学校学员 hǎijūn xuéxiào xuéyuán; 见习生 jiànxíshēng

midst *n.* 中部 zhōngbù; 中间 zhōngjiān; 当中 dāngzhōng: He rode into the ～ of the forest. 他骑马进入森林深处。Tā qímǎ jìnrù sēnlín shēnchù. / the enemy in our ～ 在我们中间的敌人 zài wǒmen zhōngjiānde dírén

midsummer *n.* 仲夏 zhòngxià: M- Day 施洗约翰节 Shīxǐ Yuēhànjié / ～ madness 到了顶点的疯狂 dàole dǐngdiǎnde fēngkuáng

midway *a.* 中途的 zhōngtúde: the M- Islands 中途岛 Zhōngtúdǎo *ad.* 中途 zhōngtú: It is situated ～ between A and B. 它位于甲乙两地的中

间。Tā wèiyú jiǎyǐ liǎngdìde zhōngjiān.

midwife *n.* 助产士 zhùchǎnshì：a certified ～ 持有证书的助产士 chíyǒu zhèngshūde zhùchǎnshì

midwifery *n.* 助产学 zhùchǎnxué；接生 jiēshēng

mien *n.* 风度 fēngdù；神采 shéncǎi；态度 tàidu：He usually presents a ～ of solemnity. 他通常显得很严肃。Tā tōngcháng xiǎnde hěn yánsù. / The woman has an aristocratic ～. 这女人有一种贵族的风采。Zhè nǚrén yǒu yìzhǒng guìzúde fēngcǎi.

might *n.* 力量 lìliang；权力 quánlì；势力 shìli；强权 qiángquán：Work with all your ～. 请全力以赴地工作。Qǐng quánlì-yǐfùde gōngzuò. /He slammed the door with all his ～. 他使劲把门砰地关上。Tā shǐjìn bǎ mén pēngde guānshàng.

mightily *ad.* **1.** 强有力地 qiángyǒu-lìde；**2.** 非常 fēicháng；挺 tǐng；极 jí：He was ～ bored. 他腻烦极了。Tā nìfan jíle.

mighty *a.* **1.** 强大 qiángdà；浩大 hàodà：the ～ ocean 汪洋大海 wāngyáng dàhǎi **2.** 非凡的 fēifánde：high and ～ 神气活现 shénqì-huóxiàn *ad.* 非常 fēicháng: think oneself ～ wise 自命不凡 zìmìng-bùfán

migrant *n.* **1.** 移民 = one who moves from one place to another **2.** 候鸟 hòuniǎo = birds that migrate

migrate *v.* **1.** 迁移 qiānyí；移居 yíjū：The dunes usually ～ inland.（海边被风吹积成的）沙丘常往内陆移动。(Hǎibiān bèi fēng chuījī chéngde) shāqiū chángwǎng nèilù yídòng. / They ～d to town from rural districts. 他们从农村迁移到城市。Tāmen cóng nóngcūn qiānyídào chéngshì. **2.**（候鸟等）定期移栖（hòuniǎo děng）dìngqī yíqī：Swallows ～ in the winter。燕子在冬天移栖。Yànzi zài dōngtiān yíqī.

migration *n.* **1.** 迁移 qiānyí；移居 yíjū：～ to the suburbs 向郊区移居 xiàng jiāoqū yíjū **2.**（候鸟的）定期移栖（hòuniǎode）dìngqī yíqī：the spring ～ of the wild ducks 野鸭的春季移栖 yěyāde chūnjì yíqī **3.** 洄游 huíyóu：* of fish

migratory *a.* 迁移的 qiānyíde；迁徙的 qiānxǐde；洄游 huíyóu：～ birds 候鸟 hòuniǎo

milch *a.* 有奶的 yǒunǎide：a ～ cow 奶牛 nǎiniú

mild *a.* **1.**（指人）温和（zhǐrén）wēnhé；温柔 wénróu：be ～ of manner 态度温和 tàidu wēnhé **2.**（指气候）暖和的（zhǐ qìhòu）nuǎnhuode：The weather was extraordinarily ~. 天气非常暖和。Tianqì fēicháng nuǎnhuo. 3. (指规则、处分)宽大 (zhǐ guīzé、chǔfèn) kuāndà: a ~ punishment 宽大的处分 kuāndàde chǔfèn 4. (指食品)味淡的 (zhǐ shípǐn) wèidànde: ~ beer 淡啤酒 dànpíjiǔ 5. (指疾病)轻 (zhǐ jíbìng) qīng: a ~ case 轻症 qīngzhèng 6. (指钢铁)软 (zhǐ gāngtiě) ruǎn: ~ steel 软钢 ruǎngāng

mildew *n*. 1. 霉 méi: show ~ 显出霉斑 xiǎnchū méibān 2. 霉病 méibìng: roses ruined by ~ 被霉菌毁了的玫瑰 bèi méijūn huǐlede méigui *v*. 生霉 shēngméi; 发霉 fāméi

mildly *ad*. 温和地 wēnhéde; 温柔地 wēnróude: put it ~ 说得委婉些 shuōde wěiwǎnxiē

mildness *n*. 温和 wēnhé; 温柔 wēnróu

mile *n*. 1. 英里 yīnglǐ: These cars cover 200 ~s a day. 这些汽车一天能行驶200英里。Zhèxiē qìchē yìtiān néng xíngshǐ èrbǎi yīnglǐ. 2. 一英里赛跑 yīyīnglǐ sàipǎo: achieve a four minutes ~ 以4分钟完成了一英里赛跑 yǐ sìfēnzhōng wánchéngle yīyīnglǐ sàipǎo

mil(e)age *n*. 1. 英里里程 yīnglǐ lǐchéng 2. 每哩运费 měilǐ yùnfèi = transport charge per mile

mile-stone *n*. 1. 里程石 lǐchéngshí; 里程碑 lǐchéngbēi 2. 重大事件 zhòngdà shìjiàn: This marked the first ~ in the history of human life. 这是人类历史上的第一个重大事件。Zhèshì rénlèi lìshǐshangde dì-yīge zhòngdà shìjiàn.

militant *a*. 1. 斗争性强的 dòuzhēngxìng qiángde; 好战的 hàozhànde; 2. 交战中的 jiāozhànzhōngde; 战斗中的 zhàndòuzhōngde = engaged in combat *n*. 斗士 dòushì; 交战者 jiāozhànzhě = fighter

militarism *n*. 军国主义 jūnguózhǔyì: abolish ~ 废除军国主义 fèichú jūnguózhǔyì

militarist *n*. 1. 军国主义者 jūnguózhǔyìzhě 2. 军事专家 jūnshì zhuānjiā

militarize *v*. 军事化 jūnshìhuà; 军国主义化 jūnguó zhǔyìhuà

military *a*. 军人的 jūnrénde; 陆军的 lùjūnde; 军事的 jūnshìde; 军用的 jūnyòngde: a ~ academy 军事学校 jūnshì xuéxiào / ~ affairs 军事 jūnshì / a ~ man 军人 jūnrén *n*. [the ~] 军队 jūnduì = army; 军人 jūnrén = soldiers: The ~ were on the march. 军队在行军。Jūnduì zài xíngjūn.

militate *v.* 发生影响 fāshēng yǐngxiǎng；起作用 qǐ zuòyòng：The weather ～d in favor of the crops. 天气有利于庄稼的生长。Tiānqì yǒulìyú zhuāngjiade shēngzhǎng.

militia *n.* **1.** 民兵（部队）mínbīng（bùduì）**2.** ［the ～］（美）国民警卫队（Měi）guómín jǐngwèiduì

militiaman *n.* 民兵 mínbīng

milk *n.* **1.** 乳 rǔ；牛奶 niúnǎi：The warm weather has turned the ～ sour. 热天使牛奶变酸了。Rètiān shǐ niúnǎi biàn suānle. / breast ～ 人乳 rénrǔ **2.** 乳状物 rǔzhuàngwù；浆 jiāng：The wheat then was in the ～. 那时小麦正在灌浆。Nàshí xiǎomài zhèngzài guànjiāng. *v.* **1.** 挤奶 jǐnǎi：The cow is ～ing heavily. 这头牛出奶很多。Zhètóuniú chūnǎi hěnduō. **2.** 榨取 zhàqǔ；套出（消息等）tàochū（xiāoxi děng）：～ news from a source of information 从提供消息的人士那儿套出新闻 cóng tígōng xiāoxide rénshìnàr tàochū xīnwén **3.** 变阴 biànyīn：The weather began to ～ up. 天气开始转阴。Tiānqì kāishǐ zhuǎnyīn.

milkmaid *n.* 挤奶女工 jǐnǎi nǚgōng

milkman *n.* 送奶工人 sòngnǎi gōngrén；挤奶工人 jǐnǎi gōngrén

milksop *n.* 懦夫 nuòfū

milk-white *a.* 乳白色 rǔbáisè

milky *a.* **1.** 乳的 rǔde；乳状的 rǔzhuàngde；乳白色的 rǔbáisède **2.** 出乳汁的 chū rǔzhīde ＝ milk-producing

mill *n.* **1.** 磨坊 mòfáng：manage a ～ 经营磨坊 jīngyíng mòfáng **2.** 磨粉机 mòfěnjī；榨汁机 zhàzhījī：a cane ～ 甘蔗榨汁机 gānzhe zhàzhījī / a coffee ～ 咖啡研磨机 kāfēi yánmòjī **3.** 制造厂 zhìzàochǎng：a cotton spinning ～ 棉纺厂 miánfǎngchǎng *v.* **1.** 磨 mò：～ grain 磨米 mòmǐ **2.** 压碎（矿石）yāsuì（kuàngshí）＝ ground **3.** 搅拌 jiǎobàn ＝ stir

millenium *n.* 一千年 yìqiānnián；千年期 qiānniánqī

miller *n.* 制粉者 zhìfěnzhě；磨坊主 mòfángzhǔ；工厂主 gōngchǎngzhǔ

millet *n.* 小米 xiǎomǐ

milli- *pref.* 毫 háo；千分之一 qiānfēnzhīyī

milliammeter *n.* 毫安计 háo'ānjì（＝ sensitive ammeter）

milliard *n.* 十亿 shíyì ＊ in England，＝ billion（in America）

millibar *n.* 毫巴 háobā

milligram(me) *n*. 毫克 háokè = 1/1,000 gram
millilitre *n*. 毫升 háoshēng = 1/1,000 litre
millimetre *n*. 毫米 háomǐ = 1/1,000 metre
milliner *n*. 女帽商 nǚmàoshāng
millinery *n*. **1**. 女帽类 nǚmàolèi；妇女服饰用品 fùnǚ fúshì yòngpǐn **2**. 女帽业 nǚmàoyè；女帽店 nǚmàodiàn = shop that sells women's hats
milling *n*. **1**. 研磨 yánmó；制粉 zhìfěn **2**. 铣(法) xǐ(fǎ)：a ～ machine 铣床 xǐchuáng
million *num*. 百万 bǎiwàn：a capital of ten ～ dollars 一千万元的资本 yìqiānwàn yuánde zīběn *n*. **1**. 百万金 bǎiwànjīn：be worth two ～s 有二百万金的财产 yǒu èrbǎiwàn jīnde cáichǎn **2**. (*pl*.)无数 wúshù：～ of reasons 无数理由 wúshù lǐyóu **3**. [the ～] 大众 dàzhòng：education for the ～ 大众教育 dàzhòng jiàoyù
millionaire *n*. 百万富翁 bǎiwàn fùwōng；富豪 fùháo：a mammoth ～ 巨富 jùfù
millionth *num*. 百万分之一 bǎiwànfēnzhīyī
millstone *n*. **1**. 磨石 mòshí：grind corn on a ～ 在石磨上把谷物磨成粉 zài shímòshang bǎ gǔwù mòchéng fěn **2**. 重担 zhòngdàn：It is a ～ around his neck. 这是他的一个沉重负担。Zhèshì tāde yíge chénzhòng fùdān.
mime *n*. **1**. 滑稽戏 huájīxì **2**. 小丑 xiǎochǒu *v*. 演滑稽戏 yǎn huájīxì
mimeograph *n*. **1**. 油印机 yóuyìnjī **2**. 复写版 fùxiěbǎn *v*. 油印 yóuyìn；用誊写器复印 yòng téngxiěqì fùyìn
mimic *v*. 摹拟 mónǐ：～ a person's voice 学别人的声音 xué biérénde shēngyīn *n*. **1**. 喜剧演员 xǐjù yǎnyuán；拟态者 nǐtàizhě **2**. 模仿品 mófǎngpǐn *a*. 模仿的 mófǎngde；摹拟的 mónǐde：a ～ battle 摹拟战 mónǐzhàn
mimicry *n*. **1**. 徒手表演 túshǒu biǎoyǎn；学样 xuéyàng；摹拟 mónǐ **2**. 拟态 nǐtài
mimosa *n*. 含羞草 hánxiūcǎo
min. = minute(s) 分 fēn
minaret *n*. 伊斯兰教尖塔 Yīsīlánjiào jiāntǎ
mince *v*. **1**. 剁碎 duòsuì；切碎 qiēsuì：a mincing machine 切肉机 qiēròujī **2**. 吞吞吐吐地说 tūntun-tǔtǔde shuō：～ no words 不转弯抹角地说 bù zhuǎnwān-mòjiǎode shuō

mincemeat *n.* 百果馅 bǎiguǒxiàn：make ～ of 切碎 qiēsuì；把…彻底打败 bǎ…chèdǐ dǎbài

mincing *a.* 装腔作势的 zhuāngqiāng-zuòshìde；装模作样的 zhuāngmú-zuòyàngde

mind *n.* **1.** 心神 xīnshén；内心 nèixīn；头脑 tóunǎo：～ and body 身心 shēnxīn / a frame of ～ 心境 xīnjìng **2.** 思想 sīxiǎng；愿望 yuànwàng；意见 yìjian：absence of ～ 出神 chūshén；思想不集中 sīxiǎng bù jízhōng / presence of ～ 方寸不乱 fāngcùn búluàn **3.** 智力 zhìlì；记忆 jìyì：bear (or keep) … in ～ 记在心头 jìzài xīntóu / An idea comes into my ～. 计上心来。Jìshàng-xīnlái. **4.** 心理(状态) xīnlǐ(zhuàngtài)；心思 xīnsī：We are all of one (or a) ～. 我们大家一条心。Wǒmen dàjiā yìtiáo xīn. **5.** 有才智的人 yǒu cáizhìde rén：attract many ～s 吸引许多有才智的人 xīyǐn xǔduō yǒucáizhìde rén *v.* **1.** 当心 dāngxīn；留心 liúxīn；留神 liúshén：M- what I say. 留心我的话。Liúxīn wǒde huà. **2.** 照应 zhàoying；照料 zhàoliào：～ the baby 看孩子 kān háizi

minded *a.* 有意图的 yǒuyìtúde；心想的 xīnxiǎngde：He was not so ～. 他并没有这样的意图。Tā bìng méiyǒu zhèyàngde yìtú.

mindful *a.* **1.** 留心的 liúxīnde；留意的 liúyìde：We had to be ～ of every step we took on the slippery sidewalk. 在很滑的人行道上走路时，我们每一步都必须小心。Zài hěnhuáde rénxíngdàoshang zǒulùshí，wǒmen měiyíbù dōu bìxū xiǎoxīn. **2.** 不忘的 búwàngde：be ～ of one's duties 不忘自己的职责 búwàng zìjǐde zhízé

mindless *a.* **1.** 无头脑的 wútóunǎode；无意识的 wúyìshíde **2.** 不留心的 bùliúxīnde：be ～ of danger 不注意危险 búzhùyì wēixiǎn

mine[1] *pron.* 我的东西 wǒde dōngxi；我的 wǒde：Is this book ～? 这本书是我的吗？Zhèběnshū shì wǒdema? / He is an old friend of ～. 他是我的老朋友。Tā shì wǒde lǎopéngyou.

mine[2] *n.* **1.** 矿山 kuàngshān；矿井 kuàngjǐng：a coal ～ 煤矿 méikuàng **2.** 富源 fùyuán，宝库 bǎokù：a ～ of information 知识的宝库 zhīshide bǎokù **3.** 坑道 kēngdào **4.** 地雷 dìléi；水雷 shuǐléi：an acoustic ～ 音响水雷 yīnxiǎng shuǐléi *v.* **1.** 开矿 kāikuàng；采掘 cǎijué：～ (for) gold 开金矿 kāi jīnkuàng；采金 cǎijīn **2.** 布雷于 bùléiyú = to lay explosive ～s (in …)

miner *n.* **1.** 矿工 kuànggōng = worker in a mine **2.** 地雷工兵 dìléi gōngbīng

= soldier whose work is to lay mines

mineral *n.* 矿物 kuàngwù：China is rich in ～s. 中国的矿产丰富。Zhōngguóde kuàngchǎn fēngfù. / ～ water 矿泉水 kuàngquánshuǐ

mineralogy *n.* 矿物学 kuàngwùxué

mine-thrower *n.* 迫击炮 pǎijīpào

Ming *n.* 明 Míng: the ～ Dynasty 明朝 Míngcháo

mingle *v.* **1.** 混合 hùnhé；混在一起 hùnzài yìqǐ：He ～d with the crowd and was lost to sight. 他混进人群里就不见了。Tā hùnjìn rénqúnli jiù bújiànle. **2.** 交往 jiāowǎng：They ～ very little in society. 他们很少交际。Tāmen hěnshǎo jiāojì.

miniature *n.* **1.** 袖珍画 xiùzhēnhuà **2.** 袖珍画法 xiùzhēn huàfǎ：in ～ 缩图的 suōtúde；小型的 xiǎoxíngde **3.** 模型 móxíng；缩影 suōyǐng **4.** 小型… xiǎoxíng…：a ～ camera 小型照相机 xiǎoxíng zhàoxiàngjī

minimize *v.* 减到最少 jiǎndào zuìshǎo：～ friction 使摩擦减到最低限度 shǐ mócā jiǎndào zuìdī xiàndù

minimum *n.* 最小量 zuìxiǎo liàng；最小数 zuìxiǎo shù；最低值 zuìdī zhí；最低限度 zuìdī xiàndù：Eight hours sleep is the ～ that children should have. 孩子们至少要有八小时的睡眠。Háizimen zhìshǎo yàoyǒu bā xiǎoshíde shuìmián. / We have reduced expenses to the ～. 我们已将费用减至最少额。Wǒmen yǐjiāng fèiyong jiǎnzhì zuìshǎo'é. *a.* 最小的 zuìxiǎode；最少的 zuìshǎode；最低的 zuìdīde：a ～ wage 最低工资 zuìdī gōngzī

mining *n.* 采矿 cǎikuàng；矿业 kuàngyè：coal ～ 煤矿业 méikuàngyè / ～ engineering 矿业工程学 kuàngyè gōngchéngxué

minion *n.* 宠儿 chǒng'ér；奴才 núcai；唯唯诺诺者 wěiwei-nuònuòzhě：a ～ of fortune 命运的宠儿 mìngyùnde chǒng'ér / a dictator's ～s 独裁者的奴才 dúcáizhěde núcai

minister *n.* **1.** 部长 bùzhǎng；大臣 dàchén：The president met his ～s and discussed the affairs of state. 总统会见了部长们并一起商谈国事。Zǒngtǒng huìjiànle bùzhǎngmen bìng yìqǐ shāngtán guóshì. **2.** 公使 gōngshǐ：The Chinese M- at Tokyo 中国驻东京公使 Zhōngguó zhù Dōngjīng gōngshǐ **3.** 牧师 mùshi：They resented a ～ who brought politics to the pulpit. 他们憎恶把政治带上讲坛的牧师。Tāmen zēngwù bǎ zhèngzhì dàishàng jiǎngtánde mùshī. *v.*（～ to）伺候 cìhou；照顾 zhàogù；帮助 bāngzhù：～ to a sick man's wants 照顾病人的需要 zhàogù bìngrénde xūyào

ministerial *a.* 部长的 bùzhǎngde；大臣的 dàchénde；内阁的 nèigéde

ministration *n.* **1.** 行宗教仪式 xíng zōngjiào yíshì：Before the murderer was hanged，he was given the ～s of a priest. 杀人犯服绞刑前，牧师为他举行了宗教仪式。Shārénfàn fú jiǎoxíngqián，mùshī wèi tā jǔxíngle zōngjiào yíshì. **2.** 服侍 fúshi；照料 zhàoliào：under the tender ～s of the nurses 在护士们的亲切护理下 zài hùshimende qīnqiè hùlǐ xià

ministry *n.* **1.** [the M-] 内阁 nèigé（＝ Cabinet）**2.** 部 bù：the M- of Education 教育部 jiàoyùbù **3.** [the M-]（全体）部长（quántǐ）bùzhǎng **4.**（全体）牧师（quántǐ）mùshī **5.** 部长任期 bùzhǎng rènqī **6.** 教士职 jiàoshìzhí

minium *n.* 铅丹 qiāndān；红铅 hóngqiān ＝ red lead

mink *n.* 水貂 shuǐdiāo；貂皮 diāopí：The girl was wearing a ～. 那女郎穿着貂皮衣。Nà nǚláng chuānzhe diāopíyī. / an expectant mother ～ 怀崽的母貂 huáizǎide mǔdiāo

minnow *n.* 鲦鱼 tiáoyú：a Triton among the ～s 鹤立鸡群 hèlì-jīqún

minor *a.* **1.**（两者之间）小…（liǎngzhě zhījiān）xiǎo…：Smith ～ 小史密斯 xiǎo Shǐmìsī (Smith) / Asia M- 小亚细亚 xiǎo Yàxìyà / the ～ scale 小音阶 xiǎoyīnjiē **2.** 次要的 cìyàode：a ～ matter 小事 xiǎoshì / a ～ injury 轻伤 qīngshāng / a ～ part 配角 pèijué **3.** 未成年的 wèichéngniánde ＝ not of legal age *n.* **1.** 未成年者 wèichéngniánzhě **2.** 小调 xiǎodiào；小音阶 xiǎoyīnjiē **3.** 副科 fùkē：English majors and ～s 专修和兼修英语的人 zhuānxiū hé jiānxiū Yīngyǔde rén

minority *n.* **1.** 少数 shǎoshù；少数席位 shǎoshù xíwèi：They are in a decided ～. 他们处于明显的少数。Tāmen chǔyú míngxiǎnde shǎoshù. **2.** 少数民族 shǎoshù mínzú：The Chinese nation includes more than 50 national minorities besides the Hans. 中华民族除汉族以外还有50多个少数民族。Zhōnghuá mínzú chú Hànzú yǐwài háiyǒu wǔshí duōge shǎoshù mínzú. **3.** 未成年期 wèichéngnián qī：girls still in their ～ 尚未成年的女孩子 shàngwèi chéngniánde nǚháizi

minster *n.* **1.** 修道院的教堂 xiūdàoyuànde jiàotáng **2.** 大教堂 dàjiàotáng

minstrel *n.* **1.** 游唱诗人 yóuchàng shīrén **2.** 由白人扮作黑人的黑人乐团团员 yóu báirén bànzuò hēirénde hēirén yuètuán tuányuán

minstrelsy *n.* **1.** 游唱 yóuchàng **2.** 歌谣集 gēyáojí

mint[1] *n.* 薄荷 bòhe：～ sauce 薄荷酱 bòhejiàng

mint[2] *n.* **1.** 造币厂 zàobìchǎng；制造厂 zhìzàochǎng：Coins are struck at the ～. 硬币是在造币厂铸造的。Yìngbì shì zài zàobìchǎng zhùzàode. **2.** 巨额 jù'é；巨大 jùdà：earn a ～ of money 赚大钱 zhuàn dàqián *v.* **1.** 铸币 zhùbì **2.** 造(新词) zào(xīncí) ＝ coin a new word

mintage *n.* **1.** 铸币 zhùbì：the place of ～ 铸币的场所 zhùbìde chǎngsuǒ **2.** 硬币 yìngbì：The silver coinage then current was gradually replaced by the new ～. 那时通行的银币逐渐被新的硬币所代替。Nàshí tōngxíngde yínbì zhújiàn bèi xīnde yìngbì suǒ dàitì. **3.** 制造 zhìzào：These phrases are fresh ～s peculiar to himself. 这些是他独创的新短语。Zhèxiē shì tā dúchuàngde xīn duǎnyǔ.

minuet *n.* 小步舞 xiǎobùwǔ；小步舞曲 xiǎobùwǔqǔ

minus *a.* 减的 jiǎnde；负的 fùde：the ～ sign 减号 jiǎnhào / a ～ quantity 负量 fùliàng / The temperature is ～ twenty degrees. 温度是零下二十度。Wēndù shì língxià èrshí dù. *prep.* **1.** 减(去) jiǎn(qù)：7 ～ 2 is 5. 七减二等于五。Qī jiǎn èr děngyú wǔ. **2.** 失掉 shīdiào；没有 méiyǒu：He returned ～ his hat. 他回来丢了他的帽子。Tā huílái diūle tāde màozi. *n.* 减号 jiǎnhào；负号 fùhào；负量 fùliàng；负数 fùshù

minute[1] *n.* **1.** 分(钟) fēn(zhōng)：the ～ hand 分针 fēnzhēn / It is five ～s to ten. 现在差五分钟十点。Xiànzài chà wǔfēnzhōng shídiǎn. **2.** 分 fēn ＝ 1/60 of a degree：37 degrees and 30 ～s 三十七度三十分 sānshíqīdù sānshífēn ＝ 37°37′ **3.** 一会儿 yíhuìr；瞬间 shùnjiān ＝ a moment：Wait a ～. 等一会儿。Děng yíhuìr. **4.** (*pl.*) 会议记录 huìyìjìlù：It's on the ～s. 这是记录在案的。Zhèshì jìlù zài'ànde.

minute[2] *a.* **1.** 微小 wēixiǎo；微细 wēixì：His writing is so ～ that it is difficult to read. 他字写得太小，很难读。Tā zì xiěde tàixiǎo，hěnnán dú. **2.** 详细 xiángxì；细致 xìzhì：～ descriptions 细致的描写 xìzhìde miáoxiě **3.** 细心的 xìxīnde ＝ careful

minuteness *n.* **1.** 微小 wēixiǎo：the ～ of the parts of a watch 手表零件之细微 shǒubiǎo língjiàn zhī xìwēi **2.** 详细 xiángxì：peruse a report with ～ 详细阅读报告 xiángxì yuèdú bàogào

minutiae *n.* (*pl.*) 细节 xìjié；细目 xìmù

minx *n.* 冒失的少女 màoshide shàonǚ；傻丫头 shǎyātou

miracle *n.* 奇迹 qíjī；令人惊奇的事物 lìngrén jīngqíde shìwù：A ～ is wrought. 一个奇迹出现了。Yíge qíjī chūxiànle. / Only God can work a real ～. 只有上帝才会创造真正的奇迹。Zhǐyǒu shàngdì cáihuì chuàngzào zhēnzhèngde qíjī.

miraculous *a.* 奇迹般的 qíjībānde；不可思议的 bùkě-sīyìde

mirage *n.* 海市蜃楼 hǎishì-shènlóu

mire *n.* **1.** 泥坑 níkēng；淤泥 yūní；泥潭 nítán：We played on a football field that was thick with ～. 我们在泥泞不堪的足球场上踢球。Wǒmen zài nínìng-bùkānde zúqiúchǎngshang tīqiú. **2.** 困境 kùnjìng：He found himself in the ～. 他发现自己陷入了困境。Tā fāxiàn zìjǐ xiànrùle kùnjìng. *v.* **1.** 陷入泥坑 xiànrù níkēng：be ～d in a ditch 陷入泥沟 xiànrù nígōu **2.** 陷入困境 xiànrù kùnjìng：He can be ～d in detail and confusion. 他也会陷在拘泥琐事与混乱的困境中。Tā yěhuì xiànzài jūní suǒshì yǔ hùnluànde kùnjìngzhōng.

mirror *n.* **1.** 镜子 jìngzi：A woman usually carries a small ～ in her bag. 妇女通常在提包里带一面小镜子。Fùnǚ tōngcháng zài tíbāoli dài yímiàn xiǎo jìngzi. **2.** 反映 fǎnyìng；借鉴 jièjiàn：His work is a ～ of the times. 他的作品是时代的反映。Tāde zuòpǐn shì shídàide fǎnyìng. *v.* 反映 fǎnyìng；反射 fǎnshè：The glory of the morning is ～ed in the lake. 朝霞映在湖面上。Zhāoxiá yìngzài húmiànshang.

mirth *n.* 欢笑 huānxiào；高兴 gāoxìng：His sides shook with ～. 他捧腹大笑。Tā pěngfù dàxiào. / One is moved to a little quiet ～ by such a remark. 人们听到这种话不免要暗自发笑。Rénmen tīngdào zhèzhǒng huà bùmiǎn yào ànzì fāxiào.

miry *a.* **1.** 淤泥的 yūníde；泥泞的 nínìngde ＝ muddy **2.** 肮脏 āngzang ＝ dirty

mis- *pref.* 不好 bùhǎo；误 wù；错 cuò：misfortune 不幸 búxìng / misunderstand 误解 wùjiě

misadventure *n.* **1.** 不幸 búxìng；灾难 zāinàn：his marital ～s 他婚姻上的不幸 tā hūnyīnshangde búxìng **2.** 意外事故 yìwài shìgù：homicide by ～ 误杀 wùshā

misanthrope *n.* 愤世嫉俗者 fènshì-jísúzhě；厌恶人类者 yànwù rénlèi zhě

misapply *v.* 误用 wùyòng；滥用 lànyòng

misapprehend *v.* 误解 wùjiě；误会 wùhuì

misapprehension *n.* 误解 wùjiě；误会 wùhuì：Such a statement is liable to cause～. 这样的声明容易引起误解。Zhèyàngde shēngmíng róngyì yǐnqǐ wùjiě.

misappropriate *v.* 挪用 nuóyòng；盗用 dàoyòng；滥用 lànyòng：The treasurer ～d the society's funds. 这会计曾盗用该会的公款。Zhè kuàijì céng dàoyòng gāihuìde gōngkuǎn.

misbehave *v.* 表现不好 biǎoxiàn bùhǎo；行为不正 xíngwéi búzhèng

misbehavio(u)r *n.* 不规矩行为 bùguīju xíngwéi：John was punished for his ～. 约翰因行为不端而受到惩罚。Yuēhàn(John) yīn xíngwéi bùduān ér shòudào chéngfá.

miscalculate *v.* 算错 suàncuò；失算 shīsuàn

miscalculation *n.* 误算 wùsuàn；失算 shīsuàn；估计错误 gūjì cuòwù：He has made many ～s about.... 他对…已有多次失算。Tā duì … yǐyǒu duōcì shīsuàn.

miscall *v.* 错叫 cuòjiào；误称 wùchēng

miscarriage *n.* **1.** (计划的)失败 (jìhuàde)shībài：～ of one's plans 计划的失败 jìhuàde shībài **2.** (信件的)误投 (xìnjiànde)wùtóu；误送 wùsòng：～ of goods 货物的误送 huòwùde wùsòng **3.** 小产 xiǎochǎn：have a ～ 小产 xiǎochǎn * in delivery of a baby

miscarry *v.* **1.** 失败 shībài：All his plans have sadly miscarried. 他所有的计划都可悲地失败了。Tā suǒyǒude jìhuà dōu kěbēide shībàile. **2.** 小产 xiǎochǎn：She miscarried in the second month of her pregnancy. 她怀孕第二个月就小产了。Tā huáiyùn dì-èrge yuè jiù xiǎochǎnle.

miscellaneous *a.* **1.** 杂 zá：～ goods 杂货 záhuò **2.** 各种的 gèzhǒngde；多方面的 duōfāngmiànde：a ～ writer 杂文作家 záwén zuòjiā

miscellany *n.* **1.** 混合 hùnhé **2.** (*pl.*)杂集 zájí；杂录 zálù

mischance *n.* 不幸(事件) búxìng (shìjiàn)；灾难 zāinàn：By some ～ he did not receive my telegram. 由于某种意外，他没有接到我的电报。Yóuyú mǒuzhǒng yìwài, tā méiyǒu jiēdào wǒde diànbào. / end without ～ 圆满告终 yuánmǎn gàozhōng

mischief *n.* **1.** 损害 sǔnhài；危害 wēihài：One ～ comes on the neck of another. 祸不单行。Huòbù-dānxíng. / M-s come by the pound and go away by the ounce. 遭祸容易脱祸难。Zāohuò róngyì tuōhuò nán. **2.** 调皮 tiáopí；恶作剧 èzuòjù：He just did it for ～. 他做那件事只是恶作

剧。Tā zuò nàjiàn shì zhǐshì èzuòjù. **3.** 掏蛋的人 dǎodànde rén；淘气鬼 táoqìguǐ：That boy is a regular ～！那孩子老是调皮掏蛋。Nà háizi lǎoshì tiáopí dǎodàn.

mischievous *a.* **1.** 调皮的 tiáopíde；淘气的 táoqìde **2.** 有害的 yǒuhàide

miscible *a.* 易混合的 yì hùnhéde

misconceive *v.* 设想错误的 shèxiǎng cuòwùde

misconception *n.* 误解 wùjiě；错觉 cuòjué；看法错误 kànfǎ cuòwù：Many people have ～s about astrology. 许多人对占星学有错误看法。Xǔduō rén duì zhānxīngxué yǒu cuòwù kànfǎ.

misconduct *n.* **1.** 处置失当 chǔzhì shīdàng：M- of the business resulted in a loss. 经营不善招致了损失。Jīngyíng búshàn zhāozhìle sǔnshī. **2.** 不端的行为 bùduānde xíngwéi；通奸 tōngjiān：She was dismissed because of her ～. 她因行为不检而被开除。Tā yīn xíngwéi bùjiǎn ér bèi kāichú.

misconstruction *n.* 误解 wùjiě；曲解 qūjiě：Your words were open to ～. 你的话很可能被曲解。Nǐde huà hěn kěnéng bèi qūjiě.

misconstrue *v.* 误解 wùjiě；曲解 qūjiě：Her shyness was sometimes ～d as rudeness. 他的羞怯有时被误解为没有教养。Tāde xiūqiè yǒushí bèi wùjiě wéi méiyǒu jiàoyǎng.

miscount *v.* 算错 suàncuò *n.* 错算 cuòsuàn；点错 diǎncuò

miscreant *n.* 恶棍 ègùn；歹徒 dǎitú ＝ rascal

misdeal *v.* 发错(牌) fācuò(pái) *n.* 发错纸牌 fācuò zhǐpái

misdeed *n.* 不端行为 bùduān xíngwéi；罪行 zuìxíng：He will pay for his ～s. 他将为自己的不端行为付出代价。Tā jiāng wèi zìjǐde bùduān xíngwéi fùchū dàijià. / glaring ～s 严重的罪行 yánzhòngde zuìxíng

misdemeano(u)r *n.* 行为不端 xíngwéi bùduān

misdirect *v.* 指导错 zhǐdǎocuò；写错 xiěcuò；错用 cuòyòng：～ a letter 写错信封 xiěcuò xìnfēng

misdoing *n.* [～s] 坏事 huàishì

miser *n.* 财迷 cáimí；吝啬鬼 lìnsèguǐ

miserable *a.* **1.** 可怜 kělián；悲惨 bēicǎn：the ～ lives of the poor 穷人的悲惨生活 qióngrénde bēicǎn shēnghuó **2.** 很糟的 hěnzāode；倒霉的 dǎoméide：～ weather 糟糕的天气 zāogāode tiānqì **3.** 简陋的 jiǎnlòude；不像样的 bú xiàngyàngde：a ～ dinner 菲薄的饭食 fěibóde fànshí

miserably *ad.* **1.** 悲惨地 bēicǎnde **2.** 糟糕地 zāogāode ＝ very badly：～

poor 穷得一塌糊涂 qióngde yìtā-hútu / ～ ill 病得要死 bìngde yàosǐ / fail ～ 惨败 cǎnbài

miserly *a.* 吝啬的 lìnsède

misery *n.* **1.** 痛苦 tòngkǔ；悲惨 bēicǎn：He bears ～ best who hides it most. 最能掩盖自己痛苦的人是最善于忍受痛苦的。Zuì néng yǎngài zìjǐ tòngkǔde rén shì zuì shànyú rěnshòu tòngkǔde. **2.** 苦难 kǔnàn：The cyclone brought ～ to thousands of people. 旋风给成千上万的人带来苦难。Xuànfēng gěi chéngqiān-shàngwànde rén dàilái kǔnàn. **3.** 穷困 qióngkùn ＝ poverty

misfire *v.* & *n.* 不发火 bù fāhuǒ

misfit *n.* **1.** 不合身的衣服 bù héshēnde yīfu：I have never had a ～ with that tailor. 那个裁缝从未给我做过不合身的衣服。Nàge cáifeng cóngwèi gěi wǒ zuòguo bù héshēnde yīfu. **2.** 不适应环境的人 bú shìyìng huánjìngde rén：linguistic ～ 不适宜学语言的人 bú shìyí xué yǔyánde rén

misfortune *n.* **1.** 不幸 búxìng：He bore his ～s bravely. 他勇敢地忍受各种不幸。Tā yǒnggǎnde rěnshòu gèzhǒng búxìng. **2.** 灾难 zāinàn；灾祸 zāihuò：M-s never come single. 祸不单行。Huòbù-dānxíng.

misgive *v.* 使…疑虑 shǐ…yílǜ：My heart (or mind) ～s me about the result. 这一结果使我于心不安。Zhèyī jiéguǒ shǐ wǒ yúxīn-bù'ān.

misgiving *n.* [～s] 疑虑 yílǜ；顾虑 gùlǜ；担忧 dānyōu：We started off through the storm with ～s. 我们满怀焦虑地在风暴中出发。Wǒmen mǎnhuái jiāolǜde zài fēngbàozhōng chūfā.

misgovern *v.* 治理不善 zhìlǐ búshàn // misgovernment *n.*

misguide *v.* 使误入歧途 shǐ wùrù-qítú；对…领导错误 duì…lǐngdǎo cuòwù：be ～d by erroneous ideas 被错误思想引入歧途 bèi cuòwù sīxiǎng yǐnrù qítú

mishap *n.* 不幸的事 búxìngde shì：No ～ befell us. 我们没有遭到什么不幸。Wǒmen méiyǒu zāodào shénme búxìng.

misinform *v.* 告诉…错误的消息 gàosu…cuòwùde xiāoxi：I found myself grossly ～ed of it. 我发现自己听到的情况严重失实。Wǒ fāxiàn zìjǐ tīngdàode qíngkuàng yánzhòng shīshí.

misinterpret *v.* 曲解 qūjiě；误解 wùjiě：be grossly ～ed 被严重曲解 bèi yánzhòng qūjiě / He ～ed her silence as giving consent. 他把她的沉默误认为是同意。Tā bǎ tāde chénmò wù rènwéi shì tóngyì.

misjudge *v.* 误判 wùpàn；误断 wùduàn

mislay *v.* 误放 wùfàng：I have mislaid my book. 我的书不知放到什么地方了。Wǒde shū bùzhī fàngdào shénme dìfangle.

mislead *v.* **1.** 把…带错路 bǎ…dài cuòlù；使入歧途 shǐ rù qítú：be misled by bad companions 被坏朋友引入歧途 bèi huài péngyou yǐnrù qítú **2.** 使误解 shǐ wùjiě：You misled me as to your intentions. 你使我误解了你的意图。Nǐ shǐ wǒ wùjiěle nǐde yìtú.

misleading *a.* 使人误解的 shǐrén wùjiěde；引入歧途的 yǐnrù-qítúde

mismanage *v.* 办错 bàncuò；处理错误 chǔlǐ cuòwù

mismanagement *n.* 管理不善 guǎnlǐ búshàn；处置不当 chǔzhì búdàng：The bankruptcy of the business was directly due to ～. 那家企业破产的直接原因是管理不善。Nàjiā qǐyè pòchǎnde zhíjiē yuányīn shì guǎnlǐ búshàn.

misname *v.* 叫错 jiàocuò；对…称呼不当 duì…chēnghū búdàng

misnomer *n.* 用词不当 yòngcí búdàng；误称 wùchēng：Was there ever a greater ～? 还有比这更为严重的用词不当吗？Háiyǒu bǐ zhè gèngwéi yánzhòngde yòngcí búdàngma?

mispickel *n.* 毒砂 dúshā

misplace *v.* **1.** 误放 wùfàng；放错（地方）fàngcuò（dìfang）**2.** 爱错（人）àicuò（rén）；信错（人）xìncuò（rén）

misprint *v.* 印错 yìncuò *n.* 刊误 kānwù；印刷错误 yìnshuā cuòwù：The book is entirely free from ～s. 这本书没有任何印刷错误。Zhèběn shū méiyǒu rènhé yìnshuā cuòwù.

mispronounce *v.* 误发…的音 wùfā…de yīn；对…发错音 duì…fā cuò yīn：words commonly ～d 常被读错的音 cháng bèi dúcuòde yīn

mispronunciation *n.* 错误的发音 cuòwùde fāyīn：M- of this word is comparatively rare. 将这个词读错的人比较少。Jiāng zhège cí dúcuòde rén bǐjiào shǎo.

misquote *v.* 误引 wùyǐn

misread *v.* 读错 dúcuò；误解 wùjiě

misrepresent *v.* 误传 wùchuán；歪曲 wāiqū

misrepresentation *n.* 误传 wùchuán；歪曲 wāiqū：Such ～s are widely circulated. 这类误传流传甚广。Zhèlèi wùchuán liúchuán shènguǎng.

misrule *v.* 施暴政于 shī bàozhèng yú *n.* 暴政 bàozhèng；混乱 hùnluàn：long period of ～ 长期的暴政 chángqīde bàozhèng / In the absence of a stable government，the country fell into a state of ～. 因为政府不稳定，国家陷入一片混乱状态。Yīnwèi zhèngfǔ bùwěndìng，guójiā xiànrù yípiàn hùnluàn zhuàngtài.

miss[1] *n.* 小姐 xiǎojiě：M- Mary Green 玛丽·格林小姐 Mǎlì（Mary）Gélín（Green）xiǎojiě / Good morning，～！小姐，早上好！Xiǎojiě，zǎoshanghǎo！

miss[2] *v.* **1.** 错过 cuòguò；没打中 méidǎzhòng：～ a ball 没接着球 méijiēzháo qiú / The bullet ～ed me by a hair's breadth. 那颗子弹差一点打中我。Nàkē zǐdàn chàyidiǎn dǎzhòng wǒ. **2.** 没赶上 méigǎnshàng：He ～ed the train by three minutes. 他差三分钟没赶上火车。Tā chà sānfēnzhōng méigǎnshàng huǒchē. **3.** 想念 xiǎngniàn；惦念 diànniàn：She ～es her mother very much. 她非常想念母亲。Tā fēicháng xiǎngniàn mǔqin. **4.** 缺席 quēxí：～ one's class 缺课 quēkè *n.* **1.** 不中 búzhòng：ten hits and one ～ 击中十次，不中一次 jīzhòng shícì，búzhòng yícì **2.** 错误 cuòwù；失策 shīcè

missal *n.*（天主教）弥撒规程（tiānzhǔjiào）mísa guīchéng

misshapen *a.* 畸形的 jīxíngde

missile *n.* **1.** 导弹 dǎodàn：an air-to-air ～ 空对空导弹 kōngduìkōng dǎodàn / a three-stage ～ 三级导弹 sānjí dǎodàn **2.** 发射物 fāshèwù = an object thrown from a machine

missing *a.* 丢失的 diūshīde；失踪的 shīzōngde：There are two pages ～ from the book. 这本书缺少两页。Zhèběn shū quēshǎo liǎngyè. / the ～ 失踪者 shīzōngzhě = one who is not to be found

mission *n.* **1.** 传教团 chuánjiàotuán；传教会 chuánjiàohuì：The church has planted its ～ in every land. 该教会在各国都有传教机构。Gāi jiàohuì zài gèguó dōuyǒu chuánjiào jīgòu. **2.** 使团 shǐtuán；代表团 dàibiǎotuán：a commercial ～ 贸易代表团 màoyì dàibiǎotuán / a goodwill ～ 友好代表团 yǒuhǎo dàibiǎotuán **3.** 使命 shǐmìng；任务 rènwu：He discharged the ～ with skill. 他巧妙地执行了那个使命。Tā qiǎomiàode zhíxíngle nàge shǐmìng. **4.** 使馆 shǐguǎn：the ～ at Beijing 驻北京大使馆 zhù

Běijīng dàshǐguǎn

missionary *a*. 传教的 chuánjiàode；传道的 chuándàode *n*. 传教士 chuánjiàoshì

Mississippi *n*. **1**. 密西西比（州）Mìxīxībǐ（zhōu）**2**. ～ River 密西西比河 Mìxīxībǐhé

missive *n*. 公文 gōngwén；公函 gōnghán

Missouri *n*. **1**. 密苏里州 Mìsūlǐzhōu **2**. ～ River 密苏里河 Mìsūlǐhé

misspell *v*. 拼错 pīncuò：a misspelt word 拼错的字 pīncuòde zì

misspend *v*. 滥花 lànhuā；浪费 làngfèi：misspent youth 虚度的青春 xūdùde qīngchūn

misstate *v*. 谎报 huǎngbào；说错 shuōcuò

misstatement *n*. 谎报 huǎngbào：The minister's speech contained several ～s about the cost of the new aircraft. 那位部长的讲话里有好几处谎报新飞机的造价。Nàwèi bùzhǎngde jiǎnghuàli yǒu hǎojǐchù huǎngbào xīnfēijīde zàojià.

mist *n*. **1**. 雾 wù：M- rests upon the surrounding scenery. 雾笼罩着周围的景色。Wù lǒngzhàozhe zhōuwéide jǐngsè. **2**. 起模糊作用的东西 qǐ móhu zuòyòngde dōngxi：smile in a ～ of tears 噙着眼泪的微笑 qínzhe yǎnlèide wēixiào

mistakable *a*. 易错的 yìcuòde；易被误解的 yìbèi wùjiěde

mistake *v*. **1**. 误会 wùhuì；误解 wùjiě：She has mistaken me. 她误会了我。Tā wùhuìle wǒ. **2**. 搞错 gǎocuò；弄错 nòngcuò；认错 rèncuò：I mistook her for her sister. 我把她误认为她的姐姐了。Wǒ bǎ tā wùrènwéi tāde jiějiele. *n*. **1**. 错误 cuòwù；You made a ～ about the time. 你记错了时间。Nǐ jìcuòle shíjiān. **2**. 误会 wùhuì：There is a ～ between us. 我们之间有个误会。Wǒmen zhījiān yǒuge wùhuì.

mistaken *a*. 错误的 cuòwùde；弄错的 nòngcuòde：You are ～（about it）.（这件事）你弄错了。（Zhèjiàn shì）Nǐ nòng cuòle. / You are ～ about him. 你对他有所误会。Nǐ duì tā yǒusuǒ wùhuì.

mister *n*. **1**. …先生 … xiānsheng **2**. 先生 xiānsheng = sir：M-，you've dropped your gloves. 先生，你掉了手套啦。Xiānsheng，nǐ diàole shǒutàola.

mistily *ad*. **1**. 朦胧地 ménglóngde **2**. 模糊地 móhude

mistime *v*. 说得（或做得）不合时 shuōde（huò zuòde）bù hé shí：～ one's remarks 话不投机 huàbù tóujī

mistreat *v.* 虐待 nüèdài

mistress *n.* **1.** 女主人 nǚ zhǔrén：Is the ～ at home? 女主人在家吗？Nǚzhǔrén zài jiāma? **2.** 女教师 nǚ jiàoshī：Miss Zhang is our history ～. 张小姐是我们的历史教师。Zhāng xiǎojiě shì wǒmende lìshǐ jiàoshī. **3.** 才女 cáinǚ；有专长的妇女 yǒu zhuānchángde fùnǚ：She is a ～ of needlework. 她是位做针线活的能手。Tā shìwèi zuò zhēnxiànhuóde néngshǒu. **4.** 情妇 qíngfù：Leaving his wife behind, he traveled with his ～. 他把妻子甩在家里，带着情妇去旅游了。Tā bǎ qīzi shuǎi zài jiāli, dàizhe qíngfù qù lǚyóule.

mistrial *n.* 无效审判 wúxiào shěnpàn

mistrust *v.* 不信任 búxìnrèn：～ oneself 失去自信 shīqù zìxìn *n.* 不信任 bú xìnrèn；怀疑 huáiyí：She had a strong ～ of anything new and strange. 她对任何新奇的事物都不信任。Tā duì rènhé xīnqíde shìwù dōu bú xìnrèn.

mistrustful *a.* 不信任的 bú xìnrènde；猜疑的 cāiyíde：He was ～ of me. 他不信任我。Tā bú xìnrèn wǒ.

misty *a.* **1.** 有雾的 yǒuwùde；朦胧 ménglóng：～ weather 雾天 wùtiān **2.** 模糊 móhu：a ～ idea 模糊思想 móhu sīxiǎng

misunderstand *v.* 误解 wùjiě；误会 wùhuì：I am misunderstood. 我被误会了。Wǒ bèi wùhuìle.

misunderstanding *n.* **1.** 误会 wùhuì；误解 wùjiě：I don't want any ～. 我不希望有什么误解。Wǒ bù xīwàng yǒu shénme wùjiě. **2.** 争执 zhēngzhí：Serious ～s arose. 发生了严重的争执。Fāshēngle yánzhòngde zhēngzhí.

misuse *v.* **1.** 误用 wùyòng；滥用 lànyòng：a ～ of a word 一词的滥用 yìcíde lànyòng / protest against ～ of sb.'s name 抗议滥用某人的名字 kàngyì lànyòng mǒurénde míngzi **2.** 虐待 nüèdài *n.* 误用 wùyòng；滥用 lànyòng

mite¹ *n.* **1.** 一点儿 yìdiǎnr；少量的捐助 shǎoliàngde juānzhù：give one's ～ to charity 为慈善事业贡献一份微薄之力 wèi císhàn shìyè gòngxiàn yífèn wēibó zhīlì **2.** 小东西（尤指小孩）xiǎo dōngxi（yóu zhǐ xiǎohái）：Poor little ～！怪可怜的小孩！Guài kěliánde xiǎohái！

mite² *n.* 螨 mǎn

mitigate *v.* 缓和 huǎnhé；减轻 jiǎnqīng

mitre，**miter** *n.* **1.** 主教帽 zhǔjiàomào **2.** 斜接 xiéjiē；斜角缝 xiéjiǎofèng * in weaving

mitt *n.* **1.** = mitten **2.** 棒球手套 bàngqiú shǒutào = a baseball glove **3.** 露指长统女手套 lòuzhǐ chángtǒng nǚ shǒutào

mitten *n.* **1.** 连指手套 liánzhǐ shǒutào；露指手套 lòuzhǐ shǒutào **2.** [～s] 拳击手套 quánjī shǒutào

mix *v.* **1.** 混合 hùnhé；混和 hùnhé；掺和 chānhuo：You can't ～ oil and water. 你不能把油和水混合起来。Nǐ bùnéng bǎ yóu hé shuǐ hùnhé qǐlái. **2.** 调制 tiáozhì；配料 pèiliào：The doctor ～ed me some medicine. 医生给我配了一些药。Yīshēng gěi wǒ pèile yìxiē yào. **3.** 交际 jiāojì；使…交往 shǐ … jiāowǎng：Never ～ with such people. 不要同这种人交往。Búyào tóng zhèzhǒngrén jiāowǎng.

mixed *a.* **1.** 混合的 hùnhéde；混和的 hùnhéde；混杂的 hùnzáde：～ biscuits 什锦饼干 shíjǐn bǐnggān / have ～ feelings 悲喜交集 bēixǐ-jiāojí **2.** 男女混合的 nánnǚ hùnhéde：a ～ chorus 混声合唱 hùnshēng héchàng / a ～ school 男女同校 nánnǚ tóngxiào

mixer *n.* **1.** 混合者 hùnhézhě；混合器 hùnhéqì；混料箱 hùnliàoxiāng **2.** 交际家 jiāojìjiā = a sociable person

mixture *n.* **1.** 混合物 hùnhéwù；混合体 hùnhétǐ：Air is a ～, not a compound, of gases. 空气是几种气体的混合物，而不是化合物。Kōngqì shì jǐzhǒng qìtǐde hùnhéwù, ér búshì huàhéwù. **2.** 混合 hùnhé；混和 hùnhé：a strange ～ of civilization and savagery 文明与野蛮的不可思议的混合 wénmíng yǔ yěmánde bùkě-sīyìde hùnhé

mix-up *n.* **1.** 混乱 hùnluàn；**2.** 混战 hùnzhàn

miz(z)en *n.* **1.** 后桅 hòuwéi；**2.** 后帆 hòufān

mizzenmast *n.* 后桅 hòuwéi；尾桅 wěiwéi

ml = millilitre(s) 毫升 háoshēng

Mlle = Mademoiselle …小姐 … xiǎojiě = Miss

mm = millimetre(s) 毫米 háomǐ

Mme = Madame …夫人 … fūrén = Mrs.

MO. **1.** =medical officer 军医 jūnyī **2.** = mail order 邮汇 yóuhuì

moan *n.* **1.** 呻吟声 shēnyínshēng；哼哼声 hēnghēngshēng：emit ～s 发出

呻吟声 fāchū shēnyínshēng **2.** 萧萧声 xiāoxiāoshēng: the ～ of the west wind 西风萧瑟 xīfēng xiāosè *v.* **1.** 呻吟 shēnyín: The wounded man ～ed ceaselessly. 那伤员呻吟不止。Nà shāngyuán shēnyín bùzhǐ. **2.** 呼啸 hūxiào: The wind ～ed through the trees. 风呼啸着穿过树林。Fēng hūxiàozhe chuāngguo shùlín.

moat *n.* 护城河 hùchénghé; 壕 háo: a castle surrounded with a ～ 有护城河环绕的城堡 yǒu hùchénghé huánrǎode chéngbǎo

mob *n.* **1.** 暴民 bàomín; 乌合之众 wūhé zhīzhòng: The police tried to control the ～. 警察试图控制暴民。Jǐngchá shìtú kòngzhì bàomín. **2.** 人群 rénqún: a ～ of peasants 一群农民 yìqún nóngmín

mobile *a.* **1.** 运动的 yùndòngde; 活动的 huódòngde; 流动的 liúdòngde; 机动的 jīdòngde; 灵活的 línghuóde: ～ troops 机动(或快速)部队 jīdòng (huò kuàisù) bùduì **2.** 易变的 yìbiànde; 常变的 chángbiànde: a ～ mind 三心二意 sānxīn'èryì *n.* **1.** 运动物体 yùndòng wùtǐ **2.** 活动雕塑 huódòng diāosù

mobility *n.* **1.** 流动性 liúdòngxìng; 机动性 jīdòngxìng: the ～ of the population 人口的流动性 rénkǒude liúdòngxìng **2.** 迁移率 qiānyílǜ: ionic ～ 离子迁移率 lízǐ qiānyílǜ

mobilization *n.* **1.** 动员 dòngyuán: The ～ of the army was completed in 48 hours. 在48小时内完成了对军队的动员。Zài sìshíbā xiǎoshínèi wánchéngle duì jūnduìde dòngyuán. **2.** 动用 dòngyòng = employment

mobilize *v.* **1.** 动员 dòngyuán: ～ the army and navy 动员海陆军 dòngyuán hǎi-lùjūn / ～ all positive factors 调动一切积极因素 diàodòng yíqiè jījí yīnsù **2.** 动用 dòngyòng = to employ; put to use

mobster *n.* 暴徒 bàotú

moccasin *n.* **1.** 鹿皮 lùpí; **2.** (*pl.*) 鹿皮鞋 lùpíxié * shoes as worn by North American Indians **3.** 摩卡辛蛇 mókǎxīnshé

mock *v.* **1.** 嘲笑 cháoxiào; 取笑 qǔxiào: They ～ed at my timidity. 他们嘲笑我胆小。Tāmen cháoxiào wǒ dǎnxiǎo. **2.** 欺骗 qīpiàn; 逗弄 dòunong: ～ sb. with empty promises 用空洞的诺言欺骗某人 yòng kōngdòngde nuòyán qīpiàn mǒurén **3.** 挫败 cuòbài = frustrate *n.* 嘲弄 cháonòng: make a ～ of a person 嘲笑某人 cháoxiào mǒurén *a.* 假的 jiǎde; 虚幻的 xūhuànde; 模仿的 mófǎngde: a ～ battle 模拟战

mónǐzhàn

mocker *n.* 嘲笑者 cháoxiàozhě

mockery *n.* **1.** 嘲笑 cháoxiào；愚弄 yúnòng：I cannot stand ～. 我不能忍受嘲笑。Wǒ bùnéng rěnshòu cháoxiào. **2.** 嘲笑的对象 cháoxiàode duìxiàng：She has become a ～ to the whole school. 她成了全校嘲笑的对象。Tā chéngle quánxiào cháoxiàode duìxiàng.

mockingbird *n.* 嘲鸫 cháodōng * a kind of bird

mock-up *n.* 实物大模型 shíwù dà móxíng

modal *a.* **1.** 形式（上）的 xíngshì(shang)de **2.** 情态的 qíngtàide；语气的 yǔqìde：a ～ auxiliary 语气助动词 yǔqì zhùdòngcí / a ～ verb 情态动词 qíngtài dòngcí

mode *n.* **1.** 方式 fāngshì；风度 fēngdù；派头 pàitóu：their ～s of thought 他们的思想方式 tāmende sīxiǎng fāngshì **2.** [the ～] 风尚 fēngshàng；时装 shízhuāng：the latest ～（of clothes）（服装的）最新款式（fúzhuāngde）zuìxīn kuǎnshì **3.** 调式 diàoshì **4.** 语气 yǔqì **5.** 众数 zhòngshù * in statistics

model *n.* **1.** 模型 móxíng；原型 yuánxíng：the ～ of an aeroplane 飞机模型 fēijī móxíng / First a ～ is made for a statue. 塑铜像先造原型。Sù tóngxiàng xiānzào yuánxíng. **2.** 典型 diǎnxíng；模范 mófàn：paint after a ～ 临摹名画 línmó mínghuà **3.** 样式 yàngshì：an out-of-date ～ 过时的样式 guòshíde yàngshì **4.** 模特儿 mótèr：She is a photographic ～. 她是个摄影模特儿。Tā shìge shèyǐng mótèr. *v.* **1.** 做模型 zuò móxíng：She ～s in clay. 她用泥土做模型。Tā yòng nítǔ zuò móxíng. **2.** 做模特儿 zuò mótèr：She ～s for an illustrator. 她为一位插图画家当模特儿。Tā wèi yíwèi chātú huàjiā dāng mótèr.

moderate *a.* **1.** 适度的 shìdùde；适中的 shìzhōngde；中等的 zhōngděngde：be ～ in one's demands 需求适度 xūqiú shìdù / Be ～ in all things. 万事守中庸。Wànshì shǒu zhōngyōng. **2.** 温和 wēnhé；稳健 wěnjiàn：a ～ breeze 和风 héfēng / be ～ in temper 性情温和 xìngqíng wēnhé *n.* 稳健的人 wěnjiànde rén；中间派 zhōngjiānpài *v.* **1.** 缓和 huǎnhé；减轻 jiǎnqīng **2.** 节制 jiézhì；调节 tiáojié

moderately *ad.* 适度地 shìdùde；稳健地 wěnjiànde

moderation *n.* **1.** 适度 shìdù；适中 shìzhōng；节制 jiézhì：great ～ in drinking 大力节制饮酒 dàlì jiézhì yǐnjiǔ / Some people say that smoking in ～ isn't harmful to health. 有些人说，有节制地吸烟对健康并无害处。Yǒuxiē rén shuō，yǒu jiézhìde xīyān duì jiànkāng bìngwú hàichu. **2.** 温和 wēnhé；稳健 wěnjiàn：～ of speech 言词温和 yáncí wēnhé

moderator *n.* **1.** 缓和剂 huǎnhéjì **2.** 减速剂 jiǎnsùjì **3.** 仲裁人 zhòngcáirén；调解人 tiáojiěrén **4.** 主持人 zhǔchírén ＝ host for a TV program

modern *a.* **1.** 现代的 xiàndàide；新时代的 xīn shídàide；摩登的 módēngde：～ farming machine 现代农业机械 xiàndài nóngyè jīxiè / ～ use 现代用法 xiàndài yòngfǎ **2.** 近代的 jìndàide；近世的 jìnshìde：～ language 近代语言 jìndài yǔyán *n.* 现代人 xiàndàirén；新时代人 xīn shídài rén ＝ person living in ～ times

modernism *n.* **1.** 现代主义 xiàndàizhǔyì；现代派 xiàndàipài：You will find very few ～s in this writer's books. 在这位作家的著作中，你很少能发现现代主义的东西。Zài zhèwèi zuòjiāde zhùzuòzhōng，nǐ hěnshǎo néng fāxiàn xiàndàizhǔyìde dōngxi. **2.** 现代语 xiàndàiyǔ ＝ language peculiar to modern times

modernization *n.* 现代化 xiàndàihuà：achieve ～ of science and technology 实现科学技术现代化 shíxiàn kēxué jìshù xiàndàihuà

modernize *v.* 现代化 xiàndàihuà：Ought we to ～ our spelling? 我们应该把我们的拼字法现代化吗？Wǒmen yīnggāi bǎ wǒmende pīnzìfǎ xiàndàihuàma?

modest *a.* **1.** 合适的 héshìde；正当的 zhèngdàngde：a ～ request 恰如其分的要求 qiàrúqífènde yāoqiú **2.** 谦逊 qiānxùn；谦虚 qiānxū：Really great men are essentially ～. 真正伟大的人实质上是很谦虚的。Zhēnzhèng wěidàde rén shízhìshang shì hěn qiānxūde. **3.** 正经 zhèngjing；庄重的 zhuāngzhòngde：She is ～ in speech，dress and behavior. 她在谈吐、衣着、举止方面都很端庄淑静。Tā zài tántǔ、yīzhuó、jǔzhǐ fāngmiàn dōu hěn duānzhuāng shūjìng.

modicum *n.* 少量 shǎoliàng

modification *n.* **1.** 缓和 huǎnhé；限制 xiànzhì：The ～ of his anger made him able to think clearly again. 他的怒气消了一些，这使他能重新清楚地想一想。Tāde nùqì xiāole yìxiē，zhè shǐ tā néng chóngxīn qīngchude xiǎngyixiǎng. **2.** 修改 xiūgǎi；更改 gēnggǎi；改变 gǎibiàn：The plan requires some ～. 这计划需要作修改。Zhè jìhuà xūyào zuò xiūgǎi. **3.** 修

饰 xiūshì = to qualify

modifier *n.* 修饰语 xiūshìyǔ

modify *v.* **1.** 缓和 huǎnhé；减缓 jiǎnhuǎn：You'd better ~ your tone. 你最好说得婉转些。Nǐ zuìhǎo shuōde wǎnzhuǎnxiē. **2.** 修改 xiūgǎi；更改 gēnggǎi；改变 gǎibiàn：~ materially 作实质性的修改 zuò shízhìxìngde xiūgǎi / partially ~ 部分修改 bùfen xiūgǎi **3.** 修饰 xiūshì：Adjectives ~ nouns and adverbs ~ verbs. 形容词修饰名词，副词修饰动词。Xíngróngcí xiūshì míngcí，fùcí xiūshì dòngcí.

modish *a.* 流行的 liúxíngde；时髦的 shímáode

modulate *v.* **1.** 调制 tiáozhì；调整 tiáozhěng；调节 tiáojié：Some people are able to ~ their voices according to the size of the room in which they speak. 有些人能根据房间的大小调节自己讲话的声音。Yǒuxiērén néng gēnjù fángjiānde dàxiǎo tiáojié zìjǐ jiǎnghuàde shēngyīn. **2.** 转调 zhuǎndiào：~ from a key to another 从一个调转到另一个调 cóng yíge diào zhuǎndào lìngyíge diào * in music

modulation *n.* **1.** 调制 tiáozhì；调幅 tiáofú：amplitude ~ 调幅（调频）tiáofú（tiáopín）**2.** 转调 zhuǎndiào：a ~ from F to B 由 F 调转为 B 调 yóu F diào zhuǎnwéi B diào

modulus *n.* 模 mó；模数 móshù；模差 móchā；模量 móliàng：elastic ~ 弹性模量 tánxìng móliàng

mohair *n.* 马海呢 mǎhǎiní

Mohammed *n.* 穆罕默德 Mùhǎnmòdé

Mohammedan *a.* 伊斯兰教的 Yīsilánjiàode = Muslim *n.* 伊斯兰教徒 Yīsilán jiàotú；穆斯林 Mùsilín

Mohammedanism *n.* 伊斯兰教 Yīsilánjiào

moiety *n.* 一半 yíbàn

moil *v.* & *n.* 做苦工 zuò kǔgōng

moist *a.* 潮湿 cháoshī；湿润 shīrùn：The child's eyes grew ~. 那小孩两眼湿润了。Nà xiǎohái liǎngyǎn shīrùnle. / Winds from the sea are usually ~. 海风通常是湿滋滋的。Hǎifēng tōngcháng shì shīzīzīde.

moisten *v.* 弄湿 nòngshī；沾湿 zhānshī：He ~ed his lips with his tongue. 他用舌头湿润了一下嘴唇。Tā yòng shétou shīrùnle yíxià zuǐchún.

moisture *n.* **1.** 潮气 cháoqì；湿气 shīqì；水分 shuǐfèn；湿度 shīdù：The desert air contains hardly any ~. 沙漠里的空气几乎不含水分。

Shāmòlide kōngqì jīhū bùhán shuǐfèn. **2.** 降雨 jiàngyǔ: About 70 percent of the annual ～ occurred during the growing season. 约有百分之七十的降雨发生在农作物生长季节。Yuēyǒu bǎifēnzhī qīshíde jiàngyǔ fāshēng zài nóngzuòwù shēngzhǎng jìjié.

molar[1] *a.* 克分子的 kèfēnzǐde; 容模的 róngmóde: a ～ solution 容模溶液 róngmó róngyè

molar[2] *n.* & *a.* 臼齿(的) jiùchǐ(de)

molasses *n.* 糖蜜 tángmì

mold *n.* & *v.* ＝ mould

Moldavian *a.* 摩尔达维亚的 Mó'ěrdáwéiyàde *n.* **1.** 摩尔达维亚人 Mó'ěrdáwéiyàrén **2.** 摩尔达维亚语 Mó'ěrdáwéiyàyǔ

mole[1] *n.* 黑痣 hēizhì

mole[2] *n.* 鼹鼠 yǎnshǔ: as blind as a ～ 双目全瞎 shuāngmù quánxiā

mole[3] *n.* 防波堤 fángbōdī

mole[4] *n.* 克分子 kèfēnzǐ

molecular *a.* 分子的 fēnzǐde: a ～ compound 分子化合物 fēnzǐ huàhéwù / ～ concentration 分子浓度 fēnzǐ nóngdù / ～ weight 分子量 fēnzǐliàng

molecule *n.* 分子 fēnzǐ

mole-hill *n.* 鼹鼠窝 yǎnshǔwō; 鼹鼠丘 yǎnshǔqiū: make a mountain out of a ～ 小题大做 xiǎotí-dàzuò

molese *v.* 骚扰 sāorǎo; 干扰 gānrǎo

mollify *v.* **1.** 镇静 zhènjìng; 软化 ruǎnhuà; 减轻 jiǎnqīng; 缓和 huǎnhé: ～ sb.'s anger 平平某人的气 píngpíng mǒurénde qì **2.** 宽慰 kuānwèi; 抚慰 fǔwèi ＝ make a person feel calmer

mollusc *n.* 软体动物 ruǎntǐ dòngwù

molly-coddle *n.* 娇生惯养的人 jiāoshēng-guànyǎngde rén *v.* 娇养 jiāoyǎng; 纵容 zòngróng ＝ pamper

molten *a.* 熔化的 rónghuàde; 铸造的 zhùzàode: ～ metal 金属液 jīnshǔyè

moment *n.* **1.** 片刻 piànkè; 瞬间 shùnjiān: His courage failed him at the last ～. 他在最后一刻失去了勇敢。Tā zài zuìhòu yíkè shīqùle yǒnggǎn. // at any ～ 随时 suíshí / in a ～ 立刻 lìkè / for a ～ 片刻 piànkè **2.** 时机 shíjī: at ～s 时时刻刻 shíshi-kèkè / at the ～ 此刻 cǐkè; 那时 nàshí ＝ at that ～ / for the ～ 目前 mùqián **3.** 紧要 jǐnyào; 重要 zhòngyào: be of little ～ 无足轻重 wúzú-qīngzhòng **4.** 矩 jǔ: magnetic ～ 磁矩 cíjǔ

/ ～ of force 力矩 lìjǔ **5.** 动差 dòngchā ＊ in statistics

momentary *a.* 瞬息间的 shùnxījiānde；片刻的 piànkède

momentous *a.* 重大的 zhòngdàde；严重的 yánzhòngde

momentum *n.* **1.** 动量 dòngliàng：Do falling objects gain ～？下落物体的动量是否增加？Xiàluò wùtǐde dòngliàng shìfǒu zēngjiā？**2.** 动向 dòngxiàng；势头 shìtóu：on the ～ of a business boom 乘着商业繁荣的势头 chéngzhe shāngyè fánróngde shìtóu **3.** 要素 yàosù ＝ essential element

monad *n.* **1.** 单元 dānyuán **2.** 一价物 yījiàwù；一价基 yījiàjī ＊ in chemistry **3.** 单细胞动植物 dānxìbāo dòng-zhíwù

monarch *n.* **1.** 君主 jūnzhǔ；国王 guówáng **2.** 王 wáng：The lion is called the ～ of all beasts. 狮子称作百兽之王。Shīzi chēngzuò bǎishòu zhī wáng.

monarchic(al) *a.* 君主的 jūnzhǔde；君主政体的 jūnzhǔ-zhèngtǐde

monarchist *n.* 君主主义者 jūnzhǔ-zhǔyìzhě

monarchy *n.* **1.** 君主政治 jūnzhǔ zhèngzhì；君主政体 jūnzhǔ zhèngtǐ：discard the ～ 废弃君主政体 fèiqì jūnzhǔ zhèngtǐ **2.** 君主国 jūnzhǔguó：Morocco is a sovereign independent ～. 摩洛哥是个有主权的独立君主国。Móluògē (Morocco) shìge yǒu zhǔquánde dúlì jūnzhǔguó.

monastery *n.* **1.** 男修道院（天主教）nán xiūdàoyuàn (tiānzhǔjiào)：The monks have vowed never to leave the ～. 修道士们发誓永不离开修道院。Xiūdàoshìmen fāshì yǒngbù líkāi xiūdàoyuàn. **2.** 寺院 sìyuàn；庙宇 miàoyǔ：a Buddhist ～ 佛庙 fómiào

monastic *a.* 寺院的 sìyuànde

monatomic *a.* 单原子的 dānyuánzǐde：a ～ molecule 单元子分子 dānyuánzǐ fēnzǐ

Monday *n.* 星期一 Xīngqī-yī： The Debating Society meets on alternate ～s. 辩论会每逢隔周的星期一举行一次。Biànlùnhuì měiféng gézhōude Xīngqī-yī jǔxíng yícì.

monetary *a.* 金融的 jīnróngde；货币的 huòbìde：the ～ system 货币制度 huòbì zhìdù

money *n.* **1.** 金钱 jīnqián；货币 huòbì：He doesn't usually carry much ～ on him. 他通常身上不多带钱。Tā tōngcháng shēnshang bù duōdài qián. **2.** 财富 cáifù：make ～ 发财 fācái **3.**（赛马、赛狗中）前三名优

胜者(sàimǎ、sàigǒuzhōng)qiánsānmíng yōushèngzhě;优胜奖金 yōushèng jiǎngjīn: His horse took third ～. 他的马赢了第三奖。Tāde mǎ yíngle dì-sān jiǎng.

moneyed *a.* 有钱的 yǒuqiánde; 富有的 fùyǒude

monger *n.* 商人 shāngrén;贩子 fànzi: a war ～ 战争贩子 zhànzhēng fànzi

Mongol *n.* 蒙古人 Měnggǔrén

Mongolian *a.* **1.** 蒙古的 Měnggǔde; 蒙族的 Měngzúde; 蒙古人的 Měnggǔrénde **2.** 蒙古语的 Měnggǔyǔde *n.* **1.** 蒙古人 Měnggǔrén **2.** 蒙古语 Měnggǔyǔ

mongrel *n.* **1.** 杂种狗 zázhǒnggǒu **2.** 杂种 zázhǒng; 混血儿 hùnxuè'ér *a.* 混杂的 hùnzáde = of mixed breed

monism *n.* 一元论 yīyuánlùn

monition *n.* **1.** 劝告 quàngào; 警告 jǐnggào = warning **2.** 传唤 chuánhuàn = summon **3.** 传票 chuánpiào = summons

monitor *n.* **1.** 班长 bānzhǎng: He is the ～. 他是班长。Tā shì bānzhǎng. **2.** 监听员 jiāntīngyuán **3.** 监视器 jiānshìqì: water ～ 水质监视器 shuǐzhì jiānshìqì **4.** 大蜥蜴 dà xīyì = big lizard *v.* **1.** 监听 jiāntīng; 监视 jiānshì; 监控 jiānkòng **2.** 检验 jiǎnyàn **3.** 审查节目 shěnchá jiémù

monitress *n.* 女班长 nǚ bānzhǎng

monk *n.* 修士 xiūshì; 和尚 héshang; 喇嘛 lǎma: a Buddhist ～ 和尚 héshang

monkey *n.* **1.** 猴子 hóuzi: M-s chatter. 猴子吱吱地叫。Hóuzi zhīzhīde jiào. **2.** 淘气鬼 táoqìguǐ: What have you done, you little ～! 你干了什么啦,你这个小捣蛋! Nǐ gànle shénmela, nǐ zhège xiǎodǎodàn! **3.** 吸毒瘾 xīdúyǐn: have a ～ on one's back 毒瘾很深 dúyǐn hěnshēn **4.** 500英镑(美元) wǔbǎi yīngbàng (měiyuán): He won a ～ at the horse races. 他赛马赢了500镑。Tā sàimǎ yíngle wǔbǎi bàng.

monkish *a.* 僧的 sēngde; 似僧的 sì sēngde; 僧人生活的 sēngrén shēnghuóde

mono 单 dān; 一 yī

monobasic *a.* 一元的 yīyuánde; 一价的 yījiàde: ～ acid 一价酸 yījiàsuān

monochromatic *a.* 单色的 dānsède: ～ light 单色光 dānsèguāng

monocle *n.* 单眼镜 dānyǎnjìng

monogram *n.* 花押字 huāyāzì

monograph *n.* 专题文章 zhuāntí wénzhāng；专题著作 zhuāntí zhùzuò：The ～ covers the development of anesthesia. 这本专著论述麻醉技术的发展。Zhèběn zhuānzhù lùnshù mázuì jìshùde fāzhǎn.

monolith *n.* **1**. 独石柱 dúshízhù；独石碑 dúshíbēi；独块巨石 dúkuài jùshí **2**. 整(体)料 zhěng(tǐ)liào

monolithic *a.* **1**. 独块巨石的 dúkuài jùshíde **2**. 整体的 zhěngtǐde；一致的 yízhìde

monolog *n.* 独白 dúbái；独角戏 dújiǎoxì：interior ～ 内景独白 nèijǐng dúbái

monomania *n.* 单狂 dānkuáng；偏癖 piānpǐ

monoplane *n.* 单翼机 dānyìjī：a two-seater ～ 双座单翼机 shuāngzuò dānyìjī

monopolist *n.* 垄断者 lǒngduànzhě；专卖者 zhuānmàizhě

monopolistic *a.* 垄断的 lǒngduànde

monopolize *v.* **1**. 垄断 lǒngduàn **2**. 专营 zhuānyíng；专卖 zhuānmài

monopoly *n.* **1**. 垄断商品 lǒngduàn shāngpǐn：break the Spanish ～ of Oriental commerce 打破西班牙对东方贸易的垄断 dǎpò Xībānyá (Spanish) duì dōngfāng màoyìde lǒngduàn **2**. 垄断权 lǒngduànquán；专卖权 zhuānmàiquán；专利权 zhuānlìquán：The government has the ～ of tobacco. 政府拥有烟草专卖权。Zhèngfǔ yōngyǒu yāncǎo zhuānmàiquán. **3**. 垄断者 lǒngduànzhě；垄断集团 lǒngduàn jítuán：the steel ～ 钢铁垄断资本家(集团) gāngtiě lǒngduàn zīběnjiā (jítuán)

monosyllabic *a.* 单音节的 dānyīnjiéde

monosyllable *n.* 单音节词 dānyīnjiécí

monotheism *n.* 一神教 yìshénjiào

monotone *n.* 单调 dāndiào；单调音 dāndiàoyīn

monotonous *a.* 单调的 dāndiàode；千篇一律的 qiānpiān-yílǜde：a ～ voice 单调的声音 dāndiàode shēngyīn

monotony *n.* 单调 dāndiào；千篇一律 qiānpiān-yílǜ：vary a programme to avoid ～ 使节目多样化以免单调 shǐ jiémù duōyànghuà yǐmiǎn dāndiào

monotype *n.* 单字自动排铸机 dānzì zìdòng páizhùjī

monovalent *a.* 一价的 yījiàde；单价的 dānjiàde

monoxide *n.* 一氧化物 yīyǎng-huàwù

monsieur *n.* 先生 xiānsheng ＝ Mr.，Sir：Yes，～. 是，先生。Shì，

xiānsheng.

monsoon *n.* **1.** 季风 jìfēng: the dry ～ 冬季季风 dōngjì jìfēng / the wet ～ 夏季季风 xiàjì jìfēng **2.** 季风期 jìfēngqī; 季雨 jìyǔ

monster **1.** 怪物 guàiwu: a terrible ～ 可怕的怪物 kěpàde guàiwu **2.** 巨兽 jùshòu; 怪兽 guàishòu; 残忍的人 cánrěnde rén: tame ～ 驯服巨兽 xùnfú jùshòu / an inhuman ～ 无人性的恶徒 wúrénxìngde ètú *a.* 庞大的 pángdàde

monstrosity *n.* 怪异 guàiyì; 怪物 guàiwu

monstrous *a.* **1.** 奇形怪状的 qíxíng-guàizhuàngde; 怪异的 guàiyìde **2.** 庞大的 pángdàde; 异常大的 yìcháng dàde **3.** 可怕的 kěpàde; 极恶的 jí'ède

montage *n.* **1.** 综合画 zōnghéhuà **2.** 蒙太奇 měngtàiqí; 剪辑 jiǎnjí

Mont Blanc *n.* 勃朗峰 Bólǎngfēng

month *n.* **1.** 月份 yuèfèn: last ～ 上月 shàngyuè / the ～ after next 再下一个月 zài xià yígeyuè **2.** 一个月的时间 yígeyuède shíjiān: It will occupy you many ～s. 它将占去你好几个月的时间。Tā jiāng zhànqù nǐ hǎojǐge yuède shíjiān.

monthly *a.* 每月的 měiyuède; 按月的 ànyuède: pay ～ 每月付款 měiyuè fùkuǎn *n.* **1.** 月刊 yuèkān = a monthly magazine **2.** (*pl.*) 月经 yuèjīng = menses

monument *n.* **1.** 纪念碑 jìniànbēi; 纪念物 jìniànwù: the M- to the People's Heroes 人民英雄纪念碑 Rénmín Yīngxióng Jìniànbēi **2.** 标石 biāoshí; 界碑 jièbēi **3.** 遗迹 yíjī; 古迹 gǔjī: ancient ～s 古迹 gǔjī **4.** 不朽著作 bùxiǔ zhùzuò; 丰功伟绩 fēnggōng wěijī: literary ～s 不朽的文学作品 bùxiǔde wénxué zuòpǐn

monumental *a.* **1.** 纪念碑的 jìniànbēide; 纪念性的 jìniànxìngde: a ～ inscription 碑铭 bēimíng **2.** 不朽的 bùxiǔde

moo *n.* 哞 mōu *v.* 哞哞地叫 mōumōude jiào

mood[1] *n.* 语气 yǔqì: the indicative ～ 陈述语气 chénshù yǔqì / the imperative ～ 祈使语气 qíshǐ yǔqì / the subjunctive ～ 虚拟语气 xūnǐ yǔqì

mood[2] *n.* **1.** 心境 xīnjìng; 心情 xīnqíng: He is in a merry ～. 他心情舒畅。Tā xīnqíng shūchàng. / She was in a friendly ～ that evening. 那天晚上他很友好。Nàtiān wǎnshang tā hěn yǒuhǎo. **2.** 基调 jīdiào: the emotional ～ of a play 一出戏的感情基调 yìchūxìde gǎnqíng jīdiào

moody *a.* **1.** 喜怒无常的 xǐnù-wúchángde **2.** 阴沉的 yīnchénde

moon *n.* **1.** 月亮 yuèliang: How bright the ~ is tonight! 今晚月亮多明亮! Jīnwǎn yuèliang duō míngliàng! **2.** 卫星 wèixīng: The planet Jupiter has nine ~s. 木星有九个卫星。Mùxīng yǒu jiǔge wèixīng. **3.** 太阴月 tàiyīnyuè = month: once in a blue ~ 难得有机会 nándé yǒu jīhuì / on the seventh day of the seventh ~ 在阴历7月7日 zài yīnlì qīyuè qīrì *v.* 闲荡 xiándàng

moonbeam *n.* 一道月光 yídào yuèguāng

moonlight *n.* 月光 yuèguāng: travel by ~ 月夜旅行 yuèyè lǚxíng

moonlit *a.* 月光普照的 yuèguāng-pǔzhàode; 月明的 yuèmíngde = lit by the moon: a ~ scene 月夜的景色 yuèyède jǐngsè; 月景 yuèjǐng

moonshine *n.* **1.** 月光 yuèguāng = moonlight **2.** 幻想 huànxiǎng; 空谈 kōngtán = empty talk

moonstruck *a.* 发疯的 fāfēngde

moor[1] *n.* 沼泽 zhǎozé; 荒野 huāngyě = open wasteland: a stretch of ~s 一片荒野 yípiàn huāngyě

moor[2] *v.* 停泊 tíngbó; 泊船 bóchuán; 系留 jìliú: be ~ed at a pier 停泊在码头旁 tíngbózài mǎtoupáng / a motor boat ~ed to a buoy 系在浮筒上的汽艇 jìzài fútǒngshangde qìtǐng

mooring *n.* **1.** 停泊 tíngbó; 系留 jìliú **2.** (*pl.*) 停泊所 tíngbósuǒ: The lake provides ~s for 166 boats. 那湖可供166条船停泊。Nàhú kěgōng yībǎiliùshíliù tiáo chuán tíngbó.

moorland *n.* 高沼地 gāozhǎodì

moose *n.* 麋 mí

moot *v.* 讨论 tǎolùn *a.* 争论的 zhēnglùnde; 未决的 wèijuéde: a ~ point 争执点 zhēngzhídiǎn

mop *n.* 墩布 dūnbù; 拖把 tuōbǎ *v.* **1.** 用拖把拖洗 yòng tūobǎ tuōxǐ: ~ the floor 擦地板 cā dìbǎn **2.** 擦 cā; 抹 mā: The nurse gently mopped the blood from the wound. 护士轻轻地擦去伤口上的血。Hùshi qīngqīngde cāqù shāngkǒushangde xiě. **3.** 肃清 sùqīng; 扫荡 sǎodàng * in military affairs

mope *v.* 闹情绪 nàoqíngxù; 郁郁不乐 yùyù-búlè: ~ one's time away 郁郁不乐地度过一段时间 yùyù-búlède dùguo yíduàn shíjiān *n.* **1.** 忧郁的人 yōuyùde rén = person who ~s **2.** (*pl.*) 心境恶劣 xīnjìng èliè; 沮丧 jǔsàng: He suffers from the ~s. 他感受心境恶劣的痛苦。Tā gǎnshòu xīnjìng èliède tòngkǔ.

moped *n.* 机器自行车 jīqì zìxíngchē = motorized pedal cycle

moral *a.* **1.** 道德(上)的 dàodé(shang)de；道义的 dàoyìde：～ culture 德育 déyù **2.** 有道德的 yǒu dàodéde：a ～ man 有道德的人 yǒu dàodéde rén **3.** 有教育意义的 yǒu jiàoyù yìyìde **4.** 精神上的 jīngshénshangde：～ courage 见义勇为的精神 jiànyì-yǒngwéide jīngshén *n.* **1.** 寓意 yùyì；教训 jiàoxun：I am afraid you don't quite see the ～ of the story. 恐怕你还不甚理解这个故事的寓意。Kǒngpà nǐ hái búshèn lǐjiě zhège gùshide yùyì. **2.** (*pl.*) 道德 dàodé；品行 pǐnxíng：In his business affairs he has no ～s. 他做生意不讲道德。Tā zuò shēngyi bùjiǎng dàodé.

morale *n.* 风纪 fēngjì；士气 shìqì：stiffen the ～ of the troops 鼓舞部队的士气 gǔwǔ bùduìde shìqì / The student ～ there is perfect. 那里校风优良。Nàli xiàofēng yōuliáng.

moralist *n.* 道德家 dàodéjiā；讲道德的人 jiǎng dàodéde rén

morality *n.* **1.** 道德 dàodé；品行 pǐnxíng：There's no such thing as abstract ～. 抽象的道德是不存在的。Chōuxiàngde dàodé shì bù cúnzàide. **2.** 说教 shuōjiào：He ended his lecture with a trite ～. 他以陈腐的说教结束了他的演讲。Tā yǐ chénfǔde shuōjiào jiéshùle tāde yǎnjiǎng.

moralize *v.* 从道德上说明 cóng dàodéshang shuōmíng；从…吸取教训 cóng … xīqǔ jiàoxun：～ a fable 说明寓言的深刻含意 shuōmíng yùyánde shēnkè hányì

morally *ad.* **1.** 道德上 dàodéshang；德义上 déyìshang **2.** 合乎道德的 héhū dàodéde：act ～ 行动规规矩矩 xíngdòng guīgui-jūjū **3.** 确实地 quèshíde = certainly

morass *n.* 沼泽 zhǎozé

moratorium *n.* 延期偿付 yánqī chángfù

morbid *a.* 病态的 bìngtàide；疾病的 jíbìngde：～ anatomy 病理解剖学 bìnglǐ jiěpōuxué

mordant *a.* 尖锐 jiānruì；尖酸刻薄的 jiānsuān kèbóde：～ criticism 尖锐的批评 jiānruìde pīpíng *n.* 媒染剂 méirǎnjì * a chemical

more *a.* **1.** 更多的 gèngduōde：I have a lot ～ work to do. 我还有很多工作要做。Wǒ háiyǒu hěnduō gōngzuò yào zuò. **2.** 多余的 duōyúde；另加的 lìngjiāde：What ～ do you want? 你还要什么？Nǐ hái yào shénme? *ad.* **1.** 更 gèng：It is even ～ a poem than a picture. 与其说它是一幅画，

倒不如说他是一首诗。Yǔqí shuō tā shì yìfú huà，dào bùrú shuō tā shì yìshǒushī. **2.** 再 zài：Time lost will return no ～. 失去了的时间不会再来。Shīqùlede shíjiān búhuì zài lái. **3.** 更多 gèngduō：You should sleep ～ than you do. 你应该多睡一些。Nǐ yīnggāi duō shuì yìxiē. // all the ～ 更加 gèngjiā / ～ and ～ 愈来愈 yùláiyù / ～ or less 或多或少 huòduō-huòshǎo / ～ than 多于 duōyú；大于 dàyú / ～ than all 尤其是 yóuqíshì / much (or still) ～ 何况 hékuàng / no ～ 不再 búzài / no ～ than = not any ～ than 仅仅 jǐnjǐn；不过 búguò；同…一样 tóng … yíyàng / not ～ than 不超过 bùchāoguò / the ～ … the ～ … …愈多，…愈甚 … yùduō，… yùshèn *n.* 更多 gèngduō：There is still a little ～ left. 还剩下一些。Hái shèngxià yìxiē.

moreover *ad.* 而且 érqiě；此外 cǐwài

morganatic *a.* 贵贱的 guìjiànde：a ～ marriage 贵族和平民的婚姻 guìzú hé píngmínde hūnyīn

morgue *n.* **1.** 陈尸所 chénshīsuǒ = mortuary **2.** 资料室 zīliàoshì；参考图书室 cānkǎo túshūshì = reference file of a newspaper office

moribund *a.* 垂死的 chuísǐde；临终的 línzhōngde；没落的 mòluòde；腐朽的 fǔxiǔde：Imperialism is ～. 帝国主义是垂死的。Dìguó-zhǔyì shì chuísǐde.

morn *n.* 早晨 zǎochen

morning *n.* 早晨 zǎochen；上午 shàngwǔ：a bright ～ 晴朗的早晨 qínglǎngde zǎochen / I saw him this ～. 今天上午我看到过他。Jīntiān shàngwǔ wǒ kàndàoguo tā.

morning-glory *n.* 牵牛花 qiānniúhuā

Moroccan *a.* 摩洛哥的 Móluògēde *n.* 摩洛哥人 Móluògē rén

moron *n.* 低能者 dīnéngzhě；痴呆者 chīdāizhě

morose *a.* 阴郁 yīnyù；忧闷 yōumèn

morpheme *n.* 词素 císù；形态素 xíngtàisù = in linguistics

morphia *n.* 吗啡 mǎfēi

morphologic *a.* 形态学的 xíngtàixuéde

morphology *n.* **1.** 形态学 xíngtàixué **2.** 词法 cífǎ；词态学 cítàixué

morsel *n.* **1.** 一口 yìkǒu；少量 shǎoliàng：He ate his ～ quickly in the morning. 早上他匆匆忙忙地吃了一点东西。Zǎoshang tā cōngcong-mángmángde chīle yìdiǎn dōngxi. **2.** 小片 xiǎopiàn；小块 xiǎokuài

mortal *a.* **1.** 要死的 yàosǐde：Man is ～. 人都是要死的。Rén dōushì yàosǐde. **2.** 致死的 zhìsǐde；致命的 zhìmìngde：a ～ wound 致命伤 zhìmìngshāng **3.** 不共戴天的 búgòng-dàitiānde：a ～ enemy 死敌 sǐdí **4.** 非常的 fēichángde：in a ～ hurry 急得要命的 jíde yàomìngde *n.* **1.** 人 rén：She was one of the best-hated and best-abused ～. 她是一个最被人痛恨，最遭人诅咒的人。Tā shì yíge zuì bèi rén tònghèn，zuì zāo rén zǔzhòude rén. **2.** 终有一死的生物 zhōng yǒu yī sǐde shēngwù

mortality *n.* **1.** 必死性 bìsǐxìng **2.** 死亡率 sǐwánglǜ；死亡数 sǐwángshù：It is said that this ～ is rising. 据说该死亡率正在上升。Jùshuō gāi sǐwánglǜ zhèngzài shàngshēng.

mortally *ad.* **1.** 致命地 zhìmìngde **2.** 非常 fēicháng；…极… jí：be ～ offended 非常生气 fēicháng shēngqì

mortar *n.* **1.** 灰浆 huījiāng；胶泥 jiāoní ＊ building material **2.** 研钵 yánbō ＊ a vessel for grinding or crushing substances **3.** 迫击炮 pǎijīpào ＊ a kind of cannon

mortgage *n.* **1.** 抵押 dǐyā：lend money on ～ 抵押贷款 dǐyā dàikuǎn **2.** 抵押单 dǐyādān *v.* **1.** 抵押 dǐyā：The house is ～d to the bank for twenty thousand dollars. 这房子以2万美元押给银行。Zhè fángzi yǐ èrwàn měiyuán yāgěi yínháng. **2.** 保证 bǎozhèng：～ oneself to secrecy 保证守秘密 bǎozhèng shǒu mìmì = pledge

mortification *n.* **1.** 屈辱 qūrǔ：shed tears in one's ～ 感到耻辱而流泪 gǎndào chǐrǔ ér liúlèi **2.** 懊恼 àonǎo：～ at having spilled the soup on one's clothes 把汤泼到衣服上的懊恼 bǎ tāng pōdào yīfushangde àonǎo **3.** 禁欲 jìnyù；苦行 kǔxíng：～ of the flesh 禁欲 jìnyù；苦修 kǔxiū

mortify *v.* **1.** 使受辱 shǐ shòurǔ：be mortified at (by) sb.'s rudeness 因受某人无礼对待而感到屈辱 yīn shòu mǒurén wúlǐ duìdài ér gǎndào qūrǔ **2.** 克制 kèzhì：～ the flesh 禁欲 jìnyù **3.** 修行 xiūxíng

mortise *n.* 榫眼 sǔnyǎn：a ～ and tenon 雌雄榫 cíxióngsǔn *v.* **1.** 接榫 jiēsǔn **2.** 接合 jiēhé

mortuary *n.* 陈尸所 chénshīsuǒ；停尸室 tíngshīshì = morgue

mosaic *n.* **1.** 马赛克嵌镶细工 mǎsàikè qiànxiāng xìgōng **2.** 花叶病 huāyèbìng = ～ disease

Moslem *n.* & *a.* 穆斯林(的) Mùsīlín(de)；伊斯兰教徒(的) Yīsīlán jiàotú (de) = Muslim

mosque *n.* 清真寺 qīngzhēnsì

mosquito *n.* 蚊子 wénzi: I was bitten by ～s. 我被蚊子叮了。Wǒ bèi wénzi dīngle. / a ～ screen 纱窗 shāchuāng / hang up a ～ net 挂蚊帐 guà wénzhàng

moss *n.* **1.** 苔藓 táixiǎn: The stones are covered with ～. 石头上长满了苔藓。Shítoushang zhǎngmǎnle táixiǎn. **2.** 地衣 dìyī **3.** [the ～es] 沼泽 zhǎozé * in Scotland

Mossi *n.* **1.** 摩西人 Móxīrén **2.** 摩西语 Móxīyǔ

mossy *a.* 长了苔的 zhǎngle táide; 苔藓似的 táixiǎnshìde

most *a.* **1.** 最大 zuìdà; 最多 zuìduō: Who has (the) ～ energy? 谁最有力量? Shuí zuì yǒu lìliang? / You made ～ mistakes. 你的错误最多。Nǐde cuòwù zuìduō. **2.** 大部分 dàbùfen; 大多数 dàduōshù = nearly all: M- people think so. 大家都这样想。Dàjiā dōu zhèyàng xiǎng. *n.* **1.** 大多数 dàduōshù; 大部分 dàbùfen: M- of the people are aware of it. 人民大多数都是知道的。Rénmín dàduōshù dōushì zhīdaode. **2.** 最多数 zuìduōshù; 最大量 zuìdàliàng; 最高额 zuìgāo'é: This is the ～ I can do. 我所做得到的只有这样。Wǒ suǒ zuòdedàode zhǐyǒu zhèyàng. / It is only half a mile at ～. 至多不过半哩。Zhìduō búguò bànlǐ. *ad.* **1.** 最 zuì; 最多 zuìduō: This pleased me ～. 这最使我高兴。Zhè zuì shǐ wǒ gāoxìng. / This is the ～ difficult of the three. 三者之中这是最难的。Sānzhě zhīzhōng zhèshì zuìnánde. **2.** 非常 fēicháng; 极 jí = very, extremely: This is ～ difficult. 这极困难。Zhè jí kùnnan.

mostly *ad.* 主要地 zhǔyàode; 大部分 dàbùfen; 基本上 jīběnshang: The work is ～ done. 工作基本上做好了。Gōngzuò jīběnshang zuòhǎole.

mote *n.* **1.** 微尘 wēichén; 尘埃 chén'āi: M-s are dancing in a sunbeam. 尘埃在阳光中飞舞。Chén'āi zài yángguāngzhōng fēiwǔ. **2.** 小缺点 xiǎoquēdiǎn: One is apt to notice a ～ in another's eye. 一个人往往会只看到别人的小缺点。Yíge rén wǎngwang huì zhǐ kàndào biérénde xiǎoquēdiǎn.

motel *n.* 汽车旅馆 qìchē lǚguǎn

moth *n.* 蛾 é

moth-eaten *a.* **1.** 虫蛀的 chóngzhùde **2.** 过时的 guòshíde; 陈旧的 chénjiùde = old-fashioned or run-down

mother *n.* **1.** 母亲 mǔqin; 根由 gēnyóu: Where is ～? 母亲在哪儿?

Mǔqin zài nǎr? / Necessity is the ～ of invention. 需要是发明之母。Xūyàoshì fāmíng zhīmǔ. **2.** 母性 mǔxìng: It brings out the ～ in her. 这唤起了她的母性。Zhè huànqǐle tāde mǔxìng.

motherhood *n.* 母道 mǔdào；母职 mǔzhí；母性 mǔxìng

mother-in-law *n.* 婆婆 pópo；岳母 yuèmǔ；丈母娘 zhàngmuniáng

motherland *n.* 祖国 zǔguó

motherless *a.* 没有母亲的 méiyǒu mǔqinde

mother-liquor *n.* 母液 mǔyè * in chemistry

motherly *a.* 母亲的 mǔqinde；慈母般的 címǔbānde；母爱的 mǔ'àide

mother-of-pearl *n.* 珠母层 zhūmǔcéng

motif *n.* **1.** 主题 zhǔtí = theme **2.** 图案 tú'àn = design

motion *n.* **1.** 提议 tíyì；动议 dòngyì: The ～ was adopted. 提议通过了。Tíyì tōngguòle. / He proposed a ～ at the meeting. 他在会上提出了一项动议。Tā zài huìshang tíchūle yíxiàng dòngyì. **2.** 运动 yùndòng: the accelerated ～ 加速运动 jiāsù yùndòng / a straight line ～ 直线运动 zhíxiàn yùndòng **3.** 大便 dàbiàn；排泄物 páixièwù: look carefully at the ～s passed by the patient 仔细检查病人的粪便 zǐxì jiǎnchá bìngrénde fènbiàn *v.* 打手势 dǎ shǒushì；向…摇(点)头示意 xiàng … yáo(diǎn) tóu shìyì: The guide ～ed to me to be silent. 向导示意叫我别出声。Xiàngdǎo shìyì jiào wǒ biéchūshēng.

motionless *a.* 不动的 búdòngde

motivate *v.* 引起…的动机 yǐnqǐ … de dòngjī；启发 qǐfā；促动 cùdòng；诱导 yòudǎo: ～d by kindness 出于仁慈 chūyú réncí / ～d by greed 受贪婪的驱使 shòu tānlánde qūshǐ

motive *n.* **1.** 动机 dòngjī；目的 mùdì: He concealed his true ～. 他隐瞒了他的真正动机。Tā yǐnmánle tāde zhēnzhèng dòngjī. **2.** 主题 zhǔtí = motif *a.* 发动的 fādòngde: ～ power 动力 dònglì

motley *a.* **1.** 杂色的 zásède **2.** 混杂的 hùnzáde

motor *n.* **1.** 发动机 fādòngjī = engine: the ～ of the limousine 轿车的发动机 jiàochēde fādòngjī **2.** 电动机 diàndòngjī；马达 mǎdá: a single-phased ～ 单相电动机 dānxiàng diàndòngjī **3.** 汽车 qìchē: He bought the fastest ～ on the market. 他买了市面上最快的汽车。Tā mǎile shìmiànshang zuìkuàide qìchē. **4.** (火箭)助推器 (huǒjiàn) zhùtuīqì * of a rocket *v.* **1.** 乘汽车旅行 chéng qìchē lǚxíng: They intend to ～

up to London. 他们打算坐汽车去伦敦。Tāmen dǎsuan zuò qìchē qù Lúndūn (London). **2.** 用汽车运载 yòng qìchē yùnzài

motor-boat *n.* 汽艇 qìtǐng

motor-bus *n.* 公共汽车 gōnggòng-qìchē

motorcade *n.* 汽车行列 qìchē hángliè

motorcar *n.* 汽车 qìchē: He keeps a ～. 他自己有一辆汽车。Tā zìjǐ yǒu yíliàng qìchē. / She knows how to handle a ～. 她会开汽车。Tā huì kāi qìchē.

motorcycle *n.* 机器脚踏车 jīqì jiǎotàchē; 摩托车 mótuōchē: go by ～ 乘摩托车去 chéng mótuōchē qù

motorist *n.* 汽车司机 qìchē sījī; 乘汽车旅行者 chéng qìchē lǚxíngzhě

motorman *n.* 司机 sījī

motorway *n.* 汽车道 qìchēdào

mottle *v.* 使…呈杂色 shǐ…chéng zásè; 使…有斑点 shǐ…yǒu bāndiǎn: ～ with white spots 夹杂有白点 jiāzá yǒu báidiǎn / His face was ～d with embarrassment. 他窘得脸上红一块白一块。Tā jiǒngde liǎnshang hóng yíkuài bái yíkuài. *n.* 斑点 bāndiǎn

mottled *a.* 杂色的 zásède; 有斑点的 yǒu bāndiǎnde

motto *n.* **1.** 座右铭 zuòyòumíng; 箴言 zhēnyán; 格言 géyán: "Think before you speak" is a good ～. "三思而后言"是句良好的座右铭。"Sānsī ér hòuyán" shì jù liánghǎode zuòyòumíng. **2.** 题词 tící: inscribe ～es 写题词 xiě tící

mou = mu *n.* 亩 mǔ = 0.164 acre, 15 mou = 1 hectare

mould[1] *n.* 霉菌 méijūn *v.* 发霉 fāméi; 长毛 zhǎngmáo

mould[2] *n.* 沃土 wòtǔ; 耕土 gēngtǔ

mould[3] *n.* **1.** 模子 múzi; 型 xíng **2.** 性状 xìngzhuàng; 性质 xìngzhì: be cast in the same ～ 性格相同 xìnggé xiāngtóng *v.* **1.** 制模 zhìmú; 造型 zàoxíng; 塑造 sùzào: ～ clay into busts 用粘土塑造胸像 yòng niántǔ sùzào xiōngxiàng **2.** 形成(性格等) xíngchéng (xìnggé děng): ～ one's style upon the best writers 模仿第一流作家来形成自己的风格 mófǎng dì-yī liú zuòjiā lái xíngchéng zìjǐde fēnggé

moulder[1] *n.* 造型者 zàoxíngzhě; 铸工 zhùgōng

moulder[2] *v.* **1.** 崩溃 bēngkuì; 腐朽 fǔxiǔ **2.** 消亡 xiāowáng; 瓦解 wǎjiě: the ～ing ruins of an old house 古屋的废墟 gǔwūde fèixū

moulding *n.* **1.** 制模 zhìmú；造型 zàoxíng；塑造 sùzào **2.** 塑造物 sùzàowù **3.**（*pl.*）线条 xiàntiáo

mouldy *a.* **1.** 发霉的 fāméide：～ cheese 发霉的干酪 fāméide gānlào **2.** 陈腐 chénfǔ = out of date

moult *v.* 脱（毛）tuō（máo）

mound *n.* **1.** 墩 dūn；土山 tǔshān；堆 duī：a ～ of hay 一堆干草 yìduī gāncǎo / a buried ～ 墓冢 mùzhǒng **2.**（棒球）投球员的踏板（bàngqiú）tóuqiúyuánde tàbǎn：take the ～ 作投球员 zuò tóuqiúyuán * of baseball game

mount[1] *v.* **1.** 登 dēng；爬上 páshàng；骑上马 qíshàng mǎ：～（on）a horse 骑上马 qíshàng mǎ / ～（on）a wall 爬上墙 páshàng qiáng **2.** 增长 zēngzhǎng；上升 shàngshēng：The population is ～ing up steadily. 人口在不断增长。Rénkǒu zài búduàn zēngzhǎng. **3.** 安放 ānfàng；镶嵌 xiāngqiàn；裱贴 biǎotiē：a crown ～ed with diamonds 镶嵌钻石的王冠 xiāngqiàn zuànshíde wángguān / a picture ～ed upon silken cloth 绢裱的画 juànbiǎode huà **4.** 设置（岗哨）shèzhì（gǎngshào）：～ a guard at the entrance gate 在大门口设岗哨 zài dàménkǒu shè gǎngshào **5.** 发动（攻势）fādòng（gōngshì）：～ an offensive against the enemy 向敌人发动进攻 xiàng dírén fàdòng jìngōng *n.* **1.** 乘马 chéngmǎ **2.** 座子 zuòzi；架子 jiàzi；炮架 pàojià

mount[2] *n.* 山 shān：M- Tai 泰山 Tàishān

mountain *n.* **1.**（高）山（gāo）shān：The flower grows on a high ～. 这种花生长在高山上。Zhèzhǒng huā shēngzhǎngzài gāoshānshang. **2.**（*pl.*）山脉 shānmài：the Himalayan M-s 喜马拉雅山脉 Xǐmǎlāyǎshānmài **3.** 大堆 dàduī；大量 dàliàng：She has a ～ of dirty clothes to wash. 她有一大堆脏衣服要洗。Tā yǒu yídàduī zāngyīfu yào xǐ.

mountaineer *n.* **1.** 山地人 shāndìrén **2.** 爬山家 páshānjiā；登山运动员 dēngshān yùndòngyuán *v.* 爬山 páshān；登山 dēngshān

mountaineering *n.* 登山运动 dēngshān yùndòng

mountainous *a.* **1.** 多山的 duōshānde **2.** 山一般的 shānyìbānde；巨大 jùdà = huge

mountebank *n.* **1.** 江湖医生 jiānghú yīshēng = quack doctor **2.** 骗子 piànzi = a cheat

mounting *n.* **1.** 攀登 pāndēng；乘骑 chéngqí **2.** 装配 zhuāngpèi；架置 jiàzhì **3.** 座子 zuòzi；炮架 pàojià

mourn *v.* 悲痛 bēitòng；悲悼 bēidào：～ for (or over) the dead 悲悼死者 bēidào sǐzhě / ～ the loss of one's mother 为丧母而悲痛 wèi sàngmǔ ér bēitòng

mourner *n.* 悲痛的人 bēitòngde rén；守丧的人 shǒusāngde rén；送丧的人 sòngsāngde rén

mournful *a.* 悲痛的 bēitòngde；伤心的 shāngxīnde；忧愁的 yōuchóude

mourning *n.* **1.** 悲痛 bēitòng；哀悼 āidào **2.** 丧服 sāngfú；居丧 jūsāng：national ～ 国丧 guósāng / be in ～ 穿孝 chuānxiào / be out of ～ 服满 fúmǎn

mouse *n.* **1.** 老鼠 lǎoshǔ：The house swarms with mice. 这屋里老鼠成群。Zhè wūli lǎoshǔ chéngqún. **2.** 胆小怕羞的人 dǎnxiǎo pàxiūde rén：He remained a ～ in public affairs. 在公共事务上他依然胆小如鼠。Zài gōnggòng shìwùshang tā yīrán dǎnxiǎo rúshǔ. *v.* (猫) 捕鼠 (māo) bǔshǔ：Our cats ～ well. 我家的猫很会捕老鼠。Wǒjiāde māo hěnhuì bǔ lǎoshǔ.

mouse-trap *n.* 捕鼠器 bǔshǔqì

moustache *n.* 小胡子 xiǎohúzi

mouth *n.* **1.** 嘴 zuǐ；口 kǒu：The ～ is parched with thirst. 口喝得要命。Kǒu kěde yàomìng. / screw up one's ～ 撅起嘴 juēqǐzuǐ **2.** 口状物 kǒuzhuàngwù：A fall of rock blocked the ～ of the cave. 一块岩石落下来堵住了洞口。Yíkuài yánshí luòxiàlái dǔzhùle dòngkǒu. **3.** 代言人 dàiyánrén；(一口) 人 (yìkǒu) rén：keep down the number of useless ～s 减少吃闲饭的人 jiǎnshǎo chī xiánfànde rén / He is the ～ of the House in its relations with the Crown. 他是会议对皇室的发言人。Tā shì huìyì duì huángshìde fāyánrén. **4.** 怪脸 guàiliǎn；苦相 kǔxiàng：One of the school-boys made ～s at me. 一个小学生对我做怪脸。Yíge xiǎoxuéshēng duì wǒ zuò guàiliǎn. *v.* 扬言 yángyán；大声说 dàshēngshuō：～ one's words 大咬其字儿 dà yǎo qízìr

mouthful *n.* **1.** 一口 yìkǒu；满口 mǎnkǒu：He'd had enough, and couldn't eat another ～. 他已吃饱，再多一口也吃不下了。Tā yǐ chībǎo, zài duō yìkǒu yě chībuxiàle. **2.** 难读的长词 nán dúde chángcí：It is so abbreviated, as it is a big ～. 由于它是个难读的长词，所以缩写成这样。Yóuyútā shìge nándúde chángcí, suǒyǐ suōxiěchéng zhèyàng.

mouthorgan *n.* 口琴 kǒuqín = harmonica

mouthpiece *n.* **1.** 烟嘴 yānzuǐ；（乐器的）吹口（yuèqìde）chuīkǒu；口状物 kǒuzhuàngwù：the ～ of a trumpet 喇叭的吹口 lǎbade chuīkǒu **2.** 代言人 dàiyánrén；喉舌 hóushé：The newspaper is the ～ of the government. 这家报纸是政府的喉舌。Zhèjiā bàozhǐ shì zhèngfǔde hóushé.

movable *a.* **1.** 移动的 yídòngde；活动的 huódòngde：～ property 动产 dòngchǎn **2.** 变动的 biàndòngde；不定的 búdìngde *n.*（*pl.*）动产 dòngchǎn

move *v.* **1.**（使）移动（shǐ）yídòng；运动 yùndòng：The engine ～s the train. 引擎牵动列车。Yǐnqíng qiāndòng lièchē. **2.** 迁移 qiānyí；搬家 bānjiā：～ in（into）a new house 搬入新居 bānrù xīnjū **3.** 感动 gǎndòng；激动 jīdòng：She was deeply ～d. 她深受感动。Tā shēnshòu gǎndòng. **4.** 动议 dòngyì；提议 tíyì：Mr. Chairman, I ～ that the meeting be adjourned. 主席，我提议休会。Zhǔxí, wǒ tíyì xiūhuì. **5.** 生活于 shēnghuóyú；周旋于 zhōuxuányú：Salesmen are constantly moving around from one town to another. 推销员经常从一个城市跑到另一个城市。Tuīxiāoyuán jīngcháng cóng yíge chéngshì pǎodào lìng yíge chéngshì. **6.**（商品等）脱手（shāngpǐn děng）tuōshǒu：The first impression ～d off within a week. 第一版不到一周就卖完了。Dì-yī bǎn búdào yìzhōu jiù màiwánle. *n.* **1.** 行动 xíngdòng；移动 yídòng；迁居 qiānjū：It's 10 o'clock! It's time I made a ～. 十点钟了，我得走了。Shídiǎnzhōngle, wǒ děi zǒule. **2.** 步骤 bùzhòu；行动 xíngdòng：Neither side is willing to take a ～, so there is nothing that can be done. 双方都不愿意采取行动，所以毫无办法。Shuāngfāng dōu búyuànyì cǎiqǔ xíngdòng, suǒyǐ háowú bànfǎ. **3.**（下棋）走棋（xiàqí）zǒuqí；一着 yìzhāo：In the game of chess, white has the first ～. 国际象棋比赛中执白棋者先走。Guójìxiàngqí bǐsàizhōng, zhí báiqízhě xiānzǒu. **4.**（下棋时）先走的人（xiàqí shí）xiānzǒude rén：

movement *n.* **1.** 活动 huódòng；运动 yùndòng；移动 yídòng：He made a ～ and upset his glass. 他动了一下，把玻璃杯打翻了。Tā dòngle yíxià, bǎ bōlibēi dǎ fānle. **2.** 动作 dòngzuò；调动 diàodòng；（*pl.*）行动

xíngdòng：scout the enemy's ～s 侦察敌人的动向 zhēnchá dírénde dòngxiàng **3.**（群众性）运动（qúnzhòngxìng）yùndòng：It exercised a strong influence in the trade union ～. 它对工人运动有强烈影响。Tā duì gōngrén yùndòng yǒu qiángliè yǐngxiǎng. **4.** 动程 dòngchéng；机件 jījiàn：the ～ of a watch 表的机件 biǎode jījiàn **5.** 乐章 yuèzhāng：the first ～ of a symphony 交响乐第一乐章 jiāoxiǎngyuè dì-yī yuèzhāng **6.** 通便 tōngbiàn：have regular ～s 按时大便 ànshí dàbiàn

mover *n.* **1.** 动议者 dòngyìzhě；提议人 tíyìrén：the ～ of a resolution 决议案的提议人 juéyì'ànde tíyìrén **2.** 移动者 yídòngzhě：A deer is a quick ～. 鹿跑起来很快。Lù pǎoqǐlái hěnkuài.

movie *n.* **1.** 影片 yǐngpiàn；电影 diànyǐng：I don't see many ～s. 我看电影不多。Wǒ kàn diànyǐng bùduō. **2.** 电影业 diànyǐngyè **3.** 电影院 diànyǐngyuàn：drop in at a neighborhood ～ 偶然去附近电影院看电影 ǒurán qù fùjìn diànyǐngyuàn kàn diànyǐng

moving *a.* **1.** 活动的 huódòngde：a ～ picture 影片 yǐngpiàn **2.** 动人的 dòngrénde：～ force 感染力 gǎnrǎnlì

mow *v.* 割 gē；刈 yì；刈倒 yìdǎo：～ the grass regularly 定期刈草 dìngqī yìcǎo / The front row of soldiers were mown down by machine-gun fire. 头一排的士兵被机关枪火力扫倒了。Tóuyìpáide shìbīng bèi jīguānqiāng huǒlì sǎodǎole.

mower *n.* **1.** 割草工人 gēcǎo gōngrén **2.** 割草机 gēcǎojī：a lawn ～ 草坪割草机 cǎopíng gēcǎojī

moxa *n.* 艾 ài

moxibustion *n.* 灸法 jiǔfǎ

M. S.，MS 科学硕士 kēxué shuòshì

M. Sc. 科学硕士 kēxué shuòshì

MS 原稿 yuángǎo

Mr. 先生 xiānsheng

Mrs. 夫人 fūrén

mu *n.* 亩 mǔ ＝ mou：five ～ of paddyfield 五亩水田 wǔmǔ shuǐtián

much *a.* 许多 xǔduō：There isn't ～ hope. 没有多大希望。Méiyǒu duōdà xīwàng. / How ～ water is there in the glass? 玻璃杯里有多少水？Bōlibēili yǒu duōshao shuǐ? *n.* 许多 xǔduō；大量 dàliàng：M- of the time was wasted. 大量时间被浪费了。Dàliàng shíjiān bèi làngfèile. *ad*. **1**. 非常 fēicháng：Thank you very ～. 多谢多谢。Duōxiè duōxiè. / He doesn't swim ～. 他不大游泳。Tā bú dà yóuyǒng. **2**. …多…duō：This is ～ better. 这好得多。Zhè hǎode duō. **3**. 差不多 chàbuduō：～ the same 差不多相同 chàbuduō xiāngtóng // as ～ 同样（多）tóngyàng (duō) / as ～ as 尽…那么多 jìn…nàmeduō / ～ less 何况 hékuàng / ～ more 更不用说 gèng búyòng shuō / so ～ 这样多 zhèyàngduō；那样多 nàyàngduō

mucilage *n*. **1**. 粘液 niányè **2**. 胶水 jiāoshuǐ；胶浆 jiāojiāng = glue；gum

muck *n*. **1**. 粪肥 fènféi；堆粪 duīfèn **2**. 腐殖土 fǔzhítǔ = fertile soil **3**. 污物 wūwù；脏东西 zāngdōngxi = unclean refuse：make a ～ of 弄脏… nòngzāng… *v*. 弄脏 nòngzāng：～ up 弄脏 nòngzāng；搞糟 gǎozāo = to soil

muck-rake *n*. 粪耙 fènpá *v*. 揭发营私舞弊 jiēfā yíngsī wǔbì = to expose wrongdoing

mucous *a*. 分泌粘液的 fēnmì niányède；含粘液的 hán niányède：the ～ membrane 粘膜 niánmó

mucus *n*.（由粘膜分泌的）粘液（yóu niánmó fēnmìde）niányè：When one has a cold the nose produces too much ～. 人感冒时，鼻子里会产生过多粘液。Rén gǎnmàoshí，bízili huì chǎnshēng guòduō niányè.

mud *n*. **1**. 泥 ní；泥浆 níjiāng：After the rain，the roads were covered with ～. 雨后路上全是泥浆。Yǔhòu lùshang quánshì níjiāng. **2**. 毫无价值的东西 háowú jiàzhíde dōngxi；诽谤的话 fěibàngde huà：They were using not criticism but ～. 他们并不是在批评而是在诽谤。Tāmen bìng búshì zài pīpíng érshì zài fěibàng.

muddle *n*. 混乱 hùnluàn；杂乱 záluàn：Here is a nice ～. 这儿是真够乱的。Zhèr shì zhēn gòu luànde. *v*. **1**. 弄糟 nòngzāo；搞乱 gǎoluàn：You have ～d the scheme completely. 你把这计划全打乱了。Nǐ bǎ zhè jìhuà quán dǎluànle. **2**. 鬼混 guǐhùn；胡乱对付 húluàn duìfu：Tom is still muddling along. 汤姆仍然在混日子。Tāngmǔ réngrán zài hùn rìzi.

muddle-headed *a*. 愚钝 yúdùn；头脑糊涂 tóunǎo hútu

muddy *a*. **1**. 泥泞的 nínìngde；淤泥的 yūníde：a ～ road 泥泞的道路 nínìngde dàolù **2**. 混浊的 hùnzhuóde；暗色的 ànsède：a ～ stream 混浊的河流 hùnzhuóde héliú **3**. 糊涂的 hútude：～ ideas 糊涂思想 hútu sīxiǎng

muff¹ *n.* **1.** 皮手筒 píshǒutǒng **2.** 保温套 bǎowēntào

muff² *n.* 失败 shībài；接球失败 jiēqiú shībài *v.* 放过（机会）fàngguo（jīhuì）= to miss；弄糟 nòngzāo = mess up；接不着球 jiēbuzháo qiú = miss the ball in a game

muffin *n.* 松饼 sōngbǐng

muffle *v.* **1.** ［～ up］包 bāo；裹 guǒ：She ～d herself up well. 他把自己裹得紧紧地。Tā bǎ zìjǐ guǒde jǐnjǐnde. **2.** 捂住 wǔzhù；蒙住 méngzhù：

muffler *n.* **1.** 围巾 wéijīn **2.** 消声器 xiāoshēngqì = a device that deadens sounds

mufti *n.* 便服 biànfú；便衣 biànyī：The retired general appeared in ～. 那位退休的将军穿便服露面。Nàwèi tuìxiūde jiāngjūn chuān biànfú lòumiàn.

mug *n.* **1.** （有柄）大杯（yǒubǐng）dàbēi：a beer ～ 啤酒杯 píjiǔbēi **2.** （一）杯（yì）bēi：drink a ～ of water 喝一杯水 hē yìbēi shuǐ

muggy *a.* 闷热 mēnrè；潮湿 cháoshī

mugwump *n.* 超然派 chāoránpài

mulatto *n.* 黑白混血儿 hēi-bái hùnxuè'ér

mulberry *n.* 桑树 sāngshù；桑葚儿 sāngrènr

mulch *n.* 林地覆盖物 líndì fùgàiwù；护根物 hùgēnwù *v.* 覆盖（植物）fùgài（zhíwù）

mulct *n.* 罚金 fájīn *v.* **1.** 罚课 fákè：～ sb. (in) $ 5 处某人罚金五元 chǔ mǒurén fájīn wǔyuán **2.** 夺取 duóqǔ：be ～ed of one's money 被夺取了金钱 bèi duóqǔle jīnqián

mule *n.* **1.** 骡子 luózi：The ～ is a cross between a horse and an ass. 骡子是马和驴的杂种。Luózi shì mǎ hé lǘde zázhǒng. **2.** 倔强的人 juéjiàngde rén = stubborn person **3.** 走锭精纺机 zǒudìng jīngfǎngjī * weaving machine

muleteer *n.* 赶骡子的人 gǎn luózide rén

mulish *a.* 骡子般的 luózibānde；倔强 juéjiàng

mull *v.* 加料烫热 jiāliào tàngrè：～ed beer 加料的热啤酒 jiāliàode rèpíjiǔ

mullet *n.* 鲻鱼 zīyú

multi- *pref.* 多… duō…：～-purpose 具有多种用途的 jùyǒu duōzhǒng

yòngtúde / ～-racial 多民族的 duō mínzúde

multifarious *a.* 多种多样的 duōzhǒng-duōyàngde：～ duties 种种的任务 zhǒngzhǒngde rènwu

multiform *a.* 多形的 duōxíngde；多样的 duōyàngde

multilateral *a.* 多边的 duōbiānde：～ trade 多边贸易 duōbiān màoyì / a ～ treaty 多边条约 duōbiān tiáoyuē

multiple *a.* 复合的 fùhéde；多重的 duōchóngde；多方的 duōfāngde；复式的 fùshìde：a ～ shop 连锁商店 liánsuǒ shāngdiàn *n.* 倍数 bèishù：a common ～ 公倍（数）gōngbèi（shù）/ the least common ～ 最小公倍（数）zuìxiǎo gōngbèi（shù）

multiplication *n.* **1**. 增加 zēngjiā；繁殖 fánzhí：The ～ of members has made our club building too small. 会员的增加使我们的俱乐部大楼变得太小了。Huìyuánde zēngjiā shǐ wǒmende jùlèbù dàlóu biànde tài xiǎole. **2**. 乘法 chéngfǎ：3×11 is an easy ～. 三乘十一是一道容易的乘法题。Sān chéng shíyī shì yídào róngyìde chéngfǎ tí.

multiplicity *n.* **1**. 多样（性）duōyàng（xìng）：a ～ of interests 多样的兴趣 duōyàngde xìngqù **2**. 大量 dàliàng：correct a ～ of the errors 纠正大量的小错误 jiūzhèng dàliàngde xiǎo cuòwù **3**. 复杂 fùzá：the ～ of the universe 宇宙的复杂 yǔzhòude fùzá

multiplier *n.* **1**. 倍加器 bèijiāqì **2**. 乘数 chéngshù；乘式 chéngshì **3**. 扩程器 kuòchéngqì **4**. 繁殖者 fánzhízhě

multiply *v.* **1**. 增加 zēngjiā；繁殖 fánzhí：Rabbits ～ rapidly. 兔子繁殖得快。Tùzi fánzhíde kuài. **2**. 乘 chéng；使相乘 shǐ xiāngchéng：～ one number by another 用一个数乘以另一个数 yòng yíge shù chéngyǐ lìng yíge shù

multishift *a.* 多班的 duōbānde

multistage *a.* 多级（式）的 duōjí（shì）de：a ～ rocket 一支多级火箭 yìzhī duōjí huǒjiàn

multitude *n.* **1**. 大批 dàpī；大量 dàliàng：The book will find a ～ of readers. 这本书将会有大批读者。Zhèběn shū jiāng huì yǒu dàpī dúzhě. **2**. 群众 qúnzhòng：A great ～ gathered in the street. 街上聚集了一大群人。Jiēshang jùjíle yídàqún rén.

mumble *v.* **1**. 咕噜 gūlu；**2**. 闭嘴咀嚼 bìzuǐ jǔjué *n.* 咕噜 gūlu；含糊的话 hánhude huà

multitudinous *a.* 繁多的 fánduōde；众多的 zhòngduōde；大批的 dàpīde

mum *a.* & *n.* 沉默 chénmò：keep ～ about this 对这件事要保持沉默 duì zhèjiànshì yào bǎochí chénmò

mummer *n.* **1**. 古哑剧演员 gǔyǎjù yǎnyuán **2**. 戏子 xìzi ＝ actor or actress

mummy *n.* 木乃伊 mùnǎiyī

mumps *n.* 流行性腮腺炎 liúxíngxìng sāixiànyán：M- is contagious. 腮腺炎是要传染的。Sāixiànyán shì yào chuánrǎnde.

munch *n.* 大嚼 dàjiáo：～ an apple 大嚼苹果 dàjiáo píngguǒ

mundane *a.* 现世的 xiànshìde；尘世的 chénshìde：～ affairs 世事 shìshì

Munich *n.* 慕尼黑 Mùníhēi

municipal *a.* 自治市的 zìzhìshìde；市的 shìde；市政的 shìzhèngde；市立的 shìlìde：a ～ council 市议会 shìyìhuì / a ～ government 市政府 shì zhèngfǔ

municipality *n.* **1**. 自治市 zìzhìshì；自治区 zìzhìqū **2**. ［the ～］市当局 shìdāngjú；全体市民 quántǐ shìmín

munificence *n.* 非常慷慨的气量 fēicháng kāngkǎide qìliàng

munificent *a.* 极慷慨的 jí kāngkǎide；极大方的 jí dàfangde

munition *n.* 弹药 dànyào；军需品 jūnxūpǐn

Muntz metal *n.* 蒙次黄铜 Méngcì huángtóng

mural *a.* 壁的 bìde；壁上的 bìshangde；壁似的 bìshìde：a ～ painting 壁画 bìhuà *n.* 壁画 bìhuà；壁饰 bìshì

murder *n.* 杀害 shāhài；凶杀 xiōngshā；谋杀 móushā：M- will be out. 罪恶终必败露。Zuì'è zhōngbì bàilù. / It is a grievous sin to do ～. 谋杀是大罪。Móushā shì dàzuì. *v.* **1**. 杀害 shāhài；谋杀 móushā：He ～ed his rival in cold blood. 他残忍地杀害了他的对手。Tā cánrěnde shāhàile tāde duìshǒu. **2**. 毁坏 huǐhuài；弄坏 nònghuài：He ～ed the song by poor singing. 他的拙劣的唱腔糟蹋了这首歌。Tāde zhuōliède chàngqiāng zāotale zhèshǒu gē.

murderer *n.* 凶手 xiōngshǒu；杀人犯 shārénfàn：The ～ was at once apprehended. 杀人犯立刻被拘捕了。Shārénfàn lìkè bèi jūbǔle. / a boy ～ 少年杀人犯 shàonián shārénfàn

murderess *n.* 女凶手 nǔ xiōngshǒu；女杀人犯 nǔ shārénfàn

murderous *a.* **1**. 杀害的 shāhàide；杀气腾腾的 shāqì-téngténgde **2**. 行凶用的 xíngxiōngyòngde：a ～ weapon 凶器 xiōngqì

muriate *n.* 氯化物 lǜhuàwù

muriatic acid 盐酸 yánsuān = hydrochloric acid

murk *n.* 阴暗 yīn'àn

murky *a.* 阴暗的 yīn'ànde；模糊的 móhude

murmur *n.* **1.**（风）沙沙（声）（fēng）shāshā（shēng）；（溪流）淙淙（声）（xīliú）cóngcóng（shēng）：the ～ of a brook 小溪的潺潺声 xiǎoxīde chánchánshēng **2.** 杂音 záyīn：respiratory ～ 呼吸性杂音 hūxīxìng záyīn **3.** 呻吟 shēnyín；怨言 yuànyán：A ～ of pain broke from her lips. 她嘴里发出一声痛苦的呻吟。Tā zuǐli fāchū yìshēng tòngkǔde shēnyín. **4.** 低语 dīyǔ；咕哝 gūnong：She gave a ～ of approval. 她低声表示赞同。Tā dīshēng biǎoshì zàntóng. *v.* **1.** 淙淙 cóngcóng；潺潺 chánchán **2.** 出怨言 chū yuànyán **3.** 咕哝 gūnong

murrain *n.* 牛瘟 niúwēn

muscle *n.* **1.** 肌肉 jīròu：The biceps ～ bends the arm. 二头肌使手臂能弯曲。Èrtóujī shǐ shǒubì néng wānqū. **2.** 体力 tǐlì；力量 lìliang：It will take a lot of ～ to move this piano. 搬动这架钢琴得花很大力气。Bāndòng zhèjià gāngqín děi huā hěndà lìqi.

muscular *a.* **1.** 肌肉的 jīròude **2.** 肌肉发达的 jīròu fādáde；强壮的 qiángzhuàngde

Muse *n.* 缪斯 miùsī：the ～s 九位文艺女神 jiǔwèi wényì nǚshén / the muse 诗兴 shīxìng

muse *v.* 默想 mòxiǎng；沉思 chénsī；冥想 míngxiǎng：It is useless to ～ upon past errors. 念念不忘昔日的过错是没有益处的。Niànniàn búwàng xīrìde guòcuò shì méiyǒu yìchude.

museum *n.* 博物馆 bówùguǎn：The ～ has been thrown open to the public. 博物馆已对外开放。Bówùguǎn yǐ duìwài kāifàng.

mush *n.* **1.** 玉米粥 yùmǐzhōu = boiled corn meal **2.** 软块 ruǎnkuài **3.** 多愁善感 duōchóu-shàngǎn = sentimentality；胡说 húshuō = foolish talk

mushroom *n.* **1.** 蘑菇 mógu：Rich counties are springing up like ～s. 富裕的县象雨后春笋般地涌现。Fùyùde xiàn xiàng yǔhòu-chūnsǔn bānde yǒngxiàn. / pick (up) ～s 采蘑菇 cǎi mógu **2.** 蘑菇状烟云 mógu zhuàng yānyún：the ～ from an atom-bomb explosion 原子弹爆炸形成的蘑菇云 yuánzǐdàn bàozhà xíngchéngde móguyún *v.* **1.** 迅速成长 xùnsù chéngzhǎng: The little town ～ed into a city. 那个小镇迅速发展成一座城市。Nàge xiǎozhèn xùnsù fāzhǎnchéng yízuò chéngshì. **2.** 采蘑菇 cǎi mógu: go ～ing 采蘑菇去 cǎi mógu qù **3.** 喷散成蘑菇形 pēnsànchéng móguxíng: The cloud of smoke ～ed in the sky. 浓烟在天上喷散成蘑菇状。Nóngyān zài tiānshang pēnsànchéng móguzhuàng.

music *n.* **1.** 音乐 yīnyuè: I have no ear for ～. 我不懂音乐。Wǒ bùdǒng yīnyuè. / vocal (instrument) ～ 声(器)乐 shēng(qì)yuè **2.** 乐曲 yuèqǔ: make ～ on a reed pipe 用牧笛吹奏乐曲 yòng mùdí chuīzòu yuèqǔ **3.** 乐谱 yuèpǔ: He read through the ～. 他浏览了一下乐谱。Tā liúlǎnle yíxià yuèpǔ.

musical *a.* **1.** 音乐的 yīnyuède: ～ accompaniment 音乐伴奏 yīnyuè bànzòu /a ～ drama 音乐剧 yīnyuèjù **2.** 音乐般的 yīnyuèbānde; 悦耳的 yuè'ěrde = melodious **3.** 精于音乐的 jīngyú yīnyuède; 爱好音乐的 àihào yīnyuède = skilled in, fond of, music *n.* 音乐片 yīnyuèpiān; 歌舞片 gēwǔ piān = motion picture with music as its essential part

musically *ad.* 音乐上 yīnyuèshang

music-book *n.* 乐谱 yuèpǔ

music hall *n.* 音乐厅 yīnyuètīng

musician *n.* **1.** 音乐家 yīnyuèjiā; 乐师 yuèshī: an accomplished ～ 有造诣的音乐家 yǒu zàoyìde yīnyuèjiā / a master ～ 音乐大师 yīnyuè dàshī **2.** 作曲家 zuòqǔjiā = composer

musicology *n.* 音乐学 yīnyuèxué

music-stand *n.* 乐谱架 yuèpǔjià

musk *n.* 麝香 shèxiāng

musket *n.* 火枪 huǒqiāng; 滑膛枪 huátángqiāng

musketeer *n.* 火枪手 huǒqiāngshǒu

musketry *n.* 射击术 shèjīshù

muskrat *n.* 麝香鼠 shèxiāngshǔ

muslin *n.* 细洋布 xìyángbù; 洋纱 yángshā

muss *n.* 混乱 hùnluàn; 零乱 língluàn *v.* [～ up] 搞乱 gǎoluàn; 弄糟 nòngzāo = make a mess of

mussel *n.* 淡菜 dàncài

must *aux. v.* **1.** 必须 bìxū: We ～ work. 我们必须工作。Wǒmen bìxū gōngzuò. / You ～ pay the money, but you need not do so at once. 这笔

钱你必须付，但不必立即付。Zhèbǐ qián nǐ bìxū fù，dàn búbì lìjí fù. 2. 总要 zǒngyào；一定要 yídìngyào：He ～ always have his own way. 他老是要独断专行。Tā lǎoshì yào dúduàn zhuānxíng. 3. 必定 bìdìng；准是 zhǔnshì：These grapes ～ be sour. 这些葡萄一定是酸的。Zhèxiē pútáo yídìng shì suānde. *n.* ［a ～］绝对必要 juéduì bìyào：This rule is a ～. 这条规则必须执行。Zhètiáo guīzé bìxū zhíxíng. *a.*（绝对）必要的（juéduì）bìyàode：a ～ book 必读书 bìdúshū

mustard *n.* 1. 芥 jiè 2. 芥子 jièzǐ；芥末 jièmo：Chinese ～ 黑芥子 hēijièzǐ 3. 芥子气 jièzǐqì ＝ mustard gas

muster *n.* 1. 集合 jíhé；检验 jiǎnyàn；检阅 jiǎnyuè；召集 zhàojí：call an emergency ～ 下令紧急集合 xiàlìng jǐnjí jíhé / Slipshod work will never pass ～. 草率的工作绝对经不起检查。Cǎoshuàide gōngzuò juéduì jīngbuqǐ jiǎnchá. 2. 花名册 huāmíngcè；样品 yàngpǐn：～s of goods for sale 货物的样品 huòwùde yàngpǐn

muster-roll *n.* 花名册 huāmíngcè；船员名单 chuányuán míngdān

musty *a.* 1. 发霉的 fāméide；霉烂的 méilànde；霉臭的 méichòude：a ～ room 霉臭的房间 méichòude fángjiān 2. 陈腐的 chénfǔde；老朽的 lǎoxiǔde：a professor with ～ ideas 一个观念陈腐的教授 yíge guānniàn chénfǔde jiàoshòu

mutability *n.* 易变 yìbiàn；反复无常 fǎnfùwúcháng

mutable *a.* 易变的 yìbiànde；反复无常的 fǎnfù-wúchángde

mutation *n.* 突变 tūbiàn

mute *a.* 1. 无音的 wúyīnde 2. 哑 yǎ；缄默 jiānmò：stare in ～ amazement 目瞪口呆 mùdèng-kǒudāi *n.* 哑吧 yǎba；哑人 yǎrén

mutely *ad.* 哑然 yǎrán；默默地 mòmòde

mutilate *v.* 切断（手、足等）qiēduàn（shǒu、zú děng）；使…残缺 shǐ…cánquē

mutilation *n.* 毁形 huǐxíng；肢体切断 zhītǐ qiēduàn；残缺 cánquē

mutineer *n.* 叛变者 pànbiànzhě

mutinous *a.* 叛变的 pànbiànde

mutiny *n.* 兵变 bīngbiàn *v.* 叛变 pànbiàn

mutter *n.* 咕哝 gūnong；咕噜 gūlu *v.* 1. 咕哝 gūnong；轻声低语 qīngshēng dīyǔ：Are you ～ing threats at me? 你是在低声恐吓我吗？Nǐ shì zài dīshēng kǒnghè wǒma? 2. 发出低沉的轰隆声 fāchū dīchénde hōnglōng shēng: Thunder was ～ing in the distance. 远处响着低沉的雷声。Yuǎnchù xiǎngzhe dīchénde léishēng.

mutton *n.* 羊肉 yángròu: roast ～ 烤羊肉 kǎo yángròu

mutual *a.* **1.** 相互的 xiānghùde: ～ aid 互助 hùzhù / by ～ consent 经双方同意 jīng shuāngfāng tóngyì **2.** 共同的 gòngtóngde: ～ interests 共同的爱好 gòngtóngde àihào // mutually *ad*.

muzzle *n.* **1.** 口鼻 kǒu bí ＊ of an animal **2.** （动物的）口套（dòngwùde）kǒutào: The savage dog has a ～ over his mouth. 那只凶狗的嘴上戴着口套。Nàzhī xiōnggǒude zuǐshang dàizhe kǒutào. **3.** 枪口 qiāngkǒu；炮口 pàokǒu ＊ of a gun *v.* 罩以口套 zhào yǐ kǒutào；拑制 qiánzhì

my *pron.* 我的 wǒde: ～ father 我的父亲 wǒde fùqin / ～ picture 我收藏的画 wǒ shōucángde huà

mycology *n.* 真菌学 zhēnjūnxué

mydriatic *n.* 放瞳药 fàngtóngyào

myopia *n.* 近视 jìnshì

myriad *n.* 无数 wúshù: a ～ of stars 无数的星星 wúshùde xīngxing *a.* 无数的 wúshùde；数不清的 shǔbuqīngde

myrmidon *n.* 奉命办理的人 fèngmìng bànlǐde rén

myrrh *n.* 没药树 mòyàoshù

myrtle *n.* 爱神木属 àishén mùshǔ；桃金娘 táojīnniáng

myself *pron* **1.** 我自己 wǒ zìjǐ: I have taught ～. 我进行了自学。Wǒ jìnxíngle zìxué. / as for ～ 至于我自己 zhìyú wǒ zìjǐ / by ～ 独自 dúzì；独立地 dúlìde **2.** 我亲自 wǒ qīnzì；自己 zìjǐ: I ～ said so. = I said so ～. 我自己这样说的。Wǒ zìjǐ zhèyàng shuōde.

mysterious *a.* 神秘的 shénmìde；玄妙的 xuánmiàode；不可思议的 bùkěsīyìde

mystery *n.* 神秘 shénmì；奥妙 àomiào: It is all a ～ to me. 我觉得完全不可思议。Wǒ juéde wánquán bùkě sīyì. / make a ～ of a matter 把事情神秘化 bǎ shìqing shénmìhuà

mystic *a.* 神秘的 shénmìde *n.* 神秘家 shénmìjiā；神秘主义者 shénmì zhǔyìzhě

mystical *a.* 神秘的 shénmìde

mysticism *n.* 神秘主义 shénmìzhǔyì

mystify *v.* 故弄玄虚 gùnòng xuánxū；神秘化 shénmìhuà；迷惑 míhuo

myth *n*. **1**.（一篇）神话（yìpiān）shénhuà；（全部）神话（quánbù）shénhuà：The story is a pure ～. 这故事纯属虚构。Zhè gùshi chúnshǔ xūgòu. **2**. 神话式的人物（或事物）shénhuàshìde rénwù（huò shìwù）：explode the ～ of racial superiority 戳穿所谓种族优越的骗人鬼话 chuōchuān suǒwèi zhǒngzú yōuyuède piànrén guǐhuà

mythical *a*. 神话的 shénhuàde

mythological *a*. 神话学的 shénhuàxuéde；虚构的 xūgòude

mythology *n*. **1**. 神话学 shénhuàxué **2**. 神话集 shénhuàjí

myxoma *n*. 粘液瘤 niányèliú

N

Na = natrium 钠 nà ＊ of chemisty

nab *v*. 逮捕 dàibǔ；捉住 zhuōzhù：He was ～bed while stealing the money. 他偷钱时被当场抓住。Tā tōuqián shí bèi dāngchǎng zhuāzhù.

nadir *n*. **1**. 天底 tiāndǐ ＊ of astronomy **2**. 最低点 zuì dīdiǎn：at the ～ of 在…的最低点 zài…de zuì dīdiǎn / His fortune was at its ～. 他的运气坏极了。Tāde yùnqi huàijíle.

naevus *n*. 痣 zhì

nag[1] *n*. 小马 xiǎomǎ

nag[2] *v*. **1**. 唠叨 láodao；找岔 zhǎochá：She kept ～ging for a new bicycle. 她不停地唠叨着要一辆新自行车。Tā bùtíngde láodaozhe yào yíliàng xīn zìxíngchē. **2**. 惹人烦恼 rě rén fánnǎo：a ～ging headache 恼人的头痛 nǎorénde tóutòng *n*. 爱唠叨的人 ài láodaode rén

nail *n*. **1**. 指甲 zhījia：finger-～ 手指甲 shǒu zhījia / a ～ clipper 指甲刀 zhījiadāo / ～ polish 指甲油 zhījiayóu **2**. 钉 dīng：hammer in a ～ 把钉子敲进去 bǎ dīngzi qiāo jìnqù / hit the ～ on the head 说得中肯 shuōde zhòngkěn；做得恰到好处 zuòde qià dào hǎochù *v*. **1**. 钉 dīng；钉住 dīngzhù：to ～ up a door 把门钉死 bǎ mén dīngsǐ **2**. 使固定 shǐ gùdìng：Surprise ～ed him to the spot. 惊讶使他呆立不动。Jīngyà shǐ tā dāilì bú dòng. **3**. 抓住 zhuāzhù **4**. 揭发 jiēfā：～ a lie to the counter 拆穿西洋镜 chāichuān xīyángjìng

naive *a*. **1**. 天真的 tiānzhēnde；幼稚的 yòuzhìde；质朴的 zhìpǔde：a ～ remark 孩子话 háizihuà / a ～ girl 天真的姑娘 tiānzhēnde gūniang **2**.

轻信的 qīngxìnde：She's so ～ that she believes everything he tells her. 她轻意地相信他所告诉她的每一件事。Tā qīngyìde xiāngxìn tā suǒ gàosu tāde měiyíjiàn shì.

naivete *n*. **1**. 天真 tiānzhēn：She was pleased with his ～. 她喜欢他的天真。Tā xǐhuan tāde tiānzhēn. **2**. 天真的话或行为 tiānzhēnde huà huò xíngwéi = naive remark，etc.

naked *a*. **1**. 裸体的 luǒtǐde；赤裸的 chìluǒde：He was ～ to the waist. 他光着膀子。Tā guāngzhe bǎngzi. **2**. 无遮蔽的 wú zhēbìde：a ～ light 没有灯罩的灯 méiyǒu dēngzhàode dēng / the ～ eye 肉眼 ròuyǎn / with ～ fists 赤手空拳地 chìshǒu-kōngquánde **3**. 无掩饰的 wú yǎnshìde：the ～ facts 赤裸裸的事实 chìluǒluǒde shìshí / the ～ truth 真相 zhēnxiàng **4**. 无证据的 wú zhèngjùde；无保证的 wú bǎozhèngde：a ～ contract 无担保的契约 wú dānbǎode qìyuē

namby-pamby *a*. **1**. 感伤的 gǎnshāngde = very sentimental **2**. 性格软弱的 xìnggé ruǎnruòde

name *n*. **1**. 名字 míngzi；姓名 xìngmíng；名称 míngchēng；名次 míngcì：What's his ～? 他叫什么名字？Tā jiào shénme míngzi? // in ～ 名义上 míngyìshang / in the ～ of 以…的名义 yǐ…de míngyì；为 wèi：stop in the ～ of the law 以法律的名义阻止 yǐ fǎlǜde míngyì zǔzhǐ / in the ～ of peace 为了和平 wèile hépíng / call sb. ～s 辱骂某人 rǔmà mǒurén **2**. 名声 míngshēng；名誉 míngyù：a good ～ 好名声 hǎo míngshēng *v*. **1**. 给…取名 gěi…qǔmíng；命名 mìngmíng：They ～ed the baby after his grandfather. 他们以祖父的名字给孩子起名。Tāmen yǐ zǔfùde míngzi gěi háizi qǐmíng. **2**. 叫出…的名字 jiàochū…de míngzi：Can you ～ all the plants in the garden? 你能叫出花园里所有植物的名字吗？Nǐ néng jiàochū huāyuánli suǒyǒu zhíwùde míngzima? **3**. 任命 rènmìng：～ sb. manager 任命某人为经理 rènmìng mǒurén wéi jīnglǐ **4**. 指定 zhǐdìng：～ a date 指定一个日子 zhǐdìng yíge rìzi

nameless *a*. **1**. 无名的 wúmíngde；不知名的 bù zhīmíngde：～ flower 一朵无名的花 yìduǒ wúmíngde huā / ～ heroes 无名英雄 wúmíng yīngxióng **2**. 难以形容的 nányǐ xíngróngde：～ terror 说不出的恐惧 shuōbuchūde kǒngjù **3**. 不齿的 bùchǐde：～ vices 不齿的恶行 bùchǐde èxíng **4**. 私生的 sīshēngde：a ～ child 私生子 sīshēngzǐ

namely *ad*. 就是 jiùshì；即 jí：Only two pupils got 100 in the test，～，Wang Shan and Li Jun. 只有两个学生考试得了一百分，即王山和李君。Zhǐyǒu liǎngge xuésheng kǎoshì déle yìbǎifēn，jí Wáng Shān hé Lǐ Jūn.

namesake *n*. 同名人 tóngmíngrén

nankeen *n*. 紫花布 zǐhuābù

Nansha Islands *n*. 南沙群岛 Nánshā Qúndǎo

nap¹ *n*. 小睡 xiǎoshuì；打盹 dǎdǔn：He always takes a ～ in the afternoon. 下午他总睡个小觉. Xiàwǔ tā zǒng shuìge xiǎojiào.

nap² *n*. 绒毛 róngmáo ＊ on the fabric

napalm *n*. 凝固汽油 nínggù qìyóu

nape *n*. 颈背 jǐngbèi；后颈 hòujǐng

naphthalene *n*. 萘 nài：～ ball 卫生球 wèishēngqiú

napkin *n*. 餐巾 cānjīn

nappy *n*. 尿布 niàobù

narcissus *n*. 水仙花 shuǐxiānhuā

narcotherapy *n*. 麻醉疗法 mázuì liáofǎ

narcotic *n*. 麻醉剂 mázuìjì *a*. 麻醉的 mázuìde

nard *n*. 甘松 gānsōng ＊ a kind of plant

narrate *v*. 叙述 xùshù；讲 jiǎng：～ one's adventures 讲自己的冒险故事 jiǎng zìjǐde màoxiǎn gùshi

narration *n*. 叙述 xùshù；故事 gùshi

narrative *n*. **1**. 叙述 xùshù；讲述 jiǎngshù **2**. 记叙体 jìxùtǐ *a*. **1**. 叙述的 xùshùde **2**. 叙述体的 xùshùtǐde：～ poems 叙事诗 xùshìshī

narrator *n*. 叙述者 xùshùzhě

narrow *a*. **1**. 狭 xiá；窄 zhǎi；狭窄的 xiázhǎide：a ～ street 一条狭窄的街道 yìtiáo xiázhǎide jiēdào / The gate is too ～ for a car. 大门太窄，汽车进不去。Dàmén tài zhǎi，qìchē jìnbuqù. **2**. 狭隘 xiá'ài；偏狭 piānxiá：a ～ mind 小心眼 xiǎoxīnyǎn；心胸狭窄 xīnxiōng xiázhǎi **3**. 勉强的 miǎnqiǎngde：to win by a ～ majority 以勉强的多数取胜 yǐ miǎnqiǎngde duōshù qǔshèng / a ～ escape 九死一生 jiùsǐ yìshēng *v*. 变狭窄 biàn xiázhǎi；变窄 biànzhǎi：The river ～s here. 这条河在这里变窄了。Zhè tiáo hé zài zhèlǐ biàn zhǎile.

narrowly *ad*. **1**. 狭窄地 xiázhǎide **2**. 勉强的 miǎnqiǎngde；好容易 hǎo róngyì: The child ～ escaped drowning. 那个小孩险些溺死。Nàge xiǎoháir xiǎnxiē nìsǐ. **3.** 严密地 yánmìde; 仔细地 zǐxìde: examine the machine ～ 仔细检查机器 zǐxì jiǎnchá jīqì

narrow-minded *a.* 心眼儿窄的 xīnyǎnr zhǎide; 气量小的 qìliàng xiǎode

nasal *a.* 鼻的 bíde: ～ sounds 鼻音 bíyīn *n.* 鼻音 bíyīn * of pronunciation

nascence *n.* 发生 fāshēng; 起源 qǐyuán

nascent *a.* 初生的 chūshēngde; 新生的 xīnshēngde

nasturtium *n.* 旱金莲属植物 hànjīnliánshǔ zhíwù

nasty *a.* **1.** 肮脏的 āngzangde * filthy; 令人厌恶的 lìngrén yànwùde * repulsive: a ～ smell 难闻的气味 nánwénde qìwèi **2.** 下流的 xiàliúde; 淫猥的 yínwěide: a ～ story 下流故事 xiàliú gùshi / You've got a ～ mind. 你的内心卑鄙。Nǐde nèixīn bēibǐ. **3.** 险恶的 xiǎn'ède: a ～ look 一副凶相 yífù xiōngxiàng / a ～ job 令人厌恶的工作 lìngrén yànwùde gōngzuò

natal *a.* 出生的 chūshēngde; 诞生的 dànshēngde

natality *a.* 出生率 chūshēnglǜ

nation *n.* **1.** 国家 guójiā: a member ～ of the UN 联合国会员国 Liánhéguó Huìyuánguó **2.** 民族 mínzú: the Chinese ～ 中华民族 Zhōnghuá Mínzú

national *a.* **1.** 民族的 mínzúde: ～ independence 民族独立 mínzú dúlì / a ～ minority 少数民族 shǎoshù mínzú **2.** 国家的 guójiāde: a ～ flag 国旗 guóqí / ～ capital 国家资本 guójiā zīběn / ～ anthem 国歌 guógē **3.** 全国性的 quánguóxìngde: a ～ newspaper 一张全国性的报纸 yìzhāng quánguóxìngde bàozhǐ **4.** 国有的 guóyǒude: ～ university 国立大学 guólì dàxué *n.* 侨民 qiáomín: American ～s in China 在华的美国侨民 zài Huáde Měiguó qiáomín

National Day 国庆节 Guóqìngjié

nationalism *n.* 民族主义 mínzúzhǔyì; 民族独立运动 mínzú dúlì yùndòng * a movement for national independence

nationalist *n.* 民族主义者 mínzú-zhǔyìzhě

nationality *n.* **1.** 国籍 guójí: What's your ～? 你是哪国人? Nǐ shì nǎ guó rén? / dual ～ 双重国籍 shuāngchóng guójí **2.** 族 zú; 民族 mínzú: the

Han ～ 汉族 hànzú

nationalization *n.* 国有化 guóyǒuhuà：～ of factories 工厂国有化 gōngchǎng guóyǒuhuà

nationalize *v.* 把…收归国有 bǎ…shōuguī guóyǒu：～ the railways and mines 把铁路和矿山收归国有 bǎ tiělù hé kuàngshān shōuguī guóyǒu

nationwide *a.* 全国性的 quánguóxìngde：a ～ broadcast 全国广播 quánguó guǎngbō

native *a.* **1.** 出生地的 chūshēngdìde；本地的 běndìde：～ language 本国语 běnguóyǔ **2.** 本国的 běnguóde：～ speakers of English 说英语的本国人 shuō Yīngyǔde běnguórén **3.** 土生的 tǔshēngde：～ plants 土生植物 tǔshēng zhíwù **4.** 天生的 tiānshēngde：～ ability 天赋才能 tiānfù cáinéng / ～ charm 天生的魅力 tiānshēngde mèilì *n.* **1.** 本地人 běndìrén；本国人 běnguórén **2.** 土著 tǔzhù；土人 tǔrén = aboriginal

nativity *n.* 诞生 dànshēng：the N- 耶稣的诞生 Yēsūde dànshēng

NATO 北大西洋公约组织 Běi Dàxīyáng Gōngyuē Zǔzhī

natty *a.* **1.** 整洁的 zhěngjiéde；漂亮的 piàoliangde：a ～ uniform 一件整洁的制服 yījiàn zhěngjiéde zhìfú **2.** 灵巧的 língqiǎode；敏捷的 mǐnjiéde = smart

natural *a.* **1.** 自然的 zìránde；天然的 tiānránde：Coal and oil are ～ products. 煤和油是天然产物。Méi hé yóu shì tiānrán chǎnwù. / The scenery has ～ beauty. 这风景有自然的美。Zhè fēngjǐng yǒu zìránde měi. **2.** 自然界的 zìránjiède；有关自然界的 yǒuguān zìránjiède：～ phenomena 自然现象 zìrán xiànxiàng / ～ science 自然科学 zìrán kēxué **3.** 正常的 zhèngchángde；惯常的 guànchángde：die a ～ death 寿终正寝 shòuzhōng-zhèngqǐn **4.** 天生的 tiānshēngde；生来的 shēngláide：～ gift 天赋才能 tiānfù cáinéng / ～ charm 天生的魅力 tiānshēngde mèilì / a ～ musician 天才音乐家 tiāncái yīnyuèjiā // ～ born 当地生的 dāngdìshēngde / ～ child 私生子 sīshēngzǐ / ～ gas 天然气 tiānránqì / ～ history 博物学 bówùxué

naturalism *n.* 自然主义 zìrán-zhǔyì

naturalist *n.* **1.** 自然主义者 zìrán-zhǔyìzhě **2.** 自然科学家 zìrán-kēxuéjiā；博物学家 bówù-xuéjiā

naturalistic *a.* 自然主义的 zìrán-zhǔyìde

naturalize *v.* 使…归化 shǐ…guīhuà；使入国籍 shǐ rù guójí：He was ～d after living in China for five years. 他在中国住了五年后，入了中国籍。Tā zài Zhōngguó zhùle wǔnián hòu，rùle Zhōngguójí.

naturally *ad.* **1.** 自然地 zìrande：speak ～ 讲话自然 jiǎnghuà zìran / He behaves ～. 他态度自然。Tā tàidu zìran. **2.** 天然地 tiānránde；天生地 tiānshēngde：He is ～ lazy. 他天生懒惰。Tā tiānshēng lǎnduò. / Her cheeks are ～ red. 她的面颊生来就是红的。Tāde miànjiá shēnglái jiùshì hóngde. **3.** 当然 dāngrán：N- I'll help you. 当然我要帮助你。Dāngrán wǒ yào bāngzhù nǐ.

nature *n.* **1.** 大自然 dàzìrán；自然界 zìránjiè：conquer ～ 征服自然 zhēngfú zìrán **2.** 自然状态 zìrán zhuàngtài；原始状态 yuánshǐ zhuàngtài：a return to ～ 回到自然 huídào zìrán **3.** 本性 běnxìng；天性 tiānxìng；性情 xìngqíng：human ～ 人性 rénxìng / It's her ～ to be generous. 慷慨大方是她的天性。Kāngkǎi dàfang shì tāde tiānxìng. **4.** 种类 zhǒnglèi；类型 lèixíng：stories of that ～ 那一类故事 nà yílèi gùshi **5.** 性质 xìngzhì；性状 xìngzhuàng：the ～ of gases 气体的性质 qìtǐde xìngzhì // by ～ 生性 shēngxìng；本来 běnlái / in ～ 性质上 xìngzhìshang * essentially；实际上 shíjìshang * in reality / in the course of ～ 自然而然地 zìrán'érránde / in the ～ of 具有…的性质 jùyǒu…de xìngzhì

naught *n.* 无 wú；零 líng：come to ～ 落空 luòkōng / All his hopes came to ～ when he failed the exam. 他考试不及格，一切希望都成泡影。Tā kǎoshì bùjígé，yíqiè xīwàng dōu chéng pàoyǐng.

naughty *a.* **1.** 顽皮的 wánpíde；淘气的 táoqìde；不听话的 bùtīnghuàde：a ～ child 顽皮的孩子 wánpíde háizi **2.** 猥亵的 wěixiède；下流的 xiàliúde：a ～ novel 黄色小说 huángsè xiǎoshuō

nausea *n.* **1.** 恶心 ěxin；晕船 yùnchuán：feel ～ 作呕 zuò'ǒu **2.** 厌恶 yànwù = disgust

nauseate *v.* **1.** 使恶心 shǐ ěxin；使作呕 shǐ zuò'ǒu：a nauseating smell 令人作呕的气味 lìng rén zuò'ǒude qìwèi **2.** 使厌恶 shǐ yànwù：His hypocrisy ～s me. 他的假仁假义使我厌恶。Tāde jiǎrén-jiǎyì shǐ wǒ yànwù.

nauseous *a.* 令人恶心的 lìngrén-ěxinde：I feel a bit ～. 我感到有点恶心。

Wǒ gǎndào yǒudiǎnr ěxin.

nautical *a*. 航海的 hánghǎide；船舶的 chuánbóde；海员的 hǎiyuánde：a ～ mile 海里 hǎilǐ

naval *a*. 海军的 hǎijūnde；军舰的 jūnjiànde：a ～ officer 海军军官 hǎijūn jūnguān / ～ battles 海战 hǎizhàn / ～ forces 海军部队 hǎijūn bùduì

nave *n*. 教堂中央大堂 jiàotáng zhōngyāng dàtáng

navel *n*. 肚脐 dùqí

navigable *a*. 可航行的 kě hángxíngde；可通航的 kě tōnghángde：The river is ～ for large steamers. 这条河可通大轮船。Zhètiáo hé kě tōng dàlúnchuán.

navigate *v*. **1**. 驾驶 jiàshǐ：～ a ship 驾驶一艘船 jiàshǐ yìsōu chuán **2**. 航行 hángxíng：～ up a river 向上游航行 xiàng shàngyóu hángxíng

navigation *n*. 航行 hángxíng：aerial ～ 航空 hángkōng / inland ～ 内河航行 nèihé hángxíng

navigator *n*. 驾驶员 jiàshǐyuán；领航员 lǐnghángyuán

navvy *n*. 民工 míngōng；壮工 zhuànggōng

navy *n*. **1**. 海军 hǎijūn **2**. 舰队 jiànduì：a small ～ of ten ships 一支十艘船的小舰队 yìzhī shísōu chuánde xiǎojiànduì // ～ blue 深蓝色 shēnlánsè；海军蓝 hǎijūnlán

nay *ad*. 不但如此，而且 búdàn rúcǐ，érqiě；甚至 shènzhì：It's peculiar，～，unique 这不但是特殊的，而且是独一无二的。Zhè búdàn shì tèshūde，érqiě shì dúyī-wú'èrde. *n*. 否定 fǒudìng；拒绝 jùjué

Nazi *n*. 纳粹分子 nàcuì-fènzǐ：the ～ 纳粹党 nàcuìdǎng

Nazism *n*. 纳粹主义 nàcuì-zhǔyì

neap *n*. & *a*. 小潮(的) xiǎocháo(de)；最低潮(的) zuìdīcháo(de)

near *ad*. **1**. 近 jìn；邻近 línjìn：National Day is drawing ～. 国庆节快到了。Guóqìngjié kuàidàole. / far and ～ 远近 yuǎnjìn **2**. 亲近地 qīnjìnde；亲密地 qīnmìde：They are ～ related. 他们是近亲。Tāmen shì jìnqīn. **3**. 几乎 jīhū；差不多 chàbuduō：a ～ white color 接近于白色 jiējìnyú báisè *a*. **1**. 近 jìn；不远 bùyuǎn：The post-office is quite ～. 邮局就在附近。Yóujú jiùzài fùjìn. **2**. 亲密的 qīnmìde：a ～ friend 亲密的朋友 qīnmìde péngyou **3**. 左侧的 zuǒcède：the ～ side of the road 道路的左侧 dàolùde zuǒcè *prep*. 接近 jiējìn；离…不远 lí…bùyuǎn：It was ～ six o'clock. 快六点了。Kuài liùdiǎnle. / Sit ～ me. 靠近我坐

下。Kàojìn wǒ zuòxià. *v.* 接近 jiējìn；走近 zǒujìn：The ship was ～ing land. 船正在靠岸。Chuán zhèngzài kào'àn.

nearby *ad.* & *a.* 附近的 fùjìnde：We went to a ～ town. 我们到附近的一个镇上去了。Wǒmen dào fùjìnde yíge zhènshang qùle. / ～ future 最近的将来 zuìjìnde jiānglái

nearly *ad.* **1.** 几乎 jīhū；差不多 chàbuduō：to be ～ drowned 差点儿淹死 chàdiǎnr yānsǐ / The train was ～ full. 火车差不多满座了。Huǒchē chàbuduō mǎnzuòle. **2.** not ～ 相差很远 xiāngchà hěnyuǎn：not ～ enough money 钱远远不够 qián yuǎnyuan búgòu

nearness *n.* **1.** 近 jìn；邻近 línjìn；接近 jiējìn **2.** 亲近 qīnjìn

near-sighted *a.* 近视(的) jìnshì(de)

neat *a.* **1.** 整洁的 zhěngjiéde：a ～ room 整洁的房间 zhěngjiéde fángjiān / ～ handwriting 整洁的书写 zhěngjiéde shūxiě **2.** 雅致的 yǎzhìde：a ～ dress 雅致的服装 yǎzhìde fúzhuāng **3.** 灵巧的 língqiǎode；巧妙的 qiǎomiàode：a ～ answer 巧妙的回答 qiǎomiàode huídá **4.** 纯的 chúnde ＊ of alcoholic drink；不掺水的 bùchānshuǐde：I like my brandy ～. 我喜欢喝纯白兰地。Wǒ xǐhuan hē chún báilándì.

nebula *n.* 星云 xīngyún

nebulous *a.* **1.** 星云的 xīngyúnde **2.** 模糊不清的 móhu-bùqīngde；朦胧的 ménglóngde：～ political ideas 模糊的政治观念 móhude zhèngzhì guānniàn

necessarily *ad.* 必定 bìdìng；必然 bìrán：It is not ～ so. 这未必如此。Zhè wèibì rúcǐ. / Big men are not ～ strong. 大块头的人不一定就是强壮的人。Dàkuàitóude rén bùyídìng jiùshì qiángzhuàngde rén.

necessary *a.* **1.** 必要的 bìyàode；必需的 bìxūde：Food is ～ for life. 食物是生活的必需。Shíwù shì shēnghuóde bìxū. / Is it really ～ for me to attend the meeting? 我真的必须参加这个会议吗？Wǒ zhēnde bìxū cānjiā zhège huìyìma? **2.** 必然的 bìránde；不可避免的 bùkě bìmiǎnde：the ～ outcome of the affair 事情的必然结局 shìqingde bìrán jiéjú

necessitate *v.* 使成为必需 shǐ chéngwéi bìxū：His arm ～d an operation. 他的胳膊需要手术。Tāde gēbo xūyào shǒushù.

necessity *n.* **1.** 必要性 bìyàoxìng；需要 xūyào：We're faced with the ～ of buying a new car. 我们必须再买一辆新车了。Wǒmen bìxū zài mǎi yíliàng xīnchēle. / There is no ～ for me to do this. 我没有做这件事的

必要。Wǒ méiyǒu zuò zhèjiànshìde bìyào. **2.** 必然性 bìránxìng：～ and contingency 必然性和偶然性 bìránxìng hé ǒuránxìng **3.** 必需品 bìxūpǐn：Food and clothing are necessities of life. 衣食是生活必需品。Yīshí shì shēnghuó bìxūpǐn. **4.** 贫困 pínkùn；危急 wēijí：in dire ～ 在贫困中 / in case of ～ 在危急时 zài wēijí shí

neck *n.* **1.** 颈 jǐng；脖子 bózi **2.** 颈状部分 jǐngzhuàng bùfen：the ～ of a bottle 瓶颈 píngjǐng // ～ and ～ 不分上下 bùfēn shàngxià；并驾齐驱 bìngjià-qíqū / risk one's ～ 冒生命危险 mào shēngmìng wēixiǎn / stick one's ～ out 惹祸 rěhuò；找麻烦 zhǎo máfan

necklace *n.* 项圈 xiàngquān；项链 xiàngliàn

neckline *n.* 领口 lǐngkǒu ＊ of women's clothing：a low ～ 低开领 dīkāilǐng

necktie *n.* 领带 lǐngdài

neckwear *n.* 颈部服饰 jǐngbù fúshì

necromancy *n.* 巫术 wūshù

necropolis *n.* 墓地 mùdì；大公墓 dà gōngmù

nectar *n.* **1.** 花蜜 huāmì **2.** 美味饮料 měiwèi yǐnliào：A cold beer is like ～ when you're thirsty. 你口渴时，一杯冰啤酒好比甘露神酒。Nǐ kǒukěshí，yìbēi bīngpíjiǔ hǎobǐ gānlù shénjiǔ.

nectarine *n.* 蜜桃 mìtáo

née *a.* 娘家姓的 niángjiāxìngde

need *n.* **1.** 需要 xūyào；必要 bìyào：We have ～ of knowledge. 我们需要知识。Wǒmen xūyào zhīshi. / I will come if ～ be. 如果有必要，我会来的。Rúguǒ yǒu bìyào，wǒ huì láide. **2.** 需求 xūqiú；必需品 bìxūpǐn：Satisfy their ～s. 满足他们的需要。Mǎnzú tāmende xūyào. / His ～s are few. 他几乎没有什么需要。Tā jīhū méiyǒu shénme xūyào. **3.** 贫困 pínkùn；困境 kùnjìng：We are collecting money for children in ～. 我们在为贫困儿童募捐。Wǒmen zài wèi pínkùn értóng mùjuān. *v.* 需要 xūyào；必须 bìxū：Does he ～ any help? 他需要帮助吗？Tā xūyào bāngzhùma? / This house ～s repairs. 这房子需要修理。Zhè fángzi xūyào xiūlǐ. *v. aux.* 需要 xūyào；必须 bìxū：N-I go? 我必须去吗？Wǒ bìxū qùma? / He ～ not be told. 不必告诉他。Búbì gàosu tā.

needful *a.* 需要的 xūyàode；必要的 bìyàode

needle *n.* **1.** 针 zhēn；缝衣针 féngyīzhēn：a ～'s eye 针眼 zhēnyǎn **2.** 编

织针 biānzhīzhēn ＊ to knit **3.** 注射针 zhùshèzhēn ＊ for injection **4.** 唱针 chàngzhēn ＊ in a record player **5.** 针状物 zhēnzhuàngwù：a pine ～ 松叶 sōngyè；松针 sōngzhēn **6.** 指针 zhǐzhēn：the ～ of a compass 罗盘指针 luópán zhǐzhēn *v.* **1.** 用针缝 yòng zhēn féng；用针刺 yōng zhēn cì **2.** 刺激 cìjī；取笑 qǔxiào：The boys always ～ Jim about being fat. 男孩子们总是取笑吉姆，说他太胖。Nán háizimen zǒngshì qǔxiào Jímǔ，shuō tā tàipàng. **3.** 加强…效果 jiāqiáng…xiàoguǒ

needless *a.* 不必要的 búbìyàode；不需要 bùxūyào：～ work 不必要的工作 búbìyàode gōngzuò

needlewoman *n.* 缝纫女工 féngrèn nǚgōng

needlework *n.* **1.** 针线活 zhēnxiànhuó；缝纫 féngrèn = sewing；刺绣 cìxiù = embroidery：Doing fine ～ will make eyes tired. 精细的刺绣工作会累坏眼睛。Jīngxìde cìxiù gōngzuò huì lèihuài yǎnjing. **2.** 刺绣成品 cìxiù chéngpǐn ＊ the product **3.** 缝纫职业 féngrèn zhíyè ＊ the profession or business

needs *ad.* **1.** 必须 bìxū；不得不 bùdébù：I must ～ do it. 我非干不可。Wǒ fēigàn bùkě. **2.** 偏偏 piānpiān：He must ～ come. 他偏偏要来。Tā piānpiān yàolái.

needy *a.* 贫困的 pínkùnde：a ～ family 贫困家庭 pínkùn jiātíng

ne'er-do-weel *n.* 没用的人 méiyòngde rén；懒汉 lǎnhàn

nefarious *a.* 恶毒的 èdúde；非法的 fēifǎde

negate *v.* 否定 fǒudìng；否认 fǒurèn

negation *n.* **1.** 否定 fǒudìng；否认 fǒurèn **2.** 虚无 xūwú；不存在 bù cúnzài = absence of any real meaning

negative *a.* **1.** 否定的 fǒudìngde；否认的 fǒurènde：She gave me a ～ answer. 她给我否定的回答。Tā gěi wǒ fǒudìngde huídá. **2.** 消极的 xiāojíde：～ factors 消极因素 xiāojí yīnsù / She has a ～ attitude towards life. 她对人生采取消极的态度。Tā duì rénshēng cǎiqǔ xiāojíde tàidu. **3.** 负的 fùde ＊ of mathematics **4.** 阴 yīn；阴性的 yīnxìngde；负的 fùde：a ～ terminal 负电的接头 fùdiànde jiētóu **5.** 底片的 dǐpiànde ＊ in photography *n.* **1.** 否定词 fǒudìngcí；否定语 fǒudìngyǔ；否定的观点 fǒudìngde guāndiǎn：The answer to my request was in the ～. 对我的请求答复是否定的。Duì wǒde qǐngqiú dáfù shì fǒudìngde. **2.** 负数 fùshù **3.** 底片 dǐpiàn

negatively *ad*. 否定地 fǒudìngde；消极的 xiāojíde

negatron *n*. 负电子 fùdiànzǐ

neglect *v*. **1**. 疏忽 shūhu；忽略 hūlüè：～ one's health 忽视健康 hūshì jiànkāng / ～ one's duties 玩忽职守 wánhū-zhíshǒu **2**. 搁置未做 gēzhì wèizuò；未能做到 wèi néng zuòdào：Don't ～ to lock the door when you leave. 你离开时别忘了锁门。Nǐ líkāishí biéwàngle suǒmén. / I ～ed to wind the clock. 我忘了上钟的发条。Wǒ wàngle shàng zhōngde fātiáo. *n*. 忽视 hūshì；忽略 hūlüè；疏忽 shūhu：The garden is in a state of ～. 花园处于无人管理的状态。Huāyuán chǔyú wúrén guǎnlǐde zhuàngtài. / ～ of duty 失职 shīzhí

neglectful *a*. 疏忽的 shūhude；不注意的 búzhùyìde：be ～ of one's business 忽略自己的业务 hūlüè zìjǐde yèwù / a mother who is ～ of her children 疏忽照管孩子的母亲 shūhu zhàoguǎn háizide mǔqin / be ～ of one's appearance 不注意自己的仪表 búzhùyì zìjǐde yíbiǎo

neglige *n*. 女便服 nǚbiànfú

negligence *n*. 疏忽 shūhu；粗心大意 cūxīn-dàyì：The accident was due to ～. 事故是由粗心大意而引起的。Shìgù shì yóu cūxīn-dàyì ér yǐnqǐde.

negligent *a*. 疏忽的 shūhude；粗心大意的 cūxīn-dàyìde：be ～ in one's work 工作马虎 gōngzuò mǎhu

negligible *a*. 可以忽视的 kěyǐ hūshìde；无关紧要的 wúguān jǐnyàode；微不足道的 wēibùzúdàode：The damage to my car is ～. 我的汽车损坏很小。Wǒde qìchē sǔnhuài hěn xiǎo.

negotiable *a*. **1**. 可谈判的 kětánpànde；可商议的 kěshāngyìde：a ～ contract 可协商的合同 kěxiéshāngde hétong **2**. 可兑换现金的 kě duìhuàn xiànjīnde：～ shares 可转让的股票 kězhuǎnràngde gǔpiào **3**. 可通行的 kětōngxíngde = that can be passed over (of roads, rivers. ect.)

negotiate *v*. **1**. 谈判 tánpàn；协商 xiéshāng：The captain is negotiating with them for the use of the gym. 队长跟他们协商使用体育馆的事。Duìzhǎng gēn tāmen xiéshāng shǐyòng tǐyùguǎnde shì. **2**. 商订 shāngdìng；议定 yìdìng：～ a treaty 商订条约 shāngdìng tiáoyuē **3**. 转让 zhuǎnràng；兑现 duìxiàn **4**. 越过 yuèguò；通过 tōngguò：～ a turn 顺利地拐过弯去 shùnlìde guǎiguowānqù

negotiation *n*. **1**. 谈判 tánpàn；协商 xiéshāng：The agreement was the result of ～. 这项协定是谈判的结果。Zhèxiàng xiédìng shì tánpànde jiéguǒ. / settle disputes by peaceful ～ 通过和平协商的办法解决争端 tōngguò hépíng xiéshāngde bànfǎ jiějué zhēngduān **2.** 转让 zhuǎnràng；流通 liútōng

negotiator *n.* 谈判者 tánpànzhě；协商者 xiéshāngzhě

Negress *n.* 女黑人 nǚ hēirén

Negro *n.* 黑人 hēirén

neigh *n.* & *v.* 马嘶声 mǎsīshēng；马嘶 mǎsī

neighbour *n.* **1.** 邻居 línjū；邻国 línguó：We're ～s now. 我们现在是邻居了。Wǒmen xiànzài shì línjūle. / near ～ 近邻 jìnlín **2.** 邻接的东西 línjiēde dōngxi *v.* 邻接 línjiē；邻近 línjìn：～ing towns 邻近的市镇 línjìnde shìzhèn

neighbourhood *n.* **1.** 邻近 línjìn；附近 fùjìn；周围 zhōuwéi：in the ～ of Beijing 在北京附近地区 zài Běijīng fùjìn dìqū **2.** 邻里 línlǐ；街坊 jiēfang：The whole ～ respected him. 四邻都尊敬他。Sìlín dōu zūnjìng tā. **3.** 地区 dìqū；附近一带 fùjìn yídài：a ～ unit 住宅区 zhùzháiqū；居民点 jūmíndiǎn // in the ～ of 在…的附近 zài…de fùjìn

neighbouring *a.* 邻近的 línjìnde；附近的 fùjìnde：～ countries 邻近国家 línjìn guójiā / There is a bus service for the ～ villages. 有一家公共汽车公司为附近的一些村子服务。Yǒu yìjiā gōnggòng-qìchē gōngsī wèi fùjìnde yìxiē cūnzi fúwù.

neighbourly *a.* 邻人似的 línrénshide；睦邻的 mùlínde

neither *a.* & *pron.* 两者都不 liǎngzhě dōubù：N- statement is true. 两种说法都不真实. Liǎngzhǒng shuōfǎ dōu bù zhēnshí. / N- of them wanted to go. 他们俩都不想去。Tāmen liǎ dōu bù xiǎng qù. *ad.* & *conj.* **1.** 既不…也不… jìbù…yěbù…：It is ～ hot nor cold. 天气既不冷也不热。Tiānqì jìbù lěng yěbú rè. / N- John nor I can go. 约翰和我都不能去。Yuēhàn hé wǒ dōu bùnéng qù. **2.** 也不 yěbù：I don't know，～ can I guess. 我不知道，我也猜不着。Wǒ bùzhīdào，wǒ yě cāibuzháo. / If you don't go，～ shall I. 如果你不去，我也不去。Rúguǒ nǐ búqù，wǒ yě búqù.

nemesis *n.* 公正的惩罚 gōngzhèngde chéngfá；报应 bàoyìng

neocolonialism *n.* 新殖民主义 xīn zhímínzhǔyì

neolithic *a.* 新石器时代的 xīnshíqì shídàide

neologism *n.* 新词语 xīncíyǔ

neomycin *n.* 新霉素 xīnméisù

neon *n.* 氖 nǎi：～ light 氖光灯 nǎiguāngdēng；霓虹灯 níhóngdēng

neontology *n.* 近代生物学 jìndài shēngwùxué

Nepalese *a.* 尼泊尔的 Níbó'ěrde *n.* 尼泊尔人 Níbó'ěrrén；尼泊尔语 Níbó'ěryǔ

nephew *n.* 侄子 zhízi * brother's son；外甥 wàisheng * sister's son

nephridium *n.* 肾 shèn

nephritis *n.* 肾炎 shènyán：acute（chronic）～ 急性（慢性）肾炎 jíxìng（mànxìng）shènyán

nepotism *n.* 裙带关系 qúndài guānxì

Neptune *n.* 海王星 hǎiwángxīng

nerve *n.* **1.** 神经 shénjīng：～ centre 神经中枢 shénjīng zhōngshū **2.** [～s] 神经质 shénjīngzhì；神经紧张 shénjīng jǐnzhāng：feel ～s 感到神经紧张 gǎndào shénjīng jǐnzhāng **3.** 勇气 yǒngqì；沉着 chénzhuó；胆力 dǎnlì：a man of ～ 一个有胆量的人 yíge yǒu dǎnliàngde rén / have the ～ to do sth. 有勇气做某事 yǒu yǒngqì zuò mǒushì **4.** 厚颜 hòuyán：Did he have the ～ to say that? 他竟有脸说这话吗？Tā jìng yǒuliǎn shuō zhèhuàma? / What a ～! 真是厚颜无耻！Zhēnshì hòuyán wúchǐ! *v.* 给以勇气 gěiyǐ yǒngqì // lose one's ～ 失去勇气 shīqù yǒngqì / ～-racking 伤脑筋的 shāngnǎojīnde

nerveless *a.* **1.** 无神经的 wú shénjīngde * of anatomy **2.** 没劲的 méijìnde

nervous *a.* **1.** 神经的 shénjīngde **2.** 神经质的 shénjīngzhìde；易激动的 yì jīdòngde：get ～ at the examination 考试时焦急不安 kǎoshìshí jiāojí bù'ān **3.** 有力的 yǒulìde；强健的 qiángjiànde：He's full of ～ energy. 他精力充沛。Tā jīnglì chōngpèi. // ～ break-down 精神崩溃 jīngshén bēngkuì / ～ system 神经系统 shénjīng xìtǒng

nervously *ad.* 神经过敏地 shénjīng guòmǐnde

nervousness *n.* 神经过敏 shénjīng guòmǐn

nervy *a.* **1.** 紧张不安的 jǐnzhāng bù'ānde；心烦意乱的 xīnfán yìluànde **2.** 厚颜的 hòuyánde；鲁莽的 lǔmǎngde ＝ rude

nest *n.* **1.** 鸟巢 niǎocháo；鸟窝 niǎowō **2.** 穴 xué：an ant's ～ 蚁穴 yǐxué **3.** 舒适的地方 shūshìde dìfang **4.** 一套物件 yítào wùjiàn：a ～ of tables 一套茶几 yítào chájī *v.* 筑巢 zhùcháo；做窝 zuòwō

nest-egg *n.* **1.** 留窝蛋 liúwōdàn **2.** 储备金 chǔbèijīn

nestle *n.* 1. 安居 ānjū；舒适地安顿下来 shūshìde āndùn xiàlái：～ down in bed 舒舒服服躺在床上 shūshu-fūfū tǎngzài chuángshang 2. 拥抱 yōngbào；贴紧 tiējǐn：She ～d the baby in her arms. 她把婴儿抱在怀里。Tā bǎ yīng'ér bàozài huáili. 3. 依偎 yīwēi：～ up to sb. 依偎在某人身旁 yīwēi zài mǒurén shēnpáng

nestling *n.* 雏鸟 chúniǎo

net[1] *n.* 1. 网 wǎng；网状物 wǎngzhuàngwù：a fishing ～ 鱼网 yúwǎng / a mosquito ～ 蚊帐 wénzhàng 2. 罗网 luówǎng：be caught in the ～ of justice 落入法网 luòrù fǎwǎng 3. 网状系统 wǎngzhuàng xìtǒng；通信网 tōngxìnwǎng：a radar ～ 雷达网 léidáwǎng *v.* 1. 用网捕 yòng wǎng bǔ：We ～ted five fish. 我们用网捕到了五条鱼。Wǒmen yòng wǎng bǔdàole wǔtiáo yú. / ～ the ball 打球落网 dǎ qiú luò wǎng 2. 撒网于 sāwǎng yú：～ a river 在河上撒网 zài héshang sāwǎng

net[2] *a.* 纯的 chúnde；净的 jìngde：～ profit 纯利 chúnlì；净利 jìnglì / the ～ weight 净重 jìngzhòng / This jar of sugar weighs 500 grams ～. 这瓶糖净重五百克。Zhèpíng táng jìngzhòng wǔbǎi kè. *v.* 净得 jìngdé；净赚 jìngzhuàn：The sale ～ted ＄500,000. 这笔买卖净赚五十万美元。Zhèbǐ mǎimai jìngzhuàn wǔshí wàn měiyuán.

nether *a.* 1. 地下的 dìxiàde：the ～ world 地狱 dìyù 2. 下面的 xiàmiande：the ～ lip 下唇 xiàchún

Netherlandish *a.* 1. 荷兰的 Hélánde 2. 荷兰语的 Hélányǔde 3. 荷兰人的 Hélánrénde *n.* 荷兰语 Hélányǔ

nethermost *a.* 最下面的 zuì xiàmiande；最低的 zuìdīde

netting *n.* 1. 网状物 wǎngzhuàngwù ＊ string, wire, etc. made into a net：wire ～ 金属网 jīnshǔwǎng 2. 结网 jiéwǎng；撒网 sāwǎng

nettle *n.* 荨麻 qiánmá *v.* 惹…生气 rě…shēngqì；使发怒 shǐ fānù：I was rather ～d by his rudeness. 我被他的粗鲁激怒了。Wǒ bèi tāde cūlǔ jīnùle.

network *n.* 网状系统 wǎngzhuàng xìtǒng：a ～ of railways 铁路网 tiělùwǎng

neuralgia *n.* 神经痛 shénjīngtòng

neurasthenia *n.* 神经衰弱 shénjīng shuāiruò

neuritis *n.* 神经炎 shénjīngyán

neurology *n.* 神经病学 shénjīngbìngxué

neurosis *n.* 精神神经病 jīngshén shénjīngbìng

neurotic *a.* 神经病的 shénjīngbìngde；神经过敏的 shénjīng guòmǐnde：He is ～ about getting fat. 他对发胖神经过敏。Tā duì fāpàng shénjīng guòmǐn. *n.* 神经过敏者 shénjīng-guòmǐnzhě；神经病患者 shénjīngbìng huànzhě ＊ the patient

neuter *a.* **1.** 中性的 zhōngxìngde ＊ in grammar：a ～ noun 中性名词 zhōngxìng míngcí **2.** 无性的 wúxìngde：Worker bees are ～. 工蜂是无性生物。Gōngfēng shì wúxìng shēngwù. *n.* **1.** 中性词 zhōngxìngcí **2.** 无性动物 wúxìng dòngwù；无性昆虫 wúxìng kūnchóng *v.* 阉割 yāngē

neutral *a.* **1.** 中立的 zhōnglìde；中立国的 zhōnglìguóde：a ～ country 中立国 zhōnglìguó / remain ～ 保持中立 bǎochí zhōnglì **2.** 不鲜明的 bù xiānmíngde；非彩色的 fēicǎisède：～ tints 灰色 huīsè / trousers of a ～ colour 灰色的裤子 huīsède kùzi **3.** 中性的 zhōngxìngde ＊ of chemistry **4.** 空挡的 kōngdǎngde ＊ gear wheel *n.* **1.** 中立者 zhōnglìzhě：中立国 zhōnglìguó **2.** 空挡 kōngdǎng：slip the gear into ～ 拉到空挡 lādào kōngdǎng

neutralism *n.* 中立主义 zhōnglìzhǔyì

neutrality *n.* 中立 zhōnglì；中立地位 zhōnglì dìwèi：declare ～ 宣布中立 xuānbù zhōnglì / maintain a ～ 维持中立 wéichí zhōnglì

neutralization *n.* **1.** 中和作用 zhōnghé zuòyòng ＊ of chemistry **2.** 抵消 dǐxiāo

neutralize *v.* **1.** 使…中立 shǐ…zhōnglì：～ a place 使一地方中立 shǐ yī dìfang zhōnglì **2.** 使中和 shǐ zhōnghé：to ～ an acid with a base 用碱来中和酸 yòng jiǎn lái zhōnghé suān **3.** 使无效 shǐ wúxiào ＝ to make ineffective；抵消 dǐxiāo：High taxes will ～ increased wages. 高税收将抵消增加了的工资。Gāo shuìshōu jiāng dǐxiāo zēngjiālede gōngzī.

neutretto *n.* 中性介子 zhōngxìngjièzǐ

neutrino *n.* 中微子 zhōngwēizǐ

neutron *n.* 中子 zhōngzǐ // ～ bomb 中子弹 zhōngzǐdàn

never *ad.* 从不 cóngbù；决不 juébù：I've ～ been to China. 我从未去过中国。Wǒ cóngwèi qùguo Zhōngguó. / That will ～ do. 那决不行。Nà jué bùxíng. / N- mind！没关系 Méiguānxi！（不要紧！Bú yàojǐn！）

nevermore *ad*. 决不再 juébúzài

nevertheless *ad*. & *conj*. 然而 rán'ér；不过 búguò；仍然 réngrán：He was old and poor，～ he was happy. 他年老且贫穷，然而很快乐。Tā niánlǎo qiě pínqióng，rán'ér hěn kuàilè.

new *a*. **1**. 新的 xīnde：a ～ film 新影片 xīn yǐngpiàn / a ～ word 新字 xīnzì；生字 shēngzì **2**. 新发现的 xīn fāxiànde；最近知道的 zuìjìn zhīdaode：the discovery of a ～ star 发现一颗新星 fāxiàn yìkē xīnxīng **3**. 新制造的 xīn zhìzàode：a ～ car 一辆新汽车 yíliàng xīn qìchē **4**. 重新的 chóngxīnde；重新开始的 chóngxīn kāishǐde：a ～ life 新生活 xīn shēnghuó / N- Year 新年 Xīnnián / N- Year's Day 元旦 Yuándàn / N- Year's Eve 除夕 Chúxī **5**. 新鲜的 xīnxiānde：～ milk 新鲜牛奶 xīnxiān niúnǎi **6**. 生的 shēngde；不熟悉的 bùshúxīde：He is ～ to the work. 他不熟悉这个工作。Tā bùshúxī zhège gōngzuò. *ad*. 新近 xīnjìn；最近 zuìjìn：～ built 新造的 xīnzàode

newborn *a*. 新生的 xīnshēngde：a ～ baby 新生婴孩 xīnshēng yīngháir

newcomer *n*. 新来者 xīnláizhě；新手 xīnshǒu：a ～ to the city 新到这个城市的人 xīndào zhège chéngshìde rén / This team is the ～ to the competition. 这个队是新参加比赛的。Zhège duì shì xīn cānjiā bǐsàide.

newfangled *a*. **1**. 新奇的 xīnqíde；新花样的 xīnhuāyàngde：～ ideas 新奇思想 xīnqí sīxiǎng / ～ gadgets 新奇的小玩意儿 xīnqíde xiǎowányìr **2**. 爱好新奇的 àihào xīnqíde ＝ fond of novelty

newly *ad*. 新近地 xīnjìnde；最近 zuìjìn：a ～ built house 一幢新建成的房子 yízhuàng xīn jiànchéngde fángzi

newlywed *n*. 新结婚的人 xīn jiéhūnde rén：a ～ couple 一对新婚夫妇 yíduì xīnhūn fūfù

news *n*. **1**. 新闻 xīnwén；新闻报道 xīnwén bàodào：foreign ～ 国际新闻 guójì xīnwén / an interesting piece of ～一条有趣的新闻 yìtiáo yǒuqùde xīnwén **2**. 消息 xiāoxi：I've had no ～s from him for a long time. 我好久没有得到他的消息了。Wǒ hǎojiǔ méiyǒu dédào tāde xiāoxile. // a ～ agency 通讯社 tōngxùnshè / ～ value 新闻价值 xīnwénjiàzhí

newsagent *n*. 报刊销售人 bàokān xiāoshòurén

newsagent shop 报刊销售处 bàokān xiāoshòuchù

newsboy *n*. 报童 bàotóng；送报人 sòngbàorén

newscast *n*. 新闻广播 xīnwén guǎngbō

newscaster *n.* 新闻广播员 xīnwén guǎngbōyuán；评论员 pínglùnyuán
news conference *n.* 记者招待会 jìzhě zhāodàihuì
newsletter *n.* 通讯 tōngxùn；简报 jiǎnbào
newsman *n.* 卖报人 màibàorén
newspaper *n.* **1.** 报纸 bàozhǐ：an evening ～ 晚报 wǎnbào **2.** 新闻纸 xīnwénzhǐ；白报纸 báibàozhǐ：wrap it up in ～ 用白报纸把它包起来 yòng báibàozhǐ bǎ tā bāoqǐlái
newsprint *n.* 新闻纸 xīnwénzhǐ；白报纸 báibàozhǐ
newsreel *n.* 新闻短片 xīnwén duǎnpiàn；纪录短片 jìlù duǎnpiàn
newsstand *n.* 卖报处 màibàochù；报摊 bàotān
newsworthy *a.* 有新闻价值的 yǒu xīnwén jiàzhíde；值得报道的 zhíde bàodàode
New Testament *n.* 新约全书 Xīnyuē-quánshū
newt *n.* 蝾螈 róngyuán
Newton *n.* 牛顿 Niúdùn
next *a.* **1.** 最近的 zuìjìnde；相邻的 xiānglínde：They live in the ～ house to ours. 他们住在我们的隔壁。Tāmen zhùzài wǒmende gébì. **2.** 紧接在后的 jǐnjiē zàihòude：～ week 下星期 xiàxīngqī / the ～ day 次日 cìrì / Let's take the ～ train. 咱们坐下一班火车吧！Zánmen zuò xiàyìbān huǒchēba！ *ad.* 其次 qícì；下一次 xiàyícì：When shall I meet you ～？下一次我们什么时候见面？Xiàyícì wǒmen shénme shíhou jiànmiàn？/ What are you going to do ～？下一步你要做什么？Xiàyíbù nǐ yào zuò shénme？// ～ door 隔壁 gébì / ～ of kin 近亲 jìnqīn；至亲 zhìqīn / ～ to 几乎 jīhū：Say ～ to nothing. 几乎什么也没说。Jīhū shénme yě méishuō.
nexus *n.* **1.** 连系 liánxì；关系 guānxì：the cash ～ 现金交易关系 xiànjīn jiāoyì guānxì **2.** 主谓结构 zhǔwèi jiégòu * in grammar
NHK 日本广播协会 Rìběn Guǎngbō Xiéhuì
Ni ＝ Nickel 镍 niè
Niagara Falls *n.* 尼亚加拉瀑布 Níyàjiālā pùbù
nib *n.* 钢笔尖儿 gāngbǐjiānr
nibble *v.* & *n.* 啃 kěn；一点一点地咬 yìdiǎn-yìdiǎnde yǎo：Mice had a ～ at the cake. 老鼠在蛋糕上啃了一口。Lǎoshǔ zài dàngāoshang kěnle yìkǒu.

nice *a*. **1**. 好的 hǎode；令人愉快的 lìngrén yúkuàide；使人高兴的 shǐrén gāoxìngde：a ～ day 好天气 hǎo tiānqì / a ～ little girl 可爱的小女孩 kě'àide xiǎonǚháir / How ～ to see you！见到你真高兴！Jiàndào nǐ zhēngāoxìng！**2**. 细致的 xìzhìde；细微的 xìwēide：a ～ difference between two meanings 两种意义之间的细微差别 liǎngzhǒng yìyì zhījiānde xìwēi chābié **3**. 细心的 xìxīnde；慎重的 shènzhòngde：a ～ ear for sound 敏锐的听觉 mǐnruìde tīngjué **4**. 坏的 huàide；糟的 zāode：We're in a ～ mess. 我们陷入困境。Wǒmen xiànrù kùnjìng. / a ～ mess 一团糟 yìtuánzāo

nicely *ad*. **1**. 很好地 hěn hǎode：progressing ～ 进展良好 jìnzhǎn-liánghǎo **2**. 谨慎地 jǐnshènde = careful

nicety *n*. **1**. 精确 jīngquè；精密 jīngmì：～ of one's powers of observation 精确的观察力 jīngquède guānchálì **2**. 微妙 wēimiào：a point of great ～ 十分微妙的问题 shífēn wēimiàode wèntí **3**. 细微之处 xìwēi zhīchù；细节 xìjié；细微的区别 xìwēide qūbié：observe ～ of syntax 注意句法上细微之处 zhùyì jùfǎshang xìwēi zhīchù / Let's answer the question in general. We haven't time to consider all the ～. 让我们概括地回答这个问题吧。我们没时间考虑所有的细节。Ràng wǒmen gàikuòde huídá zhège wèntíba. Wǒmen méi shíjiān kǎolǜ suǒyǒude xìjié. // to a ～ 恰到好处地 qiàdào hǎochùde

niche *n*. **1**. 壁龛 bìkān **2**. 适当的地位 shìdàngde dìwèi：my ～ in the company 我在公司里的合适职务 wǒ zài gōngsīlide héshì zhíwù

nick *n*. **1**. 刻痕 kèhén；裂口 lièkǒu；缺口 quēkǒu：not badly hurt，only ～s and cuts 伤势不重，只是一些擦伤和割伤 shāngshì bú zhòng，zhǐshì yìxiē cāshāng hé gēshāng **2**. 监狱 jiānyù：five years in the ～ 五年监禁 wǔnián jiānjìn *v*. **1**. 刻痕于 kèhényú：A bullet ～ed his leg. 一颗子弹在他的腿上留下了伤痕。Yìkē zǐdàn zài tāde tuǐshang liúxiàle shānghén. **2**. 偷窃 tōuqiè：He ～ed my bicycle. 他偷走了我的自行车。Tā tōuzǒule wǒde zìxíngchē. // in the ～ of time 正是时候 zhèngshì shíhou；恰好赶上 qiàhǎo gǎnshàng

nickel *n*. **1**. 镍 niè **2**. 五分镍币 wǔfēn nièbì * of the US and Canada *v*. 镀镍于 dùniè yú

nickname *n*. 绰号 chuòhào；诨名 hùnmíng；教名的略称 jiàomíngde lüèchēng *v*. 给…起绰号 gěi…qǐ chuòhào；给…起诨名 gěi…qǐ hùnmíng: They ～d him "Fats" because of his weight. 因为他胖，人们给他取个绰号叫"胖子"。Yīnwèi tā pàng, rénmen gěi tā qǔge chuòhào jiào pàngzi.

nicotine *n.* 烟碱 yānjiǎn；尼古丁 nígǔdīng

niece *n.* 侄女 zhínǚ * brother's daughter；外甥女 wàishēngnǚ * sister's daughter

nifty *a.* 漂亮的 piàoliangde；吸引人的 xīyǐnrénde：a ～ little car 一辆漂亮的小轿车 yíliàng piàoliangde xiǎojiàochē

niggard *n.* 吝啬鬼 lìnsèguǐ；小气的人 xiǎoqide rén

niggardly *a.* **1.** 吝啬的 lìnsède；小气的 xiǎoqide **2.** 很少量的 hěnshǎoliàngde；有限的 yǒuxiànde：a ～ sum 少得可怜的数目 shǎode kěliánde shùmù

nigger *n.* 黑人 hēirén

niggle *v.* 为小事操心 wèi xiǎoshì cāoxīn；过于注意细节 guòyú zhùyì xìjié：She ～s over every detail of the bill. 她对帐单的每一项目都仔细查算。Tā duì zhàngdānde měiyī xiàngmù dōu zǐxì chásuàn.

nigh *ad.* & *prep.* 靠近 kàojìn；接近 jiējìn：for ～ on forty 将近四十年 jiāngjìn sìshínián

night *n.* **1.** 夜 yè；夜晚 yèwǎn：The ～s are longer in winter. 冬天的夜较长。Dōngtiānde yè jiàocháng. **2.** 夜晚的活动 yèwǎnde huódòng；晚会 wǎnhuì：We saw the show on its first ～. 我们在首场晚会上就看了表演。Wǒmen zài shǒuchǎng wǎnhuìshang jiù kànle biǎoyǎn. // at ～ 在夜间 zài yèjiān：He came home late at ～. 他深夜才到家。Tā shēnyè cái dàojiā. / all ～ 整夜 zhěngyè：She lay awake all ～. 她整夜都没合眼。Tā zhěngyè dōu méi héyǎn. / ～ after ～ 每夜 měiyè / ～ and day 日日夜夜 rìrì-yèyè；夜以继日 yèyǐjìrì / Good ～！晚安！Wǎn'ān！/ over～ 过夜 guòyè

night-cap *n.* 睡帽 shuìmào

nightclub *n.* 夜总会 yèzǒnghuì

nightdress *n.* 女睡衣 nǚ shuìyī

nightfall *n.* 黄昏 huánghūn；傍晚 bàngwǎn

nightgown *n.* ＝ nightdress

nightingale *n.* 夜莺 yèyīng

night-life *n.* 夜生活 yèshēnghuó

nightly *a.* & *ad.* 每夜的（地）měiyède (de)：a play performed ～ 每夜上演的戏剧 měiyè shàngyǎnde xìjù / a ～ news broadcast 夜间新闻广播 yèjiān xīnwén guǎngbō

nightmare *n.* 恶梦 èmèng；可怕的经历 kěpàde jīnglì

nights *ad.* 每夜 měiyè：work hard ～ 经常在夜里努力工作 jīngcháng zài yèli nǔlì gōngzuò

night school *n.* 夜校 yèxiào：You can learn Chinese at ～. 你可以在夜校学习汉语。Nǐ kěyǐ zài yèxiào xuéxí Hànyǔ.

night shade *n.* 茄属 qiéshǔ；颠茄 diānqié

night shift *n.* 夜班 yèbān：He worked on the ～. 他上夜班。Tā shàng yèbān. / a ～ worker 夜班工人 yèbān gōngrén

night-shirt *n.* 男睡衣 nánshuìyī

night-stop *v.* 停留过夜 tíngliú guòyè

night-watch *n.* 守夜 shǒuyè；值夜 zhíyè

night-watchman *n.* 守夜人 shǒuyèrén；值夜班的人 zhíyèbānde rén

nihilism *n.* 虚无主义 xūwúzhǔyì

Nike *n.* 胜利女神 shènglì nǚshén

nil *n.* 无 wú；零 líng：three goals to ～ 三比零 sān bǐ líng / The profits were ～. 利润一无所有。Lìrùn yìwúsuǒyǒu.

Nile *n.* 尼罗河 Níluóhé

nimble *a.* **1.** 敏捷的 mǐnjiéde；灵活的 línghuóde：a ～ foot 捷足 jiézú / ～ fingers 灵巧的手指 língqiǎode shǒuzhǐ **2.** 机智的 jīzhìde；聪明的 cōngmingde：a ～ reply 巧妙的回答 qiǎomiàode huídá / have a ～ tongue 能说会道 néngshuō-huìdào

nincompoop *n.* 傻瓜 shǎguā；笨蛋 bèndàn

nine *n.* & *num.* 九 jiǔ

ninefold *a.* 九倍的 jiǔbèide

nineteen *n.* & *num.* 十九 shíjiǔ

nineteenth *n.* & *num.* **1.** 第十九 dì-shíjiǔ **2.** 十九分之一 shíjiǔ fēnzhī yī **3.** 第十九的 dì-shíjiǔde **4.** 十九分之一的 shíjiǔ fēnzhī yīde

ninetieth *n.* & *num.* **1.** 第九十 dì-jiǔshí **2.** 九十分之一 jiǔshí fēnzhī yī **3.** 第九十的 dì-jiǔshíde **4.** 九十分之一的 jiǔshí fēnzhī yīde

ninety *n.* & *num.* **1.** 九十 jiǔshí **2.** 九十岁 jiǔshí suì **3.** ［nineties］九十年代 jiǔshí niándài

ninny *n.* 傻子 shǎzi；笨人 bènrén

ninth *n.* & *num.* **1.** 第九 dì-jiǔ **2.** 九分之一 jiǔ fēnzhī yī **3.** 第九的 dì-jiǔde **4.** 九分之一的 jiǔ fēnzhī yīde

nip[1] *n.* 一小口 yìxiǎokǒu：a ～ of whisky 一小口威士忌酒 yìxiǎokǒu wēishìjìjiǔ

nip[2] *v.* **1.** 夹 jiā；钳 qián；掐 qiā；捏 niē；咬 yǎo：A crab ～ped my toe. 一只螃蟹夹住了我的脚指头。Yìzhī pángxiè jiāzhùle wǒde jiǎozhítou. **2.** 摘取 zhāiqǔ：～ something off 掐断 qiāduàn / ～ sth. in the bud 防患于未然 fánghuànyú wèirán；及早阻止 jízǎo zǔzhǐ **3.** 急忙 jímáng；飞快地走 fēikuàide zǒu：～ along to the shops 急忙去商店 jímáng qù shāngdiàn / I'll ～ out and buy a newspaper. 我要赶快出去买一份报。wǒ yào gǎnkuài chūqù mǎi yífèn bào. **4.** 摧残 cuīcán；伤害 shānghài：The cold weather has ～ped the fruit trees. 寒冷的天气摧残了果树。Hánlěngde tiānqì cuīcánle guǒshù. *n.* **1.** 夹 jiā；钳 qián；掐 qiā；捏 niē；咬 yǎo **2.** 寒冷 hánlěng：a cold ～ in the air 刺骨的寒气 cìgǔde hánqì / There is a ～ in the air today. 今天天气寒意袭人。Jīntiān tiānqì hányìxírén.

nipper *n.* **1.** 钳子 qiánzi；镊子 nièzi：a pair of ～s 一把钳子 yìbǎ qiánzi **2.** 小孩 xiǎoháir = kid：a clever little ～ 聪明的小孩 cōngmingde xiǎoháir

nipping *a.* 刺骨的 cìgǔde；尖酸刻薄的 jiānsuān-kèbóde：a ～ wind 刺骨的寒风 cìgǔde hánfēng / very ～ remarks 尖酸刻薄的话 jiānsuān-kèbóde huà

nipple *n.* **1.** 乳头 rǔtóu **2.** 橡皮奶头 xiàngpí nǎitóu **3.** 喷嘴 pēnzuǐ

nippy *a.* **1.** 寒冷的 hánlěngde；刺骨的 cìgǔde：a ～ winter morning 严寒刺骨的早晨 yánhán cìgǔde zǎochen **2.** 敏捷的 mǐnjiéde；轻快的 qīngkuàide：You'll have to be ～ if you don't want to be late. 如果你不想迟到，就得快点。Rúguǒ nǐ bùxiǎng chídào，jiùděi kuàidiǎn. / a ～ little car 轻便汽车 qīngbiàn qìchē

nirvana *n.* 涅槃 nièpán

nit *n.* 卵 luǎn ＊ of a louse

nitpick *v.* 挑剔 tiāoti；吹毛求疵 chuīmáo-qiúcī

nitpicking *a.* & *n.* 找小错儿(的) zhǎo xiǎocuòr(de)；挑剔(的) tiāoti(de)：He can't understand a general argument；he always asks ～ little questions. 他不能理解总的论点，老是问一些枝节问题。Tā bùnéng lǐjiě zǒngde lùndiǎn，lǎoshì wèn yìxiē zhījié wèntí.

nitrate *n.* 硝酸盐 xiāosuānyán：sodium ～ 硝酸钠 xiāosuānnà

nitric acid *n.* 硝酸 xiāosuān

nitrogen *n.* 氮 dàn

nitroglycerin *n.* 硝化甘油 xiāohuà gānyóu

nitwit *n.* 傻瓜 shǎguā；笨蛋 bèndàn

no[1] *a.* **1.** 没有 méiyǒu：She had ～ money. 她没有钱。Tā méiyǒu qián. / I've ～ time to talk to you just now. 我现在没有时间跟你谈话。Wǒ xiànzài méiyǒu shíjiān gēn nǐ tánhuà. **2.** 决不是 juébushì：He is ～ fool. 他决不是傻子。Tā juébushì shǎzi. / He's ～ friend of mine. 他决不是我的朋友。Tā juébushì wǒde péngyou. **3.** 不许 bùxǔ：N- smoking! 禁止吸烟！Jìnzhǐ xīyān！ *ad.* **1.** 并不 bìngbù；毫不 háobù：I have ～ more money. 我没有更多的钱了。Wǒ méiyǒu gèngduōde qiánle. / I can walk ～ further. 我再也走不动了。Wǒ zàiyě zǒubudòngle. **2.** 不 bù：Is it five o'clock yet? N-, it isn't. 已经五点了吗？不，不是五点。Yǐjīng wǔdiǎnlema? Bù, búshì wǔdiǎn. // be ～ good 没用 méiyòng / by ～ means 决不 juébù / no-go 不成 bùchéng / no-man's land 无人地带 wúrén dìdài

no[2] *n.* 不 bù；否定 fǒudìng：a clear ～ to my request for money 明确地拒绝我要钱的请求 míngquède jùjué wǒ yàoqiánde qǐngqiú

No. **1.** = Number 第…号 dì…hào：Room No. 105 第105号房间 dì-yìbǎilíngwǔ hào fángjiān. **2.** 北方 běifāng = north

Nobelist *n.* 诺贝尔奖金获得者 Nuòbèi'ěr (Nobel) jiǎngjīn huòdézhě

Nobel prize 诺贝尔奖金 Nuòbèi'ěr (Nobel) jiǎngjīn

nobility *n.* **1.** 高贵 gāoguì；高尚 gāoshàng **2.** [the ～] 贵族 guìzú = the nobles as a class

noble *a.* **1.** 高贵的 gāoguìde；贵族的 guìzúde；贵族出身的 guìzú chūshēnde：a woman of ～ birth 一个出身贵族的女人 yíge chūshēn guìzúde nǚrén **2.** 高尚的 gāoshàngde；崇高的 chónggāode：a ～ deed 高尚的行为 gāoshàngde xíngwéi / ～ sentiments 高尚的情操 gāoshàngde qíngcāo **3.** 壮丽的 zhuànglìde；宏伟的 hóngwěide：a ～ building 宏伟的建筑 hóngwěide jiànzhù / a ～ view 壮丽的景色 zhuànglìde jǐngsè **4.** 贵重的 guìzhòngde ＊ valuable, as of gold and silver

nobleman *n.* 贵族 guìzú

nobly *ad.* 高贵地 gāoguìde；高尚地 gāoshàngde

nobody *n.* **1.** 没有人 méiyǒurén：There's ～ here. 这儿没有人。Zhèr méiyǒu rén. / N- could find him. 没有人能找到他。Méiyǒu rén néng zhǎodào tā. **2.** 无足轻重的人 wúzú qīngzhòngde rén；小人物 xiǎorénwù：a mere ～ 无名之辈 wúmíng zhībèi / He's a ～. 他是个小人物。Tā shìge xiǎorénwù.

noctambulation *n.* 梦游症 mèngyóuzhèng

nocturnal *a.* 夜的 yède；夜间发生的 yèjiān fāshēngde；夜出的 yèchūde：a ～ visit 夜间访问 yèjiān fǎngwèn / a ～ bird 夜间活动的鸟 yèjiān huódòngde niǎo

nod *v.* **1.** 点头 diǎntóu：She ～ded when she passed me in the street. 在街上她从我身边走过向我点了点头。Zài jiēshang tā cóng wǒ shēnbiān zǒuguo xiàng wǒ diǎnlediǎn tóu. / ～ in approval 点头表示赞同 diǎntóu biǎoshì zàntóng **2.** 打盹 dǎdǔn；瞌睡 kēshuì：I ～ded off in the meeting and didn't hear what was said. 开会时我打瞌睡没听见说了些什么。Kāihuìshí wǒ dǎ kēshuì，méi tīngjiàn shuōlexiē shénme. *n.* **1.** 点头 diǎntóu **2.** 打盹 dǎdǔn

node *n.* **1.** 结 jié * a swelling：lymph ～ 淋巴结 línbājié **2.** 节 jié * of a plant

nodule *n.* 小结节 xiǎojiéjié；小瘤 xiǎoliú * on a plant or person's body

noise *n.* **1.** 噪声 zàoshēng；嘈杂声 cáozáshēng；喧闹的 xuānnàode：Don't make so much ～. 不要大声吵闹。Búyào dàshēng chǎonào. **2.** 噪音 zàoyīn：the urban ～ problem 城市噪音问题 chéngshì zàoyīn wèntí

noiseless *a.* 无声的 wúshēngde；声音很轻的 shēngyīn hěn qīngde：a ～ typewriter 无声打字机 wúshēng dǎzìjī

noisome *a.* **1.** 令人不快的 lìng rén búkuàide；烦扰的 fánrǎode：rude and ～ behavior 粗鲁而讨厌的行为 cūlǔ ér tǎoyànde xíngwéi **2.** 有害的 yǒuhàide = harmful

noisy *a.* 吵闹的 chǎonàode；喧闹的 xuānnàode：This is a very ～ office. 这办公室太吵。Zhè bàngōngshì tài chǎo. / a ～ car 噪音很大的汽车 zàoyīn hěndàde qìchē

nomad *n.* 游牧民 yóumùmín；流浪者 liúlàngzhě

nomadic *a.* 游牧的 yóumùde：～ tribes 游牧部落 yóumù bùluò / a ～ life

游牧生活 yóumù shēnghuó

nomenclature *n.* **1.** 名词汇编 míngcí huìbiān；术语 shùyǔ：botanical ～ 植物学名词 zhíwùxué míngcí **2.** 命名法 mìngmíngfǎ = a system of naming

nominal *a.* **1.** 名义上的 míngyìshangde；有名无实的 yǒumíng-wúshíde：The old man is only the ～ head of the business；his son makes the decisions. 那老人只是这家公司名义上的主人；他的儿子是决定一切的。Nà lǎorén zhǐshì zhèjiā gōngsī míngyìshangde zhǔrén，tāde érzi shì juédìng yíqiède. / the ～ ruler of the country 名义上国家的统治者 míngyìshang guójiāde tǒngzhìzhě **2.** 极微的 jíwēide；微不足道的 wēibùzúdàode：a ～ sum 微小的数目 wēixiǎode shùmù / sold at a ～ price 以很低的价格售出 yǐ hěndīde jiàgé shòuchū **3.** 名词性的 míngcíxìngde * in linguistics

nominate *v.* **1.** 提名 tímíng；推荐 tuījiàn：The candidates were ～d today. 今天提了候选人名单。Jīntiān tíle hòuxuǎnrén míngdān. / ～ a man for the presidency 提名某人为总统 tímíng mǒurén wéi zǒngtǒng **2.** 任命 rènmìng；指定 zhǐdìng：a committee of five ～d members 由五名被任命的委员组成的委员会 yóu wǔmíng bèi rènmìngde wěiyuán zǔchéngde wěiyuánhuì

nomination *n.* 提名 tímíng；任命 rènmìng：Who will get the ～ for president？谁将被提名为总统候选人？Shuí jiāng bèi tímíngwéi zǒngtǒng hòuxuǎnrén. / The committee has the power of ～ to the jobs. 委员会有权任命这些职务。Wěiyuánhuì yǒuquán rènmìng zhèxiē zhíwù.

nominative *a.* 主格的 zhǔgéde *n.* 主格 zhǔgé * in grammer

nominee *n.* 被提名者 bèitímíngzhě；被任命者 bèirènmìngzhě

nonage *n.* 未成年 wèichéngnián

nonagenarian *a.* & *n.* 九十多岁的(人) jiǔshí duōsuìde(rén)

nonaggression *n.* 不侵略 bùqīnlüè；不侵犯 bùqīnfàn：a ～ agreement 互不侵犯协定 hùbù qīnfàn xiédìng

nonaligned *a.* 不结盟的 bùjiéméngde：the ～ countries 不结盟国家 bùjiéméng guójiā

nonalignment *n.* 不结盟 bùjiéméng：the ～ policy 不结盟政策 bùjiéméng zhèngcè

nonce *n.* 目前 mùqián；暂时 zànshí：Just for the ～ let's plan to go by air, then we can change our minds if it costs too much. 我们暂定坐飞机去，如果太贵，我们就改变主意。Wǒmen zàndìng zuò fēijī qù，rúguǒ tàiguì，wǒmen jiù gǎibiàn zhǔyi.

nonchalance *n.* 漠不关心 mòbù-guānxīn；冷淡 lěngdàn：She showed a surprising ～ the first time she flew a plane. 她第一次驾驶飞机时，显出惊人的镇定。Tā dì-yīcì jiàshǐ fēijīshí，xiǎnchū jīngrénde zhèndìng.

nonchalant *a.* 漠不关心的 mòbù-guānxīnde；冷淡的 lěngdànde：He appeared ～ in court even when the judge spoke to him. 在法庭上法官跟他讲话，他也是满不在乎的。Zài fǎtíngshang fǎguān gēntā jiǎnghuà，tā yěshì mǎnbú-zàihude. / a ～ attitude 漠不关心的态度 mòbù-guānxīnde tàidu

noncombatant *n.* 非战斗人员 fēizhàndòu rényuán

noncommissioned *a.* 无委任状的 wúwěirènzhuàngde：a ～ officer 军士 jūnshì

noncommittal *a.* 不表明意见的 bùbiǎomíng yìjiande；不承担义务的 bùchéngdān yìwùde：I asked him if he approved of our plan but he was ～. 我问他是否赞同我们的计划，但他不明确表态。Wǒ wèn tā shìfǒu zàntóng wǒmende jìhuà，dàn tā bùmíngquè biǎotài. *ad.* 含糊地 hánhude：answered ～ 含糊地回答 hánhude huídá

nonconductor *n.* 非导体 fēidǎotǐ；绝缘体 juéyuántǐ

nonconfidence *n.* 不信任 búxìnrèn：a vote of ～ 不信任投票 búxìnrèn tóupiào

nonconformist *a.* & *n.* 不符合通常准则的（人）bùfúhé tōngcháng zhǔnzéde（rén）；不落俗套的（人）búluò-sútàode（rén）：～ habits 不从俗的习惯 bùcóngsúde xíguàn

nondescript *a.* 难以形容的 nányǐ xíngróngde；平淡无奇的 píngdàn wúqíde：She was wearing ～ clothes. 她穿着平平常常的衣服。Tā chuānzhe píngping-chángchángde yīfu.

none *pron.* 没有人 méiyǒurén；没有任何东西 méiyǒu rènhé dōngxi：N- of them has come yet. 他们当中还没有一个人来。Tāmen dāngzhōng hái méiyǒu yíge rén lái. / N- of the answers is correct. 哪一个答案都不对。Nǎ yíge dá'àn dōu búduì. / It is ～ of your business. 这事与你无关。Zhèshì yǔ nǐ wúguān. // ～ but 仅 jǐn；只 zhǐ：N- but the sick stayed at home. 只有病人留在家里。Zhǐyǒu bìngrén liúzài jiāli. / ～ the less 仍然 réngrán；依然 yīrán：He is ～ the less vigorous. 他仍然是朝气蓬勃的。Tā réngrán shì zhāoqì-péngbóde. *ad*. 一点也不 yìdiǎn yě bù；毫不 háobù：My car is ～ the worse for wear. 我的汽车遇到事故但毫无损伤。Wǒde qìchē yùdào shìgù dàn háowú sǔnshāng. / ～ the worse for his experience 他的经验并不坏 tāde jīngyàn bìngbú huài

nonelectrolyte *n*. 非电解质 fēidiànjiězhì

nonentity *n*. 无足轻重的人 wúzú-qīngzhòngde rén：a political ～ 政治上无足轻重的人 zhèngzhìshang wúzú-qīngzhòngde rén

nonessential *a*. 非本质的 fēiběnzhìde；不重要的 búzhòngyàode

nonexistent *a*. 不存在的 bùzúnzàide；没有的 méiyǒude：This year's profits were very small，almost ～. 今年盈利很少，几乎没有。Jīnnián yínglì hěnshǎo，jīhū méiyǒu.

nonexportation *n*. 不出口 bùchūkǒu；禁出口 jìnchūkǒu

nonfat *a*. 脱脂的 tuōzhīde：～ dry milk 脱脂奶粉 tuōzhī nǎifěn

nonfeasance *n*. 不履行义务 bùlǚxíng yìwù ＊ law

nonferrous *a*. 非铁的 fēitiěde：～ metals 有色金属 yǒusè jīnshǔ

nonfiction *n*. 报告文学 bàogào wénxué；记实文学 jìshí wénxué

nonfilter *a*. 无过滤嘴的 wú guòlǜzuǐde：～ cigarettes 无过滤嘴的香烟 wú guòlǜzuǐde xiāngyān

nonflammable *a*. 不易燃的 búyìránde

nonimportation *n*. 不进口 bújìnkǒu；禁止进口 jìnzhǐ jìnkǒu

nonintervention *n*. 不干涉 bùgānshè：～ in each other's internal affairs 互不干涉内政 hùbù gānshè nèizhèng

non-metal *n*. 非金属 fēijīnshǔ

nonmetallic *a*. 非金属的 fēijīnshǔde：～ elements 非金属元素 fēijīnshǔ yuánsù

nonpareil *a*. 无比的 wúbǐde；无双的 wúshuāngde：an object of ～ beauty 美丽无比之物 měilì wúbǐ zhīwù

nonparty *a*. 无党派的 wúdǎngpàide；党外的 dǎngwàide

nonpayment *n*. 无力支付 wúlì zhīfù ＊ bills tax

nonplus *v*. 使迷惑 shǐ míhuo；使狼狈 shǐ lángbèi：be ～ed for a moment 一时惊惶失措 yìshí jīnghuáng shīcuò / be ～ed over the matter 对这件事一筹莫展 duì zhèjiàn shì yìchóu-mòzhǎn *n*. 迷惑 míhuo；为难

wéinán: Stand at a ～. 进退维谷，左右为难。Jìntuì-wéigǔ, zuǒyòu-wéinán.

nonproliferation *n.* 防止核武器扩散 fángzhǐ héwǔqì kuòsàn: a ～ agreement 防止核武器扩散协定 fángzhǐ héwǔqì kuòsàn xiédìng

nonsense *n.* 废话 fèihuà；胡说 húshuō；胡闹 húnào: I've never heard such ～! 我从未听到过这种胡言乱语! Wǒ cóngwèi tīngdàoguo zhèzhǒng húyán-luànyǔ! / None of your ～! 别胡闹! Bié húnào!

nonsensical *a.* 没有意义的 méiyǒu yìyìde；荒谬的 huāngmiùde: ～ opinions 荒谬的意见 huāngmiùde yìjian

nonstandard *a.* 不标准的 bùbiāozhǔnde；不规范的 bùguīfànde

nonstick *a.* 不粘锅底的 bùzhān guōdǐde

nonstop *a.* 不停的 bùtíngde；不断的 búduànde: a ～ journey 中途不停顿的旅程 zhōngtú bùtíngdùnde lǚchéng / a ～ flight 直达飞行 zhídá fēixíng / Flight ～ to Beijing! 直飞北京! Zhífēi Běijīng!

noodle *n.* 傻瓜 shǎguā

noodles *n.* 面条 miàntiáo；鸡蛋面 jīdànmiàn

nook *n.* 偏僻隐蔽处 piānpì yǐnbìchù；角落 jiǎoluò: a shady nook in the garden 花园里阴凉的隐蔽处 huāyuánli yīnliángde yǐnbìchù / every ～ and corner 每一个角落 měiyíge jiǎoluò

noon *n.* 中午 zhōngwǔ；正午 zhèngwǔ: We left home at ～. 我们中午离开了家。Wǒmen zhōngwǔ líkāile jiā. / a ～ meal 午餐 wǔcān

noonday *n.* = midday 正午 zhèngwǔ；中午 zhōngwǔ: the ～ sun 中午的太阳 zhōngwǔde tàiyáng / at ～ 在中午 zài zhōngwǔ

noose *n.* 套索 tàosuǒ；绞索 jiǎosuǒ；圈套 quāntào

nor *conj.* 也不 yěbù: It can't be done by you ～ me. 这件事你不可能做，我也不可能做。Zhèjiàn shì nǐ bùkěnéng zuò, wǒ yě bùkěnéng zuò. / I never saw him again, ～ did I hear from him. 我再也没见到他，也没收到过他的信。Wǒ zài yě méi jiàndào tā, yěméi shōudàoguo tāde xìn.

Nordic *a.* 北欧的 Běi'ōude: the ～ countries 北欧国家 Běi'ōu guójiā

norm *n.* **1.** 标准 biāozhǔn；规范 guīfàn: social ～ 社会准则 shèhuì zhǔnzé **2.** 定额 dìng'é；平均数 píngjūnshù: fulfil the ～ 完成定额 wánchéng dìng'é / The ～ in this examination is 70 out of 100. 这次考试满分是一百，七十分及格。Zhècì kǎoshì mǎnfēn shì yìbǎi, qīshífēn jígé.

normal *a.* 正常的 zhèngchángde；正规的 zhèngguīde；常态的 chángtàide:

～ temperatures during November 十一月的正常温度 Shíyī yuède zhèngcháng wēndù / a ～ child in every way 各方面都正常的孩子 gèfāngmiàn dōu zhèngchángde háizi

normality *n.* 正常 zhèngcháng；正常状态 zhèngcháng zhuàngtài：bring sth. back to ～ 使某事恢复正常 shǐ mǒushì huīfù zhèngcháng

normally *ad.* **1.** 正常地 zhèngchángde：He was behaving ～ in spite of his anxiety. 尽管他心急但举止仍然很正常。Jǐnguǎn tā xīnjí dàn jǔzhǐ réngrán hěn zhèngcháng. **2.** 通常地 tōngchángde；平常地 píngchángde：I ～ go to bed early, but I stayed up late last night. 我平常很早睡觉，但昨晚我睡得很晚。Wǒ píngcháng hěnzǎo shuìjiào, dàn zuówǎn wǒ shuìde hěnwǎn.

normalize *v.* 使正常化 shǐ zhèngchánghuà；使标准化 shǐ biāozhǔnhuà：～ diplomatic relations between the two countries 使两国的外交关系正常化 shǐ liǎngguóde wàijiāo guānxì zhèngchánghuà

north *n.* **1.** 北 běi；北方 běifāng；北部 běibù：Which direction is ～？哪个方向是北方？Nǎge fāngxiàng shì běifāng? / a window facing the ～ 朝北的一扇窗 cháo běide yíshàn chuāng / Siberia is in the ～ of Asia. 西伯利亚位于亚洲北部。Xībólìyà (Siberia) wèiyú Yàzhōu běibù. **2.** 北方的 běifāngde；来自北方的 láizì běifāngde：a ～ wind 北风 běifēng *ad.* 向北方 xiàng běifāng；朝北地 cháoběide：The room faces ～, so it's always very cold. 这个房间朝北，所以总是很冷。Zhège fángjiān cháoběi, suǒyǐ zǒngshì hěnlěng.

northbound *a.* 向北行的 xiàngběixíngde：a ～ train 北上的火车 běishàngde huǒchē

northeast *n.* & *a.* **1.** 东北 dōngběi；东北部 dōngběibù **2.** 来自东北的 láizì dōngběide：a ～ wind 东北风 dōngběifēng *ad.* 在东北 zài dōngběi；向东北 xiàng dōngběi：to sail ～ 朝东北方向航行 cháo dōngběi fāngxiàng hángxíng

northeaster *n.* 东北风 dōngběifēng

northerly *a.* **1.** 向北方的 xiàng běifāngde；在北方的 zài běifāngde：a ～ direction 偏北 piānběi **2.** 来自北方的 láizì běifāngde：a cold ～ 凛冽的北风 lǐnliède běifēng

northern *a.* 北的 běide；北方的 běifāngde：the N- Hemisphere 北半球

běibànqiú

northerner *n.* 北方人 běifāngrén

northernmost *a.* 最北的 zuìběide；最北端的 zuìběiduānde：the ～ parts of China 中国的最北部 Zhōngguóde zuì běibù

North Pole *n.* 北极 běijí

northward *a.* & *ad.* 向北的 xiàngběide：a ～ journey 向北的旅行 xiàngběide lǚxíng

northwest *n.* **1.** 西北 xīběi；西北方 xīběifāng **2.** 来自西北的 láizì xīběide：a ～ wind 西北风 xīběifēng *ad.* 在西北 zài xīběi

northwester *n.* 西北大风 xīběi dàfēng；风暴 fēngbào

Norwegian *a.* 挪威的 Nuówēide *n.* **1.** 挪威人 Nuówēirén **2.** 挪威语 Nuówēiyǔ

nose[1] *n.* **1.** 鼻子 bízi **2.** 嗅觉 xiùjué：have a good ～ 嗅觉灵敏 xiùjué língmǐn **3.** 鼻状物 bízhuàngwù // follow one's ～ **1.** 笔直走 bǐzhízǒu **2.** 凭本事行事 píng běnshi xíngshì / keep one's ～ clean 避免麻烦 bìmiǎn máfan / look down one's ～ at sb. 瞧不起人 qiáobuqǐ rén / pay through the ～ 付出过高的代价 fùchū guògāode dàijià / poke (stick) one's ～ into 干涉 gānshè / turn one's ～ up at 瞧不起 qiáobuqǐ；鄙视 bǐshì / under someone's ～ 就在鼻子底下 jiù zài bízi dǐxia；公开地 gōngkāide / red-nosed 红鼻子的 hóng bízide / broken-nosed 塌鼻梁的 tābíliángde

nose[2] *v.* **1.** 缓慢小心地前进 huǎnmàn xiǎoxīnde qiánjìn：The car ～d into the traffic. 汽车小心缓慢地驶进车辆的行列。Qìchē xiǎoxīn huǎnmànde shǐjìn chēliàngde hángliè. **2.** 打听 dǎting；探听 tàntīng：～ about for information 探听消息 tàntīng xiāoxi

nosebag *n.* 饲料袋 sìliàodài

nosebleed *n.* 鼻出血 bíchūxiě：I had ～ earlier today. 今天早些时候我流过鼻血。Jīntiān zǎoxiē shíhou wǒ liúguo bíxiě.

nose-dive *n.* & *v.* **1.** 俯冲 fǔchōng **2.** 暴跌 bàodiē；突降 tūjiàng：Profits have ～d in the last year. 去年的利润急剧下降。Qùniánde lìrùn jíjù xiàjiàng.

nosegay *n.* 花束 huāshù

nosh *n.* 食品 shípǐn；小吃 xiǎochī = snack：Let's have some ～ before the film starts. 电影开映前我们吃点儿东西吧。Diànyǐng kāiyìng qián wǒmen chīdiǎnr dōngxiba.

nostalgia *n.* 怀乡病 huáixiāngbìng；怀旧 huáijiù；留恋过去 liúliàn guòqù：I was filled with ～ by hearing my favorite old song. 我听到这首喜爱的老歌，心里充满怀旧的感情。Wǒ tīngdào zhèshǒu xǐ'àide lǎogē，xīnli chōngmǎn huáijiùde gǎnqíng.

nostril *n.* 鼻孔 bíkǒng

nostrum *n.* 秘方 mìfāng；万灵丹 wànlíngdān

nosy *a.* 爱管闲事的 àiguǎn xiánshìde；好打听的 hàodǎtingde *n.* 好管闲事的人 hàoguǎn xiánshìde rén ＝ inquisitive person

not *ad.* 不 bù：～ thirsty 不渴 bùkě / We're ～ coming. 我们不来了。Wǒmen bùláile. / N- everyone likes this book. 并不是每个人都喜欢这本书。Bìng búshì měige rén dōu xǐhuan zhèběn shū. // N- at all. 别客气！Biékèqi！/ ～ that 并不是 bìngbúshì；并非 bìngfēi：(It is) ～ that I dislike him. 这并不是我不喜欢他。Zhè bìngbúshì wǒ bùxǐhuan tā. / ～ yet 尚未 shàngwèi；还没有 háiméiyǒu：The task is ～ complete. 工作还没有完成。Gōngzuò hái méiyǒu wánchéng.

notable *a.* 值得注意的 zhíde zhùyìde；显著的 xiǎnzhùde：～ events 值得重视的事件 zhíde zhòngshìde shìjiàn / a ～ lawyer 一位杰出的律师 yíwèi jiéchūde lǜshī *n.* 名人 míngrén；显要人物 xiǎnyào rénwù

notably *ad.* **1.** 显著地 xiǎnzhùde；著名地 zhùmíngde：～ higher sales 销售明显地增长 xiāoshòu míngxiǎnde zēngzhǎng **2.** 尤其 yóuqí；特别 tèbié

notary *n.* 公证人 gōngzhèngrén；公证员 gōngzhèngyuán

notation *n.* 记号 jìhao；符号 fúhào：decimal ～ 十进记数法 shíjìn jìshùfǎ / a page covered with musical ～ 一页乐谱 yíyè yuèpǔ

notch *n.* 槽口 cáokǒu；缺口 quēkǒu *v.* **1.** 在…上刻缺口 zài…shang kè quēkǒu；给…开槽 gěi…kāicáo **2.** 赢得 yíngdé：The team ～ed their third victory in a row. 这个队连续赢得三次胜利。Zhège duì liánxù yíngdé sāncì shènglì.

note *n.* **1.** 笔记 bǐjì；摘记 zhāijì：take ～s 记笔记 jì bǐjì **2.** 短笺 duǎnjiān；短信 duǎnxìn；便条 biàntiáo：leave a ～ telling him 留个便条告诉他 liúge biàntiáo gàosu tā **3.** 注释 zhùshì；注解 zhùjiě：～s to an article 文章的注解 wénzhāngde zhùjiě **4.** 票据 piàojù；纸币 zhǐbì：bank ～s 钞票 chāopiào **5.** 音调 yīndiào；音符 yīnfú：I can't sing the high ～s. 我唱不出高音。Wǒ chàngbuchū gāoyīn. **6.** 口气 kǒuqì；声调 shēngdiào：a ～

of warning in his speech 他的讲话有一种警告的语气 tāde jiǎnghuà yǒu yìzhǒng jǐnggàode yǔqì **7.** 著名 zhùmíng；重要 zhòngyào：a family of ～ 有名望的家族 yǒumíngwàngde jiāzú **8.** 注意 zhùyì：take ～ of what he says 注意他说的话 zhùyì tā shuōde huà / worthy of ～ 值得注意 zhíde zhùyì *v.* **1.** 注意 zhùyì：Please ～ how to spell the word. 请注意这个词的拼法。Qǐng zhùyì zhège cíde pīnfǎ. **2.** 记下 jìxià；做记录 zuòjìlù：He ～d down my new address. 他记下了我的新地址。Tā jìxiàle wǒde xīn dìzhǐ.

notebook *n.* 笔记本 bǐjìběn

notecase *n.* 皮夹 píjiā；钱夹 qiánjiā

noted *a.* 著名的 zhùmíngde；知名的 zhīmíngde：a ～ performer 著名的表演家 zhùmíngde biǎoyǎnjiā

notepaper *n.* 信纸 xìnzhǐ；便条纸 biàntiáozhǐ

noteworthy *a.* 值得注意的 zhíde zhùyìde；显著的 xiǎnzhùde

nothing *n.* **1.** 没有东西 méiyǒu dōngxi；没有什么 méiyǒu shénme：There's ～ in this box. 这个盒子里什么也没有。Zhège hézili shénme yě méiyǒu. / I've got ～ to do. 我没事可做。Wǒ méishì kě zuò. **2.** 不重要的事 bú zhòngyàode shì：She means ～ to me. 她对我来说毫不重要。Tā duì wǒ láishuō háobù zhòngyào. // for ～ **1.** 免费 miǎnfèi；不要钱 búyàoqián **2.** 没有结果 méiyǒu jiéguǒ：All her efforts went counted for ～. 她的力气全白费了。Tāde lìqi quán báifèile. / be ～ to **1.** 同…无关 tóng…wúguān **2.** 不能与…相比 bùnéng yǔ…xiāngbǐ：My losses are ～ to yours. 我的损失和你的相比算不了什么。Wǒde sǔnshī hé nǐde xiāngbǐ suànbuliǎo shénme. / come to ～ 失败 shībài / have ～ to do with 与…无关 yǔ…wúguān * things；不跟…来往 bùgēn…láiwǎng / make ～ of **1.** 不了解 bùliǎojiě；不懂 bùdǒng：I can make ～ of the book. 这本书我一点也不懂。Zhèběn shū wǒ yìdiǎn yě bùdǒng. **2.** 对…毫不在意 duì…háobù zàiyì：make ～ of working 10 hours at a stretch 对连续工作十小时毫不在意 duì liánxù gōngzuò shí xiǎoshí háobù zàiyì / think ～ of 把…看成平常 bǎ…kànchéng píngcháng / ～ but 不过 búguò；只 zhǐ：He is ～ but a criminal. 他只不过是个罪犯。Tā zhǐ búguò shìge zuìfàn. / to say ～ of 更不用说 gèng búyòngshuō

nothingness *n.* 虚无 xūwú；不存在 bùcúnzài：Is there only ～ after death?

人死后什么都不存在了吗？Rén sǐhòu shénme dōu bùcúnzàilema？

notice *n.* **1**. 通告 tōnggào；通知 tōngzhī：put up a ～ 贴出布告 tiēchū bùgào / The ～ on the wall says "No smoking." 墙上的告示是"禁止吸烟"。Qiángshangde gàoshi shì "Jìnzhǐ xīyān". / Give her a month's ～ to leave. 通知她一个月后离开。Tōngzhī tā yíge yuèhòu líkāi. **2**. 注意 zhùyì：bring it to his ～ 引起他的注意 yǐnqǐ tāde zhùyì **3**. 书评 shūpíng；简介 jiǎnjiè：book ～ 图书简介 túshū jiǎnjiè *v.* 注视 zhùshì；注意 zhùyì；留意 liúyì：I ～d he wasn't wearing any hat. 我注意到他没戴帽子。Wǒ zhùyìdào tā méi dài màozi. / I ～ that she leaves. 我看到她离开了。Wǒ kàndào tā líkāile.

noticeable *a.* 值得注意的 zhíde zhùyìde；显而易见的 xiǎnér-yìjiànde：a ～ drop in the amount of crime 犯罪率显著下降 fànzuìlǜ xiǎnzhù xiàjiàng

noticeboard *n.* 布告栏 bùgàolán；布告牌 bùgàopái

notification *n.* 通知 tōngzhī

notify *v.* 通知 tōngzhī；报告 bàogào：～ the police of an accident 向公安部门报告出了事故 xiàng gōng'ān bùmén bàogào chūle shìgù / I'll ～ my lawyer to write out the agreement. 我要通知我的律师把这份协议写出来。Wǒ yào tōngzhī wǒde lǜshī bǎ zhèfèn xiéyì xiěchūlái.

notion *n.* **1**. 概念 gàiniàn：have a vague ～ about sth. 对某事物有模糊的概念 duì mǒushìwù yǒu móhude gàiniàn **2**. 看法 kànfǎ；见解 jiànjiě：silly ～ 糊涂想法 hútu xiǎngfǎ **3**. 打算 dǎsuan：I have no ～ of resigning. 我没有辞职的意思。Wǒ méiyǒu cízhíde yìsi.

notoriety *n.* 臭名昭著 chòumíng-zhāozhù；声名狼藉 shēngmíng-lángjí

notorious *a.* 臭名昭著的 chòumíng-zhāozhùde；声名狼藉的 shēngmíng-lángjíde：a ～ murderer 声名狼藉的杀人犯 shēngmíng-lángjíde shārénfàn

notwithstanding *prep.* & *ad.* 尽管 jǐnguǎn：He came ～ the rain. 尽管下雨，他还是来了。Jǐnguǎn xiàyǔ, tā háishì láile.

nougat *n.* 牛轧糖 niúzhátáng

nought *n.* **1**. 零 líng ＊ in maths **2**. 无 wú // come to ～ 失败 shībài

noun *n.* 名词 míngcí ＊ in grammar

nourish *v.* **1**. 养育 yǎngyù；滋养 zīyǎng：a well ～ed baby 一个养育得很好的婴儿 yíge yǎngyùde hěnhǎode yīng'ér. / ～ing food 营养丰富的食

品 yíngyǎng fēngfùde shípǐn **2.** 怀有 huáiyǒu = have (the feelings)

nourishment *n.* **1.** 食物 shíwù；营养品 yíngyǎngpǐn **2.** 营养情况 yíngyǎng qíngkuàng：imperfect ～ 营养不良 yíngyǎng bùliáng

Nov. =November 十一月 Shíyīyuè

nova *n.* 新星 xīnxīng

novel[1] *a.* 新颖的 xīnyǐngde；新的 xīnde；新奇的 xīnqíde：～ ideas 新想法 xīn xiǎngfǎ

novel[2] *n.* 长篇小说 chángpiān xiǎoshuō

novelette *n.* 中篇小说 zhōngpiān xiǎoshuō

novelist *n.* 小说家 xiǎoshuōjiā

novelty *n.* **1.** 新奇 xīnqí；新颖 xīnyǐng **2.** 新奇的事物 xīnqíde shìwù：It was a ～ for me to stay up until midnight. 熬夜对我是新奇的事。Áoyè duì wǒ shì xīnqíde shì. **3.** 小玩意儿 xiǎowányìr = small ornaments or toys

November *n.* 十一月 Shíyīyuè

novice *n.* **1.** 新手 xīnshǒu；初学者 chūxuézhě：a ～ at swimming 游泳新手 yóuyǒng xīnshǒu **2.** 见习修道士（修女）jiànxí xiūdàoshì（xiūnǚ）= person who is to become a monk or nun

noviciate *n.* 修道 xiūdào

now *ad.* **1.** 现在 xiànzài；目前 mùqián；He ～ lives in Beijing. 他现在住在北京。Tā xiànzài zhùzài Běijīng. **2.** 立刻 lìkè；马上 mǎshàng：Do it ～！马上就做！Mǎshàng jiù zuò！// ～ and then 有时候 yǒushíhou / just ～ **1.** 此刻 cǐkè：I'm busy just ～. 我此刻很忙。Wǒ cǐkè hěnmáng. **2.** 刚才 gāngcái：He telephoned just ～. 他刚才来过电话。Tā gāngcái láiguo diànhuà. *conj.* 既然 jìrán；由于 yóuyú：N- you've arrived, let's begin. 既然你已到，那就开始吧。Jìrán nǐ yǐ dào, nà jiù kāishǐ ba.

nowadays *ad.* 现在 xiànzài；当今 dāngjīn

nowhere *ad.* 什么地方都没有 shénme dìfang dōu méiyǒu：He is ～ to be found. 哪儿也找不着他. Nǎir yě zhǎobuzháo tā. // get ～ 一事无成 yíshì wúchéng *n.* 无处 wúchù：There is ～ to sit in the crowded room. 房间里人很挤，无处可坐。Fángjiānli rén hěnjǐ, wúchù kězuò.

nowise *ad.* = noway(s) 一点也不 yìdiǎn yěbù；决不 juébù

noxious *a.* 有害的 yǒuhàide；有毒的 yǒudúde：～ chemicals in the river water 河水里有毒的化学物质 héshuǐli yǒu dúde huàxué wùzhì

nozzle *n.* 喷嘴 pēnzuǐ；管嘴 guǎnzuǐ
NPC, N. P. C = National People's Congress 全国人民代表大会 Quánguó Rénmín Dàibiǎo Dàhuì * of China
nuance *n.* 细微差别 xìwēi chābié * in color, meaning: ~ of taste which are hard to describe 味道上很难描述的细微差别 wèidaoshang hěnnán miáoshùde xìwēi chābié
nubile *a.* 年轻妩媚的 niánqīng-wǔmèide；性感的 xìnggǎnde * of a girl
nuclear *a.* **1.** 原子核的 yuánzǐhéde；原子能的 yuánzǐnéngde；原子弹的 yuánzǐdànde：~ war 核战争 hézhànzhēng / a ~ power station 核发电站 héfādiànzhàn **2.** 中心的 zhōngxīnde；核心的 héxīnde // ~ disarmament 核裁军 hécáijūn / ~ reactor 核反应堆 héfǎnyìngduī
nucleation *n.* 核子作用 hézǐ zuòyòng
nucleomitophobia *n.* 恐核病 kǒnghébìng；核子爆恐怖 hézǐ bào kǒngbù
nucleon *n.* 核子 hézǐ
nucleonics *n.* 核子学 hézǐxué
nucleus *n.* 核 hé；核心 héxīn；中心 zhōngxīn：We are the ~ of the group. 我们是这个组的核心。Wǒmen shì zhège zǔde héxīn.
nude *a.* 裸体的 luǒtǐde；光秃的 guāngtūde：a ~ hillside 光秃秃的山坡 guāngtūtūde shānpō *n.* **1.** 裸体画 luǒtǐhuà **2.** 裸体 luǒtǐ // in the ~ 赤裸裸的 chìluǒluǒde
nudge *v.* 轻推 qīngtuī；轻碰 qīngpèng * esp. with one's elbow
nudism *n.* 裸体主义 luǒtǐzhǔyì
nudity *n.* 裸体 luǒtǐ
nugget *n.* 矿石块 kuàngshíkuài：a gold ~ 金块 jīnkuài
nuisance *n.* 麻烦事 máfanshì；讨厌的人 tǎoyànde rén；可厌物 kěyànwù：What a ~！真讨厌！Zhēntǎoyàn！/ The mosquitos are a ~. 蚊子是讨厌的东西。Wénzi shì tǎoyànde dōngxi.
nuke *n.* [~s] 核武器 héwǔqì *v.* 用核武器袭击 yòng héwǔqì xíjī = to attack with ~s
null *a.* 无效的 wúxiàode；无价值的 wújiàzhíde：as ~ as nothing 毫无价值 háowú jiàzhí // ~ and voil 无效 wúxiào：declare a treaty ~ and voil 宣布条约无效 xuānbù tiáoyuē wúxiào
nullification *n.* 废弃 fèiqì；取消 qǔxiāo
nullify *v.* 废弃 fèiqì；取消 qǔxiāo：a claim nullified by the court 被法庭

宣布无效的要求 bèi fǎtíng xuānbù wúxiàode yāoqiú

numb *a.* 失去感觉的 shīqù gǎnjuéde；麻木的 mámùde：～ with shock 因触电而失去知觉的 yīn chùdiàn ér shīqù zhījuéde / fingers ～ with cold 冻僵了的手指 dòngjiānglede shǒuzhǐ

number *n.* **1.** 数 shù；数字 shùzì；数目 shùmù；数量 shùliàng：The ～ of chairs in the room is 10. 这个房间里的椅子总共是十把。Zhège fángjiānlide yǐzi zǒnggòng shì shíbǎ. **2.** 号码 hàomǎ；编号 biānhào：a telephone ～电话号码 diànhuà hàomǎ / We live at No. 57. 我们住57号。Wǒmen zhù wǔshíqī hào. **3.** 期 qī；册 cè：the latest ～ of "Vogue" magazine 最近一期的《时装》杂志 zuìjìn yìqīde《shízhuāng》zázhì **4.** 一个节目 yíge jiémù；一首流行乐曲 yìshǒu liúxíng yuèqǔ = a piece of popular music *v.* **1.** 给…编号 gěi…biānhào：～ the pages of a manuscript 给手稿编页码 gěi shǒugǎo biān yèmǎ **2.** 总共 zǒnggòng：We ～ 50 in all. 我们一共五十人。Wǒmen yígòng wǔshí rén. **3.** 把…算作 bǎ…suànzuò；把…计入 bǎ…jìrù：～ her among one's friends 把她算作一个朋友 bǎ tā suànzuò yíge péngyou

numberless *a.* **1.** 无数的 wúshùde：～ stars 无数的星星 wúshùde xīngxing **2.** 无号码的 wúhàomǎde：a ～ room 没有门牌的屋子 méiyǒu ménpáide wūzi

numbly *a.* 麻木地 mámùde；无感觉地 wúgǎnjuéde：His arm hung down ～. 他的手臂毫无感觉地下垂。Tāde shǒubì háowú gǎnjuéde xiàchuí.

numbness *n.* 麻痹 mábì

numerable *a.* 可计数的 kějìshùde；可数的 kěshǔde

numeral *n.* **1.** 数字 shùzì：the Arabic ～s 阿拉伯数字 Ālābó (Arabic) shùzì **2.** 数词 shùcí * in grammar *a.* 数的 shùde

numerator *n.* 分子 fēnzǐ * in mathematics

numerical *a.* 数字的 shùzìde；用数字表示的 yòng shùzì biǎoshìde：～ ability 使用数字的能力 shǐyòng shùzìde nénglì / ～ order 号数 hàoshù / ～ value 数值 shùzhí

numerically *ad.* 在数字上 zài shùzìshang：～ greater 在数字上大一些 zài shùzìshang dà yìxiē

numerous *a.* **1.** 许多的 xǔduōde；很多的 hěnduōde：～ reasons 很多理由 hěnduō lǐyóu / ～ errors 许多错误 xǔduō cuòwù **2.** 大批的 dàpīde：a ～ collection of books 大批藏书 dàpī cángshū

numskull *n.* 傻瓜 shǎguā
nun *n.* 修女 xiūnǚ；尼姑 nígū
nunnery *n.* 女修道院 nǚ xiūdàoyuàn；尼姑庵 nígū'ān
nuptial *a.* 结婚的 jiéhūnde；婚礼的 hūnlǐde：the ～ day 婚礼之日 hūnlǐ zhīrì
nuptials *n.* 婚礼 hūnlǐ
nurse *n.* **1.** 护士 hùshi：a hospital ～ 医院的护士 yīyuànde hùshi **2.** 保姆 bǎomǔ = a ～ to look after babies * dry nurse *v.* **1.** 护理 hùlǐ；看护 kānhù：He ～d her back to health. 他护理她使她康复。Tā hùlǐ tā shǐ tā kāngfù. **2.** 喂奶 wèinǎi = feed a baby at the breast；哺乳 bǔrǔ：a ～ mother 自己哺乳的母亲 zìjǐ bǔrǔde mǔqin **3.** 培养 péiyǎng；养育 yǎngyù：～ young plants 培养幼苗 péiyǎng yòumiáo **4.** 怀有 huáiyǒu：～ feelings of revenge 怀着报复心理 huáizhe bàofù xīnlǐ
nursling *n.* 乳婴 rǔyīng；婴儿 yīng'ér
nursery *n.* **1.** 保育室 bǎoyùshì；托儿所 tuō'érsuǒ：a day ～ 日托托儿所 rìtuō tuō'érsuǒ **2.** 苗圃 miáopǔ = ～ garden // ～ rhyme 童谣 tóngyáo；儿歌 érgē / ～ school *n.* 幼儿园 yòu'éryuán
nurseryman *n.* 苗圃工人 miáopǔ gōngrén
nursing *n.* 护理 hùlǐ：She went into ～. 她参加了护理工作。Tā cānjiāle hùlǐ gōngzuò. // ～ home *n.* 养老院 yǎnglǎoyuàn；康复所 kāngfùsuǒ；私人疗养院 sīrén liáoyǎngyuàn
nurture *n.* & *v.* 养育 yǎngyù；培育 péiyù；教养 jiàoyǎng：～ by loving parents 由慈爱的父母养育 yóu cí'àide fùmǔ yǎngyù
nut *n.* **1.** 坚果 jiānguǒ；硬壳果 yìngkéguǒ **2.** 螺母 luómǔ；螺帽 luómào：grip ～ 夹紧螺母 jiājǐn luómǔ **3.** 疯子 fēngzi；疯癫的人 fēngdiānde rén **4.** 脑袋 nǎodai：You must be off your ～! 你一定疯了！Nǐ yídìng fēngle! // a hard ～ to crack 难题 nántí；难对付的人 nán duìfude rén
nutcase *n.* 疯子 fēngzi
nutcracker *n.* 胡桃钳子 hútáoqiánzi
nutmeg *n.* 肉豆蔻子 ròudòukòuzi；肉豆蔻粉 ròudòukòufěn
nutrient *a.* 营养的 yíngyǎngde；滋养的 zīyǎngde *n.* 营养品 yíngyǎngpǐn = nourishing food
nutriment *n.* 营养品 yíngyǎngpǐn
nutrition *n.* 营养 yíngyǎng；滋养品 zīyǎngpǐn

nutritious *a.* 营养丰富的 yíngyǎng fēngfùde：～ food 有营养的食品 yǒu yíngyǎngde shípǐn

nutritive *a.* 有关营养的 yǒuguān yíngyǎngde：～ functions 营养作用 yíngyǎng zuòyòng / ～ value 营养价值 yíngyǎng jiàzhí

nutshell *n.* **1.** 坚果壳 jiānguǒké **2.** 小的东西 xiǎode dōngxi // in a ～ 简括地说 jiǎnkuòde shuō

nutting *n.* 拾坚果 shíjiānguǒ

nutty *a.* **1.** 有坚果味的 yǒu jiānguǒwèide：wine with a ～ taste 带坚果味的酒 dài jiānguǒwèide jiǔ **2.** 有很多坚果的 yǒu hěnduō jiānguǒde：a ～ cake 果仁饼 guǒrénbǐng

nuzzle *v.* 擦 cā；碰 pèng；推 tuī ＊ with nose，as of animal：The dog ～s the sleeping child. 狗用鼻子去碰睡着的孩子。Gǒu yòng bízi qù pèng shuìzhede háizi.

nylon *n.* 尼龙 nílóng：a ～ shirt 尼龙衬衫 nílóng chènshān / ～ thread 尼龙 nílóng

nylons *n.* 尼龙长袜 nílóng chángwà

nymph *n.* 仙女 xiānnǚ ＊ in Greek and Roman literature

O

o *n.* **1.** 零 líng：0.6 零点六 líng diǎn liù / 9001 jiǔ-líng-líng-yī **2.** 圆形符号 yuánxíng fúhào ＊ the symbol；圆形物 yuánxíngwù ＝ sth. shaped like the letter “o”

oaf *n.* **1.** 畸形儿 jīxíng'ér **2.** 白痴 báichī **3.** 粗人 cūrén；笨汉 bènhàn

oak *n.* **1.** 橡树 xiàngshù **2.** 橡木 xiàngmù：an ～ door 橡木门 xiàngmùmén

oaken *a.* 橡木制的 xiàngmùzhìde

oakum *n.* 麻絮 máxù

oar *n.* **1.** 桨 jiǎng；橹 lǔ：pull on the ～ 摇桨 yáojiǎng **2.** ＝ oarsman 划手 huáshǒu：a practised oarsman 老练的划手 lǎoliànde huáshǒu // put (stick) one's ～ in 干涉 gānshè；干预 gānyù

oarsman *n.* 划手 huáshǒu

OAS ＝ Organization of American States 美洲国家组织 Měizhōu Guójiā Zǔzhī

oasis *n.* （沙漠）绿洲（shāmò）lùzhōu

oat *n.* 燕麦 yànmài；燕麦属植物 yànmàishǔ zhíwù：wild ～s 野燕麦 yě yànmài // sow one's wild ～s（年轻时）放荡（niánqīngshí）fàngdàng

oaten *a.* 燕麦的 yànmàide；燕麦制的 yànmàizhìde

oath *n.* **1.** 誓约 shìyuē；誓言 shìyán：make（take）an ～ 起誓 qǐshì；发誓 fāshì / declare on ～ 起誓宣布 qǐshì xuānbù **2.** 诅咒 zǔzhòu；咒骂 zhòumà ＝ blasphemy

oatmeal *n.* 麦片 màipiàn；麦片粥 màipiànzhōu；燕麦粥 yànmàizhōu

OAU ＝ Organization of African Unity 非洲统一组织 Fēizhōu Tǒngyī Zǔzhī

obduracy *n.* **1.** 冷酷无情 lěngkù-wúqíng **2.** 顽固不化 wángù-búhuà **3.** 执拗 zhíniù；倔强 juéjiàng

obdurate *a.* **1.** 冷酷无情的 lěngkù-wúqíngde **2.** 顽固不化的 wángù-búhuàde **3.** 执拗的 zhíniùde；倔强的 juéjiàngde

obedience *n.* 服从 fúcóng；顺从 shùncóng：blind ～ 盲从 mángcóng

obedient *a.* 服从的 fúcóngde；顺从的 shùncóngde：an ～ boy 听话的孩子 tīnghuàde háizi // obediently *ad*.

obeisance *n.* **1.** 鞠躬 jūgōng；敬礼 jìnglǐ **2.** 敬意 jìngyì：pay ～ to sb. 向某人致敬 xiàng mǒurén zhìjìng

obelisk *n.* 方尖塔 fāngjiāntǎ；方尖碑 fāngjiānbēi

obese *a.* 肥胖 féipàng；肥大 féidà

obesity *n.* 肥胖 féipàng；肥胖症 féipàngzhèng；脂肪过多症 zhīfáng guòduōzhèng

obey *v.* 服从 fúcóng；顺从 shùncóng；听从 tīngcóng：～ orders 服从命令 fúcóng mìnglìng

obituary *n.* 讣告 fùgào；讣闻 fùwén　*a.* 死亡的 sǐwángde：an ～ notice 讣告 fùgào

object *n.* **1.** 物体 wùtǐ；实物 shíwù：a luminous ～ 发光体 fāguāngtǐ **2.** 对象 duìxiàng；目的 mùdì：an ～ of study 研究对象 yánjiū duìxiàng / succeed in one's ～ 达到目的 dádào mùdì **3.** 宾语 bīnyǔ：the direct ～ 直接宾语 zhíjiē bīnyǔ / the indirect ～ 间接宾语 jiànjiē bīnyǔ　*v.* **1.** 反对 fǎnduì：He ～ed to working on Saturday. 他反对星期六工作。Tā fǎnduì Xīngqīliù gōngzuò. **2.** 提出…来反对 tíchū…lái fǎnduì；提出反对的理由 tíchū fǎnduìde lǐyóu：They ～ed that the plan was risky. 他们以

这项计划危险为由加以反对。Tāmen yǐ zhèxiàng jìhuà wēixiǎn wéiyóu jiāyǐ fǎnduì.

objection *n.* **1.** 反对 fǎnduì；不赞成 búzànchéng；厌恶 yànwù：We have no ～ to it. 我们不反对它。Wǒmen bùfǎnduì tā. **2.** 反对的理由 fǎnduìde lǐyóu；异议 yìyì：present one's ～s 提出反对的理由 tíchū fǎnduìde lǐyóu **3.** 缺点 quēdiǎn；缺陷 quēxiàn ＝ shortcoming

objectionable *a.* 令人不愉快的 lìngrén bùyúkuàide；令人厌恶的 lìngrén yànwùde

objective *a.* **1.** 客观的 kèguānde；真实的 zhēnshíde：～ reality 客观现实 kèguān xiànshí **2.** 目标的 mùbiāode **3.** 宾位的 bīnwèide：the ～ case 宾格 bīngé *n.* **1.** 物镜 wùjìng * of microscope **2.** 目标 mùbiāo；目的地 mùdìdì：military ～s 军事目标 jūnshì mùbiāo **3.** 宾格 bīngé

objectivism *n.* 客观主义 kèguānzhǔyì；客观性 kèguānxìng

objectivity *n.* 客观性 kèguānxìng

objector *n.* 反对者 fǎnduìzhě

oblate *a.* 扁 biǎn

oblation *n.* 祭品 jìpǐn；供品 gòngpǐn

obligate *v.* 强制…做某事 qiángzhì…zuò mǒushì：be ～d to help 有责任去帮助 yǒu zérèn qù bāngzhù / I felt ～d to help you. 我觉得有义务帮助你。Wǒ juéde yǒu yìwù bāngzhù nǐ.

obligation *n.* **1.** 义务 yìwù；责任 zérèn：the ～ of tax 纳税的义务 nàshuìde yìwù / the ～s of a citizen 公民的义务 gōngmínde yìwù **2.** 合约 héyuē；证券 zhèngquàn；契约 qìyuē ＝ contract // be under an ～ to sb. 受某人的恩惠 shòu mǒuréndé ēnhuì / put sb. under an ～ 使某人负有义务 shǐ mǒurén fùyǒu yìwù

obligatory *a.* 必须履行的 bìxū lǚxíngde；应尽的 yīngjìnde；强制性的 qiángzhìxìngde：Physical education is ～. 体育是必修课。Tǐyù shì bìxiūkè.

oblige *v.* **1.** 迫使 pòshǐ；责成 zéchéng：I was ～d to go. 我不得不去。Wǒ bùdé búqù. **2.** 施恩 shī'ēn；施惠 shīhuì；使…感激 shǐ…gǎnjī：Will you ～ me by closing the door? 劳驾您替我关上门好吗？Láojià nín tì wǒ guānshàng mén hǎoma? / I'm much ～d (to you). 十分感激。Shífēn gǎnjī. // be ～d to …for 为…而感激 wèi…ér gǎnjī

obliging *a.* 乐于助人的 lèyú zhùrénde；亲切的 qīnqiède；客气的 kèqide

oblique *a.* 斜的 xiéde；倾斜的 qīngxiéde：an ～ angle 斜角 xiéjiǎo

obliquity *n.* 倾斜 qīngxié

obliterate *v.* 涂掉 túdiào；擦掉 cādiào；销毁 xiāohuǐ

oblivion *n.* 忘却 wàngquè；湮没 yānmò：This man has long since passed into ～. 这个人早就被人们忘记了。Zhège rén zǎojiù bèi rénmen wàngjìle.

oblivious *a.* 健忘的 jiànwàngde；忘却的 wàngquède

oblong *n.* & *a.* 长方形 chángfāngxíng；长方形的 chángfāngxíngde

obloquy *n.* **1.** 谩骂 mànmà = slander **2.** 耻辱 chǐrǔ；丧失尊严 sàngshī zūnyán = disgrace

obnoxious *a.* 可憎的 kězēngde；讨厌的 tǎoyànde

oboe *n.* 双簧管 shuānghuángguǎn

obscene *a.* 猥亵的 wěixiède；淫秽的 yínhuìde // obscenity *n.*

obscure *a.* **1.** 暗的 ànde，朦胧的 ménglóngde：～ glass 毛玻璃 máobōli **2.** 难解的 nánjiěde；含糊的 hánhude；不清楚的 bùqīngchude：an ～ passage 难解的一段文章 nánjiěde yíduàn wénzhāng **3.** 无名的 wúmíngde；微贱的 wēijiànde；an ～ poet 无名诗人 wúmíng shīrén *v.* 使暗 shǐ'àn 掩蔽 yǎnbì

obscurity *n.* **1.** 暗 àn；朦胧 ménglóng **2.** 含糊 hánhu；不清楚 bùqīngchu **3.** 无名的人 wúmíngde rén ＊ a person of ～

obsequies *n.* 葬礼 zànglǐ

obsequious *a.* 逢迎的 féngyíngde；拍马屁的 pāimǎpìde

observable *a.* 观察得到的 guānchádedàode；看得见的 kàndejiànde：This is an ～ phenomenon. 这是一个观察得到的现象。Zhèshì yíge guānchádedàode xiànxiàng.

observance *n.* **1.** 遵守 zūnshǒu；奉行 fèngxíng：the ～ of the speed limit 遵守速限 zūnshǒu sùxiàn **2.** 仪式 yíshì；礼仪 lǐyí：religious ～s 宗教仪式 zōngjiào yíshì

observant *a.* **1.** 善于观察的 shànyú guāncháde；留心的 liúxīnde：an ～ child 机警的小孩儿 jījǐngde xiǎoháir **2.** 严格遵守的 yángé zūnshǒude：be ～ of rules 遵守规则 zūnshǒu guīzé

observation *n.* **1.** 观察 guānchá；监视 jiānshì；注意 zhùyì：keep sb. under ～ 监视某人 jiānshì mǒurén；观察某人 guānchá mǒurén **2.** 观察力 guānchálì：a man of keen ～ 观察力敏锐的人 guānchálì mǐnruìde rén **3.**

观察结果 guānchá jiéguǒ；视察报告 shìchá bàogào：～s on bird life 对鸟类生活观察的报告 duì niǎolèi shēnghuó guānchádе bàogào 4. 言论 yánlùn；意见 yìjian：He made some ～s on the work. 他对工作提出了意见。Tā duì gōngzuò tíchūle yìjian.

observatory *n.* 天文台 tiānwéntái；气象台 qìxiàngtái；了望台 liàowàngtái

observe *v.* **1.** 遵守 zūnshǒu；奉行 fèngxíng：～ discipline 遵守纪律 zūnshǒu jìlǜ **2.** 纪念 jìniàn；庆祝 qìngzhù：～ National Day 庆祝国庆 qìngzhù Guóqìng **3.** 看到 kàndào；注意到 zhùyìdào；观察 guānchá：We ～d him leave the room. 我们注意到他离开屋子。Wǒmen zhùyìdào tā líkāi wūzi. / ～ the behavior of the birds 观察鸟类的行为 guānchá niǎolèide xíngwéi **4.** 说 shuō；评述 píngshù：He ～d (to me) that our work was very well done. 他对(我说)我们的工作做得很好。Tā duì (wǒshuō) wǒmende gōngzuò zuòde hěnhǎo.

observer *n.* **1.** 遵守者 zūnshǒuzhě；奉行者 fèngxíngzhě：an ～ of one's promises 遵守诺言者 zūnshǒu nuòyánzhě **2.** 观察者 guāncházhě；观测员 guāncèyuán：an astronomical ～ 天文观察者 tiānwén guāncházhě **3.** 监视人 jiānshìrén；目击者 mùjīzhě **4.** 评论员 pínglùnyuán 观察员 guāncháyuán

observing *a.* **1.** 留心的 liúxīnde；善于观察的 shànyú guānchádе **2.** 观察力敏锐的 guānchálì mǐnruìde

obsess *v.* **1.** 缠住 chánzhù；迷住 mízhù：be ～ed by a fixed idea 抱着成见不放 bàozhe chéngjiàn bú fàng **2.** 使烦扰 shǐ fánrǎo = haunt

obsession *n.* 着迷 zháomí；缠住 chánzhù；摆脱不了的情感 bǎituō bùliǎode qínggǎn

obsidian *n.* 黑曜岩 hēiyàoyán

obsolescent *a.* 废弃 fèiqì；废退 fèituì；逐渐过时 zhújiàn guòshí：an ～ word 生僻字 shēngpìzì；冷字 lěngzì

obsolete *a.* **1.** 已废弃的 yǐfèiqìde；过时的 guòshíde：an ～ word 废字 fèizì；旧词 jiùcí **2.** 老式的 lǎoshìde；陈腐的 chénfǔde：～ guns 老式的枪炮 lǎoshìde qiāngpào

obstacle *n.* 障碍物 zhàng'àiwù；妨碍 fáng'ài：an ～ race 障碍赛跑 zhàng'ài sàipǎo

obstetrics *n.* 产科 chǎnkē；产科学 chǎnkēxué；助产术 zhùchǎnshù

obstinacy *n.* 固执 gùzhí；顽强 wánqiáng

obstinate *a.* **1.** 固执 gùzhí；顽强 wánqiáng：be ～ in argument 辩论时固执己见 biànlùnshí gùzhí-jǐjiàn **2.** 顽强的 wánqiángde；不愿服从的 búyuàn fúcóngde **3.** 难治的 nánzhìde；难解除的 nánjiěchúde：an ～ disease 难治的病 nánzhìde bìng

obstreperous *a.* **1.** 吵闹的 chǎonàode；喧哗的 xuānhuáde：an ～ child 吵闹的孩子 chǎonàode háizi **2.** 无秩序的 wúzhìxùde；暴乱的 bàoluànde：～ amusement 无秩序的娱乐 wúzhìxùde yúlè

obstruct *v.* **1.** 妨碍 fáng'ài；堵塞 dǔsè：～ the traffic 堵塞交通 dǔsè jiāotōng / ～ sb. in doing sth. 阻挠某人做某事 zǔnáo mǒurén zuò mǒushì **2.** 挡住（视线）dǎngzhù（shìxiàn）；遮住 zhēzhù：～ the view 挡住视线 dǎngzhù shìxiàn

obstruction *n.* **1.** 妨碍 fáng'ài；堵塞 dǔsè **2.** 障碍物 zhàng'àiwù：～s on the road 路上的障碍物 lùshangde zhàng'àiwù

obstructive *a.* 妨碍的 fáng'àide；障碍的 zhàng'àide

obtain *v.* **1.** 获得 huòdé；得到 dédào：My father worked hard and ～ed wealth. 我的父亲拼命工作获得了财富。Wǒde fùqin pīnmìng gōngzuò huòdéle cáifù. **2.** 流行 liúxíng；通行 tōngxíng；公认的 gōngrènde：This ～s with most people. 这是公认的。Zhè shì gōngrènde.

obtainable *a.* 能获得的 nénghuòdéde；能得到的 néngdédàode

obtrude *v.* **1.** 闯入 chuǎngrù；强迫接受 qiǎngpò jiēshòu：～ one's opinions on others 强迫别人接受自己的意见 qiǎngpò biérén jiēshòu zìjǐde yìjian / to ～ oneself upon 硬管闲事 yìngguǎn xiánshì **2.** 突出 tūchū；伸出 shēnchū：A turtle ～s its head from its shell. 龟从甲壳里伸出头来。Guī cóng jiǎkéli shēnchū tóulái.

obtrutive *a.* **1.** 闯入的 chuǎngrùde；强行提出的 qiángxíng tíchūde **2.** 伸出的 shēnchūde

obtuse *a.* **1.** 钝 dùn：an ～ angle 钝角 dùnjiǎo **2.** 迟钝的 chídùnde

obviate *v.* 排除 páichú；免除 miǎnchú：They ～d a difficulty. 他们排除了困难。Tāmen páichúle kùnnan.

obvious *a.* 明显的 míngxiǎnde；显而易见的 xiǎn'ér-yìjiànde：It is ～ that he is wrong. 显然他错了。Xiǎnrán tā cuòle. // obviously *ad.*

occasion *n.* **1.** 时间 shíjiān；时节 shíjié；时刻 shíkè：On that ～ we were not at home. 那时我们不在家。Nàshí wǒmen bú zài jiā. **2.** 机会 jīhuì；

时机 shíjī：This is a good ～ to see him. 这是见他的好机会。Zhè shì jiàntāde hǎo jīhuì. **3.** 特殊的场合 tèshūde chǎnghé；节日 jiérì：on great ～ 在盛大的节日 zài shèngdàde jiérì **4.** 诱因 yòuyīn；近因 jìnyīn：the ～ of the strike 引起这次罢工的近因 yǐnqǐ zhècì bàgōngde jìnyīn **5.** 理由 lǐyóu；必要 bìyào：I had no ～ to tell you 我没有必要告诉你。Wǒ méiyǒu bìyào gàosu nǐ. // for the ～ 临时 línshí / on ～ 有时 yǒushí / on several ～s 屡次 lǚcì；好几次 hǎo jǐcì / on the ～ of 在…的时候 zài …de shíhou / on this ～ 在这个时候 zài zhège shíhou / give ～ to 引起 yǐnqǐ / improve the ～ 因势利导 yīnshì-lìdǎo；利用机会 lìyòng jīhuì / rise to the ～ 善处难局 shàn chǔ nánjú / take ～ to do 利用机会去做 lìyòng jīhuì qù zuò

occasional *a.* **1.** 非经常的 fēijīngchángde；偶尔的 ǒu'ěrde：She pays me ～ visits. 她偶尔来访。Tā ǒu'ěr láifǎng. **2.** 临时的 línshíde：an ～ driver 临时驾驶员 línshí jiàshǐyuán **3.** 应景的 yìngjǐngde：～ poem 应景诗 yìngjǐngshī // occasional *ad*.

Occident *n.* the ～ 西方 Xīfāng；西洋 Xīyáng；欧美 Ōuměi

Occidental *a.* 西洋的 Xīyángde：～ civilization 西方文明 Xīfāng wénmíng *n.* 西洋人 Xīyángrén

occlude *v.* **1.** 封闭 fēngbì；关闭 guānbì **2.** 遮断 zhēduàn

occlusion *n.* 闭塞 bìsè；阻塞 zǔsè

occult *a.* **1.** 秘密的 mìmìde；不公开的 bùgōngkāide **2.** 玄妙的 xuánmiàode；神秘的 shénmìde

occupancy *n.* 占有 zhànyǒu；占用 zhànyòng；占有期间 zhànyǒu qījiān：during the ～ of a post 在职期间 zàizhí qījiān

occupant *n.* 占有人 zhànyǒurén；居住人 jūzhùrén：the ～ of the seat 占这位子的人 zhàn zhè wèizide rén

occupation *n.* **1.** 占有 zhànyǒu；占领 zhànlǐng ＊ holding possession **2.** 职业 zhíyè；工作 gōngzuò：By ～ she is a housewife. 她的职业是管家。Tāde zhíyè shì guǎnjiā.

occupational *a.* 职业的 zhíyède：an ～ disease 职业病 zhíyèbìng

occupy *v.* **1.** 占有 zhànyǒu；拥有 yōngyǒu：Is this seat occupied? 这位子有人吗？Zhè wèizi yǒu rénma? **2.** 占领 zhànlǐng；占据 zhànjù：～ the enemy's country 占领敌人的国家 zhànlǐng dírénde guójiā **3.** 居住 jūzhù ＝ live in **4.** 使忙碌 shǐ mánglù；使从事 shǐ cóngshì ＊ be busy：I am occupied with repairing my car. 我忙着修汽车。Wǒ mángzhe xiū qìchē. / ～ oneself in writing a book 从事写作 cóngshì xiězuò

occur *v*. **1.** 发生 fāshēng: Don't let the mistake ～ again. 不要让这样的错误再次发生。Búyào ràng zhèyàngde cuòwù zàicì fāshēng **2.** 出现 chūxiàn: Misprints ～ on every page. 每页都有印刷错误。Měiyè dōuyǒu yìnshuā cuòwù. **3.** 想到 xiǎngdào; 想起 xiǎngqǐ: It never ～red to me. 我根本没有想到。Wǒ gēnběn méiyǒu xiǎngdào.

occurrence *n*. **1.** 发生 fāshēng; 发现 fāxiàn: an event of rare ～ 极少发生的事 jíshǎo fāshēngde shì **2.** 事件 shìjiàn; 事变 shìbiàn: daily ～s 日常发生的事 rìcháng fāshēngde shì

ocean *n*. **1.** 海洋 hǎiyáng; 大洋 dàyáng: an ～ voyage 航海 hánghǎi **2.** 洋 yáng: the Atlantic (O-) 大西洋 Dàxīyáng / on the Pacific (O-) 在太平洋上 zài Tàipíngyángshang **3.** 无限 wúxiàn; 大量 dàliàng; 许多 xǔduō: an ～ of sand 一望无际的沙漠 yíwàng-wújìde shāmò

Oceania *n*. 大洋洲 Dàyángzhōu

oceanic *a*. 大洋的 dàyángde; 海洋出产的 hǎiyáng chūchǎnde; 似海洋的 sìhǎiyángde

oceanography *n*. 海洋学 hǎiyángxué

ochre *n*. 赭石 zhěshí

o'clock …点 …diǎn; …时 …shí; 点钟 diǎnzhōng: at 5 ～ 五点钟 wǔ diǎnzhōng

Oct. 十月 Shíyuè

octagon *n*. **1.** 八边形 bābiānxíng; 八角形 bājiǎoxíng **2.** 八角形物体 bājiǎoxíng wùtǐ

octane *n*. 辛烷 xīnwán

octave *n*. 八度音 bādùyīn

octavo *n*. 八开 bākāi; 八开本 bākāi běn; 八开纸 bākāi zhǐ

October *n*. 十月 Shíyuè

octopus *n*. 章鱼 zhāngyú

ocular *a*. **1.** 眼睛的 yǎnjingde; 视觉的 shìjuéde: an ～ disease 眼病 yǎnbìng **2.** 目击的 mùjīde: an ～ testimony 目睹的证据 mùdǔde zhèngjù

oculist *n*. 眼科医生 yǎnkē yīshēng; 眼科专家 yǎnkē zhuānjiā

odd *a*. **1.** 奇数的 jīshùde; 单数的 dānshùde: Eleven is an ～ number. 十

一是奇数。Shíyī shì jīshù. **2.** 单个的 dāngède；单只的 dānzhīde：an ～ shoe 单只的鞋 dānzhīde xié **3.** 零头的 língtóude；余 yú：thirty-～ years 三十多年 sānshí duō nián **4.** 临时的 línshíde；不固定的 búgùdìngde：do ～ jobs 做临时工 zuò línshígōng **5.** 奇特的 qítède；古怪的 gǔguàide：an ～ person 一个古怪的人 yíge gǔguàide rén

oddity *n.* **1.** 奇特 qítè；古怪 gǔguài **2.** 怪人 guàirén；古怪的事 gǔguàide shì

oddly *ad.* 奇怪地 qíguàide；古怪地 gǔguàide：～ enough 说来也奇怪 shuōlái yě qíguài

odds *n.* **1.** 可能性 kěnéngxìng；机会 jīhuì：It is ～ that he will come. 他大概会来的。Tā dàgài huì láide. **2.** 不平均 bùpíngjūn；不平等 bùpíngděng：to make ～ even 使…达到平等 shǐ…dádào píngděng // be at ～ with 与…相争 yǔ…xiāngzhēng；与…不和 yǔ…bùhé / lay ～ of 让…的有利条件 ràng…de yǒulì tiáojiàn / fight against longer ～ 以寡敌众 yǐ guǎ dí zhòng / ～ and ends 零星杂物 língxīng záwù / take ～ of 接受…的有利条件 jiēshòu…de yǒulì tiáojiàn

ode *n.* 颂歌 sònggē；赋 fù：*The Book of Odes*《诗经》：《Shījīng》

odious *a.* 可憎的 kězēngde；讨厌的 tǎoyànde；令人憎恶的 lìngrén zēngwùde

odium *n.* 憎恨 zēnghèn；厌恶 yànwù：bring a person into ～ 把某人搞臭 bǎ mǒurén gǎo chòu

odometer *n.* 里程表 lǐchéngbiǎo

odontology *n.* 牙科学 yákēxué；口腔医学 kǒuqiāng yīxué

odo(u)r *n.* **1.** 气味 qìwèi；香气 xiāngqì；臭气 chòuqì：the ～ of roses 玫瑰的香味 méiguide xiāngwèi **2.** 名誉 míngyù；声望 shēngwàng：in bad ～ 名誉不好 míngyù bùhǎo

odo(u)rless *a.* 没有气味的 méiyǒu qìwèide

O. E. D., OED ＝（The）Oxford English Dictionary 牛津英语大辞典 Niújīn Yīngyǔ Dàcídiǎn

odyssey *n.* 长途冒险的旅程 chángtú màoxiǎnde lǚchéng

O. E. E. C. ＝（the）Organization for European Economic Co-operation 欧洲经济合作组织 Ōuzhōu Jīngjì Hézuò Zǔzhī

of *prep.* **1.** …的 …de；属于…的 shǔyú…de：a friend ～ mine 我的一个朋友 wǒde yíge péngyou / the topic ～ conversation 话题 huàtí **2.** 由…

制成 yóu…zhìchéng；由…组成 yóu…zǔchéng：a dress ～ silk 丝质衣服 sīzhì yīfu **3.** 包含 bāohán：a bag ～ potatoes 一袋子土豆 yídàizi tǔdòu **4.** 时间 shíjiān；距离 jùlí；方位 fāngwèi：south ～ Beijing 北京的南边 Běijīngde nánbiān / one mile ～ bad road 一公里长的坏路 yī gōnglǐ chángde huàilù / the 1st ～ Oct. 十月一日 Shíyuè yīrì **5.** 由…著的 yóu…zhùde：the works ～ Lu Xun 鲁迅的作品 Lǔxùnde zuòpǐn **6.** 由于 yóuyú；因 yīn：His father died ～ hunger. 他父亲因饥饿而死。Tā fùqin yīn jī'è ér sǐ. **7.** 除去 chúqù；分离 fēnlí：cure someone ～ a disease 治好某人的病 zhìhǎo mǒurénde bìng / rob someone ～ his money 抢去某人的钱 qiǎngqù mǒurénde qián **8.** 差… chà…：a quarter ～ ten 差一刻十点 chà yíkè shídiǎn **9.** 关于… guānyú；在…方面 zài…fāngmiàn：be quick ～ eye 眼快 yǎnkuài **10.** 对…的 duì…de：the discovery ～ America 对美洲的发现 duì Měizhōude fāxiàn

off *ad*. **1.** 离开 líkāi；离去 líqù：We must be ～.我们得走了 Wǒmen děi zǒule. / O- you go！你走吧！Nǐ zǒuba！**2.** 隔着 gézhe；离 lí：The school is about 5 miles ～. 学校在五公里的地方。Xuéxiào zài wǔ gōnglǐde dìfang. / several years ～ 隔好几年 gé hǎojǐnián **3.** 断 duàn；分开 fēnkāi：He cut his ear ～. 他把耳朵割下来了。Tā bǎ ěrduo gē xiàláile. **4.** 关掉 guāndiào；中止 zhōngzhǐ：turn ～ the gas 关上煤气 guānshàng méiqì **5.** 完 wán；光 guāng：sell it ～ 卖完 màiwán // better ～ in 处境更好 chǔjìng gènghǎo / ～ and on 有时 yǒushí；偶然 ǒurán / well (badly) ～ 富有 fùyǒu (贫穷 pínqióng) *prep*. **1.** 脱落 tuōluò；离开 líkāi：He jumped ～ the horse. 他跳下马。Tā tiàoxià mǎ. / The cover has come ～ my book. 我的书皮脱落了。Wǒde shūpí tuōluòle. **2.** 离 lí；自 zì：islands ～ the coast of Fujian 福建沿海的岛屿 Fújiàn yánhǎide dǎoyǔ **3.** 少于 shǎoyú；低于 dīyú：take 10 per cent ～ the price 减价百分之十 jiǎnjià bǎifēnzhīshí **4.** 从…分岔 cóng…fēnchà：a lane ～ the main street 从大街上岔出一条胡同 cóng dàjiēshang chàchū yìtiáo hútòng *ad*. **1.** 远方的 yuǎnfāngde；右侧的 yòucède：the ～ side of the road 路的右侧 lùde yòucè **2.** 休闲的 xiūxiánde；不工作的 bù gōngzuòde：an ～ day 休假日 xiūjiàrì **3.** 不新鲜的 bùxīnxiānde；坏的 huàide：This meat is a bit ～. 这些肉有点坏了。Zhèxiē ròu yǒudiǎn huàile. **4.** 较差的 jiàochàde；可能性极小的 kěnéngxìng jíxiǎode：an ～

season 淡季 dànjì / There is an ~ chance of finding him at home. 在家里找到他的可能性极小。Zài jiāli zhǎodào tāde kěnéngxìng jíxiǎo.

offal *n.* **1.** 下水 xiàshui；内脏 nèizàng * of animal **2.** 废物 fèiwù；垃圾 lājī = garbage

offence *n.* **1.** 冒犯 màofàn；触怒 chùnù：give ~ to sb. 触怒某人 chùnù mǒurén / take ~ at sth. 因某事而生气 yīn mǒushì ér shēngqì **2.** 攻击 gōngjī；进攻 jìngōng：weapons of ~ 进攻性武器 jìngōngxìng wǔqì **3.** 过错 guòcuò；犯罪 fànzuì：a first ~ 初犯 chūfàn

offend *v.* **1.** 犯错误 fàn cuòwù；违反 wéifǎn：~ the law 犯法 fànfǎ **2.** 冒犯 màofàn；得罪 dézuì：My words ~ed her. 我的话得罪了她。Wǒde huà dézuìle tā.

offender *n.* 冒犯者 màofànzhě；罪犯 zuìfàn：an old ~ 惯犯 guànfàn

offensive *a.* **1.** 令人不快的 lìngrén búkuàide；得罪人的 dézuìrénde；讨厌的 tǎoyànde：~ languge 无礼的语言 wúlǐde yǔyán **2.** 攻击的 gōngjīde；进攻的 jìngōngde：a good ~ player 善于进攻的选手 shànyú jìngōngde xuǎnshǒu *n.* **1.** 攻势 gōngshì：take the ~ 采取攻势 cǎiqǔ gōngshì **2.** 进攻 jìngōng；攻击 gōngjī：a peace ~ 和平攻势 hépíng gōngshì

offer *v.* **1.** 提供 tígōng；提出 tíchū：He ~ed me his help. 他给了我帮助。Tā gěile wǒ bāngzhù. **2.** 贡献 gòngxiàn；奉献 fèngxiàn：~ up a sacrifice 祭祀 jìsì / ~ his life to the country 把生命献给祖国 bǎ shēngmìng xiàngěi zǔguó **3.** 企图 qǐtú；表示 biǎoshì：~ to go 自愿去 zìyuàn qù **4.** 出售 chūshòu；开价 kāijià：She ~ed me £1,000 for that book. 她卖给我那本书要价1000英磅。Tā màigěi wǒ nàběn shū yàojià yìqiān yīngbàng. *n.* **1.** 提供 tígōng；提议 tíyì：accept an ~ 接受一个提议 jiēshòu yíge tíyì **2.** 出价 chūjià：a counter ~ 还价 huánjià

offering *n.* **1.** 提供 tígōng；贡献 gòngxiàn：freewill ~ 捐献 juānxiàn **2.** 奉献之物 fèngxiàn zhīwù；捐款 juānkuǎn；祭品 jìpǐn * things offered

offhand *a.* & *ad.* **1.** 即席的 jíxíde；无准备 wúzhǔnbèi：I don't know the answer ~. 我不能马上回答。Wǒ bùnéng mǎshàng huídá. / speak ~ 即席发言 jíxí fāyán **2.** 无礼的 wúlǐde；随便的 suíbiànde：act in an ~ way 不加思考地行动 bùjiāsīkǎode xíngdòng

office *n.* **1.** 办公室 bàngōngshì；事务所 shìwùsuǒ；营业所 yíngyèsuǒ；办事处 bànshìchù：The typist is working in the ~. 打字员在办公室工作。Dǎzìyuán zài bàngōngshì gōngzuò. **2.** …处 …chù；…社 …shè；…公

司…gōngsī：an inquiry ～ 问讯处 wènxùnchù / a post ～ 邮局 yóujú / a newspaper ～ 报社 bàoshè **3.** 政府机关 zhèngfǔ jīguān ＊ of government：the O- of Education 教育局 jiàoyùjú **4.** 公职 gōngzhí；官职 guānzhí：take ～ 就职 jiùzhí / resign ～ 辞职 cízhí / the party in ～ 执政党 zhízhèngdǎng

office boy *n.* 勤杂工 qínzágōng

officer *n.* **1.** 军官 jūnguān：a Naval ～ 海军军官 hǎijūn jūnguān **2.** 官员 guānyuán；公务员 gōngwùyuán：a press ～ 新闻发布官 xīnwén fābùguān **3.** 警官 jǐngguān：a police ～ 警官 jǐngguān

official *a.* **1.** 公职的 gōngzhíde；职务上的 zhíwùshangde：an ～ title 官衔 guānxián **2.** 官方的 guānfāngde；正式的 zhèngshìde：an ～ statement 正式声明 zhèngshì shēngmíng / The news is not ～. 这个消息不是官方的。Zhège xiāoxi búshì guānfāngde. *n.* 官员 guānyuán；公务员 gōngwùyuán：government ～s 政府官员 zhèngfǔ guānyuán

officialism *n.* **1.** 官制 guānzhì；**2.** 官僚作风 guānliáo zuòfēng；官僚主义 guānliáo zhǔyì **3.** 公务员 gōngwùyuán；官员 guānyuán

officially *ad.* 正式地 zhèngshìde；公开地 gōngkāide；官方地 guānfāngde

officiate *v.* 行使职务 xíngshǐ zhíwù；主持会议 zhǔchí huìyì：～ as chairman 以主席身份主持会议 yǐ zhǔxí shēnfen zhǔchí huìyì / ～ at a marriage 主持婚礼 zhǔchí hūnlǐ

officious *a.* **1.** 好管闲事的 hàoguǎn xiánshìde；过分殷勤的 guòfèn yīnqínde **2.** 非正式的 fēizhèngshìde：an ～ statement 非正式声明 fēizhèngshì shēngmíng

offing *n.* 近海 jìnhǎi；洋面 yángmiàn：in the ～ 即将到来 jíjiāng dàolái

offset *v.* 抵消 dǐxiāo；补偿 bǔcháng：This will ～ the loss. 这可以弥补损失。Zhè kěyǐ míbǔ sǔnshī. *n.* **1.** 抵消 dǐxiāo；弥补 míbǔ：an ～ to the loss 对损失的补偿 duì sǔnshīde bǔcháng **2.** 分支 fēnzhī；旁支 pángzhī；支族 zhīzú ＝ side branch **3.** 胶印 jiāoyìn；凸版印刷 tūbǎn yìnshuā ＊ of printing

offshoot *n.* **1.** 分枝 fēnzhī；分株 fēnzhū：an ～ of a plant 植物的分枝 zhíwùde fēnzhī **2.** 支脉 zhīmài；支流 zhīliú；支线 zhīxiàn：an ～ of railroad 铁路支线 tiělù zhīxiàn **3.** 旁系 pángxì；支族 zhīzú：an ～ of a family 家族的旁系 jiāzúde pángxì

offshore *a.* & *ad.* **1.** 近海的 jìnhǎide；近海 jìnhǎi：～ fisheries 近海渔业 jìnhǎiyúyè **2.** 离岸的 lí'ànde；向海的 xiàng hǎide：an ～ wind 离岸的风 lí'ànde fēng

offside *a.* 越位 yuèwèi：an ～ play 越位球 yuèwèiqiú

offspring *n.* **1.** 子孙 zǐsūn；后裔 hòuyì：He is her only ～. 他是她唯一的后代。Tā shì tā wéiyīde hòudài. **2.** 结果 jiéguǒ；后果 hòuguǒ：the ～ of modern times 近代的产物 jìndàide chǎnwù

off-the-record *a.* 不留记录的 bùliú jìlùde；不许发表的 bùxǔ fābiǎode

often *ad.* 常常 chángcháng；经常 jīngcháng：We ～ go there. 我们常去那儿。Wǒmen cháng qù nàr. //as ～ as 每当 měidāng /as ～ as not 往往 wǎngwǎng；常常 chángcháng / every so ～ 有时 yǒushí / more ～ than not 多半 duōbàn

ogle *n.* 媚眼 mèiyǎn；秋波 qiūbō *v.* 作媚眼 zuò mèiyǎn；送秋波 sòng qiūbō

ogre *n.* **1.** 吃人精 chīrénjīng **2.** 残暴的人 cánbàode rén = a cruel person

ohm *n.* 欧姆 ōumǔ

oil *n.* **1.** 油 yóu；油类 yóulèi：cooking ～ 食油 shíyóu **2.** 石油 shíyóu：crude ～ 原油 yuányóu **3.** 油画颜料 yóuhuà yánliào；油画 yóuhuà：I'm good at painting in ～s. 我擅长油画。Wǒ shàncháng yóuhuà. // burn the midnight ～ 开夜车 kāi yèchē / pour ～ on the trouble waters 火上加油 huǒshang jiāyóu / strike ～ 钻出石油 zuànchū shíyóu *v.* **1.** 上油 shàngyóu：～ the wheels 给车加油 gěi chē jiāyóu **2.** 贿赂 huìlù = bribe

oilcloth *n.* 油布 yóubù

oil colour *n.* 油画颜料 yóuhuà yánliào；油画 yóuhuà

oil field *n.* 油田 yóutián

oilskin *n.* 油布 yóubù；油布雨衣 yóubù yǔyī = garment made of ～

oily *a.* **1.** 油(性)的 yóu(xìng)de；似油的 sìyóude：an ～ liquid 油质液体 yóuzhì yètǐ **2.** 含油的 hányóude；油腻的 yóunìde：～ food 油腻的食物 yóunìde shíwù **3.** 油腔滑调的 yóuqiāng-huádiàode；讨好的 tǎohǎode = marked by insincere earnestness

ointment *n.* 软膏 ruǎngāo；药膏 yàogāo

OIRT 国际广播电视组织 Guójì Guǎngbō Diànshì Zǔzhī = International Radio and Television Organization

OK *a.* & *ad.* 对 duì；是 shì；好 hǎo；行 xíng：It's ～. 好吧。Hǎoba. n. 同意 tóngyì；许可 xǔkě：get an ～ on proposal 提案得到许可 tí'àn dédào xǔkě *v.* 同意 tóngyì；批准 pīzhǔn：They ～'d all our demands. 他们同意了我们的要求。Tāmen tóngyìle wǒmende yāoqiú.

Okie *n.* 流动雇农 liúdòng gùnóng

old *a.* **1.** 老的 lǎode；年老的 niánlǎode；古老的 gǔlǎode：～ man 老人 lǎorén /grow ～ 老了 lǎole / an ～ civilization 古老文明 gǔlǎo wénmíng **2.** …岁的 …suìde；…年的 …niánde：How ～ are you？你多大了？Nǐ duōdàle？/ He is the ～est boy in my family. 他是我们家最大的孩子。Tā shì wǒmenjiā zuìdàde háizi. **3.** 旧的 jiùde；过去的 guòqùde：～ clothes 旧衣服 jiùyīfu / ～ rags 破烂 pòlàn / ～ customs and habits 旧风俗旧习惯 jiùfēngsú jiùxíguàn **4.** 有经验的 yǒujīngyànde；老练的 lǎoliànde：an ～ hand 老手 lǎoshǒu / an ～ offender 惯犯 guànfàn *n.* **1.** 古时 gǔshí；旧时 jiùshí：the man of ～ 古人 gǔrén **2.** the ～ 老人们 lǎorénmen // as ～ as the hills 非常老的 fēicháng lǎode / of ～ 许久以前的 xǔjiǔ yǐqiánde / ～ and young 老老少少 lǎolao-shàoshào

old-fashioned *a.* **1.** 旧式的 jiùshìde；老式的 lǎoshìde；过时的 guòshíde：an ～ house 老式房子 lǎoshì fángzi **2.** 成人的 chéngrénde ＝ of an adult

old fashioned *n.* 鸡尾酒 jīwěijiǔ

oldline *a.* **1.** 历史悠久的 lìshǐ yōujiǔde **2.** 守旧的 shǒujiùde；保守的 bǎoshǒude ＝ conservative

oleander *n.* 夹竹桃 jiāzhútáo

oleic acid 油酸 yóusuān

olein *n.* (三)油精 (sān) yóujīng；甘油三油酸酯 gānyóu sānyóu suānzhǐ

olfactory *a.* 嗅觉的 xiùjuéde：the ～ organ 嗅觉器官 xiùjué qìguān

oligarchy *n.* **1.** 寡头政治 guǎtóu zhèngzhì **2.** 寡头独裁的国家 guǎtóu dúcáide guójiā ＝ a country governed by ～

olive *n.* **1.** 橄榄树 gǎnlǎnshù；橄榄 gǎnlǎn **2.** 橄榄木 gǎnlǎnmù **3.** 橄榄色 gǎnlǎnsè // the ～ branch 橄榄枝 gǎnlǎnzhī：hold out the ～ branch 伸出橄榄枝 shēnchū gǎnlǎnzhī；讲和平 jiǎng hépíng / ～ drab 草绿色 cǎolǜsè；草绿色制服 cǎolǜsè zhìfú / ～ green 橄榄绿 gǎnlǎnlǜ / ～ oil 橄榄油 gǎnlǎnyóu

Olympia *n.* 奥林匹亚 Àolínpǐyà

Olympic *a.* 奥林匹克的 Àolínpǐkède *n.* [the ～s] = the Olympic games 奥林匹克运动会 Àolínpǐkè Yùndònghuì

omelet *n.* 煎蛋饼 jiāndànbǐng；炒蛋 chǎodàn

omen *n.* 预兆 yùzhào；兆头 zhàotou：a good (an evil) ～ 吉(凶)兆 jí (xiōng)zhào *v.* 预示 yùshì；预告 yùgào：The clouds ～ rain. 乌云预示着要下雨了。Wūyún yùshìzhe yào xiàyǔle.

ominous *a.* **1.** 不祥的 bùxiángde；不吉的 bùjíde = menacing **2.** 预示的 yùshìde；预兆的 yùzhàode = foreboding

omission *n.* 省略 shěnglüè；遗漏 yílòu

omit *v.* **1.** 省略 shěnglüè；遗漏 yílòu：You may ～ these words. 这些字可以省略。Zhèxiē zì kěyǐ shěnglüè. **2.** 疏忽 shūhu；忽略 hūlüè；忘记 wàngjì：Don't ～ to lock the door. 别忘了锁门。Biéwàngle suǒ mén.

omnibus *n.* **1.** 公共汽车 gōnggòngqìchē **2.** 选集 xuǎnjí；文集 wénjí：a Lu Xun ～ 鲁迅选集 Lǔ Xùn Xuǎnjí *a.* 总括的 zǒngkuòde；多项的 duōxiàngde = including many items

omnipotence *n.* 全能 quánnéng；万能 wànnéng // omnipotent *a.*

omnipresent *a.* 普遍存在的 pǔbiàn cúnzàide；无所不在的 wúsuǒ búzàide

omniscience *n.* 全知 quánzhī；无所不知 wúsuǒ-bùzhī // omniscient *a.*

omnivorous *a.* 什么都吃的 shénme dōu chīde；杂食的 záshíde

on *prep.* **1.** 在…上 zài…shang：There is a picture ～ the wall. 墙上有一张画。Qiángshang yǒu yìzhāng huà. **2.** 在…旁 zài…páng；靠近… kàojìn…；沿… yán…：The hotel is ～ the lake. 那个旅馆在湖边。Nàge lǚguǎn zài húbiān. **3.** 在 zài：～ Sunday 在星期日 zài Xīngqīrì / ～ reaching here 一到这儿(就) yī dào zhèr(jiù) / ～ examination 经审查后 jīng shěnchá hòu **4.** 根据… gēnjù…；靠… kào…；由于… yóuyú…：O- what ground? 凭什么理由？Píng shénme lǐyóu? / based ～ fact 以事实为根据 yǐ shìshí wéi gēnjù **5.** 向 xiàng；对 duì：call ～ a friend 访朋友 fǎng péngyou / smile ～ sb. 对某人笑 duì mǒurén xiào **6.** 关于… guānyú…；有关… yǒuguān…：a book ～ animals 一本关于动物的书 yìběn guānyú dòngwùde shū **7.** …的成员 …de chéngyuán；为…工作 wèi…gōngzuò：He is ～ the committee. 他是一个委员。Tā shì yíge wěiyuán. / Which side was he ～ in the game? 这场比赛，他是哪边儿的？Zhèchǎng bǐsài tā shì nǎbiānrde? **8.** 由…支付 yóu…zhīfù：Have a drink ～ me. 我请你喝一杯。Wǒ qǐng nǐ hē yìbēi. / This supper is ～

me. 这顿晚饭由我付钱。Zhèdùn wǎnfàn yóu wǒ fùqián. **9.** 在…中 zài…zhōng: ~ duty 值班 zhíbān / They are ~ strike. 他们正在罢工。Tāmen zhèngzài bàgōng. *ad*. **1.** 在…上 zài…shang: She put the cover ~. 她盖上了盖儿。Tā gàishàngle gàir. **2.** 开着 kāizhe; 通着 tōngzhe: Turn the light ~. 把灯开开。Bǎ dēng kāikāi. / The TV is ~. 电视开着。Diànshì kāizhe. **3.** 进行中 jìnxíngzhōng; 发生中 fāshēngzhōng: What's ~? 发生了什么事? Fāshēngle shénme shì? **4.** 向前地 xiàngqiánde; …下去 …xiàqu: Go ~! 说下去! Shuō xiàqu! 往前走 Wàng qián zǒu. // and so ~ 等等 děngděng / be ~ to 知道 zhīdao; 意识到 yìshídào / ~ and off 断断续续地 duànduan-xùxùde / ~ and ~ 继续不停地 jìxù bùtíngde

once *ad*. **1.** 一次 yícì: She goes to the hospital ~ a week 她一个星期去一次医院。Tā yíge xīngqī qù yícì yīyuàn. **2.** 一度 yídù; 从前 cóngqián: I ~ lived in Beijing. 我从前在北京住过。Wǒ cóngqián zài Běijīng zhùguo. **3.** 一旦 yídàn: If the facts ~ become known, all is lost. 一旦事实公开,什么都完了。Yídàn shìshí gōngkāi, shénme dōu wánle. **4.** 乘以一 chéng yǐ yī: O- one is one. 一一得一。Yī yī dé yī. *n*. 一次 yícì: O- is enough for me. 我一次就够了。Wǒ yícì jiù gòule. *conj*. 一旦…(就…) yídàn…(jiù…): O- you begin, you must continue. 你一旦开始,就必须继续下去。Nǐ yídàn kāishǐ, jiù bìxū jìxù xiàqù. // all at ~ 突然 tūrán; 忽然 hūrán / at ~ **1.** 立刻 lìkè; 马上 mǎshàng **2.** 同时 tóngshí: at ~ … and… 既…又… jì…yòu… / every ~ in a while 偶尔 ǒu'ěr / for ~ 就这一次 jiù zhè yícì / more than ~ 不止一次 bùzhǐ yícì / ~ for all 一次了结地 yícì liǎojiéde / ~ more (again) 再来一次 zài lái yícì / ~ upon a time 从前 cóngqián

oncoming *a*. 即将来临的 jíjiāng láilínde; 接近的 jiējìnde: the ~ winter 即将到来的冬天 jíjiāng dàoláide dōngtiān

one *n*. 一 yī; 一个 yíge: page ~ 第一页 dì-yī yè / ~ of your friends 你朋友中的一个 nǐ péngyou zhōngde yíge *a*. **1.** 某一 mǒuyī: ~ day 有一天 yǒuyìtiān / I heard this news from ~ Li. 我从一个姓李的那儿听到这个消息。Wǒ cóng yíge xìnglǐde nàr tīngdào zhège xiāoxi. **2.** 一致的 yízhìde; 同一的 tóngyīde: ~ price 一样的价钱 yíyàngde jiàqian / They held ~ opinion. 他们的意见相同。Tāmende yìjian xiāngtóng. **3.** 一个的 yígede; 单一的 dānyīde: ~ foot 一只脚 yìzhījiǎo / the ~ way to do it 唯一的方法 wéiyīde fāngfǎ *pron*. **1.** 某一个人 mǒu yíge rén；某一物 mǒuyī wù：Which ～ do you mean? 你指的是哪一个？Nǐ zhǐde shì nǎyíge?/ I want a large ～. 我要一个大的。Wǒ yào yíge dàde. **2.** 任何人 rènhérén；任何东西 rèhé dōngxi：O- has to do one's best. 谁都必须各尽其力。Shuí dōu bìxū gèjìn qílì. / This ～ will do. 这个就行了。Zhège jiù xíngle. **3.** 这一个 zhèyíge；这一方 zhèyìfāng：O- has come, the others have not. 一个人来了，其他人还没来。Yígerén láile，qítā rén háiméi lái. // be all ～ 都一样 dōu yíyàng / be at ～ 一致 yízhì / be ～ up on 占上风 zhàn shàngfēng / become ～ 成为一体 chéngwéi yìtǐ / for ～ 举一个例子 jǔ yíge lìzi / in ～ 合在一起 hézài yìqǐ / ～ after another 一个接一个地 yíge jiē yígede / ～ and all 全都 quándōu；个个都 gègèdōu / ～ and only 独一无二的 dúyi-wú'èrde / ～ another 互相 hùxiāng / ～ by ～ 一个一个地 yíge yígede

oneness *n*. **1.** 单一 dānyī；唯一 wéiyī **2.** 相同 xiāngtóng = sameness

onerous *a*. 繁重的 fánzhòngde；麻烦的 máfande：an ～ work 繁重的工作 fánzhòngde gōngzuò

oneself *n*. **1.** 自己 zìjǐ：One should not praise ～. 一个人不应该自吹自擂。Yígerén bù yīnggāi zìchuī-zìlèi **2.** 亲自 qīnzì；本人 běnrén // by ～ 独自 dúzì；独立 dúlì / for ～ 亲自 qīnzì；独立 dúlì / of ～ 独自 dúzì；自然地 zìránde / speak to ～ 自言自语 zìyán-zìyǔ

onesided *a*. 一边的 yìbiānde；单面的 dānmiànde；片面的 piànmiànde：a ～ view 偏见 piānjiàn / a ～ street 一边有房屋的街道 yìbiān yǒu fángwūde jiēdào

onesidedness *n*. 片面性 piànmiànxìng

oneway *a*. **1.** 单行的 dānxíngde：a ～ ticket 单程票 dānchéngpiào **2.** 单向的 dānxiàngde：～ glass 一面透明的镜子 yímiàn tòumíngde jìngzi

onion *n*. **1.** 洋葱 yángcōng：～ bulbs 洋葱头 yángcōngtóu **2.** 洋葱味儿 yángcōngwèir ＊its smell

onlooker *n*. 旁观者 pángguānzhě：The ～ sees most of the game. 旁观者清。pángguānzhě qīng.

only *a*. **1.** 唯一的 wéiyīde：an ～ son 独子 dúzǐ **2.** 仅有的 jǐnyǒude：They were the ～ people coming here. 来这儿的只有他们这些人。Lái zhèrde zhǐyǒu tāmen zhèxié rén. **3.** 最好的 zuìhǎode：He is the ～ man for the job. 他是这项工作最合适的人选。Tā shì zhèxiàng gōngzuò zuì héshìde rénxuǎn. *ad*. 仅仅 jǐnjǐn；只 zhǐ；不过 búguò：He was ～ six years old. 他才6岁。Tā cái liùsuì. / O- a doctor can do that. 只有医生才能这样做。Zhǐyǒu yīshēng cáinéng zhèyàng zuò. *conj*. **1.** 可是 kěshì；可惜 kěxī：You may go，～ come back early. 你可以去，可是要早点儿回来。Nǐ kěyǐ qù，kěshì yào zǎodiǎnr huílai. **2.** 只是 zhǐshì；要不是 yàobúshì：She is a good girl，～ that she is lazy. 她是个好女孩儿，只是懒了点儿。Tā shìge hǎo nǚháir，zhǐshì lǎnlediǎnr. // if ～ 但愿 dànyuàn / not ～ … but (also)… 不但…而且… búdàn…érqiě… / ～ just 刚才 gāngcái；恰好 qiàhǎo / ～ not 简直是 jiǎnzhí shì / ～ that 要不是 yàobúshì / ～ too 非常 fēicháng

onomatopoeia *n*. **1.** 拟声 nǐshēng **2.** 象声词 xiàngshēngcí

onrush *n*. **1.** 猛冲 měngchōng **2.** 急流 jíliú；奔流 bēnliú ＊ of water

onset *n*. **1.** 开始 kāishǐ **2.** 攻击 gōngjī；进攻 jìngōng：the ～ of enemy 敌人的进攻 dírénde jìngōng

onslaught *n*. 猛攻 měnggōng

onto *prep*. 到…之上 dào…zhīshàng；在上 zàishàng：get ～ a horse 上马 shàngmǎ / jump ～ the stage 跳上舞台 tiàoshàng wǔtái

onward *a*. 向前的 xiàngqiánde

onwards *ad*. 向前 xiàngqián：move ～ 前进 qiánjìn

onyx *n*. 缟玛瑙 gǎomǎnǎo

ooze[1] *v*. 渗出 shènchū；分泌 fēnmì：The wound ～s blood. 伤口出血。Shāngkǒu chūxiě. / The secret ～d out. 秘密泄漏了。Mìmì xièlòule.

ooze[2] *n*. **1.** 软泥 ruǎnní；淤泥 yūní **2.** 分泌物 fēnmìwù；渗出物 shènchūwù ＝ substance that ～s out

opal *n*. **1.** 蛋白石 dànbáishí **2.** 乳色玻璃 rǔsè bōlí ＝ ～ glass

opaque *a*. **1.** 不透明的 bútòumíngde **2.** 迟钝的 chídùnde ＝ stupid

open *a*. **1.** 开的 kāide：the ～ door 开着的门 kāizhede mén **2.** 开阔的 kāikuòde；敞开的 chǎngkāide：～ country 旷野 kuàngyě / an ～ car 敞篷车 chǎngpéngchē **3.** 无遮盖的 wúzhēgàide：in the ～ air 露天 lùtiān **4.** 营业的 yíngyède；开着的 kāizhede：Are the shops ～? 商店还开着吧？Shāngdiàn hái kāizheba? **5.** 坦率的 tǎnshuàide；开通的 kāitōngde：an ～ mind 心胸开阔的 xīnxiōng kāikuòde **6.** 公开的 gōngkāide：an ～ letter 公开信 gōngkāixìn **7.** 未决定的 wèijuédìngde；未解决的

wèijiějuéde：an ～ question 没有解决的问题 méiyǒu jiějuéde wèntí *v.* **1.** 开 kāi；打开 dǎkāi：I ～ed the door to let him in. 我开开门让他进来。Wǒ kāikai mén ràng tā jìnlai. / ～ a book 打开书 dǎkāi shū **2.** 开放 kāifàng；开始 kāishǐ：～ for business 开业 kāiyè / ～ an account 开户头 kāi hùtóu **3.** 打通 dǎtōng：We ～ed a way through the forest. 我们在森林里开出了一条路。Wǒmen zài sēnlínli kāichūle yìtiáo lù. *n.* 户外 hùwài；野外 yěwài：in the ～ 在野外 zài yěwài / 露天 lùtiān // be ～ to 对…开放的 duì…kāifàngde；易接受的 yìjiēshòude / break ～ 砸开 zákāi / ～ fire 开火 kāihuǒ / ～ into 通往 tōngwǎng / ～ out **1.** 打开 dǎkāi；张开 zhāngkāi **2.** 开辟 kāipì **3.** 展现 zhǎnxiàn；揭示 jiēshì / ～ up **1.** 开发 kāifā；开辟 kāipì **2.** 开始 kāishǐ；开始射击 kāishǐ shèjī **3.** 畅谈 chàngtán；直言 zhíyán

open air *n.* 野外 yěwài；户外 hùwài

open-air *a.* 野外的 yěwàide；露天的 lùtiānde；户外的 hùwàide

opencast *a.* 露天开采的 lùtiān kāicǎide *n.* 露天开采的矿山 lùtiān kāicǎide kuàngshān

opener *n.* 开启的人 kāiqǐde rén；开具 kāijù：a bottle ～ 启子 qǐzi

openhanded *a.* 慷慨的 kāngkǎide

openhearted *a.* 坦率的 tǎnshuàide；直率的 zhíshuàide；慈善的 císhànde

opening *n.* **1.** 口 kǒu；孔 kǒng；通路 tōnglù：an ～ in a hedge 篱笆上的口子 líbashangde kǒuzi **2.** 开始 kāishǐ；开端 kāiduān：the ～ of a story 故事的开始 gùshide kāishǐ **3.** 开 kāi：the ～ of a flower 花的开放 huāde kāifàng **4.** 空额 kòng'é；空缺 kòngquē：～s at the bank 银行的空额 yínhángde kòng'é *a.* 开始的 kāishǐde：an ～ ceremony 开幕式 kāimùshì

openly *ad.* **1.** 公开地 gōngkāide；公然的 gōngránde **2.** 坦白地 tǎnbáide；率直地 shuàizhíde

openmouthed *a.* 张口的 zhāngkǒude；吃惊的 chījīngde * in surprise

openness *n.* 公开 gōngkāi；率直 shuàizhí

opera *n.* 歌剧 gējù：Peking O- 京剧 Jīngjù / light ～ 轻歌剧 qīnggējù

operable *a.* **1.** 能动手术的 néng dòng shǒushùde **2.** 可使用的 kě shǐyòngde = working

opera glasses *n.* 观剧镜 guānjùjìng；小望远镜 xiǎowàngyuǎnjìng

opera house *n.* 歌剧院 gējùyuàn

operate *v.* **1.** 运转 yùnzhuàn；操作 cāozuò；开动 kāidòng：～ a machine 开机器 kāi jīqì **2.** 起作用 qǐ zuòyòng；奏效 zòuxiào：The medicine began to ～ at once. 这药开始见效。Zhèyào kāishǐ jiànxiào. **3.** 做手术 zuò shǒushù；开刀 kāidāo：～ on the head of a patient 在病人的头部做手术 zài bìngrénde tóubù zuò shǒushù **4.** 经营 jīngyíng；管理 guǎnlǐ：The company ～s several factories. 这个公司管理着几个工厂。Zhège gōngsī guǎnlǐzhe jǐge gōngchǎng.

operatic *a.* 歌剧的 gējùde：an ～ singer 歌剧演员 gējù yǎnyuán

operation *n.* **1.** 运转 yùnzhuàn；操作 cāozuò；实施 shíshī：the ～ of a machine 机器运转 jīqì yùnzhuàn / come into ～ 生效 shēngxiào / a law in ～ 实施中的法律 shíshīzhōngde fǎlǜ **2.** 工作 gōngzuò；作业 zuòyè：begin ～s 开始工作 kāishǐ gōngzuò **3.** 手术 shǒushù：an ～ for appendicitis 割盲肠的手术 gē mángchángde shǒushù **4.** 军事行动 jūnshì xíngdòng；行动计划 xíngdòng jìhuà：O- Sunshine 阳光行动 Yángguāng xíngdòng **5.** 运算 yùnsuàn：the four ～s 四则运算 sìzé yùnsuàn；加减乘除 jiā jiǎn chéng chú

operational *a.* **1.** 操作上的 cāozuòshangde；作战的 zuòzhànde；运算上的 yùnsuànshangde：～ costs 经营费 jīngyíngfèi / ～ experience 作战经验 zuòzhàn jīngyàn / ～ research 运筹学 yùnchóuxué **2.** 可使用的 kě shǐyòngde：When will the car be ～? 这辆汽车什么时候能用? Zhèliàng qìchē shénme shíhou néng yòng?

operative *n.* 工人 gōngrén；技工 jìgōng：cotton ～ 纺织工人 fǎngzhī gōngrén *a.* **1.** 工作的 gōngzuòde；生产的 shēngchǎnde **2.** 生效的 shēngxiàode；实施的 shíshīde：an ～ word 最重要的词 zuìzhòngyàode cí / The new regulations become ～ on January 1. 新的规章制度从一月一号起实行。Xīnde guīzhāng zhìdù cóng Yīyuè yīhào qǐ shíxíng. **3.** 手术的：～ treatment 手术治疗 shǒushù zhìliáo

operator *n.* **1.** 操作人员 cāozuò rényuán * on a machine **2.** 话务员 huàwùyuán * on a telephone switchboard **3.** 经营者 jīngyíngzhě = owner or manager of a business；厂主 chǎngzhǔ = owner of a factory；矿主 kuàngzhǔ * of a mine

ophthalmia *n.* 眼炎 yǎnyán

ophthalmology *n.* 眼科学 yǎnkēxué

opiate *n.* 鸦片剂 yāpiànjì

opine *v.* 发表意见 fābiǎo yìjian

opinion *n.* **1.** 意见 yìjian；看法 kànfǎ：In my ~ you are wrong. 依我看你错了。Yī wǒ kàn nǐ cuòle. / public ~ 舆论 yúlùn **2.** 专家意见 zhuānjiā yìjian：have another ~ 另请别人鉴定 lìng qǐng biérén jiàndìng **3.** 评论 pínglùn：have a good ~ of 对…有好评 duì…yǒu hǎoping

opinionated *a.* 固执己见的 gùzhí-jǐjiànde；自以为是的 zìyǐ-wéishìde

opium *n.* 鸦片 yāpiàn

opossum *n.* 负鼠 fùshǔ // play ~ 装死 zhuāngsǐ；装蒜 zhuāngsuàn

opponent *n.* 对手 duìshǒu；敌手 díshǒu *a.* 对立的 duìlìde；敌对的 díduìde

opportune *a.* **1.** 合适的 héshìde；恰好的 qiàhǎode * of times：an ~ moment 适当的时刻 shìdàngde shíkè **2.** 及时的 jíshíde；适时的 shìshíde：an ~ rain 及时雨 jíshíyǔ

opportunism *n.* 机会主义 jīhuìzhǔyì

opportunist *n.* 机会主义者 jīhuìzhǔyìzhě

opportunity *n.* 机会 jīhuì；时机 shíjī：We have opportunities of speaking Chinese. 我们有机会说汉语。Wǒmen yǒu jīhuì shuō Hànyǔ. / miss ~ 错过了机会 cuòguòle jīhuì / I take this ~ to thank you all. 我借此机会感谢你们。Wǒ jiè cǐ jīhuì gǎnxiè nǐmen.

oppose *v.* **1.** 反对 fǎnduì；反抗 fǎnkàng：~ colonialism 反对殖民主义 fǎnduì zhímínzhǔyì **2.** 使…对抗 shǐ…duìkàng；使…对立 shǐ…duìlì：We are ~d to war. 我们反对战争。Wǒmen fǎnduì zhànzhēng.

opposed *a.* **1.** 反对的 fǎnduìde；对抗的 duìkàngde；对立的 duìlìde：His father was ~ to the match. 他的父亲反对这门亲事。Tāde fùqin fǎnduì zhèmén qīnshì. **2.** 相对的 xiāngduìde；相反的 xiāngfǎnde

opposite *a.* **1.** 相对的 xiāngduìde；对面的 duìmiànde：the room ~ mine 我对面的房间 wǒ duìmiànde fángjiān **2.** 相反的 xiāngfǎnde；对立的 duìlìde：in the ~ direction 朝相反的方向 cháo xiāngfǎnde fāngxiàng **3.** 相应的 xiāngyìngde；对应的 duìyìngde：an ~ number 对手 duìshǒu；职务对等的人 zhíwù duìděngde rén *n.* 对立物 duìlìwù；对立面 duìlìmiàn：Black and white are ~s. 黑和白是相反的颜色。Hēi hé bái shì xiāngfǎnde yánsè. *prep.* 在…对面 zài…duìmiàn：the house ~

ours 我家对面的房子 wǒjiā duìmiànde fángzi

opposition *n.* **1.** 反对 fǎnduì；对抗 duìkàng：meet with ～ 遭到反对 zāodào fǎnduì **2.** [the ～] 反对党 fǎnduìdǎng；在野党 zàiyědǎng **3.** 对立 duìlì；对照 duìzhào：houses in ～ to each other 面对面的房子 miànduìmiànde fángzi

oppress *v.* **1.** 压迫 yāpò；压制 yāzhì：the ～ed people 被压迫人民 bèi yāpò rénmín **2.** 压抑 yāyì：feel ～ed with worry 因焦虑而烦恼 yīn jiāolǜ ér fánnǎo

oppression *n.* **1.** 压迫 yāpò；压制 yāzhì **2.** 沉闷 chénmèn；压抑 yāyì；苦恼 kǔnǎo

oppressive *a.* **1.** 压迫的 yāpòde；压制的 yāzhìde **2.** 沉闷的 chénmènde；烦闷的 fánmènde：～ heat 闷热 mēnrè

oppressor *n.* 压迫者 yāpòzhě

opprobrious *a.* **1.** 骂人的 màrénde；粗鲁的 cūlǔde；无礼的 wúlǐde：～ words 骂人的话 màrénde huà **2.** 该骂的 gāimàde；可耻的 kěchǐde：～ conduct 可耻的行为 kěchǐde xíngwéi

opprobrium *n.* 责骂 zémà；羞辱 xiūrǔ；诽谤 fěibàng

optic *a.* **1.** 视觉的 shìjuéde；眼的 yǎnde：～ nerves 视神经 shìshénjīng **2.** 光学的 guāngxuéde * of light

optical *a.* **1.** 视觉的 shìjuéde **2.** 光学的 guāngxuéde：～ instruments 光学仪器 guāngxué yíqì

optician *n.* 光学仪器商 guāngxué yíqìshāng；眼镜商 yǎnjìngshāng

optics *n.* 光学 guāngxué

optimism *n.* 乐观 lèguān；乐观主义 lèguānzhǔyì

optimist *n.* 乐观主义者 lèguānzhǔyìzhě；乐天派 lètiānpài

optimistic *a.* 乐观的 lèguānde

optimum *n.* 最佳条件 zuìjiā tiáojiàn；最适度 zuìshìdù；良性 liángxìng：the ～ temperature 最合适的温度 zuì héshìde wēndù

option *n.* **1.** 选择 xuǎnzé；选择权 xuǎnzéquán；选择自由 xuǎnzé zìyóu：I haven't much ～ in the matter. 这件事我没有什么选择的余地。Zhèjiàn shì wǒ méiyǒu shénme xuǎnzéde yúdì. **2.** 可选择的事物 kě xuǎnzéde shìwù. **3.** 选择买卖的特权 xuǎnzé mǎimàide tèquán：He has taken an ～ on that house. 他保留买卖那所房子的权力。Tā bǎoliú mǎimài nàsuǒ fángzide quánlì.

optional *a.* 可选的 kěxuǎnde；随意的 suíyìde：～ subjects at school 选修课 xuǎnxiūkè

optometrist *n.* 验光师 yànguāngshī；配镜师 pèijìngshī

optometry *n.* 验光 yànguāng；测定视力 cèdìng shìlì

opulence *n.* 富裕 fùyù；富饶 fùráo

opulent *a.* 富裕的 fùyùde；华丽的 huálìde；丰富的 fēngfùde：～ feast 盛宴 shèngyàn / ～ sunshine 充足的阳光 chōngzúde yángguāng / an ～ widow 有钱的寡妇 yǒuqiánde guǎfu

opus *n.* **1.** 乐曲 yuèqǔ = musical composition **2.** 作品 zuòpǐn；著作 zhùzuò = literary work

or *conj.* **1.** 或 huò；或者 huòzhě；还是 háishì：Is it green ～ blue？它是绿的还是蓝的？Tā shì lǜde háishì lánde？/ You can go ～ stay. 你可以走或者留下。Nǐ kěyǐ zǒu huòzhě liúxià. **2.** 不然 bùrán；否则 fǒuzé：Wear your coat ～ else you'll catch cold. 穿上外衣，否则你会着凉的。Chuānshàng wàiyī，fǒuzé nǐ huì zháoliángde. / Hurry up，～ else you'll be late. 快点，不然你就迟到了。Kuàidiǎn，bùrán nǐ jiù chídàole. **3.** 即 jí；就是 jiùshì：Hu，～ Shanghai. 沪，就是上海. Hù，jiùshì Shànghǎi. **4.** 大约 dàyuē；或许 huòxǔ：two ～ three miles 两三哩 liǎngsān lǐ // either…～… 不是…就是… búshì…jiùshì… / ～ else 否则 fǒuzé / ～ so 大约 dàyuē

oracle *n.* **1.** 神谕处 shényùchù * in ancient Greece **2.** 神使 shénshǐ * in ancient Greece **3.** 贤哲 xiánzhé；聪明人 cōngmingrén = wise man

oracular *a.* **1.** 神谕的 shényùde **2.** 隐晦难懂的 yǐnhuì-nándǒngde * difficult to understand

oral *a.* **1.** 口头的 kǒutóude；口语的 kǒuyǔde：an ～ examination 口试 kǒushì **2.** 口的 kǒude；口部的 kǒubùde：the ～ cavity 口腔 kǒuqiāng // orally *ad.*

orange *n.* 柑 gān；桔子 júzi；橙子 chéngzi：squeeze the ～ 挤桔汁 jǐ júzhī

orangeade *n.* 桔子水 júzishuǐ

orangoutang *n.* 猩猩 xīngxing

oration *n.* **1.** 演说 yǎnshuō；讲演 jiǎngyǎn = formal speech **2.** 引语 yǐnyǔ * in grammar；说法 shuōfǎ = way of speaking

orator *n.* 演说家 yǎnshuōjiā；擅长演讲的人 shàncháng yǎnjiǎngde rén

oratorical *a.* 演说的 yǎnshuōde；演说似的 yǎnshuōshìde

oratorio *n.* 圣乐 shèngyuè
oratory[1] *n.* 演讲术 yǎnjiǎngshù
oratory[2] *n.* 小礼拜堂 xiǎolǐbàitáng
orb *n.* **1.** 球体 qiútǐ = a globe **2.** 天体 tiāntǐ = celestial body
orbit *n.* **1.** 轨道 guǐdào：the earth's ～ round the sun 地球绕太阳转的轨道 dìqiú rào tàiyáng zhuànde guǐdào **2.** 势力范围 shìli fànwéi；活动范围 huódòng fànwéi：the trading ～ of a country 一个国家的贸易圈 yíge guójiāde màoyìquān *v.* 绕轨道而行 rào guǐdào ér xíng：a satellite ～ing the earth 环绕地球运行的人造卫星 huánrǎo dìqiú yùnxíngde rénzào wèixīng
orbital *a.* 轨道的 guǐdàode：～ elements 轨道要素 guǐdào yàosù
orchard *n.* 果园 guǒyuán
orchestra *n.* 管弦乐队 guǎnxián yuèduì；交响乐团 jiāoxiǎng yuètuán
orchestral *a.* 管弦乐队的 guǎnxián yuèduìde；交响乐团的 jiāoxiǎng yuètuánde；管弦乐队演奏的 guǎnxián yuèduì yǎnzòude：～ music 交响乐 jiāoxiǎngyuè
orchid *n.* **1.** 兰 lán；兰花 lánhuā **2.** 淡紫色 dànzǐsè = light purple color
ordain *v.* **1.** 委任圣职 wěirèn shèngzhí：He was ～ed priest. 他被任命为牧师。Tā bèi rènmìng wéi mùshi. **2.** 规定 guīdìng = order
ordeal *n.* **1.** 折磨 zhémo；严峻的考验 yánjùnde kǎoyàn：a terrible ～ 可怕的考验 kěpàde kǎoyàn **2.** 试罪裁判法 shìzuì cáipànfǎ：trial by ～ 神裁法 shéncáifǎ
order *n.* **1.** 顺序 shùnxù；次序 cìxù：word ～ 词序 cíxù /arranged in alphabetical ～ 按字母的顺序排列 àn zìmǔde shùnxù páiliè / in ～ of 照…排列 zhào…páiliè **2.** 整齐 zhěngqí：put a room in ～ 整理房间 zhěnglǐ fángjiān **3.** 秩序 zhìxù；治安 zhì'ān：keep ～ 维持秩序 wéichí zhìxù **4.** 命令 mìnglìng：obey ～s 服从命令 fúcóng mìnglìng /He is under ～s to start for Shanghai. 他奉命赴上海。Tā fèngmìng fù Shànghǎi. **5.** 定购 dìnggòu；定单 dìngdān：an ～ for 30 tons of coal 三十吨煤的订单 sānshí dūn méide dìngdān / an ～ form 订单 dìngdān / on ～ 定购中 dìnggòuzhōng **6.** 汇票 huìpiào；汇单 huìdān：a postal ～ 邮局的汇票 yóujúde huìpiào **7.** 等级 děngjí；种类 zhǒnglèi：the lower ～s 下层阶级 xiàcéng jiējí /something of a completely different ～ 完全不同的种类

wánquán bùtóngde zhǒnglèi **8.** 勋章 xūnzhāng；勋位 xūnwèi：The O- of the Garter 嘉得勋章 Jiādé xūnzhāng **9.** 柱型 zhùxíng **10.** 牧师职 mùshīzhí：take ～s 成为牧师 chéngwéi mùshī *v.* **1.** 命令 mìnglìng；指挥 zhǐhuī：The officer ～ed the men to fire the guns. 军官命令士兵开枪。Jūnguān mìnglìng shìbīng kāiqiāng. **2.** 定购 dìnggòu；定 dìng：He ～ed himself three new suits. 他给自己订做了三套新衣服。Tā gěi zìjǐ dìngzuòle sāntào xīn yīfu. **3.** 安排 ānpái；整理 zhěnglǐ：～ one's life well 把生活安排好 bǎ shēnghuó ānpái hǎo // a large ～ 难做到的事 nán zuòdàode shì / by ～ of 奉命 fèngmìng / in ～ 整齐 zhěngqí；有秩序 yǒu zhìxù / in ～ of 按照…排列 ànzhào…páiliè / in ～s 任神职 rèn shénzhí /in ～ that 为了 wèile / in ～ to 为了 wèile / ～ sb. about 不断驱使 búduàn qūshǐ / out of ～ 发生故障 fāshēng gùzhàng；坏了 huàile

orderliness *n.* **1.** 整齐 zhěngqí；有条理 yǒu tiáolǐ **2.** 有秩序 yǒu zhìxù；有纪律 yǒu jìlǜ

orderly *a.* **1.** 整齐的 zhěngqíde；有条理的 yǒu tiáolǐde：an ～ person 有条理的人 yǒu tiáolǐde rén **2.** 守秩序的 shǒu zhìxùde；守纪律的 shǒu jìlǜde：～ students 守纪律的学生 shǒu jìlǜde xuésheng *n.* 传令兵 chuánlìngbīng；勤务兵 qínwùbīng

ordinal *a.* 顺序的 shùnxùde；按顺序的 àn shùnxùde：～ numbers 序数 xùshù *n.* 序数 xùshù；序数词 xùshùcí

ordinance *n.* 法令 fǎlìng；条令 tiáolìng；条例 tiáolì

ordinarily *ad.* **1.** 正常地 zhèngchángde；规律地 guīlǜde：behave quite ～ 举止很正常 jǔzhǐ hěn zhèngcháng **2.** 平常地 píngchángde；通常地 tōngchángde：I breakfast ～ at 7 o'clock. 我一般七点吃早饭。Wǒ yìbān qīdiǎn chī zǎofàn.

ordinary *a.* **1.** 平常的 píngchángde；普通的 pǔtōngde：in ～ dress 穿平常的衣服 chuān píngchángde yīfu. **2.** 平凡的 píngfánde；低等的 dīděngde // in an ～ way 按通常的作法 àn tōngchángde zuòfǎ / out of the ～ 例外的 lìwàide；非凡的 fēifánde

ordination *n.* **1.** 授圣职 shòu shèngzhí * such as a priest **2.** 排列 páiliè；分类 fēnlèi：the ～ of animal species 动物种类的编排 dòngwù zhǒnglèide biānpái

ordnance *n.* **1.** 炮 pào * big guns of all kinds **2.** 军械 jūnxiè；军用器材 jūnyòng qìcái：an ～ depot 军械库 jūnxièkù

ore *n.* 矿 kuàng；矿砂 kuàngshā；矿石 kuàngshí：iron ～ 铁矿 tiěkuàng

organ *n.* **1.** 器官 qìguān：the ～s of speech 发音器官 fāyīn qìguān **2.** 机关 jīguān；机构 jīgòu：state ～s 国家机关 guójiā jīguān **3.** 机关报 jīguānbào；机关杂志 jīguānzázhì：an ～ of public opinion 舆论的喉舌 yúlùnde hóushé **4.** 管风琴 guǎnfēngqín；风琴 fēngqín：a mouth ～ 口琴 kǒuqín

organic *a.* **1.** 器官的 qìguānde：an ～ disease 器官上的病 qìguānshangde bìng **2.** 有机的 yǒujīde：～ chemistry 有机化学 yǒujī huàxué **3.** 有组织的 yǒuzǔzhīde；有系统的 yǒuxìtǒngde：an ～ whole 有机的整体 yǒujīde zhěngtǐ

organically *ad.* **1.** 用器官 yòng qìguān；机体上 jītǐshang **2.** 有机地 yǒujīde **3.** 有组织地 yǒuzǔzhīde；有系统的 yǒuxìtǒngde

organism *n.* **1.** 有机体 yǒujītǐ；生物 shēngwù **2.** 有机组织 yǒujī zǔzhī

organist *a.* 风琴演奏者 fēngqín yǎnzòuzhě

organization *n.* **1.** 组织 zǔzhī；构造 gòuzào；构成 gòuchéng：The human body has a complex ～. 人体有复杂的构造。Réntǐ yǒu fùzáde gòuzào. **2.** 团体 tuántǐ；机构 jīgòu；社团 shètuán：a social ～ 社会团体 shèhuì tuántǐ

organize *v.* **1.** 组织 zǔzhī；编组 biānzǔ：～ a new government 组织一个新政府 zǔzhī yíge xīnzhèngfǔ **2.** 创办 chuàngbàn ＝ to set up

orgy *n.* 狂饮 kuángyǐn；狂饮作乐 kuángyǐn zuòlè；狂欢活动 kuánghuān huódòng

oriel *n.* 凸肚窗 tūdùchuāng

orient *n.* 东方 dōngfāng；亚洲 Yàzhōu；远东 yuǎndōng *a.* 东方的 dōngfāngde

oriental *a.* 东方的 dōngfāngde：O- civilization 东方文明 dōngfāng wénmíng

orientalism *n.* 东方学 dōngfāngxué

orientalist *n.* 东方学专家 dōngfāngxué zhuānjiā

orientate *v.* 为…定向 wèi … dìngxiàng；定位 dìngwèi：～ oneself 认清方向 rènqīng fāngxiàng

orientation *n.* **1.** 定向 dìngxiàng；定位 dìngwèi **2.** 方向性 fāngxiàngxìng；倾向性 qīngxiàngxìng：a new ～ in life 生活的新方向 shēnghuóde xīnfāngxiàng

orifice *n.* 小孔 xiǎokǒng；口 kǒu；洞 dòng

origin *n.* **1.** 起源 qǐyuán；起因 qǐyīn；由来 yóulái：the ～ of a river 河流的起源 héliúde qǐyuán / the ～ of a quarrel 吵架的起因 chǎojiàde qǐyīn **2.** 出身 chūshēn；血统 xuètǒng：She is a woman of noble ～s. 她是一个出身高贵的女子。Tā shì yíge chūshēn gāoguìde nǚzǐ.

original *a.* **1.** 原始的 yuánshǐde；最初的 zuìchūde；最早的 zuìzǎode：an ～ edition 原版 yuánbǎn **2.** 独创的 dúchuàngde；独到的 dúdàode：～ views 独到的见解 dúdàode jiànjiě **3.** 新颖的 xīnyǐngde；新的 xīnde：～ invention 新的发明 xīnde fāmíng *n.* 原文 yuánwén；原物 yuánwù；原作 yuánzuò：I read the English novel in the ～. 我读了英文原作。Wǒ dúle Yīngwén yuánzuò.

originality *n.* **1.** 独创性 dúchuàngxìng；创造性 chuàngzàoxìng **2.** 新颖 xīnyǐng

originally *ad.* **1.** 原来 yuánlái；本来 běnlái：His house was ～ small. 他的房子本来很小。Tāde fángzi běnlái hěnxiǎo. **2.** 当初 dāngchū；最初 zuìchū

originate *v.* **1.** 起源 qǐyuán；发生 fāshēng；发起 fāqǐ：The quarrel ～d from a misunderstanding. 这次吵架因误会而起。Zhècì chǎojià yīn wùhuì ér qǐ. **2.** 首创 shǒuchuàng；发明 fāmíng：The Chinese ～d gunpowder. 中国人发明了火药。Zhōngguórén fāmíngle huǒyào.

originator *n.* 创办人 chuàngbànrén；发起人 fāqǐrén；发明者 fāmíngzhě

oriole *n.* 金莺 jīnyīng；黄鹂 huánglí

ornament *n.* **1.** 装饰 zhuāngshì：add something by way of ～ 添加某物作装饰 tiānjiā mǒuwù zuò zhuāngshì **2.** 装饰物 zhuāngshìwù；装饰品 zhuāngshìpǐn：She wore a brooch as an ～. 她佩戴一枚胸针作饰物。Tā pèidài yìméi xiōngzhēn zuò shìwù. **3.** 光彩 guāngcǎi：He is an ～ to his family. 他为他的家庭增加光彩。Tā wèi tāde jiātíng zēngjiā guāngcǎi. *v.* 装饰 zhuāngshì：～ a dress with lace 用花边装饰衣服 yòng huābiān zhuāngshì yīfu

ornamental *a.* 装饰(用)的 zhuāngshì(yòng)de；增光的 zēngguāngde

ornamentation *n.* **1.** 装饰术 zhuāngshìshù **2.** 装饰品 zhuāngshìpǐn

ornate *a.* **1.** 装饰华丽的 zhuāngshì huálìde **2.** 华美的 huáměide：an ～

style 华而不实的文体 huá'ér-bùshíde wéntǐ

ornithology *n.* 鸟类学 niǎolèixué

orography *n.* 山志学 shānzhìxué

orphan *n.* 孤儿 gū'ér：an ～ asylum 孤儿院 gū'éryuàn

orphanage *n.* **1.** 孤儿院 gū'éryuàn **2.** 孤儿状态 gū'ér zhuàngtài

orpiment *n.* 雌黄 cíhuáng

orthochromatic *a.* 正色的 zhèngsède：～ film 正色胶片 zhèngsè jiāopiàn

orthoclase *n.* 正长石 zhèngchángshí

orthodox *a.* **1.** 正统的 zhèngtǒngde；传统的 chuántǒngde：an ～ method 传统的方法 chuántǒngde fāngfǎ **2.** 东正教的 dōngzhèngjiàode：O- Eastern Church 东正教教会 Dōngzhèngjiào Jiàohuì

orthodoxy *n.* 正统观念 zhèngtǒng guānniàn；正统做法 zhèngtǒng zuòfǎ；正统性 zhèngtǒngxìng

orthography *n.* 缀字法 zhuìzìfǎ；正字法 zhèngzìfǎ

orthopedics *n.* 整形外科 zhěngxíng wàikē；矫形术 jiǎoxíngshù；整形术 zhěngxíngshù

Oscar *n.* 奥斯卡金像奖 Àosīkǎ Jīnxiàngjiǎng

oscillate *v.* **1.** 摆动 bǎidòng；振动 zhèndòng；振荡 zhèndàng **2.** 动摇 dòngyáo；踌躇 chóuchú

oscillator *n.* 摆动器 bǎidòngqì；振荡器 zhèndàngqì

oscillograph *n.* 示波器 shìbōqì

oscilloscope *n.* 示波器 shìbōqì：cathode ray ～ 阴极射线示波器 yīnjí shèxiàn shìbōqì

osier *n.* 柳树 liǔshù；杞柳 qǐliǔ；柳条 liǔtiáo；柳枝 liǔzhī

osmic acid 锇酸 ésuān

osmium 锇 é

osmosis *n.* 渗透作用 shèntòu zuòyòng

osmotic *a.* 渗透的 shèntòude；渗透性的 shèntòuxìngde：～ pressure 渗透压力 shèntòu yālì

osprey *n.* 鹗 è；鱼鹰 yúyīng

OSS = Office of Strategic Services 美国战略情报局 Měiguó Zhànlüè Qíngbàojú

ossification *n.* **1.** 骨化 gǔhuà；硬化 yìnghuà **2.** 骨化物 gǔhuàwù

ossify *v.* **1.** 骨化 gǔhuà；硬化 yìnghuà **2.** 使僵化 shǐ jiānghuà；使冷酷

shǐ lěngkù；使无情 shǐ wúqíng ＝ make rigid

ostensible *a*. 表面上的 biǎomiànshangde；伪装的 wěizhuāngde：～ obedience 阳奉阴违 yángfèng-yīnwéi

ostentation *n*. 夸示 kuāshì；卖弄 màinong；炫耀 xuànyào

ostentatious *a*. 夸示的 kuāshide；卖弄的 màinongde；炫耀的 xuànyàode

osteology *n*. 骨学 gǔxué；骨骼 gǔgé

ostler *n*. 旅馆的马夫 lǚguǎnde mǎfū

ostracism *n*. 放逐 fàngzhú；排斥 páichì：suffer political ～ 受到政治上的排斥 shòudào zhèngzhìshangde páichì

ostracize *v*. 放逐 fàngzhú；排斥 páichì

ostrich *n*. 驼鸟 tuóniǎo：an ～ policy 驼鸟政策 tuóniǎo zhèngcè / bury one's head in the sand like an ～ 掩耳盗铃 yǎn'ěr-dàolíng

OT，O.T. ＝ Old Testament《旧约全书》《Jiùyuē Quánshū》

other *a*. **1**. 别的 biéde；其他的 qítāde：I have no ～ question to ask. 我没有其他的问题要问了。Wǒ méiyǒu qítāde wèntí yào wènle. **2**. 另一 lìngyī；其余的 qíyúde：Where is the ～ shoe? 另外一只鞋在哪儿呢？Lìngwài yìzhī xié zài nǎrne? **3**. 不久以前的 bùjiǔ yǐqiánde；以前的 yǐqiánde：in ～ times 从前 cóngqián **4**. 更多的 gèngduōde；额外的 éwàide ＝ extra *pron*. **1**. 另外的人 lìngwàide rén；其他的东西 qítāde dōngxi：This car is better than the ～s. 这辆车比其他的好。Zhèliàng chē bǐ qítāde hǎo. **2**. 另一个 lìngyíge；另一方 lìngyìfāng：tell one from the ～ 对两者进行区别 duì liǎngzhě jìnxíng qūbié *ad*. 另外地 lìngwàide；不同地 bùtóngde：I could not do ～ than recommend her. 我只好推荐她了。Wǒ zhǐhǎo tuījiàn tāle. // each ～ 互相 hùxiāng / none ～ than 不是…而正是 búshì … ér zhèngshì / of all ～s 在所有的当中 zài suǒyǒude dāngzhōng / on the ～ hand 另一方面 lìngyī fāngmiàn / one after the ～ 相继地 xiāngjìde / one from the ～ 分别 fēnbié；个别 gèbié / or ～ 某人 mǒurén；某物 mǒuwù / ～ from 不同于 bùtóngyú / ～ than 与…不同 yǔ … bùtóng

otherwise *ad*. **1**. 另外 lìngwài：He seems to think ～. 他似乎不那么想。Tā sìhū bú nàme xiǎng. **2**. 在其他方面 zài qítā fāngmiàn：The rent is a bit high，but ～ the house is satisfactory. 房租有点贵，但在其他方面这房子还令人满意。Fángzū yǒudiǎn guì，dàn zài qítā fāngmiàn zhè fángzi hái lìngrén mǎnyì. **3.** 要不然 yàobùrán；否则 fǒuzé：Do it now，～ it'll be too late. 现在就做，不然就太晚了。Xiànzài jiùzuò，bùrán jiù tài wǎnle. *a*. **1.** 另外的 lìngwàide；别样的 biéyàngde：Some are wise，some are ～. 有些人贤明，有些人就不这样。Yǒuxiē rén xiánmíng，yǒuxiē rén jiù bú zhèyàng. **2.** 其他方面的 qítā fāngmiànde：his ～ equals 他的其他方面不相上下 tāde qítā fāngmiàn bùxiāng-shàngxià

otology *n*. 耳科学 ěrkēxué

otorhinolaryngology *n*. ＝ otolaryngology 耳鼻喉科 ěr-bí-hóukē

otter *n*. 水獭 shuǐtǎ；水獭皮 shuǐtǎpí

Ottoman *n*. 土耳其人 Tǔ'ěrqírén ＝ a Turk *a*. 土耳其人的 Tǔ'ěrqírénde ＝ Turkish

ouch *int*. 哎唷 Āiyō；疼啊 téng'a

ought *v. aux*. **1.** 应该 yīnggāi；应当 yīngdāng：Such things ～ not to be done. 不应该做这样的事。Bù yīnggāi zuò zhèyàngde shì. **2.** 理应 lǐyīng；总应该 zǒng yīnggāi：You ～ to be hungry by now. 你现在该饿了吧。Nǐ xiànzài gāi èleba. **3.** 早该 zǎogāi；本当 běndāng：You ～ to have told me that. 你早该把那件事告诉我了。Nǐ zǎogāi bǎ nàjiàn shì gàosu wǒle. **4.** 大概是 dàgàishì：There ～ to be enough water for two days. 大概有够用两天的水。Dàgài yǒu gòuyòng liǎngtiānde shuǐ.

ounce *n*. **1.** 盎司 àngsī **2.** 少量 shǎoliàng；些许 xiēxǔ：He hasn't an ～ of common sense. 他一点常识也没有。Tā yìdiǎn chángshí yě méiyǒu.

our *pron*. 我们的 wǒmende

ours *pron*. 我们的 wǒmende：His family is larger than ～. 他的家庭比我们的大。Tāde jiātíng bǐ wǒmende dà.

ourself *pron*. 我自己 wǒzìjǐ ＊ used by newspaper editor or judge in place of "myself"

ourselves *pron*. **1.** 我们自己 wǒmen zìjǐ；我们亲自 wǒmen qīnzì：We ～ made it. 我们自己造的。Wǒmen zìjǐ zàode. **2.** 我们自己 wǒmen zìjǐ：We hurt ～. 我们自己伤了自己。Wǒmen zìjǐ shāngle zìjǐ. //（all）by ～ 单独地 dāndúde；独自的 dúzìde / between ～ 只限于你我之间 zhǐ xiànyú nǐ-wǒ zhījiān

oust *v*. 撵走 niǎnzǒu；驱逐 qūzhú：～ sb. from office 把某人撤职 bǎ mǒurén chèzhí

out *ad*. **1**. 外 wài；在外 zàiwài：He is ～. 他出去了。Tā chūqùle. / The book is ～. 那本书借出去了。Nà běn shū jièchūqùle. / Let's sleep ～ in the garden. 我们在花园里睡吧。Wǒmen zài huāyuánli shuìba. **2**. 离开 líkāi；离去 líqù：go ～ to Europe 离家去欧洲 lí jiā qù Ōuzhōu **3**. 遥远地 yáoyuǎnde：The old man is living ～ in the country. 那位老人住到乡下去了。Nàwèi lǎorén zhùdào xiāngxiaqùle. **4**. 突发 tūfā；爆发 bàofā：The war broke ～. 战争爆发了。Zhànzhēng bàofāle. **5**. 大声地 dàshēngde：Sing ～. 大声唱。Dàshēng chàng. **6**. 显露出来 xiǎnlù chūlái；已问世 yǐ wènshì：The stars are ～. 星星出来了。Xīngxing chūlaile. / The flowers are ～. 花开了。Huā kāile. / His new book is ～. 他的新著出版了。Tāde xīnzhù chūbǎnle. **7**. 熄灭 xīmiè；完结 wánjié；过时 guòshí：put the fire ～ 把火熄灭 bǎ huǒ xīmiè / Winter is ～. 冬天过去了。Dōngtiān guòqule. / This hat is ～. 这种帽子过时了。Zhèzhǒng màozi guòshíle. **8**. 完全地 wánquánde；彻底地 chèdǐde：I am tired ～. 我精疲力竭。Wǒ jīngpí-lìjié. **9**. 在野 zàiyě；缺席 quēxí；罢工 bàgōng：Workers are ～. 工人在罢工。Gōngrén zài bàgōng. **10**. 出局 chūjú；退场 tuìchǎng * of a player in a game such as cricket *a*. **1**. 外面的 wàimiande；在外的 zàiwàide：an ～ island 外围岛屿 wàiwéi dǎoyǔ **2**. 在野的 zàiyěde；下台的 xiàtáide：The Democrats are ～. 民主党在野。Mínzhǔdǎng zàiyě. **3**. 不可能的 bùkěnéngde：That's completely ～ of the question. 那是完全不可能的。Nà shì wánquán bùkěnéngde. **4**. 特大的 tèdàde：an ～ size 特大的尺寸 tèdàde chǐcùn *v*. **1**. 外出 wàichū；旅游 lǚyóu **2**. 暴露 bàolù：Truth will be ～. 真相大白。Zhēnxiàng-dàbái. // all ～ 完全地 wánquánde；彻底地 chèdǐde / be ～ for 一心要 yìxīnyào / ～ and away 远远地 yuǎnyuǎnde / ～ and home 来回 láihuí / ～ from under 脱离危难 tuōlí wēinàn / ～ of **1**. 在…外 zài … wài：～ of the room 在房间外面 zài fángjiān wàimian **2**. 出于 chūyú；由于 yóuyú：I only went ～ of concern for you. 我只是出于对你的关心才去的。Wǒ zhǐshì chūyú duì nǐde guānxīn cái qùde. **3**. 缺乏 quēfá；没有 méiyǒu：We are ～ of money. 我们的钱用完了。Wǒmende qián yòngwánle. / ～ of work 失业 shīyè **4**. 超出…之外 chāochū … zhīwài：～ of the ordinary 不平常的 bùpíngchángde **5**. 用…制成 yòng … zhìchéng：make it ～ of old planks 用旧木板做成 yòng jiù mùbǎn zuòchéng / ～ of it **1.** 不加入 bù jiārù；在局外 zài júwài **2.** 跟不上 gēnbushàng；搞错 gǎocuò / ～ with **1.** 拿出 náchū：～ with it 拿出来 náchūlái **2.** 赶出 gǎnchū：～ with him 赶他出去 gǎn tā chūqù

out-and-out *a.* & *ad.* 彻头彻尾的 chètóu-chèwěide；十足的 shízúde

outbid *v.* 出价高于(别人) chūjià gāoyú (biérén)：～ each other 互相抬价 hùxiāng táijià

outbound *a.* 驶往国外的 shǐwǎng guówàide；开往外地的 kāiwǎng wàidìde：a ship ～ for Europe 开往欧洲的船 kāiwǎng Ōuzhōude chuán

outbrave *v.* 在勇气上超过 zài yǒngqìshang chāoguò；压倒 yādǎo：～ a storm 战胜风暴 zhànshèng fēngbào

outbreak *n.* **1.** 爆发 bàofā；发生 fāshēng：the ～ of war 战争的爆发 zhànzhēngde bàofā **2.** 暴乱 bàoluàn；骚动 sāodòng：a slave ～ 奴隶暴动 núlì bàodòng

outbuilding *n.* 外屋 wàiwū

outburst *n.* **1.** 爆发 bàofā；迸发 bèngfā：an ～ of anger 勃然大怒 bórándànù **2.** 喷发 pēnfā；喷出 pēnchū = bursting out

outcast *n.* 被遗弃的人 bèi yíqìde rén；流浪者 liúlàngzhě

outclass *v.* 超过 chāoguò；胜过 shèngguò

outcome *n.* 结果 jiéguǒ；后果 hòuguǒ；成果 chéngguǒ：the ～ of scientific experiments 科研成果 kēyán chéngguǒ

outcrop *n.* 露头 lòutóu

outcry *n.* **1.** 喊叫 hǎnjiào；吆喝 yāohe；呐喊 nàhǎn **2.** 呐喊声 nàhǎnshēng **3.** 拍卖 pāimài；喊价 hǎnjià * in auction

outdistance *v.* 把…抛在后面 bǎ … pāo zài hòumian

outdo *v.* 胜过 shèngguò；超越 chāoyuè

outdoor *a.* 户外的 hùwàide；室外的 shìwàide；野外的 yěwàide；露天的 lùtiānde

outdoors *ad.* & *n.* 户外 hùwài；野外 yěwài

outer *a.* **1.** 外部的 wàibùde；外面的 wàimiande：the ～ man 外表 wàibiǎo **2.** 远离中心的 yuǎnlí zhōngxīnde：an ～ region 边远地区 biānyuǎn dìqū

outermost *a.* 最外面的 zuì wàimiande；远离中心的 yuǎnlí zhōngxīnde

outerwear *n.* 外衣 wàiyī；外套 wàitào

outfield *n.* **1.** 外场 wàichǎng * in the games of cricket and baseball；外

场手 wàichǎngshǒu **2.** 边地 biāndì = marginal land

outfit *n.* 成套装备 chéngtào zhuāngbèi；全套工具 quántào gōngjù：a dentist's ～ 牙科医生用的全套器械 yákē yīshēng yòngde quántào qìxiè *v.* 装配 zhuāngpèi；配备 pèibèi

outflank *v.* 迂回 yūhuí；出奇制胜 chūqí zhìshèng：～ the enemy on the right 从右侧包围敌人 cóng yòucè bāowéi dírén

outgo *n.* 支出 zhīchū；消耗 xiāohào *v.* 超过 chāoguò；胜过 shèngguò

outgoing *a.* **1.** 出发的 chūfāde；离开的 líkāide：an ～ tide 退去的潮 tuìqùde cháo **2.** 离任的 lírènde；离职的 lízhíde：an ～ minister 即将离任的部长 jíjiāng lírènde bùzhǎng **3.** 友好的 yǒuhǎode；友善的 yǒushànde *n.* 支出 zhīchū；费用 fèiyong

outgrow *v.* **1.** 长得比…快 zhǎngde bǐ … kuài：～ one's elder brother 比哥哥长得快 bǐ gēge zhǎngde kuài **2.** 因长大而放弃 yīn zhǎngdà ér fàngqì：～ a bad habit 因年龄的增长而戒除坏习惯 yīn niánlíngde zēngzhǎng ér jièchú huài xíguàn / The child has outgrown this suit. 孩子长大了，穿不着这套衣服了。Háizi zhǎngdàle，chuānbuzháo zhètào yīfule.

outgrowth *n.* **1.** 生长物 shēngzhǎngwù；出生物 chūshēngwù：an ～ on a tree 树上的枝条 shùshangde zhītiáo **2.** 自然的结果 zìránde jiéguǒ = result

outhouse *n.* **1.** 外屋 wàiwū **2.** 厕所 cèsuǒ = outdoor toilet

outing *n.* 游览 yóulǎn；出游 chūyóu：go for an ～ 外出游玩 wàichū yóuwán

outlandish *a.* **1.** 外国气派的 wàiguó qìpàide；奇异的 qíyìde：～ dress 古怪的服装 gǔguàide fúzhuāng **2.** 偏僻的 piānpìde；边远的 biānyuǎnde = remote

outlast *v.* 比…持久 bǐ … chíjiǔ；比…活得长 bǐ … huóde cháng：You will ～ me. 你会比我长命。Nǐ huì bǐ wǒ chángmìng.

outlaw *n.* 罪犯 zuìfàn；歹徒 dǎitú；被剥夺公民权的人 bèi bōduó gōngmínquánde rén *v.* **1.** 放逐 fàngzhú；剥夺公民权 bōduó gōngmínquán **2.** 宣布…为非法 xuānbù … wéi fēifǎ；宣布…为罪犯 xuānbù … wéi zuìfàn

outlawry *n.* **1.** 剥夺公民权 bōduó gōngmínquán；放逐 fàngzhú **2.** 宣布非法 xuānbù fēifǎ

outlay *n.* 支出 zhīchū；费用 fèiyong：a large ～ on clothing 买衣服的费用 mǎi yīfude fèiyong *v.* 支付 zhīfù；花费 huāfèi

outlet *n.* **1.** 排水口 páishuǐkǒu；出水口 chūshuǐkǒu **2.** 发泄 fāxiè；排遣 páiqiǎn：an ～ for one's energies 一个人发泄精力的途径 yíge rén fāxiè jīnglìde tújìng **3.** 销路 xiāolù；市场 shìchǎng ＊ for goods

outline *n.* **1.** 外形 wàixíng；轮廓 lúnkuò：the ～ of his face 脸的轮廓 liǎnde lúnkuò **2.** 大纲 dàgāng；提纲 tígāng；概要 gàiyào：make an ～ of a lecture 写讲演提纲 xiě jiǎngyǎn tígāng / ～ proposals 纲领性的建议 gānglǐngxìngde jiànyì *v.* 画出…的轮廓 huàchū …de lúnkuò；述要点 shù yàodiǎn：～ an argument 提出辨论的要点 tíchū biànlùnde yàodiǎn

outlive *v.* 活得比…更久 huóde bǐ … gèngjiǔ：He ～d his son. 他比儿子活得长久。Tā bǐ érzi huóde chángjiǔ. / He ～d his crime. 活得太久了，人们已经忘了他的罪过。Huóde tàijiǔle，rénmen yǐjīng wàngle tāde zuìguo.

outlook *n.* **1.** 景色 jǐngsè；风光 fēngguāng：The room has a fine ～. 那房间外面的景色很美。Nà fángjiān wàimiande jǐngsè hěnměi. **2.** 前景 qiánjǐng；前途 qiántú：the economic ～ 经济前景 jīngjì qiánjǐng **3.** 眼界 yǎnjiè；看法 kànfǎ；见解 jiànjiě：one's ～ on life 人生观 rénshēngguān **4.** 望楼 wànglóu；了望处 liàowàngchù ＝ a place where one can keep watching

outlying *a.* 远离中心的 yuǎnlí zhōngxīnde；分离的 fēnlíde：～ village 偏远的村庄 piānyuǎnde cūnzhuāng

outnumber *v.* 数量上超过 shùliàngshang chāoguò；比…多 bǐ … duō

out-of-date *a.* 过时的 guòshíde；落伍的 luòwǔde

out-of-the-way *a.* **1.** 交通不便的 jiāotōng búbiànde；偏僻的 piānpìde **2.** 奇特的 qítède；异常的 yìchángde

outpatient *n.* 门诊病人 ménzhěn bìngrén：the ～s' department 门诊部 ménzhěnbù

outpost *n.* **1.** 前哨 qiánshào；哨兵 shàobīng **2.** 前哨站 qiánshàozhàn

output *n.* **1.** 出产 chūchǎn；产量 chǎnliàng；产品 chǎnpǐn：an annual ～ of steel 钢的年产量 gāngde nián chǎnliàng / the total value of industrial ～ 工业总产值 gōngyè zǒng chǎnzhí **2.** 输出量 shūchūliàng ＝ information produced by a computer

outrage *n.* **1.** 暴行 bàoxíng；残暴 cánbào：an ～ against humanity 违反人

道的暴行 wéifǎn réndàode bàoxíng **2.** 激起公愤的行为 jīqǐ gōngfènde xíngwéi *v.* **1.** 对…施暴行 duì … shī bàoxíng；凌辱 língrǔ **2.** 引起…公愤 yǐnqǐ … gōngfèn **3.** 强奸 qiángjiān = rape

outrageous *a.* **1.** 粗暴的 cūbàode；残暴的 cánbàode：～ behavior 残暴的行为 cánbàode xíngwéi **2.** 愤怒的 fènnùde **3.** 无礼的 wúlǐde：～ jokes 极其无礼的玩笑 jíqí wúlǐde wánxiào

outrank *v.* 地位高于 dìwèi gāoyú

outright *a.* **1.** 彻底的 chèdǐde；全部的 quánbùde：the ～ cost 全部费用 quánbù fèiyong **2.** 直率的 zhíshuàide；无保留的 wúbǎoliúde：an ～ manner 坦白的态度 tǎnbáide tàidu *ad.* **1.** 彻底地 chèdǐde；全部地 quánbùde **2.** 直率地 zhíshuàide；坦白的 tǎnbáide **3.** 立即 lìjí；当场 dāngchǎng

outrun *v.* **1.** 追过 zhuīguò；胜过 shèngguò；超过 chāoguò：His fancy ～s the facts. 他的想象超过事实。Tāde xiǎngxiàng chāoguò shìshí. **2.** 跑得快 pǎode kuài

outset *n.* 开头 kāitóu；最初 zuìchū：from the ～ 从一开头 cóng yī kāitóu

outshine *v.* 比…高 bǐ … gāo；比…好 bǐ … hǎo：She ～s all her sisters. 她比众姐妹都强。Tā bǐ zhòng jiěmèi dōu qiáng.

outside *n.* **1.** 外部 wàibù；外面 wàimiàn：the ～ of the house 房子的外面 fángzide wàimiàn **2.** 外表 wàibiǎo；外观 wàiguān：Don't judge a man from his ～. 不要以貌取人。Búyào yǐ mào qǔrén. **3.** 局外 júwài；外界 wàijiè：those on the ～ 局外人 júwàirén；门外汉 ménwàihàn *a.* **1.** 外部的 wàibùde；外面的 wàimiànde：an ～ wrapping 外包装 wàibāozhuāng **2.** 外来的 wàiláide；外界的 wàijiède：～ help 外援 wàiyuán **3.** 最大的 zuìdàde；极度的 jídùde：an ～ price 最高价 zuìgāojià *ad.* **1.** 在外边 zài wàibiān；在户外 zài hùwài：Is there anybody ～? 外面有人吗？Wàimian yǒu rénma? **2.** 外面地 wàimiande：外部地 wàibùde：It's quite dark ～. 外面很黑。Wàimian hěnhēi. *prep.* **1.** 在…外面 zài … wàimian：wait ～ the gate 在大门外 zài dàmén wài **2.** 除去 chúqù：No one wanted to go ～ one or two. 除了一两个人没人想去。Chúle yìliǎngge rén méi rén xiǎng qù. // ～ of **1.** 在…之外 zài … zhīwài **2.** 除了…之外 chúle … zhīwài

outsider *n.* **1.** 局外人 júwàirén；外人 wàirén：The ～ sees the best (or most) of the game. 旁观者清。Pángguānzhě qīng. **2.** 门外汉 ménwàihàn；外行 wàiháng

outsize *n.* & *a.* 特大号(的) tèdàhào(de)

outskirts *n.* 外边 wàibiān；郊区 jiāoqū：on the ～ of Beijing 北京郊区 Běijīng jiāoqū

outsmart *v.* 比…机智 bǐ … jīzhì；智胜 zhìshèng；瞒过 mánguò

outspoken *a.* 心直口快的 xīnzhí-kǒukuàide；坦率的 tǎnshuàide：～ criticism 坦率的批评 tǎnshuàide pīpíng

outspread *v.* 伸开 shēnkāi；张开 zhāngkāi *a.* 伸开的 shēnkāide；张开的 zhāngkāide：with ～ arms 伸开的双臂 shēnkāide shuāngbì

outstanding *a.* **1.** 杰出的 jiéchūde；优秀的 yōuxiùde：～ contributions 卓越的贡献 zhuōyuède gòngxiàn **2.** 未完成的 wèiwánchéngde；未解决的 wèijiějuéde：an ～ cheque 未兑现的支票 wèi duìxiànde zhīpiào **3.** 凸出的 tūchūde；突出的 tūchūde = projecting

outstay *v.* **1.** 比…住得久 bǐ … zhùde jiǔ **2.** 住得久而令主人生厌 zhùde jiǔ ér lìng zhǔrén shēngyàn

outstretched *a.* 伸开的 shēnkāide；张开的 zhāngkāide

outstrip *v.* **1.** 胜过 shèngguò；超过 chāoguò：～ a country in sports 在体育方面超过某国 zài tǐyù fāngmiàn chāoguò mǒuguó **2.** 越过 yuèguò = outrun

outward *a.* **1.** 向外的 xiàngwàide；外出的 wàichūde：an ～ voyage 海外航行 hǎiwài hángxíng **2.** 外面的 wàimiande；外表的 wàibiǎode：That's only ～ cheerfulness. 那只是表面的高兴。Nà zhǐshì biǎomiànde gāoxìng.

outwardly *ad.* 外表上 wàibiǎoshang；表面上 biǎomiànshang

outwards *ad.* = outward **1.** 向外 xiàngwài **2.** 在外 zàiwài

outwear *v.* **1.** 比…经久 bǐ … jīngjiǔ；比…耐用 bǐ … nàiyòng：Wool ～s silk. 毛织品比丝织品耐用。Máozhīpǐn bǐ sīzhīpǐn nàiyòng. **2.** 用完 yòngwán；穿坏 chuānhuài；耗尽 hàojìn：Drops of water ～ the stone. 滴水穿石。Dīshuǐ chuānshí.

outweigh *v.* **1.** 比…更重 bǐ … gèngzhòng = be heavier than **2.** 比…更重要 bǐ … gèngzhòngyào = be more important

outwit *v.* 智胜 zhìshèng

outwork *n.* **1.** [～s] 简易外围工事 jiǎnyì wàiwéi gōngshì **2.** 户外工作

hùwài gōngzuò；外勤工作 wàiqín gōngzuò = outdoor work

oval *a*. 椭圆的 tuǒyuánde；卵形的 luǎnxíngde = egg-shaped

ovary *n*. **1**. 卵巢 luǎncháo **2**. 子房 zǐfáng * of plants

ovation *n*. 热烈欢迎 rèliè huānyíng；热烈鼓掌 rèliè gǔzhǎng；欢呼 huānhū

oven *n*. 烤箱 kǎoxiāng；烤炉 kǎolú：hot from the ～ 刚出炉的 gāng chūlúde

over *prep*. **1**. 在…的上方 zài … de shàngfāng；在…上面 zài … shàngmian：There is a bridge ～ the river. 河上有一座桥。Héshang yǒu yízuò qiáo. **2**. 在…之上 zài … zhīshàng：a blanket lying ～ a bed 一条盖在床上的毛毯 yìtiáo gàizài chuángshangde máotǎn **3**. 越过 yuèguò：jump ～ the wall 跳过墙 tiàoguo qiáng **4**. 超过 chāoguò；在…以上 zài … yǐshàng：He is ～ sixty. 他六十多了。Tā liùshí duōle. / It costs ～ ten yuan. 这值十多块钱。Zhè zhí shíduōkuài qián. **5**. 遍及 biànjí：travel all ～ the world 周游世界 zhōuyóu shìjiè **6**. 经过 jīngguò；通过 tōngguò：send a message ～ the telephone 通过电话传递消息 tōngguò diànhuà chuándì xiāoxi **7**. 关于 guānyú；对于 duìyú：I'll talk ～ the matter with you. 我将跟你谈谈那件事。Wǒ jiāng gēn nǐ tántan nàjiàn shì. **8**. 支配 zhīpèi；管制 guǎnzhì：have no command ～ oneself 没有自制力 méiyǒu zìzhìlì / Who ruled ～ the country? 谁统治那个国家？Shuí tǒngzhì nàge guójiā? **9**. 一边…一边 yìbiān … yìbiān：sing ～ one's dance 一边跳一边唱 yìbiān tiào yìbiān chàng **10**. 直到…之后 zhídào … zhīhòu：stay ～ Sunday 呆到星期天以后 dāidào Xīngqītiān yǐhòu *ad*. **1**. 翻倒 fāndǎo；翻转过来 fānzhuǎn guòlái：knock a vase ～ 打翻花瓶 dǎfān huāpíng / turn ～ in bed 辗转反侧 zhǎnzhuǎn fǎncè **2**. 越过 yuèguò；(越)出 (yuè)chū：The milk boiled ～. 牛奶煮得溢出来了。Niúnǎi zhǔde yìchūláile. / Can you jump ～? 你能跳过去吗？Nǐ néng tiào guòqùma? **3**. 重复地 chóngfùde；再一次 zàiyícì：Try it ～ again. 再试一次。Zài shì yícì. **4**. 从头到尾地 cóngtóu dàowěide；全部地 quánbùde：I have read my mother's letter ～. 我读了一遍妈妈的信。Wǒ dúle yíbiàn māmade xìn. / think the plan ～ 全面地考虑计划 quánmiànde kǎolǜ jìhuà **5**. 结束 jiéshù；完了 wánle：The meeting is ～. 会议结束了。Huìyì jiéshùle. / It is all ～ with you. 你什么都完了。Nǐ shénme dōu wánle. **6**. 过分 guòfèn；太 tài：He is ～ polite. 他太客

气了。Tā tài kèqile. **7.** 剩余 shèngyú；剩下 shèngxia：money ～ 剩下的钱 shèngxiade qián **8.** 交给 jiāogěi；递给 dìgěi：He handed the pen ～ to me. 他把那支钢笔递给了我。Tā bǎ nàzhī gāngbǐ dìgěile wǒ. // all ～ **1.** 遍布 biànbù；到处 dàochù **2.** 完全地 wánquánde **3.** 完结 wánjié / ～ against 在…对面 zài … duìmiàn / ～ all 从一头到另一头 cóng yìtóu dào lìngyìtóu / ～ and ～ 再三 zàisān / ～ here 在这儿 zài zhèr / ～ there 在那儿 zài nàr / to be all ～ with 失败 shībài；将死 jiāngsǐ

overall *a.* 全部的 quánbùde；全面的 quánmiànde；包括一切的 bāokuò yíqiède；总… zǒng …：a person in ～ charge 总负责人 zǒng fùzérén / an ～ plan for the city 城市的全面规划 chéngshìde quánmiàn guīhuà / ～ length 全长 quáncháng *n.* **1.** 套衣 tàoyī；罩衣 zhàoyī；**2.** 工装裤 gōngzhuāngkù *ad.* 全面地 quánmiànde

overarch *v.* 在…上设拱形 zài … shang shè gǒngxíng；成拱形 chéng gǒngxíng：Trees ～ed the road. 路上树木成荫。Lùshang shùmù chéngyīn.

overawe *v.* 威慑 wēishè；吓住 xiàzhù；威压 wēiyā

overbalance *v.* **1.** 失去平衡 shīqù pínghéng：～ oneself 身子一歪 shēnzi yìwāi **2.** 重于 zhòngyú；重过 zhòngguò

overbear *v.* **1.** 压服 yāfú；制服 zhìfú；超过 chāoguò：be overborn in argument 辩论被驳倒 biànlùn bèi bódǎo **2.** 繁殖过度 fánzhí guòdù ＝ overproduce

overbearing *a.* 霸道的 bàdàode；专横的 zhuānhèngde；傲慢的 àomànde

overboard *ad.* 向船外 xiàng chuánwài；落入水中 luòrù shuǐzhōng：fall ～ 从船上掉下水 cóng chuánshang diàoxia shuǐ // go ～ for 过分爱好 guòfèn àihào / throw ～ **1.** 扔到船外 rēngdào chuánwài **2.** 抛弃 pāoqì

overbold *a.* 胆大妄为的 dǎndà wàngwéide

overburden *v.* 使负担过度 shǐ fùdān guòdù；使装载过重 shǐ zhuāngzài guòzhòng：He is ～ed with grief. 他忧虑过度。Tā yōulǜ guòdù.

overcast *a.* **1.** 阴 yīn；多云的 duōyúnde：an ～ day 阴天 yīntiān **2.** 忧愁的 yōuchóude；面带忧伤的 miàndài yōushāngde：Her face was ～ with sadness. 她面带忧伤。Tā miàndài yōushāng. *n.* 多云的天 duōyúnde tiān；阴云密布的天空 yīnyún mìbùde tiānkōng

overcharge *v.* **1.** 要价过高 yàojià guògāo；收高价 shōu gāojià **2.** 装载过

重 zhuāngzài guòzhòng；超负荷 chāo fùhè：～ the electrical apparatus 超负荷的电器 chāo fùhède diànqì *n.* **1.** 过高的索价 guògāode suǒjià **2.** 过量的装载 guòliàngde zhuāngzài；过重的负荷 guòzhòngde fùhè

overcloud *v.* **1.** 乌云密布 wūyún-mìbù；使阴暗 shǐ yīn'àn **2.** 使生气 shǐ shēngqì；使忧郁 shǐ yōuyù = make … angry or worried

overcoat *n.* 外衣 wàiyī；大衣 dàyī

overcome *v.* **1.** 征服 zhēngfú；克服 kèfú：～ the enemy 战胜敌人 zhànshèng dírén / ～ a difficulty 克服困难 kèfú kùnnan **2.** 被压倒 bèi yādǎo；克制 kèzhì：We were ～ by weariness. 我们累倒了。Wǒmen lèidǎole.

overcrowd *v.* 挤满 jǐmǎn；使过分拥挤 shǐ guòfèn yōngjǐ：～ a bus 挤公共汽车 jǐ gōnggòng qìchē

overdo *v.* **1.** 做得过火 zuòde guòhuǒ；做作 zuòzuo：～ a part in a play 在剧中表演得过火 zài jùzhōng biǎoyǎnde guòhuǒ **2.** 把…煮得太久 bǎ … zhǔde tàijiǔ：The meat is overdone. 把肉煮得太烂了。Bǎ ròu zhǔde tàilànle.

overdraft *n.* 透支 tòuzhī；透支额 tòuzhī'é

overdraw *v.* **1.** 透支 tòuzhī **2.** 把…说得过分 bǎ … shuōde guòfèn；夸张 kuāzhāng = exaggerate

overdress *v.* 穿得太讲究 chuānde tài jiǎngjiu；使打扮得过分 shǐ dǎbande guòfèn

overdue *a.* 过期的 guòqīde；迟到的 chídàode：an ～ bill 过期未付的帐单 guòqī wèifùde zhàngdān / The train is ～. 火车误点了。Huǒchē wùdiǎnle.

overeat *v.* 吃得过多 chīde guòduō；暴食 bàoshí：Don't ～ yourself. 别吃得过多。Bié chīde guòduō.

overestimate *v.* 过高估计 guògāo gūjì；过高评价 guògāo píngjià：Don't ～ his abilities. 不要把他的能力估计得过高。Búyào bǎ tāde nénglì gūjìde guògāo.

overflow *v.* **1.** 泛滥 fànlàn；溢出 yìchū：The river ～ed. 河水泛滥了。Héshuǐ fànlànle. / The bath is ～ing. 浴缸溢了。Yùgāng yìle. **2.** 充满 chōngmǎn；洋溢 yángyì：His heart is ～ing with sympathy. 他的心中充满同情。Tāde xīnzhōng chōngmǎn tóngqíng. *n.* **1.** 泛滥 fànlàn；溢

出 yìchū 2. 超出额 chāochū'é；溢出物 yìchūwù 3. 排水管 páishuǐguǎn；管道 guǎndào = outlet from which excess liquid can flow out

overfulfill *v.* 超额完成 chāo'é wánchéng

overgrow *v.* 1. 丛生 cóngshēng；长满 zhǎngmǎn：The river banks were ～n with weeds. 河岸上长满了野草。Hé'ànshang zhǎngmǎnle yěcǎo. 2. 长得太快 zhǎngde tàikuài；生长过度 shēngzhǎng guòdù：an ～n child 长得太快的孩子 zhǎngde tàikuàide háizi

overhand *a.* & *ad.* 1. 举手过肩的 jǔshǒu guòjiānde ∗ ball game 2. 伸手划水的 shēnshǒu huáshuǐde ∗ in swimming

overhang *v.* 1. 突出在…之上 tūchūzài … zhīshàng；倒悬 dàoxuán：～ing cliffs 悬崖峭壁 xuányá-qiàobì 2. 威胁 wēixié；逼近 bījìn = menace *n.* 悬垂物 xuánchuíwù；突出物 tūchūwù

overhaul *v.* 1. 检修 jiǎnxiū；大修 dàxiū；修配 xiūpèi；修理 xiūlǐ：～ a car 检修汽车 jiǎnxiū qìchē 2. 赶上 gǎnshàng；追上 zhuīshàng：～ the ship 赶上那条船 gǎnshàng nàtiáo chuán *n.* 大修 dàxiū；彻底地检查与修理 chèdǐde jiǎnchá yǔ xiūlǐ

overhead *ad.* & *a.* 在头上 zài tóushang；在上头 zài shàngtou：the sun ～ 在头顶的太阳 zài tóudǐngde tàiyáng / an ～ railway 高架铁路 gāojià tiělù

overheads *n.* 企业一般管理费 qǐyè yìbān guǎnlǐfèi

overhear *v.* 偶然听到的 ǒurán tīngdàode；偷听 tōutīng

overjoy *v.* 使大喜 shǐ dàxǐ；使非常高兴 shǐ fēicháng gāoxìng

overland *ad.* & *a.* 陆上的 lùshangde；由陆路 yóu lùlù

overlap *v.* 1. 互搭 hudā；部分重叠 bùfen chóngdié：tiles that ～ each other 互搭的瓦片 hùdāde wǎpiàn 2. 部分一致 bùfen yízhì；部分巧合 bùfen qiǎohé *n.* 重叠 chóngdié；重复 chóngfù

overlay *v.* 涂上 túshàng；盖上 gàishàng *n.* 涂盖层 túgàicéng；覆盖物 fùgàiwù

overleaf *ad.* 在反面 zài fǎnmiàn；在背面 zài bèimiàn

overleap *v.* 跳过 tiàoguo；越过 yuèguo

overlie *v.* 躺在…上 tǎngzài … shang

overload *v.* 使超载 shǐ chāozài；使负荷过重 shǐ fùhè guòzhòng：an ～ed vessel 超载的船 chāozàide chuán *n.* 超载 chāozài；超负荷 chāo fùhè

overlook *v.* 1. 俯视 fǔshì；俯瞰 fǔkàn：We ～ed the sea. 我们俯瞰大海。

Wǒmen fǔkàn dàhǎi. **2.** 忽略 hūlüè；错过 cuòguò：～ a mistake 没有看出错误 méiyǒu kànchū cuòwù **3.** 假装没看见 jiǎzhuāng méi kànjiàn；宽容 kuānróng：～ a fault 宽容错误 kuānróng cuòwù

overly *ad*. 过度地 guòdùde；非常 fēicháng；太 tài

overman *n*. 监督者 jiāndūzhě；工长 gōngzhǎng

overmaster *v*. 压服 yāfú；压倒 yādǎo：an ～ing desire 压抑不住的欲望 yāyì búzhùde yùwàng

overmuch *a*. & *ad*. 过多的 guòduōde；过度 guòdù

overnight *ad*. & *a*. **1.** 过一夜 guò yíyè：We stayed ～ at his house. 我们在他家住了一夜。Wǒmen zài tājiā zhùle yíyè. **2.** 突然 tūrán：He became famous ～. 他一举成名。Tā yìjǔ chéngmíng.

overpass *v*. **1.** 超越 chāoyuè；越过 yuèguò **2.** 侵犯 qīnfàn；违犯 wéifàn *n*. 立交桥 lìjiāoqiáo

overplus *n*. 剩余 shèngyú；超出的数量 chāochūde shùliàng；过多 guòduō

overpower *v*. 打倒 dǎdǎo；制服 zhìfú；压服 yāfú

overproduce *v*. 生产过多 shēngchǎn guòduō；生产过剩 shēngchǎn guòshèng

overproduction *n*. 生产过剩 shēngchǎn guòshèng

overrate *v*. 对…估计过高 duì … gūjì guògāo：an ～d book 一本评价过高的书 yìběn píngjià guògāode shū

overreach *v*. 超越 chāoyuè // ～ oneself 弄巧成拙 nòngqiǎo-chéngzhuō

override *v*. **1.** 不顾 búgù；不管 bùguǎn；藐视 miǎoshì：～ advice 不顾忠告 búgù zhōnggào **2.** 蹂躏 róulìn；践踏 jiàntà：～ one's rights 践踏别人的权力 jiàntà biérénde quánlì **3.** 把马骑累 bǎ mǎ qílèi * in horse-riding

overrule *v*. 驳回 bóhuí；废弃 fèiqì；宣布无效 xuānbù wúxiào：The judge ～d the previous decision. 审判员宣布前判决无效。Shěnpànyuán xuānbù qián pànjué wúxiào.

overrun *v*. **1.** 蔓延 mànyán；侵扰 qīnrǎo；泛滥 fànlàn：be ～ with weeds 杂草丛生 zácǎo cóngshēng **2.** 横行 héngxíng；蹂躏 róulìn **3.** 超过 chāoguò：His speech overran the time allowed. 他的发言超过了规定的时间。Tāde fāyán chāoguòle guīdìngde shíjiān.

overseas *ad*. & *a*. 海外 hǎiwài；外国的 wàiguóde；在海外 zài hǎiwài：an ～ Chinese 华侨 huáqiáo / go ～出国 chūguó

oversee *v*. **1.** 监视 jiānshì；监督 jiāndū：～ the work 监督工作 jiāndū gōngzuò **2.** 俯视 fǔshì = look from above

overseer *n.* 监工 jiāngōng

overshadow *v.* **1.** 遮蔽 zhēbì * cast into the shade；使暗 shǐ'àn **2.** 使…失色 shǐ … shīsè * fig：Her new book will ～ all her earlier ones. 她的新作超过了她所有的早期作品。Tāde xīnzuò chāoguòle tā suǒyǒude zǎoqī zuòpǐn.

overshoe *n.* 套鞋 tàoxié，橡皮套鞋 xiàngpí tàoxié

overshoot *v.* **1.** 打过头 dǎ guòtóu；射过了 shèguòle：～ the target 射过了目标 shèguòle mùbiāo **2.** 超过 chāoguò；越过 yuèguò：～ one's station 坐过站 zuòguò zhàn // ～ the mark (oneself) 做得过分 zuòde guòfèn

oversight *n.* **1.** 失察 shīchá；疏忽 shūhu；大意 dàyì：by ～ 由于粗心大意 yóuyú cūxīn-dàyì **2.** 监督 jiāndū；监视 jiānshì：have ～ of children 照顾孩子 zhàogù háizi

oversize *a.* 过大的 guòdàde；特大的 tèdàde

oversleep *v.* 睡过头 shuìguotóu；睡得太久 shuìde tài jiǔ：I overslept yesterday. 昨天我睡过头了。Zuótiān wǒ shuìguotóule.

overspread *v.* 涂 tú；盖满 gàimǎn；布满 bùmǎn：～ bread with butter 把面包涂上黄油 bǎ miànbāo túshàng huángyóu / The sky is ～ with clouds. 天空布满了乌云。Tiānkōng bùmǎnle wūyún.

overstate *v.* 夸张 kuāzhāng；夸张地叙述 kuāzhāngde xùshù

overstep *v.* 超越 chāoyuè；越过 yuèguò：～ one's authority 越权 yuèquán

overstock *v.* 存货过多 cúnhuò guòduō；进货过多 jìnhuò guòduō *n.* 过多的存货 guòduōde cúnhuò

overstrain *v.* 使…过度紧张 shǐ … guòdù jǐnzhāng

overt *a.* 明显的 míngxiǎnde；外表的 wàibiǎode；公开的 gōngkāide

overtake *v.* **1.** 追上 zhuīshàng；赶上 gǎnshàng；超过 chāoguò：～ a car 超车 chāochē **2.** 突然来临 tūrán láilín；突然遭到 tūrán zāodào：be ～n by a storm 突然遇到暴风雨 tūrán yùdào bàofēngyǔ **3.** 压倒 yādǎo；克服 kèfú：be ～n with drink 喝醉 hēzuì

overtax *v.* **1.** 抽重税 chōu zhòngshuì；征收重税 zhēngshōu zhòngshuì **2.** 使负担过重 shǐ fùdān guòzhòng：Don't ～ your strength yourself. 不要用力过度。Búyào yònglì guòdù.

overthrow *v.* 推翻 tuīfān；打倒 dǎdǎo；废除 fèichú：～ an old government 推翻旧政府 tuīfān jiù zhèngfǔ

overtime *n.*, *ad.* & *a.* 加班的时间 jiābānde shíjiān；超出时间的 chāochū shíjiānde：work ～ 加班工作 jiābān gōngzuò / ～ pay 加班费 jiābānfèi

overtone *n.* **1.** 泛音 fànyīn ＊ of music **2.** 折光色彩 zhéguāng sècǎi ＊ of color

overtop *v.* **1.** 高耸…之上 gāosǒng … zhīshàng **2.** 超过 chāoguò；高出 gāochū；胜过 shèngguò

overture *n.* **1.** 序曲 xùqǔ ＊ for music **2.** [～s] 建议 jiànyì；提议 tíyì：～s for peace 和平建议 hépíng jiànyì

overturn *v.* **1.** 推翻 tuīfān；颠覆 diānfù：～ a government 推翻政府 tuīfān zhèngfǔ **2.** 使倾倒 shǐ qīngdǎo：The boat ～ed. 船翻了。Chuán fānle.

overweening *a.* 自命不凡的 zìmìng-bùfánde；傲慢的 àomànde：～ pride 过于自负 guòyú zìfù

overweight *n.* & *a.* 过重(的) guòzhòng(de)；超重(的) chāozhòng(de)：an ～ letter 超重的信 chāozhòngde xìn *v.* 使超重 shǐ chāozhòng

overwhelm *v.* 压倒 yādǎo；淹没 yānmò；埋没 máimò：The village was ～ed. 这个村庄被淹没了。Zhège cūnzhuāng bèi yānmòle.

overwhelming *a.* 压倒的 yādǎode；不可抗拒的 bùkě kàngjùde：by an ～ majority 以压倒的多数 yǐ yādǎode duōshù

overwork *v.* & *n.* 工作过度 gōngzuò guòdù；工作过量 gōngzuò guòliàng

overwrought *a.* 工作过累的 gōngzuò guòlèide；紧张过度的 jǐnzhāng guòdùde；兴奋过度的 xīngfèn guòdùde

ovum *n.* 卵 luǎn；卵子 luǎnzǐ；卵细胞 luǎnxìbāo

owe *v.* **1.** 欠 qiàn；欠债 qiànzhài：He ～s me ten yuan. 他欠我十元钱。Tā qiàn wǒ shíyuán qián. **2.** 感激 gǎnjī；感谢 gǎnxiè：We ～ them a lot. 我们十分感激他们。Wǒmen shífēn gǎnjī tāmen.

owing *a.* 该付的 gāifùde；未付的 wèifùde：He paid what was ～. 他付清了所有该付的钱。Tā fùqīngle suǒyǒu gāifùde qián. // ～ to 因为 yīnwèi；由于 yóuyú

owl *n.* 猫头鹰 māotóuyīng；枭 xiāo

own *a.* **1.** 自己的 zìjǐde：on one's ～ 靠自己 kàozìjǐ / He makes all his ～ clothes. 他所有的衣服都是自己做的。Tā suǒyǒude yīfu dōushì zìjǐ zuòde. **2.** 特有的 tèyǒude；独特的 dútède：This fruit has a flavour all of its ～. 这种水果有独特的味道。Zhèzhǒng shuǐguǒ yǒu dútède wèidao.

v. **1.** 有 yǒu；拥有 yōngyǒu：He ~s much land. 他拥有许多土地。Tā yōngyǒu xǔduō tǔdì. **2.** 自认 zìrèn；承认 chéngrèn：~ one's fault 承认错误 chéngrèn cuòwù // call one's ~ 声称某物为自己所有 shēngchēng mǒuwù wéi zìjǐ suǒyǒu / come into one's ~ 得到自己应有的东西 dédào zìjǐ yīngyǒude dōngxi / have（get）one's ~ back 报复 bàofù；雪耻 xuěchǐ / hold one's ~ 坚守住 jiānshǒuzhù；支撑住 zhīchēngzhù / of one's ~ 自己的 zìjǐde；自己所有的 zìjǐ suǒyǒude / ~ up 承认 chéngrèn；坦白 tǎnbái

owner *n.* 所有者 suǒyǒuzhě；物主 wùzhǔ

ownership *n.* 所有权 suǒyǒuquán：collective ~ 集体所有制 jítǐ suǒyǒuzhì

ox *n.* **1.** 牛 niú **2.** 公牛 gōngniú

oxalate *n.* 草酸盐 cǎosuānyán；乙二酸盐 yǐ'èrsuānyán

Oxford *n.* 牛津 Niújīn：~ University 牛津大学 Niújīn Dàxué

oxidate *v.* = oxidize 氧化 yǎnghuà

oxidation *n.* 氧化(作用) yǎnghuà (zuòyòng)；正化 zhènghuà

oxide *n.* 氧化物 yǎnghuàwù：iron ~ 氧化铁 yǎnghuàtiě

oxidize *v.* 使氧化 shǐ yǎnghuà；使生锈 shǐ shēngxiù

Oxonian *n.* & *a.* 牛津大学学生 Niújīn Dàxué xuésheng；牛津大学的 Niújīn Dàxuéde

oxtail *n.* 牛尾 niúwěi

oxyacetylene *a.* 氧乙炔的 yǎngyǐquēde

oxygen *n.* 氧 yǎng；氧气 yǎngqì：~ mask 氧气面罩 yǎngqì miànzhào

oxymoron *n.* 反义法 fǎnyìfǎ；逆喻 nìyù

oyster *n.* 牡蛎 mǔlì；蚝 háo

ozone *n.* **1.** 臭氧 chòuyǎng **2.** 新鲜空气 xīnxiān kōngqì = fresh air

P

P. 磷 lín = phosphorus

p. = **1.** page **2.** past

Pa = protactinium 镤 pú

Pa *n.* 爸 bà = papa

pabulum *n.* 食物 shíwù：mental ~ 精神食粮 jīngshén shíliáng

pace *n.* **1.** 一步 yībù **2.** 走跑的速度 zǒupǎode sùdù：to go at a good ~ 快

速行走 kuàisù xíngzǒu / to set the ～ 定速度 dìng sùdù / to keep ～ 同速前进 tóngsù qiánjìn / to go the ～飞快地行进 fēikuàide xíngjìn；随便花钱 suíbiàn huāqián **3.**（尤指马）步态（yóuzhǐ mǎ）bùtài *v.* **1.** 以普通步伐行走 yǐ pǔtōng bùfá xíngzǒu：to ～ up and down 来回走动 láihuí zǒudòng / to ～ a room 在房间里踱来踱去 zài fángjiānli duólái-duóqù **2.** 以走步测量 yǐ zǒubù cèliáng **3.** 定步调 dìng bùdiào；定步速 dìng bùsù

pachyderm *n.* 厚皮四足动物 hòupí sìzú dòngwù

pacific *a.* 和平的 hépíngde；和解的 héjiěde；爱好和平的 àihào hépíngde

pacification *n.* 和平 hépíng；讲和 jiǎnghé；平定 píngdìng

pacifism *n.* 和平主义 hépíngzhǔyì；反战主义 fǎnzhànzhǔyì

pacifist *n.* 和平主义者 hépíngzhǔyìzhě；反战论者 fǎnzhànlùnzhě

pacify *v.* 安定 āndìng；镇定 zhèndìng；抚慰 fǔwèi

pack *n.* **1.** 包裹 bāoguǒ；小包 xiǎobāo：a ～ of cigarettes 一包香烟 yìbāo xiāngyān /～-horse 驮马 tuómǎ /～-man 小贩 xiǎofàn **2.**（狗或野兽）（gǒu huò yěshòu）一群 yìqún；一队 yíduì：Wolves hunt in ～s. 狼成群猎食。Láng chéngqún lièshí. **3.** 一群 yìqún：a ～ of thieves 一群小偷 yìqún xiǎotōu / a ～ of lies 一片谎言 yípiàn huǎngyán **4.** 一副纸牌 yífù zhǐpái ＊ of cards *v.* **1.** 包装 bāozhuāng；打包 dǎbāo：to ～ clothes into a trunk 把衣服装进箱内 bǎ yīfu zhuāngjìn xiāngnèi / These books ～ easily. 这些书很容易包装。Zhèxiē shū hěn róngyì bāozhuāng. / to ～ up 收拾工具，停止工作 shōushi gōngjù，tíngzhǐ gōngzuò / to ～ it in 结束某事 jiéshù mǒushì **2.** 拥挤 yōngjǐ；塞满 sāimǎn：The room was ～ed with people. 屋里挤满了人。Wūli jǐmǎnle rén. / The people ～ed into the train. 人们挤进火车。Rénmen jǐjìn huǒchē. **3.** 制成罐头 zhìchéng guàntou ＝ preserve food or fruit，etc.，in a can

package *n.* 捆 kǔn；包 bāo；包裹 bāoguǒ：a ～ deal 一揽子交易 yìlǎnzi jiāoyì / a ～ proposal 一揽子建议 yìlǎnzi jiànyì

pack-animal *n.* 驮畜 tuóchù

packer *n.* **1.** 包装工人 bāozhuāng gōngrén；打包工人 dǎbāo gōngrén **2.** 打包机 dǎbāojī

packet *n.* **1.** 小包 xiǎobāo；小捆 xiǎokǔn：a ～ of letters 一捆信件 yìkǔn xìnjiàn / a postal ～ 邮政包裹 yóuzhèng bāoguǒ **2.** 大笔款目 dàbǐ kuǎnmù ＝ a large sum of money **3.** 不幸的事 búxìngde shì；困难

kùnnan = trouble (military slang)

packing *n.* 填塞或包扎的材料 tiánsāi huò bāozhāde cáiliào

packing-case *n.* 装运货物的粗木箱 zhuāngyùn huòwùde cūmùxiāng

pact *n.* 协定 xiédìng；公约 gōngyuē：a new Peace P- 新的和平公约 xīnde hépíng gōngyuē

pad *n.* **1.** 垫子 diànzi；垫塞物 diànsāiwù **2.** 拍纸簿 pāizhǐbù * for writing **3.** 印色盒 yìnsèhé **4.** 肉趾 ròuzhǐ = foot of some animals *v.* **1.** 填塞 tiánsāi；加垫子于 jiā diànziyú：a jacket with ～ded shoulders 有垫肩的上装 yǒu diànjiānde shàngzhuāng **2.** 添凑 tiāncòu；拉长 lācháng：an essay ～ded out with numerous quotations 用许多引语添凑起来的短文 yòng xǔduō yǐnyǔ tiāncòu qǐláide duǎnwén **3.** 步行 bùxíng；走路 zǒulù * travel on foot：～ding along 向前走去 xiàngqián zǒuqù

padding *n.* 填塞 tiánsāi；垫料 diànliào；补白 bǔbái = literary matter for filling spaces

paddle *n.* **1.** 短桨 duǎnjiǎng **2.** 桨状物 jiǎngzhuàngwù **3.** 轮翼 lúnyì *v.* **1.** 以桨划动 yǐ jiǎng huádòng **2.** 涉水 shèshuǐ

paddock *n.* **1.** 小牧场 xiǎo mùchǎng **2.** (赛马用的)围场 (sàimǎ yòngde) wéichǎng

paddy *n.* (生长中的)稻 (shēngzhǎngzhōngde) dào；谷子 gǔzi：～ rice 水稻 shuǐdào / ～ shoots 秧 yāng

paddy-field *n.* 稻田 dàotián

padlock *n.* 挂锁 guàsuǒ；扣锁 kòusuǒ *v.* 用挂锁锁 yòng guàsuǒ suǒ：The gate was ～ed. 那门是锁着的。Nàmén shì suǒzhede.

padre *n.* 神父 shénfù；随军牧师 suíjūnmùshī

paean *n.* 凯歌 kǎigē；颂歌 sònggē

p(a)ediatrics *n.* 小儿科 xiǎo'érkē；儿科学 érkēxué

pagan *n.* & *a.* 异教徒 yìjiàotú；非基督教(的) fēi jīdūjiào(de)

paganism *n.* 异教 yìjiào；信奉异教 xìnfèng yìjiào

page *n.* **1.** 页 yè：Open your book at ～ 9. 打开你的书本第9页。Dǎkāi nǐde shūběn dì-jiǔ yè. / Turn to ～ 10. 翻到第10页。Fāndào dì-shí yè. **2.** [～s] 记录 jìlù：never to be found in the ～s of history 从未在历史的记录上发现过 cóngwèi zài lìshǐde jìlùshang fāxiànguo **3.** 小听差 xiǎo tīngchāi；小招待员 xiǎo zhāodàiyuán

pageant *n.* **1.** 露天表演 lùtiān biǎoyǎn **2.** 庆典 qìngdiǎn

pageantry *n.* **1.** 壮观 zhuàngguān **2.** 赛会 sàihuì；壮丽的游行队伍 zhuànglìde yóuxíng duìwu

pagination *n.* 页码标记 yèmǎ biāojì

pagoda *n.* 宝塔 bǎotǎ；塔 tǎ

pah *int.* 哼！Hēng！呸！Pēi！

pail *n.* 桶 tǒng；提桶 títǒng；一桶的量 yìtǒngde liàng：a ～ of milk 一桶牛奶 yìtǒng niúnǎi

pailful *n.* 满桶 mǎntǒng；一桶之量 yìtǒng zhīliàng

paillasse, palliasse *n.* 草褥 cǎorù

pain *n.* **1.** 痛苦 tòngkǔ：to be in ～ 在苦恼中 zài kǔnǎozhōng / to feel some ～ 感到几分痛苦 gǎndào jǐfēn tòngkǔ **2.** 疼 téng：I have ～s all over. 我浑身疼痛。Wǒ húnshēn téngtòng. /～s in the back 背痛 bèitòng **3.** 劳苦 láokǔ：to spare no ～s 不辞劳苦 bùcí láokǔ / to be at the ～ of learning 刻苦学习 kèkǔ xuéxí *v.* 作痛 zuòtòng；使痛苦 shǐ tòngkǔ

painful *a.* 使感觉痛苦的 shǐ gǎnjué tòngkǔde；痛苦性的 tòngkǔxìngde：This duty is ～ to me. 这责任使我很痛苦。Zhè zérèn shǐ wǒ hěn tòngkǔ.

painkiller *n.* 止痛药 zhǐtòngyào

painless *a.* 无痛性的 wútòngxìngde：～ labor 无痛分娩 wútòng fēnmiǎn

painstaking *a.* 苦干的 kǔgànde；费力的 fèilìde；煞费苦心的 shàfèi kǔxīnde：to be ～ with one's work 辛辛苦苦地工作 xīnxin-kǔkǔde gōngzuò

paint *n.* **1.** 涂料 túliào；油漆 yóuqī：Wet ～. 油漆未干。Yóuqī wèigān. **2.** 颜料 yánliào * for painting pictures *v.* **1.** 涂 tú；油漆 yóuqī：to ～ a door 漆一扇门 qī yíshàn mén / to ～ the gate green 把大门油漆成绿色 bǎ dàmén yóuqīchéng lǜsè **2.** 画(画) huà(huà)：to ～ a portrait 画一幅画像 huà yìfú huàxiàng **3.** 描写 miáoxiě = describe：to ～ a scene 描绘一个场面 miáohuì yíge chǎngmiàn

paintbrush *n.* 油刷 yóushuā；画笔 huàbǐ

painter *n.* **1.** 画家 huàjiā：a lady ～ 女画家 nǚhuàjiā **2.** 油漆工 yóuqīgōng

painting *n.* **1.** 绘画 huìhuà；画法 huàfǎ；绘画艺术 huìhuà yìshù **2.** 一幅

画 yìfúhuà；彩色画 cǎisèhuà；油画 yóuhuà

pair *n.* **1.** 一双 yìshuāng；一对 yíduì：a ～ of shoes 一双鞋 yìshuāng xié / a ～ of trousers 一条裤子 yìtiáo kùzi **2.** 一对男女 yíduì nánnǚ；未婚夫妇 wèihūn fūfù：They are a pretty ～. 他们真是好的一对。Tāmen zhēnshì hǎode yíduì. / in ～s 成双 chéngshuāng；成对 chéngduì **3.** 系在一起的两匹马 jìzài yìqǐde liǎngpǐ mǎ：a carriage and ～ 双马马车 shuāngmǎ mǎchē *v.* 使成双 shǐ chéngshuāng；使成对 shǐ chéngduì = arrange in a pair；(动物)交配 (dòngwù)jiāopèi = (of animals) mate

pajamas *n.* = pyjamas 宽大的睡衣裤 kuāndàde shuìyīkù

pal *n.* 朋友 péngyou；伙伴 huǒbàn *v.* 交结 jiāojiē：to ～ up with a person 同某人交朋友 tóng mǒurén jiāo péngyou

palace *n.* 宫殿 gōngdiàn；华丽大厦 huálì dàshà：a ～ hotel 豪华的旅馆 háohuáde lǚguǎn / a movie ～ 电影院 diànyǐngyuàn / the ～ 宫廷显贵 gōngtíng xiǎnguì

palaeolithic *a.* 旧石器时代的 jiùshíqì shídàide

Palaeozoic *a.* 古生代的 gǔshēngdàide *n.* the ～ 古生代 gǔshēngdài

palanquin *n.* 轿子 jiàozi

palatable *a.* 可口的 kěkǒude；美味的 měiwèide；合意的 héyìde = agreeable to the mind

palatal *a.* 腭音的 èyīnde *n.* 腭音 èyīn

palatalized *a.* 腭音化的 èyīnhuàde

palate *n.* **1.** 腭 è：the hard (soft) ～ 硬(软)腭 yìng(ruǎn)'è **2.** 味觉 wèijué = sense of taste：to have a good ～ of wines 精于品评酒类 jīngyú pǐnpíng jiǔlèi / to suit one's ～ 合口味 hé kǒuwèi

palatial *a.* 宫殿似的 gōngdiànshìde；宏伟的 hóngwěide；壮丽的 zhuànglìde

palaver *n.* 废话 fèihuà；奉承 fèngcheng *v.* 空谈 kōngtán；阿谀奉承 ēyú-fèngcheng

pale *a.* **1.** 苍白的 cāngbáide：a ～ face 苍白的脸 cāngbáide liǎn / to be ～ with anger 气白了脸 qìbáile liǎn **2.** 浅色的 qiǎnsède；弱的 ruòde：a ～ moon 朦胧的月光 ménglóngde yuèguāng / ～ blue 浅兰色的 qiǎnlánsède *v.* 失色 shīsè；发白 fābái：His cheeks ～d with fear. 他的两颊吓得发青。Tāde liǎngjiá xiàde fāqīng. *n.* **1.** 尖板条 jiānbǎntiáo = pointed stick **2.** 境界 jìngjiè：beyond the ～ of 在…范围之外 zài…fànwéi zhīwài

paleface *n.* 白人 báirén

paleness *n.* 苍白 cāngbái

paleontology *n.* 古生物学 gǔshēngwùxuē

paletot *n.* 男用或女用宽外衣 nányòng huò nǚyòng kuānwàiyī

palette *n.* 调色板 tiáosèbǎn

palimpsest *n.* 刮去旧字以供书写新字的羊皮纸或其它材料 guāqù jiùzì yǐgōng shūxiě xīnzìde yángpízhǐ huò qítā cáiliào

paling *n.* 桩 zhuāng；木栅 mùzhà

palisade *n.* 木栅 mùzhà；栅栏 zhàlan

palish *a.* 略带苍白的 lüèdài cāngbáide

pall *n.* **1.** 棺衣 guānyī；棺材 guāncai **2.** 悲哀 bēi'āi **3.** 幕 mù：a ～ of darkness 夜幕 yèmù *v.* (食物)无味 (shíwù)wúwèi；腻烦 nìfan：to ～ on a person 令人腻烦 lìngrén nìfan

palladium *n.* 钯 bǎ

pallet *n.* **1.** 草荐 cǎojiàn = mattress **2.** 小床 xiǎochuáng = narrow bed **3.** 调色板 tiáosèbǎn = palette

palliate *v.* **1.** 减轻(疾病) jiǎnqīng(jíbìng) = lessen the pain **2.** 掩饰(罪过) yǎnshì(zuìguo) = excuse

palliative *a.* 使减轻的 shǐ jiǎnqīngde；治标的 zhìbiāode；掩饰的 yǎnshìde = serving to palliate *n.* 治标剂 zhìbiāojì；姑息手段 gūxī shǒuduàn

pallid *a.* 苍白 cāngbái；没血色的 méi xuèsède；病态的 bìngtàide

pallor *n.* 苍白 cāngbái；灰白 huībái

palm *n.* **1.** 手掌 shǒuzhǎng；巴掌 bāzhang；掌心 zhǎngxīn：to have an itching ～ 贪财 tāncái **2.** 棕榈树 zōnglǘshù；棕榈叶 zōnglǘyè：The ～ is a symbol of victory. 棕榈叶是胜利的象征。Zōnglǘyè shì shènglìde xiàngzhēng. **3.** 胜利 shènglì；奖赏 jiǎngshǎng = award to bear off the ～ 得胜 déshèng / He deserves the ～. 他应该受到奖赏。Tā yīnggāi shòudào jiǎngshǎng. *v.* 用手掌抚摩 yòng shǒuzhǎng fǔmó；蒙混 ménghùn；欺骗 qīpiàn：to ～ something off on a person 拿假东西骗某人 ná jiǎ dōngxi piàn mǒurén

palmer *n.* 朝观圣地者 cháoguān shèngdìzhě

palmitic acid *n.* 棕榈酸 zōnglǘsuān；软脂酸 ruǎnzhīsuān；十六酸 shíliù suān

palmitin *n.* 棕榈精 zōnglǘjīng；三棕榈精 sānzōnglǘjīng

palm-oil *n.* 棕榈油 zōnglǘyóu

palmy *a.* **1.** 繁茂 fánmào；繁荣 fánróng：one's ～ days 全盛时代 quánshèng shídài **2.** 棕榈的 zōnglǘde

palpable *a.* **1.** 摸得出的 mōdechūde；可触知的 kěchùzhīde；**2.** 显而易见的 xiǎn'ér-yìjiànde；可以体会的 kěyǐ tǐhuìde：a ～ mistake 显著的错误 xiǎnzhùde cuòwù / ～ lies 弥天谎言 mítiān huǎngyán

palpitate *v.* **1.** （心）跳动（xīn）tiàodòng **2.** 发抖 fādǒu：to ～ with pleasure 快乐得浑身颤抖 kuàilède húnshēn chàndǒu

palpitation *n.* 颤动 chàndòng；跳动 tiàodòng；心跳 xīntiào

palsy *n.* 中风 zhòngfēng；瘫痪 tānhuàn；无力 wúlì：～ of one side 半身不遂 bànshēnbùsuí

palter *v.* **1.** 作假 zuòjiǎ；敷衍 fūyǎn：to ～ with a person 对人敷衍 duì rén fūyǎn / to ～ with facts 蒙蔽事实 méngbì shìshí **2.** 讨价还价 tǎojià-huánjià：to ～ with a person about something 跟人斤斤计较 gēnrén jīnjīn-jìjiào

paltry *a.* **1.** 微不足道的 wēibù-zúdàode；没有价值的 méiyǒu jiàzhíde **2.** 吝啬的 lìnsède；可鄙的 kěbǐde = contemptible

pampas *n.* 南美大草原 Nánměi dà cǎoyuán

pamper *v.* **1.** 一味满足（食欲等）yíwèi mǎnzú（shíyù děng）：to ～ one's appetite 拼命吃个痛快 pīnmìng chīge tòngkuai **2.** 纵容 zòngróng；娇养 jiāoyǎng = spoil：to ～ a child 放纵孩子 fàngzòng háizi

pamphlet *n.* 小册子 xiǎocèzi：a single-article ～ 单行本 dānxíngběn

pan *n.* 平底锅 píngdǐguō；锅形物 guōxíngwù；盘 pán *v.* **1.** 淘（金）táo（jīn）；淘洗 táoxǐ：to ～ sand for gold 洗沙淘金 xǐshā táojīn **2.** 结局 jiéjú = result：to ～ out well（ill）结果很好（不好）jiéguǒ hěnhǎo（bùhǎo）**3.** 扫视 sǎoshì；（电影）摇（diànyǐng）yáo；摄全景 shè quánjǐng：to ～ a camera 摇镜头 yáo jìngtóu

panacea *n.* 万应药 wànyìngyào；灵丹妙药 língdān-miàoyào

panache *n.* **1.** 羽饰 yǔshì **2.** 炫耀 xuànyào

pancake *n.* 煎饼 jiānbing：flat as a ～ 扁平的 biǎnpíngde

panchromatic *a.* 全色的 quánsède；泛色的 fànsède：a ～ film 全色胶片 quánsè jiāopiàn

pancreas *n.* 胰（脏）yí（zàng）

panda *n.* 熊猫 xióngmāo：a giant ～ 大熊猫 dà xióngmāo

pandemic *n.* & *a.* 流行性的(病) liúxíngxìngde(bìng)

pandemonium *n.* **1.** 群魔殿 qúnmódiàn **2.** 大混乱 dàhùnluàn

pander *v.* 勾引 gōuyǐn；煽动 shāndòng；拉皮条 lāpítiáo：to ～ to a person's folly 诱人去干蠢事 yòurén qùgàn chǔnshì

pane *n.* **1.** 窗格玻璃 chuānggé bōlí **2.** (棋盘)方格 (qípán)fānggé

panegyric *n.* 颂词 sòngcí；赞美词 zànměicí：a ～ on sb. (sth.) 对某人(某事)的颂扬 duì mǒurén(mǒushì)de sòngyáng

panel *n.* **1.** 面 miàn；板 bǎn；板条 bǎntiáo **2.** 仪表板 yíbiǎobǎn；电力操纵板 diànlì cāozòngbǎn **3.** 画板 huàbǎn；长方形画 cháng fāngxíng huà；长方照片 chángfāng zhàopiàn **4.** (一)组 (yì)zǔ；(一)批 (yì)pī // a ～ discussion 讨论会 tǎolùnhuì；座谈会 zuòtánhuì / a ～ meeting 专家小组会议 zhuānjiā xiǎozǔ huìyì *v.* 给…镶板 gěi…xiāngbǎn：a ～led door 格板门 gébǎnmén

panelling *n.* 镶板 xiāngbǎn；门心板 ménxīnbǎn

pang *n.* **1.** (一阵)剧痛 (yízhèn)jùtòng：the ～s of childbirth 临盆时的阵痛 línpénshíde zhèntòng **2.** (一阵)难过 (yízhèn)nánguò；(一阵)悲痛 (yízhèn)bēitòng

panga *n.* 非洲工人用的大砍刀 Fēizhōu gōngrén yòngde dàkǎndāo

panic *n.* 恐慌 kǒnghuāng；惊慌 jīnghuāng：to get up a ～ 引起惊慌 yǐnqǐ jīnghuāng / to be in a ～ 在恐慌中 zài kǒnghuāngzhōng / to be seized with a ～ 大起恐慌 dàqǐ kǒnghuāng *a.* 控制不了的 kòngzhì bùliǎode；过分的 guòfènde：a ～ fear 无名的恐怖 wúmíngde kǒngbù

panicky *a.* 恐慌的 kǒnghuāngde；易起恐慌的 yìqǐ kǒnghuāngde

panic-striken *a.* 惊慌失措的 jīnghuāng-shīcuòde

panjandrum *n.* 大王 dàwáng；大将 dàjiàng；架子十足的人 jiàzi shízúde rén

pannier *n.* 驮篮 tuólán；背篮 bēilán

pannikin *n.* 小金属杯 xiǎojīnshǔbēi

panoply *n.* 全副盔甲 quánfù kuījiǎ

panoptic *a.* (以图解)表示全貌的 (yǐ tújiě) biǎoshì quánmàode

panorama *n.* **1.** 全景 quánjǐng；全景照片 quánjǐng zhàopiàn **2.** 一连串的景象 yìliánchuànde jǐngxiàng **3.** 概观 gàiguān；概论 gàilùn = general view

panoramic *a.* 全景的 quánjǐngde；全貌的 quánmàode：a ～ camera 全景摄影机 quánjǐng shèyǐngjī / a ～ view 全景 quánjǐng

panpipe *n.* 野笛 yědí；排箫 páixiāo

pansy *n.* 三色紫罗兰 sānsè zǐluólán

pant *v.* **1.** 喘 chuǎn；气吁吁地说 qìxūxūde shuō：He ～ed out，"Give me a cup of water." 他气吁吁地说："给我一杯水。" Tā qìxūxūde shuō："Gěi wǒ yìbēi shuǐ." **2.** 渴望 kěwàng；热望 rèwàng：to ～ for liberation 渴望解放 kěwàng jiěfàng / to ～ to do sth. 极想做些事情 jíxiǎng zuòxiē shìqing *n.* **1.** 喘气 chuǎnqì **2.** 心跳 xīntiào **3.** [～s] 裤子 kùzi ＝ trousers：～ dress 工装裤 gōngzhuāngkù

pantaloon *n.* **1.** 丑角 chǒujué **2.** [～s] 裤子 kùzi ＝ trousers

pantheism *n.*（哲）(zhé) 泛神论 fànshénlùn

pantheon *n.* 万神殿 wànshéndiàn；众神 zhòngshén

panther *n.* 豹 bào；美洲豹 Měizhōubào

panties *n.* 童裤 tóngkù；（妇女或女孩）紧身短裤（fùnǚ huò nǚhái）jǐnshēn duǎnkù

pantihose *n.*（妇女或女孩的）相连的内衣裤（fùnǚ huò nǚháide）xiāngliánde nèiyīkù；连袜裤 liánwàkù

pantile *n.* 波形瓦 bōxíngwǎ

panto *n.* 哑剧 yǎjù；手势 shǒushì（abbr. of pantomime）

pantograph *n.* 比例尺 bǐlìchǐ

pantomime *n.* **1.** 哑剧 yǎjù **2.**（英）(Yīng) 童话剧 tónghuàjù

pantry *n.* **1.** 配餐室 pèicānshì **2.** 胃 wèi ＝ stomach

pants *n.* 裤子 kùzi；紧身内长裤 jǐnshēn nèichángkù

pap *n.* 软食物 ruǎnshíwù；奶面糊 nǎimiànhú

papa *n.* 爸爸 bàba

papacy *n.* 教皇职位 jiàohuáng zhíwèi；教皇政治 jiàohuáng zhèngzhì

papal *a.* 教皇的 jiàohuángde；天主教的 tiānzhǔjiàode

papaw *n.* 巴婆属 bāpóshǔ；番木瓜 fānmùguā

papaya *n.* 番木瓜 fānmùguā；番木瓜树 fānmùguāshù

paper *n.* **1.** 纸 zhǐ：a sheet of ～ 一张纸 yìzhāngzhǐ **2.** 报纸 bàozhǐ ＝ newspaper：Have you read today's ～? 你看过今天的报纸没有？Nǐ kànguo jīntiānde bàozhǐ méiyǒu? **3.** 纸币 zhǐbì **4.** 论文 lùnwén；考题 kǎotí：to set a ～ 出考题 chū kǎotí / to look over examination ～s 阅卷

yuèjuàn / a ～ on the teaching of English 一篇关于英语教学的论文 yìpiān guānyú Yīngyǔ jiàoxuéde lùnwén **5.** （纸）包（zhǐ）bāo：a ～ of pins 一包针 yìbāo zhēn *v.* 用纸包盖 yòngzhǐ bāogài；裱糊 biǎohú：to ～ a room 裱糊房间 biǎohú fángjiān

paperback *n.* 纸面本 zhǐmiànběn；普及本 pǔjíběn

paper knife *n.* 裁纸刀 cáizhǐdāo

paper mill 造纸厂 zàozhǐchǎng

paperweight *n.* 压纸器 yāzhǐqì；镇尺 zhènchǐ

papilla *n.* **1.** 乳头 rǔtóu；乳突 rǔtū **2.** （昆虫）（kūnchóng）吐丝突 tǔsītū

papist *n.* 旧教徒 jiùjiàotú；[P-] 罗马天主教 Luómǎ tiānzhǔjiào

papistical *a.* 罗马天主教的 Luómǎ tiānzhǔjiàode

papoose *n.* 印第安婴儿 Yìndì'ān yīng'ér

paprika *n.* 辣椒 làjiāo

papyrus *n.* 纸莎草 zhǐshācǎo；莎草纸 shācǎozhǐ

par *n.* **1.** 同价 tóngjià；等价 děngjià；平价 píngjià；同等 tóngděng：～ of exchange 外汇行市 wàihuì hángshì / He is on a ～ with his brother in intelligence. 他在智力方面同他的兄弟一样。Tā zài zhìlì fāngmiàn tóng tāde xiōngdì yíyàng. **2.** 平均 píngjūn；常态 chángtài：to be above ～ 在票面价格以上 zài piàomiàn jiàgé yǐshàng / at ～ 照票面价 zhào piàomiànjià **3.** = paragraph 段 duàn

parable *n.* 比喻 bǐyù；寓言 yùyán：to teach in ～s 打比喻来教导 dǎ bǐyù lái jiàodǎo

parabola *n.* **1.** 抛物线 pāowùxiàn **2.** 碗状物 wǎnzhuàngwù = sth. like a bowl

parabolic *a.* 抛物线的 pāowùxiànde：a ～ mirror 抛物柱面镜 pāowùzhù miànjìng

paraboloid *n.* 抛物面 pāowùmiàn

parachute *n.* 降落伞 jiàngluòsǎn：～ troops 降落伞部队 jiàngluòsǎn bùduì *v.* 用降落伞降落 yòng jiàngluòsǎn jiàngluò：a ～ descent 降落伞降下 jiàngluòsǎn jiàngxià / a ～ flare 伞投照明弹 sǎn tóu zhàomíngdàn

parade *n.* **1.** 游行 yóuxíng；示威游行 shìwēi yóuxíng **2.** 检阅 jiǎnyuè；阅兵行进 yuèbīng xíngjìn：to hold a ～ 举行阅兵式 jǔxíng yuèbīngshì **3.** 炫示 xuànshì；夸示 kuāshì：to make a ～ of one's learning 炫示学问 xuànshì xuéwèn *v.* 游行 yóuxíng；使…游行 shǐ…yóuxíng：to ～ the streets 在街上游行 zài jiēshang yóuxíng

parade-ground *n*. 阅兵场 yuèbīngchǎng；校场 jiàochǎng

parader *n*. 游行者 yóuxíngzhě

paradigm *n*. **1**. 词形变化表 cíxíng biànhuàbiǎo **2**. 范例 fànlì

paradise *n*. **1**. 天堂 tiāntáng；乐园 lèyuán：～ lost 失乐园 shīlèyuán；旅行者的乐园 lǚxíngzhěde lèyuán **2**. 极乐 jílè：a bird of ～ 极乐鸟 jílèniǎo

paradox *n*. **1**. 逆说 nìshuō；反论 fǎnlùn；前后矛盾的事物 qiánhòu máodùnde shìwù **2**. 奇论 qílùn；奇说 qíshuō

paradoxical *a*. 逆说的 nìshuōde；反论的 fǎnlùnde；荒谬的 huāngmiùde；自相矛盾的 zìxiāng-máodùnde

paraffin *n*. **1**. 石蜡 shílà **2**. 煤油 méiyóu = kerosene *v*. 用石蜡涂 yòng shílà tú

paragon *n*. 模范 mófàn；典型 diǎnxíng：Man is the ～ of animals. 人为万物之灵。Rén wéi wànwù zhīlíng. / a ～ of beauty 美的典型 měide diǎnxíng

paragraph *n*. **1**. (文章)段 (wénzhāng)duàn；节 jié **2**. (报纸)小新闻 (bàozhǐ)xiǎoxīnwén；短评 duǎnpíng：an editorial ～ 社评 shèpíng / miscellaneous ～s 杂评 zápíng / ～ advertisement 新闻式广告 xīnwénshì guǎnggào *v*. 把…分段 bǎ…fēnduàn / 写短文报道 xiě duǎnwén bàodào

Paraguayan *a*. 巴拉圭的 Bālāguīde；巴拉圭人的 Bālāguīrénde *n*. 巴拉圭人 Bālāguīrén

parakeet *n*. 长尾小鹦鹉 chángwěi xiǎo yīngwǔ

parallax *n*. 视差 shìchā：the annual ～ 周年视差 zhōunián shìchā / the equatorial horizonal ～ 赤道地平视差 chìdào dìpíng shìchā

parallel *a*. **1**. 平行的 píngxíngde；并联的 bìngliánde：～ bars 双杠 shuānggàng / ～ lines 平行线 píngxíngxiàn **2**. 同样的 tóngyàngde；同类的 tónglèide：to run ～ to (or with) 同…平行 tóng…píngxíng *n*. **1**. 平行线 píngxíngxiàn **2**. 类似 lèisì：to be without a ～ 无与伦比 wúyǔlúnbǐ **3**. 纬线 wěixiàn：the 38th P- 三十八度线 sānshíbādù xiàn

parallelism *n*. **1**. 平行度 píngxíngdù **2**. 类似 lèisì；对应 duìyìng **3**. 对句法 duìjùfǎ；对联 duìlián ＊ in rhetoric

parallelogram *n*. 平行四边形 píngxíng-sìbiānxíng / the ～ of forces 力之平行四边形 lìzhī píngxíng-sìbiānxíng

paralyse *v.* 使…麻痹 shǐ…mábì；使…瘫痪 shǐ…tānhuàn：His left arm is ～d. 他的左臂麻痹了。Tāde zuǒbì mábìle. / to be ～d with terror 吓得目瞪口呆 xiàde mùdèng-kǒudāi

paralysis *n.* 麻痹 mábì；瘫痪 tānhuàn

paralytic *a.* 麻痹性的 mábìxìngde；瘫痪性的 tānhuànxìngde *n.* 瘫痪者 tānhuànzhě

parameter *n.* (数)参数 (shù)cānshù

paramilitary *a.* 准军事性的 zhǔn jūnshìxìngde：～ formations 准军事性组织 zhǔn jūnshìxìng zǔzhī

paramount *a.* 最高的 zuìgāode；至上的 zhìshàngde：a matter of ～ importance 一件最重要的事 yíjiàn zuì zhòngyàode shì /to be ～ to all others 胜过其它一切 shèngguò qítā yíqiè

paramour *n.* 情夫 qíngfū；情妇 qíngfù

paranoia *n.* 妄想狂 wàngxiǎngkuáng

parapet *n.* (建)女儿墙 (jiàn)nǚ'érqiáng；(军)胸墙 (jūn)xiōngqiáng

paraphernalia *n.* 随身用具 suíshēn yòngjù；装备 zhuāngbèi ＝ equipment

paraphrase *n.* 释义 shìyì；义解 yìjiě；意译 yìyì：to give ～ of a song 给歌词释意 gěigēcí shìyì *v.* 释义 shìyì；释文 shìwén；译意 yìyì：to ～ poetry into prose 将诗歌译成散文 jiāng shīgē yìchéng sǎnwén

parashoot *v.* 射击伞兵 shèjī sǎnbīng

parasite *n.* 寄生动物 jìshēng dòngwù；寄生植物 jìshēng zhíwù；寄生虫 jìshēngchóng；食客 shíkè：a ～ on the community 社会的寄生虫 shèhuìde jìshēngchóng

parasitic *a.* 寄生性的 jìshēngxìngde；寄生的 jìshēngde：insects ～ on plants 植物的寄生虫 zhíwùde jìshēngchóng

parasitology *n.* 寄生虫学 jìshēngchóngxué

parasol *n.* (女用)阳伞 (nǚyòng)yángsǎn

paratroops *n.* 伞兵部队 sǎnbīng bùduì

paratyphoid *n.* 副伤寒 fùshānghán

par avion 由航空邮寄 yóu hángkōng yóujì

parboil *v.* **1.** 煮成半熟 zhǔchéng bànshóu **2.** 使…受高热 shǐ…shòu gāorè

parcel *n.* 包裹 bāoguǒ；邮包 yóubāo：to make a ～ of it 做包裹 zuò bāoguǒ / ～ post 包裹邮政 bāoguǒ yóuzhèng / to send something by ～ post 用邮包寄东西 yòng yóubāo jì dōngxi *v.* **1.** 打包 dǎbāo：to ～ a thing up 将东西包起来 jiāng dōngxi bāoqǐlái **2.** 分 fēn：to ～ a thing into two parts 将东西分成两部分 jiāng dōngxi fēnchéng liǎng bùfen / to ～ out 分配 fēnpèi

parch *v.* **1.** 烘 hōng；炒 chǎo：～ed peas 炒豆 chǎodòu **2.** 使…焦燥 shǐ…jiāozào；使…干焦 shǐ…gānjiāo：I'm ～ed with thirst. 我渴得要死。Wǒ kěde yàosǐ. **3.** 干枯 gānkū；焦燥 jiāozào ＝ dry up

parchment *n.* **1.** 羊皮纸 yángpízhǐ；羊皮纸文稿 yángpízhǐ wéngǎo **2.** 大学文凭 dàxué wénpíng ＝ diploma

pard（美俚）(Měilǐ) 同伴 tóngbàn；伙伴 huǒbàn ＝ partner

pardon *n.* **1.** 原谅 yuánliàng：I beg your ～. 请原谅。Qǐng yuánliàng.（对不起，请再说一遍。Duìbuqǐ, qǐng zàishuō yíbiàn.）**2.** 赦免 shèmiǎn；赦罪 shèzuì：to ask for ～ 求饶 qiúráo *v.* **1.** 原谅 yuánliàng：P- me for intruding. 对不起打扰了。Duìbuqǐ dǎrǎole. **2.** 赦免 shèmiǎn：to ～ a criminal 赦免犯人 shèmiǎn fànrén

pardonable *a.* 可以原谅的 kěyǐ yuánliàngde；可以饶恕的 kěyǐ ráoshùde

pare *v.* **1.** 削（果皮）xiāo (guǒpí)；刮 guā；修 xiū：to ～ an apple 削苹果 xiāo píngguǒ / to ～ a nail 修指甲 xiū zhǐjia / to ～ off the edge 把边削去 bǎ biān xiāoqù **2.** 削减 xuējiǎn：to ～ down the expenses 削减费用 xuējiǎn fèiyong

paregoric *n.* 镇痛药 zhèntòngyào；缓和剂 huǎnhéjì

parent *n.* **1.** 家长 jiāzhǎng；父亲 fùqin；母亲 mǔqin：Her ～s are still alive. 她的父母还活着。Tāde fùmǔ hái huózhe. / He comes of poor ～s. 他出身贫穷。Tā chūshēn pínqióng. **2.** 母体 mǔtǐ；亲本 qīnběn **3.** 根源 gēnyuán：Industry is the ～ of success. 勤勉为成功之本。Qínmiǎn wéi chénggōng zhīběn.

parentage *n.* **1.** 家系 jiāxì；门第 méndì；出身 chūshēn：to come of good ～ 出身好 chūshēn hǎo / to come of mean ～ 出身微贱 chūshēn wēijiàn **2.** 父母身份 fùmǔ shēnfen ＝ fatherhood or motherhood

parental *a.* 父母的 fùmǔde：～ love 父母之爱 fùmǔ zhī'ài

parenthesis *a.* **1.** 插句 chājù；插入词语 chārù cíyǔ：by way of ～ 附带地 fùdàide **2.** 圆括弧 yuán kuòhú；括号 kuòhào：To put a word in parentheses. 把一个单词放在括号内。Bǎ yíge dāncí fàngzài kuòhàonèi.

parenthetical *a.* 插句的 chājùde；插入的 chārùde

par excellence *ad.* 最卓越地 zuì zhuōyuède；出类拔萃地 chūlèi-bácuìde

pariah *n.* （印度）贱民（Yìndù）jiànmín

paring *n.* **1.** 削皮 xiāopí **2.** 削下的皮 xiāoxiàde pí：potato ～s 削下的土豆皮 xiāoxiàde tǔdòupí

pari passu *ad.* 同时同地地 tóngshí tóngdìde；并行地 bìngxíngde；同一步调地 tóngyībùdiàode

parish *n.* **1.** 教区 jiàoqū **2.** 教区(全体)居民 jiāoqū(quántǐ)jūmín

parishioner *n.* 教区居民 jiàoqū jūmín

Parisian *a.* 巴黎人的 Bālírénde；巴黎的 Bālíde

parity *n.* **1.** 均等 jūnděng；同位 tóngwèi **2.** 类似 lèisì；相同 xiāngtóng **3.** 平价 píngjià；等价 děngjià **4.** 平衡 pínghéng：～ price 平衡价格 pínghéng jiàgé

park[1] *n.* 公园 gōngyuán；园林 yuánlín

park[2] *v.* 停车 tíngchē：No ～ing here. 此处禁止停车。Cǐchù jìnzhǐ tíngchē. / You may ～ your car here. 你可以把车停在这里。Nǐ kěyǐ bǎ chē tíngzài zhèlǐ. / a ～ing meter 停车收费计 tíngchē shōufèijì. / a ～ing place 停车场 tíngchēchǎng

parka *n.* 带头罩的防水短外衣 dài tóuzhàode fángshuǐ duǎnwàiyī

parky *a.* (天气)寒冷的 (tiānqì)hánlěngde

parlance *n.* 说法 shuōfǎ；言语 yányǔ：in common ～ 用普通的话 yòng pǔtōngde huà

parley *n.* 谈判 tánpàn：a ～ with the enemy 同敌人谈判 tóng dírén tánpàn

parliament *n.* **1.** 议会 yìhuì；国会 guóhuì **2.** [P-](英)议会(Yīng) yìhuì：the Houses of P- 上下两院 shàng-xià liǎngyuàn / a member of P- 下院议员 xiàyuàn yìyuán

parliamentary *a.* 议会的 yìhuìde；国会的 guóhuìde

parlo(u)r *n.* **1.** 起居室 qǐjūshì **2.** 接待室 jiēdàishì；客厅 kètīng **3.** 谈话室 tánhuàshì；休息室 xiūxishì；雅座 yǎzuò **4.** 营业室 yíngyèshì：业务室 yèwùshì：a beauty ～ 美容院 měiróngyuàn / a dental ～ 牙科诊室 yákē zhěnshì / a hairdresser's ～ 理发馆 lǐfàguǎn

parochial *a.* 教区的 jiàoqūde；地方性的 dìfāngxìngde；偏狭的 piānxiáde：a ～ school 教区学校 jiàoqū xuéxiào

parody *n.* 滑稽仿效曲 huájī fǎngxiàoqǔ；拙劣的模仿 zhuōliède mófǎng *v.* 模仿 mófǎng：to ～ an author 模仿某作家 mófǎng mǒu zuòjiā

parole *n.* 1. (军犯)宣誓(jūnfàn) xuānshì: to be on ~ (俘虏)凭誓释放(fúlǔ) píngshì shìfàng 2. 特别口令 tèbié kǒulìng 3. 假释 jiǎshì

paroxysm *n.* 1. 发作 fāzuò; 阵发 zhènfā: a ~ of coughing 一阵咳嗽 yízhèn késou 2. 激发 jīfā: a ~ of laughter 一阵大笑 yízhèn dàxiào / in a ~ of rage 突然发怒 tūrán fānù

parquet *n.* 1. (剧场)正厅(后)座(jùchǎng)zhèngtīng(hòu)zuò: the ~ circle 后正厅 hòuzhèngtīng 2. 镶木地板 xiāngmù dìbǎn: ~ floor 镶木地板 xiāngmù dìbǎn

parricide *n.* 弑亲者 shìqīnzhě; 忤逆罪 wǔnìzuì

parrot *n.* 1. 鹦鹉 yīngwǔ: The ~ talks. 鹦鹉学舌。Yīngwǔ xuéshé. 2. 应声虫 yìngshēngchóng = person who repeats *v.* 学舌 xuéshé; 机械地复述 jīxiède fùshù

parry *v.* 避开 bìkāi; 挡开 dǎngkāi; 回避 huíbì: to ~ a question 避而不答 bì'ér bùdá

parse *v.* 分析 fēnxī; 解析 jiěxī: to ~ a word 解析单词 jiěxī dāncí / to ~ a sentence 分析句子 fēnxī jùzi

parsec *n.* 秒差距 miǎo chājù

Parsee, Parsi *n.* 帕西人 Pàxīrén

parsimonious *a.* 吝啬的 lìnsède; 小气的 xiǎoqide; 过分节省的 guòfèn jiéshěngde

parsimony *n.* 1. 吝啬 lìnsè; 小气 xiǎoqi 2. 用词经济 yòngcí jīngjì = reluctant to use more words in writing

parsley *n.* 欧芹属 ōuqínshǔ

parsnip *n.* 欧洲防风属 Ōuzhōu fángfēngshǔ

parson *n.* 1. 教区牧师 jiàoqū mùshī 2. 牧师 mùshī

parsonage *n.* 牧师住所 mùshī zhùsuǒ

part *n.* 1. 部分 bùfen; 局部 júbù: I read only ~ of the story. 这篇小说我仅看了一部分。Zhèpiān xiǎoshuō wǒ jǐn kànle yí bùfen. / A ~ of the pupils were idle. 部分学生是懒惰的。Bùfen xuésheng shì lǎnduòde. / P- of this house is of stone. 这所房子部分是石造的。Zhèsuǒ fángzi bùfen shì shízàode. / P-s of his story are true. 他的话有些部分是真实的。Tāde huà yǒuxiē bùfen shì zhēnshíde. / I'll go ~ of the way with you. 我将跟你同走一段路。Wǒ jiāng gēn nǐ tóng zǒu yíduàn lù. / for the most ~ 大概 dàgài; 大抵 dàdǐ / in ~ 部分地 bùfende / in ~s 有几部

分 yǒu jǐ bùfen **2.** 等分 děngfēn；…分之一… fēnzhīyī；比例 bǐlì：a third ～ 三分之一 sānfēnzhīyī / two-third ～s 三分之二 sānfēnzhī'èr **3.** 篇 piān；部 bù；分册 fēncè：the first ～ 第一篇 dì-yī piān / a big dictionary published in ～s 一部分册出版的大辞典 yíbù fēncè chūbǎnde dà cídiǎn **4.** 重要部分 zhòngyào bùfen；成分 chéngfen：～ and parcel 主要部分 zhǔyào bùfen；本质 běnzhì / in good (bad) ～ 善(恶)意地 shàn(è)yìde / to take a person's words in good ～ 诚恳地接受别人的意见 chéngkěnde jiēshòu biérénde yìjian **5.** 本分 běnfèn；职责 zhízé；关系 guānxì：You must do your ～. 你必须尽你的本分。Nǐ bìxū jìn nǐde běnfèn. / He had a ～ in these events. 他同这些事有关。Tā tóng zhèxiē shì yǒuguān. / to take an active ～ in revolution 积极参加革命 jījí cānjiā gémìng **6.** 角色 juésè；台词 táicí：to play the ～ of Hamlet 扮演哈姆雷特 bànyǎn Hāmǔléitè / to play an important ～ in 在…中起重要作用 zài … zhōng qǐ zhòngyào zuòyòng **7.** 一方 yìfāng；…方面… fāngmiàn：for my ～ 至于我 zhìyú wǒ / on his ～ 在他那方面 zài tā nà fāngmiàn / on the ～ of the reading public 在读者方面 zài dúzhě fāngmiàn / to take ～ with a person 支持某人 zhīchí mǒurén **8.** 才能 cáinéng：a man of ～s 有才能的人 yǒu cáinéngde rén **9.** 地方 dìfang；地域 dìyù：He has been in foreign ～s. 他到过外国。Tā dàoguo wàiguó. **10.** 声部 shēngbù；音部 yīnbù：My ～ is soprano. 我的声部是女高音。Wǒde shēngbù shì nǚ gāoyīn. **11.** 零件 língjiàn：spare ～s of a machine 机器的配件 jīqìde pèijiàn // the ～ of speech 词类 cílèi/～ work，～ study 半工半读 bàngōng-bàndú *ad*. 一部分 yíbùfen；部分地 bùfende *v*. 分开 fēnkāi；分离 fēnlí；分别 fēnbié：to ～ one's hair 分头发 fēn tóufa / to ～ company 分道扬镳 fēndào-yángbiāo / to ～ company with a person 跟人绝交 gēn rén juéjiāo；与人意见分歧 yǔ rén yìjian fēnqí / to ～ friends 友好地离别 yǒuhǎode líbié / to ～ from a friend 同朋友分别 tóng péngyou fēnbié

partake *v*. **1.** 分担 fēndān；分享 fēnxiǎng；参与 cānyù：They partook our triumph. 他们分享我们的胜利。Tāmen fēnxiǎng wǒmende shènglì. / to ～ in each other's joys 同欢乐 tóng huānlè **2.** 分尝 fēncháng；共餐 gòngcān：Will you ～ of our dinner with us? 您同我们共进晚餐好吗？Nín tóng wǒmen gòngjìn wǎncān hǎoma? **3.** 略带 lüèdài；几分 jǐfēn：His manner ～s of insolence. 他的态度有点儿傲慢。Tāde tàidu yǒudiǎnr àomàn.

partaker *n.* 分担者 fēndānzhě；参与者 cānyùzhě：a ～ in guilt 共犯者 gòngfànzhě / a ～ of his joys and sorrows 跟他同甘共苦的人 gēn tā tónggān-gòngkǔde rén

parterre *n.* 花坛 huātán；(剧场)正厅(后)座 (jùchǎng)zhèngtīng(hòu)zuò

pathenogenesis *n.* 单性生殖 dānxìng shēngzhí；孤雌生殖 gūcí shēngzhí

partial *a.* **1.** 部分的 bùfende；局部的 júbùde：a ～ success 部分的成功 bùfende chénggōng / ～ difference 偏差 piānchā / ～ pressure 分压力 fēnyālì **2.** 偏爱的 piān'àide；不公平的 bù gōngpíngde：to be ～ to a person 偏爱某人 piān'ài mǒurén / He is ～ to sports. 他特别喜欢运动。Tā tèbié xǐhuan yùndòng.

partiality *n.* **1.** 偏爱 piān'ài **2.** [a ～] 特别喜爱 tèbié xǐ'ài：to have a ～ for moonlight walks 喜欢在月光下散步 xǐhuan zài yuèguāngxià sànbù

partially *ad.* 局部地 júbùde；偏颇地 piānpōde

participant *n.* 参与者 cānyùzhě；参加者 cānjiāzhě *a.* 参与的 cānyùde；有关系的 yǒu guānxìde

participate *v.* **1.** 参与 cānyù；参加 cānjiā **2.** 分享 fēnxiǎng = to share：to ～ in an event 参与某事 cānyù mǒushì / I ～ in your suffering and joy. 我跟你同甘共苦。Wǒ gēn nǐ tónggān-gòngkǔ.

participation *n.* **1.** 参加 cānjiā；参与 cānyù **2.** 分享 fēnxiǎng

participator *n.* 参加者 cānjiāzhě；合作者 hézuòzhě

participial *a.* 分词的 fēncíde：a ～ adjective 分词形容词 fēncí xíngróngcí / a ～ construction 分词结构 fēncí jiégòu

participle *n.* 分词 fēncí ＊ of grammar：the past ～ 过去分词 guòqù fēncí / the present ～ 现在分词 xiànzài fēncí

particle *n.* **1.** 颗粒 kēlì；微粒 wēilì **2.** [a ～] 小量 xiǎoliàng；丝毫 sīháo：He has not a ～ of feeling. 他没有丝毫的感情。Tā méiyǒu sīháode gǎnqíng. **3.** 虚词 xūcí；小品词 xiǎopǐncí；不变词 búbiàncí；词缀 cízhuì ＊ in grammar

parti-colored *a.* 杂色的 zásède；(故事)丰富多彩的 (gùshi)fēngfù-duōcǎide

particular *a.* **1.** 特别 tèbié；特殊 tèshū：a ～ agent 特别代理人 tèbié dàilǐrén / I have no ～ reason for doing so. 我这样做没有特殊的理由。Wǒ zhèyàng zuò méiyǒu tèshūde lǐyóu. / in ～ 特别地 tèbiéde **2.** 特有的

tèyǒude；独特的 dútède；个别的 gèbiéde：This is not my ～ opinion. 这并不是我个人的意见。Zhè bìngbúshì wǒ gèrénde yìjian. / This plant is ～ to that region. 这种植物是那地区所特有的。Zhèzhǒng zhíwù shì nà dìqū suǒ tèyǒude. **3.** 细致 xìzhì；详细 xiángxì：to give a full and ～ account 加以详尽的说明 jiāyǐ xiángjìnde shuōmíng **4.** 讲究的 jiǎngjiude *n.* **1.** 细节 xìjié；详细 xiángxì = details：to go into ～ 涉及细节 shèjí xìjié **2.** 特色 tèsè；特点 tèdiǎn = specialty：Fog is a London ～. 雾是伦敦的特色。Wù shì Lúndūnde tèsè.

particularity *n.* **1.** 特殊性 tèshūxìng；特点 tèdiǎn **2.** 单个 dāngè；细致 xìzhì；详细 xiángxì

particularize *v.* **1.** 特殊化 tèshūhuà **2.** 列举 lièjǔ；细述 xìshù

particularly *ad.* **1.** 特别 tèbié：That was ～ good. 那特别好。Nà tèbié hǎo. / We have much rain，～ in summer. 我们这儿雨水很多，特别是在夏天。Wǒmen zhèr yǔshuǐ hěnduō，tèbié shì zài xiàtiān. **2.** 详细 xiángxì：Please describe it fully and ～. 请详尽地把它描写一下。Qǐng xiángjìnde bǎ tā miáoxiě yíxià.

parting *a.* 临别的 línbiéde；诀别的 juébiéde：a ～ reception 欢送会 huānsònghuì / ～ words 临别赠言 línbié zèngyán *n.* **1.** 分离 fēnlí；离别 líbié：on ～ 分别时… fēnbié shí **2.** 分割 fēngē；区分 qūfēn **3.** 分界 fēnjiè；岔口 chàkǒu：on the ～ of the ways 处在十字路口 chǔzài shízì lùkǒu

partisan *n.* **1.** 党人 dǎngrén；同类 tónglèi **2.** 游击队员 yóujī duìyuán

partition *n.* **1.** 划分 huàfēn；分配 fēnpèi；分布 fēnbù **2.** 间壁 jiànbì * in construction *v.* **1.** 划分 huàfēn；区分 qūfēn；分开 fēnkāi：to ～ a house into rooms 把房子隔成几个房间 bǎ fángzi géchéng jǐge fángjiān / to ～ off 隔开 gékāi **2.** 分配 fēnpèi

partitive *n.* & *a.* 表示部分的(词) biǎoshì bùfende(cí)

partly *ad.* 一部分 yí bùfen；部分地 bùfende；局部地 júbùde：I admit you are ～ right. 我承认你的话部分是对的。Wǒ chéngrèn nǐdehuà bùfen shì duìde. / ～ through sorrow and ～ through anger 半因忧愁，半因愤怒 bàn yīn yōuchóu，bàn yīn fènnù

partner *n.* 伙计 huǒji；合伙人 héhuǒrén；搭档 dādàng；配偶 pèi'ǒu = spouse；舞伴 wǔbàn * in dance；合作者 hézuòzhě = cooperator

partnership *n.* **1.** 合伙 héhuǒ；合作 hézuò：in ～ with friends 和朋友合伙

hé péngyou héhuǒ **2.** 合营 héyíng；公司 gōngsī：a limited ～ 合资公司 hézīgōngsī / an unlimited ～ 无限公司 wúxiàn gōngsī

partridge *n.* 鹧鸪 zhègū

part-time *a.* 部分时间的 bùfen shíjiānde；兼任的 jiānrènde；零星的 língxīngde：a ～ job 兼职 jiānzhí；零星工作 língxing gōngzuò / a ～ teacher 兼任教员 jiānrèn jiàoyuán

parturition *n.* 分娩 fēnmiǎn

party *n.* **1.** 党派 dǎngpài；党 dǎng：the P- 共产党 Gòngchǎndǎng / a political ～ 政党 zhèngdǎng / to join the ～ 入党 rùdǎng **2.** 社交会 shèjiāohuì：a birthday ～ 生日宴会 shēngrì yànhuì / a dinner ～ 宴会 yànhuì / a garden ～ 游园会 yóuyuánhuì / to give a ～ 举行宴会 jǔxíng yànhuì **3.** 队 duì；组 zǔ：a ～ of tourists 旅游团 lǚyóutuán **4.** 一组人 yìzǔrén；随行人员 suíxíng rényuán **5.** （一）方（yì）fāng；当事人 dāngshìrén：both parties 双方 shuāngfāng / the contracting parties 缔约国 dìyuēguó / the other ～ 对方 duìfāng

parvenu *n.* 暴发户 bàofāhù

paschal *a.* 逾越节的 yúyuèjiéde；复活节的 fùhuójiéde

pass *n.* **1.** 山口 shānkǒu；隘口 àikǒu **2.** 隘路 àilù；狭路 xiálù **3.** 及格 jígé：to get a ～ 及格 jígé **4.** 通行证 tōngxíngzhèng；免票 miǎnpiào：a free ～ 免票 miǎnpiào **5.** 传球 chuánqiú：to take a ～ 接球 jiēqiú **6.** 困境 kùnjìng；危机 wēijī：to bring sth. to ～ 促成 cùchéng；完成 wánchéng / to come to ～ 发生 fāshēng；实现 shíxiàn *v.* **1.** 走过 zǒuguò；通过 tōngguò；穿过 chuānguò；经过 jīngguò：Please let me ～. 请让我走过去。Qǐng ràng wǒ zǒuguoqù. / to ～ the channel 渡过海峡 dùguo hǎixiá / I ～ed him just now. 我刚才经过他的身旁。Wǒ gāngcái jīngguò tāde shēnpáng. **2.** 过去 guòqu；度过 dùguò：A week ～ed quickly. 一星期很快地过去了。Yìxīngqī hěnkuàide guòqule. **3.** 通过 tōngguò：to ～ a resolution 通过决议 tōngguò juéyì / He ～ed the examination. 他考试及格了。Tā kǎoshì jígéle. **4.** 传递 chuándì；传达 chuándá：to ～ orders 传达命令 chuándá mìnglìng **5.** 通用 tōngyòng；流通 liútōng：Does the money ～? 这种钱通用不通用？Zhèzhǒng qián tōngyòng bù tōngyòng? **6.** 消除 xiāochú；消失 xiāoshī：The pain ～ed. 疼痛消除了。Téngtòng xiāochúle. **7.** 变化 biànhuà：Water ～es from a liquid to a solid state when it freezes. 水冻结时从液体变为固体状态。Shuǐ dòngjiéshí cóng yètǐ biànwéi gùtǐ zhuàngtài. **8.** 发生 fāshēng: Did you hear what was ~ing? 你听到发生什么事了吗? Nǐ tīngdào fāshēng shénme shìlema? **9.** 宣告 xuāngào; 陈述 chénshù: to ~ judgement upon a case 对某案宣判 duì mǒu'àn xuānpàn / to ~ sentence on a person 对某人宣判 duì mǒurén xuānpàn / to ~ an opinion on the matter 对那事发表意见 duì nàshì fābiǎo yìjian **10.** 超过 chāoguò: It ~es belief. 这不能使人相信。Zhè bùnéng shǐ rén xiāngxìn. **11.** (同副词或介词) (tóng fùcí huò jiècí): to ~ across a street 横穿马路 héngchuān mǎlù / to ~ along a street 沿街走 yán jiē zǒu / to ~ away 去世 qùshì; 消灭 xiāomiè / to ~ by 过去 guòqù / to ~ for a wise man 被当作聪明人 bèi dāngzuò cōngmingrén / to ~ into vapor 化成蒸气 huàchéng zhēngqì / to ~ off 发生 fāshēng; 经过 jīngguò / to ~ on 传递 chuándì / to ~ over 放过 fàngguò; 忽视 hūshì / to ~ through 通过 tōngguò; 经历 jīnglì

passable *a.* **1.** 过得去的 guòdeqùde; 能通过的 néng tōngguòde; 可行的 kěxíngde: This stream is ~ for boats. 这条河可通船只。Zhètiáo hé kě tōng chuánzhī. **2.** 合格的 hégéde; 还过得去的 hái guòdeqùde: a ~ knowledge of French 可以凑合的法语知识 kěyǐ còuhede Fǎyǔ zhīshi

passage *n.* **1.** 通过 tōngguò; 经过 jīngguò: a bird of ~ 候鸟 hòuniǎo **2.** 通路 tōnglù; 走廊 zǒuláng; 海峡 hǎixiá: to force a ~ through the crowd 从人群中挤过去 cóng rénqúnzhōng jǐguoqù **3.** 航海 hánghǎi; 航行 hángxíng: to book one's ~ to London 订购去伦敦的船票 dìnggòu qù Lúndūnde chuánpiào **4.** 一段话 yíduàn huà; (一) 节 (yì) jié: a ~ from this book 本书的一节 běnshūde yìjié

passage-way *n.* 通路 tōnglù; 通道 tōngdào

passbook *n.* 存折 cúnzhé

passé *a.* 已过盛年的 yǐguò shèngniánde; 凋落的 diāoluòde; 过时的 guòshíde: a ~ belle 色衰的美人 sèshuāide měirén

passenger *n.* 旅客 lǚkè; 乘客 chéngkè; 过路人 guòlùrén // a ~ boat 客船 kèchuán / a ~ train 客车 kèchē

passer-by *n.* 过路人 guòlùrén

passible *a.* 易感到的 yì gǎndàode; 易忍受的 yì rěnshòude

passim *ad.* 到处 dàochù; 处处 chùchù

passing *a.* **1.** 通行的 tōngxíngde；经过的 jīngguòde：a ～ mark 及格的分数 jígéde fēnshù **2.** 目前的 mùqiánde；当前的 dāngqiánde：～ events 时事 shíshì / the ～ time 当今 dāngjīn；现代 xiàndài **3.** 一刹那的 yíchànàde；一时的 yìshíde：a ～ shower 阵雨 zhènyǔ *n.* **1.** 通过 tōngguò；经过 jīngguò **2.** 去世 qùshì = death

passion *n.* **1.** 热情 rèqíng；激情 jīqíng：Love，hate and fear are ～s. 爱、恨、恐惧都是激情。Ài、hèn、kǒngjù dōushì jīqíng. **2.** 激怒 jīnù：to fly into a ～ 大发雷霆 dàfā léitíng **3.** 情欲 qíngyù；恋爱 liàn'ài：sexual ～ 色情 sèqíng / tender ～ 爱情 àiqíng **4.** 爱好 àihào；热中 rèzhōng；热望 rèwàng：to have a ～ for sports 爱好运动 àihào yùndòng / to have a ～ for fame 好名 hàomíng

passionate *a.* **1.** 热烈的 rèliède；热情的 rèqíngde；多情的 duōqíngde：a ～ speech 热情洋溢的演说 rèqíng-yángyìde yǎnshuō **2.** 多情的 duōqíngde；易激动的 yì jīdòngde；易怒的 yìnùde = moved by strong emotions

passive *a.* **1.** 被动的 bèidòngde：to remain ～ 处于被动 chùyú bèidòng / the ～ voice 被动语态 bèidòng yǔtài **2.** 消极的 xiāojíde；钝态的 dùntàide = negative：～ resistance 消极抵抗 xiāojí dǐkàng

passivity *n.* 被动性 bèidòngxìng

passkey *n.* 万能钥匙 wànnéng yàoshi；碰锁钥匙 pèngsuǒ yàoshi

passover *n.* 逾越节 yúyuèjié

passport *n.* **1.** 护照 hùzhào；通行证 tōngxíngzhèng **2.** 敲门砖 qiāoménzhuān = a means for obtaining some result

password *n.* 口令 kǒulìng

past *a.* **1.**（指时间）过去的（zhǐ shíjiān）guòqùde：the ～ week 上星期 shàng xīngqī / for the ～ few days 过去的几天 guòqùde jǐtiān / for some time ～ 从前某些时候 cóngqián mǒuxiē shíhou **2.**（指情况）过去的（zhǐ qíngkuàng）guòqùde：my ～ life 我过去的生活 wǒ guòqùde shēnghuó / one's ～ history 经历 jīnglì **3.**（表语）（biǎoyǔ）：His pain is ～ now. 他的痛苦已过去了。Tāde tòngkǔ yǐ guòqùle. **4.** the ～ tense 过去时 guòqùshí * in grammar *n.* **1.** 过去 guòqù；往事 wǎngshì：memories of the ～ 过去的回忆 guòqùde huíyì / in the ～ 在过去 zài guòqù **2.** 经历 jīnglì：We know nothing of his ～. 我们一点儿不知道他过去的经历。Wǒmen yìdiǎnr bùzhīdào tā guòqùde jīnglì. *ad.* 过 guò：to go ～ 走

过 zǒuguò / The train is ~ due. 火车误点了。Huǒchē wùdiǎnle. *prep.* **1.** (指时间)过(zhǐ shíjiān)guò: half ~ six 六点半 liùdiǎnbàn / He is ~ fifty. 他年过五十了。Tā niánguò wǔshíle. **2.** (指情况)超过(zhǐ qíngkuàng) chāoguò: I'm ~ bearing it. 我忍不住了。Wǒ rěnbuzhùle. / It is ~ my comprehension. 这不是我所能理解的。Zhè búshì wǒ suǒ néng lǐjiěde.

paste *n.* **1.** 糊 hú; 浆糊 jiànghu: bean ~ 豆瓣酱 dòubànjiàng / a bottle of ~ 一瓶浆糊 yìpíng jiànghu **2.** 软膏 ruǎngāo; 牙膏 yágāo = toothpaste **3.** 面团 miàntuán = dough *v.* 贴 tiē: to ~ up a bill 贴广告 tiē guǎnggào

pasteboard *n.* 胶纸板 jiāozhǐbǎn

pastel *n.* **1.** 颜色粉笔 yánsè fěnbǐ; 颜色腊笔 yánsè làbǐ **2.** 颜色粉笔画 yánsè fěnbǐhuà; 颜色蜡笔画 yánsè làbǐhuà = the painting *a.* 蜡笔画的 làbǐhuàde: ~ shades 柔和的色彩 róuhéde sècǎi

pasteurize *v.* 消毒 xiāodú; 灭菌 mièjūn: ~d milk 消毒牛奶 xiāodú niúnǎi

pastiche *n.* (文学或艺术的)模仿作品 (wénxué huò yìshùde) mófǎng zuòpǐn; (音乐的)混成曲 (yīnyuède) hùnchéngqǔ

pastille *n.* 香锭 xiāngdìng; 锭剂 dìngjì

pastime *n.* 消遣 xiāoqiǎn; 娱乐 yúlè

pastor *n.* (基督教)会长 (jīdūjiào) huìzhǎng

pastoral *a.* **1.** 牧人的 mùrénde; 田园的 tiányuánde: ~ poetry 田园诗 tiányuánshī **2.** 牧师的 mùshīde = of a pastor *n.* 田园诗 tiányuánshī; 田园剧 tiányuánjù; 牧歌 mùgē

pastorate *n.* 牧师职务 mùshī zhíwù; 牧师任期 mùshī rènqī; 牧师团 mùshītuán

pastry *n.* 糕饼 gāobǐng; 点心 diǎnxin

pasturage *n.* 牧场 mùchǎng; 牧草 mùcǎo; 畜牧业 xùmùyè

pasture *n.* 牧草 mùcǎo; 牧场 mùchǎng *v.* 放牧 fàngmù; 放(牛羊) fàng (niúyáng); (牛、羊)吃草 (niú、yáng) chīcǎo

pasty *a.* **1.** 浆状的 jiàngzhuàngde; 面团似的 miàntuánshìde **2.** 苍白的 cāngbáide = pale *n.* 酥皮肉馅烘饼 sūpí ròuxiàn hōngbǐng

pat *v.* 轻拍 qīngpāi; 抚摸 fǔmō: to ~ a person on the back 拍拍某人的背 pāipāi mǒuréndе bèi *n.* **1.** 轻拍 qīngpāi **2.** 小块 xiǎokuài = a small mass

patagonian *n.* 巴塔高尼亚人(世界上身材最高的种族) Bātǎgāoníyàrén (shìjièshang shēncái zuìgāode zhǒngzú)

patch *n.* **1.** 补钉 bǔdīng;(金属)补片 (jīnshǔ)bǔpiàn: to be not a ～ on (口语)比不上 (kǒuyǔ)bǐbushàng **2.** 眼罩 yǎnzhào = shield over an injured eye;膏药布 gāoyàobù = dressing for a wound **3.** 斑 bān = small differently colored part on a surface **4.** 小块地 xiǎokuàide: a ～ of beans 一块豌豆田 yíkuài wāndòu tián *v.* 补 bǔ;补缀 bǔzhuì;修补 xiūbǔ: to ～ holes 补洞 bǔdòng / to ～ up 弥补 míbǔ;拼凑 pīncòu;排解 páijiě

patchouli *n.* 印度产的一种薄荷 Yìndù chǎnde yìzhǒng bòhe;薄荷香油 bòhe xiāngyóu

patchwork *n.* 补缀物 bǔzhuìwù;拼凑 pīncòu

pate *n.* (口语)脑袋(kǒuyǔ) nǎodai: a bald ～ 秃头 tūtóu

patent *a.* **1.** 专利的 zhuānlìde;特许的 tèxǔde: a ～ medicine 专卖药 zhuānmàiyào / ～ leather 漆皮 qīpí / the ～ office 专利局 zhuānlìjú / letters ～ 专利权,特许证 zhuānlìquán, tèxǔzhèng **2.** 明显的 míngxiǎnde: This is a fact ～ to all the world. 这是全世界都明白的事实。Zhèshì quánshìjiè dōu míngbaide shìshí. *n.* **1.** 专利 zhuānlì;专利权 zhuānlìquán;专利品 zhuānlìpǐn **2.** 专利证 zhuānlìzhèng *v.* 准许…的专利 zhǔnxǔ … de zhuānlì;取得…的专利 qǔdé … de zhuānlì

pater *n.* (学生俚语)父亲 (xuésheng lǐyǔ)fùqin

paterfamilias *n.* 家长 jiāzhǎng = male head of a family

paternal *a.* 父系的 fùxìde;父方的 fùfāngde;父亲似的 fùqinshìde

paternalism *n.* 家长制 jiāzhǎngzhì

paternity *n.* 父道 fùdào;父权 fùquán;父系 fùxì

path *n.* **1.** 小路 xiǎolù **2.** 路线 lùxiàn;途径 tújìng;轨道 guǐdào = orbit: the ～ of the moon through the heavens 月亮通过天空的轨道 yuèliang tōngguò tiānkōngde guǐdào **3.** 道路 dàolù: the ～ to peace 和平之路 hépíng zhīlù

pathetic *a.* **1.** 凄凉的 qīliángde;可怜的 kěliánde: a ～ sight 凄凉的景象 qīliángde jǐngxiàng **2.** 感伤的 gǎnshāngde;情绪的 qíngxùde: ～ fallacy 感情的误置 gǎnqíngde wùzhì

pathfinder *n.* 开路先锋 kāilù xiānfēng;拓荒者 tuòhuāngzhě;探险者 tànxiǎnzhě

pathless *a.* 无路的 wúlùde

pathogene, pathogen *n.* 病原体 bìngyuántǐ

pathogenesis *n.* 致病原因 zhìbìng yuányīn；发病 fābìng

pathogenic *a.* 致病的 zhìbìngde；病原的 bìngyuánde：～ micro-organisms 病原微生物 bìngyuán wēishēngwù

pathological *a.* 病理上的 bìnglǐshangde

pathology *n.* 病理学 bìnglǐxué

pathos *n.* 凄切 qīqiè；哀感 āigǎn；哀伤 āishāng；伤感力 shānggǎnlì；（心理）精神病苦（xīnlǐ）jīngshén bìngkǔ：There is abundant ～ in her words. 她的话非常哀婉动人。Tāde huà fēicháng āiwǎn dòngrén.

pathway *n.* 小路 xiǎolù

patience *n.* **1**. 忍耐 rěnnài；忍耐力 rěnnàilì；耐心 nàixīn：his ～ in teaching 他对教学的耐心 tā duì jiàoxuéde nàixīn / to have no ～ with him 不能容忍他 bùnéng róngrěn tā / to be out of ～ with him 对他忍不住火气 duì tā rěnbuzhù huǒqì / to lose one's ～ with him 对他不再能忍耐 duì tā búzài néng rěnnài / in ～ 耐心地 nàixīnde **2**. （英）（Yīng）单人纸牌戏 dānrén zhǐpáixì ＊ a kind of card game

patient *a.* 有耐心的 yǒu nàixīnde；有忍耐力的 yǒu rěnnàilìde：Be ～！耐心点儿！Nàixīn diǎnr！/ to be ～ of sufferings 忍耐着痛苦 rěnnàizhe tòngkǔ / We must be ～ with children. 我们对孩子要有耐心。Wǒmen duì háizi yàoyǒu nàixīn. *n.* 病人 bìngrén；患者 huànzhě；病号 bìnghào

patiently *ad.* 耐心地 nàixīnde：to wait ～ 耐心等候 nàixīn děnghòu

patina *n.* （青铜器上的）绿锈（qīngtóngqìshangde）lǜxiù；铜绿 tónglǜ

patio *n.* 屋内庭院 wūnèi tíngyuàn；天井 tiānjǐng

patois *n.* 方言 fāngyán；土话 tǔhuà

patriarch *n.* **1**. 家长 jiāzhǎng；族长 zúzhǎng **2**. 大主教 dàzhǔjiào ＝ bishop

patriarchal *a.* **1**. 家长的 jiāzhǎngde；族长的 zúzhǎngde **2**. 像家长的 xiàng jiāzhǎngde；像族长的 xiàng zúzhǎngde **3**. 家长管辖下的 jiāzhǎng guǎnxiáxiàde；族长管辖下的 zúzhǎng guǎnxiáxiàde **4**. 可尊敬的 kě zūnjìngde ＝ venerable

patrician *n.* & *a.* 贵族(的)guìzú(de)；出身高贵的（人）chūshēn gāoguìde（rén）

patricide *n.* 杀父行为 shāfù xíngwéi；杀父者 shāfùzhě

patrimonial *a.* 祖传的 zǔchuánde；世袭的 shìxíde

patrimony *n.* **1.** 世袭财产 shìxí cáichǎn **2.** 教堂财产 jiàotáng cáichǎn = property of the church

patriot *n.* 爱国者 àiguózhě：an ardent ～ 热情的爱国者 rèqíngde àiguózhě / the staunchest ～ 最坚定的爱国者 zuì jiāndìngde àiguózhě

patriotic *a.* 爱国的 àiguóde；有爱国心的 yǒu àiguóxīnde：people fervidly ～ 热心爱国的人士 rèxīn àiguóde rénshì / to be truly ～ 真正爱国 zhēnzhèng àiguó

patriotism *n.* 爱国心 àiguóxīn；爱国精神 àiguó jīngshén：ardent ～ 热烈的爱国精神 rèliède àiguó jīngshén / an outburst of ～ 爱国心的激发 àiguóxīnde jīfā / out of ～ 出于爱国心 chūyú àiguóxīn / arouse ～ 唤起爱国心 huànqǐ àiguóxīn

patrol *n.* **1.** 巡逻 xúnluó；巡查 xúnchá：to be on ～ 在巡逻中 zài xúnluózhōng **2.** 巡逻队 xúnluóduì：to send out a ～ 派出巡逻队 pàichū xúnluóduì **3.**（定语）(dìngyǔ)：a ～ boat 巡逻艇 xúnluótǐng / a ～ dog 警犬 jǐngquǎn *v.* 巡逻 xúnluó；巡视 xúnshì

patron *n.* **1.** 保护人 bǎohùrén；赞助人 zànzhùrén；培植者 péizhízhě：a ～ of the arts 提倡艺术的人 tíchàng yìshùde rén **2.**（老）顾客 (lǎo)gùkè；(老)主顾 (lǎo)zhǔgù = customer

patronage *n.* **1.** 保护 bǎohù；赞助 zànzhù；培植 péizhí：under the ～ of 在…的培植下 zài … de péizhíxià **2.** 惠顾 huìgù；光顾 guānggù = customers' support

patroness *n.* 女保护人 nǚ bǎohùrén；女赞助人 nǚ zànzhùrén；女恩人 nǚ ēnrén；女顾客 nǚ gùkè

patronize *v.* **1.** 保护 bǎohù；赞助 zànzhù；培植 péizhí：to ～ a young artist 扶助一位年青艺术家 fúzhù yíwèi niánqīng yìshùjiā **2.** 光顾 guānggù；惠顾 huìgù：to ～ a shop 光顾一家铺子 guānggù yìjiā pùzi **3.** 对（人）以长者自居 duì(rén)yǐ zhǎngzhě zìjū = treat others as inferiors

patronymic *n.* & *a.* **1.** 源于父名(祖名)的（姓）yuányú fùmíng(zǔmíng)de (xìng) **2.** 姓 xìng

patter *n.* **1.** 顺口溜 shùnkǒuliū；快板 kuàibǎn；行话 hánghuà；黑话 hēihuà；切口 qièkǒu **2.** 啪嗒声 pādāshēng；淅沥声 xīlìshēng：the ～ of little feet 啪嗒啪嗒的小脚步声 pādā pādāde xiǎo jiǎobùshēng / the ～ of rain 淅沥的雨声 xīlìde yǔshēng *v.* **1.** 喋喋不休 diédié-bùxiū；念顺口溜 niàn shùnkǒuliū 2. 啪嗒地响 pādāde xiǎng: The rain ～s on a roof. 雨淅沥淅沥落在屋顶上。Yǔ xīlì-xīlì luòzài wūdǐngshang.

pattern *n.* 1. 模型 móxíng; 模式 móshì; 样式 yàngshì: a paper ～ 纸样 zhǐyàng / sentence ～s 句型 jùxíng / a machine of a new ～ 新式机器 xīnshì jīqì 2. 图案 tú'àn; 花样 huāyàng: ～s of wall paper 墙纸的花样 qiángzhǐde huāyàng / a ～ on a carpet 地毯上的图案 dìtǎnshangde tú'àn 3. 榜样 bǎngyàng: He is a ～ of manliness. 他是勇敢的榜样。Tā shì yǒnggǎnde bǎngyàng. *v.* 1. 给…加花样 gěi … jiā huāyàng 2. 模仿 mófǎng; 摹制 mózhì: to ～ oneself after one's teacher 学老师的榜样 xué lǎoshīde bǎngyàng

pattern-bomb *v.* 定形轰炸 dìngxíng hōngzhà

patty *n.* 1. 肉馅煎饼 ròuxiàn jiānbing 2. 任何碟形食品 rènhé diéxíng shípǐn

patulin *n.* 棒曲霉素 bàngqǔméisù

paucity *n.* 少数 shǎoshù; 少量 shǎoliàng

paunch *n.* 大肚子 dàdùzi; 肚子 dùzi

pauper *n.* 贫民 pínmín; 穷人 qióngrén; 救济户 jiùjìhù: ～ children 贫穷儿童 pínqióng értóng / a ～ school 贫民学校 pínmín xuéxiào

pauperism *n.* 1. 贫穷 pínqióng 2. (总称)贫民 (zǒngchēng)pínmín

pauperize *v.* 使贫困 shǐ pínkùn

pause *n.* 1. 中止 zhōngzhǐ; 暂停 zàntíng: to make a ～ 中止 zhōngzhǐ / at (in) ～ 停止着 tíngzhǐzhe / to give ～ to 使踌躇 shǐ chóuchú 2. 休止符 xiūzhǐfú * in music *v.* 中止 zhōngzhǐ; 停歇 tíngxiē

pave *v.* 铺砌 pūqì; 铺设 pūshè: a path ～d with pebbles 用卵石铺砌的小路 yòng luǎnshí pūqìde xiǎolù / to ～ the way for communism 为共产主义铺平道路 wèi gòngchǎnzhǔyì pūpíng dàolù

pavement *n.* 1. 路面 lùmiàn 2. 人行道 rénxíngdào 3. (定语) (dìngyǔ): a ～ artist 马路画家 mǎlù huàjiā

pavilion *n.* 1. 大帐篷 dàzhàngpeng 2. (海水浴场)更衣所 (hǎishuǐ yùchǎng)gēngyīsuǒ; (运动场)休息所 (yùndòngchǎng) xiūxisuò; (大建筑物)娱乐场 (dà jiànzhùwù) yúlèchǎng 3. 亭 tíng; 阁 gé

paving *n.* 1. 铺砌 pūqì; 铺装 pūzhuāng; 铺面 pūmiàn; 铺路 pūlù 2. 铺面材料 pūmiàn cáiliào = materials for ～

paw *n.* 脚爪 jiǎozhuǎ *v.* 1. (狗、猫等)搔爬 (gǒu, māoděng) sāopá 2. (人)乱弄 (rén) luànnòng = handle roughly

pawky *a.* 狡猾的 jiǎohuáde

pawl *n.* 爪 zhuǎ; 棘爪 jízhuǎ: a spring ~ 弹簧爪 tánhuángzhuǎ

pawn *n.* 1. (象棋) (xiàngqí) 兵 bīng; 卒 zú 2. (比喻) 爪牙 (bǐyù) zhǎoyá 3. 当 dàng; 抵押 dǐyā: to be in (at) ~已当掉 yǐ dàngdiào 4. 抵押品 dǐyāpǐn = things that are ~ed *v.* 1. 当 (掉) dàng (diào) 2. 拿 (生命、名誉等) 作保证 ná (shēngmìng、míngyùděng) zuò bǎozhèng: to ~ one's word 许下诺言 xǔxià nuòyán

pawnbroker *n.* 开当铺的 kāi dàngpùde; 典当商 diǎndàngshāng

pawnshop *n.* 当铺 dàngpù

pawpaw *n.* = papaw

pay *v.* 1. 支付 zhīfù; 付清 fùqīng; 缴纳 jiǎonà: to ~ a bill 付帐 fùzhàng / to ~ taxes 纳税 nàshuì / to ~ wages 发工资 fāgōngzī / We get paid today. 我们今天领工资。Wǒmen jīntiān lǐng gōngzī. / to ~ one's way through college 勤工俭学读完大学 qíngōng-jiǎnxué dúwán dàxué / to ~ the penalty 受罚 shòufá 2. 偿付 chángfù; 酬谢 chóuxiè: to ~ one's tailor 付款给裁缝 fùkuǎn gěi cáifeng / to ~ the doctor 酬谢医生 chóuxiè yīshēng 3. 有利于 yǒulìyú: It ~s one to be honest. 为人诚实是有好处的。Wéirén chéngshí shì yǒu hǎochude. 4. 付出 fùchū; 给予 jǐyǔ: to ~ him a visit 访问他 fǎngwèn tā / to ~ a call on a friend 看望朋友 kànwàng péngyou / to ~ attention to one's lessons 注意功课 zhùyì gōngkè 5. 付款 fùkuǎn: to ~ by instalments 分期付款 fēnqī fùkuǎn 6. 有利 yǒulì; 合算 hésuàn: The work ~s well. 这工作很合算。Zhè gōngzuò hěn hésuàn. 7. (与副词或介词连用) (yǔ fùcí huò jiècí liányòng) to ~ money back 还钱 huán qián / to ~ down 即时支付 jíshí zhīfù / to ~ for 担负…的费用 dānfù … de fèiyong / to ~ in 缴款 jiǎokuǎn / to ~ off one's creditors 偿清债务 chángqīng zhàiwù / to ~ money out 花钱 huāqián / to ~ a person out 向某人报复 xiàng mǒurén bàofù *n.* 工资 gōngzī; 薪饷 xīnxiǎng: full ~ 全薪 quánxīn / equal ~ for equal work 同工同酬 tónggōng-tóngchóu / to draw one's ~ 领工资 lǐng gōngzī *a.* 1. 收费的 shōufèide: a ~ hospital 收费的医院 shōufèide yīyuàn 2. 出费的 chūfèide: a ~ student 自费生 zìfèishēng 3. 工资的 gōngzīde: ~ pause 工资冻结 gōngzī dòngjié

payable *a.* 可付的 kěfùde；应付的 yīngfùde：～ at sight 见票即付 jiàn piào jí fù / ～ on demand 来兑即付 lái duì jí fù

payday *n.* 发薪日 fāxīnrì

payee *n.* 收款人 shōukuǎnrén

payload *n.* **1.** 工资负担 gōngzī fùdān **2.** 有酬负载 yǒuchóu fùzǎi = total load of a vehicle

paymaster *n.* **1.** 主计 zhǔjì：the ～ general 主计大臣 zhǔjì dàchén **2.** 主计长 zhǔjìzhǎng；军需官 jūnxūguān

payment *n.* **1.** 支付 zhīfù；支款 zhīkuǎn：international ～ 国际收支 guójì shōuzhī / ～ by instalments 分期付款 fēnqī fùkuǎn / ～ in advance 预付 yùfù / ～ on terms 定期付款 dìngqī fùkuǎn **2.** 付款数 fùkuǎnshù；报酬 bàochou = the amount that is paid **3.** 报复 bàofù；惩罚 chéngfá = punishment

payoff *n.* **1.** 发薪 fāxīn = full payment of salary **2.** 清帐解雇 qīngzhàng jiěgù = pay wages and discharge **3.** 清算 qīngsuàn = final retribution

pay-roll *n.* 工资单 gōngzīdān：to be on the ～ 被雇用 bèi gùyòng / to be off the ～ 已被解雇 yǐ bèi jiěgù

pay-sheet *n.*（英）工资单（Yīng）gōngzīdān

pb = plumbum 铅 qiān

pd = palladium 钯 bǎ

pea *n.* 豌豆 wāndòu：green ～s 鲜豌豆 xiān wāndòu / as like as two ～s 一模一样 yìmú-yíyàng

peace *n.* **1.** 和平 hépíng：a lasting ～ 持久和平 chíjiǔ hépíng / in time of ～ 在和平时期 zài hépíng shíqī / safeguard world ～ 保卫世界和平 bǎowèi shìjiè hépíng / to make ～ 讲和 jiǎnghé / to be at ～ with 同…和平相处 tóng … hépíng xiāngchǔ **2.** 讲和 jiǎnghé；和约 héyuē：to sign (a) ～ 签订和约 qiāndìng héyuē **3.** 太平 tàipíng：the ～ 治安 zhì'ān / to break the ～ 扰乱治安 rǎoluàn zhì'ān / to keep the ～ 维持治安 wéichí zhì'ān **4.** 和睦 hémù：to make one's ～ with a person 跟某人和解 gēn mǒurén héjiě **5.** 平安 píng'ān；平静 píngjìng：～ of mind 心平气和 xīnpíng-qìhé / P- be with you! 祝你平安！Zhù nǐ píng'ān! / to sleep in ～ 安眠 ānmián / to hold one's ～ 保持沉默 bǎochí chénmò **6.**（定语）(dìngyǔ)：a ～ conference 和平会议 hépíng huìyì / a ～ footing 平时编制 píngshí biānzhì / ～ negotiations 和平谈判 hépíng tánpàn

peaceable *a.* 和平的 hépíngde；爱好和平的 àihào hépíngde；太平的 tàipíngde

peaceful *a.* **1.** 太平的 tàipíngde：a ～ land 太平的国家 tàipíngde guójiā / ～ times 太平时代 tàipíng shídài **2.** 平时的 píngshíde；和平的 hépíngde：a ～ country 爱好和平的国家 àihào hépíngde guójiā / ～ co-existence 和平共处 hépíng gòngchǔ **3.** 温和的 wēnhéde；平静的 píngjìngde：a ～ man 温和的人 wēnhéde rén / His death was quite ～. 他死时十分平静。Tā sǐshí shífēn píngjìng.

peace-loving *a.* 爱好和平的 àihào hépíngde

peace-maker *n.* 和事老 héshìlǎo；调停人 tiáotíngrén

peach *n.* **1.** 桃子 táozi；桃树 táoshù **2.** 桃色 táosè **3.** （俚）（lǐ）漂亮姑娘 piàoliang gūniang

peacock *n.* （雄）孔雀（xióng）kǒngquè：proud as a ～ 像孔雀一样骄傲 xiàng kǒngquè yíyàng jiāo'ào

pea-jacket *n.* 粗呢短外衣 cūní duǎnwàiyi

peak *n.* **1.** 山峰 shānfēng；山顶 shāndǐng **2.** 尖端 jiānduān；尖点 jiāndiǎn = the taping point **3.** 突出部 tūchūbù：the ～ of a cap 帽子的鸭舌 màozide yāshé **4.** 最高点 zuìgāodiǎn；最高度 zuìgāodù = highest point **5.** （定语）（dìngyǔ）最高 zuìgāo：the ～ load 最大负载 zuìdà fùzài / ～ hours 最繁忙的时间 zuì fánmángde shíjiān *v.* 消瘦 xiāoshòu：～ and pine 消瘦 xiāoshòu；憔悴 qiáocuì

peaked *a.* **1.** 消瘦的 xiāoshòude；憔悴的 qiáocuìde **2.** 多峰的 duōfēngde；山峰似的 shānfēngshìde

peal *n.* **1.** 钟声 zhōngshēng：a merry ～ 悦耳的钟声 yuè'ěrde zhōngshēng **2.** 隆隆声 lónglóngshēng：a ～ of thunder 霹雳一声 pīlì yìshēng / a ～ of applause 欢呼声 huānhūshēng *v.* 鸣响 míngxiǎng；敲响 qiāoxiǎng

peanut *n.* **1.** 花生 huāshēng：～ oil 花生油 huāshēng yóu **2.** （美俚）（Měilǐ）小人物 xiǎorénwù：a ～ politician 无聊政客 wúliáo zhèngkè

pear *n.* 梨树 líshù；梨 lí

pearl *n.* **1.** 珍珠 zhēnzhū **2.** 珠状物 zhūzhuàngwù；泪珠 lèizhū；露珠 lùzhū **3.** 珍品 zhēnpǐn；精华 jīnghuá；典型 diǎnxíng：a ～ among women 女性中的典型 nǚxìng zhōngde diǎnxíng / cast one's ～s before swine 对牛弹琴 duìniú tánqín **4.** （定语）（dìngyǔ）：P- Harbor 珍珠港 Zhēnzhūgǎng；珍珠港事件 Zhēnzhūgǎng shìjiàn / the P- River 珠江 Zhūjiāng

pearl-diver *n.* 潜水采珠人 qiánshuǐ cǎizhūrén
pearl oyster *n.* 珍珠贝 zhēnzhūbèi
pearly *a.* 珍珠似的 zhēnzhūshìde；珍珠色的 zhēnzhūsède；用珍珠装饰的 yòng zhēnzhū zhuāngshìde
peasant *n.* **1.** 农民 nóngmín：landless ～s 无地的农民 wúdìde nóngmín / a poor ～ 贫农 pínnóng / a rich ～ 富农 fùnóng / the alliance of workers and ～s 工农联盟 gōngnóng liánméng **2.**（定语）（dìngyǔ）：the P-s' Revolt（英）农民起义（Yīng）nóngmín qǐyì
peasantry *n.* **1.** 农民 nóngmín；一批农民 yìpī nóngmín；农民阶级 nóngmín jiējí：an industrious ～ 勤恳的农民 qínkěnde nóngmín **2.** 农民身份 nóngmín shēnfen
peat *n.* 炭泥 tànní；泥炭 nítàn；泥煤 níméi
pebble *n.* 卵石 luǎnshí；石卵 shíluǎn
pebbly *a.* 多卵石的 duō luǎnshíde；铺卵石的 pū luǎnshíde
pecan *n.* 美洲山核桃 Měizhōu shānhétao
peccable *a.* 易犯罪的 yì fànzuìde
peccadillo *n.* 轻罪 qīngzuì；小过 xiǎoguò
peccary *n.* 美洲的一种野猪 Měizhōude yìzhǒng yězhū
peck *n.* **1.** 配克 pèikè；配量 pèiliàng **2.** 多量 duōliàng；许多 xǔduō：a ～ of troubles 许多麻烦 xǔduō máfan *v.* 啄 zhuó：to ～ at the bark 啄树皮 zhuó shùpí / to ～ out 啄出 zhuóchū
pectin *n.* 果胶 guǒjiāo
pectoral *a.* 胸部的 xiōngbùde；治肺病的 zhì fèibìngde
peculate *v.* 挪用 nuóyòng；侵吞 qīntūn
peculiar *a.* **1.** 独特的 dútède；特有的 tèyǒude；与众不同的 yǔzhòngbùtóngde：a ～ flavor 特殊的风味 tèshūde fēngwèi / Language is ～ to mankind. 语言是人类所特有的。Yǔyán shì rénlèi suǒ tèyǒude. **2.** 古怪 gǔguài；奇妙 qímiào ＝ odd
peculiarity *n.* **1.** 特性 tèxìng；特质 tèzhì **2.** 怪癖 guàipǐ；奇特 qítè
pecuniary *a.* 金钱上的 jīnqiánshangde
pedagogic(al) *a.* 教育(学)的 jiàoyù(xué)de；教学法的 jiàoxuéfǎde
pedagog(ue) *n.* （儿童）教育者（értóng）jiàoyùzhě；（中、小学）教员（zhōng、xiǎoxué）jiàoyuán
pedagoguism *n.* 儿童教学法 értóng jiàoxuéfǎ

pedagogy *n.* 教育学 jiàoyùxué；教学法 jiàoxuéfǎ

pedal *a.* 脚的 jiǎode；足部的 zúbùde *n.* 踏板 tàbǎn

pedant *n.* 迂腐的人 yūfǔde rén；炫学者 xuànxuézhě；学究 xuéjiū

pedantic *a.* 迂腐的 yūfǔde；卖弄学问的 màinong xuéwende

pedantry *n.* 迂腐 yūfǔ；炫学 xuànxué；迂腐行为 yūfǔ xíngwéi

peddle *v.* 挑卖 tiāomài

pedestal *n.* 垫座 diànzuò；台座 táizuò：to put a person up on a ～ 把某人当作崇拜的对象 bǎ mǒurén dāngzuò chóngbàide duìxiàng

pedestrian *a.* **1.** 步行的 bùxíngde；人行的 rénxíngde **2.** 平凡的 píngfánde；庸俗的 yōngsúde *n.* 行人 xíngrén

pediatrics *n.* （美）（Měi）＝ paediatrics

pedicab *n.* 三轮车 sānlúnchē

pedicure *n.* 脚病的治疗 jiǎobìngde zhìliáo

pedigree *n.* **1.** 家谱 jiāpǔ **2.** 家系 jiāxì；世系 shìxì；血统 xuètǒng **3.**（家畜）种系（jiāchù）zhǒngxì **4.** 词源 cíyuán *a.* 纯种的 chúnzhǒngde：～ cattle 纯种牛 chúnzhǒng niú / ～ seed 种子 zhǒngzi；原种 yuánzhǒng

pedigreed *a.* 望族的 wàngzúde；纯种的 chúnzhǒngde：a ～ dog 纯种狗 chúnzhǒng gǒu

pediment *n.* （人字）山头（rénzì）shāntóu

pedlar, ped(d)ler *n.* 小贩 xiǎofàn

pedology *n.* 土壤学 tǔrǎngxué

peek *v.* 窥视 kuīshì；偷看 tōukàn

peel *n.* 果皮 guǒpí：candied ～ 蜜饯果皮 mìjiàn guǒpí *v.* **1.** 剥 bāo；剥…皮 bāo…pí：to ～ an orange 剥桔子 bāo júzi **2.** 脱皮 tuōpí；蜕皮 tuìpí ＝ to shed skin

peeler *n.* 去皮机 qùpíjī

peep *v.* **1.**（小鸡）唧唧叫（xiǎojī）jījī jiào；（老鼠）叽叽叫（lǎoshǔ）jījī jiào **2.** 窥视 kuīshì；偷看 tōukàn：to ～ through the key hole 从锁眼里偷看 cóng suǒyǎnli tōukàn **3.** 渐渐出现 jiànjiàn chūxiàn ＝ appear gradually *n.* **1.** 唧唧 jījī；叽叽 jījī **2.** 窥视 kuīshì；偷看 tōukàn：to take a ～ of a waterfall through the trees 从树木里窥视瀑布 cóng shùmùli kuīshì pùbù **3.** 初现 chūxiàn：at the ～ of day 黎明时分 límíng shífēn

peer *v.* **1.** 盯 dīng；窥 kuī：to ～ into a cave 窥视一个窟洞 kuīshì yíge kūdòng **2.** 出现 chūxiàn：The sun was ～ing from behind a cloud. 太阳

正从云后面出现。Tàiyáng zhèngcóng yún hòumian chūxiàn *n.* **1.**（英）（Yīng）贵族 guìzú **2.** 同等 tóngděng：He is so fine a man that it would be hard to find his ～. 他是一个无与伦比的优秀人物。Tā shì yíge wúyǔ-lúnbǐde yōuxiù rénwù. / without a ～ 无比的 wúbǐde

peerage *n.* 贵族爵位 guìzú juéwèi；贵族阶级 guìzú jiējí；贵族 guìzú

peeress *n.* 贵族夫人 guìzú fūrén；有爵位的妇女 yǒu juéwèide fùnǚ

peerless *a.* 无比的 wúbǐde；盖世无双的 gàishì-wúshuāngde

peeved *a.* 被激怒的 bèi jīnùde；恼怒的 nǎonùde

peevish *a.*（脾气）暴躁的（píqi）bàozàode；易愤怒的 yìfènnùde

peg *n.* **1.** 木钉 mùdīng；木栓 mùshuān；桩 zhuāng：a round ～ in a square hole 不能胜任的人 bùnéng shèngrènde rén **2.** 借口 jièkǒu ＝ pretext *v.* **1.** 钉以木钉 dīng yǐ mùdīng **2.** 限（价）xiàn（jià）// to ～ away 努力工作 nǔlì gōngzuò

peignoir *n.*（女用）（nǚyòng）宽大轻便晨衣 kuāndà qīngbiàn chényī；浴袍 yùpáo

pejorative *a.* 轻视的 qīngshìde；蔑视的 mièshìde

peke *n.* 哈巴狗 hābāgǒu

pekin *n.* **1.** 北京宽条子绸 Běijīng kuān tiáozi chóu **2.**（俚）（lǐ）平民 píngmín；老百姓 lǎobǎixìng ＝ common people

Peking *n.* **1.** 北京 Běijīng **2.**（定语）（dìngyǔ）：a ～ Duck 北京鸭 Běijīngyā / ～ Man 北京猿人 Běijīng Yuánrén / ～ Opera 京剧 Jīngjù

pekoe *n.* 白毫（茶）báiháo（chá）

pelagic *a.* 大海的 dàhǎide：～ sailing 海洋航行 hǎiyáng hángxíng

pelargonium *n.* 天竺葵属 tiānzhúkuíshǔ

pelf *n.*（贬义）钱（biǎnyì）qián

pelican *n.* 塘鹅 táng'é；鹈鹕 tíhú

pelisse *n.* 皮里外衣 pílǐ wàiyī；女式皮领大衣 nǚshì pílǐng dàyī

pellet *n.* **1.** 丸子 wánzi；小团团 xiǎotuántuan **2.** 小子弹 xiǎozǐdàn ＝ small bullet **3.** 弹丸剂 dànwánjì ＊ of medicine

pellmell *ad.* & *a.* 乱七八糟 luànqī-bāzāo；乱哄哄 luànhōnghōng *n.* 混战 hùnzhàn；混乱 hùnluàn ＝ confusion

pellucid *a.* 透明的 tòumíngde；明白的 míngbaide

pelmet *n.* 短帷幔 duǎn wéimàn

pelt *v.* **1.** 投掷 tóuzhì；攻击 gōngjī：to ～ stones at a dog 向狗扔石头

xiàng gǒu rēng shítou 2.（雨、雹等）急降（yǔ、báo děng）jíjiàng：The rain is ～ing down. 大雨倾盆。Dàyǔ qīngpén. *n.* 1. 投掷 tóuzhì：at full ～ 全速 quánsù 2. 毛皮 máopí；生皮 shēngpí = skin

peltry *n.* 毛皮 máopí；生皮（总称）shēngpí（zǒngchēng）

pelvis *n.*（解）骨盆（jiě）gǔpén

pem(m)ican *n.* 1. 干肉饼 gānròubǐng 2. 文摘 wénzhāi；提要 tíyào = digest

pen *n.* 1. 钢笔 gāngbǐ；墨水笔 mòshuǐbǐ：to draw with a ～ 用钢笔画 yòng gāngbǐ huà / ～ and ink 笔墨 bǐmò / to put ～ to paper 挥笔书写 huībǐ shūxiě 2.（定语）（dìngyǔ）：a ～ point 钢笔尖 gāngbǐjiān 3. 栏 lán；圈 juàn ＊ for animal *v.* 1. 写 xiě；写作 xiězuò：It is the most beautiful poem ever ～ned in the English language. 这是用英文写的最美丽的诗篇。Zhèshì yòng Yīngwén xiěde zuì měilìde shīpiān. 2. 圈进 quānjìn；关进 guānjìn

penal *a.* 刑罚的 xíngfáde；刑事上的 xíngshìshangde：the ～ code 刑法 xíngfǎ / a ～ offense 刑事案 xíngshì'àn / ～ servitude 劳役拘禁 láoyì jūjìn

penalize *v.* 1. 宣告…有罪 xuāngào…yǒuzuì；处刑 chǔxíng 2. 使…不利 shǐ…búlì 3. 处罚 chǔfá = punish

penalty *n.* 1. 刑罚 xíngfá；惩罚 chéngfá；罚款 fákuǎn：to be forbidden on ～ of ￡5 违者罚金五镑 wéizhě fá jīn wǔbàng 2. 罚球 fáqiú ＊ in ball games

penance *n.* 1.（天主教）补赎（tiānzhǔjiào）bǔshú 2. 苦行 kǔxíng：to do ～ 修苦行 xiū kǔxíng

pence *n.* penny 的复数 "penny" de fùshù

penchant *n.* 1. 倾向 qīngxiàng = inclination 2. 嗜好 shìhào = liking

pencil *n.* 1. 铅笔 qiānbǐ：to write in ～ 用铅笔写 yòng qiānbǐ xiě 2.（理）光线锥（lǐ）guāngxiànzhuī：a ～ of rays 一锥光线 yìzhuī guāngxiàn *v.* 用铅笔写 yòng qiānbǐ xiě；用铅笔画 yòng qiānbǐ huà

pencil-case *n.* 铅笔盒 qiānbǐhé

pencraft *n.* 1. 笔的使用 bǐde shǐyòng 2. 著述 zhùshù

pendant *n.* 1. 悬饰 xuánshì 2. 垂饰 chuíshì；耳环 ěrhuán 3.（海）短索（hǎi）duǎnsuǒ；三角旗 sānjiǎoqí *a.* = pendent

pendent *a.* 1. 吊下的 diàoxiàde；垂下的 chuíxiàde；伸出的 shēnchūde：a

～ rock 悬崖 xuányá 2. 悬而不决的 xuán'ér-bùjuéde ＝ unsettled *n.* ＝ pendant

pending *a.* 悬而不决的 xuán'ér-bùjuéde：a ～ question 悬案 xuán'àn *prep.* 1.（＝ until）在…以前 zài…yǐqián：～ his return 在他回来之前 zài tā huílái zhīqián 2. 在…期间（＝ during）zài… qījiān：～ the negotiation 在谈判期间 zài tánpàn qījiān

pendulous *a.* 悬垂的 xuánchuíde；摇摆不定的 yáobǎi búdìngde

pendulum *n.* 钟摆 zhōngbǎi；摆 bǎi：a simple ～ 单摆 dānbǎi / the swing of the ～ 摆的运动 bǎide yùndòng

penetrable *a.* 能贯穿的 néng guànchuānde；能穿透的 néng chuāntòude

penetrate *v.* 1.（枪弹等）贯穿（qiāngdàn děng）guànchuān；穿透 chuāntòu 2. 透视 tòushì；透入 tòurù：Our eyes could not ～ the darkness. 我们的眼睛不能够透视黑暗。Wǒmende yǎnjing bùnénggòu tòushì hēi'àn. 3. 看穿 kànchuān；识破 shípò；领悟 lǐngwù：to ～ a person's design 识破阴谋 shípò yīnmóu / to ～ a person's meaning 领悟某人的意思 lǐngwù mǒurénde yìsi 4. 弥漫 mímàn：A bad odor ～d the room. 臭气弥漫了全屋。Chòuqì mímànle quánwū. 5. 渗透 shèntòu：The rain ～d all our clothes. 雨水湿透了我们的衣服。Yǔshuǐ shītòule wǒmende yīfu.

penetrating *a.* 1. 贯穿的 guànchuānde；穿透的 chuāntòude；渗透性的 shèntòuxìngde 2. 锐利 ruìlì ＝ sharp 3. 尖锐 jiānruì ＊ of noises

penetration *n.* 1. 贯穿 guànchuān；穿透（度）chuāntòu（dù）；透入 tòurù 2. 眼光 yǎnguāng；洞察力 dòngchálì：a man of great ～ 有卓见的人 yǒu zhuōjiànde rén 3. ＝ peaceful ～ 渗透 shèntòu

penetrative *a.* 能贯穿的 néng guànchuānde；敏锐的 mǐnruìde；有眼力的 yǒuyǎnlìde

penguin *n.* 企鹅 qǐ'é

penholder *n.* 笔杆 bǐgǎn

penicillin *n.*（医）青霉素（yī）qīngméisù

penicillium *n.* 青霉菌 qīngméijūn

peninsula *n.* 半岛 bàndǎo：the Malay P- 马来半岛 Mǎlái bàndǎo

peninsular *a.* 半岛的 bàndǎode

penis *n.*（解）阴茎（jiě）yīnjīng

penitence *n.* 悔罪 huǐzuì；悔悟 huǐwù

penitent *a.* 悔罪的 huǐzuìde；悔悟的 huǐwùde *n.* 悔过的人 huǐguòde rén
penitential *a.* 悔罪的 huǐzuìde；苦行的 kǔxíngde
penitentiary *n.* 教养院 jiàoyǎngyuàn；（美）（州）监狱（Měi）（zhōu）jiānyù *a.* 忏悔的 chànhuǐde；惩罚的 chéngfáde
penknife *n.* 小刀 xiǎodāo
penman *n.* 书法家 shūfǎjiā；作家 zuòjiā
penmanship *n.* 书法 shūfǎ；习字 xízì
pen name *n.* 笔名 bǐmíng
pennant *n.* 三角旗 sānjiǎoqí；队旗 duìqí；奖旗 jiǎngqí
pennies *n.* penny 的复数 "penny"de fùshù
penniless *a.* 一文没有的 yìwén méiyǒude
pennon *n.* **1.** 长三角旗 cháng sānjiǎoqí **2.**（美）校旗（Měi）xiàoqí
penny *n.* **1.** 便士 biànshì：a pretty ～ 一大笔钱 yídàbǐ qián / There are four pennies on the table. 桌上有四便士。Zhuōshang yǒu sì biànshì. / This book is five shillings six pence. 这本书五先令六便士。Zhèběn shū wǔ xiānlìng liù biànshì. / In for a penny, in for a pound.（谚）一不做二不休。（yàn）Yìbúzuò èrbùxiū. **2.**（美）一分（Měi）yìfēn
pennyweight *n.*（英国金衡）本尼威特（Yīngguó jīnhéng）běnníwēitè
penny-wise *a.* 省小钱的 shěng xiǎoqiánde：～ and pound-foolish 贪小失大 tānxiǎo shīdà
pennyworth *n.* **1.** 一便士的东西 yì biànshìde dōngxi **2.** 少量 shǎoliàng **3.** 交易（额）jiāoyì（é）＝ a deal
penology *n.* 刑罚学 xíngfáxué；刑事学 xíngshìxué
pension *n.* **1.** 年金 niánjīn；抚恤金 fǔxùjīn；养老金 yǎnglǎojīn **2.**（欧洲大陆）公寓（Ōuzhōu dàlù）gōngyù ＝ boarding house *v.* 给予年金 jǐyǔ niánjīn：to ～ a person off 发给年金使某人退职 fāgěi niánjīn shǐ mǒurén tuìzhí
pensioner *n.* **1.** 领年金的人 lǐng niánjīnde rén **2.**（英国剑桥大学）自费生（Yīngguó Jiànqiáo Dàxué）zìfèishēng
pensive *a.* 沉思的 chénsīde；苦心焦虑的 kǔxīn jiāolǜde
penstock *n.* 水闸门 shuǐzhámén；水门 shuǐmén
pent *a.* 被关进的 bèi guānjìnde；被幽禁的 bèi yōujìnde
pentagon *n.* **1.**（数）五边形（shù）wǔbiānxíng **2.** ［the P-］五角大楼 Wǔjiǎo Dàlóu

pentagonal *a.* 五边形的 wǔbiānxíngde

pentathlon *n.* 五项全能运动 wǔxiàng quánnéng yùndòng

penthouse *n.* **1.** 楼顶房间 lóudǐng fángjiān **2.** 披屋 pīwū

pentothal（医）喷妥撒（yī）pēntuǒsǎ

pent-up *a.* 被抑制的 bèi yìzhìde；被幽禁的 bèi yōujìnde：～ feelings 郁积的情感 yùjīde qínggǎn

penultimate *a.* 倒数第二的 dàoshǔ dì-èrde；倒数第二音节的 dàoshǔ dì-èr yīnjiéde

penumbra *n.*（理）半阴影（lǐ）bànyīnyǐng

penurious *a.* **1.** 赤贫的 chìpínde = very poor **2.** 吝啬 lìnsè = stingy

penury *n.* 赤贫 chìpín；缺乏 quēfá

peon *n.*（南美的）散工（Nánměide）sǎngōng

peony *n.* 芍药属 sháoyàoshǔ；牡丹 mǔdan // to blush like a ～ 红着脸 hóngzhe liǎn

people *n.* **1.** 人民 rénmín；国民 guómín；民族 mínzú：the ～s in Asia 亚洲各族人民 Yàzhōu gèzú rénmín / peace-loving ～s 各国爱好和平的人民 gèguó àihào hépíngde rénmín / the ～'s front 人民阵线 rénmín zhènxiàn **2.** 人们 rénmen；居民 jūmín / the village ～ 村民 cūnmín / the ～ here 这里的居民 zhèlǐde jūmín / literary ～ 文人们 wénrénmen **3.** 众人 zhòngrén；大家 dàjiā：P- will laugh at you. 人家会笑你的。Rénjia huì xiào nǐde. / P- say that 据说… Jùshuō … / Few ～ know the truth. 很少人知道实情。Hěnshǎo rén zhīdao shíqíng. **4.** 家族 jiāzú；亲族 qīnzú：My ～ have lived here for generations. 我家世世代代都住在这里。Wǒ jiā shìshi-dàidài dōu zhùzài zhèlǐ.

pep *n.*（美俚）精力（Měilǐ）jīnglì；元气 yuánqì：a ～ talk 鼓动性讲话 gǔdòngxìng jiǎnghuà *v.* 打气 dǎqì；替…加油 tì…jiāyóu = invigorate

pepper *n.* 胡椒 hújiāo；胡椒属 hújiāoshǔ：beaten ～ 胡椒面 hújiāomiàn；胡椒粉 hújiāofěn *v.* 撒胡椒于 sǎ hújiāoyú = sprinkle with ～

pepper-box *n.* **1.** 胡椒盒 hújiāohé **2.** 性子急的人 xìngzijíde rén = hot-tempered person

pepper-castor *n.* 胡椒瓶 hújiāopíng

peppercorn *n.*（干）胡椒（gān）hújiāo；胡椒子 hújiāozǐ

peppermint *n.*（胡椒）薄荷（hújiāo）bòhe；薄荷油 bòheyóu；薄荷糖 bòhe táng * candy

peppery *a*. **1**. 胡椒的 hújiāode；胡椒似的 hújiāoshìde **2**. 暴躁的 bàozàode = hot-tempered

peppy *a*. （美俚）精神饱满的（Měilǐ）jīngshén bǎomǎnde

pepsin *n*. 胃蛋白酶 wèi dànbáiméi

peptone *n*. （化）胨（huà）dòng

per *prep*. **1**. 由 yóu；经 jīng；借 jiè；凭 píng：～ example 根据样品 gēnjù yàngpǐn / ～ post 由邮局 yóu yóujú **2**. 每 měi：～ cent 每百 měi bǎi / 100 ～ cent 百分之一百 bǎi fēnzhī yìbǎi

peradventure *n*. 疑问 yíwèn；偶然 ǒurán

perambulate *v*. **1**. 漫步 mànbù **2**. 巡视 xúnshì；巡行 xúnxíng = inspect

perambulator *n*. 摇篮车 yáolánchē；儿童车 értóngchē

perceive *v*. **1**. 知觉 zhījué；发觉 fājué；察觉 chájué：Did you ～ a red color or a blue one？你看出来是红色还是兰色？Nǐ kànchūlái shì hóngsè háishì lánsè？**2**. 理解 lǐjiě；领悟 lǐngwù；看出 kànchū = comprehend：I ～d that I could not make him change his mind. 我觉得我不能使他改变主意。Wǒ juéde wǒ bùnéng shǐ tā gǎibiàn zhǔyi.

percent *n*. **1**. 每百 měibǎi；百分之… bǎifēnzhī…：to get interest at 3 ～ 利率为百分之三 lìlǜ wéi bǎi fēnzhī sān / to increase by 15 ～ 增长百分之十五 zēngzhǎng bǎifēnzhī shíwǔ / Twenty ～ were dropped in the exam. 考试有百分之二十不及格。Kǎoshì yǒu bǎifēnzhī èrshí bùjígé. **2**.（定语）（dìngyǔ）：a hundred ～ attendance 百分之百的出席 bǎifēnzhī bǎide chūxí

percentage *n*. **1**. 百分数 bǎifēnshù；百分率 bǎifēnlǜ：a ～ of 6 百分之六 bǎifēnzhī liù **2**. 比率 bǐlǜ = proportion：We have only a small ～ of foreign books in our reading room. 我们的阅览室只有一小部分外文书。Wǒmende yuèlǎnshì zhǐyǒu yìxiǎo bùfen wàiwénshū.

percept *n*. 知觉 zhījué；知觉对象 zhījué duìxiàng

perceptible *a*. 可知觉的 kě zhījuéde；觉察得出的 juécháde chūde

perception *n*. 知觉 zhījué

perceptive *a*. 知觉的 zhījuéde；有知觉力的 yǒu zhījuélìde

perceptual *a*. 知觉的 zhījuéde

perch *n*. **1**. 河鲈 hélú * a kind of fish **2**. 栖木 qīmù = place where birds rest **3**.（口语）高处（kǒuyǔ）gāochù *v*.（鸟）栖息（niǎo）qīxī；（人）坐（rén）zuò；站 zhàn：to ～ up on a high stool 坐在高凳上 zuòzài gāodèngshang

percipient *a.* 知觉的 zhījuéde；感觉的 gǎnjuéde；理解的 lǐjiěde

percolate *v.* 渗滤 shènlǜ；渗透 shèntòu：Water ～s through sand. 水滤过沙土。Shuǐ lǜguò shātǔ.

percolator *n.* 渗滤器 shènlǜqì：a coffee-～ 咖啡壶 kāfēihú

percussion *n.* **1.** 撞击 zhuàngjī；碰撞 pèngzhuàng；打击 dǎjī **2.** 震动 zhèndòng；激动 jīdòng **3.**（定语）(dìngyǔ)：a ～ cap（炸药）碰炸帽 (zhàyào) pèngzhàmào；雷管 léiguǎn / ～ instruments 打击乐器 dǎjī yuèqì

percussive *a.* 撞击的 zhuàngjīde；叩诊的 kòuzhěnde

perdition *n.* 毁灭 huǐmiè

peregrination *n.* 游历 yóulì；旅行 lǚxíng

peremptory *a.* **1.**（指命令、声明）绝对的 (zhǐ mìnglìng、shēngmíng) juéduìde；断然的 duànránde **2.**（指人）专横的 (zhǐrén) zhuānhèngde；独断的 dúduànde **3.**（法）最后的 (fǎ) zuìhòude；决定的 juédìngde；强制的 qiángzhìde

perennial *a.* **1.** 终年的 zhōngniánde **2.** 长期的 chángqīde；永久的 yǒngjiǔde：～ youth 永远年轻 yǒngyuǎn niánqīng **3.**（植）多年生的 (zhí) duōnián shēngde *n.* 多年生植物 duōnián shēng zhíwù

perfect *a.* **1.** 完美 wánměi；完善 wánshàn：a ～ teacher 十全十美的教师 shíquán-shíměide jiàoshī / ～ gas 理想气体 lǐxiǎng qìtǐ；完美气体 wánměi qìtǐ **2.** 正确 zhèngquè；精确 jīngquè：a ～ circle 正圆形 zhèngyuánxíng **3.** 完全 wánquán：a ～ conductor 全导体 quán dǎotǐ / ～ strangers 完全陌生的人 wánquán mòshēngde rén / in ～ silence 默默无言地 mòmò wúyánde **4.** 熟练的 shúliànde；精通的 jīngtōngde：Practice makes ～. 熟能生巧。Shúnéng-shēngqiǎo. / to be ～ in English 精通英语 jīngtōng Yīngyǔ **5.**（语）完成的 (yǔ) wánchéngde：the ～ tense 完成时 wánchéngshí *n.* [the ～]（语）完成时 (yǔ) wánchéngshí：the present (past, future) ～ 现在（过去、将来）完成时 xiànzài (guòqù、jiānglái) wánchéngshí *v.* **1.** 使…完美 shǐ…wánměi；完成 wánchéng：to ～ one's plans 改进计划 gǎijìn jìhuà **2.** 使…熟练 shǐ…shúliàn；使…精通 shǐ…jīngtōng：to ～ oneself in English 精研英语 jīngyán Yīngyǔ

perfection *n.* **1.** 完美 wánměi：to reach ～ 达到完美 dádào wánměi / to do a thing to ～ 做得尽善尽美 zuòde jìnshàn-jìnměi **2.** 完成 wánchéng: to bring a thing to ～ 完成一件事 wánchéng yíjiàn shì **3.** 熟练 shúliàn；精通 jīngtōng **4.** 完人 wánrén；完物 wánwù；典型 diǎnxíng: It is the very ～ of beauty. 这是美的典型。Zhèshì měide diǎnxíng.

perfectly *ad*. 完美地 wánměide；完全地 wánquánde: to be ～ satisfied 完全满意 wánquán mǎnyì

perfervid *a*. 非常热心的 fēicháng rèxīnde；热烈的 rèliède

perfidious *a*. 背信弃义的 bèixìn-qìyìde；不忠的 bùzhōngde

perfidy *n*. 背信 bèixìn；弃义 qìyì；不忠 bùzhōng

perforate *v*. 穿孔 chuānkǒng；钻孔 zuānkǒng；打眼 dǎyǎn；贯穿 guànchuān

perforation *n*. **1.** 穿孔 chuānkǒng；钻孔 zuānkǒng；贯穿 guànchuān **2.** 孔眼 kǒngyǎn

perforator *n*. 钻孔器 zuānkǒngqì；穿孔机 chuānkǒngjī

perforce *ad*. 必然 bìrán；强制地 qiángzhìde *n*. 强制 qiángzhì: by ～ 强制地 qiángzhìde

perform *v*. **1.** 施行 shīxíng；执行 zhíxíng；完成 wánchéng；实行 shíxíng: to ～ one's duty 履行职责 lǚxíng zhízé / to ～ a task 完成任务 wánchéng rènwu / to ～ an operation on a patient 给病人施行手术 gěi bìngrén shīxíng shǒushù **2.** 表演 biǎoyǎn；演奏 yǎnzòu: to ～ a play 演戏 yǎnxì / to ～ the piano 演奏钢琴 yǎnzòu gāngqín

performance *n*. **1.** 施行 shīxíng；实行 shíxíng；完成 wánchéng: to be faithful in the ～ of one's duties 忠实执行职务 zhōngshí zhíxíng zhíwù **2.** 作业 zuòyè；操作 cāozuò **3.** 表演 biǎoyǎn；演出 yǎnchū；演奏 yǎnzòu: a musical ～ 音乐演奏 yīnyuè yǎnzòu / to give a ～ of "Othello" 演出《奥赛罗》yǎnchū《Ào Sài Luó》**4.** 优良表现 yōuliáng biǎoxiàn；功绩 gōngjī

performer *n*. **1.** 执行者 zhíxíngzhě **2.** 表演者 biǎoyǎnzhě；演奏者 yǎnzòuzhě

perfume *n*. **1.** 香味 xiāngwèi；芬芳 fēnfāng **2.** 香料 xiāngliào；香水 xiāngshuǐ *v*. 使…发香 shǐ…fāxiāng；撒香水于 sǎ xiāngshuǐ yú

perfumer *n*. 香料商 xiāngliàoshāng；香料制造人 xiāngliào zhìzào rén

perfumery *n*. **1.** 香料 xiāngliào；香水 xiāngshuǐ；香物 xiāngwù **2.** 香水制造厂 xiāngshuǐ zhìzàochǎng；香料店 xiāngliàodiàn

perfunctory *a.* 敷衍的 fūyǎnde；马虎的 mǎhude；草率的 cǎoshuàide：He did it in a ～ manner. 他马马虎虎地敷衍了事。Tā mǎma-hūhūde fūyǎn liǎoshì.

pergola *n.* **1.** 藤架 téngjià **2.** 凉亭 liángtíng

perhaps *ad.* 也许 yěxǔ；多半 duōbàn；恐怕 kǒngpà：P- I will come，～ I won't. 我也许来，也许不来。Wǒ yěxǔ lái，yěxǔ bù lái. / P- he will leave for home. 也许他要离开这里回家去。Yěxǔ tā yào líkāi zhèlǐ huíjiāqù.

peri *n.* 小仙子 xiǎoxiānzǐ；精灵 jīnglíng

perihelion *n.*（天）近日点（tiān）jìn rì diǎn

peril *n.* 危急 wēijí；危险 wēixiǎn：His life is in ～. 他的生命濒于危险。Tāde shēngmìng bīnyú wēixiǎn. / You do it at your ～！你干你要自己负责。Nǐ gàn nǐ yào zìjǐ fùzé. / Do it at the ～ of your life. 你就拼命去干吧。Nǐ jiù pīnmìng qù gànba.

perilous *a.* 危急的 wēijíde；危险的 wēixiǎnde

perimeter *n.*（数）周（shù）zhōu；周长 zhōucháng

period *n.* **1.** 周期 zhōuqī：A day is a ～ of 24 hours. 一天为24小时的一个周期。Yìtiān wéi èrshísì xiǎoshíde yíge zhōuqī. **2.** 期间 qījiān；（一段）时间（yíduàn）shíjiān：the ～ of rest 休息时间 xiūxi shíjiān / I lived in Shanghai for a ～ of time. 我在上海住过一段时间。Wǒ zài Shànghǎi zhùguo yíduàn shíjiān. **3.** 时期 shíqī；时代 shídài：a ～ of decay 衰变期 shuāibiànqī / the Tang ～ 唐代 Tángdài / the ～ of the French Revolution 法国大革命时期 Fǎguó Dàgémìng shíqī / at that remote ～ 在太古时代 zài tàigǔ shídài / during the later ～ of the 19th century 在十九世纪后期 zài shíjiǔ shìjì hòuqī **4.** ［the ～］现代 xiàndài；当代 dāngdài：a girl of the ～ 现代姑娘 xiàndài gūniang **5.**（地）纪（dì）jì ＊ of geology **6.**（教育）学时（jiàoyù）xuéshí；节 jié ＝class（in school）**7.** 整句 zhěngjù；句号 jùhào：to put a ～ to 结束 jiéshù；停止 tíngzhǐ **8.**（定语）时代（dìngyǔ）shídài：a ～ novel 时代小说 shídài xiǎoshuō

periodic *a.* **1.** 周期的 zhōuqīde；定时的 dìngshíde：the ～ law 周期率 zhōuqīlǜ **2.** 间歇的 jiànxiēde；间发性的 jiànfāxìngde；断断续续的 duànduan-xùxùde ＝ recurring at regular intervals

periodical *a.* **1.** ＝ periodic **2.** 定期刊行的 dìngqī kānxíngde *n.* 期刊 qīkān；杂志 zázhì

periodically *ad.* **1.** 周期地 zhōuqīde；定期地 dìngqīde；按期 ànqī **2.** 间歇

地 jiànxiēde

periodicity *n*. **1**. 周期性 zhōuqīxìng: crisis ～ 危机周期 wēijī zhōuqī **2**. （电）周波（diàn）zhōupō

peripatetic *a*. 巡回的 xúnhuíde；到处走的 dàochù zǒude

periphery *n*. **1**. 周围 zhōuwéi；周边 zhōubiān；边缘 biānyuán；外围 wàiwéi；圆体的外面 yuántǐde wàimiàn **2**. 末梢 mòshāo

periphrasis *n*. （修辞）迂回说法（xiūcí）yūhuí shuōfǎ

periscope *n*. 潜望镜 qiánwàngjìng；察视镜 cháshìjìng

perish *v*. **1**. 死亡 sǐwáng；毁灭 huǐmiè: to ～ in battle 阵亡 zhènwáng / to ～ from disease 病死 bìngsǐ **2**. 枯萎 kūwěi；腐朽 fǔxiǔ: Flowers ～ when frost comes. 霜冻时花卉凋零。Shuāngdòngshí huāhuì diāolíng. **3**. 使…难堪 shǐ…nánkān: to be ～ed with cold 冷得要命 lěngde yàomìng

perishable *a*. 易死的 yìsǐde；容易腐败的 róngyì fǔbàide *n*. [～s] 易腐物品 yìfǔ wùpǐn = goods that go bad easily

peristyle *n*. （寺庙、宫殿等）周围列柱（sìmiào、gōngdiànděng）zhōuwéi lièzhù；列柱廊 lièzhùláng

peritonitis *n*. （医）腹膜炎（yī）fùmóyán

periwig *n*. 假发 jiǎfà

periwinkle *n*. （植）长春花（zhí）chángchūnhuā

perjure *v*. 发假誓 fājiǎshì；作伪证 zuòwěizhèng: The witness ～d himself. 证人作了伪证。Zhèngrén zuòle wěizhèng.

perjury *n*. （法）伪证（fǎ）wěizhèng

perk *v*. **1**. 昂首 ángshǒu；竖起 shùqǐ；翘（尾巴）qiào（wěiba）；意气洋洋 yìqì-yángyáng **2**. 振作 zhènzuò；活跃起来 huóyuè qǐlái = become active **3**. 修饰 xiūshì；打扮 dǎban；装束 zhuāngshù: to ～ oneself at a glass 对镜装束 duìjìng zhuāngshù

perky *a*. **1**. 生龙活虎的 shēnglóng-huóhǔde；意气洋洋的 yìqì-yángyángde = lively **2**. 卤莽的 lǔmǎngde；莽撞的 mǎngzhuàngde = impudent

perm *n*. （口语）（kǒuyǔ）电气烫发 diànqì tàngfà: I want a ～. 我要烫发。Wǒ yào tàngfà.

permanence n. 永久（性）yǒngjiǔ（xìng）；永恒 yǒnghéng；持久性 chíjiǔxìng

permanency *n*. **1**. 永久性 yǒngjiǔxìng **2**. 终身职位 zhōngshēn zhíwèi；永久

事业 yǒngjiǔ shìyè = permanent position

permanent *a*. **1**. 永久性的 yǒngjiǔxìngde；持久的 chíjiǔde；固定的 gùdìngde：a ～ tooth 固齿 gùchǐ **2**. 常设的 chángshède；常任的 chángrènde：a ～ committee 常设委员会 chángshè wěiyuánhuì / the P- Court of Arbitration 常设仲裁法院 chángshè zhòngcái fǎyuàn *n*. = permanent wave 电气烫发 diànqì tàngfà

permanently *ad*. 永久地 yǒngjiǔde：a ～ neutral state 永久中立国 yǒngjiǔ zhōnglìguó

permanganate *n*. 高锰酸钾 gāoměngsuānjiǎ

permeability *n*. **1**. 渗透性 shèntòuxìng；可渗性 kěshènxìng；透气性 tòuqìxìng **2**. 磁导率 cídǎolǜ；磁导性 cídǎoxìng

permeable *a*. 渗透性的 shèntòuxìngde；可渗透的 kě shèntòude

permeate *v*. **1**. 渗透 shèntòu；透过 tòuguò；**2**. 弥漫 mímàn；充满 chōngmǎn：Smoke ～d the house. 烟雾弥漫了整所房子。Yānwù mímànle zhěngsuǒ fángzi. // permeation *n*.

permissible *a*. 可以允许的 kěyǐ yǔnxǔde

permission *n*. 许可 xǔkě；允许 yǔnxǔ；同意 tóngyì：I gave him ～ to do it. 我许可他做这件事。Wǒ xǔkě tā zuò zhèjiàn shì. / to ask for ～ 征求同意 zhēngqiú tóngyì / with your ～ 经你同意 jīng nǐ tóngyì / without ～ 未经同意 wèijīng tóngyì

permissive *a*. 许可的 xǔkěde

permit *v*. **1**. 允许 yǔnxǔ；许可 xǔkě：P- me to say a few words to ycu. 请允许我跟您说几句话。Qǐng yǔnxǔ wǒ gēn nín shuō jǐjùhuà. / Smoking is not ～ted here. 此地不准吸烟。Cǐdì bùzhǔn xīyān. **2**. 容许 róngxǔ：The situation ～s of no delay. 情况不容许耽搁。Qíngkuàng bù róngxǔ dāngé. / Let's go，weather ～ting. 如果天气好，我们就去吧。Rúguǒ tiānqì hǎo，wǒmen jiù qùba. *n*. 执照 zhízhào；许可证 xǔkězhèng；许可 xǔkě

permutation *n*.（数）(shù) 排列 páiliè；顺列 shùnliè

permute *v*. 改变…的序列 gǎibiàn…de xùliè；排列 páiliè

pernicious *a*. **1**. 有毒的 yǒudúde；有害的 yǒuhàide：a climate ～ to health 对健康有害的气候 duì jiànkāng yǒuhàide qìhòu **2**. 恶性的 èxìngde：～ anemia 恶性贫血 èxìng pínxiě

pernickety *a.* 吹毛求疵的 chuīmáo-qiúcīde

peroration *n.* 结论 jiélùn；结束语 jiéshùyǔ

peroxide *n.*（化）过氧化物（huà）guòyǎnghuàwù

perpendicular *a.* 垂直的 chuízhíde；竖直的 shùzhíde：a ～ line（数）垂线（shù）chuíxiàn *n.* **1.**（数）垂线（shù）chuíxiàn **2.** 垂直 chuízhí；竖直 shùzhí；（理）正交（lǐ）zhèngjiāo

perpetrate *v.* **1.** 犯（罪）fàn（zuì）；做（坏事）zuò（huàishì）**2.** 瞎搞 xiāgǎo；胡说 húshuō ＝ do or say sth. outrageous：to ～ a joke 乱说笑话 luànshuō xiàohua

perpetrator *n.* 作恶者 zuò'èzhě；坏分子 huàifènzǐ；犯人 fànrén；行凶者 xíngxiōngzhě

perpetual *a.* **1.** 永久的 yǒngjiǔde；永恒的 yǒnghéngde：the ～ calendar 万年历 wànniánlì / a ～ motion 恒动 héngdòng；永动 yǒngdòng **2.** 不间断的 bù jiānduànde；不停的 bùtíngde ＝ continual **3.** 终身的 zhōngshēnde ＝ for ever

perpetually *ad.* **1.** 永久地 yǒngjiǔde；永远 yǒngyuǎn **2.**（口语，贬义）（kǒuyǔ，biǎnyì）老是 lǎoshì：He is ～ bothering his friends with requests for loans. 他老是麻烦他的朋友，要求借钱。Tā lǎoshì máfan tāde péngyou，yāoqiú jiè qián.

perpetuate *v.* 保全 bǎoquán；使…永垂不朽 shǐ…yǒngchuí bùxiǔ：to ～ one's name 留芳百世 liúfāng-bǎishì

perpetuity *n.* **1.** 永久 yǒngjiǔ；永恒 yǒnghéng：in ～ 永远地 yǒngyuǎnde **2.** 永存物 yǒngcúnwù；终身年金 zhōngshēn niánjīn ＝ perpetual annuity；永久所有权 yǒngjiǔ suǒyǒuquán ＝ perpetual possession ＊ in law

perplex *v.* **1.** 迷惑 míhuo；难住 nánzhù；窘 jiǒng ＝ puzzle：to be ～ed at … 对…感到很窘 duì…gǎndào hěn jiǒng **2.** 使…纷乱 shǐ…fēnluàn；使…纠缠不清 shǐ…jiūchán-bùqīng ＝ make more confusion

perplexed *a.* **1.** 迷惑的 míhuode；为难的 wéinánde；困迫的 kùnpòde **2.** 纠缠不清的 jiūchán-bùqīngde：a ～ question 错综复杂的问题 cuòzōng fùzáde wèntí

perplexity *n.* 迷惑 míhuo；窘态 jiǒngtài；纷乱 fēnluàn：in ～ 迷惑地 míhuode

perquisite *n.* **1.** 外块 wàikuài；奖金 jiǎngjīn **2.**（英）小费（Yīng）xiǎofèi ＝ tip

perry *n.* 梨酒 líjiǔ

persecute *v.* **1.** 迫害 pòhài **2.** 困扰 kùnrǎo；难住 nánzhù：to ～ a person with questions 用问题来难住某人 yòng wèntí lái nánzhù mǒurén

persecution *n.* 迫害 pòhài：political ～ 政治迫害 zhèngzhì pòhài / to suffer ～ 遭受迫害 zāoshòu pòhài

persecutor *n.* 迫害者 pòhàizhě；虐待者 nüèdàizhě

perseverance *n.* 坚持 jiānchí；坚忍 jiānrěn；恒心 héngxīn

persevere *v.* 坚持 jiānchí；不屈不挠 bùqū-bùnáo：to ～ in one's studies 坚持学习 jiānchí xuéxí / to ～ in the right against all opposition 不顾一切反对，坚持正义 búgù yíqiè fǎnduì，jiānchí zhèngyì / to ～ to the end 坚持到底 jiānchí dàodǐ / to ～ with one's task 百折不挠地工作 bǎizhé-bùnáode gōngzuò

persevering *a.* 坚持的 jiānchíde；不屈不挠的 bùqū-bùnáode

Persian *a.* 波斯的 Bōsīde；波斯人的 Bōsīrénde；波斯语的 Bōsīyǔde *n.* 波斯人 Bōsīrén；波斯语 Bōsīyǔ

persiflage *n.* 挖苦 wāku；戏弄 xìnòng；嘲弄 cháonòng

persimmon *n.*（植）柿（zhí）shì；柿树 shìshù

persist *v.* **1.** 固执 gùzhí；坚持 jiānchí：to ～ in one's opinion 固执己见 gùzhí-jǐjiàn / to ～ in one's purpose 坚持不渝 jiānchí-bùyú / He ～ed in denying his knowledge of it. 他坚决地说他不知道这事。Tā jiānjuéde shuō tā bùzhīdào zhèshì. **2.** 持续 chíxù；存留 cúnliú：The tendency still ～s. 这种倾向继续存在。Zhèzhǒng qīngxiàng jìxù cúnzài.

persistence *n.* **1.** 固执 gùzhí；坚持 jiānchí **2.** 持久性 chíjiǔxìng；持续 chíxù；存留 cúnliú：～ of energy 能量守恒 néngliàng shǒuhéng **3.** 持久度 chíjiǔdù

persistency *n.* **1.** 持久性 chíjiǔxìng；持续 chíxù **2.** 持久度 chíjiǔdù

persistent *a.* **1.** 固执的 gùzhíde；坚持的 jiānchíde；坚定不移的 jiāndìng-bùyíde **2.** 持续的 chíxùde；持久的 chíjiǔde

person *n.* **1.** 人 rén（＝ a man，woman or child）：a young ～ 年轻人 niánqīngrén / a judicial ～ 法人 fǎrén / a private ～ 一个喜欢孤独的、不愿谈论私事的人 yíge xǐhuan gūdúde、búyuàn tánlùn sīshìde rén **2.**（贬义）家伙（biǎnyì）jiāhuo：Who is this ～？这家伙是谁？Zhè jiāhuo shì shéi？**3.** 本人 běnrén：He must come in ～. 他务必亲自来。Tā wùbì qīnzì lái. **4.**［a ～］人身 rénshēn；容貌 róngmào：He has a fine ～. 他

容貌漂亮。Tā róngmào piàoliang. **5.**（语）人称（yǔ）rénchēng：the first ～ 第一人称 dì-yī rénchēng / the second ～ 第二人称 dì-èr rénchēng / the third ～ 第三人称 dì-sān rénchēng

persona *n.* 人 rén（= person）：a ～ grata（外交）受欢迎的人（wàijiāo）shòu huānyíngde rén / a ～ non grata to a country 不受某国欢迎的人 búshòu mǒuguó huānyíngde rén

personable *a.* 漂亮 piàoliang = good-looking

personage *n.* **1.** 贵人 guìrén；显贵 xiǎnguì；名流 míngliú；名人 míngrén **2.** 角色 juésè；人物 rénwù * in literary works

personal *a.* **1.** 个人的 gèrénde；私人的 sīrénde：a ～ letter 私信 sīxìn / ～ history 履历 lǚlì / a ～ opinion 个人意见 gèrén yìjian **2.** 本人的 běnrénde；亲身的 qīnshēnde：a ～ call 亲自访问 qīnzì fǎngwèn **3.** 人身的 rénshēnde；针对个人的 zhēnduì gèrénde：to make ～ abuse 进行人身攻击 jìnxíng rénshēn gōngjī **4.** 身体的 shēntǐde：a ～ appearance 容貌 róngmào；风度 fēngdù **5.**（语）人称的（yǔ）rénchēngde：a ～ pronoun 人称代词 rénchēng dàicí **6.**（法）（fǎ）属于个人的 shǔyú gèrénde；可动的 kědòngde：～ property 动产 dòngchǎn

personality *n.* **1.** 人的本身 rénde běnshēn；人的存在 rénde cúnzài；人间 rénjiān **2.** 个性 gèxìng；人格 réngé；风度 fēngdù：dual ～ 双重人格 shuāngchóng réngé / a man of strong ～ 个性强的人 gèxìng qiángde rén / He has a very forceful ～. 他有坚强的个性。Tā yǒu jiānqiángde gèxìng. **3.** 人物 rénwù：to associate with various personalities 同各种人物交往 tóng gèzhǒng rénwù jiāowǎng **4.** 人物批评 rénwù pīpíng；人身攻击 rénshēn gōngjī（*pl.*）= impolite remarks about sb.

personally *ad.* **1.** 亲自 qīnzì：I'll ～ visit him. 我要亲自拜访他。Wǒ yào qīnzì bàifǎng tā. **2.** 就个人来说 jiù gèrén lái shuō：P-, I have no objection. 我个人并不反对。Wǒ gèrén bìngbù fǎnduì.

personalty *n.*（法）动产（fǎ）dòngchǎn

personate *v.* 扮演 bànyǎn；冒充 màochōng；假冒 jiǎmào

personification *n.* **1.** 拟人 nǐrén；拟人法 nǐrénfǎ **2.** 体现 tǐxiàn **3.**［the ～］化身 huàshēn；典型 diǎnxíng：He is the ～ of patriotism. 他是爱国主义的典范。Tā shì àiguózhǔyìde diǎnfàn.

personify *v.* **1.** 拟以为人 nǐ yǐ wéirén；人格化 réngéhuà **2.** 表现 biǎoxiàn；体现 tǐxiàn：Artists ～ beauty in their works. 艺术家在作品中把美表

现出来。Yìshùjiā zài zuòpǐnzhōng bǎ měi biǎoxiàn chūlái. / He is kindness personified. 他是仁慈的化身。Tā shì réncíde huàshēn.

personnel *n.* **1.** 全体人员 quántǐ rényuán；(全体)职员 (quántǐ)zhíyuán：the bureau of ～ 人事局 rénshìjú / the leading ～ of the state 国家领导人 guójiā lǐngdǎorén / to train ～ for construction 培养建设人才 péiyǎng jiànshè réncái **2.** (定语)人事 (dìngyǔ) rénshì：the ～ division (section) 人事处(科) rénshìchù(kē) / ～ management 人事管理 rénshì guǎnlǐ / ～ service 人事(工作) rénshì(gōngzuò) *v.* 配备人员 pèibèi rényuán

perspective *n.* **1.** 透视画法 tòushì huàfǎ；透视画 tòushìhuà **2.** 远景 yuǎnjǐng；前程 qiánchéng = future **3.** 相当比例 xiāngdāng bǐlì：to see things in ～ 正确地观察事物 zhèngquède guānchá shìwù *a.* 透视的 tòushìde；透视画法的 tòushì huàfǎde

perspex *n.* 防风玻璃 fángfēng bōlí

perspicacious *a.* (指人)颖悟的 (zhǐ rén) yǐngwùde；灵敏的 língmǐnde

perspicuity *n.* 明晰 míngxī；明白 míngbai

perspicuous *a.* **1.** (指文) 明晰的 (zhǐ wén) míngxīde；明白的 míngbaide **2.** (指人)表达清楚的 (zhǐ rén) biǎodá qīngchude

perspiration *n.* 出汗 chūhàn；汗 hàn

perspire *v.* 出汗 chūhàn

persuade *v.* **1.** 说服 shuōfú；劝动 quàndòng；劝导 quàndǎo：I have ～d him to do it. 我已经说服他去做这事。Wǒ yǐjīng shuōfú tā qùzuò zhèshì. / to ～ a person out of these notions 劝人放弃这些念头 quàn rén fàngqì zhèxiē niàntou **2.** 使(人)信服 shǐ(rén)xìnfú：I have ～d him of its truth. 我使他相信了其中的真理。Wǒ shǐ tā xiāngxìnle qízhōngde zhēnlǐ. / I am ～d of his innocence. 我相信他没罪。Wǒ xiāngxìn tā méizuì.

persuasion *n.* **1.** 说服 shuōfú；劝导 quàndǎo；说服力 shuōfúlì **2.** 坚信 jiānxìn；信仰 xìnyǎng = belief **3.** 教派 jiàopài：a man of the Christian ～ 基督教徒 jīdū jiàotú **4.** (口语)种类 (kǒuyǔ) zhǒnglèi = kind；性别 xìngbié = sex

persuasive *a.* 有说服力的 yǒu shuōfúlìde；说服性的 shuōfúxìngde；劝导性的 quàndǎoxìngde；劝诱的 quànyòude

pert *a.* 不客气的 bú kèqide；冒失的 màoshide：Such a ～ talk！好不客气的话！Hǎobú kèqide huà！

pertain *v.* **1.** [~ to] 属于 shǔyú: the enthusiasm ~ing to youth 青年所固有的热情 qīngnián suǒ gùyǒude rèqíng **2.** 适于 shìyú; 关于 guānyú = belong to
pertinacious *a.* 坚持的 jiānchíde; 顽强的 wánqiángde
pertinacity *n.* 坚持 jiānchí; 顽强 wánqiáng; 执拗 zhíniù
pertinence *n.* 适当 shìdàng; 恰当 qiàdàng
pertinent *a.* 适当的 shìdàngde; 恰当的 qiàdàngde; 中肯的 zhòngkěnde; 关连的 guānliánde: the point ~ to the question 与问题有关的要点 yǔ wèntí yǒuguānde yàodiǎn
perturb *v.* 使…不安 shǐ…bù'ān; 扰乱 rǎoluàn; 扰动 rǎodòng
perturbable *a.* 易被扰乱的 yì bèi rǎoluànde; 易动摇的 yì dòngyáode
perturbation *n.* **1.** (心理)情绪不安 (xīnlǐ) qíngxù bù'ān **2.** 扰乱 rǎoluàn = causing trouble
peruke *n.* (男用)假发 (nányòng) jiǎfà
perusal *n.* 精读 jīngdú; 细读 xìdú: It well deserves ~. 这很值得精读一番。Zhè hěn zhíde jīngdú yìfān.
peruse *v.* 精读 jīngdú; 细读 xìdú
Peruvian *a.* 秘鲁的 Bìlǔde; 秘鲁人的 Bìlǔrénde *n.* 秘鲁人 Bìlǔrén
pervade *v.* 普及 pǔjí; 弥漫 mímàn; 渗透 shèntòu: The odor of pines ~s the air. 松树的气味弥漫在空中。Sōngshùde qìwèi mímàn zài kōngzhōng.
pervasion *n.* 普及 pǔjí; 弥漫 mímàn
pervasive *a.* 普及的 pǔjíde; 弥漫的 mímànde
perverse *a.* **1.** 坚持错误的 jiānchí cuòwùde; 刚愎的 gāngbìde: He is ~ in temper. 他性情刚愎。Tā xìngqíng gāngbì. **2.** 邪恶的 xié'ède = wrong // ~ness *n.*
perversion *n.* **1.** 歪曲 wāiqū; 曲解 qūjiě; 误用 wùyòng **2.** 蜕化 tuìhuà; 堕落 duòluò **3.** (心理)反常 (xīnlǐ) fǎncháng
perversity *n.* **1.** 任性 rènxìng; 刚愎 gāngbì **2.** 邪恶 xié'è; 恶行 èxíng
pervert *v.* **1.** 歪曲 wāiqū; 曲解 qūjiě; 误用 wùyòng = abuse **2.** 使…蜕化变质 shǐ…tuìhuà biànzhì; 败坏 bàihuài; 使…反常 shǐ…fǎncháng = turn … away from what is normal *n.* 蜕化变质者 tuìhuà biànzhìzhě; 背教者 bèijiàozhě; 性反常者 xìng-fǎnchángzhě
pervious *a.* **1.** (指物质)(zhǐ wùzhì) 能透过的 néng tòuguòde **2.** 服理的

fúlǐde；能接受的 néng jiēshòude = able to accept reasons

peseta *n.* 比塞塔 bǐsàitǎ（西班牙货币单位 Xībānyá huòbì dānwèi）

pesky *a.*（俚）麻烦的（lǐ）máfande；讨厌的 tǎoyànde

peso *n.* 比索 bǐsuǒ

pessimism *n.* 悲观主义 bēiguānzhǔyì

pessimist *n.* 悲观主义者 bēiguānzhǔyìzhě；厌世者 yànshìzhě

pessimistic *a.* 悲观的 bēiguānde；厌世的 yànshìde

pest *n.* 害虫 hàichóng：a garden ～ 植物寄生虫 zhíwù jìshēngchóng / insect ～ 害虫 hàichóng // ～ control 害虫防止法 hàichóng fángzhǐfǎ

pester *v.* 使…苦恼 shǐ…kǔnǎo：to be ～ed with flies 被苍蝇烦扰 bèi cāngying fánrǎo

pesticide *n.* 杀虫剂 shāchóngjì；农药 nóngyào

pestiferous *a.* **1.** 传染性的 chuánrǎnxìngde **2.** 有害的 yǒuhàide；讨厌的 tǎoyànde = harmful

pestilence *n.* **1.** 疫（病）yì（bìng）；时疫 shíyì = epidemic disease；鼠疫 shǔyì = bubonic plague **2.** 有害的事 yǒuhàide shì = harmful thing

pestilent *a.* **1.** 恶疫的 èyìde；传染性的 chuánrǎnxìngde；致命的 zhìmìngde **2.** 有害的 yǒuhàide；有毒素的 yǒudúsùde = harmful **3.**（口语）讨厌的（kǒuyǔ）tǎoyànde = troublesome

pestilential *a.* **1.** 疫病的 yìbìngde **2.**（指思想等）有害的（zhǐ sīxiǎngděng）yǒuhàide **3.**（口语）讨厌透的（kǒuyǔ）tǎoyàntòude

pestle *n.* 杵 chǔ：a mortar and ～ 乳钵和研杵 rǔbō hé yánchǔ *v.* 用杵捣 yòng chǔ dǎo；研碎 yánsuì

pestology *n.* 害虫学 hàichóngxué

pet *n.* **1.** 玩赏动物 wánshǎng dòngwù：Cats, dogs and monkeys are usual ～s. 猫、狗和猴子是人们一般所喜爱的动物。Māo、gǒu hé hóuzi shì rénmen yìbān suǒ xǐ'àide dòngwù. **2.** 爱子 àizǐ；宠爱物 chǒng'àiwù：the teacher's ～ 得意门生 déyì-ménshēng / to make a ～ of a child 宠爱一个孩子 chǒng'ài yíge háizi **3.**（定语）(dìngyǔ)：one's ～ aversion 最讨厌的东西 zuì tǎoyànde dōngxi / a ～ name 爱称 àichēng *v.* 宠爱 chǒng'ài；爱抚 àifǔ

petal *n.* 花瓣 huābàn

petard *n.* **1.** 爆发具（古时轰城用）bàofājù（gǔshí hōngchéng yòng）：to hoist with one's own ～ 害人反害己 hàirén fǎn hàijǐ **2.** 爆竹 bàozhú =

fire-cracker

peter *v.* 逐渐消失 zhújiàn xiāoshī；逐渐停止 zhújiàn tíngzhǐ

petersham *n.* 厚呢大衣 hòuní dàyī；厚呢绒 hòuníróng；粗呢 cūní

petit *a.* 小 xiǎo = little：~ bourgeois 小资产阶级 xiǎo zīchǎnjiējí / ~ mal (医)(癫痫)小发作 (yī) (diānxián)xiǎofāzuò

petite *a.* (指妇女) 娇小玲珑 (zhǐ fùnǚ) jiāoxiǎo línglóng

petition *n.* **1.** 请愿 qǐngyuàn；申请 shēnqǐng **2.** 请愿书 qǐngyuànshū；起诉书 qǐsùshū：to present a ~ to 向…递请愿书 xiàng…dì qǐngyuànshū **3.** 祈求 qíqiú = prayer *v.* 请愿 qǐngyuàn；请求 qǐngqiú

petitioner *n.* 请愿人 qǐngyuànrén；请求人 qǐngqiúrén

petrel *n.* 海燕 hǎiyàn

petrify *v.* **1.** 石化 shíhuà = turn … into stone **2.** 失神落魄 shīshén-luòpò；使…麻木 shǐ…mámù：to be petrified with terror 吓得目瞪口呆 xiàde mùdèng-kǒudāi

petrochemistry *n.* 石油化学 shíyóu huàxué

petrography *n.* 岩相 yánxiàng；岩石(分类)学 yánshí(fēnlèi)xué

petrol *n.* 汽油 qìyóu：a ~ station 加油站 jiāyóuzhàn

petroleum *n.* 石油 shíyóu：a ~ refinery 石油加工工厂 shíyóu jiāgōng gōngchǎng

petrology 岩石学 yánshíxué

petticoat *n.* **1.** 衬裙 chènqún：P-s are made to go inside, the dresses outside. 衬裙是做来穿在里边的，衣服是穿在外面的。Chènqún shì zuòlái chuānzài lǐbiānde；yīfu shì chuānzài wàimiande. **2.** 裙子 qúnzi

pettifogger *n.* **1.** 小律师 xiǎolǜshī；讼棍 sònggùn **2.** 骗子 piànzi = cheat

pettifogging *a.* 为不重要的小节而烦恼的 wèi bú zhòngyàode xiǎojié ér fánnǎode；小题大作的 xiǎotí-dàzuòde

pettiness *n.* **1.** 细小 xìxiǎo；小气 xiǎoqi **2.** 小事 xiǎoshì = trifle

pettish *a.* 易发脾气的 yìfā píqide；性急的 xìngjíde

petty *a.* **1.** 细小 xìxiǎo；不重要 búzhòngyào：~ troubles 小毛病 xiǎo máobìng / ~ cash 零用钱 língyòngqián / a ~ officer (英)海军中士 (Yīng) hǎijūn zhōngshì；(美)海军军士 (Měi) hǎijūn jūnshì **2.** 小规模的 xiǎo guīmóde：a ~ farmer 小农 xiǎonóng **3.** 小气的 xiǎoqide：~ minds 小心眼儿 xiǎoxīnyǎnr

petulance *n.* 暴躁 bàozào

petulant *a*. 性急的 xìngjíde；暴躁的 bàozàode
petunia *n*. 矮牵牛花 ǎi qiānniúhuā
pew *n*. 教堂长椅 jiàotáng chángyǐ：the family ～ 家族专用座位 jiāzú zhuānyòng zuòwèi
pewit *n*. 欧洲黑头鸥 Ōuzhōu hēitóu'ōu
pewter *n*. **1**. 白镴 báilà **2**. 白镴器皿 báilà qìmǐn；镴器 làqì
pfennig *n*. （德）分尼 （Dé） fēnní
phaeton *n*. 四轮双座马车 sìlún shuāngzuò mǎchē；一种旅行车 yìzhǒng lǚxíngchē
phagocyte *n*. 吞噬细胞 tūnshì xìbāo
phalanx *n*. 方阵 fāngzhèn；密集队伍 mìjí duìwu
phallus *n*. 男性生殖器 nánxìng shēngzhíqì
phantasm *n*. **1**. 幻影 huànyǐng；幻象 huànxiàng ＝ illusion **2**. 鬼 guǐ；幽灵 yōulíng ＝ ghost
phantasy *n*. ＝ fantasy
phantom *n*. **1**. 鬼 guǐ；幽灵 yōulíng；幻影 huànyǐng；幻象 huànxiàng **2**. 幻觉 huànjué；妄想 wàngxiǎng **3**.（定语）（dìngyǔ）：～ drawing 幻画 huànhuà / ～ pain 幻痛 huàntòng / a ～ ship 鬼船 guǐchuán
Pharaoh *n*. 法老 Fǎlǎo
Pharisee *n*. **1**.（圣经）法利赛人（Shèngjīng） Fǎlìsàirén **2**. [p-] 伪善者 wěishànzhě ＝ hypocrite
pharmaceutic（al） *a*. 药物的 yàowùde：～ chemistry 药物化学 yàowù huàxué
pharmaceutics *n*. 制药学 zhìyàoxué
pharmaceutist, pharmacist *n*. **1**. 药剂师 yàojìshī；调剂员 tiáojìyuán **2**. 药商 yàoshāng ＝ one who sells medicines
pharmacognosy *n*. 生药学 shēngyàoxué
pharmacology *n*. 药理学 yàolǐxué；药物学 yàowùxué
pharmacopoeia *n*. 药典 yàodiǎn
pharmacy *n*. **1**. 药房 yàofáng **2**. 药剂学 yàojìxué
pharos *n*. 灯塔 dēngtǎ；航线标灯 hángxiàn biāodēng
pharyngitis *n*. 咽炎 yānyán
pharynx *n*. （解）咽 （jiě） yān
phase *n*. **1**. 状态 zhuàngtài；形势 xíngshì；局面 júmiàn；阶段 jiēduàn：to

enter a new ～ 进入新阶段 jìnrù xīn jiēduàn **2.** 方面 fāngmiàn = aspect **3.** 相位 xiàngwèi：a ～ of the moon 月相 yuèxiàng / the ～ rule 相律 xiànglǜ

Ph. D. 哲学博士 zhéxué bóshì

pheasant *n.* (动)野鸡 (dòng) yějī

phenix *n.* = phoenix

phenol *n.* (化)苯酚 (huà) běnfēn；石炭酸 shítànsuān

phenolphthalein *n.* (化) 酚酞 (huà) fēntài

phenomena *n.* phenomenon 的复数 "phenomenon"de fùshù

phenomenal *a.* **1.** 现象的 xiànxiàngde；自然现象的 zìrán xiànxiàngde **2.** 惊人的 jīngrénde；非常的 fēichángde；巨大的 jùdàde：a ～ harvest 大丰收 dàfēngshōu

phenomenon *n.* **1.** 现象 xiànxiàng：the ～ of nature 自然现象 zìrán xiànxiàng **2.** 特异现象 tèyì xiànxiàng；珍奇 zhēnqí；珍品 zhēnpǐn；非凡的人 fēifánde rén：an infant ～ 神童 shéntóng

phenyl(e) *n.* (化)苯基 (huà) běnjī

phew *int.* 呸 pēi；啐 cuì

phial *n.* 小药瓶 xiǎoyàopíng

philander *v.* 调戏妇女 tiáoxì fùnǚ；追求女人 zhuīqiú nǚrén

philanthropic(al) *a.* 慈善的 císhànde；仁慈的 réncíde

philanthropist *n.* 慈善家 císhànjiā

philanthropy *n.* 慈善事业 císhàn shìyè；慈善行为 císhàn xíngwéi

philatelist *n.* 集邮者 jíyóuzhě

philately *n.* 集邮 jíyóu

Philippine *a.* 菲律宾的 Fēilǜbīnde；菲律宾人的 Fēilǜbīnrénde

Philistine *n.* **1.** 非利士人 Fēilìshìrén **2.** 庸夫俗子 yōngfū súzǐ；俗物 súwù；市侩 shìkuài = uncultured person

philologist *n.* 语言学家 yǔyán xuéjiā；语文学家 yǔwén xuéjiā

philology *n.* **1.** 语言学 yǔyánxué；语文学 yǔwénxué：comparative ～ 比较语言学 bǐjiào yǔyánxué / English ～ 英语学 Yīngyǔxué **2.** 文献学 wénxiànxué = science of documentation

philosopher *n.* **1.** 哲学家 zhéxuéjiā **2.** 哲人 zhérén；贤人 xiánrén：～s' stone 点金石 diǎnjīnshí

philosophic(al) *a.* **1.** 哲学的 zhéxuéde；哲学上的 zhéxuéshangde：～

studies 哲学研究 zhéxué yánjiū **2**. 哲人似的 zhérénshìde；冷静的 lěngjìngde = like a philosopher；calm

philosophize *v*. **1**. 思索 sīsuǒ：Man ～s as he lives. 人活着就思索着。Rén huózhe jiù sīsuǒzhe. **2**. 探究哲理 tànjiū zhélǐ **3**. 从哲学上来看 cóng zhéxuéshang láikàn

philosophy *n*. **1**. 哲学 zhéxué **2**.（一种）哲学（yìzhǒng）zhéxué：the ～ of grammar 语法哲学 yǔfǎ zhéxué / the ～ of history 历史哲学 lìshǐ zhéxué / a ～ of living 处事哲学 chǔshì zhéxué **3**. 哲学精神 zhéxué jīngshén；哲人态度 zhérén tàidu；悟道 wùdào

philtre, philter *n*. 春药 chūnyào

phiz *n*.（俗）脸（sú）liǎn = face；容貌 róngmào = features of the face

phlebitis *n*. 静脉炎 jìngmàiyán

phlegm *n*. **1**. 痰 tán **2**. 迟钝 chídùn = sluggishness；冷淡 lěngdàn

phlegmatic *a*. 粘液质的 niányèzhìde；冷静的 lěngjìngde；迟钝的 chídùnde

phlox *n*. 福禄考花 fúlùkǎohuā

phobia *n*. 病态的恐惧及憎恶 bìngtàide kǒngjù jí zēngwù；恐怖症 kǒngbùzhèng

phoenix *n*. 凤凰 fènghuáng

phone *n*. **1**. 电话 diànhuà；电话机 diànhuàjī：You are wanted on the ～. 有人给你来电话。Yǒu rén gěi nǐ lái diànhuà. / Please call him to the ～. 请他来接电话。Qǐng tā lái jiē diànhuà. **2**. 音素 yīnsù = single speech sound *v*. 打电话 dǎ diànhuà；用电话通知 yòng diànhuà tōngzhī：Can I ～ you up？能给你打电话吗？Néng gěi nǐ dǎ diànhuà ma？

phoneme *n*. 语音 yǔyīn；音位 yīnwèi

phonemic *a*. 音位的 yīnwèide

phonemics *n*. 音位学 yīnwèixué

phonetic *a*. 语音的 yǔyīnde；表示语音的 biǎoshì yǔyīnde：the international ～ alphabet 国际音标 guójì yīnbiāo / ～ signs 音标 yīnbiāo

phonetically *ad*. 按照发音 ànzhào fāyīn；语音学上 yǔyīnxuéshang

phonetician *n*. 语音学家 yǔyīnxuéjiā；语音学者 yǔyīnxuézhě

phonetics *n*. 语音学 yǔyīnxué：P- deals with speech sounds. 语音学是研究语言声音的。Yǔyīnxué shì yánjiū yǔyán shēngyīnde.

phoney (美俚)(Měilǐ) *a.* 假的 jiǎde：a ～ war 虚张声势的战争 xūzhāngshēngshìde zhànzhēng *n.* 假货 jiǎhuò；骗子 piànzi

phonic *a.* 声音的 shēngyīnde；语音的 yǔyīnde

phonogram *n.* 音标文字 yīnbiāo wénzì

phonograph *n.* 留声机 liúshēngjī；唱机 chàngjī

phonology *n.* 音韵学 yīnyùnxué

phosgene *n.* 光气 guāngqì；碳酰氯 tànxiānlǜ

phosphate *n.* 磷酸盐 línsuānyán；磷酸酯 línsuānzhī

phosphide *n.* 磷化物 línhuàwù

phosphine *n.* 磷化氢 línhuàqīng；碱性染革黄棕 jiǎnxìng rǎngé huángzōng

phosphor *n.* (化)磷光体 (huà) línguāngtǐ；黄磷 huánglín

phosphorescence *n.* 磷光 línguāng

phosphorescent *a.* 发磷光的 fā línguāngde

phosphoric *a.* 磷的 línde：～ acid 磷酸 línsuān

phosphorous *a.* 亚磷的 yàlínde：～ acid 亚磷酸 yàlínsuān / a ～ bomb 磷燃烧弹 línránshāodàn

phosphorus *n.* **1.** 磷 lín **2.** ［P-］启明星 qǐmíngxīng；金星 jīnxīng ＝ Venus

phot *n.* 辐透 fútòu

photo *n.* 照片 zhàopiàn // a ～ finish (跑马等)摄影决胜 (pǎomǎ děng) shèyǐng juéshèng

photocell *n.* 光电池 guāngdiànchí

photochemical *a.* 光化(作用)的 guānghuà (zuòyòng)de：～ reaction 光化反应 guānghuà fǎnyìng

photochemistry *n.* 光化学 guānghuàxué

photoconductive *a.* 光电导的 guāngdiàndǎode：～ effect 内光电效应 nèi guāngdiàn xiàoyìng

photoelectric *a.* 光电的 guāngdiànde：a ～ cell 光电管 guāngdiànguǎn / ～ effect 光电效应 guāngdiàn xiàoyìng

photoelectron *n.* 光电子 guāngdiànzǐ

photoengraving *n.* 照相版 zhàoxiàngbǎn

photogenic *a.* 发光的 fāguāngde；上照的 shàngzhàode；上镜头的 shàng jìngtóude；适于拍照的 shìyú pāizhàode

photograph *n.* 照片 zhàopiàn：to take a ～ of one's child 给孩子拍张照片

gěi háizi pāi zhāng zhàopiàn / to have one's ～ taken at a studio 在照像馆照相 zài zhàoxiàngguǎn zhàoxiàng *v*. 照像 zhàoxiàng: I had myself ～ed. 我(叫别人给我)拍了一张照。Wǒ (jiào biérén gěi wǒ) pāile yìzhāng zhào. / I always ～ badly. 我老是照得不好。Wǒ lǎoshì zhàode bùhǎo.

photographer *n*. 照相师 zhàoxiàngshī; 摄影师 shèyǐngshī

photographic *a*. 照相的 zhàoxiàngde: a ～ album 照像册 zhàoxiàngcè / a ～ negative 照像底片 zhàoxiàng dǐpiàn

photography *n*. 照相术 zhàoxiàngshù; 摄影术 shèyǐngshù

photogravure *n*. 凹版摄影术 āobǎn shèyǐngshù; 照相凹版 zhàoxiàng'āobǎn

photomap *n*. 照相地图 zhàoxiàng dìtú *v*. 给(城市等)照相制图 gěi (chéngshì děng) zhàoxiàng zhìtú

photometer *n*. 光度计 guāngdùjì

photometry *n*. 光度学 guāngdùxué; 计光术 jìguāngshù

photomicrograph *n*. 显微照相 xiǎnwēi zhàoxiàng

photomontage *n*. 集成照片 jíchéng zhàopiàn; 集成照片制作法 jíchéng zhàopiàn zhìzuòfǎ

photomural *n*. 展览照片 zhǎnlǎn zhàopiàn; 壁画式照片 bìhuàshì zhàopiàn

photon *n*. 光子 guāngzǐ

photosphere *n*. 光球 guāngqiú

photosynthesis *n*. 光合作用 guānghé zuòyòng

photovoltaic *a*. 光电池的 guāngdiànchíde: ～ effect 光生伏打效应 guāngshēng fúdǎ xiàoyìng

phrasal *a*. 短语的 duǎnyǔde; 片语的 piànyǔde: ～ verbs 短语动词 duǎnyǔ dòngcí

phrase *n*. **1**. 短语 duǎnyǔ; 片语 piànyǔ; 词组 cízǔ: a noun ～ 名词短语 míngcí duǎnyǔ / an adjective ～ 形容词短语 xíngróngcí duǎnyǔ / a figurative ～ 比喻语 bǐyùyǔ / a set ～ 惯用语 guànyòngyǔ **2**. 习语 xíyǔ; 惯用语 guànyòngyǔ: ～s and idioms 习语和成语 xíyǔ hé chéngyǔ / a common ～ 常说的话 cháng shuōde huà **3**. 名言 míngyán; 警句 jǐngjù **4**. 词句 cíjù; 措辞 cuòcí: to speak in a simple ～ 用简单的话说 yòng jiǎndānde huà shuō **5.** 乐句 yuèjù * in music **6.** [~s] 空话 kōnghuà; 废话 fèihuà = nonsense

phraseological *a.* 措辞的 cuòcíde; 习语的 xíyǔde; 熟语的 shúyǔde: a ~ dictionary 习语词典 xíyǔ cídiǎn

phraseology *n.* **1.** 措辞 cuòcí; 表现法 biǎoxiànfǎ; 熟语学 shúyǔxué **2.** 用语集 yòngyǔjí; 术语 shùyǔ: the ~ of lawyers 法律用语 fǎlǜ yòngyǔ

phrenology *n.* 脑理学 nǎolǐxué; 脑相学 nǎoxiàngxué

phthisis *n.* **1.** 消耗病 xiāohào bìng **2.** 肺结核 fèijiéhé; 痨病 láobìng

phut *n.* & *ad.* 啪 pā: to go ~ 崩溃 bēngkuì; 倒塌 dǎotā

phycology *n.* 藻类学 zǎolèixué

phylogeny *n.* 种系发生 zhǒngxì fāshēng; 系统发育 xìtǒng fāyù

phylum *n.* **1.** (动物分类)门 (dòngwù fēnlèi) mén **2.** (语)语群 (yǔ) yǔqún

physic *n.* 医药 yīyào: a dose of ~ 一服药 yīfú yào *v.* 治疗 zhìliáo; 给…服药 gěi … fúyào

physical *n.* **1.** 肉体的 ròutǐde; 身体的 shēntǐde: ~ education 体育 tǐyù / ~ exercise 体育锻炼 tǐyù duànliàn; 体操 tǐcāo / ~ labor 体力劳动 tǐlì láodòng / a ~ examination 体格检查 tǐgé jiǎnchá **2.** 自然(界)的 zìrán (jiè)de; 物质的 wùzhìde; 有形的 yǒuxíngde: ~ geography 自然地理(学) zìrán dìlǐ (xué) / ~ laws 自然法则 zìrán fǎzé / the ~ world 物质界 wùzhìjiè **3.** 物理的 wùlǐde: a ~ change 物理变化 wùlǐ biànhuà / ~ chemistry 物理化学 wùlǐ huàxué / ~ science 物理学 wùlǐxué

physically *ad.* **1.** 身体上 shēntǐshang; 体格上 tǐgéshang: ~ strong 身体强健 shēntǐ qiángjiàn / ~ and mentally 身心两方面 shēn-xīn liǎngfāngmiàn **2.** 按自然规律 àn zìrán guīlǜ **3.** 物质上 wùzhìshang

physician *n.* 医师 yīshī; 内科医师 nèikē yīshī

physicist *n.* 物理学家 wùlǐxuéjiā

physics *n.* 物理学 wùlǐxué: general ~ 普通物理学 pǔtōng wùlǐxué / nuclear ~ 原子物理学 yuánzǐ wùlǐxué

physiognomy *n.* **1.** 面相 miànxiàng **2.** 相面术 xiàngmiànshù **3.** 地貌 dìmào: 地势 dìshì; 外貌 wàimào = general features of the country

physiography *n.* 地文学 dìwénxué; 自然地理学 zìrán dìlǐxué

physiological *a.* 生理的 shēnglǐde: ~ saline solution 生理食盐水 shēnglǐ shíyánshuǐ / ~ solution 生理溶液 shēnglǐ róngyè

physiologist *n.* 生理学家 shēnglǐxuéjiā
physiology *n.* 生理学 shēnglǐxué
physiotherapy *n.* 物理治疗法 wùlǐ zhìliáofǎ
physique *n.* 体格 tǐgé: a man of strong ～ 体格健壮的人 tǐgé jiànzhuàngde rén
phytology *n.* 植物学 zhíwùxué
phytopathology *n.* 植物病理学 zhíwù bìnglǐxué
phytotomy *n.* 植物解剖学 zhíwù jiěpōu xué
pianissimo *ad.* 十分微弱地 shífēn wēiruòde；很轻地 hěn qīngde *n.* 极度轻奏的歌词 jídù qīngzòude gēcí
pianist *n.* 钢琴家 gāngqínjiā
piano *n.* **1.** 钢琴 gāngqín：to play the ～ 弹钢琴 tán gāngqín / At the ～ will be … 由…伴奏钢琴 yóu … bànzòu gāngqín **2.** 轻奏歌词 qīngzòu gēcí *ad.* 微弱地 wēiruòde；轻轻地 qīngqīngde
pianoforte *n.* 钢琴 gāngqín
piastre, piaster *n.* 中东某些国家的货币单位 Zhōngdōng mǒuxiē guójiāde huòbì dānwèi
piazza *n.* **1.** 广场 guǎngchǎng = public square **2.** 步廊 bùláng；走廊 zǒuláng = corridor
pibroch *n.* 风笛变奏曲 fēngdí biànzòuqǔ
picador *n.* 骑马的斗牛士 qímǎde dòuniúshì
picaresque *a.* （指小说、文体）以恶徒及流浪者之冒险事迹为题材的（zhǐ xiǎoshuō、wéntǐ）yǐ ètú jí liúlàngzhě zhī màoxiǎn shìjī wéi tícáide
piccalilli *n.* 辛辣的泡菜 xīnlàde pàocài
piccaninny *n.* 黑人小孩 hēirén xiǎohái
piccolo *n.* 短笛 duǎndí
pick *n.* **1.** 镐 gǎo；风镐 fēnggǎo **2.** 挑剔物 tiāotiwù **3.** 选择 xuǎnzé；精选物 jīngxuǎnwù *v.* **1.** 采 cǎi；摘 zhāi：to ～ cotton 摘棉花 zhāi miánhua / to ～ flowers 采花 cǎihuā / to ～ fruit 摘果子 zhāi guǒzi **2.** 挑选 tiāoxuǎn：P- the best one. 挑最好的吧。Tiāo zuì hǎodeba. / ～ and choose 挑挑拣拣 tiāotiao-jiǎnjiǎn / to ～ one's words 注意措辞 zhùyì cuòcí **3.** 掰 bāi：to ～ something to pieces 把东西撕得粉碎 bǎ dōngxi sīde fěnsuì；吹毛求疵 chuīmáo-qiúcī **4.** 扒窃 páqiè：to ～ a pocket 扒口袋 pá kǒudài **5.** 剔 tì；挖 wā：to ～ one's teeth 剔牙 tìyá /

to ～ a bone 啃骨头 kěn gútou **6.** 拨 bō；弹 tán：to ～ a guitar 弹吉他 tán jítā **7.**（鸟）啄（niǎo）zhuó；（人）细吃（rén）xìchī：to ～ at food 慢慢地吃东西 mànmànde chī dōngxi // to ～ out 挑选 tiāoxuǎn；辨别 biànbié；听出 tīngchū / to ～ off 采取 cǎiqǔ；摘掉 zhāidiào；狙击 jūjī / to ～ up 掘（地）jué（dì）/ 拾起 shíqǐ：to ～ oneself up（摔倒后）站起来（shuāidǎohòu）zhànqǐlái / to ～ up information 采得消息 cǎidé xiāoxi / to ～ up passengers 接客 jiēkè / to ～ up English 学会英语 xuéhuì Yīngyǔ

pickaback *ad*. 驮着 tuózhe：to ride ～ on a person 骑在人背上 qízài rén bèishang // a ～ plane 子机 zǐjī；寄生飞机 jìshēng fēijī

pickax(e) *n*. 丁字镐 dīngzìgǎo

picker *n*. 采摘者 cǎizhāizhě；捡拾者 jiǎnshízhě：rag-～s 捡破烂为生者 jiǎn pòlàn wéishēngzhě

pickerel *n*. 小狗鱼 xiǎogǒuyú；香梭鱼 xiāngsuōyú

picket *n*. **1.** 尖桩 jiānzhuāng **2.** 警戒哨 jǐngjièshào；警戒队 jǐngjièduì；警戒船 jǐngjièchuán；警戒机 jǐngjièjī **3.** 纠察员 jiūcháyuán *v*. **1.** 系（马）jì（mǎ）**2.** 监视 jiānshì；纠察 jiūchá；设置警戒哨 shèzhì jǐngjièshào

picking *n*. **1.** 采集 cǎijí **2.** 扒窃 páqiè = stealing **3.** ［～s］贼赃 zéizāng = things stolen

pickle *n*. **1.** 盐卤 yánlǔ **2.** 酸菜 suāncài；腌渍品 yānzìpǐn **3.** ［a ～］窘境 jiǒngjìng：to be in a sad ～ 处境困难 chǔjìng kùnnan *v*. 腌制 yānzhì；腌渍 yānzì；酸浸 suānjìn

pickpocket *n*. 扒手 páshǒu：Beware of ～s！谨防扒手！Jǐnfáng páshǒu！

pick-up *n*. **1.** 拣拾 jiǎnshí = picking up **2.** 拾声器 shíshēngqì；唱头 chàngtóu * of a gramaphone **3.** 中途搭客 zhōngtú dākè = taking a person along on the way **4.** 萍水相逢者 píngshuǐ-xiāngféng zhě = acquaintance without introduction **5.**（汽车）加速（qìchē）jiāsù **6.**（美口语）（Měi kǒuyǔ）好转 hǎozhuǎn；进步 jìnbù = a change of fortune *a*. 凑合的 còuhede = gathered together extemporarily

picnic *n*. 郊游 jiāoyóu；野餐 yěcān：to go on a ～ 去郊游 qù jiāoyóu；去野餐 qù yěcān *v*. 去郊游 qù jiāoyóu；去野餐 qù yěcān

picnicker *n*. 郊游者 jiāoyóuzhě；参加野餐者 cānjiā yěcānzhě

picric acid（化）苦味酸（huà）kǔwèisuān

pictograph *n.* 象形文字 xiàngxíng wénzì

pictorial *a.* 绘画的 huìhuàde；有插画的 yǒu chāhuàde；图示的 túshìde；图画似的 túhuàshìde *n.* 画报 huàbào；图画杂志 túhuà zázhì

picture *n.* **1.** 画 huà；图画 túhuà；画像 huàxiàng；照片 zhàopiàn：to take a ～ 摄影 shèyǐng / to have one's ～ taken（请人）照像（qǐng rén）zhàoxiàng **2.** 影片 yǐngpiàn ＝ motion picture：the ～s 电影 diànyǐng **3.** 美人 měirén；美景 měijǐng：It's really a ～. 这真象图画般的美丽。Zhè zhēnxiàng túhuàbānde měilì. **4.** 化身 huàshēn：You look the ～ of health. 你看起来十分健康。Nǐ kànqǐlái shífēn jiànkāng. **5.** 一模一样 yìmú-yíyàng：She is the ～ of her mother. 她活象她的妈妈。Tā huóxiàng tāde māma. // a ～ gallery 画廊 huàláng / a ～ palace 电影院 diànyǐngyuàn / a ～ window 陈画窗 chénhuàchuāng *v.* **1.** 画 huà；描写 miáoxiě；描绘 miáohuì ＝ describe **2.** 想象 xiǎngxiàng ＝ imagine：Just ～ to yourself the suffering of the poor. 你就想象一下穷人的痛苦吧。Nǐ jiù xiǎngxiàng yíxià qióngrénde tòngkǔba.

picturebook *n.* 小人书 xiǎorénshū；画册 huàcè

picture-card *n.*（纸牌中的）花牌（zhǐpái zhōngde）huāpái

picturesque *a.* **1.** 美丽如画的 měilì rúhuàde；富于色彩的 fùyú sècǎide **2.**（指语文）逼真的（zhǐ yǔwén）bīzhēnde ＝ vivid **3.**（指个性）有风趣的（zhǐ gèxìng）yǒu fēngqùde；独创的 dúchuàngde ＝ original

picul *n.* 担 dàn

piddling *a.* 微小的 wēixiǎode；不重要的 bú zhòngyàode：～ jobs 小差事 xiǎo chāishi；琐碎的工作 suǒsuìde gōngzuò

pidgin *n.* **1.** 事务 shìwù；工作 gōngzuò：That's not my ～. 那不关我的事。Nà bùguān wǒde shì. **2.** ～ English 洋泾浜英语 yángjīngbāng Yīngyǔ

pie *n.* **1.** 馅儿饼 xiànrbǐng；排 pái：an apple ～ 苹果排 píngguǒ pái / to have a finger in the ～ 染指 rǎnzhǐ；参与其事 cānyù qíshì **2.** 喜鹊 xǐquè ＝ magpie

piebald *a.*（指马）有花斑的（zhǐmǎ）yǒu huābānde *n.* 花斑马 huābānmǎ

piece *n.* **1.**（一）块（yí）kuài；（一）件（yí）jiàn ①（切）片（qiē）piàn；

(碎)块 (suì) kuài；小部分 xiǎo bùfen：a ～ of cloth 一块布 yíkuài bù / a ～ of chalk 一支粉笔 yìzhī fěnbǐ / to cut a thing in ～s 切成小块 qiēchéng xiǎokuì / to tear something to ～s 撕得粉碎 sīde fěnsuì / to fall to ～s 瓦解 wǎjiě / ～ by ～ 一片片 yípiànpiàn ② (一)件 (yí) jiàn：a dinner set of 10 ～s 十件一套的餐具 shí jiàn yítàode cānjù / a ～ of furniture 一件家具 yíjiàn jiājù / a ～ of work 一件工作 yíjiàn gōngzuò ③ (一)匹 (yì) pǐ：a ～ of calico 一匹花布 yìpǐ huābù / a ～ of wallpaper 一卷糊墙纸 yìjuǎn húqiángzhǐ / I'll take the whole ～. 我要买一匹。Wǒ yào mǎi yìpǐ. ④ (一)段 (yí) duàn；(一)片 (yí) piàn：a ～ of land 一段土地 yíduàn tǔdì / a bad ～ of road 一段坏路 yíduàn huàilù / a ～ of water 一片池塘 yípiàn chítáng ⑤ (一)篇 (yì) piān；(一)件 (yí) jiàn：a dramatic ～ 一出戏 yìchū xì / a ～ of music 一支曲 yìzhī qǔ / a ～ of poetry 一首诗 yìshǒu shī / a fine ～ of sculpture 一件精美雕刻品 yíjiàn jīngměi diāokèpǐn ⑥ (一)项 (yí) xiàng；(一)番 (yì) fān：a ～ of kindness 一番好意 yìfān hǎoyì / What a ～ of folly! 好一桩傻事！Hǎo yìzhuāng shǎshì! **2.** 枪 qiāng；炮 pào；钱币 qiánbì：a five-cent ～ 一枚五分钱币 yìméi wǔfēn qiánbì / a field ～ 一门野战炮 yìmén yězhànpào // ～ rate 计件工资 jìjiàn gōngzī；单价 dānjià / ～ wage 计件工资 jìjiàn gōngzī *v.* 接合 jiēhé；拼合 pīnhé；凑合 còuhe；修补 xiūbǔ：to ～ one thing on to another 把一件东西拼在另一件上 bǎ yíjiàn dōngxi pīnzài lìng yíjiànshang / to ～ out 凑成 còuchéng；补足 bǔzú / to ～ up 修补 xiūbǔ；弥缝 míféng

piecemeal *ad.* 一部分 yí bùfen；片段地 piànduànde；逐次 zhúcì *a.* 部分的 bùfende；片段的 piànduànde；逐次的 zhúcìde：～ activity 部分活动 bùfen huódòng / ～ learning 分段学习 fēnduàn xuéxí / by ～ 逐次 zhúcì

piecework *n.* 计件工作 jìjiàn gōngzuò

pieceworker *n.* 计件工 jìjiàngōng

pied *a.* 斑驳的 bānbóde；驳杂的 bózáde

pier *n.* **1.** (桥)墩 (qiáo) dūn **2.** 码头 mǎtou：A ship lies alongside a ～. 船只靠着码头停泊。Chuánzhī kàozhe mǎtou tíngbó. **3.** 窗间壁 chuāngjiānbì

pierce *v.* **1.** 刺透 cìtòu；戳穿 chuōchuān；突破 tūpò：to ～ the enemy's lines 突破敌军战线 tūpò díjūn zhànxiàn **2.** 穿孔 chuānkǒng：to have one's ears ～d 扎耳朵眼儿 zhā ěrduo yǎnr

piercing *a.* 刺穿的 cìchuānde；锐利的 ruìlìde：a ～ cry 尖锐的叫喊 jiānruìde jiàohǎn / a ～ eye 锐利的眼光 ruìlìde yǎnguāng / a ～ wind 刺骨的寒风 cìgǔde hánfēng

pier glass *n.* 窗间镜 chuāngjiānjìng；穿衣镜 chuānyījìng

Pierrot *n.* **1.** 法国哑剧中的丑角 Fǎguó yǎjù zhōngde chǒujué **2.** 身穿宽松白衣面涂白色的表演者 shēnchuān kuānsōng báiyī miàntú báisède biǎoyǎnzhě

piety *n.* 虔敬 qiánjìng；虔诚 qiánchéng；虔敬行为 qiánjìng xíngwéi：filial ～ 孝顺 xiàoshùn

piezochemistry *n.* 高压化学 gāoyā huàxué；压力化学 yālì huàxué

piezoelectric *a.* 压电的 yādiànde：～ effect 压电效应 yādiàn xiàoyìng / a ～ loudspeaker 压电扬声器 yādiàn yángshēngqì

piffle *n.* 废话 fèihuà；无聊的话 wúliáode huà *v.* 胡说 húshuō

pig *n.* **1.** 猪 zhū：to keep ～s 养猪 yǎngzhū **2.** 猪肉 zhūròu：roast ～ 烤猪 kǎo zhū **3.** 生铁(块) shēngtiě (kuài) = ～ iron

pigeon *n.* 鸽子 gēzi

pigeonhole *n.* 鸽舍 gēshè；鸽棚式架 gēpéngshìjià *v.* **1.** 分类整理 fēnlèi zhěnglǐ = categorize **2.** 搁置 gēzhì = to put aside and ignore **3.** 留存 liúcún：to ～ for future reference 留存备用 liúcún bèiyòng

piggish *a.* 猪猡般的 zhūluó bānde；肮脏的 āngzāngde；贪心的 tānxīnde；贪吃的 tānchīde

piggy *n.* 小猪 xiǎozhū

pig iron *n.* 生铁 shēngtiě

pigment *n.* 颜料 yánliào；色料 sèliào；色素 sèsù

pignut *n.* 光滑山核桃 guānghuá shānhétao

pigskin *n.* **1.** 猪皮 zhūpí **2.** 马鞍 mǎ'ān **3.** 橄榄球 gǎnlǎnqiú = American football

pigsty *n.* **1.** 猪栏 zhūlán **2.** 肮脏屋子 āngzāng wūzi = dirty place

pigtail *n.* 辫子 biànzi

pigwash *n.* 泔脚(猪食) gānjiǎo (zhūshí)

pike *n.* **1.** 狗鱼 gǒuyú **2.** 矛 máo；矛头 máotóu；枪 qiāng = spear

pikestaff *n.* 枪柄 qiāngbǐng：as plain as a ～ 明明白白 míngming-báibái

pilaster *n.* 壁柱 bìzhù；半露柱 bànlùzhù

pilau, pilaff *n.* 肉饭 ròufàn
pilchard *n.* 沙丁鱼 shādīngyú
pile *n.* **1.** 桩 zhuāng；桥桩 qiáozhuāng **2.** 堆 duī：a ～ of books 一堆书 yìduī shū **3.** 电堆 diànduī：a dry ～ 干电堆 gāndiànduī = dry battery **4.** 火葬堆 huǒzàngduī = funeral ～ **5.** 大量 dàliàng；大笔钱 dàbǐqián = large amount of money **6.** 大厦 dàshà：a stately ～ 巍峨的大厦 wēi'éde dàshà **7.** 毛 máo；毛被 máobèi；羊毛 yángmáo = hair-like surface of carpet, etc. *v.* **1.** 打桩于 dǎzhuāngyú **2.** 堆(迭) duī(dié)：to ～ arms 架枪 jiàqiāng / to ～ coal on a fire 火上添煤 huǒshang tiānméi / to ～ on coal 堆煤 duīméi / to ～ up stones 迭起石头 diéqǐ shítou
piles *n.* 痔(疮) zhì (chuāng)
pilfer *v.* 偷窃 tōuqiè
pilgrim *n.* **1.** 香客 xiāngkè；朝圣者 cháoshèngzhě：a ～ bound for Mt. Putuo 到普陀去的香客 dào Pǔtuó qùde xiāngkè **2.** (海外)旅客 (hǎiwài) lǚkè：the P- Fathers 移民鼻祖 yímín bízǔ
pilgrimage *n.* **1.** 朝圣 cháoshèng；朝觐 cháojìn：Mohammedans go on a ～ to Mecca. 伊斯兰教徒到麦加去朝觐。Yīsīlán jiàotú dào Màijiā qù cháojìn. **2.** 远游 yuǎnyóu
pill *n.* 丸剂 wánjì；药丸 yàowán：a bitter ～ 难堪的事 nánkānde shì / to gild the ～ 粉饰外表 fěnshì wàibiǎo
pillage *v.* 抢夺 qiǎngduó；抢劫 qiǎngjié
pillar *n.* **1.** 柱子 zhùzi：to be driven from ～ to post 到处碰壁 dàochù pèngbì **2.** (比喻)柱石 (bǐyù) zhùshí：a ～ of the state 国家的栋梁 guójiāde dòngliáng
pillarbox *n.* 邮筒 yóutǒng
pillbox *n.* **1.** 丸药盒 wányàohé **2.** 永备发射点 yǒngbèi fāshèdiǎn；机枪掩体 jīqiāng yǎntǐ
pillion *n.* **1.** 后鞍 hòu'ān **2.** 后座 hòuzuò
pillory *n.* 颈手枷 jǐngshǒujiā *v.* 公开嘲笑 gōngkāi cháoxiào
pillow *n.* 枕头 zhěntou：to take counsel of one's ～ 躺在床上细想 tǎngzài chuángshang xìxiǎng *v.* 搁 gē；靠 kào：to ～ one's head on one's arm 把手臂当作枕头 bǎ shǒubì dāngzuò zhěntou
pillowcase *n.* 枕头套 zhěntoutào；枕袋 zhěndài
pilot *n.* **1.** 领航员 lǐnghángyuán；引水员 yǐnshuǐyuán：to drop the ～ 抛

弃良师益友 pāoqì liángshī-yìyǒu **2.** 飞机驾驶员 fēijī jiàshǐyuán；飞行员 fēixíngyuán * of an airplane **3.**（机车）排障器（jīchē）páizhàngqì *a.* **1.** 引导的 yǐndǎode；指示的 zhǐshìde = guiding **2.** 试验性的 shìyànxìngde：a ～ balloon 测风气球 cèfēng qìqiú / ～ production 试制 shìzhì *v.* **1.**（给船只）领航（gěi chuánzhī）lǐngháng；领港 lǐnggǎng；引导 yǐndǎo；指示 zhǐshì **2.** 驾驶 jiàshǐ = steer

pilotage *n.* **1.** 领航 lǐngháng；领港 lǐnggǎng；向导 xiàngdǎo = the act of piloting **2.** 驾驶术 jiàshǐshù = the skill of piloting **3.** 引水费 yǐnshuǐfèi = payment of a pilot

pimento *n.* **1.** 多香果 duōxiāngguǒ **2.** 甜椒 tiánjiāo

pimeson *n.* 介子 jièzǐ

pimple *n.* 小丘疹 xiǎo qiūzhěn

pin *n.* **1.** 别针 biézhēn；大头针 dàtóuzhēn：not care a ～ 一点儿不在乎 yìdiǎnr bú zàihu / to sit on ～s and needles 如坐针毡 rúzuò-zhēnzhān / to be neat as a new ～ 非常整洁 fēicháng zhěngjié **2.** 饰针 shìzhēn * as an ornament **3.** 栓 shuān = peg *v.* **1.** 钉住 dīngzhù；别住 biézhù：to ～ papers together 把纸别在一起 bǎ zhǐ biézài yìqǐ / to ～ up a notice 别一张布告 bié yìzhāng bùgào / to ～ one's hope on a person 把希望寄托在某人身上 bǎ xīwàng jìtuōzài mǒurén shēnshang **2.** to ～ down 按住 ànzhù；（喻）束缚（yù）shùfù：to ～ down an enemy 压制敌人 yāzhì dírén / to ～ a person down to a promise 逼人履行诺言 bī rén lǚxíng nuòyán

pinafore *n.* **1.** 围涎 wéixián **2.** 围裙 wéiqún

pince-nez *n.* 夹鼻眼镜 jiābí yǎnjìng

pincers *n.* **1.** 钳子 qiánzi；铁钳 tiěqián：a pair of ～ 一把钳子 yìbǎ qiánzi **2.** 螯 áo = pincer-shaped claws of some shellfish

pinch *v.* **1.** 捻 niǎn；挟 jiā：I have ～ed my finger. 我的手指被挟住了。Wǒde shǒuzhǐ bèi jiāzhùle. / to ～ off 打尖 dǎjiān **2.** 使…苦恼 shǐ … kǔnǎo；使…瘦弱 shǐ … shòuruò：to be ～ed for money 手头拮据 shǒutóu jiéjū / to be ～ed with cold 冷得发抖 lěngde fādǒu **3.** 勒索 lèsuǒ：to ～ money from a person 向某人勒索钱财 xiàng mǒurén lèsuǒ qiáncái **4.**（鞋）夹（脚）（xié）jiā（jiǎo）：The shoe ～es me at the toes. 鞋把我脚趾夹了。Xié bǎ wǒ jiǎozhǐ jiāle. / to know where the shoe ～es 知道症结（困难）所在 zhīdao zhēngjié（kùnnan）suǒzài *n.* **1.** 捏

niē；挟 jiā **2.** (一)撮 (yì) cuō：a ～ of salt 一撮盐 yìcuō yán **3.** 压迫 yāpò；困难 kùnnan；危急 wēijí：at a ～ 在危急时 zài wēijíshí

pinchbeck *n.* 用于廉价珠宝的合金 yòngyú liánjià zhūbǎode héjīn；金色铜 jīnsètóng *a.* 假的 jiǎde = sham

pincushion *n.* 针插 zhēnchā

pine *v.* **1.** 憔悴 qiáocuì；消瘦 xiāoshòu：to be pining with hunger 饿瘦了 èshòule **2.** 渴望 kěwàng；思慕 sīmù：He is pining for a holiday. 他渴望着放假。Tā kěwàngzhe fàngjià. *n.* (植)松属 (zhí) sōngshǔ；松木 sōngmù

pineal *a.* 松果形的 sōngguǒxíngde

pineapple *n.* 菠萝 bōluó；凤梨 fènglí

pine-cone *n.* 松球 sōngqiú；松果 sōngguǒ

pinfold *n.* 家畜栏 jiāchùlán；牛栏 niúlán

ping *n.* 呯一声 pēng yìshēng *v.* (弹子等) 咻地响 (dànzi děng) xiūde xiǎng

ping-pong *n.* 乒乓球 pīngpāngqiú

pinion *n.* **1.** 羽毛 yǔmáo = feather **2.** 翼 yì = wing **3.** 小齿轮 xiǎochǐlún = small cog-wheel *v.* 缚住 fùzhù = bind

pink *n.* **1.** 石竹花 shízhúhuā **2.** 桃色 táosè；粉红色 fěnhóngsè * the color **3.** 精华 jīnghuá；极致 jízhì：the ～ of perfection 十全十美 shíquánshíměi / to be in the ～ 非常健康 fēicháng jiànkāng *a.* **1.** 粉红的 fěnhóngde = pale red **2.** 激进的 jījìnde；左倾的 zuǒqīngde = radical

pinkish *a.* 带粉红色的 dài fěnhóngsède

pinky *a.* 粉红的 fěnhóngde；桃红的 táohóngde

pinnace *n.* 小帆船 xiǎofānchuán；小艇 xiǎotǐng；舢板 shānbǎn；小汽船 xiǎoqìchuán

pinnacle *n.* **1.** 山顶 shāndǐng = peak **2.** 小尖塔 xiǎojiāntǎ = pointed turret on a roof **3.** (比喻) 顶点 (bǐyù) dǐngdiǎn；极点 jídiǎn = highest point / the ～ of prosperity 极度繁荣 jídù fánróng

pinnate *a.* 羽状的 yǔzhuàngde：～ leaves 羽状叶 yǔzhuàngyè

pinny *n.* (儿语) 围布 (éryǔ) wéibù = pinafore

pinpoint *n.* **1.** 针尖 zhēnjiān **2.** 一点点 yìdiǎndiǎn；琐事 suǒshì：～s of light 一点点光线 yìdiǎndiǎn guāngxiàn / to argue about ～s 辩论芝麻大的事 biànlùn zhīmadàde shì *a.* 针尖的 zhēnjiānde；定点的

dìngdiǎnde *v.* **1.** 定点轰炸 dìngdiǎn hōngzhà；精确轰炸 jīngquè hōngzhà = accurate bombing **2.** 准确定位 zhǔnquè dìngwèi；王确地指出 zhèngquède zhǐchū = point out precisely

pint *n.* 品脱 pǐntuō：a Chinese ～ 一升 yìshēng

pin-up *n.* 美女照片 měinǚ zhàopiàn *a.* 可钉在墙上供展览的 kě dīngzài qiángshang gōng zhǎnlǎnde；优秀的 yōuxiùde：a ～ girl 画片美女 huàpiàn měinǚ；漂亮女郎 piàoliang nǚláng

pioneer *n.* **1.** 拓荒者 tuòhuāngzhě **2.** 先驱者 xiānqūzhě：early ～s in Chinese education 中国教育界的先驱 Zhōngguó jiàoyùjiède xiānqū / the Young P-s 少年先锋队 Shàonián Xiānfēngduì / a ～s' palace 少年宫 shàoniángōng **3.** 轻工兵 qīnggōngbīng * of the army *v.* 拓荒 tuòhuāng；倡导 chàngdǎo：to ～ an enterprise 创办企业 chuàngbàn qǐyè

pious *a.* 虔敬的 qiánjìngde；虔诚的 qiánchéngde

pip *n.* **1.** 果仁 guǒrén = seed of fruit **2.** 点 diǎn = dot on playing cards **3.** （一颗）星（yìkē）xīng = star on officer's uniform **4.** 报时信号 bàoshí xìnhào = time signal on radio **5.** 反射点 fǎnshèdiǎn；脉冲 màichōng * of radar **6.** [the ～] 家禽的舌病 jiāqínde shébìng = disease of fowls **7.** (俚)小毛病 (lǐ) xiǎomáobìng；抑郁 yìyù：That gave me the ～. 这使我不高兴。Zhè shǐ wǒ bù gāoxìng. *v.* **1.** 轻轻射击 qīngqīng shèjī = hit with a bullet **2.** 排斥 páichì；捣乱 dǎoluàn；挫折 cuòzhé = disturb

pipa *n.* 琵琶 pípá

pipaist *n.* 琵琶演奏者 pípá yǎnzòuzhě

pipe *n.* **1.** 管 guǎn；管子 guǎnzi；导管 dǎoguǎn：a water ～ 水管 shuǐguǎn **2.** 烟斗 yāndǒu：to light a ～ 点一袋烟 diǎn yídài yān / to smoke a ～ 抽烟斗 chōuyāndǒu **3.** 笛子 dízi * musical instrument **4.** 鸟叫声 niǎojiàoshēng = a bird's song **5.** 气管 qìguǎn = windpipes *v.* **1.** 装管子 zhuāng guǎnzi；用管子输送 yòng guǎnzi shūsòng **2.** 吹奏 chuīzòu：to ～ a song 吹奏一支歌 chuīzòu yìzhī gē **3.** 吹笛 chuīdí = to play a ～：to ～ down 泄气 xièqì；失去信心 shīqù xìnxīn **4.** 叽叽地叫 jījīde jiào = chirp

pipe-line *n.* **1.** 管道 guǎndào；输油管 shūyóuguǎn；煤气管 méiqìguǎn；输送管 shūsòngguǎn：in the ～ 在途上 zài túshang **2.** 情报来源

qíngbào láiyuán = channel for gathering information

pipeorgan *n.* 管风琴 guǎnfēngqín

piper *n.* 吹笛人 chuīdírén：to pay the ～ 掏腰包 tāo yāobāo；出钱 chūqián

pipet(te) *n.* 吸移管 xīyíguǎn；吸量管 xīliàngguǎn；球管 qiúguǎn

piping *n.* **1.** 吹笛 chuīdí = playing pipe **2.** 笛声 díshēng = sound of pipe；尖叫声 jiānjiàoshēng = sharp notes **3.** 管子系统 guǎnzi xìtǒng = system of pipes **4.** 滚边 gǔnbiān = ornamental，cord-like material for the edge of a dress *a.* 尖锐的 jiānruìde：a ～ voice 尖锐的声音 jiānruìde shēngyīn *ad.* 吱吱地 zhīzhīde：to be ～ hot 滚烫 gǔntàng

pippin *n.* 苹果的一种 píngguǒde yìzhǒng

pip-squeak *n.* 不重要的人物 bú zhòngyàode rénwù；可轻视的人或物 kě qīngshìde rén huò wù

piquancy *n.* **1.** 辛辣 xīnlà = pungent **2.** 尖刻 jiānkè；痛快 tòngkuai = sharp，provocative

piquant *a.* 辛辣的 xīnlàde；尖刻的 jiānkède；痛快的 tòngkuaide

pique[1] *n.* 生气 shēngqì；呕气 òuqì：to go away in a fit of ～ 赌气走开 dǔqì zǒukāi / He took a ～ against me. 他呕我的气。Tā òu wǒde qì. *v.* **1.** 使…生气 shǐ … shēngqì：to be ～d at a refusal 因被拒绝而生气 yīn bèi jùjué ér shēngqì **2.** 刺激 cìjī；激起 jīqǐ = stimulate **3.** 夸耀 kuāyào：to ～ oneself on progress 以进步自夸 yǐ jìnbù zìkuā

pique[2] *n.* 灯芯布 dēngxīnbù = a kind of fabric

piracy *n.* **1.** 抢劫 qiǎngjié **2.** 剽窃 piáoqiè；翻印 fānyìn = infringement of copyright **3.** 海盗行为 hǎidào xíngwéi = sea robbery

pirate *n.* **1.** 海盗 hǎidào **2.** 海盗船 hǎidàochuán **3.** 侵害著作权者 qīnhài zhùzuòquánzhě *v.* （非法）翻印（fēifǎ）fānyìn：a ～d edition 翻印本 fānyìnběn

piratic(al) *a.* 海盗的 hǎidàode；剽窃的 piáoqiède

pirouette *n.* 脚尖旋转 jiǎojiān xuánzhuǎn *v.* 用脚尖旋转 yòng jiǎojiān xuánzhuǎn；急转 jízhuǎn

pis aller *n.* 最后的手段 zuìhòude shǒuduàn

piscatology *n.* 捕鱼学 bǔyúxué

piscatorial *a.* 捕鱼的 bǔyúde；嗜好钓鱼的 shìhào diàoyúde

pisciculture *n.* **1.** 养鱼学 yǎngyúxué；养鱼法 yǎngyúfǎ = study of fish **2.**

鱼类养殖 yúlèi yǎngzhí；养鱼 yǎngyú ＝ fish breeding

pish *int.* 呸！Pēi！

piss *v.* 小便 xiǎobiàn；排尿带（血）páiniào dài（xiě）；撒尿弄湿 sāniào nòngshī　*n.* 尿 niào

pistachio *n.* **1.** 阿月浑子树 āyuèhúnzǐshù **2.** 阿月浑子果 āyuèhúnzǐguǒ ＊ the fruit

pistil *n.* 雌蕊 círuǐ

pistol *n.* **1.** 手枪 shǒuqiāng **2.** 信号手枪 xìnhào shǒuqiāng ＊ for signaling *v.* 向…打手枪 xiàng…dǎ shǒuqiāng；枪杀 qiāngshā ＝ shoot with a ～

piston *n.* 活塞 huósāi：a ～ engine 活塞式发动机 huósāishì fādòngjī

pistonrod *n.* 活塞杆 huósāigǎn

pit *n.* **1.** 地坑 dìkēng；坑 kēng；地窖 dìjiào：to dig a ～ for others 挖陷阱害人 wāxiànjǐng hàirén **2.** 矿井 kuàngjǐng；煤坑 méikēng ＝ coal mine **3.**［the ～］地狱 dìyù ＝ hell：the bottomless ～ 无底深渊 wúdǐ shēnyuān **4.**（剧场）正厅后排（jùchǎng）zhèngtīng hòupái ＊ seats on the ground floor behind the stalls in a theater **5.** 凹窝 āowō：the arm-～s 胳肢窝 gāzhiwō **6.** 麻子 mázi ＊ on the skin　*v.* **1.** 窖藏 jiàocáng **2.** 留洼点于 liú wādiǎn yú：a face ～ted with smallpox 一脸的麻子 yìliǎnde mázi **3.** 使相斗 shǐ xiāngdòu：to ～ A against B 使甲与乙敌对 shǐ jiǎ yǔ yǐ díduì

pitapat *ad.* 劈劈啪啪地 pīpi-pāpāde；扑扑地 pūpūde：His heart went ～. 他的心卜卜地跳。Tāde xīn pūpūde tiào.　*n.* 劈啪声 pīpāshēng

pitch *v.* **1.** 投 tóu；掷 zhì **2.** 搭 dā；架设 jiāshè；布置 bùzhì：to ～ a tent 搭帐篷 dā zhàngpeng / to ～ one's tent 定居 dìngjū **3.** 定调 dìngdiào ＊ in music **4.** 前后颠簸 qiánhòu diānbǒ ＝ to rock back and forth **5.** 用沥青涂 yòng lìqīng tú ＝ to paint with ～ // to ～ in 使劲干 shǐjìn gàn / to ～ into a person 攻击某人 gōngjī mǒurén / to ～ into a dinner 大吃大喝 dàchī-dàhē / to ～（up）on 决定 juédìng；选定 xuǎndìng　*n.* **1.** 投掷 tóuzhì；投球 tóuqiú **2.** 音调 yīndiào；音高 yīngāo：at a high ～ 用高调 yòng gāodiào **3.**（比喻）程度（bǐyù）chéngdù；高度 gāodù；顶点 dǐngdiǎn：The excitement was raised to the highest ～. 兴奋到了极点。Xīngfèn dàole jídiǎn. **4.** 斜度 xiédù；升势 shēngshì **5.** 前后颠簸 qiánhòu diānbǒ **6.** 沥青 lìqīng：as dark as ～ 漆黑 qīhēi / He that touches ～ shall be defiled. 近墨者黑。Jìnmò-zhě hēi.

pitchblende *n.* 沥青铀矿 lìqīng yóukuàng

pitcher *n.* **1.** 投手（垒、棒球）tǒushǒu（lěi、bàngqiú）**2.** 水罐 shuǐguàn；柄盂 bǐngyú = large jug

pitchfork *n.* 草耙 cǎopá

pitchy *a.* **1.** 象沥青的 xiàng lìqīngde = like pitch **2.** 漆黑的 qīhēide = as dark as pitch

piteous *a.* 引人哀怜的 yǐn rén āiliánde；乞怜的 qǐliánde；凄惨的 qīcǎnde：a ～ case 一件惨事 yíjiàn cǎnshì / a ～ look 一副乞怜的眼光 yífù qǐliánde yǎnguāng

pitfall *n.* 陷阱 xiànjǐng

pith *n.* **1.** 木髓 mùsuǐ **2.**（解）骨髓（jiě）gǔsuǐ **3.** 精髓 jīngsuǐ：the ～ and marrow of …的最重要部分 …de zuì zhòngyào bùfen / the ～ of a speech 演说的要点 yǎnshuōde yàodiǎn **4.** 生气 shēngqì；精力 jīnglì：a man of ～ 精力饱满的人 jīnglì-bǎomǎnde rén

pithily *ad.* 简练地 jiǎnliànde；有力地 yǒulìde：～ expressed 措辞简练 cuòcí jiǎnliàn

pithy *a.* **1.** 髓的 suǐde；多髓的 duōsuǐde **2.** 简练的 jiǎnliànde；有力的 yǒulìde：a ～ saying 警句 jǐngjù

pitiable *a.* **1.** 令人惋惜的 lìngrén wǎnxīde；可怜的 kěliánde：He was in a ～ condition. 他过去处境可怜。Tā guòqù chǔjìng kělián. **2.** 可鄙的 kěbǐde：a ～ display 令人恶心的表演 lìngrén ěxinde biǎoyǎn

pitiful *a.* **1.** 慈悲的 cíbēide：to have a ～ heart 有慈悲心肠 yǒu cíbēi xīncháng **2.** 可怜的 kěliánde；凄惨的 qīcǎnde：a ～ cry 哀号 āiháo / a ～ sight 凄惨的景象 qīcǎnde jǐngxiàng **3.** 可鄙的 kěbǐde：a ～ ambition 可鄙的野心 kěbǐde yěxīn

pitiless *a.* 没有慈悲心的 méiyǒu cíbēixīnde；无情的 wúqíngde

pitman *n.* **1.** 矿工 kuànggōng；煤矿工人 méikuàng gōngrén **2.** 联接杆 liánjiēgǎn * of a machine

pittance *n.* 少量 shǎoliàng

pituitary *a.* 垂体的 chuítǐde *n.* 垂体 chuítǐ

pity *n.* **1.** 怜悯 liánmǐn；惋惜 wǎnxī：to feel ～ for a person 为某人惋惜 wèi mǒurén wǎnxī / to have ～ on a person 对人怀着怜悯的心情 duìrén huáizhe liánmǐnde xīnqíng / He acted out of ～. 他的行动出于怜悯。Tāde xíngdòng chūyú liánmǐn. **2.** 可怜的事 kěliánde shì；憾事 hànshì：

What a ～! 真可惜! Zhēn kěxī! / What a ～ he can't go with you! 他不能同你一块儿去,真是遗憾! Tā bùnéng tóng nǐ yíkuàir qù, zhēnshì yíhàn! *v.* 可怜 kělián: I ～ him. 我可怜他。Wǒ kělián tā.

pivot *n.* **1.** 枢 shū; 支枢 zhīshū; 支点 zhīdiǎn **2.** 基准 jīzhǔn ＊ military **3.** (比喻) 要点 (bǐyù) yàodiǎn; 重点 zhòngdiǎn = central point *v.* 随枢转动 suí shū zhuàndòng; 转移 zhuǎnyí: to ～ on something 随某事而转移 suí mǒushì ér zhuǎnyí

pivotal *a.* 枢轴的 shūzhóude; 枢要的 shūyàode

pixy *n.* 妖精 yāojing; 小鬼 xiǎoguǐ

pizzicato *a.* & *ad.* 拨奏的(地) bōzòude(de)

PLA, P. L. A 中国人民解放军 Zhōngguó Rénmín Jiěfàngjūn

placable *a.* 易劝慰的 yì quànwèide; 肯饶恕的 kěn ráoshùde; 温厚的 wēnhòude

placard *n.* 招贴 zhāotiē; 告示 gàoshi *v.* **1.** 贴招贴于 tiē zhāotiēyú: to ～ the city with advertisements 在城里贴广告 zài chéngli tiē guǎnggào **2.** 揭示 jiēshì = to make known

placate *v.* 抚慰 fǔwèi

place *n.* **1.** 地点 dìdiǎn: time and ～ 时间和地点 shíjiān hé dìdiǎn **2.** 地方 dìfang; 地区 dìqū: one's native ～ 故乡 gùxiāng / Nothing happened in this ～. 这里没发生什么事。Zhèlǐ méi fāshēng shénmeshì. **3.** 场所 chǎngsuǒ: a market-～ 市场 shìchǎng / a ～ of business 营业所 yíngyèsuǒ **4.** 住宅 zhùzhái: Come round some time to my ～. 请到我家来玩吧。Qǐngdào wǒjiā lái wánba. **5.** 座位 zuòwèi: a ～ card 座位证 zuòwèizhèng / Go back to your ～. 回到你的座位去。Huídào nǐde zuòwèi qù. / to give ～ to a woman 让座给妇女 ràngzuò gěi fùnǚ **6.** 地位 dìwèi; 位置 wèizhi: Everything is in its ～. 万物各得其所。Wànwù gèdé-qísuǒ. / out of ～ 不适当的 búshìdàngde / to take ～ 发生 fāshēng / to take the ～ of 代替 dàitì **7.** 职位 zhíwèi; 职责 zhízé: to look out for a ～ 找工作 zhǎo gōngzuò / It's your ～ to correct his errors. 纠正他的错误是你的职责。Jiūzhèng tāde cuòwù shì nǐde zhízé. **8.** 部分 bùfen; 处所 chùsuǒ: a sore ～ on the arm 手臂上的疼痛处 shǒubìshangde téngtòng chù **9.** (赛跑等)名次 (sàipǎo děng) míngcì: the first ～ 第一 dì-yī / in the last ～ 最后(一名) zuìhòu (yìmíng) **10.** (数) 位 (shù) wèi：Divide the number 7 and calculate to 3 ～s of decimals. 用七来除，小数算至三位。Yòng qī lái chú，xiǎoshù suànzhì sānwèi. *v*. **1**. 设 shè；置 zhì；装 zhuāng **2**. 任命 rènmìng：to ～ a person as teacher 任某人为老师 rèn mǒurén wéi lǎoshī **3**. 订购 dìnggòu：to ～ an order for books with a publisher 向出版社订购书 xiàng chūbǎnshè dìnggòu shū **4**. 寄托 jìtuō：to ～ confidence in a leader 信任领导 xìnrèn lǐngdǎo **5**. 认出 rènchū；想出 xiǎngchū：I know his face but I can't ～ him. 我认得他的脸，但想不起他是谁。Wǒ rènde tāde liǎn，dàn xiǎngbuqǐ tā shì shuí. **6**. 评价 píngjià：He is a difficult man to ～. 他这个人很难评价。Tā zhège rén hěnnán píngjià.

placer *n*. 沙积矿床 shājī kuàngchuáng；淘金处 táojīnchù：～ mining 淘金 táojīn

placid *a*. 平静的 píngjìngde；温和的 wēnhéde：in a ～ mood 心平气和 xīnpíng-qìhé

placket *n*.（女裙的）口袋（nǚqúnde）kǒudài；（女裙腰上的）开口（nǚqún yāoshangde）kāikǒu

plage *n*. 海滨 hǎibīn；海滨游乐地 hǎibīn yóulèdì

plagiarism *n*. **1**. 剽窃 piáoqiè；抄袭 chāoxí；侵害著作权 qīnhài zhùzuòquán **2**. 剽窃物 piáoqièwù

plagiarize *v*. 剽窃 piáoqiè；抄袭 chāoxí

plagiary *n*. 剽窃 piáoqiè

plague *n*. **1**. 瘟疫 wēnyì：the ～ 鼠疫 shǔyì **2**. 天灾 tiānzāi；灾祸 zāihuò ＝ disaster：a ～ of locusts 蝗灾 huángzāi / P- on it！该死的！Gāisǐde！**3**.（口语）讨厌的东西（kǒuyǔ）tǎoyànde dōngxi：Naughty boys are a ～. 顽皮孩子真讨厌。Wánpí háizi zhēn tǎoyàn. *v*. 使…染疫 shǐ…rǎnyì；使…苦恼 shǐ…kǔnǎo：to be ～d to death 烦得要死 fánde yàosǐ

plaice *n*. 鲽 dié

plaid *n*. 格子花呢 gézi huāní；格子花呢披衣 gézi huāní pīyī

plain *a*. **1**. 平易 píngyì；明白 míngbai：in ～ English 用平易的英语 yòng píngyìde Yīngyǔ / I'll make my meaning ～. 我要把意思讲清楚。Wǒ yào bǎ yìsi jiǎng qīngchu. **2**. 坦白 tǎnbái；率直 shuàizhí：～ dealing 光明正大 guāngmíng-zhèngdà / ～ speaking 直言 zhíyán / in ～ words 坦白地说 tǎnbáide shuō **3**. 简单 jiǎndān；朴素 pǔsù：～ living 朴素的生活 pǔsùde shēnghuó **4**. 素净 sùjìng：～ clothes 便衣 biànyī **5**. 不漂亮 bú piàoliang = not pretty **6.** 平凡 píngfán；普通 pǔtōng：～ people 老百姓 lǎobǎixìng **7.** 平坦 píngtǎn：～ fields 平野 píngyě *ad*. 平易地 píngyìde；明白地 míngbaide：to write ～ 写得清楚 xiěde qīngchu *n*. 平原 píngyuán = level country

plainly *ad*. **1.** 平易地 píngyìde；明白地 míngbaide **2.** 坦白地 tǎnbáide；率直地 shuàizhíde：to speak ～ 老实说 lǎoshishuō **3.** 简单地 jiǎndānde；朴素地 pǔsùde = simply **4.** 素净地 sùjìngde

plainness *n*. **1.** 平易 píngyì；明白 míngbai **2.** 坦白 tǎnbái；率直 shuàizhí **3.** 简单 jiǎndān；朴素 pǔsù **4.** 素净 sùjìng **5.** 不漂亮 bú piàoliang

plain-spoken *a*. 直言无讳的 zhíyán-wúhuìde

plaint *n*. **1.** 控诉 kòngsù = accusation **2.** 悲叹 bēitàn；怨诉 yuànsù = lamentation

plaintiff *n*. 原告 yuángào

plaintive *a*. 悲哀的 bēi'āide；忧郁的 yōuyùde = sad

plait *n*. **1.** 褶 zhě = fold **2.** 辫子 biànzi = braid of hair *v*. 折叠 zhédié；编织 biānzhī = to fold

plan *n*. **1.** 计划 jìhuà；设计 shèjì：the five-year ～ 五年计划 wǔnián jìhuà / to draw up a ～ 起草计划 qǐcǎo jìhuà / a ～ of study 学习计划 xuéxí jìhuà / to fulfil a ～ 完成计划 wánchéng jìhuà / Everything went according to ～. 一切都按计划进行。Yíqiè dōu àn jìhuà jìnxíng. **2.** 平面图 píngmiàntú；设计图 shèjìtú：to draw a ～ 绘制设计图 huìzhì shèjìtú *v*. **1.** 计划 jìhuà；打算 dǎsuan：They are ～ning for a trip. 他们打算作一次旅行。Tāmen dǎsuan zuò yícì lǚxíng. / to ～ out 布置 bùzhì；筹划 chóuhuà **2.** 设计(房屋等) shèjì (fángwūděng) = to design

planchet *n*. 造币坯 zàobìpī

plane *n*. **1.** 悬铃木属 xuánlíngmùshǔ；西洋梧桐 xīyáng wútóng **2.** 平面 píngmiàn；程度 chéngdù；水平 shuǐpíng：a high ～ of civilization 高度文明 gāodù wénmíng **3.** 飞机 fēijī = airplane **4.** 平刨 píngbào = a carpenter's tool *a*. 平坦的 píngtǎnde；平面的 píngmiànde：a ～ figure 平面图 píngmiàntú / ～ geometry 平面几何 píngmiàn jǐhé *v*. 刨 bào：to ～ something smooth 把东西刨平 bǎ dōngxi bàopíng

planer *n*. 刨床 bàochuáng

planet *n*. 行星 xíngxīng：the minor ～ 小行星 xiǎo xíngxīng / the man-made ～ 人造行星 rénzào xíngxīng

planetarium *n.* 天文馆 tiānwénguǎn

planetary *a.* 行星的 xíngxīngde：the ～ system 行星系 xíngxīngxì

planetoid *n.* 小行星 xiǎo xíngxīng

plank *n.* **1.** 板（条）bǎn（tiáo）；厚板 hòubǎn **2.** 政纲条目 zhènggāng tiáomù ＝ article of a political platform *v.* 在…上铺板 zài…shang pūbǎn

planking *n.* 铺板 pùbǎn

plankton *n.* 浮游生物 fúyóu shēngwù

planned *a.* 有计划的 yǒu jìhuàde：～ economy 计划经济 jìhuà jīngjì / in a ～ way 有计划地 yǒu jìhuàde

plant *n.* **1.** 植物 zhíwù：Plants，unlike animals，cannot move about. 植物与动物不同，是不会移动的。Zhíwù yǔ dòngwù bùtóng，shì búhuì yídòngde. **2.** 草木 cǎomù；树苗 shùmiáo；苗 miáo：cabbage ～ 卷心菜苗 juǎnxīncài miáo **3.** 工厂 gōngchǎng；车间 chējiān：a manufacturing ～ 制造厂 zhìzàochǎng **4.**（一套）机械设备（yítào）jīxiè shèbèi：a hospital ～ 医院设备 yīyuàn shèbèi // a ～ community 植物群落 zhíwù qúnluò / ～ disease 植物病害 zhíwù bìnghài / ～ management 工厂管理 gōngchǎng guǎnlǐ *v.* **1.** 植 zhí；栽培 zāipéi：to ～ young trees 种幼树 zhòng yòushù / to ～ the garden 栽培花园 zāipéi huāyuán **2.** 树立 shùlì；建立 jiànlì ＝ set up **3.** 安置 ànzhì；刺 cì；插进 chājìn ＝ thrust into

plantain *n.*（植）车前属（zhí）chēqiánshǔ

plantation *n.* **1.** 种植园 zhòngzhíyuán：a coffee ～ 咖啡园 kāfēiyuán **2.**（植树）造林（zhíshù）zàolín；人造林 rénzàolín ＝ afforestation **3.** 殖民地 zhímíndì ＝ colonization

planter *n.* 种植者 zhòngzhízhě；栽培者 zāipéizhě；种植园主 zhòngzhíyuánzhǔ

planting *n.* 种植 zhòngzhí；栽培 zāipéi：close ～ 密植 mìzhí

plaque *n.* 瓷花金属板 cíhuā jīnshǔbǎn

plash *n.* **1.** 积水坑 jīshuǐ kēng **2.** 啪嗒地响 pādāde xiǎng；泼溅 pōjiàn ＝ splashing sound

plashy *a.* **1.** 水坑多的 shuǐkēng duōde；潮湿 cháoshī **2.** 啪啦啪啦的 pālā pālāde

plasma *n.* **1.** 血浆 xuèjiāng **2.**（生）原生质（shēng）yuán shēngzhì **3.**（理）等离子区（lǐ）děng lízǐqū ＊ in physics

plasmolysis *n.* 质壁分离 zhìbì fēnlí

plasmoquine *n.*（医）扑疟喹啉（yī）pūnüè kuílín

plaster *n.* **1.** 灰泥 huīní；墙粉 qiángfěn **2.** 烧石膏 shāo shígāo；熟石膏 shú shígāo = ～ of Paris **3.** 膏药 gāoyào * for medical use // a ～ figure 石膏像 shígāoxiàng *v.* **1.** 给…抹灰 gěi…mǒhuī；粉饰 fěnshì **2.** 粘贴 zhāntiē；涂抹 túmǒ：to ～ a face with powder 在脸上擦粉 zài liǎnshang cāfěn

plasterer *n.* 粉饰工人 fěnshì gōngrén

plastic *a.* **1.** 可塑的 kěsùde；软质的 ruǎnzhìde；柔软的 róuruǎnde **2.** 造型的 zàoxíngde：the ～ arts 造型艺术 zàoxíng yìshù **3.** 粘滞 niánzhì：a ～ state 粘态 niántài **4.** 整形的 zhěngxíngde：～ surgery 整形外科 zhěngxíng wàikē *n.* 塑料 sùliào；塑料制品 sùliào zhìpǐn：the ～ industry 塑料工业 sùliào gōngyè

plasticity *n.* **1.** 可塑性 kěsùxìng；粘性 niánxìng **2.** 塑性学 sùxìngxué

plasticine *n.* 塑像代用粘土 sùxiàng dàiyòng niántǔ；橡皮泥 xiàngpíní * for children to play with

plasticizer *n.* 增塑剂 zēngsùjì

platan(e) *n.* 悬铃木 xuánlíngmù

plate *n.* **1.** 盘子 pánzi：a dessert ～ 点心盘 diǎnxinpán / an old china ～ 古瓷盘 gǔcípán **2.**（一)盘菜（yì)pán cài：a ～ of fish 一盘鱼 yìpán yú / a rich substantial ～ 一盘丰盛的菜肴 yìpán fēngshèngde càiyáo **3.** 餐具 cānjù：a piece of ～ 一件餐具 yíjiàn cānjù **4.** 钢板 gāngbǎn * of steel **5.** 版 bǎn；图版 túbǎn：a colored ～ 彩色版 cǎisèbǎn * in printing **6.** 片 piàn；（电）极板（diàn）jíbǎn；照像底片 zhàoxiàng dǐpiàn：a dry ～ 干片 gānpiàn / a negative ～ 阴极板 yīnjíbǎn **7.** 投手板 tóushǒubǎn * of baseball game *v.* 镀 dù：to ～ copper with silver 把银镀在铜上 bǎ yín dùzài tóngshang

plateau *n.* 高原 gāoyuán

plateful *n.* 满盘 mǎnpán

platform *n.* **1.** 站台 zhàntái；月台 yuètái = raised surface (as of a railway station) **2.** 政纲 zhènggāng；党纲 dǎnggāng = a declaration of policy by a party **3.** 平台 píngtái；讲台 jiǎngtái = elevated surface for speakers // a ～ scale 台秤 táichèng / a ～ ticket 站台票 zhàntáipiào

plating *n.* 镀敷 dùfū；镀包 dùbāo；（电)镀（diàn)dù：nickel ～ 镀镍 dùniè

platinize *v.* 镀铂 dùbó：～d asbestos 披铂石棉 pībó shímián
platinum *n.* 铂 bó；白金 báijīn
platitude *n.* 陈词滥调 chéncí-làndiào = a trite remark
platitudinous *a.* 平凡的 píngfánde；陈腐的 chénfǔde = trite
Platonic *a.* 柏拉图的 Bólātúde；柏拉图哲学的 Bólātú zhéxuéde：～ love 柏拉图式的爱 Bólātúshìde ài
platoon *n.*（军）排（jūn）pái
platter *n.* **1.** 大浅盘 dàqiǎnpán = flat dish **2.** 拼盘 pīnpán = a plateful of food **3.**（美俚）唱片（měilǐ）chàngpiàn = a phonograph record
platypus *n.* 鸭嘴兽 yāzuǐshòu
plaudit *n.* 鼓掌喝采 gǔzhǎng hècǎi；赞美 zànměi
plausibility *n.* 似是而非 sìshì-érfēi
plausible *a.* **1.** 似是而非的 sìshì-érfēide **2.** 貌似忠厚的 màosì-zhōnghòude
play *v.* **1.** 玩 wán；游玩 yóuwán：to ～ cards 打牌 dǎpái / to ～ tennis 打网球 dǎ wǎngqiú / to ～ a game 做游戏 zuò yóuxì **2.** 扮演 bànyǎn；表演 biǎoyǎn：to ～ Hamlet 扮演哈姆雷特 bànyǎn Hāmǔléitè / to ～ one's part well 表演得很好 biǎoyǎnde hěnhǎo / to ～ a part 欺骗 qīpiàn **3.** 演奏 yǎnzòu：to ～ the violin 拉提琴 lā tíqín / to ～ a tune 奏一曲 zòu yìqǔ **4.** 同…比赛 tóng…bǐsài：Will you ～ me at chess？你跟我比棋好吗？Nǐ gēn wǒ bǐ qí hǎoma？**5.** 做出 zuòchū；干出 gànchū：to ～ a joke on a person 开人玩笑 kāi rén wánxiào **6.** 赌博 dǔbó = to gamble **7.** 浮动 fúdòng；荡漾 dàngyàng：The sunshine ～s on the water. 阳光在水波上荡漾。Yángguāng zài shuǐbōshang dàngyàng. / A smile ～s on her lips. 她嘴唇上浮着微笑。Tā zuǐchúnshang fúzhe wēixiào. // to ～ at **1.** 玩 wán：to ～ at music 以音乐消遣 yǐ yīnyuè xiāoqiǎn **2.** 装扮 zhuāngbàn：Let's ～ at being pirates. 让我们来装扮海盗。Ràng wǒmen lái zhuāngbàn hǎidào. / to ～ fair 举行公平比赛 jǔxíng gōngpíng bǐsài / to ～ for money 赌钱 dǔqián / to ～ for love 赌着玩儿的 dǔzhe wánrde / to ～ foul 采取不正当行动 cǎiqǔ bú zhèngdàng xíngdòng / to ～ off one person against another 挑拨离间 tiǎobō-líjiàn / to ～ on **1.** 弹奏 tánzòu：to ～ on the piano 弹钢琴 tán gāngqín **2.** 利用 lìyòng：to ～ on a person's fear 利用某人的恐惧心 lìyòng mǒurénde kǒngjùxīn / to ～ on words 说俏皮话 shuō qiàopíhuà / to ～ out 演完 yǎnwán；做完 zuòwán / to be ～ed out 精疲力尽 jīngpí-lìjìn / to ～ with children 和孩子们玩

hé háizimen wán / to ～ with a doll 玩洋娃娃 wán yángwáwa *n.* **1.** 玩耍 wánshuǎ；游戏 yóuxì：child's ～ 儿戏 érxì / balance between work and ～ 劳逸结合 láoyì jiéhé **2.** 戏言 xìyán：a ～ on words 双关词 shuāngguāncí **3.** 赌博 dǔbó：to lose a lot of money in ～ 赌输了很多钱 dǔshūle hěnduō qián **4.** 剧本 jùběn；戏剧 xìjù：a one-act ～ 独幕剧 dúmùjù **5.** 活动 huódòng；作用 zuòyòng：to bring one's strength into ～ 使出力气 shǐchū lìqi / to come into ～ 开始活动 kāishǐ huódòng **6.** 闪动 shǎndòng；浮动 fúdòng：the ～ of sunshine upon water 阳光在水波上荡漾 yángguāng zài shuǐbōshang dàngyàng **7.** 比赛方法 bǐsài fāngfǎ；比赛态度 bǐsài tàidu：fair ～ 公平比赛 gōngpíng bǐsài/ foul ～ 不公平比赛 bù gōngpíng bǐsài

player *n.* 选手 xuǎnshǒu；演员 yǎnyuán；扮演者 bànyǎnzhě；演奏者 yǎnzòuzhě

playfellow *n.* 玩耍的同伴 wánshuǎde tóngbàn ＝ playmate

playful *a.* **1.** 爱游戏的 ài yóuxìde；爱打趣的 ài dǎqùde ＝ jesting **2.** 滑稽 huájī ＝ humorous

playground *n.* **1.** 运动场 yùndòngchǎng；游戏场 yóuxìchǎng：children's ～ 儿童游戏场 értóng yóuxìchǎng / on the ～ 在运动场上 zài yùndòngchǎngshang **2.** 乐园 lèyuán：an adventurers' ～ 冒险家的乐园 màoxiǎnjiāde lèyuán

playhouse *n.* **1.** 剧场 jùchǎng ＝ theater **2.**（美）(Měi) 玩具室 wánjùshì ＝ place for children's play

playing-card *n.* 纸牌 zhǐpái

playing-field *n.* 球场 qiúchǎng；操场 cāochǎng

playlet *n.* 短剧 duǎnjù

playmate *n.* 游伴 yóubàn ＝ playfellow

playroom *n.* 文娱室 wényúshì；游艺室 yóuyìshì

plaything *n.* **1.** 玩具 wánjù；**2.** 被玩弄的人 bèi wánnòngde rén ＝ sb. treated as a toy

playwright *n.* 剧作家 jùzuòjiā

plaza *n.* 广场 guǎngchǎng

plea *n.* **1.** 抗辩 kàngbiàn；辩解 biànjiě；口实 kǒushí：under the ～ of ill health 借口身体不好 jièkǒu shēntǐ bùhǎo **2.** 恳求 kěnqiú；请求 qǐngqiú ＝ urgent request

pleach *v.* 编结 biānjié

plead *v.* **1.** (为…)辩护 (wèi…) biànhù; 辩明 biànmíng: to ~ in court 在法庭辩护 zài fǎtíng biànhù / to ~ against a person 反驳某人 fǎnbó mǒurén / to ~ guilty 服罪 fúzuì **2.** 托辞 tuōcí; 借口 jièkǒu = to submit as an excuse **3.** 恳求 kěnqiú: to ~ with a person for pity 求人怜悯 qiúrén liánmǐn

pleader *n.* 辩护人 biànhùrén

pleading *n.* 辩护 biànhù *a.* 恳求的 kěnqiúde; 请求的 qǐngqiúde

pleadingly *ad.* 恳求地 kěnqiúde

pleasant *a.* (令人)愉快的 (lìngrén) yúkuàide; 好玩的 hǎowánde; 有意思的 yǒuyìside: ~ news 令人愉快的消息 lìngrén yúkuàide xiāoxi / We had a ~ time. 我们过得很愉快。Wǒmen guòde hěn yúkuài. / to be ~ to the taste 好吃 hǎochī // ~ly *ad.*

pleasantness *n.* 愉快 yúkuài

pleasantry *n.* 滑稽 huájī; 打趣 dǎqù; 笑话 xiàohua

please *v.* **1.** 使…高兴 shǐ…gāoxìng; 使…喜欢 shǐ…xǐhuan: a picture that ~s the eye 一幅悦目的图画 yìfú yuèmùde túhuà / His answer ~s me. 他的回答使我满意。Tāde huídá shǐ wǒ mǎnyì. / to ~ oneself 感到高兴 gǎndào gāoxìng **2.** 使人高兴 shǐ rén gāoxìng; 使人喜欢 shǐ rén xǐhuan: He is anxious to ~. 他巴不得讨好大家。Tā bābudé tǎohǎo dàjiā. / The play ~s. 这出戏很吃香。Zhèchū xì hěn chīxiāng. **3.** 喜欢 xǐhuan; 喜爱 xǐ'ài: Do what you ~. 你爱做什么就做什么。Nǐ àizuò shénme jiù zuò shénme. / Do so, if you ~. 请你这么办吧。Qǐng nǐ zhème bànba. / I will wash my hands. if you ~. 对不起,我去解个手。Duìbuqǐ, wǒ qù jiěgeshǒu. **4.** 请 qǐng: P- sit down. 请坐。Qǐngzuò. / What's your name, ~? 请问大名? Qǐngwèn dàmíng? / Will you ~ come at once? 请您马上来好吗? Qǐng nín mǎshàng lái hǎoma?

pleased *a.* 高兴的 gāoxìngde; 喜欢的 xǐhuande: He looked ~. 他显得很高兴。Tā xiǎnde hěn gāoxìng. / He was much ~ at the news. 他听了这消息非常高兴。Tā tīngle zhè xiāoxi fēicháng gāoxìng. / I shall be ~ to help you. 我乐于帮助你。Wǒ lèyú bāngzhù nǐ.

pleasing *a.* 讨人喜欢的 tǎorén xǐhuande; 舒适的 shūshìde: a ~ voice 悦耳的口音 yuè'ěrde kǒuyīn / ~ manners 和蔼可亲的态度 hé'ǎi kěqīnde tàidu

pleasurable *a.*（能使人）愉快的（néng shǐ rén）yúkuàide；娱乐性的 yúlèxìngde

pleasure *n.* **1.** 快乐 kuàilè；愉快 yúkuài；高兴 gāoxìng：to read for ～ 读书消遣 dúshū xiāoqiǎn / to take a ～ in teaching 对教学感兴趣 duì jiàoxué gǎn xìngqù / with ～ 愉快地 yúkuàide；十分愿意 shífēn yuànyì **2.** 乐事 lèshì；乐趣 lèqù：the ～ of friendship 友谊的乐趣 yǒuyìde lèqù / Labor is a ～ to us. 劳动对我们是一件乐事。Láodòng duì wǒmen shì yíjiàn lèshì. **3.** 肉体快乐 ròutǐ kuàilè；放荡 fàngdàng **4.** [one's ～] 愿望 yuànwàng；意向 yìxiàng：to ask a person's ～ 询问意愿 xúnwèn yìyuàn / You may go or stay at ～. 去留都听你的便。Qù-liú dōu tīng nǐde biàn. // a ～ trip 游览 yóulǎn

pleat *n.* 褶 zhě *v.* 打褶 dǎzhě：a ～ed skirt 百褶裙 bǎizhěqún

plebeian *n.* 平民 píngmín *a.* 平民的 píngmínde；下贱的 xiàjiànde：～ tastes 低级趣味 dījí-qùwèi

plebiscite *n.* 公民投票 gōngmín tóupiào

plectrum *n.*（弦乐的）拨子（xiányuède）bōzi

pledge *n.* **1.** 誓约 shìyuē；保证 bǎozhèng：a ～ of friendship 友谊的保证 yǒuyìde bǎozhèng / to take a ～ 发誓 fāshì / under ～ of secrecy 发誓守秘密 fāshì shǒu mìmì **2.** 抵押 dǐyā：to give something in ～ 以某物作抵押 yǐ mǒuwù zuò dǐyā **3.** 抵押品 dǐyāpǐn = sth. ～d *v.* **1.** 发誓 fāshì；保证 bǎozhèng：to ～ one's honor 作出保证 zuòchū bǎozhèng / to ～ oneself to hitting the target 保证完成指标 bǎozhèng wánchéng zhǐbiāo **2.** 抵押 dǐyā **3.** 向…祝酒 xiàng…zhùjiǔ；为…干杯 wèi…gānbēi

plenary *a.* **1.** 充分的 chōngfènde；完全的 wánquánde：～ powers 全权 quánquán **2.** 全体出席的 quántǐ chūxíde：a ～ session 全体会议 quántǐ huìyì

plenipotentiary *n.* 全权大使 quánquán dàshǐ *a.* 有全权的 yǒu quánquánde：an ambassador extraordinary and ～ 特命全权大使 tèmìng quánquán dàshǐ

plenitude *n.* **1.** 充分 chōngfèn；完全 wánquán **2.** 丰富 fēngfù；充实 chōngshí：the moon in her ～ 满月 mǎnyuè

plenum *n.* **1.** 充实 chōngshí **2.** 送气通风 sòngqì tōngfēng = letting air into **3.** 全体会议 quántǐ huìyì * as of a meeting

plenteous *a.* 丰硕的 fēngshuòde

plentiful *a*. 富裕 fùyù；丰富 fēngfù：a ～ harvest 丰收 fēngshōu

plenty *n*. 富裕 fùyù；丰富 fēngfù：there is food in ～ 食物很富裕 shíwù hěn fùyù / We live in peace and ～. 我们过着和平富足的生活。Wǒmen guòzhe hépíng fùzúde shēnghuó. / There is ～ of time. 时间很富裕。Shíjiān hěn fùyù. *a*. 多 duō：This is ～. 这多得很。Zhè duōde hěn. *ad*. 完全 wánquán；十分 shífēn：It is ～ large enough. 这是够大了。Zhè shì gòudàle.

pleonasm *n*. 烦冗 fánrǒng * in grammar

plethora *n*. **1**. 过多 guòduō；过剩 guòshèng = over-abundance **2**. (医)多血 (yī) duōxuè；多血症 duōxuèzhèng = excess of blood

pleurisy *n*. 胸膜炎 xiōngmóyán

plexus *n*. 神经丛 shénjīngcóng；血管丛 xuèguǎncóng

pliability *n*. 柔韧性 róurènxìng；可挠性 kěnáoxìng

pliable *a*. **1**. 柔韧的 róurènde；可挠的 kěnáode；易弯的 yìwānde = flexible **2**. 柔顺的 róushùnde = easily controlled

pliers *n*. 手钳 shǒuqián；钳子 qiánzi：a pair of ～ 一把钳子 yìbǎ qiánzi / a cutting ～ 剪钳 jiǎnqián

plight *n*. **1**. 困境 kùnjìng；苦境 kǔjìng：He is in a sorry ～. 他的境况不好。Tāde jìngkuàng bùhǎo. **2**. 誓约 shìyuē；婚约 hūnyuē = pledge *v*. 保证 bǎozhèng；订婚 dìnghūn：She ～ed herself to him. 她同他订了婚。Tā tóng tā dìngle hūn.

plinth *n*. 底座 dǐzuò；柱基 zhùjī

plod *v*. **1**. 重步地走 zhòngbùde zǒu：to ～ on one's way 重步地走去 zhòngbùde zǒuqù / to ～ one's way 拖着脚步走 tuōzhe jiǎobù zǒu **2**. 刻苦 kèkǔ；苦干 kǔgàn：to ～ one's books 埋头读书 máitóu dúshū / He's ～ding away day and night. 他一天到晚刻苦工作。Tā yìtiān dàowǎn kèkǔ gōngzuò.

plodder *n*. 苦干者 kǔgànzhě；苦学的人 kǔxuéde rén

plonk *n*. **1**. 扑通声 pūtōngshēng = a short hollow sound **2**. 重击 zhòngjī = heavy blow

plop *n*. 扑通声 pūtōngshēng *v*. 扑通一声 pūtōngyìshēng

plosion *n*. 爆破 bàopò

plosive *n*. & *a*. 爆破音(的) bàopòyīn(de) * in phonetics

plot *n*. **1**. 阴谋 yīnmóu；圈套 quāntào；计策 jìcè；(秘密)计划 (mìmì) jìhuà **2.** 情节 qíngjié；结构 jiégòu = of a play or story **3.** 小区 xiǎoqū；(一块)地 (yíkuài)dì：a breeding ～ 试验田 shìyàntián / a ～ of barley 一块麦地 yíkuài màidì *v.* **1.** 策划 cèhuà：to ～ against a person's life 企图谋害人命 qǐtú móuhài rénmìng **2.** 区划 qūhuà；划分 huàfēn：to ～ out one's time 分配时间 fēnpèi shíjiān **3.** 标绘 biāohuì；绘制 huìzhì = to represent graphically

plough *n.* **1.** 犁 lí：a two-wheeled two-shared ～ 双轮双铧犁 shuānglún shuānghuá lí / to be at the ～ 从事农业 cóngshì nóngyè / to follow the ～ 种田 zhòngtián / to put one's hand to the ～ 着手工作 zhuóshǒu gōngzuò **2.** 耕地 gēngdì：100 acres of ～ 百英亩耕地 bǎi yīngmǔ gēngdì **3.** [the P-] 北斗七星 Běidǒu Qīxīng = group of stars, the Dipper *v.* **1.** 犁 lí；耕 gēng：to ～ the fields 耕地 gēngdì / to ～ the land 犁进去 líjìnqù **2.** 刻苦前进 kèkǔ qiánjìn：to ～ one's way through the mud 在泥泞中跋涉 zài nínìngzhōng báshè **3.** 破(浪) pò(làng)：The ship ～s the waves. 船只破浪前进。Chuánzhī pòlàng qiánjìn.

ploughboy *n.* 牵马童 qiānmǎtóng；农家子 nóngjiāzǐ

ploughing *n.* 耕地 gēngdì；犁田 lítián：deep ～ and intense cultivation 深耕细作 shēngēng-xìzuò

ploughman *n.* 庄稼人 zhuāngjiarén；农民 nóngmín

ploughshare *n.* 犁铧 líhuá；犁头 lítóu

plover *n.* 鸻科鸟 héngkēniǎo

plow *n.* & *v.* = plough

ploy *n.* **1.** 职业 zhíyè；工作 gōngzuò = a job **2.** 消遣 xiāoqiǎn = amusement **3.** 事业 shìyè = undertaking

pluck *v.* **1.** 采 cǎi；摘 zhāi；拔 bá：to ～ fruit 摘果子 zhāi guǒzi / to ～ tea 采茶 cǎichá / to ～ a chicken 拔鸡毛 bá jīmáo / to ～ up one's courage 鼓起勇气 gǔqǐ yǒngqì **2.** 不录取 bú lùqǔ：to get ～ed 考不上 kǎo búshàng **3.** 弹 tán：to ～ a guitar 弹吉他 tán jítā **4.** (俚) 抢 (lǐ) qiǎng；骗 piàn = cheat **5.** (突然)一拉 (tūrán) yìlā；一拖 yìtuō：The child ～ed at its mother's skirt. 孩子拉了拉妈妈的裙子。Háizi lālelā māmade qúnzi. *n.* **1.** (一)拉 (yì)lā；(一)拖 (yì)tuō = pull **2.** 五脏 wǔzàng = liver, lungs ～ed out of an animal **3.** 精神 jīngshén；勇气 yǒngqì = courage

plucky *a.* 有勇气的 yǒu yǒngqìde；有胆量的 yǒu dǎnliàngde = brave

plug *n.* 塞子 sāizi；(电)插头 (diàn) chātóu；(电)插销 (diàn) chāxiāo：to put the ～ in the socket 把插头插入插座 bǎ chātóu chārù chāzuò *v.* **1.** 塞住 sāizhù；堵住 dǔzhù：to ～ a wall up 堵住墙洞 dǔzhù qiángdòng **2.** 苦干 kǔgàn；刻苦 kèkǔ：to ～ away at a task 刻苦工作 kèkǔ gōngzuò **3.** to ～ in 插上插头 chāshàng chātóu

plum *n.* **1.** 李子 lǐzi；洋李 yánglǐ **2.** 葡萄干 pútáogān：～ pudding 葡萄干布丁 pútáogān bùdīng **3.** 精华 jīnghuá = sth. desirable **4.** 要职 yàozhí = good position

plumage *n.* 羽毛 yǔmáo

plumb *n.* 铅锤 qiānchuí；线铊 xiàntuó；垂球 chuíqiú：out of ～ 不垂直 bùchuízhí *a.* **1.** 垂直的 chuízhíde：a ～ bob 垂球 chuíqiú **2.** 完全的 wánquánde；彻底的 chèdǐde = completely *ad.* 垂直地 chuízhíde；正确地 zhèngquède *v.* **1.** 测量 cèliáng = test **2.** 装设铅管 zhuāngshè qiānguǎn = fix or repair pipes

plumbago *n.* 石墨 shímò

plumber *n.* 管子工人 guǎnzi gōngrén；水暖工 shuǐnuǎngōng

plumbing *n.* 铅管制造 qiānguǎn zhìzào；铅管类 qiānguǎnlèi；装设铅管 zhuāngshè qiānguǎn

plumbline *n.* (铅)垂线 (qiān) chuíxiàn

plume *n.* **1.** 正羽 zhèngyǔ：a cock's ～ 公鸡的羽毛 gōngjīde yǔmáo / to be in borrowed ～s 穿借来的衣服 chuān jièláide yīfu **2.** 羽毛饰 yǔmáoshì；翎 líng *v.* **1.** (鸟)整理(羽毛) (niǎo) zhěnglǐ (yǔmáo) **2.** 翎饰 língshì **3.** 夸耀 kuāyào：to ～ oneself on one's cleverness 自夸聪明 zìkuā cōngming

plummet *n.* 铅锤 qiānchuí；垂球 chuíqiú；垂线 chuíxiàn

plummy *a.* 好的 hǎode；理想的 lǐxiǎngde：～ jobs 理想的工作 lǐxiǎngde gōngzuò

plump *a.* 丰满 fēngmǎn：～ cheeks 丰满的脸 fēngmǎnde liǎn / She is tall and ～. 她高大丰满。Tā gāodà fēngmǎn. *v.* 扑通地落下 pūtōngde luòxià = fall down suddenly *n.* 坠下 zhuìxià；坠落 zhuìluò=a falling

plumule *n.* **1.** (鸟类) 绒毛 (niǎolèi) róngmáo **2.** (植) 胚芽 (zhí) pēiyá * in botany

plunder *n.* **1.** 掠夺 lüèduó；劫掠 jiélüè **2.** 掠夺物 lüèduówù；脏物 zāngwù *v*. 掠夺 lüèduó

plunderer *n*. 掠夺者 lüèduózhě

plunge *v*. **1**. 插进 chājìn；使…没入 shǐ…mòrù：to ～ the feet into the water 将脚伸入水里 jiāng jiǎo shēnrù shuǐli **2**. 强拉 qiánglā；拖 tuō：to ～ a country into war 把国家拖到战争里去 bǎ guójiā tuōdào zhànzhēngliqù **3**. 跳 tiào；投 tóu：to ～ into the water 跳进水中 tiàojìn shuǐzhōng / to ～ into war 投入战争中 tóurù zhànzhēngzhōng **4**. 陷 xiàn：to ～ into debt 陷入债务中 xiànrù zhàiwù zhōng / to ～ deeper and deeper 愈陷愈深 yùxiàn-yùshēn **5**.（船）颠簸（chuán）diānbǒ：The boat ～d terribly. 船颠簸得十分厉害。Chuán diānbǒde shífēn lìhai. *n*. 没入 mòrù；跳进 tiàojìn；突进 tūjìn：to take the ～ 大胆尝试 dàdǎn chángshì

plunger *n*. **1**.（机）柱塞（jī）zhùsāi ＝ piston **2**. 潜水者 qiánshuǐzhě ＝ diver

pluperfect *a*. & *n*. 过去完成的 guòqù wánchéngde；过去完成时 guòqù wánchéngshí

plural *a*. 复数的 fùshùde；两个以上的 liǎngge yǐshàngde：the ～ form 复数形式 fùshù xíngshì / the ～ number 复数 fùshù *n*. 复数 fùshù；复数形式 fùshù xíngshì ＝ word in the ～ form

pluralism *n*. 兼职 jiānzhí

plurality *n*. **1**. 复数性 fùshùxìng；多元 duōyuán **2**. 大多数 dàduōshù ＝ majority **3**.（美）超过票数（Měi）chāoguò piàoshù **4**.（英）兼职（Yīng）jiānzhí ＝ holding more than one office, as in church

plus *a*. 加的 jiāde：正的 zhèngde：the ～ sign 加号 jiāhào；正号 zhènghào *prep*. 加 jiā；另加 lìngjiā：Three ～ five equals eight. 三加五等于八。Sān jiā wǔ děngyú bā. *n*. 加号 jiāhào ＝ the symbol ＋；正号 zhènghào；正数 zhèngshù；正量 zhèngliàng

plus-fours *n*. 灯笼裤 dēnglongkù

plush *n*. **1**.（长）毛绒（cháng）máoróng；丝绒 sīróng **2**. 毛绒裤 máoróngkù *a*. 豪华的 háohuáde ＝ sumptuous

pluto *n*. **1**. 英吉利海峡输油管 Yīngjílì Hǎixiá Shūyóuguǎn ＝ Pipe Line Under the Ocean **2**. [P-]冥王星 Míngwángxīng * the ninth planet；（希腊神话）冥王（Xīlà shénhuà）Míngwáng

plutocracy *n*. 富豪阶级 fùháo jiējí；财阀政治 cáifá zhèngzhì

plutocrat *n*. 富豪 fùháo；财阀 cáifá

plutonium *n.* 钚 bù

pluvial *a.* 多雨的 duōyǔde；(地)雨成的 (dì) yǔchéngde

ply *n.* **1.** 折叠 zhédié；层片 céngpiàn ＝layer **2.** 股 gǔ：a two-～ rope 一根双股的绳子 yìgēn shuānggǔde shéngzi *v.* **1.** (努力)从事 (nǔlì) cóngshì：to ～ one's books 用功读书 yònggōng dúshū / to ～ a trade 经营商业 jīngyíng shāngyè **2.** (频频)使用 (pínpín) shǐyòng：to ～ one's needle 用针 yòngzhēn / to ～ one's oars 使劲划 shǐjìn huá **3.** 硬要 yìngyào；强劝 qiángquàn：to ～ a speaker with questions 向讲演人问个不休 xiàng jiǎngyǎnrén wènge-bùxiū / to ～ a person with drink 硬劝人喝酒 yìng quànrén hējiǔ **4.** (车、船) (chē、chuán)来回 láihuí；往返 wǎngfǎn：The bus plies from the station to the square. 公共汽车从车站到广场往返行驶。Gōnggòng-qìchē cóng chēzhàn dào guǎngchǎng wǎngfǎn xíngshǐ. **5.** 候客 hòukè：a taxi ～ing in the street 一辆在街头候客的出租车 yíliàng zài jiētóu hòukède chūzūchē

plywood *n.* 胶合板 jiāohébǎn

Pm 钷(化学符号) pǒ (huàxué fúhào)

p. m. 下午 xiàwǔ

pneumatic *a.* **1.** 气体的 qìtǐde；装满气体的 zhuāngmǎn qìtǐde：a ～ tyre 气胎 qìtāi **2.** (机)气力的 (jī)qìlìde；风力的 fēnglìde：a ～ drill 风钻 fēngzuàn

pneumatics *n.* 气体力学 qìtǐ lìxué

pneumonia *n.* 肺炎 fèiyán

Po 钋(化学符号) pō (huàxué fúhào)

poach *v.* **1.** 氽 cuān；卧(个鸡子儿) wò(ge jīzǐr) ＊ in cooking **2.** 潜猎 qiánliè；偷猎 tōuliè；偷渔 tōuyú：to ～ hares 偷打野兔 tōudǎ yětù / to ～ for salmon 偷捕鲑鱼 tōubǔ guīyú

poacher *n.* 偷猎者 tōulièzhě；偷渔者 tōuyúzhě

P. O. B. 邮政信箱 yóuzhèng xìnxiāng

pock *n.* 痘疱 dòupào

pocket *n.* **1.** 衣袋 yīdài；钱袋 qiándài：to have a person in one's ～ 能把某人掌握在手中 néng bǎ mǒurén zhǎngwòzài shǒuzhōng / to keep one's hands in one's ～ 游手好闲 yóushǒu-hàoxián / to put one's hand in one's ～ 花钱 huāqián / to put one's pride in one's ～ 抑制自尊心 yìzhì zìzūnxīn **2.** 钱财 qiáncái：I am 5 shillings in ～. 我赚了五先令。Wǒ zhuànle wǔ xiānlìng. / to be out of ～ 赔钱 péiqián **3.** 球袋 qiúdài ＊ of the billiard-table **4.**（地）矿袋（dì）kuàngdài；溶解囊 róngjiěnáng **5.** 气阱 qìjǐng = air pocket **6.**（军）据点（jūn）jùdiǎn = small piece of occupied land **7.** 袖珍 xiùzhēn：a ～ battleship 袖珍战舰 xiùzhēn zhànjiàn / a ～ dictionary 袖珍字典 xiùzhēn zìdiǎn *v.* **1.** 装进口袋里 zhuāngjìn kǒudàili = put into the ～ **2.** 忍受 rěnshòu：to ～ one's pride 压制傲气 yāzhì àoqì

pocket-book *n.* **1.** 笔记簿 bǐjìbù **2.** 皮夹子 píjiāzi；财力 cáilì：prices beyond the average ～ 超过一般购买力的价格 chāoguò yìbān gòumǎilìde jiàgé

pocket-knife *n.* 小刀 xiǎodāo

pocket-money *n.* 零用钱 língyòngqián

pockmark *n.* 麻子 mázi

pod *n.* 荚(果) jiá(guǒ) *v.* 结荚 jiējiá；剥荚 bāojiá

podgy *a.* 矮胖的 ǎipàngde

podiatry *n.* 脚病学 jiǎobìngxué；脚病治疗 jiǎobìng zhìliáo

podium *n.* 高台 gāotái；指挥台 zhǐhuītái

poem *n.* **1.** 诗 shī：a lyric ～ 抒情诗 shūqíngshī / to write a ～ 写一首诗 xiě yìshǒu shī / Their lives are a ～. 他们的生活像一首诗。Tāmende shēnghuó xiàng yìshǒu shī. **2.** 诗体文 shītǐwén：a prose ～ 散文诗 sǎnwénshī

poet *n.* 诗人 shīrén：a minor ～ 小诗人 xiǎo shīrén / a romantic ～ 浪漫主义诗人 làngmàn zhǔyì shīrén / a ～ laureate 桂冠诗人 guìguān shīrén

poetess *n.* 女诗人 nǚshīrén

poetic(al) *a.* **1.** 诗的 shīde；韵文的 yùnwénde：～ diction 诗的用语 shīde yòngyǔ / a ～ drama 诗剧 shījù / ～ inspiration 诗的灵感 shīde línggǎn / ～ works 诗集 shījí **2.** 诗人的 shīrénde；有诗意的 yǒu shīyìde：～ feeling 诗兴 shīxìng

poetics *n.* 诗学 shīxué；诗论 shīlùn

poetry *n.* **1.** 诗歌 shīgē；韵文 yùnwén：drama, fiction and ～ 戏剧、小说和诗歌 xìjù、xiǎoshuō hé shīgē / epic ～ 叙事诗 xùshìshī **2.** 诗作 shīzuò；诗 shī：Milton's ～ 弥尔顿的诗 Mí'ěrdùnde shī / English ～ 英诗 Yīngshī / to write ～ 写诗 xiěshī

pogrom *n.* 大屠杀 dàtúshā；集体迫害 jítǐ pòhài

poignancy *n.* 尖锐 jiānruì；刻薄 kèbó；辛辣 xīnlà ＝ sharpness

poignant *a.* **1.** 尖锐 jiānruì；刻薄 kèbó；辛辣 xīnlà：～ sarcasm 尖酸刻薄的讽刺 jiānsuān kèbóde fěngcì **2.** 刺激感情的 cìjī gǎnqíngde：～ sorrow 沉痛的悲哀 chéntòngde bēi'āi / ～ tears 伤心泪 shāngxīnlèi

poinsettia *n.*（植）一品红（zhí）yìpǐnhóng

point *n.* **1.** 尖端 jiānduān：the ～ of a knife 刀尖 dāojiān **2.** 岬 jiǎ ＝ tapering piece of land projecting into the sea **3.** 标点 biāodiǎn；小数点 xiǎoshùdiǎn：a full ～ 句号 jùhào **4.**（理化）点（lǐhuà）diǎn；度 dù；程度 chéngdù：the boiling ～ 沸点 fèidiǎn / The temperature has gone up two ～s. 温度上升了二度。Wēndù shàngshēngle liǎngdù. **5.** 点（数）diǎn（shù）：to put a commodity on ～s 配给一种商品 pèijǐ yìzhǒng shāngpǐn **6.**（物价等）档（wùjiàděng）dàng：Cotton has gone down several ～s. 棉花跌了好几档。Miánhua diēle hǎojǐ dàng. **7.**（比赛等）一分（bǐsài děng）yìfēn；（美大学）学分（Měi dàxué）xuéfēn：to gain a ～ 得一分 dé yìfēn **8.** 主方位 zhǔfāngwèi ＊ on the compass **9.** 地点 dìdiǎn ＝ a place **10.** 时刻 shíkè；瞬间 shùnjiān：a turning ～ 转折点 zhuǎnzhédiǎn / to be on the ～ of starting 即将动身 jíjiāng dòngshēn **11.** 要点 yàodiǎn；论点 lùndiǎn：the ～ in a speech 演说的要点 yǎnshuōde yàodiǎn / a ～ of conscience 良心问题 liángxīn wèntí / from my ～ of view 按我的看法 àn wǒde kànfǎ / to catch the ～ 抓住要点 zhuāzhù yàodiǎn / to make a ～ that 主张 zhǔzhāng / That's just the ～. 那正是要点。Nà zhèngshì yàodiǎn. **12.** 特点 tèdiǎn；项目 xiàngmù：one's strong ～ 优点 yōudiǎn / ～ by ～ 一项项 yí xiàngxiàng **13.** 磅 bàng ＊ of types，in printing **14.**（美）钢笔尖（Měi）gāngbǐjiān **15.** 尖兵 jiānbīng ＝ vanguard **16.** 目的 mùdì；必要 bìyào：What's your ～ in coming？你来干什么？Nǐ lái gàn shénme？/ There is no ～ in doing that. 那样做没必要。Nàyàngzuò méi bìyào. // a ～ constable（英）交通警察（Yīng）jiāotōng jǐngchá / at all ～s 在各点上 zài gèdiǎnshang / at the ～ of death 在临死的时候 zài línsǐde shíhou / away from the ～ 离题的 lítíde / from ～ to ～ 从一处到另一处 cóng yíchù dào lìngyíchù；一项项 yíxiàngxiàng / in ～ 适当 shìdàng / a case in ～ 恰当的例子 qiàdàngde lìzi / in ～ of 关于 guānyú / in ～ of fact 事实上 shìshíshang / to be off the ～ 文不对题 wén bú duìtí / to be on ～s 配给的 pèijǐde / to be to the ～ 正中要害 zhèngzhòng yàohài *v.* **1.** 削尖

xiāojiān: to ～ a pencil 削铅笔 xiāo qiānbǐ **2.** 使…尖锐 shǐ…jiānruì; 加强 jiāqiáng: He ～ed his remarks with apt illustrations. 他用适当的例证加强了他的言论。Tā yòng shìdàngde lìzhèng jiāqiángle tāde yánlùn. **3.** 指点 zhǐdiǎn; 指向 zhǐxiàng; 瞄准 miáozhǔn: to ～ a gun at a bird 把枪对准鸟 bǎ qiāng duìzhǔn niǎo / to ～ out the mistakes 指出错误 zhǐchū cuòwù / The needle ～s to the north. 磁针指向北方。Cízhēn zhǐxiàng běifāng. / P- me out the thing you want. 告诉我你要什么。Gàosu wǒ nǐ yào shénme.

point-blank *a.* **1.** 直射的 zhíshède **2.** 直接了当的 zhíjiē liǎodàngde; 干脆的 gāncuìde *ad.* **1.** 直射地 zhíshède **2.** 干脆地 gāncuìde: He refused the offer ～. 他干脆地拒绝了那个提议。Tā gāncuìde jùjuéle nàge tíyì.

point-duty *n.* 站岗 zhàngǎng; 交通指挥 jiāotōng zhǐhuī

pointed *a.* 尖的 jiānde; 尖锐 jiānruì; 尖刻 jiānkè; 严厉 yánlì

pointer *n.* **1.** 指针 zhǐzhēn = hand of a clock or needle of a compass **2.** 教鞭 jiàobiān = rod for pointing **3.** 指示犬 zhǐshìquǎn = dog trained to point **4.** 瞄准手 miáozhǔnshǒu: one who aims

pointillism *n.* 点画法 diǎnhuàfǎ

pointless *a.* **1.** 无尖头的 wújiāntóude = without a point **2.** 不得要领的 bùdé yàolǐngde; 无意义的 wúyìyìde = meaningless **3.** (比赛)没有得分的 (bǐsài) méiyǒu défēnde: a ～ draw 零比零 língbǐlíng

pointsman *n.* 铁路扳道工 tiělù bāndàogōng

poise *v.* 平衡 pínghéng; 保持平衡 bǎochí pínghéng: He ～d himself on his toes. 他用脚尖站立使自己保持平衡。Tā yòng jiǎojiān zhànlì shǐ zìjǐ bǎochí pínghéng. *n.* **1.** 平衡 pínghéng; 均衡 jūnhéng = balance **2.** 姿态 zītài; 体态 tǐtài: We admired the graceful ～ of the dancer. 我们欣赏舞蹈者优美的体态。Wǒmen xīnshǎng wǔdǎozhě yōuměide tǐtài. **3.** 镇静 zhènjìng; 泰然自若 tàirán-zìruò; 满有信心 mǎnyǒu xìnxīn: He has a great deal of ～ for a boy of 17. 他虽只十七岁,但信心十足。Tā suī zhǐ shíqī suì, dàn xìnxīn shízú.

poison *n.* **1.** 毒 dú; 毒物 dúwù; 毒药 dúyào: rat-～ 毒老鼠药 dú lǎoshǔ yào / ～-gas 毒气 dúqì / ～-ivy 野葛 yěgé * a plant **2.** 毒害 dúhài; 败坏道德之事 bàihuài dàodé zhīshì = idea having harmful influence *v.* **1.** 毒死 dúsǐ; 放毒于 fàngdúyú: ～ a cat 毒死猫 dúsǐ māo/ ～ the well 置毒于井中 zhìdú yú jǐngzhōng/ a ～ed hand 发炎的手 fāyánde shǒu **2.** 毒害 dúhài：～ a person's mind 毒害某人的思想 dúhài mǒurénde sīxiǎng

poisoner *n.* 毒杀者 dúshāzhě；放毒者 fàngdúzhě

poisoning *n.* **1.** 中毒 zhòngdú **2.** 毒杀 dúshā

poisonous *a.* **1.** 有毒的 yǒudúde：～ plants 有毒植物 yǒudú zhíwù / ～ snakes 毒蛇 dúshé **2.** 有害的 yǒuhàide；恶毒的 èdúde：～ words 恶毒的话 èdúde huà **3.** 讨厌的 tǎoyànde = disgusting：a ～ green color 讨厌的绿色 tǎoyànde lǜsè

poke *v.* **1.** 戳 chuō；捅 tǒng；拨 bō：～ a hole in the paper 在纸上捅(戳)个洞 zài zhǐshang tǒng(chuō)ge dòng / ～ the fire 拨火 bōhuǒ / Stop poking me! 别再戳我！Bié zài chuōwǒ! **2.** 伸出 shēnchū：～ one's head out 伸出头来 shēnchū tóu lái **3.** 干预 gānyù：Don't ～ into other's business. 不要干预别人的事。Búyào gānyù biérénde shì. **4.** 嘲弄 cháonòng：～ fun at sb. 嘲弄某人 cháonòng mǒurén // ～ about **1.** 寻找 xúnzhǎo：She ～d about in her bag for her tickets. 她翻书包找票。Tā fān shūbāo zhǎopiào. **2.** 瞎忙 xiāmáng：～ about in the kitchen 在厨房瞎忙 zài chúfáng xiāmáng

poker[1] *n.* 拨火棒 bōhuǒbàng；火钳 huǒqián：a ～ work (picture) 烙画 làohuà；焦笔画 jiāobǐhuà

poker[2] *n.* **1.** 扑克(赌博) pūkè(dǔbó) * a card game **2.** a ～ face 无表情的脸 wú biǎoqíngde liǎn

pokey *a.* **1.** 缓慢的 huǎnmànde = slow **2.** 窄小的 zhǎixiǎode = narrow；有限的 yǒuxiànde：a ～ little room 窄小的房间 zhǎixiǎode fángjiān *n.* 监狱 jiānyù = jail

polar *a.* **1.** 地极的 dìjíde；北(南)极的 běi(nán)jíde：～ bear 北极熊 běijíxióng **2.** 磁极的 cíjíde；有正负电的 yǒu zhèng-fù diànde：～ molecules 有极分子 yǒu jí fēnzǐ / ～ co-ordinates 极坐标 jízuòbiāo

polarimeter *n.* 偏振计 piānzhènjì；旋光计 xuánguāngjì

polarity *n.* **1.** 极性 jíxìng **2.** 正相反 zhèngxiāngfǎn = opposite qualities

polarization *n.* 极化 jíhuà：electric ～ 电极化 diànjíhuà / the ～ of society into two classes 社会分裂为两个阶级 shèhuì fēnliè wéi liǎngge jiējí

polarize *v.* **1.** 极化 jíhuà；(使)两极分化 (shǐ) liǎngjí fēnhuà：The new danger seems to have ～d society into two classes. 新危机似乎把社会分裂为两个阶级。Xīn wēijī sìhū bǎ shèhuì fēnlièwéi liǎngge jiējí. **2.** 使…偏

向 shǐ…piānxiàng: a society ~d towards gaining money 有拜金倾向的社会 yǒu bàijīn qīngxiàngde shèhuì

polaroid *n*. 1. 偏振片 piānzhènpiàn 2. ~ camera 即拍即有照相机 jípāi jíyǒu zhàoxiàngjī; 一次成相照相机 yícì chéngxiàng zhàoxiàngjī

pole[1] *n*. 柱 zhù; 竿 gān: a telephone ~ 电线竿 diànxiàngān / ~-jumping (vault) 撑竿跳 chēnggāntiào

pole[2] *n*. 1. 极 jí: the North (South) P- 北(南)极 Běi(Nán)jí 2. 电极 diànjí; 磁极 cíjí: ~ strength 磁极强度 cíjí qiángdù / the negative (positive) ~ 阴(阳)级 yīn(yáng)jí 3. 相对 xiāngduì; 相反 xiāngfǎn: Our opinions on this subject are at opposite ~s. 我们对这个论题的看法完全相反。Wǒmen duì zhège lùntíde kànfǎ wánquán xiāngfǎn.

pole-axe *n*. 长柄斧 chángbǐngfǔ

polecat *n*. 臭猫(臭鼬) chòumāo(chòuyòu)

polemic *a*. 争论的 zhēnglùnde; 爱争论的 ài zhēnglùnde *n*. 1. 争论 zhēnglùn; 议论 yìlùn = argument 2. 议论家 yìlùnjiā; 论客 lùnkè = one who is good at argument

polemics *n*. 辩论术 biànlùnshù

pole-star *n*. 北极星 Běijíxīng

police *n*. 警察(当局) jǐngchá(dāngjú); 警务人员 jǐngwù rényuán: the marine ~ 水上警察 shuǐshang jǐngchá / ~man 警察(警员) jǐngchá (jǐngyuán) / ~ constable 普通警员 pǔtōng jǐngyuán / ~ court 违警罪法庭 wéi jǐngzuì fǎtíng / ~ office 警察局 jǐngchájú / ~ officer 警官 jǐngguān / ~ station 警察局(派出所) jǐngchájú(pàichūsuǒ) *v*. 1. 管治 guǎnzhì: The army ~d the conquered city. 军队管制被征服的城市。Jūnduì guǎnzhì bèi zhēngfúde chéngshì. 2. 管辖 guǎnxiá; 控制 kòngzhì

policeman *n*. 警察 jǐngchá

police-woman *n*. 女警察 nǚjǐngchá

policlinic *n*. 门诊部 ménzhěnbù

policy[1] *n*. 保险单 bǎoxiǎndān: a fire-insurance ~ 火险保险单 huǒxiǎn bǎoxiǎndān /a ~-holder 投保人 tóubǎorén; 保险客户 bǎoxiǎn kèhù / take out a ~ on one's life 保寿险 bǎoshòuxiǎn

policy[2] *n*. 1. 政策 zhèngcè; 方针 fāngzhēn: carry out the foreign ~ 执行对外政策 zhíxíng duìwài zhèngcè / alter a business ~ 改变营业方针

gǎibiàn yíngyè fāngzhēn / Honesty is the best ～. 诚实是上策。Chéngshí shì shàngcè. **2.** 贤明 xiánmíng；精明 jīngmíng：It's bad ～ to smoke too much. 抽太多烟并非明智的行为。Chōu tàiduō yān bìngfēi míngzhìde xíngwéi.

policy-maker *n.* 决策者 juécèzhě

polio *n.* 小儿麻痹(症) xiǎo'ér mábì(zhèng)：～ vaccine 小儿麻痹症疫苗 xiǎo'ér mábìzhèng yìmiáo

poliomyelitis *n.* 小儿麻痹症 xiǎo'ér mábìzhèng；脊髓灰质炎 jǐsuǐ huīzhìyán

polish *v.* **1.** 擦亮 cāliàng；磨光 móguāng；抛光 pāoguāng；打光 dǎguāng：～ shoes 擦皮鞋 cā píxié / ～ furniture 打光家具 dǎguāng jiājù **2.** 使优雅 shǐ yōuyǎ；润饰 rùnshì：P- your English. 你的英语要润饰一下。Nǐde Yīngyǔ yào rùnshì yíxià. // ～ off 很快结束 hěnkuài jiéshù：～ cff a large plateful of pie 很快吃完一大盘馅儿饼 hěnkuài chīwán yídàpán xiànrbǐng *n.* **1.** 磨光 móguāng：shoes with a good ～ 擦亮的鞋 cāliàngde xié **2.** 擦亮剂 cāliàngjì：shoes (furniture, floor) ～ 鞋油(家具擦光油、地板蜡) xiéyóu(jiājù cāguāngyóu、dìbǎnlà)

polished *a.* **1.** 擦亮的 cāliàngde；磨光的 móguāngde：～ rice 白米 báimǐ **2.** 洗练的 xǐliànde；优雅的 yōuyǎde = refined

polisher *n.* 磨光器 móguāngqì：a floor ～ 磨地板机 mó dìbǎnjī

politbureau *n.* 政党的执行委员会 zhèngdǎngde zhíxíng wěiyuánhuì；政治局 zhèngzhìjú

polite *a.* **1.** 有礼貌的 yǒu lǐmàode；殷勤的 yīnqínde：a ～ boy 有礼貌的男孩 yǒu lǐmàode nánhái / a ～ remark 客气话 kèqihuà **2.** 上流的 shàngliúde；文雅的 wényǎde：～ society 上流社会 shàngliú shèhuì / ～ literature 风雅文学 fēngyǎ wénxué

politeness *n.* **1.** 有礼 yǒulǐ **2.** 斯文 sīwén；优雅 yōuyǎ = refinement

politic *a.* **1.** 谨慎的 jǐnshènde；有策略的 yǒucèlüède：follow a ～ course 采取审慎方针 cǎiqǔ shěnshèn fāngzhēn / make a ～ retreat 作策略上的退却 zuò cèlüèshangde tuìquè **2.** 贤明的 xiánmíngde = prudent

political *a.* **1.** 政治的 zhèngzhìde；政治上的 zhèngzhìshangde：～ economy 政(治)经(济)学 zhèng(zhì)jīng(jì)xué / ～ geography 政治地理 zhèngzhì dìlǐ / a ～ organization 政治组织 zhèngzhì zǔzhī / a ～ prisoner

政治(囚)犯 zhèngzhì(qiú)fàn / ～ science 政治学 zhèngzhìxué / a ～ guide 政治指导员 zhèngzhì zhǐdǎoyuán **2.** 对政治有兴趣的 duì zhèngzhì yǒu xìngqùde；关心政治的 guānxīn zhèngzhìde：The students here are very ～. 这儿的学生对政治非常有兴趣。Zhèrde xuésheng duì zhèngzhì fēicháng yǒu xìngqù. // ～ly *ad*.

political asylum *n*. 政治庇护 zhèngzhì bìhù

politician *n*. **1.** 政客 zhèngkè **2.** 政治家 zhèngzhìjiā

politics *n*. **1.** 政治学 zhèngzhìxué；政治 zhèngzhì：Tom is studying ～ at university. 汤姆正在大学研读政治学。Tāngmǔ zhèngzài dàxué yándú zhèngzhìxué. / local ～ 地方政治 dìfāng zhèngzhì / student ～ 学生政治 xuésheng zhèngzhì **2.** 政见 zhèngjiàn；政论 zhènglùn：What are your ～? 你的政见如何? Nǐde zhèngjiàn rúhé? **3.** 政治活动 zhèngzhì huódòng：enter ～ 入政界 rù zhèngjiè

polity *n*. **1.** 政体 zhèngtǐ；国体 guótǐ = form of government **2.** 政府 zhèngfǔ = government

Polka *n*. 波尔卡舞曲 Bō'ěrkǎ wǔqǔ

poll[1] *n*. **1.** 选举人名册 xuǎnjǔrén míngcè **2.** 选举投票 xuǎnjǔ tóupiào；投票处 tóupiàochù：a light (heavy) ～ 低(高)的投票率 dī(gāo)de tóupiàolǜ / go to the ～s 到投票处去 dào tóupiàochù qù / be successful at the ～ 竞选获胜 jìngxuǎn huòshèng；当选 dāngxuǎn / head the ～ 得票最多 dépiào zuìduō / declare the ～ 宣布选举结果 xuānbù xuǎnjǔ jiéguǒ **3.** 民意测验 mínyì cèyàn：a public opinion ～ 民意调查(测验) mínyì diàochá (cèyàn) *v*. **1.** 得票 dépiào **2.** ～ing-booth 投票处 tóupiàochù / ～ing-day 投票日 tóupiàorì **3.** 剪短 jiǎnduǎn：～ed cattle 角被剪掉的牛 jiǎo bèi jiǎndiàode niú

poll[2] *n*. 鹦鹉 yīngwǔ

pollard *n*. **1.** 截去了梢的树 jiéqùle shāode shù = tree with its top cut off **2.** 无角兽 wújiǎoshòu = animal with its horns cut off

pollen *n*. 花粉 huāfěn

pollinate *v*. 传粉 chuánfěn；授粉 shòufěn

pollster *n*. 舆论调查员 yúlùn diàocháyuán / 民意调查专家 mínyì diàochá zhuānjiā

poll-tax *n*. 人头税 réntóushuì

pollute *v*. **1**. 弄脏 nòngzāng；污染 wūrǎn：～d water 污水 wūshuǐ / Rivers are ～d with filthy waste from factories. 河流被工厂的污物所污染。Héliú bèi gōngchǎngde wūwù suǒ wūrǎn. **2**. 腐蚀 fǔshí；败坏 bàihuài = corrupt

pollution *n*. **1**. 污秽 wūhuì；污染 wūrǎn；浑浊 húnzhuó：air ～ 空气污染 kōngqì wūrǎn / atmosphere ～ 大气污染 dàqì wūrǎn / environmental ～ 环境污染 huánjìng wūrǎn / noise ～ 噪音污染 zàoyīn wūrǎn **2**. 腐败 fǔbài：moral ～ 道德败坏 dàodé bàihuài

polo *n*. 马球 mǎqiú：water-～ 水球(戏) shuǐqiú(xì)

polonium *n*. 钋 pō

polony *n*. 腊肠 làcháng

poltroon *n*. 胆小鬼 dǎnxiǎoguǐ；懦夫 nuòfū

polyandrous *a*. 一妻多夫的 yìqī duōfūde

polyandry *n*. 一妻多夫制 yìqī duōfūzhì

polyanthus *n*. 夜兰香 yèlánxiāng

polybasic *a*. 多碱(价)的 duōjiǎn(jià)de；多元的 duōyuánde

polyclinic *n*. 联合诊所 liánhé zhěnsuǒ；门诊部 ménzhěnbù

polyethylene *n*. 聚乙烯 jùyǐxī

polygamous *a*. **1**. 一夫多妻的 yìfū duōqīde **2**. 杂性的 záxìngde * of plants

polygamy *n*. **1**. 一夫多妻(制) yìfū duōqī(zhì) **2**. 杂性式 záxìngshì；雌雄混株 cíxióng hùnzhū

polyglot *a*. **1**. 数种语言的 shùzhǒng yǔyánde = of many languages **2**. 通晓数种语言的 tōngxiǎo shùzhǒng yǔyánde = knowing many languages

polygon *n*. 多边形 duōbiānxíng；多角形 duōjiǎoxíng：a ～ of force 力多边形 lìduōbiānxíng

polyhedron *n*. 多面体 duōmiàntǐ

polymer *n*. 聚合物 jùhéwù；聚合体 jùhétǐ：high (molecular) ～ 高分子聚合物 gāo(fēnzǐ)jùhéwù

polymerize *v*. 聚合 jùhé：a highly ～d compound 高分子化合物 gāofēnzǐ huàhéwù

polymeter *n*. 多能湿度表 duōnéng shīdùbiǎo；多测计 duōcèjì

polymolecular *a*. 多分子的 duō fēnzǐde

polymorphism *n*. 多形性 duōxíngxìng；多晶型(现象) duōjīngxíng(xiànxiàng)：sexual ～ 雌雄异形 cíxióng yìxíng

Polynesia *n*. 波利尼西亚(群岛) Bōlìníxīyà(qúndǎo)

polyp *n*. **1**. 珊瑚虫 shānhúchóng；水螅 shuǐxī * small water animal **2**. 息肉 xīròu * diseased unnatural growth in the body

polysemy *n*. 一词多义 yìcí duōyì

polysyllable *n*. 多音节词 duōyīnjiécí；复音词 fùyīncí

polysynthetic *a*. 多式综合的 duōshì zōnghéde：a ～ language 多式综合语 duōshì zōnghéyǔ

polytechnic *a*. 多种工艺的 duōzhǒng gōngyìde；多种学艺的 duōzhòng xuéyìde：a ～ school 工艺学校 gōngyì xuéxiào　*n*. 工艺学校 gōngyì xuéxiào

polytheism *n*. 多神教 duōshénjiào；多神论 duōshénlùn；多神崇拜 duōshén chóngbài

polythene *n*. 聚乙烯 jùyǐxī；塑胶 sùjiāo

polyvalent *a*. 多价的 duōjiàde

pomade *n*. 发油 fàyóu；头油 tóuyóu　*v*. 涂发油 túfàyóu

pomander *n*. 香袋 xiāngdài；香盒 xiānghé

pomegranate *n*. 石榴 shíliu；石榴树 shíliushù

pomelo *n*. 柚子 yòuzi

Pomeranian *a*. 波米拉尼亚的 Bōmǐlāníyàde　*n*. 波米拉尼亚狗 Bōmǐlāníyàgǒu

pomiculture *n*. 果树栽培(学) guǒshù zāipéi(xué)

pommel *n*. **1**. 欛头 bàtóu = rounded knob on the hilt of a sword **2**. 鞍头 āntóu * on a saddle

pomology *n*. 果树学 guǒshùxué

pomp *n*. **1**. 华丽 huálì；壮丽 zhuànglì；盛况 shèngkuàng：the ～ of the opening ceremony 开幕式的盛况 kāimùshìde shèngkuàng **2**. 浮华 fúhuá；虚饰 xūshì：～s and vanities 浮华和虚荣 fúhuá hé xūróng

pompon *n*. 绒球 róngqiú

pompous *a*. 浮夸的 fúkuāde；华而不实的 huá'ér-bùshíde：a ～ official 自大的官员 zìdàde guānyuán / ～ language 浮夸不实的语言 fúkuā bùshíde yǔyán

poncho *n*. **1**. 斗篷 dǒupeng **2**. (斗篷式)雨衣 (dǒupengshì) yǔyī

pond *n*. 池溏 chítáng：swim in a ～ 在池溏里游泳 zài chítángli yóuyǒng

ponder *v*. 沉思 chénsī；默想 mòxiǎng；考虑 kǎolǜ：～ (on) a question 考

虑一个问题 kǎolǜ yíge wèntí / ～(over) a matter 默想一件事 mòxiǎng yíjiàn shì

ponderous *a.* **1.** 沉重的 chénzhòngde；庞大的 pángdàde；笨重的 bènzhòngde：～ movements 笨重的动作 bènzhòngde dòngzuò **2.** 呆板的 áibǎnde * in writing

pone *n.* 玉米面包 yùmǐ miànbāo

pongee *n.* 茧绸 jiǎnchóu；府绸 fǔchóu

poniard *n.* 匕首 bǐshǒu；短剑 duǎnjiàn

pontiff *n.* **1.** 教皇 jiàohuáng；教宗 jiàozōng * the Pope **2.** 主教 zhǔjiào；教长 jiàozhǎng；大祭司 dàjìsī

pontifical *a.* **1.** 教皇的 jiàohuángde **2.** 教宗的 jiàozōngde **3.** 主教的 zhǔjiàode

pontoon *n.* **1.** 浮舟 fúzhōu；浮桥 fúqiáo ＝ floating bridge **2.** 浮筒 fútǒng ＝ a float on a seaplane

pontoon-bridge *n.* 浮桥 fúqiáo

pony *n.* **1.** 矮脚马 ǎijiǎomǎ；小马 xiǎomǎ **2.** ～-tail 马尾发型 mǎwěi fàxíng * of a girl's hair style

poodle *n.* 卷毛狗 juǎnmáogǒu

poof *n.* 男同性恋者 nán tóngxìngliànzhě

pooh *int.* 呸！Pēi！

pooh-pooh *v.* 嘲笑 cháoxiào；藐视 miǎoshì ＝ treat with contempt

pool[1] *n.* 小潭 xiǎotán；池子 chízi；水塘 shuǐtáng：a swimming ～ 游泳池 yóuyǒngchí / lie in a ～ of blood 躺在血泊中 tǎngzài xuèpōzhōng

pool[2] *n.* **1.** 大型台球运动 dàxíng táiqiú yùndòng * of billiard **2.** 总赌注 zǒng dǔzhù：football ～s 为足球赛所下的总赌注 wèi zúqiúsài suǒ xiàde zǒng dǔzhù **3.** 合伙经营 héhuǒ jīngyíng；联营 liányíng ＝ partnership in business **4.** 集中备用物资 jízhōng bèiyòng wùzī ＝ common supply *v.* 合办 hébàn；合伙经营 héhuǒ jīngyíng；合并 hébìng：～ together efforts 通力合作 tōnglì hézuò / ～ all our money 把钱凑起来 bǎ qián còuqǐlái / the ～ing of capital 资金的统筹 zījīnde tǒngchóu / ～ed security 集体保障 jítǐ bǎozhàng

poop *n.* 船尾 chuánwěi；船尾高甲板 chuánwěi gāojiǎbǎn ＝ ～ deck

poor *a.* **1.** 穷 qióng；贫穷的 pínqióngde；无钱的 wúqiánde：the ～ 穷人

qióngrén / as ～ as a church mouse 一贫如洗 yìpín-rúxǐ **2.** 贫乏 pínfá：稀少的 xīshǎode：a country ～ in mineral 缺乏矿产的国家 quēfá kuàngchǎnde guójiā **3.** 可怜的 kěliánde：P- little girl！可怜的小女孩！Kěliánde xiǎonǚhái！**4.** 劣质的 lièzhìde；坏的 huàide：～ soil 贫瘠的土地 pínjíde tǔdì / ～ food 粗劣的饭菜 cūliède fàncài / in ～ health 健康不佳 jiànkāng bùjiā / a ～ memory 坏记性（记性不好）huài jìxing（jìxing bùhǎo）**5.** 不足道的 bùzúdàode；无价值的 wú jiàzhíde：in my ～ opinion 以我的浅见 yǐ wǒde qiǎnjiàn

poor-box *n.* 济贫募捐箱 jìpín mùjuānxiāng

poorhouse *n.* 贫民收容所 pínmín shōuróngsuǒ；救济院 jiùjìyuàn

poor-law *n.* 救贫法 jiùpínfǎ；济贫法 jìpínfǎ

poorly *ad.* **1.** 贫穷地 pínqióngde：They lived ～. 他们过贫穷的生活。Tāmen guò pínqióngde shēnghuó. / He is ～ off. 他没有什么钱。Tā méiyǒu shénme qián. **2.** 劣 liè；差 chà：～ dressed 不会穿着 búhuì chuānzhuó / ～ paid 薪水不高 xīnshui bùgāo / He did ～ in the exam. 他考得不好。Tā kǎode bùhǎo. **3.** 不舒服 bù shūfu：He's feeling rather ～. 他感觉不舒服。Tā gǎnjué bù shūfu. // think ～ of 瞧不起… qiáobuqǐ…；对…无好评 duì…wú hǎopíng

poorness *n.* 贫乏 pínfá；不足 bùzú；可怜 kělián；拙劣 zhuōliè：the ～ of the soil 土壤的贫瘠 tǔrǎngde pínjí / the ～ of the quality 质量拙劣 zhìliàng zhuōliè

pop[1] *a.* 通俗的 tōngsúde；流行的 liúxíngde；大众的 dàzhòngde：～ music 流行音乐 liúxíng yīnyuè / ～ singers 流行音乐歌手 liúxíng yīnyuè gēshǒu

pop[2] *n.* 砰（一声）pēng(yìshēng) * the sound *ad.* 砰然 pēngrán：I heard it go ～. 我听到它发出爆裂声。Wǒ tīngdào tā fāchū bàoliè shēng. *v.* **1.** 砰砰地响 pēngpēngde xiǎng **2.** 突然行动 tūrán xíngdòng：He ～ped his head in at the door. 他突然把头探进门来。Tā tūrán bǎ tóu tànjìn ménlái. / The children are always ～ping in and out. 孩子们一会儿跑进来，一会儿跑出去。Háizimen yíhuìr pǎo jìnlái，yíhuìr pǎo chūqù. / ～ off 匆匆而去 cōngcōng érqù

popcorn *n.* 爆玉米花 bào yùmǐhuā

Pope *n.*（罗马）教皇（Luómǎ）jiàohuáng

popgun *n.* 玩具气枪 wánjù qìqiāng * toy

popinjay *n.* 花花公子 huāhuā-gōngzǐ；自大者 zìdàzhě = conceited person

popish *a*. 罗马教皇的 Luómǎ jiàohuángde
poplar *n*. 白杨 báiyáng；白杨木 báiyángmù
poplin *n*. 毛绸 máochóu
poppy *n*. 罂粟 yīngsù：the opium ～ 罂粟 yīngsù
populace *n*. 百姓 bǎixìng；民众 mínzhòng；平民 píngmín
popular *a*. **1**. 人民的 rénmínde；民众的 mínzhòngde：～ forces 人民的力量 rénmínde lìliang / a ～ government 人民的政府 rénmínde zhèngfǔ **2**. 通俗的 tōngsúde；大众的 dàzhòngde：～ lectures 通俗讲话 tōngsú jiǎnghuà / ～ science 大众科学 dàzhòng kēxué / a ～ song 流行歌曲 liúxíng gēqǔ / a ～ edition 普及版 pǔjíbǎn / in ～ language 用普通话 yòng pǔtōnghuà **3**. 有名望的 yǒu míngwàngde；得人心的 dé rénxīnde：a ～ writer 名作家 míngzuòjiā / be ～ in society 在社会上有名望 zài shèhuìshang yǒu míngwàng / He is ～ with the masses. 他群众关系好。Tā qúnzhòng guānxì hǎo.
popularity *n*. 大众性 dàzhòngxìng；名声 míngshēng：the ～ of football in a country 一个国家对足球的普遍爱好 yíge guójiā duì zúqiúde pǔbiàn àihào / with ～ 赢得众望 yíngdé zhòngwàng
popularization *n*. 大众化 dàzhònghuà；通俗化 tōngsúhuà；普及 pǔjí：P- and elevation cannot be sharply seperated. 普及与提高是不能截然分开的。Pǔjí yǔ tígāo shì bùnéng jiérán fēnkāide.
popularize *v*. 大众化 dàzhònghuà；通俗化 tōngsúhuà；普及 pǔjí：～ science 普及科学 pǔjí kēxué / ～ methods of hygiene 使卫生方法通俗化 shǐ wèishēng fāngfǎ tōngsúhuà
popularly *ad*. **1**. 一般地 yìbānde：as ～ understood 正如一般所理解的 zhèngrú yìbān suǒ lǐjiěde **2**. 通俗的 tōngsúde：an encyclopaedia that is ～ written 一部行文通俗的百科全书 yíbù xíngwén tōngsúde bǎikē quánshū
populate *v*. 居住 jūzhù：The country is thickly ～d. 这个国家人口稠密。Zhège guójiā rénkǒu chóumì.
population *n*. **1**. 人口 rénkǒu；人数 rénshù：a fall (rise) in ～ 人口的减少（增加）rénkǒude jiǎnshǎo(zēngjiā) / the ～ of London 伦敦的人口 Lúndūn (London) de rénkǒu / the working-class ～ 工人阶级的人数 gōngrén jiējíde rénshù **2**. （全体）居民（quántǐ）jūmín；（全体）成员（quántǐ）chéngyuán：the whole ～ of the country 全国居民 quánguó

jūmín

populist *n*. 平民党党员 píngmíndǎng dǎngyuán ＊in U.S.A.

populous *a*. 人口稠密的 rénkǒu chóumìde

porcelain *n*. 瓷 cí；瓷器 cíqì：a piece of ～ 一件瓷器 yíjiàn cíqì

porch *n*. **1**. 门廊 ménláng **2**. 走廊 zǒuláng = veranda

porcupine *n*. 豪猪 háozhū；箭猪 jiànzhū

pore[1] *v*. **1**. 钻研 zuānyán；熟读 shúdú：～ over a book 仔细读书 zǐxì dúshū **2**. 深思 shēnsī；熟虑 shúlǜ：～ upon a problem 思考一个问题 sīkǎo yíge wèntí

pore[2] *n*. **1**. 毛孔 máokǒng：He was sweating at every ～. 他的每个毛孔都在出汗。Tāde měige máokǒng dōuzài chūhàn. **2**. 小孔 xiǎokǒng = small hole

pork *n*. 猪肉 zhūròu：a leg of ～ 猪腿 zhūtuǐ / a ～ chop 猪排 zhūpái / roast ～ 烤肉 kǎoròu / ～ butcher 屠夫 túfū；猪肉商 zhūròushāng

porker *n*.（食用）猪（shíyòng）zhū

porky *a*. 猪一样的 zhū yíyàngde；肥胖的 féipàngde

porous *a*. **1**. 多孔的 duōkǒngde：～ skin 有毛孔的皮肤 yǒu máokǒngde pífū **2**. 可渗透的 kě shèntòude：Sandy soil is ～. 沙土渗水。Shātǔ shènshuǐ.

porphyry *n*. 斑岩 bānyán

porpoise *n*. 海豚 hǎitún

porridge *n*. 麦片粥 màipiànzhōu：a bowl of ～ 一碗麦片粥 yìwǎn màipiànzhōu

porringer *n*. 小汤碗 xiǎotāngwǎn

port[1] *n*. 港口 gǎngkǒu；港 gǎng：a naval ～ 军港 jūngǎng / a commercial ～ 商港 shānggǎng / clear a ～ 出港 chūgǎng / reach ～ 靠港 kàogǎng / a free ～ 自由港 zìyóugǎng / P- Said 塞德港 Sàidégǎng

port[2] *n*. & *a*. 左舷 zuǒxián：put the helm to ～ 把舵朝向左舷 bǎ duò cháoxiàng zuǒxián / on the ～ bow 在左舷船首 zài zuǒxián chuánshǒu

port[3] *n*. **1**. 舱门 cāngmén；舱口 cāngkǒu：～ hole（船上采光通气的）窗孔（chuánshang cǎiguāng tōngqìde）chuāngkǒng **2**. 炮眼 pàoyǎn；枪眼 qiāngyǎn = a hole for shooting

port[4] *n*. 布尔得葡萄酒 bù'ěrdé pútáojiǔ

port[5] *n*. 态度 tàidu；举止 jǔzhǐ：at the ～ 作端枪的姿势 zuò duānqiāngde zīshì *v*. 持(枪) chí(qiāng) P- arms! 端枪! Duānqiāng!

portable *a*. 手提(式)的 shǒutí(shì)de; 轻便的 qīngbiànde: a ~ television 手提电视机 shǒutí diànshìjī / a ~ railway 轻便小铁道 qīngbiàn xiǎotiědào

portage *n*. **1**. 搬运 bānyùn; 水陆联运 shuǐlù liányùn **2**. 联运费 liányùnfèi = cost of transportation

portal *n*. 桥门 qiáomén; 大门 dàmén; 正门 zhèngmén

portcullis *n*. 吊门 diàomén; 铁闸门 tiězhámén

portend *v*. 预示 yùshì; 预兆 yùzhào

portent *n*. 不吉之兆 bùjí zhīzhào; 凶兆 xiōngzhào: Dark clouds are gathering, ~s of war! 黑云密集为战争之前兆。Hēiyún mìjí wéi zhànzhēng zhī qiánzhào.

portentous *a*. **1**. 凶兆的 xiōngzhàode; 不祥的 bùxiángde **2**. 令人惊讶的 lìngrén jīngyàde = surprising

porter[1] *n*. 门房 ménfáng; 守门者 shǒuménzhě

porter[2] *n*. **1**. 搬运工人 bānyùn gōngrén; 脚夫 jiǎofū; 挑夫 tiāofū **2**. 列车员 lièchēyuán = attendant on the train

porterage *n*. **1**. 搬运工作 bānyùn gōngzuò **2**. 搬运费 bānyùnfèi = charge for ~

portfolio *n*. **1**. 公事包 gōngshìbāo **2**. 大臣职 dàchénzhí; 部长职 bùzhǎngzhí: He resigned his ~. 他辞去部长职务。Tā cíqù bùzhǎng zhíwù.

portico *n*. 门廊 ménláng

portiere *n*. 门帷 ménwéi; 门帘 ménlián

portion *n*. **1**. 区划 qūhuà; 部分 bùfen: a small ~ of the whole 全体中的一小部分 quántǐ zhōngde yìxiǎo bùfen **2**. 一份 yífèn; 一股 yìgǔ: a marriage ~ 一份嫁妆 yífèn jiàzhuang / a ~ of roast beef 一客烤牛排 yíkè kǎoniúpái **3**. 命运 mìngyùn: Brief life is here our ~. 短暂的人生是我们今世的命运。Duǎnzànde rénshēng shì wǒmen jīnshìde mìngyùn. *v*. 分配 fēnpèi = share out

portly *a*. 肥胖的 féipàngde: a ~ old man 一位肥胖的老人 yíwèi féipàngde lǎorén

portrait *n*. **1**. 肖像 xiàoxiàng; 画像 huàxiàng; 照像 zhàoxiàng: a ~ of Lenin 一幅列宁的画像 yìfú Lièníngde huàxiàng / This is a ~ of me. 这

是我的肖像。Zhè shì wǒde xiàoxiàng. / This is a ~ of mine. 这是我收藏的一幅画像。Zhè shì wǒ shōucángde yìfú huàxiàng. **2.** 描写 miáoxiě: He called his book about Europe "A P- of Europe". 他称他那本有关欧洲的书为"欧洲掠影"。Tā chēng tā nàběn yǒuguān Ōuzhōude shū wéi "Ōuzhōu Lüèyǐng".

portraiture *n.* 肖像画法 xiàoxiàng huàfǎ; 文字描写 wénzì miáoxiě

portray *v.* **1.** 描绘 miáohuì; 为…画肖像 wèi…huà xiàoxiàng **2.** 描写 miáoxiě: The writer ~s the king as a cruel man. 作者把国王描写成残酷的人。Zuòzhě bǎ guówáng miáoxiěchéng cánkùde rén. **3.** 扮演 bànyǎn = act the part of

portrayal *n.* 描绘 miáohuì; 绘画 huìhuà; 画像 huàxiàng

Portsmouth *n.* 朴次茅斯 Pǔcìmáosī

Portuguese *a.* **1.** 葡萄牙的 Pútáoyáde; 葡萄牙人的 Pútáoyárénde * of the people **2.** 葡萄牙语的 Pútáoyáyǔde * of the language *n.* 葡萄牙人 Pútáoyárén; 葡萄牙语 Pútáoyáyǔ

pose *v.* **1.** 作姿态 zuò zītài; 装模作样 zhuāngmú-zuòyàng: ~ as a hero 装作英雄 zhuāngzuò yīngxióng / She ~s as if nothing has happened. 她装得什么事也没发生过似的。Tā zhuāngde shénme shì yě méi fāshēngguo shìde. **2.** 提出 tíchū: ~ a question 提出问题 tíchū wèntí; 质问 zhìwèn **3.** 姿态做作 zītài zuòzuo: She is always posing. 她的举止总不自然。Tāde jǔzhǐ zǒngbúzìran. *n.* 姿态 zītài; 姿势 zīshì

poser *n.* **1.** 难题 nántí = puzzling question **2.** 模特儿 mótèr = one who poses

position *n.* **1.** 位置 wèizhi; 地方 dìfang: be in (out of) ~ 适得(不得)其所 shìdé(bùdé)qísuǒ / fix a ship's ~ 确定一艘船的位置 quèdìng yìsōu chuánde wèizhi **2.** 姿态 zītài; 态度 tàidu: sit in a comfortable ~ 舒适地坐着 shūshìde zuòzhe **3.** 境地 jìngdì; 状况 zhuàngkuàng: a ~ of strength 实力地位 shílì dìwèi / be in a difficult ~ 处在困难的境地 chǔzài kùnnande jìngdì / I regret I am not in a ~ to help you. 我抱歉无力帮助你。Wǒ bàoqiàn wúlì bāngzhù nǐ. **4.** 地位 dìwèi; 身分 shēnfen: a man of ~ 有身分的人 yǒu shēnfende rén / rise to a high ~ 升到很高的地位 shēngdào hěngāode dìwèi **5.** 职位 zhíwèi; 职务 zhíwù: take a ~ as a typist 担任打字员的职务 dānrèn dǎzìyuánde zhíwù **6.** 看法 kànfǎ; 见解 jiànjiě: What's your ~ on this question? 你对这个问题的意见怎样?

Nǐ duì zhège wèntíde yìjian zěnyàng?

positive *a*. **1**. 确实的 quèshíde；明确的 míngquède；确定的 quèdìngde：a ~ proof 确证 quèzhèng / ~ orders 明确的命令 míngquède mìnglìng **2**. 有把握的 yǒubǎwòde；断然的 duànránde：Are you ~ (that) it was after midnight? 你可以断定是在午夜后吗？Nǐ kěyǐ duàndìng shìzài wǔyè hòuma? **3**. 积极的 jījíde；肯定的 kěndìngde：a ~ factor 积极因素 jījí yīnsù / a ~ suggestion 积极的建议 jījíde jiànyì **4**. 完全的 wánquánde：That man is a ~ fool. 那家伙是一个彻头彻尾的傻瓜。Nà jiāhuo shì yíge chètóu-chèwěide shǎguā. **5**. 正 zhèng；正面的 zhèngmiànde；阳 yáng；阳性的 yángxìngde：the ~ sign 正号 zhènghào / a ~ charge 阳(正)电荷 yáng(zhèng)diànhè **6**. 正片的 zhèngpiànde；正面 zhèngmiàn **7**. 原级 yuánjí * of grammar *n*. 正面 zhèngmiàn；正片 zhèngpiàn

positively *ad*. **1**. 确实地 quèshíde **2**. 绝对地 juéduìde **3**. 积极地 jījíde **4**. 对 duì；真地 zhēnde："Can you really come?" "P- !" "你真能来吗？""当然！" Nǐ zhēn néngláima?" "Dāngrán!"

positivism *n*. **1**. 实证论 shízhènglùn；实证哲学 shízhèng zhéxué **2**. 明确性 míngquèxìng = expliciteness

positron *n*. 阳电子 yángdiànzǐ；正电子 zhèngdiànzǐ

posse *n*. 武装队 wǔzhuāngduì

possess *v*. **1**. 拥有 yōngyǒu；具有 jùyǒu：~ good qualities 具有优良品质 jùyǒu yōuliáng pǐnzhì **2**. 占有 zhànyǒu；支配 zhīpèi：What ~es you to do it? 你怎么会干起这种事来呢？Nǐ zěnme huì gànqǐ zhèzhǒng shì láine? **3**. 缠 chán：be ~ed with a devil 被魔鬼缠住 bèi móguǐ chánzhù

possession *n*. **1**. 所有 suǒyǒu；占有 zhànyǒu；所有权 suǒyǒuquán：come into ~ of a large estate 获得大笔地产 huòdé dàbǐ dìchǎn / get ~ of 拿到… nádào … / take ~ of 占领 zhànlǐng；占有 zhànyǒu **2**. 财产 cáichǎn；所有物 suǒyǒuwù：my personal ~s 我个人的所有物 wǒ gèrénde suǒyǒuwù / a man of great ~s 富人 fùrén / lose all one's ~s 失去一切财产 shīqù yíqiè cáichǎn

possessive *a*. **1**. 所有的 suǒyǒude；所有权的 suǒyǒuquánde：He has a ~ nature. 他有一种占有的天性。Tā yǒu yìzhǒng zhànyǒude tiānxìng. **2**. 表示所有的 biǎoshì suǒyǒude；所有格的 suǒyǒugéde：the ~ case 所有格 suǒyǒugé / ~ pronouns 所有格代名词 suǒyǒugé dàimíngcí

possessor *n*. 所有人 suǒyǒurén；持有人 chíyǒurén；占有人 zhànyǒurén

possibility *n*. **1**. 可能性 kěnéngxìng；可能 kěnéng：Is there any ～ of your coming to our meeting? 你来参加我们会的可能性有吗？Nǐ lái cānjiā wǒmenhuìde kěnéngxìng yǒuma? / I admit the ～ of your being right. 我承认你有对的可能。Wǒ chéngrèn nǐyǒu duìde kěnéng. **2**. 可能之事 kěnéng zhīshì：I see great possibilities in this scheme. 我看这计划很可能成功。Wǒ kàn zhè jìhuà hěn kěnéng chénggōng.

possible *a*. **1**. 可能的 kěnéngde：all ～ means 一切可能的手段 yíqiè kěnéngde shǒuduàn / the highest ～ speed 可能的最高速度 kěnéngde zuìgāo sùdù / Is it ～ ? 那可能吗？Nà kěnéngma? / Come as early as ～. 尽早来吧。Jìnzǎo láiba. / as far as ～ 尽可能 jìnkěnéng **2**. 可能有的 kěnéng yǒude：Frost is ～ in early spring. 霜可能在早春出现。Shuāng kěnéng zài zǎochūn chūxiàn. **3**. 合理的 hélǐde；令人满意的 lìngrén mǎnyìde：a ～ answer to a problem 对于一个问题的过得去的答复 duìyú yíge wèntíde guòdeqùde dáfù / He is the only ～ man for the position. 他是担任该职位的唯一合适人选。Tā shì dānrèn gāi zhíwèide wéiyī héshì rénxuǎn.

possibly *ad*. **1**. 也许 yěxǔ；或者 huòzhě：They may ～ come. 他们也许会来。Tāmen yěxǔ huìlái. **2**. 可能地 kěnéngde：I'll write to you as soon as I ～ can. 我将尽可能早给你写信。Wǒ jiāng jìnkěnéng zǎo gěinì xiěxìn.

possum *n*. 负鼠 fùshǔ // play ～ 装病 zhuāngbìng；装死 zhuāngsǐ；装傻 zhuāngshǎ = pretend to be ill, dead or a fool

post[1] *n*. （支）柱 （zhī）zhù：gate-～s 门柱 ménzhù / bed ～s 床柱 chuángzhù / lamp-～s 灯柱 dēngzhù *v*. 贴 tiē；公布 gōngbù：P- no bills. 禁止招贴 Jìnzhǐ zhāotiē. / ～ an advertisement 贴广告 tiē guǎnggào/ a ship ～ed as missing 公告失踪的一条船 gōnggào shīzōngde yìtiáo chuán

post[2] *n*. **1**. 哨所 shàosuǒ；岗位 gǎngwèi：at one's ～ 在岗位上 zài gǎngwèishang / stick to one's ～ 坚守岗位 jiānshǒu gǎngwèi **2**. 营区 yíngqū * military **3**. 贸易站 màoyìzhàn：trading ～s in Canada 在加拿大的贸易站 zài Jiānádàde màoyìzhàn **4**. 职位 zhíwèi；工作 gōngzuò：get a better ～ 得到一个更好的工作 dédào yíge gènghǎode gōngzuò / be given as general manager ～ 授以总经理之职 shòuyǐ zǒngjīnglǐ zhīzhí *v*.

1. 配制 pèizhì：～ a sentry 放哨 fàngshào；设岗 shègǎng 2. 指派 zhǐpài：～ an officer to a unit 指派一军官到某单位 zhǐpài yī jūnguān dào mǒu dānwèi

post³ *n.* 1. 邮政 yóuzhèng：send by ～ 邮寄 yóujì / the Ministry of P- and Telecommunications 邮电部 Yóudiànbù 2. 邮件 yóujiàn：Has the ～ come yet? 邮件来了吗？Yóujiàn láilema? / There's always a very large ～ at Christmas. 圣诞节时总有一大批邮件。Shèngdànjiéshí zǒngyǒu yídàpī yóujiàn. 3. 邮局 yóujú；信箱 xìnxiāng：Take these letters to the ～. 把这些信送到邮局去。Bǎ zhèxiē xìn sòngdào yóujú qù. / I've just put the letter into the ～ box. 我刚把信投入信箱。Wǒ gāng bǎ xìn tóurù xìnxiāng. *v.* 1. 邮寄 yóujì；投寄 tóujì：Please ～ this letter for me. 请帮我投寄此信。Qǐng bāng wǒ tóujì cǐxìn. 2. keep sb. ～ed 不断供给某人消息 búduàn gōngjǐ mǒurén xiāoxi

postage *n.* 邮费 yóufèi；邮资 yóuzī：～ free 邮费免付 yóufèi miǎnfù / ～ to Japan on a letter 寄往日本信件的邮费 jìwǎng Rìběn xìnjiànde yóufèi / ～ stamp 邮票 yóupiào

postal *a.* 邮政的 yóuzhèngde；邮局的 yóujúde：a ～ card 邮政明信片 yóuzhèng míngxìnpiàn / ～ rates 邮费 yóufèi / a ～ order 邮政汇票 yóuzhèng huìpiào / The International P- Union 万国邮政联盟 Wànguó Yóuzhèng Liánméng

postbag *n.* 邮袋 yóudài

postbox *n.* 邮箱 yóuxiāng

postcard *n.* 明信片 míngxìnpiàn

postcode *n.* 邮政编码 yóuzhèng biānmǎ

postcolonial *a.* 在殖民时期以后的 zài zhímín shíqī yǐhòude：a ～ nation 前殖民地国家 qián zhímíndì guójiā

poster *n.* 广告画 guǎnggàohuà；宣传画 xuānchuánhuà；海报 hǎibào

posterior *a.* 后(面)的 hòu(mian)de；其次的 qícìde *n.* 臀部 túnbù = buttocks

posterity *n.* 后裔 hòuyì；子孙 zǐsūn；后代 hòudài：plant trees for the benefit of ～ 为后代的利益而种树 wèi hòudàide lìyì ér zhòngshù

postern *n.* 便门 biànmén；后门 hòumén：a ～ door 便门 biànmén

postfree *a.* 免邮费的 miǎn yóufèide；邮资付讫的 yóuzī fùqìde

postgraduate *a.* 大学毕业后的 dàxué bìyè hòude；大学研究科的 dàxué

yánjiūkēde: the ～ course 研究生课程 yánjiūshēng kèchéng / a ～ student 研究生 yánjiūshēng

posthaste *ad*. 火速 huǒsù: come ～ 火速赶来 huǒsù gǎnlái

posthumous *a*. **1.** 死后的 sǐhòude; 死后出版的 sǐhòu chūbǎnde: ～ fame 死后的声誉 sǐhòude shēngyù / a ～ novel 作者死后出版的小说 zuòzhě sǐhòu chūbǎnde xiǎoshuō / ～ works 遗著 yízhù **2.** 遗腹的 yífùde

postman *n*. 邮递员 yóudìyuán

postmark *n*. 邮戳 yóuchuō *v*. 给…盖上邮戳 gěi…gàishàng yóuchuō

postmaster *n*. 邮政局长 yóuzhèng júzhǎng

postmistress *n*. 邮局女局长 yóujú nǚjúzhǎng

postmortem *a*. & *n*. 死后的 sǐhòude; 验尸 yànshī: P- showed that the man had been poisoned. 验尸显示那人是被毒死的。Yànshī xiǎnshì nàrén shì bèi dúsǐde.

post office *n*. 邮局 yóujú

postpone *v*. 延迟 yánchí; 推迟 tuīchí; 延期 yánqī: ～ a meeting 推迟开会时间 tuīchí kāihuì shíjiān / The meeting has been ～ed to next Tuesday. 会议推迟到下周二召开。Huìyì tuīchídào xiàzhōu'èr zhàokāi. / P- sending an answer to a request. 延搁对一个请求的答复。Yángē duì yíge qǐngqiúde dáfù. *n*. ～ment: after numerous ～ments 在无数次的延搁之后 zài wúshùcìde yángē zhīhòu

postscript *n*. **1.** 再者 zàizhě; 再启 zàiqǐ **2.** 附加说明 fùjiā shuōmíng; 附加消息 fùjiā xiāoxi

postulate *v*. **1.** 要求 yāoqiú; 主张 zhǔzhāng: ～ for certain conditions 要求某些条件 yāoqiú mǒuxiē tiáojiàn **2.** 假设 jiǎshè = take for granted *n*. 假定 jiǎdìng; 假设前提 jiǎshè qiántí: the ～s of Euclidean geometry 欧几里得几何学的假设前提 Ōujǐlǐdé jǐhéxuéde jiǎshè qiántí

posture *n*. **1.** 姿势 zīshì: take a reclining ～ 作斜躺姿势 zuò xiétǎng zīshì **2.** 态度 tàidu: one's ～ on 某人对…的态度 mǒurén duì…de tàidu **3.** 状态 zhuàngtài; 情况 qíngkuàng: in the present ～ of public affairs 在目前的世事情况之中 zài mùqiánde shìshì qíngkuàng zhīzhōng *v*. (令)取某种姿势 (lìng)qǔ mǒuzhǒng zīshì: The girl was posturing before the mirror. 那女孩对着镜子作出种种姿势。Nà nǚhái duìzhe jìngzi zuòchū zhǒngzhǒng zīshì.

postwar *a*. 战后的 zhànhòude; 世界大战后的 shìjiè dàzhàn hòude: ～

Japan 战后的日本 zhànhòude Rìběn

posy *n.* 小花束 xiǎohuāshù

pot *n.* **1.** 罐 guàn；壶 hú；盆 pén；钵 bō：a jam-～ 果酱罐 guǒjiàngguàn / a tea～ 茶壶 cháhú / a coffee-～ 咖啡壶 kāfēihú / a flower-～ 花盆 huāpén **2.** 锅 guō // keep the ～ boiling 谋生 móushēng；糊口 húkǒu / The ～ calls the kettle black. 一丘之貉。Yìqiū-zhīhé. / ～-belly 大肚子的 dàdùzide / ～-boy 酒馆侍役 jiǔguǎn shìyì / ～-hole 坑 kēng / ～-hook 挂钩 guàgōu / ～-hunter 乱猎者 luànlièzhě *v.* **1.** 罐藏 guàncáng：～ jam 将果酱装罐 jiāng guǒjiàng zhuāng guàn **2.** 盆栽 pénzāi = plant in a ～ **3.** 射击 shèjī = shoot

potage *n.* 浓汤 nóngtāng

Potala Palace *n.* 布达拉宫 Bùdálāgōng * in Tibet

potash *n.* 钾碱 jiǎjiǎn

potassium *n.* 钾 jiǎ：～ carbonate 碳酸钾 tànsuānjiǎ / ～ nitrate 硝酸钾 xiāosuānjiǎ

potation *n.* 饮 yǐn；饮料 yǐnliào；酒 jiǔ：his favorite ～ 他喜好的酒 tā xǐhàode jiǔ

potato *n.* 马铃薯 mǎlíngshǔ；土豆 tǔdòu；洋芋 yángyù：baked ～es 烤土豆 kǎotǔdòu / mashed ～es 土豆泥 tǔdòuní / sweet ～ 甘薯 gānshǔ；红薯 hóngshǔ

potency *n.* 力量 lìliang；权势 quánshì：sexual ～ 性能力 xìngnénglì

potent *a.* 有力的 yǒulìde；有势力的 yǒushìlide；有效的 yǒuxiàode

potentate *n.* 当权者 dāngquánzhě；统治者 tǒngzhìzhě；君主 jūnzhǔ

potential *a.* **1.** 潜在的 qiánzàide；可能的 kěnéngde：～ wealth 潜在的财富 qiánzàide cáifù / ～ energy 势能 shìnéng / the ～ sales of a new book 一本新书的可能销售量 yìběn xīnshūde kěnéng xiāoshòuliàng **2.** 可能的 kěnéngde：the ～ mood 可能语气 kěnéng yǔqì *n.* **1.** 可能 kěnéng；潜势 qiánshì **2.** 电势 diànshì；电位 diànwèi：a current of high ～ 高压电 gāoyādiàn

potentiality *n.* **1.** 潜势力 qiánshìlì；潜能 qiánnéng；潜力 qiánlì：work out one's potentialities 发挥潜力 fāhuī qiánlì / a country with great potentialities 潜力大的国家 qiánlìdàde guójiā **2.** 可能性 kěnéngxìng：have enormous potentialities 有极大的可能性 yǒu jídàde kěnéngxìng

potentiometer *n.* **1.** 电位计 diànwèijì **2.** 分压器 fēnyāqì

pother *n.* 喧嚷 xuānrǎng；骚动 sāodòng

potion *n.* 一剂 yíjì：a sleeping ～ 一剂安眠药 yíjì ānmiányào / a love ～ 春药 chūnyào

potluck *n.* 便饭 biànfàn：Come and take ～ with us. 到我家来吃便饭吧。Dào wǒjiā lái chī biànfànba.

potpourri *n.* **1.** 百花香 bǎihuāxiāng **2.** 杂集 zájí；杂文集 záwénjí = literary medley

potroast *n.* 焖牛肉 mènniúròu / pot-roast *v.* 焖，炖 mèn，dùn = cook slowly in a covered pot

potsherd *n.* 陶器碎片 táoqì suìpiàn

Potsdam *n.* 波茨坦 Bōcítǎn：the ～ Declaration 波茨坦宣言 Bōcítǎn Xuānyán

pottage *n.* 浓汤 nóngtāng

potted *a.* **1.** 瓶装的 píngzhuāngde **2.** 浓缩的 nóngsuōde：～ Shakespeare 莎士比亚全集节本 Shāshìbǐyà-Quánjí jiéběn / a ～ history of the kings of England 英国皇室简史 Yīngguó Huángshì jiǎnshǐ

potter *n.* 陶工 táogōng：～'s wheel 转盘 zhuànpán；陶轮 táolún *v.* ～ about 闲逛 xiánguàng；做些琐碎事 zuòxiē suǒsuìshì：She just ～s about the house. 她只是在家做些琐碎事。Tā zhǐshì zài jiā zuòxiē suǒsuìshì.

potteries *n.* [the P-] 英国陶器工业中心 Yīngguó Táoqì Gōngyè Zhōngxīn

pottery *n.* 陶器 táoqì；瓦器 wǎqì：modern ～ 现代陶器 xiàndài táoqì / Is ～ more breakable than glass? 陶土比玻璃易碎吗？Táotǔ bǐ bōli yìsuìma? / a ～ dish 陶盘 táopán

potty *a.* **1.** 琐碎的 suǒsuìde；不重要的 búzhòngyàode：～ little details 不重要的细节 búzhòngyàode xìjié **2.** 糊涂的 hútude；发疯似的 fāfēngshìde；着迷 zháomí：The girls are ～ about the new singer. 这些女孩对那个新歌星着迷。Zhèxiē nǚhái duì nàge xīn gēxīng zháomí. *n.* 便盆 biànpén = bed pan

pouch *n.* **1.** 小袋 xiǎodài **2.** 烟草袋 yāncǎodài = tobacco ～ **2.** (袋鼠的)肚袋 (dàishǔde)dùdài ＊ of a female kangaroo

pouf *n.* 坐垫 zuòdiàn

poulterer *n.* 家禽贩 jiāqínfàn；鸡贩 jīfàn

poultice *n.* 膏药 gāoyào

poultry *n.* **1.** 家禽 jiāqín (鸡 jī、鸭 yā、鹅 é 等 děng)：The ～ are being fed. 正在喂家禽。Zhèngzài wèi jiāqín. **2.** 家禽肉 jiāqínròu * the meat: P- is rather cheap now. 鸡、鸭等现在相当便宜。Jī、yā děng xiànzài xiāngdāng piányi.

pounce *v.* 猛扑 měngpū; 突袭 tūxí: The hawk ~d on its prey. 鹰向它的捕食对象猛扑。Yīng xiàng tāde bǔshí duìxiàng měngpū. / They are ready to ~ on the thieves. 他们准备突袭窃贼。Tāmen zhǔnbèi tūxí qièzéi. *n.* 扑过去 pūguòqù; 突袭 tūxí

pound[1] *n.* 兽槛 shòujiàn; 家畜栏 jiāchùlán

pound[2] *v.* **1.** 乱敲 luànqiāo; 重击 zhòngjī: Who is ~ing (on) the piano? 谁在用力弹钢琴? Shuí zài yònglì tán gāngqín? / Someone was ~ing at the door. 有人在用力敲门。Yǒu rén zài yònglì qiāomén. **2.** 捣成粉 dǎochéngfěn; 击碎 jīsuì: ~ crystals 捣碎结晶体 dǎosuì jiéjīngtǐ **3.** 沉重地骑 chénzhòngde qí; 跑 pǎo; 走 zǒu: He ~ed along the road. 他沿着大路沉重地跑。Tā yánzhe dàlù chénzhòngde pǎo.

pound[3] *n.* 磅 bàng * unit of weight; 镑 bàng * unit of money: three ~(s) of sugar 三磅糖 sānbàng táng / three ~s and five pence 三镑五便士 sān bàng wǔ biànshì

poundal *n.* 磅达 bàngdá * in physics

pour *v.* **1.** 灌(注) guàn(zhù); 浇 jiāo; 倒 dào: ~ wine from a bottle 从瓶里倒酒 cóng píngli dàojiǔ / ~ out tea 倒茶 dàochá / ~ cold water on a person 向某人泼冷水 xiàng mǒurén pō lěngshuǐ / ~ oil on the flame 火上浇油 huǒshang jiāoyóu **2.** 流 liú; 泻 xiè; 涌 yǒng: The sweat was ~ing off him. 他汗流如注。Tā hànliú-rúzhù. / Tourists ~ into London. 游客涌入伦敦。Yóukè yǒngrù Lúndūn(London). / Letters of complaint ~ed in. 抱怨信件源源而来。Bàoyuàn xìnjiàn yuányuán érlái. **3.** 倾注 qīngzhù; 倾泻 qīngxiè: The rain ~ed down. 大雨倾盆而下。Dàyǔ qīngpén érxià. / It never rains but it ~s. 一波未平,一波又起。Yìbō-wèipíng, yìbō-yòuqǐ. **4.** 倾诉 qīngsù: ~ out words 侃侃而谈 kǎnkǎn-értán

pout *v.* 噘嘴 juēzuǐ *n.* 噘嘴 juēzuǐ: be in the ~s 噘着嘴 juēzhezuǐ

poverty *n.* **1.** 贫穷 pínqióng: live in ~ 过穷日子 guò qióngrìzi / fall into ~ 变穷 biànqióng **2.** 缺乏 quēfá: ~ in Vitamins 维生素缺乏 Wéishēngsù quēfá / ~ of ideas 缺乏思想 quēfá sīxiǎng

poverty-stricken *a.* 贫穷不堪的 pínqióng-bùkānde；穷的 qióngde：～ homes贫穷的家庭 pínqióngde jiātíng

powder *n.* **1.** 粉 fěn；粉末 fěnmò；香粉 xiāngfěn；脂粉 zhīfěn：soap-～ 肥皂粉 féizàofěn / bleaching ～ 漂白粉 piǎobáifěn / ～-puff 粉扑 fěnpū / ～-room 化妆室 huàzhuāngshì **2.** 药粉 yàofěn：headache ～ 头疼药粉 tóuténg yàofěn / stomach ～ 胃散 wèisǎn **3.** 火药 huǒyào：～ and shot 弹药 dànyào；军用品 jūnyòngpǐn / ～ magazine 火药库 huǒyàokù *v.* 涂粉 túfěn：She ～ed the baby after its bath. 婴儿洗澡后，她给他扑爽身粉。Yīng'ér xǐzǎohòu，tā gěi tā pū shuǎngshēnfěn.

powdered *a.* 研成粉末的 yánchéng fěnmòde：～ egg 蛋粉 dànfěn / ～ milk 奶粉 nǎifěn

powdery *a.* 粉末的 fěnmòde；似粉的 sìfěnde；敷粉的 fūfěnde：～ snow 白雪 báixuě / a ～ nose 敷粉的鼻子 fūfěnde bízi

power *n.* **1.** 能力 nénglì；精力 jīnglì：It's not within my ～ to help you. 我没有能力帮助你。Wǒ méiyǒu nénglì bāngzhù nǐ. /out of one's ～ 能力所不及 nénglì suǒbùjí / His ～s are failing. 他的体力在衰退中。Tāde tǐlì zài shuāituìzhōng. **2.** 才能 cáinéng；机能 jīnéng：a ～ of vision 视力 shìlì / creative ～s 创造力 chuàngzàolì / a man of varied ～s 多才的人 duōcáide rén **3.** 动力 dònglì；功率 gōnglǜ：electric ～ 电力 diànlì / water ～ 水力 shuǐlì / the ～ of engine 机器的马力 jīqìde mǎlì **4.** 权力 quánlì；权势 quánshì；权能 quánnéng；权限 quánxiàn：the ～ of law 法律的力量 fǎlǜde lìliang / the political ～ 政权 zhèngquán / division of ～s 三权分立 sānquán fēnlì / the party in ～ 执政党 zhízhèngdǎng / come into ～ 掌握政权 zhǎngwò zhèngquán / have ～ over men 有支配人的权力 yǒu zhīpèi rénde quánlì / have ～ to order us about 有权对我们发号施令 yǒuquán duì wǒmen fāhào-shīlìng **5.** 大国 dàguó；强国 qiángguó：the Great P-s 各大国 gè dàguó；列强 lièqiáng / an imperialist ～ 帝国主义国家 dìguózhǔyì guójiā **6.** 当权者 dāngquánzhě = those who are in authority 当局 dāngjú **7.** 乘方 chéngfāng：raise to second ～ 二乘 èrchéng **8.** 放大力 fàngdàlì：the ～ of a lens 透镜的放大力 tòujìngde fàngdàlì / a telescope of high ～ 高倍望远镜 gāobèi wàngyuǎnjìng

powerboat *n.* 汽艇 qìtǐng；汽船 qìchuán

powerful *a.* **1.** 有力的 yǒulìde；有权力的 yǒuquánlìde；有势力的 yǒu shìlide：be ～ over the enemy 比敌人强大 bǐ dírén qiángdà / He is ～ to persuade others. 他有本领说服别人。Tā yǒu běnlǐng shuōfú biérén. **2.** 有效能的 yǒu xiàonéngde：a ～ remedy for constipation 便秘的特效药 biànmìde tèxiàoyào

powerfully *ad.* 有力地 yǒulìde；有势力地 yǒushìlide：He is ～ built. 他身体强壮。Tā shēntǐ qiángzhuàng.

power-house *n.* 发电所 fādiànsuǒ；动力室 dònglìshì

powerless *a.* 无力的 wúlìde；无权的 wúquánde；无能的 wúnéngde：be ～ against sth. 对某事无能为力 duì mǒushì wúnéng-wéilì / be ～ to resist 无力抵抗 wúlì dǐkàng

power politics *n.* 强权政治 qiángquán zhèngzhì

power station *n.* 发电站 fādiànzhàn

powwow *n.* 议事会 yìshìhuì *v.* 举行会议 jǔxíng huìyì

pox *n.* **1.** 痘 dòu；脓疱 nóngpào **2.** 梅毒 méidú ＝ syphilis

practicable *a.* **1.** 能实行的 néngshíxíngde；可做的 kězuòde；行得通的 xíngdetōngde：a ～ method 切实可行的方法 qièshí-kěxíngde fāngfǎ **2.** 可通行的 kětōngxíngde：a ～ road 可通车的公路 kě tōngchēde gōnglù

practical *a.* **1.** 实际的 shíjìde：～ value 实际价值 shíjìjiàzhí / a ～ joke 恶作剧 èzuòjù **2.** 实用的 shíyòngde；应用的 yìngyòngde：～ chemistry 应用化学 yìngyòng huàxué / ～ knowledge 实用知识 shíyòng zhīshi / Your invention is not ～. 你的发明不实用。Nǐde fāmíng bù shíyòng. **3.** 注重实际的 zhùzhòng shíjìde：a ～ mind 重实际的人 zhòng shíjìde rén **4.** 有实际经验的 yǒu shíjì jīngyànde：a ～ engineer 经验丰富的工程师 jīngyàn fēngfùde gōngchéngshī

practicality *n.* 实践性 shíjiànxìng

practically *ad.* **1.** 实际上 shíjìshang；实质上 shízhìshang；实用上 shíyòngshang：look at a question ～ 从实际出发考虑问题 cóng shíjì chūfā kǎolǜ wèntí / P- speaking，there is no more to be done. 实际上，此外无事可做了。Shíjìshang，cǐwài wúshì kězuòle. **2.** 几乎 jīhū；可谓 kěwèi：～ impossible 几乎不可能 jīhū bùkěnéng / He says that he is ～ ruined. 他说他几乎破产了。Tā shuō tā jīhū pòchǎnle.

practice *n.* **1.** 实际 shíjì；实践 shíjiàn；实行 shíxíng：put the law into ～ 实施法令 shíshī fǎlìng / social ～ 社会实践 shèhuì-shíjiàn / work in ～ 付诸实践 fùzhū shíjiàn **2.** 实验 shíyàn；实习 shíxí；练习 liànxí；演习

yǎnxí：～ in music 音乐练习 yīnyuè liànxí / P- makes perfect. 熟能生巧。Shúnéng-shēngqiǎo. **3.** 习惯 xíguàn；常例 chánglì：the ～ of shaking hands 握手的习惯 wòshǒude xíguàn / Christian ～s 基督教教规（礼节）Jīdūjiào jiàoguī（lǐjié）**4.** 业务 yèwù；开业 kāiyè：no longer in ～ 不再执业 búzài zhíyè / a doctor with a large ～ 求诊者很多的一位医生 qiúzhěnzhě hěnduōde yíwèi yīshēng

practise *v.* **1.** 实践 shíjiàn；实习 shíxí：～ economy 实行节约 shíxíng jiéyuē；讲究经济 jiǎngjiu jīngjì **2.** 练习 liànxí：～ the piano 练习弹钢琴 liànxí tán gāngqín / ～ singing 练习唱歌 liànxí chànggē **3.** 惯做 guànzuò；常为 chángwéi；养成…的习惯 yǎngchéng…de xíguàn：～ early rising 养成早起的习惯 yǎngchéng zǎoqǐde xíguàn **4.** 开业 kāiyè；执行…事物 zhíxíng…shìwù：～ medicine（挂牌）行医（guàpái）xíngyī / ～ as a barrister 开业做律师 kāiyè zuò lǜshī / ～ law 执行律师事务 zhíxíng lǜshī shìwù **5.** ～ what one preaches 以身作则 yǐshēn-zuòzé

practised *a.* 经验丰富的 jīngyàn fēngfùde；熟练的 shúliànde；老练的 lǎoliànde：a ～ cheat 老练的骗子 lǎoliànde piànzi

practitioner *n.* **1.** 医师 yīshī；行医者 xíngyīzhě；开业者 kāiyèzhě：medical ～s 行医者 xíngyīzhě / a general ～ 全科医师 quánkē yīshī **2.** 练习者 liànxízhě

pragmatic(al) *a.* 实用主义的 shíyòngzhǔyìde；重实践的 zhòng shíjiànde

pragmatism *n.* 实用主义 shíyòngzhǔyì

prairie *n.* 大草原 dàcǎoyuán：A single spark can start a ～ fire. 星星之火，可以燎原。Xīngxīng-zhīhuǒ，kěyǐ-liáoyuán.

praise *v.* **1.** 称赞 chēngzàn；表扬 biǎoyáng：～ a man for his courage 赞美一个人的英勇 zànměi yíge rénde yīngyǒng **2.** 赞美（上帝）zànměi（shàngdì） *n.* **1.** 称赞 chēngzàn；赞美 zànměi / be beyond ～ 赞美不尽 zànměi bújìn / in ～ of sb. 歌颂某人 gēsòng mǒurén **2.** 崇拜 chóngbài；荣耀 róngyào：P- be to God. 荣耀归于上帝。Róngyào guīyú Shàngdì. / P- be！谢天谢地！Xiètiān-xièdì！= Thank heaven！

praiseworthy *a.* 值得表扬的 zhídé biǎoyángde；可嘉的 kějiāde

praline *n.* 果仁糖 guǒréntáng

pram *n.* 儿童车 értóngchē；婴儿车 yīng'érchē

prance *v.* & *a.* **1.**（马）腾跃（mǎ）téngyuè **2.**（人）昂首阔步（rén）ángshǒu-kuòbù；神气活现地走 shénqì-huóxiànde zǒu：She ～d into the room. 她神气十足地走进房间。Tā shénqì-shízúde zǒujìn fángjiān.

prang *v.* **1.** 炸中 zhàzhòng **2.** 击落 jīluò

prank[1] *v.* 装饰 zhuāngshì；点缀 diǎnzhuì：fields ～ed with flowers 有花点缀的田野 yǒu huā diǎnzhuìde tiányě / ～ oneself out 盛装外出 shèngzhuāng wàichū

prank[2] *n.* 恶作剧 èzuòjù；瞎闹 xiānào；玩笑 wánxiào：play ～s on sb. 跟某人开玩笑 gēn mǒurén kāi wánxiào / a schoolboy ～ 学生的恶作剧 xuéshengde èzuòjù

praseodymium *n.* 镨 pǔ

prate *v.* 唠叨 láodao；空谈 kōngtán；喋喋不休 diédié-bùxiū：～ about a subject 大谈特谈一题目 dàtán tètán yī tímù

prattle *v.* 瞎谈 xiātán；闲聊 xiánliáo：The girls ～d on about their clothes. 女孩们闲聊着她们的衣服。Nǚháimen xiánliáozhe tāmende yīfu. *n.* 孩子话 háizihuà：a child's ～ 孩子的牙牙学语 háizide yáyá-xuéyǔ

Pravda *n.* 真理报 Zhēnlǐbào

prawn *n.* 大虾 dàxiā；明虾 míngxiā：a dish of ～s 一盘大虾 yìpán dàxiā *v.* 捕大虾 bǔdàxiā：go ～ing 去捉大虾 qùzhuō dàxiā

pray *v.* **1.** 祈祷 qídǎo；祈求 qíqiú：～ God for mercy 求上帝怜悯 qiú shàngdì liánmǐn / They knelt down and ～ed. 他们跪下祈祷。Tāmen guìxià qídǎo. **2.** 乞求 qǐqiú；恳求 kěnqiú：I ～ you to be careful. 我求你小心。Wǒ qiú nǐ xiǎoxīn. **3.** 请 qǐng：P- don't mention it. 请别提。Qǐng biétí.

prayer *n.* **1.** 祈祷者 qídǎozhě **2.** 恳求者 kěnqiúzhě **3.** 祈祷 qídǎo：be in ～ 在祈祷 zài qídǎo / Morning (Evening) P- 早(晚)祷 Zǎo(Wǎn)Dǎo / family ～s 家庭祷告 jiātíng dǎogào / ～ meeting 祈祷会 qídǎohuì **4.** 祈祷文 qídǎowén：the Lord's P- 主祷文 Zhǔdǎowén **5.** 恳求 kěnqiú：a ～ for rain 求雨 qiúyǔ

prayer book *n.* 祈祷书 qídǎoshū

preach *v.* **1.** 传道 chuándào；传教 chuánjiào；讲道 jiǎngdào：～ the Gospel 宣传福音 xuānchuán fúyīn/ ～ Buddhism 宣传佛教 xuānchuán Fójiào / ～ a sermon 讲道 jiǎngdào **2.** 劝诫 quànjiè；宣讲 xuānjiǎng：～ against drinking 劝说戒酒 quànshuō jièjiǔ / The headmaster is ～ing to his boys. 校长正在谆谆劝诫学童。Xiàozhǎng zhèngzài zhūnzhūnquànjiè xuétóng. **3.** 鼓吹 gǔchuī；倡导 chàngdǎo：～ internationalism 宣传国际主义 xuānchuán guójìzhǔyì

preacher *n.* 传道者 chuándàozhě；说教者 shuōjiàozhě；鼓吹者 gǔchuīzhě

preachment *n.* 说教 shuōjiào

preamble *n.* 序言 xùyán；前言 qiányán

prebend *n.* 牧师的薪酬 mùshīde xīnchóu

precarious *a.* **1.** 不安定的 bù'āndìngde；危险的 wēixiǎnde：make a ～ living as an author 当一名作家，维持着不稳定的生活 dāng yìmíng zuòjiā，wéichízhe bù wěndìngde shēnghuó / ～ foothold 危险的立足点 wēixiǎnde lìzúdiǎn **2.** 臆断的 yìduànde：～ reasoning 无根据的推理 wú gēnjùde tuīlǐ

precast *a.* 预制的 yùzhìde；预浇铸的 yùjiāozhùde

precaution *n.* **1.** 谨慎 jǐnshèn；警惕 jǐngtì **2.** 预防 yùfáng；防备 fángbèi：take ～s against fire 防火的准备 fánghuǒde zhǔnbèi

precautionary *a.* 预防的 yùfángde；防备的 fángbèide

precede *v.* **1.** 领先 lǐngxiān；居先 jūxiān：the calm that ～d the storm 暴风雨前的平静 bàofēngyǔ qiánde píngjìng **2.** 优先 yōuxiān；优于 yōuyú：The eldest prince ～d all men except the king. 大王子的地位高高在上，仅低于国王。Dà wángzǐde dìwèi gāogāo-zàishàng，jǐn dīyú guówáng.

precedence *n.* 领先 lǐngxiān；居先 jūxiān；优于 yōuyú：the order of ～ 席次 xícì / Social claims should take ～ of personal claims. 社会要求应放在个人要求之上。Shèhuì yāoqiú yīng fàngzài gèrén yāoqiú zhīshàng.

precedent *n.* 先例 xiānlì；前例 qiánlì：set a ～ 创立先例 chuànglì xiānlì / Is there a ～ for that? 那种事有先例吗？Nàzhǒng shì yǒu xiānlìma？

precedented *a.* 有先例的 yǒu xiānlìde；有例可援的 yǒulì kěyuánde

preceding *a.* 以前的 yǐqiánde；上述的 shàngshùde：the ～ years 前几年 qiánjǐnián / on the ～ night 前一晚 qiányìwǎn

precentor *n.* 领唱者 lǐngchàngzhě

precept *n.* 教训 jiàoxùn；戒律 jièlǜ；箴言 zhēnyán；格言 géyán：Example is better than ～. 身教胜于言教。Shēnjiào shèngyú yánjiào.

preceptor *n.* 老师 lǎoshī；教训者 jiàoxùnzhě

precession *n.* 岁差 suìchā ＊ of astronomy

precinct *n.* **1.** [～s] 围场 wéichǎng；界域 jièyù；境域 jìngyù：within the sacred ～s 在神圣的境域内 zài shénshèngde jìngyùnèi **2.** 郡 jùn；管区 guǎnqū：an election ～ 选举区 xuǎnjǔqū / a police ～ 警察的管辖区 jǐngchāde guǎnxiáqū **3.** 周围 zhōuwéi；附近 fùjìn；市郊 shìjiāo = neighborhood **4.** 区域 qūyù：a new shopping ～ 新购物区 xīn gòuwùqū / a pedestrian ～ 行人区 xíngrénqū

precious *a.* **1.** 宝贵的 bǎoguìde；贵重的 guìzhòngde：the ～ metals 贵（重）金属 guì（zhòng）jīnshǔ / ～ stones 宝石 bǎoshí **2.** 珍爱的 zhēn'àide；可爱的 kě'àide：Her children are very ～ to her. 她极疼爱孩子。Tā jí téng'ài háizi. **3.** 完全的 wánquánde；彻底的 chèdǐde：He is a ～ rascal. 他是个大流氓。Tā shìge dàliúmáng. **4.** 过于细心的 guòyú xìxīnde；矫揉造作的 jiāoróu-zàozuòde = affected

precipice *n.* **1.** 悬崖 xuányá；绝壁 juébì **2.** 危机 wēijī = danger：stand on the brink of a ～ 站在危机的边缘 zhànzài wēijīde biānyuán

precipitant *n.* 沉淀剂 chéndiànjì

precipitate *v.* **1.** 抛下 pāoxià；投落 tóuluò：～ oneself upon the enemy 猛攻敌人 měnggōng-dírén / ～ the country into war 使国家突然陷入战争 shǐ guójiā tūrán xiànrù zhànzhēng **2.** 使…突然发生 shǐ…tūrán fāshēng；加速 jiāsù：～ a crisis 促成一危机 cùchéng yī wēijī / events that ～d his ruin 使其突然破产的事件 shǐ qí tūrán pòchǎnde shìjiàn **3.** 使沉淀 shǐ chéndiàn **4.** 使凝结 shǐ níngjié：Clouds usually ～ as rain or snow. 云通常凝结成雨或雪。Yún tōngcháng níngjiéchéng yǔ huò xuě.

precipitation *n.* **1.** 坠落 zhuìluò；**2.** 沉淀 chéndiàn **3.** 降雨（量）jiàngyǔ（liàng）：the annual ～ in the Lake District 大湖区每年的雨量 Dàhúqū měiniánde yǔliàng **4.** 急促 jícù：act with ～ 卤莽行事 lǔmǎng xíngshì

precipitous *a.* **1.** 险峻的 xiǎnjùnde；陡峭的 dǒuqiàode **2.** 似悬崖的 sì xuányáde：They looked down from the ～ height of the church tower. 他们从险峻的教堂尖塔处向下看。Tāmen cóng xiǎnjùnde jiàotáng jiāntǎ chù xiàngxià kàn.

precis *n.* 摘要 zhāiyào；大纲 dàgāng；梗概 gěnggài

precise *a.* **1.** 精密（的）jīngmì（de）；精确的 jīngquède：～ measurements 精确的尺寸 jīngquède chǐcùn / ～ orders 严格的命令 yángéde mìnglìng **2.** 小心谨慎的 xiǎoxīn-jǐnshènde：a very ～ man 非常严谨的人 fēicháng yánjǐnde rén **3.** 正确的 zhèngquède：～ interpretation 正确的解释 zhèngquède jiěshì **4.** 恰好 qiàhǎo：at the ～ moment 正在那时

zhèngzài nàshí

precisely *ad*. 明确地 míngquède；明白地 míngbaide；谨慎地 jǐnshènde：state the facts ～ 明白地叙述事实 míngbaide xùshù shìshí / at 2 o'clock ～恰好在两点钟 qiàhǎo zài liǎngdiǎnzhōng

precision *n*. 精密 jīngmì；正确 zhèngquè：～ instruments 精密仪器 jīngmì yíqì /～ bombing 精密轰炸 jīngmì hōngzhà

preclude *v*. **1**. 排除 páichú；消除 xiāochú：～ all doubts 除去所有疑虑 chúqù suǒyǒu yílǜ **2**. 阻止 zǔzhǐ；妨碍 fáng'ài：～ sb. from coming 阻止某人来 zǔzhǐ mǒurén lái

precocious *a*. **1**. 早熟的 zǎoshúde；发育过早的 fāyù guòzǎode：a ～ child 一个早熟的孩子 yíge zǎoshúde háizi **2**. 早开的 zǎokāide ＊ plants

precocity *n*. 早熟(性) zǎoshú(xìng)；早发育 zǎofāyù = state of being developed too soon

preconceive *v*. 预想 yùxiǎng：a ～d idea 先入为主的意见 xiānrù-wéizhǔde yìjian

preconception *n*. 先入之见 xiānrù-zhījiàn；预想 yùxiǎng

precursor *n*. 先驱 xiānqū；前兆 qiánzhào：The ～ of the modern car was a horseless carriage with a petrol engine in front. 近代汽车的始祖是前置汽油发动机的四轮车。Jìndài qìchēde shǐzǔ shì qiánzhì qìyóu fādòngjīde sìlúnchē.

predatory *a*. 掠夺的 lüèduóde；抢劫的 qiǎngjiéde：～ incursions 掠夺性的侵袭 lüèduóxìngde qīnxí / ～ tribesmen 以掠夺为生的部族 yǐ lüèduó wéishēngde bùzú

predecessor *n*. **1**. 前辈 qiánbèi；前任 qiánrèn：Mr. Green's ～ in office 格林先生所任职务的前任 Gélín xiānsheng suǒrèn zhíwùde qiánrèn **2**. 被取代之物 bèi qǔdài zhīwù = thing which is substituted by another

predestination *n*. 天命 tiānmìng；预定论 yùdìnglùn；宿命论 sùmìnglùn

predestine *v*. (命中)注定 (mìngzhōng)zhùdìng：He felt that he was ～d to lead his country to freedom. 他觉得命中注定他要领导自己的国家获得自由。Tā juéde mìngzhōng zhùdìng tā yào lǐngdǎo zìjǐde guójiā huòdé zìyóu.

predetermine *v*. 预定 yùdìng；先定 xiāndìng：The color of a person's eyes is ～d by that of his parents. 眼睛的颜色是双亲遗传的。Yǎnjingde yánsè shì shuāngqīn yíchuánde.

predicament *n.* 困境 kùnjìng；险境 xiǎnjìng：be in an awkward ～ 处于困境中 chǔyú kùnjìngzhōng

predicate *v.* 断言 duànyán；宣称…为事实 xuānchēng…wéishìshí：～ of a motive that it is good 断言某种动机是好的 duànyán mǒuzhǒng dòngjī shì hǎode / predicating man to be a reasoning creature 认定人是有理性的动物 rèndìng rén shì yǒu lǐxìngde dòngwù *n.* 谓语 wèiyǔ * in grammar：the compound ～ 合成谓语 héchéng wèiyǔ

predicative *a.* **1.** 断言的 duànyánde；断定的 duàndìngde **2.** 表语的 biǎoyǔde * in grammar；作表语用的 zuò biǎoyǔ yòngde：a ～ adjective 表语形容词 biǎoyǔ xíngróngcí

predicatively *ad.* **1.** 断定地 duàndìngde **2.** 在表语上 zài biǎoyǔshang：used ～ 用作表语 yòngzuò biǎoyǔ

predict *v.* 预言 yùyán；预测 yùcè；预示 yùshì：～ a good harvest 预示丰收 yùshì fēngshōu / ～ a fine summer 预测夏天天气好 yùcè xiàtiān tiānqì hǎo

prediction *n.* 预言 yùyán；预示 yùshì；天气预告 tiānqì yùgào

predictor *n.* **1.** 预言者 yùyánzhě **2.** 测位器 cèwèiqì

predilection *n.* 偏爱 piān'ài；偏好 piānhào：have a ～ for history 偏爱历史 piān'ài lìshǐ

predispose *v.* **1.** 预先处理 yùxiān chǔlǐ **2.** 使…偏向 shǐ…piānxiàng；使…倾向于 shǐ…qīngxiàng yú：His early life ～d him to a life of adventure. 他早年的生活使他爱好冒险。Tā zǎoniánde shēnghuó shǐtā àihào màoxiǎn.

predisposition *n.* 倾向性 qīngxiàngxìng；爱好 àihào；素质 sùzhì：a ～ to arthritis 易患关节炎的体质 yìhuàn guānjiéyánde tǐzhì / a ～ to find fault 吹毛求疵的癖性 chuīmáo-qiúcīde pǐxìng

predominance *n.* 优越 yōuyuè；卓越 zhuōyuè；支配 zhīpèi；显著 xiǎnzhù

predominant *a.* 优势的 yōushìde；主要的 zhǔyàode；卓越的 zhuōyuède；显著的 xiǎnzhùde：the ～ member of the government 政府机关的首要人物 zhèngfǔ jīguānde shǒuyào rénwù

predominate *v.* 占优势 zhàn yōushì；统治 tǒngzhì；支配 zhīpèi：a forest in which oak trees ～ 橡树为主的森林 xiàngshù wéizhǔde sēnlín

pre-eminence *n.* 卓越 zhuōyuè；杰出 jiéchū

pre-eminent *a.* 卓越的 zhuōyuède；超群的 chāoqúnde：～ above all his rivals 超越所有他的敌手 chāoyuè suǒyǒu tāde díshǒu

pre-empt *v.* **1.** 优先购买 yōuxiān gòumǎi = get hold of before others **2.** 先发制人 xiānfā-zhìrén = to do sth. before others **3.** 取代 qǔdài = take the place of: The program has been ～ed by a talk. 节目被谈话所取代。Jiémù bèi tánhuà suǒ qǔdài.

preen *v.* **1.** 啄理(羽毛) zhuólǐ(yǔmáo) **2.** 打扮(自己) dǎban(zìjǐ) = tidy oneself

pre-engage *v.* 预约 yùyuē

pre-exist *v.* 先存在 xiān cúnzài

pre-existent *a.* 先存在的 xiān cúnzàide; 先有的 xiānyǒude

prefab *a.* 预制的 yùzhìde; 预构的 yùgòude

prefabricate *v.* 预制 yùzhì: a ～d house 预制配成的房屋 yùzhì pèichéngde fángwū; 活动房屋 huódòng fángwū / a ～d school 活动校舍 huódòng xiàoshè

preface *n.* 序 xù; 序文 xùwén; 序言 xùyán *v.* 序 xù; 给…作序 gěi… zuòxù: ～ a book with an introduction 给某书写一篇导言 gěi mǒushū xiě yìpiān dǎoyán

prefect *n.* **1.** 长官 zhǎngguān; 司令官 sīlìngguān **2.** 班长 bānzhǎng; 学长 xuézhǎng * of a class in school

prefecture *n.* 府 fǔ; 县 xiàn; 省 shěng

prefer *v.* **1.** 喜欢 xǐhuan; 宁愿要 nìngyuàn yào: Do you ～ tea or coffee? 你喜欢茶还是咖啡? Nǐ xǐhuan chá háishì kāfēi? / ～ death to dishonor 宁死不愿受辱 nìngsǐ búyuàn shòurǔ / I ～ to work rather than to sit idle. 我宁愿工作不喜欢闲坐。Wǒ nìngyuàn gōngzuò bùxǐhuan xiánzuò. **2.** 提出 tíchū; 提起 tíqǐ: ～ a charge against a motorist 控告驾驶汽车者 kònggào jiàshǐ qìchēzhě **3.** 提升 tíshēng = to promote

preferable *a.* 较可取的 jiào kěqǔde; 较好的 jiàohǎode; 较适合的 jiào shìhéde: A dark suit is ～ to a light one. 深色的衣服比浅色的更合适。Shēnsède yīfu bǐ qiǎnsède gènghéshì. // preferably *ad.*

preference *n.* **1.** 宁择 nìngzé; 偏爱 piān'ài: have a ～ for Chinese novels 喜爱中国小说 xǐ'ài Zhōngguó xiǎoshuō **2.** 喜爱物 xǐ'àiwù; 嗜好物 shìhàowù: What are your ～s? 你喜爱些什么? Nǐ xǐ'ài xiē shénme? **3.** 优先 yōuxiān; 优待 yōudài: ～ share 优先股 yōuxiāngǔ

preferential *a.* 优先的 yōuxiānde; 优惠的 yōuhuìde; 特惠的 tèhuìde: ～

right 优先权 yōuxiānquán / the ～ tariff 特惠关税 tèhuì guānshuì

preferment *n.* 提升 tíshēng；晋级 jìnjí ＝ promotion：～ to a benefice 提升为圣俸教士职 tíshēng wéi shèngfèng jiàoshì zhí

prefigure *v.* **1.** 预示 yùshì **2.** 预想 yùxiǎng

prefix *n.* **1.** 前缀 qiánzhuì；字首 zìshǒu：In "co-operate"，"co-" is a ～. 在 co-operate 中，co- 是字首。Zài "co-operate" zhōng，"co-" shì zìshǒu. **2.** 尊称 zūnchēng ＝ word put before a name，such as Mr.，Dr.，etc.

pregnable *a.* 攻得破的 gōngde pòde；易占领的 yì zhànlǐngde；易征服的 yì zhēngfúde

pregnancy *n.* **1.** 妊娠 rènshēn；怀孕 huáiyùn：during ～ 在怀孕期间 zài huáiyùn qījiān **2.** 充满 chōngmǎn ＝ fullness

pregnant *a.* **1.** 怀孕的 huáiyùnde：She is five months ～. 她已怀孕五个月了。Tā yǐ huáiyùn wǔgeyuèle. **2.** 充满的 chōngmǎnde；有深意的 yǒu shēnyìde：His words were followed by a ～ pause. 他说完话，意味深长地停顿了一下。Tā shuōwánhuà，yìwèi shēnchángde tíngdùnle yíxià. **3.** 富于想象的 fùyú xiǎngxiàngde：the artist's ～ imagination 艺术家具创意的想象力 yìshùjiā jù chuàngyìde xiǎngxiànglì

prehistoric *a.* **1.** 史前的 shǐqiánde：～ man 史前人类 shǐqián rénlèi / ～ burial ground 史前的坟地 shǐqiánde féndì **2.** 旧式的 jiùshìde：His ideas on morals are really ～. 他的道德观念真太落伍了。Tāde dàodé guānniàn zhēntài luòwǔle.

prehistory *n.* 史前学 shǐqiánxué；史前史 shǐqiánshǐ

prejudge *v.* 预先判断 yùxiān pànduàn；不审而判 bùshěn érpàn

prejudice *n.* **1.** 偏见 piānjiàn；成见 chéngjiàn：He has a ～ against Smith. 他对史密斯抱有偏见。Tā duì Shǐmìsī (Smith) bàoyǒu piānjiàn. **2.** 侵害 qīnhài；损害 sǔnhài；不利 búlì：to the ～ of sb.'s rights 损害某人的权力 sǔnhài mǒuréndе quánlì *v.* **1.** 使…抱偏见 shǐ… bào piānjiàn：be ～d against a person 对某人有反感 duì mǒurén yǒu fǎngǎn **2.** 伤害 shānghài；不利于 búlìyú；He ～d his claim by asking too much. 他因需索过度而影响他的要求。Tā yīn xūsuǒ guòdù ér yǐngxiǎng tāde yāoqiú.

perjudiced *a.* 有偏见的 yǒu piānjiànde；有成见的 yǒu chéngjiànde；偏爱的 piān'àide：a ～ opinion 偏见 piānjiàn

prejudicial *a.* **1.** 偏颇 piānpō **2.** 不利的 búlìde；有损的 yǒusǔnde

prelate *n.* 教长 jiàozhǎng；主教 zhǔjiào；高级教士 gāojí jiàoshì

pre-liberation *a.* 解放前的 jiěfàngqiánde

preliminary *a.* **1.** 初步的 chūbùde；开始的 kāishǐde：a ~ exam 初试 chūshì / after a few ~ remarks 有几句开头的话以后 yǒu jǐjù kāitóude huà yǐhòu **2.** 预备的 yùbèide：a ~ contest 预赛 yùsài / ~ heats 预赛 yùsài *n.* 准备(工作) zhǔnbèi(gōngzuò)

prelude *n.* **1.** 序曲 xùqǔ；前奏曲 qiánzòuqǔ **2.** 序幕 xùmù

premature *a.* 早熟的 zǎoshúde；太早的 tàizǎode；未成熟的 wèichéngshúde：~ birth 早产 zǎochǎn / ~ death 早逝 zǎoshì

premeditate *v.* 预谋 yùmóu：a ~d murder 谋杀 móushā

premier *n.* 总理 zǒnglǐ；首相 shǒuxiàng：P- Zhou En-lai 周恩来总理 Zhōu Ēn-lái Zǒnglǐ *a.* 最前的 zuìqiánde；首位的 shǒuwèide：take ~ place 占首席 zhàn shǒuxí

premiere *n.* & *v.* 首次演出 shǒucì yǎnchū；首次公演 shǒucì gōngyǎn

premise *n.* **1.** 前提 qiántí：the major ~ 大前提 dàqiántí / the minor ~ 小前提 xiǎoqiántí **2.** 房产 fángchǎn；房屋 fángwū：to be consumed on the ~s 限在店内喝完 xiàn zài diànnèi hēwán *v.* 提论 tílùn

premium *n.* **1.** 奖 jiǎng；奖状 jiǎngzhuàng；奖品 jiǎngpǐn；奖金 jiǎngjīn：a ~ for good conduct 品行优良奖 pǐnxíng yōuliángjiǎng / put a ~ on fraud 助长欺诈 zhùzhǎng qīzhà **2.** 保险费 bǎoxiǎnfèi = money paid for insurance **3.** 额外费用 éwài fèiyong；赏金 shǎngjīn：He had to pay the agent a ~ beforehand. 他必须先付代理人一笔佣金。Tā bìxū xiānfù dàilǐrén yìbǐ yòngjīn. **4.** 学费 xuéfèi = tuition **5.** 溢价 yìjià：The shares are selling at a ~. 那些股票卖价高于面额。Nàxiē gǔpiào màijià gāoyú miàn'é.

premonition *n.* 预感 yùgǎn；前兆 qiánzhào：have a ~ of failure 有失败之预感 yǒu shībài zhī yùgǎn

preoccupation *n.* **1.** 预先 yùxiān **2.** 出神 chūshén；全神贯注 quánshén-guànzhù：His greatest ~ was how to find the book. 他最着急的是如何找到那本书。Tā zuìzháojíde shì rúhé zhǎodào nàběn shū.

preoccupied *a.* 出神的 chūshénde；别有所思的 biéyǒu suǒsīde；有心事的 yǒu xīnshìde：anxious and ~ 心神不定 xīnshén-búdìng

preoccupy *v.* **1.** 预占 yùzhàn：The better seats have been preoccupied. 较好的座位已被预占了。Jiàohǎode zuòwèi yǐbèi yùzhànle. **2.** 使…出神

shǐ…chūshén；迷住 mízhù：preoccupied by family trouble 心神被家庭纠纷所占据 xīnshén bèi jiātíng jiūfēn suǒ zhànjù

prep *n*. 备课 bèikè；自修 zìxiū；预习 yùxí

prepaid *a*. 预付的 yùfùde

preparation *n*. **1**. 准备 zhǔnbèi；预备 yùbèi：make ～s for an exam 作好考试的准备 zuòhǎo kǎoshìde zhǔnbèi / The book is in ～. 这本书在编辑中。Zhèběn shū zài biānjízhōng. **2**. 准备之物 zhǔnbèi zhīwù：～s for war 备战 bèizhàn / ～s for a trip 做旅行准备 zuò lǚxíng zhǔnbèi **3**. 预习 yùxí；自修 zìxiū；备课 bèikè：fifteen minutes of ～ for each lesson 每课准备15分钟 měikè zhǔnbèi shíwǔ fēnzhōng **4**. 制剂 zhìjì；药剂 yàojì：pharmaceutical ～s 药剂 yàojì

preparatory *a*. **1**. 准备的 zhǔnbèide；预备的 yùbèide：a ～ school 补习学校 bǔxí xuéxiào；预备学校 yùbèi xuéxiào **2**. 在…前 zài…qián

prepare *v*. **1**. 准备 zhǔnbèi；预备 yùbèi：～one's lessons 准备功课 zhǔnbèi gōngkè / ～ him a meal 给他准备一顿饭 gěitā zhǔnbèi yídùn fàn / ～ against the disaster 防灾 fángzāi / ～ for a battle 准备战斗 zhǔnbèi zhàndòu / I'm ～d to accept it. 我准备接受。Wǒ zhǔnbèi jiēshòu. **2**. 作出 zuòchū；订出 dìngchū：～ plans for a battle 作出作战计划 zuòchū zuòzhàn jìhuà **3**. 配制 pèizhì：～ a medicine 配药 pèiyào

preparedness *n*. 准备 zhǔnbèi

prepay *v*. 预付 yùfù；先付 xiānfù

preplan *v*. 预先规划 yùxiān guīhuà

preponderance *n*. 较重 jiàozhòng；偏重 piānzhòng；优势 yōushì：have the ～ over the enemy 比敌人占优势 bǐ dírén zhàn yōushì

preponderant *a*. 较重的 jiàozhòngde；偏重的 piānzhòngde；优势的 yōushìde

preponderate *v*. **1**. 过重 guòzhòng；偏重 piānzhòng **2**. 优胜 yōushèng；占优势 zhàn yōushì：reasons that ～ over other considerations 优于其它考虑的理由 yōuyú qítā kǎolǜde lǐyóu

preposition *n*. 前置词 qiánzhìcí；介词 jiècí：phrasal ～s 短语前置词 duǎnyǔ qiánzhìcí

prepositional *a*. 前置词的 qiánzhìcíde；介词的 jiècíde：a ～ object 前置词宾语 qiánzhìcí bīnyǔ / a ～ phrase 介词短语 jiècí duǎnyǔ

prepossess *v*. **1**. 预先影响 yùxiān yǐngxiǎng；先入（人心）xiānrù (rénxīn)：～ a person with some idea 使人预先有某种概念 shǐ rén yùxiān yǒu mǒuzhǒng gàiniàn **2.** 使…有好感 shǐ … yǒu hǎogǎn：I was ～ed by his appearance and manners. 他的仪态举止在我心上留下了好的印象。Tāde yítài jǔzhǐ zài wǒxīnshang liúxiàle hǎode yìnxiàng.

prepossessing *a.* 令人喜爱的 lìngrén xǐ'àide；吸引人的 xīyǐn rénde：～ manners 和蔼可亲的态度 hé'ǎi-kěqīnde tàidu / a girl of ～ appearance 仪表动人的女郎 yíbiǎo dòngrénde nǚláng

prepossession *n.* 印象 yìnxiàng；偏爱 piān'ài；先入之见 xiānrù zhījiàn

preposterous *a.* 反常的 fǎnchángde；荒谬的 huāngmiùde；可笑的 kěxiàode

prerequisite *a.* & *n.* 必须(预先)具备的 bìxū (yùxiān) jùbèide；首要的 shǒuyàode；先决条件 xiānjué tiáojiàn：a ～ of entrance to the university 入大学的先决条件 rù dàxuéde xiānjué tiáojiàn

prerogative *n.* 特权 tèquán；大权 dàquán：It is within his ～ to leave. 离席是他的自由。Líxí shì tāde zìyóu. / the royal ～ 帝王之特权 dìwáng zhī tèquán / the ～ of pardon 赦免权 shèmiǎnquán

presbyopia *n.* 远视(眼) yuǎnshì(yǎn)；老花眼 lǎohuāyǎn

presbyter *n.* 长老 zhǎnglǎo；教会监督人 jiàohuì jiāndūrén

Presbyterian *a.* 长老制的 zhǎnglǎozhìde；长老派的 zhǎnglǎopàide：the ～ church 长老会 zhǎnglǎohuì *n.* 长老会教友 zhǎnglǎohuì jiàoyǒu

preschool *a.* 学前的 xuéqiánde：～ children 学(龄)前儿童 xué(líng) qián értóng

prescience *n.* 预知 yùzhī；先见 xiānjiàn

prescient *a.* 预知的 yùzhīde；有先见之明的 yǒu xiānjiàn-zhīmíngde

prescribe *v.* **1.** 规定 guīdìng；指示 zhǐshì：penalties ～d by the law 法律规定的惩罚 fǎlǜ guīdìngde chéngfá / complete the ～d form 填好规定的表格 tiánhǎo guīdìngde biǎogé **2.** 处方 chǔfāng；开处方 kāi chǔfāng：～ a prescription for a person 给某人开了一张药方 gěi mǒurén kāile yìzhāng yàofāng / ～ quinine 开奎宁 kāi kuíníng

prescription *n.* **1.** 规定 guīdìng；指示 zhǐshì **2.** 处方 chǔfāng；药方 yàofāng：make up a ～ 配方 pèifāng / write out a ～ 开药方 kāi yàofāng **3.** 处方上的药 chǔfāngshangde yào ＝ the medicine prescribed

prescriptive *a.* 规定的 guīdìngde；指示的 zhǐshìde；法定的 fǎdìngde：～ grammar 规范式文法 guīfànshì wénfǎ

presence *n*. **1**. 在 zài；存在 cúnzài：the ～ of diseased germs 病菌的存在 bìngjūnde cúnzài **2**. 出席 chūxí；光临 guānglín：Your ～ is requested. 敬请光临。Jìngqǐng guānglín. / We were honored by the ～ of the Premier. 我们因总理的出席很感荣幸。Wǒmen yīn zǒnglǐde chūxí hěngǎn róngxìng. **3**. 面前 miànqián；眼前 yǎnqián：I was insulted in the ～ of others. 我当众受了侮辱。Wǒ dāngzhòng shòule wǔrǔ. **4**. 风采 fēngcǎi；风度 fēngdù：a man of noble ～ 仪态高贵的人 yítài gāoguìde rén

present[1] *a*. **1**. 现在的 xiànzàide；目前的 mùqiánde：the ～ government 现政府 xiàn zhèngfǔ / at the ～ time 在现在 zài xiànzài / the ～ situation 目前形势 mùqián xíngshì **2**. 出席的 chūxíde；到的 dàode：those ～ 出席者 chūxízhě / the ～ company 在座的人 zàizuòde rén / be ～ at a meeting 出席会议 chūxí huìyì **3**. 存在的 cúnzàide；有(的) yǒu(de)：The germs are ～. 有菌。Yǒu jūn. / His face is ever ～ to my eye. 他的面貌始终浮现在我眼前。Tāde miànmào shǐzhōng fúxiànzài wǒ yǎnqián. *n*. 现在 xiànzài；现时 xiànshí：the past, the ～ and the future 过去、现在和将来 guòqù、xiànzài hé jiānglái / at ～ 现今 xiànjīn / for the ～ 目前 mùqián

present[2] *n*. 礼物 lǐwù；礼品 lǐpǐn；赠品 zèngpǐn：a birthday ～ 寿礼 shòulǐ；生日礼物 shēngrì lǐwù / take a ～ to a person 给人送礼 gěi rén sònglǐ / I'll make you a ～ of it. 我将把它送给你。Wǒ jiāng bǎ tā sònggěi nǐ.

present[3] *v*. **1**. 赠送 zèngsòng；给 gěi：～ a book to him 送一本书给他 sòng yìběn shū gěi tā / Who'll ～ the prizes? 谁将颁奖？Shuí jiāng bānjiǎng? / He ～ed her with a bunch of flowers. 他献给她一束花。Tā xiàngěi tā yíshù huā. **2**. 提出 tíchū；呈递 chéngdì：～ reasons 提出理由 tíchū lǐyóu / ～ a petition to the Governor 向总督呈递请愿书 xiàng zǒngdū chéngdì qǐngyuànshū / ～ one's greetings 问候某人 wènhòu mǒurén **3**. 引见 yǐnjiàn；介绍 jièshào：be ～ed at court 在宫廷被引见 zài gōngtíng bèi yǐnjiàn / Allow me to ～ Mr. Wang to you. 请允许我给您介绍王先生。Qǐng yǔnxǔ wǒ gěi nín jièshào Wángxiānsheng. **4**. 上演 shàngyǎn：～ a new play 上演一出新戏 shàngyǎn yìchū xīnxì **5**. 表现 biǎoxiàn；呈现 chéngxiàn：～ a new aspect 呈现一番新气象 chéngxiàn yìfān xīn qìxiàng **6**. 瞄准 miáozhǔn：P- arms! 持枪敬礼！Chíqiāng jìnglǐ！ **7.** ～ oneself 出席 chūxí

presentable *a*. **1.** 拿得出去的 náde chūqùde；可见人的 kě jiànrénde：a ～ play 可上演的剧本 kě shàngyǎnde jùběn / Is this dress ～？这衣服穿得出去吗？Zhè yīfu chuānde chūqùma？**2.** make oneself ～ 把自己打扮得整整齐齐的 bǎ zìjǐ dǎbande zhěngzheng-qíqíde

presentation *n*. **1.** 赠送 zèngsòng；授予式 shòuyǔshì：a ～ copy 赠送本 zèngsòngběn / a ～ day 大学学位授予日 dàxué xuéwèi shòuyǔrì **2.** 提出 tíchū；递上 dìshàng ＝ offering **3.** 上演 shàngyǎn：two ～s of the musical show 两场音乐演出 liǎngchǎng yīnyuè yǎnchū **4.** 介绍 jièshào；引见 yǐnjiàn ＝ introduction

presentday *a*. 现代的 xiàndàide；今日的 jīnrìde：～ English 现代英语 xiàndài Yīngyǔ

presenter *n*. 主持人 zhǔchírén

presentiment *n*. 预感 yùgǎn：a ～ of danger 危险的预感 wēixiǎnde yùgǎn

presently *ad*. **1.** 一会儿 yíhuìr；不久 bùjiǔ；即刻 jíkè：I'm coming ～. 我一会儿就来。Wǒ yíhuìr jiùlái. **2.** 现在 xiànzài：The doctor is ～ writing a book. 医生正在写一本书。Yīshēng zhèngzài xiě yìběn shū.

presentment *n*. **1.** 陈述 chénshù；叙述 xùshù；描写 miáoxiě ＝ narration, description **2.** 上演 shàngyǎn ＝ performance

preservation *n*. **1.** 保存 bǎocún；保护 bǎohù；收藏 shōucáng；保藏 bǎocáng：food ～ 粮食保藏 liángshi bǎocáng / ～ from decay 防腐 fángfǔ / be in fair ～ 保存得好 bǎocúnde hǎo **2.** 保持 bǎochí；维持 wéichí ＝ maintenance：～ of peace 和平的维持 hépíngde wéichí

preservative *n*. 保护料 bǎohùliào；防腐料 fángfǔliào；防腐剂 fángfǔjì：fresh cream free from ～s 未加防腐剂的新鲜奶油 wèi jiā fángfǔjìde xīnxiān nǎiyóu

preserve *v*. **1.** 保存 bǎocún；保藏 bǎocáng；贮存 zhùcún：～ fruit 保藏水果 bǎocáng shuǐguǒ / ～ meat in salt 腌肉 yānròu / ～ an old temple 保存古庙 bǎocún gǔmiào **2.** 保护 bǎohù；维持 wéichí：～ forests (game) 保护森林(鸟兽) bǎohù sēnlín (niǎoshòu) / ～ one's eyesight 保护视力 bǎohù shìlì / a well-～d old man 保养得好的老人 bǎoyǎngde hǎode lǎorén / ～ order 维持秩序 wéichí zhìxù / ～ silence 保持静默 bǎochí jìngmò **3.** 禁猎 jìnliè：The fishing in this stream is strictly ～d. 此河严禁捕鱼。Cǐhé yánjìn bǔyú. *n*. **1.** 禁猎地 jìnlièdì ＝ where poaching is prevented；渔塘 yútáng **2.** 蜜饯 mìjiàn；果酱 guǒjiàng = jam

preserver *n.* 保护人 bǎohùrén；守护者 shǒuhùzhě

preside *v.* **1.** 作主席 zuò zhǔxí；主持 zhǔchí：～ at a meeting 主持会议 zhǔchí huìyì / ～ over the business 主管业务 zhǔguǎn yèwù / ～ at a public dinner 在宴会上做主人 zài yànhuìshang zuò zhǔrén **2.** 负责 fùzé：presiding officer 监选员 jiānxuǎnyuán / ～ at the piano 演奏钢琴 yǎnzòu gāngqín * at a concert

presidency *n.* **1.** 总统职 zǒngtǒngzhí；校长职 xiàozhǎngzhí；会长职 huìzhǎngzhí **2.** 在职期间 zàizhí qījiān：during the ～ of Lincoln 在林肯当总统期间 zài Lín Kěn dāng zǒngtǒng qījiān

president *n.* **1.** 总统 zǒngtǒng **2.** 校长 xiàozhǎng；院长 yuànzhǎng * at university **3.** 会长 huìzhǎng；社长 shèzhǎng * of organizations **4.** 大臣 dàchén；长官 zhǎngguān：the Lord P- of the Council 机密大臣 jīmì dàchén

presidential *a.* 总统的 zǒngtǒngde：the ～ election 总统选举 zǒngtǒng xuǎnjǔ / the ～ year 总统选举年 zǒngtǒng xuǎnjǔnián

press *v.* **1.** 压 yā；按 àn；扣 kòu：～ the trigger of a gun 按枪的扳机 àn qiāngde bānjī / ～ the button 按钮扣 àn niǔkòu；按电铃 àn diànlíng **2.** 挤 jǐ；压榨 yāzhà：～ grapes 榨葡萄汁 zhà pútáo zhī / ～ out the juice 挤汁水 jǐ zhīshuǐ / The shoes are ～ing on my toes. 鞋子紧压着我的脚趾。Xiézi jǐnyāzhe wǒde jiǎozhǐ. **3.** 烫平 tàngpíng；熨平 yùnpíng：～ the trousers 熨裤子 yùn kùzi **4.** 紧抱 jǐnbào；紧握 jǐnwò：～ a person's hand 紧握某人的手 jǐnwò mǒurénde shǒu / ～ a child to one's breast 搂抱孩子 lǒubào háizi **5.** 逼迫 bīpò；催促 cuīcù：～ the enemy hard 紧迫敌人 jǐnpò dírén / ～ a person for money 逼人要钱 bīrén yàoqián / ～ for an answer 硬要答复 yìngyào dáfù **6.** 坚持 jiānchí；强求 qiángqiú：He ～ed his point. 他坚持他的论点。Tā jiānchí tāde lùndiǎn. / ～ sb. to do sth. 力劝某人作某事 lìquàn mǒurén zuò mǒushì **7.** 拥挤 yōngjǐ；挤进 jǐjìn：～ forward 向前拥挤 xiàngqián yōngjǐ / ～ on 拥上去 yōng shàngqù *n.* **1.** 压 yā；按 àn：a ～ of the hand 紧握手 jǐnwò shǒu / give sth. a light ～ 轻按某物 qīng'àn mǒuwù **2.** 压榨机 yāzhàjī；压力机 yālìjī：a wine-～ 榨葡萄机 zhà pútáojī / a cider-～ 苹果汁榨取器 píngguǒzhī zhàqǔqì **3.** 印刷机 yìnshuājī；印刷所 yìnshuāsuǒ；出版社

chūbǎnshè；通迅社 tōngxùnshè：Oxford University P- 牛津大学出版社 Niújīn Dàxué Chūbǎnshè **4.** 印刷 yìnshuā：ready for ～ 待印 dàiyìn / in the ～ 印刷中 yìnshuāzhōng / out of ～ 绝版 juébǎn **5.** 印刷物 yìnshuāwù；报刊 bàokān：freedom of the ～ 出版自由 chūbǎn zìyóu / a ～ conference 记者招待会 jìzhě zhāodàihuì / The ～ is against it. 舆论界是反对的。Yúlùnjiè shì fǎnduìde. **6.** 拥挤 yōngjǐ；繁忙 fánmáng：the ～ of modern life 现代生活的紧张 xiàndài shēnghuóde jǐnzhāng / the ～ of business 事务的繁忙 shìwùde fánmáng **7.** 橱 chú；柜 guì：a clothes ～ 衣厨 yīchú

press agency *n.* 通讯社 tōngxùnshè

press agent *n.* 广告人员 guǎnggào rényuán；宣传员 xuānchuányuán

press box *n.* 新闻记者席 xīnwén jìzhěxí

press clipping *n.* 剪报 jiǎnbào

pressing *a.* **1.** 紧迫的 jǐnpòde；紧急的 jǐnjíde；迫切的 pòqiède：～ business matters 紧迫的业务 jǐnpòde yèwù **2.** 恳求的 kěnqiúde：a ～ invitation 极力邀请 jílì yāoqǐng

pressman *n.* **1.** 印刷工人 yìnshuā gōngrén = worker in a printing press **2.** 新闻记者 xīnwén jìzhě = journalist, reporter

pressor *a.* 升高血压的 shēnggāo xuèyāde

pressure *n.* **1.** 压 yā；压力 yālì：atmospheric ～ 大气压 dàqìyā / high (low) ～ 高(低)压 gāo (dī) yā / blood-～ 血压 xuèyā / ～-gauge 压力计 yālìjì / ～-cooker 压力锅 yālìguō / ～-cabin 压力舱 yālìcāng **2.** 压迫 yāpò；强制 qiángzhì：under ～ of public opinion 在舆论的压力下 zài yúlùnde yālìxià / bring ～ to bear on sb. 压迫某人 yāpò mǒurén **3.** 紧张 jǐnzhāng；繁忙 fánmáng：work at high ～ 紧张工作 jǐnzhāng gōngzuò

pressurize *v.* **1.** 向…施压力 xiàng … shī yālì：They have ～d him into freeing the prisoners. 他们向他施加压力，要他放人。Tāmen xiàng tā shījiā yālì, yào tā fàng rén. **2.** 使气压正常 shǐ qìyā zhèngcháng：a ～d cabin 气压正常的机舱 qìyā zhèngchángde jīcāng

prestigitation *n.* 变戏法 biànxìfǎ

prestige *n.* **1.** 威信 wēixìn；威望 wēiwàng；声望 shēngwàng：national ～ 国威 guówēi / China's ～ in the world 中国在国际上的威望 Zhōngguó zài guójìshangde wēiwàng **2.** 显赫 xiǎnhè；魅力 mèilì：the ～ value of living in a fashionable district 居住于高级住宅区之显赫价值 jūzhù yú gāojí zhùzháiqū zhī xiǎnhè jiàzhí

prestigious *a.* 有名望的 yǒu míngwàngde；有威信的 yǒu wēixìnde：a ～ family 有名望的家族 yǒu míngwàngde jiāzú

presto *ad.* **1.** 急速地 jísùdè **2.** 快板 kuàibǎn * in music

prestressed *a.* 预应力的 yùyìnglìde

presumable *a.* 可推测的 kě tuīcède；可假定的 kě jiǎdìngde

presumably *ad.* 推测上 tuīcèshang；大概 dàgài：He knows，～，what is best of him. 什么对他最有好处，他总该知道的吧。Shénme duì tā zuìyǒu hǎochu，tā zǒnggāi zhīdaodeba.

presume *v.* **1.** 推测 tuīcè；假定 jiǎdìng；推定 tuīdìng：We must ～ him innocent. 我们必须假定他是无罪的。Wǒmen bìxū jiǎdìng tā shì wúzuìde. / ～ the death of a missing person 推定失踪者的死亡 tuīdìng shīzōngzhěde sǐwáng **2.** 胆敢 dǎngǎn；擅自 shànzì；冒昧 màomèi：I won't ～ to disturb you. 我不敢打扰你。Wǒ bùgǎn dǎrǎo nǐ. / ～ an attempt 大胆尝试 dàdǎn chángshì **3.** 想 xiǎng；相信 xiāngxìn：I ～ this decision to be final. 我想这是最后决定。Wǒ xiǎng zhèshì zuìhòu juédìng. **4.** 错用 cuòyòng；利用 lìyòng：～ on a person's credulity 利用人的轻信 lìyòng rénde qīngxìn

presuming *a.* 跋扈的 báhùde；放肆的 fàngsìde；冒昧的 màomèide

presumption *n.* **1.** 推测 tuīcè；推定 tuīdìng：This is a mere ～. 这仅仅是个推测。Zhè jǐnjǐn shìge tuīcè. **2.** 傲慢 àomàn；冒昧 màomèi：It is ～ to go to a party when one has not been invited. 未被邀请而去参加社交会，那是冒昧的。Wèibèi yāoqǐng érqù cānjiā shèjiāohuì，nàshì màomèide.

presumptive *a.* 推定的 tuīdìngde；假定的 jiǎdìngde：～ evidence 推定论证 tuīdìng lùnzhèng / an heir ～ 假定继承人 jiǎdìng jìchéngrén

presumptuous *a.* 傲慢的 àomànde；放肆的 fàngsìde；冒昧的 màomèide

presuppose *v.* **1.** 预料 yùliào；预想 yùxiǎng：A scientist never ～s the truth of an unproved fact. 科学家从不预先假定未经证实之事实。Kēxuéjiā cóngbù yùxiān jiǎdìng wèijīng zhèngshí zhī shìshí. **2.** 以…为先决条件 yǐ … wéi xiānjué tiáojiàn：Sound sleep ～s a mind at ease. 心情舒畅才能安睡。Xīnqíng shūchàng cáinéng ānshuì.

presupposition *n.* 预想 yùxiǎng；预料 yùliào；前提 qiántí = supposing in advance

pretence *n.* **1.** 假装 jiǎzhuāng；虚假 xūjiǎ；掩饰 yǎnshì：false ～s 欺骗手段 qīpiàn shǒuduàn / make a ～ of affection 假装多情 jiǎzhuāng duōqíng / It's all ～. 那全是虚假。Nà quánshì xūjiǎ. / do sth. under the ～ of friendship (religion, patriotism) 以友谊(宗教、爱国)为掩饰而做某事 yǐ yǒuyì (zōngjiào、àiguó) wéi yǎnshì ér zuò mǒushì **2.** 藉口 jièkǒu；托辞 tuōcí；伪称 wěichēng：It is only a ～ of friendship. 那不过是以友谊为藉口罢了。Nà búguòshì yǐ yǒuyì wéi jièkǒu bàle. **3.** 虚饰 xūshì；炫耀 xuànyào：a man without ～ 实事求事的人 shíshì-qiúshìde rén / have no ～ to wit 不夸耀聪明 bù kuāyào cōngming

pretend *v.* **1.** 假托 jiǎtuō；佯装 yángzhuāng；伪装 wěizhuāng；伪称 wěichēng：～ to be asleep 假装睡着 jiǎzhuāng shuìzháo / ～ ignorance 假装不知 jiǎzhuāng-bùzhī / ～ sickness 装病 zhuāngbìng **2.** 自称 zìchēng；自认 zìrèn：～ to intelligence 自以为聪明 zìyǐwéi cōngming / ～ to learning 自称博学 zìchēng bóxué

pretender *n.* 假装者 jiǎzhuāngzhě；自封者 zìfēngzhě：He is a ～ to philosophy. 他是个冒牌哲学家。Tā shìge màopái zhéxuéjiā.

pretension *n.* 要求 yāoqiú；主张 zhǔzhāng；权利 quánlì；自负 zìfù：have no ～s to be a scholar 谈不上是个学者 tánbushàng shìge xuézhě / have no ～s to the title 配不上这个称号 pèibushàng zhège chēnghào / have some social ～s 有些社会地位 yǒuxiē shèhuì dìwèi / He makes no ～s to skill. 他并不自以为有技能。Tā bìng bù zìyǐwéi yǒu jìnéng.

pretentious *a.* 自负的 zìfùde；自命不凡的 zìmìng-bùfánde；浮夸的 fúkuāde；矫饰的 jiǎoshìde：a ～ author 自夸的作者 zìkuāde zuòzhě / use ～ language 使用矫饰的语言 shǐyòng jiǎoshìde yǔyán

preternatural *a.* **1.** 超自然的 chāo zìránde = supernatural **2.** 异常的 yìchángde = extraordinary：～ solemn 异常的肃穆 yìchángde sùmù

pretext *n.* 借口 jièkǒu；托辞 tuōcí：on some ～ or other 用种种借口 yòng zhǒngzhǒng jièkǒu / on the ～ of asking for advice 以讨教为借口 yǐ tǎojiào wéi jièkǒu / find a ～ for playing truant 找逃学的借口 zhǎo táoxuéde jièkǒu

prettify *v.* 美化 měihuà；修饰 xiūshì = make pretty

prettily *ad.* 漂亮地 piàoliangde；悦人地 yuèrénde；可爱地 kě'àide：speak

～ 说得漂亮 shuōde piàoliang / behave ～ 彬彬有礼 bīnbīn-yǒulǐ / be ～ dressed 衣服穿得漂亮 yīfu chuānde piàoliang

prettiness *n.* 漂亮 piàoliang

pretty *a.* **1.** 俊俏 jùnqiào；俏丽 qiàolì；清秀 qīngxiù；标致 biāozhì；娇小 jiāoxiǎo：a ～ girl 漂亮的女孩 piàoliangde nǚhái / a ～ garden 美丽的花园 měilìde huāyuán **2.** 好的 hǎode；优良的 yōuliángde：a ～ turn of phrase 辞藻优美 cízǎo yōuměi / A ～ mess you've made of it！你把它弄得多糟啊！Nǐ bǎ tā nòngde duōzāo'a！**3.** 相当多的 xiāngdāng duōde；广大的 guǎngdàde；好多 hǎoduō：He made a ～ fortune by selling all his land. 他把自己的地全卖了，得到一笔可观的钱。Tā bǎ zìjǐde dì quán màile, dédào yìbǐ kěguānde qián. *ad.* 相当地 xiāngdāngde：～ good 相当好 xiāngdānghǎo / ～ cold 甚冷 shènlěng / ～ much 非常 fēicháng / ～ soon 立刻 lìkè

prevail *v.* **1.** 流行 liúxíng；盛行 shèngxíng；通行 tōngxíng：the conditions now ～ing in China 中国目前普遍的状况 Zhōngguó mùqián pǔbiànde zhuàngkuàng / The use of opium still ～s in the south. 吸鸦片在南方仍甚流行。Xī yāpiàn zài nánfāng réngshèn liúxíng. **2.** 优胜 yōushèng；战胜 zhànshèng：Truth will ～. 真理将获胜。Zhēnlǐ jiāng huòshèng. / ～ against a person 胜过某人 shèngguò mǒurén / Justice has ～ed. 正义已获胜。Zhèngyì yǐ huòshèng. **3.** 劝导 quàndǎo；说服 shuōfú：He is easy to ～ upon. 他是容易说服的。Tā shì róngyì shuōfúde.

prevailing *a.* **1.** 通行的 tōngxíngde；盛行的 shèngxíngde：a ～ hairstyle 流行的发型 liúxíngde fàxíng **2.** 常刮的 chángguāde：the ～ winds 最常刮的风 zuì chángguāde fēng

prevalence *n.* 流行 liúxíng；盛行 shèngxíng：I'm shocked at the ～ of bribery among these officials. 我对这些官员们普遍的受贿深感惊愕。Wǒ duì zhèxiē guānyuánmen pǔbiànde shòuhuì shēngǎn jīng'è.

prevalent *a.* 流行的 liúxíngde；盛行的 shèngxíngde：～ fashions 流行的式样 liúxíngde shìyàng / the ～ opinion on the reform 对于改革的一般意见 duìyú gǎigéde yìbān yìjian / Colds are ～ in winter. 冬季流行感冒。Dōngjì liúxíng gǎnmào.

prevaricate *v.* 搪塞 tángsè；撒谎 sāhuǎng；支吾其词 zhīwu qící

prevent *v.* **1.** 防止 fángzhǐ；预防 yùfáng：～ disease 预防疾病 yùfáng jíbìng / ～ accidents 防止意外 fángzhǐ yìwài **2.** 阻止 zǔzhǐ；制止 zhìzhǐ：Who can ～ you from getting married？谁能阻止你们结婚呢？Shuí néng zǔzhǐ nǐmen jiéhūnne？

preventable *a.* 可防止的 kě fángzhǐde；可预防的 kě yùfángde

prevention *n.* 预防 yùfáng；阻止 zǔzhǐ；妨碍 fáng'ài：the ～ of crime 犯罪的预防 fànzuìde yùfáng / P- is better than cure. 预防胜于治疗。Yùfáng shèngyú zhìliáo.

preventive *a.* 预防的 yùfángde；防止的 fángzhǐde：～ custody 扣留 kòuliú / ～ medicine 预防医学 yùfáng yīxué；预防剂 yùfángjì

preview *n.* **1.** 预演 yùyǎn；试演 shìyǎn；预展 yùzhǎn ＝ advance showing；预习 yùxí ＝ studying in advance **2.** 预告片 yùgàopiàn ＝ film shown in advance *v.* 预演 yùyǎn；预习 yùxí；预展 yùzhǎn：～ a lesson 预习课文 yùxí kèwén

previous *a.* **1.** 先 xiān；前 qián；以前的 yǐqiánde；早先的 zǎoxiānde：a ～ engagement 先约 xiānyuē / on a ～ occasion 在早先的一个场合 zài zǎoxiānde yíge chǎnghé / ～ convictions 前科 qiánkē / on some day ～ to Christmas 在圣诞节前的某日 zài Shèngdànjié qiánde mǒurì **2.** 过早的 guòzǎode；过急的 guòjíde：You're a little ～ in thanking me！你未免谢得过早吧！Nǐ wèimiǎn xiède guòzǎoba！

previously *ad.* 以前 yǐqián；预先 yùxiān：～ arranged lectures 预先布置的演讲 yùxiān bùzhìde yǎnjiǎng / Mr. Smith，～ a teacher，was appointed dean of the department. 史密斯先生，前任教师，被任命为系主任。Shǐmìsī（Smith）xiānsheng，qiánrèn jiàoshī，bèi rènmìng wéi xìzhǔrèn.

prevision *n.* 先见 xiānjiàn；预知 yùzhī；预感 yùgǎn ＝ foresight

prewar *a.* 战前的 zhànqiánde；世界大战前的 shìjiè dàzhàn qiánde

prey *n.* **1.** 牺牲品 xīshēngpǐn；被捕食的动物 bèi bǔshíde dòngwù：a ～ to disease 被疾病折磨的人 bèi jíbìng zhémode rén / a ～ to a lion 狮子的牺牲品 shīzide xīshēngpǐn / an easy ～ 可欺之物 kěqī zhīwù **2.** 捕获 bǔhuò；捕食 bǔshí：a beast of ～ 食肉兽 shíròu shòu；猛兽 měngshòu / a bird of ～ 猛禽 měngqín *v.* **1.** 捕食 bǔshí：Cats ～ upon mice. 猫吃老鼠。Māo chī lǎoshǔ. **2.** 掠夺 lüèduó；抢夺 qiǎngduó：Our boats were ～ed upon by pirates. 我们的船被海盗抢劫。Wǒmende chuán bèi hǎidào qiǎngjié. **3.** 折磨 zhémo：Remorse ～ed upon his mind. 悔恨使

他内心痛苦。Huǐhèn shǐ tā nèixīn tòngkǔ.

price *n.* **1.** 价格 jiàgé；价钱 jiàqian：the ～ of commodities 物价 wùjià / set a ～ on a thing 定价(格) dìngjià (gé) / P-s are going up (falling). 物价正上涨(下跌)。Wùjià zhèng shàngzhǎng (xiàdiē). / ～ control 物价管制 wùjià guǎnzhì / a ～ list 定价表 dìngjiàbiǎo **2.** 价值 jiàzhí：beyond ～ 无价的 wújiàde；贵重的 guìzhòngde ＝ valuable **3.** 代价 dàijià：pay a heavy ～ for the victory 为胜利付出很大代价 wèi shènglì fùchū hěndà dàijià / It must be done at any ～. 不惜任何代价，必须做好。Bùxī rènhé dàijià，bìxū zuòhǎo. *v.* 给…定价 gěi … dìngjià：be ～d at 5 yuan 定价五元 dìngjià wǔyuán / ～ oneself out of the market 漫天要价，失去市场 màntiān yàojià，shīqù shìchǎng

priceless *a.* **1.** 无价的 wújiàde；贵重的 guìzhòngde：a ～ painting 一幅极贵重的画 yìfú jí guìzhòngde huà **2.** 有趣的 yǒuqùde ＝ interesting：a ～ joke 极有趣的笑话 jí yǒuqùde xiàohua

price tag *n.* 价格标签 jiàgé biāoqiān

prick *n.* **1.** 刺 cì；小洞 xiǎodòng：～s made by a needle 以针穿刺的小孔 yǐ zhēn chuāncìde xiǎokǒng **2.** 刺痛 cìtòng：I can feel the ～. 我感到刺痛。Wǒ gǎndào cìtòng. / He feels the ～ of conscience. 他感到良心不安。Tā gǎndào liángxīn bù'ān. *v.* **1.** 刺 cì；扎 zhā；戳 chuō：～ holes in the ground 在地上戳孔 zài dìshang chuōkǒng / ～ a blister 穿刺水泡 chuāncì shuǐpào **2.** 刺痛 cìtòng：～ one's finger with a needle 用针刺痛了手指 yòng zhēn cìtòngle shǒuzhǐ / My conscience ～s me. 我良心责备了我。Wǒ liángxīn zébèile wǒ. **3.** 竖耳 shù'ěr：～ up one's ears 竖起耳朵 shùqǐ ěrduo；侧耳倾听 cè'ěr qīngtīng

prickle *n.* 皮刺 pícì；小刺 xiǎocì；荆棘 jīngjí ＝ thorn *v.* 刺 cì；戳 chuō ＝ to prick

prickly *a.* 去皮刺的 qùpícìde；多刺的 duōcìde ＝ thorny：～ heat 痱子 fèizi

pride *n.* **1.** 骄傲 jiāo'ào；骄气 jiāoqì；傲慢 àomàn：the sin of ～ 傲慢罪 àomànzuì / be puffed with ～ 充满傲气 chōngmǎn àoqì / P- and Prejudice《傲慢与偏见》《Àomàn yǔ Piānjiàn》/ P- will have a fall. 骄者必败。Jiāozhě bìbài. **2.** 自豪 zìháo；自满 zìmǎn：take a ～ in one's achievements 对自己的成就感到自豪 duì zìjǐde chéngjiù gǎndào zìháo / look with ～ at 得意地看着… déyìde kànzhe … **3.** 自尊(心) zìzūnxīn；

自知之明 zìzhī-zhīmíng：His ～ prevented him from doing that. 他的自尊心阻止他做那事。Tāde zìzūnxīn zǔzhǐ tā zuò nàshì. / false ～ 虚伪的自尊心 xūwěide zìzūnxīn **4.** 自豪的对象 zìháode duìxiàng **5.** 全盛 quánshèng：in the full ～ of youth 在青春的全盛期 zài qīngchūnde quán-shèngqī **6.** 群 qún：a ～ of lions 一群狮子 yìqún shīzì *v.* 自夸 zìkuā；自豪 zìháo：～ oneself on one's ability 自夸能力大 zìkuā nénglì dà / She ～s herself on being able to write verses. 她以能写诗自豪。Tā yǐ néng xiěshī zìháo.

priest *n.* **1.** 教士 jiàoshì；牧师 mùshī；神父 shénfù **2.** 僧人 sēngrén；祭司 jìsī

priestess *n.* **1.** 尼姑 nígū；女祭司 nǚjìsī

priesthood *n.* **1.** 圣职 shèngzhí **2.** 教士 jiàoshì

priestly *a.* 教士的 jiàoshìde；僧侣的 sēnglǚde

prig *n.* 自命不凡者 zìmìng-bùfánzhě；道学先生 dàoxué xiānsheng；一本正经的人 yìběn-zhèngjīngde rén

priggish *a.* 自命不凡的 zìmìng-bùfánde；一本正经的 yìběn-zhèngjīngde = self-righteous

prim *a.* **1.** 整洁的 zhěngjiéde = neat **2.** 拘谨的 jūjǐnde；正经的 zhèngjingde：a very ～ and proper old gentleman 一位非常规矩有礼的老绅士 yíwèi fēicháng guīju yǒulǐde lǎo shēnshì

prima *a.* 第一的 dì-yīde；主要的 zhǔyàode：～ donna 首席女歌手 shǒuxí nǚgēshǒu / ～ ballerina 芭蕾舞首席女演员 bālěiwǔ shǒuxí nǚyǎnyuán

primacy *n.* **1.** 首位 shǒuwèi；首要 shǒuyào = the state of being first **2.** 大主教之职位 dàzhǔjiào zhī zhíwèi = the office of a bishop

primal *a.* **1.** 最初的 zuìchūde；原始的 yuánshǐde = original：～ glories 最初的荣耀 zuìchūde róngyào **2.** 主要的 zhǔyàode；根本的 gēnběnde：= basic：a ～ need 基本需要 jīběn xūyào

primarily *ad.* **1.** 第一 dì-yī **2.** 原来 yuánlái；本来 běnlái

primary *a.* **1.** 第一(位)的 dì-yī (wèi)de；主要的 zhǔyàode：of ～ importance 首要的 shǒuyàode **2.** 最初的 zuìchūde；初次的 chūcìde；初期的 chūqīde：the ～ form of life 生物的最初形态 shēngwùde zuìchū xíngtài **3.** 初步的 chūbùde；初级的 chūjíde：a ～ school 小学 xiǎoxué **4.** 原来的 yuánláide；根源的 gēnyuánde：a ～ cell 原电池 yuán diànchí / a ～ coil 原线圈 yuán xiànquān / ～ color 原色 yuánsè / ～ meaning 原意

yuányì

primate *n.* 荣座总主教 róngzuò zǒngzhǔjiào；大主教 dàzhǔjiào：the P- of all England 全英大主教 Quán Yīng Dàzhǔjiào

primates *n.* 灵长目 língzhǎngmù

prime[1] *a.* **1.** 最初的 zuìchūde；第一的 dì-yīde；基本的 jīběnde：～ mover 原动力 yuán dònglì / a ～ number 质数 zhìshù；素数 sùshù **2.** 主要的 zhǔyàode；首要的 shǒuyàode：the ～ minister 总理 zǒnglǐ；首相 shǒuxiàng / his ～ motive 他的主要动机 tāde zhǔyào dòngjī **3.** 最佳的 zuìjiāde；上等的 shàngděngde：～ beef 上等牛肉 shàngděng niúròu / ～ rice 头号米 tóuhàomǐ *n.* **1.** 初期 chūqī：the ～ of the year 春季 chūnjì **2.** 盛时 shèngshí：the ～ of life 壮年 zhuàngnián

prime[2] *v.* **1.** 引动（地雷）yǐndòng（dìléi）；发火 fāhuǒ：～ a gun 装火药于枪炮 zhuāng huǒyào yú qiāngpào **2.** 给（人）吃喝 gěi（rén）chīhē：well ～d with liquor 喝足了酒 hēzúle jiǔ **3.** 供以事实 gōngyǐ shìshí：The witness had been ～d by a lawyer. 一位律师已经告诉了证人在庭上说些什么。Yíwèi lǜshī yǐjīng gàosule zhèngrén zài tíngshang shuōxiē shénme.

prime cost *n.* 主要成本 zhǔyào chéngběn

prime meridian *n.* 本子午线 běnzǐwǔxiàn

primer[1] *n.* **1.** 始爆器 shǐbàoqì；雷管 léiguǎn ＝ device for explosion **2.** 装火药者 zhuāng huǒyàozhě ＝ one who prepares for explosion

primer[2] *n.* 入门 rùmén ＝ elementary textbook：a Russian ～ 俄语入门 Éyǔ rùmén

primeval *a.* 原始时代的 yuánshǐ shídàide：a ～ forest 原始林 yuánshǐlín

priming *n.* **1.** 点火药 diǎnhuǒyào ＝ detonating explosion **2.** 起爆剂 qǐbàojì ＝ gunpowder used to fire the charge of a mine

primitive *a.* **1.** 原始的 yuánshǐde；早期的 zǎoqīde：～ culture 原始文化 yuánshǐ wénhuà / ～ man 原始人 yuánshǐrén / ～ customs 古风俗 gǔfēngsú / ～ tools 原始工具 yuánshǐ gōngjù / ～ tribes 原始部落 yuánshǐ bùluò **2.** 简单的 jiǎndānde；旧式的 jiùshìde：a ～ kind of money 简单的钱币 jiǎndānde qiánbì / ～ way of life 简朴的生活方式 jiǎnpǔde shēnghuó fāngshì *n.* **1.** 原始人 yuánshǐrén ＝ early undeveloped man **2.** 原始派画家 yuánshǐpài huàjiā ＝ primitivist painter **3.** 原始派作品 yuánshǐpài zuòpǐn ＝ art work by a primitivist painter

primogeniture *n.* **1.** 长子身份 zhǎngzǐ shēnfen = state of being the first son **2.** 长子继承权 zhǎngzǐ jìchéngquán = the right of the eldest son to inherit

primordial *a.* 初发的 chūfāde；原始的 yuánshǐde

primrose *n.* **1.** 报春属植物 bàochūnshǔ zhíwù；樱草 yīngcǎo **2.** 淡黄色 dànhuángsè=pale yellow color // the ~ way 追求享乐 zhuīqiú xiǎnglè

prince *n.* **1.** 王子 wángzǐ；太子 tàizǐ：the P- Imperial 皇太子 Huáng Tàizǐ / the ~ royal 太子 tàizǐ **2.** 君主 jūnzhǔ；公 gōng：the P- of Wales 威尔士亲王 Wēi'ěrshì(Wales) Qīnwáng **3.** the P- of Peace 耶稣 Yēsū / the ~ of darkness 撒旦 Sādàn；魔鬼 móguǐ = Satan **4.** 巨头 jùtóu：a merchant ~ 巨商 jùshāng

princely *a.* **1.** 王侯般的 wánghóubānde = like a prince **2.** 壮丽的 zhuànglìde；慷慨的 kāngkǎide = generous：a ~ gift 慷慨的礼物 kāngkǎide lǐwù

princess *n.* **1.** 公主 gōngzhǔ **2.** 王妃 wángfēi = wife of a prince

principal *a.* 主要的 zhǔyàode；首要的 shǒuyàode：the ~ character in a play 剧中的主角 jùzhōngde zhǔjué / the ~ food 主食 zhǔshí / the ~ office 总社 zǒngshè；总部 zǒngbù；总店 zǒngdiàn / ~ points 要点 yàodiǎn / the ~ section 主截面 zhǔjiémiàn *n.* **1.** 负责人 fùzérén；校长 xiàozhǎng **2.** 当事人 dāngshìrén；本人 běnrén：I must consult my ~. 我必须与本人(当事人)商量。Wǒ bìxū yǔ běnrén (dāngshìrén) shāngliáng. **3.** 主犯 zhǔfàn * in law **4.** 本金 běnjīn：the interest on the ~ 本金的利息 běnjīnde lìxī **5.** 主椽 zhǔchuán；正梁 zhèngliáng = roof truss

principality *n.* 公国 gōngguó；侯国 hóuguó

principally *ad.* 主要地 zhǔyàode：He is ~ employed in controlling a large business. 他主要受聘管理一家大企业。Tā zhǔyào shòupìn guǎnlǐ yìjiā dà qǐyè.

principle *n.* **1.** 原理 yuánlǐ；原则 yuánzé；法则 fǎzé：the ~ of political economy 政治经济学原理 zhèngzhì jīngjìxué yuánlǐ / the ~ of contradiction 矛盾律 máodùnlǜ / the guiding ~ 指导原则 zhǐdǎo yuánzé / follow the Five P-s of Peaceful Co-existence 奉行和平共处五项原则 fèngxíng Hépíng Gòngchǔ Wǔxiàng Yuánzé **2.** 主义 zhǔyì；信念

xìnniàn；戒条 jiètiáo：～s of conduct 行为的准则 xíngwéide zhǔnzé / the conservative ～ 保守主义 bǎoshǒuzhǔyì / on ～ 原则上 yuánzéshang / live up to one's ～s 言行一致 yán-xíng yízhì **3.** 道义 dàoyì；德行 déxíng：a man of ～ 有节操的人 yǒu jiécāode rén / moral ～s 道义 dàoyì / He has ability but no ～s. 他有才而无德。Tā yǒucái ér wúdé. // be against one's ～ 违背原则 wéibèi yuánzé / in ～ 原则上 yuánzéshang；大体上 dàtǐshang

principled *a.* 有节操的 yǒu jiécāode；有原则性的 yǒuyuánzéxìngde：a high ～ woman 很有节操的女人 hěnyǒu jiécāode nǚrén

prink *v.* 化妆 huàzhuāng；打扮 dǎban：～ oneself up 打扮打扮 dǎban dǎban

print *n.* **1.** 印刷 yìnshuā；印刷体 yìnshuātǐ；版 bǎn：clear ～ 清晰的印刷 qīngxīde yìnshuā / in large (small) ～ 以大(小)体印刷 yǐ dà (xiǎo) tǐ yìnshuā / in ～ 已出版 yǐ chūbǎn / write one's name in ～ 用印刷体写名字 yòng yìnshuātǐ xiě míngzi / out of ～ 绝版 juébǎn / put the manuscripts into ～ 将原稿付印 jiāng yuángǎo fùyìn / rush into ～ 草草付印 cǎocǎo fùyìn **2.** 印刷品 yìnshuāpǐn；出版物 chūbǎnwù：～s of lectures 讲义 jiǎngyì **3.** 版画 bǎnhuà；印画 yìnhuà：an old wood-block ～ 古木版画 gǔmù bǎnhuà / ～-seller 版画售卖者 bǎnhuà shòumàizhě / ～-shop 版画店 bǎnhuàdiàn **4.** 印迹 yìnjì；痕迹 hénjì：finger-～s 指纹 zhǐwén；指印 zhǐyìn；手印 shǒuyìn / foot -～s 脚印 jiǎoyìn **5.** 印花布 yìnhuābù：a ～ dress 印花布衣服 yìnhuābù yīfu *v.* **1.** 印刷 yìnshuā；出版 chūbǎn；编印 biānyìn：～ books 印书 yìnshū；出版书籍 chūbǎn shūjí / ～ 6,000 copies of a novel 印刷某小说6000册 yìnshuā mǒu xiǎoshuō liùqiān cè / ～ed matter 印刷品 yìnshuāpǐn **2.** 印 yìn；盖 gài：～ a seal 盖印 gàiyìn / ～ figures on cloth 布上印花 bùshang yìnhuā **3.** 用底版印于纸上 yòng dǐbǎn yìnyú zhǐshang：How many copies shall I ～ (off) for you from this negative? 你要我用这张底版印多少张相片？Nǐ yào wǒ yòng zhèzhāng dǐbǎn yìn duōshaozhāng xiàngpiàn?

printer *n.* **1.** 印刷工人 yìnshuā gōngrén；印刷者 yìnshuāzhě；排字工人 páizì gōngrén：a ～'s error 错排 cuòpái / ～'s ink 油墨 yóumò **2.** 印花工 yìnhuāgōng = worker who does fabric-printing

printing *n.* 印刷 yìnshuā；印刷术 yìnshuāshù；印刷业 yìnshuāyè；印 yìn：colored ～ 彩印 cǎiyìn / three-colored ～ 三色版 sānsèbǎn / a ～

office 印刷所 yìnshuāsuǒ / ～ paper 印刷纸 yìnshuāzhǐ / a ～ press 印刷机 yìnshuājī

print works *n.* 印染厂 yìnrǎnchǎng

prior[1] *n.* 小修道院院长 xiǎo xiūdàoyuàn yuànzhǎng; 大修道院副院长 dà xiūdàoyuàn fù yuànzhǎng

prior[2] *a.* 前 qián; 先 xiān; 居先的 jūxiānde; 更重要的 gèng zhòngyàode: This duty is ～ to all others. 这项任务压倒其它一切。Zhèxiàng rénwu yādǎo qítā yíqiè. / have a ～ claim to sth. 对某事有优先权 duì mǒushì yǒu yōuxiānquán *ad.* 在先 zàixiān; 在…前 zài…qián: ～ to my arrival 在我到来之前 zài wǒ dàolái zhīqián / ～ to any discussion of this matter 在讨论这事之前 zài tǎolùn zhèshì zhīqián

priority *n.* **1.** 在先 zàixiān; 在前 zàiqián: according to ～ 依次 yīcì; 按顺序 àn shùnxù **2.** 优先权 yōuxiānquán; 重点 zhòngdiǎn: give ～ to heavy industry 先发展重工业 xiān fāzhǎn zhònggōngyè / Housing was given the highest ～ after the war. 战后,住房问题得到最优先的考虑。Zhànhòu, zhùfáng wèntí dédào zuì yōuxiānde kǎolǜ. / I have ～ over you. 我比你有优先权。Wǒ bǐ nǐ yǒu yōuxiānquán. / the ～ system 优先制度 yōuxiān zhìdù

priory *n.* 小修道院 xiǎo xiūdàoyuàn

prism *n.* **1.** 棱镜 léngjìng **2.** 棱柱体 léngzhùtǐ; 角柱体 jiǎozhùtǐ

prismatic *a.* **1.** 似棱柱的 sìléngzhùde **2.** 光彩夺目的 guāngcǎi-duómùde / ～ compass 棱镜罗盘仪 léngjìng-luópányí

prison *n.* 监狱 jiānyù; 牢房 láofáng; 监禁 jiānjìn; 禁锢 jìngù: be in ～ 坐牢 zuòláo / break ～ 越狱 yuèyù / escape from ～ 逃出监狱 táochū jiānyù / put … in ～ 将某人投入监狱 jiāng mǒurén tóurù jiānyù / a ～ van 囚车 qiúchē

prisoner *n.* **1.** 拘留犯 jūliúfàn; 囚犯 qiúfàn: a political ～ 政治犯 zhèngzhìfàn / ～ of war 战犯 zhànfàn / be taken ～ 被俘 bèifú **2.** 失去自由者 shīqù zìyóuzhě = one who lost freedom: a bird kept ～ in a cage 被关在笼中的鸟 bèi guānzài lóngzhōngde niǎo

pristine *a.* 太古的 tàigǔde; 原始的 yuánshǐde; 初期的 chūqīde

privacy *n.* **1.** 隐居 yǐnjū; 隐退 yǐntuì; 私生活 sīshēnghuó: live in ～ 过隐居生活 guò yǐnjū shēnghuó / disturb a person's ～ 打扰人的清静 dǎrǎo rénde qīngjìng / I don't feel any ～. 我一点儿也不感到自在。Wǒ yìdiǎnr yě bù gǎndào zìzài. **2.** 保密 bǎomì；秘密 mìmì ＝ secrecy / They were married in ～. 他们秘密地结婚。Tāmen mìmìde jiéhūn.

private *a.* **1.** 私 sī；私有的 sīyǒude；私人的 sīrénde：～ affairs 私事 sīshì / ～ letters 私信 sīxìn / ～ life 私生活 sīshēnghuó / a ～ school 私立学校 sīlì xuéxiào / ～ enterprise 私人企业 sīrén qǐyè **2.** 秘密的 mìmìde ＝ secret：～ information 秘密消息 mìmì xiāoxi / Keep the news ～. 把消息保密。Bǎ xiāoxi bǎomì. **3.** 平民的 píngmínde：in one's ～ capacity 以平民资格 yǐ píngmín zīgé *n.* **1.** 列兵 lièbīng；二等兵 èrděngbīng ＝ a soldier **2.** in ～ 秘密地 mìmìde

privateer *n.* 私掠船 sīlüèchuán

privately *ad.* 私下 sīxià；秘密地 mìmìde

privation *n.* **1.** 丧失 sàngshī；缺乏 quēfá：fall ill through ～ 因缺乏生活必需品而生病 yīn quēfá shēnghuó bìxūpǐn ér shēngbìng **2.** 穷困 qióngkùn；艰难 jiānnán：suffer many ～s 备尝艰辛 bèicháng-jiānxīn

privet *n.* 女贞(属) nǚzhēn(shǔ)；水蜡树 shuǐlà shù

privilege *n.* **1.** 特权 tèquán；特惠 tèhuì：the ～s of birth 生来就有的特权 shēnglái jiù yǒude tèquán **2.** 优惠 yōuhuì；特殊的荣幸 tèshūde róngxìng：enjoy ～s 享受优惠 xiǎngshòu-yōuhuì / It was a ～ to hear her sing. 听她唱歌是一种很荣幸的事。Tīng tā chànggē shì yìzhǒng hěn róngxìngde shì. *v.* 予以特权 yǔyǐ tèquán；特许 tèxǔ：the ～d classes 特权阶级 tèquán jiējí / under-～d 贫苦的 pínkǔde

privily *ad.* 秘密地 mìmìde；私下地 sīxiàde

privy *a.* **1.** 私用的 sīyòngde：the P- Council（英国）枢密院（Yīngguó）shūmìyuàn / the ～ purse（王室的）内库（wángshìde）nèikù **2.** 隐蔽的 yǐnbìde；秘密的 mìmìde：～ to the plot 暗中参与阴谋 ànzhōng cānyù yīnmóu *n.* **1.** 利害关系人 lìhài guānxìrén **2.** [privies]厕所 cèsuǒ ＝ latrine

prize[1] *n.* **1.** 奖赏 jiǎngshǎng；奖金 jiǎngjīn：a ～ for the best novel 最佳小说奖 zuìjiā xiǎoshuō jiǎng / draw a ～-winning ticket in a lottery 抽到一张得奖的彩票 chōudào yìzhāng déjiǎngde cǎipiào / win a ～ 得奖 déjiǎng **2.** 有价值的东西 yǒu jiàzhíde dōngxi ＝ valuables：the ～s of life 人生之目的 rénshēng zhīmùdì *a.* **1.** 得奖的 déjiǎngde；作为奖品的 zuòwéi jiǎngpǐnde：a ～ cup 奖杯 jiǎngbēi / a ～ poem 入选诗

rùxuǎnshī 2. 了不起的 liǎobuqǐde：a ～ idiot 头号傻瓜 tóuhào shǎguā

prize² *n.* 捕获品 bǔhuòpǐn；战利品 zhànlìpǐn = sth. captured

prize³ *v.* 撬 qiào；撑起 chēngqǐ：～ open a box 撬开箱子 qiàokāi xiāngzi

prize-fight *n.* 职业拳击(赛) zhíyè quánjī (sài)

prizeman *n.* 奖金获得者 jiǎngjīn huòdézhě；得奖者 déjiǎngzhě；获奖人 huòjiǎngrén

pro¹ *n.* 专家 zhuānjiā；能手 néngshǒu；职业选手 zhíyè xuǎnshǒu = professional：a golf ～ 高尔夫球职业选手 gāo'ěrfū qiú (golf) zhíyè xuǎnshǒu

pro² *prep.* 为了 wèile；按照 ànzhào：～ forma 形式上 xíngshìshang

pro³ *ad.* 正面 zhèngmiàn = positively；赞成 zànchéng = for：argue the matter ～ and con 从正反两方面辩论此事 cóng zhèng-fǎn liǎngfāngmiàn biànlùn cǐshì *n.* the ～s and cons 赞成和反对 zànchéng hé fǎnduì；正面和反面 zhèngmiàn hé fǎnmiàn

pro- *pref.* 亲… qīn… = supporting：～Chinese 亲华的 qīnhuáde

probability *n.* **1.** 可能性 kěnéngxìng；概率 gàilǜ；大概 dàgài：in all ～ 十之八九 shí zhī bā jiǔ；最可能 zuì kěnéng / The ～ is that he will come. 他大概会来。Tā dàgài huìlái. **2.** 或有的事 huòyǒudeshì = event which may happen：The probabilities are against us. 趋势对我们不利。Qūshì duì wǒmen búlì.

probable *a.* 或有的 huòyǒude；大概的 dàgàide：a ～ error (大)概(误)差 (dà) gài (wù) chā / the ～ result 很可能的结果 hěn kěnéngde jiéguǒ / a ～ winner 有希望的获胜者 yǒu xīwàngde huòshèngzhě

probably *ad.* 或许 huòxǔ；大概 dàgài：It will ～ rain tonight. 今晚大概会下雨。Jīnwǎn dàgài huì xiàyǔ.

probate *n.* 遗嘱查验 yízhǔ cháyàn：take out ～ of a will 取得某遗嘱的验证 qǔdé mǒu yízhǔde yànzhèng / grant ～ of a will 通过某遗嘱的验证 tōngguò mǒu yízhǔde yànzhèng

probation *n.* **1.** 试用 shìyòng；见习 jiànxí；试读 shìdú：three months ～ 三个月的试用 sānge yuède shìyòng / an officer on ～ 见习官 jiànxíguān **2.** 缓刑 huǎnxíng：three years' ～ under suspended sentence of one year's imprisonment 判刑一年，缓刑三年 pànxíng yìnián, huǎnxíng sānnián / be on ～ 在缓刑中 zài huǎnxíngzhōng

probationary *a.* 试用的 shìyòngde；见习的 jiànxíde：a ～ member of the

Party 预备党员 yùbèi dǎngyuán

probationer *n.* 试用员 shìyòngyuán；见习生 jiànxíshēng；练习生 liànxíshēng

probe *n.* **1.** 探子 tànzi；探针 tànzhēn * in medicine **2.** 侦探 zhēntàn；刺探 cìtàn = investigation *v.* **1.** 穿刺 chuāncì；刺探 cìtàn：He ～d the mud with a stick. 他用棍在土中探寻。Tā yòng gùn zài tǔzhōng tànxún. **2.** 探查 tànchá；调查 diàochá：She tried to ～ my mind. 她探查我的心思。Tā tànchá wǒde xīnsi.

probity *n.* 正直 zhèngzhí = honesty

problem *n.* 问题 wèntí；难题 nántí：a scientific ～ 科学上的问题 kēxuéshangde wèntí / mathematical ～s 数学问题 shùxué wèntí / solve the ～ of housing 解决住房问题 jiějué zhùfáng wèntí / set him a ～ 给他出难题 gěi tā chū nántí / His whole conduct is a ～ to me. 他的一切行为我都不了解。Tāde yíqiè xíngwéi wǒ dōubù liǎojiě. / ～ chidren 问题儿童 wèntí értóng

problematic(al) *a.* 有问题的 yǒu wèntíde；未决定的 wèi juédìngde；可疑的 kěyíde：a ～ question 悬而未决的问题 xuán'ér-wèijuéde wèntí / Its success is ～. 成败如何未可预料。Chéngbài rúhé wèikě yùliào.

proboscis *n.* 吻 wěn * animals；长鼻 chángbí；象鼻 xiàngbí

procedural *a.* 程序上的 chéngxùshangde：～ difficulties 程序上的困难 chéngxùshangde kùnnan

procedure *n.* 手续 shǒuxù；程序 chéngxù：legal ～ 诉讼程序 sùsòng chéngxù / ～ in bankruptcy 破产程序 pòchǎn chéngxù

proceed *v.* **1.** 前进 qiánjìn；进行 jìnxíng：～ for destination 向目的地前进 xiàng mùdìdì qiánjìn / The trial is ～ing. 审讯在进行中。Shěnxùn zài jìnxíngzhōng. / Please ～ with your work. 请继续进行你的工作。Qǐng jìxù jìnxíng nǐde gōngzuò. **2.** 来到 láidào；发生 fāshēng：Light ～s from the sun. 光线来自太阳。Guāngxiàn láizì tàiyáng. / famine, plague, and other evils that ～ from war 由战争而来的饥饿、瘟疫及其它弊害 yóu zhànzhēng érláide jī'è、wēnyì jí qítā bìhài. **3.** 着手 zhuóshǒu：～ to the next business 着手下一件工作 zhuóshǒu xià yíjiàn gōngzuò **4.** 起诉 qǐsù：～ against a person 起诉某人 qǐsù mǒurén

proceeding *n.* **1.** 进行 jìnxíng；行动 xíngdòng：a rather high-handed ～

相当专横的手段 xiāngdāng zhuānhèngde shǒuduàn **2.** 诉讼 sùsòng: take ～s against a person 对某人提起诉讼 duì mǒurén tíqǐ sùsòng / take ～s for divorce 起诉要求离婚 qǐsù yāoqiú líhūn **3.** [～s] 会议录 huìyìlù = records of a meeting

proceeds *n.* 收入 shōurù；收益 shōuyì；赢利 yínglì：net ～ 净收益 jìngshōuyì

process *n.* **1.** 过程 guòchéng；作用 zuòyòng：the ～es of digestion 消化的过程 xiāohuàde guòchéng / a psychological ～ 心理作用 xīnlǐ zuòyòng **2.** 程序 chéngxù；手续 shǒuxù：a slow ～ 缓慢的程序 huǎnmànde chéngxù **3.** 方法 fāngfǎ；制法 zhìfǎ：the ～ of making paper 造纸法 zàozhǐfǎ / a new ～ of dyeing 新染色法 xīn rǎnsèfǎ **4.** 进行 jìnxíng；进展 jìnzhǎn：a building in ～ of construction 建造中的房屋 jiànzàozhōngde fángwū / in ～ of time 随着时间的推移 suízhe shíjiānde tuīyí **5.** 诉讼 sùsòng；传票 chuánpiào * = summons *v.* 处理 chǔlǐ；加工 jiāgōng：food ～ing 食品加工 shípǐn jiāgōng / ～ed cheese 加工奶酪 jiāgōng nǎilào

procession *n.* 队伍 duìwu；行列 hángliè；仪仗 yízhàng：a funeral ～ 送葬行列 sòngzàng hángliè / march in ～ 列队行军 lièduì xíngjūn *v.* 列队前进 lièduì qiánjìn

processional *a.* 队伍的 duìwude；行列的 hángliède

proclaim *v.* **1.** 宣布 xuānbù；公布 gōngbù；公告 gōnggào：～ a law 公布法律 gōngbù fǎlǜ / ～ war 宣战 xuānzhàn / ～ a republic 宣布一共和国的成立 xuānbù yī gònghéguóde chénglì **2.** 显示 xiǎnshì；表明 biǎomíng：His accent ～ed him a Scot. 他的口音显示出他是苏格兰人。Tāde kǒuyīn xiǎnshìchū tā shì Sūgélán (Scot) rén.

proclamation *n.* **1.** 宣布 xuānbù；公布 gōngbù：by public ～ 公开宣告 gōngkāi xuāngào **2.** 公告 gōnggào；布告 bùgào：P- of the Chinese People's Liberation Army 中国人民解放军布告 Zhōngguó Rénmín Jiěfàngjūn Bùgào

proclitic *a.* 连接发音的 liánjiē fāyīnde *n.* 连接发音词 liánjiē fāyīncí

proconsul *n.* **1.** 殖民地总督 zhímíndì zǒngdū **2.** 占领区司令官 zhànlǐngqū sīlìngguān

procrastinate *v.* 拖延 tuōyán；耽搁 dānge：He ～d until it was too late.

他拖延得太迟了。Tā tuōyánde tàichíle.

procrastination *n.* 拖延 tuōyán：P- is the thief of time. 拖延乃时间之贼。Tuōyán nǎi shíjiān zhīzéi.

procreate *v.* 生育 shēngyù：Animals have the power to ～. 动物有生育的能力。Dòngwù yǒu shēngyùde nénglì.

proctor *n.* **1.** 学监 xuéjiān = one who supervises students in college **2.** 小律师 xiǎolǜshī = attorney

procurable *a.* 可以得到的 kěyǐ dédàode

procurator *n.* **1.** 代理人 dàilǐrén = agent **2.** 检查官 jiǎncháguān；检察员 jiǎncháyuán = prosecutor

procure *v.* **1.** 获得 huòdé；采办 cǎibàn；物色 wùsè：Can you ～ me some specimens? 你可以为我取到一些标本吗？Nǐ kěyǐ wèi wǒ qǔdào yìxiē biāoběnma? / ～ employment 找到工作 zhǎodào gōngzuò **2.** 促成 cùchéng；引致 yǐnzhì = to effect：～ sb.'s death by poison 毒死某人 dúsǐ mǒurén

prod *v.* 刺 cì；戳 chuō：The cruel boy is ～ding the bear. 那个残忍的男孩在刺戳那只熊。Nàge cánrěnde nánhái zài cìchuō nàzhī xióng. *n.* **1.** 刺 cì；戳 chuō：She gave the man a ～ with her umbrella. 她用伞戳了那人一下。Tā yòng sǎn chuōle nàrén yíxià. **2.** 刺针(棒) cìzhēn (bàng)

prodigal *a.* **1.** 浪费的 làngfèide；挥霍的 huīhuòde；奢侈的 shēchǐde：the ～ son 浪子 làngzǐ **2.** 不吝惜的 bú lìnxīde：be ～ of benefactions 乐善好施 lèshàn-hàoshī *n.* 挥霍者 huīhuòzhě；浪子 làngzǐ：the return of the ～ 浪子回头 làngzǐ-huítóu // ～ly *ad.*

prodigality *n.* **1.** 浪费 làngfèi；挥霍 huīhuò：be ruined by one's ～ 因挥霍无度而破产 yīn huīhuò-wúdù ér pòchǎn **2.** 富饶 fùráo = abundance：the ～ of the sea 海洋的富饶 hǎiyángde fùráo

prodigious *a.* 巨大的 jùdàde；庞大的 pángdàde；惊人的 jīngrénde：a ～ sum of money 巨款 jùkuǎn

prodigy *n.* **1.** 奇才 qícái；神童 shéntóng：an infant ～ 天才儿童 tiāncái értóng / a ～ of energy 精力绝伦的人 jīnglì-juélúnde rén **2.** 奇观 qíguān；伟观 wěiguān = marvel：prodigies of nature 自然界的伟观 zìránjiède wěiguān

produce *v.* **1.** 生产 shēngchǎn；出产 chūchǎn；制造 zhìzào：～ grain 生产谷物 shēngchǎn gǔwù / ～ woollen goods 生产毛织品 shēngchǎn máozhīpǐn / The flock ～d many lambs. 这群羊生了许多小羊。Zhèqún yáng shēngle xǔduō xiǎoyáng. **2.** 创造 chuàngzào：Labor ～s wealth. 劳动创造财富。Láodòng chuàngzào cáifù. / The century ～d many great men. 这个世纪产生了许多伟人。Zhège shìjì chǎnshēngle xǔduō wěirén. **3.** 创作 chuàngzuò；出版 chūbǎn；上演 shàngyǎn：～ a play 演一出戏 yǎn yìchū xì / ～ a book 出版一本书 chūbǎn yìběn shū **4.** 提出 tíchū；呈出 chéngchū：～ proofs of a statement 提出一项叙述的证据 tíchū yíxiàng xùshùde zhèngjù / ～ a passport 出示护照 chūshì hùzhào **5.** 引起 yǐnqǐ；导致 dǎozhì：～ a sensation 引起轰动 yǐnqǐ hōngdòng *n.* 产品 chǎnpǐn：the ～ of the fields 农作物 nóngzuòwù：the ～ of the plant 工厂产品 gōngchǎng chǎnpǐn

producer *n.* **1.** 生产者 shēngchǎnzhě：～s' goods 生产资料 shēngchǎn zīliào **2.** 电影制片人 diànyǐng zhìpiànrén；导演 dǎoyǎn；演出者 yǎnchūzhě * of a film **3.** 制气炉 zhìqìlú：～ gas 发生炉煤气 fāshēnglú méiqì

product *n.* **1.** 产物 chǎnwù；物产 wùchǎn；产品 chǎnpǐn：agricultural ～s 农产物 nóngchǎnwù / factory ～s 工厂产品 gōngchǎng chǎnpǐn / intellectual ～s 精神产品 jīngshén chǎnpǐn / natural ～s 天然产物 tiānrán chǎnwù / surplus ～s 剩余生产品 shèngyú shēngchǎnpǐn **2.** 作品 zuòpǐn；艺术品 yìshùpǐn：the ～s of genius 天才的(伟大的)艺术品 tiāncáide(wěidàde)yìshùpǐn **3.** 积 jī = result of multiplication

production *n.* **1.** 生产 shēngchǎn；制造 zhìzào：the ～ of crops 农作物 nóngzuòwù / the cost of ～ 生产费 shēngchǎnfèi / a mode of ～ 生产方式 shēngchǎn fāngshì / a ～ chain 生产线 shēngchǎnxiàn；流水作业 liúshuǐ zuòyè **2.** 产品 chǎnpǐn；作品 zuòpǐn；(研究)成果 (yánjiū) chéngguǒ / his early ～s as a writer 他的早期作品 tāde zǎoqī zuòpǐn **3.** 制片 zhìpiàn；拍摄 pāishè；演出 yǎnchū * of film-producing

productive *a.* **1.** 生产的 shēngchǎnde；有生产力的 yǒu shēngchǎnlìde：～ forces 生产力 shēngchǎnlì / ～ labor 生产劳动 shēngchǎn láodòng **2.** 多产的 duōchǎnde；富饶的 fùráode：a ～ writer 多产作家 duōchǎn zuòjiā / ～ land 肥沃的土地 féiwòde tǔdì **3.** 可产生的 kě chǎnshēngde：an age ～ of great men 伟人辈出的时代 wěirén bèichūde shídài / a method most ～ of results 最有成效的方法 zuì yǒu chéngxiàode fāngfǎ **4.** 营利的 yínglìde = producing profit

productiveness *n.* 多产 duōchǎn

productivity *n.* 生产率 shēngchǎnlǜ；多产 duōchǎn：increase ～ 增加生产力 zēngjiā shēngchǎnlì

proem *n.* 序 xù；前言 qiányán = preface

profanation *n.* 亵渎 xièdú

profane *a.* **1.** 亵渎的 xièdúde = blasphemous；不敬神的 bú jìngshénde：～ language 亵渎神的语言 xièdú shénde yǔyán / a ～ man 不敬神的人 bú jìngshénde rén **2.** 世俗的 shìsúde = vulgar：～ literature 世俗文学 shìsú wénxué *v.* 亵渎 xièdú；玷污 diànwū：～ the name of God 亵渎上帝之名 xièdú Shàngdì zhīmíng

profanity *n.* **1.** 亵渎 xièdú；不敬 bújìng **2.** 亵渎的词、句、话 xièdúde cí、jù、huà：a string of profanities 一连串亵渎的话 yìliánchuàn xièdúde huà

profess *v.* **1.** 讲明 jiǎngmíng；表白 biǎobái；表示 biǎoshì；明言 míngyán：He ～es a distaste for modern music. 他声明不喜欢现代音乐。Tā shēngmíng bù xǐhuan xiàndài yīnyuè. / He ～ed a great interest in our welfare. 他明白表示非常关心我们的幸福。Tā míngbai biǎoshì fēicháng guānxīn wǒmende xìngfú. **2.** 表白信仰 biǎobái xìnyǎng：～ no religion 没有宗教信仰 méiyǒu zōngjiào xìnyǎng **3.** 自称 zìchēng；冒充 màochōng；假装 jiǎzhuāng：～ ignorance 自称无知 zìchēng wúzhī / ～ to be a learned man 自称学者 zìchēng xuézhě / ～ oneself fond of music 自称喜欢音乐 zìchēng xǐhuan yīnyuè **4.** 以…为业 yǐ…wéiyè；执业 zhíyè：～ law 做律师 zuò lǜshī / ～ history 教(授)历史 jiāo(shòu) lìshǐ

professed *a.* **1.** 明言的 míngyánde；自认的 zìrènde：a ～ Christian 自认的基督徒 zìrènde jīdūtú **2.** 自称的 zìchēngde；冒充的 màochōngde：a ～ economist 自封的经济学家 zìfēngde jīngjì xuéjiā / a ～ friend 表面上的朋友 biǎomiànshangde péngyou / a ～ sorrow 假伤心 jiǎ shāngxīn **3.** 专业的 zhuānyède；已受戒的 yǐ shòujiède：a ～ nun 尼姑 nígū

profession *n.* **1.** 明言 míngyán；表白 biǎobái；宣布 xuānbù：～s of faith 信仰的表白 xìnyǎngde biǎobái **2.** 职业 zhíyè；业务 yèwù：the ～ of teaching 教书的职业 jiāoshūde zhíyè / the ～ of an architect 建筑师的业务 jiànzhùshīde yèwù / the learned ～ 学者职业 xuézhě zhíyè / He is a doctor by ～. 他的职业是医生。Tāde zhíyè shì yīshēng. **3.** 同行 tóngháng；同业 tóngyè：be condemned by the ～ 受到同行的谴责 shòudào tónghángde qiǎnzé

professional *a.* **1.** 职业的 zhíyède；业务的 yèwùde；专业的 zhuānyède：～ skill 专门职业上的技术 zhuānmén zhíyèshangde jìshù / ～ men 专业人员 zhuānyè rényuán **2.** 职业性的 zhíyèxìngde：a ～ football 职业性足球赛 zhíyèxìng zúqiúsài / a ～ singer 职业歌唱家 zhíyè gēchàngjiā / a ～ politician 以从政为职业的人 yǐ cóngzhèng wéi zhíyède rén *n.* **1.** 专家 zhuānjiā；职业运动员 zhíyè yùndòngyuán **2.** 专业人员 zhuānyè rényuán；职业艺术家 zhíyè yìshùjiā

professionalism *n.* **1.** 职业道德 zhíyè dàodé = professional standards **2.** 职业化 zhíyèhuà = being engaged in an occupation for money **3.** 技术犯规 jìshù fànguī = intentional violation of rules in order to get a dominant position, as in sports

professionally *ad.* 职业上 zhíyèshang；业务上 yèwùshang；专业上 zhuānyèshang

professor *n.* **1.** 教授 jiàoshòu * at university：a ～ in journalism 新闻学教授 xīnwénxué jiàoshòu / (full) ～ (正)教授 (zhèng)jiàoshòu / associate ～ 副教授 fùjiàoshòu / assistant ～ 助理教授 zhùlǐ jiàoshòu **2.** 教员 jiàoyuán；教师 jiàoshī = teacher

professorial *a.* 教授的 jiàoshòude；教授似的 jiàoshòu shìde：his ～ duties 他的教授职务 tāde jiàoshòu zhíwù / a ～ manner 教授风度 jiàoshòu fēngdù

professorship *n.* 教授职 jiàoshòuzhí；教授身份 jiàoshòu shēnfen：be appointed to a ～ 被聘为大学教授 bèi pìnwéi dàxué jiàoshòu

proffer *v.* 贡献 gòngxiàn；提出 tíchū：～ help 提供帮助 tígōng bāngzhù / ～ to help him 表示要帮助他 biǎoshì yào bāngzhù tā

proficiency *n.* 熟练 shúliàn；精通 jīngtōng

proficient *a.* 熟练的 shúliànde；精通的 jīngtōngde：be ～ in driving 开车熟练 kāichē shúliàn *n.* 能手 néngshǒu；老手 lǎoshǒu；专家 zhuānjiā = expert

profile *n.* **1.** 侧面 cèmiàn；侧面像 cèmiànxiàng：a portrait drawn in ～ 侧面画像 cèmiàn huàxiàng **2.** 轮廓 lúnkuò；外形 wàixíng = outline **3.** 传略 zhuànlüè；人物素描 rénwù sùmiáo；简介 jiǎnjiè：a ～ of modern Britain 近代英国之剪影 jìndài Yīngguó zhī jiǎnyǐng

profit *n.* **1.** 益处 yìchu；用处 yòngchu：gain ～ from reading 从阅读中获益 cóng yuèdúzhōng huòyì / study sth. to one's ～ 学习某事物以获益

xuéxí mǒushìwù yǐ huòyì 2. 利润 lìrùn；赢利 yínglì：sell sth. at a ～ 赚钱卖出 zhuànqián màichū / do sth. for ～ 为赢利做某事 wèi yínglì zuò mǒushì / a ～ and loss account 损益帐 sǔnyìzhàng / gross ～ 总利润 zǒng lìrùn；毛利 máolì / ～-sharing 分红 fēnhóng *v.* 1. 有益于 yǒuyìyú；有利于 yǒulìyú：It ～s me nothing. 这对我没有益处。Zhè duì wǒ méiyǒu yìchu. 2. 得益 déyì；获利 huòlì：～ by experience 得益于经验 déyìyú jīngyàn / ～ from a lesson 从教训中得到益处 cóng jiàoxùnzhōng dédào yìchu

profitable *a.* 有利的 yǒulìde；有益的 yǒuyìde：～ advice 有益的忠告 yǒuyìde zhōnggào / ～ investments 有利的投资 yǒulìde tóuzī

profiteer *n.* 投机商人 tóujī shāngrén；奸商 jiānshāng *v.* 发横财 fā hèngcái；获得暴利 huòdé bàolì = to gain enormous profit

profitless *a.* 无利的 wúlìde；无益的 wúyìde

profligacy *n.* 放荡 fàngdàng；挥霍 huīhuò = dissoluteness

profligate *a.* 1. 放荡的 fàngdàngde = dissolute 2. 挥霍的 huīhuòde；极其浪费的 jíqí làngfèide = wasteful：～ of one's inheritance 挥霍遗产 huīhuò yíchǎn

profound *a.* 1. 深奥的 shēn'àode；渊博的 yuānbóde；博学的 bóxuéde：a ～ scholar 渊博的学者 yuānbóde xuézhě / a ～ book 深奥的书 shēn'àode shū 2. 深的 shēnde；深厚的 shēnhòude；深切的 shēnqiède = deep：a ～ sleep 熟睡 shúshuì / a ～ interest 深感兴趣 shēngǎn xìngqù / ～ sympathy 深切的同情 shēnqiède tóngqíng

profoundly *ad.* 深深地 shēnshēnde；深切地 shēnqiède：apologize ～ 深表歉意 shēnbiǎo qiànyì / be ～ moved 深受感动 shēnshòu gǎndòng / be ～ impressed 印象极深 yìnxiàng jí shēn

profundity *n.* 1. 深奥 shēn'ào；深远 shēnyuǎn：the ～ of his knowledge 他知识的渊博 tā zhīshide yuānbó 2. 奥妙的事 àomiàode shì = thing with profound meaning

profuse *a.* 1. 充沛的 chōngpèide；过多的 guòduōde；大量的 dàliàngde：～ gratitude 深谢 shēnxiè / ～ tears 泪如泉涌 lèirú-quányǒng 2.（过分）慷慨的（guòfèn）kāngkǎide；挥霍的 huīhuòde：～ in one's hospitality 招待得十二分周到 zhāodàide shí'èrfēn zhōudào / ～ of their money 挥金如土 huījīn-rútǔ

profusion *n.* 1. 充沛 chōngpèi；过多 guòduō；大量 dàliàng：flowers blooming in ～ 盛开的花朵 shèngkāide huāduǒ / roses growing in ～ 大量生产的玫瑰 dàliàng shēngchǎnde méigui / make promises in ～ 作过多的允诺 zuò guòduōde yǔnnuò **2.** 奢侈 shēchǐ；浪费 làngfèi = prodigality

progenitor *n.* 祖先 zǔxiān；前辈 qiánbèi

progeny *n.* 后裔 hòuyì；子孙 zǐsūn

progesterone *n.* 妊激素 rènjīsù

prognostic *a.* **1.** 预兆的 yùzhàode = predicting **2.** 预后的 yùhòude：～ symptoms 预后症状 yùhòu zhèngzhuàng *n.* 预兆 yùzhào = omen：a ～ of failure 失败的预兆 shībàide yùzhào

prognosticate *v.* 预言 yùyán；预示 yùshì：～ trouble 预示困难 yùshì kùnnan

program *n.* **1.** 节目单 jiémùdān；程序表 chéngxùbiǎo；说明书 shuōmíngshū：a theater ～ 演出节目 yǎnchū jiémù / an item in the ～ 一个节目 yígè jiémù / ～ note 简短介绍 jiǎnduǎn jièshào **2.** 表演 biǎoyǎn；演奏 yǎnzòu：listen to a ～ 听演奏 tíng yǎnzòu **3.** 规划 guīhuà；计划 jìhuà；教学(大纲) jiàoxué (dàgāng)：a school ～ 校历 xiàolì / What is your ～ for tomorrow? 你明天打算做什么？Nǐ míngtiān dǎsuan zuò shénme? **4.** 政纲 zhènggāng；纲领 gānglǐng：political ～ 政治纲领 zhèngzhì gānglǐng / the common ～ 共同纲领 gòngtóng gānglǐng *v.* **1.** 排…节目 pái…jiémù **2.** 为(电脑)编制程序 wèi (diànnǎo)biānzhì chéngxù

programmer *n.* **1.** 节目报告人 jiémù bàogàorén；报幕员 bàomùyuán **2.** 程序设计员 chéngxù shèjìyuán * in operating a computer

progress *n.* **1.** 前进 qiánjìn：The procession made slow ～. 行列进行得缓慢。Hángliè jìnxíngde huǎnmàn. **2.** 进步 jìnbù；发展 fāzhǎn；发达 fādá：making fast ～ 进步快 jìnbùkuài / ～ in civilization 文明的进展 wénmíngde jìnzhǎn / Work is now in ～. 工作正在进行中。Gōngzuò zhèngzài jìnxíngzhōng. / a ～ chart 进度表 jìndùbiǎo *v.* **1.** 前进 qiánjìn；进行 jìnxíng：The work is ～ing steadily. 工作在稳步进行。Gōngzuò zài wěnbù jìnxíng. **2.** 进展 jìnzhǎn；进步 jìnbù：We ～ in knowledge. 我们知识在长进。Wǒmen zhīshi zài zhǎngjìn. / Man is ～ing. 人类在进步。Rénlèi zài jìnbù.

progression *n*. **1**. 前进 qiánjìn；进行 jìnxíng：modes of ～ 步法 bùfǎ **2**. 级数 jíshù：arithmetic ～ 算术级数 suànshù jíshù；等差级数 děngchā jíshù / geometric ～ 几何级数 jǐhé jíshù；等比级数 děngbǐ jíshù

progressive *a*. **1**. 前进的 qiánjìnde；渐进的 jiànjìnde；发展的 fāzhǎnde：～ form 进行式 / ～ movement 渐进运动 jiànjìn yùndòng **2**. 进步的 jìnbùde：a ～ policy 进步的政策 jìnbùde zhèngcè / a ～ party 进步党 jìnbùdǎng **3**. 累进的 lěijìnde；递增的 dìzēngde：～ education 循序渐进的教育 xúnxù-jiànjìnde jiàoyù / ～ taxation 累进课税 lěijìn kèshuì *n*. 进步分子 jìnbù fènzǐ

prohibit *v*. 禁止 jìnzhǐ；阻止 zǔzhǐ：Smoking is strictly ～ed. 严禁吸烟。Yánjìn xīyān. / be ～ed by law 为法律所禁止 wéi fǎlǜ suǒ jìnzhǐ

prohibition *n*. 禁止 jìnzhǐ；禁酒 jìnjiǔ：the ～ law 禁酒法 jìnjiǔfǎ / a ～ state 禁酒州 jìnjiǔzhōu / in favor of ～ 赞成禁酒 zànchéng jìnjiǔ

prohibitionist *n*. 禁酒主义者 jìnjiǔ zhǔyìzhě

prohibitive *a*. **1**. 禁止(性)的 jìnzhǐ(xìng)de；意欲阻止使用 yìyù zǔzhǐ shǐyòng：a ～ tax 寓禁税 yùjìnshuì **2**. 过高的 guògāode：a ～ price 过高的价格 guògāode jiàgé

prohibitory *a*. 禁止的 jìnzhǐde：～ laws 查禁的法令 chájìnde fǎlìng

project *v*. **1**. 射出 shèchū；发射 fāshè；投 tóu：～ a missile 发射导弹 fāshè dǎodàn **2**. 投射 tóushè；放映 fàngyìng：～ a picture on a screen 将一电影放映于银幕上 jiāng yī diànyǐng fàngyìngyú yínmùshang **3**. 计划 jìhuà；设计 shèjì：～ a new dam 设计新水坝 shèjì xīn shuǐbà **4**. 设想 shèxiǎng：Try to ～ your mind into the future. 试设想将来。Shì shèxiǎn jiānglái. **5**. 突出 tūchū：～ing eyebrows 突出的眉毛 tūchūde méimao / a balcony that ～s over the street 伸出街上的阳台 shēnchū jiēshangde yángtái *n*. **1**. 计划 jìhuà；方案 fāng'àn：form a ～ 构成一计划 gòuchéng yī jìhuà **2**. 事业 shìyè；企业 qǐyè **3**. 工程 gōngchéng：a major ～ 重点工程 zhòngdiǎn gōngchéng

projectile *n*. 射弹 shèdàn；弹丸 dànwán *n*. 投射的 tóushède；发射的 fāshède：a ～ torpedo 发射鱼雷 fāshè yúléi

projection *n*. **1**. 投射 tóushè **2**. 射出物 shèchūwù；投影 tóuyǐng：the ～ room 放映室 fàngyìngshì / ～ machine 放映机 fàngyìngjī

projectionist *n*. 电影放映员 diànyǐng fàngyìngyuán

projective *a.* 投射的 tóushède；射影的 shèyǐngde；投影的 tóuyǐngde：～ geometry 射影几何学 shèyǐng jǐhéxué

projector *n.* **1.** 计划者 jìhuàzhě；发起人 fāqǐrén **2.** 幻灯 huàndēng；放映机 fàngyìngjī：a cinema ～ 电影放映机 diànyǐng fàngyìngjī

prolapse *v.* & *n.* 脱出 tuōchū；脱垂 tuōchuí

prolate *a.* 扁长 biǎncháng：a ～ spheroid 长球(面) chángqiú(miàn)

prolepsis *n.* 预期 yùqī

proletarian *a.* 无产阶级的 wúchǎnjiējíde：a ～ revolution 无产阶级革命 wúchǎnjiējí gémìng / ～ dictatorship 无产阶级专政 wúchǎnjiējí zhuānzhèng *n.* 无产者 wúchǎnzhě

proletariat *n.* 无产阶级 wúchǎnjiējí：the dictatorship of the ～ 无产阶级专政 wúchǎnjiējí zhuānzhèng

proliferate *v.* 增殖 zēngzhí；繁殖 fánzhí

prolific *a.* **1.** 多育的 duōyùde；多产的 duōchǎnde：a ～ author 多产作家 duōchǎn zuòjiā / a family ～ of children 子女众多的家庭 zǐnǚ zhòngduōde jiātíng **2.** 丰富的 fēngfùde：a subject ～ of controversy 一个引起论争的问题 yíge yǐnqǐ lùnzhēngde wèntí

prolix *a.* 冗长的 rǒngchángde；罗嗦的 luōsuōde：a ～ speech 冗长的发言 rǒngchángde fāyán

prologue *n.* **1.** 序言 xùyán；序诗 xùshī；开场白 kāichǎngbái：* of a play **2.** 序幕 xùmù：the ～ to World War I 第一次世界大战的序幕 Dì-yīcì Shìjiè Dàzhànde xùmù

prolong *v.* 延长 yáncháng：～ed a visit 延长访问 yáncháng fǎngwèn

prolongation *n.* 延长 yáncháng；延期 yánqī；延长部分 yáncháng bùfen

promenade *n.* 溜达 liūda；骑马 qímǎ；散步 sànbù：～ deck 散步甲板 sànbù jiǎbǎn *v.* 溜达 liūda；散步 sànbù：～ along the beach 在海滨散步 zài hǎibīn sànbù

Prometheus *n.* 普罗米修斯 Pǔluómǐxiūsī

promethium *n.* 钷 pǒ

prominence *n.* **1.** 突起 tūqǐ；突出的部分 tūchūde bùfen：a ～ in the middle of a plain 平原中部的一块高地 píngyuán zhōngbùde yíkuài gāodì **2.** 显著 xiǎnzhù；杰出 jiéchū；卓越 zhuōyuè：come into ～ 变得显著了 biànde xiǎnzhùle

prominent *a.* **1.** 突起的 tūqǐde；凸出的 tūchūde：～ chin 凸出的下颏

tūchūde xiàkē **2.** 显著的 xiǎnzhùde；杰出的 jiéchūde；卓越的 zhuōyuède：～ scientists 杰出的科学家 jiéchūde kēxuéjiā / the ～ feature in the landscape 风景中显著的特色 fēngjǐngzhōng xiǎnzhùde tèsè

promiscuous *a.* **1.** 混杂的 hùnzáde；杂乱的 záluànde：in a ～ heap 成为杂乱的一堆 chéngwéi záluànde yìduī **2.** 不加选择的 bùjiā xuǎnzéde：～ friendship 不加选择的友谊 bùjiā xuǎnzéde yǒuyì

promise *n.* **1.** 允许 yǔnxǔ；诺言 nuòyán；约定 yuēdìng：a ～ to help 给予帮助的诺言 jǐyǔ bāngzhùde nuòyán / make a ～ 约定 yuēdìng；作出诺言 zuòchū nuòyán / break a ～ 违背诺言 wéibèi nuòyán / keep a ～ 遵守诺言 zūnshǒu nuòyán；守约 shǒuyuē **2.** 约定事项 yuēdìng shìxiàng：I claim your ～. 我要求你履行诺言。Wǒ yāoqiú nǐ lǚxíng nuòyán. **3.** 希望性 xīwàngxìng；有希望的事物 yǒu xīwàngde shìwù：a writer of ～ 有希望(前途)的作家 yǒu xīwàng(qiántú)de zuòjiā / the Land of P- 迦南 jiānán；天堂 tiāntáng；乐园 lèyuán *v.* **1.** 答应 dāying；允许 yǔnxǔ；允诺 yǔnnuò：I ～d her a reply. 我答应给她一个答复。Wǒ dāying gěi tā yíge dáfù. **2.** 有希望 yǒuxīwàng；有可能 yǒukěnéng：The clouds ～ rain. 云预示有雨。Yún yùshì yǒu yǔ. / The scheme ～s well. 这计划大有希望。Zhè jìhuà dàyǒu xīwàng.

promising *a.* 有希望的 yǒu xīwàngde；有前途的 yǒu qiántúde；有为的 yǒuwéide；有出息的 yǒu chūxide：a ～ youth 有出息的青年 yǒu chūxide qīngnián / The weather is ～. 天气可望好转。Tiānqì kěwàng hǎozhuǎn. / The wheat crops look ～. 小麦可望丰收。Xiǎomài kěwàng fēngshōu.

promissory *n.* 约定的 yuēdìngde；约定支付的 yuēdìng zhīfùde：a ～ note 票据 piàojù；期票 qīpiào

promontory *n.* 岬(角)jiǎ(jiǎo) = headland

promote *v.* **1.** 提升 tíshēng；晋级 jìnjí：He was ～d captain. 他被提升为上尉。Tā bèi tíshēng wéi shàngwèi. **2.** 增进 zēngjìn；促进 cùjìn；促使 cùshǐ：～ peace 增进和平 zēngjìn hépíng / ～ digestion 促进消化 cùjìn xiāohuà / ～ a bill in parliament 促使议案在国会通过 cùshǐ yì'àn zài guóhuì tōngguò **3.** 筹设 chóushè：～ a new business company 筹设一家新的商行 chóushè yìjiā xīnde shānghāng / ～ an undertaking 发起一项事业 fāqǐ yíxiàng shìyè **4.** 引起 yǐnqǐ：～ disorder 引起混乱 yǐnqǐ hùnluàn

promoter *n.* 促进者 cùjìnzhě；发起人 fāqǐrén；创办人 chuàngbànrén

promotion *n.* **1.** 提升 tíshēng；晋级 jìnjí：win ～ 获得晋级 huòdé jìnjí **2.** 促进 cùjìn；增进 zēngjìn；助长 zhùzhǎng：sales ～s 推销攻势 tuīxiāo gōngshì **3.** 发起 fāqǐ；倡议 chàngyì = initiation

prompt *a.* 敏捷的 mǐnjiéde；迅速的 xùnsùde：a ～ assistant 敏捷的助手 mǐnjiéde zhùshǒu / a ～ reply 迅速的答复 xùnsùde dáfù / be ～ to obey 立即服从 lìjí fúcóng / ～ cash 现付货价 xiànfù huòjià *v.* **1.** 促使 cùshǐ；推动 tuīdòng：He was ～ed by patriotism. 他被爱国心所感动。Tā bèi àiguóxīn suǒ gǎndòng. / What ～ed you to do so？什么使你这样做呢？Shénme shǐ nǐ zhèyàng zuòne？**2.** 提醒 tíxǐng；提词 tící：The actor forgot his lines，and the understudy ～ed him. 主角忘了台词，替角给他提词。Zhǔjué wàngle táicí，tìjué gěi tā tící. // a ～ box 提白席 tíbáixí * about acting of a play

prompter *n.* 提白员 tíbáiyuán；提词人 tícírén

promptitude *n.* 敏捷 mǐnjié；迅速 xùnsù

promptly *ad.* 敏捷地 mǐnjiéde；迅速地 xùnsùde

promulgate *v.* **1.** 颁布 bānbù；公布 gōngbù **2.** 传播 chuánbō；宣传 xuānchuán：～ knowledge 传播知识 chuánbō zhīshi / ～ doctrines of socialism 宣传社会主义理论 xuānchuán shèhuìzhǔyì lǐlùn

prone *a.* **1.** 俯伏的 fǔfúde；面向下的 miànxiàngxiàde：in a ～ position 卧姿地 wòzīde / fall ～ 面朝下跌倒 miàn cháoxià diēdǎo **2.** 偏向的 piānxiàngde；易于 yìyú：～ to accident 易致意外 yìzhì yìwài / ～ to anger 易于发怒 yìyú fānù

prong *n.* **1.** 尖头 jiāntóu；叉 chā **2.** 鱼叉 yúchā * for fishing

pronominal *a.* 代名词的 dàimíngcíde：a ～ adjective 代名形容词 dàimíng xíngróngcí

pronoun *n.* 代名词 dàimíngcí；代词 dàicí：a personal ～ 人称代词 rénchēng dàicí / a relative ～ 关系代词 guānxì dàicí

pronounce *v.* **1.** 发音 fāyīn：～ well 发音好 fāyīn hǎo / He ～s English badly. 他英语发音发得不好。Tā Yīngyǔ fāyīn fāde bùhǎo. / a pronouncing dictionary 正音词典 zhèngyīn cídiǎn **2.** 断言 duànyán：The doctor ～d me cured. 医生断定我已治愈。Yīshēng duàndìng wǒ yǐ zhìyù. / He ～d that the time has come. 他断言时机已经来到。Tā duànyán shíjī yǐjīng láidào. **3.** 宣称 xuānchēng；宣布 xuānbù：～ sentence of death on a criminal 宣告犯人死刑 xuāngào fànrén sǐxíng **4.** 表示 biǎoshì: He ～d for a proposal. 他表示赞成某一建议。Tā biǎoshì zànchéng mǒuyī jiànyì.

pronounced *a.* 显著的 xiǎnzhùde; 断然的 duànránde; 决然的 juéránde: a man of ～ opinions 有坚定意见的一个人 yǒu jiāndìng yìjiande yíge rén

pronouncement *n.* 宣告 xuāngào; 声明 shēngmíng

pronunciation *n.* 发音 fāyīn; 发音法 fāyīnfǎ: lessons in ～ 发音课程 fāyīn kèchéng / study the ～ of English 研究英语的发音法 yánjiū Yīngyǔde fāyīnfǎ / a good ～ 发音好 fāyīnhǎo / three ～s 三种读法 sānzhǒng dúfǎ

proof *n.* **1.** 证明 zhèngmíng; 证据 zhèngjù; 举证 jǔzhèng: give full ～ of the fact 对于事实给予充分的证明 duìyú shìshí jǐyǔ chōngfènde zhèngmíng / ～ of one's nationality 证明某人的国籍 zhèngmíng mǒuréndе guójí / in ～ of the statement 作为这番供述的证据 zuòwéi zhèfān gòngshùde zhèngjù **2.** 考验 kǎoyàn; 试验 shìyàn: put sth. to the ～ 考验某事物 kǎoyàn mǒu shìwù / put a person to the ～ 对某人考验一下 duì mǒurén kǎoyàn yíxià **3.** 校样 jiàoyàng: read ～s 校对 jiàoduì / make corrections in ～s 在校样上修改 zài jiàoyàngshang xiūgǎi **4.** 标准强度 biāozhǔn qiángdù: 100 ～ 一百度 yìbǎidù / be above ～ 合乎标准 héhū biāozhǔn *a.* **1.** 试验过的 shìyànguode **2.** 能耐的 néngnàide; 能防护的 néng fánghùde: be ～ against water 防水的 fángshuǐde / be ～ against sound 隔音的 géyīnde / be ～ against wind 挡风的 dǎngfēngde **3.** 规定的 guīdìngde; 合乎标准的 héhū biāozhǔnde: ～ spirit 规定酒精 guīdìng jiǔjīng *v.* 使…耐久 shǐ…nàijiǔ = make sth. ～

proof-reader *n.* 校对员 jiàoduìyuán

proof-reading *n.* 校对 jiàoduì

prop[1] *n.* **1.** 临时支柱 línshí zhīzhù **2.** 支持者 zhīchízhě = supporter *v.* 支持 zhīchí: ～ a roof 撑住屋顶 chēngzhù wūdǐng

prop[2] *n.* 螺旋桨 luóxuánjiǎng = propeller

prop[3] *n.* 道具 dàojù = stage property

propaganda *n.* **1.** 宣传 xuānchuán: enemy ～ 敌人的宣传 dírénde xuānchuán / launch ～ 发动宣传 fādòng xuānchuán / ～ plays 宣传剧 xuānchuánjù **2.** 宣传机构 xuānchuán jīgòu; 宣传组织 xuānchuán zǔzhī

* organization: set up a ～ for 为…建立宣传机构 wèi…jiànlì xuānchuán jīgòu // the Congregation of the P- 天主教的传道总会 Tiānzhǔjiàode chuándào zǒnghuì

propagandist *n.* 宣传员 xuānchuányuán

propagate *v.* **1.** 繁殖 fánzhí: Trees ～ themselves by seeds. 树木靠种子繁殖。Shùmù kào zhǒngzi fánzhí. **2.** 传播 chuánbō: ～ news 传播消息 chuánbō xiāoxi / ～ heat 传热 chuánrè **3.** 传导 chuándǎo: vibrations ～d through rock 由岩石传导的震动 yóu yánshí chuándǎode zhèndòng

propagation *n.* 繁殖 fánzhí; 传播 chuánbō: the ～ of disease by insects 由昆虫所做的疾病传播 yóu kūnchóng suǒ zuòde jíbìng chuánbō

propane *n.* 丙烷 bǐngwán

propel *v.* 推进 tuījìn; 推动 tuīdòng: The ship is ～led by steam. 这只船是用蒸汽推进的。Zhèzhī chuán shìyòng zhēngqì tuījìnde. / a ～ling pencil 活动铅笔 huódòng qiānbǐ

propellant *n.* **1.** 推进剂 tuījìnjì; 喷气燃料 pēnqì ránliào = rocket fuel **2.** 发射药 fāshèyào = explosive charge

propeller *n.* 推进器 tuījìnqì; 螺旋桨 luóxuánjiǎng

propelling pencil *n.* 活动铅笔 huódòng qiānbǐ

propensity *n.* 癖好 pǐhào = bent; 倾向 qīngxiàng = inclination: a ～ to exaggerate 夸大的习性 kuādàde xíxìng / a ～ for strong drinks 爱饮烈酒的癖好 ài yǐn lièjiǔde pǐhào

proper *a.* **1.** 适当的 shìdàngde; 妥当的 tuǒdangde; 正当的 zhèngdàngde: ～ for the occasion 合于时宜 héyú shíyí; 合乎场合 héhū chǎnghé / in the ～ way 用正当的手法 yòng zhèngdàngde shǒufǎ / a ～ man 适当人选 shìdàng rénxuǎn **2.** 可敬的 kějìngde; 规矩的 guījude; 正派的 zhèngpàide: ～ behavior 高尚的行为 gāoshàngde xíngwéi / a ～ book 质量高的书 zhìliàng gāode shū / ～ children 规矩的孩子 guījude háizi **3.** 专门的 zhuānménde; 专有的 zhuānyǒude: a ～ noun 专有名词 zhuānyǒu míngcí / the ～ motion of a star 恒星的自行 héngxīngde zìxíng / Language is ～ to mankind. 语言是人类所特有的。Yǔyán shì rénlèi suǒ tèyǒude. **4.** 真正的 zhēnzhèngde: literature ～ 纯文学 chúnwénxué / Japan ～ 日本本部 Rìběn běnbù

properly *ad.* **1.** 适当地 shìdàngde; 正当地 zhèngdàngde; 正确地 zhèngquède: behave ～ 举止正当 jǔzhǐ zhèngdàng / ～ speaking 严格地

说 yángéde shuō 2. 彻底 chèdǐ：The boxer was ～ beaten. 那个拳击手被打得惨败。Nàge quánjīshǒu bèidǎde cǎnbài.

property *n.* 1. 财产 cáichǎn；资产 zīchǎn；所有物 suǒyǒuwù；地产 dìchǎn：He is a man of ～. 他是个富人。Tā shìge fùrén. / a piece of ～ 一宗财产 yìzōng cáichǎn / a small ～ 一笔小地产 yìbǐ xiǎo dìchǎn / personal ～ 动产 dòngchǎn / real ～ 不动产 búdòngchǎn 2. 所有权 suǒyǒuquán；所有 suǒyǒu：P- has its obligations. 有财产就有其义务。Yǒu cáichǎn jiùyǒu qí yìwù. / ～ in land 土地所有权 tǔdì suǒyǒuquán 3. 性质 xìngzhì：the metals properties 金属性能 jīnshǔ xìngnéng / herbs with healing properties 有治疗性能的草药 yǒu zhìliáo xìngnéngde cǎoyào 4. 道具 dàojù；服装 fúzhuāng = stage ～

prophecy *n.* 预言 yùyán；预告 yùgào：the gift of ～ 预言的天才 yùyánde tiāncái / His ～ was fulfilled. 他的预言应验了。Tāde yùyán yìngyànle.

prophesy *v.* 预言 yùyán；预告 yùgào：～ a storm 预言风暴 yùyán fēngbào / He prophesied of strange things to come. 他预言有奇事发生。Tā yùyán yǒu qíshì fāshēng.

prophet *n.* 1. 预言家 yùyánjiā；预言者 yùyánzhě：I'm not a good weather-～. 我不大会预测天气。Wǒ búdàhuì yùcè tiānqì. 2. 先知 xiānzhī：the ～ Isaiah 先知以赛亚 xiānzhī Yǐsàiyà(Isaiah) / Muhammed, the ～ of Islam 穆罕默德，回教之先知 Mùhǎnmòdé(Muhammed)，Huíjiào zhī xiānzhī 3. 新理论主义的鼓吹者 xīn lǐlùnzhǔyìde gǔchuīzhě = one who propergates new ideas

prophetess *n.* 女预言家 nǚ yùyánjiā

prophetic *a.* 预言的 yùyánde；预示的 yùshìde

prophylactic *a.* 预防的 yùfángde；预防药剂 yùfáng yàojì = preventive

propinquity *n.* 接近 jiējìn；相近 xiāngjìn；类似 lèisì

propitiate *v.* 劝解 quànjiě = persuade；抚慰 fǔwèi = comfort：offer a sacrifice to ～ the gods 供奉牺牲(生命)以慰诸神 gòngfèng xīshēng (shēngmìng)yǐ wèi zhūshén

propitious *a.* 顺利的 shùnlìde；吉利的 jílìde；有利的 yǒulìde：～ omens 吉兆 jízhào / The weather is ～ for our enterprise. 天气对我们事业有利。Tiānqì duì wǒmen shìyè yǒulì.

proponent *n.* 支持者 zhīchízhě；拥护者 yōnghùzhě

proportion *n.* 1. 比例 bǐlì：direct (inverse) ～ 正(反)比例 zhèng(fǎn)bǐlì

/ multiple ～s 倍比 bèibǐ / in ～ to 与…成比例 yǔ…chéng bǐlì / out of ～ 不成比例 bùchéngbǐlì **2.** 相称 xiāngchèn；均衡 jūnhéng：in admirable ～ 非常相称 fēicháng xiāngchèn / His expenditure is out of ～ to his income. 他的支出同他的收入不相称。Tāde zhīchū tóng tāde shōurù bù xiāngchèn. **3.** 面积 miànjī；容积 róngjī：a ship of majestic ～ 一艘巨轮 yìsōu jùlún **4.** 部分 bùfen：a large ～ of the earth's surface 地球表面的大部分 dìqiú biǎomiànde dà bùfen *v.* 调和 tiáohé；均衡 jūnhéng：～ the expenses to the receipts 量入为出 liàngrù-wéichū

proportional *a.* 比例的 bǐlìde；均衡的 jūnhéngde；相称的 xiāngchènde：payment ～ to the work done 与完成的工作成比例的报酬 yǔ wánchéngde gōngzuò chéng bǐlìde bàochou / be inversely ～ to each other 互相成反比例 hùxiāng chéng fǎnbǐlì

proportionally *ad.* 按照比例 ànzhào bǐlì；相应地 xiāngyìngde

proportionate *a.* 比例的 bǐlìde；相称的 xiāngchènde

proposal *n.* **1.** 建议 jiànyì；提议 tíyì：offer ～ for peace 提出和平建议 tíchū hépíng jiànyì / the ～ to postpone the meeting 推迟会议日期的建议 tuīchí huìyì rìqīde jiànyì **2.** 求婚 qiúhūn：make a ～ (of marriage) 向人求婚 xiàng rén qiúhūn

propose *v.* **1.** 提出 tíchū；提议 tíyì；建议 jiànyì：～ to make a change 建议修改一下 jiànyì xiūgǎi yíxià / ～ resting for an hour 建议休息一小时 jiànyì xiūxi yī xiǎoshí **2.** 推荐 tuījiàn：be ～d a candidate for 被推荐为…的候选人 bèi tuījiàn wéi…de hòuxuǎnrén **3.** 求(婚) qiú(hūn)：He ～d (marriage) to Mary. 他向玛丽求婚。Tā xiàng Mǎlì (Mary) qiúhūn.

proposition *n.* **1.** 叙述 xùshù；主张 zhǔzhāng；计划 jìhuà：a ～ so clear 非常清楚的主张 fēicháng qīngchude zhǔzhāng **2.** 问题 wèntí；命题 mìngtí：a ～ in Euclid 欧几里得几何学中的一项定理 Ōujǐlǐdé(Euclid) jǐhéxuézhōngde yíxiàng dìnglǐ **3.** 企业 qǐyè；事业 shìyè = enterprise：a paying ～ 有利可图的企业 yǒulì-kětúde qǐyè

propound *v.* 提出 tíchū：～ a theory 提出一学说 tíchū yī xuéshuō

proprietary *a.* **1.** 所有(人)的；suǒyǒu (rén) de：～ rights 所有权 suǒyǒuquán **2.** 专利的 zhuānlìde；专卖的 zhuānmàide：～ articles 专利品 zhuānlìpǐn / a ～ name 专利商标名 zhuānlì shāngbiāomíng **3.** 有(财)产的 yǒu(cái)chǎnde：～ classes 有产阶级 yǒuchǎn jiējí / a ～

company 控股公司 kònggǔ gōngsī

proprietor *n.* 所有人 suǒyǒurén；业主 yèzhǔ；经营者 jīngyíngzhě

proprietress *n.* 女所有人 nǚ suǒyǒurén；女业主 nǚyèzhǔ

propriety *n.* **1.** 适当 shìdàng；妥当 tuǒdang；正当 zhèngdàng；得体 détǐ：～ of language 言语适当 yányǔ shìdàng **2.** 礼节 lǐjié：a breach of ～ 失礼 shīlǐ / observe proprieties 遵守礼仪 zūnshǒu lǐyí / offend against proprieties 违反礼节 wéifǎn lǐjié

propulsion *n.* 推进 tuījìn；推进力 tuījìnlì：jet ～ 喷气推力 pēnqì tuīlì

propulsive *a.* 推进的 tuījìnde

propyl *n.* 丙基 bǐngjī：～ alcohol 丙醇 bǐngchún

prosaic *a.* **1.** 散文的 sǎnwénde **2.** 平凡的 píngfánde = common；没趣的 méiqùde = not interesting：a ～ life 平凡的生活 píngfánde shēnghuó

proscenium *n.* 舞台前部 wǔtái qiánbù

proscribe *v.* **1.** 不予法律保护 bùyǔ fǎlǜ bǎohù；放逐 fàngzhú = to outlaw **2.** 排斥 páichì；禁止 jìnzhǐ = to prohibit

proscription *n.* 放逐 fàngzhú

prose *n.* 散文 sǎnwén：a piece of ～ 一篇散文 yìpiān sǎnwén / a ～ poem 散文诗 sǎnwénshī / ～ style 散文体 sǎnwéntǐ / ～ works 散文著作 sǎnwén zhùzuò / a ～ writer 散文作家 sǎnwén zuòjiā

prosecute *v.* **1.** 进行 jìnxíng：～ a trade 进行贸易 jìnxíng màoyì **2.** 检举 jiǎnjǔ；告发 gàofā：～d for exceeding the speed limit 因行车超速而被检举 yīn xíngchē chāosù ér bèi jiǎnjǔ / a prosecuting attorney 检察官 jiǎncháguān

prosecution *n.* **1.** 进行 jìnxíng：in the ～ of one's duties 在执行某人职务时 zài zhíxíng mǒurén zhíwùshí **2.** 检举 jiǎnjǔ；告发 gàofā；起诉 qǐsù：start a ～ against sb. 检举某人 jiǎnjǔ mǒurén **3.** 原告 yuángào；告发人及律师 gàofārén jí lǜshī：the case for the ～ 对原告有利的案子 duì yuángào yǒulìde ànzi

prosecutor *n.* 追诉人 zhuīsùrén；检举人 jiǎnjǔrén；原告 yuángào：Public P- 检察官 jiǎncháguān

proselyte *n.* 改变信仰的人 gǎibiàn xìnyǎngde rén

prosody *n.* 诗律学 shīlǜxué；作诗法 zuòshīfǎ

prosopopoeia *n.* 拟人法 nǐrénfǎ = figure personifying inanimate objects

prospect *n.* **1.** 光景 guāngjǐng；景色 jǐngsè：a fine ～ 美景 měijǐng **2.** 展

望 zhǎnwàng；前景 qiánjǐng；前程 qiánchéng；前途 qiántú：The ～ is cheerful. 前途乐观。Qiántú lèguān. / We have good ～s. 咱们有美好的前程。Zánmen yǒu měihǎode qiánchéng. **3.** 预期 yùqī；希望 xīwàng：I see no ～ of his recovery. 我看他没有痊愈的希望。Wǒ kàn tā méiyǒu quányùde xīwàng. / We have a pleasant time in ～. 我们将有欢乐的时候。Wǒmen jiāng yǒu huānlède shíhou. **4.** 可能的主顾 kěnéngde zhǔgù = potential client *v.* 勘探 kāntàn；探矿 tànkuàng：～ a mine 探矿 tànkuàng / ～ for oil 勘探石油 kāntàn shíyóu / geological ～ing 地质勘探 dìzhì kāntàn

prospective *a.* 预期的 yùqīde；盼望中的 pànwàng zhōngde；未来的 wèiláide：～ advantages 预期的利益 yùqīde lìyì / his ～ bride 他的未来的新娘 tāde wèiláide xīnniáng / a ～ buyer 可能的买主 kěnéngde mǎizhǔ

prospector *n.* 勘探员 kāntànyuán；探矿员 tànkuàngyuán

prospectus *n.* **1.** 计划书 jìhuàshū；说明书 shuōmíngshū **2.** 内容介绍 nèiróng jièshào；简介 jiǎnjiè = introduction

prosper *v.* (使…)繁荣 (shǐ…)fánróng；(使…)兴隆 (shǐ…)xīnglóng；(使…)成功 (shǐ…)chénggōng：The business ～ed. 生意兴隆。Shēngyi xīnglóng. / Everything ～s with him. 他事事成功。Tā shìshì chénggōng. / May God ～ you! 愿上帝使你成功！Yuàn Shàngdì shǐ nǐ chénggōng!

prosperity *n.* 繁荣 fánróng；兴隆 xīnglóng；成功 chénggōng：a life of happiness and ～ 幸福而成功的一生 xìngfú ér chénggōngde yìshēng / live in ～ 生活于繁荣中 shēnghuó yú fánróngzhōng

prosperous *a.* **1.** 繁荣的 fánróngde；兴隆的 xīnglóngde：a ～ business 兴隆的生意 xīnglóngde shēngyi / ～ years 繁荣的年代 fánróngde niándài **2.** 顺利的 shùnlìde：a ～ wind 顺风 shùnfēng

prosthetics *n.* 修复术 xiūfùshù；弥补术 míbǔshù

prostitute *n.* 妓女 jìnǚ；娼妓 chāngjì *v.* **1.** 卖淫 màiyín；卖身 màishēn **2.** 出卖 chūmài；滥用 lànyòng：～ one's honor 出卖荣誉 chūmài róngyù / ～ one's energies 滥用精力 lànyòng jīnglì / ～ one's pen 卖文 màiwén // prostitution *n.*

prostrate *a.* **1.** 俯伏的 fǔfúde；屈服的 qūfúde = bowing down **2.** 虚脱

xūtuō；衰竭 shuāijié = exhausted *v.* 征服 zhēngfú；克服 kèfú：She is ～d with grief. 她悲伤不已。Tā bēishāngbùyǐ.

prostration *n.* **1.** 俯伏 fǔfú **2.** 虚脱 xūtuō；衰竭 shuāijié

prosy *a.* 平凡的 píngfánde = common；乏味的 fáwèide = dull：a ～ book（talk）乏味的书（谈话）fáwèide shū（tánhuà）/ a ～ author 平凡的作家 píngfánde zuòjiā

protactinium *n.* 镤 pú

protagonist *n.* **1.** 主角 zhǔjué；主人公 zhǔréngōng = hero of a story **2.** 首领 shǒulǐng = leader

protasis *n.* 条件子句 tiáojiàn zǐjù = conditional subordinate clause

protean *a.* 变化多端的 biànhuà duōduānde；一身能演数角的 yìshēn néng yǎn shùjuéde：the ～ changes of nature 大自然的变化多端 dàzìránde biànhuà duōduān / a ～ performer 一身兼饰数角的演员 yìshēn jiānshì shùjuéde yǎnyuán

protease *n.* 蛋白酶 dànbáiméi

protect *v.* 保护 bǎohù；防御 fángyù：～ children 保护儿童 bǎohù értóng / ～ trees against the frost 保护树木免受霜冻 bǎohù shùmù miǎnshòu shuāngdòng / well ～ed from the cold 防护良好而不受冻 fánghù liánghǎo ér bú shòudòng

protection *n.* **1.** 保护 bǎohù；防御 fángyù；警戒 jǐngjiè：under the ～ of the government 在政府的保护之下 zài zhèngfǔde bǎohù zhīxià / ～ money 保护费 bǎohùfèi **2.** 保护者 bǎohùzhě；保护物 bǎohùwù：various ～s against cold 各种防寒装置 gèzhǒng fánghán zhuāngzhì / a ～ from the wind 防风设施 fángfēng shèshī **3.** 保护贸易制 bǎohù màoyìzhì * of trade

protectionism *n.* 保护贸易政策 bǎohù màoyì zhèngcè；保护贸易主义 bǎohù màoyì zhǔyì

protective *a.* **1.** 保护的 bǎohùde：～ coloring 保护色 bǎohùsè / a ～ cover 保护性的覆盖物 bǎohùxìngde fùgàiwù / ～ foods 保健食物 bǎojiàn shíwù **2.** 保护贸易的 bǎohù màoyìde：～ duties 保护关税 bǎohù guānshuì * of taxation

protector *n.* **1.** 保护人 bǎohùrén **2.** 保护器 bǎohùqì；保护装置 bǎohù zhuāngzhì：boot ～s 鞋钉 xiédīng

protectorate *n.* 保护国 bǎohùguó；保护领地 bǎohù lǐngdì

protégé *n.* 被保护人 bèi bǎohùrén
protein *n.* 蛋白质 dànbáizhì；朊 ruǎn
proteolysis *n.* 蛋白水解 dànbái shuǐjiě
protest *v.* **1.** 抗议 kàngyì；反对 fǎnduì：～ against military provocations 抗议军事挑衅 kàngyì jūnshì tiǎoxìn / ～ against war 反对战争 fǎnduì zhànzhēng **2.** 声明 shēngmíng；主张 zhǔzhāng：～ faithfulness 保证忠实 bǎozhèng zhōngshí / ～ one's innocence 坚决表示无罪 jiānjué biǎoshì wúzuì *n.* **1.** 抗议 kàngyì：make a ～ against an action 对某一行动提出抗议 duì mǒuyī xíngdòng tíchū kàngyì / He gave way without ～. 他无异议地让步。Tā wúyìyìde ràngbù. **2.** 言明 yánmíng；主张 zhǔzhāng = maintaining
Protestant *n.* 新教徒 xīnjiàotú *a.* 新教的 xīnjiàode：the ～ church 耶稣教会 Yēsū jiàohuì
Protestantism *n.* 新教 xīnjiào；基督教 jīdūjiào
protestation *n.* **1.** 断言 duànyán；保证 bǎozhèng = pledge：a ～ of friendship 友情的保证 yǒuqíngde bǎozhèng **2.** 抗议 kàngyì；异议 yìyì = protest
protium *n.* 氕 piē
protoactinium *n.* 镤 pú
protocol *n.* **1.** 外交礼节 wàijiāo lǐjié；礼规 lǐguī **2.** 议定书 yìdìngshū；草约 cǎoyuē
proton *n.* 质子 zhìzǐ；氢核 qīnghé：P- is the basic particle of all atomic nuclei. 质子是一切原子核的基本粒子。Zhìzǐ shì yíqiè yuánzǐhéde jīběn lìzǐ.
protoplasm *n.* 原生质 yuánshēngzhì
prototype *n.* 原型 yuánxíng
protozoan *n.* 原生动物 yuánshēng dòngwù
protozoology *n.* 原生动物学 yuánshēng dòngwùxué
protract *v.* 延长 yáncháng；拖延 tuōyán：a ～ed disease 长期病 chángqībìng / ～ed negotiations 旷日已久的谈判 kuàngrì-yǐjiǔde tánpàn
protraction *n.* 延长 yáncháng；拖延 tuōyán
protractor *n.* 量角器 liángjiǎoqì；分度规 fēndùguī
protrude *v.* 伸出 shēnchū；突出 tūchū：～ one's tongue 伸舌头 shēn shétou / a shelf that ～s from a wall 自墙壁突出的架子 zì qiángbì

tūchūde jiàzi

protrusion *n.* **1.** 伸出 shēnchū；凸出 tūchū **2.** 凸出物 tūchūwù

protuberance *n.* 隆起 lóngqǐ；突出 tūchū

protuberant *a.* 隆起的 lóngqǐde；突出的 tūchūde

proud *a.* **1.** 骄傲的 jiāo'àode；傲慢的 àomànde：He is too ～ to join our party. 他太骄傲，不屑参加我们的集会。Tā tài jiāo'ào，búxiè cānjiā wǒmende jíhuì. **2.** 自尊的 zìzūnde；自重的 zìzhòngde：He is too ～ to do such a mean thing. 他很有自尊心，不会干这种卑鄙的事。Tā hěn yǒu zìzūnxīn，búhuì gàn zhèzhǒng bēibǐde shì. **3.** 自豪的 zìháode；得意的 déyìde；壮丽的 zhuànglìde：a ～ father 得意的父亲 déyìde fùqin / We are ～ of our motherland. 我们以我们的祖国自豪。Wǒmen yǐ wǒmende zǔguó zìháo. / He is ～ to be a scientist. 他觉得已是一个科学家很光荣。Tā juéde yǐshì yíge kēxuéjiā hěn guāngróng. / a ～ achievement 辉煌的成就 huīhuángde chéngjiù // ～ly *ad.*

prove *v.* **1.** 证明 zhèngmíng；证实 zhèngshí：～ sb.'s guilt 证明某人有罪 zhèngmíng mǒurén yǒuzuì /He ～d himself a capable general. 他证明了自己是个能干的将军。Tā zhèngmíngle zìjǐ shìge nénggànde jiāngjūn. **2.** 考验 kǎoyàn；检验 jiǎnyàn：～ a man's honesty 考验某人是否老实 kǎoyàn mǒurén shìfǒu lǎoshi / ～ a gun 验枪 yànqiāng / ～ a will 查验遗嘱 cháyàn yízhǔ **3.** 表现出 biǎoxiànchū；结果是 jiéguǒ shì：The rumor ～d false. 这个谣言原来是假的。Zhège yáoyán yuánlái shì jiǎde. / He ～d to be a coward. 他表现出是一个懦夫。Tā biǎoxiàn chū shì yíge nuòfū.

provenance *n.* 出处 chūchù；起源 qǐyuán：Gunpowder is now considered to be of Chinese ～. 火药现被认为起源于中国。Huǒyào xiànbèi rènwéi qǐyuán yú Zhōngguó.

provender *n.* 饲料 sìliào；秣料 mòliào

proverb *n.* **1.** 格言 géyán；谚语 yànyǔ；常言 chángyán：The（Book of）P-s《圣经》箴言《Shèngjīng》Zhēnyán / as the ～ runs 常言道 chángyándào **2.** 话柄 huàbǐng；笑话 xiàohua：pass into a ～ 传为笑话 chuánwéi xiàohua / His meanness is a ～. 他的卑劣已尽人皆知。Tāde bēiliè yǐ jìnrén-jiēzhī.

proverbial *a.* **1.** 格言的 géyánde；谚语的 yànyǔde **2.** 众所周知的 zhòngsuǒ-zhōuzhīde：the ～ London fog 著名的伦敦大雾 zhùmíngde

Lúndūn(London) dàwù

proverbially *ad*. 1. 如谚语所说 rú yànyǔ suǒshuō；俗话说得好 súhuà shuōde hǎo 2. 众所周知地 zhòngsuǒ-zhōuzhīde：His stupidity is ～ known. 他的愚蠢是闻名的。Tāde yúchǔn shì wénmíngde.

provide *v*. 1. 供给 gōngjǐ；供应 gōngyìng：～ for oneself 自给自足 zìjǐ-zìzú / We are ～d well with food and clothing. 我们吃得好，穿得好。Wǒmen chīde hǎo，chuānde hǎo. / We ～ them board and lodging. 我们供给他们膳宿。Wǒmen gōngjǐ tāmen shànsù. 2. 准备 zhǔnbèi：～ a meal 准备一顿饭 zhǔnbèi yídùn fàn / ～ against accidents 预防事故 yùfáng shìgù / ～ for the future 为将来作准备 wèi jiānglái zuò zhǔnbèi 3. 规定 guīdìng；约定 yuēdìng：It is ～d for in the contract. 这是合同中所规定的。Zhèshì hétóngzhōng suǒ guīdìngde.

provided *conj*. 只要 zhǐyào：I will come ～ (that) I am well enough. 只要我身体好，我一定来。Zhǐyào wǒ shēntǐ hǎo，wǒ yídìng lái.

providence *n*. 1. 目光远大 mùguāng-yuǎndà；远虑 yuǎnlǜ = foresight 2. 天意 tiānyì；天道 tiāndào = divine care

provident *a*. 1. 目光远大的 mùguāng-yuǎndàde；有远虑的 yǒu yuǎnlǜde：be ～ of the future 顾前思后 gùqián-sīhòu 2. 节约的 jiéyuēde = economical

providential *a*. 天意的 tiānyìde；神助的 shénzhùde；幸运的 xìngyùnde = fortunate：a ～ escape 幸运的逃脱 xìngyùnde táotuō

providing *conj*. 只要 zhǐyào；假若 jiǎruò：P- there is no rain, we shall go to the picnic. 假若不下雨，我们就去野餐。Jiǎruò bú xiàyǔ，wǒmen jiùqù yěcān.

province *n*. 1. 省 shěng：Hebei P- 河北省 Héběishěng 2. 地方 dìfāng：London and the ～s 英国中央和地方 Yīngguó zhōngyāng hé dìfāng 3. 领域 lǐngyù；范围 fànwéi：the ～ of science 科学领域 kēxué lǐngyù / It's not my ～ to interfere. 这不是我所应当干涉的。Zhè búshì wǒ suǒ yīngdāng gānshède.

provincial *a*. 1. 省的 shěngde：a ～ governor 省长 shěngzhǎng / ～ government 省政府 shěngzhèngfǔ 2. 乡下气的 xiāngxiaqìde * rustic = narrow in outlook

provincialism *n*. 1. 方言 fāngyán；土话 tǔhuà = dialect 2. 地方观念 dìfāng guānniàn = narrow outlook

provision *n.* **1.** 存粮 cúnliáng；粮食 liángshi；口粮 kǒuliáng：store ～s 贮存粮食 zhùcún liángshi / P-s are plentiful. 粮食充足。Liángshi chōngzú. **2.** 准备 zhǔnbèi；预备 yùbèi：make ～ against attack by air 预防空袭 yùfáng kōngxí **3.** 条文 tiáowén；规定 guīdìng：according to the ～s of the agreement 按照协议的条文 ànzhào xiéyìde tiáowén

provisional *a.* 暂定的 zàndìngde；暂时的 zànshíde；临时的 línshíde：a ～ government 临时政府 línshí zhèngfǔ / a ～ order 紧急命令 jǐnjí mìnglìng / a ～ treaty 临时条约 línshí tiáoyuē

proviso *n.* 附文 fùwén；条件 tiáojiàn

provocation *n.* 挑衅 tiǎoxìn；挑拨 tiǎobō；激怒 jīnù：military ～ 军事挑衅 jūnshì tiǎoxìn

provocative *a.* 挑衅的 tiǎoxìnde；挑拨的 tiǎobōde；刺激性的 cìjīxìngde：be ～ of sorrow 能引起悲哀 néng yǐnqǐ bēi'āi

provoke *v.* **1.** 挑拨 tiǎobō；煽动 shāndòng；激怒 jīnù；刺激 cìjī：～ a riot 煽动暴动 shāndòng bàodòng / ～ a person to anger 叫人气得发怒 jiàorén qìde fānù **2.** 引起：yǐnqǐ：～ a person's anger 惹人发怒 rěrén fānù / ～ a person's mirth 逗人高兴 dòurén gāoxìng / ～ a person's interest 引起某人的兴趣 yǐnqǐ mǒurénde xìngqù

provoking *a.* 气人的 qìrénde；讨人嫌的 tǎorénxiánde：～ behavior 使人恼火的行为 shǐrén nǎohuǒde xíngwéi / most ～ children 讨厌透顶的孩子 tǎoyàn tòudǐngde háizi

provost *n.* 院长 yuànzhǎng：the P- of Oriel 欧瑞尔院长 Ōuruì'ěr (Oriel) yuànzhǎng

prow *n.* **1.** 船头 chuántóu * = the bow of a ship **2.** 机头 jītóu * of an air plane **3.** 船 chuán * in a poem

prowess *n.* 勇武 yǒngwǔ；勇猛 yǒngměng；英勇 yīngyǒng

prowl *v.* 徘徊 páihuái：He ～ed the street for hours. 他在街上徘徊了几小时。Tā zài jiēshang páihuáile jǐ xiǎoshí. *n.* 徘徊 páihuái：be on the ～ 踱来踱去 duólái-duóqù

prowl car *n.* 警察巡逻车 jǐngchá xúnluóchē

proximate *a.* 最近的 zuìjìnde；近似的 jìnsìde：the ～ cause 近因 jìnyīn

proximity *n.* 最近 zuìjìn；近似 jìnsì = closeness：in the ～ of Shanghai 在上海附近 zài Shànghǎi fùjìn // a ～ fuse 无线电引信 wúxiàndiàn yǐnxìn；变时引信 biànshí yǐnxìn

proximo *ad*. 下月 xiàyuè；次月 cìyuè = in the next month：on the 22nd ～ 下月二十二日 xiàyuè èrshí'èrrì

proxy *n*. **1**. 代理 dàilǐ；代理人 dàilǐrén：stand ～ for him 担任他的代理人 dānrèn tāde dàilǐrén **2**. 委托书 wěituōshū = writing authorizing a substitute

prude *n*. 过分拘谨的女子 guòfèn jūjǐnde nǚzǐ；装得一本正经的女人 zhuāngde yìběn-zhèngjīngde nǚrén

prudence *n*. **1**. 谨慎 jǐnshèn；慎重 shènzhòng = careful；远虑 yuǎnlǜ = exercising forethought **2**. 精明 jīngmíng = wise

prudent *a*. **1**. 谨慎的 jǐnshènde；慎重的 shènzhòngde；有远虑的 yǒu yuǎnlǜde：a ～ housekeeper 一位谨慎过日子的主妇 yíwèi jǐnshèn guò rìzide zhǔfù **2**. 精明 jīngmíng

prudential *a*. 谨慎的 jǐnshènde；谨小慎微的 jǐnxiǎo-shènwēide：～ motives 谨慎的动机 jǐnshènde dòngjī

prudery *n*. 装正经 zhuāng zhèngjing

prudish *a*. 一本正经的 yìběn-zhèngjīngde

prune[1] *n*. 洋李 yánglǐ；李子 lǐzi；洋李脯 yánglǐfǔ

prune[2] *v*. **1**. 修剪 xiūjiǎn：～ the rose-bushes 修剪玫瑰蔓丛 xiūjiǎn méigui màncóng **2**. 删节 shānjié；剪裁 jiǎncái：～ an essay 删改一篇文章 shāngǎi yìpiān wénzhāng / ～ away the adjectives 删去形容词 shānqù xíngróngcí

prunings *n*. 修枝 xiūzhī；剪枝 jiǎnzhī = cutting out dead and excessive branches

Prussian *a*. 普鲁士的 Pǔlǔshìde；普鲁士人的 Pǔlǔshìrénde * of the people：～ blue 普鲁士蓝 Pǔlǔshìlán；深蓝色 shēnlánsè *n*. 普鲁士人 Pǔlǔshìrén；普鲁士语 Pǔlǔshìyǔ

prussic acid 氢氰酸 qīngqíngsuān

pry *v*. 窥探 kuītàn = snoop；探问 tànwèn = enquire：～ about the house 在房外东张西望 zài fángwài dōngzhāng-xīwàng

psalm *n*. 赞美诗 zànměishī；圣歌 shènggē：the (Book of) P-s《圣经》诗篇《Shèngjīng》shīpiān

psalmist *n*. 赞美诗作者 zànměishī zuòzhě

psephology *n*. 选举学 xuǎnjǔxué

pseudo- *pref*. 伪的 wěide；假的 jiǎde：～-classic 伪古典的 wěi gǔdiǎnde /～-archaic 伪古的 wěigǔde / ～-scientific 伪科学的 wěi kēxuéde

pseudonym *n*. 假名 jiǎmíng；笔名 bǐmíng * of a writer

pshaw *int*. 哼！Hēng!

psittacosis *n*. 鹦鹉热病 yīngwǔrè bìng

psoriasis *n*. 牛皮癣 niúpíxuǎn

psyche *n*. 人之灵魂 rén zhī línghún；心智 xīnzhì ＝ soul or spirit

psychedelic *n*. 迷幻药 míhuànyào

psychiatric *a*. 精神病的 jīngshénbìngde：～ treatment 精神病治疗 jīngshénbìng zhìliáo

psychiatrist *n*. 精神病医生 jīngshénbìng yīshēng

psychiatry *n*. 精神病学 jīngshénbìngxué；精神病治疗法 jīngshénbìng zhìliáofǎ

psychic(al) *a*. 精神的 jīngshénde；心理的 xīnlǐde；心灵的 xīnlíngde

psychoanalysis *n*. 精神分析 jīngshén fēnxī；精神分析学 jīngshén fēnxīxué

psychobiology *n*. 生物心理学 shēngwù xīnlǐxué

psychodrama *n*. 心理剧 xīnlǐjù

psychological *a*. **1**. 心理学的 xīnlǐxuéde；心理上的 xīnlǐshangde：the ～ moment 心理之适当瞬间 xīnlǐ zhī shìdàng shùnjiān；最适当的时机 zuì shìdàngde shíjī **2**. 影响士气的 yǐngxiǎng shìqìde：～ warfare 心理战 xīnlǐzhàn

psychologist *n*. 心理学家 xīnlǐxuéjiā

psychology *n*. **1**. 心理学 xīnlǐxué：abnormal ～ 变态心理学 biàntài xīnlǐxué / criminal ～ 犯罪心理学 fànzuì xīnlǐxué **2**. 心理（状态）xīnlǐ (zhuàngtài)：She understands her husband's ～ very well. 她非常了解她丈夫的心理。Tā fēicháng liǎojiě tā zhàngfude xīnlǐ.

psychopath *n*. 精神变态者 jīngshén biàntàizhě；心理病者 xīnlǐ bìngzhě

psychopathology *n*. 精神病理学 jīngshén bìnglǐxué；病理心理学 bìnglǐ xīnlǐxué

psychophysics *n*. 心理物理学 xīnlǐ wùlǐxué；心物学 xīnwùxué

psychosis *n*. 精神病 jīngshénbìng

psychosomatic *a*. 心身相关的 xīnshēn xiāngguānde：～ therapy 心身疗法 xīnshēn liáofǎ

psychotherapy *n*. 精神治疗法 jīngshén zhìliáofǎ；心理疗法 xīnlǐ liáofǎ

psychotic *a.* 疯子的 fēngzide；精神病的 jīngshénbìngde：～ behavior 疯狂行为 fēngkuáng xíngwéi *n.* 精神病患者 jīngshénbìng huànzhě

ptarmigan *n.* 雷鸟 léiniǎo

PT boat *n.* 鱼雷快艇 yúléi kuàitǐng

pterodactyl *n.* 翼手龙 yìshǒulóng

Ptolemaic system *n.* 天动说 tiāndòngshuō

ptomain *n.* 尸碱 shījiǎn；尸毒 shīdú

pub *n.* 酒店 jiǔdiàn

puberty *n.* 青春期 qīngchūnqī：reach the age of ～ 已届青春期 yǐjiè qīngchūnqī

pubic *a.* 阴部的 yīnbùde：～ hair 阴毛 yīnmáo；the ～ bone 耻骨 chǐgǔ

public *a.* **1.** 公众的 gōngzhòngde；公共的 gōnggòngde：～ affairs 公共事务 gōnggòng shìwù / ～ health 公共卫生 gōnggòng wèishēng / ～ house 酒店 jiǔdiàn / ～ opinion 舆论 yúlùn / a ～ telephone 公用电话 gōngyòng diànhuà **2.** 政府的 zhèngfǔde；公立的 gōnglìde：～ debt 公债 gōngzhài；国债 guózhài / a ～ school 公立学校 gōnglì xuéxiào **3.** 为公的 wéigōngde：a ～ officer 公务员 gōngwùyuán / ～ spirit 公益精神 gōngyì jīngshén **4.** 公开的 gōngkāide：a ～ letter 公开信 gōngkāixìn / ～ sale 拍卖 pāimài / make a secret ～ 揭露秘密 jiēlù mìmì *n.* **1.** 公众 gōngzhòng；民众 mínzhòng：the general ～ 一般民众 yìbān mínzhòng / The ～ is the best judge. 公众是最好的判断者。Gōngzhòng shì zuìhǎode pànduànzhě. **2.** …社会 …shèhuì；…界 …jiè：the musical ～ 音乐界 yīnyuèjiè / the theater-going ～ 爱看戏的人 ài kànxìde rén / the reading ～ 读者群 dúzhěqún

publican *n.* **1.** 酒馆老板 jiǔguǎn lǎobǎn ＝ boss of a pub **2.** 收税员 shōushuìyuán ＝ tax collector

publication *n.* **1.** 发表 fābiǎo；出版 chūbǎn；公布 gōngbù：the ～ of a report 一篇报告的公布 yìpiān bàogàode gōngbù / date of ～ 出版日期 chūbǎn rìqī **2.** 出版物 chūbǎnwù ＝ printed material

public-house *n.* **1.** 酒店 jiǔdiàn ＝ a pub **2.** 小旅馆 xiǎo lǚguǎn ＝ small inn

publicist *n.* **1.** 国际法专家 guójìfǎ zhuānjiā **2.** 政论家 zhènglùnjiā ＝ writer on public concerns **3.** 宣传员 xuānchuányuán ＝ publicity agent

publicity *n.* **1.** 周知 zhōuzhī：seek ～ 求名 qiúmíng；出风头 chū fēngtou / Her marriage got a lot of ～. 人人都知道她的婚事。Rénrén dōu zhīdao tāde hūnshì. **2.** 宣传 xuānchuán：film ～ 电影上的宣传 diànyǐngshangde xuānchuán / newspaper ～ 新闻广告 xīnwén guǎnggào / conduct a ～ campaign 从事一项宣传活动 cóngshì yíxiàng xuānchuán huódòng / ～ agent 广告代理人 guǎnggào dàilǐrén；宣传员 xuānchuányuán

publicize *v.* 发表 fābiǎo；公布 gōngbù；宣传 xuānchuán

publicly *ad.* **1.** 公然 gōngrán；公开地 gōngkāide **2.** 众所周知地 zhòngsuǒzhōuzhīde：～-owned land 公有地 gōngyǒudì

public servant *n.* 公务员 gōngwùyuán；公仆 gōngpú

public-spirited *a.* 有公益精神的 yǒu gōngyì jīngshénde

publish *v.* **1.** 发表 fābiǎo；公布 gōngbù：～ the news 发表消息 fābiǎo xiāoxi / ～ a law 公布法律 gōngbù fǎlǜ **2.** 出版 chūbǎn：～ a book 出版书 chūbǎnshū / The novel is ～ed by the Foreign Languages Press. 这本小说由外文出版社出版。Zhèběn xiǎoshuō yóu Wàiwén Chūbǎnshè chūbǎn. / a ～ing house 出版社 chūbǎnshè

publisher *n.* **1.** 公布者 gōngbùzhě = one who makes…known to the public **2.** 出版者 chūbǎnzhě；发行人 fāxíngrén = one whose business is to publish books, magazines or other publications

puce *n.* 深褐色 shēnhèsè

puck[1] *n.* 冰球 bīngqiú = a hard rubber disk used in ice hockey

puck[2] *n.* **1.** 小妖精 xiǎoyāojing = mischievous fairy **2.** 顽童 wántóng = naughty boy

pucker *v.* 折成褶子 zhéchéng zhězi；皱起 zhòuqǐ：～ up one's brows 皱起眉梢 zhòuqǐ méishāo / This coat ～s at the shoulder. 这件大衣的肩部皱了。Zhèjiàn dàyīde jiānbù zhòule.

pudding *n.* **1.** 布丁 bùdīng；milk ～s 牛奶布丁 niúnǎi bùdīng **2.** 腊肠 làcháng= sausage：black ～ 黑腊肠 hēilàcháng

puddle *n.* **1.** 水坑 shuǐkēng；泥潭 nítán **2.** 胶土 jiāotǔ；混土 hùntǔ = rough cement *v.* 搅浊 jiǎozhuó；搅炼 jiǎoliàn：～ molten iron 炼铁 liàntiě / the puddling process 搅炼法 jiǎoliànfǎ

pudendum *n.* 阴部 yīnbù；外阴 wàiyīn

pudgy *a.* 矮胖 ǎipàng

pueblo *n.* 印第安村 yìndì'āncūn

puerile *a.* 幼稚的 yòuzhìde；孩子气的 háiziqìde：ask ～ questions 问幼稚的问题 wèn yòuzhìde wèntí

puff *n.* **1.**（一）喷（yì）pēn；一阵 yízhèn；吹 chuī：a ～ of wind 一阵风 yízhèn fēng / ～s of smoke from a pipe 烟斗的喷烟 yāndǒude pēnyān / have a ～ at a pipe 吸一袋烟 xī yídài yān **2.** 粉扑 fěnpū：a powder-～ 粉扑 fěnpū / ～-box 粉扑盒 fěnpūhé **3.** 鼓吹 gǔchuī；宣扬 xuānyáng = advertise *v.* **1.** 喷（出）pēn（chū）：The engine ～ed out of the station. 机车噗噗喷气，驶出车站。Jīchē pūpū pēnqì，shǐchū chēzhàn. / Smoke ～ed up from the volcano. 烟从火山里喷出来。Yān cóng huǒshānli pēn chūlái. **2.** 吹 chuī：～ at one's pipe 从烟斗喷烟 cóng yāndǒu pēnyān / ～ out a candle 吹熄蜡烛 chuīxī làzhú **3.** 喘气 chuǎnqì = breathe hard：～ upstairs 喘着气上楼 chuǎnzhe qì shànglóu **4.** 称赞 chēngzàn

puffy *a.* **1.** 吹喷的 chuīpēnde；喘气的 chuǎnqìde：He was rather ～ after the climb. 他攀登后有些喘（气）。Tā pāndēng hòu yǒuxiē chuǎn（qì）. **2.** 膨胀的 péngzhàngde；浮肿的 fúzhǒngde = swollen：a ～ face 浮肿的脸 fúzhǒngde liǎn

puff adder *n.* 鼓腹蝰 gǔfùkuí

puffball *n.* 马勃菌 mǎbójūn

puffer *n.* 河豚 hétún

puffin *n.* 善知鸟 shànzhīniǎo

pug *n.* **1.** 狮子狗 shīzigǒu；哈巴狗 hābāgǒu = small snub-nosed dog **2.** 狮子鼻 shīzibí = snub nose

pugilism *n.* 拳击 quánjī

pugilist *n.* 拳击家 quánjījiā；拳击师 quánjīshī

pugnacious *a.* 好斗的 hàodòude；好争的 hàozhēngde：～ people 好斗的人 hàodòude rén

puissant *a.* 有势力的 yǒu shìlide；有权力的 yǒu quánlìde

pulchritude *n.* 美丽 měilì

pule *v.* 抽噎 chōuyē；低泣 dīqì

pull *v.* **1.** 拉 lā；拖 tuō；牵 qiān：～ a cart 拉车 lāchē / ～ a door open 把门拉开 bǎ mén lākāi / ～ a person by the sleeve 拉人的袖子 lā rénde xiùzi / ～ a thing about 乱拖东西 luàntuō dōngxi **2.** 划 huá；荡 dàng；摇 yáo：～ a good oar 划船划得好 huáchuán huáde hǎo / ～ for the shore 摇到岸边去 yáodào ànbiān qù / ～ in 靠岸 kào'àn；进站 jìnzhàn /～ out 离岸 lí'àn；出站 chūzhàn **3.** 摘 zhāi；拔 bá：～ flowers 摘花 zhāihuā / ～ a tooth 拔牙 báyá / ～ a fowl 拔鸟毛 bá niǎomáo **4.** 援引 yuányǐn；拉拢 lālong：～ a person's support 拉人支持 lā rén zhīchí **5.** 吸 xī：～ing at his pipe 吸烟斗 xī yāndǒu // ～ a face 板起面孔 bǎnqí miànkǒng / ～ a horse 勒马 lēimǎ / ～ a person's leg 开人玩笑 kāi rén wánxiào / ～ a person about 待人粗暴 dàirén cūbào / ～ down a house 拆毁房子 chāihuǐ fángzi / ～ a person down 把人身体拖垮 bǎ rén shēntǐ tuōkuǎ / ～ a person round 使人恢复健康 shǐ rén huīfù jiànkāng / ～ through 克服困难 kèfú kùnnan；脱离危险 tuōlí wēixiǎn / ～ together 通力合作 tōnglì hézuò / ～ oneself together 振作起来 zhènzuò qǐlái；控制自己 kòngzhì zìjǐ *n.* **1.** 拉 lā；拖 tuō：give a ～ at a rope 拉一下绳 lā yíxià shéng **2.** 划船 huáchuán **3.** (一)饮 (yì)yǐn **4.** 势力 shìli **5.** 拉手 lāshǒu；把手 bǎshǒu：a bell ～ 铃把手 líng bǎshǒu

puller *n.* **1.** 拉者 lāzhě；**2.** 拉出器 lāchūqì

pullet *n.* 小母鸡 xiǎomǔjī

pulley *n.* 滑轮 huálún；滑车 huáchē：a ～ block 滑轮组 huálúnzǔ

Pullman *n.* 普尔门式 Pǔ'ěrménshì：～ car 普尔门式卧车 Pǔ'ěrménshì wòchē

pullover *n.* 套领毛衣 tàolǐng máoyī

pullulate *v.* 繁殖 fánzhí；剧增 jùzēng = increase

pulmonary *a.* 肺的 fèide：～ disease 肺病

pulmotor *n.* 人工呼吸器 réngōng hūxīqì

pulp *n.* **1.** 果肉 guǒròu：apple ～ 苹果的果肉 píngguǒde guǒròu **2.** 纸浆 zhǐjiāng * for making paper *v.* 打成浆 dǎchéng jiāng = grind into ～

pulpit *n.* 布达坛 bùdátán；讲坛 jiǎngtán；牧师 mùshī：be denounced alike by ～ and platform 受到宗教界和政界双方面的谴责 shòudào zōngjiàojiè hé zhèngjiè shuāngfāngmiànde qiǎnzé

pulpy *a.* 果肉质的 guǒròuzhìde；多汁的 duōzhīde = juicy；柔软 róuruǎn = soft

pulsate *v.* 搏动 bódòng；跳动 tiàodòng；震动 zhèndòng

pulsation *n.* 脉搏 màibó；震动 zhèndòng

pulse[1] *n.* **1.** 脉搏 màibó；脉 mài：feel a person's ～ 诊脉 zhěnmài；按脉搏 àn màibó / The patient has a weak ～. 病人脉搏弱。Bìngrén màibó ruò.

2. 激动 jīdòng：stir one's ～s 鼓动某人的情绪 gǔdòng mǒurénde qíngxù；使某人激动 shǐ mǒurén jīdòng 3. 动向 dòngxiàng：the ～ of the nation 全国的动向 quánguóde dòngxiàng 4. 脉冲波 màichōngbō * of electron *v*. 跳动 tiàodòng；震动 zhèndòng：news that sent the blood pulsing through his veins 使他血液沸腾的消息 shǐ tā xuèyè fèiténgde xiāoxi

pulse[2] *n*. 豆类 dòulèi；豆 dòu = beans

pulverize *v*. 磨碎 mósuì；研末 yánmò

pulverizer *n*. 粉碎器 fěnsuìqì；粉磨机 fěnmójī

puma *n*. 美洲狮 Měizhōu shī

pumice *n*. 浮石 fúshí

pummel *v*. 拳打 quándǎ

pump[1] *n*. 泵 bèng；抽水机 chōushuǐjī：an air ～ 气泵 qìbèng / a bicycle ～ 打气筒 dǎqìtǒng / a village ～ 水车 shuǐchē / a water ～ 水泵 shuǐbèng / raise water with a ～ 用水泵抽水 yòng shuǐbèng chōushuǐ *v*. 1. 抽水 chōushuǐ：～ a well dry 把井水抽干 bǎ jǐngshuǐ chōugān / ～ water from a well 从井里抽水 cóng jǐngli chōushuǐ 2. 打气 dǎqì：～ air into a tyre 把气打入轮胎 bǎ qì dǎrù lúntāi / ～ up the tyres 把轮胎打足气 bǎ lúntāi dǎzú qì 3. 灌注 guànzhù：～ English grammar into a boy 把英语语法灌输给孩子 bǎ Yīngyǔ yǔfǎ guànshū gěi háizi 4. 盘问 pánwèn：～ a person for information 向人盘问消息 xiàng rén pánwèn xiāoxi

pump[2] *n*. 跳舞鞋 tiàowǔxié：a new pair of ～s 一双新舞鞋 yìshuāng xīn wǔxié

pumpkin *n*. 南瓜 nánguā；西葫芦 xīhúlu

pun *n*. 双关语 shuāngguānyǔ

punch[1] *n*. 1. 冲床 chòngchuáng；冲压机 chòngyājī 2. 穿孔器 chuānkǒngqì；打洞器 dǎdòngqì：a ticket ～ 剪票机 jiǎnpiàojī *v*. 冲孔 chòngkǒng；打眼 dǎyǎn；轧切 zháqiē：～ holes in a sheet of metal 在金属板上钻孔 zài jīnshǔ bǎnshang zuànkǒng / ～ed cards 打孔的卡片 dǎkǒngde kǎpiàn / ～ing tool 冲孔工具 chòngkǒng gōngjù

punch[2] *n*. 潘趣酒 pānqùjiǔ

Punch *n*. 《笨拙》周刊《Bènzhuō》zhōukān

punch line 妙语 miàoyǔ

puncheon *n*. 短柱 duǎnzhù

punctilio *n*. 1. 细节 xìjié = detail 2. 形式主义 xíngshìzhǔyì = mere form；

礼仪 lǐyí

punctilious *a.* 拘泥礼节的 jūní lǐjiéde；死板的 sǐbǎnde

punctual *a.* 守时(刻)的 shǒu shí(kè)de；准时的 zhǔnshíde；正点的 zhèngdiǎnde：Be ～. 遵守时间。Zūnshǒu shíjiān. / be ～ for the lecture 准时来演讲 zhǔnshí lái yǎnjiǎng / be ～ to the minute 一分不误 yìfēn búwù

punctuality *n.* 遵守时间 zūnshǒu shíjiān；准时 zhǔnshí；正点 zhèngdiǎn

punctually *ad.* 按时地 ànshíde；准时地 zhǔnshíde：The train arrived ～. 火车准时到站。Huǒchē zhǔnshí dàozhàn.

punctuate *v.* **1.** 打标点 dǎ biāodiǎn：～ heavily 滥打标点符号 làndǎ biāodiǎn fúhào **2.** 打断 dǎduàn ＝ interrupt：a speech ～d with cheers 被欢呼声不时打断的演讲 bèi huānhūshēng bùshí dǎduànde yǎnjiǎng

punctuation *n.* 标点 biāodiǎn：close (open) ～ 精密(简略)标点法 jīngmì (jiǎnlüè) biāodiǎnfǎ / ～ marks 标点符号 biāodiǎn fúhào

puncture *n.* 刺伤 cìshāng；小洞 xiǎodòng；小孔 xiǎokǒng *v.* **1.** 穿孔 chuānkǒng；刺穿 cìchuān：～ an abscess 刺破脓肿 cìpò nóngzhǒng / ～ the tyre 扎破轮胎 zhāpò lúntāi

pundit *n.* 权威人士 quánwēi rénshì；专家 zhuānjiā ＝ learned person

pungency *n.* **1.** 刺激性 cìjīxìng；辛辣 xīnlà **2.** 尖刻 jiānkè；尖锐 jiānruì ＝ sharp

pungent *a.* **1.** 刺激(性)的 cìjī(xìng)de；刺鼻的 cìbíde；辛辣 xīnlà：～ sauce 辣酱油 là jiàngyóu **2.** 尖刻 jiānkè；尖锐 jiānruì：～ sarcasm 尖酸刻薄的讽刺 jiānsuān kèbóde fěngcì / ～ remarks 尖刻的评语 jiānkède píngyǔ

punish *v.* **1.** 罚 fá；处罚 chǔfá；惩罚 chéngfá：～ a man with a fine 处某人以罚金 chǔ mǒurén yǐ fájīn / ～ a man by death 把某人处死 bǎ mǒurén chǔsǐ **2.** 痛击 tòngjī：～ an opponent in a boxing match 在拳击比赛中痛击对手 zài quánjī bǐsàizhōng tòngjī duìshǒu

punishable *a.* 该罚的 gāifáde

punishment *n.* 处罚 chǔfá；惩罚 chéngfá：the ～ of crime 对犯罪的惩罚 duì fànzuìde chéngfá / make the ～ fit the crime 因罪量刑 yīnzuì liàngxíng / inflict a ～ on a criminal 对犯人课刑 duì fànrén kèxíng

punitive *a.* 惩罚性的 chéngfáxìngde；刑罚的 xíngfáde：a ～ expedition 讨伐的 tǎofáde

Punjabi *n.* 旁遮普人 Pángzhēpǔrén＝the people；旁遮普语 Pángzhēpǔyǔ ＝the language

punk *n.* 不良少年 bùliáng shàonián；小流氓 xiǎoliúmáng ＝ petty gangster

punt[1] *v.* 悬空踢 xuánkōngtī ＝ a way of kicking a ball

punt[2] *n.* 平底船 píngdǐchuán ＝ flat-bottomed boat

puny *a.* 微弱 wēiruò；弱小 ruòxiǎo ＝ weak：What a ～ little creature！一个多么小而弱的人啊！Yíge duōme xiǎo ér ruòde rén'ɑ！/ my ～ efforts 我小小的努力 wǒ xiǎoxiǎode nǔlì

pup *n.* 小狗 xiǎogǒu

pupa *n.* 蛹 yǒng

pupil[1] *n.* （小）学生（xiǎo）xuésheng：eight-grade ～s 八年制小学生 bāniánzhì xiǎoxuéshēng / a ～ to Mr Smith 史密斯先生的学生 Shǐmìsī (Smith)xiānshengde xuésheng / a ～ teacher 见习教师 jiànxí jiàoshī

pupil[2] *n.* 瞳孔 tóngkǒng * of the eye

puppet *n.* **1.** 傀儡 kuǐlěi：a ～ government 傀儡政府 kuǐlěi zhèngfǔ **2.** 木偶 mù'ǒu：glove ～s 布袋木偶 bùdài mù'ǒu

puppet show *n.* 木偶戏 mù'ǒuxì

puppy *n.* **1.** 小狗 xiǎogǒu **2.** 小滑头 xiǎo huátóu ＝ conceited young man

puppy love 少年恋爱 shàonián liàn'ài

purblind *a.* 半盲的 bànmángde

purchasable *a.* **1.** 买得到的 mǎide dàode；**2.** 可以收买的 kěyǐ shōumǎide

purchase *v.* **1.** 购买 gòumǎi；购置 gòuzhì：～ a house 买一所房子 mǎi yìsuǒ fángzi / purchasing power 购买力 gòumǎilì **2.** 争得 zhēngdé：～ freedom with blood 以鲜血换得自由 yǐ xiānxuè huàndé zìyóu *n.* **1.** 购买 gòumǎi：～ and sell 买卖 mǎimài / make a ～ 买东西 mǎi dōngxi **2.** 购买品 gòumǎipǐn ＝ a thing bought **3.** 价值 jiàzhí ＝ price：sold at thirty years' ～ 以相当于三十年租金的价格售出 yǐ xiāngdāng yú sānshí nián zūjīnde jiàgé shòuchū

purchaser *n.* 购买人 gòumǎirén；买主 mǎizhǔ

pure *a.* **1.** 纯的 chúnde；纯净的 chúnjìngde：～ gold 纯金 chúnjīn / a ～ note 纯音 chúnyīn / ～ water 净水 jìngshuǐ / ～ white 纯白 chúnbái **2.** 纯洁的 chúnjiéde：She is ～ in mind and body. 她身心纯洁。Tā shēnxīn chúnjié. **3.** 纯正的 chúnzhèngde；纯粹的 chúncuìde：～ blood

纯血 chúnxuè / ～ English 纯正的英语 chúnzhèngde Yīngyǔ / ～ science 理论科学 lǐlùn kēxué；纯科学 chún kēxué / a ～ negro 纯黑人 chún hēirén **4.** 完全的 wánquánde；单纯的 dānchúnde：～ mischief 单纯的恶作剧 dānchúnde èzuòjù / a ～ waste of time 纯粹浪费时间 chúncuì làngfèi shíjiān / a ～ invention 完全捏造 wánquán niēzào / a fool ～ and simple 不折不扣的傻瓜 bùzhé-búkòude shǎguā

purée *n.* 菜泥 càiní；果泥 guǒní：tomato ～ 番茄酱 fānqiéjiàng / a ～ of fish 鱼酱 yújiàng / a ～ of potatoes 土豆泥 tǔdòuní

purely *ad.* **1.** 纯粹地 chúncuìde：He is ～ English. 他纯粹是个英国人。Tā chúncuì shìge Yīngguórén. **2.** 纯洁地 chúnjiéde：He lives ～. 他过着纯洁的生活。Tā guòzhe chúnjiéde shēnghuó. **3.** 全然地 quánránde；纯然地 chúnránde：～ accidental 完全偶然的 wánquán ǒuránde

pureness *n.* **1.** 纯净 chúnjìng **2.** 纯洁 chúnjié **3.** 单纯 dānchún

purgative *a.* 清除的 qīngchúde；通便的 tōngbiànde = clear out *n.* 泻药 xièyào = laxative drug

purgatory *n.* (天主教)炼狱 (Tiānzhǔjiào)liànyù；受难处 shòunànchù = place for spiritual purging

purge *v.* **1.** 清洗 qīngxǐ；清除 qīngchú；肃清 sùqīng：～ the air of a room 使室内空气清新 shǐ shìnèi kōngqì qīngxīn / be ～d of sin 除罪 chúzuì / ～ state organs of corrupt members 肃清国家机关内的贪污分子 sùqīng guójiā jīguānnèide tānwū fènzǐ **2.** 开脱 kāituō；洗雪 xǐxuě：～ a person of a charge 给某人开脱罪名 gěi mǒurén kāituō zuìmíng **3.** 吃泻药 chī xièyào：～ the bowels 通大便 tōng dàbiàn *n.* **1.** 清洗 qīngxǐ：political ～ 政治上的清洗 zhèngzhìshangde qīngxǐ **2.** 泻药 xièyào = laxative drug

purification *n.* **1.** 洗净 xǐjìng；净化 jìnghuà = cleaning **2.** 提纯 tíchún = making…pure

purify *v.* **1.** 净化 jìnghuà；纯洁 chúnjié：～ the air of a room 使室内空气清新 shǐ shìnèi kōngqì qīngxīn / an air-～ing plant 净化空气设施 jìnghuà kōngqì shèshī **2.** 提纯 tíchún；精制 jīngzhì：～ salt 提纯盐 tíchúnyán

purist *n.* 语言纯洁主义者 yǔyán chúnjié zhǔyìzhě；语言规范者 yǔyán guīfànzhě = one who insists on correction of language

Puritan *n.* **1.** (英国史)清教徒 (Yīngguóshǐ)Qīngjiàotú **2.** 道德与宗教上

严格者 dàodé yǔ zōngjiàoshang yángézhě：Don't marry a ～. 不要和一个在道德和宗教上严格的人结婚。Búyào hé yíge zài dàodé hé zōngjiàoshang yángéde rén jiéhūn.

puritanical *a.* 清教徒的 qīngjiàotúde

purity *n.* **1.** 纯度 chúndù；纯净 chúnjìng **2.** 纯粹 chúncuì

purl *v.* 潺潺地响 chánchánde xiǎng：a ～ing brook 潺潺的溪流 chánchánde xīliú *n.* 潺潺 chánchán = murmuring sound of a stream

purlieu *n.* 外围 wàiwéi = border；郊区 jiāoqū = outskirt：the ～ of the camp 营地之外缘 yíngdìzhī wàiyuán

purlin *n.* 檩条 lǐntiáo * of a house

purloin *v.* 偷窃 tōuqiè

purple *n.* & *a.* **1.** 紫色的 zǐsède；紫红色的 zǐhóngsède：a ～ sunset 紫色的落霞 zǐsède luòxiá / become ～ with rage 气得脸色发紫 qìde liǎnsè fāzǐ / born in the ～ 生于王室 shēngyú wángshì **2.** 绚丽 xuànlì = ornate：a ～ passage 绚丽的章节 xuànlìde zhāngjié

purplish *a.* 带紫的 dàizǐde

purport *n.* 意义 yìyì；涵义 hányì；主旨 zhǔzhǐ：the ～ of what he said 他所说话的含意 tā suǒshuōhuàde hányì *v.* **1.** 意味着 yìwèizhe：His answer ～ed his sickness. 他的答复意味着他病了。Tāde dáfù yìwèizhe tā bìngle. **2.** 说明 shuōmíng；表明 biǎomíng：The book ～ed to be a translation. 这本书写明是翻译作品。Zhèběn shū xiěmíng shì fānyì zuòpǐn.

purpose *n.* **1.** 目的 mùdì；意图 yìtú：for military ～s 为了军事上的目的 wèile jūnshìshangde mùdì / for the ～ of learning 为了学习的目的 wèile xuéxíde mùdì / attain one's ～ 达到目的 dádào mùdì / answer the ～ 符合目的 fúhé mùdì；合用 héyòng **2.** 决心 juéxīn；意志 yìzhì：weak of ～ 没有决心 méiyǒu juéxīn / He is firm of ～. 他意志坚决。Tā yìzhì jiānjué. **3.** 故意地 gùyìde：on ～ 故意 gùyì / of set ～ 有意的 yǒuyìde // to no ～ 徒然 túrán / be to no ～ 不中用 bù zhōngyòng / speak to the ～ 说得中肯 shuōde zhòngkěn / be to the ～ 中用 zhōngyòng *v.* 打算 dǎsuan；决定 juédìng：～ a further attempt 打算作进一步努力 dǎsuan zuò jìnyíbù nǔlì / be ～d 抱定决心 bàodìng juéxīn

purposeful *a.* **1.** 有目标的 yǒu mùbiāode；故意的 gùyìde **2.** 果断的 guǒduànde = resolute：a ～ character 果断的性格 guǒduànde xìnggé

purposefulness *n.* 目的性 mùdìxìng

purposeless *n.* **1.** 没有目的的 méiyǒu mùdìde = aimless；无意义的 wúyìyìde= meaningless **2.** 无决心的 wú juéxīnde = irresolute

purposely *ad.* **1.** 故意地 gùyìde：I aggravate him ～. 我故意使他生气。Wǒ gùyì shǐ tā shēngqì. **2.** 特地 tèdì = specially：He came all the way ～ to see me. 他老远地特地来看我。Tā lǎoyuǎnde tèdì lái kànwǒ.

purposive *a.* **1.** 有目的性的 yǒu mùdìxìngde；有目标的 yǒu mùbiāode：～ movements 有目的的行动 yǒu mùdìde xíngdòng **2.** 有决断的 yǒu juéduànde = resolute

purr *v.* **1.** 咕噜咕噜叫 gūlū-gūlū jiào * of cats **2.** 咕噜 gūlu * of people：She ～ed her approval. 她咕噜作声表示赞同。Tā gūlu zuòshēng biǎoshì zàntóng.

purse *n.* **1.** 钱袋 qiándài；钱包 qiánbāo：a heavy ～ 富裕 fùyù / a light ～ 贫乏 pínfá / open one's ～ 解囊 jiěnáng / One cannot make a silk ～ out of a sow's ear. 巧妇难为无米之炊。Qiǎofù nánwéi wúmǐ zhīchuī. / hold the ～-strings 控制钱袋 kòngzhì qiándài / tighten the ～-strings 紧缩开支 jǐnsuō kāizhī；节俭 jiéjiǎn **2.** 金钱 jīnqián；基金 jījīn：the public ～ 国库 guókù **3.** 捐款 juānkuǎn：make up a ～ 募捐一笔钱 mùjuān yìbǐ qián *v.* 缩拢 suōlǒng；噘嘴 juēzuǐ = wrinkle one's mouth

purser *n.* 会计 kuàijì

pursuance *n.* **1.** 追求 zhuīqiú **2.** 进行 jìnxíng：in ～ of a plan 为实行计划 wèi shíxíng jìhuà

pursuant *a.* 按照的 ànzhàode：～ to one's instructions 依照某人的指示 yīzhào mǒurénde zhǐshì *ad.* 按照 ànzhào：act ～ to the orders 奉命行动 fèngmìng xíngdòng

pursue *v.* **1.** 追 zhuī；追击 zhuījī：～ the enemy 追击敌人 zhuījī dírén / ～ a robber 追捕一盗贼 zhuībǔ yī dàozéi **2.** 追求 zhuīqiú：～ knowledge (追)求知识 (zhuī)qiú zhīshi / ～ fame 追求名声 zhuīqiú míngshēng / ～ pleasure 寻乐 xúnlè **3.** 进行 jìnxíng；从事 cóngshì：～ studies 从事研究 cóngshì yánjiū / ～ a subject 继续谈论问题 jìxù tánlùn wèntí **4.** 伴随 bànsuí；追随 zhuīsuí：be ～d by misfortune 被不幸尾随着 bèi búxìng wěisuízhe

pursuer *n.* **1.** 追赶者 zhuīgǎnzhě；追求者 zhuīqiúzhě **2.** 从事者 cóngshìzhě；研究者 yánjiūzhě

pursuit *n.* **1.** 追逐 zhuīzhú；追踪 zhuīzōng；追击 zhuījī；追求 zhuīqiú；

come in ～ 追踪而来 zhuīzōng érlái / troops in ～ of the enemy 追击敌人的部队 zhuījī dírénde bùduì / in ～ of health 以增进健康 yǐ zēngjìn jiànkāng / a ～ plane 驱逐机 qūzhújī **2.** 工作 gōngzuò；业务 yèwù；研究 yánjiū：engaged in scientific ～s 从事于科学研究 cóngshì yú kēxué yánjiū

pursy¹ *a.* 胖得气喘的 pàngde qìchuǎnde = short-winded

pursy² *a.* 皱起的 zhòuqǐde = wrinkled：～ eyes 皱起的眼睛 zhòuqǐde yǎnjing

purvey *v.* **1.** 供应 gōngyìng；供给 gōngjǐ：～ meat to one's customers 向顾客供应肉类 xiàng gùkè gōngyìng ròulèi **2.** 办伙食 bàn huǒshí = to supply food：～ for an army 为军队办伙食 wèi jūnduì bàn huǒshí

purveyance *n.* 办伙食 bàn huǒshí；伙食 huǒshí = food supply

purveyor *n.* 伙食员 huǒshíyuán

purview *n.* 范围 fànwéi = limit：outside the ～ of our inquiry 在我们的调查范围之外 zài wǒmende diàochá fànwéi zhīwài

pus *n.* 脓 nóng

push *v.* **1.** 推 tuī；推动 tuīdòng：～ a door open 把门推开 bǎ mén tuīkāi / ～ one's way 挤出一条路 jǐchū yìtiáo lù / Don't ～ me over！别推我！Bié tuī wǒ！/ ～ aside 推开 tuīkāi **2.** 推进 tuījìn；硬推 yìngtuī：～ one's claims 强提要求 qiángtí yāoqiú / ～ a friend 硬荐朋友 yìngjiàn péngyou / ～ wares 硬销货色 yìngxiāo huòsè **3.** 按 àn：～ a button 按电钮 àn diànniǔ **4.** 逼迫 bīpò：～ sb. for payment 逼迫某人还钱 bīpò mǒurén huánqián / be ～ed for time 时间紧迫 shíjiān jǐnpò **5.** 继续旅行、工作等 jìxù lǚxíng、gōngzuòděng：～ on with one's work 赶工作 gǎn gōngzuò / ～ on to one's destination 赶到目的地 gǎndào mùdìdì *n.* **1.** 推 tuī：Give the door a hard ～. 用力推那门。Yònglì tuī nàmén. **2.** 奋力 fènlì：The enemy made a ～ on the front. 敌人在前线发动猛攻。Dírén zài qiánxiàn fādòng měnggōng. **3.** 迫切 pòqiè：at a ～ 在紧急时 zài jǐnjíshí = urgency

push-button *a.* **1.** 按钮的 ànniǔde：a ～ switch 按钮开关 ànniǔ kāiguān **2.** 远距离操纵的 yuǎn jùlí cāozòngde = by remote control：a ～ plane 无线电操纵飞机 wúxiàndiàn cāozòng fēijī

pusher *n.* **1.** 推动者 tuīdòngzhě **2.** 推进器 tuījìnqì

pushing *a.* 推进的 tuījìnde；有进取心的 yǒu jìnqǔxīnde = aggressive

pushover *n.* **1.** 可欺的人 kěqīde rén；弱敌 ruòdí = one that is easily taken advantage of **2.** 易如反掌的事 yìrú-fǎnzhǎngde shì = sth. to be easily achieved

Pushtu *n.* 普什图语 Pǔshítúyǔ

pusillanimous *a.* 怯懦 qiènuò

puss *n.* **1.** 小猫儿 xiǎomāor = little cat **2.** 顽皮女孩 wánpí nǚhái = mischievous girl

pussy *n.* 猫 māo

pussyfoot *v.* 偷偷地走 tōutōude zǒu

put *v.* **1.** 放 fàng；置 zhì：～ a book on the table 把书放在桌上 bǎ shū fàngzài zhuōshang / ～ the children to bed 安顿孩子们睡觉 āndùn háizimen shuìjiào / ～ the thief in prison 把贼关进监狱 bǎ zéi guānjìn jiānyù **2.** 处理 chǔlǐ；使…处于 shǐ…chǔyú：～ things right 收拾东西 shōushi dōngxi / ～ the books in order 整理书籍 zhěnglǐ shūjí / ～ an end to a meeting 结束会议 jiéshù huìyì / ～ a law in force 实施法律 shíshī fǎlǜ / ～ sb. to death 处死某人 chǔsǐ mǒurén / ～ sb. on trial 审判某人 shěnpàn mǒurén / ～ the matter in his hands 把事情交到他的手里 bǎ shìqing jiāodào tāde shǒuli / ～ a play on 上演某剧 shàngyǎn mǒujù / ～ it to use 加以利用 jiāyǐ lìyòng / ～ oneself under a doctor's care 请医生诊疗 qǐng yīshēng zhěnliáo **3.** 写上 xiěshàng：～ a question mark 打上问号 dǎshàng wènhào / ～ one's signature to a contract 在合同上签名 zài hétongshang qiānmíng **4.** 表达 biǎodá；翻译 fānyì；记下 jìxià：～ in black and white 用白纸黑字写下来 yòng báizhǐ hēizì xiě xiàlái / ～ it in Russian 用俄语来表达它 yòng Éyǔ lái biǎodá tā / ～ the sentence into Chinese 把这句话译成中文 bǎ zhèjù huà yìchéng Zhōngwén **5.** 提出 tíchū：～ a question to sb. 向某人提出一问题 xiàng mǒurén tíchū yī wèntí / ～ a proposal to the Board of Directors 向董事会提出一建议 xiàng dǒngshìhuì tíchū yī jiànyì **6.** 估价 gūjià；估计 gūjì：～ a price on a painting 估计一幅画的价格 gūjì yìfú huàde jiàgé / ～ the distance at five miles 估计距离为五哩 gūjì jùlí wéi wǔlǐ / ～ a low price on one's work 对某人作品评价低 duì mǒurén zuòpǐn píngjià dī **7.** 开航 kāiháng；前进 qiánjìn：～ to sea 出海 chūhǎi / The ship ～ back to port. 该船返回港口。Gāichuán fǎnhuí gǎngkǒu. / The yacht ～ into Malta. 该船驶入马耳它。Gāichuán shǐrù Mǎ'ěrtā (Malta). **8.** 导向

dǎoxiàng: ～ the clock backward 把钟拨慢 bǎ zhōng bōmàn / ～ a horse to a fence 驱马跳过篱笆 qūmǎ tiàoguo líba / ～ one's mind to a problem 专心研究一问题 zhuānxīn yánjiū yī wèntí // ～ about 改变方向 gǎibiàn fāngxiàng: The ship ～ about. 该船改变航行方向。Gāichuán gǎibiàn hángxíng fāngxiàng. / ～ oneself about 使烦恼 shǐ fánnǎo: Don't ～ yourself about. 不要使自己烦恼。Búyào shǐ zìjǐ fánnǎo. / ～ across 获得成功 huòdé chénggōng: ～ a deal across 使一桩交易成功 shǐ yìzhuāng jiāoyì chénggōng / ～ aside 置于一旁 zhìyú yìpáng: ～ aside one's work 停下工作 tíngxià gōngzuò / ～ away **1.** 存放 cúnfàng: ～ one's books away 把书收好 bǎ shū shōuhǎo / ～ money away for one's old age 为老年而储蓄 wèi lǎonián ér chǔxù **2.** 放弃 fàngqì: ～ away one's ideas 放弃某人的想法 fàngqì mǒurénde xiǎngfǎ / ～ back **1.** 放回原处 fànghuí yuánchù: ～ the book back on the shelf 把书放回书架上 bǎ shū fànghuí shūjiàshang **2.** 阻止 zǔzhǐ: ～ back our efforts 阻止我们的努力 zǔzhǐ wǒmende nǔlì / ～ down **1.** 放下 fàngxià: P- down that gun! 放下那枪! Fàngxià nàqiāng! **2.** 扑灭 pūmiè: ～ down a rebellion 平息叛乱 píngxī pànluàn **3.** 写下 xiěxià: ～ one's address down 记下某人住址 jìxià mǒurén zhùzhǐ / ～ forward 提出 tíchū: ～ forward a new theory 提出一新理论 tíchū yī xīn lǐlùn / ～ off 延期 yánqī: ～ off a meeting 使一会议延期 shǐ yī huìyì yánqī / ～ on **1.** 戴上 dàishàng: ～ one's hat on 戴上帽子 dàishàng màozi **2.** 假装 jiǎzhuāng: ～ on an air of innocence 装出天真的样子 zhuāngchū tiānzhēnde yàngzi **3.** 增加 zēngjiā: He's ～ting on weight. 他的体重在增加。Tāde tǐzhòng zài zēngjiā. / ～ out **1.** 熄灭 xīmiè: ～ out the lights 熄灭灯 xīmiè dēng **2.** 伸出 shēnchū: ～ out one's hand in welcome 伸出手以示欢迎 shēnchū shǒu yǐshì huānyíng **3.** 驱逐 qūzhú: ～ a person out 把某人赶出屋 bǎ mǒurén gǎnchū wū **4.** 生产 shēngchǎn: The factory ～s out 100 washing-machines a month. 这工厂每月生产100台洗衣机。Zhè gōngchǎng měiyuè shēngchǎn yìbǎi tái xǐyījī. **5.** 出版 chūbǎn: The book will be ～ out soon. 这本书很快就出版。Zhèběn shū hěnkuài jiù chūbǎn. / ～ through 接通 jiētōng: Can you ～ me through to this number? 请你接这个号码。Qǐng nǐ jiē zhège hàomǎ. / ～ up **1.** 举起 jǔqǐ; 竖起 shùqǐ: ～ up one's hands 举起手 jǔqǐ shǒu; ～ up a tent 搭起

帐篷 dāqǐ zhàngpeng **2.** 张贴 zhāngtiē：～ up a notice 张贴布告 zhāngtiē bùgào **3.** 住宿 zhùsù：～ up for the night 过夜 guòyè **4.** ～ up with 容忍 róngrěn：I can't ～ up with your rudeness any more. 我再也不能容忍你的粗鲁了。Wǒ zàiyě bùnéng róngrěn nǐde cūlǔle.

putative *a.* 推定的 tuīdìngde：his ～ father 他假定的父亲 tā jiǎdìngde fùqin

putrefaction *n.* 腐烂 fǔlàn = decay

putrefy *v.* 使…腐烂 shǐ…fǔlàn

putrescent *a.* 腐臭的 fǔchòude = decaying

putrid *a.* **1.** 腐烂的 fǔlànde：～ fish 腐烂的臭鱼 fǔlànde chòuyú **2.** 令人不快的 lìngrén búkuàide：～ weather 很坏的天气 hěn huàide tiānqì

putsch *n.* 叛乱 pànluàn；暴动 bàodòng

putt *v.* & *n.* 轻击 qīngjī：practise ～ing 练习打高尔夫球 liànxí dǎ gāo'ěrfūqiú（golf）* in playing golf

puttee *n.* 绑腿 bǎngtuǐ；裹腿 guǒtuǐ：a pair of ～s 一副绑腿 yífù bǎngtuǐ

putty *n.* 油灰 yóuhuī = glazier's ～

Puyi *n.* 布依人 Bùyīrén：the Puyis 布依族 Bùyīzú = one of the minority nationalities in China

puzzle *n.* **1.** 谜 mí：a Chinese ～ 九连环 jiǔliánhuán **2.** 难题 nántí：the ～ of how life began 生命起源的难题 shēngmìng qǐyuánde nántí **3.** 迷惑 míhuo：be in a ～ about the matter 对这件事迷惑不解 duì zhèjiàn shì míhuo bùjiě *v.* **1.** 使困惑 shǐ kùnhuò：This letter ～s me. 这封信使我困惑不解。Zhèfēng xìn shǐ wǒ kùnhuò-bùjiě. / He ～d his brains to find the answer. 他绞尽脑汁寻求答案。Tā jiǎojìn nǎozhī xúnqiú dá'àn. / ～ over a problem 深思一问题 shēnsī yī wèntí **2.** ～ sth. out 苦思以解决某事 kǔsī yǐ jiějué mǒushì

puzzlement *n.* 迷惑 míhuo；困惑 kùnhuò

puzzling *a.* 令人迷惑的 lìngrén míhuode；摸不透的 mōbutòude；莫名其妙的 mòmíng-qímiàode

pygmy *n.* 矮人 ǎirén；侏儒 zhūrú *a.* **1.** 矮小的 ǎixiǎode = short **2.** 微薄的 wēibóde = little：～ effort 微力 wēilì

pyjamas *n.* 睡衣裤 shuìyīkù：a pyjama jacket 睡衣 shuìyī / pyjama trousers 睡裤 shuìkù

pylon *n.* **1.** 塔门 tǎmén = gateway **2.** 标塔 biāotǎ = tower that marks out an airfield

pyorrhoea *n.* 脓溢 nóngyì

pyramid *n.* **1.** 金字塔 jīnzìtǎ * the burial place of Pharaoh **2.** 角锥 jiǎozhuī * in geometry

pyramidal *a.* 金字塔的 jīnzìtǎde；锥体的 zhuītǐde

pyre *n.* 火葬堆 huǒzàngduī ＝ funeral ～

pyrene *n.* 小坚果 xiǎojiānguǒ

Pyrenees *n.* 比利牛斯山脉 Bǐlìniúsī shānmài

pyretic *a.* 热病的 rèbìngde ＝ feverish

pyrex *n.* 耐热玻璃 nàirè bōlí：a ～ bowl 耐热玻璃碗 nàirè bōliwǎn

pyridine *n.* 吡啶 bǐdìng

pyrites *n.* 黄铁矿 huángtiěkuàng；二硫化铁 èrliúhuàtiě ＝ iron sulfides

pyromania *n.* 纵火狂 zònghuǒkuáng

pyromaniac *n.* 纵火狂者 zònghuǒkuángzhě

pyrotechnic(al) *a.* 烟火的 yānhuǒde：a ～ display 放烟火 fàng yānhuǒ

pyrotechnics *n.* **1.** 烟火 yānhuǒ ＝ fireworks **2.** 烟火制造术 yānhuǒ zhìzàoshù ＝ skill of making ～

pyroxylin(e) *n.* 焦木素 jiāomùsù；火棉 huǒmián

python *n.* 蟒蛇 mǎngshé

pyx *n.* 圣饼盒 shèngbǐnghé

Q

Q ,q **1.** 英语的第十七个字母 Yīngyǔde dì-shíqīge zìmǔ **2.** ＝ queen 王后 wánghòu * in the games of chess and bridge **3.** 问 wèn ＝ question

QC **1.** ＝ Queen's Counsel 英国王室法律顾问 Yīngguó Wángshì Fǎlǜ Gùwèn **2.** ＝ quality control 质量控制 zhìliàng kòngzhì

Qomolangma *n.* 珠穆朗玛峰 Zhūmùlángmǎfēng

qt **1.** ＝ quart 夸脱 kuātuō **2.** ＝ quantity 数量 shùliàng

quack¹ *v.* **1.** (鸭子)嘎嘎地叫 (yāzi) gāgāde jiào ＝ (duck) cry **2.** 大声闲谈 dàshēng xiántán *n.* 嘎嘎的叫声 gāgāde jiàoshēng ＝ the cry of a duck

quack² *n.* 江湖医生 jiānghú yīshēng；庸医 yōngyī：a ～ doctor 一个江湖医生 yíge jiānghú yīshēng *a.* 骗人的 piànrénde * cheating：～ remedies 假药 jiǎyào

quackery *n.* **1.** 庸医的医术 yōngyīde yīshù = practises of quack doctors **2.** 骗人的大话 piànrénde dàhuà；骗术 piànshù = cheating

quadrangle *n.* **1.** 四边形 sìbiānxíng；方形 fāngxíng **2.** = quad 四方的院子 sìfāngde yuànzi

quadrangular *a.* 四角形的 sìjiǎoxíngde；四边形的 sìbiānxíngde；方形的 fāngxíngde

quadrant *n.* **1.** 象限 xiàngxiàn；四分之一圆 sìfēnzhīyīyuán = quarter of a circle **2.** 象限仪 xiàngxiànyí = instrument for measuring angles

quadratic *a.* 二次的 èrcìde：～ equation 二次方程式 èrcì fāngchéngshì

quadrilateral *n.* & *a.* **1.** 四边形（的）sìbiānxíng(de)；四边（的）sìbiān (de) **2.** 四方面的 sìfāngmiànde

quadrille *n.* 四对舞 sìduìwǔ；四对舞曲 sìduìwǔqǔ = a kind of dance or its music

quadrivalent *a.* 四价的 sìjiàde * in chemistry

quadruped *n.* 四足动物 sìzú dòngwù：Most mammals are ～s. 哺乳动物大都是四足兽。Bǔrǔdòngwù dàdōushì sìzúshòu.

quadruple *a.* **1.** 四倍的 sìbèide：a height ～ that of the tree 四倍于这棵树的高度 sìbèi yú zhèkē shùde gāodù **2.** 四重的 sìchóngde；由四部分组成的 yóu sì bùfen zǔchéngde = comprising of four parts *n.* 四倍 sìbèi：100 is the ～ of 25. 一百是二十五的四倍。Yìbǎi shì èrshíwǔde sìbèi. *v.* 成四倍 chéng sìbèi；以四乘 yǐ sì chéng = multiply by four

quadruplet *n.* **1.** ［～s］四胞胎 sìbāotāi **2.** 四胞胎中的一个孩子 sìbāotāi zhōngde yíge háizi **3.** 成套的四件东西 chéngtàode sìjiàn dōngxi = a set of four things

quaff *v.* 畅饮 chàngyǐn；痛饮 tòngyǐn：～ off a glass of beer 一口气喝完一杯啤酒 yìkǒuqì hēwán yìbēi píjiǔ

quagmire *n.* **1.** 沼泽 zhǎozé；泥潭 nítán；泥坑 níkēng **2.** 困境 kùnjìng = difficult position：be bogged down in a ～ 陷入困境 xiànrù kùnjìng

quail[1] *n.* 鹑 chún；鹌鹑 ānchún

quail[2] *v.* 畏缩 wèisuō；胆怯 dǎnqiè：～ with fear at the thought 想到就心惊胆战 xiǎngdào jiù xīnjīngdǎnzhàn

quaint *a.* 古怪的 gǔguàide；离奇的 líqíde；奇妙的 qímiàode：a ～ notion 一个怪念头 yíge guài niàntou

quake *v.* 震动 zhèndòng；发抖 fādǒu *n.* 地震 dìzhèn = earthquake

Quaker *n.* 贵格会会员 Guìgéhuì huìyuán；公谊会教徒 Gōngyìhuì jiàotú；教友派教徒 Jiàoyǒupài jiàotú

qualification *n.* **1.** 资格 zīgé；资历 zīlì：He has ～s for the job. 他有资格做这项工作。Tā yǒu zīgé zuò zhèxiàng gōngzuò. **2.** 证书 zhèngshū：a medical ～ 医学证书 yīxué zhèngshū **3.** 修饰 xiūshì；限制 xiànzhì：be hedged with ～s 受着很多条件的限制 shòuzhe hěnduō tiáojiànde xiànzhì

qualified *a.* **1.** 有资格的 yǒu zīgéde；合格的 hégéde：a highly ～ man 非常有资格的人 fēicháng yǒu zīgéde rén **2.** 有条件的 yǒu tiáojiànde；有限制的 yǒuxiànzhìde：He gave ～ agreement. 他表示有条件地同意。Tā biǎoshì yǒu tiáojiànde tóngyì.

qualify *v.* **1.** 取得资格 qǔdé zīgé；使具有资格 shǐ jùyǒu zīgé：He was qualified in medicine as a doctor this year. 他今年获得了当医生的资格。Tā jīnnián huòdéle dāng yīshēngde zīgé. **2.** 修饰 xiūshì；限定 xiàndìng：Adjectives ～ nouns. 形容词修饰名词。Xíngróngcí xiūshì míngcí. **3.** 证明…合格 zhèngmíng … hégé：This certificate qualifies the product. 这份证书证明产品是合格的。Zhèfèn zhèngshū zhèngmíng chǎnpǐn shì hégéde.

qualitative *a.* **1.** 性质上的 xìngzhìshangde；质的 zhìde；质量的 zhìliàngde = of quality **2.** 定性的 dìngxìngde：～ analysis 定性分析 dìngxìng fēnxī

quality *n.* **1.** 质 zhì；质量 zhìliàng：high ～ 高质量 gāozhìliàng / Q- is more important than quantity. 质量比数量重要。Zhìliàng bǐ shùliàng zhòngyào. **2** 品质 pǐnzhì；特性 tèxìng：fine qualities 优良品德 yōuliáng pǐndé **3.** 种类 zhǒnglèi；品种 pǐnzhǒng：～ merchandise 高级商品 gāojí shāngpǐn

qualm *n.* **1.** 疑虑 yílǜ；不安 bù'ān：He has no ～s about his actions. 他对自己的行为问心无愧。Tā duì zìjǐde xíngwéi wènxīn-wúkuì. **2.** 一阵眩晕 yízhèn xuànyùn；一阵恶心 yízhèn ěxin：～s of seasickness 晕船 yùnchuán

quandary *n.* 困惑 kùnhuò；窘境 jiǒngjìng；进退两难 jìntuì-liǎngnán = dilemma：be in a ～ 左右为难 zuǒyòu-wéinán

quantitative *a*. **1**. 量的 liàngde；数量的 shùliàngde：a ～ change 量变 liàngbiàn **2**. 定量的 dìngliàngde：～ analysis 定量分析 dìngliàng fēnxī

quantity *n*. **1**. 量 liàng：a large ～ of apples 大量的苹果 dàliàngde píngguǒ/a great ～ 大量 dàliàng / What ～ do you want？你要多少？Nǐ yào duōshǎo？**2**. 大量 dàliàng；大宗 dàzōng：buy cotton in ～ 大量购买棉花 dàliàng gòumǎi miánhua **3**. an unknown ～ 未知数 wèizhīshù ∗ in mathematics；不可预测的人或物 bùkě yùcède rén huò wù

quantum *n*. **1**. 量 liàng；定量 dìngliàng **2**. 量子 liàngzǐ：the ～ theory 量子论 liàngzǐlùn

quarantine *n*. **1**. 检疫 jiǎnyì；检疫处 jiǎnyìchù；留验 liúyàn：be in ～ 被隔离检疫 bèi gélí jiǎnyì **2**. 隔离 gélí；隔离区 gélíqū ＝ isolation *v*. 隔离 gélí；对…进行检疫 duì…jìnxíng jiǎnyì

quark *n*. 夸克 kuākè

quarrel *n*. **1**. 争吵 zhēngchǎo；争辩 zhēngbiàn：have a ～ with an official 与官员争吵 yǔ guānyuán zhēngchǎo / make up a ～ 言归于好 yánguīyúhǎo **2**. 争吵的原因 zhēngchǎode yuányīn；怨言 yuànyán；责备 zébèi：I have no ～ with him. 我对他并没有怨言。Wǒ duì tā bìng méiyǒu yuànyán. *v*. **1**. 争吵 zhēngchǎo；吵架 chǎojià：They ～led among themselves. 他们互相争吵。Tāmen hùxiāng zhēngchǎo. **2**. 责备 zébèi；埋怨 mányuàn ＝ find fault with

quarrelsome *a*. 好争吵的 hào zhēngchǎode；好争论的 hào zhēnglùnde

quarry[1] *n*. **1**. 石坑 shíkēng；采石场 cǎishíchǎng；石矿 shíkuàng **2**. 消息的来源 xiāoxide láiyuán ＝ source of information *v*. 采石 cǎishí；挖掘 wājué：～ out a block of marble 挖掘出一块大理石 wājuéchū yíkuài dàlǐshí

quarry[2] *n*. **1**. 猎物 lièwù **2**. 追求物 zhuīqiúwù；追求的目标 zhuīqiúde mùbiāo ＝ prey

quart *n*. 夸脱 kuātuō

quarter *n*. **1**. 四分之一 sìfēnzhīyī；四等分 sìděngfēn：buy sth. for a ～ of the price 以四分之一的价格购买某物 yǐ sìfēnzhīyīde jiàgé gòumǎi mǒuwù **2**. 一刻钟 yīkèzhōng：It's a ～ past 8. 现在是八点一刻。Xiànzài shì bādiǎn yīkè. **3**. 季 jì；三个月 sānge yuè：pay one's rent every ～ 按季度付房租 àn jìdù fù fángzū **4**. 二角五分 èrjiǎo wǔfēn ＝ 25 cents **5**. 一肢 yìzhī；臀部 túnbù：hind ～s 后半身 hòu bànshēn **6**. 方面

fāngmiàn；地区 dìqū；方向 fāngxiàng：the ～s concerned 有关方面 yǒuguān fāngmiàn / residential ～s 住宅区 zhùzháiqū / What ～ is the wind in？风向如何？Fēngxiàng rúhé？**7.** 住所 zhùsuǒ；营房 yíngfáng：find ～s at a hotel 在旅馆里找到住处 zàilǔguǎnli zhǎodào zhùchù / the enemy's ～s 敌营 díyíng **8.** 岗位 gǎngwèi：He ordered the cfficers and men to take up their ～s. 他命令官兵站到各自的岗位上去。Tā mìnglìng guānbīng zhàndao gèzìde gǎngwèishangqu. **9.** 饶命 ráomìng；饶恕 ráoshù = pardon：ask no ～ 不求饶恕 bù qiú ráoshù *v.* **1.** 把…分成四部分 bǎ…fēnchéng sì bùfen；四等分 sìděngfēn：～ an apple 把一个苹果分成四块儿 bǎ yīge píngguǒ fēnchéng sìkuàir **2.** 设营 shèyíng；使…住宿 shǐ…zhùsù = provide lodging for //at close ～s 接近 jiējìn；逼近 bījìn

quarter-day *n.* 四季结帐日 sìjì jiézhàngrì

quarter-deck *n.* 后甲板 hòujiǎbǎn；船尾甲板 chuánwěi jiǎbǎn

quarterly *a.* **1.** 季度的 jìdùde；每季的 měijìde **2.** 四分之一的 sìfēnzhīyīde *ad.* 每季 měijì；一季一次 yíjì yícì = once every season *n.* 季刊 jìkān = magazine published ～

quartermaster *n.* **1.** 军需官 jūnxūguān = officer in charge of stores **2.** 舵手 duòshǒu；舵工 duògōng = one who steers the ship

quartet(te) *n.* 四重唱 sìchóngchàng；四重奏 sìchóngzòu

quarto *n.* 四开 sìkāi；四开本 sìkāiběn *a.* 四开的 sìkāide

quartz *n* 石英 shíyīng：a ～ clock 石英钟 shíyīngzhōng

quasar *n.* 类星体 lèixīngtǐ

quash *v.* **1.** 撤销 chèxiāo；废止 fèizhǐ；使…无效 shǐ…wúxiào：～ the verdict 撤销原判 chèxiāo yuánpàn = annul **2.** 镇压 zhènyā；平息 píngxī = suppress

quaternary *a.* 四个一组的 sìge yìzǔde；四部组成的 sìbù zǔchéngde.

quaver *v.* **1.** 震动 zhèndòng；颤抖 chàndǒu = shake **2.** 用颤声说(唱) yòng chànshēng shuō (chàng) = to say (or sing) in a shaking voice *n.* 颤音 chànyīn = trill

quay *n.* 码头 mǎtou

queasy *a.* **1.** 令人作呕的 lìngrén zuò'ǒude **2.** 易呕吐的 yì ǒutùde：a ～ stomach 易呕吐的胃 yì ǒutùde wèi **3.** 不舒服的 bù shūfude；想呕吐 xiǎng ǒutùde = causing a feeling of sickness in the stomach

queen *n.* **1.** 女王 nǚwáng: Q- Elizabeth 伊丽莎白女王 Yīlìshābái nǚwáng **2.** 王后 wánghòu = wife of a king: a ～ mother 太后 tàihòu **3.** 出众的女子 chūzhòngde nǚzǐ = woman regarded as the first in a group: movie ～ 影后 yǐnghòu **4.** the ～ bee 蜂王 fēngwáng; the ～ ant 蚁王 yǐwáng **5.** 王后 wánghòu * playing card: the ～ of hearts 红心女王 hóngxīn nǚwáng **6.** 出类拔萃的事物 chūlèibácuìde shìwù; 胜地 shèngdì = thing or place regarded as occupying a leading position: the ～ of summer resorts 避暑胜地 bìshǔ shèngdì

queenly *a.* **1.** 女王般的 nǚwángbānde; 威严的 wēiyánde. **2.** 女王的 nǚwángde; 王后的 wánghòude *ad.* 女王般地 nǚwángbānde = like a queen

queer *a.* **1.** 奇怪的 qíguàide; 古怪的 gǔguàide; What a ～ fellow! 多奇怪的人! Duō qíguàide rén! **2.** 可疑的 kěyíde: There's something ～ about him. 他有些可疑的地方。Tā yǒuxiē kěyíde dìfang. **3.** 不舒服的 bù shūfude: I'm feeling ～. 我有点儿不舒服。Wǒ yǒudiǎnr bù shūfu.

quell *v.* 镇压 zhènyā; 平息 píngxī: ～ a rebellion 平息叛乱 píngxī pànluàn

quench *v.* **1.** 熄灭 xīmiè; 扑灭 pūmiè = to put out: ～ a lamp 熄灯 xīdēng **2.** 压制 yāzhì; 抑制 yìzhì; 解渴 jiěkě * to satisfy: ～ one's thirst 解渴 jiěkě **3.** 淬火 cuìhuǒ * = to cool (hot metal) in liquid: ～ steel 淬钢 cuìgāng

quenchable *a.* 可熄灭的 kě xīmiède; 可冷却的 kě lěngquède

quenchless *a.* 不熄的 bùxīde; 不可冷却的 bùkě lěngquède = cannot be quenched or cooled

querulous *a.* 好发牢骚的 hàofā láosāode

query *n.* **1.** 质问 zhìwèn; 询问 xúnwèn; 质疑 zhìyí: raise a ～ 提出质问 tíchū zhìwèn **2.** 请问 qǐngwèn: Q-, when did I say so? 请问，我什么时候这样说过? Qǐngwèn, wǒ shénme shíhou zhèyàng shuōguo? **3.** 问号 wènhào = question-mark *v.* **1.** 询问 xúnwèn; 质问 zhìwèn: ～ a witness 讯问证人 xúnwèn zhèngrén **2.** 对…表示怀疑 duì…biǎoshì huáiyí: I ～ if his word can be relied on. 我怀疑他的话是否可靠。Wǒ huáiyí tāde huà shìfǒu kěkào. **3.** 加问号 jiā wènhào = add the mark (?) to

quest *n.* 搜寻 sōuxún; 探求 tànqiú: go in ～ of adventure 去探险 qùtànxiǎn *v.* 追求 zhuīqiú; 探索 tànsuǒ: ～ about for game 到处寻找

猎物 dàochù xúnzhǎo lièwù

question *n.* **1.** 疑问 yíwèn；疑义 yíyì：There is no ～ about his honesty. 他的诚实是毫无疑问的。Tāde chéngshí shì háowú yíwènde. **2.** 问题 wèntí；议题 yìtí：He asked me a lot of ～s. 他问了我许多问题。Tā wènle wǒ xǔduō wèntí. **3.** 疑问句 yíwènjù：a direct ～ 直接疑问句 zhíjiē yíwènjù *v.* **1.** 询问 xúnwèn；质问 zhìwèn；审问 shěnwèn：～ a witness 审问证人 shěnwèn zhèngrén **2.** 怀疑 huáiyí：I ～ the truth of his story. 我怀疑他的故事是否真实。Wǒ huáiyí tāde gùshi shìfǒu zhēnshí. **3.** 提出异议 tíchū yìyì = raise a ～ // call in ～ 对…表示怀疑 duì…biǎoshì huáiyí / come into ～ 讨论到 tǎolùndào；被讨论 bèi tǎolùn / in ～ 正在讨论中 zhèngzài tǎolùnzhōng；被争论 bèi zhēnglùn / make no ～ of 对…不加怀疑 duì…bùjiā huáiyí /out of the ～ 不可能的 bù kěnéngde；做不到的 zuòbudàode / past ～ 毫无疑问 háowú yíwèn / That is not the ～. 那不是我们讨论的问题。Nà búshì wǒmen tǎolùnde wèntí.

questionable *a.* 可疑的 kěyíde；有问题的 yǒuwèntíde；不可靠的 bù kěkàode：～ conduct 可疑的行为 kěyíde xíngwéi

question mark *n.* 疑问号 yíwènhào

questionnaire *n.* 问卷 wènjuàn；调查表 diàochábiǎo；问题单 wèntídān

queue *n.* **1.** 辫子 biànzi **2.** 行列 hánglie；队列 duìliè：form a ～ 排队 páiduì / a ～ of cars held up by the traffic lights 被红绿灯拦住的一长列汽车 bèi hónglǜdēng lánzhùde yìchánglie qìchē *v.* 排队 páiduì：～ up for a bus 排队等公共汽车 páiduì děng gōnggòng qìchē // jump the ～ 加塞儿 jiāsāir；不按次序排队 bú àn cìxù páiduì

quibble *n.* **1.** 遁词 dùncí；托词 tuōcí = pretext **2.** = pun 双关语 shuāngguānyǔ *v.* 进行诡辩 jìnxíng guǐbiàn；使用遁词 shǐyòng dùncí

quick *a.* **1.** 快的 kuàide；迅速的 xùnsùde：a ～ turn 迅速的一转 xùnsùde yìzhuǎn **2.** 敏捷的 mǐnjiéde；灵敏的 língmǐnde；伶俐的 línglìde：He is a ～ child. 他是个伶俐的孩子。Tā shìge línglìde háizi. **3.** 性急的 xìngjíde：be ～ of temper 急脾气 jí píqi *n.* **1.** 肉根 ròugēn；伤口的嫩皮 shāngkǒude nènpí：cut the fingernail to the ～ 剪着了指甲下的肉 jiǎnzhele zhījiaxiàde ròu **2.** 要点 yàodiǎn；核心 héxīn：the ～ of the matter 事情的实质 shìqingde shízhì *ad.* 快 kuài：Don't talk too ～. 别说得太快。Bié shuōde tàikuài.

quicken *v*. **1**. 加速 jiāsù；加快 jiākuài：Her singing ～ed. 她唱歌的节奏加快了。Tā chànggēde jiézòu jiākuàile. **2**. 刺激 cìjī；鼓舞 gǔwǔ；使活跃 shǐ huóyuè：The spring rains ～ed the earth. 春雨使大地复苏。Chūnyǔ shǐ dàdì fùsū.

quick-freeze *v*. 速冻 sùdòng：a quick-frozen chicken 一只速冻鸡 yìzhī sùdòngjī

quickie *n*. 劣等片 lièděngpiàn * film *a*. 草草完成的 cǎocǎo wánchéngde；速成的 sùchéngde = hurriedly completed

quicklime *n*. 生石灰 shēngshíhuī

quickly *ad*. 快 kuài；迅速地 xùnsùde：Production increases ～. 生产增加得很快。Shēngchǎn zēngjiāde hěnkuài.

quickness *n*. **1**. 快速 kuàisù；敏捷 mǐnjié：～ of sensation 感觉的敏锐 gǎnjuéde mǐnruì **2**. 急速 jísù；急躁 jízào：～ of temper 急性子 jíxìngzi

quicksand *n*. 流沙 liúshā

quicksilver *n*. 汞 gǒng；水银 shuǐyín

quick-witted *a*. 机敏的 jīmǐnde；机警的 jījǐngde

quid *n*. 一块嚼烟 yíkuài jiáoyān

quiescent *a*. **1**. 安静的 ānjìngde；静止的 jìngzhǐde；休眠的 xiūmiánde = at rest **2**. 沉默 chénmò = with no noise

quiet *a*. **1**. 宁静的 níngjìngde；安静的 ānjìngde：a ～ night 宁静的夜晚 níngjìngde yèwǎn / keep ～ 保持安静 bǎochí ānjìng **2**. 安定的 āndìngde；平静的 píngjìngde：～ times 太平的时代 tàipíngde shídài / the ～ sea 平静的大海 píngjìngde dàhǎi **3**. 素净 sùjìng：～ colors 素色 sùsè **4**. 温和的 wēnhéde；镇静的 zhènjìngde：a ～ manner 文静的举止 wénjìngde jǔzhǐ **5**. 隐秘的 yǐnmìde；暗中的 ànzhōngde：on the ～ 暗地里 àndìli / keep sth. ～ 将某事保密 jiāng mǒushì bǎomì **6**. 僻静的 pìjìngde：a ～ village 僻静的山村 pìjìngde shāncūn *n*. **1**. 寂静 jìjìng；平静 píngjìng：in the ～ of night 夜阑人静时 yèlánrénjìngshí **2**. 安静 ānjìng；清静 qīngjìng **3**. 安定 āndìng；太平 tàipíng = peace *v*. 使…静 shǐ…jìng；平定 píngdìng；变静 biànjìng：Everything ～ed down. 一切都安定下来了。Yíqiè dōu āndìngxiàláile. // ～ly *ad*. / ～ness *n*.

quietude *n*. 安静 ānjìng；静止 jìngzhǐ；镇静 zhènjìng = stillness，calm

quietus *n*. **1**. 死亡 sǐwáng = death；致死的行动 zhìsǐde xíngdòng =

bringing life to an end **2.** 静止状态 jìngzhǐ zhuàngtài = state of quiet **3.** 平息 píngxī；制止 zhìzhǐ = calming down

quill *n.* **1.** 羽毛管 yǔmáoguǎn；羽根 yǔgēn = a large feather **2.** 鹅毛笔 émáobǐ = a pen made from a feather **3.** 刺 cì = a sharp spine of a porcupine

quilt *n.* 棉被 miánbèi；被子 bèizi *v.* 缝被 féng bèi

quinine *n.* 奎宁 kuíníng；金鸡纳 jīnjīnà

quintal *n.* 公担 gōngdàn = 100 kg

quintessence *n.* **1.** 精髓 jīngsuí；精华 jīnghuá：the ~ of beauty 美的精华 měide jīnghuá **2.** 典型 diǎnxíng；典范 diǎnfàn = perfect example

quintet(te) *n.* **1.** 五重奏 wǔchóngzòu；五重唱 wǔchóngchàng **2.** 五人一组 wǔrén yìzǔ；五件一套 wǔjiàn yítào = a group or set of five

quintuplet *n.* 五胞胎中的一个 wǔbāotāizhōngde yíge

quip *n.* 警句 jǐngjù；妙语 miàoyǔ = clever saying

quire *n.* 一刀 yìdāo：Paper is sold in ~s. 纸按刀出售。Zhǐ àn dāo chūshòu.

quirk *n.* **1.** 奇行 qíxíng；怪癖 guàipǐ = peculiar behavior **2.** 遁词 dùncí = evasion；诡辩 guǐbiàn = quibble

quisling *n.* 卖国贼 màiguózéi；内奸 nèijiān

quit *a.* 自由的 zìyóude；了结了的 liǎojiélede：I'm ~ of all my troubles. 我摆脱了所有的麻烦。Wǒ bǎituōle suǒyǒude máfan. *v.* **1.** 退出 tuìchū；离开 líkāi：~ office 退职 tuìzhí **2.** 停止 tíngzhǐ：~ work 停止工作 tíngzhǐ gōngzuò

quite *ad.* **1.** 完全 wánquán；十分 shífēn：Q- right！完全对！Wánquán duì！/ It is not ~ proper. 这有点儿不妥当。Zhè yǒudiǎnr bù tuǒdang. **2.** 相当 xiāngdāng；颇 pō：He is ~ ill. 他病得很重。Tā bìngde hěnzhòng. **3.** 真实的 zhēnshíde；的确的 díquède：He was ~ polite. 他的确有礼貌。Tā díquè yǒu lǐmào. **4.** 几乎 jīhū；简直 jiǎnzhí = almost：He looks ~ grown-up. 他像个大人了。Tā xiàngge dàrénle. // ~ a few 相当多的 xiāngdāng duōde /~ other 完全不同的 wánquán bù tóngde / ~ some 非常多 fēicháng duō

quits *a.* 抵销的 dǐxiāode；不分胜负的 bùfēn shèngfùde；对等的 duìděngde：We are ~ now. 现在我们谁也没有对不起谁。Xiànzài wǒmen shuí yě méiyǒu duìbuqǐ shuí.

quitter *n.* 轻易放弃工作的人 qīngyì fàngqì gōngzuòde rén；懦夫 nuòfū；半途而废的人 bàntú-érfèide rén

quiver[1] *n.* 箭袋 jiàndài；箭筒 jiàntǒng = sheath for carrying arrows

quiver[2] *v.* 颤动 chàndòng；抖动 dǒudòng：～ with cold 冷得发抖 lěngde fādǒu *n.* 颤动 chàndòng；抖动 dǒudòng = trembling

quixotic *a.* 唐·吉诃德式的 Tángjíkēdé shìde；愚侠式的 yúxiáshìde

quiz *n.* **1.** 测验 cèyàn；提问 tíwèn **2.** 问答比赛 wèndá bǐsài；猜谜 cāimí **3.** 挖苦 wāku；戏弄 xìnòng = tease *v.* **1.** 考问 kǎowèn：My father ～zed me about where I had been last night. 我父亲盘问我昨天晚上去哪儿了。Wǒ fùqin pánwèn wǒ zuótiān wǎnshang qù nǎrle. **2.** 挖苦 wāku；嘲弄 cháonòng

quizzical *a.* **1.** 可笑的 kěxiàode；古怪的 gǔguàide = comical **2.** 可挖苦的 kě wākude；可嘲笑的 kě cháoxiàode = teasing

quoin *n.* 外角 wàijiǎo；外角石 wàijiǎoshí；隅石 yúshí = corner of an outer wall

quoit *n.* **1.** 铁圈 tiěquān；绳圈 shéngquān；橡皮圈 xiàngpíquān **2.** 掷铁圈 zhì tiěquān ＊of a game

quondam *a.* 过去的 guòqùde；以前的 yǐqiánde：a ～ friend 过去的朋友 guòqùde péngyou；旧友 jiùyǒu

quota *n.* 限额 xiàn'é；定额 dìng'é；分配额 fēnpèi'é：The ～ of foreigners allowed into the country has been reduced. 允许外国人入境的数额减少了。Yǔnxǔ wàiguórén rùjìngde shù'é jiǎnshǎole.

quotable *a.* 可引用的 kě yǐnyòngde；有引用价值的 yǒu yǐnyòng jiàzhíde

quotation *n.* **1.** 引用 yǐnyòng；引证 yǐnzhèng **2.** 引语 yǐnyǔ；引文 yǐnwén：～s from Shakespeare 引自莎士比亚的句子 yǐnzì Shāshìbǐyàde jùzi **3.** 行情表 hángqíngbiǎo；报价单 bàojiàdān：Can you give me a ～ for goods? 你能给我一张货物的报价单吗？Nǐ néng gěi wǒ yìzhāng huòwùde bàojiàdānma? **4.** 行市 hángshì；定价 dìngjià；报价 bàojià：today's ～ on cotton 今天棉花的行情 jīntiān miánhuade hángqíng

quote *v.* **1.** 引用 yǐnyòng；引述 yǐnshù；援引 yuányǐn：～ from an important person 引用某重要人物的话 yǐnyòng mǒu zhòngyào rénwùde huà **2.** 开价 kāijià；报价 bàojià：～ a commodity at 100 dollars 将一件商品开价一百元 jiāng yíjiàn shāngpǐn kāijià yìbǎiyuán *n.* **1.** 引文 yǐnwén；引语 yǐnyǔ **2.** 引号 yǐnhào

quotient *n.* 商数 shāngshù：the intelligence ～ 智力商数 zhìlì shāngshù
q. v. ＝ quod vide 见该项 jiàn gāixiàng；见该条 jiàn gāitiáo

R

rabbit *n.* 兔 tù；野兔 yětù *v.* 打兔子 dǎ tùzi；猎兔 liè tù：go ～ing 去打兔子 qù dǎ tùzi

rabble *n.* **1.** 乌合之众 wūhézhīzhòng ＝ mob **2.** 一群 yìqún ＝ a group

race[1] *n.* 竞赛 jìngsài；比赛 bǐsài：a mile ～ 一英里赛跑 yī yīnglǐ sàipǎo / a horse ～ 赛马 sàimǎ *v.* **1.** 赛跑 sàipǎo；比赛 bǐsài：They often ～. 他们经常参加比赛。Tāmen jīngcháng cānjiā bǐsài. **2.** 跑 pǎo；疾行 jíxíng ＝ move quickly：The holidays ～d by. 假日飞快地过去了。Jiàrì fēikuàide guòqule.

race[2] *n.* 人种 rénzhǒng；种族 zhǒngzú：the human ～ 人类 rénlèi / the yellow ～ 黄种人 huángzhǒngrén

racial *a.* 种族的 zhǒngzúde：～ conflicts 种族冲突 zhǒngzú chōngtū / ～ discrimination 种族歧视 zhǒngzú qíshì

racism *n.* 种族主义 zhǒngzúzhǔyì；种族歧视 zhǒngzú qíshì

rack *n.* **1.** 架子 jiàzi：a hat ～ 帽架 màojià **2.** 行李架 xínglijià * in a train **3.** 齿条 chǐtiáo * of machine **4.** 装草架 zhuāngcǎojià *v.* 折磨 zhémo：be ～ed with pain 痛苦万状 tòngkǔ wànzhuàng

racket[1] *n.* 吵闹 chǎonào；喧闹 xuānnào：What a ～！多吵啊！Duō chǎo'a！ *v.* **1.** 喧闹 xuānnào ＝ make a noise **2.** 过放荡生活 guò fàngdàng shēnghuó ＝ lead a gay social life

racket[2] *n.* 球拍 qiúpāi：a tennis ～ 网球拍 wǎngqiúpāi

racketeer *n.* 骗子 piànzi；勒索者 lèsuǒzhě

racy *a.* **1.** 生动的 shēngdòngde：a ～ speech 生动的演说 shēngdòngde yǎnshuō **2.** 活泼的 huópode ＝ lively：a ～ style 活泼的风格 huópode fēnggé **3.** 新鲜的 xīnxiānde ＝ fresh：～ fruit 新鲜的水果 xīnxiānde shuǐguǒ

radar *n.* 雷达 léidá：laser ～ 激光雷达 jīguāng léidá / a ～ set 雷达装置 léidá zhuāngzhì

radiant *a.* **1.** 光芒四射的 guāngmáng-sìshède：the ～ sun 灿烂的阳光

cànlànde yángguāng **2.** 辐射的 fúshède：～ energy 辐射能 fúshènéng

radiator *n.* **1.** 暖气装置 nuǎnqì zhuāngzhì **2.** 散热器 sànrèqì ＊ in the car

radical *a.* **1.** 根本的 gēnběnde：a ～ change in one's life 生活的根本变化 shēnghuóde gēnběn biànhuà **2.** 激进的 jījìnde；极端的 jíduānde = extreme

radio *n.* **1.** 无线电 wúxiàndiàn = wireless telegraphy **2.** 收音机 shōuyīnjī = radio receiving set **3.** 广播电台 guǎngbō diàntái：get a job in R- Beijing 在北京广播电台找到个工作 zài Běijīng guǎngbō diàntái zhǎodàoge gōngzuò *v.* 用无线电发送 yòng wúxiàndiàn fāsòng

radioactive *a.* 放射性的 fàngshèxìngde：～ dust 放射性尘埃 fàngshèxìng chén'āi

radiogram *n.* **1.** 无线电报 wúxiàndiànbào = a type of radiograph **2.** 收音电唱两用机 shōuyīn diànchàng liǎngyòngjī = radiogramaphone

radish *n.* 小萝卜 xiǎoluóbo

radium *n.* 镭 léi

radius *n.* **1.** 半径 bànjìng **2.** 范围 fànwéi：within the ～ of 100 meters 周围100米以内 zhōuwéi yìbǎi mǐ yǐnèi

raft *n.* 筏 fá；木排 mùpái：life ～ 救生筏 jiùshēngfá

rag *n.* **1.** 碎布块 suìbùkuài：a piece of oily ～ 一块油污的布 yíkuài yóuwūde bù **2.** 破旧衣服 pòjiù yīfu：She was dressed in ～s. 她衣衫褴褛。Tā yīshān-lánlǚ.

rage *n.* **1.** 狂怒 kuángnù：fell into a ～ 勃然大怒 bórándànù **2.** 狂热 kuángrè：have a ～ for collecting stamps 狂热地爱好集邮 kuángrède àihào jíyóu *v.* 发怒 fānù：～ at sb. (sth.) 对某人(某事)大发脾气 duì mǒurén (mǒushì) dàfā píqi / a raging headache 剧烈的头痛 jùliède tóutòng

ragged *a.* 破旧的 pòjiùde：a ～ coat 破旧的外套 pòjiùde wàitào

raid *n.* **1.** 袭击 xíjī：an air ～ 空袭 kōngxí **2.** 抢劫 qiǎngjié：a ～ on a bank by armed men 武装人员抢劫银行 wǔzhuāng rényuán qiǎngjié yínháng

rail *n.* **1.** 栏杆 lángān：a ～ fence 围栏 wéilán **2.** 钢轨 gāngguǐ；铁路 tiělù：travel by ～ 乘火车旅行 chéng huǒchē lǚxíng

railway *n.* 铁路 tiělù

rain *n.* 雨 yǔ；雨水 yǔshuǐ：a light ～ 小雨 xiǎoyǔ / ～ or shine 不论晴雨 búlùn qíngyǔ *v.* 下雨 xiàyǔ：It's ～ing. 在下雨。Zài xiàyǔ.

rainbow *n.* 虹 hóng；彩虹 cǎihóng：all the colors of a ～ 五颜六色 wǔyán-liùsè

rainy *a.* 下雨的 xiàyǔde：the ～ season 雨季 yǔjì // put away for a ～ day 未雨绸缪 wèiyǔ chóumóu

raise *v.* **1.** 举起 jǔqǐ：～ one's hand 举起手来 jǔqǐ shǒulái **2.** 培育 péiyù；栽培 zāipéi：～ wheat 种植小麦 zhòngzhí xiǎomài **3.** 募集 mùjí：～ money 募捐 mùjuān；集资 jízī **4.** 增加 zēngjiā：～ the rent 提高租金 tígāo zūjīn **5.** 建立 jiànlì：～ a building 造起一座房子 zàoqǐ yízuò fángzi

rake *n.* 耙子 pázi *v.* 用耙子耙拢 yòng pázi pálǒng：He ～d up the fallen leaves. 他用耙子耙拢落叶。Tā yòng pázi pálǒng luòyè.

rakish *a.* 花天酒地的 huātiān-jiǔdìde：lead a ～ life 过花天酒地的生活 guò huātiān-jiǔdìde shēnghuó

rally *v.* **1.** 集合 jíhé：He rallied the workers. 他召集工人。Tā zhàojí gōngrén. **2.** 恢复 huīfù：～ from a fever 发烧后复原 fāshāohòu fùyuán *n.* 大会 dàhuì；集会 jíhuì：hold a ～ 举行大会 jǔxíng dàhuì

Ramadan *n.* 斋月 zhāiyuè

ramble *v.* 漫步 mànbù：She ～d in the park. 她在公园里漫步。Tā zài gōngyuánli mànbù. *n.* 漫步 mànbù：go for a ～ 漫步 mànbù

rambling *a.* **1.** 凌乱无序的 língluàn wúxùde：a ～ town 凌乱无序的城镇 língluàn wúxùde chéngzhèn **2.** 漫步的 mànbùde；漫游的 mànyóude

ramp[1] *n.* & *v.* 敲竹杠 qiāozhúgàng；欺诈 qīzhà

ramp[2] *n.* 坡道 pōdào；斜面 xiémiàn；斜坡 xiépō：drag stones up a ～ 拉石头上斜坡 lā shítou shàng xiépō

rampart *n.* 防御土墙 fángyù tǔqiáng；防御物 fángyùwù *v.* 防御 fángyù；保护 bǎohù

ranch *n.* 大牧场 dà mùchǎng；大农场 dà nóngchǎng *v.* 经营牧场 jīngyíng mùchǎng

rancid *a.* 腐臭的 fǔchòude：go slightly ～ 有些发臭 yǒuxiē fāchòu / a ～ smell 臭味 chòuwèi

random *a.* 随便的 suíbiànde；偶然的 ǒuránde：～ remarks 随便说的话 suíbiàn shuōde huà / at ～ 无目标地 wú mùbiāode

randy *a.* **1.** 喧闹的 xuānnàode；大声的 dàshēngde = noisy **2.** 好色的 hàosède = of sexual lust

range *n.* **1.** 范围 fànwéi = sphere: the ~ of a voice 音域 yīnyù **2.** 列 liè; 连续 liánxù = row: a ~ of mountains 山脉 shānmài *v.* **1.** 排列 páiliè = set in a row **2.** 相连 xiānglián; 绵亘 miángèn = extend: The trees ~d along the road. 那些树木沿着路边绵亘成行。Nàxiē shùmù yánzhe lùbiān miángèn chéngháng.

ranger *n.* **1.** 看林人 kānlínrén = forest guard **2.** 巡逻队员 xúnluó duìyuán **3.** 漫游者 mànyóuzhě = one who roams

rank *n.* **1.** 阶级 jiējí; 地位 dìwèi: people of all ~s 各阶层的人们 gè jiēcéngde rénmen = social position **2.** 横排 héngpái = row: soldiers in the front ~ 前排的士兵 qiánpáide shìbīng *v.* **1.** 排队 páiduì; 排列 páiliè = arrange in a ~ **2.** 分类 fēnlèi = classify

ranker *n.* 士兵 shìbīng

rankle *v.* **1.** 怨恨未消 yuànhèn wèixiāo; 使怨恨 shǐ yuànhèn **2.** 使人痛苦 shǐ rén tòngkǔ = cause to be painful **3.** 化脓 huànóng; 发炎 fāyán = fester

ransack *v.* **1.** 仔细搜查 zǐxì sōuchá = search thoroughly **2.** 洗劫 xǐjié; 掠夺 lüèduó = plunder

ransom *n.* 赎金 shújīn; 赎回 shúhuí: a king's ~ 巨额金钱 jù'é jīnqián *v.* **1.** 赎 shú **2.** 向…索取赎金 xiàng…suǒqǔ shújīn

rap *n.* 敲击 qiāojī; 拍击声 pāijīshēng: a ~ on the door 敲门声 qiāoménshēng // take the ~ 受罚 shòufá *v.* 敲 qiāo; 叩 kòu

rapacity *n.* **1.** 贪婪 tānlán; 贪得 tāndé = greed **2.** 强取 qiángqǔ; 掠夺 lüèduó = grasp

rape[1] *n.* 油菜 yóucài

rape[2] *v.* **1.** 强奸 qiángjiān = force a person to sexual intercourse **2.** 劫掠 jiélüè = plunder *n.* **1.** 强奸 qiángjiān **2.** 破坏 pòhuài: the ~ of one's forests 树林遭到破坏 shùlín zāodào pòhuài

rapid *a.* 快的 kuàide; 敏捷的 mǐnjiéde: a ~ stream 急流 jíliú / a ~ train 快车 kuàichē *n.* 急流 jíliú; 险滩 xiǎntān: shoot the ~s 迅速通过险滩 xùnsù tōngguò xiǎntān

rapport *n.* 友好关系 yǒuhǎo guānxì; 亲密 qīnmì

rapt *a.* **1.** 全神贯注的 quánshénguànzhùde: listen with ~ attention 凝神谛听 níngshén dìtīng **2.** 狂喜的 kuángxǐde = enraptured

rapture *n.* 狂喜 kuángxǐ

rare *a*. 罕见的 hǎnjiànde；珍奇的 zhēnqíde：a ～ book 珍本 zhēnběn；善本 shànběn // ～ earth 稀土 xītǔ

rarely *ad*. 很少 hěnshǎo；难得 nándé：a ～ beautiful girl 绝代佳人 juédài jiārén / She ～ comes here. 她很少来这里。Tā hěnshǎo lái zhèlǐ.

rascal *n*. **1.** 恶棍 ègùn；坏蛋 huàidàn **2.** 调皮的人 tiáopíde rén：You little ～！你这小淘气。Nǐ zhè xiǎotáoqì. = mischievous child

rash *a*. 轻率的 qīngshuàide；性急的 xìngjíde：She has made a ～ promise. 她做了轻率的许诺。Tā zuòle qīngshuàide xǔnuò. *n*. 疹子 zhěnzi * skin disease

rat *n*. 老鼠 lǎoshǔ

rate *n*. **1.** 比例 bǐlì；比率 bǐlǜ：birth ～ 出生率 chūshēnglǜ **2.** 速度 sùdù = speed：The car was going at the ～ of 60 miles an hour. 那部车以时速60哩行驶着。Nàbùchē yǐ shísù liùshílǐ xíngshǐzhe. **3.** 价格 jiàgé：a gas ～ 煤气的价格 méiqìde jiàgé **4.** 等级 děngjí = grade：first ～ 一等 yīděng *v*. **1.** 被认为 bèirènwéi；被列入 bèilièrù：She is ～d as a good singer. 她被看作是一个好的歌唱家。Tā bèi kànzuò shì yíge hǎode gēchàngjiā. **2.** 对…估价 duì…gūjià；评分 píngfēn = assess

rather *ad*. **1.** 相当 xiāngdāng；有点 yǒudiǎn：It's ～ warm today. 今天有点热。Jīntiān yǒudiǎnrè. **2.** 宁可 nìngkě：I'd ～ not go. 我宁可不去。Wǒ nìngkě búqù.

ratify *v*. 批准 pīzhǔn；认可 rènkě

ratio *n*. 比率 bǐlǜ：He has sheep and cows in the ～ of 10 to 3. 他的羊与牛的头数为十与三之比。Tāde yáng yǔ niúde tóushù wéi shí yǔ sān zhībǐ. / direct ～ 正比 zhèngbǐ / inverse ～ 反比 fǎnbǐ

ration *n*. 配给量 pèijǐliàng；限额 xiàn'é：～s of gasoline 汽油的配给量 qìyóude pèijǐliàng *v*. **1.** 供以口粮 gōngyǐ kǒuliáng **2.** 定量配给 dìngliàng pèijǐ

rational *a*. 合理的 hélǐde；有理性的 yǒu lǐxìngde：Man is a ～ animal. 人是有理性的动物。Rén shì yǒu lǐxìngde dòngwù.

rattan *n*. 藤 téng；藤条 téngtiáo

rattle *v*. **1.** 发出格格声 fāchū gēgēshēng：The window ～d in the wind. 窗户在风中格格作响。Chuānghu zài fēngzhōng gēgē zuòxiǎng. **2.** 急促地讲 jícùde jiǎng；喋喋说出 diédié shuōchū = talk rapidly *n*. 格格声 gēgēshēng；吵闹声 chǎonàoshēng；喧嚣 xuānxiāo

rattlesnake *n.* 响尾蛇 xiǎngwěishé

rattling *a.* **1.** 繁忙的 fánmángde；活跃的 huóyuède = lively **2.** 快速的 kuàisùde = rapid：at a ～ pace 以急速的步伐 yǐ jísùde bùfá **3.** 极好的 jí hǎode；痛快的 tòngkuaide = very good：have a ～ time 度过一段非常愉快的时光 dùguò yíduàn fēicháng yúkuàide shíguāng *ad.* 很 hěn；非常 fēicháng = very

ratty *a.* 气恼的 qìnǎode：get quite ～ with sb. 对某人非常生气 duì mǒu rén fēicháng shēngqì

raucous *a.* 嘶哑的 sīyǎde；粗哑的 cūyǎde

ravage *v.* 破坏 pòhuài：The fire ～d the forest. 那场火灾烧毁了森林。Nàchǎng huǒzāi shāohuǐle sēnlín.

rave *v.* **1.** 语无伦次地说 yǔwú-lúncìde shuō **2.** 咆哮 páoxiāo = roar *n.* **1.** 胡言乱语 húyán-luànyǔ **2.** 发狂 fākuáng

ravine *n.* 深谷 shēngǔ

ravish *v.* **1.** 强奸 qiángjiān **2.** 迷住 mízhù = enchant

raw *ad.* **1.** 生的 shēngde：The Japanese often eat ～ fish. 日本人常吃生鱼。Rìběnrén chángchī shēngyú. **2.** 原料的 yuánliàode；未加工的 wèi jiāgōngde：～ silk 生丝 shēngsī / ～ material 原料 yuánliào

rawhide *n.* 生牛皮 shēngniúpí

ray *n.* **1.** 光线 guāngxiàn：the sun's ～ 日光 rìguāng **2.** 射线 shèxiàn：X ～s X 光射线 X guāng shèxiàn

rayon *n.* 人造丝 rénzàosī；人造丝织物 rénzào sīzhīwù

razor *n.* 剃刀 tìdāo：safety ～ 安全剃刀 ānquán tìdāo / ～ blade 刀片 dāopiàn

reach *v.* **1.** 到达 dàodá：He ～ed London before dark. 他天黑前到达伦敦。Tā tiān hēi qián dàodá Lúndūn. **2.** 伸手达到 shēnshǒu dádào：Can you ～ the ceiling? 你能触到天花板吗？Nǐ néng chùdào tiānhuābǎnma? **3.** 递来 dìlái：Please ～ me the newspaper. 请把那份报纸拿给我。Qǐng bǎ nàfèn bàozhǐ nágěi wǒ.

react *v.* **1.** 反应 fǎnyìng = act in response **2.** 反作用 fǎnzuòyòng；反抗 fǎnkàng = act in opposition **3.** 起化学反应 qǐ huàxué fǎnyìng：Acids ～ on metals. 酸与金属起化学反应。Suān yǔ jīnshǔ qǐ huàxué fǎnyìng. **4.** 恢复原状 huīfù yuánzhuàng = act towards a former state // reaction *n.*

reactionary *a.* 反动的 fǎndòngde

reactor *n*. **1**. 反应堆 fǎnyìngduī **2**. 反应器 fǎnyìngqì

read *v*. **1**. 读 dú；阅读 yuèdú：I like ～ing books. 我喜欢读书。Wǒ xǐhuan dúshū. **2**. 朗读 lǎngdú ＝ ～ aloud

readable *a*. 有趣的 yǒuqùde；易读的 yìdúde

readdress *v*. 改写的姓名地址 gǎixiěde xìngmíng dìzhǐ：～ a letter 改写信上收信人地址 gǎixiě xìnshang shōuxìnrén dìzhǐ

reader *n*. **1**. 读者 dúzhě：Are you a fast ～？你阅读速度快吗？Nǐ yuèdú sùdù kuàima？**2**. 校对者 jiàoduìzhě ＝ proofreader **3**. 读物 dúwù；读本 dúběn ＝ textbook

readership *n*. 读者人数 dúzhě rénshù：The ～ of the newspaper has increased. 该报的读者人数增加了。Gāibàode dúzhě rénshù zēngjiāle.

readily *ad*. **1**. 乐意地 lèyìde；欣然 xīnrán **2**. 容易的 róngyìde：She ～ accepted their advice. 他欣然接受他们的劝告。Tā xīnrán jiēshòu tāmende quàngào.

readiness *n*. **1**. 乐意 lèyì：show ～ to do sth. 表示愿意做某事 biǎoshì yuànyì zuò mǒushì **2**. 敏捷 mǐnjié：～ of wit 机敏 jīmǐn **3**. 准备就绪 zhǔnbèi jiùxù：have everything in ～ for 为…做好一切准备 wèi… zuòhǎo yíqiè zhǔnbèi

reading *n*. **1**. 阅读 yuèdú：learn ～ and writing 学习阅读和写作 xuéxí yuèdú hé xiězuò **2**. 朗读 lǎngdú ＝ ～ aloud **3**. 读书 dúshū：He is fond of wide ～. 他喜欢博览群书。Tā xǐhuan bólǎn-qúnshū. **4**. 读物 dúwù ＝ books

readjust *v*. 再调整 zài tiáozhěng；再校准 zài jiàozhǔn

ready *a*. **1**. 准备好的 zhǔnbèi hǎode：Are you ～？你们准备好了吗？Nǐmen zhǔnbèi hǎolema？**2**. 乐意 lèyì ＝ willing：She's always ～ to help. 她总是乐于帮忙。Tā zǒngshì lèyú bāngmáng.

ready-made *a*. 现成的 xiànchéngde：～ clothes 现成的衣服 xiànchéngde yīfu

reagent *n*. 试剂 shìjì

real *a*. **1**. 真正的 zhēnzhèngde；真的 zhēnde：What's his ～ name？他真名叫什么？Tā zhēnmíng jiàoshénme？**2**. 现实的 xiànshíde；实际的 shíjìde ＝ sth. which is existing // ～ estate 房地产 fángdìchǎn

realign *v*. 重新组合 chóngxīn zǔhé；调整 tiáozhěng

realism *n*. 现实主义 xiànshízhǔyì

realist *n*. 现实主义者 xiànshízhǔyìzhě

reality *n*. **1**. 真实 zhēnshí：believe in the ～ of the story 相信这故事是真的 xiāngxìn zhègùshi shì zhēnde **2**. 现实 xiànshí；事实 shìshí：escape from ～ 逃避现实 táobì xiànshí

realize *v*. **1**. 认识 rènshi；了解 liǎojiě ＝ understand **2**. 实现 shíxiàn ＝ make real：～ my hopes 实现我的希望 shíxiàn wǒde xīwàng // realization *n*.

really *ad*. **1**. 实际上 shíjìshang：She is not ～ young. 她实际上并不年轻。Tā shíjìshang bìngbù niánqīng. **2**. 真实地 zhēnshíde；真的 zhēnde：Did he ～ say so？他真的那样说吗？Tā zhēnde nàyàng shuōma？

realm *n*. **1**. 王国 wángguó；国土 guótǔ；领土 lǐngtǔ：laws of the ～ 国法 guófǎ **2**. 领域 lǐngyù；范围 fànwéi ＝ field：the ～ of science 科学领域 kēxué lǐngyù

reanimate *v*. 使复活 shǐ fùhuó；使重振精神 shǐ chóngzhèn jīngshen

reap *v*. 收割 shōugē；收获 shōuhuò：～ the wheat 收割小麦 shōugē xiǎomài

reaper *n*. **1**. 收割机 shōugējī ＊ machine **2**. 收割者 shōugēzhě ＊ person

reappear *v*. 重新出现 chóngxīn chūxiàn

rear[1] *n*. 后部 hòubù；后面 hòumian：in the ～ of the procession 在行列后部 zài hángliè hòubù *a*. 背后的 bèihòude：the ～ wheel of a bicycle 自行车后轮 zìxíngchē hòulún

rear[2] *v*. **1**. 生养 shēngyǎng；抚养 fǔyǎng；饲养 sìyǎng：～ children 抚养子女 fǔyǎng zǐnǚ **2**. 举起 jǔqǐ；竖起 shùqǐ：The snake ～ed its head. 蛇抬起头。Shé táiqǐ tóu.

rear guard *n*. 后卫 hòuwèi

rearrange *v*. **1**. 重新整理 chóngxīn zhěnglǐ **2**. 重新排列 chóngxīn páiliè

rearward *a*. 在后面的 zài hòumiande；向后的 xiànghòude：in a ～ direction 向后面的方向 xiàng hòumiande fāngxiàng *n*. 后部 hòubù；后面 hòumian：point to the ～ 指向后面 zhǐxiàng hòumian

reason *n*. **1**. 原因 yuányīn；理由 lǐyóu：You have no ～ to get angry. 你没有理由生气。Nǐ méiyǒu lǐyóu shēngqì. **2**. 理智 lǐzhì；理性 lǐxìng：lose one's ～ 丧失理性 sàngshī lǐxìng *v*. **1**. 思考 sīkǎo；推理 tuīlǐ ＝ think or discuss logically **2**. 说服 shuōfú ＝ persuade

reasonable *a*. **1**. 理智的 lǐzhìde；讲理的 jiǎnglǐde：～ requests 合理的要求 hélǐde yāoqiú **2**. 有推理能力的 yǒu tuīlǐ nénglìde

reasoning *n*. **1**. 推理 tuīlǐ；思考 sīkǎo **2**. 论据 lùnjù；理由 lǐyóu *a*. 能推理的 néng tuīlǐde；有理性的 yǒu lǐxìngde

rebate *n*. 回扣 huíkòu；部分退款 bùfen tuìkuǎn *v*. 减免部分款项 jiǎnmiǎn bùfen kuǎnxiàng；给…打折扣 gěi…dǎ zhékòu：～ a price 减价 jiǎnjià

rebel *n*. 造反者 zàofǎnzhě *v*. **1**. 造反 zàofǎn **2**. 讨厌 tǎoyàn = react against *a*. 造反的 zàofǎnde；反叛的 fǎnpànde：the ～ army 叛军 pànjūn // rebellion *n*.

rebinal *v*. 重新装订 chóngxīn zhuāngdìng

reborn *a*. 再生的 zàishēngde

rebound *v*. 跃回 yuèhuí；弹回 tánhuí *n*. 跃回 yuèhuí；弹回 tánhuí

rebuild *v*. 重建 chóngjiàn；改造 gǎizào：～ a house 重建一座房屋 chóngjiàn yízuò fángwū

rebuke *v*. & *n*. 申斥 shēnchì；责骂 zémà

recall *v*. **1**. 记起 jìqǐ；回忆 huíyì：I can't ～ having seen him. 我记不起来曾见过他。Wǒ jìbuqǐlái céng jiànguo tā. **2**. 召回 zhàohuí = summon back *n*. **1**. 召回 zhàohuí **2**. 记忆 jìyì

recant *v*. **1**. 放弃 fàngqì = give up **2**. 公开认错 gōngkāi rèncuò = admit openly what one did or said was wrong

recapture *v*. **1**. 收复 shōufù = recover **2**. 回忆 huíyì = recall

recast *v*. 重新铸造 chóngxīn zhùzào；重做 chóngzuò：～ a sentence 重写一个句子 chóngxiě yíge jùzi

recede *v*. **1**. 后退 hòutuì：The waves ～. 海浪退了。Hǎilàng tuìle. **2**. 向后 xiànghòu **3**. 撤销 chèxiāo：～ from the agreement 撤回协定 chèhuí xiédìng **4**. 降低 jiàngdī；缩小 suōxiǎo：～ prices 降低物价 jiàngdī wùjià

receipt *n*. **1**. 收据 shōujù = written acknowledgement of sth. received **2**. 收到 shōudào = receiving sth. *v*. 开…收据 kāi…shōujù = give a ～ to

receive *v*. **1**. 接到 jiēdào；接受 jiēshòu：～ a gift 收到礼物 shōudào lǐwù **2**. 承受 chéngshòu = take in **3**. 接待 jiēdài；会客 huìkè：They ～ on Fridays. 他们星期五会客。Tāmen xīngqīwǔ huìkè.

received *a*. **1**. 公认的 gōngrènde；普遍接受的 pǔbiàn jiēshòude = widely accepted as correct **2**. 收到的 shōudàode；收讫的 shōuqìde

receiver *n*. **1**. 收受者 shōushòuzhě **2**. 电话听筒 diànhuà tīngtǒng * telephone：He lifted the ～. 他拿起电话听筒。Tā náqǐ diànhuà tīngtǒng.

3. 接收机 jiēshōujī * of radio, telegraph, etc.

recent *a.* 最近的 zuìjìnde; 近来的 jìnláide: a ～ event 最近发生的事件 zuìjìn fāshēngde shìjiàn / ～ days 近日 jìnrì

reception *n.* **1.** 欢迎 huānyíng; 接待 jiēdài: get a friendly ～ 受到友好接待 shòudào yǒuhǎo jiēdài **2.** 欢迎会 huānyínghuì; 招待会 zhāodàihuì = formal party

receptionist *n.* 接待员 jiēdàiyuán; 招待员 zhāodàiyuán

recess *n.* **1.** 休息 xiūxi: at a noon ～ 在午休时间 zài wǔxiū shíjiān **2.** 深处 shēnchù: the ～es of a cave 洞的幽深处 dòngde yōushēnchù

recession *n.* **1.** 衰退 shuāituì = slump **2.** 退却 tuìquè; 退回 tuìhuí = receding

recessive *a.* **1.** 倒退的 dàotuìde **2.** 隐性的 yǐnxìngde: ～ character 隐性性格 yǐnxìng xìnggé **3.** 逆行的 nìxíngde: ～ accent 逆行重音 nìxíng zhòngyīn * of language

recidivist *n.* 惯犯 guànfàn

recipe *n.* **1.** 食谱 shípǔ; 配方 pèifāng: try a new ～ for a cake 试用新配方做蛋糕 shìyòng xīn pèifāng zuò dàngāo **2.** 方法 fāngfǎ = a way: the ～ for success 成功之道 chénggōng zhīdào

recipient *n.* 接受者 jiēshòuzhě: the ～s of the prizes 受奖人 shòujiǎngrén *a.* 接受的 jiēshòude; 容纳的 róngnàde: He has a ～ mind. 他能虚心接纳。Tā néng xūxīn jiēnà.

reciprocal **1.** 相互的 xiānghùde: ～ visits 互访 hùfǎng **2.** 交往的 jiāowǎngde; 互惠的 hùhuìde: ～ treaties 互惠条约 hùhuì tiáoyuē **3.** 相互的 xiānghùde * grammar: ～ pronouns 相互代词 xiānghù dàicí

recital *n.* **1.** 音乐会 yīnyuèhuì: a ～ of music by Bach 巴赫音乐作品演奏会 Bāhè yīnyuè zuòpǐn yǎnzòuhuì **2.** 叙述 xùshù; 吟诵 yínsòng = narrative

recitation *n.* **1.** 朗诵 lǎngsòng **2.** 朗诵的作品 lǎngsòngde zuòpǐn: a book of ～s 背诵文集 bèisòng wénjí

recite *v.* **1.** 朗诵 lǎngsòng; 背诵 bèisòng: He ～d the long poem. 他背诵了这首长诗。Tā bèisòngle zhèshǒu chángshī. **2.** 叙述 xùshù = give an account

reckless *a.* 轻率的 qīngshuàide; 不顾前后的 búgù qiánhòude: ～ driving 鲁莽的驾车 lǔmǎngde jiàchē

reckon *v.* **1.** 数 shǔ；计算 jìsuàn＝calculate：R- the cost. 把成本计算一下。Bǎ chéngběn jìsuàn yíxià. **2.** 认为 rènwéi ＝ regard **3.** 推断 tuīduàn ＝ estimate

reclaim *v.* **1.** 改造 gǎizào ＝ reform **2.** 索回 suǒhuí ＝ ask that sth. be returned **3.** 开垦 kāikěn ＝ make fit for cultivation

recline *v.* 躺 tǎng；倚 yǐ：～ on the bed 躺在床上 tǎngzài chuángshang

recluse *n.* 隐士 yǐnshì

recognition *n.* **1.** 认识 rènshi ＝ identification **2.** 承认 chéngrèn ＝ formal acknowledgement **3.** 赏识 shǎngshí；重视 zhòngshì ＝ appreciation

recognize *v.* **1.** 认识 rènshi；认出 rènchū：～ symptoms 看出症状 kànchū zhèngzhuàng **2.** 承认 chéngrèn **3.** 赏识 shǎngshí **4.** 表扬 biǎoyáng：～ merit 表扬功绩 biǎoyáng gōngjī

recoil *v.* **1.** 退缩 tuìsuō ＝ shrink **2.** 反冲 fǎnchōng；跳回 tiàohuí ＝ rebound

recollect *v.* 回忆 huíyì；记起 jìqǐ

recollection *n.* **1.** 回忆 huíyì；记忆力 jìyìlì **2.** 往事 wǎngshì：～s of youth 青年时代的往事 qīngnián shídàide wǎngshì

recommend *v.* **1.** 推荐 tuījiàn；介绍 jièshào：He ～ed me for the job. 他推荐我做这工作。Tā tuījiàn wǒ zuò zhè gōngzuò. **2.** 劝 quàn；劝告 quàngào；建议 jiànyì ＝ suggest // recommendation *n.*

recompense *v.* 酬报 chóubào；赔偿 péicháng：～ good for evil 以怨报德 yǐyuànbàodé

reconcile *v.* **1.** 使和好 shǐ héhǎo；使和解 shǐ héjiě：～ disputes 调解争执 tiáojiě zhēngzhí **2.** 使接受 shǐ jiēshòu；使顺从 shǐ shùncóng：He will not ～ himself to a life of poverty. 他不会安于贫困。Tā búhuì ānyú pínkùn.

reconciliation *n.* **1.** 和解 héjiě ＝ bringing back to friendship **2.** 调和 tiáohé ＝ adjustment **3.** 和谐 héxié ＝ harmony

recondite *a.* 深奥的 shēn'àode；难懂的 nándǒngde：～ knowledge 深奥的学问 shēn'àode xuéwen

reconnaissance *n.* 侦察 zhēnchá；调查 diàochá：a ～ aircraft 侦察机 zhēnchájī

reconnoitre *v.* 侦察 zhēnchá；调查 diàochá；戡察 kānchá

reconsider *v.* 重新考虑 chóngxīn kǎolǜ

reconstruct *v.* 重建 chóngjiàn // reconstruction *n.*

record *n*. **1**. 记录 jìlù：the ～ of our lives 我们的生活记录 wǒmende shēnghuó jìlù **2**. 唱片 chàngpiàn；音响 yīnxiǎng * for gramophone *v*. **1**. 记录 jìlù = put down in writing；录音 lùyīn = register sounds **2**. 显示 xiǎnshì = show：The thermometer ～ed 90°. 温度计指明气温为90°。Wēndùjì zhǐmíng qìwēn wéi jiǔshí dù.

recorder *n*. **1**. 记录员 jìlùyuán * person **2**. 记录器 jìlùqì * apparatus；录音机 lùyīnjī = tape ～

record player *n*. 电唱机 diànchàngjī

recount *v*. & *n*. **1**. 重新计算 chóngxīn jìsuàn；重数 chóngshǔ = calculate again **2**. 详细叙述 xiángxì xùshù；依次列举 yīcì lièjǔ = give an account

recoup *v*. **1**. 偿还 chánghuán = compensate **2**. 恢复 huīfù = recover

recover *v*. **1**. 找回 zhǎohuí = get back **2**. 恢复 huīfù = become well：～ consciousness 恢复知觉 huīfù zhījué **3**. 弥补 míbǔ；赔偿 péicháng = compensate：～ one's lost time 夺回失去的时间 duóhuí shīqùde shíjiān // recovery *n*.

recreant *n*. **1**. 叛徒 pàntú = traitor **2**. 懦夫 nuòfū = coward *a*. 怯懦的 qiènuòde = cowardly

recreation *n*. 娱乐 yúlè；消遣 xiāoqiǎn：He swims for ～. 他以游泳为消遣。Tā yǐ yóuyǒng wéi xiāoqiǎn.

recruit *n*. 新兵 xīnbīng；新成员 xīnchéngyuán = a new member *v*. 征兵 zhēngbīng；招募 zhāomù

rectangle *n*. 长方形 chángfāngxíng；矩形 jǔxíng

rectify *v*. **1**. 纠正 jiūzhèng：～ a mistake 纠正错误 jiūzhèng cuòwù **2**. 净化 jìnghuà = purify：～ spirits 用蒸馏法精炼酒 yòng zhēngliúfǎ jīngliàn jiǔ

rectilinear *a*. 直线的 zhíxiànde：～ motion 直线运动 zhíxiàn yùndòng

rectitude *n*. 诚实 chéngshí = honesty；正直 zhèngzhí = uprightness

rector *n*. **1**. 校长 xiàozhǎng = head of a college **2**. 教区长 jiàoqūzhǎng * of parish

rectum *n*. 直肠 zhícháng

recumbent *a*. 躺着的 tǎngzhede；倚着的 yǐzhede：a ～ body 横卧的身体 héngwòde shēntǐ

recuperate *v*. **1**. 恢复 huīfù：～ one's health 恢复健康 huīfù jiànkāng **2**. 弥补 míbǔ = recover from loss：～ one's losses 弥补损失 míbǔ sǔnshī

recur *v*. **1**. 再发生 zài fāshēng：His fever ～red. 他又发烧了。Tā yòu fāshāole. **2.** 重新浮现 chóngxīn fúxiàn = appear again：Old memories often ～red to him. 旧事经常浮现在他的脑海里。Jiùshì jīngcháng fúxiàn zài tāde nǎohǎili. // recurrence *n.*

recurrent *a.* **1.** 周期性的 zhōuqīxìngde；回归的 huíguīde = recurring frequently **2.** 再现的 zàixiànde；再发的 zàifāde = coming back again

recycle *v.* & *n.* 重复利用 chóngfù lìyòng

red *a.* 红的 hóngde；红色的 hóngsède = of ～ color *n.* **1.** 红色 hóngsè = ～ color **2.** 红衣服 hóng yīfu = clothes of ～ color：wear ～ 穿红衣 chuān hóngyī **3.** 亏空 kuīkong = condition indicating a loss；赤字 chìzì = in the ～ // ～ blood cell 红血球 hóngxuèqiú / ～ carpet 红地毯 hóngdìtǎn / ～ light 红灯 hóngdēng

red cap *n.* **1.** 火车站搬运工 huǒchēzhàn bānyùngōng **2.** 宪兵 * xiànbīng * in England

Red Cross *n.* 红十字会 Hóngshízìhuì

redden *v.* 变红 biànhóng；使红 shǐhóng

reddish *a.* 微红的 wēihóngde；带红色的 dài hóngsède

redeem *v.* **1.** 赎回 shúhuí；买回 mǎihuí = buy back：He ～ed his diamond. 他赎回了他的钻石。Tā shúhuíle tāde zuànshí. **2.** 恢复 huīfù = recover **3.** 履行 lǚxíng = fulfil：～ my promise 履行我的诺言 lǚxíng wǒde nuòyán // redemption *n.*

red-handed *a.* **1.** 正在犯罪的 zhèngzài fànzuìde = during an act of committing a crime **2.** 手上染血的 shǒushang rǎnxiěde

redhead *n.* **1.** 红头发的人 hóngtóufade rén = person with red hair **2.** 红头啄木鸟 hóngtóu zhuómùniǎo * a kind of woodpecker

red-hot *a.* **1.** 赤热的 chìrède = very hot **2.** 狂热的 kuángrède = highly excited

rediffusion *n.* 电视的有线转播 diànshìde yǒuxiàn zhuǎnbō

redistribute *v.* 重新分配 chóngxīn fēnpèi；再分送 zài fēnsòng

red-light district 红灯区 hóngdēngqū

redolent *a.* **1.** 有…气味的 yǒu … qìwèide = with a strong smell：～ wine 有强烈气味的酒 yǒu qiángliè qìwèide jiǔ **2.** 使人想起的 shǐ rén xiǎngqǐde = reminiscent：a picture ～ of his childhood 使他想起童年的照片 shǐ tā xiǎngqǐ tóngniánde zhàopiàn **3.** 香的 xiāngde；芬芳的 fēnfāngde = fragrant

redouble *v.* **1.** 大大增加 dàdà zēngjiā；加倍 jiābèi：～ one's efforts 加倍努力 jiābèi nǔlì **2.** 往回跑 wǎng huí pǎo；折回 zhéhuí = go back

red pepper **1.** 红辣椒 hónglàjiāo **2.** 辣椒粉 làjiāofěn * powder

redress *v.* **1.** 纠正 jiūzhèng = set right again **2.** 赔偿 péicháng；补偿 bǔcháng = compensate：～ an injury 赔偿伤害 péicháng shānghài *n.* 纠正 jiūzhèng；补偿 bǔcháng

Red Sea 红海 Hónghǎi

reduce *v.* **1.** 减少 jiǎnshǎo；节减 jiéjiǎn：～ taxes 减税 jiǎnshuì **2.** 减肥 jiǎnféi = ～ weight **3.** 使成（某种状态）shǐchéng（mǒuzhǒng zhuàngtài）：The house was ～d to ashes. 那幢房屋烧成灰烬。Nàzhuàng fángwū shāochéng huījìn. // reduction *n.*

redundant *a.* **1.** 多余的 duōyúde；过剩的 guòshèngde：～ labor 过剩的劳工 guòshèngde láogōng **2.** 累赘的 léizhuide = repetitive

reduplicate *v.* 重复 chóngfù；使加倍 shǐ jiā bèi *a.* 加倍的 jiābèide；双重的 shuāngchóngde

redwood *n.* 红杉树 hóngshānshù；红杉木料 hóngshān mùliào

reed *n.* **1.** 芦苇 lúwěi；芦杆 lúgǎn **2.** 芦笛 lúdí **3.** [～s] 簧 huáng * musical instrument

reeducate *v.* 再教育 zàijiàoyù；重新训练 chóngxīn xùnliàn

reef *n.* 礁 jiāo；暗礁 ànjiāo *v.* 收帆 shōufān = roll up the sail of a boat

reek *n.* **1.** 强烈气味 qiángliè qìwèi；恶臭 èchòu = offensive odor **2.** 水汽 shuǐqì = vapor *v.* **1.** 冒烟 màoyān；发出臭气 fāchū chòuqì **2.** 熏 xūn

reel *n.* **1.** 卷 juǎn；盘 pán：* of film **2.** 线轴 xiànzhóu *v.* **1.** 摇晃 yáohuàng；晕眩 yùnxuàn = sway **2.** 转动 zhuàndòng；卷收 juǎnshōu；绕 rào = wind

reelect *v.* 重选 chóngxuǎn；再选 zàixuǎn

reelection *n.* 选举连任 xuǎnjǔ liánrèn：run for ～ 竞选连任 jìngxuǎn liánrèn

reentry *n.* **1.** 再进入 zài jìnrù；重新进入 chóngxīn jìnrù **2.** 重返大气层 chóngfǎn dàqìcéng = the ～ of a space craft into outer space

refectory *n.* 寺院、学校的饭厅 sìyuàn、xuéxiàode fàntīng

refer *v.* **1.** 委托 wěituō **2.** 指点 zhǐdiǎn；提示 tíshì；提及 tíjí：He often ～red to me in his speech. 他在谈话中常常提到我。Tāzài tánhuàzhōng chángcháng tídào wǒ. **3.** 把…归之于 bǎ…guīzhīyú；把…归类 bǎ…guīlèi：～ this flower to the rose family 把这花归入蔷薇科 bǎ zhèhuā guīrù qiángwēikē **4.** 查阅 cháyuè；参考 cānkǎo：～ to the schedule 查阅时间表 cháyuè shíjiānbiǎo

referee *n.* **1.** 裁 判 cáipàn = umpire **2.** 仲 裁 者 zhòngcáizhě = arbitrator *v.* 当裁判 dāng cáipàn；担任仲裁 dānrèn zhòngcái

reference *n.* **1.** 提到 tídào；说到 shuōdào：make ～s to the heroic deeds of the soldiers 提到战士们的英雄事迹 tídào zhànshìmende yīngxióng shìjī **2.** 参照 cānzhào；参考 cānkǎo：a ～ book 参考书 cānkǎoshū / for ～ 仅供参考 jǐngōng cānkǎo **3.** 介绍人 jièshàorén = one who recommends **4.** 附注 fùzhù；旁注 pángzhù = note

referendum *n.* **1.** 公 民 投 票 gōngmín tóupiào；公 民 投 票 权 gōngmín tóupiàoquán **2.** 外 交 官 向 本 国 请 示 书 wàijiāoguān xiàng běnguó qǐngshìshū * in diplomacy

refill *v.* 再 灌 满 zài guànmǎn *n.* **1.** 补 充 物 bǔchōngwù；替 换 物 tìhuànwù：a ～ for a ball-point pen 圆珠笔的替换笔芯 yuánzhūbǐde tìhuàn bǐxīn **2.** 重新灌满的量 chóngxīn guànmǎnde liàng：a ～ of tea 再倒一杯茶 zài dào yìbēi chá

refine *v.* **1.** 精制 jīngzhì；提纯 tíchún = purify **2.** 使优雅 shǐ yōuyǎ；使精美 shǐ jīngměi = cause to become more cultured **3.** 改善 gǎishàn；改进 gǎijìn = improve：～ on (upon) words 字斟句酌 zìzhēnjùzhuó // refined *a.*

refinement *n.* **1.** 精制 jīngzhì；提纯 tíchún **2.** 优雅 yōuyǎ

refinery *n.* 精炼厂 jīngliànchǎng：an oil ～ 炼油厂 liànyóuchǎng

refit *v.* 整修 zhěngxiū；修理 xiūlǐ；重新装配 chóngxīn zhuāngpèi；改装 gǎizhuāng *n.* 修理 xiūlǐ；修复 xiūfù；改装 gǎizhuāng

reflect *v.* **1.** 反射 fǎnshè：A mirror ～s light. 镜子反射光线。Jìngzi fǎnshè guāngxiàn. **2.** 反映 fǎnyìng；表现 biǎoxiàn：This article ～s his opinion. 这篇文章反映他的意见。Zhèpiān wénzhāng fǎnyìng tāde yìjian. **3.** 考虑 kǎolǜ：I must ～ how to answer his question. 我必须考虑如何回答他的问题。Wǒ bìxū kǎolǜ rúhé huídá tāde wèntí.

reflection *n.* **1.** 反 射 fǎnshè **2.** 映 象 yìngxiàng；倒 影 dàoyǐng **3.** 考 虑 kǎolǜ；想法 xiǎngfǎ

reflective *a.* **1.** 沉思的 chénsīde = thoughtful：a ～ look 沉思的样子 chénsīde yàngzi **2.** 反射的 fǎnshède；反映的 fǎnyìngde = reflecting

reflector *n.* **1.** 反射物 fǎnshèwù；反射镜 fǎnshèjìng **2.** 反射望远镜 fǎnshè wàngyuǎnjìng = reflecting telescope **3.** 反映者 fǎnyìngzhě

reflex *n.* **1.** 反射 fǎnshè **2.** 反应 fǎnyìng *a.* **1.** 不自主的 bú zìzhǔde = involuntary **2.** 反射的 fǎnshède；反射作用的 fǎnshè zuòyòngde = reflected

reflexive *a.* 反身的 fǎnshēnde：a ～ verb 反身动词 fǎnshēn dòngcí

reform *v.* **1.** 改正 gǎizhèng；改良 gǎiliáng；改造 gǎizào：～ society 改造社会 gǎizào shèhuì **2.** 使悔改 shǐ huǐgǎi *n.* 改良 gǎiliáng；改正 gǎizhèng // reformation *n.*

reformism *n.* 改良主义 gǎiliángzhǔyì

refraction *n.* **1.** 折射 zhéshè；折光 zhéguāng：index of ～ 折射率 zhéshèlǜ **2.** 眼的折光能力 yǎnde zhéguāng nénglì * capability of the eye

refrain *v.* 抑制 yìzhì；制止 zhìzhǐ：～ from smoking 戒烟 jièyān

refresh *v.* **1.** 使清新 shǐ qīngxīn；使爽快 shǐ shuǎngkuai **2.** 恢复 huīfù = recover

refrigerant *n.* **1.** 冷冻剂 lěngdòngjì **2.** 退热药 tuìrèyào；清凉剂 qīngliángjì * medicine *a.* 致冷的 zhìlěngde；冷却的 lěngquède

refrigerate *v.* 冷冻 lěngdòng；冷藏 lěngcáng

refrigerator *n.* 冰箱 bīngxiāng

refuge *n.* **1.** 避难 bìnàn = shelter；庇护 bìhù = protection **2.** 避难所 bìnànsuǒ = place giving shelter **3.** 安全地带 ānquán dìdài；安全岛 ānquándǎo = safety island

refugee *n.* 难民 nànmín：a ～ camp 难民营 nànmínyíng

refund *v.* 偿还 chánghuán；归还 guīhuán *n.* 偿还 chánghuán；归还 guīhuán：May I get a ～? 我可以退款吗？Wǒ kěyǐ tuìkuǎnma?

refuse *v.* 拒绝 jùjué；不肯 bùkěn；不愿 búyuàn：～ to obey 不肯服从 bùkěn fúcóng：He ～d my advice. 他拒绝我的劝告。Tā jùjué wǒde quàngào. *n.* 废物 fèiwù；垃圾 lājī = waste material *a.* 废弃的 fèiqìde：～ matter 垃圾 lājī

refute *v.* 驳斥 bóchì；反驳 fǎnbó

regain *v.* 重新得到 chóngxīn dédào：～ health 恢复健康 huīfù jiànkāng

regard *n.* **1.** 尊敬 zūnjìng：I hold her in high ～. 我尊敬她。Wǒ zūnjìng tā. **2.** 注意 zhùyì = attention **3.** 问候 wènhòu：with best ～s 谨致问候 jǐnzhì wènhòu *v.* **1.** 注意 zhùyì **2.** 认为 rènwéi = consider：～ tax as a burden 认为税是负担 rènwéi shuì shì fùdān **3.** 尊敬 zūnjìng：We all ～ our teacher highly. 我们都很尊敬老师。Wǒmen dōu hěn zūnjìng lǎoshī. **4.** 与…有关 yǔ…yǒuguān：This does not ～ me. 这事与我无关。Zhèshì yǔ wǒ wúguān.

regarding *prep.* 关于 guānyú

regardless *ad.* 不管怎样 bùguǎn zěnyàng；无论如何 wúlùn rúhé：He has come ～. 不管怎样他还是来了。Bùguǎn zěnyàng tā háishì láile. *a.* 不顾 búgù；不注意 búzhùyì：～ of consequences 不顾后果 búgù hòuguǒ

regency *n.* 摄政 shèzhèng

regenerate *a.* 新生的 xīnshēngde；再生的 zàishēngde *v.* **1.** 使新生 shǐ xīnshēng；使再生 shǐ zàishēng：～d rubber 再生橡胶 zàishēng xiàngjiāo **2.** 改革 gǎigé；更新 gēngxīn = reform

regime *n.* **1.** 政治制度 zhèngzhì zhìdù = system of government **2.** 政权 zhèngquán = government **3.** 生活规律 shēnghuó guīlǜ；纪律 jìlǜ = regiment

regiment *n.* **1.** 团 tuán * of the army **2.** 一大群 yídàqún = a large number of *v.* 编成团 biānchéngtuán = organize into ～

region *n.* **1.** 地区 dìqū：a tropical ～ 热带地区 rèdài dìqū **2.** 领域 lǐngyù = field：the ～ of physics 物理学领域 wùlǐxué lǐngyù

register *n.* **1.** 记录 jìlù；登记薄 dēngjìbù：a ～ of attendance 签到薄 qiāndàobù **2.** 记录器 jìlùqì * instrument *v.* **1.** 登记 dēngjì；记录 jìlù = record **2.** 挂号 guàhào：R- this letter. 这封信挂号。Zhèfēngxìn guàhào.

registrar *n.* 注册员 zhùcèyuán；登记员 dēngjìyuán

registry *n.* 登记处 dēngjìchù；注册处 zhùcèchù：They married at a ～ office. 他们在结婚登记处登记结婚。Tāmen zài jiéhūn dēngjìchù dēngjì jiéhūn.

regnant *a.* **1.** 统治的 tǒngzhìde：king regnant 执政王 zhízhèngwáng **2.** 流行的 liúxíngde：the ～ fashion 流行的式样 liúxíngde shìyàng

regress *n.* 退步 tuìbù；退化 tuìhuà；回归 huíguī *v.* 退回 tuìhuí；倒退 dàotuì；复旧 fùjiù

regret *n.* **1.** 后悔 hòuhuǐ：I felt no ～ for it. 我对此毫不后悔 。Wǒ duìcǐ háobù hòuhuǐ. **2.** 悲伤 bēishāng；哀悼 āidào = grief **3.** [～s] 抱歉 bàoqiàn *v.* **1.** 后悔 hòuhuǐ：You will ～ your words. 你将后悔你说的话。Nǐ jiāng hòuhuǐ nǐ shuōde huà. **2.** 抱歉 bàoqiàn：He ～ted being unable to come. 他因不能来而感到抱歉。Tā yīn bùnéng lái ér gǎndào bàoqiàn.

regretable *a.* 令人遗憾的 lìng rén yíhànde；可惜的 kěxīde：～ behavior 令人遗憾的行为 lìng rén yíhànde xíngwéi / a ～ incident 不幸事件 búxìng shìjiàn

regular *a.* **1.** 有规律的 yǒu guīlǜde；经常的 jīngchángde：～ life 有规律的生活 yǒu guīlǜde shēnghuó / a ～ income 固定收入 gùdìng shōurù **2.** 正规的 zhèngguīde：～ army 正规军 zhèngguījūn **3.** 整齐的 zhěngqíde：～ teeth 整齐的牙齿 zhěngqíde yáchǐ *n.* **1.** 正规军成员 zhèngguījūn chéngyuán **2.** 常客 chángkè = ～ customer

regulate *v.* **1.** 规定 guīdìng；管理 guǎnlǐ：～ the traffic 管理交通 guǎnlǐ jiāotōng **2.** 调节 tiáojié；调整 tiáozhěng = adjust：～ the speed of a machine 调整机器的速度 tiáozhěng jīqìde sùdù

regulation *n.* **1.** 控制 kòngzhì；调节 tiáojié **2.** 规则 guīzé；规定 guīdìng = rule：traffic ～s 交通规则 jiāotōng guīzé *a.* **1.** 规定的 guīdìngde = required by rules：a ～ uniform 制服 zhìfú **2.** 一般的 yìbānde；正常的 zhèngchángde = normal

rehabilitate *v.* **1.** 修复 xiūfù；复原 fùyuán：～ an old house 修复一幢旧的房屋 xiūfù yízhuàng jiùde fángwū **2.** 恢复职位、名誉、财产等 huīfù zhíwèi、míngyù、cáichǎn děng：He has been ～d and was respected by all. 他已恢复名誉并受到所有人的尊敬。Tā yǐ huīfù míngyù bìng shòudào suǒyǒurénde zūnjìng. **3.** 恢复正常生活 huīfù zhèngcháng shēnghuó；恢复健康 huīfù jiànkāng：～ disabled men 使伤残人恢复心理健康 shǐ shāngcánrén huīfù xīnlǐ jiànkāng

rehearse *v.* **1.** 排练 páiliàn；排演 páiyǎn：～ an opera 排演一个歌剧 páiyǎn yíge gējù **2.** 详述 xiángshù；讲述 jiǎngshù = give an account：～ the happenings of the day 详述当天发生的事 xiángshù dāngtiān fāshēngde shì // rehearsal *n.*：dress rehearsal 彩排 cǎipái

reign *n.* 统治 tǒngzhì；统治时代 tǒngzhì shídài；朝代 cháodài：under the ～ of the Stuarts 在斯图亚特王朝统治下 zài Sītúyàtè Wángcháo tǒngzhì xià *v.* **1.** 统治 tǒngzhì：～ over a big kingdom 统治一个大王国 tǒngzhì yíge dà wángguó **2.** 盛行 shèngxíng；占优势 zhànyōushì；支配 zhīpèi：Silence ～ed everywhere. 万籁俱寂。Wànlài jùjì.

reimburse *v.* 补偿 bǔcháng；偿还 chánghuán；报销 bàoxiāo：The cost will be ～d. 费用将予报销。Fèiyong jiāng yǔ bàoxiāo.

rein *n.* **1.** 缰绳 jiāngsheng：a pair of ～s 一副缰绳 yífù jiāngsheng **2.** 支配 zhīpèi；驾驭 jiàyù；控制 kòngzhì：He holds the ～s in his family. 他在家中控制一切。Tā zài jiāzhōng kòngzhì yíqiè.

reindeer *n.* 驯鹿 xúnlù

reinforce *v.* **1.** 加强 jiāqiáng；增强 zēngqiáng：～ a wall 把墙加固 bǎqiáng jiāgù / ～ a supply 增加供应 zēngjiā gōngyìng / ～d concrete 钢筋混凝土 gāngjīn hùnníngtǔ **2.** 增援 zēngyuán；支援 zhīyuán：～ the troops at the front 增援前线部队 zēngyuán qiánxiàn bùduì

reinstate *v.* **1.** 恢复…职务 huīfù … zhíwù：We ～ him in his former office. 我们恢复了他原来的职务。Wǒmen huīfùle tā yuánláide zhíwù. **2.** 使身体复原 shǐ shēntǐ fùyuán = recover

reissue *v.* 重新发行 chóngxīn fāxíng；再版 zàibǎn：～ stamps 再版印行邮票 zàibǎn yìnxíng yóupiào *n.* 重新发行 chóngxīn fāxíng；再版 zàibǎn；新版本 xīnbǎnběn

reiterate *v.* **1.** 重复地讲 chóngfùde jiǎng：～ a statement 反复陈述 fǎnfù chénshù **2.** 反复做 fǎnfù zuò = do again for several times

reject *v.* **1.** 拒绝 jùjué：He ～ed our help. 他拒绝了我们的帮助。Tā jùjuéle wǒmende bāngzhù. **2.** 丢弃 diūqì：R- all spotted apples. 丢掉所有的烂苹果。Diūdiào suǒyǒude lànpíngguǒ.

rejoice *v.* **1.** 使欢喜 shǐ huānxǐ：The gift ～d her. 那礼物使她很高兴。Nà lǐwù shǐ tā hěn gāoxìng. **2.** 欢喜 huānxǐ：I ～ to hear your success. 听到你的成功我很高兴。Tīngdào nǐde chénggōng wǒ hěn gāoxìng.

rejoin *v.* **1.** 回答 huídá；答辩 dábiàn = reply **2.** 重返 chóngfǎn；再加入 zài jiārù：～ my ship 重新回到我的船上 chóngxīn huídào wǒde chuánshang **3.** 使再结合 shǐ zài jiéhé；再接 zàijiē：～ a severed finger 再接断指 zàijiē duànzhǐ

rejuvenate *v.* **1.** 使年轻 shǐ niánqīng；使恢复活力 shǐ huīfù huólì：He was ～d after a long holiday. 他过了一个长假期感到精力恢复了。Tā guòle yíge cháng jiàqī gǎndào jīnglì huīfùle. **2.** 使复原 shǐ fùyuán =

cause to recover

rekindle *v.* 再燃 zàirán：Our hopes ～d. 我们的希望之火又燃起来。Wǒmende xīwàng zhīhuǒ yòu rán qǐlái.

relapse *n.* 复发 fùfā；重犯 chóngfàn：The patient has had a ～. 病人的旧病复发了。Bìngrénde jiùbìng fùfāle. *v.* 复发 fùfā；重犯 chóngfàn：～ into silence 再陷入沉默 zài xiànrù chénmò

relate *v.* **1.** 讲述 jiǎngshù：He ～d his adventures. 他讲他的冒险经历。Tā jiǎng tāde màoxiǎn jīnglì. **2.** 使联系 shǐ liánxì **3.** 有亲戚关系 yǒu qīnqi guānxì：I'm not ～d to him. 我与他无亲戚关系。Wǒ yǔ tā wú qīnqi guānxì. **4.** 相处得好 xiāngchǔde hǎo：She doesn't ～ very well to her brother. 她与她的兄弟关系不大好。Tā yǔ tāde xiōngdì guānxì búdà hǎo.

related *a.* 有关系的 yǒu guānxìde；有亲戚关系的 yǒu qīnqi guānxìde

relation *n.* **1.** 联系 liánxì；关系 guānxì：establish trade ～s between the two countries 建立两国贸易关系 jiànlì liǎngguó màoyì guānxì **2.** 亲属 qīnshǔ：a near ～ of mine 我的一个近亲 wǒde yíge jìnqīn

relationship *n.* **1.** 关系 guānxì；联系 liánxì：the ～ between two things 两件事之间的联系 liǎngjiàn shì zhījiānde liánxì **2.** 亲戚关系 qīnqi guānxì

relative *n.* 亲戚 qīnqi：He is a ～ of mine. 他是我的亲戚。Tā shì wǒde qīnqi. *a.* **1.** 有关系的 yǒu guānxìde：This is not ～ to the accident. 这和那次意外无关。Zhè hé nàcì yìwài wúguān. **2.** 相对的 xiāngduìde：East and west are ～ terms. 东和西是相对词。Dōng hé xī shì xiāngduì cí.

relatively *a.* 比较地 bǐjiàode；相对地 xiāngduìde；相当地 xiāngdāngde：a ～ important matter 一件相当重要的事 yíjiàn xiāngdāng zhòngyàode shì

relativism *n.* **1.** 相对主义 xiāngduìzhǔyì **2.** 相对论 xiāngduìlùn

relativity *n.* **1.** 相对论 xiāngduìlùn **2.** 相对性 xiāngduìxìng

relax *v.* **1.** 松弛 sōngchí；放松 fàngsōng：R- your muscles. 松弛你的肌肉。Sōngchí nǐde jīròu. **2.** 使轻松 shǐ qīngsōng；舒畅 shūchàng：After taking a bath, he ～es. 沐浴后他感到舒畅了。Mùyùhòu tā gǎndào shūchàngle.

relaxation *n.* **1.** 放松 fàngsōng；松弛 sōngchí：the ～ of control over industry 对工业控制的放松 duì gōngyè kòngzhìde fàngsōng **2.** 休养

xiūyǎng; 娱乐 yúlè: You must take more ～. 你应多多休养。Nǐ yīng duōduō xiūyǎng.

relay *n.* **1.** 替换人员 tìhuàn rényuán; 替班 tìbān: work in ～s 轮班工作 lúnbān gōngzuò **2.** 继电器 jìdiànqì * electrical device **3.** 接力赛跑 jiēlì sàipǎo * a race **4.** 转播的节目 zhuǎnbōde jiémù; 转播 zhuǎnbō: ～ station 转播站 zhuǎnbōzhàn *v.* **1.** 转播 zhuǎnbō = broadcast program received from another station **2.** 分程递送 fēnchéng dìsòng = pass along from one place to another

release *v.* **1.** 使自由 shǐ zìyóu; 释放 shìfàng: They ～d the prisoners. 他们释放了俘虏。Tāmen shìfàngle fúlǔ. **2.** 免除 miǎnchú; 解除 jiěchú: He ～d me from my torments. 他解除了我的痛苦。Tā jiěchúle wǒde tòngkǔ. *n.* 解放 jiěfàng; 释放 shìfàng

relegate *v.* **1.** 降级 jiàngjí = send to a less important position: Will our team be ～d to the second division? 我们的球队会落入第二组吗? Wǒmende qiúduì huì luòrù dì'èrzǔma? **2.** 流放 liúfàng; 放逐 fàngzhú = banish **3.** 把…归类 bǎ … guīlèi = assign to a certain category: ～ a new plant to a certain family 将一新植物归入某属中 jiāng yī xīn zhíwù guīrù mǒushǔzhōng **4.** 转移 zhuǎnyí; 委托 wěituō = consign: ～ a question to a committee 将问题移交一委员会处理 jiāng wèntí yíjiāo yī wěiyuánhuì chǔlǐ

relent *v.* 发慈悲 fācíbēi; 变温和 biàn wēnhé: In the morning the storm ～ed a little. 风暴到早晨减弱了一点。Fēngbào dào zǎochen jiǎnruòle yìdiǎn.

relevant *a.* 有关的 yǒuguānde; 切题的 qiètíde: supply the facts ～ to the case 提供与该案件相关的事实 tígōng yǔ gāi ànjiàn xiāngguānde shìshí

reliable *a.* 可靠的 kěkàode; 可信赖的 kě xìnlàide: ～ brand of tools 牌子可靠的工具 páizi kěkàode gōngjù

reliance *n.* **1.** 信任 xìnrèn; 依靠 yīkào: He put much ～ on his doctor. 他很信任他的医生。Tā hěn xìnrèn tāde yīshēng. **2.** 所信赖的人或物 suǒ xìnlàide rén huò wù = person or thing depended upon

relic *n.* **1.** 遗物 yíwù; 遗俗 yísú **2.** 遗迹 yíjī; 废墟 fèixū: unearthed cultural ～s 出土文物 chūtǔ wénwù / ～s of an ancient city 古城的废墟 gǔchéngde fèixū

relieve *v.* **1.** 减轻 jiǎnqīng; 解除 jiěchú: a drug that ～s headache 治头痛

的药 zhì tóutòngde yào **2.** 救济 jiùjì = give food，clothes or money to victims of disaster **3.** 换班 huànbān：～ the guard 换岗 huàngǎng // ～ oneself 去方便一下 qù fāngbiàn yíxià / relief *n.*

religion *n.* **1.** 宗教 zōngjiào **2.** 宗教信仰 zōngjiào xìnyǎng = belief // religious *a.*

relinquish *v.* 放弃 fàngqì；松手放开 sōngshǒu fàngkāi：～ rights to 将权利让与… jiāng quánlì ràngyǔ …

relish *n.* **1.** 风味 fēngwèi；美味 měiwèi = special flavor **2.** 喜爱 xǐ'ài；食欲 shíyù：eat with ～ 吃得津津有味 chīde jīnjīn yǒuwèi / a girl with ～ for sports 一个喜欢运动的女孩 yíge xǐhuan yùndòngde nǚhái **3.** 调味品 tiáowèipǐn：three different ～es 三种调味品 sānzhǒng tiáowèipǐn *v.* **1.** 喜爱 xǐ'ài = enjoy **2.** 具有风味 jùyǒu fēngwèi = have special flavor

relocate *v.* 搬迁 bānqiān；重新安置 chóngxīn ānzhì：～ some villages 把一些村庄搬到新地方 bǎ yìxiē cūnzhuāng bāndào xīn dìfang

reluctance *n.* **1.** 勉强 miǎnqiǎng；不愿 búyuàn：with a certain ～ 有几分勉强 yǒu jǐfēn miǎnqiǎng **2.** 磁阻 cízǔ ∗ electricity // reluctant *a.*

rely *v.* 依靠 yīkào；依赖 yīlài；信赖 xìnlài：We ～ on our own efforts. 我们依靠自己的努力。Wǒmen yīkào zìjǐde nǔlì.

remain *v.* **1.** 剩下 shèngxià；留下 liúxià：If you take 4 from 6，2 ～s. 6减4余2。Liù jiǎn sì yú èr. **2.** 保持不变 bǎochí búbiàn；仍是 réngshì：She ～ed silent. 她保持沉默。Tā bǎochí chénmò.

remainder *n.* **1.** 剩余物 shèngyúwù；余数 yúshù = what is left over **2.** 滞销的剩书 zhìxiāode shèngshū：dispose of the ～s 处理剩书 chǔlǐ shèngshū *v.* 廉价出售(剩书) liánjià chūshòu (shèngshū) = sell at a reduced price

remand *v.* **1.** 押回(囚犯) yāhuí(qiúfàn) **2.** 送回 sònghuí；召回 zhàohuí *n.* **1.** 还押 huányā：on ～ 在押待审 zàiyā dàishěn **2.** 送回 sònghuí；召回 zhàohuí

remark *v.* **1.** 说 shuō；评论 pínglùn：The teacher ～ed that the composition was well written. 老师评论那篇文章写得很好。Lǎoshī pínglùn nàpiān wénzhāng xiěde hěnhǎo. **2.** 注意到 zhùyìdào；留意 liúyì：Did you ～ the similarity between them？你注意到他们相似吗？Nǐ zhùyìdào tāmen xiāngsìma？ *n.* **1.** 话 huà；意见 yìjian；议论 yìlùn：make a few ～s 讲了几点意见 jiǎngle jǐdiǎn yìjian **2.** 注意 zhùyì = attention

remarkable *a*. **1**. 不平常的 bù píngchángde；非凡的 fēifánde：a ～ memory 异乎寻常的记忆力 yìhū-xúnchángde jìyìlì **2**. 显著的 xiǎnzhùde；卓越的 zhuōyuède：a ～ change 显著的变化 xiǎnzhùde biànhuà

remarry *v*. 再婚 zàihūn

remedy *n*. **1**. 治疗 zhìliáo；药物 yàowù：a good ～ for colds 治伤风的良药 zhì shāngfēngde liángyào **2**. 纠正 jiūzhèng；补救 bǔjiù：evils that are beyond ～ 无可救药的弊害 wúkě jiùyàode bìhài *v*. **1**. 纠正 jiūzhèng；补救 bǔjiù：～ a mistake 纠正错误 jiūzhèng cuòwù **2**. 治疗 zhìliáo = cure

remember *v*. **1**. 记住 jìzhù；回忆起 huíyìqǐ；记起 jìqǐ：He ～ed mailing the letter. 他记得把信寄了。Tā jìde bǎ xìn jìle. **2**. 问候 wènhòu；致意 zhìyì：R- me to your mother. 代向令尊致意。Dài xiàng lìngzūn zhìyì.

remembrance *n*. **1**. 回忆 huíyì；记忆 jìyì：I have only a dim ～ of my childhood. 我只依稀记得童年的事。Wǒ zhǐ yīxī jìde tóngniánde shì. **2**. 纪念物 jìniànwù：She gave me her photograph as a ～. 她送我一张照片做纪念。Tā sòng wǒ yìzhāng zhàopiàn zuò jìniàn. **3**. 问候 wènhòu；致意 zhìyì：Give my kind ～s to them. 请代向他们问候。Qǐng dài xiàng tāmen wènhòu. // in ～ of 纪念 jìniàn

remilitarize *v*. 重新武装 chóngxīn wǔzhuāng；使重新军事化 shǐ chóngxīn jūnshìhuà

remind *v*. 提醒 tíxǐng；使记起 shǐ jìqǐ：Please ～ me to write to him. 请提醒我给他写信。Qǐng tíxǐng wǒ gěi tā xiěxìn. / She ～s me of my sister. 她使我想起我的妹妹。Tā shǐ wǒ xiǎngqǐ wǒde mèimei.

reminder *n*. 提醒者 tíxǐngzhě；提醒物 tíxǐngwù：Tie this string on your finger as a ～. 把这线系在指头上,来提醒你不至于忘记。Bǎ zhè xiàn jìzài zhǐtoushang, lái tíxǐng nǐ búzhìyú wàngjì.

reminiscence *n*. **1**. 回忆 huíyì；怀旧 huáijiù **2**. 回忆的往事 huíyìde wǎngshì：～s of the days in the countryside 在农村那一段日子的回忆 zài nóngcūn nà yíduàn rìzide huíyì **3**. 回忆录 huíyìlù：～s of the war 战争回忆录 zhànzhēng huíyìlù

reminiscent *a*. **1**. 使想起的 shǐ xiǎngqǐde：a cultural relic ～ of the Stone Age 使人联想到石器时代的文物 shǐ rén liánxiǎngdào shíqì shídàide wénwù **2**. 回忆的 huíyìde：～ talk 话旧 huàjiù

remiss *a*. 玩忽的 wánhūde；疏忽的 shūhude：I have been very ～ in not bringing you the book. 我没有把那本书给你带来实在太疏忽了。Wǒ méiyǒu bǎ nàběn shū gěi nǐ dàilái shízài tài shūhule.

remission *n.* **1.** 宽恕 kuānshù = pardon **2.** 免除 miǎnchú = release **3.** 缓解 huǎnjiě；减轻 jiǎnqīng = lessening (of pain)

remit *v.* **1.** 汇款 huìkuǎn：R- me the money. 将钱汇给我。Jiāng qián huìgěi wǒ. **2.** 豁免 huòmiǎn；宽恕 kuānshù **3.** 减少 jiǎnshǎo；减轻 jiǎnqīng：~ one's efforts 放松努力 fàngsōng nǔlì

remittance *n.* 汇款 huìkuǎn：I send my father a small ~ each month. 我每月给父亲寄一点钱。Wǒ měiyuè gěi fùqin jì yìdiǎn qián.

remnant *n.* **1.** 剩余 shèngyú；残余 cányú：the ~s of the feast 宴席的剩菜 yànxíde shèngcài **2.** 零头布 língtóubù * of cloth *a.* 剩余的 shèngyúde；残余的 cányúde

remodel *v.* **1.** 重新塑造 chóngxīn sùzào = make a new model **2.** 改建 gǎijiàn = reconstruct

remonstrance *n.* **1.** 抗议 kàngyì = protest **2.** 告诫 gàojiè；忠告 zhōnggào = plead

remorse *n.* 懊悔 àohuǐ；痛悔 tònghuǐ

remorseless *a.* **1.** 不悔恨的 bù huǐhènde = without remorse **2.** 无情的 wúqíngde；残忍的 cánrěnde = cruel

remote *a.* **1.** 遥远的 yáoyuǎnde；偏僻的 piānpìde：a ~ part of China 中国的边远地区 Zhōngguóde biānyuǎn dìqū **2.** 疏远的 shūyuǎnde；关系远的 guānxìyuǎnde：a ~ relative 远亲 yuǎnqīn **3.** 很少的 hěn shǎode 些微的 xiēwēide = very little：a ~ possibility 极小的可能性 jíxiǎode kěnéngxìng // ~ control 遥控 yáokòng

remount *v.* **1.** 再上 zàishàng；重登 chóngdēng = mount again **2.** 重新裱装 chóngxīn biǎozhuāng；重新安装 chóngxīn ānzhuāng = refix *n.* 新配备的马 xīn pèibèide mǎ = fresh horse

remove *v.* **1.** 脱掉 tuōdiào；去掉 qùdiào：~ my hat 脱帽 tuōmào **2.** 把…免职 bǎ … miǎnzhí = dismiss **3.** 迁 qiān；搬 bān；调动 diàodòng：~ soldiers to the front 调兵上前线 diàobīng shàng qiánxiàn *n.* **1.** 距离 jùlí；间隔 jiàngé：but one short ~ from success 离成功仅差一步 lí chénggōng jǐn chà yíbù **2.** 移动 yídòng；迁移 qiānyí = moving **3.** 关系程度 guānxì chéngdù：a second cousin at one ~ 远房表亲 yuǎnfáng biǎoqīn // removal *n.*

remunerate *v.* 酬劳 chóuláo；酬报 chóubào

renaissance *n.* **1.** [the R-] 文艺复兴 Wényì Fùxīng；文艺复兴时期 Wényì Fùxīng shíqī **2.** 新生 xīnshēng；复兴 fùxīng = revival *a.* [R-] 文艺复兴时期的 Wényì Fùxīng shíqīde；文艺复兴的 Wényì Fùxīngde

renal *a.* 肾脏的 shènzàngde；肾的 shènde：～ calculus 肾结石 shènjiéshí

rename *v.* 给…起新的名字 gěi … qǐ xīnde míngzi；重新命名 chóngxīn mìngmíng

rend *v.* 撕碎 sīsuì；扯碎 chěsuì：The wolf ～ed the rabbit to pieces. 狼将兔子撕碎。Láng jiāng tùzi sīsuì.

render *v.* **1.** 使成 shǐchéng：Illness had ～ed him rather weak. 疾病使他变得相当虚弱。Jíbìng shǐ tā biànde xiāngdāng xūruò. **2.** 扮演 bànyǎn；演奏 yǎnzòu；演唱 yǎnchàng：～ the part of Hamlet very well 把哈姆雷特角色演得很好 bǎ Hāmǔléitè(Hamlet) juésè yǎnde hěnhǎo **3.** 给予(帮助) jǐyǔ(bāngzhù) = give **4.** 提出 tíchū；提交 tíjiāo：～ a bill 开帐单 kāi zhàngdān **5.** 放弃 fàngqì；投降 tóuxiáng：The enemy ～ed up the city. 敌人将这座城市放弃了。Dírén jiāng zhèzuò chéngshì fàngqìle. **6.** 翻译 fānyì = translate：～ a novel into English 将小说译成英文 jiāng xiǎoshuō yìchéng Yīngwén

rendezvous *n.* **1.** 约会 yuēhuì；约会的地点 yuēhuìde dìdiǎn：He arrived late for his ～ with her. 他和她约会他迟到了。Tā hé tā yuēhuì tā chídàole. **2.** 聚会的地方 jùhuìde dìfang：a favorite ～ for singers 唱歌的人常去的地方 chànggēde rén cháng qùde dìfang *v.* 在指定地点集合 zài zhǐdìng dìdiǎn jíhé

rendition *n.* **1.** 演出 yǎnchū；演奏 yǎnzòu **2.** 翻译 fānyì **3.** 施行 shīxíng；给予 jǐyǔ：timely ～ of medical care 及时地给予治疗 jíshíde jǐyǔ zhìliáo

renegade *n.* 叛徒 pàntú *a.* 叛变的 pànbiànde；背叛的 bèipànde

renew *v.* **1.** 恢复 huīfù；使重新开始 shǐ chóngxīn kāishǐ：～ negotiations 恢复谈判 huīfù tánpàn **2.** 换新 huànxīn；补充 bǔchōng：～ the water in a tank 给水箱换水 gěi shuǐxiāng huànshuǐ **3.** 展期 zhǎnqī；续借 xùjiè：～ a library book 续借图书 xùjiè túshū

renominate *v.* 重新提名 chóngxīn tímíng；提名…连任 tímíng … liánrèn

renounce *v.* **1.** 放弃 fàngqì；宣布放弃 xuānbù fàngqì：～ my religion 放弃我的宗教信仰 fàngqì wǒde zōngjiào xìnyǎng **2.** 与…断绝关系 yǔ …

duànjué guānxì；否认 fǒurèn：He ～s his daughter. 他与女儿脱离关系。Tā yǔ nǚ'ér tuōlí guānxì.

renown *n.* 名望 míngwàng；声誉 shēngyù *v.* 使有名望 shǐ yǒu míngwàng；使有声誉 shǐyǒu shēngyù // renowned *a.* 有名望的 yǒu míngwàngde；著名的 zhùmíngde：be ～ed for 因…而有名 yīn … ér yǒumíng

rent *n.* 租金 zūjīn：live in a flat free of ～ 住不收租金的公寓 zhù bùshōu zūjīnde gōngyù *v.* **1.** 租 zū；租用 zūyòng：～ a car from the company 向公司租一辆车 xiàng gōngsi zū yíliàng chē **2.** 出租 chūzū；以…租金出租 yǐ … zūjīn chūzū：He ～s this house to us at 200 yuan a month. 他以每月200元的租金把房租给我们。Tā yǐ měiyuè èrbǎiyuánde zūjīn bǎ fáng zūgěi wǒmen.

rental *n.* **1.** 租金 zūjīn；租费 zūfèi：pay the taxi ～ 付租车金 fù zūchējīn **2.** 出租 chūzū *a.* **1.** 租用的 zūyòngde **2.** 出租的 chūzūde

reopen *v.* 重新开始 chóngxīn kāishǐ

reorganize *v.* 重新组织 chóngxīn zǔzhī；改组 gǎizǔ：Classes will be ～d in a week. 一周后将重新分班。Yìzhōuhòu jiāng chóngxīn fēnbān.

repair *v.* **1.** 修理 xiūlǐ；修补 xiūbǔ：～ shoes 修鞋 xiūxié **2.** 恢复 huīfù：～ one's health 恢复健康 huīfù jiànkāng **3.** 纠正 jiūzhèng；补偿 bǔcháng：～ a mistake 补偿所做的错事 bǔcháng suǒ zuòde cuòshì *n.* 修理 xiūlǐ；修补 xiūbǔ：a machine under ～ 正在修理的机器 zhèngzài xiūlǐde jīqì

reparation *n.* 赔偿 péicháng；补偿 bǔcháng：～s in kind 实物赔偿 shíwù péicháng

repartee *n.* 巧妙的回答 qiǎomiàode huídá：be good at ～ 善作巧妙的回答 shànzuò qiǎomiàode huídá

repast *n.* 饭 fàn；食物 shíwù：a slight ～ 便饭 biànfàn

repatriate *v.* 遣返 qiǎnfǎn；将…遣返回国 jiāng … qiǎnfǎn huíguó：～ prisoners of war 遣返战俘 qiǎnfǎn zhànfú

repay *v.* 偿还 chánghuán：～ a visit 回访 huífǎng

repeal *v.* & *n.* 撤销 chèxiāo；废除 fèichú

repeat *v.* **1.** 重说 chóngshuō；重做 chóngzuò：～ an error 重犯错误 chóngfàn cuòwù **2.** 背诵 bèisòng；朗诵 lǎngsòng：～ a poem 背诵一首

诗 bèisòng yìshǒu shī **3.** 留有味道 liúyǒu wèidao：I find that onions ～. 我发觉吃了洋葱后嘴里有味。Wǒ fājué chīle yángcōnghòu zuǐli yǒuwèi. *n.* **1.** 重复 chóngfù；重演 chóngyǎn；重播 chóngbō：a ～ performance 重演 chóngyǎn **2.** 复奏部分 fùzòu bùfen；反复符号 fǎnfù fúhào = a mark that indicates a passage of music intended to be repeated

repeated *a.* 屡次的 lǚcìde；反复的 fǎnfùde：an often ～ excuse 经常用的一个借口 jīngcháng yòngde yíge jièkǒu

repeating *a.* **1.** 反复的 fǎnfùde；连发的 liánfāde：～ rifle 转轮枪 zhuànlúnqiāng **2.** 自鸣的(钟、表) zìmíngde (zhōng、biǎo)：～ watch 打簧表 dǎhuángbiǎo **3.** 循环的 xúnhuánde：～ decimal 循环小数 xúnhuán xiǎoshù

repel *v.* **1.** 击退 jītuì；抵抗 dǐkàng：～ an enemy 击退敌人 jītuì dírén **2.** 使感到厌恶 shǐ gǎndào yànwù = cause aversion **3.** 排斥 páichì：water ～s oil 水与油不相溶 shuǐ yǔ yóu bù xiāngróng

repellent *a.* **1.** 讨厌的 tǎoyànde；令人反感的 lìng rén fǎngǎnde **2.** 击退的 jītuìde；排斥的 páichìde *n.* 驱虫剂 qūchóngjì = a substance used to repel insects

repent *v.* **1.** 悔悟 huǐwù；悔改 huǐgǎi：～ and start anew 悔过自新 huǐguò zìxīn **2.** 后悔 hòuhuǐ = regret

repercussion *n.* **1.** 反响 fǎnxiǎng；反应 fǎnyìng：have ～s all over the world 在全世界产生反响 zài quánshìjiè chǎnshēng fǎnxiǎng **2.** 回声 huíshēng；反射 fǎnshè = echoing sound **3.** 弹回 tánhuí；撞回 zhuànghuí = springing back

replace *v.* **1.** 把…放回 bǎ … fànghuí；偿还 chánghuán：R- the book on the shelf. 把书放回架上。Bǎ shū fànghuí jiàshang. **2.** 取代 qǔdài；以…代替 yǐ … dàitì = take the place of：～ coal by gas 用煤气替换煤 yòng méiqì tìhuàn méi

replenish *v.* 添加 tiānjiā；补充 bǔchōng：～ a glass with wine 重新斟满酒 chóngxīn zhēnmǎn jiǔ

replete *a.* 饱的 bǎode；充满的 chōngmǎnde；充足的 chōngzúde

replica *n.* 复制品 fùzhìpǐn

reply *v.* & *n.* 回答 huídá；回复 huífù：～ to a question 回答问题 huídá wèntí

report *n.* **1.** 报告 bàogào = give an account **2.** 报道 bàodào：a news ～

新闻报道 xīnwén bàodào **3.** 爆炸声 bàozhàshēng = sound of explosion **4.** 传闻 chuánwén；传说 chuánshuō：R- has it that he will resign. 传闻他将辞职。Chuánwén tā jiāng cízhí. *v.* **1.** 说 shuō；报告 bàogào：He ~s seeing her. 他说他见到她了。Tā shuō tā jiàndào tāle. **2.** 报到 bàodào：~ for work at 8 o'clock 八点报到上班 bādiǎn bàodào shàngbān **3.** 告发 gàofā；控告 kònggào：~ a rascal to the police 向警方告发流氓 xiàng jǐngfāng gàofā liúmáng **4.** 报道 bàodào：~ for the *Times* 任《泰晤士报》记者 rèn《Tàiwùshìbào》jìzhě

repose *v.* & *n.* **1.** 休息 xiūxi = rest：~ on the bed 躺在床上休息 tǎngzài chuángshang xiūxi **2.** 长眠 chángmián；安息 ānxī = lie in death

repository *n.* 贮藏所 zhùcángsuǒ；宝库 bǎokù：This book is a ~ of useful information. 这本书是一个有用的知识宝库。Zhèběnshū shì yíge yǒuyòngde zhīshi bǎokù.

reprehend *v.* 责骂 zémà；严责 yánzé

represent *v.* **1.** 代表 dàibiǎo：The flag ~s our country. 这旗代表我们的国家。Zhèqí dàibiǎo wǒmende guójiā. **2.** 描绘 miáohuì；描述 miáoshù = depict：a book which ~s the character of early Europe 一本描绘早期欧洲特点的书 yìběn miáohuì zǎoqī Ōuzhōu tèdiǎnde shū **3.** 扮演 bànyǎn = act (in a play) **4.** 声称 shēngchēng = declare：He ~ed the plan safe. 他声称计划是安全的。Tā shēngchēng jìhuà shì ānquánde. // representation *n.*

representative *a.* **1.** 典型的 diǎnxíngde；有代表性的 yǒu dàibiǎoxìngde：a ~ housewife 典型的主妇 diǎnxíngde zhǔfù **2.** 描绘的 miáohuìde；描述的 miáoshùde：a painting ~ of battle 一幅表现战争的画 yìfú biǎoxiàn zhànzhēngde huà *n.* **1.** 代表 dàibiǎo = a person's delegate **2.** 典型 diǎnxíng = one that is typical of a class：The tiger is a ~ of the cat family. 虎是典型的猫科动物。Hǔ shì diǎnxíngde māokē dòngwù.

repress *v.* **1.** 压抑 yāyì；压制 yāzhì = prevent **2.** 镇压 zhènyā = suppress：~ a revolt 镇压反叛 zhènyā fǎnpàn // repression *n.*

reprieve *v.* & *n.* 缓期执行 huǎnqī zhíxíng

reprimand *v.* & *n.* 训斥 xùnchì

reprint *v.* & *n.* 再版 zàibǎn；重印 chóngyìn

reprisal *n.* 报复 bàofù

reproach *n*. **1**. 责备 zébèi = scold: a look of ～ 责备的眼色 zébèide yǎnsè **2**. 耻辱 chǐrǔ = sth. that brings disgrace: a ～ to the city 这座城市的耻辱 zhèzuò chéngshìde chǐrǔ *v*. 责备 zébèi: Mother ～ed me for being late. 母亲因我晚回而责备我。Mǔqin yīn wǒ wǎnhuí ér zébèiwǒ.

reproduce *v*. **1**. 繁殖 fánzhí; 生殖 shēngzhí: plants that are ～d by seeds 用种子繁殖的植物 yòng zhǒngzi fánzhíde zhíwù **2**. 复制 fùzhì; 使再现 shǐ zàixiàn: ～ a picture 复制图片 fùzhì túpiàn

reprove *v*. 责备 zébèi; 责骂 zémà: ～ the woman for bad manners 责骂这个妇女无礼 zémà zhège fùnǚ wúlǐ

republic *n*. 共和国 gònghéguó: the People's R- of China 中华人民共和国 Zhōnghuá Rénmín Gònghéguó

republican *a*. **1**. 共和国的 gònghéguóde; 共和制的 gònghézhìde = of the republic **2**. 赞成共和制的 zànchéng gònghézhìde = (person) advocating ～ government **3**. 共和党的 gònghédǎngde = of the ～ party *n*. **1**. 共和主义者 gònghézhǔyìzhě **2**. 共和党党员 gònghédǎng dǎngyuán = member of R- Party

repudiate *v*. **1**. 拒绝 jùjué: ～ a charge 否认指控 fǒurèn zhǐkòng **2**. 断绝与…关系 duànjué yǔ … guānxì: ～ an old friend 与老友断绝关系 yǔ lǎoyǒu duànjué guānxì **3**. 拒付 jùfù; 拒绝承认 jùjué chéngrèn

repugnance *n*. **1**. 厌恶 yànwù = aversion: feel a ～ to dogs 厌恶狗 yànwù gǒu **2**. 矛盾 máodùn; 不一致 bù yízhì = contradiction

repugnant *a*. **1**. 令人讨厌的 lìng rén tǎoyànde: a ～ odor 恶臭 èchòu **2**. 矛盾的 máodùnde

repulse *v*. **1**. 打退 dǎtuì; 击退 jītuì; 挫败 cuòbài: ～ the enemy attack 击退敌人进攻 jītuì dírén jìngōng **2**. 拒绝 jùjué: She ～d every suitor. 她拒绝所有的求婚者。Tā jùjué suǒyǒude qiúhūnzhě.

repulsion *n*. **1**. 厌恶 yànwù; 反感 fǎngǎn: feel ～ for sb. 对某人有反感 duì mǒurén yǒu fǎngǎn **2**. 斥力 chìlì * in physics **3**. 拒绝 jùjué; 击败 jībài

reputation *n*. 名誉 míngyù; 声誉 shēngyù; 名声 míngshēng: lose one's ～ 名誉扫地 míngyù sǎodì

repute *n*. 名誉 míngyù; 声誉 shēngyù; 名声 míngshēng: a district of good ～ 一个名声好的地区 yíge míngshēnghǎode dìqū *v*. 称为 chēngwéi; 认为 rènwéi = reckon: He is ～d for his profound knowledge. 他以博

学见称。Tā yǐ bóxué jiànchēng.

reputedly *ad.* 据说 jùshuō：R-，she is very stupid. 据说她很笨。Jùshuō tā hěnbèn.

request *n.* 请求 qǐngqiú；要求 yāoqiú：grant a ～ 答应请求 dāying qǐngqiú *v.* 请求 qǐngqiú：I ～ed him to write a paper. 我请他写一篇论文。Wǒ qǐng tā xiě yìpiān lùnwén. / ～ stop 招呼站 zhāohuzhàn

requiem *n.* **1.** 安灵弥撒：ānlíng mísa **2.** 安魂曲 ānhúnqǔ ＊ the music

require *v.* **1.** 需要 xūyào：I ～ help. 我需要帮助。Wǒ xūyào bāngzhù. **2.** 要求 yāoqiú；命令 mìnglìng；规定 guīdìng：He ～d us all to be present. 他要求我们都到场。Tā yāoqiú wǒmen dōu dàochǎng.

requirement *n.* **1.** 需要的东西 xūyàode dōngxi：This shop can supply all your ～s. 这家商店能提供你需要的一切东西。Zhèjiā shāngdiàn néng tígōng nǐ xūyàode yíqiè dōngxi. **2.** 要求 yāoqiú；条件 tiáojiàn：the ～s for college entrance 进大学的条件 jìn dàxuéde tiáojiàn

requisition *n.* 征用 zhēngyòng；索取 suǒqǔ；需要 xūyào：make a ～ on the village for supplies 向该村征用补给品 xiàng gāicūn zhēngyòng bǔjǐpǐn *v.* 征用 zhēngyòng；索取 suǒqǔ：～ horses for the troops 为部队征用马匹 wèi bùduì zhēngyòng mǎpǐ

requite *n.* 报答 bàodá；报酬 bàochou：～ evil with kindness 以德报怨 yǐ dé bào yuàn

rescind *v.* 废除 fèichú；撤销 chèxiāo：～ a law 废除某项法律 fèichú mǒuxiàng fǎlǜ

research *n.* 研究 yánjiū；调查 diàochá：carry out a ～ into the cause of cancer 开展癌症起因的研究工作 kāizhǎn áizhèng qǐyīnde yánjiū gōngzuò *v.* 调查 diàochá；研究 yánjiū：～ into a subject 研究一个课题 yánjiū yíge kètí

resemble *v.* 像 xiàng；相似 xiāngsì；类似 lèisì：They ～ each other in shape. 它们形状相似。Tāmen xíngzhuàng xiāngsì. // resemblance *n.*

resent *n.* 怨恨 yuànhèn；讨厌 tǎoyàn

reservation *n.* **1.** 保留 bǎoliú = retaining **2.** 印第安人特居地 Yìndì'ānrén tèjūdì ＊ for Indians **3.** 预定 yùdìng：make ～s at a hotel 预定旅馆房间 yùdìng lǚguǎn fángjiān

reserve *v.* **1.** 储备 chǔbèi；存 cún = keep for future use：～ one's strength for the next battle 养精蓄锐准备下次战斗 yǎngjīng-xùruì zhǔnbèi xiàcì zhàndòu **2.** 预定 yùdìng：~ rooms at a hotel 预定旅馆房间 yùdìng lǚguǎn fángjiān **3.** 保留 bǎoliú：~ the right to refuse 保留拒绝的权利 bǎoliú jùjuéde quánlì *n.* **1.** 储备 chǔbèi：the gold ~ 黄金储备 huángjīn chǔbèi **2.** 预备役 yùbèiyì：call up the ~s 召集后备军 zhàojí hòubèijūn **3.** 保留地 bǎoliúdì；专用地 zhuānyòngdì：a forest ~ 森林保留地 sēnlín bǎoliúdì

reserved *a.* **1.** 矜持的 jīnchíde = reticent；缄默的 jiānmòde **2.** 克制的 kèzhìde = in self-control **3.** 预定的 yùdìngde = booked in advance **4.** 储备的 chǔbèide；储存的 chǔcúnde = kept for future use

reservoir *n.* **1.** 贮水池 zhùshuǐchí；水库 shuǐkù **2.** 储藏处 chǔcángchù；储备 chǔbèi = reserve supply：His mind was a ~ of facts. 他的头脑里贮存了大量事实。Tāde tóunǎoli zhùcúnle dàliàng shìshí.

residence *n.* **1.** 居住 jūzhù：He took up a long ~ in England. 他久居英国。Tā jiǔjū Yīngguó. **2.** 住所 zhùsuǒ；住宅 zhùzhái：an offical ~ 官邸 guāndǐ

resident *a.* 居住的 jūzhùde：a ~ physician 住院医生 zhùyuàn yīshēng *n.* **1.** 居民 jūmín = person who lives permanently at a place **2.** 留鸟 liúniǎo；留兽 liúshòu = non-migratory bird or animal

residential *a.* 居住的 jūzhùde；适于住家的 shìyú zhùjiāde

residual *a.* 残余的 cányúde；剩下的 shèngxiàde

resign *v.* **1.** 辞去 cíqù；放弃 fàngqì：~ from the cabinet 辞去内阁职务 cíqù nèigé zhíwù / ~ office 辞职 cízhí **2.** 托给 tuōgěi：~ a child to the care of sb. 把孩子托给某人照管 bǎ háizi tuōgěi mǒurén zhàoguǎn // resignation *n.*

resilient *a.* **1.** 有弹性的 yǒu tánxìngde = elastic **2.** 易恢复的 yì huīfùde；乐观的 lèguānde = buoyant

resin *n.* 树脂 shùzhī；松香 sōngxiāng

resist *v.* **1.** 抵抗 dǐkàng；抗拒 kàngjù：~ the enemy attack 抵抗敌军进攻 dǐkàng díjūn jìngōng **2.** 忍住 rěnzhù：I couldn't ~ laughing. 我忍不住大笑。Wǒ rěnbuzhù dàxiào.

resistance *n.* **1.** 抵抗 dǐkàng；抗拒 kàngjù；反对 fǎnduì：put up strong ~ 强力抵抗 qiánglì dǐkàng **2.** 阻力 zǔlì：overcome the ~ of the air 克服空气阻力 kèfú kōngqì zǔlì **3.** 抵抗力 dǐkànglì = power to resist

resistant *a.* 抵抗的 dǐkàngde；抗拒的 kàngjùde：corrosion ～ materials 耐腐蚀材料 nài fǔshí cáiliào *n.* 抵抗者 dǐkàngzhě；反抗者 fǎnkàngzhě = person who resists

resistor *n.* 电阻 diànzǔ * of electricity

resolute *a.* 坚定的 jiāndìngde；有决心的 yǒu juéxīnde：a ～ man 果敢的人 guǒgǎnde rén

resolution *n.* **1.** 决心 juéxīn；坚决 jiānjué：show more ～ 显示更大的决心 xiǎnshì gèngdàde juéxīn **2.** 解决 jiějué；消除 xiāochú = solving (problem) **3.** 决议 juéyì；决定 juédìng：pass a ～ 通过一项决定 tōngguò yíxiàng juédìng **4.** 分解 fēnjiě = decomposition

resolve *v.* **1.** 决定 juédìng；通过决议 tōngguò juéyì **2.** 解决 jiějué；消除 xiāochú：～ a dispute 解决争执 jiějué zhēngzhí **3.** 分解 fēnjiě：be ～d by heat 受热分解 shòu rè fēnjiě *n.* **1.** 决心 juéxīn = determination **2.** 刚毅 gāngyì；坚定 jiāndìng：a man of ～ 刚毅的人 gāngyìde rén

resonance *n.* **1.** 回声 huíshēng = echo **2.** 共鸣 gòngmíng = resounding with

resort *v.* & *n.* **1.** 常去 chángqù = frequent；常去之地 chángqù zhīdì；胜地 shèngdì；疗养地 liáoyǎngdì：a summer ～ 避暑胜地 bìshǔ shèngdì **2.** 求助 qiúzhù；凭借 píngjiè；采取 cǎiqǔ：～ to force 诉诸武力 sùzhū wǔlì

resound *v.* **1.** 发出响亮的声音 fāchū xiǎngliàngde shēngyīn **2.** 回响 huíxiǎng；回声 huíshēng：The hall ～ed with songs. 大厅中洋溢着歌声。Dàtīngzhōng yángyìzhe gēshēng. **3.** 传播 chuánbō；传诵 chuánsòng：His name ～s throughout the country. 他名扬全国。Tā míngyáng quánguó.

resource *n.* **1.** 资源 zīyuán；财力 cáilì：be rich in forest ～s 森林资源丰富 sēnlín zīyuán fēngfù / natural ～s 天然资源 tiānrán zīyuán **2.** 机智 jīzhì = wit：a man of unlimited ～ 足智多谋的人 zúzhì duōmóude rén

respect *n.* **1.** 尊敬 zūnjìng；尊重 zūnzhòng：have ～ for a great artist 尊敬艺术大师 zūnjìng yìshù dàshī **2.** 考虑 kǎolǜ；注意 zhùyì：have no ～ for the speed limit 不顾车速限制 búgù chēsù xiànzhì **3.** 问候 wènhòu；敬意 jìngyì：Give him my ～s. 代我问候他。Dài wǒ wènhòu tā. **4.** 点 diǎn；方面 fāngmiàn = aspect：in some ～s 在某些方面 zài mǒuxiē fāngmiàn *v.* **1.** 尊敬 zūnjìng；尊重 zūnzhòng；考虑到 kǎolǜdào：～

the ideas of others 尊重他人意见 zūnzhòng tārén yìjian **2.** 遵守 zūnshǒu = abide by

respectable *a.* **1.** 可敬的 kějìngde；有声望的 yǒu shēngwàngde：He is ～. 他人品端正。Tā rénpǐn duānzhèng. **2.** 不错的 búcuòde；相当好的 xiāngdāng hǎode：He has quite ～ talent. 他很有才干。Tā hěnyǒu cáigàn. **3.** 体面的 tǐmiànde；高尚的 gāoshàngde：These clothes are ～ enough for today's party. 穿这种衣服参加今天的宴会是够体面的。Chuān zhèzhǒng yīfu cānjiā jīntiānde yànhuì shì gòu tǐmiànde.

respectful *a.* 恭敬的 gōngjìngde；有礼貌的 yǒu lǐmàode：a ～ bow 恭敬的一鞠躬 gōngjìngde yìjūgōng

respecting *prep.* 关于 guānyú：a discussion ～ the merits of different automobiles 关于各种汽车优点的讨论 guānyú gèzhǒng qìchē yōudiǎnde tǎolùn

respective *a.* 各自的 gèzìde：their ～ homes 他们各自的家 tāmen gèzìde jiā // respectively *ad.*

respiration *n.* 呼吸 hūxī：give sb. artificial ～ 给某人进行人工呼吸 gěi mǒurén jìnxíng réngōng hūxī

respiratory *a.* 呼吸的 hūxīde；呼吸作用的 hūxī zuòyòngde：～ system 呼吸系统 hūxī xìtǒng

respire *v.* 呼吸 hūxī

respite *n.* **1.** 休息 xiūxi；缓解 huǎnjiě；中止 zhōngzhǐ：work without a ～ 不停地工作 bùtíngde gōngzuò **2.** 推迟 tuīchí；延期 yánqī = delay *v.* **1.** 使休息 shǐ xiūxi **2.** 推迟 tuīchí；缓刑 huǎnxíng = postpone execution

resplendent *a.* 光辉的 guānghuīde；灿烂的 cànlànde

respond *v.* **1.** 回答 huídá：～ briefly to a question 简略地回答问题 jiǎnlüède huídá wèntí **2.** 作出反应 zuòchū fǎnyìng；有反应 yǒu fǎnyìng：～ to the call of the country 响应国家的号召 xiǎngyìng guójiāde hàozhào **3.** 承担责任 chéngdān zérèn：～ in damages 承担赔偿费用 chéngdān péicháng fèiyong // response *n.*

responsibility *n.* **1.** 负责 fùzé；责任 zérèn：a position of great ～ 重要职务 zhòngyào zhíwù **2.** 职责 zhízé = duty

responsible *a.* **1.** 负责的 fùzéde；可靠的 kěkàode：a ～ position 负责的职位 fùzéde zhíwèi **2.** 对…有责任 duì … yǒu zérèn = accountable for action

responsive *a*. **1**. 反应迅速的 fǎnyìng xùnsùde；敏感的 mǐngǎnde = responding actively **2**. 回答的 huídáde；作出反应的 zuòchū fǎnyìngde = answering

rest[1] *n*. **1**. 休息 xiūxi：take a ～ 休息一会儿 xiūxi yíhuìr **2**. 支撑 zhīchēng；支持 zhīchí = support **3**. 休止符 xiūzhǐfú ＊ sign (in music) meaning pause **4**. 安宁 ānníng；中止 zhōngzhǐ；静止 jìngzhǐ = stop：He brought the car to ～. 他停下车。Tā tíngxià chē. *v*. **1**. 休息 xiūxi：～ one's horse 歇马 xiēmǎ **2**. 使支撑 shǐ zhīchēng；使基于 shǐ jīyú：He ～s his hope on his son. 他寄希望于儿子。Tā jì xīwàng yú érzi. **3**. 安息 ānxī；长眠 chángmián = be buried **4**. 放心 fàngxīn；安心 ānxīn = be relieved **5**. 中止 zhōngzhǐ = pause

rest[2] *n*. 剩余部分 shèngyú bùfen；其余的人 qíyúde rén；其余 qíyú：Take what you want and throw the ～ away. 把你所要的拿走,其余的丢掉。Bǎ nǐ suǒyàode ná zǒu，qíyúde diūdiào. *v*. 依然是 yīránshì = remain：The affair ～s a riddle. 这件事仍是个谜。Zhè jiànshì réng shìge mí.

restate *v*. 重申 chóngshēn；重述 chóngshù

restaurant *n*. 饭店 fàndiàn；餐馆 cānguǎn

restful *a*. **1**. 安宁的 ānníngde；平静的 píngjìngde = peaceful：a ～ scene 宁静的景色 níngjìngde jǐngsè **2**. 给人休息充足的 gěi rén xiūxi chōngzúde = favorable to rest

restitution *n*. **1**. 偿还 chánghuán；赔偿 péicháng = reparation **2**. 恢复原状 huīfù yuánzhuàng = recovery

restive *a*. **1**. 不安定的 bù āndìngde；动乱的 dòngluànde = restless **2**. 不听话的 bùtīnghuàde = impatient of discipline

restoration *n*. **1**. 归还 guīhuán：the ～ of a borrowed book 归还借来的书 guīhuán jièláide shū **2**. 恢复 huīfù：the restoration to health and strength 健康与体力的恢复 jiànkāng yǔ tǐlìde huīfù **3**. 修复 xiūfù；重建 chóngjiàn：the church ～ fund 修复教堂基金 xiūfù jiàotáng jījīn

restore *v*. **1**. 归还 guīhuán；把…放回去 bǎ … fàng huíqù：～ the book to its place on the shelf 把书放回书架原处 bǎ shū fànghuí shūjià yuánchù **2**. 恢复 huīfù：～ order 恢复秩序 huīfù zhìxù **3**. 使复位 shǐ fùwèi = place in the former position **4**. 修复 xiūfù；重建 chóngjiàn：～ the Great Wall 修复长城 xiūfù Chángchéng

restrain *v*. 管束 guǎnshù；抑制 yìzhì：～ my anger 抑制住我的怒气 yìzhìzhù wǒde nùqì

restricted *a*. **1.** 受限制的 shòu xiànzhìde：be on a ～ diet 严格控制饮食 yángé kòngzhì yǐnshí **2.** 有限的 yǒuxiànde = limited；不普遍的 bù pǔbiànde

restrictive *a*. 限制(性)的 xiànzhì(xìng)de；约束(性)的 yuēshù(xìng)de：～ regulations 限制性规定 xiànzhìxìng guīdìng

restructure *v*. 重建 chóngjiàn；改组 gǎizǔ；调整 tiáozhěng：～ a plan 调整计划 tiáozhěng jìhuà

result *v*. 发生 fāshēng；导致 dǎozhì；产生 chǎnshēng *n*. **1.** 结果 jiéguǒ；成果 chéngguǒ；成绩 chéngjī：We want ～s not talk. 我们要成绩，不要空话。Wǒmen yào chéngjī，búyào kōnghuà. **2.** 答案 dá'àn = answer // as a ～(of) 作为(…的)结果 zuòwéi(…de) jiéguǒ / in ～ 结果 jiéguǒ / without ～ 毫无结果 háowú jiéguǒ

resume *v*. **1.** 重新开始 chóngxīn kāishǐ：～ one's work 重新工作 chóngxīn gōngzuò **2.** 重新取得 chóngxīn qǔdé；重新占用 chóngxīn zhànyòng：～ one's seat 回到原来座位 huídào yuánlái zuòwèi // resumption *n*.

resurgent *a*. 复活的 fùhuóde；恢复活动的 huīfù huódòngde：～ hopes 复苏的希望 fùsūde xīwàng

resurrection *n*. **1.** 复活 fùhuó；复兴 fùxīng = revival of inactivity **2.** [the R-] 耶稣复活 Yēsū fùhuó；复活节 Fùhuójié

retail *v*. **1.** 零售 língshòu：book that ～ed at one yuan 零售价为一元的书 língshòujià wéi yìyuánde shū **2.** 传播 chuánbō；重申 chóngshēn = recount *n*. 零售 língshòu：sell at ～ 零售 língshòu *a*. 零售的 língshòude：the ～ price 零售价 língshòujià *ad*. 少量地 shǎoliàngde；以零售方式 yǐ língshòu fāngshì

retain *v*. **1.** 保持 bǎochí；保有 bǎoyǒu：This vessel won't ～ water. 这个容器不能盛水。Zhège róngqì bùnéng chéngshuǐ. **2.** 记住 jìzhù = remember：～ the word 记住这个词 jìzhù zhègecí **3.** 拦住 lánzhù；留住 liúzhù = keep in place **4.** 聘用 pìnyòng = employ // a ～ing fee 聘请(律师)费 pìnqǐng(lǜshī)fèi；定金 dìngjīn

retainer *n*. **1.** 仆人 púrén；雇员 gùyuán **2.** 律师费 lǜshīfèi；聘请律师

pìnqǐng lùshī **3**. 保留者 bǎoliúzhě；保持者 bǎochízhě

retake *v.* & *n.* **1**. 夺回 duóhuí；再取 zàiqǔ **2**. 重摄 chóngshè；补拍 bǔpāi = take the picture again

retaliate *v.* 报复 bàofù；反击 fǎnjī

retard *v.* 阻碍 zǔ'ài；延迟 yánchí：Lack of education ~s progress. 缺乏教育会阻碍进步。Quēfá jiàoyù huì zǔ'ài jìnbù.

retch *v.* 干呕 gān'ǒu；恶心 ěxin

retell *v.* 重述 chóngshù；再讲 zàijiǎng：~ a story 把故事重讲一遍 bǎ gùshi chóngjiǎng yíbiàn

retention *n.* **1**. 保持 bǎochí；保留 bǎoliú = retaining **2**. 记忆 jìyì；记忆力 jìyìlì = memory

rethink *v.* & *n.* 再想 zàixiǎng；重新考虑 chóngxīn kǎolǜ

reticence *n.* **1**. 沉默 chénmò；无言 wúyán **2**. 节制 jiézhì = being reserved in style of art **3**. 保留 bǎoliú = holding back of some fact

retina *n.* 视网膜 shìwǎngmó

retinue *n.* 随从人员 suícóng rényuán

retire *v.* **1**. 离去 líqù；退下 tuìxià：~ to one's own room 回到自己房间 huídào zìjǐ fángjiān **2**. 退休 tuìxiū：~ from office 退职 tuìzhí **3**. 就寝 jiùqín：We ~ to bed early every day. 我们每天很早就寝。Wǒmen měitiān hěnzǎo jiùqǐn.

retired *a.* **1**. 退休的 tuìxiūde；退职的 tuìzhíde；退役的 tuìyìde：~ pay 退休金 tuìxiūjīn **2**. 偏僻的 piānpìde；隐蔽的 yǐnbìde = secluded

retiring *a.* **1**. 不爱交际的 bú ài jiāojìde = withdrawn from society **2**. 退休的 tuìxiūde

retort *n.* 蒸馏瓶 zhēngliúpíng * for distilling liquids

retrace *v.* 回溯 huísù；折回 zhéhuí：~ one's steps 照原路走回 zhào yuánlù zǒuhuí

retract *v.* **1**. 缩回 suōhuí：~ the landing gear 缩进飞机起落架 suōjìn fēijī qǐluòjià **2**. 收回 shōuhuí；撤回 chèhuí = draw back：~ one's opinion 收回意见 shōuhuí yìjian

retreat *n.* **1**. 撤退 chètuì；后退 hòutuì = go back **2**. 撤退信号 chètuì xìnhào = signal for ~ **3**. 避难所 bìnànsuǒ = shelter *v.* **1**. 撤退 chètuì；后退 hòutuì **2**. 走开 zǒukāi；离去 líqù = leave

retrench *v.* **1**. 缩减 suōjiǎn；节省 jiéshěng = reduce **2**. 删除 shānchú；省

略 shěnglüè = cut down

retribution *n*. **1**. 报应 bàoyìng；应受的惩罚 yīngshòude chéngfá = recompense for evil deed **2**. 报酬 bàochou；报答 bàodá = recompense

retrieve *v*. **1**. 重新得到 chóngxīn dédào；找回 zhǎohuí；恢复 huīfù：～ one's spirits 再打起精神 zài dǎqǐ jīngshen **2**. 纠正 jiūzhèng；补偿 bǔcháng = make amends for

retrograde *a*. **1**. 倒退的 dàotuìde；退步的 tuìbùde：It would be a ～ step. 这将是倒退的一步。Zhè jiāngshì dàotuìde yíbù. **2**. 颠倒的 diāndǎode = reverting *v*. 后退 hòutuì；退步 tuìbù // retrogression *n*.

retrospect *n*. 回顾 huígù；回想 huíxiǎng：review one's work of the past years in ～ 回顾个人以往几年的工作 huígù gèrén yǐwǎng jǐniánde gōngzuò

return *v*. **1**. 回来 huílái；回复 huífù；重新发生 chóngxīn fāshēng：He soon ～ed to his old habit. 他不久就故态复萌。Tā bùjiǔ jiù gùtài fùméng. **2**. 归还 guīhuán；放回 fànghuí；报答 bàodá；回答 huídá：～ a compliment 回礼 huílǐ；还礼 huánlǐ / R- the book to my friend. 把书还给我的朋友。Bǎ shū huángěi wǒde péngyou. *n*. **1**. 回来 huílái；重新发生 chóngxīn fāshēng：the ～ of spring 春之归来 chūnzhī guīlái **2**. 归还 guīhuán；放回 fànghuí；报答 bàodá：the ～ of loans 借款的偿付 jièkuǎnde chángfù **3**. 利润 lìrùn；赢利 yínglì：small profits and quick ～s 薄利多销 bólì duōxiāo **4**. 申报书 shēnbàoshū；报告 bàogào：the election ～s 选举结果报告 xuǎnjǔ jiéguǒ bàogào **5**. 来回票 láihuípiào * ticket *a*. **1**. 返回的 fǎnhuíde；回程的 huíchéngde：a ～ ticket 来回票 láihuípiào **2**. 报答的 bàodáde；回报的 huíbàode：a ～ visit 回访 huífǎng

reunion *n*. 重新结合 chóngxīn jiéhé；重聚 chóngjù：a family ～ 家属团聚 jiāshǔ tuánjù

reunite *v*. 重新结合 chóngxīn jiéhé；重聚 chóngjù：Father and children ～d after years of separation. 分别数年后父亲与孩子们重聚。Fēnbié shùniánhòu fùqin yǔ háizimen chóngjù.

reuse *v*. 重新使用 chóngxīn shǐyòng；重新利用 chóngxīn lìyòng：～d wool 再生毛 zàishēngmáo

Reuters *n*. 路透社 Lùtòushè

revalue *v*. 重新作价 chóngxīn zuòjià；重新评价 chóngxīn píngjià：be ～d upward 被增值 bèi zēngzhí

reveal *v.* 显现 xiǎnxiàn；显露 xiǎnlù；暴露 bàolù；揭露 jiēlù；泄露 xièlòu：～ a secret 泄密 xièmì / Her laugh ～ed her even teeth. 她的笑露出她那整齐的牙齿。Tāde xiào lùchū tānà zhěngqíde yáchǐ.

reveille *n.* 起床号 qǐchuánghào：sound the ～ 吹起床号 chuī qǐchuánghào

revelation *n.* **1.** 透露 tòulù；暴露 bàolù；显示 xiǎnshì **2.** 透露的事物 tòulùde shìwù；新发现 xīnfāxiàn **3.** the R-s《启示录》《Qǐshìlù》

revelry *n.* 狂欢 kuánghuān；饮宴作乐 yǐnyàn zuòlè

revenge *v.* & *n.* 为…报复 wèi…bàofù；为…报仇 wèi…bàochóu：～ an insult 雪耻 xuěchǐ / He'll have his ～ on you for what you did. 你干下的事，他是要报复的。Nǐ gànxiàde shì，tā shì yào bàofùde.

revenue *n.* **1.** 收入 shōurù；税收 shuìshōu：～ tax 财政税 cáizhèngshuì **2.** 收益 shōuyì；总收入 zǒng shōurù：one's ～s 个人总收入 gèrén zǒng shōurù **3.** 税务机关 shuìwù jīguān：a ～ officer 税务人员 shuìwù rényuán

reverberate *v.* 反响 fǎnxiǎng；反射 fǎnshè

revere *v.* 崇敬 chóngjìng；爱戴 àidài

reverence *n.* **1.** 崇敬 chóngjìng；爱戴 àidài：They hold him in great ～. 他们非常崇敬他。Tāmen fēicháng chóngjìng tā. **2.** 表示敬意的动作 biǎoshì jìngyìde dòngzuò；鞠躬 jūgōng = act of ～ *v.* 崇敬 chóngjìng；爱戴 àidài

reverend *a.* **1.** 可敬的 kějìngde：～ sir 可尊敬的先生 kě zūnjìngde xiānsheng **2.** 当教士的 dāng jiàoshìde；教士的 jiàoshìde *n.* ～s 教士 jiàoshì；牧师 mùshī = clergymen

reverent *a.* 崇敬的 chóngjìngde；虔诚的 qiánchéngde：a ～ greeting 崇敬的问候 chóngjìngde wènhòu

reverential *a.* 尊敬的 zūnjìngde；崇敬的 chóngjìngde：～ awe 敬畏 jìngwèi

reverie *n.* **1.** 梦想 mèngxiǎng；幻想 huànxiǎng = day-dreaming **2.** 沉思 chénsī；出神 chūshén：be lost in ～ 出神 chūshén **3.** 幻想曲 huànxiǎngqǔ * music

reversal *n.* **1.** 颠倒 diāndǎo；逆转 nìzhuǎn **2.** 推翻 tuīfān；撤销 chèxiāo = annulment

reverse *a.* 相反的 xiāngfǎnde；颠倒的 diāndǎode：a ～ judgment 相反的判断 xiāngfǎnde pànduàn *v.* **1.** 倒开 dàokāi；逆行 nìxíng = move backward **2.** 转身 zhuǎnshēn = turn the other way round **3.** 翻转 fānzhuǎn；颠倒 diāndǎo：～ a sheet of paper 把一张纸翻过来 bǎ yìzhāngzhǐ fānguòlái **4.** 推翻 tuīfān；废弃 fèiqì *n.* **1.** 背面 bèimiàn；反面 fǎnmiàn：on the ～ of the medal 在奖章的背面 zài jiǎngzhāngde bèimiàn **2.** 相反 xiāngfǎn = opposite **3.** 挫折 cuòzhé；不利 búlì = defeat

reversion *n.* **1.** 回复 huífù；返祖 fǎnzǔ = return to previous state **2.** 复归 fùguī；归还 guīhuán = return of an estate to **3.** 继承权 jìchéngquán = right to succeed to an estate

revert *v.* **1.** 回复 huífù；恢复原状 huīfù yuánzhuàng：～ to its old state 回复到原来情况 huífùdào yuánlái qíngkuàng **2.** 回到原来的话题 huídào yuánláide huàtí **3.** 复归 fùguī；归还 guīhuán

review *n.* **1.** 复审 fùshěn；回顾 huígù **2.** 检阅 jiǎnyuè；检查 jiǎnchá：hold a naval ～ 检阅海军 jiǎnyuè hǎijūn **3.** 评论期刊 pínglùn qīkān；评论文章 pínglùn wénzhāng：a law ～ 法学杂志 fǎxué zázhì **4.** 评论 pínglùn = comment of a book **5.** 复习 fùxí；温习 wēnxí：Before the examination we have a general ～ of the term's lessons. 考试前我们对一学期的功课进行总复习。Kǎoshìqián wǒmen duì yìxuéqīde gōngkè jìnxíng zǒngfùxí. *v.* **1.** 审视 shěnshì；检查 jiǎnchá；回顾 huígù **2.** 检阅 jiǎnyuè **3.** 评论 pínglùn：～ a novel 给一本小说写书评 gěi yìběn xiǎoshuō xiě shūpíng

reviewer *n.* 评论家 pínglùnjiā

revile *v.* 漫骂 mànmà；辱骂 rǔmà

revise *v.* **1.** 审校 shěnjiào；修改 xiūgǎi；修订 xiūdìng：the ～d edition of a book 一本书的修订版 yìběn shūde xiūdìngbǎn **2.** 改变 gǎibiàn；改正 gǎizhèng = correct // revision *n.* 再校样 zài jiàoyàng；二校样 èrjiàoyàng

revitalize *v.* 使有新的活力 shǐ yǒu xīnde huólì；使新生 shǐ xīnshēng

revive *v.* **1.** 恢复知觉 huīfù zhījué；复活 fùhuó = return to consciousness：Our hope ～d. 我们的希望复活了。Wǒmende xīwàng fùhuóle. **2.** 重演 chóngyǎn；重映 chóngyìng = return of a film or play **3.** 回想起 huíxiǎngqǐ = recall // revival *n.*

revoke *v.* **1.** 撤销 chèxiāo；取消 qǔxiāo = nullify **2.** 有牌不跟 yǒupái bùgēn * card game *n.* 有牌不跟 yǒupái bùgēn

revolt *v.* **1.** 反叛 fǎnpàn；造反 zàofǎn：The people ~ed against their oppressors. 人民起义反抗侵略。Rénmín qǐyì fǎnkàng qīnlüè. **2.** 憎恶 zēngwù；反感 fǎngǎn：~ at a bad smell 讨厌一股臭气 tǎoyàn yìgǔ chòuqì *n.* 造反 zàofǎn；反叛 fǎnpàn

revolution *n.* **1.** 革命 gémìng：a ~ geography 地理学的大变革 dìlǐxuéde dàbiàngé **2.** 绕转 ràozhuǎn；旋转 xuánzhuǎn；循环 xúnhuán：the ~ of the seasons 四季循环 sìjì xúnhuán

revolutionize *v.* 彻底改革 chèdǐ gǎigé；引起革命 yǐnqǐ gémìng

revolve *v.* **1.** 旋转 xuánzhuǎn；绕转 ràozhuǎn：The earth ~s on its own axis once every 24 hours. 地球每24小时自转一圈。Dìqiú měi èrshísì xiǎoshí zìzhuàn yìquān. **2.** 详细考虑 xiángxì kǎolǜ；沉思 chénsī：Ideas ~d in his mind. 他思虑再三。Tā sīlǜ zàisān.

revolver *n.* 左轮手枪 zuǒlún shǒuqiāng

revue *n.* 时俗讽刺剧 shísú fěngcìjù；活报剧 huóbàojù

revulsion *n.* **1.** 厌恶 yànwù = strong distaste **2.** 突然的变化 tūránde biànhuà：a ~ of mood 情绪的突变 qíngxùde tūbiàn **3.** 收回 shōuhuí；抽回 chōuhuí：the ~ of capital from a company 从某公司撤回资本 cóng mǒugōngsī chèhuí zīběn

reward *n.* **1.** 报答 bàodá：in ~ for sb.'s work 作为对某人工作的报答 zuòwéi duì mǒurén gōngzuòde bàodá **2.** 报酬 bàochou；赏金 shǎngjīn：get nothing in ~ 没有得到任何报酬 méiyǒu dédào rènhé bàochou *v.* **1.** 报答 bàodá；酬谢 chóuxiè：~ sb. for his help 答谢某人的帮助 dáxiè mǒuréndе bāngzhù **2.** 报应 bàoyìng；惩罚 chéngfá = recompense

rewarding *a.* **1.** 值得的 zhídede；得益的 déyìde；称心的 chènxīnde：a ~ experience 得益的经验 déyìde jīngyàn **2.** 报答的 bàodáde = giving a reward

rewrite *v.* 改写 gǎixiě；重写 chóngxiě；修改 xiūgǎi *n.* 改写的作品 gǎixiěde zuòpǐn

rhapsody *n.* **1.** 狂喜 kuángxǐ；狂热 kuángrè = excessive enthusiasm **2.** 狂想曲 kuángxiǎngqǔ * piece of music

rhesus *n.* 恒河猴 hénghéhóu

rhetoric *n.* **1.** 修辞学 xiūcíxué **2.** 大话 dàhuà；漂亮话 piàolianghuà =

language that is not sincere **3.** 辞令 cílìng = art of effective speaking or writing

rheumatic *a.* 风湿病 fēngshībìng；患风湿病的 huàn fēngshībìngde；风湿病造成的 fēngshībìng zàochéngde：～ fever 风湿热 fēngshīrè

rhinoceros *n.* 犀牛 xīniú

rhombus *n.* 菱形 língxíng；斜方形 xiéfāngxíng

rhubarb *n.* **1.** 大黄 dàhuáng ＊ plant **2.** 吵闹 chǎonào；争吵 zhēngchǎo＝noisy argument

rhyme *n.* **1.** 韵 yùn；押韵 yāyùn **2.** 有韵的诗 yǒuyùnde shī ＊ poem *v.* 押韵 yāyùn：～ with 与…同韵 yǔ…tóngyùn

rhythm *n.* 节奏 jiézòu：the ～ of the tides 潮水有规则的涨落 cháoshuǐ yǒu guīzéde zhǎngluò

rhythmic *a.* 有节奏的 yǒu jiézòude；有韵律的 yǒu yùnlǜde

rib *n.* **1.** 肋 lèi；肋骨 lèigǔ ＊ bone **2.** 肋条肉 lèitiáoròu ＊ with meat **3.** 叶脉 yèmài；棱纹 léngwén = ～ of a leaf *v.* 取笑 qǔxiào；逗弄 dòunong = tease

ribald *a.* 下流的 xiàliúde；粗俗的 cūsúde：a ～ song 下流的歌 xiàliúde gē // ribaldry *n.*

ribbon *n.* 丝带 sīdài

riboflavin *n.* 核黄素 héhuángsù

rice *n.* **1.** 米 mǐ = seeds of the ～ plant used as staple food **2.** 稻 dào = the plant that produces ～

rich *a.* **1.** 有钱的 yǒuqiánde：the ～ 有钱人 yǒuqián rén **2.** 丰富的 fēngfùde；富饶的 fùráode：a ～ harvest 丰收 fēngshōu **3.** 昂贵的 ángguìde；值钱的 zhíqiánde = costly：～ jewels 贵重的珠宝 guìzhòngde zhūbǎo **4.** 肥沃的 féiwòde = fertile：～ land 肥沃的土地 féiwòde tǔdì

rick *n.* 禾 hé；干草垛 gāncǎoduò *v.* 把 … 堆成垛 bǎ… duīchéngduò

rickets *n.* 佝偻病 gōulóubìng // rickety *a.*

ricksha *n.* 人力车 rénlìchē；黄包车 huángbāochē

rid *v.* 使摆脱 shǐ bǎituō；免除 miǎnchú //get ～ of 摆脱 bǎituō

riddance *n.* 去除 qùchú；摆脱 bǎituō // good ～ 可喜的摆脱 kěxǐde bǎituō

riddle[1] *n.* 谜 mí：the ～ of the universe 宇宙之谜 yǔzhòu zhīmí *v.* **1.** 出

谜 chūmí 2. 解谜 jiěmí：R- me this. 为我解释此事。Wèiwǒ jiěshì cǐshì.

riddle² *n*. 粗筛 cūshāi；筛子 shāizi ＝ sieve *v*. 1. 筛 shāi 2. 穿孔 chuānkǒng：～ a wall with shots 子弹把墙打满了洞 zǐdàn bǎ qiáng dǎmǎnle dòng 3. 批评 pīpíng；挑剔 tiāoti

ride *v*. 1. 骑 qí：～ a horse 骑马 qímǎ 2. 乘 chéng：～ on a train 坐火车 zuò huǒchē 3. 漂浮 piāofú；航行 hángxíng：The ship rode over the waves. 船乘浪前进。Chuán chénglàng qiánjìn. 4. 搅扰 jiǎorǎo；纠缠 jiūchán：be ridden by doubt 满腹狐疑 mǎnfù húyí *n*. 1. 骑 qí；乘 chéng：a boat ～ 乘船游玩 chéngchuán yóuwán 2. 供骑马的道路 gōng qímǎde dàolù ＝ road for riding on horse

rider *n*. 1. 骑手 qíshǒu；乘坐者 chéngzuòzhě 2. 附加条款 fùjiā tiáokuǎn；附文 fùwén ＝ additional clause

ridge *n*. 1. 脊 jǐ；屋脊 wūjǐ ＊ of a roof；山脊 shānjǐ ＊ of a hill 2. 垄 lǒng；埂 gěng ＊ separating furrows in a field *v*. 给…作脊 gěi…zuòjǐ；起皱 qǐzhòu：The sea ～s under the wind. 海水因风而起波浪。Hǎishuǐ yīn fēng ér qǐ bōlàng.

ridiculous *a*. 可笑的 kěxiàode；荒谬的 huāngmiùde

riding *n*. 骑术 qíshù；骑马 qímǎ *a*. 1. 骑马的 qímǎde；骑马用的 qímǎ yòngde：～ boots 马靴 mǎxuē 2. 乘坐式的 chéngzuòshìde：a ～ plow 坐在上面操纵的犁 zuòzài shàngmian cāozòngde lí

rife *a*. 1. 猖獗的 chāngjuéde；盛行的 shèngxíngde：Gossip was ～. 谣言四起。Yáoyán sìqǐ. 2. 充满的 chōngmǎnde；大量的 dàliàngde：be ～ with errors 错误百出 cuòwù bǎichū

riffraff *n*. 流氓 liúmáng

rifle *v*. 洗劫 xǐjié；抢走 qiǎngzǒu；偷光 tōuguāng *n*. 步枪 bùqiāng；来复枪 láifùqiāng ＊ gun

rift *n*. 裂缝 lièfèng *v*. 劈开 pīkāi；分开 fēnkāi

rig¹ *v*. 给配备索具 gěi pèibèi suǒjù *n*. 1. 索具 suǒjù ＊ on a ship 2. 钻塔 zuàntǎ ＝ oil ～ 3. 服装 fúzhuāng ＝ garment

rig² *v*. 操纵 cāozòng；控制 kòngzhì：～ the market 操纵市场 cāozòng shìchǎng

right¹ *a*. & *n*. 1. 右的 yòude；右面的 yòumiànde：one's ～ foot 右脚 yòujiǎo 2. 右翼的 yòuyìde；右派的 yòupàide ＊ politically *ad*. 向右

xiàngyòu；在右 zàiyòu：turn ～ 向右转 xiàngyòuzhuǎn

right[2] *a.* **1.** 正当的 zhèngdàngde；对的 duìde；正确的 zhèngquède：～ conduct 正当的行为 zhèngdàngde xíngwéi **2.** 合适的 héshìde：the ～ man for the job 适合做这工作的人 shìhé zuò zhè gōngzuòde rén **3.** 直的 zhíde：～ angle 直角 zhíjiǎo *n.* **1.** 正确 zhèngquè；对 duì；正当 zhèngdàng **2.** 权利 quánlì：the ～ to vote 选举权 xuǎnjǔquán *ad.* **1.** 恰恰 qiàqià；正好 zhènghǎo：～ in the middle 在正中 zài zhèngzhōng **2.** 正确地 zhèngquède；正当地 zhèngdàngde：spell that word ～ 正确的拼那个词 zhèngquède pīn nàge cí **3.** 完全地 wánquánde：The peach was rotten ～ through. 这个桃全烂了。Zhège táo quán lànle. *v.* **1.** 整理 zhěnglǐ；整顿 zhěngdùn：～ a room 整理房间 zhěnglǐ fángjiān **2.** 纠正 jiūzhèng；为…伸冤 wèi … shēnyuān：～ errors 纠正错误 jiūzhèng cuòwù

righteous *a.* 正义的 zhèngyìde；正直的 zhèngzhíde；正当的 zhèngdàngde：～ indignation 义愤 yìfèn

rightful *a.* **1.** 合法的 héfǎde：the ～ owner 合法的人 héfǎde rén **2.** 正直的 zhèngzhíde；公正的 gōngzhèngde：a ～ act 正直的行为 zhèngzhíde xíngwéi

rightist *n.* 右翼分子 yòuyì fènzǐ；右派分子 yòupài fènzǐ *a.* 右翼的 yòuyìde；保守的 bǎoshǒude

rightward *a.* 在右的 zàiyòude；向右的 xiàngyòude

rigid *a.* **1.** 坚硬的 jiānyìngde；不易弯的 búyìwānde：She was ～ with fear. 她吓得一动不动。Tā xiàde yídòng búdòng. **2.** 死板的 sǐbǎnde；僵硬的 jiāngyìngde；严格的 yángéde：a ～ rule 严格的规定 yángéde guīdìng

rigmarole *n.* **1.** 废话 fèihuà = meaningless talk **2.** 无意义的手续 wú yìyìde shǒuxù = meaningless procedure

rigorous *a.* **1.** 严酷的 yánkùde；严峻的 yánjùnde：a ～ climate 极冷的气候 jílěngde qìhòu **2.** 严格的 yángéde：the ～ methods of science 科学的严谨方法 kēxuéde yánjǐn fāngfǎ **3.** 严厉的 yánlìde

rill *n.* 小溪 xiǎoxī

rim *n.* **1.** 边缘 biānyuán：the ～ of a cup 杯口 bēikǒu **2.** 轮缘 lúnyuán * of a wheel **3.** 框 kuāng = outer edge of sth. circular *v.* **1.** 作…的边

zuò…de biān；给… 装边 gěi… zhuāngbiān = border with a ～ **2.** 形成边状 xíngchéng biānzhuàng = form a ～

rind *n.* **1.** 外皮 wàipí；树皮 shùpí = bark of a tree；果皮 guǒpí = peel of fruit **2.** 表面 biǎomiàn；外观 wàiguān = surface

ring[1] *n.* **1.** 圈 quān；环 huán：a key ～ 钥匙圈 yàoshiquān **2.** 戒指 jièzhi：a gold ～ 金戒指 jīnjièzhi **3.** 拳击场 quánjīchǎng；圆形场地 yuánxíng chǎngdì = circular space for prize fighting，etc. **4.** 组织 zǔzhī；集团 jítuán：a drug ～ 毒品集团 dúpǐn jítuán *v.* **1.** 形成环形 xíngchéng huánxíng；包围 bāowéi = surround **2.** 给扣上环 gěi kòushàng huán；用环套住 yòng huán tàozhù = put ～ on

ring[2] *v.* **1.** 打铃 dǎlíng；摇铃 yáolíng；按铃 ànlíng：～ for the waitress 按铃唤女服务员 ànlíng huàn nǚfúwùyuán **2.** 响彻 xiǎngchè；回响 huíxiǎng = resound *n.* **1.** 按铃 ànlíng；打钟 dǎzhōng=～ing bells **2.** 鸣响 míngxiǎng；洪亮的声音 hóngliàngde shēngyīn；铃声 língshēng * the sound **3.** 口气 kǒuqì = tone；味儿 wèir；声调 shēngdiào

ringer *n.* **1.** 鸣钟人 míngzhōngrén；打铃人 dǎlíngrén **2.** 冒名顶替比赛的人或马 màomíng dǐngtì bǐsàide rén huò mǎ = competitor competes dishonestly

ringleader *n.* 头目 tóumù；魁首 kuíshǒu

ringmaster *n.* 马戏团导演 mǎxìtuán dǎoyǎn；马戏团领班 mǎxìtuán lǐngbān

rink *n.* 溜冰场 liūbīngchǎng：I'll meet you on the ～. 我到溜冰场和你见面。Wǒ dào liūbīngchǎng hé nǐ jiànmiàn. *v.* 溜冰 liūbīng

rinse *v.* **1.** 清洗 qīngxǐ；冲洗掉 chōngxǐdiào：～ the car 清洗汽车 qīngxǐ qìchē **2.** 漱 shù：～ out the mouth 漱口 shùkǒu *n.* **1.** 清洗 qīngxǐ；漱 shù **2.** 染发水 rǎnfàshuǐ * for hair-dyeing

riot *n.* **1.** 骚动 sāodòng；暴乱 bàoluàn：～ police 防暴警察 fángbào jǐngchá **2.** 狂欢 kuánghuān；笑闹 xiàonào = noisy revelry *v.* **1.** 参与暴乱 cānyù bàoluàn = take part in a ～ **2.** 狂欢 kuánghuān；闹事 nàoshì

riotous *a.* **1.** 暴乱的 bàoluànde；无法无天的 wúfǎwútiānde：～ behavior 放纵的行为 fàngzòngde xíngwéi **2.** 狂欢的 kuánghuānde **3.** 茂盛的 màoshèngde = profuse

rip *v.* 撕 sī；扯 chě：～ a piece of cloth in two 把一块布撕成两半 bǎ yíkuài bù sīchéng liǎngbàn *n.* 口子 kǒuzi；裂缝 lièfèng = a tear

ripe *a.* **1.** 熟的 shúde；成熟的 chéngshúde：a ～ apple 一只熟苹果 yìzhī shú píngguǒ **2.** 贮存后可食的 zhùcúnhòu kěshíde：～ wine 醇酒 chúnjiǔ **3.** 成熟的 chéngshúde；老练的 lǎoliànde：～ wisdom 睿智 ruìzhì **4.** 准备好的 zhǔnbèihǎode = ready **5.** 年高的 niángāode：the ～ age of ninety 九十高龄 jiǔshígāolíng

ripen *v.* 成熟 chéngshú：The corn will ～. 谷物将要成熟。Gǔwù jiāngyào chéngshú.

ripple *v.* **1.** 起涟漪 qǐliányī = form small waves **2.** 在…上形成波浪 zài … shang xíngchéng bōlàng **3.** 作潺潺声 zuò chánchánshēng = make a sound like rippling water *n.* **1.** 涟漪 liányī；微波 wēibō；波纹 bōwén **2.** 潺潺声 chánchánshēng：a ～ of laughter 轻快的笑声 qīngkuàide xiàoshēng

rise *v.* **1.** 升起 shēngqǐ；上升 shàngshēng：The sun ～s in the east. 太阳在东方升起。Tàiyáng zài dōngfāng shēngqǐ. **2.** 起床 qǐchuáng；站起 zhànqǐ：She ～s at six every morning. 她每天早上6点起床。Tā měitiān zǎoshang liùdiǎn qǐchuáng. **3.** 休会 xiūhuì；闭会 bìhuì：The congress rose yesterday. 大会昨天闭幕。Dàhuì zuótiān bìmù. **4.** 起源 qǐyuán = have origin in **5.** 升高 shēnggāo；高耸 gāosǒng：The bread won't ～. 面包发不起来。Miànbāo fā bùqǐlái. *n.* **1.** 兴起 xīngqǐ：the ～ and fall 兴衰 xīngshuāi **2.** 升高 shēnggāo；增加 zēngjiā：a ～ in the cost of living 生活费用的上涨 shēnghuó fèiyongde shàngzhǎng **3.** 斜坡 xiépō = upward slope **4.** 加薪 jiāxīn：get a £6-a-week ～ 周薪增加6镑 zhōuxīn zēngjiā liùbàng

riser *n.* **1.** 梯级间的竖板 tījíjiānde shùbǎn ＊ architecture **2.** 起床者 qǐchuángzhě：a late ～ 晚起的人 wǎnqǐde rén

rising *n.* **1.** 起义 qǐyì；反叛 fǎnpàn = revolt **2.** 升起 shēngqǐ；升高 shēnggāo *a.* 兴起的 xīngqǐde：the ～ generation 年青的一代 niánqīngde yídài

risk *n.* **1.** 危险 wēixiǎn；风险 fēngxiǎn：face a lot of ～s 冒许多危险 mào xǔduō wēixiǎn **2.** 保险金额 bǎoxiǎn jīn'é：fire ～ 火险 huǒxiǎn *v.* 拿…冒险 ná…màoxiǎn；冒…的危险 mào…de wēixiǎn：～ one's life 冒生

命危险 mào shēngmìng wēixiǎn

rite *n.* 仪式 yíshì；典礼 diǎnlǐ：funeral ～s 葬礼 zànglǐ

rival *n.* 竞争者 jìngzhēngzhě；对手 duìshǒu：We were ～s in the job. 在工作上我们是竞争对手。Zài gōngzuòshang wǒmen shì jìngzhēng duìshǒu. *a.* 竞争的 jìngzhēngde：～ business firms 互相竞争的商行 hùxiāng jìngzhēngde shāngháng *v.* 竞争 jìngzhēng；比得上 bǐdeshàng

rivalry *n.* 竞争 jìngzhēng

river *n.* **1.** 河 hé；江 jiāng：the Yangtze R- 扬子江 Yángzǐjiāng **2.** 巨流 jùliú = current：a ～ of lava 熔岩的巨流 róngyánde jùliú // ～ basin 江河流域 jiānghé liúyù

riverbed *n.* 河床 héchuáng

riverside *n.* 河边 hébiān；河岸 hé'àn *a.* 河边的 hébiānde：～ houses 河边的房子 hébiānde fángzi

rivet *n.* 铆钉 mǎodīng *v.* **1.** 铆接 mǎojiē；铆牢 mǎoláo = join with ～s **2.** 吸引住 xīyǐnzhù = engross // ～er *n.* 铆工 mǎogōng

rivulet *n.* 小溪 xiǎoxī

road *n.* 路 lù；公路 gōnglù：the ～ to Beijing 通向北京的路 tōngxiàng Běijīngde lù // ～bed *n.* 路床 lùchuáng；路基 lùjī / ～house *n.* 公路边小旅馆 gōnglùbiān xiǎo lǚguǎn / ～man *n.* 筑路工人 zhùlù gōngrén/ ～-way *n.* 车行道 chēxíngdào

roadside *n.* 路边 lùbiān：We ate our meal by the ～. 我们在路边吃饭。Wǒmen zài lùbiān chīfàn. *a.* 路边的 lùbiānde：a ～ shop 路边小商店 lùbiān xiǎo shāngdiàn

roam *v.* 漫游 mànyóu；闲逛 xiánguàng：～ the streets 逛马路 guàng mǎlù

roar *v.* **1.** 吼叫 hǒujiào；怒号 nùháo：The wind was ～ing. 风在怒吼。Fēng zài nùhǒu. / He ～ed himself hoarse. 他嗓子吼哑了。Tā sǎngzi hǒu yǎle. **2.** 大笑 dàxiào = ～ with laughter **3.** 大喊大叫 dàhǎn dàjiào = shout *n.* **1.** 吼叫 hǒujiào：a ～ of the cannon 大炮的吼叫声 dàpàode hǒujiàoshēng **2.** 大笑声 dàxiàoshēng：set the room in a ～ 使房间的人大笑 shǐ fángjiānde rén dàxiào

roast *v.* 烤 kǎo：～ a duck 烤鸭 kǎoyā *n.* 烤肉 kǎoròu = roast meat *a.* 烤的 kǎode：～ duck 烤鸭 kǎoyā

roaster *n.* **1.** 烘烤器 hōngkǎoqì * kind of oven **2.** 适于烤的肉 shìyú kǎode ròu = meat fit for roasting

roasting *a.* & *ad.* 非常热的 fēicháng rède = very hot // ～ jack 烤肉用的铁叉转动器 kǎoròu yòngde tiěchā zhuàndòngqì

rob *v.* **1.** 抢 qiǎng; 抢劫 qiǎngjié: ～ a man of his money 抢人钱财 qiǎng rén qiáncái **2.** 剥夺 bōduó = deprive: The accident ～bed him of his health. 那事故使他丧失健康。Nà shìgù shǐ tā sàngshī jiànkāng.

robber *n.* 强盗 qiángdào

robbery *n.* 抢劫 qiǎngjié

robe *n.* **1.** 长衣 chángyī; 长袍 chángpáo; 浴衣 yùyī **2.** 盖膝的毯子 gàixīde tǎnzi * a covering for the lap *v.* 穿长袍 chuān chángpáo // gentlemen of the long ～ 律师 lǜshī / the long ～ 律师服 lǜshīfú; 律师业 lǜshīyè

robot *n.* **1.** 机器人 jīqìrén **2.** 自动装置 zìdòng zhuāngzhì; 遥控装置 yáokòng zhuāngzhì = remote control system

robust *a.* **1.** 健壮的 jiànzhuàngde: a ～ man 身体健壮的人 shēntǐ jiànzhuàngde rén **2.** 坚定的 jiāndìngde; 坚强的 jiānqiángde = firm **3.** 浓的 nóngde: ～ coffee 浓咖啡 nóng kāfēi

rock[1] *v.* **1.** 摇 yáo; 轻摇 qīngyáo: ～ a baby to sleep 摇婴儿入睡 yáo yīng'ér rùshuì **2.** 跳摇摆舞 tiào yáobǎiwǔ * dance *n.* 动摇 dòngyáo; 摇摆 yáobǎi; 摇摆舞 yáobǎiwǔ

rock[2] *n.* **1.** 岩石 yánshí; 石头 shítou: throw ～s at sb. 朝某人扔石头 cháo mǒurén rēng shítou **2.** 礁 jiāo: a ship driven onto the ～s 触礁的船 chùjiāode chuán // ～ crystal 水晶 shuǐjīng

rocker *n.* **1.** 摇座 yáozuò; 摇轴 yáozhóu * machine part **2.** 摇椅 yáoyǐ = rocking chair **3.** 摇的人 yáode rén = one who rocks

rockery *n.* 假山 jiǎshān: There is a ～ in the garden. 花园内有座假山。Huāyuán nèi yǒu zuò jiǎshān.

rocket *n.* 火箭 huǒjiàn: ～ base 火箭基地 huǒjiàn jīdì *v.* **1.** 迅速上升 xùnsù shàngshēng: Prices ～ed overnight. 一夜之间物价飞涨。Yíyè zhījiān wùjià fēizhǎng. **2.** 用火箭运载 yòng huǒjiàn yùnzài = move upward with a ～

rocky[1] *a.* **1.** 多岩石的 duō yánshíde; 岩石的 yánshíde: ～ soil 多岩石的泥土 duō yánshíde nítǔ **2.** 坚硬的 jiānyìngde = hard

rocky[2] *a.* 不稳的 bùwěnde; 摇晃的 yáohuàngde: This chair is a little ～.

这椅子有点摇晃。Zhè yǐzi yǒudiǎn yáohuàng.

rod *n.* **1.** 杆 gān；竿 gān；棍棒 gùnbàng **2.** [the ～] 拷打 kǎodǎ = flogging；惩罚 chéngfá = punishment **3.** 权势 quánshì = authority；暴政 bàozhèng = tyranny

Roentgen ray *n.* 伦琴射线 Lúnqín shèxiàn

rogue *n.* 流氓 liúmáng；无赖 wúlài

role *n.* **1.** 角色 juésè：play the leading ～ 扮演主角 bànyǎn zhǔjué **2.** 任务 rènwu；责任 zérèn = what one is expected to do

roll *n.* **1.** 卷 juǎn：a ～ of film 一卷胶片 yìjuǎn jiāopiàn **2.** 小面包卷 xiǎo miànbāojuǎn = bread **3.** 卷形物 juǎnxíngwù；团 tuán=sth. in the form of a ～ **4.** 名册 míngcè：call the ～ 点名 diǎnmíng **5.** 轰鸣声 hōngmíngshēng：a ～ of drums 擂鼓声 lèi gǔshēng **6.** 滚动 gǔndòng；摇晃 yáohuàng *v.* **1.** 滚 gǔn；卷 juǎn：～ a hoop 滚铁环 gǔn tiěhuán **2.** 摇晃 yáohuàng：The ship ～s in the waves. 船在浪中颠簸。Chuán zài làngzhōng diānbǒ. **3.** 碾平 niǎnpíng；擀 gǎn：～ the dough 擀面 gǎnmiàn **4.** 发出隆隆声 fāchū lónglóngshēng **5.** 转动 zhuàndòng：～ one's eyes 转动眼珠 zhuàndòng yǎnzhū

roller *n.* **1.** 油墨辊 yóumògǔn；滚柱 gǔnzhù * of a printing press **2.** 压路机 yālùjī；滚路机 gǔnlùjī * road-building machine **3.** 巨浪 jùlàng = wave **4.** 滚动之物 gǔndòng zhīwù = sth. that rolls // ～ bearing 滚柱轴承 gǔnzhù zhóuchéng

Romaic *n.* & *a.* 现代希腊语(的) xiàndài Xīlàyǔ(de)

Roman *a.* **1.** 古罗马的 Gǔluómǎde = of ancient Rome **2.** 罗马的 Luómǎde = of Rome **3.** 罗马字体的 Luómǎ zìtǐde = of ～ letters *n.* **1.** 罗马人 Luómǎrén = citizen of Rome **2.** 罗马天主教徒 Luómǎ Tiānzhǔ jiàotú = ～ Catholic // ～ Catholic 天主教徒 Tiānzhǔ jiàotú = member of the ～ Catholic Church；天主教的 tiānzhǔjiàode = of the ～ Catholic Church

romance *n.* **1.** 爱情故事 àiqíng gùshi；风流韵事 fēngliú yùnshì = love affair **2.** 传奇 chuánqí = tale with strange incidents, some chivalrous hero, love affair, etc. *v.* **1.** 虚构 xūgòu，夸张 kuāzhāng = exaggerate **2.** 谈情说爱 tánqíng shuō'ài = carry on a love affair；追求 zhuīqiú = woo

romanticism *n.* [R-]浪漫主义 Làngmànzhǔyì：R- movement 浪漫主义运

动 Làngmànzhǔyì yùndòng

Rome *n*. 罗马 Luómǎ；罗马帝国 Luómǎdìguó = Roman Empire // All roads lead to ～. 条条大路通罗马。Tiáotiáo dàlù tōng Luómǎ. / Do in ～ as ～ does. 入乡随俗。Rùxiāng suísú.

romp *n*. **1**. 欢蹦乱跳 huānbèng luàntiào = frolic **2**. 顽皮姑娘 wánpí gūniang = tomboy *v*. **1**. 欢蹦乱跳 huānbèng luàntiào **2**. 轻取胜利 qīngqǔ shènglì = win without effort

roof *n*. **1**. 屋顶 wūdǐng：～ garden 屋顶花园 wūdǐng huāyuán **2**. 顶 dǐng；顶部 dǐngbù：the ～ of a car 车顶 chēdǐng **3**. 家 jiā = home *v*. **1**. 给…装顶 gěi…zhuāngdǐng = be covered with **2**. 覆盖 fùgài = cover

roofing *n*. **1**. 盖屋顶的材料 gài wūdǐngde cáiliào = material for building a roof **2**. 盖屋顶 gài wūdǐng = cover with roof **3**. 屋顶 wūdǐng= roof

roofless *a*. **1**. 无屋顶的 wú wūdǐngde **2**. 无家可归的 wú jiā kěguīde = homeless

rooftree *n*. **1**. 屋脊梁 wūjíliang **2**. 家 jiā；屋 wū = house // under one's ～ 在家里 zài jiāli

rook[1] *n*. **1**. 骗子 piànzi；赌博骗子 dǔbó piànzi= swindler **2**. 白嘴鸦 báizuǐyā = kind of crow *v*. 诈骗 zhàpiàn；敲诈 qiāozhà

rook[2] *n*. 国际象棋的车 guójì xiàngqíde jū = piece of chess

rookie *n*. 新兵 xīnbīng；新手 xīnshǒu

room *n*. **1**. 房间 fángjiān；全房间的人 quán fángjiānde rén：The whole ～ laughed. 全房间的人都笑了。Quán fángjiānde rén dōu xiàole. **2**. 一套房间 yítào fángjiān = suite **3**. 地位 dìwèi；空的地方 kòngde dìfang =space **4**. 机会 jīhuì；余地 yúdì = opportunity *v*. **1**. 住 zhù：He's ～ing at our house. 他住在我们家。Tā zhùzài wǒmenjiā. **2**. 给…住处 gěi…zhùchù = provide a place to live

roomy *a*. 宽敞的 kuānchǎngde：a ～ house 宽大的房子 kuāndàde fángzi

roost *n*. 栖木 qīmù；栖息处 qīxīchù *v*. 过夜 guòyè；栖息 qīxī // come home to ～ 使自食其果 shǐ zìshí qíguǒ

rooster *n*. **1**. 公鸡 gōngjī = cock **2**. 雄鸟 xióngniǎo= male bird

root[1] *n*. **1**. 根 gēn * of plant：pull the grass up by the ～s 把草连根拔起 bǎ cǎo liángēn báqǐ **2**. 根 gēn：the ～ of a tooth 牙根 yágēn **3**. 根源 gényuán：Let's get to the ～ of this matter. 让我们寻根究底。Ràng wǒmen xúngēn jiūdǐ. **4.** 根 gēn * in mathematics: square ～ 平方根 píngfānggēn *v.* **1.** 生根 shēnggēn = take ～ **2.** 固定 gùdìng = fix firmly

root[2] *v.* **1.** 用鼻翻掘 yòng bí fānjué = turn up the earth with snout **2.** 找寻 zhǎoxún = find

rope *n.* **1.** 绳 shéng；索 suǒ: a piece of ～ 一段绳子 yíduàn shéngzi **2.** 一串 yíchuàn: a ～ of onions 一串洋葱 yíchuàn yángcōng **3.** 围绳 wéishéng；拦索 lánsuǒ = enclose with a ～ *v.* **1.** 捆 kǔn；扎 zhā: ～ a box 用绳捆住箱子 yòng shéng kǔnzhù xiāngzi **2.** 用绳围起 yòng shéng wéiqǐ

rope dancer *n.* 走钢丝演员 zǒu gāngsī yǎnyuán

ropeway *n.* 空中索道 kōngzhōng suǒdào

ropy *a.* **1.** 粘丝状的 niánsīzhuàngde = like sticky thread **2.** 绳索状的 shéngsuǒzhuàngde = like a rope

rose *n.* **1.** 玫瑰 méigui；月季 yuèjì **2.** 喷嘴 pēnzuǐ = sprinkling nozzle *a.* **1.** 玫瑰色的 méiguisède = rose-colored **2.** 玫瑰花的 méiguihuāde = of ～

rose-colored *a.* **1.** 玫瑰色的 méiguisède **2.** 乐观的 lèguānde = pleasant

rosin *n.* 松香 sōngxiāng *v.* 用松香擦 yòng sōngxiāng cā

roster *n.* **1.** 值勤名单 zhíqín míngdān = list showing turns of duty **2.** 名单 míngdān = name-list

rostrum *n.* 讲台 jiǎngtái；讲坛 jiǎngtán

rosy *a.* **1.** 红润的 hóngrùnde；玫瑰色的 méiguisède = rose-colored **2.** 令人乐观的 lìng rén lèguānde；有希望的 yǒu xīwàngde = hopeful

rot *v.* **1.** 腐烂 fǔlàn；腐败 fǔbài **2.** 使腐烂 shǐ fǔlàn = cause to ～ *n.* **1.** 腐烂 fǔlàn；堕落 duòluò = corruption **2.** 废话 fèihuà = nonsense

rotary *a.* 旋转的 xuánzhuǎnde；转动的 zhuàndòngde = rotating *n.* **1.** 环形交叉 huánxíng jiāochā = ～ intersection **2.** [R-] = R- Club 扶轮社 Fúlúnshè

rotate *v.* **1.** 旋转 xuánzhuǎn: The seasons ～. 四季循环。Sìjì xúnhuán. **2.** 轮流 lúnliú；交替 jiāotì: ～ crops 轮种作物 lúnzhòng zuòwù // rotation *n.*

rotatory *a.* **1.** 旋转的 xuánzhuǎnde **2.** 循环的 xúnhuánde

rote *n.* 机械的方法 jīxiède fāngfǎ；死记 sǐjì: learn by ～ 死记硬背的学习

sǐjì yìngbèide xuéxí

rotor *n.* **1.** 旋转部 xuánzhuǎnbù * of mechanism **2.** 旋翼 xuányì * of helicopter

rotten *a.* **1.** 腐坏的 fǔhuàide；腐败的 fǔbàide：a ～ egg 腐坏的蛋 fǔhuàide dàn **2.** 坏的 huàide；讨厌的 tǎoyànde：What ～ weather！多坏的天气！Duō huàide tiānqì！**3.** 不牢的 bùláode；虚弱的 xūruòde = easily breakable

rotund *a.* **1.** 圆胖的 yuánpàngde：a ～ face 一张圆胖的脸 yìzhāng yuánpàngde liǎn **2.** 洪亮的 hóngliàngde：a ～ voice 洪亮的声音 hóngliàngde shēngyīn

rouge *n.* 胭脂 yānzhi *v.* 搽胭脂 chá yānzhi

rough *a.* **1.** 粗糙的 cūcāode：a ～ diamond 未加工的钻石 wèi jiāgōngde zuànshí **2.** 蓬乱的 péngluànde：～ hair 乱蓬蓬的头发 luànpēngpēngde tóufa **3.** 狂暴的 kuángbàode；狂风暴雨的 kuángfēng bàoyǔde：a ～ sea 风大浪急的海 fēngdà làngjíde hǎi **4.** 粗暴的 cūbàode：a ～ temper 暴性子 bàoxìngzi **5.** 艰苦的 jiānkǔde：a ～ time 苦日子 kǔrìzi **6.** 粗略的 cūlüède：a ～ estimate 粗略的估计 cūlüède gūjì *n.* 粗暴的人 cūbàode rén *v.* **1.** 使粗糙 shǐ cūcāo **2.** 粗制 cūzhì *ad.* **1.** 艰苦地 jiānkǔde **2.** 粗野地 cūyěde

roughen *v.* 变粗糙 biàn cūcāo

roulette *n.* 轮盘赌 lúnpándǔ

round *a.* **1.** 圆的 yuánde；球形的 qiúxíngde：a ～ peg 圆钉 yuándīng **2.** 圆胖的 yuánpàngde；丰满的 fēngmǎnde：a ～ face 圆脸 yuánliǎn **3.** 整整的 zhěngzhěngde；十足的 shízúde：a ～ dozen 整整一打 zhěngzhěng yìdá **4.** 坦率的 tǎnshuàide：a ～ oath 毫不含糊的誓言 háobù hánhude shìyán **5.** 轻捷的 qīngjiéde；有力的 yǒulìde：a ～ pace 轻快的步子 qīngkuàide bùzi *ad.* **1.** 旋转地 xuánzhuǎnde；循环地 xúnhuánde：The wheel turns ～. 轮子转动。Lúnzi zhuàndòng. **2.** 在周围 zài zhōuwéi；四处 sìchù = around *prep.* **1.** 环绕 huánrǎo；围绕 wéirǎo：sit ～ the fire 围火而坐 wéihuǒ ér zuò **2.** 在…的各处 zài…de gèchù；在…的四周 zài…de sìzhōu **3.** 绕过 ràoguò：～ the corner 在转角处 zài zhuǎnjiǎochù **4.** 在…附近 zài… fùjìn：I live ～ the school. 我住在学校附近。Wǒ zhùzài xuéxiào fùjìn. *n.* **1.** 圆形物 yuánxíngwù；球 qiú = ～ object **2.** 巡回 xúnhuí；重复的事 chóngfùde shì：a daily ～ 日常事

务 rìcháng shìwù **3.** 轮 lún；回合 huíhé；场 chǎng；局 jú；盘 pán：have a ～ of cards 玩一局牌 wán yìjú pái *v.* **1.** 成圆形 chéngyuánxíng = form ～ shape **2.** 绕过 ràoguo：～ the island 绕过这个岛 ràoguo zhège dǎo

roundabout *n.* **1.** 旋转游艺机 xuánzhuǎn yóuyìjī = merry-go-round **2.** 环形路 huánxínglù = traffic circle *a.* 迂回的 yūhuíde；间接的 jiànjiēde：hear in a ～ way 间接地听到 jiànjiēde tīngdào

roundly *ad.* **1.** 严厉地 yánlìde = severely **2.** 彻底地 chèdǐde = thoroughly：be ～ defeated 惨败 cǎnbài

roundup *n.* **1.** 赶拢 gǎnlǒng；集拢 jílǒng：a ～ of suspected persons 将有嫌疑的人集于一处 jiāng yǒu xiányíde rén jíyú yíchù **2.** 综合报道 zōnghé bàodào = summary

rouse *v.* **1.** 唤醒 huànxǐng；弄醒 nòngxǐng = wake up **2.** 刺激 cìjī；激发 jīfā：be ～d to fury 被激怒 bèi jīnù **3.** 赶出 gǎnchū；惊起 jīngqǐ = startle

rousing *a.* **1.** 鼓动的 gǔdòngde；激励的 jīlìde = stirring **2.** 活泼的 huópode；活跃的 huóyuède = brisk

rout *n.* **1.** 惨败 cǎnbài；溃退 kuìtuì = defeat **2.** 乌合之众 wūhé-zhīzhòng = mob *v.* 打垮 dǎkuǎ；使溃退 shǐ kuìtuì：The enemy was ～ed. 敌人被击溃。Dírén bèi jīkuì.

route *n.* 路线 lùxiàn；路 lù = way *v.* **1.** 经…运送 jīng… yùnsòng = send **2.** 给…安排路线 gěi…ānpái lùxiàn = schedule the ～s of dispatching

routine *n.* 常规 chángguī；例行公事 lìxíng gōngshì：follow the ～ 墨守成规 mòshǒu-chéngguī *a.* 例行的 lìxíngde；常规的 chángguīde：a ～ medical examination 常规的诊察 chángguīde zhěnchá

rover *n.* 漫游者 mànyóuzhě；流浪者 liúlàngzhě

row¹ *v.* **1.** 划 huá；划船 huáchuán：～ the boat 划船 huáchuán **2.** 参加 cānjiā；与…比赛划船 yǔ…bǐsài huáchuán *n.* 划船游览 huáchuán yóulǎn；划程 huáchéng：It's only a short ～. 划一小段就行。Huá yī xiǎoduàn jiùxíng.

row² *n.* 排 pái；行 háng：a ～ of houses 一排房 yìpáifáng

row³ *n.* **1.** 吵架 chǎojià；吵闹 chǎonào：What's all this ～ about？吵什么呀？Chǎo shénmeya？**2.** 挨骂 áimà = being blamed *v.* 吵架 chǎojià；

大吵大闹 dàchǎo dànào = quarrel

rowdy *a.* 吵闹的 chǎonàode = brawling；粗暴的 cūbàode = rough *n.* 喜欢吵闹的人 xǐhuan chǎonàode rén * person

royal *a.* **1.** 王的 wángde；女王的 nǚwángde；王室的 wángshìde：the ~ family 王室 wángshì **2.** 高贵的 gāoguìde；庄严的 zhuāngyánde：a ~ welcome 盛大欢迎 shèngdà huānyíng *n.* 王室一员 wángshì yìyuán；皇族 huángzú

royalist *n.* 保皇党人 bǎohuángdǎngrén = supporter of the king *a.* 保皇派的 bǎohuángpàide；保皇主义的 bǎohuángzhǔyìde 保皇党人的 bǎohuángdǎngrénde

royalty *n.* **1.** 王权 wángquán；王位 wángwèi **2.** 王族 wángzú；王室 wángshì **3.** 版税 bǎnshuì；上演税 shàngyǎn shuì；使用费 shǐyòngfèi = payment for the use of copyright, patent, etc.

rub *v.* 擦 cā；摩擦 mócā：~ a window 擦窗 cāchuāng / R- your hair dry. 把你的头发擦干。Bǎ nǐde tóufa cāgān. / R- away that dirty mark. 把污斑擦掉。Bǎ wūbān cādiào. *n.* 擦 cā；摩擦 mócā：Give the spoons a good ~. 把调羹好好擦一擦。Bǎ tiáogēng hǎohǎo cāyicā.

rubber *n.* **1.** 橡胶 xiàngjiāo：~ tree 橡胶树 xiàngjiāoshù / ~ stamp 橡皮图章 xiàngpí túzhāng **2.** 用于擦的工具 yòngyú cāde gōngjù = instrument used for rubbing：a board ~ 黑板擦 hēibǎncā

rubbery *a.* **1.** 似橡胶的 sì xiàngjiāode；似橡皮的 sì xiàngpíde **2.** 有弹性的 yǒu tánxìngde = elastic

rubbish *n.* **1.** 垃圾 lājī：~ bin 垃圾箱 lājīxiāng **2.** 废话 fèihuà；无聊的话 wúliáode huà：Don't talk ~. 少说废话。Shǎoshuō fèihuà.

rubbishy *a.* 无价值的 wújiàzhíde；无聊的 wúliáode：a ~ story 无聊的故事 wúliáode gùshi

rubble *n.* 乱石 luànshí；碎石 suìshí；瓦砾 wǎlì

ruby *n.* **1.** 红宝石 hóngbǎoshí **2.** 红宝石色 hóngbǎoshísè = the color of ~

rucksack *n.* 帆布背包 fānbù bēibāo

rudder *n.* **1.** 舵 duò * of a ship；方向舵 fāngxiàngduò * of an airplane **2.** 掌舵者 zhǎngduòzhě = one who handles the ~；领导者 lǐngdǎozhě = a leader

ruddy[1] *a.* 红润的 hóngrùnde；满面红光的 mǎnmiàn-hóngguāngde

ruddy[2] *a.* & *ad.* 该死的 gāisǐde；极坏的 jíhuàide = damnable

rude *a.* **1.** 粗野的 cūyěde；无礼的 wúlǐde：a ～ reply 无礼的回答 wúlǐde huídá **2.** 粗陋的 cūlòude；粗糙的 cūcāode：～ cotton 原棉 yuánmián **3.** 野蛮的 yěmánde；未开化的 wèi kāihuàde = primitive **4.** 猛烈的 měngliède；突然的 tūránde：a ～ blast 狂风 kuángfēng

rudiment *n.* **1.** 初步 chūbù；基础 jīchǔ；入门 rùmén：the ～s of grammar 语法入门 yǔfǎ rùmén **2.** [～s] 雏形 chúxíng；萌芽 méngyá = crude beginning：the ～s of a plan 计划的雏形 jìhuàde chúxíng

rudimentary *a.* **1.** 初步的 chūbùde；基本的 jīběnde **2.** 未成熟的 wèi chéngshúde：a ～ organ 发育不完全的器官 fāyù bù wánquánde qìguān

rue *v.* 懊悔 àohuǐ；悔恨 huǐhèn：She ～s herself. 她恨她自己。Tā hèn tā zìjǐ.

rueful *a.* 懊悔的 àohuǐde；悔恨的 huǐhènde：a ～ sigh 悔恨的叹息 huǐhènde tànxi

ruffian *n.* 恶棍 ègùn；暴徒 bàotú *a.* 凶恶的 xiōng'ède；残暴的 cánbàode = brutal

ruffle *v.* **1.** 弄皱 nòngzhòu；弄乱 nòngluàn = disturb the smoothness **2.** 搅扰 jiǎorǎo；惹恼 rěnǎo：Don't get so ～d. 别这么不高兴。Bié zhème bù gāoxìng. *n.* **1.** 褶边 zhěbiān = frill；皱纹 zhòuwén = wrinkle **2.** 烦恼 fánnǎo；生气 shēngqì = discomposure **3.** 波纹 bōwén = ripple

Rugby *n.* 英国式橄榄球运动 Yīngguóshì gǎnlǎnqiú yùndòng

rugged *a.* **1.** 不平的 bùpíngde；崎岖的 qíqūde：～ ground 不平坦的地面 bùpíngtǎnde dìmiàn **2.** 粗野的 cūyěde；刺耳的 cì'ěrde：～ tones 刺耳的声调 cì'ěrde shēngdiào **3.** 艰苦的 jiānkǔde；严峻的 yánjùnde = hard

ruin *n.* **1.** 毁灭 huǐmiè；毁坏 huǐhuài：Gambling was his ～. 赌博毁了他。Dǔbó huǐle tā. **2.** 废墟 fèixū；遗迹 yíjī：the ～s of an ancient castle 古堡的废墟 gǔbǎode fèixū *v.* **1.** 毁灭 huǐmiè；毁坏 huǐhuài = wreck **2.** 使破产 shǐ pòchǎn = reduce to bankruptcy

rule *n.* **1.** 规定 guīdìng；规则 guīzé：the ～s of basketball 篮球规则 lánqiú guīzé **2.** 规律 guīlǜ；惯例 guànlì = standard procedure **3.** 统治 tǒngzhì = controlling power *v.* **1.** 统治 tǒngzhì；支配 zhīpèi = control **2.** 裁决 cáijué = decide **3.** 用尺划 yòngchǐhuà；在…上划 zài…shang huà = draw a line with a ruler

ruler *n.* **1.** 统治者 tǒngzhìzhě = one who governs **2.** 尺 chǐ * for drawing lines

rumba *n.* 伦巴舞 lúnbāwǔ；伦巴舞曲 lúnbāwǔqǔ * the dance and music

rumble *v.* **1.** 发隆隆声 fālónglóngshēng：The thunder ～s. 雷声隆隆。Léishēng lónglóng. **2.** 辘辘行驶 lùlù xíngshǐ = move with a rumbling sound **3.** 声音低沉地说 shēngyīn dīchénde shuō；作咕咕声 zuò gūgūshēng：My stomach ～s. 我饥肠辘辘。Wǒ jīcháng lùlù. *n.* **1.** 隆隆声 lónglóngshēng **2.** 街头斗殴 jiētóu dòu'ōu = gang fight on the street

ruminant *a.* 反刍的 fǎnchúde；反刍动物的 fǎnchú dòngwùde；沉思的 chénsīde *n.* 反刍动物 fǎnchú dòngwù

ruminate *v.* **1.** 反刍 fǎnchú **2.** 反复考虑 fǎnfù kǎolǜ；沉思 chénsī = ponder

ruminative *a.* 沉思的 chénsīde；反复思考的 fǎnfù sīkǎode = meditative

rummage *n.* & *v.* 搜查 sōuchá；搜 sōu；找出的衣物 zhǎochūde yīwù = sth. found

rumor *n.* & *v.* 传闻 chuánwén；谣传 yáochuán

rump *n.* **1.** 兽的臀部 shòude túnbù * of animal；鸟的尾梢 niǎode wěishāo * of bird **2.** 人的臀部 rénde túnbù = of person **3.** 残余 cányú = the last part

rumple *v.* 弄皱 nòngzhòu；弄乱 nòngluàn

run *v.* **1.** 跑 pǎo：He ran to open the door. 他跑出去开门。Tā pǎochūqù kāimén. **2.** 参加 cānjiā；举行 jǔxíng **3.** 快速行驶 kuàisù xíngshǐ：The car ran down the hill. 汽车开下山。Qìchē kāixià shān. **4.** 迅速移动 xùnsù yídòng：His fingers ran over the keys of the piano. 他的手指轻快地在琴键上移动。Tāde shǒuzhǐ qīngkuàide zài qínjiànshang yídòng. **5.** 运转 yùnzhuǎn；开动 kāidòng：～ a lathe 开车床 kāi chēchuáng **6.** 流 liú；使流 shǐ liú = flow：The tap is still ～ning. 水龙头还在流水。Shuǐlóngtóu háizài liúshuǐ. **7.** 经营 jīngyíng；管理 guǎnlǐ = be in operation *n.* **1.** 跑 pǎo；赛跑 sàipǎo：a cross country ～ 越野跑 yuèyěpǎo **2.** 路程 lùchéng；跑线 lùxiàn：a ～ of 100 miles 行程100英里 xíngchéng yìbǎi yīnglǐ **3.** 围场 wéichǎng：a cattle ～ 牧场 mùchǎng **4.** 连续上演 liánxù shàngyǎn：a ～ of two years 连续两年上演 liánxù liǎngnián shàngyǎn

runaway *a.* **1.** 脱离控制的 tuōlí kòngzhìde：a ～ horse 脱缰的马 tuōjiāngde mǎ **2.** 逃跑的 táopǎode；私奔的 sībēnde：a ～ marriage 私奔结婚 sībēn jiéhūn *n.* **1.** 逃亡者 táowángzhě ＝ one who has run away **2.** 逃亡 táowáng ＝ escape

run-down *n.* 口述概要 kǒushù gàiyào ＝ summary *a.* **1.** 累坏的 lèihuàide ＝ tired **2.** 破旧的 pòjiùde：a ～ old car 一辆破旧的车 yíliàng pòjiùde chē

rung *n.* **1.** 梯级 tījí ＊ of a ladder **2.** 椅子的横档 yǐzide héngdàng ＊ of a chair

run-in *n.* **1.** 争吵 zhēngchǎo；冲突 chōngtū ＝ quarrel **2.** 文稿中插入部分 wéngǎozhōng chārù bùfen；补加部分 bǔjiā bùfen ＝ passage that is added to a manuscript

runner *n.* **1.** 赛跑运动员 sàipǎo yùndòngyuán；奔跑者 bēnpǎozhě **2.** 信差 xìnchāi ＝ messenger

runner-up *n.* 亚军 yàjūn

running *n.* 跑 pǎo；赛跑 sàipǎo ＝ race *a.* **1.** 流动的 liúdòngde ＝ flowing **2.** 跑着的 pǎozhede：a ～ race 赛跑 sàipǎo **3.** 接连的 jiēliánde：for three nights ～ 一连三夜 yìlián sānyè // ～ mate 竞选伙伴 jìngxuǎn huǒbàn

run-off *n.* **1.** 决赛 juésài ＝ final competition in a race **2.** 决定性选举 juédìngxìng xuǎnjǔ ＊ in election

rupture *n.* **1.** 破裂 pòliè；决裂 juéliè：the ～ of a blood vessel 血管的破裂 xuèguǎnde pòliè **2.** 疝 shàn ＝ hernia *v.* **1.** 破裂 pòliè ＝ break **2.** 肠脱出 cháng tuōchū ＝ (intestines) burst out in the abdomen

rural *a.* 农村的 nóngcūnde

ruse *n.* 计谋 jìmóu；诡计 guǐjì

rush¹ *v.* **1.** 赶 gǎn；匆忙 cōngmáng；匆忙地做 cōngmángde zuò：We needn't ～. 我们不必赶。Wǒmen búbì gǎn. **2.** 催促 cuīcù：Don't ～ me. 别催我。Bié cuīwǒ. **3.** 猛冲 měngchōng；突袭 tūxí：The bull ～ed at me. 牛向我冲来。Niú xiàngwǒ chōnglái. *n.* 冲 chōng；匆忙 cōngmáng；繁忙 fánmáng：the ～ of modern life 现代生活的繁忙 xiàndài shēnghuóde fánmáng

rush² *n.* 灯心草 dēngxīncǎo

russet *n*. **1**. 粗皮褐色苹果 cūpí hèsè píngguǒ * kind of apple **2**. 赤褐色 chìhèsè；黄褐色 huánghèsè = reddish brown

Russian *a*. 俄语的 Éyǔde；俄国人的 Éguórénde *n*. **1**. 俄语 Éyǔ **2**. 俄国人 Éguórén

rust *n*. **1**. 锈 xiù **2**. 锈色 xiùsè = brownish color **3**. 锈病 xiùbìng = kind of plant disease *v*. 生锈 shēngxiù

rustic *a*. **1**. 乡村的 xiāngcūnde = rural **2**. 土气的 tǔqìde = unrefined **3**. 用带皮树枝做成的 yòng dàipí shùzhī zuòchéngde = made of untrimmed branches from trees *n*. 乡下人 xiāngxiarén = person from rural country

rustling *n*. **1**. 沙沙声 shāshāshēng * sound **2**. 偷牛 tōuniú；偷马 tōumǎ = stealing cattle

rustproof *a*. 防锈的 fángxiùde；不锈的 búxiùde：～ steel 不锈钢 búxiùgāng

rusty *a*. **1**. 生锈的 shēngxiùde = covered with rust **2**. 荒废的 huāngfèide；= neglected **3**. 锈色的 xiùsède = of the color of rust

rut[1] *n*. **1**. 车辙 chēzhé = track made by wheels **2**. 常规 chángguī；惯例 guànlì：get into a ～ 墨守成规 mòshǒu-chéngguī *v*. 在…形成车辙 zài …xíngchéng chēzhé

rut[2] *n*. 发情期 fāqíngqī = heat

ruthless *a*. 残酷无情的 cánkù wúqíngde

rye *n*. 黑麦 hēimài；裸麦 luǒmài：～ bread 黑面包 hēimiànbāo

S

sable *n*. 黑貂 hēidiāo；貂皮 diāopí = the fur of the ～ *a*. **1**. 貂皮制的 diāopízhìde：a ～ coat 貂皮短大衣 diāopí duǎndàyī **2**. 深褐色的 shēnhèsède = black

sabotage *n*. 阴谋破坏 yīnmóu pòhuài *v*. 破坏 pòhuài：to ～ an agreement 破坏协定 pòhuài xiédìng

sabre *n*. **1**. 军刀 jūndāo **2**. 武力 wǔlì；黩武政治 dúwǔ zhèngzhì // rattle the ～ at 用武力威胁 yòng wǔlì wēixié

sabulous *a*. 含沙的 hánshāde = containing sand；沙质的 shāzhide = sandy

saccharine *n.* 糖精 tángjīng *a.* **1.** 糖的 tángde = like sugar **2.** 极度甜蜜的 jídù tiánmìde = very sweet **3.** 奉承的 fèngchengde；讨好的 tǎohǎode = flattering：a ～ smile 谄笑 chǎnxiào

sachet *n.* 香囊 xiāngnáng = small sweet-smelling pouch；香粉 xiāngfěn = sweet-smelling powder

sack *n.* **1.** 袋 dài：a ～ of flour 一袋面粉 yídài miànfěn **2.** 解雇 jiěgù：give sb. the ～ 开除某人 kāichú mǒurén / get the ～ 被解雇 bèi jiěgù **3.** 洗劫 xǐjié = loot *v.* **1.** 解雇 jiěgù **2.** 装…入袋 zhuāng … rùdài = put sth. into a ～ **3.** 洗劫 xǐjié = to loot

sackful *n.* 一满袋 yìmǎndài：a ～ of rice 一满袋大米 yìmǎndài dàmǐ

sacred *a.* **1.** 神圣的 shénshèngde：～ music 圣乐 shèngyuè **2.** 郑重的 zhèngzhòngde：a ～ promise 郑重的诺言 zhèngzhòngde nuòyán

sacrifice *n.* **1.** 祭品 jìpǐn：kill a goat as a ～ 宰羊作祭品 zǎiyáng zuò jìpǐn **2.** 牺牲 xīshēng：make ～s 作出牺牲 zuòchū xīshēng **3.** 贱卖 jiànmài：sell sth. at a ～ 贱卖某物 jiànmài mǒuwù *v.* **1.** 祭祀 jìsì：～ to the gods 祭祀众神 jìsì zhòngshén **2.** 牺牲 xīshēng：～ one's life 牺牲生命 xīshēng shēngmìng

sacrificial *a.* **1.** 献祭的 xiànjìde：a ～ object 殉葬品 xùnzàngpǐn **2.** 亏本的 kuīběnde：a ～ sale 亏本大贱卖 kuīběn dàjiànmài

sad *a.* **1.** 悲伤的 bēishāngde；伤心的 shāngxīnde：She is very ～ about her father's death. 她对父亲的死十分伤心。Tā duì fùqinde sǐ shífēn shāngxīn. **2.** 可悲的 kěbēide；令人难过的 lìngrén nánguòde：～ news 使人伤心的消息 shǐ rén shāngxīnde xiāoxi **3.** 十分糟糕的 shífēn zāogāode；糟透的 zāotòude：He writes ～ stuff. 他写的东西糟透了。Tā xiěde dōngxi zāotòule. / a ～ state of affairs 糟透的事态 zāotòude shìtài

sadden *v.* 使悲伤 shǐ bēishāng；使难过 shǐ nánguò：The news ～ed her. 这一消息使她很悲痛。Zhèyī xiāoxi shǐ tā hěn bēitòng.

saddle *n.* **1.** 马鞍 mǎ'ān **2.** 自行车座 zìxíngchēzuò ＊ of a bicycle *v.* **1.** 上鞍 shàng'ān：～ a horse 给马上鞍 gěi mǎ shàng'ān **2.** 强加于 qiángjiāyú：～ a blame on a person 把过失推在别人身上 bǎ guòshī tuīzài biérén shēnshang **3.** 使负重担 shǐ fù zhòngdàn：He was ～d with heavy debts. 他债台高筑。Tā zhàitái-gāozhù.

sadly *ad.* **1.** 悲哀地 bēi'āide；伤心地 shāngxīnde = sorrowfully **2.** 可惜

kěxī：Sadly，we cannot fulfil the task. 很遗憾，我们不能完成这一任务。Hěn yíhàn，wǒmen bùnéng wánchéng zhèyī rènwu.

safari *n.* 狩猎旅行 shǒuliè lǚxíng: He is on ～. 他去狩猎旅行了。Tā qù shǒuliè lǚxíngle.

safe *a.* **1.** 安全的 ānquánde：a ～ place 安全的地方 ānquánde dìfang **2.** 谨慎的 jǐnshènde：a ～ driver 谨慎的司机 jǐnshènde sījī *n.* **1.** 保险箱 bǎoxiǎnxiāng: keep money in the ～ 把钱放在保险箱内 bǎ qián fàngzài bǎoxiǎnxiāng nèi **2.** 冷藏箱 lěngcángxiāng = refrigerator

safeguard *n.* 安全设备 ānquán shèbèi：a ～ against accidents 预防事故的设备 yùfáng shìgùde shèbèi *v.* 保护 bǎohù：～ duties 保护关税 bǎohù guānshuì

safely *ad.* 安全地 ānquánde；平安地 píng'ānde：pass through the Customs ～ 安全地通过海关 ānquánde tōngguò hǎiguān

safety *n.* 安全 ānquán：～ first 安全第一 ānquán dì-yī

safety belt *n.* 安全带 ānquándài

safety island *n.* 安全岛 ānquándǎo

safety pin *n.* 安全别针 ānquán biézhēn

safety razor *n.* 保险剃刀 bǎoxiǎn tìdāo

sag *v.* **1.** 陷下 xiànxià：a ～ging sofa 下陷的沙发 xiàxiànde shāfā **2.** 下垂 xiàchuí：The branch ～ged under the weight of the fruit. 水果把树枝压弯了。Shuǐguǒ bǎ shùzhī yāwānle.

saga *n.* 英雄传奇故事 yīngxióng chuánqí gùshi

sagacious *a.* 贤明的 xiánmíngde；明智的 míngzhìde

sage *n.* 贤人 xiánrén *a.* 贤明的 xiánmíngde；明智的 míngzhìde：a ～ county magistrate 贤明的县长 xiánmíngde xiànzhǎng / ～ advice 明智的忠告 míngzhìde zhōnggào

sail *n.* **1.** 帆 fān：hoist (lower) ～ 扬（落）帆 yáng (luò) fān / in full ～ 张满帆 zhāngmǎn fān / set ～ 开船 kāichuán **2.** 航行 hángxíng: go for a ～ 乘船游览 chéngchuán yóulǎn *v.* **1.** 航行 hángxíng: ～ into the harbor 开进港口 kāijìn gǎngkǒu / go ～ing 坐船航行 zuòchuán hángxíng **2.** 启航 qǐháng: He has ～ed for Qingdao. 他坐船去青岛了。Tā zuòchuán qù Qīngdǎole.

sailboat *n.* 帆船 fānchuán

sailcloth *n.* 帆布 fānbù

sailor *n.* 1. 海员 hǎiyuán；水手 shuǐshǒu 2. 乘船者 chéngchuánzhě：a bad (good) ～ 易晕船（不易晕船）的人 yì yùnchuán (búyì yùnchuán) de rén

sailplane *n.* 滑翔机 huáxiángjī

saint *n.* 圣人 shèngrén

sainted *a.* 神圣的 shénshèngde ＝ sacred

sake *n.* 缘故 yuángù：for the ～ of 为了…的缘故 wèile …de yuángù / for safety ～ 为了安全起见 wèile ānquán qǐjiàn / art for art's ～ 为艺术而艺术 wèi yìshù ér yìshù

salable *a.* 卖得出的；màide chūde；销路好的 xiāolùhǎode

salacious *a.* 1. 好色的 hàosède：a ～ person 色鬼 sèguǐ 2. 诲淫的 huìyínde：a ～ book 淫书 yínshū

salacity *n.* 好色 hàosè；淫荡 yíndàng

salad *n.* 色拉 sèlā；凉拌菜 liángbàncài；生菜 shēngcài

salad dressing *n.* 色拉调料 sèlā tiáoliào

salad oil *n.* 色拉油 sèlāyóu

salami *n.* 蒜味香肠 suànwèi xiāngcháng

salary *n.* 薪金 xīnjīn；工资 gōngzī：earn a high ～ 挣高薪 zhèng gāoxīn / a rise in ～ 加薪 jiāxīn

sale *n.* 出售 chūshòu；卖 mài：put sth. up for ～ 拿出某物来卖 náchū mǒuwù lái mài / a ～ for cash 现金交易 xiànjīn jiāoyì / a ～ on credit 赊销 shēxiāo / for ～ 待售 dàishòu / not for ～ 不出售的 bù chūshòude / on ～ 1. 出售 chūshòu 2. 大减价 dàjiǎnjià // the winter ～s 冬季大减价 dōngjì dàjiǎnjià / buy goods at the ～s 买便宜货 mǎi piányihuò

sale promotion *n.* 推销 tuīxiāo；促销 cùxiāo

salesman *n.* 售货员 shòuhuòyuán ＊ in a shop；推销员 tuīxiāoyuán＝ a traveling ～

salesmanship *n.* 售货术 shòuhuòshù

sales tax *n.* 销售税 xiāoshòushuì；营业税 yíngyèshuì

saleswoman *n.* 女售货员 nǚshòuhuòyuán；女推销员 nǚtuīxiāoyuán

salient *a.* 1. 突出的 tūchūde；最重要的 zuì zhòngyàode：the ～ points of a speech 讲话的要点 jiǎnghuàde yàodiǎn 2. 凸出的 tūchūde ＝ projecting *n.* 凸角 tūjiǎo ＝ a ～ angle

saline *a.* 咸的 xiánde：a ～ solution 食盐水 shíyánshuǐ

salinity *n.* 盐浓度 yánnóngdù：the ～ of the water 水的咸度 shuǐde xiándù

salinometer *n.* 盐液比重计 yányè bǐzhòngjì

saliva *n.* 唾液 tuòyè；口水 kǒushuǐ

salivary *a.* 唾液的 tuòyède：～ gland 唾液腺 tuòyèxiàn

sallow *a.* 黄的 huángde *v.* 使成病黄色 shǐ chéng bìnghuángsè：a face ～ed by fever 发烧发得变黄了的脸 fāshāo fāde biàn huánglede liǎn

sally *n.* **1.** 俏皮话 qiàopíhuà * lively, witty remark **2.** 突围 tūwéi：make a ～ 突围 tūwéi *v.* **1.** 突围 tūwéi **2.** 外出 wàichū：Let's ～ forth and look at the city！我们出去看看市容吧！Wǒmen chūqù kànkan shìróngba！

sally lunn *n.* 热奶油点心 rè nǎiyóu diǎnxin

salmon *n.* **1.** 鲑鱼 guīyú；大马哈鱼 dàmǎhāyú **2.** 鲑肉色 guīròusè ＝ orange pink

salmonella *n.* 沙门氏菌 shāménshìjūn

salon *n.* 沙龙 shālóng：literary ～ 文艺沙龙 wényì shālóng

saloon *n.* 交谊室 jiāoyìshì；大厅 dàtīng：the ship's dining ～ 轮船餐厅 lúnchuán cāntīng / the ～ bar 高级酒吧 gāojí jiǔbā / a hairdressing ～ 理发室 lǐfàshì / a billiard ～ 弹子房 dànzifáng

salt *n.* 盐 yán：table ～ 食盐 shíyán *v.* 腌 yān：～ed meat 腌肉 yānròu

saltcellar *n.* 盐瓶 yánpíng

salt-free food *n.* 无盐食品 wúyán shípǐn

saltmarsh *n.* 盐碱滩 yánjiǎntān

saltpetre *n.* 硝石 xiāoshí

salt pit *n.* 采盐矿 cǎi yánkuàng

saltwater *a.* 咸水的 xiánshuǐde：～ fish 咸水鱼 xiánshuǐyú

salty *a.* **1.** 咸味的 xiánwèide；含盐的 hányánde：Sweat and tears are ～. 汗水和泪水有咸味。Hànshuǐ hé lèishuǐ yǒu xiánwèi. **2.** 粗俗的 cūsúde：～ language 粗俗的语言 cūsúde yǔyán

salubrious *a.* **1.** 有益健康的 yǒuyì jiànkāngde：the ～ exercises 有益的锻炼 yǒuyìde duànliàn **2.** 有利的 yǒulìde：a ～ situation 有利的形势 yǒulìde xíngshì

salutary *a.* 有益的 yǒuyide：a ～ lesson 有益的教训 yǒuyìde jiàoxun

salutation *n.* 敬礼 jìnglǐ；致意 zhìyì

salute *n.* **1.** 敬礼 jìnglǐ: stand at ～ 立正敬礼 lìzhèng jìnglǐ **2.** 礼炮 lǐpào: fire a ～ of 21 guns 鸣礼炮21响 míng lǐpào èrshíyī xiǎng *v.* 向…致敬 xiàng … zhìjìng: ～ the colors 向军旗敬礼 xiàng jūnqí jìnglǐ / ～ sb. 向某人致敬 xiàng mǒurén zhìjìng / He ～d her with a wave of the hand. 他向她招手问好。Tā xiàng tā zhāoshǒu wènhǎo.

salvage *n.* & *v.* 打捞 dǎlāo; 抢救 qiǎngjiù: a ～ company 打捞公司 dǎlāo gōngsī / The doctors succeeded in salvaging the patient. 医生们成功地抢救了病人。Yīshēngmen chénggōngde qiǎngjiùle bìngrén.

salvation *n.* 救助 jiùzhù; 拯救 zhěngjiù: the S- Army 救世军 jiùshìjūn / work out one's own ～ 设法自救 shèfǎ zìjiù

salve[1] *v.* 抢救 qiǎngjiù

salve[2] *n.* 油膏剂 yóugāojì: lip-～ 防裂唇膏 fángliè chúngāo *v.* 抚慰 fǔwèi: ～ one's conscience 安抚自己的良心 ānfǔ zìjǐde liángxīn

salver *n.* 金属盘 jīnshǔpán = metal plate

salvo *n.* **1.** 齐鸣 qímíng: a ～ of guns; 礼炮齐鸣 lǐpào qímíng **2.** 一阵喝采 yízhèn hècǎi = a ～ of praise

salvy *a.* 软膏似的 ruǎngāoshìde = like a paste

Samba *n.* 桑巴舞 Sāngbāwǔ

same *a.* 同一的 tóngyīde; 同样的 tóngyàngde: at the ～ time 在同一时期 zài tóngyī shíqī / get the ～ pay for doing the ～ work 同工同酬 tónggōng-tóngchóu / He is the ～ age as you. 他和你同年。Tā hé nǐ tóngnián. *pron.* 同样的事 tóngyàngde shì: "Merry Christmas!" "The ～ to you!" "祝你圣诞快乐!" "也祝你圣诞快乐!" "Zhù nǐ shèngdàn kuàilè!" "Yě zhù nǐ shèngdàn kuàilè!" *ad.* 同样地 tóngyàngde: They think the ～. 他们想法一样。Tāmen xiǎngfǎ yíyàng.

sameness *n.* 同一 tóngyī; 单调 dāndiào: He got tired of the ～ of the work in the office. 他对办公室的单调工作感到厌烦。Tā duì bàngōngshìde dāndiào gōngzuò gǎndào yànfán.

Samoa *n.* 萨摩亚群岛 Sàmóyà Qúndǎo

sample *n.* **1.** 样品 yàngpǐn: take a blood ～ 验血 yànxiě; 抽血样 chōu xiěyàng **2.** 实例 shílì: give a ～ of one's courage 用行动表示自己的勇气 yòng xíngdòng biǎoshì zìjǐde yǒngqì *v.* 取…的样品 qǔ … de yàngpǐn; 品尝 pǐncháng: ～ the wine 品尝酒 pǐncháng jiǔ

sampler *n.* 样品检查员 yàngpǐn jiǎncháyuán
sanative *a.* 治疗的 zhìliáode
sanatorium *n.* 疗养院 liáoyǎngyuàn：workers' ～ 工人疗养院 gōngrén liáoyǎngyuàn
sanatory *a.* 有益健康的 yǒuyìjiànkāngde；治疗性的 zhìliáoxìngde
sanctification *n.* 神圣化 shénshènghuà；净化 jìnghuà
sanctify *v.* 神圣化 shénshènghuà；使净化 shǐ jìnghuà：～ your hearts 净化你们的心灵 jìnghuà nǐmende xīnlíng
sanctimonious *a.* 假装神圣的 jiǎzhuāng shénshèngde：～ guarantees 伪善的保证 wěishànde bǎozhèng
sanctimony *n.* 装作圣洁 zhuāngzuò shèngjié；伪善 wěishàn
sanction *n.* **1.** 批准 pīzhǔn：give official ～ 正式批准 zhèngshì pīzhǔn **2.** 制裁 zhìcái：economic ～s 经济制裁 jīngjì zhìcái *v.* 批准 pīzhǔn：His conscience does not ～ telling a lie. 他的良心不准他撒谎。Tāde liángxīn bù zhǔn tā sāhuǎng.
sanctity *n.* 神圣 shénshèng
sanctuary *n.* **1.** 圣堂 shèngtáng ＊ church **2.** 避难所 bìnànsuǒ：the right of ～ 庇护权 bìhùquán **3.** 禁猎地 jìnlièdì：bird ～ 鸟类禁猎地区 niǎolèi jìnliè dìqū
sanctum *n.* 圣所 shèngsuǒ ＊ holy place
sand *n.* **1.** 沙 shā **2.** 沙滩 shātān：take a walk on the ～s 在沙滩上散步 zài shātānshang sànbù
sandal *n.* 凉鞋 liángxié
sandalwood *n.* 檀香(木) tánxiāng(mù)：～ soap 檀香皂 tánxiāngzào
sandbag *n.* 沙囊 shānáng；沙袋 shādài *v.* 用沙袋阻塞 yòng shādài zǔsè：～ bomb shelters 用沙袋堆的防空洞 yòng shādài duīde fángkōngdòng
sandbank *n.* 沙洲 shāzhōu
sandglass *n.* 计时沙漏 jìshí shālòu
sandpaper *n.* 砂纸 shāzhǐ
sandpit *n.* 沙坑 shākēng
sandstone *n.* 沙岩 shāyán
sandwich *n.* **1.** 三明治 sānmíngzhì：ham ～ 火腿三明治 huǒtuǐ sānmíngzhì **2.** 夹在一起的东西 jiāzài yìqǐde dōngxi：a ～ of good and bad 好坏夹在一起的东西 hǎohuài jiāzài yìqǐde dōngxi *v.* **1.** 把…做成

三明治 bǎ … zuòchéng sānmíngzhì：I ～ed the cakes together with some cream. 我把两块饼和一些奶油夹成三明治。Wǒ bǎ liǎngkuàibǐng hé yìxiē nǎiyóu jiāchéng sānmíngzhì. 2. 夹入 jiārù；挤进 jǐjìn：be ～ed between two other persons (or things) 被挤在两个人（或物）中间 bèi jǐzài liǎngge rén (huò wù) zhōngjiān

sandwichman *n.* 身前身后挂着广告牌的人 shēnqián shēnhòu guàzhe guǎnggàopáide rén

sandy *a.* 沙的 shāde：～ land 沙田 shātián

sane *a.* **1.** 神志清楚的 shénzhì qīngchude：a ～ person 神志清楚的人 shénzhì qīngchude rén **2.** 稳健的 wěnjiànde：/ ～ views 明智的看法 míngzhìde kànfǎ

San Francisco *n.* 旧金山 Jiùjīnshān；三藩市 Sānfānshì；圣弗兰西斯科（新译）Shèngfúlánxīsīkē (xīn yì)

sanguinary *a.* **1.** 血腥的 xuèxīngde：a ～ battle 一场血战 yìchǎng xuèzhàn **2.** 残暴的 cánbàode：a ～ killer 残暴的杀手 cánbàode shāshǒu

sanguine *a.* **1.** 乐观的 lèguānde：a ～ report 乐观的报道 lèguānde bàodào / a ～ person 乐天派 lètiānpài **2.** 脸色红润的 liǎnsè hóngrùnde：a ～ complexion 红润的面色 hóngrùnde miànsè

sanguineous *a.* 血的 xuède；血腥的 xuèxīngde

sanitarium *n.* 疗养院 liáoyǎngyuàn

sanitary *a.* **1.** 卫生的 wèishēngde；清洁的 qīngjiéde：～ facilities in a house 房屋的卫生设备 fángwūde wèishēng shèbèi / ～ measures 卫生措施 wèishēng cuòshī / ～ conditions 清洁状况 qīngjié zhuàngkuàng **2.** 环境卫生的 huánjìng wèishēngde：～ science 环境卫生学 huánjìng wèishēngxué

Sanskrit *n.* 梵文 fànwén；梵语 fànyǔ

Santa Claus *n.* 圣诞老人 Shèngdàn Lǎorén

sap *n.* **1.** 树液 shùyè：the ～ of a tree 树液 shùyè **2.** 元气 yuánqì；精力 jīnglì：the ～ of life 元气 yuánqì / the ～ of youth 青春的活力 qīngchūnde huólì

sapience *n.* 小聪明 xiǎocōngming

sapient *a.* 聪明的 cōngmingde = wise

sapless *a.* 无树浆的 wú shùjiāngde = without sap；枯萎的 kūwěide =

dried up；没有生气的 méiyǒu shēngqìde ＝ without life and vigor

sapling *n.* 树苗 shùmiáo

sapphire *n.* **1.** 蓝宝石 lánbǎoshí **2.** 碧蓝色 bìlánsè ＝ blue color

sarcasm *n.* 讽刺 fěngcì；嘲笑 cháoxiào；挖苦（话）wāku (huà)：She answered him with slow ～. 她以慢条斯理的讽刺口吻回答他。Tā yǐ màntiáo-sīlǐde fěngcì kǒuwěn huídá tā.

sarcastic *a.* 讽刺的 fěngcìde；尖刻的 jiānkède：a ～ critic 尖刻的评论家 jiānkède pínglùnjiā

sardine *n.* 沙丁鱼 shādīngyú：be packed like ～s 拥挤不堪 yōngjǐ bùkān *v.* 使拥挤 shǐ yōngjǐ：Thousands of people were ～d into the ship. 船里挤满了好几千人。Chuánli jǐmǎnle hǎojǐqiān rén.

sardonic *a.* 嘲笑的 cháoxiàode ＝ mocking

sash *n.* **1.** 腰带 yāodài ＝ scarf wound around the waist **2.** 窗框 chuāngkuàng ＊ of a window

Satan *n.* 撒旦 Sādàn；魔鬼 móguǐ

satchel *n.* 书包 shūbāo；背包 bēibāo：school boys' ～s 小学生的书包 xiǎoxuéshēngde shūbāo

satellite *n.* **1.** 卫星 wèixīng：The moon is a ～ of the earth. 月球是地球的卫星。Yuèqiú shì dìqiúde wèixīng. **2.** 人造卫星 rénzào wèixīng：a communication ～ 通信卫星 tōngxìn wèixīng / a manned ～ 载人卫星 zàirén wèixīng **3.** 卫星国 wèixīngguó ＊ of a country **4.** 卫星城 wèixīngchéng ＊ of a town

satiable *a.* 知饱的 zhībǎode；能知足的 néng zhīzúde

satiate *v.* 使饱享 shǐ bǎoxiǎng；使过饱生厌 shǐ guòbǎo shēngyàn：be ～d with sth. 对某物厌腻 duì mǒuwù yànnì

satin *n.* 缎子 duànzi：smooth as ～ 光泽如缎的 guāngzé rú duànde *a.* 缎子般的 duànzibānde；光亮柔滑的 guāngliàng róuhuáde：～ finish 擦亮 cāliàng ＝ polished

satire *n.* 讽刺 fěngcì：a brilliant ～ 出色的讽刺作品 chūsède fěngcì zuòpǐn

satiric(al) *a.* 讽刺的 fěngcìde；好挖苦的 hào wākude：a ～ novel 讽刺小说 fěngcì xiǎoshuō / a ～ writer 讽刺作家 fěngcì zuòjiā

satirist *n.* 讽刺家 fěngcìjiā

satirize *v.* 讽刺 fěngcì；挖苦 wāku

satisfaction *n.* 1. 满意 mǎnyì：express one's ～ at 对…表示满意 duì … biǎoshì mǎnyì 2. 满意的事 mǎnyìde shì：It is a ～ to know that he passed the exam. 得知他已通过考试，深感欣慰。Dézhī tā yǐ tōngguò kǎoshì，shēngǎn xīnwèi. / We watched the performance with great ～. 我们非常满意地观看了演出。Wǒmen fēicháng mǎnyìde guānkànle yǎnchū.

satisfactorily *ad.* 令人满意地 lìng rén mǎnyìde：Our constructions are progressing ～. 我们的建设正令人满意地进行着。Wǒmende jiànshè zhèng lìng rén mǎnyìde jìnxíngzhe.

satisfactory *a.* 令人满意的 lìng rén mǎnyìde：a ～ operation 令人满意的手术 lìng rén mǎnyìde shǒushù

satisfy *v.* 1. 使…满足 shǐ … mǎnzú；使…满意 shǐ … mǎnyì：Nothing satisfies his son. 没有东西能使他的儿子满足。Méiyǒu dōngxi néng shǐ tāde érzi mǎnzú. 2. 感到满意 gǎndào mǎnyì：I am satisfied with your explanation. 我对你的解释感到满意。Wǒ duì nǐde jiěshì gǎndào mǎnyì.

saturate *v.* 浸透 jìntòu：be ～d by the rain 被雨浸透 bèi yǔ jìntòu

Saturday *n.* 星期六 Xīngqīliù

Saturn *n.* 土星 Tǔxīng：～'s rings 土星光环 Tǔxīng guānghuán

sauce *n.* 酱汁 jiàngzhī：tomato ～ 番茄酱 fānqiéjiàng / soy ～ 酱油 jiàngyóu

saucepan *n.* 平底锅 píngdǐguō

saucepot *n.* 蒸煮锅 zhēngzhǔguō

saucer *n.* 茶托 chátuō：a cup and ～ 带托茶杯 dàituō chábēi

saucy *a.* 1. 冒失的 màoshide；无礼的 wúlǐde = impudent 2. 调皮的 tiáopíde = bold 3. 漂亮的 piàoliangde；别致的 biézhìde = pert

sauna *n.* 蒸气浴(室) zhēngqìyù(shì)；桑拿浴(室) sāngnáyù(shì)

saunter *v.* & *n.* 漫步 mànbù = stroll

sausage *n.* 香肠 xiāngcháng

sauvity *n.* 谦和 qiānhé；温和 wēnhé

savage *a.* 1. 野的 yěde = wild：a ～ beast 野兽 yěshòu 2. 猛烈的 měngliède：～ criticism 猛烈的批评 měngliède pīpíng 3. 原始的 yuánshǐde；野蛮的 yěmánde = uncivilized *n.* 野蛮人 yěmánrén

save *v.* 1. 援救 yuánjiù：Help! S- me! 救命！救救我！Jiùmìng! Jiùjiù wǒ! 2. 节约 jiéyuē：～ on coal 节约用煤 jiéyuē yòngméi / ～ time 节省时间

jiéshěng shíjiān **3.** 储蓄 chǔxù；存钱 cúnqián：He's saving for a car. 他在存钱，想买一辆汽车。Tā zài cúnqián，xiǎng mǎi yíliàng qìchē.

saver *n.* **1.** 救星 jiùxīng **2.** 俭省的人 jiǎnshěngde rén = one who manages thriftly **3.** 节约装置 jiéyuē zhuāngzhì = means for economizing

saving *a.* **1.** 搭救的 dājiùde **2.** 节俭的 jiéjiǎnde；节约的 jiéyuēde = thrifty **3.** 保留的 bǎoliúde：a ～ clause 保留条款 bǎoliú tiáokuǎn

savio(u)r *n.* 救星 jiùxīng：The S- 救世主 jiùshìzhǔ

savo(u)r *n.* **1.** 味道 wèidao：The meat lost its ～. 这肉没有味道。Zhè ròu méiyǒu wèidao. **2.** 食欲 shíyù；嗜好 shìhào：one's ～ for chicken 对鸡肉的嗜好 duì jīròude shìhào

saw *n.* 锯 jù：～ dust 锯末 jùmò *v.* 锯 jù

sawmill *n.* 锯木厂 jùmùchǎng

sawyer *n.* 锯木工 jùmùgōng

Saxon *n.* **1.** 撒克逊人 Sākèxùnrén **2.** 撒克逊语 Sākèxùnyǔ

say *v.* **1.** 说 shuō；讲 jiǎng：S- it again in Chinese，please. 请用中文再说一遍。Qǐng yòng zhōngwén zài shuō yíbiàn. / Did you ～ anything? 你说了什么? Nǐ shuōle shénme? / have something to ～ 有话要说 yǒu huà yào shuō / It is said that … 据说 jùshuō / I mean what I ～. 我说话是算数的。Wǒ shuōhuà shì suànshùde. / It's hard to ～. 很难说。Hěn nánshuō. **2.** 说明 shuōmíng：My watch ～s seven. 我的表是七点。Wǒde biǎo shì qīdiǎn. *n.* 发言权 fāyánquán：have a ～ in the matter 有发言权 yǒu fāyánquán // I should ～ 我认为 wǒ rènwei / I dare ～ 我想 wǒ xiǎng / That is to ～ 那就是说… nà jiùshì shuō …

saying *n.* **1.** 俗话 súhuà：as the ～ goes 俗话说得好 súhuà shuōde hǎo **2.** 言语 yányǔ；话 huà：S- and doing should agree with each other. 言行应该一致。Yán xíng yīnggāi yízhì.

scab *n.* **1.** 痂 jiā * dry crust over a wound **2.** 不参加工会或罢工的人 bù cānjiā gōnghuì huò bàgōngde rén * a non-union member

scabbard *n.* 鞘 qiào：throw away the ～ 破釜沉舟 pòfǔ-chénzhōu；决心战斗到底 juéxīn zhàndòu dàodǐ

scabby *a.* **1.** 结痂的 jiéjiāde = with scabs **2.** 卑鄙的 bēibǐde = mean：a ～ trick 卑鄙的伎俩 bēibǐde jìliǎng

scabies *n.* 疥癣 jièxuǎn；疥疮 jièchuāng

scabrous *a.* **1.** 粗糙的 cūcāode = rough：～ skin 粗糙的皮肤 cūcāode pífū **2.** 困难重重的 kùnnan chóngchóngde；难解决的 nánjiějuéde = difficult：a ～ problem 难题 nántí **3.** 粗俗的 cūsúde；淫秽的 yínhuìde = indecent

scaffold *n.* **1.** 脚手架 jiǎoshǒujià **2.** 断头台 duàntóutái = platform for executing criminals：go to the ～ 上断头台 shàng duàntóutái

scald *v.* **1.** 烫伤 tàngshāng：He ～ed his hand with the hot water. 热水烫了他的手。Rèshuǐ tàngle tāde shǒu. **2.** 烫到接近沸点 tàngdào jiējìn fèidiǎn：～ milk 烫热牛奶 tàngrè niúnǎi **3.** 用开水清洗 yòng kāishuǐ qīngxǐ；烫洗 tàngxǐ：～ a cup 烫洗杯子 tàngxǐ bēizi

scale[1] *n.* **1.** 鳞 lín：scrape the ～s off the fish 刮去鱼鳞 guāqù yúlín **2.** 水垢 shuǐgòu：kettle ～ 水壶的水垢 shuǐhúde shuǐgòu *v.* 刮去…的鳞 guāqù…de lín = scrape；剥去…的外壳 bāoqù…de wàiké：～ beans 剥去豆壳 bāoqù dòuké

scale[2] *n.* **1.** 标度 biāodù；刻度 kèdù：the ～ on a ruler 尺的标度 chǐde biāodù **2.** 级别 jíbié：wage ～s 工资级别 gōngzī jíbié **3.** 规模 guīmó：on a large ～ 大规模地 dàguīmóde **4.** 音阶 yīnjiē：the ～ of A A调 A diào

scale[3] *n.* **1.** 秤盘 chèngpán * on a balance **2.** 称 chēng：Please put it on the ～s. 请把它放在秤上称一称。Qǐng bǎ tā fàngzài chèngshang chēngyichēng.

scalelike *a.* 鳞状的 línzhuàngde

scaler *n.* 检尺员 jiǎnchǐyuán；量物者 liángwùzhě

scallion *n.* 大葱 dàcōng = green Chinese onion

scallop *n.* **1.** 扇贝 shànbèi **2.** 扇形饰边 shànxíng shìbiān = scallop-like ornament：a dress with ～s around the neck 领口带扇形饰边的衣服 lǐngkǒu dài shànxíng shìbiānde yīfu

scalp *n.* 头皮 tóupí

scalpel *n.* 手术刀 shǒushùdāo

scaly *a.* 有鳞的 yǒulínde

scamp *v.* 草率从事 cǎoshuài cóngshì = work carelessly：～ work 敷衍工作 fūyǎn gōngzuò *n.* 小流氓 xiǎoliúmáng；坏蛋 huàidàn = rascal

scamper *v.* 跳跳蹦蹦 tiàotiao-bèngbèng；奔跑 bēnpǎo

scan *v.* **1.** 细看 xìkàn：～ sb.'s face 仔细观察某人的脸 zǐxì guānchá mǒurénde liǎn **2.** 合韵律 hé yùnlǜ：The verses ～ smoothly. 这些诗读起来很合韵律。Zhèxiē shī dú qǐlái hěnhé yùnlǜ. **3.** 浏览 liúlǎn：read some chapters and ～ the rest of the book 读了书中的几章并浏览了其余部分 dúle shūzhōngde jǐzhāng bìng liúlǎnle qíyú bùfen **4.** 扫描 sǎomiáo：～ the brain for tumours 扫描检查脑瘤 sǎomiáo jiǎnchá nǎoliú

scandal *n.* **1.** 丑闻 chǒuwén：a public ～ 众所周知的丑闻 zhòngsuǒzhōuzhīde chǒuwén **2.** 诽谤 fěibàng：Don't talk ～. 不要诽谤人。Búyào fěibàng rén.

scandalize *v.* **1.** 使愤慨 shǐ fènkǎi = shock：He was ～d at the news. 那消息使他大为愤慨。Nà xiāoxi shǐ tā dàwéi fènkǎi. **2.** 诽谤 fěibàng = spread harmful gossip

scandal monger *n.* 专事诽谤的人 zhuānshì fěibàngde rén

scandalous *a.* **1.** 丢脸的 diūliǎnde；出丑的 chūchǒude = disgraceful：～ affairs 丑事 chǒushì **2.** 诽谤人的 fěibàngrénde：a ～ piece of gossip 一则诽谤人的流言 yìzé fěibàng rénde liúyán

Scandinavian *a.* 斯堪的纳维亚的 Sīkāndìnàwéiyàde *n.* 斯堪的纳维亚人 Sīkāndìnàwéiyàrén

scanner *n.* 扫描机 sǎomiáojī

scant *a.* 不足的 bùzúde：a ～ supply of water 供水不足 gōngshuǐ bùzú / be ～ of money 钱不够 qián búgòu / be ～ of breath 喘不过气来 chuǎn búguò qìlái

scanty *a.* 不够量的 búgòuliàngde；贫乏 pínfá：～ knowledge 知识贫乏 zhīshi pínfá / a ～ crop 歉收 qiànshōu

scapegoat *n.* 替罪羊 tìzuìyáng：be made the ～ for others 代人受过 dàirén shòuguò

scapegrace *n.* **1.** 淘气鬼 táoqìguǐ = naughty child **2.** 无赖 wúlài = rascal

scar *n.* 伤痕 shānghén：a vaccination ～ 牛痘疤 niúdòubā / a country showing the ～s of war 到处是战争创伤的国家 dàochù shì zhànzhēng chuāngshāngde guójiā

scarce *a.* **1.** 缺少的 quēshǎode = not plentiful **2.** 稀有的 xīyǒude = rare：～ metals 稀有金属 xīyǒu jīnshǔ / a ～ book 珍本 zhēnběn

scarcely *ad.* **1.** 几乎不 jīhūbù：He ～ knows a word of Chinese. 他几乎不懂中文。Tā jīhū bùdǒng zhōngwén. **2.** 刚刚 gānggāng：S- had they left when it began to rain. 他们刚动身就下雨了。Tāmen gāng dòngshēn jiù xiàyǔle. **3.** 决不 juébù = almost not

scarcity *n.* 缺少 quēshǎo；不足 bùzú：a ～ of foodstuffs 粮荒 liánghuāng / capital ～ 资金不足 zījīn bùzú

scare *v.* **1.** 惊吓 jīngxià：be ～d to death 吓得要死 xiàde yàosǐ **2.** 吓走 xiàzǒu；吓跑 xiàpǎo：～ birds from the orchard 把鸟从果园吓走 bǎ niǎo cóng guǒyuán xiàzǒu *n.* 恐慌 kǒnghuāng = fear：a war ～ 战争恐慌 zhànzhēng kǒnghuāng

scarecrow *n.* 稻草人 dàocǎorén

scare monger *n.* 危言耸听者 wēiyán-sǒngtīngzhě = one who likes to spread scaring stories；散布谣言的人 sànbù yáoyánde rén

scarf *n.* 围巾 wéijīn；领巾 lǐngjīn：a red ～ 红领巾 hónglǐngjīn

scarlet *a.* 鲜红的 xiānhóngde = bright red // ～ fever 猩红热 xīnghóngrè *n.* 鲜红色 xiānhóngsè = bright red color：dressed in ～ 穿着鲜红的衣服 chuānzhe xiānhóngde yīfu

scathing *a.* 严厉的 yánlìde；尖刻的 jiānkède = sharp：～ criticism 严厉的批评 yánlìde pīpíng / ～ sarcasm 尖刻的讽刺 jiānkède fěngcì

scatter *v.* **1.** 撒播 sǎbō：～ seeds 撒播种子 sǎbō zhǒngzi **2.** 驱散 qūsàn：The police ～ed the crowd. 警察驱散群众。Jǐngchá qūsàn qúnzhòng. / The birds ～ed. 鸟四面飞散。Niǎo sìmiàn fēisàn.

scatterbrain（s）*n.* 粗心大意的人 cūxīn-dàyìde rén；吊儿郎当的人 diào'er-lángdāngde rén

scavenge *v.* 清除 qīngchú；清扫 qīngsǎo = to clean：～ a room 清扫房间 qīngsǎo fángjiān

scavenger *n.* **1.** 清道工 qīngdàogōng = street-cleaning worker **2.** 净化剂 jìnghuàjì = purifying agent

scenario *n.* **1.** 电影剧本 diànyǐng jùběn：a ～ writer 电影剧本作者 diànyǐng jùběn zuòzhě **2.** 方案 fāng'àn：a ～ for negotiation 谈判方案 tánpàn fāng'àn

scenarist *n.* 电影剧作家 diànyǐng jùzuòjiā

scene *n.* **1.** 现场 xiànchǎng；场面 chǎngmiàn：the ～ of the quarrel 吵架的场面 chǎojiàde chǎngmiàn **2.** 景色 jǐngsè：～s in a mountain district 山区景色 shānqū jǐngsè **3.** 场 chǎng：Act Ⅱ，S- Ⅰ 第二幕第一场 dì-èr mù dì-yī chǎng **4.** 布景 bùjǐng：change the ～s 换布景 huàn bùjǐng / behind the ～s 在幕后 zài mùhòu

scenery *n.* **1.** 风景 fēngjǐng：natural ~ 自然风景 zìrán fēngjǐng **2.** 布景 bùjǐng = stage scenes

scenic *a.* **1.** 风景的 fēngjǐngde：a ~ spot 风景区 fēngjǐngqū **2.** 舞台的 wǔtáide：~ performance 舞台演出 wǔtái yǎnchū

scent *n.* **1.** 香味 xiāngwèi：the ~ of flowers 花的香味 huāde xiāngwèi **2.** 香水 xiāngshuǐ：a bottle of ~ 一瓶香水 yìpíng xiāngshuǐ **3.** 线索 xiànsuǒ = a clue **4.** 嗅觉 xiùjué = sense of smell

scentless *a.* **1.** 无气味的 wú qìwèide **2.** 无嗅觉的 wú xiùjuéde

sceptic *n.* 怀疑论者 huáiyílùnzhě

sceptical *a.* 怀疑的 huáiyíde：be ~ about sth. 怀疑某事 huáiyí mǒushì

scepticism *n.* 怀疑 huáiyí；怀疑主义 huáiyízhǔyì

sceptre *n.* **1.** 节杖 jiézhàng = staff carried by a ruler symbolizing authority **2.** 王权 wángquán；君权 jūnquán；统治权 tǒngzhìquán = ruling power：seize the ~ 夺王位 duó wángwèi

schedule *n.* 表 biǎo；进度表 jìndùbiǎo；时间表 shíjiānbiǎo：production ~ 生产进度表 shēngchǎn jìndùbiǎo / a train ~ 火车时刻表 huǒchē shíkèbiǎo / ahead of ~ 提前 tíqián / on ~ 按预定时间 àn yùdìng shíjiān / behind ~ 落后于预定时间 luòhòuyú yùdìng shíjiān

schematic *a.* **1.** 计划的 jìhuàde = planned **2.** 示意的 shìyìde = as shown in a diagram

scheme *n.* **1.** 计划 jìhuà = a plan：pursue a new development ~ 实施一项新的发展计划 shíshī yíxiàng xīnde fāzhǎn jìhuà **2.** 阴谋 yīnmóu = a plot *v.* **1.** 计划 jìhuà **2.** 搞阴谋 gǎo yīnmóu = to plot against

schemer *n.* **1.** 规划者 guīhuàzhě **2.** 阴谋家 yīnmóujiā

schilling *n.* 先令 xiānlìng

schism *n.* **1.** 分裂 fēnliè = division in a political party **2.** 派别 pàibié；宗派 zōngpài = faction（in a religious organization）

schismatic *a.* 分裂的 fēnliède

schistosomiasis *n.* 血吸虫病 xuèxīchóng bìng

scholar *n.* 学者 xuézhě：a ~ in Chinese 汉语学者 hànyǔ xuézhě

scholarly *a.* 学者风度的 xuézhě fēngdùde；博学的 bóxuéde：a ~ young man 具有学者风度的青年 jùyǒu xuézhě fēngdùde qīngnián

scholarship *n.* **1.** 学术 xuéshù = learning **2.** 奖学金 jiǎngxuéjīn = grant to a student to pay school fees

scholastic *a.* 学校的 xuéxiàode；教育的 jiàoyùde：a ～ education 学校教育 xuéxiào jiàoyù

scholasticism *n.* 烦琐哲学 fánsuǒ zhéxué

school *n.* **1.** 学校 xuéxiào：a primary (secondary) ～ 小(中)学 xiǎo (zhōng) xué / a normal ～ 师范学校 shīfàn xuéxiào / go to ～ 上学 shàngxué / children of ～ age 学龄儿童 xuélíng értóng / after ～ 放学以后 fàngxué yǐhòu / S- begins in September. 学校九月开学。Xuéxiào Jiǔyuè kāixué. / S- begins at 8. 学校八点上课。Xuéxiào bādiǎn shàngkè. **2.** 学院 xuéyuàn：the medical (law) ～ 医(法)学院 yī (fǎ) xuéyuàn

school-age *a.* 学龄的 xuélíngde

school-book *n.* 课本 kèběn；教科书 jiàokēshū

schoolboy *n.* 小学生 xiǎoxuéshēng

school bus *n.* 校车 xiàochē

schoolday *n.* 上课日 shàngkèrì

schoolfellow *n.* 同学 tóngxué

schoolgirl *n.* 女(学)生 nǚ(xué)sheng

schoolhouse *n.* 校舍 xiàoshè

schooling *n.* 学校教育 xuéxiào jiàoyù：have much (little) ～ 受很多(很少)教育 shòu hěnduō (hěnshǎo) jiàoyù

schoolleaver *n.* 毕业生 bìyèshēng

schoolmaster *n.* **1.** 男老师 nánlǎoshī **2.** 校长 xiàozhǎng

schoolmate *n.* 同学 tóngxué

schoolmistress *n.* 女教师 nǚjiàoshī；女校长 nǚxiàozhǎng

schoolroom *n.* 教室 jiàoshì

schoolteacher *n.* 教师 jiàoshī

schoolwork *n.* 学校作业 xuéxiào zuòyè；家庭作业 jiātíng zuòyè

science *n.* **1.** 科学 kēxué：～ and technology 科学技术 kēxué jìshù **2.** 理科 lǐkē：Doctor of S- 理科博士 lǐkē bóshì

scientific *a.* 科学的 kēxuéde：～ research 科学研究 kéxué yánjiū / a ～ conclusion 符合科学的结论 fúhé kēxuéde jiélùn // scientifically *ad.*

scientism *n.* 唯科学主义 wéikēxuézhǔyì；科学信念 kēxué xìnniàn = belief in science 科学态度 kēxué tàidu = attitude typical of a scientist

scientist *n.* 科学家 kēxuéjiā

scintillate *v.* **1.** 闪烁 shǎnshuò = twinkle **2.** 焕发 huànfā = shine：～ with intelligence 才华焕发 cáihuá huànfā

sciolism *n.* 肤浅的知识 fūqiǎnde zhīshi = superficial knowledge

sciolist *n.* 一知半解的人 yìzhībànjiěde rén；半瓶子醋 bànpíngzi cù

scion *n.* **1.** 接穗 jiēsuì = grafting **2.** 子弟 zǐdì；子孙 zǐsūn = descendant：a ～ of the royal family 皇室子孙 huángshì zǐsūn

scissor *v.* 剪 jiǎn：～ a paragraph out of a newspaper 从报上剪下一段新闻 cóng bàoshang jiǎnxià yíduàn xīnwén *n.* ［～s］剪刀 jiǎndāo

scissor-cut *n.* 剪纸 jiǎnzhǐ

scissors *n.* 剪刀 jiǎndāo：a pair of ～ 一把剪刀 yìbǎ jiǎndāo

scobs *n.* 锯末 jùmò；刨花 bàohuā

scoff *v.* **1.** 嘲笑 cháoxiào = ridicule：～ at sb. (sth.) 嘲弄某人(某事) cháonòng mǒurén (mǒushì) **2.** 藐视 miǎoshì = belittle：～ at difficulties 藐视困难 miǎoshì kùnnan *n.* 笑柄 xiàobǐng = laughing-stock

scoffer *n.* 嘲笑者 cháoxiàozhě

scold *v.* 训斥 xùnchì；骂 mà：He was ～ed for being naughty. 他因顽皮受到了指责。Tā yīn wánpí shòudàole zhǐzé.

sconce *n.* **1.** 壁上烛台 bìshang zhútái = candlestick on the wall **2.** 堡垒 bǎolěi = stronghold

scon(e) *n.* 烤饼 kǎobǐng

scoop *n.* 勺子 sháozi；铲子 chǎnzi：a ～ of coal 一铲煤 yìchǎn méi *v.* **1.** 用勺(铲)取出 yòng sháo (chǎn) qǔchū：～ out some sugar from the bag 用勺从袋里取出一些白糖 yòng sháo cóng dàili qǔchū yìxiē báitáng **2.** 挖空 wākōng；挖出 wāchū = dig

scoot *v.* 溜走 liūzǒu；急走 jízǒu：He ～ed into the room. 他冲进房间。Tā chōngjìn fángjiān.

scooter *n.* **1.** 小摩托车 xiǎo mótuōchē **2.** 踏板车 tàbǎnchē

scope *n.* **1.** 范围 fànwéi：the ～ of a history book 一本历史书所涉及的范围 yìběn lìshǐshū suǒ shèjíde fànwéi **2.** 机会 jīhuì：seek ～ for one's energies 找发挥力量的机会 zhǎo fāhuī lìliangde jīhuì

scorbutic *a.* 坏血病的 huàixuèbìngde

scorch *v.* **1.** 烧焦 shāojiāo；烤焦 kǎojiāo：～ one's clothes 烤焦衣服 kǎojiāo yīfu **2.** 开快车 kāikuàichē：The car ～ed down the road at 80 miles an hour. 汽车以80英里的时速疾驰。Qìchē yǐ bāshí yīnglǐde shísù jíchí.

scorching *a*. 灼热的 zhuórède *ad*. 灼人地 zhuórénde：It was ～ hot. 天气热得火烧似的。Tiānqì rède huǒshāo shìde.

score *n*. **1**. 得分 défēn：What's the ～？比分怎样？Bǐfēn zěnyàng? **2**. 乐谱 yuèpǔ ＊ in music **3**. 刻痕 kèhén：～s on the wall 墙上的刻痕 qiángshangde kèhén *v*. 得分 défēn：～ a goal 踢进一球 tījìn yìqiú / ～ a point 赢得一分 yíngdé yìfēn / ～ a game 胜一盘(局) shèng yìpán (jú)

score-book *n*. 记分薄 jìfēnbù

scorer *n*. 记分员 jìfēnyuán

scorn *n*. **1**. 藐视 miǎoshì：express one's ～ for sb. 藐视某人 miǎoshì mǒurén **2**. 嘲笑的对象 cháoxiàode duìxiàng：be a ～ to 是…的嘲笑对象 shì …de cháoxiào duìxiàng *v*. **1**. 轻视 qīngshì；鄙视 bǐshì ＝ despise **2**. 拒绝 jùjué；不屑(做) búxiè (zuò) ＝ refuse

scornful *a*. 藐视的 miǎoshìde：a ～ attitude 藐视的态度 miǎoshìde tàidu / be ～ of the forces of convention 藐视习惯势力 miǎoshì xíguàn shìli

scorpion *n*. 蝎子 xiēzi

Scotch *a*. **1**. 苏格兰的 Sūgélánde **2**. 苏格兰人的 Sūgélánrénde **3**. 苏格兰语的 Sūgélányǔde *n*. **1**. 苏格兰人 Sūgélánrén **2**. 苏格兰语 Sūgélányǔ

scotch *v*. **1**. 使受伤残 shǐ shòu shāngcán ＝ harm：～ a snake 打伤一条蛇 dǎshāng yìtiáo shé **2**. 扑灭 pūmiè；镇压 zhènyā ＝ suppress

Scotchman *n*. 苏格兰男人 Sūgélán nánrén

Scotchwoman *n*. 苏格兰妇女 Sūgélán fùnǚ

scot-free *a*. **1**. 未受伤的 wèi shòushāngde；安然无恙的 ānrán-wúyàngde **2**. 逍遥法外 xiāoyáo-fǎwài ＝ free from penalty

Scots *a*. 苏格兰的 Sūgélánde

Scottish *a*. **1**. 苏格兰的 Sūgélánde ＊ of Scotland **2**. 苏格兰人的 Sūgélánrénde ＊ of its people

scoundrel *n*. 恶棍 ègùn；无赖 wúlài

scour *v*. **1**. 擦 cā：～ the dirt off the floor 擦地板 cā dìbǎn / ～ the stains away with soap 用肥皂洗掉污迹 yòng féizào xǐdiào wūjì / ～ out a dirty pan 刷脏锅 shuā zāngguō **2**. 追寻 zhuīxún：～ after sb. 追寻某人 zhuīxún mǒurén；搜索 sōusuǒ ＝ look for

scourge *n*. **1**. 鞭 biān ＝ a whip **2**. 祸患 huòhuàn：the ～ of war 战祸 zhànhuò

scout[1] *n*. **1.** 侦察员 zhēncháyuán：a ～ platoon 侦察排 zhēnchápái **2.** 童子军 tóngzǐjūn：the Boy S-s 男童子军 Nán Tóngzǐjūn / the Girl S-s 女童子军 Nǚ Tóngzǐjūn

scout[2] *v*. **1.** 讥笑 jīxiào = ridicule **2.** 排斥 páichì：～ a proposal 排斥一项建议 páichì yíxiàng jiànyì **3.** 侦察 zhēnchá；搜索 sōusuǒ：～ about for sth. 到处搜索某物 dàochù sōusuǒ mǒuwù

scowl[1] *n*. 苦脸 kǔliǎn；怒容 nùróng：wear an angry ～ 面带怒容 miàndài nùróng

scowl[2] *v*. 皱眉头 zhòu méitóu：He ～ed his displeasure. 他皱眉头表示不满。Tā zhòu méitóu biǎoshì bùmǎn.

scrabble *v*. **1.** 乱涂 luàntú = scratch about **2.** 乱找 luànzhǎo = search hastily

scrag *n*. 瘦子 shòuzi；瘦削的动物或植物 shòuxuēde dòngwù huò zhíwù = lean person, animal or plant

scraggy *a*. **1.** 瘦削的 shòuxuēde；骨瘦如柴的 gǔshòu-rúcháide：a ～ body 皮包骨的身躯 píbāogǔde shēnqū **2.** 凹凸不平的 āotūbùpíngde；崎岖的 qíqūde：～ mountain path 崎岖的山路 qíqūde shānlù

scramble *v*. **1.** 爬 pá：～ up the slope 爬上山坡 páshàng shānpō **2.** 争夺 zhēngduó：～ for power and wealth 争权夺利 zhēngquán-duólì

scrap *n*. **1.** 碎屑 suìxiè：～s of bread 面包碎屑 miànbāo suìxiè **2.** 片断 piànduàn：～s of a conversation 谈话的片断 tánhuàde piànduàn **3.** 废物 fèiwù：collect ～ 收集废物 shōují fèiwù *v*. 废弃 fèiqì = throw away

scrapbook *n*. 剪贴簿 jiǎntiēbù

scrape[1] *v*. **1.** 刮 guā；擦 cā：～ scales off a fish 刮鱼鳞 guā yúlín / ～ one's plate 吃光盘里的食物 chīguāng pánlide shíwù / ～ out a pan 把锅擦干净 bǎ guō cā gānjing **2.** 勉强通过 miǎnqiǎng tōngguò：just ～ through an examination 考试勉强及格 kǎoshì miǎnqiǎng jígé

scrape[2] *n*. **1.** 刮削声 guāxiāo shēng；**2.** 擦伤 cāshāng；擦痕 cāhén：a ～ on the knee 膝盖擦伤处 xīgài cāshāngchù **3.** 窘境 jiǒngjìng；困难 kùnnan：get into a ～ 陷于困境 xiànyú kùnjìng

scraper *n*. **1.** 刮刀 guādāo = tool used for scraping **2.** 刮土机 guātǔjī = tractor for scraping

scrapheap *n*. 废物堆 fèiwùduī

scrappy *a*. 碎料的 suìliàode；零碎的 língsuìde；散漫的 sǎnmànde；不连

贯的 bù liánguànde：a ～ narrative 不连贯的叙述 bù liánguànde xùshù

scratch¹ *v.* **1.** 抓 zhuā：The cat ～ed her mistress. 猫抓了它的主人。Māo zhuāle tāde zhǔrén. **2.** 匆促地写 cōngcùde xiě：～ a short note 匆促地写一短信 cōngcùde xiě yī duǎnxìn **3.** 划去 huáqù：～ out a name from a list 从名单上划去一个名字 cóng míngdānshang huáqù yíge míngzi

scratch² *n.* **1.** 抓 zhuā；搔 sāo；**2.** 抓痕 zhuāhén；划痕 huáhén：a ～ on the wall 墙上的划痕 qiángshangde huáhén **3.** 刮擦声 guācāshēng * the sound of ～ing

scratchy *a.* **1.** 潦草的 liáocǎode：～ handwriting 潦草的字迹 liáocǎode zìjì **2.** 刺耳的 cì'ěrde = making a scratching noise

scrawl *v.* 乱涂 luàntú；乱写 luànxiě：～ all over the wall 满墙壁乱涂 mǎnqiángbì luàntú

scrawny *a.* 瘦的 shòude；皮包骨的 píbāogǔde

scream *v.* 尖声喊叫 jiānshēng hǎnjiào：～ for help 尖叫救命 jiānjiào jiùmìng

screaming *a.* **1.** 发出尖叫声的 fāchū jiānjiàoshēngde **2.** 令人捧腹大笑的 lìngrén pěngfù dàxiàode = causing others to laugh **3.** 惊人的 jīngrénde；惹人注目的 rěrén zhùmùde：～ headlines 惊人的大标题 jīngrénde dà biāotí

screech *v.* & *n.* 叫喊 jiàohǎn；尖锐刺耳的声音 jiānruì cì'ěrde shēngyīn：the ～ of car brakes 尖锐刺耳的汽车刹车声 jiānruì cì'ěrde qìchē shāchēshēng

screen *n.* **1.** 屏风 píngfēng = movable partition **2.** 银幕 yínmù = motion picture：She appeared on the ～. 她上了银幕。Tā shàngle yínmù. **3.** 荧光屏 yíngguāngpíng：on the TV ～ 电视屏幕上 diànshì píngmùshang / radar ～ 雷达荧光屏 léidá yíngguāngpíng **4.** 筛子 shāizi：a coal ～ 煤筛 méishāi / a dust ～ 防尘网 fángchénwǎng

screenplay *n.* 电影剧本 diànyǐng jùběn

screenwriter *n.* 电影编剧 diànyǐng biānjù；电影剧作家 diànyǐng jùzuòjiā

screw *n.* **1.** 螺丝 luósī：a ～ bolt (nut) 螺丝钉(母) luósīdīng(mǔ) / drive in a ～ 把螺丝拧进去 bǎ luósī nǐng jìnqù **2.** 螺旋浆 luóxuánjiǎng：a twin ～ steamer 双螺旋浆轮船 shuāngluóxuánjiǎng lúnchuán *v.* 拧 nǐng：The lid ～s on (off). 盖子可拧上(开)。Gàizi kě nǐngshàng (kāi).

screwball *n.* 疯子 fēngzi＝ a crazy person

screwdriver *n.* 改锥 gǎizhuī；旋凿 xuánzáo

screweye *n.* 螺丝眼 luósīyǎn；螺旋眼 luóxuányǎn

screwjack *n.* 螺旋起重器 luóxuán qǐzhòngqì；螺旋千斤顶 luóxuán qiānjīndǐng

screwy *a.* **1.** 螺旋形的 luóxuánxíngde：～ hair 鬈发 quánfà **2.** 古怪的 gǔguàide；异常的 yìchángde ＝ abnormal：～ weather 反常天气 fǎncháng tiānqì

scribble *v.* 乱写 luànxiě；潦草写字 liáocǎo xiězì：～ a letter 匆匆写一封信 cōngcōng xiě yìfēngxìn

scribbler *n.* **1.** 乱写的人 luànxiěde rén；写字潦草的人 xiězì liáocǎode rén **2.** 小作家 xiǎozuòjiā ＝ an inferior writer

scribe *n.* 作家 zuòjiā

scrim *n.* 窗帘布 chuāngliánbù；粗麻布 cūmábù

scrimmage *n.* 混战 hùnzhàn：take part in a ～ 参与混战 cānyù hùnzhàn

scrimp *v.* 节省 jiéshěng；过度缩减 guòdù suōjiǎn ＝ skimp

scrip *n.* **1.** 旅行袋 lǚxíngdài：a pilgrim's ～ 香客的旅行袋 xiāngkède lǚxíngdài **2.** 临时股票 línshí gǔpiào；临时证券 línshí zhèngquàn ＝ certificate of holding shares

script *n.* **1.** 手迹 shǒujì ＊ handwriting **2.** 剧稿 jùgǎo：a film ～ 电影剧本 diànyǐng jùběn

scriptural *a.* 圣经的 shèngjīngde

Scripture *n.* 圣经 shèngjīng

scrofula *n.* 淋巴腺结核 línbāxiàn jiéhé

scroll *n.* 卷轴 juànzhóu：an ancient Chinese ～ 一幅中国古画卷 yìfú Zhōngguó gǔhuàjuàn

scrub[1] *n.* **1.** 灌木 guànmù ＝ bush **2.** 矮小植物 ǎixiǎo zhíwù；矮小动物 ǎixiǎo dòngwù ＝ low and small plant or animal

scrub[2] *v.* 擦洗 cāxǐ：～ the floor 擦洗地板 cāxǐ dìbǎn

scrubbing-brush *n.* 板刷 bǎnshuā；洗衣刷 xǐyīshuā

scrubby *a.* **1.** 矮小 ǎixiǎo ＝ small **2.** 不剃须的 bútìxūde：a ～ chin 长满短胡须的下巴 zhǎngmǎn duǎnhúxūde xiàba

scruff *n.* 颈背 jǐngbèi：take sb. by the ～ of the neck 揪住某人的后颈 jiūzhù mǒurénde hòujǐng

scrumptious *a.* **1.** 非常好的 ＝ fēicháng hǎode **2.** 好吃的 hǎochīde：Her dishes are ～. 她做的菜好吃极了。Tā zuòde cài hǎochī jíle. / a ～ lunch 丰美的午餐 fēngměide wǔcān

scruple *n.* 迟疑 chíyí：stand on ～ 顾虑重重 gùlǜ-chóngchóng *v.* 犹豫 yóuyù ＝ hesitate

scrupulous *a.* 审慎的 shěnshènde：He is very ～ about the choice of his words. 他对于选词用字非常谨慎。Tā duìyú xuǎncí yòngzì fēicháng jǐnshèn.

scrutineer *n.* 检查员 jiǎncháyuán

scrutinize *v.* 细察 xìchá；检查 jiǎnchá ＝ examine：～ sb.'s lungs 仔细检查某人的肺部 zǐxì jiǎnchá mǒurénde fèibù

scrutiny *n.* 细看 xìkàn：make a ～ of the day's newspaper 仔细看当天报纸 zǐxì kàn dàngtiān bàozhǐ / make a ～ into sth. 仔细调查某事 zǐxì diàochá mǒushì

scud *v.* 飞跑 fēipǎo

scuff *v.* 拖着脚走 tuōzhejiǎozǒu：～ along the road 一步一拖地在路上走 yíbù-yìtuōde zài lùshang zǒu

scuffle *v.* & *n.* 扭打 niǔdǎ

scull *n.* 短桨 duǎnjiǎng：row (a boat) with ～s or propel (a boat) with one ～ at the stern 以双桨划船或以橹摇船 yǐ shuāngjiǎng huáchuán huò yǐ lǔ yáochuán

scullery *n.* 食器洗涤室 shíqì xǐdíshì

sculptor *n.* 雕塑家 diāosùjiā

sculptural *a.* 雕刻的 diāokède；雕塑的 diāosùde：the ～ arts 雕塑艺术 diāosù yìshù

sculpture *n.* 雕刻 diāokè；雕塑 diāosù：be skilled in ～ 精于雕刻 jīngyú diāokè / clay ～s 泥塑 nísù / ivory ～ 牙雕艺术 yádiāo yìshù *v.* 雕刻 diāokè；雕塑 diāosù

scum *n.* **1.** 浮渣 fúzhā **2.** 渣滓 zhāzǐ：the ～ of society 社会的渣滓 shèhuìde zhāzǐ

scurf *n.* 头屑 tóuxiè：Some shampoos help to get rid of ～. 有些洗发剂有助于去除头屑。Yǒuxiē xǐfàjì yǒu zhùyú qùchú tóuxiè.

scurfy *a.* 多头屑的 duō tóuxiède

scurrility *n.* 滥骂 lànmà：use ～ 肆口谩骂 sìkǒu mànmà

scurrilous *a.* 滥骂的 lànmàde：a ～ attack on the Council 对议会谩骂攻击 duì yìhuì mànmà gōngjī

scurry *v.* & *n.* 奔跑 bēnpǎo：～ through one's work 匆促赶完工作 cōngcù gǎnwán gōngzuò

scurvily *ad.* 下流地 xiàliúde

scurvy *a.* 下流的 xiàliúde；卑鄙的 bēibǐde = mean：a ～ trick 卑鄙的诡计 bēibǐde guǐjì *n.* 坏血病 huàixuèbìng

scutch *v.* 打 dǎ * in processing cotton *n.* 打棉机 dǎmiánjī * the machine

scutcheon *n.* 纹章盾 wénzhāngdùn

scutcher *n.* **1.** 打棉机 dǎmiánjī；打麻机 dǎmájī = machine used in scutching cotton or flax **2.** 打棉(麻)工 dǎmián(má)gōng = one that operates the kind of machine

scuttle *v.* **1.** 急促奔跑 jícù bēnpǎo = run hastily **2.** 逃避 táobì = escape *n.* **1.** 快跑 kuàipǎo **2.** 逃避 táobì **3.** 天窗 tiānchuāng = lidded opening in the side or deck of a ship

scythe *n.* 大镰刀 dàliándāo

sea *n.* **1.** 海洋 hǎiyáng：～ level 海平面 hǎipíngmiàn / by ～ 乘船 chéng chuán / go to ～ 当水手 dāng shuǐshǒu **2.** 大量 dàliàng；茫茫一片 mángmáng yípiàn：a ～ of flame 一片火海 yípiàn huǒhǎi

seaboard *n.* 海岸 hǎi'àn；海岸线 hǎi'ànxiàn：the Atlantic ～ 大西洋沿岸 Dàxīyáng yán'àn

seaborne *a.* 海运的 hǎiyùnde：～ trade 海上贸易 hǎishang màoyì

seabreeze *n.* 海风 hǎifēng

seacoast *n.* 海岸 hǎi'àn；海滨 hǎibīn

seacow *n.* 海牛 hǎiniú

seadog *n.* 海豹 hǎibào = seal

sea dog *n.* 老海员 lǎohǎiyuán = veteran sailor

seafarer *n.* 航海者 hánghǎizhě；水手 shuǐshǒu

seafaring *a.* 航海的 hánghǎide：a ～ life 航海生活 hánghǎi shēnghuó

seafood *n.* 海味 hǎiwèi

seafront *n.* 滨海区 bīnhǎiqū

seagirt *a*. 环海的 huánhǎide：a ～ land 环海的陆地 huánhǎide lùdì

seagoing *a*. 航行远洋的 hángxíng yuǎnyángde：～ vessels 外洋轮船 wàiyáng lúnchuán

seagull *n*. 海鸥 hǎi'ōu

seal[1] *n*. **1**. 图章 túzhāng：engrave a ～ 刻图章 kè túzhāng **2**. 封条 fēngtiáo：put a ～ on a box 在箱上贴封条 zài xiāngshang tiē fēngtiáo **3**. 保证 bǎozhèng：be under ～ of secret 保证严守秘密 bǎozhèng yánshǒu mìmì **4**. 海豹　*v*. **1**. 盖章 gàizhāng：The statement was signed and ～ed. 声明已签字盖章。Shēngmíng yǐ qiānzì gàizhāng. **2**. 封 fēng：～ an envelope 封信封 fēng xìnfēng **3**. 决定 juédìng：～ sb.'s fate 决定某人的命运 juédìng mǒuréndе mìngyùn

sealed *a*. **1**. 盖章批准的 gàizhāng pīzhǔnde **2**. 密封的 mìfēngde：a ～ bid 密封投标 mìfēng tóubiāo **3**. 不可知的 bùkězhīde；无法弄懂的 wúfǎ nòngdǒngde = sth. difficult to understand

sealer *n*. **1**. 猎海豹船(人) liè hǎibàochuán(rén) = seal-hunting ship (or man) **2**. 密封物 mìfēngwù = sth. used for sealing

sea level *n*. 海平面 hǎipíngmiàn：800 meters above ～ 海拔八百米 hǎibá bābǎimǐ

sealift *n*. 海上运输 hǎishang yùnshū；海上补给 hǎishang bǔjǐ = transport by sea

sealing-wax *n*. 火漆 huǒqī；封蜡 fēnglà

sealskin *n*. 海豹皮 hǎibàopí：a ～ coat 海豹皮上衣 hǎibàopí shàngyī

seam *n*. 缝 fèng：the ～s of the trousers 裤子的接缝处 kùzide jiēfèngchù *v*. **1**. 缝合 fénghé：～ a dress 缝制衣服 féngzhì yīfu **2**. 留有…的痕迹 liúyǒu … de hénjī：be ～ed with wounds 留有伤痕 liúyǒu shānghén

seaman *n*. 海员 hǎiyuán；水兵 shuǐbīng：seamen's club 海员俱乐部 hǎiyuán jùlèbù / a leading ～ 一等水兵 yīděng shuǐbīng

seamanship *n*. 航海术 hánghǎishù：a high degree of ～ 高超的航海术 gāochāode hánghǎishù

seamark *n*. 航海标志 hánghǎi biāozhì

seamew *n*. 海鸥 hǎi'ōu

seamless *a*. 无缝的 wúfèngde：a ～ steel pipe 无缝钢管 wúfèng gāngguǎn

seamstress *n*. 女裁缝 nǚ cáifeng

seamy *a*. **1**. 有缝的 yǒufèngde：a ～ rock 有裂缝的岩石 yǒu lièfèngde yánshí **2**. 丑恶的 chǒu'ède；不体面的 bù tǐmiànde：the ～ side of society 社会的黑暗面 shèhuìde hēi'ànmiàn

seaplane *n*. 水上飞机 shuǐshang fēijī

seaport *n*. 海港 hǎigǎng

seapower *n*. **1**. 海军强国 hǎijūn qiángguó **2**. 海上力量 hǎishang lìliang；海军力量 hǎijūn lìliang：S- plays a vital role in defense. 海军力量在国防中起极其重要的作用。Hǎijūn lìliang zài guófángzhōng qǐ jíqí zhòngyàode zuòyòng.

sear *v*. **1**. 使…枯萎 shǐ…kūwěi ＝ deaden **2**. 烙 lào；烫焦 tàngjiāo＝scorch **3**. 使…麻木 shǐ…mámù ＝ harden

search *v*. 搜寻 sōuxún；搜查 sōuchá：～ the room for a lost document 在房间里搜寻一份丢失的文件 zài fángjiānli sōuxún yífèn diūshīde wénjiàn / ～ sb. 搜查某人 sōuchá mǒurén *n*. 搜寻 sōuxún：in ～ of 寻找 xúnzhǎo

searching *a*. **1**. 搜查的 sōucháde **2**. 严格的 yángéde：a ～ examination 严格的考试 yángéde kǎoshì **3**. 敏锐的 mǐnruìde ＝ probing：a ～ mind 敏锐的头脑 mǐnruìde tóunǎo

searchlight *n*. 探照灯 tànzhàodēng

seashell *n*. 海贝壳 hǎibèiké

seashore *n*. 海滨 hǎibīn *a*. 海滨的 hǎibīnde：a ～ resort 海滨疗养地 hǎibīn liáoyǎngdì

seaside *n*. 海边 hǎibiān；海滨 hǎibīn *a*. 海滨的 hǎibīnde：a ～ hotel 海滨旅馆 hǎibīn lǚguǎn

seasick *a*. 晕船的 yùnchuánde

season *n*. 季节 jìjié：the busy ～ 旺季 wàngjì / the off ～ 淡季 dànjì / Autumn is my favourite ～. 我最喜爱秋季。Wǒ zuì xǐ'ài qiūjì. *v*. 调味 tiáowèi：mutton ～ed with garlic 用大蒜调味的羊肉 yòng dàsuàn tiáowèide yángròu

seasonable *a*. **1**. 应时的 yìngshíde ＝ suitable for the season **2**. 及时的 jíshíde；适时的 shìshíde ＝ timely

seasonal *a*. 季节的 jìjiéde；季节性的 jìjiéxìngde

seasoner *n*. 调味品 tiáowèipǐn

seasoning *n*. 调味 tiáowèi；调味品 tiáowèipǐn ＝ flavoring materials

season ticket *n.* 季票 jìpiào；月票 yuèpiào
seat *n.* **1.** 座位 zuòwèi：Take a ～. 请坐。Qǐngzuò. **2.** 活动中心 huódòng zhōngxīn：the ～ of commerce 商业中心 shāngyè zhōngxīn *v.* 坐下 zuòxia：～ oneself in a chair 在椅子上坐下 zài yǐzishang zuòxia
sea wall *n.* 海塘 hǎitáng；海堤 hǎidī
seaward *a.* 向海的 xiànghǎide *n.* 海那一边 hǎi nàyìbiān：look to the ～ 望海 wànghǎi
seaward(s) *ad.* 向海 xiànghǎi：looking ～ 朝着海看 cháozhe hǎi kàn
seawater *n.* 海水 hǎishuǐ
seaway *n.* 海道 hǎidào
seaweed *n.* 海草 hǎicǎo；海藻 hǎizǎo
seaworthiness *n.* 适航性 shìhángxìng
seaworthy *a.* 适航的 shìhángde
secede *v.* 退出 tuìchū：～ from a church (a political party) 脱离教会(政党) tuōlí jiàohuì (zhèngdǎng)
seceder *n.* 退出者 tuìchūzhě
secession *n.* 退出 tuìchū
seclude *v.* 隔离 gélí：～ oneself from society 与世隔绝 yǔshì-géjué
secluded *a.* **1.** 隐退的 yǐntuìde：a ～ life 隐居生活 yǐnjū shēnghuó **2.** 僻静的 pìjìngde；隐蔽的 yǐnbìde：a ～ spot 僻静的地方 pìjìngde dìfang
seclusion *n.* 隔离 gélí；隐居 yǐnjū：live in ～ 隐居 yǐnjū / a policy of ～ 闭关政策 bìguān zhèngcè
second[1] *n.* **1.** 秒 miǎo：the ～ hand of a clock 钟的秒针 zhōngde miǎozhēn **2.** 片刻 piànkè = a moment：The plane will take off in a ～. 那飞机一会儿就要起飞了。Nà fēijī yíhuìr jiùyào qǐfēile.
second[2] *num.* 第二 dì-èr：the ～ largest school in the city 城里第二座大的学校 chéngli dì-èr zuò dàde xuéxiào *a.* **1.** 二等的 èrděngde：～ class 二等 èrděng **2.** 又一个 yòu yíge：every ～ day 每隔一天 měi gé yìtiān
secondary *a.* 第二 dì-èr；二次的 èr cì de：a ～ cell 蓄电池 xùdiànchí；副 fù：a ～ product 副产物 fùchǎnwù；中等的 zhōngděngde：～ school 中学 zhōngxué / ～ education 中等教育 zhōngděng jiàoyù
second-best *a.* 次好的 cìhǎode：my ～ clothes 我的第二件好衣服 wǒde dì-èrjiàn hǎo yīfu *n.* 次货 cìhuò：be content with the ～ 甘居中游 gānjū zhōngyóu

second-class *a.* 二等的 èrděngde *ad.* 按照二等 ànzhào èrděng：travel ～ 坐二等车旅行 zuò èrděngchē lǚxíng

second-hand *a.* 第二手的 dì-èrshǒude

secondly *ad.* 第二 dì-èr；其次 qícì

second-mark *n.* 秒的符号〖″〗 miǎode fúhào：1°6′10″ = one degree, six minutes and ten seconds 1度6分10秒 yīdù liùfēn shímiǎo

second-rate *a.* 二等的 èrděngde

secrecy *n.* 秘密 mìmì：keep the matter in ～ 这事要保守秘密 zhèshì yào bǎoshǒu mìmì

secret *a.* 秘密的 mìmìde：a ～ plan 秘密计划 mìmì jìhuà *n.* 秘密 mìmì：top ～ 绝密 juémì / an open ～ 公开的秘密 gōngkāide mìmì / let out a ～ 泄漏秘密 xièlòu mìmì / in ～ 秘密地 mìmìde

secretarial *a.* 秘书的 mìshūde：～ work 秘书工作 mìshū gōngzuò

secretariat(e) *n.* 秘书处 mìshūchù；书记处 shūjìchù

secretary *n.* **1.** 秘书 mìshū：a private ～ 私人秘书 sīrén mìshū **2.** 书记 shūjì **3.** 部长 bùzhǎng：the S- of State 国务卿 Guówùqīng * in the U. S. A.

secretary-general *n.* 秘书长 mìshūzhǎng

secrete *v.* **1.** 分泌 fēnmì = generate bodily fluid **2.** 隐藏 yǐncáng = hide：～ oneself 把自己隐藏起来 bǎ zìjǐ yǐncáng qǐlái

secretion *n.* **1.** 分泌物 fēnmìwù = substance secreted **2.** 隐蔽 yǐnbì；藏匿 cángnì = act of hiding

secretive *a.* **1.** 躲躲闪闪的 duǒduo-shǎnshǎnde；守口如瓶的 shǒukǒu-rúpíngde = close-mouthed **2.** 分泌的 fēnmìde = releasing (gland fluid)

sect *n.* 宗派 zōngpài；学派 xuépài

sectarian *a.* **1.** 教派的 jiàopàide **2.** 派别的 pàibiéde；闹宗派的 nàozōngpàide：guard against ～ tendencies 防止宗派倾向 fángzhǐ zōngpài qīngxiàng

sectarianism *n.* 宗派主义 zōngpàizhǔyì

section *n.* **1.** 部分 bùfen = part **2.** 区 qū = area：a rural ～ 乡村地区 xiāngcūn dìqū **3.** 截面 jiémiàn：a cross ～ 横截面 héngjiémiàn **4.** 部门 bùmén = department；科 kē；组 zǔ

sectional *a.* **1.** 地区的 dìqūde = of a part of a community **2.** 局部的 júbùde= local：~ interests 局部利益 júbù lìyì

sectionalism *n.* 地方主义 dìfāngzhǔyì；本位主义 běnwèizhǔyì

sector *n.* **1.** 扇形 shànxíng = the ~ of a circle，in the shape of a fan **2.** 部门 bùmén：the banking ~ 银行部门 yínháng bùmén

secular *a.* **1.** 现世的 xiànshìde；世俗的 shìsúde：~ art 世俗艺术 shìsú yìshù **2.** 非宗教性的 fēizōngjiàoxìngde；俗世的 súshìde = not religious

secure *a.* **1.** 安全的 ānquánde：feel ~ about one's future 对未来感到很放心 duì wèilái gǎndào hěn fàngxīn **2.** 关牢 guānláo：make the windows ~ before leaving the house 离屋子前把窗户关牢 lí wūzi qián bǎ chuānghu guānláo *v.* **1.** 使…安全 shǐ…ānquán：~ the city against attack 保卫城市免受攻击 bǎowèi chéngshì miǎnshòu gōngjī **2.** 弄到 nòngdào；获得 huòdé：~ sb. a ticket 替某人弄到一张票 tì mǒurén nòngdào yìzhāngpiào **3.** 关紧 guānjǐn：~ the windows 把窗子关紧 bǎ chuāngzi guānjǐn

security *n.* **1.** 安全 ānquán：a sense of ~ 安全感 ānquángǎn / ~ of person 人身安全 rénshēn ānquán / in ~ 安全地 ānquánde / the S- Council 安全理事会 Ānquán Lǐshìhuì **2.** 抵押品 dǐyāpǐn：give sth. as a ~ for 以某物作为…的抵押品 yǐ mǒuwù zuòwéi … de dǐyāpǐn **3.** 债券 zhàiquàn：government securities 公债券 gōngzhàiquàn

security-check *v.* 安全审查(检查) ānquán shěnchá(jiǎnchá)

sedan *n.* 轿子 jiàozi = ~ chair；轿车 jiàochē * car

sedate *a.* 安静的 ānjìngde；沉着的 chénzhuóde

sedative *n.* 镇静剂 zhènjìngjì；止痛药 zhǐtòngyào *a.* 镇静的 zhènjìngde；止痛的 zhǐtòngde：~ effects 镇静效果 zhènjìng xiàoguǒ

sedentary *a.* 坐惯的 zuòguànde；坐下来的 zuòxiàláide：~ work 坐着做的工作 zuòzhe zuòde gōngzuò

sediment *n.* 沉积物 chénjīwù；渣滓 zhāzǐ

sedimentary *a.* 沉积的 chénjīde：Slate，limestone and sandstone are ~ rocks. 板岩、石灰岩和沙岩都是沉积岩。Bǎnyán、shíhuīyán hé shāyán dōushì chénjīyán.

sedition *n.* 煽动 shāndòng

seditious *a.* 煽动(性)的 shāndòng(xìng)de：~ language 煽动性的语言 shāndòngxìngde yǔyán

seduce *v.* **1.** 引诱 yǐnyòu = tempt **2.** 吸引 xīyǐn = attract：The beauty of the evening ～d me to go outside. 傍晚的美丽把我吸引了出去。Bàngwǎnde měilì bǎ wǒ xīyǐnle chūqu.

seduction *n.* 引诱 yǐnyòu

seductive *a.* 诱惑的 yòuhuòde：a ～ offer of high pay 给予高薪的诱惑 jǐyǔ gāoxīnde yòuhuò

sedulous *a.* **1.** 勤勉的 qínmiǎnde；苦干的 kǔgànde = diligent **2.** 小心周到的 xiǎoxīn zhōudàode = persistent with ～ care；小心翼翼地 xiǎoxīn-yìyìde // play the ～ ape 照葫芦画瓢 zhào húlu huàpiáo

see *v.* **1.** 看见 kànjiàn：Can you ～ what's going on there? 你看见那里发生什么事了吗？Nǐ kànjiàn nàli fāshēng shénmeshìlema？**2.** 会见 huìjiàn：I'm glad to ～ you. 我很高兴同你见面。Wǒ hěn gāoxìng tóngnǐ jiànmiàn. / S- you later！再见！Zàijiàn！/ You'd better ～ a doctor. 你最好去看看病。Nǐ zuìhǎo qù kànkan bìng. **3.** 观看 guānkàn：～ an opera 看歌剧 kàn gējù **4.** 理解 lǐjiě：Do you ～ what I mean? 你懂我的意思吗？Nǐ dǒng wǒde yìsima？/ as far as I can ～ 就我所知 jiù wǒ suǒzhī **5.** 陪送 péisòng：～ sb. home 陪送某人回家 péisòng mǒurén huíjiā **6.** 当心 dāngxīn：S- you don't catch cold. 当心别感冒。Dāngxīn bié gǎnmào. // ～ing that 由于 yóuyú：S-ing that he is ill，let me take his place. 既然他病了，我来替他。Jìrán tā bìngle，wǒ lái tì tā. / ～ sb. off 为某人送行 wèi mǒurén sòngxíng

seed *n.* **1.** 种子 zhǒngzi：sow ～s 播种 bōzhòng **2.** 子孙 zǐsūn = descendants：The Jews are the ～ of Abraham. 犹太人是亚伯拉罕的子孙。Yóutàirén shì Yàbólāhǎnde zǐsūn. **3.** 根源 gēnyuán：the ～s of diseases 病根 bìnggēn *v.* **1.** 结子 jiēzǐ：Some plants have flowers but do not ～. 有些植物开花而不结子。Yǒuxiē zhíwù kāihuā ér bù jiēzǐ. **2.** 播 bō：～ a field 在田里播种 zài tiánli bōzhòng

seedbed *n.* 苗床 miáochuáng

seedcorn *n.* 谷种 gǔzhǒng；玉米种 yùmǐzhǒng

seeded *a.* **1.** 已播种的 yǐ bōzhòngde **2.** 优秀的 yōuxiùde * in sports：a ～ player 种子选手 zhǒngzi xuǎnshǒu

seeder *n.* 播种者 bōzhòngzhě

seediness *n.* 多种子 duōzhǒngzi

seeding machine *n.* 播种机 bōzhòngjī

seedless *a.* 无核的 wúhéde

seedling *n.* 幼苗 yòumiáo：grow ～s 育苗 yùmiáo

seed(s)man *n.* **1.** 卖种子商人 màizhǒngzi shāngrén **2.** 播种者 bōzhòngzhě

seedtime *n.* 播种时间 bōzhòng shíjiān

seedy *a.* **1.** 多种子的 duōzhǒngzide：～ fruit 多子的水果 duōzǐde shuǐguǒ **2.** 破旧的 pòjiùde：a rather ～ and unpleasant part of town 城中脏乱破旧的地区 chéngzhōng zāngluàn pòjiùde dìqū **3.** 不舒服 bùshūfu：feel ～ 感觉不适 gǎnjué búshì

seeing *n.* 视力 shìlì；观看 guānkàn：S- is believing. 百闻不如一见。Bǎiwén bùrúyíjiàn. *conj.* 由于 yóuyú：S- that she's lawfully old enough to get married, I don't see how you can stop her. 既然她已到法定结婚年龄，我认为你怎么也阻止不了她。Jìrán tā yǐ dào fǎdìng jiéhūn niánlíng, wǒ rènwéi nǐ zěnme yě zǔzhǐbùliǎo tā.

seek *v.* **1.** 寻找 xúnzhǎo：～ truth from facts 实事求是 shíshì-qiúshì **2.** 企图 qìtú：They sought to escape. 他们想逃走。Tāmen xiǎng táozǒu.

seeker *n.* 探求者 tànqiúzhě

seem *v.* 好象 hǎoxiàng；看来 kànlái：It ～s it is going to rain. 看来快下雨了。Kànlái kuài xiàyǔle. / It ～s that everyone knows it. 似乎谁都知道这回事。Sìhū shuídōu zhīdao zhèhuíshì.

seeming *a.* 表面上的 biǎomiànshangde：his ～ friendship 他表面上的友情 tā biǎomiànshangde yǒuqíng

seemingly *ad.* **1.** 表面上 biǎomiànshang：Some ～ good luck brought us nothing but trouble. 有些事情表面上看似运气好，却只给我们带来苦恼。Yǒuxiē shìqing biǎomiànshang kànsì yùnqihǎo, què zhǐgěi wǒmen dàilái kǔnǎo. **2.** 看样子 kànyàngzi：S- there is nothing we can do to stop the plan going ahead. 看样子，我们似乎无法阻止这个计划的实施。Kànyàngzi, wǒmen sìhū wúfǎ zǔzhǐ zhège jìhuàde shíshī.

seemly *a.* 合宜的 héyíde；得体的 détǐde

seep[1] *v.* 渗出 shènchū：Water had ～ed into the house through the walls and roof. 水从墙壁和屋顶渗进屋里。Shuǐ cóng qiángbì hé wūdǐng shènjìn wūli.

seep[2] *n.* 水陆两用吉普车 shuǐlù liǎngyòng jípǔchē ＝ amphibious jeep

seer *n.* **1.** 观看的人 guānkànde rén **2.** 预言者 yùyánzhě ＝ one who can predict the future

seersucker *n.* 泡泡纱 pàopaoshā

seesaw *n.* 跷跷板 qiāoqiāobǎn

seethe *v.* **1.** 沸腾 fèiténg **2.** 激昂 jī'áng：～ with anger 怒气冲冲 nùqì chōngchōng

seething *a.* **1.** 火热的 huǒrède；沸腾的 fèiténgde ＝ being agitated **2.** 密集的 mìjíde；川流不息的 chuānliú-bùxīde：the shop was ～ with people 商店挤满了人群 shāngdiàn jǐmǎnle rénqún

segment *n.* 部分 bùfen ＝ section

segmental *a.* 部分的 bùfende；零碎的 língsuìde ＝ sectional

segregate *v.* **1.** 分离 fēnlí：～ men from women 分开男女 fēnkāi nánnǚ **2.** 实行种族隔离 shíxíng zhǒngzú gélí ＝ practise racial segregation

seine *n.* 拖拉大围网 tuōlā dàwéiwǎng ＝ ～ net *v.* 用围网捕鱼 yòng wéiwǎng bǔyú ＝ to fish by casting ～s

seismic *a.* 地震的 dìzhènde ＝ of earthquake：～ waves 地震波 dìzhènbō

seismograph *n.* 地震仪 dìzhènyí

seismology *n.* 地震学 dìzhènxué

seize *v.* **1.** 抓住 zhuāzhù：～ sb. by the collar 抓住某人的领子 zhuāzhù mǒurénde lǐngzi / ～ hold of 抓住 zhuāzhù **2.** 夺取 duóqǔ：～ political power 夺取政权 duóqǔ zhèngquán **3.** 没收 mòshōu：～ smuggled goods 没收走私货 mòshōu zǒusī huò **4.** 害病 hàibìng：be ～d with an illness 害病 hàibìng

seizure *n.* **1.** 抓住 zhuāzhù **2.** 侵袭 qīnxí：a heart ～ 心脏病发作 xīnzàngbìng fāzuò **3.** 没收 mòshōu；查封 cháfēng；the ～ of property 没收财产 mòshōu cáichǎn

seldom *ad.* 很少 hěnshǎo：I ～ go to the movies. 我很少去看电影。Wǒ hěnshǎo qù kàn diànyǐng.

select *v.* 精选 jīngxuǎn：～ and reject 取舍 qǔshě / He ～ed a pair of socks to match his suit. 他挑选了一双袜子来配他的衣服。Tā tiāoxuǎnle yìshuāng wàzi lái pèi tāde yīfu. *a.* 精选的 jīngxuǎnde：～ poems 诗选 shīxuǎn

selectee *n.* **1.** 人选 rénxuǎn ＝ one who is selected **2.** 选征合格的士兵 xuǎnzhēng hégéde shìbīng ＝ one who is conscripted

selection *n.* **1.** 选择 xuǎnzé **2.** 淘汰 táotài：natural ～ 自然选择 zìrán xuǎnzé **3.** 文选 wénxuǎn * of publications **4.** 选种 xuǎnzhǒng = seed ～

selective *a.* **1.** 选择的 xuǎnzéde：～ subjects 选修科目 xuǎnxiū kēmù **2.** 有选择性的 yǒu xuǎnzéxìngde：～ controls on goods brought into the country for sale 对进口销售品的选择性管制 duì jìnkǒu xiāoshòupǐnde xuǎnzéxìng guǎnzhì

self *n.* 自己 zìjǐ：be conscious of ～ 自觉 zìjué / ～-reliance *n.* 自力更生 zìlì-gēngshēng / ～-respect *n.* 自尊 zìzūn / ～-service *n.* & *a.* 自助(的) zìzhù(de) / ～-sufficient *a.* 自给自足的 zìjǐ-zìzúde / ～-taught *a.* 自学的 zìxuéde

self-acting *a.* 自动的 zìdòngde

self-addressed *a.* 注明发信人姓名住址的 zhùmíng fāxìnrén xìngmíng zhùzhǐde：a ～ envelope 写明自己的姓名地址的回信信封 xiěmíng zìjǐde xìngmíng dìzhǐde huíxìn xìnfēng

self-adhesive *a.* 自粘的 zìzhānde

self-appreciation *n.* 自我欣赏 zìwǒ-xīnshǎng

self-assertion *n.* 自作主张 zìzuò-zhǔzhāng

self-assertive *a.* 自作主张的 zìzuò-zhǔzhāngde

self-assumed *a.* 自称的 zìchēngde；自封的 zìfēngde

self-binder *n.* 自动装订机 zìdòng zhuāngdìngjī

self-care *n.* 自我照管 zìwǒ zhàoguǎn；自私行为 zìsī xíngwéi *a.*（病人）自我护理的（bìngrén）zìwǒ hùlǐde

self-catering *a.* 自供伙食的 zìgōng huǒshíde

self-centred *a.* 自我中心的 zìwǒ zhōngxīnde

self-closing *a.* 自动关闭的 zìdòng guānbìde：a ～ door 自闭门 zìbìmén

self-command *n.* 自我控制 zìwǒ kòngzhì

self-complacency *n.* 自满 zìmǎn；沾沾自喜 zhānzhān-zìxǐ

self-conceit *n.* 自负 zìfù

self-confessed *a.* 自己承认的 zìjǐ chéngrènde；自动坦白的 zìdòng tǎnbáide：She is a ～ criminal. 她自己坦白是个罪犯。Tā zìjǐ tǎnbái shìge zuìfàn.

self-confidence *n.* 自信 zìxìn

self-confident *a.* 满怀信心的 mǎnhuái xìnxīnde

self-conscious *a.* **1.** 自我意识的 zìwǒyìshíde：He is ～ about his responsibility. 他意识到自己的责任。Tā yìshídào zìjǐde zérèn. **2.** 不自然的 bú zìrande；怕难为情的 pà nánwéiqíngde：a ～ smile 不自然的笑 bú zìrande xiào // ～ness *n.*

self-consistent *a.* 自相一致的 zìxiāng yízhìde

self-contained *a.* **1.** 能自制的 néng zìzhìde **2.** 齐备的 qíbèide；应有尽有的 yīngyǒujìnyǒude：a ～ flat 一套设备齐全的房间 yítào shèbèi qíquánde fángjiān

self-contempt *a.* 自卑 zìbēi

self-contented *a.* 自满的 zìmǎnde；自鸣得意的 zìmíng-déyìde

self-contradictory *a.* 自相矛盾的 zìxiāng-máodùnde

self-control *n.* 自我控制 zìwǒ kòngzhì；克制自己 kèzhì zìjǐ

self-criticism *n.* 自我批评 zìwǒ pīpíng

self-culture *n.* 自修 zìxiū：～ in English 自修英语 zìxiū Yīngyǔ

self-deceived *a.* 自欺(欺人)的 zìqī(qīrén)de

self-defense *n.* 自卫 zìwèi

self-denial *n.* 忘我 wàngwǒ

self-denying *a.* 忘我的 wàngwǒde；自我牺牲 zìwǒ xīshēng

self-dependence *n.* 自立 zìlì；自力更生 zìlìgēngshēng

self-determination *n.* 自我决定 zìwǒjuédìng；民族自决 mínzú zìjué

self-devotion *n.* 献身 xiànshēn

self-discipline *n.* 自律 zìlù

self-education *n.* 自我教育 zìwǒ jiàoyù

self-employed *a.* 自行经营的 zìxíng jīngyíngde；自雇的 zìgùde

self-esteem *n.* **1.** 自尊(心) zìzūn(xīn) **2.** 自负 zìfù ＝ conceit

self-evident *a.* 自明的 zìmíngde

self-examination *n.* 自我检查 zìwǒ jiǎnchá

self-explanatory *a.* 不解自明的 bùjiě zìmíngde

self-expression *n.* 自我表现 zìwǒ biǎoxiàn

self-feeder *n.* 自给器 zìjǐqì；自动进料器 zìdòng jìnliàoqì

self-governing *a.* 自治的 zìzhìde

self-government *n.* 独立自主 dúlì-zìzhǔ

self-help *n.* 自助 zìzhù

self-importance *n.* 自负 zìfù；自大 zìdà

self-indulgence *n.* 任性 rènxìng；纵情 zòngqíng

self-interest *n.* **1.** 自私自利 zìsī-zìlì **2.** 自身利益 zìshēn lìyì

selfish *a.* 自私的 zìsīde
selfless *a.* 无私的 wúsīde；忘我的 wàngwǒde：～ labor 忘我的劳动 wàngwǒde láodòng
self-love *n.* 自爱 zì'ài
self-made *a.* 自己搞的 zìjǐ gǎode；白手起家的 báishǒu qǐjiāde
self-portrait *n.* 自画像 zìhuàxiàng
self-possession *n.* 沉着 chénzhuó；镇静 zhènjìng
self-preservation *n.* 自我保存 zìwǒ bǎocún
self-raising (flour) *a.* 自发面 zìfāmiàn；掺有发酵粉的(面粉) chānyǒu fājiàofěnde(miànfěn)
self-reliant *a.* 依靠自己的 yīkào zìjǐde；自力更生的 zìlìgēngshēngde
self-reproach *n.* 自我谴责 zìwǒ qiǎnzé；良心责备 liángxīn zébèi；内疚 nèijiù
self-respect *n.* 自尊(心) zìzūn(xīn)
self-restraint *n.* 自我克制 zìwǒ kèzhì
self-sacrifice *n.* 自我牺牲 zìwǒ xīshēng
selfsame *a.* 完全相同的 wánquán xiāngtóngde
self-satisfaction *n.* 自满情绪 zìmǎn qíngxù
self-satisfied *a.* 自满的 zìmǎnde
self-seeker *n.* **1.** 自私自利的人 zìsīzìlìde rén ＝ selfish man **2.** 自动调谐器 zìdòng tiáoxiéqì ＊ self-adjusting device in a radio
self-seeking *a.* 唯利是图的 wéilì-shìtúde
self-service *n.* & *a.* 顾客自理(的) gùkè zìlǐ(de)；自助的 zìzhùde：～ meal 自助餐 zìzhùcān：～ store 自助商店 zìzhù shāngdiàn
self-starter *n.* 自动起动机 zìdòng qǐdòngjī
self-styled *a.* 自封的 zìfēngde
self-sufficiency *n.* 自给自足 zìjǐzìzú
self-sufficient *a.* 自给自足的 zìjǐzìzúde
self-supporting *a.* 自立的 zìlìde：a ～ student 工读生 gōngdúshēng
self-sustaining *a.* 自立的 zìlìde；能维持自己的 néng wéichí zìjǐde
self-taught *a.* 自学的 zìxuéde
self-will *n.* 任性 rènxìng
sell *v.* 卖 mài：～ sth. to sb. 把某物卖给某人 bǎ mǒuwù màigěi mǒurén / He sold the house to his friend. 他把这所房子卖给了他的朋友。Tā bǎ

zhèsuǒ fángzi màigěile tāde péngyou. / ~ sth. at a bargain 贱卖某物 jiànmài mǒuwù / ~ out 卖完 màiwán：The tickets are sold out. 票已卖完。Piào yǐmàiwán.

seller *n.* 1. 卖者 màizhě：a ~'s market 卖方有利的市场 màifāng yǒulìde shìchǎng 2. 行销货 xíngxiāohuò：a best ~ 畅销物 chàngxiāowù

sellout *n.* 1. 售完 shòuwán 2. 客满 kèmǎn：As usual the match is a ~. 这场比赛照常是观众满座。Zhèchǎng bǐsài zhàocháng shì guānzhòng mǎnzuò.

semanteme *n.* 语义单位 yǔyì dānwèi

semantic(al) *a.* 语义的 yǔyìde

semantics *n.* 语义学 yǔyìxué

semasiology *n.* 语义学 yǔyìxué

sematic *a.* 预告危险的 yùgào wēixiǎnde：~ color 警戒色 jǐngjièsè

semblance *n.* 1. 类似 lèisì = likeness 2. 外貌 wàimào = appearance

semen *n.* 精液 jīngyè

semester *n.* 学期 xuéqī

semi- *pref.* 半 bàn

semiannual *a.* 半年的 bànniánde；一年两次的 yìnián liǎngcìde = occurring twice a year

semi-circle *n.* 半圆 bànyuán

semicircular *a.* 半圆形的 bànyuánxíngde

semicolon *n.* 分号 [；] fēnhào

semi-colony *n.* 半殖民地 bànzhímíndì

semiconductor *n.* 半导体 bàndǎotǐ

semi-feudal *a.* 半封建的 bànfēngjiànde

semifinal *n.* & *a.* 半决赛(的) bànjuésài(de)

semi(-)finalist *n.* 半决赛出场选手 bànjuésài chūchǎng xuǎnshǒu

seminar *n.* 1. 课堂讨论 kètáng tǎolùn：hold a ~ 进行课堂讨论 jìnxíng kètáng tǎolùn 2. 研究班 yánjiūbān

semi-official *a.* 半官方的 bànguānfāngde

semiology *n.* 1. 症状学 zhèngzhuàngxué * in medicine 2. 符号学 fúhàoxué = study of signs and symbols 3. 手势语 shǒushìyǔ = sign language

semi(-)vowel *n.* 半元音 bànyuányīn

semiweekly *a.* & *ad.* 一周两次的 yìzhōu liǎngcìde；半周一次的 bànzhōu yícìde = happening twice a week: I play tennis ～. 我每周打两次网球。Wǒ měizhōu dǎ liǎngcì wǎngqiú.

senate *n.* 参议院 cānyìyuàn

senator *n.* 参议员 cānyìyuán

senatorial *a.* 参议院的 cānyìyuànde；参议员的 cānyìyuánde：the ～ office 参议员的职位 cānyìyuánde zhíwèi

send *v.* **1.** 送 sòng；寄发 jìfā：～ a letter 送信 sòngxìn；寄信 jìxìn / ～ a telegram 发电报 fā diànbào **2.** 派遣 pàiqiǎn：He was sent to buy some stamps. 派他去买几张邮票。Pài tā qù mǎi jǐzhāng yóupiào. / ～ for 派人去叫 pài rén qù jiào：～ for a doctor 派人去叫医生 pài rén qù jiào yīshēng / ～ out 发送 fāsòng：～ out a letter of invitation 发出请柬 fāchū qǐngjiǎn / ～ up 发射 fāshè：～ up a rocket 发射火箭 fāshè huǒjiàn

send-off *n.* 送行 sòngxíng：give a good ～ to sb. 热烈欢送某人 rèliè huānsòng mǒurén

senile *a.* 老年的 lǎoniánde：～ decay 衰老 shuāilǎo：～ weakness 年老体弱 niánlǎo tǐruò / ～ diseases 老年病 lǎoniánbìng

senility *n.* 衰老 shuāilǎo

senior *a.* 年长的 niánzhǎngde：He is five years ～ to me. 他比我大五岁。Tā bǐ wǒ dà wǔsuì. *n.* = a fourth-year college student 大学四年级学生 dàxué sì niánjí xuésheng

seniority *n.* **1.** 年长 niánzhǎng = being older **2.** 资历深高 zīlì shēngāo * of higher office or rank：She was promoted through ～. 她是根据资历提升的。Tā shì gēnjù zīlì tíshēngde.

sensation *n.* **1.** 感觉 gǎnjué：have a ～ of happiness 有快乐的感觉 yǒu kuàilède gǎnjué **2.** 轰动 hōngdòng：create a great ～ 引起很大的轰动 yǐnqǐ hěndàde hōngdòng / a literary ～ 轰动文坛的作品 hōngdòng wéntánde zuòpǐn

sensational *a.* **1.** 轰动的 hōngdòngde；骇人听闻的 hàirén-tīngwénde：a ～ motion picture 一部令人激动的电影 yíbù lìngrén jīdòngde diànyǐng **2.** 感觉的 gǎnjuéde = of feeling

sense *n.* **1.** 官能 guānnéng；感觉 gǎnjué：the five ～s 五种官能 wǔzhǒng guānnéng / a ～ of beauty 审美感 shěnměigǎn / He has no ～ of time. 他没有时间观念。Tā méiyǒu shíjiān guānniàn. **2.** 道理 dàoli：common

～ 常识 chángshí / There is some ～ in what he says. 他说的话有些道理。Tā shuōde huà yǒuxiē dàoli. **3.** 知觉 zhījué：lose (recover) one's ～s 失去(恢复)知觉 shīqù(huīfù)zhījué / come to one's ～s 苏醒 sūxǐng / in all ～s 在任何意义上说 zài rènhé yìyìshang shuō / in a ～ 在某种意义上说 zài mǒuzhǒng yìyìshang shuō / in no ～ 决不 juébù / make ～ 讲得通 jiǎngdetōng

senseless *a.* **1.** 无意义的 wú yìyìde：a ～ act 无意义的行为 wú yìyìde xíngwéi **2.** 失去知觉的 shīqù zhījuéde：He remained ～. 他还没有恢复知觉。Tā hái méiyǒu huīfù zhījué.

sensibility *n.* **1.** 感觉 gǎnjué = the ability to feel **2.** 情感 qínggǎn：sense and ～ 理智和情感 lǐzhì hé qínggǎn

sensible *a.* **1.** 感觉得到的 gǎnjuéde dàode：no ～ difference 没有多大区别 méiyǒu duō dà qūbié / a ～ error 明显的错误 míngxiǎnde cuòwù **2.** 明智的 míngzhìde；切合实际的 qièhé shíjìde：a ～ man 明智的人 míngzhìde rén / a ～ plan 切合实际的计划 qièhé shíjìde jìhuà // sensibly *ad.*

sensitive *a.* 敏感的 mǐngǎnde = easily affected by feeling or impression：～ to cold 对冷敏感的 duì lěng mǐngǎnde // ～ weighing scales 灵敏度高的天平 língmǐndù gāode tiānpíng / ～ paper 感光纸 gǎnguāngzhǐ / ～ness *n.*

sensitivity *n.* **1.** 感受性 gǎnshòuxìng = quality of being sensitive **2.** 灵敏度 língmǐndù = degree of being sensitive

sensory *a.* 感觉的 gǎnjuéde = pertaining to senses：～ organs 感觉器官 gǎnjué qìguān

sensual *a.* 肉欲的 ròuyùde；淫荡的 yíndàngde // ～ity *n.*

sensuous *a.* **1.** 感官上的 gǎnguānshangde = affecting senses **2.** 给人以美的享受的 gěi rén yǐ měide xiǎngshòude：a ～ painting 给人以美的享受的绘画 gěi rén yǐ měide xiǎngshòude huìhuà

sentence *n.* **1.** 句子 jùzi：Read the following ～s. 读下面的句子。Dú xiàmiande jùzi. **2.** 判决 pànjué：under ～ of death 被判处死刑 bèi pànchǔ sǐxíng / He received a heavy (light) ～. 他被重(轻)判。Tā bèi zhòng(qīng)pàn. *v.* 判决 pànjué：He was ～d to 5 years in prison. 他被判五年徒刑。Tā bèi pàn wǔnián túxíng.

sentient *a.* 有知觉的 yǒu zhījuéde

sentiment *n.* **1.** 感情 gǎnqíng：express friendly ～s 表示友好的感情 biǎoshì yǒuhǎode gǎnqíng **2**. 意见 yìjian: He shared my ～s on this problem. 在这个问题上他同我意见一致。Zài zhège wèntíshang tā tóng wǒ yìjian yízhì.

sentimental *a*. 善感的 shàngǎnde; 伤感的 shānggǎnde: a ～ person 多愁善感的人 duōchóu-shàngǎnde rén

sentimentalist *n*. 感情用事者 gǎnqíngyòngshìzhě

sentimentality *n*. 感伤 gǎnshāng; 感情脆弱 gǎnqíng cuìruò

sentinel *n*. 卫兵 wèibīng; 哨兵 shàobīng: the ～s on guard 站岗的哨兵 zhàngǎngde shàobīng

sentry *n*. 哨兵 shàobīng: be on ～ duty 站岗 zhàngǎng; 放哨 fàngshào

sentry-box *n*. 岗亭 gǎngtíng

separable *a*. 可分开的 kě fēnkāide

separate *a*. 分离的 fēnlíde; 分开的 fēnkāide; 单独的 dāndúde: I want a ～ room. 我要一个独用房间。Wǒ yào yíge dúyòng fángjiān. *v*. 隔开 gékāi: The rooms are ～d by a wall. 房间被墙隔开。Fángjiān bèi qiáng gékāi. // separation *n*.

separatist *n*. 分离主义者 fēnlízhǔyìzhě

separator *n*. **1**. 分离者 fēnlízhě **2**. 分离器 fēnlíqì * apparatus

septangle *n*. 七角形 qījiǎoxíng; 七边形 qībiānxíng

September *n*. 九月 Jiǔyuè

septic *a*. 腐败性的 fǔbàixìngde: a ～ tank 化粪池 huàfènchí

sepulchral *a*. **1**. 坟墓的 fénmùde **2**. 阴沉的 yīnchénde = gloomy: a ～ voice (look) 阴郁的声音(脸色) yīnyùde shēngyīn(liǎnsè)

sepulchre *n*. 坟墓 fénmù

sepulture *n*. 埋葬 máizàng

sequel *n*. **1**. 后果 hòuguǒ: the ～ of an event 事件的后果 shìjiànde hòuguǒ **2**. 续集 xùjí: the ～ of a novel 小说的续集 xiǎoshuōde xùjí

sequence *n*. **1**. 连续 liánxù: a ～ of bumper harvests 连续的大丰收 liánxùde dàfēngshōu **2**. 顺序 shùnxù: in historical ～ 按历史顺序 àn lìshǐ shùnxù

sequent *a*. 继续的 jìxùde = following

sequential *a*. 继起的 jìqǐde = following in order or time

sequester *v*. **1**. 扣押(财产) kòuyā (cáichǎn) **2**. 没收 mòshōu // ～ oneself 隐居 yǐnjū

sequin *n*. 小金属片 xiǎo jīnshǔpiàn

Serb *n.* **1.** 塞尔维亚人 Sài'ěrwéiyàrén **2.** 塞尔维亚语 Sài'ěrwéiyàyǔ *a.* 塞尔维亚的 Sài'ěrwéiyàde

Serbian *a.* 塞尔维亚的 Sài'ěrwéiyàde *n.* 塞尔维亚人 Sài'ěrwéiyàrén

Serbo-Croatian *n.* 塞尔维亚-克罗地亚语 Sài'ěrwéiyà-Kèluódìyàyǔ *a.* 塞尔维亚-克罗地亚的 Sài'ěrwéiyà-Kèluódìyàde

serenade *n.* 小夜曲 xiǎoyèqǔ *v.* 对…唱(奏)小夜曲 duì…chàng(zòu) xiǎoyèqǔ

serene *a.* **1.** 晴朗的 qínglǎngde: ~ weather 晴朗的天气 qínglǎngde tiānqì **2.** 宁静的 níngjìngde: a ~ life 宁静的生活 níngjìngde shēnghuó / a ~ look 从容的脸色 cōngróngde liǎnsè **3.** 安详的 ānxiángde: a ~ look 安详的神情 ānxiángde shénqíng

serf *n.* 农奴 nóngnú

serfdom *n.* **1.** 农奴身分 nóngnú shēnfen **2.** 农奴制 nóngnúzhì * the system

serge *n.* 哔叽 bìjī: a ~ jacket 哔叽茄克 bìjī jiākè

sergeant *n.* **1.** 军士 jūnshì; 中士 zhōngshì * in the army **2.** 警官 jǐngguān * a police officer

sergeant-major *n.* 军士长 jūnshìzhǎng

serial *a.* **1.** 连续的 liánxùde: ~ numbers 连着顺序的号码 liánzhe shùnxùde hàomǎ **2.** 连载的 liánzǎide: a ~ story 连载故事 liánzǎi gùshi

sericulture *n.* 养蚕 yǎngcán

series *n.* **1.** 连续 liánxù; 系列 xìliè: a television ~ 电视连续剧 diànshì liánxùjù / a ~ of questions 一系列问题 yíxìliè wèntí **2.** 丛书 cóngshū: the Chinese history ~ 中国历史丛书 Zhōngguó Lìshǐ Cóngshū

serious *a.* **1.** 严肃的 yánsùde: look ~ 表情严肃 biǎoqíng yánsù **2.** 认真的 rènzhēnde: pay ~ attention 认真对待 rènzhēn duìdài / a ~ worker 认真工作的人 rènzhēn gōngzuòde rén **3.** 严重的 yánzhòngde: a ~ warning 严重警告 yánzhòng jǐnggào / I hope it's nothing ~. 我希望情况不严重。Wǒ xīwàng qíngkuàng bù yánzhòng.

seriously *ad.* **1.** 严肃地 yánsùde: talk ~ 严肃地谈论 yánsùde tánlùn **2.** 认真地 rènzhēnde: think ~ 认真思考 rènzhēnsīkǎo / You take things too ~. 你把事情看得太认真了。Nǐ bǎ shìqing kànde tài rènzhēnle. **3.** 严重地 yánzhòngde: He was ~ ill. 他病得很重。Tā bìngde hěnzhòng

serious-minded *a.* 性格严肃的 xìnggé yánsùde; 认真的 rènzhēnde

seriousness *n.* **1.** 严肃的 yánsù **2.** 认真 rènzhēn: in all ~ 认认真真 rènrenzhēnzhēn **3.** 严重 yánzhòng

sermon *n.* **1.** 布道 bùdào **2.** 说教 shuōjiào

serpent *n.* **1.** 蛇 shé = snake **2.** 阴险的人 yīnxiǎnde rén = treacherous person

serpentine *a.* **1.** 蛇状的 shézhuàngde **2.** 蜿蜒的 wānyánde：a ~ highway 一条弯弯曲曲的公路 yìtiáo wānwan-qūqūde gōnglù **3.** 狡猾的 jiǎohuáde；恶毒的 èdúde：a ~ character 恶毒的性格 èdúde xìnggé

serried *a.* 拥挤的 yōngjǐde：trees planted in ~ rows 密植的树 mìzhíde shù

serum *n.* 血浆 xuèjiāng；血清 xuèqīng

servant *n.* **1.** 仆人 púrén **2.** 公务员 gōngwùyuán：a civil ~ 公务员 gōngwùyuán

servantgirl *n.* 年轻女仆 niánqīng nǚpú；小保姆 xiǎobǎomǔ

serve *v.* **1.** 服务 fúwù；服役 fúyì：~ one's country 为国效劳 wèi guó xiàoláo / ~ in the army 在陆军服役 zài lùjūn fúyì **2.** 招待 zhāodài：What may I ~ you with? 您要什么？Nín yào shénme?/ ~ at table 做招待员 zuò zhāodàiyuán **3.** 供应 gōngyìng：Our power station ~s the entire city. 我们这个电站供应全市的用电。Wǒmen zhège diànzhàn gōngyìng quánshìde yòngdiàn. **4.** 发球 fāqiú * in tennis or volleyball // ~ sb. right 给某人以应得的报应 gěi mǒurén yǐ yīngdéde bàoyìng

server *n.* **1.** 服务员 fúwùyuán = one who serves **2.** 发球员 fāqiúyuán * tennis player who serves **3.** 菜盘 càipán = tray

service *n.* **1.** 服务 fúwù：You have done me a great ~. 你帮了我大忙。Nǐ bāngle wǒ dàmáng. / give good ~ 服务周到 fúwù zhōudào / no ~ charge accepted 不收服务费 bù shōu fúwùfèi / be in the ~ 在部队服役 zài bùduì fúyì **2.** 服务机构 fúwù jīgòu：China Travel S- 中国旅行社 Zhōngguó Lǚxíngshè **3.** 公共设施 gōnggòng shèshī：the telephone ~ 电话设施 diànhuà shèshī / the public ~ 公用事业 gōngyòng shìyè **4.** 仪式 yíshì：a marriage (burial) ~ 婚(葬)礼 hūn(zàng)lǐ

serviceable *a.* 有用的 yǒuyòngde = usable；耐用的 nàiyòngde = durable

service charge *n.* 服务费 fúwùfèi：The room fee is ¥30 per night plus ~. 房费每夜30元，外加服务费。Fángfèi měiyè sānshí yuán，wàijiā fúwùfèi.

service hours *n.* 营业时间 yíngyè shíjiān

service industry *n.* 服务行业 fúwù hángyè

serviceman *n.* **1.** 军人 jūnrén **2.** 维修工 wéixiūgōng = maintenance man

servile *a.* 1. 奴隶的 núlìde = of slaves 2. 卑贱的 bēijiànde；奴颜婢膝的 núyán-bìxīde：a ～ flatterer 奴颜婢膝的谄媚者 núyán-bìxīde chǎnmèizhě

servility *n.* 1. 奴隶状态 núlì zhuàngtài 2. 奴性 núxìng

servitude *n.* 奴役 núyì

sesame *n.* 芝麻 zhīma：～ oil 香油 xiāngyóu；麻油 máyóu

session *n.* 1. 会议 huìyì：go into secret ～ 开秘密会议 kāi mìmì huìyì 2. 学期 xuéqī = semester：the summer ～ 暑假上的课 shǔjià shàngde kè

set *v.* 1. 放 fàng：～ a lamp on the table 把灯放在桌上 bǎ dēng fàngzài zhuōshang 2. 安排 ānpái：～ the table for dinner 摆好餐具准备开饭 bǎihǎo cānjù zhǔnbèi kāifàn 3. 使… shǐ …：～ sb.'s heart at ease 使某人放心 shǐ mǒurén fàngxīn / ～ the bird free 把鸟放了 bǎ niǎo fàngle / ～ sb. to a task 使某人干某项工作 shǐ mǒurén gàn mǒuxiàng gōngzuò 4. 确定 quèdìng：～ a wedding day 确定婚期 quèdìng hūnqī / ～ the price 定价格 dìng jiàgé 5. 拨钟 bō zhōng：～ the alarm clock 拨好闹钟 bōhǎo nàozhōng 6. 树立 shùlì：～ a good example 树立好榜样 shùlì hǎo bǎngyàng / ～ a new record 创造新记录 chuàngzào xīn jìlù 7. 日落 rìluò：In the winter the sun ～s early. 冬天太阳落得早。Dōngtiān tàiyáng luòde zǎo. 8. 镶 xiāng：～ a diamond in gold 在黄金上镶钻石 zài huángjīnshang xiāng zuànshí / ～ back 往回拨 wàng huí bō：～ back the clock 把钟往回拨 bǎ zhōng wàng huí bō / ～ off 动身 dòngshēn：They ～ off for New York yesterday. 他们昨天去纽约了。Tāmen zuótiān qù Niǔyuēle. / ～ to work 开始工作 kāishǐ gōngzuò / ～ up 立 lì：～ up a flag 升旗 shēngqí / ～ up a shop 开店 kāidiàn *n.* 1. 一套 yítào：a coffee ～ 一套咖啡具 yítào kāfēijù 2. 一盘 yìpán * of games 3. 机 jī：a TV ～ 一台电视机 yìtái diànshìjī

setback *n.* 挫折 cuòzhé：suffer a ～ 遭到挫折 zāodào cuòzhé

setoff *n.* 1. 抵销 dǐxiāo = compensation 2. 装饰 zhuāngshì = decoration

setsquare *n.* 三角板 sānjiǎobǎn

settee *n.* 长靠椅 chángkàoyǐ

setter *n.* 嵌镶工人 qiànxiāng gōngrén = one who works in putting in a mounting；排字工人 páizì gōngrén = type-setter

setting *n.* 1. 镶嵌 xiāngqiàn = mounting jewels 2. 背景 bèijǐng = background

settle *v.* **1.** 安排 ānpái：～ one's affairs 安排自己的事 ānpái zìjǐde shì **2.** 定居 dìngjū；安家 ānjiā：They got married and ～d in Beijing. 他们结了婚，在北京安了家。Tāmen jiéle hūn，zài Běijīng ānle jiā. **3.** 使…平静 shǐ…píngjìng：～ one's nerves 使神经平静下来 shǐ shénjīng píngjìng xiàlái **4.** 决定 juédìng：That ～s the matter. 事情就这样决定了。Shìqing jiù zhèyàng juédìngle. / ～ the quarrel 解决争执 jiějué zhēngzhí **5.** 结算 jiésuàn：～ a bill 结帐 jiézhàng / ～ with the bank once a month 每月同银行结算一次 měiyuè tóng yínháng jiésuàn yícì **6.** 停留 tíngliú：A cold has ～d in my chest. 我感冒一直没有好。Wǒ gǎnmào yìzhí méiyǒu hǎo. **7.** 沉落 chénluò：Dust has ～d on the desk. 桌上积起了尘灰。Zhuōshang jīqǐle chénhuī.

settled *a.* **1.** 固定的 gùdìngde：～ habits 根深蒂固的习惯 gēnshēn-dìgùde xíguàn **2.** 确定的 quèdìngde = decided

settlement *n.* **1.** 解决 jiějué：the ～ of a law case 法律案件的解决 fǎlǜ ànjiànde jiějué **2.** 移民 yímín：the ～ of the American west 美国西部的移民 Měiguó xībùde yímín **3.** 小村落 xiǎo cūnluò = a small community **4.** 沉淀 chéndiàn：allow the wine time for ～ 给时间让酒沉淀 gěi shíjiān ràng jiǔ chéndiàn **5.** 陷落 xiànluò

settler *n.* 移民 yímín

setup *n.* **1.** 机构 jīgòu = organization；arrangement **2.** 计划 jìhuà；方案 fāng'àn = plan；program

seven *n.* & *a.* 七 qī

sevenfold *a.* & *ad.* 七倍 qībèi

seventeen *n.* & *a.* 十七 shíqī

seventeenth *a.* 第十七的 dì-shíqīde *n.* **1.** 第十七日 dì-shíqī rì **2.** 十七分之一 shíqī fēnzhīyī

seventh *a.* 第七 dì-qī *n.* **1.** 第七个 dì-qīge **2.** 第七日 dì-qī rì **3.** 七分之一 qī fēnzhīyī

seventieth *a.* 第七十 dì-qīshí *n.* **1.** 第七十个 dì-qīshíge **2.** 七十分之一 qīshí fēnzhīyī

seventy *n.* & *a.* 七十 qīshí

sever *v.* **1.** 切断 qiēduàn：He used scissors to ～ the threads. 他用剪子剪断线。Tā yòng jiǎnzi jiǎnduàn xiàn. **2.** 断绝 duànjué：～ connections with sb. 与某人断绝关系 yǔ mǒurén duànjué guānxì

several *a.* 几个 jǐge：～ times 几次 jǐcì // severally *ad.*

severance *n.* 分离 fēnlí

severe *a.* **1.** 严厉的 yánlìde；严格的 yángéde：～ military discipline 严格的军事纪律 yángéde jūnshì jìlǜ / be ～ with sb. 对某人很严厉 duì mǒurén hěn yánlì **2.** 严重的 yánzhòngde：～ pain 剧痛 jùtòng / a ～ winter 严冬 yándōng // severity *n.*

sew *v.* 缝 féng

sewage *n.* 污水 wūshuǐ：～ treatment 污水处理 wūshuǐ chǔlǐ

sewer *n.* **1.** 污水管 wūshuǐguǎn = underground drain **2.** 缝衣工人 féngyī gōngrén = one who sews

sewerage *n.* 排水工程 páishuǐ gōngchéng：a town with a modern ～ system 拥有现代下水道系统的城市 yōngyǒu xiàndài xiàshuǐdào xìtǒngde chéngshì

sewing *n.* **1.** 缝合 fénghé；缝纫 féngrèn **2.** 缝制品 féngzhìpǐn = article being sewn

sewing machine *n.* 缝纫机 féngrènjī

sex *n.* **1.** 性别 xìngbié：the male ～ 男性 nánxìng **2.** 性 xìng：～ organs 性器官（生殖器官）xìngqìguān（shēngzhí qìguān）**3.** 性行为 xìng xíngwéi = sexual activity

sexism *n.* 性别歧视 xìngbié qíshì = discrimination by one sex against the other

sextet *n.* 六重奏 liùchóngzòu；六重唱 liùchóngchàng

sexual *a.* **1.** 性的 xìngde；性别的 xìngbiéde = of sex **2.** 两性的 liǎngxìngde；两性之间的 liǎngxìng zhījiānde = of the two sexes：～ intercourse 性交 xìngjiāo

sexy *a.* **1.** 性感的 xìnggǎnde = arousing sexual desire **2.** 色情的 sèqíngde = with much sex in it：a ～ movie 色情电影 sèqíng diànyǐng

shabby *a.* **1.** 破烂的 pòlànde；褴褛的 lánlǚde：a ～ hat 破旧的帽子 pòjiùde màozi / be ～ in dress 衣衫褴褛 yīshān lánlǚ **2.** 卑鄙的 bēibǐde = mean

shack *n.* 棚屋 péngwū

shackle *n.* **1.** 镣铐 liàokào：a pair of ～s 一副镣铐 yífù liàokào **2.** 束缚 shùfù：break through the ～s of habit 打破习惯的束缚 dǎpò xíguànde shùfù *v.* **1.** 束缚 shùfù = hamper **2.** 给…戴上镣铐 gěi…dàishàng liàokào / be ~d with metal chains 被戴上金属镣铐 bèi dàishàng jīnshǔ liàokào

shad *n.* 美洲西鲱 Měizhōu xīfēi

shade *n.* **1.** 荫 yīn：under the ~ of a tree 在树荫下 zài shùyīn xià / in the ~ 在阴凉处 zài yīnliáng chù **2.** 遮光物 zhēguāngwù：a window ~ 遮光帘 zhēguānglián **3.** 细微差别 xìwēi chābié：~s of meaning 意义上的细微差别 yìyìshangde xìwēi chābié *v.* **1.** 遮蔽 zhēbì；遮暗 zhē'àn：Trees ~ the streets. 街道旁绿树成荫。Jiēdào páng lǜshù chéngyīn. **2.** 隐瞒 yǐnmán；掩饰 yǎnshì：They try to ~ the mistakes. 他们试图掩饰错误。Tāmen shìtú yǎnshì cuòwù.

shadeless *a.* 无荫的 wúyīnde；无遮蔽的 wú zhēbìde

shading *n.* **1.** 多荫 duōyīn = screening from light **2.** 细微差别 xìwēi chābié = small differences **3.** 表现明暗法 biǎoxiàn míng'ànfǎ * in drawing, the technique of showing light and darkness

shadow *n.* **1.** 影子 yǐngzi：He is his own ~. 他胆小得不得了。Tā dǎnxiǎode bùdéliǎo. **2.** 阴暗部分 yīn'àn bùfen = dark area：sit in the ~ 坐在幽暗处 zuòzài yōu'ànchù // the evening ~s 暮色 mùsè

shadowland *n.* 虚幻境界 xūhuàn jìngjiè

shadow play 皮影戏 píyǐngxì；影子戏 yǐngzixì

shadowy *a.* 阴暗的 yīn'ànde = of partial darkness

shady *a.* **1.** 遮荫的 zhēyīnde：the ~ side of the house 房屋的背阴面 fángwūde bèiyīnmiàn **2.** 可疑的 kěyíde：a ~-looking man 形迹可疑的家伙 xíngjī kěyíde jiāhuo // shadiness *n.*

shaft *n.* **1.** 箭 jiàn；矛 máo = stem (of an arrow or spear)：~s of satire 一支支讽刺的利箭 yìzhīzhī fěngcìde lìjiàn / ~s of lightning 一道道闪电 yídàodào shǎndiàn **2.** 柄 bǐng = handle：the ~ of an axe 斧柄 fǔbǐng **3.** 矿井 kuàngjǐng = long and narrow passage of a mine

shag *a.* 粗毛的 cūmáode = with rough hair *n.* 长绒粗呢 chángróng cūní = cloth with rough surface

shaggy *a.* **1.** 有粗毛的 yǒu cūmáode：a ~ beard 粗浓的胡子 cūnóngde húzi **2.** 蓬乱的 péngluànde = matted：~ hair 蓬乱的头发 péngluànde tóufa

shake *v.* **1.** 摇 yáo：The medicine is to be ~n before use. 此药服前摇匀。Cǐ yào fú qián yáoyún. / ~ hands 握手 wòshǒu **2.** 震动 zhèndòng：The explosion shook the house. 爆炸震动了房子。Bàozhà zhèndòngle fángzi. **3.** 挥舞 huīwǔ：～ one's fists at sb. 向某人挥拳 xiàng mǒurén huīquán

shaker *n.* **1.** 摇动者 yáodòngzhě **2.** 震荡器 zhèndàngqì：a pepper ～ 胡椒瓶 hújiāopíng

Shakespeare *n.* 莎士比亚 Shāshìbǐyà

Shakespearian *a.* 莎士比亚的 Shāshìbǐyàde *n.* 莎士比亚研究者 Shāshìbǐyà yánjiūzhě

shaky *a.* **1.** 摇晃的 yáohuàngde；不稳的 bùwěnde：a ～ table 摇晃的桌子 yáohuàngde zhuōzi / ～ economy 不稳定的经济 bù wěndìngde jīngjì **2.** 有病的 yǒubìngde：look ～ 脸色不好 liǎnsè bùhǎo **3.** 不可靠的 bù kěkàode = unreliable

shall *v. aux.* **1.** 将 jiāng；会 huì：I ～ reach Qingdao tomorrow. 明天我将到达青岛。Míngtiān wǒ jiāng dàodá Qīngdǎo. **2.** …好吗？…hǎoma?：S- we go? 咱们走好吗？Zánmen zǒu hǎoma? / S- he come to see you? 要不要他来看你？Yàobuyào tā lái kàn nǐ?

shallow *a.* 浅的 qiǎnde：a ～ dish 浅盘 qiǎnpán / a ～ stream 浅溪 qiǎnxī / ～ talk 肤浅的谈话 fūqiǎnde tánhuà / a ～ man 浅薄的人 qiǎnbóde rén

shallow-brained *a.* 头脑简单的 tóunǎo jiǎndānde

sham *n.* **1.** 赝品 yànpǐn = imitation **2.** 骗子 piànzi = cheat *a.* 假的 jiǎde = feigned：～ illness 装病 zhuāngbìng

shamble *v.* 蹒跚 pánshān：～d into the hall 蹒跚地走进大厅 pánshānde zǒujìn dàtīng *n.* 蹒跚 pánshān

shambles *n.* **1.** 屠宰场 túzǎichǎng **2.** 混乱 hùnluàn = mess or messy place：a complete ～ 一片混乱 yípiàn hùnluàn

shame *n.* **1.** 羞耻 xiūchǐ：feel ～ 感到羞耻 gǎndào xiūchǐ / have no ～ 厚颜无耻 hòuyán-wúchǐ / For ～！真丢脸！Zhēn diūliǎn！**2.** 可耻的人 kěchǐde rén = one who brings dishonor

shamefaced *a.* **1.** 害羞的 hàixiūde = bashful：a ～ girl 害羞的少女 hàixiūde shàonǚ **2.** 惭愧的 cánkuìde = showing shame：make one's excuses in a ～ way 惭愧地表示歉意 cánkuìde biǎoshì qiànyì

shameful *a.* **1.** 可耻的 kěchǐde：a ～ defeat 可耻的失败 kěchǐde shībài / He is ashamed of his ～ conduct. 他为他可耻的行为感到惭愧。Tā wèi tā kěchǐde xíngwéi gǎndào cánkuì. **2.** 猥亵的 wěixiède：a ～ book 一本

淫书 yìběn yínshū

shameless *a.* 无耻的 wúchǐde；不要脸的 búyàoliǎnde：～ conduct 无耻的行为 wúchǐde xíngwéi

shampoo *v.* 洗头 xǐtóu *n.* **1.** 洗头 xǐtóu **2.** 洗发剂 xǐfàjì = agent for washing hair

shank *n.* **1.** 小腿 xiǎotuǐ * of a leg **2.** 柄 bǐng = a stem

shanty *n.* 小屋 xiǎowū

shanty town *n.* 棚户区 pénghùqū；贫民窟 pínmínkū

shape *n.* **1.** 形状 xíngzhuàng；样式 yàngshì = form **2.** 定形 dìngxíng = developed form：knock sth. into ～ 将某物敲打成形 jiāng mǒuwù qiāodǎ chéngxíng **3.** 模型 móxíng = mold *v.* **1.** 成形 chéngxíng = give shape to：～ a piece of wood 使一块木头成形 shǐ yíkuài mùtou chéngxíng **2.** 使适合 shǐ shìhé = to cause to fit：～ one's plans to one's abilities 使计划适合自己的能力 shǐ jìhuà shìhé zìjǐde nénglì

shapeless *a.* **1.** 无（定）形的 wú（dìng）xíngde：= with no shape **2.** 样子不好的 yàngzi bù hǎode；不匀称的 bù yúnchènde = out of proportion：a ～ figure 不匀称的体形 bù yúnchènde tǐxíng

shapely *a.* **1.** 美观的 měiguānde：She has a ～ figure. 她的体形优美。Tāde tǐxíng yōuměi. **2.** 有条理的 yǒu tiáolǐde = logical：a ～ conception 条理清楚的概念 tiáolǐ qīngchude gàiniàn

shaper *n.* **1.** 成形机 chéngxíngjī = machine that gives shape to **2.** 牛头刨床 niútóubàochuáng * a carpenter's tool

shard *n.* **1.** 翅鞘 chìqiào * of insects **2.** 碎瓷片 suìcípiàn：～s of the broken vase 花瓶的碎片 huāpíngde suìpiàn

share *n.* **1.** 一份 yífèn：have a ～ in the profits 得一份利润 dé yífèn lìrùn **2.** 股份 gǔfèn：own 100 ～s in a company 在公司中有一百股 zài gōngsīzhōng yǒu yìbǎi gǔ *v.* 均分 jūnfēn：～ a room with sb. 与某人合住一房间 yǔ mǒurén hézhù yì fángjiān

sharebroker *n.* 股票经纪人 gǔpiào jīngjìrén

shareholder *n.* 股东 gǔdōng

shareholding *n.* 股权 gǔquán

share index *n.* 股票指数 gǔpiào zhǐshù

shark *n.* **1.** 鲨鱼 shāyú：～'s fins 鱼翅 yúchì **2.** 骗子 piànzi；勒索者 lèsuǒzhě = swindler：ticket ～s 票贩子 piàofànzi

sharp *a*. **1.** 尖的 jiānde；锋利的 fēnglìde：a ～ knife 锋利的刀 fēnglìde dāo **2.** 敏锐的 mǐnruìde：～ eyes 敏锐的目光 mǐnruìde mùguāng **3.** 尖刻的 jiānkède：a ～ pain 剧痛 jùtòng / a ～ criticism 尖锐的批评 jiānruìde pīpíng *ad*. 正点 zhèngdiǎn：arrive at 10 ～ 十点正到达 shídiǎnzhèng dàodá

sharpen *v*. **1.** 削尖 xiāojiān；磨快 mókuài：～ a pencil 削铅笔 xiāo qiānbǐ / ～ a knife 磨刀 módāo **2.** 加重 jiāzhòng；加剧 jiājù = make sharp：～ the pain 加剧疼痛 jiājù téngtòng

sharpener *n*. 削刀 xiāodāo；磨床 móchuáng：a pencil ～ 铅笔刀 qiānbǐdāo

sharp-eyed *a*. 目光敏锐的 mùguāng mǐnruìde：a ～ hunter 目光锐利的猎人 mùguāng ruìlìde lièrén

sharp-nosed *a*. **1.** 有尖鼻子的 yǒu jiān bízide **2.** 嗅觉灵敏的 xiùjué língmǐnde：a ～ dog 嗅觉灵敏的狗 xiùjué língmǐnde gǒu

sharpshooter *n*. 神枪手 shénqiāngshǒu

sharp-tongued *a*. 说话刻薄的 shuōhuà kèbóde

shatter *v*. **1.** 粉碎 fěnsuì = break **2.** 破坏 pòhuài；损害 sǔnhài = do harm to：～ a scheme 破坏计划 pòhuài jìhuà / ～ one's health 损害健康 sǔnhài jiànkāng *n*. 碎片 suìpiàn = broken piece：be in ～s 一片粉碎 yípiàn fěnsuì

shatterproof *a*. 防碎的 fángsuìde；不碎的 búsuìde：～ glass 不碎玻璃 búsuì bōlí

shattery *a*. 易破碎的 yì pòsuìde

shave *v*. **1.** 刮 guā；剃 tì：He ～s every other day. 他每隔一天刮脸。Tā měi gé yìtiān guāliǎn. / ～ one's beard 剃胡子 tìhúzi **2.** 修剪 xiūjiǎn = trim：～ a lawn 修剪草坪 xiūjiǎn cǎopíng *n*. **1.** 修面 xiūmiàn；刮脸 guāliǎn：give sb. a ～ 给某人修面 gěi mǒurén xiūmiàn **2.** 挤进 jǐjìn：～ through a gap in the fence 从篱笆缝里挤进去 cóng líbafèngli jǐjìnqu

shaving *n*. **1.** 修脸 xiūliǎn；刮 guā **2.** 薄片 báopiàn = thin slices of

shaving cream *n*. 剃须膏 tìxūgāo

shaving lotion *n*. 修面香液 xiūmiàn xiāngyè

shawl *n*. 披肩 pījiān

she *pron*. 她 tā

sheaf *n*. (一)束 (yí)shù；(一)捆 (yì)kǔn：a ～ of wheat 一捆麦子 yìkǔn màizi *v*. 捆 kǔn = to bind together

shear *v.* **1.** (修)剪 (xiū) jiǎn：～ a sheep 剪羊毛 jiǎn yángmáo **2.** 横越 héngyuè = cut through：a ship ～ing the sea 横越大海的船 héngyuè dàhǎide chuán **3.** 剥夺 bōduó = deprive：～ off sb.'s plume 挫某人的傲气 cuò mǒurénde àoqì

shears *n.* **1.** 大剪刀 dàjiǎndāo **2.** 剪切机 jiǎnqiējī = shearing machine

sheath *n.* 鞘 qiào：the ～ of a sword 剑鞘 jiànqiào

sheathe *v.* **1.** 插…入鞘 chā… rùqiào = put into a sheath **2.** 包 bāo；覆盖 fùgài = to protect with a covering

sheathing *n.* 外层覆盖 wàicéng fùgài：a waterproof ～ 防水的包装 fángshuǐde bāozhuāng

sheave *n.* 滑车轮 huáchēlún *v.* 捆 kǔn = bind together

shed[1] *n.* 棚 péng = a small building for storage

shed[2] *v.* **1.** 流出 liúchū：～ tears 流泪 liúlèi **2.** 脱落 tuōluò：The trees began ～ding their leaves. 树木开始落叶。Shùmù kāishǐ luòyè. **3.** 发散 fāsàn：～ warmth and light 发出光和热 fāchū guāng hé rè

sheen *n.* 光泽 guāngzé

sheep *n.* 绵羊 miányáng：a wolf in ～'s clothing 披着羊皮的豺狼 pīzhe yángpíde cháiláng

sheep-dog *n.* 看羊狗 kānyánggǒu

sheepfold *n.* 羊栏 yánglán

sheepish *a.* 腼腆的 miǎntiǎnde：a ～-looking boy 样子腼腆的男孩 yàngzi miǎntiǎnde nánhái

sheeplike *a.* 绵羊般的 miányángbānde；温顺的 wēnshùnde *ad.* 绵羊般地 miányángbānde；温顺地 wēnshùnde

sheepskin *n.* 绵羊皮 miányángpí

sheer *a.* **1.** 彻底的 chèdǐde：a ～ fraud 彻头彻尾的骗局 chètóuchèwěide piànjú **2.** 透明的 tòumíngde：stockings of ～ silk 透明丝袜 tòumíng sīwà **3.** 陡峭的 dǒuqiàode：a ～ cliff 悬崖 xuányá

sheet *n.* **1.** 床单 chuángdān：change the ～s 换床单 huàn chuángdān **2.** 一张 yìzhāng = a thin，broad piece of material：a ～ of paper 一张纸 yìzhāng zhǐ

sheeting *n.* 被单料子 bèidān liàozi

sheik(h) *n.* (阿拉伯) 酋长 (Ālābó) qiúzhǎng

sheikhdom *n.* 酋长国 qiúzhǎngguó

shelf *n.* **1.** 架子 jiàzi：book shelves 书架 shūjià **2.** 陆架 lùjià：continental ～ 大陆架 dàlùjià

shell *n.* **1.** 壳 ké：an egg ～ 蛋壳 dànké **2.** 炮弹 pàodàn：a tear (gas) ～ 催泪弹 cuīlèidàn *v.* **1.** 脱壳 tuōké；剥壳 bāoké：～ peanuts 剥花生 bāo huāshēng **2.** 炮轰 pàohōng：～ the enemy's headquarters 炮轰敌军司令部 pàohōng díjūn sīlìngbù

shellfish *n.* 贝壳类动物 bèikélèi dòngwù

shelling *n.* **1.** 去壳 qùké ＝ removing shells **2.** 炮击 pàojī ＝ bombardment

shell mosaics *n.* 贝雕画 bèidiāohuà

shellproof *a.* 防弹的 fángdànde

shelter *n.* **1.** 遮蔽物 zhēbìwù：an air-raid ～ 防空洞 fángkōngdòng **2.** 遮蔽 zhēbì：take ～ from the rain 避雨 bìyǔ *v.* **1.** 掩蔽 yǎnbì；庇护 bìhù：The trenches ～ed them from enemy gunfire. 战壕掩蔽他们使不受敌人炮击。Zhànháo yǎnbì tāmen shǐ bú shòu dírén pàojī. **2.** 避开 bìkāi：～ from trouble 避开麻烦 bìkāi máfan

shelterless *a.* 无遮盖的 wú zhēgàide；无处藏身的 wúchù cángshēnde

shelve *v.* **1.** 把…放在搁板上 bǎ…fàngzài gēbǎnshang：**2.** 搁置 gēzhì ＝ postpone：The proposal was ～d. 这建议被暂时搁置了。Zhè jiànyì bèi zànshí gēzhìle.

shepherd *n.* 牧羊人 mùyángrén *v.* **1.** 牧羊 mùyáng ＝ take care of sheep **2.** 带领 dàilǐng ＝ to guide

shepherdess *n.* 牧羊女 mùyángnǚ

sheriff *n.* **1.** 郡长 jùnzhǎng * in England **2.** 执行法律的主要官员 zhíxíng fǎlǜde zhǔyào guānyuán；警长 jǐngzhǎng * in the U. S.

sherry *n.* 雪利酒 xuělìjiǔ

Shiah *n.* 什叶派（伊斯兰教派之一）Shíyèpài (Yīsīlán jiàopài zhīyī)

shield *n.* 盾 dùn：a spear and a ～ 矛和盾 máo hé dùn *v.* 保护 bǎohù：～ country from invasion 保护国家不受侵略 bǎohù guójiā búshòu qīnlüè

shift *v.* **1.** 移动 yídòng；改变 gǎibiàn ＝ change position or direction：The wind ～ed. 风改变方向了。Fēng gǎibiàn fāngxiàngle. **2.** 推托 tuītuō：Don't try to ～ the responsibility on to others. 不要企图把责任推给别人。Búyào qǐtú bǎ zérèn tuīgěi biérén. *n.* 轮班 lúnbān：the day (night) ～ 日(夜)班 rì(yè)bān / work in three ～s 分三班工作 fēn sānbān gōngzuò

shiftless *a.* 无计划的 wú jìhuàde；得过且过的 déguò-qiěguòde：live in a ～ way 得过且过地生活 déguò-qiěguòde shēnghuó

shifty *a.* 不老实的 bù lǎoshide

Shiite *n.* 什叶派教徒 Shíyèpài jiàotú *a.* 什叶派的 Shíyèpàide

shilling *n.* 先令 xiānlìng

shilly-shally *v.* & *n.* 犹豫不决 yóuyù-bùjué：～ about the matter 对此事犹豫不决 duì cǐshì yóuyù-bùjué

shimmer *v.* 发微光 fā wēiguāng；闪烁 shǎnshuò：the ～ing moonlight on the sea 海面上闪烁的月光 hǎimiànshang shǎnshuòde yuèguāng *n.* 闪烁的微光 shǎnshuòde wēiguāng

shin *n.* 胫部 jìngbù：～bone 胫骨 jìnggǔ *v.* **1.** 爬 pá ＝ climb **2.** 快步走 kuàibùzǒu ＝ walk quickly

shine *v.* **1.** 照耀 zhàoyào：The sun ～s brightly. 阳光灿烂。Yángguāng cànlàn. **2.** 擦亮 cāliàng：～ shoes 擦皮鞋 cā píxié **3.** 出众 chūzhòng：She ～s in singing. 她唱歌很出色。Tā chànggē hěnchūsè. *n.* 晴天 qíngtiān：Rain or ～, we'll set out tomorrow. 不论晴雨，我们明天出发。Búlùn qíngyǔ，wǒmen míngtiān chūfā.

shingle *n.* **1.** 木瓦 mùwǎ ＝ wooden tile **2.** 小招牌 xiǎozhāopai ＝ nameboard：hang out one's ～ 挂牌开业 guàpái kāiyè

shining *a.* **1.** 发光的 fāguāngde **2.** 出色的 chūsède ＝ illustrious：a ～ example 一个光辉典范 yíge guānghuī diǎnfàn

shiny *a.* 有光泽的 yǒu guāngzéde：a ～ 10p coin 一枚闪亮的十便士硬币 yìméi shǎnliàngde shí biànshì yìngbì / ～ boots 擦亮的靴 cāliàngde xuē

ship *n.* 船 chuán：a passenger ～ 客轮 kèlún *v.* 船运 chuányùn：to ～ machines from Dalian to Shanghai 用船把机器从大连运到上海 yòng chuán bǎ jīqì cóng Dàlián yùndào Shànghǎi

shipboard *n.* 船 chuán：go on ～ 上船 shàngchuán / goods stored on ～ 存放在船上的货物 cúnfàng zài chuánshangde huòwù

shipbroker *n.* 船舶经纪人 chuánbó jīngjìrén

shipbuilding *n.* 造船（学） zàochuán（xué）

shipload *n.* 船只运载量 chuánzhī yùnzàiliàng

shipmate *n.* 同船水手 tóngchuán shuǐshǒu

shipment *n.* **1.** 装运 zhuāngyùn：a ～ request 装运申请书 zhuāngyùn shēnqǐngshū **2.** 装运的货物 zhuāngyùnde huòwù = goods being shipped

shipowner *n.* 船主 chuánzhǔ

shipper *n.* 运货人 yùnhuòrén

shipping *n.* 装运 zhuāngyùn：a ～ charge 托运费 tuōyùnfèi

shipshape *a.* 整齐的 zhěngqíde：clean and ～干净整齐的 gānjìng zhěngqíde

shipwreck *n.* 船只失事 chuánzhī shīshì *v.* 船只遇难 chuánzhī yùnàn

shipwright *n.* 造船工人 zàochuán gōngrén

shipyard *n.* 造船厂 zàochuánchǎng；船坞 chuánwù

shire *n.* 郡 jùn * in England

shirk *v.* 逃避 táobì：We mustn't ～ our cleaning job. 我们不可以逃避清洁工作。Wǒmen bùkěyǐ táobì qīngjié gōngzuò. / ～ school 逃学 táoxué

shirt *n.* 衬衫 chènshān：a sports ～ 运动衫 yùndòngshān

shiver[1] *v.* 颤抖 chàndǒu：～ with cold 冷得发抖 lěngde fādǒu

shiver[2] *n.* [～s] 碎块 suìkuài = broken pieces

shivery *a.* **1.** 发抖的 fādǒude = trembling **2.** 寒冷的 hánlěngde = cold

shoal *n.* **1.** 浅滩 qiǎntān：strike on a ～ 搁浅 gēqiǎn **2.** 群 qún：a ～ of salmon 一群鲑鱼 yìqún guīyú

shock *n.* **1.** 震动 zhèndòng：the ～ of the earthquake 地震引起的震动 dìzhèn yǐnqǐde zhèndòng **2.** 冲击 chōngjī = impact caused by collision **3.** 震惊 zhènjīng：His death was a ～ to us all. 他的去世使我们大家感到震惊。Tāde qùshì shǐ wǒmen dàjiā gǎndào zhènjīng. **4.** 触电 chùdiàn：get a ～ from a wire 碰着电线而触电 pèngzhe diànxiàn ér chùdiàn *v.* **1.** 震惊 zhènjīng：I was ～ed by the news. 这消息使我震惊。Zhè xiāoxi shǐ wǒ zhènjīng. **2.** 触电 chùdiàn：He got ～ed when he touched the wire. 他碰着电线触了电。Tā pèngzhe diànxiàn chùle diàn.

shocking *a.* **1.** 令人震惊的 lìng rén zhènjīngde：～ news 令人震惊的消息 lìng rén zhènjīngde xiāoxi **2.** 非常坏的 fēicháng huàide：～ behavior 非常坏的行为 fēicháng huàide xíngwéi

shockproof *a.* 防震的 fángzhènde：

shoddy *n.* 再生呢绒 zàishēng níróng = cloth made of old mixed wool *a.* 冒充好货的 màochōng hǎohuòde；劣质的 lièzhìde：～ goods 劣质商品 lièzhì shāngpǐn

shoe *n.* **1.** 鞋 xié **2.** 蹄铁 títiě * for a horse's hoof

shoeblack *n.* 擦皮鞋工人 cāpíxié gōngrén
shoemaker *n.* 制鞋工人 zhìxié gōngrén
shoe polish *n.* 皮鞋油 píxiéyóu
shoestring *n.* 鞋带 xiédài
shoo *int.* 嘘！Xū！ *v.* 嘘的一响 xūde yìxiǎng：～ the birds away 把那些小鸟赶走 bǎ nàxiē xiǎoniǎo gǎnzǒu
shoot *v.* **1.** 发射 fāshè；射击 shèjī：Don't ～！别开枪！Bié kāiqiāng！/ He shot at a bird, but missed it. 他开枪打鸟，但没打中。Tā kāiqiāng dǎ niǎo, dàn méi dǎzhòng. **2.** 射向 shèxiàng = send … out quickly：She shot him an indignant look. 她怒气冲冲地瞪了他一眼。Tā nùqìchōngchōngde dèngle tā yìyǎn. / ～ questions at the chairman 向主席提出一连串问题 xiàng zhǔxí tíchū yìliánchuàn wèntí **3.** 投（球）tóu(qiú)；踢（球）tī(qiú)：～ a basket 投篮得分 tóulán défēn / ～ the ball into the goal 把球踢进球门 bǎ qiú tījìn qiúmén / ～ at the target 打靶 dǎbǎ
shooter *n.* **1.** 射手 shèshǒu **2.** 手枪 shǒuqiāng = pistol
shooting *n.* **1.** 射击 shèjī = act of ～ **2.** 射门 shèmén ＊ in playing football 投篮 tóulán ＊ in playing basketball
shop *n.* **1.** 商店 shāngdiàn：The ～s close at 8. 商店八点关门。Shāngdiàn bādiǎn guānmén. **2.** 车间 chējiān；工厂 gōngchǎng = workshop：an assembly ～ 装配车间 zhuāngpèi chējiān *v.* 购物 gòuwù：go ～ping 去购买商品 qù gòumǎi shāngpǐn
shop assistant *n.* 店员 diànyuán
shopboy *n.* 男店员 nándiànyuán
shopfront *n.* 店面 diànmiàn；店堂 diàntáng
shopgirl *n.* 女店员 nǚdiànyuán
shopkeeper *n.* 店主 diànzhǔ
shoplift *v.* 从商店中窃取货品 cóng shāngdiànzhōng qièqǔ huòpǐn
shoplifter *n.* 从商店中窃取货品者 cóng shāngdiànzhōng qièqǔ huòpǐnzhě
shopman *n.* 店员 diànyuán
shopper *n.* 顾客 gùkè
shopping *n.* 购物 gòuwù：a ～ center 购物中心 gòuwù zhōngxīn
shopping mall 商店林立的步行街 shāngdiàn línlìde bùxíngjiē
shopwindow *n.* 橱窗 chúchuāng：dress a ～ 陈设橱窗 chénshè chúchuāng
shopworn *a.* 陈旧的 chénjiùde = faded；trife：～ phrases that don't per-

suade anyone any longer 无法再说服任何人的陈腔滥调 wúfǎ zài shuōfú rènhé rènde chénqiāng-làndiào

shore *n.* 岸 àn：go on ～ 上岸 shàng'àn / in ～ 靠岸 kào'àn / off ～ 离岸 lí'àn

short *a.* **1.** 短 duǎn：make a ～ sentence 造一个短句 zào yíge duǎnjù / only a ～ way from here 离这里不远 lí zhèlǐ bùyuǎn / have one's hair cut ～ 剪短头发 jiǎnduǎn tóufa / a ～ visit 短时间的访问 duǎn shíjiānde fǎngwèn / a ～ bill 短期票据 duǎnqī piàojù / a ～ time ago 不久以前 bùjiǔ yǐqián **2.** 矮 ǎi：a ～ man 矮个子 ǎigèzi **3.** 缺少 quēshǎo：These goods are in ～ supply. 这些货物缺货。Zhèxiē huòwò quēhuò. / I'm ～ of money this week. 这星期我缺钱。Zhè xīngqī wǒ quēqián. **4.** 简短 jiǎnduǎn：His answer was ～ and to the point. 他的回答简短扼要。Tāde huídá jiǎnduǎn èyào. / make a long story ～ 长话短说 chánghuà-duǎnshuō / for ～ 简称 jiǎnchēng / in ～ 总而言之 zǒng'ér-yánzhī *ad.* **1.** 突然 tūrán：The driver stopped ～. 司机紧急刹车。Sījī jǐnjí shāchē. **2.** 快用完 kuài yòngwán：We're run ～ of oil. 我们的油快用完了。Wǒmende yóu kuài yòngwánle.

shortage *n.* 缺乏 quēfá：food ～ 粮食不足 liángshi bùzú

shortbread *n.* 奶油脆饼 nǎiyóu cuìbǐng

shortcircuit *n.* 短路 duǎnlù

shortcoming *n.* 缺点 quēdiǎn

shortcut *n.* 近路 jìnlù；捷径 jiéjìng：There is no ～s to learning. 做学问是无捷径可走的。Zuò xuéwen shì wú jiéjìng kě zǒude. *v.* 抄近路 chāo jìnlù；走捷径 zǒu jiéjìng

shorten *v.* 变短 biànduǎn；缩短 suōduǎn：He ～ed the coat by an inch. 他把上衣改短一英寸。Tā bǎ shàngyī gǎi duǎn yī yīngcùn. / ～ the article to 1,000 words 把文章缩短到1,000字 bǎ wénzhāng suōduǎn dào yìqiān zì

shorthand *n.* 速记 sùjì：take notes in ～ 用速记记录 yòng sùjì jìlù

shorthanded *a.* 缺少人手的 quēshǎo rénshǒude

shorthorn *n.* 短角牛 duǎnjiǎoniú

short-lived *a.* **1.** 短命的 duǎnmìngde = lasting only a short time；**2.** 暂时的 zànshíde = tempory：a ～ triumph 暂时的胜利 zànshíde shènglì

shortly *ad.* **1.** 立刻 lìkè；不久 bùjiǔ：～ before noon 中午前不久 zhōngwǔ qián bùjiǔ / The plane will take off ～. 飞机立刻要起飞了。Fēijī lìkè yào qǐfēile. **2.** 简短 jiǎnduǎn：～ but clearly 简明扼要 jiǎnmíng èyào

short-sighted *a.* **1.** 近视的 jìnshìde = near-sighted **2.** 眼光短浅的 yǎnguāng duǎnqiǎnde：It's very ～ not to spend money repairing your house. 你不花钱修房子是眼光短浅的。Nǐ bù huāqián xiū fángzi shì yǎnguāng duǎnqiǎnde.

short(-)stop *n.* 游击手 yóujīshǒu * in a baseball game

short story *n.* 短篇小说 duǎnpiān xiǎoshuō

short-term *a.* 短期的 duǎnqīde：a ～ loan 短期贷款 duǎnqī dàikuǎn

shortwave *n.* 短波 duǎnbō *a.* 短波的 duǎnbōde

shot *n.* **1.** 射击 shèjī：He fired three ～s. 他开了三枪。Tā kāile sān qiāng. / hear ～s in the distance 听到远处枪声 tīngdào yuǎnchù qiāngshēng **2.** 尝试 chángshì：Let me have a ～ at it. 让我试试。Ràng wǒ shìshì. **3.** 射手 shèshǒu：He's a first-class ～. 他是第一流的射手。Tā shì dìyīliúde shèshǒu. **4.** 镜头 jìngtóu：a special ～ 特写镜头 tèxiě jìngtóu

shotgun *n.* 猎枪 lièqiāng

shot-put *n.* 铅球 qiānqiú

should *v.* **1.** 应该 yīnggāi：You ～ not be so careless. 你不应这么粗心。Nǐ bùyīng zhème cūxīn. / You ～ have started off earlier. 你们本来应该早些动身的。Nǐmen běnlái yīnggāi zǎoxiē dòngshēnde. **2.** 万一 wànyī：S- it rain tomorrow, we would stay at home. 万一明天下雨，我们只能呆在家里。Wànyī míngtiān xiàyǔ, wǒmen zhǐnéng dāi zài jiāli.

shoulder *n.* 肩 jiān：marching ～ to ～ 肩并肩前进 jiānbìngjiān qiánjìn

shoulder-blade *n.* 肩胛 jiānjiǎ

shoulderstrap *n.* 肩章 jiānzhāng

shout *n.* 高呼 gāohū；大声说 dàshēng shuō：utter a ～ of joy 欢呼 huānhū *v.* 呼喊 hūhǎn：～ at sb. 对某人大声叫嚷 duì mǒurén dàshēng jiàorǎng / He ～ed for help. 他高声呼救。Tā gāoshēng hūjiù.

shove *v.* 推 tuī：Stop shoving! 别推了！Bié tuīle! / S- over, friend, and let me sit beside you. 挪一挪，老兄，让我坐在你旁边。Nuóyinuó, lǎoxiōng, ràng wǒ zuòzài nǐ pángbiān.

shovel *n.* 铁锹 tiěqiāo

show *v.* **1.** 给看 gěikàn：I ～ed him my letter of introduction. 我把我的介绍信给他看了。Wǒ bǎ wǒde jièshàoxìn gěi tā kànle. / S- your tickets, please! 请把票拿出来! Qǐng bǎ piào náchūlái! **2.** 放映 fàngyìng: What film are they ～ing at the cinema? 电影院放映什么电影? Diànyǐngyuàn fàngyìng shénme diànyǐng? **3.** 带到 dàidào: May I ～ you to your seat? 我来带你到座位上好吗? Wǒ lái dài nǐ dào zuòwèishang hǎoma? / ～ sb. round the city 带某人参观城市 dài mǒurén cānguān chéngshì / She ～ed him to the door. 她送他到门口。Tā sòng tā dào ménkǒu. **4.** 教 jiāo: Please ～ me how to use the recorder? 请你教给我怎样使用录音机? Qǐng nǐ jiāogěi wǒ zěnyàng shǐyòng lùyīnjī? *n.* **1.** 展览 zhǎnlǎn: a flower ～ 花展 huāzhǎn **2.** 节目 jiémù: a film ～ 一场电影 yìchǎng diànyǐng / a TV ～ 一个电视节目 yíge diànshì jiémù

showcase *n.* 陈列柜 chénlièguì

showdown *n.* 摊牌 tānpái

shower *n.* **1.** 阵雨 zhènyǔ: I was caught in a ～. 我遇到阵雨。Wǒ yùcào zhènyǔ. **2.** 淋浴: línyù: take a ～ bath 淋浴 línyù **3.** 一阵 yízhèn: a ～ of hail 一阵雹子 yízhèn báozi / a ～ of applause 一阵热烈的掌声 yízhèn rèliède zhǎngshēng

shower-bath *n.* 淋浴 línyù

showery *a.* 阵雨的 zhènyǔde

showily *ad.* 炫耀地 xuànyàode

showiness *n.* 炫耀 xuànyào

showman *n.* 演出主持人 yǎnchū zhǔchírén

showmanship *n.* 演出主持的能力 yǎnchū zhǔchíde nénglì; 吸引力 xīyǐnlì

show-off *n.* **1.** 炫耀 xuànyào; 卖弄 màinong **2.** 爱炫耀或卖弄的人 ài xuànyào huò màinongde rén * refer to a person

showpiece *n.* 样品 yàngpǐn; 陈列品 chénlièpǐn

showplace *n.* 供参观游览的地方 gōng cānguān yóulǎnde dìfang

showroom *n.* 陈列室 chénlièshì

show window *n.* 橱窗 chúchuāng

showy *a.* **1.** 浮华的 fúhuáde = ostentatious **2.** 引人注目的 yǐnrén zhùmùde = flashy

shred *n.* **1.** 碎片 suìpiàn = narrow strip: meat ～s 肉丝 ròusī **2.** 少量 shǎoliàng = small amount

shrew *n.* 泼妇 pōfù

shrewd *a.* 机敏的 jīmǐnde

shrewish *a.* 爱骂人的 àimàrénde；泼妇似的 pōfùshìde

shriek *n.* 尖声 jiānshēng；尖叫声 jiānjiàoshēng *v.* 尖声叫喊 jiānshēng jiàohǎn

shrill *a.* **1.** 刺耳的 cì'ěrde：a ～ whistle 刺耳的汽笛声 cì'ěrde qìdíshēng **2.** 尖刻的 jiānkède：a ～ critic 尖刻的批评家 jiānkède pīpíngjiā

shrimp *n.* 虾 xiā；小虾 xiǎoxiā：shelled ～s 虾仁 xiārén

shrine *n.* **1.** 神龛 shénkān = altar **2.** 圣地 shèngdì = a place considered sacred

shrink *v.* **1.** 收缩 shōusuō：The material won't ～. 这衣料不缩水。Zhè yīliào bù suōshuǐ. **2.** 退缩 tuìsuō：She ～s from meeting strangers. 她怕见陌生人。Tā pà jiàn mòshēngrén. *n.* **1.** 缩水 suōshuǐ **2.** 畏缩 wèisuō；退缩 tuìsuō

shrinkage *n.* **1.** 收缩 shōusuō **2.** 减少 jiǎnshǎo = decrease：a ～ in the power supply 电力供应减少 diànlì gōngyìng jiǎnshǎo

shrink-proof *a.* 防缩 fángsuō

shrink-resistant *a.* 防缩的 fángsuōde

shrivel *v.* 萎缩 wěisuō

shroud *n.* **1.** 寿衣 shòuyī **2.** 罩 zhào；遮蔽物 zhēbìwù：wrapped in a ～ of mystery 在神秘气氛的笼罩下 zài shénmì qìfēnde lǒngzhàoxià

shrub *n.* 灌木 guànmù

shrubbery *n.* 灌木丛 guànmùcóng

shrug *v.* 耸肩 sǒngjiān：～ one's shoulder 耸耸肩 sǒngsǒngjiān

shudder *v.* 发抖 fādǒu：～ at the sight of the dead body 看到死尸怕得发抖 kàndào sǐshī pàde fādǒu

shuffle *v.* **1.** 拖着脚走 tuōzhe jiǎo zǒu：He ～s his feet along. 他拖着脚步走。Tā tuōzhe jiǎobù zǒu. **2.** 洗牌 xǐpái：～ a pack of cards 洗一副纸牌 xǐ yífù zhǐpái *n.* 拖着脚走 tuōzhe jiǎo zǒu

shun *v.* 躲避 duǒbì：She ～ned seeing other people. 她躲避不见其他人。Tā duǒbì bú jiàn qítā rén. / ～ society 避开社交 bìkāi shèjiāo

shunt *v.* **1.** 使(火车)转轨 shǐ(huǒchē)zhuǎnguǐ **2.** 撇在一边 piēzài yìbiān = push aside：He has been ～ed to a smaller branch office of the company. 他被排挤到一个较小的分公司去了。Tā bèi páijǐ dào yíge jiǎo xiǎode fēngōngsī qùle. **3.** 转话题 zhuǎn huàtí = switch over

shut *v.* 关闭 guānbì；合拢 hélǒng：～ the gate 关上大门 guānshàng dàmén

/ S- your mouth! 闭嘴! Bìzuǐ! / The door won't ～. 门关不上。Mén guānbushàng. / The bank won't ～ until 6 p.m. 银行下午六点才关门。Yínháng xiàwǔ liùdiǎn cái guānmén.

shutter *n.* **1.** 百叶窗 bǎiyèchuāng **2.** 快门 kuàimén ＊ of a camera

shuttle *n.* **1.** 梭子 suōzi ＊ in a weaving machine **2.** space ～ 航天飞机 hángtiān fēijī

shuttlecock *n.* 羽毛球 yǔmáoqiú

shy *a.* 怕羞的 pàxiūde: a ～ smile 羞怯的微笑 xiūqiède wēixiào

Siberian *a.* 西伯利亚的 Xībólìyàde ＝ of Siberia *n.* 西伯利亚人 Xībólìyàrén ＊ people of Siberia

sibilant *a.* 发咝音的 fāsīyīnde: a ～ whistling sound 咝咝的呼啸声 sīsīde hūxiàoshēng *n.* 咝音 sīyīn

sibyl *n.* 女算命者 nǚsuànmìngzhě; 女巫 nǚwū

sic *ad.* 原文如此 yuánwén rúcǐ: The writer tells us that the war lasted from 939 (sic) to 1945. 作者告诉我们说这场战争从939年(原文如此)一直延续到1945年。Zuòzhě gàosu wǒmen shuō zhèchǎng zhànzhēng cóng jiǔsānjiǔ nián (yuánwén rúcǐ) yìzhí yánxùdào yījiǔsìwǔ nián.

Sicily *n.* 西西里(岛) Xīxīlǐ(dǎo)

sick *a.* **1.** 有病的 yǒubìngde: a ～ man 病人 bìngrén / He has been ～ for five days. 他已病了五天。Tā yǐ bìngle wǔtiān. / feel ～ 觉得要吐 juéde yào tù / fall ～ 生病 shēngbìng **2.** 厌倦 yànjuàn: ～ and tired 对…十分厌倦 duì…shífēn yànjuàn

sickbed *n.* 病床 bìngchuáng

sicken *v.* **1.** 生病 shēngbìn: The dog began to ～ yesterday. 这狗昨天开始生病。Zhègǒu zuótiān kāishǐ shēngbìng. **2.** 使厌恶 shǐ yànwù: His way of life ～s us. 我们真讨厌他那种生活方式。Wǒmen zhēn tǎoyàn tā nàzhǒng shēnghuó fāngshì.

sickish *a.* 有点恶心的 yǒudiǎn ěxinde: feel ～ 觉得有点恶心 juéde yǒudiǎn ěxin

sickly *a.* **1.** 多病的 duōbìngde: a ～ woman 多病的女人 duōbìngde nǚrén **2.** 苍白的 cāngbáide: His face was ～ yellow. 他的脸色焦黄。Tāde liǎnsè jiāohuáng.

sickness *n.* 疾病 jíbìng

side *n.* **1.** 边 biān；旁边 pángbiān：sit by the ～ of the pond 坐在池塘旁边 zuòzài chítáng pángbiān **2.** 侧边 cèbiān；胁 xié：a pain in the right ～ 右胁疼痛 yòuxié téngtòng **3.** 一方 yìfāng：Justice is on our ～. 正义在我们方面。Zhèngyì zài wǒmen fāngmiàn. // from all ～s 从各方面 cóng gè fāngmiàn / on all ～s 在各方面 zài gè fāngmiàn / ～ by ～ 肩并肩地 jiānbìngjiānde

sideboard *n.* 餐具柜 cānjùguì

side effects *n.* 副作用 fùzuòyòng

sideline *n.* **1.** 边线 biānxiàn；支线 zhīxiàn * of railway **2.** 副业 fùyè；兼职 jiānzhí：farm and ～ products 农副产品 nóng fù chǎnpǐn / She does a bit of writing as a ～. 她从事一些写作作为兼职。Tā cóngshì yìxiē xiězuò zuòwéi jiānzhí.

sidewalk *n.* 人行道 rénxíngdào

sideways *ad.* 斜向一边 xiéxiàng yìbiān；向旁边 xiàng pángbiān：look ～ at sth. 斜着眼看东西 xiézhe yǎn kàn dōngxi / step ～ 向旁边走 xiàng pángbiān zǒu

sidle *v.* 横走 héngzǒu

siege *n.* 围攻 wéigōng：lay ～ to a city 围攻一城市 wéigōng yì chéngshì

siesta *n.* 午睡 wǔshuì

sieve *n.* 筛子 shāizi：draw water with a ～ 竹篮子打水 zhúlánzi dǎshuǐ *v.* 筛 shāi；滤 lǜ = separate larger particles from the smaller ones, or solids from fluids

sift *v.* **1.** 筛 shāi = to sieve **2.** 细查 xìchá；细审 xìshěn = carefully examine

sigh *v.* & *n.* 叹气 tànqì：heave a ～ of relief 松一口气 sōng yìkǒu qì

sight *n.* **1.** 视力 shìlì：have good (poor) ～ 视力好(坏) shìlì hǎo (huài) **2.** 视域 shìyù：Nobody was in ～. 看不见什么人。Kànbujiàn shénme rén. **3.** 风景 fēngjǐng：see the ～s of the Great Wall 观看长城风景 guānkàn chángchéng fēngjǐng // at first ～ 乍一看 zhà yī kàn；初看 chū kàn / catch ～ of 看到 kàndào / in ～ 看得见 kàndejiàn / out of ～ 看不见 kànbujiàn

sightless *a.* 失明的 shīmíngde

sightly *a.* 漂亮的 piàoliangde

sightseeing *n.* 观光 guānguāng；游览 yóulǎn：Are you going for business or just for ～？你去是为了公事，还是观光？Nǐ qù shì wèile gōngshì, háishì guānguāng? *a.* 观光(用)的 guānguāng(yòng)de；旅游(用)的 lǚyóu(yòng)de：a ～ bus 旅游车 lǚyóuchē

sightseer *n.* 游客 yóukè；观光客 guānguāngkè

sign *n.* **1.** 符号 fúhào：mathematical ～s 数字符号 shùzì fúhào **2.** 招牌 zhāopai = signboard **3.** 预兆 yùzhào = omen **4.** 手势 shǒushì：～ language 手语 shǒuyǔ *v.* **1.** 签名 qiānmíng：～ a cheque 在支票上签字 zài zhīpiàoshang qiānzì **2.** 做手势 zuò shǒushì：～ to let sb. pass 打手势让人通过 dǎ shǒushì ràng rén tōngguò

signal *n.* 信号 xìnhào：traffic ～s 交通信号 jiāotōng xìnhào *v.* 发信号 fā xìnhào = make ～s

signalize *v.* **1.** 使突出 shǐ tūchū；使显著 shǐ xiǎnzhù = make prominent **2.** 向…发信号 xiàng… fā xìnhào = make signals to

signally *ad.* 显著地 xiǎnzhùde；大大地 dàdàde

signalman *n.* 信号员 xìnhàoyuán

signatory *n.* 签字人 qiānzìrén；缔约国 dìyuēguó *a.* 署名的 shǔmíngde；签约的 qiānyuēde

signature *n.* 签名 qiānmíng：put one's ～ to a document 在文件上签名 zài wénjiànshang qiānmíng

signboard *n.* 招牌 zhāopai；告示牌 gàoshipái

signer *n.* 签字者 qiānzìzhě

signet *n.* 图章 túzhāng

significance *n.* **1.** 重要性 zhòngyàoxìng：of no ～ 无关紧要 wúguān jǐnyào **2.** 意义 yìyì = meaning

significant *a.* 有重大意义的 yǒu zhòngdà yìyìde；效果显著的 xiàoguǒ xiǎnzhùde：a ～ increase in production 生产显著增长 shēngchǎn xiǎnzhù zēngzhǎng

signification *n.* 意思 yìsi；含义 hányì

signify *v.* **1.** 表示 biǎoshì = mean：What does he ～？他表示什么意思？Tā biǎoshì shénme yìsi? **2.** 有关系 yǒu guānxì = matter：It does not ～. 这没有什么关系。Zhè méiyǒu shénme guānxì.

signpost *n.* 路标 lùbiāo *v.* 在…设置路标 zài…shèzhì lùbiāo：This street is not ～ed. 这条街没有设路标。Zhètiáojiē méiyǒu shè lùbiāo.

silence *n.* **1.** 寂静 jìjìng：a dead ～ 死沉沉的寂静 sǐchénchénde jìjìng **2.** 沉

默 chénmò：in ～ 沉默地 chénmòde / keep ～ 保持沉默 bǎochí chénmò *v*. **1**. 使寂静 shǐ jìjìng：Can you ～ the children so that I can work？你能不能使孩子们安静些好让我工作？Nǐ néngbunéng shǐ háizimen ānjìngxiē hǎoràng wǒ gōngzuò？**2**. 抑制 yìzhì；压制 yāzhì：to ～ his opponents 压制他的反对者 yāzhì tāde fǎnduìzhě

silencer *n*. 消声器 xiāoshēngqì

silent *a*. **1**. 寂静的 jìjìngde = noiseless **2**. 沉默的 chénmòde：be ～ about the accident 对发生的事故保持沉默 duì fāshēngde shìgù bǎochí chénmò **3**. 无声的 wúshēngde：a ～ reading 默读 mòdú **4**. 静止的 jìngzhǐde；不活动的 bùhuódòngde：a ～ volcano 静止的火山 jìngzhǐde huǒshān

silhouette *n*. 黑色轮廓像 hēisè lúnkuòxiàng；剪影 jiǎnyǐng：His ～ appeared on the window. 他的轮廓出现在窗上。Tāde lúnkuò chūxiànzài chuāngshang.

silicon *n*. 硅 guī

silk *n*. **1**. 丝 sī：～ fabrics 丝织品 sīzhīpǐn **2**. ［～s］绸衣 chóuyī：be dressed in ～s 身穿绸衣 shēn chuān chóuyī

silken *a*. **1**. 绸缎的 chóuduànde：a ～ dress 绸衣 chóuyī **2**. 柔软的 róuruǎnde；柔和的 róuhéde = soft：in ～ tones 细声细气地 xìshēng xìqìde

silkiness *n*. **1**. 丝状 sīzhuàng **2**. 圆滑 yuánhuá

silkworm *n*. 蚕 cán

silky *a*. 柔软光滑的 róuruǎn guānghuáde：Her hair was long and ～. 她的头发又长又柔软. Tāde tóufa yòuchángyòu róuruǎn.

sill *n*. **1**. 基石 jīshí **2**. 窗台 chuāngtái：a window ～ 窗台 chuāngtái

silly *a*. **1**. 傻 shǎ；愚蠢 yúchǔn：Don't be ～！别傻了！Bié shǎle！/ a ～ question 愚蠢的问题 yúchǔnde wèntí **2**. 无聊的 wúliáode：a ～ story 无聊的故事 wúliáode gùshi

silt *n*. 淤泥 yūní；泥沙 níshā

silver *n*. **1**. 银 yín：fine ～ 纯银 chúnyín；银币 yínbì = coins **2**. 银器 yínqì：table ～ 银餐具 yín cānjù **3**. 银色 yínsè * the color：a ～-haired old man 银发老人 yínfà lǎorén

silversmith *n*. 银匠 yínjiàng

silverware *n*. 银器 yínqì

silver wedding *n*. 银婚 yínhūn

silvery *a.* **1.** 清脆的 qīngcuìde：a ～ voice 清脆的声音 qīngcuìde shēngyīn **2.** 有银色光泽的 yǒu yínsè guāngzéde = with the color and lustre of silver **3.** 含银的 hányínde = containing silver

silviculture *n.* 造林 zàolín；造林学 zàolínxué

simian *n.* 类人猿 lèirényuán *a.* 似猿的 sìyuánde

similar *v.* 类似的 lèisìde；相似的 xiāngsìde：～ opinions 类似的想法 lèisìde xiǎngfǎ / ～ triangles 相似三角形 xiāngsì sānjiǎoxíng

similarity *n.* 相似 xiāngsì；类似 lèisì

similarly *ad.* 同样地 tóngyàngde：be ～ situated 处境相同 chǔjìng xiāngtóng

simile *n.* 明喻 míngyù："As white as snow" is a ～. "皓白如雪"是一句明喻。"Hàobái-rúxuě" shì yíjù míngyù.

similitude *n.* 相似 xiāngsì；类似 lèisì

simmer *v.* **1.** 燉 dùn；煨 wēi：～ the meat 燉肉 dùnròu **2.** 充满着 chōngmǎnzhe：～ with rage 怒火中烧 nùhuǒ-zhōngshāo

simper *n.* 痴笑 chīxiào；假笑 jiǎxiào *v.* 傻笑(假笑)着说 shǎxiào (jiǎxiào)zhe shuō：

simple *a.* **1.** 简单的 jiǎndānde：a ～ question 简单的问题 jiǎndānde wèntí **2.** 朴素的 pǔsùde：～ life 朴素的生活 pǔsùde shēnghuó **3.** 天真的 tiānzhēnde = innocent // simplicity *n.*

simple-hearted *a.* 心地纯洁的 xīndì chúnjiéde

simple-minded *a.* 头脑简单的 tóunǎo jiǎndānde

simpleton *n.* 糊涂虫 hútuchóng；傻瓜 shǎguā

simplification *n.* 简单化 jiǎndānhuà

simplify *v.* 简化 jiǎnhuà：a simplified edition 简写本 jiǎnxiěběn

simply *ad.* **1.** 简单地 jiǎndānde：a machine ～ constructed 构造简单的机器 gòuzào jiǎndānde jīqì / Explain it ～, please. 请把它简明地解释一下。Qǐng bǎ tā jiǎnmíngde jiěshì yíxià. **2.** 朴素地 pǔsùde：On her small income they live very ～. 他们靠她的微薄收入过着非常简朴的生活。Tāmen kào tāde wēibó shōurù guòzhe fēicháng jiǎnpǔde shēnghuó. **3.** 单纯地 dānchúnde：think ～ and act ～ 单纯地思考，单纯的行动 dānchúnde sīkǎo，dānchúnde xíngdòng **4.** 仅仅 jǐnjǐn：She was not ～ frightened, she even fainted. 她不仅仅吓了一跳，甚至昏过去了。Tā bù jǐnjǐn xiàle yítiào，shènzhì hūnguoqùle. **5.** 真正 zhēnzhèng：He is ～

careless. 他真是粗心。Tā zhēnshì cūxīn.

simulate *v.* 假装 jiǎzhuāng = feign：～ goodness 假装善良 jiǎzhuāng shànliáng；模仿 mófǎng = copy

simulated *a.* **1.** 假装的 jiǎzhuāngde；冒充的 màochōngde **2.** 仿造的 fǎngzàode = copied **3.** 模拟的 mónǐde：training in ～ battle 战斗模拟训练 zhàndòu mónǐ xùnliàn

simulation *n.* **1.** 假装 jiǎzhuāng；模拟 mónǐ：a ～ of war 模拟战争 mónǐ zhànzhēng **2.** 假冒物 jiǎmàowù；赝品 yànpǐn：to distinguish reality from ～ 辨别真伪 biànbié zhēnwěi

simulator *n.* 模拟设备 mónǐ shèbèi

simultaneous *a.* 同时发生的 tóngshí fāshēngde；同时进行的 tóngshí jìnxíngde = happened at the same time：～ interpretation 同声翻译 tóngshēng fānyì

simultaneously *ad.* 同时 tóngshí：S- with the earthquake came the conflagration. 在地震的同时还发生了大火。Zài dìzhènde tóngshí hái fāshēngle dàhuǒ.

sin *n.* **1.** 罪 zuì：commit a ～ 犯罪 fànzuì **2.** 不合理的事 bù hélǐde shì：It's a ～ to give the childen so much homework. 给孩子如此多的家庭作业是不合理的。Gěi háizi rúcǐ duōde jiātíng zuòyè shì bùhélǐde.

since *conj.* **1.** 从…以来 cóng…yǐlái：It's been years ～ I saw him last. 从我上次看到他以来已经过去很多年了。Cóng wǒ shàngcì kàndào tā yǐlái yǐjīng guòqù hěnduō niánle. **2.** 既然 jìrán：S- this method doesn't work, let's try another. 既然这种方法不行我们就试用另一种吧。Jìrán zhèzhǒng fāngfǎ bùxíng wǒmen jiù shìyòng lìng yìzhǒngba. *prep.* 从…以来 cóng…yǐlái：～ 1930 从一九三〇年以来 cóng yījiǔsānlíng nián yǐlái *ad.* **1.** 从此以后 cóngcǐ yǐhòu：He left home in 1950 and has not been heard of ～. 他自一九五〇年离家后就无音信了。Tā zì yījiǔwǔlíng nián líjiāhòu jiù wúyīnxìnle. **2.** 以前 yǐqián：How long ～ is it？那是多久以前的事？Nàshì duōjiǔ yǐqiánde shì？

sincere *a.* 诚挚的 chéngzhìde：a ～ friend 真诚的朋友 zhēnchéngde péngyou // sincerity *n.*

sincerely *ad.* 真诚地 zhēnchéngde：Yours ～ 您的忠诚的… nínde zhōngchéngde… / I ～ hope you will be well again soon. 我衷心地希望

你不久就能康复。Wǒ zhōngxīnde xīwàng nǐ bùjiǔ jiùnéng kāngfù.

sine *n.* 正弦 zhèngxián

sinecure *n.* 挂名职务 guàmíng zhíwù

sinew *n.* **1.** 腱 jiàn；[～s] 筋肉 jīnròu **2.** 精力 jīnglì；力量 lìliang：moral ～ 道德力量 dàodé lìliang **3.** [～s]资源 zīyuán：the ～s of war 战争经费 zhànzhēng jīngfèi

sinewy *a.* 肌肉发达的 jīròu fādáde；强壮有力的 qiángzhuàng yǒulìde

sinful *a.* **1.** 有罪的 yǒuzuìde ＝ guilty of sin：**2.** 极不应该的 jíbù yīnggāide：Waste of time is ～. 浪费时间是极不应该的。Làngfèi shíjiān shì jíbù yīnggāide.

sing *v.* 唱 chàng：Shall I ～ you a song？要不要给你唱只歌？Yàobuyào gěi nǐ chàng zhī gē？/ ～ a child to sleep 唱歌使孩子睡熟 chànggē shǐ háizi shuìshú

singe *v.* **1.** 烧焦 shāojiāo **2.** (微)烧 (wēi) shāo：～ hair 烫头发 tàng tóufa

singer *n.* 歌唱家 gēchàngjiā

singing *n.* 唱歌 chànggē：to study ～ 学唱歌 xué chànggē

single *a.* **1.** 单一的 dānyīde：a ～ ticket 单程票 dānchéngpiào **2.** 单人独用的 dānrén dúyòngde：a ～ bed 单人床 dānrénchuáng **3.** 独身的 dúshēnde：～ life 独身生活 dúshēn shēnghuó *n.* **1.** 单打 dāndǎ：the men's ～s 男子单打 nánzǐ dāndǎ **2.** 单程车票 dānchéng chēpiào *v.* ～ out 选出 xuǎnchū / ～-handed *a.* & *ad.* 单独的 dāndúde / ～-minded *a.* 一心一意的 yìxīn-yíyìde

singleness *n.* **1.** 专一 zhuānyī：to study with ～ of mind 全神贯注地学习 quánshén-guànzhùde xuéxí **2.** 纯真 chúnzhēn：the ～ of motives 动机的纯正 dòngjīde chúnzhèng

singlet *n.* (男式)汗衫 (nánshì)hànshān

singly *ad.* **1.** 单独地 dāndúde：Some guests came ～, others in groups. 有的客人个别前来，有的则成群结队。Yǒude kèren gèbié qiánlái, yǒude zé chéngqún-jiéduì. **2.** 一个一个地 yígeyígede ＝ one by one：talk with them ～ 和他们个别谈 hé tāmen gèbié tán **3.** 单身地 dānshēnde：live ～ 过单身生活 guò dānshēn shēnghuó

singsong *n.* **1.** 即席歌唱会 jíxí gēchànghuì **2.** 单调的声音 dāndiàode shēngyīn ＝ monotonous rhyme

singular *a.* **1.** 单数的 dānshùde：～ form 单数形式 dānshù xíngshì **2.** 非

凡的 fēifánde = extraordinary

singularity *n.* 异常(性) yìcháng(xìng) = peculiarity

sinister *a.* 不吉祥的 bùjíxiángde；阴险的 yīnxiǎnde：a ~ look on his face 他脸上险恶的神情 tā liǎnshang xiǎn'ède shénqíng

sink *v.* **1.** 沉 chén；沉没 chénmò：~ to the bottom of the sea 沉入海底 chénrù hǎidǐ **2.** 下陷 xiàxiàn；凹 āo：his sunken eyes 他的凹下去的眼睛 tāde āoxiàqùde yǎnjing **3.** 降低 jiàngdī：His voice sank to a whisper. 他的声音降低为耳语。Tāde shēngyīn jiàngdī wéi ěryǔ. **4.** 挖掘 wājué：~ a well 挖井 wājǐng *n.* 水池子 shuǐchízi = a basin for holding water

sinker *n.* 挖井工人 wājǐng gōngrén

sinking *n.* **1.** 沉没 chénmò = going down **2.** 萎缩 wěisuō = becoming weaker

sinless *a.* 无罪的 wúzuìde；纯洁的 chúnjiéde

sinner *n.* 罪人 zuìrén

sinologist *n.* 汉学家 hànxuéjiā

sinology *n.* 汉学 hànxué

sinuate *v.* 蜿蜒 wānyán：The river ~d toward the sea. 河流蜿蜒流向大海。Héliú wānyán liúxiàng dàhǎi. *a.* 弯曲的 wānqūde；蜿蜒的 wānyánde = meandering

sinuous *a.* **1.** 蜿蜒的 wānyánde：a ~ mountain road 蜿蜒的山路 wānyánde shānlù **2.** 转弯抹角的 zhuǎnwān-mòjiǎode = twisting：a ~ question 转弯抹角的问题 zhuǎnwān-mòjiǎode wèntí **3.** 动作柔软的 dòngzuò róuruǎnde = with light and sweeping movements

sip *v.* 小口地饮 xiǎokǒude yǐn：They sat ~ping tea for hours. 他们坐着饮茶饮了好几个小时。Tāmen zuòzhe yǐnchá yǐnle hǎojǐge xiǎoshí.

siphon *n.* 虹吸管 hóngxīguǎn

sipid *a.* 有风味的 yǒu fēngwèide；味道香的 wèidao xiāngde = tasteful

sir *n.* **1.** 先生 xiānsheng：Yes，~！是，先生！Shì，xiānsheng！ **2.** 爵士 juéshì：S- John 约翰爵士 Yuēhàn juéshì

siren *n.* 汽笛 qìdí；警报器 jǐngbàoqì：an air-raid ~ 空袭警报器 kōngxí jǐngbàoqì

sissy *n.* **1.** 女孩子气的男孩 nǚháiziqìde nánhái；女人腔的男子 nǚrénqiāngde nánzǐ **2.** 胆小鬼 dǎnxiǎoguǐ *a.* **1.** 女孩子气的

nǚháiziqìde；女人腔的 nǚrénqiāngde **2.** 胆怯的 dǎnqiède = timid

sister *n.* **1.** 姐妹 jiěmèi：elder ～ 姐姐 jiějie / younger ～ 妹妹 mèimei **2.** 护士 hùshi = nurse in a hospital **3.** 修女 xiūnǚ = nun

sisterhood *n.* **1.** 姐妹关系 jiěmèi guānxì **2.** 妇女会 fùnǚhuì = certain women's association

sister-in-law *n.* **1.** 夫或妻的姐妹 fū huò qīde jiěmèi ＊ the sister of one's husband or wife **2.** 兄或弟的妻子 xiōng huò dìde qīzi ＊ the wife of one's brother

sisterly *a.* **1.** 姐妹的 jiěmèide **2.** 姐妹般的 jiěmèibānde；亲切的 qīnqiède

sister uterine *n.* 同母异父姐妹 tóngmǔ yìfù jiěmèi

sit *v.* **1.** 坐 zuò：S- down，please. 请坐。Qǐngzuò. / She sat the baby on the grass. 她让孩子坐在草地上。Tā ràng háizi zuò zài cǎodìshang. **2.** 坐落 zuòluò；放置 fàngzhì：The city ～s by a river. 城市坐落在河边。Chéngshì zuòluòzài hébiān. **3.** 开会 kāihuì；开庭 kāitíng：The congress is still ～ting. 代表大会仍在开会。Dàibiǎo dàhuì réngzài kāihuì.

sitdown *n.* **1.** 静坐示威 jìngzuò shìwēi **2.** 坐下休息 zuòxia xiūxi：The ～ has eased his backache. 坐下休息使他的腰痛好多了。Zuòxia xiūxi shǐ tāde yāotòng hǎo duōle.

site *n.* **1.** 地点 dìdiǎn：a suitable ～ 合适的地点 héshìde dìdiǎn **2.** 场所 chǎngsuǒ：a nuclear test ～ 核试验场 hé shìyànchǎng **3.** 遗址 yízhǐ：the ～ of an ancient battlefield 古战场遗址 gǔ zhànchǎng yízhǐ

sitology *n.* 饮食学 yǐnshíxué；营养学 yíngyǎngxué

sitting *n.* **1.** 坐 zuò；一次连续坐着的时间 yícì liánxù zuòzhede shíjiān：He reads the magazine in one ～. 他坐着一口气把杂志读完。Tā zuòzhe yìkǒuqì bǎ zázhì dúwán. **2.** 一批（就座）yìpī（jiùzuò）：Lunch is served in two ～s. 午饭分两批开。Wǔfàn fēn liǎngpī kāi.

sitting room *n.* 起居室 qǐjūshì

situated *a.* **1.** 位于 wèiyú；坐落 zuòluò：The store is ～ in the center of the city. 商店位于市中心。Shāngdiàn wèiyú shìzhōngxīn. **2.** 处于…境地的 chǔyú…jìngdìde：That boy is well ～ now. 那孩子的处境现在很好。Nà háizide chǔjìng xiànzài hěnhǎo.

situation *n.* **1.** 位置 wèizhi = place **2.** 形势 xíngshì = state of affairs：the international ～ 国际形势 guójì xíngshì；处境 chǔjìng：be in an embarassing ～ 处境尴尬 chǔjìng gāngà

six *n.* & *a.* 六 liù；六个 liùge
sixfold *a.* & *ad.* 六倍 liùbèi
sixteen *n.* & *a.* 十六 shíliù；十六个 shíliùge
sixteenth *a.* & *n.* 第十六 dì-shíliù
sixth *a.* & *n.* 第六 dì-liù
sixtieth *a.* & *n.* 第六十 dì-liùshí
sixty *n.* & *a.* 六十 liùshí
sizable *a.* 相当大的 xiāngdāng dàde
size *n.* **1.** 大小 dàxiǎo：boxes all of the same ～ 一样大小的箱子 yíyàng dàxiǎode xiāngzi **2.** 规模 guīmó：the ～ of an army 一支军队的规模 yìzhī jūnduìde guīmó **3.** 身材 shēncái：He is about your ～. 他身材和你差不多。Tā shēncái hé nǐ chàbuduō. **4.** 尺寸 chǐcùn；号码 hàomǎ：～ 7 gloves 七号手套 qīhào shǒutào
sizz *v.* 发咝声 fāsīshēng
sizzling *a.* **1.** 发咝声的 fāsīshēngde＝with hissing **2.** 热极了 rèjíle＝very hot
skate *n.* **1.** 滑冰鞋 huábīngxié；溜冰鞋 liūbīngxié；冰鞋 bīngxié * boots for ice-skating **2.** 滑冰 huábīng：go for a ～ 去滑冰 qù huábīng *v.* 滑冰 huábīng：go skating 去滑冰 qù huábīng
skateboard *n.* 滑板 huábǎn
skatepark *n.* 滑板运动场地 huábǎn yùndòng chǎngdì
skater *n.* **1.** 溜冰者 liūbīngzhě **2.** 参加滑板运动的人 cānjiā huábǎn yùndòngde rén
skating *n.* 溜冰 liūbīng；滑冰 huábīng：figure ～ 花样滑冰 huāyàng huábīng
skating rink *n.* 滑冰场 huábīngchǎng；溜冰场 liūbīngchǎng
skein *n.* 一束 yíshù；一绞 yìjiǎo：a ～ of wool 一绞毛线 yìjiǎo máoxiàn
skeleton *n.* **1.** 骨骼 gǔgé；骷髅 kūlóu **2.** 纲要 gāngyào ＝ framework：the ～ of a plan 计划纲要 jìhuà gāngyào // a ～ key 万能钥匙 wànnéng yàoshi
sketch *n.* **1.** 速写 sùxiě；草图 cǎotú：～-book 速写薄 sùxiěbù **2.** 概略 gàilüè；略述 lüèshù ＝ outline：a ～ of the city life 城市生活的略述 chéngshì shēnghuóde lüèshù **3.** 短文 duǎnwén；小品 xiǎopǐn ＝ brief essay *v.* **1.** 写生 xiěshēng：go to the country to ～ 去乡下写生 qù

xiāngxia xiěshēng 2. 草拟 cǎonǐ：～ out the main points of the plan 草拟计划的要点 cǎonǐ jìhuàde yàodiǎn

sketchbook *n.* 素描册 sùmiáocè；速写集 sùxiějí

sketchmap *n.* 草图 cǎotú；示意图 shìyìtú

sketchy *a.* 不完全的 bù wánquánde；粗略的 cūlüède = rough：a ～ knowledge 粗浅的知识 cūqiǎnde zhīshi

skew *a.* 斜的 xiéde：a ～ arch 歪斜的拱门 wāixiéde gǒngmén

skewer *n.* 烤肉叉 kǎoròuchā

ski *n.* 滑雪板 huáxuěbǎn *v.* 滑雪 huáxuě：go ～ing 去滑雪 qù huáxuě

skid *n.* 侧滑 cèhuá；滑行 huáxíng *v.* 打滑 dǎhuá：His car ～ded on an icy pavement. 他的汽车在结冰的路面上滑行。Tāde qìchē zài jiébīngde lùmiànshang huáxíng.

skidproof *a.* 防滑的 fánghuáde：～ soles on shoes 防滑鞋底 fánghuá xiédǐ

skier *n.* 滑雪者 huáxuězhě

skiff *n.* 小艇 xiǎotǐng

ski lift 上山吊椅 shàngshān diàoyǐ

skill *n.* 1. 技巧 jìqiǎo；技能 jìnéng：writing ～ 写作技巧 xiězuò jìqiǎo 2. 熟练 shúliàn：a job that calls for ～ 要求有熟练技术的工作 yāoqiú yǒu shúliàn jìshùde gōngzuò

skilled *a.* 熟练的 shúliànde；有技能的 yǒu jìnéngde：a ～ worker 熟练工人 shúliàn gōngrén / be ～ in carpentry 擅长木工 shàncháng mùgōng

skillful *a.* 1. 熟练的 shúliànde；灵巧的 língqiǎode：He's not very ～ with his chopsticks. 他用筷子不太熟练。Tā yòng kuàizi bútài shúliàn. 2. 制作精巧的 zhìzuò jīngqiǎode：～ silverware 精巧的银器 jīngqiǎode yínqì

skim *v.* 1. 撇去 piēqù：～ the cream off the milk 撇去牛奶上的油 piēqù niúnǎishangde yóu 2. 掠过 lüèguò：Swallows were ～ming over the water. 燕子掠过水面。Yànzi lüèguo shuǐmiàn. 3. 浏览 liúlǎn：～ over a newspaper 浏览报纸 liúlǎn bàozhǐ

skimmer *n.* 1. 撇去浮物的器具 piēqù fúwùde qìjù；漏勺 lòusháo 2. 浏览者 liúlǎnzhě

skim milk 脱脂乳 tuōzhīrǔ；脱脂奶 tuōzhīnǎi

skimp *v.* 1. 节省花费 jiéshěng huāfèi：to ～ on food to save money 舍不得吃东西以节省金钱 shěbude chīdōngxi yǐ jiéshěng jīnqián 2. 不够用心 búgòu yòngxīn；马虎地做 mǎhude zuò = do carelessly：～ one's job 敷

衍了事 fūyǎn-liǎoshì

skimpy *a.* **1.** 缺乏的 quēfáde；不足的 bùzúde：It was a ～ meal with hardly enough for everyone. 这顿饭很不丰足，几乎不够大家吃。Zhèdùnfàn hěnbù fēngzú，jīhū búgòu dàjiāchī. **2.** 过分节省的 guòfèn jiéshěngde **3.** 做得马虎的 zuòde mǎhude

skin *n.* **1.** 皮 pí；皮肤 pífū：true ～ 真皮 zhēnpí **2.** 兽皮 shòupí：rabbit ～s 兔皮 tùpí **3.** 果皮 guǒpí：a banana ～ 香蕉皮 xiāngjiāopí *v.* 剥…皮 bāo…pí：～ a rabbit 剥兔皮 bāo tùpí

skin-deep *a.* 肤浅的 fūqiǎnde

skin disease *n.* 皮肤病 pífūbìng

skin-dive *v.* 赤身潜水 chìshēn qiánshuǐ

skinflint *n.* 守财奴 shǒucáinú；吝啬鬼 lìnsèguǐ

skinfold *n.* 皮肤褶 pífūzhě

skinless *a.* 无皮的 wúpíde；无外壳的 wú wàikéde

skinnery *n.* 兽皮加工厂 shòupí jiāgōngchǎng

skinny *a.* **1.** 极瘦的 jí shòude：tall and ～ 又高又瘦 yòugāo-yòushòu **2.** 吝啬的 lìnsède；小气的 xiǎoqide ＝ stingy

skintight *a.* 紧身的 jǐnshēnde *n.* 紧身衣 jǐnshēnyī

skip *v.* **1.** 跳跃 tiàoyuè：～ over a fence 跳过篱笆 tiàoguo líba **2.** 跳绳 tiàoshéng：Children are fond of ～ping. 孩子们喜欢跳绳。Háizimen xǐhuan tiàoshéng. **3.** 浏览 liúlǎn ＊ in reading

skipper *n.* **1.** 跳跃者 tiàoyuèzhě **2.** 船长 chuánzhǎng ＝ captain of a small boat *v.* 带领 dàilǐng ＝ to lead

skirmish *n.* **1.** 小冲突 xiǎochōngtū ＝ small fight：a border ～ 边境小冲突 biānjìng xiǎochōngtū **2.** 小争论 xiǎozhēnglùn ＝ small dispute

skirt *n.* **1.** 裙子 qúnzi ＊ a woman's garment **2.** [～s] 郊区 jiāoqū ＝ suburb *v.* 位于…的边缘 wèiyú…de biānyuán：Villages ～ the farm. 沿着农场有村子。Yánzhe nóngchǎng yǒu cūnzi.

skit *n.* 幽默(讽刺)小品 yōumò (fěngcì) xiǎopǐn；滑稽短剧 huájī duǎnjù：a television ～ 电视小品 diànshì xiǎopǐn

skittish *a.* **1.** 易紧张的 yìjǐnzhāngde ＝ easy to get excited **2.** 易变的 yìbiànde；反复无常的 fǎnfùwúchángde ＝ changeable **3.** 轻佻的 qīngtiāode ＝ capricious **4.** 难驾驭的 nán jiàyùde ＝ difficult to control

skull *n.* **1.** 头盖骨 tóugàigǔ **2.** 头脑 tóunǎo ＝ brain：have a thick ～ 笨头

笨脑 bèntóu-bènnǎo

skullcap *n.* 无沿便帽 wúyán biànmào

skullguard *n.* 防护帽 fánghùmào

sky *n.* **1.** 天 tiān；天空 tiānkōng：a blue ~ 蔚蓝的天空 wèilánde tiānkōng **2.** [skies] 天色 tiānsè = climate：sunny skies 晴朗的天气 qínglǎngde tiānqì

skydive *v.* 延缓张伞跳伞 yánhuǎn zhāngsǎn tiàosǎn

sky-high *ad.* 高空中 gāokōngzhōng；极高地 jígāode *a.* 高昂的 gāo'ángde：~ prices 昂贵的物价 ángguìde wùjià

skyjack *v.* 空中劫持(飞机) kōngzhōng jiéchí(fēijī)

skyjacker *n.* 空中劫机匪徒 kōngzhōng jiéjī fěitú

skylark *n.* 云雀 yúnquè

skylight *n.* 天窗 tiānchuāng

skyline *n.* **1.** 地平线 dìpíngxiàn = horizon **2.** 以天空为背景映出的轮廓 yǐ tiānkōng wéi bèijǐng yìngchūde lúnkuò：the ~ of a city 城市高大建筑物的空中轮廓 chéngshì gāodà jiànzhùwùde kōngzhōng lúnkuò

skymaster *n.* 巨型客机 jùxíng kèjī

skyport *n.* (大楼顶上的)直升机机场 (dàlóudǐngshangde) zhíshēngjī jīchǎng

skyrocket *n.* 冲天火箭 chōngtiān huǒjiàn *v.* (物价)飞涨 (wùjià) fēizhǎng * of prices, etc.

skyscraper *n.* 摩天楼 mótiānlóu

skyscraping *a.* 高耸入云的 gāosǒngrùyúnde；极高的 jígāode

skywalk *n.* 人行天桥 rénxíngtiānqiáo

skyward *ad.* 朝天空 cháo tiānkōng；向上 xiàngshàng：

skyway *n.* 航空线 hángkōngxiàn

slab *n.* 厚板 hòubǎn；厚片 hòupiàn：a ~ of stone 一块石板 yíkuài shíbǎn *v.* 使成厚板 shǐ chéng hòubǎn = make … into a slab

slack *a.* **1.** 松弛的 sōngchíde：a ~ rope 松弛的绳子 sōngchíde shéngzi **2.** 马虎的 mǎhude：be ~ in one's work 干活马马虎虎 gànhuó mǎma-hūhū **3.** 萧条的 xiāotiáode：Business is ~. 生意萧条。Shēngyi xiāotiáo. *v.* **1.** 松懈 sōngxiè：Don't ~ off in your studies. 不要放松学习。Búyào fàngsōng xuéxí. **2.** 减速 jiǎnsù；减弱 jiǎnruò：S- up before you reach the crossroad. 到十字路口前减速。Dào shízì lùkǒuqián jiǎnsù.

slack-baked *a.* 烘烤不透的 hōngkǎo bútòude

slacken *v.* **1.** 放松 fàngsōng：～ one's efforts 松劲 sōngjìn **2.** 放慢 fàngmàn：The car has ～ed its speed. 车速放慢了。Chēsù fàngmànle.

slacker *n.* 偷懒的人 tōulǎnde rén

slack-jawed *a.* 张着嘴发呆的 zhāngzhe zuǐ fādāide

slackness *n.* **1.** 松弛 sōngchí **2.** 萧条 xiāotiáo

slag *n.* 炉渣 lúzhā；矿渣 kuàngzhā

slake *v.* **1.** 消除 xiāochú：～ one's hunger 止饿 zhǐ'è **2.** 消化（石灰）xiāohuà (shíhuī)：～d lime 熟石灰 shúshíhuī

slam *v.* **1.** 使劲关 shǐjìn guān；砰地关上 pēngde guānshàng：He ～med the door. 他把门砰的一声关上了。Tā bǎ mén pēngde yìshēng guānshàngle. **2.** 使劲扔 shǐjìn rēng：She ～med the book on the ground. 她把书往地上一扔。Tā bǎ shū wàng dìshang yìrēng.

slander *n.* 诽谤 fěibàng：a ～ against sb.'s good name 对某人良好名声的诋毁 duì mǒurén liánghǎo míngshēngde dǐhuǐ *v.* 诽谤 fěibàng；诋毁 dǐhuǐ

slanderous *a.* 诽谤的 fěibàngde

slang *n.* **1.** 俚语 lǐyǔ：**2.** 行话 hánghuà * jargon

slangy *a.* **1.** 俚语的 lǐyǔde = of or full of slang words **2.** 喜用俚语的 xǐyòng lǐyǔde = fond of using slang

slant *v.* **1.** 倾斜 qīngxié **2.** 有倾向 yǒu qīngxiàng；有偏见 yǒu piānjiàn = give a bias to

slanting *a.* 斜 xié；歪 wāi

slantwise *ad.* 倾斜的 qīngxiéde

slap *v.* & *n.* **1.** 拍 pāi：～ his back 拍他的背 pāi tāde bèi **2.** 啪的一声放下 pāde yìshēng fàngxià = put sth. down with a ～ping noise

slapdash *ad.* **1.** 轻率地 qīngshuàide；马虎地 mǎhude：finish one's job ～ 做事马虎 zuòshì mǎhu **2.** 猛烈 měngliè = violently *a.* 马虎的 mǎhude；草草完成的 cǎocǎo wánchéngde：a ～ job 草草作就的活儿 cǎocǎo zuòjiùde huór *n.* 马虎 mǎhu；草草了事 cǎocǎo-liǎoshì = sloppiness

slapping *a.* **1.** 极快的 jíkuàide；迅疾的 xùnjíde = quick **2.** 极大的 jídàde；高大的 gāodàde = tall

slash *v.* 1. 砍 kǎn；劈 pī：His opponent's sword ～ed his arm. 敌手的剑砍伤了他的胳膊。Díshǒude jiàn kǎnshāngle tāde gēbo. 2. 鞭打 biāndǎ = flog 3. 大量削减 dàliàng xuējiǎn：～ prices 大减价 dà jiǎnjià

slashing *a.* 1. 猛烈的 měngliède；尖锐的 jiānruìde：the ～ wind and rain 狂风暴雨 kuángfēng-bàoyǔ / ～ wit 锐利的机智 ruìlìde jīzhì 2. 闯劲十足的 chuǎngjìn shízúde：He is quite ～. 他闯劲十足。Tā chuǎngjìn shízú.

slate *n.* 1. 石板 shíbǎn ∗ a kind of stone 2. 记录 jìlù = record：have a clear ～ 历史清白 lìshǐ qīngbái

slate-pencil *n.* 石笔 shíbǐ

slattern *n.* 不整洁的女人 bù zhěngjiéde nǚrén

slatternly *a.* 1. 不整洁女人的 bù zhěngjié nǚrénde 2. 邋遢的 lātāde；脏的 zāngde：shabby and ～ 又破又脏 yòupò-yòuzāng

slaughter *v.* 屠杀 túshā；屠宰 túzǎi

slaughter-house *n.* 屠宰场 túzǎichǎng

slaughterous *a.* 凶暴的 xiōngbàode；残酷的 cánkùde

Slav *n.* 斯拉夫人 Sīlāfūrén *a.* 1. 斯拉夫人的 Sīlāfūrénde 2. 斯拉夫语的 Sīlāfūyǔde = of the Slav language

slave *n.* 1. 奴隶 núlì 2. 奴隶般工作的人 núlìbān gōngzuòde rén *v.* 奴隶般工作 núlìbān gōngzuò = work like a slave

slaver *n.* 1. 口水 kǒushuǐ = saliver 2. 奴隶贩子 núlìfànzi = person engaging in slave traffic *v.* 流口水 liú kǒushuǐ；垂涎 chuíxián = let ～ run from the mouth // ～ after a fortune 见财富垂涎 jiàn cáifù chuíxián

slavery *n.* 1. 奴隶制度 núlì zhìdù 2. 奴隶身份 núlì shēnfen：be sold into ～ 被卖当奴隶 bèimài dāng núlì

Slavic *a.* 斯拉夫人的 Sīlāfūrénde ∗ of the Slav people；斯拉夫语的 Sīlāfūyǔde ∗ of the Slav language

slavish *a.* 1. 奴隶的 núlìde；奴隶般的 núlìbānde 2. 盲从的 mángcóngde = following blindly

slay *v.* 杀害 shāhài；杀死 shāsǐ

slayer *n.* 凶手 xiōngshǒu

sleazy *a.* 1. 稀松的 xīsōngde；低劣的 dīliède；低级庸俗的 dījí yōngsúde = of poor quality 2. 肮脏的 āngzangde = untidy

sled *n.* 雪橇 xuěqiāo *v.* 坐雪橇 zuò xuěqiāo

sledge *n.* 雪橇 xuěqiāo = sleigh *v.* 坐雪橇走 zuò xuěqiāo zǒu

sleek *a.* **1.** 柔滑而发亮的 róuhuá ér fāliàngde：～ black hair 乌黑油亮的头发 wūhēi yóuliàngde tóufa **2.** 光洁的 guāngjiéde；平整的 píngzhěngde = smooth

sleep *n.* 睡眠 shuìmián：go to ～ 入睡 rùshuì *v.* 睡眠 shuìmián：Do you ～ well？你睡得好吗？Nǐ shuìde hǎoma？/ ～ away one's life 醉生梦死 zuìshēng-mèngsǐ

sleeper *n.* **1.** 睡觉的人 shuìjiàode rén：heavy ～ 睡得很香的人 shuìde hěnxiāngde rén **2.** 枕木 zhěnmù * on a railway

sleepily *ad.* 带睡意 dài shuìyì；困倦地 kùnjuànde

sleeping *n.* & *a.* 睡眠 shuìmián：～-draught 安眠药水 ānmián yàoshuǐ / S- Beauty 睡美人 Shuìměirén

sleepless *a.* 失眠的 shīmiánde：a ～ night 不眠之夜 bùmián zhīyè

sleepwalker *n.* 梦游者 mèngyóuzhě

sleepy *a.* **1.** 困(倦) kùn(juàn)：feel ～ 困倦了 kùnjuànle **2.** 静寂 jìngjì = quiet：a ～ village 静静的村庄 jìngjìngde cūnzhuāng **3.** 懒洋洋的 lǎnyāngyāngde = lazy

sleepy-eyed *a.* 眼皮搭拉的 yǎnpí dālade

sleet *n.* 雨夹雪 yǔ jiā xuě

sleeve *n.* **1.** 袖子 xiùzi * of a dress：in one's ～ 暗暗发笑 ànàn fāxiào **2.** 唱片套 chàngpiàntào；书套 shūtào = a case for records or books

sleeveless *a.* 无袖的 wúxiùde

sleigh *n.* 雪橇 xuěqiāo

slender *a.* **1.** 细长的 xìchángde；苗条的 miáotiaode：～ figure 苗条的身材 miáotiaode shēncái **2.** 微薄的 wēibóde：a ～ income 微薄的收入 wēibóde shōurù

sleuth *n.* 警犬 jǐngquǎn

slew *v.* 使旋转 shǐ xuánzhuǎn：lost control of the car and it ～ed round 汽车失去控制而打起转来 qìchē shīqù kòngzhì ér dǎqǐ zhuànlái

slice *n.* **1.** 薄片 báopiàn：a ～ of bread 一片面包 yípiàn miànbāo **2.** 部分 bùfen；份 fèn = a part *v.* 切成薄片 qiēchéng báopiàn = cut into ～s

slick *a.* **1.** 光滑的 guānghuáde = slippery **2.** 圆滑的 yuánhuáde：a ～ alibi 圆滑的托词 yuánhuáde tuōcí **3.** 华而不实的 huá'ér-bùshíde：a ～

style (of writing) 华而不实的文体 huá'ér-bùshíde wéntǐ

slide *v.* **1.** 滑 huá；滑落 huáluò = slip **2.** 悄悄地溜进 qiāoqiāode liūjìn：～ into a room 偷偷地溜进房间 tōutōude liūjìn fángjiān *n.* **1.** 滑梯 huátī * for children to play **2.** 幻灯片 huàndēngpiàn：a ～ show 放幻灯 fàng huàndēng **3.** 崩塌 bēngtā：a snow ～ 雪崩 xuěbēng

slide projector 幻灯机 huàndēngjī

slider *n.* **1.** 滑行者 huáxíngzhě **2.** 拉链的齿带 lāliànde chǐdài * of a zip

slide rule *n.* 计算尺 jìsuànchǐ；滑尺 huáchǐ

slideway *n.* 滑槽 huácáo；滑道 huádào

sliding *a.* 滑动的 huádòngde：a ～ door 拉门 lāmén / a ～ rule 计算尺 jìsuànchǐ；滑尺 huáchǐ

slight *a.* **1.** 瘦弱的 shòuruòde：a ～ body 瘦弱的身体 shòuruòde shēntǐ **2.** 轻微的 qīngwēide；微小的 wēixiǎode：a ～ difference 微小的区别 wēixiǎode qūbié *v.* 轻视 qīngshì = look down upon

slightly *ad.* **1.** 轻微地 qīngwēide：be ～ wounded 受轻伤 shòu qīngshāng **2.** 薄弱地 bóruòde：a ～-built framework 不很结实的构架 bùhěn jiēshide gòujià

slim *a.* **1.** 细长的 xìchángde；苗条的 miáotiaode：a ～ person 细长身材的人 xìcháng shēncáide rén **2.** 微小的 wēixiǎode：a ～ possibility 微小的可能 wēixiǎode kěnéng *v.* 减轻体重 jiǎnqīng tǐzhòng = grow thinner

slime *n.* 软泥 ruǎnní；粘土 niántǔ；矿泥 kuàngní

slimline *a.* 细长的 xìchángde

slimmish *a.* **1.** 有点细长的 yǒudiǎn xìchángde；较苗条的 jiào miáotiaode = slender **2.** 不太充足的 bútài chōngzúde = not much

slimnastics *n.* 减重体操 jiǎnzhòng tǐcāo；减肥操 jiǎnféicāo

slimy *a.* **1.** 粘性的 niánxìngde = sticky **2.** 泥泞的 nínìngde = muddy

sling *n.* **1.** 吊带 diàodài = hanging bandage **2.** 投石器 tóushíqì：～ shot 弹弓 dàngōng *v.* **1.** 投 tóu：～ stones 投石头 tóu shítou **2.** 吊起 diàoqǐ = hang

slink *v.* 潜逃 qiántáo；溜走 liūzǒu：to ～ away into the night 偷偷地在黑夜里溜走 tōutōude zài hēiyèli liūzǒu

slinky *a.* **1.** 偷偷摸摸的 tōutou-mōmōde；鬼鬼祟祟的 guǐgui-suìsuìde = furtive **2.** 穿紧身衣的 chuān jǐnshēnyīde；线条优美的 xiàntiáo yōumĕide = sleek

slip *v.* **1.** 滑倒 huádăo = lose one's foothold **2.** 悄悄地溜走 qiāoqiāode liūzŏu = move in a quiet way **3.** 悄悄地塞进 qiāoqiāode sāijìn：～ a letter into the pocket 悄悄地把信放入口袋 qiāoqiāode bă xìn fàngrù kŏudài **4.** 弄错 nòngcuò；失误 shīwù = make a careless mistake *n.* **1.** 滑跤 huájiāo = fall **2.** 失误 shīwù：a ～ of the pen 笔误 bĭwù **3.** 枕套 zhĕntào = pillow-slip **4.** 衬裙 chènqún = underskirt **5.** 纸条 zhĭtiáo：a ～ of paper **6.** 接枝 jiēzhī；插枝 chāzhī = a portion of a plant used for grafting

slipcase *n.* 书套 shūtào；唱片套 chàngpiàntào

slip-over *a.* 从头部套穿的 cóng tóubù tàochuānde：a ～ sweater 套领衫 tàolĭngshān

slippage *n.* **1.** 滑移 huáyí；打滑 dăhuá = slip **2.** 下降 xiàjiàng；下跌 xiàdiē = fall

slipper *n.* 拖鞋 tuōxié

slippery *a.* **1.** 滑的 huáde：～ slope 滑的坡 huáde pō **2.** 狡猾的 jiăohuáde：a ～ fellow 狡猾的家伙 jiăohuáde jiāhuo **3.** 不稳固的 bù wĕngùde：on ～ ground 处在不稳固的地位上 chŭzài bù wĕngùde dìwèishang

slipshod *a.* **1.** 不整洁的 bù zhĕngjiéde；邋遢的 lātade = untidy **2.** 马虎的 măhude；不严谨的 bù yánjĭnde = careless

slit *v.* 撕开 sīkāi；切开 qiēkāi = cut

slither *v.* 不稳定地滑动 bù wĕndìngde huádòng = slide

slithery *a.* 光滑的 guānghuáde

sliver *n.* 裂片 lièpiàn；薄片 báopiàn = small thin strip *v.* 裂成细片 lièchéng xìpiàn：The stone ～ed the glass. 石头把玻璃砸裂。Shítou bă bōlí zálìè.

slobber *v.* **1.** 流涎 liúxián；流口水 liú kŏushuĭ **2.** 流口水弄湿 liú kŏushuĭ nòngshī：The baby has ～ed her dress. 婴儿流口水弄湿了她的衣服。Yīng'ér liú kŏushuĭ nòngshīle tāde yīfu. *n.* 涎 xián；口水 kŏushuĭ

slobbery *a.* **1.** 淌口水的 tăng kŏushuĭde **2.** 泥泞的 nínìngde = muddy

slog *v.* 拼命工作 pīnmìng gōngzuò；苦干 kŭgàn：to ～ away at a job 辛苦地工作 xīnkŭde gōngzuò *n.* 艰苦工作 jiānkŭ gōngzuò：I always found school was a hard ～. 我总觉得读书是一件苦事。Wǒ zǒng juéde dúshū shì yíjiàn kǔshì.

slogan *n.* 口号 kǒuhào；标语 biāoyǔ

sloop *n.* 单桅小帆船 dānwéi xiǎofānchuán

slop *v.* 溢出 yìchū = spill over *n.* **1.** 污水 wūshuǐ = dirty water：～ pail 污水桶 wūshuǐtǒng **2.** 流体食物 liútǐ shíwù = liquid food for sick people **3.** 宽大的罩衣 kuāndàde zhàoyī；外套 wàitào；工作服 gōngzuòfú = work clothes

slope *n.* 斜坡 xiépō：to climb a steep ～ 攀登陡坡 pāndēng dǒupō *v.* 倾斜 qīngxié：a sloping roof 倾斜的屋顶 qīngxiéde wūdǐng

sloppy *a.* **1.** 潮湿的 cháoshīde = wet **2.** 肥大的 féidàde；不合身的 bù héshēnde：～ trousers 肥大的裤子 féidàde kùzi **3.** 马虎的 mǎhude = carelessly done

slot *n.* 缝 fèng：a ～ in the door 门缝

sloth *n.* 懒散 lǎnsǎn；偷懒 tōulǎn

slothful *a.* 懒散的 lǎnsǎnde = lazy

slot-machine *n.* **1.** 投币自动售货机 tóubì zìdòng shòuhuòjī **2.** 吃角子老虎 chījiǎozi lǎohǔ * a kind of machine used in gambling

slouch *v.* **1.** 低头垂肩地站(或坐、走) dītóu chuíjiānde zhàn (huò zuò、zǒu)；没精打采地站(或坐、走) méijīng-dǎcǎide zhàn (huò zuò、zǒu) = sit, stand or walk in a stooping way **2.** 使下垂 shǐ xiàchuí = pull down

slough *n.* **1.** 泥坑 níkēng；泥潭 nítán = mudhole **2.** 绝境 juéjìng：a financial ～ 经济困境 jīngjì kùnjìng

Slovak *n.* **1.** 斯洛伐克人 Sīluòfákèrén **2.** 斯洛伐克语 Sīluòfákèyǔ

sloven *n.* 不修边幅的人 bù xiū biānfúde rén

slow *a.* **1.** 慢 màn；缓慢的 huǎnmànde：a ～ process 缓慢的过程 huǎnmànde guòchéng **2.** 迟钝的 chídùnde：～ imagination 迟钝的想象力 chídùnde xiǎngxiànglì *ad.* 慢 màn：Go ～er. 走得慢一些。Zǒude màn yìxiē. *v.* 放慢 fàngmàn：～ the speed 放慢速度 fàngmàn sùdù

slowly *ad.* 慢 màn

slow-motion *a.* 慢动作的 màndòngzuòde：a ～ film 慢镜头影片 mànjìngtóu yǐngpiàn

slow-moving *a.* 滞销的 zhìxiāode

slowness *n.* **1.** 缓慢 huǎnmàn * low speed **2.** 迟钝 chídùn = being dull

slowpaced *a.* 进展缓慢的 jìnzhǎn huǎnmànde；缓慢前进的 huǎnmàn qiánjìnde

sludge *n.* **1.** 淤泥 yūní；软泥 ruǎnní = mud **2.** 烂泥状混合物 lànnízhuàng hùnhéwù = slushy matter

slug *n.* **1.** 鼻涕虫 bítìchóng = a kind of snail **2.** 行动缓慢的人 xíngdòng huǎnmànde rén；懒汉 lǎnhàn = lazy person *v.* **1.** 慢慢地移动 mànmànde yídòng = move slowly **2.** 懒怠地歇着 lǎndàide xiēzhe = rest languishly

sluggard *n.* 懒汉 lǎnhàn

sluggish *a.* 缓慢的 huǎnmànde：a ～ current 缓慢的水流 huǎnmànde shuǐliú

sluice *n.* 水闸 shuǐzhá *v.* 冲洗 chōngxǐ = wash with water

sluice-gate *n.* 水门 shuǐmén

slum *n.* 贫民窟 pínmínkū；贫民区 pínmínqū

slumber *n.* & *v.* 睡眠 shuìmián

slumberous *a.* **1.** 昏昏欲睡的 hūnhūn-yùshuìde **2.** 寂静的 jìjìngde = quiet

slump *v.* 暴跌 bàodiē；倒下 dǎoxià = fall down

slur *v.* 不清楚地讲(写) bù qīngchude jiǎng(xiě) *n.* 污点 wūdiǎn；诋毁 dǐhuǐ：cast a ～ upon sb. 诋毁某人 dǐhuǐ mǒurén

slush *n.* 烂泥 lànní；雪水 xuěshuǐ

slushy *a.* 烂泥的 lànníde

slut *n.* 懒惰的女人 lǎnduòde nǚrén

sluttish *a.* **1.** 邋遢的 lātāde = slovenly **2.** 淫荡的 yíndàngde = licentious

sly *a.* **1.** 狡猾的 jiǎohuáde：a ～ fox 狡猾的狐狸 jiǎohuáde húli **2.** 诡秘的 guǐmìde；偷偷的 tōutōude：a ～ smile 诡秘的一笑 guǐmìde yíxiào

smack[1] *n.* **1.** 滋味 zīwèi = flavor **2.** 少量 shǎoliàng；一点点 yìdiǎndiǎn：add a ～ of pepper to a dish 菜里略放一些胡椒 càili lüèfàng yìxiē hújiāo *v.* 有…味 yǒu … wèi：The water ～s of sulphur. 这水有点儿硫磺味儿。Zhèshuǐ yǒudiǎnr liúhuángwèir.

smack[2] *n.* 拍击声 pāijīshēng * the sound *v.* **1.** 拍击 pāijī：～ the table 拍一下桌子 pāi yíxià zhuōzi **2.** 掴 guāi；打 dǎ：～ sb.'s face 掴某人耳光

guāi mǒurén ěrguāng

smacking *a*. **1**. 活跃的 huóyuède = lively **2**. 啪一声的 pā yìshēngde = slapping sound

small *a*. **1**. 小的 xiǎode：a ～ matter 小事 xiǎoshì **2**. 低微的 dīwēide；不起眼的 bù qǐyǎnde：a ～ job 低微的工作 dīwēide gōngzuò **3**. 小气的 xiǎoqide；卑鄙的 bēibǐde = mean：a ～ mind 小心眼 xiǎoxīnyǎn

small hours 午夜后的几小时 wǔyèhòude jǐxiǎoshí；凌晨时分 língchén shífēn

small-minded *a*. 心胸狭窄的 xīnxiōng xiázhǎide；气量小的 qìliàng xiǎode

smallpox *n*. 天花 tiānhuā

small-talk *v*. 闲谈 xiántán；聊天 liáotiān

smart[1] *a*. **1**. 聪明的 cōngmingde；精明的 jīngmíngde：a ～ boy 聪明的男孩儿 cōngmingde nánháir **2**. 漂亮的 piàoliangde：a ～ shirt 漂亮的衬衫 piàoliangde chènshān

smart[2] *v*. **1**. 剧痛 jùtòng：My heart ～s so. 我的心痛得厉害。Wǒde xīn tòngde lìhai. **2**. 伤心 shāngxīn；痛苦 tòngkǔ：～ from one's defeat 因失败而痛苦 yīn shībài ér tòngkǔ *n*. 剧痛 jùtòng

smarten *v*. **1**. 使漂亮 shǐ piàoliang；打扮 dǎban = make smart：～ oneself up 把自己打扮漂亮 bǎ zìjǐ dǎban piàoliang **2**. 使轻快 shǐ qīngkuài = make brisk

smarty *n*. 自作聪明的人 zìzuò-cōngmingde rén；自以为是的人 zìyǐwéishìde rén *a*. 自作聪明的 zìzuò-cōngmingde；自以为是的 zìyǐwéishìde

smash *v*. **1**. 打碎 dǎsuì；打破 dǎpò：～ a window 打碎窗户 dǎsuì chuānghu / ～ a record 打破记录 dǎpò jìlù **2**. 击溃 jīkuì：～ the enemy 击溃敌人 jīkuì dírén **3**. 猛撞 měngzhuàng：The boat ～ed into a rock. 船猛撞在岩石上。Chuán měngzhuàng zài yánshíshang. *n*. **1**. 破碎 pòsuì；粉碎声 fěnsuìshēng * the sound **2**. 扣球 kòuqiú * in ball games

smasher *n*. 打碎者 dǎsuìzhě

smashup *n*. 猛撞 měngzhuàng；撞车事件 zhuàngchē shìjiàn；车祸 chēhuò

smatter *n*. **1**. 略知 lüèzhī；浅知 qiǎnzhī：speak a ～ of English 略微会说一点儿英语 lüèwēi huìshuō yìdiǎnr Yīngyǔ **2**. 少数 shǎoshù；寥寥几个

liáoliáojǐge = small amount

smattering *n.* **1.** 一知半解 yìzhī bànjiě：have a ～ of Chinese 懂一点点汉语 dǒng yìdiǎndiǎn Hànyǔ **2.** 少数 shǎoshù；寥寥几个 liáoliáojǐge = a few

smear *v.* **1.** 涂 tú = cover with oily substance；涂掉 túdiào = delete：～ a word 涂掉一个字 túdiào yíge zì **2.** 诋毁 dǐhuǐ：～ sb.'s reputation 诋毁某人的名誉 dǐhuǐ mǒurénde míngyù *n.* 污点 wūdiǎn；污迹 wūjī = stain

smell *n.* **1.** 气味 qìwèi：strong ～ 强烈的气味 qiángliède qìwèi **2.** 嗅觉 xiùjué：sense of ～ 嗅觉 xiùjué *v.* **1.** 嗅 xiù；闻到 wéndào：I ～ed gas. 我闻到了煤气味。Wǒ wéndàole méiqìwèi. **2.** 发…气味 fā…qìwèi * emit an odour **3.** 发臭 fāchòu * emit a bad odour

smelly *a.* 臭的 chòude；难闻的 nánwénde

smelt *v.* 熔炼 róngliàn

smile *v.* **1.** 微笑 wēixiào：She ～d at the children. 她对孩子们微笑。Tā duì háizimen wēixiào. **2.** 微笑表示 wēixiào biǎoshì：She ～d her approval. 她笑着表示同意。Tā xiàozhe biǎoshì tóngyì. *n.* 微笑 wēixiào；笑容 xiàoróng：she was all ～s. 她满脸笑容。Tā mǎnliǎn xiàoróng.

smiling *a.* 微笑的 wēixiàode；露出笑容的 lòuchū xiàoróngde

smirch *v.* 玷污 diànwū = smear *n.* 污点 wūdiǎn

smirk *v.* 傻笑 shǎxiào；假笑 jiǎxiào：～ at sb. 嘲笑某人 cháoxiào mǒurén *n.* 微笑 wēixiào = affected smile

smite *v.* **1.** 打 dǎ；重击 zhòngjī = strike **2.** 袭击 xíjī = hit：a city smitten by a tornado 受龙卷风袭击的城市 shòu lóngjuǎnfēng xíjīde chéngshì

smith *n.* 锻工 duàngōng；铁匠 tiějiàng

smithery *n.* **1.** 锻工车间 duàngōng chējiān **2.** 锻冶术 duànyěshù

smithy *n.* 锻工车间 duàngōng chējiān

smog *n.* 烟雾 yānwù

smogbound *a.* 烟雾笼罩的 yānwù-lǒngzhàode；烟雾弥漫的 yānwù-mímànde

smoggy *a.* 烟雾弥漫的 yānwù mímànde

smoke *n.* **1.** 烟 yān **2.** 抽烟 chōuyān：Have a ～. 请抽烟。Qǐng chōuyān. *v.* **1.** 冒烟 màoyān：That stove ～s badly. 那炉子冒烟冒得很厉害。Nà lúzi màoyān màode hěnlìhai. **2.** 抽烟 chōuyān：～ a cigarette 抽香烟 chōu xiāngyān **3.** 熏 xūn：～d fish 熏鱼 xūnyú

smokeless *a.* 无烟的 wúyānde：a ～ zone 无烟区 wúyānqū

smoker *n.* 吸烟者 xīyānzhě

smokescreen *n.* 烟幕 yānmù

smoking *n.* **1.** 冒烟 màoyān **2.** 吸烟 xīyān：a ～ room 吸烟室 xīyānshì / No ～. 禁止吸烟。Jìnzhǐ xīyān / give up ～ 戒烟 jièyān

smoky *a.* **1.** 烟雾弥漫的 yānwù-mímànde：a ～ atmosphere 烟雾弥漫的空气 yānwù-mímànde kōngqì **2.** 烟一般的 yān yìbānde = like smoke

smooth *a.* **1.** 光滑的 guānhuáde；平滑的 pínghuáde：～ face 光滑的脸 guānghuáde liǎn **2.** 平静的 píngjìngde；平稳地 píngwěnde：in ～ water 在平静的水面上 zài píngjìngde shuǐmiànshang **3.** 流畅的 liúchàngde；柔和的 róuhéde：～ verse 流畅的韵文 liúchàngde yùnwén / a ～ voice 柔和的声音 róuhéde shēngyīn　*v.* **1.** 弄平滑 nòng pínghuá；烫平 tàngpíng：～ out a table cloth 把桌布弄平 bǎ zhuōbù nòngpíng / ～ a rumpled bed sheet 烫平弄皱的被单 tàngpíng nòngzhòude bèidān **2.** 使平静 shǐ píngjìng：The wind gradually ～ed down. 风逐渐平静下来。Fēng zhújiàn píngjìng xiàlái.

smooth-tongued *a.* 油嘴滑舌的 yóuzuǐ-huáshéde；花言巧语的 huāyán-qiǎoyǔde

smother *v.* **1.** 窒息 zhìxī：The old man was ～ed accidentally. 那老人偶然窒息而死。Nà lǎorén ǒurán zhìxī ér sǐ. **2.** 覆盖 fùgài：be ～ed with dust 覆盖着尘土 fùgàizhe chéntǔ **3.** 抑制 yìzhì；掩盖 yǎngài：～ one's anger 抑制怒气 yìzhì nùqì / ～ up a scandal 掩盖丑事 yǎngài chǒushì

smothery *a.* 闷的 mēnde；令人窒息的 lìngrén zhìxīde：a ～ room 不透气的房间 bú tòuqìde fángjiān

smoulder *v.* **1.** 熏烧 xūnshāo **2.** 郁积 yùjī：～ing revenge 郁积着复仇情绪 yùjīzhe fùchóu qíngxù　*n.* 闷火 mènhuǒ = burning without fire

smudge *n.* **1.** 污迹 wūjì = dirty mark **2.** 浓烟 nóngyān = dense smoke　*v.* 弄脏 nòngzāng：Charcoal drawing ～s easily. 木炭画很容易弄脏。Mùtànhuà hěn róngyì nòngzāng.

smudgy *a.* **1.** 有污迹的 yǒuwūjìde；弄脏的 nòngzāngde = dirty **2.** 模糊不清的 móhu bùqīngde = blurred：old ～ photos 模糊不清的旧照片 móhu bùqīngde jiù zhàopiàn

smug *a.* **1.** 沾沾自喜的 zhānzhān-zìxǐde = self-satisfied **2.** 整洁的

zhěngjiéde；体面的 tǐmiànde = clean

smuggle *v.* **1.** 走私 zǒusī：～ goods into a country 向一个国家走私 xiàng yíge guójiā zǒusī **2.** 偷带 tōudài：～ sth. out of a factory 把东西偷偷地带出工厂 bǎ dōngxi tōutōude dàichū gōngchǎng

smuggler *n.* 走私犯 zǒusīfàn

smut *n.* **1.** 污垢 wūgòu = stain **2.** 淫话 yínhuà = obscene words *v.* 弄脏 nòngzāng

smutty *a.* **1.** 污黑的 wūhēide **2.** 淫猥的 yínwěide：a ～ picture 淫画 yínhuà

snack *n.* 快餐 kuàicān；点心 diǎnxin：a ～ bar 快餐部 kuàicānbù；小吃店 xiǎochīdiàn

snackery *n.* 快餐部 kuàicānbù；小吃店 xiǎochīdiàn

snag *n.* **1.** 障碍 zhàng'ài；困难 kùnnan：hit a ～ 遇到意外的困难 yùdào yìwàide kùnnan **2.** 尖利的突出物 jiānlìde tūchūwù；断枝 duànzhī：tear one's coat on a ～ on the door 在门上一根断钉上钩破衣服 zài ménshang yìgēn duàndīngshang gōupò yīfu

snaggy *a.* 有暗桩的 yǒu ànzhuāngde；有断枝的 yǒu duànzhīde：a ～ pond 水下有暗桩的池塘 shuǐxià yǒu ànzhuāngde chítáng

snail *n.* 蜗牛 wōniú *v.* 缓慢移动 huǎnmàn yídòng：the car ～ed up the slope 汽车缓慢地爬上坡 qìchē huǎnmànde páshàng pō

snake *n.* **1.** 蛇 shé：poisonous ～ 毒蛇 dúshé **2.** 奸险的人 jiānxiǎnde rén 卑劣的人 bēiliède rén = treacherous person

snaky *a.* **1.** 蛇的 shéde；蛇一般的 shéyìbānde **2.** 阴险的 yīnxiǎnde **3.** 蛇形的 shéxíngde；蜿蜒的 wānyánde：a ～ path 蜿蜒的小路 wānyánde xiǎolù

snap *v.* **1.** 咬 yǎo = bite **2.** 突然折断 tūrán zhéduàn = break suddenly **3.** 拍快照 pāi kuàizhào * in photography

snappish *a.* **1.** 出言粗暴的 chūyán cūbàode；脾气暴躁的 píqi bàozàode = irritable **2.** 要咬人的 yào yǎorénde：a ～ dog 咬人的狗 yǎorénde gǒu

snappy *a.* **1.** 暴躁的 bàozàode = ill-tempered **2.** 活泼的 huópode = lively：～ conversation 生动活泼的谈话 shēngdòng-huópode tánhuà **3.** 漂亮的 piàoliangde = smart：a ～ dresser 服装时髦的人 fúzhuāng shímáode rén

snapshoot *v.* 拍快照 pāi kuàizhào

snapshot *n.* **1.** 急射 jíshè **2.** 快照 kuàizhào：take a ～ 拍张快照 pāi zhāng kuàizhào

snare *n.* 圈套 quāntào；陷阱 xiànjǐng：fall into a ～ 落入圈套 luòrù quāntào *v.* 诱捕 yòubǔ：～ a rabbit 诱捕兔子 yòubǔ tùzi

snarl[1] *v.* **1.** 狂吠 kuángfèi：The dog ～ed at the tramp. 狗对着流浪汉狂吠。Gǒu duìzhe liúlànghàn kuángfèi. **2.** 咆哮 páoxiāo = growl

snarl[2] *n.* **1.** 缠结 chánjié；死结 sǐjié = tangle **2.** 混乱 hùnluàn；一团糟 yìtuánzāo = confusion：traffic ～s 交通混乱 jiāotōng hùnluàn

snatch *v.* 抢 qiǎng；抓住 zhuāzhù：～ at every chance 抓住一切机会 zhuāzhù yíqiè jīhuì *n.* **1.** 抢夺 qiǎngduó **2.** 抓住 zhuāzhù

snatchy *a.* 断断续续的 duànduan-xùxùde：a ～ conversation 断断续续的谈话 duànduan-xùxùde tánhuà

sneak *v.* **1.** 偷偷地走 tōutōude zǒu：～ into the room 偷偷走进房间 tōutōu zǒujìn fángjiān **2.** 偷偷做 tōutōu zuò = act stealthily：～ a smoke 偷偷抽烟 tōutōu chōuyān *n.* 鬼鬼祟祟的人 guǐgui-suìsuìde rén = treacherous person

sneaking *a.* **1.** 秘密的 mìmìde；不公开的 bùgōngkāide：a ～ desire 隐藏不露的意愿 yǐncáng búlòude yìyuàn **2.** 内心里的 nèixīnlide：a ～ sympathy 内心的同情 nèixīnde tóngqíng

sneaky *a.* **1.** 鬼鬼祟祟的 guǐgui-suìsuìde；卑鄙的 bēibǐde = mean **2.** 暗中的 ànzhōngde；私下的 sīxiàde：having a ～ feeling that 私下里觉得… sīxiàli juéde…

sneer *v.* 讥笑 jīxiào；嘲笑 cháoxiào：The proposal was ～ed down. 提议在一片嘲笑声中被否决。Tíyì zài yípiàn cháoxiàoshēngzhōng bèi fǒujué. *n.* 嘲笑 cháoxiào；讥笑 jīxiào = showing contempt

sneeze *n.* 喷嚏 pēntì *v.* 打喷嚏 dǎ pēntì：Use a handkerchief when you ～. 打喷嚏时应用手帕捂住。Dǎ pēntìshí yīngyòng shǒupà wǔzhù.

sniff *v.* **1.** 用鼻吸气 yòng bí xīqì：～ the fresh air 吸入新鲜空气 xīrù xīnxiān kōngqì / ～ at 嗤之以鼻 chīzhī-yǐbí = show contempt **2.** 闻 wén；嗅 xiù：The dog ～ed him all over. 狗把他全身闻了一遍。Gǒu bǎ tā quánshēn wénle yíbiàn. *n.* 嗅 xiù

sniffle *v.* & *n.* 抽鼻子 chōubízi

snip *v.* 剪断 jiǎnduàn：～ off the corner of a packet 剪去包裹的边角 jiǎnqù bāoguǒde biānjiǎo *n.* 剪断 jiǎnduàn：make a ～ in the paper 在

纸上剪一刀 zài zhǐshang jiǎn yìdāo

snipe *n.* 鹬类 yùlèi ＊ a kind of bird *v.* 狙击 jūjī = shoot：～ at enemy soldiers 伏击敌兵 fújī díbīng

sniper *n.* 狙击手 jūjīshǒu

snivel *v.* & *n.* **1.** 流鼻涕 liúbítì = sniffle **2.** 啜泣 chuòqì = whine **3.** 诉苦 sùkǔ = complain

snob *n.* **1.** 势利小人 shìli xiǎorén **2.** 自以为懂行者 zìyǐwéi dǒnghángzhě：a musical ～ 自以为懂音乐的人 zì yǐwéi dǒng yīnyuède rén

snobbery *n.* 势利 shìli

snobbish *a.* 势利的 shìlide：a ～ person 势利小人 shìli xiǎorén

snooker *n.* 台球 táiqiú

snoop *v.* 打听 dǎting；探听 tàntīng：～ into sb.'s private life 探听某人的私生活 tàntīng mǒurénde sīshēnghuó

snooze *v.* 打盹儿 dǎdǔnr *n.* 打盹 dǎdǔn = a short sleep

snore *v.* 打鼾 dǎhān *n.* 鼾声 hānshēng

snort *v.* 喷鼻息表示 pēn bíxī biǎoshì *n.* 鼻息声 bíxīshēng

snow *n.* 雪 xuě：a heavy ～ 一场大雪 yìchǎng dàxuě *v.* **1.** 下雪 xiàxuě：Look！It's ～ing. 看，下雪了！Kàn，xiàxuěle！**2.** 雪片似地落下 xuěpiàn shìde luòxià：The peach ～ed its petals on the ground. 桃花花瓣雪片似地落在地上。Táohuā huābàn xuěpiàn shìde luòzài dìshang.

snowball *n.* 雪球 xuěqiú：a ～ fight 雪仗 xuězhàng *v.* **1.** 滚雪球 gǔn xuěqiú **2.** 使滚雪球般增长（扩大）shǐ gǔn xuěqiúbān zēngzhǎng (kuòdà) = augment like a ～

snowbird *n.* 雪鸟 xuěniǎo

snowcapped *a.* 有雪冠的 yǒu xuěguānde；有雪盖的 yǒu xuěgàide

snowdrift *n.* 雪堆 xuěduī

snowfall *n.* **1.** 降雪 jiàngxuě：a heavy ～ 大雪 dàxuě **2.** 降雪量 jiàngxuěliàng：an annual average ～ of 3 inches 年均三寸的降雪量 niánjūn sāncùnde jiàngxuěliàng

snowflake *n.* 雪片 xuěpiàn；雪花 xuěhuā

snowman *n.* 雪人 xuěrén

snowplough *n.* 扫雪机 sǎoxuějī

snowslide *n.* 雪崩 xuěbēng

snowstorm *n.* 暴风雪 bàofēngxuě：a raging ～ 狂风暴雪 kuángfēngbàoxuě

snowsuit *n.* 儿童风雪衣 értóng fēngxuěyī

snow-white *a.* 雪白的 xuěbáide；纯白的 chúnbáide

snowy *a.* **1.** 雪白的 xuěbáide = snow-white **2.** 下雪的 xiàxuěde：～ weather 下雪天气 xiàxuě tiānqì

snub *v.* & *n.* **1.** 冷落 lěngluò；怠慢 dàimàn = treat with cold behavior or contempt **2.** 责骂 zémà = rebuke

snubber *n.* **1.** 减震器 jiǎnzhènqì = shock absorber **2.** 减声器 jiǎnshēngqì = muffler **3.** 缓冲器 huǎnchōngqì **4.** 冷落他人者 lěngluò tārénzhě；严厉斥责者 yánlì chìzézhě = one who snubs

snubby *a.* **1.** 鼻子扁平的 bízi biǎnpíngde；鼻子塌的 bízi tāde = snub-nosed **2.** 粗短的 cūduǎnde = short and fat **3.** 冷落怠慢的 lěngluò dàimànde；瞧不起人的 qiáobuqǐ rénde：a ～ manner 瞧不起人的态度 qiáobuqǐ rénde tàidu

snuff *v.* **1.** 熄灭 xīmiè；被掐灭 bèi qiāmiè = extinguish **2.** 用力吸入 yònglì xīrù = sniff：～ the fragrance of the flower 吸入花的香味 xīrù huāde xiāngwèi **3.** 嗅 xiù；闻 wén

snuffbottle *n.* 鼻烟壶 bíyānhú

snuffle *v.* 抽鼻子 chōubízi；用鼻呼吸 yòng bí hūxi *n.* 鼻声 bíshēng = sniffle

snug *a.* **1.** 温暖而舒适的 wēnnuǎn ér shūshìde：a ～ little parlour 温暖舒适的小客厅 wēnnuǎn shūshìde xiǎo kètīng **2.** 整洁的 zhěngjiéde：a ～ store 整洁的商店 zhěngjiéde shāngdiàn

snuggle *v.* 舒适地蜷伏 shūshìde quánfú；偎依 wēiyī：～ down in bed 舒适地蜷伏在床上 shūshìde quánfú zài chuángshang / The kid ～d close to his mother. 孩子偎依着母亲。Háizi wēiyīzhe mǔqin.

so *ad.* **1.** 这样 zhèyàng；那样 nàyàng：Do just ～. 就这样干。Jiù zhèyàng gàn. / Is that ～？是那样的吗？Shì nàyàngdema？**2.** 那么 nàme；这么 zhème：～ many things to do 那么多的事要做 nàme duōde shì yào zuò **3.** 非常 fēicháng：I'm ～ glad that you have come. 你来了，我非常高兴。Nǐ láile，wǒ fēicháng gāoxìng. **4.** 也 yě：I enjoyed the book，and ～ did my wife. 我喜欢这本书，我妻子也喜欢。Wǒ xǐhuan zhèběnshū，wǒ qīzi yě xǐhuan. *conj.* 所以 suǒyǐ：It was raining，～ we stayed home. 下雨了，所以我们就呆在家里了。Xiàyǔle，suǒyǐ wǒmen jiù dāizài jiālile.

soak *v.* **1.** 浸泡 jìnpào；湿透 shītòu：be ～ed to the skin 浑身湿透 húnshēn shītòu **2.** 吸收 xīshōu = absorb **3.** 浸泡掉 jìnpàodiào：～ the dirt out 把污垢浸泡掉 bǎ wūgòu jìnpàodiào *n.* 浸 jìn；泡 pào

soaking *n.* 浸透 jìntòu；湿透 shītòu：～ of seeds 浸种 jìnzhǒng *a.* 湿透的 shītòude

so-and-so *n.* 某人(事) mǒurén (shì)

soap *n.* 肥皂 féizào：a cake of ～ 一块肥皂 yíkuài féizào *v.* 用肥皂洗 yòng féizào xǐ = wash with soap

soapbox *n.* **1.** 肥皂盒 féizàohé **2.** 临时演说台 línshí yǎnshuōtái = an improvised platform for making speeches *v.* 作街头演说 zuò jiētóu yǎnshuō：～ for equal rights 为争取平等权利作街头演说 wèi zhēngqǔ píngděng quánlì zuò jiētóu yǎnshuō

soap bubble *n.* 肥皂泡 féizàopào

soap opera *n.* 电视连续剧 diànshì liánxùjù；肥皂剧 féizàojù

soapsuds *n.* 肥皂水 féizàoshuǐ；肥皂水的泡沫 féizàoshuǐde pàomò

soapy *a.* **1.** 涂着肥皂的 túzhe féizàode = smeared with soap **2.** 奉承的 fèngchengde = flattering：a ～ voice 奉承的语调 fèngchengde yǔdiào

soar *v.* **1.** 翱翔 áoxiáng = fly high **2.** 暴涨 bàozhǎng：Prices are ～ing. 物价飞涨。Wùjià fēizhǎng.

sob *v.* **1.** 呜咽 wūyè；啜泣 chuòqì：A little girl is ～bing. 一个小女孩在啜泣。Yíge xiǎo nǚhái zài chuòqì. **2.** 哭诉 kūsù：He ～bed his story to the public. 他向公众哭诉他的遭遇。Tā xiàng gōngzhòng kūsù tāde zāoyù. *n.* 呜咽 wūyè；啜泣 chuòqì：break into ～s 一下子啜泣起来 yíxiàzi chuòqì qǐlái

sober *a.* **1.** 清醒的 qīngxǐngde：remain ～ 保持清醒的头脑 bǎochí qīngxǐngde tóunǎo **2.** 严肃的 yánsùde：as ～ as a judge 象法官一样严肃 xiàng fǎguān yíyàng yánsù *v.* 清醒 qīngxǐng：S- him up. 让他清醒过来。Ràngtā qīngxǐng guòlái.

sobriety *n.* **1.** 清醒 qīngxǐng **2.** 节酒 jiéjiǔ；戒酒 jièjiǔ = stop drinking **3.** 认真 rènzhēn = seriousness

sobriquet *n.* 诨名 hùnmíng；绰号 chuòhào

so-called *a.* 所谓的 suǒwèide

soccer *n.* 英式足球 yīngshì zúqiú

sociability *n.* 1. 社交活动 shèjiāo huódòng 2. 爱社交 ài shèjiāo

sociable *a.* 1. 好交际的 hàojiāojìde；合群的 héqúnde = fond of social activities 2. 社交的 shèjiāode；交际的 jiāojìde：a ～ evening 社交晚会 shèjiāo wǎnhuì

social *a.* 1. 社会的 shèhuìde：～ problems 社会问题 shèhuì wèntí 2. 社交的 shèjiāode；喜欢交际的 xǐhuan jiāojìde：a ～ gathering 社交集会 shèjiāo jíhuì

socialism *n.* 社会主义 shèhuìzhǔyì

socialist *n.* 社会主义者 shèhuìzhǔyìzhě *a.* 社会主义的 shèhuìzhǔyìde：the ～ system 社会主义制度 shèhuìzhǔyì zhìdù

socialize *v.* 使…社会主义化 shǐ … shèhuìzhǔyìhuà：～d medicine 公费医疗制 gōngfèi yīliáozhì

social science *n.* 社会科学 shèhuì kēxué

social welfare *n.* 社会福利 shèhuì fúlì

society *n.* 1. 社会 shèhuì：human ～ 人类社会 rénlèi shèhuì 2. 会 huì；社 shè；协会 xiéhuì：The Red Cross S- of China 中国红十字会 Zhōngguó hóngshízìhuì 3. 社交界 shèjiāojiè = social circles

sociology *n.* 社会学 shèhuìxué

sock *v.* 1. 拳打 quándǎ：get ～ed 被打 bèi dǎ 2. 投掷 tóuzhì = hit *n.* 短袜 duǎnwà = short stocking

socket *n.* 1. 窝 wō：the eye ～ 眼窝 yǎnwō 2. 插座 chāzuò = a cavity into which sth. fits

sod *n.* 1. 草皮 cǎopí = grass-covered soil 2. 棘手的事物 jíshǒude shìwù = difficult job *v.* 诅咒 zǔzhòu；咒骂 zhòumà：～ it 该死 gāisǐ / ～ off 滚开 gǔnkāi

soda *n.* 苏打 sūdá：～ crackers 苏打饼干 sūdá bǐnggān / ～ water 苏打水 sūdáshuǐ

soda-fountain *n.* 冷饮店 lěngyǐndiàn

sodden *a.* 1. 湿润的 shīrùnde：～ ground 湿润的地面 shīrùnde dìmiàn 2. 未烤透的 wèi kǎotòude：～ bread 未烘透的面包 wèi hōngtòude miànbāo *v.* 使浸湿 shǐ jìnshī = cause sth. to be ～

sodium *n.* 钠 nà

sofa *n.* 沙发 shāfā

soft *a.* 1. 软的 ruǎnde；柔软的 róuruǎnde：a ～ bed 软床 ruǎnchuáng 2.

柔和的 róuhéde：a ～ light 柔和的光线 róuhéde guāngxiàn **3**. 光滑的 guānghuáde；柔嫩的 róunènde：～ skin 柔嫩的皮肤 róunènde pífū **4**. 温和的 wēnhéde：a ～ breeze 和风 héfēng / ～ drinks 不含酒精的饮料 bù hán jiǔjīngde yǐnliào / ～ water 软水 ruǎnshuǐ *ad*. **1**. 柔软地 róuruǎnde **2**. 轻轻地 qīngqīngde：Speak ～. 请轻轻地说。Qǐng qīngqīngde shuō.

softball *n*. 垒球 lěiqiú

soft-boiled *n*. 煮得半熟的 zhǔde bànshúde * of eggs

soften *v*. 变软 biànruǎn；弄软和 nòng ruǎnhuo = make soft：～ the light 把光线弄得柔和些 bǎ guāngxiàn nòngde róuhé xiē

softener *n*. 软化剂 ruǎnhuàjì；柔软剂 róuruǎnjì：a fabric ～ 织物柔软剂 zhīwù róuruǎnjì

softhearted *a*. 仁慈的 réncíde；温柔的 wēnróude

soft line *a*. 温和路线 wēnhé lùxiàn

software *n*. 软件 ruǎnjiàn；程序系统 chéngxù xìtǒng：to write the ～ 编制程序 biānzhì chéngxù

softwood *n*. **1**. 针叶树 zhēnyèshù = corniferous tree **2**. 软材 ruǎneái * the wood

soggy *a*. **1**. 湿透的 shītòude = sodden **2**. 未烤透的 wèi kǎotòude：～ bread 未烤透的面包 wèi kǎotòude miànbāo **3**. 乏味的 fáwèide；沉闷的 chénmènde = dull

soil *n*. **1**. 土壤 tǔrǎng；土地 tǔdì：one's native ～ 故乡 gùxiāng **2**. 污点 wūdiǎn = stain *v*. 弄脏 nòngzāng = make dirty

sojourn *v*. 逗留 dòuliú；旅居 lǚjū：He ～ed in Beijing for one month. 他在北京住了1个月。Tā zài Běijīng zhùle yígeyuè. *n*. 逗留 dòuliú；旅居 lǚjū

sojourner *n*. 逗留的人 dòuliúde rén

solace *n*. **1**. 安慰 ānwèi：find ～ in alcohol 借酒浇愁 jièjiǔ-jiāochóu **2**. 安慰物 ānwèiwù：Books were his only ～. 书籍是他唯一的慰藉。Shūjí shì tā wéiyīde wèijiè. *v*. **1**. 安慰 ānwèi = comfort **2**. 减轻 jiǎnqīng；缓和 huǎnhé = relieve：～ grief 缓和悲痛 huǎnhé bēitòng

solar *a*. **1**. 太阳的 tàiyángde：the ～ calendar 阳历 yánglì **2**. 利用太阳能的 lìyòng tàiyángnéngde：a ～ engine 太阳能发动机 Tàiyángnéng fādòngjī

solar eclipse 日食 rìshí

soldier *n.* 士兵 shìbīng：He is every inch a ～. 他处处有军人风度。Tā chùchù yǒu jūnrén fēngdù.

soldierly *a.* **1.** 军人似的 jūnrén shìde = like a soldier **2.** 英勇的 yīngyǒngde = courageous

soldiery *n.* **1.** 军队 jūnduì = army **2.** 军事训练 jūnshì xùnliàn = military training

sole[1] *n.* 脚底 jiǎodǐ；鞋底 xiédǐ；袜底 wàdǐ = bottom of the foot, shoe or stocking

sole[2] *a.* **1.** 唯一的 wéiyīde；单独的 dāndúde：the ～ agent 独家代理商 dújiā dàilǐshāng / the ～ heir 唯一的继承人 wéiyīde jìchéngrén **2.** 仅有的 jǐnyǒude = only：They were the ～ survivors from the accident. 他们是这次事故中仅有的幸存者。Tāmen shì zhècì shìgùzhōng jǐnyǒude xìngcúnzhě.

solecism *n.* **1.** 语法错误 yǔfǎ cuòwù = grammatical mistake **2.** 失礼 shīlǐ = impoliteness

solely *ad.* **1.** 单独地 dāndúde = alone **2.** 仅仅 jǐnjǐn = only

solemn *a.* **1.** 严肃的 yánsùde；庄严的 zhuāngyánde：a ～ statement 庄严的声明 zhuāngyánde shēngmíng **2.** 庄重的 zhuāngzhòngde = grave // solemnity *n.*

solemnize *v.* **1.** 使…庄严 shǐ … zhuāngyán **2.** 举行…典礼 jǔxíng … diǎnlǐ = hold ceremony：～ a marriage 举行婚礼 jǔxíng hūnlǐ

solicit *v.* **1.** 恳求 kěnqiú：～ a person for help 请人帮助 qǐngrén bāngzhù / ～ (for) subscriptions 征求订户 zhēngqiú dìnghù **2.** 教唆 jiàosuō；怂恿 sǒngyǒng：～ sb. to evil 教唆某人干坏事 jiàosuō mǒurén gàn huàishì // solicitation *n.*

solicitor *n.* 律师 lùshī

solicitous *a.* **1.** 挂念的 guàniànde = anxious about **2.** 渴望的 kěwàngde = eager to do sth. 渴望做某事 kěwàng zuò mǒushì **3.** 十分讲究的 shífēn jiǎngjiude；非常注意的 fēicháng zhùyìde：～ service 精心周到的服务 jīngxīn zhōudàode fúwù

solicitude *n.* 挂念 guàniàn；关怀 guānhuái；担心 dānxīn：the tender ～ of a mother 母亲的温柔关怀 mǔqinde wēnróu guānhuái

solid *a.* **1.** 固体的 gùtǐde：～ fuels 固体燃料 gùtǐ ránliào **2.** 实心的

shíxīnde：a ～ ball 实心球 shíxīnqiú **3**. 坚固的 jiāngùde；结实的 jiēshide：a man of ～ build 结实的人 jiēshide rén **4**. 完整的 wánzhěngde：a ～ hour 整整一小时 zhěngzhěng yī xiǎoshí **5**. 可靠的 kěkàode：～ support 可靠的支持 kěkàode zhīchí **6**. 纯粹的 chúncuìde：～ gold 纯金 chúnjīn **7**. 一致的 yízhìde：a ～ vote 全体一致的投票 quántǐ yízhìde tóupiào *n*. 固体 gùtǐ

solidarity *n*. 团结 tuánjié：the ～ of the peoples of the world 世界人民大团结 shìjiè rénmín dà tuánjié

solidify *v*. 使…凝固 shǐ … nínggù = become solid

solidity *n*. **1**. 固体性 gùtǐxìng = quality of being solid **2**. 坚固 jiāngù = firmness

soliloquize *v*. 自言自语 zìyánzìyǔ；独白 dúbái

soliloquy *n*. 独白 dúbái

solitary *a*. **1**. 单独的 dāndúde；独自的 dúzìde；独居的 dújūde = alone：a ～ journey 独自一人旅行 dúzì yìrén lǚxíng **2**. 荒凉的 huāngliángde；偏僻的 piānpìde = seldom visited：a ～ district 偏僻的地区 piānpìde dìqū **3**. 唯一的 wéiyīde = only：a ～ exception 唯一的例外 wéiyīde lìwài

solitude *n*. **1**. 孤独 gūdú = being solitary **2**. 僻静处 pìjìngchù = solitary place

solo *n*. **1**. 独奏曲 dúzòuqǔ；独唱曲 dúchàngqǔ：a piano ～ 钢琴独奏曲 gāngqín dúzòuqǔ **2**. 单独表演 dāndú biǎoyǎn = any performance by one person *a*. 单独的 dāndúde；单身的 dānshēnde = single

soloist *n*. 独奏(唱)者 dúzòu(chàng)zhě

solubility *n*. 溶(解)度 róng(jiě)dù；易溶性 yìróngxìng

soluble *a*. **1**. 可溶的 kěróngde：Salt is ～ in water. 盐在水中会溶解。Yán zài shuǐzhōng huì róngjiě. **2**. 可以解决的 kěyǐ jiějuéde = that can be solved：The problem is ～. 这个问题可以解决。Zhège wèntí kěyǐ jiějué.

solution *n*. **1**. 解决 jiějué = finding a way out **2**. 答案 dá'àn = answer **3**. 溶液 róngyè；溶解 róngjiě：a saline ～ 盐水溶液 yánshuǐ róngyè

solvable *a*. 能解释的 néng jiěshìde；能解决的 néng jiějuéde

solve *v*. 解决 jiějué：～ a problem 解决问题 jiějué wèntí

solvency *n*. 偿付能力 chángfù nénglì

solvent *a*. **1**. 有偿付能力的 yǒu chángfù nénglìde = be able to pay debts

2. 有溶解力的 yǒu róngjiělìde = able to dissolve *n*. 溶剂 róngjì

Somali *n*. 1. 索马里人 Suǒmǎlǐrén 2. 索马里语 Suǒmǎlǐyǔ

sombre *a*. 1. 阴沉的 yīnchénde = gloomy 2. 忧郁的 yōuyùde = dismal 3. 暗淡的 àndànde = dark

some *a*. 1. 一些 yìxiē：～ books 一些书 yìxiē shū 2. 某一个 mǒu yíge = certain：～ day 某一天 mǒu yìtiān *ad*. 大约 dàyuē：～ twenty days 大约二十天 dàyuē èrshí tiān *pron*. 1. 一些 yìxiē：S- of it is good. 其中一些是好的。Qízhōng yìxiē shì hǎode. 2. 有些人 yǒuxiē rén = some people

somebody *pron*. 某人 mǒurén；有人 yǒu rén = someone *n*. 重要人物 zhòngyào rénwù：His sister is ～ in television. 他妹妹是电视界的重要人物。Tāmèimei shì diànshìjiède zhòngyào rénwù.

someday *ad*. 将来某一天 jiānglái mǒu yìtiān；有朝一日 yǒu zhāo yírì

somehow *ad*. 1. 不知怎么地 bù zhī zěnmede：S- I don't trust that man. 不知怎么地，我不信任那个人。Bù zhī zěnmede，wǒ bú xìnrèn nàge rén. 2. 设法 shèfǎ：We shall succeed ～. 我们会设法成功的。Wǒmen huì shèfǎ chénggōngde.

someone = somebody *pron*. 某人 mǒurén；有人 yǒu rén

somersault *n*. 1. 筋斗 jīndǒu：a forward ～ 前空筋斗 qiánkōng jīndǒu 2. 180度转变 yìbǎibāshídù zhuǎnbiàn = big change

something *pron*. 某物 mǒuwù；某事 mǒushì

sometime *ad*. 某时 mǒushí；某日 mǒurì

sometimes *ad*. 有时 yǒushí：It is ～ hot and ～ cold. 天气忽冷忽热。Tiānqì hūlěng-hūrè.

somewhat *ad*. 有点 yǒudiǎnr：～ different 多少有点不同 duōshǎo yǒudiǎnr bùtóng *pron*. 一点儿 yìdiǎnr：The car has lost ～ of its speed. 汽车的速度有点慢了。Qìchēde sùdù yǒudiǎnr mànle.

somewhere *ad*. 某处 mǒuchù

somnambulism *n*. 梦游 mèngyóu；梦游症 mèngyóuzhèng

somnolent *a*. 想睡的 xiǎngshuìde；困倦的 kùnjuànde

son *n*. 1. 儿子 érzi：He is the ～ of Mr. Wang. 他是王先生的儿子。Tā shì Wángxiānshengde érzi. 2. 女婿 nǚxu = ～-in-law

song *n*. 1. 歌 gē；歌曲 gēqǔ：a popular ～ 流行歌曲 liúxíng gēqǔ 2. 鸣声 míngshēng；吵闹声 chǎonàoshēng：the ～ of birds 鸟鸣声 niǎo míngshēng / put up quite a ～ 大吵大闹 dàchǎodànào

songbird *n.* 鸣鸟 míngniǎo

songster *n.* **1.** 歌手 gēshǒu ＝ singer **2.** 鸣禽 míngqín ＝ bird that sings **3.** 作歌者 zuògēzhě ＝ songwriter

songstress *n.* 女歌唱家 nǚgēchàngjiā；女诗人 nǚshīrén ＝ female singster

songwriter *n.* 歌曲作家 gēqǔ zuòjiā

sonic *a.* **1.** 声音的 shēngyīnde：～ speed 音速 yīnsù **2.** 声波的 shēngbōde ＝ relating to song waves

sonorous *a.* 响亮 xiǎngliàng；洪亮 hóngliàng：～ bell 声音洪亮的大钟 shēngyīn hóngliàngde dàzhōng

soon *ad.* **1.** 不久 bùjiǔ：～ after the party 宴会后不久 yànhuì hòu bùjiǔ **2.** 快 kuài；早 zǎo：The ～er，the better. 越快越好。Yuè kuài yuè hǎo. **3.** 宁愿 nìngyuàn：I'd ～er die than go with you. 我宁愿死也不跟你去。Wǒ nìngyuàn sǐ yěbù gēn nǐ qù. // as ～ as 一…就 yī … jiù：Come here as ～ as you finish the work. 工作一结束你就到这来。Gōngzuò yìjiéshù nǐ jiù dào zhè lái. / as ～ as possible 尽快 jìnkuài / no ～er than 一…就… yī … jiù … / ～er or later 迟早 chízǎo

soot *n.* 煤烟 méiyān

soothe *v.* **1.** 抚慰 fǔwèi ＝ calm **2.** 减轻 jiǎnqīng ＝ ease the pain of

soother *n.* **1.** 安慰者 ānwèizhě **2.** 橡皮奶头 xiàngpí nǎitóu ＊ rubber mouth-piece for soothing a baby

soothing *a.* **1.** 安慰的 ānwèide：～ words 安慰的话 ānwèide huà **2.** 镇静的 zhènjìngde；镇痛的 zhèntòngde ＝ relieving the pain of

soothsayer *n.* 占卜者 zhānbǔzhě

sooty *a.* **1.** 煤烟的 méiyānde ＝ covered with soot **2.** 黑漆漆的 hēiqīqīde ＝ black **3.** 灰暗的 huī'ànde；阴沉的 yīnchénde ＝ gloomy

sop *n.* 面包片 miànbāopiàn：＊bread dipped into a liquid *v.* **1.** 泡 pào；浸湿 jìnshī：be ～ ped through 湿透 shītòu **2.** 吸水 xīshuǐ：～ up the water with a cloth 用抹布吸水 yòng mābù xī shuǐ

sophist *n.* 诡辩家 guǐbiànjiā

sophistic(al) *a.* 诡辩的 guǐbiànde：a ～ argument 诡辩的论点 guǐbiànde lùndiǎn

sophisticate *v.* **1.** 诡辩 guǐbiàn **2.** 使精致 shǐ jīngzhì；使复杂先进 shǐ fùzá xiānjìn ＝ make more advanced or complicated

sophisticated *a*. **1**. 深于世故的 shēn yú shìgùde = acquired worldly knowledge **2**. 不纯的 bùchúnde = less naive **3**. 复杂 fùzá；精密 jīngmì = complicated：a ～ machine 精密的机器 jīngmìde jīqì

sophistication *n*. **1**. 诡辩 guǐbiàn **2**. 搀杂 chānzá = mixture **3**. 复杂性 fùzáxìng；精密性 jīngmìxìng **4**. 有教养 yǒu jiàoyǎng = being well-bred

sophistry *n*. 诡辩(法) guǐbiàn(fǎ)

sophomore *n*. 大学二年级学生 dàxué èrniánjí xuésheng

soporific *a*. **1**. 催眠的 cuīmiánde：a ～ drug 安眠药 ānmiányào **2**. 嗜眠的 shìmiánde = fond of sleep

soppy *a*. **1**. 潮湿的 cháoshīde：～ weather 多雨天气 duōyǔ tiānqì **2**. 太伤感的 tài shānggǎnde = sentimental

soprano *n*. **1**. 女高音 nǚgāoyīn **2**. 女高音歌手 nǚgāoyīn gēshǒu

sorcery *n*. 巫术 wūshù

sordid *a*. **1**. 肮脏的 āngzangde = dirty：～ surroundings 肮脏的环境 āngzangde huánjìng **2**. 卑鄙的 bēibǐde = mean

sore *a*. **1**. 疼痛的 téngtòngde：have a ～ throat 喉咙痛 hóulóngtòng **2**. 痛心的 tòngxīnde = causing sorrow *n*. **1**. 痛处 tòngchù = ～ place on the body **2**. 疮 chuāng = a wound

sorely *ad*. **1**. 剧烈地 jùliède = severely **2**. 非常 fēicháng = greatly：feel ～ inclined to go 一心想去 yìxīn xiǎngqù

sorghum *n*. 高粱 gāoliang

sorority *n*. 妇女团体 fùnǚ tuántǐ

sorrel *a*. 栗色的 lìsède *n*. **1**. 栗色 lìsè = reddish brown color **2**. 栗色马 lìsèmǎ = a horse of this color

sorrow *n*. **1**. 悲痛 bēitòng；忧伤 yōushāng = sadness **2**. 悔憾 huǐhàn；歉疚 qiànjiù = regret

sorrowful *a*. 悲伤的 bēishāngde；悲痛的 bēitòngde

sorry *a*. **1**. 难过的 nánguòde：feel ～ 感到难过 gǎndào nánguò **2**. 对不起 duìbuqǐ；抱歉 bàoqiàn；遗憾 yíhàn = regretful：I'm very ～. 我很抱歉。Wǒ hěn bàoqiàn.

sort *n*. 种类 zhǒnglèi = kind of class *v*. 分类 fēnlèi；拣出 jiǎnchū = classify

sorter *n*. 分类者 fēnlèizhě；拣信员 jiǎnxìnyuán = letter sorter

SOS *n*. 呼救信号 hūjiù xìnhào

so-so *a.* & *ad.* 一般的 yìbānde；还过得去 hái guòdeqù：The play was ～. 这出戏还过得去。Zhè chū xì hái guòdeqù.

sot *n.* 酒鬼 jiǔguǐ

soul *n.* **1.** 灵魂 línghún **2.** 中心人物 zhōngxīn rénwù = the central figure；精髓 jīngsuǐ = the vital part of sth.

soulful *a.* 感情深切的 gǎnqíng shēnqiède；深情的 shēnqíngde

soulless *a.* **1.** 没有灵魂的 méiyǒu línghúnde **2.** 没有精神的 méiyǒu jīngshénde

sound[1] *a.* **1.** 健全的 jiànquánde = healthy **2.** 坚固的 jiāngùde = firm **3.** 正确的 zhèngquède = correct：～ reasoning 正确的推理 zhèngquède tuīlǐ **4.** 道德高尚的 dàodé gāoshàngde = virtuous：a ～ person 道德高尚的人 dàodé gāoshàngde rén **5.** 完全的 wánquánde = complete：a ～ sleep 酣睡 hānshuì *ad.* 彻底的 chèdǐde = thoroughly

sound[2] *n.* 声音 shēngyīn：～proof 隔音的 géyīnde *v.* **1.** 响 xiǎng = produce ～s **2.** 听起来 tīngqǐlái：It ～s quite all right. 听起来挺不错。Tīngqǐlái tǐng búcuò.

sounder *n.* 测深器 cèshēnqì

sounding *n.* 测深 cèshēn；测高 cègāo = testing the depth or height of *a.* 响亮的 xiǎngliàngde = producing sounds loudly

soundless *a.* **1.** 深不可测的 shēn bùkěcède；无底的 wúdǐde = too deep to be tested **2.** 无声的 wúshēngde；静的 jìngde = quiet

soundly *ad.* **1.** 健全地 jiànquánde **2.** 完善地 wánshànde = in good condition **3.** 充分地 chōngfènde：sleep ～ 睡得酣畅 shuìde hānchàng

soundness *n.* **1.** 健全 jiànquán：～ of body and mind 身心健全 shēnxīn jiànquán **2.** 完善 wánshàn

soundproof *a.* 隔音的 géyīnde：a ～ room 隔音室 géyīnshì *v.* 使隔音 shǐ géyīn = make ～

soup *n.* 汤 tāng：chicken ～ 鸡汤 jītāng

soup-plate *n.* 汤盘子 tāngpánzi

sour *a.* **1.** 酸的 suānde：a ～ taste 酸味 suānwèi **2.** 乏味的 fáwèide；不愉快的 bùyúkuàide：a ～ job 乏味的工作 fáwèide gōngzuò *v.* 变酸 biànsuān：The milk has ～ed. 牛奶变酸了。Niúnǎi biànsuānle.

source *n.* **1.** 源 yuán：the ～ of the river 河的发源地 héde fāyuándì **2.** 来源 láiyuán；根源 gēnyuán：the ～ of war 战争根源 zhànzhēng gēnyuán

/ The news came from a reliable ～. 消息出自一个可靠的来源。Xiāoxi chūzì yíge kěkàode láiyuán.

south *n.* 南 nán：the S- Pole 南极 Nánjí

southeast *n.* & *a.* 东南(的) dōngnán(de) *ad.* 在东南 zài dōngnán

southward *a.* & *ad.* 向南的 xiàng nánde

southwest *n.* & *a.* 西南(的) xīnán(de) *ad.* 在西南 zài xīnán

souvenir *n.* 纪念品 jìniànpǐn：buy a teapot as a ～ of his trip to China 买一只茶壶作为旅华纪念品 mǎi yìzhī cháhú zuòwéi lǚhuá jìniànpǐn

sovereign *a.* **1.** 至高无上的 zhìgāowúshàngde：～ power 至高无上的权力 zhìgāo-wúshàngde quánlì **2.** 独立自主的 dúlì-zìzhǔde：a ～ state 主权国家 zhǔquán guójiā *n.* 君主 jūnzhǔ = ruler of a state

sovereignty *n.* 主权 zhǔquán

sow *v.* 播种 bōzhòng：～ wheat 播种小麦 bōzhòng xiǎomài *n.* 母猪 mǔzhū = a female pig

soy *n.* 酱油 jiàngyóu = kind of sauce；大豆 dàdòu = soya-bean

soybean *n.* 大豆 dàdòu；黄豆 huángdòu：～ sauce 酱油 jiàngyóu / ～ milk 豆浆 dòujiāng

spa *n.* **1.** 矿泉 kuàngquán **2.** 矿泉疗养地 kuàngquán liáoyǎngdì = a resort with a ～

space *n.* **1.** 空间 kōngjiān；太空 tàikōng：outer ～ 外层空间 wàicéng kōngjiān / ～ rocket 宇宙火箭 yǔzhòu huǒjiàn **2.** 间隔 jiàngé **3.** 空地 kòngdì = empty place *v.* 隔开 gékāi = arrange with ～s between

spacearium *n.* 太空馆 tàikōngguǎn

spacecraft *n.* 宇宙飞船 yǔzhòu fēichuán

spacelab *n.* 太空实验室 tàikōng shíyànshì

spaceman *n.* 宇宙飞行员 yǔzhòu fēixíngyuán

spacer *n.* **1.** 隔离物 gélíwù **2.** 宇航员 yǔhángyuán = spaceman

spaceship *n.* 宇宙飞船 yǔzhòu fēichuán

spacesuit *n.* 太空飞行服 tàikōng fēixíngfú

spacing *n.* 间隔 jiàngé；空白 kòngbái = empty space

spacious *a.* **1.** 宽敞的 kuānchǎngde：a ～ hall 宽敞的大厅 kuānchǎngde dàtīng **2.** 开阔的 kāikuòde = open

spade *n.* **1.** 铁锹 tiěqiāo **2.** 黑桃 hēitáo * of playing cards *v.* 铲 chǎn = dig with a ～ // call a ～ a ～ 是啥说啥(直言不讳) shìshá-shuōshá

(zhíyán-búhuì)

spadeful *n.* 满铲 mǎnchǎn

spadish *a.* 直率的 zhíshuàide；直截了当的 zhíjié-liǎodàngde

spaghetti *n.* 意大利面条（Italy）Yìdàlì miàntiáo

span *n.* **1.** 指距 zhǐjù = distance from the thumb to little finger when the hand is stretched **2.** 跨度 kuàdù：the ～ of an arch 拱跨 gǒngkuà **3.** 一段时间 yíduàn shíjiān ＊of time *v.* **1.** 跨越 kuàyuè = extend across **2.** 架 jià：～ a river with a bridge 在河上架桥 zài héshang jià qiáo

spangle *n.* 亮晶晶金属片 liàngjīngjīng jīnshǔpiàn *v.* 使…闪烁 shǐ … shǎnshuò：the heavens ～d with stars 星星闪烁的天空 xīngxing shǎnshuòde tiānkōng

Spaniard *n.* 西班牙人 Xībānyárén

Spanish *a.* & *n.* **1.** 西班牙的 Xībānyáde ＊of Spain **2.** 西班牙人（的）Xībānyárén（de）＊of the people **3.** 西班牙语（的）Xībānyáyǔ（de）＊of the language

spank *v.* 打…的屁股 dǎ …de pìgu *n.* 一巴掌 yìbāzhang：give the boy a ～ 给这孩子一巴掌 gěi zhè háizi yìbāzhang

spanking *a.* **1.** 清新的 qīngxīnde = fresh **2.** 疾行的 jíxíngde；飞快的 fēikuàide：drive at a ～ pace 高速驾车 gāosùjiàchē

spanner *n.* 扳手 bānshou

spare *v.* **1.** 饶恕 ráoshù：～ one's life 饶命 ráomìng **2.** 节约 jiéyuē：～ no efforts 不遗余力 bùyíyúlì **3.** 抽出 chōuchū：He can ～ me an hour. 他能为我抽出一个小时。Tā néng wèi wǒ chōuchū yíge xiǎoshí. *a.* **1.** 空余的 kòngyúde：～ time 余暇 yúxiá **2.** 备用的 bèiyòngde：～ parts 备用零件 bèiyòng língjiàn

sparerib *n.* 小排骨 xiǎopáigǔ

spare-time *a.* 业余时间的 yèyú shíjiānde

sparing *a.* **1.** 节约的 jiéyuēde：be ～ in the use of gasolene 节约用油 jiéyuē yòngyóu **2.** 谨慎的 jǐnshènde = careful：Be ～ in making comments. 发表意见要谨慎。Fābiǎo yìjian yào jǐnshèn. **3.** 贫乏的 pínfáde；不足的 bùzúde = short of **4.** 爱惜的 àixīde = using little and carefully：He should be more ～ of his money. 他应更爱惜他的钱。Tā yīng gèng àixī tāde qián.

spark *n.* 火花 huǒhuā；火星 huǒxīng：S-s flew from the stove. 炉中射出

火花。Lú zhōng shèchū huǒhuā. *v.* **1.** 发火(电)花 fāhuǒ(diàn)huā = send out ～s **2.** 激发 jīfā: Our success ～ed us to fresh efforts. 我们的成就激励我们进一步努力。Wǒmende chéngjiù jīlì wǒmen jìnyibù nǔlì.

sparkle *v.* & *n.* 闪耀 shǎnyào

sparkling *a.* **1.** 闪耀的 shǎnyàode = shining **2.** 发出火花的 fāchū huǒhuāde; 迸出火星的 bèngchū huǒxīngde: a ～ fire 迸出火星的炉光 bèngchū huǒxīngde lúguāng

spark plug *n.* **1.** 火花塞 huǒhuāsāi = sparking plug **2.** 中心人物 zhōngxīn rénwù ＊of person

sparkplug *v.* 激励 jīlì; 发起 fāqǐ = lead to

sparky *a.* **1.** 发出火花的 fāchū huǒhuāde = emitting sparks **2.** 活泼的 huópode; 活跃的 huóyuède = lively

sparrow *n.* **1.** 麻雀 máquè **2.** 矮小的人 ǎixiǎode rén; 小个子 xiǎogèzi = a short fellow

sparse *a.* 稀疏的 xīshūde: ～ hair 稀疏的头发 xīshūde tóufa

spasm *n.* **1.** 痉挛 jìngluán **2.** 一阵发作 yízhèn fāzuò: a ～ of coughing 一阵咳嗽 yízhèn késou

spasmodic *a.* **1.** 痉挛的 jìngluánde = of spasm **2.** 间歇的 jiànxiēde; 阵发的 zhènfāde = intermittent: ～ pain 阵发的疼痛 zhènfāde téngtòng **3.** 猛烈而短暂的 měngliè ér duǎnzànde = jerky

spat *n.* **1.** 吵嘴 chǎozuǐ; 小争论 xiǎo zhēnglùn = quarrel **2.** 溅 jiàn = splash ～s of mud 飞溅的泥浆 fēijiànde níjiāng

spatchcock *v.* **1.** 把…插入 bǎ … chārù: ～ed some new facts into his prepared speech 把一些新的资料补入他预备好的讲词中 bǎ yìxiē xīnde zīliào bǔrù tā yùbèihǎode jiǎngcízhōng **2.** 把(家禽)杀后洗净即煮 bǎ (jiāqín) shāhòu xǐjìng jí zhǔ = kill a fowl and cook it at once

spate *n.* **1.** 大批 dàpī; 大量 dàliàng = a lot of: a ～ of accidents on a dangerous stretch of road 危险路段上接连发生的车祸 wēixiǎn lùduànshang jiēlián fāshēngde chēhuò **2.** 泛滥 fànlàn = flood: a river in ～ 泛滥的河流 fànlànde héliú

spatial *a.* 空间的 kōngjiānde; 太空的 tàikōngde

spatter *v.* **1.** 溅 jiàn; 洒 sǎ = splash **2.** 污蔑 wūmiè; 中伤 zhòngshāng = slander: ～ sb.'s good name 中伤某人的好名声 zhòngshāng mǒurénde hǎo míngshēng

spatula *n.* **1.** 刮勺 guāsháo；刮铲 guāchǎn **2.** 药刀 yàodāo * used in medicine

spawn *n.* **1.** 卵 luǎn = eggs, esp. of fish or frog **2.** 根源 gēnyuán = root: Dirt is the ~ of disease. 肮脏是疾病的根源。Āngzang shì jíbìngde gēnyuán. *v.* 产卵 chǎnluǎn = lay eggs

speak *v.* **1.** 说 shuō；说话 shuōhuà: He ~s English. 他说英语。Tā shuō Yīngyǔ. / learn to ~ 学说话 xué shuōhuà **2.** 谈 tán: I'll ~ to him. 我要同他谈一谈。Wǒ yào tóng tā tányitán. **3.** 发言 fāyán；作报告 zuò bàogào: to ~ at the meeting 在会上作报告 zài huìshang zuò bàogào **4.** 说出 shuōchū: He spoke the truth. 他说了实话。Tā shuōle shíhuà. // ~ for 代表…说话 dàibiǎo…shuōhuà: The facts ~ for themselves. 事实胜于雄辩。Shìshí shèngyú xióngbiàn. / ~ out (up) **1.** 大声说 dàshēng shuō = ~ loudly **2.** 毫无顾虑地说出意见 háowú gùlǜde shuōchū yìjian = boldly express opinions

speaker *n.* **1.** 发言者 fāyánzhě **2.** 扩音器 kuòyīnqì = loud speaker **3.** 代言人 dàiyánrén * representing a certain organization

speaking *n.* 说话 shuōhuà；演讲 yǎnjiǎng *a.* **1.** 发言的 fāyánde **2.** 能说明问题的 néng shuōmíng wèntíde；富于表情的 fùyú biǎoqíngde: a ~ example 能说明问题的例子 néng shuōmíng wèntíde lìzi

spear *n.* 矛 máo；长枪 chángqiāng

spearhead *n.* **1.** 矛头 máotóu **2.** 先锋 xiānfēng = pioneer

spearman *n.* 持矛士兵 chímáo shìbīng

spearmint *n.* 薄荷 bòhe；留兰香 liúlánxiāng

spec *n.* 投机 tóujī；冒险 màoxiǎn

special *a.* **1.** 特别的 tèbiéde: pay ~ attention to 特别注意 tèbié zhùyì **2.** 专门的 zhuānménde: a ~ hospital 专门医院 zhuānmén yīyuàn *n.* 专车 zhuānchē = vehicle for ~ use

specialist *n.* **1.** 专家 zhuānjiā = expert devoted to a special subject **2.** 专科医生 zhuānkē yīshēng = expert in medicine: an eye ~ 眼科医生 yǎnkē yīshēng

speciality *n.* **1.** 特性 tèxìng **2.** 专业 zhuānyè；专长 zhuāncháng: Medicine is his ~. 医学是他的专业。Yīxué shì tāde zhuānyè. **3.** 特产 tèchǎn: Lacquerwares are a ~ of the town. 漆器是这个城的特产。Qīqì shì zhège chéngde tèchǎn.

specialization *n.* 专业化 zhuānyèhuà；特殊化 tèshūhuà

specialize *v.* 专门研究 zhuānmén yánjiū；专攻 zhuāngōng

specially *ad.* 特别 tèbié：a meeting ～ called 特别召集的会议 tèbié zhàojíde huìyì；特地 tèdì：I made a chocolate cake ～ for you. 我特地为你做了一个巧克力蛋糕。Wǒ tèdì wèi nǐ zuòle yíge qiǎokèlì dàngāo.

specialty *n.* **1.** 专业 zhuānyè：Tourism is a ～ of that region. 旅游业是该区的主要行业。Lǚyóuyè shì gāiqūde zhǔyào hángyè. **2.** 特产 tèchǎn；名产 míngchǎn：Pottery is a ～ of this area. 陶器是这个地区的名产。Táoqì shì zhège dìqūde míngchǎn.

specie *n.* 硬币 yìngbì：payment in ～ 以硬币支付 yǐ yìngbì zhīfù

species *n.* 品种 pǐnzhǒng

specific *a.* **1.** 明确的 míngquède：a ～ aim 明确的目标 míngquède mùbiāo **2.** 特殊的 tèshūde：a ～ style 特殊的风格 tèshūde fēnggé

specifically *ad.* 明确地 míngquède；特别地 tèbiéde

specification *n.* **1.** 详细说明 xiángxì shuōmíng **2.** 规格 guīgé；说明书 shuōmíngshū

specify *v.* **1.** 指定 zhǐdìng **2.** 详细说明 xiángxì shuōmíng

specimen *n.* 标本 biāoběn；样本 yàngběn ＝ sample

speck *n.* **1.** 污点 wūdiǎn：a person without a ～ 没有污点的人 méiyǒu wūdiǎnde rén **2.** 微粒 wēilì；一点儿 yìdiǎnr：a ～ of dust 一点儿灰尘 yìdiǎnr huīchén

speckle *n.* 斑点 bāndiǎn

spectacle *n.* **1.** 景象 jǐngxiàng：a fine ～ 壮观的景象 zhuàngguānde jǐngxiàng **2.** 眼镜 yǎnjìng：a pair of ～s 一副眼镜 yífù yǎnjìng

spectacular *a.* 壮观的 zhuàngguānde

spectator *n.* 观众 guānzhòng；旁观者 pángguānzhě

spectral *a.* **1.** 鬼怪的 guǐguàide ＝ of a spectre **2.** 光谱的 guāngpǔde ＝ of the spectrum

spectre *n.* 鬼怪 guǐguài；妖怪 yāoguài

spectrometer *n.* 分光计 fēnguāngjì

spectroscope *n.* 分光镜 fēnguāngjìng

spectroscopy *n.* 光谱学 guāngpǔxué

spectrum *n.* 光谱 guāngpǔ

speculate *v.* **1.** 推测 tuīcè = make guesses **2.** 投机 tóujī：～ in stocks 做股票投机 zuò gǔpiào tóujī // speculation *n.*

speculative *a.* **1.** 推测的 tuīcède = conjectural **2.** 投机的 tóujīde = of speculation

speculator *n.* **1.** 思索者 sīsuǒzhě **2.** 投机者 tóujīzhě

speculum *n.* **1.** 金属镜 jīnshǔjìng **2.** 窥器 kuīqì * a kind of medical instrument

speech *n.* **1.** 说话 shuōhuà：the faculty of ～ 说话能力 shuōhuà nénglì **2.** 演说 yǎnshuō = a public address

speechcraft *n.* 口才 kǒucái；辞令 cílìng

speechless *a.* **1.** 说不出话的 shuōbuchū huàde：be ～ with surprise 惊讶得说不出话来 jīngyàde shuōbuchū huàlái **2.** 不会说话的 búhuì shuōhuàde；哑的 yǎde = mute **3.** 沉默的 chénmòde；话不多的 huà bùduōde = quiet：a ～ person 不爱说话的人 bú'ài shuōhuàde rén **4.** 不能用言语表达的 bùnéng yòng yányǔ biǎodáde = not capable to express in words

speechmaker *n.* 演讲人 yǎnjiǎngrén

speed *n.* 速度 sùdù：put on ～ 加快速度 jiākuài sùdù *v.* **1.** 飞奔 fēibēn：a car ～ing away 飞奔而去的汽车 fēibēn ér qùde qìchē **2.** 加速 jiāsù：The heart ～s up. 心跳加速。Xīntiào jiāsù.

speedboat *n.* 快艇 kuàitǐng

speeding *n.* 超速 chāosù：found guilty of ～ 被判超速 bèi pàn chāosù

speed limit 最高速度限制 zuìgāo sùdù xiànzhì；速度极限 sùdù jíxiàn：to keep within the ～ 保持在限制的速度内 bǎochí zài xiànzhìde sùdù nèi

speedometer *n.*（车辆的）速度表（chēliàngde）sùdùbiǎo

speed trap 车辆速度监视区 chēliàng sùdù jiānshìqū

speedway *n.* 赛车跑道 sàichē pǎodào

speedy *a.* 迅速的 xùnsùde

spell[1] *v.* 拼写 pīnxiě

spell[2] *n.* 轮班 lúnbān；换班 huànbān = shift

spell[3] *n.* **1.** 咒语 zhòuyǔ = incantation **2.** 魅力 mèilì = fascination

spellbound *a.* 着了迷的 zháole míde

speller *n.* 拼字者 pīnzìzhě

spelling *n.* 拼法 pīnfǎ；拼写 pīnxiě：He is terrible at ～. 他的拼写很糟。

Tāde pīnxiě hěnzāo.

spend *v.* **1.** 花费 huāfèi：How much have you spent on clothes? 你花了多少钱买衣服？Nǐ huāle duōshao qián mǎi yīfu? **2.** 度过 dùguò：～ a holiday 度假 dùjià **3.** 耗尽 hàojìn；用尽 yòngjìn：～ one's energy 消耗精力 xiāohào jīnglì

spender *n.* 挥霍者 huīhuòzhě

spendthrift *n.* 挥金如土者 huījīn-rútǔ zhě = spender

sperm *n.* 精液 jīngyè；精子 jīngzǐ

spermatic *a.* **1.** 精液的 jīngyède **2.** 生殖的 shēngzhíde = reproductive

spew *v.* **1.** 呕吐 ǒutù = vomit **2.** 喷出 pēnchū；发出 fāchū：～ out gas 喷出气体 pēnchū qìtǐ **3.** 渗出 shènchū：Water ～ed slowly from the soil. 水慢慢从土中渗出。Shuǐ mànmàn cóng tǔzhōng shènchū. *n.* 呕吐物 ǒutùwù；喷出物 pēnchūwù

sphere *n.* **1.** 球 qiú；球体 qiútǐ = globe **2.** 范围 fànwéi；领域 lǐngyù = range：a ～ of influence 势力范围 shìli fànwéi

spherical *a.* 球形的 qiúxíngde

spheroid *n.* 球体 qiútǐ；球状体 qiúzhuàngtǐ

spherometer *n.* 球径仪 qiújìngyí；球面仪 qiúmiànyí

sphinx *n.* 狮身人面像 shīshēn rénmiànxiàng

spice *n.* 香料 xiāngliào； 调味品 tiáowèipǐn：Pepper，ginger，etc. are ～s. 胡椒、生姜等都是调味品。Hújiāo、shēngjiāngděng dōushì tiáowèipǐn. *v.* 加作料 jiā zuóliào = add ～

spick-and-span *a.* **1.** 崭新的 zhǎnxīnde = new **2.** 干净整齐 gānjìng zhěngqí = very clean：a ～ uniform 整洁笔挺的制服 zhěngjié bǐtǐngde zhìfú

spicy *a.* **1.** 加过香料的 jiāguò xiāngliàode：～ cuisine 用香料的烹饪法 yòng xiāngliàode pēngrènfǎ **2.** 痛快的 tòngkuaide；辛辣的 xīnlàde = sharp：～ criticism 严厉的批评 yánlìde pīpíng **3.** 粗俗的 cūsúde；下流的 xiàliúde = vulgar：a ～ joke 下流笑话 xiàliú xiàohua

spider *n.* 蜘蛛 zhīzhū

spidery *a.* **1.** 蜘蛛似的 zhīzhūshìde；似蜘蛛网的 sì zhīzhūwǎngde = like spider or spider web：～ lace 蛛网式花边 zhūwǎngshì huābiān **2.** 蜘蛛多的 zhīzhūduōde = with many spiders：a ～ room 多蜘蛛的房间 duō zhīzhūde fángjiān **3.** 细长的 xìchángde：～ style of writing 细长的字迹

xìchángde zìjǐ

spigot *n.* 塞子 sāizi；龙头 lóngtóu

spike *n.* **1.** 金属钉状物 jīnshǔ dīngzhuàngwù：～s along the top of a fence 栅栏上的铁尖 zhàlanshangde tiějiān **2.** 鞋钉 xiédīng * for shoes **3.** 大钉 dàdīng；长钉 chángdīng = large or long nails **4.** 穗 suì = ear：a ～ of wheat 麦穗 màisuì

spikenard *n.* **1.** 甘松 gānsōng **2.** 甘松香油 gānsōng xiāngyóu

spiky *a.* 大钉似的 dàdīng shìde；尖的 jiānde

spill *v.* 溢出 yìchū；泼出 pōchū：coffee ～ on the table 咖啡洒在桌上 kāfēi sǎzài zhuōshang

spillway *n.* 溢洪道 yìhóngdào

spin *v.* **1.** 纺 fǎng：～ning wheel 手纺车 shǒufǎngchē **2.** 旋转 xuánzhuǎn：～ round 旋转 xuánzhuǎn *n.* **1.** 旋转 xuánzhuǎn；自旋 zìxuán：atomic ～ 原子自旋 yuánzǐ zìxuán **2.** 眩晕 xuànyùn = swoon **3.** 疾驶 jíshǐ；兜风 dōufēng：go for a ～ in a car 乘汽车去兜风 chéng qìchē qù dōufēng

spinach *n.* 菠菜 bōcài

spinal *a.* 脊骨的 jǐgǔde；脊髓的 jǐsuǐde：～ cord 脊髓 jǐsuǐ

spindle *n.* **1.** 锭子 dìngzi **2.** 心轴 xīnzhóu：a lathe ～ 车床轴 chēchuángzhóu

spindly *a.* 细长的 xìchángde；瘦长的 shòuchángde：～ legs 细长的腿 xìchángde tuǐ

spine *n.* **1.** 脊椎骨 jǐzhuīgǔ **2.** 骨气 gǔqì；勇气 yǒngqì = courage

spineless *a.* **1.** 无脊骨的 wú jǐgǔde **2.** 没骨气的 méigǔqìde = not capable of making a decision：a ～ worm 没有骨气的可怜虫 méiyǒu gǔqìde kěliánchóng

spinner *n.* **1.** 纺纱工人 fǎngshā gōngrén = the workers **2.** 纺纱机 fǎngshājī = the machine

spinning *n.* **1.** 纺织 fǎngzhī：a ～ mill 纺织厂 fǎngzhīchǎng **2.** 旋转 xuánzhuǎn

spinose *a.* 多刺的 duōcìde = thorny

spinosity *n.* **1.** 多刺 duōcì = being thorny **2.** 难题 nántí = difficult problem **3.** 无礼的话 wúlǐde huà；尖刻的话 jiānkède huà = impolite and sharp language

spiny *a.* **1.** 针状的 zhēnzhuàngde；刺状的 cìzhuàngde **2.** 多刺的 duōcìde **3.**

棘手的 jíshǒude：～ problems 棘手的问题 jíshǒude wèntí

spiral *a.* 螺旋形的 luóxuánxíngde：a ～ curve 螺旋曲线 luóxuán qūxiàn *n.* 螺旋 luóxuán

spire *n.* 尖塔 jiāntǎ；尖顶 jiāndǐng：the ～ of a church 教堂的尖塔 jiàotángde jiāntǎ *v.* **1.** 塔状矗立 tǎzhuàng chùlì ＝ stand as a ～ **2.** 发芽 fāyá：seeds ～ 种子发芽 zhǒngzi fāyá

spirit[1] *n.* **1.** 精神 jīnshén：patriotic ～ 爱国精神 àiguó jīngshén **2.** 灵魂 línghún：body and ～ 肉体和灵魂 ròutǐ hé línghún **3.** 情绪 qíngxù：in high ～s 情绪很高 qíngxù hěngāo **4.** [～s] 烈酒 lièjiǔ ＝ strong alcoholic drinks

spirit[2] *v.* 诱拐 yòuguǎi：They ～ed him out of town before the crowd arrived. 他们在群众到达以前把他拐跑到（带出）城外。Tāmen zài qúnzhòng dàodá yǐqián bǎ tā guǎipǎodào(dàichū)chéngwài.

spirited *a.* 精神焕发的 jīngshén huànfāde；强有力的 qiángyǒulìde：a ～ quarrel 激烈的争吵 jīliède zhēngchǎo

spiritless *a.* 无精打采的 wújīng-dǎcǎide；闷闷不乐的 mènmèn-búlède；沉闷的 chénmènde

spiritual *a.* **1.** 精神上的 jīngshénshangde：～ life 精神生活 jīngshén shēnghuó **2.** 神圣的 shénshèngde：～ songs 圣歌 shènggē

spiritualism *n.* 唯灵论 wéilínglùn

spiritualist *n.* 唯灵论者 wéilínglùnzhě

spirituality *n.* 灵性 língxìng

spiritualize *v.* 使精神化 shǐ jīngshénhuà；使崇高纯洁 shǐ chónggāo chúnjié

spit *v.* **1.** 吐痰 tǔtán：Don't ～ on the floor. 勿随地吐痰。Wù suídì tǔtán. **2.** 吐 tù：～ blood 咯血 kǎxiě **3.** 厉声说出 lìshēng shuōchū：～ on curses 厉声咒骂 lìshēng zhòumà *n.* **1.** 烤肉叉 kǎoròuchā；**2.** 岬 jiǎ；狭长的暗礁 xiáchángde ànjiāo：a ～ of land at the harbor 港口的一个岬角 gǎngkǒude yíge jiǎjiǎo

spitbox *n.* 痰盂 tányú

spite *n.* 恶意 èyì；怨恨 yuànhèn：have a ～ against sb. 对某人怀恨在心 duì mǒurén huáihèn zài xīn // in ～ of 尽管 jǐnguǎn

spitfire *n.* 脾气暴躁者 píqi bàozào zhě

spiteful *a.* 怀恨的 huáihènde；恶意的 èyìde

spitter *n.* **1.** 吐唾沫的人 tǔ tuòmode rén **2.** 用炙叉烤肉的人 yòng zhìchā kǎoròude rén

spittle *n.* 唾沫 tuòmo

spittoon *n.* 痰盂 tányú

splash *v.* 溅 jiàn；泼 pō：Don't ～ your dress. 不要溅湿你的衣服。Búyào jiànshī nǐde yīfu. *n.* **1.** 飞溅声 fēijiànshēng ＊ the sound of ～ing **2.** 污渍 wūzì：a ～ of mud on the shirt 衬衫溅上了一处泥污 chènshān jiànshàngle yíchù níwū // splashy *a.*

splatter *v.* **1.** 溅泼 jiànpō；溅污 jiànwū ＝ spatter：a wall ～ed with mud 溅上泥污的围墙 jiànshàng níwūde wéiqiáng **2.** 以显眼位置展示 yǐ xiǎnyǎn wèizhi zhǎnshì：The pictures of the new mayor were ～ed all over the front page. 在头版上醒目地刊出了新市长的照片。Zài tóubǎnshang xǐngmùde kānchūle xīn shìzhǎngde zhàopiàn. **3.** 结结巴巴地说话 jiējie-bābāde shuōhuà：～ English 结结巴巴地说英语 jiējie-bābāde shuō Yīngyǔ

splay *v.* 使…成八字 shǐ…chéng bāzì *a.* 八字形的 bāzìxíngde *n.* 斜面 xiémiàn

spleen *n.* **1.** 脾 pí **2.** 怒气 nùqì ＝ ill temper：in a fit of ～ 怒气冲冲 nùqì-chōngchōng

splendid *a.* **1.** 壮丽的 zhuànglìde；辉煌的 huīhuángde ＝ gorgeous：a ～ victory 辉煌的胜利 huīhuángde shènglì **2.** 杰出的 jiéchūde ＝ illustrious：a ～ figure 杰出的人物 jiéchūde rénwù **3.** 极好的 jíhǎode ＝ excellent：～ weather 极好的天气 jíhǎode tiānqì

splendo(u)r *n.* **1.** 光彩 guāngcǎi；光辉 guānghuī：the ～ of the sun 太阳的光辉 tàiyángde guānghuī **2.** 壮丽 zhuànglì；壮观 zhuàngguān：the ～ of the Great Wall 长城的壮观 Chángchéngde zhuàngguān **3.** 名声的显赫 míngshēngde xiǎnhè；业绩的卓越 yèjìde zhuōyuè：the ～ of his accomplishment 他的辉煌成就 tāde huīhuáng chéngjiù

splenetic *a.* 易怒的 yìnùde *n.* 脾气坏的人 píqi huàide rén ＝ ill-tempered person

splice *v.* 拼接 pīnjiē *n.* 拼接 pīnjiē；接头 jiētóu

splint *n.* 夹板 jiābǎn；薄木条 báomùtiáo：put a broken arm in a ～ 给骨折的手臂上了夹板 gěi gǔzhéde shǒubì shàngle jiābǎn / basket woven from ～ 薄木条编成的篮子 báomùtiáo biānchéngde lánzi

splinter *n.* 裂片 lièpiàn *v.* 裂成碎片 lièchéng suìpiàn：The window ～ed. 窗子碎裂了。Chuāngzi suìlièle.

splintery *a.* **1.** 易裂的 yìliède ＝ easy to splinter **2.** 锯齿状的 jùchǐzhuàngde ＝ like splinters

split *v.* **1.** 劈开 pīkāi：This kind of wood ～s easily. 这种木材容易劈。Zhèzhǒng mùcái róngyì pī. **2.** 分裂 fēnliè；分离 fēnlí；分 fēn：They ～ the cost among them. 他们分担了费用。Tāmen fēndānle fèiyong. *a.* 分裂的 fēnliède；分离的 fēnlíde *n.* 裂口 lièkǒu

splitting *a.* **1.** 爆裂似的 bàolièshìde；剧痛的 jùtòngde：a ～ headache 剧烈的头痛 jùliède tóutòng **2.** 令人捧腹的 lìngrén pěngfùde ＝ humorous

splotch *n.* 斑点 bāndiǎn；污渍 wūzì

spoil *v.* **1.** 损坏 sǔnhuài：fruit ～t by insects 被昆虫损坏的水果 bèi kūnchóng sǔnhuàide shuǐguǒ **2.** 惯坏 guànhuài：a ～ed child 惯坏了的孩子 guànhuàilede háizi *n.* (*pl.*)战利品 zhànlìpǐn；掠夺品 lüèduópǐn

spoilage *n.* 损坏 sǔnhuài；破坏 pòhuài

spoiler *n.* 掠夺者 lüèduózhě

spoilsport *n.* 扫兴的人 sǎoxìngde rén；破坏他人兴致的人 pòhuài tārén xìngzhìde rén

spoke *n.* 轮辐 lúnfú；辐条 fútiáo ＊ of a wheel // put a ～ in sb.'s wheel 阻碍别人计划的进行 zǔ'ài biérén jìhuàde jìnxíng

spokesman *n.* 发言人 fāyánrén；代言人 dàiyánrén

spoliation *n.* 劫掠 jiélüè

sponge *n.* 海绵 hǎimián

spongy *a.* **1.** 海绵状的 hǎimiánzhuàngde ＝ like sponge **2.** 多孔的 duōkǒngde ＝ full of holes：a ～ rock 多孔的岩石 duōkǒngde yánshí

sponsor *n.* 发起人 fāqǐrén；赞助人 zànzhùrén

sponsorship *n.* 发起 fāqǐ；主办 zhǔbàn；赞助 zànzhù

spontaneity *n.* 自发 zìfā；自动产生 zìdòng chǎnshēng

spontaneous *a.* **1.** 自然的 zìránde；自发的 zìfāde：～ growth 自然生长 zìrán shēngzhǎng **2.** 无意识的 wú yìshíde；不由自主的 bùyóu-zìzhǔde：a ～ reaction 无意识的反应 wú yìshíde fǎnyìng

spoof *n.* 哄骗 hǒngpiàn；玩笑 wánxiào：Don't try any more ～. 不要再开玩笑了。Búyào zài kāi wánxiàole.

spool *n.* 线轴 xiànzhóu；卷轴 juànzhóu ＝ reel

spoon *n.* **1.** 匙 chí；调羹 tiáogēng：tea-～ 茶匙 cháchí **2.** 一匙的量 yìchíde liàng ＝ ～ful

spoonful *n.* 一调羹 yì tiáogēng；一匙 yìchí：take two ～s of sugar with the tea 在茶里放两匙糖 zài cháli fàng liǎngchí táng

spoor *n.*（野兽）足迹（yěshòu）zújì

sporadic *a.* 不时发生的 bùshí fāshēngde；零星的 língxīngde

sport *n.* **1.** 运动 yùndòng：athletic ～s 体育运动 tǐyù yùndòng **2.** 运动会 yùndònghuì：the university ～s 大学运动会 dàxué yùndònghuì *v.* 游戏 yóuxì；玩耍 wánshuǎ：The children are ～ing on the meadow. 孩子们正在草坪上玩耍。Háizimen zhèngzài cǎopíngshang wánshuǎ.

sporting *a.* 运动的 yùndòngde；关于运动的 guānyú yùndòngde：～ goods 运动用具 yùndòng yòngjù

sportive *a.* **1.** 爱玩耍的 àiwánshuǎde ＝ fond of play **2.** 闹着玩的 nàozhewánde；非认真的 fēi rènzhēnde ＝ playful：a ～ remark 一句闹着玩的话 yíjù nàozhewánde huà

sportsman *n.* 运动员 yùndòngyuán

sportsmanship *n.* 体育道德 tǐyù dàodé

spot *n.* **1.** 斑点 bāndiǎn **2.** 污点 wūdiǎn ＝ stain，as on one's reputation **3.** 地点 dìdiǎn：a scenic ～ 风景胜地 fēngjǐng shèngdì // in a ～ 在困难中 zài kùnnanzhōng / on the ～ **1.** ＝at the place concerned 在场 zàichǎng **2.** ＝without delay 立即 lìjí *v.* **1.** 弄脏 nòngzāng ＝ to stain with ～s **2.** 看出 kànchū；发现 fāxiàn：The pilot ～ted the island. 飞行员发现了那岛屿。Fēixíngyuán fāxiànle nà dǎoyǔ.

spotless *a.* 没有污点的 méiyǒu wūdiǎnde；清洁的 qīngjiéde：a ～ kitchen 清洁的厨房 qīngjiéde chúfáng

spotlight *n.* **1.** 聚光灯 jùguāngdēng **2.** 公众注意中心 gōngzhòng zhùyì zhōngxīn ＝ the center of attention

spotted *a.* **1.** 有斑点的 yǒu bāndiǎnde ＝ marked with spots **2.** 有污点的 yǒu wūdiǎnde；被玷污的 bèi diànwūde：a ～ reputation 被玷污的名声 bèi diànwūde míngshēng

spotter *n.* **1.** 秘密监视人 mìmì jiānshì rén ＝ monitor **2.** 测位仪 cèwèiyí ＝ a kind of instrument for surveying

spotty *a.* **1.** 有不规则斑点的 yǒu bùguīzé bāndiǎnde **2.** 不调和的 bù tiáohéde

spout *v.* 喷出 pēnchū *n.* 喷嘴 pēnzuǐ

sprain *v.* 扭伤 niǔshāng：I ～ed my wrist. 我扭伤了手腕。Wǒ niǔshāngle shǒuwàn. *n.* 扭伤 niǔshāng

sprawl *v.* **1.** 伸开手足躺着 shēnkāi shǒuzú tǎngzhe **2.** 蔓延 mànyán * of plants

spray *n.* **1.** 水花 shuǐhuā；浪花 lànghuā：the ～ of a waterfall 瀑布的水花 pùbùde shuǐhuā **2.** 喷雾器 pēnwùqì = atomizer，sprayer *v.* 喷 pēn

sprayer *n.* 喷雾器 pēnwùqì

spread *v.* **1.** 伸展 shēnzhǎn：He ～s his arms out 他张开他的双臂。Tā zhāngkāi tāde shuāngbì. **2.** 涂 tú；摆 bǎi：～ butter on bread 在面包上涂黄油 zài miànbāoshang tú huángyóu **3.** 传播 chuánbō；散布 sànbù：～ news 传播消息 chuánbō xiāoxi / ～ rumo(u)rs 散布谣言 sànbù yáoyán *n.* **1.** 伸展 shēnzhǎn **2.** 传播 chuánbō

spreader *n.* 传播器 chuánbōqì；扩张器 kuòzhāngqì

spree *n.* 纵情狂欢 zòngqíng kuánghuān；狂饮 kuángyǐn：go on the ～ 痛饮 tòngyǐn

sprig *n.* 嫩枝 nènzhī；小枝 xiǎozhī

sprightly *a.* 愉快的 yúkuàide；活泼的 huópode；生动的 shēngdòngde

spring[1] *v.* **1.** 跳 tiào；跃 yuè：～ out of bed 从床上跳起来 cóng chuángshang tiàoqǐlái **2.** 弹 tán：The ball sprang back. 球弹回来。Qiú tán huílái. **3.** 涌出 yǒngchū：Tears sprang from her eyes. 泪水从她的眼睛里涌出来。Lèishuǐ cóng tāde yǎnjingli yǒngchūlái.

spring[2] *n.* 春天 chūntiān * the season

spring[3] *n.* 泉水 quánshuǐ * water

spring[4] *n.* 弹簧 tánhuáng = coiled or bent metal with elasticity

springboard *n.* 跳板 tiàobǎn

springtime *n.* **1.** 春季 chūnjì；春天 chūntiān * the season：I like ～ best of all. 我最喜欢春天。Wǒ zuì xǐhuan chūntiān. **2.** 初期 chūqī：the ～ of life 人生的初期 rénshēngde chūqī

springy *a.* 有弹性的 yǒu tánxìngde；轻快的 qīngkuàide：with a ～ step 轻快的步子 qīngkuàide bùzi

sprinkle *v.* 撒 sǎ；洒 sǎ：～ the street with water 在街上洒水 zài jiēshang sǎshuǐ

sprinkler *n.* 洒水器 sǎshuǐqì

sprinkling *n.* 喷洒 pēnsǎ；洒水 sǎshuǐ // a ～ 少量 shǎoliàng：a ～ of rain 一点点雨 yìdiǎndiǎn yǔ

sprint *v.* 以全速冲刺 yǐ quánsù chōngcì *n.* **1.** 全速奔跑 quánsù bēnpǎo：He made a ～ to catch the bus. 他全速奔跑，赶搭公共汽车。Tā quánsù bēnpǎo，gǎndā gōnggòngqìchē. **2.** 短距离赛跑 duǎn jùlí sàibǎo

sprinter *n.* 短跑运动员 duǎnpǎo yùndòngyuán

sprite *n.* 妖精 yāojing

sprout *v.* 发芽 fāyá *n.* 新芽 xīnyá：bean ～s 豆芽 dòuyá

spruce *a.* 整洁的 zhěngjiéde *v.* 打扮整洁 dǎban zhěngjié：～ oneself up a bit 把自己打扮得整洁一些 bǎ zìjǐ dǎbande zhěngjié yìxiē

spry *a.* 活泼的 huópode；轻快的 qīngkuàide；敏捷的 mǐnjiéde：He's 65 years old and still ～ as a cat. 他已65岁，但还象猫一样地敏捷。Tā yǐ liùshíwǔsuì，dàn háixiàng māo yíyàng mǐnjié.

spud *n.* 小锄 xiǎochú

spume *n.* 泡沫 pàomò

spunk *n.* 勇气 yǒngqì；劲头 jìntóu

spunky *a.* 有勇气的 yǒu yǒngqìde；生气勃勃的 shēngqì-bóbóde：a ～ fellow 勇敢的人 yǒnggǎnde rén

spur *n.* **1.** 马刺 mǎcì **2.** 刺激 cìjī：act on the ～ of the moment 凭一时冲动行事 píng yìshí chōngdòng xíngshì *v.* 激励 jīlì

spurious *a.* 假 jiǎ；伪 wěi；伪造的 wěizàode；乱真的 luànzhēnde：a ～ banknote 假钞票 jiǎ chāopiào

spurn *v.* 狂傲地拒绝 kuáng'àode jùjué；拒斥 jùchì：～ed all offers of help 不屑地拒绝一切帮助 búxiède jùjué yíqiè bāngzhù

spurt *v.* 喷出 pēnchū

sputter *v.* 唾沫飞溅 tuòmo fēijiàn *n.* 快速含糊地说话 kuàisù hánhude shuōhuà；乱语 luànyǔ * a way of talking

sputum *n.* **1.** 唾沫 tuòmo **2.** 痰 tán

spy *n.* 间谍 jiàndié *v.* 侦察 zhēnchá

spyglass *n.* 小型望远镜 xiǎoxíng wàngyuǎnjìng

squab *n.* **1.** 雏鸟 chúniǎo = young bird **2.** 矮胖子 ǎipàngzi = short，fat fellow *a.* **1.** 刚孵出的 gāng fūchūde；羽毛未丰的 yǔmáo wèi fēngde = with newly acquired feathers **2.** 宽阔的 kuānkuòde = squat *ad.* 沉重地 chénzhòngde；突然地 tūránde = heavily：fall ～ on the floor 沉重地

落在地板上 chénzhòngde luòzài dìbǎnshang

squabble *v.* 争吵 zhēngchǎo

squabby *a.* 矮胖的 ǎipàngde

squad *n.* **1.** 班 bān：a ～ leader 班长 bānzhǎng **2.** 小队 xiǎoduì：a cheering ～ 啦啦队 lālāduì

squadron *n.* **1.** 中队 zhōngduì **2.** 一队 yíduì；一群 yìqún ＝ group：a ～ of geese 一群鹅 yìqún'é

squalid *a.* **1.** 肮脏的 āngzangde ＝ dirty：～ living conditions 肮脏的居住条件 āngzangde jūzhù tiáojiàn **2.** 下流的 xiàliúde：a ～ story 下流故事 xiàliú gùshi

squall *v.* 尖声高叫 jiānshēng gāojiào；啼哭 tíkū：a ～ing baby 啼哭的婴儿 tíkūde yīng'ér

squander *v.* **1.** 浪费 làngfèi ＝ waste **2.** 使分散 shǐ fēnsàn；驱散 qūsàn ＝ scatter：They ～ed the crowd. 他们驱散了人群。Tāmen qūsànle rénqún.

square *n.* **1.** 正方形 zhèngfāngxíng ＝ equilateral rectangle **2.** 广场 guǎngchǎng：Tian'anmen S- 天安门广场 Tiān'ānmén Guǎngchǎng **3.** 平方 píngfāng ＝ to multiply a number by itself **4.** 直角尺 zhíjiǎochǐ ＝ instrument for drawing right angles // on the ～：**1.** 成直角 chéngzhíjiǎo **2.** 公正 gōngzhèng / out of ～ 不成直角的 bùchéng zhíjiǎode；不正的 bú zhèngde *v.* **1.** 使…成方形 shǐ…chéng fāngxíng ＝ make into a ～ shape **2.** 弄平 nòngpíng ＝ to make equal **3.** 符合 fúhé ＝ to be consistent with

squarely *ad.* **1.** 方方正正 fāngfang-zhèngzhèng **2.** 正面地 zhèngmiànde：＝ directly 公正地 gōngzhèngde：deal ～ with 公平地 gōngpíngde

squash *v.* **1.** 压扁 yābiǎn ＝ crush **2.** 挤进 jǐjìn ＝ squeeze：～ into a bus 挤进公共汽车 jǐjìn gōnggòngqìchē **3.** 镇压 zhènyā ＝ suppress：～ a revolt 镇压叛乱 zhènyā pànluàn *n.* 西葫芦 xīhúlu；南瓜 nánguā ＊ kind of vegetable

squashy *a.* **1.** 柔软的 róuruǎnde；易压扁的 yìyābiǎnde ＝ apt to squash **2.** 湿软的 shīruǎnde ＝ soft and wet：～ ground 湿软的地面 shīruǎnde dìmiàn **3.** 熟透的 shóutòude ＝ ripe：～ tomato 熟透的西红柿 shóutòude xīhóngshì

squat *v.* **1.** 蹲 dūn；盘腿坐 pántuǐzuò ＝ sit on one's heels **2.** 擅自占用

shànzì zhànyòng: ～ in an empty house 擅自占住空房子 shànzì zhànzhù kōngfángzi **3**. 坐落 zuòluò: The town ～s on the hill. 该城坐落在山上。Gāichéng zuòluòzài shānshang. *a*. **1**. 蹲着的 dūnzhede = ～ting **2**. 低矮的 dī'ǎide = low; 矮胖的 ǎipàngde = short and thick

squeak *n*. 吱吱声 zhīzhīshēng *v*. 发出尖叫声 fāchū jiānjiàoshēng

squeal *v*. **1**. 尖叫 jiānjiào = make a shrill cry **2**. 告密 gàomì; 告发 gàofā = inform: ～ on sb. 告发某人 gàofā mǒurén

squeamish *a*. **1**. 易呕吐的 yì ǒutùde = easily nauseated **2**. 易生气的 yì shēngqìde

squeeze *n*. **1**. 压榨 yāzhà; 挤 jǐ = squash: ～ into a bus 挤上汽车 jǐshàng qìchē **2**. 榨取 zhàqǔ: ～ money out of sb. 榨取钱财 zhàqǔ qiáncái *n*. **1**. 压榨 yāzhà **2**. 拥挤 yōngjǐ: It is a tight ～. 真挤。Zhēnjǐ.

squeezer *n*. **1**. 压榨者 yāzhàzhě * person **2**. 压榨机 yāzhàjī * machine

squelch *v*. **1**. 压制 yāzhì; 镇压 zhènyā: a desire for freedom which nothing could ～ 无法压制对自由的向往 wúfǎ yāzhì duì zìyóude xiàngwǎng **2**. 发出咯吱声 fāchū gēzhīshēng = produce a ～ing sound *n*. **1**. 压制 yāzhì; 镇压 zhènyā **2**. 咯吱声 gēzhīshēng

squib *n*. 爆竹 bàozhú; 鞭炮 biānpào

squid *n*. 鱿鱼 yóuyú

squirm *v*. **1**. 蠕动 rúdòng; 扭动 niǔdòng = wriggle **2**. 局促不安 júcùbù'ān: He ～ed with shame. 他羞愧得坐立不安。Tā xiūkuìde zuòlì bù'ān. *n*. 蠕动 rúdòng; 扭曲 niǔqū

squirrel *n*. 松鼠 sōngshǔ

squirt *v*. 喷出 pēnchū; 喷射 pēnshè; 注射 zhùshè

squish *v*. 发出嘎吱声 fāchū gāzhīshēng = squelch: The water was ～ing in his shoes. 他鞋里的水发出嘎吱声。Tā xiélide shuǐ fāchū gāzhīshēng.

stab *v*. 刺 cì; 刺伤 cìshāng: be ～bed to death 被刺死 bèi cìsǐ *n*. 刺 cì; 刺痛 cìtòng: a ～ in the back 暗箭伤人 ànjiàn shāngrén

stability *n*. 稳定 wěndìng: economic ～ 经济稳定 jīngjì wěndìng

stabilization *n*. 稳定(作用) wěndìng (zuòyòng); 安定(作用) āndìng (zuòyòng)

stabilize *v*. 稳定 wěndìng; 安定 āndìng: ～ the market 稳定市场 wěndìng shìchǎng

stabilizer *n*. **1**. 稳定器 wěndìngqì **2**. 安定剂 āndìngjì * medicine

stable *a*. **1**. 稳定的 wěndìngde；坚固的 jiāngùde：a ～ political environment 稳定的政治环境 wěndìngde zhèngzhì huánjìng **2**. 坚定的 jiāndìngde；不动摇的 bú dòngyáode = firm：a ～ resolve 坚定的决心 jiāndìngde juéxīn *n*. 马棚 mǎpéng * for horses

stack *n*. **1**. 堆 duī；垛 duò：a ～ of papers 一堆迭着的纸 yìduī diézhede zhǐ **2**. 许多 xǔduō：I have ～s of assignments to get through. 我有许多工作要完成。Wǒ yǒu xǔduō gōngzuò yào wánchéng. **3**. 书库 shūkù * library *v*. 堆 duī；堆放 duīfàng：S- the books here. 把书堆在这里。Bǎ shū duīzài zhèlǐ.

stadium *n*. 运动场 yùndòngchǎng；露天体育场 lùtiān tǐyùchǎng：Beijing Workers' Stadium 北京工人体育场 Běijīng Gōngrén Tǐyùchǎng

staff[1] *n*. **1**. 棒 bàng = a stick **2**. 支柱 zhīzhù：She is a ～ to the whole group. 她是全组的支柱。Tā shì quánzǔde zhīzhù. **3**. (*pl*. staves) 五线谱 wǔxiànpǔ * in music

staff[2] *n*. **1**. (全体)工作人员 (quántǐ) gōngzuò rényuán；职员 zhíyuán：the ～ of a department 部门的全体工作人员 bùménde quántǐ gōngzuò rényuán / a ～ member 职员之一 zhíyuán zhīyī **2**. 参谋 cānmóu：the Headquarters of the General S- 总参谋部 Zǒng Cānmóubù

stag *n*. 牡鹿 mǔlù

stage *n*. **1**. 舞台 wǔtái = raised platform for performance **2**. 戏剧 xìjù：a ～ play 话剧 huàjù **3**. 时期 shíqī；阶段 jiēduàn：in the early ～s 在初期 zài chūqī **4**. 级 jí：a three-～ rocket 三级火箭 sānjí huǒjiàn *v*. **1**. 上演 shàngyǎn：～ a play 上演一出戏 shàngyǎn yìchū xì **2**. 举行 jǔxíng：～ a strike 举行罢工 jǔxíng bàgōng

stagger *v*. **1**. 蹒跚 pánshān；摇摆 yáobǎi = walk unsteadily **2**. 震惊 zhènjīng；动摇 dòngyáo：～ing news 惊人的消息 jīngrénde xiāoxi **3**. 错开 cuòkāi ：～ office hours 错开办公时间 cuòkāi bàngōng shíjiān *n*. 摇摆 yáobǎi

stagnant *a*. **1**. 不流动的 bù liúdòngde ：～ water 不流动的水 bù liúdòngde shuǐ；死水 sǐshuǐ **2**. 萧条的 xiāotiáode：Business was ～. 生意萧条。Shēngyi xiāotiáo.

stagnate *v*. **1**. 不流动 bù liúdòng **2**. 变萧条 biàn xiāotiáo

stagnation *n*. 停滞 tíngzhì；呆滞 dāizhì

stagy *a*. **1**. 戏剧性的 xìjùxìngde = having a theatrical quality **2**. 装腔作势的 zhuāngqiāng zuòshìde：～ diction 装腔作势的措辞 zhuāngqiāng zuòshìde cuòcí

staid *a*. 镇静的 zhènjìngde；沉着的 chénzhuóde

stain *n*. **1**. 污点 wūdiǎn；污迹 wūjì = dirty mark **2**. 染料 rǎnliào = dye *v*. **1**. 玷污 diànwū；弄脏 nòngzāng = make dirty **2**. 染色 rǎnsè = to color with dye

stained *a*. **1**. 沾污的 zhānwūde；染污的 rǎnwūde = become soiled **2**. 染色的 rǎnsède；涂色的 túsède = colored with dye

stainless *a*. **1**. 没有污点的 méiyǒu wūdiǎnde；纯洁的 chúnjiéde：a ～ character 纯洁的品格 chúnjiéde pǐngé **2**. 不锈的 búxiùde：～ steel 不锈钢 búxiùgāng

stair *n*. 楼梯 lóutī：a flight of ～s 一段楼梯 yíduàn lóutī

staircase *n*. 楼梯 lóutī

stake *n*. **1**. 桩 zhuāng = post **2**. 赌注 dǔzhù * in gambling *v*. **1**. 用桩支持 yòng zhuāng zhīchí；立桩划分 lì zhuāng huàfēn：～ off a boundary 立桩分界 lì zhuāng fēnjiè **2**. 赌 dǔ = wager

stalactite *n*. 钟乳石 zhōngrǔshí

stalagmite *n*. 石笋 shísǔn

stale *a*. **1**. 不新鲜的 bù xīnxiānde：～ bread 不新鲜的面包 bù xīnxiānde miànbāo **2**. 陈旧的 chénjiùde：～ news 陈旧的消息 chénjiùde xiāoxi

stalemate *n*. 僵局 jiāngjú：

stalk *v*. **1**. 潜行 qiánxíng；偷偷走近 tōutōu zǒujìn = approach stealthily **2**. 傲然阔步 àorán kuòbù：～ out of the room 傲然阔步走出房去 àorán kuòbù zǒuchū fáng qù *n*. 茎 jìng；柄 bǐng；梗 gěng = of plants

stall[1] *n*. **1**. 马棚 mǎpéng；牛栏 niúlán * in a stable **2**. 货摊 huòtān：a market ～ 市场的摊位 shìchǎngde tānwèi / a station book ～ 火车站的书摊 huǒchēzhànde shūtān

stall[2] *v*. **1**. 停止转动 tíngzhǐ zhuàndòng = stop going **2**. （使）失速（而无法控制）（shǐ）shīsù（ér wúfǎ kòngzhì）= lose control of speed // ～ for time 拖延时间 tuōyán shíjiān

stallion *n*. 种马 zhǒngmǎ

stalwart *a*. **1**. 强壮的 qiángzhuàngde；结实的 jiēshide = strong：a ～ boy 一个强壮的男孩 yíge qiángzhuàngde nánhái **2**. 坚定的 jiāndìngde =

firm：a ～ supporter 坚定的支持者 jiāndìngde zhīchízhě 3. 勇敢的 yǒnggǎnde ＝ brave：a ～ soldier 一个勇敢的士兵 yíge yǒnggǎnde shìbīng

stamen *n.* 雄蕊 xióngruǐ

stamina *n.* 精力 jīnglì；体力 tǐlì

stammer *v.* 口吃 kǒuchī；结结巴巴地说 jiējie-bābāde shuō

stamp *n.* **1.** 邮票 yóupiào ＝ postage **2.** 戳记 chuōjì；印章 yìnzhāng ＝ seal *v.* **1.** 盖章 gàizhāng；压印 yāyìn：～ the trade mark 压印商标 yāyìn shāngbiāo **2.** 贴邮票 tiē yóupiào：S- the letter and post it. 把信贴上邮票寄出去。Bǎ xìn tiēshàng yóupiào jì chūqù.

stamp-duty *n.* 印花税 yìnhuāshuì

stanch *v.* **1.** 止（血）zhǐ（xiě）；止（泪）zhǐ（lèi）＝ stop the flow of：～ one's tears 止住眼泪 zhǐzhù yǎnlèi **2.** 使不漏 shǐ búlòu：～ a leak 堵住漏洞 dǔzhù lòudòng

stand *v.* **1.** 站立 zhànlì：S- up，please. 请站起来。Qǐng zhàn qǐlái. **2.** 座落 zuòluò；位于 wèiyú ＝ be situated：The house ～s by a river. 房屋座落在河旁。Fángwū zuòluò zài hépáng. **3.** 维持 wéichí；仍然有效 réngrán yǒuxiào ＝ remain unchanged：The house will ～ another century. 这房子还能维持一个世纪。Zhè fángzi hái néng wéichí yíge shìjì. / The regulation still ～s. 规定仍然有效。Guīdìng réngrán yǒuxiào. **4.** 忍受 rěnshòu ＝ bear：Can you ～ the pain？你受得了这疼痛吗？Nǐ shòudeliǎo zhè téngtòngma？// ～ for 代表 dàibiǎo / ～ out 突出 tūchū / ～ up to 勇敢地抵抗 yǒnggǎnde dǐkàng *n.* **1.** 停止 tíngzhǐ ＝ stop **2.** 立场 lìchǎng ＝ position **3.** 看台 kàntái ＝ for spectators **4.** 货摊 huòtān：a fruit ～ 水果摊 shuǐguǒtān **5.** 停留处 tíngliúchù：the bus ～ 公共汽车停车处 gōnggòng qìchē tíngchēchù

standard *n.* **1.** 标准 biāozhǔn：the ～ size 标准尺寸 biāozhǔn chǐcùn **2.** 水平 shuǐpíng：living ～ 生活水平 shēnghuó shuǐpíng *a.* **1.** 标准的 biāozhǔnde **2.** 权威的 quánwēide：a ～ writer 权威作家 quánwēi zuòjiā

standardization *n.* 标准化 biāozhǔnhuà

standardize *v.* **1.** 使标准化 shǐ biāozhǔnhuà ＝ make to fit the standard **2.** 按标准校准 àn biāozhǔn jiàozhǔn ＝ make to adjust to fit standards：～ a voltmeter 校准电压表 jiàozhǔn diànyābiǎo

standby *n.* **1.** 可靠的人 kěkàode rén ＝ person who is dependable **2.** 备用

品 bèiyòngpǐn = thing that is always available for service **3**. 后备人员 hòubèi rényuán；（飞机的）等退票旅客（fēijīde）děng tuìpiào lǚkè *a*. 备用的 bèiyòngde：～ batteries 备用电池 bèiyòng diànchí

standfast *n*. **1**. 固执的 gùzhíde = stubborn **2**. 坚定的 jiāndìngde = resolute

standing *a*. **1**. 直立的 zhílìde = ～ uprightly **2**. 常备的 chángbèide：a ～ army 常备军 chángbèijūn

standoff *a*. **1**. 冷漠的 lěngmòde：a ～ attitude 冷漠的态度 lěngmòde tàidu **2**. 隔开一段距离的 gé kāi yíduàn jùlíde = aloof *n*. 平局 píngjú = a tie in a game

standpoint *n*. 立场 lìchǎng；观点 guāndiǎn：Let's look at this from a historical ～. 让我们从历史的观点看这个问题。Ràng wǒmen cóng lìshǐde guāndiǎn kàn zhège wèntí.

standstill *n*. **1**. 停止 tíngzhǐ：at a ～ 停顿 tíngdùn **2**. 累倒 lèidǎo；困顿 kùndùn：fight the enemy to a ～ 把敌人打得一蹶不振 bǎ dírén dǎde yìjué-búzhèn

stannum *n*. 锡 xī = tin

staple *n*. **1**. 钉书钉 dìngshūdīng = thin piece of wire for holding paper **2**. 主要产品 zhǔyào chǎnpǐn = major product *a*. 主要的 zhǔyàode：～ food 主食 zhǔshí *v*. 钉住 dìngzhù

stapler *n*. 钉书机 dìngshūjī

star *n*. **1**. 星 xīng；恒星 héngxīng：glittering ～s 闪烁的星星 shǎnshuòde xīngxing **2**. 明星 míngxīng；主角 zhǔjué；名人 míngrén = famous persons：a movie ～ 电影明星 diànyǐng míngxīng *a*. **1**. 星的 xīngde **2**. 明星的 míngxīngde **3**. 杰出的 jiéchūde = outstanding：a ～ spokesman 出色的发言人 chūsède fāyánrén

starch *n*. 淀粉 diànfěn *v*. 上浆 shàng jiāng：～ the shirts 浆衬衣 jiāng chènyī

starchy *a*. **1**. 淀粉的 diànfěnde **2**. 刻板的 kèbǎnde；拘谨的 jūjǐnde = rigid：He is so ～！他是那么死板！Tāshì nàme sǐbǎn！

stardom *n*. 明星界 míngxīngjiè；电影戏剧界 diànyǐng xìjùjiè：rise to ～ 跃为明星 yuèwéi míngxīng

stare *v*. 凝视 níngshì：She is staring at me. 她凝视着我。Tā níngshìzhe wǒ. *n*. 凝视 níngshì；注视 zhùshì

stark *a*. **1**. 僵硬 jiāngyìng：He lies ～ in death. 他直挺挺躺着死了。Tā zhítǐngtǐng tǎngzhe sǐle. **2**. 完全 wánquán：～ madness 全疯 quánfēng *ad*. 完全 wánquán：～ naked 赤裸裸地 chìluǒluǒde

starlet *n*. **1**. 小星星 xiǎoxīngxing **2**. 小明星 xiǎo míngxīng

starlight *n*. 星光 xīngguāng *a*. 星光的 xīngguāngde；星光照耀的 xīngguāng zhàoyàode：a ～ night 星光照耀的夜晚 xīngguāng zhàoyàode yèwǎn

starlit *a*. 有星光的 yǒu xīngguāngde

starry *a*. **1**. 星的 xīngde：a ～ night 星夜 xīngyè **2**. 闪亮的 shǎnliàngde：～ eyes 闪亮的眼睛 shǎnliàngde yǎnjing **3**. 不切实际的 búqiè shíjìde；空想的 kōngxiǎngde ＝ impractical：～ speculations 不切实际的推测 búqiè shíjìde tuīcè

star-spangled *a*. 镶有星星的 xiāng yǒu xīngxingde ＝ studded with stars；星光灿烂的 xīngguāng cànlànde // the Star-Spangled Banner **1**. 美国星条旗 Měiguó Xīngtiáoqí **2**.《星条旗》"Xīngtiáoqí" ＝ American national anthem

start *v*. **1**. 出发 chūfā：We have to ～ out early tomorrow. 我们明天必须早动身。Wǒmen míngtiān bìxū zǎo dòngshēn. **2**. 开始 kāishǐ：It ～ed to rain. 开始下雨了。Kāishǐ xiàyǔle. **3**. 惊动 jīngdòng：She ～ed at the noise. 响声吓了她一跳。Xiǎngshēng xiàle tā yítiào. *n*. **1**. 吃惊 chījīng：wake up with a ～ 惊醒 jīngxǐng **2**. 开始 kāishǐ：The ～ of the film was very interesting. 电影的开头很有趣。Diànyǐngde kāitóu hěnyǒuqù.

starter *n*. **1**. 出发者 chūfāzhě **2**. 起动机 qǐdòngjī ＝ device in an engine to start working **3**. 发起者 fāqǐzhě ＝ a founder

startle *v*. & *n*. 吃惊 chījīng

startling *a*. 惊人的 jīngrénde：～ news 惊人的消息 jīngrénde xiāoxi

starvation *n*. 饥饿 jī'è

starve *v*. **1**. 挨饿 ái'è：～d to death 饿死 èsǐ **2**. 迫切需要 pòqiè xūyào；渴望 kěwàng：～ for knowledge 渴求知识 kěqiú zhīshi

starveling *a*. 饥饿的 jī'ède；营养不良的 yíngyǎng bùliángde：a ～ baby 饥饿的婴儿 jī'ède yīng'ér

state *n*. **1**. 状态 zhuàngtài：～ of mind 精神状态 jīngshén zhuàngtài **2**. 国家 guójiā：～-owned business 国营企业 guóyíng qǐyè **3**. 州 zhōu：the 50

~s of the U.S. 美国的五十个州 Měiguóde wǔshíge zhōu

statecraft *n.* 治国才能 zhìguó cáinéng

stated *a.* **1**. 规定的 guīdìngde：~ time 规定的时间 guīdìngde shíjiān；确定的 quèdìngde；定期的 dìngqīde：~ meetings 定期的会议 dìngqīde huìyì **2**. 陈述清楚的 chénshù qīngchude；阐明的 chǎnmíngde：a ~ policy 阐明的方针 chǎnmíngde fāngzhēn

stateless *a.* 无国籍的 wú guójíde：~ refugees 无国籍难民 wú guójí nànmín

stately *a.* **1**. 庄严的 zhuāngyánde = dignified **2**. 宏伟的 hóngwěide；壮观的 zhuàngguānde = magnificent

statement *n.* **1**. 声明 shēngmíng **2**. 财务报告 cáiwù bàogào = financial account

state-owned *a.* 国营的 guóyíngde：~ enterprises 国营企业 guóyíng qǐyè

statesman *n.* 政治家 zhèngzhìjiā

static *a.* **1**. 静的 jìngde；静止的 jìngzhǐde；静力的 jìnglìde：~ electricity 静电 jìngdiàn **2**. 稳定的 wěndìngde：a ~ population 稳定的人口 wěndìngde rénkǒu

statics *n.* 静力学 jìnglìxué

station *n.* **1**. 车站 chēzhàn：a railway ~ 火车站 huǒchēzhàn **2**. 局 jú：a police ~ 警察局 jǐngchájú **3**. 电台 diàntái：a television ~ 电视台 diànshìtái *v.* 驻扎 zhùzhā = put sb. or oneself at some place

stationary *a.* 稳定的 wěndìngde

stationer *n.* 文具商 wénjùshāng

stationery *n.* **1**. 文具 wénjù **2**. 信笺 xìnjiān

statistical *a.* 统计的 tǒngjìde；统计学的 tǒngjìxuéde

statistics *n.* **1**. 统计学 tǒngjìxué = the science **2**. 统计数字 tǒngjì shùzì * collected facts shown in numbers

stator *n.* 定子 dìngzǐ

statuary *n.* **1**. 雕像 diāoxiàng **2**. 雕塑艺术 diāosù yìshù = the ~ art

statue *n.* 雕像 diāoxiàng；塑像 sùxiàng

statuesque *a.* 塑像般的 sùxiàngbānde

stature *n.* **1**. 身高 shēngāo：be of medium ~ 中等身材 zhōngděng shēncái **2**. 高度境界 gāodù jìngjiè：moral ~ 道德境界 dàodé jìngjiè

status *n.* **1**. 地位 dìwèi：social ~ 社会地位 shèhuì dìwèi **2**. 状况

zhuàngkuàng：～ quo 现状 xiànzhuàng

statute *n*. **1**. 法规 fǎguī = law **2**. 章程 zhāngchéng = charter：the ～s of an organization 社团章程 shètuán zhāngchéng

statutory *a*. **1**. 法定的 fǎdìngde = provided by written law **2**. 可依法惩处的 kě yīfǎ chéngchǔde：a ～ crime 可依法惩处的罪行 kě yīfǎ chéngchǔde zuìxíng

staunch *a*. **1**. 顽强的 wánqiángde；坚固的 jiāngùde = firm **2**. 忠诚的 zhōngchéngde = loyal；a ～ friend 忠诚的朋友 zhōngchéngde péngyou

stave *n*. **1**. 棒 bàng；棍 gùn **2**. 五线谱 wǔxiànpǔ * in music *v*. **1**. 击穿 jīchuān；弄破 nòngpò = break **2**. 打退 dǎtuì；赶走 gǎnzǒu：～ off the wolf 把狼赶走 bǎ láng gǎnzǒu **3**. 避开 bìkāi；防止 fángzhǐ = keep off：～ off an accident 避免事故 bìmiǎn shìgù

stay[1] *v*. **1**. 停留 tíngliú：～ at home 呆在家 dāi zài jiā **2**. 持久 chíjiǔ：The temperature has ～ed hot this week. 这星期天气一直很热。Zhè xīngqī tiānqì yìzhí hěnrè. **3**. 住 zhù：～ at a hotel 住旅馆 zhù lǚguǎn *n*. 停留 tíngliú：a short ～ here 在这里短暂的停留一下 zài zhèlǐ duǎnzànde tíngliú yíxià

stay[2] *n*. 支柱 zhīzhù = a support

stead *n*. **1**. 代替某人 dàitì mǒurén：While the chief is away, another director will act in his ～. 当首长不在时，另一主管将代替他。Dāng shǒuzhǎng búzàishí, lìngyī zhǔguǎn jiāng dàitì tā. **2**. 有用 yǒuyòng = usefulness

steadfast *a*. **1**. 忠诚的 zhōngchéngde；坚贞不移的 jiānzhēn-bùyíde **2**. 固定的 gùdìngde

steady *a*. **1**. 平稳的 píngwěnde：a ～ hand 不颤抖的手 bú chàndǒude shǒu **2**. 稳定的 wěndìngde；不变的 búbiànde：a ～ increase 稳步增长 wěnbù zēngzhǎng **3**. 坚定的 jiāndìngde；可靠的 kěkàode：a ～ young man 稳重可靠的年青人 wěnzhòng kěkàode niánqīngrén **4**. 经常的 jīngchángde：a ～ customer 老主顾 lǎozhǔgù **5**. 镇定的 zhèndìngde；冷静的 lěngjìngde：～ nerves 镇定的情绪 zhèndìngde qíngxù / a ～ mind 冷静沉着的头脑 lěngjìng chénzhuóde tóunǎo

steak *n*. 牛排 niúpái

steakhouse *n*. 牛排餐厅 niúpái cāntīng

steal *v.* **1.** 偷 tōu：He stole a book from the library. 他从图书馆偷了一本书。Tā cóng túshūguǎn tōule yìběn shū. **2.** 偷偷地做 tōutōude zuò：～ a look 偷偷地看一眼 tōutōude kàn yìyǎn

stealth *n.* 秘密行动 mìmì xíngdòng

stealthy *a.* 偷偷的 tōutōude

steam *n.* 蒸汽 zhēngqì *v.* **1.** 冒热气 mào rèqì：～ing hot tea 滚烫的茶 gǔntàngde chá **2.** 蒸 zhēng：～ed fish 蒸鱼 zhēngyú **3.** 行驶 xíngshǐ：The ship ～ed into the harbor. 轮船驶入港口。Lúnchuán shǐrù gǎngkǒu.

steamboat *n.* 汽轮 qìlún；轮船 lúnchuán

steamer *n.* **1.** 汽船 qìchuán **2.** 蒸汽器 zhēngqìqì

steamship *n.* 汽船 qìchuán；轮船 lúnchuán

steamy *a.* **1.** 蒸汽的 zhēngqìde：a ～ bathroom 蒸汽弥漫的浴室 zhēngqì mímànde yùshì **2.** 闷热潮湿的 mēnrè cháoshīde = hot and wet

steed *n.* 马 mǎ

steel *n.* **1.** 钢 gāng；钢铁 gāngtiě：stainless ～ 不锈钢 búxiùgāng **2.** 钢制品 gāngzhìpǐn = tool or weapon of steel **3.** 坚硬 jiānyìng：a heart of ～ 铁石心肠 tiěshí xīncháng

steelworker *n.* 钢铁工人 gāngtiě gōngrén

steelworks *n.* 炼钢厂 liàngāngchǎng

steely *a.* **1.** 钢铁般的 gāngtiě bānde：～ discipline 钢铁般的纪律 gāngtiěbānde jìlǜ **2.** 钢制的 gāngzhìde = made of steel

steelyard *n.* 秤 chèng；杆秤 gǎnchèng

steep¹ *a.* **1.** 陡的 dǒude：a ～ hill 陡峭的山 dǒuqiàode shān **2.** 急剧升降的 jíjù shēngjiàngde：a ～ rise in output 产量的激增 chǎnliàngde jīzēng **3.** 难以接受的 nányǐ jiēshòude；过分的 guòfènde：a ～ demand 过高的要求 guògāode yāoqiú

steep² *v.* **1.** 浸 jìn；泡 pào = soak **2.** 使沉浸 shǐ chénjìn：be ～ed in thought 沉思 chénsī *n.* 泡 pào；浸 jìn：put beans in ～ 浸泡豆子 jìnpào dòuzi

steeple *n.* 尖塔 jiāntǎ

steeplechase *n.* 跨栏赛马 kuàlán sàimǎ

steer¹ *v.* **1.** 掌舵 zhǎngduò = to ～ a ship **2.** 指导 zhǐdǎo = advise

steer² *n.* 小公牛 xiǎogōngniú；菜牛 càiniú

steerage *n*. 掌舵 zhǎngduò

steering *n*. 掌舵 zhǎngduò：～ wheel 方向盘 fāngxiàngpán

steersman *n*. 舵手 duòshǒu

stem[1] *n*. 1. 茎 jīng：the ～ of a plant 植物的茎 zhíwùde jīng 2. 把 bà；柄 bǐng：the ～ of a pipe 烟斗柄 yāndǒubǐng

stem[2] *v*. 1. 挡住 dǎngzhù：～ the flow of water 堵住水流 dǔzhù shuǐliú 2. 发生 fāshēng = originate：～ from 由…发生 yóu … fāshēng

stench *n*. 恶臭 èchòu *v*. 发臭 fāchòu

stencil *n*. 1. 蜡纸 làzhǐ：cut a ～ paper 刻蜡纸 kè làzhǐ 2. 模板 múbǎn * a thin sheet of metal，cardboard，etc. with letters cut through *v*. 用蜡纸印 yòng làzhǐ yìn：～ pen 铁笔 tiěbǐ / ～ plate 模板 múbǎn

stenograph *n*. 1. 速记文字 sùjì wénzì 2. 速记打字机 sùjì dǎzìjī

stenographer *n*. 速记员 sùjìyuán

stenographic(al) *a*. 速记(法)的 sùjì(fǎ)de

stenography *n*. 速记 sùjì

step *n*. 1. 步 bù：Take two ～s forward. 向前走两步。Xiàng qián zǒu liǎngbù. 2. 脚步声 jiǎobùshēng：I heard ～s. 我听到脚步声。Wǒ tīngdào jiǎobùshēng. 3. 步骤 bùzhòu：a decisive ～ 决定性步骤 juédìngxìng bùzhòu *v*. 走 zǒu：～ into the house 走进房子 zǒujìn fángzi

step-by-step *a*. 一步一步的 yíbù-yíbùde

stepbrother *n*. 异父兄弟 yìfù xiōngdì；异母兄弟 yìmǔ xiōngdì

stepchild *n*. 前妻(或前夫)的孩子 qiánqī(huò qiánfū)de háizi

stepdaughter *n*. 继女 jìnǚ

stepfather *n*. 继父 jìfù

stepmother *n*. 继母 jìmǔ

stepping-stone *n*. 1. 垫脚石 diànjiǎoshí 2. 敲门砖 qiāoménzhuān = means of advancing toward a goal

stepsister *n*. 异父姐妹 yìfù jiěmèi；异母姐妹 yìmǔ jiěmèi

stepson *n*. 继子 jìzǐ

stereo *n*. & *v*. 立体声(的) lìtǐshēng(de)

stereogram *n*. 1. 实体图 shítǐtú 2. 立体照像 lìtǐ zhàoxiàng = stereograph 3. 音响设备 yīnxiǎng shèbèi = stereo radiogram

stereophone *n*. 立体声耳机 lìtǐshēng ěrjī

stereophonic *a.* 立体声的 lìtǐshēngde：a ～ broadcast 立体声广播 lìtǐshēng guǎngbō

stereophony *n.* 立体音响 lìtǐ yīnxiǎng

stereoscope *n.* 立体视镜 lìtǐ shìjìng

stereoscopic *a.* 呈现立体的 chéngxiàn lìtǐde：a ～ film 立体影片 lìtǐ yǐngpiàn

stereotype *n.* & *v.* **1**. 铅版 qiānbǎn * in printing **2**. 老一套 lǎo yítào = without change

sterile *a.* **1**. 不能生育的 bùnéng shēngyùde = barren **2**. 贫瘠的 pínjíde：～ land 不毛之地 bùmáo zhīdì **3**. 无菌的 wújūnde = free from disease：a ～ gown 消毒白罩衣 xiāodú báizhàoyī // sterility *n.*

sterilization *n.* **1**. 消毒 xiāodú = destroying germs **2**. 绝育手术 juéyù shǒushù：perform ～ on women 给妇女做绝育手术 gěi fùnǚ zuò juéyù shǒushù

sterilize *v.* **1**. 绝育 juéyù = render incapable of reproducing **2**. 消毒 xiāodú：～d milk 消毒牛奶 xiāodú niúnǎi

sterling *n.* & *a.* **1**. 英镑 yīngbàng = British money **2**. 纯银 chúnyín = pure silver **3**. 真正的 zhēnzhèngde；有价值的 yǒu jiàzhíde = genuine

stern[1] *n.* 船尾 chuánwěi * of a ship

stern[2] *a.* **1**. 严厉的 yánlìde：a ～ teacher 严厉的老师 yánlìde lǎoshī **2**. 严格的 yángéde：～ discipline 严格的纪律 yángéde jìlǜ

stethoscope *n.* 听诊器 tīngzhěnqì *v.* 听诊 tīngzhěn

stevedore *n.* 搬运工 bānyùngōng

stew *v.* **1**. 炖 dùn；煨 wēi；焖 mèn：～ beef 炖牛肉 dùn niúròu **2**. 不安 bù'ān；担忧 dānyōu：She has been ～ing over this matter all night. 她为此事整夜坐卧不安。Tā wèi cǐshì zhěngyè zuòwò bù'ān. *n.* 炖(煨、焖)的食物 dùn(wēi、mèn)de shíwù：lamb ～ 炖羊肉 dùn yángròu

steward *n.* **1**. 伙食管理员 huǒshí guǎnlǐyuán = man who takes care of the supply of food in a club of college **2**. 服务员 fúwùyuán =attendant on a ship or plane **3**. 管家 guǎnjiā = person who manages another's property

stewardess *n.* 女服务员 nǚfúwùyuán

stewardship *n.* **1**.乘务员等职务 chéngwùyuán děng zhíwù **2**. 管理 guǎnlǐ

stick[1] *n.* **1**. 枝条 zhītiáo：gather ～s to make a fire 拾柴生火 shí chái shēnghuǒ 2. 棒 bàng；棍 gùn：a walking ～ 手杖 shǒuzhàng

stick[2] *v.* 1. 插 chā：～ a knife into the cake 把刀插入蛋糕里 bǎ dāo chārù dàngāoli 2. 粘住 zhānzhù：～ a stamp on a letter 信封上贴邮票 xìnfēngshang tiē yóupiào 3. 卡住 kǎzhù：get stuck 卡住了 kǎzhùle

stickler *n.* 谨小慎微者 jǐnxiǎo shènwēizhě

sticky *a.* 1. 粘性的 niánxìngde = adhesive 2. 湿热的 shīrède：～ weather 湿热的天气 shīrède tiānqì

stiff *a.* 1. 硬的 yìngde：～ paper 硬纸 yìngzhǐ 2. 僵直的 jiāngzhíde：be ～ with cold 冻僵 dòngjiāng 3. 生硬的 shēngyìngde：a ～ manner 生硬的态度 shēngyìngde tàidu

stiffen *v.* 1. 变硬 biànyìng = make stiff 2. 使顽强 shǐ wánqiáng；使坚定 shǐ jiāndìng：～ one's position 坚定立场 jiāndìng lìchǎng

stifle *v.* 1. 窒息 zhìxī：The gas ～d them. 煤气使他们感到窒息。Méiqì shǐ tāmen gǎndào zhìxī. 2. 抑制 yìzhì：Their ideas were ～d. 他们的意见受到压抑。Tāmende yìjian shòudào yāyì.

stifling *a.* 令人窒息的 lìng rén zhìxīde：～ atmosphere 令人窒息的气氛 lìng rén zhìxīde qìfēn

stigma *n.* 耻辱 chǐrǔ

stigmatize *v.* 诋毁 dǐhuǐ；诬蔑 wūmiè：He ～d you as a liar. 他把你诬蔑成一个说谎的人。Tā bǎ nǐ wūmiè chéng yíge shuōhuǎngde rén.

still[1] *a.* 1. 静止的 jìngzhǐde；寂静的 jìjìngde：the ～ water of the lake 平静的湖水 píngjìngde húshuǐ 2. 不起泡 bùqǐpào =（of wines）without containing gas

still[2] *ad.* 1. 还 hái：He is ～ young. 他现在还年青。Tā xiànzài hái niánqīng. 2. 更 gèng：～ colder 更冷 gènglěng

stillbirth *n.* 死胎 sǐtāi

stillborn *a.* 1. 死胎的 sǐtāide：a ～ baby 死产儿 sǐchǎn'ér 2. 夭折的 yāozhéde：a ～ plan 夭折的计划 yāozhéde jìhuà

still-life *a.* 静物的 jìngwùde

stillroom *n.* 蒸馏室 zhēngliúshì

stilly *a.* & *ad.* 寂静的 jìjìngde；平静的 píngjìngde

stilt *n.* 1. 高跷 gāoqiāo：walk on ～s 踩高跷 cǎi gāoqiāo 2. 支撑物 zhīchēngwù = post or pillar used as support

stilted *a.* **1**. 呆板的 áibǎnde；不自然的 bú zìrande = stiffly：laugh in a ～ way 很不自然地笑 hěn bú zìrande xiào **2**. 踩高跷的 cǎi gāoqiāode = walking on stilts

stimulant *n.* 兴奋剂 xīngfènjì：Coffee and tea are ～s. 咖啡和茶是兴奋剂。Kāfēi hé chá shì xīngfènjì. *a.* 刺激性的 cìjīxìngde = stimulating

stimulate *v.* **1**. 刺激 cìjī = excite：～ economic growth 刺激经济发展 cìjī jīngjì fāzhǎn **2**. 促进(身体)的功能 cùjìn (shēntǐ)de gōngnéng = rouse bodily functions // stimulation *n.*

stimulus *n.* 刺激 cìjī

sting *v.* & *n.* **1**. 叮 dīng：An insect stung me. 一个虫子叮了我。Yíge chóngzi dīngle wǒ. **2**. 刺痛 cìtòng：The smoke is ～ing my eyes. 烟刺痛我的眼睛。Yān cìtòng wǒde yǎnjing.

stingy *a.* 吝啬的 lìnsède = miserly

stink *n.* 恶臭 èchòu *v.* **1**. 发恶臭 fā èchòu：The meat ～s. 肉发臭了。Ròu fāchòule. **2**. 坏透 huàitòu；令人厌恶 lìngrén yànwù：The situation ～s. 情况十分糟糕。Qíngkuàng shífēn zāogāo.

stint *v.* 限制 xiànzhì：～ oneself in food 节食 jiéshí *n.* 限制 xiànzhì

stipend *n.* 定期生活津贴 dìngqī shēnghuó jīntiē

stipulate *v.* **1**. 规定 guīdìng = regulate：～ a price 规定价格 guīdìng jiàgé **2**. 确定 quèdìng = mention clearly in making a bargain // regulation *n.*

stir *v.* **1**. 移动 yídòng：The wind ～s the leaves. 风吹动树叶。Fēng chuīdòng shùyè. **2**. 搅拌 jiǎobàn：～ one's coffee with a spoon 用勺子搅咖啡 yòng sháozi jiǎo kāfēi **3**. 激动 jīdòng：She was ～red by the story. 这个故事使她激动。Zhège gùshi shǐ tā jīdòng. *n.* **1**. 动荡 dòngdàng = tumult **2**. 搅拌 jiǎobàn = mix

stir-fry *v.* 煸炒 biānchǎo：Stir-frying is often used in Chinese cookery. 煸炒是中国烹饪中常用的。Biānchǎo shì Zhōngguó pēngrènzhōng chángyòngde. *a.* 旺火煸炒的 wànghuǒ biānchǎode：a ～ dish 一盘炒菜 yìpán chǎocài

stirring *a.* **1**. 激动人心的 jīdòng rénxīnde = exciting **2**. 忙碌的 mánglùde = busy：lead a ～ life 过着忙碌的生活 guòzhe mánglùde shēnghuó

stirrup *n.* 马镫 mǎdèng

stitch *n.* 一针 yìzhēn：drop a ～ 漏了一针 lòule yìzhēn *v.* 缝 féng = sew

stock *n.* **1**. 存货 cúnhuò：a large ～ of food 大批食品存货 dàpī shípǐn cúnhuò 2. 柄 bǐng：the ～ of a rifle 步枪枪托 bùqiāng qiāngtuō 3. 树干 shùgàn ＊ of a tree 4. 股份 gǔfèn ＝ shares 5. 公债 gōngzhài：hold ～ 持有公债 chíyǒu gōngzhài 6. 家畜 jiāchù ＝ livestock *v.* 备有 bèiyǒu：a well-～ed shop 备货充足的商店 bèihuò chōngzúde shāngdiàn

stockade *n.* 围栏 wéilán

stockage *n.* 1. 备货 bèihuò 2. 储备 chǔbèi；贮存 zhùcún

stockbreeder *n.* 畜牧业者 xùmùyèzhě

stockbroker *n.* 股票经纪人 gǔpiào jīngjìrén

stockholder *n.* 公债持有者 gōngzhài chíyǒuzhě；股票持有者 gǔpiào chíyǒuzhě；股东 gǔdōng

stocking *n.* 长筒袜 chángtǒngwà

stockjobber *n.* 股票投机商 gǔpiào tóujīshāng；股票经纪人 gǔpiào jīngjìrén

stockpile *n.* 1. 储存 chǔcún 2. 料堆 liàoduī

stock-raising *n.* 畜牧业 xùmùyè

stockroom *n.* 仓库 cāngkù；贮藏室 zhùcángshì

stocktake *n.* 盘存 páncún；清点存货 qīngdiǎn cúnhuò：a periodical ～ 一次定期盘存 yícì dìngqī páncún

stockyard *n.* 畜牧场 xùmùchǎng

stoic *n.* & *a.* 禁欲主义者(的) jìnyùzhǔyìzhě(de)

stoichiometry *n.* 化学计量学 huàxué jìliàngxué

stoicism *n.* 禁欲主义 jìnyùzhǔyì

stoke *v.* 1. 烧(火) shāo(huǒ)；供(燃料) gōng(ránliào)：～ (up) the furnace 通炉子添燃料 tōng lúzi tiān ránliào 2. 煽起 shānqǐ；激起 jīqǐ ＝ stir

stokehold *n.* 锅炉舱 guōlúcāng

stoker *n.* 司炉 sīlú

stolid *a.* 麻木的 mámùde；缺乏热情的 quēfá rèqíngde

stomach *n.* 1. 胃 wèi 2. 肚子 dùzi：have a pain in the ～ 肚子疼 dùziténg 3. 胃口 wèikǒu ＝ appetite：have no ～ for 对…没有胃口 duì…méiyǒu wèikǒu

stomachache *n.* 胃痛 wèitòng；肚子痛 dùzitòng

stomatology *n.* 口腔医学 kǒuqiāng yīxué

stone *n.* & *a.* 1. 石头 shítou：a ～ wall 石墙 shíqiáng 2. 宝石 bǎoshí：

precious ～ 宝石 bǎoshí **3.** 果核 guǒhé：dates without ～s 无核枣 wúhézǎo *v.* 向…扔石头 xiàng…rēng shítou

stony *a.* **1.** 多石的 duōshíde **2.** 冷酷的 lěngkùde：a ～ heart 冷酷的心 lěngkùde xīn

stool *n.* **1.** 凳子 dèngzi：a piano ～ 弹钢琴的凳子 tán gāngqínde dèngzi **2.** 粪便 fènbiàn：go to ～ 去大便 qù dàbiàn

stoop *v.* & *n.* 弯腰 wānyāo；俯身 fǔshēn

stop *v.* **1.** 停止 tíngzhǐ：～ working 停止工作 tíngzhǐ gōngzuò **2.** 阻止 zǔzhǐ：No one can ～ her doing so. 没人能阻止她这样做。Méirén néng zǔzhǐ tā zhèyàng zuò. **3.** 停下来 tíng xiàlái：The rain ～ped. 雨停了。Yǔ tíngle. **4.** 堵住 dǔzhù：～ the bleeding 止血 zhǐxuè **5.** 住下 zhùxià：～ at a hotel 住在旅馆里 zhùzài lǚguǎnli *n.* **1.** 停止 tíngzhǐ：make a ～ on the way 在中途停一下 zài zhōngtú tíng yíxià **2.** 停车站 tíngchēzhàn：a bus ～ 公共汽车站 gōnggòngqìchēzhàn

stopcock *n.* 小龙头 xiǎolóngtóu；活塞 huósāi

stopgap *n.* 补缺者 bǔquēzhě；填补物 tiánbǔwù = temporary substitute (a person or thing)

stopover *n.* 中途停留 zhōngtú tíngliú：make a two-hour ～ en route from Beijing 在从北京出发的旅途中作两小时停留 zài cóng Běijīng chūfāde lǚtúzhōng zuò liǎngxiǎoshí tíngliú

stoppage *n.* 停止 tíngzhǐ

stopper *n.* **1.** 制动器 zhìdòngqì * a brake **2.** 塞子 sāizi * for the mouth of a bottle

stopwatch *n.* 跑表 pǎobiǎo；秒表 miǎobiǎo

storage *n.* **1.** 贮藏 zhùcáng = storing of goods **2.** 仓库 cāngkù：a ～ room 库房 kùfáng

store *v.* **1.** 贮藏 zhùcáng **2.** 供应 gōngyìng = supply：～ a ship with provisions 给船只装备食物 gěi chuánzhī zhuāngbèi shíwù *n.* **1.** 贮藏 zhùcáng：make a ～ of sth. 把某物贮藏起来 bǎ mǒuwù zhùcáng qǐlái **2.** 储积物 chǔjīwù = things stored：military ～s 军需品 jūnxūpǐn **3.** 商店 shāngdiàn = shop：a furniture ～ 家具店 jiājudiàn

storehouse *n.* **1.** 仓库 cāngkù **2.** 宝库 bǎokù：The book is a ～ of information. 书是知识的宝库。Shū shì zhīshide bǎokù.

storekeeper *n.* 店主 diànzhǔ

storeroom *n.* 贮藏室 zhùcángshì

storey *n.* 楼 lóu：The building has ten ～s. 这是一幢十层大楼。Zhèshì yízhuàng shícéng dàlóu.

storm *n.* **1.** 风暴 fēngbào：a ～ at sea 海上风暴 hǎishang fēngbào **2.** 一阵 yízhèn：a ～ of applause 一阵暴风雨般的掌声 yízhèn bàofēngyǔbānde zhǎngshēng *v.* 猛攻 měnggōng ＝ attack

stormy *a.* **1.** 暴风雨的 bàofēngyǔde：a ～ night 暴风雨之夜 bàofēngyǔ zhīyè **2.** 暴风雨般的 bàofēngyǔbānde：a ～ temper 暴躁的脾气 bàozàode píqi

story *n.* **1.** 故事 gùshi；小说 xiǎoshuō：a short ～ 短篇小说 duǎnpiān xiǎoshuō **2.** 报道 bàodào：a news ～ 新闻报道 xīnwén bàodào **3.** 谎话 huǎnghuà ＝ a lie

storybook *n.* 故事书 gùshishū

storyteller *n.* 讲故事的人 jiǎng gùshide rén

stout *a.* **1.** 肥胖的 féipàngde：a man of ～ build 身材矮胖的人 shēncái ǎipàngde rén **2.** 结实的 jiēshide：a ～ box 结实的箱子 jiēshide xiāngzi // stoutness *n.*

stove *n.* 炉子 lúzi

stovepipe *n.* 烟筒 yāntong

stow *v.* 收藏 shōucáng；堆垛 duīduò ＝ pack away：We ～ed all the trunks in the closet. 我们把箱子都堆藏在壁橱里。Wǒmen bǎ xiāngzi dōu duīcáng zài bìchúli.

stowage *n.* **1.** 装载 zhuāngzài **2.** 装载容量 zhuāngzài róngliàng：not enough ～ 仓容不足 cāngróng bùzú **3.** 装载费 zhuāngzàifèi ＊ fee for ～

stowaway *n.* 偷乘者 tōuchéngzhě *v.* 偷乘 tōuchéng

straddle *v.* 两腿叉开而坐、站或走动 liǎngtuǐ chākāi ér zuò、zhàn huò zǒudòng：to ～ a horse 跨骑马上 kuàqí mǎshang / to sit straddling the fence 跨坐在栏杆上 kuàzuò zài lángānshang

strafe *v.* 扫射 sǎoshè

straggle *v.* **1.** 迷路 mílù；落伍 luòwǔ ＝ stray **2.** 分散 fēnsàn ＝ disperse

straight *a.* **1.** 直的 zhíde：a ～ line 直线 zhíxiàn **2.** 整齐的 zhěngqíde：put a room ～ 整理房间 zhěnglǐ fángjiān *ad.* **1.** 直 zhí：go ～ on 一直往前走 yìzhí wàngqián zǒu **2.** 直接 zhíjiē：go ～ to school 直接去上学

zhíjiē qù shàngxué // straightness *n.*

straighten *v.* 弄直 nòngzhí

straightforward *a.* **1.** 直爽的 zhíshuǎngde **2.** 简单的 jiǎndānde = simple

straightway *ad.* **1.** 立即 lìjí = at once **2.** 直接地 zhíjiēde = direct

strain[1] *v.* **1.** 拉紧 lājǐn = pull tightly **2.** 损伤 sǔnshāng = hurt：～ one's eyes 损伤视力 sǔnshāng shìlì *n.* **1.** 拉紧 lājǐn：The rope broke under the ～. 绳子被拉断。Shéngzi bèi lāduàn. **2.** 紧张 jǐnzhāng：The work put a great ～ on him. 工作使他很紧张。Gōngzuò shǐ tā hěn jǐnzhāng. **3.** 扭伤 niǔshāng = sprain

strain[2] *n.* 曲调 qǔdiào：the ～s of a well-known song 一首著名的歌曲的曲调 yìshǒu zhùmíngde gēqǔde qǔdiào

strain[3] *n.* 种 zhǒng：a ～ of wheat 一种小麦 yìzhǒng xiǎomài

strained *a.* **1.** 紧张的 jǐnzhāngde：～ relations 紧张的关系 jǐnzhāngde guānxì **2.** 不自然的 búzìrande：a ～ laugh 强笑 qiángxiào

strainer *n.* 过滤器 guòlǜqì

strait *n.* 海峡 hǎixiá

straiten *v.* 限制 xiànzhì；磨难 mónàn：be ～ed for time 缺乏时间 quēfá shíjiān

strand[1] *v.* 搁浅 gēqiǎn * to run aground

strand[2] *n.* **1.** 绳股 shénggǔ：a rope of three ～s 三股的绳 sāngǔde shéng **2.** 海滨 hǎibīn；湖滨 húbīn = sandy shore of a sea or lake

strange *a.* **1.** 陌生的 mòshēngde：a ～ face 生面孔 shēngmiànkǒng **2.** 奇怪的 qíguàide：a ～ dream 奇怪的梦 qíguàide mèng

stranger *n.* 陌生人 mòshēngrén

strangle *v.* 勒死 lēisǐ

strap *n.* 带 dài *v.* 用带捆 yòng dài kǔn = fasten with a ～

strapping *a.* 高大 gāodà

stratagem *n.* 策略 cèlüè；战略 zhànlüè

strategic *a.* 战略的 zhànlüède // strategically *ad.*

strategics *n.* 兵法 bīngfǎ；战略学 zhànlüèxué

strategist *n.* 战略家 zhànlüèjiā

strategy *n.* 战略 zhànlüè

stratigraphy *n.* 地层学 dìcéngxué

stratum *n.* **1.** 层 céng；地层 dìcéng：an oil-bearing ～ 地下油层 dìxià yóucéng **2.** 阶层 jiēcéng：the strata of society 社会各阶层 shèhuì gè jiēcéng

straw *n.* & *a.* 稻草(的) dàocǎo(de)

strawberry *n.* 草莓 cǎoméi

strawboard *n.* 草板纸 cǎobǎnzhǐ

stray *v.* 走离 zǒulí *a.* 迷路的 mílùde：a ～ sheep 迷路的羊 mílùde yáng

streak *n.* 条纹 tiáowén *v.* 加条纹 jiā tiáowén

streaky *a.* 条纹状的 tiáowénzhuàngde

stream *n.* **1.** (小)河 (xiǎo)hé；溪 xī：Brooks and ～s join to become a river. 溪流汇成江河。Xīliú huìchéng jiānghé. **2.** 流 liú：～s of sunlight 太阳光线 tàiyáng guāngxiàn *v.* 流出 liúchū

streamer *n.* **1.** 横幅 héngfú **2.** 飘带 piāodài

streamlet *n.* 小川 xiǎochuān；溪 xi

streamline *n.* & *a.* 流线型(的) liúxiàn xíng(de)：a ～ car 流线型汽车 liúxiànxíng qìchē *v.* 制成流线型 zhìchéng liúxiànxíng

street *n.* 街 jiē

streetcar *n.* 电车 diànchē

streetlamp *n.* 路灯 lùdēng

strength *n.* 力 lì；力量 lìliang

strengthen *v.* 加强 jiāqiáng：～ cooperation between the two companies 加强两家公司之间的合作 jiāqiáng liǎngjiā gōngsī zhījiānde hézuò

strenuous *a.* **1.** 奋发的 fènfāde：make ～ efforts 尽全力 jìnquánlì **2.** 紧张的 jǐnzhāngde：～ work 紧张的工作 jǐnzhāngde gōngzuò

stress *n.* **1.** 压力 yālì = strain：in times of ～ 在非常时期 zài fēicháng shíqī **2.** 强调 qiángdiào = emphasis：lay ～ on 强调重要性 qiángdiào zhòngyàoxìng **3.** 重音 zhòngyīn * with words *v.* **1.** 强调 qiángdiào：He ～ed that … 他强调… Tā qiángdiào… **2.** 重读 zhòngdú：a ～ed syllable 重读音节 zhòngdú yīnjié

stretch *v.* **1.** 伸展 shēnzhǎn = pull out **2.** 延伸 yánshēn：The sea ～ed out before them. 在他们眼前大海一望无际。Zài tāmen yǎnqián dàhǎi yíwàng wújì. *n.* 延伸 yánshēn；连绵 liánmián：a ～ of hill 连绵的群山 liánmiánde qúnshān

stretcher *n.* **1.** 担架 dānjià * for carrying a sick person **2.** 伸张器

shēnzhāngqì ＊ device for stretching things

strew *v.* 撒 sǎ

stricken *a.* 负伤的 fùshāngde；患病的 huànbìngde

strict *a.* 严格的 yángéde：a ～ team leader 要求严格的队长 yāoqiú yángéde duìzhǎng // strictly *ad.* / strictness *n.*

stricture *n.* 谴责 qiǎnzé；评断 píngduàn：the ～s of the public on the private lives of the famous 大众对于名人私生活的抨击 dàzhòng duìyú míngrén sīshēnghuóde pēngjī

stride *v.* 迈步 màibù *n.* 大步 dàbù

stridency *n.* 刺耳 cì'ěr

strident *a.* 刺耳的 cì'ěrde

strife *n.* 冲突 chōngtū；纷争 fēnzhēng：family ～ 家庭不和 jiātíng bùhé

strike *v.* **1.** 打 dǎ = hit **2.** 敲（钟）qiāo（zhōng）：The clock has just struck five. 时钟刚敲了五点。Shízhōng gāng qiāole wǔdiǎn. **3.** 打火 dǎhuǒ：～ a match 擦火柴 cā huǒchái **4.** 感到 gǎndào：How does this plan ～ you？你觉得这个计划怎么样？Nǐ juéde zhège jìhuà zěnmeyàng？ *n.* **1.** 罢工 bàgōng：go on（a）～ 进行罢工 jìnxíng bàgōng **2.** 打击 dǎjī：air ～s 空袭 kōngxí

strikebound *a.* 因罢工而停顿的 yīn bàgōng ér tíngdùnde

strikebreaker *n.* 破坏罢工者 pòhuài bàgōngzhě

strikebreaking *n.* 破坏罢工 pòhuài bàgōng

striker *n.* **1.** 打击者 dǎjīzhě **2.** 罢工者 bàgōngzhě

striking *a.* 引人注意的 yǐnrén zhùyìde；显著的 xiǎnzhùde

string *n.* **1.** 线 xiàn：a piece of ～ 一根绳子 yìgēn shéngzi **2.** 一串 yíchuàn：a ～ of cars 一长串汽车 yìchángchuàn qìchē **3.** 乐弦 yuèxián ＊ on musical instruments *v.* **1.** 串 chuàn：～ beads 串珠 chuànzhū **2.** 捆扎 kǔnzhā：～ a parcel 扎包裹 zhā bāoguǒ

stringband *n.* 弦乐队 xiányuèduì

stringed *a.* 有弦的 yǒuxiánde；弦乐器的 xiányuèqìde

stringency *n.* 严格 yángé：the ～ of discipline 纪律的严格 jìlǜde yángé

stringent *a.* 严格的 yángéde；严厉的 yánlìde

stringy *a.* **1.** 绳（似）的 shéng（shì）de **2.** 多筋的 duōjīnde：a piece of ～ meat 一块多筋的肉 yíkuài duōjīnde ròu **3.** 粘稠的 niánchóude = sticky

strip *v.* **1.** 剥去 bāoqù = take off **2.** 脱去衣服 tuōqù yīfu = take off garments *n.* 条 tiáo：a ～ of paper 一张纸条 yìzhāng zhǐtiáo

stripe *n.* 条纹 tiáowén

striped *a.* 有条纹的 yǒu tiáowénde

stripling *n.* 年轻人 niánqīngrén；小伙子 xiǎohuǒzi

strive *v.* 努力奋斗 nǔlì fèndòu

stroke *n.* **1.** 打击 dǎjī ＝ a blow **2.** 划 huá ＊ in swimming，etc. **3.** 笔画 bǐhuà：paint a picture with a few ～s 几笔画成一幅画 jǐbǐ huàchéng yìfúhuà **4.** 钟的敲声 zhōngde qiāoshēng：on the ～ of 12 敲12点的时候 qiāo shí'èr diǎnde shíhou **5.** 中风 zhòngfēng：The old man had a ～. 这位老人中风了。Zhèwèi lǎorén zhòngfēngle.

stroll *v.* 散步 sànbù：～ in a garden 在花园里散步 zài huāyuánli sànbù *n.* 散步 sànbù；溜达 liūda：go for a ～ 出去溜达一会儿 chūqù liūda yíhuìr

stroller *n.* 漫步者 mànbùzhě

strong *a.* **1.** 强壮的 qiángzhuàngde：a ～ constitution 强壮的体格 qiángzhuàngde tǐgé **2.** 坚强的 jiānqiángde；坚固的 jiāngùde：～ will 坚强的意志 jiānqiángde yìzhì **3.** 强大的 qiángdàde：a ～ nation 强大的国家 qiángdàde guójiā **4.** 浓的 nóngde：～ tea 浓茶 nóngchá

strongarm *a.* 暴力的 bàolìde：use ～ methods to make him admit his guilt 使用暴力的方法使他认罪 shǐyòng bàolìde fāngfǎ shǐ tā rènzuì

strongbox *n.* 保险柜 bǎoxiǎnguì

stronghold *n.* 要塞 yàosài；根据地 gēnjùdì

strongpoint *n.* 长处 chángchù；优点 yōudiǎn

strop *n.* 磨刀皮带 mōdāo pídài

structural *a.* 结构上的 jiégòushangde

structure *n.* **1.** 建筑物 jiànzhùwù ＝ a building **2.** 结构 jiégòu ＝ the way in which parts are put together

struggle *v.* & *n.* 斗争 dòuzhēng；奋斗 fèndòu

strum *v.* 乱弹 luàntán：～ (on) a guitar 乱弹吉他 luàntán jítā

strumpet *n.* 妓女 jìnǚ

strut¹ *v.* 趾高气扬地走 zhǐgāo-qìyángde zǒu：The male bird ～ted in front of the female. 雄鸟在雌鸟面前趾高气扬地走着。Xióngniǎo zài cíniǎo miànqián zhǐgāo-qìyángde zǒuzhe.

strut² *n.* 支柱 zhīzhù；撑 chēng ＝ support

stub *n*. **1**. 树桩 shùzhuāng * of a tree **2**. 剩余物 shèngyúwù：the ~ of a cigarette 烟头 yāntóu **3**. 存根 cúngēn：the ~s of a checkbook 支票簿存根 zhīpiàobù cúngēn *v*. **1**. 绊脚 bànjiǎo：~ one's toe and fall 绊了一跤 bànle yìjiāo **2**. 掐灭 qiāmiè：~ out a cigarette 掐灭香烟 qiāmiè xiāngyān

stubble *n*. 残株 cánzhū；残茬 cánchá：the wheat ~ 麦茬 màichá

stubborn *a*. **1**. 倔强的 juéjiàngde；顽固的 wángùde = obstinate **2**. 顽强的 wánqiángde：with ~ effort 顽强的努力 wánqiángde nǔlì

stubby *a*. 短粗的 duǎncūde：~ fingers 短粗的手指 duǎncūde shǒuzhǐ

stud[1] *n*. **1**. 领扣 lǐngkòu：collar ~ 领扣 lǐngkòu；袖扣 xiùkòu * for sleeves **2**. = nail 大头钉 dàtóudīng *v*. 布满 bùmǎn = scatter with

stud[2] *n*. 种马 zhǒngmǎ：~ farm 种马场 zhǒngmǎchǎng

student *n*. 学生 xuésheng：a college ~ 大学生 dàxuéshēng / a graduate ~ 研究生 yánjiūshēng

studio *n*. **1**. 工作室 gōngzuòshì：a photographic ~ 摄影室 shèyǐngshì **2**. 制片厂 zhìpiànchǎng：a film ~ 电影制片厂 diànyǐng zhìpiànchǎng **3**. 播音室 bōyīnshì：a television ~ 电视播音室 diànshì bōyīnshì

studious *a*. 勤学的 qínxuéde

study *n*. **1**. 学习 xuéxí = efforts to get knowledge **2**. 学科 xuékē = a subject for study **3**. 书房 shūfáng * the room *v*. **1**. 学习 xuéxí：~ law 研究法律 yánjiū fǎlǜ **2**. 细看 xìkàn=examine carefully

stuff *n*. **1**. 东西 dōngxi；材料 cáiliào = material **2**. 织品 zhīpǐn = fabric：silk ~ 丝织品 sīzhīpǐn *v*. 把…装满 bǎ…zhuāngmǎn = fill up

stuffing *n*. 填料 tiánliào

stuffy *a*. 不透气的 bútòuqìde：a ~ room 不通风的房间 bù tōngfēngde fángjiān

stumble *v*. **1**. 绊跌 bàndiē：~ and fall 跌了一跤 diēle yìjiāo **2**. 结巴 jiēba：~ over one's words 说得结结巴巴 shuōde jiējie-bābā

stump *n*. 树桩 shùzhuāng * of a tree *v*. 笨重地行走 bènzhòngde xíngzǒu=walk heavily

stumpy *a*. **1**. 多树杈的 duō shùchàde **2**. 粗而短的 cū ér duǎnde = thick and short

stun *v*. **1**. 打昏 dǎhūn = knock senseless **2**. 感到震惊 gǎndào zhènjīng = be shocked

stunt *v*. 阻碍…发育 zǔ'ài…fāyù *n*. 绝技 juéjì = spectacular feat

stupefacient *a.* 使人麻木的 shǐrén mámùde；使人失去知觉的 shǐrén shīqù zhījuéde *n.* 麻醉剂 mázuìjì * medicine

stupefy *v.* 使(人)失知觉 shǐ(rén)shī zhījué；使(人)昏迷 shǐ(rén) hūnmí

stupendous *a.* 庞大的 pángdàde；惊人的 jīngrénde

stupid *a.* **1.** 愚蠢的 yúchǔnde：a ~ idea 愚蠢的想法 yúchǔnde xiǎngfǎ **2.** 麻木的 mámùde；无知觉的 wúzhījuéde = unconscious **3.** 无聊的 wúliáode；乏味的 fáwèide = dull：a ~ performance 乏味的表演 fáwèide biǎoyǎn // stupidity *n.*

stupor *n.* 昏迷 hūnmí

sturdy *a.* 强健的 qiángjiànde；坚强的 jiānqiángde

stutter *v.* & *n.* 口吃 kǒuchī

sty *n.* 猪圈 zhūjuàn

style *n.* **1.** 文体 wéntǐ：prose ~ 散文风格 sǎnwén fēnggé **2.** 时髦 shímáo：out of ~ 不时髦 bùshímáo **3.** 样式 yàngshì：the latest ~ 最新样式 zuìxīn yàngshì

stylish *a.* 时髦的 shímáode：~ clothes 时式衣服 shíshìyīfu

suave *a.* **1.** 和蔼的 hé'ǎide；文雅的 wényǎde = gracious **2.** 温和的 wēnhéde = mild：a ~ breeze 和风 héfēng

subagency *n.* 分销处 fēnxiāochù；代理分行 dàilǐfēnháng

subbranch *n.* 支行 zhīháng；支店 zhīdiàn

subclass *n.* 小类 xiǎolèi；细类 xìlèi

subcommittee *n.* 小组委员会 xiǎozǔ wěiyuánhuì

subconscious *a.* 下意识的 xiàyìshíde

subcontinent *n.* 次大陆 cìdàlù

subdivide *v.* 再分 zàifēn；细分 xìfēn // subdivision *n.*

subdue *v.* **1.** 征服 zhēngfú = conquer **2.** 克制 kèzhì = bring under control：~ one's anger 克制怒火 kèzhì nùhuǒ

subeditor *n.* 副编辑 fùbiānjí

subgroup *n.* 小小组 xiǎoxiǎozǔ；小团体 xiǎotuántǐ

subhead(ing) *n.* 小标题 xiǎobiāotí

subject *n.* **1.** 国民 guómín：a British ~ 英国国民 Yīngguó guómín **2.** 题目 tímù = topic：a ~ for discussion 讨论题目 tǎolùn tímù **3.** 课程 kèchéng = course of study **4.** 接受试验的人 jiēshòu shìyànde rén：the ~ of an experiment 实验对象 shíyàn duìxiàng **5.** 主语 zhǔyǔ * in grammar *a*. **1**. 从属的 cóngshǔde：a ～ state 从属国 cóngshǔguó **2**. 易受的 yìshòude = liable to receive：be ～ to colds 容易感冒 róngyì gǎnmào *v*. 使…服从 shǐ…fúcóng

subjection *n*. 征服 zhēngfú；服从 fúcóng

subjective *a*. **1**. 主语的 zhǔyǔde * in grammar **2**. 主观的 zhǔguānde = relating to an individual's mind

subjectivism *n*. 主观主义 zhǔguānzhǔyì；主观性 zhǔguānxìng

subjectivity *n*. 主观性 zhǔguānxìng

subjoin *v*. 增补 zēngbǔ；附加 fùjiā：He ～ed a message at the bottom of the page. 他在该页底下补写了一段文字。Tā zài gāiyè dǐxià bǔxiěle yíduàn wénzì.

subjugate *v*. **1**. 征服 zhēngfú：～ a country 征服一个国家 zhēngfú yíge guójiā **2**. 克制 kèzhì：～ one's feeling 克制自己的感情 kèzhì zìjǐde gǎnqíng

subjunctive *a*. 虚拟的 xūnǐde：～ mood 虚拟语气 xūnǐ yǔqì * in grammar

sublease *n*. & *v*. 转租 zhuǎnzū

sublet *v*. 转租 zhuǎnzū：He rents the house and ～s a room to a friend. 他租房子，再把其中的一间分租给朋友。Tā zū fángzi，zài bǎ qízhōngde yìjiān fēnzū gěi péngyou.

sublimate *v*. **1**. 升华 shēnghuá **2**. 提高 tígāo；理想化 lǐxiǎnghuà = purify *n*. 升华物 shēnghuáwù = ～d substance *a*. 升华的 shēnghuáde // sublimation *n*.

sublime **1**. 崇高的 chónggāode = lofty：a man of ～ ideal 崇高理想的人 chónggāo lǐxiǎngde rén **2**. 壮丽的 zhuànglìde = grand：～ mountain scenery 壮丽的山区景色 zhuànglìde shānqū jǐngsè **3**. 超群的 chāoqúnde；出众的 chūzhòngde = supreme：a ～ genius 卓越的天才 zhuōyuède tiāncái // sublimity *n*.

submachine-gun *n*. 冲锋枪 chōngfēngqiāng

submarine *a*. 水下的 shuǐxiàde *n*. 潜水艇 qiánshuǐtǐng

submariner *n*. 潜艇人员 qiántǐng rényuán

submerge *v*. 淹没 yānmò：The flood ～d the farmland. 洪水淹没了农田。Hóngshuǐ yānmòle nóngtián. // submergence *n*.

submit *v.* **1.** 服从 fúcóng = yield **2.** 提出 tíchū：～ new plans 提出新的计划 tíchū xīnde jìhuà // submission *n.* / submissive *a.*

subnormal *a.* 普通以下的 pǔtōng yǐxiàde；低于正常的 dīyú zhèngchángde：He was born ～ and will never learn to speak. 他天生低能，学不会讲话。Tā tiānshēng dīnéng，xuébuhuì jiǎnghuà.

subordinate *a.* 下级的 xiàjíde；从属的 cóngshǔde：in a ～ position 处于从属地位 chǔyú cóngshǔ dìwèi *n.* 下级 xiàjí；部下 bùxià // subordination *n.*

suborn *v.* 收买 shōumǎi；教唆 jiàosuō

subpoena *n.* 传票 chuánpiào

subscribe *v.* **1.** 捐助 juānzhù：～ to the relief fund 为救灾基金捐款 wèi jiùzāi jījīn juānkuǎn **2.** 订阅 dìngyuè：～ to a newspaper 订阅报纸 dìngyuè bàozhǐ // subscription *n.*

subscriber *n.* **1.** 捐款人 juānkuǎnrén ＊ to a charity fund **2.** 订户 dìnghù ＊ to newspapers，etc.

subsequent *a.* 随后的 suíhòude

subserve *v.* 辅助 fǔzhù；促进 cùjìn

subservience *n.* **1.** 辅助性 fǔzhùxìng = subordinate nature **2.** 奉承 fèngcheng = giving too much respect to // subservient *a.*

subside *v.* **1.** 平静下来 píngjìng xiàlái：The wind ～d. 风停了。Fēng tíngle. **2.** 慢慢坐下 mànmàn zuòxià：～ into a chair 慢慢坐在椅子上 mànmàn zuòzài yǐzishang

subsidiary *a.* **1.** 辅助的 fǔzhùde；次要的 cìyàode = serving to supplement **2.** 附属的 fùshǔde：a ～ company 附属公司 fùshǔ gōngsī；子公司 zǐgōngsī

subsidize *v.* 给…补助金 gěi…bǔzhùjīn；津贴 jīntiē：They are ～d by the government. 他们由政府津贴。Tāmen yóu zhèngfǔ jīntiē.

subsidy *n.* 补助金 bǔzhùjīn；津贴 jīntiē：food (housing) ～ 食品(住房)补贴 shípǐn(zhùfáng) bǔtiē

subsist *v.* 靠…生存 kào…shēngcún

subsistence *n.* 生存 shēngcún

subsoil *n.* 下层土 xiàcéngtǔ

subsonic *a.* 亚音的 yàyīnde；次声的 cìshēngde

substance *n*. **1.** 物质 wùzhì = matter **2.** 内容 nèiróng = real meaning: There is no ~ in the speech. 讲话没有内容。Jiǎnghuà méiyǒu nèiróng.

substantial *a*. **1.** 大体上的 dàtǐshangde: in ~ agreement 大体上同意 dàtǐshang tóngyì **2.** 牢固的 láogùde: a ~ structure 牢固的结构 láogùde jiégòu **3.** 重大的 zhòngdàde: make ~changes 做出重大改变 zuòchū zhòngdà gǎibiàn **4.** 充分的 chōngfènde: a ~ supply of food 充分的食品供应 chōngfènde shípǐn gōngyìng

substantiate *v*. 证实 zhèngshí: Can you ~ your claim in a court of law? 你能不能在法庭上证实你的申诉有根据? Nǐ néngbunéng zài fǎtíngshang zhèngshí nǐde shēnsù yǒu gēnjù?

substantive *a*. **1.** 独立存在的 dúlì cúnzàide; 自立的 zìlìde = independent **2.** 实际的 shíjìde; 根本性的 gēnběnxìngde: a ~ contradiction 根本矛盾 gēnběn máodùn **3.** 大量的 dàliàngde; 可观的 kěguānde: a ~ increase 大幅度增加 dāfúdù zēngjiā

substantivize *v*. 名词化 míngcíhuà: a ~d adjective 名词化形容词 míngcíhuà xíngróngcí

substation *n*. 分站 fēnzhàn; 分局 fēnjú

substitute *n*. 代替者 dàitìzhě; 替补队员 tìbǔ duìyuán * in a sports team; 代用品 dàiyòngpǐn; 代替物 dàitìwù = person or thing taking the place of another *v*. 代替 dàitì // substitution *n*.

substratum *n*. **1.** 基础 jīchǔ; 根据 gēnjù = foundation: It's not a good argument, but it has a ~ of truth. 这不是个很好的论据,但它有事实根据。Zhè búshìge hěnhǎode lùnjù, dàn tā yǒu shìshí gēnjù. **2.** 底层 dǐcéng = underlying layer

subterfuge *n*. 托辞 tuōcí; 狡猾(手段) jiǎohuá(shǒuduàn)

subtitle *n*. **1.** 小标题 xiǎobiāotí; 副标题 fùbiāotí **2.** 说明字幕 shuōmíng zìmù: a French film with English ~s 印有英文字幕的法国电影 yìnyǒu Yīngwén zìmùde Fǎguó diànyǐng

subtle *a*. **1.** 微妙的 wēimiàode = delicate: a ~ relationship 微妙的关系 wēimiàode guānxì **2.** 敏锐的 mǐnruìde = clever: She has a ~ mind. 她很敏锐。Tā hěn mǐnruì. **3.** 巧妙的 qiǎomiàode = ingenious: a ~ plan 一项巧妙的计划 yíxiàng qiǎomiàode jìhuà

subtlety *n*. 微妙 wēimiào; 敏锐 mǐnruì; 狡猾 jiǎohuá = being crafty: the

～ of his argument 他辩论的巧妙 tā biànlùnde qiǎomiào

subtract *v.* 减去 jiǎnqù // subtraction *n.*

subtrahend *n.* 减数 jiǎnshù

subtropic(al) *a.* 亚热带的 yàrèdàide

suburb *n.* 郊区 jiāoqū

suburban *a.* 郊区的 jiāoqūde；郊外的 jiāowàide

subvert *v.* 颠覆 diānfù // subversion *n.* / subversive *a.*

subverter *n.* 颠覆者 diānfùzhě；破坏者 pòhuàizhě

subway *n.* 地下铁道 dìxià tiědào：a ～ station 地铁站 dìtiězhàn

succeed *v.* **1.** 成功 chénggōng = accomplish a purpose **2.** 继…之后 jì…zhīhòu = follow：Spring ～s (to) winter. 冬去春来。Dōng qù chūn lái. **3.** 继承 jìchéng = inherit：～ to the property of one's parents 继承父母财产 jìchéng fùmǔ cáichǎn // success *n.*

successful *a.* 成功的 chénggōngde；顺利的 shùnlìde：a ～ attempt 一次成功的尝试 yícì chénggōngde chángshì

succession *n.* **1.** 连续 liánxù = a series：a ～ of victories 一个接着一个的胜利 yíge jiēzhe yígede shènglì **2.** 继承 jìchéng = a succeeding * to an office or position

successive *a.* 连续的 liánxùde：～ years of good harvest 连年的丰收 liánniánde fēngshōu

successor *n.* 继任者 jìrènzhě

succinct *a.* 简洁的 jiǎnjiéde：～ terms 简洁的措辞 jiǎnjiéde cuòcí

succour *v.* & *n.* 援助 yuánzhù；支援 zhīyuán

succulence *n.* 多汁 duōzhī；多水分 duō shuǐfèn // succulent *a.*：succulent fruit 多汁儿的水果 duōzhīrde shuǐguǒ

succumb *v.* **1.** 屈从 qūcóng = yield：～ to pressure 屈从于压力 qūcóng yú yālì **2.** 被压垮 bèiyākuǎ；死 sǐ = die

such *a.*, *ad.* & *pron.* 这样(的) zhèyàng(de)

suchlike *a.* 同样的 tóngyàngde；同类的 tónglèide = similar：avoid pork and ～ indigestible food 避免吃猪肉之类不易消化的食物 bìmiǎn chī zhūròu zhīlèi búyì xiāohuàde shíwù *pron.* 诸如此类 zhūrú cǐlèi

suck *v.* **1.** 吸 xī；吮 shǔn：～ milk 吸奶 xīnǎi **2.** 抽吸 chōuxī：～ air 吸进空气 xījìn kōngqì

sucker *n.* **1.** 吸吮者 xīshǔnzhě = one who sucks **2.** 棒糖 bàngtáng：an ice

～冰棍儿 bīnggùnr **3.** 笨蛋 bèndàn = one who is easily deceived

suckle *v.* 给…喂奶 gěi…wèinǎi：～ a baby 给婴孩喂奶 gěi yīnghái wèinǎi

suction *n.* **1.** 吸取 xīqǔ；吸气 xīqì **2.** 吸力 xīlì

sudden *a.* 突然的 tūránde = abrupt：a ～ turn 急转弯 jízhuǎnwān

sudorific *a.* 发汗的 fāhànde；出汗的 chūhànde：～ herbs 发汗用草药 fāhàn yòng cǎoyào

suds *n.* 肥皂水 féizàoshuǐ；肥皂泡沫 féizào pàomò

sue *v.* **1.** 控告 kònggào = seek justice from court **2.** 乞求 qǐqiú；请求 qǐngqiú =make an appeal

suede *n.* 绒面革 róngmiàngé；仿麂皮 fǎngjǐpí *a.* 绒面革做的 róngmiàngé zuòde：～ shoes 绒面革皮鞋 róngmiàngé píxié

suet *n.* 板油 bǎnyóu

Suez *n.* **1.** 苏伊士 Sūyíshì **2.** the ～ Canal 苏伊士运河 Sūyíshì Yùnhé

suffer *v.* **1.** 遭受 zāoshòu：～ losses 遭受损失 zāoshòu sǔnshī **2.** 患病 huànbìng：～ from colds 患感冒 huàn gǎnmào

sufferable *a.* 可忍受的 kě rěnshòude；受得了的 shòudeliǎode

sufferance *n.* 勉强 miǎnqiǎng；容忍 róngrěn = tolerance：It is beyond ～. 这无法忍受。Zhè wúfǎ rěnshòu.

sufferer *n.* **1.** 受难者 shòunànzhě **2.** 患者 huànzhě；病人 bìngrén = patient

suffering *n.* 痛苦 tòngkǔ；受难 shòunàn：severe ～s 剧痛 jùtòng

suffice *a.* 足够的 zúgòude *v.* 使…满足 shǐ…mǎnzú

sufficiency *n.* 充足 chōngzú；足够 zúgòu

sufficient *a.* 充分的 chōngfènde

suffix *n.* 后缀 hòuzhuì

suffocate *v.* 窒息 zhìxī；闷死 mēnsǐ // suffocation *n.*

suffrage *n.* **1.** 投票 tóupiào **2.** 选举权 xuǎnjǔquán：universal ～ 普选权 pǔxuǎnquán

suffuse *v.* 充溢 chōngyì；弥漫 mímàn：Her eyes were ～d with tears. 她眼泪盈眶。Tā yǎnlèi yíngkuàng. // suffusion *n.*

sugar *n.* 糖 táng：～cane 甘蔗 gānzhe

sugar-coated *a.* 裹糖衣的 guǒ tángyīde：a ～ pill 裹糖衣的药丸 guǒ tángyīde yàowán

sugary *a.* **1.** 含糖的 hántángde = sweet **2.** 甜言蜜语的 tiányán-mìyǔde：

～ words 甜言蜜语 tiányán-mìyǔ

suggest *v.* **1.** 建议 jiànyì = propose：I ～ that we bring the meeting to an end. 我建议结束会议。Wǒ jiànyì jiéshù huìyì. **2.** 使…想起 shǐ… xiǎngqǐ = call up the idea of：The summer ～s our happy days in the south. 夏天使我们想起了在南方快乐的日子。Xiàtiān shǐ wǒmen xiǎngqǐle zài nánfāng kuàilède rìzi.

suggestion *n.* **1.** 建议 jiànyì；意见 yìjian：make a ～ 提出意见 tíchū yìjian **2.** 暗示 ànshì = hint

suggestive *a.* 有启发性的 yǒu qǐfāxìngde

suicide *n.* 自杀 zìshā：commit ～ 自杀 zìshā

suicidal *a.* **1.** 自杀的 zìshāde **2.** 有自杀念头的 yǒu zìshā niàntoude：～ people 有自杀念头的人们 yǒu zìshā niàntoude rénmen **3.** 致死的 zhìsǐde = fatal

suit *n.* **1.** 一套衣服 yítào yīfu：a ～ of clothes 一套衣服 yítào yīfu /a bathing ～ 游泳衣 yóuyǒngyī **2.** 诉讼 sùsòng：a law～ 诉讼 sùsòng *v.* 合适 héshì = meet the need of

suitable *a.* 合适的 héshìde；恰当的 qiàdàngde

suitcase *n.* 手提皮箱 shǒutí píxiāng

suite *n.* **1.** 一套房间 yítào fángjiān= set of rooms **2.** （一批）随员（yìpī）suíyuán = retinue

suiting *n.* 衣料 yīliào

suitor *n.* **1.** 起诉人 qǐsùrén = one who sues **2.** 求婚者 qiúhūnzhě = wocer

sulk *v.* & *n.* 生气 shēngqì

sulky *a.* **1.** 绷着脸的 běngzhe liǎnde；生气的 shēngqìde = sullen **2.** 阴沉的 yīnchénde = gloomy：～ weather 阴沉的天气 yīnchénde tiānqì

sullen *a.* **1.** 愠怒的 yùnnùde = resentful **2.** 阴沉的 yīnchénde = dismal

sully *v.* 玷污 diànwū

sulphur，**sulfur** *n.* 硫磺 liúhuáng

sultry *a.* 闷热的 mēnrède：～ weather 闷热的天气 mēnrède tiānqì

sum *n.* **1.** 总数 zǒngshù：the ～ total 总数 zǒngshù **2.** 算术题 suànshùtí：do ～s 做算术 zuò suànshù **3.** 金额 jīn'é：a large ～ of money 一笔巨款 yìbǐ jùkuǎn *v.* ～ up 总结 zǒngjié

Sumatra *n.* 苏门答腊（岛）Sūméndálà（dǎo）

summarize *n.* 总结 zǒngjié

summary *n.* 概要 gàiyào；总结 zǒngjié
summation *n.* **1.** 总和 zǒnghé **2.** 总数 zǒngshù **3.** 结论 jiélùn
summer *n.* 夏季 xiàjì
summerhouse *n.* 凉亭 liángtíng = arbour
summer house *n.* 避暑别墅 bìshǔ biéshù = cottage used in summer
summer school *n.* 暑期班 shǔqībān
summertime *n.* 夏季 xiàjì
summery *a.* 有如夏天的 yǒu rú xiàtiānde
summit *n.* **1.** 顶 dǐng：the ～ of a mountain 山顶 shāndǐng **2.** 国家的首脑 guójiāde shǒunǎo：a ～ conference 首脑会议 shǒunǎo huìyì
summon *v.* **1.** 召集 zhàojí：～ a conference 召集会议 zhàojí huìyì **2.** 传唤 chuánhuàn：～ the defendant 传被告 chuán bèigào **3.** 振作 zhènzuò：～ up one's courage 鼓起勇气 gǔqǐ yǒngqì
summons *n.* 传票 chuánpiào：They served a ～ on him. 他们发传票给他。Tāmen fā chuánpiào gěi tā.
sump *n.* **1.** 槽 cáo；池 chí **2.** 机油箱 jīyóuxiāng * of a motorcar **3.** 水坑 shuǐkēng = hole for draining waste liquid
sumptuary *a.* 节约的 jiéyuēde；杜绝浪费的 dùjué làngfèide
sumptuous *a.* 豪华的 háohuáde；盛大的 shèngdàde
sun *n.* **1.** 太阳 tàiyáng：The ～ rises and sets. 日出，日落。Rìchū，rìluò. **2.** 阳光 yángguāng = ～-light // ～ bath 日光浴 rìguāngyù
sunbeam *n.*（一道）阳光（yídào）yángguāng
sunblind *n.* 遮篷 zhēpéng
sunbonnet *n.* 太阳帽 tàiyángmào
sunburn *n.* &. *v.* 晒黑 shàihēi // sunburnt *a.*
Sunday *n.* 星期日 Xīngqīrì
sundeck *n.* 阳台 yángtái
sunder *v.* 分裂 fēnliè；分离 fēnlí
sundial *n.* 日规 rìguī；日晷（仪）rìguǐ（yí）
sundown *n.* 日落 rìluò
sundries *n.* **1.** 杂货 záhuò；杂物 záwù **2.** 琐事 suǒshì // sundry *a.*
sunglasses *n.* 太阳镜 tàiyángjìng；墨镜 mòjìng
sunflower *n.* 向日葵 xiàngrìkuí
sun god *n.* 太阳神 tàiyángshén

sunhelmet *n.* 硬壳太阳帽 yìngké tàiyángmào

sunken *a.* **1.** 沉没的 chénmòde：a ～ ship 沉船 chénchuán **2.** ＝ sunk 下陷的 xiàxiànde

sunless *a.* 无阳光的 wú yángguāngde

sunlight *n.* 阳光 yángguāng

sunlit *a.* 阳光照耀的 yángguāng zhàoyàode

sunlounge *n.* 日光浴室 rìguāng yùshì

sunny *a.* **1.** 阳光充足的 yángguāng chōngzúde **2.** 性格开朗的 xìnggé kāilǎngde；温和亲切的 wēnhé qīnqiède ＝ cheerful：He has a ～ disposition. 他性格开朗。Tā xìnggé kāilǎng.

sunrise *n.* 日出 rìchū

sunroof *n.* 楼顶阳台 lóudǐng yángtái

sunset *n.* 日落 rìluò：黄昏 huánghūn

sunshade *n.* 阳伞 yángsǎn

sunshine *n.* 阳光 yángguāng

sunspot *n.* 黑子 hēizǐ

sunstroke *n.* 中暑 zhòngshǔ

suntan *n.* 晒黑 shàihēi ＝ sunburn

sup *n.* & *v.* **1.** 啜饮 chuòyǐn ＝ sip **2.** 吃晚饭 chī wǎnfàn ＝ have supper

super *a.* 特级的 tèjíde；极好的 jíhǎode

superabundance *n.* 过多 guòduō；剩余 shèngyú // superabundant *a.*

superannuated *a.* 年老退休的 niánlǎo tuìxiūde；领养老金的 lǐng yǎnglǎojīnde // superannuation *n.*

superb *a.* **1.** 宏伟的 hóngwěide ＝ magnificent **2.** 极好的 jíhǎode ＝ splendid：That's ～！好极了！Hǎojíle！

supercharger *n.* 增压器 zēngyāqì

supercilious *a.* 目中无人的 mùzhōng wúrénde；高傲的 gāo'àode

superconductivity *n.* 超导(电)性 chāodǎo(diàn)xìng

superficial *a.* **1.** 表面的 biǎomiànde ＝ on surface **2.** 肤浅的 fūqiǎnde ＝ shallow：～ knowledge 肤浅的知识 fūqiǎnde zhīshi

superficies *n.* 表面 biǎomiàn；外层 wàicéng；外缘 wàiyuán

superfine *a.* 精细的 jīngxìde：～ flour 细细的面粉 xìxìde miànfěn

superfluity *n.* 多余 duōyú；冗物 rǒngwù

superfluous *a.* 多余的 duōyúde

superhuman *a.* 超人的 chāorénde：a ～ attempt to move the stone 想推动那块石头的超乎常人的企图 xiǎng tuīdòng nàkuài shítoude chāohū chángrénde qǐtú
superimpose *v.* 重迭 chóngdié；迭印 diéyìn
superintelligent *a.* 有超常智慧的 yǒu chāocháng zhìhuìde
superintend *v.* 监督 jiāndū
superintendence *n.* 监督 jiāndū；支配 zhīpèi：under the ～ of 在…的监督之下 zài…de jiāndū zhīxià
superintendent *n.* **1.** 监督人 jiāndūrén **2.** 主管人 zhǔguǎnrén ＝ one who is in charge
superior *a.* **1.** 优越的 yōuyuède ＝ of great value **2.** 上级的 shàngjíde＝ higher in authority **3.** 傲慢的 àomànde ＝ haughty：with a ～ air 态度傲慢地 tàidu àomànde *n.* 上级 shàngjí
superiority *n.* 优越性 yōuyuèxìng；优势 yōushì：gain the ～ over the enemy 取得对敌的优势 qǔdé duìdíde yōushì
superlative *a.* **1.** 最高的 zuìgāode **2.** 最高级的 zuìgāojíde * of grammar
superman *n.* 超人 chāorén
supermarket *n.* 自选商场 zìxuǎn shāngchǎng；超级商场 chāojí shāngchǎng
supernal *a.* 天堂的 tiāntángde；天上的 tiānshangde
supernatural *a.* 超自然的 chāo zìránde
supernova *n.* **1.** 超新星 chāo xīnxīng **2.** 超级新秀 chāojí xīnxiù
supernumerary *a.* **1.** 额外的 éwàide **2.** 小配角 xiǎopèijué；跑龙套的 pǎo lóngtàode ＝ actor playing a small part
superpower *n.* 超级大国 chāojí dàguó
superprofit *n.* 超额利润 chāo'é lìrùn
supersaturate *v.* 使…过饱和 shǐ…guòbǎohé
superscription *n.* 题字 tízì；姓名地址 xìngmíng dìzhǐ * printed on the envelope
supersede *v.* 代替 dàitì；取代 qǔdài
supersonic *a.* 超声的 chāoshēngde：～ flight 超音速飞行 chāoyīnsù fēixíng / ～ aircraft 超音速飞机 chāoyīnsù fēijī
superstar *n.* 超级明星 chāojí míngxīng
superstition *n.* 迷信 míxìn // superstitious *a.*

superstructure *n.* 上层建筑 shàngcéng jiànzhù

supertax *n.* 附加税 fùjiāshuì

supervene *v.* 接着发生 jiēzhe fāshēng；接踵而至 jiēzhǒng érzhì

supervise *v.* 监督 jiāndū // supervision *n.* / supervisor *n.* / supervisory *a.*

supine *a.* **1.** 仰卧的 yǎngwòde = lying on the back **2.** 懒散的 lǎnsǎnde = negligent

supper *n.* 晚饭 wǎnfàn

supplant *v.* 取代 qǔdài：Machinery has ～ed hand labor. 机器已取代了手工劳动。Jīqì yǐ qǔdàile shǒugōng láodòng.

supple *a.* **1.** 柔软的 róuruǎnde = flexible **2.** 灵活的 línghuóde = keen：a ～ mind 灵活的头脑 línghuóde tóunǎo

supplement *n.* **1.** 增补 zēngbǔ **2.** 增刊 zēngkān：a ～ to a dictionary 词典的补遗 cídiǎnde bǔyí *v.* 补充 bǔchōng // supplementary *a.*

suppliant *n.* 哀求者 āiqiúzhě；恳求者 kěnqiúzhě

supplicate *v.* 哀求 āiqiú；乞求 qǐqiú：～ for mercy 乞求宽大 qǐqiú kuāndà // supplication *n.*

supply *v.* **1.** 供应 gōngyìng：～ the market 供应市场 gōngyìng shìchǎng **2.** 满足 mǎnzú：～ a demand 满足需要 mǎnzú xūyào *n.* **1.** 供给 gōngjǐ：～ and demand 供求 gōngqiú **2.** 储备物资 chǔbèi wùzī：medical ～ for the army 军队的医药补给品 jūnduìde yīyào bǔjǐpǐn

support *v.* **1.** 支撑 zhīchēng：～ a tent 支撑帐篷 zhīchēng zhàngpeng **2.** 供养 gōngyǎng：～ a family 养家 yǎngjiā **3.** 拥护 yōnghù：～ birth control 拥护计划生育政策 yōnghù jìhuà shēngyù zhèngcè *n.* **1.** 支撑 zhīchēng：the ～s of the bridge 桥墩 qiáodūn **2.** 支持 zhīchí：give ～ to his suggestion 支持他的建议 zhīchí tāde jiànyì

supportable *a.* 承受得住 chéngshòude zhù；受得了 shòudeliǎo：a ～ blow 承受得住的打击 chéngshòude zhùde dǎjī

supporter *n.* 捧场者 pěngchǎngzhě；支持者 zhīchízhě

supportive *a.* 赞助的 zànzhùde：They won a prize to travel abroad but would never have been able to go without the ～ efforts of their firm. 他们赢得了到国外旅游的奖，但当时若不是公司的赞助就无法成行。Tāmen yíngdéle dào guówài lǚyóude jiǎng, dàn dāngshí ruò búshì gōngsīde zànzhù jiù wúfǎ chéngxíng.

suppose *v.* **1.** 假定 jiǎdìng = assume as true：S- it rains, what shall we do? 假使下雨，我们怎么办? Jiǎshǐ xiàyǔ，wǒmen zěnmebàn? **2.** 猜想 cāixiǎng：I ～ he doesn't want it. 我猜他不会要。Wǒ cāi tā búhuì yào. **3.** 应该 yīnggāi：You are ～d to go there at six. 你应该六点去那里。Nǐ yīnggāi liùdiǎn qù nàli. **4.** 让 ràng：S- we wait a while. 让我们等一会儿吧。Ràng wǒmen děng yíhuìrba.

supposedly *ad.* 传闻 chuánwén；据说 jùshuō：S-，she's a rich woman. 听说她是个有钱的女人。Tīngshuō tā shìge yǒuqiánde nǚrén.

supposing *conj.* 假使 jiǎshǐ；如果 rúguǒ：S- he is not in，shall we come back? 假使他不在我们是不是回来? Jiǎshǐ tā búzài wǒmen shìbushì huílái?

supposition *n.* 假定 jiǎdìng

suppress *v.* **1.** 压制 yāzhì：～ one's anger 压制怒火 yāzhì nùhuǒ **2.** 隐瞒 yǐnmán = cover up：～ the truth 隐瞒真相 yǐnmán zhēnxiàng // suppression *n.* / suppressive *a.* / suppressor *n.*

suppurate *v.* 化脓 huànóng

supranational *a.* 超国家的 chāoguójiāde：a ～ organization 超国家组织 chāoguójiā zǔzhī

supremacy *n.* **1.** 至高无上 zhìgāo-wúshàng **2.** 最高权力 zuìgāo quánlì * of power

supreme *a.* **1.** 最高的 zuì gāode：the S- Court 最高法院 Zuìgāo Fǎyuàn **2.** 最优的 zuì yōude；最高超的 zuì gāochāode：～ skill 最高超的技艺 zuì gāochāode jìyì

surcharge *v.* 索附加费 suǒ fùjiāfèi；罚款 fákuǎn：He was ～d on the parcel. 他收到的包裹邮资不足，因而被罚款。Tā shōudàode bāoguǒ yóuzī bùzú，yīn'ér bèi fákuǎn. *n.* 附加价 fùjiājià；欠资罚款 qiànzī fákuǎn

sure *a.* **1.** 肯定 kěndìng：I am ～ he will be here. 我肯定他会来。Wǒ kěndìng tā huì lái. **2.** 确信 quèxìn：feel ～ of oneself 自信 zìxìn / make ～ of sth. 弄清 nòngqīng：make ～ of the time 弄清时间 nòngqīng shíjiān **3.** 一定 yídìng：Make ～ you get there today. 你一定要今天到那儿。Nǐ yídìng yào jīntiān dào nàr. *ad.* 当然 dāngrán：Are you coming? 你来吗? Nǐ láima? S-. 当然。Dāngrán.

surely *ad.* **1.** 必定 bìdìng：He will ～ succeed. 他一定会成功。Tā yídìng huì chénggōng. **2.** 稳当的 wěndangde：slowly but ～ 缓慢而稳当地

huǎnmàn ér wěndangde **3.** 想必 xiǎngbì：S- you remember him? 你一定记得他吧？Nǐ yídìng jìde tāba? **4.** 当然 dāngrán：Are you going? 你去吗？Nǐ qùma? S-. 当然。Dāngrán.

surety *n.* **1.** 保证 bǎozhèng；担保 dānbǎo = guarantee **2.** 保证人 bǎozhèngrén = guarantor **3.** 保证金 bǎozhèngjīn；抵押品 dǐyāpǐn = money or sth. given as guarantee

surf *n.* 浪花 lànghuā *v.* 踏浪 tàlàng：～ing 冲浪运动 chōnglàng yùndòng

surface *n.* 表面 biǎomiàn *a.* 表面的 biǎomiànde：～ impression 表面印象 biǎomiàn yìnxiàng // ～ mail 普通邮件 pǔtōng yóujiàn

surfboard *n.* 冲浪板 chōnglàngbǎn

surfboat *n.* 破浪艇 pòlàngtǐng

surfeit *n.* 过食 guòshí；积食 jīshí *v.* 吃得过多 chīde guòduō：～ oneself with sweets 甜食吃得太多 tiánshí chīde tàiduō

surfer *n.* 冲浪者 chōnglàngzhě

surge *v.* 起伏 qǐfú *n.* 波涛 bōtāo

surgeon *n.* 外科医生 wàikē yīshēng

surgery *n.* **1.** 外科 wàikē **2.** 手术 shǒushù = operation：Many lives have been saved by ～. 手术救了很多人的命。Shǒushù jiùle hěnduōrénde mìng. // surgical *a.*

surly *a.* 粗暴的 cūbàode；脾气暴躁的 píqi bàozàode = bad-tempered：a ～ fellow 脾气暴躁的家伙 píqi bàozàode jiāhuo / a ～ reply 粗暴的回答 cūbàode huídá

surmise *v.* 推测 tuīcè；忖度 cǔnduó：It may not be true；he was only surmising. 可能不是真的，他只是猜测而已。Kěnéng búshì zhēnde，tā zhǐshì cāicè éryǐ.

surmount *v.* **1.** 越过 yuèguò = get across：～ a mountain 越过高山 yuèguò gāoshān **2.** 克服 kèfú = overcome：～ difficulty 克服困难 kèfú kùnnan

surname *n.* 姓 xìng

surpass *v.* 胜过 shèngguò；超过 chāoguò：～ advanced world levels 超过世界先进水平 chānguò shìjiè xiānjìn shuǐpíng

surpassing *a.* 超群的 chāoqúnde；出类拔萃的 chūlèi-bácuìde = matchless：a ～ beauty 绝色美人 juésè měirén

surplice *n.* 白套衣 báitàoyī；白披挂 báipīguà

surplus *n.* 过剩 guòshèng *a.* 剩余的 shèngyúde

surprise *n.* **1.** 惊奇 jīngqí：in ～ 惊奇的 jīngqíde **2.** 意外的事 yíwàide shì：What a ～！真是意想不到的事！Zhēnshì yìxiǎng-búdàode shì！**3.** 突然 tūrán：a ～ visit 突然访问 tūrán fǎngwèn *v.* **1.** 使…惊奇 shǐ…jīngqí：I was ～d to learn that. 我对听说的事感到惊奇。Wǒ duì tīngshuōde shì gǎndào jīngqí. **2.** 突然袭击 tūrán xíjī：～ the enemy 袭击敌人 xíjī dírén // surprising *a.*

surrealism *n.* 超现实主义 chāo xiànshízhǔyì

surrender *v.* & *n.* 屈服 qūfú；投降 tóuxiáng：unconditional ～ 无条件投降 wú tiáojiàn tóuxiáng

surreptitious *a.* 鬼鬼祟祟的 guǐgui-suìsuìde；偷偷摸摸的 tōutou-mōmōde

surrogate *n.* & *a.* **1.** 代理（人）dàilǐ（rén）**2.** 代替（人、物）dàitì（rén、wù）；代用品 dàiyòngpǐn：a ～ material 代用品 dàiyòngpǐn / a food ～ 食物的代替品 shíwùde dàitìpǐn

surround[1] *v.* **1.** 包围 bāowéi：The soldiers ～ed the enemy. 军队把敌人团团围住。Jūnduì bǎ dírén tuántuán wéizhù. **2.** 围绕 wéirǎo；环绕 huánrǎo：The trees ～ the house. 树长在房子四周。Shù zhǎngzài fángzi sìzhōu.

surround[2] *n.* 屋里边缘的装饰 wūli biānyuánde zhuāngshì；地毯周围的空间 dìtǎn zhōuwéide kōngjiān：to make a ～ for a fireplace 装饰壁炉的四周 zhuāngshì bìlúde sìzhōu

surrounding *a.* 周围的 zhōuwéide：the ～ country 周围的乡村 zhōuwéide xiāngcūn *n.* ［～s］环境 huánjìng：beautiful ～s 优美的环境 yōuměide huánjìng

surtax *n.* 附加税 fùjiāshuì

surveilance *n.* 监视 jiānshì；盯梢 dīngshāo

survey *v.* **1.** 眺望 tiàowàng ＝ view：～ the surrounding landscape 眺望周围的景色 tiàowàng zhōuwéide jǐngsè **2.** 勘查 kānchá ＝ measure：～ the east coast 勘查东海岸 kānchá dōnghǎi'àn *n.* **1.** 调查 diàochá ＝ investigation：a population ～ 人口调查 rénkǒu diàochá **2.** 概括的研究 gàikuòde yánjiū ＝ a general study：a ～ of Chinese history 中国历史概况研究 Zhōngguó lìshǐ gàikuàng yánjiū

surveyor *n.* 勘查者 kāncházhě；测量员 cèliángyuán

survival *n.* 幸存 xìngcún；幸存者 xìngcúnzhě

survive *v.* **1.** 幸存 xìngcún：We ～d the accident. 我们在这次事故中幸免于死。Wǒmen zài zhècì shìgùzhōng xìngmiǎnyú sǐ. **2.** 活得比…长 huóde bǐ…cháng：He ～d his wife. 他比他妻子活得长。Tā bǐ tā qīzi huóde cháng. // survivor *n.*

susceptibility *n.* 易感性 yìgǎnxìng；感受性 gǎnshòuxìng；敏感性 mǐngǎnxìng

susceptible *a.* **1.** 易受感动的 yìshòu gǎndòngde：a ～ girl 易动感情的女孩儿 yìdòng gǎnqíngde nǚháir **2.** 敏感的 mǐngǎnde：～ to illness 容易生病 róngyì shēngbìng

suspect *v.* **1.** 猜想 cāixiǎng = suppose：We ～ed that he was ill. 我们猜想他病了。Wǒmen cāixiǎng tā bìngle. **2.** 怀疑 huáiyí = doubt：～ the reliability of the device 怀疑仪器的可靠性 huáiyí yíqìde kěkàoxìng *n.* 嫌疑犯 xiányífàn *a.* 可疑的 kěyíde

suspend *v.* **1.** 悬挂 xuánguà = hang up：～ a balloon 把气球挂起来 bǎ qìqiú guàqǐlái **2.** 暂停 zàntíng = postpone：～ talks 中止谈判 zhōngzhǐ tánpàn

suspender *n.* **1.** [～s] 背带 bēidài；吊带 diàodài = braces **2.** 吊袜带 diàowàdài = garter **3.** 吊杆 diàogān = sth. that is hung up

suspense *n.* **1.** 悬而未决 xuán ér wèi jué = uncertainty **2.** 悬念 xuánniàn = anxiety：The mother waited in ～ for the return of her son. 母亲焦虑地等着儿子回来。Mǔqin jiāolǜde děngzhe érzi huílái.

suspension *n.* **1.** 悬挂 xuánguà：～ bridge 吊桥 diàoqiáo **2.** 中止 zhōngzhǐ = stop for the time being：the ～ of business 暂时停业 zànshí tíngyè

suspicion *n.* **1.** 怀疑 huáiyí **2.** 一点儿 yìdiǎnr = a little trace

suspicious *a.* **1.** 可疑的 kěyíde：a ～ person 一个可疑的人 yíge kěyíde rén **2.** 表示怀疑的 biǎoshì huáiyíde：be ～ of sth. 对…表示怀疑 duì…biǎoshì huáiyí

sustain *v.* **1.** 支撑 zhīchēng = support **2.** 维持 wéichí：Food ～s life. 食物维持生命。Shíwù wéichí shēngmìng. **3.** 遭受 zāoshòu：～ injuries 遭受损害 zāoshòu sǔnhài

sustained *a.* 持续的 chíxùde = continuous

sustenance *n.* **1.** 生计 shēngjì = means of livelihood **2.** 食物 shíwù；营养品 yíngyǎngpǐn = food

suture *n.* **1.** 缝(合)线 féng(hé)xiàn **2.** 缝合 fénghé

swab *v.* **1.** 以药棉吸取液体 yǐ yàomián xīqǔ yètǐ **2.** 拖擦 tuōcā；拖干 tuōgān＝ mop up：to ～ the water from the floor 拖干地板 tuōgān dìbǎn *n.* **1.** 药棉 yàomián ＊ for medical use **2.** 拖把 tuōbǎ ＝ mop

swaddle *v.* 包缠 bāochán；包裹 bāoguǒ：swaddling clothes 襁褓 qiǎngbǎo

swag *n.* **1.** 赃物 zāngwù ＝ sth. stolen **2.** 垂挂装饰物 chuíguà zhuāngshìwù ＊ a kind of decoration in construction

swagger *v.* **1.** 高视阔步 gāoshì kuòbù ＝ walk with a proud air **2.** 说大话 shuō dàhuà；吹嘘 chuīxū ＝ boast：～ about one's achievements 吹嘘自己的业绩 chuīxū zìjǐde yèjī

swallow[1] *v.* **1.** 吞 tūn；咽 yàn ＝ let food go down the throat **2.** 忍受 rěnshòu ＝ bear：～ an insult 忍受侮辱 rěnshòu wūrǔ **3.** 收回 shōuhuí ＝ retract；取消 qǔxiāo ＝ cancel：～ one's words 取消前言（承认失言） qǔxiāo qiányán（chéngrèn shīyán） *n.* 咽 yàn：in one ～ 一口咽下去 yìkǒu yànxiaqù

swallow[2] *n.* 燕子 yànzi ＊ a kind of bird // ～'s nest 燕窝 yànwō

swamp *n.* 沼泽 zhǎozé *v.* 淹没 yānmò // swampy *a.*

swan *n.* 天鹅 tiān'é

swank *v.* 炫耀 xuànyào ＝ show off；说大话 shuōdàhuà ＝ boast

swap *v.* 交换 jiāohuàn ＝ exchange *n.* 交易 jiāoyì ＝ trade

sward *n.* 草地 cǎodì；草皮 cǎopí

swarm[1] *n.* 群 qún *v.* **1.** 蜂拥 fēngyōng：People ～ed into the cinema. 人们涌入了电影院。Rénmen yǒngrùle diànyǐngyuàn. **2.** 充满 chōngmǎn：The streets are ～ing with people. 街上挤满着人。Jiēshang jǐmǎnzhe rén.

swarm[2] *v.* 爬 pá ＝ climb：～（up）a tree 爬树 páshù

swarthy *a.* 黝黑 yōuhēi；赤黑 chìhēi：a ～ face 一张黝黑的脸 yìzhāng yōuhēide liǎn

swash *v.* 冲溅 chōngjiàn；泼散 pōsàn *n.* 泼散 pōsàn；冲溅（声） chōngjiàn（shēng） ＊ the sound of ～ing

swashbuckler *n.* 流氓 liúmáng

swat *v.* 拍打 pāidǎ：～ a fly 拍苍蝇 pāi cāngying

swath *n.* 一行草（作物）yìháng cǎo（zuòmù）：a ～ of grassland 一长条草地 yìchángtiáo cǎodì

swathe *v.* 裹 guǒ；缠 chán；绑 bǎng

swatter *n.* 苍蝇拍儿 cāngyingpāir = fly-swat；拍打者 pāidǎzhě = one who swats

sway *v.* **1.** 摇晃 yáohuàng = shake **2.** 影响 yǐngxiǎng：Don't be ~ed by his words. 不要受他的话的影响。Búyào shòu tāde huàde yǐngxiǎng. *n.* 摇晃 yáohuàng；统治 tǒngzhì = ruling

swear *v.* 发誓 fāshì = vow

sweat *n.* 汗 hàn *v.* 出汗 chūhàn：~ heavily 大汗淋淋 dàhàn línlín

sweater *n.* 毛线衫 máoxiànshān；厚运动衫 hòu yùndòngshān

sweaty *a.* **1.** 汗湿的 hànshīde **2.** 出汗的 chūhànde；吃力的 chīlìde：a ~ piece of work 一件吃力的工作 yíjiàn chīlìde gōngzuò

Swede *n.* 瑞典人 Ruìdiǎnrén

Swedish *a.* 瑞典的 Ruìdiǎnde = of Sweden *n.* 瑞典语 Ruìdiǎnyǔ = of the language

sweep *v.* **1.** 扫 sǎo = clean with a broom **2.** 扫视 sǎoshì：His eyes swept the garden. 他把花园环视了一下。Tā bǎ huāyuán huánshìle yíxià. **3.** 越过 yuèguò：The storm swept over the countryside. 暴风雨扫过乡村。Bàofēngyǔ sǎoguò xiāngcūn. *n.* 扫 sǎo

sweeper *n.* 打扫者 dǎsǎozhě；扫除机 sǎochújī = tractor that cleans the road or sweeps up snow；扫雷舰 sǎoléijiàn * a kind of warship

sweeping *a.* **1.** 打扫的 dǎosǎode；清扫的 qīngsǎode **2.** 扫掠的 sǎolüède：a ~ glance 扫视 sǎoshì **3.** 规模大的 guīmó dàde；广阔的 guǎnkuòde = grand-scaled **4.** 全面的 quánmiànde；总括的 zǒngkuòde = comprehensive：~ reforms 全面改革 quánmiàn gǎigé **5.** 决定性的 juédìngxìngde = decisive：have ~ effects 具有决定性的影响 jùyǒu juédìngxìngde yǐngxiǎng

sweet *a.* **1.** 甜的 tiánde：~ fruit 甜水果 tiánshuǐguǒ **2.** 悦耳的 yuè'ěrde：~ sounds 悦耳的声音 yuè'ěrde shēngyīn **3.** 讨人喜欢 tǎorén xǐhuan：a ~ person 一个讨人喜欢的人 yíge tǎorén xǐhuande rén **4.** 芳香的 fāngxiāngde：~ smell 芳香的气味 fāngxiāngde qìwèi *n.* **1.** 甜食 tiánshí = ~ food **2.** [~s] = candy 糖果 tángguǒ // ~ potatoes 白薯 báishǔ；甘薯 gānshǔ

sweeten *v.* 使…变甜 shǐ…biàntián

sweetheart *n.* 情人 qíngrén；心爱的人 xīn'àide rén

sweetmeat *n.* 糖果 tángguǒ = sweet；蜜饯 mìjiàn = candied fruit

sweetness *n.* **1.** 甜味 tiánwèi = sweet taste **2.** 愉快 yúkuài = pleasure **3.** 亲切 qīnqiè = cordiality **4.** 新鲜 xīnxiān = freshness

swell *v.* **1.** 肿 zhǒng: His ankle ~ed. 他脚腕肿了。Tā jiǎowàn zhǒngle. **2.** 鼓胀 gǔzhàng: Wood ~s in water. 木头遇水鼓胀。Mùtou yùshuǐ gǔzhàng.

swelling *n.* **1.** 膨胀 péngzhàng = increase in size **2.** 肿大 zhǒngdà = swollen place in the body **3.** 隆起 lóngqǐ = expanding

swelter *v.* 中暑 zhòngshǔ; 热得难受 rède nánshòu: Open the window, we are ~ing. 把窗户打开，我们热得受不了啦。Bǎ chuānghu dǎkāi, wǒmen rède shòubuliǎola. // sweltering *a.*

swerve *v.* 突然转向 tūrán zhuǎnxiàng: The car ~d suddenly. 汽车突然转向。Qìchē tūrán zhuǎnxiàng.

swift *a.* 快 kuài

swig *v.* & *n.* 痛饮 tòngyǐn; 大喝 dàhē

swill *v.* **1.** 痛饮 tòngyǐn; 大喝 dàhē = drink greedily **2.** 冲洗 chōngxǐ = wash out: ~ out a dirty tub 冲洗脏浴缸 chōngxǐ zāng yùgāng

swim *v.* **1.** 游泳 yóuyǒng: Shall we go ~ming this afternoon? 今天下午我们去游泳吗？Jīntiān xiàwǔ wǒmen qù yóuyǒngma? **2.** 浮 fú: Oil ~s on water. 油浮在水面。Yóu fúzài shuǐmiàn. **3.** 晕眩 yùnxuàn: His head ~s. 他头晕。Tā tóu yūn. *n.* 游泳 yóuyǒng // swimmer *n.*

swimming *n.* **1.** 游泳 yóuyǒng **2.** [a ~] 眩晕 xuànyùn: I have a ~ in my head. 我头晕。Wǒ tóu yūn.

swimsuit *n.* 游泳衣 yóuyǒngyī

swindle *v.* & *n.* 行骗 xíngpiàn = cheat

swindler *n.* 骗子 piànzi

swine *n.* 猪 zhū

swineherd *n.* 猪倌 zhūguān

swing *v.* **1.** 摇摆 yáobǎi: The pendulum ~s. 钟摆摇动着。Zhōngbǎi yáodòngzhe. **2.** 旋转 xuánzhuǎn: ~ open the door 把门打开 bǎ mén dǎkāi *n.* **1.** 摇 yáo **2.** 秋千 qiūqiān: play on the ~ 荡秋千 dàng qiūqiān // in full ~ 处在高潮中 chǔzài gāocháozhōng

swirl *v.* **1.** 打转 dǎzhuàn; 旋动 xuándòng = rotate **2.** 晕眩 yùnxuàn = feel dizzy

swish *v.* 挥舞 huīwǔ; 挥动 huīdòng

Swiss *a.* 瑞士的 Ruìshìde：the ～ Confederation 瑞士联邦 Ruìshìliánbāng *n.* 瑞士人 Ruìshìrén

switch *n.* **1.** 开关 kāiguān：turn on the ～ 打开开关 dǎkāi kāiguān **2.** 转换 zhuǎnhuàn：a ～ in the train times 火车时间的更换 huǒchē shíjiānde gēnghuàn **3.** 枝条 zhītiáo = stick *v.* **1.** 改变 gǎibiàn = change：～ the discussion to another topic 换一个讨论题目 huàn yíge tǎolùn tímù **2.** 转轨 zhuǎnguǐ：～ the train to another track 使火车转入另一个轨道 shǐ huǒchē zhuǎnrù lìng yíge guǐdào **3.** 接通 jiētōng * switch on (electricity)；切断 qiēduàn * switch off (electricity)：～ on the radio 开收音机 kāi shōuyīnjī / ～ off the light 关电灯 guān diàndēng

switchboard *n.* **1.** 配电盘 pèidiànpán **2.** 电话总机 diànhuà zǒngjī * in telephone service

swivel *n.* 转环 zhuànhuán *v.* 旋转 xuánzhuǎn：a ～ chair 转椅 zhuànyǐ

swollen *a.* **1.** 肿起的 zhǒngqǐde = growing in volume **2.** 浮夸的 fúkuāde；夸大的 kuādàde = exaggerated：a ～ opinion 夸大的看法 kuādàde kànfǎ

swoon *v.* & *n.* 晕厥 yūnjué = faint

swoop *v.* & *n.* 飞扑 fēipū；扑下 pūxià：The hawk ～ed down on a hare. 老鹰飞扑野兔。Lǎoyīng fēipū yětù.

sword *n.* 剑 jiàn

swordfish *n.* 箭鱼 jiànyú

swordplay *n.* 舞剑 wǔjiàn；击剑 jījiàn

swordsman *n.* 剑客 jiànkè；击剑运动员 jījiàn yùndòngyuán

sworn *a.* 盟誓的 méngshìde：～ brothers 结义兄弟 jiéyì xiōngdì

sycophancy **1.** 谗言 chányán；诽谤 fěibàng = slander **2.** 拍马 pāimǎ；谄媚 chǎnmèi = flatter

sycophant *n.* 拍马屁者 pāimǎpìzhě // sycophantic *a.*

syllabary *n.* 音节表 yīnjiébiǎo

syllabic *a.* 构成音节的 gòuchéng yīnjiéde：～ accent 音节重音 yīnjié zhòngyīn

syllable *n.* 音节 yīnjié：This word has two ～s. 这个字有两个音节。Zhège zì yǒu liǎngge yīnjié.

syllabus *n.* 教学大纲 jiàoxué dàgāng

symbol *n.* **1.** 符号 fúhào = sign：chemical ～s 化学符号 huàxué fúhào **2.**

象征 xiàngzhēng = thing representing sth.：～ of life 生命的象征 shēngmìngde xiàngzhēng // symbolic *a.*

symbolism *n.* **1.** 象征主义 xiàngzhēngzhǔyì **2.** 符号表示 fúhào biǎoshì = use of symbols to denote sth.

symbolize *v.* 象征 xiàngzhēng：A dove ～s peace. 鸽子象征和平。Gēzi xiàngzhēng hépíng.

symmetric(al) *a.* 对称的 duìchènde：The design is ～. 设计是对称的。Shèjì shì duìchènde. // symmetry *n.*

sympathetic *a.* **1.** 有同情心的 yǒu tóngqíngxīnde = having sympathy for others **2.** 和谐的 héxiéde = harmonious：in a ～ atmosphere 在和谐的气氛中 zài héxiéde qìfēnzhōng

sympathize *v.* **1.** 同情 tóngqíng = show sympathy **2.** 赞同 zàntóng；支持 zhīchí = support

sympathy *n.* **1.** 同情 tóngqíng **2.** 赞同 zàntóng = support：be in ～ with a proposal 赞同一项建议 zàntóng yíxiàng jiànyì **3.** 慰问 wèiwèn = express solicitude：a letter of ～ 慰问信 wèiwènxìn

symphony *n.* 交响乐 jiāoxiǎngyuè

symposium *n.* 专题座谈会 zhuāntí zuòtánhuì

symptom *n.* 症状 zhèngzhuàng：Fever is a ～ of illness. 发烧是患病的一种症状。Fāshāo shì huànbìngde yìzhǒng zhèngzhuàng. // symptomatic *a.*

synchronism *n.* **1.** 同期性 tóngqīxìng = happening at the same time **2.** 音画吻合 yīnhuà wěnhé = agreement of sound and action in time

synchronize *v.* 同步 tóngbù：Their steps ～d. 他们的步伐一致。Tāmende bùfá yízhì. // synchronous *a.*

synchrotron *n.* 同步加速器 tóngbù jiāsùqì

syncopation *n.* 切分法 qiēfēnfǎ

syncope *n.* 晕厥 yūnjué = fainting

syndicalism *n.* 工团主义 gōngtuánzhǔyì；工联主义 gōngliánzhǔyì

syndicate *n.* 辛迪加 xīndíjiā；联合企业 liánhé qǐyè

synod *n.* 宗教会议 zōngjiào huìyì

synonym *n.* 同义词 tóngyìcí // synonymous *a.*

synopsis *n.* 提要 tíyào

syntactic(al) *a.* 句法的 jùfǎde

syntax *n.* 句法 jùfǎ

synthesis *n.* 综合 zōnghé；合成 héchéng = combination // synthesize *v.* / synthetic *a.*

syntomycin *n.* 合霉素 héméisù

syphilis *n.* 梅毒 méidú

Syrian *a.* 叙利亚的 Xùlìyàde；叙利亚人的 Xùlìyàrénde *n.* 叙利亚人 Xùlìyàrén

syringe *n.* 注射器 zhùshèqì

syrup *n.* 糖浆 tángjiāng

system *n.* **1.** 系统 xìtǒng：the nervous ～ 神经系统 shénjīng xìtǒng / industrial power ～s 工业动力系统 gōngyè dònglì xìtǒng **2.** 体系 tǐxì：a ～ of philosophy 哲学的体系 zhéxuéde tǐxì **3.** 制度 zhìdù：socialist ～ 社会主义制度 shèhuìzhǔyì zhìdù **4.** 方法 fāngfǎ = method **5.** 身体 shēntǐ = human body

systematic *a.* **1.** 有组织的 yǒuzǔzhīde = organizational **2.** 分类(上)的 fēnlèi(shang)de = of classification

systematize *v.* 使系统化 shǐ xìtǒnghuà：～ one's work 使工作有条理 shǐ gōngzuò yǒu tiáolǐ

T

T *n.* T 形物 T xíngwù：T-shirt 短袖圆领衫 duǎnxiù-yuánlǐngshān；T-square 丁字尺 dīngzìchǐ

T. A. **1.** =teaching assistant 助教 zhùjiào **2.** =telegraphic address 电报挂号 diànbào guàhào

tab *n.* 标牌 biāopái；垂片 chuípiàn = a label or tag

table *n.* **1.** 桌子 zhuōzi：ask for a ～ for 4 要一张四个人坐的餐桌 yào yìzhāng sìge rén zuòde cānzhuō / lay the ～ for 12 摆餐桌供十二人用餐 bǎi cānzhuō gōng shí'èr rén yòngcān / sit down to ～ 坐下吃饭 zuòxia chīfàn **2.** 表格 biǎogé：the multiplication ～ 乘法表 chéngfǎbiǎo / a ～ of contents 目录 mùlù / a railway time ～ 火车时刻表 huǒchē shíkèbiǎo

tablecloth *n.* 桌布 zhuōbù

table knife *n.* 餐刀 cāndāo

table manners *n.* 吃饭的规矩 chīfànde guīju

tablespoon *n.* 汤匙 tāngchí

tablet *n.* **1.** 碑 bēi；匾 biǎn：a memorial ～ 纪念碑 jìniànbēi **2.** 片 piàn；小块 xiǎokuài：Take two ～s before every meal. 每次饭前服两片。Měicì fànqián fú liǎngpiàn.

table tennis *n.* 乒乓球 pīngpāngqiú

tableware *n.* 餐具 cānjù

tabloid *n.* **1.** 药片 yàopiàn = tablet **2.** 文摘 wénzhāi；小报 xiǎobào = small newspaper

taboo *n.* 禁忌 jìnjì；忌讳 jìhuì：under ～ 属禁忌之列 shǔ jìnjì zhīliè *v.* 避讳 bìhuì：a ～ed word 忌讳语 jìhuìyǔ

tabulate *v.* 列成表格 liè chéng biǎogé：the ～d quotation 行情表 hángqíngbiǎo

tache *n.* **1.** 斑点 bāndiǎn = spot **2.** 雀斑 quèbān = freckle；痣 zhì = mole

tachometer *n.* 转速计 zhuànsùjì

tachometry *n.* 转速测定法 zhuànsù cèdìngfǎ

tachoscope *n.* 转速表 zhuànsùbiǎo

tachycardia *n.* 心搏过速 xīnbó guòsù

tachygraphy *n.* **1.** 速记 sùjì = shorthand **2.** 速记者 sùjìzhě = stenographer

tachymeter *n.* **1.** 速测仪 sùcèyí **2.** 准距计 zhǔnjùjì

tachymetry *n.* 准距速测法 zhǔnjù sùcèfǎ

tacit *n.* **1.** 缄默的 jiānmòde：a ～ spectator 缄默的旁观者 jiānmòde pángguānzhě **2.** 不言而喻的 bùyán-éryùde：a ～ approval 默认 mòrèn / a ～ agreement 默契 mòqì

taciturn *a.* 沉默寡言的 chénmò-guǎyánde

tack[1] *n.* **1.** 大头钉 dàtóudīng：a thumb ～ 图钉 túdīng **2.** 方向 fāngxiàng；方针 fāngzhēn：be on the right (wrong) ～ 方针正确(错误) fāngzhēn zhèngquè (cuòwù)

tack[2] *v.* 用大头钉钉住 yòng dàtóudīng dīngzhù：～ a notice on the board 将布告钉在布告栏上 jiāng bùgào dīngzài bùgàolánshang

tackle[1] *n.* **1.** 滑车 huáchē：block and ～ 滑车组 huáchēzǔ **2.** 用具 yòngjù：fishing ～ 钓鱼用具 diàoyú yòngjù

tackle[2] *v.* **1.** 应付 yìngfù；处理 chǔlǐ：～ a problem 对付难题 duìfu nántí

2. 捉住 zhuōzhù：～ a robber 捉住一个强盗 zhuōzhù yíge qiángdào

tacky *a.* 发粘的 fāniánde

tact *n.* 机智 jīzhì

tactful *a.* 老练的 lǎoliànde；机智的 jīzhìde

tactical *a.* 战术上的 zhànshùshangde；策略上的 cèlüèshangde

tactician *n.* 战术家 zhànshùjiā；策略家 cèlüèjiā

tactics *n.* **1.** 战术 zhànshù：strategy and ～ 战略与战术 zhànlüè yǔ zhànshù **2.** 策略 cèlüè：These ～ are likely to help you. 这些策略看来对你有帮助。Zhèxiē cèlüè kànlái duìnǐ yǒu bāngzhù.

tactile *a.* 触觉的 chùjuéde；可感触到的 kě gǎnchù dàode

tad *n.* 少量 shǎoliàng

tadpole *n.* 蝌蚪 kēdǒu

taffrail *n.* 船尾栏杆 chuánwěi lángān

tag[1] *n.* **1.** 标签 biāoqiān：a price ～ 价目标签 jiàmù biāoqiān **2.** 附加物 fùjiāwù：a question ～ 附加问句 fùjiā wènjù **3.** 尾 wěi * of animals；边 biān * of cloth；末端 mòduān * of a string

tag[2] *v.* **1.** 加标签 jiā biāoqiān：～ the bottles 给瓶子加标签 gěi píngzi jiā biāoqiān **2.** 紧跟 jǐngēn：The little boy ～s after his mother. 这个小孩紧跟着他妈妈。Zhège xiǎohái jǐngēnzhe tā māma. **3.** 附加 fùjiā ＝ add … to something else

tagrag *n.* **1.** 贱民 jiànmín **2.** 破布条 pòbùtiáo

tail *n.* **1.** 尾巴 wěiba：a cat's ～ 猫的尾巴 māode wěiba **2.** 尾部 wěibù：the ～ of an aircraft 机尾 jīwěi / heads or ～s 正面还是反面 zhèngmiàn háishì fǎnmiàn *v.* **1.** 尾随 wěisuí * after sb. **2.** 切去末端 qiēqù mòduān * berries // ～ off 渐渐变小 jiànjiàn biànxiǎo / ～coat 燕尾服 yànwěifú

tailor *n.* 裁缝 cáifeng *v.* 缝制衣服 féngzhì yīfu：a well ～ed suit 做得很合身的西装 zuòde hěn héshēnde xīzhuāng

tain *n.* 锡箔 xībó

taint *n.* 污点 wūdiǎn *v.* **1.** 玷污 diànwū ＝ stain **2.** 腐败 fǔbài ＝ contaminate：The meat is ～ed. 这肉臭了。Zhèròu chòule.

take *v.* **1.** 拿 ná：～ a book 拿一本书 ná yìběn shū / ～ sb. by the hand 拉住某人的手 lāzhù mǒurénde shǒu **2.** 占领 zhànlǐng：～ a town 占领城市 zhànlǐng chéngshì **3.** 获得 huòdé：～ the first place 得第一 dé dì-yī / ～ a day off 请一天假 qǐng yìtiān jià **4.** 吃 chī；喝 hē：～ dinner 吃饭 chīfàn / ～ a cup of tea 喝茶 hēchá / ～ medicine 吃药 chīyào **5.** 乘坐 chéngzuò：～ a bus 乘公共汽车 chéng gōnggòngqìchē **6.** 记录 jìlù：～ notes 记笔记 jì bǐjì / ～ a photo 拍照 pāizhào / I had my picture ～n this morning. 今天上午我照了张相。Jīntiān shàngwǔ wǒ zhàolezhāng xiàng. **7.** 花费 huāfèi：It ～s me an hour to go to work. 我上班要花一个小时。Wǒ shàngbān yào huā yíge xiǎoshí. **8.** 当做 dāngzuò：I took him for my best friend. 我把他当做我最好的朋友。Wǒ bǎ tā dāngzuò wǒ zuì hǎode péngyou. **9.** 产生 chǎnshēng：～ an interest in 对…发生兴趣 duì … fāshēng xìngqù / ～ pity on 怜悯 liánmǐn **10.** 就座 jiùzuò：T- a seat, please. 请座。Qǐng zuò. **11.** 学 xué：Did you ～ chemistry at school? 你在学校里学过化学吗？Nǐ zài xuéxiàoli xuéguo huàxuéma? **12.** 装 zhuāng：This bottle ～s a litre. 这个瓶子可装一升。Zhège píngzi kě zhuāng yìshēng. **13.** 带去 dàiqù；携带 xiédài；送 sòng：～ something home 把东西带回家去 bǎ dōngxi dàihuí jiā qù / Don't forget to ～ your bag with you. 别忘了带上你的包。Bié wàngle dàishàng nǐde bāo. / ～ a friend home in one's car 用汽车送朋友回家 yòng qìchē sòng péngyou huíjiā // ～ a bath 洗个澡 xǐgezǎo / ～ a look 看一看 kànyikàn / ～ a rest 休息一下 xiūxi yíxià / ～ a walk 散散步 sànsànbù

takeaway *a.* 外卖的 wàimàide；买回家去的 mǎihuí jiā qùde

take after *v.* 象 xiàng = resemble：～ after one's mother 象自己的母亲 xiàng zìjǐde mǔqin

take back *v.* 收回 shōuhuí = retract：～ back one's words 收回自己的话 shōuhuí zìjǐde huà

take in *v.* **1.** 接受 jiēshòu：～ in the students 接受学生 jiēshòu xuésheng **2.** 欺骗 qīpiàn = cheat：be ～n in 被…欺骗 bèi … qīpiàn

take off *v.* **1.** 脱下 tuōxià：～ off one's clothes 脱衣服 tuō yīfu / ～ off one's hat 脱帽 tuō mào **2.** 除去 chúqù = remove：～ the stain off the jacket 把上衣上的污点去掉 bǎ shàngyīshangde wūdiǎn qùdiào **3.** 起飞 qǐfēi：The plane is taking off. 飞机在起飞。Fēijī zài qǐfēi.

take on *v.* **1.** 承担 chéngdān：～ on the work 承担工作 chéngdān gōngzuò **2.** 雇用 gùyòng = hire：～ on a clerk 雇用一个职员 gùyòng yíge zhíyuán

take over *v.* 接管 jiēguǎn：～ over a job 接替工作 jiētì gōngzuò

take to *v.* **1.** 喜爱 xǐ'ài：I took to him as soon as I met him. 我一见他就喜欢上他了。Wǒ yíjiàn tā jiù xǐhuanshàng tāle. **2.** 养成…的习惯 yǎngchéng …de xíguàn：He has taken to smoking. 他养成了抽烟的习惯。Tā yǎngchéngle chōuyānde xíguàn.

take up *v.* **1.** 拿起 náqǐ：～ up one's pen 拿起笔 náqǐ bǐ **2.** 占 zhàn：The table ～s up too much room. 这桌子占的地方太大。Zhè zhuōzi zhànde dìfang tàidà. / It will ～ up the whole day. 这会占去整天时间。Zhèhuì zhànqù zhěngtiān shíjiān. **3.** 从事 cóngshì：～ up photography 从事摄影 cóngshì shèyǐng

talc *n.* 滑石 huáshí；云母 yúnmǔ

talcum *n.* 滑石粉 huáshífěn；爽身粉 shuǎngshēnfěn

tale *n.* **1.** 故事 gùshi：fairy ～s 童话 tónghuà；神仙故事 shénxiān gùshi **2.** 坏话 huàihuà；谎话 huǎnghuà；谣言 yáoyán：tell ～s 撒谎 sāhuǎng = tell lies

talent *n.* 天资 tiānzī；才能 cáinéng；才干 cáigàn

talented *a.* 有才能的 yǒu cáinéngde

talisman *n.* 护身符 hùshēnfú

talk[1] *v.* 谈 tán；说 shuō：Let's sit down and ～. 让我们坐下来谈谈。Ràng wǒmen zuò xiàlái tántan. / ～ a child to sleep 用话哄孩子睡 yònghuà hǒng háizi shuì / ～ in Chinese 用中文讲 yòng Zhōngwén jiǎng / ～ Chinese 讲中文 jiǎng Zhōngwén / ～ over the telephone 通过电话交谈 tōngguò diànhuà jiāotán / The baby is learning to ～. 这小孩儿在学说话。Zhè xiǎoháir zàixué shuōhuà. / He ～s sense. 他说得有理。Tā shuōde yǒulǐ. / People will ～. 人家会说闲话。Rénjia huìshuō xiánhuà. / ～ big 说大话 shuō dàhuà / ～ business 谈正经事 tán zhèngjingshì

talk[2] *n.* **1.** 谈话 tánhuà：have a ～ with sb. 和某人谈话 hé mǒurén tánhuà / hold ～s with sb. 与某人举行会谈 yǔ mǒurén jǔxíng huìtán / give a ～ on Chinese literature 作题为中国文学的报告 zuò tíwéi Zhōngguó wénxuéde bàogào **2.** 谣传 yáochuán；闲话 xiánhuà：His threats were just ～. 他的恫吓只是说说罢了。Tāde dònghè zhǐshì shuōshuo bàle.

talkative *a.* 爱说话的 ài shuōhuàde

talker *n.* 谈话人 tánhuà rén

tall *a.* 高的 gāode：a ～ man 高个子 gāogèzi / a ～ building 高楼 gāolóu / He is six feet ～. 他身高六尺。Tā shēngāo liùchǐ.

tallow *n.* 动物脂 dòngwùzhī；牛脂 niúzhī

tally *n.* **1.** 符木 fúmù (in former times) **2.** 标记牌 biāojìpái；签 qiān *v.* **1.** 符合 fúhé = correspond：Your figures don't ～ with mine. 你的数目和我的不符。Nǐde shùmù hé wǒde bùfú. **2.** 计算 jìsuàn

talon *n.* 爪 zhuǎ

tambour *n.* **1.** 鼓 gǔ **2.** 绣花绷架 xiùhuā bēngjià * for embroidery

tambourine *n.* 手鼓 shǒugǔ

tame *a.* **1.** 驯服的 xúnfúde：a ～ lion 驯服的狮子 xúnfúde shīzi **2.** 平淡的 píngdànde：a ～ book 平淡的书 píngdànde shū

tame *v.* 驯服 xúnfú；驯养 xúnyǎng：～ a tiger 驯虎 xún hǔ

tamer *n.* 驯养人 xúnyǎngrén

tamp *v.* 填实 tiánshí；填塞 tiánsāi

tamper *n.* 捣棒 dǎobàng *v.* **1.** 干预 gānyù = meddle **2.** 窜改 cuàngǎi = alter

tampon *n.* 月经棉塞 yuèjīng miánsāi

tan *v.* **1.** 鞣革 róugé；制皮 zhìpí * in making leather **2.** 晒黑 shàihēi：He is well ～ned. 他晒得黑黑的。Tā shàide hēihēide. *n.* 棕黄色 zōnghuángsè = brownish color

tandem *a.* 前后串联 qiánhòu chuànlián：a ～ bicycle 双人自行车 shuāngrén zìxíngchē

tang *n.* 强烈的味道 qiángliède wèidao；气味 qìwèi：the ～ of garlic 浓的蒜味 nóngde suànwèi / the ～ of the sea air 浓郁的海风气味 nóngyùde hǎifēng qìwèi

tangent *n.* 切线 qiēxiàn * to a curve；正切线 zhèngqiēxiàn * of an angle // go off at a ～ 突然转变 tūrán zhuǎnbiàn

tangerine *n.* 柑橘 gānjú；红橘 hóngjú

tangible *a.* 实在的 shízàide；明确的 míngquède：～ asset 有形资产 yǒuxíng zīchǎn

tangle[1] *n.* 混乱 hùnluàn：His hair is all in a ～. 他的头发乱成一团。Tāde tóufa luànchéng yìtuán.

tangle[2] *v.* 弄乱 nòngluàn；纠缠 jiūchán：I don't like to sew with thread that ～s easily. 我不喜欢用容易缠在一起的线缝衣服。Wǒ bù xǐhuan yòng róngyì chánzài yìqǐde xiàn féng yīfu.

tango *n.* 探戈舞 tàngēwǔ；探戈舞曲 tàngē wǔqǔ ＊ music

tank *n.* **1.** 桶 tǒng；罐 guàn：a gasoline ～ 汽油桶 qìyóutǒng / a storage ～ 储油罐 chǔyóuguàn **2.** 坦克 tǎnkè：an amphibious ～ 水陆两用坦克 shuǐlù liǎngyòng tǎnkè

tankard *n.* 大啤酒杯 dà píjiǔbēi

tanker *n.* **1.** 油轮 yóulún ＊ a ship **2.** 油车 yóuchē ＊ a vehicle **3.** 加油飞机 jiāyóu fēijī ＊ a plane

tannin *n.* 丹宁酸 dānníngsuān

tantalize *v.* 逗弄 dòunong

tantamont *a.* 与…相等 yǔ … xiāngděng

tantrum *n.* 发脾气 fā píqi

Taoism *n.* 道教 dàojiào

Taoist *a.* 道家的 dàojiāde *n.* 道教徒 dàojiàotú；道士 dàoshi

tap[1] *n.* 水龙头 shuǐlóngtóu：～ water 自来水 zìláishuǐ *v.* **1.** 采割 cǎigē：～ a rubber tree 割取橡胶 gēqǔ xiàngjiāo **2.** 开发 kāifā：～ the nation's natural resources 开采国家的资源 kāicǎi guójiāde zīyuán **3.** 窃听 qiètīng：～ a telephone wire 窃听电话 qiètīng diànhuà

tap[2] *v.* 轻拍 qīngpāi；轻敲 qīngqiāo：～ sb. on the shoulder 轻拍某人的肩膀 qīngpāi mǒurénde jiānbǎng / ～ at the door 轻轻敲门 qīngqīng qiāomén *n.* 轻打 qīngdǎ；轻敲声 qīngqiāoshēng

tape *n.* **1.** 带子 dàizi：～ measure 卷尺 juǎnchǐ **2.** 磁带 cídài：～ recorder 磁带录音机 cídài lùyīnjī / red ～ 官样文章 guānyàng wénzhāng *v.* 用胶带粘住 yòng jiāodài zhānzhù：a ～d window 贴上纸条的窗户 tiēshàng zhǐtiáode chuānghu

taper *n.* **1.** 小蜡烛 xiǎo làzhú；蜡烛芯 làzhúxīn **2.** 锥形 zhuīxíng ＊ of form *v.* 渐渐变细 jiànjiàn biànxì；逐渐减少 zhújiàn jiǎnshǎo

tapestry *n.* 挂毯 guàtǎn

tapioca *n.* 木薯淀粉 mùshǔ diànfěn

tar *n.* 焦油 jiāoyóu；沥青 lìqīng *v.* 涂焦油 tú jiāoyóu：～red cloth 黑油布 hēiyóubù / ～red roofing felt 油毛毡 yóumáozhān

taraxacum *n.* 蒲公英 púgōngyīng

tardy *a.* **1.** 缓慢 huǎnmàn：make ～ progress 进展缓慢 jìnzhǎn huǎnmàn **2.** 迟到的 chídàode；晚 wǎn：be ten minutes ～ for the party 晚会迟到十分钟 wǎnhuì chídào shí fēnzhōng

target *n.* **1.** 靶子 bǎzi：hit the ～ 射中靶子 shèzhòng bǎzi **2.** 目标 mùbiāo：the ～ of attack 攻击的对象 gōngjīde duìxiàng / set a ～ for 订…目标 dìng … mùbiāo

tariff *n.* **1.** 关税 guānshuì：a preferential ～ 特惠关税率 tèhuì guānshuìlǜ **2.** 价目表 jiàmùbiǎo：a postal ～ 邮费表 yóufèibiǎo

tarmac，tarmacadam *n.* **1.** 柏油碎石 bǎiyóu suìshí；柏油碎石地面 bǎiyóu suìshí dìmiàn **2.** 飞机跑道 fēijī pǎodào

tarn *n.* 山中湖 shānzhōnghú

tarnish *v.* 失去光泽 shīqù guāngzé

taro *n.* 芋头 yùtou

tarpaulin *n.* 防水帆布 fángshuǐ fānbù；防水油布 fángshuǐ yóubù

tarry[1] *v.* **1.** 逗留 dòuliú ＝ stay **2.** 等候 děnghòu；耽搁 dāngē ＝ delay：Why do you ～ so long？你为什么耽搁这么久？Nǐ wèishénme dāngē zhème jiǔ？

tarry[2] *a.* 柏油的 bǎiyóude；涂柏油的 tú bǎiyóude

tart[1] *n.* 果馅饼 guǒxiànbǐng：an apple ～ 苹果馅饼 píngguǒ xiànbǐng

tart[2] *a.* **1.** 酸的 suānde ＝ sour：～ fruit 酸果 suānguǒ **2.** 尖酸刻薄的 jiānsuān kèbóde ＝ sharp：a ～ answer 尖刻的回答 jiānkède huídá

tartan *n.* 苏格兰格子花呢 Sūgélán gézi huāní

tartar *n.* **1.** 酒石 jiǔshí **2.** 牙垢 yágòu；牙石 yáshí ＝ crust formed around the teeth

task *n.* 工作 gōngzuò；任务 rènwu ＝ a job // ～ force 特遣部队 tèqiǎn bùduì；特别工作小组 tèbié gōngzuò xiǎozǔ

tassel *n.* 缨子 yīngzi

taste[1] *v.* **1.** 尝 cháng；吃出…味道 chīchū … wèidao：Please ～ the soup. 请尝一口汤。Qǐng cháng yìkǒu tāng. / This orange ～s nice. 这橘子好吃。Zhè júzi hǎochī. **2.** 经历 jīnglì ＝ experience：Once people have ～d freedom they are unwilling to become slaves again. 人一旦尝到自由的滋味就再也不愿被奴役了。Rén yídàn chángdào zìyóude zīwèi jiù zàiyě búyuàn bèi núyìle.

taste[2] *n.* **1.** 味道 wèidao：the ～ of grape 葡萄的味道 pútáode wèidao **2.**

[have a ～] 尝 cháng: Do have a ～ of this apple. 请尝尝这苹果。Qǐng chángchang zhè píngguǒ. **3.** 鉴赏力 jiànshǎnglì: a man of ～ 有鉴赏力的人 yǒu jiànshǎnglìde rén **4.** 爱好 àihào: have a ～ for music 爱好音乐 àihào yīnyuè / to sb.'s ～ 合乎某人的口味 héhū mǒuréndе kòuwèi

tasteful *a.* 有鉴赏力的 yǒu jiànshǎnglìde；雅致的 yǎzhìde

tasteless *a.* **1.** 没有味道的 méiyǒu wèidaode * of food **2.** 粗俗 cūsú；趣味不高的 qùwèi bù gāode = vulgar

tasty *a.* 美味的 měiwèide；可口的 kěkǒude: a ～ meal 一顿可口的饭 yídùn kěkǒude fàn

tatami *n.* 草席 cǎoxí；草垫 cǎodiàn

tatter *n.* 破布条 pòbùtiáo；碎布 suìbù

tattered *a.* 破烂的 pòlànde

tattle *n.* & *v.* 闲谈 xiántán；聊天 liáotiān

tattler *n.* 爱说闲话的人 àishuō xiánhuàde rén

tattoo[1] *v.* & *n.* 纹身 wénshēn * on the skin

tattoo[2] *n.* 回营鼓号 huíyíng gǔhào * drum-beating

taunt *v.* & *n.* 嘲弄 cháonòng；奚落 xīluò

taut *a.* **1.** 拉紧的 lājǐnde: Pull the string ～. 将绳子拉紧。Jiāng shéngzi lājǐn. **2.** 紧张的 jǐnzhāngde = emotionally strained

tautology *n.* 同义反复 tóngyì fǎnfù；重复 chóngfù

tavern *n.* 小酒店 xiǎojiǔdiàn

tawdry *a.* 价廉而花哨的 jiàlián ér huāshaode = gaudy；俗气的 súqide = in bad taste

tawny *a.* & *n.* 茶色(的) chásè(de)

tax *n.* 税 shuì: free of ～ 免税 miǎnshuì / income ～ 所得税 suǒdéshuì *v.* 征税 zhēngshuì: ～ imports 征进口物品税 zhēng jìnkǒu wùpǐn shuì

taxi *n.* 出租汽车 chūzū qìchē

taxidermy *n.* (动物标本)剥制术 (dòngwù biāoběn) bōzhìshù

taxonomy *n.* 分类学 fēnlèixué

tea *n.* **1.** 茶 chá: black ～ 红茶 hóngchá / make ～ 沏茶 qīchá / ～ house 茶馆 cháguǎn **2.** 茶点 chádiǎn: afternoon ～ 午后茶点 wǔhòu chádiǎn / ～ set 一套茶具 yítào chájù / ～ party 茶会 cháhuì / ～ cup 茶杯 chábēi

teach *v.* 教 jiāo: He ～es students history. 他教学生历史。Tā jiāo xuésheng lìshǐ. / She ～es at a primary school. 她在小学教书。Tā zài xiǎoxué jiāoshū. / ～-oneself 自学 zìxué / He taught the boys not to fight. 他教育孩子不要打架。Tā jiàoyù háizi búyào dǎjià.

teacher *n.* 教师 jiàoshī；老师 lǎoshī；先生 xiānsheng：a ～'s college 师范学院 shīfàn xuéyuàn

teaching *n.* **1.** 教学 jiàoxué：methods of ～ 教学方法 jiàoxué fāngfǎ **2.** 教导 jiàodǎo；学说 xuéshuō：follow sb.'s ～s 遵循某人的教导 zūnxún mǒurénde jiàodǎo

teak *n.* 柚木 yóumù

team *n.* **1.** 组 zǔ；队 duì：a football ～ 足球队 zúqiúduì / an inspection ～ 视察小组 shìchá xiǎozǔ **2.** 群 qún：a ～ of oxen 一群牛 yìqúnniú / ～ spirit 协作精神 xiézuò jīngshén / ～ work 集体协作 jítǐ xiézuò / good ～ work 配合好 pèihé hǎo

tear[1] *v.* 撕破 sīpò；扯 chě：～ a sheet of paper to pieces 把一张纸撕成粉碎 bǎ yìzhāng zhǐ sīchéng fěnsuì / a torn coat 破烂的外衣 pòlànde wàiyī / This paper ～s easily. 这纸一撕就破。Zhèzhǐ yìsī jiùpò. / ～ oneself away 忍痛离开 rěntòng líkāi / ～ and wear 磨损 mósǔn / ～ down a building 拆毁一座建筑 chāihuǐ yízuò jiànzhù

tear[2] *n.* 眼泪 yǎnlèi：in ～s 流着泪 liúzhe lèi / ～ gas 催泪毒气 cuīlèi dúqì

tearful *a.* 含泪的 hánlèide

tease *v.* **1.** 取笑 qǔxiào；逗弄 dòunong：～ sb. with a wisecrack 用俏皮话取笑某人 yòng qiàopíhuà qǔxiào mǒurén **2.** 梳理 shūlǐ ＝ comb (wool，cotton)

teat *n.* 乳头 rǔtóu

technical *a.* 技术的 jìshùde：a ～ school 技术学校 jìshù xuéxiào / ～ terms 术语 shùyǔ

technician *n.* 技术员 jìshùyuán

technique *n.* 技术 jìshù；方法 fāngfǎ

technological *a.* 应用科学的 yìngyòng kēxuéde；科技的 kējìde

technologist *n.* 技术专家 jìshù zhuānjiā

technology *n.* 工艺 gōngyì；技术 jìshù

tectonics *n.* 构造学 gòuzàoxué

teddy bear 玩具熊 wánjùxióng

tedious *a.* 单调的 dāndiàode；乏味的 fáwèide

teem *v.* **1.** 充满 chōngmǎn：This river ～s with fish. 这条河里鱼很多。

Zhètiáo héli yú hěnduō. **2.** 下大雨 xià dàyǔ：It's ～ing with rain. 雨下得很大。Yǔ xiàde hěndà.

teenage *n.* 青少年时代 qīngshàonián shídài *a.* 青少年的 qīngshàoniánde

teenager *n.* 少年 shàonián ＝ boys；少女 shàonǚ ＝ girls

teens *n.* 十几岁 shíjǐsuì：in one's ～ 在十多岁时 zài shíduōsuì shí；在少年时代 zài shàonián shídài

teeny weeny *a.* 很小很小的 hěnxiǎo-hěnxiǎode

teeter *v.* 摇摇摆摆地走 yáoyao-bǎibǎide zǒu

teething *n.* 出乳牙 chū rǔyá；出牙期 chūyáqī

teetotaller *n.* 戒酒者 jièjiǔzhě

teetotum *n.* 陀螺 tuóluó

tegument *n.* 外皮 wàipí

telautogram *n.* 传真电报 chuánzhēn diànbào

telautograph *n.* 传真电报机 chuánzhēn diànbàojī

telecast *n.* & *v.* 电视广播 diànshì guǎngbō

telecommunication *n.* 电信 diànxìn

telecon *n.* 电话会议 diànhuà huìyì

telecontrol *n.* 摇控 yáokòng

telegram *n.* 电报 diànbào：send a ～ 打电报 dǎ diànbào / by ～ 用电报 yòng diànbào

telegraph *n.* 电报 diànbào：～ office 电报局 diànbàojú *v.* 打电报 dǎ diànbào

telegrapher *n.* 报务员 bàowùyuán

telegraphic *a.* 电报的 diànbàode；电讯的 diànxùnde

telemeter *n.* 测距仪 cèjùyí

teleology *n.* 目的论 mùdìlùn

telepathy *n.* 心灵感应 xīnlíng gǎnyìng

telephone[1] *n.* 电话 diànhuà：You are wanted on the ～. 请您听电话。Qǐng nín tīng diànhuà. / a public ～ 公用电话 gōngyòng diànhuà / a ～ booth 公用电话间 gōngyòng diànhuàjiān / a ～ directory 电话簿 diànhuàbù / a ～ exchange 电话总机 diànhuà zǒngjī / a ～ operator 电话(接线)员 diànhuà (jiēxiàn) yuán

telephone[2] *v.* 打电话 dǎ diànhuà：～ the secretary 打电话给秘书 dǎ diànhuà gěi mìshū / He ～d that he would come in the afternoon. 他打

电话来说他下午来。Tā dǎ diànhuà lái shuō tā xiàwǔ lái.

telephoto *n.* **1.** 传真电报机 chuánzhēn diànbàojī **2.** 远距照相机 yuǎnjù zhàoxiàngjī * camera *a.* **1.** 远距照相(的) yuǎnjù zhàoxiàng(de) **2.** 传真照片 chuánzhēn zhàopiàn / a ～ lens 远距照相镜头 yuǎnjù zhàoxiàng jìngtóu

telephotograph *n.* 电传照片 diànchuán zhàopiàn；远距摄影照片 yuǎnjù shèyǐng zhàopiàn *v.* 用电传照片发送 yòng diànchuán zhàopiàn fāsòng；用远镜头拍摄 yòng yuǎnjìngtóu pāishè

telephotometer *n.* 远距光度计 yuǎnjù guāngdùjì

teleplay *n.* 电视广播剧 diànshì guǎngbōjù

teleprinter *n.* 电传打字机 diànchuán dǎzìjī

teleprompter *n.* 讲词提示器 jiǎngcí tíshìqì

telesat *n.* 通信卫星 tōngxìn wèixīng

telescope *n.* 望远镜 wàngyuǎnjìng *v.* 嵌进 qiànjìn；套叠 tàodié = shrink // ～ level 水准仪 shuǐzhǔnyí / ～ bag 伸缩皮包 shēnsuō píbāo

telescript *n.* **1.** 电视广播稿 diànshì guǎngbōgǎo **2.** 电视剧本 diànshì jùběn

teleswitch *n.* 遥控开关 yáokòng kāiguān

telethon *n.* 长时间电视节目 chángshíjiān diànshì jiémù

teletype *n.* 电传打字电报 diànchuán dǎzì diànbào

teletypewriter *n.* 电传打字电报机 diànchuán dǎzì diànbàojī

televise *v.* 电视传送 diànshì chuánsòng：be ～d live 电视实况转播 diànshì shíkuàng zhuǎnbō

television *n.* 电视 diànshì：What's on ～ tonight？今晚电视有什么节目？Jīnwǎn diànshì yǒu shénme jiémù？/ ～ set 电视机 diànshìjī

televisual *a.* 适于上电视镜头的 shìyú shàng diànshì jìngtóude

telex *n.* 用户直通电报 yònghù zhítōng diànbào *v.* 发用户直通电报 fā yònghù zhítōng diànbào

tell *v.* **1.** 告诉 gàosu；讲 jiǎng：～ a story 讲故事 jiǎng gùshi / ～ the truth (a lie) 说实话(谎话) shuō shíhuà(huǎnghuà) / T- her to go away. 叫她走开。Jiào tā zǒukāi. **2.** 分辨 fēnbiàn：Can you ～ him from his twin brother. 你分得出他和他的双胞胎兄弟吗？Nǐ fēndechū tā hé tāde shuāngbāotāi xiōngdìma？**3.** 显出 xiǎnchū：Her nervousness began to ～as soon as she entered the room. 她一进房间就显得紧张

了。Tā yíjìn fángjiān jiù xiǎnde jǐnzhāngle. // I told you so. 我早就跟你说了。Wǒ zǎojiù gēn nǐ shuōle. / I'll ～ you what. 我有话跟你讲。Wǒ yǒuhuà gēn nǐ jiǎng.

teller *n.* **1.** 讲述者 jiǎngshùzhě **2.** 出纳员 chūnàyuán ＊ in banks **3.** 点票员 diǎnpiàoyuán ＊ in counting votes

telling *a.* **1.** 有效的 yǒuxiàode；有力的 yǒulìde ＝ effective：a ～ argument 有力的论点 yǒulìde lùndiǎn **2.** 生动的 shēngdòngde；说明问题的 shuōmíng wèntíde：That's ～. 说这种话就要露马脚了。Shuō zhèzhǒng huà jiùyào lòu mǎjiǎole.

telltale *n.* 告密人 gàomìrén；搬弄是非的人 bānnòng shìfēide rén

tellurion *n.* 地球仪 dìqiúyí

telpher *n.* & *a.* 电动缆车(的) diàndòng lǎnchē(de)

temerity *n.* 鲁莽 lǔmǎng；轻率 qīngshuài

temper[1] *n.* **1.** 韧度 rèndù ＊ of a substance **2.** 脾气 píqi；情绪 qíngxù：keep one's ～ 忍住气 rěnzhù qì / lose one's ～ 发脾气 fā píqi / be in a good (bad) ～ 心情好(不好) xīnqíng hǎo (bù hǎo) / quick ～ 脾气急躁 píqi jízào

temper[2] *v.* **1.** 回火 huíhuǒ；锻炼 duànliàn：～ed steel 回火钢 huíhuǒgāng **2.** 调和 tiáohé：The sea ～s the climate. 海洋调节空气。Hǎiyáng tiáojié kōngqì.

temperament *n.* 气质 qìzhì；性情 xìngqíng：a nervous ～ 神经质 shénjīngzhì

temperance *n.* 节制 jiézhì；戒酒 jièjiǔ ＝ abstinence from drinking

temperate *a.* **1.** 有节制的 yǒu jiézhìde；适度的 shìdùde：a man of ～ habits 有节制的人 yǒu jiézhìde rén / be ～ in one's language 措辞温和 cuòcí wēnhé **2.** 温和的 wēnhéde：the ～ zone 温带 wēndài

temperature *n.* **1.** 温度 wēndù：The ～ is high. 温度高。Wēndùgāo. **2.** 体温 tǐwēn：take sb.'s ～ 量体温 liáng tǐwēn / have a ～ 发烧 fāshāo

tempest *n.* 暴风雨 bàofēngyǔ：a ～ of applause 暴风雨般的掌声 bàofēngyǔbānde zhǎngshēng

temple[1] *n.* 庙宇 miàoyǔ；寺院 sìyuàn：The T- of Heaven in Beijing 北京天坛 Běijīng Tiāntán

temple[2] *n.* 太阳穴 tàiyángxué ＊ part of the head

tempo *n.* **1.** 速度 sùdù；拍子 pāizi ＊ of music **2.** 发展速度 fāzhǎn sùdù：～ of production 生产发展速度 shēngchǎn fāzhǎn sùdù

temporal *a.* **1.** 暂时的 zànshíde ＝ momentary **2.** 世俗的 shìsúde；现世的 xiànshìde ＝ of earthly life **3.** 时间的 shíjiānde ＝ of time

temporary *a.* 临时的 línshíde；暂时的 zànshíde

temporize *v.* 拖延 tuōyán；顺应时机 shùnyìng shíjī：temporizing measures 权宜措施 quányí cuòshī // temporizingly *ad.* 暂时应付地 zànshí yìngfùde

tempt *v.* **1.** 引诱 yǐnyòu：～ a person to do wrong 引诱人作恶 yǐnyòu rén zuò'è **2.** 吸引 xīyǐn：I am ～ed to have a look at it. 我总想去看看。Wǒ zǒngxiǎng qù kànkan.

temptation *n.* 诱惑 yòuhuò；引诱 yǐnyòu：resist ～ 抵制诱惑 dǐzhì yòuhuò / fall into ～ 受诱惑 shòu yòuhuò

ten *n.* 十 shí

tenable *a.* **1.** 站得住脚的 zhàndezhùjiǎode；守得住的 shǒudezhùde ＝ being to be held or defended **2.** 可持续的 kě chíxùde：a ～ scholarship at a university for a period of three years 可持续三年的大学奖学金 kě chíxù sānniánde dàxué jiǎngxuéjīn

tenacious *a.* **1.** 固执的 gùzhíde：be ～ of one's opinion 固执己见 gùzhíjǐjiàn **2.** 牢固的 láogùde；坚韧的 jiānrènde：a ～ memory for days 对年月日记忆力强 duì niányuèrì jìyìlì qiáng / ～ wood 坚韧的木料 jiānrènde mùliào

tenancy *n.* 租用 zūyòng；租期 zūqī

tenant[1] *n.* 租用人 zūyòngrén：～ farmers 佃农 diànnóng / Do you own your house or are you a ～? 你自己有房子还是租房住？Nǐ zìjǐ yǒu fángzi háishì zūfáng zhù? / a ～ by courtesy 继承亡妻遗产的男人 jìchéng wángqī yíchǎnde nánrén / a ～ in dower 继承亡夫遗产的女人 jìchéng wángfū yíchǎnde nǚrén

tenant[2] *v.* 租借 zūjiè；租用 zūyòng

tenantless *a.* 没人租的 méirén zūde；没人住的 méirén zhùde

tend[1] *v.* 照料 zhàoliào；看管 kānguǎn：～ a flock of sheep 看一群羊 kān yìqún yáng / ～ the wounded 护理伤员 hùlǐ shāngyuán / ～ on guests 招待客人 zhāodài kèren / ～ to one's affairs 办理自己的事务 bànlǐ zìjǐde shìwù

tend[2] *v.* 趋向 qūxiàng；倾向 qīngxiàng：Interest rates have ～ed upwards. 利率升高了。Lìlǜ shēnggāole.

tendency *n.* 趋势 qūshì；倾向 qīngxiàng

tender[1] *a.* **1.** 嫩 nèn = delicate；软 ruǎn（opp. tough）**2.** 温柔的 wēnróude = gentle：～ looks 温柔的神情 wēnróude shénqíng / ～-hearted 慈善的 císhànde / of ～ age 年纪还小 niánjì háixiǎo / a ～ spot 痛处 tòngchù；弱点 ruòdiǎn

tender[2] *v.* & *n.* **1.** 提出 tíchū：～ one's advice 提出意见 tíchū yìjian **2.** 投标 tóubiāo = bid：～ for the construction of the hotel 投标承建这家旅馆 tóubiāo chéngjiàn zhèjiā lǚguǎn / call for ～s 招标 zhāobiāo / put in a ～ for sth. 参加对…的投标 cānjiā duì …de tóubiāo

tender[3] *n.* **1.** 看护人 kānhùrén（person）**2.** 煤水车 méishuǐchē = car behind a railway engine servicing fuel and water **3.** 供应船 gōngyìngchuán = service boat

tendinitis *n.* 腱炎 jiànyán

tendon *n.* 腱 jiàn；筋 jīn

tendril *n.* 卷须 juǎnxū

tenement *n.* 住宅 zhùzhái：～-house 经济公寓 jīngjì gōngyù

tenet *n.* 教义 jiàoyì；信条 xìntiáo

tenfold *a.* & *ad.* 十倍 shíbèi

tennis *n.* 网球 wǎngqiú：～ court 网球场 wǎngqiúchǎng / ～ sets 网球用具 wǎngqiú yòngjù / ～ elbow 手肘发炎 shǒuzhǒu fāyán

tenon *n.* 雄榫 xióngsǔn *v.* 接榫 jiēsǔn；造榫 zàosǔn

tenor[1] *n.* 男高音 nángāoyīn；次中音 cìzhōngyīn

tenor[2] *n.* **1.** 方向 fāngxiàng；进程 jìnchéng ＊ of one's life **2.** 要旨 yàozhǐ；大意 dàyì = meaning

tenorite *n.* 黑铜矿 hēitóngkuàng

tense[1] *n.* 动词时态 dòngcí shítài ＊ in grammar

tense[2] *a.* **1.** 拉紧的 lājǐnde；抽紧的 chōujǐnde：～ muscles 绷紧的肌肉 bēngjǐnde jīròu **2.** 紧张的 jǐnzhāngde：～ nerves 紧张的神经 jǐnzhāngde shénjīng

tensile *a.* 拉力的 lālìde；张力的 zhānglìde

tension *n*. **1**. 拉紧 lājǐn；紧张 jǐnzhāng：reduce the ～ of the market 缓和市场紧张状况 huǎnhé shìchǎng jǐnzhāng zhuàngkuàng **2**. 张力 zhānglì；拉力 lālì ＊ in physics

tensity *n*. 紧张 jǐnzhāng；张力 zhānglì

tent *n*. 帐篷 zhàngpeng：pitch a ～ 搭帐篷 dā zhàngpeng / strike a ～ 拆帐篷 chāi zhàngpeng *v*. 住帐篷 zhù zhàngpeng

tentacle *n*. 触角 chùjiǎo；触手 chùshǒu；触须 chùxū

tentative *a*. **1**. 试验性的 shìyànxìngde ＝ experimental：a ～ suggestion 试探性建议 shìtànxìng jiànyì **2**. 暂时的 zànshíde ＝ subject to change：a ～ agenda 暂定议程 zàndìng yìchéng

tenterhook *n*. [on ～s] 焦虑不安 jiāolǜ bù'ān；提心吊担 tíxīn-diàodǎn

tenth *a*. 第十 dì-shí *n*. **1**. (in a month) the ～ 十日 shírì；十号 shíhào **2**. 十分之一 shìfēn zhīyī：three ～s 十分之三 shífēn zhīsān

tenuous *a*. 薄的 báode；细的 xìde

tenure *n*. 占有期 zhànyǒuqī；占有权 zhànyǒuquán：during one's ～ of office 在职期间 zàizhí qījiān / On what ～ does he hold the house? 他占有这所房子凭着什么条件？Tā zhànyǒu zhèsuǒ fángzi píngzhe shénme tiáojiàn?

tepid *a*. 温热的 wēnrède；不冷不热的 bùlěng-búrède

tercentenary *a*. & *n*. 三百周年纪念 sānbǎi zhōunián jìniàn

term[1] *n*. **1**. 期间 qījiān；期限 qīxiàn：during one's ～ of office 任职期间 rènzhí qījiān / for a ～ of five years 期限五年 qīxiàn wǔnián **2**. 学期 xuéqī：Are there any examinations at the end of this ～? 学期末考不考试？Xuéqīmò kǎobukǎo shì? **3**. 条件 tiáojiàn：sales ～s 售货条件 shòuhuò tiáojiàn / come to ～s with sb. 和某人达成协议 hé mǒurén dáchéng xiéyì **4**. 术语 shùyǔ：technical ～s 专门术语 zhuānmén shùyǔ **5**. 关系 guānxi：be on good ～s with sb. 同某人关系良好 tóng mǒurén guānxì liánghǎo **6**. 措辞 cuòcí；说法 shuōfǎ：in high ～s 极力称赞 jílì chēngzàn / in plain ～s 简单地说 jiǎndānde shuō / in ～s of 从…方面 cóng … fāngmiàn；用…特有的字眼 yòng … tèyǒude zìyǎn / in any ～ 无论如何 wúlùnrúhé / on equal ～s 处于平等的地位 chǔyú píngděngde dìwèi / in the long ～ 从长远的观点看 cóng chángyuǎnde guāndiǎn kàn / ～ deposit 定期存款 dìngqī cúnkuǎn / ～ paper 学期论文 xuéqī lùnwén

term[2] *v.* 把…叫作 bǎ … jiàozuò；把…称为 bǎ … chēngwéi
terminable *a.* 可终止的 kě zhōngzhǐde
terminal *a.* **1.** 每(学)期的 měi (xué) qīde：a ～ examination 学期考试 xuéqī kǎoshì **2.** 终点的 zhōngdiǎnde：a ～ station 终点站 zhōngdiǎnzhàn / ～ stage 末期 mòqī *n.* **1.** 末端 mòduān；终点 zhōngdiǎn **2.** 学期大考 xuéqī dàkǎo = final examination
terminate *v.* 终止 zhōngzhǐ；结束 jiéshù
terminology *n.* 术语 shùyǔ；专门名词 zhuānmén míngcí
terminus *n.* 终点 zhōngdiǎn
termite *n.* 白蚁 báiyǐ
termless *n.* 无期限的 wú qīxiànde；无条件的 wú tiáojiànde
tern *n.* 燕鸥 yàn'ōu
ternary *a.* 三个的 sāngede
terrace[1] *n.* **1.** 坡地 pōdì **2.** 阳台 yángtái = balcony
terrace[2] *v.* 修成梯形地 xiūchéng tīxíngdì：～d fields 梯田 tītián / ～d roof 平台屋顶 píngtái wūdǐng
terra-cotta *n.* **1.** 赤土 chìtǔ = hard baked clay 赤土陶器 chìtǔ táoqì = reddish-brown pottery **2.** 陶俑 táoyǒng = a ～ figure *a.* **1.** 赤陶色 chìtáosè = reddish brown **2.** 赤陶土的 chìtáotǔde
terrain *n.* **1.** 地面 dìmiàn；地带 dìdài；地形 dìxíng **2.** 领域 lǐngyù；范围 fànwéi：the whole ～ of economic science 经济学的整个领域 jīngjìxuéde zhěngge lǐngyù
terramycin *n.* 土霉素 tǔméisù
terraneous *a.* 地上生长的 dìshang shēngzhǎngde
terrapin *n.* 龟鳖类爬行动物(甲鱼) guībiēlèi páxíng dòngwù (jiǎyú)
terraqueous *a.* 水陆的 shuǐlùde
terrazzo *n.* 水磨石 shuǐmóshí：a ～ floor 水磨石地板 shuǐmóshí dìbǎn
terrestrial *n.* **1.** 陆地的 lùdìde：the ～ parts of the earth's surface 地球的陆地部分 dìqiúde lùdì bùfen **2.** 地球的 dìqiúde：a ～ globe 地球仪 dìqiúyí
terrible *a.* **1.** 可怕的 kěpàde：a ～ storm 可怕的风暴 kěpàde fēngbào **2.** 厉害的 lìhaide：a ～ winter 极冷的冬天 jílěngde dōngtiān / a ～ headache 头疼的厉害 tóuténgde lìhai **3.** 很糟的 hěn zāode：a ～ reception 糟糕的招待会 zāogāode zhāodàihuì

terribly *ad*. **1.** 很糟糕 hěn zāogāo：He played that piece of music ～. 那首曲子他演奏得很糟糕。Nàshǒu qǔzi tā yǎnzòude hěn zāogāo. **2.** 非常 fēicháng；很 hěn：He speaks Chinese ～ well. 他中文讲得非常好。Tā zhōngwén jiǎngde fēicháng hǎo.

terricolous *a*. 陆栖的 lùqīde

terrific *a*. **1.** 可怕的 kěpàde：a ～ hurricane 可怕的洪水 kěpàde hóngshuǐ **2.** 非常的 fēichángde：drive at ～ speed 以极高的速度开车 yǐ jí gāode sùdù kāichē **3.** 非常好的 fēicháng hǎode；了不起的 liǎobuqǐde：He thinks himself ～. 他自以为了不起。Tā zì yǐ wéi liǎobuqǐ.

terrify *v*. 恐吓 kǒnghè；吓唬 xiàhu

territorial *a*. 领土的 lǐngtǔde：～ air 领空 lǐngkōng / ～ waters 领海 lǐnghǎi

territory *n*. **1.** 领土 lǐngtǔ：Chinese ～ 中国领土 Zhōngguó lǐngtǔ **2.** 地区 dìqū；地盘 dìpán：a leased ～ 租借地 zūjièdì

terror *n*. **1.** 恐怖 kǒngbù：run away in ～ 惊慌地逃走 jīnghuānde táozǒu **2.** 讨厌的人 tǎoyànde rén：This boy is a real ～. 这个男孩可真讨厌。Zhège nànhái kě zhēn tǎoyàn. / have a ～ of sth. 对某事害怕 duì mǒushì hàipà

terrorism *n*. 恐怖主义 kǒngbùzhǔyì

terrorist *n*. 恐怖分子 kǒngbù fènzǐ

terrorize *v*. 恐吓 kǒnghè

terror-stricken，**terror-struck** *a*. 吓呆 xiàdāi；吓破了胆 xià pòle dǎn

terse *a*. 简练的 jiǎnliànde；简短的 jiǎnduǎnde

tertiary *a*. 第三的 dì-sānde；第三位的 dì-sānwèide；第三期的 dì-sānqīde

tessellated *a*. 镶嵌花纹的 xiāngqiàn huāwénde

tessera *n*. 镶嵌物 xiāngqiànwù

test *n*. & *v*. 试验 shìyàn；测验 cèyàn：a blood ～ 验血 yànxiě / an intelligence ～ 智力测验 zhìlì cèyàn / pass a ～ 通过测验 tōngguò cèyàn / I'll have my eyes ～ed. 我要检查一下视力。Wǒ yào jiǎnchá yíxià shìlì. / put sth. to a ～ 试验一下 shìyàn yíxià

testacean *n*. 介壳类动物 jièkélèi dòngwù *a*. 介壳类的 jièkélèide

testament *n*. **1.** 遗书 yíshū；遗嘱 yízhǔ = last will **2.** Old T- 旧约全书 Jiùyuē Quánshū / New T- 新约全书 Xīnyuē Quánshū

testator *n*. 立有遗嘱的人 lìyǒu yízhǔde rén

testicle *n.* 睾丸 gāowán

testify *v.* 证明 zhèngmíng；证实 zhèngshí = give evidence：～ to sb.'s innocence 证明某人无罪 zhèngmíng mǒurén wúzuì / Her tears testified her grief. 她的眼泪表明她很悲伤。Tāde yǎnlèi biǎomíng tā hěn bēishāng.

testimonial *n.* **1.** 证明书 zhèngmíngshū * of qualifications, etc.；推荐书 tuījiànshū = letter of recommendation **2.** 奖状 jiǎngzhuàng = certificate of merit

testimony *n.* 证明 zhèngmíng：bear ～ to 证明 zhèngmíng；证词 zhèngcí = the oral or written statement

test-tube *a.* 在试管中培养的 zài shìguǎnzhōng péiyǎngde：～ baby 试管婴儿 shìguǎn yīng'ér；人工受精婴儿 réngōng shòujīng yīng'ér

testudinate *n.* 龟 guī *a.* 龟甲形的 guījiǎxíngde；龟的 guīde

testy *a.* 暴躁的 bàozàode；易怒的 yìnùde

tetanus *n.* 破伤风 pòshāngfēng

tetchy *a.* 急躁的 jízàode；易怒的 yìnùde

tete-a-tete *a.* & *ad.* 面对面 miànduìmiàn *n.* 密谈 mìtán；面谈 miàntán

tether *v.* 栓 shuān *n.* 栓绳 shuānshéng

tetracycline *n.* 四环素 sìhuánsù

tetragon *n.* 四角(边)形 sìjiǎo(biān)xíng

tetrahedron *n.* 四面体 sìmiàntǐ

tetralogy *n.* 四部曲 sìbùqǔ

tetrapod *n.* & *a.* 四脚动物(的) sìjiǎo dòngwù(de)

tetter *n.* 水泡疹 shuǐpàozhěn；皮疹 pízhěn；湿疹 shīzhěn

text *n.* **1.** 正文 zhèngwén；本文 běnwén：too much ～ and not enough pictures 文字太多，图片太少 wénzì tàiduō, túpiàn tàishǎo **2.** 课文 kèwén：～ book 教科书 jiàokēshū；课本 kèběn / the original ～ 原版本 yuánbǎnběn

textile *a.* 纺织的 fǎngzhīde：～ fabrics 纺织纤维 fǎngzhī xiānwéi *n.* 纺织品 fǎngzhīpǐn

textual *a.* 原文的 yuánwénde；本文的 běnwénde

texture *n.* **1.** 质地 zhìdì：the smooth ～ of silk 丝绸光滑的质地 sīchóu guānghuáde zhìdì **2.** 纹理 wénlǐ * of wood

thalassography *n.* 海洋学 hǎiyángxué

than *conj.* & *prep.* 比 bǐ：I am taller ～ you. 我比你高。Wǒ bǐ nǐ gāo. / I know him better ～ you. 我比你更了解他。Wǒ bǐ nǐ gèng liǎojiě tā. / no more ～ 仅仅 jǐnjǐn；只是 zhǐshì：It is no more ～ a misunderstanding. 这只是一个误会。Zhè zhǐshì yíge wùhuì. / no other ～ 只有 zhǐyǒu；正是 zhèngshì：It's no other ～ his mother. 那正是他妈妈。Nà zhèngshì tā māma. / more often ～ not 常常是这样 chángcháng shì zhèyàng / more … ～… 与其…倒不如说… yǔqí…dào bùrú shuō…：more surprised ～ angry 非常惊讶但并不很生气 fēicháng jīngyà dàn bìngbù hěn shēngqì

thanatology *n.* 死亡学 sǐwángxué；死因学 sǐyīnxué

thanatophobia *n.* 死亡恐怖 sǐwáng kǒngbù

thank *n.* & *v.* 感谢 gǎnxiè：T- you very much. 非常感谢。Fēicháng gǎnxiè. / ～s to 由于 yóuyú；幸亏 xìngkuī

thankful *a.* **1.** 感激的 gǎnjīde；感谢的 gǎnxiède：I am ～ to you for your help. 我感谢你的帮助。Wǒ gǎnxiè nǐde bāngzhù. **2.** 感到欣慰 gǎndào xīnwèi；非常高兴 fēicháng gāoxìng：You should be ～ that you have caught the last bus. 你赶上了末班车，应该感到高兴。Nǐ gǎnshàngle mòbānchē, yīnggāi gǎndào gāoxìng.

thankless *a.* **1.** 忘恩负义的 wàng'ēn-fùyìde；不感激的 bù gǎnjīde **2.** 不受人感激的 bú shòurén gǎnjīde；吃力不讨好的 chīlì bù tǎohǎode：a ～ task 一项吃力不讨好的工作 yíxiàng chīlì bù tǎohǎode gōngzuò

thanksgiving *n.* 感恩 gǎn'ēn / T- Day 感恩节 gǎn'ēnjié

that (**those**) *a.* 那(那些) nà (nàxiē)：Can you see ～ trees? 你能看见那些树吗？Nǐ néng kànjiàn nàxiē shùma? / in those days 在那时候 zài nà shíhou / in ～ country 在那个国家 zài nàge guójiā *pron.* 那 nà；那个东西 nàge dōngxi ＊ to a thing；那件事情 nàjiàn shìqing ＊ to an event；那个人 nàge rén ＊ to a person：What's ～? 那是什么？Nà shì shénme? / Is ～ you, Wang Hong? 王红，是你吗？Wáng Hóng, shì nǐma? / That's right. 对了。Duìle. / That's what I want to know. 那就是我所要知道的。Nà jiùshì wǒ suǒyào zhīdaode. / and all ～ 以及这类东西 yǐjí zhèlèi dōngxi

thatch *n.* **1.** 茅草 máocǎo ＝ dried straw, reeds, etc. for roofing **2.** 茅草屋顶 máocǎo wūdǐng ＝ roof *v.* 用茅草盖(屋顶) yòng máocǎo gài (wūdǐng)

thaumatology *n*. 神奇学 shénqíxué

thaw *v*. 解冻 jiědòng；融化 rónghuà：The ground has ～ed out. 土地解冻了。Tǔdì jiědòngle.

theandric *a*. 神人两性的 shénrén liǎngxìngde

thearchy *n*. 神的统治 shénde tǒngzhì；神权政治 shénquán zhèngzhì

theater *n*. **1**. 剧场 jùchǎng；剧院 jùyuàn：at the ～ 在剧场 zài jùchǎng / go to the ～ 去看戏 qù kànxì **2**. 戏剧 xìjù；戏 xì：the modern ～ 现代戏剧 xiàndài xìjù

theatrical *a*. **1**. 戏剧的 xìjùde；戏剧性的 xìjùxìngde：～ performances 舞台演出 wǔtái yǎnchū **2**. 不自然的 bú zìránde；夸张的 kuāzhāngde = affected

theft *n*. 偷窃 tōuqiè；盗窃 dàoqiè

their *a*. 他(她)们的 tā(tā)mende

theirs *pron*. 他(她)们的 tā(tā)mende

theism *n*. 有神论 yǒushénlùn

them *pron*. 他(她)们 tā(tā)men

theme *n*. 题目 tímù；主题 zhǔtí：～ song 主题歌 zhǔtígē

themselves *pron*. 他们自己 tāmen zìjǐ：They did it ～. 那是他们自己做的。Nàshì tāmen zìjǐ zuòde.

then[1] *ad*. **1**. 当时 dāngshí；那时 nàshí：I lived in Shanghai ～. 当时我住在上海。Dāngshí wǒ zhùzài Shànghǎi. **2**. 然后 ránhòu；其次 qícì：Let's go for a drink and ～ go home. 我们先去喝点儿，然后再回家。Wǒmen xiān qù hēdiǎnr，ránhòu zài huíjiā. **3**. 那么 nàme：What shall we do ～？那么我们干什么呢？Nàme wǒmen gàn shénmene？**4**. 还有 háiyǒu；而且 érqiě：And ～，you must remember … 而且，你还应该记住… Érqiě，nǐ hái yīnggāi jìzhù …

then[2] *n*. 那时 nàshí：from ～ on 从那时起 cóng nàshí qǐ / since ～ 那时以来 nàshí yǐlái；以后 yǐhòu / well ～ 既然这样 jìrán zhèyàng / every now and ～ 时常 shícháng

then[3] *a*. 当时的 dāngshíde：the ～ ruler 当时的统治者 dāngshíde tǒngzhìzhě

theocracy *n*. 神权政治 shénquán zhèngzhì

theologian *n*. 神学家 shénxuéjiā

theology *n*. 神学 shénxué

theorem *n*. 定理 dìnglǐ；原理 yuánlǐ

theoretical *a*. 理论的 lǐlùnde；理论上的 lǐlùnshangde

theoretician *n*. 理论家 lǐlùnjiā

theorize *v*. 建立理论 jiànlì lǐlùn

theory *n*. 理论 lǐlùn；学说 xuéshuō：Darwin's ～ of evolution 达尔文的进化论 Dá'ěrwénde jìnhuàlùn / musical ～ 音乐理论 yīnyuè lǐlùn

theosophy *n*. 神知学 shénzhīxué；通神论 tōngshénlùn

therapeutic *a*. 治疗的 zhìliáode；治病的 zhìbìngde

therapeutics *n*. 治疗学 zhìliáoxué

therapeutist, therapist *n*. 治疗学家 zhìliáo xuéjiā；临床医生 línchuáng yīshēng

therapy *n*. 疗法 liáofǎ

there *ad*. 在那里 zài nàli；到那里 dào nàli：I was ～ yesterday. 昨天我在那里。Zuótiān wǒ zài nàli. / Have you ever been ～? 你到过那里吗？Nǐ dàoguo nàlima？ *n*. 那里 nàli：from ～ 从那里 cóng nàli // T-！T-！Never mind. 好了！好了！不要紧的。Hǎole！Hǎole！Búyàojǐnde.

thereabouts *ad*. **1.** 附近 fùjìn：He lives in Huayuancun or ～. 他住在花园村一带。Tā zhùzài huāyuáncūn yídài. **2.** 大约 dàyuē：at 10 o'clock or ～ 大约十点左右 dàyuē shídiǎn zuǒyòu

thereafter *ad*. 此后 cǐhòu

thereby *ad*. 因此 yīncǐ 所以 suǒyǐ

therefore *ad*. 因此 yīncǐ；所以 suǒyǐ

thereupon *ad*. 随后 suíhòu；于是 yúshì

therianthropic *a*. 半人半兽的 bànrén-bànshòude

therm *n*. 克卡 kèkǎ；小卡 xiǎokǎ

thermal *a*. 热的 rède：a ～ power station 火力发电站 huǒlì fādiànzhàn / a ～ spring 温泉 wēnquán / a ～ unit 热量单位 rèliàng dānwèi

thermalloy *n*. 耐热合金 nàirè héjīn

thermion *n*. 热离子 rèlízǐ

thermistor *n*. 热敏电阻 rèmǐn diànzǔ

thermit *n*. 铝热剂 lǚrèjì

thermodynamics *n*. 热力学 rèlìxué

thermoelectricity *n*. 温差电（学）wēnchādiàn（xué）；热电（学）rèdiàn（xué）

thermograph *n.* 温度记录法 wēndù jìlùfǎ

thermology *n.* 热学 rèxué = thermotics

thermometer *n.* 温度计 wēndùjì

thermonuclear *a.* 热核(反应)的 rèhé (fǎnyìng)de

thermoregulator *n.* 温度调节器 wēndù tiáojiéqì

thermos *n.* 热水瓶；保温瓶 bǎowēnpíng

thermostat *n.* **1.** 恒温器 héngwēnqì **2.** 温变自动启闭装置 wēnbiàn zìdòng qǐbì zhuāngzhì

thesaurus *n.* **1.** 宝库 bǎokù = treasury **2.** 分类词字典 fēnlèicí zìdiǎn = a collection of words

these *pron.* & *a.* 这些 zhèxiē / ～ days 近来 jìnlái / one of ～ days 两三天内 liǎngsāntiān nèi

thesis *n.* 论文 lùnwén

Thespian *a.* 悲剧的 bēijùde；戏剧的 xìjùde

thews *n.* 肌肉 jīròu = muscles；体力 tǐlì = muscular strength

they *pron.* 他(她、它)们 tā(tā、tā)men：T- say that … 据说… Jùshuō

thick *a.* **1.** 厚 hòu；粗大的 cūdàde：～ ice 厚冰 hòubīng / a ～ line 粗线 cūxiàn **2.** 稠密的 chóumìde：～ hair 浓密的头发 nóngmìde tóufa / The crowd grew ～er and ～er. 人群越来越密。Rénqún yuèláiyuè mì. **3.** 浓的 nóngde：～ soup 浓汤 nóngtāng / ～ fog 浓雾 nóngwù / ～ speech 口齿不清的讲话 kǒuchǐ bùqīngde jiǎnghuà // through ～ and thin 在任何情况下 zài rènhé qíngkuàng xià / ～-brained 头脑迟钝的 tóunǎo chídùnde / ～-head 笨人 bènrén / ～-leaved 树叶密的 shùyè mìde / ～-set 矮胖的 ǎipàngde；粗而短的 cū ér duǎnde / ～-skinned 皮厚的 píhòude；脸皮厚的 liǎnpí hòude

thicken *v.* 变厚 biànhòu；加浓 jiānóng

thickener *n.* 增稠器 zēngchóuqì

thicket *n.* 灌木丛 guànmùcóng

thickness *n.* 厚 hòu；厚度 hòudù；浓 nóng；浓度 nóngdù

thief *n.* 贼 zéi；小偷 xiǎotōu：Stop ～！捉贼！Zhuōzéi！

thieve *v.* 偷 tōu；行窃 xíngqiè

thigh *n.* 大腿 dàtuǐ

thimble *n.* **1.** 顶针 dǐngzhēn **2.** 套管 tàoguǎn * in machine

thimbleful *n.* 一点点 yìdiǎndiǎn；少量 shǎoliàng

thin *a*. **1.** 薄的 báode；细的 xìde：～ paper 薄纸 báozhǐ **2.** 瘦 shòu：He looked ～ after his illness. 他病后显得很瘦。Tā bìnghòu xiǎnde hěn shòu. **3.** 稀少的 xīshǎode；稀薄的 xībóde：～ hair 稀疏的头发 xīshūde tóufa **4.** 敏感的 mǐngǎnde = sensitive // ～-skinned 薄皮的 báopíde = with a ～ skin *v*. 变薄 biànbáo；变稀 biànxī

thing *n*. **1.** 东西 dōngxi：What's that ～？那个东西是什么？Nàge dōngxi shì shénme？/ Have you packed your ～s for the journey？你把旅游用的东西准备好了吗？Nǐ bǎ lǚyóu yòngde dōngxi zhǔnbèi hǎolema？**2.** 事情 shìqing：have a lot of ～s to do 有许多事情要做 yǒu xǔduō shìqing yào zuò **3.** 情况 qíngkuàng：T-s are getting better. 情况越来越好。Qíngkuàng yuèláiyuè hǎo. / The ～ is … 目前的问题是… Mùqiánde wèntí shì … / for one ～ …（, for another …）一方面…（，另一方面…）yī fāngmiàn …（, lìng yī fāngmiàn …）/ get ～s done 完成工作任务 wánchéng gōngzuò rènwu

think *v*. **1.** 想 xiǎng；思考 sīkǎo：Let me ～ for a moment. 让我想一下。Ràngwǒ xiǎng yíxià. **2.** 认为 rènwéi：I ～ you are wrong. 我认为你错了。Wǒ rènwéi nǐ cuòle. **3.** 想象 xiǎngxiàng：I can't ～ why you did it. 我无法想象你为什么这样做。Wǒ wúfǎ xiǎngxiàng nǐ wèishénme zhèyàng zuò. **4.** 想要 xiǎngyào；打算 dǎsuan：We thought we'd go swimming tomorrow. 我们原来打算明天去游泳。Wǒmen yuánlái dǎsuan míngtiān qù yóuyǒng. //～ of（about）考虑 kǎolǜ：～ about a plan 考虑一项计划 kǎolǜ yíxiàng jìhuà / What do you ～ of it？你认为这怎么样？Nǐ rènwéi zhè zěnmeyàng？/ ～ out 想出 xiǎngchū：～ out an idea 想出一个主意 xiǎngchū yíge zhúyi / ～ over 仔细想 zǐxì xiǎng：I have to ～ it over before I decide. 在我作出决定前，必须仔细想一想。Zài wǒ zuòchū juédìng qián，bìxū zǐxì xiǎngyixiǎng. / ～ aloud 自言自语 zìyán-zìyǔ / ～ high of 看重 kànzhòng；评价高 píngjià gāo / ～ little（nothing）of 看不起 kànbuqǐ；轻视 qīngshì / ～ much of 重视 zhòngshì；夸奖 kuājiǎng / ～ tank 智囊团 zhìnángtuán

thinkable *a*. 可想象的 kě xiǎngxiàngde

thinker *n*. 思想家 sīxiǎngjiā

thinking *n*. 思想 sīxiǎng；想法 xiǎngfǎ：to my ～ 按照我的想法 ànzhào wǒde xiǎngfǎ *a*. 有思想的 yǒu sīxiǎngde；深思熟虑的 shēnsī-shúlǜde = having the ability to think，reason

thinner *n.* 稀释剂 xīshìjì

thionic *a.* 硫磺的 liúhuángde

third *a.* & *n.* 第三 dì-sān

thirst *n.* **1.** 口渴 kǒukě：die of ～ 渴死 kěsǐ **2.** 渴望 kěwàng：a ～ for knowledge 渴望知识 kěwàng zhīshi *v.* 渴望 kěwàng

thirsty *a.* **1.** 渴 kě：Salty food makes one ～. 吃咸的食物令人口渴。Chī xiánde shíwù lìng rén kǒukě. **2.** 渴望 kěwàng：She was ～ for news of her children. 她渴望得到孩子们的消息。Tā kěwàng dédào háizimende xiāoxi. **3.** 干燥的 gānzàode：The fields are ～ for rain. 土地干旱需要雨水。Tǔdì gānhàn xūyào yǔshuǐ.

thirteen *a.* & *n.* 十三 shísān

thirteenth *a.* & *n.* 第十三 dì-shísān

thirtieth *a.* & *n.* 第三十 dì-sānshí

thirty *n.* & *a.* 三十 sānshí：in the nineteen thirties (1930's) 在二十世纪三十年代 zài èrshí shìjì sānshí niándài / in nineteen ～ (in 1930) 在一九三零年 zài yījiǔsānlíng nián

this *pron.* & *a.* **1.** 这 zhè；这个 zhège：Who is ～ man? 这个人是谁？Zhège rén shì shuí? / Come ～ way, please. 请这边走。Qǐng zhèbiān zǒu. **2.** 今 jīn：～ year 今年 jīnnián / ～ morning 今天早晨 jīntiān zǎochen *ad.* 这样地 zhèyàngde：～ early 这样早 zhèyàngzǎo

thole *n.* 桨架 jiǎngjià

thong *n.* 皮带 pídài；皮条 pítiáo

thoracic *a.* 胸部的 xiōngbùde

thorax *n.* 胸部 xiōngbù；胸腔 xiōngqiāng

thorn *n.* 刺 cì

thorny *a.* **1.** 多刺的 duōcìde：a ～ rose 多刺的玫瑰 duōcìde méigui **2.** 棘手的 jíshǒude：a ～ problem 棘手的问题 jíshǒude wèntí

thorough *a.* 彻底的 chèdǐde；全面的 quánmiànde：give the room a ～ cleaning 把房间彻底打扫一下 bǎ fángjiān chèdǐ dǎsǎo yíxià / a ～ worker 认真的工作者 rènzhēnde gōngzuòzhě

thoroughbred *a.* & *n.* 纯种的 chúnzhǒngde；纯种的动物 chúnzhǒngde dòngwù

thorough fare *n.* 大道 dàdào；大街 dàjiē / No ～! 禁止通行！Jìnzhǐ tōngxíng!

thorough going *a.* 完全的 wánquánde；十足的 shízúde：a ～ fool 十足的傻瓜 shízúde shǎguā

those ＊ see "that"

though *conj.* & *ad.* 虽然 suīrán；尽管 jǐnguǎn；可是 kěshì：T- it's hard work，I enjoy it. 虽然那是件困难的工作，但是我喜欢干。Suīrán nà shì jiàn kùnnande gōngzuò，dànshì wǒ xǐhuan gàn. / even ～ 即使 jíshǐ / I've a bit of a cold. It's nothing much ～. 我有点感冒，不过不厉害。Wǒ yǒudiǎn gǎnmào，búguò bú lìhai.

thought *n.* **1.** 思考 sīkǎo：He sat deep in ～. 他坐着在思考。Tā zuòzhe zài sīkǎo. / beyond ～ 想象不到 xiǎngxiàng búdào / on second ～ 再次考虑后 zàicì kǎolǜ hòu **2.** 思想 sīxiǎng：modern ～ 现代思想 xiàndài sīxiǎng **3.** 想法 xiǎngfǎ：have ～s of going abroad 有出国的想法 yǒu chūguóde xiǎngfǎ / I have no ～ of offending him. 我没有冒犯他的意思。Wǒ méiyǒu màofàn tāde yìsi. **4.** 关心 guānxīn；挂念 guàniàn：give ～ to the sick man 关心病人 guānxīn bìngrén // at the ～ of 一想到 yì xiǎngdào / ～-provoking 令人深思的 lìngrén shēnsīde / without ～ 不加考虑 bùjiā kǎolǜ

thoughtful *a.* **1.** 深思的 shēnsīde：a ～ look 沉思的表情 chénsīde biǎoqíng **2.** 富有思想的 fùyǒu sīxiǎngde：a ～ book 一本有思想内容的书 yìběn yǒu sīxiǎng nèiróngde shū **3.** 体贴人的 tǐtiē rénde；想得周到的 xiǎngde zhōudaode：How ～ of you！你想得真周到！Nǐ xiǎngde zhēn zhōudao！/ be ～ of others 考虑到别人 kǎolǜdào biérén

thoughtless *a.* **1.** 粗心的 cūxīnde：It was ～ of you to forget your sister's birthday. 你真粗心，把妹妹的生日都忘了。Nǐ zhēn cūxīn，bǎ mèimeide shēngrì dōu wàngle. **2.** 不体贴人的 bù tǐtiē rénde；自私的 zìsīde：It was very ～ to eat all the cake and leave none for me. 把蛋糕全部吃光，不留点给我，真自私。Bǎ dàngāo quánbù chīguāng，bù liúdiǎn gěi wǒ，zhēn zìsī.

thousand *a.* & *n.* 千 qiān：a ～ times 几千次 jǐqiāncì / ～ and one 无数的 wúshùde；很多很多的 hěnduō hěnduōde / ～s of people 成千上万的人 chéngqiān-shàngwànde rén

thousandth *n.* & *a.* 第一千 dì-yīqiān；千分之一 qiānfēnzhīyī

thrall *n.* 奴隶 núlì

thrash *v.* **1.** 打(谷) dǎ (gǔ): ~ wheat 打麦 dǎmài **2.** 痛打 tòngdǎ: He ~ed the boy soundly. 他痛打孩子。Tā tòngdǎ háizi. **3.** 打败 dǎbài: ~ that team 打败那个队 dǎbài nàge duì

thread *n.* **1.** 线 xiàn: a reel of ~ 一团线 yìtuán xiàn **2.** 思路 sīlù; 头绪 tóuxù (of thought, in argument) *v.* **1.** 穿线 chuānxiàn: ~ a needle 穿针 chuānzhēn **2.** 穿过 chuānguò; 挤过 jǐguò: ~ narrow alleys 穿过小巷 chuānguò xiǎoxiàng / ~ one's way through a crowd 挤过人群 jǐguò rénqún

threadbare *a.* **1.** 穿旧了的 chuānjiùlede: a ~ coat 穿得露线的外衣 chuānde lùxiànde wàiyī **2.** 陈旧的 chénjiùde: ~ jokes 陈旧的笑话 chénjiùde xiàohua

threat *n.* **1.** 恐吓 kǒnghè; 威胁 wēixié: be under ~ of punishment 受惩罚的威胁 shòu chéngfáde wēixié **2.** 凶兆 xiōngzhào; 危险 wēixiǎn: The clouds brought a ~ of rain. 乌云是下雨的预兆。Wūyún shì xiàyǔde yùzhào.

threaten *v.* **1.** 恐吓 kǒnghè; 威胁 wēixié: a ~ing letter 恐吓信 kǒnghèxìn **2.** 预示 yùshì: It ~s to rain. 好象就要下雨了。Hǎoxiàng jiùyào xiàyǔle.

three *a.* & *n.* 三 sān: a ~-D picture 立体电影 lìtǐ diànyǐng / ~-cornered 三角的 sānjiǎode

thremmatology *n.* 动植物养育学 dòngzhíwù yǎngyùxué

threnody *n.* 哀歌 āigē; 挽歌 wǎngē

threpsology *n.* 营养学 yíngyǎngxué

thresh *v.* = thrash: ~ing machine 打谷机 dǎgǔjī *n.* 脱粒 tuōlì

threshhold *n.* **1.** 门槛 ménkǎn: cross the ~ 跨过门槛 kuàguo ménkǎn **2.** 开端 kāiduān; 入门 rùmén: on the ~ of a revolution 在革命开始的时候 zài gémìng kāishǐde shíhou

thrift *n.* 节约 jiéyuē

thrifty *a.* 节俭的 jiéjiǎnde

thrill *v.* 使(人)…激动 shǐ (rén) … jīdòng; 使(人)…紧张 shǐ (rén) … jǐnzhāng: ~ with pleasure 因快乐而激动 yīn kuàilè ér jīdòng / ~ with horror 吓得毛骨悚然 xiàde máogǔ-sǒngrán / Her voice ~ed with joy. 她高兴得声音发抖了。Tā gāoxìngde shēngyīn fādǒule. *n.* 一阵激动的感觉 yízhèn jīdòngde gǎnjué; 颤动 chàndòng: a ~ of joy 一阵欢乐的

感觉 yízhèn huānlède gǎnjué

thrive *v*. **1**. 茁壮成长 zhuózhuàng chéngzhǎng；繁茂 fánmào * of plants；长膘 zhǎngbiāo * of animals：Children ～ on good food. 儿童靠良好的食物茁壮成长。Értóng kào liánghǎode shíwù zhuózhuàng chéngzhǎng. **2**. 兴旺 xīngwàng：a thriving business 兴旺的生意 xīngwàngde shēngyi

throat *n*. 喉咙 hóulóng；嗓子 sǎngzi：have a sore ～ 嗓子痛 sǎngzi tòng / clear one's ～ 清嗓子 qīng sǎngzi

throaty *a*. 喉音的 hóuyīnde；沙哑的 shāyǎde

throb *n*. & *v*. 跳动 tiàodòng：The pulse throbbed steadily. 脉跳得很稳。Mài tiàode hěnwěn.

throe *n*. 剧痛 jùtòng

thrombocyte *n*. 血小板 xuèxiǎobǎn

thrombosis *n*. 血栓症 xuèshuānzhèng；血栓形成 xuèshuān xíngchéng

thrombus *n*. 血栓 xuèshuān

throne *n*. 宝座 bǎozuò；王位 wángwèi：the emperor's ～ 皇帝的宝座 huángdìde bǎozuò / come to the ～ 即位 jíwèi

throng *n*. 人群 rénqún：a ～ of people 一大群人 yídàqún rén *v*. 拥挤 yōngjǐ；挤满 jǐmǎn：The department store was ～ed. 百货商店里挤满了人。Bǎihuò shāngdiànli jǐmǎnle rén.

throttle *v*. **1**. 掐喉咙 qiā hóulóng；勒死 lēisǐ **2**. 压制 yāzhì；压抑 yāyì * of public opinions **3**. 节流 jiéliú；减速 jiǎnsù * with valve *n*. 节流阀 jiéliúfá = a valve in an engine

through¹ *prep*. **1**. 通过 tōngguò；穿过 chuānguò：The river flows ～ the city. 这条河流经这个城市。Zhètiáohé liújīng zhège chéngshì. / drive ～ a red light 闯红灯 chuǎng hóngdēng **2**. 从头到尾 cóngtóu dàowěi：work ～ the night 通宵工作 tōngxiāo gōngzuò / ～ the winter 整个冬天 zhěngge dōngtiān **3**. 做完 zuòwán：Are you ～ with your work yet? 你工作做完了吗？Nǐ gōngzuò zuòwánlema? **4**. 靠 kào；通过 tōngguò：I got this book ～ the library. 我从图书馆借的这本书。Wǒ cóng túshūguǎn jiède zhèběn shū. **5**. 从 cóng；由 yóu：climb in ～ the window 从窗户爬进来 cóng chuānghu pá jìnlái **6**. 在…间 zài … jiān：search ～ the papers 翻寻文件 fānxún wénjiàn

through² *ad*. **1**. 通过 tōngguò：Please let me ～. 请让我过去。Qǐng ràng wǒ guòqu. **2.** 从头到尾 cóngtóu dàowěi：read the letter ～ 从头到尾读一遍信 cóngtóu dàowěi dú yíbiàn xìn / sleep the night ～ 一觉睡到天亮 yíjiào shuì dào tiānliàng **3.** 过 guò；透 tòu：This paper shows ～. 这张纸透明。Zhèzhāng zhǐ tòumíng. / wet ～ 湿透 shītòu

through[3] *a.* **1.** 直达的 zhídáde：a ～ train 直达火车 zhídá huǒchē **2.** 接通 jiētōng：Can you put me ～ to Mr. Liu? 你能给我接通刘先生的电话吗？Nǐ néng gěi wǒ jiētōng Liú xiānshengde diànhuàma?

throughout *prep.* & *ad.* 整个 zhěngge；到处 dàochù：～ day 整天 zhěngtiān / ～ the country 全国 quánguó / The house is painted ～. 房子全部油漆了。Fángzi quánbù yóuqīle.

throw[1] *v.* **1.** 扔 rēng：～ rubbish into the dustbin 把垃圾扔进垃圾箱 Bǎ lājī rēngjìn lājīxiāng **2.** 投射 tóushè；发射 fāshè：She threw me an angry look. 她生气地看我一眼。Tā shēngqìde kàn wǒ yìyǎn. / ～ light 投射光线 tóushè guāngxiàn **3.** 匆匆穿上（脱掉）cōngcōng chuānshàng (tuōdiào)：～ on (off) one's clothes 匆匆穿上（脱掉）衣服 cōngcōng chuānshàng (tuōdiào) yīfu // ～ about 撒 sǎ：～ one's money about 挥金如土 huījīn-rútǔ / ～ away 放弃 fàngqì：～ away the chance 放弃机会 fàngqì jīhuì / ～ off 摆脱 bǎituō：He cannot ～ off his cold. 他感冒老不好。Tā gǎnmào lǎo bùhǎo. / ～ together 勉强拼凑 miǎnqiǎng pīncòu / ～ up **1.** 丢弃 diūqì：～ up one's job 辞去工作 cíqù gōngzuò **2.** 呕吐 ǒutù = vomit

throw[2] *n.* 投掷 tóuzhì：within a stone's ～ 近在咫尺 jìnzài-zhíchǐ

thrum *v.* 乱弹 luàntán：～ on a piano 乱弹钢琴 luàntán gāngqín

thrush[1] *n.* 画眉（鸟）huàméi (niǎo)

thrush[2] *n.* 鹅口疮 ékǒuchuāng

thrust[1] *v.* **1.** 插 chā；挤 jǐ：～ a handkerchief into one's pocket 把手帕塞进口袋 bǎ shǒupà sāijìn kǒudài / ～ one's way through a crowd 挤过人群 jǐguò rénqún **2.** 刺 cì：～ a knife in one's back 把刀刺入某人后背 bǎ dāo cìrù mǒurén hòubèi / ～ aside 推开 tuīkāi / ～ sth. on sb. 将某事强加于某人 jiāng mǒushì qiángjiā yú mǒurén

thrust[2] *n.* 刺 cì；扎 zhā

thud *n.* 砰的一声 pēngde yìshēng

thug *n.* 凶手 xiōngshǒu；暴徒 bàotú

thuggery *n.* 行凶杀人 xíngxiōng shārén

thumb[1] *n.* 拇指 mǔzhǐ：T- up！好！Hǎo！好得很！Hǎodehěn！/ be all ～s 手笨 shǒubèn / by rule of ～ 单凭经验 dānpíng jīngyàn / turn up (down) the ～ 表示赞成(反对) biǎoshì zànchéng (fǎnduì)

thumb[2] *v.* 翻阅 fānyuè：～ through a book 翻阅书 fānyuè shū

thump *n.* 砰 pēng；咚 dōng = sound of a heavy blow；重击 zhòngjī *v.* 重击 zhòngjī；捶打 chuídǎ：～ the door 捶门 chuímén / His heart was ～ing. 他的心砰砰地跳。Tāde xīn pēngpēngde tiào.

thunder *n.* 雷 léi = loud sound accompanying the lightning：a ～ of applause 雷鸣般的掌声 léimíng-bānde zhǎngshēng / the ～ of guns 隆隆炮声 lónglóng pàoshēng *v.* **1.** 打雷 dǎléi：It ～s.（天）打雷。(Tiān) dǎléi. **2.** 发出隆隆声 fāchū lónglóngshēng：(sb.) ～ing at the door 有人猛烈地敲门 yǒurén měngliède qiāomén **3.** 大声叫 dàshēng jiào；怒骂 nùmà：～ at a person 向某人大发雷霆 xiàng mǒurén dàfā léitíng

thunderbolt *n.* **1.** 雷电 léidiàn **2.** 晴天霹雳 qíngtiān pīlì：The news was a ～ to him. 这消息对他是一个晴天霹雳。Zhè xiāoxi duì tā shì yíge qíngtiān pīlì.

thunderous *a.* 雷鸣似的 léimíngshìde

thunderstorm *n.* 雷雨 léiyǔ

thunderstruck *a.* 震惊的 zhènjīngde；大吃一惊的 dàchī yìjīngde

thundery *a.* 象是要打雷了 xiàngshì yào dǎléile

thurify *v.* 在…前烧香 zài … qián shāoxiāng // thurification *n.* 焚香 fénxiāng

Thursday *n.* 星期四 Xīngqīsì

thus *ad.* **1.** 如此 rúcǐ；这样 zhèyàng：He spoke ～. 他这样说。Tā zhèyàng shuō. **2.** 这么 zhème；那么 nàme：～ far 至今 zhìjīn；到现在为止 dào xiànzài wéizhǐ / ～ much 到这里为止 dào zhèlǐ wéizhǐ **3.** 因此 yīncǐ：There has been no rain. T-, the crops are likely to suffer. 一直没有下雨，因此，庄稼可能欠收。Yìzhí méiyǒu xiàyǔ, yīncǐ, zhuāngjia kěnéng qiànshōu.

thwart *v.* 阻挠 zǔnáo；挫折 cuòzhé：be ～ed in one's plan 计划遭到挫折 jìhuà zāodào cuòzhé *a.* 横 héng；横断的 héngduànde *ad.* & *prep.* 横过 héngguò *n.* 坐板 zuòbǎn * of a boat

thyme *n.* 百里香 bǎilǐxiāng；麝香草 shèxiāngcǎo
thyratron *n.* 闸流管 zháliúguǎn
thyristor *n.* 闸流晶体管 zháliú jīngtǐguǎn；半导体开关元件 bàndǎotǐ kāiguān yuánjiàn
thyroid *n.* & *a.* 甲状腺(的) jiǎzhuàngxiàn(de)
thyroidectomy *n.* 甲状腺切除术 jiǎzhuàngxiàn qiēchúshù
thyrotoxicosis *n.* 甲状腺机能亢进 jiǎzhuàngxiàn jīnéng kàngjìn
tiara *n.* **1.** 教皇三重冕 jiàohuáng sānchóngmiǎn **2.** 冕状头饰 miǎnzhuàng tóushì * worn by women
tic *n.* 痉挛 jìngluán
tick[1] *n.* **1.** 滴答声 dīdāshēng * of a clock or a watch **2.** 勾号 gōuhào：Put a ～ against the sentence. 在句子旁打上勾号。Zài jùzipáng dǎshàng gōuhào. / time ～ 计时器 jìshíqì / to (on) the ～ 极为准时 jíwéi zhǔnshí：get there at five on the ～ 五点整到达那里 wǔdiǎnzhěng dàodá nàli
tick[2] *v.* **1.** 滴答滴答响 dīdā-dīdā xiǎng * of a clock or a watch **2.** 打上勾号 dǎshàng gōuhào * make a small mark **3.** 一步一步推移 yíbù-yíbù tuīyí：Don't worry. After the operation, he will ～ along fine. 不用担心，手术后他会活得很好。Búyòng dānxīn，shǒushùhòu tā huì huóde hěnhǎo. / what makes a person (a thing) ～ 使人(事)持续活动的动力 shǐ rén (shì) chíxù huódòngde dònglì
tick[3] *n.* 褥套 rùtào；枕套 zhěntào；褥面 rùmiàn = mattress case
tick[4] *n.* 扁虱 biǎnshī * small insect
ticket *n.* 票 piào：a bus ～ 公共汽车票 gōnggòngqìchē piào / a single ～ 单程票 dānchéng piào / a return ～ 往返票 wǎngfǎn piào *v.* 加标签 jiā biāoqiān
tickle *v.* 呵痒 hēyǎng；逗笑 dòuxiào；发痒 fāyǎng：My foot ～s. 我的脚痒。Wǒde jiǎo yǎng. / The rough blanket ～s. 这粗毯子使人发痒。Zhè cūtǎnzi shǐ rén fāyǎng.
ticklish *a.* **1.** 怕痒的 pàyǎngde * of a person **2.** 难对付的 nán duìfude * of a problem, a piece of work
ticktack *n.* 滴答滴答(钟表声) dīdā-dīdā (zhōngbiǎo shēng)
tidal *a.* 潮水的 cháoshuǐde；潮汐的 cháoxīde：～ current 潮流 cháoliú
tide[1] *n.* **1.** 潮 cháo；潮汐 cháoxī：The ～ is coming in (going out). 涨

(退)潮了。Zhǎng (tuì) cháole. **2.** 倾向 qīngxiàng；趋势 qūshì * of opinion, public feeling, etc.: go with the ～ 顺从时事 shùncóng-shíshì / The ～ turns. 形势转变。Xíngshì zhuǎnbiàn.

tide[2] *v.* 努力克服 nǔlì kèfú: ～ over the difficulty 渡过困难 dùguò kùnnan

tidings *n.* 消息 xiāoxi；信息 xìnxī

tidy[1] *a.* **1.** 整洁的 zhěngjiéde；整齐的 zhěngqíde: a ～ person 爱整洁的人 ài zhěngjiéde rén / a ～ room 整洁的房间 zhěngjiéde fángjiān **2.** 相当大的 xiāngdāng dàde；可观的 kěguānde: a ～ sum of money 一笔相当大的钱 yìbǐ xiāngdāng dàde qián

tidy[2] *v.* 整理 zhěnglǐ；收拾 shōushi: ～ up the bedroom 整理卧室 zhěnglǐ wòshì / ～ up after dinner 收拾碗筷 shōushi wǎnkuài

tie[1] *v.* **1.** 系 jì；捆 kǔn: ～ one's shoe laces 系鞋带 jì xiédài / ～ a scarf 系头巾 jì tóujīn / ～ a knot 打结 dǎjié / ～ one's tie 打领带 dǎ lǐngdài / ～ a horse to a tree 把马拴在树上 bǎ mǎ shuānzài shùshang / ～ a bundle 捆一个包 kǔn yíge bāo / ～ the ribbon in a bow 把丝带打成蝴蝶结 bǎ sīdài dǎ chéng húdiéjié **2.** 打平局 dǎ píngjú；不分胜负 bùfēn shèngfù: I ～d for 2nd place in the examination. 考试成绩我和别人同时名列第二。Kǎoshì chéngjì wǒ hé biérén tóngshí mínglìe dì-èr.

tie[2] *n.* **1.** 带子 dàizi；绳子 shéngzi = cord, string, etc. **2.** 领带 lǐngdài = necktie **3.** 联系 liánxì；关系 guānxì: family ～s 家庭关系 jiātíng guānxì **4.** 平局 píngjú；不分胜负 bùfēn shèngfù: The game ended in a ～, 3 to 3. 比赛结果三比三，平。Bǐsài jiéguǒ sānbǐsān, píng.

tier *n.* 排 pái；层 céng: a ～ of seats 一排座位 yìpái zuòwèi / The cake has three ～s. 这蛋糕有三层。Zhè dàngāo yǒu sāncéng. / the highest ～ of society 社会的最上层 shèhuìde zuì shàngcéng *v.* 排层堆积 páicéng duījī

tiff *n.* 小争吵 xiǎozhēngchǎo

tiger *n.* 老虎 lǎohǔ

tight *a.* **1.** 紧 jǐn: Pull the thread ～. 拉紧这根绳子。Lājǐn zhègēn shéngzi. / a very ～ schedule 很紧张的日程 hěn jǐnzhāngde rìchéng / air-～ 密封的 mìfēngde **2.** 困难 kùnnan: be in a ～ place 处境困难 chǔjìng kùnnan / ～ discipline 严格的纪律 yángéde jìlǜ **3.** 竞争激烈的 jìngzhēng jīliède: a ～ game 竞争激烈的比赛 jìngzhēng jīliède bǐsài *ad*. 紧紧地 jǐnjǐnde： Hold it ～. 握紧。Wòjǐn. / ～-fisted 吝啬的 lìnsède

tights *n*. 紧身衣 jǐnshēnyī

tighten *v*. 拉紧 lājǐn

tiglon *n*. 虎狮 hǔshī

tigress *n*. 母老虎 mǔlǎohǔ

tile *n*. 瓦 wǎ *v*. 用瓦盖 yòngwǎ gài；铺瓦 pūwǎ

tiler *n*. 制瓦工人 zhìwǎ gōngrén；瓦匠 wǎjiàng

till[1] *prep*. **1**. 到…为止 dào … wéizhǐ：Wait ～ I come back. 等到我回来。Děngdào wǒ huílai. / ～ now (then) 直到现在(那时) zhídào xiànzài (nàshí) **2**. 直到…才 zhídào … cái；在…以前 zài … yǐqián：I didn't receive his letter ～ yesterday. 我到昨天才收到他的信。Wǒdào zuótiān cái shōudào tāde xìn.

till[2] *n*. 钱柜 qiánguì = cash drawer

till[3] *v*. 耕种 gēngzhòng：～ the land 耕地 gēngdì

tiller *n*. 耕作者 gēngzuòzhě；农夫 nóngfū

tilt *v*. **1**. 倾斜 qīngxié：The tree ～s to the north. 树向北倾斜。Shù xiàngběi qīngxié. / Don't ～ the chair. 不要把椅子翘起来。Búyào bǎ yǐzi qiào qǐlái. **2**. 攻击 gōngjī：～ at an opponent 攻击对手 gōngjī duìshǒu *n*. 倾斜 qīngxié

tilth *n*. **1**. 耕种 gēngzhòng **2**. 耕地 gēngdì

timbal *n*. 铜鼓 tónggǔ = kettledrum

timber *n*. 木材 mùcái

timbered *a*. **1**. 木制的 mùzhìde = made of wood **2**. 森林的 sēnlínde = covered with trees

timbre *n*. 音色 yīnsè；音质 yīnzhì

time[1] *n*. **1**. 时间 shíjiān：space and ～ 空间和时间 kōngjiān hé shíjiān / T- flies. 光阴似箭。Guāngyīn sì jiàn. **2**. 时候 shíhou；时代 shídài：in ancient ～s 古代 gǔdài **3**. 次 cì：for the first ～ 第一次 dì-yī cì **4**. 倍 bèi：three ～s as big as 是…的三倍大 shì …de sānbèi dà **5**. 拍子 pāizi：beat ～ 打拍子 dǎ pāizi **6**. 定时 dìngshí；定期 dìngqī：a ～ bomb 定时炸弹 dìngshí zhàdàn / ～ work 记时工作 jìshí gōngzuò // ahead of ～ 提早 tízǎo / all the ～ 一直 yìzhí / at a ～ 一次 yícì；曾经 céngjīng / at the same ～ 同时 tóngshí / at ～s 有时 yǒushí / behind the ～s 过时

guòshí / behind ～ 迟 chí / for the ～ being 暂时 zànshí / from ～ to ～ 有时 yǒushí / in no ～ 立刻 lìkè / in ～ 及时 jíshí / on ～ 准时 zhǔnshí / out of ～ 不合时宜 bùhé-shíyí / ～ and again 屡次 lǚcì

time² *v*. **1**. 安排时间 ānpái shíjiān：The plane is ～d to take off at 5 a. m. 飞机定于早晨五点起飞。Fēijī dìngyú zǎochen wǔdiǎn qǐfēi. / The remark was not well ～d. 这话说得不是时候。Zhèhuà shuōde búshì shíhou. **2**. 记录时间 jìlù shíjiān；测定速度 cèdìng sùdù：～ the speed 记算速度 jìsuàn sùdù / ～ a watch 对表 duìbiǎo **3**. 合拍 hépāi；一致 yízhì：Dancers ～ their steps to music. 跳舞者脚步同音乐相配合。Tiàowǔzhě jiǎobù tóng yīnyuè xiāng pèihé.

time-honoured *a*. 历史悠久的 lìshǐ yōujiǔde

time lag *n*. 时间间隔 shíjiān jiàngé

timeless *a*. 永恒的 yǒnghéngde

timely *a*. & *ad*. 及时的 jíshíde；正好的 zhènghǎode

timer *n*. **1**. 记时员 jìshíyuán ＝ person who keeps time **2**. 定时器 dìngshíqì ＝ that which records time

timetable *n*. 时间表 shíjiānbiǎo

timid *a*. 胆小的 dǎnxiǎode；难为情 nánwéiqíng

timing *n*. **1**. 时间选择 shíjiān xuǎnzé **2**. 定时 dìngshí：～ devices 定时装置 dìngshí zhuāngzhì

timorous *a*. 胆小的 dǎnxiǎode

timpano *n*. 定音鼓 dìngyīngǔ

tin *n*. **1**. 锡 xī：～ pot 锡罐 xīguàn **2**. 马口铁 mǎkǒutiě ＝ tinplate **3**. 罐头 guàntou：a ～ of beans 一罐豆 yíguàn dòu *v*. **1**. 镀锡 dùxī **2**. 罐装 guànzhuāng：～ned food 罐头食品 guàntou shípǐn

tincture *n*. **1**. 酊剂 dīngjì；药酒 yàojiǔ：～ of iodine 碘酒 diǎnjiǔ **2**. 色调 sèdiào：a ～ of red 红的色调 hóngde sèdiào **3**. 气味 qìwèi；特征 tèzhēng：I'd say he is a man who has the least ～ of learning. 我认为他是个最没有学术气味的人。Wǒ rènwéi tā shìge zuì méiyǒu xuéshù qìwèide rén.

tinder *n*. 火种 huǒzhǒng；导火线 dǎohuǒxiàn：burn like ～ 易燃 yìrán / ～ box 火绒箱 huǒróngxiāng

tine *n*. 尖齿 jiānchǐ；叉 chā

tin foil *n*. 锡纸 xīzhǐ

ting *n.* 玎玲声 dīnglíng shēng

tinge *v.* **1.** 染 rǎn：The maple leaves are ～d with autumn red. 枫叶染上了秋天的红色。Fēngyè rǎnshàngle qiūtiānde hóngsè. **2.** 含有 hányǒu；带有 dàiyǒu *n.* 色彩 sècǎi；味道 wèidao：a ～ of irony 一点讽刺的味道 yìdiǎn fěngcìde wèidao

tingle *v.* & *n.* 刺痛 cìtòng

tinker *n.* 补锅匠 bǔguōjiàng *v.* **1.** 补锅 bǔguō **2.** 粗略地修补 cūlüède xiūbǔ

tinkle *n.* & *v.* 玎玲玎玲响 dīnglíng-dīnglíng xiǎng：～ a bell 摇铃 yáolíng

tinopener *n.* 罐头刀 guàntou dāo

tinpan，**tinpanny** *a.* 嘈杂的 cáozáde；噪音的 zàoyīnde

tinsel *n.* 金属丝 jīnshǔsī；金属片 jīnshǔpiàn

tint *n.* 色彩 sècǎi；色调 sèdiào：～s of green in the sky 天空中浓淡不同的绿色 tiānkōngzhōng nóngdàn bùtóngde lǜsè *v.* 给…染色 gěi … rǎnsè：～ the hair 染发 rǎnfà

tiny *a.* 很小的 hěnxiǎode

tip[1] *n.* 尖 jiān；尖端 jiānduān：a mountain ～ 山顶 shāndǐng / at the ～s of one's fingers 精通 jīngtōng；随时可以使用 suíshí kěyǐ shǐyòng / on the ～ of one's tongue 话到嘴边 huàdào zuǐbiān；险些说出 xiǎnxiē shuōchū

tip[2] *v.* **1.** 倾斜 qīngxié：The children ～ped the table. 孩子们掀起桌子。Háizimen xiānqǐ zhuōzi. **2.** 倒出 dàochū：～ rubbish into the dustbin 把垃圾倒入垃圾箱 bǎ lājī dàorù lājīxiāng

tip[3] *v.* **1.** 轻击 qīngjī：～ the ball 轻轻击球 qīngqīng jīqiú **2.** 给小费 gěi xiǎofèi：He ～ped the waiter. 他给服务员小费。Tā gěi fúwùyuán xiǎofèi.

tip[4] *n.* **1.** 小费 xiǎofèi：give the taxi-driver a ～ 给出租汽车司机小费 gěi chūzū qìchē sījī xiǎofèi **2.** 特别消息 tèbié xiāoxi；秘密提示 mìmì tíshì：the straight ～ 可靠的秘密消息 kěkàode mìmì xiāoxi **3.** 窍门 qiàomén；秘诀 mìjué：Thanks for your ～ on how to get ink out of shirts. 谢谢你告诉我洗掉衬衣上墨水的秘诀。Xièxie nǐ gàosu wǒ xǐdiào chènyīshang mòshuǐde mìjué.

tippet *n.* 女式披肩 nǚshì pījiān

tipple *v.* 一点点地喝酒 yìdiǎndiǎnde hējiǔ；品酒 pǐnjiǔ *n.* 酒 jiǔ

tippy *a.* 易倾斜的 yìqīngxiéde

tipsify *v.* 使喝醉 shǐ hē zuì

tipstaff *n.* 法警 fǎjǐng

tipsy *a.* 喝醉了的 hēzuìlede

tiptoe *n.* 脚尖 jiǎojiān: stand on ～ 踮起脚 diǎnqǐ jiǎo *v.* 踮着脚走 diǎnzhe jiǎo zǒu *ad.* 踮着脚 diǎnzhe jiǎo; 悄悄地 qiāoqiāode

tiptop *n.* 绝顶 juédǐng *a.* 第一流的 dì-yī liúde; 顶呱呱的 dǐngguāguāde = first-rate

tirade *n.* 长篇的攻击性演说 chángpiānde gōngjīxìng yǎnshuō

tire¹ *v.* 疲倦 píjuàn; 厌倦 yànjuàn: Walking soon ～s me. 我一走路就累。Wǒ yìzǒulù jiùlèi. / Children ～ easily. 儿童容易累。Értóng róngyì lèi.

tire², tyre *n.* 轮胎 lúntāi *v.* 装轮胎 zhuāng lúntāi

tired *a.* **1.** 疲倦 píjuàn; 累 lèi: get ～ from overwork 过分劳动后感到疲倦 guòfèn láodòng hòu gǎndào píjuàn **2.** 厌倦 yànjuàn: be ～ of the same food every day 吃厌了每天同样的饭菜 chīyànle měitiān tóngyàngde fàncài

tireless *a.* 不倦的 bújuànde; 不厌的 búyànde

tiresome *a.* 令人厌倦的 lìngrén yànjuànde; 讨厌的 tǎoyànde

tiring *a.* 使人疲倦的 shǐ rén píjuànde

tiro, tyro *n.* 新手 xīnshǒu; 经验不足的人 jīngyàn bùzúde rén

TIROS (= Television and Infra-Red Observation Satellite) *n.* 电视红外线观测卫星 diànshì hóngwàixiàn guāncè wèixīng

tissue *n.* **1.** 薄棉纸 báomiánzhǐ; 薄纸 báozhǐ: ～-paper 纱纸 shāzhǐ; 薄绉纸 báozhòuzhǐ **2.** 组织 zǔzhī: nervous ～ 神经组织 shénjīng zǔzhī

tit¹ *n.* 山雀 shānquè * bird

tit² *n.* 奶头 nǎitóu = breast

tit³ *n.* 轻打 qīngdǎ: ～ for tat 一报还一报 yíbào huán yíbào / 以牙还牙 yǐyá-huányá

titan *n.* 巨人 jùrén; 大力士 dàlìshì

titanic *a.* 巨大的 jùdàde

titanium *n.* 钛 tài

titbit *n.* **1.** 一口 yìkǒu; 少量 shǎoliàng * of nice food **2.** 有趣的新闻 yǒuqùde xīnwén; 珍闻 zhēnwén * news

tithe *n.* **1.** 什一税 shíyīshuì * tax **2.** 一点点 yìdiǎndiǎn = a little bit: I don't know a ～ of it. 我一点儿不知道。Wǒ yìdiǎnr bùzhīdào.

titilate *v.* **1.** 呵痒 hēyǎng（=tickle）**2.** 使兴奋 shǐ xīngfèn

title *n.* **1.** 标题 biāotí；题目 tímù：the ～ of this book 这本书的书名 zhèběn shūde shūmíng **2.** 头衔 tóuxián；职称 zhíchēng；称号 chēnghào = sign of rank，profession，etc. **3.** 土地财产所有权 tǔdì cáichǎn suǒyǒuquán；地契 dìqì：Has he any ～ to the land? 他有这块土地的产权吗？Tā yǒu zhèkuài tǔdìde chǎnquánma? / ～ role 主要角色 zhǔyàc juésè / ～ page 扉页 fēiyè

titling *n.* 书脊烫印 shūjǐ tàngyìn

titmouse *n.* 山雀 shānquè

titrate *v.* 滴定 dīdìng

titter *n.* & *v.* 嗤嗤笑 chīchī xiào

tittle *n.* 一点点 yìdiǎndiǎn

tittle-tattle *n.* 闲谈 xiántán；聊天 liáotiān

titular *a.* 名义上的 míngyìshangde；有名无实的 yǒumíng wúshíde

to *prep.* **1.** 向 xiàng；往 wǎng；到 dào：the road ～ London 通往伦敦的路 tōngwǎng Lúndūnde lù / turn ～ the left 向左转 xiàng zuǒ zhuǎn **2.** 到…为止 dào … wéizhǐ：stay ～ the end of the month 呆到月底 cāidào yuèdǐ **3.** 到…去 dào … qù：go ～ Beijing 到北京去 dào Běijīng qù

toad *n.* 癞蛤蟆 làihámɑ

toady *v.* 奉承 fèngcheng；拍马屁 pāimǎpì *n.* 拍马屁的人 pāimǎpìde rén

to-and-fro *n.* & *a.* 来来去去 láilɑi-qùqù；来回 láihuí

toast[1] *n.* 烤面包 kǎomiànbāo：a slice of ～ 一片烤面包 yípiàn kǎomiànbāo *v.* 烤 kǎo；烘烤 hōngkǎo

toast[2] *n.* 祝酒 zhùjiǔ；干杯 gānbēi：propose a ～ to the health of the guests 提议为来宾的健康干杯 tíyì wèi láibīnde jiànkāng gānbēi

toast[3] *v.* 向…祝酒 xiàng … zhùjiǔ；为…干杯 wèi … gānbēi

toaster *n.* 烤面包机 kǎomiànbāojī

tobacco *n.* 烟草 yāncǎo；烟叶 yānyè

toboggan *n.* 滑雪撬 huáxuěqiāo

tocology *n.* 产科学 chǎnkēxué

tocsin *n.* 警钟 jǐngzhōng；警铃 jǐnglíng：sound the ～ for sb. 为某人敲警钟 wèi mǒurén qiāo jǐngzhōng

today *ad.* & *n.* **1.** 今天 jīntiān：a week ago ～ 上星期的今天

shàngxīngqīde jīntiān **2.** 现今 xiànjīn；当代 dāngdài：science of ～ 当代科学 dāngdài kēxué

toddle *v.* 蹒跚行走 pánshān xíngzǒu：A child ～d toward me. 一个小孩向我蹒跚走来。Yíge xiǎohái xiàng wǒ pánshān zǒulái.

toddler *n.* 刚学走步的小孩 gāngxué zǒubùde xiǎohái

toddy *n.* 加热水的甜烈酒 jiā rèshuǐde tiánlièjiǔ

toe *n.* 脚趾 jiǎozhǐ；脚尖 jiǎojiān

toffee，toffy *n.* 奶油太妃糖 nǎiyóu tàifēi táng

together *ad.* **1.** 一起 yìqǐ；共同 gòngtóng：live ～ 住在一起 zhùzài yìqǐ **2.** 总共 zǒnggòng：All ～，there are fifteen students. 总共有十五个学生。Zǒnggòng yǒu shíwǔge xuésheng. **3.** 连续地 liánxùde：It rained for four days ～. 连续下了四天雨。Liánxù xiàle sìtiān yǔ. **4.** 同时地 tóngshíde：events that happened ～ 同时发生的事 tóngshí fāshēngde shì // ～ with 和…一起 hé … yìqǐ

toil *v.* 苦干 kǔgàn *n.* 苦工 kǔgōng；苦役 kǔyì

toilet *n.* **1.** 厕所 cèsuǒ（W.C.）**2.** 梳妆 shūzhuāng：～ articles 梳妆用具 shūzhuāng yòngjù / ～ powder 扑粉 pūfěn / make one's ～ 打扮 dǎban / ～ cream 雪花膏 xuěhuāgāo / ～ set 一套化妆用具 yítào huàzhuāng yòngjù / ～ paper = ～ tissue 卫生纸 wèishēngzhǐ / ～ soap 香皂 xiāngzào / ～ training 训练小孩大小便 xùnliàn xiǎohái dàxiǎobiàn / ～ water 花露水 huālùshuǐ

toiletry *n.* 化妆品 huàzhuāngpǐn

toils *n.* 网 wǎng；罗网 luówǎng

token *n.* 象征 xiàngzhēng；标记 biāojì

tolerable *a.* **1.** 可忍受的 kě rěnshòude；可容忍的 kě róngrěnde = endurable：The pain was ～. 疼还忍得住。Téng hái rěndezhù. **2.** 过得去的 guòdeqùde = fairly good：The food was ～. 食品质量还过得去。Shípǐn zhìliàng hái guòdeqù.

tolerance *n.* 容忍 róngrěn；宽容 kuānróng = putting up with // tolerant *a.* 容忍的 róngrěnde；宽大的 kuāndàde / tolerate *v.* 容忍 róngrěn；宽容 kuānróng

toll¹ *n.* **1.** 税 shuì；通行税 tōngxíngshuì：～s on the canal 运河通行税 yùnhé tōngxíngshuì **2.** 费用 fèiyong：a telegraphic ～ 电报费 diànbào fèi

3. 死伤人数 sǐshāng rénshù；代价 dàijià：a heavy ～ of lives 死亡惨重 sǐwáng cǎnzhòng // ～ road 收费道路 shōufèi dàolù / ～ call 长途电话 chángtú diànhuà

toll² *v.* 鸣（钟）míng（zhōng）；敲（钟）qiāo（zhōng）：～ the death knell 敲响丧钟 qiāoxiǎng sàngzhōng / ～ the hour 鸣钟报时 míngzhōng bàoshí

toluene，toluol *n.* 甲苯 jiǎběn

tomahawk *n.* 印地安战斧 Yìndì'ān zhànfǔ

tomato *n.* 西红柿 xīhóngshì；番茄 fānqié

tomb *n.* 坟墓 fénmù

tomboy *n.* 男孩子气的女孩 nánháiziqìde nǚhái；顽皮姑娘 wánpí gūniang

tombstone *n.* 墓碑 mùbēi

tom-cat *n.* 公猫 gōngmāo

tom-fool *n.* 大笨蛋 dàbèndàn；大傻瓜 dàshǎguā

tome *n.* 一本巨书 yìběn jùshū * in many volumes：a history in 50 ～s 一部50卷的历史巨著 yíbù wǔshí juànde lìshǐ jùzhù

tomorrow *ad.* & *n.* 1. 明天 míngtiān：See you ～. 明天见。Míngtiān jiàn. / the day after ～ 后天 hòutiān 2. 未来 wèilái：Tomorrow's world will be very different from the present time. 未来世界将大大不同于现在。Wèilái shìjiè jiāng dàdà bùtóngyú xiànzài.

tom-tom *n.* 长筒鼓 chángtǒnggǔ

ton *n.* 吨 dūn

tonal *a.* 音调的 yīndiàode；音色的 yīnsède

tonality *n.* 1. 音质 yīnzhì 2. 音调 yīndiào ＝（musical）key

tone¹ *n.* 1. 音色 yīnsè；调子 diàozi：the ～s of a piano 钢琴奏出的调子 gāngqín zòuchūde diàozi 2. 风气 fēngqì：the moral ～ 道德风气 dàodé fēngqì 3. 声调 shēngdiào：the four ～s of Chinese characters 汉字的四声 Hànzìde sìshēng 4. 语气 yǔqì：The letter has a friendly ～. 这封信语气友好。Zhèfēng xìn yǔqì yǒuhǎo.

tone² *v.* 1. 带上某种调子 dàishàng mǒuzhǒng diàozi：Excitement ～d his voice. 激动使他变了声调。Jīdòng shǐ tā biànle shēngdiào. 2. 调和 tiáohé：The building ～s well with the surroundings. 这建筑物与周围颜色很协调。Zhè jiànzhùwù yǔ zhōuwéi yánsè hěn xiétiáo. / ～ down 使柔和 shǐ róuhé / ～ up 提高 tígāo；加强 jiāqiáng

toneless *a*. 单调的 dāndiàode；平板的 píngbǎnde

toner *n*. 增色剂 zēngsèjì；上色剂 shàngsèjì

tonetics *n*. 声调学 shēngdiàoxué

tong *n*. 钳子 qiánzi；夹子 jiāzi

tongue *n*. **1**. 舌头 shétou：put out your ～ 伸出舌头 shēnchū shétou / ～s of fire 火舌 huǒshé **2**. 口才 kǒucái；说话方式 shuōhuà fāngshì：have a ready ～ 口才好 kǒucái hǎo **3**. 语言 yǔyán：mother ～ 母语 mǔyǔ / hold one's ～ 保持沉默 bǎochí chénmò / lose one's ～ 说不出话来 shuōbuchū huàlái / ～-tied 结结巴巴 jiējie-bābā / ～ twister 绕口令 ràokǒulìng

tonic *a*. & *n*. **1**. 补药 bǔyào；滋补 zībǔ；强身 qiángshēn：a ～ medicine 补药 bǔyào / Sea air is nature's best ～ for mind and body. 海洋空气是大自然促进身心健康的最好补剂。Hǎiyáng kōngqì shì dàzìrán cùjìn shēnxīn jiànkāngde zuìhǎo bǔjì. / hair-～ 生发油 shēngfà yóu **2**. 主音调 zhǔ yīndiào * of music：～ cord 主和音 zhǔhéyīn

tonight *ad*. & *n*. 今晚 jīnwǎn；今夜 jīnyè

tonnage *n*. 吨位 dūnwèi；吨数 dūnshù

tonne *n*. 公吨 gōngdūn

tonsil *n*. 扁桃体 biǎntáotǐ

tonsillitis *n*. 扁桃体(腺)炎 biǎntáotǐ (xiàn) yán

tonsure *n*. 削发 xuēfà；圆顶光头 yuándǐng guāngtóu

too *ad*. **1**. 太 tài；过分 guòfèn：～ fast 太快 tàikuài / go ～ far 做得过火 zuòde guòhuǒ / cannot … ～ 不至于过度 bú zhìyú guòdù：You cannot be ～ careful. 越小心越好。Yuè xiǎoxīn yuèhǎo. / ～ … to 太…(以致)不能 tài … (yǐzhì) bùnéng：This book is ～ difficult for me to read. 这本书太难，我读不了。Zhèběn shū tài nán，wǒ dúbuliǎo. **2**. 很 hěn；非常 fēicháng：That's ～ bad. 这太不幸了。Zhè tài búxìngle. / He is not ～ well. 他今天不太舒服。Tā jīntiān bútài shūfu. **3**. 也 yě；还 hái；又 yòu：You ～ can do it. 你也能做这事。Nǐ yě néng zuò zhèshì. / She is beautiful and clever ～. 她既美丽又聪明。Tā jì měilì yòu cōngming.

tool *n*. **1**. 工具 gōngjù：farm ～s 农具 nóngjù **2**. 傀儡 kuǐlěi；走狗 zǒugǒu：The king was the ～ of the military government. 国王是军政府的傀儡。Guówáng shì jūnzhèngfǔde kuǐlěi.

toot *n.* 嘟嘟声 dūdūshēng

tooth *n.* **1.** 牙齿 yáchǐ：a false ～ 假牙 jiǎyá **2.** 齿 chǐ ＊ of a comb，saw or rake

toothache *n.* 牙痛 yátòng

toothbrush *n.* 牙刷 yáshuā

toothed *a.* 有牙齿的 yǒu yáchǐde

toothful *n.* 少量 shǎoliàng；一小口 yìxiǎokǒu

toothpaste *n.* 牙膏 yágāo

toothpick *n.* 牙签 yáqiān

toothy *a.* 露出牙齿的 lòuchū yáchǐde

top[1] *n.* **1.** 顶 dǐng；顶部 dǐngbù：at the ～ of the hill 在山顶 zài shāndǐng **2.** 上面 shàngmian：the ～ of a table 桌面 zhuōmiàn **3.** 盖 gài：a bottle ～ 瓶盖 pínggài **4.** 最高点 zuìgāodiǎn：at the ～ of one's voice 高声叫喊 gāoshēng jiàohǎn *a.* 顶 dǐng；最高 zuìgāo：the ～ floor 顶层 dǐngcéng / ～ talks 最高级会谈 zuìgāojí huìtán

top[2] *v.* **1.** 盖 gài：a mountain ～ped with snow 峰顶盖着积雪的山 fēngdǐng gàizhe jīxuěde shān **2.** 到达…顶端 dàodá … dǐngduān：～ the list 名列前茅 mínglìè qiánmáo **3.** 超过 chāoguò；胜过 shèngguò：～ the highest level in history 超过历史最高水平 chāoguò lìshǐ zuìgāo shuǐpíng

top[3] *n.* 陀螺 tuóluó ＊ a toy

topaz *n.* 黄玉 huángyù；黄晶 huángjīng

toper *n.* 酒鬼 jiǔguǐ

topic *n.* 题目 tímù；标题 biāotí

topical *a.* **1.** 题目的 tímùde **2.** 有关时事的 yǒuguān shíshìde：a ～ news film 时事影片 shíshì yǐngpiàn

topmost *a.* 最高的 zuìgāode

topographic *a.* 地志的 dìzhìde；地形的 dìxíngde：a ～ drawing 地形图 dìxíngtú

topography *n.* 地志 dìzhì；地形 dìxíng；地形学 dìxíngxué

topping *a.* 高耸的 gāosǒngde *n.* 顶部 dǐngbù；上层 shàngcéng

topple *v.* 推倒 tuīdǎo；倒塌 dǎotā：～ down 垮下来 kuǎxiàlái

tops *a.* 最好的 zuìhǎode

topsyturvy *a.* & *ad.* 颠三倒四 diānsān-dǎosì

toque *n.* 无边女帽 wúbiān nǚmào

torch *n*. 1. 火炬 huǒjù；火把 huǒbǎ 2. 手电筒 shǒudiàntǒng = flashlight

torchlight *n*. 火矩 huǒjù

toreador *n*. 斗牛士 dòuniúshì

torment *n*. 痛苦 tòngkǔ；折磨 zhémo *v*. 折磨 zhémo：She was ～ed by her aching tooth. 她受牙疼折磨。Tā shòu yáténg zhémo.

tormentor *n*. 折磨别人的人 zhémo biérénde rén

tornado *n*. 大旋风 dàxuànfēng；龙卷风 lóngjuǎnfēng

torpedo *n*. 鱼雷 yúléi；水雷 shuǐléi *v*. 1. 用鱼雷（水雷）击毁 yòng yúléi (shuǐléi) jīhuǐ 2. 破坏 pòhuài：～ a plan 破坏计划 pòhuài jìhuà

torpedo boat *n*. 鱼雷艇 yúléitǐng

torpid *a*. 1. 麻木的 mámùde；迟钝的 chídùnde：a ～ mind 反应迟钝 fǎnyìng chídùn 2. 冬眠的 dōngmiánde = dormant

torpor *n*. 迟钝 chídùn

torque *n*. 转矩 zhuànjù；扭转 niǔzhuǎn

torrefy *v*. 烘 hōng；烤 kǎo

torrent *n*. 1. 激流 jīliú；洪流 hóngliú 2. 迸发 bèngfā；滔滔不绝 tāotāobùjué：a ～ abuse 连珠炮一样的谩骂 liánzhūpào yíyàngde mànmà / ～s of rain 倾盆大雨 qīngpén-dàyǔ

torrential *a*. 奔流的 bēnliúde；急流的 jíliúde：～ rain 倾盆大雨 qīngpéndàyǔ / ～ erosion 急流造成的侵蚀 jíliú zàochéngde qīnshí

torrid *a*. 1. 酷热的 kùrède：the ～ heat of the summer 夏季的酷热 xiàjìde kùrè 2. 晒热的 shàirède：～ rocks 晒得滚烫的岩石 shàide gǔntàngde yánshí

torsion *n*. 扭转 niǔzhuǎn；扭力 niǔlì

torso *n*. 1. 人体躯干 réntǐ qūgàn 2. 石像躯干 shíxiàng qūgàn * of a sculpture

tortile *a*. 扭转的 niǔzhuǎnde；卷曲的 juǎnqūde

tortoise *n*. 乌龟 wūguī

tortoise shell *n*. 龟甲 guījiǎ

torture[1] *n*. 折磨 zhémo；拷打 kǎodǎ

torture[2] *v*. 拷问 kǎowèn；拷打 kǎodǎ；折磨 zhémo：～ prisoners 拷打犯人 kǎodǎ fànrén / be ～d with a toothache 受牙疼折磨 shòu yáténg zhémo

toss *v*. & *n*. 1. 摇摆 yáobǎi；颠簸 diānbǒ：The boat ～ed about in the sea. 小船在海上颠簸。Xiǎochuán zài hǎishang diānbǒ. **2.** 扔 rēng；抛(上去) pāo (shàngqù)：I ～ed him the ball. 我把球扔给他。Wǒ bǎ qiú rēnggěi tā. **3.** 掷钱币决定事情 zhì qiánbì juédìng shìqing：There is only one cake and two of us，so let's ～ for it. 我们两个人只有一块蛋糕，咱们来掷钱看谁吃吧。Wǒmen liǎngge rén zhǐyǒu yíkuài dàngāo，zánmen lái zhìqián kànshuí chībɑ.

total[1] *a.* 总计的 zǒngjìde；全部的 quánbùde：the ～ amount 总量 zǒngliàng

total[2] *n.* 总计 zǒngjì；总数 zǒngshù：The ～ was twenty. 总数是20。Zǒngshù shì èrshí.

total[3] *v.* 计算总数 jìsuàn zǒngshù；合计 héjì

totalitarian *a.* & *n.* 极权主义的 jíquánzhǔyìde；极权主义者 jíquánzhǔyìzhě

totality *n.* 全体 quántǐ；总数 zǒngshù

totalize *v.* 加起来 jiāqǐlái

totaquine *n.* 金奎宁 jīnkuíníng

totem *n.* 图腾 túténg

totter *v.* **1.** 踉跄地走 liàngqiàngde zǒu **2.** 摇摇欲坠 yáoyáo-yùzhuì：The pile of books ～ed and then fell. 这一堆书晃了晃然后就倒了下去。Zhè yìduī shū huànglehuàng ránhòu jiù dǎole xiàqu.

touch[1] *v.* **1.** 触摸 chùmō；碰 pèng：Please don't ～ the exhibits. 请勿触摸展品。Qǐngwù chùmō zhǎnpǐn. / He never ～es alcoholic drinks. 他从不喝酒。Tā cóngbù hē jiǔ. **2.** 感动 gǎndòng；触动 chùdòng：～ the heart 触动心弦 chùdòng xīnxián **3.** 轻按 qīng'àn：～ the bell 按铃 ànlíng **4.** 到达 dàodá；We ～ the land after three months at sea. 航行三个月之后我们到达了陆地。Hángxíng sānge yuè zhīhòu wǒmen dàodále lùdì. **5.** 涉及 shèjí：The question ～es on your interests. 这涉及你的利益。Zhè shèjí nǐde lìyì.

touch[2] *n.* **1.** 触摸 chùmō；碰 pèng：Fur is soft to the ～. 皮毛摸起来很软。Pímáo mōqǐlái hěnruǎn. **2.** 联系 liánxì：keep in ～ with 有…联系 yǒu … liánxì **3.** 有点 yǒudiǎn：a ～ of cold (fever) 有点着凉(发烧) yǒudiǎn zháoliáng (fāshāo)

touch and go *a.* & *n.* 危险(的)wēixiǎn(de)；危急的形势 wēijíde xíngshì

touching *a.* 动人的 dòngrénde：a ～ story 动人的故事 dòngrénde gùshi
touch off *v.* 引起 yǐnqǐ；触发 chùfā
touch on *v.* 提到 tídào；谈到 tándào；说到 shuōdào
touchstone *n.* 试金石 shìjīnshí；标准 biāozhǔn
touchy *a.* 易怒的 yìnùde；暴躁的 bàozàode
tough *a.* **1.** 坚韧的 jiānrènde：as ～ as leather 坚韧如皮革 jiānrèn rú pígé **2.** 咬不动的 yǎobudòngde：～ meat 咬不动的肉 yǎobudòngde ròu **3.** 强壮的 qiángzhuàngde；吃苦耐劳的 chīkǔ-nàiláode：～ soldiers 吃苦耐劳的士兵 chīkǔ-nàiláode shìbīng **4.** 困难的 kùnnande；棘手的 jíshǒude：a ～ job 棘手的工作 jíshǒude gōngzuò **5.** 坚硬的 jiānyìngde；顽强的 wánqiángde：a ～ policy 强硬的政策 qiángyìngde zhèngcè **6.** 粗暴的 cūbàode ＊ of persons
toughen *v.* 变强壮 biàn qiángzhuàng；变坚硬 biàn jiānyìng
tour[1] *n.* 旅行 lǚxíng；游览 yóulǎn：package ～ 包价旅游 bāojià lǚyóu / incentive ～ 奖励旅游 jiǎnglì lǚyóu
tour[2] *v.* 观光 guānguāng；旅行 lǚxíng：～ing car 游览车 yóulǎnchē / ～ing company 巡回剧团 xúnhuí jùtuán
tourism *n.* **1.** 游览 yóulǎn；旅行 lǚxíng **2.** 旅游业 lǚyóuyè ＝ tourist industry
tourist *n.* 旅游者 lǚyóuzhě *a.* 旅行的 lǚxíngde；观光的 guānguāngde：a ～ agency 旅行社 lǚxíngshè
tournament *n.* 比赛 bǐsài；锦标赛 jǐnbiāosài
tourniquet *n.* 止血带 zhǐxiědài；压脉器 yāmàiqì ＊ to stop bleeding
tousle *v.* 搅乱 jiǎoluàn；弄乱 nòngluàn：～d hair 蓬乱的头发 péngluànde tóufa
tout *v.* 招徕 zhāolái；兜生意 dōu shēngyi；推销 tuīxiāo：～ for subscriptions 招徕订阅 zhāolái dìngyuè *n.* 兜售商品者 dōushòu shāngpǐnzhě
tow *v.* & *n.* 拖 tuō；拉 lā：～ a damaged ship into port 把损坏的船拖进港口 bǎ sǔnhuàide chuán tuōjìn gǎngkǒu
towards *prep.* **1.** 向 xiàng；朝 cháo：The house looks ～ the sea. 房子朝着海。Fángzi cháozhe hǎi. **2.** 对 duì：He stood with his back ～ me. 他背对我站着。Tā bèi duì wǒ zhànzhe. **3.** 将近 jiāngjìn：～ 8 o'clock 将近八点 jiāngjìn bādiǎn
towel *n.* 毛巾 máojīn

tower *n.* 塔 tǎ：a television ～ 电视塔 diànshìtǎ *v.* 高耸 gāosǒng

towering *a.* **1.** 耸立的 sǒnglìde：a ～ tree 高耸的树 gāosǒngde shù **2.** 杰出的 jiéchūde：a ～ figure 一位杰出的人士 yíwèi jiéchūde rénshì **3.** 极大的 jídàde；激烈的 jīliède：in a ～ rage 大发雷霆 dàfā-léitíng

towhead *n.* 浅黄头发 qiǎnhuáng tóufa

town *n.* **1.** 镇 zhèn；城镇 chéngzhèn * bigger than a village **2.** 市区 shìqū = city：We went to ～ to do some shopping today. 我们今天去市中心买了些东西。Wǒmen jīntiān qù shì zhōngxīn mǎilexiē dōngxi. **3.** 市民 shìmín；镇民 zhènmín = all the people in a ～：The whole ～ knows of it. 全市人都知道了。Quánshìrén dōu zhīdaole.

toxaemia *n.* 毒血症 dúxuèzhèng

toxic *a.* 有毒的 yǒudúde；中毒的 zhòngdúde

toxicology *n.* 毒理学 dúlǐxué

toxin *n.* 毒素 dúsù；毒质 dúzhì

toxoid *n.* 类毒素 lèidúsù

toxolysin *n.* 解毒素 jiědúsù

toy *n.* 玩具 wánjù：This doll is her favourite ～. 这个娃娃是她心爱的玩具。Zhège wáwa shì tā xīn'àide wánjù. *v.* 玩弄 wánnòng

toy shop *n.* 玩具店 wánjùdiàn

trace[1] *n.* **1.** 痕迹 hénjì；踪迹 zōngjì = mark or sign **2.** 微量 wēiliàng；一点点 yìdiǎndiǎn = minute quantity：He does not show a ～ of fear. 他没有露出丝毫的恐惧。Tā méiyǒu lùchū sīháode kǒngjù.

trace[2] *v.* **1.** 追踪 zhuīzōng = follow the track of：The criminal was ～d to Shanghai. 罪犯被追踪到上海。Zuìfàn bèi zhuīzōngdào Shànghǎi. **2.** 追溯 zhuīsù = go back over the course of：be ～d back to the Ming Dynasty 追溯到明朝 zhuīsùdào Míngcháo **3.** 查找 cházhǎo = find：I cannot ～ the letter you sent me. 我找不到你寄给我的信。Wǒ zhǎobudào nǐ jìgěi wǒde xìn. **4.** 描绘 miáohuì = draw：～ out the plan of a house 描绘房子的平面图 miáohuì fángzide píngmiàntú **5.** 一笔一画地写 yìbǐ yíhuàde xiě = write slowly：He ～d his name slowly at the bottom of the page. 他在书页的下方一笔一画慢慢地写出自己的名字。Tā zài shūyède xiàfāng yìbǐ-yíhuà mànmànde xiěchū zìjǐde míngzi.

traceable *a.* 可追踪的 kě zhuīzōngde

tracer *n.* **1.** 追踪者 zhuīzōngzhě **2.** 曳光弹 yèguāngdàn * a bullet

tracery *n.* 花窗格 huāchuānggé * as in a church window
trachea *n.* 气管 qìguǎn
tracheitis *n.* 气管炎 qìguǎnyán
trachoma *n.* 沙眼 shāyǎn
tracing *n.* 描图 miáotú
track[1] *n.* **1.** 轨迹 guǐjī；踪迹 zōngjī：The dog followed the fox's ～ into the woods. 狗循着狐狸的脚印走入森林。Gǒu xúnzhe húlide jiǎoyìn zǒurù sēnlín. **2.** 路 lù；小道 xiǎodào = path：a ～ through a forest 林中道路 línzhōng dàolù **3.** 跑道 pǎodào：a running ～ 跑道 pǎodào **4.** 轨道 guǐdào = a set of rails **5.** 路线 lùxiàn = route：the ～ of a typhoon 台风的路线 táifēngde lùxiàn **6.** 履带 lǚdài = belts of a tractor or tank // keep (lose) ～ of 掌握(失去)线索 zhǎngwò (shīqù) xiànsuǒ / keep ～ of current events 掌握时事动态 zhǎngwò shíshì dòngtài
track[2] *v.* 跟踪 gēnzōng；追踪 zhuīzōng
track down *v.* & *ad.* 搜捕 sōubǔ
tracking station *n.* 雷达跟踪站 léidá gēnzōngzhàn；观测站 guāncèzhàn
trackless *a.* 没有足迹的 méiyǒu zújìde
tract *n.* **1.** 广阔地面 guǎngkuò dìmiàn；地域 dìyù：a vast ～ of land 一大片土地 yídàpiàn tǔdì **2.** 小册子 xiǎocèzi；短文 duǎnwén = pamphlet
tractable *a.* 驯服的 xúnfúde；听话的 tīnghuàde：a ～ student 听话的学生 tīnghuàde xuésheng
traction *n.* 牵引 qiānyǐn；拖曳 tuōyè：steam ～ 蒸汽牵引 zhēngqì qiānyǐn
traction engine *n.* 牵引机 qiānyǐnjī
tractor *n.* 拖拉机 tuōlājī；牵引机 qiānyǐnjī：a walking ～ 手扶拖拉机 shǒufú tuōlājī
trade[1] *n.* **1.** 贸易 màoyì；生意 shēngyi：foreign ～ 对外贸易 duìwài màoyì **2.** 行业 hángyè：He works in the tourist ～. 他在旅游行业工作。Tā zài lǚyóu hángyè gōngzuò.
trade[2] *v.* **1.** 经商 jīngshāng；做买卖 zuòmǎimai = engaged in trade **2.** 交换 jiāohuàn = exchange：The early settlers ～d copper for corn. 早期移民用铜换取玉米。Zǎoqī yímín yòng tóng huànqǔ yùmǐ.
trade gap *n.* 贸易差额 màoyì chā'é
trade mark *n.* 商标 shāngbiāo
trade price *n.* 批发价 pīfājià

trader *n.* 商人 shāngrén

tradesman *n.* 小商人 xiǎoshāngrén；零售商人 língshòu shāngrén

trade union *n.* 工会 gōnghuì

tradition *n.* **1.** 传说 chuánshuō = legend：The story is based mainly on ～. 这故事主要是根据传说。Zhè gùshi zhǔyào shì gēnjù chuánshuō. **2.** 传统 chuántǒng = custom，belief，etc.；习俗 xísú：uphold its old ～ 继承它古老的传统 jìchéng tā gǔlǎode chuántǒng

traditional *a.* 传统的 chuántǒngde：～ Chinese painting 中国国画 Zhōngguó guóhuà

traduce *v.* 诽谤 fěibàng；中伤 zhòngshāng：～ sb. 诽谤某人 fěibàng mǒurén

traffic *n.* **1.** 交通 jiāotōng：～ regulations 交通规则 jiāotōng guīzé **2.** 运输 yùnshū：goods ～ 货运 huòyùn **3.** 买卖 mǎimai；生意 shēngyi：illegal drug ～ 非法毒品买卖 fēifǎ dúpǐn mǎimai *v.* 交易 jiāoyì；买卖 mǎimai

trafficker *n.* 作非法买卖者 zuò fēifǎ mǎimaizhě

traffic light *n.* 红绿灯 hónglǜdēng

tragedian *n.* 悲剧演员 bēijù yǎnyuán；悲剧作家 bēijù zuòjiā

tragedienne *n.* 悲剧女演员 bēijù nǚyǎnyuán

tragedy *n.* 悲剧 bēijù；惨剧 cǎnjù

tragic *n.* **1.** 悲剧的 bēijùde：a ～ actor 悲剧演员 bēijù yǎnyuán **2.** 悲惨的 bēicǎnde；不幸的 búxìngde：a ～ tale 悲惨的故事 bēicǎnde gùshi

tragicomedy *n.* 悲喜剧 bēixǐjù

trail[1] *n.* **1.** 足迹 zújì；痕迹 hénjì **2.** 小路 xiǎolù；小道 xiǎodào：tortuous mountain ～s 曲折崎岖的山路 qūzhé qíqūde shānlù **3.** 一串 yíchuàn；一系列 yíxìliè：a ～ of smoke 一缕烟 yìlǚyān

trail[2] *v.* **1.** 拉 lā；拖 tuō：The child is ～ing a toy car on a string. 小孩用绳子拖着一辆玩具车。Xiǎohái yòng shéngzi tuōzhe yíliàng wánjùchē. **2.** 追踪 zhuīzōng：～ after a suspect 追踪嫌疑犯 zhuīzōng xiányífàn **3.** 慢吞吞地走 màntūntūnde zǒu：The defeated army ～ed back to camp. 打了败仗的部队拖着疲乏的步子走回营地。Dǎle bàizhàngde bùduì tuōzhe pífáde bùzi zǒuhuí yíngdì.

trailer *n.* **1.** 拖车 tuōchē；挂车 guàchē ∗ a vehicle **2.** 电影预告片 diànyǐng yùgàopiàn ∗ of a film **3.** 蔓生植物 mànshēng zhíwù

trail off *v.* 逐渐消失 zhújiàn xiāoshī

train[1] *n.* **1.** 火车 huǒchē: a through ~ 直达列车 zhídá lièchē **2.** 一大串 yídàchuàn * of moving people, vehicles, etc. **3.** 一系列 yíxìliè; 一连串 yìliánchuàn: a ~ of events 一连串事件 yìliánchuàn shìjiàn

train[2] *v.* **1.** 训练 xùnliàn; 培养 péiyǎng: ~ children to be good citizens 培养儿童成为好公民 péiyǎng értóng chéngwéi hǎo gōngmín **2.** 整枝 zhěngzhī * of a plant; 锻炼 duànliàn: ~ for a race 锻炼赛跑 duànliàn sàipǎo

trainee *n.* 学员 xuéyuán; 受训练的人（动物）shòu xùnliànde rén (dòngwù)

trainer *n.* 教员 jiàoyuán; 训练者 xùnliànzhě

training *n.* 训练 xùnliàn; 练习 liànxí; 锻炼 duànliàn

trait *n.* 特色 tèsè; 特性 tèxìng; 性格 xìnggé

traitor *n.* 卖国贼 màiguózéi; 叛徒 pàntú

traitorous *a.* 叛逆的 pànnìde

trajectory *n.* 弹道 dàndào

tram *n.* 电车 diànchē

trammel *n.* **1.** 网 wǎng (for catching fish, birds) **2.** 阻碍物 zǔ'àiwù = sth. that impedes movement *v.* 阻碍 zǔ'ài = impede

tramp[1] *v.* **1.** 拖着沉重的脚步行走 tuōzhe chénzhòngde jiǎobù xíngzǒu **2.** 步行 bùxíng; 徒步走 túbùzǒu: ~ the whole country 步行走遍全国 bùxíng zǒubiàn quánguó **3.** 踩 cǎi: ~ on sb.'s toes 踩着某人的脚 cǎizhe mǒurénde jiǎo

tramp[2] *n.* **1.** 沉重的脚步声 chénzhòngde jiǎobùshēng: the ~ of marching feet 行军的脚步声 xíngjūnde jiǎobùshēng **2.** 徒步旅行 túbù lǚxíng **3.** 流浪乞丐 liúlàng qǐgài = wanderer **4.** 不定期货船 búdìngqī huòchuán * a type of freight vessel

trample *v.* **1.** 踩 cǎi; 践踏 jiàntà: ~ down the grass 把草踩在脚底 bǎ cǎo cǎizài jiǎodǐ **2.** 无视 wúshì; 侵犯 qīnfàn: ~ the law 无视法律 wúshì fǎlǜ

trampoline *n.* 蹦床 bèngchuáng

trance *n.* **1.** 恍惚 huǎnghū; 出神 chūshén **2.** 昏睡状态 hūnshuì zhuàngtài = sleepiness; 神志昏迷 shénzhì hūnmí (in medical term): fall into a ~ 陷入昏睡 xiànrù hūnshuì

tranquil *a.* 安静的 ānjìngde；平静的 píngjìngde：a ～ lake 幽静的湖 yōujìngde hú

tranquilize *v.* 镇定 zhèndìng；安静 ānjìng

tranquilizer *n.* 镇定剂 zhèndìngjì；止痛药 zhǐtòngyào

transact *v.* 办理 bànlǐ；处理 chǔlǐ：～ some business 处理一些事务 chǔlǐ yìxiē shìwù

transaction *n.* **1.** 办理 bànlǐ **2.** 交易 jiāoyì = trading：cash ～s 现金交易 xiànjīn jiāoyì

transatlantic *a.* **1.** 大西洋彼岸的 Dàxīyáng bǐ'ànde：a ～ military base 在大西洋彼岸的军事基地 zài Dàxīyáng bǐ'ànde jūnshì jìdì **2.** 跨越大西洋的 kuàyuè Dàxīyángde = crossing the Atlantic：～ flights 横越大西洋的班机 héngyuè Dàxīyángde bānjī

transcalent *a.* 透热的 tòurède；传热的 chuánrède

transceiver *n.* 无线电收发机 wúxiàndiàn shōufājī

transcend *v.* 超越 chāoyuè；超出 chāochū

transcendent *a.* 卓越的 zhuōyuède；出类拔萃的 chūlèi-bácuìde：～ merit 卓越的功绩 zhuōyuède gōngjī

transcendental *a.* **1.** 超凡的 chāofánde **2.** 先验的 xiānyànde

transcendentalism *n.* 先验哲学论 xiānyàn zhéxuélùn

transcontinental *a.* 横越大陆的 héngyuè dàlùde：a ～ railway 横越大陆的铁路 héngyuè dàlùde tiělù

transcribe *v.* 抄写 chāoxiě = copy；转写 zhuǎnxiě = write cut full from shorthand notes

transcript *n.* 抄本 chāoběn；副本 fùběn = copy；记录 jìlù = record

transcription *n.* 抄写 chāoxiě；转写 zhuǎnxiě：phonetic ～s 音标 yīnbiāo；用音标写成的文字 yòng yīnbiāo xiěchéngde wénzì

transfer[1] *v.* **1.** 移送 yísòng；转送 zhuǎnsòng；调动 diàodòng：The head office has been ～red from Shanghai to Beijing. 总部由上海移到北京。Zǒngbù yóu Shànghǎi yídào Běijīng. / be ～red to another post 被调职 bèi diàozhí **2.** 转让 zhuǎnràng；交付 jiāofù = hand over（property）**3.** 换车 huànchē；换船 huànchuán（= change）**4.** 转学 zhuǎnxué：～ a boy to another school 叫孩子转学 jiào háizi zhuǎnxué

transfer[2] *n.* 移送 yísòng；变换 biànhuàn：a ～ company 转运公司 zhuǎnyùn gōngsī / a ～ line 输送管 shūsòngguǎn / ～ book 过户总帐

guòhù zǒngzhàng

transfer(r)able *a.* 可转移的 kě zhuǎnyíde；可流通的 kě liútōngde：～ currency 流通货币 liútōng huòbì

transfigure *v.* 改变…的形状 gǎibiàn…de xíngzhuàng；美化 měihuà

transfix *v.* **1.** 戳穿 chuōchuān **2.** 使大吃一惊 shǐ dàchī yìjīng ＝ frightened：He was ～ed at its sight. 他看见这个光景就吓呆了。Tā kànjiàn zhège guāngjǐng jiù xiàdāile.

transform *v.* 变形 biànxíng；改变 gǎibiàn

transformer *n.* 变压器 biànyāqì

transfuse *v.* 注入 zhùrù；输入 shūrù

transfusion *n.* 注入 zhùrù：blood ～ 输血 shūxiě

transgress *v.* **1.** 越过 yuèguò：～ the bounds of decency 超越了庄重的范围 chāoyuèle zhuāngzhòngde fànwéi **2.** 违背 wéibèi；犯法 fànfǎ * against a law，an agreement，etc.

transient *a.* 短暂的 duǎnzànde

transigent *n.* 妥协者 tuǒxiézhě *a.* 动摇的 dòngyáode

transilient *a.* 跳动的 tiàodòngde ＝ jumping over

transire *n.* 货物通行单 huòwù tōngxíngdān

transistor *n.* 晶体管 jīngtǐguǎn；半导体 bàndǎotǐ

transit *n.* **1.** 通过 tōngguò；经过 jīngguò：～ passengers 过客 guòkè **2.** 运输 yùnshū：overland ～ 陆上运输线 lùshang yùnshūxiàn

transition *n.* 转变 zhuǎnbiàn；过渡 guòdù：a ～ period 过渡时期 guòdù shíqī

transitive *a.* 及物的 jíwùde：a ～ verb 及物动词 jíwù dòngcí

transitory *a.* 暂时的 zànshíde；瞬间的 shùnjiānde：～ delight 转瞬即逝的快乐 zhuǎnshùn jíshìde kuàilè

translate *v.* **1.** 翻译 fānyì：～ English into Chinese 把英语译成汉语 bǎ Yīngyǔ yìchéng Hànyǔ **2.** 解释 jiěshì；说明 shuōmíng **3.** 转移 zhuǎnyí：～ emotion into action 把感情变为行动 bǎ gǎnqíng biànwéi xíngdòng

translation *n.* **1.** 翻译 fānyì **2.** 译文 yìwén

translator *n.* 翻译者 fānyìzhě；译员 yìyuán

transliterate *v.* 按字母直译 àn zìmǔ zhíyì；音译 yīnyì

translucent *a.* 半透明的 bàntòumíngde：a ～ substance 半透明物质 bàntòumíng wùzhì

transmigration *n.* 移居 yíjū；迁徙 qiānxǐ

transmission *n.* **1.** 播送消息 bōsòng xiāoxi * by television or radio **2.** 遗传 yíchuán = transmit sth. (as a disease) from parent to child

transmit *v.* **1.** 传播 chuánbō：~ news by radio 用无线电播发消息 yòng wúxiàndiàn bōfā xiāoxi / ~ a disease 传播疾病 chuánbō jíbìng **2.** 传导 chuándǎo：Air ~s heat. 空气传热。Kōngqì chuánrè. **3.** 遗传 yíchuán：Parents ~ some of their characteristics to their children. 父母把他们的一些性格遗传给儿女。Fùmǔ bǎ tāmende yìxiē xìnggé yíchuán gěi érnǚ.

transmitter *n.* **1.** 传送者 chuánsòngzhě * a person **2.** 话筒 huàtǒng；发射机 fāshèjī：television ~ 电视发射机 diànshì fāshèjī

transmogrify *v.* 使改变形象 shǐ gǎibiàn xíngxiàng

transmutation *n.* 变形 biànxíng；变质 biànzhì

transmute *v.* 变形 biànxíng；变质 biànzhì：~ water power into electric power 把水力变成电力 bǎ shuǐlì biànchéng diànlì

transnational *a.* 跨国的 kuàguóde：a ~ corporation 跨国公司 kuàguó gōngsī

transoceanic *a.* 超越大洋的 chāoyuè dàyángde；在大洋彼岸的 zài dàyáng bǐ'ànde：a ~ telephone cable 越洋电话电缆 yuèyáng diànhuà diànlǎn

transom *n.* **1.** 横梁 héngliáng **2.** 气窗 qìchuāng：a ~ window 气窗 qìchuāng

transparence *n.* 透明 tòumíng；透明度 tòumíngdù

transparent *a.* **1.** 透明的 tòumíngde **2.** 明白的 míngbaide；易懂的 yìdǒngde：a ~ style 明晰的风格 míngxīde fēnggé **3.** 明显的 míngxiǎnde：a ~ lie 明显的谎言 míngxiǎnde huǎngyán

transpiration *n.* **1.** 蒸发 zhēngfā = evaporation；发汗 fāhàn = sweating **2.** 泄漏 xièlòu = leak (of a secret; an event)

transpire *v.* **1.** 发汗 fāhàn；发散 fāsàn **2.** 泄漏 xièlòu；公开 gōngkāi = leak of a secret, an event

transplant[1] *v.* **1.** 移植 yízhí：~ a human kidney into a patient 把人的肾脏移植到病人体内 bǎ rénde shènzàng yízhídào bìngrén tǐnèi **2.** 迁移 qiānyí：He wishes to ~ his family to Beijing. 他想把家迁到北京。Tā xiǎng bǎ jiā qiāndào Běijīng.

transplant[2] *n.* 移植器官 yízhí qìguān；移植体 yízhítǐ：a heart ~ 心脏移

植 xīnzàng yízhí

transport *v.* 1. 运输 yùnshū：～ sth. by air 空运 kōngyùn 2. 流放 liúfàng = banish ＊ of a criminal 3. 使心情极为激动 shǐ xīnqíng jíwéi jīdòng：be ～ed with joy 快乐得不得了 kuàilède bùdéliǎo *n.* 1. 运输 yùnshū 2. 运输船 yùnshūchuán ＊ ship；运输机 yùnshūjī ＊ aircraft

transportation *n.* 运输 yùnshū；运送 yùnsòng

transpose *v.* 互换位置 hùhuàn wèizhi

transubstantiation *n.* 成圣体 chéngshèngtǐ

transudate *n.* 渗出液 shènchūyè

transverse *a.* 横 héng；横向的 héngxiàngde：～ section 横断面 héngduànmiàn

trap *n.* 1. 陷阱 xiànjǐng；圈套 quāntào：fall into a ～ 陷入圈套 xiànrù quāntào 2. 夹子 jiāzi：a mouse ～ 鼠夹 shǔjiā *v.* 设陷阱 shè xiànjǐng

trapdoor *n.* 活门 huómén；暗门 ànmén

trapeze *n.* 高秋千 gāoqiūqiān；吊架 diàojià：a ～ acrobat 空中飞人 kōngzhōng fēirén

trapezium *n.* 梯形 tīxíng；不规则四边形 bù guīzé sìbiānxíng

trapezoid *n.* & *a.* 不规则四边形 bù guīzé sìbiānxíng；梯形 tīxíng

trapper *n.* 捕兽者 bǔshòuzhě

trappings *n.* 装饰 zhuāngshì；服饰 fúshì

trash *n.* 废料 fèiliào；垃圾 lājī：a ～ bin 垃圾箱 lājīxiāng

trashy *a.* 垃圾似的 lājī shìde；无价值的 wújiàzhíde：～ jewellery 廉价珠宝 liánjià zhūbǎo

trauma *n.* 创伤 chuāngshāng：emotional ～ 感情上的创伤 gǎnqíngshangde chuāngshāng

traumatology *n.* 创伤学 chuāngshāngxué

travail *n.* 1. 辛苦 xīnkǔ；劳苦 láokǔ 2. 阵痛 zhèntòng ＊ of childbirth

travel *v.* 1. 旅行 lǚxíng：～ around the world 周游世界 zhōuyóu shìjiè 2. 运行 yùnxíng ＊ of stars, boats, trains, etc. 3. 传播 chuánbō：Light ～s faster than sound. 光比声音传播得快。Guāng bǐ shēngyīn chuánbōde kuài. *n.* 1. 旅行 lǚxíng；旅游 lǚyóu：Is he back from his ～s？他旅游回来了吗？Tā lǚyóu huíláilema？2. 游记 yóujì：books on ～s 游记书籍 yóujì shūjí

travel agency *n.* 旅行社 lǚxíngshè

traveller *n.* 游客 yóukè；旅客 lǚkè

traveller's cheque *n.* 旅行支票 lǚxíng zhīpiào

traverse *v.* 横过 héngguò；通过 tōngguò *n.* 1. 横越 héngyuè：～ the ocean 横渡重洋 héngdù chóngyáng 2. 障碍物 zhàng'àiwù：～ beam 横梁 héngliáng

travesty *n.* & *v.* 滑稽地摹仿 huájīde mófǎng

trawl *n.* 拖网 tuōwǎng *v.* 用网拖鱼 yòng wǎng tuōyú

trawler *n.* 拖网鱼船 tuōwǎng yúchuán

tray *n.* 托盘 tuōpán：a tea ～ 茶盘 chápán / an ash ～ 烟灰碟 yānhuīdié

treacherous *a.* 叛逆的 pànnìde；不忠的 bùzhōngde：a ～ act 背叛行为 bèipàn xíngwéi

treachery *n.* 叛逆 pànnì；不忠 bùzhōng

treacle *n.* 糖浆 tángjiāng；糖蜜 tángmì

tread[1] *v.* 1. 踏 tà；踩 cǎi：Don't ～ on the grass. 不要踩踏草地。Búyào cǎità cǎodì. 2. 踏上 tàshàng；走上 zǒushàng：～ a dangerous path 踏上危险的道路 tàshàng wēixiǎnde dàolù / ～ on eggs 如履薄冰 rúlǚ-bóbīng / ～ in sb.'s steps 仿效某人 fǎngxiào mǒurén

tread[2] *n.* 1. 走路 zǒulù；脚步声 jiǎobùshēng：a noisy ～ 吵杂的脚步声 chǎozáde jiǎobùshēng 2. 踏板 tàbǎn；踏脚 tàjiǎo * of a stair or step

treadle *n.* 踏板 tàbǎn ＝ ～ pedal *v.* 踩踏板 cǎi tàbǎn

treason *n.* 叛逆 pànnì；叛国罪 pànguózuì

treasonable *a.* 叛国的 pànguóde；叛逆的 pànnìde

treasure[1] *n.* 1. 财宝 cáibǎo；珠宝 zhūbǎo：buried ～ 埋藏的珠宝 máicángde zhūbǎo 2. 珍品 zhēnpǐn：art ～s 艺术珍品 yìshù zhēnpǐn

treasure[2] *v.* 1. 珍藏 zhēncáng：～ up stamps 珍藏邮票 zhēncáng yóupiào 2. 珍惜 zhēnxī：I ～ your friendship. 我珍惜你的友谊。Wǒ zhēnxī nínde yǒuyì.

treasure house *n.* 宝库 bǎokù；宝藏 bǎozàng

treasurer *n.* 管理财务的人 guǎnlǐ cáiwùde rén；财务主管 cáiwù zhǔguǎn

treasury *n.* 1. 金库 jīnkù；国库 guókù 2. 宝典 bǎodiǎn：This book is a ～ of useful information. 这本书是个宝典，收集了许多有用的资料。Zhèběn shū shìge bǎodiǎn，shōujíle xǔduō yǒuyòngde zīliào. / Treasury Department 财政部 cáizhèngbù

treat[1] *v.* 1. 对待 duìdài：She ～s us as children. 她把我们当孩子对待。

Tā bǎ wǒmen dāng háizi duìdài. **2.** 处理 chǔlǐ：The theme of the play is skillfully ～ed. 这剧本的主题处理得很好。Zhè jùběnde zhǔtí chǔlǐde hěnhǎo. **3.** 治疗 zhìliáo：How do you ～ a case of rheumatism? 你怎么治疗风湿病？Nǐ zěnme zhìliáo fēngshībìng? **4.** 谈判 tánpàn：～ with the enemy for peace 同敌人谈判和平 tóng dírén tánpàn hépíng **5.** 款待 kuǎndài；宴请 yànqǐng：He ～ed me to an ice-cream. 他请我吃一杯冰淇淋。Tā qǐng wǒ chī yìbēi bīngqílín.

treat[2] *n.* **1.** 请客 qǐngkè；款待 kuǎndài：This is my ～，so I will pay for everything. 这是我请客，所以一切账都由我付。Zhèshì wǒ qǐngkè，suǒyǐ yíqiè zhàng dōu yóu wǒ fù. **2.** 愉快的事 yúkuàide shì：What a ～ to get out of the town! 能够离开喧闹的城镇是件多么愉快的事啊！Nénggòu líkāi xuānnàode chéngzhèn shìjiàn duōme yúkuàide shì'ɑ!

treatise *n.* 论文 lùnwén

treatment *n.* **1.** 待遇 dàiyù：most-favored nation ～ 最惠国待遇 zuìhuìguó dàiyù **2.** 治疗 zhìliáo：He has gone to hospital for ～. 他到医院去接受治疗了。Tā dào yīyuàn qù jiēshòu zhìliáole. **3.** 处理 chǔlǐ：heat ～ 热处理 rèchǔlǐ / water ～ 水的净化 shuǐde jìnghuà

treaty *n.* 条约 tiáoyuē；协定 xiédìng

treble[1] *n.* **1.** 高音 gāoyīn **2.** 高音乐器 gāoyīn yuèqì ＊ the musical instrument **3.** 高音部 gāoyīnbù ＊ highest part of a piece of music

treble[2] *a.* 高音的 gāoyīnde

treble[3] *a.* & *n.* 三倍(的) sānbèi(de)：He earns ～ my wages. 他挣的工资是我的三倍。Tā zhèngde gōngzī shì wǒde sānbèi.

treble[4] *v.* 成三倍 chéng sānbèi

tree *n.* **1.** 树 shù：an apple ～ 苹果树 píngguǒshù **2.** 世系图 shìxìtú：family ～ 家谱 jiāpǔ

trek *v.* 长途旅行 chángtú lǚxíng；步行 bùxíng

trellis *n.* 棚架 péngjià；格子架 gézijià *v.* 用棚架支撑 yòng péngjià zhīchēng；装格子 zhuāng gézi

tremble *v.* **1.** 发抖 fādǒu：～ with cold 冷得发抖 lěngde fādǒu **2.** 摇动 yáodòng；摇晃 yáohuàng：The whole house ～d as the train went by. 火车开过时整个房子都震动。Huǒchē kāiguòshí zhěngge fángzi dōu zhèndòng. **3.** 焦虑 jiāolǜ；担心 dānxīn：～ for a person's safety 为某人

的安全担忧 wèi mǒurénde ānquán dānyōu *n.* 发抖 fādǒu；哆嗦 duōsuo

tremendous *a.* **1.** 巨大的 jùdàde；非常的 fēichángde：at a ～ speed 以惊人的速度 yǐ jīngrénde sùdù **2.** 极好的 jíhǎode：a ～ concert 极好的音乐会 jíhǎode yīnyuèhuì *ad.* 非常 fēicháng

tremor *n.* 颤抖 chàndǒu；震动 zhèndòng：earth ～ 地震 dìzhèn

tremulous *a.* **1.** 发抖的 fādǒude：a ～ voice 颤抖的声音 chàndǒude shēngyīn **2.** 不安的 bù'ānde；紧张的 jǐnzhāngde ＝ nervous

trench *n.* 沟 gōu；壕沟 háogōu *v.* 挖沟 wāgōu；挖战壕 wā zhànháo

trenchant *a.* 锐利 ruìlì；尖锐 jiānruì：～ words 锋利的言辞 fēnglìde yáncí / ～ wit 机智 jīzhì

trend *n.* 趋势 qūshì；倾向 qīngxiàng：the ～ of events 事态的趋向 shìtàide qūxiàng

trendy *a.* 时髦的 shímáode；摩登的 módēngde：～ clothes 时髦衣服 shímáo yīfu *n.* 追求时髦的人 zhuīqiú shímáode rén；摩登的人 módēngde rén

trepidation *n.* 震惊 zhènjīng；恐怖 kǒngbù

trespass *v.* 侵入 qīnrù；侵犯 qīnfàn：No ～ing！不准入内！Bùzhǔn rùnèi！ *n.* 非法入内 fēifǎ rùnèi

tress *n.* 一束长发 yíshù chángfà；辫子 biànzi

trestle *n.* 支架 zhījià；台架 táijià

trews *n.* 紧身格子呢裤 jǐnshēn gézi níkù

triad *n.* 三人一组 sānrén yìzǔ；三件一套 sānjiàn yítào

trial *n.* **1.** 试验 shìyàn：an air ～ 飞行试验 fēixíng shìyàn / give sb. a ～ 试用某人 shìyòng mǒurén **2.** 考验 kǎoyàn：stand the ～s 经得住考验 jīngdezhù kǎoyàn **3.** 审问 shěnwèn：a public ～ 公审 gōngshěn **4.** 尝试 chángshì：He succeeded on his third ～. 他在第三次尝试中成功了。Tā zài dì-sāncì chángshìzhōng chénggōngle. // on ～ **1.** 在试用中 zài shìyòngzhōng：The new method is on ～. 新方法正在试用。Xīn fāngfǎ zhèngzài shìyòng. **2.** 在受审 zài shòushěn：be on ～ for theft 因盗窃而受审 yīn dàoqiè ér shòushěn

triangle *n.* 三角形 sānjiǎoxíng

triangular *a.* 三角的 sānjiǎode；三边的 sānbiānde

tribal *a.* 部落的 bùluòde；部族的 bùzúde：a ～ war 部落战争 bùluò zhànzhēng

tribe *n.* **1.** 部落 bùluò：the Indian ～s 印第安人部落 Yìngdì'ān rén bùluò **2.** 一伙 yìhuǒ；一帮 yìbāng：the ～ of politicians 那帮政客 nàbāng zhèngkè **3.** 族 zú：the cat ～ 猫族 māozú

tribesman *n.* 部族男成员 bùzú nán chéngyuán

triboelectricity *n.* 摩擦电 mócādiàn

tribulation *n.* 苦难 kǔnàn；患难 huànnàn

tribunal *n.* 法庭 fǎtíng；审判席 shěnpànxí：a military ～ 军事法庭 jūnshì fǎtíng

tribune *n.* **1.** 讲台 jiǎngtái；讲坛 jiǎngtán **2.** 民众领袖 mínzhòng lǐngxiù = popular leader

tributary *a.* **1.** 纳贡的 nàgòngde；从属的 cóngshǔde：a ～ state 属国 shǔguó **2.** 支流的 zhīliúde：a ～ river 支流 zhīliú *n.* **1.** 纳贡者 nàgòngzhě；属国 shǔguó **2.** 支流 zhīliú：the tributaries of the Yangtze River 长江的支流 Chángjiāngde zhīliú

tribute *n.* **1.** 贡品 gòngpǐn；赠品 zèngpǐn **2.** 颂辞 sòngcí：pay ～ to 向…表示敬意 xiàng…biǎoshì jìngyì

trice *n.* 瞬间 shùnjiān：in a ～ 转眼间 zhuǎnyǎnjiān

tricentennial *n.* 三百周年纪念日 sānbǎi zhōunián jìniànrì *a.* 三百年一次的 sānbǎinián yícìde

triceps *n.* 三头肌 sāntóujī

trichogen *n.* 生发剂 shēngfàjì

trick *n.* **1.** 诡计 guǐjì；手段 shǒuduàn：dirty ～s 卑鄙手段 bēibǐ shǒuduàn **2.** 恶作剧 èzuòjù：play a ～ on sb. 作弄某人 zuònòng mǒurén **3.** 伎俩 jìliǎng；技巧 jìqiǎo：card ～s 纸牌戏法 zhǐpái xìfǎ **4.** 窍门 qiàomén：the ～ of skating 滑冰的窍门 huábīngde qiàomén *v.* **1.** 欺骗 qīpiàn：～ sb. out of his money 骗某人的钱 piàn mǒurénde qián **2.** [～ out] 修饰 xiūshì；装束 zhuāngshù

trickery *n.* 欺骗 qīpiàn；诡计 guǐjì

trickish *a.* 欺骗的 qīpiànde；狡猾的 jiǎohuáde

trickle *v.* **1.** 滴下 dīxià：Tears ～d from her eyes. 眼泪从她眼中滴下来。Yǎnlèi cóng tā yǎnzhōng dīxiàlái. **2.** 慢慢地移动 mànmànde yídòng：

The crowd began to ～ away. 人群慢慢地散去。Rénqún mànmànde sànqù.

trickster *n.* 骗子 piànzi

tricky *a.* **1.** 奸诈的 jiānzhàde；狡猾的 jiǎohuáde：a ～ politician 狡猾的政客 jiǎohuáde zhèngkè **2.** 错综复杂的 cuòzōng fùzáde：a ～ problem 错综复杂的问题 cuòzōng fùzáde wèntí

tricolour *a.* 三色的 sānsède *n.* 三色旗 sānsèqí

tricycle *n.* 三轮车 sānlúnchē

trident *n.* **1.** 三叉式飞机 sānchàshì fēijī ＊ a type of airplane **2.** 三尖叉 sānjiānchà

tried *a.* 经过考验的 jīngguò kǎoyànde；可靠的 kěkàode

triennial *a.* **1.** 每三年一次的 měi sānnián yícìde：a ～ election 三年一次的选举 sānnián yícìde xuǎnjǔ **2.** 持续三年的 chíxù sānniánde：a ～ contract 三年合同 sānnián hétong

trifle *n.* **1.** 小事 xiǎoshì；琐事 suǒshì：Don't worry over such ～s. 别为这些琐事烦恼。Biéwèi zhèxiē suǒshì fánnǎo. **2.** 少量 shǎoliàng；一点钱 yìdiǎnqián：It cost only a ～. 这只值一点点钱。Zhè zhǐ zhí yìdiǎndiǎn qián. / a ～ of sugar 少量的糖 shǎoliàngde táng // a ～ 有点 yǒudiǎn *v.* 浪费 làngfèi：～ the hours away 浪费时间 làngfèi shíjiān

trifling *a.* 少许的 shǎoxǔde；轻微的 qīngwēide ＝ insignificant

trifocal *a.* 三焦距的 sānjiāojùde *n.* 三焦距透镜 sānjiāojù tòujìng

trig *a.* 漂亮的 piàoliangde ＝ trim；整洁的 zhěngjiéde ＝ tidy

trigger *n.* 扳机 bānjī ＊ of a gun；触发器 chùfāqì ＊ in electronics *v.* 引发 yǐnfā；导致 dǎozhì ＝ set off

trigonometry *n.* 三角法 sānjiǎofǎ；三角学 sānjiǎoxué

trilateral *a.* 三边的 sānbiānde

trilingual *a.* （懂得）三国语言的（dǒngdé）sānguó yǔyánde

trill *v.* 发颤音 fā chànyīn；发卷舌音 fā juǎnshéyīn *n.* 颤音 chànyīn；卷舌音 juǎnshéyīn

trilling *n.* 百万兆 bǎiwànzhào（British English）；兆 zhào，一万亿 yíwànyì（American English）

trilogy *n.* 三部曲 sānbùqǔ

trim[1] *v.* **1.** 整理 zhěnglǐ；修剪 xiūjiǎn：～ a tree 修剪树枝 xiūjiǎn shùzhī **2.** 装饰 zhuāngshì ＝ decorate：～a dress with lace 给衣服饰花边 gěi yīfu shì huābiān **3.** 两面讨好 liǎngmiàn tǎohǎo；随风驶舵 suífēng shǐduò ∗ in politics：～ between two parties 对于两党，两面讨好 duìyú liǎngdǎng，liǎngmiàn tǎohǎo **4.** 整帆以适应风向 zhěngfān yǐ shìyìng fēngxiàng ∗ in handling a sail **5.** 降低 jiàngdī；减少 jiǎnshǎo ＝ cut：You must ～ your costs if you want to make bigger profits. 要获取更大的利润就要减少开支。Yào huòqǔ gèngdàde lìrùn jiùyào jiǎnshǎo kāizhī.

trim² *a.* 整洁的 zhěngjiéde；整齐的 zhěngqíde

trimester *n.* 三个月 sānge yuè ＝ a period of 3 months；学期 xuéqī ＝ semester

trimming *n.* **1.** 整理 zhěnglǐ；装饰 zhuāngshì **2.** 配料 pèiliào；附加物 fùjiāwù：duck served with all the ～s 加上配料的鸭肉 jiāshàng pèiliàode yāròu

trinity *n.* 三个一组 sānge yìzǔ

Trinity *n.* 三位一体 sānwèi yìtǐ

trinket *n.* 小装饰品 xiǎo zhuāngshìpǐn

trio *n.* **1.** 三重奏 sānchóngzòu；三部合奏曲 sānbù hézòuqǔ ∗ of music **2.** 三人小组 sānrén xiǎozǔ ＝ a group of three；三件一套 sānjiàn yítào ＝ a set of three

triode *n.* 三极管 sānjíguǎn

trip *n.* **1.** 旅行 lǚxíng：a week-end ～ 周末旅行 zhōumò lǚxíng **2.** 绊倒 bàndǎo；失足 shīzú ＝ fall *v.* **1.** 摔倒 shuāidǎo；绊倒 bàndǎo：He ～ped over a stone. 他被石头绊倒。Tā bèi shítou bàndǎo. **2.** 轻快地跑（走）qīngkuàide pǎo(zǒu)：The children ～ped into the classroom. 孩子们蹦蹦跳跳地进了教室。Háizimen bèngbeng-tiàotiàode jìnle jiàoshì. **3.** 犯错误 fàn cuòwù；失言 shīyán ＝ make a mistake

tripe *n.* 肚子 dùzi；内脏 nèizàng ＝ entrails

triple *a.* **1.** 三倍的 sānbèide：a ～ dose of medicine 三倍的药量 sānbèide yàoliàng **2.** 三部分的 sānbùfende *v.* 增加到三倍 zēngjiādào sānbèi

triplet *n.* **1.** 三胞胎 sānbāotāi **2.** 三个一组 sānge yìzǔ ＝ a set of three

triplex *a.* 三部分的 sānbùfende；三重的 sānchóngde / ～ glass 夹层玻璃 jiācéng bōlí

triplicate *a.* 三倍的 sānbèide；三份的 sānfènde：a ～ agreement 一式三份

的协定书 yíshì sānfènde xiédìngshū *v.* 做成三份 zuòchéng sānfèn；使成三倍 shǐchéng sānbèi

tripod *n.* 三脚架 sānjiǎojià * for a camera；鼎 dǐng = a three-legged utensil

tripping *a.* 脚步轻快的 jiǎobù qīngkuàide

tripwire *n.* 绊网 bànwǎng

trisect *v.* 分成三份 fēnchéng sānfèn

trite *a.* 陈腐 chénfǔ；老一套的 lǎoyítàode

triumph *n.* **1.** 胜利 shènglì；成就 chéngjiù：the ～s of science 科学的成就 kēxuéde chéngjiù / achieve a ～ 获得胜利 huòdé shènglì **2.** 胜利的喜悦 shènglìde xǐyuè：return in ～凯旋 kǎixuán *v.* 战胜 zhànshèng

triumphal *a.* 凯旋的 kǎixuánde：a ～ arch 凯旋门 kǎixuánmén

triumphant *a.* 成功的 chénggōngde；得意洋洋的 déyì yángyángde

trivial *a.* 琐碎的 suǒsuìde；轻微的 qīngwēide：～ matters 琐事 suǒshì / a ～ loss 轻微的损失 qīngwēide sǔnshī

troll *v.* **1.** 轮唱 lúnchàng = sing **2.** 拖钓 tuōdiào；用转轮线钓鱼 yòng zhuànlúnxiàn diàoyú * of fishing

trolley *n.* **1.** 手推车 shǒutuīchē **2.** ～-bus 无轨电车 wúguǐ diànchē / ～-car 电车 diànchē

trombone *n.* 长号 chánghào

troop *n.* **1.** 队 duì；群 qún：a ～ of school children 一群小学生 yìqún xiǎoxuéshēng **2.** 军队 jūnduì；部队 bùduì：send ～s to the front 开军队到前线去 kāi jūnduì dào qiánxiàn qù **3.** 骑兵连 qíbīnglián = cavalry unit *v.* 成群结队地走 chéngqún-jiéduìde zǒu；群集 qúnjí

trooper *n.* 骑兵 qíbīng

troop-ship *n.* 军队运输船 jūnduì yùnshūchuán

trope *n.* 转义 zhuǎnyì；比喻 bǐyù * of language

trophy *n.* 战利品 zhànlìpǐn = memento of victory；奖品 jiǎngpǐn = a prize

tropic *n.* 回归线 huíguīxiàn：the T- of Cancer (Capricorn) 北(南)回归线 běi(nán)huíguīxiàn / the ～s 热带 rèdài

tropical *a.* 热带的 rèdàide；炎热的 yánrède

trot *n.* & *v.* 小跑 xiǎopǎo * of a horse；快步 kuàibù = quick step

trouble[1] *v.* **1.** 忧虑 yōulǜ；烦恼 fánnǎo：Don't ～ yourself with such a trifle. 不要为这样的小事烦恼。Búyào wèi zhèyàngde xiǎoshì fánnǎo. **2.** 麻烦 máfan：Can I ～ you to shut the door? 麻烦你把门关上好吗？Máfan nǐ bǎ mén guānshàng hǎoma? **3.** 折磨 zhémo：be ～d by a stomachache 被胃病折磨 bèi wèibìng zhémo

trouble² *n.* **1.** 苦恼 kǔnǎo；忧虑 yōulǜ：ask for ～ 自寻烦恼 zìxún fánnǎo **2.** 麻烦 máfan；困难 kùnnan：It will be no ～. 这不算麻烦。Zhè búsuàn máfan. **3.** 风波 fēngbō；纠纷 jiūfēn：make ～ 闹事 nàoshì；捣乱 dǎoluàn **4.** 毛病 máobìng；疾患 jíhuàn：heart ～ 心脏病 xīnzàngbìng

trouble maker *n.* 捣蛋鬼 dǎodànguǐ；惹麻烦的人 rě máfande rén

trouble shooter *n.* 排解纠纷的人 páijiě jiūfēnde rén = one who is good at eliminating troubles；机械维修工 jīxiè wéixiūgōng = maintenance worker

trough *n.* 槽 cáo；水槽 shuǐcáo

trounce *v.* 痛打 tòngdǎ；痛骂 tòngmà

troupe *n.* 团 tuán；班 bān：a ballet ～ 芭蕾舞团 bālěiwǔtuán

trousers *n.* 裤子 kùzi：a pair of ～ 一条裤子 yìtiáo kùzi

trousseau *n.* 嫁妆 jiàzhuang

trout *n.* 鲑鱼 guīyú

trowel *n.* 泥刀 nídāo；抹子 mǒzi

truant *n.* 逃学的人 táoxuéde rén：play ～ 逃学 táoxué

truce *n.* **1.** 休战 xiūzhàn；停战 tíngzhàn：a ～ agreement 停战协定 tíngzhàn xiédìng **2.** 暂停 zàntíng；中止 zhōngzhǐ = temporary cessation

truck *n.* 卡车 kǎchē

truckle *v.* 屈从 qūcóng；谄媚 chǎnmèi

truculent *a.* 凶恶的 xiōng'ède；残暴的 cánbàode

trudge *v.* & *n.* 跋涉 báshè

true¹ *a.* **1.** 真的 zhēnde；真实的 zhēnshíde：a ～ story 真实的故事 zhēnshíde gùshi **2.** 忠实的 zhōngshíde：a ～ friend 忠实的朋友 zhōngshíde péngyou **3.** 正确的 zhèngquède；准确的 zhǔnquède：a ～ copy 一模一样的拷贝 yìmú-yíyàngde kǎobèi / come ～ 实现 shíxiàn

true² *ad.* 真实地 zhēnshíde；准确地 zhǔnquède

trueborn *a.* 道地的 dàodìde；真实的 zhēnshíde：a ～ Chinese 地道的中国人 dìdaode Zhōngguórén

true-hearted *a.* 诚实的 chéngshíde；忠诚的 zhōngchéngde

truelove *n.* 意中人 yìzhōngrén；情人 qíngrén
true-to-life *a.* 写实的 xiěshíde；根据事实的 gēnjù shìshíde
truism *n.* 自明之理 zìmíng zhīlǐ；老生常谈 lǎoshēng-chángtán
truly *ad.* **1.** 真正地 zhēnzhèngde；确实地 quèshíde **2.** 忠实地 zhōngshíde；Yours ～ 忠实于您的人 zhōngshíyú nínde rén
trump *n.* 王牌 wángpái *v.* **1.** 出王牌 chū wángpái = play a ～ card **2.** 捏造 niēzào = fabricate：～ up a charge against sb. 诬陷某人 wūxiàn mǒurén
trumpery *a.* 虚有其表的 xūyǒu qíbiǎode
trumpet *n.* **1.** 喇叭 lǎba；号 hào：blow one's own ～ 自吹自擂 zìchuī-zìlèi **2.** 喇叭声 lǎbashēng = sound of ～s *v.* **1.** 吹喇叭 chuī lǎba **2.** 发出吼声 fāchū hǒushēng * of an elephant
truncate *v.* 截去…的尖端 jiéqù…de jiānduān
truncheon *n.* 短棍 duǎngùn；警棍 jǐnggùn
trundle *v.* 滚动 gǔndòng；转动 zhuàndòng
trunk *n.* **1.** 树干 shùgàn * of a tree **2.** 躯干 qūgàn * of a human body **3.** 大衣箱 dàyīxiāng = box for keeping clothes **4.** 干线 gànxiàn：～-line 铁路干线 tiělù gànxiàn * of railway；电话干线 diànhuà gànxiàn * of telephone **5.** 象鼻子 xiàngbízi * of an elephant
trunks *n.* 游泳裤 yóuyǒngkù = man's shorts for swimming
truss *n.* **1.** 捆 kǔn；束 shù * of hay or straw **2.** 构架 gòujià；钢架 gāngjià * of roof, bridge, etc. *v.* **1.** 把…捆紧 bǎ…kǔnjǐn；绑住 bǎngzhù = bind **2.** 用钢架支住 yòng gāngjià zhīzhù = support
trust¹ *n.* **1.** 信任 xìnrèn；信赖 xìnlài：have ～ in sb. 信任某人 xìnrèn mǒu rén **2.** 责任 zérèn：a position of great ～ 责任重大的职位 zérèn zhòngdàde zhíwèi **3.** 委托 wěituō；托管 tuōguǎn：leave in ～ 委托 wěituō **4.** 企业联合 qǐyè liánhé；托拉斯 tuōlāsī / ～ company 信托公司 xìntuō gōngsī
trust² *v.* **1.** 信任 xìnrèn：He is not a man to be ～ed. 他不是一个可以信任的人。Tā búshì yíge kěyǐ xìnrènde rén. **2.** 委托 wěituō；存放 cúnfàng：～ a thing in a place 把东西放在某处 bǎ dōngxi fàngzài mǒuchù **3.** 希望 xīwàng：I ～ you are in good health. 我很希望你身体健康。Wǒ hěn xīwàng nǐ shēntǐ jiànkāng. **4.** 赊给 shēgěi；借东西 jiè dōngxi：The butcher ～s us for the meat. 肉店把肉赊给我们。Ròudiàn

bǎ ròu shēgěi wǒmen.

trustee *n.* 托管人 tuōguǎnrén；保管人 bǎoguǎnrén

trusteeship *n.* 托管 tuōguǎn；受托人职责 shòutuōrén zhízé

trustful *a.* 信任的 xìnrènde

trust fund *n.* 托管基金 tuōguǎn jījīn

trustworthy *a.* 值得信任的 zhíde xìnrènde；可靠的 kěkàode

truth *n.* **1.** 实情 shíqíng；事实 shìshí：tell the ～ 说实话 shuō shíhuà **2.** 真理 zhēnlǐ：the ～s of science 科学的真理 kēxuéde zhēnlǐ **3.** 真实性 zhēnshíxìng： I don't doubt the ～ of his information. 我不怀疑他的资料的真实性。Wǒ bù huáiyí tāde zīliàode zhēnshíxìng.

truthful *a.* **1.** 诚实的 chéngshíde：a ～ child 诚实的孩子 chéngshíde háizi **2.** 真实的 zhēnshíde * of statement

try *v.* **1.** 试 shì；尝试 chángshì：Let me ～. 让我试一下。Ràng wǒ shì yíxià. **2.** 试图 shìtú；努力 nǔlì：～ to solve the problem 努力解决问题 nǔlì jiějué wèntí **3.** 考验 kǎoyàn：～ sb.'s courage 考验某人的勇气 kǎoyàn mǒurénde yǒngqì **4.** 审讯 shěnxùn：He was tried and found guilty. 他被审讯后，判定有罪。Tā bèi shěnxùnhòu，pàndìng yǒuzuì. *n.* 尝试 chángshì

try for *v.* 争取 zhēngqǔ

trying *a.* 难忍受的 nán rěnshòude；艰难的 jiānnánde

try on *v.* 试穿 shìchuān；试带 shìdài

trypsin *n.* 胰蛋白酶 yídànbáiméi

tsar，**czar** *n.* 沙皇 shāhuáng

tsarina *n.* **1.** 俄国女皇 Éguó nǚhuáng **2.** 沙皇皇后 shāhuáng huánghòu

tub *n.* **1.** 桶 tǒng：a ～ of water 一桶水 yìtǒng shuǐ **2.** 浴盆 yùpén ＝ bath ～：have a cold ～ 洗冷水浴 xǐ lěngshuǐyù

tuba *n.* 大号 dàhào；低音大喇叭 dīyīn dàlǎba

tubby *a.* 矮胖的 ǎipàngde；短粗的 duǎncūde：a short，～ woman 又矮又胖的女人 yòu'ǎi-yòupàngde nǚrén

tube *n.* **1.** 管 guǎn；筒 tǒng：a test ～ 试管 shìguǎn / a ～ of toothpaste 一筒牙膏 yìtǒng yágāo / a display ～ 显象管 xiǎnxiàngguǎn **2.** 地下铁道 dìxià tiědào：go by ～ in London 在伦敦乘地铁 zài Lúndūn chéng dìtiě

tuber *n.* 块茎 kuàijīng

tubercle *n.* **1.** 结核 jiéhé：～ bacillus 结核菌 jiéhéjūn **2.** 小块茎

xiǎokuàijīng；小瘤 xiǎoliú * of plants

tubercular *a.* 结核性的 jiéhéxìngde；结核病的 jiéhébìngde

tuberculin *n.* 结核菌苗 jiéhéjūnmiáo；结核菌素 jiéhéjūnsù

tuberculosis *n.* 结核病 jiéhébìng；肺结核 fèijiéhé

tubing *n.* 制管 zhìguǎn；管道 guǎndào

tubular *a.* 管道的 guǎndàode；管状的 guǎnzhuàngde

tubule *n.* 小管 xiǎoguǎn；细管 xìguǎn

tuck *n.* 褶 zhě *v.* **1.** 卷起 juǎnqǐ；挽起 wǎnqǐ：～ up one's sleeve 挽起袖子 wǎnqǐ xiùzi **2.** 塞进 sāijìn：She ～ed her hair into her cap. 她把头发塞进帽子里。Tā bǎ tóufa sāijìn màozili. **3.** 藏进 cángjìn：Our house is ～ed away among the trees. 我们的房子隐蔽在树林里。Wǒmende fángzi yǐnbìzài shùlínli.

Tuesday *n.* 星期二 Xīngqī'èr

tuft *n.* 一束 yíshù；一丛 yìcóng

tug *v.* & *n.* 用力拖 yònglì tuō；拽 zhuài

tugboat *n.* 拖船 tuōchuán

tug-of-war *n.* 拔河游戏 báhé yóuxì

tuition *n.* **1.** 学费 xuéfèi * fee **2.** 教学 jiàoxué = teaching

tulip *n.* 郁金香 yùjīnxiāng

tumble *v.* **1.** 跌倒 diēdǎo；摔下 shuāixià：～ off a horse 从马上摔下 cóng mǎshang shuāixià **2.** 翻滚 fāngǔn；打滚 dǎgǔn：Little cats ～d over each other in their basket. 小猫在篮子里翻滚成一团。Xiǎomāo zài lánzili fāngǔnchéng yìtuán. **3.** 乱扔 luànrēng；弄乱 nòngluàn = throw * of clothes，esp.

tumbler *n.* **1.** 大玻璃杯 dà bōlíbēi；水杯 shuǐbēi = drinking glass **2.** 杂技演员 zájì yǎnyuán = acrobat

tumefy *v.* 肿胀 zhǒngzhàng；肿起 zhǒngqǐ

tummy *n.* 肚子 dùzi

tumo(u)r *n.* 肿瘤 zhǒngliú

tumult *n.* **1.** 吵闹 chǎonào **2.** 烦乱 fánluàn：Her mind is in a ～. 她心烦意乱。Tā xīnfán yìluàn.

tumultuous *a.* 乱哄哄的 luànhōnghōngde；动乱的 dòngluànde

tun *n.* 大桶 dàtǒng；酿酒桶 niàngjiǔtǒng

tuna *n.* 金枪鱼 jīnqiāngyú

tune[1] *n*. **1.** 调 diào；曲调 qǔdiào：a popular ～ 流行曲调 liúxíng qǔdiào **2.** 和谐 héxié：be in ～ with one's surrounding 适合环境 shìhé huánjìng / out of ～ 走调 zǒudiào；与…不一致 yǔ…bùyízhì：The piano is out of ～. 这架钢琴走调了。Zhèjià gāngqín zǒudiàole. / His ideas were out of ～ with the times. 他的想法与时代潮流不一致。Tāde xiǎngfǎ yǔ shídài cháoliú bùyízhì.

tune[2] *v*. 调准 tiáozhǔn；调整 tiáozhěng：～ a piano 调准钢琴的音 tiáozhǔn gāngqínde yīn / ～ in to Radio Beijing 收听北京电台广播 shōutīng Běijīng Diàntái guǎngbō

tuneful *a*. 音调入耳的 yīndiào rù'ěrde；和谐的 héxiéde

tuneless *a*. 不成曲调的 bùchéng qǔdiàode；不悦耳的 bú yuè'ěrde

tung *n*. 桐 tóng：～-oil 桐油 tóngyóu / ～-tree 桐树 tóngshù

tungsten *n*. 钨 wū：a ～ filament 钨丝 wūsī

tunic *n*. 军服上衣 jūnfú shàngyī

tuning-fork *n*. 音叉 yīnchā

tunnel *n*. 隧道 suìdào；坑道 kēngdào *v*. 挖隧道 wāsuìdào

tunny *n*. 金枪鱼 jīnqiāngyú

tuny *a*. 音调优美 yīndiào yōuměi；音调和谐 yīndiào héxié

turban *n*. 头巾 tóujīn

turbid *a*. 混浊的 hùnzhuóde；不清的 bù qīngde

turbine *n*. 涡轮 wōlún；叶轮机 yèlúnjī

turbojet *n*. 涡轮喷气飞机 wōlún pēnqì fēijī

turboprop *n*. **1.** 涡轮螺桨发动机 wōlún luójiǎng fādòngjī **2.** 涡轮螺桨飞机 wōlún luójiǎng fēijī * airplane

turbulence *n*. **1.** 骚乱 sāoluàn；骚动 sāodòng **2.** 湍流 tuānliú：The flight was very uncomfortable because of ～. 由于湍流的影响，飞机不稳定，令人很不舒服。Yóuyú tuānliúde yǐngxiǎng，fēijī bù wěndìng，lìngrén hěnbù shūfu.

turbulent *a*. **1.** 骚动的 sāodòngde：a ～ mob 一群骚乱的暴徒 yìqún sāoluànde bàotú **2.** 汹涌的 xiōngyǒngde；狂暴的 kuángbàode：～ winds 狂风 kuángfēng

tureen *n*. 大汤碗 dàtāngwǎn

turf *n*. **1.** 草皮 cǎopí；草根土 cǎogēntǔ **2.** the ～ 赛马场 sàimǎchǎng = race-course **3.** 泥炭 nítàn = peat *v*. 在地上铺上草皮 zài dìshang pūshàng cǎopí = cover with ～

turgid *a.* **1.** 肿胀的 zhǒngzhàngde；浮肿的 fúzhǒngde：～ limbs 肿大的四肢 zhǒngdàde sìzhī **2.** 夸张的 kuāzhāngde * of language or style：His writings are rather ～. 他的作品文体相当夸张。Tāde zuòpǐn wéntǐ xiāngdāng kuāzhāng.

Turk *n.* 土耳其人 Tǔ'ěrqírén

turkey *n.* 火鸡 huǒjī

Turkey *n.* 土耳其 Tǔ'ěrqí

Turkish *a.* **1.** 土耳其的 Tǔ'ěrqíde **2.** 土耳其语 Tǔ'ěrqíyǔ = the ～ language **3.** 土耳其人的 Tǔ'ěrqírénde = the ～ people

Turkish bath *n.* 土耳其浴 Tǔ'ěrqíyù；蒸汽浴 zhēngqìyù

Turkish delight *n.* 土耳其软糖 Tǔ'ěrqí ruǎntáng

turmoil *n.* 骚动 sāodòng；混乱 hùnluàn

turn[1] *v.* **1.** 转 zhuàn；旋转 xuánzhuǎn：The wheel ～ed slowly. 轮子旋转得很慢。Lúnzi xuánzhuǎnde hěnmàn. **2.** 扭转 niǔzhuǎn；转向 zhuǎnxiàng：～ to the left 向左转 xiàng zuǒzhuǎn **3.** 转弯 zhuǎnwān：The car ～ed round the corner. 车子绕过街角。Chēzi ràoguo jiējiǎo. **4.** 翻 fān：～ to page 23 翻到二十三页 fāndào èrshísān yè **5.** 变成 biànchéng：His hair ～ed grey. 他的头发变白了。Tāde tóufa biànbáile. **6.** 感到不舒服 gǎndào bù shūfu；恶心 ěxin：Fatty food ～s my stomach. 油腻的菜使我倒胃口。Yóunìde cài shǐ wǒ dǎowèikǒu. **7.** 到了 dàole；过了 guòle：a man ～ed 40 过了四十岁的人 guòle sìshí suìde rén **8.** 翻土 fāntǔ；耕地 gēngdì = plough **9.** 摺起来 zhě qǐlái：～ the corner of the page down 把这一页摺起来 bǎ zhè yíyè zhěqǐlái

turn[2] *n.* **1.** 扭转 niǔzhuǎn；转弯 zhuǎnwān：take a ～ for the better 情况好转 qíngkuàng hǎozhuǎn **2.** 拐弯 guǎiwān；转角 zhuǎnjiǎo：a ～ in the road 道路的拐弯 dàolùde guǎiwān **3.** 轮流 lúnliú；轮班 lúnbān：It's my ～ to read now. 现在轮到我读了。Xiànzài lúndào wǒ dúle. / by ～ 轮流地 lúnliúde；交替地 jiāotìde / in ～ 依次 yīcì / take ～s 换班 huànbān

turn about *v.* 转向 zhuǎnxiàng；转身 zhuǎnshēn

turn against *v.* 与…为敌 yǔ…wéidí；反目 fǎnmù

turn away *v.* 转过去 zhuǎn guòqù；避开 bìkāi

turn back *v.* 往回走 wǎng huí zǒu；折回 zhéhuí

turncoat *n.* 叛逆 pànnì；叛节者 pànjiézhě

turn down *v.* **1.** 减弱 jiǎnruò；降低 jiàngdī：T- down that radio at once. 马上把收音机开小一点。Mǎshàng bǎ shōuyīnjī kāi xiǎoyìdiǎn. **2.** 拒绝 jùjué；不接收 bù jiēshōu：She ～ed him down. 她拒绝了他。Tā jùjuéle tā.

turner *n.* 车工 chēgōng

turn in *v.* 上交 shàngjiāo；归还 guīhuán

turning point *n.* 转折点 zhuǎnzhédiǎn

turnip *n.* 萝卜 luóbo

turnoff *n.* 岔路 chàlù；支路 zhīlù = exit on a highway

turn off *v.* 关上 guānshàng = stop the flow of

turn on *v.* **1.** 打开 dǎkāi = start the flow of water，gas，etc. **2.** 转向 zhuǎnxiàng：The dog ～ed on me. 那条狗向我扑来。Nàtiáo gǒu xiàng wǒ pūlái.

turn out *v.* **1.** 熄灭 xīmiè：～ out a lamp 关灯 guāndēng **2.** 到场 dàochǎng；出席 chūxí：Crowds ～ed out for the procession. 群众到场参加游行。Qúnzhòng dàochǎng cānjiā yóuxíng. **3.** 出产 chūchǎn；生产 shēngchǎn：～ out a new product 出了新产品 chūle xīn chǎnpǐn **4.** 结果 jiéguǒ：It ～ed out to be true. 结果是真的。Jiéguǒ shì zhēnde. **5.** 将(柜子、抽屉)里的东西翻出来 jiāng(guìzi、chōuti)lide dōngxi fān chūlái * the contents from a cupboard，drawer，etc.

turnover *n.* **1.** 翻过去 fānguòqù **2.** 营业额 yíngyè'é；销售量 xiāoshòuliàng：a ～ of 5,000 yuan a day 一天五千元的销售量 yìtiān wǔqiān yuánde xiāoshòuliàng

turn over *v.* **1.** 打滚 dǎgǔn；翻身 fānshēn：～ over in bed 辗转反侧 zhǎnzhuǎn-fǎncè **2.** 再三考虑 zàisān-kǎolǜ：～ a matter over and over again in one's mind 在心里再三考虑某件事 zài xīnli zàisān kǎolǜ mǒujiànshì **3.** 翻 fān；翻转 fānzhuǎn：～ over a leaf 翻一页 fān yíyè **4.** 把…交给警方 bǎ…jiāogěi jǐngfāng * to the police **5.** 做生意 zuò shēngyi：We ～ over 1,000 yuan every week. 我们每星期做一千元人民币的生意。Wǒmen měi xīngqī zuò yìqiān yuán rénmínbìde shēngyi.

turnpike *n.* 收费高速公路 shōufèi gāosù gōnglù

turnstile *n.* 旋转栅门 xuánzhuǎn zhàmén

turntable *n.* **1.** 转盘式餐桌 zhuànpánshì cānzhuō * dining table **2.** 转车台 zhuànchētái * for railway engines **3.** 转盘 zhuànpán * to place a record

turn to *v.* **1.** 依赖 yīlài：～ to him for help 求他帮助 qiútā bāngzhù **2.** 翻到 fāndào：～ to page 3 翻到第三页 fāndào dì-sān yè **3.** 着手工作 zhuóshǒu gōngzuò：The committee ～ed to work and soon produced a plan. 委员会开始工作，不久就定了一项计划。Wěiyuánhuì kāishǐ gōngzuò，bùjiǔ jiù dìngle yíxiàng jìhuà.

turn-up *n.* **1.** 卷边 juǎnbiān **2.** 没有预料到的事件 méiyǒu yùliàodàode shìjiàn = sth. unexpected

turn up *v.* **1.** 找到 zhǎodào；发现 fāxiàn = find：～ up new information 找到新资料 zhǎodào xīn zīliào **2.** 出现 chūxiàn；露面 lòumiàn = appear：She ～s up late for everything. 她总是迟到。Tā zǒngshì chídào. **3.** 提高声音 tígāo shēngyīn：T- up the radio，please. 请把收音机开大一点。Qǐng bǎ shōuyīnjī kāi dà yìdiǎn. **4.** 意外地发生 yìwàide fāshēng：Don't worry，something's sure to ～ up. 别着急，准会有消息的。Bié zháojí，zhǔnhuì yǒu xiāoxide. **5.** ～ up one's nose at 瞧不起 qiáobuqǐ

turpentine *n.* 松节油 sōngjiéyóu

turpitude *n.* 邪恶 xié'è；卑鄙 bēibǐ

turquoise[1] *n.* 绿松石 lǜsōngshí

turquoise[2] *a.* & *n.* 青绿色(的) qīnglǜsè(de)；天蓝色(的) tiānlánsè(de)

turret *n.* 角塔 jiǎotǎ；塔楼 tǎlóu

turtle *n.* 海龟 hǎiguī；甲鱼 jiǎyú

turtleneck *n.* 套头毛线衣 tàotóu máoxiànyī；圆翻领毛线衣 yuánfānlǐng máoxiànyī

tusk *n.* 獠牙 liáoyá；长牙 chángyá

tussle *v.* 扭打 niǔdǎ

tutelage *n.* 保护 bǎohù；监护 jiānhù = guardianship；指导 zhǐdǎo = instruction

tutelar(y) *a.* 保护(人)的 bǎohù(rén)de；监护(人)的 jiānhù(rén)de

tutor *n.* **1.** 私人教师 sīrén jiàoshī **2.** 指导教师 zhǐdǎo jiàoshī * in universities *v.* 个别指导 gèbié zhǐdǎo；做私人教师 zuò sīrén jiàoshī

tutorial *a.* 家庭教师的 jiātíng jiàoshīde；辅导的 fǔdǎode

tutorial *n.* 个人辅导时间 gèrén fǔdǎo shíjiān
twaddle *n.* 闲谈 xiántán；废话 fèihuà
twang *n.* **1.** 铛 dāng；弦声 xiánshēng * of a tight string **2.** 鼻音 bíyīn = nasal sound *v.* 铛地响 dāngde xiǎng
tweak *v.* 拧 nǐng；捏 niē
tweed *n.* 花呢 huāní
tweet *v.* & *n.* 吱吱叫 zhīzhī jiào
tweezers *n.* 镊子 nièzi；小钳 xiǎoqián
twelve *n.* & *a.* 十二 shí'èr；第十二 dì-shí'èr
twenty *n.* 二十 èrshí
twice *ad.* **1.** 两次 liǎngcì：Did you do it ～ or three times？这件事你做了两次还是三次？Zhèjiànshì nǐ zuòle liǎngcì háishì sāncì？**2.** 两倍 liǎngbèi：Yours is ～ as large as mine. 你的是我的两倍。Nǐde shì wǒde liǎngbèi.
twiddle *v.* 捻弄 niǎnnòng
twig *n.* 小枝 xiǎozhī；嫩枝 nènzhī *v.* 懂得 dǒngdé；明白 míngbai
twilight *n.* **1.** 黄昏 huánghūn * after sunset **2.** 黎明 límíng * before sunrise；曙光 shǔguāng
twill *n.* 斜纹布 xiéwénbù
twin *n.* 双胞胎 shuāngbāotāi *a.* **1.** 孪生的 luánshēngde：～ brothers 孪生兄弟 luánshēng xiōngdì **2.** 成对的 chéngduìde：a ～ engine 双发动机 shuāng fādòngjī
twine *n.* 二股线 èrgǔ xiàn；捻线 niǎnxiàn *v.* 搓 cuō；捻 niǎn；缠 chán
twinge *n.* **1.** 刺痛 cìtòng；剧痛 jùtòng：a ～ of toothache 一阵牙痛 yízhèn yá tòng **2.** 内疚 nèijiù：a ～ of conscience 良心的谴责 liángxīnde qiǎnzé
twinkle *v.* 闪烁 shǎnshuò；闪光 shǎnguāng *n.* **1.** 闪烁 shǎnshuò **2.** 眨眼 zhǎyǎn：in a ～ 一眨眼工夫 yìzhǎyǎn gōngfu
twinkling *a.* 闪烁的 shǎnshuòde；闪闪发光的 shǎnshǎn-fāguāngde *n.* **1.** 闪烁 shǎnshuò **2.** 眨眼 zhǎyǎn；瞬间 shùnjiān：in the ～ of the eye 一眨眼工夫 yìzhǎyǎn gōngfu
twirl[1] *v.* **1.** 旋转 xuánzhuǎn **2.** 捻弄 niǎnnòng：～ one's moustache 捻胡子 niǎn húzi
twirl[2] *n.* 扭转 niǔzhuǎn；旋转 xuánzhuǎn
twist[1] *v.* **1.** 搓 cuō；捻 niǎn：～ threads together 把纱线捻在一起 bǎ

shāxiàn niǎnzài yìqǐ **2.** 拧 níng；扭 niǔ：～ a wet towel 拧干毛巾 nínggān máojīn **3.** 歪曲 wāiqū；曲解 qūjiě：～ sb.'s words 曲解别人的话 qūjiě biérénde huà **4.** 扭弯 niǔwān；扭伤 niǔshāng：He fell and ～ed his ankle. 他摔了一跤，扭伤了脚腕子。Tā shuāile yìjiāo，niǔshāngle jiǎowànzi. **5.** 缠绕 chánrǎo；盘绕 pánrǎo：The shoelace ～ed. 鞋带缠住了。Xiédài chánzhùle.

twist² *n.* **1.** 一捻 yìniǎn；一搓 yìcuō：Give the rope a few more ～s. 给这条绳子再捻几捻。Gěi zhètiáo shéngzi zài niǎn jǐniǎn. **2.** 一扭 yìniǔ；一拧 yìníng：a ～ in the ankle 扭脚 niǔjiǎo **3.** 曲折 qūzhé：a ～ in the road 道路的曲折 dàolùde qūzhé

twister *n.* **1.** 说谎的人 shuōhuǎngde rén ＝ a dishonest person **2.** 难事 nánshì；难题 nántí ＝ difficult problem // a tongue ～ 绕口令 ràokǒulìng

twisty *a.* 弯弯曲曲的 wānwan-qūqūde

twit *v.* 责备 zébèi；挖苦 wāku

twitch *v.* **1.** 抽动 chōudòng；痉挛 jìngluán：The horse ～ed its ears. 马抽动着耳朵。Mǎ chōudòngzhe ěrduo. **2.** 抽走 chōuzǒu；抢走 qiǎngzǒu：The wind ～ed the paper out of my hand. 风吹走了我手中的纸。Fēng chuīzǒule wǒ shǒuzhōngde zhǐ. *n.* **1.** 痉挛 jìngluán；抽筋 chōujīn ＊ of muscle movement **2.** 猛地一拉 měngde yìlā；抢 qiǎng ＝ jerk

twitter *v.* **1.** 嘁嘁喳喳地叫 qīqi-chāchāde jiào ＊ of a bird **2.** 慌慌张张地说 huānghuang-zhāngzhāngde shuō ＊ of a person

twitter *n.* **1.** 嘁嘁喳喳的叫声 qīqi-chāchāde jiàoshēng **2.** 兴奋 xīngfèn；紧张 jǐnzhāng：in a ～ 慌慌张张地 huānghuang-zhāngzhāngde

two *a.* & *n.* 二 èr；两 liǎng

two-edged *a.* **1.** 双刃的 shuāngrènde ＊ of a knife **2.** 有两种作用的 yǒu liǎngzhǒng zuòyòngde；有利有弊的 yǒulì-yǒubìde ＝ having two functions

two-faced *a.* 双面人 shuāngmiànrén；虚伪的 xūwěide

twofold *a.* 两倍的 liǎngbèide *ad.* 加倍 jiābèi

two-piece *a.* 两件一套的 liǎngjiànyítàode *n.* 两件一套式套装 liǎngjiàn yítào shì tàozhuāng

two-step *n.* 两步圆舞曲 liǎngbù yuánwǔqǔ

two-way *a.* 双向的 shuāngxiàngde；双路的 shuānglùde：～ radio 无线电

收发设备 wúxiàndiàn shōufā shèbèi / a ~ street 双行道 shuāngxíngdào

tycoon *n.* 实业界巨头 shíyèjiè jùtóu；大亨 dàhēng

tympanitis *n.* 中耳炎 zhōng'ěryán

typanum *n.* 中耳 zhōng'ěr；耳膜 ěrmó

type *n.* **1.** 类型 lèixíng；种 zhǒng；型 xíng：a new ~ of aeroplane 一种新型飞机 yìzhǒng xīnxíng fēijī **2.** 典型 diǎnxíng；模范 mófàn * as an example of its class or group **3.** 铅字 qiānzì；活字 huózì：italic ~ 斜体字 xiétǐzì *v.* 打字 dǎzì * on the typewriter：She ~s well. 她打字打得很好。Tā dǎzì dǎde hěnhǎo.

typecast *v.* 按类型分配角色 àn lèixíng fēnpèi juésè（for an actor）

typeface *n.* 版面 bǎnmiàn；铅字印出的字样 qiānzì yìnchūde zìyàng

typescript *n.* 打字稿 dǎzìgǎo；打印本 dǎyìnběn

typeset *v.* 排字 páizì；排版 páibǎn

typesetter *n.* 排字工人 páizì gōngrén * the worker；排字机 páizìjī * the machine

typewrite *v.* 打印 dǎyìn

typewriter *n.* 打字机 dǎzìjī

typewritten *a.* 用打字机打印的 yòng dǎzìjī dǎyìnde

typhlitis *n.* 阑尾炎 lánwěiyán

typhoid *n.* 伤寒 shānghán

typhoon *n.* 台风 táifēng

typhus *n.* 斑疹伤寒 bānzhěn shānghán

typical *a.* **1.** 代表的 dàibiǎode；典型的 diǎnxíngde：a ~ Chinese meal 典型的中餐 diǎnxíngde Zhōngcān **2.** 通常 tōngcháng：It was ~ of him to be so rude. 他一向粗暴无理。Tā yíxiàng cūbào wúlǐ.

typify *v.* 代表 dàibiǎo；象征 xiàngzhēng

typist *n.* 打字员 dǎzìyuán

typographer *n.* 印刷工 yìnshuāgōng

typographic *a.* 印刷上的 yìnshuāshangde；排印的 páiyìnde：a ~ error 排印上的错误 páiyìnshangde cuòwù

typography *n.* **1.** 印刷 yìnshuā；排印 páiyìn **2.** 排字式样 páizì shìyàng；版面 bǎnmiàn

tyrannical *a.* 暴虐的 bàonüède；专制的 zhuānzhìde

tyrannize *v.* 施行暴政 shīxíng bàozhèng；压制 yāzhì

tyranny *n.* 暴政 bàozhèng；专制 zhuānzhì

tyrant *n.* 暴君 bàojūn

tyre *n.* **1.** 轮胎 lúntāi **2.** 轮箍 lúngū = a protective metal band

tyro *n.* 新手 xīnshǒu；生手 shēngshǒu

U

ubiquitous *a.* 无处不在的 wúchù búzàide；普遍存在的 pǔbiàn cúnzàide

udder *n.* 乳房 rǔfáng；乳腺 rǔxiàn：two-uddered 有两个乳房的 yǒu liǎngge rǔfángde

udderless *a.* **1.** 无乳房的 wú rǔfángde **2.** 失去母乳的 shīqù mǔrǔde；无母的 wúmǔde = having lost its mother：an ～ lamb 失去母羊的羔羊 shīqù mǔyángde gāoyáng

ugh *int.* 咄！Duō！呸！Pēi！

ugly *a.* **1.** 丑陋 chǒulòu：an ～ face 难看的脸 nánkànde liǎn / Some parts of the city are rather ～. 这个城市中的某些地方相当难看。Zhège chéngshì zhōngde mǒuxiē dìfang xiāngdāng nánkàn. **2.** 丑恶的 chǒu'ède；令人讨厌的 lìngrén tǎoyànde：an ～ sound 讨厌的声音 tǎoyànde shēngyīn / the ～ fact of life 人间丑事 rénjiān chǒushì **3.** 爱争吵的 ài zhēngchǎode；坏脾气的 huài píqide：an ～ customer 难对付的家伙 nán duìfude jiāhuo

ulcer *n.* **1.** 溃疡 kuìyáng：a stomach ～ 胃溃疡 wèi kuìyáng / mouth ～s 口腔溃疡 kǒuqiāng kuìyáng **2.** 腐烂的事物 fǔlànde shìwù：the ～s of society 社会机体上的痈疽 shèhuì jītǐshangde yōngjū

ulterior *a.* **1.** 在那边的 zài nàbiānde；较远的 jiàoyuǎnde = located on the further side **2.** 日后的 rìhòude；将来的 jiāngláide：the ～ consequences 后果 hòuguǒ **3.** 隐蔽的 yǐnbìde；不明说的 bù míngshuōde：He has an ～ motive for seeing her. 他来看她是别有用心的。Tā lái kàn tā shì biéyǒu-yòngxīnde.

ultimate *a.* & *n.* **1.** 最远的 zuìyuǎnde：the ～ ends of the earth 天涯海角 tiānyá-hǎijiǎo **2.** 最后的 zuìhòude；最终的 zuìzhōngde：The ～ responsibility lies with me. 最后的责任由我承担。Zuìhòude zérèn yóu wǒ chéngdān. **3.** 根本的 gēnběnde；基本的 jīběnde：～ principles 基本原则

jīběn yuánzé 4. the ～ of one's desires 最终的愿望 zuìzhōngde yuànwàng

ultimatum *n.* 最后通牒 zuìhòu tōngdié

ultra *a.* & *v.* 1. 过激的 guòjīde；极端的 jíduānde ＝ going beyond others 2. 过激论者 guòjī lùnzhě；激进分子 jījìn fènzǐ ＊ refer to man // ～ism 极端主义 jíduānzhǔyì 3. 超 chāo；外 wài：～ sound 超声 chāoshēng / ～ violet rays 紫外线 zǐwàixiàn

ululate *v.* 嚎 háo；吠 fèi；嗥 háo ＊ of wolf and owl：a ululating air-raid danger signal 尖声长啸的空袭紧急警报 jiānshēng chángxiàode kōngxí jǐnjí jǐngbào

umbrage *n.* 生气 shēngqì；不愉快 bùyúkuài：give ～ 惹怒 rěnù；使生气 shǐ shēngqì / take ～ at trifles 为小事生气 wèi xiǎoshì shēngqì

umbrella *n.* 1. 伞 sǎn；雨伞 yǔsǎn ＊ to shelter from rain；阳伞 yángsǎn ＊ to shelter from the sun 2. 保护的力量 bǎohùde lìliang；保护伞 bǎohùsǎn ＊ ＝ protection：a country under the ～ of the United Nations 一个在联合国庇护下的国家 yíge zài Liánhéguó bìhùxiàde guójiā

umpire *n.* 公正人 gōngzhèngrén；裁判员 cáipànyuán：a baseball ～ 棒球裁判员 bàngqiú cáipànyuán *v.* 任公正人 rèn gōngzhèngrén；当裁判 dāng cáipàn：～ in a dispute 在争论中当公正人 zài zhēnglùnzhōng dāng gōngzhèngrén

umpsteen *a.* 无数的 wúshùde；许许多多的 xǔxu-duōduōde：I've seen that film ～ times. 那部电影我已看过多次了。Nàbù diànyǐng wǒ yǐ kànguo duōcìle.

unabashed *a.* 不脸红的 bùliǎnhóngde；不害羞的 búhàixiūde；泰然自若的 tàirán-zìruòde

unable *a.* 1. 不会的 búhuìde；不能的 bùnéngde：Animals are ～ to speak. 动物是不会说话的。Dòngwù shì búhuì shuōhuàde. 2. 无能力的 wúnénglìde；没有办法的 méiyǒu bànfǎde：I'd like to go，but I'm ～ to. 我愿意去，但我不能去。Wǒ yuànyìqù，dàn wǒ bùnéng qù.

unabridged *a.* 未删节的 wèi shānjiéde；完整的 wánzhěngde：an ～ edition 未删节的版本 wèi shānjiéde bǎnběn

unacceptable *a.* 不能接受的 bùnéng jiēshòude；不受欢迎的 búshòu huānyíngde；难以承认的 nányǐ chéngrènde

unaccompanied *a.* 1. 无伴侣的 wú bànlǚde；无陪伴的 wú péibànde；单独的 dāndúde：Children ～ by an adult will not be admitted. 无成人陪伴

的儿童不准入内。Wú chéngrén péibànde értóng bùzhǔn rùnèi. **2.** 无伴奏的 wú bànzòude * of music

unaccountable *a.* **1.** 无法解释的 wúfǎ jiěshìde；不可理解的 bùkě lǐjiěde：an ～ explosion 原因不明的爆炸 yuányīn bùmíngde bàozhà **2.** 无责任的 wú zérènde：You are ～ for his actions. 你不用对他的行动负责。Nǐ búyòng duì tāde xíngdòng fùzé.

unaccustomed *a.* **1.** 不习惯的 bù xíguànde：be ～ to speak in public 不习惯于当众讲话 bù xíguàn yú dāngzhòng jiǎnghuà **2.** 不平常的 bù píngchángde；奇怪的 qíguàide = strange

unacquainted *a.* 不知道的 bù zhīdàode；不熟悉的 bù shúxīde；不认识的 bú rènshide = unfamiliar：He is ～ with me. 他不认识我。Tā bú rènshi wǒ.

unadulterated *a.* 纯粹的 chúncuìde；不搀杂的 bù chānzáde

unaffected *a.* **1.** 未受影响的 wèishòu yǐngxiǎngde；未被感动的 wèibèi gǎndòngde = not to be effected by others **2.** 自然的 zìrande；真挚的 zhēnzhìde = sincere：～ joy 由衷的快乐 yóuzhōngde kuàilè

unaided *a.* 无助的 wúzhùde；独立的 dúlìde：They did it ～. 他们独立完成了这项工作。Tāmen dúlì wánchéngle zhèxiàng gōngzuò.

unalterable *a.* 不变的 búbiànde；坚定不移的 jiāndìng-bùyíde

unanimity *n.* 全体一致 quántǐ yízhì；一致同意 yízhì tóngyì

unanimous *a.* 一致同意的 yízhì tóngyìde；无异议的 wú yìyìde

unanswerable *a.* 无法回答的 wúfǎ huídáde；无可辩驳的 wúkě biànbóde：This question is ～. 这个问题是无法回答的。Zhège wèntí shì wúfǎ huídáde. / His case is ～. 他的案子无法申辩。Tāde ànzi wúfǎ shēnbiàn.

unanswered *a.* **1.** 未答复的 wèi dáfùde：an ～ letter 未答复的信 wèi dáfùde xìn **2.** 无反响的 wú fǎnxiǎngde：～ love 单方面的恋爱 dānfāngmiànde liàn'ài

unarm *v.* **1.** 缴械 jiǎoxiè；解除武装 jiěchú wǔzhuāng **2.** 放下武器 fàngxià wǔqì：an ～ed ship 非武装船只 fēi wǔzhuāng chuánzhī

unasked *a.* 未经要求的 wèijīng yāoqiúde；未经邀请的 wèijīng yāoqǐngde；主动的 zhǔdòngde：She's always ready to help and often does so ～. 她总是乐于帮助旁人，而且常常是出于自动。Tā zǒngshì lèyú bāngzhù biérén，érqiě chángchángshì chūyú zìdòng.

unaware *a*. 不知道的 bù zhīdàode；不注意的 bú zhùyìde；没察觉的 méi chájuéde：I was ～ of this matter. 这件事我不知道。Zhèjiànshì wǒ bù zhīdào.

unawares *ad*. **1**. 出其不意地 chūqí-búyìde；突然地 tūránde：take the enemy ～ 乘敌不备 chéngdí búbèi **2**. 无意中 wúyìzhōng：She probably did it ～. 她很可能无意中做的。Tā hěn kěnéng wúyìzhōng zuòde.

unbalance *v*. & *n*. **1**. 使…不平衡 shǐ… bù pínghéng = put sth. out of balance；使紊乱 shǐ wěnluàn ＊ of the mind of a person **2**. 不平衡 bù pínghéng；错乱 cuòluàn // ～d *a*. 错乱的 cuòluànde；不清醒的 bù qīngxǐngde ＊ of the mind of a person：He became a bit ～d after his wife died. 妻子死后，他的精神有点失常。Qīzi sǐhòu，tāde jīngshén yǒudiǎn shīcháng.

unbar *v*. **1**. 拿掉…的门闩 nádiào…de ménshuān；打开 dǎkāi：～ a gate 打开大门 dǎkāi dàmén **2**. 扫除…的障碍 sǎochú…de zhàng'ài；使畅通 shǐ chàngtōng = remove the obstacles

unbearable *a*. 难堪的 nánkānde；忍受不了的 rěnshòu bùliǎode；不能容忍的 bùnéng róngrěnde：～ heat 不能忍受的炎热 bùnéng rěnshòude yánrè / I find his rudeness ～. 我觉得他的无礼难以忍受。Wǒ juéde tāde wúlǐ nányǐ rěnshòu.

unbeaten *a*. **1**. 未走过的 wèi zǒuguòde：an ～ track 从未走过的路 cóngwèi zǒuguòde lù **2**. 未被超越的 wèibèi chāoyuède；未被击败的 wèibèi jībàide：an ～ record 未被打破的纪录 wèibèi dǎpòde jìlù / an ～ team 常胜队 chángshèngduì

unbecoming *a*. **1**. 不恰当的 bú qiàdàngde；不相称的 bù xiāngchènde；不合礼的 bùhélǐde：Such honour is ～ to him. 这种荣誉对他是不相称的。Zhèzhǒng róngyù duìtā shì bùxiāngchènde. **2**. 不相配的 bù xiāngpèide；不合身的 bù héshēnde ＊ to the wearer：an ～ dress 不合身的衣服 bù héshēnde yīfu

unbeknown *a*. 未知的 wèizhīde；不为…所知的 bùwéi…suǒzhīde：He went there ～ to us. 他在我们不知情的情况下去那里。Tā zài wǒmen bù zhīqíngde qíngkuàngxià qù nàli.

unbelief *n*. 无信仰 wúxìnyǎng

unbelievable *a*. 难以相信的 nányǐ xiāngxìnde：～ but true 虽然难以相信，

却是真实的 suīrán nányǐ xiāngxìn，quèshì zhēnshíde

unbend *v*. **1**. 伸直 shēnzhí；放直 fàngzhí **2**. 放松 fàngsōng；使松懈 shǐ sōngxiè = relax：～ one's mind 散心 sànxīn / The teacher ～s after class. 教师下课后变得和蔼可亲了。Jiàoshī xiàkèhòu biànde hé'ǎi kěqīnle.

unbind *v*. **1**. 解开 jiěkāi **2**. 放开 fàngkāi；释放 shìfàng

unblemished *a*. 无瑕疵的 wú xiácīde；没有污点的 méiyǒu wūdiǎnde；清白的 qīngbáide：an ～ reputation 清白的名声 qīngbáide míngshēng

unblessed *a*. 无福的 wúfúde；不幸的 búxìngde；倒霉的 dǎoméide

unblushing *a*. 不害臊的 bú hàisàode；无耻的 wúchǐde

unborn *a*. **1**. 未生的 wèi shēngde；胎内的 tāinèide = not born **2**. 未来的 wèiláide；后代的 hòudàide：the ～ generation 未来的一代 wèiláide yídài

unbosom *v*. 吐露 tǔlù；暴露 bàolù：～ one's thought to another 向别人暴露思想 xiàng biérén bàolù sīxiǎng

unbounded *a*. 无边无际的 wúbiān-wújìde；无限的 wúxiànde：～ space 广漠的空间 guǎngmòde kōngjiān / ～ ambition 无止境的野心 wú zhǐjìngde yěxīn

unbreakable *a*. 不能破损的 bùnéng pòsǔnde；牢不可破的 láobù-kěpòde

unbridled *a*. 放纵的 fàngzòngde；不加控制的 bùjiā kòngzhìde

unbroken *a*. **1**. 未破损的 wèi pòsǔnde；完整的 wánzhěngde = intact **2**. 得到遵守的 dédào zūnshǒude：an ～ promise 被信守的诺言 bèi xìnshǒude nuòyán **3**. 未中断的 wèi zhōngduànde = continuous：～ fine weather 持续的好天气 chíxùde hǎotiānqì

unburden *v*. **1**. 卸去精神负担 xièqù jīngshén fùdān = relieve of worry, anxiety, etc.：～ one's resentment against sb. 发泄对某人的不满 fāxiè duì mǒurénde bùmǎn **2**. 表白 biǎobái；吐露 tǔlù = confide：～ oneself to a friend 对朋友诉说隐衷 duì péngyou sùshuō yǐnzhōng

uncalled-for *a*. **1**. 不必要的 bú bìyàode；多此一举的 duōcǐ-yìjǔde = not necessary：an ～ remark 多余的话 duōyúde huà **2**. 没有理由的 méiyǒu lǐyóude；不应当的 bù yīngdāngde = unreasonable：Such rudeness is quite ～. 这样的粗暴无礼简直叫人莫名其妙。Zhèyàngde cūbào wúlǐ jiǎnzhí jiàorén mòmíng-qímiào.

uncanny *a*. 离奇的 líqíde；神秘的 shénmìde：an ～ noise 神秘的声响

shénmìde shēngxiǎng

uncared-for *a*. 没人照顾的 méirén zhàogude；没人注意的 méirén zhùyìde；被忽视的 bèi hūshìde

unceasing *a*. 不停的 bùtíngde；不断的 búduànde

uncertain *a*. **1**. 不确定的 bú quèdìngde；不明确的 bù míngquède：I'm ～ as to how to get there. 我不确定怎样才能到达那里。Wǒ bú quèdìng zěnyàng cáinéng dàodá nàli. **2**. 易变的 yìbiànde；靠不住的 kàobuzhùde：～ weather 易变的天气 yì biànde tiānqì

unchangeable *a*. 不能改变的 bùnéng gǎibiànde

uncharitable *a*. 无情的 wúqíngde；严厉的 yánlìde

uncharted *a*. 地图上没有标明的 dìtúshang méiyǒu biāomíngde；未经探查的 wèijīng tànchádе

unchecked *a*. 未受制止地 wèi shòu zhìzhǐde；未受抑制的 wèi shòu yìzhìde

unchristian *a*. 非基督教的 fēi jīdūjiàode；反基督教教义的 fǎn jīdūjiào jiàoyìde

uncivil *a*. 没礼貌的 méi lǐmàode；粗野的 cūyěde

uncle *n*. **1**. 伯父 bófù ＝ father's elder brother **2**. 叔父 shūfù ＝ father's younger brother **3**. 舅父 jiùfù ＝ mother's elder (or younger) brother **4**. 姑丈 gūzhàng ＝ father's sister's husband **5**. 姨丈 yízhàng ＝ mother's sister's husband **6**. 援助者 yuánzhùzhě ＝ supporter

unclean *a*. 不洁 bùjié；不纯洁的 bù chúnjiéde

unclose *v*. 打开 dǎkāi；露出 lùchū

unclouded *a*. 晴朗的 qínglǎngde ＝ with no cloud；平静的 píngjìngde ＝ peaceful

unco *a*. 奇怪的 qíguàide；异常的 yìchángde ＝ strange：an ～ sight 奇异的景象 qíyìde jǐngxiàng *ad*. 非常地 fēichángde ＝ extremely

uncomfortable *a*. **1**. 不舒服的 bù shūfude；不安的 bù'ānde；不自在的 bú zìzaide ＝ feel ill at ease **2**. 不舒适的 bù shūshìde ＝ causing discomfort

uncommon *a*. 罕见的 hǎnjiànde；不普通的 bù pǔtōngde；难得的 nándéde

uncompromising *a*. 不让步的 bú ràngbùde；坚定的 jiāndìngde

unconcern *n*. 漠不关心 mòbù-guānxīn；不感兴趣 bù gǎnxìngqù // unconcerned *a*.

unconditional *a*. 无条件的 wú tiáojiànde；无限制的 wú xiànzhìde；绝对的 juéduìde：～ surrender 无条件投降 wú tiáojiàn tóuxiáng

unconscious *a.* **1.** 无意识的 wú yìshíde；不知不觉的 bùzhī-bùjuéde = involuntary **2.** 不省人事的 bùxǐng-rénshìde；失去知觉的 shīqù zhījuéde = fainted **3.** 不知道的 bù zhīdàode；未发觉的 wèi fājuéde = not aware

unconsciousness *n.* 无意识 wúyìshí；不省人事 bùxǐng-rénshì

unconstitutional *a.* 违反宪法的 wéifǎn xiànfǎde

uncontaminated *a.* 没有污染的 méiyǒu wūrǎnde

uncontrolled *a.* 不受控制的 búshòu kòngzhìde；无拘无束的 wújū-wúshùde

unconventional *a.* 非常规的 fēi chángguīde：～ warfare 非常规战争 fēichángguī zhànzhēng

uncork *v.* **1.** 拔去…的塞子 báqù…de sāizi；开 kāi：～ a bottle of wine 开一瓶酒 kāi yìpíng jiǔ **2.** 发泄 fāxiè：～ one's feelings 发泄感情 fāxiè gǎnqíng

uncountable *a.* 不可数的 bùkěshǔde *n.* 不可数名词 bùkěshǔ míngcí

uncouple *v.* 解开 jiěkāi =unfasten：～ a locomotive from a train 使火车的机车与列车分离 shǐ huǒchēde jīchē yǔ lièchē fēnlí

uncourteous *a.* 无礼的 wúlǐde；失礼的 shīlǐde；粗鲁的 cūlǔde

uncouth *a.* 粗野 cūyě；没有教养 méiyǒu jiàoyǎng

uncover *v.* **1.** 揭开…的盖子 jiēkāi…de gàizi；使露出 shǐlùchū：Geologists ～ hidden riches. 地质学家揭开隐藏的财宝。Dìzhìxuéjiā jiēkāi yǐncángde cáibǎo. **2.** 揭露 jiēlù：The police have ～ed a plot to murder the President. 警方揭露了一项谋杀总统的阴谋。Jǐngfāng jiēlùle yíxiàng móushā zǒngtǒngde yīnmóu. **3.** ～ one's head 脱帽致敬 tuōmào zhìjìng

uncracked *a.* 未裂开的 wèi lièkāide；无裂缝的 wú lièfèngde

unction *n.* **1.** 涂油 túyóu；涂油礼 túyóulǐ：extreme ～ 临终涂油礼 línzhōng túyóulǐ * of the Orthodox and Roman Catholic Churches **2.** 浓厚的兴趣 nónghòude xìngqù；津津有味 jīnjīn-yǒuwèi = great interest

unctuous *a.* **1.** 松软肥沃的 sōngruǎn féiwòde：～ soil 松软肥沃的土壤 sōngruǎn féiwòde tǔrǎng **2.** 油滑的 yóuhuáde；哗众取宠的 huázhòng-qǔchǒngde：an ～ speech 哗众取宠的演说 huázhòng-qǔchǒngde yǎnshuō

undaunted *a.* 勇敢的 yǒnggǎnde；大胆的 dàdǎnde；无畏的 wúwèide

undeceive *v.* 使不受欺骗 shǐ búshòu qīpiàn；使醒悟 shǐ xǐngwù

undecided *a.* **1.** 未决定的 wèi juédìngde = not decided：I am ～ whether to go or stay. 我还没有决定去留。Wǒ hái méiyǒu juédìng qùliú. **2.** 尚无结果的 shàngwú jiéguǒde = with no result：The match was left ～. 比赛未见分晓。Bǐsài wèijiàn fēnxiǎo.

undeniable *a.* 无可否认的 wúkě fǒurènde；确实 quèshí

under *prep.* **1.** 在…下面 zài…xiàmian；在…底下 zài…dǐxià；在…之中 zài…zhīzhōng；在…之内 zài…zhīnèi **2.** 低于… dīyú …；少于… shǎoyú …；在…以下 zài…yǐxià = less than or lower than in rank，criteria，quantity，etc. **3.** 在…之下 zài…zhīxià；在…指导下 zài…zhǐdǎoxia = be subordinated to：～ the guidance of sb. 在某人的指导下 zài mǒurénde zhǐdǎoxià / ～ a heavy load 在重担之下 zài zhòngdàn zhīxià / ～ attack 受到攻击 shòudào gōngjī / ～ fire 在炮火之下 zài pàohuǒ zhīxià /～ the pretext of 以…为借口 yǐ…wéi jièkǒu：～ the pretext of ignorance 借口无知 jièkǒu wúzhī **4.** 在…中 zài…zhōng；在…期间 zài…qījiān ＊ used to express various conditions：the question ～ discussion 讨论中的问题 tǎolùnzhōngde wèntí；the road ～ repair 修理中的道路 xiūlǐzhōngde dàolù / be ～ way 在进行中 zài jìnxíngzhōng *a.* 下面的 xiàmiande；标准以下的 biāozhǔn yǐxiàde：the ～ layer 下层 xiàcéng / an ～ dose of medicine 低剂量的药 dī jìliàngde yào *ad.* 在下 zàixià；少于 shǎoyú：go ～ 沉下 chénxià；失败 shībài / ten dollars or ～ 十元或十元以下 shíyuán huò shíyuán yǐxià

underage *a.* 未成年的 wèi chéngniánde；未到法定年龄的 wèidào fǎdìng niánlíngde

undercharge *v.* & *n.* 少要某物的价钱 shǎoyào mǒuwùde jiàqian = charge too little for

underclothes，**underclothing** *n.* 内衣裤 nèiyīkù；衬衣裤 chènyīkù

undercover *a.* 暗中进行的 ànzhōng jìnxíngde；秘密地干的 mìmìde gànde ＊ acting or done secretly：～ payments 私下塞给人的钱 sīxià sāigěi rénde qián

undercut *v.* 降低商品价格 jiàngdī shāngpǐn jiàgé = offer goods at a lower price *n.* 里脊肉 lǐjiròu ＊ meat cut from the underside of sirloin

underdevelop *v.* （使）发展不充分 （shǐ） fāzhǎn bù chōngfèn // ～ed *a.* 不发达的 bù fādáde：～ed countries 不发达国家 bù fādá guójiā

underdone *a.* 肉煮得不太熟 ròu zhǔde bútàishóu

underfeed *v*. **1**. 没喂饱 méi wèibǎo；给太少的食物 gěi tài shǎode shíwù **2**. 从下部加燃料 cóng xiàbù jiā ránliào * for a stove，etc.

underfoot *ad*. 在脚下 zài jiǎoxià：It is damp ～. 地上湿。Dìshang shī.

undergo *v*. **1**. 经受 jīngshòu：～ an examination 受试验 shòu shìyàn **2**. 遭受 zāoshòu：～ much suffering 遭受许多苦难 zāoshòu xǔduō kǔnàn.

undergraduate *n*. 大学肄业生 dàxué yìyèshēng；大学生 dàxuéshēng *a*. 大学生的 dàxuéshēngde：～ studies 大学生的研究科目 dàxuéshēngde yánjiū kēmù

underhand *a*. & *ad*. 秘密的 mìmìde；卑鄙的 bēibǐde；不光明正大的 bù guāngmíng zhèngdàde

underlie *v*. **1**. 在…之下 zài…zhīxià：Rock ～s the soil there. 那边的岩石是在沙土下。Nàbiānde yánshí shìzài shātǔ xià. **2**. 构成…的基础 gòuchéng…de jīchǔ * for idea and action etc.：the principles which ～ our foreign policy 我国外交政策所提供的原则 wǒguó wàijiāo zhèngcè suǒ tígōngde yuánzé

underline *v*. & *n*. **1**. 画底线 huàdǐxiàn = draw a line under **2**. 预告 yùgào = announce in advance

undermine *v*. **1**. 暗挖 àn wā；在…下挖坑道 zài…xià wā kēngdào = sap：～ a wall 挖墙脚 wā qiángjiǎo **2**. 损害 sǔnhài：～ sb.'s health 损害某人健康 sǔnhài mǒurén jiànkāng

undermost *a*. & *ad*. 最低的 zuìdīde；最下的 zuìxiàde

underneath *ad*., *prep*., *n*. & *a*. 在下面 zàixiàmian；在底下 zàidǐxia：The plate is dirty ～. 这盘子底下脏。Zhè pánzi dǐxia zāng. / Put the date ～ the address. 把日期写在地址下面。Bǎ rìqī xiězài dìzhǐ xiàmian.

underpass *n*. **1**. 地道 dìdào = tunnel **2**. 下穿交叉道 xiàchuān jiāochādào = a path which goes under another road

underpay *v*. 少付…工资 shǎofù…gōngzī；给…工资少 gěi…gōngzīshǎo

underprivileged *a*. 社会地位低下的 shèhuì dìwèi dīxiàde；下层社会的 xiàcéng shèhuìde：the ～ 下层社会 xiàcéng shèhuì

underrun *v*. 在…下通过 zài…xià tōngguò；在…下跑过 zài…xià pǎoguò：The tunnel ～s the road. 隧道通过道路下面。Suìdào tōngguò dàolù xiàmian. *n*. 在底下通过的东西 zài dǐxia tōngguòde dōngxi

undersea *a*. & *ad*. **1**. 海底的 hǎidǐde；海面下的 hǎimiànxiàde：an ～ cable 海底电缆 hǎidǐ diànlǎn **2**. 在海底 zàihǎidǐ；在海面下 zài hǎimiànxià: photographs taken ～ 在海底拍摄的照片 zài hǎidǐ pāishède zhàopiàn

underserved *a.* 服务不周的 fúwù bùzhōude

undersigned *a.* 在下面签字的 zài xiàmian qiānzìde: we the ～ 我们这些署名的人 wǒmen zhèxiē shǔmíngde rén *n.* 签名者 qiānmíngzhě; 签名人 qiānmíngrén

understand *v.* **1.** 懂 dǒng; 明白 míngbai; 了解 liǎojiě: The teacher must ～ the children. 教师必须了解儿童。Jiàoshī bìxū liǎojiě értóng. **2.** 听说 tīngshuō; 获悉 huòxī: I ～ that he is going to marry. 我听说他就要结婚了。Wǒ tīngshuō tā jiùyào jiéhūnle. / So I ～. 我听说是如此。Wǒ tīngshuō shì rúcǐ. **3.** 以为 yǐwéi; 认为 rènwéi: Am I to ～ that you refuse? 我可以认为你是拒绝了吗? Wǒ kěyǐ rènwéi nǐshì jùjuélema? **4.** 懂得 dǒngde; 取得理解 qǔdé lǐjiě: Eventually he will ～. 他终究会理解的。Tā zhōngjiū huì lǐjiěde. // give sb. to ～ 使某人领会 shǐ mǒurén lǐnghuì; 通知某人 tōngzhī mǒurén / make oneself understood 表达自己的意思 biǎodá zìjǐde yìsi; 使旁人理解自己的意思 shǐ pángrén lǐjiě zìjǐde yìsi / ～ one another 相互了解 xiānghù liǎojiě

understanding *n.* **1.** 了解 liǎojiě; 理解 lǐjiě; 明白 míngbai: This is my ～ of the matter. 这是我对这事的理解。Zhèshì wǒ duì zhèshìde lǐjiě. **2.** 谅解 liàngjiě; 协定 xiédìng; 协议 xiéyì: a tacit ～ 默契 mòqì / reach (come to, arrive at) an ～ (with sb. about sth.) (与某人对某事) 达成非正式的协议 (yǔ mǒurén duì mǒushì) dáchéng fēizhèngshìde xiéyì / mutual ～ 互相谅解 hùxiāng liàngjiě // on the ～ that 以…为条件 yǐ…wéi tiáojiàn / with this ～ 根据这个条件 gēnjù zhège tiáojiàn *a.* **1.** 了解的 liǎojiěde: an ～ smile 会心的微笑 huìxīnde wēixiào **2.** 能谅解的 néng liàngjiěde

understate *v.* 轻描淡写 qīngmiáo-dànxiě; 未充分表达 wèi chōngfèn biǎodá; 少说 shǎoshuō: They ～ the problem. 他们轻描淡写地讲述了这个问题。Tāmen qīngmiáo-dànxiěde jiǎngshùle zhège wèntí.

understudy *n.* 预备演员 yùbèi yǎnyuán; 替角 tìjué

undertake *v.* **1.** 接受 jiēshòu; 承担 chéngdān: ～ responsibility 承担责任 chéngdān-zérèn **2.** 进行 jìnxíng; 着手 zhuóshuǒ; 从事 cóngshì: ～ a journey 去旅行 qù lǚxíng **3.** 保证 bǎozhèng = pledge: She ～s to pay back the money within six months. 她保证在六个月之内还清欠款。Tā bǎozhèng zài liùge yuè zhīnèi huánqīng qiànkuǎn. 4. 承办丧葬事宜 chéngbàn sāngzàng shìyí = to prepare the dead for burial or cremation and to make funeral arrangements

undertaking *n.* 1. 任务 rènwu；事业 shìyè；企业 qǐyè = venture 2. 保证 bǎozhèng = promise 3. 殡仪业 bìnyíyè = the business of preparing the dead for burial, etc.

under-the-counter *a.* 走后门的 zǒu hòuménde

undertone *n.* 1. 低音 dīyīn；小声 xiǎoshēng = low, quiet voice: talk in ～s 低声说话 dīshēng shuōhuà 2. 淡色 dànsè；底彩 dǐcǎi = pale color 3. 含意 hányì = concealed quality: an ～ of doubt 怀疑的口气 huáiyíde kǒuqì

undertow *n.* = undercurrent 底流 dǐliú

undervalue *v.* 1. 低估 dīgū；评价过低 píngjià guòdī = assign too low a value to 2. 小看 xiǎokàn；轻蔑 qīngmiè = have too little esteem for

underwater *a.* & *ad.* 水下的 shuǐxiàde；水中的 shuǐzhōngde：～ acoustics 水声学 shuǐshēngxué *n.* 水面下的水 shuǐmiànxiàde shuǐ

underweight *n.* 未达标准的重量 wèidá biāozhǔnde zhòngliàng *a.* 重量不足的 zhòngliàng bùzúde：an ～ boy 体重不达标准的男孩儿 tǐzhòng bùdá biāozhǔnde nánháir

underworld *n.* 1. 阴间 yīnjiān = the world of the dead 2. 底层社会 dǐcéng shèhuì = part of the society where crime is rampant

underwrite *v.* 1. 给…保险 gěi…bǎoxiǎn 2. 经营保险业 jīngyíng bǎoxiǎnyè = manage insurance business

undesirable *a.* 不合乎需要的 bù héhū xūyàode；令人不快的 lìngrén búkuàide；讨厌的 tǎoyànde：～ tendencies 不良倾向 bùliáng qīngxiàng *n.* 不受欢迎的人 búshòu huānyíngde rén

undisciplined *a.* 未受训练的 wèishòu xùnliànde；无纪律的 wújìlǜde

undiscovered *a.* 未被发现的 wèibèi fāxiànde；未知的 wèizhīde

undisguised *a.* 1. 没有假装的 méiyǒu jiǎzhuāngde；2. 没有掩饰的 méiyǒu yǎnshìde：～ feeling 没有掩饰的感情 méiyǒu yǎnshìde gǎnqíng

undismayed *a.* 不害怕的 bú hàipàde；沉着的 chénzhuóde

undisputed *a.* 无争论的 wú zhēnglùnde；无异议的 wú yìyìde

undisturbed *a.* 未受扰乱的 wèishòu rǎoluànde；宁静的 níngjìngde：an ～

life 宁静的生活 níngjìngde shēnghuó

undivided *a.* 1. 没分开的 méi fēnkāide；一致的 yízhìde = unanimous 2. 专一的 zhuānyīde；专心的 zhuānxīnde：give ~ attention to sth. 专心致力于某事 zhuānxīn zhìlìyú mǒushì

undo *v.* 1. 解开 jiěkāi；打开 dǎkāi；使松开 shǐ sōngkāi：~ a package 打开包裹 dǎkāi bāoguǒ 2. 取消 qǔxiāo；消除 xiāochú；使复旧 shǐ fùjiù：What's done cannot be undone. 覆水难收。Fùshuǐ-nánshōu. 3. 毁坏 huǐhuài；败坏 bàihuài = ruin // undoing *n.*

undone *a.* 1. 未做好的 wèi zuòhǎode；未完成的 wèi wánchéngde = not done：leave things ~ 把事情搁着不办 bǎ shìqing gēzhe búbàn 2. 解开的 jiěkāide；松开的 sōngkāide = loosened：Your button has come ~. 你的钮扣松开了。Nǐde niǔkòu sōngkāile.

undoubted *a.* 无疑的 wúyíde；确实的 quèshíde // undoubtedly *ad.*

undraw *v.* 拉开 lākāi：~ the window curtain 拉开窗帘 lākāi chuānglián

undreamed *a.* 梦想不到的 mèngxiǎng búdàode；意外的 yìwàide.

undress *v.* 脱衣服 tuō yīfu *n.* 1. 便服 biànfú = plain clothes 2. 裸体 luǒtǐ = nakedness

undue *a.* 1. 过度的 guòdùde；过分的 guòfènde；不适当的 bú shìdàngde = excessive 2. 不正当的 bú zhèngdàngde；非法的 fēifǎde = inappropriate 3. 未到期的 wèi dàoqīde = not yet payable // unduly *ad.*

undulate *v.* 波动 bōdòng；起伏 qǐfú；呈波浪形 chéng bōlàngxíng = move or look like a wave *a.* 波状的 bōzhuàngde = wave-like

unearned *a.* 1. 不劳而获的 bùláo'érhuòde：an ~ income 不劳而获的收入 bùláo'érhuòde shōurù = not gained by work 2. 分外的 fènwàide；不应得的 bù yīngdéde = undeserved

unearth *v.* 1. 发掘 fājué；掘出 juéchū：~ relics 发掘文物 fājué wénwù 2. 揭露 jiēlù；发现 fāxiàn =discover

unearthly *a.* 超自然的 chāo zìránde；鬼怪的 guǐguàide；神秘的 shénmìde = supernatural

uneasy *a.* 1. 不舒服的 bù shūfude；不适意的 bú shìyìde = uncomfortable 2. 不安 bù'ān = ill at ease // uneasiness *n.*

unemployed *a.* 1. 不用的 búyòngde；闲着的 xiánzhede = not being used 2. 失业的 shīyède：~ workers 失业工人 shīyè gōngrén

unemployment *n.* 1. 失业 shīyè；失业现象 shīyè xiànxiàng = without a job **2.** 失业人数 shīyè rénshù = number of unemployed people // ~ compensation 失业救济制度 shīyè jiùjì zhìdù：~ insurance 失业保险 shīyè bǎoxiǎn / ~ benefit 失业津贴 shīyè jīntiē

unendurable *a.* 难忍的 nánrěnde；不可忍的 bùkě rěnde：~ pain 不能忍受的痛苦 bùnéng rěnshòude tòngkǔ

un-English *a.* 不像英国人的 búxiàng Yīngguórénde；非英国式的 fēi Yīngguóshìde；不合英语习惯的 bùhé Yīngyǔ xíguànde：an ~ sentence 不合英语习惯用法的句子 bùhé Yīngyǔ xíguàn yòngfǎde jùzi

unequal *a.* **1.** 不同 bùtóng；不相等的 bù xiāngděngde = not even **2.** 不平等的 bù píngděngde；不公正的 bù gōngzhèngde = not fair：an ~ treaty 不平等条约 bù píngděng tiáoyuē **3.** 不适合的 bú shìhéde；不胜任的 bú shèngrènde = not competent：be ~ to the task 不胜任这项工作 bú shèngrèn zhèxiàng gōngzuò

unequivocal *a.* 无歧义的 wú qíyìde；明确的 míngquède

unerring *a.* 没有错的 méiyǒu cuòde；准确的 zhǔnquède

UNESCO = United Nations Educational, Scientific and Cultural Organization 联合国教育科学及文化组织 Liánhéguó Jiàoyù Kēxué Jí Wénhuà Zǔzhī

uneven *a.* **1.** 不平 bùpíng：an ~ road 高低不平的路 gāodī bùpíngde lù **2.** 不齐 bùqí；不匀 bùyún：~ teeth 参差不齐的牙齿 cēncī-bùqíde yáchǐ **3.** 不平衡 bù pínghéng = unbalanced：an ~ contest 力量悬殊的比赛 lìliang xuánshūde bǐsài **4.** 奇数 jīshù：an ~ number 奇数 jīshù

unexampled *a.* 无比的 wúbǐde；无前例的 wú qiánlìde；未曾有的 wèi céngyǒude

unexpected *a.* 想不到的 xiǎngbudàode；意外的 yìwàide；突然的 tūránde

unfailing *a.* **1.** 不变的 bú biànde；经久不衰的 jīngjiǔ-bùshuāide：~ friendship 永恒不变的友谊 yǒnghéng-búbiànde yǒuyì **2.** 可靠的 kěkàode；忠实的 zhōngshíde：an ~ friend 忠实的朋友 zhōngshíde péngyou

unfair *a.* 不公平的 bù gōngpíngde；不公正的 bù gōngzhèngde；不正当的 bú zhèngdàngde

unfaithful *a.* 不忠实的 bù zhōngshíde

unfamiliar *a.* **1.** 不熟悉的 bù shúxīde；陌生的 mòshēngde = strange **2.**

不习惯的 bù xíguànde；外行的 wàihángde = not knowing

unfasten *v.* 解开 jiěkāi；脱开 tuōkāi；放松 fàngsōng

unfathemable *a.* **1.** 深不可测的 shēnbù-kěcède；无底的 wúdǐde = very deep **2.** 深奥的 shēn'àode = unable to comprehend

unfavo(u)rable *a.* **1.** 不顺利的 bú shùnlìde；不利的 búlìde：an ～ wind 逆风 nìfēng **2.** 相反的 xiāngfǎnde；反对的 fǎnduìde；不同意的 bù tóngyìde = negative：an ～ answer 否定的回答 fǒudìngde huídá

unfeeling *a.* 没有感觉的 méiyǒu gǎnjuéde；冷酷无情的 lěngkù-wúqíngde：an ～ attitude towards other people 对他人冷酷无情的态度 duì tārén lěngkù-wúqíngde tàidu

unfeigned *a.* 不虚伪的 bù xūwěide；真实的 zhēnshíde

unfettered *a.* 无拘无束的 wújū-wúshùde；自由自在的 zìyóu-zìzàide：an ～ life 自由自在的生活 zìyóu-zìzàide shēnghuó

unfinished *a.* 未完成的 wèi wánchéngde

unfit *a.* **1.** 不合适的 bù héshìde；不相宜的 bù xiāngyíde = not fit **2.** 无能力的 wú nénglìde；不胜任的 bú shèngrènde：He is ～ to do the work. 他不能胜任这工作。Tā bùnéng shèngrèn zhè gōngzuò. *v.* 使不适当 shǐ bú shìdàng = cause to be ～

unfledged *a.* 羽毛未丰的 yǔmáo wèifēngde；年轻无经验的 niánqīng wú jīngyànde

unflinching *a.* 不畏缩的 bú wèisuōde；坚定的 jiāndìngde

unfold[1] *v.* 放出 fàngchū * in tending sheep, etc.

unfold[2] *v.* **1.** 展开 zhǎnkāi；打开 dǎkāi：～ a package 打开包裹 dǎkāi bāoguǒ **2.** 开展 kāizhǎn * of movement etc.：～ sports movement 开展体育运动 kāizhǎn tǐyù yùndòng **3.** 开花 kāihuā = of flowers **4.** 显露 xiǎnlù = reveal gradually

unforeseen *a.* 没料到的 méi liàodàode；意外的 yìwàide

unfortunate *a.* 不幸的 búxìngde；倒霉的 dǎoméide

unfounded *a.* 没有根据的 méiyǒu gēnjùde；没有基础的 méiyǒu jīchǔde

unfreeze *v.* 解冻 jiědòng

unfriendly *a.* 不友好的 bù yǒuhǎode；不和气的 bù héqide

unfruitful *a.* **1.** 不结果实的 bùjiē guǒshíde；不生子女的 bùshēng zǐnǚde = unproductive **2.** 无效的 wúxiàode；无益的 wúyìde = ineffective：～ efforts 徒劳 túláo

unfurl *v.* **1.** 打开 dǎkāi；展开 zhǎnkai = open out or up **2.** 展示 zhǎnshì；显露 xiǎnlù = unfold

unfurnished *a.* **1.** 无供给的 wú gōngjǐde；无装备的 wú zhuāngbèide = not furnished **2.** 无家具设备的 wú jiājù shèbèide = without furniture：rooms to let ～ 出租无家具设备的房间 chūzū wú jiājù shèbèide fángjiān

ungainly *a.* 笨拙的 bènzhuōde；粗笨的 cūbènde

ungetatable *a.* 难到达的 nán dàodáde；交通不便的 jiāotōng búbiànde

ungodly *a.* & *ad.* 不敬神的 bú jìngshénde = not religious

ungovernable *a.* 难统治的 nán tǒngzhìde；难控制的 nán kòngzhìde

ungracious *a.* **1.** 粗野的 cūyěde；不礼貌的 bù lǐmàode = rude：an ～ reply 无礼的答复 wúlǐde dáfù **2.** 令人不愉快的 lìngrén bù yúkuàide = unpleasant：～ meeting 不愉快的会面 bù yúkuàide huìmiàn

ungrammatical *a.* 不合文法的 bùhé wénfǎde；文理不通的 wénlǐ bù tōngde

ungrateful *a.* **1.** 忘恩负义的 wàng'ēn-fùyìde **2.** 讨厌的 tǎoyànde = repellent：an ～ sound 讨厌的声音 tǎoyànde shēngyīn

ungrounded *a.* 没有根据的 méiyǒu gēnjùde

unguarded *a.* **1.** 不谨慎 bù jǐnshèn；轻率 qīngshuài = careless **2.** 没有防备的 méiyǒu fángbèide = not guarded：an ～ gate 没人看守的门 méirén kānshǒude mén

unguent *n.* 软膏 ruǎngāo

unhand *v.* 对…放手 duì…fàngshǒu

unhandy *a.* 不灵活的 bù línghuóde；不方便的 bù fāngbiànde

unhappy *a.* **1.** 不幸福 bú xìngfú；不快乐 bú kuàilè；不高兴 bù gāoxìng = without joy **2.** 不幸的 búxìngde = sad：an ～ event 不幸的事 búxìngde shì

unhealthful *a.* 有害健康的 yǒuhài jiànkāngde；不卫生的 bú wèishēngde

unhealthy *a.* **1.** 有病的 yǒubìngde；不健康的 bú jiànkāngde：an ～ complexion 病容 bìngróng **2.** 对健康有害的 duì jiànkāng yǒuhàide；不良的 bùliángde = harmful

unheard-of *a.* 闻所未闻的 wénsuǒ-wèiwénde；空前的 kōngqiánde

unheeded *a.* 未受注意的 wèishòu zhùyìde；被忽视的 bèi hūshìde

unhinge *v.* **1.** 卸下…的绞链 xièxià…de jiǎoliàn = remove from hinges **2.** 使…错乱 shǐ…cuòluàn = unbalance (of the mind)

unholy *a.* 不神圣的 bù shénshèngde；邪恶的 xié'ède
unhurt *a.* 未受伤的 wèi shòushāngde
uniaxial *a.* 单轴的 dānzhóude：a ～ crystal 单轴晶体 dānzhóu jīngtǐ
unicellular *a.* 单细胞的 dānxìbāode：a ～ plant 单细胞植物 dānxìbāo zhíwù
unicorn *n.* 独角兽 dújiǎoshòu
unification *n.* 统一 tǒngyī；联合 liánhé；一致 yízhì
uniform *a.* **1.** 一致的 yízhìde；一式的 yíshìde；一律的 yílǜde：vases of ～ size and shapes 大小和形状一式的花瓶 dàxiǎo hé xíngzhuàng yíshìde huāpíng **2.** 均匀的 jūnyúnde；不变的 bú biànde = not changing：～ motion 匀速运动 yúnsù yùndòng / keep a room at a ～ temperature 将房间保持一定的温度 jiāng fángjiān bǎochí yídìngde wēndù *n.* 制服 zhìfú；军服 jūnfú：a general in ～ 穿军服的将军 chuān jūnfúde jiāngjūn *v.* **1.** 使…一律 shǐ…yílǜ **2.** 使…穿制服 shǐ…chuān zhìfú // uniformity *n.*
unify *v.* 统一 tǒngyī；合一 héyī；使一致 shǐ yízhì
unilateral *a.* 一方的 yìfāngde；单方的 dānfāngde；一边的 yìbiānde：a ～ declaration 单方面宣言 dānfāngmiàn xuānyán
unimpeachable *a.* 无可指摘的 wúkě-zhǐzhāide；无懈可击的 wúxiè-kějīde
unimportant *a.* 不重要的 bú zhòngyàode；无价值的 wú jiàzhíde
uninhabited *a.* 没有人住的 méiyǒu rén zhùde；杳无人迹的 yǎowú-rénjìde：an ～ island 荒岛 huāngdǎo
uninjured *a.* 未受伤的 wèi shòushāngde
unintelligible *a.* 难懂的 nándǒngde；不明白的 bù míngbaide
uninterested *a.* **1.** 不关心的 bù guānxīnde；无动于衷的 wúdòng-yúzhōngde = having no interest in **2.** 没有关系的 méiyǒu guānxìde = having no concern
uninterrupted *a.* 不停的 bùtíngde；不断的 búduànde；连续的 liánxùde
uninvited *a.* 未被邀请的 wèibèi yāoqǐngde
union *n.* **1.** 联合 liánhé；结合 jiéhé；组合 zǔhé = uniting **2.** 婚姻 hūnyīn = marriage：Their love brought about a happy ～. 他们的爱情产生了美满的婚姻。Tāmende àiqíng chǎnshēngle měimǎnde hūnyīn. **3.** 协会 xiéhuì；联合会 liánhéhuì；工会 gōnghuì；联盟 liánméng；同盟 tóngméng：a (trade) ～ 工会 gōnghuì / the International U- of Students

国际学生联合会 Guójì Xuéshēng Liánhéhuì **4.** 管子接头 guǎnzi jiētóu * connecting pipes **5.** 一致 yízhì = being in harmony: in perfect ~ 完全一致 wánquán yízhì

unionist *n.* 工会会员 gōnghuì huìyuán; 工联主义者 gōngliánzhǔyìzhě

unique *a.* **1.** 无比的 wúbǐde; 唯一的 wéiyīde: a ~ opportunity 千载难逢的机会 qiānzǎi-nánféngde jīhuì **2.** 独特的 dútède; 异常的 yìchángde = unlike any other

unison *n.* 一致 yízhì: act in ~ 一致行动 yízhì xíngdòng / sing in ~ 齐声歌唱 qíshēng gēchàng

unit *n.* & *a.* **1.** 个体 gètǐ; 一个 yíge = a whole **2.** 单位 dānwèi; 基数 jīshù: a ~ of weight 重量单位 zhòngliàng dānwèi = quantity used as a standard for measurement **3.** 单元 dānyuán: an arithmetic ~ 运算单元 yùnsuàn dānyuán **4.** 组 zǔ; 部 bù; 小队 xiǎoduì; 分队 fēnduì = a squad: a mechanized ~ 机械化部队 jīxièhuà bùduì

unite *v.* **1.** 统一 tǒngyī; 结合 jiéhé; 合并 hébìng: The two companies will ~ into one. 这两家公司将并成一家。Zhè liǎngjiā gōngsī jiāng bìngchéng yìjiā. **2.** 联合 liánhé; 团结 tuánjié: ~ with them 团结他们 tuánjié tāmen // unity *n.*

united *a.* 联合的 liánhéde; 团结的 tuánjiéde: the U- Nations 联合国 Liánhéguó

univalent *a.* 一价的 yījiàde; 单价的 dānjiàde * of chemistry

universal *a.* **1.** 宇宙的 yǔzhòude; 全世界的 quánshìjiède: the U- Declaration of Human Rights 世界人权宣言 Shìjiè Rénquán Xuānyán **2.** 全体的 quántǐde; 普通的 pǔtōngde; 普遍的 pǔbiànde; 一般的 yìbānde = affecting all: ~ suffrage 普选权 pǔxuǎnquán / a ~ rule 普遍规律 pǔbiàn guīlǜ **3.** 通用的 tōngyòngde; 万能的 wànnéngde = common to all purposes

universality *n.* 普通性 pǔtōngxìng; 一般性 yìbānxìng

universe *n.* **1.** 宇宙 yǔzhòu = all the stars, etc.; 全世界 quánshìjiè = the whole world; 万物 wànwù = all existing things **2.** 整体 zhěngtǐ = a whole

university *n.* 综合大学 zōnghé dàxué; 大学 dàxué: Peking U- 北京大学 Běijīng Dàxué

unjust *a.* 不公正的 bù gōngzhèngde; 不公平的 bù gōngpíngde; 不正当的

bú zhèngdàngde：An ～ cause finds meagre support. 失道寡助。Shīdào-guǎzhù.

unkempt *a.* 蓬乱的 péngluànde * for hair；不整齐的 bù zhěngqíde = of uncared appearance：an ～ appearance 不修边幅的外貌 bùxiū biānfúde wàimào

unkind *a.* 不仁慈 bù réncí；不和善 bù héshàn；不客气 bú kèqi

unknowable *a.* 不可知的 bù kězhīde；不能认识的 bùnéng rènshide

unknown *a.* 未知的 wèizhīde；不详的 bùxiángde；无名的 wúmíngde；未被发现的 wèibèi fāxiànde：an ～ number 未知数 wèizhīshù

unlace *v.* 解开 jiěkāi：～ the shoes 解鞋带 jiě xiédài

unlawful *a.* 不法的 bùfǎde；非法的 fēifǎde；犯法的 fànfǎde；不正当的 bú zhèngdàngde

unlearn *v.* **1.** 忘记 wàngjì = to put out of mind **2.** 纠正 jiūzhèng = get rid of：～ bad habits 纠正恶习 jiūzhèng èxí

unlearned *a.* 无文化的 wú wénhuàde；无知识的 wú zhīshide = uneducated *n.* 无文化的人 wú wénhuàde rén：the ～ 无文化的人们 wú wénhuàde rénmen = those who have not received education

unleash *v.* 松开 sōngkāi；解放 jiěfàng：～ war 发动战争 fādòng zhànzhēng

unleavened *a.* 未经发酵的 wèi jīng fājiàode

unless *conj.* 如果不 rúguǒ bù = if not；除非 chúfēi = except when：You will fail ～ you work hard. 如果你不积极工作，就要失败。Rúguǒ nǐ bù jījí gōngzuò, jiùyào shībài. / He will not come ～ invited. 除非邀请，他才肯来。Chúfēi yāoqǐng, tā cái kěnlái.

unlettered *a.* **1.** 不识字的 bù shízìde；无文化的 wú wénhuàde = unable to read **2.** 无字的 wúzìde = without words：an ～ tombstone 无字的墓碑 wúzìde mùbēi

unlike *a.* 不同的 bùtóngde；不相似的 bù xiāngsìde：The two cases are quite ～. 这两种情况颇不相同。Zhè liǎngzhǒng qíngkuàng pōbù xiāngtóng. *prep.* 不像… búxiàng…；和…不同 hé…bùtóng：～ his predecessor 跟他的前辈不同 gēn tāde qiánbèi bùtóng

unlikely *a.* 未必的 wèibìde；不见得的 bújiàndéde：He is ～ to come. 他未必能来。Tā wèibì nénglái.

unlimited *a.* 无限的 wúxiànde；无边的 wúbiānde；无约束的 wú yuēshùde：an ～ company 无限公司 wúxiàn gōngsī

unload *v.* **1.** 卸下 xièxià；卸货 xièhuò：～ a truck 从卡车上卸下货物 cóng kǎchēshang xièxià huòwù **2.** 抽出 chōuchū；卸除 xièchú：～ a gun 退子弹 tuì zǐdàn；退炮弹 tuì pàodàn

unlock *v.* **1.** 开启 kāiqǐ：～ a door 开门锁 kāi ménsuǒ **2.** 揭露 jiēlù = disclose：～ one's heart 表明心迹 biǎomíng xīnjì

unlucky *a.* 不幸的 búxìngde；倒霉的 dǎoméide；不吉利的 bù jílìde

unman *v.* **1.** 阉割 yāngē **2.** 使…泄气 shǐ…xièqì：He was quite ～ed by the news. 他听到消息后垂头丧气。Tā tīngdào xiāoxihòu chuítóu-sàngqì.

unmanly *a.* 没有大丈夫气概的 méiyǒu dàzhàngfu qìgàide；娇气的 jiāoqìde

unmannerly *a.* 无礼貌的 wú lǐmàode；粗野的 cūyěde：～ speech 粗野的语言 cūyěde yǔyán

unmask *v.* 撕下…的假面具 sīxià…de jiǎmiànjù；揭露 jiēlù = expose：～ a hypocrite 揭露伪君子的假面目 jiēlù wěijūnzǐde jiǎ miànmù

unmatchable *a.* 无比的 wúbǐde；无敌的 wúdíde；无双的 wúshuāngde

unmeaning *a.* **1.** 无意义的 wú yìyìde = with no meaning **2.** 无表情的 wú biǎoqíngde = expressionless

unmeasured *a.* **1.** 未测定的 wèi cèdìngde = not yet measured **2.** 漫无边际的 mànwúbiānjìde = without limit

unmerciful *a.* 不仁慈的 bù réncíde；残忍的 cánrěnde；无情的 wúqíngde：an ～ man 无情的人 wúqíngde rén

unmindful *a.* 不留心的 bù liúxīnde；不留意的 bù liúyìde；不注意的 bú zhùyìde

unmistakable *a.* 错不了的 cuòbuliǎode；不致被误解的 búzhì bèi wùjiěde

unmitigated *a.* 未见减轻的 wèijiàn jiǎnqīngde = not diminished；绝对的 juéduìde = absolute

unmixed *a.* 没有搀杂的 méiyǒu chānzáde = not mixed；纯粹的 chúncuìde = pure

unmoral *a.* 与道德无关的 yǔ dàodé wúguānde

unmoved *a.* **1.** 无动于衷的 wúdòng-yúzhōngde；镇静的 zhènjìngde = undisturbed **2.** 坚定的 jiāndìngde = firm

unnatural *a.* **1.** 不自然的 bú zìránde；人造的 rénzàode = not natural **2.** 反常的 fǎnchángde；不合人情的 bùhé rénqíngde = not normal

unnecessary *a.* 不必要的 bú bìyàode；无用的 wúyòngde

unnerve *v.* 使气馁 shǐ qìněi

unnoticed *a.* 未被注意的 wèibèi zhùyìde：pass ～ 被忽略过去了 bèi hūlüè guòqùle

unnumbered *a.* **1.** 无数的 wúshùde = countless **2.** 未编号的 wèi biānhàode = not numbered：～ pages 没有编页码的书页 méiyǒu biān yèmǎde shūyè

UNO = United Nations Organization 联合国组织 Liánhéguó Zǔzhī

unoccupied *a.* **1.** 空闲的 kòngxiánde = idle：～ field 空地 kòngdì **2.** 没有人住的 méiyǒu rén zhùde；空着的 kōngzhede = vacant：an ～ room 空屋 kōngwū

unpack *v.* **1.** 打开 dǎkāi；解开 jiěkāi = open **2.** 掏出 tāochū；拿出 náchū = remove the contents of：～ one's clothes 拿出衣服 náchū yīfu

unpaid *a.* **1.** 未付的 wèifùde；未还的 wèihuánde：the ～ debts 未还的债务 wèihuánde zhàiwù **2.** 无报酬的 wú bàochoude：an ～ job 无报酬的工作 wú bàochoude gōngzuò

unparalleled *a.* 无比的 wúbǐde；无双的 wúshuāngde；空前未有的 kōngqián wèiyǒude

unpleasant *a.* 不愉快的 bù yúkuàide

unpopular *a.* 不得人心的 bùdé rénxīnde；不受欢迎的 búshòu huānyíngde

unpractical *a.* 不切实际的 búqiè shíjìde

unpractised *a.* **1.** 未实行的 wèi shíxíngde；未实施的 wèi shíshīde：an ～ plan 未实行的计划 wèi shíxíngde jìhuà **2.** 不熟练的 bù shúliànde；无经验的 wú jīngyànde：an ～ worker 无经验的工人 wú jīngyànde gōngrén

unprecedented *a.* 无前例的 wú qiánlìde；空前的 kōngqiánde；前所未有的 qiánsuǒ wèiyǒude

unprejudiced *a.* 没有偏见的 méiyǒu piānjiànde；没有成见的 méiyǒu chéngjiànde；公正的 gōngzhèngde：an ～ commentary 公正的评论 gōngzhèngde pínglùn

unprepared *a.* **1.** 没有准备的 méiyǒu zhǔnbèide：You caught me ～. 我冷不防被你抓住了。Wǒ lěngbufáng bèi nǐ zhuāzhùle. **2.** 没有预期的 méiyǒu yùqīde：an ～ speech 即席演说 jíxí yǎnshuō

unpretending *a.* 不骄傲的 bù jiāo'àode；谦逊的 qiānxùnde；不装模作样的 bù zhuāngmú-zuòyàngde

unprincipled *a.* 不讲道德的 bùjiǎng dàodéde = lacking moral principles；不通情理的 bùtōng qínglǐde = unscrupulous

unprivileged *a.* 1. 没有特权的 méiyǒu tèquánde 2. 底层社会的 dǐcéng shèhuìde: the ~ classes in society 社会中的底层 shèhuìzhōngde dǐcéng

unproductive *a.* 不生产的 bù shēngchǎnde; 非生产性的 fēi shēngchǎn xìngde

unprofitable *a.* 1. 没有利益的 méiyǒu lìyìde = giving no profit 2. 没有用的 méiyǒu yòngde = serving no purpose

unpromising *a.* 没有希望的 méiyǒu xīwàngde; 没有前途的 méiyǒu qiántúde; 没出息的 méi chūxide

unqualified *a.* 不合格的 bù hégéde; 不适于… bú shìyú…: an ~ practitioner of medicine 不合格的医师 bù hégéde yīshī

unquenchable *a.* 不能熄灭的 bùnéng xīmiède; 止不住的 zhǐbuzhùde; 不能遏制的 bùnéng èzhìde: ~ thirst 止不住的口渴 zhǐbuzhùde kǒukě

unquestionable *a.* 无疑的 wúyíde = without doubt; 确凿的 quèzuòde: ~ evidence 确凿的证据 quèzuòde zhèngjù

unquestioned *a.* 1. 不成为问题的 bù chéngwéi wèntíde; 无疑的 wúyíde: ~ authority 公认的权威 gōngrènde quánwēi 2. 未经审问的 wèijīng shěnwènde; 未经调查的 wèijīng diàocháde: an ~ prisoner 未经审问的犯人 wèijīng shěnwènde fànrén

unquiet *a.* 不安静的 bù ānjìngde; 不宁静的 bù níngjìngde

unquote *a.* 结束引语 jiéshù yǐnyǔ * in a telegram

unravel *v.* 1. 解开 jiěkāi; 拆散 chāisǎn: ~ the knitting 拆散编结物 chāisǎn biānjiéwù 2. 解释 jiěshì; 解决 jiějué: ~ a difficulty 解决一件难事 jiějué yíjiàn nánshì

unreal *a.* 非真实的 fēi zhēnshíde; 空幻的 kōnghuànde

unreasonable *a.* 1. 不讲理的 bù jiǎnglǐde; 无理的 wúlǐde: an ~ person 不讲道理的人 bùjiǎng dàolǐde rén 2. 不合理的 bù hélǐde; 过分的 guòfènde = exorbitant // ~ price 不合理的价格 bù hélǐde jiàgé

unregenerate *a.* 不再生的 bú zàishēngde; 不悔改的 bù huǐgǎide

unreliable *a.* 不可靠的 bù kěkàode: His speech is ~. 他的话是不可靠的。Tāde huà shì bù kěkàode.

unremitting *a.* 不歇的 bùxiēde; 不休的 bùxiūde; 不懈的 búxiède: His efforts are ~. 他的努力是不懈的。Tāde nǔlì shì búxiède.

unrequited *a.* 无报答的 wú bàodáde; 无偿的 wúchángde: Wickedness does not go altogether ~. 恶有恶报。Èyǒu-èbào.

unreserved *a.* 无保留的 wú bǎoliúde；完全的 wánquánde：in ～ agreement 完全同意 wánquán tóngyì

unrest *n.* 不安定 bù'āndìng；动乱 dòngluàn：Unemployment causes social ～. 失业引起社会动乱。Shīyè yǐnqǐ shèhuì dòngluàn.

unrestrained *a.* 无节制的 wú jiézhìde；放纵的 fàngzòngde

unrighteous *a.* 不正直的 bú zhèngzhíde；不公正的 bù gōngzhèngde ＝ unjust：an ～ criticism 不公正的批评 bù gōngzhèngde pīpíng

unrivalled *a.* 无敌的 wúdíde；无比的 wúbǐde

unroll *v.* 展开 zhǎnkāi；摊开 tānkāi；打开 dǎkāi

unruffled *a.* 不扰乱的 bù rǎoluànde；平静的 píngjìngde

unruly *a.* 不服从的 bù fúcóngde；任性的 rènxìngde；难控制的 nán kòngzhìde：～ children 不守规矩的孩子 bùshǒu guījude háizi

unsafe *a.* 不安全的 bù ānquánde；危险的 wēixiǎnde

unsanitary *a.* 不卫生的 bú wèishēngde；有碍健康的 yǒu'ài jiànkāngde

unsatisfactory *a.* 不能令人满意的 bùnéng lìngrén mǎnyìde；不得人心的 bùdé rénxīnde：an ～ policy 不得人心的政策 bùdé rénxīnde zhèngcè

unsatisfied *a.* 不满足的 bù mǎnzúde；不满意的 bù mǎnyìde

unsaturated *a.* 不饱和的 bù bǎohéde；非饱和的 fēi bǎohéde；未饱和的 wèi bǎohéde：an ～ compound 不饱和化合物 bù bǎohé huàhéwù

unsavo(u)ry *a.* **1.** 没有味道的 méiyǒu wèidaode；难吃的 nánchīde；难闻的 nánwénde * of taste or smell **2.** 令人讨厌的 lìngrén tǎoyànde；令人不快的 lìngrén búkuàide ＝ disgusting：a man with an ～ reputation 声名狼藉的人 shēngmíng-lángjíde rén

unsay *v.* 取消 qǔxiāo；撤回 chèhuí

unscramble *v.* **1.** 整理 zhěnglǐ ＝ put into order **2.** 译出 yìchū：～ secret code 译出密码 yìchū mìmǎ

unscrew *v.* 扭松 niǔsōng；旋开 xuánkāi

unscrupulous *a.* 肆无忌惮的 sìwú-jìdànde；没有节操的 méiyǒu jiécāode：～ business methods 不择手段的经商手法 bùzé shǒuduànde jīngshāng shǒufǎ

unseal *v.* 开启 kāiqǐ；拆 chāi

unsearchable *a.* 不可思议的 bùkě-sīyìde；神秘的 shénmìde

unseasonable *a.* **1.** 不合时令的 bùhé shílìngde：～ weather 反常的天气 fǎnchángde tiānqì **2.** 不合时宜的 bùhé shíyíde ＝ inopportune：at an ～

time 不合时机 bùhé shíjī

unseat *v.* **1.** 使…从马上摔下 shǐ…cóng mǎshang shuāixià * from a horse **2.** 罢免 bàmiǎn；使退职 shǐ tuìzhí = to force out of position

unseemly *a.* 不合宜的 bù héyíde；不体面的 bù tǐmiànde

unseen *a.* **1.** 看不见的 kànbujiànde；观察不到的 guānchá búdàode = invisible **2.** 当场的 dāngchǎngde：an ～ translation 即席翻译 jíxí fānyì

unselfish *a.* 无私的 wúsīde；慷慨的 kāngkǎide

unsettle *v.* 搅乱 jiǎoluàn；使动摇 shǐ dòngyáo：Nothing can ～ his resolution. 什么也不能动摇他的决心。Shénme yě bùnéng dòngyáo tāde juéxīn.

unsettled *a.* **1.** 不定的 búdìngde；易变的 yìbiànde = changeable：～ weather 易变的天气 yìbiànde tiānqì **2.** 未解决的 wèi jiějuéde = not resolved： The problem still remains ～. 这个问题仍未解决。Zhège wèntí réng wèi jiějué. **3.** 未付清的 wèi fùqīngde = not paid：～ debts 未清的债务 wèiqīngde zhàiwù

unshak(e)able *a.* 不能摇动的 bùnéng yáodòngde；坚定不移的 jiāndìng bùyíde

unsheathe *v.* 拔 bá

unsightly *a.* 难看的 nánkànde；丑的 chǒude

unskilful *a.* 不灵巧的 bù língqiǎode；不熟练的 bù shúliànde

unsoiled *a.* 未玷污的 wèi diànwūde；未弄脏的 wèi nòngzāngde

unsophisticated *a.* 质朴无华的 zhìpǔ wúhuáde

unsought *a.* 未经寻求的 wèijīng xúnqiúde

unsound *a.* **1.** 不健全的 bú jiànquánde；有病的 yǒubìngde = not healthy **2.** 腐烂的 fǔlànde；烂的 lànde = having defects **3.** 无根据的 wú gēnjùde = not logically founded：～ arguments 谬论 miùlùn

unsparing *a.* **1.** 大方的 dàfangde；不吝惜的 bú lìnxīde = generous **2.** 严厉的 yánlìde：～ criticism 严厉的批评 yánlìde pīpíng

unspeakable *a.* 说不出的 shuōbuchūde；难以形容的 nányǐ xíngróngde

unspotted *a.* 没有斑点的 méiyǒu bāndiǎnde；白璧无瑕的 báibì-wúxiáde = not marked with spots or soiled：be ～ from the world 没有染上社会恶习 méiyǒu rǎnshàng shèhuì èxí

unstable *a.* 不稳定的 bù wěndìngde；动荡不定的 dòngdàng búdìngde

unsteady *a.* **1.** 不稳固的 bù wěngùde；摇摆的 yáobǎide = not secure **2.** 易

变的 yìbiànde = unstable：～ conditions 易变的情况 yìbiànde qíngkuàng

unstressed *a.* 不强调的 bù qiángdiàode；不重读的 bú zhòngdúde：an ～ syllable 不重读的音节 bú zhòngdúde yīnjié

unstudied *a.* 非人为的 fēi rénwéide；自然的 zìránde

unsuitable *a.* 不适宜的 bú shìyíde；不适当的 bú shìdàngde

unsuited *a.* 不合适的 bù héshìde；不适当的 bú shìdàngde；不相称的 bù xiāngchènde

unsung *a.* **1.** 未唱的 wèichàngde = not sung **2.** 未被歌颂的 wèibèi gēsòngde = not praised in song, poetry, etc.：an ～ saga 未被歌颂的史诗 wèibèi gēsòngde shǐshī

untaught *a.* **1.** 自然的 zìránde = natural **2.** 未受教育的 wèishòu jiàoyùde = uneducated

untenable *a.* **1.** 防守不住的 fángshǒu búzhùde：an ～ position 难以防守的阵地 nányǐ fángshǒude zhèndì **2.** 站不住脚的 zhànbuzhù jiǎode：～ arguments 站不住脚的论点 zhànbuzhù jiǎode lùndiǎn

unthankful *a.* **1.** 不感激的 bù gǎnjīde = ungrateful **2.** 使人不愉快的 shǐ rén bù yúkuàide = unwelcome

unthinkable *a.* 不可想像的 bùkě xiǎngxiàngde

unthinking *a.* **1.** 欠考虑的 qiàn kǎolǜde = careless **2.** 不动脑筋的 búdòng nǎojīnde；心不在焉的 xīnbú-zàiyānde = absent-minded：in an ～ moment 一时轻率 yìshí qīngshuài

untidy *a.* 不整齐 bù zhěngqí；不整洁 bù zhěngjié；凌乱 língluàn

untie *v.* **1.** 解开 jiěkāi = unfasten **2.** 解放 jiěfàng；解除 jiěchú = free from a bond：～ sb. from his promise 解除某人受诺言的约束 jiěchú mǒurén shòu nuòyánde yuēshù

until *prep.* **1.** 到…为止 dào…wéizhǐ：wait ～ five o'clock 等到五点钟 děngdào wǔdiǎnzhōng **2.** 直到 zhídào：It was not ～ yesterday that I noticed it. 直到昨天我才注意到这件事。Zhídào zuótiān wǒ cái zhùyìdào zhèjiànshì. *conj.* **1.** 到…为止 dào…wéizhǐ：Wait here ～ I come. 在这里等到我来。Zài zhèlǐ děngdào wǒ lái. **2.** 直到 zhídào：Don't open the door ～ the train stops. 火车未停，不要开门。Huǒchē wèitíng, búyào kāimén.

untimely *a.* & *ad.* 不合时宜的 bùhé shíyíde；不是时候的 búshì shíhoude；

过早的 guòzǎode = too early：an ～ death 夭折 yāozhé

untiring *a.* 不倦的 bújuànde

untold *a.* **1.** 没有说到的 méiyǒu shuōdàode；没有揭露的 méiyǒu jiēlùde：He left the secret ～. 他没有说出秘密。Tā méiyǒu shuōchū mìmì. **2.** 数不清的 shǔbuqīngde = inexpressive：～ wealth 大量财富 dàliàng cáifù

untouchable *a.* 不可接触的 bùkě jiēchùde：All the articles are ～ in the museum. 博物馆内所有展品禁止触摸。Bówùguǎnnèi suǒyǒu zhǎnpǐn jìnzhǐ chùmō. *n.* 不可接触者 bùkě jiēchùzhě；贱民 jiànmín * a member of the lowest social class in India

untouched *a.* 没有触动的 méiyǒu chùdòngde = not touched；未受感动的 wèishòu gǎndòngde =（of feelings）not moved；没有提到的 méiyǒu tídàode = not mentioned：The subject remains ～ upon. 这个题目依然没有提到。Zhège tímù yīrán méiyǒu tídào.

untoward *a.* 不幸的 búxìngde；不凑巧的 búcòuqiǎode；麻烦的 máfande：～ circumstances 逆境 nìjìng / a most ～ event 一件非常不幸的事 yíjiàn fēicháng búxìngde shì

untranslatable *a.* 不可译的 bùkě yìde；难译的 nányìde

untried *a.* 未经试验的 wèijīng shìyànde：have nothing ～ 什么都试过 shénme dōu shìguo

untrue *a.* **1.** 不真实的 bù zhēnshíde；假的 jiǎde = not true：an ～ statement 不真实的声明 bù zhēnshíde shēngmíng **2.** 不忠实的 bù zhōngshíde；不忠诚的 bù zhōngchéngde = not loyal：an ～ friend 不忠实的朋友 bù zhōngshíde péngyou **3.** 不合标准的 bùhé biāozhǔnde = not up to the standard：be ～ to type 不合规格 bùhé guīgé

untruth *n.* **1.** 虚假 xūjiǎ = falsehood **2.** 谎言 huǎngyán = lie：tell an ～ 说谎 shuōhuǎng

untutored *a.* 未受教育的 wèishòu jiàoyùde；粗野的 cūyěde

unused *a.* **1.** 不用的 búyòngde：an ～ room 不用的房间 búyòngde fángjiān **2.** 不习惯的 bù xíguànde = not used to：be ～ to dining out 不习惯出去吃饭 bù xíguàn chūqù chīfàn

unusual *a.* **1.** 不普通的 bù pǔtōngde；稀有的 xīyǒude = uncommon：Such cold weather is ～ in May. 五月里这样冷的天气是不常有的。Wǔyuèli zhèyàng lěngde tiānqì shì bù chángyǒude. **2.** 独特的 dútède；奇怪的 qíguàide = unique：an ～ face 一个很独特的面孔 yíge hěn dútède miànkǒng

unutterable *a.* 说不出的 shuōbuchūde；难以形容的 nányǐ xíngróngde

unvarnished *a.* **1.** 未油漆的 wèi yóuqīde = not painted **2.** 不加掩饰的 bùjiā yǎnshìde；质朴的 zhìpǔde = plain

unveil *v.* **1.** 除去…的面罩 chúqù…de miànzhào；揭幕 jiēmù = take off a veil from：an ～ing ceremony 揭幕式 jiēmùshì **2.** 揭露 jiēlù = reveal：～ a secret 揭露秘密 jiēlù mìmì

unwarranted *a.* **1.** 未经授权的 wèijīng shòuquánde；不正当的 bú zhèngdàngde = unauthorized：～ interference 不正当的干涉 bú zhèngdàngde gānshè **2.** 没有保证的 méiyǒu bǎozhèngde = cannot be guaranteed：enjoy a reputation ～ by any real learning 徒有其名，并无实学 túyǒu qímíng，bìngwú shíxué

unwary *a.* 缺乏警惕心的 quēfá jǐngtìxīnde；粗心大意的 cūxīn dàyìde

unwearied *a.* 不疲倦的 bù píjuànde；不屈不挠的 bùqū-bùnáode

unwelcome *a.* 不受欢迎的 búshòu huānyíngde；令人不愉快的 lìngrén bù yúkuàide：an ～ visitor 不受欢迎的来客 búshòu huānyíngde láikè

unwell *a.* 不舒服的 bù shūfude；有病的 yǒubìngde

unwholesome *a.* **1.** 不卫生的 bú wèishēngde；不健康的 bú jiànkāngde；腐败的 fǔbàide：～ food 不卫生的食物 bú wèishēngde shíwù / an ～ book 坏书 huàishū **2.** 令人不快的 lìngrén búkuàide；讨厌的 tǎoyànde = unpleasant

unwieldy *a.* 笨重的 bènzhòngde；使用不便的 shǐyòng búbiànde

unwilling *a.* 不愿意的 bú yuànyìde；不情愿的 bù qíngyuànde

unwind *v.* 撒开 sākāi；解开 jiěkāi

unwise *a.* 无智慧的 wú zhìhuìde；愚笨的 yúbènde

unwished-for *a.* 不希望的 bù xīwàngde；不想要的 bù xiǎngyàode：an ～ child 不想要的孩子 bù xiǎngyàode háizi

unwitting *a.* 无意识的 wúyìshíde；不知不觉的 bùzhī-bùjuéde：～ rudeness 无意识的无礼 wúyìshíde wúlǐ

unwonted *a.* 不习惯的 bù xíguànde；罕见的 hǎnjiànde

unworthy *a.* 不足道的 bùzúdàode；不值得一提的 bù zhíde yìtíde；不配…的 búpèi…de：～ of praise 不值得称赞 bù zhíde chēngzàn / ～ of the compliment 不敢当 bùgǎndāng

unwritten *a.* 非书面的 fēi shūmiànde；不成文的 bù chéngwénde：～ law

不成文法 bùchéngwénfǎ

unyielding *a*. 顽强的 wánqiángde；坚强的 jiānqiángde：an ～ will 坚强的意志 jiānqiángde yìzhì

up *ad*. 1. 向上 xiàngshàng：look ～ 仰视 yǎngshì / hang a picture ～ 把画挂起 bǎ huà guàqǐ 2. 上…去 shàng…qù * to a place of importance, etc.：go ～ to Beijing 上北京去 shàng Běijīng qù/ run ～ north 向北跑 xiàng běi pǎo 3. 向…来 xiàng…lái：Come ～ here. 上这里来。Shàng zhèlǐ lái. / She went straight ～ to the door. 她走到门边来。Tā zǒudào ménbiān lái. 4. …以上 …yǐshàng：from ten dollars ～ 十元以上 shíyuán yǐshàng / heap ～ 堆起来 duī qǐlái 5. 起来 qǐlái：get ～ early 早起 zǎoqǐ / He isn't ～ yet. 他还没有起来。Tā hái méiyǒu qǐlái. / His temper is ～. 他的脾气上来了。Tāde píqi shànglaile. 6. …完 …wán；…光 …guāng * to mean completeness and finality：finish ～ 完成 wánchéng / eat ～ 吃光 chīguāng / It's all ～. 一切都完了。Yíqiè dōu wánle. // be ～ against difficulty 面临困难 miànlín kùnnan / ～ and down 1. 上上下下 shàngshang-xiàxià 2. 前前后后 qiánqian-hòuhòu / ～ to 直到… zhídào… / U- with it! 竖起来！Shù qǐlái! *a*. 1. 向上的 xiàngshàngde：the ～ train 上行列车 shàngxíng lièchē 2. 在上 zàishàng：The sun is ～. 太阳出来了。Tàiyáng chūláile. *prep*. 上… shàng…：go ～ a hill 爬山 páshān / sail ～ a river 驶向上游 shǐxiàng shàngyóu *v*. 起来 qǐlái：He ～s and says… 他站起来说道… Tā zhànqǐlái shuōdào… // *n*. 上升 shàngshēng；上坡 shàngpō：～s and downs 走运和倒霉的时候 zǒuyùn hé dǎoméide shíhou

up-and-coming *a*. 进取的 jìnqǔde；有希望的 yǒu xīwàngde；可能成功的 kěnéng chénggōngde = promising：an ～ actress 大有希望的女演员 dà yǒu xīwàngde nǚyǎnyuán

upborne *a*. 被高举的 bèi gāojǔde；被支持的 bèi zhīchíde

upbraid *v*. 谴责 qiǎnzé；斥责 chìzé

upbringing *n*. 抚育 fǔyù；养育 yǎngyù；培养 péiyǎng：He has had a good ～. 他小时受过很好的教养。Tā xiǎoshí shòuguo hěnhǎode jiàoyǎng.

upheaval *n*. 1. 抬起 táiqǐ；隆起 lóngqǐ = lifting up of the earth's crust 2. 大变动 dà biàndòng = big change；动乱 dòngluàn = turbulance：social ～s 社会动乱 shèhuì dòngluàn

uphill *a*. 1. 上坡的 shàngpōde；上升的 shàngshēngde：an ～ road 上坡路

shàngpō lù **2.** 艰难的 jiānnánde = difficult：an ~ work 艰苦的工作 jiānkǔde gōngzuò *ad.* 向坡上 xiàng pōshang；往山上 wǎng shānshang：It is easier to walk downhill than ~. 下山容易上山难。Xiàshān róngyì shàngshān nán.

uphold *v.* **1.** 高举 gāojǔ = hold aloft **2.** 支持 zhīchí = support；拥护 yōnghù：I ~ your opinion. 我支持你的意见。Wǒ zhīchí nǐde yìjian.

upholder *n.* 支持者 zhīchízhě；拥护者 yōnghùzhě；赞成者 zànchéngzhě

upholster *v.* **1.** 装配 zhuāngpèi * for sofa，chair，etc.：~ a chair in tapestry 给椅子装上花毯面子 gěi yǐzi zhuāngshàng huātǎn miànzi **2.** 布置房间 bùzhì fángjiān * with tapestry，furniture，etc.：~ a room 布置房间 bùzhì fángjiān

upholsterer *n.* 室内装饰商 shìnèi zhuāngshìshāng；家具商 jiājùshāng

upholstery *n.* **1.** 室内装饰业 shìnèi zhuāngshìyè = business of upholstering **2.** 室内装璜品 shìnèi zhuānghuángpǐn = materials used in upholstering

upkeep *n.* **1.** 保养 bǎoyǎng = the work of keeping sth. in good condition **2.** 保养费 bǎoyǎngfèi；维修费 wéixiūfèi = the cost of ~ing

upland *n.* 高地 gāodì；山地 shāndì *a.* 高地的 gāodìde；山地的 shāndìde：~ crop 高地作物 gāodì zuòwù

uplift *v.* & *n.* **1.** 上举 shàngjǔ；举起 jǔqǐ = raise **2.** 振作 zhènzuò；促进 cùjìn = inspire morally：Their spirits were ~ed by the news. 他们的精神被这个消息振奋起来。Tāmende jīngshen bèi zhège xiāoxi zhènfèn qǐlái.

upper *a.* 上部的 shàngbùde：the ~ teeth 上排牙齿 shàngpái yáchǐ / the U- House 上院 Shàngyuàn // have the ~ hand of 占…的上风 zhàn…de shàngfēng

uppermost *a.* & *ad.* 最高的 zuì gāode；最主要的 zuì zhǔyàode：~ in my mind 我心中认为最主要的… wǒ xīnzhōng rènwéi zuì zhǔyàode …

upraise *v.* 举起 jǔqǐ；提高 tígāo

upright *a.* **1.** 直立的 zhílìde：an ~ piano 直立式钢琴 zhílìshì gāngqín **2.** 正直的 zhèngzhíde；诚实的 chéngshíde = honest：an ~ man 正直的人 zhèngzhíde rén *ad.* 竖立着 shùlìzhe；笔直 bǐzhí：stand ~ 笔挺地立着 bǐtǐngde lìzhe // uprightness *n.*

uprise *v.* **1.** 升起 shēngqǐ：The sun ~s. 太阳升起了。Tàiyáng shēngqǐle.

2. 起床 qǐchuáng；起身 qǐshēn = get up 3. 变高 biàngāo：The bells ～. 钟声响起来了。Zhōngshēng xiǎngqǐláile. 4. 起义 qǐyì；暴动 bàodòng = rebel // uprising *n.*

uproar *n.* 1. 喧嚷 xuānrǎng；吵嚷 chǎorǎng = confused, loud noise 2. 骚乱 sāoluàn = commotion

uproot *v.* 1. 连根拔 liángēnbá；根除 gēnchú = detach by pulling up the roots：～ poverty 根除穷困 gēnchú qióngkùn 2. 赶出 gǎnchū；赶走 gǎnzǒu = drive away

upset *v.* 1. 推翻 tuīfān：～ a bus 翻车 fānchē 2. 打乱 dǎluàn：～ a plan 打乱计划 dǎluàn jìhuà 3. 使…心乱 shǐ…xīnluàn；使…苦恼 shǐ…kǔnǎo：The news quite ～ him. 这消息使他心烦意乱。Zhè xiāoxi shǐ tā xīnfán-yìluàn. *n.* 1. 翻倒 fāndǎo 2. 扰乱 rǎoluàn 3. 心烦意乱 xīnfán-yìluàn；不舒服 bù shūfu ＊ of the stomach

upshot *n.* 结果 jiéguǒ

upside *n.* 上边 shàngbiān；上面 shàngmian；上部 shàngbù：～ down 上下颠倒 shàngxià diāndǎo / turn the boxes ～ down 翻箱倒柜 fānxiāng dǎoguì / Everything was turned ～ down. 什么都被弄得乱七八糟了。Shénme dōubèi nòngde luànqī-bāzāole.

upstair(s) *a.* 楼上的 lóushangde：an ～ room 楼上的一间房间 lóushangde yìjiān fángjiān

upstairs *ad.* 在楼上 zài lóushang

upstart *n.* 暴发户 bàofāhù

upstream *ad.* & *a.* 逆流的 nìliúde；往上游的 wǎng shàngyóude

upsurge *n.* & *v.* 高涨 gāozhǎng；高潮 gāocháo

upswing *n.* & *v.* 1. 高涨 gāozhǎng = upward swing or trend：be on the ～ 正在高涨 zhèngzài gāozhǎng 2. 进步 jìnbù = progress

up-to-date *a.* 现代化的 xiàndàihuàde；最新的 zuìxīnde

uptown *a.* & *ad.* 1. 近郊区的 jìnjiāoqūde = in or to the suburb 2. 住宅区 zhùzháiqū = residential district

upturn *v.* 反转 fǎnzhuǎn；翻起 fānqǐ = turn up：～ soil 翻土 fāntǔ *n.* 1. 上涨 shàngzhǎng = upward trend as in prices 2. 好转 hǎozhuǎn = take a turn for the better：an ～ in the economy 经济好转 jīngjì hǎozhuǎn

upward *a.* 向上的 xiàngshàngde；上升的 shàngshēngde：an ～ move 上升

shàngshēng // upwards *ad*.

uranium *n*. 铀 yóu：natural ～ 天然铀 tiānrányóu

urban *a*. 城市的 chéngshìde：～ districts 市区 shìqū

urbane *a*. 有礼貌的 yǒu lǐmàode；文雅的 wényǎde // urbanity *n*.

urchin *n*. 小淘气 xiǎotáoqì；顽童 wántóng：a street ～ 街头的流浪儿 jiētóude liúlàng'ér

urea *n*. 尿素 niàosù

urge *v*. **1**. 推动 tuīdòng = push **2**. 激励 jīlì；鼓励 gǔlì = encourage：～ a person to do sth. 激励某人做事 jīlì mǒurén zuòshì **3**. 主张 zhǔzhāng；强调 qiángdiào = recommend：He ～s that we take such steps. 他主张我们采取这些步骤。Tā zhǔzhāng wǒmen cǎiqǔ zhèxiē bùzhòu. *n*. 坚决要求 jiānjué yāoqiú = demand

urgent *a*. **1**. 紧急的 jǐnjíde；迫切的 pòqiède：～ need 迫切的需要 pòqiède xūyào **2**. 催促的 cuīcùde；坚持要求的 jiānchí yāoqiúde = entreating persistingly：She was ～ for the doctor to come. 她急切地催促医生来。Tā jíqiède cuīcù yīshēng lái.

uric *a*. 尿的 niàode：～ acid 尿酸 niàosuān

urinal *n*. **1**. 尿壶 niàohú **2**. 小便处 xiǎobiànchù = place for urinating

urinate *v*. 撒尿 sāniào；小便 xiǎobiàn

urine *n*. 尿 niào：pass ～（解）小便（jiě）xiǎobiàn；撒尿 sāniào

urn *n*. 缸 gāng

urology *n*. 泌尿学 mìniàoxué

us *pron*. 我们 wǒmen

usable *a*. 可用的 kěyòngde；合用的 héyòngde

usage *n*. **1**. 使用 shǐyòng；用法 yòngfǎ：broken by rough ～ 由于不小心使用而破损的 yóuyú bù xiǎoxīn shǐyòng ér pòsǔnde **2**. 习惯 xíguàn；惯例 guànlì：social ～s 社会习俗 shèhuì xísú / modern English ～ 现代英语惯用法 xiàndài Yīngyǔ guànyòngfǎ

use *v*. **1**. 用 yòng；使用 shǐyòng；利用 lìyòng：May I ～ your typewriter? 我可以用你的打字机吗？Wǒ kěyǐ yòng nǐde dǎzìjīma？/ ～ every opportunity 利用一切机会 lìyòng yíqiè jīhuì **2**. 使出 shǐchū；发挥 fāhuī：～ all one's skill 发挥一切技能 fāhuī yíqiè jìnéng **3**. 对待 duìdài * with person：～ a person well (ill) 待人好（不好）dài rén hǎo（bùhǎo）**4**. [～d] 惯常 guàncháng：People ～d to burn candles in order to get light. 人们在过去常点蜡烛用来照明。Rénmen zài guòqù cháng diǎn làzhú yònglái zhàomíng. / He is not what he ～d to be. 他已不是从前的他了。Tā yǐ búshì cóngqiánde tāle. *n.* **1.** 使用 shǐyòng；利用 lìyòng；用法 yòngfǎ：This room is for the ～ of guests. 这间房间供客人用。Zhèjiān fángjiān gōng kèren yòng. / go out of ～ 没有人用 méiyǒu rén yòng **2.** 使用价值 shǐyòng jiàzhí：put it to (a) good ～ 要好好利用它 yào hǎohao lìyòng tā / It's no ～ talking. 说也没用。Shuō yě méiyòng.

used *a.* **1.** 用旧了的 yòngjiùlede；半旧的 bànjiùde：～ books 旧书 jiùshū **2.** 惯常的 guànchángde：You will soon get ～ to our ways. 你不久会习惯于我们的方式。Nǐ bùjiǔ huì xíguànyú wǒmende fāngshì.

useful *a.* 有用的 yǒuyòngde；有益的 yòuyìde；有帮助的 yǒu bāngzhùde：be ～ for some purpose 有某种用途 yǒu mǒuzhǒng yòngtú

useless *a.* 无用的 wúyòngde；无益的 wúyìde

user *n.* 用户 yònghù；使用者 shǐyòngzhě

usher *n.* 引座员 yǐnzuòyuán；招待员 zhāodàiyuán *v.* 招待 zhāodài；引导 yǐndǎo；领 lǐng：～ in 引进 yǐnjìn / ～ a guest into the drawing-room 领客人进入会客室 lǐng kèren jìnrù huìkèshì

usheretter *n.* 女招待员 nǚ zhāodàiyuán

usual *a.* 通常的 tōngchángde；平常的 píngchángde；习惯性的 xíguànxìngde：It is not ～ for shops to open on Sundays. 商店在星期日照常营业是不普遍的。Shāngdiàn zài Xīngqīrì zhàocháng yíngyè shì bù pǔbiànde. / as ～ 照例 zhàolì；照常 zhàocháng

usurer *n.* 高利贷者 gāolìdàizhě

usurious *a.* 高利贷的 gāolìdàide；高利的 gāolìde

usurp *v.* 篡夺 cuànduó；夺取 duóqǔ；侵占 qīnzhàn：～ the throne 篡位 cuànwèi // usurpation *n.*

usurper *n.* 篡位者 cuànwèizhě；篡夺者 cuànduózhě

usury *n.* 高利贷 gāolìdài

utensil *n.* 器皿 qìmǐn；用具 yòngjù：Pots, pans, kettles are kitchen ～s. 壶、平锅、水壶等都是厨房用具。Hú、píngguō、shuǐhú děng dōushì chúfáng yòngjù.

uterus *n.* 子宫 zǐgōng

utilitarian *a.* 功利的 gōnglìde；实利的 shílìde；功利主义的 gōnglìzhǔyìde *n.* 功利主义者 gōnglìzhǔyìzhě = supporter of ～ism

utility *n.* **1.** 效用 xiàoyòng；功利 gōnglì = usefulness：marginal ～ 边际效用 biānjì xiàoyòng **2.** 有用的东西 yǒuyòngde dōngxi = useful things **3.** 公用事业 gōngyòng shìyè：public ～ 公用事业 gōngyòng shìyè *a.* 实用的 shíyòngde：a ～ room 杂品储存室 zápǐn chǔcúnshì

utilize *v.* 利用 lìyòng // utilization *n.*

utmost *a.* **1.** 最大 zuìdà：the ～ effort 最大的努力 zuìdàde nǔlì **2.** 最高的 zuìgāode：the ～ limits 最高限度 zuìgāo xiàndù **3.** 最远的 zuìyuǎnde：the ～ ends of the earth 天涯海角 tiānyá-hǎijiǎo *n.* 最高 zuìgāo；最大 zuìdà；极度 jídù：do one's ～ 鼓足干劲 gǔzú-gànjìn

Utopia *n.* 乌托邦 Wūtuōbāng；理想国 lǐxiǎngguó

Utopian *a.* 乌托邦的 Wūtuōbāngde；理想的 lǐxiǎngde；空想的 kōngxiǎngde：a ～ scheme 空想计划 kōngxiǎng jìhuà

utter[1] *a.* **1.** 完全的 wánquánde；十足的 shízúde；全部的 quánbùde：～ darkness 漆黑一片 qīhēi yípiàn / I was in ～ ignorance. 我茫然无知。Wǒ mángrán-wúzhī. **2.** 绝对的 juéduìde = absolute：an ～ denial 全部否认 quánbù fǒurèn

utter[2] *v.* 说 shuō；讲 jiǎng；发出 fāchū：～ a cry of pain 发出痛苦的喊声 fāchū tòngkǔde hǎnshēng

utterance *n.* **1.** 发言 fāyán；发表 fābiǎo：give ～ to one's feelings 表达感情 biǎodá gǎnqíng **2.** 说法 shuōfǎ；口才 kǒucái；发音 fāyīn：a clear ～ 发音清楚 fāyīn qīngchu **3.** 意见 yìjian = opinion

utterly *ad.* 全然 quánrán；十足 shízú：be ～ exhausted 筋疲力尽 jīnpílìjìn

uttermost = utmost

uvula *n.* 小舌 xiǎoshé

V

vacancy *n.* **1.** 空白 kòngbái；空处 kòngchù：three vacancies in this apartment house 这所公寓的三间空房间 zhèsuǒ gōngyùde sānjiān kòngfángjiān **2.** 空虚 kōngxū；失神 shīshén = lack of ideas **3.** 空职 kòngzhí；空缺 kòngquē：There is a ～ in the office. 办公室有一空缺。

Bàngōngshì yǒu yī kòngquē.

vacant *a.* **1.** 空的 kōngde；空虚的 kōngxūde：～ space 空旷的地方 kōngkuàngde dìfang **2.** 没有占用的 méiyǒu zhànyòngde；空着的 kòngzhede ＝ unoccupied：a ～ house 空房 kòngfáng **3.** 空虚的 kōngxūde：a ～ mind 茫然若失的心情 mángrán-ruòshīde xīnqíng **4.** 空缺的 kòngquēde：The position is ～. 这个职位空缺。Zhège zhíwèi kòngquē.

vacate *v.* **1.** 腾出 téngchū ＊ of a house, room, etc.：～ a room 腾出房间 téngchū fángjiān **2.** 辞去 cíqù ＝ resign **3.** 取消 qǔxiāo ＝ annul

vacation *n.* **1.** 假期 jiàqī：take a ～ 放假 fàngjià **2.** 撤出 chèchū；辞职 cízhí：～ of a good position 放弃一个好职位 fàngqì yíge hǎo zhíwèi

vaccinate *v.* 接种 jiēzhòng；给…打防疫针 gěi…dǎ fángyìzhēn：be ～d against smallpox 种了牛痘 zhòngle niúdòu

vaccine *n.* 疫苗 yìmiáo；牛痘苗 niúdòu miáo *a.* 菌苗的 jūnmiáode；牛痘的 niúdòude

vacillate *v.* 动摇 dòngyáo；摇摆不定 yáobǎi-búdìng：～ in one's opinions 拿不定主意 nábudìng zhǔyi

vacuity *n.* **1.** 空白 kòngbái **2.** 空虚 kōngxū ＊ of spirit

vacuous *a.* **1.** 空的 kōngde；空洞的 kōngdòngde：～ content 空洞的内容 kōngdòngde nèiróng **2.** 茫然若失的 mángrán-ruòshīde：a ～ look 茫然若失的神情 mángrán-ruòshīde shénqíng **3.** 无聊的 wúliáode：～ life 无聊的生活 wúliáode shēnghuó

vacuum *n.* 真空 zhēnkōng：a ～ cleaner 吸尘器 xīchénqì / a ～ tube 真空管 zhēnkōngguǎn

vagabond *a.* 流浪的 liúlàngde；漂泊的 piāobóde：a ～ life 流浪生活 liúlàng shēnghuó *n.* 流浪者 liúlàngzhě ＝ tramp

vagary *n.* 异想天开 yìxiǎng-tiānkāi；妄想 wàngxiǎng

vagrancy *n.* 流浪 liúlàng

vagrant *a.* **1.** 流浪的 liúlàngde：漂泊不定的 piāobó búdìngde：a ～ life 流浪生活 liúlàng shēnghuó **2.** 游移不定的 yóuyí-búdìngde ＊ of a mind *n.* 流浪者 liúlàngzhě；游民 yóumín

vague *a.* **1.** 不明确的 bùmíngquède；含糊的 hánhude：His explanation was ～. 他的说明含含糊糊。Tāde shuōmíng hánhan-hūhū. / a ～ idea

模糊的思想 móhude sīxiǎng 2. 无表情的 wúbiǎoqíngde = expressionless：～ eyes 发呆的眼睛 fādāide yǎnjing

vain *a.* 1. 空费的 kōngfèide：～ efforts 徒劳的 túláode 2. 空虚的 kōngxūde：～ titles 空衔 kōngxián 3. 自鸣得意的 zìmíng déyìde：She is ～ of her beauty. 她自以为漂亮得不得了。Tā zìyǐwéi piàoliangde bùdéliǎo. / All was in ～. 落得一场空。Luòde yìchǎngkōng. / I tried in ～. 我白试了。Wǒ báishìle.

vainglorious *a.* 自高自大的 zìgāo-zìdàde

valance *n.* 短帷幔 duǎn wéimàn

vale *n.* = valley 山谷 shāngǔ

valedictory *a.* 告别的 gàobiéde；辞别的 cíbiéde：a ～ speech 告别词 gàobiécí *n.* 告别词 gàobiécí

valence *n.* 化合价 huàhéjià；原子价 yuánzǐjià：the electronic theory of ～ 化合价之电子学说 huàhéjià zhī diànzǐ xuéshuō / a ～ bond 价键 jiàjiàn

valentine *n.* 情人 qíngrén

valet *n.* 侍仆 shìpú；随从 suícóng；贴身男仆 tiēshēn nánpú *v.* 侍候 shìhòu

valiant *a.* 勇敢的 yǒnggǎnde：the ～ fighting spirit 勇敢的战斗精神 yǒnggǎnde zhàndòu jīngshén *n.* 勇敢的人 yǒnggǎnde rén

valid *a.* 1. 有效的 yǒuxiàode = having legal force：a ～ contract 有效的契约 yǒuxiàode qìyuē 2. 正当的 zhèngdàngde；确实的 quèshíde = sound：He gave no ～ reason for his absence. 他提不出告假的正当理由。Tā tíbuchū gàojiàde zhèngdàng lǐyóu.

validate *v.* 1. 使…生效 shǐ…shēngxiào；使…合法化 shǐ…héfǎhuà = make valid：～ a treaty 使条约生效 shǐ tiáoyuē shēngxiào 2. 证实 zhèngshí = prove：～ a theory 证实一种理论 zhèngshí yìzhǒng lǐlùn // validity *n.* 有效 yǒuxiào；正当 zhèngdàng

valise *n.* 旅行袋 lǚxíngdài

valley *n.* 1. 山谷 shāngǔ 2. 流域 liúyù：the Yangtze River ～ 长江流域 Chángjiāng liúyù

valo(u)r *n.* 英勇 yīngyǒng：He charged the enemy with great ～. 他非常勇猛地攻击敌人。Tā fēicháng yǒngměngde gōngjī dírén. // valorous *a.* 英勇 yīngyǒng；勇猛 yǒngměng

valuable *a.* 有价值的 yǒu jiàzhíde；宝贵的 bǎoguìde；值钱的 zhíqiánde：your ～ help 您的宝贵的帮助 nínde bǎoguìde bāngzhù / discoveries ～ to mankind 对人类有重大价值的发现 duì rénlèi yǒu zhòngdà jiàzhíde fāxiàn *n.* 贵重物品 guìzhòng wùpǐn；财宝 cáibǎo

valuation *n.* **1.** 估价 gūjià；定价 dìngjià ＝ the assessed value **2.** 评价 píngjià ＝ appraisal

value *n.* **1.** 价值 jiàzhí：economical ～ 经济价值 jīngjì jiàzhí /be of little ～ 没有什么价值 méiyǒu shénme jiàzhí **2.** 评价 píngjià ＝ assess：set a high ～ on one's time 重视时间 zhòngshi shíjiān **3.** 价格 jiàgé：market ～ 市价 shìjià **4.** 意义 yìyì ＝ meaning：the ～ of a word 单词的意义 dāncíde yìyì *v.* **1.** 估价 gūjià：I ～ the house at ￥20,000. 我估计这座房屋价值两万元。Wǒ gūjì zhèzuò fángwū jiàzhí liǎngwàn yuán. **2.** 尊重 zūnzhòng；重视 zhòngshì ＝ regard highly：I don't ～ it. 我不希罕。Wǒ bù xīhan.

valueless *a.* 无价值的 wújiàzhíde；没有价值的 méiyǒu jiàzhíde

valve *n.* **1.** 机阀 jīfá；**2.** 瓣膜 bànmó ＊ of the heart **3.** 电子管 diànzǐguǎn ＊ in radio or television

vamp[1] *n.* **1.** 鞋面 xiémiàn；鞋面皮 xiémiànpí ＝ upper front part of a boot or shoe **2.** 补钉 bǔding ＊ sth. from odds and ends **3.** 即席伴奏 jíxí bànzòu ＝ improvised musical accompaniment *v.* **1.** 修补 xiūbǔ ＝ repair a boot or shoe **2.** 即席伴奏 jíxí bànzòu ＝ improvise

vamp[2] *n.* 淫妇 yínfù；卖色相的女人 màisèxiàngde nǚrén *v.* 诱惑 yòuhuò；卖色相 màisèxiàng ＝ seduce men

vampire *n.* 吸血鬼 xīxuèguǐ

van[1] *n.* 大篷货车 dàpéng huòchē；运货车 yùnhuòchē；面包车 miànbāochē：a luggage ～ 行李车 xínglichē

van[2] *n.* 前卫 qiánwèi；先锋 xiānfēng ＝ leading division of an army：be in the ～ of a movement 站在运动的前列 zhànzài yùndòngde qiánliè

vanadium *n.* 钒 fán

vane *n.* **1.** 风向标 fēngxiàngbiāo ＝ weather cock **2.** 叶片 yèpiàn ＝ blade of a propeller, windmill, etc.

vanguard *n.* 前卫 qiánwèi；先锋 xiānfēng

vanilla *n.* **1.** 香子兰果 xiāngzǐlánguǒ ＝ ～ bean **2.** 香草精 xiāngcǎojīng ＝ flavoring extract from ～

vanish *v.* 消失 xiāoshī；消散 xiāosàn：～ from sight 消失不见 xiāoshī bújiàn // ～ing cream 雪花膏 xuěhuāgāo

vanity *n.* **1.** 自负 zìfù ＝ conceit **2.** 虚荣 xūróng ＝ excessive pride in one's accomplishment // *V-Fair* 浮华世界 Fúhuá Shìjiè / a ～ bag 化妆盒 huàzhuānghé

vanquish *v.* 战胜 zhànshèng：～ all enemies 战胜一切敌人 zhànshèng yíqiè dírén

vantage *n.* 有利 yǒulì：a point of ～ 有利地位 yǒulì dìwèi

vapid *a.* 平淡的 píngdànde；没有趣味的 méiyǒu qùwèide：a ～ speech 没有趣味的演说 méiyǒu qùwèide yǎnshuō

vaporous *a.* 蒸气状的 zhēngqìzhuàngde

vapo(u)r *n.* **1.** 汽 qì；蒸汽 zhēngqì：water ～ 水蒸汽 shuǐzhēngqì **2.** 雾 wù ＝ fine mist // ～ bath 蒸汽浴 zhēngqìyù

vapourings *n.* 大话 dàhuà

vapo(u)rize *v.* 汽化 qìhuà；蒸发 zhēngfā：Water ～s when boiled. 水开了就变为蒸气。Shuǐ kāile jiù biànwéi zhēngqì.

vapo(u)ry *a.* **1.** 蒸气腾腾的 zhēngqì téngténgde ＝ full of vapor **2.** 模糊的 móhude；朦胧的 ménglóngde ＝ not clear

varec *n.* 海藻灰 hǎizǎohuī；海草 hǎicǎo

variability *n.* 变异性 biànyìxìng

variable *a.* 易变的 yìbiànde；常变的 chángbiànde；可变的 kěbiànde：a ～ mood 反复无常的情绪 fǎnfù-wúchángde qíngxù / ～ winds 方向不定的风 fāngxiàng búdìngde fēng *n.* 变量 biànliàng；变数 biànshù

variance *n.* **1.** 变化 biànhuà；变更 biàngēng：～ of temperature 温度的变化 wēndùde biànhuà **2.** 分歧 fēnqí；不和 bùhé ＝ difference of an opinion // at ～ (with) (同)…不和 (tóng)…bùhé

variant *a.* 不同的 bùtóngde；差别的 chābiéde：the ～ forms of a word 一个字的不同形式 yíge zìde bùtóng xíngshì *n.* 变形 biànxíng；异体 yìtǐ：＝ sth. showing variation in form from another

variation *n.* **1.** 变更 biàngēng；变化 biànhuà；变动 biàndòng：annual ～ 周年变化 zhōunián biànhuà **2.** 变量 biànliàng；变度 biàndù；变差 biànchā ＝ degree of variation **3.** 变奏曲 biànzòuqǔ * in music

variegated *a.* **1.** 斑驳的 bānbóde：～ leaves 斑叶 bānyè **2.** 变化多端的 biànhuà-duōduānde：a ～ career 波澜壮阔的生活 bōlán-zhuàngkuòde shēnghuó

variety *n.* **1**. 多样化 duōyànghuà；变化 biànhuà：a life full of ～ 富于变化的生活 fùyú biànhuàde shēnghuó **2**. 各种 gèzhǒng：a ～ of flowers 各种花 gèzhǒnghuā / a ～ of reasons 各种理由 gèzhǒng lǐyóu **3**. 种类 zhǒnglèi：many varieties of chrysanthemums 许多菊花品种 xǔduō júhuā pǐnzhǒng **4**. 联合演出 liánhé yǎnchū ＊ of performance：a ～ show 杂耍演出 záshuǎ yǎnchū

various *a.* 各种各样的 gèzhǒng-gèyàngde；不同的 bùtóngde：～ people 各式各样的人 gèshì-gèyàngde rén / at ～ times 在不同的时间 zài bùtóngde shíjiān / ～ in kind 种类繁多 zhǒnglèi fánduō

varitron *n.* 变换子 biànhuànzǐ

varnish *n.* **1**. 清漆 qīngqī；光漆 guāngqī；凡立水 fánlìshuǐ：～ technology 油漆工艺 yóuqī gōngyì **2**. 光泽面 guāngzémiàn：Hot plates may spoil the ～ on a table. 烫碟子会损坏桌面的光泽。Tàngdiézi huì sǔnhuài zhuōmiànde guāngzé. *v.* 给…上漆 gěi…shàngqī：to ～ a table 给桌子上漆 gěizhuōzi shàngqī / to ～ one's fingernails 涂指甲油 tú zhǐjiayóu

varsity *n.* **1**. 大学 dàxué = university **2**. a ～ team 大学队 dàxuéduì

vary *v.* **1**. 变化 biànhuà；不同 bùtóng：～ in size 大小不同 dàxiǎo bùtóng **2**. 改变 gǎibiàn；变更 biàngēng：～ the speed 改变速度 gǎibiàn sùdù

vase *n.* 花瓶 huāpíng

vaseline *a.* 凡士林 fánshìlín

vassal *n.* 家臣 jiāchén = subordinate：a ～ state 附庸国 fùyōngguó

vast *a.* **1**. 广大 guǎngdà；宏大 hóngdà：～ plains 广漠的原野 guǎngmòde yuányě / a ～ expanse of ocean 茫茫大海 mángmáng dàhǎi **2**. 巨额 jù'é：～ sums of money 几笔巨款 jǐbǐ jùkuǎn **3**. 非常的 fēichángde = extreme：a ～ difference 天壤之别 tiānrǎng zhībié // vastness *n.* 广大 guǎngdà；巨大 jùdà

vat *n.* **1**. 大桶 dàtǒng；大盆 dàpén；大缸 dàgāng ＊ for making whisky, dye, etc. **2**. 还原染料 huányuán rǎnliào = vat dyes

Vatican *n.* 梵蒂冈 Fàndìgāng

vaudeville *n.* **1**. 滑稽歌舞剧 huájī gēwǔjù；通俗喜剧 tōngsú xǐjù **2**. (= variety show) 联合演出 liánhé yǎnchū

vault[1] *n.* **1**. 拱顶 gǒngdǐng = arched roof **2**. 地下室 dìxiàshì；地穴 dìxué

= cellar: a burial ～ 墓穴 mùxué **3.** 穹窿 qiónglóng: the ～ of heaven 天穹 tiānqióng

vault² *v.* & *n.* 跳 tiào; 跳跃 tiàoyuè

vaulting horse *n.* 跳马 tiàomǎ

vaunt *v.* 自夸 zìkuā: ～ one's knowledge 夸自己的学问 kuā zìjǐde xuéwen

V-Day = Victory Day 第二次世界大战胜利纪念日 Dì'èrcì Shìjiè Dàzhàn Shènglì Jìniànrì

veal *n.* 小牛肉 xiǎoniúròu

vector *n.* **1.** 矢量 shǐliàng; 向量 xiàngliàng * of mathematics **2.** 飞机导航 fēijī dǎoháng * in aviation

Veda *n.* 吠陀经 Fèituójīng

V-E Day = Victory in Europe Day 欧洲胜利日 Ōuzhōu Shènglìrì

veer¹ *v.* 改变方向 gǎibiàn fāngxiàng; 转向 zhuǎnxiàng

veer² *v.* 放 fàng: ～ and haul 一放一收 yífàng yìshōu * with rope, etc.

vegetable *a.* **1.** 植物的 zhíwùde; 植物性的 zhíwùxìngde = relating to plants: ～ oils 植物油 zhíwùyóu **2.** 蔬菜的 shūcàide = of such plants used for food: ～ cultivation 蔬菜栽培 shūcài zāipéi *n.* **1.** 植物 zhíwù: 草木 cǎomù = plant **2.** 蔬菜 shūcài * those used for food

vegetarian *n.* 吃素的人 chīsùde rén *a.* **1.** 吃素的 chīsùde; 素食的 sùshíde: go ～ 吃素 chīsù **2.** 素的 sùde: ～ diet 素菜 sùcài

vegetate *v.* **1.** 生长 shēngzhǎng = live as plants **2.** 无所事事 wúsuǒshìshì = to live the life of a plant

vegetation *n.* 植被 zhíbèi; 植物 zhíwù: the ～ of the tropical forest 热带森林植物 rèdài sēnlín zhíwù

vegetative *a.* 生长的 shēngzhǎngde: the ～ period 生长期 shēngzhǎngqī

vehemence *n.* **1.** 猛烈 měngliè; 激烈 jīliè = violence **2.** 热烈 rèliè = ardour // vehement *a.* 强烈的 qiángliède; 热烈的 rèliède

vehicle *n.* **1.** 车辆 chēliàng = cart; 飞行器 fēixíngqì: an unmanned ～ 无人驾驶飞行器 wúrén jiàshǐ fēixíngqì **2.** 展色料 zhǎnsèliào; 载色剂 zǎisèjì * of chemistry **3.** 传播媒介 chuánbō méijiè = medium

veil *n.* **1.** 面纱 miànshā = covering of fine net for woman's face // take the ～ 做修道女 zuò xiūdàonǚ = become a nun / draw a ～ over 避而不谈 bì'ér bùtán **2.** 幕 mù; 帐 zhàng: a ～ of mist 一层烟雾 yìcéng yānwù / under the ～ of religion 在宗教的外衣下 zài zōngjiàode wàiyī xià *v.* **1.** 蒙着面纱 méngzhe miànshā：These women are ～ed. 这些妇女蒙着面纱。Zhèxiē fùnǚ méngzhe miànshā. **2.** 遮盖 zhēgài；掩饰 yǎnshì = cover up

vein *n.* **1.** 血管 xuèguǎn = blood vessel **2.** 矿脉 kuàngmài = fissure in rock：a ～ of ore 矿脉 kuàngmài **3.** 叶脉 yèmài ∗ on the leaf of a plant **4.** 性情 xìngqíng；气质 qìzhì；情绪 qíngxù = mood：I am not in the ～ for it. 我无意于此。Wǒ wúyì yúcǐ.

veld(t) *n.* 草原 cǎoyuán

vellum *n.* 犊皮纸 dúpízhǐ

velocipede *n.* **1.** 儿童脚踏车 értóng jiǎotàchē ∗ for children **2.** 轻便三轮车 qīngbiàn sānlúnchē ∗ on railway

velocity *n.* **1.** 速度 sùdù；速率 sùlǜ = rate of speed：the ～ of sound 音速 yīnsù **2.** 快速 kuàisù；迅速 xùnsù = speed

velour(s) *n.* 天鹅绒布 tiān'éróng bù

velvet *n.* 天鹅绒 tiān'éróng；丝绒 sīróng *a.* **1.** 天鹅绒制的 tiān'éróng zhìde：an iron hand in a ～ glove 外柔内刚 wàiróu nèigāng **2.** 天鹅绒般的 tiān'éróng bānde ∗ like velvet

velveteen *n.* 绒布 róngbù；棉绒 miánróng

velvety *a.* 天鹅绒般的 tiān'éróng bānde

venal *a.* 贪污的 tānwūde；受贿的 shòuhuìde = accepting bribe

vend *v.* 出售 chūshòu = sell：～ commodity 出售商品 chūshòu shāngpǐn

vender *n.* 售主 shòuzhǔ；卖主 màizhǔ

veneer *v.* **1.** 镶饰 xiāngshì：～ a pine desk with mahogany 用桃花心木薄板镶在松木桌上 yòng táohuāxīnmù báobǎn xiāngzài sōngmùzhuōshang **2.** 遮掩真情的外表 zhēyǎn zhēnqíngde wàibiǎo = appearance that covers the true nature *n.* **1.** 薄板 báobǎn；饰面 shìmiàn：a ～ board 胶合板 jiāohébǎn **2.** 表层 biǎocéng = surface covering

venerable *a.* **1.** 可尊敬的 kězūnjìngde = worthy of reverance：a ～ old man 可尊敬的老人 kězūnjìngde lǎorén **2.** 古老的 gǔlǎode：a ～ age 高龄 gāolíng / ～ pines 古松 gǔsōng

venerate *v.* 尊敬 zūnjìng；崇拜 chóngbài：～ old men 尊敬老人 zūnjìng lǎorén

veneration *n.* 尊敬 zūnjìng；崇拜 chóngbài：be filled with ～ for 对…充满崇敬的心情 duì…chōngmǎn chóngjìngde xīnqíng

venereal *a.* 性交的 xìngjiāode：a ～ disease 性病 xìngbìng

Venetian *a.* 威尼斯的 Wēinísīde：～ glass 威尼斯玻璃器 Wēinísī bōliqì *n.* 威尼斯人 Wēinísīrén

vengeance *n.* 报仇 bàochóu：take ～ on a person 向某人报仇 xiàng mǒurén bàochóu

vengeful *a.* 有报仇心理的 yǒu bàochóu xīnlǐde

venial *a.* 可原谅的 kěyuánliàngde；轻微的 qīngwēide

venison *n.* 鹿肉 lùròu

venom *n.* **1.** 毒液 dúyè ＊ of snakes，etc. **2.** 恶毒 èdú ＝ hatred // venomous *a.* 有毒的 yǒudúde

vent *n.* **1.** 通风孔 tōngfēngkǒng；排气道 páiqìdào ＝ outlet：a ～ hole 气眼 qìyǎn **2.** 肛门 gāngmén ＝ anus ＊ of birds，reptile，etc. **3.** 发泄 fāxiè；吐露 tǔlù ＝ give expression to：give ～ to one's anger 出气 chūqì *v.* **1.** 给…开孔 gěi…kāikǒng ＝ open **2.** 发泄 fāxiè；吐露 tǔlù ＝ express：～ one's spite upon a person 在某人身上出一出气 zài mǒurén shēnshang chūyichū qì

ventilate *v.* **1.** 使…通风 shǐ…tōngfēng；给…换气 gěi…huànqì：～ the galleries of a coal mine 使煤矿坑道通风 shǐ méikuàng kēngdào tōngfēng **2.** 发表 fābiǎo：～ one's views 发表自己的看法 fābiǎo zìjǐde kànfǎ // ventilation *n.* 通风 tōngfēng；换气 huànqì

ventilator *n.* 通风设备 tōngfēng shèbèi

ventral *a.* 腹部的 fùbùde：～ massage 腹部按摩 fùbù ànmó

ventricle *n.* 室 shì；心室 xīnshì：～s of the brain 脑室 nǎoshì / left (right) ～ of the heart 左(右)心室 zuǒ(yòu) xīnshì

ventriloquism *n.* 口技 kǒujì

ventriloquist *n.* 口技表演者 kǒujì biǎoyǎnzhě

venture *n.* **1.** 冒险 màoxiǎn ＝ undertaking with risks **2.** 投机 tóujī ＝ speculation *v.* **1.** 冒…的危险 mào…de wēixiǎn ＝ risk：Nothing ～，nothing have. 不入虎穴，焉得虎子。Búrù hǔxué，yāndé hǔzǐ. **2.** 大胆表示 dàdǎn biǎoshì ＝ dare to express：～ an opinion 大胆表示意见 dàdǎn biǎoshì yìjian

venturesome *a.* **1.** 大胆的 dàdǎnde ＝ daring **2.** 冒险的 màoxiǎnde ＝ adventurous：a ～ journey 艰险的旅程 jiānxiǎnde lǚchéng

venturous *a.* ＝ venturesome 大胆的 dàdǎnde；冒险的 màoxiǎnde

venue *n.* **1.** 犯罪地点 fànzuì dìdiǎn = place where a crime occurred **2.** 会议地点 huìyì dìdiǎn = a meeting place

Venus *n.* 维纳斯 Wéinàsī

veracious *a.* **1.** 诚实的 chéngshíde = honest: a ～ man 诚实的人 chéngshíde rén **2.** 准确的 zhǔnquède = correct: ～ report 可靠的报告 kěkàode bàogào // veracity *n.* 诚实 chéngshí; 真实 zhēnshí

veranda(h) *n.* 游廊 yóuláng

verb *n.* 动词 dòngcí: modal ～ 情态动词 qíngtài dòngcí / regular ～s 规则动词 guīzé dòngcí / auxiliary ～s 助动词 zhùdòngcí / transitive (intransitive) ～s 及物(不及物)动词 jíwù(bùjíwù)dòngcí

verbal *a.* **1.** 词句的 cíjùde = of words: a ～ error 用词上的错误 yòngcíshangde cuòwù **2.** 口头的 kǒutóude = oral: a ～ explanation 口头解释 kǒutóu jiěshì **3.** 动词的 dòngcíde = of a verb: a ～ noun 动名词 dòngmíngcí *n.* 动词的非谓语形式 dòngcíde fēiwèiyǔ xíngshì

verbatim *a.* & *ad.* 逐字的 zhúzìde: a ～ translation 逐字的直译 zhúzìde zhíyì

verbiage *n.* **1.** 冗词 rǒngcí = excess of words **2.** 措词 cuòcí = wording

verbose *a.* 罗嗦的 luōsuōde // verbosity *n.*

verdant *a.* **1.** 嫩绿 nènlǜ = green: ～ grass 青草 qīngcǎo **2.** 无经验的 wú jīngyànde = inexperienced: a ～ youth 没有经验的青年 méiyǒu jīngyànde qīngnián

verdict *n.* **1.** 裁决 cáijué * in law: a ～ for the plaintiff 有利于原告的裁决 yǒulìyú yuángàode cáijué **2.** 判定 pàndìng: a final ～ 定论 dìnglùn

verdure *n.* 青绿 qīnglǜ; 嫩绿 nènlǜ: The mountains are clad in ～. 这些山覆盖着青葱的草木。Zhèxiē shān fùgàizhe qīngcōngde cǎomù.

verge *n.* 边缘 biānyuán; 界限 jièxiàn: be on the ～ of 80 将近八十岁 jiāngjìn bāshísuì *v.* 接近 jiējìn = approach: ～ on bankruptcy 濒于破产 bīnyú pòchǎn

verify *v.* 检验 jiǎnyàn; 证实 zhèngshí = test the accuracy of: ～ the figures of a report 证实一个报告中的数字 zhèngshí yíge bàogàozhōngde shùzì // verification *n.* 检验 jiǎnyàn; 核实 héshí

veritable *a.* 真实的 zhēnshíde; 确实的 quèshíde; 真正的 zhēnzhèngde: The meal was a ～ feast. 这顿饭真是名副其实的盛宴。Zhèdùnfàn zhēnshì míngfù-qíshíde shèngyàn.

verity *n.* **1.** 真实 zhēnshí；真实性 zhēnshíxìng = true statement **2.** 真理 zhēnlǐ；事实 shìshí = truth：the eternal ～ 永恒的真理 yǒnghéngde zhēnlǐ

vermicelli *n.* 细面条 xìmiàntiáo

vermiform *a.* 蠕虫状的 rúchóngzhuàngde：～ motion 蠕动 rúdòng

vermilion *n.* **1.** 朱砂 zhūshā；硫化汞 liúhuàgǒng **2.** 朱红色 zhūhóngsè * color *a.* 朱红色的 zhūhóngsède = of ～ color：a ～ dress 朱红色的衣服 zhūhóngsède yīfu

vermin *n.* **1.** 害虫 hàichóng * destructive insects；害兽 hàishòu * animal；害鸟 hàiniǎo * bird **2.** 坏分子 huàifènzǐ = person that is harmful to society

verminous *a.* **1.** 肮脏的 āngzangde；长虱子的 zhǎngshīzide **2.** 由害虫引起的 yóu hàichóng yǐnqǐde：～ diseases 由害虫引起的疾病 yóu hàichóng yǐnqǐde jíbìng

vernacular *n.* **1.** 本国语 běnguóyǔ；国语 guóyǔ；本族语 běnzúyǔ = mother tongue **2.** 土话 tǔhuà；方言 fāngyán = language of a district *a.* 本国语的 běnguóyǔde；方言的 fāngyánde：a ～ poet 方言诗人 fāngyán shīrén

vernal *a.* **1.** 春天的 chūntiānde：the ～ equinox 春分 chūnfēn **2.** 青春的 qīngchūnde：the ～ spirits of youth 青春的朝气 qīngchūnde zhāoqì

vernalization *n.* 春化 chūnhuà；春化处理 chūnhuà chǔlǐ * in agriculture // vernalize *v.* 春化 chūnhuà

vernier *n.* 游标 yóubiāo；游尺 yóuchǐ

veronal *n.* 佛罗那二乙基巴比土酸 fóluónà èryǐjībābǐtǔsuān * in chemistry

verrucose *a.* 瘤状的 liúzhuàngde：～ root 瘤状根 liúzhuànggēn

versatile *a.* **1.** 多才多艺的 duōcái-duōyìde：a ～ writer 多才多艺的作家 duōcái-duōyìde zuòjiā **2.** 活动的 huódòngde；万向的 wànxiàngde：a ～ spindle 万向轴 wànxiàngzhóu // versatility *n.*

verse *n.* **1.** 诗句 shījù；诗行 shīháng = a line of poetry **2.** 诗 shī；韵文 yùnwén：prose and ～ 散文和韵文 sǎnwén hé yùnwén / free ～ 自由诗 zìyóushī

versed *a.* 熟练 shúliàn；精通 jīngtōng = skilled：be well ～ in literature 对于文学很精通 duìyú wénxué hěn jīngtōng

versification *n.* 作诗(法) zuòshī(fǎ)

versifier *n.* 作诗者 zuòshīzhě；打油诗人 dǎyóu shīrén

versify *v.* 作诗 zuòshī：～ an old legend 把一个古老的传说用韵文写出 bǎ yíge gǔlǎode chuánshuō yòng yùnwén xiěchū

version *n.* **1.** 翻译 fānyì；译文 yìwén；译本 yìběn：a new ～ of the Bible 圣经的新译本 Shèngjīngde xīn yìběn **2.** 独特见解 dútè jiànjiě；看法 kànfǎ；说法 shuōfǎ = an account：Let us have your own ～ of the affair. 关于这件事很想听听你自己的说法。Guānyú zhèjiànshì hěnxiǎng tīngting nǐzìjǐde shuōfǎ.

versus *prep.* 对 duì * in law and sport：the Chinese team ～ the Japanese team 中国队对日本队 Zhōngguóduì duì Rìběnduì

vertebra *n.* 脊椎 jǐzhuī

vertebrate *a.* 有脊椎的 yǒu jǐzhuīde；脊椎动物的 jǐzhuī dòngwùde：～ zoology 脊椎动物学 jǐzhuī dòngwùxué *n.* 脊椎动物 jǐzhuī dòngwù = animal with vertebra

vertex *n.* 顶点 dǐngdiǎn = summit

vertical *a.* 垂直的 chuízhíde：a ～ cliff 悬崖 xuányá / a ～ line 垂直线 chuízhíxiàn *n.* 垂直线 chuízhíxiàn；垂直面 chuízhímiàn：the ～ 垂直线 chuízhíxiàn (垂直面 chuízhímiàn)

vertigo *n.* 眩晕 xuànyùn

verve *n.* 生气 shēngqì = vigor；热情 rèqíng = enthusiasm

very *ad.* 很 hěn；非常 fēicháng：～ difficult 很难 hěnnán / a ～ interesting book 一本很有意思的书 yìběn hěnyǒu yìside shū / He speaks English ～ well. 他英语说得很好。Tā Yīngyǔ shuōde hěnhǎo. / my ～ own 我自己的东西 wǒzìjǐde dōngxi *a.* 真正的 zhēnzhèngde；正是 zhèngshì：her ～ son 她的亲生儿子 tāde qīnshēng érzi / That is the ～ thing I want. 那正是我所要的东西。Nà zhèngshì wǒ suǒyàode dōngxi.

vesicant *n.* 起疱剂 qǐpàojì

vesper *n.* 晚祷 wǎndǎo；晚课 wǎnkè

vessel *n.* **1.** 容器 róngqì * such as a bottle, a dish, etc. **2.** 船只 chuánzhī = ship：charter a foreign ～ 租一只外国船 zū yìzhī wàiguó chuán **3.** 血管 xuèguǎn = blood ～

vest *n.* **1.** 汗衫 hànshān * next to the skin **2.** 背心 bèixīn = waistcoat *v.* 授予 shòuyǔ；赋予 fùyǔ：～ a person with authority 把权力授予某

人 bǎ quánlì shòuyǔ mǒurén

vested *a*. 既定的 jìdìngde；既得的 jìdéde：～ interests 既得利益 jìdé lìyì

vestibule *n*. 门厅 méntīng

vestige *n*. 痕迹 hénjī；证据 zhèngjù：the ～ of an early civilization 古代文明的痕迹 gǔdài wénmíngde hénjī

vestment *n*. **1**. 礼服 lǐfú = ceremonial robe **2**. 祭服 jìfú；法衣 fǎyī * esp. as worn by priests

vestry *n*. **1**. 祭服室 jìfúshì = sacristy **2**. 安息日教室 ānxīrì jiàoshì = Sunday school classroom **3**. 祈祷室 qídǎoshì = room for prayer

vesture *n*. 衣裳 yīshang

vet *n*. **1**. 兽医 shòuyī = veterinary surgeon **2**. 老战士 lǎozhànshì = veteran *v*. **1**. 诊疗 zhěnliáo = give a medical examination to **2**. 检查 jiǎnchá = examine

vetch *n*. 巢菜属植物 cháocàishǔ zhíwù

veteran *n*. **1**. 老战士 lǎozhànshì：a ～ of many battles 身经百战的老战士 shēnjīng bǎizhànde lǎozhànshì **2**. 老练的人 lǎoliànde rén = man with long experience **3**. 退伍军人 tuìwǔ jūnrén = ex-service man：V- Day 美国退伍军人节 Měiguó Tuìwǔ Jūnrénjié *a*. 老资格的 lǎozīgéde：a ～ teacher 老教师 lǎojiàoshī

veterinary *a*. 兽医的 shòuyīde：～ medicine 兽医学 shòuyīxué *n*. 兽医 shòuyī = ～ surgeon

veto *n*. 否决 fǒujué；禁止 jìnzhǐ；否决权 fǒujuéquán：put a ～ on a proposal 否决一项提案 fǒujué yíxiàng tí'àn *v*. 否决 fǒujué；禁止 jìnzhǐ：～ a bill 否决议案 fǒujué yì'àn

vex *v*. 使…烦恼 shǐ … fánnǎo；使生气 shǐ … shēngqì：be ～ed about a matter 为某事生气 wèi mǒushì shēngqì // vexation *n*. 苦恼 kǔnǎo；烦恼 fánnǎo

vexatious *a*. 麻烦的 máfande：Moving house is a ～ business. 搬家是件麻烦事。Bānjiā shì jiàn máfanshì.

VHF = very high frequency 甚高频 shèngāopín

vi，**v. i.** = verb intransitive 不及物动词 bùjíwù dòngcí

via *prep*. 经过 jīngguò：go to Beijing ～ Zhengzhou 经过郑州去北京 jīngguò Zhèngzhōu qù Běijīng

viaduct *n*. 高架桥 gāojiàqiáo

vial *n.* **1**. 小瓶 xiǎopíng **2**. 药水瓶 yàoshuǐpíng * for medicine

viands *n.* 食物 shíwù；食品 shípǐn

vibrant *a.* **1**. 振动的 zhèndòngde = vibrating **2**. 响亮的 xiǎngliàngde：a ~ baritone voice 响亮的男中音 xiǎngliàngde nánzhōngyīn **3**. 激动的 jīdòngde；热情的 rèqíngde；有活力的 yǒu huólìde：a ~ personality 充满活力的性格 chōngmǎn huólìde xìnggé

vibrate *v.* **1**. 振动 zhèndòng；摆动 bǎidòng = move to and fro rapidly **2**. 发抖 fādǒu = quiver：Her lips ~d. 她嘴唇发抖。Tā zuǐchún fādǒu. *v.* 使…振动 shǐ … zhèndòng；使…摆动 shǐ … bǎidòng // vibration *n.* 摇动 yáodòng；颤动 chàndòng

vibrator *n.* 振动器 zhèndòngqì；振子 zhènzǐ

vicar *n.* 教区牧师 jiàoqū mùshi

vicarage *n.* 牧师住宅 mùshi zhùzhái

vicarious *a.* 代替的 dàitìde；代理的 dàilǐde = deputed：~ authority 代理的职权 dàilǐde zhíquán // ~ menstruation 替代性月经 tìdàixìng yuèjīng

vice[1] *n.* **1**. 罪恶 zuì'è：~ and virtue 善和恶 shàn hé è **2**. 坏事 huàishì；恶习 èxí；坏习惯 huàixíguàn：Is smoking a ~? 抽烟是不是坏事？Chōuyān shìbushì huàishì?

vice[2] *n.* 老虎钳 lǎohǔqián * a tool *v.* 钳住 qiánzhù；夹紧 jiājǐn：grip like a ~ 握住不放 wòzhù búfàng

vice-admiral *n.* 海军中将 hǎijūn zhōngjiàng

vice-chairman *n.* 副主席 fùzhǔxí；副会长 fùhuìzhǎng；副委员长 fùwěiyuánzhǎng

vice-marshal *n.* **1**. 海军中将 hǎijūn zhōngjiàng **2**. 空军少将 kōngjūn shàojiàng (= air vice-marshal)

vice-minister *n.* 副部长 fùbùzhǎng

vice-president *n.* 副总统 fùzǒngtǒng；副会长 fùhuìzhǎng；副校长 fùxiàozhǎng * in university

viceroy *n.* 总督 zǒngdū

vice versa *ad.* 反过来也是这样 fǎnguòlái yěshì zhèyàng：I disliked him and ~. 我不喜欢他，他也不喜欢我。Wǒ bù xǐhuan tā, tā yě bù xǐhuan wǒ.

vicinity *n.* **1**. 接近 jiējìn = nearness in relationship **2**. 附近 fùjìn =

neighborhood: in the ～ of Shanghai 在上海附近 zài Shànghǎi fùjìn

vicious *a.* **1.** 邪恶的 xié'ède；不道德的 bú dàodéde：a ～ person 恶人 èrén **2.** 有恶习的 yǒu èxíde：a ～ horse 烈马 lièmǎ **3.** 有错误的 yǒu cuòwùde：～ pronunciation 错误的发音 cuòwùde fāyīn

vicissitude *n.* 多变 duōbiàn；变迁 biànqiān：the ～ of the season 四季的变迁 sìjìde biànqiān

victim *n.* 牺牲者 xīshēngzhě；受骗者 shòupiànzhě；受害者 shòuhàizhě：fall a ～ to 做…的牺牲品 zuò …de xīshēngpǐn

victimize *v.* 使…做牺牲 shǐ … zuò xīshēng；欺骗 qīpiàn：be ～d by swindlers 受到骗子的欺骗 shòudào piànzide qīpiàn

victor *n.* 胜利者 shènglìzhě

Victorian *a.* 维多利亚女王时代的 Wéiduōlìyà nǚwáng shídàide ＊ 1850-1901

victorious *a.* 胜利的 shènglìde

victory *n.* 胜利 shènglì；战胜 zhànshèng：win a ～ over the enemy 战胜敌人 zhànshèng dírén

victual *n.* [～s] 食物 shíwù；食品 shípǐn ＝ food and drink *v.* **1.** 给…供应食物 gěi … gōngyìng shíwù ＝ supply with food：～ a ship 给一艘船供应食物 gěi yìsōu chuán gōngyìng shíwù **2.** 吃 chī ＝（animals）eat **3.** 装食品 zhuāng shípǐn ＝ load（provisions）：The ship ～s. 这艘船装食品。Zhèsōu chuán zhuāng shípǐn.

vicugna *n.* 骆马 luòmǎ

video *a.* 电视的 diànshìde：a ～ signal 视频信号 shìpín xìnhào *n.* 电视 diànshì

videocast *n.* 电视广播 diànshì guǎngbō

vie *v.* 竞争 jìngzhēng：～ with each other 互相竞争 hùxiāng jìngzhēng

view *n.* **1.** 视察 shìchá；观察 guānchá：take a ～ of the scene 到现场观察一番 dào xiànchǎng guānchá yìfān / on ～ 展览 zhǎnlǎn：The latest styles are on ～. 最新式的样品正在展览。Zuì xīnshìde yàngpǐn zhèngzài zhǎnlǎn. **2.** 眼界 yǎnjiè：full ～ of 一览无余 yìlǎnwúyú **3.** 景色 jǐngsè：an album of ～s 风景集 fēngjǐngjí / a fine ～ of the city 美丽的都市风光 měilìde dūshì fēngguāng **4.** 意见 yìjian：a ～ against a matter 反对的意见 fǎnduìde yìjian **5.** 目的 mùdì：with a ～ to 为了某个目的 wèile mǒuge mùdì *v.* **1.** 参观 cānguān：～ a garden 参观花园

cānguān huāyuán 2. 观看 guānkàn = take a ～

viewer *n.* 1. 看电视的人 kàn diànshìde rén = one who watches television programs 2. 参观者 cānguānzhě = visitor to an exhibition

viewless *a.* 1. 无景色的 wú jǐngsède = providing no scenery 2. 没有意见的 méiyǒu yìjiande = having no opinion

viewpoint *n.* 观点 guāndiǎn

vigil *n.* 守夜 shǒuyè；值夜 zhíyè

vigilance *n.* 警惕 jǐngtì：exercise ～ 提高警惕 tígāo jǐngtì // vigilant *a.*

vigorous *a.* 精力旺盛的 jīnglì wàngshèngde；强壮的 qiángzhuàngde

vigo(u)r *n.* 活力 huólì；精力 jīnglì：be full of ～ 精力充沛 jīnglì chōngpèi

Viking *n.* 北欧海盗 Běi'ōu hǎidào

vile *a.* 1. 卑鄙的 bēibǐde；可耻的 kěchǐde = shameful 2. 讨厌的 tǎoyànde = disgusting：～ weather 讨厌的天气 tǎoyànde tiānqì

vilify *v.* 诬蔑 wūmiè

villa *n.* 别墅 biéshù

village *n.* 1. 村庄 cūnzhuāng 2. 全村的人 quáncūnde rén = people of the whole ～

villager *n.* 村民 cūnmín；村里的人 cūnlide rén

villain *n.* 1. 坏人 huàirén；恶棍 ègùn = bad man 2. 家伙 jiāhuo：You little ～！你这个小家伙！Nǐ zhège xiǎojiāhuo！3. 反面人物 fǎnmiàn rénwù：the ～ in a drama 剧中的反面人物 jùzhōngde fǎnmiàn rénwù

villainous *a.* 1. 坏人的 huàirénde = of a wicked person：the ～ action 坏人行径 huàirén xíngjìng 2. 恶劣的 èliède = bad；蹩脚的 biéjiǎode：～ weather 恶劣的天气 èliède tiānqì

villainy *n.* 邪恶的行为 xié'ède xíngwéi

vim *n.* 精力 jīnglì：I feel full of ～ this morning. 我觉得今天早晨精力旺盛。Wǒ juéde jīntiān zǎochen jīnglì wàngshèng.

vindicate *v.* 辩护 biànhù；辩白 biànbái；辩明 biànmíng：～ a claim 辩明一项权利 biànmíng yíxiàng quánlì // vindication *n.*

vindicative *a.* 存心报复的 cúnxīn bàofùde：a ～ action 报复行为 bàofù xíngwéi

vine *n.* 1. 葡萄树 pútáoshù 2. 藤本植物 téngběn zhíwù = climbing plant 3. 藤 téng = stem of the plant：two melons growing on the same ～ 生在一根藤上的两个瓜 shēngzài yìgēn téngshangde liǎngge guā

vinegar *n.* 醋 cù
vineyard *n.* 葡萄园 pútáoyuán
vintage *n.* **1.** 收葡萄 shōu pútáo；葡萄收获期 pútáo shōuhuòqī = harvesting grapes **2.** 葡萄酒 pútáojiǔ：the ～ of 1950 1950年的葡萄酒 yījiǔwǔlíng niánde pútáojiǔ
vintner *n.* 酒商 jiǔshāng
vinyl *n.* 乙烯基 yǐxījī
vinylon *n.* 维尼纶 wéinílún
viola *n.* **1.** 中提琴 zhōngtíqín * musical instrument **2.** [V-]堇菜属 jǐncàishǔ = pansy
violable *a.* 可侵犯的 kěqīnfànde；可违反的 kěwéifǎnde
violate *v.* **1.** 违犯 wéifàn；违背 wéibèi = break a law or rule **2.** 扰乱 rǎoluàn：= disturb sb.'s privacy **3.** 强奸 qiángjiān = rape：～ woman 强奸妇女 qiángjiān fùnǚ **4.** 亵渎 xièdú = desecrate // violation *n.*
violence *n.* **1.** 猛烈 měngliè；激烈 jīliè = showing great force：with ～ 猛烈地 měngliède **2.** 暴力 bàolì = using great force：an act of ～ 暴力行为 bàolì xíngwéi；行凶 xíngxiōng **3.** 强奸 qiángjiān = rape // violent *a.*
violet *n.* **1.** 紫罗兰 zǐluólán **2.** 紫色 zǐsè；紫罗兰色 zǐluólánsè = color of the flower *a.* 紫罗兰色的 zǐluólánsède；紫色的 zǐsède：～ ray 紫外线 zǐwàixiàn
violin *n.* 小提琴 xiǎotíqín：play the ～ 拉小提琴 lā xiǎotíqín
violinist *n.* 小提琴手 xiǎotíqínshǒu；小提琴演奏家 xiǎotíqín yǎnzòujiā
violoncello *n.* 大提琴 dàtíqín
viomycin *n.* 紫霉素 zǐméisù
V.I.P，VIP *n.* 大人物 dàrénwù；要人 yàorén= very important person
viper *n.* **1.** 毒蛇 dúshé = poisonous snake **2.** 阴险的人 yīnxiǎnde rén = a treacherous person
virago *n.* 泼妇 pōfù
virgin *n.* 处女 chǔnǚ；童贞女 tóngzhēnnǚ：the V- Mary 圣母玛利亚 Shèngmǔ Mǎlìyà *a.* **1.** 处女的 chǔnǚde **2.** 处女般的 chǔnǚbānde：～ soil 处女地 chǔnǚdì
virginal *a.* **1.** 有处女特点的 yǒu chǔnǚ tèdiǎnde：～ membrane 处女膜 chǔnǚmó **2.** 纯洁的 chúnjiéde = pure：a ～ girl 纯洁的少女 chúnjiéde

shàonǚ // virginity *n.* 处女性 chǔnǚxìng；童贞 tóngzhēn

virgule *n.* 斜线号 xiéxiànhào = "/"

virile *a.* **1.** 男的 nánde；男性的 nánxìngde；男人般的 nánrén bānde = having the qualities of a man **2.** 雄壮的 xióngzhuàngde；强有力的 qiángyǒulìde = powerful：a ～ voice 雄壮的声音 xióngzhuàngde shēngyīn

virility *n.* **1.** 男子气概 nánzǐqìgài **2.** 生殖力 shēngzhílì = sexual power

virology *n.* 病毒学 bìngdúxué

virtual *a.* 实际上的 shíjìshangde = in effect：a ～ agreement 实际上的同意 shíjìshangde tóngyì

virtue *n.* **1.** 善 shàn；德 dé；美德 měidé = moral goodness：～ and vice 善恶 shàn'è / Patriotism is a ～. 爱国是种美德。Àiguó shì zhǒng měidé. **2.** 贞操 zhēncāo = chastity：a woman of ～ 贞妇 zhēnfù **3.** 优点 yōudiǎn = good quality：Brevity is one of the ～s of this essay. 简洁是这篇文章的优点之一。Jiǎnjié shì zhèpiān wénzhāngde yōudiǎn zhīyī. **4.** 效能 xiàonéng = effect：the ～ of herbs to heal sickness 药草治病的效能 yàocǎo zhìbìngde xiàonéng // by ～ of 由于 yóuyú

virtuoso *n.* **1.** 大师 dàshī；名家 míngjiā = master of the arts **2.** 艺术品鉴赏家 yìshùpǐn jiànshǎngjiā = person with special knowledge of art appreciation：skill of a ～ 艺术品鉴赏力 yìshùpǐn jiànshǎnglì

virtuous *a.* 有道德的 yǒu dàodéde；善良的 shànliángde

virulence *n.* **1.** 毒性 dúxìng；毒力 dúlì = poisonous **2.** 恶毒 èdú = malignancy // virulent *a.*

virus *n.* **1.** 病毒 bìngdú：The vaccine is the ～ of smallpox. 牛痘苗是天花的病毒。Niúdòumiáo shì tiānhuāde bìngdú. **2.** 毒素 dúsù = poison

visa *n.* 签证 qiānzhèng *v.* 在(护照)上签证 zài (hùzhào)shang qiānzhèng

visage *n.* 面容 miànróng；容貌 róngmào

vis-a-vis *ad.* 面对面 miàn duì miàn = face to face：sit ～ at meals 进餐时面对面坐着 jìncānshí miànduìmiàn zuòzhe *n.* 对面的人 duìmiànde rén = counterpart

viscera *n.* 内脏 nèizàng

viscid *a.* **1.** 粘性的 niánxìngde = sticky **2.** 半流体的 bànliútǐde = semifluid

viscometer *n.* 粘度计 niándùjì

viscose *n.* 粘胶 niánjiāo

viscosity *n.* **1.** 粘性 niánxìng = sticky quality **2.** 粘度 niándù = degree of stickiness: kinematic ～ 运动粘度 yùndòng niándù * in fluid mechanics

viscount *n.* 子爵 zǐjué

viscountess *n.* 子爵夫人 zǐjué fūrén

visibility *n.* 可见性 kějiànxìng; 能见度 néngjiàndù: good ～ 能见度良好 néngjiàndù liánghǎo

visible *a.* **1.** 可见的 kějiànde; 看得见的 kàndejiànde: ～ to the naked eyes 肉眼看得见的 ròuyǎn kàndejiànde **2.** 显著 xiǎnzhù; 明显 míngxiǎn = apparent: with ～ impatience 带着明显不耐烦的样子 dàizhe míngxiǎn bú nàifánde yàngzi

vision *n.* **1.** 视觉 shìjué; 视力 shìlì = power of seeing: Old men have poor ～. 老年人视力差。Lǎoniánrén shìlì chà. **2.** 眼光 yǎnguāng; 想象力 xiǎngxiànglì = imagination: a man without ～ 没有眼光的人 méiyǒu yǎnguāngde rén **3.** 幻想 huànxiǎng = illusion: He had a ～ of the future. 他对前途抱着一种幻想。Tā duì qiántú bàozhe yìzhǒng huànxiǎng. **4.** 景象 jǐngxiàng = image

visionary *a.* 幻想的 huànxiǎngde

visit *v.* **1.** 访问 fǎngwèn: ～ a relative 访问亲友 fǎngwèn qīnyǒu **2.** 参观 cānguān: ～ factories 参观工厂 cānguān gōngchǎng **3.** 常去 chángqù: He ～s bookshops. 他常去书店。Tā chángqù shūdiàn. **4.** 灾害降临 zāihài jiànglín: the districts ～ed by famine 遭受饥荒的地区 zāoshòu jīhuāngde dìqū *n.* **1.** 访问 fǎngwèn = call: a ～ of courtesy 礼节上的访问 lǐjiéshangde fǎngwèn / pay a formal ～ 作正式访问 zuò zhèngshì fǎngwèn **2.** 参观 cānguān; 视察 shìchá = inspection **3.** 出诊 chūzhěn: a doctor's ～ 医师的出诊 yīshīde chūzhěn

visitant *n.* **1.** 来宾 láibīn; 来客 láikè = visitor (in poetry) **2.** 候鸟 hòuniǎo = migratory bird

visitation *n.* **1.** 访问 fǎngwèn = visit **2.** 检查 jiǎnchá; 视察 shìchá = inspection: the right of ～ 对中立国船只的检查权 duì zhōnglìguó chuánzhīde jiǎncháquán

visiting *a.* 访问的 fǎngwènde: a ～ professor 客座教授 kèzuò jiàoshòu

visitor *n.* **1.** 访问者 fǎngwènzhě **2.** 参观者 cānguānzhě: V-s not admitted. 谢绝参观。Xièjué cānguān. / visitors' book 来客登记簿 láikè dēngjìbù

visor, vizor *n.* 帽舌 màoshé；帽檐 màoyán

vista *n.* **1.** 远景 yuǎnjǐng = distant view **2.** 回忆 huíyì = recollection

visual *a.* **1.** 视觉的 shìjuéde：～ art 视觉艺术 shìjué yìshù **2.** 看得见的 kàndejiànde = visible

visualize *v.* 设想 shèxiǎng；想象 xiǎngxiàng

vital *a.* **1.** 活的 huóde；有生命的 yǒu shēngmìngde：the ～ energy 生命力 shēngmìnglì / ～ statistics 人口动态统计 rénkǒu dòngtài tǒngjì **2.** 充满生机的 chōngmǎn shēngjīde：a ～ new society 朝气蓬勃的新社会 zhāoqì-péngbóde xīnshèhuì **3.** 致命的 zhìmìngde = fatal；重要的 zhòngyàode = extremely important：a ～ wound 致命伤 zhìmìngshāng

vitalism *n.* 生机论 shēngjīlùn // vitalist *n.* = supporter of ～ / vitalistic *a.* = of vitalist

vitality *n.* **1.** 生命力 shēngmìnglì = life：be full of ～ 充满生气 chōngmǎn shēngqì **2.** 生动性 shēngdòngxìng = vigor：the ～ of sb.'s reasoning 某人的说理生动有力 mǒurénde shuōlǐ shēngdòng yǒulì

vitalize *v.* **1.** 赋予生命 fùyǔ shēngmìng = give life to **2.** 鼓舞 gǔwǔ；激发 jīfā = endow with vigor：～ the patriotic spirit 激发爱国热情 jīfā àiguó rèqíng

vitamin *n.* 维生素 wéishēngsù

vitals *n.* 要害 yàohài

vitaminology *n.* 维生素学 wéishēngsùxué

vitascope *n.* 电影放映机 diànyǐng fàngyìngjī

vitiate *v.* **1.** 弄脏 nòngzāng；污损 wūsǔn = spoil：～ air 污浊空气 wūzhuó kōngqì **2.** 使…无效 shǐ … wúxiào = make ineffective：～ a contract 使契约失效 shǐ qìyuē shīxiào

vitreous *a.* **1.** 玻璃的 bōlíde = of glass：～ electricity 玻璃电 bōlidiàn **2.** 透明的 tòumíngde = transparent：～ silica 透明石英 tòumíng shíyīng

vitrify *v.* 玻璃化 bōlihuà

vitriol *n.* **1.** 矾 fán；硫酸盐 liúsuānyán：blue ～ 胆矾 dǎnfán；蓝矾 lánfán **2.** 硫酸 liúsuān：oil of ～ （浓）硫酸 (nóng)liúsuān

vituperate *v.* 痛骂 tòngmà；责骂 zémà

vivacious *a.* 生气勃勃的 shēngqì-bóbóde；兴高采烈的 xìnggāo-cǎiliède //

vivacity *n*.

vivid *a*. **1**. 鲜艳的 xiānyànde ∗ for color；闪烁的 shǎnshuòde ∗ for light：～ green 嫩绿 nènlǜ / a ～ flash of lightning 亮晶晶的一道闪电 liàngjīngjīngde yídào shǎndiàn **2**. 活泼的 huópode：be ～ with life 生气勃勃 shēngqì-bóbó **3**. 生动的 shēngdòngde：a ～ discription 生动的描写 shēngdòngde miáoxiě

vivify *v*. 使…活跃 shǐ … huóyuè

vivisection *n*. 活体解剖 huótǐ jiěpōu

vixen *n*. **1**. 雌狐 cíhú = a female fox **2**. 泼妇 pōfù = a shrew

vocabulary *n*. 词汇 cíhuì；词汇表 cíhuìbiǎo：enlarge one's ～ 扩大词汇 kuòdà cíhuì

vocal *a*. **1**. 声音的 shēngyīnde；发音的 fāyīnde：the ～ cords 声带 shēngdài **2**. 歌唱的 gēchàngde：～ music 声乐 shēngyuè **3**. 畅所欲言 chàngsuǒ-yùyán = speaking freely

vocalist *n*. 歌唱家 gēchàngjiā

vocation *n*. **1**. 职业 zhíyè = occupation **2**. 才能 cáinéng = talent

vocational *a*. 职业的 zhíyède：a ～ school 职业学校 zhíyè xuéxiào

vocative *a*. & *n*. 呼唤的 hūhuànde：～ expression 呼唤语 hūhuànyǔ / the ～ case 呼格 hūgé ∗ in grammar

vociferate *v*. 呼喊 hūhǎn；叫骂 jiàomà：～ oaths 破口大骂 pòkǒu-dàmà // vociferous *a*.

vodka *n*. 伏特加(酒) Fútèjiā(jiǔ)

vogue *n*. **1**. 风气 fēngqì = fashion：It is the ～ of the day. 这就是现代的风气。Zhè jiùshì xiàndàide fēngqì. **2**. 流行 liúxíng；风行 fēngxíng；大受欢迎 dàshòu huānyíng = popularity：The novel had a great ～ in its day. 这部小说在当初风行一时。Zhèbù xiǎoshuō zài dāngchū fēngxíng yìshí. / be out of ～ 不流行 bùliúxíng **3**. 时髦货 shímáohuò = things of leading style：all the ～ 最新流行品 zuìxīn liúxíngpǐn

vogueword *n*. 时髦字 shímáozì；流行语 liúxíngyǔ

voice *n*. **1**. 声音 shēngyīn；嗓音 sǎngyīn：She has a sweet ～. 她有悦耳的声音。Tā yǒu yuè'ěrde shēngyīn. / lose one's ～ 嗓子哑了 sǎngzi yǎle **2**. 意见 yìjian；愿望 yuànwàng；发言权 fāyánquán：have a ～ in the matter 对这件事有发言权 duì zhèjiànshì yǒu fāyánquán **3**. 浊音 zhuóyīn ∗ in phonetics (as [b]、[f]…) **4**. 语态 yǔtài ∗ in grammar：

the active ～ 主动语态 zhǔdòng yǔtài *v.* 表达 biǎodá：～ the feelings of the masses 表达群众的感情 biǎodá qúnzhòngde gǎnqíng

voiced *a.* **1.** …声的 …shēngde：rough ～ 粗声的 cūshēngde **2.** 浊音的 zhuóyīnde：～ consonants 浊辅音 zhuófǔyīn

voiceless *a.* **1.** 无声的 wúshēngde = having no voice **2.** 无发言权的 wú fāyánquánde = have no say in the matter

void *a.* **1.** 空的 kōngde = unoccupied：a ～ house 没人住的房屋 méi rén zhùde fángwū **2.** 缺乏的 quēfáde = lacking：～ of common sense 缺乏常识 quēfá chángshí **3.** 无效的 wúxiàode = without legal force：null and ～ 无效 wúxiào *n.* 空虚 kōngxū = state of being lonely：an aching ～ 内心的空虚 nèixīnde kōngxū *v.* **1.** 排泄 páixiè = discharge **2.** 使…无效 shǐ … wúxiào = make ～

vol = volume 卷 juàn：a work in 6 ～s 六卷集 liùjuànjí

volatile *a.* **1.** 挥发性的 huīfāxìngde；易发散的 yìfāsànde：～ oil 挥发油 huīfāyóu **2.** 易变的 yìbiànde = changeable：a ～ market 不稳定的行情 bù wěndìngde hángqíng

volcano *n.* 火山 huǒshān：an active ～ 活火山 huóhuǒshān / a dormant ～ 休眠火山 xiūmián huǒshān / an extinct ～ 死火山 sǐhuǒshān

vole *n.* 田鼠 tiánshǔ

Volga *n.* 伏尔加河 Fú'ěrjiāhé

volition *n.* 意志 yìzhì；意志力 yìzhìlì // volitional *a.*

volley *n.* **1.** 排枪射击 páiqiāng shèjī ＊ in shooting：fire a ～ 齐射 qíshè **2.** 迸发 bèngfā = eruption：a ～ of laughter 迸发一阵哄笑 bèngfā yízhèn hōngxiào **3.** 截击 jiéjī ＊ in playing tennis：a half ～ 半截击 bànjiéjī

volleyball *n.* 排球 páiqiú

volplane *v.* & *n.* 滑翔 huáxiáng

volt *n.* 伏特 fútè

voltage *n.* 电压 diànyā；伏特数 fútèshù

voltaic *a.* 电流的 diànliúde：～ electricity 伏打电 fúdǎdiàn / ～ pile 伏打电堆 fúdǎdiànduī

voltameter *n.* 电量计 diànliàngjì

voltmeter *n.* 伏特计 fútèjì；电压表 diànyābiǎo

voluble *a.* 能说会道的 néngshuōhuìdàode：a ～ speaker 口若悬河的演说

家 kǒuruò-xuánhéde yǎnshuōjiā // volubility *n.* 善辩 shànbiàn

volume *n.* **1.** 一卷 yíjuàn；一册 yícè：bound ～s of a magazine 杂志的合订本 zázhìde hédìngběn **2.** 大量 dàliàng = mass：a ～ of smoke 烟气腾腾 yānqì-téngténg **3.** 体积 tǐjī；容积 róngjī = capacity：the ～ of a cask 桶的容积 tǒngde róngjī **4.** 容量 róngliàng = quantity：export ～ 出口量 chūkǒuliàng **5.** 音量 yīnliàng = loudness：a voice of great ～ 洪亮的声音 hóngliàngde shēngyīn

volume-produce *v.* 大量生产 dàliàng shēngchǎn

volumeter *n.* 体积计 tǐjījì

volumetric *a.* 体积的 tǐjīde；容量的 róngliàngde：～ analysis 容量分析 róngliàng fēnxī

voluminous *a.* **1.** 大部的 dàbùde；长篇的 chángpiānde；多卷的 duōjuànde：a ～ history 长篇的历史 chángpiānde lìshǐ **2.** 著作多的 zhùzuò duōde = prolific：a ～ writer 多产作家 duōchǎn zuòjiā **3.** 体积大的 tǐjī dàde = bulky

voluntary *a.* **1.** 自愿的 zìyuànde；志愿的 zhìyuànde；义务的 yìwùde = by free will：a ～ army 志愿军 zhìyuànjūn / ～ work 义务劳动 yìwù láodòng **2.** 故意的 gùyìde = intentional：～ misstatement 故意误述 gùyì wùshù **3.** 随意的 suíyìde：～ movement 随意运动 suíyì yùndòng * in anatomy

volunteer *n.* & *v.* **1.** 志愿(者) zhìyuàn(zhě) **2.** 志愿(兵) zhìyuàn(bīng) = one who offers himself for military service // a ～ plant 自生植物 zìshēng zhíwù

voluptuary *n.* 酒色之徒 jiǔsè zhī tú

voluptuous *a.* **1.** 色情的 sèqíngde * with women：～ movements 挑逗的动作 tiǎodòude dòngzuò **2.** 好酒色的 hàojiǔsède = sensuous：a ～ life 花天酒地的生活 huātiān-jiǔdìde shēnghuó

volute *n.* 螺旋形 luóxuánxíng：a ～ spring 锥形弹簧 zhuīxíng tánhuáng

vomit *v.* **1.** 呕吐 ǒutù；喷吐 pēntù = eject from the mouth：～ blood 吐血 tùxiě **2.** 喷出 pēnchū = spew out *n.* 呕吐 ǒutù；呕吐物 ǒutùwù = matter vomited：cyclic ～ing 周期呕吐 zhōuqī ǒutù

voodoo *n.* 伏都教 Fúdūjiào

voracious *a.* 贪吃的 tānchīde；贪婪的 tānlánde

voracity *n.* 贪食 tānshí；暴食 bàoshí

vortex *n.* 漩涡 xuánwō

votable *a.* 有投票权的 yǒu tóupiàoquánde；可付表决的 kěfù biǎojuéde：a ～ citizen 有选举权的公民 yǒu xuǎnjǔquánde gōngmín

votary *n.* **1.** 修道者 xiūdàozhě；信徒 xìntú；**2.** 拥护者 yōnghùzhě：a ～ of science 献身于科学的人 xiànshēnyú kēxuéde rén

vote *n.* **1.** 表决 biǎojué；投票 tóupiào：cast an affirmative ～ 投赞成票 tóu zànchéng piào / win ～s 得票 dépiào **2.** 表决权 biǎojuéquán；投票权 tóupiàoquán：Not everybody has the ～ for it. 这件事并非人人都有表决权。Zhè jiànshì bìngfēi rénrén dōuyǒu biǎojuéquán. **3.** 得票数 dépiàoshù；投票数 tóupiàoshù：One man，one ～. 一人一票。Yìrén yípiào. **4.** 投票纸 tóupiàozhǐ：There were 12 spoilt ～s. 废票计12张。Fèipiào jì shí'èr zhāng. *v.* **1.** 投票 tóupiào：～ by open ballot 记名投票 jìmíng tóupiào **2.** 表决 biǎojué：～ by a show of hands 举手表决 jǔshǒu biǎojué **3.** 提议 tíyì ＝ suggest：I ～ we go to the theater tonight. 我提议今晚看戏去。Wǒ tíyì jīnwǎn kànxìqu.

voteless *a.* 无投票权的 wú tóupiàoquánde；无选举权的 wú xuǎnjǔquánde

voter *n.* 投票者 tóupiàozhě；选举人 xuǎnjǔrén；选民 xuǎnmín

voting *n.* **1.** 表决 biǎojué；投票 tóupiào：～ by rising 起立表决 qǐlì biǎojué **2.** a ～ district 选举区 xuǎnjǔqū

votive *a.* 奉献的 fèngxiànde；还愿的 huányuànde：a ～ offering 还愿物 huányuànwù

vouch *v.* 担保 dānbǎo：～ for a person 替某人担保 tì mǒurén dānbǎo

voucher *n.* **1.** 证人 zhèngrén；保证人 bǎozhèngrén：a person's ～ 某人的保证人 mǒurénde bǎozhèngrén **2.** 证书 zhèngshū；凭单 píngdān；收据 shōujù * the document to verify as true：a hotel ～ 预订旅馆的凭单 yùdìng lǚguǎnde píngdān / a luncheon ～ 午餐券 wǔcānquàn

vouchsafe *v.* 赐予 cìyǔ；给予 jǐyǔ：He ～d me no reply. 他没有给我答复。Tā méiyǒu gěi wǒ dáfù.

vow *n.* 誓约 shìyuē；誓言 shìyán：be under a ～ 发过誓 fāguoshì / take a ～ 起誓 qǐshì *v.* 立誓 lìshì；起誓 qǐshì：～ to a person 对人立誓 duì rén lìshì

vowel *n.* **1.** 元音 yuányīn：close (open) ～ 闭（开）元音 bì (kāi) yuányīn **2.** 元音字母 yuányīn zìmǔ * a、o、e、i、u

voyage *n.* 航海 hánghǎi；航行 hángxíng：make a ～ to Australia 航行到澳

洲去 hángxíng dào Àozhōu qù / go on a ～ 航海去 hánghǎiqu

voyager *n*. 航海者 hánghǎizhě；航海探险者 hánghǎi tànxiǎnzhě

Vulcan *n*. 伏尔甘 Fú'ěrgān；火神 huǒshén：～ powder 伏尔甘烈性炸药 Fú'ěrgān lièxìng zhàyào

vulcanite *n*. 硬橡皮 yìngxiàngpí

vulcanize *v*. 硫化 liúhuà；使…硬化 shǐ … yìnghuà

vulgar *a*. **1**. 平民的 píngmínde；大众的 dàzhòngde ＝ of common people：～ life 大众生活 dàzhòng shēnghuó **2**. 粗俗的行为 cūsúde xíngwéi ＝ in bad taste：～ behavior 粗俗的行为 cūsúde xíngwéi **3**. 通用的 tōngyòngde ＝ in common use：a ～ word 俗字 súzì

vulgarism *n*. **1**. 俗语 súyǔ ＝ vulgar phrase **2**. 粗俗 cūsú ＝ condition of being vulgar

vulgarity *n*. 粗俗 cūsú：～ speech 粗话 cūhuà / ～ action 粗野行为 cūyě xíngwéi

vulgarize *v*. 庸俗化 yōngsúhuà：～ the matter 使事情庸俗化 shǐ shìqing yōngsúhuà

vulnerability *n*. 脆弱性 cuìruòxìng；易受伤 yì shòushāng

vulnerable *a*. **1**. 易受伤的 yì shòushāngde ＝ open to physical injury：a ～ point 弱点 ruòdiǎn **2**. 易受攻击的 yì shòugōngjīde ＝ open to attack

vulture *n*. **1**. 兀鹰 wùyīng ＊ bird **2**. 贪心汉 tānxīnhàn ＝ greedy person

W

wadding *n*. 填塞 tiánsāi；棉胎 miántāi ＝ padding：put in ～ 絮棉花 xùmiánhua

waddle *v*. 摇摇摆摆地走 yáoyao-bǎibǎide zǒu；蹒跚而行 pánshān ér xíng：Ducks ～. 鸭子一摇一摆地走。Yāzi yìyáo-yìbǎide zǒu. *n*. 蹒跚 pánshān

wade *v*. 蹚 tāng；跋涉 báshè：We had to ～ across the river. 我们得蹚水过河。Wǒmen děi tāngshuǐ guòhé. // ～ through 费力地完成 fèilìde wánchéng / ～ through a dull article 啃完了一篇枯燥的文章 kěnwánle yìpiān kūzàode wénzhāng / ～ into sth. 猛烈攻击某事 měngliè gōngjī mǒushì

wafer *n.* **1.** 薄脆饼 báocuìbǐng = a thin cookie **2.** 圣饼 shèngbǐng = consecrated bread

waffle[1] *n.* 蛋奶烘饼 dànnǎi hōngbǐng；华夫饼干 Huáfū bǐnggān

waffle[2] *v.* 唠叨 láodao；胡扯 húchě：Stop waffling！别东拉西扯！Bie dōnglāxīchě！ *n.* 无聊话 wúliáohuà

waft *v.* 吹送 chuīsòng；飘送 piāosòng；使飘荡 shǐ piāodàng：Leaves were ～ed into the room. 树叶飘进屋子里来了。Shùyè piāojìn wūzili láile.

wag[1] *v.* **1.** 摇动 yáodòng；摇摆 yáobǎi：The dog ～s its tail when it saw us. 狗看到我们时摇摆它的尾巴。Gǒu kàndào wǒmenshí yáobǎi tāde wěiba. **2.** 喋喋不休 diédié-bùxiū：The tongues are ～ging. 大家谈个没完。Dàjiā tánge méiwán. *n.* 摇摆 yáobǎi；摇动 yáodòng

wag[2] *n.* 爱说爱笑的人 àishuō-àixiàode rén = one who likes joking

wage[1] *n.* 工资 gōngzī：His ～ is ＄100 a week. 他的工资每周一百美元。Tāde gōngzī měizhōu yìbǎi Měiyuán. // ～ freeze 工资冻结 gōngzī dòngjié / ～ scale 工资等级(表) gōngzī děngjí(biǎo)

wage[2] *v.* 发动 fādòng；开展 kāizhǎn：to ～ war 发动战争 fādòng zhànzhēng

wager *n.* 赌注 dǔzhù *v.* 打赌 dǎdǔ；同…打赌 tóng…dǎdǔ；担保 dānbǎo

waggery *n.* 开玩笑 kāiwánxiào；诙谐 huīxié

waggish *a.* 开玩笑的 kāiwánxiàode；诙谐的 huīxiéde = playful：～ remarks 诙谐的话 huīxiéde huà

waggle *v.* 左右摇动 zuǒyòu yáodòng；摇摆 yáobǎi = wag：Can you ～ your ears？你的耳朵会摆动吗？Nǐde ěrduo huì bǎidòngma？

wagon *n.* **1.** 四轮运货车 sìlún yùnhuòchē：He takes his fruit to market by ～. 他用四轮马车拉水果到市场上去。Tā yòng sìlún mǎchē lā shuǐguǒ dào shìchǎngshang qù. **2.** 铁路货车 tiělù huòchē = freight car

wagoner *n.* 马车工人 mǎchē gōngrén

waif *n.* 流浪儿 liúlàng'ér

wail *v.* **1.** 嚎啕大哭 háotáo dàkū：The child is ～ing. 孩子在嚎啕大哭。Háizi zài háotáo dàkū. **2.** 呼啸 hūxiào；尖啸 jiānxiào：The wind ～ed in the chimney all night. 风在烟囱里呼啸了整一夜。Fēng zài yāncōngli hūxiàole zhěngyíyè. *n.* 大哭 dàkū；呼啸 hūxiào

wain *n.* **1.** 大车 dàchē；货车 huòchē = wagon **2.** 北斗七星 běidǒu-qīxīng = the Plough and the Great Bear

wainscot *n.* 护壁板 hùbìbǎn

waist *n.* 腰 yāo；腰部 yāobù：What do you measure round the ～？你的腰围是多少？Nǐde yāowéi shì duōshao?

waistband *n.* 腰带 yāodài

waistcoat *n.* 背心 bèixīn；马甲 mǎjiǎ

waistline *n.* 腰围 yāowéi；腰身 yāoshēn：My ～ is getting bigger and bigger. 我的腰围越来越大。Wǒde yāowéi yuèláiyuèdà.

wait *v.* **1.** 等 děng；等候 děnghòu：We are ～ing for the bus. 我们在等公共汽车。Wǒmen zài děng gōnggòng qìchē. **2.** 准备好 zhǔnbèihǎo：He is ～ing his opportunity. 他正等待着机会。Tā zhèng děngdàizhe jīhuì. / **3.** 侍候进餐 shìhòu jìncān：～ at table 侍候开饭 shìhòu kāifàn *n.* 等待 děngdài；等候 děnghòu：a long ～ for something to happen 久等事情的发生 jiǔděng shìqingde fāshēng

waiter *n.* 服务员 fúwùyuán；侍者 shìzhě

waiting *n.* 等候 děnghòu；侍候 shìhòu：～ room 候诊室 hòuzhěnshì * in a hospital；候车室 hòuchēshì * in the railway station // ～ list *n.* 申请者名单 shēnqǐngzhě míngdān：There's a long ～ list of people who want to install a telephone. 申请安装电话者的名单有长长的一列。Shēnqǐng ānzhuāng diànhuàzhěde míngdān yǒu chángchángde yíliè.

waitress *n.* 女服务员 nǚ fúwùyuán

waive *n.* 放弃 fàngqì；不坚持 bù jiānchí：～ a right 放弃权利 fàngqì quánlì

wake[1] *v.* **1.** 醒 xǐng；醒来 xǐnglái：I ～ at seven o'clock every day. 我每天七点钟醒来。Wǒ měitiān qīdiǎnzhōng xǐnglái. **2.** 唤醒 huànxǐng；弄醒 nòngxǐng：Don't ～ him up！别把他弄醒！Bié bǎ tā nòngxǐng！**3.** 使认识 shǐ rènshi；使觉悟 shǐ juéwù：W- him up to the danger. 使他认识到危险性。Shǐ tā rènshidào wēixiǎnxìng. / The company has only just been ～n up to the importance of computers. 这家公司刚刚意识到电脑的重要性。Zhèjiā gōngsī gānggāng yìshídào diànnǎode zhòngyàoxìng.

wake[2] *n.* **1.** 航迹 hángjì：the broad white ～ of the big ship 大船留下一道宽而白的尾波 dàchuán liúxià yídào kuān ér báide wěibō **2.** in the ～ of

在…之后 zài…zhīhòu：The car left clouds of dust in its ～. 车子后面扬起了一阵阵灰尘。Chēzi hòumian yángqǐle yízhènzhèn huīchén.

wakeful *a.* 失眠的 shīmiánde；不眠的 bùmiánde：a ～ night 不眠之夜 bùmián zhīyè

wakefulness *n.* 觉醒状态 juéxǐng zhuàngtài

waken *v.* 睡醒 shuìxǐng；弄醒 nòngxǐng：We were ～ed by a loud noise. 我们被很大的嘈杂声吵醒了。Wǒmen bèi hěndàde cáozáshēng chǎoxǐngle.

wale *n.* 鞭痕 biānhén

walk *v.* **1.** 走 zǒu；步行 bùxíng；散步 sànbù：Do you ～ to work，or do you come by bus? 你是步行上班还是乘公共汽车上班？Nǐ shì bùxíng shàngbān háishì chéng gōnggòng qìchē shàngbān? / He ～ed for fifteen miles. 他走了十五英里路。Tā zǒule shíwǔ yīnglǐ lù. / She likes ～ing. 她喜欢散步。Tā xǐhuan sànbù. **2.** 走过 zǒuguò；走遍 zǒubiàn；沿…走 yán…zǒu：I have ～ed this district many times. 我好几次走过这个地区。Wǒ hǎojǐcì zǒuguo zhège dìqū. / to ～ a tightrope 走钢丝 zǒu gāngsī **3.** 散步 sànbù；慢走 mànzǒu：He's ～ing the dog. 他正牵着狗溜达。Tā zhèng qiānzhe gǒu liūda. **4.** 一起走 yìqǐzǒu：I'll ～ you to the bus stop. 我陪你走到公共汽车站去。Wǒ péi nǐ zǒudào gōnggòng qìchēzhàn qù. *n.* **1.** 走 zǒu；步行 bùxíng；漫步 mànbù：Let's take a ～. 我们散步去吧。Wǒmen sànbù qùba. **2.** 步态 bùtài：I can recognize him at once by his ～. 我能从他走路的样子一下子认出他来。Wǒ néng cóng tā zǒulùde yàngzi yíxiàzi rènchū tā lái. **3.** 步行路程 bùxíng lùchéng：The town is an hour's ～ from here. 从这儿走到城里有一小时的路程。Cóngzhèr zǒudào chéngli yǒu yìxiǎoshíde lùchéng. **4.** 行业 hángyè；阶层 jiēcéng：people of all ～s of life 各界人士 gèjiè rénshì // ～ away with sth. **1.** 顺手拿走 shùnshǒu názǒu：Someone has ～ed away with my umbrella. 有人把我的伞拿走了。Yǒu rén bǎ wǒde sǎn názǒule. **2.** 轻易取胜 qīngyì qǔshèng：She ～ed away with the first prize. 她轻而易举地获得了头奖。Tā qīng'ér-yìjǔde huòdéle tóujiǎng. / ～ in 走进 zǒujìn / ～ into 遇到 yùdào；遭受 zāoshòu：～ into an ambush 遭到伏击 zāodào fújī / ～ off **1.** 离开 líkāi：～ off the job 离开工作岗位 líkāi gōngzuò gǎngwèi **2.** 带走 dàizǒu / ～ out 罢工 bàgōng / ～ out on sb.

遗弃 yíqì：He ～ed out on his wife and family. 他抛弃了自己的妻子和家。Tā pāoqìle zìjǐde qīzi hé jiā. / ～ all over sb. 无视某人的感情 wúshì mǒurénde gǎnqíng：His wife ～ed all over him. 他妻子对他毫无情义。Tā qīzi duì tā háowú qíngyì.

walker *n.* 步行者 bùxíngzhě；散步的人 sànbùde rén

walkie-talkie *n.* 步话机 bùhuàjī

walking stick *n.* 手杖 shǒuzhàng

walk-up *n.* 无电梯的大楼 wú diàntīde dàlóu：It's not easy living in a 6th-floor ～. 住在没有电梯的六楼真不容易。Zhùzài méiyǒu diàntīde liùlóu zhēn bù róngyì. *a.* 无电梯的 wú diàntīde

wall *n.* **1.** 墙 qiáng；壁 bì：Hang that picture on the ～. 把那张画挂在墙上。Bǎ nàzhāng huà guàzài qiángshang. **2.** 围墙 wéiqiáng；城墙 chéngqiáng：the Great W- of China 万里长城 Wànlǐ Chángchéng / stone ～ 石头围墙 shítou wéiqiáng **3.** 内壁 nèibì；器壁 qìbì：the ～s of the heart 心脏壁 xīnzàngbì **4.** 土堤 tǔdī；分界物 fēnjièwù；阻隔物 zǔgéwù：the cliff ～ 峭壁 qiàobì / a ～ of fire 一道火墙 yídào huǒqiáng / a tariff ～ 关税壁垒 guānshuì bìlěi *v.* **1.** 用墙堵住 yòng qiáng dǔzhu；用墙围住 yòng qiáng wéizhu：a ～ city 有城墙的城市 yǒu chéngqiángde chéngshì / ～ off half the room 用墙把房间隔开 yòng qiáng bǎ fángjiān gékāi **2.** 堵塞 dǔsè：～ up the window 堵塞窗户 dǔsè chuānghu // ～ flower 墙花 qiánghuā / a ～ painting 壁画 bìhuà / a ～ newspaper 墙报 qiángbào / go up the ～ 大怒 dànù / go to the ～ 失败 shībài；破产 pòchǎn / W-s have ears. 隔墙有耳。Géqiáng-yǒu'ěr. * saying

wallaby *n.* 小袋鼠 xiǎodàishǔ

wallchart *n.* 挂图 guàtú

wallet *n.* 皮夹子 píjiāzi；钱包 qiánbāo

wallop *v.* 痛打 tòngdǎ；猛击 měngjī = attack

wallow *v.* **1.** 打滚 dǎgǔn：Pigs enjoy ～ing in mud. 猪喜欢在泥里打滚。Zhū xǐhuan zài níli dǎgǔn. **2.** 沉迷于 chénmíyú：～ing in success 沉醉在成功之中 chénzuìzài chénggōng zhīzhōng

wallpaper *n.* 壁纸 bìzhǐ；墙纸 qiángzhǐ *v.* 糊壁纸 húbìzhǐ：We've decided to ～ the bedroom. 我们决定在卧室内糊壁纸。Wǒmen juédìng zài wòshìnèi hú bìzhǐ.

walnut *n.* **1.** 胡桃 hútáo **2.** 胡桃树 hútáoshù * the tree；胡桃木 hútáomù * the wood

walrus *n.* 海象 hǎixiàng

waltz *n.* 华尔兹舞 huá'ěrzīwǔ * the dance；华尔兹舞曲 huá'ěrzī wǔqǔ * the music *v.* 跳华尔兹舞 tiào huá'ěrzīwǔ：Can you ～？你会跳华尔兹舞吗？Nǐ huìtiào huá'ěrzīwǔma？

wampum *n.* 贝壳串珠 bèiké chuànzhū

wan *a.* 苍白的 cāngbáide；有倦态的 yǒu juàntàide；疲惫的 píbèide：look ～ 脸色苍白 liǎnsè cāngbái

wand *n.* 魔杖 mózhàng = the magician's rod；指挥棒 zhǐhuībàng * of a conductor or one symbolizing authority

wander *v.* **1.** 漫游 mànyóu；徘徊 páihuái：～ about the street 在街上徘徊 zài jiēshang páihuái **2.** 迷路 mílù：The travelers ～ed for some time in the fog. 旅行者在雾中迷了一会儿路。Lǚxíngzhě zài wùzhōng míle yíhuìrlù. **3.** 离题 lítí：His mind is ～ing. 他心不在焉。Tā xīnbùzàiyān. / Don't ～ off the subject. 不要离题。Búyào lítí.

wanderer *n.* 漫游者 mànyóuzhě；徘徊者 páihuáizhě；迷路的人或动物 mílùde rén huò dòngwù

wanderlust *n.* 漫游癖 mànyóupǐ；旅行癖 lǚxíngpǐ

wane *v.* **1.** 亏 kuī；变小 biànxiǎo；缺 quē：The moon waxes and ～s every month. 月亮每月圆缺一次。Yuèliang měiyuè yuánquē yícì. **2.** 衰退 shuāituì；减弱 jiǎnruò：His influence is waning. 他的影响正在衰退。Tāde yǐngxiǎng zhèngzài shuāituì.

wangle *v.* 骗取 piànqǔ；哄骗 hǒngpiàn：I ～d an invitation. 我骗到了一张请柬。Wǒ piàndàole yìzhāng qǐngjiǎn.

want *v.* **1.** 要 yào；想要 xiǎngyào；希望 xīwàng：I ～ to drink. 我想要一杯饮料。Wǒ xiǎngyào yìbēi yǐnliào. / She ～s to go home. 她想要回家。Tā xiǎngyào huíjiā. **2.** 需要 xūyào：That man ～s help. 那个人需要帮助。Nàge rén xūyào bāngzhù. **3.** 应该 yīnggāi；必须 bìxū：You ～ to see the doctor. 你应该去看病了。Nǐ yīnggāi qù kànbìngle. **4.** 要…来 yào…lái；要…去 yào…qù：The boss ～s you. 老板要你去。Lǎobǎn yào nǐ qù. **5.** 通缉 tōngjī：He is ～ed by the police. 他是一个受通缉的人。Tā shì yíge shòu tōngjīde rén. **6.** 缺少 quēshǎo；不足 bùzú：We never ～ for food. 我们从来不缺少食品。Wǒmen cónglái bù quēshǎo shípǐn. *n.* **1.** 缺少 quēshǎo；缺乏 quēfá：The plants died from ～ of water. 这些植物因缺水而枯死。Zhèxiē zhíwù yīn quēshuǐ ér kūsǐ. **2.** 需要 xūyào：The school is in ～ of money. 这学校需要钱。Zhè xuéxiào xūyào qián. **3.** 贫困 pínkùn：live in ～ 生活困苦 shēnghuó kùnkǔ **4.** 必需品 bìxūpǐn：We can supply all your ～s. 我们可以供给你所需要的一切。Wǒmen kěyǐ gōngjǐ nǐ suǒ xūyàode yíqiè.

wanting *a.* **1.** 缺少的 quēshǎode；不足的 bùzúde：A few pages of this book are ～. 这本书缺了几页。Zhèběn shū quēle jǐyè. / He is ～ in common sense. 他缺乏常识。Tā quēfá chángshí. **2.** 不够格的 búgòugéde；不够好的 búgòuhǎode：be ～ to one's duty 不称职 búchènzhí *prep.* 缺 quē；短少 duǎnshǎo

wanton *a.* **1.** 任性的 rènxìngde = unrestrained：a ～ child 顽皮的孩子 wánpíde háizi **2.** 淫乱的 yínluànde：～ behavior 淫乱的行为 yínluànde xíngwéi *n.* 荡妇 dàngfù = ～ woman

war *n.* **1.** 战争 zhànzhēng；战争状态 zhànzhēng zhuàngtài；战争时期 zhànzhēng shíqī：I fought in the First World W-. 我在第一次世界大战中打过仗。Wǒ zài Dì-yīcì Shìjiè Dàzhànzhōng dǎguozhàng. / a prisoner of ～ 战俘 zhànfú / Those two countries have been at ～ for a long time. 这两个国家进行了一场旷日持久的战争。Zhè liǎngge guójiā jìnxíngle yìchǎng kuàngrì-chíjiǔde zhànzhēng. **2.** 军事 jūnshì：training for ～ 军事教育 jūnshì jiàoyù **3.** 斗争 dòuzhēng；竞争 jìngzhēng：the ～ against poverty 同贫穷作斗争 tóng pínqióng zuò dòuzhēng / a ～ against disease 同疾病作斗争 tóng jíbìng zuò dòuzhēng *v.* 进行战争 jìnxíng zhànzhēng；作战 zuòzhàn；打仗 dǎzhàng：a ～ring country 交战国 jiāozhànguó

warble *v.* 用柔和的颤音唱歌 yòng róuhéde chànyīn chànggē * esp. of birds

warbler *n.* **1.** 鸣禽 míngqín = a bird which sings **2.** 歌手 gēshǒu = a singer

ward *n.* **1.** 病房 bìngfáng；病室 bìngshì：a medical ～ 内科病房 nèikē bìngfáng / an isolation ～ 隔离病房 gélí bìngfáng / an emergency ～ 急诊病房 jízhěn bìngfáng **2.** 行政区 xíngzhèngqū；选区 xuǎnqū = division of a city; election district **3.** 受监护人 shòu jiānhù rén = person put under the care of the court: This child is a ～ of the court. 这孩子受法庭监护。Zhè háizi shòu fǎtíng jiānhù. *v.* **1.** 保护 bǎohù; 守卫 shǒuwèi **2.** 避开 bìkāi; 防止 fángzhǐ = avoid: ～ off a blow 避开打击 bìkāi dǎjī

warden *n.* **1.** 监狱长 jiānyùzhǎng; 看守长 kānshǒuzhǎng **2.** 管理员 guǎnlǐyuán; 监护人 jiānhùrén: the ～ of an old people's home 养老院的管理员 yǎnglǎoyuànde guǎnlǐyuán

warder *n.* 看守 kānshǒu; 狱吏 yùlì

Wardour Street *n.* **1.** 伦敦古董街 Lúndūn gǔdǒngjiē **2.** 英国电影业 Yīngguó diànyǐngyè = film industry in England

wardrobe *n.* **1.** 全部服装 quánbù fúzhuāng: a new summer ～ 全套新夏装 quántào xīn xiàzhuāng **2.** 衣柜 yīguì; 衣橱 yīchú **3.** 行头 xíngtou = the ～ of a dramatic troupe

ware *n.* **1.** 器皿 qìmǐn; 制造品 zhìzàopǐn: silver～ 银器 yínqì **2.** 商品 shāngpǐn; 货物 huòwù: sell one's ～s 出售货物 chūshòu huòwù / The state shop sells its ～s cheap. 国营商店东西卖得便宜。Guóyíng shāngdiàn dōngxi màide piányi.

warehouse *n.* 货栈 huòzhàn; 仓库 cāngkù

warfare *n.* 战争 zhànzhēng: guerrilla ～ 游击战 yóujīzhàn / chemical ～ 化学战 huàxuézhàn

warhead *n.* 弹头 dàntóu: a missile ～ 导弹弹头 dǎodàn dàntóu

warily *ad.* 警惕地 jǐngtìde; 小心翼翼地 xiǎoxīn-yìyìde

wariness *n.* 谨慎 jǐnshèn; 小心 xiǎoxīn

warlike *a.* **1.** 好战的 hàozhànde; 尚武的 shàngwǔde: a ～ nation 尚武的民族 shàngwǔde mínzú **2.** 战争的 zhànzhēngde; 军事的 jūnshìde: ～ preparations 军备 jūnbèi

warm *a.* **1.** 温和的 wēnhéde; 温暖的 wēnnuǎnde; 暖和的 nuǎnhuode: ～ milk 温牛奶 wēnniúnǎi / a ～ sunny day 暖洋洋的艳阳天 nuǎnyángyángde yànyángtiān **2.** 保暖的 bǎonuǎnde: ～ clothes 保暖的衣服 bǎonuǎnde yīfu **3.** 暖色的 nuǎnsède: Red and yellow are ～ colors. 红和黄是暖色。Hóng hé huáng shì nuǎnsè. **4.** 热烈的 rèliède; 热情的 rèqíngde: a ～ welcome 热烈的欢迎 rèliède huānyíng / a ～ heart

热情的心 rèqíngde xīn *v.* 变暖和 biàn nuǎnhuo；变温暖 biàn wēnnuǎn：～ one's hands by the fire 烤火使手暖和 kǎohuǒ shǐ shǒu nuǎnhuo // ～ up **1.** 使温暖 shǐ wēnnuǎn；使热 shǐrè：Please ～ up this milk. 请把牛奶热一热。Qǐng bǎ niúnǎi rèyirè. **2.** 做准备 zuò zhǔnbèi：The singers are ～ing up before the concert. 歌唱家们正在为开音乐会作准备。Gēchàngjiāmen zhèngzài wèi kāi yīnyuèhuì zuò zhǔnbèi. / ～ to 对…产生兴趣 duì…chǎnshēng xìngqù；开始爱好 kāishǐ àihào：He is beginning to ～ to his work. 他开始爱好他的工作。Tā kāishǐ àihào tāde gōngzuò. *n.* 暖 nuǎn；取暖 qǔnuǎn = getting warm

warm-blooded *a.* 热血的 rèxuède

warm-hearted *a.* 热情的 rèqíngde

warming *n.* 加暖 jiānuǎn；加温 jiāwēn：a ～ pan 暖床器 nuǎnchuángqì

warmly *ad.* **1.** 温暖地 wēnnuǎnde **2.** 热诚地 rèchéngde；热心地 rèxīnde：He greeted me ～. 他热情地迎接我。Tā rèqíngde yíngjiē wǒ.

warmonger *n.* 战争贩子 zhànzhēng fànzi

warmth *n.* **1.** 温暖 wēnnuǎn；暖和 nuǎnhuo **2.** 热烈 rèliè；热情 rèqíng：the ～ of his feelings 他那感情的热烈 tā nà gǎnqíngde rèliè

warn *v.* **1.** 告诫 gàojiè；警告 jǐnggào：W- him against smoking. 告诫他不要吸烟。Gàojiè tā búyào xīyān. **2.** 预先通知 yùxiān tōngzhī：The weather station ～ed that a storm was coming. 气象台预报暴风雨即将来临。Qìxiàngtái yùbào bàofēngyǔ jíjiāng láilín.

warning *n.* **1.** 警告 jǐnggào；警报 jǐngbào：He didn't listen to my ～. 他不听我的告诫。Tā bùtīng wǒde gàojiè. **2.** 发出预告 fāchū yùgào：They attacked without ～. 他们不宣而战。Tāmen bùxuān érzhàn. *a.* 警告的 jǐnggàode；警戒的 jǐngjiède：a ～ signal 警告信号 jǐnggào xìnhào

warp *v.* **1.** 使翘起 shǐqiàoqǐ；使变弯 shǐbiànwān：Some wood ～s in hot weather. 有些木材在炎热的天气中变得弯翘。Yǒuxiē mùcái zài yánrède tiānqìzhōng biànde wānqiào. / A record ～s if it gets too hot. 唱片过热会翘起变形。Chàngpiàn guòrè huì qiàoqǐ biànxíng. **2.** 使有偏见 shǐ yǒu piānjiàn；歪曲 wāiqū：His judgement is ～ed by suffering. 由于痛苦，他的判断变得不公正了。Yóuyú tòngkǔ，tāde pànduàn biànde bù gōngzhèngle. *n.* **1.** 弯曲 wānqū；翘曲 qiàoqū：There's a ～ in this table top. 这张桌面有点歪斜不平。Zhèzhāng zhuōmiàn yǒudiǎn wāixié bùpíng. **2.** 经线 jīngxiàn * of cloth

warpath *n.* **1.** 征途 zhēngtú = route taken by the American Indians when going to war **2.** 敌对情绪 díduì-qíngxù = hostile mood // on the ～ 准备作战 zhǔnbèi zuòzhàn = ready to fight

warrant *n.* **1.** 授权 shòuquán；委任状 wěirènzhuàng；证件 zhèngjiàn：You can't search my house without a ～. 你没有搜查证不能搜查我的屋子。Nǐ méiyǒu sōucházhèng bùnéng sōuchá wǒde wūzi. **2.** 理由 lǐyóu；根据 gēnjù：He said so without ～. 他这样说是没有理由的。Tā zhèyàng shuō shì méiyǒu lǐyóude. *v.* **1.** 证明…正确 zhèngmíng…zhèngquè；使…显得合理 shǐ…xiǎnde hélǐ：His anger is not ～ed. 他的发怒是没有道理的。Tāde fānù shì méiyǒu dàolǐde. **2.** 保证 bǎozhèng；担保 dānbǎo：I'll ～ he's not there. 我保证他不在那里。Wǒ bǎozhèng tā búzài nàli.

warranty *n.* 保证书 bǎozhèngshū；保单 bǎodān：a one-year ～ for a television set 电视机保用一年的保单 diànshìjī bǎoyòng yìniánde bǎodān

warren *n.* **1.** 养兔场 yǎngtùchǎng = area for breeding rabbits **2.** 拥挤的地区 yǒngjǐde dìqū = a crowded district

warrior *n.* 武士 wǔshì；战士 zhànshì

warship *n.* 军舰 jūnjiàn；战舰 zhànjiàn

wart *n.* 疣 yóu；瘊子 hóuzi

wartime *n.* 战时 zhànshí；战争时期 zhànzhēng shíqī

wary *a.* 谨慎的 jǐnshènde；小心地 xiǎoxīnde = cautious：be ～ of strangers 提防陌生人 dīfang mòshēngrén

wash *v.* **1.** 洗 xǐ；洗涤 xǐdí：～ clothes 洗衣服 xǐ yīfu / ～ oneself 洗澡 xǐzǎo **2.** 耐洗 nàixǐ：This material ～es well. 这布料耐洗。Zhè bùliào nàixǐ. **3.** 流过 liúguò；冲击 chōngjī：The waves ～ the shore. 波浪拍打海岸。Bōlàng pāidǎ hǎi'àn. **4.** 冲走 chōngzǒu；卷走 juǎnzǒu：He was ～ed overboard by a huge wave. 他被一个巨浪从甲板上卷走。Tā bèi yíge jùlàng cóng jiǎbǎnshang juǎnzǒu. // ～ sth. away 洗去 xǐqù；洗掉 xǐdiào：～ away stains 洗掉污点 xǐdiào wūdiǎn / ～ sth. down **1.** 冲洗 chōngxǐ：～ down a car 冲洗汽车 chōngxǐ qìchē **2.** 吞下 tūnxià；咽下 yànxià：～ the dry cake down with tea 用茶水咽下这块干饼 yòng cháshuǐ yànxià zhèkuài gānbǐng / ～ out **1.** 洗去 xǐqù；洗掉 xǐdiào：Was she able to ～ the dirty mark out of her coat? 她能把衣服上的污渍洗去吗？Tā néng bǎ yīfushangde wūzì xǐqùma? **2.** 受阻 shòuzǔ；取消

qǔxiāo: The tennis match was ～ed out by rain. 网球比赛因雨取消。Wǎngqiú bǐsài yīnyǔ qǔxiāo. / ～ up 洗餐具 xǐcānjù *n.* **1.** 洗 xǐ; 冲洗 chōngxǐ; 洗澡 xǐzǎo: have a ～ 去洗个澡 qù xǐgezǎo / Give the car a ～. 把汽车好好冲洗一下。Bǎ qìchē hǎohao chōngxǐ yíxià. **2.** 洗涤物 xǐdíwù; 洗衣店 xǐyīdiàn **3.** 波动 bōdòng; 拍打 pāidǎ **4.** 洗涤剂 xǐdíjì = cleaning agent // ～ basin 脸盆 liǎnpén / ～ room 盥洗室 guànxǐshì / ～ tub 洗衣盆 xǐyīpén

washable *a.* 可洗的 kěxǐde; 耐洗的 nàixǐde

washboard *n.* 洗衣板 xǐyībǎn

washer *n.* **1.** 洗衣机 xǐyījī; 洗涤机 xǐdíjī = washing machine **2.** 垫圈 diànquān; 垫片 diànpiàn = small flat ring put under a nut

washerwoman *n.* 洗衣女工 xǐyī nǚgōng

washing *n.* **1.** 洗 xǐ; 洗涤 xǐdí **2.** 洗的衣服 xǐde yīfu: Hang the ～ out to dry. 把洗好的衣服挂在外面晾干。Bǎ xǐhǎode yīfu guàzài wàimian liànggān. // ～ machine 洗衣机 xǐyījī / ～ up 洗碗碟 xǐ wǎndié: I'll do the ～ up! 我来洗碗碟吧! Wǒ lái xǐ wǎndiéba!

wash-leather *n.* 擦拭用的软皮 cāshì yòngde ruǎnpí

washout *n.* **1.** 惨败 cǎnbài = failure: The plan was a ～ after all and cost us a lot of money. 这计划终于失败,使我们赔了很多钱。Zhè jìhuà zhōngyú shībài, shǐ wǒmen péile hěnduō qián. **2.** 被冲溃处 bèi chōngkuìchù = place where the flood washed away earth, rock, etc.

washstand *n.* 脸盆架 liǎnpénjià

wasp *n.* 黄蜂 huángfēng; 马蜂 mǎfēng

waspish *a.* **1.** 易怒的 yìnùde = irritable **2.** 刻薄的 kèbóde = sharp: a ～ speech 刻薄话 kèbó huà

wassail *v.* 痛饮 tòngyǐn; 干杯 gānbēi

wastage *n.* 消耗量 xiāohàoliàng; 损耗量 sǔnhàoliàng

waste *a.* **1.** 荒芜的 huāngwúde; 贫瘠的 pínjíde: ～ land 荒地 huāngdì **2.** 无用的 wúyòngde; 废弃的 fèiqìde: ～ paper 废纸 fèizhǐ / ～ material 废料 fèiliào **3.** 盛放(排出)废物的 chéngfàng(páichū)fèiwùde: ～ pipes 排污管 páiwūguǎn *n.* **1.** 浪费 làngfèi; 消耗 xiāohào: It's a ～ of time. 这是浪费时间。Zhèshì làngfèi shíjiān. **2.** 废弃物 fèiqìwù; 废料 fèiliào: A lot of poisonous ～ from the chemical works goes into the river. 大量有毒的废物从化工厂排入河里。Dàliàng yǒudúde fèiwù cóng huàgōngchǎng páirù héli. **3.** 荒地 huāngdì；原野 yuányě；沙漠 shāmò：turn up all the ～ 开垦所有荒地 kāikěn suǒyǒu huāngdì / the Arctic ～ 北极荒原 Běijí huāngyuán / the ～s of the Sahara 撒哈拉沙漠 Sāhālā shāmò *v.* **1.** 浪费 làngfèi；未充分利用 wèi chōngfèn lìyòng：Don't ～ electricity！不要浪费电！Búyào làngfèi diàn！**2.** 使消耗 shǐxiāohào；使消瘦 shǐ xiāoshòu：He became ill and began to ～ away. 他病了，渐渐消瘦下去。Tā bìngle，jiànjiàn xiāoshòu xiàqu. **3.** 使荒芜 shǐ huāngwú = cause to pass without being used

wastepaper basket *n.* 废纸篓 fèizhǐlǒu；字纸篓 zìzhǐlǒu

wasteful *a.* 浪费的 làngfèide；挥霍的 huīhuòde：～ habits 挥霍的习惯 huīhuòde xíguàn

waste-pipe *n.* 污水管 wūshuǐguǎn

watch *v.* **1.** 看 kàn；观看 guānkàn：Do you often ～ TV？你经常看电视吗？Nǐ jīngcháng kàn diànshìma？**2.** 等待 děngdài：She ～es for a chance to cross the road. 她等候时机穿过马路。Tā děnghòu shíjī chuānguo mǎlù. **3.** 照管 zhàoguǎn；看守 kānshǒu：I'll ～ the baby. 我来照看孩子。Wǒ lái zhàokàn háizi. **4.** 注视 zhùshì；监视 jiānshì：She ～ed the train till it disappeared. 她注视着火车直到看不见为止。Tā zhùshìzhe huǒchē zhídào kànbujiàn wéizhǐ. *n.* **1.** 表 biǎo；手表 shǒubiǎo：I forgot to wind my ～. 我忘了上表。Wǒ wàngle shàngbiǎo. **2.** 看守人 kānshǒurén；值班人 zhíbānrén **3.** 值班时间 zhíbān shíjiān：Who's on ～ now？现在是谁值班？Xiànzài shì shuí zhíbān？**4.** 关注 guānzhù；密切注意 mìqiè zhùyì：keep close ～ over the enemy 密切注意敌人的行动 mìqiè zhùyì dírénde xíngdòng // ～ out 注意 zhùyì；当心 dāngxīn / ～ over 看守 kānshǒu；守卫 shǒuwèi

watchdog *n.* **1.** 看门狗 kānméngǒu；看家狗 kānjiāgǒu **2.** 监察人 jiānchárén * person

watcher *n.* **1.** 看守员 kānshǒuyuán **2.** 守夜者 shǒuyèzhě

watchful *a.* 注意的 zhùyìde；警惕的 jǐngtìde；戒备的 jièbèide：be ～ of one's step 提防走路摔跤 dīfang zǒulù shuāijiāo

watchmaker *n.* 钟表工人 zhōngbiǎo gōngrén；钟表匠 zhōngbiǎojiàng

watchman *n.* 警卫员 jǐngwèiyuán；守夜人 shǒuyèrén：Call the night ～ if there is any trouble tonight. 如果今晚发生什么麻烦，就打电话找夜班警卫。Rúguǒ jīnwǎn fāshēng shénme máfan，jiù dǎ diànhuà zhǎo yèbān jǐngwèi.

watchtower *n.* 了望塔 liàowàngtǎ

watchword *n.* 口令 kǒulìng；口号 kǒuhào

water *n.* **1.** 水 shuǐ：boiling ～ 开水 kāishuǐ / hot ～ 热水 rèshuǐ // by ～ 乘船 chéngchuán；由水路 yóu shuǐlù：The goods came by ～，not by air. 货物是由水路运来的，不是空运来的。Huòwù shì yóu shuǐlù yùnláide，búshì kōngyùn láide. / under ～ 淹在水中的 yānzài shuǐzhōngde：After all the rain，most of the town was under ～. 大雨之后，镇里大多数地方都被水淹了。Dàyǔ zhīhòu，zhènli dàduōshù dìfang dōubèi shuǐyānle. / above ～ 脱离困境 tuōlí kùnjìng / into hot ～ 陷于困境 xiànyú kùnjìng / hold ～ 站得住脚 zhàndezhù jiǎo / throw cold ～ on 对…泼冷水 duì… pō lěngshuǐ **2.** 潮 cháo；水位 shuǐwèi：at high ～ 在高潮 zài gāocháo **3.** 领海 lǐnghǎi：enemy ～s 敌人控制的海域 dírén kòngzhìde hǎiyù *v.* **1.** 浇水 jiāoshuǐ；洒水 sǎshuǐ；灌溉 guàngài：～ the garden 给园子浇水 gěi yuánzi jiāoshuǐ **2.** 供水 gōngshuǐ；加水 jiāshuǐ；使饮水 shǐ yǐnshuǐ：～ the horses 饮马 yìnmǎ **3.** 流眼泪 liú yǎnlèi；淌口水 tǎng kǒushuǐ：The smoke made my eyes ～. 烟熏得我流泪。Yān xūnde wǒ liúlèi. / My mouth ～s. 我直流口水。Wǒ zhí liú kǒushuǐ. // ～ down **1.** 搀水 chānshuǐ；冲淡 chōngdàn：This beer has been ～ed down！这啤酒搀过水！Zhè píjiǔ chānguo shuǐ！**2.** 减弱 jiǎnruò：a ～ed down statement 软弱无力的声明 ruǎnruò wúlìde shēngmíng

waterbird *n.* 水鸟 shuǐniǎo

waterchute *n.* 滑水槽 huáshuǐcáo

waterclock *n.* 滴漏 dīlòu；水钟 shuǐzhōng

watercloset *n.* 厕所 cèsuǒ

water(-)colo(u)r *n.* 水彩颜料 shuǐcǎi yánliào；水彩画 shuǐcǎihuà：She mostly paints in ～s. 她大多用水彩作画。Tā dàduō yòng shuǐcǎi zuòhuà.

watercourse *n.* 水道 shuǐdào

watercress *n.* 水田芥 shuǐtiánjiè ＊ plant grown in water

waterfall *n.* 瀑布 pùbù

waterfowl *n.* 水鸟 shuǐniǎo

waterfront *n.* 海滨 hǎibīn；江边 jiāngbiān；滨水区 bīnshuǐqū：to walk along the ～ 沿着海滨散步 yánzhe hǎibīn sànbù

waterhole *n.* 水坑 shuǐkēng；水眼 shuǐyǎn

watering *n.* 洒水 sǎshuǐ

watering can *n.* 洒水壶 sǎshuǐhú；喷壶 pēnhú

watering-place *n.* **1.** 饮水池 yǐnshuǐchí **2.** 海滨浴场 hǎibīn yùchǎng = seaside resort

waterlily *n.* 睡莲 shuìlián

waterline *n.* 水线 shuǐxiàn

waterlogged *a.* 浸满水的 jìnmǎnshuǐde；浸透水的 jìntòushuǐde：The boat became so ～ that it sank. 船里浸满了水，沉没了。Chuánli jìnmǎnle shuǐ，chénmòle.

watermain *n.* 总水管 zǒngshuǐguǎn

waterman *n.* 水手 shuǐshǒu；船工 chuángōng

watermelon *n.* 西瓜 xīguā

watermill *n.* 水车 shuǐchē；水力磨坊 shuǐlì mòfáng

waterpipe *n.* 水管 shuǐguǎn

waterplane *n.* 水上飞机 shuǐshang fēijī

waterpower *n.* 水力 shuǐlì：～ plant 水力发电厂 shuǐlì fādiànchǎng

waterpolo *n.* 水球 shuǐqiú

waterproof *a.* & *n.* **1.** 防水的 fángshuǐde；耐水的 nàishuǐde：～ material 防水材料 fángshuǐ cáiliào **2.** 防水服 fángshuǐfú；雨衣 yǔyī = raincoat

waters *n.* 海域 hǎiyù；领海 lǐnghǎi；大片的水 dàpiànde shuǐ = a body of water，as an ocean，a river（江水 jiāngshuǐ；河水 héshuǐ），a lake（湖水 húshuǐ），etc.

watershed *n.* **1.** 分水岭 fēnshuǐlǐng；分水线 fēnshuǐxiàn **2.** 分界线 fēnjièxiàn

waterside *n.* 水边 shuǐbiān

waterskiing *n.* 滑水运动 huáshuǐ yùndòng

watertight *a.* **1.** 不漏水的 bú lòushuǐde = not leaking：a ～ box 不漏水的箱子 bú lòushuǐde xiāngzi **2.** 严密的 yánmìde；无懈可击的 wúxiè-kějīde：a ～ argument 无懈可击的论据 wúxiè-kějīde lùnjù / a ～ plan 周密的计划 zhōumìde jìhuà

waterway *n.* 水路 shuǐlù；航道 hángdào

water-wheel *n.* 水轮 shuǐlún

waterworks *n.* 供水系统 gōngshuǐ xìtǒng；自来水厂 zìláishuǐchǎng：He has a job at the ～. 他在自来水厂工作。Tā zài zìláishuǐchǎng gōngzuò.

watery *a.* **1.** 水的 shuǐde；象水的 xiàngshuǐde：～ soup 稀薄的汤 xībóde tāng **2.** 淡的 dànde = pale：paint the wall ～ yellow 把墙刷成淡黄色 bǎ qiáng shuāchéng dànhuángsè

watt *n.* 瓦特 wǎtè；瓦 wǎ

wattle *n.* 枝条 zhītiáo；篱笆条 líbatiáo：～ and daub 泥笆墙 níbaqiáng

wattmeter *n.* 瓦特计 wǎtèjì

wave *v.* **1.** 波动 bōdòng；飘扬 piāoyáng：branches waving in the wind 迎风摆动的树枝 yíngfēng bǎidòngde shùzhī **2.** 挥手 huīshǒu；招手 zhāoshǒu：I ～d to him. 我向他招手。Wǒ xiàng tā zhāoshǒu. **3.** 成波浪形 chéng bōlàngxíng：She's had her hair permanently ～d. 她烫了头发。Tā tàngle tóufa. // ～ sth. aside 对…置之不理 duì…zhìzhī-bùlǐ；不屑一顾 búxiè-yígù：He ～s aside my offer of help. 他对我给予的帮助置之不理。Tā duì wǒ jǐyǔde bāngzhù zhìzhī-bùlǐ. *n.* **1.** 挥动 huīdòng；挥手 huīshǒu：with a ～ of his hand 他挥动一下手 tā huīdòng yíxià shǒu **2.** 波浪 bōlàng；波涛 bōtāo：In bad weather, the ～s are very large. 天气不好时，海浪很大。Tiānqì bùhǎoshí, hǎilàng hěndà. **3.** 波浪形 bōlàngxíng；鬈曲 quánqū：natural ～ in her hair 她头发的自然波纹 tā tóufade zìrán bōwén **4.** 高涨 gāozhǎng；高潮 gāocháo：a ～ of emotion 情绪的高涨 qíngxùde gāozhǎng **5.** 光波 guāngbō；声波 shēngbō：radio ～s 无线电波 wúxiàn diànbō / long (short) ～ 长(短)波 cháng (duǎn) bō **6.** 波状物 bōzhuàngwù = sth. like ～；起伏 qǐfú：golden ～ of the grainfield 金黄色的麦浪 jīnhuángsède màilàng

waveband *n.* 波段 bōduàn

waveguide *n.* 波导 bōdǎo；波导管 bōdǎoguǎn

wavelength *n.* 波长 bōcháng

waver *v.* **1.** 摇摆 yáobǎi；摇晃 yáohuàng：～ing flames 摇晃的火焰 yáohuàngde huǒyàn **2.** 动摇 dòngyáo：His courage ～s. 他的勇气动摇了。Tāde yǒngqì dòngyáole. **3.** 犹豫不决 yóuyù-bùjué；踌躇 chóuchú = hesitate：He ～s between two opinions. 他在两种意见之间犹豫不决。Tā zài liǎngzhǒng yìjian zhījiān yóuyù-bùjué.

wavy *a.* 波状的 bōzhuàngde；有波纹的 yǒu bōwénde：a ～ line 波纹线 bōwénxiàn / ～ hair 鬈发 quánfà

wax[1] *n.* 蜡 là：a ～ candle 一支蜡烛 yìzhī làzhú *v.* 给…打蜡 gěi…dǎlà：to ～ the floor 给地板打蜡 gěi dìbǎn dǎlà
wax[2] *v.* 盈 yíng；渐圆 jiànyuán * of the moon
waxen *a.* 蜡制的 làzhìde；蜡似的 làshìde：a ～ complexion 蜡黄的面色 làhuángde miànsè
waxwork *n.* **1.** 蜡像 làxiàng；蜡制品 làzhìpǐn = figure made of wax **2.** 蜡像陈列馆 làxiàng chénlièguǎn = a ～ museum
way[1] *n.* **1.** 路 lù；道路 dàolù；路线 lùxiàn：ask the ～ 问路 wènlù / Please show me the ～ to the shops. 请给我指一下去商店的路。Qǐng gěi wǒ zhǐ yíxià qù shāngdiànde lù. **2.** 方向 fāngxiàng：Come this ～. 朝这边走。Cháo zhèbiān zǒu. / He went the other ～. 他向另一边走去。Tā xiàng lìng yìbiān zǒuqù. **3.** 距离 jùlí；路程 lùchéng：It is a long ～ to the town. 这里离城很远。Zhèlǐ lí chéng hěnyuǎn. / Christmas is still a long ～ off. 离圣诞节还有很长时间。Lí Shèngdànjié háiyǒu hěncháng shíjiān. **4.** 方法 fāngfǎ；方式 fāngshì：What is the best ～ to do it？做这件事的最好方法是什么？Zuò zhèjiànshìde zuìhǎo fāngfǎ shì shénme？**5.** 习惯 xíguàn；作风 zuòfēng：Chinese ～ of life 中国人的生活方式 Zhōngguórénde shēnghuó fāngshì **6.** 方面 fāngmiàn：In some ～s you are right. 在某些方面你是对的。Zài mǒuxiē fāngmiàn nǐshì duìde. **7.** 情形 qíngxíng；状况 zhuàngkuàng；程度 chéngdù：She's in a bad ～. 她的景况不佳。Tāde jǐngkuàng bùjiā // all the ～ **1.** 一路上 yílùshang：We walked all the ～ to the station. 我们一路走到火车站。Wǒmen yílù zǒudào huǒchēzhàn. **2.** 老远 lǎoyuǎn：He came all the ～ from Canada. 他老远地从加拿大来。Tā lǎoyuǎnde cóng Jiānádà lái. / by the ～ 顺便说 shùnbiànshuō：By the ～ I have something to tell you. 我顺便有些事情告诉你。Wǒ shùnbiàn yǒuxiē shìqing gàosu nǐ. / by ～ of 经过 jīngguò；经由 jīngyóu：He comes by ～ of Hong Kong. 他经香港而来。Tā jīng Xiānggǎng ér lái. / have one's own ～ 任意 rènyì；随心所欲 suíxīn-suǒyù / have it both ～s 见风使舵 jiànfēng-shǐduò / give ～ 退让 tuìràng；让步 ràngbù：We refused to give ～. 我们拒绝让步。Wǒmen jùjué ràngbù. / in a ～ 某种意义上 mǒuzhǒng yìyìshang：In a ～ he is right. 在某点上他是正确的。Zài mǒudiǎnshang tā shì zhèngquède. / make ～ 让路 rànglù；前进 qiánjìn：The car broke down and I had to

make my ～ on foot. 汽车抛锚了，我只得步行前进。Qìchē pāomáole, wǒ zhǐdé bùxíng qiánjìn. / mend one's ～ 改过 gǎiguò / on the ～ 在路上 zài lùshang: I met her on my ～ to school. 我在上学的路上遇到她。Wǒ zài shàngxuéde lùshang yùdào tā. / out of the ～ 靠边 kàobiān; 不挡道 bù dǎngdào: Get out of the ～! 滚开，别妨碍我！Gǔnkāi, bié fáng'ài wǒ! / under ～ 前进着 qiánjìnzhe; 在进行中 zài jìnxíngzhōng: Work on the new bridge is now under ～. 建造新桥的工作正在进行中。Jiànzào xīnqiáode gōngzuò zhèngzài jìnxíngzhōng.

way[2] *ad.* 远远地 yuǎnyuǎnde: We're ～ behind with our work. 我们已远远落后于工作进度。Wǒmen yǐ yuǎnyuǎn luòhòuyú gōngzuò jìndù.

waybill *n.* 乘客单 chéngkèdān; 运货单 yùnhuòdān

wayfarer *n.* 徒步旅行家 túbù lǚxíngjiā

waylay *v.* 拦路 lánlù; 阻挡 zǔdǎng: She waylaid me and asked where I had been the week before. 她拦住我，问我上个星期去哪儿了。Tā lánzhù wǒ, wèn wǒ shàngge xīngqī qù nǎrle.

wayside *n.* 路边 lùbiān; 道旁 dàopáng: They stopped by the ～ to rest. 他们停在路边休息。Tāmen tíngzài lùbiān xiūxi.

wayward *a.* 任性的 rènxìngde; 倔强的 juéjiàngde: a ～ child 任性的孩子 rènxìngde háizi

WCC = World Council of Churches 世界基督教协进会 Shìjiè Jīdūjiào Xiéjìnhuì

WCP = World Council of Peace 世界和平理事会 Shìjiè Hépíng Lǐshìhuì

we *pron.* 我们 wǒmen

weak *a.* **1.** 弱的 ruòde; 虚弱 xūruò: ～ eyes 弱视 ruòshì / a ～ heart 衰弱的心脏 shuāiruòde xīnzàng / I still feel a bit ～ after my illness. 我病愈后，仍感到有些虚弱。Wǒ bìngyùhòu, réng gǎndào yǒuxiē xūruò. **2.** 脆弱 cuìruò; 软弱 ruǎnruò: too ～ to defend his rights 软弱得连自己的权利都不能保护 ruǎnruòde lián zìjǐde quánlì dōu bùnéng bǎohù **3.** 稀薄的 xībóde; 淡的 dànde: ～ tea 淡茶 dànchá / ～ soup 稀汤 xītāng // ～-kneed *a.* 胆怯的 dǎnqiède; 懦弱的 nuòruòde

weaken *v.* 变弱 biànruò; 削弱 xuēruò: The illness ～s her heart. 病使她的心脏衰弱了。Bìng shǐ tāde xīnzàng shuāiruòle. / a country ～ed by war 被战争削弱的国家 bèi zhànzhēng xuēruòde guójiā

weakling *n.* 虚弱的人 xūruòde rén; 弱者 ruòzhě

weakly *ad*. 虚弱地 xūruòde；脆弱地 cuìruòde

weakness *n*. **1**. 衰弱 shuāiruò；虚弱 xūruò **2**. 缺点 quēdiǎn；弱点 ruòdiǎn = defect：We all have our little ～. 我们都有些小缺点。Wǒmen dōu yǒuxiē xiǎo quēdiǎn. **3**. 嗜好 shìhào；爱好 àihào = special fondness：a ～ for ice-cream 特别爱吃冰淇淋 tèbié àichī bīngqílín

weal¹ *n*. 鞭痕 biānhén；伤痕 shānghén

weal² *n*. 幸福 xìngfú；福利 fúlì：for the public ～ 为了社会福利 wèile shèhuì fúlì / ～ and woe 祸福 huòfú

wealth *n*. **1**. 财富 cáifù；财产 cáichǎn：a man of ～ 富翁 fùwēng；财主 cáizhǔ **2**. 丰富 fēngfù；大量 dàliàng：a ～ of examples 大量事实 dàliàng shìshí / a dictionary with a ～ of examples 一本有大量例句的词典 yìběn yǒu dàliàng lìjùde cídiǎn

wealthy *a*. 富裕的 fùyùde；富有的 fùyǒude

wean *v*. **1**. 使断奶 shǐ duànnǎi：～ a baby from its mother 给婴儿断奶 gěi yīng'ér duànnǎi **2**. 使断绝 shǐ duànjué：～ oneself from smoking 戒烟 jièyān

weapon *n*. 武器 wǔqì；兵器 bīngqì：nuclear ～ 核武器 héwǔqì

wear¹ *v*. **1**. 穿 chuān；戴 dài：He's ～ing a new coat. 他穿着一件新衣服。Tā chuānzhe yíjiàn xīn yīfu. / He was ～ing a ring. 他戴了一只戒指。Tā dàile yìzhī jièzhi. / ～ glasses 戴眼镜 dài yǎnjìng **2**. 显出 xiǎnchū；带着 dàizhe：～ a sad look 面带愁容 miàndài chóuróng / ～ a smile 带着微笑 dàizhe wēixiào **3**. 磨损 mósǔn；用旧 yòngjiù：Children's trousers ～ out easily. 孩子的裤子很快就穿破了。Háizide kùzi hěnkuài jiù chuānpòle. **4**. 磨出 móchū：The river ～s the rocks smooth. 河水把石头磨得很光滑。Héshuǐ bǎ shítou móde hěnguānghuá. **5**. 耐用 nàiyòng；耐久 nàijiǔ：This cloth ～s well. 这布很禁穿。Zhèbù hěn jīnchuān. // ～ away 磨损 mósǔn；磨灭 mómiè：The waterfall is ～ing away the rocks. 瀑布不断地冲蚀着岩石。Pùbù búduànde chōngshízhe yánshí. / ～ down 损耗 sǔnhào；磨损 mósǔn：These shoes are ～ing down. 这双鞋快穿破了。Zhèshuāng xié kuài chuānpòle. / ～ off 消失 xiāoshī；消逝 xiāoshì：The pain is ～ing off. 疼痛在逐渐消失。Téngtòng zài zhújiàn xiāoshī. / ～ on 时间消逝 shíjiān xiāoshì：Evening ～s on. 黄昏过去了。Huánghūn guòqule. / ～ out **1**. 用坏 yònghuài；耗损 hàosǔn：～ out old shoes 穿坏旧鞋 chuānhuài jiùxié **2**. 耗尽 hàojìn；筋

疲力尽 jīnpí-lìjìn：I'm worn out. 我累坏了。Wǒ lèihuàile.

wear² *n*. **1**. 穿 chuān：clothes for everyday ～ 日常穿的衣服 rìcháng chuānde yīfu **2**. 服装 fúzhuāng：men's ～ 男装 nánzhuāng / under～ 内衣 nèiyī **3**. 磨损 mósǔn；损耗 sǔnhào：This carpet has had a lot of ～. 这张地毯磨损得很厉害。Zhèzhāng dìtǎn mósǔnde hěn lìhai. **4**. 耐用 nàiyòng；耐磨 nàimó：There's still some ～ in these tyres. 这些轮胎还能用些时候。Zhèxiē lúntāi háinéng yòngxiē shíhou.

wearer *n*. 佩带者 pèidàizhě；穿戴者 chuāndàizhě

wearily *ad*. **1**. 疲倦地 píjuànde **2**. 厌倦地 yànjuànde = causing tiredness // weariness *n*.

wearing *a*. 使人疲乏的 shǐrén pífáde；令人厌烦的 lìngrén yànfánde：It's a very ～ job. 这是个很累人的工作。Zhè shìge hěn lèirénde gōngzuò.

wearisome *a*. 令人疲劳的 lìngrén píláode；使人厌倦的 shǐrén yànjuànde：a ～ book 一本无聊的书 yìběn wúliáode shū / a ～ day 令人烦闷的一天 lìngrén fánmènde yìtiān

weary *a*. **1**. 疲倦的 píjuànde；疲乏的 pífáde = tired **2**. 不耐烦的 bú nàifánde：～ of waiting 等得不耐烦 děngde bú nàifán　*v*. 使疲乏 shǐ pífá；使厌烦 shǐ yànfán：He wearied of his job on the farm. 他对农场的工作感到厌烦了。Tā duì nóngchǎngde gōngzuò gǎndào yànfánle.

weasel *n*. 黄鼠狼 huángshǔláng；黄鼬 huángyòu

weather¹ *n*. 天气 tiānqì；气候 qìhòu：fair ～ 晴天 qíngtiān / What will the ～ be like tomorrow? 明天天气怎么样? Míngtiān tiānqì zěnmeyàng? // under the ～ 不舒服 bùshūfu / make heavy ～ of 发现麻烦 fāxiàn máfan

weather² *v*. **1**. 平安度过 píng'ān dùguò：Our ship ～ed a storm. 我们的船经受住了风浪。Wǒmende chuán jīngshòuzhùle fēnglàng. **2**. 风化 fēnghuà；受侵蚀 shòu qīnshí：Rocks ～ until they are worn away. 岩石经风吹雨打，直到完全风化。Yánshí jīng fēngchuī-yǔdǎ，zhídào wánquán fēnghuà.

weather-beaten *a*. 饱经风霜的 bǎojīng-fēngshuāngde：a ～ face 饱经风霜的脸 bǎojīng-fēngshuāngde liǎn

weathercock *n*. 风标 fēngbiāo

weatherglass *n*. 晴雨表 qíngyǔbiǎo

weather forecast *n*. 天气预报 tiānqì yùbào

weatherproof *a.* 经得起风雨的 jīngdeqǐ fēngyǔde

weather station *n.* 气象站 qìxiàngzhàn

weatherman *n.* 气象员 qìxiàngyuán

weave *v.* **1.** 织 zhī；纺织 fǎngzhī：Do you know how to ～？你知道怎样织布吗？Nǐ zhīdao zěnyàng zhībùma？/ ～ cloth out of thread 用纱织布 yòng shā zhībù **2.** 编制 biānzhì：to ～ a mat 编席 biānxí / ～ flowers into a wreath 用鲜花编成一个花圈 yòng xiānhuā biānchéng yíge huāquān **3.** 编排 biānpái：～ a story 编故事 biān gùshi **4.** 迂回行进 yūhuí xíngjìn：～ through the traffic 在行人和车辆中迂回穿行 zài xíngrén hé chēliàngzhōng yūhuí chuānxíng *n.* 编织的式样 biānzhīde shìyàng：a loose (fine) ～ 松(精)织法 sōng(jīng)zhīfǎ

weaver *n.* 纺织工人 fǎngzhī gōngrén；编织者 biānzhīzhě

web *n.* **1.** 网 wǎng：a spider's ～ 蜘蛛网 zhīzhūwǎng **2.** 网状物 wǎngzhuàngwù：a ～ of railways 铁路网 tiělùwǎng **3.** 一套 yítào；一堆 yìduī：a ～ of lies 一套谎话 yítào huǎnghuà **4.** 蹼 pǔ ＊ of the feet of waterfowl

webbed *a.* 有蹼的 yǒupǔde：～-feet 蹼足 pǔzú

web-footed *a.* 蹼足的 pǔzúde；有蹼的 yǒupǔde：Ducks are ～. 鸭是掌上有蹼的。Yā shì zhǎngshang yǒupǔde.

wed *v.* **1.** 嫁 jià；娶 qǔ；结婚 jiéhūn：They were ～ded in the spring. 他俩在春天结婚了。Tāliǎ zài chūntiān jiéhūnle. **2.** 结合 jiéhé：simplicity ～ded to beauty 既朴素又美丽 jì pǔsù yòu měilì

wedded *a.* **1.** 结婚的 jiéhūnde ＝ married **2.** 专心致志的 zhuānxīn-zhìzhìde；坚持的 jiānchíde ＝ devoted to：be ～ to one's work 专心致志的工作 zhuānxīn-zhìzhìde gōngzuò / be ～ to a view 坚持某种看法 jiānchí mǒuzhǒng kànfǎ

wedding *n.* **1.** 婚礼 hūnlǐ **2.** 结婚纪念 jiéhūn jìniàn ＝ anniversary of a marriage：golden ～ 金婚纪念 jīnhūn jìniàn

wedding ring *n.* 结婚戒指 jiéhūn jièzhi

wedge *n.* **1.** 楔子 xiēzi **2.** 楔形物 xiēxíngwù：shoes with ～ heels 楔形后跟的鞋 xiēxíng hòugēnde xié // thin end of the ～ 可能产生严重后果的小事 kěnéng chǎnshēng yánzhòng hòuguǒde xiǎoshì *v.* 把…楔住 bǎ…xiēzhù；挤进 jǐjìn：～ a door open 放一楔子在门的下面，使门敞开 fàng yī xiēzi zài ménde xiàmian，shǐ mén chǎngkāi / ～ oneself into a crowd

挤在人群中间 jǐzài rénqún zhōngjiān

wedlock *n.* 婚姻 hūnyīn；结婚状态 jiéhūn zhuàngtài：born out of ～ 私生的 sīshēngde

Wednesday *n.* 星期三 Xīngqīsān

wee *a.* 极小的 jíxiǎode；一点点儿 yìdiǎndiǎnr：a ～ child 小不点儿 xiǎobudiǎnr

weed *n.* **1.** 杂草 zácǎo；野草 yěcǎo：The garden's full of ～s. 园子里长满杂草。Yuánzili zhǎngmǎn zácǎo. **2.** 瘦高个子 shòugāo gèzi；瘦削的人 shòuxuēde rén *v.* **1.** 除草 chúcǎo：～ a garden 在花园里除草 zài huāyuánli chúcǎo **2.** 除去 chúqù；剔出 tīchū：He ～ed out the books he no longer needed. 他把不需要的书清理出去了。Tā bǎ bù xūyàode shū qīnglǐ chūqùle.

weeds *n.* 丧服 sāngfú

weedy *a.* **1.** 杂草丛生的 zácǎo cóngshēngde = full of weeds **2.** 体弱的 tǐruòde；瘦削的 shòuxuēde：a ～ young man 瘦弱的年轻人 shòuruòde niánqīngrén

week *n.* **1.** 星期 xīngqī；周 zhōu：What day of the ～ is today? 今天星期几？Jīntiān xīngqī jǐ? / come next ～ 下星期来 xiàxīngqī lái **2.** 一周 yìzhōu；一星期 yìxīngqī：a film ～ 电影周 diànyǐngzhōu / a two ～s' holiday 两个星期的假 liǎngge xīngqīde jià **3.** 工作周 gōngzuòzhōu：The five-day ～ is usual in most firms. 大多数公司实行五天工作周。Dàduōshù gōngsī shíxíng wǔtiān gōngzuòzhōu. // ～ in, ～ out 接连几个星期 jiēlián jǐge xīngqī

weekday *n.* 平日 píngrì；工作日 gōngzuòrì

weekend *n.* 周末 zhōumò；周末休假 zhōumò xiūjià *v.* 度周末 dù zhōumò：I'm ～ing in Hainan. 我正在海南度周末。Wǒ zhèngzài Hǎinán dù zhōumò.

weekly *a.* & *ad.* 每周一次的 měizhōu yícìde；每周的 měizhōude：a ～ visit 每周一次的访问 měizhōu yícìde fǎngwèn *n.* 周刊 zhōukān；周报 zhōubào = magazine or newspaper published once a week

weep *v.* **1.** 哭泣 kūqì；流泪 liúlèi：They ～ over their failure. 他们为失败而流下泪来。Tāmen wèi shībài ér liúxiàlèilái. **2.** 悲叹 bēitàn；叹息 tànxī = lament：～ for misfortune 为不幸而悲叹 wèi búxìng ér bēitàn

weeping *n.* **1.** 哭泣 kūqì **2.** 垂下 chuíxià：～ willow 垂柳 chuíliǔ

weepy *a.* 要哭的 yàokūde；眼泪汪汪的 yǎnlèi-wāngwāngde：feeling ～ 想哭 xiǎngkū

weft *n.* 纬纱 wěishā

weigh *v.* **1.** 称 chēng；量 liáng：to ～ oneself 称体重 chēng tǐzhòng / The box ～s 7 pounds. 这个盒子重七磅。Zhège hézi zhòng qībàng. **2.** 考虑 kǎolǜ；权衡 quánhéng：～ one's words 字斟句酌 zìzhēn-jùzhuó // ～ anchor 起锚 qǐmáo；起航 qǐháng / ～ down 压下去 yāxiàqù：The fruit ～ed the branches down. 果实压弯了树枝。Guǒshí yāwānle shùzhī. / ～ on 使担忧 shǐ dānyōu；使焦虑 shǐ jiāolǜ / ～ out 称出 chēngchū；量出 liángchū / ～ up 理解 lǐjiě；估量 gūliáng：I can't ～ him up. 我估量不出他的为人。Wǒ gūliáng bùchū tāde wéirén.

weigher *n.* 司磅员 sībàngyuán

weight *n.* **1.** 重 zhòng；重量 zhòngliàng：What's your ～？你体重是多少？Nǐ tǐzhòng shì duōshao? / She's put on (lost) ～. 她体重增加(减少)。Tā tǐzhòng zēngjiā (jiǎnshǎo). **2.** 砝码 fǎmǎ；秤砣 chèngtuó：a one-kilo ～ 一公斤的秤砣 yìgōngjīnde chèngtuó **3.** 重物 zhòngwù；重压 zhòngyā：a paper ～ 镇纸 zhènzhǐ / a ～ on the mind 精神负担 jīngshén fùdān **4.** 重要性 zhòngyàoxìng；影响力 yǐngxiǎnglì：a man of ～ 重要人物 zhòngyào rénwù / opinions that carry ～ 有重大影响的意见 yǒu zhòngdà yǐngxiǎngde yìjian *v.* 加重量于 jiā zhòngliàng yú：～ a pendulum in a clock 在钟里加一个摆 zài zhōngli jiā yíge bǎi

weighting allowance *n.* 地区生活补贴 dìqū shēnghuó bǔtiē：They got a London ～ of £600 a year. 他们每年有六百镑的伦敦地区生活补贴。Tāmen měinián yǒu liùbǎi bàngde Lúndūn dìqū shēnghuó bǔtiē.

weightless *a.* 失重的 shīzhòngde；不重的 búzhòngde

weight-lifting *n.* 举重 jǔzhòng

weighty *a.* **1.** 重的 zhòngde ＝ heavy **2.** 重大的 zhòngdàde；重要的 zhòngyàode ＝ important：a ～ problem 重大的问题 zhòngdàde wèntí

weir *n.* 堰 yàn；低坝 dībà

weird *a.* 怪诞的 guàidànde；离奇的 líqíde；不可思议的 bùkě-sīyìde ＝ strange：He has some ～ ideas. 他有些古怪的念头。Tā yǒuxiē gǔguàide niàntou.

welcome *a.* **1.** 受欢迎的 shòu huānyíngde：a ～ visitor 受欢迎的来宾 shòu huānyíngde láibīn / a ～ change 可喜的变化 kěxǐde biànhuà **2.** 被允许

的 bèi yǔnxǔde；可随意取用的 kě suíyì qǔyòngde：You are ～ to borrow my bicycle. 欢迎你借用我的自行车。Huānyíng nǐ jièyòng wǒde zìxíngchē. **3.** 欢迎 huānyíng：W- to Beijing！欢迎到北京来！Huānyíng dào Běijīng lái！ *n.* 欢迎 huānyíng；接待 jiēdài：They gave us a warm ～. 他们给予我们热烈的欢迎。Tāmen jǐyǔ wǒmen rèliède huānyíng. *v.* 欢迎 huānyíng；迎接 yíngjiē：～ a suggestion 欢迎一项建议 huānyíng yíxiàng jiànyì / They ～d him with flowers. 他们用鲜花迎接他。Tāmen yòng xiānhuā yíngjiē tā.

weld *v.* 焊接 hànjiē；熔接 róngjiē *n.* 焊接 hànjiē

welder *n.* 焊工 hàngōng

welding *n.* 焊接 hànjiē

weldment *n.* 焊件 hànjiàn

welfare *n.* 幸福 xìngfú；福利 fúlì：public ～ 社会福利 shèhuì fúlì // the ～ state 福利国家 fúlì guójiā；福利制度 fúlì zhìdù

well[1] *n.* **1.** 井 jǐng：～ water 井水 jǐngshuǐ **2.** 楼梯井 lóutījǐng；电梯井 diàntījǐng：the stair ～ 楼梯井 lóutījǐng *v.* 流出 liúchū；涌出 yǒngchū：Tears ～ed up in her eyes. 她的眼泪夺眶而出。Tāde yǎnlèi duókuàng ér chū.

well[2] *ad.* **1.** 好 hǎo；令人满意地 lìngrén mǎnyìde：He speaks English very ～. 他说英文说得很好。Tā shuō Yīngwén shuōde hěnhǎo. / She paints very ～. 她画得十分出色。Tā huàde shífēn chūsè. **2.** 充分地 chōngfènde；完全地 wánquánde：Wash it ～ before you dry it. 先彻底洗一洗，然后晾干。Xiān chèdǐ xǐyixǐ，ránhòu liànggān. **3.** 很 hěn；极 jí：He arrived ～ within the time. 他到得很早。Tā dàode hěnzǎo. **4.** 恰当地 qiàdàngde；有理由地 yǒu lǐyóude：You did ～ to tell him. 你告诉了他，做得对。Nǐ gàosule tā，zuòdeduì. // as ～ 又 yòu；也 yě：I'm going to Shanghai，and he is going as ～. 我要去上海，他也要去。Wǒ yàoqù Shànghǎi，tā yěyào qù. / as ～ as 除…之外 chú…zhīwài；和 hé：I'm learning Chinese as ～ as French. 我除了学汉语以外，还学法语。Wǒ chúle xué Hànyǔ yǐwài，hái xué Fǎyǔ. / just as ～ 不要紧 búyàojǐn；没关系 méiguānxì / pretty ～ 几乎 jīhū；差不多 chàbuduō：The work is pretty ～ finished. 这工作差不多已做完了。Zhè gōngzuò chàbuduō yǐ zuòwánle. / ～ and truly 完全地 wánquánde；确实地

quèshíde / W- done! 做得好！Zuòde hǎo! / ～ up in 对…有详细了解 duì…yǒu xiángxì liǎojiě: ～ up in the latest fashions 熟知最新流行时装 shúzhī zuìxīn liúxíng shízhuāng *int*. 好了 hǎole; 好吧 hǎoba: W-, here we are at last! 好了，我们终于到了。Hǎole, wǒmen zhōngyú dàole. *a*. **1**. 健康的 jiànkāngde: feel ～ 感到健康 gǎndào jiànkāng / You look ～. 你脸色很好。Nǐ liǎnsè hěnhǎo. **2**. 满意的 mǎnyìde; 良好的 liánghǎode: All is ～ with him. 他事事顺利。Tā shìshì shùnlì. **3**. 恰当的 qiàdàngde; 适宜的 shìyíde: It would be ～ to start early. 早一点动身为好。Zǎo yìdiǎn dòngshēn wéihǎo.

well-advised *a*. 明智的 míngzhìde; 谨慎的 jǐnshènde: You would be ～ to see the doctor about that pain. 你还是去找医生看看你的病为好。Nǐ háishì qù zhǎo yīshēng kànkan nǐde bìng wéihǎo.

well-being *n*. 健康 jiànkāng; 幸福 xìngfú; 福利 fúlì: the ～ of the nation 国家的繁荣 guójiāde fánróng

well-bred *a*. 有教养的 yǒu jiàoyǎngde; 有礼貌的 yǒu lǐmàode: a ～ voice 彬彬有礼的声音 bīnbīn-yǒulǐde shēngyīn

well-done *a*. **1**. 干得好的 gànde hǎode **2**. 煮得熟透的 zhǔde shútòude * of food

well-earned *a*. 应得到的 yīng dédàode; 正当的 zhèngdàngde: a ～ rest 应得的休息 yīngdéde xiūxi

well-groomed *a*. 穿得考究的 chuānde gǎojiude: a ～ young person 衣冠楚楚的年轻人 yīguān-chǔchǔde niánqīngrén

well-grounded *a*. 有根据的 yǒu gēnjùde

well-heeled *a*. 有钱的 yǒuqiánde

well-informed *a*. 见多识广的 jiànduō-shíguǎngde; 消息灵通的 xiāoxi-língtōngde

well-intentioned *a*. 善意的 shànyìde; 好心的 hǎoxīnde

well-knit *a*. 结实的 jiēshide: a ～ athlete 强壮的运动员 qiángzhuàngde yùndòngyuán

well-known *a*. 出名的 chūmíngde: a ～ restaurant 有名的饭店 yǒumíngde fàndiàn / a ～ fact 众所周知的事实 zhòngsuǒ-zhōuzhīde shìshí

well-meaning *a*. 好心的 hǎoxīnde; 善意的 shànyìde

wellnigh *ad*. 几乎 jīhū: ～ impossible 几乎不可能 jīhū bùkěnéng

well-off *a*. 富裕的 fùyùde; 富有的 fùyǒude

well-read *a.* 博览群书的 bólǎn-qúnshūde；博学的 bóxuéde
well-spoken *a.* 善于辞令的 shànyú cílìngde；说话得体的 shuōhuà détǐde
well-thought-of *a.* 受人爱戴的 shòurén àidàide
well-timed *a.* 正合时宜的 zhènghé shíyíde；准时的 zhǔnshíde
well-to-do *a.* 富有的 fùyǒude；小康的 xiǎokāngde
well-tried *a.* 经反复试验证明的 jīng fǎnfù shìyàn zhèngmíngde：～ methods 经验证有效的方法 jīng yànzhèng yǒuxiàode fāngfǎ
well-turned *a.* 说得恰当的 shuōde qiàdàngde：a ～ phrase 恰当的词语 qiàdàngde cíyǔ
well-wisher *n.* 表示良好祝愿的人 biǎoshì liánghǎo zhùyuànde rén
well-worn *a.* **1.** 陈腐的 chénfǔde；老生常谈的 lǎoshēng-chángtánde **2.** 用旧的 yòngjiùde = much used
Welsh *a.* **1.** 威尔士人的 Wēi'ěrshìrénde = of the people of Wales **2.** 威尔士语的 Wēi'ěrshìyǔde = of the language
welt *n.* **1.** 贴边 tiēbiān；革条 gétiáo ＊ of shoes or garments **2.** 鞭痕 biānhén= mark of whipping
welter *n.* 混乱 hùnluàn；杂乱无章 záluàn-wúzhāng = confusion：a ～ of confused ideas 一些乱七八糟的想法 yìxiē luànqī-bāzāode xiǎngfǎ *v.* 打滚 dǎgǔn = roll
wen *n.* 皮脂腺囊瘤 pízhīxiàn nángliú；粉瘤 fěnliú
wench *n.* 姑娘 gūniang
west *n.* **1.** 西 xī；西方 xīfāng：The sun sets in the ～. 日落西方。Rìluò xīfāng. **2.** [W-] 西方 Xīfāng；西方国家 Xīfāng guójiā = Occident **3.** 西部地区 xībù dìqū = western region *ad.* 向西 xiàngxī；朝西 cháoxī = towards the west
westbound *a.* 向西行的 xiàngxī xíngde：the ～ train 西行列车 xīxíng lièchē
westerly *a.* & *ad.* **1.** 向西方的 Xiàng xīfāngde；在西方的 zài xīfāngde：in a ～ direction 朝西的方向 cháoxīde fāngxiàng **2.** 来自西方的 láizì xīfāngde：a ～ wind 西风 xīfēng
Western *a.* **1.** 西方的 Xīfāngde；西部的 xībùde：the ～ nations 西方国家 Xīfāng guójiā **2.** 西部电影 xībù diànyǐng = film about cowboys
Westernize *v.* 使洋化 shǐyánghuà；使欧化 shǐ Ōuhuà
westernmost *a.* 最西的 zuìxīde

westward *a.* & *ad.* 向西行的 xiàngxīxíngde；西方的 xīfāngde

wet *a.* **1.** 湿的 shīde；潮的 cháode：～ ground 潮湿的地面 cháoshīde dìmiàn / Did you get ～? 你淋湿了吗？Nǐ línshīlema? / ～ through 浑身湿透 húnshēn shītòu **2.** 下雨的 xiàyǔde；多雨的 duōyǔde：～ weather 雨天 yǔtiān *n.* **1.** 雨天 yǔtiān：walk in the ～ 在雨中步行 zài yǔzhōng bùxíng **2.** 湿气 shīqì；水分 shuǐfèn *v.* **1.** 把…弄湿 bǎ…nòngshī：We ～ the cloth and cleaned the table with it. 把布蘸湿了擦桌子。Bǎ bù zhànshīle cā zhuōzi. **2.** 尿床 niàochuáng * ～ one's bed

wether *n.* 阉羊 yānyáng

wet-nurse *n.* 奶妈 nǎimā；乳母 rǔmǔ

WEU = Western European Union 西欧联盟 Xī'ōu Liánméng

WFDY = World Federation of Democratic Youth 世界民主青年联盟 Shìjiè Mínzhǔ Qīngnián Liánméng

WFSW = World Federation of Scientific Workers 世界科学工作者协会 Shìjiè Kēxué Gōngzuòzhě Xiéhuì

WFTU = World Federation of Trade Unions 世界工会联合会 Shìjiè Gōnghuì Liánhéhuì

WFUNA = World Federation of United Nations Associations 联合国协会世界联合会 Liánhéguó Xiéhuì Shìjiè Liánhéhuì

whack *v.* 重击 zhòngjī；使劲打 shǐjìndǎ *n.* **1.** 重击 zhòngjī **2.** 一份 yífèn = share：Have you all had your ～? 你们都拿到自己的一份了吗？Nǐmen dōu nádào zìjǐde yífènlema?

whacked *a.* 非常疲劳的 fēicháng píláode；筋疲力尽的 jīnpí-lìjìnde = tired：I'm completely ～. 我累垮了。Wǒ lèikuǎle.

whacking *n.* 打击 dǎjī：give a child a ～ 把小孩儿打一顿 bǎ xiǎoháir dǎ yídùn *a.* 特大的 tèdàde；极大的 jídàde = very big：a ～ lie 弥天大谎 mítiān dàhuǎng

whale *n.* 鲸 jīng：～ oil 鲸油 jīngyóu *v.* 捕鲸 bǔjīng = catch ～ // ～ of a good time 非常愉快的时光 fēicháng yúkuàide shíguāng

whaleboat *n.* 捕鲸船 bǔjīngchuán

whalebone *n.* 鲸骨 jīnggǔ

whaler *n.* 捕鲸手 bǔjīngshǒu

wharf *n.* 码头 mǎtou

wharfage *n.* 码头费 mǎtoufèi；码头设备 mǎtou shèbèi

wharfmaster *n.* 码头管理人 mǎtou guǎnlǐrén

what *pron.* 什么 shénme：W- time will you come? 你什么时候来？Nǐ shénme shíhou lái? / Tell me ～ happened. 告诉我发生了什么事？Gàosu wǒ fāshēngle shénme shì? // ～ for 为什么 wèi shénme / ～ if 如果…将会怎样 rúguǒ… jiānghuì zěnyàng：W- if she doesn't come? 要是她不来怎么办呢？Yàoshì tā bùlái zěnme bànne? *a.* **1.** 什么 shénme：W- time is it? 现在是什么时候？Xiànzài shì shénme shíhou? / W- color is your car? 你的汽车是什么颜色？Nǐde qìchē shì shénme yánsè? **2.** 多么 duōme：W- a good idea! 多好的主意！Duōhǎode zhǔyi! **3.** 所有…的 suǒyǒu…de：Give me ～ books you have. 把你所有的书都给我。Bǎ nǐ suǒyǒude shū dōu gěi wǒ. / He lent me ～ money he had with him. 他把所带的钱全部借给我。Tā bǎ suǒdàide qián quánbù jiègěi wǒ.

whatever *pron.* **1.** 不论什么 búlùn shénme；不管什么 bùguǎn shénme：Keep calm, ～ happens. 无论发生什么事，都要保持冷静。Wúlùn fāshēng shénme shì, dōuyào bǎochí lěngjìng. **2.** 任何事情 rènhé shìqing：Take ～ you like. 你爱拿什么，就拿什么吧。Nǐ ài ná shénme, jiù ná shénmeba. *a.* 任何的 rènhéde；无论什么样的 wúlùn shénmeyàngde：W- book you may read, read it carefully. 无论你读什么书，都要读得仔细。Wúlùn nǐ dú shénme shū, dōuyào dúde zǐxì. / I have no money ～. 我一点儿钱也没有。Wǒ yìdiǎnr qián yě méiyǒu.

whatnot *n.* 古董架 gǔdǒngjià

wheat *n.* 小麦 xiǎomài

wheaten *a.* 小麦制的 xiǎomài zhìde

wheedle *v.* 哄 hǒng；骗 piàn

wheel *n.* **1.** 轮 lún；车轮 chēlún **2.** 方向盘 fāngxiàngpán = steering ～；舵轮 duòlún * of a ship *v.* **1.** 推动 tuīdòng；转动 zhuàndòng = push：～ a barrow 推小车 tuī xiǎochē / ～ a bike up a hill 推自行车上山 tuī zìxíngchē shàngshān **2.** 旋转 xuánzhuǎn = circle：The gulls ～ in the air. 海鸥在空中盘旋。Hǎi'ōu zài kōngzhōng pánxuán.

wheelbarrow *n.* 手推车 shǒutuīchē

wheelbase *n.* 轴距 zhóujù

wheelchair *n.* 轮椅 lúnyǐ

wheeze *v.* **1.** 喘气 chuǎnqì；喘息 chuǎnxī **2.** ～ out 喘息着说 chuǎnxīzhe shuō：The man ～d out a few words. 那人喘息着说出几个字。Nà rén chuǎnxīzheshuōchū jǐge zì. *n.* 喘息声 chuǎnxīshēng = sound of wheezing

wheezy *a.* 喘息的 chuǎnxīde；呼哧呼哧地响的 hūchī-hūchīde xiǎngde

whelk *n.* 峨螺 éluó；油螺 yóuluó

whelp *n.* 仔 zǎi；崽 zǎi

when *ad.* **1.** 什么时候 shénme shíhou；在什么时候 zài shénme shíhou：W- will they come? 他们什么时候来？Tāmen shénme shíhou lái? / W- did that happen? 那事是在什么时候发生的？Nàshì shìzài shénme shíhou fāshēngde? **2.** …的时候… de shíhou：the day ～ we met 我们见面的日子 wǒmen jiànmiànde rìzi *conj.* **1.** 当…时 dāng…shí；在…时候 zài…shíhou：She was very beautiful ～ she was young. 她年轻的时候很漂亮。Tā niánqīngde shíhou hěn piàoliang. / It was raining ～ we arrived. 我们到达的时候正下着雨。Wǒmen dàodáde shíhou zhèng xiàzhe yǔ. **2.** 既然 jìrán；考虑到 kǎolǜdào：How can I help ～ they won't listen? 既然他们不听，我怎么能帮助他们？Jìrán tāmen bùtīng, wǒ zěnme néng bāngzhù tāmen? **3.** 尽管 jǐnguǎn；可是 kěshì：He walks ～ he might take a taxi. 他尽管可以坐出租汽车，不过他还是步行了。Tā jǐnguǎn kěyǐ zuò chūzū qìchē, búguò tā háishì bùxíngle. *pron.* 何时 héshí：Until ～ can you stay? 你能住到什么时候？Nǐnéng zhùdào shénme shíhou?

whence *ad.* 从何处 cóng héchù；从哪里 cóng nǎli

whencesoever *ad.* 无论从哪里 wúlùn cóng nǎli

whenever *ad.* **1.** 不论何时 búlùn héshí：Come ～ you like. 你什么时候想来就来吧。Nǐ shénme shíhou xiǎnglái jiùláiba. **2.** 每当 měidāng；每逢 měiféng：I go ～ I can. 我有空就去。Wǒ yǒukòng jiùqù.

where *ad.* **1.** 在哪里 zài nǎli；在何方 zài héfāng：I wonder ～ he lives. 我想知道他住在哪里。Wǒ xiǎng zhīdao tā zhùzài nǎli. **2.** 在那里 zài nàli：That's the place ～ the accident occurred. 这就是出事地点。Zhè jiùshì chūshì dìdiǎn. **3.** 在…的地方 zài…de dìfang；到…的地方 dào…de dìfang：go ～ one is most needed 到最需要的地方去 dào zuì xūyàode dìfang qù. / This is ～ I live. 我就住在这里。Wǒ jiù zhùzài zhèlǐ. *pron.* 哪里 nǎli：W- do you come from? 你是哪里人？Nǐ shì nǎli rén? *n.* 地点 dìdiǎn

whereabouts *ad*. 在哪里 zài nǎli；靠近哪里 kàojìn nǎli：W- did you put it? 你把它放在哪儿了？Nǐ bǎ tā fàngzài nǎrle? *n*. 下落 xiàluò；行踪 xíngzōng：Her ～ is unknown. 她的下落不明。Tāde xiàluò bùmíng.

whereas *conj*. **1.** 鉴于 jiànyú **2.** 反之 fǎnzhī；却 què；然而 rán'ér：I like meat ～ others hate it. 我爱吃肉，而有的人则厌恶它。Wǒ ài chīròu，ér yǒude rén zé yànwù tā. / They want tea，～ we would rather have coffee. 他们要喝茶，而我们愿意喝咖啡。Tāmen yào hēchá，ér wǒmen yuànyì hē kāfēi.

whereby *ad*. 凭什么 píngshénme；靠那个 kào nàge

wherefore *ad*. 为什么 wèishénme：W- so sad? 为什么如此悲伤？Wèishénme rúcǐ bēishāng? *n*. 原因 yuányīn；理由 lǐyóu ＝ reason

wherein *ad*. 在哪方面 zài nǎ fāngmiàn；在哪一点 zài nǎ yìdiǎn

whereof *ad*. 关于那个 guānyú nàge；关于那方面 guānyú nàfāngmiàn

whereon *ad*. 在什么上面 zài shénme shàngmian；在谁身上 zài shuí shēnshang

whereto *ad*. 向那里 xiàng nàli；对那个 duì nàge

whereupon *ad*. 于是 yúshì；从而 cóng'ér：He saw me coming，～ he ran off in the other direction. 他看见我来了，于是就向另一个方向逃跑了。Tā kànjiàn wǒ láile，yúshì jiù xiàng lìngyíge fāngxiàng táopǎole.

wherever *ad*. 到任何地方 dào rènhé dìfang；在任何地方 zài rènhé dìfang：W- you go，I go too. 无论你去哪里，我都去。Wúlùn nǐ qù nǎli，wǒ dōu qù. / Sit ～ you like. 你随便坐吧。Nǐ suíbiàn zuòba.

wherewith *ad*. 用什么 yòng shénme；用那个 yòng nàge

wherry *n*. 小船 xiǎochuán；渔船 yúchuán

whet *v*. **1.** 磨 mó：He ～s the knife on the stone. 他在石头上磨小刀。Tā zài shítoushang mó xiǎodāo. **2.** 刺激 cìjī；增强 zēngqiáng：His words ～ my curiosity. 他的话激起了我的好奇心。Tāde huà jīqǐle wǒde hàoqíxīn.

whether *conj*. **1.** 是否 shìfǒu：He wondered ～ to go or not. 他不知该去不该去。Tā bùzhī gāiqù bù gāiqù. **2.** 不论 búlùn：W- you like it or not，I'm going. 不管你高兴不高兴，我都要去。Bùguǎn nǐ gāoxìng bù gāoxìng，wǒ dōu yàoqù.

whetstone *n*. 磨刀石 módāoshí；油石 yóushí

whey *n*. 乳清 rǔqīng

which *pron.* & *a.* **1.** 哪一个 nǎyíge；哪一些 nǎyìxiē：W- of these books is yours？这些书中哪一本是你的？Zhèxiē shūzhōng nǎyìběn shì nǐde？**2.** 那个 nàge；那些 nàxiē * of things：This is the book ～ I told you about. 这就是我对你说起过的那本书。Zhè jiùshì wǒ duì nǐ shuōqǐguode nàběn shū.

whichever *pron.* & *a.* **1.** 随便哪个 suíbiàn nǎge；…中的一个 …zhōngde yíge：Take ～ you like best. 你喜欢哪一个就拿哪一个。Nǐ xǐhuan nǎyíge jiù ná nǎyíge. **2.** 不论哪一个 búlùn nǎyíge：It has the same result，～ way you do it. 不管你用哪种方法做，结果都是一样的。Bùguǎn nǐ yòng nǎzhǒng fāngfǎ zuò，jiéguǒ dōushì yíyàngde.

whiff *n.* 一吹 yìchuī；一喷 yìpēn；一阵 yízhèn：the ～ of a cigar 一股雪茄烟的气味 yìgǔ xuějiāyānde qìwèi

while *n.* 一会儿 yíhuìr；一段时间 yíduàn shíjiān：Just wait for a ～ and then I'll help you. 稍等一会儿，我就来帮你。Shāoděng yíhuìr，wǒ jiù lái bāng nǐ. // worth one's ～ 值得的 zhídede；上算的 shàngsuànde：It isn't worth your ～ going there. 你到那儿去是不值得的。Nǐ dào nàr qù shìbù zhídede. *v.* 消磨 xiāomó：～ away the time 消磨时间 xiāomó shíjiān *conj.* **1.** 当…的时候 dāng…de shíhou；和…同时 hé…tóngshí：They arrived ～ we were having dinner. 他们到时，我们正在吃饭。Tāmen dàoshí，wǒmen zhèngzài chīfàn. **2.** 但是 dànshì；然而 rán'ér；而 ér：You like sports，～ I'd rather read. 你爱运动，而我爱看书。Nǐ ài yùndòng，ér wǒ ài kànshū. **3.** 虽然 suīrán；尽管 jǐnguǎn：W- I find the problems very difficult，I don't think they are insoluble. 虽然我觉得那些问题很难，但我认为是可以解决的。Suīrán wǒ juéde nàxiē wèntí hěnnán，dàn wǒ rènwéi shì kěyǐ jiějuéde.

whim *n.* 一时的兴致 yìshíde xìngzhì；突然的念头 tūránde niàntou；狂想 kuángxiǎng：take a ～ for doing sth. 忽然想起要做某事 hūrán xiǎngqǐ yào zuò mǒushì

whimper *v.* **1.** 呜咽 wūyè；啜泣 chuòqì **2.** 啜泣地说 chuòqìde shuō *n.* 呜咽声 wūyèshēng；啜泣声 chuòqìshēng

whimsical *a.* 想入非非的 xiǎngrù-fēifēide；异想天开的 yìxiǎng-tiānkāide

whimsy *n.* 怪念头 guài niàntou

whine *n.* 哀鸣声 āimíngshēng；呜呜声 wūwūshēng *v.* 发哀鸣声 fā

āmíngshēng: The dog ～d outside the door. 狗在门外呜呜哀嚎。Gǒu zài ménwài wūwū āiháo.

whinny *v.* 马嘶 mǎsī

whip *n.* **1.** 鞭子 biānzi = lash **2.** 政党的组织秘书 zhèngdǎngde zǔzhī mìshū = organizing secretary of a political party **3.** 甜食 tiánshí = dessert *v.* **1.** 鞭笞 biānchī; 抽打 chōudǎ: ～ a horse 拿鞭子抽马 ná biānzi chōumǎ **2.** 搅打 jiǎodǎ: ～ cream 搅奶油 jiǎo nǎiyóu / ～ eggs 打蛋 dǎdàn **3.** 突然移动 tūrán yídòng: He ～s out a knife. 他突然抽出一把刀。Tā tūrán chōuchū yìbǎ dāo. / to ～ off one's coat 迅速脱下外衣 xùnsù tuōxià wàiyī // ～ up **1.** 激起 jīqǐ; 煽动 shāndòng **2.** 仓促制成 cāngcù zhìchéng: to ～ up a meal 匆匆做好一顿饭 cōngcōng zuòhǎo yídùn fàn

whipcord *n.* 鞭绳 biānshéng

whipping *n.* 鞭打 biāndǎ

whir *v.* 呼呼地急转 hūhūde jízhuàn; 飕飕地飞 sōusōude fēi

whirl *v.* **1.** 使旋转 shǐ xuánzhuǎn: The leaves ～ in the wind. 叶子在风中打转。Yèzi zài fēngzhōng dǎzhuàn. **2.** 眩晕 xuànyùn: His head ～s. 他的头发晕。Tāde tóu fāyùn. *n.* **1.** 旋转 xuánzhuǎn: a ～ of dust 尘土飞扬 chéntǔ fēiyáng **2.** 繁忙 fánmáng: a ～ of social activities 繁忙的社交活动 fánmángde shèjiāo huódòng **3.** 混乱 hùnluàn = confusion

whirligig *n.* 旋转木马 xuánzhuǎn mùmǎ

whirlpool *n.* 漩涡 xuánwō

whirlwind *n.* 旋风 xuànfēng

whisk *n.* **1.** 打蛋器 dǎdànqì = an egg whisker **2.** 掸 dǎn; 拂 fú: with a ～ of his hand 用手一掸 yòng shǒu yì dǎn *v.* **1.** 掸扫 dǎnsǎo; 挥动 huīdòng: ～ away the dust 掸扫灰尘 dǎnsǎo huīchén **2.** 掸 dǎn; 拂 fú: The cow ～s her tail. 母牛拂动它的尾巴。Mǔniú fúdòng tāde wěiba. **3.** 突然移动 tūrán yídòng; 突然带走 tūrán dàizǒu: She ～s the cups away. 她匆匆把杯子收走。Tā cōngcōng bǎ bēizi shōuzǒu. **4.** 飞跑 fēipǎo = run quickly **5.** 搅打 jiǎodǎ = beat: ～ eggs 打蛋 dǎdàn

whisker *n.* 一根须 yìgēn xū

whiskers *n.* 连鬓胡子 liánbìn húzi

whisky *n.* 威士忌酒 wēishìjì jiǔ

whisper *v.* **1.** 耳语 ěryǔ; 低声说话 dīshēng shuōhuà: She is ～ing to her neighbor. 她对邻居低声说着。Tā duì línjū dīshēng shuōzhe. **2.** 私下说

话 sīxià shuōhuà；秘密传闻 mìmì chuánwén：It is ～ed that he is ill. 人们私下传说他病了。Rénmen sīxià chuánshuō tā bìngle. 3. 沙沙地响 shāshāde xiǎng；发飒飒声 fā sàsàshēng = rustle, as of leaves or wind *n.* 1. 低声 dīshēng：answer in a ～ 低声回答 dīshēng huídá 2. 沙沙声 shāshāshēng：the ～ of the wind 风的飒飒声 fēngde sàsàshēng

whistle *n.* 1. 口哨声 kǒushàoshēng；汽笛声 qìdíshēng；哨子声 shàozishēng；啭鸣声 zhuànmíngshēng * of birds 2. 哨子 shàozi；汽笛 qìdí：the referee's ～ 裁判员的哨子 cáipànyuánde shàozi *v.* 1. 吹哨子 chuī shàozi；吹口哨 chuī kǒushào；鸣笛 míngdí：The train ～s. 火车鸣笛。Huǒchē míngdí. 2. 呼啸而过 hūxiào érguò：The bullets ～ past our ears. 子弹飕飕地在我们耳边飞过。Zǐdàn sōusōude zài wǒmen ěrbiān fēiguò.

whit *n.* 一点点 yìdiǎndiǎn；丝毫 sīháo：I don't care a ～. 我一点儿也不在乎。Wǒ yìdiǎnr yě bú zàihu.（我毫不介意 Wǒ háobù jièyì.）

white *a.* 1. 白的 báide；白色的 báisède；雪白的 xuěbáide：a ～ shirt 白衬衫 bái chènshān 2. 苍白的 cāngbáide：～-faced with fear 吓得脸色苍白 xiàde liǎnsè cāngbái 3. 色淡的 sèdànde：～ wine 白葡萄酒 bái pútáojiǔ *n.* 1. 白色 báisè 2. 白种人 báizhǒngrén：There were both ～s and blacks at the meeting. 参加会的有白人，也有黑人。Cānjiā huìde yǒu báirén, yěyǒu hēirén. 3. 眼白 yǎnbái * of the eye 4. 蛋白 dànbái * of an egg

whiteant *n.* 白蚁 báiyǐ

whitecap *n.* 浪花 lànghuā

white-collar *a.* 白领阶层的 báilǐng jiēcéngde：～ workers 白领工人 báilǐng gōngrén

white coffee *n.* 牛奶咖啡 niúnǎi kāfēi

Whitehall *n.* 白厅 Báitīng；英国政府 Yīngguó zhèngfǔ

whitehot *a.* 白热的 báirède；极热烈的 jí rèliède

White House *n.* 白宫 Báigōng

white-livered *a.* 胆怯的 dǎnqiède

whiten *v.* 使白 shǐ bái；刷白 shuā bái：I must ～ my tennis shoes. 我必须刷白我的网球鞋。Wǒ bìxū shuābái wǒde wǎngqiúxié.

whiteness *n.* 白 bái；苍白 cāngbái；洁白 jiébái

white paper *n.* 白皮书 báipíshū

whitewash *n*. **1**. 白涂料 bái túliào；水粉 shuǐfěn ＊ for painting walls **2**. 粉饰 fěnshì ＝ a cover-up：What he said was just a ～ to hide his mistake. 他说的话只不过是想文过饰非。Tā shuōde huà zhǐbúguò shì xiǎng wénguò-shìfēi. *v*. **1**. 粉刷 fěnshuā；涂白 túbái：～ the buildings 粉刷房屋 fěnshuā fángwū **2**. 掩盖 yǎngài；粉饰 fěnshì ＝ cover up

whither *ad*. & *n*. **1**. 到哪里 dào nǎli；往何处 wǎng héchù ＝ to what place **2**. 去的地方 qùde dìfang ＝ destination

whiting *n*. **1**. 白粉 báifěn **2**. 牙鳕 yáxuě ＊ a kind of fish

whittle *v*. **1**. 切 qiē；削 xiāo：～ wood 削木头 xiāo mùtou **2**. 削减 xuējiǎn；削弱 xuēruò：～ down expenses 削减费用 xuējiǎn fèiyong

whiz *v*. & *n*. 飕一声响 sōu yìshēng xiǎng：The bullets ～ past. 子弹飕地飞过。Zǐdàn sōude fēiguò.

whiz kid *n*. **1**. 神童 shéntóng ＝ child prodigy **2**. 杰出人才 jiéchū réncái ＝ person with remarkable expertise

WHO ＝ World Health Organization 世界卫生组织 Shìjiè Wèishēng Zǔzhī

who *pron*. **1**. 谁 shéi：W- is he? 他是谁？Tā shì shéi? **2**. …的人…de rén：He is the man ～ lost his key. 他就是那个丢钥匙的人。Tā jiùshì nàge diū yàoshide rén. **3**. 他 tā；他们 tāmen：We went to see Mr. Wang，～ gave us a hearty welcome. 我们去看王先生，他热诚地欢迎我们。Wǒmen qù kàn Wáng xiānsheng，tā rèchéngde huānyíng wǒmen.

whoever *pron*. **1**. 谁 shéi：I'll take ～ wants to go. 谁想去，我就带谁去。Shéi xiǎng qù，wǒ jiù dài shéi qù. **2**. 无论谁 wúlùn shéi；任何人 rènhérén：W- says，that is wrong. 不管是谁说的，反正是错误的。Bùguǎn shì shéi shuōde，fǎnzhèng shì cuòwùde.

whole *a*. **1**. 整个的 zhěnggède；无损的 wúsǔnde：a tin of ～ peaches 整桃罐头 zhěngtáo guàntou / to swallow it ～ 囫囵吞下 húlún tūnxià **2**. 全部的 quánbùde；整整的 zhěngzhěngde：I waited for her a ～ half hour. 我等了她整整半个小时。Wǒ děngle tā zhěngzhěng bànge xiǎoshí. / the ～ truth 全部真相 quánbù zhēnxiàng *n*. 全部 quánbù；整体 zhěngtǐ：I have finished the ～ of it. 我全部完成了。Wǒ quánbù wánchéngle. // on the ～ 总的看来 zǒngde kàn lái；大体上 dàtǐshang：On the ～ I like it. 总的说来，我是喜欢它的。Zǒngde shuō lái，wǒ shì xǐhuan tāde.

whole-hearted *a*. 全心全意的 quánxīn-quányìde；专心的 zhuānxīnde

wholemeal *a*. 用全麦做的 yòng quánmài zuòde；粗面粉的 cūmiànfěnde：

～ bread 黑面包 hēimiànbāo

wholesale *n.* 批发 pīfā *a.* **1.** 批发的 pīfāde：～ prices 批发价格 pīfā jiàgé **2.** 大批的 dàpīde；大规模的 dàguīmóde：a ～ slaughter 大屠杀 dàtúshā

wholesaler *n.* 批发商 pīfāshāng

wholesome *a.* **1.** 卫生的 wèishēngde；有益健康的 yǒuyì jiànkāngde：～ food 有益健康的食品 yǒuyì jiànkāngde shípǐn **2.** 健康的 jiànkāngde；有益的 yǒuyìde：a ～ film 有教育意义的影片 yǒu jiàoyù yìyìde yǐngpiàn

wholly *ad.* 完全地 wánquánde；完整地 wánzhěngde：I don't ～ agree. 我并不完全同意。Wǒ bìngbù wánquán tóngyì.

whoop *v.* 大叫 dàjiào；高呼 gāohū：～ with joy 欢呼 huānhū *n.* **1.** 叫喊 jiàohǎn：～s of joy 欢呼的声音 huānhūde shēngyīn **2.** 哮喘声 xiàochuǎnshēng：～ing-cough 百日咳 bǎirìké

whore *n.* 妓女 jìnǚ

whorl *n.* 螺旋状 luóxuánzhuàng；壳阶 kéjiē ＊ of spiral

whose *pron.* **1.** 谁的 shéide：W- picture is it？这是谁的画？Zhèshì shéide huà？**2.** 那个人的 nàge rénde；他的 tāde；他们的 tāmende：The boy ～ photograph I showed you last night will be here soon. 昨晚我给你看过照片的那个孩子，就要到这里来了。Zuówǎn wǒ gěi nǐ kànguo zhàopiànde nàge háizi，jiùyào dào zhèlǐ láile.

whosoever *pron.* 无论谁 wúlùnshéi

why *ad.* & *conj.* 为什么 wèishénme：W- did you do it？你为什么干这个？Nǐ wèishénme gàn zhège？/ This is ～ I left. 这就是我为什么离开的原因。Zhè jiùshì wǒ wèishénme líkāide yuányīn.

wick *n.* 灯芯 dēngxīn；蜡烛芯 làzhúxīn

wicked *a.* **1.** 坏的 huàide；邪恶的 xié'ède：a ～ man 恶人 èrén；坏蛋 huàidàn **2.** 有恶意的 yǒu èyìde ＝ with ～ purpose **3.** 淘气的 táoqìde ＝ mischievous：a ～ boy 顽童 wántóng // wickedness *n.*

wicker *n.* 柳条 liǔtiáo；枝条 zhītiáo *a.* 柳条编制的 liǔtiáo biānzhìde：a ～ chair 柳条椅 liǔtiáoyǐ

wicker-work *n.* 柳条制品 liǔtiáo zhìpǐn

wicket *n.* **1.** 三柱门 sānzhùmén ＊ in cricket **2.** 角门 jiǎomén；边门 biānmén ＝ ～ door **3.** 售票窗口 shòupiào chuāngkǒu ＝ small opening for selling tickets，etc.

wide *a.* **1.** 宽的 kuānde；宽阔的 kuānkuòde：a ～ river 宽阔的河流

kuānkuòde héliú **2.** 广大的 guǎngdàde；广泛的 guǎngfànde；广阔的 guǎngkuòde：～ interests 广泛的兴趣 guǎngfànde xìngqù **3.** 充分张开的 chōngfèn zhāngkāide；开得很大的 kāide hěndàde：Open your mouth ～. 张大你的嘴。Zhāngdà nǐde zuǐ. / ～ eyes 睁大的眼睛 zhēngdàde yǎnjing **4.** 差得远的 chàde yuǎnde；远离目标的 yuǎnlí mùbiāode：be ～ of the mark 离目标很远 lí mùbiāo hěnyuǎn *ad.* **1.** 充分地 chōngfènde：He was ～ awake. 他是完全清醒的。Tā shì wánquán qīngxǐngde. **2.** 远离目标 yuǎnlí mùbiāo：The ball went ～. 球射偏了。Qiú shè piānle. **3.** 广大地 guǎngdàde：travel far and ～ 到处旅行 dàochù lǚxíng

wide-awake *a.* **1.** 醒着的 xǐngzhede **2.** 机警的 jījǐngde；清醒的 qīngxǐngde = alert

widen *v.* 变宽 biànkuān；加宽 jiākuān：to ～ a road 拓宽路面 tuòkuān lùmiàn

widescreen *n.* 宽银幕 kuānyínmù

widespread *a.* 流传广的 liúchuán guǎngde；普遍的 pǔbiànde：a ～ disease 到处流行的疾病 dàochù liúxíngde jíbìng / a ～ tendency 普遍的倾向 pǔbiànde qīngxiàng

WIDF = Women's International Democratic Federation 国际民主妇女联合会 Guójì Mínzhǔ Fùnǚ Liánhéhuì

widow *n.* 寡妇 guǎfu

widower *n.* 鳏夫 guānfū

widowhood *n.* 守寡 shǒuguǎ

width *n.* **1.** 宽阔 kuānkuò；广博 guǎngbó：～ of views 见识的广博 jiànshide guǎngbó **2.** 宽度 kuāndù：a ～ of 10 meters 十米宽 shímǐkuān **3.** 一块料子 yíkuài liàozi：a ～ of calico 一幅布料 yìfú bùliào

wield *v.* **1.** 挥动 huīdòng；使用 shǐyòng：～ a sword 舞剑 wǔjiàn **2.** 行使 xíngshǐ；掌握 zhǎngwò：～ power 行使权力 xíngshǐ quánlì

wife *n.* 妻子 qīzi

wifely *a.* 妻子的 qīzide；妇道的 fùdàode；贤惠的 xiánhuìde

wig *n.* 假发 jiǎfà

wigging *n.* 骂 mà；叱责 chìzé

wiggle *v.* & *n.* 摆动 bǎidòng；扭动 niǔdòng：to ～ one's toes 扭动脚趾 niǔdòng jiǎozhǐ

wigwag *n.* 灯光信号 dēngguāng xìnhào ＊ using lights；旗语信号 qíyǔ xìnhào ＊ using flags

wigwam *n.* 棚屋 péngwū；帐篷 zhàngpeng

wild *a.* **1.** 野生的 yěshēngde：～ flowers 野花 yěhuā / ～ animal 野兽 yěshòu **2.** 野蛮的 yěmánde；未开化的 wèi kāihuàde：～ tribes 原始部落 yuánshǐ bùluò **3.** 荒芜的 huāngwúde：～ hills 荒山 huāngshān **4.** 狂暴的 kuángbàode；猛烈的 měngliède：＊ of natural forces：～ wind 暴风 bàofēng **5.** 激动的 jīdòngde；狂热的 kuángrède：He looked ～ with anger. 他看上去气得发狂。Tā kànshàngqu qìde fākuáng. **6.** 失去控制的 shīqù kòngzhìde；放荡的 fàngdàngde：a ～ party 放荡的聚会 fàngdàngde jùhuì **7.** 鲁莽的 lǔmǎngde；轻率的 qīngshuàide：a ～ guess 乱猜 luàncāi *ad.* 胡乱地 húluànde：shoot ～ 乱射 luànshè *n.* 荒野 huāngyě；旷野 kuàngyě：The lion escaped and returned to the ～s. 狮子逃回荒野了。Shīzi táo huí huāngyěle.

wildcat *n.* **1.** 野猫 yěmāo **2.** 暴戾的人 bàolìde rén ＝ refers to a person *a.* **1.** 非法经营的 fēifǎ jīngyíngde：～ stock speculation 非法经营的股票投机 fēifǎ jīngyíngde gǔpiào tóujī **2.** 未经允许的 wèijīng yǔnxǔde：a ～ strike 自发进行的罢工 zìfā jìnxíngde bàgōng

wilderness *n.* **1.** 荒地 huāngdì **2.** 茫茫一片 mángmáng yípiàn；辽阔的陆地 liáokuòde lùdì：a ～ of waters 茫茫大海 mángmáng dàhǎi

wildfire *n.* 野火 yěhuǒ

wildfowl *n.* 野禽 yěqín

wildlife *n.* 野生动物 yěshēng dòngwù；野生植物 yěshēng zhíwù

wile *n.* 诡计 guǐjì；圈套 quāntào

wilful *a.* **1.** 任性的 rènxìngde；固执的 gùzhíde：～ behavior 固执的行为 gùzhíde xíngwéi **2.** 故意的 gùyìde；存心的 cúnxīnde ＝ purposeful

will *aux. v.* **1.** 将要 jiāngyào：They say that it ～ rain tomorrow. 他们说明天要下雨。Tāmen shuō míngtiān yào xiàyǔ. **2.** 愿意 yuànyì；要 yào：We won't do it again. 我们不愿再干了。Wǒmen búyuàn zài gànle. / W- you have some tea? 你要喝点儿茶吗？Nǐ yào hēdiǎnr chámɑ? **3.** 请求 qǐngqiú：Shut the door，～ you? 劳驾把门关上好吗？Láojià bǎ mén guānshàng hǎomɑ? **4.** 经常 jīngcháng；总是 zǒngshì：Accidents ～ happen. 事故总是会发生的。Shìgù zǒngshì huì fāshēngde. **5.** 可能 kěnéng：This car ～ hold six people. 这辆车可以坐六个人。Zhèliàng chē kěyǐ zuò liùge rén. **6.** 必须 bìxū；应 yīng：You ～ do as I say，at once. 你马上照我的话去做。Nǐ mǎshàng zhào wǒde huà qùzuò. *v.* **1.** 想要 xiǎngyào；决心要 juéxīnyào **2.** 遗赠 yízèng：He ～s all of his books to libraries. 他把全部藏书遗赠给图书馆了。Tā bǎ quánbù cángshū yízèng gěi túshūguǎnle. *n.* **1.** 遗嘱 yízhǔ：He wrote his ～ long before his death. 他死之前早就写了遗嘱。Tā sǐ zhīqián zǎojiù xiěle yízhǔ. **2.** 意愿 yìyuàn：of one's own ～ 按照自己的意愿 ànzhào zìjǐde yìyuàn **3.** 意志 yìzhì：He has a strong ～. 他有坚强的意志。Tā yǒu jiānqiángde yìzhì.

willing *a.* **1.** 愿意的 yuànyìde；乐意的 lèyìde：Are you ～ to help? 你愿意帮个忙吗？Nǐ yuànyì bāngge mángma? **2.** 心甘情愿的 xīngānqíngyuànde：a ～ helper 乐于助人的人 lèyú zhùrénde rén

will-o'-the-wisp *n.* 鬼火 guǐhuǒ；磷火 línhuǒ

willow *n.* 柳树 liǔshù；柳木 liǔmù

willowy *a.* **1.** 柳树多的 liǔshù duōde ＝ full of willow trees **2.** 苗条的 miáotiaode ＝ slender：a girl with a ～ figure 身材苗条的姑娘 shēncái miáotiaode gūniang

willpower *n.* 意志力 yìzhìlì

willy-nilly *ad.* 不管愿意不愿意 bùguǎn yuànyì búyuànyì

wilt *v.* **1.** 枯萎 kūwěi：The flowers ～ed for lack of water. 这些花因缺水渐渐枯谢了。Zhèxiē huā yīn quēshuǐ jiànjiàn kūxièle. **2.** 颓丧 tuísàng ＝ go limp

wily *a.* 狡猾的 jiǎohuáde：a ～ fox 狡猾的狐狸 jiǎohuáde húli

win *v.* **1.** 获胜 huòshèng；赢 yíng：She ～s the race. 她赛跑获胜了。Tā sàipǎo huòshèngle. **2.** 获得 huòdé；赢得 yíngdé：～ a prize 获奖 huòjiǎng **3.** 争取 zhēngqǔ；说服 shuōfú：We ～ him to our side. 我们把他争取过来了。Wǒmen bǎ tā zhēngqǔ guòláile. / You have won me. 你已说服了我。Nǐ yǐ shuōfúle wǒ. **4.** 达到 dádào；攀上 pānshàng：～ the summit 攀上高峰 pānshàng gāofēng *n.* 胜利 shènglì；成功 chénggōng：three ～s and two defeats 三胜二负 sānshèng èrfù

wince *v.* 退缩 tuìsuō；畏缩 wèisuō：He ～d at the insult. 他受辱就退缩了。Tā shòurǔ jiù tuìsuōle.

winch *n.* & *v.* 绞车 jiǎochē；用绞车提升 yòng jiǎochē tíshēng：They used a ～ to lift the car. 他们用绞车吊起汽车。Tāmen yòng jiǎochē diàoqǐ qìchē.

wind[1] *n.* **1.** 风 fēng：a north ～ 北风 běifēng / There isn't much ～ today. 今天风不大。Jīntiān fēng búdà. / against the ～ 顶着风 dǐngzhe fēng **2.** 气息 qìxī；呼吸 hūxī；喘气 chuǎnqì：lose one's ～ 上气不接下气 shàngqì bùjiē xiàqì **3.** 肠气 chángqì；屁 pì：break ～ 放屁 fàngpì / You get ～ when you eat too quickly. 吃得太快肚子会胀气。Chīde tàikuài dùzi huì zhàngqì. **4.** 气味 qìwèi：get ～ of 听到…的风声 tīngdào…de fēngshēng **5.** 管乐器 guǎnyuèqì：the wood ～ 木管乐器 mùguǎn yuèqì

wind[2] *v.* 使喘息 shǐ chuǎnxī；使透不过气 shǐ tòubuguò qì：I am quite ～ed by the climb. 我爬山爬得喘不过气来。Wǒ páshān páde chuǎnbuguò qì lái.

wind[3] *v.* **1.** 迂回前进 yūhuí qiánjìn；蜿蜒 wānyán：The river ～s through the country. 河水蜿蜒流过这个地区。Héshuǐ wānyán liúguo zhège dìqū. **2.** 绕 rào；卷绕 juǎnrào：～ wool 绕毛线 rào máoxiàn **3.** 包 bāo；裹 guǒ：～ a shawl round a baby 用围巾裹着婴儿 yòng wéijīn guǒzhe yīng'ér **4.** 上紧发条 shàngjǐn fātiáo；上弦 shàngxián：～ a watch 上表 shàngbiǎo // ～ off 卷开 juǎnkāi / ～ up **1.** 使紧张 shǐ jǐnzhāng；使兴奋 shǐ xīngfèn **2.** 结束 jiéshù：～ up a speech 结束演讲 jiéshù yǎnjiǎng / to ～ up a company 清理一家公司 qīnglǐ yìjiā gōngsī

windbag *n.* 空谈家 kōngtánjiā；夸夸其谈者 kuākuāqítánzhě

windbreak *n.* 防风林 fángfēnglín = rows of trees that serve to lessen the force of wind；防风墙 fángfēngqiáng = sth. that serves to keep off the wind

windcheater *n.* 风衣 fēngyī

windfall *n.* **1.** 吹落的果实 chuīluòde guǒshí = fruit blown off from tree **2.** 意外的收获 yìwàide shōuhuò；横财 héngcái = unexpected piece of good luck

winding *a.* 弯曲的 wānqūde；曲折的 qūzhéde：They followed a ～ road through the country. 他们沿着一条蜿蜒的道路穿过乡村。Tāmen yánzhe yìtiáo wānyánde dàolù chuānguò xiāngcūn. / a ～ staircase 盘旋式楼梯 pánxuánshì lóutī

windlass *n.* 绞盘 jiǎopán；卷扬机 juǎnyángjī

windmill *n.* 风车 fēngchē

window *n.* 窗 chuāng；窗口 chuāngkǒu；窗户 chuānghu：a screen ～ 纱窗

shāchuāng

window dressing *n.* 橱窗布置 chúchuāng bùzhì

windowpane *n.* 窗玻璃 chuāng bōlí

window-shop *n.* 逛街看橱窗 guàngjiē kàn chúchuāng

windowsill *n.* 窗槛 chuāngkǎn；窗台 chuāngtái

windpipe *n.* 气管 qìguǎn

windscreen wiper *n.* 刮水器 guāshuǐqì * of a car

windshield *n.* 挡风玻璃 dǎngfēng bōlí

windsock *n.* 风向标 fēngxiàngbiāo

windstorm *n.* 风暴 fēngbào

windswept *a.* 当风的 dāngfēngde；被强风吹的 bèi qiángfēng chuīde：a bare ～ plain 光秃秃的当风平原 guāngtūtūde dāngfēng píngyuán

windward *a.* 向风的 xiàngfēngde；迎风的 yíngfēngde

windy *a.* 多风的 duōfēngde；风大的 fēngdàde：a ～ day 多风的日子 duōfēngde rìzi

wine *n.* 葡萄酒 pútáojiǔ；果子酒 guǒzijiǔ

wineglass *n.* 酒杯 jiǔbēi

winepress *n.* 榨汁机 zhàzhījī

wing *n.* **1.** 翼 yì；翅膀 chìbǎng **2.** 机翼 jīyì * of an airplane **3.** 挡泥板 dǎngníbǎn；车翼 chēyì * of a car **4.** 侧厅 cètīng；边房 biānfáng：the west ～ of the house 西厢房 xīxiāngfáng；西房 xīfáng **5.** 边锋 biānfēng * in sport **6.** 派别 pàibié * of a political party：Which ～ of the party is she on？她属于党内的哪一翼(派)？Tā shǔyú dǎngnèide nǎyíyì(pài)？ // take sb. under one's ～ 庇护某人 bìhù mǒurén / take ～ 起飞 qǐfēi *v.* 飞行 fēixíng；飞过 fēiguò：The plane ～s its way through the clouds. 飞机穿过云层。Fēijī chuānguò yúncéng.

winged *a.* 有翅膀的 yǒu chìbǎngde：the ～ horse 天马 tiānmǎ

wingless *n.* 没有翅膀的 méiyǒu chìbǎngde

wings *n.* 舞台两侧 wǔtái liǎngcè * of a stage

wingspan *n.* 翼展 yìzhǎn

wink *v.* **1.** 眨眼 zhǎyǎn；使眼色 shǐ yǎnsè：She ～s at me. 她向我使眼色。Tā xiàng wǒ shǐ yǎnsè. **2.** 闪耀 shǎnyào；闪烁 shǎnshuò：The car ～ed before turning. 汽车转弯前车灯不断闪动。Qìchē zhuǎnwānqián chēdēng búduàn shǎndòng. *n.* **1.** 眨眼 zhǎyǎn；眨眼示意 zhǎyǎn shìyì

2. 霎时 shàshí；瞬息 shùnxī：I didn't sleep a ～. 我没有合过眼。Wǒ méiyǒu héguoyǎn. // have forty ～s 小睡 xiǎoshuì；打盹儿 dǎdǔnr

winkle *n.* 海螺 hǎiluó // ～ out *v.* 拉出 lāchū；抽出 chōuchū：At last I ～d the truth out of him. 最终我从他嘴里套出了真相。Zuìzhōng wǒ cóng tā zuǐli tàochūle zhēnxiàng.

winner *n.* 获胜者 huòshèngzhě；优胜者 yōushèngzhě

winning *a.* 1. 得胜的 déshèngde 2. 迷人的 mírénde；逗人的 dòurénde：a ～ smile 动人的微笑 dòngrénde wēixiào

winnow *v.* 1. 簸 bǒ；扬去 yángqù：～ the husks away 把壳簸掉 bǎ ké bǒdiào / ～ chaff from grain 扬谷去糠 yánggǔ qùkāng 2. 辨别 biànbié = separate：～ truth from falsehood 鉴别真假 jiànbié zhēnjiǎ

winsome *a.* 吸引人的 xīyǐnrénde；可爱的 kě'àide：～ manners 和蔼可亲的态度 hé'ǎi kěqīnde tàidu

winter *n.* 冬季 dōngjì；冬天 dōngtiān：a cold ～ 一个寒冷的冬天 yíge hánlěngde dōngtiān / ～ sports 冬季运动 dōngjì yùndòng *v.* 过冬 guòdōng；越冬 yuèdōng：～ in the south 在南方过冬 zài nánfāng guòdōng

wintry *a.* 1. 冬天似的 dōngtiānshìde；寒冷的 hánlěngde：a ～ scene 寒冬的景色 hándōngde jǐngsè 2. 冰冷的 bīnglěngde；冷淡的 lěngdànde：a ～ smile 冷冰冰的一笑 lěngbīngbīngde yíxiào

wipe *v.* 擦 cā；抹 mǒ；揩 kāi：～ one's eyes 擦眼泪 cā yǎnlèi / ～ sweat from one's forehead 擦去额上的汗 cāqù éshangde hàn // ～ sth. away 擦去 cāqù / ～ sth. off 1. 擦掉 cādiào 2. 清除 qīngchú；除去 chúqù：～ off a debt 了结债务 liǎojié zhàiwù / ～ sth. out 1. 擦洗 cāxǐ：～ out a jug 擦洗瓶子 cāxǐ píngzi 2. 消灭 xiāomiè；毁灭 huǐmiè：War ～d out the whole village. 战争毁灭了整个村庄。Zhànzhēng huǐmièle zhěngge cūnzhuāng. / ～ sth. up 擦净 cājìng；擦干 cāgān

wire *n.* 1. 金属线 jīnshǔxiàn；金属丝 jīnshǔsī：a ～ fence 铁丝篱笆 tiěsī líba 2. 电线 diànxiàn；电缆 diànlǎn：telephone ～ 电话线 diànhuàxiàn 3. 电报 diànbào：send me a ～ 打个电报给我 dǎge diànbào gěi wǒ *v.* 1. 用金属丝拴住 yòng jīnshǔsī shuānzhù 2. 安装电线 ānzhuāng diànxiàn：to ～ a house 给一幢房子安装电线 gěi yízhuàng fángzi ānzhuāng diànxiàn 3. 打电报 dǎ diànbào：He ～d me the results of the examination. 他打电报告诉我考试成绩。Tā dǎ diànbào gàosu wǒ kǎoshì chéngjī. // ～ netting *n.* 金属丝网 jīnshǔsīwǎng

wirephoto *n.* 传真照片 chuánzhēn zhàopiàn

wireworm *n.* 金针虫 jīnzhēnchóng

wiring *n.* 电线系统 diànxiàn xìtǒng；线路 xiànlù：This old ～ needs replacing. 这条旧线路需要更换了。Zhètiáo jiù xiànlù xūyào gēnghuànle.

wiry *a.* **1.** 金属丝的 jīnshǔsīde = of wire **2.** 瘦而结实的 shòu ér jiēshide * of persons：a ～ body 瘦而结实的身体 shòu ér jiēshide shēntǐ

wisdom *n.* 智慧 zhìhuì；才智 cáizhì // ～ tooth *n.* 智齿 zhìchǐ

wise *a.* 有知识的 yǒu zhīshide；聪明的 cōngmingde；明智的 míngzhìde：～ men 聪明人 cōngmingrén / ～ acts 明智的行为 míngzhìde xíngwéi // none the ～r 不明白 bù míngbai：After the lecture he was none the ～r. 他听课后还是不明白。Tā tīngkè hòu háishì bùmíngbai.

wiseacre *n.* 自作聪明的人 zìzuò cōngmingde rén

wisecrack *n.* 妙语 miàoyǔ；俏皮话 qiàopihuà

wish *v.* **1.** 希望 xīwàng；但愿 dànyuàn：I ～ the weather wasn't so cold. 但愿天气不致这么冷。Dànyuàn tiānqì búzhì zhème lěng. **2.** 祝 zhù；祝愿 zhùyuàn：I ～ you a happy New Year！祝你新年快乐！Zhù nǐ Xīnnián kuàilè！**3.** 想要 xiǎngyào；渴望 kěwàng：You have everything you could ～ for. 你渴望得到的东西都得到了。Nǐ kěwàng dédàode dōngxi dōu dédàole. *n.* **1.** 愿望 yuànwàng；心愿 xīnyuàn：a ～ for peace 对和平的渴望 duì hépíngde kěwàng **2.** 盼望的事物 pànwàngde shìwù：She got her ～. 她如愿以偿了。Tā rúyuàn-yǐchángle. **3.** 问候 wènhòu：Please send them my best ～es. 请替我向他们问好。Qǐng tì wǒ xiàng tāmen wènhǎo.

wishful *a.* 有希望的 yǒu xīwàngde；渴望的 kěwàngde // ～ thinking *n.* 如意算盘 rúyì-suànpán；痴心妄想 chīxīn-wàngxiǎng

wishy-washy *a.* **1.** 淡淡的 dàndànde * of drinks **2.** 软弱无力的 ruǎnruòwúlìde = weak

wisp *n.* **1.** 小捆 xiǎokǔn；小把 xiǎobǎ；小束 xiǎoshù：a ～ of hair 一绺头发 yìliǔ tóufa **2.** 一缕 yìlǚ；一丝 yìsī：a ～ of smoke 一缕青烟 yìlǚ qīngyān

wistful *a.* 渴望的 kěwàngde；思念的 sīniànde ～ looks 渴望的神色 kěwàngde shénsè

wit *n.* **1.** 智力 zhìlì；才智 cáizhì：have quick ～ 能急中生智 néng jízhōngshēngzhì **2.** 理智 lǐzhì：lose one's ～s 丧失理智 sàngshī lǐzhì **3.** 措辞巧妙的能力 cuòcí qiǎomiàode nénglì：conversation full of ～s 情趣横溢的谈话 qíngqù héngyìde tánhuà **4.** 机智的人 jīzhìde rén；才子 cáizǐ ＊of persons // at one's ～'s end 不知所措 bùzhī suǒcuò / have one's ～s about one 保持机警 bǎochí jījǐng

witch *n.* 巫婆 wūpó

witchery *n.* 魔法 mófǎ；巫术 wūshù

witchcraft *n.* 巫术 wūshù；魔法 mófǎ

witch doctor *n.* 巫医 wūyī

witch-hunt *n.* 政治迫害 zhèngzhì pòhài

with *prep.* **1.** 和…一起 hé…yìqǐ；跟… gēn…：live ～ one's parents 和父母在一起生活 hé fùmǔ zài yìqǐ shēnghuó / talk ～ friends 跟朋友谈话 gēn péngyou tánhuà **2.** 具有 jùyǒu；带有 dàiyǒu：a girl ～ blue eyes 蓝眼睛的女孩子 lán yǎnjingde nǚháizi **3.** 用 yòng：What will you buy ～ the money? 你想用这些钱买什么？Nǐ xiǎng yòng zhèxiē qián mǎi shénme? / write ～ a pen 用钢笔写字 yòng gāngbǐ xiězì **4.** 对… duì…；与… yǔ…：argue ～ them 和他们辩论 hé tāmen biànlùn **5.** 因为 yīnwèi；由于 yóuyú：jump ～ joy 高兴得跳起来 gāoxìngde tiàoqǐlái / shiver ～ cold 冻得发抖 dòngde fādǒu **6.** 以 yǐ：He can read Chinese ～ ease. 他能流畅地念汉语。Tā néng liúchàngde niàn Hànyǔ. / They fought ～ courage. 他们英勇地战斗。Tāmen yīngyǒngde zhàndòu. **7.** 随着 suízhe；与…同时 yǔ…tóngshí：A tree's shadow moves ～ the sun. 树影随着太阳移动。Shùyǐng suízhe tàiyáng yídòng. / The wine improves ～ age. 年头越长，酒味儿越醇。Niántóu yuècháng, jiǔwèir yuèchún. **8.** 照顾 zhàogu；管理 guǎnlǐ：leave the child ～ its grandmother 把孩子留给奶奶照管 bǎ háizi liúgěi nǎinai zhàoguǎn **9.** 对于 duìyú；关于 guānyú：Be patient ～ them. 对他们要耐心。Duì tāmen yào nàixīn. / It is the custom ～ the Chinese. 那是中国人的习惯。Nàshì Zhōngguórénde xíguàn. / sympathize ～ her 同情她 tóngqíng tā **10.** 和…分手 hé…fēnshǒu：He has broken ～ his best friend. 他已经和他最好的朋友绝交了。Tā yǐjīng hé tā zuìhǎode péngyou juéjiāole. **11.** 赞同 zàntóng；有利于 yǒulìyú：I agree ～ you. 我同意你的意见。Wǒ tóngyì nǐde yìjian. **12.** 尽管 jǐnguǎn；虽有 suīyǒu：W- all her faults he still liked her. 尽管她有许多缺点，他仍然喜欢她。Jǐnguǎn tā yǒu xǔduō quēdiǎn, tā réngrán xǐhuan tā. / W- all his efforts, he lost the match. 虽然他很努力，比赛还是失败了。Suīrán tā hěn nǔlì, bǐsài háishì shībàile.

withdraw *v.* **1.** 使撤退 shǐ chètuì；撤回 chèhuí：to ～ the army 撤回军队 chèhuí jūnduì **2.** 收回 shōuhuí；取回 qǔhuí：～ money from the bank 从银行取款 cóng yínháng qǔkuǎn / to ～ a remark 收回说过的话 shōuhuí shuōguode huà **3.** 使退出 shǐ tuìchū；使脱离 shǐ tuōlí：He ～s from the race. 他退出了比赛。Tā tuìchūle bǐsài. // withdrawal *n.*

withdrawn *a.* 孤僻的 gūpìde；内向的 nèixiàngde

withe *n.* 枝条 zhītiáo

wither *v.* 使枯萎 shǐ kūwěi；使凋谢 shǐ diāoxiè

withhold *v.* 制止 zhìzhǐ；扣留 kòuliú；不给 bùgěi：to ～ information 封锁消息 fēngsuǒ xiāoxi / to ～ payment 不予支付 bùyǔ zhīfù

within *ad.* & *prep.* **1.** 在…里面 zài…lǐmiàn；在…内部 zài…nèibù：be clean ～ and without 里里外外都干净 lǐli-wàiwài dōu gānjìng / ～ the city 在城内 zài chéng nèi **2.** 不超出 bù chāochū；…以内 …yǐnèi：He will be back ～ two hours. 他在两小时内回来。Tā zài liǎng xiǎoshínèi huílái. / ～ one's reach 就在附近 jiùzài fùjìn *n.* 内部 nèibù；里面 lǐmiàn：The door opens from ～. 这门从里开。Zhèmén cónglǐ kāi.

without *ad.* & *prep.* **1.** 没有 méiyǒu；无 wú：He went ～ his supper. 他没吃晚饭就走了。Tā méi chī wǎnfàn jiù zǒule. / not ～ reason 不无道理 bù wú dàoli **2.** 如果没有 rúguǒ méiyǒu；要没有 yào méiyǒu：W- air we could not live. 如果没有空气，我们就没法生存。Rúguǒ méiyǒu kōngqì, wǒmen jiù méifǎ shēngcún. **3.** 不 bù；未 wèi：He went out ～ saying a word. 他一句话不说就出去了。Tā yíjùhuà bùshuō jiù chūqùle. / I cannot go ～ getting my lessons done. 不把功课准备好，我就不能去。Bùbǎ gōngkè zhǔnbèi hǎo, wǒ jiù bùnéng qù. / go ～ saying 不消说 bùxiāoshuō

withstand *v.* 抵抗 dǐkàng；反抗 fǎnkàng；经受 jīngshòu：～ a siege 抵抗围攻 dǐkàng wéigōng / ～ hard wear 耐穿 nàichuān

witless *a.* 无才智的 wú cáizhìde；无智慧的 wú zhìhuìde

witness *n.* **1.** 目击者 mùjīzhě：～ of an incident 事件的目击者 shìjiànde mùjīzhě **2.** 证人 zhèngren：He was called as a ～ at the trial. 他被传为

审判的证人。Tā bèi chuánwéi shěnpànde zhèngren. **3.** 证明 zhèngmíng；证据 zhèngjù；见证 jiànzhèng：My friends will bear ～ to my character. 我的朋友可证明我的为人。Wǒde péngyou kě zhèngmíng wǒde wéirén. *v.* **1.** 目睹 mùdǔ；目击 mùjī：She ～ed the accident. 她亲眼看见了这次事故。Tā qīnyǎn kànjiànle zhècì shìgù. **2.** 作证人 zuòzhèngren；作连署人 zuò liánshǔrén：to ～ the signature 在签字旁连署 zài qiānzìpáng liánshǔ // ～ box 证人席 zhèngrenxí

witticism *n.* 俏皮话 qiàopihuà；妙语 miàoyǔ

wittily *ad.* 机智地 jīzhìde；机敏地 jīmǐnde；俏皮地 qiàopide

wittingly *ad.* 有意地 yǒuyìde；故意的 gùyìde

witty *a.* **1.** 机智的 jīzhìde；机敏地 jīmǐnde：a ～ person 机敏的人 jīmǐnde rén **2.** 诙谐的 huīxiéde：～ remarks 俏皮话 qiàopihuà；诙谐话 huīxiéhuà

wizard *n.* **1.** 男巫 nánwū；术士 shùshì **2.** 奇才 qícái：He's a ～ at playing the piano. 他是个弹钢琴的奇才。Tā shìge tán gāngqínde qícái.

wizened *a.* 枯萎的 kūwěide；干瘪的 gānbiěde：a ～ old lady 干瘪的老妇人 gānbiěde lǎofùrén

wobble *v.* 摇摆 yáobǎi；晃动 huàngdòng：～ between two opinions 拿不定主意 nábudìng zhǔyi

woe *n.* **1.** 悲哀 bēi'āi；悲痛 bēitòng = sorrow **2.** 灾难 zāinàn；不幸 búxìng = misfortune

woebegone *a.* 愁眉不展的 chóuméi bùzhǎnde；悲伤的 bēishāngde

woeful *a.* **1.** 悲痛的 bēitòngde；悲哀的 bēi'āide：～ eyes 悲伤的眼睛 bēishāngde yǎnjing **2.** 不幸的 búxìngde；可悲的 kěbēide；令人遗憾的 lìngrén yíhànde：～ ignorance 可悲的无知 kěbēide wúzhī / a ～ lack of understanding 缺乏谅解令人遗憾 quēfá liàngjiě lìngrén yíhàn

wold *n.* 高原 gāoyuán；山地 shāndì

wolf *n.* **1.** 狼 láng * the beast **2.** 色鬼 sèguǐ；色狼 sèláng = man fond of amatory pursuit of woman *v.* 狼吞虎咽 lángtūn-hǔyàn：～ down one's dinner 狼吞虎咽地吃饭 lángtūn-hǔyànde chīfàn

wolfish *a.* 狼似的 lángshìde；凶猛的 xiōngměngde

wolfram *n.* 钨 wū = tungsten

woman *n.* **1.** 成年女子 chéngnián nǚzǐ；妇女 fùnǚ **2.** 女人 nǚrén；女性 nǚxìng：women workers 女工 nǚgōng / equality between man and ～ 男

女平等 nánnǚ píngděng 3. 女人气质 nǚrén qìzhì：There is something of the ～ in him. 他有些女人气。Tā yǒuxiē nǚrénqì.

womanhood *n.* 1. 女子 nǚzǐ；妇女界 fùnǚjiè 2. 女子的成年状态 nǚzǐde chéngnián zhuàngtài；女子特性 nǚzǐtèxìng：grow into ～ 女子成年 nǚzǐ chéngnián

womanish *a.* 女子气的 nǚzǐqìde；似女子的 sìnǚzǐde：a ～ walk 女人般的走路姿势 nǚrénbānde zǒulù zīshì / a ～ talk 婆婆妈妈的话 pópomāmāde huà

womanize *v.* 1. 使有女人腔 shǐ yǒu nǚrénqiāng = make effeminate 2. 追求女色 zhuīqiú nǚsè * of men fond of sex

womankind *n.* 妇女 fùnǚ；女性 nǚxìng

womanly *a.* 1. 有女子气质的 yǒu nǚzǐ qìzhìde：～ feeling 妇女深厚的情感 fùnǚ shēnhòude qínggǎn 2. 女性的 nǚxìngde：She showed a ～ concern for their health. 她对他们的健康表现出女性特有的关心。Tā duì tāmende jiànkāng biǎoxiàn chū nǚxìng tèyǒude guānxīn.

womb *n.* 子宫 zǐgōng

wonder *n.* 1. 惊奇 jīngqí；惊叹 jīngtàn：They were filled with ～ at the new waterfall. 他们对新瀑布感到非常惊奇。Tāmen duì xīn pùbù gǎndào fēicháng jīngqí. 2. 奇迹 qíjī；奇观 qíguān：The Great Wall in China is one of the world's ～s. 中国的万里长城是世界奇迹之一。Zhōngguóde Wànlǐ Chángchéng shì shìjiè qíjī zhīyī. *v.* 1. 对…感到惊奇 duì…gǎndào jīngqí；对…感到惊叹 duì…gǎndào jīngtàn：I ～ at his rudeness. 我对他的粗暴无礼感到吃惊。Wǒ duì tāde cūbào-wúlǐ gǎndào chījīng. / It is not to be ～ed at. 这是不足为奇的。Zhè shì bùzúwéiqíde. 2. 觉得好奇 juéde hàoqí；想知道 xiǎng zhīdao：I ～ who he is. 我想知道他是谁。Wǒ xiǎng zhīdao tā shì shuí. *a.* 极好的 jíhǎode；奇妙的 qímiàode：～ drugs 特效药 tèxiàoyào

wonderful *a.* 精彩的 jīngcǎide；好极了 hǎojíle：a ～ performance 精彩的表演 jīngcǎide biǎoyǎn / a ～ idea 好主意 hǎozhǔyi

wonderland *n.* 1. 仙境 xiānjìng 2. 奇异的地方 qíyìde dìfang

wonderment *n.* 惊奇 jīngqí；惊异 jīngyì

wondrous *a.* 奇异 qíyì；奇妙 qímiào *ad.* 出奇地 chūqíde；异常地 yìchángde：～ly beautiful 奇美 qíměi / ～ bravery 异常的勇敢

yìchángde yǒnggǎn

wont *n.* 习惯 xíguàn：It is my ～ to rise early. 早起是我的习惯。Zǎoqǐ shì wǒde xíguàn.

wonted *a.* 习惯的 xíguànde；惯常的 guànchángde

woo *v.* **1.** 求婚 qiúhūn ＝ court **2.** 追求 zhuīqiú：～ fame and fortune 追求名利 zhuīqiú mínglì **3.** 争取 zhēngqǔ：to ～ the voters 争取选民支持 zhēngqǔ xuǎnmín zhīchí

wood *n.* **1.** 木头 mùtou；木材 mùcái：made of ～ 木制的 mùzhìde / Put some more ～ in the stove. 再往火炉里添些木柴。Zàiwǎng huǒlúli tiān xiē mùchái. **2.** 树林 shùlín：a walk in the ～ 在树林中散步 zài shùlínzhōng sànbù / Can't see the ～ for the trees. 只见树木不见树林。Zhǐjiàn shùmù bújiàn shùlín.

woodchuck *n.* 土拨鼠 tǔbōshǔ

woodcraft *n.* **1.** 木材加工 mùcái jiāgōng ＝ skill of working with wood **2.** 森林知识 sēnlín zhīshi ＝ knowledge of the woods

woodcut *n.* 木刻 mùkè；板画 bǎnhuà

woodcutter *n.* **1.** 伐木工人 fámù gōngrén；樵夫 qiáofū ＝ logger **2.** 木刻家 mùkèjiā ＝ artist of wood-engraving

wooded *a.* 多树木的 duō shùmùde：～ hills 长满树木的小山 zhǎngmǎn shùmùde xiǎoshān

wooden *a.* **1.** 木制的 mùzhìde：a ～ horse 木马 mùmǎ **2.** 呆板的 áibǎnde ＝ stiff；笨拙的 bènzhuōde ＝ clumsy：a ～ smile 呆板的笑容 áibǎnde xiàoróng / ～ movements 僵硬的动作 jiāngyìngde dòngzuò

woodland *n.* 森林地区 sēnlín dìqū；森林 sēnlín：large areas of ～ 大片林地 dàpiàn líndì

woodman *n.* **1.** 伐木工人 fámù gōngrén ＝ woodcutter；**2.** 林内居民 línnèi jūmín ＝ one who lives in the wooded area

woodpecker *n.* 啄木鸟 zhuómùniǎo

woodpulp *n.* 木浆 mùjiāng

woodsman *n.* 山林人 shānlínrén

woodwind *n.* 木管乐器 mùguǎn yuèqì

woodwool *n.* 细刨花 xìbàohuā

woodwork *n.* **1.** 木制品 mùzhìpǐn ＝ sth. made of wood；木制家具 mùzhì jiājù ＝ furniture made of wood **2.** 木工活 mùgōnghuó ＝ art of making things of wood

woodworking *n.* 木材加工 mùcái jiāgōng

woodworm *n.* 钻木虫 zuānmùchóng

woody *a.* **1.** 树木茂密的 shùmù màomìde = covered with trees **2.** 木质的 mùzhìde；木本的 mùběnde = consisting of wood：a ~ plant 木本植物 mùběn zhíwù

wooer *n.* 求爱者 qiú'àizhě；求婚者 qiúhūnzhě

woof[1] *n.* 纬线 wěixiàn * in weaving

woof[2] *n.* 狗汪汪声 gǒu wāngwāngshēng = barking of dog

wool *n.* **1.** 羊毛 yángmáo：cut ～ 剪羊毛 jiǎn yángmáo **2.** 毛线 máoxiàn；绒线 róngxiàn；毛织品 máozhīpǐn：a ～ dress 毛衣 máoyī **3.** 毛状物 máozhuàngwù：cotton ～ 原棉 yuánmián

woolgathering *n.* 精神涣散 jīngshén-huànsàn *a.* 注意不集中的 zhùyì bù jízhōngde；精神涣散的 jīngshén-huànsànde

woolgrower *n.* 牧羊售毛者 mùyáng shòumáozhě

woollen *a.* 羊毛的 yángmáode；毛织的 máozhīde

woollens *n.* 毛织品 máozhīpǐn；毛料 máoliào

woolly *a.* **1.** 羊毛的 yángmáode；羊毛状的 yángmáozhuàngde；毛茸茸的 máoróngróngde：～ socks 羊毛袜 yángmáowà **2.** 模糊的 móhude；不清的 bùqīngde = not clear：His ideas are a bit ～. 他的看法有点儿模糊不清。Tāde kànfǎ yǒudiǎnr móhu-bùqīng. *n.* ［woollies］毛绒衣 máoróngyī；羊毛内衣 yángmáo nèiyī：winter woollies 冬季毛衣 dōngjì máoyī

woolly-headed *a.* **1.** 鬈发的 quánfàde = with curly hair **2.** 头脑糊涂的 tóunǎo hútude = with a confused mind

woozy *a.* 头晕目眩的 tóuyūn mùxuànde

word *n.* **1.** 词 cí；单词 dāncí：new ～ 生词 shēngcí / How many English ～s do you know? 你知道多少英语单词？Nǐ zhīdao duōshao Yīngyǔ dāncí? **2.** 话 huà；言词 yáncí：I'll have a ～ with you. 我有话对你说。Wǒ yǒu huà duì nǐ shuō. / You can take him at his ～. 你可以相信他的话。Nǐ kěyǐ xiāngxìn tāde huà. **3.** 消息 xiāoxi；音讯 yīnxùn：Please send me ～ of your safe arrival. 请把你平安到达的消息告诉我。Qǐng bǎ nǐ píng'ān dàodáde xiāoxi gàosu wǒ. **4.** 诺言 nuòyán；保证

bǎozhèng: He always keeps his ～. 他始终信守诺言。Tā shǐzhōng xìnshǒu nuòyán. **5.** 命令 mìnglìng; 口令 kǒulìng: When I give the ～, start running. 我一下令你们就开始跑。Wǒ yī xiàlìng nǐmen jiù kāishǐ pǎo. **6.** 口角 kǒujiǎo: have ～ with a person 同某人吵嘴 tóng mǒurén chǎozuǐ *v.* 说 shuō; 用言词表达 yòng yáncí biǎodá: a well ～ed letter 一封措辞良好的信 yìfēng cuòcí liánghǎode xìn

wordbook *n.* 词汇汇编 cíhuì huìbiān; 词书 císhū

word-building *n.* 构词法 gòucífǎ

wordiness *n.* 罗嗦 luōsuo

wording *n.* 措词 cuòcí; 用语 yòngyǔ

wordy *a.* 用词过多的 yòngcí guòduōde; 罗嗦的 luōsuode

word-perfect *a.* 能背诵的 néngbèisòngde: Her speech was ～. 她的讲演背得一字不差。Tāde jiǎngyǎn bèide yízì búchà.

word processor *n.* 文字处理机 wénzì chǔlǐjī

work *n.* **1.** 劳动 láodòng; 工作 gōngzuò; 作业 zuòyè: I have a lot of ～ to do today. 今天我有很多工作要做。Jīntiān wǒ yǒu hěnduō gōngzuò yàozuò. / The repairman set to ～ on the television. 维修工人开始修理电视机。Wéixiū gōngrén kāishǐ xiūlǐ diànshìjī. **2.** 工件 gōngjiàn; 活儿 huór: I'm taking some ～ home from the office this evening. 今晚我要从办公室带点儿工作回家做。Jīnwǎn wǒ yào cóng bàngōngshì dàidiǎnr gōngzuò huíjiā zuò. **3.** 职业 zhíyè; 业务 yèwù: What ～ do you do? 你是干什么工作的？Nǐ shì gàn shénme gōngzuòde? / She got home very late from ～. 她很晚才下班回家。Tā hěnwǎn cái xiàbān huíjiā. **4.** 工艺品 gōngyìpǐn; 人工制品 réngōng zhìpǐn: What a fine piece of ivory ～! 多么精美的象牙工艺品！Duōme jīngměide xiàngyá gōngyìpǐn! **5.** 著作 zhùzuò; 作品 zuòpǐn: the ～s of Shakespeare 莎士比亚的著作 Shāshìbǐyàde zhùzuò **6.** 工厂 gōngchǎng: an iron and steel ～s 钢铁工厂 gāngtiě gōngchǎng *v.* **1.** 工作 gōngzuò; 劳动 láodòng; 做 zuò: I've been ～ing hard all day. 我辛苦地工作了一整天。Wǒ xīnkǔde gōngzuòle yìzhěngtiān. **2.** 运转 yùnzhuǎn; 活动 huódòng: This machine doesn't ～. 这架机器运转不灵。Zhèjià jīqì yùnzhuǎn bùlíng. / My brain doesn't seem to be ～ing well today. 今天我的脑子好象有点儿不大灵。Jīntiān wǒde nǎozi hǎoxiàng yǒudiǎnr búdàlíng. **3.** 起作用 qǐzuòyòng; 行得通 xíngdetōng: The medicine doesn't ～. 这药不起作

用。Zhèyào bùqǐ zuòyòng. / Will your plan ～? 你的计划行得通吗? Nǐde jìhuà xíngde tōngma? **4.** 造成 zàochéng; 引起 yǐnqǐ: ～ wonders 造成奇迹 zàochéng qíjī **5.** 经营 jīngyíng; 管理 guǎnlǐ: ～ a mine 经营一处矿山 jīngyíng yíchù kuàngshān / ～ a farm 办农场 bàn nóngchǎng **6.** 缓慢进行 huǎnmàn jìnxíng; 逐渐移动 zhújiàn yídòng: The screw has ～ed loose. 那螺丝钉已经松动了。Nà luósīdīng yǐjīng sōngdòngle. / He gradually ～ed his way to the front of the crowd. 他渐渐挤到了人群前面。Tā jiànjiàn jǐdàole rénqún qiánmian. **7.** 锤炼 chuílian; 捏成 niēchéng: ～ dough 揉面团 róu miàntuán **8.** 缝制 féngzhì; 刺绣 cìxiù: ～ a pattern on linen 在亚麻布上绣花样 zài yàmábùshang xiù huāyàng // ～ off 排除 páichú; 消除 xiāochú; 偿清 chángqīng: to ～ off a debt 清偿债务 qīngcháng zhàiwù / to ～ off one's anger 发泄怒气 fāxiè nùqì / ～ out **1.** 有结果 yǒujiéguǒ; 带来好处 dàilái hǎochu: The situation ～s out quite well. 形势发展的结果很好。Xíngshì fāzhǎnde jiéguǒ hěnhǎo. **2.** 锻炼 duànliàn: to ～ out in the gymnasium 在健身房里锻炼 zài jiànshēnfángli duànliàn / ～ sth. out **1.** 计算出 jìsuànchū: ～ out the new price 算出新的价格 suànchū xīnde jiàgé **2.** 作出 zuòchū; 设计出 shèjìchū: They've ～ed out a new plan. 他们已经制订出新的计划。Tāmen yǐjīng zhìdìngchū xīnde jìhuà. **3.** 解答 jiědá; 解决 jiějué: He was ～ing out a problem. 他正在解决一个问题。Tā zhèngzài jiějué yíge wèntí. **4.** 用尽 yòngjìn; 枯竭 kūjié / ～ up **1.** 激起 jīqǐ; 引起 yǐnqǐ **2.** 逐渐发展 zhújiàn fāzhǎn

workable *a.* 可操作的 kě cāozuòde; 可使用的 kě shǐyòngde

workaday *a.* **1.** 工作日的 gōngzuòrìde; 平日的 píngrìde **2.** 普通的 pǔtōngde; 平凡的 píngfánde = common

workbench *n.* 工作台 gōngzuòtái

workbook *n.* 练习册 liànxícè

workday *n.* 工作日 gōngzuòrì

worked-up *a.* 兴奋的 xīngfènde; 烦燥不安 fánzào bù'ān

worker *n.* **1.** 工人 gōngrén; 劳动者 láodòngzhě: an industrial ～ 产业工人 chǎnyè gōngrén / a manual (mental) ～ 体力(脑力)劳动者 tǐlì (nǎolì) láodòngzhě **2.** 工作者 gōngzuòzhě: an art ～ 艺术工作者 yìshù gōngzuòzhě

work force *n.* 劳动力 láodònglì

workhouse *n.* 教养所 jiàoyǎngsuǒ；救济院 jiùjìyuàn

working *n.* **1.** 矿坑 kuàngkēng = mine；采石场 cǎishíchǎng = quarry；巷道 hàngdào = gallery of mine **2.** 运转 yùnzhuǎn；操作 cāozuò = operation：the ～s of the human mind 人脑的活动 rénnǎode huódòng *a.* **1.** 工作的 gōngzuòde；劳动的 láodòngde：the ～ class 工人阶级 gōngrén jiējí / the ～ people 劳动人民 láodòng rénmín **2.** 工作的 gōngzuòde；关于工作的 guānyú gōngzuòde：～ capacity 工作量 gōngzuòliàng /the ～ week 工作周 gōngzuòzhōu **3.** 营业上的 yíngyèshangde；经营的 jīngyíngde：～ expenses 营业费 yíngyèfèi

working knowledge *n.* 实践知识 shíjiàn zhīshi

workingman *n.* 工人 gōngrén；劳动者 láodòngzhě

working-out *n.* 制订 zhìdìng；算出 suànchū：～ of a plan 计划的制订 jìhuàde zhìdìng

working party *n.* 专题调查委员会 zhuāntí diàochá wěiyuánhuì

workman *n.* 工人 gōngrén：a skilled ～ 技术工人 jìshù gōngrén

workmanlike *a.* 工作熟练的 gōngzuò shúliànde；有技巧的 yǒu jìqiǎode

workmanship *n.* 手艺 shǒuyì；工艺 gōngyì；做工 zuògōng：good ～ 精细的工艺 jīngxìde gōngyì / a vase of poor ～ 做工粗劣的花瓶 zuògōng cūliède huāpíng

workpeople *n.* 劳动人民 láodòng rénmín；体力劳动者 tǐlì láodòngzhě

workpiece *n.* 工作件 gōngzuòjiàn

workroom *n.* 工作室 gōngzuòshì

workshop *n.* 车间 chējiān；工场 gōngchǎng

workshy *a.* 不愿工作的 búyuàn gōngzuòde；懒惰的 lǎnduòde：He's not ill, he's just ～！他没病；他只是想偷懒！Tā méi bìng；tā zhǐshì xiǎng tōulǎn！

worktop *n.* 操作台面 cāozuò táimiàn ＊ in a kitchen

world *n.* **1.** 世界 shìjiè；地球 dìqiú；天体 tiāntǐ：the Second W- War 第二次世界大战 Dì-èrcì Shìjiè Dàzhàn / make a journey round the ～ 作环球旅行 zuò huánqiú lǚxíng **2.** 领域 lǐngyù；界 jiè：the ～ of sports 体育界 tǐyùjiè / the ～ of animals 动物界 dòngwùjiè **3.** 世事 shìshì；人世生活 rénshì shēnghuó；世故 shìgù：How goes the ～ with you？你近况如何？Nǐ jìnkuàng rúhé？/ see much of the ～ 见过不少世面 jiànguo bùshǎo shìmiàn **4.** 世人 shìrén；众人 zhòngrén；The whole ～ knows…

人人都知道… Rénrén dōu zhīdao… **5.** 大量 dàliàng；无数 wúshù：a ～ of water 一片汪洋 yípiàn wāngyáng / The medicine did me the ～ of good. 这种药对我大有好处。Zhèzhǒng yào duì wǒ dàyǒu hǎochu.

world-class *a.* 世界第一流的 shìjiè dì-yī liúde：～ footballer 世界第一流的足球明星 shìjiè dì-yī liúde zúqiú míngxīng

worldly *a.* **1.** 物质的 wùzhìde = of material：all my ～ goods 我所有的财产 wǒ suǒyǒude cáichǎn **2.** 世间的 shìjiānde；世俗的 shìsúde = temporal // worldliness *n.*

world-wide *a.* 遍及全球的 biànjí quánqiúde；世界性的 shìjièxìngde

worm *n.* **1.** 虫 chóng；蠕虫 rúchóng **2.** 肠虫 chángchóng；寄生虫 jìshēngchóng：The child has ～s. 这孩子肚里长了虫。Zhè háizi dùli zhǎngle chóng. **3.** 懦夫 nuòfū；可怜虫 kěliánchóng；小人物 xiǎo rénwù = a crude person　*v.* 使蠕行 shǐ rúxíng；缓慢爬行 huǎnmàn páxíng = crawl：He ～s himself through the opening. 他慢慢地爬过洞口。Tā mànmànde páguo dòngkǒu. // ～ out 慢慢地探出 mànmànde tànchū：I ～ed the secret out. 我慢慢地探知了秘密。Wǒ mànmànde tànzhīle mìmì.

wormwood *n.* 苦艾 kǔ'ài

wormy *a.* 虫咬的 chóngyǎode；生虫的 shēngchóngde

worn-out *a.* **1.** 用坏的 yònghuàide；穿破的 chuānpòde：～ shoes 穿破的鞋 chuānpòde xié. **2.** 疲惫不堪的 píbèi-bùkānde：She was ～ after two sleepless nights. 两夜没睡她已筋疲力尽了。Liǎngyè méishuì tā yǐ jīnpí-lìjìnle.

worried *a.* 烦恼的 fánnǎode；焦虑的 jiāolǜde：a ～ look 忧虑的神色 yōulǜde shénsè

worry *v.* **1.** (使)烦恼 (shǐ)fánnǎo；(使)困扰 (shǐ)kùnrǎo：The traffic worried her. 交通困扰着她。Jiāotōng kùnrǎozhe tā. **2.** 焦虑 jiāolǜ；担心 dānxīn：You have no reason to ～. 你没有理由担忧。Nǐ méiyǒu lǐyóu dānyōu. **3.** 撕咬 sīyǎo；追咬 zhuīyǎo：The dog was ～ing the sheep. 狗正在追咬羊群。Gǒu zhèngzài zhuīyǎo yángqún.　*n.* 烦恼 fánnǎo；担心 dānxīn；烦恼的事 fánnǎode shì：show signs of ～ 显出焦虑的样子 xiǎnchū jiāolǜde yàngzi

worse *a.* **1.** 更坏的 gènghuàide；更差的 gèngchàde：The weather is ～ this week. 本周的天气更坏。Běnzhōude tiānqì gènghuài. **2.** 更重的

gèngzhòngde；更厉害的 gènglìhaide：She is much ～ today. 她的病情更重了。Tāde bìngqíng gèngzhòngle. *ad*. **1.** 更坏 gènghuài；更糟 gèngzāo：He is behaving ～ than ever. 他的行为比过去更坏。Tāde xíngwéi bǐ guòqù gènghuài. **2.** 更加 gèngjiā：It's raining ～ than ever. 雨越下越大。Yǔ yuèxià-yuèdà. *n*. 更坏的事 gènghuàide shì ＝ ～thing(s)

worsen *v*. 变得更坏 biànde gènghuài；恶化 èhuà

worship *n*. **1.** 崇拜 chóngbài；敬仰 jìngyǎng：an object of ～ 崇拜对象 chóngbài duìxiàng / hero ～ 英雄崇拜 yīngxióng chóngbài **2.** 礼拜 lǐbài：to attend ～ 去做礼拜 qù zuò lǐbài *v*. **1.** 崇拜 chóngbài；尊敬 zūnjìng：～ God 崇拜上帝 chóngbài Shàngdì **2.** 做礼拜 zuò lǐbài：to ～ regularly 定期做礼拜 dìngqī zuò lǐbài

worship(p)er *n*. 崇拜者 chóngbàizhě

worst *a*. 最坏的 zuìhuàide；最差的 zuìchàde：This is the ～ accident for years. 这是几年来最严重的事故。Zhèshì jǐniánlái zuì yánzhòngde shìgù. *ad*. 最坏地 zuìhuàide；最糟地 zuìzāode *n*. 最坏的部分 zuìhuàide bùfen；最坏者 zuìhuàizhě：You must be prepared for the ～. 你必须作最坏的打算。Nǐ bìxū zuò zuìhuàide dǎsuan.

worsted *n*. 毛线 máoxiàn；精纺毛纱 jīngfǎng máoshā：a ～ suit 一套毛线衣 yītào máoxiànyī

wort *n*. 麦芽汁 màiyázhī

worth *prep*. & *a*. **1.** 值…的 zhí…de；相当于…价值的 xiāngdāngyú…jiàzhíde：What is it ～? 这值多少钱? Zhè zhí duōshao qián? **2.** 拥有…价值财产的 yōngyǒu…jiàzhí cáichǎnde：She's ～ $1,000,000. 她拥有价值一百万美元的家产。Tā yōngyǒu jiàzhí yìbǎiwàn Měiyuánde jiāchǎn. **3.** 值得…的 zhíde…de：This film is well ～ seeing. 这部电影很值得一看。Zhèbù diànyǐng hěn zhíde yíkàn. *n*. 价值 jiàzhí ＝ value

worthless *n*. 无价值的 wújiàzhíde；无用的 wúyòngde

worth-while *a*. 值得做的 zhíde zuòde；合算的 hésuànde

worthy *a*. **1.** 值得的 zhídede；相称的 xiāngchènde：be ～ of the name 名副其实的 míngfù-qíshíde **2.** 有价值的 yǒujiàzhíde；可尊敬的 kě zūnjìngde：a ～ man 高尚的人 gāoshàngde rén // worthily *ad*. / worthiness *n*.

wound *n.* **1.** 伤 shāng；伤口 shāngkǒu = injury **2.** 创伤 chuāngshāng = an injury to the feelings *v.* 使受伤 shǐ shòushāng；伤害 shānghài = hurt

wraith *n.* 幽灵 yōulíng；鬼魂 guǐhún

wrangle *v.* & *n.* 争吵 zhēngchǎo；口角 kǒujiǎo

wrangler *n.* 争吵者 zhēngchǎozhě

wrap *v.* **1.** 包 bāo；捆 kǔn；裹 guǒ：W- it up in paper. 把它包在纸里。Bǎ tā bāozài zhǐli. **2.** 缠 chán；围 wéi = put round：She ～ her shawl closer about her. 她把围巾围得紧一些。Tā bǎ wéijīn wéide jǐnyìxiē.

wrapper *n.* 包装纸 bāozhuāngzhǐ；封皮 fēngpí ＊ of a book

wrapping *n.* 包装材料 bāozhuāng cáiliào

wrath *n.* 愤怒 fènnù；大怒 dànù

wrathful *a.* 暴怒的 bàonùde；大怒的 dànùde

wreak *v.* 发泄 fāxiè

wreath *n.* **1.** 花圈 huāquān；花环 huāhuán = garland **2.** 圈 quān；涡 wō = sth. formed into a ring：a ～ of smoke 烟圈 yānquān

wreathe *v.* **1.** 把…做成圈(环) bǎ…zuòchéng quān(huán)：～ flowers into a garland 编成花环 biānchéng huāhuán **2.** 环绕 huánrǎo；覆盖 fùgài = surround：Mist ～d the hilltops. 云雾缭绕在山头。Yúnwù liáorǎo zài shāntóu.

wreck *n.* **1.** 失事 shīshì；遭难 zāonàn：save a ship from ～ 营救一只遇难的船 yíngjiù yìzhī yùnànde chuán **2.** 残骸 cánhái = ruin：the ～ of the plane 飞机残骸 fēijī cánhái *v.* 破坏 pòhuài；毁灭 huǐmiè：The ship was ～ed on the rocks. 船在岩石上撞毁了。Chuán zài yánshíshang zhuànghuǐle. / The weather ～s our plans. 这天气破坏了我们的计划。Zhè tiānqì pòhuàile wǒmende jìhuà.

wreckage *n.* 残骸 cánhái

wren *n.* 鷦鷯 jiāoliáo

wrench *v.* **1.** 猛扭 měngniǔ；猛拉 měnglā = twist suddenly and violently **2.** 扭伤 niǔshāng：to ～ one's ankle 扭伤踝子骨 niǔshāng huáizigǔ *n.* **1.** 猛扭 měngniǔ；猛拉 měnglā = violent twist **2.** 离别痛苦 líbié tòngkǔ：the ～ of leaving one's family 辞别家人的忧伤 cíbié jiārénde yōushāng **3.** 扳子 bānzi ＊ a tool

wrest *v.* **1.** 夺取 duóqǔ；强夺 qiángduó = take by force：She ～ed it from his hands. 她硬把它从他手里夺走。Tā yìngbǎ tā cóng tā shǒuli duózǒu. 2. 歪曲 wāiqū = twist：～ facts 歪曲事实 wāiqū shìshí

wrestle *v.* 1. 摔跤 shuāijiāo = grap and throw an opponent down 2. 斗争 dòuzhēng = struggle；努力 nǔlì = make effort：～ with a problem 努力解决一个问题 nǔlì jiějué yíge wèntí

wrestler *n.* 摔跤运动员 shuāijiāo yùndòngyuán

wrestling *n.* 摔跤 shuāijiāo

wretch *n.* 不幸的人 búxìngde rén；可怜的人 kěliánde rén：unlucky ～es with no homes 无家可归的不幸的人 wújiā-kěguīde búxìngde rén

wretched *a.* 1. 可怜的 kěliánde；不幸的 búxìngde = miserable：～ poverty 可怜的贫困 kěliánde pínkùn 2. 使人难受的 shǐrén nánshòude = causing misery：feeling ～ after an illness 病后感到苦恼 bìnghòu gǎndào kǔnǎo 3. 恶劣的 èliède = bad：～ weather 恶劣的天气 èliède tiānqì

wriggle *v.* 蠕动 rúdòng；扭动 niǔdòng；蜿蜒而行 wānyán érxíng：He ～d uncomfortably on the hard chair. 他在硬椅子上不舒服地扭来扭去。Tā zài yìngyǐzishang bùshūfude niǔlái-niǔqù. *n.* 蠕动 rúdòng；扭动 niǔdòng；蜿蜒 wānyán

wright *n.* 工人 gōngrén；制作者 zhìzuòzhě：a ship～ 造船工人 zàochuán gōngrén

wring *v.* 1. 拧 níng；扭 niǔ；绞 jiǎo：He ～s his hands in sorrow. 他悲伤地绞紧双手。Tā bēishāngde jiǎojǐn shuāngshǒu. 2. 拧干 nínggān；挤干 jǐgān：～ wet clothes 把湿衣服拧干 bǎ shīyīfu nínggān 3. 勒索 lèsuǒ；逼取 bīqǔ = extort：～ money 勒索钱财 lèsuǒ qiáncái / ～ a consent 迫使同意 pòshǐ tóngyì

wringer *v.* 绞干机 jiǎogānjī；挤水机 jǐshuǐjī

wrinkle *n.* 皱纹 zhòuwén：～s on the face 脸上的皱纹 liǎnshangde zhòuwén *v.* 起皱纹 qǐ zhòuwén；皱起 zhòuqǐ：～ up one's forehead 皱起眉头 zhòuqǐ méitóu

wrist *n.* 腕 wàn；腕关节 wànguānjié

wristband *n.* 袖口 xiùkǒu

wristwatch *n.* 手表 shǒubiǎo

writ *n.* 命令 mìnglìng；指令 zhǐlìng = written order // Holy W- 圣经 Shèngjīng

write *v.* 1. 书写 shūxiě；写字 xiězì：The children are learning to ～. 孩子

们在学写字。Háizimen zài xué xiězì. **2.** 写出 xiěchū；填写 tiánxiě：～ one's name 写出自己的名字 xiěchū zìjǐde míngzi / ～ a cheque 开支票 kāi zhīpiào **3.** 写作 xiězuò；编写 biānxiě：She ～s for the stage. 她从事舞台剧创作。Tā cóngshì wǔtáijù chuàngzuò. **4.** 写信 xiěxìn；函告 hángào：He ～s to her every day. 他天天给她写信。Tā tiāntiān gěi tā xiěxìn. // ～ down 写下 xiěxià；记下 jìxià / ～ off **1.** 注销 zhùxiāo；勾销 gōuxiāo；报销 bàoxiāo：～ off a debt 勾销一笔债务 gōuxiāo yìbǐ zhàiwù **2.** 写信购物 xiěxìn gòuwù：～ off for an application form 写信索要一份申请表 xiěxìn suǒyào yífèn shēnqǐngbiǎo / ～ out **1.** 全部写出 quánbù xiěchū **2.** 誊写 téngxiě：to ～ out a receipt 开收据 kāi shōujù / ～ up 补写 bǔxiě；写完 xiěwán：to ～ up one's notes 补做笔记 bǔzuò bǐjì；～ up one's diary 写完日记 xiěwán rìjì

writer *n.* **1.** 作者 zuòzhě；作家 zuòjiā；撰稿者 zhuàngǎozhě **2.** 抄写员 chāoxiěyuán = penman

write-up *n.* 评论 pínglùn；评价文章 píngjià wénzhāng

writhe *v.* 翻滚 fāngǔn；折腾 zhēteng：～ in agony 在痛苦中折腾 zài tòngkǔzhōng zhēteng

writing *n.* **1.** 书写 shūxiě；写作 xiězuò **2.** 笔迹 bǐjì；书法 shūfǎ = handwriting：I can't read the doctor's ～. 我看不清医生的字迹。Wǒ kànbuqīng yīshēngde zìjì. **3.** [～s] 著作 zhùzuò；作品 zuòpǐn = literary works：the ～s of Lu Xun 鲁迅的著作 Lǔ Xùnde zhùzuò

writing paper *n.* 信纸 xìnzhǐ

wrong *a.* **1.** 错误的 cuòwùde；不正确的 bú zhèngquède = mistaken：the ～ answer 错误的答案 cuòwùde dá'àn / We caught the ～ train. 我们乘错了火车。Wǒmen chéngcuòle huǒchē. **2.** 不正当的 bú zhèngdàngde；不道德的 bú dàodéde = not right：Telling lies is ～. 说谎是不道德的。Shuōhuǎng shì bú dàodéde. **3.** 失常的 shīchángde；不健全的 bú jiànquánde = out of order：There's nothing ～ with the engine. 发动机没有毛病。Fādòngjī méiyǒu máobìng. *ad.* 错地 cuòde；不对地 búduìde：You spelt the word ～. 你把那个单词拼错了。Nǐ bǎ nàge dāncí pīncuòle. // go ～ **1.** 走错路 zǒucuòlù **2.** 失败 shībài：All our plans went ～. 我们所有的计划都失败了。Wǒmen suǒyǒude jìhuà dōu shībàile. **3.** 出毛病 chūmáobìng：Something has gone ～ with my watch. 我的表出了毛病。Wǒde biǎo chūle máobìng. *n.* **1.** 邪恶 xié'è；

坏事 huàishì：to know right from ～ 辨正邪，明善恶 biàn zhèngxié，míng shàn'è 2. 亏待 kuīdài；委屈 wěiqu：He has done me ～. 他对不起我。Tā duìbuqǐ wǒ. / suffer ～ 受委屈 shòu wěiqu 3. 错误 cuòwù；过失 guòshī：You are in the ～. 你理亏。Nǐ lǐkuī. *v.* 虐待 nüèdài；冤屈 yuānqū；对…不公正 duì…bù gōngzhèng：I was ～ed. 我受了冤枉。Wǒ shòule yuānwang.

wrongdoer *n.* 做坏事的人 zuòhuàishìde rén；犯罪者 fànzuìzhě

wrongdoing *n.* 坏事 huàishì；罪恶 zuì'è

wrongful *a.* 不公正的 bù gōngzhèngde；非法的 fēifǎde；不正当的 bú zhèngdàngde：～ imprisonment 非法监禁 fēifǎ jiānjìn

wrongly *ad.* 错误的 cuòwùde；不正当地 bú zhèngdàngde：～ informed events 虚报的事件 xūbàode shìjiàn / ～ accused 不公正地被控告 bù gōngzhèngde bèi kònggào

wroth *a.* 愤怒的 fènnùde；怒气冲冲的 nùqì-chōngchōngde

wrought *a.* 制造的 zhìzàode；制作的 zhìzuòde：carefully ～ works of literature 精心创作的文学作品 jīngxīn chuàngzuòde wénxué zuòpǐn / ～ by hand 手工制作的 shǒugōng zhìzuòde // ～ iron n. 熟铁 shútiě；锻铁 duàntiě

wrought-up *a.* 兴奋的 xīngfènde

wry *a.* 扭歪的 niǔwāide；歪斜的 wāixiéde：a ～ smile 苦笑 kǔxiào

X

X, x 1. X = ten 罗马数字"十" Luómǎ shùzì "shí" * symbol for Roman numeral 10 2. 未知数 wèizhīshù = the unknown quantity 3. 某人 mǒurén * for a person

xanthein(e) *n.* 花黄素 huāhuángsù

X chromosome *n.* X 染色体 X rǎnsètǐ

xenogamy *n.* 杂交配合 zájiāo pèihé

xenon *n.* 氙 xiān

xenophobe *n.* 畏惧和憎恨外国人的人 wèijù hé zēnghèn wàiguórénde rén

xenophobia *n.* 1. 仇视外国人 chóushì wàiguórén；排斥外国人 páichì wàiguórén；恐惧外国人 kǒngjù wàiguórén 2. 恐外症 kǒngwàizhèng

xerophyte *n.* 旱生植物 hànshēng zhíwù

xerox[1] *v.* 复印 fùyìn；影印 yǐngyìn

xerox[2] *n.* 复印副本 fùyìn fùběn；影印副本 yǐngyìn fùběn

Xmas *n.* 圣诞节 Shèngdànjié

X-ray *n.* X 光 X guāng；X 光照片 X guāng zhàopiàn：an ～ of the chest 胸部的 X 光照片 xiōngbùde X guāng zhàopiàn *v.* 透视 tòushì；用 X 光治疗 yòng X guāng zhìliáo；用 X 光拍照 yòng X guāng pāizhào

xylem *n.* 木质部 mùzhìbù

xylene *n.* 二甲苯 èrjiǎběn

xylograph *n.* 木刻 mùkè，木版印画 mùbǎn yìnhuà

xylographic *a.* 木刻的 mùkède；木版画的 mùbǎnhuàde；木版的 mùbǎnde

xylography *n.* 木刻术 mùkèshù；木版术 mùbǎnshù；木版画印画法 mùbǎnhuà yìnhuàfǎ

xylol *n.* 混合二甲苯 hùnhé èrjiǎběn

xylonite *n.* 假象牙 jiǎxiàngyá；赛璐珞 sàilùluò

xylophone *n.* 木琴 mùqín

Y

yacht *n.* **1.** 游艇 yóutǐng * for pleasure **2.** 帆船 fānchuán；风帆船 fēngfānchuán = boat with sails *v.* 乘快艇 chéng kuàitǐng；驾快艇 jià kuàitǐng；赛快艇 sài kuàitǐng

yak *n.* 牦牛 máoniú

Yalu *n.* the ～ 鸭绿江 yālùjiāng

yam *n.* 薯蓣属植物 shǔyùshǔ zhíwù：the Chinese ～ 山药 shānyao；薯蓣 shǔyù

yang ko *n.* 秧歌 yāngge * from Chinese：a ～ dance 秧歌舞 yānggewǔ

Yangtze *n.* the ～ River 长江 Chángjiāng；扬子江 Yángzǐjiāng

yank *v.* 猛拉 měnglā；使劲拉 shǐjìnlā：～ a person out of his seat 把某人从座位上一把拉起 bǎ mǒurén cóng zuòwèishang yìbǎ lāqǐ

Yankee *n.* **1.** 美国佬 Měiguólǎo；老美 lǎoměi **2.** 北方佬 běifānglǎo

yap *v.* **1.** 汪汪地叫 wāngwāngde jiào；吠叫 fèijiào * esp. of dogs **2.** 哇啦哇啦地说个不停 wālā-wālāde shuōge bùtíng；瞎谈 xiātán *n.* **1.** 狂吠声 kuángfèishēng * of a dog **2.** 瞎扯 xiāchě；胡说 húshuō = stupid talk

yard¹ *n.* **1.** 院子 yuànzi；庭院 tíngyuàn；围场 wéichǎng：a farm ～ 农家庭院 nóngjiā tíngyuàn **2.** 工场 gōngchǎng；场地 chǎngdì；厂 chǎng：a brick ～ 砖瓦厂 zhuānwǎchǎng

yard² *n.* **1.** 码 mǎ ＝ 36 inches，＝ 3 feet **2.** 立方码 lìfāngmǎ ＝ 1 cubic ～：We need ten cubic ～s of sand. 我们要十立方米沙子。Wǒmen yào shílìfāngmǐ shāzi. **3.** 桅桁 wéihéng * of a sailing boat

yardarm *n.* 桅桁端 wéihéngduān

yardstick *n.* **1.** 码尺 mǎchǐ **2.** 衡量的标准 héngliángde biāozhǔn；尺度 chǐdù ＝ standard：～ of success 成功的标准 chénggōngde biāozhǔn

yarn *n.* **1.** 纱 shā；纱线 shāxiàn：cotton ～ 棉纱 miánshā **2.** 奇谈 qítán；故事 gùshi：spin a ～ 讲故事 jiǎng gùshi ＝ story-telling

yarrow *n.* 欧蓍草 Ōu shīcǎo

yaw *v.* & *n.* 偏航 piānháng；偏转 piānzhuǎn；偏出航线 piānchū hángxiàn

yawl *n.* **1.** 小帆船 xiǎofānchuán ＝ small yacht **2.** 船载小艇 chuánzài xiǎotǐng ＝ ship's boat

yawn *v.* **1.** 打哈欠 dǎhāqian：make sb. ～ 使人疲倦 shǐ rén píjuàn **2.** 开口 kāikǒu；裂开 lièkāi：a ～ing crack 张开的裂缝 zhāngkāide lièfèng *n.* 哈欠 hāqian：He gave a big ～. 他打了一个大哈欠。Tā dǎle yíge dà hāqian.

Yb 镱 yì ＝ ytterbium

year *n.* **1.** 年 nián；年度 niándù；一年 yìnián：There are twelve months in a ～. 一年有十二个月。Yìnián yǒu shí'èrge yuè. / the school ～ 学年 xuénián / the fiscal ～ 财政年度 cáizhèng niándù **2.** 年纪 niánjì；岁数 suìshu：I'm twenty ～s old. 我二十岁了。Wǒ èrshísuìle. // all the year round 一年到头 yìniándàotóu / a ～ and a day 满一年 mǎn yìnián / from ～ to ～ 年年 niánnián；每年 měinián / ～ after (by) ～ 年年 niánnián；每年 měinián / ～ in ～ out 年复一年地 nián fù yìniánde

yearbook *n.* 年鉴 niánjiàn；年刊 niánkān

yearling *n.* 一龄动物 yìlíng dòngwù；一岁崽 yísuì zǎi *a.* 一龄的 yìlíngde；一岁的 yísuìde

yearly *a.* & *ad.* 每年的 měiniánde；一年一度的 yìniányídùde：a ～ salary 年薪 niánxīn / He is paid ￥10000 ～. 他每年挣一万元。Tā měinián zhèng yíwànyuán.

yearn *v.* **1.** 渴望 kěwàng；极想 jíxiǎng：～ for success 渴望成功 kěwàng chénggōng **2.** 想念 xiǎngniàn；盼望 pànwàng：～ to return home 极想回家 jíxiǎng huíjiā

yearning *n.* 怀念 huáiniàn；思慕 sīmù；向往 xiàngwǎng；渴望 kěwàng *a.* 怀念的 huáiniànde；思慕的 sīmùde；向往的 xiàngwǎngde；渴望的 kěwàngde

yeast *n.* 酵母 jiàomǔ：～ powder 酵母粉 jiàomǔfěn

yeasty *a.* **1.** 酵母的 jiàomǔde；发酵的 fājiàode = fermenting；**2.** 起泡沫的 qǐ pàomòde = frothy：～ waves 起泡沫的浪 qǐ pàomòde làng **3.** 轻浮的 qīngfúde；浅薄的 qiǎnbóde = shallow：～ talk 空谈 kōngtán

yell *v.* 叫喊 jiàohǎn；叫嚷 jiàorǎng；喊着说 hǎnzheshuō：～ for help 大声呼救 dàshēng hūjiù / ～ a command 大声喊口令 dàshēng hǎn kǒulìng *n.* **1.** 喊叫 hǎnjiào；叫嚷 jiàorǎng **2.** 欢呼 huānhū；呐喊 nàhǎn // ～ leader 啦啦队长 lālā duìzhǎng = cheerleader

yellow *a.* **1.** 黄色的 huángsède；黄皮肤的 huángpífūde：the ～ races 黄色人种 huángsè rénzhǒng **2.** 胆小的 dǎnxiǎode；懦弱的 nuòruòde；卑鄙的 bēibǐde = cowardly **3.** 妒忌的 dùjìde = jealous *n.* **1.** 黄色 huángsè **2.** 黄色染料 huángsè rǎnliào **3.** 蛋黄 dànhuáng * of an egg **4.** 黄种人 huángzhǒngrén **5.** 胆怯 dǎnqiè *v.* 弄黄 nònghuáng；染黄 rǎnhuáng；发黄 fāhuáng = become ～：The paper has ～ed with age. 那张纸年久变黄了。Nàzhāng zhǐ niánjiǔ biànhuángle.

yellowish *a.* 浅黄的 qiǎnhuángde；带黄色的 dài huángsède

yelp *n.* **1.** 吠 fèi；狺狺 yínyín = a sharp, short bark **2.** 尖叫 jiānjiào：He gave a ～ when I stepped on his foot. 我踩了他的脚，他疼得尖叫一声。Wǒ cǎile tāde jiǎo，tā téngde jiānjiào yìshēng. *v.* 叫喊 jiàohǎn

Yemeni *n.* 也门人 Yěménrén *a.* 也门的 Yěménde 也门人的 Yěménrénde

yen *n.* 日元 rìyuán

yeomanry *n.* **1.** 小地主 xiǎodìzhǔ = owner of small farm **2.** 义勇骑兵队 yìyǒng qíbīngduì = volunteer cavalry

yes *ad.* **1.** 是 shì；是的 shìde：“Are you a teacher?” “Y-, I am a teacher.” “你是老师吗？” “是的，我是老师。” “Nǐ shì lǎoshīma?” “Shìde, wǒshì lǎoshī.” **2.** 真的吗？Zhēndema?；是吗？Shìma?：“He has come here.” “Y-?” “他来了。” “真的？” “Tā láile.” “Zhēnde?” *n.* **1.** 是 shì

= affirmative reply **2.** 赞成 zànchéng = agreement；赞成票 zànchéngpiào= affirmative vote

yesman *n.* 好好先生 hǎohǎo xiānsheng；百依百顺的人 bǎiyī-bǎishùnde rén；应声虫 yìngshēngchóng

yesterday *ad.* & *n.* **1.** 昨天 zuótiān：It was ～ that I saw him. 我是昨天看见的他。Wǒ shì zuótiān kànjiànde tā. **2.** 最近 zuìjìn；过去的日子 guòqùde rìzi：a thing of ～ 最近的事 zuìjìnde shì // ～ afternoon 昨天下午 zuótiān xiàwǔ / the day before ～ 前天 qiántiān

yet *ad.* **1.** 还 hái；仍然 réngrán；尚 shàng：It was not ～ dark. 天还没黑。Tiān hái méihēi. **2.** 还 hái；更 gèng；再 zài：a ～ more difficult task 更困难的工作 gèng kùnnande gōngzuò **3.** 已经 yǐjīng：Is supper ready ～? 晚饭已经准备好了吗？Wǎnfàn yǐjīng zhǔnbèi hǎolema？**4.** 早晚 zǎowǎn；最终 zuìzhōng：Our plan will succeed ～. 我们的计划早晚会成功。Wǒmende jìhuà zǎowǎn huì chénggōng. *conj.* 然而 rán'ér；可是 kěshì：It's strange, and ～ it is true. 这很奇怪，然而却是真的。Zhè hěn qíguài，rán'ér quèshì zhēnde. // and ～ 然而 rán'ér / as ～ 到目前为止 dào mùqián wéizhǐ

yeti *n.* 雪人 xuěrén = snowman

Yi *n.* 彝 yí：the ～s 彝族 Yízú ＊ a minority nationality in China

yield *v.* **1.** 生产 shēngchǎn；生 shēng：That tree ～s plenty of fruit. 那棵树结很多果子。Nàkē shù jiē hěnduō guǒzi. **2.** 放弃 fàngqì；投降 tóuxiáng；屈服 qūfú：The enemy ～ed to us. 敌人向我们投降了。Dírén xiàng wǒmen tóuxiángle. **3.** 供给 gōngjǐ；给予 jǐyǔ：～ consent 承诺 chéngnuò *n.* 产量 chǎnliàng；收获量 shōuhuòliàng；利润 lìrùn：～ of wheat 小麦产量 xiǎomài chǎnliàng

yielding *a.* **1.** 弯曲自如的 wānqū-zìrúde；灵活的 línghuóde = easy to bend **2.** 屈服的 qūfúde；顺从的 shùncóngde = easy to give way to

Y.M.C.A = the Young Men's Christian Association 基督教青年会 Jīdūjiào Qīngniánhuì

yodel *v.* 唱岳得尔调 chàng Yuèdé'ěr diào；用岳得尔调唱 yòng Yuèdé'ěr diào chàng *n.* 岳得尔调 Yuèdé'ěr diào

yoga *n.* 瑜伽 yújiā

yoghurt *n.* 酸乳酪 suānrǔlào；酸奶 suānnǎi

yoke *n*. **1**. 轭 è；牛轭 niú'è **2**. 同轭的一对牛 tóng'ède yíduì niú **3**. 轭状扁担 èzhuàng biǎndan **4**. 束缚 shùfù；压力 yālì：off the ～ 摆脱枷锁 bǎituō jiāsuǒ *v*. 上轭 shàng'è

yokefellow *n*. 配偶 pèi'ǒu = spouse；搭档 dādàng = workfellow

yokel *n*. 乡下佬 xiāngxialǎo；土包子 tǔbāozi

yolk *n*. 蛋黄 dànhuáng

yonder *a*. & *ad*. 那边 nàbiān；那里 nàli：the ～ village 那边的村庄 nàbiānde cūnzhuāng

you *pron*. **1**. 你 nǐ；你们 nǐmen：Y- are my good friend. 你是我的好朋友。Nǐ shì wǒde hǎo péngyou. **2**. 一个人 yígerén；任何人 rènhérén = anyone：Y- can't live without air. 没有空气谁都活不了。Méiyǒu kōngqì shuídōu huóbuliǎo.

young *a*. **1**. 年轻的 niánqīngde：～ people 年轻人 niánqīngrén **2**. 幼小的 yòuxiǎode：a ～ tree 小树 xiǎoshù **3**. 像青年的 xiàng qīngniánde；有青春活力的 yǒu qīngchūn huólìde：a ～ state 年轻的国家 niánqīngde guójiā **4**. 没有经验的 méiyǒu jīngyànde；未成熟的 wèi chéngshúde = with no experience：be ～ in the trade 对这行没经验 duì zhèháng méi jīngyàn *n*. **1**. the ～ 青年们 qīngniánmen **2**. 崽 zǎi；雏 chú：The cow is with ～. 母牛怀孕了。Mǔniú huáiyùnle.

youngling *n*. **1**. 年轻人 niánqīngrén **2**. 小动物 xiǎodòngwù；幼树 yòushù = young animal or plant *a*. 年轻的 niánqīngde；幼的 yòude

youngster *n*. **1**. 少年 shàonián；儿童 értóng **2**. 青年 qīngnián

your *a*. 你的 nǐde；你们的 nǐmende：Open ～ mouth. 张开你的嘴。Zhāngkāi nǐde zuǐ.

yours *pron*. 你的 nǐde；你们的 nǐmende：Is this ～？这是你们的吗？Zhèshì nǐmendema？/ a friend of ～ 你的一位朋友 nǐde yíwèi péngyou // Y- sincerely 您的真诚的 nínde zhēnchéngde

yourself *pron*. **1**. 你自己 nǐzìjǐ：Do it ～. 你自己做。Nǐzìjǐ zuò. **2**. 你亲自 nǐ qīnzì；你本人 nǐběnrén：Did you finish it by ～？是你自己独立完成的吗？Shì nǐzìjǐ dúlì wánchéngdema？**3**. 你的正常情况 nǐde zhèngcháng qíngkuàng：You are not quite ～ today. 你今天好象有点儿不高兴。Nǐ jīntiān hǎoxiàng yǒudiǎnr bù gāoxìng.

youth *n*. **1**. 青春 qīngchūn：full of ～ and vigor 充满青春活力 chōngmǎn qīngchūn huólì **2**. 青春时期 qīngchūn shíqī：in one's ～ 在年轻的时候

zài niánqīngde shíhou 3. 青年们 qīngniánmen：the ～ of today 当代青年 dāngdài qīngnián

youthful *a.* 1. 年轻的 niánqīngde；青年的 qīngniánde：a ～ teacher 年轻的教师 niánqīngde jiàoshī 2. 属于青年人的 shǔyú qīngniánrénde：full of ～ vigor 充满青春的活力 chōngmǎn qīngchūnde huólì

yowl *n.* & *v.* 嚎 háo；厉声叫喊 lìshēng jiàohǎn

yperite *n.* 芥子气 jièzǐqì；双氯乙基硫 shuānglǜyǐjīliú

ytterbium *n.* 镱 yì

yttrium *n.* 钇 yǐ

yuan *n.* 元 yuán：Y- is the monetary unit of China. "元"是中国的货币单位。"Yuán" shì Zhōngguóde huòbì dānwèi.

Yugoslavian *a.* 南斯拉夫的 Nánsīlāfūde；南斯拉夫人的 Nánsīlāfūrénde *n.* 南斯拉夫人 Nánsīlāfūrén

yule (tide) *n.* 圣诞节 Shèngdànjié

Y. W. C. A = the Young Women's Christian Association 基督教女青年会 Jīdūjiào Nǚqīngniánhuì

Z

Zambezi *n.* the ～ 桑比西河 Sāngbǐxīhé

zany *n.* 1. 小丑 xiǎochǒu；丑角 chǒujué = clown 2. 笨人 bènrén；傻瓜 shǎguā = foolish fellow *a.* 1. 滑稽的 huájīde；可笑的 kěxiàode = comic 2. 愚蠢的 yúchǔnde；笨的 bènde = foolish

zeal *n.* 热心 rèxīn；热情 rèqíng；热忱 rèchén：The old man showed ～ for his work. 那位老人对工作很热心。Nàwèi lǎorén duì gōngzuò hěn rèxīn.

zealot *n.* 过分热心的人 guòfèn rèxīnde rén；狂热者 kuángrèzhě

zealous *a.* 热心的 rèxīnde；热情的 rèqíngde；积极的 jījíde：He is ～ for fame. 他热心于功名。Tā rèxīn yú gōngmíng.

zebra *n.* 1. 斑马 bānmǎ * the animal 2. 人行横道 rénxíng héngdào = street crossing

zebu *n.* 瘤牛 liúniú

zenith *n.* 1. 天顶 tiāndǐng 2. 顶点 dǐngdiǎn；极点 jídiǎn：be at the ～ of power 权势达到极点 quánshì dádào jídiǎn

zephyr *n*. **1.** 西风 xīfēng **2.** 和风 héfēng；微风 wēifēng
zeppelin *n*. 齐柏林飞船 Qíbólín fēichuán；飞艇 fēitǐng
zero *n*. **1.** 零 líng **2.** 零点 língdiǎn；零位 língwèi；零度 língdù：It was 3 below ～ yesterday. 昨天的气温是零下3度。Zuótiānde qìwēn shì língxià sāndù. **3.** 无 wú；没有 méiyǒu；零 líng：The population of our city has reached ～ growth. 我们这个城市的人口为零增长率。Wǒmen zhège chéngshìde rénkǒu wéi líng zēngzhǎnglǜ. **4.** ～ hour 进攻的发起时刻 jìngōngde fāqǐ shíkè
zerozero *a*. 视程零的 shìchéng língde：a ～ fog 能见度等于零的浓雾 néngjiàndù děngyú língde nóngwù
zest *n*. **1.** 趣味 qùwèi；兴趣 xìngqù：add ～ to 给…增添风趣 gěi… zēngtiān fēngqù **2.** 热心 rèxīn；热情 rèqíng：He entered into the work with ～. 他热心这项工作。Tā rèxīn zhèxiàng gōngzuò. **3.** 桔子皮 júzipí；柠檬皮 níngméngpí = orange or lemon peel
zigzag *n*. 之字形 zhīzìxíng；锯齿形 jùchǐxíng：a ～ path 羊肠小路 yángcháng xiǎolù *ad*. 弯弯曲曲的 wānwan-qūqūde；盘旋地 pánxuánde *v*. 使成锯齿形 shǐchéng jùchǐxíng；成"之"字形 chéng "zhī" zìxíng
zillion *n*. 无限大的数目 wúxiàndàde shùmù
zinc *n*. 锌 xīn：～ oxide 氧化锌 yǎnghuàxīn
Zion **1.** 锡安山 Xī'ānshān **2.** 天国 tiānguó = Heaven
Zionism *n*. 犹太复国运动 Yóutài Fùguó Yùndòng
zip *n*. **1.** 嗖嗖声 sōusōushēng：We heard the ～ of a bullet. 我们听到子弹嗖的一声。Wǒmen tīngdào zǐdàn sōude yìshēng. **2.** 拉链 lāliàn *v*. **1.** 拉开（扣上）…的拉链 lākāi(kòushàng)…de lāliàn：～ the bag open (shut) 拉开(扣上)书包的拉链 lākāi (kòushàng)shūbāode lāliàn **2.** 嗖嗖作声 sōusōu zuòshēng
zip-fastener *n*. 拉链 lāliàn
zipper *n*. 拉链 lāliàn
zirconium *n*. 锆 gào
zither *n*. 齐特琴 qítèqín
zodiac *n*. [the ～] 黄道带 huángdàodài
zollverein *n*. 关税同盟 guānshuì tóngméng

zone *n*. **1**. 地区 dìqū：danger ～ 危险地区 wēixiǎn dìqū **2**. 地带 dìdài：torrid ～ 热带 rèdài **3**. 邮区 yóuqū；电话分区 diànhuà fēnqū **4**. 层 céng；环带 huándài：～ of fracture 破裂带 pòlièdài *v*. **1**. 围绕 wéirǎo **2**. 将…分区 jiāng…fēnqū：This part of the city has been ～d as a shopping district. 城市的这部分已划为商业区。Chéngshìde zhèbùfen yǐ huàwéi shāngyèqū.

zoo *n*. 动物园 dòngwùyuán

zoogeography *n*. 动物地理学 dòngwù dìlǐxué

zoological *a*. 动物学的 dòngwùxuéde

zoologist *n*. 动物学家 dòngwùxuéjiā

zoology *n*. 动物学 dòngwùxué

zoom *v*. **1**. 陡直上升 dǒuzhí shàngshēng * of an aircraft **2**. 移向目标 yíxiàng mùbiāo：The camera ～ed in on the child's face. 摄像机移向孩子的脸部。Shèxiàngjī yíxiàng háizide liǎnbù. *n*. **1**. 陡直上升 dǒuzhí shàngshēng **2**. ～ lens 变焦镜头 biànjiāo jìngtóu

zootomy *n*. 动物解剖学 dòngwù jiěpōuxué

Zoroastrianism *n*. 袄教 Xiānjiào；拜火教 Bàihuǒjiào

Zr *n*. 锆 gào

Zulu *a*. **1**. 祖鲁语的 Zǔlǔyǔde **2**. 祖鲁人的 Zǔlǔrénde *n*. **1**. 祖鲁人 Zǔlǔrén **2**. 祖鲁语 Zǔlǔyǔ

zwieback *n*. 烘面包片 hōng miànbāopiàn

zwitterion *n*. 两性离子 liǎngxìng lízǐ

zymase *n*. 酿酶 niàngméi

zymogen *n*. 酶原 méiyuán

Appendix 1

Scheme for the Chinese Phonetic Alphabet

汉语拼音方案

Hànyǔ pīnyīn fāng'àn

Table of the Chinese Phonetic Alphabet

一、字母表

字　母 Letter	名　称 Name	字　母 Letter	名　称 Name
Aɑ	[ɑ]	Nn	[nɛ]
Bb	[pɛ]	Oo	[o]
Cc	[ts ‘ɛ]	Pp	[p ‘ɛ]
Dd	[tɛ]	Qq	[tɕiu]
Ee	[ɤ]	Rr	[ɑr]
Ff	[ɛf]	Ss	[ɛs]
Gg	[kɛ]	Tt	[t′ɛ]
Hh	[xɑ]	Uu	[u]
Ii	[i]	Vv	[vɛ]
Jj	[tɕiɛ]	Ww	[uɑ]
Kk	[kɛ]	Xx	[ɕi]
Ll	[ɛl]	Yy	[iɑ]
Mm	[ɛm]	Zz	[tsɛ]

V 只用来拼写外来语、少数民族语言和方言。

V is used only to transcribe foreign words and words from national minority languages and local dialects.

拼写规则

Spelling Rules:

(1)"知、蚩、诗、日、资、雌、思"等七个音节的韵母用 i，即：知、蚩、诗、日、资、雌、思等字拼作 zhi，chi，shi，ri，zi，ci，si。

"知、蚩、诗、日、资、雌、思" are represented as zhi，chi，shi，ri，zi，ci and si with the common "final" —i.

(2)韵母儿写成 er，用作韵尾的时候写成 r。例如，"儿童"拼作 értóng，"花儿" 拼作 huār. The final—儿 is represented by er，but it appears as "r" at the end of a word：儿童 értóng，花儿 huār.

(3) 韵母ㄝ单用的时候写做 ê. The final — ㄝ，when used alone，is written ê.

(4) i 行的韵母，前面没有声母的时候，写成：yī（衣），yā（呀），yē（耶），yāo（腰），yōu（忧），yān（烟），yīn（因），yāng（央），yīng（英），yōng（雍）。

u 行的韵母，前面没有声母的时候，写成：wū（乌），wā（蛙），wō（窝），wāi（歪），wēi（威），wān（弯），wēn（温），wāng（汪），wēng（翁）。

ü 行的韵母，前面没有声母的时候，写成：yū（迂），yuē（约），yuān（冤），yūn（晕）；ü 上两点省略。

ü 行的韵母跟声母 j，q，x 拼的时候，写成：jū（居），qū（区），xū（虚），ü 以上两点也省略；但是跟声母 n，l 拼的时候，仍然写成：nǚ（女），lǚ（吕）。

Finals of the "i" line not preceded by consonantal initials are spelt with y：yī（衣），yā（呀），yē（耶），yāo（腰），yōu（忧），yān（烟），yīn（因），yāng（央），yīng（英），yōng（雍）。

Finals of the "u" line not preceded by consonantal initials are spelt with "w"：wū（乌），wā（蛙），wō（窝），wāi（歪），wēi（威），wān（弯），wēn（温），wāng（汪），wēng（翁）。

Finals of the "ü" line not preceded by consonantal initials are spelt with "y"：yū（迂），yuē（约），yuān（冤），yūn（晕），with the umlaut over u omitted.

When the finals of the "ü" line are preceded by the initials "j, q" and "x", they are spelt as jū (居), qū (区) and xū (虚) with the umlaut omitted. But when they are preceded by the initials n and l, the umlaut must appear, as in nǚ (女) and lǚ (吕).

(5) iou，uei，uen 前面加声母的时候，写成：iu，ui，un。例如：niú（牛），guī（归），lùn（论）。iou，uei，uen when preceded by consonantal initials are spelt as iu，ui and un，for example：niú（牛），guī（归）and lùn（论）.

(6) 在给汉字注音的时候，为了使拼式简短，ng 可以省作 ŋ。For brevity, the spelling of "ng" is represented by "ŋ" in phonetic notation.

Table of Initials

二、声母表

声母 Initial	名称 Name	例字 Example	声母 Initial	名称 Name	例字 Example
b	[bo]	玻	j	[tɕi]	基
p	[p'o]	坡	q	[tɕ'i]	欺
m	[mo]	摸	x	[ɕi]	希
f	[fo]	佛	zh	[tʂʅ]	知
d	[tɤ]	得	ch	[tʂ'ʅ]	吃
t	[t'ɤ]	特	sh	[ʂʅ]	诗
n	[nɤ]	讷	r	[ʐʅ]	日
l	[lɤ]	勒	z	[tsɿ]	资
g	[kɤ]	哥	c	[ts'ɿ]	雌
k	[kɤ]	科	s	[sɿ]	私
h	[xɤ]	喝			

三、Table of Finals 韵母表

ɑ组	韵母(Final)		ɑ	o	e	ɑi	ei	ɑo	ou	ɑn	en	ɑng	eng	ong
	读音(IPA)		[ɑ]	[o]	[ɤ]	[ɑi]	[ei]	[ɑu]	[ou]	[ɑn]	[ən]	[ɑŋ]	[əŋ]	[uŋ]
	例字(Example)		啊	喔	鹅	哀	欸	熬	欧	安	恩	昂	亨的韵母	轰的韵母
i组	韵母(Final)	i	iɑ		ie	iɑo			iou	iɑn	in	iɑng	ing	iong
	读音(IPA)	[i]	[iɑ]		[iɛ]			[iɑu]	[iou]	[iɛn]	[in]	[iɑŋ]	[iŋ]	[yŋ]
	例字(Example)	衣	呀		耶			腰	忧	烟	因	央	英	雍
u组	韵母(Final)	u	uɑ	uo		uɑi	uei			uɑn	uen	uɑng	ueng	
	读音(IPA)	[u]	[uɑ]	[uo]		[uɑi]	[uei]			[uɑn]	[uən]	[uɑŋ]	[uəŋ]	
	例字(Example)	乌	蛙	窝		歪	威			弯	温	汪	翁	
ü组	韵母(Final)	ü		ue						üɑn	ün			
	读音(IPA)	[y]		[yɛ]						[yɛn]	[yn]			
	例字(Example)	迂		约						冤	晕			

Tone Marks
四、声调符号

阴平	阳平	上声	去声
ˉ	ˊ	ˇ	ˋ
1st tone	2nd tone	3rd tone	4th tone

声调符号标在音节的主要母音上，轻声不标。例如：

Tone marks are placed above the main vowel of the syllable. The neutral tone is not marked. e. g：

妈 mā	麻 má	马 mǎ
（阴平）	（阳平）	（上声）
(1st tone)	(2nd tone)	(3rd tone)
骂 mà	吗 ma	
（去声）	（轻声）	
(4th tone)	(neutral tone)	

The Dividing Sign
五、隔音符号

a，o，e 开头的音节连接在其他音节后面的时候，如果音节的界限发生混淆，用隔音符号（'）隔开，例如：pí'ǎo（皮袄），míng'é（名额）。

If a syllable beginning with a，o，e follows another syllable and when there is ambiguity as to which of two syllable of a word a letter belongs or as to how many syllables a word should be divided into，the division between syllables is marked by the dividing sign（'），for example：pí'ǎo（皮袄 leather jacket），míng'é（名额 quota）.

Appendix 2

Chinese (Standard Modern Chinese Language) Speech Sounds
汉语(普通话)语音
Hànyǔ(Pǔtōnghuà)yǔyīn

1. 汉语字音(音节)结构

Formation of Chinese Syllables

例 Example	声母 Initial	韵母 Final	声调 Tone	说　明 Remarks
江	j	iāng	阴平 1st tone	汉语声调只有这四种。 There are only the four tones mentioned in Chinese.
南	n	án	阳平 2nd tone	
火	h	uǒ	上声 3rd tone	
力	l	ì	去声 4th tone	
啊		ā	阴平 1st tone	汉语有的字音没有声母。 Some Chinese characters do not contain "initials".

汉语一个字就是一个音节。一个字音由声母、韵母和声调三部分组成。

A Chinese character represents one syllable. The pronunciation of a character consists of "initial", "final" and "tone".

2. 声韵的配合规律

Spelling Rules for Initials and Finals

声母跟韵母拼合起来不计声调计有四百多个音节。

There are over 400 syllables when initials and finals are combined (without counting tones).

3. 声调变化规律

Rules for Tones Changes

一些汉字跟另一些汉字连读时，声调要起一些变化，重要的有以下几种。

In certain cases, the tones of syllables spoken in succession are a little bit different from those of the same syllables when spoken in isolation:

a. 上声字声调的变化 Changes in the third tone: 上声字在其他声调的字的前边时，变读半上声或阳平。

When the third tone is followed by a first, second or fourth tone, it changes to a "half-third tone" (indicated by the circumflex "∧") which is pronounced without its final rising pitch. A third tone followed by another third tone changes into a second tone:

例 Example	变 化 Tone Change	说 明 Remarks
好 心	hǎo xīn→hâo xīn	上声字在阴平，阳平，去声字前读半上。
好 人	hǎo rén→hâ rén	
好 意	hǎo yì→hâo yì	
好 友	hǎo yǒu→háo yǒu	上声字在另一上声字前读阳平。

凡三个以上的上声字连读时，除末一个字外，都变读阳平。例如：展览馆（zhǎnlǎnguǎn ⟶ zhánlánguǎn），我也有（wǒ yě yǒu ⟶ wó yé yǒu），我也有表（wǒ yě yǒu biǎo ⟶ wó yé yóu biǎo）；或者适当分组读，各组上声字按上述的规律变读。前一组末一字因下一组头一个字已变阳平，读半上声，最后一组，末尾一字不变调，仍读上声。例如，岂有/此理 qí yǒu / cí lǐ，我有/好几把/雨伞 wóyǒu / háo jí bâ / yúsǎn。

When three or more third tones occur in succession, all except the last become second tones, for example, 1. 展览馆 zhǎnlǎnguǎn ⟶ zhánlánguǎn; 2. 我也有 wǒ yě yǒu ⟶ wó yé yǒu; 3. 我也有表 wǒ yě yǒu biǎo ⟶ wó yé yóu biǎo. Alternatively, a long succession of third tones may be divided into appropriate groups and pronounced according to the rules above. The last syllable of the first group, being followed by a second tone (a converted third tone) is pronounced as a half-third tone. The last syllable of the last group retains its third tone pronunciation. For example, 1. 岂有/此理 qǐ yǒu / cǐ lǐ ⟶ qǐ yǒu / cí lǐ; 2. 我有/好几把/雨伞 wǒ yǒu / hǎo jǐ bǎ / yǔ sǎn ⟶ wó yǒu / háo jí bâ / yúsǎn.

b. "一"跟"不"两个字声调的变化。Changes in the tones of 一 and 不。

"一"单念时读阴平调，"不"读去声。在其他声调的字前边时变读阳平或去声。参看下表。

Spoken in isolation，一 is pronounced in the first tone，and 不 is pronounced in the fourth tone. When these words precede a fourth tone，they are pronounced in the second tone. When 一，precede a fourth tone，they are pronounced in the second or third tone.

例 Example	变化 Tone Change	说明 Remarks
一个	yī gè ⟶ yí gè	一和不在去声字前时都读阳平。
不去	bù qù ⟶ bú qù	
一张	yī zhāng ⟶ yì zhāng	一在阴平、阳平、上声前时，读去声。
一年	yi nián→yì nián	
一尺	yī chǐ ⟶ yì chǐ	

4. 轻声 Neutral Tone

轻声字的读法由它前一个字的声调来决定。

The tone of an unstressed syllable is determined by the tone of the preceding syllable.

例 Example	变化 Tone Change	说明 Explanation*
丫·头	yātóu ⟶ yā·tòu	轻声字在阴平、阳平跟去声字后边时读近于去声的短低轻调。
拳·头	quántóu ⟶ quán·tòu	
木·头	mùtóu→mù·tòu	
里·头	lǐtóu→lǐ·tōu	轻声字在上声字后边时读近于阴平的短高轻调，前边的上声字也随着变半上声。

*Following a first，second or fourth tone，the unstressed syllable is pronounced like a very short，light fourth tone. The pitch of the beginning of the shortened fourth tone follows naturally from the sound pattern of the preceding syllable:

1) After a first tone the shortened fourth tone begins at a pitch slightly lower than the first tone.

2) After a second tone, the shortened fourth tone begins at a pitch slightly higher than the second tone.

3) After a fourth tone, the shortened fourth tone begins at a pitch slightly lower than the fourth tone.

4) After a third tone the unstressed syllable is pronounced as a short, light first tone. Because it preceded a first tone, the third tone becomes a half-third tone.

This can be diagramatically represented as follows

u. s. =unstressed syllable

Pitch of Voice	一、 u. s.	╱ ╲ u. s.	╲ 一 u. s.	╲ ╲ u. s.
	first tone	second tone	third tone	fourth tone

凡三个以上的轻声字连读时,后一个轻声字要看前一个轻声字变成象那一种声调,再按上述的规律变读。例如:说·起·来(shuō qǐlái ⟶ shuō·qì·lài),拿·出·去(ná chūqù ⟶ ná·chù·qù),要·回·来(yào huílái ⟶ yào·huì·lài),砍·下·来(kǎnxiàlái ⟶ kân·xiā·lài),砍·下·来·了(kǎn xià láilè ⟶ kân·xiā·lài·lè).

When three or more unstressed syllables appear in succession, the second and following unstressed syllables are pronounced as shortened fourth tones (represented here by the symbol (ˈ).), for example: 说起来 shuō qǐlái→shuō·qì·lài; 拿出去 ná chūqù→ná·chū·qù; 要回来 yào huì lái →yào huì·lài; 砍下来 kǎn xiàlái→kân xiā·lài, 砍下来了 kǎn xiàláilè→ kân·xiā·lái·lè.

5. 儿化音 Rules for Pronunciation of the r-sound

凡读儿化音的字,音节末尾是 a, o, e, u 的,儿化时韵母不变化。(例如:码儿 mǎr,刀儿 dāor,格儿 gér,猴儿 hóur)。其他韵母的,都要变得适于卷舌发音。参看下表。

When the suffix "r" (儿) is used, "r" is not pronounced as a separate syllable but indicates that the sound of "r" should be added to the final of the preceding syllable.

Syllables ending in finals "a, o, e" and "u" do not change when "r" is added, for example, 码儿 mǎr, 刀儿 dāor, 格儿 gér, 猴儿 hóur. Syllables with other finals change to accommodate the retroflex pronunciation of "r" as follows.

例 Example	变化 Change in Final	说明 Explanation *
盖儿	gài ⟶ gàr	1. 凡韵母末尾是 i 或 n 的要去掉 i 或 n.
竿儿	gān ⟶ gār	
笛儿	dí ⟶ díer	2. 凡韵母是 i 或 ü 的要加 e.
鱼儿	yú ⟶ yúer	
枝儿	zhī ⟶ zhēr	3. 凡韵母是-i 的，韵母-i 要变成 e.
词儿	cí ⟶ cér	
汤儿	tāng ⟶ tā̃r	4. 凡韵母末尾是 ng 的，要去掉 ng，并按上述规律儿化为鼻化音。
铃儿	líng ⟶ liē̃r	

加～表示鼻化音

～ stands for nasalized sound

* Explanation for table

1) Syllables ending in "n" or under a compound vowel ending in "i", drop the "n" or "i" and replace it with "r".

2) "er" is added to syllables ending in simple vowels "i" or "ü".

3) "i" after "z, c, s, zh, ch, sh", "r" is replaced by "er".

4) Syllables ending in "ng", drop the "ng", and modify the remaining sound according to the above rules. The sound is nasalized.

Appendix 3

A Comparative Chart of the International Phonetic Alphabet and the Chinese *Pinyin* Alphabet

汉语拼音字母和国际音标对照表

Hànyǔ pīnyīn zìmǔ hé guójì yīnbiāo duìzhàobiǎo

拼音字母	国际音标	拼音字母	国际音标	拼音字母	国际音标
b	[p]	in	[in]	ɑi	[ai]
p	[p′]	iɑng	[iɑŋ]	ei	[ei]
m	[m]	ing	[iŋ]	ɑo	[ɑu]
f	[f]	l	[l]	ou	[ou]
v	[v]	g	[k]	ɑn	[ɑn]
d	[t]	k	[k′]	en	[ən]
t	[t′]	(ng)	[ŋ]	ɑng	[ɑŋ]
n	[n]	h	[x]	eng	[əŋ]
z	[ts]	j	[tɕ]	uɑ	[uA]
c	[ts′]	q	[tɕ′]	uo	[uo]
s	[s]			uɑi	[uɑi]
ɑ	[A]	x	[ɕ]	uei	[uei]
o	[o]	zh	[tʂ]	uɑn	[uɑn]
e	[ɤ]	ch	[tʂ′]	uen	[uən]
ê	[ɛ]	sh	[ʂ]	uɑng	[uɑŋ]
i	[i]	r	[ʐ]	ueng	[uəŋ]
iɑ	[iɑ]	-i（前）	[ ]	ong	[uŋ]
ie	[iɛ]	-i（后）	[ʅ]	üe	[yɛ]
iɑo	[iɑu]	u	[u]	üɑn	[yɛn]
iou	[iou]	ü	[y]	ün	[yn]
iɑn	[iɛn]	er	[ər]	iong	[yŋ]

Appendix 4

Table of Measure Words
汉语量词表
Hànyǔ-liàngcíbiǎo

A

English	Chinese	Pinyin	Measure Word
英（名）Yīn(míng)	汉（名）Hàn(míng)	拼音 Pīnyīn	量词 Liàngcí
abacus	算盘	suànpan	个 gè
apron	围裙	wéiqún	条 tiáo
arm	胳膊	gēbo	只 zhī
arrow	箭	jiàn	只 zhī
article	文章	wénzhāng	篇 piān
auditorium	礼堂	lǐtáng	座 zuò
axe	斧子	fǔzi	把 bǎ

B

English	Chinese	Pinyin	Measure Word
bamboo	竹子	zhúzi	根 gēn
banana	香蕉	xiāngjiāo	根 gēn
bank	银行	yínháng	家 jiā
bank note	钞票	chāopiào	张 zhāng
banner	旗	qí	面 miàn
basket	篮子	lánzi	个 gè

beancurd	豆腐	dòufu	块 kuài
bean	豆子	dòuzi	粒 lì
bear	熊	xióng	只 zhī
bed	床	chuáng	张 zhāng
bee	蜜蜂	mìfēng	只 zhī
beefsteak	牛排	niúpái	块 kuài
bell	钟	zhōng	座 zuò
bicycle	自行车	zìxíngchē	辆 liàng
bird	鸟	niǎo	只 zhī
biscuit	饼干	bǐnggān	块 kuài
blackboard	黑板	hēibǎn	块 kuài
blanket	毯子	tǎnzi	条 tiáo
blood	血	xuè(xiě)	滴 dī
board	板	bǎn	块 kuài
bone	骨头	gǔtou	根 gēn / 块 kuài
book	书	shū	本 běn / 部 bù
bookcase	书橱	shūchú	个 gè
bookshop	书店	shūdiàn	家 jiā
bowl	碗	wǎn	个 gè
box	箱子	xiāngzi	只 zhī / 个 gè
bracelet	手镯	shǒuzhuó	个 gè / 副 fù / 对 duì
bread	面包	miànbāo	个 gè / 片 piàn

brick	砖	zhuān	块	kuài
bridge	桥	qiáo	座	zuò
brush	刷子	shuāzi	把	bǎ
bull	牛	niú	头	tóu
business	企业	qǐyè	家	jiā
butterfly	蝴蝶	húdié	只	zhī

C

cabbage	圆白菜	yuánbáicài	棵	kē
camel	骆驼	luòtuo	匹	pǐ / 峰 fēng
candle	蜡烛	làzhú	支	zhī / 根 gēn
cards	牌	pái	张	zhāng / 副 fù
carrot	胡萝卜	húluóbo	个	gè
cat	猫	māo	只	zhī
cell	电池	diànchí	节	jié
chair	椅子	yǐzi	把	bǎ
chalk	粉笔	fěnbǐ	支	zhī
character	字	zì	个	gè
chess	棋	qí	盘	pán / 副 fù
chessman	棋子	qízǐ	个	gè
chicken	鸡	jī	只	zhī
chopsticks	筷子	kuàizi	双	shuāng
cigarette	香烟	xiāngyān	支	zhī / 包 bāo

city	城	chéng	座 zuò
classroom	教室	jiàoshì	个 gè
cloth	布	bù	块 kuài
clothes	衣服	yīfu	件 jiàn
coin	硬币	yìngbì	枚 méi
comb	梳子	shūzi	把 bǎ
copybook	字帖	zìtiè	本 běn
cord	绳子	shéngzi	条 tiáo / 根 gēn
course	课程	kèchéng	门 mén
cow	牛	niú	头 tóu
cucumber	黄瓜	huángguā	条 tiáo
curtain	窗帘	chuānglián	块 kuài

D

diamond	钻石	zuànshí	粒 lì
diary	日记	rìjì	篇 piān
dictionary	字典	zìdiǎn	本 běn
dish	盘子	pánzi	个 gè
ditch	沟	gōu	条 tiáo
dog	狗	gǒu	条 tiáo / 只 zhī
door	门	mén	扇 shàn
dove	鸽子	gēzi	只 zhī
drawing pin	图钉	túdīng	个 gè

duck	鸭子	yāzi	只	zhī

E

ear	耳朵	ěrduo	个	gè / 只 zhī
earings	耳环	ěrhuán	副	fù / 只 zhī
envelope	信封	xìnfēng	个	gè
eye	眼睛	yǎnjing	只	zhī

F

factory	工厂	gōngchǎng	个	gè
fan	扇子	shànzi	把	bǎ
fiction	小说	xiǎoshuō	篇	piān
fiddle	胡琴	húqín	把	bǎ
film	电影	diànyǐng	部	bù
	影片	yǐngpiàn	部	bù
fire	火	huǒ	把	bǎ
firecrackers	鞭炮	biānpào	挂	guà
fish	鱼	yú	条	tiáo
flag	旗	qí	面	miàn
flower	花	huā	朵	duǒ / 束 shù
flute	笛子	dízi	支	zhī
fly	苍蝇	cāngying	只	zhī

foot	脚	jiǎo	只	zhī
fox	狐狸	húli	只	zhī
frog	青蛙	qīngwā	只	zhī
furniture	家具	jiāju	件	jiàn

G

garlic	大蒜	dàsuàn	头	tóu
gem	宝石	bǎoshí	块	kuài
glass	玻璃	bōlí	块	kuài
glasses	眼镜	yǎnjìng	副	fù / 只 zhī
gloves	手套	shǒutào	只	zhī / 副 fù
goods	货物	huòwù	件	jiàn
	商品	shāngpǐn	个	gè
gramophone record	唱片	chàngpiàn	张	zhāng
grape	葡萄	pútáo	串	chuàn
grass	草	cǎo	棵	kē
ground	地	dì	块	kuài
guest	客人	kèren	位	wèi / 个 gè
guitar	吉他	jítā	支	zhī
gun	手枪	shǒuqiāng	支	zhī

H

handkerchief	手绢	shǒujuàn	条	tiáo

hail	冰雹	bīngbáo	场	chǎng
hair	头发	tóufa	根	gēn
hat	帽子	màozi	顶	dǐng
heart	心	xīn	颗	kē
homework	功课	gōngkè	门	mén
horse	马	mǎ	匹	pǐ
hotel	饭店	fàndiàn	家	jiā
	旅馆	lǚguǎn	家	jiā
hospital	医院	yīyuàn	家	jiā / 所 suǒ
house	房间	fángjiān	个	gè
household	人家	rénjiā	户	hù

I

ice	冰	bīng	块	kuài
idea	意见	yìjian	条	tiáo
illness	病	bìng	场	chǎng / 次 cì
insect	虫	chóng	条	tiáo
instrument (musical)	乐器	yuèqì	件	jiàn
island	岛	dǎo	个	gè

K

kerchief	头巾	tóujīn	块	kuài

key	钥匙	yàoshi	把 bǎ / 串 chuàn
knife	刀子	dāozi	把 bǎ

L

ladder	梯子	tīzi	个 gè / 架 jià
ladle	勺子	sháozi	把 bǎ
lamp	灯	dēng	盏 zhǎn
leaf	叶子	yèzi	片 piàn
letter	信	xìn	封 fēng
letter box	信箱	xìnxiāng	个 gè
lock	锁	suǒ	把 bǎ
lotus root	藕	ǒu	根 gēn / 节 jié
luggage	行李	xíngli	件 jiàn

M

machine	机器	jīqì	台 tái
magazine	杂志	zázhì	本 běn
man	人	rén	个 gè
map	地图	dìtú	张 zhāng
match (competition)	比赛	bǐsài	场 chǎng
meal	饭	fàn	顿 dùn / 份 fèn

meat	肉	ròu	块 kuài / 片 piàn
medicine	药	yào	片 piàn
melon	瓜	guā	个 gè
melon seeds	瓜籽	guāzǐ	颗 kē
milk	牛奶	niúnǎi	瓶 píng / 杯 bēi
mirror	镜子	jìngzi	面 miàn / 个 gè
moon cake	月饼	yuèbǐng	个 gè / 块 kuài
mosquito	蚊子	wénzi	只 zhī
mountain	山	shān	座 zuò
mouse	老鼠	lǎoshǔ	只 zhī
mouth	嘴	zuǐ	张 zhāng
movie	影片	yǐngpiàn	部 bù
mud	泥	ní	块 kuài
muffler (scarf)	围巾	wéijīn	条 tiáo
music	乐曲	yuèqǔ	首 shǒu

N

nail	钉子	dīngzi	个 gè
needle	针	zhēn	根 gēn
news	消息	xiāoxi	条 tiáo / 个 gè
newspaper	报纸	bàozhǐ	张 zhāng / 份 fèn
newspaper office	报社	bàoshè	家 jiā
nose	鼻子	bízi	个 gè

notice	布告	bùgào	张 zhāng

O

onion	葱	cōng	根 gēn / 颗 kē
orange	桔子	júzi	个 gè
ox	牛	niú	头 tóu

P

package	包裹	bāoguǒ	个 gè
pail	桶	tǒng	个 gè / 只 zhī
palace	宫殿	gōngdiàn	座 zuò
pan	锅(平底)	guō	口 kǒu
panda	熊猫	xióngmāo	只 zhī
paper	纸	zhǐ	张 zhāng
pastry	点心	diǎnxin	块 kuài
peanut	花生	huāshēng	颗 kē
pearl	珠子	zhūzi	颗 kē / 粒 lì / 串 chuàn
pen	笔	bǐ	支 zhī
person	人	rén	个 gè
photograph	相片	xiàngpiàn	张 zhāng
piano	钢琴	gāngqín	架 jià

picture	画	huà	张	zhāng / 幅 fú
pig	猪	zhū	口	kǒu
pillow	枕头	zhěntou	个	gè / 对 duì
pistol	手枪	shǒuqiāng	支	zhī
plan	计划	jìhuà	个	gè / 项 xiàng
plane	飞机	fēijī	架	jià
play	戏	xì	场	chǎng / 出 chū
poem	诗	shī	首	shǒu / 行 háng
poetry	诗	shī	首	shǒu
post	柱子	zhùzi	根	gēn
pot	锅	guō	口	kǒu / 只 zhī
present	礼物	lǐwù	件	jiàn
pumpkin	南瓜	nánguā	个	gè

Q

quilt	被子	bèizi	床	chuáng / 条 tiáo

R

radio	收音机	shōuyīnjī	台	tái
railway carriage	车厢	chēxiāng	节	jié
rain	雨	yǔ	场	chǎng / 阵 zhèn
rice	米	mǐ	粒	lì

river	河、江	hé、jiāng	条	tiáo
road	路	lù	条	tiáo
rocket	火箭	huǒjiàn	支	zhī
room	房间	fángjiān	个	gè
	屋子	wūzi	间	jiān
rope	绳子	shéngzi	条	tiáo
rose	玫瑰	méiguī	支	zhī / 朵 duǒ
rubber	橡皮	xiàngpí	块	kuài
rubbish	垃圾	lājī	堆	duī / 桶 tǒng
ruler	尺	chǐ	把	bǎ

S

sack	麻袋	mádài	条	tiáo
sausage	香肠	xiāngcháng	根	gēn
saw	锯	jù	把	bǎ
scale	秤	chèng	杆	gǎn / 台 tái
scarf	头巾	tóujīn	块	kuài
scenery	风景	fēngjǐng	处	chù
scenic spot	名胜	míngshèng	处	chù
school	学校	xuéxiào	所	suǒ
schoolwork	功课	gōngkè	门	mén
scissors	剪子	jiǎnzi	把	bǎ
seal	图章	túzhāng	个	gè

sesame seed cake	烧饼	shāobing	个	gè
sheep	羊	yáng	只	zhī
sheet	床单	chuángdān	条	tiáo
ship	船	chuán	条	tiáo / 只 zhī
shoes	鞋	xié	双	shuāng / 只 zhī
shop	商店	shāngdiàn	家	jiā
shrimp	虾	xiā	只	zhī
skirt	裙子	qúnzi	条	tiáo
snow	雪	xuě	场	chǎng
soap	肥皂	féizào	块	kuài
song	歌	gē	支	zhī
spade	铁锹	tiěqiāo	把	bǎ
spoon	勺子	sháozi	把	bǎ
stamp	邮票	yóupiào	张	zhāng / 枚 méi
star	星	xīng	颗	kē
station	车站	chēzhàn	个	gè
statue	塑像	sùxiàng	座	zuò / 尊 zūn
steamed bread	馒头	mántou	个	gè
stone	石头	shítou	块	kuài
stool	凳子	dèngzi	个	gè
storeyed building	楼	lóu	层	céng
story	故事	gùshi	个	gè
street	街	jiē	条	tiáo

string	绳子	shéngzi	条	tiáo / 根 gēn
sugar	糖	táng	包	bāo
sweat	汗	hàn	滴	dī
sword	剑	jiàn	口	kǒu / 把 bǎ

T

table	桌子	zhuōzi	张	zhāng
tangerine	桔子	júzi	个	gè
tears	眼泪	yǎnlèi	滴	dī
telephone	电话	diànhuà	部	bù
television set	电视机	diànshìjī	台	tái
tent	帐篷	zhàngpeng	顶	dǐng
text	课文	kèwén	篇	piān
theatre	剧院	jùyuàn	家	jiā
thing	东西	dōngxi	件	jiàn
thing	事	shì	件	jiàn
thunder	雷	léi	声	shēng
ticket	票	piào	张	zhāng
tiger	老虎	lǎohǔ	只	zhī
tomato	西红柿	xīhóngshì	个	gè
tombstone	碑	bēi	座	zuò / 块 kuài
tongue	舌头	shétou	个	gè
tool	工具	gōngjù	件	jiàn

tooth	牙齿	yáchǐ	颗	kē
toothbrush	牙刷	yáshuā	把	bǎ
toothpaste	牙膏	yágāo	支	zhī / 筒 tǒng
towel	手巾	shǒujīn	条	tiáo
tower	塔	tǎ	座	zuò
tractor	拖拉机	tuōlājī	台	tái
train	火车	huǒchē	列	liè / 节 jié
tree	树	shù	棵	kē
troops	队伍	duìwu	支	zhī
trousers	裤子	kùzi	条	tiáo

U

umbrella	伞	sǎn	把	bǎ

V

vegetables	菜	cài	棵	kē
vehicle	车	chē	辆	liàng / 部 bù
verse	诗	shī	首	shǒu
violin	小提琴	xiǎotíqín	把	bǎ

W

wages	工资	gōngzī	份	fèn

wall	墙	qiáng	堵 dǔ
war	战争	zhànzhēng	场 chǎng
warship	军舰	jūnjiàn	艘 sōu / 只 zhī
watch	表	biǎo	块 kuài
water	水	shuǐ	滴 dī
watermelon	西瓜	xīguā	个 gè / 块 kuài
way	办法	bànfǎ	个 gè
	路	lù	条 tiáo
weapon	武器	wǔqì	件 jiàn
well	井	jǐng	口 kǒu / 眼 yǎn
wharf	码头	mǎtou	个 gè
wheat	麦子	màizi	棵 kē
wind	风	fēng	阵 zhèn
window	窗户	chuānghu	个 gè / 扇 shàn
wire	电线	diànxiàn	条 tiáo
wire netting	铁丝	tiěsī	根 gēn
wood	木头	mùtou	根 gēn / 块 kuài
word	词	cí	个 gè
word (talk)	话	huà	句 jù
work	工作	gōngzuò	个 gè / 件 jiàn
worker	工人	gōngrén	个 gè

Appendix 5

Chinese Provinces, Autonomous Regions and Municipalities Directly Under the Central Government and Seats of Their People's Governments

中国各省、自治区、直辖市的名称及其人民政府所在地

Zhōngguó gè shěng、zìzhìqū、zhíxiáshìde míngchēng jíqí rénmín zhèngfǔ suǒzàidì

Name 名称 míngchēng		Abbreviation 简称 jiǎnchēng		Seat of the people's government 人民政府所在地 Rēnmín zhèngfǔ suǒzàidì	
北京市	Běijing shì	京	Jīng	北京市	Běijing shì
上海市	Shànghǎi shì	沪	Hù	上海市	Shànghǎi shì
天津市	Tiānjīn shì	津	Jīn	天津市	Tiānjīn shì
重庆市	Chóngqìngshì	渝	yú	重庆市	Chóngqìngshì
河北省	Héběi shěng	冀	Jì	石家庄市	Shíjiāzhuāng shì
山西省	Shānxī shěng	晋	Jìn	太原市	Tàiyuán shì
内蒙古自治区	Nèi Měnggǔ zìzhìqū	内蒙	Nèi Měng (Nei Mongol)	呼和浩特市	Hūhéhàotè (Huhhot) shì
辽宁省	Liáoníng shěng	辽	Liáo	沈阳市	Shěnyáng shì
吉林省	Jílín shěng	吉	Jí	长春市	Chángchūn shì
黑龙江省	Hēilóngjiāng shěng	黑	Hēi	哈尔滨市	Hā'ěrbīn (Harbin) shì
山东省	Shāndōng shěng	鲁	Lǔ	济南市	Jǐnán shì
河南省	Hénán shěng	豫	Yù	郑州市	Zhèngzhōu shì
江苏省	Jiāngsū shěng	苏	Sū	南京市	Nánjīng shì
安徽省	Ānhuī shěng	皖	Wǎn	合肥市	Héféi shì
浙江省	Zhèjiāng shěng	浙	Zhè	杭州市	Hángzhōu shì

江西省	Jiāngxī shěng	赣	Gàn	南昌市	Nánchāng shì
福建省	Fújiàn shěng	闽	Mǐn	福州市	Fúzhōu shì
台湾省	Táiwān shěng	台	Tái		
湖北省	Húběi shěng	鄂	È	武汉市	Wǔhàn shì
湖南省	Húnán shěng	湘	Xiāng	长沙市	Chángshā shì
广东省	Guǎngdōng shěng	粤	Yuè	广州市	Guǎngzhōu shì
广西壮族自治区	Guǎngxī Zhuàngzú zìzhìqū	桂	Guì	南宁市	Nánníng shì
甘肃省	Gānsù shěng	甘	Gān	兰州市	Lánzhōu shì
青海省	Qīnghǎi shěng	青	Qīng	西宁市	Xīníng shì
宁夏回族自治区	Níngxià Huízú zìzhìqū	宁	Níng	银川市	Yínchuān shì
陕西省	Shǎnxī shěng	陕	Shǎn	西安市	Xī'ān shì
新疆维吾尔自治区	Xīnjiāng Wéiwú'ěr (Uygur) zìzhìqū	新	Xīn	乌鲁木齐市	Wūlǔmùqí (Ürümqi) shì
四川省	Sìchuān shěng	川 蜀	Chuān shǔ	成都市	Chéngdū shì
贵州省	Guìzhōu shěng	贵 黔	Guì Qián	贵阳市	Guìyáng shì
云南省	Yúnnán shěng	云 滇	Yún Diān	昆明市	Kūnmíng shì
西藏自治区	Xīzàng zìzhìqū	藏	Zàng	拉萨市	Lāsà (Lhasa) shì
海南省	Hǎinán shěng			海口市	Hǎikǒu shì

Appendix 6

Nations (in short form) and Their Capitals
世界各国(简称)、地区及首都首府名称
Shìjiè gèguó(jiǎnchēng)、dìqū jí shǒudū shǒufǔ míngchēng

Nations (in short form) 国名简称			Capitals 首都		
Afghanistan	阿富汗	Āfùhàn	Kabul	喀布尔	Kābù'ěr
Albania	阿尔巴尼亚	Ā'ěrbāníyà	Tirana	地拉那	Dìlānà
Algeria	阿尔及利亚	Ā'ěrjílìyà	Algiers	阿尔及尔	Ā'ěrjí'ěr
Andorra	安道尔	Āndào'ěr	Andorra la Vella	安道尔	Āndào'ěr
Angola	安哥拉	Āngēlā	Luanda	罗安达	Luó'āndá
Antigua and Barbuda	安提瓜和巴布达	Āntíguā hé Bābùdá	St. John's	圣约翰	Shèngyuēhàn
Argentina	阿根廷	Āgēntíng	Buenos Aires	布宜诺斯艾利斯	Bùyínuòsī'àilìsī
Armenia	亚美尼亚	Yàměiníyà	Yerevan	埃里温	Āilǐwēn
Australia	澳大利亚	Àodàlìyà	Canberra	堪培拉	Kānpéilā
Austria	奥地利	Àodìlì	Vienna	维也纳	Wéiyěnà
Azerbaijan	阿塞拜疆	Āsàibàijiāng	Baku	巴库	Bākù
the Bahamas	巴哈马	Bāhāmǎ	Nassau	拿骚	Násāo

Bahrain	巴林	Bālín	Manama	麦纳麦	Màinàmài
Bangladesh	孟加拉国	Mèngjiālāguó	Dacca	达卡	Dákǎ
Barbados	巴巴多斯	Bābāduōsī	Bridgetown	布里奇顿	Bùlǐqídùn
Belgium	比利时	Bǐlìshí	Brussels	布鲁塞尔	Bùlǔsài'ěr
Belize	伯利兹	Bólìzī	Belmopan	贝尔莫潘	Bèi'ěrmòpān
Benin	贝宁	Bèiníng	Porto Novo	波多诺伏	Bōduōnuòfú
Bermuda	百慕大群岛	Bǎimùdà qúndǎo	Hamilton	汉密尔顿	Hànmì'ěrdùn
Bhutan	不丹	Bùdān	Thimphu	廷布	Tíngbù
Bolivia	玻利维亚	Bōlìwéiyà	La Paz	拉巴斯	Lābāsī
Botswana	博茨瓦纳	Bóciwǎnà	Gaborone	哈博罗内	Hābóluónèi
Bourkinafasso	布基纳法索	Bùjīnàfǎsuǒ	Ouagadougou	瓦加杜古	Wǎjiādùgǔ
Brazil	巴西	Bāxī	Brasilia	巴西利亚	Bāxīlìyà
Britain	英国	Yīngguó	London	伦敦	Lúndūn
British Virgin Islands	英属维尔京群岛	Yīngshǔ wéi'ěrjīng qúndǎo	Road Town	罗德城	Luódéchéng
Brunei	文莱	Wénlái	Bandar Seri Begawan	斯里巴加湾市	Sīlǐbājiāwān shì
Bulgaria	保加利亚	Bǎojiālìyà	Sofia	索非亚	Suǒfēiyà
Burundi	布隆迪	Bùlóngdí	Bujumbura	布琼布拉	Bùqióngbùlā
Byelorussia	白俄罗斯	Bái'éluósī	Minsk	明斯克	Míngsīkè
Cambodia	柬埔寨	Jiǎnpǔzhài	Phnom Penh	金边	Jīnbiān

Cameroon	喀麦隆	Kāmàilōng	Yaoundé	雅温得	Yǎwēndé
Canada	加拿大	Jiānádà	Ottawa	渥太华	Wòtàihuá
Cape Verde	佛得角	Fódéjiǎo	Praia	普腊亚	Pǔlàyà
Cayman Islands	开曼群岛	Kāimàn qúndǎo	Georgetown	乔治敦	Qiáozhìdūn
the Central African Republic	中非共和国	Zhōngfēi gònghéguó	Bangui	班吉	Bānjí
Chad	乍得	Zhàdé	Ndjamena	恩贾梅纳	Ēnjiǎméinà
Chile	智利	Zhìlì	Santiago	圣地亚哥	Shèngdìyàgē
China	中国	Zhōngguó	Beijing	北京	Běijīng
Colombia	哥伦比亚	Gēlúnbǐyà	Bogota	波哥大	Bōgēdà
the Comoros	科摩罗	Kēmóluó	Moroni	莫罗尼	Mòluóní
the Congo	刚果	Gāngguǒ	Brazzaville	布拉柴维尔	Bùlācháiwéi'ěr
the Cook Islands	库克群岛	Kùkè qúndǎo	Avarua	阿瓦鲁阿	Āwǎlǔ'ā
Commonwealth of Dominica	多米尼加联邦	Duōmǐníjiā liánbāng	Roseau	罗索	Luósuǒ
Costa Rica	哥斯达黎加	Gēsīdálíjiā	San José	圣约瑟	Shèngyuēsè
Côte d'Ivoire	科特迪瓦	Kētèdíwǎ	Abidjan	阿比让	Ābǐràng
Cuba	古巴	Gǔbā	Havana	哈瓦那	Hāwǎnà
Cyprus	塞浦路斯	Sàipǔlùsī	Nicosia	尼科西亚	Níkēxīyà
Czech	捷克	Jiékè	Prague	布拉格	Bùlāgé

Denmark	丹麦	Dānmài	Copenhagen	哥本哈根	Gēběnhāgēn
Djibouti	吉布提	Jíbùtí	Djibouti	吉布提	Jíbùtí
the Dominican Republic	多米尼加共和国	Duōmǐníjiā gònghéguó	Santo Domingo	圣多明各	Shèngduōmínggè
East Timor	东帝汶	Dōngdìwèn	Dilly	帝力	Dìlì
Ecuador	厄瓜多尔	Èguāduō'ěr	Quito	基多	Jīduō
Egypt	埃及	Āijí	Cairo	开罗	Kāiluó
El Salvador	萨尔瓦多	Sà'ěrwǎduō	San Salvador	圣萨尔瓦多	Shèngsà'ěrwǎduō
Equatorial Guinea	赤道几内亚	Chìdàojǐnèiyà	Malabo	马拉博	Mǎlābó
Esthonia; Estonia	爱沙尼亚	Àishāníyà	Tallinn	塔林	Tǎlín
Ethiopia	埃塞俄比亚	Āisài'ébǐyà	Addis Ababa	亚的斯亚贝巴	Yàdìsīyàbèibā
Fiji	斐济	Fěijì	Suva	苏瓦	Sūwǎ
Finland	芬兰	Fēnlán	Helsinki	赫尔辛基	Hè'ěrxīnjī
France	法国	Fǎguó	Paris	巴黎	Bālí
French Guiana	法属圭亚那	Fǎshǔ Guīyànà	Cayénne	卡宴	Kǎyàn
French Polynesia	法属波利尼西亚	Fǎshǔ Bōlìníxīyà	Papeete	帕皮提	Pàpítí
Gabon	加蓬	Jiāpéng	Libreville	利伯维尔	Lìbówéi 'ěr
Guadeloupe	瓜德罗普	Guādéluópǔ	Basse Terre	巴斯特尔	Bāsītè'ěr
Gambia	冈比亚	Gāngbǐyà	Banjul	班珠尔	Bānzhū'ěr
Georgia	格鲁吉亚	Gélǔjíyà	Tbilisi	第比利斯	Dìbǐlìsī

Germany	德国	Déguó	Bonn	波恩	Bō'ēn
Ghana	加纳	Jiānà	Accra	阿克拉	Ākèlā
Greece	希腊	Xīlà	Athens	雅典	Yǎdiǎn
Grenada	格林纳达	Gélínnàdá	St. George's	圣乔治	Shèngqiáozhì
Guadeloupe	瓜德罗普岛	Guādéluópǔdǎo	Basse Terre	巴斯特尔	Bāsītè'ěr
Guam	关岛	Guāndǎo	Agaña	阿加尼亚	Ājiāníyà
Guatemala	危地马拉	Wēidìmǎlā	Guatemala City	危地马拉城	Wēidìmǎlā chéng
Guinea	几内亚	Jǐnèiyà	Conakry	科纳克里	Kēnàkèlǐ
Guinea-Bissau	几内亚比绍	Jǐnèiyàbǐshào	Bissau	比绍	Bǐshào
Guyana	圭亚那	Guīyànà	Georgetown	乔治敦	Qiáozhìdūn
Haiti	海地	Hǎidì	Port-au-Prince	太子港	Tàizǐgǎng
Honduras	洪都拉斯	Hóngdūlāsi	Tegucigalpa	特古西加尔巴	Tègǔxījiā'ěrbā
Hungary	匈牙利	Xiōngyálì	Budapest	布达佩斯	Bùdápèisī
Iceland	冰岛	Bīngdǎo	Reykjavik	雷克雅未克	Léikèyǎwèikè
India	印度	Yìndù	New Delhi	新德里	Xīndélǐ
Indonesia	印度尼西亚	Yìndùníxīyà	Jakarta	雅加达	Yǎjiādá
Iran	伊朗	Yīlǎng	Teheran	德黑兰	Déhēilán
Iraq	伊拉克	Yīlākè	Baghdad	巴格达	Bāgédá
Ireland	爱尔兰	Ài'ěrlán	Dublin	都柏林	Dūbólín
Israel	以色列	Yǐsèliè	Jerusalem	耶路撒冷	Yēlùsālěng

Italy	意大利	Yìdàlì	Rome	罗马	Luómǎ
Jamaica	牙买加	Yámǎijiā	Kingston	金斯敦	Jīnsīdūn
Japan	日本	Rìběn	Tokyo	东京	Dōngjīng
Jordan	约旦	Yuēdàn	Amman	安曼	Ānmàn
Kazk(h)stan	哈萨克斯坦	Hāsàkèsītǎn	Alama-Ata	阿拉木图	Ālāmùtú
Kenya	肯尼亚	Kěnníyà	Nairobi	内罗毕	Nèiluóbì
Kirghizstan	吉尔吉斯坦	Jí'ěrjísītǎn	Pishpek	比什彼克	Bǐshíbǐkè
Kiribati	基里巴斯	Jīlǐbāsī	Tarawa	塔拉瓦	Tǎlāwǎ
Korea	朝鲜	Cháoxiǎn	Pyongyang	平壤	Píngrǎng
Kuwait	科威特	Kēwēitè	Kuwait City	科威特城	Kēwēitè chéng
Laos	老挝	Lǎowō	Vientiane	万象	Wànxiàng
Latvia	拉脱维亚	Lātuōwéiyà	Riga	里加	Lǐjiā
Lebanon	黎巴嫩	Líbānèn	Beirut	贝鲁特	Bèilǔtè
Lesotho	莱索托	Láisuǒtuō	Maseru	马塞卢	Mǎsàilú
Liberia	利比里亚	Lìbǐlǐyà	Monrovia	蒙罗维亚	Měngluówéiyà
Libya	利比亚	Lìbǐyà	Tripoli	的黎波里	Dìlíbōlǐ
Liechtenstein	列支敦士登	Lièzhīdūnshìdēng	Vaduz	瓦杜兹	Wǎdùzī
Lithuania	立陶宛	Lìtáowǎn	Vilnius	维尔纽斯	Wéi'ěrniǔsī
Luxembourg	卢森堡	Lúsēnbǎo	Luxembourg	卢森堡	Lúsēnbǎo
Madagascar	马达加斯加	Mǎdájiāsījiā	Tananarive	塔那那利佛	Tǎnànàlìfó

Malawi	马拉维	Mǎlāwéi	Lilongwe	利隆圭	Lìlóngguī
Malaysia	马来西亚	Mǎláixīyà	Kuala Lumpur	吉隆坡	Jílóngpō
Maldives	马尔代夫	Mǎ'ěrdàifū	Male	马累	Mǎlèi
Mali	马里	Mǎlǐ	Bamako	巴马科	Bāmǎkē
Malta	马耳他	Mǎ'ěrtā	Valletta	瓦莱塔	Wǎláitǎ
Malvinas Islands (claimed by Arg. and U.K.)	马尔维纳斯群岛（阿根廷、英争议）	Mǎ'ěrwéinàsī qúndǎo（Āgēntíng、Yīng zhēngyì	Stanley	斯坦利港	Sītǎnlìgǎng
Martinique	马提尼克岛	Mǎtíníkèdǎo	Fort-de-France	法兰西堡	Fǎlánxībǎo
Mauritania	毛里塔尼亚	Máolǐtǎníyà	Nouakchott	努瓦克肖特	Nǔwǎkèxiāotè
Mauritius	毛里求斯	Máolǐqiúsī	Port Louis	路易港	Lùyìgǎng
Mexico	墨西哥	Mòxīgē	Mexico City	墨西哥城	Mòxīgē chéng
Moldova	摩尔多瓦	Mó'ěrduōwǎ	Kishinyov	基什尼奥夫	Jīshíní'àofū
Monaco	摩纳哥	Mónàgē	Monaco-Ville	摩纳哥	Mónàgē
Mongolia	蒙古	Měnggǔ	Ulan Bator	乌兰巴托	Wūlánbātuō
Montserrat	蒙特塞拉特岛	Mèngtesàilatè dǎo	Plymouth	普利茅斯	Pǔlìmáosī
Morocco	摩洛哥	Móluògē	Rabat	拉巴特	Lābātè
Mozambique	莫桑比克	Mòsāngbǐkè	Maputo	马普托	Mǎpǔtuō
Myanmar	缅甸	Miǎndiàn	Rangoon	仰光	Yǎngguāng

Namibia	纳米比亚	Nàmǐbǐyà	Windhoek	温得和克	Wēndéhékè
Nauru	瑙鲁	Nǎolǔ	Yaren	亚伦	Yàlún
Nepal	尼泊尔	Níbó'ěr	Kathmandu	加德满都	Jiādémǎndū
the Netherlands	荷兰	Hélán	Amsterdam	阿姆斯特丹	Āmǔsītèdān
Netherlands Antilles	安的列斯群岛	Āndìlièsī qúndǎo	Willemstad	威廉斯塔德	Wēiliánsītǎdé
New Caledonia	新喀里多尼亚	Xīnkālǐduōníyà	Noumea	努美阿	Nǔměi'ā
New Hebrides	新赫布里底	Xīnhèbùlǐdǐ	Vila	维拉港	Wéilāgǎng
New Zealand	新西兰	Xīnxīlán	Wellington	惠灵顿	Huìlíngdùn
Nicaragua	尼加拉瓜	Níjiālāguā	Managua	马那瓜	Mǎnàguā
Niger	尼日尔	Nírì'ěr	Niamey	尼亚美	Níyàměi
Nigeria	尼日利亚	Nírìlìyà	Lagos	拉各斯	Lāgèsī
Niue Island	纽埃	Niǔ'āi	Alofi	阿洛菲	Āluòfēi
Norfolk Island	诺福克岛	Nuòfúkè dǎo	Kingston	金斯敦	Jīnsīdūn
Norway	挪威	Nuówēi	Oslo	奥斯陆	Àosīlù
Oman	阿曼	Āmàn	Muscat	马斯喀特	Mǎsīkātè
Pakistan	巴基斯坦	Bājīsītǎn	Islamabad	伊斯兰堡	Yīsīlánbǎo
Palestine	巴勒斯坦	Bālèsītǎn	Jerusalem	耶路撒冷	Yēlùsālěng
Panama	巴拿马	Bānámǎ	Panama City	巴拿马城	Bānámǎ chéng
Papua New Guinea	巴布亚新几内亚	Bābùyàxīnjǐnèiyà	Port Moresby	莫尔兹比港	Mò'ěrzībǐgǎng

Paraguay	巴拉圭	Bālāguī	Asuncion	亚松森	Yàsōngsēn
Peru	秘鲁	Bìlǔ	Lima	利马	Lìmǎ
the Philippines	菲律宾	Fēilùbīn	Manila	马尼拉	Mǎnílā
Pitcairn Island	皮特克恩	Pítèkè'ēn	Adamstown	亚当斯敦	Yàdāngsīdūn
Poland	波兰	Bōlán	Warsaw	华沙	Huáshā
Portugal	葡萄牙	Pútáoyá	Lisbon	里斯本	Lǐsīběn
Puerto Rico	波多黎各	Bōduōlígè	San Juan	圣胡安	Shènghú'ān
Qatar	卡塔尔	Kǎtǎ'ěr	Doha	多哈	Duōhā
Reunion	留尼汪	Liúníwāng	Saint-Denis	圣但尼	Shèngdànní
Romania	罗马尼亚	Luómǎníyà	Bucharest	布加勒斯特	Bùjiālèsītè
Russia	俄罗斯	Éluósī	Moscow	莫斯科	Mòsīkē
Rwanda	卢旺达	Lúwàngdá	Kigali	基加利	Jījiālì
San Marino	圣马力诺	Shèngmǎlìnuò	San Marino	圣马利诺	Shèngmǎlìnuò
Sao Tome and Principe	圣多美和普林西比	Shèngduōměi hé Pǔlínxībǐ	Sao Tome	圣多美	Shèngduōměi
Saudi Arabia	沙特阿拉伯	Shātè'ālābó	Riyadh	利雅德	Lìyǎdé
Senegal	塞内加尔	Sàinèijiā'ěr	Dakar	达喀尔	Dákā'ěr
Seychelles	塞舌尔	Sàishé'ěr	Victoria	维多利亚	Wéiduōlìyà
Sierra Leone	塞拉利昂	Sàilālì'áng	Freetown	弗里敦	Fúlǐdūn
Sikkim	锡金	Xījīn	Gangtok	甘托克	Gāntuōkè

Singapore	新加坡	Xīnjiāpō	Singapore	新加坡	Xīnjiāpō
Slovakia	斯洛伐克	Sīluòfákè	Pressburg	布拉迪斯拉发	Bùlādísīlāfā
Solomon Islands	所罗门群岛	Suǒluómén qúndǎo	Honiara	霍尼亚拉	Huòníyàlā
Somalia	索马里	Suǒmǎlǐ	Mogadishu	摩加迪沙	Mójiādíshā
South Africa	南非	Nánfēi	Pretoria	比勒陀利亚	Bǐlètuólìyà
South Korea	韩国	Hánguó	Seoul	汉城	Hànchéng
Spain	西班牙	Xībānyá	Madid	马德里	Mǎdélǐ
Sri Lanka	斯里兰卡	Sīlǐlánkǎ	Colombo	科伦坡	Kēlúnpō
St. Helena, Ascension Island, etc.	圣赫勒拿岛和阿森松岛等	Shènghèlènádǎo hé Āsēnsōng dǎo děng	Jamestown	詹姆斯敦	Zhānmǔsīdūn
St. Kitts-Nevis-Anguilla	圣基茨-尼维斯-安圭拉	Shèngjīcí-Níwéisī-Ānguīlā	Basseterrc	巴斯特尔	Basītè'ěr
St. Lucia	圣卢西亚岛	Shènglúxīyà dǎo	Castries	卡斯特里	Kǎsītèlǐ
St. Pierre and Miquelon Islands	圣皮埃尔岛和密克隆岛	Shèngpí'āi'ěr dǎo hé Mìkèlóng dǎo	St. Pierre	圣皮埃尔	Shèngpí'āi'ěr
St. Vincent and Grenadines	圣文森特和格林纳丁斯	Shèngwénsēntè hé Gélínnàdīngsī	Kingstown	金斯敦	Jīnsīdūn
the Sudan	苏丹	Sūdān	Khartoum	喀土穆	Kātǔmù

Surinam	苏里南	Sūlǐnán	Paramaribo	帕拉马里博	Pàlāmǎlǐbó
Swaziland	斯威士兰	Sīwēishìlán	Mbabane	姆巴巴纳	Mǔbābānà
Sweden	瑞典	Ruìdiǎn	Stockholm	斯德哥尔摩	Sīdégē'ěrmó
Switzerland	瑞士	Ruìshì	Berne	伯尔尼	Bó'ěrní
Syria	叙利亚	Xùlìyà	Damascus	大马士革	Dàmǎshìgé
Tadzhikistan; Tajikistan	塔吉克斯坦	Tǎjíkèsītǎn	Dushanbe	杜尚别	Dùshàngbié
Tanzania	坦桑尼亚	Tǎnsāngníyà	Dar es Salaam	达累斯萨拉姆	Dálèisīsàlāmǔ
Thailand	泰国	Tàiguó	Bangkok	曼谷	Màngǔ
Togo	多哥	Duōgē	Lome	洛美	Luòměi
Tokelau Islands	托克劳群岛	Tuōkèláo qúndǎo	Fakaofo	法考福	Fǎkǎofú
Tonga	汤加	Tāngjiā	Nukualofa	努库阿洛法	Nǔkù'āluòfǎ
Trinidad and Tobago	特立尼达和多巴哥	Tèlìnídá hé Duōbāgē	Port of Spain	西班牙港	Xībānyágǎng
Tunisia	突尼斯	Tūnísī	Tunis	突尼斯	Tūnísī
Turkey	土耳其	Tǔ'ěrqí	Ankara	安卡拉	Ānkǎlā
Turkmenistan	土库曼斯坦	Tǔkùmànsītǎn	Ashkhabad	阿什哈巴德	Āshíhābādé
Turks and Caicos Islands	特克斯群岛和凯科斯群岛	Tèkèsī qúndǎo hé Kǎikēsī qúndǎo	Grand Turk	大特克	Dàtèkè
Tuvalu	图瓦卢	Túwǎlú	Funafuti	富纳富提	Fùnàfùtí

Uganda	乌干达	Wūgāndá	Kampala	坎帕拉	Kǎnpàlā
Ukraine	乌克兰	Wūkèlán	Kiev	基辅	Jīfǔ
the United Arab Empirates	阿拉伯联合酋长国	Ālābóliánhé-qiúzhǎngguó	Abu Dhabi	阿布扎比	Ābùzhābǐ
the United States	美国	Měiguó	Washington	华盛顿	Huáshèngdùn
Uruguay	乌拉圭	Wūlāguī	Montevideo	蒙得维的亚	Měngdéwéidìyà
Uzbekistan	乌兹别克斯担	Wūzībiékèsītǎn	Tashken	塔什干	Tǎshígān
Vanuatu	瓦努阿图	Wǎnǔ'ātú	Port Vila	维拉港	Wéilāgǎng
Vatican	梵蒂冈	Fàndìgāng	Vatican City	梵蒂冈城	Fándìgāng chéng
Venezuela	委内瑞拉	Wěinèiruìlā	Caracas	加拉加斯	Jiālājiāsī
Viet Nam	越南	Yuènán	Hanoi	河内	Hénèi
Virgin Islands of the United States	美属维尔京群岛	Meǐshǔ Wéi'ěrjīng qúndǎo	Charlotte Amalie	夏洛特阿马利亚	Xiàluòtè' ā-mǎlìyà
Wallis and Futuna Islands	瓦利斯群岛和富图纳群岛	Wǎlìsī qúndǎo hé Fùtúnà qúndǎo	Mata Utu	马塔乌图	Mǎtǎwūtú
Western Samoa	西萨摩亚	Xīsàmóyà	Apia	阿皮亚	Āpíyà
Yemen	也门	Yěmén	Sanaa	萨那	Sànà
Zaire	扎伊尔	Zhāyī'ěr	Kinshasa	金沙萨	Jīnshāsà
Zambia	赞比亚	Zànbǐyà	Lusaka	卢萨卡	Lúsàkǎ
Zimbabwe	津巴布韦	Jīnbābùwéi	Harare	哈拉雷	Hālāléi

Appendix 7

Parallel Table of Simplified and Unsimplified Characters

繁简字对照表

Fánjiǎnzì duìzhàobiǎo

A	**ao**	**bang**	锛〔錛〕	*边〔邊〕	槟〔檳〕	铂〔鉑〕
	鳌〔鰲〕	帮〔幫〕	贲〔賁〕	笾〔籩〕	傧〔儐〕	卜〔蔔〕
a	骜〔驁〕	绑〔綁〕	**beng**	贬〔貶〕	缤〔繽〕	**bu**
锕〔錒〕	袄〔襖〕	谤〔謗〕	绷〔繃〕	辩〔辯〕	镔〔鑌〕	补〔補〕
ai	**B**	镑〔鎊〕	镚〔鏰〕	辫〔辮〕	濒〔瀕〕	钚〔鈈〕
锿〔鎄〕		**bao**	**bi**	变〔變〕	鬓〔鬢〕	**C**
皑〔皚〕	**ba**	龅〔齙〕	*笔〔筆〕	**biao**	摈〔擯〕	
霭〔靄〕	鲅〔鮁〕	宝〔寶〕	铋〔鉍〕	镳〔鑣〕	殡〔殯〕	**cai**
*爱〔愛〕	钯〔鈀〕	饱〔飽〕	贲〔賁〕	标〔標〕	膑〔臏〕	才〔纔〕
叆〔靉〕	坝〔壩〕	鸨〔鴇〕	*毕〔畢〕	骠〔驃〕	髌〔髕〕	财〔財〕
瑷〔璦〕	*罢〔罷〕	报〔報〕	哔〔嗶〕	镖〔鏢〕	**bing**	**can**
嗳〔噯〕	䎬〔䎱〕	鲍〔鮑〕	筚〔篳〕	飙〔飆〕	槟〔檳〕	*参〔參〕
暧〔曖〕	**bai**	**bei**	荜〔蓽〕	表〔錶〕	饼〔餅〕	骖〔驂〕
嫒〔嬡〕	摆〔擺〕	惫〔憊〕	跸〔蹕〕	鳔〔鰾〕	**bo**	蚕〔蠶〕
碍〔礙〕	〔襬〕	辈〔輩〕	滗〔潷〕	**bie**	饽〔餑〕	惭〔慚〕
an	败〔敗〕	*贝〔貝〕	币〔幣〕	鳖〔鱉〕	钵〔鉢〕	残〔殘〕
谙〔諳〕	**ban**	钡〔鋇〕	闭〔閉〕	瘪〔癟〕	拨〔撥〕	惨〔慘〕
鹌〔鵪〕	颁〔頒〕	狈〔狽〕	毙〔斃〕	别〔彆〕	鹁〔鵓〕	䅟〔穇〕
铵〔銨〕	板〔闆〕	*备〔備〕	**bian**	**bin**	馎〔餺〕	灿〔燦〕
ang	绊〔絆〕	呗〔唄〕	鳊〔鯿〕	*宾〔賓〕	钹〔鈸〕	**cang**
肮〔骯〕	办〔辦〕	**ben**	编〔編〕	滨〔濱〕	驳〔駁〕	*仓〔倉〕

凡字前加 * 号的，是可作字素的简化字。

Any character with an asterisk is a simplified character which can also be used as a character component.

沧〔滄〕
苍〔蒼〕
伧〔傖〕
鸧〔鶬〕
舱〔艙〕

ce

测〔測〕
恻〔惻〕
厕〔厠〕
侧〔側〕

cen

*参〔參〕

ceng

层〔層〕

cha

馇〔餷〕
锸〔鍤〕
镲〔鑔〕
诧〔詫〕

chai

钗〔釵〕
侪〔儕〕
虿〔蠆〕

chan

搀〔攙〕
掺〔摻〕
缠〔纏〕
禅〔禪〕
蝉〔蟬〕
婵〔嬋〕
谗〔讒〕
馋〔饞〕
产〔產〕
浐〔滻〕
铲〔鏟〕
蒇〔蕆〕
阐〔闡〕
冁〔囅〕
谄〔諂〕
颤〔顫〕
忏〔懺〕
刬〔剗〕

chang

伥〔倀〕
阊〔閶〕
鲳〔鯧〕
*尝〔嘗〕
偿〔償〕
鲿〔鱨〕
*长〔長〕
肠〔腸〕
场〔場〕
厂〔廠〕
怅〔悵〕
畅〔暢〕

chao

钞〔鈔〕

che

*车〔車〕
砗〔硨〕
彻〔徹〕

chen

谌〔諶〕
尘〔塵〕
陈〔陳〕
碜〔磣〕
榇〔櫬〕
衬〔襯〕
谶〔讖〕
称〔稱〕
龀〔齔〕

cheng

柽〔檉〕
蛏〔蟶〕
铛〔鐺〕
赪〔赬〕
称〔稱〕
枨〔棖〕
诚〔誠〕
惩〔懲〕
骋〔騁〕

chi

鸱〔鴟〕
迟〔遲〕
驰〔馳〕
*齿〔齒〕
炽〔熾〕
饬〔飭〕

chong

冲〔衝〕
*虫〔蟲〕
宠〔寵〕
铳〔銃〕

chou

䌷〔紬〕
畴〔疇〕
筹〔籌〕
踌〔躊〕
俦〔儔〕
雠〔讎〕
绸〔綢〕
丑〔醜〕

chu

出〔齣〕
锄〔鋤〕
*刍〔刍〕
雏〔雛〕
储〔儲〕
础〔礎〕
处〔處〕
绌〔絀〕
触〔觸〕

chuai

[illegible]〔[illegible]〕

chuan

传〔傳〕
钏〔釧〕

chuang

疮〔瘡〕
闯〔闖〕
怆〔愴〕
创〔創〕

hui

锤〔錘〕

chun

䲠〔鰆〕
鹑〔鶉〕
纯〔純〕
莼〔蒓〕

chuo

绰〔綽〕
龊〔齪〕
辍〔輟〕

ci

鹚〔鷀〕
辞〔辭〕
词〔詞〕
赐〔賜〕

cong

聪〔聰〕
骢〔驄〕
枞〔樅〕
苁〔蓯〕
*从〔從〕
丛〔叢〕

cou

辏〔輳〕

cuan

撺〔攛〕
蹿〔躥〕
镩〔鑹〕
攒〔攢〕
*窜〔竄〕

cui

缞〔縗〕

cuo

鹾〔鹺〕
错〔錯〕
锉〔銼〕

D

da

*达〔達〕
哒〔噠〕
鞑〔韃〕

dai

贷〔貸〕
绐〔紿〕
*带〔帶〕
叇〔靆〕

dan

*单〔單〕
担〔擔〕
殚〔殫〕
箪〔簞〕
郸〔鄲〕
掸〔撣〕
胆〔膽〕
赕〔賧〕
惮〔憚〕
瘅〔癉〕
弹〔彈〕
诞〔誕〕

dang

裆〔襠〕
铛〔鐺〕
*当〔當〕
〔噹〕
*党〔黨〕
谠〔讜〕
挡〔擋〕
档〔檔〕
砀〔碭〕
荡〔蕩〕

dao

鱽〔魛〕
祷〔禱〕
岛〔島〕
捣〔搗〕
导〔導〕

de

锝〔鍀〕

deng

灯〔燈〕
镫〔鐙〕
邓〔鄧〕

di

镝〔鏑〕
觌〔覿〕
籴〔糴〕
敌〔敵〕
涤〔滌〕
诋〔詆〕
谛〔諦〕
缔〔締〕
递〔遞〕

dian

颠〔顛〕
癫〔癲〕
巅〔巔〕
点〔點〕
淀〔澱〕
垫〔墊〕
电〔電〕
钿〔鈿〕

diao

鲷〔鯛〕
铫〔銚〕
铞〔銱〕
窎〔窵〕
钓〔釣〕
调〔調〕

die

谍〔諜〕
鲽〔鰈〕
绖〔絰〕
迭〔叠〕

ding

钉〔釘〕
顶〔頂〕
订〔訂〕
锭〔錠〕
diu
铥〔銩〕
dong
*东〔東〕
鸫〔鶇〕
岽〔崬〕
冬〔鼕〕
*动〔動〕
冻〔凍〕
栋〔棟〕
胨〔腖〕
dou
钭〔鈄〕
斗〔鬥〕
窦〔竇〕
du
读〔讀〕
渎〔瀆〕
椟〔櫝〕
黩〔黷〕
犊〔犢〕
牍〔牘〕
独〔獨〕
赌〔賭〕
笃〔篤〕
镀〔鍍〕
duan
*断〔斷〕
锻〔鍛〕
缎〔緞〕
簖〔籪〕
dui
怼〔懟〕
*对〔對〕
*队〔隊〕
dun
吨〔噸〕
镦〔鐓〕
趸〔躉〕
钝〔鈍〕
顿〔頓〕
duo
夺〔奪〕
铎〔鐸〕
驮〔馱〕
堕〔墮〕
饳〔飿〕

E

e
额〔額〕
锇〔鋨〕
鹅〔鵝〕
讹〔訛〕
恶〔惡〕
〔噁〕
垩〔堊〕
轭〔軛〕
谔〔諤〕
鹗〔鶚〕
鳄〔鰐〕
锷〔鍔〕
饿〔餓〕
ê
诶〔誒〕
er
儿〔兒〕
鸸〔鴯〕
饵〔餌〕
铒〔鉺〕
*尔〔爾〕
迩〔邇〕
贰〔貳〕

F

fa
*发〔發〕
〔髮〕
罚〔罰〕
阀〔閥〕
fan
烦〔煩〕
矾〔礬〕
钒〔釩〕
贩〔販〕
饭〔飯〕
范〔範〕
fang
钫〔鈁〕
鲂〔魴〕
访〔訪〕
纺〔紡〕
fei
绯〔緋〕
鲱〔鯡〕
飞〔飛〕
诽〔誹〕
废〔廢〕
费〔費〕
镄〔鐨〕
fen
纷〔紛〕
坟〔墳〕
豮〔豶〕
粪〔糞〕
愤〔憤〕
偾〔僨〕
奋〔奮〕
feng
*丰〔豐〕
沣〔灃〕
锋〔鋒〕
*风〔風〕
沨〔渢〕
疯〔瘋〕
枫〔楓〕
砜〔碸〕
冯〔馮〕
缝〔縫〕
讽〔諷〕
凤〔鳳〕
赗〔賵〕
fu
麸〔麩〕
肤〔膚〕
辐〔輻〕
韨〔韍〕
绂〔紱〕
凫〔鳧〕
绋〔紼〕
辅〔輔〕
抚〔撫〕
赋〔賦〕
赙〔賻〕
缚〔縛〕
讣〔訃〕
复〔復〕
〔複〕
〔覆〕
鳆〔鰒〕
驸〔駙〕
鲋〔鮒〕
负〔負〕
妇〔婦〕

G

ga
钆〔釓〕
gai
该〔該〕
赅〔賅〕
盖〔蓋〕
钙〔鈣〕
gan
干〔乾〕
〔幹〕
尴〔尷〕
赶〔趕〕
赣〔贛〕
绀〔紺〕
gang
*冈〔岡〕
刚〔剛〕
㭎〔棡〕
纲〔綱〕
钢〔鋼〕
㧏〔掆〕
岗〔崗〕
gao
镐〔鎬〕
缟〔縞〕
诰〔誥〕
锆〔鋯〕
ge
鸽〔鴿〕
搁〔擱〕
镉〔鎘〕
颌〔頜〕
阁〔閣〕
个〔個〕
铬〔鉻〕
gei
给〔給〕
geng
赓〔賡〕
鹒〔鶊〕
鲠〔鯁〕
绠〔綆〕
gong
龚〔龔〕
巩〔鞏〕
贡〔貢〕
唝〔嗊〕
gou
缑〔緱〕
沟〔溝〕
钩〔鉤〕
觏〔覯〕
诟〔詬〕
构〔構〕
购〔購〕
gu
轱〔軲〕
鸪〔鴣〕
诂〔詁〕
钴〔鈷〕
贾〔賈〕
蛊〔蠱〕
毂〔轂〕
馉〔餶〕
鹘〔鶻〕
谷〔穀〕
鹄〔鵠〕
顾〔顧〕
锢〔錮〕
gua
刮〔颳〕
鸹〔鴰〕
剐〔剮〕
诖〔詿〕
guan
关〔關〕
纶〔綸〕
鳏〔鰥〕
观〔觀〕
馆〔館〕
鹳〔鸛〕
贯〔貫〕
惯〔慣〕
掼〔摜〕
guang
*广〔廣〕
犷〔獷〕
gui

妫〔媯〕
沩〔潙〕
规〔規〕
鲑〔鮭〕
闺〔閨〕
*归〔歸〕
*龟〔龜〕
轨〔軌〕
匦〔匭〕
诡〔詭〕
鳜〔鱖〕
柜〔櫃〕
贵〔貴〕
刿〔劌〕
桧〔檜〕
刽〔劊〕

gun

辊〔輥〕
绲〔緄〕
鲧〔鯀〕

guo

涡〔渦〕
埚〔堝〕
锅〔鍋〕
蝈〔蟈〕
*国〔國〕
掴〔摑〕
帼〔幗〕
馃〔餜〕
腘〔膕〕
*过〔過〕

H

ha

铪〔鉿〕

hai

还〔還〕
骇〔駭〕

han

顸〔頇〕
韩〔韓〕
阚〔闞〕
㘎〔㘚〕
汉〔漢〕
颔〔頷〕

hang

绗〔絎〕
颃〔頏〕

hao

颢〔顥〕
灏〔灝〕
号〔號〕

he

诃〔訶〕
阂〔閡〕
阖〔闔〕
鹖〔鶡〕
颌〔頜〕
饸〔餄〕
合〔閤〕
纥〔紇〕
鹤〔鶴〕
贺〔賀〕
吓〔嚇〕

heng

鸻〔鴴〕

hong

轰〔轟〕
黉〔黌〕
鸿〔鴻〕
红〔紅〕
荭〔葒〕
讧〔訌〕

hou

后〔後〕
鲎〔鱟〕

hu

轷〔軤〕
壶〔壺〕
胡〔鬍〕
鹕〔鶘〕
鹄〔鵠〕
鹘〔鶻〕
浒〔滸〕
沪〔滬〕
护〔護〕

hua

*华〔華〕
骅〔驊〕
哗〔嘩〕
铧〔鏵〕
*画〔畫〕
婳〔嫿〕
划〔劃〕
桦〔樺〕
话〔話〕

huai

怀〔懷〕
坏〔壞〕

huan

欢〔歡〕
还〔還〕
环〔環〕
缳〔繯〕
镮〔鐶〕
锾〔鍰〕
缓〔緩〕
鲩〔鯇〕

huang

鳇〔鰉〕
谎〔謊〕

hui

挥〔揮〕
辉〔輝〕
翚〔翬〕
诙〔詼〕
回〔迴〕
*汇〔匯〕
〔彙〕
贿〔賄〕
秽〔穢〕
*会〔會〕
烩〔燴〕
荟〔薈〕
绘〔繪〕
诲〔誨〕
㱮〔殨〕
讳〔諱〕

hun

荤〔葷〕
阍〔閽〕
浑〔渾〕
珲〔琿〕
馄〔餛〕
诨〔諢〕

huo

钬〔鈥〕
伙〔夥〕
镬〔鑊〕
获〔獲〕
〔穫〕
祸〔禍〕
货〔貨〕

J

ji

齑〔齏〕
跻〔躋〕
击〔擊〕
赍〔賫〕
缉〔緝〕
积〔積〕
羁〔羈〕
机〔機〕
饥〔饑〕
讥〔譏〕
玑〔璣〕
矶〔磯〕
叽〔嘰〕
鸡〔鷄〕
鹡〔鶺〕
辑〔輯〕
极〔極〕
级〔級〕
挤〔擠〕
给〔給〕
几〔幾〕
虮〔蟣〕
济〔濟〕
霁〔霽〕
荠〔薺〕
剂〔劑〕
鲚〔鱭〕
际〔際〕
绩〔績〕
计〔計〕
系〔繫〕
骥〔驥〕
觊〔覬〕
蓟〔薊〕
鲫〔鯽〕
记〔記〕
纪〔紀〕
继〔繼〕

jia

家〔傢〕
镓〔鎵〕
*夹〔夾〕
浃〔浹〕
颊〔頰〕
荚〔莢〕
蛱〔蛺〕
铗〔鋏〕
郏〔郟〕
贾〔賈〕
槚〔檟〕
钾〔鉀〕
价〔價〕
驾〔駕〕

jian

鹣〔鶼〕
鳒〔鰜〕
缣〔縑〕
*戋〔戔〕
*笺〔箋〕
坚〔堅〕
鲣〔鰹〕
缄〔緘〕
鞯〔韉〕
*监〔監〕
歼〔殲〕
艰〔艱〕
间〔間〕
谫〔譾〕
硷〔鹼〕
拣〔揀〕
笕〔筧〕
茧〔繭〕
检〔檢〕
捡〔撿〕
睑〔瞼〕
俭〔儉〕
裥〔襉〕
简〔簡〕
谏〔諫〕
渐〔漸〕
槛〔檻〕
贱〔賤〕
溅〔濺〕
践〔踐〕
饯〔餞〕
*荐〔薦〕
鉴〔鑒〕
*见〔見〕
枧〔梘〕
舰〔艦〕
剑〔劍〕
键〔鍵〕

涧〔澗〕
锏〔鐧〕
jiang
姜〔薑〕
*将〔將〕
浆〔漿〕
缰〔繮〕
讲〔講〕
桨〔槳〕
奖〔獎〕
蒋〔蔣〕
酱〔醬〕
绛〔絳〕
jiao
胶〔膠〕
鲛〔鮫〕
䴔〔鵁〕
浇〔澆〕
骄〔驕〕
娇〔嬌〕
鹪〔鷦〕
饺〔餃〕
铰〔鉸〕
绞〔絞〕
侥〔僥〕
矫〔矯〕
搅〔攪〕
缴〔繳〕
觉〔覺〕
较〔較〕
轿〔轎〕
挢〔撟〕
峤〔嶠〕
jie
阶〔階〕
疖〔癤〕
讦〔訐〕
洁〔潔〕
诘〔詰〕
撷〔擷〕
颉〔頡〕
结〔結〕
鲒〔鮚〕
*节〔節〕
借〔藉〕
诫〔誡〕
jin
谨〔謹〕
馑〔饉〕
觐〔覲〕
紧〔緊〕
锦〔錦〕
仅〔僅〕
劲〔勁〕
*进〔進〕
琎〔璡〕
缙〔縉〕
*尽〔盡〕
〔儘〕
浕〔濜〕
荩〔藎〕
赆〔贐〕
烬〔燼〕
jing
惊〔驚〕
鲸〔鯨〕
䴖〔鶄〕
泾〔涇〕
茎〔莖〕
经〔經〕
颈〔頸〕
刭〔剄〕
镜〔鏡〕
竞〔競〕
痉〔痙〕
劲〔勁〕
胫〔脛〕
径〔徑〕
靓〔靚〕
jiu
纠〔糾〕
鸠〔鳩〕
阄〔鬮〕
鹫〔鷲〕
旧〔舊〕
ju
车〔車〕
驹〔駒〕
䴗〔鶪〕
锔〔鋦〕
*举〔舉〕
龃〔齟〕
榉〔櫸〕
讵〔詎〕
惧〔懼〕
飓〔颶〕
窭〔窶〕
屦〔屨〕
据〔據〕
剧〔劇〕
锯〔鋸〕
juan
鹃〔鵑〕
镌〔鎸〕
卷〔捲〕
绢〔絹〕
jue
觉〔覺〕
镢〔鐝〕
𫓧〔钁〕
谲〔譎〕
诀〔訣〕
绝〔絕〕
jun
军〔軍〕
皲〔皸〕
钧〔鈞〕
骏〔駿〕

K

kai
开〔開〕
锎〔鐦〕
恺〔愷〕
垲〔塏〕
剀〔剴〕
铠〔鎧〕
凯〔凱〕
闿〔闓〕
锴〔鍇〕
忾〔愾〕
kan
龛〔龕〕
槛〔檻〕
kang
钪〔鈧〕
kao
铐〔銬〕
ke
颏〔頦〕
轲〔軻〕
钶〔鈳〕
颗〔顆〕
*壳〔殼〕
缂〔緙〕
克〔剋〕
课〔課〕
骒〔騍〕
锞〔錁〕
ken
恳〔懇〕
垦〔墾〕
keng
铿〔鏗〕
kou
抠〔摳〕
眍〔瞘〕
ku
库〔庫〕
裤〔褲〕
绔〔絝〕
喾〔嚳〕
kua
夸〔誇〕
kuai
㧟〔擓〕
*会〔會〕
浍〔澮〕
哙〔噲〕
郐〔鄶〕
侩〔儈〕
脍〔膾〕
鲙〔鱠〕
狯〔獪〕
块〔塊〕
kuan
宽〔寬〕
髋〔髖〕
kuang
诓〔誆〕
诳〔誑〕
矿〔礦〕
圹〔壙〕
旷〔曠〕
纩〔纊〕
邝〔鄺〕
贶〔貺〕
kui
窥〔窺〕
亏〔虧〕
岿〔巋〕
溃〔潰〕
𫌀〔䙌〕
愦〔憒〕
聩〔聵〕
匮〔匱〕
蒉〔蕢〕
馈〔饋〕
篑〔簣〕
kun
鲲〔鯤〕
锟〔錕〕
壸〔壼〕
阃〔閫〕
困〔睏〕
kuo
阔〔闊〕
扩〔擴〕

L

la
蜡〔蠟〕
腊〔臘〕
镴〔鑞〕
lai
*来〔來〕
涞〔淶〕
莱〔萊〕
崃〔崍〕
铼〔錸〕
徕〔徠〕
赖〔賴〕
濑〔瀨〕
癞〔癩〕
籁〔籟〕
睐〔睞〕
赉〔賚〕
lan
兰〔蘭〕
栏〔欄〕
拦〔攔〕
阑〔闌〕
澜〔瀾〕
谰〔讕〕
斓〔斕〕
镧〔鑭〕
褴〔襤〕
蓝〔藍〕

篮〔籃〕
岚〔嵐〕
懒〔懶〕
览〔覽〕
榄〔欖〕
揽〔攬〕
缆〔纜〕
烂〔爛〕
滥〔濫〕

lang

锒〔鋃〕
阆〔閬〕

lao

捞〔撈〕
劳〔勞〕
崂〔嶗〕
痨〔癆〕
铹〔鐒〕
铑〔銠〕
涝〔澇〕
唠〔嘮〕
耢〔耮〕

le

鳓〔鰳〕
*乐〔樂〕
饹〔餎〕

lei

镭〔鐳〕
累〔纍〕
缧〔縲〕
诔〔誄〕
垒〔壘〕
类〔類〕

li

*离〔離〕
漓〔灕〕
篱〔籬〕
缡〔縭〕
骊〔驪〕
鹂〔鸝〕
鲡〔鱺〕
礼〔禮〕
逦〔邐〕
里〔裏〕
锂〔鋰〕
鲤〔鯉〕
鳢〔鱧〕
*丽〔麗〕
俪〔儷〕
郦〔酈〕
厉〔厲〕
励〔勵〕
砾〔礫〕
*历〔歷〕
〔曆〕
沥〔瀝〕
坜〔壢〕
疬〔癧〕
雳〔靂〕
枥〔櫪〕
苈〔藶〕
呖〔嚦〕
疠〔癘〕
粝〔糲〕
砺〔礪〕
蛎〔蠣〕
栎〔櫟〕
轹〔轢〕
隶〔隸〕

lia

俩〔倆〕

lian

帘〔簾〕
镰〔鐮〕
联〔聯〕
连〔連〕
涟〔漣〕
莲〔蓮〕
鲢〔鰱〕
琏〔璉〕
奁〔奩〕
怜〔憐〕
敛〔斂〕
蔹〔蘞〕
脸〔臉〕
恋〔戀〕
链〔鏈〕
炼〔煉〕
练〔練〕
潋〔瀲〕
殓〔殮〕
裣〔襝〕
裢〔褳〕

liang

粮〔糧〕
*两〔兩〕
俩〔倆〕
唡〔啢〕
魉〔魎〕
谅〔諒〕
辆〔輛〕

liao

鹩〔鷯〕
缭〔繚〕
疗〔療〕
辽〔遼〕
了〔瞭〕
钌〔釕〕
镣〔鐐〕

lie

猎〔獵〕
䴕〔鴷〕

lin

辚〔轔〕
鳞〔鱗〕
临〔臨〕
邻〔鄰〕
蔺〔藺〕
躏〔躪〕
赁〔賃〕

ling

鲮〔鯪〕
绫〔綾〕
龄〔齡〕
铃〔鈴〕
鸰〔鴒〕
*灵〔靈〕
棂〔欞〕
领〔領〕
岭〔嶺〕

liu

飗〔飀〕
*刘〔劉〕
浏〔瀏〕
骝〔騮〕
镏〔鎦〕
绺〔綹〕
馏〔餾〕
鹨〔鷚〕
陆〔陸〕

long

*龙〔龍〕
泷〔瀧〕
珑〔瓏〕
聋〔聾〕
栊〔櫳〕
砻〔礱〕
笼〔籠〕
茏〔蘢〕
咙〔嚨〕
昽〔曨〕
胧〔朧〕
垄〔壟〕
拢〔攏〕
陇〔隴〕

lou

䁖〔瞜〕
*娄〔婁〕
偻〔僂〕
喽〔嘍〕
楼〔樓〕
溇〔漊〕
蒌〔蔞〕
髅〔髏〕
蝼〔螻〕
耧〔耬〕
搂〔摟〕
嵝〔嶁〕
篓〔簍〕
瘘〔瘻〕
镂〔鏤〕

lu

噜〔嚕〕
庐〔廬〕
炉〔爐〕
芦〔蘆〕
*卢〔盧〕
泸〔瀘〕
垆〔壚〕
栌〔櫨〕
颅〔顱〕
鸬〔鸕〕
胪〔臚〕
鲈〔鱸〕
舻〔艫〕
*卤〔鹵〕
〔滷〕
*虏〔虜〕
掳〔擄〕
鲁〔魯〕
橹〔櫓〕
镥〔鑥〕
辘〔轆〕
辂〔輅〕
赂〔賂〕
鹭〔鷺〕
陆〔陸〕
*录〔録〕
箓〔籙〕
绿〔緑〕
轳〔轤〕
氇〔氌〕

lü

驴〔驢〕
闾〔閭〕
榈〔櫚〕
屡〔屢〕
偻〔僂〕
褛〔褸〕
缕〔縷〕
铝〔鋁〕
*虑〔慮〕
滤〔濾〕
绿〔緑〕

luan

娈〔孌〕
栾〔欒〕
滦〔灤〕
峦〔巒〕
脔〔臠〕
銮〔鑾〕
挛〔攣〕
鸾〔鸞〕
孪〔孿〕
乱〔亂〕

lun

抡〔掄〕
*仑〔侖〕
沦〔淪〕
轮〔輪〕
囵〔圇〕
纶〔綸〕
伦〔倫〕
论〔論〕

luo

骡〔騾〕
脶〔腡〕
*罗〔羅〕

〔囉〕
逻〔邏〕
萝〔蘿〕
锣〔鑼〕
箩〔籮〕
椤〔欏〕
猡〔玀〕
荦〔犖〕
泺〔濼〕
骆〔駱〕
络〔絡〕

M

m
呒〔嘸〕
ma
妈〔媽〕
*马〔馬〕
蚂〔螞〕
玛〔瑪〕
码〔碼〕
犸〔獁〕
骂〔罵〕
吗〔嗎〕
唛〔嘜〕
mai
*买〔買〕
*麦〔麥〕
*卖〔賣〕
迈〔邁〕
荬〔蕒〕
man
颟〔顢〕
馒〔饅〕
鳗〔鰻〕
蛮〔蠻〕
瞒〔瞞〕
满〔滿〕
螨〔蟎〕
谩〔謾〕
缦〔縵〕
镘〔鏝〕
mang
铓〔鋩〕
mao
锚〔錨〕
铆〔鉚〕
贸〔貿〕
me
么〔麽〕
mei
霉〔黴〕
镅〔鎇〕
鹛〔鶥〕
镁〔鎂〕
men
门〔門〕
扪〔捫〕
钔〔鍆〕
懑〔懣〕
闷〔悶〕
焖〔燜〕
们〔們〕
meng
蒙〔矇〕
〔濛〕
〔懞〕
锰〔錳〕
梦〔夢〕
mi
谜〔謎〕
祢〔禰〕
弥〔彌〕
〔瀰〕
猕〔獼〕
谧〔謐〕
觅〔覓〕
mian
绵〔綿〕
渑〔澠〕
缅〔緬〕
面〔麵〕
miao
鹋〔鶓〕
缈〔緲〕
缪〔繆〕
庙〔廟〕
mie
灭〔滅〕
蔑〔衊〕
min
缗〔緡〕
闵〔閔〕
悯〔憫〕
闽〔閩〕
*黾〔黽〕
鳘〔鰵〕
ming
鸣〔鳴〕
铭〔銘〕
miu
谬〔謬〕
缪〔繆〕
mo
谟〔謨〕
馍〔饃〕
蓦〔驀〕
mou
谋〔謀〕
缪〔繆〕
mu
亩〔畝〕
钼〔鉬〕

N

na
镎〔鎿〕
钠〔鈉〕
纳〔納〕
nan
*难〔難〕
nang
馕〔饢〕
nao
挠〔撓〕
蛲〔蟯〕
铙〔鐃〕
恼〔惱〕
脑〔腦〕
闹〔鬧〕
ne
讷〔訥〕
nei
馁〔餒〕
neng
泞〔濘〕
ni
鲵〔鯢〕
铌〔鈮〕
拟〔擬〕
腻〔膩〕
nian
鲇〔鮎〕
鲶〔鯰〕
辇〔輦〕
撵〔攆〕
niang
酿〔釀〕
niao
*鸟〔鳥〕
茑〔蔦〕
袅〔裊〕
nie
*聂〔聶〕
颞〔顳〕
嗫〔囁〕
蹑〔躡〕
镊〔鑷〕
啮〔嚙〕
镍〔鎳〕
ning
*宁〔寧〕
柠〔檸〕
咛〔嚀〕
狞〔獰〕
聍〔聹〕
拧〔擰〕
泞〔濘〕
niu
钮〔鈕〕
纽〔紐〕
nong
*农〔農〕
浓〔濃〕
侬〔儂〕
脓〔膿〕
哝〔噥〕
nu
驽〔駑〕
nü
钕〔釹〕
nüe
疟〔瘧〕
nuo
傩〔儺〕
诺〔諾〕
锘〔鍩〕

O

ou
*区〔區〕
讴〔謳〕
瓯〔甌〕
鸥〔鷗〕
殴〔毆〕
欧〔歐〕
呕〔嘔〕
沤〔漚〕
怄〔慪〕

P

pan
蹒〔蹣〕
盘〔盤〕
pang
鳑〔鰟〕
庞〔龐〕
pei
赔〔賠〕
锫〔錇〕
辔〔轡〕
pen
喷〔噴〕
peng
鹏〔鵬〕
pi
纰〔紕〕
罴〔羆〕
鲏〔鮍〕
铍〔鈹〕
辟〔闢〕
䴙〔鷿〕
pian
骈〔駢〕
谝〔諞〕
骗〔騙〕
piao
飘〔飄〕
缥〔縹〕
骠〔驃〕
pin
嫔〔嬪〕
频〔頻〕
颦〔顰〕
贫〔貧〕
ping
评〔評〕
苹〔蘋〕

鲆〔鮃〕
凭〔憑〕

po

钋〔釙〕
颇〔頗〕
泼〔潑〕
钹〔鏺〕
钷〔鉕〕

pu

铺〔鋪〕
扑〔撲〕
仆〔僕〕
镤〔鏷〕
谱〔譜〕
镨〔鐠〕
朴〔樸〕

Q

qi

缉〔緝〕
桤〔榿〕
*齐〔齊〕
蛴〔蠐〕
脐〔臍〕
骑〔騎〕
骐〔騏〕
鳍〔鰭〕
颀〔頎〕
蕲〔蘄〕
启〔啓〕
绮〔綺〕
*岂〔豈〕
碛〔磧〕
*气〔氣〕
讫〔訖〕
荠〔薺〕

qian

骞〔騫〕
谦〔謙〕
悭〔慳〕
牵〔牽〕
*佥〔僉〕
签〔簽〕
〔籤〕
千〔韆〕
*迁〔遷〕
钎〔釺〕
铅〔鉛〕
鹐〔鵮〕
荨〔蕁〕
钳〔鉗〕
钱〔錢〕
谴〔譴〕
浅〔淺〕
钤〔鈐〕
浅〔淺〕
谴〔譴〕
缱〔繾〕
堑〔塹〕
椠〔槧〕
纤〔縴〕

qiang

玱〔瑲〕
枪〔槍〕
锵〔鏘〕
墙〔墻〕
蔷〔薔〕
樯〔檣〕
嫱〔嬙〕
镪〔鏹〕
羟〔羥〕
抢〔搶〕
炝〔熗〕
戗〔戧〕
跄〔蹌〕
呛〔嗆〕

qiao

硗〔磽〕
跷〔蹺〕
锹〔鍬〕
缲〔繰〕
翘〔翹〕
*乔〔喬〕
桥〔橋〕
硚〔礄〕
侨〔僑〕
鞒〔鞽〕
荞〔蕎〕
谯〔譙〕
*壳〔殼〕
窍〔竅〕
诮〔誚〕

qie

锲〔鍥〕
惬〔愜〕
箧〔篋〕
窃〔竊〕

qin

*亲〔親〕
钦〔欽〕
嵚〔嶔〕
骎〔駸〕
寝〔寢〕
锓〔鋟〕
揿〔撳〕

qing

鲭〔鯖〕
轻〔輕〕
氢〔氫〕
倾〔傾〕
䞍〔䝼〕
请〔請〕
顷〔頃〕
庼〔廎〕
庆〔慶〕

qiong

*穷〔窮〕
䓖〔藭〕
琼〔瓊〕
茕〔煢〕

qiu

秋〔鞦〕
鹙〔鶖〕
鳅〔鰍〕
𬶍〔鰌〕
巯〔巰〕

qu

曲〔麯〕
*区〔區〕
驱〔驅〕
岖〔嶇〕
躯〔軀〕
诎〔詘〕
趋〔趨〕
鸲〔鴝〕
龋〔齲〕
觑〔覷〕
阒〔闃〕

quan

权〔權〕
颧〔顴〕
铨〔銓〕
诠〔詮〕
绻〔綣〕
劝〔勸〕

que

悫〔慤〕
鹊〔鵲〕
阙〔闕〕
确〔確〕
阕〔闋〕

R

rang

让〔讓〕

rao

桡〔橈〕
荛〔蕘〕
饶〔饒〕
娆〔嬈〕
扰〔擾〕
绕〔繞〕

re

热〔熱〕

ren

认〔認〕
饪〔飪〕
纴〔紝〕
轫〔軔〕
纫〔紉〕
韧〔韌〕

rong

荣〔榮〕
蝾〔蠑〕
嵘〔嶸〕
绒〔絨〕

ru

铷〔銣〕
颥〔顬〕
缛〔縟〕

ruan

软〔軟〕

rui

锐〔鋭〕

run

闰〔閏〕
润〔潤〕

S

sa

洒〔灑〕
飒〔颯〕
萨〔薩〕

sai

鳃〔鰓〕
赛〔賽〕

san

毵〔毿〕
馓〔饊〕
伞〔傘〕

sang

丧〔喪〕
颡〔顙〕

sao

骚〔騷〕
缫〔繅〕
扫〔掃〕

se

涩〔澀〕
*啬〔嗇〕
穑〔穡〕
铯〔銫〕

sha

鲨〔鯊〕
纱〔紗〕
*杀〔殺〕
铩〔鎩〕

shai

筛〔篩〕
晒〔曬〕

shan

钐〔釤〕
陕〔陝〕
闪〔閃〕
𬭊〔鐥〕
鳝〔鱔〕
缮〔繕〕
掸〔撣〕
骟〔騸〕
[illegible]〔[illegible]〕
禅〔禪〕
讪〔訕〕
赡〔贍〕

shang

殇〔殤〕
觞〔觴〕
伤〔傷〕
赏〔賞〕

shao
烧〔燒〕
绍〔紹〕
she
赊〔賒〕
舍〔捨〕
设〔設〕
滠〔灄〕
慑〔懾〕
摄〔攝〕
厍〔厙〕
shei
谁〔誰〕
shen
绅〔紳〕
*参〔參〕
糁〔糝〕
*审〔審〕
谉〔讅〕
婶〔嬸〕
沈〔瀋〕
谂〔諗〕
肾〔腎〕
渗〔滲〕
瘆〔瘮〕
sheng
声〔聲〕
渑〔澠〕
绳〔繩〕
胜〔勝〕
*圣〔聖〕
shi
湿〔濕〕
诗〔詩〕
*师〔師〕
浉〔溮〕
狮〔獅〕
䴓〔鳾〕
实〔實〕
埘〔塒〕
鲥〔鰣〕
识〔識〕
*时〔時〕
蚀〔蝕〕
驶〔駛〕
铈〔鈰〕
视〔視〕
谥〔謚〕
试〔試〕
轼〔軾〕
势〔勢〕
莳〔蒔〕
贳〔貰〕
释〔釋〕
饰〔飾〕
适〔適〕
shou
兽〔獸〕
*寿〔壽〕
绶〔綬〕
shu
枢〔樞〕
摅〔攄〕
输〔輸〕
纾〔紓〕
书〔書〕
赎〔贖〕
*属〔屬〕
数〔數〕
树〔樹〕
术〔術〕
竖〔竪〕
shuai
帅〔帥〕
shuan
闩〔閂〕
shuang
*双〔雙〕
泷〔瀧〕
shui
谁〔誰〕
shun
顺〔順〕
shuo
说〔說〕
硕〔碩〕
烁〔爍〕
铄〔鑠〕
si
锶〔鍶〕
飔〔颸〕
酾〔釃〕
缌〔緦〕
丝〔絲〕
咝〔噝〕
鸶〔鷥〕
蛳〔螄〕
驷〔駟〕
饲〔飼〕
song
松〔鬆〕
怂〔慫〕
耸〔聳〕
㧐〔㩳〕
讼〔訟〕
颂〔頌〕
诵〔誦〕
sou
馊〔餿〕
锼〔鎪〕
飕〔颼〕
薮〔藪〕
擞〔擻〕
su
苏〔囌〕
稣〔穌〕
谡〔謖〕
诉〔訴〕
*肃〔肅〕
sui
虽〔雖〕
随〔隨〕
绥〔綏〕
*岁〔歲〕
谇〔誶〕
sun
*孙〔孫〕
荪〔蓀〕
狲〔猻〕
损〔損〕
suo
缩〔縮〕
琐〔瑣〕
唢〔嗩〕
锁〔鎖〕
苏〔蘇〕

T

ta
铊〔鉈〕
鳎〔鰨〕
獭〔獺〕
㳠〔澾〕
挞〔撻〕
闼〔闥〕
tai
台〔臺〕
〔檯〕
〔颱〕
骀〔駘〕
鲐〔鮐〕
态〔態〕
钛〔鈦〕
tan
滩〔灘〕
瘫〔癱〕
摊〔攤〕
贪〔貪〕
谈〔談〕
坛〔壇〕
〔罎〕
谭〔譚〕
昙〔曇〕
弹〔彈〕
钽〔鉭〕
叹〔嘆〕
tang
镗〔鏜〕
汤〔湯〕
傥〔儻〕
锐〔鋭〕
烫〔燙〕
tao
涛〔濤〕
韬〔韜〕
绦〔縧〕
焘〔燾〕
讨〔討〕
te
铽〔鋱〕
teng
誊〔謄〕
腾〔騰〕
螣〔螣〕
ti
锑〔銻〕
䴘〔鷉〕
鹈〔鵜〕
绨〔綈〕
缇〔緹〕
题〔題〕
体〔體〕
tian
阗〔闐〕
tiao
*条〔條〕
鲦〔鰷〕
龆〔齠〕
调〔調〕
粜〔糶〕
tie
贴〔貼〕
铁〔鐵〕
ting
厅〔廳〕
烃〔烴〕
听〔聽〕
颋〔頲〕
铤〔鋌〕
tong
铜〔銅〕
鲖〔鮦〕
统〔統〕
恸〔慟〕
tou
头〔頭〕
tu
图〔圖〕
涂〔塗〕
钍〔釷〕
tuan
抟〔摶〕
团〔團〕
〔糰〕
tui
颓〔頹〕
tun
饨〔飩〕
tuo
饦〔飥〕
驼〔駝〕
鸵〔鴕〕
驮〔馱〕
鼍〔鼉〕
椭〔橢〕
萚〔蘀〕
箨〔籜〕

W

wa

娲〔媧〕
洼〔窪〕
袜〔襪〕

wai

㖞〔喎〕

wan

弯〔彎〕
湾〔灣〕
纨〔紈〕
顽〔頑〕
绾〔綰〕
*万〔萬〕

wang

网〔網〕
辋〔輞〕

wei

*为〔爲〕
维〔維〕
潍〔濰〕
*韦〔韋〕
违〔違〕
围〔圍〕
涠〔潿〕
帏〔幃〕
闱〔闈〕
伪〔僞〕
鲔〔鮪〕
诿〔諉〕
炜〔煒〕
玮〔瑋〕
苇〔葦〕
韪〔韙〕
伟〔偉〕
纬〔緯〕
硙〔磑〕
谓〔謂〕
卫〔衛〕

wen

鳁〔鰛〕
纹〔紋〕
闻〔聞〕
阌〔閿〕
稳〔穩〕
问〔問〕

wo

涡〔渦〕
窝〔窩〕
莴〔萵〕
蜗〔蝸〕
挝〔撾〕
龌〔齷〕

wu

诬〔誣〕
*乌〔烏〕
呜〔嗚〕
钨〔鎢〕
邬〔鄔〕
*无〔無〕
芜〔蕪〕
妩〔嫵〕
怃〔憮〕
庑〔廡〕
鹉〔鵡〕
坞〔塢〕
务〔務〕
雾〔霧〕
骛〔騖〕
鹜〔鶩〕
误〔誤〕

X

xi

牺〔犧〕
饻〔餏〕
锡〔錫〕
袭〔襲〕
觋〔覡〕
习〔習〕
鳛〔鰼〕
玺〔璽〕
铣〔銑〕
系〔係〕
〔繫〕
细〔細〕
阋〔鬩〕
戏〔戲〕
饩〔餼〕

xia

虾〔蝦〕
辖〔轄〕
硖〔硤〕
峡〔峽〕
侠〔俠〕
狭〔狹〕
吓〔嚇〕

xian

鲜〔鮮〕
纤〔纖〕
跹〔躚〕
锨〔鍁〕
莶〔薟〕
贤〔賢〕
咸〔鹹〕
衔〔銜〕
挦〔撏〕
闲〔閑〕
鹇〔鷴〕
娴〔嫻〕
痫〔癇〕
藓〔蘚〕
蚬〔蜆〕
显〔顯〕
险〔險〕
猃〔獫〕
铣〔銑〕
*献〔獻〕
线〔綫〕
现〔現〕
苋〔莧〕
岘〔峴〕
县〔縣〕
宪〔憲〕
馅〔餡〕

xiang

骧〔驤〕
镶〔鑲〕
*乡〔鄉〕
芗〔薌〕
缃〔緗〕
详〔詳〕
鲞〔鯗〕
响〔響〕
饷〔餉〕
飨〔饗〕
向〔嚮〕
象〔像〕
项〔項〕

xiao

骁〔驍〕
哓〔嘵〕
销〔銷〕
绡〔綃〕
嚣〔囂〕
枭〔梟〕
鸮〔鴞〕
萧〔蕭〕
潇〔瀟〕
蟏〔蠨〕
箫〔簫〕
晓〔曉〕
啸〔嘯〕

xie

颉〔頡〕
撷〔擷〕
缬〔纈〕
协〔協〕
挟〔挾〕
胁〔脅〕
谐〔諧〕
*写〔寫〕
亵〔褻〕
泻〔瀉〕
绁〔紲〕
谢〔謝〕

xin

锌〔鋅〕
䜣〔訢〕
衅〔釁〕

xing

兴〔興〕
荥〔滎〕
钘〔鈃〕
铏〔鉶〕
陉〔陘〕
饧〔餳〕

xiong

讻〔訩〕
诇〔詗〕

xiu

馐〔饈〕
鸺〔鵂〕
绣〔綉〕
锈〔銹〕

xu

须〔須〕
〔鬚〕
谞〔諝〕
许〔許〕
诩〔詡〕
顼〔頊〕
续〔續〕
绪〔緒〕

xuan

轩〔軒〕
谖〔諼〕
悬〔懸〕
选〔選〕
癣〔癬〕
旋〔鏇〕
铉〔鉉〕
绚〔絢〕

xue

学〔學〕
峃〔嶨〕
鳕〔鱈〕
谑〔謔〕

xun

勋〔勛〕
埙〔塤〕
驯〔馴〕
询〔詢〕
*寻〔尋〕
浔〔潯〕
鲟〔鱘〕
训〔訓〕
讯〔訊〕
逊〔遜〕

Y

ya

压〔壓〕
鸦〔鴉〕
鸭〔鴨〕
铔〔錏〕
哑〔啞〕
氩〔氬〕
*亚〔亞〕
垭〔埡〕
挜〔掗〕
娅〔婭〕
讶〔訝〕
轧〔軋〕

yan

阏〔閼〕
阉〔閹〕

恹〔懨〕
颜〔顏〕
盐〔鹽〕
*严〔嚴〕
阎〔閻〕
厣〔厴〕
黡〔黶〕
魇〔魘〕
俨〔儼〕
䶮〔龑〕
谚〔諺〕
䜩〔讌〕
*厌〔厭〕
餍〔饜〕
赝〔贋〕
艳〔艷〕
滟〔灧〕
谳〔讞〕
砚〔硯〕
觃〔覎〕
酽〔釅〕
验〔驗〕

yang

鸯〔鴦〕
疡〔瘍〕
炀〔煬〕
杨〔楊〕
扬〔揚〕
旸〔暘〕
钖〔鍚〕
阳〔陽〕
痒〔癢〕
养〔養〕
样〔樣〕

yao

*尧〔堯〕
峣〔嶢〕
谣〔謠〕
铫〔銚〕
轺〔軺〕
疟〔瘧〕
鹞〔鷂〕
鑰〔鑰〕
药〔藥〕

ye

爷〔爺〕
靥〔靨〕
*页〔頁〕
烨〔燁〕
晔〔曄〕
*业〔業〕
邺〔鄴〕
叶〔葉〕
谒〔謁〕

yi

铱〔銥〕
医〔醫〕
鹥〔鷖〕
祎〔禕〕
颐〔頤〕
遗〔遺〕
仪〔儀〕
诒〔詒〕
贻〔貽〕
饴〔飴〕
蚁〔蟻〕
钇〔釔〕
谊〔誼〕
瘗〔瘞〕
镒〔鎰〕
缢〔縊〕
勚〔勩〕
怿〔懌〕
译〔譯〕
驿〔驛〕
峄〔嶧〕
绎〔繹〕
*义〔義〕
议〔議〕
轶〔軼〕
*艺〔藝〕
呓〔囈〕
亿〔億〕
忆〔憶〕
诣〔詣〕
镱〔鐿〕

yin

铟〔銦〕
*阴〔陰〕
荫〔蔭〕
龈〔齦〕
银〔銀〕
饮〔飲〕
*隐〔隱〕
瘾〔癮〕
䲟〔鮣〕

ying

应〔應〕
鹰〔鷹〕
莺〔鶯〕
罂〔罌〕
婴〔嬰〕
璎〔瓔〕
樱〔櫻〕
撄〔攖〕
嘤〔嚶〕
鹦〔鸚〕
缨〔纓〕
荧〔熒〕
莹〔瑩〕
茔〔塋〕
萤〔螢〕
萦〔縈〕
营〔營〕
赢〔贏〕
蝇〔蠅〕
瘿〔癭〕
颖〔穎〕
颍〔潁〕

yo

哟〔喲〕

yong

痈〔癰〕
拥〔擁〕
佣〔傭〕
镛〔鏞〕
鳙〔鱅〕
颙〔顒〕
踊〔踴〕

you

忧〔憂〕
优〔優〕
鱿〔魷〕
*犹〔猶〕
莸〔蕕〕
铀〔鈾〕
邮〔郵〕
铕〔銪〕
诱〔誘〕

yu

纡〔紆〕
舆〔輿〕
欤〔歟〕
余〔餘〕
觎〔覦〕
谀〔諛〕
*鱼〔魚〕
渔〔漁〕
䲣〔䲣〕
*与〔與〕
语〔語〕
龉〔齬〕
伛〔傴〕
屿〔嶼〕
誉〔譽〕
钰〔鈺〕
吁〔籲〕
御〔禦〕
驭〔馭〕
阈〔閾〕
妪〔嫗〕
郁〔鬱〕
谕〔諭〕
鹆〔鵒〕
饫〔飫〕
狱〔獄〕
预〔預〕
滪〔澦〕
蓣〔蕷〕
鹬〔鷸〕

yuan

渊〔淵〕
鸢〔鳶〕
鸳〔鴛〕
鼋〔黿〕
园〔園〕
辕〔轅〕
员〔員〕
圆〔圓〕
缘〔緣〕
橼〔櫞〕
远〔遠〕
愿〔願〕

yue

约〔約〕
哕〔噦〕
阅〔閱〕
钺〔鉞〕
跃〔躍〕
*乐〔樂〕
钥〔鑰〕

yun

*云〔雲〕
芸〔蕓〕
纭〔紜〕
涢〔溳〕
郧〔鄖〕
殒〔殞〕
陨〔隕〕
恽〔惲〕
晕〔暈〕
郓〔鄆〕
运〔運〕
酝〔醞〕
韫〔韞〕
缊〔縕〕
蕴〔藴〕

Z

za

臜〔臢〕
杂〔雜〕

zai

载〔載〕

zan

趱〔趲〕
攒〔攢〕
錾〔鏨〕
暂〔暫〕
赞〔贊〕
瓒〔瓚〕

zang

赃〔贓〕
脏〔臟〕
〔髒〕
驵〔駔〕

zao

凿〔鑿〕
枣〔棗〕
灶〔竈〕

ze

责〔責〕
赜〔賾〕
啧〔嘖〕
帻〔幘〕
箦〔簀〕
则〔則〕
鲗〔鰂〕

泽〔澤〕
择〔擇〕
zei
贼〔賊〕
zen
谮〔譖〕
zeng
缯〔繒〕
赠〔贈〕
锃〔鋥〕
zha
铡〔鍘〕
闸〔閘〕
轧〔軋〕
鲝〔鮺〕
鲊〔鮓〕
诈〔詐〕
zhai
斋〔齋〕
债〔債〕
zhan
鹯〔鸇〕
鳣〔鱣〕
毡〔氈〕
觇〔覘〕
谵〔譫〕
斩〔斬〕
崭〔嶄〕
盏〔盞〕
辗〔輾〕
绽〔綻〕
颤〔顫〕
栈〔棧〕
战〔戰〕
zhang
张〔張〕
*长〔長〕
涨〔漲〕
帐〔帳〕
账〔賬〕
胀〔脹〕
zhao
钊〔釗〕
赵〔趙〕
诏〔詔〕
zhe
谪〔謫〕
辙〔轍〕
蛰〔蟄〕
辄〔輒〕
詟〔讋〕
折〔摺〕
锗〔鍺〕
这〔這〕
鹧〔鷓〕
zhen
针〔針〕
贞〔貞〕
浈〔湞〕
祯〔禎〕
桢〔楨〕
侦〔偵〕
缜〔縝〕
诊〔診〕
轸〔軫〕
鸩〔鴆〕
赈〔賑〕
镇〔鎮〕
纼〔紖〕
阵〔陣〕
zheng
钲〔鉦〕
征〔徵〕
铮〔錚〕
症〔癥〕
*郑〔鄭〕
证〔證〕
帧〔幀〕
诤〔諍〕
䦶〔䦛〕
zhi
只〔隻〕
〔祗〕
织〔織〕
职〔職〕
踯〔躑〕
*执〔執〕
絷〔縶〕
纸〔紙〕
挚〔摯〕
贽〔贄〕
鸷〔鷙〕
掷〔擲〕
滞〔滯〕
栉〔櫛〕
轾〔輊〕
致〔緻〕
帜〔幟〕
制〔製〕
*质〔質〕
踬〔躓〕
锧〔鑕〕
骘〔騭〕
zhong
终〔終〕
钟〔鐘〕
〔鍾〕
种〔種〕
肿〔腫〕
众〔衆〕
zhou
诌〔謅〕
赒〔賙〕
鸼〔鵃〕
轴〔軸〕
纣〔紂〕
荮〔葤〕
骤〔驟〕
皱〔皺〕
绉〔縐〕
㤘〔㥮〕
㑇〔㑳〕
昼〔晝〕
zhu
诸〔諸〕
槠〔櫧〕
朱〔硃〕
诛〔誅〕
铢〔銖〕
烛〔燭〕
嘱〔囑〕
瞩〔矚〕
贮〔貯〕
驻〔駐〕
铸〔鑄〕
筑〔築〕
zhua
挝〔撾〕
zhuan
*专〔專〕
砖〔磚〕
䏝〔膞〕
颛〔顓〕
转〔轉〕
啭〔囀〕
赚〔賺〕
传〔傳〕
馔〔饌〕
zhuang
妆〔妝〕
装〔裝〕
庄〔莊〕
桩〔樁〕
戆〔戇〕
壮〔壯〕
状〔狀〕
zhui
骓〔騅〕
锥〔錐〕
赘〔贅〕
缒〔縋〕
缀〔綴〕
坠〔墜〕
zhun
谆〔諄〕
准〔準〕
zhuo
[illegible]〔鐯〕
浊〔濁〕
诼〔諑〕
镯〔鐲〕
zi
谘〔諮〕
资〔資〕
镃〔鎡〕
龇〔齜〕
辎〔輜〕
锱〔錙〕
缁〔緇〕
鲻〔鯔〕
渍〔漬〕
zong
综〔綜〕
枞〔樅〕
总〔總〕
纵〔縱〕
zou
诹〔諏〕
鲰〔鯫〕
驺〔騶〕
邹〔鄒〕
zu
镞〔鏃〕
诅〔詛〕
组〔組〕
zuan
钻〔鑽〕
躜〔躦〕
缵〔纘〕
赚〔賺〕
zun
鳟〔鱒〕

Appendix 8

CHRONOLOGICAL TABLE OF CHINESE DYNASTIES

中国历史年表

Zhōngguó lìshǐ niánbiǎo

夏 Xià			21st—16th century B.C.
商 Shāng			16th—11th century B.C.
周 Zhōu	西周 Xīzhōu		11th century—770 B.C.
	东周 Dōngzhōu	春秋 Chūnqiū	770—476 B.C.
		战国 Zhànguó	475—221 B.C.
秦 Qín			221—207 B.C.
汉 Hàn	西汉 Xīhàn		206 B.C.—24 A.D.
	东汉 Dōnghàn		25—220
三国 Sānguó	魏 Wèi		220—265
	蜀汉 Shǔhàn		221—263
	吴 Wú		222—280
晋 Jìn	西晋 Xījìn		265—316
	东晋 Dōngjìn		317—420
南北朝 Nánběicháo	南朝 Náncháo	宋 Sòng	420—479
		齐 Qí	479—502
		梁 Liáng	502—557
		陈 Chén	557—589
	北朝 Běicháo	北魏 Běiwèi	386—534
		东魏 Dōngwèi	534—550
		北齐 Běiqí	550—577
		西魏 Xīwèi	535—557
		北周 Běizhōu	557—581

续表

隋 Suí		581—618
唐 Táng		618—907
五代十国 Wǔdài shíguó		907—979
宋 Sòng	北宋 Běisòng	960—1127
	南宋 Nánsòng	1127—1279
辽 Liáo		916—1125
西夏 Xīxià		1038—1227
金 Jīn		1115—1234
元 Yuán		1271—1368
明 Míng		1368—1644
清 Qīng		1644—1911
中华民国 Zhōnghuá mínguó		1912—1949
中华人民共和国 Zhōnghuá rénmín gònghéguó		1949—